Dictioni
Langensc oche

Hachette Langenscheidt
Dictionnaire Allemand

Français – Allemand
Allemand – Français

Rédaction : Wolfgang Löffler,
Kristin Waeterloos

Texte conforme aux rectifications
de l'orthographe allemande

Les mots qui, à notre connaissance, sont considérés comme des marques ou des noms déposés, sont signalés dans cet ouvrage par la mention®. La présence ou l'absence de cette mention ne peut être considérée comme ayant une valeur juridique.

58 rue Jean Bleuzen - CS 70007
92178 Vanves Cedex
ISBN 978-2-01-395127-2
www.hachette-education.com

Avant-propos

Cette édition du *Dictionnaire bilingue Hachette-Langenscheidt de poche* s'adresse bien sûr aux élèves des collèges qui étudient et traduisent l'allemand mais aussi aux touristes et aux femmes et hommes d'affaires qui, en voyage ou au travail, veulent s'exprimer ou traduire en allemand.

Nous avons veillé à l'actualité de la nomenclature et des expressions et inclus le vocabulaire courant des nouvelles technologies, de l'économie, du commerce, du tourisme et de la bureautique.

L'orthographe des entrées est conforme aux nouvelles règles des rectifications de l'orthographe allemande, en vigueur depuis 2006.

Enfin, nous avons complété l'ouvrage par des annexes présentant des informations pratiques (tableaux de prononciation, modèles de conjugaison, verbes forts, poids, mesures, date et heure, etc.), qui feront du *Dictionnaire bilingue Hachette-Langenscheidt de poche* le compagnon indispensable de vos études et de vos voyages.

Table des matières

Entrée en caractères gras	**grâce** [grɑs] *f rel* Gnade *f*; *bienveillance* Gunst *f*; *jur* Begnadigung *f*; *charme* Grazie *f*, Anmut *f*; *remerciement* Dank *m*; ***de bonne*** (***mauvaise***) **~** gern (ungern); ...
Traductions avec indication du genre	**être** [ɛtrə] (*1*) **1.** sein; *passif*: werden; ***je suis mieux*** es geht mir besser; **~ *à qn*** j-m gehören; ***il est de Paris*** er ist aus Paris; ***en ~*** mitmachen; **~ *après qn*** hinter j-m her sein; ***nous sommes lundi*** wir haben Montag; ***je n'y suis pas*** ich bin noch nicht so weit; ***je n'y suis pour rien*** ich habe damit nichts zu tun; *st/s* ***il est des gens qui*** es gibt Leute, die; **2.** *m* Wesen *n*; *homme* Mensch *m*; *phil* Sein *n*
Phonétique internationale	
Exemples et expressions idiomatiques en caractères gras	
Niveaux de langue	**bringue** [brɛ̃g] *f* F ***faire la ~*** in Saus und Braus leben **brio** [brijo] *m* ***avec ~*** großartig **brioche** [brijɔʃ] *f cuis* Hefegebäck *n*; F *ventre* Bauch *m*
Chiffres arabes indiquant les changements de catégories sémantiques	**cru, ~e** [kry] **1.** *p/p de* croire; **2.** *adj légumes*: ungekocht, roh; *lumière*: grell; *paroles*: derb; **3.** *m domaine*: (Wein-)Gebiet *n*; *vigne* Weinberg *m*; *vin* Wein(sorte *f*) *m*; *fig* ***de mon ~*** von mir erfunden
Contexte de la traduction	**établ|ir** [etablir] (*2a*) *camp, école*: errichten; *entreprise*: gründen; *domicile*: aufschlagen; *relations, contact*: herstellen, aufnehmen; *salaires, prix*: festsetzen; *certificat, facture*: ausstellen; *tarif, liste, gouvernement, record*: aufstellen; *impôts*: erheben; *ordre, paix*: herstellen
Locutions	**mise** [miz] *f vêtements* Kleidung *f*; *jeu*: Einsatz *m*; **~ *en bouteilles*** Flaschenabfüllung *f*; **~ *en jachère*** Flächenstilllegung *f*; **~ *en marche*** (***route, service***) Inbetriebnahme *f*; **~ *en scène*** Inszenierung *f*; **~ *en vente*** Verkauf *m*; ***de ~*** angebracht, passend
Indications de sens	**faux[2], fausse** [fo, fos] **1.** *adj allg* falsch; *apparent* Schein...; *falsifié* gefälscht; *hypocrite* unaufrichtig; *artificiel* künstlich

Band[1] [bant] *n* (*-[e]s*; *⸚er*) ruban *m*, bande *f*; *Gelenk*≗ ligament *m*; *fig* lien *m*; ***auf ~ aufnehmen*** enregistrer (sur bande); ***am laufenden ~*** sans arrêt
Band[2] [-] *m* (*-[e]s*; *⸚e*) *Buch* volume *m*; *e-s Werkes* tome *m*
Band[3] [bɛnt] *f mus* (-; *-s*) groupe *m*

Homographes distingués par un chiffre en exposant

genau [gəˈnau] **1.** *adj* exact, précis; minutieux; *streng* strict; **≗eres** des précisions *f/pl*, de plus amples détails *m/pl*; **2.** *adv* exactement, précisément; ***~ um 10 Uhr*** à dix heures précises; ***~ der*** celui-là même; ***~ zuhören*** écouter attentivement; ***es ~ nehmen*** regarder de près; ***~ kennen*** connaître à fond; **≗igkeit** *f* (-; *sans pl*) exactitude *f*, précision *f*; **~so** → ***ebenso***

Catégorie grammaticale du mot d'entrée

ˈ**anfahren** (*irr*, *sép*, *-ge-*, → ***fahren***) **1.** *v/i* (*sn*) *auto* demarrer; **2.** *v/t* (*h*) *Baum etc* accrocher, tamponner, entrer en collision avec; *fig* ***j-n ~*** apostropher qn, rabrouer qn

Verbe transitif, verbe intransitif

Last [last] *f* (-; *-en*) charge *f*, fardeau *m*; ***j-m zur ~ fallen*** être à charge à qn, importuner qn; ***j-m etw zur ~ legen*** imputer qc à qn; *comm* ***zu ~en von ...*** au débit de ...; ˈ**~auto** *n* camion *m*; ˈ**≗en** (*h*) ***~ auf*** peser sur; ˈ**~enaufzug** *m* monte-charges *m*

Le tilde remplace le mot d'entrée complet,

ou une partie de ce mot d'entrée

ˈ**angehör|en** (*sép*, *h*) faire partie de; ˈ**≗ige** [ˈ-igə] *m*, *f Familie* proche parent *m*, -e *f*; *Mitglied* membre *m*; ***seine ~n*** sa famille; ***die nächsten ~n*** les proches parents

ou un mot déjà formé à partir du tilde

Hitz|e [ˈhitsə] *f* (-; *sans pl*) chaleur *f*; ardeur *f*; ˈ**≗ebeständig** résistant à la chaleur; ˈ**~ewelle** *f* vague *f* de chaleur; ˈ**≗ig** *fig* fougueux, passionné, ardent; ˈ**~schlag** *m* coup *m* de chaleur

beˈsetz|en (*pas de -ge-*, *h*) occuper; *Kleid* garnir (***mit*** de); **~t** occupé (*a tél*); *Bus*, *Zug* complet; **≗tzeichen** *n* tonalité *f* occupée; **≗ung** *f* (-; *-en*) *mil* occupation *f*; *Theater*, *Film* distribution *f*

Le tilde surmonté d'un cercle indique que la minuscule initiale devient majuscule ou inversement

Indications pour l'emploi du dictionnaire

1. **Die alphabetische Reihenfolge** ist überall beachtet worden. Hierbei werden die Umlaute (ä, ö, ü) den Buchstaben a, o, u gleichgestellt. Geographische Namen und Abkürzungen sind ebenfalls an alphabetischer Stelle des Wörterverzeichnisses zu finden.

1° **L'ordre alphabétique** a été rigoureusement observé. Les voyelles infléchies (ä, ö, ü) correspondent aux lettres a, o, u.
Les noms géographiques et les sigles se trouvent également à leur place alphabétique.

2. **Die Aussprachebezeichnung** steht in eckigen Klammern. Die Umschrift wird durch die Zeichen der „Association Phonétique Internationale" angegeben (s. S. 13).

2° **La transcription phonétique** est placée dans des crochets. Cette transcription suit la notation de l'Association phonétique internationale (voir page 13).

3. **Grammatisches Geschlecht und Wortart.** Das grammatische Geschlecht der Substantive (Hauptwörter) ist bei jedem französischen Stichwort (*m*, *f*) und deutschen Stichwort (*m*, *f*, *n*) angegeben.

3° **Genre grammatical et catégorie grammaticale.** Le genre grammatical des substantifs est indiqué pour tous les mots français (*m*, *f*) et pour les mots allemands (*m*, *f*, *n*).

4. **Die Bedeutungsunterschiede der verschiedenen Übersetzungen** sind durch abgekürzte Bedeutungshinweise (s. Verzeichnis Seite 11) oder durch Zusätze wie *Sport*, *Auto* usw. oder auch durch vorangesetzte Objekte bzw. Subjekte gekennzeichnet.

4° **Les différences d'acception des différentes traductions** sont signalées par des abréviations (voir tableau page 11) ou sont indiquées par des mots collectifs tels que *Sport*, *Auto*, etc. ou bien par des compléments ou encore par des sujets.

5. **Grammatische Hinweise:**
a) Beim Substantiv und beim Adjektiv wird die unregelmäßige Pluralform angegeben.
b) Beim Adjektiv wird die weibliche Form angegeben.
c) Beim Verb verweist die in runden Klammern hinter jedem französischen Verbum stehende Ziffer (*1a*, *2f* usw.) auf die Konjugationstabelle im Anhang, in der ausführlich Aufschluss über die Bildung der Zeitformen gegeben ist.

5° **Remarques grammaticales:**
a) On a indiqué les formes irrégulières du pluriel des substantifs et des adjectifs.
b) On a indiqué les formes du féminin des adjectifs.
c) Pour les verbes, les chiffres entre parenthèses placés derrière chaque verbe français (*1a*, *2f* etc.) renvoient au tableau de conjugaison dans l'appendice, dans lequel se trouvent tous les renseignements nécessaires sur la conjugaison des verbes.

6. Die Rektion der Verben (Verbindung des Zeitwortes mit seinen Satzergänzungen). Stimmt sie in beiden Sprachen überein, so sind besondere Hinweise nicht gegeben. Verlangt jedoch das französische Verb einen anderen Fall als das deutsche, so ist die Rektion angegeben, z. B.:

6° Le régime des verbes (relation d'un verbe avec ses compléments). Lorsque le régime est identique dans les deux langues, il n'y a pas de mention; où il ne l'est pas, le régime est donné, p. ex.:

aider [ɛde] (*1b*) helfen (***qn*** j-m); ***s'~ de qc*** etw (*acc*) benützen

7. Grammatische Angaben

A) Französische Verben: Bei jedem französischen Verb weisen die in runden Klammern stehenden Zahlen und Buchstaben auf das entsprechende Konjugationsmuster im Anhang hin, s. S. 615–638.

B) Deutsche Substantive und Verben:

a) Bei jedem deutschen **Substantiv** wird die Genitiv- und die Pluralform angegeben:

7° Indications grammaticales

A) Verbes français: les chiffres et les lettres entre parenthèses derrière chaque verbe renvoient au tableau de conjugaison en appendice, page 615–638.

B) Substantifs et verbes allemands:

a) Derrière chaque **substantif** allemand on a indiqué entre parenthèses le génitif singulier et le nominatif pluriel:

Affe *m* (*-n*; *-n*) = des Affen; die Affen

Das „*e*" in eckigen Klammern bedeutet, dass der Genitiv mit „*s*" oder mit „*es*" gebildet werden kann. Das Zeichen ¨ bedeutet, dass in der Pluralform ein Umlaut auftritt:

Lorsque le génitif singulier est formé indifféremment avec *-s* ou *-es*, le *e* est entre crochets. Le signe ¨ indique une voyelle infléchie (ä, ö, ü) au pluriel:

Blatt *n* (*-[e]s*; *¨er*) = des Blatts, des Blattes; die Blätter

Bleibt das Substantiv im Genitiv bzw. im Plural unverändert, so wird dies mit einem Strich angegeben:

Un tiret indique un génitif singulier ou un nominatif pluriel invariables:

Kreisel *m* (*-s*; *-*) = des Kreisels; die Kreisel

Diese Angaben stehen bei Grundwörtern. Bei zusammengesetzten Wörtern stehen sie nur, wenn der entsprechende Teil an alphabetischer Stelle in der Form abweicht oder wenn dort mehrere Formen angegeben sind, die für das zusammengesetzte Wort nicht alle zutreffen.

Ces indications accompagnent les mots simples. Pour les mots composés, elles sont mentionnées uniquement lorsque la partie concernée se décline de plusieurs manières possibles, suivant le cas.

Bank *f* (-; *-en bzw.* *¨-e*)
Datenbank *f* (-; *-en*)

b) Bei allen **deutschen Verben** wird das Hilfszeitwort „*sn*" oder „*h*" (sein oder haben) angegeben. Bei regelmäßigen Grundverben ist zusätzlich angegeben, wenn das Partizip mit „*ge*" gebildet wird:

b) Pour chaque **verbe allemand** on a indiqué l'auxiliaire „haben" (*h*) ou „sein" (*sn*) qui sert à former les temps composés. Pour les verbes réguliers simples on a indiqué en outre le participe passé formé avec „*ge*":

arbeiten (*ge-*, *h*) = habe gearbeitet

Bei unregelmäßigen Grundverben stehen in Klammern Imperfekt und Partizip sowie das Hilfszeitwort:

Pour les verbes irréguliers simples on a indiqué l'imparfait et le participe passé ainsi que l'auxiliaire entre parenthèses:

bringen (*brachte*, *gebracht*, *h*)

Bei zusammengesetzten Verben ist angegeben, ob im Präsens (und im Imperfekt) die Vorsilbe abgetrennt wird und ob im Partizip ein *-ge-* eingeschoben wird:

Pour les verbes réguliers à particule on a indiqué la particule séparable au présent et à l'imparfait, ainsi que le *-ge-* intercalé au participe passé:

abfassen (*sép*, *-ge-*, *h*) = fasst(e) ab,
hat abgefasst

Bei unregelmäßigen zusammengesetzten Verben ist zusätzlich „*irr*" (= unregelmäßig) sowie der Verweis auf das Grundverb angegeben:

Pour les verbes irréguliers à particule, on a indiqué en outre „*irr*" (irrégulier) ainsi que la référence sur le verbe simple correspondant:

abschreiben (*irr*, *sép*, *-ge-*, *h* → ***schreiben***)

Explication des abréviations employées dans le dictionnaire

~ ♀ die Tilde (das Wiederholungszeichen) ist angewendet, um zusammengehörige und verwandte Wörter zum Zwecke der Raumersparnis zu Gruppen zu vereinigen.

Die Tilde (~) vertritt das ganze voraufgegangene Wort oder den Wortteil vor dem senkrechten Strich (|), z. B.:

~ ♀ le tilde (le signe de répétition). Afin d'épargner de la place, le tilde a été employé pour réunir par groupes les mots de la même catégorie et les mots apparentés.

Le tilde (~) remplace la totalité du mot précédent ou la partie du mot devant le trait vertical (|), p. ex.:

aiguillon Stachel; **~ner** (= **aiguillonner**) antreiben;
contrôl|e Kontrolle; **~er** (= **contrôler**) kontrollieren.

Die Tilde vertritt außerdem in den Anwendungsbeispielen das unmittelbar voraufgegangene Stichwort, das auch mithilfe der Tilde gebildet sein kann, z. B.:

Le tilde remplace en outre dans les exemples d'application l'en-tête précédent, parfois représenté à l'aide du tilde, p. ex.:

abandon ... ***laisser à l'~*** verwahrlosen

Die Tilde mit Kreis (♀) weist darauf hin, dass sich die Schreibung des Anfangsbuchstabens des voraufgegangenen Wortes in der Wiederholung ändert (groß in klein oder umgekehrt), z. B.:

Le tilde avec cercle (♀) indique que le mot précédent prend une majuscule ou une minuscule lorsqu'il doit être répété, p. ex.:

français, ~e 1. *adj.* französisch; **2.** ♀ (= **Français, ~e**) *m, f* Franzose *m*, Französin *f*;
collège Gremium; Kollegium; ***Sacré*** ♀ (= ***Sacré Collège***) Kardinalskollegium;
Pâques Ostern; ***faire ses*** ♀ (= ***pâques***) zur österlichen Kommunion gehen.

Abkürzungen – Abréviations

a	auch, *aussi*
abr	*abréviation*, Abkürzung
acc	*accusatif*, Akkusativ, Wenfall
adj	*adjectif*, Adjektiv
adv	*adverbe*, Adverb
agr	*agriculture*, Landwirtschaft
allg	allgemein, *généralement*
anat	*anatomie*, Anatomie
arch	*architecture*, Architektur
arg	*argot*, Argot, Gaunersprache
astr	*astronomie*, Astronomie
auto	*automobile*, Kraftfahrzeug(wesen)
aviat	*aviation*, Flugwesen
bes	besonders, *particulièrement*
biol	*biologie*, Biologie
bot	*botanique*, Botanik
cf	*confer*, siehe
ch	*chasse*, Jagdwesen
chim	*chimie*, Chemie

comm *commerce*, Handel
conj *conjonction*, Konjunktion
cuis *cuisine*, Kochkunst

dat *datif*, Dativ, Wemfall

écon *économie*, Wirtschaft
EDV elektronische Datenverarbeitung, *informatique*
e-e eine, *un(e)*
égl *église*, Kirche
él *électrique*, elektrisch
e-m einem, *à un(e)*
e-n einen, *un(e)*
enf *langage des enfants*, Kindersprache
e-r einer, *d'un(e)*, *à un(e)*
e-s eines, *d'un(e)*
etc *et cetera*, und so weiter
etw etwas, *quelque chose*

f *féminin*, weiblich, Femininum
F *familier*, umgangssprachlich
fig *figuré*, bildlich, übertragen
f/pl *féminin pluriel*, Femininum Plural
frz französisch, *français*

gén *génitif*, Genitiv
géogr *géographie*, Geografie
géol *géologie*, Geologie
gr *grammaire*, Grammatik

h haben, *avoir*
hist *histoire*, Geschichte

ind *indicatif*, Indikativ
inf *infinitif*, Infinitiv
iron *ironique*, ironisch
irr *irrégulier*, unregelmäßig

j jemand, *quelqu'un*
j-m jemandem, *à quelqu'un*
j-n jemanden, *quelqu'un*
j-s jemandes, *de quelqu'un*
jur *juridique*, Rechtswesen

ling *linguistique*, Sprachwissenschaft
litt *littéraire*, literatursprachlich

m *masculin*, männlich, Maskulinum
mar *marine*, Schifffahrt
math *mathématiques*, Mathematik
méd *médecine*, Medizin
mil *militaire*, Militärwesen

m/pl *masculin pluriel*, Maskulinum Plural
mus *musique*, Musik

n *neutre*, sächlich, Neutrum
neg! *négatif*, *pourrait être insultant*, negativ, kann auf Betroffene beleidigend wirken

od oder, *ou*
östr österreichisch, *autrichien*

P *populaire*, volkssprachlich, derb
péj *péjoratif*, verächtlich
phil *philosophie*, Philosophie
phm *pharmacie*, Pharmazie
phys *physique*, Physik
pl *pluriel*, Plural
plais *plaisant*, scherzhaft
poét *poétique*, Dichtersprache
pol *politique*, Politik
p/p *participe passé*, Partizip Perfekt
prép *préposition*, Präposition
prov *proverbe*, Sprichwort
p/s *passé simple*, historisches Perfekt
psych *psychologie*, Psychologie

qc *quelque chose*, etwas
qn *quelqu'un*, jemand(en)

® *marque déposée*, eingetragene Marke

rel *religion*, Religion

sép *séparable*, trennbar
sg *singulier*, Singular
sn sein, *être*
st/s *style soutenu*, gehobener Stil
subj *subjonctif*, Konjunktiv
subst *substantif*, Substantiv

tech *technique*, Technik
tél *télécommunication*, Telekommunikation
TV *télévision*, Fernsehen

u und, *et*
unv unverändert, *invariable*

v/i *verbe intransitif*, intransitives Verb
v/t *verbe transitif*, transitives Verb

zB zum Beispiel, *par exemple*
zo *zoologie*, Zoologie
Zssgn Zusammensetzungen, *composés*

→ siehe, *confer*

Tableau de la prononciation allemande

Lettre	Tran-scription	Explication	Exemple
		a) les voyelles	
a	aː	lang *long* (*âme*)	Abend ['aːbənt] kam [kaːm] Paar [paːr] Laden ['laːdən]
	a	kurz *bref* (*patte*)	Ast [ast] Kamm [kam] Markt [markt] Matte ['matə]
ä	ɛː	offen und lang *ouvert et long* (*fenêtre*)	ähnlich ['ɛːnliç] Mähne ['mɛːnə] Käse ['kɛːzə] Träger ['trɛːgər]
	ɛ	offen und kurz *ouvert et bref* (*ennemi*)	emsig ['ɛmsiç] Kämme ['kɛmə] Teller ['tɛlər] Herr [hɛr]
e	eː	geschlossen und lang *fermé et long* (*donné*)	Esel ['eːzəl] See [zeː] leben ['leːbən] nehmen ['neːmən]
	e	geschlossen und mittellang (kurz) *fermé et moyen* (*défendre*)	Debatte [de'batə] Telefon ['teːlefoːn]
	ə	schwach und kurz *faible et bref* (*me*)	Tinte ['tintə] Rose ['roːzə] gegeben [gə'geːbən]
i	iː	geschlossen und lang *fermé et long* (*église*)	ihnen ['iːnən] Bibel ['biːbəl] Dieb [diːp]
	i	geschlossen und mittellang (kurz) *fermé et moyen* (*histoire*)	in [in] binden ['bindən] Wind [vint]
o	oː	geschlossen und lang *fermé et long* (*rose*)	oben ['oːbən] Bote ['boːtə] Moor [moːr] Sohn [zoːn]

Lettre	Transcription	Explication	Exemple
	o	geschlossen und mittellang (kurz) *fermé et moyen (ch**au**d)*	Tomate [to'maːtə] Geologe [geo'loːgə] monoton [mono'toːn]
	ɔ	offen und kurz *ouvert et bref (p**o**ste)*	offen ['ɔfən] Form [fɔrm] locken ['lɔken]
ö	øː	geschlossen und lang *fermé et long (j**eû**ne)*	Öse ['øːzə] Töne ['tøːnə] Goethe ['gøːtə]
	œ	offen und kurz *ouvert et bref (n**eu**f)*	öffnen ['œfnən] Löffel ['lœfəl]
u	uː	geschlossen und lang *fermé et long (t**ou**r)*	Uhr [uːr] Mut [muːt] Fuhre ['fuːrə] Bude ['buːdə]
	u	geschlossen und kurz *fermé et bref (m**ou**stache)*	unten ['untən] bunt [bunt] Mutter ['mutər]
ü	yː	geschlossen und lang *fermé et long (p**u**r)*	Übel ['yːbəl] Tür [tyːr] Mühle ['myːlə]
	y	geschlossen und kurz *fermé et bref (br**u**sque)*	üppig ['ypiç] Müll [myl] Rücken ['rykən]

b) les diphtongues

Lettre	Transcription	Explication	Exemple
ai/ei/ey	ai	das offene und kurze [i] nähert sich dem geschlossenen und mittellangen (kurzen) [e] *l' [i] ouvert et bref se rapproche de l' [e] fermé et moyen (**ai**l)*	Eisen ['aizən] Greise ['graizə] Mai [mai]
au	au	das offene und kurze [u] nähert sich dem geschlossenen und mittellangen (kurzen) [o] *l' [u] ouvert et bref se rapproche de l' [o] fermé et moyen (c**aou**tchouc)*	Aufbau ['aufbau] Maus [maus] Brause ['brauzə]
äu/eu	ɔʏ	das offene und kurze [ʏ] nähert sich dem geschlossenen und mittellangen (kurzen) [ø] *l' [ʏ] ouvert et bref se rapproche de l' [ø] fermé et moyen (**œi**l)*	euch [ɔʏç] äußern ['ɔʏsərn] Beute ['bɔʏtə] läuten ['lɔʏtən]

c) les consonnes

Lettre	Transcription	Explication	Exemple
g	g	comme dans le mot ***g**ant*	geben ['geːbən] Lage ['laːgə]
	ʒ	comme dans le mot ***j**upe*	Genie [ʒe'niː] Regie [re'ʒiː] Jackett [ʒa'kɛt]

Lettre	Tran-scription	Explication	Exemple
j	j	comme dans le mot *mayonnaise*	jeder ['jeːdər] gejagt [gə'jaːkt]
s	z	im Anlaut vor Vokalen und zwischen Vokalen *au début devant voyelle et entre voyelles* (*zèle*)	Sonne ['zɔnə] Base ['baːzə]
	s	in allen anderen Positionen und wo ss oder ß geschrieben wird *dans tous les autres cas et pour les graphies ss ou ß* (*au**s**tère*; ***s**ou*)	Aster ['astər] lispeln ['lispəln] Haus [haus] Messer ['mɛsər] Fuß [fuːs]
sch	ʃ	comme dans le mot ***ch**eval*	Schein [ʃain] Asche ['aʃə] Mensch [mɛnʃ] Spiel [ʃpiːl] Stein [ʃtain] gestehen [gə'ʃteːən]
z	ts	comme ***t*** et ***ç*** fondus	Zange ['tsaŋə] kurz [kurts] sitzen ['zitsən] Platz [plats]
v	f	comme dans le mot ***f**aible*	Vater ['faːtər] vergessen [fɛr'gɛsən] passiv ['pasiːf]
w, v	v	comme dans le mot ***v**endre*	Waage ['vaːgə] Vampir ['vampiːr] November [no'vɛmbər]
ng	ŋ	comme dans le mot *campi**ng***	singen ['ziŋən] Rang [raŋ] wanken ['vaŋkən] Bank [baŋk]
h	h	prononcé avec un véritable souffle	heben ['heːbən] erholen [er'hoːlən] Uhu ['uːhu]
(i)ch	ç	son qui ressemble à la semi-consonne i des mots français tels que *m**i**el*, *s**i**en*	ich [iç] rechnen ['reçnən] Teich [taiç] leuchten ['lɔYçtən] räuchern ['rɔYçərn] Bücher ['byːçər] Löcher ['lœçər] Fläche ['flɛçə] Milch [milç] horch [hɔrç] mancher ['mançər] Chemie [çe'miː] China ['çiːna]

Lettre	Transcription	Explication	Exemple
(a)ch	x	son purement laryngal qui peut se comparer à la prononciation du r vélaire final, surtout des Parisiens, dans les mots *gare*, *guerre*	Dach [dax] Loch [lɔx] Buch [buːx] auch [aux] machen ['maxən] acht [axt]
	k	comme dans le mot *camp*	Chor [koːr] Christ [krist] Fuchs [fuks] sechs [zɛks] Hexe ['hɛksə]

Le signe [ˀ] indique un ***coup de glotte*** (Kehlkopfverschlusslaut, Knacklaut), p. ex. antarktisch [ant'ˀarktiʃ], aufeinander [aufˀai'nandər].

L'accent tonique ['] précède la syllabe accentuée, p. ex. ändern ['ɛndərn], Tomate [to'maːtə].

L'emploi des majuscules en allemand

Prennent une majuscule: 1. le premier mot d'une phrase; 2. tous les substantifs; 3. tous les noms propres; 4. les adjectifs, pronoms et adjectifs numéraux ordinaux qui font partie d'un titre ou nom propre (das Schwarze Meer = la mer Noire), Heinrich der Vierte = Henri IV; 5. des mots de toute espèce employés comme substantifs (das Gute = le bon); 6. le pronom Sie (= vous) avec ses dérivés Ihnen et Ihr.

L'alphabet allemand

A a [aː]
B b [beː]
C c [tseː]
D d [deː]
E e [eː]
F f [ɛf]
G g [geː]
H h [haː]
I i [iː]
J j [jɔt]
K k [kaː]
L l [ɛl]
M m [ɛm]
N n [ɛn]
O o [oː]
P p [peː]
Q q [kuː]
R r [ɛr]
S s [ɛs]
T t [teː]
U u [uː]
V v [fau]
W w [veː]
X x [iks]
Y y ['ypsilɔn]
Z z [tsɛt]

Liste de verbes forts et irréguliers

Infinitif	Présent (3ᵉ personne sing.)	Prétérit	Participe passé	*Traduction*
backen	bäckt	backte	hat gebacken	*faire cuire au four*
befehlen	befiehlt	befahl	hat befohlen	*commander*
beginnen	beginnt	begann	hat begonnen	*commencer*
beißen	beißt	biss	hat gebissen	*mordre*
bergen	birgt	barg	hat geborgen	*abriter, cacher*
bersten	birst	barst	ist geborsten	*éclater*
bewegen	bewegt	bewog	hat bewogen	*inciter*
bieten	bietet	bot	hat geboten	*offrir*
binden	bindet	band	hat gebunden	*lier, relier*
bitten	bittet	bat	hat gebeten	*demander, prier*
blasen	bläst	blies	hat geblasen	*souffler*
bleiben	bleibt	blieb	ist geblieben	*rester*
braten	brät	briet	hat gebraten	*rôtir*
brauchen	braucht	brauchte	gebraucht	*avoir besoin de*
brechen	bricht	brach	hat gebrochen	*briser*
brennen	brennt	brannte	hat gebrannt	*brûler*
bringen	bringt	brachte	hat gebracht	*apporter*
denken	denkt	dachte	hat gedacht	*penser*
empfangen	empfängt	empfing	hat empfangen	*recevoir*
empfehlen	empfiehlt	empfahl	hat empfohlen	*recommander*
empfinden	empfindet	empfand	hat empfunden	*éprouver, ressentir*
erlöschen	erlischt	erlosch	ist erloschen	*s'éteindre*
erschrecken	erschrickt	erschrak	ist erschrocken	*s'effrayer*
essen	isst	aß	hat gegessen	*manger*
fahren[1]	fährt	fuhr	ist gefahren	*aller, conduire*
fahren[2]	fährt	fuhr	hat gefahren	*conduire (trans.)*
fallen	fällt	fiel	ist gefallen	*tomber*
fangen	fängt	fing	hat gefangen	*attraper*
finden	findet	fand	hat gefunden	*trouver*
flechten	flicht	flocht	hat geflochten	*tresser*
fliegen	fliegt	flog	ist geflogen	*voler (en l'air)*
fliehen	flieht	floh	ist geflohen	*fuir*
fließen	fließt	floss	ist geflossen	*couler*
fressen	frisst	fraß	hat gefressen	*manger (animaux)*
frieren	friert	fror	hat gefroren	*geler*
geben	gibt	gab	hat gegeben	*donner*
gehen	geht	ging	ist gegangen	*aller (à pied)*
gelingen	gelingt	gelang	ist gelungen	*réussir*
gelten	gilt	galt	hat gegolten	*valoir*
genießen	genießt	genoss	hat genossen	*jouir de*
geschehen	geschieht	geschah	ist geschehen	*se passer*
gewinnen	gewinnt	gewann	hat gewonnen	*gagner*
gießen	gießt	goss	hat gegossen	*verser*
gleichen	gleicht	glich	hat geglichen	*ressembler*
gleiten	gleitet	glitt	ist geglitten	*glisser*
graben	gräbt	grub	hat gegraben	*creuser*
greifen	greift	griff	hat gegriffen	*saisir*

haben	hat	hatte	hat gehabt	*avoir, posséder*
halten	hält	hielt	hat gehalten	*tenir*
hängen	hängt	hing	hat gehangen	*être suspendu*
heben	hebt	hob	hat gehoben	*lever*
heißen	heißt	hieß	hat geheißen	*s'appeler*
helfen	hilft	half	hat geholfen	*aider*
kennen	kennt	kannte	hat gekannt	*connaître*
klingen	klingt	klang	hat geklungen	*sonner*
kommen	kommt	kam	ist gekommen	*venir*
können	kann	konnte	hat gekonnt	*pouvoir*
kriechen	kriecht	kroch	ist gekrochen	*ramper*
laden	lädt	lud	hat geladen	*charger*
lassen	lässt	ließ	hat gelassen	*laisser*
laufen	läuft	lief	ist gelaufen	*courir*
leiden	leidet	litt	hat gelitten	*souffrir*
leihen	leiht	lieh	hat geliehen	*prêter*
lesen	liest	las	hat gelesen	*lire*
liegen	liegt	lag	hat gelegen	*être couché*
lügen	lügt	log	hat gelogen	*mentir*
mahlen	mahlt	mahlte	hat gemahlen	*moudre*
meiden	meidet	mied	hat gemieden	*éviter*
messen	misst	maß	hat gemessen	*mesurer*
mögen	mag	mochte	hat gemocht	*aimer*
müssen	muss	musste	hat gemusst	*devoir*
nehmen	nimmt	nahm	hat genommen	*prendre, saisir*
nennen	nennt	nannte	hat genannt	*nommer*
pfeifen	pfeift	pfiff	hat gepfiffen	*siffler*
quellen[1]	quillt	quoll	ist gequollen	*jaillir*
quellen[2]	quellt	quellte	hat gequellt	*faire gonfler*
raten	rät	riet	hat geraten	*conseiller*
reiben	reibt	rieb	hat gerieben	*frotter*
reißen	reißt	riss	hat gerissen	*arracher*
reiten	reitet	ritt	ist geritten	*monter à cheval*
rennen	rennt	rannte	gerannt	*courir*
riechen	riecht	roch	hat gerochen	*sentir*
ringen	ringt	rang	hat gerungen	*lutter*
rufen	ruft	rief	hat gerufen	*appeler*
saufen	säuft	soff	hat gesoffen	*boire (animaux)*
schaffen	schafft	schuf	hat geschaffen	*créer*
scheiden[1]	scheidet	schied	hat geschieden	*séparer*
scheiden[2]	scheidet	schied	ist geschieden	*quitter (emploi)*
scheinen	scheint	schien	hat geschienen	*briller*
scheren	schert	schor	hat geschoren	*tondre*
schieben	schiebt	schob	hat geschoben	*pousser*
schießen	schießt	schoss	hat geschossen	*tirer (arme)*
schlafen	schläft	schlief	hat geschlafen	*dormir*
schlagen	schlägt	schlug	hat geschlagen	*battre*
schleichen	schleicht	schlich	ist geschlichen	*se glisser*
schleifen	schleift	schliff	hat geschliffen	*polir*
schließen	schließt	schloss	hat geschlossen	*fermer*
schmeißen	schmeißt	schmiss	hat geschmissen	*jeter*
schmelzen	schmilzt	schmolz	ist geschmolzen	*fondre*

schneiden	schneidet	schnitt	hat geschnitten	*couper*
schreiben	schreibt	schrieb	hat geschrieben	*écrire*
schreien	schreit	schrie	hat geschrie(e)n	*crier*
schreiten	schreitet	schritt	ist geschritten	*marcher*
schweigen	schweigt	schwieg	hat geschwiegen	*se taire*
schwellen	schwillt	schwoll	ist geschwollen	*enfler*
schwimmen	schwimmt	schwamm	hat/ist geschwommen	*nager*
schwinden	schwindet	schwand	ist geschwunden	*se dissiper*
schwingen	schwingt	schwang	hat geschwungen	*brandir*
schwören	schwört	schwor	hat geschworen	*jurer*
sehen	sieht	sah	hat gesehen	*voir*
sein	ist	war	ist gewesen	*être*
senden	sendet	sandte	hat gesandt	*envoyer*
singen	singt	sang	hat gesungen	*chanter*
sinken	sinkt	sank	ist gesunken	*sombrer*
sitzen	sitzt	saß	hat gesessen	*être assis*
sollen	soll	sollt	hat gesollt	*devoir*
spinnen	spinnt	spann	hat gesponnen	*filer*
sprechen	spricht	sprach	hat gesprochen	*parier*
springen	springt	sprang	ist gesprungen	*sauter*
stechen	sticht	stach	hat gestochen	*piquer*
stehen	steht	stand	hat/ist gestanden	*être debout*
stehlen	stiehlt	stahl	hat gestohlen	*voler*
steigen	steigt	stieg	ist gestiegen	*monter*
sterben	stirbt	starb	ist gestorben	*mourir*
stinken	stinkt	stank	hat gestunken	*puer*
stoßen	stößt	stieß	hat gestoßen	*pousser*
streiten	streitet	stritt	hat gestritten	*être en conflit*
tragen	trägt	trug	hat getragen	*porter*
treffen	trifft	traf	hat getroffen	*atteindre, rencontrer*
treiben	treibt	trieb	hat getrieben	*pousser*
treten	tritt	trat	ist getreten	*marcher, entrer*
trinken	trinkt	trank	hat getrunken	*boire*
trügen	trügt	trog	hat getrogen	*tromper*
tun	tut	tat	hat getan	*faire*
vergessen	vergisst	vergaß	hat vergessen	*oublier*
verlieren	verliert	verlor	hat verloren	*perdre*
verzeihen	verzeiht	verzieh	hat verziehen	*pardonner*
wachsen	wächst	wuchs	ist gewachsen	*pousser, grandir*
waschen	wäscht	wusch	hat gewaschen	*laver*
(sich) wenden	wendet	wandte	hat gewandt	*s'adresser*
wenden	wendet	wendete	hat gewendet	*faire demi-tour (en voiture)*
werden	wird	wurde	ist geworden	*devenir*
werfen	wirft	warf	hat geworfen	*jeter*
wissen	weiß	wusste	hat gewusst	*savoir*
wollen	will	wollte	hat gewollt	*vouloir*
ziehen[1]	zieht	zog	ist gezogen	*aller, errer*
ziehen[2]	zieht	zog	hat gezogen	*tirer*
zwingen	zwingt	zwang	hat gezwungen	*obliger*

Modèles de conjugaison

a) Conjugaison faible

loben

prés. ind.	lobe	lobst	lobt
	loben	lobt	loben
prés. subj.	lobe	lobest	lobe
	loben	lobtet	loben
impf. ind. et subj.	lobte	lobtest	lobte
	lobten	lobtet	lobten

impér. sg. lob(e), *pl.* lob(e)t, loben Sie; *inf. prés.* loben; *inf. passé* gelobt haben; *part. prés.* lobend; *p.p.* gelobt

---

reden

prés. ind.	rede	redest	redet
	reden	redet	reden
prés. subj.	rede	redest	rede
	reden	redet	reden
impf. ind. et subj.	redete	redetest	redete
	redeten	redetet	redeten

impér. sg. rede, *pl.* redet, reden Sie; *inf. prés.* reden; *inf. passé* geredet haben; *part. prés.* redend; *p.p.* geredet

---

reisen

prés. ind.	reise	rei(se)st	reist
	reisen	reist	reisen
prés. subj.	reise	reisest	reise
	reisen	reiset	reisen
impf. ind. et subj.	reiste	reistest	reiste
	reisten	reistet	reisten

impér. sg. reise, *pl.* reist, reisen Sie; *inf. prés.* reisen; *inf. passé* gereist sein *od* haben; *part. prés.* reisend; *p.p.* gereist

---

fassen

prés. ind.	fasse	fassest (fasst)	fasst
	fassen	fasst	fassen
prés. subj.	fasse	fassest	fasse
	fassen	fasset	fassen
impf. ind. et subj.	fasste	fasstest	fasste
	fassten	fasstet	fassten

impér. sg. fasse (fass), *pl.* fasst, fassen Sie; *inf. prés.* fassen; *inf. passé* gefasst haben; *part. prés.* fassend; *p.p.* gefasst

---

handeln

	prés. ind.	
handle*	handelst	handelt
handeln	handelt	handeln
	prés. subj.	
handle*	handelst	handle*
handeln	handelt	handeln
	impf. ind. et subj.	
handelte	handeltest	handelte
handelten	handeltet	handelten

imp. sg. handle*, *pl.* handelt, handeln Sie; *inf. prés.* handeln; *inf. passé* gehandelt haben; *part. prés.* handelnd; *p.p.* gehandelt

Avec ou sans «e» intercalé**: wandern, wand(e)re; ***mais bessern, bessere.

b) Conjugaison forte

fahren

prés. ind.	fahre fahren	fährst fahrt	fährt fahren	*impf. ind.*	fuhr fuhren	fuhr(e)st fuhrt	fuhr fuhren
prés. subj.	fahre fahren	fahrest fahret	fahre fahren	*impf. subj.*	führe führen	führest führet	führe führen

impér. sg. fahr(e), *pl.* fahr(e)t, fahren Sie; *inf. prés.* fahren; *inf. passé* gefahren haben ***ou*** sein; *part. prés.* fahrend; *p.p.* gefahren

Adjectifs numéraux

Grundzahlen

Adjectifs numéraux cardinaux

0 *zéro* [zero]
1 *un, une f* [ɛ̃ *od* œ̃, yn]
2 *deux* [dø, døz‿]
3 *trois* [trwa, trwaz‿]
4 *quatre* [katrə, kat]
5 *cinq* [sɛ̃k, sɛ̃]
6 *six* [sis, si, siz‿]
7 *sept* [sɛt]
8 *huit* [ɥit, ɥi]
9 *neuf* [nœf, nœv‿]
10 *dix* [dis, di, diz‿]
11 *onze* [õz]
12 *douze* [duz]
13 *treize* [trɛz]
14 *quatorze* [katɔrz]
15 *quinze* [kɛ̃z]
16 *seize* [sɛz]
17 *dix-sept* [disɛt]
18 *dix-huit* [dizɥit, dizɥi]
19 *dix-neuf* [diznœf, diznœv‿]
20 *vingt* [vɛ̃]
21 *vingt et un* [vɛ̃teɛ̃]
22 *vingt-deux* [vɛ̃tdø]
23 *vingt-trois* [vɛ̃trwa]
24 *vingt-quatre* [vɛ̃tkatrə]
30 *trente* [trɑ̃t]
40 *quarante* [karɑ̃t]
50 *cinquante* [sɛ̃kɑ̃t]
60 *soixante* [swasɑ̃t]
70 *soixante-dix* [swasɑ̃tdis]
71 *soixante et onze* [swasɑ̃teõz]
72 *soixante-douze* [swasɑ̃tduz]
80 *quatre-vingt(s)* [katrəvɛ̃]
81 *quatre-vingt-un* [katrəvɛ̃ɛ̃]
90 *quatre-vingt-dix* [katrəvɛ̃dis]
91 *quatre-vingt-onze* [katrəvɛ̃õz]
100 *cent* [sɑ̃]
101 *cent un* [sɑ̃ɛ̃]
200 *deux cent(s)* [døsɑ̃]
211 *deux cent onze* [døsɑ̃õz]
1000 *mille* [mil]
1001 *mille un* [milɛ̃]
1002 *mille deux* [mildø]
1100 *onze cents* [õzsɑ̃]
1308 *treize cent huit* [trɛzsɑ̃ɥit]
2000 *deux mille* [dømil]
100 000 *cent mille* [sɑ̃mil]
le million [miljõ] die Million
le milliard [miljar] die Milliarde

Ordnungszahlen

Adjectifs numéraux ordinaux

1ᵉʳ *le premier* [prəmje] der Erste
1ʳᵉ *la première* [prəmjɛr] die Erste
2ᵉ *le deuxième* [døzjɛm] der Zweite
la deuxième [døzjɛm] die Zweite
le second [zgõ] der Zweite
la seconde [zgõd] die Zweite
3ᵉ *le od la troisième* [trwazjɛm]
4ᵉ *quatrième* [katrijɛm]
5ᵉ *cinquième* [sɛ̃kjɛm]
6ᵉ *sixième* [sizjɛm]
7ᵉ *septième* [sɛtjɛm]
8ᵉ *huitième* [ɥitjɛm]
9ᵉ *neuvième* [nœvjɛm]
10ᵉ *dixième* [dizjɛm]
11ᵉ *onzième* [õzjɛm]
12ᵉ *douzième* [duzjɛm]
13ᵉ *treizième* [trɛzjɛm]
14ᵉ *quatorzième* [katɔrzjɛm]
15ᵉ *quinzième* [kɛ̃zjɛm]
16ᵉ *seizième* [sɛzjɛm]
17ᵉ *dix-septième* [disɛtjɛm]
18ᵉ *dix-huitième* [dizɥitjɛm]
19ᵉ *dix-neuvième* [diznœvjɛm]
20ᵉ *vingtième* [vɛ̃tjɛm]
21ᵉ *vingt et unième* [vɛ̃teynjɛm]
22ᵉ *vingt-deuxième* [vɛ̃tdøzjɛm]
30ᵉ *trentième* [trɑ̃tjɛm]
40ᵉ *quarantième* [karɑ̃tjɛm]
50ᵉ *cinquantième* [sɛkɑ̃tjɛm]
60ᵉ *soixantième* [swasɑ̃tjɛm]
70ᵉ *soixante-dixième* [swasɑ̃tdizjɛm]
71ᵉ *soixante et onzième* [swasɑ̃teõzjɛm]
80ᵉ *quatre-vingtième* [katrəvɛ̃tjɛm]

81e *quatre-vingt-unième* [katrəvɛ̃ynjɛm]
90e *quatre-vingt-dixième* [katrəvɛ̃dizjɛm]
91e *quatre-vingt-onzième* [katrəvɛ̃ɔ̃zjɛm]
100e *centième* [sɑ̃tjɛm]
101e *cent unième* [sɑ̃ynjɛm]
200e *deux centième* [døsɑ̃tjɛm]
500e *cinq centième* [sɛ̃sɑ̃tjɛm]
1000e *millième* [miljɛm]
1 000 000e *millionième* [miljɔnjɛm]

Zahladverbien
Adverbes numéraux

1° *premièrement* [prəmjɛrmɑ̃], *primo* [primo] erstens
2° *deuxièmement* [døzjɛmmɑ̃], *secundo* [zgɔ̃do] zweitens
3° *troisièmement* [trwazjɛmmɑ̃], *tertio* [tɛrsjo] drittens
4° *quatrièmement* [katrijɛmmɑ̃] viertens
5° *cinquièmement* [sɛ̃kjɛmmɑ̃] fünftens

Außerdem ist noch gebräuchlich:
en premier lieu [ɑ̃prəmjeljø] an erster Stelle = erstens,
en second lieu, en troisième lieu usw.;
en dernier lieu = letztens.

Bruchzahlen
Fractions

1/2 *(un) demi* [(ɛ̃)dəmi] (ein) halb
1 1/2 *un et demi* [ɛ̃edmi] eineinhalb, anderthalb
1/3 *un tiers* [ɛ̃tjɛr]
2/3 *(les) deux tiers* [(le)døtjɛr]
1/4 *un quart* [ɛ̃kar]
3/4 *(les) trois quarts* [(le)trwakar]
1/5 *un cinquième* [ɛ̃sɛ̃kjɛm]
9/10 *(les) neuf dixièmes* [(le)nœfdizjɛm]

0,5 *zéro virgule cinq* [zerovirgylsɛ̃k] null Komma fünf
7,35 *sept virgule trente-cinq*

Vervielfältigungszahlen
Mots multiplicatifs

fois autant [fwaotɑ̃] ...fach *od*
fois plus [fwaplys] ...mal mehr
deux fois autant zweifach
cinq fois autant fünffach
vingt fois plus zwanzigmal mehr
une quantité sept fois plus grande que ...das Siebenfache von ... *usw.*

Daneben sind gebräuchlich:
simple [sɛ̃plə] einfach
double [dublə] doppelt
triple [triplə] dreifach
quadruple [kwadryplə] vierfach
quintuple [kɛ̃typlə] fünffach
sextuple [sɛkstyplə] sechsfach
centuple [sɑ̃typlə] hundertfach

Sammelzahlen
Nombres collectifs

une douzaine ein Dutzend
une huitaine etwa 8 (*auch* 8 Tage)
une dizaine etwa 10
une quinzaine etwa 15 (*auch* 14 Tage)
une vingtaine etwa 20
une trentaine etwa 30
une quarantaine etwa 40
une cinquantaine etwa 50
une soixantaine etwa 60
une centaine etwa 100
un millier etwa 1000

Calcul

$2 + 3 = 5$	**zwei und** (*ou* **plus**) **drei ist fünf** deux et (*oder* plus) trois font (*oder* égalent) cinq
$9 - 6 = 3$	**neun weniger** (*ou* **minus**) **sechs ist drei** neuf moins six (*oder* six ôté de neuf) égalent trois
$2 \cdot 4 = 8$	**zwei mal vier ist acht** quatre fois deux (*oder* deux multiplié par quatre) égalent huit
$12 : 3 = 4$	**zwölf geteilt durch drei ist vier** douze divisé par trois égalent quatre
$3^2 = 9$	**drei hoch zwei ist neun** trois au carré égale neuf
$4^3 = 64$	**vier hoch drei ist vierundsechzig** quatre au cube égale soixante-quatre
$2^4 = 16$	**zwei hoch vier ist sechzehn** deux à la puissance quatre égale seize
$\sqrt{9} = 3$	**Wurzel aus neun ist drei** la racine carrée de neuf est trois

Poids et mesures

Längenmaße

1 mm Millimeter
1 cm Zentimeter
1 m Meter
1 km Kilometer
1 sm Seemeile (= 1852 m)

Flächenmaße

1 mm^2 *od.* **qmm** Quadratmillimeter
1 cm^2 *od.* **qcm** Quadratzentimeter
1 m^2 *od.* **qm** Quadratmeter
1 km^2 *od.* **qkm** Quadratkilometer
1 a Ar (= 100 m^2)
1 ha Hektar

Raummaße

1 mm^3 *od.* **cmm** Kubikmillimeter
1 cm^3 *od.* **ccm** Kubikzentimeter
1 m^3 *od.* **cbm** Kubikmeter

Hohlmaße

1 ml Milliliter
1 cl Zentiliter
1 l Liter
1 hl Hektoliter

Gewichte

1 mg Milligramm
1 g Gramm
1 Pfd. Pfund
1 kg Kilogramm
1 Ztr. Zentner

1 dz Doppelzentner
1 t Tonne

Mesures de longueur

1 mm millimètre
1 cm centimètre
1 m mètre
1 km kilomètre
1 mille marin

Mesures de surface

1 mm^2 millimètre carré
1 cm^2 centimètre carré
1 m^2 mètre carré
1 km^2 kilomètre carré
1 a are
1 ha hectare

Mesures de volume

1 mm^3 millimètre cube
1 cm^3 centimètre cube
1 m^3 mètre cube

Mesures de capacité

1 ml millilitre
1 cl centilitre
1 l litre
1 hl hectolitre

Poids

1 mg milligramme
1 g gramme
1 livre
1 kg kilogramme
50 kg,
östr, *östr,*
Schweiz *Schweiz*
100 kg quintal
1 q quintal
1 t tonne

L'heure

Quelle heure est-il?	Wie spät ist es?
A quelle heure?	Um wie viel Uhr?
1.00 *Il est une heure.*	Es ist ein Uhr *od* Es ist eins.
2.00 *A deux heures.*	Um zwei (Uhr).
3.10 *trois heures dix*	zehn (Minuten) nach drei
4.15 *quatre heures et quart*	Viertel nach vier *od* viertel fünf
5.20 *cinq heures vingt*	zwanzig (Minuten) nach fünf *od* zehn (Minuten) vor halb sechs
6.30 *six heures et demie*	halb sieben
7.40 *huit heures moins vingt*	zwanzig (Minuten) vor acht *od* zehn (Minuten) nach halb acht
8.45 *neuf heures moins le quart*	Viertel vor neun *od* drei viertel neun
9.55 *dix heures moins cinq*	fünf (Minuten) vor zehn
15.35 *quinze heures trente-cinq*	fünfzehn Uhr fünfunddreißig
vers onze heures	ungefähr um elf (Uhr)
à neuf heures précises	pünktlich um neun (Uhr)

Français - Allemand

A

à [a] *prép* **1.** *lieu*: in (*dat*); *direction*: in (*acc*), nach (*avec villes*); ***à Chypre, à Haïti*** auf (nach) Zypern, Haiti; ***à la campagne*** auf dem Land; ***à l'étranger*** im Ausland; ***à 20 pas d'ici*** 20 Schritt von hier; **2.** *temps*: ***à cinq heures*** um fünf Uhr; ***à demain*** bis morgen; ***à tout moment*** jeden Augenblick; **3.** *but*: ***tasse f à café*** Kaffeetasse *f*; ***à jamais*** für immer; **4.** *appartenance*: ***c'est à moi*** das gehört mir; ***un ami à moi*** ein Freund von mir; **5.** *mode*: ***à pied*** zu Fuß; ***à la russe*** auf russische Art; *mus* ***à quatre mains*** vierhändig; ***à trois euros*** zu drei Euro; ***goutte à goutte*** tropfenweise; ***mot à mot*** wörtlich; ***pas à pas*** schrittweise; ***peu à peu*** allmählich, nach und nach; **6.** *objet indirect*: ***donner qc ~ qn*** j-m etw geben

A 2 *abr* ***Antenne deux*** Zweites Programm des französischen Fernsehens

abaissement [abɛsmɑ̃] *m store, voile*: Herunterlassen *n*; *prix, niveau*: Senkung *f*; *humiliation* Erniedrigung *f*

abaisser [abese] (*1b*) *rideau*: herunterlassen; *prix, niveau*: senken; *fig humilier* demütigen; ***s'~*** sich senken; *fig* sich erniedrigen

abandon [abɑ̃dɔ̃] *m* Verlassen *n*; Vernachlässigung *f*; *cession* Verzicht *m*; *détente* Ungezwungenheit *f*; *énergie nucléaire*: Ausstieg; *sports*: Aufgabe *f*; ***laisser à l'~*** verwahrlosen lassen, vernachlässigen

abandonner [abɑ̃dɔne] (*1a*) im Stich lassen, verlassen; *négliger* vernachlässigen; *sport*: aufgeben; *enfant*: aussetzen; ***s'~*** sich hingeben, sich ergeben

abasourdir [abazurdir] (*2a*) betäuben, benommen machen

abat-jour [abaʒur] *m* (*pl unv*) Lampenschirm *m*

abattage [abataʒ] *m bois*: Holzfällen *n*; *animal*: Abschlachten *n*; *exploitation* Abbau *m*; *fig élan* Schwung *m*

abatt|ement [abatmɑ̃] *m comm* (*Steuer-*) Nachlass *m*, Ermäßigung *f*; *psych* Niedergeschlagenheit *f*; **~oir** *m* Schlachthof *m*

abattre [abatrə] (*4a*) *arbre*: fällen; *aviat* abschießen; *animal*: schlachten; *péj tuer* abknallen; *fig épuiser* schwächen; *décourager* entmutigen; ***je ne me laisserai pas ~*** ich werde mich nicht unterkriegen lassen; ***~ beaucoup de besogne*** e-e Menge wegarbeiten; ***s'~*** einstürzen, zusammenbrechen; *vent*: sich legen

abattu, **~e** [abaty] *fatigué* geschwächt; *découragé* niedergeschlagen

abbatial, **~e** [abasjal] (*m/pl -aux*) Abtei..., Abts...

abbaye [abei] *f* Abtei *f*

abbé [abe] *m* Abt *m*; *prêtre* Pfarrer *m*

abbesse [abɛs] *f* Äbtissin *f*

abc [abese] *m* Fibel *f*; *fig* Anfangsgründe *m/pl*

abcès [apsɛ] *m* Abszess *m*

abdication [abdikasjɔ̃] *f trône*: Abdankung *f*

abdiquer [abdike] (*1m*) *v/i* abdanken; *v/t* verzichten auf (*acc*), aufgeben

abdomen [abdɔmɛn] *m* Unterleib *m*

abeille [abɛj] *f* Biene *f*

aberr|ant, **~ante** [abɛrɑ̃, -ɑ̃t] absurd; **~ation** *f* Absurdität *f*

abêtir [abɛtir] (*2a*) verdummen

abêtiss|ant, **~ante** [abɛtisɑ̃, -ɑ̃t] stumpfsinnig

abîm|e [abim] *m* Abgrund *m*, Tiefe *f*; **~er** (*1a*) beschädigen; ***s'~*** schadhaft werden; *aliments*: verderben

abject, **~e** [abʒɛkt] gemein

abjection [abʒɛksjɔ̃] *f* Gemeinheit *f*

abjurer [abʒyre] (*1a*) abschwören (***sa foi*** seinem Glauben)

ablutions [ablysjɔ̃] *f/pl* (rituelle) Waschungen *f/pl*

abnégation [abnegasjɔ̃] *f* Entsagung *f*

aboiement [abwamɑ̃] *m* Gebell *n*

abois [abwa] ***être aux ~*** in e-r verzweifelten Lage sein

abol|ir [abɔlir] (*2a*) abschaffen, aufheben; **~ition** *f* Abschaffung *f*

abominable [abɔminablə] abscheulich

abond|ance [abɔ̃dɑ̃s] *f* Überfluss *m*;

société** f **d'~ Wohlstandsgesellschaft *f*; **~ant**, **~ante** [-ɑ̃, -ɑ̃t] reichlich; **~er** (*1a*) *v/i* reichlich vorhanden sein; ***~ en*** Überfluss haben an (*dat*)

abonn|é [abɔne] *m* Abonnent *m*, Bezieher *m*; *tél* Teilnehmer *m*; **~ement** [-mɑ̃] *m* Abonnement *n*; *transports*: Zeitkarte *f*; *spectacle*: Dauerkarte *f*; ***~ mensuel*** Monatskarte *f*; **~er** (*1a*) ***s'~ à une revue*** e-e Zeitschrift abonnieren

abord [abɔr] *m* ***~ facile*** Zugänglichkeit *f*; ***être d'un ~ facile*** umgänglich sein; ***d'~*** zuerst; ***tout d'~, dès l'~*** gleich zu Anfang; ***au premier ~, de prime ~*** auf den ersten Blick, zunächst; ***~s** pl* Umgebung *f*

abord|able [abɔrdablə] zugänglich; **~age** *m mar collision* Zusammenstoß *m*; *assaut* Entern *n*; **~er** (*1a*) **1.** *mar v/t prendre d'assaut* entern; *heurter* zusammenstoßen (***qc*** mit etw); *v/i* anlegen (***à*** an *dat*); **2.** *fig v/t question*: anschneiden; *personne*: anreden

about|ir [abutir] (*2a*) *v/i projets*: erfolgreich sein; ***~ à, dans, sur*** enden in (*dat*); *fig* führen zu; **~issement** [-ismɑ̃] *m résultat* Ergebnis *n*; *succès* Erfolg *m*; *fin* Endpunkt *m*

aboyer [abwaje] (*1h*) bellen

abras|if, **~ive** [abrazif, -iv] *tech* **1.** *adj* abschleifend, scheuernd; **2.** *m* Schleifmittel *n*

abrég|é [abreʒe] *m* Abriss *m*; **~er** (*1g*) abkürzen

abreuv|er [abrœve] (*1a*) tränken; F ***s'~*** seinen Durst löschen; **~oir** *m* Tränke *f*

abréviation [abrevjasjõ] *f* Abkürzung *f*

abri [abri] *m* Obdach *n*, Unterkunft *f*; *toit*: Schutzdach *n*; *fig* Schutz *m*, Sicherheit *f*; ***à l'~ de*** geschützt gegen; ***mettre à l'~ de*** in Sicherheit bringen vor (*dat*); ***être sans ~*** obdachlos sein

abricot [abriko] *m* Aprikose *f*; **~ier** [abrikɔtje] *m* Aprikosenbaum *m*

abriter [abrite] (*1a*) *loger* beherbergen; ***~ de*** *protéger* schützen vor (*dat*); ***s'~*** Schutz suchen

abroger [abrɔʒe] (*1l*) *jur* aufheben

abrupt, **~e** [abrypt] *pente*: abschüssig; *personne*, *ton*: schroff

abruti, **~e** [abryti] *adj* abgestumpft, blöd

abrut|ir [abrytir] (*2a*) verdummen; ***s'~*** abstumpfen, verblöden; **~issant**, **~issante** [-isɑ̃, -isɑ̃t] stumpfsinnig, geisttötend; **~issement** [-ismɑ̃] *m* Verdummung *f*

absence [apsɑ̃s] *f* Abwesenheit *f*

abs|ent, **~ente** [apsɑ̃, -ɑ̃t] abwesend; *air*, *attitude*: zerstreut

absent|éisme [apsɑ̃teismə] *m* Arbeitsversäumnis *n*; **~er** (*1a*) ***s'~*** sich kurz entfernen

abside [apsid] *f arch* Apsis *f*

absinthe [apsɛ̃t] *f bot* Wermut *m*; *eau-de-vie* Absinth *m*

absolu, **~e** [apsɔly] absolut; **~ment** *adv à tout prix* unbedingt; *tout à fait* ganz, völlig; **~tion** *f rel* Absolution *f*, Lossprechung *f*; **~tisme** [-tismə] *m pol* Absolutismus *m*

absorber [apsɔrbe] (*1a*) *nourriture*: zu sich nehmen; *liquide*: aufnehmen, aufsaugen; *temps*, *personne*: in Anspruch nehmen; ***s'~ dans qc*** sich in etw (*acc*) vertiefen

absorption [apsɔrpsjõ] *f* Aufnahme *f*, Aufsaugen *n*

absoudre [apsudrə] (*4b*) ***~ qn*** j-n lossprechen

abstenir [apstənir] (*2h*) ***s'~*** *pol* sich der Stimme enthalten; ***s' ~ de qc*** sich e-r Sache enthalten, auf etw (*acc*) verzichten

abstention [apstɑ̃sjõ] *f* Enthaltung *f*; *pol* Stimmenthaltung *f*

abstentionniste [apstɑ̃sjɔnist] *m pol* Nichtwähler *m*

abstraction [apstraksjõ] *f* abstrakter Begriff; ***faire ~ de qc*** von etw absehen; ***~ faite de*** abgesehen von

abstraire [apstrɛr] (*4s*) abstrahieren, begrifflich erfassen; ***s'~*** F abschalten

abstr|ait, **~aite** [apstrɛ, -ɛt] abstrakt

absurd|e [apsyrd] absurd, unsinnig; **~ité** *f* Absurdität *f*, Widersinn *m*

abus [aby] *m* Missbrauch *m*; *injustice* Missstand *m*; ***~ de confiance*** Veruntreuung *f*, Untreue *f*

abus|er [abyze] (*1a*) *v/i* das Maß überschreiten; ***~ de qc*** etw (*acc*) missbrauchen; ***s'~*** sich irren; ***si je ne m'abuse*** wenn ich mich nicht irre; **~if**, **~ive** [-if, -iv] missbräuchlich

académicien [akademisjɛ̃] *m* Akademiemitglied *n* (*bes der Académie fran-*

çaise)

académ|ie [akademi] *f* Akademie *f*, Hochschule *f*; **~ique** Akademie…; *style*: akademisch

acajou [akaʒu] *m* Mahagoni *n*

acariâtre [akarjɑtrə] griesgrämig

accabl|ant, **~ante** [akablɑ̃, -ɑ̃t] *charge, preuve*: erdrückend; *chaleur*: drückend; **~er** *(1a)* *affliger* nieder-, bedrücken; *compliments, reproches*: überhäufen (**de** mit)

accalmie [akalmi] *f* Windstille *f*; *fig* Flaute *f*

accapar|er [akapare] *(1a)* *écon* aufkaufen, hamstern; *fig* in Beschlag nehmen; **~eur** *m* F Hamsterer *m*

accéder [aksede] *(1f)* ***~ à qc*** zu etw gelangen, etw *(acc)* erreichen; *chemin*: zu etw führen; *fig* etw *(acc)* erlangen; ***~ à l'indépendance*** die Unabhängigkeit erlangen

accélér|ateur [akseleratœr] *m auto* Gaspedal *n*; **~er** *(1f)* beschleunigen; *auto* Gas geben

accent [aksɑ̃] *m* Akzent *m*; *intonation* Betonung *f*; *inflexion* Tonfall *m*; *prononciation* Aussprache *f*; *fig* ***mettre l'~ sur qc*** etw *(acc)* betonen, hervorheben

accentu|ation [aksɑ̃tɥasjõ] *f* Betonung *f*; *fig* Verschärfung *f*; **~er** *(1n)* betonen

accept|able [aksɛptablə] annehmbar; **~ation** *f* Annahme *f*; **~er** *(1a)* annehmen; *personne*: akzeptieren; *reconnaître* anerkennen; ***~ de*** (+ *inf*) zusagen zu (+ *inf*); ***~ que*** (+ *subj*) *reconnaître* anerkennen, dass; ***ne pas ~ que*** *a* nicht dulden, dass

acception [aksɛpsjõ] *f* (Wort-)Bedeutung *f*

accès [aksɛ] *m* **1.** Zutritt *m*, Zu-, Eingang *m*; *EDV* Zugriff *m*; ***~ (à) Internet*** Internetzugang *m*; **2.** *méd* Anfall *m*

accessible [aksɛsiblə] *région*: zugänglich (**à** für); *lecture, sujet*: verständlich; *prix*: erschwinglich

accession [aksɛsjõ] *f* Beitritt *m* (**à** zu)

accessoire [aksɛswar] **1.** *adj* nebensächlich; **2.** *m* Nebensache *f*; ***~s*** *pl* Zubehör *n*; ***~s** pl* ***de théâtre*** Theaterrequisiten *n/pl*

accident [aksidɑ̃] *m* Unfall *m*; *événement fortuit* Zufall *m*; ***~ de terrain*** Unebenheit *f*; ***~ de travail*** Arbeitsunfall *m*; ***par ~*** zufällig; ***dans un ~*** bei e-m Unfall

accident|é, **~ée** [aksidɑ̃te] verunglückt; *terrain*: uneben, hügelig; ***voiture*** *f* ***accidentée*** Unfallwagen *m*; **~el**, **~elle** zufällig; **~ellement** *adv* zufällig

acclam|ation [aklamasjõ] *f* Beifallsruf *m*; **~er** *(1a)* ***~ qn*** j-m zujubeln

acclimat|ation [aklimatasjõ] *f* Akklimatisierung *f*, Gewöhnung *f*; *personne*: Einleben *n*; **~er** *(1a)* ***s'~*** sich eingewöhnen, sich akklimatisieren

accointances [akwɛ̃tɑ̃s] *f/pl souvent péj* ***avoir des ~ avec qn*** Beziehungen zu j-m haben

accolade [akɔlad] *f* Umarmung *f*; *signe*: geschweifte Klammer *f*

accommod|ation [akɔmɔdasjõ] *f* Anpassung *f*; **~ement** [-mɑ̃] *m* Übereinkommen *n*, Ausgleich *m*; **~er** *(1a)* anpassen; *cuis* zubereiten; ***s'~ à*** sich richten nach; ***s'~ de*** sich abfinden mit

accompagna|teur, **~trice** [akõpaɲatœr, -tris] *m, f* Begleiter(in) *m(f)* (*a mus*)

accompagn|ement [akõpaɲmɑ̃] *m* Begleitung *f*; **~er** *(1a)* begleiten (*a mus*); ***accompagné de*** *od* ***par*** in Begleitung von

accompl|i, **~ie** [akõpli] vollendet, vollkommen; **~ir** *(2a)* vollenden, erledigen, ausführen; **~issement** [-ismɑ̃] *m* Erfüllung *f*

accord [akɔr] *m* Übereinstimmung *f*; *pacte* Abkommen *n*; *mus* Akkord *m*; **(être) d'~** einverstanden (sein); ***tomber d'~*** übereinkommen, einig werden; ***avec l'~ de, en ~ avec*** im Einvernehmen mit; ***donner son ~*** zustimmen

accorder [akɔrde] *(1a)* in Übereinstimmung bringen; *mus* stimmen; *crédit, délai*: bewilligen; ***s'~*** sich vertragen; ***s'~ pour faire qc*** vereinbaren, etw zu tun; ***s'~ qc*** sich etw gönnen

accost|age [akɔstaʒ] *m mar* Anlegen *n*, Landen *n*; **~er** *(1a)* *v/i mar* anlegen; *v/t* ***~ qn*** j-n ansprechen

accotement [akɔtmɑ̃] *m* Seitenstreifen *m* (*e-r Straße*)

accouch|ée [akuʃe] *f* Wöchnerin *f*; **~ement** [-mɑ̃] *m* Entbindung *f*; **~er** *(1a)* entbinden; **~eur**, **~euse** *m*, *f* Geburtshelfer *m*, Hebamme *f*

accoud|er [akude] (*1a*) ***s'~*** sich mit dem Ellbogen aufstützen; **~oir** *m* Armlehne *f*

accoupl|ement [akupləmɑ̃] *m biol* Paarung *f*, Begattung *f*; *tech* Kupplung *f*; *él* Schaltung *f*; **~er** (*1a*) *tech* kuppeln; *él* schalten; *fig* verbinden; *biol* ***s'~*** sich paaren, sich begatten

accourir [akurir] (*2i*) herbeieilen, herbeilaufen

accoutr|ement [akutrəmɑ̃] *m péj* Aufmachung *f*; **~er** (*1a*) ***s'~*** sich herausputzen

accoutum|ance [akutymɑ̃s] *f biol* Gewöhnung *f*; **~é**, **~ée** gewohnt; ***être ~(e) à qc*** etw (*acc*) gewohnt sein; **~er** (*1a*) ***~ qn à qc*** j-n an etw (*acc*) gewöhnen; ***s'~ à qc*** sich an etw (*acc*) gewöhnen

accréditer [akredite] (*1a*) beglaubigen

accro, **~e** [akro] F süchtig

accroc [akro] *m déchirure* Riss *m*; *obstacle* Schwierigkeit *f*

accroch|age [akrɔʃaʒ] *m* Zusammenstoß *m*; **~er** (*1a*) an-, aufhängen; *heurter* (leicht) zusammenstoßen (***qn, qc*** mit j-m, etw); *auto a*: anfahren, streifen; *regard*, *personne*: anziehen; ***s'~ à*** hängen bleiben an (*dat*); *fig* sich an-, festklammern an (*dat*)

accroissement [akrwasmɑ̃] *m* Zuwachs *m*, Vermehrung *f*; ***~ démographique*** Bevölkerungszunahme *f*

accroître [akrwatrə] (*4w*) vermehren; ***s'~*** (an)wachsen

accroupir [akrupir] (*2a*) ***s'~*** sich niederhocken, sich zusammenkauern

accru, **~e** [akry] (*p/p d'*accroître) vermehrt

accu [aky] *m* F (*abr* accumulateur) Batterie *f*

accueil [akœj] *m* Aufnahme *f*, Empfang *m*

accueill|ant, **~ante** [akœjɑ̃, -ɑ̃t] freundlich; *hospitalier* gastlich; **~ir** (*2c*) aufnehmen, empfangen

accumul|ateur [akymylatœr] *m* Akkumulator *m*, Batterie *f*; **~ation** *f* Anhäufung *f*; **~er** (*1a*) anhäufen; *argent*: horten; *énergie*: speichern; ***s'~*** sich ansammeln

accusa|teur, **~trice** [akyzatœr, -tris] *m*, *f* Ankläger(in) *m*(*f*); **~tion** *f* Anklage *f*

accus|é, **~ée** [akyze] *m*, *f* **1.** Angeklagte(r) *m*, *f*; **2.** *comm* ***accusé m de réception*** Empfangsbescheinigung *f*; **~er** (*1a*) **1.** *incriminer* anklagen (***de*** wegen); **2.** *faire ressortir* deutlich machen, betonen; *comm* ***~ réception*** den Empfang bestätigen

acerbe [asɛrb] herb, sauer; bitter (*a fig*)

acéré, **~e** [asere] scharf (*a fig*)

acét|ique [asetik] Essig…; ***acide m ~*** Essigsäure *f*; **~one** [-ɔn] *f chim* Azeton *n*

A.C.F. *m abr **Automobile Club de France*** französischer Automobilklub

achaland|age [aʃalɑ̃daʒ] *m* Kundenstamm *m*; **~é**, **~ée**: ***magasin m bien achalandé*** gut gehendes Geschäft *n*

acharn|é, **~ée** [aʃarne] *combat*: erbittert; *efforts*: hartnäckig; ***~(e) à qc*** auf etw (*acc*) versessen; **~ement** [-əmɑ̃] *m* Hartnäckigkeit *f*; **~er** (*1a*) ***s'~ à qc*** auf etw (*acc*) versessen sein; ***s'~ sur** od **contre qn*** sich wild auf j-n stürzen

achat [aʃa] *m* Einkauf *m*, Kauf *m*; ***~ à tempérament*** Ratenkauf *m*; ***pouvoir m d'~*** Kaufkraft *f*; ***prix m d'~*** Kaufpreis *m*; ***faire des ~s*** einkaufen

acheminer [aʃmine] (*1a*) befördern; ***s'~ vers*** sich auf den Weg machen, sich begeben nach

achet|er [aʃte] (*1e*) (ein)kaufen; ***~ qc à qn** pour qn*: j-m etw kaufen; *de qn*: j-m etw abkaufen; ***~ qn*** j-n bestechen; **~eur**, **~euse** *m*, *f* Käufer(in) *m*(*f*)

achèvement [aʃɛvmɑ̃] *m* Vollendung *f*

achever [aʃve] (*1d*) vollenden; ***~ de faire qc*** vollends etw tun; ***~ qn*** j-m den Gnadenstoß geben; *fig* j-m den Rest geben; ***s'~*** zu Ende gehen

acid|e [asid] **1.** *adj* sauer (*a chim*); **2.** *m chim* Säure *f*; **~ité** *f* Säure *f*

acier [asje] *m* Stahl *m*; *fig **d'~*** stahlhart

aciérie [asjeri] *f* Stahlwerk *n*, -hütte *f*

acné [akne] *f* Akne *f*

acolyte [akɔlit] *m péj* Helfershelfer *m*

acompte [akɔ̃t] *m* Anzahlung *f*, Vorschuss *m*; ***par ~s*** ratenweise

Açores [asɔr] ***les ~*** die Azoren *pl*

à-côté [akote] *m* (*pl à-côtés*) sekundäre Frage *f*; ***~s** pl revenus* Nebeneinnahmen *f/pl*; *dépenses* zusätzliche Ausgaben *f/pl*

à-coup [aku] *m* (*pl à-coups*) Ruck *m*; ***par ~s*** ungleichmäßig

acoustique [akustik] **1.** *adj* akustisch, Hör…; ***appareil*** *m* **~** Hörgerät *n*; **2.** *f* Akustik *f*

acquér|eur [akerœr] *m* Erwerber *m*, Käufer *m*; **~ir** (*2l*) erwerben; *droit*: erlangen; *coutume*: annehmen

acquiescer [akjɛse] (*1k*) **~ *à*** einwilligen in (*acc*)

acquis [aki] *p/p* d'acquérir *u adj* erworben; *résultats*: erreicht; *coutume*: angenommen; ***c'est un point ~*** das steht fest

acquisition [akizisjõ] *f* Erwerb *m*, (An-)Kauf *m*, Anschaffung *f*; *fig* Errungenschaft *f*

acquit [aki] *m comm* ***pour ~*** Betrag erhalten; *fig* ***par ~ de conscience*** um sein Gewissen zu beruhigen

acquitt|ement [akitmɑ̃] *m* Zahlung *f*; *jur* Freispruch *m*; **~er** (*1a*) *dette*: bezahlen, begleichen; *facture*: quittieren; *jur* freisprechen; ***s'~ de qc*** sich e-r Sache entledigen; ***s'~ d'un devoir*** e-e Pflicht erfüllen

âcre [ɑkrə] beißend, ätzend; *goût*: scharf; *fig* bissig, verletzend

âcreté [ɑkrəte] *f* Schärfe *f*

acrobatie [akrɔbasi] *f* Akrobatik *f*

acte [akt] *m* **1.** *action* Tat *f*, Handlung *f*; ***faire ~ de présence*** sich kurz sehen lassen, sich blicken lassen; **2.** *document officiel* Urkunde *f*; *dossier* Akte *f*; ***~ de mariage, ~ de naissance*** Heirats-, Geburtsurkunde *f*; ***dresser un ~*** e-e Urkunde ausstellen; ***prendre ~ de qc*** etw (*acc*) zur Kenntnis nehmen; **3.** *théâtre*: Akt *m*, Aufzug *m*

acteur, **actrice** [aktœr, aktris] *m*, *f* Schauspieler(in) *m*(*f*)

actif, **active** [aktif, aktiv] **1.** *adj* aktiv, tätig; **2.** *m comm* Aktivvermögen *n*

action [aksjõ] *f* Tat *f*, Handlung *f*; *jur* Klage *f*; *comm* Aktie *f*

actionn|aire [aksjɔnɛr] *m* Aktionär *m*; **~ement** *m tech* Antrieb *m*; **~er** (*1a*) *tech* in Bewegung setzen, betätigen

activ|er [aktive] (*1a*) *accélérer* beschleunigen; *feu*: schüren; **~ité** *f* Aktivität *f*; *occupation*, *profession* Tätigkeit *f*

actualité [aktɥalite] *f* Aktualität *f*, Zeitgeschehen *n*; ***d'~*** aktuell; ***~s*** *pl TV* Nachrichten *f/pl*

actuel, **~le** [aktɥɛl] *présent* gegenwärtig; *d'actualité*: aktuell; **~lement** *adv* zurzeit, momentan

acuité [akɥite] *f sens*: Schärfe *f*; *douleur*: Heftigkeit *f*

adage [adaʒ] *m* Sprichwort *n*

adapt|able [adaptablə] anpassungsfähig; **~ateur** [adaptatœr] *m él* Adapter *m*; **~ation** *f* Anpassung *f*; *livre*, *musique*: Bearbeitung *f*; **~er** (*1a*) anpassen; *livre*, *musique*: bearbeiten; ***s'~ à*** sich anpassen an (*acc*)

addition [adisjõ] *f* Hinzufügung *f*; *math* Addition *f*; *restaurant*: Rechnung *f*

additionn|el, **~elle** [adisjɔnɛl] zusätzlich; **~er** (*1a*) *math* addieren; *ajouter* hinzufügen

adepte [adɛpt] *m*, *f* Anhänger(in) *m*(*f*)

adéqu|at, **~ate** [adekwa, -at] adäquat, angemessen

adhér|ence [aderɑ̃s] *f* (An-)Haften *n*; *tech* Reibungswiderstand *m*; **~ent**, **~ente** [-ɑ̃, -ɑ̃t] *m*, *f* Mitglied *n*; **~er** (*1f*) haften (***à*** an *dat*); ***~ à une doctrine*** e-r Lehre anhängen; ***~ à un parti*** e-r Partei beitreten

adhés|if, **~ive** [adezif, -iv] **1.** *adj* klebend; **2.** *m* Klebstoff *m*; **~ion** *f* Beitritt *m*; *consentement* Zustimmung *f*

adieu [adjø] **1.** leb wohl!; ***dire ~ à qn*** sich von j-m verabschieden; **2.** ***~x*** *m/pl* Abschied *m*; ***faire ses ~x*** Abschied nehmen (***à qn*** von j-m)

Adige [adiʒ] *géogr* ***l'~*** *m* die Etsch

adjac|ent, **~ente** [adʒasɑ̃, -ɑ̃t] angrenzend; ***rue*** *f* ***adjacente*** Nebenstraße *f*

adjectif [adʒɛktif] *m gr* Adjektiv *n*

adjoindre [adʒwɛ̃drə] (*4b*) **~ *à*** hinzufügen zu; ***s'~ qn*** sich j-n (zu Hilfe) nehmen

ad|joint, **~jointe** [adʒwɛ̃, -ʒwɛ̃t] **1.** *adj* stellvertretend; **2.** *m* Stellvertreter *m*; ***~ au maire*** stellvertretender *od* zweiter Bürgermeister *m*

adjudication [adʒydikasjõ] *f vente aux enchères* Versteigerung *f*; *travaux*: Ausschreibung *f*; *attribution* Auftragsvergabe *f*

adjuger [adʒyʒe] (*1l*) zusprechen, zuerkennen

admettre [admɛtrə] (*4p*) *autoriser* zulassen; *accueillir* aufnehmen; *recon-*

naître anerkennen; ~ ***que*** (+ *ind od subj*) zugeben, einräumen, dass; ***admettons que, admettez que, en admettant que*** (+ *subj*) *hypothétique*: angenommen, dass

administra|teur, **~trice** [administratœr, -tris] *m, f* Verwalter(in) *m(f)*; ~ ***judiciaire*** Konkursverwalter *m*; **~tif**, **~tive** [-tif, -tiv] Verwaltungs…; **~tion** *f* Verwaltung *f*; *autorité* Verwaltungsbehörde *f*; *direction* Leitung *f*; *méd* Verabreichung *f*

administrer [administre] (*1a*) verwalten; *diriger* führen, leiten; *méd* verabreichen; *sacrements*: spenden

admira|ble [admirablə] bewundernswürdig; **~teur**, **~trice** **1.** *adj* bewundernd; **2.** *m, f* Bewunderer *m*, Bewunderin *f*; **~tion** *f* Bewunderung *f*

admirer [admire] (*1a*) bewundern; ~ ***qn pour son courage*** j-n wegen seines Mutes bewundern

admissible [admisiblə] *tolérable* annehmbar

admission [admisjõ] *f* Zulassung *f*; *élève*, *patient*: Aufnahme *f*

adolesc|ence [adɔlɛsɑ̃s] *f* Jugendalter *n*, -zeit *f*; **~ent**, **~ente** [-ɑ̃, -ɑ̃t] *m, f* Jugendliche(r) *m, f*, junger Mann *m*, junges Mädchen *n*

adonner [adɔne] (*1a*) ***s'~ à qc*** sich e-r Sache hingeben

adopt|er [adɔpte] (*1a*) *enfant*: adoptieren; *opinion*: sich (*dat*) zu Eigen machen; *une mode*: mitmachen; *loi*: verabschieden; **~if**, **~ive** [-if, -iv] Adoptiv…; ***père*** *m* ~ Adoptivvater *m*

adoption [adɔpsjõ] *f* Adoption *f*; *loi*: Verabschiedung *f*; ***patrie*** *f* ***d'~*** Wahlheimat *f*

adora|ble [adɔrablə] entzückend, reizend; **~teur**, **~trice** *m, f* Verehrer(in) *m(f)*; **~tion** *f* Anbetung *f*

adorer [adɔre] (*1a*) *rel* anbeten; *fig aimer* über alles lieben

adosser [adose] (*1a*) anlehnen; ***s'~ contre*** *od* ***à*** sich anlehnen an (*acc*)

adoucir [adusir] (*1a*) mildern; ***s'~*** *temps*: sich erwärmen

adress|e [adrɛs] *f* **1.** *domicile*: Anschrift *f*, Adresse *f*; ***à l'~ de qn*** für j-n bestimmt; **2.** *habileté* Geschicklichkeit *f*; **~er** (*1b*) richten, adressieren (***à*** an *acc*); ~ ***la parole à qn*** das Wort an j-n richten; ***s'~ à qn*** sich an j-n wenden

Adriatique [adriatik] *géogr* ***l'~*** *f* die Adria

adroit, **adroite** [adrwa, adrwat] geschickt, gewandt

adula|teur, **~trice** [adylatœr, -tris] *m, f* Schmeichler(in) *m(f)*

aduler [adyle] (*1a*) ~ ***qn*** bei *od* vor j-m liebedienern

adulte [adylt] **1.** *adj* erwachsen; *comportement*: reif; **2.** *m, f* Erwachsene(r) *m, f*

adultère [adyltɛr] **1.** *adj* ehebrecherisch; **2.** *m* Ehebruch *m*

advenir [advənir] (*2h*) geschehen; *prov* ***advienne que pourra*** komme, was da wolle

adverbe [advɛrb] *m gr* Adverb *n*

adversaire [advɛrsɛr] *m, f* Gegner(in) *m(f)*

adversité [advɛrsite] *litt f* Missgeschick *n*

AELE *f abr* ***Association européenne de libre-échange*** EFTA *f*

aér|ateur [aeratœr] *m* (Be-)Lüftungsanlage *f*; **~ation** *f* (Be-, Ent-)Lüftung *f*; **~er** (*1f*) lüften

aér|ien, **~ienne** [aerjɛ̃, -jɛn] Luft…; ***pont*** *m* ***aérien*** Luftbrücke *f*

aéro… [aerɔ] *in Zssgn* Luft…, Flug…

aérobic [aerɔbik] *f* Aerobic *n*

aéro|drome [aerɔdrom] *m* Flugplatz *m*; **~dynamique** [-dinamik] stromlinienförmig; **~gare** [-gar] *f* Flughafengebäude *n*; **~glisseur** [-glisœr] *m mar* Luftkissenboot *n*; **~nautique** [-notik] **1.** *adj* Luftfahrt…, Flugzeug…; **2.** *f* Luftfahrt *f*, Flugwesen *n*; **~nef** [-nɛf] *m* Luftfahrzeug *n*; **~port** [-pɔr] *m* Flughafen *m*; **~sol** [-sɔl] *m* Spraydose *f*; **~spatial**, **~spatiale** [-spasjal] (*m/pl -aux*) (Luft- und) Raumfahrt…

affabilité [afabilite] *f* Leutseligkeit *f*, Umgänglichkeit *f*

affable [afablə] leutselig, umgänglich

affaibl|ir [afɛblir] (*2a*) schwächen; ***s'~*** schwächer werden; **~issement** [-ismɑ̃] *m* Entkräftung *f*, Schwächung *f*; *déclin* Nachlassen *n*

affair|e [afɛr] *f question* Angelegenheit *f*, Sache *f*; *comm* Geschäft *n*; *bonne occasion* günstige Gelegenheit; *jur* Sache *f*, Fall *m*; *scandale* Affäre *f*; ***avoir ~ à qn*** mit j-m zu tun haben;

se tirer d'~ sich aus der Klemme ziehen; **~s** *f/pl biens personnels* Sachen *f/pl*; *intérêts* Geschäfte; ***ce sont mes ~s*** das ist meine Sache; ***le monde des ~s*** die Geschäftswelt *f*; ***les* ⁂*s étrangères*** das Außenministerium; **~é**, **~ée** geschäftig; stark beschäftigt; **~er** *(1b)* ***s'~*** sich zu schaffen machen; **~iste** *m*, *f* Geschäftemacher(in) *m(f)*

affaiss|ement [afɛsmɑ̃] *m* ***~ de terrain*** Bodensenkung *f*; **~er** *(1b)* ***s'~*** *terrain*: sich senken; *personne*: zusammenbrechen

affamé, **~e** [afame] hungrig; ***~(e) de gloire*** ruhmsüchtig

affect|ation [afɛktasjõ] *f* **1.** *pose* Ziererei *f*; **2.** *destination d'une chose* Verwendung *f*; *personnel*: Dienstposten *m*; **~é**, **~ée** geziert, gekünstelt; **~er** *(1a)* **1.** *simuler* vortäuschen, heucheln; ***~ une forme*** e-e Form annehmen; **2.** *destiner* verwenden; ***~ à un poste*** auf e-n Posten schicken *od* versetzen; **3.** *émouvoir* betrüben, berühren

affect|if, **~ive** [afɛktif, -iv] gefühlsbetont

affection [afɛksjõ] *f* **1.** Zuneigung *f*, Liebe *f*; **2.** *méd* Erkrankung *f*

affectu|eux, **~euse** [afɛktɥø, -øz] liebevoll, zärtlich

affermir [afɛrmir] *(2a)* festigen, stärken

affichage [afiʃaʒ] *m* (öffentlicher) Anschlag *m*; *EDV* Anzeige *f*, Display *n*; ***montre*** *f* ***à ~ numérique*** Digitaluhr *f*; ***panneau*** *m* ***d'~*** Anschlagtafel *f*

affich|e [afiʃ] *f* Plakat *n*; **~er** *(1a)* anschlagen; *attitude*: zur Schau tragen; *EDV* anzeigen; **~eur** *m* Plakatkleber *m*

affil|ée [afile] ***d'~*** ununterbrochen; **~er** *(1a)* schleifen, wetzen

affilier [afilje] *(1a)* ***s'~ à*** sich anschließen an *(acc)*; ***être affilié à un parti*** e-r Partei angehören

affiner [afine] *(1a)* verfeinern, veredeln

affinité [afinite] *f* Verwandtschaft *f*, Ähnlichkeit *f*

affirmat|if, **~ive** [afirmatif, -iv] *réponse*: bejahend; *personne*: entschieden; ***répondre par l'affirmative*** mit Ja antworten

affirm|ation [afirmasjõ] *f* Behauptung *f*; **~er** *(1a)* *prétendre* behaupten; *volonté*, *autorité*: geltend machen

affleurer [aflœre] *(1a)* *v/t* (ein)ebnen; *v/i* zu Tage liegen *od* treten; *fig* spürbar werden, aufkommen

affliction [afliksjõ] *f* Kummer *m*

afflige|ant, **~ante** [afliʒɑ̃, -ɑ̃t] traurig, schmerzlich

affliger [afliʒe] *(1l)* betrüben, bekümmern; *maladie*: heimsuchen; ***s'~ de*** bekümmert sein über *(acc)*

afflu|ence [aflyɑ̃s] *f* Menschenandrang *m*; ***heures*** *f/pl* ***d'~*** Stoßzeiten *f/pl*; **~ent** [-ɑ̃] *m* Nebenfluss *m*; **~er** *(1a)* zusammenströmen

afflux [afly] *m* Andrang *m*; *(a méd)*; *capitaux*: Zustrom *m*, -fluss *m*

affol|ement [afɔlmɑ̃] *m* Aufregung *f*, Verwirrung *f*; **~er** *(1a)* aufregen; ***s'~*** *u* ***être affolé*** sich aufregen, den Kopf verlieren

affranch|ir [afrɑ̃ʃir] *(2a)* **1.** *libérer* freilassen; **2.** *lettre*: frankieren; **~issement** [-ismɑ̃] *m* **1.** Freilassung *f*; **2.** Frankieren *n*

affréter [afrete] *(1f)* *mar*, *aviat* chartern

affr|eux, **~euse** [afrø, -øz] schrecklich, abscheulich

affront [afrõ] *m* grobe Beleidigung *f*, Affront *m*; **~ement** [-tmɑ̃] *m pol* Konfrontation

affronter [afrõte] *(1a)* ***~ qn*** j-m trotzen; ***s'~*** sich gegenüberstehen

affût [afy] *m fig* ***être à l'~*** auf der Lauer liegen

affûter [afyte] *(1a)* *tech* schleifen

Afghanistan [afganistɑ̃] ***l'~*** *m* Afghanistan *n*

afin [afɛ̃] ***~ de*** (+ *inf*) um zu; ***~ que*** (+ *subj*) damit, (auf) dass

AFNOR *od* **Afnor** *f abr* ***Association française de normalisation*** Französischer Normenverband; *etwa* DIN *n* (Deutsches Institut für Normung)

AFP *f abr* ***Agence France-Press*** *französische Nachrichtenagentur*

afric|ain, **~aine** [afrikɛ̃, -ɛn] **1.** *adj* afrikanisch; **2.** ⁂, ⁂***e*** *m,f* Afrikaner(in) *m(f)*

Afrique [afrik] ***l'~*** Afrika *n*

agaç|ant, **~ante** [agasɑ̃, -ɑ̃t] auf die Nerven gehend, lästig

agacer [agase] *(1k)* reizen, nerven; *taquiner* necken

agate [agat] *f* Achat *m*

âge [aʒ] *m* Alter *n*; Lebensalter *n*; *époque* Zeitalter *n*; ***Moyen* ♀** Mittelalter *n*; ***troisième ~*** (Senioren-)Alter *n*; ***retour*** *m* ***d'~*** *méd* Wechseljahre *n/pl*; ***quel ~ a-t-il?*** wie alt ist er?

âgé, ~e [aʒe] alt; ***~(e) de deux ans*** zwei Jahre alt

agence [aʒɑ̃s] *f* Agentur *f*; *succursale* Geschäftsstelle *f*; ***~ immobilière*** Maklerbüro *n*; ***~ de publicité*** Werbeagentur *f*; ***~ de voyages*** Reisebüro *n*

agenc|ement [aʒɑ̃smɑ̃] *m* Anordnung *f*, Gestaltung *f*; **~er** (*1k*) anordnen; *appartement*: einrichten; *former* gestalten

agenda [aʒɛ̃da] *m* Taschenkalender *m*

agenouiller [aʒnuje] (*1a*) ***s'~*** (sich) niederknien

agent [aʒɑ̃] *m* **1.** *personne*: Agent *m*; ***~ de police*** Polizist *m*; ***~ général*** Alleinvertreter *m*; ***~ d' assurance*** Versicherungsvertreter *m*; ***~ de change*** Börsenmakler *m*; ***~ secret*** Geheimagent *m*; **2.** *facteur*: Mittel *n*; *chim* Wirkstoff *m*; *méd* ***~ pathogène*** Krankheitserreger *m*

agglomération [aglɔmerasjõ] *f* geschlossene Ortschaft *f*; *concentration de villes, etc* Ballungsraum *m*; ***l'~ parisienne*** Groß-Paris *n*

agglomér|é [aglɔmere] *m* *planche*: Spanplatte *f*; **~er** (*1f*) zusammenballen

agglutiner [aglytine] (*1a*) ver-, zusammenkleben; ***s'~*** sich zusammenballen

aggrav|ant, ~ante [agravɑ̃, -ɑ̃t] *jur* ***circonstances*** *f/pl* ***aggravantes*** erschwerende Umstände *m/pl*; **~er** (*1a*) verschlimmern, verschärfen; ***s'~*** sich verschlimmern, sich zuspitzen

agil|e [aʒil] behände, flink; **~ité** *f* Gewandtheit *f*, Beweglichkeit *f*

agio [aʒjo] *m écon* Kreditkosten *pl*

agiotage [aʒjɔtaʒ] *m écon* Börsenspekulation *f*

agir [aʒir] (*2a*) handeln; ***~ sur qn*** auf j-n (ein)wirken; ***il s'agit de*** es handelt sich um

agissements [aʒismɑ̃] *m/pl péj* Machenschaften *f/pl*, Umtriebe *m/pl*

agitation [aʒitasjõ] *f* (heftige) Bewegung *f*; *pol* Unruhe *f*; *psych* Erregung *f*

agit|é, ~ée [aʒite] unruhig; *psych* erregt; *mer*: aufgewühlt; **~er** (*1a*) hin und her bewegen, schwenken; *préoccuper* beunruhigen; *énerver* aufregen; ***s'~*** sich hin und her bewegen; *s'énerver* sich aufregen

agneau [aɲo] *m* (*pl -x*) Lamm(fleisch) *n*

agonie [agɔni] *f* Todeskampf *m*

agonis|ant, ~ante [agɔnizɑ̃, -ɑ̃t] **1.** *adj* im Sterben liegend; **2.** *m, f* Sterbende(r) *m, f*; **~er** (*1a*) mit dem Tode ringen

agraf|e [agraf] *f* *vêtements*: Haken *m*; *bureau*: Heftklammer *f*; *cheveux*: Spange *f*; *méd* Klammer *f*; **~er** (*1a*) *vêtements*: zuhaken; *papier*: heften

agraire [agrɛr] Acker…; ***réforme*** *f* ***~*** Bodenreform *f*

agrandir [agrɑ̃dir] (*2a*) *photographie, ouverture*: vergrößern

agrandiss|ement [agrɑ̃dismɑ̃] *m* Vergrößerung *f*; **~eur** *m* Vergrößerungsapparat *m*

agréable [agreablə] angenehm (***à qn*** j-m)

agré|é, ~ée [agree] zugelassen; **~er** (*1a*) genehmigen; ***se faire ~ dans un milieu*** in e-n Gesellschaftskreis aufgenommen werden; ***veuillez ~, Monsieur, mes salutations distinguées*** mit freundlichem Gruß

agrégation [agregasjõ] *f Prüfung für das Lehramt an höheren Schulen und Universitäten*

agréger [agreʒe] (*1g*) verbinden; ***s'~*** sich verfestigen

agrément [agremɑ̃] *m* **1.** *consentement* Genehmigung *f*; **2.** *le plus souvent au pl* ***les ~s*** *attrait* der Reiz

agrémenter [agremɑ̃te] (*1a*) verzieren, ausschmücken

agress|er [agrɛse] (*1b*) überfallen, anfallen; **~eur** *m* Angreifer *m*; **~if, ~ive** [-if, -iv] aggressiv, angriffslustig; **~ion** [-jõ] *f attaque non attendue* Überfall *m*; *attaque attendue ou attaque morale* Angriff *m*; *psych ou droit international*: Aggression *f*; **~ivité** *f* [-ivite] Aggressivität *f*

agricole [agrikɔl] landwirtschaftlich, Landwirtschafts…; ***ouvrier*** *m* ***~*** Landarbeiter *m*; ***marché*** *m* ***~*** Agrarmarkt *m*

agricult|eur [agrikyltœr] *m* Landwirt

m; **~ure** [-yr] *f* Landwirtschaft *f*

agripper [agripe] (*1a*) packen, an sich reißen; ***s'~*** sich festhalten (***à*** an *dat*)

agronom|e [agrɔnɔm] *m* Agronom *m*; ***ingénieur*** *m* **~** Agraringenieur *m*; **~ie** *f* Landwirtschaftskunde *f*

agrumes [agrym] *m/pl* Zitrusfrüchte *f/pl*

aguerrir [agerir] (*2a*) abhärten

aguets [agɛ] ***être aux ~*** auf der Lauer liegen

aguicher F [agiʃe] (*1a*) anlocken; F bezirzen

ahur|i, ~ie [ayri] verblüfft, verdutzt; **~ir** (*2a*) verblüffen; **~issant, ~issante** [-isɑ̃, -isɑ̃t] verblüffend

aide [ɛd] **1.** *f* Hilfe *f*; ***à l'~ de qc*** mithilfe von etw; ***avec l'~ de qn*** mit j-s Hilfe; **2.** *m, f assistant* Gehilfe *m*, Gehilfin *f*

aide-mémoire [ɛdmemwar] *m* (*pl unv*) kurze Zusammenfassung *f*

aider [ɛde] (*1b*) helfen (***qn*** j-m); ***~ à qc*** zu etw beitragen; ***s'~ de qc*** etw (*acc*) benützen

AIEA *f abr* ***Agence internationale de l'énergie atomique*** IAEO *f* (Internationale Atomenergie-Behörde)

aïeul, ~e [ajœl] *st/s m, f* Großvater *m*, Großmutter *f*; ***~s*** *pl* Großeltern *pl*

aïeux [ajø] *m/pl* Vorfahren *m/pl*, Ahnen *m/pl*

aigle [ɛglə] *m* Adler *m*

aigre [ɛgrə] sauer; *vent*: scharf; *paroles, critique*: bissig; *voix*: schrill; **~-doux, ~-douce** [-du, -dus] süßsauer

aigreur [ɛgrœr] *f* Säure *f*; *fig* Schärfe *f*

aigrir [ɛgrir] (*2a*) säuern; *fig* erbittern

aigu, aiguë [egy] *pointu* spitz; *son*: schrill; *douleur*: stechend; *conflit, intelligence*: scharf; *méd* akut

aigue-marine [ɛgmarin] *f* Aquamarin *m*

aiguillage [egɥijaʒ] *m tech* Weiche *f*

aiguill|e [egɥij] *f à coudre*: Nadel *f*; *instrument, montre*: Zeiger *m*; *tour, montagne*: Spitze *f*; **~er** (*1a*) *fig* lenken, leiten

aiguilleur [egijœr] *m* Weichensteller *m*; *aviat* ***~ du ciel*** Fluglotse *m*

aiguill|on [egɥijõ] *m* Stachel *m*; **~onner** [-ɔne] (*1a*) *fig* anspornen

aiguiser [egize] (*1a*) schleifen; *fig appétit*: anregen

ail [aj] *m* (*pl ails, parfois aulx* [o]) Knoblauch *m*; ***gousse*** *f* ***d'~*** Knoblauchzehe *f*

ail|e [ɛl] *f* Flügel *m*; *auto* Kotflügel *m*; *arch* Seitentrakt *m*, Flügel *m*; ***~ avant*** vorderer Kotflügel

ailier [ɛlje] *m sports*: ***~ droit*** (***gauche***) Rechtsaußen (Links-) *m*

ailleurs [ajœr] *lieu*: anderswo; *direction*: anderswohin; ***d'~*** übrigens; ***par ~*** außerdem, überdies; ***nulle part ~*** sonst nirgends

ailloli [ajɔli] *m cuis* kalte Knoblauchsoße *f*

aimable [ɛmablə] liebenswürdig

aim|ant[1], ~ante [ɛmɑ̃, -ɑ̃t] zärtlich

aim|ant[2] [ɛmɑ̃] *m* Magnet *m*; **~anter** [-ɑ̃te] (*1a*) magnetisieren

aimer [ɛme] (*1b*) lieben, gernhaben; *nourriture, boisson*: gern essen, trinken; ***~ mieux*** lieber mögen, vorziehen; ***~ faire qc*** etw gern tun; ***~ que*** (+ *subj*) es gernhaben, dass; ***~ mieux faire qc*** etw lieber tun

aine [ɛn] *f anat* Leistengegend *f*

aîné, ~e [ɛne] **1.** *adj de deux*: älter; älteste(r); **2.** *m, f* Ältere(r), Älteste(r) *m, f*; ***il est mon aîné*** (***de deux ans***) er ist (zwei Jahre) älter als ich

ainsi [ɛ̃si] also, so; ***~ que*** sowie; ***~ soit-il!*** amen!; ***pour ~ dire*** sozusagen

air [ɛr] *m* **1.** *atmosphérique*: Luft *f*; *vent* Wind *m*; ***~ conditionné*** Klimaanlage *f*; ***mettre à l'~*** ins Freie stellen; ***en plein ~*** im Freien, unter freiem Himmel; ***menace*** *f* ***en l'~*** leere Drohung *f*; **2.** *aspect* Aussehen *n*; *expression* Ausdruck *m*; *attitude* Benehmen *n*, Auftreten *n*; ***avoir l'~ de*** (+ *inf*) so aussehen als ob …, scheinen zu (+ *inf*); ***se donner des ~s*** vornehm tun; **3.** *mus* Melodie *f*; *chant pour soliste* Arie *f*

aire [ɛr] *f domaine* Gebiet *n*; *espace libre* freier Platz *m*; *surface* Fläche *f*; *rapace*: Horst *m*; ***~ de repos*** Rastplatz *m* (*an der Autobahn*)

airelle [ɛrɛl] *f bot* Heidelbeere *f*

aisance [ɛzɑ̃s] *f* **1.** *naturel* Leichtigkeit *f*, Ungezwungenheit *f*; **2.** *richesse* Wohlstand *m*, Wohlhabenheit *f*

aise [ɛz] *f* Wohlbehagen *n*, Bequemlichkeit *f*, Gemütlichkeit *f*; ***à l'~, à son ~*** bequem; ***être à l'~*** sich wohlfühlen; ***être mal à l'~*** sich nicht wohlfühlen; ***se mettre à l'~*** es sich bequem machen; ***à votre ~!*** wie es Ihnen beliebt!; ***en faire à son ~*** tun, wie man beliebt; ***prendre ses ~s*** es sich bequem machen

aisé, ~e [eze] *ton:* leicht, ungezwungen; *assez riche* wohlhabend; **~ment** *adv* leicht, mühelos

aisselle [ɛsɛl] *f* Achselhöhle *f*

Aix-la-Chapelle [ɛkslaʃapɛl] *géogr* Aachen *n*

A.J. *f abr* ***auberge de (la) jeunesse*** JH *f* (Jugendherberge)

ajonc [aʒõ] *m bot* Stechginster *m*

ajouré, ~e [aʒure] durchbrochen

ajourn|ement [aʒurnəmɑ̃] *m* Verschiebung *f*, Vertagung *f*, Aufschub *m*; *mil* Zurückstellung *f*; **~er** (*1a*) verschieben, vertagen (***d'une semaine*** um e-e Woche); *mil* zurückstellen

ajouter [aʒute] (*1a*) hinzufügen; *litt* ***~ foi à qc*** e-r Sache Glauben schenken; ***~ à qc*** etw (*acc*) noch vergrößern, verschlimmern; ***s'~ à*** noch hinzukommen zu

ajust|ement [aʒystəmɑ̃] *m* Anpassung *f*; **~er** (*1a*) *toilette, coiffure*: in Ordnung bringen; *viser* zielen auf (*acc*); *tech* an-, einpassen; **~eur** *m* Schlosser *m*

alambic [alɑ̃bik] *m* Retorte *f*

alarm|ant, ~ante [alarmɑ̃, -ɑ̃t] alarmierend, beunruhigend

alarm|e [alarm] *f signal* Alarm *m*; *inquiétude* Unruhe *f*, Angst *f*; ***~ d'ozone*** Ozonalarm *m*; ***signal*** *m* ***d'~*** Notbremse *f*; ***donner l'~*** Alarm schlagen; **~er** (*1a*) *prevenir* alarmieren; *inquiéter* beunruhigen; ***s'~ de*** sich beunruhigen, sich ängstigen wegen; **~iste** *m, f* Gerüchtemacher(in) *m(f)*

Albanie [albani] ***l'~*** *f* Albanien *n*

albâtre [albɑtrə] *m* Alabaster *m*

album [albɔm] *m* Album *n*

alcool [alkɔl] *m* Alkohol *m*; ***~ à brûler*** Brennspiritus *m*; **~ique 1.** *adj* alkoholisch; **2.** *m* Alkoholiker(in) *m(f)*; **~iser** (*1a*) Alkohol zusetzen (*dat*); ***boisson*** *f* ***alcoolisée*** alkoholisches Getränk *n*; **~isme** *m* Alkoholismus *m*

alco(o)test [alkɔtɛst] *m* Alkoholtest *m*

aléa [alea] *m le plus souvent au pl* **~s** Ungewissheit *f*, Risiko *n*; **~toire** [-twar] zufallsbedingt

alentour [alɑ̃tur] **1.** *adv* ringsumher; **2.** **~s** *m/pl* Umgebung *f*; ***aux ~s (de)*** in der Nähe (von)

alert|e [alɛrt] **1.** *adj* rege, lebendig; **2.** *f* Alarm(signal *n*) *m*; ***~ aérienne*** Fliegeralarm *m*; ***donner l'~ à qn*** j-n alarmieren (*a fig*); **~er** (*1a*) alarmieren

alezan [alzɑ̃] *m* Fuchs *m* (*Pferd*)

algèbre [alʒɛbrə] *f* Algebra *f*

Alger [alʒe] *géogr* Algier *n*

Algérie [alʒeri] *f* ***l'~*** Algerien *n*

Algérie [alʒeri] ***l'~*** *f* Algerien *n*

algér|ien, ~ienne [alʒerjɛ̃, -jɛn] **1.** *adj* algerisch; **2. ♀, ♀ne** *m, f* Algerier(in) *m(f)*

algue [alg] *f bot* Alge *f*

alibi [alibi] *m* Alibi *n*

alién|able [aljenablə] veräußerlich; **~ation** *f jur* Veräußerung *f*; *méd* Geistesgestörtheit *f*; *phil, pol* Entfremdung *f*

alién|é, ~ée [aljene] *m, f* Geistesgestörte(r) *m, f*; **~er** (*1f*) *jur* veräußern; *psych* entfremden; **~iste** *m* Psychiater *m*

alignement [aliɲmɑ̃] *m* Ausrichtung *f*; *rangée* Reihe *f*; *politique, conduite*: Anpassung *f*; *écon* Angleichung *f*

aligner [aliɲe] (*1a*) ausrichten; *mettre sur une ligne* in e-e Reihe bringen; ***~ une monnaie sur une autre*** e-e Währung e-r anderen anpassen; *pol* ***les pays non alignés*** die blockfreien Länder; ***s'~ sur qc*** sich e-r Sache anpassen, -schließen

aliment [alimɑ̃] *m* Nahrung(smittel) *f(n)*

aliment|aire [alimɑ̃tɛr] zur Ernährung gehörig; **~ation** *f* Ernährung *f*; *eau, électricité*: Versorgung *f*; *comm* Lebensmittelhandel *m*; ***~ en courant (électrique)*** Stromversorgung *f*; ***~ énergique*** Energieversorgung *f*; **~er** (*1a*) ernähren; *eau, électricité*: versorgen (***en*** mit); *conversation*: in Gang halten

alinéa [alinea] *m* Absatz *m*, neue Zeile *f*

aliter [alite] (*1a*) ***~ qn*** j-n ans Bett fesseln; ***être alité(e)*** bettlägerig sein; ***s'~*** sich (krank) ins Bett legen

alizé [alize] (***vent*** *m*) ***~*** *m* Passatwind *m*

allaiter [alɛte] (*1b*) säugen, stillen

allant [alɑ̃] *m* Schwung *m*

allécher [aleʃe] (*1f*) anlocken

allée [ale] *f avenue* Allee *f*; ***les ~s et ve-***

nues die Laufereien *f/pl*; ***une ~ et venue continuelle*** ein ständiges Kommen und Gehen (*n*)
allégation [alegasjõ] *f* Behauptung *f*
alléger [aleʒe] (*1g*) erleichtern
allègre [alɛgrə] munter, lustig
allégrement [alɛgrəmɑ̃] *adv* frisch-fröhlich
allégresse [alegrɛs] *f* Freude *f*
alléguer [alege] (*1f*) *texte*, *loi*: anführen, zitieren; *excuse*: vorbringen
Allemagne [almaɲ] *f* ***l'~*** Deutschland *n*; ***l'~ de l'Est*** Ostdeutschland *n*; ***l'~ du Nord*** Norddeutschland *n*; ***l'~ de l'Ouest*** Westdeutschland *n*; ***l'~ du Sud*** Süddeutschland *n*
allem|and, **~ande** [almɑ̃, -ɑ̃d] **1.** *adj* deutsch; **2.** **&**, **&e** *m*, *f* Deutsche(r) *m*, *f*
aller [ale] (*1o*) **1.** *à pied*: gehen; *avec véhicule*: fahren; *voyage*: reisen; ***~ à cheval*** reiten; ***~ en voiture*** Auto fahren; ***~ à (en) bicyclette*** mit dem Rad fahren; ***je vais partir*** ich bin im Begriff zu gehen; ***j'allais dire*** ich wollte sagen, ich hätte beinahe gesagt; ***~ chercher*** holen (gehen); ***~ voir qn*** j-n besuchen; ***comment allez-vous?*** wie geht es Ihnen?; ***je vais bien*** es geht mir gut; ***~ bien avec*** passen zu; ***cela me va*** *projet*, *proposition*: das passt mir, das ist mir recht; ***il y va de*** es handelt sich (es geht) um; F ***on y va!*** gleich!, ich komme schon!; ***il va sans dire*** selbstredend; ***va!*** meinetwegen!; ***allez!*** los!, auf geht's!; ***allons!*** vorwärts!; ***allons donc!*** stimmt das wirklich?, ist doch nicht möglich!; ***s'en ~*** weggehen; **2.** ***~ à qn*** j-m stehen, passen; **3.** *m* ***~ et retour*** Hin- und Rückreise *f*; *billet* Rückfahrkarte *f*; ***match*** *m* ***~*** Hinspiel *n*; ***au pis ~*** schlimmstenfalls
allerg|ie [alɛrʒi] *f* Allergie *f*; **~ique** [-ik] **1.** *adj* allergisch (***à*** gegen); **2.** *m*, *f* Allergiker(in) *m(f)*
alliage [aljaʒ] *m chim* Legierung *f*
alli|ance [aljɑ̃s] *f pol* Bündnis *n*; *mariage*: Ehebund *m*; *anneau* Trauring *m*; ***tante*** *f* ***par ~*** angeheiratete Tante *f*; **~é**, **~ée** **1.** *adj* verbündet; *famille*: verschwägert; **2.** *m*, *f* Verbündete(r) *m*, *f*; *famille*: angeheiratete(r) Verwandte(r) *m*, *f*; **~er** (*1a*) vereinigen; *tech* legieren; ***s'~ à qn*** sich mit j-m verbünden
allocation [alɔkasjõ] *f* Beihilfe *f*, (finanzielle) Unterstützung *f*; ***~s familiales*** Kindergeld *n*; ***~ chômage*** Arbeitslosengeld *n*
allocution [alɔkysjõ] *f* Ansprache *f*
allonger [alõʒe] (*1l*) verlängern; *membres*: ausstrecken; ***~ le pas*** schneller gehen; ***s'~*** sich hinlegen, sich ausstrecken; ***être allongé*** liegen
allouer [alwe] (*1a*) bewilligen
allumage [alymaʒ] *m tech* Zündung *f*
allume-gaz [alymgaz] *m* (*pl unv*) Gasanzünder *m*
allum|er [alyme] (*1a*) an-, entzünden; *l'interrupteur*: anknipsen; Licht machen; **~ette** [-ɛt] *f* Streichholz *n*
allure [alyr] *f démarche* Gang *m*; *vitesse* Tempo *n*, Geschwindigkeit *f*; *air* Aussehen *n*; ***~s*** *pl* Verhalten *n*, Auftreten *n*; ***avoir de l'~*** vornehm wirken, vornehm aussehen
allusion [alyzjõ] *f* Anspielung *f*; ***faire ~ à*** anspielen auf
aloi [alwa] *m* ***de bon ~*** verdient; ***de mauvais ~*** geschmacklos
alors [alɔr] *à ce moment-là* damals; *par conséquence* infolgedessen, also; ***ça ~!*** na so was!; ***~?*** was nun?; ***~ que*** *temps*: (damals,) als; *opposition*: während (dagegen)
alouette [alwɛt] *f zo* Lerche *f*
alourdir [alurdir] (*2a*) schwer(er) machen
aloyau [alwajo] *m* Lendenstück *n* (*vom Ochsen*)
alpage [alpaʒ] *m* Alm *f*
Alpes [alp] *géogr* ***les ~*** *f/pl* die Alpen *pl*
alpestre [alpɛstrə] Alpen…
alphabet [alfabɛ] *m* Alphabet *n*
alphabéti|que [alfabetik] alphabetisch; **~ser** [-ze] das Schreiben und Lesen beibringen (***qn*** j-m)
alp|in, **~ine** [alpɛ̃, -in] Alpen…
alpin|isme [alpinismə] *m* Bergsport *m*, Bergsteigen *n*; **~iste** *m* Alpinist *m*, Bergsteiger *m*
Alsace [alzas] ***l'~*** *f* das Elsass *n*
alsac|ien, **~ienne** [alzasjɛ̃, -jɛn] **1.** *adj* elsässisch; **2.** **&**, **&ne** *m*, *f* Elsässer(in) *m(f)*
altercation [altɛrkasjõ] *f* (heftige) Auseinandersetzung *f*
altérer [altere] (*1f*) **1.** *denrées*: verderben; *couleur*: verändern; *vérité*, *texte*:

entstellen, verfälschen; *amitié*: beeinträchtigen; **2.** *exciter la soif* durstig machen

altern|ance [altɛrnɑ̃s] *f* Wechsel *m*; **~atif**, **~ative** [-atif, -ativ] abwechselnd; **~ative** *f* Alternative *f*; **~er** (*1a*) abwechseln

Altesse [altɛs] *f titre*: Hoheit *f*

alti|er, **~ère** [altje, -ɛr] hochmütig

alti|mètre [altimɛtrə] *m* Höhenmesser *m*; **~tude** [-tyd] *f* Höhe *f*

alto [alto] *m mus instrument*: Viola *f*; *voix*: Altstimme *f*

altru|isme [altryismə] *m* Uneigennützigkeit *f*, Nächstenliebe *f*; **~iste 1.** *adj* uneigennützig, selbstlos; **2.** *m*, *f* uneigennütziger Mensch *m*

aluminium [alyminjɔm] *m* Aluminium *n*

alunir [alynir] (*2a*) auf dem Mond landen

amabilité [amabilite] *f* Liebenswürdigkeit *f*

amadou [amadu] *m* Zunder *m*

amadouer [amadwe] (*1a*) **~ *qn*** j-n für sich gewinnen

amaigr|i, **~ie** [amɛgri] abgemagert, abgezehrt; **~ir** (*2a*) *maladie*: **~ *qn*** an j-m zehren; ***s'~*** *devenir très maigre* abmagern; *perdre du poids* abnehmen; **~issement** [-ismɑ̃] *m* Abmagerung *f*

amalgame [amalgam] *m* Amalgam *n*

amand|e [amɑ̃d] *f bot* Mandel *f*; **~ier** [-je] *m* Mandelbaum *m*

amant [amɑ̃] *m* Geliebte(r) *m*, Liebhaber *m*

amarr|e [amar] *f mar* Tau *n*; **~er** (*1a*) *mar* festmachen, vertäuen

am|as [ama] *m* Anhäufung *f*; *tas* Haufen *m*; **~asser** [-ase] (*1a*) anhäufen; *argent*: scheffeln

amateur [amatœr] *m qui aime bien* Liebhaber(in) *m(f)*; *non professionnel* Amateur(in) *m(f)*; **~ *d'art*** Kunstliebhaber(in) *m(f)*; *péj* ***en ~*** dilettantisch

Amazone [amazon] *géogr* ***l'~*** *f* der Amazonas

ambages [ɑ̃baʒ] *f/pl* ***sans ~*** ohne Umschweife, freiheraus

ambassa|de [ɑ̃basad] *f* Botschaft *f*; **~deur** *m*, **~drice** *f* [-dœr, -dris] Botschafter(in) *m(f)*

ambiance [ɑ̃bjɑ̃s] *f matériel*: Umgebung *f*; *social*: Milieu *n*; *fig atmosphère* Atmosphäre *f*, Stimmung *f*, Klima *n*

ambigu, **ambiguë** [ɑ̃bigy] zweideutig

ambiguïté [ɑ̃bigɥite] *f* Zweideutigkeit *f*

ambit|ieux, **~ieuse** [ɑ̃bisjø, -jøz] **1.** *adj* ehrgeizig; **2.** *m*, *f* Ehrgeizling *m*

ambiti|on [ɑ̃bisjõ] *f* Ehrgeiz *m*; **~onner** [-ɔne] (*1a*) **~ *qc*** (ehrgeizig) nach etw streben

ambival|ence [ɑ̃bivalɑ̃s] *f* Ambivalenz *f*; **~ent**, **~ente** [-ɑ̃, -ɑ̃t] ambivalent

ambre [ɑ̃brə] *m* **~ *gris*** Ambra *f*; **~ *jaune*** Bernstein *m*

ambulance [ɑ̃bylɑ̃s] *f* Krankenwagen *m*, Ambulanz *f*

ambul|ant, **~ante** [ɑ̃bylɑ̃, -ɑ̃t] umherziehend, Wander…; ***marchand*** *m* ***ambulant*** Straßenverkäufer *m*, -händler *m*

âme [ɑm] *f* Seele *f*; ***état*** *m* ***d'~*** Stimmung *f*, Gemütsverfassung *f*; ***rendre l'~*** den Geist aufgeben

amélior|ation [ameljɔrasjõ] *f* Verbesserung *f*; **~er** (*1a*) verbessern; ***s'~*** besser werden, sich bessern

aménagement [amenaʒmɑ̃] *m* Einrichtung *f*, Ausstattung *f*; *transformation* Umgestaltung *f*; *agr forêt*: Bewirtschaftung *f*; **~ *du territoire*** Raumordnung *f*

aménager [amenaʒe] (*1l*) *appartement*: einrichten; *terrain*: anlegen; *vieille maison*: umbauen; *forêt*: bewirtschaften

amende [amɑ̃d] *f* Geldstrafe *f*; ***sous peine d'~*** bei Strafe; ***mettre à l'~*** bestrafen

amend|ement [amɑ̃dmɑ̃] *m* Besserung *f*; *pol* Abänderungsantrag *m*; **~er** (*1a*) verbessern; *projet de loi*: abändern

amener [amne] (*1d*) mitnehmen, mitbringen; *causer* zur Folge haben; **~ *qn à faire qc*** j-n dazu bringen, etw zu tun; ***s'~*** kommen, F aufkreuzen

amer, **amère** [amɛr] bitter

améric|ain, **~aine** [amerikɛ̃, -ɛn] **1.** *adj* amerikanisch; **2.** **♀**, **♀*e*** *m*, *f* Amerikaner(in) *m(f)*

Amérique [amerik] *f* ***l'~*** Amerika *n*; ***l'~ centrale*** Mittelamerika *n*; ***l'~ du Nord*** Nordamerika *n*; ***l'~ du Sud*** Südamerika *n*

amerr|ir [amɛrir] (*2a*) *aviat* wassern; **~issage** [-isaʒ] *m* Wassern *n*

amertume [amɛrtym] *f* Bitterkeit *f*

ameublement [amœbləmɑ̃] *m* Innenausstattung *f*, Mobiliar *n*

ameuter [amøte] (*1a*) aufhetzen

ami, **~e** [ami] **1.** *m*, *f* Freund(in) *m*(*f*); **2.** *adj* befreundet

amiable [amjablə] ***à l'~*** gütlich, in Güte

amiante [amjɑ̃t] *m* Asbest *m*

amical, **~e** [amikal] (*m*/*pl* -*aux*) **1.** *adj* freundschaftlich; **2.** *f* Verein *m*

amid|on [amidõ] *m chim* Stärke *f*; **~onner** [-ɔne] (*1a*) *linge*: stärken

amincir [amɛ̃sir] (*2a*) *v*/*t chose*: dünner machen; *robe*: schlank machen; *v*/*i* schlanker werden

amiral [amiral] *m* (*pl* -*aux*) Admiral *m*

amitié [amitje] *f* Freundschaft *f*; ***~s*** *pl* Grüße *m*/*pl*

ammoniac [amɔnjak] *m* Ammoniak *n*

ammoniaque [amɔnjak] *f* Salmiakgeist *m*

amnis|tie [amnisti] *f* Amnestie *f*; **~tier** [-tje] (*1a*) amnestieren

amoindr|ir [amwɛ̃drir] (*2a*) verringern, (ver)mindern; *mérite*: schmälern; ***s'~*** sich verringern, sich vermindern; *forces*: schwinden; **~issement** [-ismɑ̃] *m* Verringerung *f*, (Ver-)Minderung *f*

amoll|ir [amɔlir] (*2a*) er-, aufweichen; *fig* schwächen; **~issement** [-ismɑ̃] *m* Erschlaffung *f*

amonceler [amõsle] (*1c*) an-, aufhäufen

amoncellement [amõsɛlmɑ̃] *m* Stapel *m*

amont [amõ] ***en ~*** flussaufwärts; ***en ~ de*** oberhalb von

amoral, **~e** [amɔral] (*m*/*pl* -*aux*) amoralisch

amorc|e [amɔrs] *f hameçon*: Köder *m*; *explosif*: Zündpulver *n*; *fig début* Beginn *m*; **~er** (*1k*) *poisson*: ködern; *munition*: scharf machen; *fig* in Gang bringen; beginnen; *EDV* booten

amorphe [amɔrf(ə)] *personne*: schlapp, passiv

amort|ir [amɔrtir] (*2a*) *choc*, *bruit*: dämpfen; *douleur*: lindern; *dettes*: tilgen; *outillage*, *auto*: abschreiben; **~issement** [-ismɑ̃] *m choc*, *bruit*: Dämpfung *f*; *dettes*: Tilgung *f*; *outillage*, *auto*: Abschreibung *f*; ***~ fiscal*** steuerliche Abschreibung *f*; **~isseur** [-isœr] *m tech bruit*: Schalldämpfer *m*; *auto* Stoßdämpfer *m*

amour [amur] *m* Liebe *f*; ***mon ~*** Liebling (*m*); ***~s*** *pl* Liebschaften *f*/*pl*; ***faire l'~*** sich lieben

amouracher [amuraʃe] (*1a*) ***s'~ de*** sich verlieben in (*acc*)

amour|eux, **~euse** [amurø, -øz] verliebt (***de*** in *acc*)

amour-propre [amurprɔprə] *m* Selbstwertgefühl *n*; Eigenliebe *f*

amovible [amɔviblə] abnehmbar

amphibie [ɑ̃fibi] ***véhicule*** *m* **~** Amphibienfahrzeug *n*

amphithéâtre [ɑ̃fiteɑtrə] *m université*: Hörsaal *m*; *théâtre classique* Amphitheater *n*

ampl|e [ɑ̃plə] *vêtements*: weit; *sujet*, *matière*: umfassend; *ressources*: reichlich; **~eur** *f* Weite *f*; *fig désastre*: Ausmaß *n*; *manifestation*: Umfang *m*

amplific|ateur [ɑ̃plifikatœr] *m tech* Verstärker *m*; **~ation** *f tech* Verstärkung *f*; *fig* Ausweitung *f*

amplifier [ɑ̃plifje] (*1a*) *tech* verstärken; *fig* ausweiten

amplitude [ɑ̃plityd] *f phys* Amplitude *f*

ampoule [ɑ̃pul] *f peau*: Blase *f*; *médicament*: Ampulle *f*; *lampe*: Glühbirne *f*

amput|ation [ɑ̃pytasjõ] *f* Amputation *f*; *fig* Kürzung *f*; **~er** (*1a*) amputieren

Amsterdam [amstɛrdam] *géogr* Amsterdam *n*

amus|ant, **~ante** [amyzɑ̃, -ɑ̃t] unterhaltsam, belustigend

amuse-gueule [amyzgœl] *m* (*pl unv*) Appetit(s)happen *m*

amus|ement [amyzmɑ̃] *m plaisir* Vergnügen *n*; *divertissement* Unterhaltung *f*; **~er** (*1a*) unterhalten, belustigen; ***s'~*** sich unterhalten; ***s'~ à*** (***faire***) ***qc*** sich bei etw vergnügen (sich damit vergnügen, etw zu tun); ***s'~ de*** sich lustig machen über (*acc*)

amygdal|e [ami(g)dal] *f anat* Mandel *f*; **~ite** [-it] *f* Mandelentzündung *f*

an [ɑ̃] *m* Jahr *n*; ***jour*** *m* ***de l'~*** Neujahrstag *m*; ***bon ~, mal ~*** im Durchschnitt; ***deux fois l'~*** zweimal jährlich; ***par ~*** jährlich

anachronisme [anakrɔnismə] *m* Anachronismus *m*

analgésique [analʒezik] *m phm* Schmerzmittel *n*

ana|logie [analɔʒi] *f* Ähnlichkeit *f*,

Analogie *f*; **~logue** [-lɔg] analog
analys|e [analiz] *f* Analyse *f*; *du sang*: Untersuchung *f*; **~er** (*1a*) analysieren; *sang*: untersuchen
analyste [analist] *m*, *f* Analytiker(in) *m*(*f*); *psych* Psychoanalytiker(in) *m*(*f*)
analytique [analitik] analytisch
ananas [anana(s)] *m bot* Ananas *f*
anarch|ie [anarʃi] *f* Anarchie *f*; **~iste** *m* Anarchist *m*
anathème [anatɛm] *m* Kirchenbann *m*, Bannfluch *m*
anatomie [anatɔmi] *f* Anatomie *f*
ancêtres [ɑ̃sɛtrə] *m/pl* Vorfahren *m/pl*, Ahnen *m/pl*
anchois [ɑ̃ʃwa] *m* An(s)chovis *f*, Sardelle *f*
anc|ien, **~ienne** [ɑ̃sjɛ̃, -jɛn] alt; *de tradition* althergebracht; *précédent* früher, ehemalig; *de l'Antiquité*: antik, alt; ***les Anciens*** die Alten (*Griechen u Römer*); **~iennement** [-jɛnmɑ̃] *adv* früher, einst
ancienneté [ɑ̃sjɛnte] *f* Alter *n*; *profession*: Dienstalter *n*
ancolie [ɑ̃kɔli] *f bot* Akelei *f*
ancr|e [ɑ̃krə] *f* Anker *m*; **~er** (*1a*) verankern; ***être ancré*** vor Anker liegen; *fig* verwurzelt sein
Andes [ɑ̃d] *géogr* ***les ~*** *f/pl* die Anden *pl*
Andorre [ɑ̃dɔr] *géogr* ***l'~*** *f* Andorra *n*
andouille [ɑ̃duj] *f cuis* Kaldaunenwurst *f*; F *fig* Dummkopf *m*
âne [ɑn] *m* Esel *m* (*a fig*); ***dos*** *m* ***d'~*** *rue*: Querrinne *f*
anéant|ir [aneɑ̃tir] (*2a*) vernichten; **~issement** [-ismɑ̃] *m* Vernichtung *f*
anecdote [anɛgdɔt] *f* Anekdote *f*
anémie [anemi] *f méd* Blutarmut *f*
anémone [anemɔn] *f* Anemone *f*
ânerie [ɑnri] *f* Eselei *f*, große Dummheit *f*
ânesse [ɑnɛs] *f zo* Eselin *f*
anesthés|ie [anɛstezi] *f méd* Anästhesie *f*, Narkose *f*; ***~ générale*** Vollnarkose *f*; ***~ locale*** örtliche Betäubung *f*; **~ier** [-je] (*1a*) betäuben; **~ique 1.** *adj* schmerzausschaltend; **2.** *m* Betäubungsmittel *n*
aneth [anɛt] *m bot* Dill *m*
ange [ɑ̃ʒ] *m* Engel *m*; *fig* ***être aux ~s*** im siebten Himmel sein
angélique [ɑ̃ʒelik] engelhaft
angine [ɑ̃ʒin] *f méd* Angina *f*; ***~ de poitrine*** Angina pectoris *f*
angl|ais, **~aise** [ɑ̃glɛ, -ɛz] **1.** *adj* englisch; **2. ℒ, ℒe** *m*, *f* Engländer(in) *m*(*f*)
angle [ɑ̃glə] *m géométrie*: Winkel *m*; *coin* Ecke *f*; ***~ droit*** rechter Winkel *m*; ***~ obtus*** stumpfer Winkel *m*; ***~ aigu*** spitzer Winkel *m*
Angleterre [ɑ̃glətɛr] ***l'~*** *f* England *n*
anglican [ɑ̃glikɑ̃] anglikanisch
anglicisme [ɑ̃glisismə] *m* Anglizismus *m*
anglo|phone [ɑ̃glɔfɔn] Englisch sprechend; **~-saxon** [-saksõ] angelsächsisch
angoiss|ant, **~ante** [ɑ̃gwasɑ̃, -ɑ̃t] beängstigend, beklemmend
angoiss|e [ɑ̃gwas] *f* Angst *f*; **~er** (*1a*) ängstigen
Angola [ɑ̃gɔla] ***l'~*** *m* Angola *n*
anguille [ɑ̃gij] *f zo* Aal *m*; *fig* ***il y a ~ sous roche*** da steckt doch was dahinter
angul|aire [ɑ̃gylɛr] Eck…; Winkel…; **~eux**, **~euse** [-ø, -øz] kantig, eckig
anicroche [anikrɔʃ] *f* Haken *m*, (kleine) Schwierigkeit *f*
animal [animal] (*m/pl -aux*) **1.** *m* Tier *n*; **2.** *adj* (*f* **~e**) tierisch, Tier…
animalerie [animalri] *f* Tier-, Zoohandlung *f*
anima|teur, **~trice** [animatœr, -tris] *m*, *f d'une entreprise*: Triebfeder *f*, Motor *m*; *TV*, *radio jeu*: Quizmaster *m*, Spielleiter(in) *m*(*f*); *discussion*: Gesprächsleiter(in) *m*(*f*); *music-hall*: Conférencier *m*; *activités culturelles*: Animateur *m*; **~tion** *f vivacité* Lebhaftigkeit *f*; *mouvement* Treiben *n*; ***~ (culturelle)*** Freizeitgestaltung *f*
anim|é, **~ée** [anime] *rue*, *quartier*: belebt, lebendig; *conversation*: lebhaft; **~er** (*1a*) *conversation*, *fête*: beleben; *stimuler* animieren, anregen; *quiz*, *discussion*: leiten; ***être animé de qc*** von etw erfüllt sein; ***s'~*** *rue*, *quartier*: sich beleben; *personne*, *discussion*: lebhaft werden
animosité [animozite] *f hostilité* Feindseligkeit *f*; *amertume* Groll *m*, Erbitterung *f* (***envers qn*** gegenüber j-m)
annales [anal] *f/pl* Jahrbücher *n/pl*, Annalen *pl*
anneau [ano] *m* (*pl -x*) Ring *m*

année [ane] *f* Jahr *n* (*Dauer*)
annex|e [anɛks] *f bâtiment*: Nebengebäude *n*; *document*: Anhang *m*; *lettre*: Anlage *f*; **~er** (*1a*) **1.** *document*: beifügen; **2.** *pays*: einverleiben, annektieren; **~ion** *f* Einverleibung *f*, Annexion *f*
annihiler [aniile] (*1a*) vernichten
anniversaire [anivɛrsɛr] *m* Geburtstag *m*; *événement*: Jahrestag *m*
annonc|e [anõs] *f nouvelle* Ankündigung *f*; *journal*: Anzeige *f*; *présage* An-, Vorzeichen *n*; ***petites ~s*** *pl* Anzeigenteil *m*; **~er** (*1k*) ankündigen; **~eur** *m journal*: Inserent *m*; *TV*, *radio*: Ansager *m*
annot|ation [anɔtasjõ] *f* Anmerkung *f*; **~er** (*1a*) mit Anmerkungen versehen
annu|aire [anɥɛr] *m* Jahrbuch *n*; ***~ du téléphone*** Telefonbuch *n*; **~el**, **~elle** jährlich
annuité [anɥite] *f* Jahresrate *f*
annulaire [anylɛr] *m* Ringfinger *m*
annuler [anyle] (*1a*) *jugement*, *contrat*: für nichtig erklären, annullieren; *commande*, *écriture*: stornieren; *rendez-vous*: absagen
anoblir [anɔblir] (*2a*) adeln
anod|in, **~ine** [anɔdɛ̃, -in] harmlos; *personne*: nichtssagend, unbedeutend
anomalie [anɔmali] *f* Anomalie *f*
anonymat [anɔnima] *m* Anonymität *f*
anonyme [anɔnim] anonym; ***société*** *f* **~** Aktiengesellschaft *f*
anorak [anɔrak] *m* Anorak *m*
ANPE *f abr* ***Agence nationale pour l'emploi*** französische Agentur für Arbeit
anse [ɑ̃s] *f* **1.** *panier*, *etc*: Henkel *m*, Griff *m*; **2.** *géogr* kleine Bucht *f*
antagon|isme [ɑ̃tagɔnismə] *m* Gegensatz *m*, Widerstreit *m*, Antagonismus *m*; **~iste 1.** *adj* gegensätzlich; **2.** *m*, *f* Widersacher(in) *m*(*f*)
antan [ɑ̃tɑ̃] *litt* ***d'~*** von einst, damalig
Antarctide [ɑ̃tarktid] *géogr* ***l'~*** *f* die Antarktis
antarctique [ɑ̃tarktik] **1.** *adj* antarktisch; ***pôle*** *m* **~** Südpol *m*; **2.** *subst* ***l'~*** *m* die Antarktis
antécédents [ɑ̃tesedɑ̃] *m/pl personne*: Vorleben *n*; *événement*: Vorgeschichte *f*
antédiluv|ien, **~ienne** [ɑ̃tedilyvjɛ̃, -jɛn] F *fig* vorsintflutlich
antenne [ɑ̃tɛn] *f* **1.** *zo* Fühler *m*; **2.** *TV*, *radio*: Antenne *f*; ***être sur l'~*** auf Sendung sein
antérieur, **~e** [ɑ̃terjœr] *de devant*: vordere(r); *d'avant*: frühere(r); **~(e) *à*** früher als; **~ement** [-mɑ̃] *adv* vorher, früher
anthracite [ɑ̃trasit] *adj* (*unv*) anthrazit(farben)
anti|aérien, **~aérienne** [ɑ̃tiaerjɛ̃, -aerjɛn] *mil* Flugabwehr…; Luftschutz…; **~alcoolique** [-alkɔlik] antialkoholisch; **~biotique** [-bjɔtik] *m* Antibiotikum *n*; **~brouillard** [-brujar] *m od* ***phare*** *m* **~** Nebelscheinwerfer *m*; **~bruit** [-brɥi] Lärmschutz…; ***mur*** *m* ***antibruit*** Lärmschutzwall *m*; **~chambre** [-ʃɑ̃brə] *f* Vorzimmer *n*
anticip|ation [ɑ̃tisipasjõ] *f* Vorwegnahme *f*; **~é**, **~ée** vorzeitig; **~er** (*1a*) *v/t paiement*: vorfristig leisten; *v/i* ***~ sur qc*** e-r Sache vorgreifen; etw vorwegnehmen
anticlérical, **~e** [ɑ̃tiklerikal] (*m/pl -aux*) kirchenfeindlich
anticonceptionnel, **~le** [ɑ̃tikõsɛpsjɔnɛl] empfängnisverhütend
anticonstitutionnel, **~le** [ɑ̃tikõstitysjɔnɛl] verfassungswidrig
anticorps [ɑ̃tikɔr] *m* Antikörper *m*
anti|cyclone [ɑ̃tisiklon] *m* Hoch(-druckgebiet) *n*; **~dater** [-date] (*1a*) ***~ la facture*** die Rechnung rückdatieren; **~dérapant**, **~dérapante** [-derapɑ̃, -derapɑ̃t] *auto* **1.** *adj* rutschfest; **2.** *m* Gleitschutz *m*; **~dote** [-dɔt] *m méd* Gegengift *n*; **~gel** [-ʒɛl] *m* Frostschutz(mittel *n*) *m*; **~grippe** [-grip] *adj* gegen Grippe
Antilles [ɑ̃tij] *f/pl* ***les ~*** die Antillen *pl*
anti|nucléaire [ɑ̃tinykleɛr] *m* Kernkraftgegner *m*; **~pathique** [-patik] unsympathisch, zuwider; **~pode** [-pɔd] *m* ***aux ~s*** *fig* weit weg; **~pollution** [-pɔlysjõ] gegen Umweltverschmutzung, umweltfreundlich
antiquaire [ɑ̃tikɛr] *m* Antiquitätenhändler *m*
antique [ɑ̃tik] *de l' Antiquité*: antik; *coutume*, *tradition*: uralt
Antiquité [ɑ̃tikite] *f époque*: Antike *f*, Altertum *n*; ***~s*** *pl meubles*, *objets d'art*: Antiquitäten *f/pl*; *monuments*,

temples: Altertümer *n/pl*
antirabique [ɑ̃tirabik] gegen Tollwut
antirouille [ɑ̃tiruj] Rostschutz…
antivol [ɑ̃tivɔl] *m* Diebstahlsicherung *f*; *auto a* Lenkradschloss *n*
antre [ɑ̃trə] *litt m* Höhle *f*
anus [anys] *m méd* After *m*
Anvers [ɑ̃vɛr] Antwerpen *n*
anxi|été [ɑ̃ksjete] *f* Angst *f*, Beklemmung *f*; **~eux**, **~euse** [-ø, -øz] ängstlich; ***être ~, anxieuse de*** (+ *inf*) sich danach sehnen zu (+ *inf*)
aorte [aɔrt] *f* Hauptschlagader *f*, Aorta *f*
août [u(t)] *m* August *m*; ***en ~*** im August
apais|ant, **~ante** [apɛzɑ̃, -ɑ̃t] beruhigend, besänftigend
apais|ement [apɛzmɑ̃] *m* Beruhigung *f*, Besänftigung *f*; *douleur*, *faim*: Linderung *f*; **~er** (*1b*) beruhigen, besänftigen; *douleur*: lindern; *soif*: löschen; *faim*: stillen
apartheid [apartɛd] *m* Apartheid *f*
à partir de [a partir də] ab, von … an
apathie [apati] *f* Apathie *f*, Teilnahmslosigkeit *f*; *indifférence* Gleichgültigkeit *f*
apathique [apatik] apathisch, teilnahmslos; *indifférent* gleichgültig
apatride [apatrid] staatenlos
apercevoir [apɛrsəvwar] (*3a*) (***qc*** etw) *voir* erblicken, sehen; *percevoir* wahrnehmen; *se rendre compte* bemerken; ***s'~ de qc*** etw (*acc*) (be)merken
aperçu [apɛrsy] **1.** *p/p* ***apercevoir***; **2.** *m* Übersicht *f*; ***~ des frais*** Kostenüberschlag *m*
apéritif [aperitif] *m* Aperitif *m*
apéro [apero] *m* F → ***apéritif***
apesanteur [apəzɑ̃tœr] *f* Schwerelosigkeit *f*
à peu près [apøprɛ] *adv* ungefähr
à-peu-près [apøprɛ] *m* (*pl unv*) Halbheit *f*
apeuré, **~e** [apœre] verängstigt
aphorisme [afɔrismə] *m* Sinnspruch *m*, Aphorismus *m*
à-pic [apik] *m* (*pl à-pics*) Steilhang *m*, -wand *f*
apicult|eur [apikyltœr] *m* Imker *m*; **~ure** [-yr] *f* Bienenzucht *f*
apitoyer [apitwaje] (*1h*) ***~ qn*** j-n mit Mitleid erfüllen; ***s'~ sur qc*** Mitleid mit etw fühlen; ***s'~ sur qn*** j-n bemitleiden
aplan|ir [aplanir] (*2a*) (ein)ebnen, planieren; *fig différend*: schlichten; *difficultés*: beheben; **~issement** [-ismɑ̃] *m* (Ein-)Ebnen *n*, Planieren *n*; *fig* Behebung *f*
aplatir [aplatir] (*2a*) platt drücken (schlagen); ***s'~*** *tomber* der Länge nach hinfallen; *s'écraser* prallen (***contre*** gegen); ***s'~ devant qn*** vor j-m kriechen
aplomb [aplõ] *m* senkrechte Stellung *f*; *fig confiance en soi* Selbstsicherheit *f*; *audace* Dreistigkeit *f*; ***d'~*** senkrecht; *fig* ***ne pas être d'~*** sich nicht wohlfühlen; ***avec ~*** selbstsicher; dreist
apogée [apɔʒe] *m fig* Höhepunkt *m*, Gipfel *m*
apolitique [apɔlitik] unpolitisch
apologie [apɔlɔʒi] *f* Verteidigungsrede *f*, -schrift *f*
apoplexie [apɔplɛksi] *f méd* Schlaganfall *m*
apostolique [apɔstɔlik] apostolisch
apostroph|e [apɔstrɔf] *f* **1.** *interpellation* F Abkanzelung *f*, Anpfiff *m*; **2.** *signe*: Apostroph *m*; **~er** (*1a*) ***~ qn*** F j-n abkanzeln, anschnauzen
apôtre [apotrə] *m* Apostel *m*
apparaître [aparɛtrə] (*4z*) zum Vorschein kommen, erscheinen; ***faire ~*** erkennen lassen, zeigen; ***~ à qn*** j-m erscheinen (***comme*** wie); ***il apparaît que*** es zeigt sich, dass
apparat [apara] *m* Pomp *m*, Prunk *m*
appareil [aparɛj] *m* Apparat *m*, Gerät *n*; *aviat* Maschine *f*; *tél* ***qui est à l'appareil?*** wer ist am Apparat?
appareill|age [aparɛjaʒ] *m* **1.** *mar* Auslaufen *n*; **2.** *tech* Apparatur *f*; **~er** (*1a*) **1.** zusammenstellen, kombinieren; **2.** *mar* auslaufen (***pour*** nach), in See stechen
apparemment [aparamɑ̃] anscheinend, allem Anschein nach
apparence [aparɑ̃s] *f air* Aussehen *n*, Äußere *n*; *illusion*, *façade* Anschein *m*; ***en ~*** scheinbar; ***sauver les ~s*** den Schein wahren; ***selon toute ~*** allem Anschein nach
appar|ent, **~ente** [aparɑ̃, -ɑ̃t] *visible* sichtbar; *illusoire* scheinbar
apparenté, **~e** [aparɑ̃te] verwandt (***à qn, à qc*** mit j-m, mit etw)
apparition [aparisjõ] *f* Erscheinung *f*

appartement [apartəmɑ̃] *m* Wohnung *f*

apparten|ance [apartənɑ̃s] *f* Zugehörigkeit *f*; *association, parti*: Mitgliedschaft *f*; **~ir** (*2h*) gehören (***à qn*** j-m); ***il ne m'appartient pas d'en décider*** es steht mir nicht zu, darüber zu entscheiden

appas [apɑ] *m/pl* Reize *m/pl e-r Frau*

appât [apɑ] *m* Köder *m*; *fig* Verlockung *f*

appâter [apɑte] (*1a*) ködern

appauvr|ir [apovrir] (*2a*) arm, ärmer machen; ***s'~*** verarmen; **~issement** [-ismɑ̃] *m* Verarmung *f*

appel [apɛl] *m* Ruf *m*; *tél* Anruf *m*; *exhortation* Appell *m*, Aufruf *m*; *mil recrutement* Einberufung *f*; *jur* Berufung *f*; *jur* ***faire ~*** Berufung einlegen; ***sans ~*** unwiderruflich; ***faire ~ à qn*** an j-n appellieren

appel|é [aple] *m mil* Einberufene(r) *m*; **~er** (*1c*) rufen; *donner un nom* nennen; *à une charge, à un poste*: berufen; *tél* anrufen; *nécessiter* erfordern; ***en ~ à qn*** an j-n appellieren; ***s'~*** heißen

appellation [apɛlasjõ] *f* Bezeichnung *f*, Benennung *f*; ***~ d'origine*** Herkunftsbezeichnung *f*

appendicite [apɛ̃disit] *f méd* Blinddarmentzündung *f*

appesant|ir [apəzɑ̃tir] ***s'~*** schwerfällig werden; ***s'~ sur*** lang und breit reden über (*acc*); **~issement** [-ismɑ̃] *m* Schwerfälligkeit *f*

appétiss|ant, **~ante** [apetisɑ̃, -ɑ̃t] appetitlich, lecker

appétit [apeti] *m* Appetit *m*; ***bon ~!*** guten Appetit!

applaudir [aplodir] (*2a*) *v/t* ***~ qn*** j-m Beifall klatschen, j-m applaudieren; ***~ qc*** e-r Sache (*dat*) Beifall spenden; *v/i* klatschen, applaudieren

applaudissement [aplodismɑ̃] *m le plus souvent au pl* **~s** Applaus *m*, Beifall *m*

applica|ble [aplikablə] anwendbar; **~tion** *f tech fixation* Anbringung *f*; *emploi, destination* Anwendung *f*; *attention* Fleiß *m*

appliqu|é, **~ée** [aplike] *personne*: fleißig; *science*: angewandt; **~er** (*1m*) *poser* anbringen; *mettre en pratique, rapporter* anwenden (***à*** auf *acc*); ***s'~*** *personne*: fleißig sein; ***s'~ à qc*** *chose*: zu etw passen, auf etw (*acc*) zutreffen; *personne*: sich e-r Sache widmen *od* zuwenden; ***s'~ à faire qc*** sich bemühen, etw zu tun

appoint|ements [apwɛ̃tmɑ̃] *m/pl* Bezüge *m/pl*, Gehalt *n*; **~er** (*1a*) besolden

apport [apɔr] *m comm* Einlage *f*; *fig* Unterstützung *f* (***à*** für), Beitrag *m* (***à*** zu)

apporter [apɔrte] (*1a*) (mit)bringen; *fig entraîner* nach sich ziehen; ***~ du soin à*** Sorgfalt verwenden auf (*acc*); ***~ de l'attention à qc*** e-r Sache Aufmerksamkeit schenken; ***~ des raisons*** Gründe anführen

apposer [apoze] (*1a*) anbringen; *affiche*: ankleben; ***~ sa signature*** unterzeichnen

appréci|able [apresjablə] beträchtlich, nennenswert; **~ation** *f prix, distance*: Abschätzung *f*; *jugement* Einschätzung *f*, Urteil *n*; *favorable*: Würdigung *f*; *comm* Aufwertung *f*; **~er** (*1a*) *valeur, distance*: abschätzen; *personne*: schätzen; *musique, la bonne cuisine*: würdigen, viel halten von

appréhen|der [apreɑ̃de] (*1a*) ***~ qc*** etw fürchten; *jur* ***~ qn*** j-n festnehmen; **~sion** [-sjõ] *f* Furcht *f*

apprendre [aprɑ̃drə] (*4q*) *leçon*: lernen; *nouvelle*: erfahren (***par qn*** von j-m); ***~ qc à qn*** *enseigner* j-n etw lehren; *raconter* j-m etw mitteilen; ***~ à lire*** lesen lernen

apprent|i, **~ie** [aprɑ̃ti] *m, f* Lehrling *m*, Auszubildende(r) *m, f*; **~issage** [-isaʒ] *m métier*: Lehre *f*; *processus psychologique*: Erlernen *n*

apprêt [aprɛ] *m* Appretur *f*; *fig* Affektiertheit *f*

apprêt|é, **~ée** [aprɛte] affektiert; **~er** (*1a*) zubereiten; ***s'~ à faire qc*** sich anschicken, etw zu tun

apprivoiser [aprivwaze] (*1a*) zähmen

approba|teur, **~trice** [aprɔbatœr, -tris] beifällig, billigend; **~tion** *f* Billigung *f*

approch|e [aprɔʃ] *f* Herannahen *n*; *fig d'un problème*: Betrachtungsweise *f*; **~er** (*1a*) *v/t* näher heranbringen (***qc de*** etw an *acc*); *v/i* herankommen; sich nähern (***de qc*** e-r Sache *dat*); ***s'~ de qn*** sich j-m nähern; ***s'~ de qc*** sich e-r Sache nähern

approfondir [aprɔfõdir] (*2a*) vertiefen

appropri|é, ~ée [aprɔprije] angemessen, passend; **~er** (*1a*) anpassen; ***s'~ qc*** sich (*dat*) etw aneignen
approuver [apruve] (*1a*) billigen (***qc*** etw); *projet*: genehmigen; *loi*: annehmen; ***~ qn de faire qc*** es gut finden, dass j etw tut
approvisionn|ement [aprɔvizjɔnmɑ̃] *m* Versorgung *f* (***en*** mit); **~er** (*1a*) versorgen, beliefern; ***~ un compte bancaire*** ein Konto auffüllen
approximat|if, ~ive [aprɔksimatif, -iv] annähernd; **~ivement** [-ivmɑ̃] *adv* schätzungsweise
appui [apɥi] *m* Stütze *f*; *fig* Unterstützung *f*; *fenêtre*: Fensterbrett *n*; ***point m d'~*** Stützpunkt *m*; ***prendre ~ sur*** sich stützen auf (*acc*); ***à l'~ de*** zum Nachweis (*gén*); um … zu stützen; ***pièce f à l'appui*** Beleg *m*, Nachweis *m*
appuyer [apɥije] (*1h*) *v/t tenir debout* stützen; ***~ qc sur, contre, à*** etw stützen auf (*acc*), etw lehnen gegen (*acc*), an (*acc*); *fig candidat*, *idée*: unterstützen; *v/i* ***~ sur qc*** auf etw drücken; *fig* etw betonen; ***s'~ sur*** sich stützen auf (*acc*) (*a fig*)
âpre [ɑprə] *goût*: herb; *lutte*, *froid*: bitter
après [aprɛ] **1.** *prép* (*espace u temps*) nach, hinter (*lieu*: *dat*; *direction*: *acc*); ***l'un ~ l' autre*** nacheinander; ***~ coup*** nachträglich; ***~ quoi*** worauf, darauf; ***~ tout*** schließlich; ***~ avoir lu, il …*** nachdem er gelesen hatte, …; ***d'~ (ce que disent) les journaux*** den Zeitungen zufolge; **2.** *adv* nachher; **3.** *conj* ***~ que*** (+ *ind od subj*) nachdem
après|-demain [aprɛdmɛ̃] übermorgen; **~-guerre** [-gɛr] *m* (*pl après-guerres*) Nachkriegszeit *f*; **~-midi** [-midi] *m od f* (*pl unv*) Nachmittag *m*; **~-vente** [-vɑ̃t] *adj* (*unv*) ***service m ~*** Kundendienst *m*
âpreté [ɑprəte] *f goût*: Herbheit *f*; *fig* Heftigkeit *f*
apr. J.-C. (*abr* après Jésus-Christ) n.Chr. (nach Christus)
à-propos [aprɔpo] *m* Schlagfertigkeit *f*
apte [apt] fähig, geeignet (***à*** zu, für)
aptitude [aptityd] *f capacité* Fähigkeit *f*, Eignung *f*; *prédisposition* Begabung *f*
aquarelle [akwarɛl] *f* Aquarell *n*
aquarium [akwarjɔm] *m* Aquarium *n*
aquatique [akwatik] Wasser…
aqueduc [akdyk] *m* Aquädukt *m*
aquilin [akilɛ̃] ***nez*** *m* **~** Adlernase *f*
arabe [arab] **1.** *adj* arabisch; **2.** ♀ *m*, *f* Araber(in) *m*(*f*)
Arabie [arabi] *f* ***l'~*** Arabien *n*; ***l'~ Saoudite*** Saudi-Arabien *n*
arachide [araʃid] *f bot* Erdnuss *f*
araignée [arɛɲe] *f* Spinne *f*
arbitr|age [arbitraʒ] *m* Schiedsspruch *m*; *bourse*: Arbitrage *f*; **~aire** [-ɛr] willkürlich
arbitr|e [arbitrə] *m* Schiedsrichter *m*; **~er** (*1a*) als Schiedsrichter entscheiden
arbor|er [arbɔre] (*1a*) *drapeau*: hissen; *fig* zur Schau tragen; **~iculture** [-ikyltyr] *f agr* Baumzucht *f*
arbr|e [arbrə] *m* Baum *m*; *tech* Welle *f*; ***~ généalogique*** Stammbaum *m*; **~isseau** [-iso] *m* (*pl -x*) Bäumchen *n*
arbuste [arbyst] *m* Strauch *m*
arc [ark] *m* Bogen *m*
arcade [arkad] *f souvent au pl* **~s** *arch* Bogengang *m*, Arkade *f*
arc-boutant [arkbutɑ̃] *m* (*pl arcs-boutants*) *arch* Strebebogen *m*
arc-en-ciel [arkɑ̃sjɛl] *m* (*pl arcs-en--ciel*) Regenbogen *m*
archaïsme [arkaismə] *m* Archaismus *m*, altertümlicher Ausdruck *m od* Stil *m*
archange [arkɑ̃ʒ] *m rel* Erzengel *m*
arche [arʃ] *f* **1.** Brückenbogen *m*; **2.** *Bible*: Arche *f*
archéolo|gie [arkeɔlɔʒi] *f* Archäologie *f*; **~gique** [-ʒik] archäologisch; **~gue** *m*, *f* Archäologe *m*, Archäologin *f*
archer [arʃe] *m* Bogenschütze *m*
archet [arʃɛ] *m mus* Geigenbogen *m*
arche|vêché [arʃəveʃe] *m* Erzbistum *n*; **~vêque** [-vɛk] *m* Erzbischof *m*
archipel [arʃipɛl] *m* Archipel *n*, Inselgruppe *f*
architect|e [arʃitɛkt] *m*, *f* Architekt(in) *m*(*f*); **~ure** [-yr] *f* Architektur *f*
archiver [arʃive] (*1a*) archivieren
archiv|es [arʃiv] *f/pl* Archiv *n*; **~iste** *m* Archivar *m*
arctique [arktik] **1.** *adj* arktisch; ***le pôle ~*** der Nordpol *m*; **2.** *m* ***l'***♀ die Arktis *f*
ard|ent, ~ente [ardɑ̃, -ɑ̃t] glühend, brennend; *fig* leidenschaftlich

ardeur [ardœr] *f feu*: Glut *f*; *fig ferveur*: Eifer *m*
ardoise [ardwaz] *f* Schiefer *m*
ardu, **~e** [ardy] schwierig
arène [arɛn] *f* Arena *f*; ***~s*** *pl römische* Arena *f*
arête [arɛt] *f poisson*: Gräte *f*; *math*, *poutre*, *pierre*: Kante *f*; *montagnes*: Grat *m*
argent [arʒɑ̃] *m* Silber *n*; *monnaie*: Geld *n*; ***~ liquide, comptant*** Bargeld *n*; ***~ de poche*** Taschengeld *n*
argent|é, **~ée** [arʒɑ̃te] *couvert d' argent*: versilbert; *couleur*: silberweiß; **~er** (*1a*) versilbern; **~erie** *f* Silber(besteck, -geschirr) *n*; **~in**, **~ine** **1.** *son*: silberhell; **2.** *adj* argentinisch; **3.** **♀**, **♀e** *m*, *f* Argentinier(in) *m*(*f*)
Argentine [arʒɑ̃tin] *f* ***l'~*** Argentinien *n*
argile [arʒil] *f géol* Ton *m*
argil|eux, **~euse** [arʒilø, -øz] tonig, tonhaltig, Ton…
argot [argo] *m groupe social*: Jargon *m*; *voleurs*: Gaunersprache *f*
argotique [argɔtik] ***mot*** *m*, ***terme*** *m* **~** Argotwort *n*, -ausdruck *m*
Argovie [argɔvi] *f* ***l'~*** der Aargau
arguer [argɥe] (*1n*) ***~ de qc*** etw (*acc*) geltend machen, etw (*acc*) als Argument anführen
argument [argymɑ̃] *m* Argument *n*; *sommaire* Inhaltsangabe *f*
argument|ation [argymɑ̃tasjõ] *f* Beweisführung *f*, Argumentation *f*; **~er** (*1a*) argumentieren
argutie [argysi] *f le plus souvent au pl* ***~s*** *litt* Spitzfindigkeit *f*
arid|e [arid] dürr, trocken; *personne*: gefühllos; **~ité** *f* Dürre *f*
aristo|crate [aristɔkrat] *m*, *f* Aristokrat(in) *m*(*f*); **~cratie** [-krasi] *f* Aristokratie *f*; **~cratique** [-kratik] aristokratisch
arithmétique [aritmetik] **1.** *adj* arithmetisch; **2.** *f* Arithmetik *f*
armateur [armatœr] *m* Reeder *m*
armature [armatyr] *f* Gerüst *n* (*a fig*)
arm|e [arm] *f* Waffe *f* (*a fig*); ***~s*** *pl blason* Wappen *n*; ***~ à feu*** Feuerwaffe *f*; **~é**, **~ée** bewaffnet (***de*** mit); *fig* gewappnet (***contre*** gegen); *fig* **~(e)** ***de*** versehen mit, ausgestattet mit; ***béton*** *m* ***armé*** Eisenbeton *m*
armée [arme] *f* Heer *n*; ***~ de l'air*** Luftwaffe *f*
armement [armәmɑ̃] *m* Bewaffnung *f*; ***~s*** *pl moyens d'un pays*: Rüstung *f*; ***course*** *f* ***aux ~s*** Rüstungswettlauf *m*
armer [arme] (*1a*) bewaffnen, ausrüsten, *fig* versehen (***de*** mit)
armistice [armistis] *m* Waffenstillstand *m*
armoire [armwar] *f* Schrank *m*
armoiries [armwari] *f*/*pl* Wappen *n*
armure [armyr] *f hist* Rüstung *f*
arnaque [arnak] F *f* Betrug *m*, Schwindel *m*
aromat|e [arɔmat] *m* Gewürz *n*; **~ique** wohlriechend, -schmeckend; **~iser** (*1a*) würzen
arome *od* **arôme** [arom] *m* Aroma *n*; *odeur* Duft *m*
arpent|er [arpɑ̃te] (*1a*) vermessen; *fig salle*: mit großen Schritten durchmessen; **~eur** *m* Feldmesser *m*, Geometer *m*
arr. *abr* ***arrondissement*** Stadtbezirk
arrach|e-pied [araʃpje] ***travailler d'~*** unablässig arbeiten; **~er** (*1a*) herausreißen, -ziehen; *dent*: ziehen; ***~ qc à qn*** j-m etw entreißen (*a fig*); ***s'~ à*** *od* ***de qc*** sich von etw losreißen; ***s'~ qn, qc*** sich um j-n, um etw reißen
arrangeant [arɑ̃ʒɑ̃] verträglich
arrang|ement [arɑ̃ʒmɑ̃] *m disposition* Anordnung *f*; *maison*: Einrichtung *f*; *accord* Vereinbarung *f*; **~er** (*1l*) *maison*: einrichten; *ranger* ordnen; *différend*: beilegen; F ***~ qn*** *maltraiter* j-n übel zurichten; ***cela m'arrange*** das passt mir; ***s'~ avec qn de*** sich mit j-m verständigen über (*acc*); ***tout s'arrange*** alles wird wieder gut; ***s'~ pour*** (+ *inf*) es so einrichten, dass; ***s'~ de qc*** sich mit etw abfinden
arrestation [arɛstasjõ] *f* Verhaftung *f*
arrêt [arɛ] *m* Halt *m*; *autobus*: Haltestelle *f*; *jur* (endgültiges) Urteil *n*; *tech* Sperre *f*; ***sans ~*** ununterbrochen
arrêt|é [arɛte] *m* Erlass *m*; **~er** (*1b*) *v/i* stehen bleiben; *v/t voiture*, *foule*: anhalten; *moteur*: abstellen; *voleur*: festnehmen, verhaften; *tech* absperren; ***~ que*** (+ *subj*) anordnen, dass; ***~ de*** (+ *inf*) aufhören zu; ***s'~*** stehen bleiben; *bruit*, *guerre*, *tempête*: aufhören
arrhes [ar] *f*/*pl comm* Anzahlung *f*
arriéré, **~e** [arjere] **1.** *adj paiement*,

idées: rückständig; *enfant*: geistig zurückgeblieben; **2.** *m comm* Rückstand *m*

arrière [arjɛr] **1.** *adv* zurück; ***en ~*** rückwärts; ***en ~ de*** hinter; **2.** *adj unv* ***feu*** *m* ~ Schlusslicht *n*; ***siège*** *m* ~ Rücksitz *m*; **3.** *m auto*: Heck *n*; *sports*: Verteidiger *m*, Abwehrspieler *m*; ***à l'~*** hinten

arrière|-cour [arjɛrkur] *f* (*pl arrière-cours*) Hinterhof *m*; **~-garde** [-gard] *f mil* Nachhut *f*; **~-goût** [-gu] *m* Nachgeschmack *m*; **~-grand-mère** [-grɑ̃mɛr] *f* (*pl arrière-grand[s]-mères*) Urgroßmutter *f*; **~-grand-père** [-grɑ̃pɛr] *m* (*pl arrière-grands-pères*) Urgroßvater *m*; **~-pays** [-pei] *m* Hinterland *n*; **~-pensée** [-pɑ̃se] *f* (*pl arrière-pensées*) Hintergedanke *m*; **~-petit-fils** [-p(ə)tifis] *m* (*pl arrière-petits-fils*) Urenkel *m*; **~-plan** [-plɑ̃] *m* Hintergrund *m*; **~-saison** [-sɛzõ] *f* Nachsaison *f*

arrimer [arime] (*1a*) *chargement*: verstauen

arriv|age [arivaʒ] *m* Anlieferung *f*; **~ée** *f* Ankunft *f*; *sports*: Ziel *n*; **~er** (*1a*) ankommen; *événement*: geschehen; ~ ***à*** gelangen zu; ~ ***à*** (+ *inf*) es schaffen zu; ~ ***à qn*** j-m zustoßen; ***il arrive que*** (+ *subj od ind*) es kommt vor, dass

arriviste [arivist] *m*, *f* Streber(in) *m(f)*

arrobe [arɔb] *f EDV* Klammeraffe (*@-Zeichen*) *m*

arrog|ance [arɔgɑ̃s] *f* Arroganz *f*, Anmaßung *f*; **~ant**, **~ante** [-ɑ̃, -ɑ̃t] anmaßend, arrogant

arroger [arɔʒe] (*1l*) ***s'~*** *droit*, *titre*: sich (*dat*) anmaßen

arrond|ir [arõdir] (*2a*) abrunden; **~issement** [-ismɑ̃] *m* Arrondissement *n* (*Unterbezirk e-s Departements*); *d'une ville*: Stadtbezirk *m*

arros|er [aroze] (*1a*) (be)gießen; *fleuve*: vorbeifließen (*an e-r Stadt*); **~oir** *m* Gießkanne *f*

arsenal [arsənal] *m* (*pl -aux*) *mar* Werft *f*; *mil* Arsenal *n*, Waffenlager *n*

arsenic [arsənik] *m* Arsen *n*

art [ar] *m* Kunst *f*; ***avoir l'~ de*** (+ *inf*) die Gabe haben zu; ***~s décoratifs*** (*od* ***appliqués*** *od* ***industriels***) Kunstgewerbe *n*; ***~s plastiques*** bildende Kunst *f*

artère [artɛr] *f* Pulsader *f*; *fig* Verkehrsader *f*

artéri|el, **~elle** [arterjɛl] arteriell; ***tension f artérielle*** Blutdruck *m*; **~osclérose** [-ɔskleroz] *f méd* Arterienverkalkung *f*

arthrite [artrit] *f* Arthritis *f*

artichaut [artiʃo] *m* Artischocke *f*; ***fond*** *m* ***d'~*** Artischockenherz *n*

article [artiklə] *m* Artikel *m*; *jur* Paragraph *m*; ~ ***de fond*** *presse*: Leitartikel *m*; ~ ***de marque*** Markenartikel *m*

articul|aire [artikylɛr] Gelenk…; **~ation** *anat* Gelenk *n*; *son*: Artikulation *f*; **~é**, **~ée** *son*: artikuliert; *membres*: beweglich; *fig* gegliedert; **~er** (*1a*) *son*: artikulieren; ***s'~*** beweglich verbunden sein (***avec, sur*** mit); *fig* miteinander verbunden sein

artific|e [artifis] *m* Kunstgriff *m*, Trick *m*; **~iel**, **~ielle** [-jɛl] künstlich; *péj* gekünstelt; **~ieux**, **~ieuse** [-jø, -jøz] *litt* arglistig

artill|erie [artijri] *f* Artillerie *f*; **~eur** *m* Artillerist *m*

artisan [artizɑ̃] *m* Handwerker *m*

artisan|al, **~ale** [artizanal] (*m/pl -aux*) handwerklich, Handwerks…; **~at** [-a] *m* Handwerk *n*; ~ ***d'art*** Kunsthandwerk *n*

artist|e [artist] **1.** *m*, *f* Künstler(in) *m(f)*; **2.** *adj* künstlerisch veranlagt; **~ique** künstlerisch; Kunst…

as [as] *m* Ass *n* (*a fig*)

AS *f abr* ***association sportive*** SV *m* (Sportverein)

asbeste [asbɛst] *m* Asbest *m*

ascendance [asɑ̃dɑ̃s] *f* Vorfahren *m/pl*; ~ ***paternelle*** väterliche Linie *f*; väterliche Abstammung *f*

ascend|ant, **~ante** [asɑ̃dɑ̃, -ɑ̃t] **1.** *adj* aufsteigend; **2.** *m* (starker) Einfluss *m* (***sur qn*** auf j-n)

ascens|eur [asɑ̃sœr] *m* Lift *m*, Aufzug *m*, Fahrstuhl *m*; **~ion** *f alpiniste*: Besteigung *f*; *fusée*, *ballon*: Aufsteigen *n*; *fig progrès* Aufstieg *m*; ***l'*~** *rel* (Christi) Himmelfahrt *f*

ascèse [asɛz] *f rel* Askese *f*

ascète [asɛt] *m rel* Asket *m*

aseptique [asɛptik] aseptisch, keimfrei

asiatique [azjatik] **1.** *adj* asiatisch; **2.** **~** *m*, *f* Asiat(in) *m(f)*

Asie [azi] *f* ***l'~*** Asien *n*; ***l'Asie Mineure*** Kleinasien *n*

asile [azil] *m refuge* Zuflucht(sort)

f(m); *pol* Asyl *n*; **~ *d'aliénés*** Irrenanstalt *f*; ***demande*** *f* ***d'~*** Asylantrag *m*

aspect [aspɛ] *m* **1.** *vue* Anblick *m*, Aussehen *n*; ***à l'~ de*** beim Anblick von; **2.** *point de vue* Gesichtspunkt *m*; ***sous cet ~*** unter diesem Aspekt

asperge [aspɛrʒ] *f bot* Spargel *m*

asperger [aspɛrʒe] *(1l)* besprengen, bespritzen

aspérité [asperite] *f* Unebenheit *f*

asphalte [asfalt] *m* Asphalt *m*

asphyx|ie [asfiksi] *f* Ersticken *n*; **~ier** [-je] *(1a)* ersticken

aspic [aspik] *m* **1.** *zo* Viper *f*; **2.** *cuis* Aspik *m*, Sülze *f*

aspir|ant, ~ante [aspirɑ̃, -ɑ̃t] *m*, *f* Kandidat(in) *m(f)*; Anwärter(in) *m(f)*

aspira|teur [aspiratœr] *m* Staubsauger *m*; **~tion** *f* Einatmen *n*; *fig* Streben *n* (***à*** nach)

aspirer [aspire] *(1a)* *air*: einatmen; *liquide*: auf-, einsaugen; **~ *à qc*** nach etw trachten; **~ *à*** (+ *inf*) danach trachten, zu (+ *inf*)

aspirine [aspirin] *f* Aspirin *n*

assagir [asaʒir] *(2a)* vernünftig machen; ***s'~*** vernünftig werden

assaillir [asajir] *(2c, futur 2a)* angreifen, anfallen; *fig* bestürmen

assain|ir [asɛnir] *(2a)* sanieren; *nettoyer* reinigen; **~issement** [-ismɑ̃] *m* Sanierung *f*

assaisonnement [asɛzɔnmɑ̃] *m action*: Würzen *n*; *huile, poivre*: Gewürz *n*

assaisonner [asɛzɔne] *(1a)* würzen

assassin [asasɛ̃] *m* Mörder(in) *m(f)*

assassin|at [asasina] *m* Mord *m*; **~er** *(1a)* ermorden

assaut [aso] *m mil* Sturm *m*, Angriff *m*

assèchement [asɛʃmɑ̃] *m* Trockenlegung *f*

assécher [aseʃe] *(1f)* trockenlegen

ASSEDIC *f/pl abr* ***associations pour l'emploi dans l'industrie et le commerce*** französische Arbeitslosenversicherung

assembl|age [asɑ̃blaʒ] *m* Zusammenfügung *f*; *fig* Gemisch *n*; **~ée** *f* Versammlung *f*; **~er** *(1a)* *unir* verbinden; *tech* zusammensetzen; ***s'~*** sich versammeln

assentiment [asɑ̃timɑ̃] *m* Einwilligung *f*

asseoir [aswar] *(3l)* hin-, niedersetzen; ***faire ~ qn*** j-n Platz nehmen lassen; ***s'~*** sich setzen; ***être assis*** sitzen

assermenté, ~e [asɛrmɑ̃te] vereidigt

assertion [asɛrsjõ] *f* Behauptung *f*

asserv|ir [asɛrvir] *(2a)* unterwerfen, -jochen; **~issement** [-ismɑ̃] *m* Unterwerfung *f*, -jochung *f*

assez [ase] *adv suffisamment* genug; *plutôt* ziemlich; **~ *d'argent, de moyens*** genug Geld, Mittel; ***avoir ~ de*** etw *(acc)* satthaben

assidu, ~e [asidy] *élève*: fleißig; *efforts*: beharrlich

assiduité [asidɥite] *f* Gewissenhaftigkeit *f*; Fleiß *m*

assiéger [asjeʒe] *(1g)* belagern; *fig* **~ *qn*** j-n bedrängen

assiette [asjɛt] *f* Teller *m*; *fig* ***n'être pas dans son ~*** sich nicht wohlfühlen

assigner [asiɲe] *(1a)* *rôle, emploi, tâche*: zuweisen; *terme, limite*: festsetzen; *jur* vor Gericht laden

assimilation [asimilasjõ] *f comparaison* Gleichstellung *f*; *absorption* Assimilierung *f*

assimiler [asimile] *(1a)* *comparer* gleichsetzen; *connaissances, influences*: verarbeiten; *étrangers*: assimilieren; ***s'~ à*** sich anpassen an *(acc)*

ass|is, ~ise [asi, -iz] *p/p* d'asseoir *et adj* sitzend; ***place*** *f* ***assise*** Sitzplatz *m*; ***être ~(e)*** sitzen; *fig* ***bien ~(e)*** wohlbegründet; **~ise** [-iz] *f fig* Basis *f*

assises [asiz] *f/pl* Tagung *f*; Kongress *m*; *jur* ***cour*** *f* ***d'~*** Schwurgericht *n*

assistance [asistɑ̃s] *f* **1.** *public die* Anwesenden *m/pl*; **2.** *aide* Unterstützung *f*, Hilfe *f*; **~ *publique*** öffentliche Fürsorge *f*; **~ *du médecin*** ärztliche Hilfe

assist|ant, ~ante [asistɑ̃, -ɑ̃t] *m*, *f* Assistent(in) *m(f)*; ***assistante sociale*** Fürsorgerin *f*, Sozialarbeiterin *f*; ***les assistants*** *m/pl public* die Anwesenden *m/pl*; **~é, ~ée**: **~*(e) par ordinateur*** computergestützt, computerunterstützt

assister [asiste] **~ *qn*** j-m beistehen, helfen, assistieren; j-n unterstützen; **~ *à qc*** e-r Sache beiwohnen

associ|ation [asɔsjasjõ] *f* Vereinigung *f*; *groupement* Verein *m*; **~ *des consommateurs*** Verbraucherzentrale *f*; **~ *d'idées*** Assoziation *f*; **~é, ~ée**

m, *f* Teilhaber(in) *m(f)*, Gesellschafter(in) *m(f)*; **~er** (*1a*) verbinden; **~ qn à** j-n beteiligen an (*dat*); **s'~** sich zusammenschließen; **s'~ à** sich anschließen an (*acc*)

assoiffé, ~e [aswafe] sehr durstig; *fig* **~(e) de** gierig nach

assombrir [asõbrir] (*2a*) verdüstern

assomm|ant, ~ante [asɔmɑ̃, -ɑ̃t] F unerträglich langweilig

assommer [asɔme] (*1a*) totschlagen; *fig* F belästigen, tödlich langweilen

Assomption [asõpsjõ] *f rel* Mariä Himmelfahrt *f*

assort|i, ~ie [asɔrti] passend (**à** zu); **fromages** *m/pl* **assortis** verschiedene Käsesorten *f/pl*; **~iment** [-imɑ̃] *m* Zusammenstellung *f*; *comm* Auswahl *f*; **~ir** (*2a*) passend zusammenstellen; *comm* mit Waren versehen

assoupir [asupir] (*2a*) *v/t* einschläfern; *fig douleur*, *sens*: betäuben; **s'~** einschlummern; *fig* sich beruhigen

assouplir [asuplir] (*2a*) geschmeidig machen

assourdir [asurdir] (*2a*) *rendre comme sourd* betäuben; *bruit*: dämpfen

assouvir [asuvir] (*2a*) sättigen, stillen; *fig* befriedigen

assujett|ir [asyʒetir] (*2a*) unterwerfen; **~ qn à qc** j-n zu etw zwingen; **assujetti à l'impôt** steuerpflichtig; **~issement** [-ismɑ̃] *m* Unterwerfung *f*

assumer [asyme] (*1a*) auf sich (*acc*) nehmen, übernehmen

assurance [asyrɑ̃s] *f confiance en soi* Selbstsicherheit *f*; *promesse* Zusicherung *f*; *contrat* Versicherung *f*; **~ auto** Kfz-Versicherung *f*; **~ maladie** Krankenversicherung *f*; **~ responsabilité civile** Haftpflichtversicherung *f*; **~ tous risques** Vollkaskoversicherung *f*; **~ vol** Diebstahlversicherung *f*

assur|é, ~ée [asyre] **1.** *adj sûr* sicher; **2.** *m*, *f* Versicherte(r) *m*, *f*; **~ément** [-emɑ̃] *adv* sicherlich; **~er** (*1a*) *victoire*, *succès*: sichern, Gewähr leisten; *couvrir par une assurance* versichern; **~ à qn que** (+ *ind*) j-m versichern, dass; **~ qc à qn** j-m etw zusagen; **s'~** sich versichern (**contre** gegen); **s'~ de qc** *vérifier* sich e-r Sache vergewissern

astérisque [asterisk] *m* Sternchen *n* (*im Buchdruck*)

asthme [asmə] *m* Asthma *n*

asticot [astiko] *m* Made *f*

astiquer [astike] (*1m*) blank putzen, polieren

astre [astrə] *m* Gestirn *n*, Stern *m*

astreindre [astrɛ̃drə] (*4b*) nötigen, zwingen (**à qc** zu etw)

astro|naute [astrɔnot] *m*, *f* Astronaut (-in) *m(f)*; **~nomie** [-nɔmi] *f* Astronomie *f*

astuc|e [astys] *f ingéniosité* Schlauheit *f*; *truc* Kniff *m*; **~ieux, ~ieuse** [-jø, -jøz] *projet*, *réponse*: raffiniert; *personne*: einfallsreich, erfindungsreich

atelier [atəlje] *m* Werkstatt *f*; *artiste*: Atelier *n*

athée [ate] **1.** *adj* atheistisch; **2.** *m*, *f* Atheist(in) *m(f)*

Athènes [atɛn] Athen *n*

athlète [atlɛt] *m*, *f* Athlet(in) *m(f)*

athlétisme [atletismə] *m* Leichtathletik *f*

atlantique [atlɑ̃tik] *adj* **l'océan** *m* **♀** (*a* **l'♀** *m*) der Atlantische Ozean *m*, der Atlantik *m*

atlas [atlɑs] *m* (*pl unv*) Atlas *m*

atmosphère [atmɔsfɛr] *f* Atmosphäre *f*; *fig* Stimmung *f*

atom|e [atom] *m* Atom *n*; **~ique** Atom…, atomar; **bombe** *f* **~** Atombombe *f*; **~iseur** [-izœr] *m* Zerstäuber *m*

atout [atu] *m* Trumpf *m*

atroc|e [atrɔs] entsetzlich, grauenhaft; **~ité** *f* Abscheulichkeit *f*; *pl* **~s** Gräueltaten *f/pl*

attabler [atable] (*1a*) **s'~** sich an den Tisch setzen

attach|ant, ~ante [ataʃɑ̃, -ɑ̃t] *captivant* spannend; *caractère*, *enfant*: liebenswert

attach|e [ataʃ] *f* Klammer *f*; *fig* **~s** *f/pl* Bindung(en) *f/pl*, Beziehungen *f/pl*; **~é** *m* Attaché *m*; **~ement** [-mɑ̃] *m* Anhänglichkeit *f*; **~er** (*1a*) *v/t* festmachen; *animal*: anbinden; *prisonnier*: fesseln; *chaussures*: schnüren; *fig* **~ de l'importance à qc** e-r Sache Bedeutung beimessen; *v/i cuis coller* kleben; **s'~ à qn, qc** j-n, etw lieb gewinnen; **être attaché à qn, qc** an j-m, etw hängen

attaqu|ant, ~ante [atakɑ̃, -ɑ̃t] *m*, *f*

sports: Angreifer(in) *m(f)*

attaqu|e [atak] *f* Angriff *m*; *méd* Anfall *m*; **~er** (*1m*) angreifen; *sentence*: anfechten; *travail*, *difficulté*: in Angriff nehmen; *sujet*: anschneiden; ***s'~ à qc*** sich an etw (*acc*) heranwagen

attarder [atarde] (*1a*) ***s'~*** sich verspäten; ***s'~ à** od **sur qc*** sich mit etw aufhalten

atteindre [atɛ̃drə] (*4b*) erreichen, erlangen; *projectile*, *coup*: treffen; *maladie*: ***~ qn*** j-n befallen; ***être atteint de*** an (*dat*) … erkrankt sein

atteinte [atɛ̃t] *f* **1.** ***hors d'~*** unerreichbar; **2.** *fig* Beeinträchtigung *f*, Verletzung *f*; ***porter ~ à qc*** e-r Sache (*dat*) schaden

attel|age [atlaʒ] *m* Gespann *n*; **~er** (*1c*) *cheval*: anspannen; *train*: ankuppeln

atten|ant, **~ante** [atnɑ̃, -ɑ̃t] angrenzend (***à*** an *acc*)

attendant [atɑ̃dɑ̃] ***en ~*** unterdessen, inzwischen; *conj* ***en ~ de*** (+ *inf*), ***en ~ que*** (+ *subj*) (so lange) bis

attendre [atɑ̃drə] (*4a*) warten; ***~ qn*** j-n erwarten, auf j-n warten; ***~ que*** (+ *subj*) warten, bis; ***s'~ à qc*** auf etw (*acc*) gefasst sein; ***~ qc de qn, qc*** etw von j-m, von etw erwarten; ***~ un enfant*** ein Kind erwarten

attendr|ir [atɑ̃drir] (*2a*) weich machen; *fig* rühren; ***s'~*** gerührt werden (***sur*** von); **~issement** [-ismɑ̃] *m* Rührung *f*

attendu [atɑ̃dy] *prép* in Anbetracht (*gén*); ***~ que*** *conj* da

attentat [atɑ̃ta] *m* Attentat *n*

attent|e [atɑ̃t] *f* Warten *n*; *espoir* Erwartung *f*; **~er** (*1a*) ***~ à*** ein Attentat verüben auf (*acc*)

atten|tif, **~tive** [atɑ̃tif, -iv] aufmerksam (***à*** auf *acc*); **~tion** [-sjõ] *f* Aufmerksamkeit *f*; ***~!*** Achtung!, Vorsicht!; ***faire ~ à qc*** auf (*acc*) etw achten, aufpassen; ***faire ~*** (***à ce***) ***que*** (+ *subj*) aufpassen, dass; ***à l'~ de*** zu Händen von

atténu|ant, **~ante** [atenɥɑ̃, -ɑ̃t] mildernd; *jur* ***circonstances*** *f/pl* ***atténuantes*** mildernde Umstände *m/pl*; **~er** (*1n*) lindern, mildern

atterr|er [atɛre] (*1b*) bestürzen, betroffen machen; **~ir** (*2a*) *aviat* landen; **~issage** [-isaʒ] *m aviat* Landung *f*

attest|ation [atɛstasjõ] *f* Bescheinigung *f*; **~er** (*1a*) bestätigen, bezeugen; *prouver* beweisen

attir|ail [atiraj] *m* F Kram *m*, Plunder *m*; **~ance** *f* Anziehungskraft *f*; **~er** (*1a*) anziehen; *inviter à venir* anlocken

attiser [atize] (*1a*) schüren

attitude [atityd] *f corps*: Haltung *f*; *comportement* Verhalten *n*

attract|if, **~ive** [atraktif, -iv] anziehend

attraction [atraksjõ] *f phys* Anziehungskraft *f* (*a fig*); *pour touristes*: Attraktion *f*

attrait [atrɛ] *m* Reiz *m*, Zauber *m*

attrape-nigaud [atrapnigo] *m* (*pl attrape-nigauds*) Bauernfängerei *f*, plumper Trick *m*

attraper [atrape] (*1a*) erwischen, fangen; *duper* hereinlegen; *maladie*: bekommen; ***~ un rhume*** sich e-n Schnupfen holen

attray|ant, **~ante** [atrɛjɑ̃, -ɑ̃t] anziehend, attraktiv

attribuer [atribɥe] (*1n*) *part*: zuteilen; *prix*: verleihen; *rôle*, *tâche*: zuweisen; *qualité*, *phénomène*: zuschreiben; ***s'~*** für sich in Anspruch nehmen

attribut [atriby] *m* Attribut *n*, wesentliches Merkmal *n*, Kennzeichen *n*

attribution [atribysjõ] *f* Zuteilung *f*; *prix*: Verleihung *f*; ***~s*** *pl compétence* Zuständigkeit *f*

attrister [atriste] (*1a*) betrüben

attroup|ement [atrupmɑ̃] *m* Menschenauflauf *m*; **~er** (*1a*) ***s'~*** sich zusammenrotten

aubaine [obɛn] *f* ***une bonne ~*** ein Glücksfall

aube [ob] *f* Morgengrauen *n*; *fig u st/s* Beginn *m*; ***à l'~*** bei Tagesanbruch

auberge [obɛrʒ] *f* Gasthof *m*; ***~ de jeunesse*** Jugendherberge *f*

aubergine [obɛrʒin] *f bot* Aubergine *f*

aubergiste [obɛrʒist] *m*, *f* Gastwirt(in) *m(f)*

auc|un, **~une** [okɛ̃ *od* okœ̃, -yn] keine(r); ***plus qu'aucun autre*** mehr als jeder andere; *litt* ***d'aucuns*** einige, manche; ***en aucun cas*** auf keinen Fall; ***sans aucun doute*** zweifellos

aucunement [okynmɑ̃] *adv* keineswegs

audac|e [odas] *f* Kühnheit *f*; *péj* Frechheit *f*; **~ieux**, **~ieuse** [-jø, -jøz] *courageux* kühn; *insolent* frech

au-dedans [odədɑ̃] *litt* innen; ***~ de*** in-

nerhalb
au-dehors [odəɔr] *litt* draußen; ~ ***de*** außerhalb
au-delà [od(ə)la] **1.** darüber hinaus; ~ ***de*** jenseits; **2.** *m rel* Jenseits *n*
au-dessous [odsu] unterhalb (***de*** von)
au-dessus [odsy] oberhalb (***de*** von)
au-devant [odvɑ̃] ***aller ~ de*** entgegengehen (*dat*); *fig* entgegenkommen (*dat*)
audible [odiblə] hörbar
audience [odjɑ̃s] *f entretien* Audienz *f*; *tribunal*: Verhandlung *f*
audiovisuel, **~le** [odjɔvizɥɛl] audiovisuell
audi|teur, **~trice** [oditœr, -tris] *m, f conférence*: Zuhörer(in) *m(f)*; *radio*: Hörer(in) *m(f)*; **~tion** *f ouïe* Hören *n*; *témoins*: Anhörung *f*; **~toire** [-twar] *m* Zuhörerschaft *f*, Auditorium *n*, Publikum *n*
auge [oʒ] *f* Trog *m*
augment|ation [ogmɑ̃tasjõ] *f nombre*: Vermehrung *f*; *prix*: Erhöhung *f*; *intensité*: Zunahme *f*; *salaire*: Gehaltserhöhung *f*; ***~ de la qualité*** Qualitätssteigerung *f*; **~er** (*1a*) *v/t* erhöhen; *un salarié*: eine Gehaltserhöhung gewähren (*dat*); *v/i* zunehmen, wachsen; *comm produit*: teurer werden
augure [ɔgyr] *m* Omen *n*, Vorzeichen *n*; ***être de bon*** (***mauvais***) ~ ein gutes (schlechtes) Zeichen sein
aujourd'hui [oʒurdɥi] heute; *à l'époque actuelle* heutzutage
aumôn|e [omon] *f* Almosen *n*; **~ier** [-je] *m* Anstaltsgeistliche(r) *m*
auparavant [oparavɑ̃] *adv* vorher
auprès [oprɛ] *prép* ~ ***de*** dicht bei
auréole [ɔreɔl] *f* Heiligenschein *m*
auriculaire [ɔrikylɛr] **1.** *adj* Ohr…; **2.** *m* kleiner Finger *m*
aurore [ɔrɔr] *f* Morgenröte *f*
ausculter [oskylte, ɔs-] (*1a*) *méd* abhorchen
auspices [ospis] *m/pl* Auspizien *n/pl*; ***sous de meilleurs*** ~ unter besseren Umständen
aussi [osi] **1.** *adv* auch; ***il est aussi grand que moi*** er ist ebenso groß wie ich; ***aussi jeune qu'elle soit*** wie jung sie auch sei; **2.** *conj* daher; **~tôt** [-to] sogleich; ~ ***que*** (+ *ind*) sobald
aust|ère [ostɛr] streng; **~érité** [-erite] *f* Strenge *f*; ***politique*** *f* ***d'~*** Sparpolitik *f*
austral, **~e** [ostral] (*m/pl -s*) *géogr* südlich
Australie [ostrali] *f* ***l'~*** Australien *n*
austral|ien, **~ienne** [ostraljɛ̃, -jɛn] **1.** *adj* australisch; **2.** **♀**, **♀ne** *m, f* Australier(in) *m(f)*
autant [otɑ̃] *tant* so viel; *comparatif*: ebenso viel, ebenso sehr; (***pour***) ~ ***que*** (+ *subj*) soweit; ***en faire ~*** dasselbe machen; ***d'~ plus*** (***moins, mieux***) ***que*** umso mehr (weniger, besser) als
autarcie [otarsi] *f écon* Autarkie *f*
autel [otɛl] *m* Altar *m*
auteur [otœr] *m* Urheber(in) *m(f)*; *écrivain* Autor(in) *m(f)*; *crime*: Täter(in) *m(f)*
authenticité [otɑ̃tisite] *f* Echtheit *f*
authentique [otɑ̃tik] echt; *fait, histoire*: authentisch
auto [oto] *f* Auto *n*
auto|… [otɔ] Selbst…, selbst…; Auto…; **~biographie** [-bjɔgrafi] *f* Autobiografie *f*; **~bus** [-bys] *m* (Auto-)Bus *m*; **~car** [-kar] *m* Reisebus *m*
autochtone [otɔktɔn] **1.** *adj* eingeboren; **2.** *m, f* Ureinwohner(in) *m(f)*
autocoll|ant, **~ante** [otɔkɔlɑ̃, -ɑ̃t] **1.** *adj* selbstklebend; **2.** *m* Aufkleber *m*
auto|-couchettes [otɔkuʃɛt] ***train*** *m* ~ Autoreisezug *m*; **~critique** [-kritik] *f* Selbstkritik *f*; **~cuiseur** [-kɥizœr] *m cuis* Schnellkochtopf *m*; **~défense** [-defɑ̃s] *f* Selbstverteidigung *f*; **~détermination** [-detɛrminasjõ] *f* Selbstbestimmung *f*; **~didacte** [-didakt] *m, f* Autodidakt(in) *m(f)*; **~-école** [-ekɔl] *f* (*pl auto-écoles*) Fahrschule *f*
autogéré, **~e** [otɔʒere] selbst verwaltet
auto|gestion [otɔʒɛstjõ] *f* Arbeiterselbstverwaltung *f*; **~graphe** [-graf] *m* Autogramm *n*
automa|te [otɔmat] *m* Automat *m* (*in Spielsachen*); **~tique** [-tik] automatisch
automne [otɔn] *m* Herbst *m*; ***en*** ~ im Herbst
automobil|e [otɔmɔbil] **1.** *adj* Kraftfahrzeug…; **2.** *f* Automobil *n*, Kraftfahrzeug *n*; **~isme** *m* Automobilwesen *n*, -sport *m*; **~iste** *m, f* Autofahrer(in) *m(f)*
automotrice [otɔmɔtris] *f* Triebwagen *m*

autonom|e [otɔnɔm] autonom, selbstständig; **~ie** *f* Autonomie *f*, Selbstständigkeit *f*

autopsie [otɔpsi] *f* Autopsie *f*; *jur* Obduktion *f*

autorail [otɔraj] *m* (Diesel-)Triebwagen *m*

autori|sation [otɔrizasjõ] *f* Genehmigung *f*; **~ser** [-ze] (*1a*) erlauben, genehmigen; ***~ qn à faire qc*** j-m erlauben, etw zu tun; ***s'~ de qc*** sich auf etw (*acc*) berufen; **~taire** [-tɛr] autoritär; **~té** [-te] *f pouvoir* (Befehls-, Amts-)Gewalt *f*; *ascendant* Autorität *f*, Ansehen *n*; *administration* Behörde *f*

autorout|e [otɔrut] *f* Autobahn *f*; ***~ de l'information*** Datenautobahn *f*; **~ier, ~ière** [-je, -jɛr] ***réseau*** *m* ***autoroutier*** Autobahnnetz *n*

auto|-stop [otostɔp] *m* ***faire de l'~*** per Anhalter fahren; **~-stoppeur, ~-stoppeuse** [-stɔpœr, -stɔpøz] *m, f* (*pl auto-stoppeurs, -euses*) Anhalter(in) *m(f)*

autour[1] [otur] *adv* darum herum; ***~ de*** *prép* um … (herum); F *environ* ungefähr

autour[2] [otur] *m zo* Habicht *m*

autre [otrə] andere(r); ***l'~ jour*** neulich; ***l'un (avec) l'~*** (mit)einander; ***nous ~s Allemands*** wir Deutschen; ***d'~s*** andere; ***rien d'~*** nichts anderes; ***~ part*** anderswo; ***d'~ part*** andererseits; ***de temps à ~*** dann und wann; ***quel ~?*** wer sonst?; ***l'~ année*** letztes Jahr; ***l'un l'~, les uns les ~s*** einander, sich; **~fois** [-fwa] früher, einst, ehemals; **~ment** *différemment* anders (***que*** als); *sinon* sonst

Autriche [otriʃ] *f* ***l'~*** Österreich *n*; ***la Basse ~*** Niederösterreich *n*

autrich|ien, ~ienne [otriʃjɛ̃, -jɛn] **1.** *adj* österreichisch; **2. ♀, ♀ne** *m, f* Österreicher(in) *m(f)*

autruche [otryʃ] *f zo* Strauß *m*

autrui [otrɥi] (*meist als Ergänzung*) anderer *sg*, andere *pl*; ***l'opinion d'~*** die Meinung der anderen

auvent [ovɑ̃] *m* Wetter-, Schutzdach *n*

auxiliaire [oksiljɛr] **1.** *adj* Hilfs…; **2.** *m, f assistant* Hilfskraft *f*; **3.** *m gr* Hilfsverb *n*

av. *abr* ***avenue*** Straße *f*

aval [aval] **1.** *adv* ***en ~*** flussabwärts; *prép* ***en ~ de*** unterhalb von; **2.** *m comm* Wechselbürgschaft *f*

avalanche [avalɑ̃ʃ] *f* Lawine *f*

aval|er [avale] (*1a*) (hinunter)schlucken; *dévorer* verschlingen; **~iser** (*1a*) *comm* als Bürge unterschreiben; *fig* billigen

avanc|e [avɑ̃s] *f course*: Vorsprung *m*; *comm* Vorschuss *m*; ***~s*** *pl* Annäherungsversuche *m/pl*; ***à l'~, par ~, d'~*** im voraus; ***en ~*** zu früh; **~ement** [-mɑ̃] *m progrès* Fortschritt *m*; *promotion* Beförderung *f*; **~er** (*1k*) *v/t* vorrücken; *montre*: vorstellen; *argent*: vorschießen; *date, rendez-vous*: vorverlegen; *proposition, thèse*: vorbringen; *v/i* sich vorwärtsbewegen; *dans le travail*: vorankommen; *promotion*: aufsteigen; *montre*: vorgehen; *être en saillie* herausragen; ***s'~ vers*** zugehen auf (*acc*)

avant [avɑ̃] **1.** *prép temps, ordre, espace*: vor (*dat*); *mouvement*: vor (*acc*); ***~ six mois*** vor Ablauf von sechs Monaten; ***~ tout*** vor allem; ***~ manger*** vor dem Essen; **2.** *adv temps*: vorher; *espace*: vorn; ***en ~!*** vorwärts!; **3.** *conj* ***~ que*** (+ *subj*) *u* ***~ de*** (+ *inf*) bevor, ehe; **4.** *adj* ***roue*** *f* ***~*** Vorderrad *n*; **5.** *m* Vorderteil *n*; *navire*: Bug *m*; *sports*: Stürmer *m*

avantag|e [avɑ̃taʒ] *m* Vorteil *m*; *supériorité* Überlegenheit *f*; ***~ compétitif*** Wettbewerbsvorteil *m*; **~er** (*1l*) bevorzugen; **~eux, ~euse** [-ø, -øz] vorteilhaft

avant|-bras [avɑ̃bra] *m* (*pl unv*) Unterarm *m*; **~-coureur** [-kurœr] (*pl avant-coureurs*) ***signe*** *m* ***~*** Vorbote *m*, Vorzeichen *n*; **~-dernier, ~-dernière** [-dɛrnje, -dɛrnjɛr] (*pl avant-derniers, avant-dernières*) vorletzte(r); **~-garde** [-gard] *f mil* Vorhut *f*; *fig* Avantgarde *f*; **~-goût** [-gu] *m fig* Vorgeschmack *m* (***de*** auf *acc*); **~-guerre** [-gɛr] *m od f* Vorkriegszeit *f*; **~-hier** [avɑ̃tjɛr] vorgestern; **~-poste** [-pɔst] *m* (*pl avant-postes*) Vorposten *m*; **~-projet** [-prɔʒɛ] *m* (*pl avant-projets*) Vorentwurf *m*; **~-propos** [-prɔpo] *m* (*pl unv*) Vorwort *n*; **~-veille** [-vɛj] *f* ***l'~*** zwei Tage davor; ***l'~ de*** zwei Tage vor (*dat*)

avar|e [avar] **1.** *adj* geizig; ***être ~ de qc***

mit etw geizen; **2.** *m* Geizhals *m*; **~ice** [-is] *f* Geiz *m*

avar|ie [avari] *f mar, aviat* Havarie *f*; **~ié**, **~iée** [-je] beschädigt; *denrées*: verdorben

avec [avɛk] *prép* mit; *auprès de* bei; ***et ~ cela*** und noch dazu

aven|ant, **~ante** [avnɑ̃, -ɑ̃t] *st/s* zuvorkommend, freundlich; *adv* ***le reste à l'avenant*** der Rest ist (dem)entsprechend

avènement [avɛnmɑ̃] *m nouvelle situation*: Anbruch *m*; *roi*: Thronbesteigung *f*

avenir [avnir] *m* Zukunft *f*; ***à l'~*** in Zukunft; ***dans un ~ prochain*** in absehbarer Zeit; ***d'~*** vielversprechend

avent [avɑ̃] *m* Advent(szeit *f*) *m*

aventur|e [avɑ̃tyr] *f* Abenteuer *n*; ***à l'~*** aufs Geratewohl; *st/s* ***d'~, par ~*** zufällig; **~er** (*1a*) aufs Spiel setzen; ***s'~*** sich wagen (***dans*** in *acc*); **~eux**, **~euse** [-ø, -øz] *voyage*: abenteuerlich; *projet, entreprise*: riskant; *personne*: abenteuerlustig; **~ier**, **~ière** [-je, -jɛr] **1.** *m, f* Abenteurer(in) *m(f)*; **2.** *adj* ***esprit*** *m* ***aventurier*** Abenteuergeist *m*

avenu [avny] ***nul et non ~*** null und nichtig

avenue [avny] *f* Avenue *f*, Prachtstraße *f*, Allee *f*

avérer [avere] (*1f*) ***s'~*** (+ *adj*) sich als … erweisen

averse [avɛrs] *f* Platzregen *m*

aversion [avɛrsjõ] *f* Abneigung *f* (***pour*** *od* ***contre*** gegen); ***prendre qn en ~*** e-e Abneigung gegen j-n bekommen

avert|ir [avɛrtir] (*2a*) *renseigner* benachrichtigen (***qn de qc*** j-n von etw); *mettre en garde* warnen (***qn de qc*** j-n vor etw); **~issement** [-ismɑ̃] *m* Warnung *f*; *blâme* Mahnung *f*; *livre*: Vorbemerkung *f*; **~isseur** [-isœr] *m auto* Hupe *f*; ***~ d'incendie*** Feuermelder *m*

aveu [avø] *m* (*pl -x*) Geständnis *n*; ***de l'~ de*** nach dem Zeugnis von, nach Aussagen von

aveugl|e [avœglə] **1.** *adj* blind (*a fig u arch*); **2.** *m, f* Blinde(r) *m, f*; ***en ~*** blindlings; **~ement** [-əmɑ̃] *m fig* Verblendung *f*; **~ément** [-emɑ̃] *adv* blindlings, unüberlegt; **~er** (*1a*) *préjugés, amour*: blind machen, verblenden; *lumière*: blenden; **~ette** [-ɛt] ***à l'~*** *fig* aufs Geratewohl

avia|teur, **~trice** [avjatœr, -tris] *m, f* Flieger(in) *m(f)*; **~tion** *f* Flugwesen *n*, Luftfahrt *f*

avid|e [avid] (be)gierig (***de*** nach); **~ité** *f* Gier *f*, Begierde *f*

avil|ir [avilir] (*2a*) erniedrigen; *écon* entwerten; **~issant**, **~issante** [-isɑ̃, -isɑ̃t] erniedrigend

avion [avjõ] *m* Flugzeug *n*; ***aller en ~*** fliegen; ***par ~*** mit Luftpost; ***~ de chasse*** Jagdflugzeug *n*; ***~ de combat*** Kampfflugzeug *n*; ***~ commercial, ~ de ligne*** Passagierflugzeug *n*; ***~ supersonique*** Überschallflugzeug *n*; ***~ de transport*** Verkehrsflugzeug *n*

aviron [avirõ] *m* Ruder *n*; *sports*: Rudersport *m*

avis [avi] **1.** *opinion* Meinung *f*, Ansicht *f*; ***à mon ~*** meiner Meinung nach; ***de l'~ de qn*** nach j-s Ansicht; ***sur l'~ de qn*** auf j-s Empfehlung; ***être d'~ que*** (+*subj*) der Meinung sein, dass; **2.** *m information* Mitteilung *f*, Bekanntmachung *f*; ***lettre*** *f* ***d'~*** Benachrichtigungsschreiben *n*; ***~ de réception*** Empfangsbescheinigung *f*; ***sauf ~ contraire*** bis auf Widerruf

avis|é, **~ée** [avize] besonnen, umsichtig; ***être bien ~(e) de*** (+ *inf*) gut beraten sein zu (+ *inf*); **~er** (*1a*) ***~ qn de qc*** j-n von etw benachrichtigen; ***~ à qc*** auf etw bedacht sein; ***s'~ de qc*** etw (*acc*) bemerken, etw (*acc*) gewahr werden; ***s'~ de*** (+ *inf*) sich einfallen lassen, auf den Gedanken kommen zu (+ *inf*)

av. J.-C. (*abr* avant Jésus-Christ) v. Chr. (vor Christus)

avoc|at, **~ate** [avɔka, -at] **1.** *m, f* Rechtsanwalt *m*, -anwältin *f*; **2.** *m bot* Avocado *f*

avoine [avwan] *f* Hafer *m*

avoir [avwar] (*1*) **1.** haben; *posséder* besitzen; *obtenir* bekommen; F *fig* ***~ qn*** j-n reinlegen; ***~ à faire qc*** etw zu tun haben; ***~ 20 ans*** 20 Jahre alt sein; ***j'ai froid*** (***chaud***) mir ist kalt (warm); **2.** *auxiliaire* ***j'ai parlé*** ich habe gesprochen; **3.** ***il y a*** es gibt, es ist (sind); ***qu'est-ce qu'il y a?*** was ist los?; ***il y a un an*** vor e-m Jahr; **4.** *m comm* Gut-

haben *n*; *st/s possessions* Besitz *m*
avoisiner [avwazine] (*1a*) **~ *qc*** an etw (*acc*) angrenzen
avort|ement [avɔrtəmɑ̃] *m* Abtreibung *f*; *fig* Fehlschlagen *n*; **~er** (*1a*) abtreiben; *fig* missglücken, fehlschlagen; ***se faire* ~** e-e Abtreibung vornehmen lassen, abtreiben
avouer [avwe] (*1a*) (ein)gestehen; **~ *avoir fait qc*** gestehen, etw getan zu haben
avril [avril] *m* April *m*
ax|e [aks] *m* Achse *f* (*bes math u fig*); ***grand* ~ *routier*** Fernstraße *f*; **~er** (*1a*) ausrichten (***sur*** auf *acc*); **~ial, ~iale** [-jal] (*m/pl -iaux*) axial, Achsen…
ayant [ɛjɑ̃] **1.** *participe présent d'*avoir; **2.** *m jur* **~ *cause*** Rechtsnachfolger *m*; **~ *droit*** Berechtigte(r) *m*, *f*
azalée [azale] *f* Azalee *f*
azimut [azimyt] *m fig* ***tous* ~*s*** allseitig; total, völlig
azote [azɔt] *m chim* Stickstoff *m*
azur [azyr] *m couleur*: Himmelblau *n*; *ciel*: tiefblauer Himmel *m*

B

baba [baba] **1.** *m* Rosinenkuchen *m*; **2.** F *adj* (*unv*) verblüfft, verdutzt
babeurre [babœr] *m* Buttermilch *f*
babill|age [babijaʒ] *m* Schwatzen *n*, Plappern *n*; **~er** (*1a*) schwatzen, plaudern, plappern
babiole [babjɔl] F *f* Kleinigkeit *f*; *fig* Bagatelle *f*, Lappalie *f*
bâbord [bɑbɔr] *m mar* Backbord *n*; ***à* ~** backbord(s)
baby-sitter [bebisitœr] *m*, *f* (*pl baby-sitters*) Babysitter *m*
bac [bak] *m* **1.** *bateau* Fähre *f*; **2.** *auge* Trog *m*; **3.** F (*abr de* baccalauréat) F Abi *n*
baccalauréat [bakalɔrea] *m* Reifeprüfung *f*, Abitur *n*
bâche [bɑʃ] *f* Plane *f*, Decke *f*
bacheli|er, ~ère [baʃəlje, -ɛr] *m*, *f* Abiturient(in) *m*(*f*)
bachot [baʃo] *m* F Abi(tur) *n*
bacille [basil] *m biol*, *méd* Bazillus *m*
bâcler [bɑkle] (*1a*) F schnell zusammenpfuschen
bactérie [bakteri] *f biol*, *méd* Bakterie *f*
badaud [bado] *m* Schaulustige(r) *m*
Bade [bad] *géogr* ***le* (*pays de*) ~** Baden *n*
badge [badʒ] *m* Button *m*
badigeonner [badiʒɔne] (*1a*) *peindre* tünchen; *méd* bepinseln
badinage [badinaʒ] *m* Scherz *m*, Geplänkel *n*
badiner [badine] (*1a*) spaßen, schäkern; ***ne pas* ~ *avec la discipline*** in puncto Disziplin nicht mit sich spaßen lassen
baffe [baf] F *f* Ohrfeige *f*
bafouer [bafwe] (*1a*) verhöhnen
bafouiller [bafuje] (*1a*) F *balbutier* stammeln, stottern; *radoter* F faseln
bâfrer [bɑfre] (*1a*) F fressen, sich vollstopfen
bagage [bagaʒ] *m* Gepäckstück *n*; *le plus souvent au pl* **~*s*** Gepäck *n*; *fig connaissances*: Rüstzeug *n*; **~*s à main*** Handgepäck *n*; **~*s accompagnés*** Reisegepäck *n*; ***faire ses* ~*s*** packen
bagarr|e [bagar] *f* Rauferei *f*, Schlägerei *f*; **~er** F (*1a*) ***se* ~** sich prügeln, (sich) raufen; **~eur** F *m* Raufbold *m*
bagatelle [bagatɛl] *f* Kleinigkeit *f*
bagnard [baɲar] *m* Zuchthäusler *m*
bagne [baɲ] *m* Zuchthaus *n*
bagnole [baɲɔl] F *f* Auto *n*, F Karre *f*
bague [bag] *f* (Finger-)Ring *m*
baguenauder [bagnode] (*1a*) umherschlendern, bummeln
baguette [bagɛt] *f* **1.** Stab *m*; Stäbchen *n*; *mus* Taktstock *m*; **~ *magique*** Zauberstab *m*; **2.** *pain* Stangenweißbrot *n*
bahut [bay] *m* **1.** Büfett *n*; **2.** F *gros camion* F dicker Brummer *m*
baie [bɛ] *f* **1.** *bot* Beere *f*; **2.** *golfe* Bucht *f*; **3.** *porte*: Türöffnung *f*; *fenêtre*: große Fensternische *f*
baign|ade [bɛɲad] *f endroit*: Badestelle *f*; *action*: Baden *n*; **~er** (*1b*) baden; ***se* ~** sich baden; **~eur, ~euse** *m*, *f* Badende(r) *m*, *f*; **~oire** [-war] *f* Badewan-

ne *f*

bail [baj] *m* (*pl baux* [bo]) Pacht-, Mietvertrag *m*

bâiller [bɑje] (*1a*) gähnen; *trou*: klaffen; *porte*: nicht fest schließen *od* geschlossen sein

baill|eur, **~eresse** [bajœr, -rɛs] *m*, *f* Verpächter(in) *m(f)*, Vermieter(in) *m(f)*

bâillon [bɑjõ] *m* Knebel *m*

bâillonner [bɑjɔne] (*1a*) knebeln (*a fig*)

bain [bɛ̃] *m* Bad *n*; *action*: Baden *n*; ***salle** f **de ~s*** Bad(ezimmer) *n*; *fig* ***être dans le ~*** Bescheid wissen; ***prendre un ~*** ein Bad nehmen, (sich) baden; ***prendre un ~ de soleil*** sonnenbaden; **~-marie** [-mari] *m* (*pl bains-marie*) *cuis* Wasserbad *n*

baïonnette [bajɔnɛt] *f mil* Bajonett *n*

baisemain [bɛzmɛ̃] *m* Handkuss *m*

baiser [bɛze] **1.** *m* Kuss *m*; **2.** *verbe* (*1b*) **a**) küssen, *dans certaines expressions* ***~ la main, un crucifix*** die Hand, ein Kruzifix küssen, **b**) P ***se faire ~*** P sich bescheißen lassen, **c**) P bumsen, *obscène* vögeln

baiss|e [bɛs] *f* Sinken *n*, Senkung *f*; *Bourse*: Baisse *f*; **~er** (*1b*) *v/t tête*, *voix*: senken; *yeux*: niederschlagen; *store*, *vitre*: herunter lassen; *prix*: herabsetzen; *radio*: leiser stellen; *v/i forces*, *lumière*: abnehmen; *niveau*, *température*, *prix*: sinken; ***les actions baissent*** die Aktien fallen; ***se ~*** sich bücken

bal [bal] *m* (*pl bals*) Ball *m* (*Tanz*)

balad|e [balad] *f* Spaziergang *m*; F Bummel *m*; ***faire une ~*** e-n Spaziergang, F Bummel machen; **~er** F (*1a*) spazieren führen; ***se ~*** spazieren gehen, bummeln

baladeur [baladœr] *m* Walkman® *m*; ***~ MP3*** MP3–Player *m*

balafre [balafrə] *f blessure* Hiebwunde *f*; *cicatrice* Schmiss *m*

balai [balɛ] *m* Besen *m*; ***donner un coup de ~*** ausfegen; F *fig* ***coup** m **de ~*** Rausschmiss *m*; **~-brosse** [-brɔs] *m* (*pl balais-brosses*) Schrubber *m*

balanc|e [balɑ̃s] *f* Waage *f* (*a astr*); *comm* Bilanz *f*; ***~ commerciale*** Handelsbilanz *f*; ***~ des paiements*** Zahlungsbilanz *f*; **~er** (*1k*) *v/t bras*, *jambes*: baumeln lassen; *chose*: schwenken; F *jeter* (weg)schmeißen; *personne*: F rausschmeißen, feuern; ***se ~*** schaukeln; F ***je m'en balance*** F das ist mir piepe; **~ier** [-je] *m pendule* Pendel *n*; *perche* Balancierstange *f*

balançoire [balɑ̃swar] *f* Schaukel *f*

balay|er [balɛje] (*1i*) (weg)fegen, kehren; *fig gouvernement*: hinwegfegen; *soucis*: vertreiben; **~ette** [-ɛt] *f* Handfeger *m*; **~eur** [-œr] *m* Straßenkehrer *m*; **~euse** [-øz] *f* Straßenkehrmaschine *f*; **~ures** [-yr] *f/pl* Kehricht *m*

balbutier [balbysje] (*1a*) stammeln

balcon [balkõ] *m* Balkon *m*

Bâle [bɑl] Basel *n*

Baléares [balear] *f/pl* ***les ~*** die Balearen *pl*

baleine [balɛn] *f zo* Wal(fisch) *m*; *parapluie*: Speiche *f*

balise [baliz] *f mar* Bake *f*, Boje *f*; *aviat* Leuchtfeuer *n*

baliverne [balivɛrn] *f le plus souvent au pl* **~s** Albernheiten *f/pl*, Geschwätz *n*

Balkans [balkɑ̃] *m/pl* ***les ~*** der Balkan

ballade [balad] *f* Ballade *f*

ball|ant, **~ante** [balɑ̃, -ɑ̃t] schlenkernd

balle [bal] *f* **1.** *jeu*: Ball *m* (*zum Spielen*); *fig* ***renvoyer la ~ à qn*** j-m die Antwort nicht schuldig bleiben; **2.** *fusil*: Kugel *f*; **3.** *marchandises*: Warenballen *m*; **4.** **~s** *pl* F *hist* Francs *m/pl*, Franken *m/pl*

ballerine [balrin] *f* Balletttänzerin *f*

ballet [balɛ] *m* Ballett *n*

ballon [balõ] *m football*, *rugby*, *etc* Ball *m*; *pour enfants*: Luftballon *m*; *aviat* (Luft-)Ballon *m*; *chim* Glaskolben *m*

ballonné, **~e** [balɔne] aufgebläht

ballot [balo] *m* kleiner Ballen; F *fig* Dummkopf *m*

ballott|age [balɔtaʒ] *m* (***scrutin** m **de***) ~ Stichwahl *f*; **~er** (*1a*) *v/t* hin und her schütteln; *v/i* hin und her rutschen

balluchon [balyʃõ] F *m* Bündel *n*

balnéaire [balneɛr] Bade…; ***station** f **~*** Seebad *n*

bal|ourd, **~ourde** [balur, -urd] tölpelhaft; **~ourdise** [-urdiz] *f* Unbeholfenheit *f*

balte [balt] ***les pays ~s*** das Baltikum

baltique [baltik] ***la mer*** 2 die Ostsee

balustrade [balystrad] *f* Geländer *n*

bambin [bɑ̃bɛ̃] *m* kleiner Junge *m*

bambou [bɑ̃bu] *m bot* Bambus *m*

ban [bɑ̃] *m* **1.** **~s** *pl mariage*: Aufgebot

n; **2.** *hist* Bann *m*, Acht *f*

banal, ~e [banal] (*m/pl* -als) banal, gewöhnlich; **~ité** [-ite] *f* Banalität *f*

banan|e [banan] *f* Banane *f*; **~ier** [-je] *m* Bananenbaum *m*

banc [bɑ̃] *m* **1.** (Sitz-)Bank *f*; **~ *de sable*** Sandbank *f*; **~ *des accusés*** Anklagebank *f*; **~ *d'essai*** Prüfstand *m*; **2.** *poissons*: Schwarm *m*

bancaire [bɑ̃kɛr] Bank…; ***chèque*** *m* **~** Bankscheck *m*

bancal, ~e [bɑ̃kal] (*m/pl* -als) *personne*: hinkend; *table*: wackelig

bandage [bɑ̃daʒ] *m méd* Verband *m*

bande [bɑ̃d] *f tissu*: Band *n*; *méd* Binde *f*; *dessin*: Streifen *m*; *groupe* Schar *f*, Gruppe *f*; **~ *dessinée*** Comics *pl*; **~ *magnétique*** Tonband *n*

band|eau [bɑ̃do] *m* (*pl -x*) *front*: Stirnband *n*; *yeux*: Augenbinde *f*; **~er** (*1a*) *méd* verbinden; *corde*: spannen

banderole [bɑ̃drɔl] *f* Spruchband *n*; *petite bannière* Wimpel *m*

bandit [bɑ̃di] *m* Bandit *m*; *escroc* Gangster *m*

bandoulière [bɑ̃duljɛr] *f* Schulterriemen *m*; ***en*** **~** umgehängt

banlieue [bɑ̃ljø] *f* Vororte *m/pl*

banlieus|ard, ~arde [bɑ̃ljøzar, -ard] *m, f* Vorortbewohner(in) *m(f)*

bannière [banjɛr] *f* Banner *n*

bannir [banir] (*2a*) verbannen

banque [bɑ̃k] *f* Bank(haus *n*) *f*; **≗ *centrale européenne*** (*abr* ***B.C.E.***) Europäische Zentralbank *f* (*abr* ***EZB***); **~ *de données*** Datenbank *f*; **≗ *européenne d'investissement*** (*abr* ***B.E.I.***) Europäische Investitionsbank *f* (*abr* ***EIB***); **~ *mondiale*** Weltbank *f*

banqu|eroute [bɑ̃krut] *f* Bankrott *m*; **~et** [-ɛ] *m* Festessen *n*; **~ette** [-ɛt] *f* (Sitz-)Bank *f*; *auto* Bank *f*; **~ier** [-je] *m* Bankier *m*; **~ise** [-iz] *f* Packeis *n*

bapt|ême [batɛm] *m* Taufe *f*; **~iser** (*1a*) taufen (*a fig*)

baquet [bakɛ] *m* Kübel *m*, Zuber *m*

bar [bar] *m établissement* Stehkneipe *f*; Bar *f*; *meuble* Bar *f*; *comptoir* Theke *f*

baragouin [baragwɛ̃] *m* Kauderwelsch *n*

baraqu|e [barak] *f* Baracke *f*; **~é, ~ée** F (***bien***) **~*(e)*** groß und kräftig; **~ement** [-mɑ̃] *m* Barackenlager *n*

barat|in [baratɛ̃] F *m* schöne Worte *n/pl*; F Schmus *m*; **~iner** [-ine] (*1a*) schöne Worte machen

barb|ant, ~ante [barbɑ̃, -ɑ̃t] F geisttötend, stinklangweilig

barbare [barbar] **1.** *adj* barbarisch; **2.** *m, f* Barbar(in) *m(f)*

barbar|ie [barbari] *f* Barbarei *f*

barbe [barb] *f* **1.** Bart *m*; ***se faire faire la*** **~** sich rasieren lassen; F ***quelle ~!*** jetzt langt's mir aber!; **~ *à papa*** Zuckerwatte *f*; **2.** *bot* Granne *f*

barbecue [barbəkju, -ky] *m* Holzkohlengrill *m*; Grillparty *f*

barbelé [barbəle] *adj* ***fil*** *m* ***de fer*** **~** *od subst* **~** *m* Stacheldraht *m*

barb|er [barbe] F (*1a*) langweilen; F anöden; **~iche** [-iʃ] *f* Kinnbart *m*

barbiturique [barbityrik] *m phm* Barbiturat *n*

barbot|er [barbɔte] (*1a*) **1.** *v/i dans l'eau*: plätschern, plantschen; **2.** F *chiper* klauen; **~euse** *f* Strampelanzug *m*

barbouiller [barbuje] (*1a*) *peindre grossièrement* grob anstreichen; *couvrir, salir* beschmieren; ***avoir l'estomac barbouillé*** e-n verdorbenen Magen haben

barbu, ~e [barby] bärtig

Barcelone [barsəlɔn] Barcelona *n*

barda [barda] *m* F Kram *m*, Krempel *m*; *mil* Gepäck *n*

barder [barde] (*1a*) F ***ça va*** **~** das gibt Ärger, F dann kracht es

barème [barɛm] *m* Skala *f*, Tabelle *f*; *école* Benotungsschema *n*

baril [baril] *m* Fass *n*

bariolé, ~e [barjɔle] bunt(scheckig)

baromètre [barɔmɛtrə] *m* Barometer *n*

baron, ~ne [barõ, -ɔn] *m, f* Baron(in) *m(f)*

baroque [barɔk] *bizarre* seltsam, wunderlich; *art, mus* Barock…

barque [bark] *f mar* Barke *f*; *fig* ***mener la*** **~** das Heft in der Hand haben

barrage [baraʒ] *m ouvrage hydraulique* Staudamm *m*, Talsperre *f*; *barrière* Sperre *f*; *route*: Straßensperre *f*; **~ *de police*** Polizeisperre *f*

barre [bar] *f* **1.** Stange *f*; **2.** *or*: Barren *m*; **3.** *mus* Taktstrich *m*; **4.** *mar* Ruderpinne *f*; **5.** *d'un tribunal* Schranke *f*

barreau [baro] *m* (*pl -x*) **1.** Gitterstange *f*; **2.** *jur* Rechtsanwaltsstand *m*, Anwaltskammer *f*

barrer [bare] (*1a*) *obstruer* versperren; *cocher* (aus-, durch)streichen; ***chèque m barré*** Verrechnungsscheck *m*
barr|ette [barɛt] *f cheveux*: Haarspange *f*; **~eur** *m* Steuermann *m*; **~icade** *f* [-ikad] *f* Barrikade *f*; **~icader** [-ikade] (*1a*) verrammeln; **~ière** [-jɛr] *f* Barriere *f*, Sperre *f*, Schranke *f*; *chemin de fer*: (Bahn-)Schranke *f*; ***~s douanières*** Zollschranken *f/pl*
barrique [barik] *f* Fass *n*
baryton [baritõ] *m* Bariton *m*
bas, **basse** [bɑ, bɑs] **1.** *adj* niedrig (*a fig*); *geogr* Nieder…; Unter…; *mus* tief; *voix*: leise; ***à voix basse*** mit leiser Stimme; **2.** *adv* ***bas*** tief; niedrig; ***à bas …!*** nieder mit …!; ***en bas*** unten; ***là-bas*** dort; **3.** *m partie inférieure* Unterteil *n*; *vêtement*: (*langer*) Strumpf *m*; ***au ~ de*** unten an (*dat*)
basané, **~e** [bazane] sonnenverbrannt
bas-bleu [bɑblø] *m* (*pl bas-bleus*) *péj* Blaustrumpf *m*
bas-côté [bɑkote] *m* (*pl bas-côtés*) *route*: Seitenstreifen *m*; *arch* Seitenschiff *n*
bascul|e [baskyl] *f jeu*: Schaukel(brett) *f* (*n*); *balance* Brückenwaage *f*; **~er** (*1a*) umkippen; *fig* e-e andere Wendung nehmen
bas|e [bɑz] *f* Basis *f* (*a mil*, *fig*); *édifice*: Fundament *n* (*a fig*); *fig d'une science, de discussion*: Grundlage *f*; *chim* Base *f*, Lauge *f*; ***de ~*** grundlegend; ***à base de lait*** auf Milchbasis; ***être à la base de*** e-r Sache (*dat*) zu Grunde liegen; **~er** (*1a*) gründen (***sur*** auf *dat*); ***se ~ sur*** sich stützen auf (*acc*)
bas-fond [bɑfõ] *m* (*pl bas-fonds*) *mar* Untiefe *f*; *fig* ***bas-fonds*** *pl* Abschaum *m*
basilic [bazilik] *m bot* Basilikum *n*
basilique [bazilik] *f arch* Basilika *f*
basket(-ball) [baskɛt(bol)] *m* Korb-, Basketball *m*
baskets [baskɛt] *f/pl* Turnschuhe *m/pl*; Basketballschuhe *m/pl*
basque [bask] **1.** *adj* baskisch; ***le Pays ~*** das Baskenland; **2.** ♀ *m*, *f* Baske *m*, Baskin *f*
basse [bɑs] *f voix*: Bass(stimme) *m*(*f*); *musicien*: Bassist *m*; **~-cour** [-kur] *f* (*pl basses-cours*) *agr* Hühnerhof *m*; *animaux*: Geflügel *n*
bassement [bɑsmɑ̃] *adv* auf gemeine, niederträchtige Weise
Basse-Saxe [bɑssaks] ***la ~*** Niedersachsen *n*
bassesse [bɑsɛs] *f* Gemeinheit *f*
basset [basɛ] *m zo* Basset *m*; ***~ allemand*** Dackel *m*
bassin [basɛ̃] *m* Becken *n* (*a anat*); *mar* Hafenbecken *n*; ***~ de radoub*** Trockendock *n*
bassine [basin] *f* Wanne *f*; große Schüssel *f*
basson [bɑsõ] *m mus instrument*: Fagott *n*; *musicien*: Fagottist *m*
bastide [bastid] *f* kleines Landhaus *n* (*in Südfrankreich*)
bastingage [bastɛ̃gaʒ] *m mar* Reling *f*
bastion [bastjõ] *m mil u fig* Bollwerk *n*, Bastion *f*
bas-ventre [bɑvɑ̃trə] *m* Unterleib *m*
bât [bɑ] *m* Packsattel *m*; *fig* ***c'est là que le ~*** (***le***) ***blesse*** da drückt (ihn) der Schuh
bataclan [bataklɑ̃] *m* F Kram *m*, Krempel *m*; ***et tout le ~*** und so weiter und so fort
bataill|e [bataj] *f* Schlacht *f*, Kampf *m*; ***livrer ~*** e-e Schlacht liefern; **~er** (*1a*) *fig für etw* kämpfen; **~eur**, **~euse** streitbar, -süchtig; **~on** *m mil* Bataillon *n*
bât|ard, **~arde** [bɑtar, -ard] **1.** *adj* Bastard…, Misch…; **2.** *m* Bastard *m*
bateau [bato] *m* (*pl -x*) *mar* Schiff *n*, Boot *n*; ***faire du ~*** Boot fahren; *faire du yachting* segeln; *ramer* rudern; *fig* ***mener qn en ~*** j-m e-n Bären aufbinden; **~-mouche** [-muʃ] *m* (*pl bateaux-mouches*) kleiner Ausflugsdampfer *m* (*auf der Seine*)
bat|elier [batəlje] *m* (Fluss-)Schiffer *m*; **~ellerie** [-ɛlri] *f* (Fluss-)Schifffahrt *f*
bathyscaphe [batiskaf] *m* Tiefseetauchboot *n*
bâti, **~e** [bɑti] **1.** *adj* bebaut; ***bien ~*** *personne*: gut gebaut; **2.** *m* Gestell *n*
batifoler [batifɔle] (*1a*) herumtollen
bât|iment [bɑtimɑ̃] *m* **1.** *édifice* Gebäude *n*, Bauwerk *n*; *secteur*: Bau(gewerbe) *m*(*n*), Bauwesen *n*; **2.** *mar* (großes) Schiff *n*; **~ir** (*2a*) bauen (*a fig*); **~isse** [-is] *f souvent péj* Gebäude *n*
bâton [bɑtõ] *m* Stock *m*; Stab *m*; *gour-*

din Knüppel *m*; **~ *de rouge*** Lippenstift *m*; ***parler à ~s rompus*** von diesem und jenem reden
bâtonner [bɑtɔne] (*1a*) verprügeln
batt|age [bataʒ] *m publicité* F Reklamerummel *m*; **~ant**, **~ante** [-ɑ̃, -ɑ̃t] **1.** *adj pluie*: prasselnd; ***le cœur battant*** mit Herzklopfen; **2.** *m porte*: Türflügel *m*
batt|ement [batmɑ̃] *m cœur*: Schlagen *n*, Klopfen *n*; *intervalle de temps* Pause *f*; **~erie** *f él* Batterie *f*; *mus* Schlagzeug *n*; **~eur** *m cuis* Handmixer *m*; *mus* Schlagzeuger *m*; **~euse** *f agr* Dreschmaschine *f*
battre [batrə] (*4a*) *v/t* schlagen; *tapis*: klopfen; *maltraiter* verprügeln; *vaincre* besiegen; *monnaie*: prägen; *cartes*: mischen; **~ *son plein*** in vollem Gang sein; **~ *des cils*** zwinkern; *v/i* schlagen, klopfen, pochen; ***se*** **~** kämpfen
battu, **~e** [baty] *p/p de* ***battre*** *u adj* geschlagen, besiegt
battue [baty] *f ch* Treibjagd *f*
baume [bom] *m* Balsam *m*
bav|ard, **~arde** [bavar, -ard] **1.** *adj* schwatzhaft; **2.** *m*, *f* Schwätzer(in) *m(f)*
bavard|age [bavardaʒ] *m* Geschwätz *n*; **~er** (*1a*) schwatzen
bavar|ois, **~oise** [bavarwa, -waz] **1.** *adj* bay(e)risch; **2.** **≈**, **≈*e*** *m*, *f* Bayer(in) *m(f)*
bav|e [bav] *f* Speichel *m*; **~er** (*1a*) sabbern; *chien*: geifern; **~ette** [-ɛt] *f* (Sabber-)Lätzchen *n*; *d'un tablier* Latz *m*
Bavière [bavjɛr] ***la*** **~** Bayern *n*
bavure [bavyr] *f fig* Missstand *m*; ***sans*** **~** tadellos
bazar [bazar] *m* Kramladen *m*; *en Orient* Basar *m*
BCBG [besebeʒe] *adj abr* ***bon chic bon genre*** todschick
BCE *f abr* ***Banque centrale européenne*** EZB *f* (Europäische Zentralbank)
Bd, **bd** *abr* ***boulevard*** Boulevard
BD [bede] *f abr* ***bande dessinée*** Comic(s) *m(pl)*
béant, **béante** [beɑ̃, beɑ̃t] klaffend
béat, **béate** [bea, beat] selig; *péj* naiv
béatitude [beatityd] *f* (Glück-)Seligkeit *f*
beau, **bel**, **belle** [bo, bɛl] (*m/pl beaux*) **1.** *adj* schön; *personne*: gut aussehend; *élégant* vornehm, fein; *réussi* gut; ***il fait beau*** (***temps***) es ist schönes Wetter; ***il a beau dire*** (***faire*** *etc*) er mag sagen (tun *etc*), was er will; ***l'échapper belle*** mit einem blauen Auge davonkommen; ***bel et bien*** wirklich, tatsächlich; ***de plus belle*** noch stärker; ***un beau jour*** eines schönen Tages; ***le beau monde*** die feine Gesellschaft; **2.** *m*, *f* ***le beau*** das Schöne; ***un vieux beau*** ein alter Schönling *m*; ***une belle*** ein schönes Mädchen *n*
beaucoup [boku] *quantité*: viel; *intensité*: sehr; **~ *de*** (+ *subst*) viel(e)
beau|-fils [bofis] *m* (*pl beaux-fils*) Schwiegersohn *m*; *d'un remariage*: Stiefsohn *m*; **~-frère** [-frɛr] *m* (*pl beauxfrères*) Schwager *m*; **~-père** [-pɛr] *m* (*pl beaux-pères*) Schwiegervater *m*; *d'un remariage*: Stiefvater *m*
beauté [bote] *f* Schönheit *f*
beaux|-arts [bozar] *m/pl* ***les*** **~** die schönen Künste *f/pl*, die bildende Kunst; **~-parents** [boparɑ̃] *m/pl* Schwiegereltern *pl*
bébé [bebe] *m* Baby *n*; **~-éprouvette** [-epruvɛt] *m* (*pl bébés-éprouvettes*) Retortenbaby *n*
bec [bɛk] *m oiseau*: Schnabel *m*; *de récipient*: Ausguss *m*, Tülle *f*; *fourneau à gaz*: Brenner *m*; *mus* Mundstück *n*; F ***un*** **~ *fin*** ein Feinschmecker; **~ *de gaz*** Gaslaterne *f*
bécane [bekan] F *f* Fahrrad *n*
bécasse [bekas] *f* Schnepfe *f*
béchamel [beʃamɛl] *f cuis* (***sauce*** *f*) **~** Bechamelsoße *f*
bêch|e [bɛʃ] *f* Spaten *m*; **~er** (*1b*) umgraben; F eingebildet sein
bécot [beko] F *m* Küsschen *n*
becqueter [bɛkte] (*1e*) an-, aufpicken; F *fig* essen, F futtern
bedeau [bədo] *m* (*pl -x*) Kirchendiener *m*, Küster *m*
bée [be] *adj* ***bouche*** **~** mit offenem Mund
beffroi [bɛfrwa] *m* Rathaus-, Glocken-, Wachtturm *m*
bégayer [begɛje] (*1i*) stottern
bègue [bɛg] **1.** *adj* ***être*** **~** stottern; **2.** *m*, *f* Stotterer *m*, Stotterin *f*
béguin [begɛ̃] *m* F *fig* ***avoir le*** **~ *pour qn*** F auf j-n stehen

BEI *f abr* ***Banque européenne d'investissement*** EIB *f* (Europäische Investitionsbank)
beige [bɛʒ] beige
beignet [bɛɲɛ] *m cuis* Krapfen *m*, (Berliner) Pfannkuchen *m*
bêler [bɛle] (*1b*) *mouton*: blöken; *chèvre*: meckern (*a fig*)
belette [bəlɛt] *f zo* Wiesel *n*
belge [bɛlʒ] **1.** *adj* belgisch; **2.** ♀ *m, f* Belgier(in) *m(f)*
Belgique [bɛlʒik] ***la*** ~ Belgien *n*
bélier [belje] *m zo* Widder *m* (*a astr*)
belle → ***beau***
belle|-fille [bɛlfij] *f* (*pl belles-filles*) Schwiegertochter *f*; *d'un remariage*: Stieftochter *f*; **~-mère** [-mɛr] *f* (*pl belles-mères*) Schwiegermutter *f*; *d'un remariage*: Stiefmutter *f*; **~-sœur** [-sœr] *f* (*pl belles-sœurs*) Schwägerin *f*
belligér|ant, **~ante** [bɛliʒerɑ̃, -ɑ̃t] Krieg führend
belliqu|eux, **~euse** [bɛlikø, -øz] kriegerisch
belvédère [bɛlvedɛr] *m* Aussichtspunkt *m*
bémol [bemɔl] *m mus* B *n*, Erniedrigungszeichen *n*
béné|dicité [benedisite] *m* Tischgebet *n*; **~dictin** [-diktɛ̃] *m* Benediktiner *m*; **~diction** [-diksjõ] *f* Segen *m*
bénéfic|e [benefis] *m* Vorteil *m*, Nutzen *m*; *comm* Gewinn *m*; **~iaire** [-jɛr] **1.** *adj* gewinnbringend; **2.** *m, f* Nutznießer(in) *m(f)*; **~ier** [-je] (*1a*) *tirer profit de* profitieren (***de qc*** von etw); *jouir de* genießen; *salaire, pension*: beziehen (***de qc*** etw *acc*)
bénéfique [benefik] *séjour, sommeil*: wohltuend
Bénélux [benelyks] ***le*** ~ die Beneluxländer *n/pl*
benêt [bənɛ] *m* Dummkopf *m*
bénévole [benevɔl] freiwillig
bén|in, **~igne** [benɛ̃, -iɲ] *tumeur, mal*: gutartig; *accident*: harmlos
bén|ir [benir] (*2a*) segnen; **~it**, **~ite** [-i, -it] geweiht; ***eau f bénite*** Weihwasser *n*; **~itier** [-itje] *m* Weihwasserkessel *m*, -becken *n*
benne [bɛn] *f transport de matériaux*: Kübel *m*; *téléphérique*: Gondel *f*
benzine [bɛ̃zin] *f* Waschbenzin *n*; *chim* Benzol *n*
béot|ien, **~ienne** [beɔsjɛ̃, -jɛn] *m, f* (Kultur-)Banause *m*
BEP [beəpe] *m* (*abr* brevet d'études professionnelles) *etwa* Berufsschulabschluss *m*
BEPC [beəpese] *m* (*abr* brevet d'études du premier cycle) *etwa* mittlere Reife *f*
béquille [bekij] *f* Krücke *f*; *vélo*: Ständer *m*
bercail [bɛrkaj] *m* (*sans pl*) Schoß *m* der Familie, der Kirche
berc|eau [bɛrso] *m* (*pl -x*) Wiege *f*; **~er** (*1k*) wiegen; *fig* ~ ***qn de promesses*** j-n mit Versprechungen verlocken; *fig* ***se ~ de qc*** sich in etw (*dat*) wiegen; **~euse** *f* Wiegenlied *n*; *chaise à bascule* Schaukelstuhl *m*
béret [berɛ] *m* Baskenmütze *f*
berge [bɛrʒ] *f* (Fluss-)Ufer *n*
berg|er [bɛrʒe] *m* Schäfer *m*; *chien* Schäferhund *m*; **~ère** *f* Schäferin *f*; *fauteuil* Lehnsessel *m*; **~erie** [-əri] *f* Schafstall *m*
Berlin [bɛrlɛ̃] Berlin *n*; *hist* ***~-Est*** Ost--Berlin *n*; *hist* ***~-Ouest*** West-Berlin *n*
berline [bɛrlin] *f auto* Limousine *f*
berlingot [bɛrlɛ̃go] *m emballage*: Tetrapack *m* (*marque déposée*)
bermuda(s) [bɛrmyda] *m(pl)* Bermudashorts *pl*
Bermudes [bermyd] *f/pl* ***les*** ~ die Bermudainseln *f/pl*, die Bermudas *pl*
berne [bɛrn] ***en*** ~ (auf) halbmast
Berne [bɛrn] Bern *n*
berner [bɛrne] (*1a*) ~ ***qn*** j-n zum Narren halten
besogn|e [bəzɔɲ] *f* Arbeit *f*; **~eux**, **~euse** [-ø, -øz] bedürftig
besoin [bəzwɛ̃] *m* **1.** Bedürfnis *n*; *écon* (*souvent au pl* **~s**) Bedarf *m* (***en*** an *dat*); ***avoir ~ de*** brauchen, benötigen (*acc*); ***avoir ~ de faire qc*** etw tun müssen; ***il n'est pas ~ de dire*** es ist nicht nötig zu sagen; ***au ~*** bei Bedarf; **2.** F ~ ***naturel*** Notdurft *f*; **3.** *pauvreté* Not *f*, Armut *f*
bestial, **~e** [bɛstjal] (*m/pl -iaux*) bestialisch; **~ité** *f* Rohheit *f*, Bestialität *f*
bestiaux [bɛstjo] *m/pl* Vieh *n*
bestiole [bɛstjɔl] *f* Tierchen *n*
bétail [betaj] *m* (*sans pl*) Vieh *n*
bête [bɛt] **1.** *f* Tier *n*; **~s** *pl gibier* Wild *n*; *bétail* Vieh *n*; ***chercher la petite ~*** alles bekritteln; **2.** *adj* dumm, blöd, al-

bern; **~ment** *adv* auf dumme Weise
bêtise [betiz] *f* Dummheit *f*; *bagatelle* Lappalie *f*; ***dire des ~s*** Unsinn reden
béton [betõ] *m* Beton *m*; ***~ armé*** Stahlbeton *m*; **~ner** [betɔne] (*1a*) betonieren
bétonnière [betɔnjɛr] *f* Betonmischmaschine *f*
bette [bɛt] *f bot* Mangold *m*
betterave [bɛtrav] *f* Rübe *f*; ***~ rouge*** Rote Bete *f*; ***~ à sucre*** Zuckerrübe *f*; ***sucre*** *m* ***de ~s*** Rübenzucker *m*
beugler [bøgle] (*1a*) *bœuf*: muhen, brüllen; F *fig* plärren
beur [bœr] *m*, *f* F *in Frankreich* aufgewachsene(r) Nordafrikaner(in)
beurr|e [bœr] *m* Butter *f*; *fig* ***faire son ~*** sein Schäfchen ins Trockene bringen; ***petit ~*** Butterkeks *m*; **~er** (*1a*) mit Butter bestreichen; **~ier** [-je] *m* Butterdose *f*
beuverie [bœvri] *f* Saufgelage *n*
bévue [bevy] *f* F Schnitzer *m*; ***commettre une ~*** e-n Bock schießen
biais [bjɛ] **1.** *adv* ***de*** *od* ***en ~*** schief, schräg; **2.** *m obliquité* Schräge *f*; *fig* Umweg *m*; ***par le ~ de*** auf dem Umweg über (*acc*)
biaiser [bjɛze] (*1b*) *louvoyer* sich winden
bibelots [biblo] *m/pl* Nippsachen *f/pl*
biberon [bibrõ] *m* Saugflasche *f*
Bible [biblə] *f* Bibel *f*, Heilige Schrift *f*
biblio|... [biblijɔ] Buch..., Bücher...; **~bus** [-bys] *m* fahrende Bücherei *f*, Bibliotheksbus *m*; **~thécaire** [-tekɛr] *m*, *f* Bibliothekar(in) *m(f)*; **~thèque** [-tɛk] *f* **1.** Bibliothek *f*; **2.** *meuble*: Bücherschrank *m*, -regal *n*
biblique [biblik] biblisch, Bibel...
bic [bik] *m* (*marque déposée*) Kugelschreiber *m*
bicarbonate [bikarbɔnat] *m chim* ***~ de soude*** doppeltkohlensaures Natrium *n*; Natron *n*
bicentenaire [bisɑ̃tənɛr] *m* Zweihundertjahrfeier *f*
bich|e [biʃ] *f zo* Hirschkuh *f*; *fig* ***ma ~*** mein Schätzchen; **~er** (*1a*) P ***ça biche?*** geht's gut?; **~onner** [-ɔne] (*1a*) verhätscheln
bicolore [bikɔlɔr] zweifarbig
bicoque [bikɔk] *f* F Bruchbude *f*
bicyclette [bisiklɛt] *f* (Fahr-)Rad *n*; ***aller en*** *od* ***à ~*** Rad fahren
bidet [bidɛ] *m* Bidet *n*
bidon [bidõ] *m* **1.** Kanister *m*; **2.** F *fig* Bluff *m*
bidonville [bidõvil] *m* Barackensiedlung *f*, Elendsviertel *n* (*in der Nähe e-r Großstadt*)
bielle [bjɛl] *f tech* Pleuelstange *f*
bien [bjɛ̃] **1.** *m bien-être d'une personne, d'une communauté*: Wohl *n*; *avantage* Nutzen *m*, Beste(s) *n*; ***le ~ public*** das Gemeinwohl; ***faire du ~ à qn*** j-m Gutes tun; *médicament*, *repos*: j-m guttun; ***dire du ~ de*** Gutes sagen über (*acc*); ***c'est pour son ~*** es ist zu seinem Besten; **2.** ***le ~*** *ce qui est juste* das Gute; ***faire le ~*** das Gute tun; *a* Gutes tun; **3.** *possession* Hab *n* und Gut *n*, Vermögen *n*; **~s** *pl produits* Güter; ***~ de consommation*** Verbrauchsgüter; **4.** *adv* gut, wohl; *très* sehr; *beaucoup* viel; ***~ des fois*** sehr oft; ***eh ~!*** nun!, na!; ***je veux ~*** gern; ***~ comprendre*** richtig verstehen; ***~ sûr*** natürlich; ***~ jeune*** sehr jung; **5.** *adj* gut, wohl; ***être, se sentir ~*** sich wohlfühlen; *beau* ***il est ~*** er sieht gut aus; ***avoir l'air ~*** gut aussehen; ***des gens ~*** feine Leute; ***être ~ avec qn*** sich mit j-m gut verstehen; **6.** *conj* ***~ que*** (+ *subj*) obgleich, obwohl
bien-être [bjɛ̃nɛtrə] *m situation matérielle*: Wohlstand *m*; *sensation agréable*: Wohlbefinden *n*; *tourisme* Wellness *f*
bien|faisance [bjɛ̃fəzɑ̃s] *f* Wohltätigkeit *f*; **~fait** [-fɛ] *m* Wohltat *f*; **~faiteur, ~faitrice** [-fɛtœr, -fɛtris] *m*, *f* Wohltäter(in) *m(f)*; **~-fondé** [-fõde] *m* Berechtigung *f*, Stichhaltigkeit *f*; **~-fonds** [-fõ] *m* (*pl biens-fonds*) *jur* Grundbesitz *m*
bienheur|eux, ~euse [bjɛ̃nørø, -øz] (glück)selig
biennal, ~e [bjenal] (*m/pl -aux*) zweijährig, alle zwei Jahre stattfindend
Bienne [bjɛn] *géogr* Biel *n*
biensé|ance [bjɛ̃seɑ̃s] *f* Anstand *m*; **~ant, ~ante** [-ɑ̃, -ɑ̃t] schicklich
bientôt [bjɛ̃to] bald; ***à ~!*** bis bald!
bienveill|ance [bjɛ̃vɛjɑ̃s] *f* Wohlwollen *n*; **~ant, ~ante** [-ɑ̃, -ɑ̃t] wohlwollend
bienvenu, ~e [bjɛ̃vny] **1.** *adj* willkommen; **2.** *m*, *f* ***être le bienvenu, la bien-***

venue willkommen sein; **3.** *f* ***souhaiter la bienvenue à qn*** j-n willkommen heißen; ***bienvenue en France*** willkommen in Frankreich
bière [bjɛr] *f* **1.** *boisson*: Bier *n*; ~ ***blonde*** helles Bier *n*; ~ ***brune*** dunkles Bier *n*; ~ ***blanche*** Weißbier *n*, Weizenbier *n*; **2.** *cercueil* Bahre *f*
biffer [bife] (*1a*) durchstreichen
bifteck [biftɛk] *m* Beefsteak *n*
bifur|cation [bifyrkasjõ] *f* Gabelung *f*, Abzweigung *f*; **~quer** [-ke] (*1m*) sich gabeln; *voiture*, *train*: abbiegen; *fig* ~ ***vers*** überwechseln zu
bigarré, **~e** [bigare] bunt(scheckig)
big|ot, **~ote** [bigo, -ɔt] **1.** *adj* frömmelnd; **2.** *m*, *f* Frömmler(in) *m*(*f*)
bigotterie [bigɔtri] *f* Frömmelei *f*
bigoudi [bigudi] *m* Lockenwickler *m*
bigre [bigrə] F verdammt noch mal!; **~ment** *adv* F verflixt
bijou [biʒu] *m* (*pl -x*) Juwel (*a fig*); Schmuckstück *n*
bijout|erie [biʒutri] *f* Juweliergeschäft *n*; **~ier**, **~ière** [-je, -jɛr] *m*, *f* Juwelier(in) *m*(*f*)
bikini [bikini] *m* Bikini *m*
bilan [bilɑ̃] *m* Bilanz *f* (*a fig*); *fig* Fazit *n*; ***faire le ~ de*** die Bilanz ziehen aus; ***déposer son ~*** Konkurs anmelden
bilatéral, **~e** [bilateral] (*m/pl -aux*) zweiseitig
bile [bil] *f* Galle *f*; *fig* schlechte Laune *f*, Ärger *m*; F ***se faire de la ~*** sich Sorgen machen
bili|aire [biljɛr] Gallen…; **~eux**, **~euse** [-ø, -øz] Gallen…; *fig* gallig
bilingue [bilɛ̃g] zweisprachig
bilinguisme [bilɛ̃gɥismə] *m* Zweisprachigkeit *f*
billard [bijar] *m* Billard *n*
bille [bij] *f* Kugel *f*; *billard*: Billardkugel *f*; *jeu de billes*: Murmel *f*; ***stylo*** *m* (***à***) ~ Kugelschreiber *m*
billet [bijɛ] *m bus*, *train*: Fahrkarte *f*; *cinéma*: Eintrittskarte *f*; *petite lettre* Briefchen *n*; *loterie*: Los *n*; *comm* Schuldschein *m*, Wechsel *m*; ~ ***de banque*** Banknote *f*; ~ ***de faveur*** Freikarte *f*; ***en ~s*** in Papiergeld, in Scheinen
billeterie [bijɛtri] *f* Geldautomat *m*
bimensuel, **~le** [bimɑ̃sɥɛl] monatlich zweimal erscheinend
bimestriel, **~le** [bimɛstrijɛl] zweimonatlich
biner [bine] (*1a*) *agr* hacken
binette [binɛt] *f agr* Gartenhacke *f*
binocle [binɔklə] *m* Kneifer *m*, Lorgnon *n*; F **~s** *pl* Brille *f*
biochimique [bjɔʃimik] biochemisch
biodégradable [bjɔdegradablə] biologisch abbaubar
biograph|ie [bjɔgrafi] *f* Biografie *f*; **~ique** biografisch
biolog|ie [bjɔlɔʒi] *f* Biologie *f*; **~iste** *m*, *f* Biologe *m*, Biologin *f*
biométrique [bjɔmetrik] biometrisch
biorythme [bjɔritm] *m* Biorhythmus *m*
biotechnologie [bjotɛknɔlɔʒi] *f* Biotechnologie *f*
biotope [bjɔtɔp] *m* Biotop *n*
bipartite [bipartit] *pol* Zweier…, Zweimächte…; ***gouvernement*** *m* ~ Zweiparteienregierung *f*
biplace [biplas] *m* Zweisitzer *m*
biplan [biplɑ̃] *m aviat* Doppeldecker *m*
bipolaire [bipɔlɛr] zweipolig
bique [bik] *f* F *zo* Ziege *f*; *fig u péj* ***vieille*** ~ alte Schachtel *f*
biréacteur [bireaktœr] *m aviat* zweistrahliges Flugzeug *n*
Birmanie [birmani] ***la*** ~ Birma *n*
bis[1], **bise** [bi, biz] *couleur*: graubraun; ***pain*** *m* ***bis*** Graubrot *n*
bis[2] [bis] **1.** *adv* da capo; **2.** *m* (*pl unv*) Zugabe *f*, Wiederholung *f*
bisaïeul, **~e** [bizajœl] *litt m*, *f* Urgroßvater *m*, Urgroßmutter *f*
bisannuel, **~le** [bizanɥɛl] zweijährig, -jährlich
biscornu, **~e** [biskɔrny] seltsam, bizarr, wunderlich
biscotte [biskɔt] *f* Zwieback *m*
biscuit [biskɥi] *m gateau sec* Keks *m od n*; Biskuit *n*; ~ ***à la cuiller*** Löffelbiskuit *n*
bise [biz] *f* **1.** *vent*: Nord(ost)wind *m*; **2.** F *baiser* Kuss *m*
biseau [bizo] *m* (*pl -x*) Schrägkante *f*, -fläche *f*
bison [bizõ] *m zo* Büffel *m*
bisque [bisk] *f cuis* ~ ***d'écrevisses***, ~ ***de homard*** Krebs-, Hummersuppe *f*
bissextile [bisɛkstil] ***année*** *f* ~ Schaltjahr *n*
bistro(t) [bistro] *m* Kneipe *f*
bit [bit] *m EDV* Bit *n*
BIT *m abr* ***Bureau international du tra-***

vail Internationales Arbeitsamt
bitum|e [bitym] *m* Asphalt *m*; **~er** (*1a*) asphaltieren
bivouac [bivwak] *m* Biwak *n*
bizarr|e [bizar] bizarr, seltsam; **~erie** [-əri] *f* Absonderlichkeit *f*
blackbouler [blakbule] (*1a*) F *pol, école*: ***~ qn*** j-n (durch)fallen lassen; ***se faire ~*** durchfallen
blaf|ard, ~arde [blafar, -ard] bleich, fahl
blagu|e [blag] *f* **1.** *tabac*: Tabaksbeutel *m*; **2.** *plaisanterie* Scherz *m*; *histoire amusante* Witz *m*; *farce* Streich *m*; ***sans ~!*** im Ernst!; **~er** F (*1a*) scherzen, spaßen; ***tu blagues!*** nicht möglich!, das ist nicht wahr!; ***~ qn*** j-n verspotten, necken
blaireau [blɛro] *m* (*pl -x*) **1.** *zo* Dachs *m*; **2.** *brosse pour la barbe* Rasierpinsel *m*
blâmable [blɑmablə] tadelnswert
blâm|e [blɑm] *m* Tadel *m*; **~er** (*1a*) tadeln
blanc, blanche [blɑ̃, blɑ̃ʃ] **1.** *adj* weiß; *peau, raisin*: *a* hell; *feuille, page*: unbeschrieben; ***examen** m **blanc*** Probeexamen *n*; ***mariage** m **blanc*** nicht vollzogene Ehe *f*; ***nuit** f **blanche*** schlaflose Nacht *f*; (***vin*** *m*) ***blanc*** *m* Weißwein *m*; ***pain** m **blanc*** Weißbrot *n*; ***en blanc*** Blanko…, unausgefüllt; ***chèque** m **en blanc*** Blankoscheck *m*; ***il a gelé (à) blanc*** es hat gereift; **2.** *m* Weiß *n*; *textile*: Weißwaren *f/pl*; *dans un texte*: unbeschriebene Stelle *f*; ***~ (d'œuf)*** Eiweiß *n*; **3.** ♀, ***Blanche*** *m, f* Weiße(r) *m, f*
blanc-bec [blɑ̃bɛk] *m* (*pl blancs-becs*) Grünschnabel *m*
blanchâtre [blɑ̃ʃɑtrə] weißlich
Blanche-Neige [blɑ̃ʃnɛʒ] *f* Schneewittchen *n*
blanch|eur [blɑ̃ʃœr] *f* Weiße *n u f*; **~ir** (*2a*) *v/t* weiß machen; *mur*: weißen; *linge*: waschen; *cuis* blanchieren; *fig innocenter* rein waschen; *v/i* weiß werden; *cheveux*: grau werden; **~isserie** [-isri] *f* Wäscherei *f*; **~isseur, ~isseuse** [-isœr, -isøz] *m, f* Wäscher(in) *m(f)*
blanc-seing [blɑ̃sɛ̃] *m* (*pl blancs-seings*) Blankovollmacht *f*
blanquette [blɑ̃kɛt] *f* **1.** *vin*: weißer Schaumwein *m* (*Languedoc*); **2.** *cuis* ***~ de veau*** Kalbsragout *n*
blasé, ~e [blɑze] blasiert
blason [blɑzõ] *m* Wappenschild *n*
blasph|ème [blasfɛm] *m* Gotteslästerung *f*, Blasphemie *f*; **~émer** [-eme] (*1f*) (Gott) lästern; fluchen
blatte [blat] *f zo* Schabe *f*
blé [ble] *m* Weizen *m*; *céréales* Getreide *n*
bled [blɛd] *m* F *péj* Kaff *n*, Nest *n*
blêm|e [blɛm] leichenblass, fahl; **~ir** (*2a*) erblassen
bless|er [blɛse] (*1b*) verletzen (*a fig*); *à la guerre*: verwunden; ***se ~*** sich verletzen; ***je me suis blessé à la main*** ich habe mir die Hand verletzt; **~ure** [-yr] *f* Verletzung *f*; *plaie* Wunde *f*; *à la guerre*: Verwundung *f*; *fig* Kränkung *f*
blet, blette [blɛ, blɛt] *fruit*: matschig
bleu, ~e [blø] (*m/pl -s*) **1.** *adj* blau; ***carte** f **bleue*** Scheckkarte *f*; ***zone** f **bleue*** Kurzparkzone *f*; ***peur** f **bleue*** F Heidenangst *f*; **2.** *m* Blau *n*; *marque sur la peau*: blauer Fleck *m*; *fig novice* Neuling *m*; *tech* Blaupause *f*; ***~ (de travail)*** blauer Arbeitsanzug *m*; ***~ d'Auvergne*** Blauschimmelkäse *m*; ***~ marine*** Marineblau *n*; *cuis* ***truite** f **au ~*** Forelle *f* blau
bleu|âtre [bløɑtrə] bläulich; **~et** [-ɛ] *m bot* Kornblume *f*
blind|age [blɛ̃daʒ] *m* Panzerung *f*; **~é, ~ée** **1.** *adj* gepanzert, Panzer…; **2.** *m mil* Panzer *m*; **~er** (*1a*) panzern; F *fig* immun machen
bloc [blɔk] *m* Block *m* (*auch pol*); ***~ monétaire*** Währungsblock *m*, -gebiet *n*, -zone *f*; ***~ de papier à lettres*** Briefblock *m*; ***en ~*** im Ganzen; ***faire ~*** sich zu e-m Block zusammenschließen; e-e geschlossene Front bilden (***contre*** gegen); **~age** *m* Blockieren *n*; *d'un compte en banque*: Sperrung *f*; *psych* innerer Widerstand *m*; *comm* ***~ des prix*** Preisstopp *m*
bloc-moteur [blɔkmɔtœr] *m* (*pl blocs-moteurs*) Motorblock *m*
bloc-notes [blɔknɔt] *m* (*pl blocs-notes*) Notizblock *m*
blocus [blɔkys] *m* Blockade *f*
blond, blonde [blõ, blõd] **1.** *adj cheveux*: blond; *bière*: hell; ***cigarette** f **blonde*** Zigarette *f* aus hellem Tabak;

2. *m*, *f* Blonde(r) *m*, *f*; Blondine *f*; *f bière* helles Bier *n*
bloquer [blɔke] (*1m*) *porte*, *roues*, *passage*: blockieren; *compte*, *crédits*: sperren; *regrouper* zusammenfassen
blottir [blɔtir] (*2a*) ***se ~*** sich kauern, sich ducken
blous|e [bluz] *f vêtement de travail* Kittel *m*; *chemisier* Bluse *f*; **~on** *m* Windjacke *f*; Blouson *m*; *fig* ***~ noir*** Halbstarke(r) *m*
bluff [blœf] *m* Bluff *m*, Täuschung *f*; **~er** (*1a*) bluffen, täuschen
B.O. *m abr* ***Bulletin officiel*** Amtsblatt *n*
bobard [bobar] *m* F Schwindel *m*; *presse*: (Zeitungs-)Ente *f*
bobinage [bɔbinaʒ] *m él* Wicklung *f*
bobin|e [bɔbin] *f* Spule *f*; **~er** (*1a*) aufwickeln, aufspulen
bocal [bɔkal] *m* (*pl -aux*) Einmachglas *n*
boche [bɔʃ] *péj* **1.** *adj* deutsch; **2.** *m*, *f* Deutsche(r) *m*, *f*
bock [bɔk] *m* ***un ~*** ein kleines Bier (*1/8 l*)
bœuf [bœf, *pl* bø] **1.** *m mâle castré* Ochse *m*; *bétail* Rind(vieh) *n*; *viande* Rindfleisch *n*; **2.** *adj* F Bomben…; gewaltig; ***succès*** *m* ***~*** Bombenerfolg *m*
bof! [bɔf] pah!, ach was!, was soll's!
bohème [bɔɛm] *m*, *f* verbummeltes Genie *n*, Bohemien *m*
Bohême [bɔɛm] ***la ~*** Böhmen *n*
bohém|ien, **~ienne** [bɔemjɛ̃, -jɛn] **1.** *adj* Zigeuner… *neg!*; *géogr* böhmisch; **2.** *m*, *f* Zigeuner(in) *neg! m*(*f*); **♀**, **♀ne** Böhme *m*, Böhmin *f*
boire [bwar] **1.** (*4u*) trinken; *absorber* aufsaugen; F ***~ un coup*** e-n trinken; **2.** *m* Trinken *n*
bois [bwa] *m matière*: Holz *n*; *forêt* Wald *m*; ***~*** *pl zo* Geweih *n*; ***~*** *pl mus* Holzblasinstrumente *n*/*pl*; ***en, de ~*** aus Holz
bois|age [bwazaʒ] *m* Zimmerung *f*; **~é**, **~ée** bewaldet; **~er** (*1a*) *terrain*: aufforsten; *chambre*: täfeln; **~erie** *f* Täfelung *f*, Holzverkleidung *f*
boisson [bwasõ] *f* Getränk *n*; ***~s*** *pl* ***alcoolisées*** alkoholische Getränke *n*/*pl*
boîte [bwat] *f* **1.** Schachtel *f*; *tôle*: Büchse *f*, Dose *f*; ***~ de conserves*** Konservenbüchse *f*; *auto* ***~ de vitesses*** Getriebe *n*; ***~ aux lettres*** Briefkasten *m*; *EDV* ***~ aux lettres*** (***électronique***) Mailbox *f*, elektronischer Briefkasten *m*; ***~ postale*** Postfach *n*; *aviat* ***~ noire*** Flugschreiber *m*; *tél* ***~ vocale*** Mailbox *f*; **2.** ***~*** (***de nuit***) Nachtklub *m*; **3.** F *péj entreprise* Laden *m*; ***sale ~*** F Saftladen *m*
boit|er [bwate] (*1a*) hinken (*a fig*); **~eux**, **~euse** [-ø, -øz] *personne*: hinkend; *chose*: wack(e)lig
boîtier [bwatje] *m* Gehäuse *n*
boitiller [bwatije] (*1a*) leicht hinken, humpeln
bol [bɔl] *m* (Trink-)Schale *f*
boléro [bɔlero] *m* **1.** *danse*: Bolero *m*; **2.** *vêtement*: Bolero(jäckchen) *m*(*n*)
bolide [bɔlid] *m* Meteorstein *m*; *auto* Rennwagen *m*
Bolivie [bɔlivi] ***la ~*** Bolivien *n*
bombance [bõbɑ̃s] *f* F ***faire ~*** schlemmen
bombard|ement [bõbardəmɑ̃] *m* Bombardierung *f*; **~er** (*1a*) bombardieren
bombe [bõb] *f mil* Bombe *f*; *fig* Spraydose *f*; *cuis* ***~ glacé*** Eisbombe *f*; F ***faire la ~*** prassen, üppig leben
bomb|é, **~ée** [bõbe] gewölbt; **~er** (*1a*) *v/i* sich wölben
bon, **bonne** [bõ, bɔn] **1.** *adj* gut; *qui travaille bien* tüchtig; *complaisant* gütig; *débonnaire* gutmütig; ***de bonne foi*** aufrichtig; ***de bonne heure*** frühzeitig; (***à***) ***bon marché*** billig (*a fig*); ***il est bon de*** (+ *inf*) *od* ***que*** (+ *subj*) es ist gut zu … *od* dass …; ***à quoi bon?*** wozu?; ***bon mot*** Witz *m*; ***bon anniversaire!*** alles Gute zum Geburtstag!; ***bonne chance!*** viel Glück!; ***bonne année!*** ein gutes Neues Jahr!; **2.** *adv* ***trouver bon que*** (+ *subj*), ***juger bon de*** (+ *inf*) es für richtig halten zu … *od* dass …; ***sentir bon*** gut riechen; ***tenir bon*** standhalten; **3.** *m comm* Gutschein *m*; ***~ de caisse*** Kassenbon *m*; ***~ de commande*** Bestellschein *m*; ***~ d'essence*** Benzingutschein *m*
bonasse [bɔnas] (zu) gutmütig
bon|bon [bõbõ] *m* Bonbon *m od n*; **~bonne** [-bɔn] *f* Korbflasche *f*; **~bonnière** [-bɔnjɛr] *f* Konfekt-, Bonbondose *f*; F *fig petit appartement* F Schmuckkästchen *n*
bond [bõ] *m* Sprung *m*; ***d'un seul ~*** mit

e-m Satz; *fig* sofort
bond|é, **~ée** [bõde] überfüllt; **~ir** (*2a*) (auf)springen
bonheur [bɔnœr] *m* Glück *n*; ***par ~*** zum Glück; ***porter ~*** Glück bringen; ***au petit ~*** auf gut Glück
bonhomie [bɔnɔmi] *f* Gutmütigkeit *f*
bonhomme [bɔnɔm] *m* (*pl bonshommes* [bõzɔm]) *m* F *type* Mann *m*, Mannsbild *n*; *dessin*, *figure*: Männchen *n*; ***petit ~*** Knirps *m*; ***~ de neige*** Schneemann *m*
boni [bɔni] *m comm* Überschuss *m*; **~fication** [-fikasjõ] *f comm* Rabatt *m*; *assurance*: Bonus *m*; **~fier** [-fje] (*1a*) (ver)bessern; **~ment** *m battage* marktschreierische Reklame *f*; F *mensonge* Märchen *n*
bonjour [bõʒur] *m* Guten Morgen, Guten Tag; F Gruß *m* (***à qn*** an j-n); ***dire ~ à qn*** j-m Guten Tag sagen; ***donner le ~ à qn*** j-m e-n Gruß ausrichten
bonne [bɔn] *f* Kinder-, Haus-, Dienstmädchen *n*
bonnement [bɔnmɑ̃] *adv* ***tout ~*** ganz einfach, kurz gesagt
bonnet [bɔnɛ] *m* Mütze *f*; ***~ de bain*** Badekappe *f*, Bademütze *f*; F *fig* ***gros ~*** F hohes Tier *n*, Bonze *m*
bonneterie [bɔnɛtri] *f* Trikotagen *f/pl*; Wirk- und Strickwaren *f/pl*
bonsoir [bõswar] *m* guten Abend
bonté [bõte] *f* Güte *f*; ***avoir la ~ de*** (+ *inf*) so gut sein und …
boom [bum] *m* Boom *m*
bord [bɔr] *m* **1.** Rand *m*; *rive* Ufer *n*; ***au ~ de la mer*** am Meer; ***être au ~ des larmes*** den Tränen nahe sein; F *fig* ***être un peu*** (+ *adj*) ***sur les ~s*** ein bisschen *od leicht* (+ *adj*) *sein*; **2.** *mar* Bord *m*; *auto* ***tableau*** *m* ***de ~*** Armaturenbrett *n*; ***à ~*** (***de***) an Bord (von); ***virer de ~*** wenden; *fig* umschwenken
bordeaux [bɔrdo] **1.** *vin* Bordeaux (-wein) *m*; **2.** *adj unv* weinrot
Bordeaux [bɔrdo] Bordeaux *n*
bordel [bɔrdɛl] *m* **1.** P Puff *m*; **2.** F *désordre* Durcheinander *n*
bordel|ais, **~aise** [bɔrdəlɛ, -ɛz] aus Bordeaux
bordélique [bɔrdelik] F unordentlich
border [bɔrde] (*1a*) *garnir* einfassen; *être le long de* säumen
bordereau [bɔrdəro] *m* (*pl -x*) *comm* Aufstellung *f*; ***~ d'expédition*** Begleitschein *m*
bordure [bɔrdyr] *f* Einfassung *f*
boréal, **~e** [bɔreal] (*m/pl -aux*) nördlich, Nord…
borgne [bɔrɲ] **1.** *adj* einäugig; *fig mal famé* verrufen; **2.** *m*, *f* Einäugige(r) *m*, *f*
borne [bɔrn] *f* **1.** Grenz-, Eckstein *m*; ***~ kilométrique*** Kilometerstein *m*; **2.** *fig* Grenze *f*, Schranke *f*; ***sans ~s*** grenzenlos; ***ça dépasse les ~s*** das geht zu weit; **3.** *él* (Anschluss-)Klemme *f*
born|é, **~ée** [bɔrne] beschränkt, engstirnig; **~er** (*1a*) *terrain*: begrenzen; *fig désirs*, *ambitions*: zurückschrauben; ***se ~ à qc*** sich auf etw (*acc*) beschränken; ***se ~ à faire qc*** sich darauf beschränken, etw zu tun
Bosnie-Herzégovine [bɔsniɛrzegɔvin] ***la ~*** Bosnien-Herzegowina *n*
bosquet [bɔskɛ] *m* Wäldchen *n*
bosse [bɔs] *f enflure* Beule *f*; *d'un bossu*: Buckel *m*; *terrain*: Unebenheit *f*; F ***avoir la ~ de*** e-e Begabung haben für
bosser [bɔse] (*1a*) F schuften
bossu, **~e** [bɔsy] buck(e)lig
botanique [bɔtanik] **1.** *adj* botanisch; **2.** *f* Botanik *f*, Pflanzenkunde *f*
botte [bɔt] *f* **1.** *carottes*, *radis*: Bund *m*, Bündel *n*; **2.** *chaussure*: Stiefel *m*; **3.** *escrime*: Stoß *m*
botter [bɔte] (*1a*) *fig* ***~ le derrière à qn*** F j-m e-n Tritt in den Hintern versetzen; F ***ça me botte*** das gefällt mir
bottin [bɔtɛ̃] *m* Telefonbuch *n*
bottine [bɔtin] *f* Stiefelette *f*
bouc [buk] *m* **1.** *zo* (Ziegen-)Bock *m*; *fig* ***~ émissaire*** Sündenbock *m*; **2.** *barbe* Spitzbart *m*
boucan [bukɑ̃] *m* F Höllenlärm *m*
bouche [buʃ] *f anat* Mund *m*; *animal*: Maul *n*; *ouverture* Öffnung *f*; *embouchure* Mündung *f*; ***~ de métro*** U-Bahn-Eingang *m*; ***~ d'incendie*** Hydrant *m*
bouché, **~e** [buʃe] verstopft; *bouteille*: zugekorkt; *temps*: trüb(e); ***avoir le nez bouché*** eine verstopfte Nase haben
bouche-à-bouche [buʃabuʃ] *m méd* Mund-zu-Mund-Beatmung *f*
bouchée [buʃe] *f* Bissen *m*; ***~ à la reine*** Königinpastete *f*
boucher[1] [buʃe] (*1a*) zu-, verstopfen;

passage, vue: versperren; ***se boucher les oreilles*** (***le nez***) sich (*dat*) die Ohren (die Nase) zuhalten
bouch|er², **~ère** [buʃe, -ɛr] *m, f* Metzger *m*, Fleischer *m*, Fleischersfrau *f*; **~erie** *f* Metzgerei *f*, Fleischerei *f*
bouche-trou [buʃtru] *m* (*pl bouche-trous*) Lückenbüßer *m*
bouchon [buʃõ] *m* Pfropfen *m*, Stöpsel *m*; *de liège*: Korken *m*; *fig trafic*: (Verkehrs-)Stau *m*
boucl|e [buklə] *f* Schleife *f* (*a EDV*), Schlinge *f*; *ceinture, sandales*: Schnalle *f*; *méandre* Windung *f*; *cheveux*: Locke *f*; ***~ d'oreille*** Ohrring *m*; **~é**, **~ée** lockig, gelockt; **~er** (*1a*) *v/t ceinture*: zuschnallen; *cheveux*: in Locken legen; *porte, magasin*: zumachen; *mil* umzingeln; F ***boucle-la!*** halt den Mund!
bouclier [buklije] *m hist u tech* Schild *m*; *fig* Schutzwall *m*
bouddh|isme [budismə] *m* Buddhismus *m*; **~iste** *m* Buddhist *m*
boud|er [bude] (*1a*) *v/i* schmollen; *v/t* ***~ qn*** (***qc***) j-n (etw) meiden; **~eur**, **~euse** schmollend
boudin [budɛ̃] *m* Blutwurst *f*
boue [bu] *f* Schlamm *m*; F Dreck *m*
bouée [bwe] *f mar* Boje *f*; *de sauvetage*: Rettungsring *m*
bou|eux, **~euse** [bwø, -øz] **1.** *adj* schmutzig; **2.** *m* Müllmann *m*
bouff|ant, **~ante** [bufɑ̃, -ɑ̃t] bauschig
bouff|e [buf] **1.** *adj mus **opéra** m **~*** komische Oper *f*; **2.** F *f* Essen *n*, P Fressen *n*; **~ée** *f* Lufthauch *m*; *en fumant, respirant*: Zug *m*; ***~s** pl **de fumée*** Qualm *m*; ***~ de vent*** Windstoß *m*; ***~ de parfum*** Duftwolke *f*; **~er** (*1a*) F essen, fressen
bouffi, **~e** [bufi] aufgedunsen
bouff|on, **~onne** [bufõ, -ɔn] **1.** *adj* possenhaft; **2.** *m* Possenreißer *m*
bougeoir [buʒwar] *m* Kerzenleuchter *m* (*mit Griff*)
bouger [buʒe] (*1l*) (sich) bewegen, (sich) rühren; *meuble*: (ver)rücken
bougie [buʒi] *f* Kerze *f*; *auto* Zündkerze *f*
bougonner [bugɔne] (*1a*) F murren
bougre [bugrə] *m* **1.** F Kerl *m*; **2.** *interjection*: Donnerwetter!; **~ment** *adv* F verdammt, verflixt
bouillabaisse [bujabɛs] *f cuis provenzalische* Fischsuppe *f*
bouill|ant, **~ante** [bujɑ̃, -ɑ̃t] *qui bout* kochend; *très chaud* siedend heiß; *fig* aufbrausend
bouill|i, **~ie** [buji] *cuis* **1.** *adj* gekocht; **2.** *m* gekochtes Rindfleisch *n*; **3.** *f* **~e** Brei *m*
bouillir [bujir] (*2e*) sieden, kochen (*a fig*); ***faire ~*** kochen, *liquide*: abkochen
bouilloire [bujwar] *f* Teekessel *m*
bouillon [bujõ] *m bulle* Luftblase *f*; *cuis* Fleischbrühe *f*
bouillonner [bujɔne] (*1a*) *source*: sprudeln; *liquide qui bout*: brodeln
bouillotte [bujɔt] *f* Wärmflasche *f*
boulang|er, **~ère** [bulɑ̃ʒe, -ɛr] *m, f* Bäcker *m*, Bäckersfrau *f*; **~erie** *f* Bäckerei *f*
boule [bul] *f* Kugel *f*; ***~ de neige*** Schneeball *m*; ***faire ~ de neige*** lawinenartig anwachsen; ***jeu** m **de ~s*** Boule(spiel) *n*, Boccia(spiel) *n*
bouleau [bulo] *m* (*pl -x*) *bot* Birke *f*
bouledogue [buldɔg] *m zo* Bulldogge *f*
bouler [bule] (*1a*) F ***envoyer ~ qn*** j-n fortjagen
boulette [bulɛt] *f* Kügelchen *n*; *de viande*: Fleischkloß *m*
boulevard [bulvar] *m* Boulevard *m*; ***~ périphérique*** Ringstraße *f*
boulevers|ement [bulvɛrsəmɑ̃] *m pol, écon* Umwälzung *f*; *émotionnel*: Erschütterung *f*; **~er** (*1a*) *mettre en désordre* in Unordnung bringen; *vie*: gravierend verändern; *émotionnel*: erschüttern
boulimie [bulimi] *f* Heißhunger *m*
boulon [bulõ] *m tech* Schraube(nbolzen *m*) *f*
boulonner [bulɔne] (*1a*) *tech* an-, zusammenschrauben; F *fig* arbeiten, F schuften
boul|ot¹, **~otte** [bulo, -ɔt] rundlich, F pummelig
boulot² [bulo] F *m* Arbeit *f*
boum [bum] F *f* Party *f*
boumer [bume] (*1a*) F ***ça boume?*** alles in Ordnung?
bouquet [bukɛ] *m* (Blumen-)Strauß *m*; *vin*: Bukett *n*
bouquetin [buktɛ̃] *m zo* Steinbock *m*
bouquin [bukɛ̃] F *m* Buch *n*, F Schmöker *m*
bouquin|er [bukine] (*1a*) F schmökern;

~iste *m, f* Antiquariatsbuchhändler(in) *m(f)*
bourb|e [burb] *f* Morast *m*, Schlamm *m*; **~eux**, **~euse** [-ø, -øz] schlammig; **~ier** [-je] *m* Sumpfloch *n*; *fig* üble Lage *f*
bourdon [burdõ] *m zo* Hummel *f*; ***faux ~*** Drohne *f*
bourdonn|ement [burdɔnmɑ̃] *insectes*: Summen *n*; *moteur*: Brummen *n*; **~er** (*1a*) *insectes*: summen; *moteur*: brummen; *oreilles*: sausen
bourg [bur] *m* Marktflecken *m*
bourgade [burgad] *f* kleiner Marktflecken *m*
bourge|ois, **~oise** [burʒwa, -waz] **1.** *adj* bürgerlich; *péj* spießig; ***esprit** m **bourgeois*** Spießbürgertum *n*; **2.** *m, f* Bürger(in) *m(f)*; *péj* Spießer *m*; **~oisie** [-wazi] *f* Bürgertum *n*; ***haute ~*** Großbürgertum *n*; ***petite ~*** Kleinbürgertum *n*
bourgeon [burʒõ] *m bot* Knospe *f*
bourgeonner [burʒɔne] (*1a*) Knospen treiben, ausschlagen
bourgmestre [burgmɛstrə] *m en Belgique, Suisse, Allemagne, Hollande*: Bürgermeister *m*
Bourgogne [burgɔɲ] **1.** ***la ~*** Burgund *n*; **2.** ♀ *m* Burgunder(wein) *m*
bourguign|on, **~onne** [burgiɲõ, -ɔn] **1.** *adj* burgundisch; *cuis* ***bœuf** m **bourguignon*** Rindsgulasch *n* mit Rotwein; ***fondue** f **bourguignonne*** Fleischfondue *n od f*; **2.** ♀, ♀***ne*** *m, f* Burgunder(in) *m(f)*
bourlinguer [burlɛ̃ge] (*1m*) viel herumziehen, -reisen
bourrade [burad] *f* Rippenstoß *m*
bourrage [buraʒ] *m* F ***~ de crâne*** propagandistische Bearbeitung *f*, bewusste Irreführung *f*
bourrasque [burask] *f* Windstoß *m*, (Wind-)Bö *f*
bourré, **~e** [bure] gestopft voll; F *ivre* voll, blau
bourreau [buro] *m* (*pl -x*) Henker *m*
bourrelé, **~e** [burle] ***~(e) de remords*** von Gewissensbissen geplagt
bourrelier [burəlje] *m* Sattler *m*
bourrer [bure] (*1a*) vollstopfen; F ***se ~ de qc*** sich den Bauch mit etw vollschlagen
bourrique [burik] *f* Esel(in) *m(f)*; *fig* Dummkopf *m*
bourru, **~e** [bury] mürrisch
bours|e [burs] *f d'études*: Stipendium *n*; *porte-monnaie* Geldbeutel *m*, (-)Börse *f*; ♀ *comm* Börse *f*; ♀ ***des valeurs*** Wertpapierbörse *f*; ***la ♀ monte*** (***baisse***) die Kurse steigen (fallen); **~ier**, **~ière** [-je, -jɛr] **1.** *adj* Börsen…; ***transactions** f/pl **boursières*** Börsengeschäfte *n/pl*; **2.** *m, f* Stipendiat(in) *m(f)*; **3.** *m* Börsenmakler *m*, F Börsianer *m*
boursouf(f)l|é, **~ée** [bursufle] geschwollen (*a fig*)
bouscul|ade [buskylad] *f* Gedränge *n*; **~er** (*1a*) *heurter* anrempeln; *presser* drängen, hetzen; *fig traditions*: erschüttern
bouse [buz] *f* ~ (***de vache***) (Kuh-)Mist *m*, (Kuh-)Fladen *m*
boussole [busɔl] *f* Kompass *m*; F ***perdre la ~*** den Kopf verlieren
bout[1] [bu] *m extrémité* Ende *n*; *doigts, nez, bâton*: Spitze *f*; *morceau* Stück (-chen) *n*; ***~ à ~*** [butabu] (*mit den Enden*) aneinander; ***à ~ de bras*** mit ausgestreckten Armen; ***au ~ de*** am Ende von; ***au ~ d'une année*** nach einem Jahr; ***de ~ en ~, d'un ~ à l'autre*** von Anfang bis Ende; *fig* ***aller jusqu'au ~*** nicht aufgeben; ***être à ~*** am Ende, erschöpft sein; ***être à ~ de qc*** mit etw am Ende sein; ***venir à ~ de qc*** (***de qn***) mit etw (j-m) fertigwerden; ***connaître qc sur le ~ des doigts*** etw ganz genau kennen; ***manger un ~*** e-n Happen essen
bout[2] [bu] → ***bouillir***
boutade [butad] *f* (geistvoller) Scherz *m*
bouteille [butɛj] *f* Flasche *f*
boutiqu|e [butik] *f allg* Laden *m*; *de mode*: Boutique *f*; **~ier**, **~ière** [-je, -jɛr] *m, f péj* Händler(in) *m(f)*, Krämer(in) *m(f)*
bouton [butõ] *m* Knopf *m*; *anat* Pickel *m*; *bot* Knospe *f*; **~-d'or** [-dɔr] *m* (*pl boutons-d'or*) *bot* Butterblume *f*
boutonn|er [butɔne] (*1a*) zuknöpfen; *bot* Knospen treiben; **~ière** [-jɛr] *f* Knopfloch *n*
bouton-pression [butõprɛsjõ] *m* (*pl boutons-pression*) Druckknopf *m*
bouvreuil [buvrœj] *m zo* Dompfaff *m*,

Gimpel *m*
bov|in, **~ine** [bɔvɛ̃, -in] *zo* **1.** *adj* Rinder…; **2.** *m/pl* ***bovins*** Rinder *n/pl*
box [bɔks] *m* (*pl boxes*) Box *f*
box|e [bɔks] *f* Boxen *n*; **~er** (*1a*) boxen; **~eur** *m* Boxer *m*
boyau [bwajo] *m* (*pl -x*) *intestin* Darm *m*; *tuyau* Schlauch *m*
boycott|age [bɔjkɔtaʒ] *m* Boykott *m*; **~er** (*1a*) boykottieren
BP (*abr* boîte postale) Postfach *n*
B.P.F. *abr* ***bon pour francs*** *hist sur un chèque*, *etc* in französischer Währung
bracelet [braslɛ] *m* Armband *n*; Armreif *m*
braconn|er [brakɔne] (*1a*) wildern; **~ier** [-je] *m* Wilddieb *m*, Wilderer *m*
brader [brade] (*1a*) verschleudern
braguette [bragɛt] *f* Hosenschlitz *m*
braill|ard, **~arde** F [brɑjar, -ard] **1.** *adj* brüllend; **2.** *m*, *f* Schreihals *m*
braille [brɑj] *m* Blindenschrift *f*
brailler [brɑje] (*1a*) brüllen, johlen, F grölen
braire [brɛr] (*4s*) *âne*: iahen; F brüllen, schreien
brais|e [brɛz] *f* Kohlenglut *f*; **~er** (*1b*) *cuis* schmoren
bramer [brame] (*1a*) *cerf*: röhren
brancard [brɑ̃kar] *m* **1.** *civière* Tragbahre *f*; **2.** *chariot*, *voiture*: Gabeldeichsel *f*; *fig* ***ruer dans les ~s*** sich sträuben, sich widersetzen; **~ier**, **~ière** [-dje, -djɛr] *m*, *f* Krankenträger(in) *m(f)*
branchage [brɑ̃ʃaʒ] *m* Astwerk *n*
branch|e [brɑ̃ʃ] *f bot* Ast *m*; *bot u fig* Zweig *m*; *enseignement*: Fach *n*; *comm* Branche *f*; **~ement** *m tech*, *él* Anschluss *m*; **~er** (*1a*) anschließen (***sur*** an *acc*); *allumer* anschalten; *fig* ***être branché*** *informé* Bescheid wissen; F *en vogue* in sein
branchies [brɑ̃ʃi] *f/pl* Kiemen *f/pl*
Brandebourg [bʀɑ̃dəbuʀ] *m* ***le ~*** Brandenburg *n*
brandir [brɑ̃dir] (*2a*) schwingen
branle [brɑ̃l] *m* ***mettre en ~*** in Gang bringen; ***donner le ~ à qc*** etw (*acc*) in Bewegung setzen; **~-bas** [-bɑ] *m mar* Klarmachen *n* (***de combat*** zum Gefecht); *fig* Durcheinander *n*
branler [brɑ̃le] (*1a*) wackeln
braquage [brakaʒ] *m auto* Einschlagen *n*; ***rayon*** *m* ***de ~*** Wendekreis *m*
braquer [brake] (*1m*) *arme*: ***~ sur*** richten auf (*acc*); *auto* ***~ à droite*** nach rechts einschlagen; *fig* ***~ qn contre*** j-n aufbringen gegen
bras [bra, brɑ] *m* Arm *m* (*a fig*); *entre épaule et coude*: Oberarm *m*; *fig* Arbeitskraft *f*; ***le ~ droit*** *fig* die rechte Hand *f*; ***~ de mer*** Meeresarm *m*; ***~ dessus ~ dessous*** untergefasst; ***à tour de ~, à ~ raccourcis*** mit aller Gewalt; *fig* ***avoir le ~ long*** e-n langen Arm haben; F *fig* ***avoir qn, qc sur les ~*** j-n, etw am Hals haben; ***accueillir à ~ ouverts*** mit offenen Armen empfangen; ***cela me coupe ~ et jambes*** F das macht mich völlig fertig
brasier [brɑzje] *m* Feuersglut *f*
brassage [brasaʒ] *m* Bierbrauen *n*; *fig des races*, *peuples*: Rassen-, Völkervermischung *f*
brassard [brasar] *m* Armbinde *f*
brasse [bras] *f* Brustschwimmen *n*; ***~ papillon*** Schmetterlingstil *m*
brass|er [brase] (*1a*) *bière*: brauen; ***~ des affaires*** viele Geschäfte betreiben; **~erie** *f usine*: Brauerei *f*; *établissement*: Bierhalle *f*; **~eur**, **~euse** **1.** *m* Brauer *m*; **2.** *m*, *f* Brustschwimmer(in) *m(f)*
bravade [bravad] *f obstination* Trotz *m*; *vantardise* Angeberei *f*, Prahlerei *f*
brave [brav] **1.** *adj courageux* (*suit le subst*) tapfer; *bon* (*précède le subst*) rechtschaffen, anständig, ordentlich; *péj* bieder; **2.** *m* ***un ~*** ein tapferer Mann
brav|er [brave] (*1a*) ***~ qn, qc*** j-m, e-r Sache trotzen; **~oure** [-ur] *f* Tapferkeit *f*; ***morceau*** *m* ***de ~*** *fig u mus* Bravurstück *n*
break [brɛk] *m auto* Kombi *m*
brebis [brəbi] *f* (Mutter-)Schaf *n*
brèche [brɛʃ] *f* Öffnung *f*, Loch *n*; *enceinte fortifiée*: Bresche *f*; *fig* ***être toujours sur la ~*** immer im Trab sein; *fig* ***battre qn, qc en ~*** j-n, etw heftig attackieren
bredouill|e [brəduj] ***rentrer ~*** unverrichteter Dinge, mit leeren Händen zurückkehren; **~er** (*1a*) murmeln, stammeln
bref, **brève** [brɛf, brɛv] **1.** *adj* kurz; **2.** *adv* ***bref*** kurzum, mit einem Wort
breloque [brəlɔk] *f* Anhänger *m* (*am*

Armband)
Brême [brɛm] Bremen *n*
Brésil [brezil] ***le ~*** Brasilien *n*
brésil|ien, ~ienne [breziljɛ̃, -jɛn] **1.** *adj* brasilianisch; **2. ♀, ♀ne** *m, f* Brasilianer(in) *m(f)*
Bretagne [brətaɲ] ***la ~*** die Bretagne
bretelle [brətɛl] *f lingerie*: Träger *m*; *autoroute*: Zubringer *m*; ***~s*** *f/pl pantalons*: Hosenträger *m/pl*
bret|on, ~onne [brətõ, -ɔn] **1.** *adj* bretonisch; **2. ♀, ♀ne** *m, f* Bretone *m*, Bretonin *f*
breuvage [brœvaʒ] *m* Getränk *n*
brève → ***bref***
brevet [brəvɛ] *m diplôme* Diplom *n*, (Abschluss-)Zeugnis *n*; *invention*: Patent *n*
breveter [brəvte] (*1c*) patentieren
bréviaire [brevjɛr] *m rel* Brevier *n*
bribes [brib] *f/pl* Brocken *m/pl*, Fetzen *m/pl*
bric-à-brac [brikabrak] *m* (*unv*) Trödelkram *m*
bricolage [brikɔlaʒ] *m* Basteln *n*; *travail peu soigné* Pfuscharbeit *f*
bricol|e [brikɔl] *f* Kleinigkeit *f*; **~er** (*1a*) basteln; **~eur, ~euse** *m, f* Bastler(in) *m(f)*, Heimwerker *m*
brid|e [brid] *f* Zaum *m*, Zügel *m*; *fig* ***tourner ~*** umkehren; *fig* ***tenir la ~ haute à qn*** bei j-m die Zügel kurzhalten; **~é, ~ée** ***yeux*** *m/pl* ***bridés*** Schlitzaugen *n/pl*; **~er** (*1a*) zäumen; zügeln (*a fig*)
bridge [bridʒ] *m jeu*: Bridge *n*; *dents*: (Zahn-)Brücke *f*
brie [bri] *m* Brie(käse) *m*
briève|ment [brijɛvmɑ̃] *adv* kurz; **~té** [-te] *f* Kürze *f*
brigad|e [brigad] *f mil* Brigade *f*; *d'ouvriers*: Trupp *m*, Kolonne *f*; **~ier** [-je] *m mil* Obergefreite(r) *m*
brigand [brigɑ̃] *m* Räuber *m*; *fig* Schurke *m*
brigandage [brigɑ̃daʒ] *m* schwerer Raub *m*
briguer [brige] (*1m*) anstreben, sich bemühen um
brillamment [brijamɑ̃] *adv* glänzend
brill|ant, ~ante [brijɑ̃, -ɑ̃t] **1.** *adj* glänzend (*a fig*); *fig* brillant; ***ce n'est pas ~*** das ist nicht gerade glänzend; **2.** *m éclat* Glanz *m*; *fig* Brillanz *f*; *diamant* Brillant *m*
briller [brije] (*1a*) glänzen (*a fig*); *soleil*: scheinen; ***faire ~*** *meuble*: auf Hochglanz polieren
brim|ade [brimad] *f* Schikane *f*; **~er** (*1a*) schikanieren
brin [brɛ̃] *m* Halm *m*; *fig* ***un ~*** (***de***) ein bisschen (+ *subst*); **~dille** [-dij] *f* Zweiglein *n*
bringue [brɛ̃g] *f* F ***faire la ~*** in Saus und Braus leben
brio [brijo] *m* ***avec ~*** großartig
brioche [brijɔʃ] *f cuis* Hefegebäck *n*; F *ventre* Bauch *m*
brique [brik] **1.** *f* Ziegelstein *m*; **2.** *adj inv* ziegelrot
briquer [brike] (*1m*) auf Hochglanz polieren
briqu|et [brikɛ] *m* Feuerzeug *n*; **~ette** [-ɛt] *f* Presskohle *f*, Brikett *n*
brise [briz] *f* Brise *f* (*a mar*)
brisé, ~e [brize] gebrochen
brise|-glace(s) [brizglas] *m* (*pl unv*) Eisbrecher *m*; **~-lames** [-lam] *m* (*pl unv*) Wellenbrecher *m*
briser [brize] (*1a*) *v/t chose*: zerbrechen; *résistance, grève, cœur, volonté*: brechen; *vie, amitié, bonheur*: zerstören, F kaputtmachen; *fatiguer* erschöpfen; *v/i mer*: branden; ***se ~*** brechen, in die Brüche gehen
bris|e-tout [briztu] *m* (*pl unv*) Tollpatsch *m*; **~eur** *m* ***~ de grève*** Streikbrecher *m*
britannique [britanik] **1.** *adj* britisch; **2.** ♀ *m, f* Brite *m*, Britin *f*
broc [bro] *m* Kanne *f*, Krug *m*
brocant|e [brɔkɑ̃t] *f* (Handel *m* mit) Trödel *m*; **~er** (*1a*) mit Trödel handeln; **~eur, ~euse** *m, f* Trödler(in) *m(f)*
brocart [brɔkar] *m* Brokat *m*
broch|e [brɔʃ] *f cuis* Bratspieß *m*; *bijou*: Brosche *f*; *tech* Dorn *m*, Stift *m*; **~er** (*1a*) heften
brochet [brɔʃɛ] *m zo* Hecht *m*
brochette [brɔʃɛt] *f cuis* kleiner Bratspieß *m*; *plat*: (*Art*) Schaschlik *n od m*
brochure [brɔʃyr] *f* Broschüre *f*
brocoli [brɔkɔli] *m* Brokkoli *pl*
brod|er [brɔde] (*1a*) sticken; **~erie** *f* Stickerei *f*
bronche [brõʃ] *f anat* Bronchie *f*
broncher [brõʃe] (*1a*) ***ne pas ~*** sich

nicht rühren, keinen Laut von sich geben; ***sans ~*** ohne zu murren, ohne Widerworte
bronchite [brõʃit] *f méd* Bronchitis *f*
bronz|e [brõz] *m* Bronze *f*; **~é**, **~ée** gebräunt, braun; **~er** (*1a*) *peau*: bräunen; (***se***) **~** bräunen, braun werden
bross|e [brɔs] *f* Bürste *f*; *pinceau* Pinsel *m*; ***~ à dents*** Zahnbürste *f*; **~er** (*1a*) bürsten; *fig tableau de la situation*: in groben Zügen schildern; ***se ~ les dents, les cheveux*** sich (*dat*) die Zähne putzen, die Haare bürsten
brouette [bruɛt] *f* Schubkarre *f*
brouhaha [bruaa] *m* Getöse *n*
brouillard [brujar] *m* Nebel *m*; *comm* Kladde *f*; ***il fait du ~*** es ist nebelig
brouill|e [bruj] *f* Zwist *m*, Krach *m*; **~é**, **~ée** *fâché* F verkracht (***avec*** mit); *ciel*: verhangen; *teint*: blass, unrein; *cuis* ***œufs*** *m/pl* ***brouillés*** Rühreier *n/pl*; **~er** (*1a*) *cartes*: mischen; *papiers*, *projets*: durcheinanderbringen; *radio*: stören; *amis*: entzweien, auseinander bringen; ***se ~*** *ciel*: sich bewölken; *temps*: sich eintrüben; *vitres*, *lunettes*: beschlagen; *idées*: durcheinandergeraten; *amis*: sich entzweien
brouillon [brujõ] *m* Konzept *n*; ***cahier*** *m* ***de ~*** Schmierheft *n*; ***papier*** *m* **~** Schmierpapier *n*
broussaill|es [brusaj] *f/pl* Gestrüpp *n*; **~eux**, **~euse** *cheveux*, *sourcils*: buschig, struppig
brousse [brus] *f géogr* Busch *m*
brouter [brute] (*1a*) *v/t* abgrasen; *v/i* grasen
broutille [brutij] *f* Lappalie *f*
broyer [brwaje] (*1h*) zerkleinern; *fig* ***~ du noir*** traurig sein, Trübsal blasen
bru [bry] *f* Schwiegertochter *f*
Bruges [bryʒ] Brügge *n*
brugnon [bryɲõ] *m bot* Nektarine *f*
bruin|e [brɥin] *f* Nieselregen *m*; **~er** (*1a*) nieseln; **~eux**, **~euse** [-ø, -øz] nasskalt
bruissement [brɥismɑ̃] *m* Rascheln *n*
bruit [brɥi] *m* ***un ~*** ein Geräusch *n*; ***le ~*** der Lärm; *rumeur* das Gerücht; ***faire du ~*** *fig* Aufsehen erregen; ***faire grand ~ de qc*** F viel Geschrei um etw machen; ***le ~ court que*** es geht das Gerücht, dass
bruitage [brɥitaʒ] *m radio*, *théâtre*: Geräuschkulisse *f*
brûl|ant, **~ante** [brylɑ̃, -ɑ̃t] glühend, brennend heiß; *fig sujet*: heiß, heikel; **~é**, **~ée** **1.** *adj* verbrannt, versengt; ***sentir le brûlé*** brenzlig riechen; **2.** *m*, *f* Verletzte(r) *m*, *f* mit Verbrennungen
brûle-pourpoint [brylpurpwɛ̃] ***à ~*** geradeheraus, ohne Umschweife
brûler [bryle] (*1a*) **1.** *v/t* verbrennen; *d'eau bouillante*: verbrühen; *cuis* anbrennen lassen; *vêtement en repassant*: an-, versengen; *charbon*, *électricité*: verbrauchen; *dessécher* versengen, *le sol*: ausdörren; *voiture*: durchfahren, nicht halten; ***~ le feu rouge*** bei Rot über die Ampel fahren; *fig* ***~ les étapes*** einige Stufen überspringen; **2.** *v/i* brennen; *cuis* anbrennen; ***~ de fièvre*** vor Fieber glühen; ***se ~*** sich verbrennen; *d'eau bouillante*: sich verbrühen; ***se ~ la cervelle*** sich e-e Kugel durch den Kopf jagen
brûleur [brylœr] *m* Brenner *m*
brûlure [brylyr] *f sensation*: Brennen *n*; *lésion*: Verbrennung *f*, Brandwunde *f*; ***~s d'estomac*** Sodbrennen *n*
brum|e [brym] *f* Nebel *m*; **~eux**, **~euse** [-ø, -øz] neb(e)lig
brun, **brune** [brɛ̃ *od* brœ̃, bryn] **1.** *adj* braun; *bière*: dunkel; **2.** *m*, *f* Brünette(r) *m*, *f*; *aux cheveux bruns*: Dunkelhaarige(r) *m*, *f*; **3.** *m couleur*: Braun *n*
brunâtre [brynɑtrə] bräunlich
brunch [brœnʃ] *m* Brunch *m*
brunir [brynir] (*2a*) bräunen
Brunswick [brɛ̃-, brœ̃svik] Braunschweig *n*
brushing [brœʃiŋ] *m* Föhnen *n*
brusqu|e [brysk] *rude* barsch, schroff; *soudain* jäh, plötzlich; **~er** (*1m*) *personne*: (barsch) anfahren; *choses*: überstürzen; **~erie** [-əri] *f* Barschheit *f*
brut, **~e** [bryt] **1.** *adj* roh, unbearbeitet; *bénéfice*: Brutto...; ***champagne*** *m* ***brut*** sehr trockener Champagner *m*; ***poids*** *m* ***brut*** Bruttogewicht *n*; ***revenu*** *m* ***brut*** Bruttoeinkommen *n*; **2.** *f* Rohling *m*
brutal, **~e** [brytal] (*m/pl -aux*) brutal; **~iser** (*1a*) grob behandeln; **~ité** *f* Brutalität *f*
Bruxelles [bry(k)sɛl] Brüssel *n*
bruyamment [brɥijamɑ̃] *adv* laut

bruy|ant, **~ante** [brɥijɑ̃, -ɑ̃t] laut, lärmend

bruyère [bryjɛr, brɥijɛr] *f bot* Heidekraut *n*; *terrain*: Heideland *n*

bu, **bue** [by] *p/p de* ***boire***

buanderie [bɥ(y)ɑ̃dri] *f* Waschküche *f*

bûche [byʃ] *f* Scheit *n*; ***~ de Noël*** Biskuitrolle *f* (*Weihnachtskuchen*)

bûcher[1] [byʃe] *m* Scheiterhaufen *m*

bûcher[2] [byʃe] (*1a*) F büffeln, pauken, schuften

bûcheron [byʃrõ] *m* Holzfäller *m*

budget [bydʒɛ] *m* Budget *n*, Haushalt *m*; *pol* Etat *m*, Staatshaushalt *m*

budgétaire [bydʒetɛr] Haushalts…; Budget…; ***déficit*** *m* **~** Haushaltsdefizit *n*

buée [bɥe] *f sur vitre*: Beschlag *m*

buffet [byfɛ] *m de réception*: kaltes Büfett *n*; *meuble*: Anrichte *f*; **~ (*de la gare*)** Bahnhofswirtschaft *f*

buffle [byflə] *m zo* Büffel *m*

buis [bɥi] *m bot* Buchsbaum *m*

buisson [bɥisõ] *m* Busch *m*, Gebüsch *n*

buissonnière [bɥisɔnjɛr] ***faire l'école*** **~** die Schule schwänzen

bulbe [bylb] *f bot* Zwiebel *f* , Knolle *f*

bulgare [bylgar] **1.** *adj* bulgarisch; **2.** **≈** *m*, *f* Bulgare *m*, Bulgarin *f*

Bulgarie [bylgari] ***la*** **~** Bulgarien *n*

bulldozer [buldozœr] *m* Bulldozer *m*, Planierraupe *f*

bulle [byl] *f* **1.** Blase *f*; *bande dessinée*: Sprechblase *f*; ***~ de savon*** Seifenblase *f*; **2.** *papale*: Bulle *f*

bulletin [byltɛ̃] *m formulaire* Zettel *m*, Schein *m*; *rapport* Bericht *m*; *école*: Schulzeugnis *n*; **~ (*de vote*)** Wahlzettel *m*; ***~ météorologique*** Wetterbericht *m*; ***~ de salaire*** Gehaltsabrechnung *f*; ***~ d'expédition*** Paketkarte *f*

bureau [byro] *m* (*pl -x*) **1.** *meuble*: Arbeits-, Schreibtisch *m*; **2.** Büro *n*; *à la maison* Arbeitszimmer *n*; *d'un fonctionnaire*: Amt(szimmer) *n*; *avocat*: Kanzlei *f*; ***~ de change*** Wechselstube *f*; ***~ de location*** Theaterkasse *f*; ***~ de placement*** Stellenvermittlungsbüro *n*; ***~ de poste*** Postamt *n*; ***~ de tabac*** Tabakladen *m*; ***~ de traduction*** Übersetzungsbüro *n*; ***~ de vote*** Wahllokal *n*; **~crate** [-krat] *m*, *f* Bürokrat(in) *m*(*f*); **~cratie** [-krasi] *f* Bürokratie *f*; **~cratique** [-kratik] bürokratisch

bureautique [byrotik] *f* Büroautomation *f*, elektronische Bürotechnik *f*

burette [byrɛt] *f* Kännchen *n*

burin [byrɛ̃] *m* Meißel *m*, Stichel *m*

bus [bys] *m* (Stadt-)Bus *m*

buse [byz] *f zo* Bussard *m*

busqué [byske] ***nez*** *m* **~** Hakennase *f*

buste [byst] *m anat* Oberkörper *m*; *sculpture*: Büste *f*

but [by(t)] *m cible* Zielscheibe *f*; *fig objectif* Ziel *n*, Zweck *m*; *d'un voyage*: Ziel *n*; *sport*: Tor *n*; ***de ~ en blanc*** geradeheraus; ***dans le ~ de*** (+ *inf*) in der Absicht zu (+ *inf*); ***avoir pour ~*** bezwecken; ***marquer un ~*** ein Tor schießen

butane [bytan] *m* Butan(gas) *n*

but|é, **~ée** [byte] eigensinnig; **~er** (*1a*) stoßen (***contre*** an *acc*); *fig* ***se ~*** dickköpfig werden

butin [bytɛ̃] *m* Beute *f* (e-s *Diebes*)

butte [byt] *f colline*: (Erd-)Hügel *m*; ***être en ~ à*** ausgesetzt sein (*dat*)

buv|able [byvablə] trinkbar; **~ard** [-ar] (***papier*** *m*) **~** *m* Löschblatt *n*; **~ette** [-ɛt] *f* Erfrischungsraum *m*; Ausschank *m*; **~eur**, **~euse** *m*, *f* Trinker(in) *m*(*f*)

C

ça [sa] das, dies, es; ***~ alors!*** na so was!; ***~ va?*** wie geht's?; ***~ y est*** es ist so weit; ***c'est ~!*** stimmt!; ***et avec ~?*** sonst noch was?

çà [sa] ***~ et là*** hier und da

cabane [kaban] *f* Hütte *f*

cabanon [kabanõ] *m cellule* Gummizelle *f*; *en Provence*: kleines Landhaus *n*

cabaret [kabarɛ] *m* Kabarett *n*

cabas [kabɑ] *m* Einkaufstasche *f*

cabillaud [kabijo] *m zo* Kabeljau *m*

cabine [kabin] *f* Kabine *f*; *mar a* Kajüte *f*; *camion*: Führerhaus *n*; *aviat* ***~ de pi-***

lotage Cockpit *n*; ~ ***d'essayage*** Anprobekabine *f*; ~ ***téléphonique*** Telefonzelle *f*

cabinet [kabinɛ] *m petite pièce* Kammer *f*; *avocat*: Anwaltsbüro *n*; *médecin*: Sprechzimmer *n*; *pol* Kabinett *n*; **~*s*** *pl* WC *n*, Toilette *f*

câbl|e [kɑblə] *m* Kabel *n* (*a tél*); *corde* Seil *n*, Tau *n*; *él* Leitung *f*; ~ ***de remorque*** Abschleppseil *n*; **~er** (*1a*) *pays*: verkabeln

cabosser [kabɔse] (*1a*) verbeulen

cabotage [kabɔtaʒ] *m mar* Küstenschifffahrt *f*

cabrer [kɑbre] (*1a*) ***se*** ~ *animal*: sich bäumen; *personne*: sich sträuben

cabri [kabri] *m* Zicklein *n*

cabriol|e [kabrijɔl] *f* Luftsprung *m*; **~et** [-ɛ] *m auto* Kabriolett *n*

cacah(o)uète [kakawɛt, -ɥɛt] *f bot* Erdnuss *f*

cacao [kakao] *m bot* Kakao *m*

cache|-cache [kaʃkaʃ] *m* Verstecken *n* (*Spiel*); **~-col** [-kɔl] *m* (*pl unv*) feiner Schal *m*; **~mire** [-mir] *m tissu*: Kaschmir *m*; **~-nez** [-ne] *m* (*pl unv*) (Woll-) Schal *m*

cacher [kaʃe] (*1a*) verstecken; *sentiments*, *pensées*: verbergen; *vérité*, *fait*: verheimlichen; ***se ~ de qn*** sich vor j-m verstecken; ***il ne cache pas que*** er verhehlt nicht, dass

cachet [kaʃɛ] *m* **1.** Stempel *m*, Siegel *n*; **2.** *fig caractère* Charakter *m*, Gepräge *n*; **3.** *phm* Kapsel *f*, Tablette *f*; **4.** *rétribution* Honorar *n*, Gage *f*

cacheter [kaʃte] (*1c*) (ver)siegeln

cachette [kaʃɛt] *f* Versteck *n*; ***en ~*** heimlich

cachot [kaʃo] *m* (finsteres) Gefängnis *n*

cachotterie [kaʃɔtri] *f* Geheimniskrämerei *f*

cactus [kaktys] *m* Kaktus *m*

c.-à-d. (*abr* c'est-à-dire) das heißt, d.h.

cadastre [kadastrə] *m* Kataster *m*; Katasteramt *n*

cadavre [kadavrə] *m personne*: Leiche *f*; *animal*: Kadaver *m*

cadeau [kado] *m* (*pl -x*) Geschenk *n*; ***faire ~ de qc à qn, faire un ~ à qn*** j-m etw (*acc*) schenken

cadenas [kadna] *m* Vorhänge-, Vorlegeschloss *n*; **~ser** [-se] (*1a*) mit e-m Vorhängeschloss verschließen; *bicyclette*: anschließen

cadenc|e [kadɑ̃s] *f* Rhythmus *m*, Takt *m*; *de travail* Tempo *n*; *mus* Kadenz *f*; **~é**, **~ée** rhythmisch, taktmäßig

cad|et, **~ette** [kadɛ, -ɛt] *m*, *f* jüngerer Sohn *m*, jüngere Tochter *f*; ***il est mon cadet de trois ans*** er ist drei Jahre jünger als ich

cadran [kadrɑ̃] *m* Zifferblatt *n*; ~ ***solaire*** Sonnenuhr *f*

cadr|e [kɑdrə] *m* **1.** Rahmen *m* (*a fig*); ***dans le ~ de*** im Rahmen (*gén*); **2.** *d'une entreprise*: Führungskraft *f*; **~*s supérieurs*** (***moyens***) obere (mittlere) Führungskräfte *f/pl*; **~er** (*1a*) ~ ***avec*** übereinstimmen mit; passen zu

cad|uc, **~uque** [kadyk] veraltet; *bâtiment*: baufällig; *jur* unwirksam

cafard [kafar] *m zo* (Küchen-)Schabe *f*; F ***avoir le ~*** traurig, mutlos, verstimmt sein; ***donner le ~ à qn*** j-n trübselig machen

café [kafe] *m boisson*: Kaffee *m*; *établissement* Kaffeehaus *n*, Café *n*, Wirtshaus *n*; ~ ***crème*** (***noir***) Kaffee *m* mit (ohne) Milch; ~ ***filtre*** Filterkaffee *m*

caféine [kafein] *f* Koffein *n*

cafeteria [kafeterja] *f* Cafeteria *f*

café-théâtre [kafeteɑtrə] *m* (*pl cafés--théâtres*) Kleinkunsttheater *n*

cafet|ier [kaftje] *m* Cafébesitzer *m*, Wirt *m*; **~ière** [-jɛr] *f* Kaffeekanne *f*; ~ ***électrique*** Kaffeemaschine *f*

cage [kaʒ] *f* Käfig *m*; *tech* Gehäuse *n*; ~ ***d'escalier*** Treppenhaus *n*

cageot [kaʒo] *m* Lattenkiste *f*, Steige *f*

cagibi [kaʒibi] F *m* Abstellkammer *f*

cagn|eux, **~euse** [kaɲø, -øz] X-beinig

cagnotte [kaɲɔt] *f* Spielkasse *f*; Gemeinschaftskasse *f*

cag|ot, **~ote** [kago, -ɔt] *litt* **1.** *m*, *f* Heuchler(in) *m*(*f*); **2.** *adj* heuchlerisch

cagoule [kagul] *f* Kapuze *f* (*mit Augenschlitzen*)

cahier [kaje] *m* (Schreib-)Heft *n*

cahot [kao] *m* Stoß *m*, Ruck *m*

cahoter [kaɔte] (*1a*) *v/t* schütteln, rütteln; *v/i auto* holpern, rumpeln

caille [kaj] *f zo* Wachtel *f*

caill|é [kaje] (***lait*** *m*) ~ *m* Sauermilch *f*, dicke Milch *f*; **~er** (*1a*) gerinnen lassen; ***se ~*** gerinnen; F *fig* ***ça caille!***

es ist eiskalt!
caillot [kajo] *m* **~ (*de sang*)** (Blut-)Gerinnsel *n*
caillou [kaju] *m* (*pl -x*) Kieselstein *m*; **~*x*** *pl* Schotter *m*; Kies *m*
Caire [kɛr] ***Le ~*** Kairo *n*
caiss|e [kɛs] *f* **1.** *boîte* Kiste *f*, Kasten *m*; *mus* ***grosse ~*** Pauke *f*; **2.** *argent*: Kasse *f*; ***tenir la ~*** die Kasse führen; ***~ noire*** Geheimfonds *m*; ***~ d'épargne*** Sparkasse *f*; **~ier**, **~ière** [-je, -jɛr] *m*, *f* Kassierer(in) *m(f)*; **~on** [-õ] *m* Kiste *f*, Behälter *m*; *arch* Kassette *f*
cajoler [kaʒɔle] (*1a*) liebkosen
cake [kɛk] *m* englischer Kuchen *m*
calamité [kalamite] *f* Unheil *n*
calandre [kalɑ̃drə] *f auto* Kühlergrill *m*
calcaire [kalkɛr] **1.** *adj* Kalk…, kalkig; *eau*: kalkhaltig; **2.** *m* Kalk(stein) *m*
calciné, **~e** [kalsine] ausgebrannt, verkohlt
calcium [kalsjɔm] *m* Kalzium *n*
calcul [kalkyl] *m* **1.** Rechnung *f*, Rechnen *n*; *fig intérêt* Berechnung *f*, Kalkül *n*; ***~ mental*** Kopfrechnen *n*; **2.** *méd* Stein *m*; ***~ biliaire*** Gallenstein *m*; ***~ rénal*** Nierenstein *m*
calcula|teur, **~trice** [kalkylatœr, -tris] **1.** *adj* (be)rechnend; **2.** *m*, *f* Rechner(in) *m(f)*; *comm* Kalkulator *m*; **3.** *m ordinateur* Rechner *m*; **4.** *f* Rechner *m*; **~ (*de poche*)** Taschenrechner *m*
calculer [kalkyle] (*1a*) (aus-, er-, be-) rechnen; *combiner* kalkulieren
cale [kal] *f* **1.** *mar* Kielraum *m*; ***~ sèche*** Trockendock *n*; **2.** *pour bloquer*: Keil *m*
calé, **~e** [kale] F beschlagen (***en*** in *dat*)
caleçon [kalsõ] *m* Unterhose *f*; ***~ de bain*** Badehose *f*
calembour [kalɑ̃bur] *m* Wortspiel *n*, Kalauer *m*
calendes [kalɑ̃d] *f/pl* ***renvoyer qc aux ~*** **(*grecques*)** etw auf den Sankt-Nimmerleins-Tag verschieben
calendrier [kalɑ̃drije] *m* Kalender *m*; *programme*: Zeitplan *m*
calepin [kalpɛ̃] *m* Notizbuch *n*
caler [kale] (*1a*) *v/t motor*: abwürgen; *tech* verkeilen; *v/i motor*: absterben
calfeutrer [kalføtre] (*1a*) zustopfen, abdichten; ***se ~*** zu Hause bleiben; F hinter dem Ofen hocken
calibre [kalibrə] *m arme*: Kaliber *n*; *tech* Stärke *f*, Durchmesser *m*; *fruits, œufs*: Größe *f*; *fig* F Format *n*, Kaliber *n*
calice [kalis] *m* Kelch *m*
califourchon [kalifurʃõ] ***à ~*** rittlings
câl|in, **~ine** [kalɛ̃, -in] **1.** *adj* zärtlich, anschmiegsam; **2.** *m* Liebkosung *f*; **~iner** [-ine] (*1a*) liebkosen; F schmusen (***qn*** mit); **~inerie** [-inri] *f souvent au pl* **~*s*** Zärtlichkeiten *f/pl*
call|eux, **~euse** [kalø, -øz] schwielig
calm|ant, **~ante** [kalmɑ̃, -ɑ̃t] **1.** *adj tranquillisant* beruhigend; *douleur*: schmerzlindernd; **2.** *m* Beruhigungs-, Schmerzmittel *n*
calm|e [kalm] **1.** *adj* ruhig, still; **2.** *m* Ruhe *f*, Stille *f*; *mar* Windstille *f*; *psych* Gemütsruhe *f*; ***avec ~*** gelassen; **~ement** [-əmɑ̃] *adv* ruhig; **~er** (*1a*) *personne*: beruhigen; *douleur*: mildern, lindern; *colère* beschwichtigen; ***se ~*** sich beruhigen
calomn|ie [kalɔmni] *f* Verleumdung *f*; **~ier** [-je] (*1a*) verleumden
calori|e [kalɔri] *f phys* Kalorie *f*; **~fère** [-fɛr] *m* Heizung *f*; **~fugé** [-fyʒe] wärmespeichernd, -isolierend
calotte [kalɔt] *f* **1.** Käppchen *n*; **2.** F *gifle* Ohrfeige *f*
calqu|e [kalk] *m tech* Pause *f*, Durchzeichnung *f*; *fig* Nachahmung *f*; **~er** (*1m*) durchzeichnen, -pausen; *fig* ***~ qc*** etw nachahmen
calvados [kalvados] *m* Apfelbranntwein *m*
calvaire [kalvɛr] *m rel* Kalvarienberg *m*; *fig* Leidensweg *m*
calvitie [kalvisi] *f* Kahlköpfigkeit *f*, Glatze *f*
camarad|e [kamarad] *m*, *f* Kamerad(in) *m(f)*; *pol* Genosse *m*, Genossin *f*; **~erie** [-ri] *f* Kameradschaft *f*
cambiste [kɑ̃bist(ə)] *m* Devisenhändler *m*; *touristes*: Geldwechsler *m*
Cambodge [kɑ̃bɔdʒ] ***le ~*** Kambodscha *n*
cambouis [kɑ̃bwi] *m* Schmieröl *n*
cambrer [kɑ̃bre] (*1a*) krümmen
cambriol|age [kɑ̃brijɔlaʒ] *m* Einbruch *m*; **~er** (*1a*) einbrechen (***qc*** in etw *acc*, ***qn*** bei j-m); **~eur**, **~euse** *m*, *f* Einbrecher(in) *m(f)*
cambrousse [kɑ̃brus] *f* F *péj* gottverlassene Gegend *f*

came [kam] *f tech* Nocken *m*; ***arbre** m **à ~s*** Nockenwelle *f*
camel|ot [kamlo] *m* Straßenhändler *m*; **~ote** [-ɔt] *f* F Schund *m*, Ramsch *m*
camembert [kamɑ̃bɛr] *m* Camembert (-käse) *m* (*aus der Normandie*)
caméra [kamera] *f* (Film-)Kamera *f*; ***~ vidéo*** Videokamera *f*
Cameroun [kamrun] ***le ~*** Kamerun *n*
camion [kamjõ] *m* Lastwagen *m*; **~-citerne** [-sitɛrn] *m* (*pl camions-citernes*) Tankwagen *m*
camionn|ette [kamjɔnɛt] *f* Lieferwagen *m*; **~eur** *m* Lastwagenfahrer *m*
camisole [kamizɔl] *f* ***~ de force*** Zwangsjacke *f*
camomille [kamɔmij] *f bot* Kamille *f*
camoufl|age [kamuflaʒ] *m* Tarnung *f*; **~er** (*1a*) tarnen; *fig intention, faute*: verbergen
camp [kɑ̃] *m* Lager *n* (*a mil u pol*); ***~ de concentration*** Konzentrationslager *n*; ***~ militaire*** Truppenübungsplatz *m*; ***~ de réfugiés*** Flüchtlingslager *n*; ***~ de vacances*** Ferienlager *n*; F ***ficher le ~*** abhauen, sich verziehen
campagn|ard, ~arde [kɑ̃paɲar, -ard] **1.** *adj* ländlich, bäuerlich; **2.** *m, f* Landbewohner(in) *m(f)*
campagne [kɑ̃paɲ] *f* **1.** Land *n* (*im Gegensatz zur Stadt*); ***à la ~*** auf dem Land; ***en pleine ~*** weit auf dem Land draußen; **2.** *mil u fig* Feldzug *m*; ***~ électorale*** Wahlkampf *m*; ***~ publicitaire*** Werbefeldzug *m*, -kampagne *f*
campanile [kɑ̃panil] *m* (*einzeln stehender*) Glockenturm *m*
camp|ement [kɑ̃pmɑ̃] *m* (Feld-)Lager *n*; **~er** (*1a*) campen, zelten, kampieren; ***se ~ devant*** sich aufstellen vor (*dat*); **~eur, ~euse** *m, f* Camper(in) *m(f)*
camphre [kɑ̃frə] *m* Kampfer *m*
camping [kɑ̃piŋ] *m* Camping *n*, Campen *n*, Zelten *n*; (***terrain** m **de***) ***~*** Campingplatz *m*; ***faire du ~*** zelten; **~-car** [-kar] *m* (*pl camping-cars*) Wohnmobil *n*
Canada [kanada] ***le ~*** Kanada *n*
canad|ien, ~ienne [kanadjɛ̃, -jɛn] **1.** *adj* kanadisch; **2. ♀, ♀ne** *m, f* Kanadier(in) *m(f)*
canaille [kanaj] *f* Schurke *m*, Kanaille *f*
canal [kanal] *m* (*pl -aux*) Kanal *m*; *tuyau* Leitung *f*; **~isation** [-izasjõ] *f tuyauterie* Leitungsnetz *n*, Kanalisation *f*; *eau, gaz*: Leitung *f*; *fleuve*: Kanalisierung *f*
canapé [kanape] *m* Sofa *n*
canard [kanar] *m* Ente *f*; *mâle*: Enterich *m*; *fig bobard* (*Zeitungs-*)Ente *f*; *péj journal* Zeitung *f*; F ***un froid de ~*** Saukälte *f*
canari [kanari] *m* Kanarienvogel *m*
cancans [kɑ̃kɑ̃] *m/pl* Klatsch *m*
cancer [kɑ̃sɛr] *m méd, astr* Krebs *m*
cancér|eux, ~euse [kɑ̃serø, -øz] **1.** *adj* Krebs…, krebsartig; *malade* krebskrank; **2.** *m, f* Krebskranke(r) *m, f*; **~igène, ~ogène** [-iʒɛn, -ɔʒɛn] krebserregend
candeur [kɑ̃dœr] *f* Treuherzigkeit *f*
candi [kɑ̃di] ***sucre** m **~*** Kandiszucker *m*
candid|at, ~ate [kɑ̃dida, -at] *m, f* Kandidat(in) *m(f)*; **~ature** [-atyr] *f* Kandidatur *f*; ***~ spontanée*** Blindbewerbung *f*; ***poser sa ~ à un poste*** sich für e-e Stelle bewerben
candide [kɑ̃did] naiv, unbefangen
cane [kan] *f* (*weibliche*) Ente *f*
canevas [kanva] *m coûture*: Kanevas *m*; *fig* Gerüst *n*, Entwurf *m*
caniche [kaniʃ] *m* Pudel *m*
canicule [kanikyl] *f période*: Hundstage *m/pl*; *chaleur* Gluthitze *f*
canif [kanif] *m* Taschenmesser *n*
can|in, ~ine [kanɛ̃, -in] Hunde…
canine [kanin] *f* Eckzahn *m*
caniveau [kanivo] *m* (*pl -x*) Rinnstein *m*; *tech* Leitungskanal *m*
canne [kan] *f* Rohr *n* (*bot*); *à marcher*: Stock *m*; ***~ à sucre*** Zuckerrohr *n*; ***~ à pêche*** Angelrute *f*
cannelle [kanɛl] *f bot, cuis* Zimt *m*
canoë [kanɔe] *m* Kanu *n*
canoéiste [kanɔeist] *m, f* Kanufahrer(in) *m(f)*
canon [kanõ] *m* **1.** *mil* Kanone *f*; *fusil*: Lauf *m*; ***~ à eau*** Wasserwerfer *m*; **2.** *mus* Kanon *m*; **3.** *rel* Kanon *m*
canoniser [kanɔnize] (*1a*) *rel* heiligsprechen
canot [kano] *m* Boot *n*; ***~ de sauvetage*** Rettungsboot *n*; ***~ pneumatique*** Schlauchboot *n*
canot|age [kanɔtaʒ] *m* Kahnfahren *n*; **~er** (*1a*) Kahn fahren
cantatrice [kɑ̃tatris] *f* Sängerin *f*

cantine [kɑ̃tin] *f* Kantine *f*
cantique [kɑ̃tik] *m rel* Kirchenlied *n*, Lobgesang *n*
canton [kɑ̃tõ] *m France, Suisse*: Kanton *m*
cantonn|er [kɑ̃tɔne] (*1a*) **1.** *mil* einquartieren; **2.** ***se ~*** sich zurückziehen; *fig* sich beschränken (***dans*** auf *acc*); **~ier** [-je] *m* Straßenwärter *m*
canule [kanyl] *f méd* Röhrchen *n*, Kanüle *f*
caoutchouc [kautʃu] *m* Kautschuk *m*, Gummi *m od n*; *bande élastique* Gummiband *n*; ***~ mousse*** Schaumgummi *m*
cap [kap] *m* Kap *n*; *fig* ***franchir le ~*** die schwierige Lage überstehen; ***mettre le ~ sur*** Kurs auf (*acc*) … nehmen
Cap [kap] ***Le ~*** Kapstadt *n*
CAP [seape] *m* (*abr* certificat d'aptitude professionnelle) *etwa* Gesellen-, Facharbeiterprüfung *f*, -brief *m*
cap|able [kapablə] fähig; ***~ de*** (+ *inf*) fähig, im Stande zu (+ *inf*); **~acité** [-asite] *f compétence* Fähigkeit *f*; *contenance* Kapazität *f*
cape [kap] *f* Umhang *m*; *fig* ***rire sous ~*** sich ins Fäustchen lachen
CAPES *m abr* ***certificat d'aptitude professionnelle à l'enseignement secondaire*** *entspricht etwa*: zweites Staatsexamen (für das höhere Lehramt)
capillaire [kapilɛr] kapillar, Haar…
capitaine [kapitɛn] *m mil* Hauptmann *m*; *mar* Kapitän *m*; *sports*: Mannschaftskapitän *m*
capital, **~e** [kapital] (*m/pl -aux*) **1.** *adj* hauptsächlich; Haupt…; ***il est capital que*** (+ *subj*) es ist von größter Wichtigkeit, dass; ***peine*** *f* ***capitale*** Todesstrafe *f*; **2.** *m* Kapital *n*, Vermögen *n*; ***capitaux*** *pl* Gelder *n/pl*, (Geld-)Mittel *n/pl*; **3.** *f ville*: Hauptstadt *f*; *lettre*: Großbuchstabe *m*; **~iser** (*1a*) anhäufen; **~isme** *m* Kapitalismus *m*; **~iste 1.** *adj* kapitalistisch; **2.** *m*, *f* Kapitalist(in) *m*(*f*)
capit|eux, **~euse** [kapitø, -øz] berauschend; **~onner** [-ɔne] (*1a*) polstern
capit|ulation [kapitylasjõ] *f* Kapitulation *f*, Übergabe *f*; **~uler** [-yle] (*1a*) kapitulieren
caporal [kapɔral] *m* (*pl -aux*) *mil* Gefreite(r) *m*
cap|ot [kapo] *m auto* Motorhaube *f*; **~ote** [-ɔt] *f vêtement*: Mantel *m* (mit Kapuze); *auto* Verdeck *n*; P ***~ anglaise*** P Pariser *m*; **~oter** [-ɔte] (*1a*) *aviat, auto* sich überschlagen
câpre [kɑprə] *f cuis* Kaper *f*
capric|e [kapris] *m* Laune *f*; **~ieux**, **~ieuse** [-jø, -jøz] launisch
capricorne [kaprikɔrn] *m astr* Steinbock *m*
capsule [kapsyl] *f bouteille*: Kronenverschluss *m*; *spatiale*: Kapsel *f*
capt|er [kapte] (*1a*) *obtenir par ruse* erschleichen; *attention*: fesseln; *source*: fassen; *radio, TV* empfangen; *courant électrique*: entnehmen; **~eur** *m tech* ***~ solaire*** Sonnenkollektor *m*
capt|if, **~ive** [kaptif, -iv] **1.** *adj* gefangen; **2.** *m*, *f* Gefangene(r) *m*, *f*; **~iver** [-ive] (*1a*) *fig* fesseln, faszinieren; **~ivité** [-ivite] *f* Gefangenschaft *f*
captur|e [kaptyr] *f saisie* Gefangennahme *f*; *butin* Fang *m*; **~er** (*1a*) einfangen; *personne*: festnehmen
capuchon [kapyʃõ] *m* Kapuze *f*
capuc|in [kapysɛ̃] *m rel* Kapuziner *m*; **~ine** *f bot* Kapuzinerkresse *f*
car[1] [kar] *m* Reise-, Überlandbus *m*
car[2] [kar] *conj* denn
carabin|e [karabin] *f* Karabiner *m*; **~é**, **~ée** F heftig, stark
caractère [karaktɛr] *m* **1.** *lettre, signe* Schriftzeichen *n*; ***en ~s gras*** fett gedruckt; ***~ de contrôle, de commande*** *EDV* Steuerzeichen *n*; ***~ spécial*** Sonderzeichen *n*; ***~s*** *pl* ***d'imprimerie*** Druckbuchstaben *m/pl*, (-)Schrift *f*; **2.** *psych* Charakter *m*, Art *f*; ***avoir bon ~*** gutmütig sein; ***avoir mauvais ~*** e-n schwierigen Charakter haben
caractéris|é, **~ée** [karakterize] ausgeprägt; **~er** (*1a*) charakterisieren, kennzeichnen
caractéristique [karakteristik] **1.** *adj* charakteristisch (***de*** für); **2.** *f* Kennzeichen *n*; *personne*: Wesenszug *m*
carafe [karaf] *f* Karaffe *f*
carambolage [karɑ̃bɔlaʒ] *m* Auffahrunfall *m*, Zusammenstoß *m*, Karambolage *f*
caramboler [karɑ̃bɔle] (*1a*) zusammenprallen, zusammenstoßen
caramel [karamɛl] *m substance*: Kara-

mell *m*; *bonbon* Karamellbonbon *m od n*

carapace [karapas] *f zo u fig* Panzer *m*; *tech* Panzerung *f*

carat [kara] *m* Karat *n*

caravan|e [karavan] *f* **1.** *convoi* Karawane *f*; **2.** *auto* Wohnwagen *m*, Caravan *m*; **~ing** [-iŋ] *m* Reisen *n* mit e-m Wohnwagen

carbon|e [karbɔn] *m chim* Kohlenstoff *m*; ***papier** m* **~** Kohlepapier *n*; **~ique** *chim* ***acide** m* **~** Kohlensäure *f*; ***gaz** m* **~** Kohlendioxid *n*; **~iser** [-ize] *(1a)* verkohlen

carbur|ant [karbyrɑ̃] *m* Treib-, Kraftstoff *m*; **~ateur** [-atœr] *m tech* Vergaser *m*

carcasse [karkas] *f animal*: Gerippe *n*; *tech* Gestell *n*

cardiaque [kardjak] *méd* **1.** *adj* Herz…; *malade* herzkrank; **2.** *m*, *f* Herzkranke(r) *m*, *f*; **3.** *m phm* Herzmittel *n*

cardinal, **~e** [kardinal] *(m/pl -aux)* **1.** *adj* hauptsächlich, Haupt…; ***les points** m/pl **cardinaux*** die vier Himmelsrichtungen *f/pl*; **2.** *m égl* Kardinal *m*

cardio|logie [kardjɔlɔʒi] *f* Kardiologie *f*; **~logue** [-lɔg] *m*, *f* Kardiologe *m*, Kardiologin *f*, Herzspezialist(in) *m(f)*

carême [karɛm] *m rel* Fastenzeit *f*

carence [karɑ̃s] *f incompétence* Unfähigkeit *f*, Versagen *n*; *manque* Mangel *m*; ***~ alimentaire*** mangelhafte Ernährung *f*; ***~ de contacts*** Kontaktarmut *f*; ***maladie** f **par ~*** Mangelkrankheit *f*

caress|e [karɛs] *f* Liebkosung *f*, Zärtlichkeit *f*; **~er** *(1b)* streicheln, liebkosen; *projet*, *idée*: spielen mit

cargaison [kargɛzõ] *f* (Schiffs-)Ladung *f*, Fracht *f*; *fig* Repertoire *n*

cargo [kargo] *m mar* Frachtschiff *n*, Frachter *m*

caricatur|e [karikatyr] Karikatur *f*, Zerrbild *n*; **~er** *(1a)* karikieren

carie [kari] *f méd* ***~ dentaire*** Karies *f*; ***une ~*** ein Loch *n* im Zahn

carié, **~e** [karje] *dent*: kariös

carillon [karijõ] *m cloches*: Glockenspiel *n*; *pendule*: Schlagwerk *n*; ***~ électrique*** elektrische Klingel *f*

Carinthie [karɛ̃ti] ***la ~*** Kärnten *n*

carlingue [karlɛ̃g] *f aviat* Kabine *f*

carme [karm] *m rel* Karmeliter *m*

carnage [karnaʒ] *m* Blutbad *n*

carnass|ier, **~ière** [karnasje, -jɛr] fleischfressend; **~ière** *f* Jagdtasche *f*

carnation [karnasjõ] *f* Gesichtsfarbe *f*

carnaval [karnaval] *m* (*pl* -als) Fasching *m*, Karneval *m*

carnet [karnɛ] *m* Notizbuch *n*; ***~ de chèques*** Scheckheft *n*; ***~ d'adresses*** Adressbuch *n*

carnivore [karnivɔr] **1.** *adj* fleischfressend; **2.** *m/pl* **~s** Fleischfresser *m/pl*

carotte [karɔt] *f* Mohrrübe *f*, Möhre *f*, Karotte *f*; ***poil de ~*** rothaarig, fuchsrot

carpe [karp] *f zo* Karpfen *m*

carpette [karpɛt] *f* kleiner Teppich *m*

carr|é, **~ée** [kare] **1.** *adj* quadratisch; *visage*: kantig; *fig refus*, *réponse*: deutlich, eindeutig; ***mètre** m **carré*** Quadratmeter *m od n*; **2.** *m* Quadrat *n*; *jardin*: Beet *n*; ***élever au ~*** quadrieren

carreau [karo] *m* (*pl -x*) *de faïence etc*: Fliese *f*, Kachel *f*; *fenêtre*: Fensterscheibe *f*; *cartes*: Karo *n*; ***à ~x*** kariert

carrefour [karfur] *m* Straßenkreuzung *f*; *fig* Treffpunkt *m*

carrel|age [karlaʒ] *m* Fliesen-, Plattenbelag *m*; **~er** *(1c)* mit Fliesen auslegen; **~eur** *m* Fliesen-, Plattenleger *m*

carrément [karemɑ̃] *adv* rundweg, geradeheraus

carrière [karjɛr] *f* **1.** Steinbruch *m*; **2.** *profession*: Laufbahn *f*, Karriere *f*; ***militaire** m **de ~*** Berufssoldat *m*

carriole [karjɔl] *f péj* Karren *m*

carrossable [karɔsablə] befahrbar

carross|e [karɔs] *m* Kutsche *f*, Karosse *f*; **~erie** *f auto* Karosserie *f*

carrousel [karuzɛl] *m* Karussell *n*

carrure [karyr] *f* Schulterbreite *f*

cartable [kartablə] *m* Schulmappe *f*, -ranzen *m*

carte [kart] *f* Karte *f*; *restaurant*: Speisekarte *f*; ***~ de crédit*** Kreditkarte *f*; ***~ d'embarquement*** Bordkarte *f*; ***~ d'étudiant*** Studentenausweis *m*; ***~ graphique*** Grafikkarte *f*; *auto* ***~ grise*** Kraftfahrzeugschein *m*; ***~ d'identité*** Personalausweis *m*; ***~ postale*** Postkarte *f*; ***~ à puce*** Chipkarte *f*; ***~ routière*** Straßenkarte *f*; ***~ son*** Soundkarte *f*; ***~ vermeil*** Seniorenkarte *f*; ***~ (de visite)*** Visitenkarte *f*; ***~ des vins*** Weinkarte *f*; *fig* ***donner ~ blanche à qn*** j-m freie Hand lassen; ***à la ~*** nach

der Karte
cartel [kartɛl] *m écon* Kartell *n*; *pol* Block *m*
carter [kartɛr] *m tech* Gehäuse *n*; *auto* **~ inférieur** Ölwanne *f*
cartilage [kartilaʒ] *m* Knorpel *m*
cartomancienne [kartɔmɑ̃sjɛn] *f* Kartenlegerin *f*
carton [kartõ] *m matériau*: Pappe *f*; *boîte* Karton *m*, (Papp-)Schachtel *f*; **~ (à dessin)** Mappe *f*; **~ ondulé** Wellpappe *f*; *football*: **~ jaune (rouge)** Gelbe (Rote) Karte *f*
cartonné, ~e [kartɔne] kartoniert
cartouch|e [kartuʃ] *f* Patrone *f*; *cigarettes*: Stange *f*; **~ière** [-jɛr] *f mil*, *ch* Patronentasche *f*
cas [kɑ, ka] *m* Fall *m* (*a méd*, *gr*, *jur*); **en aucun ~** auf keinen Fall; **dans ce ~-là, en ce ~** in diesem Fall; **en tout ~** auf jeden Fall; **en aucun ~** auf keinen Fall, keinesfalls; **en ~ de** im Fall (*gén*); **au ~ où** (+ *cond*), *litt* **en ~ que** (+ *subj*) falls; im Falle, dass; **en ~ de besoin** notfalls; **le ~ échéant** gegebenenfalls; **faire grand ~ de qc** auf etw (*acc*) großen Wert legen; **faire peu de ~ de** sich wenig machen aus
casan|ier, ~ière [kazanje, -jɛr] *m*, *f* Stubenhocker(in) *m(f)*
casaque [kazak] *f fig* **tourner ~** umschwenken
cascad|e [kaskad] *f* Wasserfall *m*; **~eur** *m* Stuntman *m*
case [kɑz] *f* **1.** *hutte* Hütte *f*; **2.** *compartiment* Fach *n*; *formulaire*, *mots-croisés*: Kästchen *n*; *échiquier*: Feld *n*
caser [kaze] (*1a*) unterbringen; *choses*: *a* verstauen; *fig marier* verheiraten
caserne [kazɛrn] *f* Kaserne *f*
cash [kaʃ] **payer ~** bar bezahlen
casier [kazje] *m courrier*: Fach *n*; *bouteilles*, *livres*: Regal *n*; **~ judiciaire** Strafregister *n*
Caspienne [kaspjɛn] **la mer ~** das Kaspische Meer
casqu|e [kask] *m* (Schutz-, Sturz-)Helm *m*; *radio*: Kopfhörer *m*; **les ~s bleus** die Blauhelme *m/pl*; **~ette** [-ɛt] *f* (Schirm-)Mütze *f*
cass|able [kasablə] zerbrechlich; **~ant, ~ante** [-ɑ̃, -ɑ̃t] zerbrechlich; *fig* schroff; **~ation** *f jur* Aufhebung *f*; **Cour** *f* **de ~** Oberster Gerichtshof *m*
casse [kas] *f* **mettre une voiture à la ~** ein Auto verschrotten lassen; **payer la ~** den Schaden bezahlen
casse|-croûte [kaskrut] *m* (*pl unv*) Imbiss *m*; **~-noisettes** [-nwazɛt] *m* (*pl unv*) Nussknacker *m*; **~-pieds** [-pje] *unv* F unausstehlich
casser [kase] (*1a*) *v/t* zerbrechen; F kaputtmachen; *noix*: knacken; *œuf*: aufschlagen; *jur* aufheben; *v/i et* **se ~** (zer)brechen, F kaputtgehen; *verre*: zersplittern; *fil*: reißen; F **~ les pieds à qn** F j-m auf den Wecker gehen; *comm* **~ les prix** die Preise radikal senken; **~ la croûte** e-n Imbiss einnehmen; F **~ la figure (gueule) à qn** F j-n verdreschen, versohlen; F **se ~ la figure (gueule)** hinfallen, -schlagen; **se ~ la tête** sich den Kopf zerbrechen; F **ne pas se ~** sich nicht viel Mühe geben
casserole [kasrɔl] *f* Kochtopf *m*
casse-tête [kastɛt] *m* (*pl unv*) *arme*: Totschläger *m*; *fig problème* harte Nuss *f*
cassette [kasɛt] *f bande magnétique* Kassette *f*; **magnétophone** *m* **à ~** Kassettenrekorder *m*
cassis [kasis] *m* **1.** *bot* schwarze Johannisbeere *f*; **(crème** *f* **de) ~** *Likör aus schwarzen Johannisbeeren*; **2.** *route*: Querrinne *f*
cassoulet [kasulɛ] *m cuis Eintopf aus Bohnen, Speck, Hammelfleisch*
cassure [kasyr] *f* Bruch *m*
caste [kast] *f* Kaste *f*
castor [kastɔr] *m zo* Biber *m*
castrer [kastre] (*1a*) kastrieren
cataclysme [kataklismə] *m* (Natur-)Katastrophe *f*
Catalogne [katalɔɲə] **la ~** Katalonien *n*
cata|logue [katalɔg] *m* Katalog *m*; **~loguer** [-lɔge] (*1m*) katalogisieren; F *péj* etikettieren; **~lytique** [-litik] **pot** *m* **~** *auto* Katalysator *m*; **~racte** [-rakt] *f* **1.** *cascade* (*großer*) Wasserfall *m*, Katarakt *m*; **2.** *méd* grauer Star *m*
catastroph|e [katastrɔf] *f* Katastrophe *f*; **en ~** überstürzt; **~é, ~ée** F niedergeschlagen, F fertig; **~ique** katastrophal
catéchisme [kateʃismə] *m enseignement*: Religionsunterricht *m*; *livre*: Katechismus *m*

catégor|ie [kategɔri] *f* Kategorie *f*, Klasse *f* (*a sports*); **~ique** kategorisch, entschieden
cathédrale [katedral] *f* Dom *m*, Kathedrale *f*, Münster *n*
catholicisme [katɔlisismə] *m* Katholizismus *m*
catholique [katɔlik] **1.** *adj* katholisch; F *fig* ***pas très ~*** nicht ganz sauber; **2.** *m, f* Katholik(in) *m(f)*
catimini [katimini] F ***en ~*** ganz heimlich
cauchemar [koʃmar] *m* Albtraum *m*
caus|e [koz] *f* **1.** Ursache *f*, Grund *m*; ***à ~ de, pour ~ de*** wegen; ***sans ~*** grundlos; ***pour ~*** zu Recht; **2.** *affaire* Sache *f*, Angelegenheit *f*; ***faire ~ commune avec qn*** mit j-m gemeinsame Sache machen; **3.** *jur* Prozess *m*; ***être en ~*** zur Debatte stehen; ***mettre en ~*** in Frage stellen; **~er** (*1a*) **1.** *provoquer* verursachen; **2.** *s'entretenir* plaudern (***avec qn de*** mit j-m über); **~erie** *f* Plauderei *f*
caus|eur, **~euse** [kozœr, -øz] *m, f* Plauderer *m*, Plauderin *f*
caustique [kostik] *chim* ätzend; *fig* beißend, scharf, schneidend
cautériser [koterize] (*1a*) *méd plaie*: ausbrennen
caution [kosjõ] *f* Bürgschaft *f*, Kaution *f*; *fig* Unterstützung *f*
cautionner [kosjɔne] (*1a*) *jur u fig* ***~ qn*** für j-n bürgen
caval|er [kavale] (*1a*) F ***~ après qn*** j-m nachlaufen; **~erie** *f* Kavallerie *f*, Reiterei *f*; **~ier**, **~ière** [-je, -jɛr] **1.** *m, f cheval*: Reiter(in) *m(f)*; *bal*: Tanzpartner(in) *m(f)*; Begleiter(in) *m(f)*; **2.** *m échecs*: Springer *m*; **3.** *adj impertinent* ungehörig, ungezogen
cav|e [kav] *f* Keller *m*; *vin*: Weinkeller *m*; **~eau** [-o] *m* (*pl -x*) Grabgewölbe *n*, Gruft *f*
caverne [kavɛrn] *f* Höhle *f*
caviar [kavjar] *m* Kaviar *m*
caviste [kavist] *m* Kellermeister *m* (*im Restaurant*)
cavité [kavite] *f* Hohlraum *m*
CCI *f abr* ***Chambre de commerce internationale*** IHK *f* (Internationale Handelskammer)
CCP *m abr* ***compte chèques postaux*** *etwa* Postgirokonto
CD *m abr* ***compact disc*** CD *f*
CDD *m abr* ***contrat à durée déterminée*** befristeter Arbeitsvertrag
CDI *m abr* ***contrat à durée indéterminée*** unbefristeter Arbeitsvertrag
CD-ROM [sederɔm] *abr m* CD-ROM *f*
ce [sə] *m* (**cet** [sɛt] *m*, **cette** [sɛt] *f*, **ces** [se] *pl*) diese(r, -s); ***~ ...-ci*** diese(r, -s) ... (hier); ***~ ...-là*** der (die, das) *od* jene(r, -s) ... (dort, da); ***ce que*** (*tu fais*), ***ce qui*** (*me plaît*) was; ***c'est pourquoi*** deshalb; ***ce matin*** heute Morgen; ***ce soir*** heute Abend; ***c'est que*** nämlich, denn; ***qui est-ce?*** wer ist das?; *à la porte*: wer ist da?; ***c'est le voisin*** das ist der Nachbar; ***pour ce faire*** zu diesem Zweck; ***sur ce*** daraufhin
CECA *abr f hist* ***Communauté européenne du charbon et de l'acier*** Montanunion *f*
ceci [səsi] dieses, dies, das; ***~ ou cela*** dieses oder jenes
cécité [sesite] *f* Blindheit *f*
céder [sede] (*1f*) ***~ qc à qn*** j-m etw überlassen, abtreten; ***~ à qn*** j-m nachgeben; ***il ne lui cède en rien*** er steht ihm in nichts nach; ***~ le passage*** die Vorfahrt lassen
Cedex, **CEDEX** ***Courrier d'entreprises à distribution exceptionnelle*** Postadresscode von Großbetrieben
cèdre [sɛdrə] *m bot* Zeder *f*
CEE [seəə] *f* (*abr* Communauté *f* économique européenne) E(W)G *f*, Europäische (Wirtschafts-)Gemeinschaft *f*
CEI *f abr* ***Communauté des États indépendants*** GUS *f* (Gemeinschaft Unabhängiger Staaten)
ceindre [sɛ̃drə] (*4b*) *litt* umgürten; umgeben (***de*** mit)
ceintur|e [sɛ̃tyr] *f* Gürtel *m*; ***~ de sécurité*** Sicherheitsgurt *m*; ***~ de sauvetage*** Rettungsring *m*; ***~ à enrouleur*** Automatikgurt *m*; ***~ verte*** Grüngürtel *m*; *fig* ***se serrer la ~*** den Gürtel enger schnallen; **~er** (*1a*) *personne*: umklammern (*in der Taille*); *ville*: umgeben
cela [s(ə)la] das (da); ***il y a cinq ans de ~*** das war vor fünf Jahren; ***à ~ près*** davon abgesehen, ansonsten
célébration [selebrasjõ] *f* Feier *f*; ***~ du mariage*** Trauung *f*

célèbre [selɛbrə] berühmt
célébr|er [selebre] (*1f*) feiern; **~ité** *f* Berühmtheit *f* (*a Person*)
céleri [sɛlri] *m bot* Sellerie *m od f*; **~*(-rave)*** (Knollen-)Sellerie *m od f*; **~ *en branche*** Stangensellerie *m od f*
célérité [selerite] *litt f* Schnelligkeit *f*
céleste [selɛst] Himmels…; himmlisch
célibat [seliba] *m* Ehelosigkeit *f*; *prêtre*: Zölibat *m od n*
célibataire [selibatɛr] **1.** *adj* ledig; **2.** *m, f* Junggeselle *m*, Junggesellin *f*
celle, **celles** [sɛl] → ***celui***
cellier [sɛlje] *m* Wein- *od* Vorratskeller *m*
cellophane [selɔfan] *f* Zellophan *n*
cellule [selyl] *f* Zelle *f*
cellulite [selylit] *f méd* Zellulitis *f*
cellulose [selyloz] *f* Zellulose *f*
celtique [sɛltik] keltisch
celui [səlɥi] *m* (**celle** [sɛl] *f*, **ceux** [sø] *m/pl*, **celles** [sɛl] *f/pl*) der, die, das; **~-ci** [-si] diese(r, -s); **~-là** [-la] jene(r, -s); ***celui dont je parle*** der(jenige), von dem ich spreche
cendre [sɑ̃drə] *f* Asche *f*
cendr|é, **~ée** [sɑ̃dre] aschfarben; **~ée** *f sports*: Aschenbahn *f*; **~ier** [-ije] *m* Aschenbecher *m*
cène [sɛn] *f rel* Abendmahl *n*
cens|é, **~ée** [sɑ̃se] ***il est ~ être malade*** man nimmt an, dass er krank ist; **~eur** *m* Zensor *m*; *fig* Kritiker *m*
censur|e [sɑ̃syr] *f* Zensur *f*; *organe*: Zensurbehörde *f*; *pol* ***motion*** *f* ***de ~*** Misstrauensantrag *m*; **~er** (*1a*) zensieren; verbieten
cent [sɑ̃] **1.** *adj* hundert; **2.** *m* Hundert *n, f*; ***pour ~*** Prozent *n*; **3.** *m de l'euro* Cent *m*
centaine [sɑ̃tɛn] *f* Hundert *n*; ***une ~ de*** ungefähr hundert
centenaire [sɑ̃tnɛr] **1.** *adj* hundertjährig; **2.** *m fête*: Hundertjahrfeier *f*
centième [sɑ̃tjɛm] **1.** hundertste(r, -s); **2.** Hundertstel *n*
centime [sɑ̃tim] *m* Centime *m*; **~ *(d'euro)*** (Euro)Cent *m*
centimètre [sɑ̃timɛtrə] *m* Zentimeter *n od m*; *ruban*: Maßband *n*
central, **~e** [sɑ̃tral] (*m/pl -aux*) **1.** *adj* zentral, Mittel…, Haupt…; ***Europe*** *f* ***centrale*** Mitteleuropa *n*; **2.** *m tél* Zentrale *f*; **3.** *f* ***centrale (électrique)*** Elektrizitätswerk *n*, Kraftwerk *n*; ***centrale nucléaire*** *od* ***atomique*** Atomkraftwerk *n*, Kernkraftwerk *n*; ***centrale syndicale*** Gewerkschaftszentrale *f*; **~isation** [-izasjõ] Zentralisierung *f*; **~iser** (*1a*) zentralisieren
centr|e [sɑ̃trə] *m* Zentrum *n*; Mittelpunkt *m* (*a math*); *milieu* Mitte *f* (*a pol*); *sports*: Mittelstürmer *m*; *géogr* ***le*** **♀** Mittelfrankreich *n*; **~ *commercial*** Einkaufszentrum *n*; **~ *d'accueil*** Beratungs-, Informationsstelle *f*; **~ *industriel*** Industriezentrum *n*; **~ *d'attraction*** Anziehungspunkt *m*; **~ *d'intérêt*** Brennpunkt *m* des Interesses; **~ *ville*** Stadtmitte *f*; ***au ~ de*** in der Mitte (von); **~er** (*1a*) zentrieren
centrifuge [sɑ̃trifyʒ] zentrifugal
centuple [sɑ̃typlə] *m* Hundertfache(s) *n*
cep [sɛp] *m* Rebstock *m*; **~age** *m* Rebenart *f*, Rebsorte *f*
cèpe [sɛp] *m bot* Steinpilz *m*
cependant [səpɑ̃dɑ̃] *pendant ce temps* indessen; *pourtant* doch, dennoch
céramique [seramik] *f* Keramik *f*
cercle [sɛrklə] *m* Kreis *m*; *fig* Zirkel *m*, Kreis *m*; **~ *vicieux*** Teufelskreis *m*
cercueil [sɛrkœj] *m* Sarg *m*
céréales [sereal] *f/pl* Getreide *n*
cérébral, **~e** [serebral] (*m/pl -aux*) Gehirn…
cérémo|nial [seremɔnjal] *m* Zeremoniell *n*; **~nie** [-ni] *f* Feier(lichkeit) *f*; **~s** *pl formalités* Umstände *m/pl*; ***sans ~*** zwanglos
cerf [sɛr] *m zo* Hirsch *m*
cerfeuil [sɛrfœj] *m bot* Kerbel *m*
cerf-volant [sɛrvɔlɑ̃] *m* (*pl cerfs-volants*) Papierdrachen *m*; *zo* Hirschkäfer *m*
ceris|e [s(ə)riz] *f* Kirsche *f*; **~ier** [-je] *m* Kirschbaum *m*
cerne [sɛrn] *m* Rand *m*; **~s** *pl* Ringe *m/pl* (um die Augen)
cern|é, **~ée** [sɛrne] ***avoir les yeux ~s*** Ringe um die Augen haben
cerner [sɛrne] (*1a*) *encercler* umzingeln; *fig problème*: einkreisen
cert|ain, **~aine** [sɛrtɛ̃, -ɛn] *adj* **1.** (*après le subst*) bestimmt, sicher; ***être ~(e) de qc*** e-r Sache sicher sein; **2.** (*devant le subst*) gewiss (*in unbestimmtem Sinn*); ***d'un certain âge*** nicht mehr ganz

jung; **~ainement** [-ɛnmɑ̃] *adv* sicherlich, gewiss
certes [sɛrt] *adv* sicher(lich)
certif|icat [sɛrtifika] *m* Bescheinigung *f*, Zeugnis *n*; **~ *médical*** ärztliches Attest *n*; **~ *d'emploi*** Beschäftigungsnachweis *m*; **~ *de mariage*** Trauschein *m*; **~ier** [-je] (*1a*) beglaubigen; ***copie f certifiée conforme*** beglaubigte Kopie *f*; **~ *qc à qn*** j-m etw bestätigen
certitude [sɛrtityd] *f* Gewissheit *f*
cerveau [sɛrvo] *m* (*pl -x*) Gehirn *n*
cervelas [sɛrvəla] *m etwa* Fleischwurst *f*
cervelle [sɛrvɛl] *f* Hirnsubstanz *f*; *fig* Verstand *m*; *cuis* Hirn *n*; *fig* ***se brûler la ~*** sich e-e Kugel durch den Kopf jagen
Cervin [sɛrvɛ̃] ***le mont ~*** das Matterhorn
ces [se] → ***ce***
C.E.S. *abr* ***Collège d'enseignement secondaire*** *etwa* Realschule, Progymnasium
césarienne [sezarjɛn] *f méd* Kaiserschnitt *m*
C.E.S.C. *abr f hist* ***Conférence européenne de sécurité et de coopération*** KSZE *f* (Konferenz für Sicherheit und Zusammenarbeit in Europa)
cessation [sɛsasjõ] *f* Einstellung *f*; **~ *de commerce*** Geschäftsaufgabe *f*; **~ *de paiements*** Zahlungseinstellung *f*
cess|e [sɛs] ***sans ~*** unaufhörlich; ***n'avoir de ~ que*** (+ *subj*) nicht ruhen, bis; **~er** (*1b*) aufhören (***qc*** mit etw); **~ *de*** (+ *inf*) aufhören zu (+ *inf*)
cessez-le-feu [sɛselfø] *m* (*pl unv*) Waffenruhe *f*
c'est-à-dire [sɛtadir] das heißt
cet, **cette** [sɛt] → ***ce***
ceux [sø] → ***celui***
cf. (*abr* confer [kõfɛr]) vergleiche (*abr* vgl.)
CFA *f abr* ***Communauté financière africaine*** Afrikanische Währungsgemeinschaft; ***franc ~*** CFA-Franc *m*
CFC *m abr* ***chlorofluorocarbone*** FCKW *m* (Fluorchlorkohlenwasserstoff)
CFDT *f abr* ***Confédération française (et) démocratique du travail*** frz. Gewerkschaftsverband
CFTC *f abr* ***Confédération française des travailleurs chrétiens*** frz. christlicher Gewerkschaftsverband
CGC *f abr* ***Confédération générale des cadres*** frz. Angestelltengewerkschaft
CGT-FO *f abr* ***Confédération générale du travail — Force ouvrière*** frz. Gewerkschaftsverband
chac|un, **~une** [ʃakɛ̃ *od* ʃakœ̃, -yn] *m, f* jede(r, -s); ***chacun de (d'entre) nous*** jeder von uns
chagrin [ʃagrɛ̃] *m* Kummer *m*, Schmerz *m*; ***donner du ~*** Kummer bereiten; **~ *d'amour*** Liebeskummer *m*
chagriner [ʃagrine] (*1a*) **~ *qn*** j-n betrüben, bekümmern
chahut [ʃay] *m* F Radau *m*, Rabatz *m*
chai [ʃɛ] *m* Wein- und Spirituosenlager *n*
chaîne [ʃɛn] *f* Kette *f*; *radio*, *TV* Programm *n*; **~ *hi-fi*** Stereoanlage *f*; **~ *humaine*** Menschenkette *f*; **~ (*de montage*)** Fließband *n*; **~ *payante*** Bezahlfernsehen *f*; ***travail*** *m* ***à la ~*** Fließbandarbeit *f*
chair [ʃɛr] *f* Fleisch *n* (*von Menschen, lebenden Tieren u Früchten*); ***en ~ et en os*** leibhaftig; ***avoir la ~ de poule*** e-e Gänsehaut haben; ***être bien en ~*** gut beieinander sein
chaire [ʃɛr] *f église*: Kanzel *f*; *université*: Lehrstuhl *m*
chaise [ʃɛz] *f* Stuhl *m*; **~ *longue*** Liegestuhl *m*
chaland [ʃalɑ̃] *m* Lastkahn *m*
châle [ʃɑl] *m* Umschlagtuch *n*, Stola *f*
chalet [ʃalɛ] *m* Chalet *n*; *d'un berger*: Sennhütte *f*
chaleur [ʃalœr] *f* Hitze *f*; *plus modérée*: Wärme *f*; *fig* Herzlichkeit *f*, Wärme *f*
chaleur|eusement [ʃaløʀøzmɑ̃] herzlich; **~eux**, **~euse** [-ø, -øz] herzlich, warm
chaloupe [ʃalup] *f* Boot *n*, Schaluppe *f*
chalumeau [ʃalymo] *m* (*pl -x*) (Trink-)Halm *m*; *tech* **~ *à souder*** Schweißbrenner *m*
chalutier [ʃalytje] *m mar* Fischdampfer *m*, Trawler *m*
chamailler [ʃamaje] (*1a*) F ***se ~*** sich herumzanken
chambouler [ʃɑ̃bule] (*1a*) durcheinanderbringen, durcheinander werfen
chambranle [ʃɑ̃brɑ̃l] *m* Tür-, Fensterstock *m*

chambr|e [ʃɑ̃brə] *f* Zimmer *n*; *jur*, *pol* Kammer *f*; *auto etc* **~ *à air*** Luftschlauch *m*; **♀ *du Commerce et de l'Industrie*** Industrie- und Handelskammer *f*; **~ *à coucher*** Schlafzimmer *n*; **~ *à un lit*** Einbett-, Einzelzimmer *n*; **~ *à deux lits*** Doppelzimmer *n*; **~er** (*1a*) *vin*: temperieren

chameau [ʃamo] *m* (*pl -x*) *zo* Kamel *n*

chamois [ʃamwa] *m zo* Gämse *f*; *cuire*: Gamsleder *n*

champ [ʃɑ̃] *m* Acker *m*, Feld *n*; *fig* Gebiet *n*; ***à travers* ~** querfeldein; ***laisser le* ~ *libre à qn*** j-m freie Hand lassen; **~ *de bataille*** Schlachtfeld *n*

champagne [ʃɑ̃paɲ] *m* Champagner *m*

Champagne [ʃɑ̃paɲ] ***la* ~** die Champagne

champêtre [ʃɑ̃pɛtrə] ländlich

champignon [ʃɑ̃piɲõ] *m bot* Pilz *m*; **~ *de Paris*** Champignon *m*

champ|ion, ~ionne [ʃɑ̃pjõ, -jɔn] *m*, *f sports*: Meister(in) *m(f)*, Sieger(in) *m(f)*; **~ionnat** [-jɔna] *m* Meisterschaft *f*

chance [ʃɑ̃s] *f* Glück *n*; *coïncidence* (glücklicher) Zufall *m*; **~s** *pl bonnes possibilités* Chancen *f/pl*, Aussichten *f/pl*; ***bonne* ~!** viel Glück!; ***mauvaise* ~** Missgeschick *n*; ***avoir de la* ~** Glück haben; ***c'est une* ~ *que*** (+ *subj*) es ist ein Glück, dass; ***il y a peu de* ~*s pour que*** (+ *subj*) es besteht wenig Aussicht, dass

chanceler [ʃɑ̃sle] (*1c*) wanken (*a fig*)

chanc|elier [ʃɑ̃səlje] *m*, **~elière** [-əljɛr] *f* Kanzler(in) *m(f)*; ***chancelier, -ière fédéral(e)*** Bundeskanzler(in) *m(f)*; **~ellerie** [-ɛlri] *f* Kanzlei *f*; *pol* Kanzleramt *n*

chanc|eux, ~euse [ʃɑ̃sø, -øz] ***être* ~, *chanceuse*** Glück haben

chandail [ʃɑ̃daj] *m* (*pl -s*) Pullover *m*

chandelier [ʃɑ̃dəlje] *m* Kerzenhalter *m*

chandelle [ʃɑ̃dɛl] *f* Kerze *f*

chang|e [ʃɑ̃ʒ] *m* Tausch *m*; *comm* (Geld-)Wechsel *m*; (***taux*** *m* ***du***) **~** Wechselkurs *m*; ***contrôle*** *m* ***des* ~*s*** Devisenüberwachung *f*; **~ *du jour*** Tageskurs *m*; ***donner le* ~ *à qn*** j-n hinters Licht führen; **~eable** [-ablə] veränderlich; **~eant, ~eante** [-ɑ̃, -ɑ̃t] veränderlich; *humeur*: launisch; **~ement** [-mɑ̃] *m* (Ver-)Änderung *f*; **~ *de vitesse*** *auto* Gangschaltung *f*

changer [ʃɑ̃ʒe] (*1l*) **1.** *v/t* tauschen (***contre*** gegen); *marchandises*: umtauschen; *argent*: wechseln; *modifier* verändern; *un enfant*: trockenlegen; *transformer* ver-, umwandeln (***en*** in *acc*); **2.** *v/i* sich (ver)ändern; **~ *de qc*** etw (*acc*) wechseln; **~ *d'adresse*** umziehen; **~ *d'avis*** seine Meinung ändern; **~ *de place avec qn*** mit j-m den Platz tauschen; **~ *de train*** umsteigen; **~ *de vitesse*** schalten; **3. *se* ~** sich umziehen

chanoine [ʃanwan] *m* Domherr *m*

chans|on [ʃɑ̃sõ] *f* Lied *n*; **~onnier** [-ɔnje] *m* Kabarettist *m*

chant [ʃɑ̃] *m* Gesang *m*; *action de chanter*: Singen *n*; *d'église*, *folklorique*: Lied *n*

chantage [ʃɑ̃taʒ] *m* Erpressung *f*

chanter [ʃɑ̃te] (*1a*) singen; *coq*: krähen; *oiseaux*: zwitschern; **~ *qc*** etw besingen; ***faire* ~ *qn*** j-n erpressen

chanterelle [ʃɑ̃trɛl] *f bot* Pfifferling *m*

chant|eur, ~euse [ʃɑ̃tœr, -øz] *m*, *f* Sänger(in) *m(f)*

chantier [ʃɑ̃tje] *m* Baustelle *f*; **~ *naval*** Werft *f*

chantonner [ʃɑ̃tɔne] (*1a*) vor sich hin singen

chanvre [ʃɑ̃vrə] *m bot* Hanf *m*

chao|s [kao] *m* Chaos *n*; **~tique** [-tik] chaotisch

chaparder [ʃaparde] (*1a*) F klauen

chapeau [ʃapo] *m* (*pl -x*) Hut *m*; *tech* Deckel *m*; *expression*: **~!** Hut ab!

chapelet [ʃaplɛ] *m rel* Rosenkranz *m*

chapelle [ʃapɛl] *f* Kapelle *f*; **~ *funéraire*** Grabkapelle *f*

chapelure [ʃaplyr] *f cuis* Paniermehl *n*

chapiteau [ʃapito] *m* (*pl -x*) (Zirkus-)Zelt *n*; *arch* Kapitell *n*

chapitre [ʃapitrə] *m* Kapitel *n*; *fig* Thema *n*

chapon [ʃapõ] *m zo* Kapaun *m*

chaque [ʃak] *adj* jeder, jede, jedes

char [ʃar] *m* Wagen *m*; *mil* Panzer *m*; **~ *funèbre*** Leichenwagen *m*

charabia [ʃarabja] *m* F Kauderwelsch *n*

charbon [ʃarbõ] *m* Kohle *f*; **~ *de bois*** Holzkohle *f*

charbonnage [ʃarbɔnaʒ] *m* Kohlen-

bergwerk *n*, Zeche *f*
charcut|erie [ʃarkytri] *f* **1.** *cuis* Fleisch- und Wurstwaren *f/pl*; **2.** *magasin*: Metzgerei *f*, Fleischerei *f*; **~ier** [-je] *m* Metzger *m*, Fleischer *m*
chardon [ʃardõ] *m bot* Distel *f*
charge [ʃarʒ] *f fardeau* Last *f*; *fig* Bürde; *f él*, *explosif*: Ladung *f*; *mission*, *rôle*: Auftrag *m*; *poste* Amt *n*; *mil* Angriff *m*; ***à la ~ de*** zulasten von; ***avoir qn à ~*** für j-n sorgen müssen; ***prendre en ~ qc*** etw in die Hand nehmen, etw übernehmen; ***~s*** *pl* Kosten *pl*; *impôts*: Abgaben *f/pl*; ***~s sociales*** Sozialabgaben *f/pl*
charg|é, **~ée** [ʃarʒe] beladen; ***~(e) de*** beauftragt mit; **~ement** [-əmɑ̃] *m animal*, *voiture*, *navire*: Beladen *n*; *marchandises*: Verladen *n*; *arme*: Laden *n*; **~er** (*1l*) *animal*, *voiture*, *navire*: beladen; *arme*, *batterie*: laden; *exagérer* übertreiben; *jur* belasten; *attaquer* angreifen; ***~ qn de qc*** j-n mit etw beauftragen; ***se ~ de qc*** etw (*acc*) auf sich nehmen; ***se ~ de qn*** sich um j-n kümmern
chariot [ʃarjo] *m machine à écrire*: Wagen *m*; *charrette* Karren *m*; *bagages*: Kofferkuli *m*; *achats*: Einkaufswagen *m*
char|itable [ʃaritablə] mildtätig; **~ité** *f* Nächstenliebe *f*; ***fête de ~*** Wohltätigkeitsfest *n*; ***faire la ~ à qn*** j-m ein Almosen geben
charivari [ʃarivari] *m* Krach *m*, F Radau *m*
charlatan [ʃarlatɑ̃] *m péj* Quacksalber *m*, Scharlatan *m*
charm|ant, **~ante** [ʃarmɑ̃, -ɑ̃t] reizend, entzückend
charm|e[1] [ʃarm] *m personne*: Charme *m*; *paysage*, *ville*, *musique*: Zauber *m*, Reiz *m*; **~e**[2] *m bot* Hage-, Weißbuche *f*; **~er** (*1a*) bezaubern
charn|el, **~elle** [ʃarnɛl] körperlich, sinnlich; **~ier** [-je] *m* Massengrab *n*; **~ière** [-jɛr] *f* Scharnier *n*
charnu, **~e** [ʃarny] fleischig
charogne [ʃarɔɲ] *f* Aas *n*
charpent|e [ʃarpɑ̃t] *f du toit*: Gebälk *n*; *à soutenir une construction*: Gerüst *n*; **~ier** [-je] *m* Zimmermann *m*
charrette [ʃarɛt] *f* Karren *m*
charrier [ʃarje] (*1a*) *v/t apporter* anfahren; *enlever* abfahren; *fleuve*: anschwemmen; *v/i exagérer* übertreiben
charrue [ʃary] *f* Pflug *m*
charte [ʃart] *f* Charta *f*; *hist* Urkunde *f*
charter [ʃartɛr] *m* Charterflugzeug *n*
chartreuse [ʃartrøz] *f rel* Kartäuserkloster *n*
chasse [ʃas] *f* **1.** Jagd *f* (*a fig*); *poursuite* Verfolgung *f*; ***prendre en ~*** verfolgen; ***la ~ est ouverte*** die Jagdsaison ist eröffnet, beginnt; ***la ~ est fermée*** es ist Schonzeit; **2.** ***~ d'eau*** Wasserspülung *f*
châsse [ʃɑs] *f* Reliquienschrein *m*; ***~ de lunettes*** Fassung *f*
chasse-neige [ʃasnɛʒ] *m* (*pl unv*) Schneepflug *m*
chasser [ʃase] (*1a*) *gibier*: jagen; *expulser* vertreiben; *employé*: hinauswerfen
chasseur [ʃasœr] *m* **1.** Jäger *m* (*a fig*, *mil*, *aviat*); ***~ de têtes*** Kopfjäger *m*; **2.** Hotelboy *m*
châssis [ʃɑsi] *m* Rahmen *m*, Einfassung *f*; *auto* Fahrgestell *n*
chast|e [ʃast] keusch, sittsam; **~eté** [-əte] *f* Keuschheit *f*
chasuble [ʃazyblə] *f* Messgewand *n*
chat[1] [ʃa] *m zo* Katze *f*; Kater *m*
chat[2] [tʃat] *m EDV* Chat *m*
châtai|gne [ʃɑtɛɲ] *f* Kastanie *f*; **~gnier** [-ɲe] *m* Kastanienbaum *m*
châtain [ʃɑtɛ̃] *adj inv* kastanienbraun
château [ʃato] *m* (*pl -x*) Schloss *n*; ***~ fort*** Burg *f*; ***~ d'eau*** Wasserturm *m*; **~briant** [-brijɑ̃] *m cuis* (*dickes gegrilltes*) Rinderfilet *n*
châtel|ain, **~aine** [ʃatlɛ̃, -ɛn] *m*, *f* Schlossherr(in) *m*(*f*)
châtié, **~e** [ʃɑtje] *style*: gepflegt
châtier [ʃɑtje] (*1a*) bestrafen (***de*** mit)
châtiment [ʃɑtimɑ̃] *m* Bestrafung *f*; *corporel*: Züchtigung *f*
chatoiement [ʃatwamɑ̃] *m* Schillern *n*
chaton [ʃatõ] *m zo u bot* Kätzchen *n*
chatouill|er [ʃatuje] (*1a*) kitzeln; **~eux**, **~euse** [-ø, -øz] kitz(e)lig; *fig* empfindlich
chatoyer [ʃatwaje] (*1h*) schillern
châtrer [ʃɑtre] (*1a*) kastrieren
chatte [ʃat] *f weibliche* Katze *f*
chatter [tʃate] (*1a*) *EDV* chatten
chaud, **chaude** [ʃo, ʃod] **1.** *adj* warm; *très chaud* heiß; *fig* hitzig, brennend; ***tenir ~*** warm halten; ***il fait chaud*** es

ist warm, heiß; ***j'ai chaud*** mir ist warm, heiß; **2.** *m* Wärme *f*
chaudière [ʃodjɛr] *f* Kessel *m*; *à vapeur*: Dampfkessel *m*
chaudron [ʃodrõ] *m* Kochkessel *m*
chauffage [ʃofaʒ] *m* Heizung *f*; ~ ***au gaz*** Gazheizung *f*; ~ ***électrique*** elektrische Heizung *f*; ~ ***au mazout*** Ölheizung *f*; ~ ***central*** Zentralheizung *f*
chauffard [ʃofar] *m* F rücksichtsloser Autofahrer *m*
chauffe|-eau [ʃofo] *m* (*pl unv*) Warmwasserbereiter *m*; **~-plats** [-pla] *m* (*pl unv*) Warmhalteplatte *f*
chauff|er [ʃofe] (*1a*) *v/t* warm, heiß machen; (er)wärmen; *maison*: heizen; *eau*: erhitzen; *v/i eau, four*: warm werden; *moteur*: heiß laufen; ***se*** ~ sich wärmen; **~erie** *f* Heizkeller *m*; *mar* Kesselraum *m*; **~eur** *m* Fahrer(in) *m*(*f*); *privé*: Chauffeur(in) *m*(*f*); ~ ***de taxi*** Taxifahrer(in) *m*(*f*)
chaum|e [ʃom] *m bot* Halm *m*; *agr champ* Stoppelfeld *n*; ***toit*** *m* ***de*** ~ Strohdach *n*; **~ière** [-jɛr] *f* (strohgedeckte) Hütte *f*
chaussée [ʃose] *f* Fahrbahn *f*
chauss|e-pied [ʃospje] *m* (*pl chausse-pieds*) Schuhlöffel *m*; **~er** (*1a*) *bottes, bas*: anziehen; ~ ***qn*** j-m die Schuhe anziehen; ***se*** ~ (sich) die Schuhe anziehen; ~ ***du 40*** Schuhgröße 40 haben
chausse-trap(p)e [ʃostrap] *f* (*pl chausse-trap[p]es*) Fußangel *f*; *fig* Falle *f*
chaussette [ʃosɛt] *f* Socke(n) *f*(*m*)
chauss|on [ʃosõ] *m* Hausschuh *m*; ~ (***de bébé***) Babyschuh *m*; *cuis* ~ ***aux pommes*** Apfeltasche *f*; **~ure** [-yr] *f* Schuh *m*
chauve [ʃov] kahl(köpfig)
chauve-souris [ʃovsuri] *f* (*pl chauves-souris*) *zo* Fledermaus *f*
chauv|in, ~ine [ʃovɛ̃, -in] **1.** *adj* chauvinistisch; **2.** *m, f* Chauvinist(in) *m*(*f*); **~inisme** [-inismə] *m* Chauvinismus *m*
chaux [ʃo] *f* Kalk *m*
chavirer [ʃavire] (*1a*) *mar* kentern; *fig* ~ ***qn*** j-n zutiefst berühren
chef [ʃɛf] *m* Führer(in) *m*(*f*); *entreprise*: Chef(in) *m*(*f*); Leiter(in) *m*(*f*); *meneur* Anführer *m*; *tribu*: Häuptling *m*; *jur* Hauptpunkt *m*; ~ ***de famille*** Familienoberhaupt *n*; ~ ***d'État*** Staatsoberhaupt *n*; ~ ***d'orchestre*** Dirigent(in) *m*(*f*); ***au premier*** ~ in erster Linie; ***de mon*** ~ auf eigene Faust
chef|-d'œuvre [ʃɛdœvrə] *m* (*pl chefs-d'œuvre*) Meisterwerk *n*; **~-lieu** [ʃɛfljø] *m* (*pl chefs-lieux*) Hauptort *m*
chemin [ʃ(ə)mɛ̃] *m* Weg *m* (***de*** nach); ~ ***de fer*** Eisenbahn *f*
cheminée [ʃ(ə)mine] *f* Kamin *m* (*a im Zimmer*), Schornstein *m*
chemin|ement [ʃ(ə)minmɑ̃] *m* Wandern *n*; *fig* ~ ***de la pensée*** Fortschreiten *n* der Gedanken; **~er** (*1a*) wandern; *fig* sich allmählich durchsetzen
cheminot [ʃ(ə)mino] *m* Eisenbahner *m*
chemis|e [ʃ(ə)miz] *f* **1.** Hemd *n*; ~ ***de nuit*** Nachthemd *n*; ~ ***d'homme*** Oberhemd *n*; **2.** *dossier*: Aktendeckel *m*; **3.** *tech* Mantel *m*; **~ette** [-ɛt] *f* Polohemd *n*; **~ier** [-je] *m* Hemdbluse *f*
chenal [ʃ(ə)nal] *m* (*pl -aux*) Fahrrinne *f*
chêne [ʃɛn] *m bot* Eiche *f*
chenil [ʃəni(l)] *m* Hundezwinger *m*
chenille [ʃ(ə)nij] *f zo* Raupe *f*; *tech* Gleiskette *f*; ***véhicule*** *m* ***à ~s*** Raupenfahrzeug *n*
chèque [ʃɛk] *m comm* Scheck *m*; ~ ***barré*** Verrechnungsscheck *m*; ~ ***sans provision*** ungedeckter Scheck *m*; ~ ***au porteur*** Inhaberscheck *m*; ~ ***de voyage*** Reisescheck *m*, Travellerscheck *m*; ~ ***postal*** Postscheck *m*; ***centre*** *m* ***de ~s postaux*** Postscheckamt *n*
chéquier [ʃekje] *m* Scheckbuch *n*, -heft *n*
cher, chère [ʃɛr] **1.** *adj* lieb (***à qn*** j-m); *coûteux* teuer; **2.** *adv* ***payer, vendre cher*** teuer bezahlen, verkaufen; **3.** *m, f* ***mon cher, ma chère*** mein Lieber, meine Liebe
cherch|er [ʃɛrʃe] (*1a*) suchen; ~ ***à*** (+ *inf*) versuchen zu, sich bemühen zu (+ *inf*); ***aller*** ~ holen (gehen); ***venir*** ~ abholen; ***envoyer*** ~ holen lassen; **~eur, ~euse** *m, f* Forscher(in) *m*(*f*)
chère [ʃɛr] *f* Kost *f*; ***aimer la bonne*** ~ gern gut essen
chéri, ~e [ʃeri] **1.** geliebt;; **2.** *m,f* (***mon***) ~, (***ma***) ***chérie*** Liebling *m*; **~r** (*2a*) zärtlich lieben
cherté [ʃɛrte] *f* hoher Preis *m* (***de*** für)
chét|if, ~ive [ʃetif, -iv] schwächlich
cheval [ʃ(ə)val] *m* (*pl -aux*) Pferd *n*; ***al-***

ler à ~ reiten; ***faire du ~*** *sports*: reiten; ***être à ~ sur*** rittlings sitzen auf (*dat*)
cheval|eresque [ʃ(ə)valrɛsk] ritterlich; **~erie** *f* Rittertum *n*, -schaft *f*
cheval|et [ʃ(ə)valɛ] *m peinture*: Staffelei *f*; **~ier** [-je] *m hist* Ritter *m*; **~ière** [-jɛr] *f* Siegelring *m*
cheval|in, ~ine [ʃ(ə)valɛ̃, -in] Pferde…; ***boucherie*** *f* ***chevaline*** Pferdemetzgerei *f*
cheval-vapeur [ʃ(ə)valvapœr] *m* (*pl chevaux-vapeur*) *tech* Pferdestärke *f*
chevaucher [ʃ(ə)voʃe] (*1a*) *v/t* reiten auf (*dat*); *v/i u* ***se ~*** sich überlappen, sich überschneiden
chevel|u, ~ue [ʃəvly] *personne*: mit dichtem Haar; ***cuir*** *m* ***chevelu*** Kopfhaut *f*; **~ure** [-yr] *f* Haarwuchs *m*, Haare *n/pl*
chevet [ʃəvɛ] *m* Kopfende *n des Bettes*; ***table*** *f* ***de ~*** Nachttisch *m*
cheveu [ʃ(ə)vø] *m* (*pl -x*) (*Kopf-*) Haar *n*; ***aux ~x courts*** kurzhaarig; ***avoir les ~x courts*** kurze Haare haben; *fig* ***couper les ~x en quatre*** Haarspalterei treiben
cheville [ʃ(ə)vij] *f anat* Knöchel *m*; *tech* Dübel *m*
chèvre [ʃɛvrə] *f zo* Ziege *f*
chèvrefeuille [ʃɛvrəfœj] *m bot* Geißblatt *n*
chevreuil [ʃəvrœj] *m zo* Reh *n*, Rehbock *m*
chevronné, ~e [ʃəvrɔne] erfahren, routiniert
chewing-gum [ʃwiŋgɔm] *m* (*pl chewing-gums*) Kaugummi *m*
chez [ʃe] bei; *direction*: zu; ***~ lui*** bei *od* zu ihm (zu *od* nach Hause); ***de ~ vous*** aus Ihrem Hause; ***~ Molière*** bei Molière; ***aller ~ le coiffeur*** zum Friseur gehen; **~-moi** [-mwa] *m*, **~-nous** [-nu] *m*, **~-toi** [-twa] *m etc* Zuhause *n*, Heim *n*
chic [ʃik] **1.** *m* Schick *m*; **2.** *adj* schick; *ameublement etc* vornehm; F ***~!*** toll!, klasse!
chican|e [ʃikan] *f querelle* Streiterei *f*; **~er** (*1a*) streiten
chiche [ʃiʃ] knauserig; *bot* ***pois*** *m* ***~*** Kichererbse *f*; F ***je suis ~ de*** (+ *inf*) ich trau' es mir zu, zu (+ *inf*)
chicorée [ʃikɔre] *f bot* Zichorie *f*; ~ (***endive***) Endivie *f*
chien [ʃjɛ̃] *m* **1.** Hund *m*; ***~ de berger*** Schäferhund *m*; ***~ policier*** Polizeihund *m*; *fig* F ***~ de temps*** Sauwetter *n*; **2.** *pistolet*: Hahn *m*; **~-loup** [-lu] *m* (*pl chiens-loups*) *zo* Wolfshund *m*
chienne [ʃjɛn] *f* Hündin *f*
chier [ʃje] P scheißen; ***ça me fait ~*** F das stinkt mir
chiffon [ʃifõ] *m* Lappen *m*, Lumpen *m*
chiffonner [ʃifɔne] (*1a*) zerknittern; F *fig* ärgern
chiffr|e [ʃifrə] *m* Ziffer *f*; *nombre* Zahl *f*; *code* Geheimschrift *f*; *comm* ***~ d'affaires*** Umsatz *m*; **~er** (*1a*) *comm* beziffern (***à*** auf *acc*); *encoder* chiffrieren; ***se ~ à*** sich beziffern auf (*acc*)
chignon [ʃiɲõ] *m* Haarknoten *m*
Chili [ʃili] ***le ~*** Chile *n*
chilien, ~ne [ʃiljɛ̃, -ɛn] **1.** *adj* chilenisch; **2. ≗, ≗*ne*** *m*, *f* Chilene *m*, Chilenin *f*
chimère [ʃimɛr] *f* Hirngespinst *n*
chim|ie [ʃimi] *f* Chemie *f*; **~iothérapie** [-jɔterapi] *f* Chemotherapie *f*; **~ique** chemisch; **~iste** *m*, *f* Chemiker(in) *m*(*f*)
Chine [ʃin] ***la ~*** China *n*
chin|ois, ~oise [ʃinwa, -waz] **1.** *adj* chinesisch; **2. ≗, ≗*e*** *m*, *f* Chinese *m*, Chinesin *f*
chiot [ʃjo] *m* junger Hund *m*, Welpe *m*
chiper [ʃipe] (*1a*) F klauen
chips [ʃip(s)] *m/pl* (Kartoffel-)Chips *pl*
chique [ʃik] *f* Kautabak *m*, Priem *m*
chiromanc|ien, ~ienne [kirɔmɑ̃sjɛ̃, -jɛn] *m*, *f* Handleser(in) *m*(*f*)
chirurg|ical, ~icale [ʃiryrʒikal] (*m/pl -aux*) chirurgisch; **~ie** *f* Chirurgie *f*; ***~ esthétique*** plastische Chirurgie *f*; **~ien, ~ienne** *m*, *f* Chirurg(in) *m*(*f*); ~(***ne***) ***dentiste*** *m*(*f*) Zahnarzt *m*, —ärztin *f*
choc [ʃɔk] *m* Stoß *m*; Zusammenstoß *m*; *méd*, *psych* Schock *m*; *opinions*, *intérêts*: Aufeinanderprallen *n*
chocolat [ʃɔkɔla] *m* Schokolade *f*; ***~ au lait*** Milchschokolade *f*
chœur [kœr] *m* Chor *m* (*a arch*); ***en ~*** im Chor, gemeinsam
choisir [ʃwazir] (*2a*) (aus)wählen; *nommer* wählen; *se décider* sich entscheiden; ***~ de faire qc*** sich dafür entscheiden, etw zu tun
choix [ʃwa] *m* Wahl *f*; *sélection*, *assortiment* Auswahl *f*; ***au ~*** nach Wahl; ***de***

~ erster Wahl, erstklassig; ***avoir le choix*** die Wahl haben
cholestérol [kɔlɛsterɔl] *m* Cholesterin *n*
chôm|age [ʃomaʒ] *m* Arbeitslosigkeit *f*; ~ ***de longue durée*** Langzeitarbeitslosigkeit *f*; ~ ***partiel*** Kurzarbeit *f*; ***être au*** ~ arbeitslos sein; **~er** (*1a*) arbeitslos sein; **~eur**, **~euse** *m*, *f* Arbeitslose(r) *m*, *f*
chope [ʃɔp] *f* Bierkrug *m*
choqu|ant, **~ante** [ʃɔkɑ̃, -ɑ̃t] schockierend; *injustice*: schreiend; **~er** (*1a*) ~ ***qc*** gegen etw verstoßen; ~ ***qn*** j-n schockieren
chor|al [kɔral] *m* (*pl -s*) Choral *m*; **~ale** *f* Chor *m*, Gesangverein *m*; **~iste** *m*, *f* Chorsänger(in) *m*(*f*)
chose [ʃoz] *f* Ding *n*; *question*, *matière*: Sache *f*, Angelegenheit *f*; ***autre*** ~ etwas anderes; ***peu de*** ~ wenig; ***quelque*** ~ etwas; ***c'est*** ~ ***faite*** die Sache ist erledigt; ***voilà où en sont les choses*** so liegen die Dinge
chou [ʃu] *m* (*pl -x*) *bot* Kohl *m*; ~ ***de Bruxelles*** Rosenkohl *m*; ~ ***rouge*** Rotkohl *m*; *cuis* ~ ***à la crème*** Windbeutel *m* mit Schlagsahne; *fig* ***mon*** (***petit***) ~ (mein) Schatz, Liebling
choucroute [ʃukrut] *f* Sauerkraut *n*
chouette [ʃwɛt] **1.** *f zo* Eule *f*; **2.** *adj* F toll, prima
chou|-fleur [ʃuflœr] *m* (*pl choux-fleurs*) Blumenkohl *m*; **~-rave** [-rav] *m* (*pl choux-raves*) Kohlrabi *m*
choyer [ʃwaje] (*1h*) liebevoll sorgen für
chrét|ien, **~ienne** [kretjɛ̃, -jɛn] **1.** *adj* christlich; **2.** *m*, *f* Christ(in) *m*(*f*); **~ienté** [-jɛ̃te] *f* Christenheit *f*
Christ [krist] *m* ***le*** ~ Christus *m*
christian|iser [kristjanize] (*1a*) zum Christentum bekehren; **~isme** *m* Christentum *n*
chrom|e [krom] *m* Chrom *n*; **~é**, **~ée** verchromt
chroniqu|e [krɔnik] **1.** *adj* chronisch; **2.** *f hist* Chronik *f*; *journal*: Rubrik *f*; ***la*** ~ ***locale*** die Lokalnachrichten *f/pl*, -teil *m*; **~eur** *m hist* Chronist *m*; *journal*: Berichterstatter *m*
chronologique [krɔnɔlɔʒik] chronologisch
chrono|mètre [krɔnɔmɛtrə] *m* Stoppuhr *f*; **~métrer** [-metre] (*1f*) die Zeit abnehmen
CHU *m abr* ***centre hospitalier universitaire*** Universitätsklinikum
chuchoter [ʃyʃɔte] (*1a*) flüstern
chute [ʃyt] *f* Fall *m*, Sturz *m*; *feuilles*: Fallen *n*; ~ ***des cheveux*** Haarausfall *m*; ~ ***de pluie*** Regenfall *m*; ***faire une*** ~ ***de bicyclette*** vom Rad stürzen
Chypre [ʃiprə] ***la*** ~, ***l'île*** *f* ***de*** ~ Zypern *n*, die Insel Zypern
ci [si] **1.** *après* ***ce*** (+ *subst*) diese(r, -s) … (hier); ***à cette heure-***~ um diese Zeit; **2.** ***comme*** ~ ***comme ça*** F soso lala; ***par-***~ ***par-là*** hier und dort
ci-après [siaprɛ] weiter unten
cible [siblə] *f* Zielscheibe *f*
ciboire [sibwar] *m égl* Ziborium *n*
ciboulette [sibulɛt] *f bot* Schnittlauch *m*
cicatri|ce [sikatris] *f* Narbe *f* (*a fig*); **~ser** [-ze] (*1a*) (***se***) ~ vernarben
ci-contre [sikɔ̃trə] nebenstehend
C.I.C.R. *m abr* ***Comité international de la Croix-Rouge*** IKRK *n* (Internationales Komitee des Roten Kreuzes)
ci-dessous [sidsu] unten stehend, weiter unten
ci-dessus [sidsy] oben stehend, weiter oben
cidre [sidrə] *m* Apfelwein *m*
ciel [sjɛl] *m* (*pl cieux* [sjø]) Himmel *m*
cierge [sjɛrʒ] *m église*: Kerze *f*
cigale [sigal] *f zo* Grille *f*, Zikade *f*
cigar|e [sigar] *m* Zigarre *f*; **~ette** [-ɛt] *f* Zigarette *f*
ci-gît [siʒi] hier ruht (*Grabinschrift*)
cigogne [sigɔɲ] *f zo* Storch *m*
ci-inclus [siɛ̃kly] anbei
ci-joint [siʒwɛ̃] anbei
cil [sil] *m* Wimper(haar) *f* (*n*)
ciller [sije] (*1a*) blinzeln
cime [sim] *f montagne*: Gipfel *m*; *arbre*: Wipfel *m*
ciment [simɑ̃] *m* Zement *m*
cimenter [simɑ̃te] (*1a*) zementieren; *fig* festigen
cimetière [simtjɛr] *m* Friedhof *m*
ciné [sine] *m* F (*abr* cinéma) Kino *n*
cinéaste [sineast] *m* Filmemacher(in) *m*(*f*)
cinéma [sinema] *m* Kino *n*; **~tographique** [-tɔgrafik] Film…
cingl|é, **~ée** [sɛ̃gle] F bescheuert, be-

hämmert; **~er** (*1a*) **1.** *v/t* peitschen; **2.** *v/i mar* segeln (***vers*** nach)

cinq [sɛ̃k] **1.** *adj* fünf; ***à ~*** zu fünft; ***le ~ mai*** der fünfte *od* am fünften Mai; **2.** *m* Fünf *f*

cinquantaine [sɛ̃kɑ̃tɛn] *f* etwa fünfzig; *âge*: Fünfzig *f*

cinquant|e [sɛ̃kɑ̃t] fünfzig; **~ième** [-jɛm] **1.** fünfzigste(r, -s); **2.** *m fraction*: Fünfzigstel *n*

cinquième [sɛ̃kjɛm] **1.** fünfte(r, -s); **2.** *m fraction*: Fünftel *n*

cintr|e [sɛ̃trə] *m* **1.** *arch* Bogen *m*; **2.** *vêtements*: Kleiderbügel *m*; **~é**, **~ée** *veste*: tailliert; *arch* mit Rundbogen

CIO *m abr* ***Comité international olympique*** IOK *n* (Internationales Olympisches Komitee)

cirage [siraʒ] *m parquet*: Bohnerwachs *n*; *chaussures*: Schuhcreme *f*

circon|cision [sirkõsizjõ] *f rel* Beschneidung *f*; **~férence** [-ferɑ̃s] *f* Umfang *m*; **~scription** [-skripsjõ] *f* ***~ électorale*** Wahlkreis *m*; **~scrire** [-skrir] (*4f*) *math* umschreiben (*a fig*); **~spect**, **~specte** [-spɛ, -spɛkt] umsichtig; **~spection** [-spɛksjõ] *f* Umsicht *f*; **~stance** [-stɑ̃s] *f* Umstand *m*; ***dans ces ~s*** unter diesen Umständen; **~stancié**, **~stanciée** [-stɑ̃sje] ausführlich

circuit [sirkɥi] *m* Umkreis *m*; *voyage* Rundreise *f*; *sports*: Rennstrecke *f*; *él* Stromkreis *m*; ***court ~*** Kurzschluss *m*

circul|aire [sirkylɛr] **1.** *adj* kreisförmig; **2.** *f* Rundschreiben *n*; **~ation** *f* Verkehr *m*; *argent*: Umlauf *m*; *méd* ***~ du sang*** Blutkreislauf *m*; ***libre ~*** Freizügigkeit *f*; **~er** (*1a*) *personnes*: gehen, fahren; *véhicules*: verkehren; *liquide*, *courant*: fließen; *argent*: im Umlauf sein, zirkulieren; *bruit*: umgehen, kursieren; ***faire ~ nouvelles***: verbreiten

cir|e [sir] *f* Wachs *n*; **~é**, **~ée** **1.** *adj* gebohnert, poliert; **2.** *m mar* Ölzeug *n*; **~er** (*1a*) *chaussures*: wichsen, putzen; *parquet*: bohnern, wachsen

cirque [sirk] *m* Zirkus *m* (*a fig*)

cirrhose [siroz] *f* ***~ du foie*** Leberzirrhose *f*

cis|aille [sizaj] *f le plus souvent au pl* ***~s*** große Schere *f*; ***~ à tôle*** Blechschere *f*; **~eau** [-o] *m* (*pl -x*) Meißel *m*; ***~x*** *pl* Schere *f*; ***une paire de ~x*** e-e Schere

ciseler [sizle] (*1d*) ziselieren; *fig* ausfeilen

citad|elle [sitadɛl] *f* Zitadelle *f*; *fig* Bollwerk *n*; **~in**, **~ine** [-ɛ̃, -in] **1.** *adj* städtisch; **2.** *m*, *f* Städter(in) *m(f)*

citation [sitasjõ] *f* Zitat *n*; *jur* Vorladung *f*

cité [site] *f* Stadt *f*; *hist* Stadtstaat *m*; ***~ universitaire*** Studentenstadt *f*; ***~ ouvrière*** Arbeitersiedlung *f*; ***droit*** *m* ***de ~*** Bürgerrecht *n*; **~-dortoir** [-dɔrtwar] *f* (*pl cités-dortoirs*) Schlafstadt *f*

citer [site] (*1a*) anführen, zitieren; *jur* vorladen

citerne [sitɛrn] *f eaux de pluie*: Zisterne *f*; *pétrole*: Tank *m*

citoy|en, **~enne** [sitwajɛ̃, -ɛn] *m*, *f* Bürger(in) *m(f)*; *d'un état*: Staatsangehörige(r) *m*, *f*; **~enneté** [-ɛnte] *f* Staatsbürgerschaft *f*

citr|on [sitrõ] *m* Zitrone *f*; **~onnier** [-ɔnje] *m* Zitronenbaum *m*

citrouille [sitruj] *f* Kürbis *m*

civet [sivɛ] *m cuis* ***~ de lièvre*** Hasenpfeffer *m*

civette [sivɛt] *f bot* Schnittlauch *m*

civière [sivjɛr] *f* Tragbahre *f*

civil, **~e** [sivil] **1.** *adj* Bürger…, bürgerlich; *jur*, *non militaire*: Zivil…; *poli* höflich; ***responsabilité*** *f* ***civile*** Haftpflicht *f*; ***état*** *m* ***civil*** Familienstand *m*; ***bureau*** *m* ***de l'état civil*** Standesamt *n*; ***mariage*** *m* ***civil*** standesamtliche Trauung; ***service*** *m* ***~*** Zivildienst *m*; **2.** *m* Zivilist *m*; ***habillé en civil*** in Zivil; **~ement** [-mɑ̃] *adv* zivilrechtlich; *se marier*: standesamtlich

civilis|ation [sivilizasjõ] *f* Zivilisation *f*, Kultur *f*; **~er** (*1a*) zivilisieren

civ|ique [sivik] staatsbürgerlich, Bürger…; **~isme** *m* Bürgersinn *m*

clair, **~e** [klɛr] **1.** *adj* klar (*a fig*); *couleur*, *chambre*: hell; *évident* deutlich; ***vert clair*** hellgrün; **2.** *adv* ***voir ~*** gut sehen; **3.** *m* Helle *f*; ***~ de lune*** Mondschein *m*

clairière [klɛrjɛr] *f* Lichtung *f*

clairon [klɛrõ] *m mus* Horn *n*

clairsemé, **~e** [klɛrsəme] dünn gesät; *forêt*: hell, licht

clairvoy|ance [klɛrvwajɑ̃s] *f* Scharfblick *m*; **~ant**, **~ante** [-ɑ̃, -ɑ̃t] scharfsinnig, klar blickend

clameur [klamœr] *f* Geschrei *n*

clan [klɑ̃] *m* Clan *m*; *fig* Klüngel *m*, Sippschaft *f*

clandest|in, **~ine** [klɑ̃dɛstɛ̃, -in] heimlich; ***passager*** *m* ***clandestin*** blinder Passagier *m*
clapot|ement [klapɔtmɑ̃] *m od* **~is** [-i] *m* Plätschern *n*; **~er** (*1a*) plätschern
claque [klak] *f* Klaps *m*, Ohrfeige *f*; **~ment** *m* Klatschen *n*, Knallen *n*, Schnalzen *n*
claqu|er [klake] (*1m*) *v/t porte*: zuschlagen; *argent*: F verjubeln; ***faire ~ ses doigts*** (***sa langue***) mit den Fingern (mit der Zunge) schnalzen; *v/i fouet*: knallen; *dents*: klappern; *volet*: schlagen; **~ettes** [-ɛt] *f/pl* Stepp(tanz) *m*
clarifier [klarifje] (*1a*) *fig* klären
clarinette [klarinɛt] *f* Klarinette *f*
clarté [klarte] *f* Helle *f*; *fig* Klarheit *f*
classe [klas] *f* **1.** Klasse *f*; ***~ sociale*** soziale Schicht *f*; **2.** *fig rang* Rang *m*, Format *n*; ***de première ~*** erstklassig; ***avoir de la ~*** hervorragend sein; **3.** *école*: Klasse *f*; *local* Klassenzimmer *n*; ***faire la ~*** unterrichten, Unterricht geben; ***~ de neige*** Skilager *n*
classement [klasmɑ̃] *m* Klassifizierung *f*, Einordnung *f*, Einteilung *f*; *selon rang*: Einstufung; *lettres*: Ablage *f*; *sports*: (Be-)Wertung *f*
class|er [klase] (*1a*) einordnen, klassifizieren, einteilen; *actes*, *dossiers*: ablegen; *affaire*: ad acta legen; F ***~ qn*** j-n abschätzig beurteilen; **~eur** *m cahier*: (Akten-)Ordner *m*; *meuble*: Aktenschrank *m*
classi|cisme [klasisismə] *m littérature*: Klassik *f*; *arch* Klassizismus *m*; **~fication** [-fikasjõ] *f* Klassifizierung *f*; **~fier** [-fje] (*1a*) klassifizieren
classique [klasik] **1.** *adj* klassisch (*a mus*); *arch*, *art*: klassizistisch; *traditionnel* herkömmlich, konventionell; **2.** *m littérature*: Klassiker *m*
clause [kloz] *f* Klausel *f*
clavecin [klavsɛ̃] *m* Cembalo *n*
clavicule [klavikyl] *f* Schlüsselbein *n*
clavier [klavje] *m machine à écrire*: Tastatur *f*; *piano*: Klaviatur *f*
clé [kle] *f* **1.** Schlüssel *m* (*a tech*, *fig*, *mus*); ***~ de contact*** Zündschlüssel *m*; ***~ de voiture*** Autoschlüssel *m*; ***fermer à ~*** absperren; ***sous ~*** unter Verschluss; *fig* ***prendre la ~ des champs*** das Weite suchen; **2.** *en apposition*: ***mot*** *m* ***~*** Schlüsselbegriff *m*; ***position*** *f* ***~*** Schlüsselstellung *f*
clef [kle] *f* → ***clé***
clém|ence [klemɑ̃s] *st/s f* Milde *f*; **~ent**, **~ente** [-ɑ̃, -ɑ̃t] mild
clémentine [klemɑ̃tin] *f* Clementine *f*
clerc [klɛr] *m* **1.** *notaire*: Schreiber *m*, Kanzlist *m*; **2.** *rel* Geistliche(r) *m*
clergé [klɛrʒe] *m* Klerus *m*
clérical, **~e** [klerikal] (*m/pl -aux*) geistlich, klerikal
clic *m* ***~ de*** (***la***) ***souris*** *EDV* Mausklick *m*
cliché [kliʃe] *m* Klischee *n*; *photo*: Negativ *n*
cli|ent, **~ente** [klijɑ̃, -ɑ̃t] *m*, *f acheteur* Kunde *m*, Kundin *f*; *médecin*: Patient(in) *m*(*f*); *avocat*: Klient(in) *m*(*f*); **~entèle** [-ɑ̃tɛl] *f* Kundschaft *f*; *médecin*: Patienten *m/pl*; *avocat*: Klientel *f*
clign|er [kliɲe] (*1a*) ***~*** (***des yeux***) blinzeln; ***~ de l'œil à qn*** j-m zuzwinkern; **~otant** [-ɔtɑ̃] *m* Blinklicht *n*; **~oter** [-ɔte] (*1a*) *feux*, *lumière*: blinken
climat [klima] *m* Klima *n* (*a fig*); *fig* Atmosphäre *f*
climat|ique [klimatik] klimatisch; ***station*** *f* ***~*** Luftkurort *m*; **~isation** [-izasjõ] *f* Klimaanlage *f*; **~isé**, **~isée** klimatisiert; **~ologie** [-ɔlɔʒi] *f* Klimakunde *f*
clin [klɛ̃] *m* ***~ d'œil*** Augenzwinkern *n*; ***en un ~ d'œil*** im Nu
clinique [klinik] **1.** *adj* klinisch; **2.** *f* Klinik *f*
clique [klik] *f péj* Sippschaft *f*, Clique *f*
cliquer [klike] (*1a*) *EDV* anklicken; ***en cliquant sur la souris*** per Mausklick
cliquet|er [klikte] (*1c*) *assiettes*: klappern; *verres*: klirren; **~is** [-i] *m* Geklapper *n*; Geklirr *n*
clivage [klivaʒ] *m fig* Kluft *f*
cloch|ard, **~arde** [klɔʃar, -ard] *m*, *f* Stadtstreicher(in) *m*(*f*), F Penner(in) *m*(*f*)
cloche [klɔʃ] *f* Glocke *f*; *fig* Trottel *m*
cloch|er [klɔʃe] **1.** *m* Glocken-, Kirchturm *m*; *fig* ***esprit*** *m* ***de ~*** Lokalpatriotismus *m*; **2.** *verbe* (*1a*) F ***ça cloche*** da stimmt etwas nicht; **~ette** [-ɛt] *f* Glöckchen *n*
cloison [klwazõ] *f* Trennwand *f*
cloîtr|e [klwɑtrə] *m* **1.** *arch* Kreuzgang *m*; **2.** Kloster *n*; **~er** (*1a*) *fig* ***se ~*** sich abschließen, sich zurückziehen

clope [klɔp] *m od f* F Zigarettenstummel *m*, Kippe *f*
clopin-clopant [klɔpɛ̃klɔpɑ̃] *adv* F humpelnd, hinkend
clopiner [klɔpine] (*1a*) humpeln
cloque [klɔk] *f* (Haut-)Blase *f*
clore [klɔr] (*4k*) *litt* (ver-, zu)schließen; *débat, compte*: abschließen
clos, close [klo, kloz] *p/p de* ***clore*** *u adj* geschlossen; ***maison*** *f* ***close*** Freudenhaus *n*
clôtur|e [klotyr] *f compte, débat*: Abschluss *m*; *action*: Schließen *n*; *barrière* Umzäunung *f*, Einfriedigung *f*, Zaun *m*; **~er** (*1a*) *espace*: einzäunen, einfrieden; *débat, compte*: schließen
clou [klu] *m* Nagel *m*; *fig* Höhepunkt *m*; *méd* Furunkel *m*; F ***~s*** *pl* Fußgängerüberweg *m*; ***~ de girofle*** Gewürznelke *f*; **~er** (*1a*) (an-, auf)nageln; ***~ au lit*** ans Bett fesseln; **~té, ~tée** [-te] genagelt; ***passage*** *m* ***clouté*** Fußgängerüberweg *m*
clown [klun] *m* Clown *m*
club [klœb] *m* Klub *m*
CM *m abr* ***cours moyen*** frz. Grundschulklasse
CNES *m abr* ***Centre national d'études spatiales*** frz. Raumforschungszentrum *n*
C.N.O.S.F. *m abr* ***Comité national olympique du sport français*** frz. NOK *n*
C.N.P.F. *m abr* ***Conseil national du patronat français*** frz. Arbeitgeberverband *m*
CNRS *m abr* ***Centre national de la recherche scientifique*** frz. Forschungsinstitut; *etwa* Max-Planck-Gesellschaft *f*
coaguler [kɔagyle] (*1a*) *chim* gerinnen lassen; ***se ~*** gerinnen
coali|ser [kɔalize] (*1a*) *pol* ***se ~*** sich verbünden; **~tion** *f pol* Bündnis *n*, Koalition *f*
coasser [kɔase] (*1a*) quaken
cobaye [kɔbaj] *m zo* Meerschweinchen *n*; *fig* Versuchskaninchen *n*
Coblence [kɔblɑ̃s] *géogr* Koblenz *n*
coca [kɔka] *m* Cola *f*
cocagne [kɔkaɲ] *f* ***pays*** *m* ***de ~*** Schlaraffenland *n*
cocaïne [kɔkain] *f* Kokain *n*
cocasse [kɔkas] F komisch, ulkig
coccinelle [kɔksinɛl] *f* Marienkäfer *m*; F *auto* Käfer *m*
cocher [kɔʃe] **1.** *m* Kutscher *m*; **2.** *verbe* (*1a*) abhaken (*auf e-r Liste*)
cochère [kɔʃɛr] ***porte*** *f* ***~*** Torweg *m*, Einfahrt(stor *n*) *f*
cochon [kɔʃõ] **1.** *m zo* Schwein *n*; *fig* F Ferkel *n*; ***~ d'Inde*** Meerschweinchen *n*; **2.** *adj* **~, ~ne** [-ɔn] F schmutzig; *histoires*: schweinisch
cochonnerie [kɔʃɔnri] *f* F Schweinerei *f*
cocktail [kɔktɛl] *m* Cocktail *m*; *réception* Cocktailparty *f*
coco [kɔko] *m* ***noix*** *f* ***de ~*** Kokosnuss *f*
cocon [kɔkõ] *m zo* Kokon *m*, (Seiden-)Raupengespinst *n*
cocotier [kɔkɔtje] *m* Kokospalme *f*
cocotte [kɔkɔt] *f* **1.** *cuis* Schmortopf *m*; ***~ minute*** Schnellkochtopf *m*; **2.** F Liebling *m*; *péj* Kokotte *f*, Halbweltdame *f*
cocu [kɔky] F *m* betrogener, gehörnter Ehemann *m*, Liebhaber *m*
code [kɔd] *m* **1.** *jur* Gesetzbuch *n*; ***~ civil*** BGB *n* (= Bürgerliches Gesetzbuch); ***~ pénal*** Strafgesetzbuch *n*; ***~ de la route*** Straßenverkehrsordnung *f*; **2.** F Verkehrsregeln *f/pl*; ***se mettre en ~*** abblenden; ***phares*** *m/pl* ***codes*** Abblendlicht *n*; **3.** *symbole* Kode *m*; ***~ (à) barres*** Strichkode *m*; ***~ confidentiel*** Geheimnummer *f* (e-r Scheckkarte), PIN *f*; ***~ postal*** Postleitzahl *f*; ***~ secret*** Geheimkode *m*, -zahl *f*
cœur [kœr] *m* Herz *n*; ***à ~ joie*** nach Herzenslust; ***au ~ de*** mitten in (*dat*); ***de bon ~*** von Herzen gern; ***par ~*** auswendig; ***j'ai mal au ~*** mir ist übel; ***cela lui tient à ~*** das liegt ihm am Herzen; ***avoir bon ~*** gutherzig sein
coexist|ence [kɔɛgzistɑ̃s] *f* Koexistenz *f*; **~er** (*1a*) koexistieren
coffre [kɔfrə] *m meuble*: Truhe *f*; *auto* Kofferraum *m*; **~-fort** [-fɔr] *m* (*pl coffres-forts*) Geldschrank *m*, Tresor *m*
coffret [kɔfrɛ] *m* Kästchen *n*
cogérer [kɔʒere] (*1f*) mitverwalten, -bestimmen
cogestion [kɔʒɛstjõ] *f pol, jur* Mitbestimmung *f*
cognac [kɔɲak] *m* (echter) Cognac *m*
cogn|ée [kɔɲe] *f* Axt *f*; **~er** (*1a*) *moteur*: klopfen; ***~ à, contre qc*** auf, ge-

gen etw (*acc*) schlagen, hämmern; ***se ~ à, contre qc*** sich an etw (*dat*) stoßen
cohabitation [kɔabitɑsjõ] *f* Zusammenleben *n*; *pol* Kohabitation *f*
cohér|ence [kɔerɑ̃s] *f* Zusammenhang *m*; *phys* Kohärenz *f*; **~ent, ~ente** [-ɑ̃, -ɑ̃t] zusammenhängend
cohésion [kɔezjõ] *f fig* Zusammenhang *m*, Zusammenhalt *m*
cohue [kɔy] *f masse* Menschenmenge *f*; *désordre* Gewühl *n*
coiff|e [kwaf] *f* (Trachten-)Haube *f*; **~er** (*1a*) ***~ qn*** j-n frisieren; ***~ qn de qc*** j-m etw (*acc*) aufsetzen; *fig* ***~ qc*** etw bedecken; ***se ~*** sich frisieren, sich kämmen; **~eur, ~euse** *m*, *f* Friseur *m*, Friseuse *f*; *f meuble*: Frisiertisch *m*; **~ure** [-yr] *f* Kopfbedeckung *f*; *cheveux*: Frisur *f*
coin [kwɛ̃] *m* **1.** Ecke *f* (*a fig*); ***au ~ du feu*** am Kamin; **2.** *cale* Keil *m*
coincer [kwɛ̃se] (*1k*) (ein)klemmen; *fig* ***~ qn*** j-n in die Enge treiben
coïncid|ence [kɔɛ̃sidɑ̃s] *f zeitliches* Zusammenfallen *n*, -treffen *n*; **~er** (*1a*) *zeitlich* zusammenfallen, -treffen (***avec*** mit)
Coire [kwar] Chur *n*
col [kɔl] *m* **1.** Kragen *m*; *bouteille*: Hals *m*; **2.** *géogr* (Gebirgs-)Pass *m*
colère [kɔlɛr] *f* Wut *f*; ***se mettre en ~*** wütend werden
colérique [kɔlerik] jähzornig, cholerisch
colimaçon [kɔlimasõ] *m zo* Schnecke *f*; ***escalier** m **en ~*** Wendeltreppe *f*
colin [kɔlɛ̃] *m zo* Seehecht *f*
colique [kɔlik] *f* Kolik *f*; *diarrhée* Durchfall *m*
colis [kɔli] *m* Paket *n*; *chemin de fer*: Frachtstück *n*; ***~ postal*** Postpaket *n*
collabor|ateur, ~atrice [kɔlabɔratœr, -atris] *m*, *f* Mitarbeiter(in) *m(f)*; *pol péj* Kollaborateur(in) *m(f)*; **~ation** *f* Mitarbeit *f*; *pol péj* Kollaboration *f*; **~er** (*1a*) ***~ avec qn*** mit j-m zusammenarbeiten; ***~ à qc*** an etw (*dat*) mitarbeiten; *pol péj* kollaborieren
coll|ant, ~ante [kɔlɑ̃, -ɑ̃t] **1.** *adj* klebend; *vêtement*: eng anliegend; F *personne*: aufdringlich; **2.** *m* Strumpfhose *f*
collatéral, ~e [kɔlateral] (*m/pl -aux*) Seiten…; Neben…; ***nef** f **collatérale*** Seitenschiff *n*
collation [kɔlasjõ] *f cuis* Imbiss *m*
colle [kɔl] *f* Klebstoff *m*; *fig* (*argot scolaire*) *question* schwere Frage *f*
collect|e [kɔlɛkt] *f* (Geld-)Sammlung *f*; **~if, ~ive** [-if, -iv] kollektiv; ***billet** m **~*** Gruppenfahrkarte *f*; ***voyage** m **collectif*** Gesellschaftsreise *f*
collect|ion [kɔlɛksjõ] *f* Sammlung *f*; *livres*: Reihe *f*; *mode*: Kollektion *f*; **~ionner** [-jɔne] (*1a*) sammeln; **~ionneur, ~ionneuse** [-jɔnœr, -jɔnøz] *m*, *f* Sammler(in) *m(f)*
collectivité [kɔlɛktivite] *f* Gemeinschaft *f*
collège [kɔlɛʒ] *m école*: *etwa* Gesamtschule *f*; *assemblée* Kollegium *n*
collég|ien, ~ienne [kɔleʒjɛ̃, -jɛn] *m*, *f* Schüler(in) *m(f) e-s Collège*
collègue [kɔlɛg] *m*, *f* Kollege *m*, Kollegin *f*
coller [kɔle] (*1a*) *v/t* kleben; *contre*: ankleben; *sur*: aufkleben; *ensemble*: zusammenkleben; *v/i* kleben (***à*** an *dat*); *vêtement*: hauteng sitzen; F ***si tout colle*** wenn alles klappt; ***se ~ contre qn, qc*** sich an j-n, etw (an)schmiegen, drücken, pressen
collet [kɔlɛ] *m cuis* Hals(stück *n*) *m*; *dent*: Hals *m*; *chasse*: Schlinge *f*; *fig* ***prendre qn au ~*** j-n am Kragen packen
collier [kɔlje] *m bijou*: Halskette *f*; *chien*: Halsband *n*
colline [kɔlin] *f* Hügel *m*
collision [kɔlizjõ] *f* Zusammenstoß *m*, Kollision *f*; ***entrer en ~*** zusammenstoßen (***avec*** mit)
colloque [kɔlɔk] *m* Kolloquium *n*
collutoire [kɔlytwar] *m phm* Mundwasser *n*
collyre [kɔlir] *m phm* Augentropfen *m/pl*
Cologne [kɔlɔɲ] Köln; ***eau** f **de ~*** kölnisch Wasser *n*
colombe [kɔlõb] *f zo* Taube *f*; *fig* ***~ de la paix*** Friedenstaube *f*
Colombie [kɔlõbi] ***la ~*** Kolumbien *n*
colomb|ien, ~ienne **1.** *adj* kolumbianisch; **2.** **♀, ♀ne** *m*, *f* Kolumbianer(in) *m(f)*
colon [kɔlõ] *m* Siedler *m*
colonel [kɔlɔnɛl] *m* Oberst *m*
colon|ial, ~iale [kɔlɔnjal] (*m/pl -iaux*) Kolonial…, kolonial; **~ialisme** [-ja-

lismə] *m* Kolonialismus *m*; **~ie** [-i] *f* Kolonie *f*; **~ *de vacances*** Ferienlager *n*

colonis|ation [kɔlɔnizasjõ] *f* Kolonisierung *f*; **~er** (*1a*) kolonisieren

colonne [kɔlɔn] *f* Säule *f*; *texte*, *registre*: Spalte *f*; *mil* Kolonne *f*; **~ *vertébrale*** Wirbelsäule *f*

color|ant, **~ante** [kɔlɔrɑ̃, -ɑ̃t] **1.** *adj* Farb…; **2.** *m* Farbstoff *m*; **~ation** [-asjõ] *f* Färbung *f*; **~er** (*1a*) färben; **~is** [-i] *m* Kolorit *n*, Farbe *f*

colossal, **~e** [kɔlɔsal] (*m/pl -aux*) gewaltig, kolossal, riesengroß

colosse [kɔlɔs] *m* Koloss *m*, Riese *m*

colport|age [kɔlpɔrtaʒ] *m comm* Hausieren *n*; *nouvelle*: Verbreitung *f*; **~er** (*1a*) hausieren (***qc*** mit etw); *nouvelle*: verbreiten; **~eur**, **~euse** *m*, *f* Hausierer(in) *m*(*f*)

coma [kɔma] *m* Koma *n*

combat [kõba] *m* Kampf *m*, Gefecht *n*

combatt|ant, **~ante** [kõbatɑ̃, -ɑ̃t] **1.** *adj* kämpfend, Kampf…; **2.** *m* Kriegsteilnehmer *m*; ***ancien* ~** Kriegsveteran *m*

combattre [kõbatrə] (*4a*) *v/t* bekämpfen; *v/i* kämpfen; **~ *contre qn, pour qc*** gegen j-n, für etw kämpfen

combien [kõbjɛ̃] *adv quantité*: wie viel; *avec pl* wie viele; *intensité*: wie (sehr); **~ *de fois*** wie oft; **~ *de personnes*** wie viele Menschen; **~ *de temps*** wie lange; **~ *coûte ceci?*** wie viel kostet das?

combinaison [kõbinɛzõ] *f* Zusammenstellung *f*, Kombination *f*; *astuce* Mittel *n*, Trick *m*; *mécanicien*: Arbeits-, Monteuranzug *m*; *lingerie*: Unterrock *m*; *coffre-fort*: Kombination *f*; *chim* Verbindung *f*

combin|e [kõbin] F *f* Trick *m*; **~er** (*1a*) zusammenstellen, kombinieren; *voyage*, *projet*: planen

combiné [kõbine] *m* **~ *téléphonique*** Telefonhörer *m*

combl|e [kõblə] **1.** *m fig sommet* Höhepunkt *m*, Gipfel *m*; **~*s*** *pl* Dachgeschoss *n*; ***de fond en* ~** von oben bis unten; **2.** *adj* übervoll; **~er** (*1a*) *trou*: zuschütten; *lacune*, *déficit*: ausgleichen; *personne*: vollkommen glücklich machen; **~ *de*** überhäufen mit

combust|ible [kõbystiblə] **1.** *adj* brennbar; **2.** *m* Brennstoff *m*; **~ion** *f* Verbrennung *f*

coméd|ie [kɔmedi] *f* Komödie *f*; **~ien**, **~ienne** *m*, *f* Schauspieler(in) *m*(*f*); *fig* Komödiant(in) *m*(*f*)

comédon [kɔmedõ] *m* Mitesser *m*

comestible [kɔmɛstiblə] **1.** *adj* essbar; **2.** **~*s*** *m/pl* Nahrungsmittel *n/pl*

comète [kɔmɛt] *f* Komet *m*

comique [kɔmik] **1.** *adj* komisch; **2.** *m acteur*: Komiker(in) *m*(*f*)

comité [kɔmite] *m* Ausschuss *m*, Komitee *n*; **~ *d'entreprise*** Betriebsrat *m*

commandant [kɔmɑ̃dɑ̃] *m mil* Kommandant *m*; *mar* Kapitän *m*; **~ *en chef*** Oberbefehlshaber *m*; *aviat* **~ *de bord*** Flugkapitän *m*

command|e [kɔmɑ̃d] *f comm* Bestellung *f*; *tech* Steuerung *f*, Antrieb *m*; **~ement** [-mɑ̃] *m mil* Kommando *n*, Befehl(sgewalt *f*) *m*; *rel* Gebot *n*; **~er** (*1a*) *v/t comm* bestellen; *ordonner* befehlen; *mil* befehligen, kommandieren; *action*: anordnen; *tech* steuern, betätigen; *v/i* befehlen, herrschen

commandit|aire [kɔmɑ̃ditɛr] *m* stille(r) Teilhaber *m*, Gesellschafter *m*; **~e** ***société*** *f* ***en* ~** Kommanditgesellschaft *f*; **~er** (*1a*) **~ *une entreprise*** Geld in ein Unternehmen stecken

commando [kɔmɑ̃do] *m mil* Kommando *n*

comme [kɔm] **1.** *adv* wie; *en tant que* als; *ainsi que* sowie; **2.** *conj au moment où* als; *parce que* da; **~ *cela*** so; F **~ *ci* ~ *ça*** so lala; **~ *il faut*** anständig; **~ *si*** als ob; ***bête* ~ *tout*** unheimlich dumm

commémor|ation [kɔmemɔrasjõ] *f cérémonie* Gedenkfeier *f*; **~er** (*1a*) gedenken (*gén*)

commenc|ement [kɔmɑ̃smɑ̃] *m* Anfang *m*; **~er** (*1k*) anfangen, beginnen; **~ *qc par qc*** etw mit etw beginnen; **~ *à*** (*od* ***de***) (+ *inf*) beginnen zu (+ *inf*); **~ *par faire qc*** etw zuerst tun

comment [kɔmɑ̃] *adv* wie?, wie!; **~*?*** (*qu'avez-vous dit?*) wie bitte?; ***le* ~** das Wie

comment|aire [kɔmɑ̃tɛr] *m* Kommentar *m*; **~ateur**, **~atrice** [-atœr, -atris] *m*, *f* Kommentator(in) *m*(*f*); **~er** (*1a*) kommentieren

commérages [kɔmeraʒ] *m/pl* Klatsch *m*

commerç|ant, **~ante** [kɔmɛrsɑ̃, -ɑ̃t] **1.** *adj* Handels…; ***rue*** *f* ***commerçante***

Geschäftsstraße *f*; **2.** *m*, *f* Händler(in) *m(f)*, Kaufmann *m*, Kauffrau *f*
commerc|e [kɔmɛrs] *m activité* Handel *m*; *magasin* Geschäft *n*, Laden *m*; *fig rapports* Umgang *m*; **~er** (*1k*) Handel treiben
commercial, **~e** [kɔmɛrsjal] (*m/pl -iaux*) kaufmännisch, Handels…; **~iser** (*1a*) vermarkten
commère [kɔmɛr] *f* Klatschbase *f*
commettre [kɔmɛtrə] (*4p*) begehen; *jur* beauftragen
commis [kɔmi] *m administration*: Angestellte(r) *m*, *f*; *magasin*: Verkäufer(in) *m(f)*; **~ *voyageur*** Handlungsreisende(r) *m*, *f*
commissaire [kɔmisɛr] *m* Kommissar *m*; *comm* **~ *aux comptes*** Wirtschaftsprüfer *m*; **~-priseur** [-prizœr] *m* (*pl commissaires-priseurs*) Auktionator *m*
commissariat [kɔmisarja] *m* Kommissariat *n*; **~ *de police*** Polizeirevier *n*
commiss|ion [kɔmisjõ] *f comité* Ausschuss *m*, Kommission *f*; *mission* Auftrag *m*; *course* Besorgung *f*; *comm* Provision *f*; **~ionnaire** [-jɔnɛr] *m* Beauftragte(r) *m*, Kommissionär *m*; *porteur* Bote *m*, Laufbursche *m*; **~ionner** (*1a*) **~ *qn*** j-n beauftragen
commod|e [kɔmɔd] **1.** *adj* bequem; *personne*: umgänglich; **2.** *f* Kommode *f*; **~ité** *f* Bequemlichkeit *f*; **~*s*** *pl litt* Toilette *f*
commotion [kɔmɔsjõ] *f méd* **~ *cérébrale*** Gehirnerschütterung *f*
comm|un, **~une** [kɔmɛ̃ *od* kɔmœ̃, -yn] gemeinsam, -schaftlich; *habituel* gewöhnlich; ***transports*** *m/pl* ***en commun*** öffentliche Verkehrsmittel *n/pl*; **~ *à plusieurs*** mehreren gemeinsam
communal, **~e** [kɔmynal] (*m/pl -aux*) **1.** *adj* Gemeinde…; **2. *communales*** *f/pl* Kommunalwahlen *f/pl*; **~iser** (*1a*) der Gemeinde unterstellen
communau|taire [kɔmynotɛr] Gemeinschafts…, die EG betreffend, EG-…; **~té** [-te] *f* Gemeinschaft *f*; **~ *européenne*** Europäische Gemeinschaft *f*; ***la* ~ *internationale*** die Weltöffentlichkeit *f*; *jur* **~ *des biens*** Gütergemeinschaft *f*
commune [kɔmyn] *f* Gemeinde *f*
communément [kɔmynemɑ̃] *adv* allgemein, gewöhnlich
communica|tif, **~tive** [kɔmynikatif, -tiv] mitteilsam, kommunikativ; **~tion** *f* Kommunikation *f*, Verständigung *f*; *message* Mitteilung *f*; *téléphonique*: (Telefon-)Gespräch *n*; **~*s*** *pl routes*, *téléphone*: Verbindungen *f/pl*
commun|ier [kɔmynje] (*1a*) *rel* die Kommunion empfangen; **~ion** *f rel communauté* Gemeinschaft *f*; *sacrement*: Abendmahl *n*, Kommunion *f*; *fig* Gemeinsamkeit *f*
communiqué [kɔmynike] *m pol* Kommunikee *n*, (amtliche) Verlautbarung *f*
communiquer [kɔmynike] (*1m*) *v/t nouvelle*: mitteilen; *demande*: übermitteln; *maladie*: übertragen (***à qn*** auf j-n); *v/i* (miteinander) in Verbindung stehen; *salles*: ineinander gehen; **~ *avec qn*** *a* mit j-m Nachrichten austauschen
commun|isme [kɔmynismə] *m* Kommunismus *m*; **~iste 1.** *adj* kommunistisch; **2.** *m*, *f* Kommunist(in) *m(f)*
commuta|teur [kɔmytatœr] *m tech* Schalter *m*; **~tion** *f jur* **~ *de peine*** Strafumwandlung *f*
compact, **~e** [kõpakt] dicht, fest, kompakt; **~ *disc*** CD *f*
compagn|e [kõpaɲ] *f voyage*: Gefährtin *f*, Begleiterin *f*; *couple*: Lebensgefährtin *f*; **~ie** [-i] *f* Gesellschaft *f* (*a comm*), Begleitung *f*; *mil* Kompanie *f*; **~ *aérienne*** Fluggesellschaft *f*; ***en* ~ *de*** in Gesellschaft (Begleitung) von; ***tenir* ~ *à qn*** j-m Gesellschaft leisten; **~on** *m voyage*: Gefährte *m*, Begleiter *m*; *couple*: Lebensgefährte *m*
compar|able [kõparablə] vergleichbar (***à, avec*** mit); **~aison** *f* Vergleich *m*; ***en* ~ *de, par* ~ *à, par* ~ *avec*** im Vergleich zu, mit; **~aître** [-ɛtrə] (*4z*) erscheinen (***en justice*** vor Gericht); **~er** (*1a*) vergleichen (***à, avec*** mit)
compartiment [kõpartimɑ̃] *m case* Fach *n*; *train*: Abteil *n*
comparution [kõparysjõ] *f* Erscheinen *n* (*vor Gericht*)
compas [kõpa] *m math* Zirkel *m*; *mar* Kompass *m*
compassion [kõpasjõ] *f* Mitleid *n*
compati|bilité [kõpatibilite] *f EDV* Kompatibilität *f*; **~ *monétaire double*** doppelte Währungsbuchhaltung *f*;

~ble vereinbar; *EDV* kompatibel
compatriote [kõpatrijɔt] *m*, *f* Landsmann *m*, -männin *f*
compens|ateur, **~atrice** [kõpɑ̃satœr, -atris] ausgleichend; **~ation** *f* Ausgleich *m*; **~er** (*1a*) ausgleichen
compét|ence [kõpetɑ̃s] *f jur préfet*, *maire*: Zuständigkeit *f*; *connaissances*: Sachkenntnis *f*; **~ent**, **~ente** [-ɑ̃, -ɑ̃t] *jur* zuständig; *expert* kompetent, sachverständig
compét|itif, **~itive** [kõpetitif, -itiv] konkurrenz-, wettbewerbsfähig; ***société*** *f* ***compétitive*** Leistungsgesellschaft *f*; **~ition** *f* Wettbewerb *m*, Konkurrenz *f*; *sport*: Wettkampf *m*; **~itivité** *f* Wettbewerbsfähigkeit *f*
compiler [kõpile] (*1a*) zusammenstellen
complainte [kõplɛ̃t] *f* Klage *f*
complai|re [kõplɛr] (*4a*) ***se ~ dans*** Gefallen finden an (*dat*); ***se ~ à*** (+ *inf*) sich darin gefallen zu (+ *inf*); **~sance** [-zɑ̃s] *f* Gefälligkeit *f*; *péj* allzu große Nachsicht *f*; **~sant**, **~sante** [-zɑ̃, -zɑ̃t] gefällig (***pour, envers qn*** j-m gegenüber); *péj* allzu nachsichtig
complé|ment [kõplemɑ̃] *m* Ergänzung *f*; **~mentaire** [-mɑ̃tɛr] ergänzend
compl|et, **~ète** [kõplɛ, -ɛt] **1.** *adj entier* vollständig, komplett; *total* völlig, vollkommen; *plein* voll; *hôtel*: belegt; **2.** *m* (Herren-)Anzug *m*; **~ètement** [-ɛtmɑ̃] *adv* völlig
compléter [kõplete] (*1f*) vervollständigen
complex|e [kõplɛks] **1.** *adj* vielseitig, komplex; *compliqué* kompliziert; **2.** *m* Komplex *m*; **~é**, **~ée** gehemmt; **~ité** *f* Vielseitigkeit *f*, Komplexität *f*
complication [kõplikasjõ] *f* Verwicklung *f*, Komplikation *f* (*a méd*)
complic|e [kõplis] **1.** *adj* mitschuldig; **2.** *m*, *f* Komplize *m*, Komplizin *f*, Mittäter(in) *m*(*f*); **~ité** *f* Mitschuld *f*, Mittäterschaft *f*
complimen|t [kõplimɑ̃] *m* Kompliment *n*; **~*s*** *pl* Glückwünsche *m/pl*; **~ter** [-te] (*1a*) ***~ qn pour qc*** j-n zu etw beglückwünschen
compliqu|é, **~ée** [kõplike] verwickelt, kompliziert; **~er** (*1m*) komplizieren
compl|ot [kõplo] *m* Verschwörung *f*, Komplott *n*
comport|ement [kõpɔrtəmɑ̃] *m* Verhalten *n*; ***~ de consommation écologique*** umweltfreundliches Konsumverhalten *n*; **~er** (*1a*) *contenir* enthalten, umfassen; *impliquer* zur Folge haben; ***se ~*** sich betragen, sich verhalten
compos|ante [kõpozɑ̃t] *f* Komponente *f*; **~é**, **~ée 1.** *adj* zusammengesetzt (***de*** aus); *air*, *expression*: affektiert, gekünstelt; **2.** *m* Zusammensetzung *f*; **~er** (*1a*) *v/t groupe*, *mélange*: bilden, zusammenstellen; *texte*: abfassen; *numéro de téléphone*: wählen; *mus* komponieren; *v/i transiger* sich abfinden; ***se ~ de*** bestehen aus, sich zusammensetzen aus
composite [kõmposite] verschiedenartig
composi|teur, **~trice** [kõpozitœr, -tris] *m*, *f* Komponist(in) *m*(*f*); **~tion** *f* Zusammensetzung *f*, Aufbau *m*; *mus* Komposition *f*
compost|er [kõpɔste] (*1a*) *billet*: entwerten; **~eur** *m* Fahrscheinentwerter *m*
compote [kõpɔt] *f* Kompott *n*
compréhens|ible [kõpreɑ̃siblə] verständlich; **~if**, **~ive** [-if, -iv] verständnisvoll; **~ion** *f* Verständnis *n*; *faculté*: Auffassungsgabe *f*
comprendre [kõprɑ̃drə] (*4q*) **1.** verstehen, begreifen; ***faire ~ qc à qn*** *expliquer* j-m etw verständlich machen; *suggérer* j-m etw zu verstehen geben; ***se faire ~*** sich verständlich machen; **2.** *contenir* enthalten, umfassen
compress|e [kõprɛs] *f méd* Kompresse *f*, Umschlag *m*; **~eur** *m tech* Verdichter *m*; Kompressor *m*; **~ion** *f* Verdichtung *f*, Kompression *f*; *substance*: Zusammenpressen *n*; *effectifs*: Verringerung *f*
comprim|é [kõprime] *m* Tablette *f*; **~er** (*1a*) *air*: verdichten, komprimieren; *substance*: zusammenpressen; *effectifs*: verringern
compr|is, **~ise** [kõpri, -iz] einbegriffen, einbezogen; *comm* inklusive; ***y ~*** mit einbegriffen; ***~ dans*** einbegriffen in (*dat*); ***non ~*** nicht mit einbegriffen
compro|mettre [kõprɔmɛtrə] (*4p*) *santé*, *autorité*: gefährden; *personne*: kompromittieren; **~mis** [-mi] *m* Kompro-

miss *m*
compt|abilité [kõtabilite] *f* Buchführung *f*, -haltung *f*; *comptes* Geschäftsbücher *n/pl*; **~able** *m*, *f* Buchhalter(in) *m(f)*; **~ant** [-ɑ̃] *comm* bar; ***au ~*** gegen Barzahlung
compt|e [kõt] *m calcul* Berechnung *f*; *montant* Betrag *m*, Summe *f*; *bancaire*: Konto *n*; *facture* Rechnung *f*; *fig* Rechenschaft *f*; ***~s*** *pl* Geschäftsbücher *n/pl*; ***à bon ~*** preiswert; ***en fin de ~*** letztlich; ***~ chèque postal*** Postgirokonto *n*; ***~ courant*** Girokonto *n*; ***~ de dépôt*** Sparkonto *n*; ***rendre ~ de qc*** über etw Rechenschaft ablegen; ***se rendre ~ de qc*** sich über etw klar sein; ***tenir ~ de qc*** etw (*acc*) berücksichtigen; ***~ tenu de*** unter Berücksichtigung von; ***pour mon ~*** was mich betrifft; ***prendre qc sur son ~*** etw auf seine Kappe nehmen; ***~ rendu*** Bericht *m*; *critique* Rezension *f*; **~er** (*1a*) *v/t* zählen; *facturer* an-, berechnen; *v/i calculer* zählen, rechnen; *être important* wichtig sein, zählen; ***~ avec*** rechnen mit; ***~ parmi*** *figurer* zählen zu; ***~ sur*** sich verlassen auf (*acc*); ***~ que*** damit rechnen, dass; ~ (+ *inf*) beabsichtigen zu (+ *inf*)
compt|e-tours [kõttur] *m* (*pl unv*) *tech* Drehzahlmesser *m*; **~eur** *m* Zähler *m*; **~ine** *f* Abzählreim *m*; **~oir** *m café*: Theke *f*; *magasin*: Ladentisch *m*
comt|e [kõt] *m* Graf *m*; **~é** *m* Grafschaft *f*; **~esse** [-ɛs] *f* Gräfin *f*
con, **conne** [kõ, kɔn] P **1.** *adj* P saublöd; **2.** *m,f* P Blödmann *m*, *d'une femme*: blöde Kuh *f*; **3.** *m* P Fotze *f*
concave [kõkav] konkav
concéder [kõsede] (*1f*) bewilligen; ***~ que*** zugeben, dass
concentr|ation [kõsɑ̃trasjõ] *f* Konzentration *f* (*a fig*); **~er** (*1a*) konzentrieren; ***se ~*** sich konzentrieren (***sur*** auf *acc*)
concept [kõsɛpt] *m* Begriff *m*
conception [kõsɛpsjõ] *f idée* Vorstellung *f*; *planification* Gestaltung *f*, Konzeption *f*; *biol* Empfängnis *f*
concern|ant [kõsɛrnɑ̃] *prép* betreffend, bezüglich; ***~ les problèmes*** die Probleme (*acc*) betreffend, bezüglich der Probleme (*gén*); **~er** (*1a*) ***~ qc, qn*** etw, j-n betreffen, angehen; ***en ce qui me concerne*** was mich betrifft
concert [kõsɛr] *m mus* Konzert *n* (*a fig*); ***de ~ avec*** im Einvernehmen, im Einverständnis, in Übereinstimmung mit
concerter [kõsɛrte] (*1a*) vereinbaren; ***se ~*** sich absprechen
concerto [kõsɛrto] *m* Konzert *n* (*Komposition*)
concess|ion [kõsɛsjõ] *f* Zugeständnis *n*, Konzession *f*; **~ionnaire** [-jɔnɛr] *m* Vertragshändler *m*
concev|able [kõsəvablə] begreiflich; **~oir** (*3a*) *comprendre* begreifen; *inventer* konzipieren, entwerfen; *biol* empfangen
concierge [kõsjɛrʒ] *m*, *f* Hausmeister(in) *m(f)*; Pförtner(in) *m(f)*
concil|e [kõsil] *m* Konzil *n*; **~iable** [-jablə] vereinbar; **~ier** (*1a*) *v/t* in Einklang bringen; ***se ~*** *idées*: sich vereinbaren lassen; ***se ~ la bienveillance de qn*** j-s Wohlwollen gewinnen, erringen
conc|is, **~ise** [kõsi, -iz] kurz, knapp; **~ision** [-izjõ] *f* Bündigkeit *f*, Kürze *f*
concitoy|en, **~enne** [kõsitwajɛ̃, -ɛn] *m*, *f* Mitbürger(in) *m(f)*
conclu|ant, **~ante** [kõklyɑ̃, -ɑ̃t] überzeugend, schlüssig
conclu|re [kõklyr] (*4l*) (ab)schließen, zu Ende bringen; ***~ de qc*** aus etw folgern; ***~ à qc*** auf etw (*acc*) schließen; sich für etw aussprechen; ***~ un contract*** e-n Vertrag schließen; **~sion** [-zjõ] *f* Schluss(folgerung) *m(f)*
concombre [kõkõbrə] *m bot* Gurke *f*
concordance [kõkɔrdɑ̃s] *f* Übereinstimmung *f*
concord|e [kõkɔrd] *f* Eintracht *f*; **~er** (*1a*) übereinstimmen
concourir [kõkurir] (*2i*) ***~ à qc*** an etw (*dat*) mitwirken; ***~ à*** (+ *inf*) dazu beitragen zu (+ *inf*)
concours [kõkur] *m* Wettbewerb *m*; *sports*: Wettkampf *m*; *épreuve* Ausleseverfahren *n*; *assistance* Unterstützung *f*, Hilfe *f*; ***avec le ~ de qn*** mit j-s Hilfe; ***~ de circonstances*** Zusammentreffen *n* von Umständen
con|cret, **~crète** [kõkrɛ, -krɛt] konkret; **~crétiser** [-kretize] (*1a*) veranschaulichen, konkretisieren; ***se ~*** Gestalt annehmen
conçu, **~e** [kõsy] *p/p de* ***concevoir***

concubinage [kõkybinaʒ] *m* eheähnliche Gemeinschaft *f*, Konkubinat *n*
concurr|ence [kõkyrɑ̃s] *f* Konkurrenz *f*; ***jusqu'à ~ de*** bis zum Betrag, zur Höhe von; **~ent**, **~ente** [-ɑ̃, -ɑ̃t] **1.** *adj* konkurrierend; **2.** *m*, *f concours*: Mitbewerber(in) *m(f)*; *comm* Konkurrent(in) *m(f)*; **~entiel**, **~entielle** [-ɑ̃sjɛl] konkurrenzfähig
condamn|able [kõdanablə] verwerflich; **~ation** *f* Verurteilung *f* (*a fig*); **~er** (*1a*) **1.** *jur u allg* verurteilen (***qn à qc*** j-n zu etw); *malade*: aufgeben; **2.** ***~ la porte*** die Tür zumauern, verstellen
condenser [kõdɑ̃se] (*1a*) *v/t phys* kondensieren; *fig récit*: zusammenfassen; ***se ~*** sich niederschlagen
condescen|dance [kõdesɑ̃dɑ̃s] *f péj* Herablassung *f*; **~dre** [-drə] (*4a*) ***~ à*** sich herablassen zu
condiment [kõdimɑ̃] *m* Gewürz *n*
condit|ion [kõdisjõ] *f* **1.** Bedingung *f*; ***à*** (***la***) ***~ que*** (+ *subj*), ***à*** (***la***) ***~ de*** (+ *inf*) unter der Bedingung, dass; **2.** *forme* Verfassung *f*, Kondition *f*; **3.** *sociale*: Stellung *f*, Rang *m*; **~ionnement** [-jɔnmɑ̃] *m emballage* Verpackung *f*
condoléances [kõdɔleɑ̃s] *f/pl* Beileid *n*
conduc|teur, **~trice** [kõdyktœr, -tris] **1.** *adj* leitend; **2.** *m*, *f* Fahrer(in) *m(f)*; *m phys* Leiter *m*
conduire [kõdɥir] (*4c*) führen, leiten; *auto* fahren; ***~ à*** (+ *inf*) dazu bringen zu (+ *inf*); ***permis m de ~*** Führerschein *m*; ***se ~*** sich betragen
conduit [kõdɥi] *m eau, gaz*: Rohr *n*, Leitung *f*; *anat* Gang *m*, Kanal *m*; **~e** *f comportement* Benehmen *n*; *direction* Leitung *f*, Führung *f*; *eau, gaz*: Leitung *f*; *auto* Fahren *n*, Steuern *n*
cône [kon] *m* Kegel *m* (*a math*); *bot* Tannenzapfen *m*
confect|ion [kõfɛksjõ] *f fabrication* Anfertigung *f*; *vêtements*: Fertigkleidung *f*, Konfektion *f*; *cuis* Zubereitung *f*; **~ionner** [-jɔne] (*1a*) anfertigen, herstellen; *cuis* zubereiten
confédération [kõfederasjõ] *f* Bund *m*, Konföderation *f*
confér|ence [kõferɑ̃s] *f congrès* Konferenz *f*, Besprechung *f*; *exposé* Vortrag *m*, Vorlesung *f*; *pol* ***~ au sommet*** Gipfelkonferenz *f*; ***~ de presse*** Pressekonferenz *f*; **~encier**, **~encière** [-ɑ̃sje, -ɑ̃sjɛr] *m*, *f* Redner(in) *m(f)*, Referent(in) *m(f)*; **~er** (*1f*) *accorder* verleihen
confess|er [kõfɛse] (*1b*) gestehen, zugeben; *rel* beichten; ***se ~*** *rel* beichten; **~ion** *f aveu* Geständnis *n*; *rel* Beichte *f*; *croyance* Konfession *f*, Bekenntnis *n*; **~ionnal** [-jɔnal] *m* (*pl -aux*) Beichtstuhl *m*
confi|ance [kõfjɑ̃s] *f* Vertrauen *n*; ***avoir ~ dans*** *od* ***en qc, qn*** Vertrauen zu etw, j-m haben; ***faire ~ à qn*** j-m vertrauen; **~ant**, **~ante** [-ɑ̃, -ɑ̃t] vertrauensvoll
confid|ence [kõfidɑ̃s] *f* vertrauliche Mitteilung *f*; **~ent**, **~ente** [-ɑ̃, -ɑ̃t] *m*, *f* Vertraute(r) *m*, *f*; **~entiel**, **~entielle** [-ɑ̃sjɛl] vertraulich
confier [kõfje] (*1a*) *v/t* anvertrauen (***qc à qn*** j-m etw); ***se ~ à qn*** sich j-m anvertrauen
configuration [kõfigyrasjõ] *f* Gestalt *f*, Form *f*
con|finer [kõfine] (*1a*) ***~ à*** grenzen an (*acc*); **~fins** [-fɛ̃] *m/pl* (äußerste) Grenze *f*; ***aux ~ de*** an der äußersten Grenze (*gén*)
confirm|ation [kõfirmasjõ] *f* Bestätigung *f*, Bekräftigung *f*; *rel* Konfirmation *f*; **~er** (*1a*) bestätigen, bekräftigen; *fortifier* bestärken; *rel* konfirmieren
confiscation [kõfiskasjõ] *f* Beschlagnahme *f*
confiserie [kõfizri] *f* Süßwaren *f/pl*; *magasin*: Süßwarengeschäft *n*
confisquer [kõfiske] (*1m*) beschlagnahmen
conf|it, **~ite** [kõfi, -it] *adj fruits*: kandiert; *concombres, olives*: eingelegt
confiture [kõfityr] *f* Konfitüre *f*, Marmelade *f*
con|flictuel, **~flictuelle** [kõfliktɥɛl] konfliktgeladen; **~flit** [kõfli] *m* Konflikt *m*
confluent [kõflyɑ̃] *m* Zusammenfluss *m*
confondre [kõfõdrə] (*4a*) *personnes*: verwechseln (***qn, qc avec*** j-n, etw mit); *faits, détails*: durcheinanderbringen; *déconcerter* verblüffen; *témoin, menteur*: der Lüge überführen; ***se ~***

se mêler sich vermischen; ***se ~ en excuses*** sich vielmals entschuldigen
conform|e [kõfɔrm] **~ *à*** gemäß (*dat*); entsprechend (*dat*); **~ément** [-emɑ̃] *adv* **~ *à*** gemäß (*dat*), laut (*gén od dat*); **~er** (*1a*) **~ *à*** anpassen an (*acc*), richten nach; ***se ~ à qc*** sich nach etw richten; **~isme** *m* Konformismus *m*; **~ité** *f* Gleichförmigkeit *f*
confort [kõfɔr] *m* Komfort *m*, Bequemlichkeit *f*; ***tout ~*** mit allem Komfort
confortable [kõfɔrtablə] *maison*, *hôtel*: komfortabel; *siège*: bequem; *somme*, *revenus*, *majorité*: ansehnlich
confrère [kõfrɛr] *m* Kollege *m*
confront|ation [kõfrõtasjõ] *f* Gegenüberstellung *f*; **~er** (*1a*) gegenüberstellen, vergleichen
conf|us, **~use** [kõfy, -yz] *amas*, *groupe*: wirr; *bruit*: unbestimmt; *forme*: undeutlich; *personne*: *gêné* verwirrt, beschämt; **~usion** [-yzjõ] *f* Verwirrung *f*; *embarras* Verlegenheit *f*; *de 2 choses*: Verwechslung *f*
congé [kõʒe] *m vacances* Urlaub *m*; *avis de départ* Kündigung *f*; ***avoir ~*** frei haben; ***prendre ~ de qn*** sich von j-m verabschieden; ***être en ~*** im, in Urlaub sein; ***être en ~ de maladie*** krank geschrieben sein; ***~s payés*** bezahlter Urlaub *m*
congédier [kõʒedje] (*1a*) *employé*: entlassen (***qn*** j-n), kündigen (***qn*** j-m); *visiteur*: verabschieden
congélateur [kõʒelatœr] *m* Tiefkühltruhe *f*; *compartiment*: Tiefkühlfach *n*
congel|é, **~ée** [kõʒle] ***viandes*** *f/pl* ***congelées*** Gefrierfleisch *n*; **~er** (*1d*) *v/t* einfrieren; ***se ~*** gefrieren
congénère [kõʒenɛr] *m* Artgenosse *m*, Artgenossin *f*
congénital, **~e** [kõʒenital] (*m/pl -aux*) angeboren
congère [kõʒɛr] *f* Schneeverwehung *f*
congestion [kõʒɛstjõ] *f méd* Blutandrang *m*; **~ *cérébrale*** Schlaganfall *m*; **~ner** [-jɔne] (*1a*) *rue*: verstopfen
Congo [kõgo] ***le ~*** *pays*, *fleuve* der Kongo; *pays a* Kongo *n*
congratuler [kõgratyle] (*1a*) *st/s* überschwänglich gratulieren (***qn*** j-m)
congrégation [kõgregasjõ] *f rel* Kongregation *f*, geistlicher Orden *m*
congrès [kõgrɛ] *m* Kongress *m*, Tagung *f*
congressiste [kõgrɛsist] *m*, *f* Kongressteilnehmer(in) *m*(*f*)
conifère [kɔnifɛr] *m bot* Nadelbaum *m*
conique [kɔnik] konisch, kegelförmig
conjectur|e [kõʒɛktyr] *f* Mutmaßung *f*, Vermutung *f*; **~er** (*1a*) *st/s* mutmaßen
conj|oint, **~ointe** [kõʒwɛ̃, -wɛ̃t] **1.** *adj* gemeinsam; **2.** *m*, *f* Ehegatte *m*, -gattin *f*
conjonction [kõʒõksjõ] *f st/s* Verbindung *f*; *gr* Konjunktion *f*
conjonc|tivite [kõʒõktivit] *f méd* Bindehautentzündung *f*; **~ture** [-tyr] *f* Lage *f* (*der Dinge*), Umstände *m/pl*; *écon* Konjunktur *f*
conjugaison [kõʒygɛzõ] *f gr* Konjugation *f*
conju|gal, **~gale** [kõʒygal] (*m/pl -aux*) ehelich; **~guer** [kõʒyge] (*1m*) *efforts*: vereinigen; *gr* konjugieren
conjur|ation [kõʒyrasjõ] *f conspiration* Verschwörung *f*; *esprits*: Beschwörung *f*; **~er** (*1a*) beschwören; **~ *qn de faire qc*** j-n beschwören, etw zu tun; ***se ~ contre qn*** sich gegen j-n verschwören
connaiss|ance [kɔnɛsɑ̃s] *f savoir* Kenntnis *f*; *conscience* Bewusstsein *n*; *personne connue* Bekannte(r) *m*, *f*, Bekanntschaft *f*; **~s** *pl* Wissen *n*, Kenntnisse *f/pl*; ***avoir ~ de qc*** von etw Kenntnis haben; ***prendre ~ de qc*** etw (*acc*) zur Kenntnis nehmen; ***perdre ~*** das Bewusstsein verlieren; ***reprendre ~*** wieder zu sich kommen; ***faire ~ avec qn*** *od* ***la ~ de qn*** j-n kennenlernen; ***à ma ~*** meines Wissens; **~eur** *m* Kenner *m*
connaître [kɔnɛtrə] (*4z*) kennen; *rencontrer* kennenlernen; ***s'y ~ en qc*** sich auf etw (*acc*) verstehen; ***il s'y connaît*** er kennt sich aus
connecter [kɔnɛkte] (*1a*) *tech* anschließen; ***se ~*** *EDV* einloggen
connerie [kɔnri] *f* P Mist *m*, Krampf *m*
connexion [kɔnɛksjõ] *f* Verknüpfung *f*, Zusammenhang *m*; *tech* Anschluss *m*; **~ *Internet*** Internetanschluss *m*
connivence [kɔnivɑ̃s] *f* heimliches Einverständnis *n*; ***être de ~ avec qn*** mit j-m unter e-r Decke stecken
connu, **~e** [kɔny] *p/p de* ***connaître*** *u adj* bekannt
conque [kõk] *f zo* Meeresschnecke *f*

conquér|ant [kõkerɑ̃] *m* Eroberer *m*; **~ir** (*2l*) erobern; *droit*, *privilège*: erwerben

conquête [kõkɛt] *f* Eroberung *f*

consacrer [kõsakre] (*1a*) *rel* weihen; *dédier* widmen; *usage*: sanktionieren; *temps*, *argent*: verwenden; ***se ~ à qc, qn*** sich e-r Sache, j-m widmen

consangu|in, **~ine** [kõsɑ̃gɛ̃, -in] blutsverwandt

conscience [kõsjɑ̃s] *f moral*: Gewissen *n*; *physique*, *psych* Bewusstsein *n*; ***avoir bonne*** (***mauvaise***) **~** ein gutes (schlechtes) Gewissen haben; ***prendre ~ de qc*** sich e-r Sache (*gén*) bewusst werden; ***perdre ~*** das Bewusstsein verlieren, ohnmächtig werden

conscienc|ieux, **~ieuse** [kõsjɑ̃sjø, -jøz] gewissenhaft

consc|ient, **~iente** [kõsjɑ̃, -jɑ̃t] bewusst, denkend; ***être ~ de qc*** sich e-r Sache (*gén*) bewusst sein

conscrit [kõskri] *m mil* Einberufene(r) *m*

consécration [kõsekrasjõ] *f rel* Weihe *f*; *confirmation* Bestätigung *f*

consécut|if, **~ive** [kõsekytif, -iv] aufeinanderfolgend; ***~ à*** e-e Folge von *od gén*; **~ivement** [-ivmɑ̃] *adv* hintereinander

conseil [kõsɛj] *m avis* Rat(schlag) *m*; *conseiller* Ratgeber *m*; *assemblée* Rat *m*, Ratsversammlung *f*; ***~ municipal*** Gemeinde-, Stadtrat *m*; ***~ d'administration*** Verwaltungsrat *m*; ***♀ de l'Europe*** Europarat *m*; ***~ des ministres*** Ministerrat *m*

conseiller[1] [kõsɛje] (*1b*) raten; ***~ qn*** j-n beraten; ***~ qc à qn*** j-m zu etw raten, j-m etw raten, j-m etw empfehlen

conseill|er[2], **~ère** [kõsɛje, -ɛr] *m* Berater(in) *m*(*f*), Ratgeber(in) *m*(*f*); ***conseiller municipal*** Gemeinde-, Stadtrat *m*, Gemeinde-, Stadträtin *f*; ***~ en gestion*** Unternehmensberater *m*

consent|ement [kõsɑ̃tmɑ̃] *m* Einwilligung *f*; **~ir** (*2b*) einwilligen (***à qc*** in etw *acc*); *prêt*, *délai*: gewähren (***qc*** etw); ***~ à faire qc*** sich einverstanden erklären, etw zu tun; ***~ à ce que*** (+ *subj*) damit einverstanden sein, dass

conséqu|ence [kõsekɑ̃s] *f* Folge *f*, Konsequenz *f*; ***en ~*** *donc* infolgedessen, demnach; ***en ~ de*** entsprechend (*dat*); **~ent**, **~ente** [-ɑ̃, -ɑ̃t] konsequent; ***par conséquent*** folglich

conserv|ateur, **~atrice** [kõsɛrvatœr, -atris] **1.** *adj* konservativ; **2.** *m pol* Konservative(r) *m*; *musée*: Konservator *m*; **~ation** *f* Erhaltung *f*; *aliments*: Konservierung *f*; **~atoire** [-atwar] *m* Konservatorium *n*

conserv|e [kõsɛrv] *f* Konserve *f*; **~er** (*1a*) *garder* behalten, (auf)bewahren; *aliments*: konservieren; *habitude*: beibehalten

considér|able [kõsiderablə] beträchtlich; **~ation** *f réflexion* Überlegung *f*, Erwägung *f*; *estime* Achtung *f*, Ansehen *n*; **~s** *pl* Ansichten *f*/*pl*, Meinungen *f*/*pl*; ***en ~ de*** mit Rücksicht auf (*acc*); ***prendre en ~*** in Betracht *od* Erwägung ziehen; **~er** (*1f*) *étudier*, *regarder* betrachten; *tenir compte de* berücksichtigen; ***~ qc comme*** etw halten für; ***~ qn comme*** j-n betrachten als

consign|e [kõsiɲ] *f* Vorschrift *f*, Anweisung *f*; *gare*: Gepäckaufbewahrung *f*; *bouteilles*: Pfand *n*; *mil*, *école*: Arrest *m*; **~er** (*1a*) *noter* schriftlich festhalten; *bouteilles*: Pfand verlangen (***qc*** für etw); *écolier*: nachsitzen lassen; ***bouteille*** *f* ***consignée*** Pfandflasche *f*

consist|ance [kõsistɑ̃s] *f* Konsistenz *f*, Festigkeit *f*; **~ant**, **~ante** [-ɑ̃, -ɑ̃t] *liquide*, *potage*: dick; *mets*: nahrhaft; **~er** (*1a*) bestehen (***en, dans*** in *dat*, aus); ***~ à*** (+ *inf*) darin bestehen zu (+ *inf*)

consol|ant, **~ante** [kõsɔlɑ̃, -ɑ̃t] tröstlich; **~ation** *f* Trost *m*

console [kõsɔl] *f table*: Konsole *f*; *EDV* Kontrollpult *n*

consoler [kõsɔle] (*1a*) trösten; ***se ~ de qc*** über etw (*acc*) hinwegkommen

consolider [kõsɔlide] (*1a*) *tech* (be)festigen, sichern; *comm* konsolidieren

consomma|teur, **~trice** [kõsɔmatœr, -tris] *m*, *f* Verbraucher(in) *m*, *f*, Konsument(in) *m*(*f*); *café*: Gast *m*; **~tion** *f* Verbrauch *m*, Konsum *m*; *café*: Verzehr *m*

consomm|é [kõsɔme] *m cuis* Kraftbrühe *f*; **~er** (*1a*) verbrauchen, konsumieren; *v/i café*: etw verzehren

consonne [kõsɔn] *f* Mitlaut *m*, Konsonant *m*

conspir|ateur, **~atrice** [kõspiratœr,

-atris] *m*, *f* Verschwörer(in) *m(f)*, Verschworene(r) *m*, *f*; **~ation** *f* Verschwörung *f*; **~er** (*1a*) sich verschwören

constamment [kõstamɑ̃] *adv* (an)dauernd, (be)ständig

constance [kõstɑ̃s] *f persévérance* Ausdauer *f*, Standhaftigkeit *f*

Constance [kõstɑ̃s] *géogr* Konstanz *n*; ***le lac de ~*** der Bodensee

const|ant, ~ante [kõstɑ̃, -ɑ̃t] **1.** *adj personne, efforts*: beständig, beharrlich; *souci, intérêt*: ständig; *température, quantité*: konstant; **2.** *f* Konstante *f*

constat [kõsta] *m* (amtliches) Protokoll *n*

constat|ation [kõstatasjõ] *f* Feststellung *f*; **~er** (*1a*) feststellen

constellation [kõstɛlasjõ] *f* Konstellation *f*, Sternbild *n*

constern|ation [kõstɛrnasjõ] *f* Bestürzung *f*; **~er** (*1a*) in Bestürzung versetzen; ***consterné(e)*** bestürzt, betroffen, erschüttert

constip|ation [kõstipasjõ] *f méd* Verstopfung *f*; **~é, ~ée** *méd* verstopft

constituer [kõstitɥe] (*1a*) *être* darstellen, bedeuten, sein; *comité, société*: gründen; *rente, dot*: aussetzen; ***se ~*** sich konstituieren

constitu|tion [kõstitysjõ] *f composition* Zusammensetzung *f*; *anat* (physische) Konstitution *f*; *pol* Verfassung *f*; *jur, administration*: Bildung *f*, Gründung *f*; **~tionnel, ~tionnelle** [-sjɔnɛl] verfassungsmäßig, Verfassungs…

construc|teur [kõstryktœr] *m voitures*: Hersteller *m*; *maisons*: Baumeister *m*, Erbauer *m*; ***~ naval*** Schiffbaumeister *m*; ***~ mécanicien*** Maschinenbauer *m*; **~tif, ~tive** [-tif, -tiv] konstruktiv; **~tion** *f action* Bau *m*; *bâtiment* Bau *m*, Bauwerk *n*; *math, tech* Konstruktion *f*; *système, roman*: Aufbau *m*; ***~ en bois*** Holzkonstruktion *f*

construire [kõstrɥir] (*4c*) konstruieren, (er)bauen; *théorie, système*: entwickeln; *roman, histoire*: gestalten, anlegen

consul [kõsyl] *m* Konsul *m*; **~at** [-a] *m* Konsulat *n*

consult|atif, ~ative [kõsyltatif, -ativ] beratend; **~ation** *f* Beratung *f*; *enquête* Befragung *f*; *jur, méd*: *avis motivé* Gutachten *n*; (***heure*** *f* ***de***) ***~*** *méd* Sprechstunde *f*; **~er** (*1a*) *v/t ami, parents*: um Rat fragen; *médecin, avocat*: zurate ziehen, konsultieren; *dictionnaire*: nachschlagen (***qc*** in etw *dat*); *v/i médecin*: Sprechstunde haben

consumer [kõsyme] (*1a*) *feu, passion*: verzehren

contact [kõtakt] *m* Kontakt *m* (*a fig, él*), Berührung *f*; ***~s*** *pl rapports, rencontres* Kontakte *m/pl*, Beziehungen *f/pl*; ***lentilles*** *f/pl*, ***verres*** *m/pl* ***de ~*** Kontaktlinsen *f/pl*, Haftschalen *f/pl*; ***entrer en ~ avec qn*** mit j-m in Verbindung treten; ***prendre ~ avec qn, se mettre en ~ avec qn*** sich mit j-m in Verbindung setzen; ***~ intime*** Intimkontakt *m*; *auto* ***mettre le ~*** die Zündung einschalten; ***couper le ~*** die Zündung ausschalten

contag|ieux, ~ieuse [kõtaʒjø, -jøz] ansteckend; **~ion** *f* Ansteckung *f*

container [kõtɛnɛr] *m* Container *m*; ***~ à verre*** (Alt-)Glascontainer *m*

contaminer [kõtamine] (*1a*) *personne*: anstecken; *eau*: verseuchen

conte [kõt] *m* Erzählung *f*, Geschichte *f*; ***~*** (***de fées***) Märchen *n*

contempler [kõtɑ̃ple] (*1a*) betrachten

contempor|ain, ~aine [kõtɑ̃pɔrɛ̃, -ɛn] **1.** *adj* zeitgenössisch; **2.** *m* Zeitgenosse *m*

conten|ance [kõtnɑ̃s] *f contenu* Inhalt *m*; *attitude* Haltung *f*; ***perdre ~*** die Fassung verlieren; **~eur** *m* Container *m*; ***~ à verre*** (Alt-)Glascontainer *m*; **~ir** (*2h*) **1.** enthalten; *récipient*: fassen; **2.** *maîtriser* in Schranken halten, zurückhalten; ***se ~*** sich beherrschen

cont|ent, ~ente [kõtɑ̃, -ɑ̃t] zufrieden (***de*** mit); ***être ~ que*** (+ *subj*) sich freuen, dass

content|ement [kõtɑ̃tmɑ̃] *m* Zufriedenheit *f*; **~er** (*1a*) zufriedenstellen; ***se ~ de qc*** sich mit etw begnügen; ***se ~ de faire qc*** sich darauf beschränken, etw zu tun

contentieux [kõtɑ̃sjø] *m* Streitsache *f*

contenu [kõtny] *m* Inhalt *m*

conter [kõte] *st/s* (*1a*) erzählen

contest|able [kõtɛstablə] bestreitbar; **~ataire** [-atɛr] *pol* **1.** *adj* Protest…; **2.** *m, f* Protestler(in) *m(f)*; **~ation** *f* Protest *m*; *mouvement*: Protestbewegung *f*; **~er** (*1a*) *v/t* bestreiten; *v/i* pro-

testieren
contexte [kõtɛkst] *m* Kontext *m*, Zusammenhang *m*
contig|u, **~uë** [kõtigy] angrenzend, benachbart
continent [kõtinɑ̃] *m* Kontinent *m*
contingent [kõtɛ̃ʒɑ̃] *m part* Anteil *m*; Quote *f*, Kontingent *n*; **~er** *(1a)* kontingentieren
continu, **~e** [kõtiny] ständig, dauernd, ununterbrochen; ***courant*** *m* ***continu*** Gleichstrom *m*
continu|ation [kõtinɥasjõ] *f* Fortsetzung *f*; **~el**, **~elle** beständig; **~er** *(1n)* *v/t voyage*, *travaux*: fortsetzen; *rue*, *ligne*: verlängern; *v/i personne*: fortfahren, weitermachen; *durer* andauern; **~ *à*** *od* ***de faire qc*** etw weiter(hin) tun; **~ité** *f* Kontinuität *f*
contorsion [kõtɔrsjõ] *f* Verrenkung *f*
contour [kõtur] *m* Umriss *m*, Kontur *f*; **~ner** [-ne] *(1a)* herumgehen, -fahren, -fließen um; *fig éviter* umgehen
contracept|if, **~ive** [kõtrasɛptif, -iv] empfängnisverhütend; **~ion** *f* Empfängnisverhütung *f*
contract|er [kõtrakte] *(1a)* **1.** zusammenziehen; *visage*: verzerren; **2.** *alliance*: schließen; *assurance*: abschließen; *maladie*: sich *(dat)* zuziehen; *habitude*: annehmen; *dette*: machen; *crédit*: aufnehmen; **~uel**, **~uelle** [-ɥɛl] **1.** *adj* vertraglich; **2.** *m*, *f* Hilfspolizist *m*, Politesse *f*
contradic|tion [kõtradiksjõ] *f* Widerspruch *m*; **~toire** [-twar] widersprüchlich
contraindre [kõtrɛ̃drə] *(4b)* **~ *qn à qc*** j-n zu etw zwingen; **~ *qn à faire qc*** j-n dazu zwingen, etw zu tun
contrainte [kõtrɛ̃t] *f* Zwang *m*
contraire [kõtrɛr] **1.** *adj opposé* gegensätzlich, -teilig; entgegengesetzt (***à qc*** e-r Sache); *nuisible* nachteilig (***à qc*** für etw); **2.** *m* Gegenteil *n*; ***au* ~** im Gegenteil; **~ment** *adv* **~ *à*** im Gegensatz zu
contrari|er [kõtrarje] *(1a)* *personne*: ärgern; *projet*, *action*: stören, behindern; **~été** [-ete] *f* Unannehmlichkeit *f*
contrast|e [kõtrast] *m* Gegensatz *m*, Kontrast *m*; **~er** *(1a)* im Gegensatz stehen (***avec*** zu)
contrat [kõtra] *m* Vertrag *m*
contravention [kõtravɑ̃sjõ] *f infraction* Übertretung *f*, Verstoß *m*; *procès-verbal* Strafzettel *m*
contre [kõtrə] **1.** *prép* gegen; (***tout***) **~** dicht neben, dicht bei; **2.** ***par* ~** andererseits; **3.** *m* ***le pour et le* ~** das Für und Wider
contre|balancer [kõtrəbalɑ̃se] *(1k)* ausgleichen; **~bande** [-bɑ̃d] *f* Schmuggel *m*; *marchandises*: Schmuggelware *f*; ***faire la* ~ *de qc*** etw *(acc)* schmuggeln; **~bandier** [-bɑ̃dje] *m* Schmuggler *m*; **~basse** [-bɑs] *f* Kontrabass *m*; **~carrer** [-kare] *(1a)* *projets*: durchkreuzen; **~ *qc*** *projet*: etw durchkreuzen; **~cœur** [-kœr] ***à* ~** widerwillig, ungern; **~coup** [-ku] *m* Rückwirkung *f*; **~-courant** [-kurɑ̃] *m* *(pl contre-courants)* Gegenströmung *f*; **~dire** [-dir] *(4m)* **~ *qn*** j-m widersprechen
contrée [kõtre] *f* Gegend *f*
contre|façon [kõtrəfasõ] *f* Fälschung *f*; **~faire** [-fɛr] *(4n)* *falsifier* fälschen; *personne*, *gestes*: nachahmen; *voix*: verstellen; **~fait**, **~faite** [-fɛ, -fɛt] missgestaltet; **~forts** [-fɔr] *m/pl géogr* Vorberge *m/pl*; **~-jour** [-ʒur] ***à* ~** gegen das Licht, im Gegenlicht; **~maître** [-mɛtrə] *m* Werkmeister *m*; *bâtiment*: Polier *m*; **~-mesure** [-məzyr] *f* *(pl contre-mesures)* Gegenmaßnahme *f*; **~partie** [-parti] *f* Ausgleich *m*; ***en* ~** dafür, als Gegenleistung; **~-pied** [-pje] *m* Gegenteil *n*; ***prendre le* ~ *de*** das genaue Gegenteil sagen, tun von; **~-plaqué** [-plake] *m* Sperrholz *n*; **~poids** [-pwa] *m* Gegengewicht *n*; **~sens** [-sɑ̃s] *m* Sinnwidrigkeit *f*; ***à* ~** verkehrt; **~signer** [-siɲe] *(1a)* gegenzeichnen; **~temps** [-tɑ̃] *m* widriger Umstand *m*; ***à* ~** zur Unzeit; **~-valeur** [-valœr] *f* Gegenwert *m*
contrevenir [kõtrəv(ə)nir] *(2h)* *jur* **~ *à qc*** gegen etw verstoßen, etw *(acc)* übertreten
contribu|able [kõtribɥablə] *m* Steuerzahler *m*; **~er** *(1n)* **~ *à qc*** zu etw beitragen; **~ *aux frais*** etw zu den Unkosten beisteuern
contribution [kõtribysjõ] *f* Beitrag *m*; *impôt* Steuer *f*
contrôl|e [kõtrol] *m* Kontrolle *f*, Überprüfung *f*; *surveillance* Überwachung *f*; **~ *global*** Globalsteuerung *f*; **~ *qua-***

lité Qualitätskontrolle *f*; ***perdre le ~ de son véhicule*** die Kontrolle über sein Fahrzeug verlieren; *écon* **~ *de gestion*** Controlling *n*; **~ *des naissances*** Geburtenkontrolle *f*; **~ *de soi*** Selbstkontrolle *f*; **~ *radar*** Radarkontrolle *f*; **~er** (*1a*) kontrollieren, überprüfen; *surveiller* beaufsichtigen; ***se ~*** sich beherrschen; **~eur**, **~euse** *m*, *f* Kontrolleur(in) *m(f)*; *chemin de fer*: Schaffner(in) *m(f)*; *écon* ***contrôleur de gestion*** Controller(in) *m(f)*

controvers|e [kõtrɔvɛrs] *f* Kontroverse *f*, Streit *m*; **~é**, **~ée** umstritten

contumace [kõtymas] *f jur* ***être condamné par ~*** in Abwesenheit verurteilt werden

contusion [kõtyzjõ] *f méd* Prellung *f*, Quetschung *f*

convainc|ant, **~ante** [kõvɛ̃kɑ̃, -ɑ̃t] überzeugend; **~re** (*4i*) **1.** *persuader* überzeugen; **2.** *jur* **~ *qn de qc*** j-n e-r Sache überführen; **~u**, **~ue** [-y] überzeugt

convalesc|ence [kõvalesɑ̃s] *f* Genesung *f*; **~ent**, **~ente** [-ɑ̃, -ɑ̃t] *m*, *f* Genesende(r) *m*, *f*

conven|able [kõvnablə] *tenue*, *manières*: anständig; *moment*: passend; *salaire*: *suffisant* angemessen; **~ance** *f* **~*s*** *pl bienséance* Schicklichkeit *f*; ***qc à ma ~*** etw Passendes

convenir [kõvnir] (*2h*) **~ *à qn*** *être approprié* j-m passen; **~ *à qc*** zu etw passen; **~ *de qc*** *décider* etw vereinbaren; *avouer* etw zugeben; ***il convient de faire qc*** es empfiehlt sich, etw zu tun; ***il convient que nous …*** (+ *subj*) es empfiehlt sich, dass wir…; ***il a été convenu que*** *od* ***de faire qc*** es wurde vereinbart, dass *od* etw zu tun; ***comme convenu*** wie vereinbart

convent|ion [kõvɑ̃sjõ] *f accord* Abkommen *n*, Vereinbarung *f*, Absprache *f*; *assemblée* Konvent *n*; **~*s*** *pl sociales*: Konventionen *f/pl*; **~ *collective*** Tarifvertrag *m*; **~ionnel**, **~ionnelle** [-jɔnɛl] konventionell, herkömmlich

conventionn|é, **~ée** [kõvɑ̃sjɔne] ***médecin*** *m* **~** Kassenarzt *m*

convergence [kõvɛrʒɑ̃s] *f écon* Konvergenz *f*

converger [kõvɛrʒe] (*1l*) *math*, *optique*: zusammenlaufen, konvergieren; *fig* übereinstimmen

convers|ation [kõvɛrsasjõ] *f* Gespräch *n*, Unterhaltung *f*; **~er** (*1a*) sich unterhalten

conversion [kõvɛrsjõ] *f* Umwandlung *f*, Konvertierung *f*; *rel* Bekehrung *f*; **~ *en espèces*** Bargeldumstellung *f*

convert|ible [kõvɛrtiblə] *comm* konvertierbar; **~ir** (*2a*) umwandeln, konvertieren; *rel* bekehren (***à*** zu)

conviction [kõviksjõ] *f* Überzeugung *f*

convier [kõvje] (*1a*) *st/s* **~ *qn à qc*** j-n zu etw einladen; **~ *qn à faire qc*** j-n auffordern, etw zu tun

convive [kõviv] *st/s m*, *f* Gast *m*

convocation [kõvɔkasjõ] *f mil* Einberufung *f*; *jur* Vorladung *f*

convoi [kõvwa] *m* Konvoi *m*, Geleitzug *m*

convoit|er [kõvwate] *st/s* (*1a*) begehren; **~ise** [-iz] *f* Begehrlichkeit *f*

convoquer [kõvɔke] (*1m*) *assemblée*: einberufen; *jur* (vor)laden; *candidat*: kommen lassen, rufen

convoyer [kõvwaje] (*1h*) eskortieren

convuls|er [kõvylse] (*1a*) krampfhaft verzerren; **~ion** *f* Zuckung *f*, Krampf *m*

cool [kul] F cool

coopérant [kɔɔperɑ̃] *m* Entwicklungshelfer *m*

coopéra|tif, **~tive** [kɔɔperatif, -tiv] **1.** *adj* kooperativ; **2.** *f* Genossenschaft *f*; **~tion** *f collaboration* Zusammenarbeit *f*, Kooperation *f*; *contribution* Mitarbeit *f*; *tiers monde*: Entwicklungshilfe *f*

coopérer [kɔɔpere] (*1f*) zusammenarbeiten; **~ *à qc*** an etw (*dat*) mitarbeiten

coordina|teur, **~trice** [kɔɔrdinatœr, -tris] *m*, *f* Koordinator(in) *m(f)*; **~tion** *f* Koordinierung *f*

coordonn|er [kɔɔrdɔne] (*1a*) koordinieren, aufeinander abstimmen; **~ées** *f/pl math* Koordinaten *f/pl*; *données personnelles*: persönliche Daten *n/pl*

copain [kɔpɛ̃] F *m* Freund *m*, Kamerad *m*, F Kumpel *m*; ***être ~ avec*** befreundet sein mit

Copenhague [kɔpɛnag] Kopenhagen *n*

copie [kɔpi] *f double* Kopie *f*, Abschrift *f*, Duplikat *n*; *imitation* Nachbildung *f*;

*~ **de sécurité*** Sicherheitskopie *f*
copier [kɔpje] (*1a*) *école*: abschreiben (***sur qn*** von j-m); *photocopieuse*: kopieren; *imiter* nachbilden
copi|eux, **~euse** [kɔpjø, -øz] reichlich
copilote [kɔpilɔt] *m* Kopilot *m*
copine [kɔpin] F *f* Freundin *f*, Kameradin *f*, Kollegin *f*
copropriété [kɔprɔprijete] *f* Miteigentum *n*
coq [kɔk] *m zo* Hahn *m*
coque [kɔk] *f mar, aviat* Rumpf *m*; *œuf, noix*: Schale *f*; ***œuf*** *m* ***à la ~*** weich gekochtes *od* weiches Ei *n*
coquelicot [kɔkliko] *m bot* Mohn *m*
coqueluche [kɔklyʃ] *f* Keuchhusten *m*
coqu|et, **~ette** [kɔkɛ, -ɛt] kokett; *joli* hübsch
coquetier [kɔktje] *m* Eierbecher *m*
coquetterie [kɔkɛtri] *f* Koketterie *f*, Gefallsucht *f*
coquillage [kɔkijaʒ] *m* Muschel(schale) *f*
coquille [kɔkij] *f* Muschel(schale) *f*; *œuf, noix*: Schale *f*; *erreur*: Druckfehler *m*
coqu|in, **~ine** [kɔkɛ̃, -in] **1.** *adj* spitzbübisch, schelmisch; **2.** *m, f* Schlingel *m*
cor [kɔr] *m* **1.** *mus* (Wald-)Horn *n*; **2.** *méd* Hühnerauge *n*
corail [kɔraj] *m* (*pl coraux*) Koralle *f*
Coran [kɔrɑ̃] ***le ~*** der Koran
corbeau [kɔrbo] *m* (*pl -x*) *zo* Rabe *m*
corbeille [kɔrbɛj] *f* Korb *m*; *théâtre*: Balkon-, Rangloge *f*; Maklerraum *m*; ***~ à papier*** Papierkorb *m*
corbillard [kɔrbijar] *m* Leichenwagen *m*
cord|e [kɔrd] *f* Seil *n*, Strick *m*; *arc*: Sehne *f*; *mus, tennis*: Saite *f*; **~s** *pl mus* Streicher *m/pl*; ***~s vocales*** Stimmbänder *n/pl*; **~ée** *f alpinisme*: Seilschaft *f*
cordial, **~e** [kɔrdjal] (*m/pl -iaux*) herzlich; **~ité** *f* Herzlichkeit *f*
cordon [kɔrdõ] *m* Schnur *f*; ***~ littoral*** Küstenstreifen *m*; ***~ ombilical*** Nabelschnur *f*; **~-bleu** *m* (*pl cordons-bleus*) F ausgezeichnete Köchin *f*
cordonnier [kɔrdɔnje] *m* Schuhmacher *m*
Corée [kɔre] ***la ~*** Korea *n*
coriace [kɔrjas] zäh; *fig* hartnäckig
corn|e [kɔrn] *f zo u allg* Horn *n*; *livre*: Eselsohr *n*; *auto* Hupe *f*; *fig* ***avoir des ~s*** betrogen werden (*Ehe*); **~ée** *f* Hornhaut *f* (*des Auges*)
corneille [kɔrnɛj] *f zo* Krähe *f*
cornemuse [kɔrnəmyz] *f* Dudelsack *m*
corner[1] [kɔrne] (*1a*) *auto* hupen
corner[2] [kɔrnɛr] *m football*: Eckball *m*
cornet [kɔrnɛ] *m sachet* (spitze) Tüte *f*; *mus* Horn *n*; ***~ à dés*** Würfelbecher *m*
corniche [kɔrniʃ] *f* kurvenreiche Küstenstraße *f*
cornichon [kɔrniʃõ] *m* Gewürzgürkchen *n*
corniste [kɔrnist] *m mus* Hornist *m*
Cornouailles [kɔrnwɑj] *f/pl* ***les ~*** Cornwall *n*
cornu, **~e** [kɔrny] **1.** *adj* gehörnt (*a fig mari*); **2.** *f chim* Retorte *f*
coron [kɔrõ] *m* Bergarbeitersiedlung *f*
corporation [kɔrpɔrasjõ] *f* Körperschaft *f*; *hist* Gilde *f*, Zunft *f*
corporel, **~le** [kɔrpɔrɛl] körperlich
corps [kɔr] *m* **1.** Körper *m*; *mort*: Leichnam *m*, Leiche *f*; ***prendre ~*** Gestalt annehmen; **2.** *texte*: Corpus *m*; **3.** Körperschaft *f*, Gruppe *f*; *mil, diplomatique*: Korps *n*; ***le ~ électoral*** die Wähler *m/pl*
corpul|ence [kɔrpylɑ̃s] *f* Korpulenz *f*, Beleibtheit *f*; **~ent**, **~ente** [-ɑ̃, -ɑ̃t] korpulent, beleibt
correct, **~e** [kɔrɛkt] korrekt (*a personne*), richtig; *texte*: fehlerfrei
correction [kɔrɛksjõ] *f qualité*: Richtigkeit *f*, Korrektheit *f*; *modification* Verbesserung *f*, Korrektur *f*; *punition* Tracht *f* Prügel
corrélation [kɔrelasjõ] *f* Korrelation *f*, Wechselbeziehung *f*
correspond|ance [kɔrɛspõdɑ̃s] *f* **1.** *rapport* Übereinstimmung *f*; **2.** *chemin de fer*: Anschluss *m*; **3.** *lettres*: Briefwechsel *m*, Korrespondenz *f*; **~ant**, **~ante** [-ɑ̃, -ɑ̃t] **1.** *adj* entsprechend; **2.** *m, f journal*: Korrespondent(in) *m(f)*, Berichterstatter(in) *m(f)*; *ami*: Brieffreund(in) *m(f)*
correspondre [kɔrɛspõdrə] (*4a*) **1.** *être conforme* entsprechen (***à qc*** e-r Sache); *2 choses*: miteinander übereinstimmen; *salles*: miteinander verbunden sein; **2.** *2 personnes*: korrespondieren, in Briefwechsel stehen (***avec*** mit)

corridor [kɔridɔr] *m* Gang *m*, Flur *m*
corriger [kɔriʒe] (*1l*) *texte*: korrigieren, verbessern, berichtigen; *battre* schlagen
corroborer [kɔrɔbɔre] (*1a*) bestärken, bekräftigen
corroder [kɔrɔde] (*1a*) zersetzen
corromp|re [kɔrõprə] (*4a*) *avilir* verderben; *soudoyer* bestechen; ***se ~*** *fig mœurs*: in Verfall geraten; **~u**, **~ue** [-py] *p/p de* ***corrompre*** *u adj* korrupt
corros|if, **~ive** [kɔrozif, -iv] **1.** *adj* ätzend; *fig* beißend; **2.** *m* Ätzmittel *n*
corruption [kɔrypsjõ] *f* Korruption *f*; *pot-de-vin* Bestechung *f*
corsage [kɔrsaʒ] *m* Bluse *f*
corse [kɔrs] **1.** *adj* korsisch; **2.** ♀ *m*, *f* Korse *m*, Korsin *f*
Corse [kɔrs] ***la ~*** Korsika *n*
corsé, **~ée** [kɔrse] *vin*: körperreich; *sauce*: würzig; heikel; *facture*: gesalzen
corset [kɔrsɛ] *m* Korsett *n*
cortège [kɔrtɛʒ] *m* Gefolge *n*; ***~ nuptial*** Hochzeitszug *m*; ***~ funèbre*** Trauerzug *m*
cortisone [kɔrtizɔn] *f phm* Kortison *n*
corvée [kɔrve] *f* lästige Arbeit *f*; *mil* Sonderdienst *m*
cosmétique [kɔsmetik] **1.** *adj* kosmetisch; **2.** *f* Kosmetik *f*; **3.** *m* Schönheitsmittel *n*
cosmique [kɔsmik] kosmisch
cosmopolite [kɔsmɔpɔlit] **1.** *adj* kosmopolitisch, weltbürgerlich; **2.** *m* Kosmopolit *m*, Weltbürger *m*
cosmos [kɔsmɔs] *m* Kosmos *m*, Weltall *n*
cosse [kɔs] *f bot* Schote *f*, Hülse *f*
cossu, **~e** [kɔsy] *personne*: wohlhabend; *château*: stattlich
Costa Rica [kɔstarika] ***le ~*** Costa Rica *n*
costaud [kɔsto] (*f unv*) F stämmig, kräftig
costum|e [kɔstym] *m* Anzug *m*; *théâtre*: Kostüm *n*; *régional*: Tracht *f*; **~er** (*1a*) (***se***) **~** (sich) verkleiden, kostümieren
cote [kɔt] *f cotisation*: Anteil *m*, Quote *f*; *Bourse*: Kursnotierung *f*; *marque* Kennziffer *f*, Aktenzeichen *n*; *fig appréciation* Bewertung *f*; *fig* F ***avoir la ~*** sehr angesehen sein
côte [kot] *f* **1.** *anat* Rippe *f*; **2.** *pente* Steigung *f*, Hang *m*; **3.** *mer*: Küste *f*; **4.** *viande*: Kotelett *n*
côté [kote] *m* Seite *f*; ***à ~*** nebenan; ***à ~ de*** neben (*dat*); ***de ~*** beiseite, zur Seite; ***de l'autre ~*** auf der anderen Seite; andererseits; ***du ~ de*** *près de* in der Nähe von; *direction*: in Richtung auf (*acc*); ***sur le ~*** auf der Seite; ***laisser de ~*** beiseitelassen; ***mettre de ~*** auf die Seite legen
coteau [kɔto] *m* (*pl -x*) *colline* Hügel *m*; *pente*: Abhang *m*
Côte-d'Ivoire [kotdivwar] ***la ~*** die Elfenbeinküste
côtelette [kotlɛt] *f cuis* Kotelett *n*
coter [kɔte] (*1a*) *Bourse*: notieren
cotis|ation [kɔtizasjõ] *f* (Mitglieds-) Beitrag *m*; **~er** (*1a*) Beitrag zahlen
coton [kɔtõ] *m* Baumwolle *f*; ***~ hydrophile*** Verbandwatte *f*
côtoyer [kotwaje] (*1h*) ***~ qn*** mit j-m zusammenkommen; ***~ qc*** an etw (*dat*) entlanglaufen
cou [ku] *m* (*pl -s*) Hals *m*
couard, **~e** [kwar, -d] *litt* feig
couch|age [kuʃaʒ] *m* ***sac m de ~*** Schlafsack *m*; **~ant** [-ɑ̃] **1.** *st/s m* Westen *m*; **2.** *adj* ***soleil m ~*** untergehende Sonne *f*
couch|e [kuʃ] *f* **1.** Schicht *f*; ***~s sociales*** Gesellschaftsschichten *f/pl*; ***~ d'ozone*** Ozonschicht *f*; **2.** *méd* ***fausse ~*** Fehlgeburt *f*; ***~s*** *pl* Niederkunft *f*, Entbindung *f*; **3.** *bébé*: Windel *f*; **~é**, **~ée** liegend; **~er** (*1a*) **1.** *v/t mettre au lit*: zu Bett bringen; *héberger* übernachten lassen; *étendre* hinlegen; *v/i* schlafen, übernachten; ***se ~*** zu Bett gehen; *s'étendre* sich hinlegen; F ***~ avec qn*** mit j-m schlafen; **2.** *m* ***~ du soleil*** Sonnenuntergang *m*
couchette [kuʃɛt] *f* Liegewagenplatz *m*
coucou [kuku] *m* Kuckuck *m*; *pendule*: Kuckucksuhr *f*
coude [kud] *m anat* Ell(en)bogen *m*; *route*: Biegung *f*; ***jouer des ~s*** sich durchdrängeln; *fig* die Ellenbogen gebrauchen
cou-de-pied [kudpje] *m* (*pl cous-de--pied*) Spann *m*, Rist *m*
coudre [kudrə] (*4d*) nähen; *bouton*: annähen

couenne [kwan] *f* Schwarte *f*
couffin [kufɛ̃] *m* Tragkorb *m*
couille [kuj] P *f* Hoden *m*
coul|ant, ~ante [kulɑ̃, -ɑ̃t] *style*: flüssig; *fig* großzügig, kulant; **~er** *(1a) v/i* fließen; *fuir* auslaufen, lecken; *bateau*: untergehen, sinken; *v/t mouler* gießen; *bateau*: versenken
couleur [kulœr] *f* Farbe *f*
couleuvre [kulœvrə] *f zo* Natter *f*
coulisse [kulis] *f* **1.** *tech* Rinne *f*, Fuge *f*; ***à ~*** Schiebe…; **2.** ***~s*** *pl théâtre*: Seiten- und Hinterbühne *f*; *fig* ***dans les ~s*** hinter den Kulissen
couloir [kulwar] *m maison*: Gang *m* (*a bus, train*), Flur *m*
coup [ku] *m* Schlag *m*; *arme*: Schuss *m*; *gorgée* Schluck *m*; *jeu*: Zug *m*; ***~ d'État*** Staatsstreich *m*; ***~ de balai*** *fig* F Rausschmiss *m*; ***donner un ~ de balai*** zusammenfegen; *fig* F rausschmeißen; ***~ de chance*** Glücksfall *m*; ***donner un ~ de main*** behilflich sein; ***~ de couteau*** Messerstich *m*; ***~ de maître*** Meisterstück *n*; ***~ d'œil*** Blick *m*; ***~ de pied*** Tritt *m*; ***~ de poing*** Faustschlag *m*; ***~ de téléphone*** Anruf *m*; ***~ de tête*** Kurzschlusshandlung *f*; ***~ de tonnerre*** Donnerschlag *m*; ***~ de vent*** Windstoß *m*, Bö *f*; ***avoir un ~ de soleil*** e-n Sonnenbrand haben; F ***boire un ~*** einen trinken; ***~ franc*** Freistoß *m*; ***après ~*** hinterher; ***tout d'un ~*** mit e-m Schlag; ***tout à ~*** plötzlich; ***à ~s de*** mit, durch, mittels; ***à ~ sûr*** sicherlich; ***du ~*** deshalb; ***du même ~*** bei dieser Gelegenheit; ***d'un seul ~*** auf einmal; ***pour le ~*** (für) diesmal; F ***être dans le ~*** im Bilde sein; in die Sache mit verwickelt sein; ***tenir le ~*** durchhalten
coupable [kupablə] **1.** *adj* schuldig; **2.** *m, f* Schuldige(r) *m, f*; *jur* Täter(in) *m(f)*
coupe[1] [kup] *f cheveux, robe*: Schnitt *m*
coupe[2] [kup] *f verre*: Trinkschale *f*; *sports*: Pokal *m*; *fruits, glace*: Schale *f*
coupe-circuit [kupsirkɥi] *m* (*pl unv*) *él* Sicherung *f*
couper [kupe] *(1a) v/t* schneiden; *morceau*: abschneiden; *tissu*: zuschneiden; *eau*: sperren, abstellen; *conversation*: unterbrechen; *vin*: verschneiden; *animal*: kastrieren; *v/i couteau*: schneiden; *raccourcir*: den Weg abkürzen; *jeu de cartes*: abheben; ***se ~*** sich schneiden; *se trahir* sich verraten; ***~ court à qc*** etw (*acc*) abbrechen
couplage [kuplaʒ] *m tech* Kopplung *f*
coupl|e [kuplə] *m* Paar *n* (*lebender Wesen*); ***~ à double salaire*** Doppelverdiener *pl*; **~er** *(1a)* koppeln
couplet [kuplɛ] *m* Strophe *f*
coupole [kupɔl] *f arch* Kuppel *f*
coupon [kupõ] *m tissu* Stoffrest *m*; *comm* Zinsschein *m*; *élément détachable*: Abschnitt *m*
coupure [kupyr] *f blessure* Schnitt (-wunde) *m(f)*; *film, texte*: Kürzung *f*; *journal*: Ausschnitt *m*; *billet de banque* Geldschein *m*, Banknote *f*; ***~ de courant*** Stromsperre *f*
cour [kur] *f* Hof *m*; *jur* Gerichtshof *m*; ***faire la ~ à qn*** j-m den Hof machen
courag|e [kuraʒ] *m* Mut *m*; **~eux, ~euse** [-ø, -øz] mutig
couramment [kuramɑ̃] *adv parler, lire*: geläufig, fließend
cour|ant, ~ante [kurɑ̃, -ɑ̃t] **1.** *adj* laufend, fließend; *habituel* üblich, gebräuchlich; **2.** *m* Strömung *f*; *él* Strom *m*; ***~ d'air*** Luftzug *m*; ***au ~*** auf dem Laufenden; ***~ alternatif*** Wechselstrom *m*; ***~ continu*** Gleichstrom *m*
courbature [kurbatyr] *f* Gliederschmerzen *m/pl*
courb|e [kurb] **1.** *adj* gebogen, krumm; **2.** *f* Kurve *f*; **~er** *(1a)* krümmen, biegen; ***se ~*** sich bücken; **~ure** [-yr] *f* Krümmung *f*
coureur [kurœr] *m à pied*: Läufer *m*; *sports*: Rennfahrer *m*; *péj* Schürzenjäger *m*
courge [kurʒ] *f bot* Kürbis *m*
courgettes [kurʒɛt] *f/pl bot* Zucchini *pl*
courir [kurir] *(2i)* rennen, laufen; *eau*: fließen; *bruit*: umgehen, im Umlauf sein; ***~ qc*** etw viel besuchen; e-r Sache (*dat*) nachlaufen; ***~ les femmes*** F hinter den Frauen her sein; ***~ un risque*** ein Risiko eingehen; ***~ un danger*** sich e-r Gefahr aussetzen; ***en courant*** eilig
couronn|e [kurɔn] *f* Krone *f*; *fleurs*: Kranz *m*; **~é, ~ée** gekrönt (***de*** von); **~ement** [-mɑ̃] *m* Krönung *f*; **~er** *(1a)* krönen; *fig auteur, livre*: auszeichnen; *achever* vollenden
courrier [kurje] *m* Post *f*, Korrespon-

denz *f*; ***par retour du ~*** postwendend, umgehend
courroie [kurwa] *f* Riemen *m*, Gurt *m*; *auto* Keilriemen *m*
cours [kur] *m* **1.** *astre, rivière*: Lauf *m*; *temporel*: Verlauf *m*; ***au ~ de*** im Laufe (*gén*); ***donner libre ~ à qc*** e-r Sache (*dat*) freien Lauf lassen; ***en ~ de route*** unterwegs; **2.** *écon* Kurs *m*; **3.** *école*: Unterrichtsstunde *f*; *université*: Vorlesung *f*; *adultes*: Kurs *m*
course [kurs] *f à pied*: Laufen *n*; *sports*: (Wett-)Lauf *m*; *cyclistes, chevaux, automobiles*: (Wett-)Rennen *n*; *voiture, bus*: Fahrt *f*; **~s** *pl achats* Einkäufe *m/pl*; ***~ en montagne*** Bergtour *f*; ***faire des ~s*** einkaufen gehen
court[1] [kur] *m* (*a* ***~ de tennis***) Tennisplatz *m*
court[2], **courte** [kur, kurt] kurz; ***à court de*** ohne
courtage [kurtaʒ] *m* Maklergebühr *f*
court-circuit [kursirkɥi] *m* (*pl courts--circuits*) *él* Kurzschluss *m*
courtier [kurtje] *m* Makler *m*
courtis|ane [kurtizan] *f* Kurtisane *f*; **~er *~ qn*** j-m den Hof machen
court|ois, **~oise** [kurtwa, -waz] höflich; **~oisie** [-wazi] *f* Höflichkeit *f*
couru, **~e** [kury] *p/p de* ***courir*** *u adj* viel besucht
couscous [kuskus] *m cuis* Kuskus *m*
cous|in, **~ine** [kuzɛ̃, -in] *m(f)* Cousin(e) *m(f)*, Vetter *m*, Base *f*
coussin [kusɛ̃] *m* Kissen *n*
coussinet [kusinɛ] *m* (kleines) Kissen *n*; *tech* Lager *n*
coût [ku] *m* Kosten *pl*; ***le ~ de la vie*** die Lebenshaltungskosten *pl*
coûtant [kutɑ̃] ***au prix*** (*m*) ***~*** zum Selbstkostenpreis *m*
couteau [kuto] *m* (*pl -x*) Messer *n*
coutelas [kutlɑ] *m großes* Küchenmesser *n*
coûter [kute] (*1a*) kosten; ***~ à qn*** *décision*: j-m schwerfallen; ***~ cher*** teuer sein; *fig* ***~ cher à qn*** j-n teuer zu stehen kommen; ***coûte que coûte*** koste es, was es wolle; ***~ les yeux de la tête*** e-e Stange Geld kosten
coût|eux, **~euse** [kutø, -øz] kostspielig
coutume [kutym] *f* Brauch *m*, Sitte *f*; ***avoir ~ de faire qc*** pflegen etw zu tun
coutur|e [kutyr] *f activité*: Nähen *n*; *ouvrage*: Näharbeit *f*; *points* Naht *f*; **~ier** [-je] *m* Modeschöpfer *m*; **~ière** [-jɛr] *f* Schneiderin *f*
couvée [kuve] Brut *f*
couvent [kuvɑ̃] *m* Kloster *n*
couver [kuve] (*1a*) *v/t* (be-, aus)brüten; *fig projet*: aushecken; *maladie*: ausbrüten; *personne*: verhätscheln; *v/i feu*: schwelen; *projets de vengeance*: heimlich geschmiedet werden
couvercle [kuvɛrklə] *m* Deckel *m*
couv|ert, **~erte** [kuvɛr, -ɛrt] **1.** *p/p de* ***couvrir*** *u adj* bedeckt; ***être bien ~(e)*** warm angezogen sein; ***à ~ de*** sicher vor; *fig* ***sous le ~ de*** unter dem Vorwand von; **2.** *m table*: Gedeck *n*; *cuillers, fourchettes*: Besteck *n*; ***mettre le ~*** den Tisch decken
couverture [kuvɛrtyr] *f* Decke *f*; *livre*: Einband *m*, Deckel *m*; *journal*: Titelseite *f*; *assurance, mil* Deckung *f*
couveuse [kuvøz] *f* Brutkasten *m*
couvre|-feu [kuvrəfø] *m* (*pl couvre--feux*) Ausgangssperre *f*; **~-lit** [-li] *m* (*pl couvre-lits*) Tagesdecke *f*
couvreur [kuvrœr] *m* Dachdecker *m*
couvrir [kuvrir] (*2f*) (be-, zu)decken; *fig* überhäufen (***de*** mit); ***~ qn*** *protéger* j-n decken; ***se ~*** *s'habiller* sich warm anziehen; *ciel*: sich bewölken
covoiturage [kovwatyraʒ] *m* Fahrgemeinschaft *f*
CP *m abr* ***cours préparatoire*** Vorbereitungsklasse; erste Grundschulklasse
crabe [krab] *m* Krabbe *f*
crachat [kraʃa] *m* Speichel *m*; F Spucke *f*
crach|er [kraʃe] (*1a*) *v/i* spucken; *v/t* ausspucken; *injures*: ausstoßen; **~in** [-ʃɛ̃] *m* Sprühregen *m*
crack [krak] *m* F Kanone *f*; *sports*: Ass *n*
Cracovie [krakɔvi] Krakau *n*
craindre [krɛ̃drə] (*4b*) ***~ qn, qc*** j-n, etw fürchten, sich vor j-m *od* etw fürchten; ***~ la chaleur*** Hitze nicht vertragen; ***~ de*** (+ *inf*) sich scheuen zu (+ *inf*); ***~ que*** (***ne***) (+ *subj*) fürchten, dass
craie [krɛ] *f* Kreide *f*
crainte [krɛ̃t] *f* Furcht *f*, Angst *f*; ***de ~ de*** aus Furcht vor
craint|if, **~ive** [krɛ̃tif, -iv] furchtsam, ängstlich
cramoisi, **~e** [kramwazi] karmesinrot

crampe [krɑ̃p] *f méd* Krampf *m*
cramp|on [krɑ̃põ] *m* Klammer *f*; *alpinisme*: Steigeisen *n*; **~onner** [-ɔne] (*1a*) ***se ~ (à)*** sich klammern (an *acc*)
cran [krɑ̃] *m* Einschnitt *m*, Kerbe *f*; F ***avoir du ~*** Schneid haben
crân|e [krɑn] *m* Schädel *m*; **~er** F prahlen, angeben; **~erie** *f* F Prahlerei *f*, Angeberei *f*
crapaud [krapo] *m zo* Kröte *f*
crapule [krapyl] *f* Lump *m*, Schurke *m*; *collectif*: Lumpenpack *n*
craque|lé, **~lée** [krakle] rissig; **~lure** [-lyr] *f* Riss *m*, Sprung *m*; **~ment** *m* Krachen *n*, Knarren *n*
craquer [krake] (*1m*) krachen; knacken; *parquet*: knarren; *couture*: platzen; *fig personne*: *s'effondrer* zusammenbrechen; ***plein à ~*** brechend voll
crass|e [kras] **1.** *adj* krass; **2.** *f* Dreck *m*; **~eux**, **~euse** [-ø, -øz] dreckig
cratère [kratɛr] *m* Krater *m*
cravache [kravaʃ] *f* Reitpeitsche *f*
cravate [kravat] *f* Krawatte *f*
crawl [krol] *m* Kraulen *n*
crayon [krɛjõ] *m* Bleistift *m*, Stift *m*; ***~ à bille*** Kugelschreiber *m*; ***~ feutre*** Filzstift *m*
créanc|e [kreɑ̃s] *f comm* (Schuld-)Forderung *f*; **~ier**, **~ière** [-je, -jɛr] *m*, *f* Gläubiger(in) *m(f)*
créa|teur, **~trice** [kreatœr, -tris] **1.** *adj* schöpferisch, kreativ; **2.** *m*, *f* Schöpfer(in) *m(f)*; **~tion** *f monde*: Schöpfung *f*; *mode*, *design*: Kreation *f*; *emplois*: Schaffung *f*; *théâtre*: Erstinszenierung *f*; **~tivité** [-tivite] *f* Kreativität *f*; **~ture** [-tyr] *f* Geschöpf *n*, Lebewesen *n*; Kreatur *f*
crèche [krɛʃ] *f* (Kinder-)Krippe *f*
créd|ibilité [kredibilite] *f* Glaubwürdigkeit *f*; **~ible** glaubwürdig
crédit [kredi] *m prêt* Kredit *m*; *compte bancaire*: Haben(seite *f*) *n*; *autorité* Ansehen *n*; ***acheter à ~*** auf Kredit kaufen; ***faire ~ à qn*** j-m Kredit geben; *fig* j-m Glauben schenken; **~-bail** [-baj] *m* Leasing *n*; ***acheter en ~*** leasen
crédi|ter [kredite] (*1a*) gutschreiben (***qn d'une somme*** j-m e-n Betrag); **~teur**, **~trice** *m*, *f comm* Gläubiger(in) *m(f)*
crédul|e [kredyl] leichtgläubig; **~ité** *f* Leichtgläubigkeit *f*
créer [kree] (*1a*) *concevoir* schaffen; *rel* erschaffen; *institution*: gründen; *emplois*, *problèmes*: schaffen; *comm produit nouveau*: kreieren
crémaillère [kremajɛr] *f tech* Zahnstange *f*; ***chemin*** *m* ***de fer à ~*** Zahnradbahn *f*; *fig* ***pendre la ~*** die neue Wohnung einweihen
crématoire [krematwar] *m* Krematorium *n*
crème [krɛm] **1.** *f lait*: Sahne *f*, Rahm *m*; *cosmétique*, *dessert*: Creme *f*; *fig* F Creme *f* (der Gesellschaft); ***~ fouettée*** *od* ***Chantilly*** Schlagsahne *f*; ***~ de jour*** Tagescreme *f*; ***~ de nuit*** Nachtcreme *f*; ***~ solaire*** Sonnenschutzcreme *f*; **2.** *adj unv* creme(farben)
crémerie [krɛmri] *f* Milchgeschäft *n*
créneau [kreno] *m* (*pl -x*) Schießscharte *f*; *auto* Parklücke *f*; *comm* Marktlücke *f*; ***faire un ~*** einparken
crêpe [krɛp] **1.** *m tissu*: Krepp *m*; *deuil*: Trauerflor *m*; ***semelle*** *f* ***de ~*** Kreppsohle *f*; **2.** *f cuis* Pfannkuchen *m*, Crêpe *f*
crêper [krɛpe] (*1b*) *cheveux*: toupieren
crépi [krepi] *m* (Ver-)Putz *m*
crép|ir [krepir] (*2a*) verputzen; **~iter** [-ite] (*1a*) knistern, prasseln; **~u**, **~ue** [-y] gekräuselt, kraus
CREPS *m abr* ***centre régional d'éducation physique et sportive*** regionale frz. Sporthochschule
crépuscule [krepyskyl] *m* Dämmerung *f*
cresson [krɛsõ *od* krəsõ] *m bot* Kresse *f*
Crète [krɛt] ***la ~*** Kreta *n*
crête [krɛt] *f coq*: (Hahnen-)Kamm *m*; *montagne*: Bergkamm *m*
crét|in, **~ine** [kretɛ̃, -in] **1.** *adj* schwachsinnig; F dumm, blöd; **2.** *m*, *f* Schwachsinnige(r) *m*, *f*; F Dummkopf *m*, Idiot *m*
creuser [krøze] (*1a*) *rendre creux*: aushöhlen; *trou*: graben; *fig idée*: vertiefen; ***~ l'estomac*** hungrig machen; ***se ~ la cervelle*** sich den Kopf zerbrechen
creuset [krøzɛ] *m tech u fig* Schmelztiegel *m*
creux, **creuse** [krø, krøz] **1.** *adj* hohl; *assiette*: tief; ***heures*** *f/pl* ***creuses*** *comm* ruhige Zeit *f*, Flaute *f*; *trafic*:

verkehrsschwache Zeit *f*; *adv* ***sonner creux*** hohl klingen; **2.** *m* Höhlung *f*; *fig* Leere *f*; ***le ~ de la main*** die hohle Hand

crevaison [krəvɛzõ] *f* Platzen *n*; *auto* Reifenpanne *f*

crev|ant, ~ante [krəvɑ̃, -ɑ̃t] F ermüdend

crevass|e [krəvas] *f* Spalt *m*, Riss *m*; *peau*: Schrunde *f*; **~er** (*1a*) *sol*: aufreißen; *peau*: aufspringen lassen; ***se ~*** Risse bekommen; rissig werden

crever [krəve] (*1d*) *v/t ballon, pneu*: platzen lassen, zerstechen, aufschlitzen; *v/i* bersten, platzen (*a fig* ***de*** vor); F *mourir* krepieren; F ***j'ai crevé*** ich habe e-n Platten

crevette [krəvɛt] *f* Garnele *f*; Krabbe *f*

C.-R.F. *f abr* ***Croix-Rouge française*** Französisches Rotes Kreuz

cri [kri] *m* Schrei *m*; *appel* Ruf *m*; *fig* ***le dernier ~*** der letzte Schrei

C.-R.I. *f abr* ***Croix-Rouge internationale*** IRK *n* (Internationales Rotes Kreuz)

cri|ant, ~ante [krijɑ̃, -ɑ̃t] himmelschreiend

cri|ard, ~arde [krijar, -ard] *voix, hommes*: schreiend, kreischend; *couleur*: grell

cribl|e [kriblə] *m* Sieb *n*; **~er** (*1a*) durchlöchern, -bohren

cric [krik] *m* Wagenheber *m*

cri|ée [krije] *f* ***vente f à la ~*** öffentliche Versteigerung; **~er** (*1a*) *v/i* schreien, rufen; *porte*: knarren; ***~ au scandale*** es als Skandal bezeichnen; *v/t* schreien, rufen; *journaux*: ausrufen; ***~ qc à qn*** j-m etw zurufen; ***~ vengeance*** nach Rache schreien; ***~ sur les toits*** an die große Glocke hängen

crime [krim] *m* Verbrechen *n*

Crimée [krime] *géogr* ***la ~*** die Krim

criminalité [kriminalite] *f* Kriminalität *f*; ***~ informatique*** Computerkriminalität *f*; ***~ organisée*** organisiertes Verbrechen *n*

crimin|el, ~elle [kriminɛl] **1.** *adj* verbrecherisch; Kriminal…; **2.** *m, f* Verbrecher(in) *m(f)*

crin [krɛ̃] *m* Rosshaar *n*

crinière [krinjɛr] *f* Mähne *f*

crique [krik] *f* kleine Bucht *f*

criquet [krikɛ] *m zo* Feldheuschrecke *f*

crise [kriz] *f* Krise *f*; ***~ cardiaque*** Herzanfall *m*; ***avoir une ~ de nerfs*** mit den Nerven am Ende sein

crisper [krispe] (*1a*) *muscles*: verkrampfen; *visage*: verzerren; F *fig* wütend machen; ***se ~*** sich verkrampfen

crisser [krise] (*1a*) knirschen

cristal [kristal] *m* (*pl -aux*) Kristall *m*; *verre*: Kristall(glas) *n*; ***~ de roche*** Bergkristall *m*

cristall|in, ~ine [kristalɛ̃, -in] **1.** *adj son, eau*: kristallklar; **2.** *m yeux*: Linse *f*

cristalliser [kristalize] (*1a*) *v/i u* ***se ~*** sich kristallisieren; *fig* deutlich werden

critère [kritɛr] *m* Kriterium *n*; ***~s de convergence*** *écon* Konvergenzkriterien *n/pl*

critiqu|e [kritik] **1.** *adj* kritisch; **2.** *m* Kritiker(in) *m(f)*; **3.** *f* Kritik *f*; *d'un livre*: Rezension *f*; **~er** (*1m*) kritisieren

croasser [krɔase] (*1a*) krächzen

Croatie [krɔasi] ***la ~*** Kroatien *n*

croc [kro] *m dent*: Fangzahn *m*; *boucherie*: Haken *m*

croc-en-jambe [krɔkɑ̃ʒɑ̃b] *m* (*pl crocs-en-jambe*) Beinstellen *n*

croch|et [krɔʃɛ] *m* Haken *m*; *aiguille* Häkelnadel *f*; *route*: Bogen *m*; *de serrurier*: Dietrich *m*; **~s** *pl* eckige Klammern *f/pl*; ***faire du ~*** häkeln; ***faire un ~*** *route*: e-n Bogen machen; *personne*: e-n Abstecher machen; **~u, ~ue** [-y] krumm, gekrümmt

crocodile [krɔkɔdil] *m zo* Krokodil *n*

croire [krwar] (*4v*) **1.** *v/t* glauben (***qc, qn*** etw *acc*, j-m); ***~ qc de qn*** etw von j-m glauben; ***on le croyait médecin*** man hielt ihn für e-n Arzt; ***en ~ qn*** sich auf j-n verlassen; ***à en ~ les journaux*** wenn man den Zeitungen Glauben schenken will; ***faire ~ qc à qn*** j-m etw weismachen; **2.** *v/i* ***~ à qc*** an etw (*acc*) glauben; ***~ en qn*** an j-n glauben; ***~ en Dieu*** an Gott glauben; **3.** ***se ~ qn*** sich für j-n halten; ***il se croit intelligent*** er hält sich für intelligent

crois|ade [krwazad] *f* Kreuzzug *m*; **~ement** [-mɑ̃] *m* Kreuzung *f* (*a biol*); **~er** (*1a*) *v/t* kreuzen (*a biol*); *jambes*: übereinanderschlagen; ***~ qn*** j-m begegnen; *v/i mar* kreuzen; ***se ~*** *routes*: sich kreuzen; *personnes*: einander begegnen; *regards*: sich begegnen; **~eur** *m mar*

Kreuzer *m*; **~ière** *f mar* Kreuzfahrt *f*
croiss|ance [krwasɑ̃s] *f* Wachstum *n*; **~ant** [-ɑ̃t] *m lune*: Mondsichel *f*; *cuis* Hörnchen *n*
croître [krwɑtrə] (*4w*) wachsen
croix [krwa] *f* Kreuz *n*; ***la* ♀*-Rouge*** das Rote Kreuz *n*; *fig* ***mettre une* ~ *sur qc*** etw (*acc*) endgültig begraben, abschreiben; ***chemin*** *m* ***de*** ~ Leidensweg *m* Christi
croqu|ant, **~ante** [krɔkɑ̃, -ɑ̃t] *croûte*: knusprig; *pomme*: knackig
croque|-monsieur [krɔkməsjø] *m* (*pl unv*) *cuis* Schinkentoast *m* mit Käse; **~-mort** [-mɔr] F *m* (*pl croque-morts*) Sargträger *m*
croquer [krɔke] (*1m*) **1.** *v/t biscuit*, *noix*: knabbern; *bonbon*: zerbeißen; *v/i* (*zwischen den Zähnen*) krachen; **2.** *dessiner* skizzieren, entwerfen
croquis [krɔki] *m* Skizze *f*
crosse [krɔs] *f évêque*: Bischofsstab *m*; *fusil*: Gewehrkolben *m*
crott|e [krɔt] *f* Kot *m*; **~in** *m* Pferdemist *m*
croul|ant, **~ante** [krulɑ̃, -ɑ̃t] baufällig; **~er** (*1a*) einstürzen; *fig* (fast) zusammenbrechen
croup [krup] *m méd* Krupp *m*
croupe [krup] *f* Kruppe *f*, Kreuz *n des Pferdes*
croupir [krupir] (*2a*) *eau*: faulig werden; *personne*: dahinvegetieren (***dans*** in *dat*)
CROUS [krus] *m abr* ***centre régional des œuvres universitaires et scolaires*** *etwa* Studentenwerk *n*
croustill|ant, **~ante** [krustijɑ̃, -ɑ̃t] knusprig
croût|e [krut] *f pain*: Kruste *f*; *fromage*: Rinde *f*; *méd* Schorf *m*; **~er** (*1a*) F futtern; **~on** *m extrémité du pain* (Brot-) Kanten *m*; *morceau*: Brotwürfel *m*
croy|able [krwajablə] glaubhaft; **~ance** *f* Glaube(n) *m*; **~ant**, **~ante** [-ɑ̃, -ɑ̃t] *rel* **1.** *adj* gläubig; **2.** *m*, *f* Gläubige(r) *m*, *f*
CRS [seɛrɛs] (*abr* compagnie républicaine de sécurité) *etwa* Bereitschaftspolizei *f*
cru, **~e** [kry] **1.** *p/p de* ***croire***; **2.** *adj légumes*: ungekocht, roh; *lumière*: grell; *paroles*: derb; **3.** *m domaine*: (Wein-) Gebiet *n*; *vigne* Weinberg *m*; *vin* Wein(sorte *f*) *m*; *fig* ***de mon*** ~ von mir erfunden
cruauté [kryote] *f* Grausamkeit *f*
cruche [kryʃ] *f* Krug *m*
cruci|al, **~ale** [krysjal] (*m/pl -aux*) entscheidend
cruci|fié [krysifje] *m* Gekreuzigte(r) *m*; **~fiement** [-fimɑ̃] *m* Kreuzigung *f*; **~fier** [-fje] (*1a*) kreuzigen; **~fix** [-fi] *m* Kruzifix *n*
crudité [krydite] *f* Grobheit *f*, Brutalität *f*; ***~s*** *pl cuis* Rohkost *f*
crue [kry] *f* Hochwasser *n*; ***être en*** ~ Hochwasser führen
cruel, **~le** [kryɛl] grausam
crûment [krymɑ̃] *adv* unumwunden, schonungslos
crustacés [krystase] *m/pl zo* Krusten-, Krebstiere *n/pl*
crypte [kript] *f* Krypta *f*
CSCE *abr f hist* ***Conférence sur la sécurité et la coopération en Europe*** KSZE *f* (Konferenz über die Sicherheit und Zusammenarbeit in Europa)
ct. *abr* (***du mois***) ***courant*** d. M. (dieses Monats)
Cuba [kyba] Kuba *n*
cubage [kybaʒ] *m* Kubikinhalt *m*
cub|e [kyb] *math* **1.** *m* Würfel *m*; *nombre*: Kubikzahl *f*; **2.** *adj* Kubik…; ***mètre*** *m* ~ Kubikmeter *m od n*; **~ique** kubisch; **~isme** *m art*: Kubismus *m*; **~iste** *m* Kubist *m*
cueill|ette [kœjɛt] *f* Obsternte *f*; **~ir** (*2c*) pflücken
cuiller *od* **cuillère** [kɥijɛr] *f* Löffel *m*; ~ *od* ***cuillère à soupe*** Suppen- *od* Esslöffel *m*; ~ *od* ***cuillère à café*** Kaffee- *od* Teelöffel *m*
cuillerée [kɥij(e)re] *f* Löffel *m* (voll)
cuir [kɥir] *m* Leder *n*; ~ ***chevelu*** Kopfhaut *f*
cuirass|e [kɥiras] *f* Harnisch *m*; Panzer *m* (*a zo u mar*); **~er** (*1a*) panzern
cuire [kɥir] (*4c*) kochen; *au four*: backen; *rôti*: braten; ***faire*** ~ ***qc*** etw kochen, backen, braten
cuisine [kɥizin] *f* Küche *f*; ***faire la*** ~ kochen (*die Mahlzeiten bereiten*)
cuisin|é [kɥizine] ***plat*** *m* ~ Fertiggericht *n*; **~er** (*1a*) *v/t* zubereiten, kochen; *v/i* kochen (können); **~ier** [-je] *m* Koch *m*; **~ière** *f* [-jɛr] Köchin *f*; *fourneau* Küchenherd *m*

cuiss|e [kɥis] *f anat* (Ober-)Schenkel *m*; *cuis poulet*: Keule *f*; Schlegel *m*; **~eau** *m* (*pl -x*) Kalbskeule *f*
cuisson [kɥisõ] *f* Kochen *n*; *pain*: Backen *n*; *eau*: Sieden *n*; *rôti*: Braten *n*
cuit, **cuite** [kɥi, kɥit] *p/p de* ***cuire*** *u adj légumes*: gekocht; *rôti*: gebraten; *pain*: gebacken; *argile*: gebrannt; ***assez ~(e)*** gar
cuivr|e [kɥivrə] *m* Kupfer *n*; ***~ jaune*** Messing *n*; ***~s*** *pl* Blechblasinstrumente *n/pl*; **~er** (*1a*) verkupfern
cul [ky] *m* P Arsch *m*
culasse [kylas] *moteur*: Zylinderkopf *m*; *fusil*: Verschluss *m*
culbut|e [kylbyt] *f* Purzelbaum *m*; *accidentelle*: Sturz *m*; ***faire la ~*** e-n Purzelbaum schlagen; **~eur** *m* Kipphebel *m*
cul-de-jatte [kydʒat] *m* (*pl culs-de-jatte*) Krüppel *m* ohne Beine
cul-de-sac [kydsak] *m* (*pl culs-de-sac*) Sackgasse *f* (*a fig*)
culinaire [kylinɛr] Koch…, Küchen…, kulinarisch
culmin|ant [kylminɑ̃] ***point*** *m* ~ *astr* Kulminationspunkt *m*; *fig* Höhepunkt *m*; **~er** (*1a*) seinen höchsten Punkt haben; *fig* den Höhepunkt erreichen
culot [kylo] *m lampe*: Sockel *m*; F Frechheit *f*, Unverschämtheit *f*
culott|e [kylɔt] *f* (kurze) Hose *f*; *femme*: Schlüpfer *m*; **~é**, **~ée** F frech
culpabilité [kylpabilite] *f* Schuld *f*
culte [kylt] *m vénération* Kult *m*, Verehrung *f*; *religion* Religion *f*, Konfession *f*; *service* Gottesdienst *m*
cultiv|able [kyltivablə] *agr* anbaufähig; **~ateur**, **~atrice** [-atœr, -atris] *m*, *f* Landwirt(in) *m*(*f*); **~é**, **~ée** *agr* bebaut; *fig* gebildet; **~er** (*1a*) *agr terre*: bebauen, bestellen; *légumes*, *tabac*: (an)pflanzen, anbauen; *esprit*, *goût*: entwickeln; *relation*: pflegen; ***se ~*** sich weiterbilden
cultur|e [kyltyr] *f* **1.** *agr* Bebauung *f*, Bestellung *f*; *plantes*: Anbau *m*; ***~ de la vigne*** Weinbau *m*; **2.** Kultur *f*; ***~ générale*** Allgemeinbildung *f*; ***~ physique*** Leibesübungen *f/pl*; **~el**, **~elle** kulturell, Kultur…; **~isme** *m* Bodybuilding *n*
cumin [kymɛ̃] *m bot* Kümmel *m*
cumuler [kymyle] (*1a*) *fonctions*: gleichzeitig bekleiden *od* haben; *salaires*: gleichzeitig beziehen
cupid|ité [kypidite] *f* Begierde *f*, Habsucht *f*; **~e** (hab)gierig
cur|able [kyrablə] heilbar; **~ateur** [-atœr] *m jur* Pfleger *m*
cure [kyr] *f* **1.** *méd* Kur *f*; ***~ thermale*** Badekur *f*; **2.** *égl* Pfarrei *f*; ***n'avoir ~ de*** sich nicht kümmern um
curé [kyre] *m* (katholischer) Pfarrer *m*
cure-dent [kyrdɑ̃] *m* (*pl cure-dents*) Zahnstocher *m*
curer [kyre] (*1a*) reinigen, säubern
curi|eux, **~euse** [kyrjø, -øz] **1.** *intéressé* neugierig; **2.** *bizarre* seltsam, sonderbar
curiosité [kyrjɔzite] *f* **1.** Neugierde *f*; **2.** *objet bizarre*, *rare* Kuriosität *f*; *monuments*: Sehenswürdigkeit *f*
curiste [kyrist] *m*, *f* Kurgast *m*
curriculum vitae [kyrikylɔmvite] *m* (*pl unv*) Lebenslauf *m*
curry [kyri] *m cuis* Curry *m*, *n*
curseur [kyrsœr] *m EDV* Cursor *m*
cutané, **~e** [kytane] Haut…
cuv|e [kyv] *f* Bottich *m*, Bütte *f*; *vin*: Gärbottich *m*; **~ée** [-e] *f* Inhalt *m* e-s Gärbottichs; *vin* Wein(sorte *f*) *m*; **~er** (*1a*) in der Kellerei gären; *fig* ***~ son vin*** seinen Rausch ausschlafen; **~ette** [-ɛt] *f* (Wasch-)Schüssel *f*, Waschbecken *n*
CV *m* **1.** *abr* ***cheval-vapeur*** *auto* PS *f*; **2.** *abr* ***curriculum vitae*** Lebenslauf *m*
cybercafé [sibɛrkafe] *m* Internetcafé *n*
cybermonde [sibɛrmõd] *m* Cyberspace *m*
cybernétique [sibɛrnetik] *f* Kybernetik *f*
cyclable [siklablə] ***piste*** *f* ~ Rad(fahr)weg *m*
cyclamen [siklamɛn] *m bot* Alpenveilchen *n*
cycle [siklə] *m* **1.** *nature*, *écon*: Zyklus *m* (*a littérature*), Kreislauf *m*; **2.** *véhicule*: **~s** *pl* Zweiräder *n/pl*
cycl|isme [siklismə] *m* Radsport *m*; **~iste** *m*, *f* Radfahrer(in) *m*(*f*)
cyclomot|eur [siklɔmɔtœr] *m* Mofa *n*; **~oriste** *m*, *f* Mofafahrer(in) *m*(*f*)
cyclone [siklon] *m* Wirbelsturm *m*
cygne [siɲ] *m zo* Schwan *m*
cylindr|e [silɛ̃drə] *m math* Zylinder *m*; *tech* Walze *f*, Rolle *f*; **~ée** [-e] *f auto*

Hubraum *m*; **~er** (*1a*) walzen

cymbale [sɛ̃bal] *f mus* Becken *n*

cyn|ique [sinik] zynisch; **~isme** *m* Zynismus *m*

cyprès [siprɛ] *m* Zypresse *f*

cyrillique [sirilik] kyrillisch

cystite [sistit] *f méd* Blasenentzündung *f*

D

dactylo [daktilo] *f* Schreibkraft *f*; **~graphie** [-grafi] *f* Maschinenschreiben *n*

dada [dada] *m* F Steckenpferd *n*

dahlia [dalja] *m bot* Dahlie *f*

daigner [dɛɲe] (*1b*) *st/s* **~** (+ *inf*) die Güte haben zu (+ *inf*)

daim [dɛ̃] *m zo* Damhirsch *m*; *peau*: Wildleder *n*

dais [dɛ] *m* Baldachin *m*

dallage [dalaʒ] *m* Plattenbelag *m*

dall|e [dal] *f* Steinplatte *f*; **~er** (*1a*) mit Platten belegen

dalton|ien, ~ienne [daltɔnjɛ̃, -jɛn] farbenblind

damas [dama] *m* Damast(seide *f*) *m*

Damas [damas] *géogr* Damaskus *n*

dam|e [dam] *f* Dame *f* (*a jeux*); ***jeu** m **de ~s*** Damespiel *n*; **~e-jeanne** [-ʒan] *f* (*pl dames-jeannes*) große (Korb-)Flasche *f*; **~ier** *m* Damebrett *n*

damn|ation [danasjõ] *f* Verdammung *f*; **~er** (*1a*) verdammen; *fig* ***faire ~ qn*** j-n zur Verzweiflung bringen

dancing [dɑ̃siŋ] *m* Tanzlokal *n*

dandiner [dɑ̃dine] (*1a*) ***se ~*** hin und her schwanken

dandy [dɑ̃di] *m* Dandy *m*

Danemark [danmark] ***le ~*** Dänemark *n*

danger [dɑ̃ʒe] *m* Gefahr *f*; ***~ de mort*** Lebensgefahr *f*; ***mettre en ~*** gefährden; ***courir le ~ de*** (+ *inf*) Gefahr laufen zu (+ *inf*)

danger|eux, ~euse [dɑ̃ʒrø, -øz] gefährlich

dan|ois, ~oise [danwa, -waz] **1.** *adj* dänisch; **2.** **♀, ♀e** *m, f* Däne *m*, Dänin *f*

dans [dɑ̃] **1.** *lieu*: in (*dat*); *direction*: in (*acc*); ***~ la rue*** auf der Straße; ***~ Molière*** bei Molière; *fig* ***être ~ le commerce*** im Handel tätig sein; ***boire ~ un verre*** aus e-m Glas trinken; **2.** *temps*: innerhalb von, in (*dat*); ***~ les 24 heures*** innerhalb von 24 Stunden; ***~ trois jours*** in 3 Tagen; **3.** *mode*: ***~ ces circonstances*** unter diesen Umständen; ***avoir ~ les 50 ans*** etwa 50 Jahre alt sein

dans|ant, ~ante [dɑ̃sɑ̃, -ɑ̃t] tanzend; ***soirée** f **dansante*** Tanzabend *m*

dans|e [dɑ̃s] *f* Tanz *m*; *action*: Tanzen *n*; ***~ classique*** klassisches Ballett *n*; **~er** (*1a*) tanzen; **~eur, ~euse** *m, f* Tänzer(in) *m(f)*

Danube [danyb] ***le ~*** die Donau

dard [dar] *m zo* Stachel *m*

dare-dare [dardar] F eiligst, schleunigst

dat|e [dat] *f* Datum *n*; ***~ (limite) de conservation*** (Mindest)Haltbarkeitsdatum *n*; ***~ de naissance*** Geburtsdatum *n*; ***~ limite*** letzter, äußerster Termin *m*; ***de longue ~*** seit langem; **~er** (*1a*) datieren; ***~ de*** stammen aus; ***à ~ de ce jour*** von diesem Tage an

datt|e [dat] *f* Dattel *f*; **~ier** [-je] *m* Dattelpalme *f*

daube [dob] *f cuis* Schmoren *n*; ***bœuf** m **en ~*** Rinderschmorbraten *m*

dauphin [dofɛ̃] *m* **1.** *zo* Delphin *m*; **2.** *hist* Dauphin *m* (*französischer Thronfolger*)

davantage [davɑ̃taʒ] mehr (***que*** als)

de [də] **1.** *prép possession*: von; ***la maison ~ mes parents*** das Haus meiner Eltern (*gén*); *origine*: aus; ***il vient ~ Paris*** er kommt aus Paris; *matière*: aus; ***sac** m **~ papier*** Papiertüte *f*; *temps*: ***~ jour*** tagsüber; ***~ nos jours*** heutzutage; ***je n?ai pas dormi ~ la nuit*** ich habe die ganze Nacht nicht geschlafen; ***~ … à*** von … bis; *raison*: ***~ peur*** vor Angst, aus Angst; *mode*: ***~ force*** mit Gewalt; ***~ plus en plus grand*** immer größer; *mesure*: ***une planche ~ 10 cm ~ large*** ein 10 cm breites Brett; **2.** *devant infinitif*: zu; ***cesser ~ travailler*** aufhören zu arbeiten; **3.** *partitif* (*le plus souvent pas traduit*): ***du pain*** Brot; ***des petits pains*** Brötchen

dé [de] *m jeu*: Würfel *m*; ~ (**à coudre**) Fingerhut *m*

D.E.A. *m abr* **Diplôme d'études approfondies** frz. Forschungsdiplom *f* (im Anschluss an die "maîtrise")

débâcle [debaklə] *f d'un cours d'eau*: Eisgang *m*; *fig fruite soudaine* wilde Flucht *f*; *ruine* Zusammenbruch *m*, Debakel *n*

déballer [debale] (*1a*) auspacken

débandade [debɑ̃dad] *f* Auseinanderrennen *n*, wilde Flucht *f*

débarbouiller [debarbuje] (*1a*) ~ **un enfant** e-m Kind das Gesicht waschen

débarcadère [debarkadɛr] *m mar* Landungsbrücke *f*

débardeur [debardœr] *m* Transportarbeiter *m*; *au port*: Hafenarbeiter *m*; *vêtement*: Pullunder *m*

débarqu|ement [debarkəmɑ̃] *m marchandises*: Ausladen *n*, Löschen *n*; *passagers*: Anlandgehen *n*, Vonbordgehen *n*; *mil* Landung *f*; **~er** (*1m*) *v/t* ausladen; *v/i* von Bord gehen; *mil* landen; *fig* F ~ **chez qn** bei j-m aufkreuzen

débarr|as [debara] *m* **1.** F **bon ~** e-e wahre Erlösung!; **2.** *cagibi* Abstellraum *m*; **~asser** [-ase] (*1a*) räumen; *table*: abräumen; ~ **qn de qc** j-m etw (*acc*) abnehmen; **se ~ de qn** (**qc**) sich j-n (etw) vom Halse schaffen

débat [deba] *m* Debatte *f*, Erörterung *f*

débattre [debatrə] (*4a*) ~ **qc** etw diskutieren, durchsprechen; **se ~** sich wehren, sich sträuben

débauch|e [deboʃ] *f* Ausschweifung *f*; **~é**, **~ée 1.** *adj* ausschweifend, lasterhaft, liederlich; **2.** *m*, *f* Wüstling *m*; **~er** (*1a*) **1.** *personnel*: entlassen; **2.** F verleiten, verführen

débil|e [debil] **1.** *adj* schwächlich; F blöd, doof; **2.** *m* ~ **mental** Schwachsinnige(r) *m*; **~ité** *f* Schwäche *f*; ~ **mentale** Schwachsinn *m*

débiner [debine] (*1a*) F anschwärzen; **se ~** sich davonmachen, abhauen

débit [debi] *m* **1.** *magasin*: Umsatz *m*; *cours d'eau*: Wasserführung *f*; *usine*, *machine*: Ausstoß *m*, Leistung *f*; **2.** ~ **de tabac** Tabakladen *m*; ~ **de boissons** Ausschank *m*; **3.** Redeweise *f*, Vortrag *m*; **4.** *comm* Soll *n*, Debet *n*

débit|ant, **~ante** [debitɑ̃, -ɑ̃t] *m*, *f* Inhaber(in) *m*(*f*) e-s Ausschanks, e-s Tabakladens; **~er** (*1a*) **1.** *marchandises*: absetzen, vertreiben; *boisson*: ausschenken; **2.** *péj fadaises*: von sich geben; *texte étudié*: aufsagen, *péj* herbeten; **3.** *pompe*: *liquide*, *gaz* fördern; *usine*, *machine*: *produits* ausstoßen; **4.** *comm* ~ **qn d'une somme** j-n mit e-m Betrag belasten; ~ **un compte** ein Konto belasten

débi|teur, **~trice** [debitœr, -tris] *m*, *f* Schuldner(in) *m*(*f*)

déblai [deblɛ] *m le plus souvent au pl* **~s** Schutt *m*, Trümmer *pl*

déblatérer [deblatere] (*1f*) ~ **contre** schimpfen auf (*acc*)

déblayer [deblɛje] (*1i*) *endroit*: frei machen; *débris*: wegschaffen

déblocage [deblɔkaʒ] *m tech* Lösen *n*; *écon des prix*, *salaires*: Freigabe *f*

débloquer [deblɔke] (*1m*) *tech* lösen; *écon prix*, *compte*: freigeben

déboires [debwar] *m/pl* Enttäuschungen *f/pl*

déboiser [debwaze] (*1a*) abholzen

déboîter [debwate] (*1a*) *méd* ausrenken; *auto* ausscheren

débonnaire [debɔnɛr] gutmütig

débord|é, **~ée** [debɔrde] überlastet (**de** mit); **~ement** *m* Überlaufen *n*, Überschwemmung *f*; *fig* **~s** *pl* Exzesse *m/pl*; **~er** (*1a*) *rivière*: über die Ufer treten; *lait*, *eau*: überlaufen; *fig* **faire ~ le vase** das Maß vollmachen; ~ **de santé** vor Gesundheit strotzen

débouch|é [debuʃe] *m* **1.** *route*: Einmündung *f*; *vallée*: Ausgang *m*; **2.** *comm* Absatzmarkt *m*; **3.** **~s** *pl profession*: Berufsaussichten *f/pl*; **~er** (*1a*) *v/t tuyau*: frei machen; *bouteille*: entkorken; *v/i* ~ **de** herauskommen aus; ~ **sur** münden in (*acc*); *fig* führen zu

débourser [deburse] (*1a*) *dépenser* ausgeben

debout [dəbu] aufrecht (stehend); **être ~** stehen; *levé* auf(gestanden) sein; *fig* **tenir ~** Hand und Fuß haben

déboutonner [debutɔne] (*1a*) aufknöpfen

débraillé, **~e** [debraje] schlampig, salopp

débrancher [debrɑ̃ʃe] (*1a*) *tech* abschalten

débray|age [debrɛjaʒ] *m auto* Auskuppeln *n*; *fig* Arbeitsniederlegung *f*, Ausstand *m*; **~er** (*1i*) *auto* auskuppeln; *fig* die Arbeit niederlegen

débridé, **~e** [debride] zügellos

débris [debri] *m/pl maison*: Trümmer *pl*; *verre*, *vase*: Scherben *f/pl*; *fig* Überreste *m/pl*

débrouill|ard, **~arde** [debrujar, -ard] pfiffig, einfallsreich; **~er** (*1a*) entwirren, ordnen; *fig* (auf)klären; ***se ~*** sich zu helfen wissen, zurechtkommen

début [deby] *m* Beginn *m*, Anfang *m*; *théâtre*, *politique*: **~s** *pl* Debüt *n*, erstes Auftreten *n*; ***~ mai*** Anfang Mai

début|ant, **~ante** [debytɑ̃, -ɑ̃t] *m*, *f* Anfänger(in) *m*(*f*), Neuling *m*; **~er** (*1a*) anfangen, beginnen

deçà [dəsa] *prép* ***en ~ de*** diesseits (*gén*)

décacheter [dekaʃte] (*1c*) *lettre*: öffnen

décad|ence [dekadɑ̃s] *f* Verfall *m*, Dekadenz *f*; **~ent**, **~ente** [-ɑ̃, -ɑ̃t] dekadent

décaféiné, **~e** [dekafeine] ***café*** *m* **~** koffeinfreier Kaffee *m*

décal|age [dekalaʒ] *m action*: Verschiebung *f*, Verlegung *f*; *résultat*: Abstand *m*, Unterschied *m*; *fig* Diskrepanz *f*; ***~ horaire*** Zeitunterschied *m*; **~er** (*1a*) verschieben, verlegen

décalqu|age [dekalkaʒ] *m od* **décalqu|e** [dekalk] *m* Pause *f*; **~er** (*1m*) ab-, durchpausen

décamper [dekɑ̃pe] (*1a*) F abhauen, sich verziehen

décaper [dekape] (*1a*) *surface métallique*: abbeizen; *rouille*: entrosten

décapiter [dekapite] (*1a*) enthaupten

décapotable [dekapɔtablə] **1.** *adj* mit zurückklappbarem Verdeck; **2.** *f* (***voiture*** *f*) **~** Kabriolett *n*

décapsul|er [dekapsyle] (*1a*) den Deckel abnehmen von; **~eur** *m* Flaschenöffner *m*

décéd|é, **~ée** [desede] verstorben; **~er** (*1f*) (ver)sterben; *st/s* verscheiden

déceler [desle] (*1d*) *découvrir* nachweisen, feststellen; *montrer* erkennen lassen

décembre [desɑ̃brə] *m* Dezember *m*

décemment [desamɑ̃] anständig; *raisonnablement* vernünftigerweise

décence [desɑ̃s] *f* Anstand *m*

décennie [deseni] *f* Jahrzehnt *n*

déc|ent, **~ente** [desɑ̃, -ɑ̃t] anständig

décentraliser [desɑ̃tralize] (*1a*) dezentralisieren

déception [desɛpsjõ] *f* Enttäuschung *f*

décerner [desɛrne] (*1a*) *prix*: verleihen, zuerkennen

décès [desɛ] *m* Ableben *n*, Tod *m*

décev|ant, **~ante** [desəvɑ̃, -ɑ̃t] enttäuschend

décevoir [desəvwar] (*3a*) enttäuschen

déchaîn|ement [deʃɛnmɑ̃] *m* Entfesselung *f*; *passions*, *fureur*: Ausbruch *m*; **~er** (*1b*) losketten; *fig* entfesseln; ***se ~*** aus-, losbrechen

déchanter [deʃɑ̃te] (*1a*) klein beigeben

décharg|e [deʃarʒ] *f él* Entladung *f*; *comm*, *jur* Entlastung *f*; *mil* Salve *f*; ***~ publique*** Müllkippe *f*, Deponie *f*; ***~ électrique*** elektrischer Schlag *m*; **~er** (*1l*) aus-, abladen; *arme*, *batterie*: entladen; *arme*: *tirer* abfeuern; *accusé*: entlasten; ***~ qn d'un travail*** j-n in seiner Arbeit entlasten

décharné, **~e** [deʃarne] mager, dürr

déchausser [deʃose] (*1a*) ***~ qn*** j-m die Schuhe ausziehen; ***se ~*** sich die Schuhe ausziehen; *dent*: wackeln

déchéance [deʃeɑ̃s] *f* Verfall *m*; *jur* Verlust *m* e-s Rechtes

déchet [deʃɛ] *m le plus souvent au pl* **~s** Abfälle *m/pl*, Abfall *m*; **~s** *m/pl* ***toxiques*** Sondermüll *m*; Giftmüll *m*

déchiffrer [deʃifre] (*1a*) entschlüsseln, entziffern

déchiquet|é, **~ée** [deʃikte] gezackt, zerklüftet; **~er** (*1c*) zerstückeln, zerfetzen

déchir|ant, **~ante** [deʃirɑ̃, -ɑ̃t] herzzerreißend; **~ement** [-mɑ̃] *m* (Zer-) Reißen *n*; *fig chagrin* (tiefer) Schmerz *m*; **~er** (*1a*) zerreißen (*a fig*); ***se ~*** *robe*: reißen; **~ure** [-yr] *f* Riss *m*

déchoir [deʃwar] (*3m*) verfallen; ***~ de son rang*** seinen Rang verlieren

déchu, **~e** [deʃy] heruntergekommen; *roi*: gestürzt

décid|é, **~ée** [deside] entschlossen; ***c'est*** (***une***) ***chose decidée*** das ist beschlossene Sache; ***être ~***(***e***) ***à qc*** zu etw entschlossen sein; **~ément** [-emɑ̃] *adv* entschieden; *vraiment* wirklich; **~er** (*1a*) ***~ qc*** etw beschließen; ***~ qn à faire qc*** j-n veranlassen, etw zu tun; ***~ qn à qc*** j-n zu etw veranlassen; ***~ de qc*** über etw entscheiden; *~ de* od *se ~ à* (+ *inf*) beschließen zu (+ *inf*), sich entschließen zu (+ *inf*)

décimal, **~e** [desimal] (*m/pl -aux*) Dezimal…; ***système** m* **~** Dezimalsystem *n*

décimètre [desimɛtrə] *m* Dezimeter *m od n*

décis|if, **~ive** [desizif, -iv] entscheidend; **~ion** *f* Entscheidung *f*; *fermeté* Entschlossenheit *f*

déclam|atoire [deklamatwar] *péj* schwülstig; **~er** (*1a*) deklamieren

déclar|ation [deklarasjõ] *f* Erklärung *f*; *naissance*: Anmeldung *f*; *vol*, *perte*: Anzeige *f*; **~ *d'impôts*** Steuererklärung *f*; **~er** (*1a*) erklären; *naissance*: anmelden; *revenus*: angeben; *douane*: verzollen; ***se*** **~** sich äußern, Stellung nehmen; *faire une déclaration d'amour* seine Liebe erklären, sich erklären; *feu*, *épidémie*: ausbrechen; ***se*** **~ *coupable*** sich für schuldig erklären

déclasser [deklase] (*1a*) niedriger einstufen

déclench|ement [deklɑ̃ʃmɑ̃] *m* Auslösen *n*, -ung *f*; **~er** (*1a*) auslösen; ***se*** **~** losgehen, ausbrechen; **~eur** *m appareil photographique*: Auslöser *m*; **~ *automatique*** Selbstauslöser *m*

déclic [deklik] *m mécanisme*: Auslösevorrichtung *f*; *bruit*: Klicken *n*

déclin [deklɛ̃] *m* Niedergang *m*, Verfall *m*

déclin|aison [deklinɛzõ] *f gr* Deklination *f*; **~er** (*1a*) *v/i soleil*: sich neigen, sinken; *jour*: zur Neige gehen; *forces*: nachlassen, schwinden; *prestige*: sinken, schwinden; *santé*: sich verschlechtern; *v/t offre*, *responsabilité*: ablehnen; *gr* deklinieren; **~ *ses nom, prénoms, titres et qualités*** seine Personalien angeben

déclive [dekliv] (***en***) **~** abschüssig

décocher [dekɔʃe] (*1a*) *flèche*: abschießen; *regard*: werfen

décoder [dekɔde] (*1a*) dekodieren

décoiffer [dekwafe] (*1a*) *cheveux*: zerzausen

décoll|age [dekɔlaʒ] *m aviat* Start *m*, Abheben *n*; **~er** (*1a*) *v/t* abmachen, ablösen; *v/i aviat* starten, abheben; ***se*** **~** sich ablösen; abgehen

décollet|é, **~ée** [dekɔlte] **1.** *adj robe*: ausgeschnitten; **2.** *m* Dekolleté *n*, (tiefer) Ausschnitt *m*

décoloniser [dekɔlɔnize] (*1a*) entkolonisieren

décolorer [dekɔlɔre] (*1a*) *tissu*, *cheveux*: bleichen; ***se*** **~** verblassen

décombres [dekõbrə] *m/pl* Trümmer *pl*

décommander [dekɔmɑ̃de] (*1a*) abbestellen; *soirée*: absagen

décompos|er [dekõpɔze] (*1a*) zerlegen; *chim* zersetzen; *visage*: verzerren; ***se*** **~** zerfallen; *cadavre*: verwesen; *visage*: sich verzerren; **~ition** *f* Zerlegung *f*; *cadavre*: Verwesung *f*

décompt|e [dekõt] *m* Abzug *m* (*von e-r Summe*); *facture* (detaillierte) Abrechnung *f*; **~er** (*1a*) abziehen

déconcert|ant, **~ante** [dekõsɛrtɑ̃, -ɑ̃t] verwirrend, beunruhigend; **~er** (*1a*) **~ *qn*** j-n aus der Fassung bringen

déconf|it, **~ite** [dekõfi, -it] *air*, *mine*: enttäuscht; **~iture** [-ityr] *f* Scheitern *n*; F *banqueroute* Pleite *f*

décongeler [dekõʒle] (*1d*) auftauen

décongestionner [dekõʒɛstjɔne] (*1a*) *route*: entlasten

déconnecté [dekɔnɛkte] *EDV* offline

déconnecter [dekɔnɛkte] (*1a*) abschalten

déconner [dekɔne] P (*1a*) Blödsinn machen, reden

déconseiller [dekõsɛje] (*1b*) abraten (***qc à qn*** j-m von etw)

déconsidérer [dekõsidere] (*1f*) in Misskredit bringen

décontenancer [dekõtnɑ̃se] (*1k*) aus der Fassung bringen

décontract|é, **~ée** [dekõtrakte] entspannt; F lässig; **~er** *v/t* entspannen; ***se*** **~** sich entspannen

déconvenue [dekõvny] *f* Enttäuschung *f*

décor [dekɔr] *m* Dekor *m*, Ausstattung *f*; *fig* Umgebung *f*; **~s** *pl théâtre*: Bühnenbild *n*; **~atif**, **~ative** [-atif, -ativ] dekorativ; **~ation** *f ornement* Schmuck *m*; *médaille* Orden *m*; **~er** (*1a*) schmücken (***de*** mit); **~ *qn*** j-m e-n Orden verleihen

décortiquer [dekɔrtike] (*1m*) schälen; *texte*: zerpflücken

découcher [dekuʃe] (*1a*) auswärts schlafen

découdre [dekudrə] (*4d*) auftrennen; ***se ~*** aufgehen
découler [dekule] (*1a*) ***~ de*** sich ergeben aus
découper [dekupe] (*1a*) ausschneiden (***dans*** aus); *en morceaux*: zerschneiden; *viande*: aufschneiden; *poulet*: tranchieren, zerlegen; *fig* ***se ~*** sich abheben (***sur*** von *od* gegen)
découpure [dekupyr] *f* Ausschnitt *m*
découragement [dekuraʒmɑ̃] *m* Mutlosigkeit *f*; **~er** (*1l*) entmutigen; ***~ qn de qc*** j-n von etw abbringen; ***se ~*** den Mut verlieren
décousu, **~e** [dekuzy] auf-, abgetrennt; *fig* zusammenhanglos
découv|ert, **~erte** [dekuvɛr, -ɛrt] **1.** *adj* unbedeckt; *terrain*: frei, offen; *compte*: ***à decouvert*** überzogen; **2.** *m* Defizit *n*, Fehlbetrag *m*; *compte*: Überziehung *f*
découverte [dekuvɛrt] *f* Entdeckung *f*
découvrir [dekuvrir] (*2f*) aufdecken; *trouver* entdecken; ***~ que*** herausfinden, dass; ***se ~*** *personne*: den Hut abnehmen; *temps*: sich aufklären
décrép|it, **~ite** [dekrepi, -it] altersschwach
décret [dekrɛ] *m* Verordnung *f*, Erlass *m*; ***~ de l'UE*** EU-Verordnung *f*
décréter [dekrete] (*1f*) verordnen, anordnen
décrire [dekrir] (*4f*) beschreiben
décrocher [dekrɔʃe] (*1a*) herunternehmen; *a téléphone*: abnehmen; F *fig prix, bonne situation*: erlangen, F ergattern
décroissance [dekrwasɑ̃s] *f* Abnahme *f*, Rückgang *m*
décroître [dekrwɑtrə] (*4w*) abnehmen, zurückgehen, schwinden
décrypter [dekripte] (*1a*) entschlüsseln
déçu, **~e** [desy] *p/p de* ***décevoir*** *u adj* enttäuscht
décupler [dekyple] (*1a*) *v/t* verzehnfachen; *v/i* sich verzehnfachen
dédaign|er [dedɛɲe] (*1b*) verachten, gering schätzen; *refuser* verschmähen; ***~ de*** (+ *inf*) es nicht der Mühe wert halten zu (+ *inf*); **~eux**, **~euse** [-ø, -øz] verächtlich, geringschätzig
dédain [dedɛ̃] *m* Verachtung *f*, Geringschätzung *f*
dédale [dedal] *m* Labyrinth *n*
dedans [dədɑ̃] **1.** *adv* (dr)innen; *mouvement*: hinein; ***là-~*** dort drinnen; ***en ~*** (dr)innen; ***de ~*** von innen; **2.** *m* Innere(s) *n*; ***au ~*** im Innern; ***au ~ de*** in (*dat*)
dédicac|e [dedikas] *f* Widmung *f*; **~er** (*1k*) mit e-r Widmung versehen
dédier [dedje] (*1a*) widmen; *église*: weihen
dédire [dedir] (*4m*) ***se ~*** sein Wort zurücknehmen
dédommag|ement [dedɔmaʒmɑ̃] *m* Entschädigung *f*; **~er** (*1l*) entschädigen (***de*** für)
dédouaner [dedwane] (*1a*) verzollen, zollamtlich abfertigen
dédoubler [deduble] (*1a*) halbieren
déductible [dedyktiblə] *comm* absetzbar
déduction [dedyksjõ] *f comm* Abzug *m*; *conclusion* Ableitung *f*, Folgerung *f*
déduire [dedɥir] (*4c*) *comm* abziehen; *conclure* folgern, ableiten (***de*** von)
déesse [deɛs] *f* Göttin *f*
défaill|ance [defajɑ̃s] *f* Schwäche *f*, Schwächeanfall *m*; *fig* Ohnmacht *f*; *intellectuelle, technique*: Versagen *n*; **~ant**, **~ante** [-ɑ̃, -ɑ̃t] kraftlos, schwach
défaillir [defajir] (*2n*) schwach, ohnmächtig werden
défaire [defɛr] (*4n*) *nœud, ceinture*: aufmachen; *appareil*: auseinandernehmen; *valise*: auspacken; *paquet*: aufschnüren; *tricot*: aufziehen; ***se ~*** sich (auf)lösen, aufgehen; ***se ~ de qn, de qc*** sich j-n, etw vom Halse schaffen
défaite [defɛt] *f* Niederlage *f*
défait|isme [defɛtismə] *m* Miesmacherei *f*; **~iste** *m*, *f* Miesmacher *m*
défalquer [defalke] (*1m*) *comm* abziehen (***de*** von)
défaut [defo] *m imperfection* Fehler *m*; *carence* Mangel *m*, Fehlen *n*; *tech* Defekt *m*, Fehler *m*; *jur* Nichterscheinen *n*; ***~ de caractère*** Charakterfehler *m*; ***à ~ de*** mangels (*gén*); ***faire ~*** fehlen; ***être en ~*** im Unrecht sein; ***par ~*** in Abwesenheit
défaveur [defavœr] *f* Ungnade *f*
défavor|able [defavɔrablə] ungünstig; **~iser** (*1a*) benachteiligen
défection [defɛksjõ] *f* Abtrünnigwer-

den *n*, Abfall *m*; ***faire ~*** abtrünnig werden
défectu|eux, **~euse** [defɛktɥø, -øz] fehlerhaft, defekt; **~osité** [-ozite] *f* Fehlerhaftigkeit *f*
défendable [defɑ̃dablə] vertretbar
défendre [defɑ̃drə] (*4a*) **1.** verteidigen; *opinion*: verfechten, vertreten; **2.** *interdire* verbieten (***qc à qn*** j-m etw; ***à qn de faire qc*** j-m, etw zu tun)
défens|e [defɑ̃s] *f* **1.** Verteidigung *f* (*a jur fig*); **2.** Verbot *n*; **~eur** *m* Verteidiger(in) *m(f)* (*a jur*); **~ive** [-iv] *f* Defensive *f*; ***être sur la ~*** in der Defensive sein
défér|ence [deferɑ̃s] *f* Ehrerbietung *f*; **~ent**, **~ente** [-ɑ̃, -ɑ̃t] ehrerbietig, respektvoll
déférer [defere] (*1f*) ***~ qn à la justice*** j-n vor Gericht bringen
déferler [defɛrle] (*1a*) *vagues* sich brechen; *fig* strömen
défi [defi] *m* Herausforderung *f*; *bravade* Trotz *m*
défi|ance [defjɑ̃s] *f* Misstrauen *n*; **~ant**, **~ante** [-ɑ̃, -ɑ̃t] misstrauisch
défibrillateur [defibrijatœr, defibril(-l)atœr] *m méd* Defibrillator *m* (*Gerät zur Beseitigung von Herzmuskelstörungen*)
déficience [defisjɑ̃s] *f* Schwäche *f*; ***~ immunitaire*** Immunschwäche *f*
déficit [defisit] *m* Fehlbetrag *m*, Defizit *n*; **~aire** [-ɛr] defizitär; Verlust…
défier [defje] (*1a*) ***~ qn*** j-n herausfordern; *fig* ***~ qc*** e-r Sache trotzen; *st/s* ***se ~ de qn*** j-m misstrauen
défigurer [defigyre] (*1a*) entstellen
défil|é [defile] *m* Aufmarsch *m*, Parade *f*; *géogr* Engpass *m*; **~er** (*1a*) vorbeimarschieren, vorbeiziehen
défin|i, **~ie** [defini] bestimmt; **~ir** (*2a*) bestimmen; **~itif**, **~itive** [-itif, -itiv] definitiv, endgültig; ***en définitive*** schließlich; **~ition** *f* Definition *f*
déflagration [deflagrasjõ] *f* Explosion *f*
défoliation [defɔljasjõ] *f bot* Laubfall *m*; *mil* Entlaubung *f*
défoncer [defõse] (*1k*) *caisse*: den Boden einschlagen (***une caisse*** e-r Kiste *dat*); *porte*: einschlagen; *terrain*: umpflügen; *route*: ***défoncé*** ausgefahren, voller Schlaglöcher
déform|ation [defɔrmasjõ] *f* Verformung *f*; *fig* Verzerrung *f*, Entstellung *f*; **~er** (*1a*) verformen; *personne*, *visage*: entstellen; *fait*, *idée*: verdrehen, verzerren; ***se ~*** sich verformen
défouler [defule] (*1a*) ***se ~*** sich abreagieren, sich austoben
défricher [defriʃe] (*1a*) *agr* roden; urbar machen
défroisser [defrwase] (*1a*) *vêtement*: glätten, glatt streichen
défunt [defɛ̃, -fœ̃], **défunte** [defɛ̃t, -fœ̃t] **1.** *adj* verstorben; **2.** *m*, *f* Verstorbene(r) *m*, *f*
dégag|é, **~ée** [degaʒe] *terrain*: frei; *ciel*: klar; *air*, *ton*: ungezwungen; **~ement** [-mɑ̃] *m route*: Freimachen *n*, Räumung *f*; *chaleur*, *vapeur*: Freisetzung *f*; ***voie f de ~*** Entlastungsstraße *f*; **~er** (*1l*) *délivrer* befreien; *route*: frei machen, räumen; *odeur*: ausströmen; *chaleur*, *gaz*: freisetzen; ***se ~*** sich befreien; *route*: frei werden; *ciel*: sich aufklären; *odeur*: ausströmen
dégarnir [degarnir] (*2a*) leeren; ***se ~*** *salle*: sich leeren; *crâne*: kahl werden
dégât [degɑ] *m* Schaden *m*
dégel [deʒɛl] *m* Auftauen *n*; *temps*: Tauwetter *n* (*a pol*)
dégeler [deʒle] (*1d*) (auf)tauen (*a fig*)
dégénér|er [deʒenere] (*1f*) degenerieren; *empirer* ausarten (***en*** in); **~escence** [-esɑ̃s] *f* Entartung *f*
dégivr|er [deʒivre] (*1a*) abtauen; *tech* entfrosten; **~eur** *m* Entfroster *m*
déglutir [deglytir] (*2a*) schlucken
dégonfl|é, **~ée** [degõfle] *pneu*: platt; **~er** (*1a*) Luft ab-, herauslassen (***qc*** aus etw); ***se ~*** (die) Luft verlieren; F *fig* e-n Rückzieher machen
dégot(t)er [degɔte] (*1a*) F auftreiben
dégouliner [deguline] (*1a*) tropfen, tröpfeln
dégourd|i, **~ie** [degurdi] pfiffig, schlau; **~ir** (*2a*) *membres*: bewegen, lockern; ***se ~ les jambes*** sich die Beine vertreten
dégoût [degu] *m* Ekel *m*, Abscheu *m*
dégoût|ant, **~ante** [degutɑ̃, -ɑ̃t] ekelhaft, widerlich; *moralement* gemein; **~er** (*1a*) anekeln; ***~ qn de qc*** j-m etw verleiden; ***se ~ de qc*** e-r Sache (*gén*) überdrüssig werden
dégrader [degrade] (*1a*) *mil* degradie-

ren; *fig* erniedrigen; *édifice*, *mur*: beschädigen; ***se ~*** *situation*: sich verschlechtern; *édifice*, *mur*: verfallen; *personne*: *s'avilir* sich erniedrigen

dégraisser [degrɛse] (*1b*) *soupe*: das Fett abschöpfen (***qc*** von etw); *vêtement*: Fettflecken entfernen (***qc*** aus etw)

degré [dəgre] *m* Grad *m*; *échelon* Stufe *f*; ***~ alcoolique*** Alkoholgehalt *m*; ***~ de parenté*** Verwandtschaftsgrad *m*

dégress|if, **~ive** [degrɛsif, -iv] abnehmend, degressiv

dégrever [degrəve] (*1d*) ***~ qn*** j-n steuerlich entlasten

dégringoler [degrɛ̃gɔle] (*1a*) hinunterpurzeln

dégriser [degrize] (*1a*) nüchtern machen

déguerpir [degɛrpir] (*2a*) sich aus dem Staube machen

dégueulasse [degœlas] P zum Kotzen; widerlich

déguis|ement [degizmɑ̃] *m* Verkleidung *f*; **~er** (*1a*) verkleiden; *voix*: verstellen; ***se ~*** sich verkleiden (***en*** als)

dégust|ation [degystasjõ] *f* Kosten *n*, Probieren *n*; ***~ de vins*** Weinprobe *f*; **~er** (*1a*) kosten, probieren

dehors [dəɔr] **1.** *adv* draußen; *mouvement*: hinaus; ***jeter ~*** hinauswerfen; **2.** *prép* ***en ~ de*** außerhalb (*gén*); *hormis* außer (*dat*); **3.** *m* Äußere(s) *n*

déjà [deʒa] schon, bereits; F ***c'est qui déjà?*** wer ist das gleich noch?

déjeuner [deʒœne] **1.** *verbe* (*1a*) *midi*: (zu) Mittag essen; *matin*: frühstücken; **2.** *m* Mittagessen *n*; ***petit ~*** Frühstück *n*

déjouer [deʒwe] (*1a*) vereiteln

delà [dəla] → ***au-delà***

délabré, **~e** [delabre] verfallen

délacer [delase] (*1k*) aufschnüren

délai [delɛ] *m* Frist *f*, Termin *m*; *prolongation* Aufschub *m*; ***sans ~*** unverzüglich; ***dans les ~s*** termingerecht; ***dans le ~ de 8 jours*** innerhalb von 8 Tagen

délaisser [delɛse] (*1b*) *abandonner* im Stich lassen; *travail*: aufgeben; *négliger* vernachlässigen

délass|ement [delasmɑ̃] *m* Erholung *f*; **~er** (*1a*) entspannen; ***se ~*** sich erholen

déla|teur, **~trice** [delatœr, -tris] *m*, *f* Denunziant(in) *m(f)*; **~tion** *f* Denunziation *f*

délavé, **~e** [delave] verwaschen

délayer [deleje] (*1i*) anrühren; *fig pensée*: langatmig darlegen

delco [dɛlko] *m auto* Batteriezündanlage *f*

délect|able [delɛktablə] *st/s* köstlich; **~er** (*1a*) ***se ~ à*** *od* ***de qc*** sich an etw (*dat*) ergötzen

délégation [delegasjõ] *f* Abordnung *f*, Delegation *f*

délégu|é, **~ée** [delege] *m*, *f* Beauftragte(r) *m*, *f*, Delegierte(r) *m*, *f*; **~er** (*1f*) *autorité*, *pouvoir*: übertragen; *personne*: abordnen, delegieren

délester [delɛste] (*1a*) entlasten; *iron* erleichtern (***qn de qc*** j-n um etw)

délibér|ation [deliberasjõ] *f* Beratung *f*; *réflexion* Überlegung *f*; *décision* Beschluss *m*; **~é**, **~ée** *intentionnel* absichtlich; **~ément** [-emɑ̃] *adv* absichtlich; **~er** (*1f*) beratschlagen; *st/s réfléchir* überlegen

délic|at, **~ate** [delika, -at] *fin* zart, fein; *fragile* schwach, empfindlich; *problème*: delikat, heikel; *avec tact* taktvoll; **~atesse** [-atɛs] *f peau*, *visage*, *coloris*: Zartheit *f*, Feinheit *f*; *personne*: Fein-, Zartgefühl *n*, Takt(gefühl *n*) *m*

délic|e [delis] *m* Freude *f*, Wonne *f*; **~s** *pl* Genüsse *m/pl*; **~ieux**, **~ieuse** [-jø, -jøz] *fruit*, *mets*: köstlich; *sensation*: wunderbar

délier [delje] (*1a*) auf-, losbinden, lösen; ***~ la langue à qn*** j-m die Zunge lösen

délimiter [delimite] (*1a*) abgrenzen

délinqu|ance [delɛ̃kɑ̃s] *f* Kriminalität *f*; **~ant**, **~ante** [-ɑ̃, -ɑ̃t] **1.** *adj* straffällig; **2.** *m*, *f* Straffällige(r) *m*, *f*, Delinquent(in) *m(f)*

délir|e [delir] *m* Wahn *m*, Delirium *n*; *fièvre*: Fieberwahn *m*; *enthousiasme*, *joie*: Toben *n*, Rasen *n*; F *fig* Wahnsinn *m*; **~er** (*1a*) im Delirium sein, irrereden; F *être fou* spinnen; *fig* ***~ de joie*** vor Freude rasen, toben

délit [deli] *m* Delikt *n*, Vergehen *n*; ***~ de fuite*** Fahrerflucht *f*; ***en flagrant ~*** auf frischer Tat

délivr|ance [delivrɑ̃s] *f* Befreiung *f*; *certificat*: Ausstellung *f*; **~er** (*1a*) befreien; *certificat*: ausstellen

déloger [delɔʒe] (*1l*) *locataire*: aus-

quartieren; *ennemi*: verjagen
déloyal, ~e [delwajal] (*m/pl -aux*) unfair; *ami*: treulos; ***concurrence*** *f* ***déloyale*** unlauterer Wettbewerb *m*
delta [dɛlta] *m géogr* Delta *n*
deltaplane [dɛltaplan] *m* Flugdrachen *m*; *sport*: Drachenfliegen *n*
déluge [delyʒ] *m* Sintflut *f*
déluré, ~e [delyre] clever, pfiffig; *péj* ungeniert, kess
demain [d(ə)mɛ̃] *adv* morgen; ***à ~*** bis morgen
demande [d(ə)mɑ̃d] *f* Bitte *f*; *revendication* Forderung *f*; *écrite*: Antrag *m*, Gesuch *n*; *écon* Nachfrage *f*; *jur* Klage *f*; ***~ d'emploi*** Stellengesuch *n*
demandé, ~e [d(ə)mɑ̃de] gefragt, begehrt
demander [d(ə)mɑ̃de] (*1a*) bitten (***qc à qn*** j-n um etw); *réclamer* verlangen (***qc à qn*** etw von j-m); *vouloir savoir* fragen (***qc à qn*** j-n nach etw); *nécessiter* erfordern (***à qn*** von j-m); *vouloir engager* suchen; ***~ à qn de faire qc*** j-n bitten, etw zu tun; ***~ que*** (+ *subj*) darum bitten *od* verlangen, dass; ***~ à*** (+ *inf*) bitten *od* verlangen *od* wünschen zu (+ *inf*); ***~ si*** fragen, ob; ***se ~ si*** sich fragen, ob; ***~ qn au téléphone*** j-n am Telefon verlangen; ***~ la main de qn*** um j-s Hand anhalten
démang|eaison [demɑ̃ʒɛzõ] *f* Jucken *n*; **~er** (*1l*) jucken (***qn*** *od* ***à qn*** j-n)
démanteler [demɑ̃tle] (*1d*) niederreißen; *fig* zerschlagen
démaquill|ant [demakijɑ̃] *m* (***lait*** *m*) ~ Reinigungsmilch *f*; **~er** (*1a*) ***se ~*** sich abschminken
démarcation [demarkasjõ] *f* Abgrenzung *f*; ***ligne*** *f* ***de ~*** Demarkations-, Grenzlinie *f*
démarche [demarʃ] *f* Gang *m*; *fig* Schritt *m*; ***faire des ~s*** Schritte unternehmen
démarr|age [demaraʒ] *m* Anfahren *n*, Starten *n*; *fig* Beginn *m*; *EDV* ***~ à froid*** Kaltstart *m*; **~er** (*1a*) *v/t auto* anlassen, starten; *EDV* starten; *fig* in Gang bringen; *v/i auto* anfahren; *moteur*: anspringen; *fig* in Gang kommen; **~eur** *m auto* Anlasser *m*
démasquer [demaske] (*1m*) entlarven
démêl|é [demele] *m* Auseinandersetzung *f*, Streit *m*; **~er** (*1b*) entwirren; *fig* aufklären
déménag|ement [demenaʒmɑ̃] *m* Umzug *m*; **~er** (*1l*) umziehen; *meubles*: fortschaffen
dém|ence [demɑ̃s] *f* Wahnsinn *m*; **~ent, ~ente** [-ɑ̃, -ɑ̃t] verrückt
démenti [demɑ̃ti] *m pol* Dementi *n*
démentiel, ~le [demɑ̃sjɛl] unsinnig
démentir [demɑ̃tir] (*2b*) *contredire* Lügen strafen, widerlegen; *nier* dementieren
démesur|e [deməzyr] *f* Maßlosigkeit *f*; **~é, ~ée** übermäßig, maßlos
démettre [demɛtrə] (*4p*) **1.** *pied, poignet*: aus-, verrenken; **2.** ***~ qn de ses fonctions*** j-n seines Amtes entheben; ***se ~ de ses fonctions*** sein Amt niederlegen
demeurant [dəmœrɑ̃] *st/s* ***au ~*** übrigens
demeur|e [dəmœr] *st/s f* Wohnsitz *m*; **~er** (*1a*) *habiter* wohnen; *rester* bleiben
demi, ~e [d(ə)mi] **1.** *adj* (*unv vor subst*) halb; ***une demi-heure*** e-e halbe Stunde; ***une heure et ~e*** anderthalb Stunden; ***trois bouteilles et ~e*** dreieinhalb Flaschen; ***il est quatre heures et ~e*** es ist halb fünf; **2.** *adv* ***à demi*** halb, zur Hälfte; **3.** *m bière*: (kleines) Glas *n* Bier; *sports*: Mittelfeldspieler *m*, Läufer *m*
demi|-finale [d(ə)mifinal] *f* (*pl demi-finales*) Halb-, Semifinale *n*; **~-frère** [-frɛr] *m* (*pl demi-frères*) Halbbruder *m*
démilitariser [demilitarize] (*1a*) entmilitarisieren
demi|-mot [d(ə)mimo] ***à ~*** ohne viel Worte, andeutungsweise; **~-pension** [-pɑ̃sjõ] *f* Halbpension *f*; **~-sel** [-sɛl] leicht gesalzen
démiss|ion [demisjõ] *f ministre*: Rücktritt *m*; *fig* Verzicht *m*, Aufgabe *f*; ***donner sa ~*** seine Entlassung einreichen; **~ionner** [-jɔne] (*1a*) *ministre*: zurücktreten; *fig* aufgeben
demi-tour [d(ə)mitur] *m* Kehrtwendung *f*; ***faire ~*** kehrtmachen, umkehren
démocra|tie [demɔkrasi] *f* Demokratie *f*; **~tique** [-tik] demokratisch
démodé, ~e [demɔde] altmodisch
démographique [demɔgrafik] demografisch; ***poussée*** *f* ***~*** Bevölkerungs-

explosion *f*
demoiselle [d(ə)mwazɛl] *f* Fräulein *n*
démol|ir [demɔlir] (*2a*) ab-, niederreißen; *jouet*: kaputtmachen; *fig système, doctrine*: zunichtemachen; *personne*: diffamieren
démon [demõ] *m* Dämon *m*, Teufel *m*
démoniaque [demɔnjak] dämonisch, teuflisch
démonstration [demõstrasjõ] *f preuve* Beweis(führung) *m(f)*; *outil*: Vorführung *f*; *sentiment*: Bekundung *f*, Demonstration *f*
démonter [demõte] (*1a*) auseinandernehmen, zerlegen; abmontieren; *fig* **~ qn** j-n aus der Fassung bringen
démontrer [demõtre] (*1a*) *prouver* beweisen; *faire ressortir* aufzeigen
démoraliser [demɔralize] (*1a*) entmutigen, demoralisieren
démordre [demɔrdrə] (*4a*) ***ne pas ~ de qc*** auf e-r Sache beharren
démun|i, ~ie [demyni] mittellos; **~ir** (*2a*) ***~ qn de qc*** j-m etw wegnehmen
dénatalité [denatalite] *f* Geburtenrückgang *m*
dénatur|é, ~ée [denatyre] entartet; **~er** (*1a*) entstellen, verfälschen
dénégation [denegasjõ] *f* Leugnen *n*, Abstreiten *n*
dénicher [deniʃe] (*1a*) aufstöbern, auftreiben
dénier [denje] (*1a*) (ab)leugnen; ***~ à qn le droit de*** (+ *inf*) j-m das Recht absprechen zu (+ *inf*)
dénigrer [denigre] (*1a*) anschwärzen, verleumden
dénivellation [denivɛlasjõ] *f* Höhenunterschied *m*
dénombr|ement [denõbrəmɑ̃] *m* Zählung *f*; **~er** (*1a*) zählen; *énumérer* aufzählen
dénomina|teur [denɔminatœr] *m math* Nenner *m*; **~tion** *f* Benennung *f*
dénommer [denɔme] (*1a*) *donner un nom* benennen; *mentionner* namentlich aufführen
dénonc|er [denõse] (*1k*) *personne*: anzeigen, denunzieren; *opinion, abus*: brandmarken; *contrat*: (auf)kündigen; *fig révéler* zeigen; ***se ~ à la police*** sich der Polizei stellen; **~iateur, ~iatrice** [-jatœr, -jatris] *m, f* Denunziant(in) *m(f)*; **~iation** [-jasjõ] *f* Anzeige *f*, Denunziation *f*; *jur* Kündigung *f*
dénoter [denɔte] (*1a*) ***~ qc*** auf etw (*acc*) hindeuten
dénouement [denumɑ̃] *m pièce de théâtre, affaire difficile*: Lösung *f*, Ausgang *m*
dénouer [denwe] (*1a*) aufknoten, *a fig* lösen
dénoyauter [denwajote] (*1a*) entkernen, entsteinen
denrée [dɑ̃re] *f* Essware *f*; ***~s (alimentaires)*** Lebensmittel *n/pl*
dens|e [dɑ̃s] dicht; **~ité** [-ite] *f* Dichte *f*
dent [dɑ̃] *f* Zahn *m*; *fourchette, peigne*: Zinke *f*; ***~ de lait*** Milchzahn *m*; ***~ de sagesse*** Weisheitszahn *m*; ***avoir mal aux ~s*** Zahnschmerzen haben; ***avoir une ~ contre qn*** e-n Groll gegen j-n hegen
dent|aire [dɑ̃tɛr] Zahn…; **~é, ~ée** gezackt; ***roue*** *f* ***dentée*** Zahnrad *n*
dentelé, ~e [dɑ̃tle] gezahnt, gezackt
dentelle [dɑ̃tɛl] *f* Spitze *f*
dent|ier [dɑ̃tje] *m* künstliches Gebiss *n*; **~ifrice** [-ifris] *m* Zahnpasta *f*; **~iste** *m, f* Zahnarzt *m*, -ärztin *f*; **~ition** *f* (*natürliches*) Gebiss *n*, Zähne *m/pl*
dénuder [denyde] (*1a*) entblößen
dénu|é, ~ée [denɥe] ***~(e) de qc*** ohne etw; **~ement** [denymɑ̃] *m* Elend *n*, bittere Not *f*
déodorant [deɔdɔrɑ̃] *m* Deo(dorant) *n*; ***~ à bille*** Deoroller *m*; ***~ en aérosol*** Deospray *m*
dép. *abr* ***départ*** Abf. (Abfahrt); ***député*** Abg. (Abgeordneter)
dépann|age [depanaʒ] *m auto etc* Reparatur *f*; ***service*** *m* ***de ~*** Abschleppdienst *m*; **~er** (*1a*) reparieren; *remorquer* abschleppen; *fig* F ***~ qn*** F j-m aus der Patsche helfen; **~euse** *f* Abschleppwagen *m*
dépareillé, ~e [depareje] unvollständig
déparer [depare] (*1a*) verunstalten
départ [depar] *m* Abreise *f*; *train, bus*: Abfahrt *f*; *avion*: Abflug *m*; *sports*: Start *m*; *fig* Beginn *m*; ***au ~*** zu Beginn; ***point*** *m* ***de ~*** Ausgangspunkt *m*
département [departəmɑ̃] *m* Abteilung *f*; *en France*: Departement *n*
départir [departir] (*2b*) ***se ~ de qc*** etw (*acc*) aufgeben
dépass|é, ~ée [depase] veraltet, überholt; *débordé* überfordert; **~er** (*1a*)

personne, voiture: überholen; *but*: hinausgehen (***qc*** über etw) (*a fig*); *être plus grand* überragen; *attentes, prévisions, personne*: übertreffen; *limites, tempo, somme*: übersteigen (*a forces*), überschreiten; ***cela me dépasse*** da komme ich nicht mehr mit; ***cela dépasse les limites*** das geht zu weit

dépaysé, ~e [depeize] ***se sentir ~*** sich fremd, verlassen vorkommen

dépaysement [depeizmɑ̃] *m* Fremdsein *n*; *changement agréable* Orts-, F Tapetenwechsel *m*

dépecer [depəse] (*1d u 1k*) zerstückeln

dépêch|e [depɛʃ] *f* Depesche *f*; **~er** (*1b*) *v/t* senden, schicken; ***se ~*** sich beeilen (***de*** + *inf* zu + *inf*)

dépeindre [depɛ̃drə] (*4b*) beschreiben

dépendance [depɑ̃dɑ̃s] *f* Abhängigkeit *f*; ***~s*** *pl bâtiment*: Nebengebäude *n/pl*

dépendre [depɑ̃drə] (*4a*) *personne, pays*: abhängig sein (***de*** von); *décision, résultat*: abhängen (***de*** von); *appartenir* gehören (***de*** zu); ***cela dépend*** das kommt darauf an, je nachdem

dépens [depɑ̃] *m/pl* ***aux ~ de*** auf Kosten von

dépens|e [depɑ̃s] *f* Ausgabe *f*; *de temps, de forces*: Aufwand *m*; *d'essence*: Verbrauch *m*; ***~s accessoires*** Nebenkosten *m/pl*; ***~s publiques*** öffentliche Ausgaben *f/pl*, Staatsausgaben *f/pl*; **~er** (*1a*) ausgeben; *temps, forces*: aufwenden; ***se ~*** sich anstrengen; **~ier, ~ière** [-je, -jɛr] verschwenderisch

dépérir [deperir] (*2a*) *malade*: dahinsiechen; *plante*: eingehen, verkümmern; *fig* allmählich zu Grunde gehen

dépeupler [depœple] (*1a*) entvölkern

dépilatoire [depilatwar] ***crème*** *f* **~** Enthaarungscreme *f*

dépist|age [depistaʒ] *m criminel*: Aufspüren; *méd* Erkennung *f*; ***~ du cancer*** Krebsvorsorge *f*; **~er** (*1a*) aufspüren; *méd* erkennen

dépit [depi] *m* Ärger *m*, Verdruss *m*; ***en ~ de*** trotz (*gén*)

déplac|é, ~ée [deplase] unpassend, unangebracht, deplaziert; **~ement** [-mɑ̃] *m meuble*: Umstellung *f*; *personnel*: Versetzung *f*; *voyage* Reise *f*, Fahrt *f*; **~er** (*1k*) umstellen, verschieben; *personnel*: versetzen; *problème, difficulté*: verlagern; ***se ~*** sich (fort)bewegen; *voyager* verreisen

déplaire [deplɛr] (*4a*) nicht gefallen, missfallen (***à qn*** j-m)

déplais|ant, ~ante [deplɛzɑ̃, -ɑ̃t] unangenehm

dépl|iant [deplijɑ̃] *m* Faltprospekt *m*; **~ier** [-ije] (*1a*) auseinander falten

déploiement [deplwamɑ̃] *m mil* Aufmarsch *m*; *forces, courage, énergie*: Entfaltung *f*

déplor|able [deplɔrablə] beklagenswert; **~er** (*1a*) beklagen, bedauern

déployer [deplwaje] (*1h*) *aile, voile*: entfalten (*a fig*)

déport|ation [depɔrtasjõ] *f pol* Verschleppung *f*, Deportation *f*; **~er** (*1a*) *vent*: *une voiture* aus der Fahrtrichtung drücken; *pol* deportieren, verschleppen

dépos|er [depoze] (*1a*) *v/t fardeau, armes*: niederlegen; *bagages*: deponieren, abgeben; *passager, roi*: absetzen; *argent*: einzahlen; *loi*: einbringen; *ordures*: abladen; *boue*: ablagern; ***~ son bilan*** Konkurs anmelden; *v/i liquide*: e-n Bodensatz bilden; *jur* aussagen (***contre*** gegen); ***se ~*** *boue*: sich ablagern; **~ition** *f jur* Aussage *f*

déposséder [depɔsede] (*1f*) enteignen

dépôt [depo] *m* Niederlegung *f*; *bancaire* (Spar-)Einlage *f*; *titres*: Depot *n*; *magasin* Depot *n*, Lager *n*; *liquide*: Bodensatz *m*; *ordures*: Mülldeponie *f*; *jur* Verwahrung *f*; *géol* Ablagerung *f*

dépotoir [depɔtwar] *m* Müllkippe *f*

dépouill|e [depuj] *f* ***la ~*** (***mortelle***) die sterblichen Überreste *m/pl*; **~é, ~ée** nüchtern; **~(*e*)** ***de*** frei von; **~er** (*1a*) **1.** ***~ un animal*** e-m Tier das Fell abziehen; ***~ qn de qc*** j-n e-r Sache berauben; **2.** *examiner* nachprüfen

dépourvu, ~e [depurvy] **~(*e*)** ***de*** ohne; ***au dépourvu*** unvorbereitet

déprav|ation [depravasjõ] *f* Verderbtheit *f*; **~er** (*1a*) verderben

déprécier [depresje] (*1a*) *chose*: entwerten; *personne*: herabwürdigen, herabsetzen; ***se ~*** an Wert verlieren

dépress|if, ~ive [depresif, -iv] depressiv; **~ion** *f géogr* Senkung *f*, Senke *f*; *météorologique*: Tief *n*; *psych* Depression *f*; *écon* Flaute *f*, Rezession *f*

déprimer [deprime] (*1a*) bedrücken,

deprimieren
dépt. *abr* ***département*** (frz.) Departement
depuis [dəpɥi] **1.** *prép* seit; *espace*: von … an; **2.** *adv* seitdem; **3.** *conj* **~ *que*** (+ *ind*) seit(dem)
déput|é [depyte] *m pol* Abgeordnete(r) *m*, *f*; **~er** (*1a*) abordnen
déraciner [derasine] (*1a*) entwurzeln; *fig* ausrotten
déraill|er [deraje] (*1a*) entgleisen; F *fig* spinnen, Unsinn reden; **~eur** *m vélo*: Gangschaltung *f*
déraisonnable [derɛzɔnablə] unvernünftig
dérang|ement [derɑ̃ʒmɑ̃] *m* Störung *f*; *désordre* Unordnung *f*; **~er** (*1l*) *personne*: stören; *choses*: durcheinanderbringen
déraper [derape] (*1a*) *auto* ins Schleudern kommen, schleudern, rutschen
dérégl|é, **~ée** [deregle] *vie*: zügellos; **~er** (*1f*) in Unordnung bringen
dérision [derizjõ] *f* Spott *m*; ***tourner en ~*** ins Lächerliche ziehen
dérisoire [derizwar] lächerlich
dériv|atif [derivatif] *m* Ablenkung *f*; **~ation** *f* Ableitung *f*
dériv|e [deriv] *f mar* Abdrift *f*; *fig* ***aller à la ~*** sich treiben lassen; **~er** (*1a*) *v/t math* ableiten; *cours d'eau*: umleiten; *v/i* stammen (***de*** von); *mar*, *aviat* abgetrieben werden
dern|ier, **~ière** [dɛrnje, -jɛr] letzte(r, -s); *extrême* äußerste(r, -s); *après subst*: vergangen, vorig; **~ièrement** [-jɛrmɑ̃] kürzlich, neulich
dérob|ée [derɔbe] ***à la ~*** heimlich; **~er** (*1a*) *st/s* entwenden, stehlen; ***se ~ à qc*** sich e-r Sache entziehen; ***~ qc à la vue de qn*** etw vor j-m verbergen
dérog|ation [derɔgasjõ] *f jur* Abweichung *f* (***à*** von); **~er** [derɔʒe] (*1l*) abweichen (***à*** von)
dérouler [derule] (*1a*) abrollen; ***se ~*** verlaufen, sich abspielen
dérout|e [derut] *f fig* Zusammenbruch *m*; **~er** (*1a*) ***~ qn*** j-n verwirren, verunsichern
derrière [dɛrjɛr] **1.** *adv* hinten; **2.** *prép* hinter (*lieu*: *dat*; *mouvement*: *acc*); **3.** *m* Hinter-, Rückseite *f*; *anat* Hinterteil *n*, F Hintern *m*
dès [dɛ] **1.** *prép* von … an; ***~ lors*** von da an; schon damals; ***~ demain*** gleich morgen; **2.** *conj* ***~ que*** sobald, sowie
désabus|é, **~ée** [dezabyze] ernüchtert; **~er** (*1a*) ***~ qn*** j-m die Augen öffnen
désaccord [dezakɔr] *m* Uneinigkeit *f*
désaffecté, **~e** [dezafɛkte] nicht mehr benutzt
désagréable [dezagreablə] unangenehm
désagréger [dezagreʒe] (*1g*) ***se ~*** sich zersetzen, sich auflösen
désagrément [dezagremɑ̃] *m* Unannehmlichkeit *f*
désaltér|ant, **~ante** [dezalterɑ̃, -ɑ̃t] durststillend
désamorcer [dezamɔrse] (*1k*) entschärfen (*a fig*)
désappoint|ement [dezapwɛ̃tmɑ̃] *m* Enttäuschung *f*; **~er** (*1a*) enttäuschen
désapprouver [dezapruve] (*1a*) missbilligen
désarm|ement [dezarməmɑ̃] *m mil* Abrüstung *f*; **~er** (*1a*) entwaffnen (*a fig*); *mil* abrüsten
désarroi [dezarwa] *m* Verwirrung *f*; Bestürzung *f*
désarticuler [dezartikyle] (*1a*) ***se ~*** sich verrenken
désastr|e [dezastrə] *m* Katastrophe *f*; **~eux**, **~euse** [-ø, -øz] katastrophal, verheerend
désavantag|e [dezavɑ̃taʒ] *m* Nachteil *m*; **~er** (*1l*) benachteiligen; **~eux**, **~euse** [-ø, -øz] nachteilig
désaveu [dezavø] *m acte*, *propos*: (Ab)Leugnung *f*; *blâme* Missbilligung *f*
désavouer [dezavwe] (*1a*) *acte*, *propos*: leugnen, in Abrede stellen; *blâmer* missbilligen
descend|ance [desɑ̃dɑ̃s] *f* Nachkommenschaft *f*; **~ant**, **~ante** [-ɑ̃, -ɑ̃t] *m*, *f* Abkömmling *m*, Nachkomme *m*
descendre [desɑ̃drə] (*4a*) **1.** *v/i* hinuntergehen, herunterkommen; *passager*: aussteigen; *à l'hôtel*: absteigen; *voiture*: hin-, herunterfahren; *chemin*: hin-, herunterführen; *température*, *prix*: fallen, sinken; *avion*: tiefer gehen; ***~ chez qn*** bei j-m absteigen; ***~ de qn*** von j-m abstammen; ***~ de cheval*** vom Pferd steigen; ***~ d'une voiture*** aus e-m Wagen steigen; **2.** *v/t de l'escalier*, *de la montagne*: hin-, heruntertragen;

d'une armoire: herunternehmen; F *abattre* abknallen

descente [desɑ̃t] *f à pied*: Abstieg *m*; *ascenseur*: Abwärtsfahrt *f*; *téléférique*: Talfahrt *f*; *pente* Gefällstrecke *f*; *ski*: Abfahrtslauf *m*; ~ ***de lit*** Bettvorleger *m*

description [dɛskripsjõ] *f* Beschreibung *f*

désemparé, **~e** [dezɑ̃pare] hilflos, ratlos

désenchanté, **~e** [dezɑ̃ʃɑ̃te] ernüchtert, enttäuscht

déséquilibr|e [dezekilibrə] *m* Ungleichgewicht *n*; *psych* Unausgeglichenheit *f*; **~é**, **~ée** unausgeglichen; *détraqué* seelisch gestört; **~er** (*1a*) aus dem Gleichgewicht bringen (*a fig*)

dés|ert, **~erte** [dezɛr, -ɛrt] **1.** *adj* wüst, öde; **2.** *m* Wüste *f*

désert|er [dezɛrte] (*1a*) *v/t* verlassen; *mil* desertieren; **~eur** *m mil* Deserteur *m*

désespér|é, **~e** [dezɛspere] verzweifelt; **~ément** [-emɑ̃] *adv* verzweifelt; **~er** (*1f*) *v/t* zur Verzweiflung bringen; *v/i* verzweifeln; ~ ***de qc*** die Hoffnung auf etw (*acc*) aufgeben

désespoir [dezɛspwar] *m* Verzweiflung *f*

déshabill|é [dezabije] *m* Negligé *n*; **~er** (*1a*) ~ ***qn*** j-n ausziehen, entkleiden; ***se*** ~ sich ausziehen

déshabituer [dezabitɥe] (*1a*) ~ ***qn*** (***se*** ~) ***de qc*** j-m (sich) etw (*acc*) abgewöhnen

désherbant [dezɛrbɑ̃] *m* Unkrautvernichtungsmittel *n*

déshériter [dezerite] (*1a*) enterben

déshonorer [dezɔnɔre] (*1a*) entehren; ~ ***qn*** *a* j-m Schande machen

desiderata [deziderata] *m/pl* Wünsche *m/pl*

désigner [deziɲe] (*1a*) *montrer* zeigen; *objet*, *personne*, *plante*: benennen, bezeichnen; *nommer* bestimmen, bestellen; ausersehen (***pour qc*** zu etw *dat*)

désillusionner [dezilyzjɔne] (*1a*) enttäuschen

désinfecter [dezɛ̃fɛkte] (*1a*) desinfizieren

désintégration [dezɛ̃tegrasjõ] *f* Auflösung *f*, Zerfall *m*; *phys* Atomspaltung *f*

désintéress|é, **~ée** [dezɛ̃terɛse] uneigennützig; **~ement** [-mɑ̃] *m* Uneigennützigkeit *f*; **~er** (*1b*) ***se*** ~ ***de*** das Interesse verlieren an (*dat*)

désintoxication [dezɛ̃tɔksikasjõ] *f* ***cure de*** ~ Entziehungskur *f*

désinvolt|e [dezɛ̃vɔlt] ungezwungen; *péj* ungeniert; **~ure** [-yr] *f péj* Ungeniertheit *f*

désir [dezir] *m* Verlangen *n*; *souhait* Wunsch *m*; **~able** wünschenswert; **~er** (*1a*) wünschen; *sexuellement*: begehren; ~ (+ *inf*) wünschen zu (+ *inf*); ~ ***que*** (+ *subj*) (sich *dat*) wünschen, dass

désister [deziste] (*1a*) *jur* ***se*** ~ ***de qc*** auf etw (*acc*) verzichten

désobéi|r [dezɔbeir] nicht gehorchen (***à qn*** j-m); übertreten (***à la loi*** das Gesetz); verweigern (***à un ordre*** e-n Befehl); **~ssant**, **~ssante** [-sɑ̃, -sɑ̃t] ungehorsam

désodorisant [dezɔdɔrizɑ̃] *m* Deodorant *n*, Deo *n*

désœuvr|é, **~ée** [dezœvre] untätig; **~ement** [-əmɑ̃] *m* Untätigkeit *f*, Müßiggang *m*

désol|é, **~ée** [dezɔle] untröstlich (***de*** über); ***je suis*** ~ es tut mir leid; **~er** (*1a*) aufs Tiefste betrüben

désordonné, **~e** [dezɔrdɔne] unordentlich

désordre [dezɔrdrə] *m* Unordnung *f*; ***en*** ~ unordentlich

désorienter [dezɔrjɑ̃te] (*1a*) verwirren

désormais [dezɔrmɛ] von jetzt ab, künftig

désosser [dezɔse] (*1a*) *viande*: entbeinen; *poisson*: entgräten

despot|e [dɛspɔt] *m* Despot *m*, Gewaltherrscher *m*; **~ique** despotisch; **~isme** *m* Despotismus *m*, Gewaltherrschaft *f*

dessaler [desale] (*1a*) entsalzen

dessécher [deseʃe] (*1f*) austrocknen

dessein [desɛ̃] *m* Absicht *f*; ***à*** ~ absichtlich; ***dans le*** ~ ***de faire qc*** mit der Absicht, etw zu tun

desserrer [desɛre] (*1b*) lockern, lösen

dessert [desɛr] *m* Nachtisch *m*

desservir [desɛrvir] (*2b*) *transports publics*: (regelmäßig) fahren nach *od* zu, bedienen; *mar* anlaufen; *aviat* anfliegen; *table*: abräumen; ~ ***qn*** j-m schaden

dessin [desɛ̃] *m* Zeichnung *f*; *art*: Zeichenkunst *f*; *motif* Muster *n*; **~ *animé*** Zeichentrickfilm *m*

dessin|ateur, ~atrice [desinatœr, -atris] *m, f* Zeichner(in) *m(f)*; **~er** (*1a*) zeichnen; ***bande(s) dessinée(s)*** *f(pl)* Comics *pl*

dessous [d(ə)su] **1.** *adv* darunter; ***en ~*** unten; *fig* versteckt, heimlich; **2.** *m* Unterseite *f*; *fig* ***les ~*** *pl* die Hintergründe *m/pl*; ***avoir le ~*** den Kürzeren ziehen

dessus [d(ə)sy] **1.** *adv* darüber, d(a)rauf; ***en ~*** oben drauf; ***sens ~ dessous*** drunter und drüber, völlig durcheinander; **2.** *m* Oberseite *f*; *fig* ***avoir le ~*** die Oberhand behalten

destin [dɛstɛ̃] *m* Schicksal *n*

destin|ataire [dɛstinatɛr] *m* Empfänger *m*; **~ation** *f* Bestimmung(sort *m*) *f*; **~ée** [-e] *f* Schicksal *n*; **~er** (*1a*) bestimmen, ausersehen (***à*** für, zu)

destituer [dɛstitɥe] (*1a*) absetzen

destruction [dɛstryksjõ] *f* Zerstörung *f*

désu|et, ~ète [desɥɛ, -ɛt] überholt, altmodisch; **~étude** [-etyd] *f* ***tomber en ~*** außer Gebrauch kommen

désun|ion [dezynjõ] *f* Zwietracht *f*; **~ir** (*2a*) entzweien

détach|é, ~ée [detaʃe] *fig* gleichgültig; **~er** (*1a*) **1.** *délier* losmachen, abtrennen, lösen; *fonctionnaire*: vorübergehend e-r anderen Dienststelle zuteilen; ***se ~ sur*** sich abheben gegen; **2.** *nettoyer* von Flecken reinigen

détail [detaj] *m* Einzelheit *f*; *bagatelle* Kleinigkeit *f*; *comm* Einzelhandel *m*; ***au ~*** stückweise, einzeln; ***en ~*** ausführlich

détaillant [detajɑ̃] *m* Einzelhändler *m*

détartrer [detartre] (*1a*) entkalken

détect|er [detɛkte] (*1a*) aufspüren; **~eur** *m* Detektor *m*; **~ive** [-iv] (Privat-)Detektiv *m*

déteindre [detɛ̃drə] (*4b*) *v/i* verblassen; **~ *sur*** abfärben auf (*acc*) (*a fig*)

détendre [detɑ̃drə] (*4a*) entspannen; ***se ~*** sich lockern; *fig* sich entspannen

détenir [detnir] (*2h*) **~ *qc*** im Besitz e-r Sache (*gén*) sein; *jur* **~ *qn*** j-n gefangen halten

détent|e [detɑ̃t] *f arme*: Abzug *m*; *fig a pol* Entspannung *f*; **~eur** *m* Besitzer *m*, Inhaber *m*

détention [detɑ̃sjõ] *f* Besitz *m*; *jur* Haft *f*; **~ *préventive*** Untersuchungshaft *f*

détenu, ~e [detny] *m, f* Häftling *m*

détergent [detɛrʒɑ̃] *m* Reinigungsmittel *n*

détériorer [deterjɔre] (*1a*) *v/t objet*: beschädigen; *situation*: verschlechtern; ***se ~*** sich verschlechtern

détermin|ant, ~ante [detɛrminɑ̃, -ɑ̃t] bestimmend; **~ation** *f* Bestimmung *f*; *résolution* Entschluss *m*; *fermeté* Entschlossenheit *f*; **~er** (*1a*) bestimmen; *décider* beschließen; **~ *qn à faire qc*** j-n veranlassen, etw zu tun

déterrer [detɛre] (*1b*) ausgraben

détest|able [detɛstablə] abscheulich; **~er** (*1a*) verabscheuen, hassen

détonation [detɔnasjõ] *f* Knall *m*

détonner [detɔne] (*1a*) *mus* falsch singen; *fig* nicht passen (***avec*** zu)

détour [detur] *m* Umweg *m*; *chemin*, *fleuve*: Biegung *f*, Krümmung *f*; *fig* ***sans ~s*** ohne Umschweife; **~né, ~née** *fig* indirekt; ***par des moyens détournés*** auf Umwegen

détourn|ement [deturnəmɑ̃] *m* Umleitung *f*; **~ *d'avion*** Flugzeugentführung *f*; **~er** (*1a*) *trafic*: umleiten; *avion*: entführen; *tête*, *yeux*: abwenden; *argent*: unterschlagen; ***se ~*** sich abwenden

détrac|teur, ~trice [detraktœr, -tris] *m, f* Verleumder(in) *m(f)*

détraquer [detrake] (*1m*) *objet*: F kaputtmachen; *estomac*: verderben

détresse [detrɛs] *f misère* (höchste) Not *f*; *désespoir* Verzweiflung *f*

détriment [detrimɑ̃] *m* ***au ~ de*** zum Nachteil von

détritus [detritys] *m* Abfall *m*

détroit [detrwa] *m* Meerenge *f*

détromper [detrõpe] (*1a*) e-s Besseren belehren

détrôner [detrone] (*1a*) entthronen (*a fig*)

détruire [detrɥir] (*4c*) zerstören

dette [dɛt] *f comm*, *fig* Schuld *f*

DEUG *m abr* ***Diplôme d'études universitaires générales*** frz. Universitätsprüfung (nach 2 Jahren)

deuil [dœj] *m* Trauer *f*; *vêtements*: Trauerkleidung *f*; ***être en ~*** in Trauer sein; ***porter le ~*** Trauer tragen

deux [dø] **1.** *adj* zwei; ***les ~*** (die) beide(n); ***tous (les) ~*** alle beide; ***à ~*** zu zweit; ***en ~*** in zwei Teile(n); ***~ à*** (*od* ***par***) ***~*** paarweise; ***tous les ~ jours*** alle zwei Tage; ***nous ~*** wir beide; **2.** *m* Zwei *f*

deuxième [døzjɛm] zweite(r, -s); **~ment** *adv* zweitens

Deux-Ponts [døpɔ̃] Zweibrücken *n*

dévaliser [devalize] (*1a*) ausplündern

dévaloris|ation [devalɔrizasjõ] Wertminderung *f*, Wertverlust *m*; *fig* Abwertung *f*; **~er** (*1a*) ent-, abwerten

dévalu|ation [devalɥasjõ] *f écon* Abwertung *f*; **~er** (*1a*) abwerten

devancer [d(ə)vɑ̃se] (*1k*) ***~ qn*** *arriver avant* vor j-m eintreffen; *fig être supérieur* j-m überlegen sein; ***~ qc*** *désir, objection*: e-r Sache (*dat*) zuvorkommen, *âge*, *siècle*: voraus sein

devant [d(ə)vɑ̃] **1.** *adv* vorn; voran; **2.** *prép* vor (*lieu*: *dat*; *direction*: *acc*); *fig* angesichts; **3.** *m* Vorderseite *f*; ***de ~*** Vorder…

devanture [d(ə)vɑ̃tyr] *f* Schaufenster *n*

dévaster [devaste] (*1a*) verwüsten

développ|ement [devlɔpmɑ̃] *m* Entwicklung *f*; ***pays*** *m* ***en voie de ~*** Entwicklungsland *n*; **~er** (*1a*) entwickeln

devenir [dəvnir] (*2h*) werden

déverser [devɛrse] (*1a*) ausschütten

dévêtir [devɛtir] (*2g*) entkleiden

déviation [devjasjõ] *f route*: Umleitung *f*; *écart* Abweichung *f*

dévier [devje] (*1a*) *v/t* umleiten; *v/i* abweichen (***de*** von)

devin, **devineresse** [dəvɛ̃, dəvinrɛs] *m*, *f* (Hell-)Seher(in) *m*(*f*), Wahrsager(in) *m*(*f*)

devin|er [d(ə)vine] (*1a*) (er)raten; **~ette** [-ɛt] *f* Rätsel *n*

devis [d(ə)vi] *m* Kostenvoranschlag *m*

dévisager [devisaʒe] (*1l*) mustern

devise [d(ə)viz] *f* Wahlspruch *m*, Devise *f*, Motto *n*; **~s** *pl comm* Devisen *f/pl*

dévisser [devise] (*1a*) losschrauben

dévoiler [devwale] (*1a*) enthüllen; *secret*: offenbaren, verraten

devoir [dəvwar] **1.** (*3a*) *argent*: schulden; *tenir de* verdanken; ***~ faire qc*** etw tun müssen; etw tun sollen; **2.** *m* Pflicht *f*; *école*: (Schul-)Aufgabe *f*

dévorer [devɔre] (*1a*) verschlingen; *feu*: vernichten; *soucis*, *ambition*: verzehren

dév|ot, **~ote** [devo, -ɔt] fromm; *péj* frömmelnd; **~otion** [-osjõ] *f* Frömmigkeit *f*, Andacht *f*; *péj* Frömmelei *f*

dévou|é, **~ée** [devwe] ergeben; **~ement** [devumɑ̃] *m* Hingabe *f*; **~er** [devwe] (*1a*) ***se ~*** sich aufopfern (***pour*** für)

dextérité [dɛksterite] *f* Geschicklichkeit *f*

diab|ète [djabɛt] *m* Zuckerkrankheit *f*, Diabetes *m*; **~étique** *m*, *f* Diabetiker(in) *m*(*f*)

diable [djablə] *m* Teufel *m*

diabolique [djabɔlik] teuflisch

diacre [djakrə] *m égl* Diakon *m*

diagnost|ic [djagnɔstik] *m méd* Diagnose *f*; **~iquer** [-ike] (*1m*) *méd* diagnostizieren

diagonal, **~e** [djagɔnal] (*m/pl -aux*) **1.** *adj* diagonal; **2.** *f* Diagonale *f*; ***lire un texte en diagonale*** e-n Text diagonal lesen

diagramme [djagram] *m* Diagramm *n*

dialecte [djalɛkt] *m* Dialekt *m*

dialogue [djalɔg] *m* (Zwie-)Gespräch *n*, Dialog *m*

dialyse [djaliz] *f* Dialyse *f*

diamant [djamɑ̃] *m* Diamant *m*

diamètre [djamɛtrə] *m* Durchmesser *m*

diapason [djapazõ] *m mus* Stimmgabel *f*; *fig* ***se mettre au ~ de qn*** sich auf j-n einstellen

diaphane [djafan] durchsichtig

diaphragme [djafragmə] *m anat* Zwerchfell *n*; *appareil de photo*: Blende *f*; *contraceptif*: Pessar *n*

diapositive [djapɔzitiv] *f* Dia(positiv) *n*

diarrhée [djare] *f méd* Durchfall *m*

dictat|eur [diktatœr] *m* Diktator *m*; **~ure** [-yr] *f* Diktatur *f*

dict|ée [dikte] *f* Diktat *n*; **~er** (*1a*) diktieren; *préscrire* vorschreiben

diction [diksjõ] *f* Sprech-, Redeweise *f*

dictionnaire [diksjɔnɛr] *m* Wörterbuch *n*

dicton [diktõ] *m* sprichwörtliche Redensart *f*

dièse [djɛz] *m mus* Kreuz *n*

diesel [djezɛl] *m* Dieselmotor *m*; Diesel(fahrzeug *n*) *m*

diète [djɛt] *f* Diät *f*

Dieu [djø] *m* Gott *m*
diffam|ation [difamasjõ] *f* Verleumdung *f*, Diffamierung *f*; **~er** (*1a*) verleumden, diffamieren
différ|ence [diferɑ̃s] *f* Unterschied *m*; *math* Differenz *f*; ***à la ~ de*** im Unterschied zu; **~encier** [-ɑ̃sje] (*1a*) unterscheiden, differenzieren; **~end** [-ɑ̃] *m* Meinungsverschiedenheit *f*; **~ent, ~ente** [-ɑ̃, -ɑ̃t] verschieden; ***différentes personnes*** mehrere Leute; **~entiel** [-ɑ̃sjɛl] *m auto* Differenzial(getriebe) *n*
différer [difere] (*1f*) **1.** *renvoyer* aufschieben; *TV* ***en différé*** als Aufzeichnung; **2.** ***~ de qc*** sich von etw unterscheiden
difficile [difisil] schwierig; ***il est ~ de*** (+ *inf*) es ist schwer zu (+ *inf*)
difficulté [difikylte] *f* Schwierigkeit *f*
difform|e [difɔrm] missgebildet; **~ité** *f* Missbildung *f*
diffus|er [difyze] (*1a*) verbreiten; *radio*: ausstrahlen, senden; **~ion** *f* Verbreitung *f*; *radio*: Ausstrahlung *f*, Übertragung *f*
digérer [diʒere] (*1f*) verdauen
digeste [diʒɛst] *od* **digestible** [diʒɛstiblə] leicht verdaulich
digest|if, ~ive [diʒɛstif, -iv] **1.** *adj* Verdauungs…; **2.** *m* Verdauungsschnaps *m*
digestion [diʒɛstjõ] *f* Verdauung *f*
digital, ~e [diʒital] (*m/pl -aux*) Finger…; *EDV* digital; ***empreinte*** *f* ***digitale*** Fingerabdruck *m*; ***montre*** *f* ***digitale*** Digitaluhr *f*
dign|e [diɲ] *respectable* würdig; ***~ de qc*** e-r Sache würdig, wert; ***~ de qn*** j-s würdig; ***~ de foi*** glaubwürdig, ***~ d'intérêt*** beachtenswert; **~itaire** [-itɛr] *m* Würdenträger *m*; **~ité** *f* Würde *f*; *charge* Amt *n*
digression [digrɛsjõ] *f* Abschweifung *f*
digue [dig] *f* Damm *m*, Deich *m*
dilapider [dilapide] (*1a*) vergeuden
dilater [dilate] (*1a*) ausdehnen
dilig|ence [diliʒɑ̃s] *f* **1.** *empressement* Eifer *m*; **2.** *hist carrosse*: Postkutsche *f*; **~ent, ~ente** [-ɑ̃, -ɑ̃t] eifrig
diluer [dilɥe] (*1n*) verdünnen
dimanche [dimɑ̃ʃ] *m* Sonntag *m*
dimension [dimɑ̃sjõ] *f* Dimension *f* (*a math, fig*); *grandeur* Größe *f*; *fig* Ausmaß *n*
diminuer [diminɥe] (*1n*) *v/t nombre, vitesse*: vermindern, verringern; *joie, enthousiasme*: dämpfen; *mérites*: schmälern; *forces*: schwächen; *souffrances*: mildern; *prix*: senken, herabsetzen; *personne*: schlechtmachen, herabsetzen; *v/i jours*: abnehmen; *chaleur*: nachlassen; *réserves*: kleiner werden; *circulation, production*: zurückgehen; *marchandise*: billiger werden; *prix*: heruntergehen
diminution [diminysjõ] *f nombre*: Verminderung *f*, Verringerung *f*; *forces, énergie*: Abnahme *f*; *prix*: Senkung *f*, Herabsetzung *f*; *production*: Rückgang *m*
dind|e [dɛ̃d] *f* Truthenne *f*, Pute *f*; **~on** [-dõ] *m* Truthahn *m*, Puter *m*
dîner [dine] **1.** (*1a*) zu Abend essen; **2.** *m* Abendessen *n*; ***~ d'affaires*** Geschäftsessen (*am Abend*) *n*
dingue [dɛ̃g] F übergeschnappt
diocèse [djɔsɛz] *m* Diözese *f*
diploma|te [diplɔmat] *m* Diplomat *m*; **~tie** [-si] *f* Diplomatie *f*; **~tique** [-tik] diplomatisch
diplôm|e [diplom] *m* Diplom *n*; *certificat* Zeugnis *n*; **~é, ~ée** staatlich geprüft, Diplom…
dire [dir] **1.** (*4m*) sagen; *poème*: aufsagen; *secret*: erzählen; ***vouloir ~*** bedeuten; ***à vrai ~*** offen gestanden; ***c'est tout ~*** das besagt alles; ***on dirait que*** man könnte meinen, dass; ***et ~ que*** wenn man bedenkt, dass; ***cela va sans ~*** das versteht sich von selbst; ***cela ne me dit rien de faire qc*** ich habe keine Lust, etw zu tun; **2.** *m* ***au(x) ~(s) de qn*** nach j-s Aussage
direct, ~e [dirɛkt] *droit* gerade; *immédiat* unmittelbar, direkt; ***train*** *m* ***direct*** Eilzug *m*; *TV* ***en direct*** live
direc|teur, ~trice [dirɛktœr, -tris] **1.** *adj* leitend, Leit…; **2.** *m, f* Direktor(in) *m(f)*, Leiter(in) *m(f)*
direction [dirɛksjõ] *f* **1.** *sens* Richtung *f*; **2.** *conduite* Leitung *f*, Führung *f*; *directeurs* Geschäftsleitung *f*; *auto* Lenkung *f*
directive [dirɛktiv] *f* Richtlinie *f*
dirig|eable [diriʒablə] **1.** *adj* lenkbar; **2.** *m* Luftschiff *n*; **~eant** [-ɑ̃] *m bes pol*

Führer *m*, Machthaber *m*; **~er** (*1l*) leiten, führen; *auto* lenken; *orchestre*: dirigieren; *arme*, *critique*: richten (***contre*** gegen); *regard*, *yeux*: richten (***vers*** auf); ***se ~ vers*** zugehen *od* zusteuern auf (*acc*)
discern|ement [disɛrnəmɑ̃] *m* Unterscheidungs-, Urteilsfähigkeit *f*; **~er** (*1a*) *percevoir* wahrnehmen; *distinguer* unterscheiden
discipl|e [disiplə] *m* Anhänger *m*, *a Bible*: Jünger *m*; **~ine** *f* Disziplin *f*
disc-jockey [diskʒɔkɛ] *m* Discjockey *m*
discontinu, **~e** [diskõtiny] unterbrochen
discord|ance [diskɔrdɑ̃s] *f* Nichtübereinstimmung *f*; **~ant**, **~ante** [-ɑ̃, -ɑ̃t] nicht übereinstimmend; *mus* verstimmt
discorde [diskɔrd] *f* Zwietracht *f*, Zwist *m*
discothèque [diskɔtɛk] *f boîte*: Diskothek *f*; *collection*: Schallplattensammlung *f*
discours [diskur] *m* Rede *f*; ***faire*** *od* ***prononcer un ~*** e-e Rede halten
discréditer [diskredite] (*1a*) in Misskredit *od* Verruf bringen
discr|et, **~ète** [diskrɛ, -ɛt] diskret; *personne a*: taktvoll; *couleur*, *robe*: dezent, unaufdringlich; *qui garde secret* verschwiegen
discrétion [diskresjõ] *f* Diskretion *f*; *tact* Takt *m*; Unaufdringlichkeit *f*; Verschwiegenheit *f*; ***à ~*** nach Belieben
discrimination [diskriminasjõ] *f* Diskriminierung *f*; *différenciation* Unterscheidung *f*
disculper [diskylpe] (*1a*) ***~ qn*** j-n entlasten; ***se ~*** seine Unschuld beweisen
discussion [diskysjõ] *f* Diskussion *f*, Erörterung *f*, Aussprache *f*
discutable [diskytablə] anfechtbar
discuter [diskyte] (*1a*) diskutieren, erörtern
disette [dizɛt] *f* Hungersnot *f*
diseuse [dizøz] *f* ***~ de bonne aventure*** Wahrsagerin *f*
disgrâc|e [dizgrɑs] *f* Ungnade *f*; **~ieux**, **~ieuse** [-jø, -jøz] ungraziös; *visage*: unschön
disjoindre [dizʒwɛ̃drə] (*4b*) trennen
disjoncteur [dizʒõktœr] *m* (Sicherungs-)Schutzschalter *m*
disloquer [dislɔke] (*1m*) auseinandernehmen; *méd* ausrenken
disparaître [disparɛtrə] (*4z*) verschwinden; *animaux*: aussterben
disparité [disparite] *f* Ungleichheit *f*
disparition [disparisjõ] *f* Verschwinden *n*; *animaux*: Aussterben *n*
dispens|aire [dispɑ̃sɛr] *m* Ambulanz *f*; **~er** (*1a*) ***~ qn de qc*** j-n von etw entbinden, befreien; ***se ~ de qc*** sich e-r Sache entziehen
disperser [dispɛrse] (*1a*) zer-, verstreuen; *manifestants*: auseinander treiben
dispon|ibilité [dispɔnibilite] *f* Verfügbarkeit *f*; **~ible** verfügbar
dispos [dispo] ***frais et ~*** frisch und munter
dispos|er [dispoze] (*1a*) *arranger* anordnen; ***~ de qn, qc*** über j-n, etw verfügen; ***se ~ à faire qc*** sich anschicken, etw zu tun; **~itif** [-itif] *m* Vorrichtung *f*
disposition [dispozisjõ] *f arrangement* Anordnung *f*; *prédisposition* Veranlagung *f*, Neigung *f*; *officielle*: Bestimmung *f*; **~s** *pl mesures* Vorkehrungen *f/pl*; *humeur* Stimmung *f*, Laune *f*; *tendance* Begabung *f*; ***être à la ~ de qn*** j-m zur Verfügung stehen; ***avoir à sa ~*** zur Verfügung haben
disproportion [disprɔpɔrsjõ] *f* Missverhältnis *n*
disput|e [dispyt] *f* Streit *m*, Wortwechsel *m*, Disput *m*; **~er** (*1a*) *match*: austragen; ***~ qc à qn*** j-m etw streitig machen; ***se ~*** sich streiten
disqualifier [diskalifje] (*1a*) disqualifizieren
disque [disk] *m* Scheibe *f*; *sports*: Diskus *m*; *mus* (Schall-)Platte *f*; *EDV* ***~ dur*** Festplatte *f*; ***~ compact*** CD *f*; **~-jockey** [-jɔkɛ] *m* Discjockey *m*
disquette [diskɛt] *f* Diskette *f*; ***~ de sauvegarde*** Sicherungsdiskette *f*
disséminer [disemine] (*1a*) aus-, zerstreuen
dissension [disɑ̃sjõ] *f le plus souvent au pl* **~s** Zwistigkeiten *f/pl*
disséquer [diseke] (*1f u 1m*) sezieren
dissertation [disɛrtasjõ] *f* Aufsatz *m*
dissimuler [disimyle] (*1a*) verhehlen, verbergen
dissiper [disipe] (*1a*) zerstreuen, ver-

treiben; *fortune*: verschwenden; ***se ~*** *brouillard*: sich auflösen

dissociation [disɔsjasjõ] *f fig* Trennung *f*

dissolu, ~e [disɔly] ausschweifend, liederlich

dissolution [disɔlysjõ] *f* Auflösung *f*

dissolvant [disɔlvɑ̃] *m chim* Lösungsmittel *n*; *ongles*: Nagellackentferner *m*

dissoudre [disudrə] (*4bb*) auflösen

dissuader [disɥade] (*1a*) ***~ qn de qc*** j-n von etw abbringen; ***~ qn de faire qc*** j-n davon abbringen, etw zu tun

dissuasion [disɥazjõ] *f pol* Abschreckung *f*; ***politique*** *f* ***de ~*** Abschreckungspolitik *f*

distanc|e [distɑ̃s] *f* Abstand *m*, Entfernung *f*, Distanz *f* (*a fig*); ***à ~*** aus der Entfernung; ***tenir qn à ~*** j-n auf Distanz halten; **~er** (*1k*) hinter sich lassen; ***se ~ de*** sich distanzieren von

dist|ant, ~ante [distɑ̃, -ɑ̃t] entfernt; *fig* reserviert

distill|er [distile] (*1a*) destillieren; *eau-de-vie*: brennen; **~erie** [-ri] *f* Brennerei *f*

dist|inct, ~incte [distɛ̃, -ɛ̃kt] deutlich; ***~ de*** verschieden von

distinction [distɛ̃ksjõ] *f différence* Unterschied *m*; *décoration* Auszeichnung *f*; *manières*, *air*: Vornehmheit *f*

distingu|é, ~ée [distɛ̃ge] vornehm; **~er** (*1m*) *percevoir* wahrnehmen; *différencier* unterscheiden (***qc de qc*** etw von etw); ***se ~*** sich unterscheiden (***de*** von)

distraction [distraksjõ] *f passe-temps* Zerstreuung *f*, Abwechslung *f*; *inattention* Zerstreutheit *f*

distraire [distrɛr] (*4s*) *du travail*, *des soucis*: ablenken (***de*** von); *divertir* unterhalten; ***se ~*** sich zerstreuen

distr|ait, ~aite [distrɛ, -ɛt] zerstreut

distribuer [distribɥe] (*1n*) aus-, verteilen; *comm* vertreiben

distribu|teur [distribytœr] *m* Verteiler *m*; ***~*** (***automatique***) Automat *m*; ***~ d'essence*** Tanksäule *f*; **~tion** *f* Aus-, Verteilung *f*; *comm* Vertrieb *m*; *courrier*: Zustellung *f*

district [distrikt] *m* Bezirk *m*

dit, dite [di, dit] **1.** *p/p de* ***dire***; **2.** *adj surnommé* genannt; *fixé* festgesetzt

divaguer [divage] (*1m*) dummes Zeug reden

divan [divɑ̃] *m* Diwan *m*

diverg|ence [divɛrʒɑ̃s] *f fig* Meinungsverschiedenheit *f*; **~er** (*1l*) *lignes*: divergieren, auseinandergehen; *opinions*: voneinander abweichen, auseinandergehen

div|ers, ~erse [divɛr, -ɛrs] *différent* unterschiedlich; *au pl plusieurs* mehrere

divers|ion [divɛrsjõ] *f* Ablenkung *f*; **~ité** *f* Vielfältigkeit *f*, Vielfalt *f*

divert|ir [divɛrtir] (*2a*) unterhalten; **~issement** [-ismɑ̃] *m* Vergnügen *n*

div|in, ~ine [divɛ̃, -in] göttlich; **~inité** [divinite] *f* Gottheit *f*

divis|er [divize] (*1a*) (ein)teilen; *tâche*, *somme*, *domaine*: (auf)teilen; *fig famille*, *adversaire*: spalten; *math* teilen, dividieren; ***se ~*** sich teilen (***en*** in *acc*); **~ion** *f* (Ein-)Teilung *f*; *somme*, *domaine*: Aufteilung *f*; *secteur* Abteilung *f*; *math*, *mil* Division *f*

divorc|e [divɔrs] *m* (Ehe-)Scheidung *f*; **~é, ~ée** *m*, *f* Geschiedene(r) *m*, *f*; **~er** (*1k*) sich scheiden lassen (***d'avec*** von)

divulguer [divylge] (*1m*) unter die Leute bringen, verbreiten

dix [dis] zehn; ***à ~*** zu zehnt; **~-huit** [dizɥit] achtzehn; **~ième** [dizjɛm] **1.** zehnte(r, -s); **2.** *m* Zehntel *n*; **~-neuf** [diznœf] neunzehn; **~-sept** [dissɛt] siebzehn

dizaine [dizɛn] *f* ***une ~ de*** ungefähr zehn

do [do] *m mus* c *od* C *n*

docile [dɔsil] folgsam, gefügig

docker [dɔkɛr] *m* Hafenarbeiter *m*

doct|e [dɔkt] *péj* hochgelehrt; **~eur** *m université*: Doktor *m*; *médecin* Arzt *m*, Ärztin *f*; **~oresse** [-ɔrɛs] F *f* Ärztin *f*; **~rine** [-rin] *f* Doktrin *f*, Lehre *f*

document [dɔkymɑ̃] *m* Dokument *n*, Schriftstück *n*

document|aire [dɔkymɑ̃tɛr] **1.** *adj* dokumentarisch; **2.** *m TV* Dokumentar-, Kulturfilm *m*; **~er** (*1a*) ***se ~*** sich informieren

dodu, ~e [dɔdy] gut genährt

dogm|atique [dɔgmatik] dogmatisch; **~e** [dɔgmə] *m* Dogma *n*

doigt [dwa] *m* Finger *m*; ***~ de pied*** Zehe *f*; ***savoir qc sur le bout des ~s*** etw aus dem Effeff können

doigté [dwate] *m mus* Fingersatz *m*; *fig* Fingerspitzengefühl *n*

doléances [dɔleɑ̃s] *f/pl* Beschwerden *f/pl*
domaine [dɔmɛn] *m* Landgut; *fig* Bereich *m*, Gebiet *n*
dôme [dom] *m* Kuppel *f*
domestiqu|e [dɔmɛstik] **1.** *adj* häuslich, Haus…; ***animal ~*** Haustier *n*; **2.** *m* Hausangestellte(r) *m*; **~er** (*1m*) zähmen
domicile [dɔmisil] *m* Wohnort *m*, -sitz *m*
domicilié, **~e** [dɔmisilje] wohnhaft
domin|ant, **~ante** [dɔminɑ̃, -ɑ̃t] beherrschend; **~ation** *f* Herrschaft *f*; **~er** (*1a*) *v/t* beherrschen (*a fig*); *v/i prédominer* vorherrschen; ***se ~*** sich beherrschen
dominic|ain, **~aine** [dɔminikɛ̃, -kɛn]-dominikanisch; ***la République dominicaine*** die Dominikanische Republik
dominical, **~e** [dɔminikal] (*m/pl -aux*) sonntäglich, Sonntags…
dommage [dɔmaʒ] *m* Schaden *m*; ***c'est ~*** das ist schade; ***il est ~ que*** (+ *subj*) es ist schade, dass; *jur* ***~s et intérêts*** *m/pl* Schaden(s)ersatz *m*, Entschädigung *f*
dompt|er [dɔ̃te] (*1a*) *animal*: bezähmen, bändigen; *rebelle*: bezwingen; **~eur** *m* Dompteur *m*
D.O.M.-T.O.M. [dɔmtɔm] *m/pl abr* ***départements et territoires d'outre-mer*** überseeische Departements und Gebiete
don [dɔ̃] *m donation* Schenkung *f*; *charité*: Spende *f*; *cadeau* Geschenk *n*; *aptitude* Gabe *f*, Talent *n*
donation [dɔnasjɔ̃] *f* Schenkung *f*
donc [dɔ̃k] *conclusion*: also, folglich; ***écoutez ~!*** hören Sie doch!; ***comment ~?*** wieso denn?; ***allons ~!*** nanu!
donjon [dɔ̃ʒɔ̃] *m* Bergfried *m*
donn|é, **~ée** [dɔne] *adj* gegeben; *déterminé* bestimmt; ***étant ~ qc*** in Anbetracht e-r Sache; ***c'est ~*** das ist geschenkt; **~ée** *f math* bekannte Größe; **~s** *pl* Daten *n/pl* (*a EDV*); **~er** (*1a*) geben; *cadeau*: schenken; *nom*, *coordonnées*: angeben; *film*: zeigen; ***~ sur*** hinausgehen auf (*acc*); **~eur** *m méd* Spender *m*
dont [dɔ̃] von dem, von der, von denen, wovon; *possessif*: dessen, deren
dop|age [dɔpaʒ] *m* Doping *n*; **~er** (*1a*) dopen; **~ing** [-iŋ] *m* Doping *n*
doré, **~e** [dɔre] *bijou*: vergoldet; *couleur*: goldgelb
dorénavant [dɔrenavɑ̃] von nun an, künftig
dorer [dɔre] (*1a*) vergolden
dorloter [dɔrlɔte] (*1a*) verhätscheln
dorm|eur, **~euse** [dɔrmœr, -øz] *m*, *f* Schläfer(in) *m*(*f*); **~ir** (*2b*) schlafen
dorsal, **~e** [dɔrsal] (*m/pl -aux*) Rücken…
dortoir [dɔrtwar] *m* Schlafsaal *m*
dorure [dɔryr] *f* Vergoldung *f*
dos [do] *m* Rücken *m*; *feuille*, *chèque*: Rückseite *f*; *chaise*: (Stuhl-)Lehne *f*
dosage [dozaʒ] *m* Dosierung *f*
dos|e [doz] *f phm* Dosis *f*; *quantité* Menge *f*; **~er** (*1a*) dosieren (*a fig*)
dossier [dosje] *m* **1.** *chaise*: Rückenlehne *f*; **2.** *documents* Akten *f/pl*, Unterlagen *f/pl*; ***~ médical*** Krankenblatt *n*
dot [dɔt] *f* Mitgift *f*; **~er** (*1a*) ausstatten (***de*** mit)
douane [dwan] *f* Zoll *m*
douan|ier, **~ière** [dwanje, -jɛr] **1.** *adj* Zoll…; **2.** *m*, *f* Zollbeamte(r) *m*, Zollbeamtin *f*
doublage [dublaʒ] *m vêtement*: Futter *n*; *film*: Synchronisation *f*
doubl|e [dublə] **1.** *adj* doppelt; **2.** *m deuxième exemplaire* Duplikat *n*; *tennis*: Doppel *n*; ***le ~*** das Doppelte; doppelt so viel *od* groß; **~e-cliquer** (*1a*) *EDV* doppelklicken (***auf*** sur); **~er** (*1a*) *v/t* verdoppeln; *auto* überholen; *film*: synchronisieren; *vêtement*: füttern; *v/i* sich verdoppeln; **~ure** [-yr] *f vêtement*: Futter *n*
douceâtre [dusɑtrə] süßlich
doucement [dusmɑ̃] *adv* sanft, sachte, behutsam; *lentement* langsam
douceur [dusœr] *f* **1.** *personne*: Sanftheit *f*, Zartheit *f*; **~s** *pl jouissance* Annehmlichkeiten *f/pl*; **2.** **~s** *pl sucreries* Süßigkeiten *f/pl*
douche [duʃ] *f* Dusche *f*; ***prendre une ~*** (sich) duschen
doué, **~e** [dwe] (*1a*) begabt; ***~ de qc*** ausgestattet mit etw
douille [duj] *f él* Fassung *f*; *projectile*: Hülse *f*
douill|et, **~ette** [dujɛ, -ɛt] *lit*, *vêtement*: mollig (weich); *intérieur*: behaglich, wohlig; *personne*: zimperlich, über-

empfindlich
douleur [dulœr] *f* Schmerz *m*; *chagrin* Schmerz *m*, Leid *n*
doulour|eux, **~euse** [dulurø, -øz] schmerzhaft; *fig* schmerzlich
dout|e [dut] *m* Zweifel *m*; ***sans aucun ~*** zweifellos; **~er** (*1a*) zweifeln (***de*** an *dat*); ***se ~ de qc*** etw ahnen; ***se ~ que*** ahnen, dass; **~eux**, **~euse** [-ø, -øz] zweifelhaft
Douvres [duvrə] Dover *n*
doux, **douce** [du, dus] süß; *temps*: mild; *personne*: sanft; *au toucher*: weich
douzaine [duzɛn] *f* Dutzend *n*
douze [duz] zwölf
douzième [duzjɛm] **1.** zwölfte(r, -s); **2.** *m* Zwölftel *n*
doyen [dwajɛ̃] *m* Dekan *m*
dragée [draʒe] *f* Mandelbonbon *n*; *phm* Dragee *n*
dragon [dragõ] *m* Drache *m*
draguer [drage] (*1m*) *rivière*: ausbaggern; F *femmes*: aufreißen
drainer [drɛne] (*1a*) entwässern
dram|atique [dramatik] dramatisch (*a fig*); **~aturge** [-atyrʒ] *m* Dramatiker *m*, Bühnenautor *m*; **~e** [dram] *m* Drama *n* (*a fig*)
drap [dra] *m* Tuch *n*; ***~ de lit*** Bettlaken *n*
drapeau [drapo] *m* (*pl -x*) Fahne *f*
Dresde [drɛsd] Dresden *n*
dressage [drɛsaʒ] *m* Dressur *f*; *mil* Drill *m*
dresser [drɛse] (*1b*) aufstellen; *monument*: errichten; *tente*: aufschlagen; *contrat*: aufsetzen; *animal*: dressieren; *cuis* anrichten; ***~ qn contre qn*** j-n gegen j-n aufbringen; ***se ~*** sich aufrichten; *obstacle*, *tour*: emporragen
drogu|e [drɔg] *f* Droge *f*, Rauschgift *n*; **~é**, **~ée** *m*, *f* Drogensüchtige(r) *m*, *f*; **~er** (*1a*) *v/t* mit Arzneien vollstopfen; ***se ~*** Rauschgift nehmen; **~erie** *f* Drogerie *f*; **~iste** *m*, *f* Drogist(in) *m*(*f*)
droit, **droite** [drwa, drwat] **1.** *adj côté*: rechte(r, -s); *ligne*: gerade; *debout* aufrecht; *honnête* rechtschaffen; **2.** *adv* ***tout droit*** gerade(aus); **3.** *m* Recht *n*; *taxe* Gebühr *f*; ***de ~*** von Rechts wegen; ***à qui de ~*** an die zuständige Person; ***être en ~ de*** berechtigt sein zu; ***~ international*** Völkerrecht *n*
droite [drwat] *f* Rechte *f* (*a pol*), rechte Hand *f*; *côté*: rechte Seite; ***à ~*** rechts
droit|ier, **~ière** [drwatje, -jɛr] ***être ~*** Rechtshänder(in) sein; **~ure** [-yr] *f* Aufrichtigkeit *f*
drôle [drol] *adj amusant* lustig; *bizarre* seltsam; ***une ~ d'idée*** e-e komische Idee; **~ment** *adv* F enorm
dromadaire [drɔmadɛr] *m zo* Dromedar *n*
dru, **~e** [dry] dicht
DST [deɛste] *f abr* ***direction*** *f* ***de la surveillance du territoire*** Geheimdienst *m*
dû, **due** [dy] *p/p de* ***devoir***
dubitat|if, **~ive** [dybitatif, -iv] zweifelnd
Dublin [dyblɛ̃] Dublin *n*
duc [dyk] *m* Herzog *m*
duch|é [dyʃe] *m* Herzogtum *n*; **~esse** [-ɛs] *f* Herzogin *f*
duel [dɥɛl] *m* Duell *n*
dûment [dymɑ̃] *adv* vorschriftsmäßig
dune [dyn] *f* Düne *f*
Dunkerque [dɛ̃-, dœ̃kɛrk] Dünkirchen *n*
duo [dyo] *m mus vocal*: Duett *n*; *instrumental*: Duo *n*
dup|e [dyp] *f* ***être la ~ de qn*** von j-m betrogen werden; ***être ~ de qc*** auf etw (*acc*) hereinfallen; **~er** (*1a*) prellen, betrügen; **~erie** *f* Betrügerei *f*
duplex [dyplɛks] *m* zweigeschossiges Appartement *n*
duplicata [dyplikata] *m* Zweitschrift *f*
duplicité [dyplisite] *f* Doppelzüngigkeit *f*
dur, **~e** [dyr] **1.** *adj* hart; *difficile* schwierig; *sévère* streng; *climat*: rau; *viande*: zäh; **2.** *adv* ***travailler dur*** hart arbeiten; ***frapper dur*** kräftig schlagen; **~able** dauerhaft; *croissance*, *utilisation de matières premières* nachhaltig; andauernd; **~ant** [-ɑ̃] *prép* während; ***des années ~*** jahrelang
durc|ir [dyrsir] (*2a*) *v/t* hart machen; *fig* verhärten; *v/i od* ***se ~*** hart werden; **~issement** [-ismɑ̃] *m* Hartwerden *n*; *fig* Verhärtung *f*
dur|ée [dyre] *f* Dauer *f*; **~er** (*1a*) dauern; *beau temps*: anhalten; *objet*, *vêtement*: halten
dureté [dyrte] *f* Härte *f*; *fig* Strenge *f*
D.U.T. *m abr* ***Diplôme universitaire de technologie*** *etwa* Abschlussdiplom *n*

einer frz. Fachhochschule
duvet [dyvɛ] *m* Daunen *f/pl*; *sac de couchage* Daunenschlafsack *m*; *poils*: Flaum *m*
DVD [devede] *m abr* ***digital versatile disc*** DVD *f*
dynam|ique [dinamik] **1.** *adj* dynamisch; **2.** *f* Dynamik *f* (*a fig*); **~isme** *m* Dynamik *f*, Energie *f*; **~ite** [-it] *f* Dynamit *n*
dynamo [dinamo] *f él* Dynamo *m*; *auto* Lichtmaschine *f*
dynastie [dinasti] *f* Dynastie *f*, Herrscherhaus *n*
dysenterie [disɑ̃tri] *f méd* Ruhr *f*

E

eau [o] *f* (*pl -x*) Wasser *n*; **~x** *pl* Gewässer *n/pl*; ***tomber à l'~*** ins Wasser fallen (*a fig*); *mar* ***faire ~*** leck sein; *bateau*: ***mettre à l'~*** vom Stapel lassen; ***~ courante*** fließendes Wasser *n*; ***~ gazeuse*** kohlensäurehaltiges Wasser *n*, Sprudel *m*; ***~ de Javel*** Bleichmittel *n*; ***~ minérale*** Mineralwasser *n*
eau-de-vie [odvi] *f* (*pl eaux-de-vie*) Branntwein *m*, Schnaps *m*
ébahi, **~e** [ebai] verblüfft, sprachlos
ébattre [ebatrə] (*4a*) ***s'~*** sich tummeln
ébauch|e [eboʃ] *f* Entwurf *m*; **~er** (*1a*) entwerfen; ***~ un sourire*** ein Lächeln andeuten
ébène [ebɛn] *f* Ebenholz *n*
ébéniste [ebenist] *m* Kunsttischler *m*
éberlué, **~e** [ebɛrlɥe] F verdutzt
éblou|ir [ebluir] (*2a*) blenden; *fig* verblüffen; **~issement** [-ismɑ̃] *m* Blendung *f*; *fig* Staunen *n*
éboueur [ebwœr] *m* Müllmann *m*
éboul|ement [ebulmɑ̃] *m progressif*: Erdrutsch *m*; *soudain*: Einsturz *m*; **~er** (*1a*) ***s'~*** einstürzen; **~is** [-i] *m* Geröll *n*
ébouriffer [eburife] (*1a*) *cheveux*: zerzausen; F *fig* verblüffen
ébranler [ebrɑ̃le] (*1a*) erschüttern; ***s'~*** sich in Bewegung setzen
ébriété [ebrijete] *f* Trunkenheit *f*
ébruiter [ebrɥite] (*1a*) *nouvelle*: verbreiten
ébullition [ebylisjõ] *f* ***être en ~*** sieden, kochen
écaill|e [ekaj] *f zo*, *bot* Schuppe *f*; *matière*: Schildpatt *n*; **~er** (*1a*) abschuppen; *huître*: aufmachen; ***s'~*** abbröckeln, abblättern
écarlate [ekarlat] **1.** *f* Scharlachfarbe *f*; **2.** *adj* scharlachrot, knallrot
écarquiller [ekarkije] (*1a*) ***~ les yeux*** die Augen aufsperren
écart [ekar] *m distance* Abstand *m*, Spanne *f*; *différence* Unterschied *m*, Differenz *f*; *moral*: Verstoß *m*; ***à l'~*** abseits, beiseite; ***à l'~ de*** weit weg von
écarteler [ekartəle] (*1d*) *fig* hin- und herreißen
écart|ement [ekartəmɑ̃] *m* Abstand *m*, Entfernung *f*; *chemin de fer*: Spurweite *f*; **~er** (*1a*) wegschieben, entfernen; *jambes*: spreizen; *fig idée*, *possibilité*: verwerfen; *danger*: abwenden; ***s'~ de*** sich entfernen von
ecclésiastique [eklezjastik] kirchlich
écervelé, **~e** [esɛrvəle] leichtsinnig
échafaud [eʃafo] *m hist* Schafott *n*
échafaud|age [eʃafodaʒ] *m* Baugerüst *n*; **~er** (*1a*) aufstapeln; *fig plan*: entwerfen
échalote [eʃalɔt] *f bot* Schalotte *f*
échancrure [eʃɑ̃kryr] *robe*: Ausschnitt *m*; *côte*: Einbuchtung *f*
échang|e [eʃɑ̃ʒ] *m* Austausch *m*; ***~s extérieurs*** Außenhandel *m*; ***en ~*** dafür; ***en ~ de*** für; **~er** (*1l*) austauschen, (gegenseitig) tauschen (***contre qc*** gegen etw); *regards*, *lettres*: wechseln (***qc avec qn*** etw mit j-m); **~eur** *m* Verkehrsknoten *m*, -kreuz *n*
échantillon [eʃɑ̃tijõ] *m comm* (Waren-)Probe *f*, (Waren-)Muster *n*; *poste*: ***~*** (***de marchandises***) Warensendung *f*
échapp|atoire [eʃapatwar] *f* Ausflucht *f*; **~ée** *f vue*: schmaler Durchblick *m*; *cyclisme*: Ausreißversuch *m*; **~ement** [-mɑ̃] *m auto* Auspuff *m*
échapper [eʃape] (*1a*) **1.** *sujet person-*

ne: ***~ à qn*** j-m entkommen; ***~ à qc*** e-r Sache entgehen; ***l'~ belle*** mit e-m blauen Auge davonkommen; ***s'~*** entkommen, entfliehen; **2.** *sujet chose*: *sens*, *détails*: entgehen; *cri*, *mots*: entfahren; *nom*, *date*: entfallen (sein); *objet qu'on tient*: entgleiten

écharde [eʃard] *f* Splitter *m*

écharpe [eʃarp] *f* Schal *m*; *maire*: Schärpe *f*; *méd* (Arm-)Binde *f*

échasse [eʃas] *f* Stelze *f*

échauff|é, **~ée** [eʃofe] erhitzt; **~ement** [-mɑ̃] *m* Erhitzung *f*; **~er** (*1a*) erwärmen; erhitzen (*a fig*); ***s'~*** *esprits*: sich erhitzen; *sports*: sich warm laufen; **~ourée** [-ure] *f* Krawall *m*, Tumult *m*

échéance [eʃeɑ̃s] *f comm*, *jur* Fälligkeit *f*, Fälligkeitsdatum *n*, -termin *m*; ***à brève, longue ~*** kurz-, langfristig

échéant [eʃeɑ̃] ***le cas ~*** gegebenenfalls

échec [eʃɛk] *m* Misserfolg *m*, Scheitern *n*; ***essuyer*** *od* ***subir un ~*** e-e Niederlage erleiden

échecs [eʃɛk] *m/pl* Schach(spiel) *n*; ***jouer aux ~*** Schach spielen

échelle [eʃɛl] *f* Leiter *f*; *sociale*: Rangordnung *f*, Stufenleiter *f*; *carte*: Maßstab *m*; *salaires*, *intérêts*: Skala *f*; ***sur une grande ~*** in großem Maßstab; ***à l'~ mondiale*** weltweit

échelon [eʃlõ] *m* Leitersprosse *f*; *fig* Stufe *f*, Ebene *f*; *hiérarchie*: Rangstufe *f*; *fonctionnaire*: Dienstgrad *m*; *mil* Staffel *f*

échelonner [eʃlɔne] (*1a*) staffeln; *paiements*: verteilen (***sur un an*** über ein Jahr)

échevelé, **~e** [eʃəvle] zerzaust

échin|e [eʃin] *f* Rückgrat *n* (*a fig*); **~er** (*1a*) F ***s'~*** sich abrackern

échiquier [eʃikje] *m* Schachbrett *n*

écho [eko] *m* Echo *n*

échoir [eʃwar] (*3m*) *titre*, *intérêt*: fällig werden; *délai*: ablaufen

échouer [eʃwe] (*1a*) scheitern; *examen*: durchfallen; **(*s'*)~** *bateau*: stranden

éclabousser [eklabuse] (*1a*) bespritzen

éclair [eklɛr] *m* Blitz *m*; *cuis* Liebesknochen *m*; ***comme un ~*** blitzschnell; **~age** *m* Beleuchtung *f*; Licht *n*

éclairc|ie [eklɛrsi] *f* Aufheiterung *f*; **~ir** (*2a*) aufhellen; *vin*, *sauce*: verdünnen; *fig mystère*: aufklären; ***s'~*** *ciel*: sich aufklären

éclair|er [eklɛre] (*1b*) *v/t* beleuchten; ***~ qn*** j-m leuchten; *fig* ***~ qc, qn*** etw, j-n aufklären (***sur*** über); *v/i* leuchten; **~eur**, **~euse** *m*, *f* Pfadfinder(in) *m*(*f*)

éclat [ekla] *m bombe*, *verre*: Splitter *m*; *métal*, *yeux*: Glanz *m* (*a fig*); *couleurs*, *fleurs*: Pracht *f*; ***~ de rire*** schallendes Gelächter *n*; ***faire un ~*** *scandale*: Aufsehen *n* erregen

éclat|ant, **~ante** [eklatɑ̃, -ɑ̃t] glänzend (*a fig*); *fig* offenkundig; **~er** (*1a*) platzen, bersten; *coup de feu*: knallen; *guerre*, *incendie*: ausbrechen; *fig groupe*, *parti*: sich auflösen; ***~ de rire*** laut auflachen; ***~ en sanglots*** aufschluchzen, in Tränen ausbrechen; ***~ de santé*** vor Gesundheit strotzen

éclips|e [eklips] *f* (*Mond-*, *Sonnen-*) Finsternis *f*; **~er** (*1a*) verfinstern; *fig* ***~ qn*** j-n in den Schatten stellen; F ***s'~*** verschwinden

éclore [eklɔr] (*4k*) *oiseau*: ausschlüpfen; *fleurs*: aufblühen

éclus|e [eklyz] *f* Schleuse *f*; **~er** (*1a*) durchschleusen; P saufen

écœur|ant, **~ante** [ekœrɑ̃, -ɑ̃t] widerlich, ekelhaft; **~ement** [-mɑ̃] *m* Ekel *m* (*a fig*); **~er** (*1a*) anwidern, anekeln

écol|e [ekɔl] *f* Schule *f*; ***~ maternelle*** Kindergarten *m*; ***~ primaire*** Grundschule *f*; ***~s secondaires*** höhere Schulen *f/pl*; **~ier**, **~ière** [-je, -jɛr] *m*, *f* Schüler(in) *m*(*f*)

écolog|ie [ekɔlɔʒi] *f* Ökologie *f*; **~ique** ökologisch; *bon pour l'environnement* umweltfreundlich; **~iste** *m*, *f* Umweltschützer(in) *m*(*f*)

éconduire [ekõdɥir] (*4c*) abweisen

économe [ekɔnɔm] **1.** *adj* sparsam; **2.** *m*, *f* Verwalter(in) *m*(*f*)

économ|ie [ekɔnɔmi] *f* Wirtschaft *f*; *science*: Wirtschaftswissenschaft *f*; *vertu*: Sparsamkeit *f*; ***~ nationale*** Volkswirtschaft *f*; ***~ de marché*** (freie) Marktwirtschaft *f*; ***~ planifiée*** Planwirtschaft *f*; **~s** *pl* Ersparnisse *f/pl*; ***faire des ~s*** sparen; **~ique** wirtschaftlich, Wirtschafts…; **~iser** (*1a*) ***~ qc*** etw (ein)sparen; ***~ sur qc*** an etw (*dat*) sparen; **~iseur** [-mizœʀ] *m EDV* ***~ d'écran*** Bildschirmschoner *m*; **~iste** *m*, *f* Volkswirtschaftler(in) *m*(*f*)

écorce [ekɔrs] *f arbre*: Rinde *f*; *fruit*: Schale *f*
écorcher [ekɔrʃe] (*1a*) *animal*: das Fell abziehen; *peau*: aufschürfen
écoss|ais, **~aise** [ekɔsɛ, -ɛz] **1.** *adj* schottisch; **2.** **≗**, **≗e** *m*, *f* Schotte *m*, Schottin *f*
Écosse [ekɔs] *f* **l'~** Schottland *n*
écosser [ekɔse] (*1a*) enthülsen
écosystème [ekɔsistɛm] *m* Ökosystem *n*
écoulement [ekulmɑ̃] *m* Abfluss *m*; *comm* Absatz *m*
écouler [ekule] (*1a*) *comm* absetzen; **s'~** abfließen; *temps*: vergehen; *comm* Absatz finden
écourter [ekurte] (*1a*) (ab)kürzen
écoute [ekut] *f* Hören *n* (*bes Radio*); *tél* Abhören *n*; ***être à l'~*** *radio*: hören; ***aux ~s*** auf der Lauer
écout|er [ekute] (*1a*) hören; *concert, conférence a*: sich anhören; *aux portes*: horchen, lauschen; ***~ qn*** j-m zuhören, j-n anhören; *suivre les conseils* auf j-n hören; *indiscrètement*: j-n belauschen; **~eur** *m* (Telefon-)Hörer *m*; *radio*: Kopfhörer *m*
écran [ekrɑ̃] *m* Bildschirm *m*; *cinéma*: Leinwand *f*; ***~ géant*** Großbildschirm *m*; ***le petit ~*** das Fernsehen; ***~ radar*** Radarschirm *m*
écraser [ekrɑze] (*1a*) zermalmen (*a fig*), zerquetschen; *voiture*: überfahren; *fig anéantir* vernichten; *avion*: ***s'~ au sol*** am Boden zerschellen, abstürzen
écrémer [ekreme] (*1f*) entrahmen
écrevisse [ekrəvis] *f zo* Krebs *m*
écrier [ekrije] (*1a*) **s'~** ausrufen
écrin [ekrɛ̃] *m* Schmuckkästchen *n*
écrire [ekrir] (*4f*) schreiben; **s'~** *s'orthographier* geschrieben werden
écrit [ekrit] *m* Schriftstück *n*; *examen*: ***l'~*** das Schriftliche; ***par ~*** schriftlich
écrit|eau [ekrito] *m* (*pl -x*) (Hinweis-)Schild *n*; **~ure** [-yr] *f* Schrift *f*; *comm* Buchung *f*; ***les*** (***Saintes***) **≗s** die (Heilige) Schrift *f*
écrivain [ekrivɛ̃] *m* Schriftsteller(in) *m*(*f*)
écrou [ekru] *m* (*pl -s*) (Schrauben-)Mutter *f*
écrouer [ekrue] (*1a*) *jur* inhaftieren
écrouler [ekrule] (*1a*) **s'~** einstürzen; *personne*: zusammenbrechen (*a fig*)
écueil [ekœj] *m* Riff *n*; Klippe *f* (*a fig*)
écuelle [ekɥɛl] *f* Napf *m*
éculé, **~e** [ekyle] *chaussure*: abgelaufen; *fig* abgedroschen
écum|e [ekym] *f* Schaum *m*; **~er** (*1a*) *v/i* schäumen (*a fig*); *v/t* abschäumen; *fig* ausplündern
écureuil [ekyrœj] *m zo* Eichhörnchen *n*
écurie [ekyri] *f* Pferdestall *m*; *sports*: Rennstall *m*
écusson [ekysõ] *m* Wappenschild *n*
écuy|er, **~ère** [ekɥije, -jɛr] *m*, *f* (Kunst-)Reiter(in) *m*(*f*)
eczéma [egzema] *m méd* Ekzem *n*
EDF *f abr* ***Électricité de France*** staatlicher frz. Elektrizitätskonzern
édicter [edikte] (*1a*) verordnen
édifi|cation [edifikasjõ] *f* Erbauung *f* (*a fig*); **~ce** [-s] *m* Gebäude *n*
édifier [edifje] (*1a*) erbauen (*a fig*)
édit [edi] *m* Edikt *n*, Erlass *m*
édi|ter [edite] (*1a*) herausgeben; **~teur**, **~trice** *m*, *f* Verleger(in) *m*(*f*); **~tion** *f* Ausgabe *f*; *tirage* Auflage *f*; *secteur*: Verlagswesen *n*; ***~s*** *pl* Verlag *m*; ***maison*** *f* ***d'~*** Verlag(shaus *n*) *m*; **~torial** [-tɔrjal] *m* (*pl -iaux*) Leitartikel *m*
édredon [edrədõ] *m* Federbett *n*
éduca|teur, **~trice** [edykatœr, -tris] *m*, *f* Erzieher(in) *m*(*f*); **~tion** Erziehung *f*; *culture* Bildung *f*
éduquer [edyke] (*1m*) erziehen
E.E.E. *m abr* ***Espace économique européen*** EWR *m* (Europäischer Wirtschaftsraum)
effacer [efase] (*1k*) auslöschen; *gomme*: ausradieren; *chiffon*: (aus)wischen; **s'~** *inscription*: verblassen, verschwinden; *personne*: zurücktreten
effar|ement [efarmɑ̃] *m* Bestürzung *f*; **~er** (*1a*) verwirren
effaroucher [efaruʃe] (*1a*) auf-, verscheuchen; *fig* einschüchtern, abschrecken
effect|if, **~ive** [efɛktif, -iv] **1.** *adj* effektiv; **2.** *m* (Personal-)Bestand *m*; **~ivement** tatsächlich
effectuer [efɛktɥe] (*1a*) durch-, ausführen; **s'~** erfolgen, vor sich gehen
efféminé, **~e** [efemine] *péj* weibisch
effervesc|ent, **~ente** [efɛrvesɑ̃, -ɑ̃t] *boisson*: schäumend; *fig foule*: bro-

delnd
effet [efɛ] *m* **1.** Wirkung *f*; ***à cet ~*** zu diesem Zweck; ***en ~*** denn, nämlich, in der Tat; ***faire de l'~*** wirken; **2. *~s*** *pl* Habseligkeiten *f/pl*, Sachen *f/pl*; *vêtements*: Kleider *n/pl*; **3.** *comm* ***~s*** *pl* Effekten *f/pl*
effeuiller [efœje] *(1a)* entblättern
efficac|e [efikas] wirksam; *personne*: fähig; ***~ité*** *f* Wirksamkeit *f*, Effektivität *f*
effigie [efiʒi] *f* Bildnis *n*
effilé, **~e** [efile] dünn, zugespitzt
efflanqué, **~e** [eflɑ̃ke] abgemagert, dürr
effleurer [eflœre] *(1a)* streifen (*a fig*)
effluve [eflyv] *m* Ausdünstung *f*
effondrer [efɔ̃dre] *(1a)* ***s'~*** einstürzen; *personne*: zusammenbrechen (*a fig*)
efforcer [efɔrse] *(1k)* ***s'~ de*** (+ *inf*) sich anstrengen, sich bemühen zu (+ *inf*)
effort [efɔr] *m* Anstrengung *f*; ***faire un ~*** sich anstrengen
effraction [efraksjɔ̃] *f jur* Einbruch *m*
effray|ant, **~ante** [efrɛjɑ̃, -ɑ̃t] schrecklich; ***~er*** *(1i)* ***~ qn*** j-n erschrecken; ***s'~*** erschrecken (***de*** über)
effréné, **~e** [efrene] zügellos, wild
effriter [efrite] *(1a)* ***s'~*** abbröckeln (*a fig*)
effroi [efrwa] *st/s m* Entsetzen *n*
effront|é, **~ée** [efrɔ̃te] unverschämt
effroyable [efrwajablə] entsetzlich
effusion [efyzjɔ̃] *f* **1.** ***~ de sang*** Blutvergießen *n*; **2.** *litt* ***~s*** *pl* Gefühlsausbrüche *m/pl*
égal, **~e** [egal] (*m/pl -aux*) gleich; *surface*: eben; *vitesse*: gleichmäßig; *indifférent* gleichgültig; ***d'~ à ~*** wie seinesgleichen; ***sans ~*** unvergleichlich; ***ça lui est ~*** das ist ihm gleich; ***~ement*** [-mɑ̃] *adv pareillement* gleichermaßen; *aussi* gleichfalls, auch
égal|er [egale] *(1a)* ***~ qn*** (*od* ***qc***) j-m (*od* e-r Sache) gleichkommen; ***~iser*** *(1a)* an-, ausgleichen; *sol*: ebnen; ***~ité*** *f* Gleichheit *f*; ***à ~ de*** bei Gleichheit (*gén*); ***à ~ des prix*** bei gleichem Preis; ***être à ~*** (***des points***) punktgleich sein
égard [egar] *m* ***à cet ~*** in dieser Beziehung; ***à l'~ de*** gegenüber; ***eu ~ à*** in Anbetracht (*gén*); ***par ~ à*** mit Rücksicht auf (*acc*); ***~s*** *pl* Achtung *f*, Aufmerksamkeit *f*; ***manque*** *m* ***d'~s*** Rücksichtslosigkeit *f*
égarer [egare] *(1a)* *personne*: irreleiten; *chose*: verlegen; ***s'~*** sich verirren; *du sujet*: abschweifen
égayer [egɛje] *(1i)* erheitern; *chose*: beleben
églantine [eglɑ̃tin] *f* wilde Rose *f*, Heckenrose *f*
église [egliz] *f* Kirche *f*
égocentrique [egɔsɑ̃trik] egozentrisch
égo|ïsme [egɔismə] *m* Egoismus *m*; ***~ïste*** **1.** *adj* egoistisch; **2.** *m*, *f* Egoist (-in) *m(f)*
égorger [egɔrʒe] *(1l)* die Kehle durchschneiden (***qn*** j-m); *fig* schröpfen
égosiller [egozije] *(1a)* ***s'~*** sich heiser schreien
égout [egu] *m* (Abwasser-)Kanal *m*
égoutter [egute] *(1a)* abtropfen lassen
égratign|er [egratiɲe] *(1a)* zerkratzen; ***s'~*** sich aufkratzen; ***~ure*** [-yr] *f* Kratzwunde *f*, Schramme *f*
égrener [egrəne] *(1d)* *épi*: auskörnen; *grappe*: abbeeren
Égypte [eʒipt] *f* ***l'~*** Ägypten *n*
égypt|ien, **~ienne** [eʒipsjɛ̃, -jɛn] **1.** *adj* ägyptisch; **2.** **≗, ≗ne** *m*, *f* Ägypter(in) *m(f)*
éhonté, **~e** [eɔ̃te] schamlos
éjecter [eʒɛkte] *(1a)* *tech* ausstoßen; F *personne*: rausschmeißen
élaborer [elabɔre] *(1a)* ausarbeiten
élaguer [elage] *(1m)* *arbre*: beschneiden
élan [elɑ̃] *m* **1.** Schwung *m*; *sports*: Anlauf *m*; *de tendresse, générosité*: Anwandlung *f*; *vivacité* Begeisterung *f*, Schwung *m*; **2.** *zo* Elch *m*
élancer [elɑ̃se] *(1k)* **1.** *méd* heftig stechen; **2.** ***s'~*** hervor-, losstürzen; *fig* sich emporschwingen; *tour*: emporragen
élargir [elarʒir] *(2a)* verbreitern; *vêtement*: weiter machen; *débat*: ausweiten
élasticité [elastisite] *f* Elastizität *f*
élastique [elastik] **1.** *adj* elastisch; **2.** *m* Gummiband *n*
Elbe [ɛlb] *f géogr* **1.** *fleuve* ***l'~*** die Elbe; **2.** ***l'île*** *f* ***d'~*** Elba *n*
élec|teur, **~trice** [elɛktœr, -tris] *m*, *f* Wähler(in) *m(f)*
élection [elɛksjɔ̃] *f* Wahl *f*; ***~s*** *f/pl* ***européennes*** Europawahlen *f/pl*

**élect
or|al**, **~ale** [elɛktɔral] (*m/pl -aux*) Wahl…; **~at** [-a] *m droit*: Wahlrecht *n*; *personnes*: Wählerschaft *f*, Wähler *m/pl*

électri|cien [elɛktrisjɛ̃] *m* Elektriker *m*; **~cité** [-site] *f* Elektrizität *f*; **~fication** [-fikɑsjõ] *f* Elektrifizierung *f*; **~fier** [-fje] (*1a*) elektrifizieren

électrique [elɛktrik] elektrisch

électro|-aimant [elɛktrɔɛmɑ̃] *m* (*pl électro-aimants*) Elektromagnet *m*; **~cardiogramme** [-kardjɔgram] *m méd* Elektrokardiogramm *n* (*abr* EKG); **~cuter** [-kyte] (*1a*) durch e-n elektrischen Schlag töten; **~ménager** [-menaʒe] ***appareils*** *m/pl* **~s** elektrische Haushaltsgeräte *n/pl*

électronic|ien, **~ienne** [elɛktrɔnisjɛ̃, -jɛn] *m, f* Elektroniker(in) *m(f)*

électronique [elɛktrɔnik] **1.** *adj* elektronisch; **2.** *f* Elektronik *f*

électrophone [elɛktrɔfɔn] *m* Plattenspieler *m*

éLég|ance [elegɑ̃s] *f* Eleganz *f*; **~ant**, **~ante** [elɛgɑ̃, -ɑ̃t] elegant

élément [elemɑ̃] *m* Element *n*; *composante* Bestandteil *m*; **~s** *pl rudiments* Grundbegriffe *m/pl*

élémentaire [elemɑ̃tɛr] elementar, Grund…

éléphant [elefɑ̃] *m zo* Elefant *m*

élevage [elvaʒ] *m* Züchtung *f*, Zucht *f*; **~ (*du bétail*)** Viehzucht *f*; **~ *en batterie*** Massentierhaltung *f*

élévation [elevasjõ] *f* Erhebung *f*, Erhöhung *f* (*a fig*); *niveau*: Anstieg *m*

élev|é, **~ée** [elve] hoch gelegen; *prix*: hoch; *fig* erhaben; ***bien ~(e)*** wohlerzogen; ***mal ~(e)*** ungezogen; **~er** (*1d*) *v/t lever* (er)heben; *niveau*: erhöhen; *statue, bâtiment*: errichten; *enfants*: aufziehen; *animaux*: züchten; ***s'~*** *tour, cri*: sich erheben; *niveau*: ansteigen; ***s'~ contre qn*** gegen j-n auftreten; *frais*: ***s'~ à*** sich belaufen auf (*acc*); **~eur**, **~euse** *m, f* Viehzüchter(in) *m(f)*

élève [elɛv] *m, f* Schüler(in) *m(f)*

éligible [eliʒiblə] wählbar

élimé, **~e** [elime] abgetragen

élimin|atoire [eliminatwar] *f* Ausscheidungswettkampf *m*; **~er** (*1a*) *obstacle*: beseitigen, entfernen: *math, chim* eliminieren; *personne*: ausschalten; *sports*: ***être éliminé*** ausscheiden (müssen)

élire [elir] (*4x*) wählen

élite [elit] *f* Auslese *f*, Elite *f*

elle(s) [ɛl] *f/(pl)* sie

élocution [elɔkysjõ] *f* Sprech-, Redeweise *f*

éloge [elɔʒ] *m* Lob(rede) *n(f)*; ***faire l'~ de qn, qc*** j-n loben, etw (*acc*) preisen

éloigné, **~e** [elwaɲe] fern, entfernt

éloign|ement [elwaɲmɑ̃] *m* Entfernung *f*; **~er** (*1a*) wegnehmen, entfernen; *temporel*: auf-, hinausschieben; ***s'~*** sich entfernen (***de*** von); *amis*: sich entfremden

élongation [elõgasjõ] *f méd* Zerrung *f*

éloquence [elɔkɑ̃s] *f* Beredsamkeit *f*

éloqu|ent, **~ente** [ɛlɔkɑ̃, -ɑ̃t] beredt

élu, **~e 1.** *p/p d'**élire***; **2.** *m, f fig* Auserwählte(r) *f(m)*; *pol* Abgeordnete(r) *m, f*

élucider [elyside] (*1a*) (auf)klären

élucubrations [elykybrasjõ] *f/pl* Hirngespinste *n/pl*

éluder [elyde] (*1a*) *fig* umgehen

émacié, **~e** [emasje] abgezehrt

e-mail [imɛl] *m EDV* E-Mail *f*; ***adresse f ~*** E-Mail-Adresse *f*; ***par ~*** per E-Mail; ***envoyer un ~ à qn*** j–m e–e E-Mail schicken, j–m mailen

émail [emaj] *m* (*pl émaux*) Email *n*; *dents*: Zahnschmelz *m*

émancip|ation [emɑ̃sipasjõ] *f* Befreiung *f*; *rôle social*: Emanzipation *f*; **~er** (*1a*) *v/t* befreien; ***s'~*** sich befreien; *rôle social*: sich emanzipieren

émaner [emane] (*1a*) *chaleur, lumière*: ausgehen (***de*** von); *fig* herrühren (***de*** von)

emball|age [ɑ̃balaʒ] *m* Verpackung *f*; **~ *sous vide*** Vakuumverpackung *f*; **~er** (*1a*) ein-, verpacken; F *fig* begeistern; ***s'~*** *moteur*: aufheulen; F *fig* sich begeistern

embarca|dère [ɑ̃barkadɛr] *m mar* Anlegestelle *f*; **~tion** *f* (kleines) Boot *n*

embargo [ɑ̃bargo] *m* Embargo *n*, Handelssperre *f*

embarqu|ement [ɑ̃barkəmɑ̃] *m cargaison*: Verschiffung *f*, Verladung *f*; *passagers*: Anbordgehen *n*, Einsteigen *n*; **~er** (*1m*) *v/t* einschiffen; *v/i od **s'~*** an Bord gehen; F ***s'~ dans*** sich einlassen auf, in (*acc*)

embarras [ɑ̃bara] *m* schwierige Lage *f*,

Notlage *f*; *gêne* Verlegenheit *f*, Verwirrung *f*; **~ d'argent** Geldverlegenheit *f*, -klemme *f*; ***faire des* ~** Umstände machen

embarrass|ant, ~ante [ɑ̃barasɑ̃, -ɑ̃t] peinlich; **~é, ~ée** *troublé* verlegen, betreten; **~er** (*1a*) *être incommode* behindern, stören; *troubler* in Verlegenheit bringen

embauch|age [ɑ̃boʃaʒ] *m* An-, Einstellung *f*; **~er** (*1a*) an-, einstellen

embaumer [ɑ̃bome] (*1a*) *corps*: einbalsamieren; *lieu*: mit Duft erfüllen; **~ *la lavande*** nach Lavendel duften

embellir [ɑ̃bɛlir] (*1a*) *v/t* verschönern; *v/i* schöner werden

embêt|ant, ~ante [ɑ̃bɛtɑ̃, -ɑ̃t] F *ennuyeux* langweilig; *contrariant* ärgerlich; **~ement** [-mɑ̃] F *m* Ärger *m*; **~er** F (*1a*) *ennuyer* langweilen; *agacer* ärgern; **s'~** sich langweilen

emblée [ɑ̃ble] **d'~** sofort, ohne weiteres

emblème [ɑ̃blɛm] *m* Sinnbild *n*, Emblem *n*

emboîter [ɑ̃bwate] (*1a*) ineinanderfügen; **~ *le pas à qn*** j-m auf dem Fuße folgen

embonpoint [ɑ̃bõpwɛ̃] *m* Körperfülle *f*

embouchure [ɑ̃buʃyr] *f géogr* Mündung *f*; *mus* Mundstück *n*

embourber [ɑ̃burbe] (*1a*) **s'~** im Morast stecken bleiben

embouteill|age [ɑ̃butɛjaʒ] *m* Verkehrsstau *f*; **~er** (*1b*) *rue*: verstopfen

emboutir [ɑ̃butir] (*2a*) eindrücken, zerbeulen

embranchement [ɑ̃brɑ̃ʃmɑ̃] *m* Ab-, Verzweigung *f*

embrasser [ɑ̃brase] (*1a*) küssen; *étreindre* umarmen; *période*, *thème*: umfassen; *st/s métier*: ergreifen; **~ *du regard*** überblicken

embrasure [ɑ̃brɑzyr] *f* Tür-, Fensteröffnung *f*

embrayage [ɑ̃brɛjaʒ] *m auto* Kupplung *f*

embrouiller [ɑ̃bruje] (*1a*) *choses*: durcheinanderbringen; *personne*: verwirren; **s'~** sich nicht mehr zurechtfinden

embruns [ɑ̃brɛ̃, -œ̃] *m/pl mar* Gischt *f*

embryon [ɑ̃brijõ] *m* Embryo *m*

embûches [ɑ̃byʃ] *f/pl fig* Fallen *f/pl*, Fallstricke *m/pl*

embuer [ɑ̃bɥe] (*1a*) *vitre*: beschlagen

embuscade [ɑ̃buskad] *f* Hinterhalt *m*

éméché, ~e [emeʃe] F beschwipst

émeraude [ɛmrod] **1.** *f* Smaragd *m*; **2.** *adj* smaragden

émerger [emɛrʒe] (*1l*) auftauchen

émeri [emri] *m* Schmirgel *m*; ***papier* (*d'*)~** Schmirgelpapier *n*

émerveiller [emɛrvɛje] (*1a*) in Verwunderung versetzen; **s'~** staunen (***de*** über)

émetteur [emɛtœr] *m radio*: Sender *m*

émettre [emɛtrə] (*4p*) *radiations*: aussenden; *radio*, *tél*, *TV*: ausstrahlen, senden; *opinion*: äußern; *comm action*: ausgeben; *emprunt*: auflegen; **~ *sur ondes courtes*** auf Kurzwelle senden

émeute [emøt] *f* Aufruhr *m*

émietter [emjɛte] (*1b*) zerkrümeln

émigration [emigrɑsjõ] *f* Auswanderung *f*, Emigration *f*

émigr|é, ~ée [emigre] *m*, *f* Emigrant(in) *m*(*f*); **~er** (*1a*) auswandern, emigrieren

émin|ence [eminɑ̃s] *f* **1.** *colline* Anhöhe *f*; **2.** ♀ Eminenz *f*; **~ent, ~ente** [-ɑ̃, -ɑ̃t] hervorragend, außerordentlich

émiss|aire [emisɛr] *m* Geheimbote *m*; **~ion** *f* Ausstrahlen *n*; *radio*, *TV*, *tél*: Sendung *f*; *comm* Ausgabe *f*

emmagasiner [ɑ̃magazine] (*1a*) speichern, lagern

emmêler [ɑ̃mɛle] (*1a*) *fils*: verwirren; *fig* komplizieren, durcheinanderbringen

emménager [ɑ̃menaʒe] (*1l*) **~ *dans*** einziehen in (*acc*)

emmener [ɑ̃mne] (*1d*) mitnehmen

emmerder [ɑ̃mɛrde] (*1a*) P **~ *qn*** j-n nerven, j-m auf den Geist *od* auf den Wecker gehen; P **s'~** sich zu Tode langweilen

emmitoufler [ɑ̃mitufle] (*1a*) einmumme(l)n; **s'~** sich einmumme(l)n

émoi [emwa] *m* Aufregung *f*

émoluments [emɔlymɑ̃] *m/pl* Dienstbezüge *m/pl*, Gehalt *n*

émoticon [emɔtikɔn] *m EDV* Emoticon *n*

émot|if, ~ive [emɔtif, -iv] Gefühls…; *personne*: überempfindlich

émotion [emosjõ] *f* Auf-, Erregung *f*, Emotion *f*; *attendrissement* Rührung *f*

émousser [emuse] (*1a*) stumpf machen; *fig* abstumpfen
émouvoir [emuvwar] (*3d*) *toucher* ergreifen, rühren, bewegen; ***s'~*** sich erregen; gerührt sein
empailler [ɑ̃paje] (*1a*) *animal*: ausstopfen
empaqueter [ɑ̃pakte] (*1c*) einpacken
emparer [ɑ̃pare] (*1a*) ***s'~ de qc*** sich e-r Sache (*gén*) bemächtigen; *doute, peur*: ***s'~ de qn*** j-n überkommen, überfallen
empâter [ɑ̃pɑte] (*1a*) ***s'~*** dicker werden
empêchement [ɑ̃pɛʃmɑ̃] *m* Hindernis *n*, Hinderungsgrund *m*
empêcher [ɑ̃pɛʃe] (*1b*) hindern; ***~ qc*** etw verhindern; ***~ qn de faire qc*** j-n daran hindern, etw zu tun; ***~ que*** (+ *subj*) verhindern, dass; **(*il*) *n'empêche que*** trotzdem, und doch; ***ne*** **(*pas*)** ***pouvoir s'~ de faire qc*** nicht umhinkönnen, etw zu tun, etw unbedingt tun müssen
empereur [ɑ̃prœr] *m* Kaiser *m*
empeser [ɑ̃pəze] (*1d*) *linge*: stärken
empester [ɑ̃pɛste] (*1a*) verpesten; stinken (***qc*** nach etw)
empêtrer [ɑ̃petre] (*1b*) ***s'~ dans*** sich verwickeln in (*dat*)
emphase [ɑ̃fɑz] *f* Pathos *n*, Emphase *f*
empiéter [ɑ̃pjete] (*1f*) ***~ sur*** vordringen in (*acc*); übergreifen auf (*acc*)
empiffrer [ɑ̃pifre] (*1a*) F ***s'~*** sich vollstopfen, sich den Bauch vollschlagen
empiler [ɑ̃pile] (*1a*) aufstapeln
empire [ɑ̃pir] *m* Reich *n*, Kaiserreich *n*; *fig* Einfluss *m*
empirer [ɑ̃pire] (*1a*) *v/i* sich verschlechtern, verschlimmern
empirique [ɑ̃pirik] empirisch
emplacement [ɑ̃plasmɑ̃] *m* Platz *m*, Stelle *f*, Ort *m*
emplette [ɑ̃plɛt] *f* Einkauf *m*; ***faire des ~s*** einkaufen
emplir [ɑ̃plir] (*2a*) *st/s v/t* füllen; ***s'~*** sich füllen (***de*** mit)
emploi [ɑ̃plwa] *m* **1.** *utilisation* Gebrauch *m*, Verwendung *f*; ***~ du temps*** Zeit-, Stundenplan *m*; **2.** *écon* Beschäftigung *f*, Anstellung *f*, Arbeitsplatz *m*; ***plein ~*** Vollbeschäftigung *f*
employ|é, ~ée [ɑ̃plwaje] *m, f* Angestellte(r) *m, f*; **~er** (*1h*) verwenden, gebrauchen; *personnel*: beschäftigen; ***s'~ à faire qc*** sich bemühen, etw zu tun; **~eur** *m* Arbeitgeber *m*
empocher [ɑ̃pɔʃe] (*1a*) in die Tasche stecken
empoigner [ɑ̃pwaɲe] (*1a*) ergreifen, packen
empoisonner [ɑ̃pwazɔne] (*1a*) vergiften
emporter [ɑ̃pɔrte] (*1a*) mitnehmen; *prisonnier, blessé*: wegbringen; *courant, tempête*: fortreißen; *entraîner* mitreißen; *arracher* wegreißen; *maladie*: hinwegraffen; ***l'~*** den Sieg davontragen; sich durchsetzen; ***l'~ sur qn, qc*** die Oberhand gewinnen über j-n, etw; ***s'~*** (zornig) aufbrausen
empreinte [ɑ̃prɛ̃t] *f* Abdruck *m*; *fig* Gepräge *n*; ***~ digitale*** Fingerabdruck *m*
empress|ement [ɑ̃prɛsmɑ̃] *m* Eifer *m*; **~er** (*1b*) ***s'~ de faire qc*** sich beeilen, etw zu tun; ***s'~ auprès de qn*** sich um j-n bemühen
emprise [ɑ̃priz] *f* Einfluss *m*, Macht *f*
emprisonn|ement [ɑ̃prizɔnmɑ̃] *m* Haft(strafe) *f*; **~er** (*1a*) einsperren
emprunt [ɑ̃prɛ̃, -œ̃] *m somme empruntée* entliehenes Geld *n*; *comm* Anleihe *f*, Darlehen *n*
emprunt|é, ~ée [ɑ̃prɛ̃te, -prœ̃-] *fig* unbeholfen; **~er** (*1a*) **1.** ***~ qc à qn*** sich etw von j-m leihen, borgen; *comm* ***~ de l'argent*** Geld aufnehmen; **2.** *chemin, escalier*: benutzen
ému, ~e [emy] *p/p* d'émouvoir *u adj* gerührt, ergriffen
émulation [emylasjõ] *f* Wetteifer *m*
en[1] [ɑ̃] *prép* **1.** *lieu*: in (*dat*); *direction*: in (*acc*) *od pays*: nach; ***~ France*** in, nach Frankreich; ***~ ville*** in der (die) Stadt; **2.** *temps*: ***~ 1789*** **(*~ l'an 1789*)** im Jahre 1789; ***~ été*** im Sommer; ***~ 15 jours*** binnen, innerhalb von 14 Tagen; *avec gérondif* (*souvent avec* ***tout***): ***~ mangeant*** beim Essen; **3.** *mode*: ***agir ~ ami*** als Freund handeln; ***~ cercle*** im Kreis; ***~ vente*** zum Verkauf; ***~ français*** auf französisch; *avec gérondif* ***~ forgeant*** durch das Schmieden, indem man schmiedet; ***~ voiture, avion*** mit dem Wagen, Flugzeug; **4.** *matière*: aus; ***~ or*** aus Gold; **5.** *après verbes, adj u subst*: ***croire ~ Dieu*** an Gott glauben; ***riche ~ qc*** reich an etw (*dat*); ***avoir confiance ~ qn*** Vertrauen zu

j-m haben

en[2] [ɑ̃] *adv u pron* **1.** *provenance*: ***j'~ viens*** ich komme von dort; **2.** *fig*: ***qu'~ pensez-vous?*** was halten Sie davon?; ***c'~ est fait*** es ist geschehen, es ist aus damit; ***qu'~ dites-vous?*** was sagen Sie dazu?; **3.** ***il y ~ a deux*** es sind (*ihrer*) zwei; ***il n'y ~ a plus*** es sind keine mehr da; ***j'~ ai*** ich habe welche; ***j'~ ai cinq*** ich habe fünf (davon); ***qui ~ est le propriétaire?*** wer ist sein (*od* der) Besitzer?; **4.** *cause*: ***je n'~ suis pas plus heureux*** ich bin darum nicht glücklicher; ***il ~ est mort*** er ist daran gestorben

ENA *f abr* ***École nationale d'administration*** staatliche frz. Elitehochschule für Verwaltung

encadrer [ɑ̃kadre] (*1a*) *tableau*: einrahmen; *fig* umrahmen; *personne*: flankieren

encaiss|e [ɑ̃kɛs] *f* Kassenbestand *m*; **~er** (*1b*) *comm* einkassieren; *chèque*: einlösen; *fig* einstecken, hinnehmen (müssen)

en-cas [ɑ̃kɑ] *m* (*pl unv*) *cuis* kalter Imbiss *m*

encastrer [ɑ̃kastre] (*1a*) *tech* einpassen, einfügen, einbauen

encaustique [ɑ̃kostik] *f* Bohnerwachs *n*

enceinte[1] [ɑ̃sɛ̃t] schwanger

enceinte[2] [ɑ̃sɛ̃t] *f mur* Ringmauer *f*, Umwallung *f*; *espace* Bereich *m*; **~ (*acoustique*)** Lautsprecherbox *f*

encens [ɑ̃sɑ̃] *m* Weihrauch *m*

encens|er [ɑ̃sɑ̃se] (*1a*) beweihräuchern; **~oir** [-war] *m* Weihrauchgefäß *n*

encercl|ement [ɑ̃sɛrkləmɑ̃] *m* Einkreisung *f*; **~er** (*1a*) einkreisen, umzingeln

enchaîn|ement [ɑ̃ʃɛnmɑ̃] *m* Verkettung *f*; *rapport* Zusammenhang *m*; **~er** (*1b*) *chien*: anketten; *prisonnier*: fesseln; *fig pensées*, *faits*: verknüpfen, verbinden

enchant|é, **~ée** [ɑ̃ʃɑ̃te] entzückt; ***~!*** sehr erfreut!; **~ement** [-mɑ̃] *m* Entzücken *n*; *magie* Zauber *m*; **~er** (*1a*) *ravir* entzücken; *ensorceler* bezaubern

enchère [ɑ̃ʃɛr] *f* höheres Angebot *n*; ***vente** f **aux ~s*** Versteigerung *f*, Auktion *f*; ***mettre (vendre) aux ~s*** versteigern

enchérir [ɑ̃ʃerir] (*2a*) ***~ sur qn*** mehr bieten als j

enchevêtrer [ɑ̃ʃ(ə)vɛtre] (*1b*) *fig* durcheinanderbringen, verwirren

enclave [ɑ̃klav] *f* Enklave *f*

enclencher [ɑ̃klɑ̃ʃe] (*1a*) in Gang setzen

encl|in, **~ine** [ɑ̃klɛ̃, -in] ***être ~ à*** neigen zu

enclos [ɑ̃klo] *m* umzäunter Platz *m*

enclume [ɑ̃klym] *f* Amboss *m*

encoche [ɑ̃kɔʃ] *f* Kerbe *f*

encoller [ɑ̃kɔle] (*1a*) leimen

encolure [ɑ̃kɔlyr] *f* Hals *m* (*bei Tieren*); *tour de cou* Kragenweite *f*

encombr|ant, **~ante** [ɑ̃kõbrɑ̃, -ɑ̃t] sperrig; *fig* lästig; **~ement** [-əmɑ̃] *m* Gedränge *n*; *trafic*: Verkehrsstau(ung) *m*(*f*); **~er** (*1a*) *rue*, *passage*: versperren; *rue*: verstopfen; *classe*, *marché*: überfüllen; ***s'~ de*** sich belasten mit

encontre [ɑ̃kõtrə] ***à l'~ de*** im Gegensatz zu, entgegen

encorbellement [ɑ̃kɔrbɛlmɑ̃] *m arch* Erker *m*

encore [ɑ̃kɔr] **1.** *adv* (immer) noch; *de nouveau* nochmals, wieder; *restriction*, *avec inversion*: allerdings, freilich; **2.** *conj* ***~ que*** (+ *subj*) obgleich

encourager [ɑ̃kuraʒe] (*1l*) ermutigen; *projet*, *entreprise*: fördern

encourir [ɑ̃kurir] (*2i*) *litt* ***~ qc*** sich (*dat*) etw zuziehen

encrasser [ɑ̃krase] (*1a*) verschmutzen

encr|e [ɑ̃krə] *f* Tinte *f*; **~ier** [-ije] *m* Tintenfass *n*

encroûter [ɑ̃krute] (*1a*) ***s'~*** *fig* abstumpfen

encyclopédie [ɑ̃siklɔpedi] Enzyklopädie *f*

endetter [ɑ̃dɛte] (*1b*) ***s'~*** Schulden machen

endiablé, **~e** [ɑ̃djable] *fig* leidenschaftlich, wild

endiguer [ɑ̃dige] (*1m*) eindeichen

endimanché, **~e** [ɑ̃dimɑ̃ʃe] im Sonntagsstaat

endive [ɑ̃div] *f bot*, *cuis* Chicorée *f*

endoctriner [ɑ̃dɔktrine] (*1a*) indoktrinieren

endommager [ɑ̃dɔmaʒe] (*1l*) beschädigen

endorm|i, **~ie** [ɑ̃dɔrmi] schläfrig; *fig* träge; **~ir** (*2b*) einschläfern; *douleur*:

betäuben; ***s'~*** einschlafen
endosser [ɑ̃dose] (*1a*) *vêtement*: anziehen; *responsabilité*: auf sich (*acc*) nehmen; *chèque*: indossieren
endroit [ɑ̃drwa] *m* **1.** *lieu* Ort *m*; *place* Platz *m*; *d'un objet, du corps*: Stelle *f*; **2.** *étoffe*: rechte Seite *f*
enduire [ɑ̃dɥir] (*4c*) be-, überstreichen (***de*** mit)
enduit [ɑ̃dɥi] *m* Überzug *m*
endurance [ɑ̃dyrɑ̃s] *f* Ausdauer *f*
endurc|ir [ɑ̃dyrsir] (*2a*) abhärten; *fig* abstumpfen; **~issement** [-ismɑ̃] *m* Abstumpfung *f*; *du cœur*: Verhärtung *f*
endurer [ɑ̃dyre] (*1a*) ertragen
énerg|étique [enɛrʒetik] Energie…; **~ie** [-i] *f* Energie *f*; *personne*: Tatkraft *f*, Energie *f*; **~ique** energisch, tatkräftig
énerv|ant, ~ante [enɛrvɑ̃, -ɑ̃t] nervenaufreibend; **~é, ~ée** *agacé* erregt; *agité* nervös; **~er** (*1a*) *v/t agacer* erregen; *agiter* nervös machen; ***s'~*** sich aufregen
enfance [ɑ̃fɑ̃s] *f* Kindheit *f*
enfant [ɑ̃fɑ̃] *m od f* Kind *n*
enfant|illage [ɑ̃fɑ̃tijaʒ] *m* Kinderei *f*; **~in, ~ine** kindlich; *puéril* kindisch; *très simple* kinderleicht
enfer [ɑ̃fɛr] *m* Hölle *f* (*a fig*)
enfermer [ɑ̃fɛrme] (*1a*) einschließen, einsperren; ***s'~*** sich einschließen
enfiler [ɑ̃file] (*1a*) *aiguille*: einfädeln; *perles*: aufreihen; *vêtement*: hineinschlüpfen in (*acc*); *rue*: rasch einbiegen in (*acc*)
enfin [ɑ̃fɛ̃] *finalement* endlich, schließlich; *bref* kurz gesagt; ***~, on verra*** nun, wir werden ja sehen
enflammer [ɑ̃flame] (*1a*) anzünden; *méd* entzünden; *fig* entflammen, begeistern; ***s'~*** Feuer fangen (*a fig*); *méd* sich entzünden
enfl|er [ɑ̃fle] (*1a*) *membre*: anschwellen; **~ure** [-yr] *f* Schwellung *f*
enfoncer [ɑ̃fɔ̃se] (*1k*) **1.** *clou*: einschlagen (***dans*** in *acc*); *porte*: eindrücken, einschlagen, aufbrechen; *pieu*: einrammen; **2.** *vase*, *sable*: einsinken; ***s'~*** untergehen, versinken; *avancer* vordringen (***dans*** in *acc*)
enfouir [ɑ̃fwir] (*2a*) vergraben
enfourcher [ɑ̃furʃe] (*1a*) *cheval*, *bicyclette*: besteigen
enfourner [ɑ̃furne] (*1a*) in den Ofen schieben; F *fig avaler* verschlingen
enfreindre [ɑ̃frɛ̃drə] (*4b*) übertreten, zuwiderhandeln (*dat*)
enfuir [ɑ̃fɥir] (*2d*) ***s'~*** (ent)fliehen
engagé, ~e [ɑ̃gaʒe] **1.** *adj* engagiert; **2.** *m mil* Freiwillige(r) *m*
engagement [ɑ̃gaʒmɑ̃] *m personnel*: An-, Einstellung *f*; *obligation* Verpflichtung *f*; *théâtre*: Engagement *n*; *mise en gage* Verpfändung *f*
engager [ɑ̃gaʒe] (*1l*) *lier* verpflichten (***à qc*** zu etw); *personnel*: einstellen; *tech faire entrer* einfügen, einführen; *bataille*, *discussion*: *commencer* beginnen; *entraîner* verwickeln (***dans*** in *acc*); ***~ qn à faire qc*** j-n veranlassen, etw zu tun; ***s'~*** *se lier* sich verpflichten (***à faire qc*** etw zu tun); *s'amorcer* beginnen; *mil* sich freiwillig melden; ***s'~ dans qc*** sich auf etw (*acc*) einlassen; ***s'~ dans une rue*** in e-e Straße einbiegen
engelure [ɑ̃ʒlyr] *f* Frostbeule *f*
engendrer [ɑ̃ʒɑ̃dre] (*1a*) *fig* verursachen, erzeugen
engin [ɑ̃ʒɛ̃] *m* Gerät *n*; *mil* Rakete *f*; F *péj* Ding *n*
englober [ɑ̃glɔbe] (*1a*) umfassen
engloutir [ɑ̃glutir] (*2a*) verschlingen
engorger [ɑ̃gɔrʒe] (*1l*) verstopfen
engouement [ɑ̃gumɑ̃] *m* Begeisterung *f*, Schwärmerei *f*
engouffrer [ɑ̃gufre] (*1a*) verschlingen; ***s'~ dans*** *eau*, *fig foule*: sich ergießen in (*acc*)
engourdir [ɑ̃gurdir] (*2a*) gefühllos machen; ***s'~*** gefühllos werden
engrais [ɑ̃grɛ] *m* Dünger *m*, Dung *m*
engraisser [ɑ̃grɛse] (*1b*) *bétail*: mästen
engrenage [ɑ̃grənaʒ] *m tech* Getriebe *n*
engueuler [ɑ̃gœle] P (*1a*) anschnauzen
énigmatique [enigmatik] rätselhaft
énigme [enigmə] *f* Rätsel *n*
enivr|ement [ɑ̃nivrəmɑ̃] *m fig* Rausch *m*; **~er** (*1a*) berauschen; *fig a* betören; *fig **s'~ de qc*** in etw (*dat*) schwelgen
enjamb|ée [ɑ̃ʒɑ̃be] *f* (großer, langer) Schritt *m*; **~er** (*1a*) überschreiten, -springen; *pont*: überspannen
enjeu [ɑ̃ʒø] *m* (*pl -x*) Einsatz *m*
enjoindre [ɑ̃ʒwɛ̃drə] (*4b*) ***~ qc à qn*** j-m etw einschärfen, ausdrücklich befeh-

len
enjoliv|er [ɑ̃ʒɔlive] (*1a*) verzieren; **~eur** *m auto* Radkappe *f*
enjoué, **~e** [ɑ̃ʒwe] munter, heiter
enlacer [ɑ̃lase] (*1k*) umranken, umschlingen; *étreindre* umarmen
enlaidir [ɑ̃ledir] (*2a*) verunstalten, verschandeln
enlèvement [ɑ̃lɛvmɑ̃] *m rapt* Entführung *f*
enlever [ɑ̃lve] (*1d*) *faire disparaître* entfernen, beseitigen; *emporter* mitnehmen, abtransportieren, wegschaffen; *déblais*, *ordures a*: abfahren; *vêtement*: ausziehen; *détourner* entführen; **~ qc à qn** j-m etw wegnehmen
enliser [ɑ̃lize] (*1a*) **s'~** versinken
enluminure [ɑ̃lyminyr] *f* Buch-, Miniaturmalerei *f*
enneig|é, **~ée** [ɑ̃neʒe] verschneit
ennemi, **~e** [ɛnmi] **1.** *m*, *f* Feind(in) *m*(*f*); **2.** *adj* feindlich
ennoblir [ɑ̃nɔblir] (*2a*) adeln (*fig*)
ennui [ɑ̃nɥi] *m* **1.** Langeweile *f*; **2.** *le plus souvent au pl* **~s** Ärger *m*, Unannehmlichkeiten *f/pl*, Verdruss *m*
ennuyer [ɑ̃nɥije] (*1h*) *énerver* ärgern, auf die Nerven fallen (**qn** j-m); *lasser* langweilen; *inquiéter* beunruhigen; **s'~** sich langweilen
ennuy|eux, **~euse** [ɑ̃nɥijø, -øz] *désagréable* lästig, unangenehm; *monotone* langweilig
énonc|é [enɔ̃se] *m* Wortlaut *m*; **~er** (*1k*) ausdrücken
enorgueillir [ɑ̃nɔrgœjir] (*2a*) **s'~ de qc** auf etw (*acc*) stolz sein
énorm|e [enɔrm] enorm, gewaltig; **~ément** [-emɑ̃] *adv* enorm, gewaltig; F **~ de** ungeheuer viel(e)
enquérir [ɑ̃kerir] (*2l*) *st/s* **s'~ de** sich erkundigen nach
enquête [ɑ̃kɛt] *f* Untersuchung *f*; *sondage d'opinion* Umfrage *f*, Befragung *f*, Erhebung *f*; *jur* Ermittlungen *f/pl*, Beweisaufnahme *f*
enraciné, **~e** [ɑ̃rasine] tief verwurzelt
enragé, **~e** [ɑ̃raʒe] *méd* tollwütig; *fig* fanatisch
enrayer [ɑ̃rɛje] (*1i*) aufhalten, stoppen
enregistr|ement [ɑ̃rəʒistrəmɑ̃] *m administration*: Eintragung *f*, Registrierung *f*; *disques*: Aufnahme *f*; *avion*: Einchecken *n*; **~ des bagages** Gepäckaufgabe *f*, -annahme *f*; **~er** (*1a*) eintragen, registrieren; *disques*: aufnehmen; **faire ~ bagages**: aufgeben; **~eur** *m tech* **~ (de) DVD** DVD-Rekorder *m*; *aviat* **~ de vol** Flugschreiber *m*
enrhum|é, **~ée** [ɑ̃ryme] verschnupft, erkältet; **~er** (*1a*) **s'~** sich e-n Schnupfen holen, sich erkälten
enrichir [ɑ̃riʃir] (*2a*) reich machen; *esprit*, *collection*: bereichern; **s'~** reich werden; *péj* sich bereichern
enrou|é, **~ée** [ɑ̃rwe] heiser; **~er** (*1a*) **s'~** heiser werden
enrouler [ɑ̃rule] (*1a*) *tapis*: zusammenrollen; *fil*: aufwickeln; **~ qc autour de** etw wickeln um
ensanglanter [ɑ̃sɑ̃glɑ̃te] (*1a*) mit Blut beflecken
enseign|ant, **~ante** [ɑ̃sɛɲɑ̃, -ɑ̃t] *m*, *f* Lehrkraft *f*, Lehrer(in) *m*(*f*)
enseigne [ɑ̃sɛɲ] *f* (Laden-, Firmen-) Schild *n*; **~ lumineuse** Lichtreklame *f*
enseign|ement [ɑ̃sɛɲmɑ̃] *m* Unterricht *m*; *institution*: Unterrichts-, Schulwesen *n*; **~er** (*1a*) **~ qc à qn** j-n etw lehren, j-n in etw unterrichten, j-m etw beibringen; **~ le français** Französisch unterrichten
ensemble [ɑ̃sɑ̃blə] **1.** *adv* zusammen, miteinander; *simultanément* gleichzeitig; **aller ~** zueinanderpassen; **2.** *m totalité* Ganze(s) *n*, Gesamtheit *f*; *groupe* Komplex *m*; *mus*, *vêtement*: Ensemble *n*; *math* Menge *f*; **dans l'~** insgesamt, im Ganzen; **vue** *f* **d'~** Gesamtansicht *f*, Übersicht *f*; **plan** *m* **d'~** Übersichtsplan *m*
enserrer [ɑ̃sere] (*1b*) umschließen
ensevelir [ɑ̃səvlir] (*2a*) begraben
ensoleillé, **~e** [ɑ̃sɔlɛje] sonnig
ensommeillé, **~e** [ɑ̃sɔmɛje] verschlafen
ensorceler [ɑ̃sɔrsəle] (*1c*) behexen; *fig fasciner* bezaubern, betören
ensuite [ɑ̃sɥit] darauf, dann
ensuivre [ɑ̃sɥivrə] (*4h*) **s'~** sich ergeben (**de** aus)
entailler [ɑ̃tɑje] (*1a*) einkerben
entamer [ɑ̃tame] (*1a*) *pain*: anschneiden; *bouteille*: anbrechen; *tonneau*: anzapfen; *fig* anfangen, beginnen; *négociations*: aufnehmen; *conversation*: anknüpfen; *travail*: sich machen an (*acc*), in Angriff nehmen

entasser [ãtɑse] (*1a*) *choses*: auf-, anhäufen; *personnes*: zusammenpferchen

entendre [ãtãdrə] (*4a*) hören; *témoins*: verhören; *comprendre* verstehen; *vouloir dire* meinen; *st/s* beabsichtigen (***faire qc*** etw zu tun); **~ *que*** (+ *subj*) erwarten, dass; ***laisser*** *od* ***faire* ~** zu verstehen geben; ***s'~*** sich verstehen; ***s'~ avec qn*** gut mit j-m auskommen; *se mettre d'accord* sich mit j-m einigen, verständigen; ***s'~ à qc*** sich auf etw (*acc*) verstehen; ***cela s'entend*** selbstverständlich, das ist klar

entendu, ~e [ãtãdy] abgemacht; ***bien ~*** natürlich, selbstverständlich

entente [ãtãt] *f accord* Einvernehmen *n*; Vereinbarung *f*, Absprache *f*, Übereinkunft *f*; *écon* Kartell *n*; *pol* Bündnis *n*, Abkommen *n*

enterr|ement [ãtɛrmã] *m* Beerdigung *f*; **~er** (*1b*) *personne*: bestatten, beerdigen; *chose*: ein-, vergraben

en-tête [ãtɛt] *m* (*pl en-têtes*) *journal*: Kopf *m*; *lettre*: Briefkopf *m*

entêt|é, ~ée [ãtɛte] eigensinnig, starrköpfig; **~ement** [-mã] *m* Eigensinn *m*; **~er** (*1b*) ***s'~*** eigensinnig werden; ***s'~ dans*** sich versteifen auf (*acc*); ***s'~ à faire qc*** sich darauf versteifen, etw zu tun

enthousias|me [ãtuzjasmə] *m* Begeisterung *f*; **~mer** (*1a*) begeistern; ***s'~ pour*** sich begeistern für; **~te** [-t] begeistert, enthusiastisch

enticher [ãtiʃe] (*1a*) ***s'~ de*** sich vernarren in (*acc*)

ent|ier, ~ière [ãtje, -jɛr] ganz, vollständig; *caractère*: geradlinig; ***en entier*** ganz; ***lait*** *m* ***entier*** Vollmilch *f*

entité [ãtite] *f* Wesen(heit) *n*(*f*)

entonner [ãtɔne] (*1a*) *chanson*: anstimmen

entonnoir [ãtɔnwar] *m* Trichter *m*

entorse [ãtɔrs] *f méd* Verstauchung *f*; *fig* ***faire une ~ à*** verstoßen gegen

entortiller [ãtɔrtije] (*1a*) *envelopper* einwickeln; **~ *qc autour de*** etw schlingen um

entour|age [ãturaʒ] *m* Umgebung *f*; **~er** (*1a*) **~ *de*** umgeben, umringen mit

entracte [ãtrakt] *m* Pause *f*

entraid|e [ãtrɛd] *f* gegenseitige Hilfe *f*; **~er** (*1b*) ***s'~*** einander (*dat*) beistehen

entrailles [ãtrɑj] *f/pl* Eingeweide *pl*

entrain [ãtrɛ̃] *m* Schwung *m*, Begeisterung *f*

entraîn|ement [ãtrɛnmã] *m* **1.** *sports*: Training *n*; **2.** *tech* Antrieb *m*; **~er** (*1b*) **1.** *charrier, emporter* mit sich fortreißen; *fig conséquences*: nach sich ziehen; *personne*: mitreißen, begeistern; *tech* antreiben; *impliquer* mit sich bringen; **~ *qn à faire qc*** j-n veranlassen, etw zu tun; **2.** *sports*: trainieren; ***s'~*** trainieren; **~eur** *m* Trainer *m*

entrav|e [ãtrav] *f fig* Hindernis *n*; **~er** (*1a*) hindern, hemmen

entre [ãtrə] **1.** *temps et espace*: zwischen (*lieu*: *dat*; *mouvement*: *acc*); *fig* **~ *les mains de qn*** in j-s Händen, in j-s Gewalt; **2.** *parmi* unter (*dat*); ***le meilleur d'~ nous*** der Beste von uns; **~ *autres*** unter anderem; **~ *nous*** unter uns

entre|bâiller [ãtrəbɑje] (*1a*) halb öffnen; *porte*: anlehnen; **~choquer** [-ʃɔke] (*1m*) ***s'~*** aneinanderstoßen; **~côte** [-kot] *f* Rippenstück *n*; **~couper** [-kupe] (*1a*) unterbrechen; **~croiser** [-krwaze] (*1a*) (***s'~*** sich) kreuzen

entrée [ãtre] *f lieu d'accès* Eingang *m*; *véhicules*: Einfahrt *f*; *accès au théâtre, cinéma*: Eintritt *m*; *billet* Eintrittskarte *f*; *vestibule* Vorraum *m*; *cuis* Vorspeise *f*; *EDV* Eingabe *f*; ***d'~*** von Anfang an

entrefilet [ãtrəfilɛ] *m* Pressenotiz *f*

entrelacer [ãtrəlase] (*1k*) ineinander schlingen

entrelarder [ãtrəlarde] (*1a*) spicken

entremêler [ãtrəmele] (*1b*) **~ *qc de*** etw (ver)mischen mit

entre|mets [ãtrəmɛ] *m cuis* Süßspeise *f*; **~mettre** [-mɛtrə] (*4p*) *st/s* ***s'~*** vermitteln; **~mise** [-miz] *f* ***par l'~ de qn*** durch j-s Vermittlung

entreposer [ãtrəpoze] (*1a*) (ein)lagern

entrepôt [ãtrəpo] *m* Lager(haus) *n*

entrepren|ant, ~ante [ãtrəprənã, -ãt] unternehmungslustig

entre|prendre [ãtrəprãdrə] (*4q*) unternehmen; **~preneur** [-prənœr] *m* Unternehmer *m*; **~prise** [-priz] *f* Unternehmen *n*

entrer [ãtre] (*1a*) **1.** *v/i personne*: eintreten, hereinkommen, hineingehen; *véhicule*: hinein-, hereinfahren; *train*: einfahren; *bateau*: einlaufen; *chose*:

eindringen; **~ dans** *être une composante de* ein Bestandteil sein von; *personne*: eintreten in (*acc*); **faire ~** *visiteur*: hereinbitten; **~ dans un métier** sich e-m Beruf zuwenden; **2.** *v/t* hinein-, hereinbringen

entresol [ɑ̃trəsɔl] *m* Zwischenstock *m*, -geschoss *n*

entre-temps [ɑ̃trətɑ̃] inzwischen

entretenir [ɑ̃trətnir] (*2h*) unterhalten; *relations*: *a* pflegen, aufrechterhalten; *bâtiment*: instandhalten; *auto*, *machine*: warten, pflegen; **s'~ de qc** sich über etw unterhalten

entretien [ɑ̃trətjɛ̃] *m* Unterhalt *m*; *conversation* Unterhaltung *f*, Unterredung *f*; *bâtiment*: Instandhaltung *f*

entre|voir [ɑ̃trəvwar] (*3b*) undeutlich *od* flüchtig sehen; *fig* ahnen; **~vue** [-vy] *f* Unterredung *f*, Gespräch *n*

entrouv|rir [ɑ̃truvrir] (*2f*) halb *od* ein wenig öffnen

énumér|ation [enymerasjõ] *f* Aufzählung *f*; **~er** (*1f*) aufzählen

envah|ir [ɑ̃vair] (*2a*) einfallen, -dringen (**qc** in etw); *assaillir* überfallen; *eaux*: überschwemmen; *sentiment*: überkommen; **~issant**, **~issante** [-isɑ̃, -isɑ̃t] aufdringlich; **~isseur** [-isœr] *m* Eindringling *m*

envelopp|e [ɑ̃vlɔp] *f lettre*: (Brief-) Umschlag *m*; *étui*, *gaine* Hülle *f*; *pneu*: Mantel *m*, Decke *f*; **~er** (*1a*) einwickeln, -hüllen

envenimer [ɑ̃vnime] (*1a*) vergiften (*a fig*)

envergure [ɑ̃vɛrgyr] *f oiseau*, *avion*: Spannweite *f*; *personne*: Kaliber *n*, Format *n*; *entreprise*: Ausmaß *n*, Umfang *m*

envers [ɑ̃vɛr] **1.** *prép* gegenüber (*dat*); **2.** *m feuille*: Rückseite *f*; *étoffe*: linke Seite *f*; *fig* Kehrseite *f*; **à l'~** umgekehrt, verkehrt herum

enviable [ɑ̃vjablə] beneidenswert

envie [ɑ̃vi] *f* Neid *m*; *désir* Lust *f* (**de** auf); *besoin* Bedürfnis *n*; **avoir ~ de qc** Lust auf etw (*acc*) haben; **avoir ~ de faire qc** Lust haben, etw zu tun

envi|er [ɑ̃vje] (*1a*) beneiden (**qc à qn** j-n um etw); **~eux**, **~euse** [-ø, -øz] neidisch

environ [ɑ̃virõ] *adv* ungefähr, etwa, zirka; **~s** *m/pl* Umgebung *f*; **aux ~ de** in der Nähe von

environn|ement [ɑ̃virɔnmɑ̃] *m* Umwelt *f*; **~er** (*1a*) umgeben; **s'~ de personnes** Leute um sich scharen

envisager [ɑ̃vizaʒe] (*1l*) ins Auge fassen; **~ de faire qc** beabsichtigen, etw zu tun

envoi [ɑ̃vwa] *m* Sendung *f*

envoler [ɑ̃vɔle] (*1a*) **s'~** davonfliegen; *avion*: starten (**pour** nach); *fig temps*: entschwinden

envoûter [ɑ̃vute] (*1a*) bezaubern

envoy|é [ɑ̃vwaje] *m* (Ab-)Gesandte(r) *m*; **~ spécial** Sonderberichterstatter *m*; **~er** (*1p*) schicken; *ballon*, *projectile*: werfen; **~ chercher** holen lassen

épagneul [epaɲœl] *m zo* Spaniel *m*

épais, **épaisse** [epɛ, epɛs] dick; *forêt*, *foule*: dicht

épaisseur [epɛsœr] *f* Dicke *f*; *cheveux*, *brouillard*, *forêt*: Dichte *f*

épancher [epɑ̃ʃe] (*1a*) *st/s* **s'~** sich aussprechen

épanou|ir [epanwir] (*2a*) **s'~** aufblühen (*a fig*); *se développer* sich entfalten; **~issement** [-ismɑ̃] *m* Aufblühen *n*; *développement* Entfaltung *f*

épargne [eparɲ] *f action*: Sparen *n*; **~s** *pl économies* Ersparnis *f*; **~-logement** *f* Bausparen *n*

épargner [eparɲe] (*1a*) sparen; *personne*, *choses*: schonend behandeln, verschonen; **~ qc à qn** j-m etw ersparen; *v/i* sparen

éparpiller [eparpije] (*1a*) zerstreuen

épars, **éparse** [epar, epars] zerstreut

épat|ant, **~ante** [epatɑ̃, -ɑ̃t] F toll, prima; **~er** (*1a*) verblüffen

épaul|e [epol] *f* Schulter *f*; **~er** (*1a*) *arme*: anlegen; *fig* unterstützen; **~ette** *f vêtement*: Schulterpolster *n*

épave [epav] *f* Wrack *n* (*a fig*)

épeautre [epotrə] *m* Dinkel *m*

épée [epe] *f* Schwert *n*

épeler [eple] (*1c*) buchstabieren

éperdu, **~e** [epɛrdy] außer sich; *sentiment*: leidenschaftlich

éperon [eprõ] *m* Sporn *m*

éperonner [eprɔne] (*1a*) die Sporen geben (**un cheval** e-m Pferd); *fig* anspornen

épervier [epɛrvje] *m zo* Sperber *m*

éphémère [efemɛr] *fig* vergänglich

épi [epi] *m* Ähre *f*; **~ de cheveux** Haar-

büschel *n*; *auto* ***stationnement*** *m* ***en ~*** Schrägparken *n*
épice [epis] *f* Gewürz *n*
épicéa [episea] *m bot* Fichte *f*
épic|er [epise] (*1k*) würzen; **~erie** *f* Lebensmittelgeschäft *n*; **~ier**, **~ière** [-je, -jɛr] *m*, *f* Lebensmittelhändler(in) *m*(*f*)
épidémie [epidemi] *f* Epidemie *f*, Seuche *f*
épier [epje] (*1a*) belauern, lauern auf; ***~ l'occasion*** die Gelegenheit abpassen
épiler [epile] (*1a*) enthaaren
épilogu|e [epilɔg] *m* Epilog *m*, Nachwort *n*; **~er** (*1m*) ***~ sur*** sich auslassen über
épinards [epinar] *m*/*pl* Spinat *m*
épine [epin] *f rose*: Dorn *m*; *hérisson*: Stachel *m*; ***~ dorsale*** Rückgrat *n*
épingl|e [epɛ̃glə] *f* Nadel *f*; ***~ de sûreté*** *od* ***de nourrice*** Sicherheitsnadel *f*; *fig* ***tiré à quatre ~s*** wie aus dem Ei gepellt; **~er** (*1a*) feststecken
Épiphanie [epifani] *f* Dreikönigsfest *n*
épique [epik] episch
épiscopal, **~e** [episkɔpal] (*m*/*pl -aux*) bischöflich
épisode [epizɔd] *m* Episode *f*
épistolaire [epistɔlɛr] Brief..., brieflich
épitaphe [epitaf] *f* Grabinschrift *f*
épître [epitrə] *f rel* Epistel *f*; *iron* Brief *m*
éploré, **~e** [eplɔre] verweint
épluch|er [eplyʃe] (*1a*) schälen; *fig* genau prüfen; **~ures** [-yr] *f*/*pl* Schalen *f*/*pl*
épong|e [epɔ̃ʒ] *f* Schwamm *m*; **~er** (*1l*) auf-, abwischen
épopée [epɔpe] *f* Epos *n*
époque [epɔk] *f* Zeit *f*; *histoire*: Epoche *f*; ***meuble*** *m* ***d'~*** Stilmöbel *n*
époumoner [epumɔne] (*1a*) ***s'~*** F sich heiser schreien; sich den Mund fusselig reden
épous|e [epuz] *f* Gattin *f*, Ehefrau *f*; **~er** (*1a*) heiraten (***qn*** j-n); *intérêts*: vertreten; sich einsetzen für; *opinion*: sich anschließen (***qc*** e-r Sache)
épousseter [epuste] (*1c*) abstauben
époustoufl|ant, **~ante** [epustuflɑ̃, -ɑ̃t] F verblüffend, erstaunlich
épouvant|able [epuvɑ̃tablə] entsetzlich, grauenhaft, furchtbar; **~ail** [-aj] *m* (*pl -s*) Vogelscheuche *f*
épouvant|e [epuvɑ̃t] *f* Entsetzen *n*, Grauen *n*; ***film*** *m* ***d'~*** Horrorfilm *m*; **~er** (*1a*) entsetzen, erschrecken
époux [epu] *m* Gatte *m*, Ehemann *m*; ***les ~*** *pl* das Ehepaar *n*
éprendre [eprɑ̃drə] (*4q*) *st*/*s* ***s'~ de*** sich verlieben in (*acc*)
épreuve [eprœv] *f* Probe *f*, Prüfung *f*; *sports*: Wettkampf *m*; *imprimerie*: Fahne *f*; *photographie*: Abzug *m*; ***à toute ~*** unbedingt zuverlässig; ***à l'~ de*** *résistant* widerstandsfähig gegen; ***mettre à l'~*** auf die Probe stellen
éprouv|er [epruve] (*1a*) prüfen, erproben; *ressentir* empfinden, verspüren; *difficultés*: stoßen auf (*acc*); **~ette** [-ɛt] *f* Reagenzglas *n*
épuis|é, **~ée** [epɥize] erschöpft; *tirage*: vergriffen; **~ement** [-mɑ̃] *m* Erschöpfung *f*; **~er** (*1a*) erschöpfen; ***s'~*** zu Ende gehen; *forces*: nachlassen; *malade*: schwächer werden ***s'~ à faire qc*** sich mit etw abmühen
épur|ation [epyrasjɔ̃] *f* Reinigung *f*; ***station*** *f* ***d'~*** Kläranlage *f*; **~er** (*1a*) reinigen
équateur [ekwatœr] *m* Äquator *m*
Équateur [ekwatœr] *m* ***l'~*** Ecuador *n*
équation [ekwasjɔ̃] *f math* Gleichung *f*
équerre [ekɛr] *f dessin*: Zeichendreieck *n*
équestre [ekɛstrə] ***statue*** *f* ***~*** Reiterstatue *f*
équilibr|e [ekilibrə] *m* Gleichgewicht *n* (*a fig*); **~é**, **~ée** ausgeglichen; **~er** (*1a*) *stabiliser* ins Gleichgewicht bringen, ausbalancieren; *budget*: ausgleichen
équinoxe [ekinɔks] *m* Tagundnachtgleiche *f*
équipage [ekipaʒ] *m* Mannschaft *f*
équip|e [ekip] *f* Mannschaft *f*; *ouvriers*: Schicht *f*; *recherche*: Team *n*; **~ement** [-mɑ̃] *m* Ausrüstung *f*, -stattung *f*; **~er** (*1a*) ausstatten, -rüsten (***de*** mit)
équitable [ekitablə] gerecht
équitation [ekitasjɔ̃] *f* Reiten *n*
équité [ekite] *f* Gerechtigkeit *f*
équival|ence [ekivalɑ̃s] *f* Gleichwertigkeit *f*; **~ent**, **~ente** [-ɑ̃, -ɑ̃t] **1.** *adj* gleichwertig (***à*** mit); **2.** *m* Äquivalent *n*, Entsprechung *f*; **~oir** (*3h*) ***~ à*** entsprechen (*dat*), gleichwertig sein mit
équivoque [ekivɔk] **1.** *adj* zweideutig;

2. *f* Zweideutigkeit *f*
érable [erablə] *m bot* Ahorn *m*
érafler [erafle] (*1a*) *peau*: aufschürfen
ère [ɛr] *f* Ära *f*, Epoche *f*
érection [erɛksjõ] *f* Errichtung *f*; *pénis*: Erektion *f*
éreinter [erɛ̃te] (*1a*) ermüden, erschöpfen; ***s'~*** sich abmühen, sich abrackern
ériger [eriʒe] (*1l*) auf-, errichten; ***s'~ en*** sich aufspielen als
ermitage [ɛrmitaʒ] *m* Einsiedelei *f*
ermite [ɛrmit] *m* Einsiedler *m*
érosion [erɔzjõ] *f géol* Erosion *f*; *fig* Zerfall *m*
érot|ique [erɔtik] erotisch; **~isme** *m* Erotik *f*
err|ant, **~ante** [ɛrɑ̃, -ɑ̃t] unstet; **~ata** [-ata] *m* Druckfehlerverzeichnis *n*; **~er** (*1b*) umherirren; *pensées*: schweifen; **~eur** *f* Irrtum *m*; *calcul*: Fehler *m*; ***par ~*** irrtümlich; **~oné**, **~onée** [-ɔne] falsch, irrig
érud|it, **~ite** [erydi, -it] gelehrt; **~ition** *f* Gelehrsamkeit *f*
éruption [erypsjõ] *f* Ausbruch *m*; *méd* Ausschlag *m*
ès [ɛs] *prép* ***docteur*** *m* ***~ lettres*** Dr. phil.
E.S.B. [əɛsbe] *f* ***encéphalopathie spongiforme bovine*** BSE *f*, Rinderwahn(sinn) *m*
escabeau [ɛskabo] *m* (*pl -x*) Hocker *m*
escadr|e [ɛskadrə] *f mil* Geschwader *n*; **~ille** [-ij] *f aviat* Staffel *f*; **~on** *m* Schwadron *f*
escalad|e [ɛskalad] *f* Ersteigen *n*, Besteigung *f*; *mil u fig* Eskalation *f*; Zuspitzung *f*, Verschärfung *f*; **~er** (*1a*) ersteigen
escale [ɛskal] *f* Zwischenstation *f*; ***faire ~ à*** *mar* anlaufen; *aviat* zwischenlanden in
escalier [ɛskalje] *m* Treppe *f*; ***dans l'~*** auf der Treppe; ***~ roulant*** Rolltreppe *f*
escalope [ɛskalɔp] *f* Schnitzel *n*
escamot|able [ɛskamɔtablə] einziehbar; **~er** (*1a*) verschwinden lassen, wegzaubern; *fig difficulté*: umgehen
escapade [ɛskapad] *f* Eskapade *f*
escargot [ɛskargo] *m* Schnecke *f*
escarmouche [ɛskarmuʃ] *f mil* Scharmützel *n*; *fig* Geplänkel *n*
escarp|é, **~ée** [ɛskarpe] schroff, steil; **~ement** [-əmɑ̃] *m* Steilhang *m*
escarpin [ɛskarpɛ̃] *m* Pumps *m*
Escaut [ɛsko] *m* ***l'~*** die Schelde
escient [ɛsjɑ̃] *m* ***à bon ~*** überlegt
esclandre [ɛsklɑ̃drə] *m* Szene *f*, Skandal *m*
esclavage [ɛsklavaʒ] *m* Sklaverei *f*
esclave [ɛsklav] *m*, *f* Sklave *m*, Sklavin *f*
escompt|e [ɛskõt] *m écon* Diskont *m*; *comm* Skonto *m od n*; **~er** (*1a*) diskontieren; *fig* ***~ qc*** etw erwarten
escort|e [ɛskɔrt] *f* Geleit *n*; **~er** (*1a*) geleiten, eskortieren
escrim|e [ɛskrim] *f* Fechten *n*; **~er** (*1a*) ***s'~*** sich abplagen
escroc [ɛskro] *m* Schwindler *m*, Betrüger *m*
escroqu|er [ɛskrɔke] (*1m*) ***~ qc*** etw erschwindeln, ergaunern; ***~ qc à qn*** j-n um etw betrügen, prellen; ***~ qn*** j-n betrügen; **~erie** *f* Betrug *m*, Schwindel *m*
espac|e [ɛspas] *m* Raum *m*; *cosmos* Weltraum *m*; *intervalle* Zwischenraum *m*; ***~s verts*** Grünflächen *f/pl*; **~er** (*1k*) Abstand lassen zwischen; ***s'~*** immer weiter auseinander liegen
espadrille [ɛspadrij] *f* Leinenschuh
Espagne [ɛspaɲ] *f* ***l'~*** Spanien *n*
espagnol, **~e** [ɛspaɲɔl] **1.** *adj* spanisch; **2.** **♀**, **♀e** *m*, *f* Spanier(in) *m(f)*
espèce [ɛspɛs] *f* **1.** Art *f*, Sorte *f*, Gattung *f*; ***une ~ de …*** e-e Art …, etwas wie …; ***~ d'abruti!*** *péj* blöder Kerl!; ***en l'~*** im vorliegenden Fall; **2.** *comm* ***en ~s*** (in) bar
espérance [ɛsperɑ̃s] *f* Hoffnung *f*
espérer [ɛspere] (*1f*) *v/t* erhoffen; *v/i* hoffen; *st/s* ***~ en qn*** auf j-n vertrauen; ***~ que*** hoffen, dass; ***~ faire qc*** hoffen, etw zu tun
espiègle [ɛspjɛglə] schelmisch
espi|on, **~onne** [ɛspjõ, -ɔn] *m*, *f* Spion(in) *m(f)*
espionn|age [ɛspjɔnaʒ] *m* Spionage *f*; **~er** (*1a*) aus-, nachspionieren
esplanade [ɛsplanad] *f* Esplanade *f*
espoir [ɛspwar] *m* Hoffnung *f* (***de*** auf *acc*)
esprit [ɛspri] *m* Geist *m*; *intellect* Verstand *m*; *humour* Witz *m*; ***faire de l'~*** geistreich tun; ***perdre l'~*** den Verstand verlieren
Esquim|au, **~aude** [ɛskimo, -od] (*m/pl -x*) *m*, *f* Eskimo *m*, Eskimofrau *f*

esquinter [ɛskɛ̃te] *(1a)* F kaputtmachen, ramponieren
esquiss|e [ɛskis] *f* Skizze *f*, Entwurf *m*; *ébauche* Andeutung *f*; **~er** *(1a)* entwerfen, skizzieren; *ébaucher* andeuten
esquiver [ɛskive] *(1a)* (geschickt) ausweichen (***qc*** e-r Sache *dat*); ***s'~*** sich heimlich davonmachen
essai [esɛ] *m test* Probe *f*, Erprobung *f*; *tentative* Versuch *m*; *littérature*: Essay *m*; ***à l'~, à titre d'~*** versuchsweise
essaim [esɛ̃] *m* Schwarm *m*
essayer [esɛje] *(1i)* versuchen, probieren; *vêtement*: anprobieren; *plat*: kosten; ***~ de faire qc*** versuchen, etw zu tun; ***s'~ à qc*** sich in etw *(dat)* versuchen
essence [esɑ̃s] *f carburant*: Benzin *n*; *extrait de plante* Essenz *f*; *phil* Wesen *n*; *bot* Baumart *f*
essentiel, **~le** [esɑ̃sjɛl] **1.** *adj* wesentlich; *indispensable* unabdingbar; **2.** *m* Wesentliche(s) *n*, Hauptsache *f*
essieu [esjø] *m* (*pl -x*) (Wagen-)Achse *f*
essor [esɔr] *m bes écon* Aufschwung *m*; ***prendre un ~*** e-n Aufschwung nehmen, aufblühen
essor|er [esɔre] *(1a) linge, à la main*: auswringen; *machine à laver*: schleudern; **~euse** [-øz] *f* Schleuder *f*
essoufflé, **~e** [esufle] außer Atem
essuie|-glace [esɥiglas] *m* (*pl unv od essuie-glaces*) *auto* Scheibenwischer *m*; **~-mains** [-mɛ̃] *m* (*pl unv*) Handtuch *n*
essuyer [esɥije] *(1h)* abwischen; *sécher* abtrocknen; *fig* hinnehmen müssen
est [ɛst] **1.** *m* Ost(en) *m*; ***à l'~ de*** östlich von; **2.** *adj* östlich, Ost…
estampe [ɛstɑ̃p] *f cuivre*: (Kupfer-)Stich *m*; *bois*: Holzschnitt *m*
esthéticienne [ɛstetisjɛn] *f* Kosmetikerin *f*
esthétique [ɛstetik] **1.** *adj* ästhetisch; **2.** *f* Ästhetik *f*
estima|ble [ɛstimablə] schätzenswert, achtbar; **~tif**, **~tive** [-tif, -tiv] auf Schätzung beruhend; ***devis*** *m* **~** Kostenvoranschlag *m*; **~tion** *f* Schätzung *f*; *coûts*: Veranschlagung *f*
estime [ɛstim] *f* (Hoch-)Achtung *f*, Ansehen *n*, Wertschätzung *f*
estimer [ɛstime] *(1a) valeur*: (ab)schätzen; *coûts*: veranschlagen; *respecter* (hoch) achten; ***~ que*** der Ansicht sein, dass; ***~ qc convenable*** etw für angemessen halten; ***s'~ heureux de*** (+ *inf*) sich glücklich schätzen zu (+ *inf*)
estiv|al, **~ale** [ɛstival] (*m/pl -aux*) sommerlich, Sommer…; **~ant**, **~ante** [-ɑ̃, -ɑ̃t] *m*, *f* Sommergast *m*
estomac [ɛstɔma] *m* Magen *m*; ***avoir mal à l'~*** Magenschmerzen haben
estomper [ɛstɔ̃pe] *(1a)* verwischen; ***s'~*** verschwimmen
Estonie [ɛstɔni] *f* ***l'~*** Estland *n*
estrade [ɛstrad] *f* Podium *n*
estragon [ɛstragɔ̃] *m* Estragon *n*
estropier [ɛstrɔpje] *(1a)* zum Krüppel machen, verstümmeln (*a fig*)
estuaire [ɛstɥɛr] *m* Trichtermündung *f*
estudiant|in, **~ine** [ɛstydjɑ̃tɛ̃, -in] studentisch, Studenten…
et [e] und; *st/s* ***~ … ~ …*** sowohl … als auch …
étable [etablə] *f* (Vieh-)Stall *m*
établi [etabli] *m* Werkbank *f*
établ|ir [etablir] *(2a) camp, école*: errichten; *entreprise*: gründen; *domicile*: aufschlagen; *relations, contact*: herstellen, aufnehmen; *salaires, prix*: festsetzen; *certificat, facture*: ausstellen; *tarif, liste, gouvernement, record*: aufstellen; *impôts*: erheben; *ordre, paix*: herstellen; ***s'~*** sich niederlassen; **~issement** [-ismɑ̃] *m action de fonder* Gründung *f*, Errichtung *f*; *action de s'établir* Niederlassung *f*; *programme, liste, tarif*: Aufstellung *f*; *certificat, facture*: Ausstellung *f*; *expertise*: Erstellung *f*; *prix, salaires*: Festsetzung *f*; *in Zssgn* (Werks-, Betriebs-)Anlage *f*; Unternehmen *n*; *scolaire, bancaire, hospitalier*: Anstalt *f*; ***~ industriel*** Industriebetrieb *m*; ***~ thermal*** Kuranstalt *f*
étage [etaʒ] *m* Stock(werk) *m*(*n*); *fusée*: Stufe *f*
étagère [etaʒɛr] *f meuble*: Regal *n*; *planche*: (Bücher-)Brett *n*
étai [etɛ] *m* Stütze *f*
étain [etɛ̃] *m* Zinn *n*
étal|age [etalaʒ] *m* Auslage *f*, Schaufenster *n*; ***faire ~ de*** zur Schau stellen; **~er** *(1a) déployer* ausbreiten; *paiements, vacances*: verteilen; *marchan-*

dises: ausstellen; *fig exhiber* zur Schau stellen; ***s'~** liquide*: sich ausbreiten; *paiements*: sich verteilen; *fig* zur Schau gestellt werden

étalon [etalõ] *m* **1.** *zo* Hengst *m*; **2.** *mesure*: Eich-, Normalmaß *n*; Standard *m*

étanch|e [etɑ̃ʃ] wasserdicht; **~er** (*1a*) *tech* abdichten; *litt soif*: löschen

étang [etɑ̃] *m* Teich *m*

étape [etap] *f lieu*: (Zwischen-)Station *f*, Aufenthalt *m*, *parcours* Etappe *f*, Wegstrecke *f*; *fig* Abschnitt *m*

état [eta] *m* **1.** *santé*, *voiture*, *maison*: Zustand *m*; *situation* Lage *f*; ***~ civil** bureau*: Standesamt *n*; *condition*: Familienstand *m*; ***~ d'âme*** Gemütsverfassung *f*; ***en tout ~ de cause*** auf alle Fälle; ***être dans tous ses ~s*** ganz aufgeregt sein; ***être en ~ de faire qc*** im Stande sein, etw zu tun; ***hors d'~*** außer Stande; **2.** ***État*** *m* Staat *m*; **3.** *liste* Verzeichnis *n*, Aufstellung *f*

étatiser [etatize] (*1a*) verstaatlichen

état|-major [etamaʒɔr] *m* (*pl états-majors*) *mil* Stab *m*; **Ꞩ-providence** [-prɔvidɑ̃s] *m* Wohlfahrtsstaat *m*

États-Unis [etazyni] *m/pl* ***les ~*** die Vereinigten Staaten *m/pl*

étau [eto] *m* (*pl -x*) Schraubstock *m*

étayer [etɛje] (*1i*) (ab)stützen

etc. [ɛtsetera] (*abr* et cetera) usw. (und so weiter)

été[1] [ete] *m* Sommer *m*; ***en ~*** im Sommer

été[2] [ete] *p/p d'**être***

éteindre [etɛ̃drə] (*4b*) *incendie*, *cigarette*: löschen; *électricité*, *radio*: abschalten, ausmachen; *chauffage*: abdrehen

étendard [etɑ̃dar] *m mil* Standarte *f*

étendre [etɑ̃drə] (*4a*) *malade*, *enfant*: legen; *beurre*, *enduit*: verstreichen; *membres*: ausstrecken; *bras*: ausbreiten; *linge*: aufhängen; *vin*, *sauce*: strecken; *influence*, *pouvoir*: ausdehnen, erweitern; ***s'~*** sich ausdehnen; *terrain*, *bois*: sich erstrecken; *personne*: sich hinlegen; ***s'~ sur un sujet*** sich über ein Thema auslassen

étendue [etɑ̃dy] *f* Ausdehnung *f*, Weite *f*; *durée* Länge *f*; *connaissances*, *affaires*: Umfang *m*; *catastrophe*: Ausmaß *n*

étern|el, **~elle** [etɛrnɛl] ewig; **~iser** (*1a*) ausdehnen, in die Länge ziehen; ***s'~*** ewig dauern; **~ité** *f* Ewigkeit *f*

éternuer [etɛrnɥe] (*1n*) niesen

éther [etɛr] *m* Äther *m*

Éthiopie [etjɔpi] *f* ***l'~*** Äthiopien *n*

éthique [etik] **1.** *adj* ethisch; **2.** *f* Ethik *f*

étinceler [etɛ̃sle] (*1c*) funkeln

étincelle [etɛ̃sɛl] *f* Funke *m*

étiqueter [etikte] (*1c*) beschriften; *fig* einordnen

étiquette [etikɛt] *f vêtement*, *cahier*: Etikett *n*, (Preis-)Schild *n*; *protocole* Etikette *f*

étirer [etire] (*1a*) ***s'~*** *personne*: sich strecken, *tissu*: sich dehnen

Etna [ɛtna] *m* ***l'~*** der Ätna

étoff|e [etɔf] *f* Stoff *m*; *fig* ***avoir l'~ de qc*** das Zeug zu etw haben; **~er** (*1a*) ausschmücken

étoile [etwal] *f* Stern *m*; *fig* ***~ de cinéma*** Filmstar *m*; ***~ filante*** Sternschnuppe *f*; ***à la belle ~*** unter freiem Himmel; ***~ de mer*** Seestern *m*

étonn|ant, **~ante** [etɔnɑ̃, -ɑ̃t] erstaunlich; **~é**, **~ée** erstaunt, verwundert (***de*** über); **~ement** [-mɑ̃] *m* Erstaunen *n*, Verwunderung *f*; **~er** (*1a*) erstaunen; ***s'~ de*** sich wundern *od* staunen über; ***s'~ que*** (+ *subj*) sich wundern, dass

étouff|ant, **~ante** [etufɑ̃, -ɑ̃t] schwül; **~ée** *cuis* ***à l'~*** gedünstet; **~er** (*1a*) ersticken; *fig bruit*: dämpfen; *révolte*, *cri*: unterdrücken; *scandale*: vertuschen

étourderie [eturdəri] *f* Unbesonnenheit *f*, Leichtsinn *m*

étourd|i, **~ie** [eturdi] gedankenlos, unbesonnen, leichtsinnig; **~ir** (*2a*) betäuben; *alcool*: benebeln; **~issement** [-ismɑ̃] *m* Betäubung *f*; *vertige* Schwindel(gefühl) *m*(*n*)

étrange [etrɑ̃ʒ] seltsam, sonderbar

étrang|er, **~ère** [etrɑ̃ʒe, -ɛr] **1.** *adj* fremd; *de l'étranger*: ausländisch; **2.** *m*, *f* Fremde(r) *m*, *f*; *de l'étranger*: Ausländer(in) *m*(*f*); **3.** *m* Ausland *n*; ***à l'étranger*** im *od* ins Ausland

étrangl|ement [etrɑ̃gləmɑ̃] *m* Erwürgen *n*; **~er** (*1a*) erwürgen; *fig critique*: abwürgen; *liberté*: einschränken

être [ɛtrə] (*1*) **1.** sein; *passif*: werden; ***je suis mieux*** es geht mir besser; ***~ à qn*** j-m gehören; ***il est de Paris*** er ist aus Paris; ***en ~*** mitmachen; ***~ après qn***

hinter j-m her sein; ***nous sommes lundi*** wir haben Montag; ***je n'y suis pas*** ich bin noch nicht so weit; ***je n'y suis pour rien*** ich habe damit nichts zu tun; *st/s* ***il est des gens qui*** es gibt Leute, die; **2.** *m* Wesen *n*; *homme* Mensch *m*; *phil* Sein *n*

étrein|dre [etrɛ̃drə] (*4b*) umklammern; *ami*: umarmen, in die Arme schließen; *sentiments*: beklemmen; **~te** *f de la main*: Druck *m*; Umklammerung *f*; *amis*: Umarmung *f*

étrennes [etrɛn] *f/pl* Neujahrsgeschenk(e) *n(pl)*

étrier [etrije] *m* Steigbügel *m*

étriller [etrije] (*1a*) *cheval*: striegeln

étriqué, **~e** [etrike] eng; *fig* kümmerlich

étroit, **~e** [etrwa, -t] schmal, eng; *esprit*: engstirnig

étroitesse [etrwatɛs] *f* Enge *f*; ***~ d'esprit*** Engstirnigkeit *f*, Beschränktheit *f*

Ets. (*abr* établissements) Werk(e)

étude [etyd] *f* Studium *n*; *recherche* Studie *f*, Untersuchung *f*; *mus* Übung *f*; *élèves*: Arbeitsraum *m*; *notaire*: Kanzlei *f*; ***~s*** *pl* Studium *n*; ***faire ses ~s*** studieren

étudi|ant, **~ante** [etydjɑ̃, -ɑ̃t] *m, f* Student(in) *m(f)*; **~é**, **~ée** *système*, *discours*: durchdacht; *style*: gesucht; **~er** (*1a*) studieren; *élève*: lernen; *examiner* untersuchen

étui [etɥi] *m* Futteral *n*, Etui *n*

étuvée [etyve] *cuis* ***à l'~*** gedünstet

eu, **eue** [y] *p/p* ***d'avoir***

euphémique [øfemik] beschönigend, euphemistisch

euphorie [øfɔri] *f* Euphorie *f*, Hochstimmung *f*

euro [øro] *m* Euro *m*

eurochèque [ørɔʃɛk] *m* Euroscheck *m*

eurodéputé(e) [ørodepyte] *m(f)* Europaabgeordnete(r) *f(m)*

euro-monnaie [øromɔnɛ] *f* Eurowährung *f*

Europe [ørɔp] *f* ***l'~*** Europa *n*

europé|en, **~enne** [ørɔpeɛ̃, -ɛn] **1.** *adj* europäisch; **2. ≗, *≗ne*** *m, f* Europäer (-in) *m(f)*

Europol [ørɔpɔl] *f* Europol *f*

eurotunnel [ørotynɛl] *m* Eurotunnel *m*

Eurovision [ørovizjõ] *f TV* Eurovision *f*

euthanasie [øtanazi] *f* Euthanasie *f*, Sterbehilfe *f*

eux [ø] *m/pl* sie; ihnen

évacuation [evakɥasjõ] *f* Evakuierung *f*; ***~ en mer*** Verklappung *f*

évacuer [evakɥe] (*1n*) *maison*, *ville*: räumen; *population*: evakuieren; ***~ en mer*** verklappen

évad|é [evade] *m* entwichener Häftling *m*, Ausbrecher *m*; **~er** (*1a*) ***s'~*** flüchten

évaluer [evalɥe] (*1n*) abschätzen, ermitteln; *coût*, *prix*: *a* überschlagen

Évangile [evɑ̃ʒil] *m* Evangelium *n*

évanou|ir [evanwir] (*2a*) ***s'~*** ohnmächtig werden; *fig* vergehen; **~issement** [-ismɑ̃] *m* Ohnmacht *f*; *fig* Verschwinden *n*

évapor|ation [evapɔrasjõ] *f* Verdunstung *f*, Verdampfung *f*; **~er** (*1a*) ***s'~*** verdunsten, verdampfen

évas|er [evaze] (*1a*) ausweiten; **~if**, **~ive** [-if, -iv] ausweichend; **~ion** *f* Flucht *f*

évêché [eveʃe] *m* Bistum *n*; *édifice*: Bischofssitz *m*

éveil [evɛj] *m* Erwachen *n*; ***en ~*** wachsam

éveiller [evɛje] (*1b*) wecken; ***s'~*** aufwachen; wach werden; *fig souvenirs* wachwerden

événement [evɛnmɑ̃] *m* Ereignis *n*

éventail [evɑ̃taj] *m* (*pl -s*) Fächer *m*; *fig marchandises*: Auswahl *f*, Angebot *n*; ***en ~*** fächerförmig

éventer [evɑ̃te] (*1a*) fächeln; *fig secret*: lüften; ***s'~*** *boisson*: schal werden

éventrer [evɑ̃tre] (*1a*) den Bauch aufschlitzen (***qn*** j-m); *choses*: aufschlitzen

éventualité [evɑ̃tɥalite] *f* Eventualität *f*, Möglichkeit *f*

éventuel, **~le** [evɑ̃tɥɛl] eventuell, möglich; **~lement** [-mɑ̃] möglicherweise, unter Umständen, *peut-être* eventuell

évêque [evɛk] *m* Bischof *m*

évertuer [evɛrtɥe] (*1n*) ***s'~*** sich bemühen; ***s'~ à faire qc*** sich abmühen, etw zu tun

éviction [eviksjõ] *f* Ausschaltung *f*

évidemment [evidamɑ̃] *bien sûr* natürlich; *de toute évidence* offensichtlich

évidence [evidɑ̃s] *f* Augenscheinlichkeit *f*, Evidenz *f*; ***en ~*** deutlich sichtbar; ***mettre en ~*** hervorheben; ***de toute ~*** ganz offensichtlich

évid|ent, ~ente [evidɑ̃, -ɑ̃t] offensichtlich, deutlich (sichtbar)
évider [evide] (*1a*) aushöhlen
évier [evje] *m* Ausguss *m*, Spülbecken *n*
évincer [evɛ̃se] (*1k*) ausschalten, verdrängen
éviter [evite] (*1a*) *personne*: meiden, ausweichen (*dat*); *coup, voiture*: ausweichen (*dat*); *problème*: vermeiden; *danger, accident*: verhüten; ***~ qc à qn*** j-m etw ersparen; ***~ de faire qc*** es vermeiden, sich hüten, etw zu tun; ***~ que*** (***ne***) (+ *subj*) vermeiden, dass
évocation [evɔkasjõ] *f* Heraufbeschwören *n*
évoluer [evɔlɥe] (*1n*) *progresser* sich (weiter)entwickeln; *maladie*: fortschreiten; *idées*: *changer* sich (ver)ändern; *personne*: sich bewegen
évolution [evɔlysjõ] *f* Entwicklung *f*; *biol* Evolution *f*
évoquer [evɔke] (*1m*) *esprits*: beschwören; *fig* in Erinnerung rufen, wachrufen; ***~ un problème*** e-e Frage aufwerfen
ex. (*abr* exemple) z.B. (zum Beispiel)
ex-... [ɛks] Ex...; ehemalige(r, -s)
exact, exacte [ɛgza(kt), ɛgzakt] exakt, genau; *personne*: pünktlich
exactitude [ɛgzaktityd] *f* Genauigkeit *f*, Sorgfalt *f*; *ponctualité* Pünktlichkeit *f*
exagér|ation [ɛgzaʒerasjõ] *f* Übertreibung *f*; **~er** (*1f*) übertreiben
exalt|é, ~ée [ɛgzalte] überspannt; **~er** (*1a*) *animer* begeistern; *vanter* preisen
examen [ɛgzamɛ̃] *m* Prüfung *f*; *méd* Untersuchung *f*; ***~ de dépistage du cancer*** Krebsvorsorgeuntersuchung *f*; ***passer un ~*** e-e Prüfung machen; ***être reçu*** *od* ***réussir à un ~*** e-e Prüfung bestehen; ***~ d'entrée*** Aufnahmeprüfung *f*
examiner [ɛgzamine] (*1a*) prüfen; *méd* untersuchen
exaspér|ation [ɛgzasperasjõ] *f* Erbitterung *f*; **~er** (*1f*) in Wut versetzen
exaucer [ɛgzose] (*1k*) *personne, prière*: erhören; *vœu*: erfüllen
excavateur [ɛkskavatœr] *m* Bagger *m*
excéd|ent [ɛksedɑ̃] *m* Überschuss *m*; ***en ~*** überschüssig; **~er** (*1f*) *mesure*: überschreiten, -steigen
excellence [ɛksɛlɑ̃s] *f* Vortrefflichkeit *f*; ♀ *titre*: Exzellenz *f*; ***par ~*** schlechthin
excell|ent, ~ente [ɛksɛlɑ̃, -ɑ̃t] ausgezeichnet, vortrefflich; **~er** (*1b*) sich auszeichnen (***dans, en*** in *dat*)
excentrique [ɛksɑ̃trik] exzentrisch (*a fig*); *quartier*: abgelegen
excepté, ~e [ɛksɛpte] **1.** *adj* ausgenommen; **2.** *prép* (*unv*) außer (*dat*); ***excepté que*** abgesehen davon, dass; ***excepté si*** es sei denn, dass
excepter [ɛksɛpte] (*1a*) ausnehmen
exception [ɛksɛpsjõ] *f* Ausnahme *f*; ***à l'~ de*** mit Ausnahme von; ***d'~*** Ausnahme...
exceptionnel, ~le [ɛksɛpsjɔnɛl] außergewöhnlich
exc|ès [ɛksɛ] *m* Übermaß *n*; ***à l'~*** unmäßig; ***~ de vitesse*** Geschwindigkeitsüberschreitung *f*; **~essif, ~essive** [-sif, -siv] übermäßig, übertrieben
excit|ation [ɛksitasjõ] *f* Auf-, Erregung *f*; *sexuelle*: Erregung *f*; **~é, ~ée** aufgeregt, erregt; **~er** (*1a*) *envie, passion, admiration*: erregen (*a sexuellement*); *appétit, imagination*: anregen; *encourager* anspornen; *agiter* aufregen, (auf)reizen
exclam|ation [ɛksklamasjõ] *f* Ausruf *m*; **~er** (*1a*) ***s'~*** (aus)rufen
exclure [ɛksklyr] (*4l*) ausschließen
exclus|if, ~ive [ɛksklyzif, -iv] ausschließlich, exklusiv; **~ion** *f* Ausschluss *m*; ***à l'~ de*** mit Ausnahme von; **~ivement** [-ivmɑ̃] ausschließlich; **~ivité** [-ivite] *f comm* Alleinvertrieb *m*
excommunier [ɛkskɔmynje] (*1a*) exkommunizieren
excrément [ɛkskremɑ̃] *m* Exkrement *n*
excroissance [ɛkskrwasɑ̃s] *f* Wucherung *f*
excursion [ɛkskyrsjõ] *f* Ausflug *m*
excus|e [ɛkskyz] *f* Entschuldigung *f*; *prétexte* Ausrede *f*; **~er** (*1a*) entschuldigen; ***s'~*** sich entschuldigen; ***excusez-moi*** Entschuldigung
exécr|able [egzekrablə] abscheulich; **~er** (*1f*) verabscheuen
exécut|er [egzekyte] (*1a*) *ordre, projet*: ausführen; *mus* vortragen; aufführen; *jur* vollstrecken; *condamné*: hinrichten; **~if, ~ive** [-if, -iv] **1.** *adj* vollzie-

hend, Exekutiv…; **2.** *m* Exekutive *f*
exécution [egzekysjõ] *f* Ausführung *f*; *jur* Vollstreckung *f*; *condamné*: Hinrichtung *f*; *mus* Vortrag *m*; Aufführung *f*; ***mettre à ~*** ausführen
exemplaire [ɛgzɑ̃plɛr] **1.** *adj* vorbildlich; *punition*: abschreckend; **2.** *m* Exemplar *n*
exemple [ɛgzɑ̃plə] *m* Beispiel *n*; ***par ~*** zum Beispiel
exempt, **~e** [ɛgzɑ̃, -t] frei, befreit (***de*** von); **~er** (*1a*) befreien, freistellen (***de*** von)
exemption [ɛgzɑ̃psjõ] *f* Befreiung *f*; ***~ d'impôt(s)*** Steuerfreiheit *f*
exercer [ɛgzɛrse] (*1k*) *influence, pouvoir, profession*: ausüben; *activité, commerce*: betreiben; *mémoire, corps*: üben, trainieren; ***s'~*** üben
exercice [ɛgzɛrsis] *m* Übung *f*; *art, profession*: Ausübung *f*; *comm* Geschäfts-, Rechnungsjahr *n*; *physique*: Bewegung *f*
exhaler [ɛgzale] (*1a*) *odeur*: ausströmen
exhaust|if, **~ive** [ɛgzostif, -iv] *étude*: erschöpfend
exhib|er [ɛgzibe] (*1a*) vorzeigen; ***s'~*** sich zur Schau stellen; **~itionniste** *m* Exhibitionist *m*
exhorter [ɛgzɔrte] (*1a*) ermahnen
exhumer [ɛgzyme] (*1a*) ausgraben
exig|eant, **~eante** [ɛgziʒɑ̃, -ɑ̃t] anspruchsvoll; **~ence** [-ɑ̃s] *f revendication* Forderung *f*, Anspruch *m*; Anforderung *f*; Erfordernis *n*; **~er** (*1l*) *réclamer* fordern, verlangen; *nécessiter* erfordern
exigu, **exiguë** [ɛgzigy] eng
exiguïté [ɛgzigɥite] *f* Enge *f*
exil [ɛgzil] *m* Exil *n*, Verbannung *f*; **~er** (*1a*) verbannen; ***s'~*** ins Exil gehen
exist|ence [ɛgzistɑ̃s] *f* Existenz *f*; *vie* Leben *n*, Dasein *n*; **~er** (*1a*) bestehen, existieren; ***il existe*** es gibt (*acc*)
exode [ɛgzɔd] *m* Abwanderung *f*, Auszug *m*; ***~ rural*** Landflucht *f*
exonérer [ɛgzɔnere] (*1f*) (von Steuern *od* Gebühren) befreien
exorbit|ant, **~ante** [ɛgzɔrbitɑ̃, -ɑ̃t] übermäßig, maßlos; *prix*: horrend
exotique [ɛgzɔtik] exotisch, fremdartig
exp. *abr* ***expéditeur*** Abs. (Absender)
expans|if, **~ive** [ɛkspɑ̃sif, -iv] *phys* Ausdehnungs…; *personne*: mitteilsam; **~ion** *f* Ausdehnung *f*, Expansion *f*; ***~ économique*** Wirtschaftsaufschwung *m*, -wachstum *n*
expatrier [ɛkspatrije] (*1a*) *argent*: im Ausland anlegen; ***s'~*** emigrieren
expectative [ɛkspɛktativ] *f* ***être dans l'~*** abwarten
expédient [ɛkspedjɑ̃] *m* Notbehelf *m*
expédier [ɛkspedje] (*1a*) absenden, verschicken; *travail*: (zügig) erledigen
expédi|teur, **~trice** [ɛkspeditœr, -tris] *m, f* Absender(in) *m(f)*; **~tif**, **~tive** [-tif, -tiv] schnell, zügig; **~tion** *f* Absendung *f*, Versand *m*; *voyage*: Expedition *f*
expérience [ɛksperjɑ̃s] *f* Erfahrung *f*; *scientifique*: Experiment *n*
expériment|é, **~ée** [ɛksperimɑ̃te] erfahren; **~er** (*1a*) ausprobieren, erproben
exp|ert, **~erte** [ɛkspɛr, -ɛrt] **1.** *adj* sach-, fachkundig; ***être ~ en la matière*** auf dem Gebiet Fachmann sein; **2.** *m, f* Sachverständige(r) *m, f*, Fachmann *m*; **~ert-comptable** [-kõtablə] *m* (*pl experts-comptables*) Wirtschaftsprüfer(in) *m(f)*
expertis|e [ɛkspɛrtiz] *f* Gutachten *n*, Expertise *f*; **~er** (*1a*) (als Sachverständiger) begutachten, prüfen, untersuchen
expi|ation [ɛkspjasjõ] *f* Sühne *f*; **~er** (*1a*) sühnen
expirer [ɛkspire] (*1a*) *respirer* ausatmen; *mourir* verscheiden, sterben; *contrat, délai*: ablaufen
explication [ɛksplikasjõ] *f* Erklärung *f*, Erläuterung *f*; *discussion* Auseinandersetzung *f*
explicite [ɛksplisit] explizit, ausdrücklich
expliquer [ɛksplike] (*1m*) erklären, erläutern; ***s'~*** sich äußern; ***s'~ avec qn*** sich mit j-m aussprechen
exploit [ɛksplwa] *m* (Helden-)Tat *f*, Großtat *f*
exploit|ation [ɛksplwatasjõ] *f ferme, sol*: Bewirtschaftung *f*; *ouvriers*: Ausbeutung *f*; *entreprise* Betrieb *m*; **~er** (*1a*) ausnutzen; *ouvriers*: ausbeuten; *entreprise, ferme*: betreiben
explor|ation [ɛksplɔrasjõ] *f* Erforschung *f*; **~er** (*1a*) erforschen

explos|er [ɛksploze] *(1a)* explodieren; *fig* ausbrechen; **~if**, **~ive** [-if, -iv] **1.** *adj* explosiv (*a fig*); **2.** *m* Sprengstoff *m*; **~ion** *f* Explosion *f*; *détonation* Knall *m*
export|ateur, **~atrice** [ɛkspɔrtatœr, -atris] **1.** *adj* Ausfuhr…; **2.** *m* Exporteur *m*; **~ation** *f* Export *m*, Ausfuhr *f*; **~er** *(1a)* exportieren, ausführen
expos|é [ɛkspoze] *m* Referat *n*; **~er** *(1a)* *art, marchandise*: ausstellen; *problème, programme*: darlegen; *à l'air, à la chaleur*: aussetzen; *photographie*: belichten; **~ition** *f art, marchandise*: Ausstellung *f*; *problème*: Darlegung *f*; *au soleil*: Aussetzung *f*; *photographie*: Belichtung *f*
exprès[1] [ɛksprɛ] *adv intentionnellement* absichtlich; *spécialement* extra
expr|ès[2], **~esse** [ɛksprɛs] **1.** *adj* ausdrücklich; ***défense f expresse*** ausdrückliches Verbot; **2.** *adj* (*unv*) ***lettre f exprès*** [-ɛksprɛs] Eilbrief *m*
express [ɛksprɛs] **1.** *adj* (*unv*) Schnell…; ***voie f ~*** Schnellstraße *f*; **2.** *m train*: Schnellzug *m*; *café*: Espresso *m*
expressément [ɛksprɛsemɑ̃] *adv* ausdrücklich
express|if, **~ive** [ɛksprɛsif, -iv] ausdrucksvoll; **~ion** *f* Ausdruck *m*
exprimer [ɛksprime] *(1a)* ausdrücken
exproprier [ɛksprɔprije] *(1a)* enteignen
expulser [ɛkspylse] *(1a)* vertreiben; *étrangers*: ausweisen
exquis, **~e** [ɛkski, -z] auserlesen; *met*: köstlich
extase [ɛkstaz] *f* Verzückung *f*, Ekstase *f*
extens|eur [ɛkstɑ̃sœr] *sport*: Expander *m*; **~ible** dehnbar; **~if**, **~ive** [-if, -iv] *agr* extensiv; **~ion** *f* Ausdehnung *f* (*a fig*)
exténuer [ɛkstenɥe] *(1n)* entkräften
extérieur, **~e** [ɛksterjœr] **1.** *adj* äußere(r, -s), äußerlich, Außen…; **2.** *m* Äußere(s) *n*; *maison, boîte*: Außenseite *f*; ***à l'extérieur*** außen; ***à l'extérieur de*** außerhalb von; **~ement** [-mɑ̃] *adv* äußerlich
extérioriser [ɛksterjɔrize] *(1a)* äußern; ***s'~*** *sentiment*: sich äußern; *personne*: aus sich herausgehen
exterminer [ɛkstɛrmine] *(1a)* ausrotten, vernichten
externe [ɛkstɛrn] äußerlich
extincteur [ɛkstɛ̃ktœr] *m* Feuerlöscher *m*
extinction [ɛkstɛ̃ksjõ] *f* Löschen *n*; *fig* Aussterben *n*, Erlöschen *n*
extirper [ɛkstirpe] *(1a)* (her)ausreißen; *méd* entfernen
extorquer [ɛkstɔrke] *(1m)* erpressen
extorsion [ɛkstɔrsjõ] *f* Erpressung *f*
extra [ɛkstra] (*unv*) **1.** *adj* vorzüglich, ausgezeichnet; **2.** *m* ***un ~*** etwas Besonderes
extraction [ɛkstraksjõ] *f pétrole*: Förderung *f*, Gewinnung *f*; *dent*: Ziehen *n*
extradition [ɛkstradisjõ] *f jur* Auslieferung *f*
extraire [ɛkstrɛr] *(4s)* *dent*: ziehen; *pétrole*: fördern
extrait [ɛkstrɛ] *m livre*: Auszug *m*; *plante*: Extrakt *m*
extraordinaire [ɛkstraɔrdinɛr] außerordentlich, außergewöhnlich
extravag|ance [ɛkstravagɑ̃s] *f* Überspanntheit *f*, Extravaganz *f*; **~ant**, **~ante** [-ɑ̃, -ɑ̃t] überspannt, extravagant
extrême [ɛkstrɛm] **1.** *adj* äußerst; **2.** *m* Extrem *n*; ***à l'~*** bis zum Äußersten
extrême-onction [ɛkstrɛmõksjõ] *f égl* Letzte Ölung
Extrême-Orient [ɛkstrɛmɔrjɑ̃] *m* ***l'~*** der Ferne Osten, Ostasien *n*
extrémiste [ɛkstremist] *m, f pol* Radikale(r) *m, f*, Extremist(in) *m(f)*
extrémité [ɛkstremite] *f* äußerstes Ende *n*; *situation désespérée* äußerste Not *f*; ***~s*** *pl anat* Gliedmaßen *f/pl*
extrinsèque [ɛkstrɛ̃sɛk] äußerlich
exubér|ance [ɛgzyberɑ̃s] *f personne*: Überschwänglichkeit *f*; **~ant**, **~ante** [-ɑ̃, -ɑ̃t] überschwänglich
exultation [ɛgzyltasjõ] *f* Jubel *m*, Frohlocken *n*
exutoire [ɛgzytwar] *m* Ventil *n* (*fig*)
ex-voto [ɛksvɔto] *m* (*pl unv*) *rel* Votivbild *n*

F

F *hist abr* ***franc(s)*** Franc(s)
fa [fa] *m mus* f *od* F *n*
fable [fablə] *f* Fabel *f*
fabric|ant, ~ante [fabrikɑ̃, -ɑ̃t] *m, f* Fabrikant(in) *m(f)*, Hersteller(in) *m(f)*; **~ation** *f* Herstellung *f*, Fertigung *f*
fabriqu|e [fabrik] *f* Fabrik *f*; **~er** *(1m)* herstellen; *péj* fabrizieren; F machen, treiben
fabuleu|x, ~se [fabylø, -z] märchenhaft
façade [fasad] *f* Fassade *f* (*a fig*)
face [fas] *f* Gesicht *n*; *pièce*: Vorderseite *f*; ***de ~*** von vorn; ***en ~ de*** gegenüber von; ***~ à ~*** Auge in Auge; ***en ~*** ins Gesicht; ***faire ~ à qc*** einer Sache die Stirn bieten
fâch|é, ~ée [fɑʃe] verärgert; **~er** *(1a)* ärgern; ***se ~*** böse werden; ***se ~ avec qn*** sich mit j-m überwerfen; **~eux, ~euse** [-ø, -øz] ärgerlich; *déplorable* unerfreulich
facile [fasil] leicht, einfach; ***~ à faire*** leicht zu tun; ***~ à utiliser*** benutzerfreundlich
facilit|é [fasilite] *f* Leichtigkeit *f*; **~s** *pl* Erleichterungen *f/pl*; **~er** *(1a)* erleichtern
façon [fasõ] *f* **1.** *manière* Art *f*, Weise *f*; ***de ~ que*** (*od* ***à ce que***) so … dass; ***de toute ~*** auf jeden Fall; ***de cette ~*** auf diese Art und Weise; ***à la ~ de*** auf die Art von; **2. ~s** *pl comportement* Benehmen *n*; *manières affectées* Gehabe *n*; ***sans ~*** ohne Umstände, ohne weiteres; **3.** *vêtement*: Verarbeitung *f*, Schnitt *m*
façonner [fasɔne] *(1a)* formen, gestalten; *traiter* bearbeiten; *caractère, personne*: prägen
facteur [faktœr] *m* **1.** *poste*: Briefträger *m*; **2.** *math u allg* Faktor *m*
factice [faktis] künstlich, nachgemacht; *gaieté, sourire*: gekünstelt, unnatürlich
faction [faksjõ] *f groupe*: umstürzlerische Partei *f*
factrice [faktris] *f* Briefträgerin *f*
factur|e [faktyr] *f comm* Rechnung *f*; **~er** *(1a)* in Rechnung stellen, berechnen
facultati|f, ~ve [fakyltatif, -v] fakultativ, wahlfrei; *présence, travail*: freiwillig; ***arrêt*** *m* ***facultatif*** Bedarfshaltestelle *f*
faculté [fakylte] *f* Fähigkeit *f*, Vermögen *n*; *université*: Fakultät *f*
fade [fad] fad(e), geschmacklos, schal; *fig* fad(e), abgeschmackt
faibl|e [fɛblə] **1.** *adj* schwach; **2.** *m* schwache Seite *f*; *préférence* Vorliebe *f*, Schwäche *f*; ***avoir un ~ pour qn, qc*** e-e Schwäche für j-n, etw haben; **~esse** [-ɛs] *f* Schwäche *f*; **~ir** *(2a)* schwach werden
faïence [fajɑ̃s] *f* Steingut *n*; Fayence *f*
faille [faj] *f géol* Spalte *f*, Verwerfung *f*
faillir [fajir] *(2n)* ***j'ai failli tomber*** ich wäre beinahe gefallen
faillite [fajit] *f comm* Bankrott *m*, Konkurs *m*; ***faire ~*** Konkurs machen, F Pleite machen
faim [fɛ̃] *f* Hunger *m*; ***avoir ~*** Hunger haben; ***manger à sa ~*** sich satt essen
fainéant, ~e [fɛneɑ̃, -t] **1.** *adj* faul; **2.** *m, f* Faulenzer(in) *m(f)*
faire [fɛr] *(4n)* **1.** *chose*: machen; *activité*: tun; ***~ la cuisine*** kochen; ***~ jeune*** jung aussehen; ***elle ne fait que parler*** sie spricht nur; ***~ que*** zur Folge haben, dass; ***~ de la fièvre*** Fieber haben; ***~ du tennis*** Tennis spielen; ***~ son droit*** Jura studieren; ***~ le malade*** sich krank stellen; ***~ un voyage*** reisen; **2.** *avec inf*: lassen; *intentionnellement*: veranlassen; ***~ rire qn*** j-n zum Lachen bringen; ***~ chauffer de l'eau*** Wasser aufsetzen; **3.** *impersonnel*: sein; ***il fait chaud*** es ist warm; ***ça fait un an que*** es ist ein Jahr her, dass; **4.** ***se ~*** zu Stande kommen, gemacht werden; ***cela se fait beaucoup*** das kommt häufig vor; ***ça ne se fait pas*** so was tut man nicht; ***se ~ rare*** selten werden; ***se ~ vieux*** altern; ***se ~ à qc*** sich an etw (*acc*) gewöhnen; ***ne pas s'en ~*** sich (*dat*) nichts da-

raus machen
faire-part [fɛrpar] *m* (*pl unv*) (Familien-)Anzeige *f*
faisable [fəzablə] machbar
faisan [fəzɑ̃] *m zo* Fasan *m*; **~e** Fasanenhenne *f*
faisceau [fɛso] *m* (*pl -x*) Bündel *n*; *lumière*: Strahl *m*
fait[1] [fɛ] *m* Tatsache *f*; *action* Tat *f*, Handlung *f*; *événement* Ereignis *n*; ***au ~*** [ofɛt] übrigens; ***de ~*** [dəfɛt] in der Tat; ***de ce ~*** deshalb; ***en ~*** [ɑ̃fɛt] in Wirklichkeit; ***du ~ de*** infolge; ***en ~ de*** was … betrifft; ***tout à ~*** völlig; ***~s divers*** Vermischtes *n*
fait[2], **~e** [fɛ, fɛt] *p/p de **faire** u adj* gemacht; *achevé* erledigt; *personne*: ***bien ~(e)*** gut gewachsen; ***être ~(e)*** F geliefert sein; ***c'est bien fait pour lui*** das geschieht ihm recht
faîte [fɛt] *m toit*: First *m*; *arbre*: Wipfel *m*; *montagne*: Gipfel *m*
falaise [falɛz] *f* Klippe *f*
fallacieu|x, **~se** [falasjø, -z] trügerisch
falloir [falwar] (*3c*) ***il faut*** es ist nötig, man muss; ***il faut faire qc*** man muss etw tun; ***il me faut qc*** ich habe etw nötig, brauche etw; ***il me faut sortir, il faut que je sorte*** ich muss ausgehen; ***comme il faut*** wie sich's gehört; ***il s'en faut de beaucoup*** (***peu***) es fehlt viel (wenig) daran
falsification [falsifikasjõ] *f* Fälschung *f*
falsifier [falsifje] (*1a*) *argent*, *document*: fälschen; *vérité*: verfälschen
famé, **~e** [fame] ***mal ~(e)*** verrufen
famélique [famelik] ausgehungert
fameu|x, **~se** [famø, -z] *célèbre* berühmt; *excellent* hervorragend; *précédant le subst* gewaltig
familial, **~e** [familjal] (*m/pl -aux*) Familien…
familiar|iser [familjarize] (*1a*) ***~ qn avec*** j-n vertraut machen mit; ***se ~ avec*** vertraut werden mit; **~ité** *f désinvolture od impertinence* Vertraulichkeit *f*; *connaissance* Vertrautheit *f* (***avec*** mit)
famil|ier, **~ière** [familje, -jɛr] *intimité*: vertraulich, ungezwungen; *impertinent* vertraulich; *connu* vertraut; ***langage*** *m* ***familier*** Umgangssprache *f*
famille [famij] *f* Familie *f*
famine [famin] *f* Hungersnot *f*
fanal [fanal] *m* (*pl -aux*) *mar* Leuchtfeuer *n*
fanat|ique [fanatik] **1.** *adj* fanatisch; **2.** *m*, *f obsédé* Fanatiker(in) *m*(*f*); *sport*: Fan *m*; *musique*, *livres*: Liebhaber(in) *m*(*f*); **~isme** *m* Fanatismus *m*
faner [fane] (*1a*) ***se ~*** verwelken, verblühen
fanfar|e [fɑ̃far] *f orchestre*: Blaskapelle *f*; *musique*: Blechmusik *f*; **~on**, **~onne** **1.** *adj* prahlerisch; **2.** *m* Aufschneider *m*
fange [fɑ̃ʒ] *f* Schlamm *m*
fantais|ie [fɑ̃tɛzi] *f caprice* Laune *f*, Lust *f*; *imagination* Einfallsreichtum *m*; *œuvre*: Fantasiestück *n*; **~iste** **1.** *adj personne*: unkonventionell; *péj* unseriös; **2.** *m* eigenwilliger Mensch *m*
fantasme [fɑ̃tasmə] *m* Fantasiegebilde *n*
fantasque [fɑ̃task] *personne*: schrullig, seltsam
fantastique [fɑ̃tastik] fantastisch
fantoche [fɑ̃tɔʃ] *m fig* Marionette *f*
fantôme [fɑ̃tom] *m* Gespenst *n*
farce [fars] *f théâtre*: Posse *f*, Schwank *m*; *tour* Streich *m*; *cuis* Füllung *f*
farceu|r, **~se** [farsœr, -øz] *m*, *f* Spaßmacher(in) *m*(*f*), Witzbold *m*
farcir [farsir] (*2a*) *cuis* füllen; *fig* vollstopfen
fard [far] *m* Schminke *f* (*a fig*)
fardeau [fardo] *m* (*pl -x*) Last *f*, Bürde *f* (*a fig*)
farder [farde] (*1a*) schminken; *fig* beschönigen
farfelu, **~e** [farfəly] sonderbar, seltsam, F spinnig
farfouiller [farfuje] (*1a*) F herumstöbern
farine [farin] *f* Mehl *n*
farouche [faruʃ] *timide* scheu; *violent* wild; *volonté*, *haine*: heftig, stark
fart [far(t)] *m* (Schi-)Wachs *n*
fascicule [fasikyl] *m* Heft *n*
fascin|ant, **~ante** [fasinɑ̃, -ɑ̃t] faszinierend, bezaubernd; **~ation** *f* Faszination *f*, Zauber *m*; **~er** (*1a*) faszinieren, bezaubern
fascisme [faʃismə] *m* Faschismus *m*
fasciste [faʃist] **1.** *m*, *f* Faschist(in) *m*(*f*); **2.** *adj* faschistisch
faste[1] [fast] *m* Pracht *f*, Prunk *m*

faste² [fast] *adj* ***jour*** *m* **~** Glückstag *m*
fastidieu|x, ~se [fastidjø, -z] langweilig
fastueu|x, ~se [fastɥø, -z] prunk-, prachtvoll
fat [fa(t)] *adj/m* eingebildet
fatal, ~e [fatal] (*m/pl -s*) fatal, verhängnisvoll; *mortel* tödlich; *inévitable* zwangsläufig, unvermeidbar
fatal|isme [fatalismə] *m* Fatalismus *m*; **~iste 1.** *adj* fatalistisch; **2.** *m, f* Fatalist(in) *m(f)*; **~ité** *f* Verhängnis *n*; *destin* Schicksal *n*
fatidique [fatidik] schicksalhaft
fatigant, ~e [fatigɑ̃, -t] ermüdend; *agaçant* lästig
fatigu|e [fatig] *f* Ermüdung *f*; *état*: Müdigkeit *f*; ***mort de*** **~** todmüde; **~é, ~ée** müde; **~er** (*1m*) ermüden; *importuner* lästig fallen (***qn*** j-m); ***se*** **~** müde werden
fatuité [fatɥite] *f* Überheblichkeit *f*, Selbstgefälligkeit *f*
faubour|g [fobur] *m* Vorstadt *f*; **~ien, ~ienne** [-jɛ̃, -jɛn] vorstädtisch
fauch|é, ~ée [foʃe] F blank, abgebrannt; **~er** (*1a*) *agr* mähen; *fig* dahinraffen; **~eur** *m* Mäher *m*; **~euse** *f* Mähmaschine *f*
faucille [fosij] *f* Sichel *f*
faucon [fokõ] *m zo* Falke *m*
faufiler [fofile] (*1a*) heften; ***se*** **~** sich einschleichen (***dans, entre*** in *acc*)
faune [fon] *f* Fauna *f*, Tierwelt *f*
faussaire [fosɛr] *m* Fälscher *m*
faussement [fosmɑ̃] fälschlich
fausser [fose] (*1a*) *calcul, données*: fälschen; *sens, vérité*: verdrehen, verfälschen; *clef*: verbiegen
fausseté [foste] *f* Falschheit *f*; *hypocrisie* Unaufrichtigkeit *f*
faute [fot] *f* Fehler *m*; *morale*: Verfehlung *f*; *responsabilité* Schuld *f*; ***c'est de ta*** **~** es ist deine Schuld; ***par sa*** **~** durch seine Schuld; ***être en*** **~** im Unrecht sein; **~ *de*** aus Mangel an (*dat*), mangels (*gén*); ***sans*** **~** ganz gewiss
fauteuil [fotœj] *m* Sessel *m*; **~ *roulant*** Rollstuhl *m*
fauteur [fotœr] *m* Anstifter *m*
fauti|f, ~ve [fotif, -v] *personne*: schuldig; *objet*: fehlerhaft
fauve [fov] **1.** *adj* falb, fahlrot; ***bêtes*** *f/pl* **~*s*** wilde Tiere *n/pl*, Raubtiere *n/pl*; **2.** *m zo* Raubtier *n*; *félin* große Raubkatze *f*
faux¹ [fo] *f* Sense *f*
faux², fausse [fo, fos] **1.** *adj allg* falsch; *apparent* Schein…; *falsifié* gefälscht; *hypocrite* unaufrichtig; *artificiel* künstlich; ***fausse clef*** *f* Nachschlüssel *m*; ***fausse couche*** *f* Fehlgeburt *f*; ***fausse monnaie*** *f* Falschgeld *n*; ***faux frais*** *m/pl* Nebenausgaben *f/pl*; **2.** *adv* ***chanter faux*** falsch singen; **3.** *m copie* Fälschung *f*
faux|-filet [fofilɛ] *m* (*pl faux-filets*) *cuis* Lendenstück *n*; **~-fuyant** [-fɥijɑ̃] *m* (*pl faux-fuyants*) Ausrede *f*, Ausflucht *f*
faveur [favœr] *f considération* Gunst *f*; *service* Gefallen *m*; *privilège* Vorrecht *n*; ***à la*** **~ *de*** begünstigt von; ***en*** **~ *de*** zu Gunsten von; ***parler en*** **~ *de qc*** etw (*acc*) befürworten
favorable [favɔrablə] *personne*: geneigt, wohlgesinnt (***à qn*** j-m); *circonstances*: günstig
favor|i, ~ite [favɔri, -it] **1.** *adj* Lieblings…; **2.** *m, f* Günstling *m*, Liebling *m*; *sport*: Favorit(in) *m(f)*; **~iser** (*1a*) *faciliter, avantager* begünstigen; *entreprise, parti*: fördern; **~itisme** [-itismə] *m* Günstlingswirtschaft *f*
fax [faks] *m* Fax *n*; **~er** (*1a*) faxen
FB *abr hist* ***franc(s) belge(s)*** bfr (belgischer Franc); bfrs (belgische Francs)
fébrile [febril] fieberhaft
fécond, ~e [fekõ, -d] fruchtbar (*a fig*); **~ation** [-dasjõ] *f* Befruchtung *f*; **~ *artificielle*** künstliche Befruchtung *f*; **~ité** [-dite] *f* Fruchtbarkeit *f*
fécule [fekyl] *f aliments*: Stärke *f*
fédéral, ~e [federal] (*m/pl -aux*) Bundes…; *Suisse*: eidgenössisch; **~isme** *m* Föderalismus *m*; **~iste 1.** *adj* föderalistisch; **2.** *m* Föderalist *m*
fédéra|tif, ~tive [federatif, -tiv] föderativ; **~tion** *f états*: Föderation *f*, Bündnis *n*, Bund *m*; *association* Verband *m*; **~ *européenne des échanges boursés*** Europäischer Börsenverein *m*
fée [fe] *f* Fee *f*; *fig* guter Geist *m*
féerique [fe(e)rik] zauberhaft
feindre [fɛ̃drə] (*4b*) heucheln, vortäuschen; **~ *de*** (+ *inf*) so tun, als ob (+ *subj*)
feinte [fɛ̃t] *f* Täuschung *f*, Finte *f*
fêler [fɛle] (*1b*) ***se*** **~** springen

félicit|ations [felisitasjõ] *f/pl* Glückwunsch *m*, -wünsche *m/pl*; **~er** (*1a*) ***~ qn de*** *od* ***pour qc*** j-n zu etw beglückwünschen, j-m zu etw gratulieren; ***se ~ de qc*** über etw froh sein
félin, ~e [felɛ̃, -in] **1.** *adj* katzenartig; **2.** *m* Katze *f*, Raubkatze *f*
fêlure [felyr] *f* Sprung *m*, Riss *m*
femelle [fəmɛl] **1.** *f* Weibchen *n* (*von Tieren*); **2.** *adj zo*, *bot* weiblich
fémin|in, ~ine [feminɛ̃, -in] **1.** *adj* Frauen…; weiblich; **2.** *m gr* Femininum *n*; **~isme** *m* Frauenbewegung *f*, Feminismus *m*; **~iste 1.** *adj* feministisch; **2.** *f* Feministin *f*
femme [fam] *f* Frau *f*; *péj* Weib *n*; *épouse* Ehefrau *f*; ***~ médecin*** Ärztin *f*; ***~ publique*** Dirne *f*
fendiller [fɑ̃dije] (*1a*) ***se ~*** *peau*: aufspringen
fendre [fɑ̃drə] (*4a*) spalten; ***se ~*** bersten, zerplatzen
fenêtre [f(ə)nɛtrə] *f* Fenster *n* (*a am Bildschirm*)
fenouil [fənuj] *m bot* Fenchel *m*
fente [fɑ̃t] *f bois*, *rocher*: Spalte *f*; *déchirure* Riss *m*; *boîte à lettres*, *volet*: Schlitz *m*
féodal, ~e [feɔdal] (*m/pl -aux*) feudal; **~ité** *f* Feudalismus *m*
fer [fɛr] *m* Eisen *n*; *fig* ***de ~*** eisern, stählern; ***~ à cheval*** Hufeisen *n*; ***~ à repasser*** Bügeleisen *n*
fer-blanc [fɛrblɑ̃] *m* (*Weiß-*)Blech *n*
férié [ferje] ***jour*** *m* ***~*** Feiertag *m*
ferme[1] [fɛrm] *adj u adv consistant* fest; *dur* hart; *caractère*: standhaft; *catégorique* entschieden
ferme[2] [fɛrm] *f* Bauernhof *m*, Gehöft *n*
ferment [fɛrmɑ̃] *m* Gärungsstoff *m*, Ferment *n*
ferment|ation [fɛrmɑ̃tasjõ] *f* Gärung *f*; **~er** (*1a*) gären
fermer [fɛrme] (*1a*) *v/t* zumachen, schließen; *à clef*: verschließen; *eau*, *robinet*: zudrehen
fermeté [fɛrməte] *f* Festigkeit *f* (*a fig*); *volonté* Entschlossenheit *f*
fermette [fɛrmɛt] *f* (kleines) Landhaus *n*
fermeture [fɛrmətyr] *f* Schließen *n*; *mécanisme*: Verschluss *m*; *d'entreprise*: Schließung *f*; ***~ éclair*** Reißverschluss *m*
ferm|ier, ~ière [fɛrmje, -jɛr] *m*, *f propriétaire*: Bauer *m*, Bäuerin *f*, Landwirt *m*; *locataire*: Pächter(in) *m*(*f*)
fermoir [fɛrmwar] *m* Verschluss *m*
féroc|e [ferɔs] wild, reißend; *cruel* grausam; **~ité** *f* Wildheit *f*; *cruauté* Grausamkeit *f*
ferraille [fɛraj] *f* Alteisen *n*, Schrott *m*; ***mettre à la ~*** verschrotten
ferr|é, ~ée [fɛre] beschlagen (*a fig*); ***voie*** *f* ***ferrée*** Gleis *n*
ferronn|erie [fɛrɔnri] *f fabrique*: Kunstschmiede *f*; (***~ d'art***) *objets*: Kunstschmiedearbeit *f*; **~ier** [-je] *m* (***~ d'art***) Kunstschmied *m*
ferroviaire [fɛrɔvjɛr] Eisenbahn…
ferry-boat [feribot] *m* (*pl ferry-boats*) Eisenbahnfähre *f*
fertil|e [fɛrtil] fruchtbar, ergiebig; **~iser** (*1a*) fruchtbar machen; **~ité** *f* Fruchtbarkeit *f*
ferv|ent, ~ente [fɛrvɑ̃, -ɑ̃t] *prière*: inbrünstig; *admirateur*: glühend; **~eur** *f dévotion* Inbrunst *f*; *zèle* Eifer *m*
fess|e [fɛs] *f* Hinterbacke *f*; **~s** *pl* Hintern *m*, Gesäß *n*; **~ée** *f* (Tracht *f*) Prügel *m/pl*
festin [fɛstɛ̃] *m* Festmahl *n*, Schmaus *m*
festival [fɛstival] *m* (*pl -s*) Festival *n*; *classique*: Festspiele *n/pl*
festivités [fɛstivite] *f/pl* Festlichkeiten *f/pl*
festoyer [fɛstwaje] (*1h*) schmausen
fêtard [fɛtar] F *m* Lebemann *m*
fête [fɛt] *f* Fest *n*; *publique*: Feiertag *m*; *Saint*: Namenstag *m*; ***faire la ~*** ordentlich feiern; **♀-Dieu** [-djø] *f* Fronleichnam(sfest) *m*(*n*)
fêter [fɛte] (*1b*) feiern
fétide [fetid] stinkend
fétu [fety] *m* ***~*** (***de paille***) Strohhalm *m*
feu[1] [fø] *m* (*pl -x*) Feuer *n* (*a mil*, *fig*); *auto* Licht *n*; *de circulation*: Ampel *f*; *fig enthousiasme* Begeisterung *f*; **~x** *pl mar* Leuchtfeuer *n*; ***au coin du ~*** am Herd, am Kamin; ***coup*** *m* ***de ~*** Schuss *m*; ***~ d'artifice*** Feuerwerk *n*; ***mettre le ~ à qc*** etw (*acc*) in Brand stecken; ***~ vert*** grünes Licht (*a fig*); *auto* ***~ arrière*** Rücklicht *n*; ***~ stop*** Bremslicht *n*; ***~ de position*** Standlicht *n*; ***~ de croisement*** Abblendlicht *n*; ***~ de route*** Fernlicht *n*; ***~ de stationnement*** Parklicht *n*

feu² [fø] *adj* (*unv*) *litt* **~ *son père*** sein seliger Vater
feuillage [fœjaʒ] *m* Laub(werk) *n*
feuille [fœj] *f* Blatt *n*; **~*s*** *pl plantes*: Laub *n*; **~*s mortes*** dürres Laub *n*; **~ *d'impôt*** Steuerbescheid *m*; **~ *de maladie*** Krankenschein *m*
feuillet [fœjɛ] *m* Blatt *n* (*im Heft od Buch*)
feuillet|er [fœjte] (*1c*) durchblättern; *cuis* ***pâte*** *f* ***feuilletée*** Blätterteig *m*; **~on** *m journal*: Fortsetzungsroman *m*; *TV* Sendereihe *f*, Serie *f*
feuillu, **~e** [fœjy] dicht belaubt
feutre [føtrə] *m* Filz *m*; *stylo*: Filzschreiber *m*; *chapeau*: Filzhut *m*
feutré, **~e** [føtre] *bruit*: gedämpft
fève [fɛv] *f bot* (dicke) Bohne *f*
février [fevrije] *m* Februar *m*
FF *hist abr* ***franc(s) français*** französischer (französische) Franc(s)
fiab|ilité [fjabilite] *f* Zuverlässigkeit *f*; **~le** zuverlässig
fiançailles [f(i)jɑ̃saj] *f/pl* Verlobung *f*
fianc|é, **~ée** [f(i)jɑ̃se] *m*, *f* Verlobte(r) *m*, *f*; **~er** (*1k*) ***se ~ avec*** sich verloben mit
fibre [fibrə] *f* Faser *f*; *fig* Ader *f*; **~ *optique*** Glasfaser *f*; **~ *de verre*** Glaswolle *f*
fibreu|x, **~se** [fibrø, -z] faserig
ficeler [fisle] (*1c*) ver-, zu-, festschnüren
ficelle [fisɛl] *f* Bindfaden *m*, Schnur *f*; *pain*: langes Weißbrot *n*; *fig* Kniff *m*, Trick *m*
fiche [fiʃ] *f* **1.** *classement*: (Kartei-)Karte *f*; **2.** *él* Stecker *m*
ficher [fiʃe] (*1a*) F *faire* machen, tun; *donner* geben; *jeter* werfen, schmeißen; ***fiche-moi la paix*** (***le camp***)***!*** lass mich in Ruhe! (mach, dass du fortkommst!); ***se ~ de qc, qn*** auf etw, j-n pfeifen
fichier [fiʃje] *m* Kartei(kasten) *f*(*m*); *EDV* Datei *f*
fichu, **~e** [fiʃy] F *inutilisable* kaputt; *mauvais* verdammt, verflixt; ***être mal ~(e)*** *santé*: sich schlecht fühlen; *chose*: schlecht gemacht sein
ficti|f, **~ve** [fiktif, -v] erdacht, fiktiv
fidèle [fidɛl] **1.** *adj* treu; *fiable* zuverlässig; **2.** *m*, *f rel* Gläubige(r) *m*, *f*; *fig* Getreue(r) *m*, *f*
fidélité [fidelite] *f* Treue *f*; *fiabilité* Zuverlässigkeit *f*; *précision* Genauigkeit *f*; *tech* ***haute ~*** High Fidelity *f*
fiduciaire [fidysjɛr] treuhänderisch; ***agent*** *m* **~** Treuhänder *m*; ***société*** *f* **~** Treuhandgesellschaft *f*
fief [fjɛf] *m hist* Lehen *n*; *pol* Hochburg *f*; *fig* Domäne *f*, Spezialgebiet *n*
fiel [fjɛl] *m* Galle *f* (*der Tiere*); *fig* Bitterkeit *f*
fier¹ [fje] (*1a*) ***se ~ à qn, qc*** j-m vertrauen, sich auf etw, j-n verlassen
fier², **fière** [fjɛr] stolz (***de*** auf *acc*)
fierté [fjɛrte] *f* Stolz *m*
fièvre [fjɛvrə] *f* Fieber *n*; *fig* Aufregung *f*
fiévreu|x, **~se** [fjevrø, -z] fiebrig; *fig* fieberhaft
figer [fiʒe] (*1l*) fest werden lassen; *fig* ***se ~*** fest werden, erstarren (*a fig*)
figu|e [fig] *f* Feige *f*; **~ier** [-je] *m* Feigenbaum *m*
figurant, **~e** [figyrɑ̃, -t] *m*, *f théâtre*: Statist(in) *m*(*f*)
figurati|f, **~ve** [figyratif, -v] bildlich
figure [figyr] *f visage* Gesicht *n*; *math*, *danse*: Figur *f*; *personnage* Gestalt *f*; F ***se casser la ~*** hinfallen
figur|é, **~ée** [figyre] (*a* ***au figuré***) bildlich, übertragen; **~er** (*1a*) *v/t* abbilden; *v/i* vorkommen, erscheinen; ***se ~ qc*** sich (*dat*) etw vorstellen
fil [fil] *m* Faden *m* (*a fig*); *à coudre*: Garn *n*; *métal*: Draht *m*; *él* Leitung *f*; *tél* Schnur *f*; **~ *de fer barbelé*** Stacheldraht *m*; *tél* ***coup*** *m* ***de ~*** Anruf *m*
filage [filaʒ] *m* Spinnen *n*
filament [filamɑ̃] *m* Faser *f*; *él* Heizdraht *m*, Glühfaden *m*
filature [filatyr] *f* Spinnerei *f*; *fig* Beschattung *f* (*durch die Polizei*)
file [fil] *f* Reihe *f*, Schlange *f*; *route*: Spur *f*; ***à la ~*** hintereinander
filer [file] (*1a*) *v/t* spinnen; F *donner* geben; *coup*: versetzen; *épier* beschatten; *v/i fromage etc*: Fäden ziehen; F *partir* weglaufen; *vite*: flitzen, sausen; *temps*: vergehen; **~ *à l'anglaise*** sich verdrücken
filet [filɛ] *m eau*: dünner (Wasser-)Strahl *m*; *pêche*: Netz *n*; *cuis* Filet *n*; **~ (*à provisions*)** Einkaufsnetz *n*
filial, **~e** [filjal] (*m/pl -aux*) **1.** *adj* kindlich, Kindes…; **2.** *f comm* Tochterge-

sellschaft *f*
filiation [filjasjõ] *f descendance* Abstammung *f*; *liaison* Zusammenhang *m*
filière [filjɛr] *f* ***passer par la ~*** den Dienstweg nehmen; ***par la ~*** von der Pike auf
filigrane [filigran] *m* Wasserzeichen *n*; *fig* ***en ~*** im Hintergrund
fill|e [fij] *f parenté*: Tochter *f*; *jeune*: Mädchen *n*; ***vieille ~*** alte Jungfer *f*; **~ette** [-ɛt] *f* kleines Mädchen *n*
filleul, **~e** [fijœl] *m*, *f* Patenkind *n*
film [film] *m* Film *m*; *couche* dünne Schicht *f*; ***~ documentaire*** Dokumentarfilm *m*; ***~ en couleurs*** Farbfilm *m*; ***~ muet*** Stummfilm *m*; ***~ policier*** Kriminalfilm *m*; **~er** (*1a*) filmen
filou [filu] *m* Gauner *m*; F Schlingel *m*
fils [fis] *m* Sohn *m*; ***~ à papa*** verzogenes Kind *n* (reicher Eltern)
filtre [filtrə] *m* Filter *m*; *auto* ***~ à particules*** (Ruß)Partikelfilter *m*
filtrer [filtre] (*1a*) *v/t* filtern; *nouvelles*: streng kontrollieren; *v/i liquide*: durchsickern; *odeur, bruit*: durchdringen
fin[1] [fɛ̃] *f* Schluss *m*, Ende *n*; *but*: Ziel *n*, Zweck *m*; ***à la ~*** schließlich; ***en ~ de compte*** letztlich; ***à cette ~*** zu diesem Zweck; ***mettre ~ à qc*** etw (*acc*) beenden
fin[2], **~e** [fɛ̃, fin] fein; *mince* dünn; *exquis* auserlesen; *pointe*: dünn, spitz; *esprit*: feinsinnig; F ***fine gueule*** *f* Feinschmecker *m*; ***fines herbes*** *f/pl* Küchenkräuter *n/pl*; ***au fin fond de*** ganz weit hinten in (*dat*)
final, **~e** [final] (*m/pl -s*) **1.** *adj* End…, Schluss…; **2.** **~(e)** *m mus* Finale *n*; **3.** *f sports*: Finale *n*, Endspiel *n*
finalement [finalmɑ̃] *adv* schließlich
finaliste [finalist] *m,f* Finalist(in) *m(f)*
finalité [finalite] *f* Finalität *f*, Zweckbestimmtheit *f*
financ|e [finɑ̃s] *f* Finanzwelt *f*; **~s** *pl moyens* Finanzen *f/pl*, Geldmittel *n/pl*; *domaine*: Finanz-, Geldwesen *n*; **~er** (*1k*) finanzieren; **~ier**, **~ière** [-je, -jɛr] **1.** *adj* finanziell; Finanz…; **2.** *m* Finanzier *m*
finaud, **~e** [fino, -d] listig
fine [fin] *f* feinster Kognak *m*
finesse [finɛs] *f* Feinheit *f*
fini, **~e** [fini] *achevé* beendet, fertig; *passé* vergangen; *math, phil* endlich; ***il est ~*** er ist erledigt; ***produit*** *m* ***~*** Fertigprodukt *n*
finir [finir] (*2a*) *v/i* enden; *v/t* beend(ig)en; *produit*: fertigstellen; *œuvre, travail*: vollenden; ***~ de faire qc*** mit etw aufhören; ***en ~ avec qc*** e-r Sache ein Ende machen; ***~ par faire qc*** schließlich etw tun
finissage [finisaʒ] *m* Fertigstellung *f*
finition [finisjõ] *f action*: Fertigstellung *f*; *qualité*: Verarbeitung *f*
finlandais, **~e** [fɛ̃lɑ̃dɛ, -ɛz] **1.** *adj* finnisch; **2.** **♀**, **♀e** *m*, *f* Finne *m*, Finnin *f*
Finlande [fɛ̃lɑ̃d] ***la ~*** Finnland *n*
finnois, **~e** [finwa, -z] → ***finlandais***
firme [firm] *f* Firma *f*
FIS *m abr* ***Front islamique du salut*** Islamische Heilsfront (*in Algerien*)
fisc [fisk] *m* Staatskasse *f*, Fiskus *m*; *administration*: Steuerbehörde *f*
fiscal, **~e** [fiskal] (*m/pl -aux*) steuerlich, fiskalisch; **~ité** *f* Steuerwesen *n*; *charges*: Steuerlast *f*
fiss|ion [fisjõ] *f phys* Kernspaltung *f*; **~ure** [-yr] *f craquelure* Sprung *m*; *crevasse* Riss *m*
FIV *f abr* ***fécondation in vitro*** IVF *f* (In-vitro-Fertilisation)
fix|age [fiksaʒ] *m photographie*: Fixieren *n*; **~ateur** [-atœr] *m photographie*: Fixiermittel *n*; *cheveux*: Haarfestiger *m*; **~ation** *f tech* Festmachen *n*, Befestigung *f*; *détermination* Festsetzung *f*; *ski*: Bindung *f*; *psych* Fixierung *f*
fix|e [fiks] **1.** *adj* fest; *sans mouvement* unbeweglich; *invariable* beständig; ***à prix ~*** zum Festpreis; **2.** *m* festes Gehalt *n*; **~er** (*1a*) festmachen, befestigen; *déterminer* bestimmen, festsetzen; *photographie*: fixieren; *regarder* anstarren; ***se ~*** *s'établir* sich niederlassen
flacon [flakõ] *m* Fläschchen *n*
flageller [flaʒɛle] (*1b*) geißeln
flagrant, **~e** [flagrɑ̃, -t] offenkundig; *jur* ***prendre en flagrant délit*** auf frischer Tat ertappen
flair [flɛr] *m animal*: Witterung *f*; *fig* Gespür *n*; **~er** (*1b*) *animal*: wittern, schnuppern; *fig soupçonner* ahnen; *sentir* spüren
flamand, **~e** [flamɑ̃, -d] **1.** *adj* flämisch;

2. **♀, ♀e** *m*, *f* Flame *m*, Flamin *od* Flämin *f*
flamant [flamɑ̃] *m zo* ~ (***rose***) Flamingo *m*
flamb|ant [flɑ̃bɑ̃] ~ ***neuf*** (*f unv od* flambant neuve) funkelnagelneu; **~eau** [-o] *m* (*pl -x*) Fackel *f* (*a fig*); **~ée** *f* hell auflodferndes Feuer *n*; *fig* Auflodern *n*; ~ ***des prix*** Preisauftrieb *m*; **~er** (*1a*) *v/i* auflodern; *v/t cuis* flambieren
flamboy|ant, **~ante** [flɑ̃bwajɑ̃, -ɑ̃t] flammend; *arch* spätgotisch; **~er** (*1h*) auflodern, aufleuchten
flamme [flam] *f* Flamme *f* (*a fig*)
flan [flɑ̃] *m* Pudding *m*
flanc [flɑ̃] *m* Seite *f*; *montagne*: Abhang *m*
Flandre [flɑ̃drə] ***la*** ~ Flandern *n*
flâner [flɑne] (*1a*) (umher)schlendern, bummeln
flanquer [flɑ̃ke] (*1m*) flankieren; F werfen, schmeißen; *coup*: versetzen
flaque [flak] *f* Pfütze *f*, Lache *f*
flash [flaʃ] *m* Blitzlicht(gerät) *n*; *presse*: kurze (wichtige) Meldung *f*
flasque [flask] schlaff
flatt|er [flate] (*1a*) ~ ***qn*** j-m schmeicheln; ***se ~ de qc*** sich e-r Sache rühmen; **~erie** *f* Schmeichelei *f*; **~eur**, **~euse** **1.** *adj personne*: schmeichlerisch; *remarque*, *résultat*: schmeichelhaft; **2.** *m*, *f* Schmeichler(in) *m*(*f*)
fléau [fleo] *m* (*pl -x*) *fig* Geißel *f*
flèche [flɛʃ] *f* Pfeil *m*; *clocher*: (Turm-)Spitze *f*
fléchir [fleʃir] (*2a*) *v/t* beugen; *faire céder* erweichen; *v/i poutre*: sich durchbiegen; *fig courage*, *ardeur*: nachlassen
flemme [flɛm] F *f* Faulheit *f*; ***avoir la ~ de faire qc*** zu faul sein, etw zu tun
flétrir [fletrir] (*2a*) verdorren lassen, verwelken lassen; ***se ~*** verwelken
fleur [flœr] *f* Blume *f*; *partie de plante*: Blüte *f*
fleur|i, **~ie** [flœri] blühend; *dessin*: geblümt; *style*: blumig; **~ir** (*2a*) *v/i* blühen; *v/t décorer*: mit Blumen schmücken; **~iste** *m*, *f* Blumenhändler(in) *m*(*f*), -züchter(in) *m*(*f*)
fleuve [flœv] *m* Fluss *m*
flex|ible [flɛksiblə] biegsam; *fig* anpassungsfähig, flexibel; **~ion** *f* Biegung *f*
flic [flik] F *m* Polizist *m*; *péj* F Bulle *m*
flirt [flœrt] *m* Flirt *m*; **~er** (*1a*) flirten
flocon [flɔkõ] *m* Flocke *f*
floraison [flɔrɛzõ] *f* Blüte *f*; *période*: Blütezeit *f* (*a fig*)
floral, **~e** [flɔral] (*m/pl -aux*) Blumen…
Florence [flɔrɑ̃s] *géogr* Florenz *n*
florissant, **~e** [flɔrisɑ̃, -t] blühend (*fig*)
flot [flo] *m* Flut *f* (*a fig*); *fig* Strom *m*; **~s** *pl* Wogen *f/pl*, Wellen *f/pl*; ***à ~s*** in Strömen; ***à ~*** *mar* flott; ***remettre à ~*** flottmachen (*a fig*)
flottant, **~e** [flɔtɑ̃, -t] *fig* schwankend
flott|e [flɔt] *f* Flotte *f*; F *eau* Wasser *n*; **~er** (*1a*) *bateau*, *bois*: schwimmen; *odeur*: schweben; *fig* schwanken; **~eur** *m tech* Schwimmer *m*
flou, **~e** [flu] unscharf, verschwommen
fluctuation [flyktɥasjõ] *f* Schwankung *f*, Fluktuation *f*; **~s** *f/pl* ***du taux de change*** Wechselkursschwankungen *f/pl*
fluctuer [flyktɥe] (*1n*) *bes comm* schwanken
fluet, **~te** [flyɛ, -t] schmächtig
fluide [flyid] **1.** *adj* flüssig; **2.** *m phys* Flüssigkeit *f*
flût|e [flyt] *f* Flöte *f*; *verre*: Sektglas *n*; *pain*: langes, dünnes Brot *n*; ~ ***à bec*** Blockflöte *f*; ~ ***traversière*** Querflöte *f*; **~iste** *m*, *f* Flötist(in) *m*(*f*)
fluvial, **~e** [flyvjal] (*m/pl -aux*) Fluss…
flux [fly] *m mar* Flut *f*
FM [ɛfɛm] *abr* ***fréquence*** *f* ***modulée*** UKW (Ultrakurzwelle)
FMI [ɛfɛmi] *m abr* ***Fonds monétaire international*** IWF *m* (Internationaler Währungsfonds)
fœtus [fetys] *m* Fötus *m*
foi [fwa] *f* Glaube(n) *m*; ***être de bonne*** (***mauvaise***) ~ aufrichtig (unaufrichtig) sein; ***ajouter ~ à qc*** e-r Sache Glauben schenken; ***ma ~!*** aber gewiss!
foie [fwa] *m* Leber *f*; ~ ***gras*** Gänseleber *f*
foin [fwɛ̃] *m* Heu *n*
foire [fwar] *f* Jahrmarkt *m*, Volksfest *n*; *comm* Messe *f*
fois [fwa] *f* Mal *n*; ***une ~*** einmal; ***une ~ pour toutes*** ein für alle Mal; ***pour la première*** (***dernière***) ~ zum ersten (letzten) Mal; ***à la ~*** zugleich; F ***des ~*** manchmal; ***chaque ~ que*** jedesmal, wenn; ***une ~ que*** wenn … einmal
foison [fwazõ] *f* ***à ~*** in Hülle und Fülle

foisonner [fwazɔne] (*1a*) reichlich vorhanden sein; *~ **en, de*** Überfluss haben an (*dat*)
folie [fɔli] *f* Verrücktheit *f*, Wahnsinn *m*
folklor|e [fɔlklɔr] *m science*: Volkskunde *f*; *culture*: Folklore *f*; F *péj* Theater *n*; **~ique** volkskundlich; folkloristisch
folle [fɔl] → ***fou***
follement [fɔlmɑ̃] *adv* sehr; F wahnsinnig
fomenter [fɔmɑ̃te] (*1a*) anstiften
fonc|é, ~ée [fõse] dunkel(farbig); **~er** (*1k*) *v/i couleurs*: dunkler werden; *auto* rasen; ***~ sur*** sich stürzen auf (*acc*)
fonc|ier, ~ière [fõsje, -jɛr] *comm* Grund…; *fig* grundlegend
fonction [fõksjõ] *f* Funktion *f*; *charge* Amt *n*; *profession* Beruf *m*, Tätigkeit *f*; ***~ publique*** öffentlicher Dienst *m*; ***faire ~ de*** *personne*: fungieren als; *chose*: dienen als; ***être en ~*** im Amt sein; ***en ~ de*** entsprechend, je nach; ***être ~ de qc*** von etw abhängen
fonctionn|aire [fõksjɔnɛr] *m*, *f* Beamte(r) *m*, Beamtin *f*; **~el, ~elle** funktionell; **~er** (*1a*) funktionieren, in Betrieb sein
fond [fõ] *m eau*, *vallée*: Grund *m*; *bouteille*, *boîte*: Boden *m*; *arrière-fond* Hintergrund *m*; *base* Grundlage *f*; *contenu* Inhalt *m*; *cœur*, *problème*: Grund *m*; ***article*** *m* ***de ~*** Leitartikel *m*; ***au ~ du couloir*** am Ende des Ganges; ***de ~ en comble*** von oben bis unten; ***à ~*** gründlich; ***au ~, dans le ~*** im Grunde; ***ski*** *m* ***de ~*** Skilanglauf *m*
fondamental, ~e [fõdamɑ̃tal] (*m/pl -aux*) grundlegend, fundamental
fond|ant, ~ante [fõdɑ̃, -ɑ̃t] schmelzend; *fruit*: saftig; *chocolat*: zartbitter; **~ateur, ~atrice** [-atœr, -atris] *m*, *f* Gründer(in) *m(f)*; **~ation** *f* Gründung *f*; *institution*, *donation*: Stiftung *f*; **~s** *pl d'édifice*: Fundament *n*, Grundmauern *f/pl*
fond|é, ~ée [fõde] **1.** *adj personne*: berechtigt; *reproche*, *accusation*: begründet; **2.** *m* ***~ de pouvoir*** Bevollmächtigte(r) *m*; **~ement** [-mɑ̃] *m fig* Grundlage *f*; **~s** *pl d'édifice*: Fundament *n*; **~er** (*1a*) gründen; *motiver* begründen; *cloître*, *prix*: stiften; ***se ~ sur*** sich stützen auf (*acc*); **~erie** *f* Gießerei *f*
fondre [fõdrə] (*4a*) *v/t métal*: schmelzen; *neige*: tauen; *dans l'eau*: auflösen; *tech* gießen; *v/i métal*, *neige*: schmelzen; *dans l'eau*: sich auflösen; *fig* ***~ en larmes*** in Tränen zerfließen; ***~ sur*** losstürzen auf (*acc*)
fonds [fõ] *m* **1.** *sg terre*: Grundstück *n*; *bibliothèque*, *collection*: Schatz *m*; *ressources* Bestand *m*; *réserve en argent* Fonds *m*; ***~ de commerce*** Geschäft *n*; **2.** *pl argent* Gelder *n/pl*, Kapital *n*; ***~ monétaire*** Währungsfonds *m*
fondu, ~e [fõdy] *p/p de* ***fondre*** *u adj* geschmolzen
fondue [fõdy] *f cuis* Fondue *n od f*
fontaine [fõtɛn] *f* (Spring-)Brunnen *m*
fonte [fõt] *f métal*: Gusseisen *n*; ***~ des neiges*** Schneeschmelze *f*
fonts [fõ] *m/pl* ***~ baptismaux*** Taufbecken *n*
football [futbol] *m* Fußball *m*; ***jouer au ~*** Fußball spielen; **~eur, ~euse** *m*, *f* Fußballspieler(in) *m(f)*
forain, ~e [fɔrɛ̃, -ɛn] **1.** *adj* Jahrmarkts…; **2.** *m* Schausteller *m*
forçat [fɔrsa] *m* Zuchthäusler *m*
force[1] [fɔrs] *f* Kraft *f*; *violence* Gewalt *f*; *puissance* Macht *f*; *vigueur* Stärke *f*; ***~ majeure*** höhere Gewalt *f*; ***à ~ de travail(ler)*** durch vieles Arbeiten; ***à toute ~*** mit aller Gewalt, mit allen Mitteln; ***de, par ~*** zwangsweise; ***de toutes ses ~s*** aus Leibeskräften; ***~ de frappe*** französische Atomstreitmacht *f*; ***~s armées*** Streitkräfte *f/pl*
force[2] [fɔrs] *litt adv* viel, zahlreich
forc|é, ~ée [fɔrse] gezwungen; ***atterrissage*** *m* ***forcé*** Notlandung *f*; **~ément** [-emɑ̃] *inévitablement* zwangsläufig; ***pas ~*** nicht unbedingt; **~ené, ~enée** [-əne] **1.** *adj* leidenschaftlich; **2.** *m*, *f* Wahnsinnige(r) *m*, *f*; **~er** (*1k*) *v/t* zwingen (***qn à qc*** j-n zu etw); ***~ qn à faire qc*** j-n zwingen, etw zu tun; *porte*: aufbrechen; *fig* ***~ la note*** übertreiben; *v/i* sich verausgaben
forer [fɔre] (*1a*) bohren
forest|ier, ~ière [fɔrɛstje, -jɛr] **1.** *adj* Forst…, Wald…; **2.** *m* Förster *m*
foret [fɔrɛ] *m tech* Bohrer *m*
forêt [fɔrɛ] *f* Wald *m* (*a fig*); ***~ vierge*** Urwald *m*
Forêt-Noire [fɔrɛnwar] ***la ~*** der Schwarzwald
foreuse [fɔrøz] *f* Bohrmaschine *f*

forfait [fɔrfɛ] *m comm* Pauschalpreis *m*, Pauschale *f*; ***déclarer ~*** zurücktreten

forfaitaire [fɔrfɛtɛr] Pauschal…

forg|e [fɔrʒ] *f* Schmiede *f*; **~er** (*1l*) schmieden; *fig* prägen; F aushecken; **~eron** [-ərõ] *m* Schmied *m*

formal|iser [fɔrmalize] (*1a*) ***se ~ de qc*** sich an etw (*dat*) stoßen; **~iste** *phil*, *art*: formalistisch; *protocolaire* förmlich; **~ité** *f* Formalität *f*

format [fɔrma] *m* Format *n*

format|age [fɔrmataʒ] *m EDV* Formatierung *f*; **~er** [fɔrmate] (*1a*) formatieren

formation [fɔrmasjõ] *f éducation* Bildung *f*; *professionnelle*: Ausbildung *f*; *intensive*: Schulung *f*; *mil*, *géol* Formation *f*

forme [fɔrm] *f* Form *f*; *condition* Form *f*, Verfassung *f*; ***dans les ~s*** in aller Form; ***en ~ de*** in Form von; ***pour la ~*** zum Schein; ***être en ~*** in (Hoch-) Form sein

form|el, **~elle** [fɔrmɛl] *poli* formell; *explicite* ausdrücklich; *opposé à contenu* formal; **~er** (*1a*) bilden; *instruire* ausbilden; *projet*, *idée*: entwickeln; *caractère*: formen; *tél* ***~ le numéro*** die Nummer wählen

formidable [fɔrmidablə] gewaltig, kolossal; F prima, klasse

formulaire [fɔrmylɛr] *m* Formular *n*, Formblatt *n*, Vordruck *m*

formul|e [fɔrmyl] *f math* Formel *f*; *méthode* Methode *f*; **~er** (*1a*) formulieren; *texte*: abfassen; *opinion*: äußern

fort, **~e** [fɔr, -t] **1.** *adj* stark, kräftig; *gros* dick, beleibt; *goût*: scharf; *doué* bewandert; ***à plus forte raison*** um so mehr; ***être ~ de qc*** sich auf etw (*acc*) verlassen können; ***être ~ en*** gut sein in (*dat*); **2.** *adv* stark, sehr; **3.** *m* Stärke *f*, starke Seite *f*; *mil* Fort *n*

forteresse [fɔrtərɛs] *f* Festung *f*

fortifiant, **~e** [fɔrtifjɑ̃, -t] **1.** *adj* stärkend; **2.** *m* Stärkungsmittel *n*

fortif|ication [fɔrtifikasjõ] *f* Befestigung *f*; **~s** *pl* Befestigungsanlagen *f/pl*; **~ier** [-je] (*1a*) *corps*, *volonté*: stärken; *construction*: verstärken; *mil* befestigen

fortuit, **~e** [fɔrtɥi, -t] zufällig, unerwartet

fortune [fɔrtyn] *f biens* Vermögen *n*; *sort* Schicksal *n*; *chance* Glück *n*; ***faire ~*** sein Glück machen; ***de ~*** behelfsmäßig; ***sans ~*** unbemittelt

fortuné, **~e** [fɔrtyne] vermögend, begütert

fosse [fos] *f grand trou* Grube *f*; *tombe* Grab *n*

fossé [fose] *m* Graben *m*; *fig* Kluft *f*

fossoyeur [foswajœr] *m* Totengräber *m*

fou, **folle** [fu, fɔl] **1.** *adj* verrückt, irr, wahnsinnig; ***être ~ de qn*** (***de qc***) nach j-m (auf etw *acc*) verrückt sein; **2.** *m*, *f* Verrückte(r) *m*, *f*

foudre [fudrə] *f* Blitz(schlag) *m*; *fig* ***coup*** *m* ***de ~*** Liebe *f* auf den ersten Blick

foudroy|ant, **~ante** [fudrwajɑ̃, -ɑ̃t] überwältigend; **~er** (*1h*) (tödlich) treffen; ***~ qn du regard*** j-m vernichtende Blicke zuwerfen

fouet [fwɛ] *m* Peitsche *f*

fouetter [fwɛte] (*1b*) *avec fouet*: peitschen; *cuis* schlagen

fougère [fuʒɛr] *f* Farnkraut *n*

fougue [fug] *f* Feuer *n*, Schwung *m*

fouill|e [fuj] *f* Durchsuchung *f*; **~s** *pl archéologie*: Ausgrabungen *f/pl*; **~er** (*1a*) *v/i* Ausgrabungen machen; *v/t police*: durchsuchen; *animal*: durchwühlen

foulard [fular] *m* Seidenschal *m*, Tuch *n*

foule [ful] *f affluence* Gedränge *n*; *peuple* Volk *n*, Leute *pl*; *multitude* Masse *f*; ***une ~ de*** e-e Menge von; ***en ~*** in Scharen

foul|er [fule] (*1a*) niedertreten; *fig* ***~ aux pieds*** mit Füßen treten; ***se ~ le pied*** sich den Fuß verstauchen; F *fig* ***ne pas se ~*** sich kein Bein ausreißen; **~ure** [-yr] *f* Verstauchung *f*

four [fur] *m* Backofen *m*, Bratröhre *f*; *tech* Ofen *m*; ***petits ~s*** *pl kleine verzierte Kuchen m/pl*

fourb|e [furb] **1.** *adj* schurkisch; **2.** *m* Schurke *m*; **~erie** [-əri] *f* Schurkerei *f*, Betrügerei *f*

fourbu, **~e** [furby] erschöpft

fourch|e [furʃ] *f* (Fahrrad-, Heu-, Mist-)Gabel *f*; **~ette** [-ɛt] *f* (Ess-)Gabel *f*; *comm* Spanne *f*; **~on** *m* Zinke *f*

fourgon [furgõ] *m camion* Kastenwa-

gen *m*; *wagon* Gepäckwagen *m*; ~ ***funèbre*** Leichenwagen *m*
fourmi [furmi] *f zo* Ameise *f*
fourmilière [furmiljɛr] *f* Ameisenhaufen *m*; *fig* Gewimmel *n*
fourmiller [furmije] (*1a*) wimmeln
fourn|aise [furnɛz] *f fig* Backofen *m* (*heißer Raum*); **~eau** [-o] *m* (*pl -x*) Ofen *m*, Herd *m*; ***haut*** ~ Hochofen *m*; **~ée** *f fig* Schub *m*; F Ladung *f*
fourn|i, ~ie [furni] ***bien*** ~ gut ausgestattet; **~ir** (*2a*) **1.** *v/t* liefern; *restaurant, client*: beliefern (***de, en*** mit); ~ ***un effort*** e-e Anstrengung machen; ~ ***un renseignement*** e-e Auskunft erteilen; **2.** ~ ***à qc*** für etw sorgen
fourni|sseur [furnisœr] *m* Lieferant *m*; ~ ***d'accès*** (***à Internet*** Internet-)Provider *m*; **~ture** [-tyr] *f* Lieferung *f*; *pl* **~s** Zubehör *n*; ~ ***de bureau*** Bürobedarf *m*
fourrag|e [furaʒ] *m* (Vieh-)Futter *n*; **~er** (*1l*) F herumstöbern, -wühlen
fourré[1] [fure] *m* Dickicht *n*
fourré[2], **~e** [fure] *cuis* gefüllt; *vêtement*: gefüttert
fourrer [fure] (*1a*) hineinstecken, -stopfen; *remplir* füllen; *nourrir* füttern; ~ ***son nez partout*** seine Nase in alles stecken; ***se*** ~ sich verkriechen
fourr|e-tout [furtu] *m* (*pl unv*) große Reisetasche *f*; **~eur** *m* Kürschner *m*; **~ière** [-jɛr] *f animaux*: Tierasyl *n*; *voitures*: Platz *m* für abgeschleppte Autos; **~ure** [-yr] *f* Pelz *m*
fourvoyer [furvwaje] (*1h*) ***se*** ~ sich verlaufen
foutre [futrə] P (*4a*) machen, tun; *jeter* schmeißen; *coup*: versetzen, verpassen; ***se*** ~ ***de qn*** sich über j-n lustig machen; ~ ***la paix à qn*** j-n in Ruhe lassen; ~ ***le camp*** F sich verziehen, verduften; ***je m'en fous!*** F das ist mir egal!
foutu, ~e [futy] P *p/p de* ***foutre*** *u adj* → ***fichu***
foyer [fwaje] *m* Feuer(stelle) *n*(*f*), Herd *m*; *point d'origine* Herd *m*; *famille*: Hausstand *m*, Heim *n*; *étudiants*: Wohnheim *n*; *théâtre*: Foyer *n*, Wandelgang *m*; *phys* Brennpunkt *m*; ***femme*** *f* ***au*** ~ Hausfrau *f*
F.P.A. *f abr* ***formation professionnelle des adultes*** berufliche Aus- und Weiterbildung für Erwachsene
fracas [fraka] *m* Getöse *n*, Krach *m*
fracasser [frakase] (*1a*) zerschmettern
fraction [fraksjõ] *f* Bruchteil *m*; *math* Bruch *m*; *pol* Gruppierung *f*
fractionner [fraksjɔne] (*1a*) zerteilen (***en*** in *acc*)
fractur|e [fraktyr] *f méd* Bruch *m*; **~er** (*1a*) *coffre*: aufbrechen; *jambe*: brechen
fragil|e [fraʒil] *chose*: zerbrechlich; *personne*: anfällig, empfindlich; *équilibre, état*: unsicher; **~ité** *f chose*: Zerbrechlichkeit *f*; *personne*: Anfälligkeit *f*; *état*: Unsicherheit *f*
fragment [fragmɑ̃] *m* Fragment *n*, Bruchstück *n*; *texte*: Auszug *m*
fragmentaire [fragmɑ̃tɛr] bruchstückhaft
fraîch|eur [frɛʃœr] *f* Frische *f*; *froideur* Kühle *f*; **~ir** (*2a*) *vent*: erfrischen; *temps*: kühler werden
frais[1], **fraîche** [frɛ, frɛʃ] frisch; *froid* kühl; ***de fraîche date*** neu; ***servir frais*** kalt servieren; ***mettre au frais*** kühl lagern; ***il fait frais*** es ist frisch
frais[2] [frɛ] *m/pl* Kosten *pl*, Ausgaben *f/pl*; ***faire des*** ~ Ausgaben haben
frais|e [frɛz] *f* **1.** *bot* Erdbeere *f*; **2.** *tech* Fräse *f*; **~er** (*1b*) *tech* (aus)fräsen
framboise [frɑ̃bwaz] *f* Himbeere *f*
fran|c[1], **~che** [frɑ̃, -ʃ] *sincère* freimütig, offen(herzig); *regard*: offen; ~ ***de port*** portofrei
franc[2] [frɑ̃] *m hist* Franc *m*; *Schweiz* Franken *m*
français, ~e [frɑ̃sɛ, -z] **1.** *adj* französisch; **2.** **♀, ♀*e*** *m, f* Franzose *m*, Französin *f*
France [frɑ̃s] ***la*** ~ Frankreich *n*
Francfort [frɑ̃fɔr] **1.** ***~-sur-le-Main*** Frankfurt *n* am Main; **2.** ***~-sur-l'Oder*** Frankfurt *n* an der Oder
franch|ement [frɑ̃ʃmɑ̃] *adv* offen, freimütig; *nettement* ausgesprochen; **~ir** (*2a*) übersteigen, -schreiten, -springen; *obstacle*: überwinden; **~ise** [-iz] *f comm exemption* Freiheit *f*; *caractère*: Freimütigkeit *f*
franciser [frɑ̃size] (*1a*) französieren
franc|-maçon [frɑ̃masõ] *m* (*pl francs-maçons*) Freimaurer *m*; **~-maçonnerie** [-masɔnri] *f* Freimaurerei *f*
franco [frɑ̃ko] **1.** portofrei, franko; **2.** *in Zssgn* französisch

Franconie [frɑ̃kɔni] ***la ~*** Franken *n*
francophone [frɑ̃kofɔn] französischsprachig
franc-parler [frɑ̃parle] *m* Freimut *m*
frange [frɑ̃ʒ] *f* Franse *f*
franquette [frɑ̃kɛt] F ***à la bonne ~*** ohne Umstände
frappe [frap] *f dactylographie*: Anschlag *m*
frapper [frape] (*1a*) schlagen; *projectile*, *mesure*: treffen; *impôt*: betreffen; *maladie*: heimsuchen; *surprise*, *effet*: überraschen, verblüffen; ***~ dans les mains*** in die Hände klatschen; ***~ à la porte*** an die Tür klopfen
frasque [frask] *f* Eskapade *f*
fratern|el, **~elle** [fratɛrnɛl] brüderlich, Bruder…; **~iser** (*1a*) sich verbrüdern; **~ité** *f association* Brüderschaft *f*; *solidarité* Brüderlichkeit *f*
fraud|e [frod] *f* Betrug *m*; ***~ fiscale*** Steuerhinterziehung *f*; **~er** (*1a*) betrügen; **~uleux**, **~se** [frodylø, -z] betrügerisch
frayer [frɛje] (*1i*) *v/t chemin*: bahnen; *v/i poisson*: laichen; *fig* ***~ avec qn*** mit j-m verkehren
frayeur [frɛjœr] *f* Schreck(en) *m*
fredonner [frədɔne] (*1a*) trällern, summen
frein [frɛ̃] *m* Bremse *f*; *fig* Zügel *m*; ***~ à main*** Handbremse *f*
frein|age [frɛnaʒ] *m* Bremsen *n*; **~er** (*1b*) bremsen
frêle [frɛl] zart; *faible* schwächlich
frelon [frəlõ] *m zo* Hornisse *f*
frém|ir [fremir] (*2a*) *feuilles*: rauschen; *eau*: sieden; *fig* schaudern; **~issement** [-ismɑ̃] *m feuilles*: Rauschen *n*; *fig* Schauder *m*
frêne [frɛn] *m bot* Esche *f*
fréné|sie [frenezi] *f* Raserei *f*; ***avec ~*** wie wahnsinnig; **~tique** [-tik] *passion*: rasend; *applaudissements*: frenetisch
fréqu|emment [frekamɑ̃] *adv* häufig; **~ence** [-ɑ̃s] *f* Häufigkeit *f*; *phys* Frequenz *f*; **~ent**, **~ente** [-ɑ̃, -ɑ̃t] häufig
fréquent|ation [frekɑ̃tasjõ] *f théâtre*, *musée*: häufiger Besuch *m*; *amis*: Umgang *m*; **~er** (*1a*) oft (*od* regelmäßig) besuchen; ***~ qn*** mit j-m verkehren
frère [frɛr] *m* Bruder *m*
fresque [frɛsk] *f* Fresko(malerei) *n*(*f*)
fret [frɛ] *m cargaison* Fracht *f*; *prix*: Frachtgeld *n*
frétiller [fretije] (*1a*) zappeln
fretin [frətɛ̃] *m* ***menu ~*** *fig* kleine Fische *m/pl*
friable [frijablə] brüchig, bröckelig
friand, **~e** [frijɑ̃, -d] ***être ~(e) de qc*** nach etw gierig sein; **~ise** [-diz] *f le plus souvent au pl* **~s** Leckereien *f/pl*
Fribourg [fribur] **1.** *Schweiz* Freiburg *n*; **2.** ***~-en-Brisgau*** Freiburg *n* im Breisgau
fric [frik] *m* F Moneten *f/pl*, Kohle *f*
fricandeau [frikɑ̃do] *m* (*pl -x*) *cuis* gespickte Kalbsnuss *f*
fricassée [frikase] *f cuis* Frikassee *n*
friche [friʃ] *f agr* Brachland *n*
friction [friksjõ] *f tech* Reibung *f*; *cheveux*: (Kopf-)Massage *f*
frictionner [friksjɔne] (*1a*) ein-, abreiben, frottieren
frigidaire [friʒidɛr] *m* Kühlschrank *m*
frigo [frigo] F *m abr* Kühlschrank *m*
frigorif|ier [frigɔrifje] (*1a*) einfrieren; **~ique** Kühl…
frileu|x, **~se** [frilø, -z] leicht frierend
frimas [frimɑ] *litt m* Raureif *m*
frimousse [frimus] F *f* Gesicht *n*
fringale [frɛ̃gal] F *f* Heißhunger *m*
fringant, **~e** [frɛ̃gɑ̃, -t] lebhaft, munter
fringues [frɛ̃g] *f/pl* F Klamotten *pl*
friper [fripe] (*1a*) zerknittern
frip|ier, **~ière** [fripje, -jɛr] *m*, *f* Trödler(in) *m*(*f*)
fripon, **~ne** [fripõ, -ɔn] **1.** *adj* schalkhaft, schelmisch; **2.** *m*, *f* Schlingel *m*
fripouille [fripuj] *f* F Schuft *m*
frire [frir] (*4m*) braten, backen
frise [friz] *f arch* Fries *m*
Frise [friz] ***la ~*** Friesland *n*
friser [frize] (*1a*) *v/t cheveux*: Locken machen in (*acc*); *fig* grenzen an (*acc*); *v/i* sich kräuseln
frison, **~ne** [frizõ, frizɔn] **1.** *adj* friesisch; ***les îles*** *f/pl* ***Frisonnes*** die Friesischen Inseln *f/pl*; **2.** *subst* **℞(ne)** *m*(*f*) Friese *m*, Friesin *f*; **3.** *subst ling* ***le ~*** das Friesische, Friesisch *n*
frisson [frisõ] *m peur*: Schauder *m*; *froid*: Frösteln *n*; **~ner** [frisɔne] (*1a*) zittern; *peur*: schaudern; *froid*: frösteln
frit, **~e** [fri, -frit] *p/p de* ***frire*** *u adj* gebacken, gebraten; (***pommes***) ***~es*** *f/pl* Pommes frites *pl*

friture [frityr] *f* Backen *n*, Braten *n*; *huile*: Backfett *n*; *radio*, *tél* Störgeräusch *n*
frivole [frivɔl] leichtfertig, frivol
froc [frɔk] *m* Mönchskutte *f*
froid, **~e** [frwa, -d] **1.** *adj* kalt (*a fig*); ***j'ai froid*** ich friere, mir ist kalt; ***il fait froid*** es ist kalt; ***prendre froid*** sich erkälten; **2.** *m* Kälte *f*; **~ement** [-dmɑ̃] *adv fig indifféremment* kühl, gleichgültig; *insensiblement* kaltblütig; **~eur** *f* (Gefühls-)Kälte *f*
froisser [frwase] (*1a*) zerknittern; *fig* kränken
frôler [frole] (*1a*) streifen, leicht berühren; *fig catastrophe*: mit knapper Not entkommen (*dat*)
fromag|e [frɔmaʒ] *m* Käse *m*; ***~ blanc*** Quark *m*; **~er**, **~ère 1.** *adj* Käse…; **2.** *m* Käsehändler *m*, -hersteller *m*
froment [frɔmɑ̃] *m* Weizen *m*
fronc|e [frõs] *f* Falte *f*; **~er** (*1k*) fälteln; ***~ les sourcils*** die Stirn runzeln
frondaison [frõdɛzõ] *litt f* Blatt-, Laubwerk *n*
frond|e [frõd] *f* Schleuder *f*; **~eur**, **~euse** aufrührerisch, aufsässig
front [frõ] *m anat* Stirn *f*; *mil* Front *f*; ***de ~*** von vorn, frontal; *fig* offen; ***faire ~ à*** die Stirn bieten (*dat*)
frontal|ier, **~ière** [frõtalje, -jɛr] **1.** *adj* Grenz…; **2.** *m travailleur*: Grenzgänger *m*
frontière [frõtjɛr] *f* Grenze *f*
frontispice [frõtispis] *m* Titelblatt *n*, -bild *n*
fronton [frõtõ] *m arch* Giebeldreieck *n*
frott|ement [frɔtmɑ̃] *m* Reiben *n*; **~er** (*1a*) *v/i* reiben; *v/t enlever*: abreiben; *faire entrer*: einreiben; *meuble*: polieren; *sol*: scheuern, bohnern; *alumette*: anzünden
fruct|ifier [fryktifje] (*1a*) *bot* Früchte tragen; *argent*: Zinsen bringen; **~ueux**, **~ueuse** [-ɥø, -ɥøz] einträglich, gewinnbringend
frugal, **~e** [frygal] (*m/pl -aux*) *personne*: genügsam; *repas*: kärglich
fruit [frɥi] *m* Frucht *f*; *fig* Ertrag *m*, Früchte *f/pl*; ***~s*** *pl* Obst *n*; ***~s de mer*** Meeresfrüchte *f/pl*
fruit|é, **~ée** [frɥite] fruchtig; **~ier**, **~ière** [-je, -jɛr] Frucht…, Obst…; ***arbre*** *m* ***fruitier*** Obstbaum *m*
fruste [fryst] roh, ungeschliffen
frustration [frystrasjõ] *f* Frustration *f*, F Frust *m*
frustrer [frystre] (*1a*) frustrieren; ***~ qn de qc*** j-n um etw bringen, prellen
FS *m abr* ***franc(s) suisse(s)*** Fr *od* sfr (Schweizer Franken)
F.S.M. *f abr* ***Fédération syndicale mondiale*** Weltgewerkschaftsbund
fuel [fjul] *m* Heizöl *n*
fugace [fygas] flüchtig
fugit|if, **~ive** [fyʒitif, -iv] **1.** *adj* flüchtig; **2.** *m*, *f* Flüchtling *m*
fugue [fyg] *f enfant*: Ausreißen *n*; *mus* Fuge *f*; ***faire une ~*** ausreißen
fuir [fɥir] (*2d*) *v/i* fliehen; *temps*: dahinschwinden; *tonneau*, *tuyau*: lecken; *robinet*: tropfen; *liquide*: auslaufen; *v/t* ***~ qc*** etw meiden, vor etw (*dat*) fliehen
fuite [fɥit] *f* **1.** Flucht *f*; ***mettre en ~*** in die Flucht schlagen; ***prendre la ~*** die Flucht ergreifen; **2.** *tonneau*, *tuyau*: undichte Stelle *f*, Leck *n*; *écoulement* Ausfließen *n*, -strömen *n*
fulgurant, **~e** [fylgyrɑ̃, -t] *vitesse*: blitzschnell
fulmin|ant, **~ante** [fylminɑ̃, -ɑ̃t] wütend; **~er** (*1a*) wettern, toben
fumé, **~e** [fyme] geräuchert; *verre*: getönt
fume-cigare(tte) [fymsigar, -sigarɛt] *m* (*pl unv*) Zigarren- (Zigaretten)spitze *f*
fum|ée [fyme] *f* Rauch *m*; **~er** (*1a*) rauchen; *cuis* räuchern; *terre*: düngen; **~et** *m* Aroma *n*, Geruch *m*; **~eur**, **~euse** *m*, *f* Raucher(in) *m*(*f*)
fumeu|x, **~se** [fymø, -z] verschwommen
fum|ier [fymje] *m* Mist *m*, Dung *m*; **~iste** *m fig* Bluffer *m*; **~isterie** [-istəri] *f* Schwindel *m*; **~oir** *m* Raucherzimmer *n*
funambule [fynɑ̃byl] *m*, *f* Seiltänzer(in) *m*(*f*)
funèbre [fynɛbrə] Begräbnis…, Leichen…; *lugubre* düster
funér|ailles [fynerɑj] *f/pl* Beerdigung *f*, Bestattung *f*; **~aire** [-ɛr] *tombe*: Grab…; *funérailles*: Begräbnis…
funeste [fynɛst] *pressentiment*: unheilvoll; *erreur*, *suite*: verhängnisvoll (***à*** für)
funiculaire [fynikylɛr] *m* Seilbahn *f*

fur [fyr] ***au ~ et à mesure*** nach und nach; ***au ~ et à mesure que*** in dem Maße wie
furet [fyrɛ] *m zo* Frettchen *n*
fureter [fyrte] (*1e*) herumschnüffeln
fureur [fyrœr] *f* Wut *f*, Raserei *f*; ***faire ~*** großen Erfolg haben, Furore machen
furibond, **~e** [fyribõ, -d] rasend, wütend
furi|e [fyri] *colère* Wut *f*; *femme*: Furie *f*; **~eux**, **~euse** [-jø, -jøz] wütend
furt|if, **~ive** [fyrtif, -iv] verstohlen, heimlich
fusain [fyzɛ̃] *m* Kohle *f* (*zum Zeichnen*); *dessin*: Kohlezeichnung *f*
fus|eau [fyzo] *m* (*pl -x*) *filer*: Spindel *f*; ***~ horaire*** Zeitzone *f*; **~ée** *f* Rakete *f*; *bombe*: Zünder *m*
fuselage [fyzlaʒ] *m aviat* Rumpf *m*
fusible *m* [fysiblə] *él* Sicherung *f*
fusil [fyzi] *m* Gewehr *n*
fusill|ade [fyzijad] *f* Schießerei *f*; **~er** (*1a*) erschießen
fusion [fyzjõ] *f* Schmelzen *n*; *comm* Fusion *f*; ***~ nucléaire*** Kernfusion *f*
fusionner [fyzjɔne] (*1a*) *bes comm* fusionieren
fustiger [fystiʒe] (*1l*) *fig litt* geißeln
fût [fy] *arbre*: Stamm *m*; *colonne*: Schaft *m*; *tonneau* Fass *n*
futaie [fytɛ] *f* Hochwald *m*
futé, **~e** [fyte] pfiffig, gerissen
futil|e [fytil] *chose*: unbedeutend, belanglos; *personne*: oberflächlich; **~ité** *f* Bedeutungslosigkeit *f*, Nichtigkeit *f*
futur, **~e** [fytyr] **1.** *adj* zukünftig; **2.** *m gr* Zukunft *f*
fuyant, **~e** [fɥijɑ̃, -t] fliehend; *regard*: ausweichend

G

gabegie [gabʒi] *f* Misswirtschaft *f*
Gabon [gabõ] *géogr* ***le ~*** Gabun *n*
gâch|er [gɑʃe] (*1a*) *mortier*: anrühren; *fig travail*: verpfuschen; *gaspiller* verschwenden, vergeuden; **~ette** [-ɛt] *f mil* Abzug(shebel) *m*; **~is** [-i] *m* Mörtel *m*; *fig désordre* Durcheinander *n*; *gaspillage* Verschwendung *f*; ***être dans le ~*** in der Patsche sitzen
gadget [gadʒɛt] *m* technische Spielerei *f*
gaffe [gaf] *f mar* Bootshaken *m*; F Dummheit *f*, Schnitzer *m*; F ***faire ~*** aufpassen
gaga [gaga] (*unv*) F vertrottelt
gag|e [gaʒ] *m* Pfand *n*; *fig* Beweis *m*; ***~s*** *pl* Lohn *m* (*für Hauspersonal*); ***mettre en ~*** verpfänden; **~er** (*1l*) *jur* durch ein Pfand sichern; **~eure** [-yr] *f litt* ***c'est une ~*** das ist ein aussichtsloses Unterfangen
gagnant, **~e** [gaɲɑ̃, -t] **1.** *adj* Gewinn…; **2.** *m*, *f* Gewinner(in) *m*(*f*)
gagne-pain [gaɲpɛ̃] *m* (*pl unv*) Broterwerb *m*
gagner [gaɲe] (*1a*) gewinnen; *salaire*: verdienen; *place*, *temps*: einsparen; *réputation*, *amitié*: erwerben; *endroit*: erreichen; *peur*, *sommeil*: überfallen
gai, **~e** [ge, gɛ] fröhlich, lustig; *un peu ivre* angeheitert
gaieté [gete] *f* Fröhlichkeit *f*, Heiterkeit *f*; ***de ~ de cœur*** gern
gaillard, **~e** [gajar, -d] **1.** *adj gai* munter; *propos*: locker; **2.** *m* Kerl *m*, kräftiger Bursche *m*
gain [gɛ̃] *m* Gewinn *m*; *avantage* Vorteil *m*; ***~s*** *pl revenus* Verdienst *m*; ***~ de temps*** Zeitersparnis *f*
gaine [gɛn] *f* **1.** *bot* Blattscheide *f*; *poignard*: Scheide *f*; *tech* Hülle *f*; **2.** *sous-vêtement*: Hüfthalter *m*
gala [gala] *m* Fest-, Galaveranstaltung *f*
galant, **~e** [galɑ̃, -t] galant; **~erie** [-tri] *f* Höflichkeit *f*
galantine [galɑ̃tin] *f* Sülze *f*
galbé, **~e** [galbe] *jambes*: wohlproportioniert
gale [gal] *f* Krätze *f*; *chien*: Räude *f*
galère [galɛr] *f hist* Galeere *f*
galerie [galri] *f passage*, *d'art*: Galerie *f*; *auto* Dachgepäckträger *m*; *souterrain* Stollen *m*
galet [galɛ] *m* Kiesel(stein) *m*; *tech* (Lauf-)Rolle *f*
galette [galɛt] *f Pfannkuchen aus*

Buchweizen
galeu|x, **~se** [galø, -z] räudig; ***brebis*** *f* ***galeuse*** *fig* schwarzes Schaf *n*
galipette [galipɛt] *f* F Purzelbaum *m*
Galles [gal] *géogr* ***le pays de ~*** Wales *n*
gallicisme [galisismə] *m* französische Spracheigentümlichkeit *f*
galon [galõ] *m* Tresse *f*; *mil a* Dienstgradabzeichen *n*
galop [galo] *m* Galopp *m*; **~er** [galɔpe] (*1a*) galoppieren
galopin [galɔpɛ̃] *m* Bengel *m*
galvauder [galvode] (*1a*) entwürdigen
gambad|e [gɑ̃bad] *f* Luftsprung *m*; **~er** (*1a*) hüpfen
Gambie [gɑ̃bi] *géogr* ***la ~*** Gambia *n*
gamelle [gamɛl] *f* Kochgeschirr *n*
gam|in, **~ine** [gamɛ̃, -in] **1.** *m*, *f* kleiner Junge *m*; kleines Mädchen *n*; **2.** *adj* schelmisch; **~inerie** [-inri] *f* Dummerjungenstreich *m*
gamme [gam] *f mus* Tonleiter *f*; *fig* Palette *f*
gammée [game] *adj* ***croix*** *f* ~ Hakenkreuz *n*
Gand [gɑ̃] *géogr* Gent *n*
Gange [gɑ̃ʒ] *géogr* ***le ~*** der Ganges
gangrène [gɑ̃grɛn] *f méd* Brand *m*
gant [gɑ̃] *m* Handschuh *m*; ***~ de données*** *EDV* Datenhandschuh *m*; ***~ de toilette*** Waschlappen *m*
garag|e [garaʒ] *m* **1.** Garage *f*; **2.** *atelier* (Autoreparatur-)Werkstatt *f*; **~iste** *m* (*selbständiger*) Automechaniker *m*, Werkstattbesitzer *m*
garant, **~e** [garɑ̃, -t] *m*, *f* Bürge *m*, Bürgin *f*; ***se porter ~*** bürgen (***de*** für)
garant|ie [garɑ̃ti] *f* Garantie *f*; **~ir** (*2a*) Gewähr leisten, garantieren; *jur* bürgen für; *attester* versichern; *protéger* schützen (***de, contre*** vor, gegen)
garçon [garsõ] *m* **1.** Junge *m*; *jeune homme* junger Mann *m*; (***vieux***) ~ Junggeselle *m*; **2.** *serveur* Kellner *m*; *employé* Gehilfe *m*
garçonnière [garsɔnjɛr] *f* Junggesellenwohnung *f*
garde¹ [gard] *f* Bewachung *f*, Aufsicht *f* (***de*** über); *bes mil* Wache *f*; ***chien*** *m* ***de ~*** Wachhund *m*; ***~ à vue*** Polizeigewahrsam *m*; *jur* ***droit*** *m* ***de ~*** Sorgerecht *n*; ***prendre ~*** Acht geben; ***être sur ses ~s*** auf der Hut sein; ***être de ~*** Wachdienst, Bereitschaftsdienst haben; ***monter la ~*** Wache halten
garde² [gard] *m* Wächter(in) *m*(*f*), Aufseher(in) *m*(*f*); *prison*: Wärter(in) *m*(*f*); ***~ du corps*** Leibwächter *m*
Garde [gard] ***le lac de ~*** der Gardasee
garde|-barrière [gardəbarjɛr] *m* (*pl gardes-barrière*[*s*]) Schrankenwärter *m*; **~-boue** [-bu] *m* (*pl unv*) Schutzblech *n*; *auto* Kotflügel *m*; **~-chasse** [-ʃas] *m* (*pl gardes-chasse*[*s*]) Jagdaufseher *m*; **~-fou** [-fu] *m* (*pl garde-fous*) Geländer *n*; **~-manger** [-mɑ̃ʒe] *m* (*pl unv*) Speisekammer *f*
gard|er [garde] (*1a*) *objet*: aufbewahren, aufheben, behalten; *silence*: bewahren; *vêtement*: anbehalten; *malade*, *enfant*: pflegen; *animal*: hüten; *surveiller* bewachen; ***~ pour soi*** für sich behalten; ***se ~ de*** sich hüten vor; **~erie** [-əri] *f* Kinderhort *m*
garde-robe [gardərɔb] *f* (*pl garde-robes*) *armoire*: Kleiderschrank *m*; *vêtements* Garderobe *f*
gardien, **~ne** [gardjɛ̃, -ɛn] *m*, *f* Aufseher(in) *m*(*f*), Wächter(in) *m*(*f*); *prison*: Wärter(in) *m*(*f*); *musée*: Aufseher(in) *m*(*f*); *immeuble*: Hausmeister (-in) *m* (*f*); ***gardien*** (***de but***) Torwart *m*; ***gardien de la paix*** Polizeibeamte(r) *m*
gare¹ [gar] *f* Bahnhof *m*; ***~ routière*** Omnibusbahnhof *m*
gare² [gar] ***~ à …!*** pass auf, dass nicht …!; ***~ à toi!*** nimm dich in Acht!
garer [gare] (*1a*) abstellen, parken; ***se ~*** parken; *pour laisser passer*: ausweichen; ***se ~ de*** sich hüten vor
gargariser [gargarize] (*1a*) ***se ~*** gurgeln; *fig* F ***se ~ de*** sich berauschen an (*dat*)
gargote [gargɔt] *f* mieses Esslokal *n*
gargouille [garguj] *f arch* Wasserspeier *m*
garnement [garnəmɑ̃] *m* Schlingel *m*, Bengel *m*
garn|ir [garnir] (*2a*) *fournir* ausstatten, versehen (***de*** mit); *orner* ausschmücken, verzieren (***de*** mit); **~ison** [-izõ] *f mil* Garnison *f*; **~iture** [-ityr] *f* Verzierung *f*; *cuis* Beilage *f*; *auto* ***~ de frein*** Bremsbelag *m*
garrotter [garɔte] (*1a*) fesseln
gars [gɑ] *m* F Bursche *m*, Kerl *m*
Gascogne [gaskɔɲ] ***la ~*** die Gasco-

gne; ***le golfe de ~*** der Golf von Biskaya
gas-oil [gazwal, gazɔjl] *m* Dieselkraftstoff *m*
gaspill|age [gaspijaʒ] *m* Verschwendung *f*, Vergeudung *f*; **~er** [-e] (*1a*) verschwenden, vergeuden
gastrique [gastrik] Magen…
gastronom|ie [gastrɔnɔmi] *f* Gastronomie *f*; **~ique** [-ik] gastronomisch
gâteau [gɑto] *m* (*pl -x*) Kuchen *m*; ***~x secs*** Teegebäck *n*
gâter [gɑte] (*1a*) verderben; *enfant*: verwöhnen, verziehen; ***se ~*** schlecht werden
gâteu|x, **~se** [gɑtø, -z] senil, verkalkt
gauch|e [goʃ] **1.** *adj* linke(r, -s); *manières*: linkisch; ***à ~*** links; ***à ~ de*** links von; **2.** *f pol* Linke *f*; *main*: Linke *f*, linke Hand *f*; *côté*: linke Seite *f*; ***de la ~*** von links; **~er**, **~ère 1.** *adj* linkshändig; **2.** *m*, *f* Linkshänder(in) *m(f)*; **~ir** (*2a*) (***se***) **~** sich verziehen, sich verbiegen; **~iste** *m*, *f pol* Linksextreme(r) *m*, *f*
gaufre [gofrə] *f* Waffel *f*
Gaule [gol] *hist* ***la ~*** Gallien *n*
gaulois, **~e** [golwa, -z] **1.** *adj* gallisch; *fig* deftig, derb; **2.** **♀**, **♀*e*** *m*, *f* Gallier(in) *m(f)*
gauloiserie [golwazri] *f* derber Witz *m*
gaver [gave] (*1a*) *animal*: mästen; *fig* (voll)stopfen
gaz [gɑz] *m* Gas *n*; ***~ naturel*** Erdgas *n*; F ***à pleins ~*** mit Vollgas; ***mettre les ~*** Vollgas geben
gaze [gɑz] *f* Gaze *f*; *phm* Verbandsmull *m*
gazer [gɑze] (*1a*) **1.** durch Giftgas töten, vergasen; **2.** F *auto* rasen; F ***ça gaze!*** das klappt ja!
gazette [gazɛt] *f* Zeitung *f*
gazeu|x, **~se** [gɑzø, -z] gasförmig; ***eau f gazeuse*** Mineralwasser *n*, Sprudel *m*
gazoduc [gazɔdyk] *m* Ferngasleitung *f*
gazomètre [gazɔmɛtrə] *m* Gaszähler *m*
gazon [gɑzõ] *m* Rasen *m*
gazouiller [gazuje] (*1a*) zwitschern; *eau*: plätschern
GDF *m abr* ***Gaz de France*** staatliche frz. Gasgesellschaft
geai [ʒɛ] *m zo* Eichelhäher *m*
géant, **~e** [ʒeɑ̃, -t] **1.** *m*, *f* Riese *m*, Riesin *f*; **2.** *adj* riesig
geindre [ʒɛ̃drə] (*4b*) stöhnen
gel [ʒɛl] *m* Frost *m*; *fig salaires*, *prix*: Einfrieren *n*; *cosmétique*: Gel *n*
gélatine [ʒelatin] *f cuis* Gelatine *f*
gel|ée [ʒ(ə)le] *f* **1.** Frost *m*; ***~ blanche*** Reif *m*; **2.** *cuis* Aspik *m*, Sülze *f*, Gelee *n*; **~er** (*1d*) *v/t* zum Gefrieren bringen; *prix*, *salaires*: einfrieren; *v/i personne*: frieren; ***il gèle*** es friert
gélule [ʒelyl] *f phm* Kapsel *f*
Gémeaux [ʒemo] *m/pl astr* Zwillinge *m/pl*
gém|ir [ʒemir] (*2a*) stöhnen, ächzen; **~issement** [-ismɑ̃] *m* Stöhnen *n*
gemme [ʒɛm] *f* Edelstein *m*
gênant, **~e** [ʒɛnɑ̃, -t] hinderlich, störend; *histoire*: peinlich
gencive [ʒɑ̃siv] *f* Zahnfleisch *n*
gendarm|e [ʒɑ̃darm] *m* Gendarm *m*; **~erie** [-əri] *f* Gendarmerie *f*
gendre [ʒɑ̃drə] *m* Schwiegersohn *m*
gène [ʒɛn] *m biol* Gen *n*
gên|e [ʒɛn] *f physique*: Beklemmung *f*; *dérangement* Zwang *m*; *embarras* Verlegenheit *f*; *manque d'argent* Geldverlegenheit *f*; ***sans ~*** ungeniert; **~é**, **~ée** verlegen; **~er** (*1b*) *encombrer* behindern; *déranger* stören; *troubler* in Verlegenheit bringen; *fig* ***se ~*** sich Zwang antun, sich genieren (***avec qn*** vor j-m)
général, **~e** [ʒeneral] (*m/pl -aux*) **1.** *adj* allgemein, generell; ***en général*** im Allgemeinen; **2.** *m* General *m*; **~ement** [-mɑ̃] *adv* im Allgemeinen
général|isation [ʒeneralizasjõ] *f* Verallgemeinerung *f*; **~iser** (*1a*) verallgemeinern; **~iste** *m* Allgemeinmediziner *m*; **~ité** *f* Allgemeingültigkeit *f*; ***~s*** *pl* Allgemeine(s) *n*
générateur [ʒeneratœr] *m tech* Generator *m*
génération [ʒenerasjõ] *f* Generation *f*
générer [ʒenere] (*1a*) erzeugen
généreu|x, **~se** [ʒenerø, -z] großzügig; *sol*: ergiebig
générique [ʒenerik] **1.** *adj* Gattungs…; **2.** *m cinéma*: Vorspann *m*
générosité [ʒenerozite] *f* Großzügigkeit *f*
Gênes [ʒɛn] Genua *n*
genèse [ʒənɛz] *f* Entstehung *f*
genêt [ʒ(ə)nɛ] *m bot* Ginster *m*
génétique [ʒenetik] **1.** *adj* genetisch; **2.**

f Genetik *f*
Genève [ʒ(ə)nɛv] Genf
genévrier [ʒənevrije] *m bot* Wacholder(strauch) *m*
génial, **~e** [ʒenjal] (*m/pl -iaux*) genial
génie [ʒeni] *m* Genie *n*; *mil* Pioniere *m/pl*; **~ *civil*** Hoch- und Tiefbau *m*; **~ *génétique*** Gentechnologie *f*
genièvre [ʒənjɛvrə] *m bot* Wacholder; *boisson*: Wacholderschnaps *m*
génital, **~e** [ʒenital] (*m/pl -aux*) genital
génocide [ʒenɔsid] *m* Völkermord *m*
genou [ʒ(ə)nu] *m* (*pl -x*) Knie *n*; ***à ~x*** auf den Knien; ***se mettre à ~x*** sich niederknien
genre [ʒɑ̃r] *m* Art *f*; *animaux*: Gattung *f*; *gr* Genus *n*, Geschlecht *n*
gens [ʒɑ̃] *m/pl* Leute *pl*
gentiane [ʒɑ̃sjan] *f bot* Enzian *m*
gentil, **~le** [ʒɑ̃ti, -j] nett, freundlich, liebenswürdig
gentillesse [ʒɑ̃tijɛs] *f* Freundlichkeit *f*, Liebenswürdigkeit *f*
gentiment [ʒɑ̃timɑ̃] *adv* nett, liebenswürdig; *sagement* brav
géograph|ie [ʒeɔgrafi] *f* Erdkunde *f*, Geografie *f*; **~ique** geografisch
geôlier [ʒolje] *m* Gefängniswärter *m*
géolog|ie [ʒeɔlɔʒi] *f* Erdgeschichte *f*; Geologie *f*; **~ique** geologisch
géométr|ie [ʒeɔmetri] *f* Geometrie *f*, Raumlehre *f*; **~ique** geometrisch
gérance [ʒerɑ̃s] *f* Geschäftsführung *f*
géranium [ʒeranjɔm] *m bot* Geranie *f*
gérant, **~e** [ʒerɑ̃, -t] *m*, *f* Geschäftsführer(in) *m*(*f*)
gerbe [ʒɛrb] *f blé*: Garbe *f*; *fleurs*: Strauß *m*
gercer [ʒɛrse] (*1k*) (***se***) **~** rissig werden, aufspringen
gerçure [ʒɛrsyr] *f* Riss *m*, Schrunde *f*
gérer [ʒere] (*1f*) verwalten; *entreprise*: führen
gériatrie [ʒerjatri] *f* Altersheilkunde *f*
germain, **~e** [ʒɛrmɛ̃, -ɛn] ***cousin*** *m* ***germain*** Vetter *m*, ***cousine*** *f* ***germaine*** Base *f* (ersten Grades)
Germanie [ʒɛrmani] *hist* ***la*** **~** Germanien *n*
german|ique [ʒɛrmanik] germanisch; **~isme** *m* deutsche Spracheigentümlichkeit *f*
germano-… [ʒɛrmano] *in Zssgn* deutsch-…
germ|e [ʒɛrm] *m* Keim *m* (*a fig*); **~er** (*1a*) keimen
gérontologie [ʒerõtɔlɔʒi] *f* Altersforschung *f*
gestation [ʒɛstasjõ] *f animal*: Trächtigkeit *f*
geste [ʒɛst] *m mouvement*: Handbewegung *f*, Geste *f*, Gebärde *f*; *comportement*: Geste *f*
gesticuler [ʒɛstikyle] (*1a*) gestikulieren
gestion [ʒɛstjõ] *f* Verwaltung *f*; *entreprise*: Geschäftsführung *f*; **~ *des déchets*** Abfallmanagement *n*; **~ *de la qualité*** Qualitätsmanagement *n*
Ghana [gana] ***le*** **~** Ghana *n*
gibecière [ʒibsjɛr] *f* Jagdtasche *f*
gibet [ʒibɛ] *m* Galgen *m*
gibier [ʒibje] *m* Wild *n*
giboulée [ʒibule] *f* Regen-, Graupelschauer *m*
gicl|er [ʒikle] (*1a*) herausspritzen; **~eur** *m auto* Vergaserdüse *f*
gifl|e [ʒiflə] *f* Ohrfeige *f*; **~er** (*1a*) ohrfeigen
gigantesque [ʒigɑ̃tɛsk] gigantisch, riesenhaft
gigot [ʒigo] *m cuis* Hammelkeule *f*
gigoter [ʒigɔte] (*1a*) F zappeln, strampeln
gilet [ʒilɛ] *m chandail* Strickjacke *f*; *costume*: Weste *f*; *sous-vêtement*: Unterhemd *n*; **~ *de sauvetage*** Schwimmweste *f*; *auto* **~ *de sécurité*** Warnweste *f*
gingembre [ʒɛ̃ʒɑ̃brə] *m bot* Ingwer *m*
girafe [ʒiraf] *f zo* Giraffe *f*
giratoire [ʒiratwar] Kreis…
girofl|e [ʒirɔflə] *m cuis* ***clou*** *m* ***de*** **~** Gewürznelke *f*; **~ée** *f bot* Goldlack *m*
girouette [ʒirwɛt] *f* Wetterfahne *f*
gisement [ʒizmɑ̃] *m géol* Lagerstätte *f*, Vorkommen *n*; **~ *pétrolier*** (*od* ***de pétrole***) Erdöllagerstätte *f*
gitan, **~e** [ʒitɑ̃, -an] **1.** *adj* Zigeuner… *neg!*; **2.** *m*, *f* Zigeuner(in) *neg! m*(*f*)
gîte [ʒit] *m abri* Unterkunft *f*; *lièvre*: Lager *n*
givr|e [ʒivrə] *m* Raureif *m*; **~er** (*1a*) vereisen
glace [glas] *f* Eis *n* (*a fig*); *miroir* Spiegel *m*; *auto* (Wagen-)Fenster *n*; *cuis* Zuckerguss *m*
glac|é, **~ée** [glase] *gelé* vereist; *accueil*:

eisig; *boisson*: eisgekühlt; *cuis* ***marrons*** *m/pl* ***glacés*** kandierte Kastanien *f/pl*; **~er** (*1k*) *v/t* gefrieren lassen; *intimider* erstarren lassen; *cuis* glasieren, mit Zuckerguss überziehen; ***se ~*** zu Eis werden; *fig* erstarren

glac|iaire [glasjɛr] Eis…, Gletscher…; **~ial**, **~iale** [-jal] (*m/pl* -iaux *od* -ials) eiskalt; **~ier** [-je] *m* Gletscher *m*; *vendeur*: Eisverkäufer *m*; **~ière** [-jɛr] *f* Eisschrank *m*

glaçon [glasõ] *m* Eisscholle *f*; *artificiel*: Eiswürfel *m*

glaïeul [glajœl] *m bot* Gladiole *f*

glaise [glɛz] *f* (*a terre f ~*) Ton(erde) *m*(*f*), Lehm *m*

gland [glɑ̃] *m* Eichel *f*; *décoration*: Quaste *f*

glande [glɑ̃d] *f* Drüse *f*

glaner [glane] (*1a*) *fig* sammeln

glapir [glapir] (*2a*) kläffen

glas [glɑ] *m* Totenglocke *f*

glauque [glok] meergrün

gliss|ade [glisad] *f* Ausgleiten *n*, Schlittern *n*; **~ant**, **~ante** [-ɑ̃, -ɑ̃t] glatt, rutschig

gliss|ement [glismɑ̃] *m* Gleiten *n*; *fig* Verschiebung *f*; ***~ de terrain*** Erdrutsch *m*; **~er** (*1a*) *v/t* schieben, stecken (***dans*** in *acc*); *v/i* rutschen, gleiten; *déraper* ausrutschen, ausgleiten; *être glissant* rutschig sein, glatt sein; ***se ~ dans*** sich einschleichen in (*acc*); **~ière** [-jɛr] *f tech* Führungsschiene *f*; ***~ de sécurité*** Leitplanke *f*

global, **~e** [glɔbal] (*m/pl -aux*) gesamt, Global…; *prix*, *somme*: Pauschal…

globe [glɔb] *m* Kugel *f*; *mappemonde* Globus *m*; ***~ terrestre*** Erdkugel *f*

globul|e [glɔbyl] *m* Kügelchen *n*; *méd* Blutkörperchen *n*; **~eux**, **~euse** [-ø, -øz] *yeux*: vorstehend

gloire [glwar] *f* Ruhm *m*; *personnalité*: Berühmtheit *f*

glorieu|x, **~se** [glɔrjø, -z] ruhmreich, glorreich

glorifier [glɔrifje] (*1a*) verherrlichen

glos|er [gloze] (*1a*) glossieren; **~saire** [glɔsɛr] *m* Wörterverzeichnis *n*

glotte [glɔt] *f anat* Stimmritze *f*

glouton, **~ne** [glutõ, -ɔn] gefräßig

gluant, **~e** [glyɑ̃, -t] klebrig

glucide [glysid] *m chim* Kohlehydrat *n*

glucose [glykoz] *m* Traubenzucker *m*, Glucose *f*

gluten [glytɛn] *m chim* Kleber *m*

gnangnan [ɲɑ̃ɲɑ̃] F schlafmützig

gnome [gnom] *m* Gnom *m*

go [go] ***tout de ~*** ohne weiteres

GO *abr* ***grandes ondes*** LW (Langwelle)

goal [gol] *m* Tor *n*

gobelet [gɔblɛ] *m* Becher *m*

gober [gɔbe] (*1a*) verschlingen; F *mensonge*: leichtfertig glauben

godasse [gɔdas] *f* F Schuh *m*, Latschen *m*

godet [gɔdɛ] *m récipient*: Näpfchen *n*

godiller [gɔdije] (*1a*) *ski*: wedeln

goéland [gɔelɑ̃] *m zo* Seemöwe *f*

goélette [gɔelɛt] *f mar* Schoner *m*

goémon [gɔemõ] *m bot* Tang *m*

gogo [gogo] F ***à ~*** in Hülle und Fülle

goguenard, **~e** [gɔgnar, -d] spöttisch

goinfr|e [gwɛ̃frə] **1.** *m* Vielfraß *m*; **2.** *adj* gefräßig; **~er** (*1a*) ***se ~*** *péj* sich vollfressen

goitre [gwatrə] *m* Kropf *m*

golf [gɔlf] *m sports*: Golf *n*

golfe [gɔlf] *m géogr* Golf *m*

gomm|e [gɔm] *f* Gummi *m*; *à effacer*: Radiergummi *m*; **~er** (*1a*) ausradieren; *fig* beseitigen

gond [gõ] *m* Türangel *f*

gondol|e [gõdɔl] *f* Gondel *f*; **~er** (*1a*) *papier*: sich wellen; F ***se ~*** sich biegen vor Lachen

gonfler [gõfle] (*1a*) *v/i* anschwellen; *v/t avec la bouche*: aufblasen; *avec une pompe*: aufpumpen; *exagérer* aufbauschen, übertreiben

gonzesse [gõzɛs] *f* F *péj* Weib *n*, Frauenzimmer *n*

goret [gɔrɛ] *m* Ferkel *n* (*a fig*)

gorge [gɔrʒ] *f* Hals *m*, Kehle *f*; *st/s poitrine* Busen *m*; *géogr* Schlucht *f*; ***avoir mal à la ~*** Halsschmerzen haben

gorgée [gɔrʒe] *f* Schluck *m*

gorille [gɔrij] *m zo* Gorilla *m*; F *fig* Leibwächter *m*

gosier [gozje] *m* Schlund *m*, Kehle *f*

gosse [gɔs] *m*, *f* F Kind *n*

gothique [gɔtik] **1.** *adj* gotisch; **2.** *m* Gotik *f*

gouache [gwaʃ] *f* Guaschfarbe *f*

goudron [gudrõ] *m* Teer *m*

goudronner [gudrɔne] (*1a*) teeren

gouffre [gufrə] *m* Abgrund *m* (*a fig*)

goujat [guʒa] *m* Grobian *m*, Flegel *m*
goujon [guʒõ] *m zo* Gründling *m*
goul|ot [gulo] *m* Flaschenhals *m*; ***boire au ~*** aus der Flasche trinken; **~u**, **~ue** [-y] gefräßig, gierig
goupill|e [gupij] *f tech* Stift *m*
gourd, **~e** [gur, -d] starr, steif (*vor Kälte*)
gourde [gurd] *f récipient*: Feldflasche *f*; F *fig* Dummkopf *m*, Dussel *m*
gourdin [gurdɛ̃] *m* Knüppel *m*
gourer [gure] (*1a*) F ***se ~*** sich irren
gourm|and, **~ande** [gurmɑ̃, -ɑ̃d] **1.** *adj sucreries*: naschhaft; *péj* gefräßig; **2.** *m, f gourmet* Feinschmecker *m*; *glouton* Schlemmer *m*; **~andise** [-ɑ̃diz] *f* Naschhaftigkeit *f*; *gloutonnerie* Schlemmerei *f*; ***~s*** *pl mets*: Leckerbissen *m/pl*, Leckereien *f/pl*
gourmet [gurmɛ] *m* Feinschmecker *m*
gourou [guru] *m* Guru *m*
gousse [gus] *f* Hülse *f*, Schote *f*; ***~ d'ail*** Knoblauchzehe *f*
goût [gu] *m* Geschmack *m*; *sens*: Geschmack(ssinn) *m*; ***~s*** *pl* Neigungen *f/pl*; ***de bon ~*** geschmackvoll; ***avoir du ~*** Geschmack haben; ***à mon ~*** meiner Meinung nach; ***chacun son ~*** jeder nach seinem Geschmack; ***prendre ~ à qc*** Gefallen an etw (*dat*) finden
goûter [gute] **1.** (*1a*) *v/t* kosten, probieren; *fig jouir de* genießen; *aimer* Geschmack finden an (*dat*); *v/i prendre un goûter* e-n Imbiss einnehmen, vespern; **2.** *m* Nachmittagskaffee *m*, Vesper *f*
goutt|e [gut] *f* **1.** Tropfen *m*; ***~ à ~*** tropfenweise; **2.** *méd* Gicht *f*; **~er** (*1a*) tropfen
goutteu|x, **~se** [gutø, -z] gichtkrank
gouttière [gutjɛr] *f* Dachrinne *f*
gouvernail [guvɛrnaj] *m* (*pl -s*) Steuerruder *n*
gouvernante [guvɛrnɑ̃t] *f enfants*: Kindermädchen *n*, Erzieherin *f*
gouverne [guvɛrn] *f mar, aviat* Steuerung *f*; *fig* Richtschnur *f*
gouvernement [guvɛrnəmɑ̃] *m* Regierung *f*
gouvernemental, **~e** [guvɛrnəmɑ̃tal] (*m/pl -aux*) Regierungs…
gouvern|er [guvɛrne] (*1a*) *pays*: regieren; *conduite, passions*: beherrschen; *mar* steuern; **~eur** *m* Gouverneur *m*
grâce [grɑs] *f rel* Gnade *f*; *bienveillance* Gunst *f*; *jur* Begnadigung *f*; *charme* Grazie *f*, Anmut *f*; *remerciement* Dank *m*; ***de bonne*** (***mauvaise***) ***~*** gern (ungern); ***coup*** *m* ***de ~*** Todesstoß *m*, Gnadenstoß *m*; ***faire ~ à qn de qc*** j-m etw (*acc*) erlassen; ***rendre ~ à qn*** j-m danken; ***~ à Dieu!*** Gott sei Dank!; ***~ à*** dank, auf Grund
gracier [grasje] (*1a*) begnadigen
gracieu|x, **~se** [grasjø, -z] anmutig; ***à titre gracieux*** gratis, kostenlos
gracile [grasil] schlank, zierlich
gradation [gradasjõ] *f* Abstufung *f*
grade [grad] *m* Dienstgrad *m*, Rang *m*
grad|é [grade] *m mil* Unteroffizier *m*; **~in** *m* Stufe *f*; ***~s*** *pl* (ansteigende) Sitzreihen *f/pl*; **~uer** [-ɥe] (*1n*) *augmenter* allmählich steigern
grain [grɛ̃] *m* Korn *n*; *petit*: Körnchen *n*; *café*: Kaffeebohne *f*; *raisin*: Beere *f*
graine [grɛn] *f* Samenkorn *n*; *semence* Samen *m*, Saat *f*
graissage [grɛsaʒ] *m* Schmieren *n*
graiss|e [grɛs] *f* Fett *n*; **~er** (*1b*) *machine, outil*: ölen; *auto* abschmieren; *salir* fettig machen; **~eux**, **~euse** [-ø, -øz] fettig
graminées [gramine] *f/pl bot* Gräser *n/pl*
gramm|aire [gramɛr] *f* Grammatik *f*; **~atical**, **~aticale** [-atikal] (*m/pl -aux*) grammatikalisch
gramme [gram] *m* Gramm *n*
grand, **~e** [grɑ̃, -d] **1.** *adj* groß; ***les grandes personnes*** *f/pl* die Erwachsenen *m/pl*; ***au grand air*** im Freien; ***grand cri*** *m* lauter Schrei *m*; ***grand malade*** *m* Schwerkranke(r) *m*; ***il est grand temps*** es ist höchste Zeit; ***grande surface*** *f* Großmarkt *m*; **2.** *adv* ***voir grand*** hoch hinauswollen; ***grand ouvert*** weit offen
grand-chose [grɑ̃ʃoz] ***pas ~*** nicht viel
Grande-Bretagne [grɑ̃dbrətaɲ] ***la ~*** Großbritannien *n*
grandement [grɑdmɑ̃] *adv* in hohem Maße, sehr
grandeur [grɑ̃dœr] *f* Größe *f*, Erhabenheit *f*
grandiloquence [grɑ̃dilɔkɑ̃s] *f* hochtrabende Ausdrucksweise *f*
grandir [grɑ̃dir] (*2a*) *v/i croître* größer werden, wachsen; *augmenter* zuneh-

men; *v/t* ~ ***qn*** j-n adeln

grand|-mère [grɑ̃mɛr] *f* (*pl grand*[*s*]-*-mères*) Großmutter *f*; **~-messe** [-mɛs] *f* (*pl grand*[*s*]*-messes*) *égl* Hochamt *n*; **~-peine** [-pɛn] ***à ~*** mit großer Mühe; **~-père** [-pɛr] *m* (*pl grands-pères*) Großvater *m*; **~-route** [-rut] *f* (*pl grand*[*s*]*-routes*) Landstraße *f*; **~-rue** [-ry] *f* (*pl grand*[*s*]*-rues*) Hauptstraße *f*; **~s-parents** [-parɑ̃] *m/pl* Großeltern *pl*

grange [grɑ̃ʒ] *f* Scheune *f*

granuleu|x, ~se [granylø, -z] körnig

graph|ie [grafi] *f* Schreibung *f*; **~ique 1.** *adj* grafisch; **2.** *m* Schaubild *n*, Grafik *f*

grappe [grap] *f* Traube *f*; ***~ de raisin*** Weintraube *f*

grappin [grapɛ̃] *m tech* Greifer *m*; F ***mettre le ~ sur qn*** j-n mit Beschlag belegen

gras, ~se [grɑ, -s] **1.** *adj* fettig; *personne*: fett, dick; *agr* fruchtbar; ***mardi** m* ***gras*** Fastnachtsdienstag *m*; **2.** *m cuis* fettes Fleisch *n*

grassouillet, ~te [grasujɛ, -t] F dicklich, mollig

gratification [gratifikasjõ] *f* Sondervergütung *f*, Gratifikation *f*

gratifier [gratifje] (*1a*) ***~ qn de qc*** j-m etw zukommen lassen

gratin [gratɛ̃] *m überbackenes Käsegericht*; ***au ~*** überbacken

gratiné, ~e [gratine] *cuis* überbacken, gratiniert; *fig* F unglaublich

gratis [gratis] gratis, umsonst

gratitude [gratityd] *f* Dankbarkeit *f*

gratte-ciel [gratsjɛl] *m* (*pl unv*) Wolkenkratzer *m*

gratte-papier [gratpapje] *m* (*pl unv*) Schreiberling *m*

gratter [grate] (*1a*) kratzen; *enlever* ab-, auskratzen; ***se ~*** sich kratzen

gratuit, ~e [gratɥi, -t] unentgeltlich, kostenlos; *idée*: grundlos, unbegründet

gravats [grava] *m/pl* Bauschutt *m*

grave [grav] *sérieux* ernst; *maladie, faute*: schwer, schlimm; *son*: tief; **~ment** *adv* ernstlich

graver [grave] (*1a*) eingravieren; ***~ qc dans sa mémoire*** sich (*dat*) etw einprägen; ***~ un disque*** eine Platte aufnehmen

graveur [gravœr] *m* Graveur *m*; ***~ de CD*** CD-Brenner *m*

gravier [gravje] *m* Kies *m*

gravillon [gravijõ] *m* Splitt *m*

grav|ir [gravir] (*2a*) erklimmen; **~itation** [-itasjõ] *f phys* Schwerkraft *f*

gravit|é [gravite] *f* Ernst *m*; *maladie, accident*: Schwere *f*; *problème*: Gewicht *n*; **~er** (*1a*) ***~ autour de qc*** etw (*acc*) umkreisen

gravure [gravyr] *f art*: Gravierkunst *f*; *estampe* Stich *m*

gré [gre] *m* ***bon ~, mal ~*** wohl oder übel; ***contre le ~ de qn*** gegen den Willen j-s; ***de bon ~*** gern; ***savoir ~ de qc à qn*** j-m für etw dankbar sein

grec, ~que [grɛk] **1.** *adj* griechisch; **2.** **♀, ♀que** *m, f* Grieche *m*, Griechin *f*

Grèce [grɛs] ***la ~*** Griechenland *n*

greff|e [grɛf] **1.** *m jur* Geschäftsstelle *f* des Gerichts; **2.** *f agr* Pfropfen *n*; *méd* ***~ du cœur*** Herzverpflanzung *f*; **~er** (*1b*) *agr* pfropfen; *méd* verpflanzen; **~ier** [-je] *m* Gerichtsschreiber *m*

grégaire [gregɛr] Herden...; ***instinct** m* ***~*** Herdentrieb *m*

grêle[1] [grɛl] dünn, schmal, mager

grêl|e[2] [grɛl] *f* Hagel *m*; **~er** (*1a*) hageln; ***il grêle*** es hagelt; **~on** *m* Hagelkorn *n*

grelot [grəlo] *m* Schelle *f*, Glöckchen *n*

grelotter [grəlɔte] (*1a*) vor Kälte zittern

grenad|e [grənad] *f bot* Granatapfel *m*; *mil* Granate *f*; **~ine** *f* Granatapfelsirup *m*

grenat [grəna] **1.** *m* Granat(stein) *m*; **2.** *adj* (*unv*) granatfarben

grenier [grənje] *m* Speicher *m*, Dachboden *m*

grenouille [grənuj] *f zo* Frosch *m*

grès [grɛ] *m* Sandstein *m*; *poterie* Steingut *n*

grésiller [grezije] (*1a*) brutzeln

grève [grɛv] *f* **1.** Streik *m*; ***faire ~, se mettre en ~*** streiken; ***~ de la faim*** Hungerstreik *m*; ***~ du zèle*** Dienst *m* nach Vorschrift; **2.** *plage* (Sand-, Kies-) Strand *m*

grever [grəve] (*1d*) belasten

gréviste [grevist] *m, f* Streikende(r) *m, f*

gribouiller [gribuje] (*1a*) kritzeln, (hin)schmieren

grief [griɛf] *m* Beschwerde *f*

grièvement [grijɛvmɑ̃] *adv* **~ *blessé*** schwer verletzt, schwer verwundet
griff|e [grif] *f* Kralle *f*, Klaue *f*; *comm* Namensstempel *m*; *fig empreinte* Stempel *m*; **~er** (*1a*) kratzen
griffonn|age [grifɔnaʒ] *m* Gekritzel *n*; **~er** (*1a*) (hin)kritzeln
grignoter [griɲɔte] (*1a*) *v/t* herumknabbern an (*dat*); *v/i* knabbern
gril [gril] *m* (Brat-)Rost *m*
grill|ade [grijad] *f* gegrilltes Fleisch *n*; **~age** *m* Drahtgitter *n*
grille [grij] *f* Gitter *n*; *four*: Rost *m*; *tableau* Tabelle *f*
griller [grije] (*1a*) *v/t viande*: braten, grillen; *pain*: toasten; *café*: rösten; *él* durchbrennen lassen; *v/i brûler* verbrennen
grillon [grijõ] *m zo* Grille *f*
grimace [grimas] *f* Grimasse *f*; ***faire des ~s*** Grimassen schneiden
grimer [grime] (*1a*) (***se***) **~** (sich) schminken
grimper [grɛ̃pe] (*1a*) klettern, steigen; *prix*: klettern; *route*: ansteigen
grinc|ement [grɛ̃smɑ̃] *m porte*: Knarren *n*, Quietschen *n*; *dents*: Knirschen *n*; **~er** (*1k*) *porte*: knarren, quietschen; **~ *des dents*** mit den Zähnen knirschen
grincheu|x, **~se** [grɛ̃ʃø, -z] mürrisch
gringalet [grɛ̃galɛ] *m* F schmächtiges Männchen *n*
griotte [grijɔt] *f bot* Weichselkirsche *f*
gripp|e [grip] *f* **1.** *méd* Grippe *f*; **~ *aviaire*** Vogelgrippe *f*; **2.** ***prendre qn en ~*** gegen j-n eingenommen sein; **~é**, **~ée** *méd* grippekrank
grippe-sou [gripsu] *m* (*pl grippe-sou*[*s*]) F Pfennigfuchser *m*
gris, **~e** [gri, -z] grau; *temps*: düster, trübe; *fig* angetrunken, benebelt
grisaille [grizaj] *f* Eintönigkeit *f*
grisâtre [grizɑtrə] grau, gräulich
gris|er [grize] (*1a*) berauschen, benebeln; **~erie** *f fig* Rausch *m*
grisonner [grizɔne] (*1a*) grau werden
Grisons [grizõ] *m/pl* ***les ~*** Graubünden *n*
grisou [grizu] *m* Grubengas *n*; ***coup m de ~*** Schlagwetterexplosion *f*
grive [griv] *f zo* Drossel *f*
grivois, **~e** [grivwa, -z] *propos*: schlüpfrig
Groenland [grɔɛnlɑ̃d(ə)] ***le ~*** Grönland *n*
grogner [grɔɲe] (*1a*) *personne*: brummen; *cochon*: grunzen
groin [grwɛ̃] *m* Schweinerüssel *m*
grommeler [grɔmle] (*1c*) vor sich hin brummen
grond|ement [grõdmɑ̃] *m chien*: Knurren *n*; *tonnerre*: Grollen *n*, Rollen *n*; **~er** (*1a*) *v/i personne*: murren; *chien*: knurren; *tonnerre*: grollen, rollen; *v/t* **~ *qn*** j-n anbrummen, ausschelten
groom [grum] *m* (Hotel)Page *m*, (Hotel)Boy *m*
gros, **~se** [gro, -s] **1.** *adj gras*, *épais* dick; *personnalité*, *fortune*, *faute*: groß; *grossier* grob, derb; *enceinte* schwanger; *mar* ***grosse mer*** *f* schwere See *f*; ***avoir le cœur gros*** Kummer haben; ***gros œuvre*** *m* Rohbau *m*; **2.** *adv* ***gagner gros*** viel, gut verdienen; *comm* ***en gros*** im Großen; **3.** *m comm* Großhandel *m*; ***le gros de*** der größte Teil (*gén*)
groseille [grozɛj] *f bot* Johannisbeere *f*; **~ *à maquereau*** Stachelbeere *f*
gross|esse [grosɛs] *f* Schwangerschaft *f*; **~eur** *f corpulence* Dicke *f*; *volume* Größe *f*; *enflure* Schwellung *f*
gross|ier, **~ière** [grosje, -jɛr] grob; *personne*: flegelhaft, grob; *propos*: derb, unanständig; **~ièrement** [-jɛrmɑ̃] *adv* grob; *à peu près* in groben Zügen; **~ièreté** [-jɛrte] *f* Grobheit *f*; *propos*: unanständiger Ausdruck *m*; **~ir** (*2a*) *v/t personne*: dicker machen; *microscope*: vergrößern; *exagérer* übertreiben; *v/i personne*: zunehmen
grossiste [grosist] *m*, *f comm* Großhändler(in) *m*(*f*)
grotesque [grɔtɛsk] grotesk
grotte [grɔt] *f* Höhle *f*
grouiller [gruje] (*1a*) wimmeln (***de*** von); F ***se ~*** sich beeilen
group|e [grup] *m* Gruppe *f*; **~ement** [-mɑ̃] *m* Gruppierung *f*; *comm* Verband *m*; **~er** (*1a*) gruppieren
gruau [gryo] *m* Grütze *f*
grue [gry] *f zo* Kranich *m*; *tech* Kran *m*; F Dirne *f*
grumeau [grymo] *m* (*pl -x*) Klumpen *m*
grumeler [grymle] (*1c*) ***se ~*** klumpig werden

gruyère [gryjɛr] *m* Schweizer Käse *m*
Guatemala [gwatemala] ***le ~*** Guatemala *n*
gué [ge] *m* Furt *f*
guenilles [gənij] *f/pl* Lumpen *m/pl*
guenon [gənõ] *f* Affenweibchen *n*
guêp|e [gɛp] *f zo* Wespe *f*; **~ier** [gepje] *m* Wespennest *n*; *fig* Falle *f*
guère [gɛr] ***ne … ~*** nicht viel, nicht sehr, nicht gerade; *presque pas* fast nicht, kaum
guéridon [geridõ] *m* (*rundes*) Tischchen *n*
guérilla [gerija] *f* Guerilla *f*
guér|ir [gerir] (*2a*) *v/t* heilen (***de*** von); *v/i blessure*: heilen; *personne*: gesund werden; **~ison** [-izõ] *f* Heilung *f*, Genesung *f*
guérite [gerit] *f mil* Wachhäuschen *n*; *allg* Bude *f*
guerre [gɛr] *f* Krieg *m*; *fig* Kampf *m*; ***Première ℒ mondiale*** Erster Weltkrieg *m*; ***Seconde ℒ mondiale*** Zweiter Weltkrieg *m*; ***~ des étoiles*** Krieg der Sterne; ***en ~*** im Kriegszustand; *fig* ***c'est de bonne ~*** das ist durchaus rechtens; ***faire la ~*** Krieg führen (***à*** mit, gegen)
guerr|ier, ~ière [gɛrje, -jɛr] **1.** *adj* kriegerisch; **2.** *m* Krieger *m*; **~oyer** [-waje] (*1h*) Krieg führen
guet [gɛ] *m* ***faire le ~*** auf der Lauer sein, liegen
guet-apens [gɛtapɑ̃] *m* (*pl guets--apens*) [gɛtapɑ̃] Hinterhalt *m*
guetter [gɛte] (*1b*) belauern, auflauern (***qn*** j-m)
gueul|e [gœl] *f animal*: Maul *n*; *ouverture* Öffnung *f*; F *personne*: Gesicht *n*; P ***ta ~!*** halt die Schnauze!, halt's Maul!; **~e-de-loup** [-dəlu] *f* (*pl gueules-de-loup*) *bot* Löwenmaul *n*; **~er** (*1a*) F brüllen, schreien; **~eton** [-tõ] *m* F Gelage *n*

gui [gi] *m bot* Mistel *f*
guichet [giʃɛ] *m banque*, *poste*: Schalter *m*; ***~ automatique*** Geldautomat *m*; **~ier, ~ière** [-ʃtje, -tjɛr] *m*, *f* Schalterbeamte(r) *m*, -beamtin *f*
guid|e [gid] **1.** *m* (Reise-)Führer *m*; **2.** *f scout* Pfadfinderin *f*; **3.** ***~s*** *f/pl* Zügel *m/pl*; **~er** (*1a*) führen, leiten; ***se ~ sur*** sich richten nach
guidon [gidõ] *m vélo*: Lenkstange *f*
guignol [giɲɔl] *m* Kasperle *m*; ***théâtre ~*** Kasperletheater *n*
guillemets [gijmɛ] *m/pl* Anführungszeichen *n/pl*
guillotiner [gijɔtine] (*1a*) durch das Fallbeil hinrichten
guindé, ~e [gɛ̃de] *personne*: steif; *style*: geschraubt
guinder [gɛ̃de] (*1a*) *tech* hieven, hochwinden
Guinée [gine] ***la ~*** Guinea *n*
guinguette [gɛ̃gɛt] *f* Lokal *n* im Grünen
guirlande [girlɑ̃d] *f* Girlande *f*
guise [giz] *f* ***à sa ~*** nach seinem Sinn, nach Lust; ***en ~ de*** als
guitare [gitar] *f* Gitarre *f*
Gulf Stream [gœlfstrim] *géogr* ***le ~*** der Golfstrom
guttural, ~e [gytyral] (*m/pl -aux*) Kehl…, guttural
Guyane [gɥijan] ***la ~*** *ou* ***les ~s*** *f/pl* Guayana *n*; ***la ~ française*** Französisch--Guayana *n*
G.V. *abr* ***grande vitesse*** Eilgut
gymnase [ʒimnɑz] *m sports*: Turnhalle *f*
gymnast|e [ʒimnast] *m*, *f* Turner(in) *m(f)*; **~ique** *f* Gymnastik *f*, Turnen *n*; ***faire de la ~*** turnen
gynécolo|gie [ʒinekɔlɔʒi] *f* Gynäkologie *f*; **~gue** *m*, *f méd* Frauenarzt *m*, -ärztin *f*
gypse [ʒips] *m* Gips *m*

H

h *abr* ***heure*** Uhr (*Uhrzeit*)
habil|e [abil] geschickt, gewandt; **~eté** [-te] *f* Geschicklichkeit *f*
habiliter [abilite] (*1a*) *jur* ermächtigen
habill|ement [abijmɑ̃] *m* Kleidung *f*; **~er** (*1a*) kleiden, anziehen; ***s'~*** sich anziehen; *élégamment*: sich elegant kleiden
habit [abi] *m* ***~ noir*** Frack *m*; ***~s*** *pl* Kleider *n/pl*
habit|able [abitablə] bewohnbar; **~acle** [-aklə] *m aviat* Cockpit *n*
habit|ant, **~ante** [abitɑ̃, -ɑ̃t] Ein-, Bewohner(in) *m(f)*; **~at** [-a] *m zo*, *bot* Lebensraum *m*; *conditions d'habitation* Wohnverhältnisse *n/pl*; **~ation** *f* Wohnung *f*; *immeuble* Wohngebäude *n*; *domicile* Wohnsitz *m*; **~er** (*1a*) *v/t* bewohnen; *v/i* wohnen; ***~ Berlin*** in Berlin wohnen
habitude [abityd] *f* Gewohnheit *f*; ***d'~*** normalerweise, gewöhnlich; ***par ~*** aus Gewohnheit
habitu|é, **~ée** [abitɥe] *m*, *f* Stammgast *m*; **~el**, **~elle** [-ɛl] üblich, gewöhnlich; **~er** (*1a*) gewöhnen (***qn à*** j-n an *acc*); ***s'~ à qc, qn*** sich an etw, j-n gewöhnen; ***s'~ à*** (+ *inf*) sich daran gewöhnen zu (+ *inf*)
'hâblerie [ɑbləri] *f* Prahlerei *f*
'hache [aʃ] *f* Axt *f*, Beil *n*
'hach|er [aʃe] (*1a*) zerhacken; ***viande f hachée*** Hackfleisch *n*; **~ette** [-ɛt] *f* Handbeil *n*; **~is** [-i] *m cuis* Gehackte(s) *n*; **~oir** *m appareil*: Fleischwolf *m*; *planche*: Hackbrett *n*
'hachurer [aʃyre] (*1a*) schraffieren
'hagard, **~e** [agar, -d] verstört
'haie [ɛ] *f* Hecke *f*; *sport*: Hürde *f*; ***course f de ~s*** Hürdenlauf *m*; *fig* ***faire la ~*** Spalier stehen
'haillon [ajõ] *m le plus souvent au pl* ***~s*** Lumpen *m/pl*, Fetzen *m/pl*
'haine [ɛn] *f* Hass *m*
'haïr [air] (*2m*) hassen
'haïssable [aisablə] hassenswert
'hâl|e [ɑl] *m* Sonnenbräune *f*; **~é**, **~ée** sonnengebräunt
haleine [alɛn] *f* Atem *m*; ***hors d'~*** atemlos; *fig* ***de longue ~*** langwierig
'hâler [ɑle] (*1a*) bräunen
'haleter [alte] (*1e*) keuchen
'hall [ol] *m* Halle *f*
'halle [al] *f* Markthalle *f*
hallucination [alysinasjõ] *f* Sinnestäuschung *f*
'halo [alo] *m* Hof *m* (*um Sonne*, *Mond*)
'halte [alt] *f* **1.** Halt *m*, Rast *f*; ***faire ~*** Halt machen; **2.** *mil* halt!
haltère [altɛr] *m* Hantel *f*; ***poids m/pl et ~s*** Gewichtheben *n*
'hamac [amak] *m* Hängematte *f*
'Hambourg [ɑ̃bur] Hamburg *n*
'hameau [amo] *m* (*pl -x*) Weiler *m*
hameçon [amsõ] *m* Angelhaken *m*
'hampe [ɑ̃p] *f* Fahnenstange *f*
'hamster [amstɛr] *m* Hamster *m*
'hanche [ɑ̃ʃ] *f* Hüfte *f*
'handicapé, **~e** [ɑ̃dikape] **1.** *adj* behindert; **2.** *m*, *f* Behinderte(r) *m*, *f*; ***~(e) physique*** Körperbehinderte(r) *m*, *f*; ***~(e) mental(e)*** geistig Behinderte(r) *m*, *f*
'hangar [ɑ̃gar] *m* Schuppen *m*; *aviat* Hangar *m*, Flugzeughalle *f*
'hanneton [antõ] *m zo* Maikäfer *m*
'Hanovre [anɔvrə] Hannover *n*
'hant|er [ɑ̃te] (*1a*) *souvenir*, *obsession*: heimsuchen, verfolgen; *fantôme*: spuken (***qc*** in etw *dat*); **~ise** [-iz] *f peur* Angst *f*; *manie* Zwangsvorstellung *f*
'happer [ape] (*1a*) schnappen; *fig* erwischen
'harangu|e [arɑ̃g] *f* Ansprache *f*; **~er** (*1a*) e-e Ansprache halten (***qn*** an j-n)
'haras [arɑ] *m* Gestüt *n*
'harass|ant, **~ante** [arasɑ̃, -ɑ̃t] *travail*: erschöpfend; **~é**, **~ée** erschöpft
'harcèlement [aʀsɛlmɑ̃] *m* Belästigung *f*, Mobbing *n*; ***~ sexuel*** sexuelle Belästigung *f*
'harceler [arsəle] (*1d*) belästigen, quälen
'harde [ard] *f cerfs*: Rudel *n*; ***~s*** *pl péj* alte Kleidungsstücke *n/pl*
'hardi, **~e** [ardi] kühn, dreist

'hardiesse [ardjɛs] *f* Kühnheit *f*
'hareng [arɑ̃] *m zo* Hering *m*
'hargn|e [arɲə] *f* Gereiztheit *f*; **~eux, ~euse** [arɲø, -øz] zänkisch; *chien*: bissig
'haricot [ariko] *m bot* Bohne *f*; ***~s verts*** grüne Bohnen; F ***c'est la fin des ~s*** jetzt ist alles aus
harmonie [armɔni] *f* Harmonie *f*
harmonieu|x, ~se [armɔnjø, -z] harmonisch
harmoniser [armɔnize] (*1a*) harmonisieren, abstimmen; ***s'~*** harmonieren (***avec*** mit)
'harnacher [arnaʃe] (*1a*) *cheval*: anschirren
'harnais [arnɛ] *m* Pferdegeschirr *n*
harpagon [arpagõ] *m* Geizhals *m*
'harpe [arp] *f mus* Harfe *f*
'harpon [arpõ] *m* Harpune *f*
'hasard [azar] *m* Zufall *m*; ***au ~*** auf gut Glück, aufs Geratewohl; ***par ~*** zufällig
'hasarder [azarde] (*1a*) wagen, riskieren; ***se ~ à faire qc*** es wagen, etw zu tun
'hât|e [ɑt] *f* Hast *f*, Eile *f*; ***à la ~*** hastig; ***en ~*** in Eile; ***avoir ~ de faire qc*** es kaum erwarten können, etw zu tun; **~er** (*1a*) beschleunigen; ***se ~*** sich beeilen (***de faire qc*** etw zu tun)
'hâti|f, ~ve [ɑtif, -v] hastig, übereilt; *agr* Früh…
'hauss|e [os] *f prix*: Preiserhöhung *f*; *cours*: Hausse *f*, Steigen *n* der Kurse; *température*: Anstieg *m*; *mil* Visier *n*; **~er** (*1a*) erhöhen; ***~ la voix*** die Stimme heben; ***~ les épaules*** mit den Achseln zucken
'haut, ~e [o, -t] **1.** *adj* hoch; *voix*: laut; ***la haute Seine*** die obere Seine; ***à voix haute*** laut; **2.** *adv* ***haut*** oben; ***là-haut*** da oben; ***de haut*** von oben; ***de haut en bas*** von oben nach unten; ***en haut*** oben; ***en haut de*** oben auf; **3.** *m* oberer Teil; ***du haut de qc*** von etw herunter; ***des ~s et des bas*** Höhen und Tiefen *pl*
'hautain, ~e [otɛ̃, -ɛn] hochmütig
'hautbois [obwa] *m mus* Oboe *f*
'hautement [otmɑ̃] *adv proclamer*: freiheraus; *très* überaus
'hauteur [otœr] *f* Höhe *f*; *fig* Hochmut *m*; ***être à la ~ de qc*** etw (*dat*) gewachsen sein
'haut|-fond [ofõ] *m* (*pl hauts-fonds*) Untiefe *f*; **~-le-cœur** [olkœr] *m* (*pl unv*) Übelkeit *f*; *fig* Ekel *m*; **~-parleur** [oparlœr] *m* (*pl haut-parleurs*) *tech* Lautsprecher *m*
'Havane [avan] *géogr* ***La ~*** Havanna *n*
'havre [ɑvrə] *m st/s* Zufluchtsort *m*
'Haye [ɛ] ***La ~*** Den Haag *n*
hebdomadaire [ɛbdɔmadɛr] **1.** *adj* wöchentlich; **2.** *m* Wochenblatt *n*, (*wöchentlich erscheinende*) Zeitschrift *f*
héberger [ebɛrʒe] (*1l*) beherbergen
hébété, ~e [ebete] stumpfsinnig
hébraïque [ebraik] hebräisch
hébreu [ebrø] *adj* (*nur m, pl -x*) hebräisch; ***l'~*** *m* das Hebräische
'H.E.C. *abr* (***École des***) ***Hautes études commerciales*** (führende) Wirtschaftshochschule in Jouy-en-Josas bei Paris
hécatombe [ekatõb] *f* Blutbad *n*
hectare [ɛktar] *m* (*abr* ha) Hektar *n od m*
hectolitre [ɛktɔlitrə] *m* (*abr* hl) Hektoliter *m od n*
'hein [ɛ̃] F was?, na?, ja?, wie?
'hélas [elɑs] ach!, leider!
'héler [ele] (*1f*) herbeirufen
hélianthe [eljɑ̃t] *m bot* Sonnenblume *f*
hélice [elis] *f mar* Schraube *f*; *aviat* Propeller *m*; ***escalier*** *m* ***en ~*** Wendeltreppe *f*
héli|coptère [elikɔptɛr] *m* Hubschrauber *m*; **~port** [-pɔr] *m* Hubschrauberlandeplatz *m*
Helsinki [ɛlsiŋki] Helsinki *n*
Helvétie [ɛlvesi] *hist* ***l'~*** Helvetien *n*
helvétique [ɛlvetik] schweizerisch, helvetisch
hématome [ematom] *m méd* Bluterguss *m*
hémi|cycle [emisiklə] *m* Halbrund *n* (*e-s Saals*); **~sphère** [-sfɛr] *m* (Erd-) Halbkugel *f*, Hemisphäre *f*
hémophilie [emɔfili] *f méd* Bluterkrankheit *f*
hémorragie [emɔraʒi] *f* Blutung *f*; ***~ nasale*** Nasenbluten *n*
'henn|ir [ɛnir] (*2a*) wiehern; **~issement** [-ismɑ̃] *m* Gewieher *n*
hépati|que [epatik] Leber…; **~te** *f* Hepatitis *f*, Leberentzündung *f*; ***~ virale*** Gelbsucht *f*
héraldique [eraldik] **1.** *adj* Wappen…;

2. *f* Wappenkunde *f*
herb|e [ɛrb] *f* Gras *n*; *cuis* Kraut *n*; *méd* Heilkraut *n*; ***mauvaise ~*** Unkraut *n*; **~eux**, **~euse** [-ø, -øz] grasbewachsen; **~icide** [-isid] *m* Unkrautvertilgungsmittel *n*; **~ier** [-je] *m* Herbarium *n*
herboriste [ɛrbɔrist] *m*, *f* (Heil-)Kräuterhändler(in) *m(f)*; **~rie** *f* Kräuterhandlung *f*
'hère [ɛr] *m* ***pauvre ~*** armer Tropf *m*
hérédit|aire [ereditɛr] erblich; **~é** *f* Vererbung *f*; *caractères*, *dispositions*: Erbanlagen *f/pl*
héré|sie [erezi] *f* Ketzerei *f*; **~tique** [-tik] **1.** *adj* ketzerisch; **2.** *m*, *f* Ketzer(in) *m(f)*
'hérissé, **~e** [erise] gesträubt, hochstehend (*Haare*); *fig* ***~ de*** voll von
'herisson [erisõ] *m zo* Igel *m*
hérit|age [eritaʒ] *m* Erbe *n*, Erbschaft *f*; **~er** (*1a*) erben; ***~ qc de qn*** etw von j-m erben; ***~ de qc*** etw (*acc*) erben; ***~ de qn*** j-n beerben; **~ier** *m*, **~ière** *f* [-je, -jɛr] Erbe *m*, Erbin *f*
hermétique [ɛrmetik] *récipient*: luftdicht; *style*: hermetisch
hermine [ɛrmin] *f zo* Hermelin *n*; *fourrure*: Hermelinpelz *m*
'hernie [ɛrni] *f méd* (Eingeweide-)Bruch *m*
héroïn|e[1] [erɔin] *f drogue*: Heroin *n*; **~omane** [-ɔman] *m*, *f* Fixer(in) *m(f)*
héro|ïne[2] [erɔin] *f* Heldin *f*; **~ïque** heroisch; **~ïsme** *m* Heldenmut *m*
'héron [erõ] *m zo* Reiher *m*
'héros [ero] *m* Held *m*
'hers|e [ɛrs] *f agr* Egge *f*; **~er** (*1a*) eggen
hésit|ation [ezitasjõ] *f* Zögern *n*, Zaudern *n*, Unschlüssigkeit *f*; **~er** (*1a*) zögern, zaudern (***à*** + *inf* zu), (sich) unschlüssig sein (***sur*** über)
'Hesse [ɛs] ***la ~*** Hessen *n*
hétérogène [eterɔʒɛn] heterogen
hétérosexuel, **~le** [eterɔsɛksɥɛl] heterosexuell
'hêtre [ɛtrə] *m bot* Buche *f*
heure [œr] *f durée*: Stunde *f*; *point précis*: Uhr(zeit) *f*; ***arriver à l'~*** rechtzeitig ankommen; ***de bonne ~*** früh; ***tout à l'~*** *tout de suite* gleich, sofort; *avant peu* soeben, vorhin; ***à tout à l'~!*** bis nachher!; ***à la bonne ~*** so lass ich mir's gefallen!, recht so!; ***à l'~ actuelle*** gegenwärtig; ***à toute ~*** jederzeit; ***sur l'~*** auf der Stelle; ***quelle ~ est-il?*** wie spät ist es?; ***il est six ~s*** es ist 6 (Uhr); ***il est l'~ de partir*** es ist Zeit abzufahren; ***~s supplémentaires*** Überstunden *f/pl*
heur|eusement [œrøzmɑ̃] *adv* glücklicherweise; **~eux**, **~euse** [ørø, -øz] glücklich
'heurt [œr] *m* Zusammenstoß *m*
'heurter [œrte] (*1a*) stoßen gegen; *fig* verletzen; ***se ~*** zusammenstoßen (*a fig*); ***se ~ à*** stoßen auf (*acc*)
'heurtoir [œrtwar] *m* Türklopfer *m*
hexagone [ɛgzagɔn] *m* **1.** Sechseck *n*; **2.** ***l'*~** *Bezeichnung für Frankreich*
hiberner [ibɛrne] (*1a*) Winterschlaf halten
'hibou [ibu] *m* (*pl -x*) *zo* Eule *f*
'hic [ik] *m* F Hauptschwierigkeit *f*
'hideu|x, **~se** [idø, -z] scheußlich
hier [jɛr] gestern
'hiérarchie [jerarʃi] *f* Hierarchie *f*
hiéroglyphe [jerɔglif] *m* Hieroglyphe *f*
hilarité [ilarite] *f* Heiterkeit *f*
hipp|ique [ipik] Pferde…, Reit…; **~isme** *m* Reitsport *m*
hippo|drome [ipɔdrom] *m* Pferderennbahn *f*; **~potame** [-pɔtam] *m zo* Nilpferd *n*
hirondelle [irõdɛl] *f zo* Schwalbe *f*
hirsute [irsyt] struppig
'hisser [ise] (*1a*) hissen; ***se ~*** sich emporziehen
histoire [istwar] *f* Geschichte *f*; ***~s*** *pl* Scherereien *f/pl*; ***faire des ~s*** sich zieren
histor|ien, **~ienne** [istɔrjɛ̃, -jɛn] *m*, *f* Historiker(in) *m(f)*; **~iette** [-jɛt] *f* Histörchen *n*; **~ique** **1.** *adj* geschichtlich, historisch; **2.** *m* geschichtlicher Überblick *m*
hiver [ivɛr] *m* Winter *m*; ***en ~*** im Winter
hivern|al, **~ale** [ivɛrnal] (*m/pl -aux*) winterlich; **~ant**, **~ante** [-ɑ̃, -ɑ̃t] *m*, *f* Winterkurgast *m*
HLM [aʃɛlɛm] *m od f abr* ***habitation à loyer modéré*** *etwa*: Sozialwohnung *f*
'hochement [ɔʃmɑ̃] *m* ***~ de tête*** Kopfschütteln *n*
'hocher [ɔʃe] (*1a*) *tête*: schütteln
'hochet [ɔʃɛ] *m* Rassel *f*
'holding [ɔldiŋ] *m* Holdinggesellschaft *f*
'hold-up [ɔldœp] *m* (*pl unv*) Raubüber-

fall *m*
'hollandais, ~e [ɔlɑ̃dɛ, -z] **1.** *adj* holländisch; **2.** ♀, ♀**e** *m, f* Holländer(in) *m(f)*
'Hollande [ɔlɑ̃d] ***la ~*** Holland *n*
holocauste [ɔlɔkost] *m* Holocaust *m*
'homard [ɔmar] *m zo* Hummer *m*
homélie [ɔmeli] *f* Predigt *f*
homéopath|e [ɔmeɔpat] *m* Homöopath *m*; **~ie** *f* Homöopathie *f*; **~ique** homöopathisch
homicide [ɔmisid] **1.** *m, f meurtrier* Mörder(in) *m(f)*; **2.** *m acte*: Tötung *f*; ***~ involontaire*** fahrlässige Tötung *f*; ***~ volontaire*** vorsätzliche Tötung *f*
hommage [ɔmaʒ] *m* Ehrerbietung *f*, Huldigung *f*; ***rendre ~ à qn*** j-m huldigen
homme [ɔm] *m* Mensch *m*; *masculin*: Mann *m*; ***~ de lettres*** Literat *m*; ***~ d'affaires*** Geschäftsmann *m*; ***~ de main*** Helfershelfer *m*; *fig* ***~ de paille*** Strohmann *m*; ***~ de la rue*** Mann auf der Straße; **~-grenouille** [-grɛnuj] *m* (*pl hommes-grenouilles*) Froschmann *m*; **~-sandwich** [-sɑ̃dwitʃ] *m* (*pl hommes-sandwich*[*e*]*s*) Plakatträger *m*
homo|gène [ɔmɔʒɛn] homogen; **~logue** [-lɔg] **1.** *adj* entsprechend; **2.** *m* (Amts-)Kollege *m*; **~loguer** [-lɔge] (*1m*) *record*: anerkennen; *tarif*: genehmigen; **~nyme** [-nim] **1.** *adj* gleichlautend; **2.** *m* Namensvetter *m*; *ling* Homonym *n*
homosexuel, ~le [ɔmɔsɛksɥɛl] **1.** *adj* homosexuell; **2.** *m, f* Homosexuelle(r) *m, f*
'Honduras [ɔ̃dyras] ***le ~*** Honduras *n*
'Hongrie [ɔ̃gri] ***la ~*** Ungarn *n*
'hongrois, ~e [ɔ̃grwa, -z] **1.** *adj* ungarisch; **2.** ♀, ♀**e** *m, f* Ungar(in) *m(f)*
honnête [ɔnɛt] ehrlich; *convenable* anständig; *passable* angemessen; **~ment** *adv* ehrlich; *passablement* ganz gut; **~té** [-te] Ehrlichkeit *f*
honneur [ɔnœr] *m* Ehre *f*; ***en l'~ de*** zu Ehren von; ***faire ~ à qc*** e-r Sache Ehre machen
honor|abilité [ɔnɔrabilite] *f* Ehrenhaftigkeit *f*; **~able** ehrenvoll, -haft
honor|aire [ɔnɔrɛr] **1.** *adj* Ehren…; **2.** **~s** *m/pl* Honorar *n*; **~er** (*1a*) ehren; ***s'~ de qc*** auf etw (*acc*) stolz sein
honorifique [ɔnɔrifik] Ehren…
'hont|e [ɔ̃t] *f sentiment*: Scham *f*; *opprobre* Schande *f*; ***avoir ~ de*** sich schämen für; ***faire ~ à qn*** j-m Schande machen; **~eux, ~euse** [-ø, -øz] *déshonorant* schändlich; *déconfit* verschämt; *timide* schamhaft
hôpital [ɔpital] *m* (*pl -aux*) Krankenhaus *n*
'hoquet [ɔkɛ] *m* Schluckauf *m*
horaire [ɔrɛr] **1.** *adj* Stunden…; **2.** *m emploi du temps* Zeitplan *m*; *bus, train*: Fahrplan *m*; *avion*: Flugplan *m*; ***~ souple*** Gleitzeit *f*, gleitende Arbeitszeit *f*
'horde [ɔrd] *f* Horde *f*
horizon [ɔrizõ] *m* Horizont *m*
horizontal, ~e [ɔrizɔ̃tal] (*m/pl -aux*) waagerecht, horizontal
horlog|e [ɔrlɔʒ] *f* (öffentliche) Uhr *f*; *tour*: Turmuhr *f*; ***~ parlante*** Zeitansage *f*; **~er, ~ère** *m, f* Uhrmacher(in) *m(f)*; **~erie** *f* Uhrenindustrie *f*
'hormis [ɔrmi] *st/s prép* außer
hormon|al, ~ale [ɔrmɔnal] (*m/pl -aux*) hormonal; **~e** *f biol* Hormon *n*
horoscope [ɔrɔskɔp] *m* Horoskop *n*
horr|eur [ɔrœr] *f épouvante* Entsetzen *n*; *répugnance* Abscheu *m*; *monstruosité* Entsetzlichkeit *f*; ***avoir ~ de qc*** etw (*acc*) verabscheuen; (***quelle***) ***~!*** wie entsetzlich!; **~ible** entsetzlich, abscheulich, grauenhaft; **~ifié, ~ifiée** [-ifje] entsetzt (***de*** *od* ***par*** über)
horripilant, ~e [ɔripilɑ̃, -t] nervenaufreibend
'hors [ɔr] *prép* außer; ***~ de*** *à l'extérieur de* außerhalb; *fig* außer; ***~ de danger*** außer Gefahr; ***~ de prix*** unerschwinglich; ***~ du sujet*** nicht zum Thema gehörig; *football*: ***~ jeu*** abseits; ***être ~ de soi*** außer sich sein; **~-bord** [-bɔr] *m* (*pl unv*) Boot *n* mit Außenbordmotor; **~-d'œuvre** [-dœvrə] *m* (*pl unv*) *cuis* Vorspeise *f*; **~-la-loi** *m* (*pl unv*) Gesetzlose(r) *m*, Bandit *m*
horticulture [ɔrtikyltyr] *f* Gartenbau *m*
hospice [ɔspis] *m rel* Hospiz *n*; *asile* Heim *n*
hospital|ier, ~ière [ɔspitalje, -jɛr] gastfreundlich, gastlich; *méd* Krankenhaus…; **~iser** (*1a*) in ein Krankenhaus einliefern; **~ité** *f* Gastfreundschaft *f*, Gastlichkeit *f*
hostil|e [ɔstil] feindlich; **~ité** *f opposi-*

tion Feindschaft *f*; *acte*: Feindseligkeit *f*

hôte [ot] *m maître de maison* Gastgeber *m*; *invité* Gast *m*; ***table** f **d'~*** Stammtisch *m*

hôtel [otɛl] *m* Hotel *n*; Gasthof *m*; **~ (*particulier*)** herrschaftliches Stadthaus *n*; **~ *de ville*** Rathaus *n*; **~-Dieu** [-djø] *m* (*pl hôtels-Dieu*) städtisches Krankenhaus *n*

hôtel|ier, **~ière** [otəlje, -jɛr] **1.** *adj* Hotel…; **2.** *m*, *f* Hotelbesitzer(in) *m*(*f*)

hôtellerie [otɛlri] *f* Hotelgewerbe *n*

hôtesse [otɛs] *f* Gastgeberin *f*; *accueil*: Hostess *f*, Empfangsdame *f*; **~ *de l'air*** Stewardess *f*

'hotte [ɔt] *f* **1.** *panier* Tragekorb *m*; **2.** *aération*: Abzugshaube *f*

'houblon [ublõ] *m bot* Hopfen *m*

'houille [uj] *f* (Stein-)Kohle *f*

'houle [ul] *f mar* Dünung *f*

'houleu|x, **~se** [ulø, -z] *mer*: bewegt; *fig* unruhig, erregt

'houspiller [uspije] (*1a*) ausschimpfen, -schelten

'housse [us] *f machine à écrire*, *vêtement*: Schonbezug *m*

'houx [u] *m bot* Stechpalme *f*

'hublot [yblo] *m* Bullauge *n*

'hu|ée [ɥe] *f le plus souvent au pl* **~s** Buhrufe *m/pl*, Missfallenskundgebungen *f/pl*; **~er** (*1a*) ausbuhen, auspfeifen

'huguenot, **~e** [ygno, -ɔt] **1.** *adj* hugenottisch; **2.** *m*, *f* Hugenotte, -in *m*, *f*

huilage [ɥilaʒ] *m* Ölen *n*

huil|e [ɥil] *f* Öl *n*; **~ *solaire*** Sonnenöl *n*; **~er** (*1a*) ölen, schmieren; **~eux**, **~euse** [-ø, -øz] ölig, fettig; **~ier** [-je] *m* Ständer *m* für Öl und Essig

'huis [ɥi] *m* ***à ~ clos*** bei verschlossenen Türen; *jur* unter Ausschluss der Öffentlichkeit

huissier [ɥisje] *m* Amtsdiener *m*; *jur* Gerichtsvollzieher *m*

'huit [ɥit] acht; **~ *jours*** acht Tage, eine Woche; ***demain en ~*** morgen in acht Tagen

'huit|aine [ɥitɛn] *f* ***une ~ de*** ungefähr acht; ***une ~ (de jours)*** etwa eine Woche; **~ième** [-jɛm] **1.** *adj* achte(r, -s); **2.** *m fraction*: Achtel *n*; **~ *de finale*** Achtelfinale *n*

huître [ɥitrə] *f zo* Auster *f*

humain, **~e** [ymɛ̃, -ɛn] menschlich; *caractère*, *traitement*: human

human|iser [ymanize] (*1a*) humaner machen; **~itaire** [-itɛr] humanitär; **~ité** *f les hommes* Menschheit *f*; *qualité*: Menschlichkeit *f*

humble [ɛ̃blə, œ̃-] bescheiden

humecter [ymɛkte] (*1a*) anfeuchten, befeuchten

'humer [yme] (*1a*) tief einatmen

humeur [ymœr] *f* Stimmung *f*, Laune *f*; *tempérament* Gemüt(sart) *n*(*f*); ***être de bonne, mauvaise ~*** guter, schlechter Laune sein

humid|e [ymid] feucht; **~ificateur** [-ifikatœr] *m tech* Luftbefeuchter *m*; **~ité** *f* Feuchtigkeit *f*

humili|ation [ymiljasjõ] *f* Demütigung *f*; **~er** (*1a*) demütigen; **~té** [-te] *f* Bescheidenheit *f*, Demut *f*

humor|iste [ymɔrist] **1.** *adj* humoristisch; **2.** *m*, *f* Humorist(in) *m*(*f*); **~istique** [-istik] humoristisch

humour [ymur] *m* Humor *m*

'hurl|ement [yrləmɑ̃] *m* Heulen *n*; **~s** *pl* Geschrei *n*, Gebrüll *n*; **~er** (*1a*) *loup*: heulen; *personne*: schreien

hurluberlu [yrlybɛrly] *m* Wirrkopf *m*

'hutte [yt] *f* Hütte *f*

hydratant, **~e** [idratɑ̃, -t] *cosmétique*: Feuchtigkeits…

hydraulique [idrolik] **1.** *adj* hydraulisch; **2.** *f* Hydraulik *f*

hydravion [idravjõ] *m* Wasserflugzeug *n*

hydro|carbure [idrɔkarbyr] *m chim* Kohlenwasserstoff *m*; **~gène** [-ʒɛn] *m chim* Wasserstoff *m*; **~glisseur** [-glisœr] *m* Gleitboot *n*; **~thérapie** [-terapi] *f* Wasserheilkunde *f*

hyène [jɛn] *f zo* Hyäne *f*

hygiène [iʒjɛn] *f* Hygiene *f*; **~ *corporelle*** Körperpflege *f*

hygiénique [iʒjenik] hygienisch

hymne [imnə] **1.** *m* Hymne *f*; **2.** *f rel* (geistlicher) Lobgesang *m*, Hymnus *m*

hyper… [ipɛr] *in Zssgn* Hyper…, hyper…; über…

hyper|bole [ipɛrbɔl] *f* Hyperbel *f* (*a math*); **~marché** [-marʃe] *m* großer Supermarkt *m*; **~sensible** [-sɑ̃siblə] überempfindlich; **~tension** [-tɑ̃sjõ] *f méd* erhöhter Blutdruck *m*; **~trophie** [-trɔfi] *f méd* krankhafte Vergröße-

rung *f*
hypnotiser [ipnɔtize] (*1a*) hypnotisieren
hypo|crisie [ipɔkrizi] *f* Heuchelei *f*, Scheinheiligkeit *f*; **~crite** [-krit] **1.** *adj* scheinheilig; **2.** *m*, *f* Scheinheilige(r) *m*, *f*; **~thèque** [-tɛk] *f comm* Hypothek *f*; **~théquer** [-teke] (*1m*) mit e-r Hypothek belasten; **~thèse** [-tɛz] *f* Hypothese *f*, Annahme *f*; **~thétique** hypothetisch
hystérique [isterik] hysterisch

I

iceberg [ajsbɛrg] *m géogr* Eisberg *m*
ici [isi] hier; *direction*: hierher; ***jusqu'~*** bis hierher; *jusqu'à maintenant* bis jetzt; ***par ~*** hier entlang; ***d'~ peu*** binnen kurzem; ***d'~*** (***à***) ***huit jours*** in acht Tagen; ***d'~*** (***à ce***) ***que*** (+ *subj*) bis
icône [ikon] *f* Ikone *f*
iconographie [ikɔnɔgrafi] *f* Ikonografie *f*; *images* Illustrationen *f/pl*
id. *abr* ***idem*** desgl. (desgleichen)
idéal, **~e** [ideal] (*m/pl* -als *od -aux*) **1.** *adj* ideal, vollkommen; **2.** *m* Ideal *n*
idée [ide] *f* Idee *f*; *pensée* Gedanke *m*; *opinion* Meinung *f*; ***à mon ~*** für meine Begriffe; ***à l'~ de*** beim Gedanken an (*acc*); ***avoir l'~ de*** (+ *inf*) daran denken zu (+ *inf*); ***avoir dans l'~ que*** sich vorstellen können, dass; ***se faire une ~ de*** sich e-e Vorstellung machen von; ***se faire des ~s*** *réfléchir* sich Gedanken machen; *se tromper* sich etw vormachen
ident|ifier [idɑ̃tifje] (*1a*) identifizieren (***qc avec*** *od* ***à qc*** etw mit etw); ***s'~ avec*** *od* ***à qn, qc*** sich mit j-m, etw identifizieren; **~ique** identisch; **~ité** *f* *personne*: Identität *f*; *goûts, opinions*: Übereinstimmung *f*; ***carte*** *f* ***d'~*** Personalausweis *m*
idéolog|ie [ideɔlɔʒi] *f* Ideologie *f*; **~ique** ideologisch
idiot, **~e** [idjo, -ɔt] **1.** *adj* blödsinnig, idiotisch; **2.** *m*, *f* Idiot(in) *m*(*f*); **~ie** [-ɔsi] *f* Idiotie *f*, Dummheit *f*
idolâtr|e [idɔlɑtrə] *m*, *f* Götzendiener(in) *m*(*f*); **~er** (*1a*) abgöttisch lieben *od* verehren; **~ie** [-i] *f* Götzendienst *m*; *fig* abgöttische Verehrung *f*
idole [idɔl] *f* Idol *n*; *rel* Götzenbild *n*
idylle [idil] *f* romantische Liebe *f*
IFOP *m abr* ***Institut français d'opinion publique*** frz. Institut für Meinungsforschung
ignare [iɲar] *péj* **1.** *adj* ungebildet; **2.** *m*, *f* Ignorant(in) *m*(*f*)
ignifuge [iɲifyʒ, ignifyʒ] ***produit*** *m* **~** Feuerschutzmittel *n*
ignoble [iɲɔblə] schändlich, gemein
ignor|ance [iɲɔrɑ̃s] *f* Unwissenheit *f*; **~ant**, **~ante** [iɲɔrɑ̃, -ɑ̃t] unwissend; **~er** (*1a*) nicht wissen; ***ne pas ~*** sehr wohl wissen
il [il] er, es
île [il] *f* Insel *f*
illégal, **~e** [ilegal] (*m/pl -aux*) illegal
illégitime [ileʒitim] *pouvoir*: unrechtmäßig; *enfant*: unehelich
illettré, **~e** [iletre] **1.** *adj* ***il est ~*** er ist Analphabet; **2.** *m*, *f* Analphabet(in) *m*(*f*)
illicite [ilisit] verboten
illimité, **~e** [ilimite] unbegrenzt
illisible [iliziblə] *indéchiffrable* unleserlich; *mauvaise littérature*: unlesbar
illuminer [ilymine] (*1a*) beleuchten; *ciel*: erhellen
illus|ion [ilyzjõ] *f* Illusion *f*, Täuschung *f*; **~ionner** [-jɔne] (*1a*) ***s'~ sur*** sich etw vormachen über; **~ionniste** [-jɔnist] *m* Zauberkünstler *m*
illustration [ilystrasjõ] *f* Illustration *f*, Abbildung *f*; *explication* Veranschaulichung *f*
illustr|e [ilystrə] berühmt; **~er** (*1a*) illustrieren (*a fig*), bebildern; *éclairer* veranschaulichen; ***s'~ par, dans qc*** sich durch etw auszeichnen
îlot [ilo] *m* Inselchen *n*; *de maisons*: Häuserblock *m*
ils [il] *m/pl* sie
image [imaʒ] *f* Bild *n*; *ressemblance*: Ebenbild *n*; *représentation mentale* Vorstellung *f*; ***~ de marque*** Image *n*
imagin|able [imaʒinablə] denkbar, vor-

stellbar; **~aire** [-ɛr] eingebildet; **~atif, ~ative** [-atif, -ativ] fantasievoll, erfinderisch

imagin|ation [imaʒinasjõ] *f* Einbildung(skraft) *f*, Fantasie *f*; **~er** (*1a*) (**s'**)**~** sich denken, sich vorstellen; *inventer* sich ausdenken; **~ que** (+ *ind od subj*) sich vorstellen (können), dass

imbattable [ɛ̃batablə] unschlagbar

imbécile [ɛ̃besil] **1.** *adj* dumm, blöd; *méd* schwachsinnig; **2.** *m*, *f* Dummkopf *m*

imbécillité [ɛ̃besilite] *f* Dummheit *f*

imberbe [ɛ̃bɛrb] bartlos

imbiber [ɛ̃bibe] (*1a*) (durch)tränken (***de qc*** mit etw)

imbu, ~e [ɛ̃by] **~(*e*) *de*** *fig* durchdrungen von

imbuvable [ɛ̃byvablə] nicht trinkbar; F ungenießbar

imit|ateur, ~atrice [imitatœr, -atris] *m*, *f* Nachahmer(in) *m(f)*; **~ation** *f* Nachahmung *f*, Imitation *f*; **~er** (*1a*) nachahmen

immaculé, ~e [imakyle] unbefleckt, rein

immangeable [ɛ̃mɑ̃ʒablə] ungenießbar

immatricul|ation [imatrikylasjõ] *f* Registrierung *f*, Eintragung *f*; *auto* ***plaque f d'~*** Nummernschild *n*; **~er** (*1a*) eintragen

immédi|at, ~ate [imedja, -at] unmittelbar; *sans délai* unverzüglich, sofortig; ***dans l'immédiat*** im Augenblick; **~atement** [-atmɑ̃] *adv aussitôt* sofort; *suivre*: unmittelbar

immémorial, ~e [imemɔrjal] (*m/pl* -iaux) uralt

immense [imɑ̃s] *vaste* unermesslich; *colossal* ungeheuer

immer|ger [imɛrʒe] (*1l*) versenken; **~sion** [-sjõ] *f* Versenken *n*

immeuble [imœblə] *m* Gebäude *n*

immigr|ant, ~ante [imigrɑ̃, -ɑ̃t] *m*, *f* Einwanderer *m*, Einwanderin *f*, Immigrant(in) *m(f)*; **~ation** *f* Einwanderung *f*; **~er** (*1a*) einwandern; **~é, ~ée** *m*, *f* Einwanderer *m*, Einwanderin *f*, Immigrant(in) *m(f)*

imminent, ~e [iminɑ̃, -t] unmittelbar bevorstehend; *danger*: drohend

immiscer [imise] (*1k*) ***s'~ dans qc*** sich in etw (*acc*) einmischen

immission [imisjõ] *f* Immission *f*

immobil|e [imɔbil] unbeweglich; **~ier, ~ière** [-je, -jɛr] **1.** *adj* Immobilien…; **2.** *m* Immobilienhandel *m*; **~iser** (*1a*) *compte*: sperren; *capital*: festlegen; *fig* lähmen; ***s'~*** stehen bleiben, liegen bleiben

immond|e [imõd] schmutzig; **~ices** [-is] *f/pl* Unrat *m*, Abfall *m*

immoral, ~e [imɔral] (*m/pl -aux*) unmoralisch

immort|aliser [imɔrtalize] (*1a*) unsterblich machen; **~alité** [-alite] *f* Unsterblichkeit *f*; **~el, ~elle** unsterblich

immuni|ser [imynize] (*1a*) immunisieren; **~té** *f jur* Straffreiheit *f*, Immunität *f*; *méd* Immunität *f*

impact [ɛ̃pakt] *m* Wirkung *f*, Einfluss *m*

impair, ~e [ɛ̃pɛr] *adj* ungerade

impardonnable [ɛ̃pardɔnablə] unverzeihlich

imparfait, ~e [ɛ̃parfɛ, -t] unvollkommen

impartial, ~e [ɛ̃parsjal] (*m/pl -aux*) unparteiisch

impass|e [ɛ̃pas] *f* Sackgasse *f* (*a fig*); **~ible** gefasst

impatience [ɛ̃pasjɑ̃s] *f* Ungeduld *f*

impati|ent, ~ente [ɛ̃pasjɑ̃, -ɑ̃t] ungeduldig; **~enter** [-ɑ̃te] (*1a*) ***s'~*** die Geduld verlieren

impeccable [ɛ̃pɛkablə] tadellos, einwandfrei

impénétrable [ɛ̃penetrablə] *forêt*: undurchdringlich; *personne*: unzugänglich

impérati|f, ~ve [ɛ̃peratif, -v] **1.** *adj* zwingend; **2.** *m gr* Imperativ *m*; *pl* ***~s*** Erfordernisse *n/pl*

impératrice [ɛ̃peratris] *f* Kaiserin *f*

imperceptible [ɛ̃pɛrsɛptiblə] unmerklich

imperfection [ɛ̃pɛrfɛksjõ] *f* Unvollkommenheit *f*

impérial, ~e [ɛ̃perjal] (*m/pl -aux*) kaiserlich; *fig* majestätisch; **~isme** *m* Imperialismus *m*

impérieu|x, ~se [ɛ̃perjø, -z] *personne*: gebieterisch; *besoin*: vordringlich

impérissable [ɛ̃perisablə] unvergänglich

imperméable [ɛ̃pɛrmeablə] **1.** *adj* undurchlässig; *tissu*: wasserdicht; **2.** *m*

Regenmantel *m*

impersonnel, **~le** [ɛ̃pɛrsɔnɛl] unpersönlich

impertin|ence [ɛ̃pɛrtinɑ̃s] *f* Unverschämtheit *f*; **~ent**, **~ente** [-ɑ̃, -ɑ̃t] unverschämt

imperturbable [ɛ̃pɛrtyrbablə] unerschütterlich

impétu|eux, **~euse** [ɛ̃petɥø, -øz] *fougueux* feurig; **~osité** [-ɔzite] *f* Ungestüm *n*, Heftigkeit *f*

impie [ɛ̃pi] gottlos

impitoyable [ɛ̃pitwajablə] mitleids-, schonungslos

implacable [ɛ̃plakablə] unerbittlich

implanter [ɛ̃plɑ̃te] (*1a*) *fig* einführen; ***s'~*** sich niederlassen, sich ansiedeln

implicite [ɛ̃plisit] implizit

impliquer [ɛ̃plike] (*1m*) *personne*: mit hineinziehen, verwickeln; *entraîner* mit einbegreifen; *supposer* voraussetzen

implorer [ɛ̃plɔre] (*1a*) *personne*: anflehen; *aide*: bitten (***qc*** um etw)

impoli, **~e** [ɛ̃pɔli] unhöflich; **~tesse** [-tɛs] *f* Unhöflichkeit *f*

impondérable [ɛ̃põderablə] *fig* unwägbar

impopulaire [ɛ̃pɔpylɛr] unbeliebt, unpopulär

import|ance [ɛ̃pɔrtɑ̃s] *f* Wichtigkeit *f*, Bedeutung *f*; **~ant**, **~ante** [-ɑ̃, -ɑ̃t] **1.** *adj* wichtig, bedeutend; *quantitativement*: beträchtlich; **2.** *m* Hauptsache *f*

import|ateur, **~atrice** [ɛ̃pɔrtatœr, -atris] **1.** *adj* Einfuhr…, Import…; **2.** *m* Importeur *m*; **~ation** *f* Einfuhr *f*, Import *m*

importer [ɛ̃pɔrte] (*1a*) **1.** *v/t* importieren, einführen; **2.** *v/i* wichtig sein (***à*** für); ***il importe de*** (+ *inf*) *od* ***que*** (+ *subj*) es kommt darauf an, zu *od* dass; ***peu importe*** das ist nicht so wichtig; ***n'importe où*** irgendwo(hin), ganz gleich wo(hin); ***n'importe qui*** irgendwer, jeder (beliebige)

importun, **~e** [ɛ̃pɔrtɛ̃ *od* ɛ̃pɔrtœ̃, -yn] lästig, aufdringlich; **~er** [-yne] (*1a*) belästigen

impos|able [ɛ̃pozablə] steuerpflichtig; **~ant**, **~ante** [-ɑ̃, -ɑ̃t] imponierend; **~er** (*1a*) *obligation*, *travail*: auferlegen; *marchandise*: besteuern; ***en ~ à qn*** j-m imponieren, j-n beeindrucken; ***s'~*** *être commandé* geboten sein; *se faire admettre* sich durchsetzen; **~ition** *f* Besteuerung *f*

imposs|ibilité [ɛ̃pɔsibilite] *f* Unmöglichkeit *f*; **~ible** unmöglich

imposteur [ɛ̃pɔstœr] *m* Betrüger *m*

impôt [ɛ̃po] *m* Steuer *f*; ***~ sur le revenu*** Einkommen(s)steuer *f*; ***déclaration*** *f* ***d'~s*** Steuererklärung *f*

impotent, **~e** [ɛ̃pɔtɑ̃, -t] gebrechlich

impraticable [ɛ̃pratikablə] *projet*: nicht machbar; *rue*: unbefahrbar

imprécation [ɛ̃prekasjõ] *litt f* Verwünschung *f*

imprécis, **~e** [ɛ̃presi, -z] ungenau

imprégner [ɛ̃preɲe] (*1f*) tränken (***de*** mit)

impression [ɛ̃prɛsjõ] *f* Eindruck *m*; *imprimerie*: Druck *m*; **~nant**, **~nante** beeindruckend; **~ner** (*1a*) beeindrucken

imprévisible [ɛ̃previziblə] unvorhersehbar

imprévu, **~e** [ɛ̃prevy] **1.** *adj* unvorhergesehen; **2.** *m* ***sauf ~*** wenn nichts dazwischenkommt

imprimante [ɛ̃primɑ̃t] *f EDV* Drucker *m*; ***~ couleur*** Farbdrucker *m*; ***~ à laser*** Laserdrucker *m*; ***~ matricielle*** Matrixdrucker *m*

imprim|é [ɛ̃prime] *m poste*: Drucksache *f*; *formulaire* Vordruck *m*; **~er** (*1a*) drucken; *papier*: bedrucken; *édition*: veröffentlichen; **~erie** *f établissement*: Druckerei *f*; *art*: Buchdruckerkunst *f*, Buchdruck *m*; **~eur** *m* Drucker *m*

improbable [ɛ̃prɔbablə] unwahrscheinlich

improducti|f, **~ve** [ɛ̃prɔdyktif, -v] *terre*: unergiebig; *travail*: unrentabel

impromptu, **~e** [ɛ̃prõpty] improvisiert

impropre [ɛ̃prɔprə] unpassend (***à*** für)

improv|iser [ɛ̃prɔvize] (*1a*) improvisieren; *discours*: aus dem Stegreif halten; **~iste** ***à l'~*** unvermutet

imprud|ence [ɛ̃prydɑ̃s] *f* Unvorsichtigkeit *f*; *jur* Fahrlässigkeit *f*; **~ent**, **~ente** [-ɑ̃, -ɑ̃t] unvorsichtig

impudence [ɛ̃pydɑ̃s] *f* Unverschämtheit *f*

impudique [ɛ̃pydik] unzüchtig

impuiss|ance [ɛ̃pɥisɑ̃s] *f* Machtlosigkeit *f*, Ohnmacht *f*; *anat* Impotenz *f*;

~ant, **~ante** [-ɑ̃, -ɑ̃t] machtlos; *anat* impotent
impulsi|f, **~ve** [ɛ̃pylsif, -v] impulsiv
impulsion [ɛ̃pylsjõ] *f* Anstoß *m*; *fig* Antrieb *m*, Impuls *m*
impunément [ɛ̃pynemɑ̃] *adv* ungestraft
impuni, **~e** [ɛ̃pyni] ungestraft
impur, **~e** [ɛ̃pyr] unrein, unsauber; *impudique* unzüchtig
imputer [ɛ̃pyte] (*1a*) **~ *qc à qn*** j-m etw zur Last legen; **~ *qc à qc*** etw e-r Sache zuschreiben; *comm* **~ *qc sur qc*** etw auf etw (*acc*) anrechnen
inabordable [inabɔrdablə] *prix*: unerschwinglich
inacceptable [inaksɛptablə] unannehmbar
inaccessible [inaksesiblə] *forêt*, *personne*: unzugänglich; *objectif*: unerreichbar
inaccoutumé, **~e** [inakutyme] *pas habitué* ungewohnt; *inhabituel* ungewöhnlich
inachevé, **~e** [inaʃve] unvollendet
inacti|f, **~ve** [inaktif, -v] untätig; *remède*: unwirksam
inadaptation [inadaptasjõ] *f* mangelnde Anpassung(sfähigkeit) *f*
inadmissible [inadmisiblə] unzulässig; inakzeptabel, indiskutabel
inadvertance [inadvɛrtɑ̃s] *f* ***par* ~** aus Versehen
inaliénable [inaljenablə] unveräußerlich
inaltérable [inalterablə] unveränderlich
inanimé, **~e** [inanime] leblos
inanition [inanisjõ] *f* Entkräftung *f*
inaperçu, **~e** [inapɛrsy] ***passer* ~(*e*)** unbemerkt bleiben
inappréciable [inapresjablə] *aide*, *bonheur*: unschätzbar; *différence*, *nuance*: verschwindend klein
inapte [inapt] untauglich (***à*** für)
inattendu, **~e** [inatɑ̃dy] unerwartet; *inespéré* unverhofft; *insoupçonné* unvermutet
inattenti|f, **~ve** [inatɑ̃tif, -v] unaufmerksam; **~ion** *f* Unaufmerksamkeit *f*
inaugur|al, **~ale** [inogyral] (*m/pl -aux*) Eröffnungs…, Einweihungs…; **~ation** *f* Einweihung *f*; **~er** (*1a*) *édifice*: feierlich einweihen; *nouvelle politique*: einführen
incalculable [ɛ̃kalkylablə] unberechenbar; *conséquences*: unabsehbar
incandescence [ɛ̃kɑ̃desɑ̃s] *f* Weißglut *f*; ***lampe f à* ~** Glühlampe *f*
incantation [ɛ̃kɑ̃tasjõ] *f* Beschwörung *f*
incap|able [ɛ̃kapablə] unfähig (***de qc*** zu etw; ***de faire qc*** etw zu tun); **~acité** [-asite] *f* Unfähigkeit *f* (***de*** zu)
incarcérer [ɛ̃karsere] (*1f*) einkerkern
incarner [ɛ̃karne] (*1a*) verkörpern, darstellen
incartade [ɛ̃kartad] *f* Torheit *f*
incassable [ɛ̃kasablə] unzerbrechlich
incendiaire [ɛ̃sɑ̃djɛr] **1.** *adj* Brand…; *fig* aufrührerisch, Hetz…; **2.** *m*, *f* Brandstifter(in) *m*(*f*)
incend|ie [ɛ̃sɑ̃di] *m* Brand *m*; **~ier** [-je] (*1a*) in Brand stecken
incert|ain, **~aine** [ɛ̃sɛrtɛ̃, -ɛn] *inconnu* ungewiss; *indéterminé* unbestimmt; *hésitant* unsicher; **~itude** [-ityd] *f* Ungewissheit *f*
incess|amment [ɛ̃sesamɑ̃] *adv* unverzüglich; **~ant**, **~ante** [-ɑ̃, -ɑ̃t] unaufhörlich
inceste [ɛ̃sɛst] *m* Inzest *m*, Blutschande *f*
incident [ɛ̃sidɑ̃] *m* Zwischenfall *m*; **~ *de parcours*** Missgeschick *n*
incinér|ation [ɛ̃sinerasjõ] *f* **~ (*des ordures*)** Müllverbrennung *f*; **~er** (*1f*) verbrennen; *cadavre*: einäschern
incisi|f, **~ve** [ɛ̃sizif, -v] bissig, schneidend
inciter [ɛ̃site] (*1a*) **~ *qn à*** *encourager* j-n anregen zu; *conduire à* j-n veranlassen zu
inclin|aison [ɛ̃klinɛzõ] *f* Gefälle *n*, Neigung *f*; **~ation** *f* Neigung *f*, Hang *m* (***pour qc*** zu etw); **~ *de tête*** Kopfnicken *n*; **~er** (*1a*) neigen; *fig* **~ *à*** neigen zu; ***s'*~** sich verbeugen; ***s'*~ *devant qc*** *céder* sich e-r Sache beugen
inclure [ɛ̃klyr] (*4l*) *insérer* beilegen; *contenir* einbeziehen, enthalten
inclus, **~e** [ɛ̃kly, -z] beiliegend; *date*: einschließlich; ***ci-inclus*** beiliegend
incohérent, **~e** [ɛ̃kɔerɑ̃, -t] unzusammenhängend
incolore [ɛ̃kɔlɔr] farblos
incomber [ɛ̃kõbe] (*1a*) obliegen (***à qn*** j-m)

incombustible [ɛ̃kõbystiblə] un(ver)-brennbar
incommensurable [ɛ̃kɔmɑ̃syrablə] maßlos
incommod|e [ɛ̃kɔmɔd] unpraktisch; **~er** (*1a*) belästigen
incomparable [ɛ̃kõparablə] unvergleichlich
incompatible [ɛ̃kõpatiblə] unvereinbar (***avec*** mit)
incompétent, ~e [ɛ̃kõpetɑ̃, -ɑ̃t] inkompetent
incompl|et, ~ète [ɛ̃kõplɛ, -ɛt] unvollständig
incompréhensible [ɛ̃kõpreɑ̃siblə] unbegreiflich, unverständlich
inconcevable [ɛ̃kõsvablə] unbegreiflich, unfassbar
inconciliable [ɛ̃kõsiljablə] unvereinbar (***avec*** mit)
inconnu, ~e [ɛ̃kɔny] **1.** *adj* unbekannt; **2.** *m, f* Fremde(r) *m, f*
inconsci|ence [ɛ̃kõsjɑ̃s] *f physique*: Bewusstlosigkeit *f*; **~ent, ~ente 1.** *adj physique*: bewusstlos; *psych* unbewusst; **2.** *m psych* **l'~** das Unbewusste
inconsidéré, ~e [ɛ̃kõsidere] unbedacht, unbesonnen
inconsistant, ~e [ɛ̃kõsistɑ̃, -ɑ̃t] *fig* unbeständig
inconsolable [ɛ̃kõsɔlablə] untröstlich
inconstant, ~e [ɛ̃kõstɑ̃, -ɑ̃t] unbeständig
incontestable [ɛ̃kõtɛstablə] unbestreitbar, unstrittig
inconvenant, ~e [ɛ̃kõvnɑ̃, -t] unschicklich
inconvénient [ɛ̃kõvenjɑ̃] *m* Nachteil *m*; **~ *compétitif*** Wettbewerbsnachteil *m*
inconvertible [ɛ̃kõvɛrtiblə] *comm* nicht umtauschbar
incorporer [ɛ̃kɔrpɔre] (*1a*) *cuis* beimengen; *insérer* eingliedern; *annexer* einverleiben; *mil* einberufen
incorrect, ~e [ɛ̃kɔrɛkt] unrichtig, falsch; *comportement*: un-, inkorrekt
incorrigible [ɛ̃kɔriʒiblə] unverbesserlich
incorruptible [ɛ̃kɔryptiblə] unbestechlich
incrédule [ɛ̃kredyl] *sceptique* skeptisch; *incroyant* ungläubig
incriminer [ɛ̃krimine] (*1a*) beschuldigen
incroyable [ɛ̃krwajablə] unglaublich
incubation [ɛ̃kybasjõ] *f* Brüten *n*; *méd* Inkubationszeit *f*
inculp|ation [ɛ̃kylpasjõ] *f jur* Anklage *f*; **~er** (*1a*) *jur* anklagen
inculquer [ɛ̃kylke] (*1m*) **~ *qc à qn*** j-m etw einschärfen
inculte [ɛ̃kylt] *terre*: unbebaut; *barbe*: ungepflegt; *ignorant* ungebildet
incurable [ɛ̃kyrablə] unheilbar
incurie [ɛ̃kyri] *f* Nachlässigkeit *f*, Schlamperei *f* F
incursion [ɛ̃kyrsjõ] *f mil* Einfall *m*; *fig* Abstecher *m*
Inde [ɛ̃d] *f* **l'~** Indien *n*
indécent, ~e [ɛ̃desɑ̃, -t] unanständig
indéchiffrable [ɛ̃deʃifrablə] *message, écriture*: unentzifferbar; *pensées, personne*: rätselhaft
indécis, ~e [ɛ̃desi, -z] *indéterminé* unentschieden; *hésitant* unentschlossen; *imprécis* ungenau; **~ion** *f* Unentschlossenheit *f*
indéfin|i, ~ie [ɛ̃defini] unbestimmt; **~iment** [-imɑ̃] *adv* unbegrenzt; **~issable** [-isablə] unbestimmbar
indemne [ɛ̃dɛmnə] unverletzt
indemn|iser [ɛ̃dɛmnize] (*1a*) entschädigen (***qn de qc*** j-n für etw); **~ité** *f dédommagement* Entschädigung *f*; *allocation* Vergütung *f*, Zulage *f*
indéniable [ɛ̃denjablə] unleugbar
indépend|amment [ɛ̃depɑ̃damɑ̃] *adv* unabhängig; **~ance** [-ɑ̃s] *f* Unabhängigkeit *f*; **~ant, ~ante** [-ɑ̃, -ɑ̃t] unabhängig (***de*** von); *vie, profession*: selbstständig
indescriptible [ɛ̃dɛskriptiblə] unbeschreiblich
indésirable [ɛ̃dezirablə] unerwünscht
indéterminé, ~e [ɛ̃detɛrmine] unbestimmt; *personne*: unschlüssig
index [ɛ̃dɛks] *m* **1.** *livre*: Index *m*, Register *n*; **2.** *doigt*: Zeigefinger *m*
indica|teur, ~trice [ɛ̃dikatœr, -tris] **1.** *adj* Hinweis…; **2.** *m espion* Spitzel *m*; *tech* Indikator *m*; *chemins de fer*: Kursbuch *n*; **~tif** [-tif] *m gr* Indikativ *m*; *radio*: Erkennungsmelodie *f*; *tél* Vorwahl *f*; **~tion** Angabe *f*; *informations* Auskunft *f*; *signe* Zeichen *n*; *méd* Indikation *f*
indice [ɛ̃dis] *m signe* Anzeichen *n*; *jur*

Indiz *n*; ~ ***de protection*** Lichtschutzfaktor *m*; ~ ***des prix*** Preisindex *m*

indicible [ɛ̃disiblə] unsagbar

indien, **~ne** [ɛ̃djɛ̃, -ɛn] **1.** *adj Inde*: indisch; *Amérique*: indianisch; **2.** **♀**, **♀ne** *m*, *f Inde*: Inder(in) *m(f)*; *Amérique*: Indianer(in) *m(f)*

indifférlemment [ɛ̃diferamɑ̃] *adv* unterschiedslos; **~ence** [-ɑ̃s] *f* Gleichgültigkeit *f*; **~ent**, **~ente** [-ɑ̃, -ɑ̃t] gleichgültig

indigène [ɛ̃diʒɛn] *m*, *f* Eingeborene(r) *m*, *f*

indigent, **~e** [ɛ̃diʒɑ̃, -t] bedürftig

indigeste [ɛ̃diʒɛst] schwer verdaulich, unverdaulich

indigestion [ɛ̃diʒɛstjõ] *f méd* Magenverstimmung *f*

indignation [ɛ̃diɲasjõ] *f* Entrüstung *f*, Empörung *f*

indign|e [ɛ̃diɲ] unwürdig (***de qn, de qc*** j-s, e-r Sache *gén*); **~er** (*1a*) empören; ***s'~ de qc, contre qn*** sich über etw, über j-n entrüsten, empören

indiqu|é, **~ée** [ɛ̃dike] *adéquat* angemessen; ***ce n'est pas indiqué*** das ist nicht ratsam; **~er** (*1m*) zeigen; *prix*: angeben; *pendule*: anzeigen; *recommander* empfehlen

indiscr|et, **~ète** [ɛ̃diskrɛ, -ɛt] indiskret

indiscutable [ɛ̃diskytablə] unbestreitbar

indispensable [ɛ̃dispɑ̃sablə] unentbehrlich, unerlässlich

indisponible [ɛ̃dispɔniblə] *personne*: unabkömmlich; *chose*: nicht verfügbar

indispos|é, **~ée** [ɛ̃dispoze] unpässlich; **~er** (*1a*) *rendre malade* nicht bekommen (***qn*** j-m); *fâcher* verstimmen, verärgern

indissoluble [ɛ̃disɔlyblə] un(auf)löslich

indistinct, **~e** [ɛ̃distɛ̃(kt), -ɛ̃kt] undeutlich, ungenau

individu [ɛ̃dividy] *m* Individuum *n* (*a péj*)

individuel, **~le** [ɛ̃dividɥɛl] *propre* individuell; *personnel* persönlich; *isolé* einzeln

Indochine [ɛ̃dɔʃin] *hist f* ***l'~*** Indochina *n*

indocile [ɛ̃dɔsil] unfolgsam

indolent, **~e** [ɛ̃dɔlɑ̃, -t] *paresseux* träge; *nonchalant* lässig

indolore [ɛ̃dɔlɔr] schmerzlos

Indonésie [ɛ̃dɔnezi] *f* ***l'~*** Indonesien *n*

indu, **~e** [ɛ̃dy] ***à une heure ~e*** zu unpassender Zeit

indubitable [ɛ̃dybitablə] unzweifelhaft

induire [ɛ̃dɥir] (*4c*) ~ ***qn en erreur*** j-n irreführen

indulg|ence [ɛ̃dylʒɑ̃s] *f* Nachsicht *f*; **~ent**, **~ente** [-ɑ̃, -ɑ̃t] nachsichtig

indûment [ɛ̃dymɑ̃] *adv* unberechtigt

industrialiser [ɛ̃dystrijalize] (*1a*) industrialisieren

industr|ie [ɛ̃dystri] *f* Industrie *f*; ~ ***d'avenir*** Zukunftsindustrie *f*; ~ ***lourde*** Schwerindustrie *f*; ~ ***automobile*** Automobilindustrie *f*; **~iel**, **~ielle** [-ijɛl] **1.** *adj* industriell, Industrie…; **2.** *m* Industrielle(r) *m*

inébranlable [inebrɑ̃lablə] unerschütterlich

inédit, **~e** [inedi, -t] *pas édité* unveröffentlicht; *nouveau* ganz neu

ineffable [inefablə] unaussprechlich

inefficace [inefikas] unwirksam

inégal, **~e** [inegal] (*m/pl -aux*) ungleich; *surface*: uneben; *rythme*: ungleichmäßig; **~é**, **~ée** unübertroffen; **~ité** *f* Ungleichheit *f*; *surface*: Unebenheit *f*

inéluctable [inelyktablə] unabwendbar, unvermeidlich

inepte [inɛpt] dumm, albern

ineptie [inɛpsi] *f* Dummheit *f*; **~s** *pl* dummes Zeug *n*, Unsinn *m*

inépuisable [inepɥizablə] unerschöpflich

inerte [inɛrt] regungslos; *phys* träge

inertie [inɛrsi] *f* Trägheit *f* (*a phys*), Untätigkeit *f*

inespéré, **~e** [inɛspere] unverhofft

inestimable [inɛstimablə] unschätzbar

inévitable [inevitablə] unvermeidlich

inexact, **~e** [inɛgza(kt), -akt] ungenau; *non ponctuel* unpünktlich

inexcusable [inɛkskyzablə] unentschuldbar, unverzeihlich

inexorable [inɛgzɔrablə] unerbittlich

inexpérimenté, **~e** [inɛksperimɑ̃te] unerfahren

inexplicable [inɛksplikablə] unerklärlich

inextricable [inɛkstrikablə] unentwirrbar (*a fig*)

infaillible [ɛ̃fajiblə] unfehlbar

infâme [ɛ̃fɑm] niederträchtig, infam; *odeur*: übel

infantile [ɛ̃fɑ̃til] Kinder…; *péj* kindisch, infantil; ***maladie*** *f* ***infantile*** Kinderkrankheit *f*

infarctus [ɛ̃farktys] *m méd* **~ *du myocarde*** Herzinfarkt *m*

infatigable [ɛ̃fatigablə] unermüdlich

infatué, ~e [ɛ̃fatɥe] ***être*** **~*(e) de sa personne*** sehr von sich eingenommen sein

infect, ~e [ɛ̃fɛkt] ekelhaft; **~er** (*1a*) *méd* anstecken, infizieren; *air, eau*: verpesten; ***s'*~** sich entzünden

infection [ɛ̃fɛksjõ] *f méd* Ansteckung *f*, Infektion *f*

inférieur, ~e [ɛ̃ferjœr] **1.** *adj* untere(r, -s), Unter…; *qualité*: minderwertig; *nombre*: geringer; **2.** *m, f* Untergebene(r) *m, f*

infériorité [ɛ̃ferjɔrite] *f* Unterlegenheit *f*; ***sentiment*** *m* ***d'*~** Minderwertigkeitsgefühl *n*

infernal, ~e [ɛ̃fɛrnal] (*m/pl -aux*) höllisch

infester [ɛ̃fɛste] (*1a*) *ravager* heimsuchen; *insectes, plantes*: befallen

infid|èle [ɛ̃fidɛl] untreu; *rel* ungläubig; **~élité** [-elite] *f* Untreue *f*

infiltrer [ɛ̃filtre] (*1a*) ***s'*~** eindringen; *fig* sich einschleichen

infime [ɛ̃fim] winzig (klein)

infini, ~e [ɛ̃fini] unendlich; **~ment** unendlich; *beaucoup* sehr viel, ungeheuer

infinité [ɛ̃finite] *f* Unendlichkeit *f*; *grande quantité* Unmenge *f*

infirm|e [ɛ̃firm] **1.** *adj* behindert; **2.** *m, f* Behinderte(r) *m, f*; **~er** (*1a*) *fig* entkräften; **~erie** [-əri] *f* Krankenabteilung *f*; **~ier, ~ière** *m, f* [-je, -jɛr] Krankenpfleger *m*, -schwester *f*; **~ité** *f* Behinderung *f*

inflamma|ble [ɛ̃flamablə] entzündbar; **~tion** *f méd* Entzündung *f*

inflation [ɛ̃flasjõ] *f* Inflation *f*

infléchir [ɛ̃fleʃir] (*2a*) biegen; *fig* ändern

inflexion [ɛ̃flɛksjõ] *f* Biegung *f*

infliger [ɛ̃fliʒe] (*1l*) *peine*: auferlegen, verhängen; *insulte*: zufügen

influ|encable [ɛ̃flyɑ̃sablə] beeinflussbar; **~ence** [-ɑ̃s] *f* Einfluss *m*; **~encer** [-ɑ̃se] (*1k*) beeinflussen; **~ent, ~ente** [-ɑ̃, -ɑ̃t] einflussreich

informaticien, ~ne [ɛ̃fɔrmatisjɛ̃, -ɛn] *m, f* Informatiker(in) *m(f)*

information [ɛ̃fɔrmasjõ] *f* Information *f*; *renseignement* Auskunft *f*; *presse*: Nachricht *f*; *jur* Ermittlungen *f/pl*; ***traitement*** *m* ***de l'*~** Datenverarbeitung *f*

informatique [ɛ̃fɔrmatik] *f* Datenverarbeitung *f*; *science*: Informatik *f*

informe [ɛ̃fɔrm] formlos

informer [ɛ̃fɔrme] (*1a*) **~ *qn de qc*** j-n von etw benachrichtigen, in Kenntnis setzen, j-n über etw informieren, unterrichten; *jur* **~ *contre qn*** gegen j-n Ermittlungen durchführen; ***s'*~** sich erkundigen (***de qc auprès de qn*** nach etw bei j-m)

infraction [ɛ̃fraksjõ] *f* Verstoß *m*; **~ *au code de la route*** Verkehrsdelikt *n*

infranchissable [ɛ̃frɑ̃ʃisablə] unüberwindlich

infrarouge [ɛ̃fraruʒ] infrarot

infrastructure [ɛ̃frastryktyr] *f écon* Infrastruktur *f*; *construction*: Unterbau *m*

infroissable [ɛ̃frwasablə] knitterfrei

infructueu|x, ~se [ɛ̃fryktɥø, -z] erfolglos, vergeblich

infuser [ɛ̃fyze] (*1a*) *dans liquide*: ***faire*** **~** ziehen lassen

infusion [ɛ̃fyzjõ] *f* (Kräuter-)Tee *m*

ingéni|erie [ɛ̃ʒenjəri] *f* Projektplanung *f*, Engineering *n*; **~ *génétique*** Gentechnik *f*, Gentechnologie *f*; **~eur** [-œr] *m* Ingenieur *m*; **~eux, ~euse** [-ø, -øz] *personne*: erfinderisch, einfallsreich; *système*: gut ausgedacht; **~osité** [-ozite] *f* Erfindungsgabe *f*, Einfallsreichtum *m*

ingénu, ~e [ɛ̃ʒeny] naiv

ingér|ence [ɛ̃ʒerɑ̃s] *f* Einmischung *f*; **~er** (*1f*) *médicament*: einnehmen; ***s'*~** sich einmischen (***dans*** in *acc*)

ingrat, ~e [ɛ̃gra, -at] undankbar

ingrédient [ɛ̃gredjɑ̃] *m cuis* Zutat *f*; *phm* Bestandteil *m*

inguérissable [ɛ̃gerisablə] unheilbar

ingurgiter [ɛ̃gyrʒite] (*1a*) gierig verschlingen

inhabitable [inabitablə] unbewohnbar

inhabituel, ~le [inabitɥɛl] ungewöhnlich

inhaler [inale] (*1a*) einatmen, inhalieren
inhérent, **~e** [inerɑ̃, -ɑ̃t] innewohnend, anhaftend (***à qc*** e-r Sache)
inhibition [inibisjõ] *f psych* Hemmung *f*, Gehemmtheit *f*
inhumain, **~e** [inymɛ̃, -ɛn] unmenschlich
inhumer [inyme] (*1a*) bestatten
inimitable [inimitablə] unnachahmlich
inimitié [inimitje] *f* Feindschaft *f*
ininflammable [inɛ̃flamablə] unentzündbar
inintelligible [ɛ̃teliʒiblə] unverständlich
iniquité [inikite] *f* Ungerechtigkeit *f*
initial, **~e** [inisjal] (*m/pl -aux*) Anfangs…
initia|teur, **~trice** [inisjatœr, -tris] *m*, *f* Initiator(in) *m*(*f*); **~tive** [-tiv] *f* Initiative *f*; ***syndicat*** *m* ***d'~*** Fremdenverkehrsamt *n*; ***prendre l'~*** die Initiative ergreifen
initier [inisje] (*1a*) *instruire* einweihen; ***s'~ à qc*** sich mit etw vertraut machen
injecter [ɛ̃ʒɛkte] (*1a*) einspritzen
injection [ɛ̃ʒɛksjõ] *f* Einspritzung *f*, Injektion *f*
injonction [ɛ̃ʒõksjõ] *f* (ausdrücklicher) Befehl *m*
injur|e [ɛ̃ʒyr] *f* Beleidigung *f*; *gros mot* Schimpfwort *n*; **~ier** [-je] (*1a*) beschimpfen; **~ieux**, **~ieuse** [-jø, -jøz] beleidigend
injust|e [ɛ̃ʒyst] ungerecht; **~ice** [-is] *f* Ungerechtigkeit *f*, Unrecht *n*
inlassable [ɛ̃lasablə] unermüdlich
inné, **~e** [in(n)e] angeboren
innoc|ence [inɔsɑ̃s] *f* Unschuld *f*; **~ent**, **~ente** [-ɑ̃, -ɑ̃t] unschuldig; *naïf* naiv; **~enter** (*1a*) **~** ***qn*** j-s Unschuld beweisen
innombrable [inõbrablə] unzählig
innovation [inɔvasjõ] *f* Neuerung *f*
inoccupé, **~e** [inɔkype] *personne*: untätig; *maison*: unbewohnt, leer
inoculer [inɔkyle] (*1a*) einimpfen
inodore [inɔdɔr] geruchlos
inoffensi|f, **~ve** [inɔfɑ̃sif, -v] harmlos
inond|ation [inõdasjõ] *f* Überschwemmung *f*; **~er** (*1a*) überschwemmen
inopérant, **~e** [inɔperɑ̃, -t] wirkungslos
inopiné, **~e** [inɔpine] unerwartet
inopportun, **~e** [inɔpɔrtœ̃, -yn] ungelegen
inoubliable [inublijablə] unvergesslich
inouï, **~e** [inwi] unglaublich, unerhört
inoxydable [inɔksidablə] rostfrei
inqui|et, **~ète** [ɛ̃kjɛ, -ɛt] unruhig
inquiét|er [ɛ̃kjete] (*1f*) beunruhigen; ***s'~*** sich sorgen (***de*** um); **~ude** [-yd] *f* Unruhe *f*, Besorgnis *f*
insalubre [ɛ̃salybrə] ungesund
insatiable [ɛ̃sasjablə] unersättlich
inscription [ɛ̃skripsjõ] *f* Einschreibung *f*; *pierre*: In-, Aufschrift *f*; *université*: Immatrikulation *f*
inscrire [ɛ̃skrir] (*4f*) *dans registre*: eintragen; *à examen*: anmelden; ***s'~*** sich einschreiben; *à examen*: sich anmelden; *université*: sich immatrikulieren
insect|e [ɛ̃sɛkt] *m* Insekt *n*; **~icide** [-isid] *m* Insektenvertilgungsmittel *n*
INSEE *m abr* ***Institut national de la statistique et des études économiques*** Staatliches Institut für Statistik und Wirtschaftsforschung
insémination [ɛ̃seminasjõ] *f* Befruchtung *f*
insensé, **~e** [ɛ̃sɑ̃se] unsinnig
insens|ibiliser [ɛ̃sɑ̃sibilize] (*1a*) betäuben; **~ible** *anat* empfindungslos; *personne*: gefühllos; *imperceptible* unmerklich
inséparable [ɛ̃separablə] untrennbar (***de qc*** mit etw verbunden); *personnes*: unzertrennlich
insérer [ɛ̃sere] (*1f*) einfügen, -setzen; *annonce*: aufgeben; ***s'~ dans*** in Zusammenhang stehen mit
insertion [ɛ̃sɛrsjõ] *f* Einfügung *f*
insidieu|x, **~se** [ɛ̃sidjø, -z] hinterhältig, heimtückisch
insigne [ɛ̃siɲ] *m* Abzeichen *n*
insignifiant, **~e** [ɛ̃siɲifjɑ̃, -t] unbedeutend
insinuer [ɛ̃sinɥe] (*1n*) zu verstehen geben; ***s'~*** (unbemerkt) eindringen
insipide [ɛ̃sipid] geschmacklos, fade
insist|ance [ɛ̃sistɑ̃s] *f* Beharrlichkeit *f*; **~er** (*1a*) bestehen, beharren (***sur qc*** auf etw *dat*); **~ *pour*** (+ *inf*) darauf bestehen *od* beharren zu (+ *inf*); **~ *sur qc*** *souligner* Nachdruck auf etw (*acc*) legen
insolation [ɛ̃sɔlasjõ] *f* Sonnenstich *m*
insol|ence [ɛ̃sɔlɑ̃s] *f* Frechheit *f*, Unverschämtheit *f*; **~ent**, **~ente** [-ɑ̃, -ɑ̃t]

frech, unverschämt
insolite [ɛ̃sɔlit] ungewöhnlich
insoluble [ɛ̃sɔlyblə] *substance*: unlöslich; *problème*: unlösbar
insolvable [ɛ̃sɔlvablə] zahlungsunfähig, insolvent
insomnie [ɛ̃sɔmni] *f* Schlaflosigkeit *f*
insouciant, **~e** [ɛ̃susjɑ̃, -t] sorglos, unbekümmert
insoutenable [ɛ̃sutnablə] *inadmissible* unhaltbar; *insupportable* nicht auszuhalten, unerträglich
inspec|ter [ɛ̃spɛkte] (*1a*) kontrollieren; *personnes*: beaufsichtigen; **~teur**, **~trice** *m*, *f* Aufsichtsbeamte(r) *m*, -beamtin *f*; *assurances*: Inspektor(in) *m(f)*; **~** (***de l'enseignement primaire***) Schulrat *m*, -rätin *f*
inspection [ɛ̃spɛksjõ] *f* Inspektion *f*, Aufsicht *f*
inspir|ation [ɛ̃spirasjõ] *f fig* Eingebung *f*, Inspiration *f*; **~er** (*1a*) *v/i* einatmen; *v/t* inspirieren, anregen
instable [ɛ̃stablə] unbeständig
install|ation [ɛ̃stalasjõ] *f fonctionnaire*: Amtseinführung *f*; *él*, *tél* Anschluss *m*; **~s** Anlage *f*, Einrichtung *f*; **~er** (*1a*) installieren, einbauen; *appartement*: einrichten; *loger* unterbringen; *él*, *tél* anschließen; *EDV* installieren; ***s'~*** *s'établir* sich niederlassen; ***s'~ chez qn*** bei j-m wohnen
instamment [ɛ̃stamɑ̃] *adv* inständig
instance [ɛ̃stɑ̃s] *f* dringende Bitte *f*; *jur procédure* Verfahren *n*; *hiérarchie*: Instanz *f*; ***sur les ~s de qn*** auf j-s Drängen
instant [ɛ̃stɑ̃] *m* Augenblick *m*; ***à l'~*** soeben; ***en un ~*** im Nu; ***par ~s*** zeitweise; ***à l'~ où*** in dem Moment, als
instantané, **~e** [ɛ̃stɑ̃tane] **1.** *adj* augenblicklich; **2.** *m photographie*: Momentaufnahme *f*; **~ment** *adv* sofort
instaur|ation [ɛ̃stɔrasjõ] *f* Einführung *f*; **~er** (*1a*) einführen
instiga|teur, **~trice** [ɛ̃stigatœr, -tris] *m*, *f* Anstifter(in) *m(f)*; **~tion** *f* ***à l'~ de*** auf Betreiben von
instinct [ɛ̃stɛ̃] *m* Instinkt *m*, Trieb *m*; **~if**, **~ive** [-if, -iv] instinktiv
instituer [ɛ̃stitɥe] (*1n*) einführen
institut [ɛ̃stity] *m* (Forschungs-)Institut *n*; **~ *de beauté*** Schönheitssalon *m*; **♀ *Monétaire Européen*** Europäisches Währungsinstitut *n*
institu|teur, **~trice** [ɛ̃stitytœr, -tris] *m*, *f* (Volksschul-)Lehrer(in) *m(f)*
institution [ɛ̃stitysjõ] *f* **1.** ***~s*** *pl* Einrichtungen *f/pl*, Institutionen *f/pl*; **2.** *école* (private) Erziehungs- *od* Lehranstalt *f*
instruct|eur [ɛ̃stryktœr] *m mil* Ausbilder *m*; **~if**, **~ive** [-if, -iv] instruktiv, lehrreich
instruction [ɛ̃stryksjõ] *f formation* Ausbildung *f*, Unterricht *m*; *connaissances* Wissen *n*, Kenntnisse *f/pl*; *directive* Vorschrift *f*; *jur* Untersuchung *f*; *EDV* Befehl *m*; ***~s*** *pl mode d'emploi* Gebrauchsanweisung *f*
instruire [ɛ̃strɥir] (*4c*) unterrichten; *jur* ermitteln; ***~ qn de qc*** j-n über etw informieren
instrument [ɛ̃strymɑ̃] *m* Instrument *n*
insu [ɛ̃sy] ***à l'~ de*** ohne Wissen (*gén*); ***à mon ~*** ohne mein Wissen
insubmersible [ɛ̃sybmɛrsiblə] unsinkbar
insubordination [ɛ̃sybɔrdinasjõ] *f* Ungehorsam *m* (*a mil*)
insuccès [ɛ̃syksɛ] *m* Misserfolg *m*
insuffis|ant, **~ante** [ɛ̃syfizɑ̃, -ɑ̃t] *quantité*: ungenügend; *qualité*: unzulänglich
insuffler [ɛ̃syfle] (*1a*) einblasen
insulaire [ɛ̃sylɛr] **1.** *adj* Insel…; **2.** *m*, *f* Inselbewohner(in) *m(f)*
insuline [ɛ̃sylin] *f* Insulin *n*
insult|e [ɛ̃sylt] *f* Beleidigung *f*; **~er** (*1a*) beleidigen, beschimpfen
insupportable [ɛ̃sypɔrtablə] unerträglich
insurger [ɛ̃syrʒe] (*1l*) ***s'~ contre*** sich erheben gegen
insurmontable [ɛ̃syrmõtablə] unüberwindlich
insurrection [ɛ̃syrɛksjõ] *f* Aufstand *m*
intact, **~e** [ɛ̃takt] intakt, unversehrt
intarissable [ɛ̃tarisablə] nie versiegend, unerschöpflich
intégral, **~e** [ɛ̃tegral] (*m/pl -aux*) vollständig
intégrant, **~e** [ɛ̃tegrɑ̃, -t] ***partie f intégrante*** wesentlicher Bestandteil *m*
intègre [ɛ̃tɛgrə] unbescholten, rechtschaffen
intégrer [ɛ̃tegre] (*1a*) integrieren, eingliedern

intégr|isme [ɛ̃tegrismə] *m* Fundamentalismus *m*; **~iste 1.** *adj* fundamentalistisch; **2.** *m*, *f* Fundamentalist(in) *m(f)*
intégrité [ɛ̃tegrite] *f* Rechtschaffenheit *f*
intellectuel, **~le** [ɛ̃telɛktɥɛl] **1.** *adj* intellektuell; **2.** *m*, *f* Intellektuelle(r) *m*, *f*
intellig|ence [ɛ̃teliʒɑ̃s] *f* Intelligenz *f*; *complicité* Verständnis *n*; **~ent**, **~ente** [-ɑ̃, -ɑ̃t] intelligent; **~ible** verständlich
intempér|ance [ɛ̃tɑ̃perɑ̃s] *f* Unmäßigkeit *f*; **~ies** [-i] *f/pl* Witterungsunbilden *pl*
intempesti|f, **~ve** [ɛ̃tɑ̃pɛstif, -v] unangebracht
intenable [ɛ̃t(ə)nablə] unhaltbar; *intolérable* unerträglich
intend|ance [ɛ̃tɑ̃dɑ̃s] *f* Verwaltung *f*; **~ant**, **~ante** [-ɑ̃, -ɑ̃t] *m*, *f* Verwalter(in) *m(f)*
intense [ɛ̃tɑ̃s] intensiv, stark
intensi|f, **~ve** [ɛ̃tɑ̃sif, -v] intensiv; **~té** *f* Intensität *f*, Stärke *f*
intenter [ɛ̃tɑ̃te] *(1a) procès*: anstrengen
intention [ɛ̃tɑ̃sjõ] *f* Absicht *f*; **~né**, **~née** ***bien*** **~*(e)*** wohlgesinnt; ***mal*** **~*(e)*** nicht wohlgesinnt
intentionnel, **~le** [ɛ̃tɑ̃sjɔnɛl] absichtlich
inter [ɛ̃tɛr] *m* **1.** *abr* ***intérieur*** *sports*: Halbstürmer *m*; **2.** *abr* ***interurbain*** *tél* Fernmeldedienst *m*
interacti|f, **~ve** [ɛ̃tɛraktif, -v] interaktiv
intercaler [ɛ̃tɛrkale] *(1a)* einschieben
intercéder [ɛ̃tɛrsede] *(1f)* ***~ pour qn*** sich für j-n verwenden
intercepter [ɛ̃tɛrsɛpte] *(1a)* abfangen; *lettre*: unterschlagen
interchangeable [ɛ̃tɛrʃɑ̃ʒablə] austauschbar, auswechselbar
interdépendance [ɛ̃tɛrdepɑ̃dɑ̃s] *f* gegenseitige Abhängigkeit *f*
inter|diction [ɛ̃tɛrdiksjõ] *f* Verbot *n*; **~dire** [-dir] *(4m)* untersagen, verbieten (***à qn de faire qc*** j-m, etw zu tun); *jur* entmündigen; **~dit**, **~dite** [-di, -dit] verboten; *très étonné* verblüfft, sprachlos; *jur* entmündigt
intéress|ant, **~ante** [ɛ̃terɛsɑ̃, -ɑ̃t] interessant; **~é**, **~ée** interessiert; *concerné* betroffen; *avide* eigennützig; **~er** *(1b)* interessieren; *concerner* betreffen; *comm* beteiligen; ***s'~ à*** sich interessieren für
intérêt [ɛ̃terɛ] *m* Interesse *n*; *égoïsme* Eigennutz *m*; ***~s*** *pl comm* Zinsen *m/pl*; ***avoir ~ à*** (+ *inf*) besser daran tun zu (+ *inf*)
interface [ɛ̃tɛrfas] *f* Schnittstelle *f*; ***~ utilisateur*** Benutzeroberfläche *f*
interférence [ɛ̃tɛrferɑ̃s] *f phys* Interferenz *f*, Überlagerung *f* (*a fig*)
intérieur, **~e** [ɛ̃terjœr] **1.** *adj* innere(r, -s); *pol* Innen…; **2.** *m* Innere(s) *n*; *mobilier* Innenausstattung *f*; ***à l'intérieur*** (nach) innen; ***à l'~ de*** in (*dat od acc*), innerhalb (+ *gén*); ***marché*** *m* ***intérieur*** Binnenmarkt *m*; ***ministère*** *m* ***de l'*~** Innenministerium *n*
intérim [ɛ̃terim] *m* Zwischenzeit *f*; *remplacement* Vertretung *f*; ***~aire travail*** *m* ***~*** Zeitarbeit *f*
intérioriser [ɛ̃terjɔrize] *(1a)* verinnerlichen
interligne [ɛ̃tɛrliɲ] *m* Zwischenraum *m* (*zwischen zwei Zeilen*)
interlocu|teur, **~trice** [ɛ̃tɛrlɔkytœr, -tris] *m*, *f* Gesprächspartner(in) *m(f)*
interloquer [ɛ̃tɛrlɔke] *(1m)* stutzig machen
interlude [ɛ̃tɛrlyd] *m* Pausenfüller *m*
intermédiaire [ɛ̃tɛrmedjɛr] **1.** *adj* Zwischen…; **2.** *m* Vermittler(in) *m(f)*, Mittelsmann *m*; ***par l'~ de qn*** durch j-s Vermittlung
interminable [ɛ̃tɛrminablə] endlos
intermittence [ɛ̃tɛrmitɑ̃s] *f* ***par ~*** zeitweilig, unregelmäßig
internat [ɛ̃tɛrna] *m établissement*: Internat *n*
international, **~e** [ɛ̃tɛrnasjɔnal] (*m/pl -aux*) international
internaute [ɛ̃tɛrnot] *m*, *f* (Internet-) Surfer(in) *m(f)*
intern|e [ɛ̃tɛrn] **1.** *adj* innerlich; **2.** *m*, *f* *élève*: Internatsschüler(in) *m(f)*; *médecin*: Assistenzarzt *m*, -ärztin *f*; **~er** *(1a)* internieren
Internet [ɛ̃tɛrnɛt] *m* Internet *n*
interpeller [ɛ̃tɛrpəle] (*1a orthographe*, *1c prononciation*) ***~ qn*** j-m e-e Frage stellen; *péj* j-n anfahren; *police*: j-s Personalien überprüfen
interphone [ɛ̃tɛrfɔn] *m* Sprechanlage *f*
interposer [ɛ̃tɛrpoze] *(1a)* dazwischenstellen; *jur* ***par personne inter-***

posée durch e-n Mittelsmann
interprétation [ɛ̃tɛrpretasjõ] *f* **1.** Interpretation *f*, Deutung *f*; **2.** *théâtre*: Darstellung *f*; **3.** *traduction* Dolmetschen *n*
inter|prète [ɛ̃tɛrprɛt] *m*, *f traducteur* Dolmetscher(in) *m(f)*; *porte-parole* Sprecher(in) *m(f)*; **~préter** [-prete] *(1f)* interpretieren, deuten; *rôle*: darstellen
interroga|tion [ɛ̃tɛrɔgasjõ] *f* Frage *f*; ***point*** *m* ***d'~*** Fragezeichen *n*; **~toire** [-twar] *m police*: Verhör *n*; *juge*: Vernehmung *f*
interroger [ɛ̃tɛrɔʒe] *(1l)* befragen; *police*: verhören; *juge*: vernehmen
interrompre [ɛ̃tɛrõprə] *(4a)* unterbrechen
interrup|teur [ɛ̃tɛryptœr] *m* Schalter *m*; **~tion** *f* Unterbrechung *f*
intersection [ɛ̃tɛrsɛksjõ] *f* Schnittpunkt *m*; *rues*: Kreuzung *f*
interstice [ɛ̃tɛrstis] *m* Zwischenraum *m*
interurb|ain, **~aine** [ɛ̃tɛryrbɛ̃, -ɛn] Fern…; ***communication*** *f* ***interurbaine*** Ferngespräch *n*
intervalle [ɛ̃tɛrval] *m espace*: Zwischenraum *m*; *temps*: Zwischenzeit *f*
intervenir [ɛ̃tɛrvənir] *(2h)* einschreiten, -greifen, intervenieren; *médiation*: vermitteln; *se produire* sich ereignen; ***~ en faveur de qn*** sich für j-n verwenden
intervention [ɛ̃tɛrvɑ̃sjõ] *f* Eingreifen *n*, Intervention *f*; *méd* Eingriff *m*
interview [ɛ̃tɛrvju] *f* Interview *n*; **~er** *(1a)* interviewen
intestin, **~e** [ɛ̃tɛstɛ̃, -in] **1.** *adj* innere(r, -s), intern; **2.** *m* Darm *m*; **~al**, **~ale** [-inal] *(m/pl -aux)* Darm…
intime [ɛ̃tim] **1.** intim; *familier* vertraut; **2.** *m*, *f* enger Freund *m*, enge Freundin *f*
intimer [ɛ̃time] *(1a) jur* vorladen; *ordre*: erteilen
intimider [ɛ̃timide] *(1a)* einschüchtern
intimité [ɛ̃timite] *f* Intimität *f*; *familiarité* Vertrautheit *f*; *vie privée* Privatleben *n*
intituler [ɛ̃tityle] *(1a)* betiteln; ***s'~*** den Titel tragen
intolér|able [ɛ̃tɔlerablə] unerträglich; **~ance** *f* Intoleranz *f*, Unduldsamkeit *f*; **~ant**, **~ante** [-ɑ̃, -ɑ̃t] intolerant, unduldsam
intoxication [ɛ̃tɔksikasjõ] *f* Vergiftung *f*
intoxiquer [ɛ̃tɔksike] *(1m)* vergiften (*a fig*)
Intranet [ɛ̃tranɛt] *m* Intranet *n*
intransigeant, **~e** [ɛ̃trɑ̃ziʒɑ̃, -t] unnachgiebig, kompromisslos
intransiti|f, **~ve** [ɛ̃trɑ̃zitif, -v] *gr* intransitiv
intrépide [ɛ̃trepid] unerschrocken
intrigant, **~e** [ɛ̃trigɑ̃, -t] **1.** *adj* intrigant; **2.** *m*, *f* Intrigant(in) *m(f)*
intrigu|e [ɛ̃trig] *f* Intrige *f*, Machenschaft *f*; ***~s*** *pl a* Umtriebe *m/pl*; **~er** *(1m) v/i* intrigieren; *v/t* stutzig machen
intrinsèque [ɛ̃trɛ̃sɛk] eigentlich, wahr
introduction [ɛ̃trɔdyksjõ] *f* Einführung *f*; *livre*: Einleitung *f*
introduire [ɛ̃trɔdɥir] *(4c)* einführen; *visiteur*: hereinführen; ***s'~ dans*** eindringen in (*acc*); *se faire admettre* sich (*dat*) Zutritt verschaffen zu
introuvable [ɛ̃truvablə] unauffindbar
introverti, **~e** [ɛ̃trɔvɛrti] *m*, *f* Introvertierte(r) *m*, *f*
intrus, **~e** [ɛ̃try, -z] *m*, *f* Eindringling *m*; **~ion** [-zjõ] *f* Eindringen *n*
intuit|if, **~ive** [ɛ̃tɥitif, -iv] intuitiv; **~ion** *f* Intuition *f*; *pressentiment* Vorahnung *f*
inusable [inyzablə] unverwüstlich
inusité, **~e** [inyzite] ungebräuchlich
inutil|e [inytil] *qui ne sert pas* unnütz, nutzlos; *superflu* unnötig, zwecklos; **~isable** [-izablə] unbrauchbar
invalid|e [ɛ̃valid] **1.** *adj* invalide; **2.** *m,f* Invalide *m*, Invalidin *f*; ***~ du travail*** Arbeitsunfähige(r) *m*, *f*; **~er** *(1a) jur*, *pol* annullieren
invariable [ɛ̃varjablə] unveränderlich
invasion [ɛ̃vazjõ] *f* Invasion *f*
invective [ɛ̃vɛktiv] *f* Beschimpfung *f*
inventaire [ɛ̃vɑ̃tɛr] *m* Inventar *n*; *comm opération*: Inventur *f*
inven|ter [ɛ̃vɑ̃te] *(1a)* erfinden; **~teur**, **~trice** *m*, *f* Erfinder(in) *m(f)*; **~tif**, **~tive** [-tif, -tiv] erfinderisch
invention [ɛ̃vɑ̃sjõ] *f* Erfindung *f*
invers|e [ɛ̃vɛrs] **1.** *adj* umgekehrt; **2.** *m* Gegenteil *n*; **~er** *(1a)* umkehren; *él* umpolen
investigation [ɛ̃vɛstigasjõ] *f* Nachfor-

schung *f*
invest|ir [ɛ̃vɛstir] *(2a) à la banque*: anlegen; *dans entreprise*: investieren; **~ *qn d'une fonction*** j-n in ein Amt einsetzen; **~issement** [-ismɑ̃] *m banque*: Anlage *f*; *entreprise*: Investition *f*
invétéré, **~e** [ɛ̃vetere] eingefleischt
invincible [ɛ̃vɛ̃siblə] *adversaire*, *armée*: unbesiegbar; *obstacle*: unüberwindlich
inviolable [ɛ̃vjɔlablə] unverletzlich
invisible [ɛ̃viziblə] unsichtbar
invit|ation [ɛ̃vitasjõ] *f* Einladung *f*; *exhortation* Aufforderung *f*; **~é**, **~ée** *m*, *f* Gast *m*; **~er** *(1a)* einladen (***qn à qc*** j-n zu etw); auffordern (***à*** + *inf* zu + *inf*)
invocation [ɛ̃vɔkasjõ] *f rel* Anrufung *f*
involontaire [ɛ̃vɔlõtɛr] *témoin*, *héros*: unfreiwillig; *sentiment*, *mouvement*: unwillkürlich
invoquer [ɛ̃vɔke] *(1m) prier* anrufen; *texte*, *loi*: sich berufen auf *(acc)*
invraisemblable [ɛ̃vrɛsɑ̃blablə] unwahrscheinlich
invulnérable [ɛ̃vylnerablə] unverwundbar
iode [jɔd] *m chim* Jod *n*
Irak [irak] → ***Iraq***
Iran [irɑ̃] *m* ***l'~*** (der) Iran; **ɛien**, **ɛienne** **1.** *adj* iranisch; **2. ~**, **~*ne*** *m*, *f* Iraner(in) *m(f)*
Iraq [irak] *m* ***l'~*** Irak *n*, der Irak; **ɛien**, **ɛienne** **1.** *adj* irakisch; **2. ~**, **~*ne*** *m*, *f* Iraker(in) *m(f)*
irascible [irasiblə] jähzornig
iris [iris] *m méd* Iris *f*, Regenbogenhaut *f*; *bot* Schwertlilie *f*
irland|ais, **~aise** [irlɑ̃dɛ, -ɛz] **1.** *adj* irisch; **2. ɛ**, **ɛ*e*** *m*, *f* Ire *m*, Irin *f*
Irlande [irlɑ̃d] *f* ***l'~*** Irland *n*; ***l'~ du Nord*** Nordirland *n*
iron|ie [irɔni] *f* Ironie *f*; **~ique** ironisch; **~iser** *(1a)* ironische Bemerkungen machen
irradiation [iradjasjõ] *f méd* Bestrahlung *f*; *lumière*: Strahlung *f*
irraisonné, **~e** [irɛzɔne] *geste*: unbewusst; *crainte*, *honte*: unsinnig
irréalisable [irealizablə] unausführbar
irrecevable [irəsəvablə] unannehmbar
irréconciliable [irekõsiljablə] unversöhnlich
irrécupérable [irekyperablə] nicht mehr brauchbar; *personne*: nicht mehr zu retten
irrécusable [irekyzablə] unanfechtbar
irréductible [iredyktiblə] nicht reduzierbar; *ennemi*: unbeugsam
irréel, **~le** [ireɛl] irreal, unwirklich
irréfléchi, **~e** [irefleʃi] unüberlegt, gedankenlos
irréfutable [irefytablə] unwiderlegbar
irrégul|arité [iregylarite] *f* Unregelmäßigkeit *f*; *illégalité* Ungesetzlichkeit *f*; **~ier**, **~ière** [-je, -jɛr] unregelmäßig; *illégal* rechtswidrig
irré|médiable [iremedjablə] *maladie*: unheilbar; *défaite*, *défaut*: unabänderlich; **~parable** [-parablə] irreparabel; **~prochable** [-prɔʃablə] tadellos, einwandfrei; **~sistible** [-zistiblə] unwiderstehlich
irrésolu, **~e** [irezɔly] unentschlossen
irresponsable [irɛspõsablə] verantwortungslos; *jur* unzurechnungsfähig
irré|versible [ireversiblə] irreversibel; **~vocable** [-vɔkablə] unwiderruflich
irri|gation [irigasjõ] *f agr* Bewässerung *f*; **~guer** [-ge] *(1m)* bewässern
irrit|able [iritablə] reizbar; **~er** *(1a)* reizen
irruption [irypsjõ] *f* Einbruch *m*, Einfall *m*
islam [islam] *m rel* Islam *m*; **~ique** [-ik] islamisch; **~isme** [-ismə] *m* Islamismus *m*; **~iste** [-ist] **1.** *adj* islamistisch; **2.** *m* Islamist *m*
islandais, **~e** [islɑ̃dɛ, -ɛz] **1.** *adj* isländisch; **2. ɛ**, **ɛe** *m*, *f* Isländer(in) *m(f)*
Islande [islɑ̃d] *f* ***l'~*** Island *n*
isol|ant, **~ante** [izɔlɑ̃, -ɑ̃t] **1.** *adj* isolierend; **2.** *m* Isolierstoff *m*; **~ation** *f tech* Isolierung *f*, Dämmung *f*; **~é**, **~ée** isoliert; *maison*: einzeln, abgelegen; *personne*: einsam
isol|ement [izɔlmɑ̃] *m endroit*: Abgelegenheit *f*; *personne*: Einsamkeit *f*; *pol* Isolation *f*; **~er** *(1a)* isolieren; **~oir** *m* Wahlkabine *f*
Israël [israɛl] *m* Israel *n*
israélien, **~ne** [israeljɛ̃, -jɛn] **1.** *adj* israelisch; **2. ɛ**, **ɛ*ne*** *m*, *f* Israeli *m*, *f*
issu, **~e** [isy] **~*(e)* de** *parenté*: abstammend von; *résultat*: entstanden aus
issue [isy] *f* Ausgang *m*; *fig* Ausweg *m*; ***à l'~ de*** am Ende von; ***rue*** *f* ***sans ~*** Sackgasse *f*

Istanbul [istɑ̃bul] Istanbul *n*
isthme [ismə] *m* Landenge *f*
Italie [itali] *f* ***l'~*** Italien *n*
ital|ien, ~ienne [italjɛ̃, -jɛn] **1.** *adj* italienisch; **2.** **♀, ♀ne** *m, f* Italiener(in) *m(f)*; **~ique** *m* Schräg-, Kursivschrift *f*
itinéraire [itinerɛr] *m* Route *f*, Strecke *f*
I.U.T. *m abr **Institut universitaire de technologie*** Fachhochschule *f*
I.V.G. *m abr **interruption volontaire de grossesse*** Schwangerschaftsabbruch *m*
ivoire [ivwar] *m* Elfenbein *n*
ivr|e [ivrə] betrunken; *fig* trunken (***de*** vor); **~esse** [-ɛs] *f* Trunkenheit *f*, Rausch *m*
ivrogne [ivrɔɲ] **1.** *adj* trunksüchtig; **2.** *m, f* Trinker(in) *m(f)*

J

jacasser [ʒakase] *(1a)* *pie*: schreien; *personne*: plappern
jachère [ʒaʃɛr] *f agr* Brachland *n*; ***en ~*** brach
jacinthe [ʒasɛ̃t] *f bot* Hyazinthe *f*
jadis [ʒadis] früher, einstmals
jaillir [ʒajir] *(2a)* *eau*: hervorsprudeln; *source*: entspringen; *flammes*: emporragen
jalon [ʒalõ] *m* Absteckpfahl *m*
jalousie [ʒaluzi] *f* **1.** Eifersucht *f*; *envie*: Neid *m*; **2.** *store* Jalousie *f*
jalou|x, ~se [ʒalu, -z] eifersüchtig; *envieux* neidisch
Jamaïque [ʒamaik] ***la ~*** Jamaika *n*
jamais [ʒamɛ] **1.** *positif*: je(mals); ***à ~*** für immer; **2.** *negatif*: ***ne … ~*** nie(mals)
jambe [ʒɑ̃b] *f* Bein *n*
jambon [ʒɑ̃bõ] *m* Schinken *m*
jante [ʒɑ̃t] *f* (Rad-)Felge *f*
janvier [ʒɑ̃vje] *m* Januar *m*
Japon [ʒapõ] ***le ~*** Japan *n*
japonais, ~e [ʒapɔnɛ, -z] **1.** *adj* japanisch; **2.** **♀, ♀e** *m, f* Japaner(in) *m(f)*
japper [ʒape] *(1a)* kläffen
jaquette [ʒakɛt] *f d'homme*: Cut *m*; *de dame*: Kostümjacke *f*
jardin [ʒardɛ̃] *m* Garten *m*
jardin|age [ʒardinaʒ] *m* Gartenbau *m*, -arbeit *f*; **~ier, ~ière** [-je, -jɛr] *m, f* Gärtner(in) *m(f)*
jargon [ʒargõ] *m* Fach-, Berufssprache *f*, Jargon *m*; *péj* Kauderwelsch *n*
jarret [ʒarɛ] *m* Kniekehle *f*; *cuis* Haxe *f*
jars [ʒar] *m zo* Gänserich *m*
jas|er [ʒɑze] *(1a)* schwatzen, klatschen; **~eur, ~euse** **1.** *adj* schwatzhaft; **2.** *m, f* Schwätzer(in) *m(f)*
jatte [ʒat] *f* Napf *m*
jaug|e [ʒoʒ] *f* Eichmaß *n*; *tech* Lehre *f*; **~er** *(1l)* *mesurer* messen; *fig* abschätzen
jaunâtre [ʒonɑtrə] gelblich
jaun|e [ʒon] **1.** *adj* gelb; **2.** *m* Gelb *n*; ***~ d'œuf*** Eigelb *n*, Dotter *m od n*; **~ir** *(2a)* *v/i* gelb werden; **~isse** [-is] *f méd* Gelbsucht *f*
Javel [ʒavɛl] ***eau*** *f* ***de ~*** Chlorwasser *n*
javelot [ʒavlo] *m sports*: Speer *m*
J.-C. *abr **Jésus-Christ*** Chr. (Christus)
je [ʒ(ə)] ich
jean [dʒin] *m* Jeans *f/sg od pl*
je-m'en-foutisme [ʒmɑ̃futismə] *m* F Gleichgültigkeit *f*
Jérusalem [ʒeryzalɛm] Jerusalem *n*
Jésus-Christ [ʒezykri] Jesus Christus
jet [ʒɛ] *m lancer*: Wurf *m*; *jaillissement* Strahl *m*; *bot* Trieb *m*; ***~ d'eau*** Wasserstrahl *m*; *fontaine* Fontäne
jetée [ʒ(ə)te] *f mar* Mole *f*, Hafendamm *m*
jeter [ʒ(ə)te] *(1c)* werfen; *se défaire de* wegwerfen; *bot* treiben; ***~ un pont*** e-e Brücke schlagen
jeton [ʒ(ə)tõ] *m jeu*: Spielmarke *f*; *téléphone*: Fernsprechmünze *f*
jeu [ʒø] *m (pl -x)* Spiel *n* (*a tech*); ***mettre en ~*** aufs Spiel setzen; ***être en ~*** auf dem Spiel stehen
jeudi [ʒødi] *m* Donnerstag *m*
jeun [ʒɛ̃, ʒœ̃] ***à ~*** nüchtern
jeune [ʒœn] jung; *adolescent* jugendlich; ***les ~s*** die Jugend *f*, die jungen Leute *pl*
jeûn|e [ʒøn] *m* Fasten *n*; **~er** *(1a)* fasten
jeunesse [ʒœnɛs] *f* Jugend *f*; *période*: Jugendzeit *f*
JO *abr **Jeux olympiques*** Olympische

Spiele *pl*; ***Journal officiel*** Amtsblatt *n*

joaillerie [ʒɔajri] *f magasin*: Juweliergeschäft *n*; *articles*: Juwelen *pl*, Schmuck *m*

joaill|ier, ~ière [ʒɔaje, -jɛr] *m, f* Juwelier *m*, Juwelenhändler(in) *m(f)*

JOC *f abr* ***Jeunesse ouvrière chrétienne*** Christliche Arbeiterjugend

jogging [dʒɔgiŋ] *m* Jogging *n*; ***faire du ~*** joggen

joie [ʒwa] *f* Freude *f*

joindre [ʒwɛ̃drə] (*4b*) *relier* aneinanderfügen, aneinanderlegen; *ajouter* hinzufügen; *personne*: erreichen, treffen; *mains*: falten; ***se ~ à qn*** sich j-m anschließen

joint [ʒwɛ̃] *m anat* Gelenk *n* (*a tech*); *mur*: (Mauer-)Fuge *f*; *robinet*: Dichtung *f*

joli, ~e [ʒɔli] hübsch, nett

jonc [ʒõ] *m bot* Binse *f*

joncher [ʒõʃe] (*1a*) bestreuen, bedecken

jonction [ʒõksjõ] *f* Verbindung *f* (*a él*); *mil* Vereinigung *f*; *routes*: Kreuzung *f*; *fleuves*: Zusammenfluss *m*

jongleur [ʒõglœr] *m* Jongleur *m*

jonquille [ʒõkij] *f bot* gelbe Narzisse *f*, Osterglocke *f*

Jordanie [ʒɔrdani] *f **la ~*** Jordanien *n*

joue [ʒu] *f* Backe *f*

jouer [ʒwe] (*1a*) *v/t* spielen; *argent*: setzen; *réputation*: aufs Spiel setzen; ***~ un tour à qn*** j-m einen Streich spielen; *v/i tech* Spiel haben; *bois*: sich werfen; ***~ aux cartes*** Karten spielen; ***~ d'un instrument*** ein Instrument spielen; ***se ~ de qn*** j-n täuschen

jou|et [ʒwɛ] *m* Spielzeug *n*; **~eur, ~euse** *m, f* Spieler(in) *m(f)*

joufflu, ~e [ʒufly] pausbäckig

joug [ʒu] *m* Joch *n*

jou|ir [ʒwir] (*2a*) ***~ de qc*** etw (*acc*) genießen; *posséder* etw (*acc*) haben, besitzen; **~issance** [-isɑ̃s] *f* Genuss *m*; *jur* Nutzung *f*

joule [ʒul] *m* Joule *n*

jour [ʒur] *m* Tag *m*; *lumière* (Tages-)Licht *n*; *ouverture* Öffnung *f*; ***~ de l'an*** Neujahrstag *m*; ***~ fixe*** *od* ***de référence*** (***de l'introduction de l'euro***) *f* Stichtag *m* (zur Einführung des Euro); ***le ~*** *od* ***de ~*** am Tage, tagsüber; ***un ~*** e-s Tages; ***vivre au ~ le ~*** von der Hand in den Mund leben; ***au grand ~*** am hellen Tage; ***de nos ~s*** heutzutage; ***du ~ au lendemain*** von heute auf morgen, im Handumdrehen; ***l'autre ~*** neulich; ***être à ~*** auf dem Laufenden sein; ***mettre à ~*** auf den neuesten Stand bringen; ***mettre au ~*** ans Licht bringen; *fig* ***se faire ~*** zum Durchbruch kommen; ***par ~*** täglich; ***un ~ ou l'autre*** über kurz oder lang; ***d'un ~ à l'autre*** *od* ***de ~ en ~*** von Tag zu Tag; ***~ pour ~*** auf den Tag genau; ***il fait ~*** es ist hell

Jourdain [ʒurdɛ̃] ***le ~*** der Jordan

journal [ʒurnal] *m* (*pl -aux*) Zeitung *f*; *intime*: Tagebuch *n*; *TV, radio*: Nachrichten *f/pl*

journal|ier, ~ière [ʒurnalje, -jɛr] **1.** *adj* täglich; **2.** *m, f* Tagelöhner(in) *m(f)*

journal|isme [ʒurnalism] *m* Journalismus *m*; **~iste** *m, f* Journalist(in) *m(f)*

journée [ʒurne] *f* Tag *m*; *de travail*: Arbeitstag *m*

jovial, ~e [ʒɔvjal] (*m/pl* -aux *od* -als) fröhlich, heiter; **~ité** *f* Frohsinn *m*, Heiterkeit *f*

joyau [ʒwajo] *m* (*pl -x*) Kleinod *n*, Juwel *n*

joyeu|x, ~se [ʒwajø, -z] lustig, fröhlich

jubil|é [ʒybile] *m* Jubiläum *n*; **~er** (*1a*) jubeln, sich unbändig freuen

jucher [ʒyʃe] (*1a*) *v/t* (hoch) hinaufstellen, -legen; *v/i oiseau*: hoch sitzen

judici|aire [ʒydisjɛr] gerichtlich; ***police f ~*** Kriminalpolizei *f*; **~eux, ~euse** [-ø, -øz] gescheit, vernünftig

juge [ʒyʒ] *m* Richter(in) *m(f)*; ***~ de paix*** Friedensrichter(in) *m(f)*; ***~ d'instruction*** Untersuchungsrichter(in) *m(f)*

jugement [ʒyʒmɑ̃] *m* Urteil *n*; *perspicacité* Urteilsvermögen *n*; ***porter un ~ sur qc*** sich über etw äußern; *rel* ***le* ≗ *dernier*** das Jüngste Gericht *n*

juger [ʒyʒe] (*1l*) *jur* ***~ qn, qc*** über j-n, eine Sache urteilen; *évaluer* beurteilen; ***~ qc, qn intéressant, important***, *etc* etw, j-n für interessant, wichtig, *etc* halten; ***~ que*** meinen, dass; ***~ bon de faire qc*** es für gut halten, etw zu tun; ***~ de*** entscheiden über, ermessen

juguler [ʒygyle] (*1a*) im Keim ersticken

jui|f, ~ve [ʒɥif, -v] **1.** *adj* jüdisch; **2. ≗, *Juive*** *m, f* Jude *m*, Jüdin *f*

juillet [ʒɥijɛ] *m* Juli *m*

juin [ʒɥɛ̃] *m* Juni *m*
jum|eau, **~elle** [ʒymo, -ɛl] (*m/pl -x*) **1.** *adj* Zwillings…; Doppel…; **2.** *m, f* Zwilling *m*; *sœur*: Zwillingsschwester *f*; *frère*: Zwillingsbruder *m*; ***jumeaux*** *m/pl od* ***jumelles*** *f/pl* Zwillinge *m/pl*
jumel|age [ʒymlaʒ] *m villes*: Partnerschaft *f*; **~er** (*1c*) *tech* koppeln; *villes*: durch e-e Partnerschaft verbinden
jumelles [ʒymɛl] *f/pl* Fernglas *n*
jument [ʒymɑ̃] *f zo* Stute *f*
jungle [ʒɛ̃glə, ʒœ̃-] *f* Dschungel *m*
jupe [ʒyp] *f* Rock *m*; **~-culotte** [-kylɔt] *f* (*pl jupes-culottes*) Hosenrock *m*
jupon [ʒypõ] *m* Unterrock *m*; *fig* ***courir le ~*** ein Schürzenjäger sein
Jura [ʒyra] ***le ~*** **1.** *montagnes* der Jura; **2.** *französisches Departement*; **3.** *en Suisse* ***le canton du ~*** der Kanton Jura
jur|é [ʒyre] *m jur* Geschworene(r) *m*; **~er** (*1a*) schwören; *dire jurons* fluchen; ***~ avec qc*** sich mit etw nicht vertragen; ***~ de faire qc*** schwören, etw zu tun; ***~ que*** versichern, dass
jurid|iction [ʒyridiksjõ] *f* Rechtsprechung *f*, Gerichtsbarkeit *f*; **~ique** *droit*: rechtlich, juristisch; *cour de justice*: gerichtlich
jurisprudence [ʒyrisprydɑ̃s] *f* Rechtsprechung *f*
juron [ʒyrõ] *m* Fluch *m*
jury [ʒyri] *m jur* Geschworenen *pl*; *allg* Jury *f*
jus [ʒy] *m* Saft *m*; *viande*: Bratensaft *m*; ***~ de fruits*** Fruchtsaft *m*
jusque [ʒysk(ə)] **1.** *prép* ***jusqu'à*** bis; ***jusqu'alors*** bis jetzt; ***jusqu'à présent*** bis jetzt; **2.** *adv* sogar; **3.** *conj* ***jusqu'à ce que*** (+ *subj*) bis
juste [ʒyst] **1.** *adj équitable* gerecht; *légitime* berechtigt; *correct* richtig; *précis* genau, passend; *étroit* (zu) eng; **2.** *adv exactement* genau; *seulement* nur
justement [ʒystəmɑ̃] *adv exactement* gerade; *avec raison* zu Recht
justesse [ʒystɛs] *f* Richtigkeit *f*, Genauigkeit *f*; ***de ~*** mit knapper Not
justice [ʒystis] *f* Gerechtigkeit *f*; *institution*: Justiz *f*; *cour* Gericht *n*
justifiable [ʒystifjablə] vertretbar
justifi|cation [ʒystifikasjõ] *f* Rechtfertigung *f*; **~er** (*1a*) rechtfertigen; ***~ de qc*** etw nachweisen; ***se ~ de qc*** (***devant qn***) sich für etw (vor j-m) verantworten
juteu|x, **~se** [ʒytø, -z] saftig
juvénile [ʒyvenil] jugendlich
juxtaposer [ʒykstapoze] (*1a*) nebeneinanderstellen, nebeneinanderlegen

K

kaki [kaki] kakifarben
kangourou [kɑ̃guru] *m zo* Känguru *n*
karaté [karate] *m* Karate *n*
Kenya [kenja] ***le ~*** Kenia *n*
képi [kepi] *m* Käppi *n*
kermesse [kɛrmɛs] *f* Kirmes *f*
kg (*abr de* kilogramme) kg
kif-kif [kifkif] F ***c'est ~*** das ist ganz egal
kilo|(gramme) [kilo, kilɔgram] *m* (*abr* kg) Kilo(gramm) *n*; **~métrage** [-metraʒ] *m* Kilometerzahl *f*; **~mètre** [-mɛtrə] *m* (*abr* km) Kilometer *m*; **~métrique** [-metrik] Kilometer…
kinési|thérapeute [kineziterapøt] *m, f* Krankengymnast(in) *m(f)*; **~thérapie** [-terapi] *f* Krankengymnastik *f*
kiosque [kjɔsk] *m* Kiosk *m*, Stand *m*;*jardin publique*: (Garten-)Pavillon *m*
kiwi [kiwi] *m* Kiwi *f*
klaxon [klaksɔn] *m auto* Hupe *f*
klaxonner [klaksɔne] (*1a*) hupen
km (*abr de* kilomètre) km
km/h *abr* ***kilomètre(s)-heure*** *od* ***kilomètre(s) à l'heure*** km/h (Kilometer pro Stunde)
Koweït [kɔwejt] ***le ~*** Kuwait *n*
krach [krak] *m écon* Börsenkrach *m*
Kremlin [krɛmlɛ̃] ***le ~*** der Kreml
kyste [kist] *m méd* Zyste *f*

L

la[1] [la] → ***le***
la[2] [la] *m mus* a *od* A *n*
là [la] da; *là-bas* dort; *direction*: dahin, dorthin; ***de ~*** von dorther; *causal*: daher; ***par ~*** da, dort (entlang, hindurch); **~-bas** [-bɑ] da drüben, dahinten, dort
label [labɛl] *m comm* Warenkennzeichen *n*
labeur [labœr] *st/s m* mühselige Arbeit *f*, Mühsal *f*
labor|atoire [labɔratwar] *m* Labor(atorium) *n*; ***~ de langues*** Sprachlabor *n*; **~ieux**, **~ieuse** [-jø, -jøz] *personne*: arbeitsam; *tâche*: mühselig
labour [labur] *m* Pflügen *n*, Ackern *n*; **~er** (*1a*) pflügen, ackern
lac [lak] *m* See *m*
lacer [lase] (*1k*) (zu)schnüren
lacérer [lasere] (*1f*) zerreißen
lacet [lasɛ] *m chaussures*: Schnürsenkel *m*, -band *n*; *route*: scharfe Kurve *f*; **~s** *pl col*: Serpentinen *f/pl*
lâch|e [lɑʃ] **1.** *adj fil*: locker, schlaff; *personne*: feige; **2.** *m* Feigling *m*; **~er** (*1a*) *v/t* loslassen, fahren lassen; *laisser tomber* fallen lassen; *mot*: fallen lassen; *v/i freins*: nachgeben, versagen; *corde*: reißen; **~eté** [-te] *f* Feigheit *f*
lacrymogène [lakrimɔʒɛn] ***gaz*** *m* **~** Tränengas *n*
lacté, **~e** [lakte] Milch…
lacune [lakyn] *f* Lücke *f*
là-dedans [lad(ə)dɑ̃] drin(nen)
là-dessous [latsu] darunter
là-dessus [latsy] darüber, darauf
là-haut [lao] da oben
laïc [laik] → ***laïque***
laid, **~e** [lɛ, -d] hässlich
laideur [lɛdœr] *f* Hässlichkeit *f*; *bassesse* Gemeinheit *f*
lainage [lɛnaʒ] *m étoffe*: Wollstoff *m*; *vêtement*: Wolljacke *f*
lain|e [lɛn] *f* Wolle *f*; ***~ de verre*** Glaswolle *f*; **~eux**, **~euse** [-ø, -øz] wollig
laïque [laik] **1.** *égl* Laien…, weltlich; **2.** nichtkirchlich, laizistisch
laisse [lɛs] *f* Leine *f*; ***tenir en ~*** an der Leine führen
laisser [lɛse] (*1b*) lassen; *de reste*: übrig lassen; *derrière soi*: zurücklassen; *oublier* liegen lassen; *héritage*: vermachen; *ne pas exécuter*, *faire* unterlassen; ***~ faire qc à qn*** j-n etw tun lassen; ***se ~ aller*** sich gehen lassen; ***se ~ faire*** sich (*dat*) alles gefallen lassen
laisser|-aller [lɛseale] *m* Nachlässigkeit *f*; **~-faire** [-fɛr] *m* Gewährenlassen *n*
laissez-passer [lɛsepase] *m* (*pl unv*) Passierschein *m*
lait [lɛ] *m* Milch *f*
lait|age [lɛtaʒ] *m* Milchprodukt *n*; **~erie** *f usine*: Molkerei *f*; *magasin*: Milchgeschäft *n*; **~ier**, **~ière** [-je, -jɛr] **1.** *adj* Milch…, Molkerei…; **2.** *m*, *f* Milchhändler(in) *m*(*f*)
laiton [lɛtõ] *m* Messing *n*
laitue [lety] *f bot* Kopfsalat *m*
laïus [lajys] *m* F (endlose) Rede *f*
lambeau [lɑ̃bo] *m* (*pl -x*) Lumpen *m*, Fetzen *m*
lambris [lɑ̃bri] *m* Täfelung *f*
lame [lam] *f* **1.** dünne Platte *f*; *rasoir*: Rasierklinge *f*; **2.** *vague* Woge *f*, Welle *f*
lament|able [lamɑ̃tablə] kläglich, jämmerlich, jammervoll; **~ation** *f* Jammern *n*, Klagen *n*; **~er** (*1a*) ***se ~*** jammern
laminoir [laminwar] *m tech* Walzwerk *n*
lampadaire [lɑ̃padɛr] *m meuble*: Stehlampe *f*; *rue*: Straßenlaterne *f*
lampe [lɑ̃p] *f* Lampe *f*; *radio*: Röhre *f*
lampée [lɑ̃pe] *f* Schluck *m*
lance [lɑ̃s] *f* Lanze *f*; ***~ d'incendie*** Spritze *f*
lancé, **~e** [lɑ̃se] in Schwung, in Fahrt
lancement [lɑ̃smɑ̃] *m bateau*: Stapellauf *m*; *fusée*: Abschuss *m*; *comm* Einführung *f*, Lancierung *f*
lancer [lɑ̃se] (*1k*) werfen; *avec violence*, *force*: schleudern; *injure*, *cri*: ausstoßen; *bateau*: vom Stapel lassen; *fusée*: abschießen; *nouveau produit*: auf den Markt bringen; *entreprise*: in Gang bringen; ***se ~ sur*** sich stürzen

auf (*acc*)

lancinant, **~e** [lɑ̃sinɑ̃, -t] *douleur*: stechend

landau [lɑ̃do] *m* Kinderwagen *m*

lande [lɑ̃d] *f* Heide(land) *f(n)*

langage [lɑ̃gaʒ] *m* Sprache *f*; **~ *de programmation*** Programmiersprache *f*

lange [lɑ̃ʒ] *m* Windel *f*, Wickeltuch *n*

langoureu|x, **~se** [lɑ̃gurø, -z] schmachtend

langouste [lɑ̃gustə] *f* Languste *f*

langu|e [lɑ̃g] *f* **1.** *anat*, *cuis* Zunge *f*; ***mauvaise* ~** Lästermaul *n*; **2.** Sprache *f*; **~ *étrangère*** Fremdsprache *f*; **~ *maternelle*** Muttersprache *f*; ***de* ~ *anglaise*** englischsprachig; **~ette** [-ɛt] *f chaussure*: Zunge *f*

langu|eur [lɑ̃gœr] *f apathie* Mattigkeit *f*; *mélancolie* Sehnsucht *f*; **~ir** (*2a*) *d'amour*: schmachten; *être passif* apathisch sein; *conversation*: stocken

lanière [lanjɛr] *f* (langer, schmaler) Riemen *m*

lanterne [lɑ̃tɛrn] *f* Laterne *f*

Laos [laɔs] ***le* ~** Laos *n*

lapalissade [lapalisad] *f* Binsenwahrheit *f*

laper [lape] (*1a*) (auf)lecken

lapid|aire [lapidɛr] lapidar; **~er** (*1a*) *assassiner*: steinigen; *attaquer*: mit Steinen bewerfen

lapin [lapɛ̃] *m* Kaninchen *n*

Laponie [lapɔni] ***la* ~** Lappland *n*

laps [laps] *m* **~ *de temps*** Zeitraum *m*

laque [lak] *f peinture*: Lack *m*; *cheveux*: Haarspray *n*

laquelle [lakɛl] → ***lequel***

larcin [larsɛ̃] *m kleiner* Diebstahl *m*

lard [lar] *m* Speck *m*

lard|er [larde] (*1a*) *cuis u fig* spicken; **~on** *m* Speckstreifen *m*

larg|e [larʒ] **1.** *adj* breit; *ample* weit; *généreux* freigebig, großzügig; **2.** *adv* weit; **3.** *m* Breite *f*; *fig* Platz *m*, Bewegungsfreiheit *f*; *mar* hohe, offene See *f*; *fig* ***prendre le* ~** das Weite suchen; **~ement** [-mɑ̃] *adv* weit; *généreusement* freigebig, großzügig; **~esse** [-ɛs] *f* Freigebigkeit *f*, Großzügigkeit *f*; **~eur** *f* Breite *f*; *fig* **~ *d'esprit*** liberale Gesinnung

larme [larm] *f* Träne *f*; ***une* ~ *de*** ein Tropfen …

larmoyer [larmwaje] (*1h*) *yeux*: tränen; *se plaindre* jammern, flennen

larv|e [larv] *f* (Insekten-)Larve *f*; **~é**, **~ée** latent, verborgen

laryngite [larɛ̃ʒit] *f méd* Kehlkopfentzündung *f*

larynx [larɛ̃ks] *m* Kehlkopf *m*

las, **~se** [lɑ, -s] müde, matt; *saturé* überdrüssig

laser [lazɛr] *m phys* Laser *m*

lasser [lɑse] (*1a*) *fatiguer* erschöpfen; *ennuyer* langweilen; ***se* ~ *de qc*** e-r Sache müde *od* überdrüssig werden

lassitude [lɑsityd] *f* Müdigkeit *f*; *ennui* Überdruss *m*

latent, **~e** [latɑ̃, -t] latent

latéral, **~e** [lateral] (*m/pl -aux*) seitlich, Neben…

latin, **~e** [latɛ̃, -in] lateinisch

latitude [latityd] *f* geografische Breite *f*; *fig* (Handlungs-)Freiheit *f*

latrines [latrin] *f/pl* Latrine *f*

latt|e [lat] *f* Latte *f*; **~is** [-i] *m* Lattenwerk *n*

lauréat, **~e** [lɔrea, -at] *m*, *f* Preisträger(in) *m(f)*

laurier [lɔrje] *m* Lorbeer *m*; *cuis* Lorbeerblatt *n*

lavable [lavablə] waschbar, -echt

lav|abo [lavabo] *m* Waschbecken *n*; **~s** *pl* Toilette *f*; **~age** *m* Waschen *n*, Wäsche *f*; *pol* **~ *de cerveau*** Gehirnwäsche *f*; *méd* **~ *d'estomac*** Magenspülung *f*

lavande [lavɑ̃d] *f bot* Lavendel *m*

lave [lav] *f* Lava *f*

lave-glace [lavglas] *m* (*pl lave-glaces*) Scheibenwaschanlage *f*

lav|ement [lavmɑ̃] *m méd* Einlauf *m*; **~er** (*1a*) waschen; *dents*: putzen; *tache*: abwaschen

lav|erie *f* Wäscherei *f*; **~ette** [-ɛt] *f* Spüllappen *m*; *fig u péj* Waschlappen *m*; **~eur**, **~euse** *m*, *f* Wäscher(in) *m(f)*; *vitres*: Fensterputzer(in) *m(f)*

lave-vaisselle [lavvɛsɛl] *m* (*pl unv*) Geschirrspülmaschine *f*

lavoir [lavwar] *m* Waschhaus *n*, -platz *m*; *bac* Spülbecken *n*

laxati|f, **~ve** [laksatif, -v] **1.** *adj* abführend; **2.** *m* Abführmittel *n*

lax|isme [laksismə] *m* Laxheit *f*; **~iste** lax

layette [lɛjɛt] *f* Babywäsche *f*

L.D.H. *f abr* ***Ligue des droits de l'hom-***

me Liga *f* für Menschenrechte
le, la, les [lə, la, le] *m, f, pl* **1.** *article défini*: der, die, das; die; **2.** *pronom personnel* (*objet direct*): ihn, sie, es; sie
leader [lidœr] *m pol* (Partei-)Führer *m*
leasing [liziŋ] *m écon* Leasing *n*; ***acheter en ~*** leasen
lécher [leʃe] (*1f*) lecken; *fig* ***~ les vitrines*** e-n Schaufensterbummel machen
leçon [l(ə)sõ] *f cours* Unterrichtsstunde *f*, Lektion *f*; *morale*: Lehre *f*; ***~s particulières*** Nachhilfestunden *f/pl*
lec|teur, ~trice [lɛktœr, -tris] **1.** *m, f* Leser(in) *m(f)*; *université*: Lektor(in) *m(f)*; **2.** *m EDV* Laufwerk *n*; ***lecteur de cassettes*** Kassettenrecorder *m*; ***lecteur de CD*** CD-Player *m*, CD--Spieler *m*; *effectuant la lecture d'informations* CD-Laufwerk *n*; ***lecteur de CD-ROM*** CD-ROM-Laufwerk *n*; ***lecteur de disquettes*** Diskettenlaufwerk *n*; ***lecteur de DVD*** DVD-Player *m*, DVD-Spieler *m*; **~ture** [-tyr] *f action*: Lesen *n*, Lektüre *f*; *livres, journaux*: Lesestoff *m*, Lektüre *f*; *parlement*: Lesung *f*
ledit, ladite [lədi, ladit] (*pl lesdits, lesdites*) besagte(r, -s), obige(r, -s)
légal, ~e [legal] (*m/pl -aux*) gesetzlich, legal; **~iser** (*1a*) *certificat, signature*: amtlich beglaubigen; *rendre légal* legalisieren; **~ité** *f* Gesetzlichkeit *f*, Legalität *f*
légataire [legatɛr] *m, f* Vermächtnisnehmer(in) *m(f)*; ***~ universel*** Alleinerbe, -erbin *m, f*
légendaire [leʒɑ̃dɛr] sagenhaft, legendär
légende [leʒɑ̃d] *f* Legende *f*; *sous image*: Bildunterschrift *f*, Beschriftung *f*; *carte*: Legende *f*, Zeichenerklärung *f*
lég|er, ~ère [leʒe, -ɛr] *poids, vent, aliment*: leicht; *mœurs*: locker; *erreur, retard*: geringfügig; *frivole, insouciant* leichtfertig; *irréfléchi* leichtsinnig; ***à la légère*** leichthin; **~èrement** [-ɛrmɑ̃] *adv* leicht; *un peu* ein wenig; *inconsidérément* unbesonnen; **~èreté** [-ɛrte] *f* Leichtigkeit *f*, Leichtheit *f*; *frivolité, insouciance*: Leichtfertigkeit *f*; *irréflexion* Leichtsinn *m*
légion [leʒjõ] *f* Legion *f*; ***~ étrangère*** Fremdenlegion *f*
légionnaire [leʒjɔnɛr] *m* (Fremden-) Legionär *m*
législa|teur, ~trice [leʒislatœr, -tris] *m, f* Gesetzgeber(in) *m(f)*; **~tif, ~tive** [-tif, -tiv] gesetzgebend; (***élections*** *f/pl*) ***législatives*** *f/pl* Parlamentswahlen *f/pl*; **~tion** *f* Gesetzgebung *f*; **~ture** [-tyr] *f* Legislaturperiode *f*
légitimation [leʒitimasjõ] *f* Legitimation *f*, Anerkennung *f*
légitime [leʒitim] rechtmäßig, legitim; *justifié* gerecht(fertigt)
legs [lɛ(g)] *m* Vermächtnis *n*, Erbschaft *f*
léguer [lege] (*1f u 1m*) vermachen
légume [legym] *m* Gemüse *n*
Léman [lemɑ̃] ***le lac ~*** der Genfer See
lendemain [lɑ̃dmɛ̃] *m* ***le ~*** der folgende Tag; am Tag danach; ***sans ~*** ohne Dauer
lent, ~e [lɑ̃, lɑ̃t] langsam; **~ement** *adv* langsam
lenteur [lɑ̃tœr] *f* Langsamkeit *f*; *lourdeur* Schwerfälligkeit *f*
lentille [lɑ̃tij] *f bot u tech* Linse *f*
lèpre [lɛprə] *f* Aussatz *m*, Lepra *f*
lépreu|x, ~se [leprø, -z] *m, f* Aussätzige(r) *m, f*
lequel, laquelle [ləkɛl, lakɛl] (*pl lesquels, lesquelles*) *pronom interrogatif*: welche(r, s)?; *pronom relatif*: der, die, das
les [le] → ***le***
lesbienne [lɛsbjɛn] *f* Lesbierin *f*
léser [leze] (*1f*) benachteiligen; *droits*: verletzen; *méd* verletzen
lésiner [lezine] (*1a*) knausern
lésion [lezjõ] *f méd* Verletzung *f*
lesquels, lesquelles [lekɛl] → ***lequel***
lessive [lɛsiv] *f produit*: Waschmittel *n*; *linge*: Wäsche *f*; ***eau*** *f* ***de ~*** Waschlauge *f*; ***faire la ~*** waschen
lest [lɛst] *m* Ballast *m*
leste [lɛst] flink; *propos*: schlüpfrig
Lettonie [letɔni] ***la ~*** Lettland *n*
lettre [lɛtrə] *f* **1.** *caractère* Buchstabe *m*; ***à la ~, au pied de la ~*** (wort)wörtlich; ***en toutes ~s*** ausgeschrieben; **2.** *correspondance*: Brief *m*; ***~ recommandée*** eingeschriebener Brief *m*; ***~ de change*** Wechsel *m*; **3.** ***~s*** *pl* Literatur *f*; *études*: Sprach- und Literaturwissenschaft *f*
lettré, ~e [lɛtre] gebildet
leucémie [løsemi] *f méd* Leukämie *f*

leur [lœr] **1.** *pronom possessif* (*pl -s*) ihr (-e); ***le, la ~, les ~s*** der, die, das ihr(ig)e, die ihr(ig)en; ihre(r, -s); **2.** *pronom personnel* ihnen

leurr|e [lœr] *m* Köder *m*; *fig* Lockmittel *n*; **~er** (*1a*) ködern; *fig* irreführen, täuschen

levain [ləvɛ̃] *m* Sauerteig *m*

levant [ləvɑ̃] **1.** *adj* ***soleil*** *m* **~** aufgehende Sonne *f*; **2.** *m* ***le*** **♀** der Orient *m*

lev|é, ~ée [l(ə)ve] auf(gestanden); ***être* ~** auf sein; **~ée** *f siège, séance*: Aufhebung *f*; *postes*: Leerung *f*; *cartes*: Stich *m*; *mil* Einziehung *f*

lever [l(ə)ve] **1.** *verbe* (*1d*) *v/t* heben; *poids*: hochheben; *impôts*: erheben; *interdiction*: aufheben; *mil* einziehen; *v/i pâte*: gehen; ***se* ~** aufstehen; *soleil*: aufgehen; *jour*: anbrechen; **2.** *m* Aufstehen *n*; **~ *du jour*** Tagesanbruch *m*; **~ *du soleil*** Sonnenaufgang *m*

levier [l(ə)vje] *m* Hebel *m*

lèvre [lɛvrə] *f* Lippe *f*

lévrier [levrije] *m* Windhund *m*

levure [l(ə)vyr] *f* Hefe *f*; **~ *chimique*** Backpulver *n*

lexique [lɛksik] *m vocabulaire* Wortschatz *m*; *glossaire* Lexikon *n*

lézard [lezar] *m zo* Eidechse *f*

lézarde [lezard] *f* Riss *m*

liaison [ljɛzõ] *f amoureuse*: Liebschaft *f*; *chemin de fer*: Verbindung *f*; *ling* Bindung *f*; ***être en* ~ *avec*** in Kontakt stehen mit

liant, **~e** [ljɑ̃, -t] gesellig, kontaktfreudig

liasse [ljas] *f* (Akten-)Stoß *m*, Bündel *n*

Liban [libɑ̃] ***le* ~** der Libanon; **♀ais**, **♀aise** [libanɛ, -ɛz] **1.** *adj* libanesisch; **2. ♀**, **♀*e*** *m*, *f* Libanese *m*, Libanesin *f*

libeller [libɛle] (*1b*) *document*, *contrat*: abfassen, ausfertigen; **~ *un chèque*** (***au nom de qn***) e-n Scheck (auf j-n) ausstellen

libellule [libɛlyl] *f zo* Libelle *f*

libéral, **~e** [liberal] (*m/pl -aux*) liberal; ***arts libéraux*** *m/pl* freie Künste *f/pl*; ***profession*** *f* ***libérale*** freier Beruf *m*; **~isme** *m* Liberalismus *m*; **~ité** *f* Freigebigkeit *f*, Großzügigkeit *f*

libér|ateur, **~atrice** [liberatœr, -atris] **1.** *adj* befreiend; **2.** *m*, *f* Befreier(in) *m*(*f*); **~ation** *f* Befreiung *f*; *prisonnier*: Freilassung *f*; **~er** (*1f*) befreien (***de*** von); *prisonnier*: freilassen; *gaz*: freisetzen; *engagement*, *dette*: entbinden (von)

Liberia [liberja] *géogr* ***le* ~** Liberia *n*

liberté [libɛrte] *f* Freiheit *f*; ***mettre en* ~** freilassen; **~ *de la presse*** Pressefreiheit *f*

libertin, **~e** [libɛrtɛ̃, -in] **1.** *adj* liederlich, ausschweifend; **2.** *m* Lebemann *m*

libidineu|x, **~se** [libidinø, -z] lüstern, wollüstig

libraire [librɛr] *m*, *f* Buchhändler(in) *m*(*f*)

librairie [librɛri] *f* Buchhandlung *f*

libre [librə] frei (***de*** von); **~-échange** [librеʃɑ̃ʒ] *m* Freihandel *m*; **~-service** [-sɛrvis] *m* (*pl libres-services*) Selbstbedienung *f*; *magasin*: Selbstbedienungsladen *m*

Libye [libi] ***la* ~** Libyen *n*

licenc|e [lisɑ̃s] *f* **1.** *comm*, *jur* Lizenz *f*; **2.** *diplôme* Licence *f* (*akademischer Grad in Frankreich und Belgien*); **3.** *fig mœurs*: Freiheit *f*; *péj* Zügellosigkeit *f*; **~ié**, **~iée** [-je] *m*, *f* Inhaber(in) *m*(*f*) e-r Licence

licenc|iement [lisɑ̃simɑ̃] *m* Entlassung *f*; **~ier** [-je] (*1a*) entlassen; **~ieux**, **~ieuse** [-jø, -jøz] unzüchtig

lichen [likɛn] *m bot* Flechte *f*

lie [li] *f* Boden-, Weinhefe *f*

lié, **~e** [lije] ***être* ~(*e*) *par*** verpflichtet sein durch; ***être très* ~(*e*) *avec qn*** mit j-m sehr eng befreundet sein

Liechtenstein [liçtɛnstajn] ***le* ~** Liechtenstein *n*

liège [ljɛʒ] *m bot* Kork *m*

Liège [ljɛʒ] Lüttich *n*

lien [ljɛ̃] *m* Band *n*; *rapport*: Verbindung *f*; *EDV* Link *m*, *n*; **~ *de parenté*** Familienbande *n/pl*

lier [lje] (*1a*) (zusammen)binden; *prisonnier*: fesseln; *cuis* binden; *fig pensées*, *personnes*: verbinden; **~ *amitié avec qn*** Freundschaft mit j-m schließen

lierre [ljɛr] *m bot* Efeu *m*

liesse [ljɛs] *f* ***une foule en* ~** e-e jubelnde Menge

lieu [ljø] *m* (*pl -x*) Ort *m*, Platz *m*; **~*x*** *pl* Örtlichkeit *f*; *de maison*: Räume *m/pl*; *jur* Tatort *m*; ***au* ~ *de*** (an)statt (*gén*);

avoir ~ stattfinden; ***avoir ~ de*** Grund haben zu; ***donner ~ à*** Anlass geben zu; ***en premier ~*** zuerst; ***en dernier ~*** schließlich; ***~ de destination*** Bestimmungsort *m*; ***il y a ~ de faire qc*** es ist Grund vorhanden, etw zu tun; ***s'il y a ~*** gegebenenfalls; ***tenir ~ de qc*** etw ersetzen; **~-dit** (*pl lieux-dits*) *m* Ort *m*, Örtlichkeit *f*

lieue [ljø] *f* Meile *f*

lieutenant [ljøtnɑ̃] *m* Oberleutnant *m*

lièvre [ljɛvrə] *m* Hase *m*

ligament [ligamɑ̃] *m anat* (Gelenk-)Band *n*

lign|e [liɲ] *f* Linie *f*; *trajet* (Verkehrs-)Linie *f*, Strecke *f*; *dans texte*: Zeile *f*; *transports*: Verbindung *f*; *tél*, *tech* Leitung *f*; *pêche*: Angelschnur *f*; ***à la ~!*** neue Zeile!; *EDV* ***en ~*** online; ***hors ~*** außergewöhnlich; *EDV* offline; ***garder la ~*** auf die Linie achten; ***entrer en ~ de compte*** in Betracht gezogen werden; ***pêcher à la ~*** angeln; **~ée** *f* Nachkommenschaft *f*; **~er** (*1a*) lin(i)ieren

ligneu|x, ~se [liɲø, -z] holzig

lignite [liɲit] *m* Braunkohle *f*

ligu|e [lig] *f* Liga *f*; **~er** (*1m*) ***se ~*** sich verbünden

lilas [lila] **1.** *m* Flieder *m*; **2.** *adj* (*unv*) lila

limace [limas] *f zo* Nacktschnecke *f*

limaçon [limasõ] *m zo* Schnecke *f mit Haus*

lim|e [lim] *f* Feile *f*; ***~ à ongles*** Nagelfeile *f*; **~er** (*1a*) feilen

limier [limje] *m* Spürhund *m*

limitation [limitasjõ] *f* Be-, Einschränkung *f*, Begrenzung *f*; ***~ de vitesse*** Geschwindigkeitsbegrenzung *f*

limit|e [limit] *f* Grenze *f*; ***à la ~*** äußerstenfalls; ***dans les ~s de*** im Rahmen (*gén*); ***date*** *f* **~** äußerster Termin; ***vitesse*** *f* **~** Höchstgeschwindigkeit *f*; **~er** (*1a*) begrenzen, beschränken (***à*** auf *acc*)

limoger [limɔʒe] (*1l*) *pol* kaltstellen

limon [limõ] *m* Schlamm *m*

limonade [limɔnad] *f* Limonade *f*

limpide [lɛ̃pid] klar, rein

lin [lɛ̃] *m bot* Flachs *m*; *toile*: Leinen *n*

linceul [lɛ̃sœl] *m* Leichentuch *n*

ling|e [lɛ̃ʒ] *m* Wäsche *f*; *morceau*: Tuch *n*; ***~ fin*** Feinwäsche *f*; ***~ (de corps)*** Unterwäsche *f*; **~erie** *f* Damen(unter)wäsche *f*

lingot [lɛ̃go] *m* Barren *m*

linguist|e [lɛ̃gɥist] *m*, *f* Sprachwissenschaftler(in) *m(f)*, Linguist(in) *m(f)*; **~ique 1.** *f* Sprachwissenschaft *f*, Linguistik *f*; **2.** *adj* sprachwissenschaftlich, linguistisch

lion, ~ne *f* [ljõ, -ɔn] *m*, *f zo* Löwe *m*, Löwin *f*

liqueur [likœr] *f* Likör *m*

liquidation [likidasjõ] *f société*, *magasin*: Auflösung *f*; *dettes*: Tilgung *f*; *vente au rabais* Ausverkauf *m*; *fig meurtre* Liquidierung *f*, Beseitigung *f*

liquid|e [likid] **1.** *adj* flüssig; ***argent*** *m* **~** Bargeld *n*; **2.** *m* Flüssigkeit *f*; **~er** (*1a*) *société*, *magasin*: auflösen; *dettes*: tilgen; *stock*: ausverkaufen; *problème*, *travail*: erledigen, regeln; *tuer* liquidieren, beseitigen

lire[1] [lir] (*4x*) lesen

lire[2] [lir] *f monnaie*: Lira *f*

lis [lis] *m bot* Lilie *f*

Lisbonne [lisbɔn] Lissabon *n*

liseron [lizrõ] *m bot* Winde *f*

lis|ibilité [lizibilite] *f* Lesbarkeit *f*; **~ible** lesbar

lisière [lizjɛr] *f* (Wald-)Saum *m*

lisse [lis] glatt

lisser [lise] (*1a*) glätten

listage [listaʒ] *m* Auflistung *f*

liste [list] *f* Liste *f*, Verzeichnis *n*

lit [li] *m* Bett *n* (*a Flussbett*); *géol* Schicht *f*; ***aller au ~*** ins Bett gehen; ***faire son ~*** das Bett machen; ***~ de camp*** Feldbett *n*

litanie [litani] *f* Litanei *f* (*a fig*); *fig* ***c'est toujours la même ~*** das ist immer die alte Leier

litchi [litʃi] *m bot* Lychee *f*

literie [litri] *f* Bettzeug *n*

lithographie [litɔgrafi] *f* Steindruck *m*, Lithografie *f*

litig|e [litiʒ] *m* (Rechts-)Streit *m*; **~ieux, ~ieuse** [-jø, -jøz] strittig

litre [litrə] *m* Liter *n od m*

littér|aire [literɛr] literarisch; **~al, ~ale** (*m/pl -aux*) wörtlich; **~ature** [-atyr] *f* Literatur *f*

littoral, ~e [litɔral] (*m/pl -aux*) **1.** *adj* Küsten…; **2.** *m* Küstenstrich *m*, -streifen *m*

Lituanie [litɥani] ***la ~*** Litauen *n*

liturgie [lityrʒi] *f* Liturgie *f*

livide [livid] fahl, blass
livr|able [livrablə] lieferbar; **~aison** *f* Lieferung *f*
livre[1] [livrə] *m* Buch *n*
livre[2] [livrə] *f poids, monnaie*: Pfund *n*
livre-cassette [livrəkasɛt] *m* (*pl livres-cassettes*) Hörbuch *n*
livrée [livre] *f* Livree *f*
livrer [livre] (*1a*) liefern; *prisonnier*: ausliefern; *secret, information*: preisgeben; ***se ~*** *se confier* sich anvertrauen; ***se ~ à qc*** *activité*: etw treiben; ***se ~ à un sentiment*** sich e-m Gefühl hingeben
livret [livrɛ] *m* kleines Heft *n*, Büchlein *n*; *opéra*: Libretto *n*; ***~ de caisse d'épargne*** Sparbuch *n*
livreur [livrœr] *m* Lieferant *m*
lobe [lɔb] *m méd* Lappen *m*; ***~ de l'oreille*** Ohrläppchen *n*
local, **~e** [lɔkal] (*m/pl -aux*) **1.** *adj* örtlich, Orts…; **2.** *m salle* Raum *m*; ***locaux*** *pl* Räumlichkeiten *f/pl*; **~iser** (*1a*) lokalisieren; *temps*: datieren; **~ité** *f* Ort(schaft) *m(f)*
loca|taire [lɔkatɛr] *m, f* Mieter(in) *m(f)*; **~tion** *f par propriétaire*: Vermietung *f*; *par locataire*: Mieten *n*; *loyer* Miete *f*; *voitures, bateaux*: Verleih *m*; *théâtre*: Vorverkauf *m*
lock-out [lɔkawt] *m* (*pl unv*) Aussperrung *f*
locomotive [lɔkɔmɔtiv] *f* Lokomotive *f*; *fig* treibende Kraft *f*
locution [lɔkysjõ] *f* Redensart *f*, Redewendung *f*
loge [lɔʒ] *f concierge*: Pförtnerwohnung *f*; *francs-maçons, spectateurs*: Loge *f*; **~able** bewohnbar
logement [lɔʒmã] *m* Unterkunft *f*; *appartement* Wohnung *f*
log|er [lɔʒe] (*1l*) *v/t* beherbergen, unterbringen; *v/i* wohnen; **~eur**, **~euse** *m, f* Zimmervermieter(in) *m(f)*, Wirt(in) *m(f)*
logiciel [lɔʒisjɛl] *m EDV* Software *f*; ***~ de traduction*** Übersetzungssoftware *f*
logique [lɔʒik] **1.** *adj* logisch; **2.** *f* Logik *f*
logis [lɔʒi] *litt m* Haus *n*
logistique [lɔʒistik] *f* Logistik *f*, Versorgung *f*
loi [lwa] *f* Gesetz *n*; **~-cadre** [-kadrə] *f* (*pl lois-cadres*) Rahmengesetz *n*
loin [lwɛ̃] *adv* weit (weg), fern; *dans le passé*: weit zurück; ***au ~*** in der Ferne, weit weg; ***de ~*** aus der Ferne, von weitem; *fig* bei weitem; ***revenir de ~*** noch einmal davongekommen sein; ***~ de*** weit (weg) von
lointain, **~e** [lwɛ̃tɛ̃, -ɛn] **1.** *adj* fern, entfernt; *dans le passé*: weit zurückliegend; *dans le futur*: entfernt; **2.** *m* Ferne *f*
loisible [lwaziblə] gestattet
loisir *m* Muße *f*, Freizeit *f*; **~s** *pl* Freizeitbeschäftigungen *f/pl*, Freizeitgestaltung *f*
lombes [lõb] *m/pl méd* Lenden *f/pl*
londonien, **~ne** [lõdɔnjɛ̃, -ɛn] **1.** *adj* Londoner; **2.** **♀**, **♀ne** *m, f* Londoner(in) *m(f)*
Londres [lõdrə] London
long, **longue** [lõ, lõg] **1.** *adj* lang; ***chaise f longue*** Liegestuhl *m*; ***à long terme*** langfristig; ***à la longue*** auf die Dauer; ***être ~*** *durer* lange dauern; ***être ~ à faire qc*** lange brauchen, um etw zu tun; ***de longue main*** seit langer Zeit; **2.** *adv **en dire long*** vielsagend sein; **3.** *m* Länge *f*; ***de deux mètres de long*** von 2 Meter Länge; ***le long de*** längs (*gén*), entlang (*dat*); ***de long en large*** auf und ab, hin und her; ***tout au** od **le long de l'année*** das ganze Jahr über
longe [lõʒ] *f corde*: Leine *f*; *cuis* Lendenstück *n*, -braten *m*
longer [lõʒe] (*1l*) entlanggehen, -fahren (***qc*** an etw *dat*); *sentier, mur*: sich erstrecken längs (*gén*)
longévité [lõʒevite] *f* Langlebigkeit *f*
longitude [lõʒityd] *f* geografische Länge *f*
longtemps [lõtã] *adv* lange (*zeitlich*); ***il y a ~*** vor langer Zeit; ***il y a ~ qu'il habite là*** er wohnt schon lange hier
longuement [lõgmã] *adv* lange; *parler*: lang und breit
longueur [lõgœr] *f* Länge *f*
longue-vue [lõgvy] *f* (*pl longues-vues*) Fernrohr *n*
lopin [lɔpɛ̃] *m* Stück(chen) *n*
loquace [lɔkas] gesprächig
loque [lɔk] *f* Lumpen *m*, Fetzen *m*; *personne*: Wrack *n*
loquet [lɔkɛ] *m* Riegel *m*
loqueteu|x, **~se** [lɔktø, -z] zerlumpt

lorgn|er [lɔrɲe] (*1a*) *regarder* anstarren; *fig héritage*, *poste*: schielen nach; **~on** *m* Kneifer *m*
lorrain, **~e** [lɔrɛ̃, -ɛn] lothringisch
Lorraine [lɔrɛn] ***la ~*** Lothringen *n*
lors [lɔr] ***dès*** *od* ***depuis ~*** seitdem; *en conséquence*: demzufolge; ***~ de*** bei, während
lorsque [lɔrsk(ə)] als, wenn (*zeitlich*)
losange [lɔzɑ̃ʒ] *m* Raute *f*
lot [lo] *m destin*, *loterie*: Los *n*; *portion* Anteil *m*; *comm* Posten *m*; ***gagner le gros ~*** das Große Los ziehen
loterie [lɔtri] *f* Lotterie *f*
loti, **~e** [lɔti] ***être bien*** (***mal***) ***~***(***e***) es gut (schlecht) getroffen haben
lotion [losjõ] *f* Lotion *f*, Haar-, Gesichtswasser *n*
lotissement [lɔtismɑ̃] *m division*: Aufteilung *f*, Parzellierung *f*; *parcelle* (Grundstücks-)Parzelle *f*; *terrain loti* Siedlung *f*
loto [lɔto] *m* Lotto *n*; ***~ sportif*** Fußballtoto *n*
louage [lwaʒ] *m* Vermietung *f*; ***voiture f de ~*** Mietwagen *m*
louange [lwɑ̃ʒ] *f* Lob *n*
louche[1] [luʃ] *adj* undurchsichtig, verdächtig, anrüchig
louche[2] [luʃ] *f* Schöpflöffel *m*
loucher [luʃe] (*1a*) schielen
louer [lwe] (*1a*) **1.** *locataire*: mieten; *propriétaire*: vermieten; **2.** *vanter* loben (***de*** *od* ***pour*** für); ***se ~ de*** zufrieden sein mit
loufoque [lufɔk] F verrückt
loup [lu] *m zo* Wolf *m*
loupe [lup] *f* Lupe *f*
louper [lupe] (*1a*) F *travail*: verpfuschen, vermasseln, verpatzen; *personne*, *train*: verpassen
loup-garou [lugaru] *m* (*pl loups-garous*) Werwolf *m*
lourd, **~e** [lur, -d] schwer; *gestes*: schwerfällig; *temps*: schwül, drückend; ***j'ai la tête lourde*** ich habe e-n schweren Kopf
lourd|aud, **~aude** [lurdo, -od] **1.** *adj* plump, schwerfällig; **2.** *m*, *f* Tölpel *m*, Tolpatsch *m*; **~ement** [-əmɑ̃] *adv* schwerfällig; **~eur** *f fig* Schwere *f*; *de gestes*: Schwerfälligkeit *f*
louve [luv] *f zo* Wölfin *f*
louvoyer [luvwaje] (*1h*) *mar* kreuzen; *fig* lavieren
loyal, **~e** [lwajal] (*m/pl -aux*) *adversaire*: fair; *ami*: treu; *subalterne*: loyal
loyauté [lwajote] *f adversaire*: Fairness *f*; *ami*: Treue *f*; *subalterne*: Loyalität *f*
loyer [lwaje] *m* Miete *f*
lubie [lybi] *f* Marotte *f*, Schrulle *f*
lubrifi|ant [lybrifjɑ̃] *m* Schmiermittel *n*; **~er** (*1a*) *tech* schmieren
lubrique [lybrik] lüstern, geil
lucarne [lykarn] *f* Dachfenster *n*, -luke *f*
Lucerne [lysɛrn] Luzern *n*
lucid|e [lysid] *esprit*: klar, scharf; *personne*: scharfsichtig; **~ité** *f* Klarheit *f*, Scharfblick *m*
lucrati|f, **~ve** [lykratif, -v] gewinnbringend, lukrativ; ***sans but lucratif*** nicht auf Gewinn ausgerichtet
lueur [lɥœr] *f* Lichtschein *m*
luge [lyʒ] *f* Rodelschlitten *m*; ***faire de la ~*** rodeln, Schlitten fahren
lugubre [lygybrə] düster, trostlos
lui [lɥi] *pronom personnel* **1.** *tonique*: er; **2.** *objet indirect*: ihm, ihr; **3.** *après prép* ihn, sie, es; ihm, ihr, ihm
luire [lɥir] (*4c*) leuchten, glänzen
lumbago [lɛ̃bago, lœ̃-] *m méd* Hexenschuss *m*
lumière [lymjɛr] *f* Licht *n* (*a fig*); ***siècle m des ~s*** Zeitalter *n* der Aufklärung; *iron* ***ce n'est pas une ~*** er (sie) ist keine Leuchte; ***à la ~ de*** angesichts (*gén*)
lumin|aire [lyminɛr] *m* Beleuchtung(sgerät) *f*(*n*); **~eux**, **~euse** [-ø, -øz] leuchtend; *ciel*, *couleur*: hell; ***rayon m lumineux*** Lichtstrahl *m*; ***affiche f lumineuse*** Leuchtreklame *f*
lun|aire [lynɛr] Mond…; **~atique** [-atik] launisch
lundi [lœ̃di] *m* Montag *m*
lune [lyn] *f* Mond *m*; ***~ de miel*** Flitterwochen *f/pl*
lunette [lynɛt] *f* Fernglas *n*; ***~s*** *pl* Brille *f*; ***~s de soleil*** Sonnenbrille *f*; ***~s de ski*** Skibrille *f*; *auto* ***~ arrière*** Heckscheibe *f*
lurette [lyrɛt] *f* F ***il y a belle ~*** es ist schon lange her
Lusace [lyzas] ***la ~*** die Lausitz
lustr|e [lystrə] *m lampe* Kronleuchter *m*, Lüster *m*; *fig* Glanz *m*; **~er** (*1a*) glänzend machen, polieren

luth [lyt] *m mus* Laute *f*
lutin [lytɛ̃] *m* Kobold *m*
lutt|e [lyt] *f* Kampf *m*; *sport*: Ringen *n*, Ringkampf *m*; **~er** (*1a*) kämpfen; *sport*: ringen
luxation [lyksasjõ] *f* Verrenkung *f*
luxe [lyks] *m* Luxus *m*
Luxembourg [lyksɑ̃bur] ***le ~*** Luxemburg *n*; **≗eois**, **≗eoise** [ʒwa, -ʒwaz] **1.** *adj* luxemburgisch; **2. ~, ~e** *m,f* Luxemburger(in) *m(f)*
luxer [lykse] (*1a*) ***se ~ le bras***, *etc* sich den Arm *etc* verrenken
luxueu|x, **~se** [lyksɥø, -z] luxuriös
luxur|e [lyksyr] *f* Wollust *f*, Sinnenlust *f*; **~iant**, **~iante** [-jɑ̃, -jɑ̃t] üppig wuchernd; **~ieux**, **~ieuse** [-jø, -jøz] lüstern, wollüstig
lycée [lise] *m* Gymnasium *n*
lycéen, **~ne** [liseɛ̃, -ɛn] *m*, *f* Gymnasiast(in) *m(f)*
lynx [lɛ̃ks] *m zo* Luchs *m*
Lyon [ljõ] Lyon *n*
lyre [lir] *f mus* Leier *f*
lyrique [lirik] lyrisch
lyrisme [lirismə] *m* Lyrik *f*; *fig* Begeisterung *f*
lys [lis] *m* → ***lis***

M

M. *abr* ***monsieur*** Herr
ma [ma] → ***mon***
macabre [makabrə] schauerlich, makaber
macaron [makarõ] *m* **1.** *cuis* Makrone *f*; **2.** *insigne* Plakette *f*
macédoine [masedwan] *f cuis* ***~ de légumes*** Mischgemüse *n*; ***~ de fruits*** Obstsalat *m*
macérer [masere] (*1f*) *cuis* ***faire ~*** ziehen lassen
mâche [mɑʃ] *f bot* Feldsalat *m*, Rapunzel *f*
mâcher [mɑʃe] (*1a*) kauen; *fig* ***ne pas ~ ses mots*** kein Blatt vor den Mund nehmen
machin [maʃɛ̃] *m* F Ding(sda) *n*
machin|al, **~ale** [maʃinal] (*m/pl -aux*) mechanisch, automatisch; **~ation** *f* Komplott *n*; *pl* **~s** Machenschaften *f/pl*, Umtriebe *m/pl*
machine [maʃin] *f* Maschine *f*; *fig* Maschinerie *f*; ***~ à écrire, à coudre, à laver*** Schreib-, Näh-, Waschmaschine *f*; **~-outil** [-uti] *f* (*pl machines-outils*) Werkzeugmaschine *f*; **~rie** [-ri] *f* Maschinen *f/pl*; *bateau*: Maschinenraum *m*
machiniste [maʃinist] *m bus*: Busfahrer *m*; *métro*: U-Bahn-Fahrer *m*; *train*: Lokomotivführer *m*; *théâtre*: Bühnenarbeiter *m*
mâchoire [mɑʃwar] *f anat* Kiefer *m*; **~s** *pl a* Kinnbacken *f/pl*
mâchonner [mɑʃɔne] (*1a*) langsam *od* mit Mühe kauen; *marmonner* murmeln
maçon [masõ] *m* Maurer *m*
maçonn|er [masɔne] (*1a*) mauern; **~erie** *f* Mauerwerk *n*
maculer [makyle] (*1a*) *st/s* beflecken
Madagascar [madagaskar] *f* Madagaskar *n*
madame [madam] *f* (*abr* Mme), (*pl mesdames* [medam], *abr* Mmes) Frau (+ *Name*)
mademoiselle [madmwazɛl] *f* (*abr* Mlle), (*pl mesdemoiselles* [medmwazɛl], *abr* Mlles) Fräulein (+ *Name*)
madère [madɛr] *m cuis* Madeirawein *m*
Madère [madɛr] *géogr* Madeira *n*
madone [madɔn] *f* Marienbild *n*, Madonna *f*
Madrid [madrid] Madrid *n*
magasin [magazɛ̃] *m boutique* Laden *m*, Geschäft *n*; *dépôt* Speicher *m*, Lagerhaus *n*; ***grand ~*** Kaufhaus *n*
magasin|age [magazinaʒ] *m* Lagerung *f*, Speicherung *f*; **~ier** [-je] *m* Magazinverwalter *m*, Lagerist *m*
magazine [magazin] *m* Magazin *n*, illustrierte Zeitschrift *f*
mag|e [maʒ] *m* Magier *m*; ***les Rois ~s*** die Heiligen Drei Könige; **~icien**, **~icienne** [-isjɛ̃, -isjɛn] *m*, *f* Zauberer *m*, Zauberin *f*
mag|ie [maʒi] *f* Magie *f*; *fig charme* Zauber *m*; **~ique** magisch, Zauber…

magistral, **~e** [maʒistral] (*m/pl -aux*) meisterhaft; ***cours** m **magistral*** Vorlesung *f*

magistrat [maʒistra] *m fonctionnaire* hoher Beamter *m*; (*Oberbegriff für Richter und Staatsanwälte*) ***~ assis*** Richter *m*; ***~ debout*** Staatsanwalt *m*

magistrature [maʒistratyr] *f charge* Amt *n*; ***~ assise*** Richterstand *m*; ***~ debout*** Staatsanwaltschaft *f*; *période*: Amtszeit *f*

magnanim|e [maɲanim] großherzig; **~ité** *f* Großherzigkeit *f*

magnét|ique [maɲetik] magnetisch; **~isme** *m* Magnetismus *m*

magnéto [maɲeto] *f* **1.** *auto* (Magnet-)Zündung *f*; **2.** *abr* magnétophone

magnéto|phone [maɲetɔfɔn] *m* Tonband(gerät) *n*; **~scope** [-skɔp] *m* Videorecorder *m*

magnif|icence [maɲifisɑ̃s] *f* Pracht *f*; **~ique** herrlich, prächtig

magot [mago] *m* **1.** *zo* Magot *m*, Berberaffe *m*; **2.** *fig* F *trésor* verborgener Schatz *m*, verstecktes Geld *n*

magouille [maguj] *f* Intrigen *f/pl*

mai [mɛ] *m* Mai *m*

maigr|e [mɛgrə] mager; *résultat*, *salaire*: dürftig; **~eur** *f* Magerkeit *f*; *profit*, *ressources*: Dürftigkeit *f*; **~ir** (*2a*) mager werden, abnehmen

mail [mɛl] *m EDV* Mail *f*; ***envoyer qc à qn par ~*** j-m etw mailen

maille [maj] *f* Masche *f*

maillet [majɛ] *m* Holzhammer *m*

maillon [majõ] *m chaîne*: Glied *n*

maillot [majo] *m* Trikot *n* (*der Sportler, Tänzerinnen etc*); ***~ de bain*** *de femme*: Badeanzug *m*; *d'homme*: Badehose *f*; ***~ de corps*** Unterhemd *n*

main [mɛ̃] *f* Hand *f*; *mil* ***coup*** *m* ***de ~*** Handstreich *m*; ***donner un coup de ~ à qn*** j-m helfen; ***à la ~*** in *od* mit der Hand; ***à ~ armée*** bewaffnet; ***à ~ levée*** freihändig; ***bas les ~s!*** Finger weg!; ***la ~ dans la ~*** Hand in Hand; *fig* ***prendre qc en ~*** etw in die Hand nehmen; ***en ~s propres*** eigenhändig; ***en un tour de ~*** im Handumdrehen; ***haut les ~s!*** Hände hoch!; ***mener par la ~*** an der Hand führen; ***sous la ~*** griffbereit

Main [mɛ̃] *géogr* ***le ~*** der Main

main|-d'œuvre [mɛ̃dœvrə] *f* (*pl mains d'œuvre*) *ouvriers* Arbeitskräfte *f/pl*; *travail* Arbeit *f*; **~-forte** [-fɔrt] *f* ***prêter ~ à qn*** j-m Beistand leisten; **~mise** [-miz] *f* Aneignung *f*, Inbesitznahme *f*

maint, **~e** [mɛ̃, -t] *st/s* manche(r, -s); ***à maintes reprises*** wiederholt

maintenant [mɛ̃tnɑ̃] jetzt, nun; ***~ que*** jetzt da, jetzt wo

maintenir [mɛ̃t(ə)nir] (*2h*) *ordre*, *prétentions*: aufrechterhalten; *paix*, *tradition*: erhalten; *tenir dans même position*: halten; ***~ son opinion*** bei seiner Meinung bleiben; ***se ~*** *prix*, *temps*: sich halten; *tradition*: sich erhalten; *paix*: erhalten bleiben; ***se ~ au pouvoir*** sich (*acc*) an der Macht halten

maintien [mɛ̃tjɛ̃] *m ordre*: Aufrechterhaltung *f*; *paix*: Erhaltung *f*

mair|e [mɛr] *m* Bürgermeister *m*; **~ie** [-i] *f ville*: Rathaus *n*; *commune*: Gemeindeamt *n*

mais [mɛ] aber; sondern

maïs [mais] *m bot* Mais *m*

maison [mɛzõ] *f* Haus *n*; *chez-soi* Zuhause *n*; *comm* Firma *f*, Haus *n*; ***à la ~*** zu Hause; *direction*: nach Hause; ***~ close*** Bordell *n*; ***~ de retraite*** Altersheim *n*; ***~ mère*** Stammhaus *n*; ***pâté*** *m* ***~*** hausgemachte Pastete *f*; ***~ de campagne*** Landhaus *n*

maîtr|e [mɛtrə] *m* Herr *m*; *professeur* Lehrer *m*; *chef* Chef *m*; *peintre*, *écrivain*: Meister *m*; ***~ nageur*** Bademeister *m*; ***~ chanteur*** Erpresser *m*; ***~ d'hôtel*** Oberkellner *m*; **~esse** [-ɛs] **1.** *f* Herrin *f*; *professeur* Lehrerin *f*; *amante* Mätresse *f*, Geliebte *f*; ***~ de maison*** Hausherrin *f*, Dame *f* des Hauses; **2.** *adj* ***qualité*** *f* ***~*** Haupteigenschaft *f*; ***idée*** *f* ***~*** Leitgedanke *m*

maîtris|e [mɛtriz] *f contrôle* Beherrschung *f*; *domination* Herrschaft *f*; *diplôme*: Magisterprüfung *f*; *habileté* Können *n*; **~er** (*1a*) *cheval*: bändigen; *émotions*, *matière*: beherrschen; *incendie*: unter Kontrolle bringen

majest|é [maʒɛste] *f* Majestät *f*; **~ueux**, **~ueuse** [-ɥø, -ɥøz] majestätisch

majeur, **~e** [maʒœr] **1.** wichtig, wichtigste(-r, -s) (*superlatif*); Haupt…; **2.** *jur* volljährig; *m*, *f* Volljährige(r) *m*, *f*; **3.** *mus* Dur

Majeur [maʒœr] *géogr* ***le lac ~*** der Lago Maggiore

major [maʒɔr] *m mil* Standortoffizier *m*; **~ation** [-asjõ] *f prix, salaires*: Erhöhung *f*; **~er** (*1a*) *prix*: erhöhen; **~itaire** [-itɛr] Mehrheits…; ***scrutin*** *m* **~** Mehrheitsbeschluss *m*; **~ité** *f* **1.** Mehrheit *f* (*bes pol*); **2.** *jur* Volljährigkeit *f*
Majorque [maʒɔrk] Mallorca *n*
majuscule [maʒyskyl] *adj u subst f* (***lettre*** *f*) **~** großer Buchstabe *m*
mal [mal] **1.** *m* (*pl maux* [mo]) Böse(s) *n*, Schlimme(s) *n*; *malheur*: Übel *n*; *maladie* Krankheit *f*, Leiden *n*; *effort* Mühe *f*; ***faire*** **~** wehtun; ***avoir*** **~** ***aux dents*** Zahnschmerzen haben; **~** ***de cœur*** Übelkeit *f*; **~** ***de mer*** Seekrankheit *f*; **~** ***du pays*** Heimweh *n*; ***se donner du*** **~** sich Mühe geben; ***ne voir aucun*** **~** ***à*** nichts finden bei; ***faire du*** **~** ***à qn*** j-m wehtun; *nuire* schaden (*dat*); ***j'ai du*** **~** ***à faire qc*** es fällt mir schwer, etw zu tun; ***dire du*** **~** ***de qn*** j-m Schlechtes nachsagen; **2.** *adv* schlecht, schlimm, übel; **~** ***à l'aise*** unbehaglich; **~** ***fait*** missgestaltet; ***de*** **~** ***en pis*** immer schlechter; ***pas*** **~** ganz gut; ***pas*** **~** ***de*** ziemlich viel(e); ***s'y prendre*** **~** es falsch anpacken; **3.** *adj* ***être*** **~** sich nicht wohlfühlen
malad|e [malad] krank; ***tomber*** **~** krank werden; **~** ***mental*** geisteskrank; **~ie** [-i] *f* Krankheit *f*; **~** ***de la vache folle*** Rinderwahn(sinn) *m*; **~if**, **~ive** [-if, -iv] *personne*: kränklich; *curiosité, sensibilité*: krankhaft
maladr|esse [maladrɛs] *f* Ungeschick(lichkeit) *n*(*f*); **~oit**, **~oite** [-wa, -wat] ungeschickt
malais|e [malɛz] *m physique*: Unwohlsein *n*; *inquiétude* Unbehagen *n*; *pol* Malaise *f*; **~é**, **~ée** *st/s* schwierig
malaria [malarja] *f méd* Malaria *f*
malavisé, **~e** [malavize] *st/s* unklug, unüberlegt
Malaysia [malezja] ***la*** **~** Malaysia *n*
malchance [malʃɑ̃s] *f* Unglück *n*, Pech *n*
mâle [mɑl] **1.** *adj* männlich; **2.** *m zo* Männchen *n*; F Mann *m*
malé|diction [malediksjõ] *f* Verwünschung *f*, Fluch *m*; **~fique** [-fik] unheilvoll
malencontreu|x, **~se** [malɑ̃kõtrø, -z] leidig, unangenehm
malentendu [malɑ̃tɑ̃dy] *m* Missverständnis *n*
mal|faisant, **~faisante** [malfəzɑ̃, -fəzɑ̃t] bösartig; *idées*: schädlich; **~faiteur** [-fɛtœr] *m* Übeltäter *m*; **~famé**, **~famée** [-fame] verrufen
malgache [malgaʃ] **1.** *adj* madagassisch; **2.** ♀ *m*, *f* Madagasse *m*, Madagassin *f*
malgré [malgre] *prép* trotz (*gén od dat*); *conj* **~** ***que*** (+ *subj*) obwohl; **~** ***moi*** gegen meinen Willen; **~** ***tout*** trotz allem
malhabile [malabil] ungeschickt
malheur [malœr] *m* Unglück *n*; ***par*** **~** unglücklicherweise; ***porter*** **~** Unglück bringen; **~eusement** [-øzmɑ̃] *adv* unglücklicherweise, leider; **~eux**, **~euse** [-ø, -øz] unglücklich; *insignifiant* unbedeutend
malhonnêt|e [malɔnɛt] unehrlich, unredlich; **~eté** [-te] *f* Unehrlichkeit *f*, Unredlichkeit *f*
Mali [mali] ***le*** **~** Mali *n*
malic|e [malis] *f* Bosheit *f*; *raillerie* Schalkhaftigkeit *f*; **~ieux**, **~ieuse** [-jø, -jøz] boshaft; *coquin* schelmisch, schalkhaft
malignité [maliɲite] *f* Boshaftigkeit *f*; *méd* Bösartigkeit *f*
mal|in, **~igne** [malɛ̃, maliɲ] *astucieux* schlau; *spirituel* gewitzt; *méchant* boshaft; *méd* bösartig
Malines [malin] *géogr* Mecheln *n*
malingre [malɛ̃grə] schwächlich
malintentionné, **~e** [malɛ̃tɑ̃sjɔne] übel gesinnt
malle [mal] *f* Reisekoffer *m*
malléable [maleablə] schmiedbar; *fig* bildsam
mallette [malɛt] *f* Köfferchen *n*
malmener [malməne] (*1d*) übel behandeln; *fig* hart mitnehmen
malodorant, **~e** [malɔdɔrɑ̃, -t] übel riechend
malotru, **~e** [malɔtry] ungehobelt, flegelhaft
Malouines [malwin] *f/pl* ***les*** **~** die Falklandinseln *pl*
malpropre [malprɔprə] unsauber; *indécent* unanständig
malsain, **~e** [malsɛ̃, -sɛn] ungesund
malt [malt] *m* Malz *n*
Malte [malt] *f* Malta *n*
maltraiter [maltrɛte] (*1b*) misshandeln
malveill|ance [malvɛjɑ̃s] *f intention de*

nuire Böswilligkeit *f*; *hostilité* Feindseligkeit *f*; **~ant**, **~ante** [-ɑ̃, -ɑ̃t] boshaft, gehässig
malvenu, **~e** [malvəny] ***être ~(e) de*** *od* ***à*** (+ *inf*) nicht berechtigt sein zu (+ *inf*)
maman [mamɑ̃] *f* Mama *f*
mamelle [mamɛl] *f femme*: Brust *f*; *animal*: Euter *n*
mamelon [mamlõ] *m anat* Brustwarze *f*; *colline*: Kuppe *f*
mammifère [mamifɛr] *m* Säugetier *n*
manche[1] [mɑ̃ʃ] *m outils de jardin*, *cuiller*: Stiel *m*; *casserole*: Griff *m*; *violon*: Hals *m*
manche[2] [mɑ̃ʃ] *f* Ärmel *m*
Manche [mɑ̃ʃ] *géogr* ***la ~*** der Ärmelkanal
manch|ette [mɑ̃ʃɛt] *f* Manschette *f*; *journal*: Schlagzeile *f*; **~on** *m* Muff *m*; *tech* Muffe *f*
manchot, **~e** [mɑ̃ʃo, -ɔt] **1.** *adj* einarmig, -händig; **2.** *m*, *f* Einarmige(r) *m*, *f*; **3.** *m zo* Pinguin *m*
mandarine [mɑ̃darin] *f* Mandarine *f*
mandat [mɑ̃da] *m* **1.** *député*: Mandat *n*; *procuration* Vollmacht *f*; **2.** *postes*: Postanweisung *f*; ***~ d'arrêt*** Haftbefehl *n*; **~aire** [-tɛr] *m*, *f* Bevollmächtigte(r) *f*(*m*)
mander [mɑ̃de] (*1a*) *st/s convoquer* zu sich bitten; *faire savoir* benachrichtigen
manège [manɛʒ] *m* Reitbahn *f*; *carrousel* Karussell *n*; *fig* Schliche *m/pl*, Tricks *m/pl*
manette [manɛt] *f tech* Hebel *m*
mange|able [mɑ̃ʒablə] essbar; **~aille** [-aj] *f* F *péj* Fraß *m*; **~oire** [-war] *f* Futtertrog *m*
manger [mɑ̃ʒe] **1.** (*1l*) essen; *animal*: fressen; *fig argent*, *temps*: verschlingen; *mots*: verschlucken; **2.** *m* Essen *n*
mani|abilité [manjabilite] *f* Handlichkeit *f*; *auto* Wendigkeit *f*; **~able** handlich; *voiture*: wendig; *personne*: fügsam
maniaque [manjak] pingelig; *fou* wahnsinnig; *souffrant de manie* manisch
manie [mani] *f* Manie *f*
maniement [manimɑ̃] *m outil*: Handhabung *f*, Umgang *m* (***de*** mit); *personne*, *argent*: Umgang *m*
manier [manje] (*1a*) *outil*: handhaben, umgehen; *personne*, *argent*: umgehen (***qc***, ***qn*** mit etw, j-m); *appareil*: bedienen; *voiture*: lenken
maniéré, **~e** [manjere] geziert, gekünstelt
manière [manjɛr] *f* Art *f*, Weise *f*; **~s** *pl* Manieren *f/pl*, Benehmen *n*; *affectées*: Umstände *m/pl*; ***à la ~ de*** nach Art (*gén*); ***de cette ~*** auf diese Art, so; ***de toute ~*** jedenfalls; ***d'une ~ générale*** ganz allgemein; ***de ~ à*** (+ *inf*) um ... zu (+ *inf*); ***de telle ~ que*** derart ..., dass; *st/s* ***de ~ à ce que*** (+ *subj*) so dass
manifest|ant, **~ante** [manifɛstɑ̃, -ɑ̃t] *m*, *f* Demonstrant(in) *m*(*f*); **~ation** *f* Äußerung *f*, Bekundung *f*; *pol* Demonstration *f*, Kundgebung *f*; *culturelle*, *sportive*: Veranstaltung *f*
manifest|e [manifɛst] **1.** *adj* offenbar, offenkundig; **2.** *m* Manifest *n*; **~er** (*1a*) *v/t volonté*: äußern, kundtun; *courage*, *haine*: zeigen; *v/i* demonstrieren; ***se ~*** *se révéler* sich offenbaren, sichtbar werden
manigance [manigɑ̃s] *f* Schliche *m/pl*
manipul|ation [manipylasjõ] *f appareil*: Handhabung *f*; *personne*: Manipulation *f*; ***~ génétique*** Genmanipulation *f*; **~é**, **~ée**: ***~(e) génétiquement*** genmanipuliert; **~er** (*1a*) handhaben (***qc*** etw), hantieren (***qc*** mit etw); *personne*: manipulieren
manivelle [manivɛl] *f* Kurbel *f*
mannequin [mankɛ̃] *m couture*: Schneiderpuppe *f*; *magasin*: Schaufensterpuppe *f*; *femme*: Mannequin *n*
manœuvr|e [manœvrə] **1.** *f outil*, *arme*: Handhabung *f*; *machine*: Bedienung *f*; *voiture*: Steuern *n*; *mil*, *mar*, *fig* Manöver *n*; **2.** *m* Hilfsarbeiter *m*; **~er** (*1a*) *v/t outil*: handhaben; *machine*: bedienen; *voiture*: steuern; *personne*: manipulieren; *v/i* manövrieren
manoir [manwar] *m* Herrensitz *m*
manqu|e [mɑ̃k] *m* Mangel *m* (***de*** an *dat*); ***par ~ de*** aus Mangel an (*dat*); *pl fig* **~s** Unzulänglichkeiten *f/pl*; **~é**, **~ée** verpfuscht, verfehlt; **~ement** [-mɑ̃] *m* Verstoß *m* (***à*** gegen)
manquer [mɑ̃ke] (*1m*) **1.** *v/i* fehlen; *échouer* scheitern; **2.** ***~ à qc*** gegen etw verstoßen; **3.** ***~ de qc*** Mangel an etw (*dat*) haben; **4.** *v/t* verfehlen, ver-

passen; ***ne pas ~ de faire qc*** nicht vergessen, etw zu tun; ***elle a manqué (de) se faire écraser*** sie wäre fast überfahren worden; **5.** *impersonnel* ***il manque des preuves*** es fehlen Beweise

mansarde [mɑ̃sard] *f* Mansarde *f*, Dachkammer *f*

mansuétude [mɑ̃sɥetyd] *st/s f* Milde *f*

manteau [mɑ̃to] *m* (*pl -x*) Mantel *m* (*a fig*); ***sous le ~*** heimlich

manucure [manykyr] *f* Maniküre *f*

manuel, **~le** [manɥɛl] **1.** *adj* Hand…, manuell; **2.** *m* Handbuch *n*

manufactur|e [manyfaktyr] *f* Manufaktur *f*, Fabrik *f*; **~é**, **~ée** ***produits m/pl manufacturés*** gewerbliche und industrielle Erzeugnisse

manuscrit, **~e** [manyskri, -t] **1.** *adj* handschriftlich; **2.** *m* Manuskript *n*

manutention [manytɑ̃sjõ] *f* Verladen *n*, Transport *m*

mappemonde [mapmõd] *f carte*: Welt-, Erdkarte *f*; *globe* Globus *m*

maquereau [makro] *m* (*pl -x*) **1.** *zo* Makrele *f*; **2.** P *souteneur* Zuhälter *m*

maquette [makɛt] *f* Entwurf *m*; *à trois dimensions*: Modell *n*

maquill|age [makijaʒ] *m* Schminke *f*, Make-up *n*; **~er** (*1a*) schminken; *falsifier* fälschen; *fausser* verfälschen, frisieren

maqu|is [maki] *m* Dickicht *n*, Unterholz *n*; *fig pol* Widerstandsbewegung *f*; **~isard** [-izar] *m* Widerstandskämpfer *m* (*im 2. Weltkrieg*)

maracuja [marakyʒa, marakuʒa] *m bot* Maracuja *f*

maraîch|er, **~ère** [marɛʃe, -ɛr] **1.** *adj* Gemüse…; **2.** *m*, *f* Gemüsegärtner(in) *m(f)*

marais [marɛ] *m* Sumpf *m*, Moor *n*

marasme [marasmə] *m écon* Flaute *f*, Stagnation *f*

marâtre [marɑtrə] *f péj* Rabenmutter *f*

maraud|er [marode] (*1a*) plündern; **~eur**, **~euse** *m* Plünderer *m*

marbr|e [marbrə] *m* Marmor *m*; **~é**, **~ée** marmoriert

marc [mar] *m* Trester *m/pl*; *eau-de-vie* Tresterbranntwein *m*; ***~ de café*** Kaffeesatz *m*

marcassin [markasɛ̃] *m* Frischling *m*

marchand, **~e** [marʃɑ̃, -d] **1.** *adj* Handels…; **2.** *m*, *f* Händler(in) *m(f)*; ***~ des quatre-saisons*** Obst- und Gemüsehändler(in) *m(f)*

marchand|age [marʃɑ̃daʒ] *m* Feilschen *n*; **~er** (*1a*) handeln, feilschen (***qc*** um etw)

marchandise [marʃɑ̃diz] *f* Ware *f*

marche [marʃ] *f* **1.** *activité*: Gehen *n*; *mus*, *mil* Marsch *m*; *événements*, *temps*: Lauf *m*; *démarche* Gang *m*; *train*: Fahrt *f*; ***~ arrière*** *auto* Rückwärtsgang *m*; ***mettre en ~*** in Gang setzen; **2.** *escalier*: Stufe *f*

marché [marʃe] *m* Markt(platz) *m*; *affaire*: Geschäft *n*; **(*à*) *bon ~*** billig; **(*à*) *meilleur ~*** billiger; ***le meilleur ~*** am billigsten; ***par-dessus le ~*** obendrein, noch dazu; ***~ noir*** Schwarzmarkt *m*; *pol* ***le ≈ Commun*** der Gemeinsame Markt; ***~s*** *m/pl* ***de titres*** Wertpapiermärkte *m/pl*

marchepied [marʃəpje] *m* Trittbrett *n*

marcher [marʃe] (*1a*) *personne*: gehen, laufen; *mil* marschieren; *machine*: funktionieren, in Gang sein; F *réussir* klappen; F *croire naïvement* hereinfallen (***dans qc*** auf etw *acc*); ***faire ~ qn*** j-n hereinlegen; ***~ sur*** treten auf (*acc*)

mardi [mardi] *m* Dienstag *m*; ***≈ gras*** Fastnacht *f*

mare [mar] *f* Tümpel *m*; ***~ de sang*** Blutlache *f*

marécag|e [marekaʒ] *m* Sumpf *m*, Moor *n*; **~eux**, **~euse** [-ø, -øz] morastig, sumpfig

maréchal [mareʃal] *m* (*pl -aux*) Marschall *m*; **~-ferrant** [-fɛrɑ̃] *m* (*pl maréchaux-ferrants*) Hufschmied *m*

marée [mare] *f* Gezeiten *pl*; ***~ basse*** Ebbe *f*; ***~ haute*** Flut *f*; ***~ noire*** Ölpest *f*

marémo|teur, **~trice** [maremɔtœr, -tris] ***usine*** *f* ***marémotrice*** Gezeitenkraftwerk *n*

marge [marʒ] *f* (Blatt-)Rand *m*; *fig* Spielraum *m*; ***~ bénéficiaire*** *od* ***~ de profit*** Gewinnspanne *f*; ***notes*** *f/pl* ***en ~*** Randbemerkungen *f/pl*; ***en ~ de*** am Rande (*gén*)

marginal, **~e** [marʒinal] (*m/pl -aux*) **1.** *adj* Rand…; **2.** *m* gesellschaftlicher Außenseiter *m*, Aussteiger *m*

mari [mari] *m* (Ehe-)Mann *m*

mariage [marjaʒ] *m* *partie officielle*: Trauung *f*; *fête*: Hochzeit *f*; *état*: Ehe *f*

marié, **~e** [marje] **1.** *adj* verheiratet; **2.** *m*, *f* Bräutigam *m*, Braut *f*
marier [marje] (*1a*) *maire*, *prêtre*: trauen; *parents*: verheiraten (***qn avec*** *od* ***à qn*** j-n mit j-m); ***se ~*** heiraten; ***se ~ avec qn*** sich mit j-m verheiraten, j-n heiraten
marin, **~e** [marɛ̃, -in] **1.** *adj* See..., Meer...; **2.** *m* Seemann *m*, Matrose *m*; **3.** *f mil* Marine *f*, Flotte *f*
mariner [marine] (*1a*) *cuis* marinieren, einlegen
marionnette [marjɔnɛt] *f* Marionette *f*
maritime [maritim] See..., maritim
marjolaine [marʒɔlɛn] *f bot* Majoran *m*
mark [mark] *hist* (deutsche) Mark *f*
marmelade [marməlad] *f* Marmelade *f*; *compote* Mus *n*
marmite [marmit] *f* Kochtopf *m*
marmonner [marmɔne] (*1a*) murmeln, brummen, brummeln
marmotte [marmɔt] *f zo* Murmeltier *n*
marne [marn] *f géol* Mergel *m*
Maroc [marɔk] ***le ~*** Marokko *n*
marocain, **~e** [marɔkɛ̃, -ɛn] **1.** *adj* marokkanisch; **2.** **♀**, **♀*e*** *m*, *f* Marokkaner(in) *m*(*f*)
maroquinerie [marɔkinri] *f commerce*: Lederwarengeschäft *n*; *articles*: Lederwaren *f/pl*; *industrie*: Lederverarbeitung *f*
marque [mark] *f* Zeichen *n*; *comm* Marke *f*; *comm signe* Warenzeichen *n*; *trace* Spur *f*; ***à vos ~s!*** auf die Plätze; ***~ déposée*** eingetragenes Warenzeichen *n*; ***de ~*** *comm* Marken...; *fig* bedeutend
marquer [marke] (*1m*) *endroit*: markieren, kennzeichnen; *écrire* notieren, aufschreiben; *draps*, *vêtement*: zeichnen; *personnalité*: prägen; *baromètre*, *montre*: anzeigen; *révéler* hindeuten auf (*acc*); *accentuer* hervorheben; *célébrer* feiern; ***~ un but*** ein Tor erzielen *od* schießen
marqueterie [markɛtri] *f* Einlegearbeit *f*, Intarsien *f/pl*
marqueur [markœr] *m* Filzschreiber *m*
marquis, **~e** [marki, -z] *m*, *f* **1.** Marquis *m*, Marquise *f*; **2.** *f gläsernes* Vordach *n*
marraine [marɛn] *f* Patin *f*
marrant, **~e** [marɑ̃, -t] F komisch, lustig
marr|e [mar] F ***en avoir ~*** davon genug haben, es satthaben; **~er** (*1a*) F ***se ~*** sich amüsieren
marron [marõ] **1.** *m* Esskastanie *f*; **2.** *adj* braun
marronnier [marɔnje] *m* Kastanienbaum *m*
mars [mars] *m* März *m*
Marseille [marsɛj] Marseille *n*
marsupiaux [marsypjo] *m/pl zo* Beuteltiere *n/pl*
marteau [marto] (*pl -x*) **1.** *m* Hammer *m*; ***~ piqueur*** Presslufthammer *m*; **2.** *adj* F behämmert, bekloppt
marteler [martəle] (*1d*) hämmern
martial, **~e** [marsjal] (*m/pl -aux*) kriegerisch, martialisch; ***cour*** *f* ***martiale*** Standgericht *n*
martien, **~ne** [marsjɛ̃, -ɛn] *astr* Mars...
martre [martrə] *f zo* Marder *m*
martyr, **~e**[1] [martir] *m*, *f* Märtyrer(in) *m*(*f*)
martyr|e[2] [martir] *m* Martyrium *n*; *mort*: Märtyrertod *m*; **~iser** (*1a*) quälen, martern
marx|isme [marksismə] *m* Marxismus *m*; **~iste** **1.** *adj* marxistisch; **2.** *m*, *f* Marxist(in) *m*(*f*)
mas [mɑ *od* mas] *m südfranzösisches Bauernhaus*
mascara [maskara] *m* Wimperntusche *f*
mascarade [maskarad] *f* Maskerade *f*; *fig* Betrug *m*
mascotte [maskɔt] *f* Maskottchen *n*
masculin, **~e** [maskylɛ̃,-in] **1.** *adj* männlich, Männer...; **2.** *m gr* Maskulinum *n*
masqu|e [mask] *m* Maske *f* (*a fig*); **~er** (*1m*) maskieren; *cacher à la vue* verbergen, verdecken; ***bal*** *m* ***masqué*** Maskenball *m*
massacr|e [masakrə] *m* Blutbad *n*, Massaker *n*; **~er** (*1a*) niedermetzeln, massakrieren; *fig* verschandeln, verpfuschen
massage [masaʒ] *m* Massage *f*, Massieren *n*
masse [mas] *f* Masse *f*; *quantité* Menge *f*; *bloc* Block *m*; ***en ~*** scharenweise, in Massen
massepain [maspɛ̃] *m* Marzipan *n*
mass|er [mase] (*1a*) **1.** *assembler* versammeln; **2.** *jambes*: massieren; **~eur**, **~euse** *m*, *f* Masseur *m*, Masseuse *f*

massi|f, **~ve** [masif, -v] **1.** *adj* massiv; *gros* massig; **2.** *m* (Gebirgs-)Massiv *n*; ~ ***de fleurs*** Blumenbeet *n*
massue [masy] *f* Keule *f*
mastic [mastik] *m* (Glaser-)Kitt *m*
mastiquer [mastike] (*1m*) **1.** *fenêtre*: verkitten; **2.** *nourriture*: kauen
mastodonte [mastɔdõt] *m* Gigant *m*, Koloss *m*
mat[1], **~e** [mat] glanzlos, matt; *son*: dumpf
mat[2] [mat] (*unv*) *échecs*: matt
mât [mɑ] *m* Mast *m*
match [matʃ] *m* Spiel *n*; ~ ***aller*** Hinspiel *n*; ~ ***retour*** Rückspiel *n*
matelas [matla] *m* Matratze *f*; ~ ***pneumatique*** Luftmatraze *f*
matelot [matlo] *m* Matrose *m*
matérial|iser [materjalize] (*1a*) verwirklichen; **~isme** *m* Materialismus *m*; **~iste** **1.** *adj* materialistisch; **2.** *m*, *f* Materialist(in) *m(f)*
matéri|au [materjo] *m* (*pl -x*) Material *n*, Bau-, Werkstoff *m*; **~aux** *m/pl* Material(ien) *n(pl)*; **~el**, **~elle** **1.** *adj* materiell; *physique* körperlich; **2.** *m* Material *n*; *camping*, *sport*: Ausrüstung *f*; *EDV* Hardware *f*
matern|el, **~elle** [maternɛl] **1.** *adj* mütterlich, Mutter…; ***langue f maternelle*** Muttersprache *f*; **2.** *f* Kindergarten *m*; **~ité** *f* Mutterschaft *f*; *établissement*: Entbindungsheim *n*
mathémat|icien, **~icienne** [matematisjɛ̃, -isjɛn] *m*, *f* Mathematiker(in) *m(f)*; **~ique** **1.** *adj* mathematisch; **2.** **~*s*** *f/pl* Mathematik *f*
matière [matjɛr] *f* Materie *f*, Stoff *m*; *sujet* Thema *n*; *motif* Anlass *m*; ~ ***première*** Rohstoff *m*; ~ ***grise*** graue Substanz *f*; ***entrer en*** ~ zur Sache kommen; ***en la*** ~ einschlägig; ***en*** ~ ***de*** in Sachen (*gén*)
matin [matɛ̃] *m* Morgen *m*; Vormittag *m*; ***le*** ~ morgens; ***ce*** ~ heute früh; ***du*** ~ ***au soir*** von morgens bis abends; ~ ***et soir*** morgens und abends
matinal, **~e** [matinal] (*m/pl -aux*) morgendlich; ***être*** ~ früh aufstehen
matinée [matine] *f* Morgen *m*, Vormittag *m*; *spectacle*: Frühvorstellung *f*; ***faire la grasse*** ~ bis in den Tag hinein schlafen
matois, **~e** [matwa, -z] schlau, gerissen
matou [matu] *m* Kater *m*
matraque [matrak] *f* Knüppel *m*
matrice [matris] *f anat* Gebärmutter *f*; *tech* Matrize *f*; *math* Matrix *f*
matricule [matrikyl] *f* Matrikel *f*
matrimonial, **~e** [matrimɔnjal] (*m/pl -aux*) ehelich, Ehe…
maturité [matyrite] *f* Reife *f*
mau|dire [modir] (*2a u 4m*) verfluchen, verwünschen; **~dit**, **~dite** [-di, -dit] verflucht, verwünscht, verdammt
maugréer [mogree] (*1a*) (vor sich hin) schimpfen
mauresque [mɔrɛsk] maurisch
Maurice [mɔris] ***l'île*** *f* ~ Mauritius *n*
Mauritanie [mɔritani] ***la*** ~ Mauretanien *n*
mausolée [mozɔle] *m* Mausoleum *n*
maussade [mosad] *personne*: verdrießlich; *ciel*, *temps*: unfreundlich, trist
mauvais, **~e** [mɔvɛ, -z] **1.** *adj* schlecht; *méchant* böse; *faux* falsch; **2.** *adv* schlecht; ***il fait mauvais*** es ist schlechtes Wetter; ***sentir mauvais*** schlecht riechen
mauve [mov] **1.** *f bot* Malve *f*; **2.** *adj* malvenfarbig
maux [mo] *pl de* ***mal***
maximal, **~e** [maksimal] (*m/pl -aux*) maximal, Höchst…
maxime [maksim] *f* Maxime *f*
maximum [maksimɔm] **1.** *adj* (*f/sg*, *m/pl u f/pl a maxima*) maximal, Höchst…; **2.** *m* Maximum *n*; ***atteindre son*** ~ sein Höchstmaß erreichen; ***au*** ~ *tout au plus* höchstens
Mayence [majɑ̃s] *géogr* Mainz *n*
mayonnaise [majɔnɛz] *f cuis* Mayonnaise *f*
mazout [mazut] *m* Heizöl *n*
me [m(ə)] mich; mir
Me *abr* ***Maître*** Rechtsanwalt
mec [mɛk] *m* F Typ *m*, Kerl *m*
mécan|icien [mekanisjɛ̃] *m* Mechaniker *m*; **~ique** **1.** *adj* mechanisch; **2.** *f* Mechanik *f*; **~iser** (*1a*) mechanisieren; **~isme** *m* Mechanismus *m* (*a fig*), Vorrichtung *f*; ~ ***du taux de change*** Wechselkursmechanismus *m*
méch|anceté [meʃɑ̃ste] *f caractère*: Boshaftigkeit *f*; *action*, *parole*: Bosheit *f*; **~ant**, **~ante** [-ɑ̃, -ɑ̃t] **1.** *adj* böse, boshaft; *enfant*: unartig, ungezogen;

précédant le nom: übel, schlimm; **2.** *m*, *f* Bösewicht *m*

mèche [mɛʃ] *f bougie*: Docht *m*; *explosif*: Zündschnur *f*; *dentiste*: Bohrer *m*; *cheveux*: Haarsträhne *f*

Mecklembourg [meklɛ̃-, meklɑ̃bur] ***le ~*** Mecklenburg *n*

Mecklembourg-Poméranie occidentale [mɛklɛ̃buʀ-pomeʀani ɔksidɑ̃tal] *m* ***le ~*** Mecklenburg-Vorpommern *n*

mécompte [mekõt] *m déception* Enttäuschung *f*

méconnaissable [mekɔnɛsablə] unkenntlich

méconnaître [mekɔnɛtrə] (*4z*) verkennen

mécontent, **~e** [mekõtɑ̃, -t] unzufrieden (***de*** mit); **~er** (*1a*) verdrießen, verärgern

Mecque [mɛk] ***La ~*** Mekka *n*

médaill|e [medaj] *f* Gedenkmünze *f*, Medaille *f*; **~on** *m* Medaillon *n*

médecin [mɛdsɛ̃] *m* Arzt *m*, Ärztin *f*

médecine [mɛdsin] *f* Medizin *f*

média [medja] *m* (*pl média od médias*) Massenmedien *n/pl*

média|teur, **~trice** [medjatœr, -tris] *m*, *f* Vermittler(in) *m*(*f*); **~tion** *f* Vermittlung *f*; **~tique** Medien…

médical, **~e** [medikal] (*m/pl -aux*) ärztlich, medizinisch

médicament [medikamɑ̃] *m* Arznei *f*, Medikament *n*

médicinal, **~e** [medisinal] (*m/pl -aux*) Heil…, Arznei…

médiéval, **~e** [medjeval] (*m/pl -aux*) mittelalterlich

Médine [medin] *géogr* Medina *n*

médiocr|e [medjɔkrə] mittelmäßig; *insuffisant* mangelhaft, kümmerlich, dürftig; **~ité** *f* Mittelmäßigkeit *f*; *insuffisance* Mangelhaftigkeit *f*

médi|re [medir] (*4m*) ***~ de qn*** j-m Übles nachreden; **~sance** [-zɑ̃s] *f* üble Nachrede *f*

médita|tif, **~tive** [meditatif, -tiv] nachdenklich; **~tion** *f pensée* Gedanke *m*; *psych*, *rel* Meditation *f*

méditer [medite] (*1a*) *v/t* ***~ qc*** über etw nachsinnen; *v/i* nachdenken (***sur qc*** über etw); *psych*, *rel* meditieren

Méditerran|ée [mediterane] ***la ~*** das Mittelmeer; **2éen**, **2éenne** [-eɛ̃, -eɛn] Mittelmeer…

médium [medjɔm] *m* Medium *n*

méduse [medyz] *f zo* Qualle *f*

meeting [mitiŋ] *m pol* Versammlung *f*; *allg* Veranstaltung *f*

méfait [mefɛ] *m* Missetat *f*; *pl* **~s** schädliche Auswirkungen *f/pl*

méfi|ance [mefjɑ̃s] *f* Misstrauen *n*; **~ant**, **~ante** [-ɑ̃, -ɑ̃t] misstrauisch

méfier [mefje] (*1a*) ***se ~ de qn*** (***qc***) j-m (e-r Sache) misstrauen; *se tenir en garde* sich vor j-m (etw) in Acht nehmen

méga|lomanie [megalɔmani] *f* Größenwahn *m*; **~octet** [-ɔktɛ] *m EDV* Megabyte *n*; **~phone** [-fɔn] *m* Megafon *n*

mégarde [megard] *f* ***par ~*** aus Versehen

mégot [mego] *m* Zigarettenstummel *m*, F Kippe *f*

meilleur, **~e** [mɛjœr] **1.** *adj* besser; ***le meilleur*** der Beste; **2.** *m* ***le ~*** *personne*: der Beste; *chose*: das Beste

mélancol|ie [melɑ̃kɔli] *f* Melancholie *f*, Schwermut *f*; **~ique** melancholisch

mélang|e [melɑ̃ʒ] *m* Mischung *f*; **~er** (*1l*) *mêler* vermischen; *brouiller* durcheinanderbringen

mélasse [melas] *f* Zuckersirup *m*

mêlée [mɛle] *f* Handgemenge *n*; *rugby*: Gedränge *n*

mêler [mɛle] (*1b*) (ver)mischen; *réunir* verbinden; *brouiller* in Unordnung bringen; *fig* ***~ qn à qc*** j-n in etw (*acc*) verwickeln; ***se ~ à qc*** *chose*: sich mit etw vermischen; ***se ~ de qc*** sich in etw (*acc*) mischen; ***se ~ à la foule*** sich unter die Menge mischen

mélod|ie [melɔdi] *f* Melodie *f*; **~ieux**, **~ieuse** [-jø, -jøz] *u* **~ique** wohlklingend, melodisch

melon [m(ə)lõ] *m bot* Melone *f*; (***chapeau*** *m*) **~** Melone *f* (*Hut*)

membre [mɑ̃brə] *m anat* Glied *n*; *fig* Mitglied *n*

même [mɛm] **1.** *adj u pronom* ***le, la ~, les ~s*** der, die, das Gleiche, die Gleichen; der-, die-, dasselbe, dieselben; ***moi-~*** ich selbst; ***la bonté ~*** die Güte selbst; ***ce jour ~*** heute noch; ***cela revient au ~*** das kommt auf dasselbe hinaus; ***en ~ temps*** zur gleichen Zeit; **2.** *adv* selbst, sogar; ***~ pas*** nicht einmal; ***~ si*** selbst wenn; ***ici ~*** genau hier; ***de ~*** ebenso; ***de ~!*** gleichfalls!; ***de ~ que***

ebenso wie; ***boire à ~ la bouteille*** direkt aus der Flasche trinken; ***être*** (***mettre***) ***à ~ de*** (+ *inf*) im Stande sein (in den Stand setzen) zu (+ *inf*); ***tout de ~*** trotzdem; ***quand ~*** trotzdem, immerhin

mémoire [memwar] **1.** *f faculté*: Gedächtnis *n*; *souvenir* Erinnerung *f*; *EDV* Speicher *m*; ***~ dure*** Festspeicher *m*; ***~ morte*** Lesespeicher *m*, ROM *n*; ***~ vive*** Direktzugriffspeicher *m*, RAM *n*; ***~ de travail*** Arbeitsspeicher *m*; ***de ~*** aus dem Gedächtnis; ***à la ~ de*** zum Gedenken an (*acc*); ***de ~ d'homme*** seit Menschengedenken; **2.** *m exposé* Memorandum *n*, Denkschrift *f*; *dissertation* Abhandlung *f*; ***~s*** *pl* Memoiren *pl*, (Lebens-)Erinnerungen *f/pl*

mémorable [memɔrablə] denkwürdig

mémorandum [memɔrɑ̃dɔm] *m* Memorandum *n*

mémorial [memɔrjal] *m* (*pl -aux*) Denkmal *n*

menac|e [mənas] *f* Drohung *f*; *danger* Bedrohung *f*; ***~er*** (*1k*) drohen (***qn de*** j-m mit); *avec arme*: bedrohen (***qn de*** j-n mit)

ménage [menaʒ] *m entretien, famille*: Haushalt *m*; *meubles, ustensiles*: Hausrat *m*; *couple* Ehe(paar) *f*(*n*); ***faire le ~*** aufräumen, putzen; ***femme*** *f* ***de ~*** Putzfrau *f*; ***~ à trois*** Dreiecksverhältnis *n*; ***faire bon ~ avec qn*** sich mit j-m gut vertragen

ménag|ement [menaʒmɑ̃] *m* Rücksicht *f*; ***~er***[1] (*1l*) schonen; *temps, argent*: sparen; *arranger* bewerkstelligen

ménag|er[2], ***~ère*** [menaʒe, -ɛr] **1.** *adj* Haushalt(ung)s...; **2.** *f* Hausfrau *f*

mendi|ant, ***~ante*** [mɑ̃djɑ̃, -ɑ̃t] *m, f* Bettler(in) *m*(*f*); ***~er*** (*1a*) betteln (***qc*** um etw)

menées [məne] *f/pl* Umtriebe *m/pl*, Machenschaften *f/pl*

men|er [məne] (*1d*) *v/t vers un endroit*: bringen; *à la main*: führen; *fig* bringen, führen; *affaire*: betreiben; *vie*: führen; *enquête*: durchführen; *v/i* ***~ à*** *chemin*: führen nach; ***~ à rien*** zu nichts führen; ***~eur*** *m* Anführer *m*; *péj* Aufwiegler *m*; ***~ de jeu*** Spielleiter *m*

méningite [menɛ̃ʒit] *f méd* (Ge-)Hirnhautentzündung *f*

ménopause [menɔpoz] *f* Wechseljahre *n/pl*

menotte [mənɔt] *f* ***~s*** *pl* Handschellen *f/pl*

mensong|e [mɑ̃sɔ̃ʒ] *m* Lüge *f*; ***~er***, ***~ère*** verlogen

menstruation [mɑ̃stryasjɔ̃] *f* Menstruation *f*

mensu|alité [mɑ̃sɥalite] *f somme à payer*: Monatsrate *f*; *salaire*: Monatsgehalt *n*, -lohn *m*; ***~el***, ***~elle*** monatlich

mental, ***~e*** [mɑ̃tal] (*m/pl -aux*) geistig, Geistes...; ***calcul*** *m* ***mental*** Kopfrechnen *n*; ***~ité*** *f* Mentalität *f*

menteu|r, ***~se*** [mɑ̃tœr, -øz] *m, f* Lügner(in) *m*(*f*)

menthe [mɑ̃t] *f bot* Minze *f*; *infusion*: Pfefferminztee *m*

mention [mɑ̃sjɔ̃] *f* Erwähnung *f*; *examen*: Note *f*; ***faire ~ de*** erwähnen

mentionner [mɑ̃sjɔne] (*1a*) erwähnen

mentir [mɑ̃tir] (*2b*) lügen; ***~ à qn*** j-n an-, belügen

menton [mɑ̃tɔ̃] *m* Kinn *n*

menu, ***~e*** [məny] **1.** *adj* klein, dünn, fein; ***par le menu*** haarklein; ***menue monnaie*** *f* Kleingeld *n*; **2.** *adv* ***couper menu*** klein schneiden; **3.** *m liste*: Speisekarte *f*; *nepas, EDV*: Menü *n*

menuis|erie [mənɥizri] *f* Tischlerei *f*, Schreinerei *f*; ***~ier*** [-je] *m* Tischler *m*, Schreiner *m*

méprendre [meprɑ̃drə] (*4q*) ***se ~*** sich irren (***sur*** in *dat*)

mépris [mepri] *m* Verachtung *f*; ***au ~ de*** ohne Rücksicht auf (*acc*); ***~able*** [-zablə] verächtlich; ***~e*** *f* Versehen *n*; ***~er*** (*1a*) *argent, ennemi*: verachten; *conseil, danger*: missachten

mer [mɛr] *f* Meer *n*, See *f*; ***en ~*** auf See; ***par ~*** zur See; *transport*: auf dem Seeweg; ***prendre la ~*** in See stechen; ***la ~ Noire*** das Schwarze Meer; ***la ~ du Nord*** die Nordsee;; ***la ~ Rouge*** das Rote Meer; ***la ~ Morte*** das Tote Meer; ***mal*** *m* ***de ~*** Seekrankheit *f*

mercenaire [mɛrsənɛr] *m* Söldner *m*

mercerie [mɛrsəri] *f magasin*: Kurzwarenhandel *m*; *articles*: Kurzwaren *f/pl*

merci [mɛrsi] **1.** danke; ***~ beaucoup, ~ bien*** vielen, schönen Dank; ***Dieu ~!*** Gott sei Dank!; ***~ de*** *od* ***pour ...*** danke für ...; **2.** *f* ***demander ~*** um Gnade flehen; ***être à la ~ de qn, qc*** j-m, e-r Sa-

che ausgeliefert sein; ***sans ~*** erbarmungslos, ohne Gnade
mercredi [mɛrkrədi] *m* Mittwoch *m*
mercure [mɛrkyr] *m chim* Quecksilber *n*
merde [mɛrd] *f* P Scheiße *f*
mère [mɛr] *f* Mutter *f*; ***~ célibataire*** unverheiratete Mutter; ***~ porteuse*** Leihmutter *f*; ***maison*** *f* ***~*** *comm* Stammhaus *n*
méridien, **~ne** [meridjɛ̃, -ɛn] *astr* **1.** *adj* Mittags…; **2.** *m* Meridian *m*
méridional, **~e** [meridjɔnal] (*m/pl -aux*) südlich; *en France*: südfranzösisch
meringue [mərɛ̃g] *f cuis* Baiser *n*
mérit|e [merit] *m* Verdienst *n*; **~er** (*1a*) verdienen, wert sein; *exiger* bedürfen
merle [mɛrl] *m zo* Amsel *f*
merveill|e [mɛrvɛj] *f* Wunder *n*; ***à ~*** vortrefflich; **~eux**, **~euse** [-ø, -øz] wunderbar
mes [me] → ***mon***
mésange [mezɑ̃ʒ] *f zo* Meise *f*
mésaventure [mezavɑ̃tyr] *f* Missgeschick *n*
mes|dames [medam] *pl de* madame; **~demoiselles** [medmwazɛl] *pl de* mademoiselle
mésentente [mezɑ̃tɑ̃t] *f* Uneinigkeit *f*
mesquin, **~e** [mɛskɛ̃, -in] kleinlich; *misérable* schäbig; *chiche* knaus(e)rig
mess [mɛs] *m* Offizierskasino *n*
messag|e [mɛsaʒ] *m commission* Botschaft *f*; *communication* Meldung *f*, Nachricht *f*; **~er**, **~ère** *m*, *f* Bote *m*, Botin *f*; **~eries** *f/pl* Güterschnellverkehr *m*
messe [mɛs] *f égl* Messe *f*
Messie [mesi] *m rel* Messias *m*
messieurs [mesjø] *pl de* monsieur
mesurable [məzyrablə] messbar
mesure [m(ə)zyr] *f action*: Messung *f*; *grandeur* Maß *n*; *échelle* Maßstab *m* (*a fig*); *disposition* Maßnahme *f*; *mus* Takt(maß) *m*(*n*); ***~ de reconversion*** Umschulungsmaßnahme *f*; ***à la ~ de*** entsprechend; ***à ~ que*** *od* ***dans la ~ où*** in dem Maße, wie; ***dans une large ~*** in hohem Maße; ***être en ~ de*** (+ *inf*) in der Lage sein zu (+ *inf*); ***outre ~*** maßlos; ***sur ~*** nach Maß; ***en ~*** im Takt
mesurer [m(ə)zyre] (*1a*) messen; *risque*, *importance*: ermessen; *paroles*: abwägen; ***se ~ avec qn*** sich mit j-m messen
métal [metal] *m* (*pl métaux*) Metall *n*; **~lifère** [-ifɛr] metall-, erzhaltig; *géogr* ***les monts*** *m/pl* ***≈s*** das Erzgebirge; **~lique** [-ik] Metall…; metallisch
métallurg|ie [metalyrʒi] *f fabrication des métaux*: Hüttenwesen *n*; *transformation des métaux*: Metallindustrie *f*; **~ique** Metall verarbeitend; **~iste** *m ouvrier*: Metallarbeiter *m*
métaphysique [metafizik] metaphysisch
météo [meteo] *f* Wetterbericht *m*
météore [meteɔr] *m* Meteor *m*
météorologie [meteɔrɔlɔʒi] *f science*: Meteorologie *f*, Wetterkunde *f*; *service*: Wetterdienst *m*
méthod|e [metɔd] *f* Methode *f*; *manuel* Lehrbuch *n*; **~ique** methodisch
méticuleu|x, **~se** [metikylø, -z] gewissenhaft, peinlich genau
métier [metje] *m* **1.** *profession* Beruf *m*; *occupation manuelle* Handwerk *n*; *expérience* Berufserfahrung *f*; **2.** *machine*: Webstuhl *m*
métis, **~se** [metis] **1.** *adj* Mischlings…; **2.** *m*, *f* Mischling *m*
métrage [metraʒ] *m film*: Länge *f*; ***court ~*** Kurzfilm *m*; ***long ~*** Spielfilm *m*
mètre [mɛtrə] *m* Meter *n od m*; *règle* Metermaß *n*
métro [metro] *m* U-Bahn *f*
métropol|e [metrɔpɔl] *f* **1.** *ville*: Metropole *f*; **2.** *de colonie*: Mutterland *n*; **~itain** [-itɛ̃] *m* Untergrundbahn *f*
mets [mɛ] *m* Gericht *n*, Speise *f*
metteur [mɛtœr] *m* ***~ en scène*** Regisseur *m*
mettre [mɛtrə] (*4p*) stellen, setzen, legen; *sucre*, *lait*: hineintun; *vêtements*: anziehen; *cravate*: umbinden; *chapeau*: aufsetzen; *réveil*: stellen; *argent dans entreprise*: anlegen; *argent dans jeu*: (ein)setzen; *chauffage*: anstellen; *radio*: einschalten; ***~ deux heures à (faire) qc*** zwei Stunden zu etw brauchen; ***~ au net*** ins Reine schreiben; ***~ en bouteilles*** in Flaschen füllen; ***~ sous clé*** einschließen; ***mettons que*** (+ *subj*) angenommen, dass; ***~ au point*** klarstellen; ***~ fin à qc*** etw beenden; ***se ~*** sich setzen; ***se ~ à l'aise*** es

sich bequem machen; ***se ~ au travail*** sich an die Arbeit machen; ***se ~ à faire qc*** anfangen etw zu tun

meubl|e [mœblə] *m* Möbelstück *n*; **~s** *pl* Möbel *n/pl*; **~er** (*1a*) möblieren; *fig* gestalten

meugler [møgle] (*1a*) muhen

meun|ier, **~ière** [mønje, -jɛr] **1.** *m*, *f* Müller(in) *m(f)*; **2.** *f cuis* **(*à la*) ~** nach Müllerinart

meurtr|e [mœrtrə] *m* Mord *m*; *jur* Totschlag *m*; **~ier**, **~ière** [-ije, -ijɛr] **1.** *adj* mörderisch; **2.** *m*, *f* Mörder(in) *m(f)*; *f ouverture*: Schießscharte *f*

meurtr|ir [mœrtrir] (*2a*) zerquetschen; *fig* verletzen; **~issure** [-isyr] *f bleu* blauer Fleck *m*; *fruit*: Druckstelle *f*

Meuse [møz] ***la ~*** die Maas

meute [møt] *f* Meute *f* (*a fig*)

mexicain, **~e** **1.** *adj* mexikanisch; **2.** **ℒ**, **ℒe** *m*, *f* Mexikaner(in) *m(f)*

Mexico [mɛksiko] Mexiko(-Stadt) *n*

Mexique [mɛksik] ***le ~*** Mexiko *n* (*Land*)

mi [mi] *m mus* e *od* E *n*

mi-... [mi] halb; ***à mi-chemin*** auf halbem Wege; **(*à la*) *mi-janvier*** Mitte Januar

miauler [mjole] (*1a*) miauen

miche [miʃ] *f* Laib *m*

mi-clos, **~e** [miklo, -z] halbgeschlossen

micro [mikro] *m* Mikrofon *n*; ***au*** *od* ***devant le ~*** am, vor dem Mikrofon

microbe [mikrɔb] *m* Mikrobe *f*

micro|fibre [mikrofibrə] *f* Mikrofaser *f*; **~film** [-film] *m* Mikrofilm *m*; **~-onde** [-õd] (*pl micro-ondes*) Mikrowelle *f*; ***four*** *m* ***à ~s*** Mikrowellenherd *m*; **~-ordinateur** [mikrɔɔrdinatœr] *m* (*pl micro-ordinateurs*) *EDV* Mikrocomputer *m*; **~phone** [-fɔn] *m* Mikrofon *n*; **~processeur** [-prɔsɛsœr] *m EDV* Mikroprozessor *m*; **~scope** [-skɔp] *m* Mikroskop *n*

midi [midi] *m* **1.** Mittag *m*, zwölf Uhr; ***~ et demi*** halb eins; **2.** *sud* Süden *m*; ***le ℒ*** Südfrankreich *n*

mie [mi] *f pain*: Krume *f*

miel [mjɛl] *m* Honig *m*

mien, **~ne** [mjɛ̃, mjɛn] ***le mien, la mienne*** der, die, das meine; meine(r, -s)

miette [mjɛt] *f* Krümel *m*, Krümchen *n*

mieux [mjø] **1.** *adv* (*comparatif, superlatif de bien*) besser; *plus* mehr; ***le ~*** am besten; *le plus* am meisten; ***le ~ possible*** so gut wie *od* als möglich; ***à qui ~ ~*** um die Wette; ***de ~ en ~*** immer besser; ***tant ~*** umso besser; ***aimer ~*** lieber mögen, vorziehen; ***aimer ~ faire qc*** etw lieber tun; ***valoir ~*** besser sein; ***faire ~ de*** (+ *inf*) besser daran tun zu (+ *inf*); **2.** *m* Bessere(s) *n*, Beste(s) *n*; *malade*: Besserung *f*

mièvre [mjɛvrə] geziert

mignon, **~ne** [miɲõ, -ɔn] **1.** *adj* niedlich; *gentil* lieb, nett; **2.** *m*, *f* Liebling *m*

migraine [migrɛn] *f* Migräne *f*

migration [migrasjõ] *f* Wanderung *f*

mi-jambe [miʒɑ̃b] ***à ~*** bis an die Waden

mijoter [miʒɔte] (*1a*) *cuis* bei schwacher Hitze kochen, schmoren; *fig plaisanterie, coup*: aushecken

Milan [milɑ̃] Mailand

milice [milis] *f* Miliz *f*

milieu [miljø] *m* (*pl -x*) *centre* Mitte *f*; *biologique*: Umwelt *f*; *social*: Milieu *n*; ***au ~ de, en plein ~ de*** mitten in; ***le juste ~*** der goldene Mittelweg; ***le ℒ*** die Unterwelt; **~x** *pl* ***diplomatiques*** diplomatische Kreise *m/pl*

milit|aire [militɛr] **1.** *adj* militärisch, Militär…; ***service*** *m* **~** Wehrdienst *m*; **2.** *m* Soldat *m*; **~ant**, **~ante** [-ɑ̃, -ɑ̃t] kämpfend, politisch aktiv; **~ariser** [-arize] (*1a*) militarisieren; **~er** (*1a*) politisch aktiv sein; *fig* ***~ pour, contre qc*** für, gegen etw sprechen

mille [mil] **1.** tausend; **2.** *m mesure*: Meile *f*

millénaire [milenɛr] **1.** *adj* tausendjährig; **2.** *m* Jahrtausend *n*

mille-pattes [milpat] *m* (*pl unv*) *zo* Tausendfüßler *m*

millésime [milezim] *m timbres*: Jahreszahl *f*; *vin*: Jahrgang *m*

millet [mijɛ] *m bot* Hirse *f*

milliard [miljar] *m* Milliarde *f*; **~aire** *m* Milliardär *m*

millième [miljɛm] **1.** *ordre*: tausendste(r, -s); **2.** *m fraction*: Tausendstel *n*

millier [milje] *m* Tausend *n*

milli|gramme [miligram] *m* Milligramm *n*; **~mètre** [-mɛtrə] Millimeter *n od m*

milli|on [miljõ] *m* Million *f*; **~onnaire** [-ɔnɛr] *m*, *f* Millionär(in) *m(f)*

mim|e [mim] *m* Pantomime *m*; **~er** (*1a*) nachahmen; **~ique** *f* Mimik *f*

mimosa [mimoza] *m bot* Mimose *f*

minable [minablə] kümmerlich, ärmlich, schäbig

mince [mɛ̃s] dünn; *personne, taille*: schlank; *insignifiant* unbedeutend, gering; F **~ (alors)!** Donnerwetter!

mine[1] [min] *f expression* Miene *f*; *aspect extérieur* Aussehen *n*; ***faire ~ de*** (+ *inf*) so tun, als ob; ***avoir bonne*** (***mauvaise***) **~** gut (schlecht) aussehen

min|e[2] [min] *f* Bergwerk *n*, Zeche *f*, Mine *f*; *mil, crayon*: Mine *f*; **~er** (*1a*) unterminieren, untergraben; *mil* verminen

minerai [minrɛ] *m* Erz *n*

minéral, ~e [mineral] (*m/pl -aux*) **1.** *adj* mineralisch; ***eau** f **minérale*** Mineralwasser *n*; **2.** *m* Mineral *n*; **~ogique** [-ɔʒik] *auto* ***plaque** f* **~** Nummernschild *n*

minet, ~te [minɛ, -ɛt] *m, f* F Kätzchen *n*, Mieze *f*; *fig* Schätzchen *n*, Herzchen *n*

mineur[1]**, ~e** [minœr] **1.** zweitrangig, unbedeutend; **2.** *jur* minderjährig; *m, f* Minderjährige(r) *m, f*; **3.** *mus* Moll

mineur[2] [minœr] *m* Bergmann *m*

minibus [minibys] *m* Kleinbus *m*

mini|er, ~ère [minje, -jɛr] Bergwerks…, Gruben…

mini-jupe [miniʒyp] *f* (*pl mini-jupes*) Minirock *m*

minim|e [minim] sehr klein; **~iser** (*1a*) bagatellisieren

minimum [minimɔm] **1.** *adj* (*f/sg, m/pl u f/pl a minima*) Mindest…; **2.** *m* Minimum *n*; ***au* ~** wenigstens; ***un* ~ *de*** ein Minimum an (*dat*)

minist|ère [ministɛr] *m* Ministerium *n*; *portefeuille* Ministeramt *n*; *gouvernement* Regierung *f*, Kabinett *n*; *rel* Priesteramt *n*; **~ériel, ~érielle** Minister…, Regierungs…

ministre [ministrə] *m* Minister *m*; **~ *des Affaires étrangères*** Außenminister *m*; **~ *de l'Intérieur*** Innenminister *m*

minitel [minitɛl] *m* Bildschirmtext *m*; *appareil*: Btx-Gerät *n*

minorité [minɔrite] *f jur* Minderjährigkeit *f*; *pol* Minderheit *f*

Minorque [minɔrk] Menorca *n*

minuit [minɥi] *m* Mitternacht *f*

minuscule [minyskyl] **1.** *adj* winzig; *lettre*: klein(geschrieben); **2.** *f* Kleinbuchstabe *m*

minute [minyt] *f* **1.** Minute *f*; *fig* Moment *m*; ***à la* ~** auf die Minute; **2.** *original* Urschrift *f*, Original *n*

minuterie [minytri] *f* Schaltuhr *f*

minu|tie [minysi] *f* peinliche Genauigkeit *f*; **~tieux, ~tieuse** [-sjø, -sjøz] peinlich genau

mioche [mjɔʃ] *m* F Knirps *m*

mirabelle [mirabɛl] *f* Mirabelle *f*

miracle [miraklə] *m* Wunder *n*; **~ *économique*** Wirtschaftswunder *n*

miraculeu|x, ~se [mirakylø, -z] wunderbar; *fig* erstaunlich

mir|ador [miradɔr] *m* Wachturm *m*; **~age** *m* Luftspiegelung *f*, Fata Morgana *f*; *fig* Trugbild *n*

mire [mir] *f* ***point** m **de*** **~** Zielpunkt *m*; *fig* Zielscheibe *f*

miroi|r [mirwar] *m* Spiegel *m*; **~ter** [-te] (*1a*) spiegeln, glänzen

mis, ~e [mi, -miz] **1.** *p/p de* ***mettre***; **2.** *adj table*: gedeckt; ***bien* ~(*e*)** *habillé* gut angezogen

misanthrope [mizɑ̃trɔp] *m* Menschenfeind *m*

mise [miz] *f vêtements* Kleidung *f*; *jeu*: Einsatz *m*; **~ *en bouteilles*** Flaschenabfüllung *f*; **~ *en jachère*** Flächenstilllegung *f*; **~ *en marche*** (***route, service***) Inbetriebnahme *f*; **~ *en scène*** Inszenierung *f*; **~ *en vente*** Verkauf *m*; ***de* ~** angebracht, passend

miser [mize] (*1a*) *jeu u fig* setzen (***sur*** auf *acc*)

misérable [mizerablə] *pauvre* ärmlich; *insignifiant* ärmlich, kümmerlich; *lamentable* beklagenswert; *méprisable* miserabel

misère [mizɛr] *f* Elend *n*

miséricorde [mizerikɔrd] *f* Barmherzigkeit *f*

misogyne [mizɔʒin] **1.** *adj* frauenfeindlich; **2.** *m* Frauenfeind *m*

missel [misɛl] *m rel* Messbuch *n*

missile [misil] *m mil* Rakete *f*, Flugkörper *m*

miss|ion [misjõ] *f charge* Auftrag *m*, Mission *f*; *pol* Abordnung *f*, Delegation *f*; *rel* Mission *f*; **~ionnaire** [-jɔnɛr] *m* Missionar *m*

missive [misiv] *f* Brief *m*

mistral [mistral] *m kalter Nordwind/ Nordwestwind in der Provence*
mite [mit] *f zo* Motte *f*
mi-temps [mitɑ̃] *f (pl unv)* Halbzeit *f*; ***travailler à ~*** halbtags arbeiten
miteu|x, **~se** [mitø, -z] armselig, schäbig
mitigé, **~e** [mitiʒe] abgeschwächt
mitraill|e [mitraj] *f mil* Beschuss *m*; **~er** *(1a) mil* beschießen; *fig* bombardieren; **~ette** [-ɛt] *f* Maschinenpistole *f*; **~eur** *m* Maschinengewehrschütze *m*; ***fusil*** *m* **~** leichtes Maschinengewehr *n*; **~euse** *f* Maschinengewehr *n*
mitre [mitrə] *f rel* Mitra *f*
mi-voix [mivwa] ***à ~*** halblaut
mix|age [miksaʒ] *m* (Ton-)Mischung *f*; **~er** [-ɛr] *od* **~eur** [-œr] *m* Mixer *m*
mixte [mikst] gemischt; ***mariage*** *m* **~** Mischehe *f*
mixture [mikstyr] *f péj* Gebräu *n*, Gemisch *n*
MLF *m abr* ***Mouvement de libération des femmes*** frz. Frauenbewegung
Mlle *abr* ***Mademoiselle*** Frl. (Fräulein)
Mlles *abr* ***Mesdemoiselles*** Fräulein *pl*
MM. *abr* ***Messieurs*** (an) die Herren
Mme *abr* ***Madame*** Frau
Mmes *abr* ***Mesdames*** *pl als Adresse*: ***Mmes X et Y*** Frau X und Frau Y
M.O. *m abr* ***Moyen-Orient*** Mittlerer Osten
mobil|e [mɔbil] **1.** *adj* beweglich; **2.** *m* Motiv *n*; *art*: Mobile *n*; **~ier**, **~ière** [-je, -jɛr] **1.** *adj jur* beweglich; ***valeurs f/pl mobilières*** übertragbare Werte *m/pl*; **2.** *m* Mobiliar *n*; **~isation** [-izasjõ] *f mil* Mobilmachung *f*; *fig* Mobilisierung *f*; **~iser** *(1a) mil* mobil machen; *fig* mobilisieren; **~ité** *f* Beweglichkeit *f*; *circulation* Mobilität *f*
mobylette [mɔbilɛt] *f* Moped *n*
moche [mɔʃ] F *laid* hässlich; *méprisable* mies
modalité [mɔdalite] *f* Art und Weise *f*, Modalität *f*
mode[1] [mɔd] *m* Art *f*, Weise *f*; *mus* Tonart *f*; *gr* Modus *m*; **~ *d'emploi*** Gebrauchsanweisung *f*, Bedienungsanleitung *f*; **~ *de paiement*** Zahlungsweise *f*
mode[2] [mɔd] *f* Mode *f*; ***à la ~*** modisch
model|é [mɔdle] *m* Modellierung *f*; **~er** *(1d)* modellieren
modèle [mɔdɛl] *m* Modell *n*; *tricot*: Muster *n*; *personne* : Vorbild *n*
modem [mɔdɛm] *m EDV* Modem *m*, *n*
modér|ation [mɔderasjõ] *f* Mäßigung *f*; **~é**, **~ée** *personne*, *opinion*: gemäßigt; *vitesse*, *vent*: mäßig; **~er** *(1f)* mäßigen; *dépenses*: einschränken; ***se ~*** sich einschränken
modern|e [mɔdɛrn] modern; **~iser** *(1a)* modernisieren
modest|e [mɔdɛst] bescheiden; **~ie** [-i] *f* Bescheidenheit *f*
modif|ication [mɔdifikasjõ] *f* Abänderung *f*, Modifizierung *f*; **~ié**, **~iée**: **~*(e)* *génétiquement*** gen(technisch) verändert; **~ier** [-je] *(1a)* abändern, modifizieren
modique [mɔdik] bescheiden, niedrig, gering
modiste [mɔdist] *f* Putzmacherin *f*, Modistin *f*
modulation [mɔdylasjõ] *f* Modulation *f*; **~ *de fréquence*** Ultrakurzwelle *f*
modul|e [mɔdyl] *m tech* Modul *m od n*; **~ *lunaire*** Mondfähre *f*; **~er** *(1a)* modulieren
moell|e [mwal] *f* (Knochen-)Mark *n*; **~eux**, **~euse** [-ø, -øz] weich
mœurs [mœr(s)] *f/pl attitude morale* Sitten *f/pl*; *coutumes* Bräuche *m/pl*; ***police*** *f* ***des mœurs*** Sittenpolizei *f*
moi [mwa] ich; mich; mir
moignon [mwaɲõ] *m* Stumpf *m*
moindre [mwɛ̃drə] minder, geringer; ***le, la ~*** der, die, das Geringste; ***le ~ mal*** das kleinere Übel
moine [mwan] *m* Mönch *m*
moineau [mwano] *m (pl -x) zo* Sperling *m*, Spatz *m*
moins [mwɛ̃] **1.** *adv* weniger; *math* minus; **~ *d'argent*** weniger Geld; ***deux mètres de ~*** zwei Meter weniger; ***au*** *od* ***du ~*** wenigstens, mindestens; ***à ~ de*** (+ *inf*), ***à ~ que … ne*** (+ *subj*) wofern nicht, außer wenn …; ***de ~ en ~*** immer weniger; **2.** *m* ***le ~*** das Mindeste, das Wenigste; ***pour le ~*** wenigstens
mois [mwa] *m* Monat *m*; *salaire*: Monatslohn *m*; ***par ~*** monatlich
mois|i, **~ie** [mwazi] **1.** *adj* schimm(e)lig; **2.** *m bot* Schimmel *m*; **~ir** *(2a) v/i* schimmeln; *v/t* verschimmeln lassen; **~issure** [-isyr] *f bot* Schimmel *m*
moisson [mwasõ] *f* (Getreide-)Ernte *f*

moissonn|er [mwasɔne] (*1a*) ernten; **~eur**, **~euse** **1.** *m*, *f* Erntearbeiter(in) *m(f)*; **2.** *f* Mähmaschine *f*; **~euse-batteuse** [-øzbatøz] *f* (*pl moissonneuses--batteuses*) Mähdrescher *m*

moite [mwat] feucht

moitié [mwatje] *f* Hälfte *f*; ***à ~*** zur Hälfte, halb; ***~ … ~ …*** halb … halb …; ***à ~ chemin*** auf halbem Wege; ***à ~ prix*** zum halben Preis

mol [mɔl] → ***mou***

molaire [mɔlɛr] *f* Backenzahn *m*

môle [mol] *m* Hafendamm *m*, Mole *f*

molécule [mɔlekyl] *f* Molekül *n*

molester [mɔlɛste] (*1a*) misshandeln

mollasse [mɔlas] *péj* wabbelig, schlapp

moll|ement [mɔlmɑ̃] *adv* lässig, träge; **~esse** [-ɛs] *f chose*: Weichheit *f*; *personne*, *actions*: Lässigkeit *f*; **~et**[1], **~ette** [-ɛ, -ɛt] weich, zart; ***œuf*** *m* ***mollet*** weiches Ei *n*

mollet[2] [mɔlɛ] *m* Wade *f*

mollir [mɔlir] (*2a*) weich werden; *vent*: abflauen

môme [mom] *m*, *f* F Kind *n*

moment [mɔmɑ̃] *m* Augenblick *m*, Moment *m*; ***à ce ~*** in diesem Augenblick; ***en ce ~*** zurzeit, jetzt; ***dans un ~*** gleich; ***du ~*** momentan; ***d'un ~ à l'autre*** sogleich; ***en un ~*** im Nu; ***par ~s*** gelegentlich; ***pour le ~*** einstweilen; ***du ~ que*** *od* ***où*** da ja; ***à tout ~*** jederzeit; ***par ~s*** manchmal

momentané, **~e** [mɔmɑ̃tane] augenblicklich

momie [mɔmi] *f* Mumie *f*

mon *m*, **ma** *f*, **mes** *pl* [mõ, ma, me] mein(e) *m*, *n* (*f*; *pl*)

Monaco [mɔnako] ***la principauté*** *f* ***de ~*** das Fürstentum Monaco

monarchie [mɔnarʃi] *f* Monarchie *f*

monarque [mɔnark] *m* Monarch *m*

monastère [mɔnastɛr] *m* Kloster *n*

monceau [mõso] *m* (*pl -x*) Haufen *m*

mondain, **~e** [mõdɛ̃, -ɛn] *personne*: mondän; *rel* weltlich; ***vie*** *f* ***mondaine*** gesellschaftliches Leben *n*

monde [mõd] *m* Welt *f*; *gens* Menschen *m/pl*, Leute *pl*; ***tout le ~*** jedermann; ***dans le ~ entier*** auf der ganzen Welt; ***l'autre ~*** das Jenseits; ***le beau ~*** die vornehme Gesellschaft; ***homme*** *m* ***du ~*** Mann *m* von Welt; ***mettre au ~*** zur Welt bringen

mondial, **~e** [mõdjal] (*m/pl -aux*) Welt…; **~ement** [-mɑ̃] *adv* weltweit; **~isation** *f* Globalisierung *f*

monégasque [mɔnegask] monegassisch

monétaire [mɔnetɛr] Münz…, Währungs…, Geld…; ***marché*** *m* ***~*** Geldmarkt *m*; ***unité*** *f* ***~*** Währungseinheit *f*

Mongolie [mõgɔli] ***la ~*** die Mongolei

mongolien, **~ne** [mõgɔljɛ̃, -ɛn] mongoloid

moni|teur, **~trice** [mɔnitœr, -tris] **1.** *m*, *f ski*: Skilehrer(in) *m(f)*; *éducation physique*: Sportlehrer(in) *m(f)*; *auto-école*: Fahrlehrer(in) *m(f)*; *colonie de vacances*: Betreuer(in) *m(f)*; **2.** *m EDV* Monitor *m*

monn|aie [mɔnɛ] *f pièce* Münze *f*, Geldstück *n*; *moyen d'échange* Geld *n*; *unité monétaire* Währung *f*; ***~ (de change)*** Klein-, Wechselgeld *n*; ***~ unique*** Einheitswährung *f*; **~ayer** [-ɛje] (*1i*) *un bien*: zu Geld machen

monoculture [mɔnɔkyltyr] *f* Monokultur *f*

monologue [mɔnɔlɔg] *m* Selbstgespräch *n*, Monolog *m*

mono|place [mɔnɔplas] **1.** *adj* einsitzig; **2.** *m aviat* Einsitzer *m*; **~plan** [-plɑ̃] *m aviat* Eindecker *m*; **~pole** [-pɔl] *m* Monopol *n*

monoton|e [mɔnɔtɔn] monoton, eintönig; **~ie** [-i] *f* Monotonie *f*, Eintönigkeit *f*

monseigneur [mõsɛɲœr] *m* Seine Exzellenz

monsieur [məsjø] *m* (*abr* M.), (*pl messieurs* [*mesjø*], *abr* MM.) Herr *m*; *dans lettre*: sehr geehrter Herr …

monstr|e [mõstrə] **1.** *m* Monstrum *n*, Ungeheuer *n*; *fig* Scheusal *n*; **2.** *adj* Riesen…; **~ueux**, **~ueuse** [-yø, -yøz] *géant* riesig, ungeheuer; *abominable* entsetzlich, scheußlich; **~uosité** [-yosite] *f propos*: Ungeheuerlichkeit *f*; *crime*: Entsetzlichkeit *f*; *anat* Missbildung *f*

mont [mõ] *m* Berg *m*; ***par ~s et par vaux*** über Berg und Tal

montage [mõtaʒ] *m* Montieren *n*, Montage *f*; *photographie*: Fotomontage *f*; *él* Schaltung *f*

montagnard, **~e** [mõtaɲar, -d] **1.** *adj* Gebirgs…; **2.** *m*, *f* Bergbewohner(in)

m(f)
montagn|e [mõtaɲ] *f* Berg *m*, Gebirge *n*; ***à la ~*** ins, im Gebirge; ***~s*** *pl* ***russes*** Berg- und Talbahn *f*; ***la haute ~*** das Hochgebirge *n*; **~eux**, **~euse** [-ø, -øz] gebirgig, bergig
montant, **~e** [mõtɑ̃, -ɑ̃t] **1.** *adj chemin*: ansteigend; *robe*: hochgeschlossen; ***mouvement*** *m* ***montant*** Aufwärtsbewegung *f*; **2.** *m somme* Betrag *m*; *lit*: Pfosten *m*
mont-de-piété [mõdpjete] *m* (*pl monts-de-piété*) Leihamt *n*, Pfandhaus *n*
monte-charge [mõtʃarʒ] *m* (*pl unv*) Lastenaufzug *m*
montée [mõte] *f sur montagne*: Aufstieg *m*; *pente*: Steigung *f*, Anstieg *m*; *eau*, *prix*, *température*: Steigen *n*, Anstieg *m*
mont|er [mõte] (*1a*) **1.** *v/t montagne*: hinaufsteigen, besteigen; *escalier*: hinaufgehen; *valise*: hinauftragen; *femelle*: decken; *machine*: montieren; *échafaudage*, *étagère*: aufstellen; *tente*: aufschlagen; *pièce de théâtre*: aufführen; **2.** *v/i* steigen; *avion*: aufsteigen; *route*: ansteigen; *voiture*: hochfahren; *prix*: in die Höhe gehen, steigen; ***~ dans*** einsteigen in (*acc*); ***~ à bord*** an Bord gehen, ***~ en grade*** befördert werden; ***~ à cheval*** reiten; **3.** ***se ~ à*** *frais*: sich belaufen auf (*acc*); **~eur**, **~euse 1.** *m* Monteur *m*; **2.** *m*, *f film*: Cutter(in) *m(f)*
monticule [mõtikyl] *m* Anhöhe *f*, Hügel *m*
montre [mõtrə] *f* **1.** (Armband-, Taschen-)Uhr *f*; **2.** ***faire ~ de qc*** *faire preuve de* beweisen, zeigen
montre-bracelet [mõtrəbraslɛ] *f* (*pl montres-bracelets*) Armbanduhr *f*
montrer [mõtre] (*1a*) zeigen; ***~ qn, qc du doigt*** auf j-n, etw mit dem Finger zeigen; ***se ~*** sich sehen lassen, sich zeigen
monture [mõtyr] *f animal*: Reittier *n*; *lunettes*: Gestell *n*; *diamant*: Fassung *f*
monument [mɔnymɑ̃] *m* Monument *n*, (bedeutendes) Bauwerk *n*; *commémoratif*: Denkmal *n*
moqu|er [mɔke] (*1m*) ***se ~ de*** *railler* sich lustig machen über (*acc*); *dédaigner* sich nicht kümmern um; *tromper* auf den Arm nehmen; **~erie** *f* Spott *m*
moquette [mɔkɛt] *f* Teppichboden *m*
moqueu|r, **~se** [mɔkœr, -øz] **1.** *adj* spöttisch; **2.** *m*, *f* Spötter(in) *m(f)*
moral, **~e** [mɔral] **1.** *adj* (*m/pl -aux*) moralisch, sittlich; *force*, *misère*: seelisch; *jur* ***personne*** *f* ***morale*** juristische Person *f*; **2.** *m* Verfassung *f*, Moral *f*; **3.** *f* Moral *f*, Ethik *f*; **~ité** Moral *f*, Sittlichkeit *f*
moratoire [mɔratwar] *m* Moratorium *n*
Moravie [mɔravi] ***la ~*** Mähren *n*
morbide [mɔrbid] krankhaft
morceau [mɔrso] *m* (*pl -x*) Stück *n* (*a mus*); *livre*: Text *m*, Abschnitt *m*
morc|eler [mɔrsəle] (*1c*) zerstückeln; **~ellement** [-ɛlmɑ̃] *m* Zerstückelung *f*
mordant, **~e** [mɔrdɑ̃, -t] scharf, schneidend, bissig
mordicus [mɔrdikys] *adv* F hartnäckig, steif und fest
mordiller [mɔrdije] (*1a*) knabbern
mordre [mɔrdrə] (*4a*) beißen; *insecte*, *soleil*: stechen; *poisson*: anbeißen; *tech* ätzen; ***~ à*** *fig* Geschmack finden an (*dat*)
morfondre [mɔrfõdrə] (*4a*) ***se ~*** sich zu Tode langweilen
morgue [mɔrg] *f* **1.** *arrogance* Dünkel *m*; **2.** *endroit*: Leichenschauhaus *n*
moribond, **~e** [mɔribõ, -d] sterbend
morille [mɔrij] *f bot* Morchel *f*
morne [mɔrn] trüb(sinnig), düster
moros|e [mɔroz] mürrisch, verdrossen; **~ité** *f* Missmut *m*, Verdrießlichkeit *f*
morphine [mɔrfin] *f* Morphium *n*
mors [mɔr] *m* Gebiss *n*
morse[1] [mɔrs] *m zo* Walross *n*
morse[2] [mɔrs] *m* Morsealphabet *n*
morsure [mɔrsyr] *f* Bisswunde *f*; *insecte*: Stich *m*
mort[1] [mɔr] *f* Tod *m*; *fig* Ruin *m*; ***à ~*** tödlich
mort[2], **morte** [mɔr, mɔrt] **1.** *adj* tot; *plante*: abgestorben; *eau*: stehend; *feuille*: dürr, welk; ***ivre ~(e)*** P stockbesoffen; ***~(e) de fatigue*** todmüde; ***nature f morte*** Stillleben *n*; **2.** *m*, *f* Tote(r) *m*, *f*
mortalité [mɔrtalite] *f* Sterblichkeit *f*
mortel, **~le** [mɔrtɛl] tödlich, Tod…; *l'homme*: sterblich
morte-saison [mɔrtəsɛzõ] *f* (*pl mortes-saisons*) stille Zeit *f*

mortier [mɔrtje] *m mil* Mörser *m*; *mélange*: Mörtel *m*
mortifier [mɔrtifje] (*1a*) demütigen, schwer kränken
mort-né, **~e** [mɔrne] (*pl mort-né*[*e*]*s*) tot geboren
mortuaire [mɔrtɥɛr] Sterbe…, Toten…
morue [mɔry] *f zo* Kabeljau *m*
morve [mɔrv] *f* Nasenschleim *m*
mosaïque [mɔzaik] *f* Mosaik *n*
Moscou [mɔsku] Moskau
Moselle [mɔzɛl] ***la ~*** die Mosel
mosquée [mɔske] *f* Moschee *f*
mot [mo] *m* Wort *n*; *langue étrangère*: Vokabel *f*; *personnalité*: Ausspruch *m*; ***bon ~*** geistreiche Bemerkung *f*; ***~ clé*** Schlüsselwort *n*; ***~ de passe*** Kennwort *n*; *EDV* Passwort *n*; ***~s croisés*** *pl* Kreuzworträtsel *n*; ***gros ~*** Schimpfwort *n*; ***~ à ~, ~ pour ~*** wörtlich; ***à ~s couverts*** durch die Blume; ***au bas ~*** mindestens; ***sans ~ dire*** wortlos; ***en un ~*** mit einem Wort, kurz; ***avoir le dernier ~*** das letzte Wort haben; ***prendre qn au ~*** j-n beim Wort nehmen
motard [mɔtar] *m* Motorradfahrer *m* (der Polizei)
motel [mɔtɛl] *m* Motel *n*
mo|teur, **~trice** [mɔtœr, -tris] **1.** *adj tech* Antriebs…; *anat* motorisch; **2.** *m tech u fig* Motor *m*; ***~ de recherche*** *EDV* Suchmaschine *f*
motif [mɔtif] *m* Motiv *n* (*a mus u Malerei*), Beweggrund *m*
motion [mosjõ] *f pol* Antrag *m*; ***~ de censure*** Misstrauensantrag *m*
motiver [mɔtive] (*1a*) *personne*: motivieren; *chose*: begründen
moto [mɔto] *f* Motorrad *n*; ***faire de la ~*** Motorrad fahren; **~cyclette** [-siklɛt] *f* → ***moto***; **~cycliste** [-siklist] *m, f* Motorradfahrer(in) *m*(*f*); **~planeur** [-planœr] *m* Motorsegler *m*
motoriser [mɔtɔrize] (*1a*) motorisieren
motte [mɔt] *f* Klumpen *m*
mou, **molle** [mu, mɔl] **1.** *adj* weich; *personne*: lässig; *membre*: schlaff; *caractère*: träge; *résistance*: schwach; **2.** *m cuis* Lunge *f*
mouch|ard, **~arde** [muʃar, -ard] *m, f* F (Polizei-)Spitzel *m*; **~arder** [-arde] (*1a*) F bespitzeln, ausspionieren
mouche [muʃ] *f* Fliege *f*; ***bateau m ~*** Ausflugsdampfer *m* (auf der Seine); ***faire ~*** ins Schwarze treffen (*a fig*)
moucher [muʃe] (*1a*) ***se ~*** sich die Nase putzen, sich schnäuzen
moucheron [muʃrõ] *m zo* (kleine) Mücke *f*
moucheter [muʃte] (*1c*) sprenkeln, tüpfeln
mouchoir [muʃwar] *m* Taschentuch *n*
moudre [mudrə] (*4y*) mahlen
moue [mu] *f* schiefes Gesicht *n*; ***faire la ~*** schmollen
mouette [mwɛt] *f zo* Möwe *f*
moufle [muflə] *f* Fausthandschuh *m*; *tech* Flaschenzug *m*
mouill|é, **~ée** [muje] nass; *humide* feucht; **~er** (*1a*) nass machen; *humecter* anfeuchten; *liquide*: verdünnen; *mar* **~** (***l'ancre***) Anker werfen
moul|e [mul] **1.** *m* (Gieß-)Form *f*; *cuis* Back-, Kuchenform *f*; **2.** *f zo* Miesmuschel *f*; **~er** (*1a*) formen; *fig* ***~ sur qc*** nach etw (*dat*) bilden
moul|in [mulɛ̃] *m* Mühle *f*; ***~ à vent*** Windmühle *f*; ***~ à poivre*** Pfeffermühle *f*; ***~ à café*** Kaffeemühle *f*; **~inet** [-inɛ] *m tech* Rolle *f*
moul|u, **~ue** [muly] *p/p de **moudre** u adj* gemahlen; *fig* wie zerschlagen; **~ure** [-yr] *f* Profilleiste *f*
mourant, **~e** [murɑ̃, -t] sterbend
mourir [murir] (*2k*) sterben (***de*** an *dat*); ***~ de froid*** erfrieren; ***~ de faim*** verhungern
mousse[1] [mus] *m* Schiffsjunge *m*
mousse[2] [mus] *f* **1.** *bot* Moos *n*; **2.** *f* Schaum *m*; *cuis* Cremespeise *f*; ***~ à raser*** Rasierschaum *m*
mouss|er [muse] (*1a*) schäumen; **~eux**, **~euse** [-ø, -øz] **1.** *adj* schäumend; **2.** *m* Schaumwein *m*
mousson [musõ] *f* Monsun *m*
moustache [mustaʃ] *f* Schnurrbart *m*
moustiquaire [mustikɛr] *f* Moskitonetz *n*
moustique [mustik] *m* Stechmücke *f*
moût [mu] *m* (Wein-, Apfel-)Most *m*
moutard [mutar] F *m* kleiner Junge *m*, Knirps *m* F; **~s** *pl* Kinder *n/pl*, Gören *n/pl* F
moutarde [mutard] *f bot u cuis* Senf *m*
mouton [mutõ] *m zo* Schaf *n*; *mâle*: Hammel *m*; *viande*: Hammelfleisch

n; *cuir*: Schafleder *n*; *fourrure*: Schafpelz *m*; *fig* leichtgläubiger Mensch *m*; *fig* ***revenons à nos ~s*** kommen wir wieder zur Sache!

mouvant, **~e** [muvɑ̃, -ɑ̃t] ***sables*** *m/pl* ***mouvants*** Treibsand *m*; ***terrain*** *m* ***mouvant*** schwankender Boden *m* (*a fig*)

mouvement [muvmɑ̃] *m* Bewegung *f* (*a pol etc*); *trafic* Betrieb *m*; *âme*: Regung *f*; *montre*: Räderwerk *n*; *terrain*: Unebenheit *f*; *mus rythme* Tempo *n*; *mus partie*: Satz *m*

mouvementé, **~e** [muvmɑ̃te] *existence*: bewegt, abwechslungsreich; *récit*: lebhaft; *terrain*: uneben

mouvoir [muvwar] (*3d*) bewegen (*a fig*)

moyen, **~ne** [mwajɛ̃, -ɛn] **1.** *adj température, classe*: mittlere(r, -s); *passable* durchschnittlich, mittelmäßig; ***Moyen Âge*** *m* Mittelalter *n*; **2.** *m façon, méthode* Mittel *n*, Weg *m*; ***~s*** *pl argent* (Geld-)Mittel *n/pl*; *capacités* Anlagen *f/pl*, Fähigkeiten *f/pl*; ***au ~ de*** *od* ***par le ~ de*** mit (Hilfe von), mittels; ***vivre au-dessus de ses moyens*** über seine Verhältnisse leben; **3.** *f* Durchschnitt *m*; *statistique*: Mittelwert *m*; ***en moyenne*** im Durchschnitt, im Mittel

moyenâgeu|x, **~se** [mwajɛnɑʒø, -z] mittelalterlich

moyennant [mwajɛnɑ̃] mittels, mit, durch, für

Moyen-Orient [mwajɛnɔrjɑ̃] ***le ~*** der Mittlere Osten

moyeu [mwajø] *m* (Rad-)Nabe *f*

Mozambique [mo-, mɔzɑ̃bik] ***le ~*** Mosambik *n*

M.R.G. *m abr* ***Mouvement des radicaux de gauche*** französische Mitte-Links-Partei

MST *m abr* ***maladie sexuellement transmissible*** Geschlechtskrankheit

muer [mɥe] (*1a*) *oiseau*: sich mausern; *serpent*: sich häuten; *garçon*: im Stimmbruch sein

muet, **~te** [mɥɛ, -t] **1.** *adj* stumm; *fig* sprachlos; **2.** *m film*: Stummfilm *m*

mufle [myflə] *m* Schnauze *f*, Maul *n*; F *fig* Lümmel *m*

mug|ir [myʒir] (*2a*) brüllen; *vent*: tosen; **~issement** [-ismɑ̃] *m* Gebrüll *n*; *vent*: Tosen *n*

muguet [mygɛ] *m bot* Maiglöckchen *n*

mulâtre, **~sse** [mylatrə, -ɛs] *m*, *f* Mulatte *m*, Mulattin *f*

mul|e [myl] *f zo* Mauleselin *f*; **~et** [-ɛ] *m* Maulesel *m*, Maultier *n*

Mulhouse [myluz] Mühlhausen *n*

mulot [mylo] *m zo* Waldmaus *f*

multicolore [myltikɔlɔr] bunt

multiculturel, **~le** [myltikyltyrɛl] **1.** *adj* multikulturell; **2.** *m/f subst* Multikulti *m*

multimédia [myltimedja] *adj* (*f unv*) Multimedia…, multimedial; ***spectacle*** *m* **~** Multimedia-Show *f*

multinational, **~e** [myltinasjɔnal] **1.** *adj* multinational; **2.** *f* multinationales Unternehmen *n*

multipl|e [myltiplə] mehrfach; *divers* vielfältig; **~ication** [-ikasjõ] *f math* Multiplikation *f*; *augmentation* Vermehrung *f*; **~icité** [-isite] *f* Vielfalt *f*; **~ier** [-ije] (*1a*) vermehren; *math* multiplizieren; ***se ~*** *espèce*: sich vermehren

multitude [myltityd] *f* Menge *f*

Munich [mynik] München

municipal, **~e** [mynisipal] (*m/pl -aux*) Stadt…, Gemeinde…; **~ité** *f commune* Gemeinde *f*; *conseil*: Gemeinderat *m*

munir [mynir] (*2a*) **~ *de*** ausstatten, versehen mit

munitions [mynisjõ] *f/pl* Munition *f*

muqueu|x, **~se** [mykø, -z] **1.** *adj* schleimig; **2.** *f* Schleimhaut *f*

mur [myr] *m* Mauer *f*; *intérieur*: Wand *f*; ***mettre qn au pied du ~*** j-n in die Enge treiben

mûr, **~e** [myr] reif

mur|aille [myrɑj] *f* (Befestigungs-, Stadt-)Mauer *f*; **~al**, **~ale** (*m/pl -aux*) Mauer…, Wand…

mûre [myr] *f bot ronce*: Brombeere *f*; *mûrier*: Maulbeere *f*

murer [myre] (*1a*) *enclos*: ummauern; *porte*: zumauern

mûrier [myrje] *m* Maulbeerbaum *m*

mûrir [myrir] (*2a*) *v/t* reif werden lassen; *v/i* reif werden, reifen

murmur|e [myrmyr] *m* Gemurmel *n*; *ruisseau*: Plätschern *n*; **~er** (*1a*) *chuchoter* murmeln; *se plaindre* murren; *ruisseau*: plätschern

musc [mysk] *m* Moschus *m*

muscad|e [myskad] *f* Muskatnuss *f*;

~et [-ɛ] *m* trockener Weißwein
muscat [myska] *m raisin*: Muskateller; *vin*: Muskateller(wein) *m*
muscl|e [myskla] *m* Muskel *m*; **~é, ~ée** muskulös; *politique*: energisch
musculaire [myskylɛr] Muskel…
museau [myzo] *m* (*pl* -*x*) Schnauze *f*
musée [myze] *m* Museum *n*
museler [myzle] (*1c*) e-n Maulkorb anlegen (***qn*** j-m; *a fig*)
muselière [myzəljɛr] *f* Maulkorb *m*
musette [myzɛt] *f sac*: Brotbeutel *m*
musical, ~e [myzikal] (*m/pl* -*aux*) musikalisch
musicien, ~ne [myzisjɛ̃, -ɛn] **1.** *adj* musikalisch; **2.** *m, f* Musiker(in) *m(f)*
musique [myzik] *f* Musik *f*; *notation* Noten *f/pl*; ***~ de chambre*** Kammermusik *f*
must [myst] *m* Muss *n*
musulman, ~e [myzylmɑ̃, -an] **1.** *adj* mohammedanisch, moslemisch; **2.** *m, f* Mohammedaner(in) *m(f)*, Moslem *m*
mut|ation [mytasjõ] *f* Veränderung *f*, Wandel *m*; *biol* Mutation *f*; *fonctionnaire*: Versetzung *f*; **~er** (*1a*) *fonctionnaire*: versetzen
mutilation [mytilasjõ] *f* Verstümmelung *f*
mutil|é [mytile] *m* Versehrte(r) *m*, Schwerbeschädigte(r) *m*; **~er** (*1a*) verstümmeln
mutin, ~e [mytɛ̃, -in] **1.** *adj* schelmisch, verschmitzt; **2.** *m* Aufrührer *m*; **~erie** [-inri] *f* Meuterei *f*
mutisme [mytismə] *m* Stummheit *f*; *fig* Schweigen *n*
mutu|alité [mytɥalite] *f* Versicherung *f* auf Gegenseitigkeit; **~el, ~elle** wechsel-, gegenseitig; (***assurance*** *f*) ***mutuelle*** *f* → ***mutualité***
myop|e [mjɔp] kurzsichtig; **~ie** [-i] *f* Kurzsichtigkeit *f*
myosotis [mjɔzɔtis] *m bot* Vergissmeinnicht *n*
myrtille [mirtij] *f* Blau-, Heidelbeere *f*
mystère [mistɛr] *m* Geheimnis *n*; *énigme* Rätsel *n*; *rel* Mysterium *n*
mystérieu|x, ~se [misterjø, -z] geheimnisvoll
myst|icisme [mistisismə] *m* Mystizismus *m*, Mystik *f*; **~ifier** [-ifje] (*1a*) irreführen; **~ique 1.** *adj* mystisch; **2.** *m, f* Mystiker(in) *m(f)*; **3.** *f* Mystik *f*
myth|e [mit] *m* Mythos *m*; *légende* Sage *f*; **~ique** mythisch, sagenhaft
mytholog|ie [mitɔlɔʒi] *f* Mythologie *f*; **~ique** mythologisch

N

n° *od* N° *abr* ***numéro*** Nr.
nabot [nabo] *m péj* Zwerg *m*, Knirps *m*
nacelle [nasɛl] *f ballon*: Korb *m*
nacre [nakrə] *f* Perlmutt *n*
nage [naʒ] *f* Schwimmen *n*; *style*: Schwimmstil *m*; ***~ sur le dos*** Rückenschwimmen *n*; ***~ libre*** Freistilschwimmen *n*; ***à la ~*** schwimmend; *fig* ***être en ~*** in Schweiß gebadet sein
nageoire [naʒwar] *f zo* Flosse *f*
nag|er [naʒe] (*1l*) schwimmen (*a fig*); ***~ la brasse*** Brust schwimmen; *fig* ***~ contre le courant*** gegen den Strom schwimmen; ***savoir ~*** schwimmen können; *fig* sich zu helfen wissen; **~eur, ~euse** *m, f* Schwimmer(in) *m(f)*
naguère [nagɛr] kürzlich, vor kurzem
naï|f, ~ve [naif, -v] naiv
nain, ~e [nɛ̃, nɛn] *m, f* Zwerg(in) *m(f)*
naissance [nɛsɑ̃s] *f* Geburt *f*; *fig* Entstehung *f*; ***date*** *f* ***de ~*** Geburtsdatum *n*; ***prendre ~*** entstehen
naître [nɛtrə] (*4g*) geboren werden; *fig* entstehen; ***faire ~*** *entreprise*: ins Leben rufen; *sentiment*: hervorrufen
naïveté [naivte] *f spontanéité* Natürlichkeit *f*, Unbefangenheit *f*; *crédulité* Naivität *f*
Namibie [namibi] ***la ~*** Namibia *n*
nana [nana] F *f* Mädchen *n*, Biene *f* F
nanti, ~e [nɑ̃ti] wohlhabend; ***~ de*** versehen mit; **~r** (*2a*) versehen (***de*** mit)
Naples [naplə] Neapel
napolitain, ~e [napɔlitɛ̃, -ɛn] neapolitanisch
nappe [nap] *f* Tischtuch *n*, Tischdecke

f; **~ *d'eau*** glatte Wasserfläche *f*; **~ron** *m* (*Zier*-)Deckchen *n*
narcissisme [narsisismə] *m* Narzissmus *m*
narcotique [narkɔtik] **1.** *adj* betäubend; **2.** betäubendes Mittel *n*
narguer [narge] (*1m*) verhöhnen
narine [narin] *f* Nasenloch *n*
narquois, **~e** [narkwa, -z] spöttisch
narra|teur, **~trice** [naratœr, -tris] *m*, *f* Erzähler(in) *m*(*f*); **~tion** *f* Erzählung *f*
narrer [nare] (*1a*) *litt* erzählen
nasal, **~e** [nazal] (*m*/*pl -aux*) **1.** *adj* Nasen…; nasal; **2.** *f* Nasallaut *m*; **~iser** (*1a*) nasalieren
nasill|ard, **~arde** [nazijar, -d] näselnd; **~er** (*1a*) näseln
natal, **~e** [natal] (*m*/*pl* -als) Geburts…; Heimat…; ***pays** m **natal*** Heimatland *n*; **~ité** *f* (***taux** m **de***) **~** Geburtenziffer *f*
natation [natasjõ] *f* Schwimmen *n*, Schwimmsport *m*; ***faire de la ~*** schwimmen
nati|f, **~ve** [natif, -v] **~, *native de*** gebürtig aus
nation [nasjõ] *f* Nation *f*
national, **~e** [nasjɔnal] (*m*/*pl -aux*) national; Volks…; ***route** f **nationale*** Bundesstraße *f*; **~isation** [-izasjõ] *f* Verstaatlichung *f*; **~iser** (*1a*) verstaatlichen; **~isme** *m* Nationalismus *m*; **~iste 1.** *adj* nationalistisch; **2.** *m*, *f* Nationalist(in) *m*(*f*); **~ité** *f* Staatsangehörigkeit *f*; **~-socialisme** [-sɔsjalismə] *m* Nationalsozialismus *m*
natte [nat] *f tapis* (Stroh-)Matte *f*; *cheveux*: Zopf *m*
natural|iser [natyralize] (*1a*) naturalisieren, einbürgern; **~isme** *m* Naturalismus *m*
natur|e [natyr] *f* Natur *f*; *terrain*: Beschaffenheit *f*; *personne*: Wesen *n*; ***café** m* **~** schwarzer Kaffee *m*; F ***il est très ~*** er ist sehr natürlich; **~el**, **~elle 1.** *adj* natürlich; *science*, *phénomène*: Natur…; **2.** *m caractère* Naturell *n*, Wesen *n*; *spontanéité* Natürlichkeit *f*; *cuis* ***au ~*** ohne Zutaten; **~ellement** *adv* natürlich; **~isme** *m* Freikörperkultur *f* (FKK), Nudismus *m*; **~iste** *m*, *f* FKK-Anhänger(in) *m*(*f*), Nudist (-in) *m*(*f*)
naufrag|e [nofraʒ] *m* Schiffbruch *m*; ***faire ~*** Schiffbruch erleiden; **~é**, **~ée** schiffbrüchig
nauséabond, **~e** [nozeabõ, -d] ekelhaft, widerlich
nausée [noze] *f* Übelkeit *f*; *fig* Ekel *m*; ***j'ai la ~*** mir ist schlecht
naut|ique [notik] nautisch; See…; ***ski** m* **~** Wasserski *m*; **~isme** *m* Wassersport *m*
naval, **~e** [naval] (*m*/*pl -als*) Schiffs…, See…; ***chantier** m **naval*** Schiffswerft *f*
navet [navɛ] *m* weiße Rübe *f*
navette [navɛt] *f* **1.** *tissage*: Weber-, Nähmaschinenschiffchen *n*; **2.** *transport*: Pendelverkehr *m*; ***faire la ~*** pendeln; **~ *spatiale*** Raumfähre *f*
navig|able [navigablə] schiffbar; **~ant** [-ɑ̃] ***le personnel ~*** das zur See fahrende (*od* Flug-)Personal; **~ateur** [-atœr] *m* **1.** *aviat* Navigator *m*; **2.** *mar* Seefahrer *m*; **3.** *EDV* Browser *m*; **~ation** *f* **1.** Schifffahrt *f*; **~ *aérienne*** Luftfahrt *f*; **~ *spatiale*** Raumfahrt *f*; **2.** *pilotage* Navigation *f*
naviguer [navige] (*1m*) (zur See) fahren; *conduire* navigieren; F viel auf Reisen sein; **~ *sur Internet*** im Internet surfen
navire [navir] *m* (See-)Schiff *n*; **~ *de guerre*** Kriegsschiff *n*
navr|ant, **~ante** [navrɑ̃, -ɑ̃t] bedauerlich; **~é**, **~ée *je suis ~(e)*** es tut mir sehr leid
nazi, **~e** [nazi] *péj* **1.** *adj* Nazi…, nazistisch; **2.** *m*, *f* Nazi *m*; **~sme** *m* Nazismus *m*
N.B. *abr* ***nota bene*** NB, Anm. (Anmerkung)
N.-D. *abr* ***Notre-Dame*** Unsere Liebe Frau
N.D.L.R. *abr* ***note de la rédaction*** Anm. d. Red. (Anmerkung der Redaktion)
ne [n(ə)] **~ … *pas*** nicht; **~ … *guère*** kaum; **~ … *jamais*** nie; **~ … *plus*** nicht mehr; **~ … *plus jamais*** nie mehr; **~ … *que*** nur; erst; **~ … *rien*** nichts; **~ … *personne*** niemand
né, **~e** [ne] *pp de* ***naître*** geboren
néanmoins [neɑ̃mwɛ̃] dennoch, trotzdem, nichtsdestoweniger
néant [neɑ̃] *m* Nichts *n*
nébul|eux, **~euse** [nebylø, -øz] be-

wölkt, neb(e)lig; *fig* unklar, verschwommen; **~osité** [-ozite] *f* Bewölkung *f*
nécessaire [nesesɛr] **1.** *adj* notwendig, nötig; *effet*: unvermeidlich; **2.** *m* Notwendige(s) *n*; **~ *de toilette*** Kulturbeutel *m*
nécessit|é [nesesite] *f* Notwendigkeit *f*; **~*s*** *pl* Erfordernisse *n/pl*; ***par* ~** notgedrungen; **~er** (*1a*) erfordern; **~eux, ~euse** [-ø, -øz] Not leidend, bedürftig
néerlandais, ~e [neɛrlɑ̃dɛ, -z] **1.** *adj* niederländisch; **2.** **♀, ♀*e*** *m*, *f* Niederländer(in) *m*(*f*)
nef [nɛf] *f* Kirchenschiff *n*
néfaste [nefast] unheilvoll
néga|tif, ~tive [negatif, -tiv] **1.** *adj* negativ; *réponse a*: verneinend, abschlägig; **2.** *m photographie*: Negativ *n*; **3.** *f* ***dans la négative*** im Falle e-r Ablehnung; **~tion** *f* Verneinung *f*
néglig|é [negliʒe] *m* Morgenrock *m*, Negligé *n*; **~eable** [-ablə] belanglos, unerheblich; **~ence** [-ɑ̃s] *f nonchalance* Nachlässigkeit *f*; *manque de prudence* Fahrlässigkeit *f*; **~ent, ~ente** [-ɑ̃, -ɑ̃t] nachlässig; **~er** (*1l*) *personne, vêtements, intérêts*: vernachlässigen; *occasion*: versäumen; *avis*: nicht beachten; **~ *de faire qc*** es unterlassen, etw zu tun
négoc|e [negɔs] *m* Handel *m*; **~iant** [-jɑ̃] *m* Großhändler *m*
négocia|teur, ~trice [negɔsjatœr, -tris] *m*, *f* Unterhändler(in) *m*(*f*); **~tion** *f* Verhandlung *f*
négocier [negɔsje] (*1a*) verhandeln; **~ *un traité*** über den Abschluss e-s Vertrags verhandeln
nègre, négresse [nɛgrə, negrɛs] *m*, *f péj* Neger(in) *neg!* *m*(*f*)
neig|e [nɛʒ] *f* Schnee *m*; ***sports*** *m/pl* ***de* ~** Wintersport *m*; **~er** (*1l*) schneien; ***il neige*** es schneit; **~eux, ~euse** [-ø, -øz] verschneit, Schnee…
nénuphar [nenyfar] *m bot* Seerose *f*
néo-… [neɔ] *in Zssgn* neo…, neu…
néologisme [neɔlɔʒismə] *m* neues Wort *n*, Neologismus *m*
néon [neõ] *m* Neon *n*
néphrite [nefrit] *f méd* Nierenentzündung *f*
népotisme [nepɔtismə] *m* Vetternwirtschaft *f*
nerf [nɛr] *m* Nerv *m*; *vigueur* Kraft *f*; *fig* ***avoir du* ~** kräftig sein, Energie haben
nerv|eux, ~euse [nɛrvø, -øz] *caractère, état*: nervös; *tendineux* nervig, sehnig; *vigoureux* kraftvoll; *auto*: spritzig; **~osité** [-ozite] *f* Nervosität *f*
n'est-ce pas [nɛspa] nicht wahr?
net, ~te [nɛt] **1.** *adj propre* sauber; *clair* klar, deutlich; *non ambigu* eindeutig; *photo*: scharf; *comm* Netto…; ***produit*** *m* ***net*** Nettogewinn *m*; ***prix*** *m* ***net*** Nettopreis *m*; **2.** *adv* ***net*** (*a* ***nettement***) geradeheraus; ***refuser net*** rundweg ablehnen; **3.** *m* ***mettre au net*** ins Reine schreiben
nétiquette [nɛtikɛt] *f Internet* Netikette *f*
netteté [nɛtte] *f* Sauberkeit *f*; *fig* Klarheit *f*
nettoy|age [nɛtwajaʒ] *m* Reinigung *f*, Säuberung *f*; **~ *à sec*** chemische Reinigung *f*; **~er** (*1h*) reinigen, säubern
neuf[1] [nœf, *avec liaison* nœv] neun
neu|f[2], **~ve** [nœf, -v] neu; ***refaire à neuf*** ganz neu einrichten, gestalten; ***quoi de neuf?*** was gibt's Neues?
neurolo|gie [nørɔlɔʒi] *f* Neurologie *f*, Nervenheilkunde *f*; **~gue** [-g] Neurologe *m*, Nervenarzt *m*
neutral|iser [nøtralize] (*1a*) *rendre inoffensif* unschädlich *od* unwirksam machen; **~isme** *m* Neutralitätspolitik *f*; **~ité** *f* Neutralität *f*
neutre [nøtrə] **1.** *adj* neutral; *gr* sächlich; *bot* geschlechtslos; **2.** *m gr* Neutrum *n*; *pol* ***les ~s*** *pl* die neutralen Staaten *m/pl*
neutron [nøtrõ] *m phys* Neutron *n*
neuvième [nœvjɛm] **1.** *adj ordre*: neunte(r, -s); **2.** *m fraction*: Neuntel *n*
neveu [n(ə)vø] (*pl -x*) *m* Neffe *m*
névr|algie [nevralʒi] *f méd* Neuralgie *f*, Nervenschmerz *m*; **~algique** [-alʒik] *méd u fig* neuralgisch; **~ose** [-oz] *f psych* Neurose *f*; **~osé, ~osée** [-oze] *m*, *f* Neurotiker(in) *m*(*f*)
nez [ne] *m* Nase *f*; *mar* Bug *m*; ***avoir du* ~** e-e feine (Spür-)Nase haben
N.F. *abr* ***norme française*** frz. Norm *f*
ni [ni] und nicht; **~ … ~** (***ne*** *devant verbe*) weder … noch; ***je n'ai ~ pommes ~ poires*** ich habe weder Äpfel noch Birnen; ***sans sucre ~ lait*** ohne Zucker und Milch

niais, **~e** [njɛ, -z] albern, dumm; **~erie** [-zri] *f* Albernheit *f*
Nicaragua [nikaragwa] ***le ~*** Nikaragua *n*
Nice [nis] Nizza *n*
nich|e [niʃ] *f* **1.** *mur*: Nische *f*; *chien*: Hundehütte *f*; **2.** *tour* Schabernack *m*; **~er** (*1a*) nisten; F *fig* hausen
nicotine [nikɔtin] *f* Nikotin *n*
nid [ni] *m* Nest *n*; *fig* ***~ de poule*** Schlagloch *n*; *fig* ***~ d'amoureux*** Liebesnest *n*
nièce [njɛs] *f* Nichte *f*
nier [nje] (*1a*) leugnen, abstreiten; ***~ avoir fait qc*** bestreiten, etw getan zu haben; ***~ que*** (+ *ind od subj*) leugnen, dass
nigaud, **~e** [nigo, -d] **1.** *adj* albern; **2.** *m* Dummkopf *m*
Niger [niʒɛr] *géogr* ***le ~*** *pays* Niger *n*; *fleuve* der Niger
Nigeria [niʒɛrja] ***le*** *ou* ***la ~*** Nigeria *n*
Nil [nil] ***le ~*** der Nil
n'importe [nɛ̃pɔrt] irgend; ***~ où*** irgendwo(hin), ganz gleich wo(hin); ***~ qui*** jeder (Beliebige), irgendwer; ***~ quoi*** irgendetwas
nippon, **~(n)e** [nipõ, -ɔn] japanisch
nique [nik] *f* ***faire la ~ à qn*** j-n auslachen
nitouche [nituʃ] *f* F ***sainte ~*** Scheinheilige *f*
niveau [nivo] *m* (*pl -x*) Niveau *n* (*a fig*); *hauteur* Höhe *f*, Stand *m*; *tech* Wasserwaage *f*; ***~ d'eau*** Wasserspiegel *m*; ***~ de la mer*** Meeresspiegel *m*; *auto* ***~ d'essence, d'huile*** Benzin-, Ölstand *m*; ***~ de vie*** Lebensstandard *m*; ***au ~ de*** auf gleicher Höhe mit; *concernant* hinsichtlich (*gén*), in Bezug auf (*acc*)
niveler [nivle] (*1c*) (ein)ebnen; *fig* angleichen, nivellieren
nivellement [nivɛlmɑ̃] *m* (Ein-)Ebnen *n*; *fig* Angleichung *f*, Nivellierung *f*
n° *abr* ***numéro*** Nr. (Nummer)
noble [nɔblə] *rang social*: ad(e)lig; *cœur, esprit*: edel; **~sse** [-ɛs] *f* Adel *m*; *prov* ***~ oblige*** Adel verpflichtet
noce [nɔs] *f* ***~s*** *pl* Hochzeit *f*; ***en premières, secondes ~s*** in erster, zweiter Ehe; F ***faire la ~*** in Saus und Braus leben
noc|if, **~ive** [nɔsif, -iv] schädlich; **~ivité** [-ivite] *f* Schädlichkeit *f*
noctambule [nɔktɑ̃byl] *m*, *f* Nachtbummler *m*, -schwärmer *m*
nocturne [nɔktyrn] nächtlich, Nacht…
Noël [nɔɛl] *m* Weihnachten *n*; ***joyeux ~!*** fröhliche Weihnachten!; ***arbre*** *m* ***de ~*** Christbaum *m*; ***père*** *m* ***~*** Weihnachtsmann *m*; ***à ~*** zu *od* an Weihnachten
nœud [nø] *m* Knoten *m*; *fig de débat, problème*: springender Punkt *m*
noir, **~e** [nwar] **1.** *adj* schwarz; *sombre* dunkel, finster; ***la mer ℒe*** das Schwarze Meer; ***travail*** *m* (***au***) ***noir*** Schwarzarbeit *f*; *fig* ***voir tout en noir*** alles grau in grau sehen; ***il fait noir*** es ist stockdunkel; **2.** *adj* F *ivre* blau, besoffen; **3.** *m*, *f* Schwarze(r) *m*, *f*; **~âtre** [-ɑtrə] schwärzlich
noirc|eur [nwarsœr] *f* Schwärze *f*; *fig* Abscheulichkeit *f*; **~ir** (*2a*) *v/t* schwärzen; *fig situation*: in düsteren Farben schildern; *v/i* schwarz werden
noise [nwaz] *f* ***chercher ~ à qn*** mit j-m Streit suchen
noisette [nwazɛt] **1.** *f* Haselnuss *f*; **2.** *adj inv* nussbraun
noix [nwa] *f* (Wal-)Nuss *f*; ***~ de coco*** Kokosnuss *f*; ***~ muscade*** Muskatnuss *f*
nom [nõ] *m* **1.** Name *m*; ***~ de famille*** Familienname *m*; ***~ de guerre*** Deckname *m*; ***au ~ de*** im Namen (*gén*); ***de ~*** dem Namen nach; ***du ~ de*** namens; **2.** *gr* Substantiv *n*, Hauptwort *n*
nombr|e [nõbrə] *m* Zahl *f*; *quantité* Anzahl *f*; ***~ pair*** (***impair***) gerade (ungerade) Zahl *f*; ***~ de*** (+ *pl*) viele; ***au ~ de trois*** zu dritt; ***être du ~ de*** gehören zu; **~eux**, **~euse** [-ø, -øz] zahlreich; ***famille*** *f* ***nombreuse*** kinderreiche Familie *f*
nombril [nõbri(l)] *m* Nabel *m*
nomenclature [nɔmɑ̃klatyr] *f terminologie* Nomenklatur *f*; *répertoire* Verzeichnis *n*, Nomenklatur *f*
nomin|al, **~ale** [nɔminal] (*m/pl -aux*) namentlich; ***valeur*** *f* ***nominale*** Nennwert *m*; **~ation** *f* Ernennung *f*
nomm|ément [nɔmemɑ̃] namentlich; **~er** (*1a*) (be)nennen; *à une fonction*: ernennen; ***se ~*** sich nennen, heißen
non [nõ] nein; ***dire que ~*** Nein sagen; ***j'espère que ~*** ich hoffe nicht; ***~ plus*** auch nicht; ***~ que …*** (+ *subj*) nicht etwa, dass

non-agression [nɔnagrɛsjõ] *f pol* ***pacte** m **de** ~* Nichtangriffspakt *m*
non-alignement [nɔnaliɲmɑ̃] *m pol* Blockfreiheit *f*
nonante [nõnɑ̃t] (*Belgique*, *Suisse*) neunzig
nonce [nõs] *m égl* Nuntius *m*
nonchalant, **~e** [nõʃalɑ̃, -t] lässig, unbekümmert
non-conformiste [nõkõfɔrmist] **1.** *adj* nonkonformistisch; **2.** *m* (*pl non-conformistes*) Nonkonformist *m*
non-fumeu|r, **~se** [nõfymœr, -øz] *m*, *f* Nichtraucher(in) *m(f)*
non-intervention [nɔnɛ̃tɛrvɑ̃sjõ] *f pol* Nichteinmischung *f*
nonobstant [nɔnɔpstɑ̃] *prép* ungeachtet, trotz
non-polluant, **~e** [nɔnpoly ɑ̃, -t] umweltfreundlich, umweltverträglich
non-sens [nõsɑ̃s] *m* (*pl unv*) *absurdité* Unsinn *m*; *texte*: unverständliche Stelle *f*
non-violence [nõvjɔlɑ̃s] *f pol* Gewaltlosigkeit *f*
nord [nɔr] **1.** *m* Norden *m*; ***la mer du*** ♀ die Nordsee; ***vent** m **du** ~* Nordwind *m*; ***au ~ de*** nördlich von; F *fig* ***perdre le ~*** den Kopf verlieren; **2.** *adj* nördlich; ***côte** f ~* Nordküste
nord|-africain, **~-africaine** [nɔrdafrikɛ̃, -ɛn] *adj* nordafrikanisch; **♀-Africain**, **♀-Africaine** *m*, *f* Nordafrikaner(in) *m(f)*
nord-est [nɔrɛst] *m* Nordosten *m*
nordique [nɔrdik] nordisch
nord-ouest [nɔrwɛst] *m* Nordwesten *m*
normal, **~e** [nɔrmal] (*m/pl -aux*) normal; ***école** f **normale*** *etwa* Pädagogische Hochschule *f*; **~ement** *adv* normalerweise; **~isation** [-izasjõ] *f* Normalisierung *f*; *tech* Normung *f*
normand, **~e** [nɔrmɑ̃, -d] **1.** *adj* aus der Normandie; **2.** **♀**, ***♀e*** *m*, *f* Bewohner(in) *m(f)* der Normandie; *hist* Normanne *m*, Normannin *f*
Normandie [nɔrmɑ̃di] ***la ~*** die Normandie *f*
norme [nɔrm] *f* Norm *f* (*a tech*); ***~ européenne*** Euronorm *f*
Norvège [nɔrvɛʒ] ***la ~*** Norwegen *n*
norvégien, **~ne** [nɔrveʒjɛ̃, -ɛn] **1.** *adj* norwegisch; **2.** *m*, *f* Norweger(in) *m(f)*

nos [no] → ***notre***
nostalgie [nɔstalʒi] *f* Sehnsucht *f*
not|abilité [nɔtabilite] *f* hervorragende, prominente Persönlichkeit *f*; **~able** **1.** *adj* beträchtlich, bemerkenswert; **2.** *m* angesehener Bürger *m*; ***~s*** *pl* Honoratioren *m/pl*, Prominente(n) *m/pl*
notaire [nɔtɛr] *m* Notar *m*
notamment [nɔtamɑ̃] *adv* vor allem, besonders
notarié, **~e** [nɔtarje] notariell (beglaubigt)
notation [nɔtasjõ] *f* Notierung *f*
not|e [nɔt] *f* Note *f* (*a mus*); *son* Ton *m*; *communication* Notiz *f*; *bas de page*: Fußnote *f*; *remarque* Anmerkung *f*; *école*: Note *f*, Zensur *f*; *comm* Rechnung *f*; ***prendre ~ de qc*** sich (*dat*) etw merken; ***prendre des ~s*** sich (*dat*) Notizen machen; **~er** (*1a*) *écrire* notieren; *endroit*: anmerken; *remarquer* bemerken; **~ice** [-is] *f* kurze Darstellung *f*, Abriss *m*
notion [nosjõ] *f idée* Begriff *m*; ***~s*** *pl* Grundwissen *n*
notoire [nɔtwar] offenkundig
notoriété [nɔtɔrjete] *f* Offenkundigkeit *f*
notre [nɔtrə] (*pl nos*) unser(e)
nôtre [notrə] ***le, la ~*** der, die, das unsrige *od* unsere; unsere(r, -s)
nou|er [nwe] (*1a*) knüpfen, knoten, binden; *relations*: anknüpfen; *amitié*: schließen; **~eux**, **~euse** [-ø, -øz] knotig, knorrig
nougat [nuga] *m frz. Süßigkeit*: (Art) türkischer Honig *m*
nouille [nuj] *f* ***~s*** *pl* Nudeln *f/pl*
nourr|ice [nuris] *f profession*: Tagesmutter *f*; *qui allaite*: Amme *f*; **~ir** (*2a*) *personne*: ernähren; *animaux*: füttern; *enfant*: stillen; *fig intention*, *espoir*: hegen
nourr|isson [nurisõ] *m* Säugling *m*; **~iture** [-ityr] *f* Nahrung *f*, Kost *f*; *animaux*: Futter *n*
nous [nu] wir; uns
nouv|eau, **~elle** (*m a* **~el**, *m/pl* **~elle**) [nuvo, -ɛl] **1.** *adj* neu; *autre* andere(r, -s); *frais* jung, frisch; ***rien de nouveau*** nichts Neues; ***de** od **à nouveau*** von neuem; ***Nouvel An*** *m* Neujahr *n*; **2.** *m* ***voilà du nouveau*** das ist etwas

Neues
nouveau-né, ~e [nuvone] **1.** *adj* neugeboren; **2.** *m* (*pl nouveau-nés*) ***le ~*** das Neugeborene *n*
nouveauté [nuvote] *f* Neuheit *f*
nouvelle [nuvɛl] *f* Nachricht *f*; *récit* Novelle *f*; **~ment** [-mɑ̃] *adv* vor Kurzem
Nouvelle-Zélande [nuvɛlzelɑ̃d] ***la ~*** Neuseeland *n*
nouvelliste [nuvɛlist] *m* Novellist *m*
nova|teur, ~trice [nɔvatœr, -tris] **1.** *adj* ***esprit*** *m* ***novateur*** auf Neuerungen sinnender Geist *m*; **2.** *m*, *f* Neuerer *m*
novembre [nɔvɑ̃brə] *m* November *m*
novice [nɔvis] **1.** *m*, *f* Neuling *m*, Anfänger(in) *m(f)*; *rel* Novize *m*, *f*; **2.** *adj* unerfahren
noyade [nwajad] *f* Ertrinken *n*
noyau [nwajo] *m* (*pl -x*) Kern *m*; **~ter** [-te] (*1a*) *pol* unterwandern
noyer[1] [nwaje] (*1h*) ertränken; *auto* ersaufen; ***se ~*** ertrinken; *se suicider* sich ertränken
noyer[2] [nwaje] *m* Nussbaum *m*
N/Réf. *abr* ***notre référence*** unser Zeichen
nu, ~e [ny] **1.** *adj* nackt; *plaine*, *arbre*: kahl; **2.** *m art*: Akt *m*
nuag|e [nɥaʒ] *m* Wolke *f*; *pl* **~s** *a* Bewölkung *f*; *fig* ***être dans les ~s*** zerstreut sein; **~eux, ~euse** [-ø, -øz] wolkig, bewölkt, bedeckt
nuanc|e [nɥɑ̃s] *f* Nuance *f* (*a fig*), Schattierung *f*; **~er** (*1k*) nuancieren, fein differenzieren
nucléaire [nykleɛr] Kern…, Atom…, nuklear; ***énergie*** *f* ***~*** Kernenergie *f*; ***centrale*** *f* ***~*** Atomkraftwerk *n*
nud|isme [nydismə] *m* Freikörper-, Nacktkultur *f*, FKK; **~iste 1.** *adj* FKK-…; **2.** *m*, *f* FKK-Anhänger(in) *m(f)*, Nudist(in) *m(f)*
nudité [nydite] *f* Nacktheit *f*, Blöße *f*
nue [ny] *f litt* Wolke *f*; *fig* ***porter aux ~s*** in den Himmel heben; ***tomber des ~s*** (wie) aus allen Wolken fallen
nuire [nɥir] (*4c*) schädlich sein; ***~ à qn, à qc*** j-m, e-r Sache schaden
nuis|ance [nɥizɑ̃s] *f* (Umwelt-)Belastung *f*; **~ible** schädlich
nuit [nɥi] *f* Nacht *f*; ***la ~*** *od* ***de ~*** nachts; ***~ blanche*** schlaflose Nacht *f*; ***ne pas dormir de la ~*** die ganze Nacht nicht schlafen; ***être de ~*** Nachtschicht haben; ***il fait ~*** es ist dunkel
nul, ~le [nyl] **1.** *adj non valable* ungültig; *sans valeur* wertlos; *match*: unentschieden; **2.** *pronom* kein; ***nul*** (*alleinstehend*) keiner, niemand; ***nulle part*** nirgends
null|ement [nylmɑ̃] keineswegs; **~ité** *f jur* Nichtigkeit *f*; *fig* Wertlosigkeit *f*; *personne*: Versager *m*, Null *f* F
numér|aire [nymerɛr] *m* Bargeld *n*; **~al, ~ale** (*m/pl -aux*) **1.** *adj* Zahl(en)…; **2.** *m* Zahlwort *n*; **~ation** *f* Zählen *n*; **~ique** numerisch; *EDV* digital; ***appareil*** *m* ***photo ~*** Digitalkamera *f*
numéro [nymero] *m* Nummer *f*; F ***un drôle de ~*** ein komischer Kerl
numérot|age [nymerɔtaʒ] *m* Nummerierung *f*; **~er** (*1a*) nummerieren
nu-pieds [nypje] (*unv*) barfuß
nuptial, ~e [nypsjal] (*m/pl -aux*) Hochzeits…
nuque [nyk] *f* Genick *n*, Nacken *m*
Nuremberg [nyrɛ̃-, nyrɑ̃bɛr] Nürnberg *n*
nu-tête [nytɛt] (*unv*) barhäuptig
nutri|tif, ~tive [nytritif, -iv] Nähr…; *aliment*: nahrhaft; **~tion** *f* Ernährung *f*
nylon [nilõ] *m* Nylon *n*
nymphe [nɛ̃f] *f* Nymphe *f*
nymphéa [nɛ̃fea] *m bot* Seerose *f*

O

OAS *f abr* ***Organisation de l'armée secrète*** nationalistische frz. Untergrundbewegung im Algerienkrieg
oasis [ɔazis] *f* Oase *f*
obéir [ɔbeir] (*2a*) gehorchen (***à qn*** j-m); *règle*: befolgen (***à qc*** etw *acc*)
obéiss|ance [ɔbeisɑ̃s] *f* Gehorsam *m*; **~ant, ~ante** [-ɑ̃, -ɑ̃t] gehorsam, folgsam
obèse [ɔbɛz] fett(leibig)

obésité [ɔbezite] *f* Fettleibigkeit *f*
object|er [ɔbʒɛkte] (*1a*) einwenden, entgegenhalten (***qc à qn*** j-m etw); *prétexter* vorgeben; **~eur** *m* **~ *de conscience*** Wehrdienstverweigerer *m*; **~if**, **~ive** [-if, -iv] **1.** *adj* objektiv; **2.** *m photographie*: Objektiv *n*; *mil u allg* Ziel *n*
objection [ɔbʒɛksjõ] *f* Einwand *m*
objectivité [ɔbʒɛktivite] *f* Objektivität *f*
objet [ɔbʒɛ] *m* Gegenstand *m* (*a fig*); *but* Zweck *m*, Ziel *n*; *gr* Objekt *n*
obliga|tion [ɔbligasjõ] *f* Verpflichtung *f*, Pflicht *f*; *nécessité* Notwendigkeit *f*; *comm* Obligation *f*; ***être dans l'~ de faire qc*** genötigt sein, etw zu tun; **~toire** [-twar] obligatorisch
obligé, **~e** [ɔbliʒe] verpflichtet
oblige|ance [ɔbliʒɑ̃s] *f* Gefälligkeit *f*; **~ant**, **~ante** [-ɑ̃, -ɑ̃t] gefällig, verbindlich
obliger [ɔbliʒe] (*1l*) verpflichten; *forcer* zwingen (***qn à qc*** j-n zu etw, ***qn à faire qc*** j-n dazu, etw zu tun); ***être obligé de faire qc*** gezwungen sein, etw zu tun; etw tun müssen; **~ *qn*** *rendre service* j-m einen Gefallen tun
obliqu|e [ɔblik] schief, schräg; **~er** (*1m*) (seitwärts) abbiegen
oblitérer [ɔblitere] (*1f*) entwerten, abstempeln
oblong, **~ue** [ɔblõ, -g] länglich
obsc|ène [ɔpsɛn] unanständig, obszön; **~énité** [-enite] *f* Unanständigkeit *f*, Obszönität *f*; *parole*: Zote *f*
obscur, **~e** [ɔpskyr] dunkel, finster; *raisons*: obskur; *médiocre* unscheinbar; *embrouillé* undeutlich; **~cir** [-sir] (*2a*) (***s'~*** sich) verdunkeln; **~cissement** [-sismɑ̃] *m* Verdunkelung *f*; **~ité** *f* Dunkelheit *f*
obséd|é, **~ée** [ɔpsede] *m*, *f* Besessene(r) *m*, *f*; **~er** (*1f*) quälen, verfolgen; ***être obsédé(e) par*** besessen sein von
obsèques [ɔpsɛk] *f/pl* Begräbnis *n*, Trauerfeier *f*
observa|teur, **~trice** [ɔpsɛrvatœr, -tris] *m*, *f* Beobachter(in) *m(f)*; **~tion** *f* Beobachtung *f*; *remarque* Be-, Anmerkung *f*; *règle*: Beachtung *f*, Einhaltung *f*; **~toire** [-twar] *m* Sternwarte *f*, Observatorium *n*
observer [ɔpsɛrve] (*1a*) beobachten; *règle*: beachten, einhalten, befolgen; *changement*, *amélioration*: bemerken; ***faire ~ qc à qn*** j-n auf etw (*acc*) aufmerksam machen
obsession [ɔpsɛsjõ] *f* fixe Idee *f*; Besessenheit *f*
obstacle [ɔpstaklə] *m* Hindernis *n*; ***faire ~ à qc*** etw (*acc*) verhindern
obstin|ation [ɔpstinasjõ] *f* Starrsinn *m*, Halsstarrigkeit *f*, Eigensinn *m*; **~é**, **~ée** starrsinnig, halsstarrig, eigensinnig, stur; **~er** (*1a*) ***s'~ à*** (***faire***) ***qc*** hartnäckig auf etw (*dat*) bestehen
obstruer [ɔpstrye] (*1n*) verstopfen
obtempérer [ɔptɑ̃pere] (*1f*) Folge leisten
obtenir [ɔptənir] (*2h*) bekommen; *résultat*: erreichen
obtention [ɔptɑ̃sjõ] *f* Erlangung *f*
obtur|ateur [ɔptyratœr] *m photographie*: Verschluss *m*; **~ation** *f* Verschließung *f*; *dent*: Zahnfüllung *f*; **~er** (*1a*) zustopfen; *dent*: plombieren
obtus, **~e** [ɔpty, -z] *math u fig* stumpf
obus [ɔby] *m mil* Granate *f*
oc [ɔk] ***la langue d'~*** die südfranzösischen Dialekte, das Okzitanische
occasion [ɔkazjõ] *f* Gelegenheit *f*; *motif* Anlass *m*; *marché*: Gelegenheitskauf *m*; ***d'~*** gebraucht; ***à l'~*** bei Gelegenheit, gelegentlich; ***à l'~ de*** aus Anlass (*gén*); ***être l'~ de qc*** Anlass zu etw geben; ***en toute ~*** unter allen Umständen
occasionn|el, **~elle** [ɔkazjɔnɛl] Gelegenheits…, gelegentlich; *fortuit* zufällig; **~er** (*1a*) bewirken, verursachen
Occident [ɔksidɑ̃] *m* ***l'~*** der Westen
occidental, **~e** [ɔksidɑ̃tal] (*m/pl -aux*) westlich
occitan, **~e** [ɔksitɑ̃, -an] *ling* südfranzösisch, (alt)provenzalisch
occlusion [ɔklyzjõ] *f méd* Verschluss *m*
occulte [ɔkylt] verborgen
occup|ant, **~ante** [ɔkypɑ̃, -ɑ̃t] **1.** *adj* Besatzungs…; **2.** *m appartement*: Bewohner *m*; *auto* Insasse *m*; **~ation** *f mil* Besetzung *f*; *passe-temps*, *travail*: Beschäftigung *f*; **~é**, **~ée** *personne*: beschäftigt; *pays*, *chaise*: besetzt; *appartement*: bewohnt; **~er** (*1a*) *place*, *pays*: besetzen, besetzt halten; *appartement*: bewohnen; *temps*: in Anspruch neh-

men; *personnel*: beschäftigen; *fonction*: bekleiden; ***s'~ de*** *politique*, *littérature*: sich beschäftigen mit, sich befassen mit; ***s'~ de*** *malade*, *organisation*: sich kümmern um

occurrence [ɔkyrɑ̃s] *f* ***en l'~*** im vorliegenden Fall

OCDE [osedeə] *f abr* ***Organisation de coopération et de développement économique*** OECD *f* (Organisation für wirtschaftliche Zusammenarbeit und Entwicklung)

océan [ɔseɑ̃] *m* Ozean *m*

Océanie [ɔseani] *f* ***l'~*** Ozeanien *n*

octet [ɔktɛ] *m EDV* Byte *n*

octobre [ɔktɔbrə] *m* Oktober *m*

octogénaire [ɔktɔʒenɛr] **1.** *adj* achtzigjährig; **2.** *m*, *f* Achtzigjährige(r) *m*, *f*

ocul|aire [ɔkylɛr] Augen…; **~iste** *m*, *f* Augenarzt *m*, -ärztin *f*

Oder [ɔdɛr] *m* ***l'~*** die Oder

odeur [odœr] *f* Geruch *m*; *parfum* Duft *m*; ***mauvaise ~*** Gestank *m*

odieu|x, **~se** [ɔdjø, -z] scheußlich, widerwärtig

odor|ant, **~ante** [ɔdɔrɑ̃, -ɑ̃t] wohlriechend; **~at** [-a] *m* Geruchssinn *m*

OEA *f abr* ***Organisation des États américains*** OAS *f* (Organisation der amerikanischen Staaten)

œil [œj] *m* (*pl yeux* [jø]) **1.** Auge *n*; ***à mes yeux*** meiner Ansicht nach; ***à vue d'~*** zusehends; ***tirer l'~*** ins Auge fallen; ***avoir l'~ à*** aufpassen auf (*acc*); ***coup*** *m* ***d'~*** Blick *m*; ***avoir les yeux bleus*** blaue Augen haben; ***fermer les yeux sur qc*** bei etw ein Auge zudrücken; **2.** *tech* Loch *n*, Auge *n*, Öse *f*; **~-de-bœuf** [-dəbœf] *m* (*pl œils-de-bœuf*) rundes (Dach-)Fenster *n*; **~-de-perdrix** [-dəpɛrdri] *m* (*pl œils--de-perdrix*) Hühnerauge *n*

œillade [œjad] *f* verliebter Blick *m*

œillère [œjɛr] *f le plus souvent au pl* ***~s*** Scheuklappen *f/pl* (*a fig*)

œillet [œjɛ] *m bot* Nelke *f*; *tech* Öse *f*

œsophage [ezɔfaʒ] *m* Speiseröhre *f*

œuf [œf] *m* (*pl* -s [ø]) Ei *n*; ***~s brouillés*** Rührei *n*; ***~ à la coque*** weich gekochtes *od* weiches Ei *n*; ***~ sur le plat*** Spiegelei *n*; ***~ de Pâques*** Osterei *n*; *fig* ***dans l'~*** im Keim

œuvre [œvrə] **1.** *f* Werk *n*, Arbeit *f*; ***~s*** *pl* ***sociales*** Sozialeinrichtungen *f/pl*; ***~ d'art*** Kunstwerk *n*; ***se mettre à l'~*** sich an die Arbeit machen; ***mettre en ~*** *employer* anwenden; *exécuter* ausführen; **2.** *m tech* ***gros ~*** Rohbau *m*; *art*, *littérature*: Werk *n*

OFAJ *m abr* ***Office franco-allemand pour la jeunesse*** Deutsch-französisches Jugendwerk

offens|e [ɔfɑ̃s] *f insulte* Beleidigung *f*; *péché* Sünde *f*; **~er** (*1a*) beleidigen, kränken, verletzen; ***s'~ de qc*** an etw (*dat*) Anstoß nehmen; **~if**, **~ive** [-if, -iv] **1.** *adj* Angriffs…, offensiv; **2.** *f* Angriff *m*, Offensive *f*

offic|e [ɔfis] *m charge* Amt *n*, Dienststelle *f*; *rel* Gottesdienst *m*; ***bons ~s*** *pl* gute Dienste *m/pl*; ***d'~*** zwangsweise; ***faire ~ de*** tätig sein als; **~iel**, **~ielle** [-jɛl] amtlich, offiziell

officier [ɔfisje] *m* Offizier *m*; *jur* Beamte(r) *m*; ***~ de police*** Polizeibeamte(r) *m*

officieu|x, **~se** [ɔfisjø, -z] halbamtlich, offiziös

officinal, **~e** [ɔfisinal] (*m/pl -aux*) Heil…, Arznei…

offrande [ɔfrɑ̃d] *f rel* Opfergabe *f*

offr|e [ɔfrə] *f* Angebot *n*, Offerte *f*; ***~ d'emploi*** Stellenangebot *n*; **~ir** (*2f*) *marchandises*, *boisson*: anbieten; *cadeau*: schenken; *choix*, *avantage*: bieten; ***~ à boire*** einen Trunk anbieten; ***s'~ qc*** sich (*dat*) etw leisten

offusquer [ɔfyske] (*1m*) ärgern

ogive [ɔʒiv] *f arch* Spitzbogen *m*; *mil* Sprengkopf *m*

oie [wa] *f zo* Gans *f*

oignon [ɔɲɔ̃] *m* Zwiebel *f*

oiseau [wazo] *m* (*pl -x*) Vogel *m*; ***à vol d'~*** *vue*: aus der Vogelperspektive; *parcours*: (in der) Luftlinie

ois|eux, **~euse** [wazø, -øz] unnütz, überflüssig; **~if**, **~ive** [-if, -iv] müßig, untätig; **~iveté** [-ivte] *f* Müßiggang *m*

O.K. *abr* o.k., okay

oléoduc [ɔleɔdyk] *m* Ölleitung *f*, Pipeline *f*

olfacti|f, **~ve** [ɔlfaktif, -v] Geruchs…

oliv|e [ɔliv] *f* Olive *f*; **~ier** [-je] *m* Ölbaum *m*, Olive(nbaum) *f*(*m*); *bois*: Olivenholz *n*

OLP [oɛlpe] *f abr* ***Organisation de libération palestinienne*** PLO *f* (Palästinensische Befreiungsfront)

olympique [ɔlɛ̃pik] ***Jeux*** *m/pl* **~s** Olympische Spiele *n/pl*
Oman [ɔmɑ̃] *m* ***l'~*** Oman *n*
ombrag|e [ɔ̃braʒ] *m feuillage* schattiges Laubwerk *n*; *ombre* Schatten *m*; **~é**, **~ée** schattig; **~eux**, **~euse** [-ø, -øz] *cheval*: scheu; *personne*: leicht verletzbar
ombr|e [ɔ̃brə] *f* Schatten *m* (*a fig*); *fig faible apparence* Hauch *m*, Andeutung *f*; ***à l'~*** im Schatten; ***dans l'~*** im Dunkeln; **~elle** *f* Sonnenschirm *m*
omelette [ɔmlɛt] *f* Omelett *n*
omettre [ɔmɛtrə] (*4p*) *détail*, *lettre*: aus-, weglassen; ***~ de faire qc*** unterlassen, versäumen, etw zu tun
omission [ɔmisjɔ̃] *f* Auslassung *f*; *texte*: Lücke *f*
omnibus [ɔmnibys] *m* (***train*** *m*) **~** Personen-, Nahverkehrszug *m*
OMS *f abr* ***Organisation mondiale de la santé*** WHO *f* (Weltgesundheitsorganisation)
on [ɔ̃] (*après* que, et, ou, qui, si *souvent* l'on) man; F wir
oncle [ɔ̃klə] *m* Onkel *m*
onction [ɔ̃ksjɔ̃] *f rel* Salbung *f*
onctueu|x, **~se** [ɔ̃ktɥø, -z] ölig, cremig; *fig* salbungsvoll
onde [ɔ̃d] *f* Welle *f*; ***sur les ~s*** *radio*: über den Rundfunk
ondée [ɔ̃de] *f* Regenguss *m*
on-dit [ɔ̃di] *m* (*pl unv*) Gerücht *n*, Gerede *n*
ondoyer [ɔ̃dwaje] (*1h*) wogen
ondul|ation [ɔ̃dylasjɔ̃] *f terrain*: Welle; *coiffure*: Ondulation *f*; **~é**, **~ée** wellenförmig, wellig; *cheveux*: gewellt; ***tôle*** *f* ***ondulée*** Wellblech *n*; **~er** (*1a*) *ondes*: wogen; *cheveux*: sich wellen; **~eux**, **~euse** [-ø, -øz] wellig
onéreu|x, **~se** [ɔnerø, -z] kostspielig; ***à titre onéreux*** gegen Entgelt
ONG *f abr* ***Organisation non gouvernementale*** NGO *f* (Nichtregierungsorganisation)
ongle [ɔ̃glə] *m* (*Finger-*, *Zehen-*) Nagel *m*; *zo* Kralle *f*, Klaue *f*
onguent [ɔ̃gɑ̃] *m* Salbe *f*
O.N.M. *m abr* ***Office national météorologique*** staatliches frz. Amt für den Wetterdienst
ONU [ɔny] *f abr* ***Organisation des Nations Unies*** UNO *f* (United Nations Organization)
onze [ɔ̃z] elf; *subst* ***le ~*** die Elf
onzième [ɔ̃zjɛm] **1.** *adj ordre*: elfte(r, -s); **2.** *m fraction*: Elftel *n*
OPA [opea] *f abr* ***offre publique d'achat*** Übernahmeangebot *n*
opale [ɔpal] *f* Opal *m*
opaque [ɔpak] undurchsichtig
OPEP *abr* ***Organisation des pays exportateurs de pétrole*** OPEC *f* (Organisation Öl exportierender Länder)
opéra [ɔpera] *m* Oper *f*; *bâtiment*: Opernhaus *n*
opér|able [ɔperablə] *méd* operierbar; **~ateur**, **~atrice** [-atœr, -atris] *m*, *f* Bedienungskraft *f*, -person *f*; *film*: Kameramann *m*; *EDV* Operator *m*; **~ation** *f méd*, *mil* Operation *f*; *processus* Vorgang *m*; *action* Aktion *f*; *comm* Geschäft *n*; ***~s*** *f/pl* ***financières électroniques*** elektronischer Zahlungsverkehr *m*
opérationnel, **~le** [ɔperasjɔnɛl] *mil*, *tech* operativ, einsatzfähig
opératoire [ɔperatwar] *méd* Operations…
opérer [ɔpere] (*1f*) *v/t produire* bewirken; *exécuter* durchführen; *méd* operieren; *v/i avoir effet* wirken; *procéder* verfahren; ***se faire ~*** sich operieren lassen
opérette [ɔperɛt] *f* Operette *f*
ophtalm|ie [ɔftalmi] *f méd* Augenentzündung *f*; **~ologiste** *od* **~ologue** *m*, *f* Augenarzt *m*, -ärztin *f*
opiner [ɔpine] (*1a*) ***~ de la tête*** *od* ***du bonnet*** zustimmend nicken
opiniâtre [ɔpinjɑtrə] hartnäckig, unbeugsam; **~té** [-te] *f* Hartnäckigkeit *f*
opinion [ɔpinjɔ̃] *f* Meinung *f*, Ansicht *f*; ***à mon ~*** meiner Ansicht nach
opium [ɔpjɔm] *m* Opium *n*
opportun, **~e** [ɔpɔrtɛ̃ *od* ɔpɔrtœ̃, -yn] günstig, passend; **~isme** [-ynismə] *m* Opportunismus *m*; **~iste** *m*, *f* Opportunist(in) *m(f)*; **~ité** [-ynite] *f* Zweckmäßigkeit *f*
opposant, **~e** [ɔpozɑ̃, -t] **1.** *adj* gegnerisch; **2.** *m*, *f* Gegner(in) *m(f)*; ***les opposants*** *pl* die Opposition
oppos|é, **~ée** [ɔpoze] **1.** *adj maisons*, *pôles*: gegenüberliegend; *goûts*, *opinions*: entgegengesetzt; ***être ~ à qc*** gegen etw sein; **2.** *m contradiction* Ge-

gensatz *m*; *contraire* Gegenteil *n*; ***à l'opposé*** auf der entgegengesetzten Seite; ***à l'opposé de*** im Gegensatz zu; **~er** (*1a*) gegenüberstellen; *argument*: entgegenhalten, -setzen; ***s'~ à qn, à qc*** sich j-m, e-r Sache widersetzen; **~ition** *f contraste* Gegensatz *m*; *pol* Opposition *f*; *résistance* Widerstand *m*; *jur* Einspruch *m*; ***par ~ à*** im Gegensatz zu

oppress|er [ɔprɛse] (*1b*) beklemmen, bedrücken; **~eur** *m* Unterdrücker *m*; **~if**, **~ive** [-if, -iv] Unterdrückungs…; **~ion** *f domination* Unterdrückung *f*; *malaise* Beklemmung *f*

opprimer [ɔprime] (*1a*) unterdrücken

opter [ɔpte] (*1a*) optieren, sich entscheiden (***pour*** für)

opticien, **~ne** [ɔptisjɛ̃, -ɛn] *m*, *f* Optiker(in) *m(f)*

optim|al, **~ale** [ɔptimal] (*m/pl -aux*) optimal; **~isme** *m* Optimismus *m*; **~iste** **1.** *adj* optimistisch; **2.** *m*, *f* Optimist(in) *m(f)*; **~um** [-ɔm] *m* Optimum *n*

option [ɔpsjõ] *f* Wahl *f*; *jur* Option *f*

optique [ɔptik] **1.** *adj* optisch, Seh…; **2.** *f* Optik *f*; *fig* Blickwinkel *m*

opulent, **~e** [ɔpylɑ̃, -t] *riche* sehr reich; *poitrine*: üppig

or[1] [ɔr] *m* Gold *n*; ***d'~, en ~*** golden; ***plaqué ~*** vergoldet

or[2] [ɔr] *conj* nun (aber)

oracle [ɔraklə] *m* Orakel *n*

orag|e [ɔraʒ] *m* Gewitter *n*; *fig* Sturm *m*; **~eux**, **~euse** [-ø, -øz] gewitt(e)rig; *fig* stürmisch

oraison [ɔrɛzõ] *f rel* Gebet *n*; ***~ funèbre*** Grabrede *f*

oral, **~e** [ɔral] (*m/pl -aux*) **1.** *adj* mündlich; **2.** *m* mündliche Prüfung *f*

orang|e [ɔrɑ̃ʒ] **1.** *f* Apfelsine *f*, Orange *f*; **2.** *adj* (*unv*) orangefarben; **~er** *m* Apfelsinen-, Orangenbaum *m*

ora|teur, **~trice** [ɔratœr, -tris] *m*, *f* Redner(in) *m(f)*

orbital, **~e** [ɔrbital] (*m/pl -aux*) *navigation spatiale*: Bahn…, Orbital…

orbite [ɔrbit] *f* **1.** *anat* Augenhöhle *f*; **2.** *astr* Umlaufbahn *f*; *fig* Einflussbereich *m*

orchestre [ɔrkɛstrə] *m* Orchester *n*; *théâtre*: vorderes Parkett *n*

orchidée [ɔrkide] *f bot* Orchidee *f*

ordinaire [ɔrdinɛr] **1.** *adj habituel* gewöhnlich, üblich; *banal* einfach; *de peu de valeur* mittelmäßig; **2.** *m auto* Normalbenzin *n*; ***comme à l'~*** wie gewöhnlich; ***d'~*** meistens

ordinateur [ɔrdinatœr] *m EDV* Computer *m*; ***assisté par ~*** computergestützt

ordonn|ance [ɔrdɔnɑ̃s] *f* Ver-, Anordnung *f*; *méd* Rezept *n*; *jur* Beschluss *m*, Verfügung *f*; **~é**, **~ée** geordnet; *personne*: ordentlich; **~er** (*1a*) *choses, pensées*: ordnen; *commander* anordnen, befehlen (***que*** + *subj* dass); *méd* verschreiben

ordre [ɔrdrə] *m* Ordnung *f*; *classement*: Reihenfolge *f*; *espèce* Art *f*, Natur *f*; *mil* Befehl *m*; *comm* Auftrag *m*, Order *f*; *hist* Stand *m*; *rel* Orden *m*; ***~ du jour*** Tagesordnung *f*; ***~ établi*** herrschende Ordnung *f*; ***par ~ alphabétique*** alphabetisch geordnet; ***de l'~ de*** in der Größenordnung von; ***de premier ~*** erstklassig; ***en ~*** (wohl)geordnet, in Ordnung; ***mettre en ~*** aufräumen; ***jusqu'à nouvel ~*** bis auf weiteres

ordure [ɔrdyr] *f* Unrat *m*; ***~s*** *pl* Abfall *m*; *fig* Schweinereien *f/pl*

ordur|ier, **~ière** [ɔrdyrje, -jɛr] schmutzig, unanständig

oreill|e [ɔrɛj] *f anat* Ohr *n*; *tasse*: Henkel *m*; ***dur d'~*** schwerhörig; **~er** *m* Kopfkissen *n*; **~ons** *m/pl méd* Mumps *m*, Ziegenpeter *m*

ores *d'~ et déjà* [dɔrzedeʒa] schon jetzt

orfèvre [ɔrfɛvrə] *m* Goldschmied *m*

organ|e [ɔrgan] *m* Organ *n* (*a pol, jur*); *instrument* Werkzeug *n*; **~igramme** [-igram] *m* Organisationsschema *n*; **~ique** organisch

organ|isation [ɔrganizasjõ] *f* Organisation *f*; **~iser** (*1a*) organisieren; *spectacle*: veranstalten; ***s'~*** sich (*dat*) seine Zeit *etc* richtig einteilen; **~isme** *m bot, anat* Organismus *m* (*a fig*); *ensemble de services* Einrichtung *f*, Organisation *f*; **~iste** *m*, *f* Organist(in) *m(f)*

orgasme [ɔrgasm] *m* Orgasmus *m*

orge [ɔrʒ] *f bot* Gerste *f*

orgelet [ɔrʒəlɛ] *m méd* Gerstenkorn *n*

orgue [ɔrg] *m* (*pl f*) Orgel *f*

orgueil [ɔrgœj] *m* Stolz *m*; *arrogance* Hochmut *m*

orgueilleu|x, **~se** [ɔrgœjø, -z] stolz; *ar-*

rogant hochmütig

Orient [ɔrjɑ̃] *m* ***l'~*** der Osten; *Asie*: der Orient

oriental, ~e [ɔrjɑ̃tal] (*m/pl -aux*) **1.** *adj* östlich; *Asie*: orientalisch; **2.** ***ᴥ,e*** *m, f* Orientale *m*, Orientalin *f*

orientation [ɔrjɑ̃tasjõ] *f* Orientierung *f*; *maison*: Lage *f*

orient|é, ~ée [ɔrjɑ̃te] **1.** ***être ~(e) à l'est*** nach Osten liegen; **2.** *fig* tendenziös; **~er** (*1a*) orientieren, ausrichten; ***s'~*** sich orientieren, sich zurechtfinden

orifice [ɔrifis] *m tech* Öffnung *f*

originaire [ɔriʒinɛr] ursprünglich; ***être ~ de*** stammen aus

original, ~e [ɔriʒinal] (*m/pl -aux*) **1.** *adj document, tableau*: original; *idée, cadeau*: originell; **2.** *m ouvrage*: Original *n*; *personne*: Sonderling *m*; **~ité** *f* Ursprünglichkeit *f*, Originalität *f*

origin|e [ɔriʒin] *f* Ursprung *m*; *personne, mot, coutume*: Herkunft *f*; *biol* Abstammung *f*; *commencement* Anfang *m*; *naissance* Entstehung *f*; ***à l'~*** anfangs, ursprünglich; ***d'~ française*** von Geburt Franzose; ***avoir son ~ dans qc*** seine Ursache in etw (*dat*) haben; **~el, ~elle** ursprünglich; *rel* ***péché*** *m* ***originel*** Erbsünde *f*

orme [ɔrm] *m bot* Ulme *f*

ornement [ɔrnəmɑ̃] *m* Verzierung *f*

ornement|al, ~ale [ɔrnəmɑ̃tal] (*m/pl -aux*) Zier…, Schmuck…, ornamental; **~er** (*1a*) verzieren

orner [ɔrne] (*1a*) schmücken, verzieren (***de*** mit)

ornière [ɔrnjɛr] *f* (Wagen-)Spur *f*

ornithologie [ɔrnitɔlɔʒi] *f* Vogelkunde *f*

orphelin, ~e [ɔrfəlɛ̃, -in] *m, f* Waise *f*, Waisenkind *n*; **~at** [-ina] *m* Waisenhaus *n*

ORSEC *f abr* ***Organisation des secours: plan ~*** staatlicher frz. Katastropheneinsatzplan

orteil [ɔrtɛj] *m* Zehe *f*

orthodoxe [ɔrtɔdɔks] orthodox

orthographe [ɔrtɔgraf] *f* Orthografie *f*

orthopéd|ique [ɔrtɔpedik] orthopädisch; **~iste** *m, f* Orthopäde *m*

ortie [ɔrti] *f bot* Brennnessel *f*

os [ɔs; *pl* o] *m* Knochen *m*; F ***jusqu'à l'~*** durch und durch

O.S. [oɛs] *m abr* ***ouvrier spécialisé*** angelernter Arbeiter *m*

OSCE *f abr* ***Organisation sur la sécurité et la coopération en Europe*** OSZE *f* (Organisation für Sicherheit und Zusammenarbeit in Europa)

oscill|ation [ɔsilasjõ] *f phys* Schwingung *f*; *fig* Schwankung *f*; **~er** (*1a*) *phys* schwingen; ***~ entre*** *fig* schwanken zwischen (*dat*)

osé, ~e [oze] *tentative*: gewagt; *personne*: dreist

oseille [ozɛj] *f bot* Sauerampfer *m*

oser [oze] (*1a*) wagen; ***~ faire qc*** wagen *od* sich getrauen, etw zu tun

osier [ozje] *m bot* Korbweide *f*; ***en ~*** Korb…

ossature [ɔsatyr] *f* Knochengerüst *n*

oss|ements [ɔsmɑ̃] *m/pl* Gebeine *n/pl*; **~eux, ~euse** [-ø, -øz] *anat* knöchern; *visage, mains*: knochig

ostens|ible [ɔstɑ̃siblə] ostentativ; **~oir** *m égl* Monstranz *f*

ostentation [ɔstɑ̃tasjõ] *f* Prahlerei *f*

otage [ɔtaʒ] *m* Geisel *f*

OTAN [ɔtɑ̃] *f abr* ***Organisation du traité de l'Atlantique Nord*** NATO *f*

ôter [ote] (*1a*) wegnehmen; *vêtement*: ausziehen; *chapeau*: abnehmen; *math* subtrahieren, abziehen

oto-rhino(-laryngologiste) [ɔtorino(-larɛ̃gɔlɔʒist)] *m, f* Hals-Nasen-Ohrenarzt *m*, —ärztin *f*

ou [u] *conj* oder; ***~ bien*** oder aber; ***~ … ~ …*** entweder … oder

où [u] *adv* wo; *direction*: wohin; *dans lequel*: worin; ***d'~*** woher; ***par ~*** auf welchem Wege; ***~ que*** (+ *subj*) wo(hin) auch (immer)

OUA *f abr* ***Organisation de l'unité africaine*** Organisation *f* für die Einheit Afrikas (*seit 25.5.1963*)

ouat|e [wat] *f* Watte *f*; **~er** (*1a*) wattieren

oubli [ubli] *m* Vergessen *n*; ***tomber dans l'~*** in Vergessenheit geraten

oublier [ublije] (*1a*) vergessen; ***~ de faire qc*** vergessen, etw zu tun

oubliettes [ublijɛt] *f/pl* (Burg-)Verlies *n*

ouest [wɛst] **1.** *m* Westen *m*; ***vent*** *m* ***d'~*** Westwind *m*; ***à l'~ de*** westlich von; **2.** *adj* westlich

Ouganda [ugɑ̃da] *m* ***l'~*** Uganda *n*

oui [wi] ja; ***je crois que ~*** ich glaube ja;

mais **~** [mɛwi] allerdings
ouï-dire [widir] ***par*** **~** vom Hörensagen
ouïe [wi] *f* Gehör(sinn) *n*(*m*); *zo* **~*s*** *pl* Kiemen *f*/*pl*
ouragan [uragɑ̃] *m* Orkan *m*
ourdir [urdir] (*2a*) anzetteln
ourl|er [urle] (*1a*) (um)säumen; **~et** [-ɛ] *m* Saum *m*
ours [urs] *m* Bär *m*; **~e** [urs] *f* Bärin *f*; *astr* ***la Grande*** **♌** der Große Bär; **~in** *m zo* Seeigel *m*
oust(e)! [ust] F raus!; schnell!
outil [uti] *m* Werkzeug *n*; **~*s*** *pl* Handwerkszeug *n*
outill|age [utijaʒ] *m* Handwerkszeug *n*, Ausrüstung *f*; **~é**, **~ée** mit Werkzeugen ausgerüstet
outrag|e [utraʒ] *m* Beleidigung *f*, Schmähung *f*; **~er** (*1l*) beschimpfen, beleidigen; **~eusement** [-øzmɑ̃] *adv* äußerst
outrance [utrɑ̃s] *f* Übertreibung *f*; ***à*** **~** bis aufs Äußerste
outre[1] [utrə] *prép* außer; *adv* ***en*** **~** außerdem; ***passer*** **~** ***à qc*** über etw (*acc*) hinweggehen
outre[2] [utrə] *f* Schlauch *m* (*für Flüssigkeiten*)
outré, **~e** [utre] ***être*** **~(*e*)** ***de*** *od* ***par qc*** empört, entrüstet über etw sein (*acc*)
outre-mer [utrəmɛr] ***d'~*** überseeisch, Übersee…
outrepasser [utrəpase] (*1a*) überschreiten
outre-Rhin [utrərɛ̃] jenseits des Rheins (*von Frankreich aus*)
ouvert, **~e** [uvɛr, -t] offen, geöffnet; *fig* aufgeschlossen (***à*** für); ***à bras ouverts*** mit offenen Armen; **~ement** [-ɛrtəmɑ̃] *adv* offen, freiheraus
ouverture [uvɛrtyr] *f action*: Öffnen *n*; *orifice* Öffnung *f*; *compte*, *exposition*: Eröffnung *f*; *mus* Ouvertüre *f*
ouvr|able [uvrablə] ***jour*** *m* **~** Werktag *m*; **~age** *m* Arbeit *f*, Werk *n*; *arch* ***gros*** **~** Rohbau *m*
ouvragé, **~e** [uvraʒe] kunstvoll gearbeitet
ouvrant [uvrɑ̃] *auto* ***toit*** *m* **~** Schiebedach *n*
ouvre|-boîtes [uvrəbwat] *m* (*pl unv*) Büchsenöffner *m*; **~-bouteilles** [-butɛj] *m* (*pl unv*) Flaschenöffner *m*
ouvreuse *f* [uvrøz] Platzanweiserin *f*
ouvri|er, **~ère** [uvrije, -ɛr] **1.** *adj* Arbeiter…; **2.** *m*, *f* Arbeiter(in) *m*(*f*); ***ouvrier qualifié*** Facharbeiter *m*
ouvrir [uvrir] (*2f*) *v/t* öffnen, aufmachen; *exposition*, *compte*: eröffnen; *radio*, *gaz*: anstellen, anmachen; *v/i magasin*, *musé*: aufmachen, öffnen; ***s'~*** sich öffnen, aufgehen
ovaire [ɔvɛr] *m biol* Eierstock *m*
ovale [ɔval] **1.** *adj* oval; **2.** *m* Oval *n*
ovation [ɔvɑsjõ] *f* Ovation *f*
ovin, **~e** [ɔvɛ̃, -in] Schaf…
ovni [ɔvni] *m abr* ***objet volant non identifié*** Ufo *n* (*abr* unbekanntes Flugobjekt)
ovule [ɔvyl] *m biol* Ei(zelle) *n*(*f*)
oxyder [ɔkside] (*1a*) **(*s'*)~** oxidieren
oxygène [ɔksiʒɛn] *m chim* Sauerstoff *m*
ozone [ozɔ(o)n] *m chim* Ozon *n*; ***trou*** *m* ***d'~*** Ozonloch *n*

P

p. *abr* ***page*[*s*]** S. (Seite)
pacage [pakaʒ] *m agr* Weide *f*
pacification [pasifikasjõ] *f* Befriedung *f*
pacifier [pasifje] (*1a*) befrieden; *fig* beruhigen
pacif|ique [pasifik] *personne*: friedliebend; *coexistence*: friedlich; ***le*** **♌** *od* ***l'océan*** **♌** der Pazifik, der Pazifische *od* Stille Ozean; **~isme** *m* Pazifismus *m*
pacotille [pakɔtij] *f péj* Schund *m*
pact|e [pakt] *m* Pakt *m*, Vertrag *m*; **~ *de solidarité entre les générations*** Generationenvertrag *m*; **~iser** (*1a*) paktieren (***avec*** mit)
pagaïe *od* **pagaille** [pagaj] *f* F Durcheinander *n*
paganisme [paganismə] *m* Heidentum *n*

pagayer [pageje] (*1i*) paddeln
page [paʒ] *f* Seite *f*; *EDV* **~ *d'accueil*** Homepage *f*; *fig* ***être à la ~*** auf dem Laufenden sein
pagne [paɲ] *m* Lendenschurz *m*
paie [pɛ] *f* Lohn(zahlung) *m(f)*
paiement [pɛmɑ̃] *m* (Be-)Zahlung *f*
païen, ~ne [pajɛ̃, -ɛn] **1.** *adj* heidnisch; **2.** *m, f* Heide *m*, Heidin *f*
paillard, ~e [pajar, -d] *personne*: wollüstig; *propos*: schlüpfrig
paillass|e [pajas] *f* Strohsack *m*; **~on** *m* Abtreter *m*
paille [paj] *f* Stroh *n*; *brin* Strohhalm *m*; *boire*: Stroh-, Trinkhalm *m*
paillette [pajɛt] *f* Plättchen *n*
pain [pɛ̃] *m* Brot *n*; **~ *de savon*** Riegel *m* Seife; **~ *de sucre*** Zuckerhut *m*; **~ *bis*** Schwarzbrot *n*; **~ *complet*** Vollkornbrot *n*; **~ *d'épice*** Pfeffer-, Lebkuchen *m*; ***petit ~*** Brötchen *n*; **~ *de mie*** Toastbrot *n*; **~ *noir*** Schwarzbrot *n*
pair, ~e [pɛr] **1.** *adj nombre*: gerade; **2.** *m* ***hors (de) pair*** unübertrefflich; ***aller de pair*** Hand in Hand gehen; ***fille f au pair*** Aupairmädchen *n*; ***être au pair*** gegen Kost und Logis arbeiten
paire [pɛr] *f* Paar *n*; ***une ~ de gants*** ein Paar Handschuhe; ***une ~ de ciseaux*** e-e Schere; ***une ~ de lunettes*** e-e Brille
paisible [pezibləә] friedlich; *personne*: friedlich, friedliebend
paître [pɛtrə] (*4z*) weiden; ***mener ~*** auf die Weide führen
paix [pɛ] *f* Frieden *m*; *calme* Stille *f*, Ruhe *f*; ***faire la ~*** Frieden schließen; F ***fiche-moi la ~!*** lass mich in Ruhe!
Pakistan [pakistɑ̃] ***le ~*** Pakistan *n*
pakistan|ais, ~aise [pakistanɛ, -ɛz] **1.** *adj* pakistanisch; **2. ♀, ♀e** *m, f* Pakistani *m, f*
pal [pal] *m* Pfahl *m*
palais [palɛ] *m* **1.** Palast *m*; **~ *de justice*** Gerichtsgebäude *n*; **2.** *anat* Gaumen *m*
palan [palɑ̃] *m* Flaschenzug *m*
Palatinat [palatina] ***le ~*** die Pfalz
pale [pal] *f aviron*: Ruderblatt *n*; *hélice*: Propellerflügel *m*, -blatt *n*
pâle [pɑl] blass, bleich; *fig* farblos
Palestin|e [palɛstin] ***la ~*** Palästina *n*; **♀ien, ♀ienne** [-jɛ̃, -jɛn] **1.** *adj* palästinensisch; **2. ♀, ♀ne** *m, f* Palästinenser(in) *m(f)*
paletot [palto] *m* kurzer Mantel *m*
palette [palɛt] *f peinture*: Palette *f* (*a fig*)
pâleur [pɑlœr] *f* Blässe *f*
palier [palje] *m escalier*: Treppenabsatz *m*; *tech* Lager *n*; *phase* Stufe *f*; ***par ~s*** schrittweise
pâlir [pɑlir] (*2a*) *personne*: blass *od* bleich werden, erblassen; *couleurs*: verblassen
palissade [palisad] *f* Lattenzaun *m*, Palisade *f*
palli|atif [paljatif] *m* Notbehelf *m*; **~er** (*1a*) *manque*: abhelfen (**[*à*]** ***qc*** e-r Sache)
palmarès [palmarɛs] *m* Siegerliste *f*
palm|e [palm] *f bot* Palmzweig *m*; *natation*: Schwimmflosse *f*; **~eraie** [-ərɛ] *f* Palmenhain *m*; **~ier** [-je] *m bot* Palme *f*
palombe [palõb] *f zo* Ringeltaube *f*
pâlot, ~te [pɑlo, -ɔt] blässlich
palp|able [palpablə] greifbar; **~er** (*1a*) betasten; F *argent*: einstreichen
palpit|ant, ~ante [palpitɑ̃, -ɑ̃t] zuckend; *fig* spannend; **~ation** *f* Zucken *n*; *le plus souvent au pl* **~s** Herzklopfen *n*; **~er** (*1a*) zucken; *cœur*: klopfen, pochen
paludisme [palydismə] *m méd* Sumpffieber *n*, Malaria *f*
pâmer [pɑme] (*1a*) ***se ~ de*** außer sich (*dat*) sein vor
pâmoison [pɑmwazõ] *f iron* Ohnmacht *f*
pamphlet [pɑ̃flɛ] *m* Pamphlet *n*, Schmähschrift *f*
pamplemousse [pɑ̃pləmus] *m* Pampelmuse *f*, Grapefruit *f*
pan [pɑ̃] *m vêtement*: Rockschoß *m*; *mur*: (Mauer-)Stück *n*; *arch* **~ *de bois*** Fachwerk *n*
panacée [panase] *f* Allheilmittel *n*
panach|e [panaʃ] *m* Helm-, Federbusch *m*; ***avoir du ~*** ein schneidiges Auftreten haben; **~é, ~ée** gemischt
Panama [panama] *État* (***le***) **~** Panama *n*; ***le canal de ~*** der Panamakanal
pancarte [pɑ̃kart] *f* Anschlag(zettel) *m*; *manifestation*: Spruchband *n*
pancréas [pɑ̃kreas] *m anat* Bauchspeicheldrüse *f*
pandémie [pɑ̃demi] *f méd* Pandemie *f*

paner [pane] (*1a*) *cuis* panieren
panier [panje] *m* Korb *m*; **~ *à provisions*** Einkaufskorb *m*
panification [panifikasjõ] *f* Brotbacken *f*
panique [panik] **1.** *adj* panisch; **2.** *f* Panik *f*
panne [pan] *f* Defekt *m*; *voiture*: Panne *f*; ***être*** *od* ***rester en ~*** e-e Panne haben; ***tomber en ~ sèche*** kein Benzin mehr haben; ***en ~*** defekt, kaputt; ***~ d'électricité*** Stromausfall *m*
panneau [pano] *m* (*pl -x*) Schild *n*, Tafel *f*; *tech* Platte *f*; ***~ de signalisation*** Verkehrsschild *n*; ***~ publicitaire*** Werbeplakat *n*
panonceau [panõso] *m* (*pl -x*) (kleines) Schild *n*
panoplie [panɔpli] *f* Waffensammlung *f*; *fig* Arsenal *n*
panoram|a [panɔrama] *m* Panorama *n*; **~ique** Rundblick…
panse [pɑ̃s] *f* F Wanst *m*
pans|ement [pɑ̃smɑ̃] *m* *bande*: Verband *m*; *blessé*: Verbinden *n*; ***boîte*** *f* ***à ~*** Verband(s)kasten *m*; **~er** (*1a*) *blessure*: verbinden; *chevaux*: striegeln
pantalon [pɑ̃talõ] *m* (lange) Hose *f*
pantelant, ~e [pɑ̃tlɑ̃, -t] keuchend, schnaufend
panthère [pɑ̃tɛr] *f zo* Panther *m*
pantin [pɑ̃tɛ̃] *m* Hampelmann *m*
pantois [pɑ̃twa] (*unv*) ***rester ~*** verblüfft sein
pantouflard [pɑ̃tuflar] *m* F Stubenhocker *m*
pantoufle [pɑ̃tuflə] *f* Pantoffel *m*, Hausschuh *m*
paon [pɑ̃] *m zo* Pfau *m*
papa [papa] *m* Papa *m*; *fig* ***à la ~*** gemütlich
pap|al, ~ale [papal] (*m/pl -aux*) *rel* päpstlich; **~auté** [-ote] *f rel* Papsttum *n*
papaye [papaj] *f bot* Papaya *f*
pape [pap] *m rel* Papst *m*
paperasse [papras] *f* (*souvent au pl* **~s**) *péj* Papierkram *m*, Schreibkram *m*
papet|erie [papɛtri] *f magasin*: Schreibwarenhandlung *f*; *usine*: Papierfabrik *f*; **~ier, ~ière** [-je, -jɛr] *m, f* Schreibwarenhändler(in) *m(f)*
papier [papje] *m* Papier *n*; **~s** *pl* Dokumente *n/pl*, Papiere *n/pl*; ***~ hygiénique*** Toilettenpapier *n*; ***~ peint*** Tapete *f*; ***~ à lettres*** Briefpapier *n*; ***~ d'aluminium*** Alufolie *f*; ***~ recyclable*** Recyclingpapier *n*; **~-monnaie** [-mɔnɛ] *m* Papiergeld *n*
papillon [papijõ] *m* **1.** *zo* Schmetterling *m*; *tech* Flügelmutter *f*; ***nœud*** *m* **~** Fliege *f* (*Krawatte*); **2.** *contravention* Strafzettel *m*
papillote [papijɔt] *f* Knallbonbon *n*, *m*
papoter [papɔte] (*1a*) schwatzen, plappern
paprika [paprika] *m cuis* Paprika *m*
paquebot [pakbo] *m* Passagierschiff *n*, Ozeandampfer *m*
pâquerette [pɑkrɛt] *f bot* Gänseblümchen *n*
Pâques [pɑk] *m/sg od f/pl* Ostern *n od pl*; ***à ~*** an, zu Ostern; ***joyeuses ~!*** frohe Ostern!
paquet [pakɛ] *m* Paket *n*; *sucre*, *café*: Päckchen *n*; *cigarettes*: Schachtel *f*; *poste*: Paket *n*, Päckchen *n*
par [par] *prép* **1.** *lieu*: ***~ la porte, ~ la fenêtre*** zur Tür, zum Fenster hinaus (*od* herein); ***tomber ~ terre*** zu Boden fallen; ***~ le haut*** von oben (her); ***~ en bas*** von unten (her), unten herum *od* entlang; ***passer ~ Berlin*** über Berlin reisen; ***être assis ~ terre*** auf dem Boden sitzen; ***prendre ~ la main*** bei der Hand fassen; **2.** *temps*: ***~ beau temps*** bei schönem Wetter; ***~ un beau soir*** an e-m schönen Abend; **3.** *raison*: ***~ conséquent*** folglich; ***~ curiosité*** aus Neugierde; ***~ hasard*** zufällig; ***~ malheur*** unglücklicherweise; **4.** *agent du passif*: ***vaincu ~ César*** von Cäsar besiegt; ***La Nausée ~ Sartre*** „La Nausée" von Sartre; **5.** *moyen*: ***~ bateau*** mit dem Schiff; ***partir ~ le train*** mit dem Zug abfahren; ***~ la poste*** mit der Post; **6.** *mode*: ***~ centaines*** zu Hunderten; ***~ voie aérienne*** auf dem Luftweg; *math* ***diviser ~ quatre*** durch vier teilen; ***~ trop*** wirklich zu sehr; ***~ écrit*** schriftlich; **7.** *distributif*: ***~ an*** jährlich; ***~ jour*** täglich; ***~ tête*** pro Kopf; **8.** ***commencer*** (***finir***) ***~ faire qc*** anfangs (schließlich *od* zuletzt) etw tun; **9.** ***de ~ le monde*** überall auf der Welt; ***de ~ sa nature*** von Natur aus
para [para] *m mil abr de* ***parachutiste***
parabole [parabɔl] *f* Gleichnis *n*; *math* Parabel *f*

parachut|e [paraʃyt] *m* Fallschirm *m*; **~iste** *m*, *f* Fallschirmspringer(in) *m(f)*; *mil* Fallschirmjäger *m*
parade [parad] *f* **1.** ***de ~*** Parade…, Prunk…; **2.** *défense* Abwehr *f*; *argument*: Entgegnung *f*
parad|is [paradi] *m* Paradies *n*; **~isiaque** [-izjak] paradiesisch
paradox|al, **~ale** [paradɔksal] (*m/pl -aux*) paradox; **~e** *m* Paradox *n*, Widersinn *m*
paraf|e [paraf] *m* Namenszug *m*, -zeichen *n*; **~er** (*1a*) abzeichnen, paraphieren
parages [paraʒ] *m/pl mar* Seegebiet *n*; *allg* Gegend *f*; ***dans les ~s de*** in der Nähe von
paragraphe [paragraf] *m* Abschnitt *m*, Absatz *m*
Paraguay [paragwɛ] ***le ~*** Paraguay *n*
paraître [parɛtrə] (*4z*) *apparaître* erscheinen; *sembler* scheinen, aussehen; **~** (+ *inf*) scheinen zu (+ *inf*); ***il paraît que …*** man sagt, dass …; ***à ce qu'il paraît*** wie es scheint; ***laisser ~*** zeigen
parallèle [paralɛl] **1.** *adj* parallel (***à*** zu); **2.** *f math* Parallele *f*; **3.** *m géogr* Breitenkreis *m*; *fig* Gegenüberstellung *f*, Parallele *f*, Vergleich *m*
paralys|er [paralize] (*1a*) lähmen (*a fig*); **~ie** [-i] *f* Lähmung *f*
paramètre [paramɛtrə] *m* Parameter *m*
parapet [parapɛ] *m* Brüstung *f*, Geländer *n*
paraphe(r) → ***parafe***, ***parafer***
paraphras|e [parafrɑz] *f* Umschreibung *f*; **~er** (*1a*) umschreiben
parapluie [paraplɥi] *m* Regenschirm *m*
parasite [parazit] **1.** *adj* schmarotzend; **2.** *m* Schmarotzer *m* (*a fig*), Parasit *m* (*a fig*); ***~s*** *pl radio*: Störgeräusche *n/pl*
para|sol [parasɔl] *m* Sonnenschirm *m*; **~tonnerre** [-tɔnɛr] *m* Blitzableiter *m*
paravent [paravɑ̃] *m* Wandschirm *m*, spanische Wand *f*
parc [park] *m* Park *m*; *enfant*: Laufstall *m*; *moutons*: Pferch *m*; ***~ de stationnement*** Parkplatz *m*
parcelle [parsɛl] *f terrain*: Parzelle *f*
parce que [parskə] weil
parchemin [parʃəmɛ̃] *m* Pergament *n*
par-ci [parsi] ***~, par-là*** *espace*: hier und da; *temps*: hin und wieder
parcimonie [parsimɔni] *f* ***avec ~*** sehr sparsam
parc(o)mètre [park(ɔ)mɛtrə] *m* Parkuhr *f*
parcourir [parkurir] (*2i*) *à pied*: durchlaufen; *voiture*: durchfahren; *texte*: überfliegen
parcours [parkur] *m* Strecke *f*; *course d'automobiles*: Rennstrecke *f*; ***accident*** *m* ***de ~*** Missgeschick *n*
par-derrière [pardɛrjɛr] *adv* von hinten, hinterrücks; *fig* hintenherum
par-dessous [pardəsu] **1.** *prép* unter; **2.** *adv* darunter
pardessus [pardəsy] *m* Überzieher *m*
par-dessus [pardəsy] **1.** *prép* über; **2.** *adv* darüber (hinweg) ***~ le marché*** obendrein
par-devant [pardəvɑ̃] *adv* vorn (herum)
pardon [pardõ] *m* Verzeihung *f*; ***~!*** Entschuldigung!; ***~?*** wie bitte?; ***demander ~ à qn*** j-n um Verzeihung bitten; **~ner** [pardɔne] (*1a*) ***~ qc à qn*** j-m etw verzeihen
pare|-brise [parbriz] *m* (*pl unv*) *auto* Windschutzscheibe *f*; **~-chocs** [-ʃɔk] *m* (*pl unv*) *auto* Stoßstange *f*
pareil, **~le** [parɛj] *semblable* gleich, ähnlich (***à qc*** e-r Sache); *tel* derartig, solch; ***sans ~*** unvergleichlich; F ***c'est du pareil au même*** das ist Jacke wie Hose; *adv* ***habillés pareil*** gleich angezogen
pareillement [parɛjmɑ̃] *adv* gleichfalls
parement [parmɑ̃] *m* Ärmelaufschlag *m*; *arch* Verblendung *f*, Blendmauer *f*
par|ent, **~ente** [parɑ̃, -ɑ̃t] **1.** *adj* verwandt; **2.** *m*, *f* Verwandte(r) *m*, *f*; ***parents*** *m/pl* Eltern *pl*; **~enté** [-ɑ̃te] *f* Verwandtschaft *f*
parenthèse [parɑ̃tɛz] *f* (runde) Klammer *f*; *digression* Zwischenbemerkung *f*; ***entre ~s*** in Klammern; *fig* beiläufig gesagt; ***mettre entre ~s*** einklammern
parer [pare] (*1a*) **1.** *litt* herrichten, schmücken; **2.** *attaque*: parieren, abwehren; *mar cap*: umfahren; ***~ à qc*** e-r Sache vorbeugen
paress|e [parɛs] *f* Faulheit *f*; **~eux**, **~euse** [-ø, -øz] faul
parfait, **~e** [parfɛ, -t] **1.** *adj beauté*, *peinture*: vollkommen, vollendet, perfekt; *silence*, *bonheur*: vollkommen; *précé-*

dant le subst: völlig; **2.** *m gr* Perfekt *n*; *glace*: Parfait *n*; **~ement** *adv* völlig, ganz; *comme réponse*: gewiss

parfois [parfwa] manchmal

parfum [parfɛ̃, -œ̃] *m odeur* Duft *m*; *substance*: Parfüm *n*; *glace*: Geschmack *m*

parfum|é, ~ée [parfyme] duftend; *femme*: parfümiert; **~er** (*1a*) parfümieren

pari [pari] *m* Wette *f*

parier [parje] (*1a*) wetten

Paris [pari] Paris *n*; **&ien, &ienne** [parizjɛ̃, -jɛn] **1.** *adj* Pariser, pariserisch; **2. &, &ne** *m, f* Pariser(in) *m(f)*

par|itaire [paritɛr] paritätisch; **~ité** *f écon* Parität *f*

parjure [parʒyr] *litt* **1.** *m* Meineid *m*; **2.** *m, f* Meineidige(r) *m, f*

parking [parkiŋ] *m* Parkplatz *m*; *édifice*: Parkhaus *n*; **~ *souterrain*** Tiefgarage *f*

parl|ant, ~ante [parlɑ̃, -ɑ̃t] *comparaison*: anschaulich; ***film*** *m* ***parlant*** Tonfilm *m*; ***horloge*** *f* ***parlante*** Zeitansage *f*; ***généralement parlant*** allgemein gesprochen; **~é, ~ée** gesprochen

Parlement [parləmɑ̃] *m* Parlament *n*

parlement|aire [parləmɑ̃tɛr] **1.** *adj* parlamentarisch; **2.** *m, f* Parlamentarier(in) *m(f)*; **~er** (*1a*) verhandeln (***avec qn sur qc*** mit j-m über etw)

parl|er [parle] **1.** (*1a*) sprechen (***à qn*** *od* ***avec qn*** j-n, mit j-m); **~ *de qc*** über etw (*acc*) sprechen *od* reden; **~ *affaires*** von Geschäften sprechen; **~ *(l')allemand*** Deutsch sprechen; **~ *boutique*** fachsimpeln; **~ *petit nègre*** kauderwelschen; ***sans* ~ *de*** abgesehen von; **2.** *m* Sprache *f*, Sprechweise *f*; **~ *régional*** Mundart *f*; **~oir** *m* Sprechzimmer *n*

parmi [parmi] unter (*dat*); **~ *tant d'autres*** unter *od* von vielen

parod|ie [parɔdi] *f* Parodie *f*; **~ier** [-je] (*1a*) parodieren

paroi [parwa] *f* Wand *f*

paroiss|e [parwas] *f égl* Pfarrei *f*, (Pfarr-)Gemeinde *f*; **~ien** *m*, **~ienne** *f égl* Gemeindemitglied *n*

parole [parɔl] *f mot, engagement* Wort *n*; *énoncé* Ausspruch *m*; *faculté*: Sprache *f*; **~ *(d'honneur)*** Ehrenwort *n*; ***donner la* ~ *à qn*** j-m das Wort erteilen; ***donner sa* ~** sein (Ehren-)Wort geben; **~s** *pl chanson*: Text *m*

parquer [parke] (*1m*) parken

parquet [parkɛ] *m* Parkett *n*; *jur* Staatsanwaltschaft *f*

parrain [parɛ̃] *m* Pate *m*

parsemer [parsəme] (*1d*) übersäen, bestreuen (***de*** mit)

part [par] *f* Anteil *m*, Teil *m od n*; ***à* ~ *entière*** vollwertig; ***pour ma* ~** was mich betrifft; ***avoir* ~ *à qc*** an etw (*dat*) teilhaben; ***faire* ~ *de qc à qn*** j-m etw (*acc*) mitteilen; ***faire la* ~ *de qc*** etw (*acc*) berücksichtigen; ***prendre* ~ *à qc*** an etw (*dat*) teilnehmen; ***de la* ~ *de qn*** vonseiten j-s; ***de ma* ~** von mir, meinerseits; ***d'une* ~ … *d'autre* ~** einerseits … andererseits; ***autre* ~** anderswo(hin); ***nulle* ~** nirgends; ***quelque* ~** irgendwo(hin); ***à* ~** *adv* beiseite; ***un cas à* ~** *adj* ein Fall für sich; ***à* ~ *cela*** abgesehen davon; ***en bonne* ~** im guten Sinn

partag|e [partaʒ] *m* (Auf-)Teilung *f*; *héritage*: Erbteil *n*; **~ *des voix*** Stimmengleichheit *f*; **~er** (*1l*) (auf-, ver)teilen

partance [partɑ̃s] *f* ***en* ~** abfahr-, abflugbereit (***pour*** nach); ***le train en* ~ *pour …*** der Zug nach …

partant [partɑ̃] *m* Abreisende(r) *m*; *sports*: Teilnehmer *m*

partenaire [partənɛr] *m, f* Partner(in) *m(f)*

parterre [partɛr] *m fleurs*: Blumenbeet *n*; *théâtre*: Parkett *n*

parti[1] [parti] *m* Partei *f*; ***prendre* ~ *pour, contre*** Partei ergreifen für, gegen; ***prendre un* ~** e-n Entschluss fassen; ***tirer* ~ *de qc*** etw (*acc*) (aus)nutzen; **~ *pris*** Voreingenommenheit *f*

parti[2], **~e** [parti] *p/p de* ***partir*** *u adj* weg, fort; F ***être* ~** beschwipst sein

partial, ~e [parsjal] (*m/pl -aux*) parteiisch; **~ité** *f* Parteilichkeit *f*

particip|ant, ~ante [partisipɑ̃, -ɑ̃t] *m, f* Teilnehmer(in) *m(f)*; **~ation** *f* Teilnahme *f*; *frais*: Beteiligung *f*; **~ *aux bénéfices*** Gewinnbeteiligung *f*; **~er** (*1a*) **~ *à*** teilnehmen an (*dat*); *bénéfices*: beteiligt sein an (*dat*); *frais*: sich beteiligen an (*dat*); *douleur*: Anteil nehmen an (*dat*); *succès*: teilhaben an (*dat*)

particularité [partikylarite] *f* Eigentümlichkeit *f*

particule [partikyl] *f* Teilchen *n*, Partikel *n*

particul|ier, **~ière** [partikylje, -jɛr] **1.** *adj* besonders, eigen(tümlich); *privé* privat; ***~, particulière à*** typisch für; ***en particulier*** *à part* gesondert; *surtout* insbesondere; **2.** *m* Privatperson *f*; **~ièrement** [-jɛrmɑ̃] *adv* besonders, vor allem

partie [parti] *f* (Bestand-)Teil *m*; *jeu*: Partie *f*; *jur* Partei *f*; *lutte* Kampf *m*; *mus* Part *m*; ***en ~*** teilweise; ***faire ~ de*** gehören zu

partiel, **~le** [parsjɛl] partiell, Teil...

partir [partir] (*2b*) weggehen; *en voyage*: abreisen; *train*: abfahren (***à, pour*** nach); *avion*: abfliegen; *sport*: starten; *saleté*: herausgehen; ***~ de qc*** von etw ausgehen; ***en partant de*** ausgehend von; ***à ~ de*** ab, von ... an

partisan, **~e** [partizɑ̃, -an] *m*, *f* Anhänger(in) *m*(*f*); *mil m* Partisan *m*; ***être ~(e) de qc*** etw (*acc*) befürworten

partiti|f, **~ve** [partitif, -v] *gr* partitiv; ***article*** *m* ***partitif*** Teilungsartikel *m*

partition [partisjõ] *f mus* Partitur *f*; *pol* Teilung *f*

partout [partu] überall

paru, **~e** [pary] *p/p de* ***paraître***

parure [paryr] *f* Schmuck *m*

parution [parysjõ] *f livre*: Erscheinen *n*

parvenir [parvənir] (*2h*) gelangen (***à*** zu), erreichen; ***faire ~ qc à qn*** j-m etw zugehen lassen; ***~ à faire qc*** es schaffen, etw zu tun

parvenu, **~e** [parvəny] *m*, *f* Emporkömmling *m*

pas[1] [pɑ] *m* Schritt *m*; ***faux ~*** Fehltritt *m*; ***~ à ~*** schrittweise; ***le*** ***♀ de Calais*** die Straße von Dover

pas[2] [pɑ] *adv* nicht; *derrière verbe*: ***ne ... ~*** nicht; ***ne ... ~ du tout*** überhaupt nicht; ***ne ... ~ de*** kein; ***ne ... ~ non plus*** auch nicht

passable [pasablə] leidlich; *note*: ausreichend

passag|e [pasaʒ] *m endroit*: Durchgang *m*, -fahrt *f*; *petite rue couverte* Passage *f*; *en bateau*: Überfahrt *f*; *fig changement* Übergang *m*; *extrait*: Passage *f*; ***~ à niveau*** Bahnübergang *m*; ***de ~*** auf der Durchreise; ***~ clouté*** Fußgängerüberweg *m*; ***~ protégé*** Vorfahrtsstraße *f*; **~er**, **~ère 1.** *adj* vorübergehend; **2.** *m*, *f* Passagier *m*, Fahrgast *m*

passant, **~e** [pasɑ̃, -t] **1.** *m*, *f* Passant(in) *m*(*f*); **2.** *adj rue*: belebt; **3.** *adv* ***en passant*** beiläufig

passe [pɑs] *f sport*: Ballabgabe *f*, Zuspiel *n*, Pass *m*; ***hôtel*** *m* ***de ~*** Absteige *f*

passé, **~e** [pase] **1.** *adj* vergangen; **2.** *prép* ***passé dix heures*** nach 10 Uhr; **3.** *m* Vergangenheit *f*; *gr* ***~ composé*** Perfekt *n*

passe-droit [pasdrwa] *m* (*pl passe-droits*) ungerechte Bevorzugung *f*

passe|-partout [paspartu] *m* (*pl unv*) Hauptschlüssel *m*; *cambrioleur*: Dietrich *m*; **~-passe** [-pas] *m* ***tour*** *m* ***de ~*** Taschenspielertrick *m*; **~port** [-pɔr] *m* (Reise-)Pass *m*

passer [pase] (*1a*) **1.** *v/i personne, temps, mode*: vorbeigehen; *voiture*: vorbeifahren; *à travers*: durchgehen, -reisen, -laufen; *changer* übergehen (***à*** zu); *loi*: durchkommen; *film*: laufen; ***~ avant*** den Vorrang haben vor (*dat*); ***~ chez qn*** bei j-m vorsprechen; ***~ dans une classe supérieure*** versetzt werden; ***~ en seconde*** *auto* in den zweiten Gang schalten; ***~ pour qc*** für etw gelten; ***~ sur qc*** etw (*acc*) übergehen; ***faire ~*** *personne*: durchlassen; *plat, journal*: weitergeben; ***laisser ~*** *personne, lumière*: durchlassen; *chance*: versäumen; ***~ maître*** Meister werden; **2.** *v/t rivière*: überqueren; *frontière*: überschreiten; *mot, ligne*: auslassen; *temps*: verbringen; *examen*: ablegen; *vêtement*: anziehen; *cuis* passieren; *film*: vorführen; *contrat*: abschließen; ***~ qc à qn*** j-m etw reichen; ***~ qc à, sur*** etw an e-e *Stelle* bringen; ***~ qc sur qc*** etw auf etw (*acc*) auftragen; ***~ l'aspirateur*** Staub saugen; ***~ qc sous silence*** etw übergehen; **3.** ***se ~*** sich ereignen, passieren; ***se ~ de qc*** auf etw (*acc*) verzichten, ohne etw (*acc*) auskommen

passereau [pasro] *m* (*pl -x*) *zo* Sperling(svogel) *m*

passerelle [pasrɛl] *f* Steg *m*, Fußgängerbrücke *f*; *mar, aviat* Gangway *f*

passe-temps [pastɑ̃] *m* (*pl unv*) Zeitvertreib *m*

passible [pasiblə] *jur* ***être ~ d'une peine*** e-e Strafe zu gewärtigen haben

passi|f, **~ve** [pasif, -v] **1.** *adj* passiv; **2.** *m gr* Passiv *n*; *comm* Passiva *pl*
passion [pasjõ] *f* Leidenschaft *f*; *rel* Passion *f*, Leiden *n*
passionn|ant, **~ante** [pasjɔnɑ̃, -ɑ̃t] spannend, fesselnd; **~é**, **~ée** leidenschaftlich, begeistert; **~er** *(1a)* begeistern
passivité [pasivite] *f* Passivität *f*
passoire [paswar] *f* Sieb *n*
pastel [pastɛl] *m* Pastell *n*
pastèque [pastɛk] *f bot* Wassermelone *f*
pasteur [pastœr] *m rel* evangelischer Pfarrer *m*, Pastor *m*
pasteuriser [pastœrize] *(1a)* pasteurisieren
pastiche [pastiʃ] *m* Nachahmung *f*
pastille [pastij] *f* Plätzchen *n*; *phm* Pastille *f*, Tablette *f*
patate [patat] F *f* Kartoffel *f*
patauger [patoʒe] *(1l)* herumwaten, (herum)patschen
pâte [pɑt] *f* Teig *m*; *phm* Paste *f*; **~s** *pl* Teigwaren *f/pl*; **~ *dentifrice*** Zahnpasta *f*; **~ *d'amandes*** Marzipan *n*; **~ *feuilletée*** Blätterteig *m*
pâté [pɑte] *m* Pastete *f*; **~ *de maisons*** Häuserblock *m*
patère [patɛr] *f* Kleiderhaken *m*
paternel, **~le** [patɛrnɛl] väterlich
pâteu|x, **~se** [pɑtø, -z] teigig
pathétique [patetik] *film*, *discours*: ergreifend; *appel*: leidenschaftlich
patience [pasjɑ̃s] *f* Geduld *f*
patient, **~e** [pasjɑ̃, -t] **1.** *adj* geduldig; **2.** *m*, *f* Patient(in) *m(f)*; **~er** *(1a)* sich (*acc*) gedulden
patin [patɛ̃] *m* **~** (***à glace***) Schlittschuh *m*; **~ *à roulettes*** Rollschuh *m*; ***faire du* ~** Schlittschuh laufen, eislaufen
patin|age [patinaʒ] *m* Schlittschuhlaufen *n*; **~ *artistique*** Eiskunstlauf *m*; **~er** *(1a)* **1.** Schlittschuh laufen; **2.** *roues*: durchdrehen; **~ette** [-ɛt] *f jouet*: Roller *m*; **~eur**, **~euse** *m*, *f* Schlittschuhläufer(in) *m(f)*; **~oire** [-war] *f* Eisbahn *f*
pâtiss|erie [pɑtisri] *f magasin*: Konditorei *f*; *gâteaux* feines Gebäck *n*; **~ier**, **~ière** [-je, -jɛr] *m*, *f* Konditor(in) *m(f)*
patois [patwa] *m* Mundart *f*
patraque [patrak] F ***être* ~** sich nicht wohlfühlen
patriarche [patrijarʃ] *m égl* Patriarch *m* (*a fig*)
patrie [patri] *f* Vaterland *n*, Heimat *f*
patrimoine [patrimwan] *m elterliches* Erbe *n*, Erbteil *n*; *fig* **~ *culturel*** Kulturerbe *n*, -gut *n*
patriot|e [patrijɔt] **1.** *adj* vaterlandsliebend, patriotisch; **2.** *m*, *f* Patriot(in) *m(f)*; **~ique** patriotisch; **~isme** *m* Vaterlandsliebe *f*, Patriotismus *m*
patron, **~ne** [patrõ, -ɔn] **1.** *m*, *f* Chef(in) *m(f)*; *par opposition à employé* Arbeitgeber(in) *m(f)*; *métier*: Meister(in) *m(f)*; *maison*: Hausherr(in) *m(f)*; *auberge*: Wirt(in) *m(f)*; *rel* Schutzheilige(r) *m*, *f*; **2.** *m tech* Modell *n*, Muster *n*; *couture*: Schnittmuster *n*
patron|age [patrɔnaʒ] *m* Schirmherrschaft *f*; **~al**, **~ale** [-al] Arbeitgeber…, Unternehmer…; ***association f patronale*** Arbeitgebervereinigung *f*; **~at** [-a] *m pol* Arbeitgeberschaft *f*
patronner [patrɔne] *(1a)* protegieren, fördern
patrouill|e [patruj] *f mil*, *police*: Patrouille *f*, Streife *f*; **~er** *(1a)* patrouillieren
patte [pat] *f* Pfote *f*; *félin*: Tatze *f*; *oiseau*, *insecte*: Bein *n*; F Hand *f*; *fig* F ***graisser la* ~ *à qn*** j-n schmieren; **~ *d'oie*** Krähenfüße *m/pl* (*in den Augenwinkeln*)
pâturage [pɑtyraʒ] *m* Weide *f*
paume [pom] *f* flache Hand *f*, Handfläche *f*; (***jeu m de***) **~** (Schlag-)Ballspiel *n*
paum|é, **~ée** [pome] F aufgeschmissen; **~er** *(1a)* F verlieren, verlegen
paupière [popjɛr] *f* Augenlid *n*
paupiette [popjɛt] *f cuis* Roulade *f*
pause [poz] *f* Pause *f*
pauvre [povrə] **1.** *adj* arm (***en*** an *dat*); *misérable* ärmlich, armselig; *insuffisant* dürftig; *pitoyable* bedauernswert; **2.** *m*, *f* Arme(r) *m*, *f*; **~té** [-te] *f* Armut *f*; *vêtements*, *maison*: Armseligkeit *f*
pavage [pavaʒ] *m* Pflaster *n*
pavaner [pavane] *(1a)* ***se* ~** umherstolzieren
pav|é [pave] *m* Pflasterstein *m*; **~er** *(1a)* pflastern
pavillon [pavijõ] *m* Pavillon *m*; *maisonnette* Häuschen *n*; *auto* Dach *n*; *mar* Flagge *f*
pavot [pavo] *m bot* Mohn *m*

payable [pɛjablə] zahlbar
payant, **~e** [pɛjɑ̃, -t] *spectateur*: zahlend; *billet*: nicht kostenlos; *parking*: gebührenpflichtig; *fig* lohnend
pay|e [pɛj] *f* → ***paie***; **~ement** [pɛjmɑ̃] *m* → ***paiement***
payer [pɛje] (*1i*) **1.** *v/t* (be)zahlen; **~ *qc dix euros*** zehn Euro für etw bezahlen; *fig* **~ *qn de qc*** j-n für etw belohnen; **2.** *v/i* einträglich sein, sich lohnen; **3. *se*~ *qc*** sich (*dat*) etw leisten
pays [pei] *m* Land *n*; *patrie* Vaterland *n*, Heimat *f*; **~ *membre*** *C.E.E.*: Mitgliedsland *n*; ***mal*** *m* ***du*** **~** Heimweh *n*; ***le* ≗ *Basque*** Baskenland *n*; ***le* ≗ *de Galles*** Wales *n*
paysage [peizaʒ] *m* Landschaft *f*
paysagiste [peizaʒist] (***architecte*** *m*) **~** Gartenarchitekt *m*
paysan, **~ne** [peizɑ̃, -an] **1.** *m*, *f* Bauer *m*, Bäuerin *f*; **2.** *adj* bäuerlich, Bauern…
Pays-Bas [peibɑ] *m/pl* ***les*** **~** die Niederlande *n/pl*
PC [pese] *m abr* ***personal computer*** PC *m*; ***Parti communiste*** KP *f* (Kommunistische Partei)
p.c.c. *abr* ***pour copie conforme*** für die Richtigkeit der Abschrift
PCF *f abr* ***Parti communiste français*** Kommunistische Partei Frankreichs
P.-D.G. *od* **P.D.G.** [pedeʒe] *m abr* ***président-directeur général*** Generaldirektor *m*; *d'une SA* Vorstandsvorsitzender *m*
péage [peaʒ] *m autoroute*: Autobahngebühr *f*
peau [po] *f* (*pl -x*) Haut *f*; *animal*: Fell *n*; *cuir* Leder *n*; **~ *de chamois*** Fensterleder *n*; **≗-Rouge** [-ruʒ] *m* (*pl Peaux-Rouges*) Rothaut *f*, Indianer *m*
péch|é [peʃe] *m* Sünde *f*; **~ *mignon*** kleine Schwäche *f*; **~er** (*1f*) sündigen; **~ *contre qc*** gegen etw verstoßen; **~ *par*** kranken an (*dat*)
pêche[1] [pɛʃ] *f bot* Pfirsich *m*
pêche[2] [pɛʃ] *f* Fischfang *m*; *action*: Fischen *n*; *à la ligne*: Angeln *n*
pêcher[1] [peʃe] *m bot* Pfirsichbaum *m*
pêcher[2] [peʃe] (*1b*) fischen; **~ *à la ligne*** angeln
péch|eur, **~eresse** [peʃœr, -ʃ(ə)rɛs] *m*, *f* Sünder(in) *m(f)*
pêch|eur, **~euse** [pɛʃœr, -øz] *m*, *f* Fischer(in) *m(f)*; **~ *à la ligne*** Angler(in) *m(f)*
pécule [pekyl] *m* Ersparnisse *f/pl*
pécuniaire [pekynjɛr] Geld…
pédago|gie [pedagɔʒi] *f* Pädagogik *f*; **~gique** pädagogisch, Erziehungs…; **~gue** *m*, *f* Pädagoge *m*, Pädagogin *f*
pédal|e [pedal] *f* Pedal *n*; **~er** (*1a*) *vélo*: treten
pédalo [pedalo] *m* Tretboot *n*
péd|ant, **~ante** [pedɑ̃, -ɑ̃t] schulmeisterlich
pédé [pede] *m abr* ***pédéraste*** F Schwule(r) *m*
pédéraste [pederast] *m* Homosexuelle(r) *m*, Päderast *m*
pédestre [pedɛstrə] ***randonnée*** *f* **~** (Fuß-)Wanderung *f*
pédiatr|e [pedjatrə] *m*, *f méd* Kinderarzt *m*, -ärztin *f*; **~ie** *f* Kinderheilkunde *f*
pédicure [pedikyr] *f* Fußpflegerin *f*
pègre [pɛgrə] *f* Unterwelt *f*
peign|e [pɛɲ] *m* Kamm *m*; **~er** (*1b*) kämmen; **~oir** *m de bain*: Bademantel *m*; *négligé* Morgenrock *m*
peindre [pɛ̃drə] (*4b*) malen; *mur*: anstreichen; *décrire* schildern
peine [pɛn] *f* **1.** *punition* Strafe *f*; **~ *capitale*** Todesstrafe *f*; **2.** *effort* Mühe *f*, Anstrengung *f*; ***ce n'est pas la*** **~** das ist nicht nötig; ***valoir la*** **~** der Mühe wert sein (***de*** zu); ***avoir*** (***de la***) **~ *à faire qc*** Mühe haben, etw zu tun; ***prendre la*** **~ *de*** (+ *inf*) sich die Mühe machen zu; **3.** *chagrin* Kummer *m*; ***faire de la*** **~ *à qn*** j-m wehtun; **4.** *adv* ***à*** **~** kaum
peiner [pɛne] (*1b*) **1.** *v/t* betrüben; **2.** *v/i* sich abmühen, Mühe haben
peintre [pɛ̃trə] *m* Maler(in) *m(f)*; **~ (*en bâtiment*)** Anstreicher *m*
peinture [pɛ̃tyr] *f* Anstrich *m*; *substance*: Farbe *f*; *action*: Anmalen *n*; *art*: Malerei *f*; *tableau* Gemälde *n*; *description* Schilderung *f*; **~ *fraîche!*** frisch gestrichen!
péjorati|f, **~ve** [peʒɔratif, -v] abfällig, abschätzig
Pékin [pekɛ̃] Peking *n*
pelage [pəlaʒ] *m* Fell *n*
pêle-mêle [pɛlmɛl] *adv* bunt durcheinander
peler [pəle] (*1d*) *v/t* (ab)schälen; *v/i* sich schälen

pèlerin [pɛlrɛ̃] *m* Pilger(in) *m(f)*
pèlerinage [pɛlrinaʒ] *m* Pilgerfahrt *f*; *lieu*: Wallfahrtsort *m*
pèlerine [pɛlrin] *f* Umhang *m*
pélican [pelikɑ̃] *m zo* Pelikan *m*
pelle [pɛl] *f* Schaufel *f*; **~ à gâteau** Tortenheber *m*; *tech* **~ mécanique** Löffelbagger *m*; **~ter** [-te] (*1c*) schaufeln
pellicule [pelikyl] *f* Film *m*; *pl* **~s** (Kopf-)Schuppen *f/pl*
pelot|e [p(ə)lɔt] *f fil*: Knäuel *n od m*; *épingles*: Nadelkissen *n*; **~er** (*1a*) P befummeln
pelot|on [p(ə)lɔtõ] *m* Knäuel *n od m*; *mil* Zug *m*; *sport*: Feld *n*; **~onner** [-ɔne] (*1a*) auf ein(en) Knäuel wickeln; **se ~** sich zusammenrollen; **se ~ contre qn** sich an j-n anschmiegen
pelouse [p(ə)luz] *f* Rasen *m*
peluche [p(ə)lyʃ] *f* Plüsch *m*
pelure [p(ə)lyr] *f fruit*: Haut *f*, Schale *f*
pénal, **~e** [penal] (*m/pl -aux*) *jur* Straf…; **~isation** [-izasjõ] *f sport*: Strafpunkte *m/pl*; **~iser** (*1a*) (be)strafen; **~ité** *f* Strafe *f*
penalty [penalti] *m football*: Elfmeter *m*, Strafstoß *m*
penaud, **~e** [pəno, -d] beschämt, betreten
penchant [pɑ̃ʃɑ̃] *m fig* Hang *m*, Neigung *f*
pencher [pɑ̃ʃe] (*1a*) *v/t* neigen; *v/i* sich neigen; *fig* **~ pour qc** zu etw tendieren; **se ~ au dehors** sich hinauslehnen; *fig* **se ~ sur un problème** sich in ein Problem vertiefen
pendaison [pɑ̃dɛzõ] *f peine*: Hängen *n*; *suicide*: Erhängen *n*
pendant[1] [pɑ̃dɑ̃] *prép* während; *conj* **~ que** während (*zeitlich, a gegensätzlich*)
pendant[2], **~e** [pɑ̃dɑ̃, -t] **1.** *adj* hängend; *jur* schwebend; **2.** *m* Pendant *n*, Gegenstück *n*
pend|entif [pɑ̃dɑ̃tif] *m* Anhänger *m*; **~erie** *f* Kleiderschrank *m*; **~iller** [-ije] (*1a*) baumeln
pendre [pɑ̃drə] (*4a*) *v/t* aufhängen; *condamné*: hängen; *v/i* hängen; **se ~** sich erhängen
pendule [pɑ̃dyl] **1.** *m phys* Pendel *n*; **2.** *f horloge*: Pendel-, Zimmer-, Wanduhr *f*
pêne [pɛn] *m* Riegel *m* (*am Schloss*)
pénétr|ation [penetrasjõ] *f* Eindringen *n*; *fig* Scharfblick *m*; **~er** (*1f*) *v/t liquide, lumière*: durchdringen; *pensées, personne*: durchschauen; *v/i* **~ dans qc** in etw (*acc*) eindringen
pénible [peniblə] *travail, vie*: mühsam, beschwerlich; *nouvelle, circonstances*: traurig, betrüblich; *caractère*: schwierig; **~ment** *adv avec difficulté* mit Mühe; *à peine* kaum; *avec douleur* schmerzlich
péniche [peniʃ] *f* Lastkahn *m*
pénicilline [penisilin] *f phm* Penizillin *n*
péninsule [penɛ̃syl] *f* Halbinsel *f*
pénis [penis] *m* Penis *m*
pénitenc|e [penitɑ̃s] *f* Strafe *f*; *rel* Buße *f*; **~ier** [-je] *m* Strafanstalt *f*
pénombre [penõbrə] *f* Halbschatten *m*, -dunkel *n*
pensée [pɑ̃se] *f* **1.** *faculté, fait de penser* Denken *n*; *idée* Gedanke *m*; *point de vue* Meinung *f*, Ansicht *f*; **2.** *bot* Stiefmütterchen *n*
pens|er [pɑ̃se] (*1a*) *v/i* denken; *v/t* denken, meinen; *imaginer* sich (*dat*) denken; **~** (+ *inf*) *croire* glauben zu (+ *inf*); **~** (+ *inf*) *avoir l'intention* beabsichtigen zu (+ *inf*); **faire ~ à qc** an etw (*acc*) erinnern; **~eur** *m* Denker *m*; **~if**, **~ive** [-if, -iv] nachdenklich
pension [pɑ̃sjõ] *f* **1.** *allocation* Rente *f*, Pension *f*, Ruhegehalt *n*; **2.** *logement*: Fremdenheim *n*, Pension *f*; *frais*: Pensionskosten *pl*; **avec ~ complète** mit Vollpension; **3.** *école*: Pensionat *n*, Internat *n*
pensi|onnaire [pɑ̃sjɔnɛr] *m*, *f* **1.** *hôtel*: Pensionsgast *m*; **2.** *écolier*: Internatsschüler(in) *m(f)*; **~onnat** [-ɔna] *m* Pensionat *n*
pente [pɑ̃t] *f* Abhang *m*, Gefälle *n*, Neigung *f*; **en ~** abfallend; *fig* **sur la mauvaise ~** auf der schiefen Bahn
Pentecôte [pɑ̃tkot] **la ~** Pfingsten *n*; **à la ~** an, zu Pfingsten
pénurie [penyri] *f* Mangel *m* (**de** an *dat*)
pépier [pepje] (*1a*) piepen
pépin [pepɛ̃] *m fruit*: Kern *m*; F **avoir un ~** Ärger, Pech haben
pépinière [pepinjɛr] *f* Baumschule *f*
pépite [pepit] *f* (Gold-)Klumpen *m*
perç|ant, **~ante** [pɛrsɑ̃, -ɑ̃t] *regard*: durchdringend; *froid*: schneidend;

~ée *f* Durchbruch *m*, -stoß *m*
perce-neige [pɛrsənɛʒ] *m* (*pl unv*) *bot* Schneeglöckchen *n*
perce-oreille [pɛrsɔrɛj] *m* (*pl perce-oreilles*) *zo* Ohrwurm *m*
percept|eur [pɛrsɛptœr] *m* Steuereinnehmer *m*; **~ible** wahrnehmbar; *amélioration*, *différence*: spürbar
perception [pɛrsɛpsjõ] *f* **1.** Wahrnehmung *f*; **2.** *impôts*: Erhebung *f*; *bureau*: Finanzamt *n*
percer [pɛrse] (*1k*) **1.** *mur*, *planche*: durchbohren; *oreille*, *papier*: durchstechen; *porte*: durchbrechen; **2.** *v/i* durchkommen, zum Vorschein kommen
perceuse [pɛrsøz] *f* Bohrmaschine *f*
percevoir [pɛrsəvwar] (*3a*) wahrnehmen; *argent*: einnehmen; *impôts*: erheben
perch|e [pɛrʃ] *f* **1.** *zo* Barsch *m*; **2.** *bois*, *métal*: Stange *f*, Stab *m*; **~er** (*1a*) (**se**) **~** *oiseau*: sich setzen; F wohnen, hausen; **~iste** *m* Stabhochspringer *m*; **~oir** *m* Hühnerstange *f*
perclus, **~e** [pɛrkly, -z] gelähmt
percolateur [pɛrkɔlatœr] *m* Kaffeemaschine *f* (*für Restaurants*)
percu|ssion [pɛrkysjõ] *f* *mus* Schlaginstrumente *n/pl*; **~ter** [-te] (*1a*) stoßen, schlagen auf (*acc*); **~** (***contre***) ***un arbre*** gegen e-n Baum prallen
perdant, **~e** [pɛrdɑ̃, -t] **1.** *adj* verlierend; ***numéro*** *m*, ***billet*** *m* ***perdant*** Niete *f*; **2.** *m*, *f* Verlierer(in) *m*(*f*)
perdre [pɛrdrə] (*4a*) verlieren; *argent*, *prestige*, *droit*: einbüßen; **~ *courage, espoir*** den Mut, die Hoffnung verlieren; **~ *une occasion*** e-e Gelegenheit versäumen; **~ *au change*** e-n schlechten Tausch machen; **~ *son temps*** seine Zeit vergeuden; **~ *connaissance*** das Bewusstsein verlieren; ***se*** **~** *disparaître* verloren gehen; *autorité*, *prestige*: schwinden; *personne*: sich verirren
perdrix [pɛrdri] *f* *zo* Rebhuhn *n*
perdu, **~e** [pɛrdy] *p/p de* ***perdre*** *u adj* verloren; *occasion*: verpasst; *endroit*: abgelegen; ***verre*** *m***~** Einwegglas *n*
père [pɛr] *m* Vater *m*; *rel* Pater *m*
pérégrinations [peregrinasjõ] *f/pl* Umherreisen *n*
péréquation [peʀekwasjõ] *f* **~ *financière*** Finanzausgleich *m*

perfecti|on [pɛrfɛksjõ] *f* Vollendung *f*, Vollkommenheit *f*; **~onner** [-ɔne] (*1a*) vervollkommnen; **~onniste** [-ɔnist] perfektionistisch
perfid|e [pɛrfid] heimtückisch; **~ie** [-i] *f* Heimtücke *f*, Hinterlist *f*
perfor|ateur [pɛrfɔratœr] *m* Locher *m*; **~er** (*1a*) lochen
perform|ance [pɛrfɔrmɑ̃s] *f* Leistung *f*; **~ant**, **~ante** [-ɑ̃, -ɑ̃t] leistungsfähig
péril [peril] *m* Gefahr *f*
périlleu|x, **~se** [perijø, -z] gefährlich
périmé, **~e** [perime] veraltet; *passeport*: abgelaufen
périmètre [perimɛtrə] *m* *math* Umfang *m*; *zone* Umkreis *m*
périod|e [perjɔd] *f* Periode *f*, Zeitraum *m*; *phys* Halbwertszeit *f*; **~ *bimonétaire*** Doppelwährungsphase *f*; **~ *de transition*** Übergangsphase *f*; ***en*** **~ *de*** in Zeiten (+ *gén*); **~ique** **1.** *adj* periodisch; **2.** *m* Zeitschrift *f*
péripétie [peripesi] *f* *le plus souvent au pl* ***~s*** unvorhergesehene Zwischenfälle *m/pl*
périphér|ie [periferi] *f* *de ville*: Peripherie *f*, Stadtrand(gebiet) *m*(*n*); **~ique** *adj* Stadtrand...; ***boulevard*** *m* **~** *od subst* **~** *m* Ringautobahn *f* (*um Paris*)
périphrase [perifrɑz] *f* Umschreibung *f*
périple [periplə] *m* (Rund-)Reise *f*
périscope [periskɔp] *m* Periskop *n*, Sehrohr *n*
périssable [perisablə] *nourriture*: leicht verderblich
perl|e [pɛrl] *f* Perle *f* (*a fig*); *fig* Perle *f*; **~er** (*1a*) perlen
perman|ence [pɛrmanɑ̃s] *f* Fortdauer *f*, Beständigkeit *f*; *médecin*, *service*: Bereitschaftsdienst *m*; ***en*** **~** ständig, dauernd; **~ent**, **~ente** [-ɑ̃, -ɑ̃t] **1.** *adj* ständig; *constant* beständig; **2.** *f* *coiffure*: Dauerwelle *f*
perméable [pɛrmeablə] durchlässig
permettre [pɛrmɛtrə] (*4p*) erlauben, gestatten (***qc à qn*** j-m etw; ***que*** + *subj* dass); ***se*** **~ *qc*** sich (*dat*) etw gönnen; *familiarités*, *impertinences*: sich (*dat*) etw herausnehmen
permis [pɛrmi] *m* Erlaubnisschein *m*; **~ *de séjour*** Aufenthaltserlaubnis *f*; **~ *de conduire*** Führerschein *m*; ***passer***

son ~ den Führerschein machen
permission [pɛrmisjõ] *f* Erlaubnis *f*, Genehmigung *f*; *mil* Urlaub *m*
permuter [pɛrmyte] (*1a*) *v/t* umstellen, auswechseln; *v/i* den Posten tauschen (***avec qn*** mit j-m)
pernicieu|x, ~se [pɛrnisjø, -z] schädlich; *méd* bösartig
péroraison [perɔrɛzõ] *f* Schlusswort *n*
Pérou [peru] ***le ~*** Peru *n*
perpendiculaire [pɛrpɑ̃dikylɛr] senkrecht, rechtwinklig (***à*** zu *od* auf)
perpétrer [pɛrpetre] (*1f*) *jur* begehen, verüben
perpétu|el, ~elle [pɛrpetɥɛl] fortwährend, ständig, (an)dauernd; **~ellement** [-ɛlmɑ̃] *adv* ständig, immer wieder; **~ité** *f* ***à ~*** fürs Leben; *jur* lebenslänglich
perplexe [pɛrplɛks] ratlos, perplex
perquisitionner [pɛrkizisjɔne] (*1a*) *jur* e-e Haussuchung vornehmen
perron [pɛrõ] *m* Freitreppe *f*
perroquet [pɛrɔkɛ] *m zo* Papagei *m*
perruche [pɛryʃ] *f zo* (Wellen-)Sittich *m*
perruque [pɛryk] *f* Perücke *f*
persan, ~e [pɛrsɑ̃, -an] **1.** *adj* persisch; **2.** **♀, ♀e** *m*, *f* Perser(in) *m(f)*
Perse [pɛrs] ***la ~*** Persien *n*
perséc|uter [pɛrsekyte] (*1a*) verfolgen; **~ution** [-ysjõ] *f* Verfolgung *f*
persévér|ance [pɛrseverɑ̃s] *f* Beharrlichkeit *f*, Ausdauer *f*; **~ant, ~ante** [-ɑ̃, -ɑ̃t] beharrlich, ausdauernd; **~er** (*1f*) ***~ dans qc*** hartnäckig an etw (*dat*) festhalten
persienne [pɛrsjɛn] *f* Fensterladen *m*
persiflage [pɛrsiflaʒ] *m* Spöttelei *f*, Persiflage *f*
persil [pɛrsi] *m bot* Petersilie *f*
Persique [pɛrsik] ***le golfe ~*** der Persische Golf
persist|ance [pɛrsistɑ̃s] *f* Verharren *n*; *fièvre, froid*: Fortdauer *f*; **~er** (*1a*) (an)dauern; ***~ dans qc*** hartnäckig an etw (*dat*) festhalten; ***~ à faire qc*** etw beharrlich tun
personn|age [pɛrsɔnaʒ] *m connu*: Persönlichkeit *f*; *personne* Person *f*; *fig u théâtre*: Rolle *f*; **~aliser** [-alize] e-e persönliche Note geben (***qc*** e-r Sache); **~alité** [-alite] Persönlichkeit *f*
personne[1] [pɛrsɔn] *f* Person *f*; ***~ à double salaire*** Doppelverdiener(in *f*) *m*; ***jeune ~*** junges Mädchen *n*; ***~ âgée*** älterer Mensch *m*; ***grande ~*** Erwachsene(r) *m*; ***en ~*** persönlich; ***par ~*** pro Kopf
personne[2] [pɛrsɔn] *pronom* **1.** ***ne ~*** niemand; **2.** (irgend)jemand; ***sans avoir vu ~*** ohne jemand(en) gesehen zu haben; ***il le sait mieux que ~*** er weiß es besser als irgendjemand
personn|el, ~elle [pɛrsɔnɛl] **1.** *adj* persönlich; **2.** *m* Personal *n*; **~ellement** [-ɛlmɑ̃] *adv* persönlich; **~ifier** [-ifje] (*1a*) verkörpern, personifizieren
perspective [pɛrspɛktiv] *f math, peinture*: Perspektive *f*; *fig pour l'avenir*: Aussicht *f*, Perspektive *f*; *point de vue* Blickwinkel *m*; ***avoir qc en ~*** etw in Aussicht haben
perspicac|e [pɛrspikas] scharfsinnig; **~ité** *f* Scharfblick *m*
persuader [pɛrsɥade] (*1a*) ***~ qn de faire qc*** j-n überreden, etw zu tun; ***~ qn de qc*** j-n von etw überzeugen; ***se ~ de qc*** sich (*acc*) von etw überzeugen; ***se ~ que*** sich (*dat*) einreden, dass
persuasion [pɛrsɥazjõ] *f* Überzeugung *f*; *don*: Überredungsgabe *f*
perte [pɛrt] *f* Verlust *m*; *fig* Untergang *m*, Verderben *n*; ***à ~*** mit Verlust; ***à ~ de vue*** so weit das Auge reicht
pertinent, ~e [pɛrtinɑ̃, -t] zutreffend, passend
perturb|ation [pɛrtyrbasjõ] *f* Störung *f*; **~er** (*1a*) stören
perver|s, ~se [pɛrvɛr, -s] *sexualité*: pervers, widernatürlich; **~sion** *f sexualité*: Perversion *f*; **~tir** (*2a*) verderben
pes|amment [pəzamɑ̃] *adv* schwerfällig; **~ant, ~ante** [-ɑ̃, -ɑ̃t] schwer (*a fig*); **~anteur** [-ɑ̃tœr] *f phys* Schwerkraft *f*
pèse-bébé [pɛzbebe] *m* (*pl pèse-bébé[s]*) Babywaage *f*
pesée [pəze] *f* Wiegen *n*
peser [pəze] (*1d*) *v/t* (ab)wiegen; *fig mots*: abwägen; *v/i* wiegen; *poids, responsabilité*: lasten (***sur*** auf *dat*); ***~ à qn*** j-n bedrücken
pessimis|me [pesimismə] *m* Pessimismus *m*; **~te** **1.** *adj* pessimistisch; **2.** *m*, *f* Pessimist(in) *m(f)*
pest|e [pɛst] *f méd* Pest *f*; *fig* böses Weib *n*; **~er** (*1a*) schimpfen (***contre***

auf *acc*)

pesticide [pɛstisid] *m* Pestizid *n*, Schädlingsbekämpfungsmittel *n*

pestilentiel, **~le** [pɛstilɑ̃sjɛl] übel riechend

pet [pɛ] *m* P Furz *m*

pétale [petal] *m* Blütenblatt *n*

pétanque [petɑ̃k] *f Kugelspiel in Südfrankreich*

pétarad|e [petarad] *f* Geknalle *n*; *auto* Geknatter *n*; **~er** (*1a*) knattern

pétard [petar] *m* Knallkörper *m*, -frosch *m*; F Krach *m*, Radau *m*

péter [pete] (*1f*) F furzen; *fig pétard*: knallen; *pneu, ballon*: platzen

pétiller [petije] (*1a*) *feu*: prasseln, knistern; *eau*: sprudeln; *mousseux*: perlen; *yeux*: blitzen

petit, **~e** [p(ə)ti, -t] **1.** *adj* klein; *quantité*: gering, unbedeutend; ***en petit*** im Kleinen; ***petit à petit*** allmählich; F ***petit nom*** *m* Vorname *m*; **~(*e*) *ami*(*e*)** *m*(*f*) Freund(in) *m*(*f*); ***au petit jour*** bei Tagesanbruch; **2.** *m*, *f der, die, das* Kleine; *animal*: Junge(s) *n*

petit-bourgeois, **petite-bourgeoise** [p(ə)tiburʒwa, p(ə)titburʒwaz] klein-, spießbürgerlich

petite-fille [p(ə)titfij] *f* (*pl petites-filles*) Enkelin *f*

petitesse [p(ə)titɛs] *f* Kleinheit *f*; *fig* Engstirnigkeit *f*

petit-fils [p(ə)tifis] *m* (*pl petits-fils*) Enkel *m*

pétition [petisjõ] *f* Petition *f*

petits-enfants [p(ə)tizɑ̃fɑ̃] *m/pl* Enkel *m/pl*

pétrifier [petrifje] (*1a*) versteinern; *fig* erstarren lassen

pétr|in [petrɛ̃] *m* Backtrog *m*; F *fig* Klemme *f*; **~ir** (*2a*) kneten

pétrochimie [petrɔʃimi] *f* Petrochemie *f*

pétrol|e [petrɔl] *m* Erdöl *n*; **~ *brut*** Rohöl *n*; **~ier**, **~ière** [-je, -jɛr] **1.** *adj* (Erd-)Öl…; **2.** *m* Tankschiff *n*, Tanker *m*

peu [pø] wenig; **~ *de pain*** wenig Brot; **~ *après*** kurz danach; ***de* ~** um weniges; **~ *à* ~** nach und nach; ***à* ~ *près*** *plus ou moins* ungefähr, etwa; *presque* fast, beinahe; ***depuis* ~** seit kurzem; ***quelque* ~** einigermaßen; ***pour* ~ *que*** (+ *subj*) sofern

peuplade [pøplad, pœ-] *f* Volksstamm *m*

peuple [pœplə] *m* Volk *n*

peupler [pøple, pœ-] (*1a*) *pays, région*: bevölkern; *maison*: bewohnen

peuplier [pøplije, pœ-] *m bot* Pappel *f*

peur [pœr] *f* Angst *f*, Furcht *f* (***de*** vor *dat*); ***de* ~ *que*** (***ne*** + *subj*) aus Angst, dass; ***avoir* ~** Angst haben; ***prendre* ~** Angst bekommen

peureu|x, **~se** [pœrø, -z] ängstlich, furchtsam

peut-être [pøtɛtrə] vielleicht; **~ *bien*** vielleicht sogar

p. ex. *abr **par exemple*** z. B. (zum Beispiel)

phalange [falɑ̃ʒ] *f mil* Phalanx *f*; ♀ *Espagne*: Falange *f*

phare [far] *m mar* Leuchtturm *m*, Leuchtfeuer *n*; *aviat* Leuchtfeuer *n*; *auto* Scheinwerfer *m*; ***se mettre en* ~*s*** das Fernlicht einschalten

pharmac|eutique [farmasøtik] pharmazeutisch; **~ie** [-i] *f local*: Apotheke *f*; *science*: Pharmazie *f*; *médicaments* Arzneimittel *n/pl*; **~ien**, **~ienne** *m*, *f* Apotheker(in) *m*(*f*)

phase [fɑz] *f* Phase *f*, Stadium *n*

phénomène [fenɔmɛn] *m* Phänomen *n*, Erscheinung *f*

philatéliste [filatelist] *m* Briefmarkensammler *m*

philippin, **~e** [filipɛ̃, -in] **1.** *adj* philippinisch; **2.** ♀, ♀***e*** *m*, *f* Philippiner(in) *m*(*f*)

Philippines [filipin] *f/pl **les* ~** die Philippinen *pl*

philosoph|e [filɔzɔf] *m* Philosoph *m*; **~ie** [-i] *f* Philosophie *f*; *calme* Gelassenheit *f*; **~ique** philosophisch

phobie [fɔbi] *f psych* Phobie *f*

phonétique [fɔnetik] **1.** *adj* Laut…, phonetisch; **2.** *f* Phonetik *f*, Lautlehre *f*

phoque [fɔk] *m zo* Robbe *f*, Seehund *m*

phosphate [fɔsfat] *m* Phosphat *n*

photo [fɔto] *f* Foto *n*, (Licht-)Bild *n*; ***faire de la* ~** fotografieren; ***prendre qn en* ~** e-e Aufnahme von j-m machen

photo|copie [fɔtɔkɔpi] *f* Fotokopie *f*; **~copieur** [-kɔpjœr] *m od* **~copieuse** [-kɔpjøz] *f* Fotokopierer *m*; **~génique** [-ʒenik] fotogen

photograph|e [fɔtɔgraf] *m*, *f* Fotograf(in) *m(f)*; **~ie** [-i] *f* Fotografie *f*; **~ier** [-je] *(1a)* fotografieren; **~ique** [-ik] fotografisch

phrase [frɑz] *f* Satz *m*

physicien, ~ne [fizisjɛ̃, -ɛn] *m, f* Physiker(in) *m(f)*

physionomie [fizjɔnɔmi] *f* Physiognomie *f*, Gesichtsausdruck *m*

physique [fizik] **1.** *adj corps*: physisch, körperlich; *physique*: physikalisch; **2.** *m* Körperbeschaffenheit *f*, Physis *f*; **3.** *f* Physik *f*

piailler [pjaje] *(1a) oiseau*: piepsen; F *enfant*: schreien

pianiste [pjanist] *m, f* Pianist(in) *m(f)*

pian|o [pjano] *m* Klavier *n*; **~ *à queue*** Flügel *m*; **~oter** [-ɔte] *(1a)* F *sur le piano*: klimpern; *sur table, vitre*: trommeln

piaul|e [pjol] *f* F Bude *f*; **~er** *(1a) enfant*: plärren; *oiseau*: piepsen

PIB *m abr **produit intérieur brut*** Bruttoinlandsprodukt *n*

pic [pik] *m* **1.** *instrument*: Spitzhacke *f*; **2.** *montagne*: Bergspitze *f*; ***à ~*** senkrecht, steil; F *fig **arriver à ~*** gerade zur rechten Zeit kommen; **3.** *zo* Specht *m*

pichet [piʃɛ] *m* Kanne *f*, Krug *m*

pickpocket [pikpɔkɛt] *m* Taschendieb *m*

pick-up [pikœp] *m (pl unv)* Plattenspieler *m*

picorer [pikɔre] *(1a)* aufpicken

picoter [pikɔte] *(1a) irriter* prickeln, kribbeln

pie [pi] *f zo* Elster *f*

pièce [pjɛs] *f* **1.** Stück *n*; **~ *de théâtre*** Theaterstück *n*; **~ *de monnaie*** Geldstück *n*; *vêtement*: ***deux ~s*** zweiteilig; ***à la ~*** einzeln; ***cinq euros (la) ~*** 5 Euro pro Stück; **~ *de rechange*** Ersatzteil *n*; ***mettre en ~s*** zerreißen; **2.** *chambre* Raum *m*, Zimmer *n*; **3.** *administration*: Beleg *m*

pied [pje] *m* Fuß *m*; *meuble*: Bein *n*; *champignon*: Stiel *m*; **~ *de vigne*** Rebstock *m*; ***à ~*** zu Fuß; ***~s nus*** barfuß; ***au ~ de*** am Fuß von; ***au ~ de la lettre*** buchstabengetreu; ***de ~ en cap*** von Kopf bis Fuß; ***mettre sur ~*** auf die Beine stellen

pied-à-terre [pjetatɛr] *m (pl unv)* Absteigequartier *n*

piédestal [pjedɛstal] *m (pl -aux)* Sockel *m*

pied-noir [pjenwar] F *m (pl pieds-noirs)* Algerienfranzose *m*

piégé, ~e [pjeʒe] ***voiture f piégée*** Autobombe *f*

piège [pjɛʒ] *m* Falle *f*

piercing [pirsiŋ] *m* Piercing *n*; ***se faire faire un ~*** sich piercen lassen

pierraille [pjɛrɑj] *f* grober Kies *m*

pierre [pjɛr] *f* Stein *m*

pierr|eries [pjɛrri] *f/pl* Edelsteine *m/pl*, Juwelen *n/pl*; **~eux, ~euse** [-ø, -øz] steinig

pierrot [pjɛro] *m* **1.** *zo* Sperling *m*; **2.** ♀ Hanswurst *m* (*Gestalt aus der frz Pantomime*)

piété [pjete] *f rel* Frömmigkeit *f*

piétiner [pjetine] *(1a) v/t* (zer)stampfen, (zer)trampeln; *fig* **~ *qn, qc*** j-n, etw mit Füßen treten; *v/i ne pas avancer* auf der Stelle treten

piéton, ~ne [pjetõ, -ɔn] **1.** *m, f* Fußgänger(in) *m(f)*; **2.** *adj **zone f piétonne*** Fußgängerzone *f*; **~nier, ~nière** Fußgänger…

pieu [pjø] *m (pl -x)* Pfahl *m*; F Bett *n*, Falle *f* F

pieu|x, ~se [pjø, -z] fromm; *fig **pieux mensonge*** *m* Notlüge *f*

pif [pif] F *m* Nase *f*, Zinken *m* F

pif(f)er [pife] *(1a)* F ***ne pas pouvoir ~ qn*** j-n nicht riechen können F

pig|eon [piʒõ] *m* Taube *f*; **~eonnier** [-ɔnje] *m* Taubenschlag *m*

piger [piʒe] *(1l)* F kapieren, begreifen

pigment [pigmɑ̃] *m* Pigment *n*

pigne [piɲ] *f bot* Kiefernzapfen *m*

pignon [piɲõ] *m arch* Giebel *m*; *tech* Zahnrad *n*

pilastre [pilastrə] *m arch* Pilaster *m*, Wandpfeiler *m*

pile¹ [pil] *f* **1.** *tas* Stapel *m*, Stoß *m*; **2.** *él* Batterie *f*; **~ *atomique*** Atomreaktor *m*; **3.** *monnaie*: Rückseite *f*; **4.** F Tracht *f* Prügel

pile² [pil] *adv **s'arrêter ~*** plötzlich anhalten; ***à deux heures ~*** Punkt zwei Uhr

piler [pile] *(1a)* zerstampfen, zerstoßen

pilier [pilje] *m arch* Pfeiler *m*; *fig* Stütze *f*

pill|age [pijaʒ] *m* Plünderung *f*; **~er** *(1a)* (aus)plündern

pil|on [pilõ] *m tech* Stampfer *m*; **~onner** [-ɔne] (*1a*) (zer)stampfen
pilori [pilɔri] *m* Pranger *m*; *fig* ***mettre qn au ~*** j-n an den Pranger stellen
pilotage [pilɔtaʒ] *m aviat* Steuerung *f*; *mar* Lotsen(dienst) *n*(*m*)
pilot|e [pilɔt] **1.** *m mar* Lotse *m*; *aviat* Pilot *m*; *auto* (Renn-)Fahrer *m*; ***~ automatique*** Autopilot *m*; **2.** *adj* ***ferme*** *f* ~ Musterhof *m*; **~er** (*1a*) *aviat*, *auto* steuern, lenken; *mar* lotsen
pilule [pilyl] *f* Pille *f*; ~ (***contraceptive***) Antibabypille *f*
piment [pimɑ̃] *m* Paprika *m*, Spanischer Pfeffer *m*; *fig* Würze *f*
pimenter [pimɑ̃te] (*1a*) scharf würzen
pimpant, **~e** [pɛ̃pɑ̃, -t] adrett, schmuck
pin [pɛ̃] *m bot* Kiefer *f*; ***~ parasol, pignon*** Pinie *f*
pinard [pinar] F *m* Wein *m*
pince [pɛ̃s] *f* Zange *f*, Klemme *f*, Klammer *f*; *crabe*: Schere *f*; ***~ à épiler*** Pinzette *f*; ***~ à linge*** Wäscheklammer *f*
pincé, **~e** [pɛ̃se] verkniffen, gezwungen
pinceau [pɛ̃so] *m* (*pl -x*) Pinsel *m*
pincée [pɛ̃se] *f cuis* ***une ~ de sel*** e-e Prise Salz
pincer [pɛ̃se] (*1k*) kneifen, zwicken; *doigt*, *pied*: einklemmen; *mus* zupfen
pince-sans-rire [pɛ̃ssɑ̃rir] *m*, *f* (*pl unv*) Mensch *m* mit trockenem Humor
pincette [pɛ̃sɛt] *f* Pinzette *f*; *pl* ***~s*** *feu*: (Feuer-)Zange *f*
pinède [pinɛd] *f* Kiefern-, Pinienwald *m*
pingouin [pɛ̃gwɛ̃] *m zo* Pinguin *m*
pingre [pɛ̃grə] geizig, knickerig
pinson [pɛ̃sõ] *m zo* Buchfink *m*
pintade [pɛ̃tad] *f zo* Perlhuhn *n*
pioch|e [pjɔʃ] *f* Hacke *f*; **~er** (*1a*) (um-, auf)hacken
piolet [pjɔlɛ] *m* Eispickel *m*
pion [pjõ] *m échecs*: Bauer *m*; *jeu*: Stein *m*
pioncer [pjõse] (*1k*) F pennen
pionnier [pjɔnje] *m* Pionier *m*, Bahnbrecher *m*
pip|e [pip] *f* (Tabaks-)Pfeife *f*; ***fumer la ~*** Pfeife rauchen; **~eau** [-o] *m* (*pl -x*) (Hirten-)Flöte *f*
piquant, **~e** [pikɑ̃, -t] **1.** *adj* stach(e)lig; *remarque*: bissig, spitz; *cuis* pikant; **2.** *m épine* Dorn *m*; *fig* Reiz *m*
piqu|e [pik] *m carte*: Pik *n*; **~é**, **~ée** *tissu*: gesteppt; *vin*: sauer
pique|-nique [piknik] *m* (*pl pique-niques*) Picknick *n*; **~-niquer** [-nike] (*1m*) picknicken
piquer [pike] (*1m*) *fourchette*, *aiguille*: stechen; *poivre*, *fumée*: beißen; *barbe*: kratzen; *insecte*, *épine*: stechen; *méd* e-e Spritze geben (***qn*** j-m); *fig curiosité*: reizen; F *fig* klauen; ***se ~*** sich stechen; *se faire une piqûre* sich (*acc*) spritzen; *héroïne*: fixen; *fig* ***se ~ de qc*** sich (*dat*) etwas auf etw (*acc*) einbilden
piquet [pikɛ] *m* Pflock *m*; ***~ de tente*** (Zelt-)Hering *m*; ***~ de grève*** Streikposten *m*
piqûre [pikyr] *f* Stich *m*; *méd* Spritze *f*
pirate [pirat] *m* Seeräuber *m*, Pirat *m*; ***~ de l'informatique*** Hacker *m*; ***~ de l'air*** Luftpirat *m*
pire [pir] schlimmer; ***le, la ~*** der, die, das Schlimmste
pis[1] [pi] *adv* schlimmer
pis[2] [pi] *m* Euter *n*
pis-aller [pizale] *m* (*pl unv*) Notbehelf *m*
pisciculture [pisikyltyr] *f* Fischzucht *f*
piscine [pisin] *f* Schwimmbad *n*; ***~ couverte*** Hallenbad *n*; ***~ en plein air*** Freibad *n*
pissenlit [pisɑ̃li] *m bot* Löwenzahn *m*
piss|er [pise] (*1a*) F pissen, pinkeln; **~otière** [-ɔtjɛr] *f* F Pissoir *n*
pistache [pistaʃ] *f bot* Pistazie *f*
piste [pist] *f animal u fig* Fährte *f*, Spur *f*; *désert*, *forêt*: Piste *f*; *danse*: Tanzfläche *f*; *sport*: Rennbahn *f*; ***~ d'atterrissage*** Landebahn *f*; ***~ cyclable*** Fahrradweg *m*
pistolet [pistɔlɛ] *m* Pistole *f*
piston [pistõ] *m tech* Kolben *m*; F *fig* Protektion *f*
pistonner [pistɔne] (*1a*) F ***~ qn*** j-n protegieren
pitance [pitɑ̃s] *f péj* Fraß *m*
piteu|x, **~se** [pitø, -z] *situation*, *aspect*: jämmerlich; *résultat*: kümmerlich
pitié [pitje] *f* Mitleid *n*; ***avoir ~ de qn*** mit j-m Mitleid haben; F ***quelle ~!*** wie erbärmlich!
piton [pitõ] *m alpiniste*: Felshaken *m*; *pic* Bergspitze *f*
pitoyable [pitwajablə] bedauernswert;

péj erbärmlich
pitre [pitrə] *m* Hanswurst *m*
pittoresque [pitɔrɛsk] malerisch
pivert [pivɛr] *m zo* Grünspecht *m*
pivoine [pivwan] *f bot* Pfingstrose *f*
piv|ot [pivo] *m tech* Zapfen *m*; *fig* Angelpunkt *m*; **~oter** [-ɔte] (*1a*) sich *um etw* drehen
pizza [pidza] *f cuis* Pizza *f*
pizzeria [pidzerja] *f* Pizzeria *f*
P.J. *f abr* ***Police judiciaire*** Kriminalpolizei; ***pièce(s) jointe(s)*** Anlage(n)
Pl. *abr* ***place*** Pl. (Platz)
placage [plakaʒ] *m meubles*: Furnier (-ung) *n(f)*
placard [plakar] *m* **1.** *armoire* Wandschrank *m*; **2.** *affiche* Aushang *m*, Anschlag *m*; *journal*: große Anzeige *f*; **~er** [-de] (*1a*) öffentlich anschlagen
place [plas] *f* Platz *m*; *lieu* Ort *m*, Stelle *f*, Platz *m*; *emploi* Posten *m*; ***~ forte*** Festung *f*; ***sur ~*** an Ort und Stelle; ***à la ~ de*** an Stelle von; ***par ~s*** stellenweise; ***être en ~*** bereitstehen; ***~ assise*** Sitzplatz *m*; ***~ debout*** Stehplatz *m*
plac|é, ~ée [plase] ***être bien ~(e)*** *chose*: e-n guten Standort haben; ***être bien ~(e) pour savoir qc*** *personne*: etw doch schließlich wissen müssen; **~ement** [-mɑ̃] *m emploi*: Unterbringung *f*; *marchandises*: Absatz *m*, Verkauf *m*; *investissement* Anlage *f*
placer [plase] (*1k*) setzen, stellen, legen; *procurer emploi, logement*: unterbringen; *mot, histoire*: anbringen; *fig dans un ordre*: einordnen; *argent*: anlegen; *marchandises*: absetzen; ***se ~*** Platz nehmen; ***se ~ deuxième*** sich als Zweiter platzieren
placeur [plasœr] *m* Platzanweiser *m*
placide [plasid] sanft(mütig)
plafond [plafõ] *m arch* (Zimmer-)Decke *f*; *aviat* Maximal(steig)höhe *f*; *auto* Höchstgeschwindigkeit *f*; *écon* Höchstsatz *m*, Obergrenze *f*
plafonn|er [plafɔne] (*1a*) *arch* e-e Decke einziehen; *aviat* die Gipfelhöhe erreichen; *auto* die Spitzengeschwindigkeit erreichen; *prix, industrie*: die Höchstgrenze erreichen; **~ier** [-je] *m* Deckenlampe *f*
plage [plaʒ] *f* Strand *m*; *lieu*: Seebad *n*, Badeort *m*
plagiat [plaʒja] *m* Plagiat *n*
plaid [plɛd] *m* Reisedecke *f*
plaid|er [plɛde] (*1b*) ***~ pour*** sich einsetzen für, plädieren für; ***~ contre*** prozessieren gegen; ***~ la cause de qn*** j-n vor Gericht vertreten; *fig* für j-n eintreten; **~oirie** [-wari] *f jur* Plädoyer *n*; **~oyer** [-waje] *m jur u fig* Plädoyer *n*, Verteidigungsrede *f*, -schrift *f*
plaie [plɛ] *f* Wunde *f*; *fig* Plage *f*
plaignant, ~e [plɛɲɑ̃, -t] *m, f jur* Kläger(in) *m(f)*
plaindre [plɛ̃drə] (*4b*) *v/t* bedauern; ***se ~*** klagen, sich (*acc*) beklagen (***de*** über); *réclamer* sich (*acc*) beschweren (***de qn, de qc à qn*** über j-n, etw bei j-m); ***se ~ (de ce) que*** (+ *ind od subj*) sich (*acc*) darüber beklagen, dass
plaine [plɛn] *f* Ebene *f*
plain-pied [plɛ̃pje] ***de ~*** auf gleicher Ebene; *fig* direkt, ohne Umschweife
plainte [plɛ̃t] *f lamentation* (Weh-)Klage *f*; *mécontentement*: Beschwerde *f*; *jur* Strafantrag *m*; ***porter ~*** Anzeige erstatten (***contre*** gegen)
plaire [plɛr] (*4aa*) gefallen (***à qn*** j-m); ***s'il vous*** (*od* ***te***) ***plaît*** bitte; ***il lui plaît de*** (+ *inf*) es beliebt ihm zu (+ *inf*); ***se ~*** sich (selbst) gefallen; ***je me plais à Paris*** es gefällt mir in Paris, ich fühle mich in Paris wohl
plais|ance [plɛzɑ̃s] *f* … ***de ~*** Vergnügungs…; ***navigation*** *f* ***de ~*** Schifffahrt *f* mit Motor- und Segeljachten; ***port*** *m* ***de ~*** Jacht-, Segelhafen *m*; **~ant, ~ante** [-ɑ̃, -ɑ̃t] *joli* gefällig, hübsch; *amusant* lustig, amüsant; **~anter** [-ɑ̃te] (*1a*) scherzen, spaßen; ***~ qn*** sich über j-n lustig machen; **~anterie** [-ɑ̃tri] *f* Scherz *m*, Spaß *m*; **~antin** [-ɑ̃tɛ̃] *m* Witzbold *m*
plaisir [plezir] *m* Vergnügen *n*, Freude *f*; *des sens*: Lust *f*; ***à ~*** grundlos; ***avec ~*** gern; ***par ~*** zum Spaß; ***faire ~ à qn*** j-m Freude machen; ***prendre ~ à*** Vergnügen finden an (*dat*); ***les ~s de la table*** die Tafelfreuden *f/pl*
plan, ~e [plɑ̃, -an] **1.** *adj* eben; **2.** *m surface* Fläche *f*; *projet* Plan *m*; ***premier ~*** Vordergrund *m*; ***de premier ~*** erstrangig; ***sur ce ~*** in dieser Hinsicht; ***sur le ~ économique*** auf wirtschaftlichem Gebiet; ***~ d'eau*** Wasserspiegel *m*; ***~ de vol*** Flugplan *m*
planche [plɑ̃ʃ] *f* Brett *n*; *jardin*: Beet *n*;

~ ***à voile*** Surfbrett *n*; ~ ***à roulettes*** Skateboard *n*
plancher [plɑ̃ʃe] *m* Fußboden *m*
planer [plane] (*1a*) schweben; *fig* ~ ***au-dessus de*** erhaben sein über (*acc*)
planétaire [planetɛr] planetarisch
planète [planɛt] *f* Planet *m*
planeur [planœr] *m* Segelflugzeug *n*
planification [planifikasjõ] *f* Planung *f*
planifier [planifje] (*1a*) planen
planning [planiŋ] *m* ~ ***familial*** Familienplanung *f*
planque [plɑ̃k] *f* F *abri* Unterschlupf *m*; *travail*: gemütlicher Job *m*
planquer [plɑ̃ke] (*1m*) F (***se*** ~ sich) verstecken
plant [plɑ̃] *m agr* Setzling *m*; *plantation* Anpflanzung *f*; **~ation** [plɑ̃tasjõ] *f* Anpflanzung *f*, Plantage *f*
plante[1] [plɑ̃t] *f* Pflanze *f*
plante[2] [plɑ̃t] *f* ~ ***du pied*** Fußsohle *f*
plant|er [plɑ̃te] (*1a*) *jardin*: anpflanzen; *plantes, arbres*: einpflanzen; *rue, carré*: bepflanzen; *poteau*: einschlagen; *tente*: aufschlagen; ~ ***là qn*** j-n im Stich lassen; **~eur** *m* Pflanzer *m*
plantureu|x, **~se** [plɑ̃tyrø, -øz] üppig
plaque [plak] *f* Platte *f*; *inscription*: Schild *n*; *chocolat*: Tafel *f*; ~ ***d'identité*** Erkennungsmarke *f*; *auto* ~ ***minéralogique*** *od* ~ ***d'immatriculation*** Nummernschild *n*; ~ ***tournante*** Drehscheibe *f* (*a fig*)
plaqu|é [plake] *m tech* Plattierung *f*; *or, argent*: Dublee *n*; **~er** (*1m*) *tech* plattieren; *argent, or*: mit Silber, Gold dublieren; *meuble*: furnieren; *fig* drücken (***contre, sur*** gegen, an *acc*); *fig* F ~ ***qn*** j-n im Stich lassen
plastic [plastik] *m* Plastiksprengstoff *m*
plastique [plastik] **1.** *adj* plastisch; ***arts m/pl ~s*** bildende Kunst *f*; ***matière f*** ~ Kunststoff *m*; ***chirurgie f*** ~ plastische Chirurgie *f*; **2.** *f art*: Plastik *f*, Bildhauerkunst *f*; **3.** *m matière*: Kunststoff *m*, Plastik *n*
plat, **~e** [pla, plat] **1.** *adj* flach, platt, eben; *cheveux*: glatt; *style*: fade, schal; *eau*: ohne Kohlensäure; **2.** *m vaisselle*: Platte *f*, Schüssel *f*; *cuis* Gericht *n*, Speise *f*, Gang *m*
platane [platan] *m bot* Platane *f*
plateau [plato] *m* (*pl -x*) Tablett *n*; *de fromages*: Platte *f*; *théâtre*: Bühne *f*; *géogr* Plateau *n*, Hochebene *f*
plate-bande [platbɑ̃d] *f* (*pl plates-bandes*) Gartenbeet *n*
plate-forme [platfɔrm] *f* (*pl plates-formes*) Plattform *f*; *pol* ~ ***électorale*** Wahlplattform *f*; ~ ***de forage*** Bohrinsel *f*
platine [platin] **1.** *m chim* Platin *n*; **2.** *f de tourne-disque*: Chassis *n*
platitude [platityd] *f fig livre, conversation*: Seichtheit *f*; *lieu commun* Gemeinplatz *m*
plâtras [plɑtra] *m* Bauschutt *m*
plâtr|e [plɑtrə] *m* Gips *m*; *méd* Gipsverband *m*; **~er** (*1a*) (ver-, ein)gipsen
plausible [plozibIə] einleuchtend, plausibel
plèbe [plɛb] *f litt u péj* Pöbel *m*
plébiscite [plebisit] *m* Volksabstimmung *f*, -entscheid *m*
plein, **~e** [plɛ̃, -ɛn] **1.** *adj* voll; *rempli* gefüllt (***de*** mit); *bois*: massiv; *femelle*: ***pleine*** trächtig; ***à plein temps*** ganztags; ***de plein droit*** von Rechts wegen; ***de plein gré*** aus freiem Antrieb; ***en plein air*** unter freiem Himmel, im Freien; ***en plein été*** im Hochsommer; ***en plein Paris*** mitten in Paris; ***en pleine rue*** auf offener Straße; **2.** *adv* ***sonner plein*** voll klingen; ***en plein dans*** genau in; F ***plein de*** viel(e); F *fig* ***en avoir plein le dos*** die Nase voll haben; **3.** *m* ***battre son plein*** in vollem Gange sein; ***faire le plein*** (***de qc***) vollmachen; *auto* volltanken
pleinement [plɛnmɑ̃] *adv* völlig
plein-emploi [plɛnɑ̃plwa] *m écon* Vollbeschäftigung *f*
plénitude [plenityd] *f fig* Fülle *f*
pleurer [plœre] (*1a*) weinen; ~ ***qn, qc*** um j-n, etw trauern; ~ ***sur qc*** etw (*acc*) beklagen; ~ ***de rire*** Tränen lachen
pleurésie [plœrezi, plø-] *f méd* Rippenfell-, Brustfellentzündung *f*
pleureur [plœrœr] *bot* ***saule m*** ~ Trauerweide *f*
pleurnicher [plœrniʃe] (*1a*) F flennen
pleurote [plœrɔt] *m comm, cuis* Austernpilz *m*
pleurs [plœr] *m/pl litt* ***en*** ~ in Tränen
pleuvoir [pløvwar] (*3e*) regnen; ***il pleut*** es regnet

pli [pli] *m* Falte *f*, Knick *m*; *enveloppe* Briefumschlag *m*; *lettre* Brief *m*; *jeu de cartes*: Stich *m*; *fig* Gewohnheit *f*; ***sous ce ~*** beiliegend; *coiffure*: ***mise f en ~s*** Wasserwelle *f*

pliant, **~e** [plijɑ̃, -t] zusammenklappbar; ***canot m pliant*** Faltboot *n*; ***siège m pliant*** Klappstuhl *m*

plier [plije] (*1a*) *v/t tissu*, *linge*: zusammenlegen; *papier*, *journal*: (zusammen)falten; *chaise*: zusammenklappen; *enveloppe*, *papier*: knicken; *bras*, *genou*: beugen, biegen; *v/i arbre*, *planche*: sich biegen; *fig* nachgeben; ***se ~ à*** *se soumettre* sich fügen (*dat*); *s'adapter* sich anpassen (*dat*)

plisser [plise] (*1a*) falten, fälteln; *front*: runzeln

plomb [plõ] *m* Blei *n*; ***à ~*** senkrecht; *essence*: ***sans ~*** bleifrei

plomb|age [plõbaʒ] *m* Plombieren *n*; *amalgame*: Plombe *f*, Füllung *f*; **~er** (*1a*) *dent*: plombieren; **~erie** *f* Klempnerei *f*, Spenglerei *f*; **~ier** *m* Klempner *m*, Spengler *m*

plong|ée [plõʒe] *f* Tauchen *n*; *mil* Tauchmanöver *n*; *film*: Aufnahme *f* von oben; **~eoir** [-war] *m* Sprungbrett *n*, -turm *m*; **~eon** [-õ] *m sport*: Kopfsprung *m*; **~er** (*1l*) *v/i* tauchen; *v/t* hineintauchen; ***se ~ dans*** sich versenken in (*acc*); **~eur**, **~euse** *m*, *f* Taucher(in) *m(f)*; *natation*: Springer(in) *m(f)*

ployer [plwaje] (*1h*) *litt* sich biegen

pluie [plɥi] *f* Regen *m*; *fig* Hagel *m*, Flut *f*

plumage [plymaʒ] *m* Gefieder *n*

plum|e [plym] *f* Feder *f*; **~eau** *m* (*pl -x*) Staubwedel *m*; **~er** (*1a*) rupfen (*a fig*); *fig* ausnehmen; **~et** *m* Federbusch *m*

plupart [plypar] ***la ~ des élèves*** die meisten Schüler; ***la ~ d'entre nous*** die meisten von uns; ***pour la ~*** größtenteils; ***la ~ du temps*** meistens

plural|isme [plyralismə] *m* Pluralismus *m*; **~iste** pluralistisch; **~ité** *f* Vielzahl *f*, Pluralität *f*

pluriculturel, **~le** [plyrikyltyrɛl] **1.** multikulturell; **2.** *m*, *f* Multikulti *m*

pluriel [plyrjɛl] *m gr* Plural *m*

plurilingue [plyrilɛ̃g] mehrsprachig

plus 1. [ply]; *alleinstehend* [plys] *adv* mehr (***que, de*** als); *math* plus; ***le ~*** am meisten; ***de ~*** mehr; *en outre* ferner, außerdem; ***de ~ en ~*** immer mehr; ***en ~*** noch dazu; ***rien de ~*** weiter nichts; ***sans ~*** ohne etw hinzuzufügen; (***tout***) ***au ~*** höchstens; ***~ ... ~ ...*** je mehr ... desto mehr; ***~ grand*** größer (***que*** als); ***le ~ grand*** der größte; ***au ~ tard*** spätestens; **2.** [ply] *adv de négation*: ***ne ... ~*** nicht mehr; ***non ~*** auch nicht; ***~ d'argent*** kein Geld mehr

plusieurs [plyzjœr] mehrere

plus-que-parfait [plyskəparfɛ] *m gr* Plusquamperfekt *n*

plutôt [plyto] eher; vielmehr; *préférence*: lieber; ***il est ~ grand*** er ist eher groß; ***ce n'est pas lui mais ~ elle*** es ist nicht er, sondern vielmehr sie; ***~ moins que trop*** lieber wenig als viel; ***~ que de*** (+ *inf*) anstatt zu (+ *inf*)

pluvieu|x, **~se** [plyvjø, -z] regnerisch

PME *f/pl abr* ***petites et moyennes entreprises*** kleine und mittlere Betriebe

PMU [peɛmy] *m abr* ***Pari mutuel urbain*** *etwa* Pferdetoto *n*; Wettannahme *f*

PNB *m abr* ***produit national brut*** BSP *n* (Bruttosozialprodukt)

pneu [pnø] *m* (*pl -s*) Reifen *m*; **~matique** [-matik] **1.** *adj* Luft...; ***matelas m ~*** Luftmatratze *f*; **2.** *m* → ***pneu***

pneumonie [pnømɔni] *f méd* Lungenentzündung *f*

poche [pɔʃ] *f* Tasche *f*; *zo* Beutel *m*; *déformation dans vêtement*: ausgebeulte Stelle *f*; ***livre m de ~*** Taschenbuch *n*; ***~ revolver*** Gesäßtasche *f*

pocher [pɔʃe] (*1a*) *cuis œufs*: pochieren; *yeux*: blau schlagen

pochette [pɔʃɛt] *f* Täschchen *n*; *disque*: Hülle *f*; *mouchoir* Ziertaschentuch *n*

poêle [pwal] **1.** *m* (Zimmer-)Ofen *m*; **2.** *f* Pfanne *f*

poêlon [pwalõ] *m* Stieltopf *m*

poème [pɔɛm] *m* Gedicht *n*

poésie [pɔezi] *f* Dichtkunst *f*, Dichtung *f*, Poesie *f*; *poème*: *kleines* Gedicht *n*

poète [pɔɛt] *m* Dichter *m*, Poet *m*; ***femme f ~*** Dichterin *f*

poétique [pɔetik] poetisch; *atmosphère*: romantisch

pognon [pɔɲõ] *m* F Zaster *m*

poids [pwa] *m* Gewicht *n* (*a fig*); *importance* Bedeutung *f*; *charge*, *fardeau*: Last *f*; ***~ lourd*** Lastwagen *m*,

Lkw *m*, Laster *m*; ***perdre, prendre du ~*** ab-, zunehmen; ***lancer*** *m* ***du ~*** Kugelstoßen *n*; ***de ~*** gewichtig, einflussreich

poign|ant, ~ante [pwaɲɑ̃, -ɑ̃t] *douleur*: stechend; *souvenir*: quälend; **~ard** [-ar] *m* Dolch *m*; **~arder** [-arde] *(1a)* erdolchen

poign|ée [pwaɲe] *f quantité*: Hand *f* voll; *valise*, *porte*: Griff *m*; ***~ de main*** Händedruck *m*; **~et** [-ɛ] *m* Handgelenk *n*

poil [pwal] *m* Haar *n*; ***à ~*** nackt

poilu, ~e [pwaly] behaart, haarig

poinç|on [pwɛ̃sõ] *m outil*: Pfriem *m*; *marque*: (Präge-)Stempel *m*; **~onner** [-ɔne] *(1a) or*, *argent*: stempeln; *billet*: lochen

poing [pwɛ̃] *m* Faust *f*

point[1] [pwɛ̃] *m* Punkt *m*; *endroit*: Stelle *f*; *couture*: Stich *m*; ***deux ~s*** *pl* Doppelpunkt *m*; ***~ d'exclamation*** Ausrufungszeichen *n*; ***~ d'interrogation*** Fragezeichen *n*; ***~ de vue*** Stand-, Gesichtspunkt *m*; ***~ de côté*** *méd* Seitenstechen *n*; ***~ d'arrêt*** Haltestelle *f*; ***~ du jour*** Tagesanbruch *m*; ***être sur le ~ de*** (+ *inf*) im Begriff sein zu (+ *inf*); ***mettre au ~*** *caméra*: einstellen; *tech* entwickeln; ***mise*** *f* ***au ~*** Einstellung *f*; Entwicklung *f*; *cuis* ***à ~*** *viande*: medium; ***au ~ de*** (+ *inf*), ***au ~ que*** in e-m solchen Maße, dass; ***à ce ~ que*** so sehr, dass; ***sur ce ~*** in diesem Punkt; *fig* ***faire le ~*** e-e Bestandsaufnahme machen, die Lage überprüfen

point[2] [pwɛ̃] *adv litt* ***ne … ~*** (gar) nicht; ***~ de …*** gar kein ..

point|e [pwɛ̃t] *f* Spitze *f* (*a fig*); *blague*: Pointe *f*; ***en ~*** spitz; … ***de ~*** Spitzen…, modernste(r, -s); ***une ~ de*** e-e Spur von; **~er** *(1a) v/t sur liste*: abhaken; *employé*: kontrollieren; *v/i employé*: stempeln; ***~ les oreilles*** die Ohren spitzen

pointill|é [pwɛ̃tije] *m* punktierte Linie *f*; **~eux, ~euse** [-ø, -øz] kleinlich, pedantisch, penibel

pointu, ~e [pwɛ̃ty] spitz; *voix*: schrill

pointure [pwɛ̃tyr] *f* Nummer *f*, Größe *f*

point-virgule [pwɛ̃virgyl] *m* (*pl points-virgules*) *gr* Strichpunkt *m*, Semikolon *n*

poire [pwar] *f bot* Birne *f*; F *visage* Visage *f*; F *naïf* gutmütiger Trottel *m*

poireau [pwaro] *m* (*pl -x*) *bot* Porree *m*, Lauch *m*

poirier [pwarje] *m bot* Birnbaum *m*

pois [pwa] *m bot* Erbse *f*; ***petits ~*** *pl* grüne Erbsen; ***à ~*** gepunktet, getüpfelt

poison [pwazõ] *m* Gift *n*; F *fig* (*a f*) Giftnudel *f*, unausstehliche Person *f*

poisse [pwas] *f* F Pech *n* (*fig*)

poiss|on [pwasõ] *m* Fisch *m*; ***~ d'avril*** Aprilscherz *m*; **~onnerie** [-ɔnri] *f* Fischgeschäft *n*

poitrine [pwatrin] *f* Brust *f*

poivr|e [pwavrə] *m* Pfeffer *m*; ***~ et sel*** *cheveux*: grau meliert; **~er** *(1a)* pfeffern; **~ier** [-ije] *m* Pfefferstreuer *m*; *bot* Pfefferstrauch *m*; **~ière** [-ijɛr] *f* Pfefferstreuer *m*

poivron [pwavrõ] *m* Paprika(schote) *m(f)*

poix [pwa] *f* Pech *n*

polaire [pɔlɛr] Polar…

polar [pɔlar] *m* F Krimi *m*

polariser [pɔlarize] *(1a)* polarisieren

pôle [pol] *m* Pol *m* (*a fig*); ***~ d'attraction*** Anziehungspunkt *m*

polémiqu|e [pɔlemik] **1.** *adj* polemisch; **2.** *f* Polemik *f*; **~er** *(1m)* polemisieren

poli, ~e [pɔli] **1.** höflich; **2.** *métal*, *caillou*: poliert

police[1] [pɔlis] *f* Polizei *f*; ***agent*** *m* ***de ~*** Polizist *m*; ***~ judiciaire*** Kriminalpolizei *f*

police[2] [pɔlis] *f assurances*: (Versicherungs-)Police *f*

polic|ier, ~ière [pɔlisje, -jɛr] **1.** *adj* Polizei…; ***roman*** *m* ***policier*** Kriminalroman *m*; **2.** *m* Polizeibeamte(r) *m*

policlinique [pɔliklinik] *f* Poliklinik *f*

polir [pɔlir] *(2a)* schleifen, glätten, polieren

polisson, ~ne [pɔlisõ, -ɔn] **1.** *adj* zweideutig, schlüpfrig; **2.** *m*, *f* Bengel *m*

politesse [pɔlitɛs] *f* Höflichkeit *f*

politicard [pɔlitikar] *m* skrupelloser Politiker *m*

politicien, ~ne [pɔlitisjɛ̃, -ɛn] *m*, *f* Politiker(in) *m(f)*

politique [pɔlitik] **1.** *adj* politisch, Staats…; *fig* diplomatisch; ***homme*** *m* ***~*** Politiker *m*; ***économie*** *f* ***~*** Volkswirtschaft *f*; **2.** *f* Politik *f*; *fig* Taktik *f*; ***~ monétaire*** Währungspolitik *f*; **3.** *m*

Politiker *m*
politisation [pɔlitizasjõ] *f* Politisierung *f*
politologie [pɔlitɔlɔʒi] *f* Politologie *f*, politische Wissenschaft *f*
pollen [pɔlɛn] *m* Blütenstaub *m*
polluant [pɔlɥɑ̃] **1.** *adj* umweltverschmutzend, –schädlich; **2.** *m* Schadstoff *m*; **~ *toxique*** Umweltgift *n*
pollu|er [pɔlɥe] (*1n*) verschmutzen; **~tion** *f* (Umwelt-)Verschmutzung *f*
Pologne [pɔlɔɲ] ***la* ~** Polen *n*
polonais, **~e** [pɔlɔnɛ, -z] **1.** *adj* polnisch; **2.** **≗, ≗*e*** *m, f* Pole *m*, Polin *f*
poltron, **~ne** [pɔltrõ, -ɔn] *m, f* Feigling *m*, Memme *f*; **~nerie** [-ɔnri] *f* Feigheit *f*
polycopier [pɔlikɔpje] (*1a*) vervielfältigen
poly|gamie [pɔligami] *f* Polygamie *f*, Vielweiberei *f*; **~glotte** [-glɔt] vielsprachig
Polynésie [polinezi] ***la* ~** Polynesien *n*
polynésien, **~ne** [pɔlinezjɛ̃, -ɛn] polynesisch
polystyrène [pɔlistirɛn] *m* Styropor *n*
Poméranie [pɔmerani] ***la* ~** Pommern *n*
pommade [pɔmad] *f* Salbe *f*
pomme [pɔm] *f* Apfel *m*; **~ *de pin*** Tannenzapfen *m*; **~ *de terre*** Kartoffel *f*; **~ *d'Adam*** Adamsapfel *m*; F ***tomber dans les ~s*** in Ohnmacht fallen
pommeau [pɔmo] *m* (*pl -x*) Knauf *m*; *selle*: Sattelknopf *m*
pomm|ette [pɔmɛt] *f anat* Backenknochen *m*; **~ier** [-je] *m bot* Apfelbaum *m*
pompe[1] [põp] *f faste* Pomp *m*, Prunk *m*; ***~s funèbres*** Bestattungsinstitut *n*
pomp|e[2] [põp] *f tech* Pumpe *f*; F Schuh *m*; **~ *à essence*** Zapfsäule *f*; **~ *à eau*** Wasserpumpe *f*; **~er** (*1a*) (ab)pumpen; *fig* aufsaugen
pompeu|x, **~se** [põpø, -z] bombastisch; *style*: schwülstig
pompier [põpje] *m* Feuerwehrmann *m*; ***~s*** *pl* Feuerwehr *f*
pompiste [põpist] *m* Tankwart *m*
pompon [põpõ] *m* Quaste *f*; **~ner** [-ɔne] (*1a*) herausstaffieren, -putzen
ponce [põs] ***pierre*** *f* **~** Bimsstein *m*
poncif [põsif] *m* Gemeinplatz *m*, Plattheit *f*
ponctionner [põksjɔne] (*1a*) *méd* punktieren
ponctualité [põktɥalite] *f* Pünktlichkeit *f*
ponctuation [põktɥasjõ] *f gr* Interpunktion *f*, Zeichensetzung *f*
ponctu|el, **~elle** [põktɥɛl] *personne*: pünktlich; *fig action*: punktuell; **~er** (*1n*) *gr* interpunktieren; *fig* hervorheben
pondér|ation [põderasjõ] *f personne*: Besonnenheit *f*; *forces*: Ausgewogenheit *f*; **~é**, **~ée** besonnen; ausgewogen
pondre [põdrə] (*4a*) *œufs*: legen; *fig* F verfassen, fabrizieren
poney [pɔnɛ] *m zo* Pony *n*
pont [põ] *m* Brücke *f*; *mar* (Schiffs-) Deck *n*; *auto* **~ *arrière*** Hinterachse *f*; **~ *aérien*** Luftbrücke *f*; ***faire le ~*** *an e-m Werktag zwischen zwei Feiertagen nicht arbeiten*
pontif|e [põtif] *m égl* Prälat *m*, Bischof *m*; **~ical**, **~icale** [-ikal] (*m/pl -aux*) bischöflich; *du pape* päpstlich; **~icat** [-ika] *m égl* Pontifikat *n*
pont-levis [põləvi] *m* (*pl ponts-levis*) Zugbrücke *f*
ponton [põtõ] *m* (Anlege-)Ponton *m*
popote [pɔpɔt] *f* F ***faire la ~*** kochen
populace [pɔpylas] *f* Pöbel *m*
popul|aire [pɔpylɛr] Volks…; *traditions*: volkstümlich; *personne, chanson*: populär, beliebt; **~ariser** [-arize] (*1a*) popularisieren; **~arité** [-arite] *f* Beliebtheit *f*, Popularität *f*; **~ation** *f* Bevölkerung *f*; **~eux**, **~euse** [-ø, -øz] dicht bevölkert
porc [pɔr] *m zo* Schwein *n* (*a fig*); *viande*: Schweinefleisch *n*; *peau*: Schweinsleder *n*
porcelaine [pɔrsəlɛn] *f* Porzellan *n*
porcelet [pɔrsəlɛ] *m zo* Ferkel *n*
porc-épic [pɔrkepik] *m* (*pl porcs-épics*) *zo* Stachelschwein *n*
porche [pɔrʃ] *m* Portalvorhalle *f*
porcherie [pɔrʃəri] *f* Schweinestall *m*
pore [pɔr] *m* Pore *f*
poreu|x, **~se** [pɔrø, -z] porös
pornograph|ie [pɔrnɔgrafi] *f* Pornografie *f*; **~ique** (*a* **porno**) pornografisch, Porno…
port[1] [pɔr] *m* Hafen *m*; *ville*: Hafenstadt *f*; **~ *de pêche*** Fischereihafen *m*; **~ *de commerce*** Handelshafen *m*
port[2] [pɔr] *m* **1.** *armes*: Tragen *n*; **2.**

courrier: Porto *n*; ***en ~ dû*** unfrankiert

portable [pɔrtablə] **1.** *adj* tragbar; **2.** *subst m tél* Handy *n*

portail [pɔrtaj] *m* (*pl -s*) *arch* Portal *n*; *parc*: Tor *n*

portant, ~e [pɔrtɑ̃, -t] **1.** *mur*: tragend; ***à bout portant*** aus nächster Nähe (*schießen*); **2.** ***bien portant*** gesund; ***mal portant*** nicht gesund

portati|f, ~ve [pɔrtatif, -v] tragbar

porte [pɔrt] *f* Tür *f*; *ville*: Tor *n*; ***~ à ~*** Tür an Tür; ***entre deux ~s*** zwischen Tür und Angel; ***mettre qn à la ~*** j-n hinauswerfen

porte|-à-porte [pɔrtapɔrt] *m* ***faire du ~*** hausieren; **~-avions** [-avjõ] *m* (*pl unv*) Flugzeugträger *m*; **~-bagages** [-baɡaʒ] *m auto* Gepäckträger *m*; *filet*: Gepäcknetz *n*; **~-bonheur** [-bɔnœr] *m* (*pl unv*) Glücksbringer *m*; **~-cigarettes** [-sigarɛt] *m* (*pl unv*) Zigarettenetui *n*; **~-clefs** [pɔrtəkle] *m* (*pl unv*) Schlüsselring *m*, -etui *n*, -brett *n*; **~-documents** [-dɔkymɑ̃] *m* (*pl unv*) Kollegmappe *f*

portée [pɔrte] *f* **1.** *zo* Wurf *m*; **2.** *arme*: Reich-, Tragweite *f*; *importance* Tragweite *f*; ***à ~ de la main*** griffbereit; **3.** *fig de l'esprit*: Fassungsvermögen *n*; ***être à la ~ de qn*** für j-n verständlich sein; ***à la ~ de tous*** allgemein verständlich

porte|-fenêtre [pɔrtfənɛtrə] *f* (*pl portes-fenêtres*) Verandatür *f*; **~feuille** [-fœj] *m* Brieftasche *f*; *ministre*: Geschäftsbereich *m*; **~manteau** [-mɑ̃to] *m* (*pl -x*) Kleiderständer *m*, -haken *m*, Garderobe *f*; **~mine** [-min] *m* Drehbleistift *m*; **~monnaie** [-mɔnɛ] *m* (*pl unv*) Geldbörse *f*, -beutel *m*; **~-parole** [-parɔl] *m* (*pl unv*) Wortführer *m*, Sprecher *m*

porter [pɔrte] (*1a*) **1.** *v/t* tragen (*a zo*); *apporter* bringen, hinschaffen; *yeux*: richten (***sur*** auf *acc*); *jugement*: abgeben; *toast*: ausbringen; *reconnaissance*, *haine*: entgegenbringen; ***~ qn à qc*** j-n zu etw veranlassen, bringen; ***~ au compte de qn*** auf j-s Konto verbuchen (*a fig*); ***~ son effort sur qc*** seine Anstrengungen auf etw (*acc*) konzentrieren; **2.** *v/i canon*, *coup*: reichen; ***~ juste*** *coup*: treffen; ***~ sur*** *appuyer* liegen *od* ruhen auf (*dat*); *concerner* betreffen; F ***~ sur les nerfs à qn*** j-m auf die Nerven fallen; ***~ à la tête*** zu Kopf steigen; ***~ à faux*** schief, vorspringend sein; **3.** ***il se porte bien*** (***mal***) es geht ihm gut (schlecht); ***se ~ candidat*** sich zur Wahl stellen, kandidieren; ***se ~ garant pour qn*** für j-n bürgen

porte|-savon [pɔrtsavõ] *m* (*pl porte-savon[s]*) Seifenschale *f*; **~-skis** [-ski] *m* (*pl unv*) Skiträger *m*

porteur [pɔrtœr] *m expédition*: Träger *m*; *gare*: Gepäckträger *m*; *message*: Überbringer *m*; *chèque*: ***payable au ~*** an Überbringer

porte-voix [pɔrtvwa] *m* (*pl unv*) Sprachrohr *n*, Megaphon *n*

port|ier [pɔrtje] *m* Pförtner *m*; **~ière** [-jɛr] *f* Türvorhang *m*; *auto* Tür *f*

portion [pɔrsjõ] *f d'un tout*: Teil *m*; *héritage*: Anteil *m*; *cuis* Portion *f*

portique [pɔrtik] *m arch* Säulenhalle *f*; *sport*: Turngerüst *n*

porto [pɔrto] *m* Portwein *m*

portrait [pɔrtrɛ] *m* Porträt *n*, Bildnis *n*; ***faire le ~ de qn*** j-n porträtieren; **~-robot** [-rɔbo] *m* (*pl portraits-robots*) Phantombild *n*

portuaire [pɔrtɥɛr] Hafen…

portugais, ~e [pɔrtyɡɛ, -z] **1.** *adj* portugiesisch; **2.** **♀, ♀e** *m*, *f* Portugiese *m*, Portugiesin *f*

Portugal [pɔrtyɡal] ***le ~*** Portugal *n*

pose [poz] *f* **1.** *installation* Anbringen *n*, Installieren *n*; **2.** *attitude* (Körper-) Haltung *f*; *artificielle*: Pose *f*; *photographie*: ***temps*** *m* ***de ~*** Belichtungszeit *f*

posé, ~e [poze] gesetzt, bedächtig; **~ment** *adv* ruhig

posemètre [pozmɛtrə] *m photographie*: Belichtungsmesser *m*

poser [poze] (*1a*) **1.** (hin)setzen, (hin-) stellen, (hin)legen; *compteur*, *serrure*: anbringen; *tuyaux*, *moquette*: verlegen; *problème*: darstellen; ***~ une question*** eine Frage stellen; ***~ qn*** j-m Ansehen geben; ***~ sa candidature*** sich bewerben; ***se ~*** *aviat* aufsetzen, landen; ***se ~ en*** auftreten als; **2.** Modell stehen; *fig* posieren, schauspielern

poseu|r, ~se [pozœr, -øz] *m*, *f* **1.** Wichtigtuer(in) *m*(*f*); **2.** *m* ***poseur de bombes*** Bombenleger *m*

positi|f, ~ve [pozitif, -v] **1.** *adj* positiv; *réel* sicher, tatsächlich; **2.** *m photo*: Positiv *n*
position [pozisjõ] *f* Lage *f*, Stellung *f*; *attitude*: Haltung *f*; *mar*, *aviat* Position *f*; *fig opinion*: Standpunkt *m*; ***prendre ~*** Stellung nehmen
posologie [pozɔlɔʒi] *f phm* Dosierung *f*
possédé|é, ~ée [pɔsede] besessen (***de*** von); **~er** (*1f*) besitzen; *langue*: beherrschen
possess|eur [pɔsɛsœr] *m bes jur* Besitzer *m*; **~if, ~ive** [-if, -iv] *gr* possessiv, besitzanzeigend; **~ion** *f* Besitz *m*; ***être en ~ de qc*** im Besitz von etw sein
possibilité [pɔsibilite] *f* Möglichkeit *f*
possible [pɔsiblə] **1.** *adj* möglich; ***le plus souvent ~*** möglichst oft; ***autant que ~, le plus ~*** so viel als möglich; **2.** *m* ***faire tout son ~*** sein Möglichstes tun
postal, ~e [pɔstal] (*m/pl -aux*) Post…; ***chèque*** *m* ***postal*** Postscheck *m*
postdater [pɔstdate] (*1a*) vor-, vorausdatieren
poste[1] [pɔst] *f* (***bureau*** *m* ***de***) ***~*** Post (-amt) *f(n)*; ***~ d'escargot*** Schneckenpost *f*; ***mettre à la ~*** zur Post geben, aufgeben; ***~ restante*** postlagernd
poste[2] [pɔst] *m* Posten *m* (*a mil u comm*); *profession*: Posten *m*, Stelle *f*, Amt *n*; *radio*, *TV* Apparat *m*, Gerät *n*; ***~ de nuit*** Nachtschicht *f*; *tél* ***~ supplémentaire*** Nebenanschluss *m*; ***~ émetteur*** (Rundfunk-)Sender *m*; ***~ d'essence*** Tankstelle *f*; ***~ de secours*** Unfallstation *f*; *aviat* ***~ de pilotage*** Cockpit *n*; ***~ de travail sur ordinateur*** Bildschirmarbeitsplatz *f*
poster [pɔste] (*1a*) **1.** *soldat*: aufstellen; **2.** *lettre*: zur Post geben
postérieur, ~e [pɔsterjœr] **1.** *adj partie*: hintere(r, -s); *document*, *date*: spätere(r, -s); **2.** *m* F Hintern *m*
postérité [pɔsterite] *st/s f* Nachwelt *f*
posthume [pɔstym] *enfant*: nachgeboren; *œuvre*: post(h)um
postiche [pɔstiʃ] *m* Haarteil *n*
post-scriptum [pɔstskriptɔm] *m* (*abr* ***P.-S.***; *pl unv*) Nachschrift *f*
postul|ant, ~ante [pɔstylɑ̃, -ɑ̃t] *m*, *f* Bewerber(in) *m(f)*; **~er** (*1a*) sich bewerben (***un emploi*** um e-e Stelle); *phil* postulieren
posture [pɔstyr] *f attitude* Positur *f*, Haltung *f*, Stellung *f*; *fig condition* Lage *f*
pot [po] *m* Topf *m*; *pour liquide*: Kanne *f*, Krug *m*; *en verre* Glas *n*; ***~ à eau*** [pɔtao] Wasserkrug *m*; ***~ de fleurs*** Blumentopf *m*; ***~ de chambre*** Nachttopf *m*; F ***prendre un ~*** etw trinken gehen; ***avoir du ~*** F Schwein haben
potable [pɔtablə] trinkbar; F passabel
potag|e [pɔtaʒ] *m* Suppe *f*; **~er, ~ère** Gemüse…
potasse [pɔtas] *f chim* Kali *n*
potassium [pɔtasjɔm] *m chim* Kalium *n*
pot-au-feu [pɔtofø] *m* (*pl unv*) Eintopf *m*; *viande*: Suppenfleisch *n*
pot-de-vin [podvɛ̃] *m* (*pl pots-de-vin*) Schmiergeld *n*
pote [pɔt] *m* F Kumpel *m*
poteau [pɔto] *m* (*pl -x*) Pfosten *m*, Pfahl *m*, Mast *m*; ***~ indicateur*** Wegweiser *m*
potelé, ~e [pɔtle] rundlich
potence [pɔtɑ̃s] *f* Galgen *m*
potentat [pɔtɑ̃ta] *m* Machthaber *m*, Potentat *m*
potentiel, ~le [pɔtɑ̃sjɛl] **1.** *adj* potenziell; **2.** *m* Potenzial *n*; ***~ économique*** Wirtschaftskraft *f*
poterie [pɔtri] *f fabrication*: Töpferei *f*; *objet*: Töpferware *f*
potiche [pɔtiʃ] *f* chinesische *oder* japanische Porzellanvase
potier [pɔtje] *m* Töpfer *m*
potion [posjõ] *f* Arzneitrank *m*
potiron [pɔtirõ] *m bot* Riesenkürbis *m*
pot-pourri [popuri] *m* (*pl pots-pourris*) *mus* Potpourri *n*
pou [pu] *m* (*pl -x*) *m zo* Laus *f*
poubelle [pubɛl] *f* Mülleimer *m*, -tonne *f*; ***~ pour les déchets organiques*** Biotonne *f*
pouce [pus] *m* Daumen *m*; ***manger sur le ~*** schnell e-n Bissen essen; ***mettre les ~s*** endlich nachgeben
poudre [pudrə] *f* Pulver *n*; *cosmétique*: Puder *m*; ***~ à canon*** Schießpulver *n*; ***café*** *m* ***en ~*** Pulverkaffee *m*; ***sucre*** *m* ***en ~*** Streuzucker *m*
poudr|er [pudre] (*1a*) pudern; **~eux, ~euse** [-ø, -øz] *neige*: pulvrig; *couvert de poussière* staubig; **~ier** [-ije] *m* Pu-

derdose *f*; **~ière** [-ijɛr] *f* Pulverfass *n* (*a fig*)
pouf [puf] *m* Puff *m* (*Sitz*)
pouffer [pufe] (*1a*) **~ *de rire*** laut auflachen
pouilleu|x, **~se** [pujø, -z] *personne*: verlaust; *immeuble*, *quartier*: heruntergekommen
poulailler [pulaje] *m* Hühnerstall *m*; *théâtre*: Galerie *f*
poulain [pulɛ̃] *m zo* Fohlen *n*
poularde [pulard] *f cuis* Masthühnchen *n*, Poularde *f*
poul|e [pul] *f* Huhn *n*, Henne *f*; F *fig* Dirne *f*; *fig* ***chair** f* ***de ~*** Gänsehaut *f*; **~et** [-ɛ] *m* Hühnchen *n*, Hähnchen *n*
poulie [puli] *f tech* Rolle *f*
poulpe [pulp] *m zo* Krake *m*
pouls [pu] *m* Puls *m*; ***prendre le ~*** den Puls messen
poumon [pumõ] *m* Lunge *f*
poupe [pup] *f mar* Heck *n*
poupée [pupe] *f* Puppe *f* (*a fig*)
poupin, **~e** [pupɛ̃, -in] pausbäckig
pouponnière [pupɔnjɛr] *f* Kinderkrippe *f*
pour [pur] *prép* **1.** für; ***~ moi*** für mich; ***être ~ qc*** zu etw dienen; **2.** *espace*: nach; ***avoir une correspondance ~*** Anschluss haben nach; ***partir ~*** abreisen nach; **3.** *raison*: wegen; ***~ cette raison*** aus diesem Grund; ***~ autant*** deswegen; **4.** *concernant* in Bezug auf (*acc*), was … betrifft (*acc*); ***~ cela, ~ ce qui est de cela*** was das betrifft; ***~ moi, ~ ma part*** ich für mein(en) Teil; ***aversion ~*** Abneigung gegen; ***sévère ~*** streng gegen; **5.** *comme* zu, als; ***avoir ~ ami*** zum Freund *od* als Freund haben; ***prendre qn ~ qc*** j-n für etw halten; **6.** **~** (+ *inf*) um zu (+ *inf*); ***être ~ faire qc*** gerade dabei sein, etw zu tun; **7.** *conj* ***~ que*** (+ *subj*) damit; ***~ peu que*** (+ *subj*) sofern (nur); **8.** *m* ***le ~ et le contre*** das Für und Wider
pourboire [purbwar] *m* Trinkgeld *n*
pourcentage [pursɑ̃taʒ] *m* Prozentsatz *m*
pourchasser [purʃase] (*1a*) jagen, verfolgen
pourlécher [purleʃe] (*1f*) ***s'en ~*** sich (*dat*) (vor Genuss) den Mund lecken
pourparlers [purparle] *m/pl* Besprechungen *f/pl*, Verhandlungen *f/pl*
pourpre [purprə] purpurrot
pourquoi [purkwa] warum, weshalb; ***c'est ~, voilà ~*** deshalb; ***le ~*** das Warum
pourr|i, **~ie** [puri] faul, verfault; *fig* verdorben; *été*: verregnet; **~ir** (*2a*) *v/i* verfaulen; *fig situation*: sich verschlimmern; *v/t* verfaulen lassen; *fig* ***~ qn*** j-n verderben; **~iture** [-ityr] *f* Fäulnis *f*; *fig* Verkommenheit *f*
poursui|te [pursɥit] *f* Verfolgung *f*; *fig* Streben *n* (***de*** nach); *jur* Strafverfolgung *f*; **~vant**, **~vante** [-vɑ̃, -vɑ̃t] *m*, *f* Verfolger(in) *m*(*f*); **~vre** [-vrə] (*4h*) verfolgen; *fig pensées*, *images*: quälen, plagen; *jur* gerichtlich belangen; *travail*, *voyage*: fortsetzen; *fig* ***~ qc*** nach etw streben
pourtant [purtɑ̃] trotzdem, dennoch, doch
pourtour [purtur] *m* Umfang *m*
pourvoi [purvwa] *m jur* Berufung *f*; ***~ en cassation*** Revision *f*
pourvoir [purvwar] (*3b*) *v/t de recommandation*, *de titre*: versehen (***de*** mit); *de munition*: versorgen (***de*** mit); *voiture*, *maison*: ausstatten (***de*** mit); *v/i* ***~ à qc*** für etw sorgen; ***se ~ de qc*** sich (*acc*) mit etw versorgen; *jur* ***se ~ en cassation*** Revision einlegen
pourvu [purvy] ***~ que*** (+ *subj*) vorausgesetzt, dass; *exprimant désir*: wenn nur
pousse [pus] *f agr* Schössling *m*, Trieb *m*; **~-café** [-kafe] *m* (*pl unv*) *Gläschen Likör nach dem Kaffee*
poussée [puse] *f* Stoß *m*; *foule*: Stoßen *n*, Drängen *n*; *phys* Schub *m*; *fig prix*, *etc*: plötzlicher Anstieg *m*; ***~ démographique*** Bevölkerungsexplosion *f*; *méd* Ausbruch *m*
pousser [puse] (*1a*) **1.** *v/t personne*: (an)stoßen; *voiture*, *charrette*: schieben; *verrou*: vorschieben; *vent*, *marée*: treiben; *cri*: ausstoßen; *fig travail*, *recherches*: vorantreiben; **~** *inscription sur la porte*: drücken; ***~ qn à qc*** j-n zu etw treiben, drängen; ***se ~*** *foule*: sich drängeln; *sur banc*: zur Seite rücken; **2.** *v/i cheveux*, *plantes*: wachsen
poussette [pusɛt] *f enfants*: Sportwagen *m*; *courses*: Einkaufswagen *m*
pouss|ière [pusjɛr] *f* Staub *m*; *particu-*

le: Staubkorn *n*; **~iéreux**, **~iéreuse** [-jerø, -jerøz] staubig
poussi|f, **~ve** [pusif, -v] kurzatmig
poussin [pusɛ̃] *m zo* Küken *n*
poussoir [puswar] *m tech* Drücker *m*
poutre [putrə] *f* Balken *m*, Träger *m*
pouvoir [puvwar] **1.** (*3f*) können; dürfen; ***je n'en peux plus*** ich halte es nicht mehr aus; ***on ne peut mieux*** vortrefflich; ***puis-je vous aider?*** kann ich Ihnen helfen?; ***si l'on peut dire*** wenn man so sagen darf; ***il peut arriver que*** (+ *subj*) es kann vorkommen, dass; ***il se peut que*** (+ *subj*) es kann sein *od* es ist möglich, dass; **2.** *m* Macht *f*; *législatif*, *exécutif*: Gewalt *f*; *droit* Befugnis *f*; *procuration* Vollmacht *f*; *tech*, *phys* Vermögen *n*, Fähigkeit *f*; ***pleins ~s*** *pl* unbeschränkte Vollmacht; ***~ d'achat*** Kaufkraft *f*
pragmatique [pragmatik] pragmatisch
Prague [prag] Prag *n*
prairie [prɛri] *f* Wiese *f*
praline [pralin] *f* gebrannte Mandel *f*
praticable [pratikablə] *projet*: ausführbar; *route*: befahrbar
praticien, **~ne** [pratisjɛ̃, -ɛn] *m*, *f méd* (praktizierender) Arzt *m*, (praktizierende) Ärztin *f*
pratiquant, **~e** [pratikɑ̃, -t] *rel* praktizierend
pratiqu|e [pratik] **1.** *adj* praktisch; *efficace* zweckmäßig; **2.** *f opposé à théorie* Praxis *f*; *expérience* Erfahrung *f*; *exercice d'un métier* Ausübung *f*; *coutume* Brauch *m*; ***~s*** *pl* Praktiken *f/pl*; **~ement** [-mɑ̃] *presque* praktisch; *dans la pratique* in der Praxis; **~er** (*1m*) *profession*, *sports*: ausüben; *méthode*, *technique*: in die Praxis umsetzen; *tech porte*, *protection*: anbringen; ***se ~*** üblich sein
pré [pre] *m* Wiese *f*
préalable [prealablə] **1.** *adj* vorherig, vorhergehend; **2.** *m* Vorbedingung *f*; ***au ~*** zuvor
Préalpes [prealp] *f/pl* Voralpen *pl*
préambule [preɑ̃byl] *m loi*: Präambel *f*; *discours*: Einleitung *f*
préavis [preavi] *m* Vorankündigung *f*; *travail*: Kündigung *f*; ***délai*** *m* ***de ~*** Kündigungsfrist *m*; ***sans ~*** fristlos
précaire [prekɛr] prekär, heikel
précaution [prekosjõ] *f* Vorsicht *f*, Behutsamkeit *f*; *mesure* Vorsichtsmaßnahme *f*; ***par ~*** vorsorglich
précéd|ent, **~ente** [presedɑ̃, -ɑ̃t] **1.** *adj* vorhergehend, vorig; **2.** *m* Präzedenzfall *m*; ***sans ~*** beispiellos; **~er** (*1f*) ***~ qc, qn*** *dans le temps*: e-r Sache vorangehen; *à pied*: vor j-m hergehen; *en voiture*: vor j-m herfahren; *ordre logique*: vor etw (*dat*) stehen, kommen
précep|te [presɛpt] *m* Vorschrift *f*; **~teur**, **~trice** *m*, *f* Hauslehrer(in) *m(f)*, Erzieher(in) *m(f)*
prêch|e [prɛʃ] *m* Predigt *f*; *fig* Moralpredigt *f*; **~er** (*1b*) predigen
préci|eusement [presjøzmɑ̃] *adv* sorgfältig; **~eux**, **~euse** [-ø, -øz] wertvoll, kostbar; ***pierre*** *f* ***précieuse*** Edelstein *m*
précipice [presipis] *m* Abgrund *m*
précipit|amment [presipitamɑ̃] überstürzt; **~ation** *f* **1.** Hast *f*, Übereilung *f*; **2.** *temps*: Niederschlag *m*
précipiter [presipite] (*1a*) *v/t faire tomber* (hinab)stürzen; *pousser avec violence* schleudern; *brusquer* überstürzen; *pas*, *départ*: beschleunigen; ***se ~*** *se jeter* sich (hinunter)stürzen; *se dépêcher* sich beeilen
précis, **~e** [presi, -z] **1.** *adj* präzis(e), genau; *bruit*, *réponse*: deutlich; ***à dix heures précises*** Punkt zehn Uhr; **2.** *m* Übersicht *f*, Abriss *m*; **~ément** [-izemɑ̃] *adv* genau; *justement* gerade; **~er** (*1a*) genauer angeben, präzisieren; *souligner* klarstellen; **~ion** [-izjõ] *f* Genauigkeit *f*, Präzision *f*; ***~s*** *pl* nähere Angaben *f/pl*
précoc|e [prekɔs] *fruit*: Früh…; *enfant*: frühreif; *mariage*, *automne*: vorzeitig; **~ité** *f fruit*, *enfant*: Frühreife *f*; *automne*: vorzeitiger Beginn *m*
préconçu, **~e** [prekõsy] vorgefasst
préconiser [prekɔnize] (*1a*) empfehlen
précurseur [prekyrsœr] **1.** *m* Vorläufer *m*; **2.** *adj* ***signe*** *m* ***~*** Vor-, Anzeichen *n*
prédécesseur [predesesœr] *m* Vorgänger *m*
prédestiner [predɛstine] (*1a*) *fig u rel* vorherbestimmen (***à qc*** zu etw)
prédicateur [predikatœr] *m* Prediger *m*
prédiction [prediksjõ] *f* Voraussage *f*
prédilection [predilɛksjõ] *f* Vorliebe *f*

(***pour*** für); … ***de ~*** Lieblings…
prédire [predir] (*4m*) voraus-, wahr-, weissagen
prédispos|er [predispoze] (*1a*) empfänglich, anfällig machen (***à*** für); **~ition** *f* Anlage *f* (***à*** zu); *méd* Empfänglichkeit *f*, Anfälligkeit *f* (***à*** für)
prédomin|ance [predɔminɑ̃s] *f* Vorherrschen *n*; **~ant**, **~ante** [-ɑ̃, -ɑ̃t] vorherrschend; **~er** (*1a*) vorherrschen, überwiegen
préfabriqué, **~e** [prefabrike] vorgefertigt; ***maison*** *f* ***préfabriquée*** Fertighaus *n*
préface [prefas] *f* Vorwort *n*; *fig* Auftakt *m*
préfecture [prefɛktyr] *f* Präfektur *f*
préfér|able [preferablə] vorzuziehen (***à qc*** e-r Sache); ***il est préférable de*** es ist ratsamer, besser zu; **~é**, **~ée** Lieblings…
préfér|ence [preferɑ̃s] *f* Vorzug *m*; *sympathie* Vorliebe *f* (***pour*** für); ***de ~*** lieber, vorzugsweise; ***de ~ à*** lieber als; ***donner la ~ à qn, à qc*** j-m, e-r Sache den Vorzug geben, j-n, etw bevorzugen; **~entiel**, **~entielle** [-ɑ̃sjɛl] Vorzugs…
préférer [prefere] (*1f*) vorziehen (***à qc*** e-r Sache); ***~ faire qc*** lieber etw tun; ***~ que*** (+ *subj*) lieber mögen, dass
préfet [prefɛ] *m* Präfekt *m*; ***~ de police*** Polizeipräsident *m*
préhistoire [preistwar] *f* Vor-, Urgeschichte *f*
préjudic|e [preʒydis] *m* Nachteil *m*, Schaden *m*; ***porter ~ à qn*** j-m Nachteile bringen, j-m schaden; **~iable** [-jablə] nachteilig (***à*** für)
préjugé [preʒyʒe] *m* Vorurteil *n*
prélasser [prelase] (*1a*) ***se ~*** sich's bequem machen
prélat [prela] *m égl* Prälat *m*
prélèvement [prelɛvmɑ̃] *m* Entnahme *f*; *de salaire*: Abzug *m*; *méd* Abstrich *m*; ***~ de sang*** Blutabnahme *f*, -probe *f*
prélever [prelve] (*1d*) entnehmen; *montant*: abziehen (***sur*** von)
préliminaire [preliminɛr] **1.** *adj* vorbereitend, Vor…; **2.** *m/pl* ***~s*** Einleitung *f*, Präliminarien *n/pl*
prélud|e [prelyd] *m* Vorspiel *n*; *fig* Auftakt *m*; **~er** (*1a*) ***~ à qc*** etw (*acc*) einleiten, den Auftakt zu etw bilden
prématuré, **~e** [prematyre] verfrüht, vorzeitig; ***enfant*** *m* ***~*** Frühgeburt *f*
préméditl|ation [premeditasjõ] *f jur* Vorsatz *m*; **~er** (*1a*) vorher überlegen, planen; ***~ de faire qc*** beabsichtigen, etw zu tun
prem|ier, **~ière** [prəmje, -jɛr] *adj u subst m*, *f* erste(r, -s); (*der, die, das*) Erste; *fig* ursprünglich; ***les premiers temps*** in der ersten Zeit; ***du premier coup*** auf Anhieb; ***premier rôle*** *m* Hauptrolle *f*; ***de premier ordre*** [prəmjɛrɔrdrə] erstklassig, -rangig; ***partir le premier*** zuerst fortgehen; ***le premier venu*** der Erstbeste; *math* ***nombre*** *m* ***premier*** Primzahl *f*; *tech* ***matière*** *f* ***première*** Rohstoff *m*; ***en premier*** zuerst; ***le premier août*** der erste August
première [prəmjɛr] *f théâtre*: Premiere *f*, Ur-, Erstaufführung *f*; *auto* erster Gang *m*; *train*: erste Klasse *f*
premièrement [prəmjɛrmɑ̃] *adv* erstens, zuerst
premier-né, **première-née** [prəmjene, prəmjɛrne] (*pl premiers-nés*, *premières-nées*) erstgeboren
prémisse [premis] *f* Prämisse *f*, Voraussetzung *f*
prenant, **~e** [prənɑ̃, -t] *livre*: fesselnd; *occupation*: zeitraubend
prendre [prɑ̃drə] (*4q*) **1.** *v/t* nehmen; *enlever* weg-, abnehmen; *emporter*, *emmener* mitnehmen; *capturer* gefangen nehmen; *surprendre* erwischen; *ville*: einnehmen; *attraper* fangen; *aliments*: zu sich nehmen; *froid*: bekommen; *chemin*: einschlagen; *temps*: benötigen; ***~ mal*** übel nehmen; ***~ qn*** *chez lui*: j-n abholen; ***~ de l'âge*** alt werden; ***~ courage*** Mut fassen; ***~ l'eau*** wasserdurchlässig sein; ***~ pour*** halten für; ***~ au sérieux*** ernst nehmen; ***à tout ~*** alles in allem; **2.** *v/i liquide*: fest werden; *greffe*: Wurzel fassen; *feu*: ausbrechen; ***ne pas ~*** nicht wirken; ***~ à droite*** rechts abbiegen; **3.** ***se ~*** sich verfangen; ***s'y ~ bien*** (***mal***) sich geschickt (dumm) dabei anstellen; ***se ~ d'amitié pour qn*** sich mit j-m anfreunden; ***s'en ~ à qn*** j-n dafür verantwortlich machen; ***se ~ à faire qc*** anfangen, etw zu tun
preneur [prənœr] *m comm*, *jur* Käufer

m, Abnehmer *m*
prénom [prenõ] *m* Vorname *m*
préoccup|ation [preɔkypasjõ] *f* Sorge *f*, Besorgnis *f*; **~er** (*1a*) *occuper fortement* stark beschäftigen; *inquiéter* beunruhigen; ***se ~ de*** sich Gedanken machen um
prépara|tifs [preparatif] *m/pl* Vorbereitungen *f/pl*; **~tion** *f* Vorbereitung *f*; *cuis* Zubereitung *f*; *phm*, *chim* Präparat *n*; **~toire** [-twar] vorbereitend
préparer [prepare] (*1a*) vorbereiten; *repas*: zubereiten; *chim* herstellen; ***~ un examen*** sich auf e-e Prüfung vorbereiten; ***se ~ à*** sich vorbereiten auf (*acc*); ***se ~*** *événement*: sich anbahnen, bevorstehen; ***il se prépare qc*** es ist etw im Anzug
prépondér|ance [prepõderɑ̃s] *f* Vorherrschaft *f*, Vormacht *f*; **~ant**, **~ante** [-ɑ̃, -ɑ̃t] maßgeblich, entscheidend
préposé, **~e** [prepoze] *m*, *f facteur* Briefträger(in) *m(f)*; *surveillance*: Aufseher(in) *m(f)*
prépos|er [prepoze] (*1a*) ***~ qn à qc*** j-n mit etw betrauen; **~ition** *f gr* Präposition *f*
prérogative [prerɔgativ] *f* Vorrecht *n*
près [prɛ] **1.** *adv* nah(e); ***tout ~*** ganz in der Nähe; ***à peu*** (***de chose***) ***~*** ungefähr; ***à cela ~*** davon abgesehen; ***de ~*** in *od* aus der Nähe; *fig* genau; ***être rasé de ~*** glatt rasiert sein; **2.** *prép* ***~ de*** nahe bei, in der Nähe von; *nombre*: fast; ***être ~ de*** (+ *inf*) nahe daran sein zu (+ *inf*); ***~ de deux heures*** *durée*: beinahe zwei Stunden; *temps*: fast 2 Uhr
présage [prezaʒ] *m* Vorzeichen *n*
presbyte [prɛzbit] *méd* weitsichtig
presbytère [prɛzbitɛr] *m* Pfarrhaus *n*
prescription [prɛskripsjõ] *f* Vorschrift *f*; *méd* Rezept *n*; *jur* Verjährung *f*
prescrire [prɛskrir] (*4f*) vorschreiben; *méd* verschreiben
préséance [preseɑ̃s] *f* Vorrang *m*
présence [prezɑ̃s] *f* Anwesenheit *f*; ***~ d'esprit*** Geistesgegenwart *f*; ***en ~ de*** im Beisein von; ***en ~*** gegenüberstehend
présent[1], **~e** [prezɑ̃, -t] **1.** *adj époque*: gegenwärtig; *personne*: anwesend; *document*: vorliegend; **2.** *m* Gegenwart *f*; *gr* Präsens *n*; ***les présents*** *pl* die Anwesenden; ***à présent*** (***que***) jetzt (wo); ***jusqu'à présent*** bisher; ***dans le présent*** in der Gegenwart
présent[2] [prezɑ̃] *litt m* Geschenk *n*, Präsent *n*
présent|able [prezɑ̃tablə] gut aussehend, präsentabel; **~ateur**, **~atrice** [-atœr, -atris] *m*, *f comm* Vorführer *m*, Vorführdame *f*; *TV* Moderator(in) *m(f)*; **~ation** *f collection*, *nouvel article*: Vorführung *f*, Präsentation *f*; *idées*: Darstellung *f*; *billet*: Vorzeigen *n*, Vorlage *f*; *dans magasin*, *musée*: Aufmachung *f*, Ausstattung *f*; *nouveau-venu*, *livre*: Vorstellung *f*; *apparence* äußere Erscheinung *f*
présenter [prezɑ̃te] (*1a*) *fleurs*, *cadeau*: überreichen; *chaise*, *mets*: anbieten; *personne*, *livre*: vorstellen; *appareil*: vorführen, präsentieren; *billet*: (vor)zeigen; *facture*, *chèque*: vorlegen; *idées*: darstellen, -legen; *manque*: aufweisen; *difficultés*, *dangers*: mit sich bringen; ***se ~*** sich vorstellen; *élections*: kandidieren; *difficultés*: auftauchen
préservatif [prezɛrvatif] *m* Kondom *n*, Präservativ *n*
préserver [prezɛrve] (*1a*) bewahren, schützen (***de*** vor)
présid|ence [prezidɑ̃s] *f* Vorsitz *m*; *pol* Präsidentschaft *f*; **~ent**, **~ente** [-ɑ̃, -ɑ̃t] *m*, *f* Vorsitzende(r) *m*, *f*, Präsident(in) *m(f)*; ***♀ de la Banque Centrale*** *EU* Präsident der Zentralbank; **~entiel**, **~entielle** [-ɑ̃sjɛl] präsidial, Präsidenten…
présider [prezide] (*1a*) ***~ un comité*** den Vorsitz in e-m Komitee führen; ***~ à qc*** etw (*acc*) leiten
présomption [prezõpsjõ] *f supposition* Vermutung *f*; *arrogance* Überheblichkeit *f*
présomptueu|x, **~se** [prezõptɥø, -z] überheblich
presque [prɛskə] beinahe, fast
presqu'île [prɛskil] *f* Halbinsel *f*
pressant, **~e** [prɛsɑ̃, -t] dringend, eilig
presse [prɛs] *f* Presse *f* (*tech u Zeitungen*); *comm* ***moments*** *m/pl* ***de ~*** Zeiten *f/pl* des Hochbetriebs
pressé, **~e** [prɛse] **1.** eilig, in Eile; ***je suis ~***(***e***) ich hab's eilig; **2.** *fruit*: ausgepresst
pressent|iment [prɛsɑ̃timɑ̃] *m* Vorge-

fühl *n*, Ahnung *f*; **~ir** (*2b*) ahnen; ***~ qn*** bei j-m sondieren, vorfühlen

presse-papiers [prɛspapje] *m* (*pl unv*) Briefbeschwerer *m*

press|er [prɛse] (*1b*) **1.** *v/t bouton*: drücken; *fruit*: auspressen; *harceler* bedrängen; *pas*, *affaire*: beschleunigen; ***se ~*** sich drängen; **2.** *v/i* eilen, eilig *od* dringlich sein, drängen; ***rien ne presse*** es hat keine Eile; ***se ~*** sich beeilen; **~ing** [-iŋ] *m magasin*: Schnellreinigung *f*

press|ion [prɛsjõ] *f* Druck *m*; *fig* Zwang *m*; (*a m*) *bouton* Druckknopf *m*; ***bière*** *f* **~** Bier *n* vom Fass; ***être sous ~*** unter Druck stehen (*a fig*); ***~ artérielle*** Blutdruck *m*; ***~ démographique*** Bevölkerungsdruck *m*; **~oir** *m* Kelter *f*

pressurer [prɛsyre] (*1a*) auspressen; *fig* aussaugen

prest|ance [prɛstɑ̃s] *f* stattliches Aussehen *n*; **~ation** *f* Leistung *f*; ***~s familiales*** *pl* Sozialleistungen *f/pl* für die Familie

preste [prɛst] behänd, flink

prestidigita|teur, **~trice** [prɛstidiʒitatœr, -tris] *m*, *f* Zauberkünstler(in) *m*(*f*)

prestig|e [prɛstiʒ] *m* Prestige *n*, Ansehen *n*; **~ieux**, **~ieuse** [-jø, -jøz] glänzend, hervorragend

présumer [prezyme] (*1a*) vermuten, annehmen; ***~ de qn, de qc*** j-n, etw überschätzen

prêt[1], **~e** [prɛ, -t] bereit (***à*** zu), fertig

prêt[2] [prɛ] *m argent*: Darlehen *n*; *livre*, *vélo*: Ausleihen *n*

prêt-à-porter [prɛtapɔrte] *m* Konfektion(skleidung) *f*

prétendant [pretɑ̃dɑ̃] *m d'une femme*: Freier *m*

prétendre [pretɑ̃drə] (*4a*) behaupten, vorgeben; **~** (+ *inf*) die Absicht haben zu (+ *inf*); *st/s* ***~ à*** Anspruch erheben auf (*acc*)

prétendu, **~e** [pretɑ̃dy] angeblich, sogenannt

prête-nom [prɛtnõ] *m* (*pl prête-noms*) Strohmann *m*

prétentieu|x, **~se** [pretɑ̃sjø, -z] *personne*: selbstgefällig, eingebildet; *comportement*: anmaßend; *ton*, *style*: geziert, geschraubt

prétention [pretɑ̃sjõ] *f exigence* Anspruch *m*; *ambition* Ehrgeiz *m*; *arrogance* Dünkel *m*, Selbstgefälligkeit *f*

prêter [prɛte] (*1b*) *v/t* (aus)leihen; *assistance*: leisten; *intentions*: unterstellen; *v/i tissu*: sich dehnen; ***~ à*** Anlass geben zu; ***se ~ à*** *chose*: sich eignen zu; *personne*: sich hergeben zu

prétext|e [pretɛkst] *m* Vorwand *m*; ***sous ~ de*** (+ *inf*) *od* ***que ...*** unter dem Vorwand, zu (+ *inf*) *od* dass; ***sous aucun ~*** auf keinen Fall; **~er** (*1a*) ***~ qc*** etw vorschützen; ***~ que*** vorgeben, dass

prêtre [prɛtrə] *m* Priester *m*

preuve [prœv] *f* Beweis *m*; *fig* Zeichen *n*; *math* Probe *f*; ***faire ~ de courage*** Mut beweisen; ***comme ~ de*** zum Zeichen für

prévaloir [prevalwar] (*3h*) *st/s* ***~ sur*** *od* ***contre*** die Oberhand gewinnen über, überwinden; ***se ~ de qc*** *tirer parti de* etw (*acc*) für sich geltend machen; *se flatter de* auf etw (*acc*) pochen

prévariquer [prevarike] (*1m*) pflicht-, amtswidrig handeln

préven|ance [prevnɑ̃s] *f* Zuvorkommenheit *f*; **~ant**, **~ante** [-ɑ̃, -ɑ̃t] zuvorkommend

prévenir [prevnir] (*2h*) ***~ qc*** e-r Sache vorbeugen, etw (*acc*) verhüten; ***~ qn de qc*** *avertir* j-n vor etw (*dat*) warnen; *informer* j-n von etw in Kenntnis setzen

préventi|f, **~ve** [prevɑ̃tif, -v] vorbeugend, präventiv; *jur* ***détention*** *f* ***préventive*** Untersuchungshaft *f*

prévention [prevɑ̃sjõ] *f* **1.** *préjugé* Voreingenommenheit *f*, Vorurteil *n*; **2.** *jur* Untersuchungshaft *f*; **3.** *mesures*: Verhütung *f*; ***~ routière*** Verkehrsunfallverhütung *f*

prévis|ible [previziblə] vorhersehbar; **~ion** *f* Prognose *f*, Voraussage *f*; ***~s*** *pl* Aussichten *f/pl*; ***~s météorologiques*** Wettervorhersage *f*; ***en ~ de*** im Hinblick auf (*acc*)

prévoir [prevwar] (*3b*) *pressentir* voraus-, vorhersehen; *planifier* in Aussicht nehmen, planen

prévoy|ance [prevwajɑ̃s] *f* Vorsorge *f*; **~ant**, **~ante** [-ɑ̃, -ɑ̃t] vorausschauend, vorsorgend

prier [prije] (*1a*) **1.** *rel* beten; ***~ Dieu*** zu

Gott beten; **2.** bitten; **~ *qn de faire qc*** j-n bitten, etw zu tun; **~ *qn à déjeuner*** j-n zum Mittagessen einladen; ***je vous en prie*** bitte (sehr)!, gern geschehen!

prière [prijɛr] *f rel* Gebet *n*; *demande* Bitte *f*; ***faire sa ~*** beten; ***à la ~ de*** auf Bitten von; ***~ de ne pas toucher*** bitte nicht berühren

primaire [primɛr] Ur…, Primär…; *péj* beschränkt; ***école** f **~*** Volks-, Grundschule *f*

primauté [primote] *f* Vorrang *m*, Primat *m od n* (***sur*** vor *dat*)

prime[1] [prim] *adj* ***de ~ abord*** auf den ersten Blick

prime[2] [prim] *f* Prämie *f*, Zulage *f*; *comm* Werbegeschenk *n*

primer [prime] (*1a*) **1.** *v/i* den Vorrang haben (***qc*** vor etw *dat*); **2.** *v/t* prämi(i)eren

primeur [primœr] *f* **1.** ***avoir la ~ de qc*** *outil*, *objet*: etw als Erster haben; *nouvelle*: etw als Erster erfahren; **2.** ***~s*** *pl* Frühgemüse *n*, Frühobst *n*

primevère [primvɛr] *f bot* Schlüsselblume *f*, Primel *f*

primiti|f, ~ve [primitif, -v] ursprünglich, Ur…; *inculte*, *rudimentaire*: primitiv

primordial, ~e [primɔrdjal] (*m/pl -aux*) wesentlich

princ|e, ~esse [prɛ̃s, -ɛs] *m*, *f* Prinz *m*, Prinzessin *f*; *qui gouverne*: Fürst(in) *m(f)*; **~ier, ~ière** [-je, -jɛr] fürstlich (*a fig*)

principal, ~e [prɛ̃sipal] (*m/pl -aux*) **1.** *adj* hauptsächlich, Haupt…; **2.** *m* ***le ~*** die Hauptsache *f*; **3.** *f gr* Hauptsatz *m*

principauté [prɛ̃sipote] *f* Fürstentum *n*

principe [prɛ̃sip] *m* Prinzip *n*; *discipline*, *science*: Grundsatz *m*; *phil* Ursprung *m*; ***de ~*** grundsätzlich; ***par ~*** aus Prinzip; ***en ~*** prinzipiell, im Prinzip

printan|ier, ~ière [prɛ̃tanje, -jɛr] Frühlings…

printemps [prɛ̃tɑ̃] *m* Frühling *m*, Frühjahr *n*

priorité [prijɔrite] *f* Priorität *f*, Vorrang *m*; *route*: Vorfahrt *f* (***sur*** vor *dat*); ***~ à droite*** rechts vor links

pris, ~e [pri, -z] *p/p de* ***prendre*** *u adj place*: besetzt; *journée*: ausgefüllt; *personne*: beschäftigt

prise [priz] *f* Nehmen *n*; *mil* Einnahme *f*, Eroberung *f*; *mar u cuis* Prise *f*; *ch* Fang *m*; *él* Steckdose *f*, Anschluss *m*; *lutte*: Griff *m*; ***~ de contact*** Kontaktaufnahme *f*; ***~ de conscience*** Bewusstwerden *n*; ***~ d'otage(s)*** Geiselnahme *f*; ***~ de position*** Stellungnahme *f*; ***~ de vue*** Aufnahme *f*; ***donner ~ à*** Anlass geben zu; ***être aux ~s avec qn, qc*** sich mit j-m, etw auseinandersetzen; ***lâcher ~*** loslassen; *fig* aufgeben

priser [prize] (*1a*) **1.** *litt apprécier* schätzen; **2.** *tabac*: schnupfen

prison [prizõ] *f* Gefängnis *n*

prisonn|ier, ~ière [prizɔnje, -jɛr] *m*, *f* Gefangene(r) *m*, *f*

privation [privasjõ] *f* Entbehrung *f*

priv|é, ~ée [prive] privat, Privat…; ***en privé, à titre privé*** privat; ***dans le privé*** im Privatleben; **~er** (*1a*) ***~ qn de qc*** j-m etw (*acc*) entziehen; ***se ~ de qc*** auf etw (*acc*) verzichten

privil|ège [privilɛʒ] *m* Privileg *n*, Vorrecht *n*; **~égier** [-eʒje] (*1a*) privilegieren, begünstigen

prix [pri] *m* Preis *m*; *valeur* Wert *m*; ***~ de revient*** Selbstkostenpreis *m*; ***~ brut*** Bruttopreis *m*; ***de ~*** wertvoll; ***à tout ~*** um jeden Preis; ***à aucun ~*** um keinen Preis; ***au ~ fort*** zum vollen Preis; ***hors de ~*** unerschwinglich; ***au ~ de*** zum Preis von, gegen; ***~ Nobel*** Nobelpreis *m*; *personne*: Nobelpreisträger *m*

prob|abilité [prɔbabilite] *f* Wahrscheinlichkeit *f*; **~able** wahrscheinlich

prob|ant, ~ante [prɔbɑ̃, -ɑ̃t] überzeugend; **~ité** *f* Rechtschaffenheit *f*

problématique [prɔblematik] problematisch

problème [prɔblɛm] *m* Problem *n*

procédé [prɔsede] *m* Verfahren *n*, Methode *f*; **~s** *pl comportement* Verhalten *n*

procéd|er [prɔsede] (*1f*) verfahren, vorgehen; ***~ à qc*** etw vornehmen *od* durchführen; **~ure** [-yr] *f jur* Verfahren *n*; *branche du droit*: Prozessordnung *f*

procès [prɔsɛ] *m jur* Prozess *m*

processeur [prɔsɛsœr] *m EDV* Prozessor *m*

procession [prɔsesjõ] *f* Prozession *f*

processus [prɔsesys] *m* Vorgang *m*, Ablauf *m*, Prozess *m*

procès-verbal [prɔsɛvɛrbal] *m* (*pl procès-verbaux*) Protokoll *n*; *contravention*: Strafmandat *n*; ***dresser un ~*** ein Protokoll aufnehmen

prochain, **~e** [prɔʃɛ̃, -ɛn] **1.** *adj* nächste(r, -s), kommende(r, -s); **2.** ***le prochain*** der Nächste; **~ement** [-ɛnmɑ̃] *adv* demnächst

proche [prɔʃ] **1.** *adj* nah(e); *fig* ***~ de*** verwandt mit; **2.** *adv* ***de ~ en ~*** nach und nach; **3.** *m/pl* **~s** Angehörige *m/pl*, nahe Verwandte *m/pl*

Proche-Orient [prɔʃɔrjɑ̃] ***le ~*** der Nahe Osten, Nahost *n*

proclam|ation [prɔklamasjõ] *f événements, résultat*: Bekanntgabe *f*; *roi, république*: Ausrufung *f*, Proklamation *f*; **~er** (*1a*) *roi, république*: ausrufen; *affirmer* verkünden

procréer [prɔkree] (*1a*) *st/s* zeugen

procur|ation [prɔkyrasjõ] *f* Vollmacht *f*; **~er** (*1a*) verschaffen, besorgen; **~eur** *m* **~** (***de la République***) Staatsanwalt *m*

prodigalité [prɔdigalite] *f* Verschwendung(ssucht) *f*

prodig|e [prɔdiʒ] *m* Wunder *n*; ***enfant m ~*** Wunderkind *n*; **~ieux**, **~ieuse** [-jø, -jøz] außergewöhnlich, erstaunlich

prodigu|e [prɔdig] verschwenderisch; **~er** (*1m*) reichlich geben, zuteilwerden lassen

produc|teur, **~trice** [prɔdyktœr, -tris] **1.** *adj* Erzeuger…, Hersteller…; **2.** *m*, *f film*: Produzent(in) *m*(*f*); Erzeuger(in) *m*(*f*); *produit industriel*: Hersteller(in) *m*(*f*); **~tif**, **~tive** [-tif, -tiv] produktiv; *impôts*: einträglich

production [prɔdyksjõ] *f* Produktion *f*; Erzeugung *f*; Herstellung *f*; *minerais*: Gewinnung *f*; *produits* Erzeugnisse *n/pl*

productivité [prɔdyktivite] *f* Produktivität *f*

produire [prɔdɥir] (*4c*) *marchandises*: produzieren, herstellen; *énergie*, *acier*: erzeugen; *œuvre*: schaffen; *film*: produzieren; *fig causer* bewirken, hervorrufen; *document*: vorlegen; ***se ~*** sich ereignen

produit [prɔdɥi] *m* Erzeugnis *n*, Produkt *n*; *investissement*: Ertrag *m*; *écon* ***~ national brut*** Bruttosozialprodukt *n*; ***~ d'entretien*** Putzmittel *n*; ***~ organique*** Bioprodukt *n*

proéminent, **~e** [prɔeminɑ̃, -t] vorspringend

prof [prɔf] *m*, *f abr* ***professeur*** Lehrer(in) *m*(*f*)

profan|e [prɔfan] **1.** *adj* profan, weltlich; **2.** *m*, *f* Laie *m* (***en*** auf dem Gebiet von); **~er** (*1a*) entweihen, schänden

proférer [prɔfere] (*1f*) *menaces*: ausstoßen

profess|eur [prɔfesœr] *m* Gymnasiallehrer(in) *m*(*f*); *université*: Professor(in) *m*(*f*); **~ion** *f* Beruf *m*; ***~ de foi*** Glaubensbekenntnis *n*; **~ionnel**, **~ionnelle** [-jɔnɛl] **1.** *adj* beruflich; *personne*: professionell; **2.** *m personne de métier* Fachmann *m*; F Profi *m*; **~orat** [-ɔra] *m enseignement secondaire*: höheres Lehramt *n*; *université*: Hochschullehramt *n*

profil [prɔfil] *m* Profil *n*; **~s** *pl* Konturen *f/pl*

profit [prɔfi] *m comm* Profit *m*, Gewinn *m*; *avantage* Nutzen *m*; ***au ~ de*** zu Gunsten (*gén*); ***tirer ~ de qc*** von etw profitieren

profitable [prɔfitablə] nützlich; *comm* einträglich

profiter [prɔfite] (*1a*) ***~ de qc*** von etw profitieren, etw ausnützen, aus etw Vorteil ziehen; ***~ à qn*** j-m nützlich sein, Vorteil(e) bringen

profond, **~e** [prɔfõ, -d] tief; *personne*, *penseés*: tiefsinnig; *influence*: stark; **~ément** [-demɑ̃] *adv* tief, zutiefst

profondeur [prɔfõdœr] *f* Tiefe *f* (*a fig*); *fig* Stärke *f*

profusion [prɔfyzjõ] *f* Fülle *f*; ***à ~*** in reichem Maße

progéniture [prɔʒenityr] *f litt* Nachkommenschaft *f*; *plais* Nachwuchs *m*, Sprösslinge *m/pl*

programm|e [prɔgram] *m* Programm *n*; ***~ de correction orthographique*** Rechtschreib(prüf)programm *f*; ***~ de traduction*** Übersetzungsprogramm *n*; **~er** (*1a*) *TV* in das Programm aufnehmen; *EDV* programmieren; **~eur**, **~euse** *m*, *f* Programmierer(in) *m*(*f*)

progrès [prɔgrɛ] *m* Fortschritt *m*; *feu*, *épidémie*: Ausbreitung *f*

progress|er [prɔgrɛse] (*1b*) Fortschritte machen; *feu, épidémie*: um sich greifen; *mil* vorrücken; **~if, ~ive** [-if, -iv] progressiv, fortschreitend; **~ion** *f* Fortschreiten *n*; **~iste** progressiv, fortschrittlich (*a pol*)

prohib|er [prɔibe] (*1a*) (gesetzlich) verbieten; **~ition** *f* Verbot *n*

proie [prwa] *f* Raub *m*, Beute *f*; *fig* Opfer *n*; ***en ~ à qc*** von etw heimgesucht, e-r Sache ausgeliefert

project|eur [prɔʒɛktœr] *m spot* Scheinwerfer *m*; *cinéma*: Projektor *m*; **~ile** [-il] *m* Geschoss *n*

projet [prɔʒɛ] *m* Projekt *n*, Plan *m*; *ébauche* Entwurf *m*

projeter [prɔʒ(ə)te, prɔʃte] (*1c*) *jeter* schleudern; *film*: projizieren; *travail, voyage*: vorhaben, planen

prolétariat [prɔletarja] *m, f* Proletariat *n*

prolifération [prɔliferasjõ] *f* (rasche, starke) Vermehrung *f*, Zunahme *f*; *fig* ***~ des armes atomiques*** Verbreitung *f od Weitergabe f von Atomwaffen*

prolifique [prɔlifik] fruchtbar

prolixe [prɔliks] weitschweifig

prologue [prɔlɔg] *m* Prolog *m*

prolongation [prɔlõgasjõ] *f* (*zeitliche*) Verlängerung *f*

prolong|ement [prɔlõʒmã] *m* (*räumliche*) Verlängerung *f*; **~er** (*1l*) *zeitlich od räumlich*: verlängern; ***se ~*** sich in die Länge ziehen

promenade [prɔmnad] *f* Spaziergang *m*; *en voiture*: Spazierfahrt *f*; *excursion* Ausflug *m*

promen|er [prɔmne] (*1d*) spazieren führen, herumführen; *fig regard*: umherschweifen lassen; ***se ~*** spazieren gehen; *en voiture*: spazieren fahren; F herumlaufen; F *fig* ***envoyer ~*** *personne*: davonjagen, abblitzen lassen; *chose*: hinschmeißen; **~eur, ~euse** *m, f* Spaziergänger(in) *m(f)*

promesse [prɔmɛs] *f* Versprechen *n*

prometteu|r, ~se [prɔmɛtœr, -øz] vielversprechend

promettre [prɔmɛtrə] (*4p*) versprechen (***qc à qn*** j-m etw, ***de*** + *inf* zu + *inf*); *prédire* versichern; ***se ~ de faire qc*** sich (*dat*) vornehmen, etw zu tun

promiscuité [prɔmiskɥite] *f* Zusammengepferchtsein *n*; *sexuelle*: Promiskuität *f*

promontoire [prɔmõtwar] *m* Vorgebirge *n*

promo|teur, ~trice [prɔmɔtœr, -tris] **1.** *m, f st/s instigateur* Initiator(in) *m(f)*; **2.** *m construction*: Bauträger *m*, Bauherr *m*; **~tion** *f emploi supérieur*: Beförderung *f*; *sociale*: Aufstieg *m*; *comm* ***~ des ventes*** Absatzförderung *f*

promouvoir [prɔmuvwar] (*3d*) *emploi supérieur*: befördern; *encourager* fördern

prompt, ~e [prõ, -t] *rapide* rasch; *soudain* plötzlich

promulguer [prɔmylge] (*1m*) *loi*: verkünden

prôner [prone] (*1a*) loben, preisen

pronom [prɔnõ] *m gr* Pronomen *n*, Fürwort *n*

pronominal, ~e [prɔnɔminal] (*m/pl -aux*) pronominal; ***verbe** m **pronominal*** reflexives Verb *n*

prononcé, ~e [prɔnõse] stark ausgeprägt, markant

prononc|er [prɔnõse] (*1k*) aussprechen; *discours*: halten; *jur sentence*: fällen *od* verkünden; ***se ~*** *mot*: ausgesprochen werden; *se déterminer* sich äußern; ***se ~ pour, contre*** sich aussprechen für, gegen; **~iation** [-jasjõ] *f* Aussprache *f*; *jur* Urteilsverkündung *f*

pronost|ic [prɔnɔstik] *m* Prognose *f*, Voraussage *f*; **~iquer** [-ike] (*1m*) vorhersagen

propagande [prɔpagãd] *f* Propaganda *f*

propager [prɔpaʒe] (*1l*) *idée, nouvelle*: verbreiten; *biol* fortpflanzen; ***se ~*** sich verbreiten; sich fortpflanzen

propension [prɔpãsjõ] *f* Neigung *f* (***à qc*** zu etw)

proph|ète, ~étesse [prɔfɛt, -etɛs] *m, f* Prophet(in) *m(f)*; **~étie** [-esi] *f* Prophezeiung *f*

prophylaxie [prɔfilaksi] *f méd* Prophylaxe *f*, Vorbeugung *f*

propice [prɔpis] günstig (***à*** für)

proportion [prɔpɔrsjõ] *f* Proportion *f*, Verhältnis *n*; ***~s pl*** Ausmaß(e) *n(pl)*; ***toutes ~s gardées*** im Verhältnis; ***en ~*** entsprechend; ***en ~ de*** im Vergleich

zu
proportionn|el, **~elle** [prɔpɔrsjɔnɛl] proportional (*à* zu); **~ellement** [-ɛlmɑ̃] im Verhältnis (*à* zu); **~er** (*1a*) in das richtige Verhältnis setzen (*à* zu); ***bien proportionné(e)*** wohlgestaltet
propos [prɔpo] *m* **1.** *pl* Äußerungen *f/pl*, Worte *n/pl*; **2.** *st/s intention* Absicht *f*; ***à ~*** zur richtigen Zeit, gelegen; ***à tout ~*** bei jeder Gelegenheit; ***mal à ~, hors de ~*** ungelegen, zur Unzeit; ***à ~!*** übrigens!; ***à ~ de*** was … betrifft, wegen
proposer [prɔpoze] (*1a*) vorschlagen (***qc à qn*** j-m etw; ***à qn de*** + *inf* j-m zu + *inf*); *projet*: vorlegen; *prix*: aussetzen; ***se ~ de faire qc*** sich (*dat*) vornehmen, etw zu tun; ***se ~*** sich anbieten
proposition [prɔpozisjõ] *f suggestion* Vorschlag *m*; *offre* Angebot *n*; *gr* Satz *m*
propre [prɔprə] **1.** *adj* eigen; *st/s approprié* geeignet (*à* zu); ***au sens ~*** eigentlich; *m particularité* Eigenart *f*; **2.** *adj cuisine*, *mains*: sauber; *personne*: ordentlich; **3.** *m* ***mettre au ~*** ins reine schreiben; **~ment** *adv* ordentlich; ***à ~ parler*** genau genommen; ***~ dit*** eigentlich
propreté [prɔprəte] *f* Sauberkeit *f*
proprié|taire [prɔprijetɛr] *m*, *f* Eigentümer(in) *m(f)*, Besitzer(in) *m(f)*; *maison*: Hausbesitzer(in) *m(f)*; **~té** [-te] *f possession* Eigentum *n*, Besitz *m*; *caractéristique* Eigenschaft *f*; *mot*: Angemessenheit *f*
propuls|er [prɔpylse] (*1a*) antreiben; **~ion** *f* Antrieb *m*
prorata [prɔrata] ***au ~ de*** im Verhältnis zu
prorogation [prɔrɔgɑsjõ] *f* Verlängerung *f*; *pol* Vertagung *f*
proroger [prɔrɔʒe] (*1l*) verlängern; *pol* vertagen
prosaïque [prɔzaik] prosaisch, allzu nüchtern
proscription [prɔskripsjõ] *f* Verbot *n*
proscrire [prɔskrir] (*4f*) *interdire* verbieten; *jouissances*: verpönen
prose [proz] *f* Prosa *f*
prospect|er [prɔspɛkte] (*1a*) *mines*: nach Lagerstätten schürfen; *comm* akquirieren; **~us** [-ys] *m* (Werbe-)Prospekt *m*
prosp|ère [prɔspɛr] blühend, florierend; **~érer** [-ere] (*1f*) gut gehen, blühen, florieren, gedeihen; **~érité** [-erite] *f* Wohlstand *m*
prosterner [prɔstɛrne] (*1a*) ***se ~*** sich niederwerfen
prostitu|ée [prɔstitɥe] *f* Prostituierte *f*; **~tion** *f* Prostitution *f*
protagoniste [prɔtagɔnist] *m* Protagonist *m*
protec|teur, **~trice** [prɔtɛktœr, -tris] **1.** *adj* schützend, Schutz…; *ton*, *expression*: gönnerhaft; **2.** *m*, *f* Beschützer(in) *m(f)*
protection [prɔtɛksjõ] *f* Schutz *m*; *écon* Protektion *f*; **~nisme** *m écon* Protektionismus *m*, Schutzzollsystem *n*
protectorat [prɔtɛktɔra] *m* Protektorat *n*
protég|é, **~ée** [prɔteʒe] *m*, *f* Schützling *m*; *péj* Günstling *m*; **~er** (*1g*) *personne*: (be)schützen (***contre*** *od* ***de*** vor); *intérêts*, *contre soleil*: schützen; *patronner* begünstigen; *encourager* fördern
protestant, **~e** [prɔtɛstɑ̃, -t] *rel* **1.** *adj* protestantisch, evangelisch; **2.** *m*, *f* Protestant(in) *m(f)*
protest|ation [prɔtɛstasjõ] *f plainte* Protest *m*, Einspruch *m*; *déclaration* Beteuerung *f*; **~er** (*1a*) protestieren (***contre*** gegen); ***~ de qc*** etw beteuern
prothèse [prɔtɛz] *f* Prothese *f*
protocole [prɔtɔkɔl] *m* Protokoll *n*
prototype [prɔtɔtip] *m* Ur-, Vorbild *n*; *tech* Prototyp *m*
protubérance [prɔtyberɑ̃s] *f* Beule *f*, Höcker *m*
proue [pru] *f mar* Bug *m*
prouesse [pruɛs] *f* Heldentat *f*
prouv|able [pruvablə] beweisbar; **~er** (*1a*) beweisen
provenance [prɔvnɑ̃s] *f* Herkunft *f*; ***en ~ de*** *avion*, *train*: aus
provençal, **~e** [prɔvɑ̃sal] (*m/pl -aux*) provenzalisch
Provence [prɔvɑ̃s] ***la ~*** die Provence
provenir [prɔvnir] (*2h*) herkommen, stammen, herrühren (***de*** von)
proverb|e [prɔvɛrb] *m* Sprichwort *n*; **~ial**, **~iale** [-jal] (*m/pl -iaux*) sprichwörtlich
provid|ence [prɔvidɑ̃s] *f* Vorsehung *f*; **~entiel**, **~entielle** [-ɑ̃sjɛl] unverhofft,

unerwartet
provinc|e [prɔvɛ̃s] *f* Provinz *f*; **~ial, ~iale** [-jal] *(m/pl -iaux)* provinziell; Provinz…; *péj* provinzlerisch
provision [prɔvizjõ] *f* **1.** Vorrat *m* (***de*** an); **~s** *pl vivres* Lebensmittelvorräte *m/pl*; *achats* Einkäufe *m/pl*; **2.** *chèque*: Deckung *f*
provisoire [prɔvizwar] vorläufig, provisorisch
provoc|ant, ~ante [prɔvɔkɑ̃, -ɑ̃t], **~ateur, ~atrice** [-atœr, -atris] herausfordernd, provozierend; ***agent** m **provocateur*** Lockspitzel *m*; **~ation** *f* Provokation *f*, Herausforderung *f*
provoquer [prɔvɔke] *(1m)* herausfordern, provozieren; *causer* hervorrufen
proxénète [prɔksenɛt] *m souteneur* Zuhälter *m*
proximité [prɔksimite] *f* Nähe *f*; ***à ~ de*** nahe bei, in der Nähe von
prude [pryd] prüde, zimperlich
prud|ence [prydɑ̃s] *f* Vorsicht *f*, Umsicht *f*; **~ent, ~ente** [-ɑ̃, -ɑ̃t] vorsichtig, umsichtig, klug
pruderie [prydri] *f* Prüderie *f*
prun|e [pryn] *f bot* Pflaume *f*; **~eau** [-o] *m (pl -x)* Backpflaume *f*; **~elle** *f anat* Pupille *f*; *bot* Schlehe *f*; **~ier** [-je] *m* Pflaumenbaum *m*
Prusse [prys] ***la ~*** Preußen *n*
prussien, ~ne [prysjɛ̃, -jɛn] **1.** *adj* preußisch; **2. ♀, ♀ne** *m, f* Preuße *m*, Preußin *f*
PS [peɛs] *m abr **Parti socialiste*** Sozialistische Partei *f*
psaume [psom] *m* Psalm *m*
pseudo… [psødɔ] *in Zssgn* pseudo…, Pseudo…
pseudonyme [psødɔnim] *m* Pseudonym *n*, Deckname *m*
psychanal|yse [psikanaliz] *f* Psychoanalyse *f*; **~yste** [-ist] *m, f* Psychoanalytiker(in) *m(f)*
psychiatr|e [psikjatrə] *m, f* Psychiater(in) *m(f)*; **~ie** [-i] *f* Psychiatrie *f*
psychique [psiʃik] psychisch, seelisch
psycho|logie [psikɔlɔʒi] *f* Psychologie *f*; *intuition* Menschenkenntnis *f*; **~logique** [-lɔʒik] psychologisch; *psychique* seelisch; **~logue** [-lɔg] *m, f* Psychologe *m*, Psychologin *f*
PTT [petete] *f/pl hist abr **Postes, Télécommunications, Télédiffusion*** Post- und Fernmeldewesen *n*
puant, ~e [pɥɑ̃, -t] stinkend; *fig* eingebildet; **~eur** [-ɑ̃tœr] *f* Gestank *m*
puber|taire [pybɛrtɛr] Pubertäts…; **~té** [-te] *f* Pubertät(szeit) *f*, Geschlechtsreife *f*
publi|c, ~que [pyblik] **1.** *adj* öffentlich; *de l'État* staatlich; **2.** *m les gens* Öffentlichkeit *f*; *spectacle*: Publikum *n*; ***en public*** öffentlich
publication [pyblikasjõ] *f* Veröffentlichung *f*
public|itaire [pyblisitɛr] Werbe…, Reklame…; **~ité** *f* Werbung *f*, Reklame *f*; *affiche* Werbeplakat *n*
publier [pyblije] *(1a)* veröffentlichen
puce [pys] *f zo* Floh *m*; *EDV* Chip *m*; ***marché** m **aux ~s*** Flohmarkt *m*
pucelle [pysɛl] *f* F *iron* Jungfrau *f*
pud|eur [pydœr] *f* Scham(gefühl) *f(n)*; **~ique** schamhaft, züchtig; *discret* diskret
puer [pɥe] *(1a)* stinken (***qc*** nach etw)
puériculture [pɥerikyltyr] *f* Säuglingspflege *f*
puéril, ~e [pɥeril] kindisch
pugilat [pyʒila] *m* Rauferei *f*
puis [pɥi] dann, darauf
puiser [pɥize] *(1a) eau*: schöpfen (***dans*** aus); *exemple, information*: entnehmen (***dans un livre*** e-m Buch)
puisque [pɥiskə] da ja, da doch
puissamment [pɥisamɑ̃] *adv* stark, heftig
puiss|ance [pɥisɑ̃s] *f* Macht *f*; *armée, nation*: Stärke *f*; *phys, machine*: Leistung *f*; *math* Potenz *f*; **~ant, ~ante** [-ɑ̃, -ɑ̃t] *groupe, État*: mächtig; *voix, musculature*: kräftig; *moteur, médicament*: stark
puits [pɥi] *m* Brunnen *m*; *mines*: Schacht *m*
pull(-over) [pyl(ɔvɛr)] *m (pl pulls, pull-overs)* Pullover *m*, F Pulli *m*
pulluler [pylyle] *(1a)* wimmeln
pulmonaire [pylmɔnɛr] *méd* Lungen…
pulpe [pylp] *f* Fruchtfleisch *n*
pulsation [pylsasjõ] *f méd* Pulsschlag *m*
pulvéris|ateur [pylverizatœr] *m* Zerstäuber *m*, Sprühgerät *n*; **~er** *(1a) solide*: pulverisieren; *liquide*: zerstäuben; *fig armée*: vernichten
punaise [pynɛz] *f zo* Wanze *f*; *clou*:

Reißnagel *m*, -zwecke *f*
punch[1] [pɔ̃ʃ] *m boisson*: Punsch *m*
punch[2] [pœnʃ] *m boxe*: Schlag *m*; *fig* Schwung *m*
punir [pynir] (*2a*) (be)strafen
punition [pynisjɔ̃] *f* Strafe *f*
punk [pœ̃k, pœnk] *m musique*, *personne*, *mouvement* Punk *m*
pupille [pypij] **1.** *m*, *f jur* Mündel *m od n*; **2.** *f anat* Pupille *f*
pupitre [pypitrə] *m* Pult *n*
pur, **~e** [pyr] rein; *profil*, *ciel*: klar; *vin*: unverdünnt; *or*, *whisky*: pur
purée [pyre] *f* Brei *m*, Püree *n*; **~ (*de pommes de terre*)** Kartoffelbrei *m*; F ***être dans la ~*** in Geldnöten *od* F blank sein
pureté [pyrte] *f* Reinheit *f*
purgat|if, **~ive** [pyrgatif, -iv] *phm* **1.** *adj* abführend; **2.** *m* Abführmittel *n*; **~oire** [-war] *m rel* Fegefeuer *n*
purg|e [pyrʒ] *f méd* Abführmittel *n*; *pol* Säuberung *f*; **~er** (*1l*) *tech* entlüften; *pol* säubern; *jur peine*: verbüßen
purifier [pyrifje] (*1a*) reinigen; *st/s* läutern
puriste [pyrist] *m* Purist *m*
pur-sang [pyrsɑ̃] *m* (*pl unv*) Vollblutpferd *n*
purulent, **~e** [pyrylɑ̃, -t] eitrig
pus [py] *m* Eiter *m*
pusillanime [pyzilanim] *litt* kleinmütig, verzagt
pustule [pystyl] *f méd* Pustel *f*
putain [pytɛ̃] P *f* Hure *f*
putré|faction [pytrefaksjɔ̃] *f* Fäulnis *f*, Verwesung *f*; **~fier** [-fje] (*1a*) verfaulen lassen; ***se ~*** (ver)faulen, verwesen, vermodern
putride [pytrid] faulig
putsch [putʃ] *m* Putsch *m*
puzzle [pœzl(ə)] *m* Puzzle *n*
P.-V. [peve] *m unv abr* ***procès-verbal*** gebührenpflichtige Verwarnung *f*
pygmée [pigme] *m* Pygmäe *m*
pyjama [piʒama] *m* Schlafanzug *m*
pylône [pilon] *m* Mast *m*, Stütze *f*, Pfeiler *m*; *arch* Pylon *m*
pyramide [piramid] *f* Pyramide *f*
Pyrénées [pirene] *f/pl* Pyrenäen *pl*
pyrex [pirɛks] *m* feuerfestes Glas *n*, Pyrex *n* (*marque déposée*)
python [pitɔ̃] *m* Python *m*

Q

QG *m abr* ***quartier général*** Stabsquartier *n*
QI *m abr* ***quotient intellectuel*** *od* ***quotient d'intelligence*** IQ *m* (Intelligenzquotient)
quadragénaire [kwadraʒenɛr] **1.** *adj* vierzigjährig; **2.** *m*, *f* Vierzigjährige(r) *m*, *f*
quadrangulaire [kwadrɑ̃gylɛr] viereckig
quadrilatère [kwadrilatɛr, ka-] *m* Viereck *n*
quadriller [kadrije] (*1a*) karieren; *fig* kontrollieren
quadri|moteur [kwadrimɔtœr, ka-] *m aviat* viermotorige Maschine *f*; **~réacteur** [-reaktœr] *m aviat* vierstrahlige Maschine *f*
quadrupl|e [kwadryplə, ka-] vierfach; **~er** (*1a*) (sich) vervierfachen; **~és**, **~ées** *m/pl*, *f/pl* Vierlinge *m/pl*
quai [ke] *m port*: Kai *m*; *gare*: Bahnsteig *m*
qualifica|tif [kalifikatif] *m* Bezeichnung *f*; **~tion** *f appellation* Bezeichnung *f*, Benennung *f*; *sport*: Qualifikation *f*; ***~ professionnelle*** berufliche Qualifikation *f*, Befähigung *f*
qualifi|é, **~ée** [kalifje] qualifiziert, befähigt; ***ouvrier*** *m* ***qualifié*** Facharbeiter *m*; **~er** (*1a*) *appeler* benennen, charakterisieren; ***~ qn de*** j-n bezeichnen als; *sportif*, *étudiant*: qualifizieren; ***se ~*** *sport*: sich qualifizieren
qualité [kalite] *f personne*: (gute) Eigenschaft *f*; *produits*: Qualität *f*; ***~ garantie*** Qualitätssicherung *f*; ... ***de ~*** Qualitäts...; ***en ~ de*** als
quand [kɑ̃] **1.** wann?; ***depuis ~?*** seit wann?, wie lange (schon)?; ***jusqu'à ~?*** bis wann?, wie lange noch?; **2.** *conj* als; *répétition*: (jedesmal) wenn; *con-*

cession: selbst wenn; **3. ~ *même*** trotzdem; immerhin; doch

quant à [kɑ̃ta] was … betrifft, bezüglich (+ *gén*)

quantité [kɑ̃tite] *f* Menge *f*, Quantität *f*; *math* Größe *f*; **~ *de*** viele

quarantaine [karɑ̃tɛn] *f* **1.** *nombre*: etwa vierzig; *âge*: Vierzig *f*; **2.** *isolement* Quarantäne *f*

quarante [karɑ̃t] vierzig

quart [kar] *m* Viertel *n*; *de litre*: Viertelliter *m*; *de livre*: Viertelpfund *n*; **~ *d'heure*** Viertelstunde *f*; ***les trois ~s*** drei Viertel; ***il est le ~*** es ist Viertel (nach); **~ *de finale*** Viertelfinale *n*

quartier [kartje] *m quart* Viertel *n*; *ville*: Stadtviertel *n*, -teil *m*, Bezirk *m*; *mil* Quartier *n*

quartier-maître [kartjemɛtrə] *m* (*pl quartiers-maîtres*) *mar* Gefreite(r) *m*, Maat *m*

quasi|-… [kazi] *in Zssgn* fast; **~ment** sozusagen, quasi

quatorze [katɔrz] vierzehn

quatre [katrə] **1.** *adj* vier; ***à ~*** zu viert; **2.** *m* Vier *f*

Quatre-Cantons [katrəkɑ̃tõ] *m/pl* ***le lac des ~*** der Vierwaldstätter See

quatre|-vingt(s) [katrəvɛ̃] achtzig; **~-vingt-dix** [-vɛ̃dis] neunzig

quatrième [katrijɛm] vierte(r, -s); **~ment** *adv* viertens

quatuor [kwatɥɔr] *m mus* Quartett *n*

que [kə] **1.** *pronom relatif*: den, die, das; ***imbécile ~ tu es!*** du Dummkopf!; ***le jour ~*** der Tag, an dem; ***ce ~*** (das) was; ***je sais ce qu'il veut*** ich weiß, was er will; ***~ je sache*** soviel ich weiß; ***je ne sais ~ dire*** ich weiß nicht, was ich sagen soll; ***coûte ~ coûte*** koste es, was es wolle!; **2.** *pronom interrogatif*: was?; ***qu'y a-t-il*** was gibt es?; ***qu'est-ce que?*** was?; ***qu'est-ce que c'est?*** was ist das?; **3.** *adv dans exclamations*: wie …!; ***~ c'est beau!*** wie schön!; ***~ de fois!*** wie oft!; **4.** *conj* dass; *but*: damit; *après comparatif*: als; ***plus grand ~ moi*** größer als ich; *dans comparaison*: wie; ***tel ~ je suis*** so wie ich bin; ***ne … ~*** nur; *avec nombre*: erst; *au début de la phrase avec subj*: ***qu'il ait raison, j'en suis certain*** dass er recht hat, weiß ich genau; *concession*: ob; ***qu'il pleuve ou non*** ob es regnet oder nicht; *désir*: ***qu'il entre*** er soll hereinkommen

quel, ~le [kɛl] welche(r, -s); was für ein (-e); ***quelle heure est-il?*** Wie viel Uhr ist es?; **~ *que*** (+ *subj*) welche(r, -s) auch immer; ***quelles que soient vos raisons*** welches auch (immer) Ihre Gründe sein mögen

quelconque [kɛlkõk] **1.** irgendein(e), beliebig; ***un travail ~*** irgendeine Arbeit; **2.** *médiocre* mittelmäßig, gewöhnlich

quelque [kɛlkə, *vor Vokal* kɛlk] **1.** einige(r, -s), ein(e) gewisse(r, -s); **~s** *pl* einige, ein paar; ***à ~ distance*** in einiger Entfernung; ***~s jours*** ein paar *od* einige Tage; ***~ chose*** etwas; **2.** *devant chiffre*: (*unv*) ungefähr, etwa; **3. ~ … *que*** (+ *subj*) wie … auch immer; ***~ grands qu'ils soient*** wie groß sie auch (immer) sein mögen

quelquefois [kɛlkəfwa] manchmal

quelqu'un [kɛlkɛ̃ *od* kɛlkœ̃] jemand, (irgend)einer; ***quelques-uns*** [kɛlkəzɛ̃, -œ̃] *m/pl*, ***quelques-unes*** *f/pl* einige; ***~ d'autre*** jemand anders

quémander [kemɑ̃de] (*1a*) aufdringlich bitten, betteln

quenelle [kənɛl] *f* Klößchen *n*

querell|e [kərɛl] *f* Streit *m*; **~er** (*1b*) ***se ~*** (sich) streiten, (sich) zanken; **~eur, ~euse 1.** *adj* zänkisch; **2.** *m*, *f* Zänker(in) *m(f)*

question [kɛstjõ] *f* Frage *f*; *problème* Problem *n*; F ***~ travail*** was die Arbeit angeht; ***en ~*** fraglich, betreffend; ***c'est hors de ~*** das kommt nicht in Frage; ***il est ~ de*** es handelt sich um

questionn|aire [kɛstjɔnɛr] *m* Fragebogen *m*; **~er** (*1a*) aus-, befragen

quêt|e [kɛt] *f recherche* Suche *f*; *collecte* Geldsammlung *f*, Kollekte *f*; ***en ~ de*** auf der Suche nach; **~er** (*1b*) sammeln; *solliciter* erbitten

queue [kø] *f animal*: Schwanz *m*, Schweif *m*; *fruit*, *casserole*: Stiel *m*; *train*, *cortège*: Ende *n*; *file* Schlange *f*; ***faire la ~*** Schlange stehen; *auto* ***faire une ~ de poisson à qn*** j-n schneiden; ***à la ~, en ~*** am Ende; *mus* ***piano*** *m* ***à ~*** Flügel *m*; ***~ de cheval*** *coiffure*: Pferdeschwanz *m*

qui [ki] **1.** *pronom interrogatif*: wer?; wen?; ***de ~*** von wem?; wessen?; ***à ~*** wem?; ***~ est-ce ~?*** wer?; ***~ est-ce***

que? wen?; ***qu'est-ce ~?*** was?; **2.** *pronom relatif*: der, die, das; *pl* die; ***ce ~*** (das) was; ***rien ~*** nichts was; ***~ pis est*** was noch schlimmer ist; ***sauve ~ peut*** rette sich, wer kann; ***je ne sais ~*** ein x-Beliebiger; ***à ~ mieux mieux*** um die Wette; ***aimez ~ vous aime*** liebt den, der euch liebt!; ***ni ~ ni quoi*** überhaupt nichts; **3.** *pronom indéfini*: ***~ que*** (+ *subj*) wer (wen) auch (immer)

quiche [kiʃ] *f cuis* ***~ lorraine*** *französischer Speckkuchen*

quiconque [kikõk] jeder, der …; jeder (beliebige)

quiétude [kjetyd] *litt f* (Seelen-)Ruhe *f*

quille[1] [kij] *f Spiel*: Kegel *m*

quille[2] [kij] *f mar* (Schiffs-)Kiel *m*

quincaillerie [kɛ̃kɑjri] *f* Eisenwaren *f/pl* und Küchengeräte *n/pl*; *magasin*: Haushaltwarengeschäft *n*

quinine [kinin] *f* Chinin *n*

quinquagénaire [kɛkaʒenɛr] **1.** *adj* fünfzigjährig; **2.** *m*, *f* Fünfzigjährige(r) *m*, *f*

quintal [kɛ̃tal] *m* (*pl -aux*) Doppelzentner *m*

quinte [kɛ̃t] *f* ***~ (de toux)*** Hustenanfall *m*

quintessence [kɛ̃tesɑ̃s] *f* Quintessenz *f*, Hauptinhalt *m*

quintuple [kɛ̃typlə] fünffach

quinzaine [kɛ̃zɛn] *f jours*: vierzehn Tage *m/pl*, zwei Wochen *f/pl*; ***une ~ de*** etwa fünfzehn

quinze [kɛ̃z] fünfzehn; ***~ jours*** vierzehn Tage; ***le ~ (du mois)*** der Fünfzehnte (des Monats); ***demain en ~*** morgen in vierzehn Tagen

quittance [kitɑ̃s] *f* Quittung *f*; ***donner ~ de qc*** etw (*acc*) quittieren

quitte [kit] *dette*: quitt, nichts schuldig; *situation*, *obligation désagréable*: frei, befreit (***de qc*** von etw); ***~ à*** (+ *inf*) auf die Gefahr hin, dass

quitter [kite] (*1a*) *endroit*, *personne*: verlassen; *activité*: aufgeben; *vêtement*: ablegen; ***se ~*** sich trennen, auseinandergehen; *tél* ***ne quittez pas!*** bitte bleiben Sie am Apparat!

qui-vive [kiviv] **1.** *mil* ***~?*** wer da?; **2.** ***être*** *od* ***se tenir sur le ~*** aufpassen, auf der Hut sein

quoi [kwa] **1.** was?; **2.** ***à ~*** wozu, woran; ***après ~*** worauf(hin); ***de ~*** wovon; ***sans ~*** sonst, andernfalls; ***à ~ bon?*** wozu?; ***avoir de ~ vivre*** genug zum Leben haben; ***il a de ~*** er hat Geld; ***(il n'y a) pas de ~!*** keine Ursache!, bitte!; **3.** ***~ que*** (+ *subj*) was auch (immer); ***~ qu'il en soit*** wie dem auch sei

quoique [kwakə] *conj* (+ *subj*) obgleich, obwohl

quolibet [kɔlibɛ] *m* Stichelei *f*, Anzüglichkeit *f*

quote-part [kɔtpar] *f* (*pl quotes-parts*) Anteil *m*

quotidien, **~ne** [kɔtidjɛ̃, -ɛn] **1.** *adj* täglich; **2.** *m* Tageszeitung *f*

R

r. *abr* ***rue*** Straße

R. *abr* ***recommandé*** Einschreiben

rabâcher [rabaʃe] (*1a*) immer dasselbe sagen

rabais [rabɛ] *m* Rabatt *m*, Ermäßigung *f*

rabaisser [rabɛse] (*1b*) herabsetzen, schmälern

rabattre [rabatrə] (*4a*) *v/t siège*, *couvercle*: herunterklappen; *manches*: umschlagen, umlegen; *pli*: legen; *gibier*: treiben; ***~ trois euros*** drei Euro nachlassen; *v/i* ***en ~*** Abstriche machen, zurückstecken; *fig* ***se ~ sur*** zurückgreifen auf (*acc*), vorliebnehmen mit

râblé, **~e** [rɑble] untersetzt, stämmig

rabot [rabo] *m* Hobel *m*; **~er** [-ɔte] (*1a*) (be-, ab)hobeln

raboteu|x, **~se** [rabɔtø, -z] *surface*: rau, uneben; *chemin*: holp(e)rig (*a fig*)

rabougri, **~e** [rabugri] verkümmert, verkrüppelt

rabrouer [rabrue] (*1a*) ***~ qn*** j-n anfahren, anherrschen

racaille [rakaj] *f* Pack *n*, Gesindel *n*

raccommod|age [rakɔmɔdaʒ] *m* Ausbesserung *f*, Flicken *n*; **~er** (*1a*) flicken, ausbessern, stopfen

raccompagner [rakõpaɲe] (*1a*) zurückbegleiten, -bringen
raccord [rakɔr] *m* Verbindung(sstück) *f(n)*; *film*: Übergang *m*; *tech* Nippel *m*
raccord|ement [rakɔrdəmɑ̃] *m* Verbindung *f*; **~er** (*1a*) verbinden; *tech* anschließen
raccourc|i, ~ie [rakursi] **1.** *adj* ge-, verkürzt; ***en raccourci*** in Kurzform; **2.** *m* Verkürzung *f*; *chemin*: Abkürzung *f*; **~ir** (*2a*) *v/t* verkürzen; *chemin*: abkürzen; *robe*: kürzer machen; *v/i* kürzer werden
raccrocher [rakrɔʃe] (*1a*) wieder aufhängen; *téléphone*: auflegen; ***se ~ à*** sich (an)klammern an (*acc*)
race [ras] *f* Rasse *f*; *ascendance* Geschlecht *n*; *péj* Sippschaft *f*
rachat [raʃa] *m* Rückkauf *m*; *détenu*: Loskauf *m*
racheter [raʃte] (*1e*) zurückkaufen; *détenu*: los-, freikaufen; *fig faute*: wieder gutmachen; *rel* erlösen
racial, ~e [rasjal] (*m/pl -aux*) rassisch, Rassen…
racine [rasin] *f* Wurzel *f* (*a fig u math*); ***prendre ~*** Wurzeln schlagen
rac|isme [rasismə] *m* Rassenideologie *f*, Rassismus *m*; **~iste 1.** *adj* rassistisch; **2.** *m*, *f* Rassist(in) *m(f)*
racket [rakɛt] *m* organisierte Erpressung *f*
racl|ée [rɑkle] F *f* Tracht *f* Prügel; **~er** (*1a*) schaben, abkratzen; *trottoir*: streifen; ***se ~ la gorge*** sich räuspern; **~ette** [-ɛt] *f tech* Kratz-, Schabeisen *n*; *cuis* Raclette *f od n*
racoler [rakɔle] (*1a*) *péj* anwerben, fangen
raconter [rakõte] (*1a*) erzählen (***qc*** [von] etw); *fait réel*: berichten (***qc*** von etw)
radar [radar] *m* Radar(anlage *f*, -gerät *n*) *n*
rade [rad] *f mar* Reede *f*
radeau [rado] *m* (*pl -x*) Floß *n*
radial, ~e [radjal] (*m/pl -aux*) radial, strahlenförmig; ***pneu*** *m* ***à carcasse radiale*** Gürtelreifen *m*
radia|teur [radjatœr] *m* Heizkörper *m*, Radiator *m*; *auto* Kühler *m*; **~tion** *f phys* Strahlung *f*; *liste*, *facture*: Streichung *f*
radical, ~e [radikal] (*m/pl -aux*) **1.** *adj* radikal; **2.** *m gr* Stamm *m*; *math* Wurzelzeichen *n*; *pol* Radikalsozialist *m*
radier [radje] (*1a*) (aus)streichen
radieu|x, ~se [radjø, -z] strahlend (*a fig*)
radin (*f a* **radine**) [radɛ̃, radin] F knauserig
radio [radjo] **1.** *f* Rundfunk *m*, Radio *n*, Hörfunk *m*; **~ *libre*** Privatsender *m*; **2.** *f radiographie* Röntgenaufnahme *f*; **3.** *m radiotélégraphie*: Funker *m*
radio|actif, ~active [radjoaktif, -aktiv] radioaktiv; **~activité** [-aktivite] *f* Radioaktivität *f*; **~cassette** [-kasɛt] *f* Radiorekorder *m*; **~diffuser** [-difyze] (*1a*) (im Rundfunk) übertragen, senden; **~diffusion** [-difyzjõ] *f* Rundfunk *m*; **~graphie** [-grafi] *f procédé*: Röntgenaufnahme *f*; *photo*: Röntgenbild *n*; **~graphier** [-grafje] (*1a*) röntgen; **~logie** [-lɔʒi] *f* Röntgenkunde *f*, Radiologie *f*; **~phonique** [-fɔnik] Radio…, (Rund-)Funk…; **~reportage** [-rəpɔrtaʒ] *m* Funkreportage *f*; **~scopie** [-skɔpi] *f* Durchleuchtung *f*; **~télévisé(e)** [-televise] Funk- und Fernseh…; **~thérapie** [-terapi] *f* Röntgentherapie *f*, Strahlenbehandlung *f*
radis [radi] *m bot* Radieschen *n*; **~ *noir*** Rettich *m*
radoter [radɔte] (*1a*) faseln, schwatzen
radoucir [radusir] (*2a*) mildern; ***se ~*** *temps*: milder werden
rafale [rafal] *f* Windstoß *m*, Bö *f*; *mil* Feuerstoß *m*
raffermir [rafɛrmir] (*2a*) *muscles*, *poitrine*: (wieder) festigen, straffen; *fig pouvoir*: stärken
raffinage [rafinaʒ] *m tech* Raffinieren *n*, Verfeinerung *f*
raffin|é, ~ée [rafine] verfeinert; *art*: überfeinert; *goût*: erlesen; *style*: gepflegt; *tech* raffiniert; **~ement** [-mɑ̃] *m* Verfeinerung *f*; *astuce* Raffinesse *f*; **~er** (*1a*) *tech* raffinieren; *fig* verfeinern; **~erie** *f tech* Raffinerie *f*
raffoler [rafɔle] (*1a*) versessen sein (***de*** auf *acc*)
rafistoler [rafistɔle] (*1a*) F flicken, ausbessern
rafle [raflə] *f police*: Razzia *f*
rafler [rafle] (*1a*) F an sich (*acc*) raffen
rafraîch|ir [rafrɛʃir] (*2a*) *v/t mains*: erfrischen; *boisson*: kühlen; *mémoire*:

auffrischen; *v/i* kühler werden; ***se ~*** *température*: kühler werden; *personne*: sich erfrischen; **~issant, ~issante** [-isɑ̃, -isɑ̃t] erfrischend (*a fig*); **~issement** [-ismɑ̃] *m température*: Abkühlung *f*; *boisson*: Erfrischung *f*
rag|e [raʒ] *f* Wut *f*, Raserei *f*; *méd* Tollwut *f*; **~eur, ~euse** *personne*: jähzornig; *regard, voix*: wütend
ragot [rago] *m* F Tratsch *m*
ragoût [ragu] *m cuis* Ragout *n*
raid [rɛd] *m mil* Einfall *m*; *aérien*: Luftangriff *m*
raid|e [rɛd] *personne, membres*: steif (*a fig*); *pente*: steil; P *ivre* stockbesoffen; ***~ mort*** auf der Stelle tot; **~eur** *f personne, membres*: Steifheit *f* (*a fig*); *pente*: Steilheit *f*; **~ir** (*2a*) anspannen; ***se ~*** *membres*: steif werden; *fig* trotzen
raie [rɛ] *f* **1.** *rayure* Streifen *m*; *cheveux*: Scheitel *m*; **2.** *zo* Rochen *m*
raifort [rɛfɔr] *m bot* Meerrettich *m*
rail [rɑj] *m* Schiene *f*
railll|er [rɑje] (*1a*) verspotten (***qn*** j-n), spotten (***qn*** über j-n); **~erie** *f* Spott *m*; **~eur, ~euse** spöttisch
rainure [renyr] *f tech* Nut *f*, Rille *f*
raisin [rɛzɛ̃] *m* (Wein-)Traube(n) *f*(*pl*); ***~ sec*** Rosine *f*
raison [rɛzõ] *f intelligence* Vernunft *f*, Verstand *m*; *contraire de tort*: Recht *n*; *cause* Grund *m*, Ursache *f*; *argument* Argument *n*; ***avoir ~*** recht haben; ***avoir ~ de qn*** j-n überwältigen; ***avoir ~ de qc*** etw (*acc*) meistern; ***à ~ de*** zum Preis von; ***à plus forte ~*** umso mehr; ***en ~ de*** auf Grund von; ***~ d'être*** Existenzberechtigung *f*; ***~ d'État*** Staatsräson *f*; ***pour cette ~*** aus diesem Grund, deshalb; ***~ sociale*** Firmenname *m*
raisonnable [rɛzɔnablə] vernünftig; *prix*: angemessen
raisonné, ~e [rɛzɔne] durchdacht, überlegt
raisonn|ement [rɛzɔnmɑ̃] *m* Überlegung *f*, Gedankengang *m*; *argumentation* Beweisführung *f*; *faculté* Urteilskraft *f*; **~er** (*1a*) *v/i argumenter* argumentieren; *penser* nachdenken; *répliquer* widersprechen; *v/t* ***~ qn*** j-m gut zureden
rajeunir [rajœnir] (*2a*) *v/t personne*: jünger machen; *pensée, thème*: neu beleben; *v/i* jünger werden *od* aussehen
rajouter [raʒute] (*1a*) hinzufügen
rajust|ement [raʒystəmɑ̃] *m* Angleichung *f*; **~er** (*1a*) *salaires, prix*: angleichen; *cravatte, lunettes*: zurechtrücken; *coiffure*: wieder in Ordnung bringen
ralent|i [ralɑ̃ti] *m auto* Leerlauf *m*; *film*: Zeitlupe *f*; *fig* ***au ~*** mit verminderter Kraft; **~ir** (*2a*) *v/t* verlangsamen; *v/i voiture*: langsamer werden, fahren
râler [rɑle] (*1a*) röcheln; F nörgeln
rallier [ralje] (*1a*) *mil* sammeln; *fig* vereinen; *rejoindre* sich anschließen (***qn*** j-m); ***se ~ à*** sich anschließen an (*acc*)
rallong|e [ralõʒ] *f* Verlängerungsstück *n*; *él* Verlängerungsschnur *f*; **~er** (*1l*) verlängern
rallye [rali] *m* Rallye *f*, Sternfahrt *f*
ramass|age [ramasaʒ] *m* Sammeln *n*; ***car*** *m* ***de ~ scolaire*** Schulbus *m*; **~er** (*1a*) *ce qui est par terre*: aufheben; *recueillir* (ein)sammeln; F *maladie, coup*: erwischen; **~is** [-i] *m péj* Haufen *m*
rambarde [rɑ̃bard] *f* Geländer *n*; *mar* Reling *f*
rame [ram] *f* Ruder *n*; *métro*: Zug *m*
rameau [ramo] *m* (*pl -x*) Zweig *m* (*a fig*); *rel* ***les* ♀*x*** Palmsonntag *m*
ramener [ramne] (*1d*) zurück-, wiederbringen; *apporter* mitbringen; *ordre*: wiederherstellen; ***~ à*** zurückführen auf (*acc*); ***se ~ à qc*** auf etw (*acc*) hinauslaufen
ram|er [rame] (*1a*) rudern; **~eur, ~euse** *m, f* Ruderer, -in *m, f*
rami|fication [ramifikasjõ] *f* Ab-, Verzweigung *f*; **~fier** [-fje] (*1a*) ***se ~*** sich verzweigen (*a fig*)
ramollir [ramɔlir] (*2a*) weich machen, aufweichen; ***se ~*** weich werden; *fig* nachlassen
ramon|er [ramɔne] (*1a*) fegen; **~eur** *m* Schornsteinfeger *m*
rampant, ~e [rɑ̃pɑ̃, -t] kriechend; *fig* kriecherisch
ramp|e [rɑ̃p] *f escalier*: Treppengeländer *n*; *garage*: Auffahrt *f*; *théâtre*: Rampe *f*; ***~ de lancement*** *mil* Abschussrampe *f*; **~er** (*1a*) kriechen (*a fig*)
rancard [rɑ̃kar] F *m rendez-vous* Ver-

abredung *f*; *renseignement* Auskunft *f*

rancart [rɑ̃kar] *m* ***mettre au ~*** ausrangieren

rance [rɑ̃s] ranzig

rancœur [rɑ̃kœr] *f* Groll *m*, Verbitterung *f*

rançon [rɑ̃sõ] *f* Lösegeld *n*; *fig* Preis *m*

rancun|e [rɑ̃kyn] *f* Groll *m*; **~ier**, **~ière** [-je, -jɛr] nachtragend

randonn|ée [rɑ̃dɔne] *f* Ausflug *m*, Tour *f*, Wanderung *f*; **~eur** *m* Wanderer *m*

rang [rɑ̃] *m rangée* Reihe *f*; *niveau* Rang *m*, Stand *m*; *mil* Glied *n*; *fig* ***se mettre sur les ~s*** sich bewerben; ***rentrer dans le ~*** wieder in den Hintergrund treten; ***être au premier ~*** an erster Stelle stehen

rang|é, **~ée** [rɑ̃ʒe] *personne*: anständig; *vie*: geregelt; **~ée** *f* Reihe *f*

ranger [rɑ̃ʒe] (*1l*) in Ordnung bringen, ordnen; *chambre*: aufräumen; *voiture*: parken; ***se ~*** *s'écarter* beiseitetreten, beiseite fahren; *fig assagir* solide werden; ***se ~ à une opinion*** e-r Ansicht beipflichten

ranimer [ranime] (*1a*) *personne*: wieder beleben; *fig courage*, *force*: wieder, neu beleben; *personne*: aufmuntern

rap [rap] *m mus* Rap *m*

rapace [rapas] **1.** *adj animal*: raubgierig; *personne*: habsüchtig; **2.** *m* Raubvogel *m*

rapatrié, **~e** [rapatrije] *m*, *f* Rückwanderer(in) *m*(*f*), Umsiedler(in) *m*(*f*), Heimkehrer(in) *m*(*f*)

rapatriement [rapatrimɑ̃] *m* Rückführung *f*, Repatriierung *f*

rapatrier [rapatrije] (*1a*) rückführen, repatriieren

râp|e [rɑp] *f* Reibe *f*; *tech* Raspel *f*; **~er** (*1a*) *cuis* reiben; *bois*: raspeln; ***manteau*** *m* ***râpé*** abgetragener Mantel *m*

rapetisser [raptise] (*1a*) *v/t salle*: verkleinern; *robe*: kürzen; *fig mérite*: herabsetzen; *v/i tissu*: eingehen; *personne*: kleiner werden

rapide [rapid] **1.** *adj* schnell, rasch; *courant*: reißend; **2.** *m eau*: Stromschnelle *f*; *train*: D-Zug *m*

rapidité [rapidite] *f* Schnelligkeit *f*

rapiécer [rapjese] (*1f u 1k*) flicken

rappel [rapɛl] *m* Zurückrufen *n*; *ambassadeur*, *envoyé*: Abberufung *f*; *avertissement* Mahnung *f*; *évocation* Erinnerung *f* (***de*** an); *écriteau*: Wiederholung *f*; *salaire*: Nachzahlung *f*; ***descendre en ~*** *alpiniste*: sich abseilen

rappeler [raple] (*1c*) zurückrufen; *ambassadeur*: abberufen; *téléphoner de nouveau* noch einmal anrufen; *en réponse*: zurückrufen; ***~ qc à qn*** j-m etw ins Gedächtnis zurückrufen, j-n an etw (*acc*) erinnern; ***se ~ qn*** *od* ***qc*** sich (*acc*) an j-n *od* etw erinnern; ***se ~ avoir fait qc*** sich erinnern, etw getan zu haben

rapport [rapɔr] *m* **1.** Bericht *m*; *mil* Meldung *f*; *jur* Gutachten *n*; **2.** *lien* Zusammenhang *m*; *proportion* Verhältnis *n*; **~s** *pl relations* Beziehungen *f/pl*; **~s** (***sexuels***) (Geschlechts-)Verkehr *m*; ***par ~ à*** im Verhältnis zu, im Vergleich zu; ***sous le ~ de*** was … betrifft; ***sous tous les ~s*** in jeder Hinsicht; ***en ~ avec*** entsprechend; ***être en ~ avec qn*** mit j-m in Verbindung stehen; **3.** *comm* Ertrag *m*

rapport|er [rapɔrte] (*1a*) wiederbringen, zurückbringen; *revenir avec* mitbringen; *produire* einbringen; *relater* berichten; ***se ~ à*** sich beziehen auf (*acc*); ***s'en ~ à qn*** sich auf j-n verlassen; **~eur**, **~euse** *m*, *f* Berichterstatter(in) *m*(*f*)

rapproch|ement [raprɔʃmɑ̃] *m* Annäherung *f* (*a fig*); *analogie* Gegenüberstellung *f*, Vergleich *m*; **~er** (*1a*) *chose*: heranrücken (***de*** an *acc*); *deux choses*: zusammenrücken; *fig* näher bringen; *comparer* gegenüberstellen, vergleichen (***de*** mit); ***se ~*** sich (an)nähern, näher kommen (***de qc*** e-r Sache)

rapt [rapt] *m* Entführung *f*

raquette [rakɛt] *f* Tennisschläger *m*

rare [rɑr] selten, *marchandises*: knapp, rar; *extraordinaire* außergewöhnlich; *peu dense* dünn; ***il est ~ que*** (+ *subj*) *od* ***de*** (+ *inf*) es ist selten, dass

ras, **~e** [rɑ, -z] kurz geschnitten; ***à ras bord*** bis an den Rand; ***en rase campagne*** auf dem flachen Land; ***au ras de*** dicht über; F ***en avoir ras le bol*** die Nase voll haben; ***faire table rase*** Tabula rasa, reinen Tisch machen

rase-mottes [rɑzmɔt] *m aviat* Tiefflug *m*

ras|er [rɑze] (*1a*) *personne*, *menton*: rasieren; *barbe*: abrasieren; *maison*: abreißen; *violemment*: dem Erdboden gleichmachen; **~ qc** *frôler* an etw (*dat*) dicht entlangfahren; F **~ qn** *ennuyer* j-n anöden; **~oir** *m* **~** (*électrique*) Rasierapparat *m*

rassasier [rasazje] (*1a*) sättigen

rassembler [rasɑ̃ble] (*1a*) *personnes*: (ver)sammeln; *informations*: sammeln, zusammentragen, -stellen

rasseoir [raswar] (*3l*) wieder hinsetzen; **se ~** sich wieder hinsetzen

rassis, **~e** [rasi, -z] altbacken; *fig* gesetzt, besonnen

rassurer [rasyre] (*1a*) beruhigen

rat [ra] *m zo* Ratte *f*

ratatiner [ratatine] (*1a*) **se ~** zusammenschrumpfen

rate [rat] *f anat* Milz *f*

raté, **~e** [rate] **1.** *adj* misslungen, verfehlt; **2.** *m personne*: Versager *m* (*a fig*); *auto* Fehlzündung *f*

râteau [rɑto] *m* (*pl -x*) *agr* Rechen *m*, Harke *f*

rater [rate] (*1a*) *v/t cible*: verfehlen; *personne*, *train*: verpassen; *v/i arme*: versagen; *projet*: misslingen; **~ un examen** durchfallen

ratification [ratifikasjõ] *f pol* Ratifizierung *f*

ration [rasjõ] *f* Ration *f*; *fig* Anteil *m*

rationalis|ation [rasjɔnalizasjõ] *f* Rationalisierung *f*; **~er** (*1a*) rationalisieren

rationnel, **~le** [rasjɔnɛl] rational; *méthode*, *organisation*: zweckmäßig, rationell

rationnement [rasjɔnmɑ̃] *m* Rationierung *f*

Ratisbonne [ratisbɔn] Regensburg *n*

ratisser [ratise] (*1a*) harken, rechen; *fouiller* durchkämmen

RATP [ɛratepe] *f abr* ***Régie autonome des transports parisiens*** *Pariser Verkehrsbetriebe*

rattacher [rataʃe] (*1a*) *attacher de nouveau* wieder anbinden; *idées*: verknüpfen; *fil électrique*: anschließen; **se ~** sich anschließen (**à** an *acc*)

rattraper [ratrape] (*1a*) *animal*: wieder einfangen; *fugitif*: wieder ergreifen; *objet qui tombe*: auffangen; *voiture*, *cycliste*: einholen; *retard*: aufholen; *occasion perdue*: nachholen

raturer [ratyre] (*1a*) aus-, durchstreichen

rauque [rok] heiser, rau

ravag|e [ravaʒ] *m le plus souvent au pl* **~s** Verwüstungen *f/pl*, Verheerungen *f/pl*; **~er** (*1l*) verwüsten, verheeren

ravaler [ravale] (*1a*) *façade*: (neu) verputzen, reinigen; *avaler de nouveau* (wieder) hinunterschlucken (*a fig*); *fig déprécier* herabwürdigen

rave [rav] *f* Rübe *f*

ravi, **~e** [ravi] entzückt (**de** über *acc*)

ravin [ravɛ̃] *m* Schlucht *f*

ravir [ravir] (*2a*) **1.** *enchanter* begeistern, entzücken; **2.** *litt enlever* rauben, entführen

raviser [ravize] (*1a*) **se ~** sich anders besinnen

raviss|ant, **~ante** [ravisɑ̃, -ɑ̃t] entzückend; **~eur**, **~euse** *m*, *f* Entführer(in) *m*(*f*)

ravitaill|ement [ravitajmɑ̃] *m* Lebensmittelversorgung *f*; *mil* Nachschub *m*; **~er** (*1a*) mit Nachschub, mit Lebensmitteln versorgen

raviver [ravive] (*1a*) neu beleben

ray|é, **~ée** [rɛje] gestreift; *papier*: liniert; *verre*, *carrosserie*: verschrammt; **~er** (*1i*) *meuble*, *carrosserie*: zerkratzen; *mot*: aus-, durchstreichen

rayon [rɛjõ] *m* Strahl *m* (*a phys*); *math* Radius *m*; *roue*: (Rad-)Speiche *f*; *étagère*: Fach *n*, Brett *n*; *magasin*: Abteilung *f*; **~s X** Röntgenstrahlen *m/pl*; **~ de braquage** *auto* Wendekreis *m*

rayonn|ant, **~ante** [rɛjɔnɑ̃, -ɑ̃t] strahlend; **~ement** [-mɑ̃] *m phys* Strahlung *f*; *fig* Ausstrahlung *f*; **~er** (*1a*) *v/i chaleur*, *douleur*: ausstrahlen; *visage*: strahlen; *faire des excursions* Ausflüge in die Umgebung machen

rayure [rejyr] *f* Streifen *m*; *meuble*, *verre*: Kratzer *m*

raz [rɑ] *m* **~ de marée** Flutwelle *f*; *fig* Flut *f*; *pol* Erdrutsch *m*

R.C. *m abr* ***registre du commerce*** Handelsregister *n*

RDA [ɛrdea] *f* (*abr* ***République démocratique allemande***) *hist* DDR *f*

re... [r(ə)] *in Zssgn* wieder, noch einmal

ré [re] *m mus* d *od* D *n*

réacteur [reaktœr] *m phys* Reaktor *m*; *aviat* Düse(ntriebwerk) *f*(*n*); **~ nucléaire** Kernreaktor *m*

réaction [reaksjõ] *f* Reaktion *f*; ***avion** m **à** ~* Düsenflugzeug *n*
réactionnaire [reaksjɔnɛr] **1.** *adj* rückschrittlich, reaktionär; **2.** *m, f* Reaktionär(in) *m(f)*
réagir [reaʒir] *(2a)* ~ ***à*** reagieren auf *(acc)*; ~ ***contre*** sich wehren gegen *(acc)*
réajuster [reaʒyste] *(1a)* → ***rajuster***
réalis|able [realizablə] ausführbar; **~ateur**, **~atrice** [-atœr, -atris] *m, f* Filmregisseur(in) *m(f)*; **~ation** *f* Verwirklichung *f*, Realisierung *f*; *contrat*: Erfüllung *f*; *acquisition* Errungenschaft *f*; *film*: Regie *f*
réaliser [realize] *(1a)* **1.** verwirklichen, realisieren; *souhait*: erfüllen; *vente*: tätigen; *film*: produzieren; *bien, capital*: zu Geld machen; **2.** *se rendre compte* begreifen, erfassen
réal|isme [realismə] *m* Realismus *m*; **~iste 1.** *adj* realistisch; **2.** *m* Realist *m*; **~ité** *f* Wirklichkeit *f*; *fait réel* Tatsache *f*; ***en*** ~ in Wirklichkeit
réanim|ation [reanimasjõ] *f méd* Wiederbelebung *f*; ***service** m **de*** ~ Intensivstation *f*; **~er** *(1a)* wieder beleben
réapparaître [reaparɛtrə] *(4z)* wieder erscheinen
réarmement [rearməmɑ̃] *m* (Wieder-) Aufrüstung *f*
rébarbati|f, **~ve** [rebarbatif, -iv] abweisend, mürrisch; *thème*: trocken
rebattu, **~e** [r(ə)baty] abgedroschen
rebell|e [rəbɛl] **1.** *adj* aufrührerisch, aufsässig; ***être*** ~ ***à*** sich widersetzen *(dat)*; **2.** *m, f* Rebell(in) *m(f)*; **~er** *(1a)* ***se*** ~ sich auflehnen (***contre*** gegen *acc*)
rébellion [rebɛljõ] *f* Aufstand *m*, Rebellion *f*
rebond|i, **~ie** [r(ə)bõdi] prall, rund; **~ir** *(2a) ballon*: zurück-, abprallen; *fig* wieder in Gang kommen; **~issement** [-ismɑ̃] *m fig* Wiederaufleben *n*
rebord [r(ə)bɔr] *m* Rand *m*, Kante *f*
rebours [r(ə)bur] *m **à*** ~ rückwärts; *fig* verkehrt; ***à*** ~ ***de*** im Gegensatz zu; ***compte** m **à*** ~ Count-down *m*
rebrousser [r(ə)bruse] *(1a)* ~ ***chemin*** umkehren
rébus [rebys] *m* Bilderrätsel *n*
rebut [r(ə)by] *m* Ausschuss *m*; *fig* Abschaum *m*; ***mettre au*** ~ ausrangieren
rebuter [r(ə)byte] *(1a) manières*: abstoßen; *travail*: abschrecken
récalcitrant, **~e** [rekalsitrɑ̃, -t] störrisch, widerspenstig
récapituler [rekapityle] *(1a)* kurz wiederholen, zusammenfassen
recel [rəsɛl] *m jur* Hehlerei *f*; **~eur**, **~euse** [rəslœr, -øz] *m, f jur* Hehler(in) *m(f)*
récemment [resamɑ̃] *adv* kürzlich, neulich
recens|ement [r(ə)sɑ̃smɑ̃] *m* (Volks-) Zählung *f*; **~er** *(1a) population*: zählen
récent, **~e** [resɑ̃, -t] neu; *passé*: jüngste
récépissé [resepise] *m* Empfangsschein *m*, -bestätigung *f*, Quittung *f*
récepteur [resɛptœr] *m tech* Empfänger *m*, Empfangsgerät *n*; *tél* Hörer *m*
réception [resɛpsjõ] *f lettre, invité*: Empfang *m*; *hôtel, firme*: Rezeption *f*; *marchandises*: Annahme *f*
récession [resesjõ] *f écon* Rezession *f*
recette [r(ə)sɛt] *f* **1.** *comm* Einnahme *f*, Ertrag *m*; ~ ***des finances*** Finanzamt *n*; **2.** *cuis u fig* Rezept *n*
recev|eur, **~euse** [rəsvœr, -øz] *m, f autobus*: Schaffner(in) *m(f)*; *m impôts*: Finanzbeamte(r) *m*; *poste*: Vorsteher *m*; *méd* Empfänger *m (e-s Organs etc)*; **~oir** [rəsvwar, rsəvwar] *(3a)* bekommen, erhalten; *invité*: empfangen; ***être reçu à un examen*** e-e Prüfung bestehen
rechang|e [r(ə)ʃɑ̃ʒ] *m* **...** ***de*** ~ Ersatz..., Reserve...; **~er** *(1l)* auswechseln
réchapper [reʃape] *(1a)* ~ ***à qc*** etw *(acc)* glücklich überstehen
recharger [r(ə)ʃarʒe] *(1l) camion*: wieder beladen; *arme*: wieder laden
réchaud [reʃo] *m* Kocher *m*
réchauffer [reʃofe] *(1a)* auf-, erwärmen
rêche [rɛʃ] *laine, peau*: rau; *fig* widerborstig
recherch|e [r(ə)ʃɛrʃ] *f* Suche *f*; *scientifique*: Forschung *f*; *bonheur, avantages*: Streben *n* (***de*** nach); *bon goût* feiner Geschmack *m*; *péj* Geziertheit *f*; ~ ***par texte complet*** *EDV* Volltextsuche *f*; **~s** *pl police*: Nachforschungen *f/pl*; **~é**, **~ée** begehrt; *raffiné* erlesen; *péj* affektiert; **~er** *(1a)* suchen; *criminel*: fahnden (***qn*** nach j-m); *causes, effets*: erforschen; *bonheur, perfection*: streben nach

rechute [r(ə)ʃyt] *f méd u fig* Rückfall *m*
récidive [residiv] *f jur u fig* Rückfall *m*
récif [resif] *m géogr* Riff *n*
récipient [resipjɑ̃] *m* Behälter *m*
récipro|cité [resiprɔsite] *f* Gegenseitigkeit *f*; **~que** [-k] gegenseitig
récit [resi] *m* Erzählung *f*
récit|al [resital] *m* (*pl* -als) Konzert *n*; **~er** (*1a*) hersagen, vortragen
réclamation [reklamasjõ] *f* Reklamation *f*, Beschwerde *f*
réclam|e [reklam] *f* Werbung *f*, Reklame *f*; **~er** (*1a*) *secours, aumône*: dringend bitten (***qc de qn*** j-n um etw); *son dû, sa part*: (zurück)verlangen; *nécessiter* erfordern; ***se ~ de*** sich berufen auf (*acc*)
reclus, ~e [rəkly, -yz] zurückgezogen
réclusion [reklyzjõ] *f* Zuchthaus *n*; *peine*: Zuchthausstrafe *f*
recoin [rəkwɛ̃] *m* verborgener Winkel *m*, Schlupfwinkel *m*
récolt|e [rekɔlt] *f* Ernte *f* (*a fig*); **~er** (*1a*) ernten
recommand|able [rəkɔmɑ̃dablə] empfehlenswert; **~ation** *f* Empfehlung *f*; ***lettre*** *f* ***de ~*** Empfehlungsschreiben *n*; **~é** *m lettre*: Einschreiben *n*; **~er** (*1a*) empfehlen (***qc à qn*** j-m etw); *lettre*: einschreiben lassen; ***se ~ par*** sich auszeichnen durch; ***se ~ de qn*** sich auf j-n berufen
recommencer [r(ə)kɔmɑ̃se] (*1k*) wieder (*od* von vorn) anfangen (***qc*** etw; ***à*** + *inf* zu + *inf*)
récompens|e [rekõpɑ̃s] *f* Belohnung *f*; **~er** (*1a*) belohnen (***de*** für)
réconcili|ation [rekõsiljasjõ] *f* Ver-, Aussöhnung *f*; **~er** (*1a*) versöhnen; *fig* (wieder) in Einklang bringen
reconduire [r(ə)kõdɥir] (*4c*) zurückbringen, -begleiten; *jur* verlängern, erneuern
réconfort [rekõfɔr] *m* Trost *m*; **~er** (*1a*) trösten
reconnaissable [r(ə)kɔnɛsablə] wieder zu erkennen
reconnaiss|ance [r(ə)kɔnɛsɑ̃s] *f droit, état*: Anerkennung *f*; *mémoire*: (Wieder-)Erkennung *f*; *gratitude* Dankbarkeit *f*; ***~ vocale*** *EDV* Spracherkennung *f*; **~ant, ~ante** [-ɑ̃, -ɑ̃t] dankbar (***de*** für)
reconnaître [r(ə)kɔnɛtrə] (*4z*) *objet, personne*: (wieder) erkennen (***à*** an *dat*); *état, chef*: anerkennen; *faute*: eingestehen, einsehen; ***se ~*** *se retrouver* sich zurechtfinden
reconnu, ~e [r(ə)kɔny] *p/p de* ***reconnaître*** *u adj* anerkannt
reconquérir [r(ə)kõkerir] (*2l*) zurück-, wiedererobern; *fig* wiedererlangen
reconstituer [r(ə)kõstitɥe] (*1a*) *ville, maison*: wieder aufbauen; *événement*: rekonstruieren
reconstr|uction [r(ə)kõstryksjõ] *f* Wiederaufbau *m*; **~uire** [-ɥir] (*4c*) wieder aufbauen
reconversion [r(ə)kõvɛrsjõ] *f* Umschulung *f*
reconvertir [r(ə)kõvɛrtir] (*2a*) ***se ~*** umschulen
record [r(ə)kɔr] *m* Rekord *m*
recoupement [r(ə)kupmɑ̃] *m math* Überschneidung *f*; *témoignages*: Übereinstimmung *f*
recourbé, ~e [r(ə)kurbe] gebogen, krumm
recourir [r(ə)kurir] (*2i*) ***~ à qn*** sich an j-n wenden; ***~ à qc*** zu etw greifen
recours [r(ə)kur] *m* Ausweg *m*, Zuflucht *f*; *jur* Berufung *f*; ***~ à la violence*** Gewaltanwendung *f*; ***avoir ~ à qc*** zu etw greifen; ***en dernier ~*** als letztes Mittel
recouvrer [r(ə)kuvre] (*1a*) wiedererlangen; *impôts*: eintreiben
recouvrir [r(ə)kuvrir] (*2f*) wieder bedecken; *fauteuil*: überziehen (***de*** mit); *couvrir entièrement* bedecken; *cacher* verdecken; *correspondre à* umfassen
récréation [rekreasjõ] *f* Erholung *f*, Entspannung *f*
récrier [rekrije] (*1a*) ***se ~*** lauthals protestieren (***contre*** gegen)
récrimination [rekriminasjõ] *f le plus souvent au pluriel* **~s** Vorwurf *m*
recroqueviller [r(ə)krɔkvije] (*1a*) ***se ~*** *papier, cuir*: zusammenschrumpfen; *personne*: sich krümmen
recrue [r(ə)kry] *f mil* Rekrut *m*
recrut|ement [r(ə)krytmɑ̃] *m mil* Einberufung *f*; *personnel*: Rekrutierung *f*, Einstellung *f*; **~er** (*1a*) *mil* einberufen; *personnel*: rekrutieren, einstellen
rectangle [rɛktɑ̃glə] *m* Rechteck *n*
rectangulaire [rɛktɑ̃gylɛr] rechteckig

recteur [rɛktœr] *m* (Hochschul-)Rektor *m*

recti|fier [rɛktifje] *(1a)* begradigen; *fig* berichtigen; **~ligne** [-liɲ] geradlinig

recto [rɛkto] *m feuille*: Vorderseite *f*

rectum [rɛktɔm] *m* Mastdarm *m*

reçu [r(ə)sy] **1.** *p/p de* ***recevoir***; **2.** *m* Quittung *f*

recueil [r(ə)kœj] *m* Sammlung *f*

recueill|ement [r(ə)kœjmɑ̃] *m* Andacht *f*; **~ir** *(2c)* (ein)sammeln; *eau*: auffangen; *personne*: (bei sich) aufnehmen; ***se ~*** sich (innerlich) sammeln

recul [r(ə)kyl] *m armée*: Zurückweichen *n*; *production*, *chômage*: Rückgang *m*; *fig* Abstand *m*

recul|é, ~ée [r(ə)kyle] abgelegen; *passé*: lang zurückliegend; **~er** *(1a)* *v/t* zurücksetzen, -schieben; *échéance*, *décision*: aufschieben; *v/i* zurückweichen, -gehen; *voiture*: zurückfahren; *fig se dérober* zurückschrecken (***devant*** vor *dat*); **~ons** [-ɔ̃] ***à ~*** rückwärts

récupérer [rekypere] *(1f)* *v/t* wiedererlangen; *vieux matériel*: wieder verwerten; *v/i* sich erholen

récurer [rekyre] *(1a)* scheuern

récuser [rekyze] *(1a)* *jur* ablehnen; *témoignage*, *argument*: zurückweisen

recycl|age [r(ə)siklaʒ] *m personnel*: Umschulung *f*; *tech* Wiederverwertung *f*, Recycling *n*; **~er** *(1a)* umschulen; *tech* wieder verwenden, -verwerten

rédac|teur [redaktœr] *m* Redakteur *m*; **~tion** *f* Abfassung *f*; *rédacteurs* Redaktion *f*

reddition [rɛdisjɔ̃] *f mil* Übergabe *f*

redescendre [r(ə)desɑ̃drə] *(4a)* **1.** *v/i* wieder herunterkommen, -steigen; *voiture*: wieder herunterfahren; *baromètre*: (wieder) fallen; **2.** *v/t* wieder herunterholen; *montagne*: wieder hinabsteigen

redev|able [rədvablə] ***être ~ de qc à qn*** j-m etw *(acc)* schuldig sein; *fig* j-m für etw zu Dank verpflichtet sein; **~ance** *f* Gebühr *f*

rédiger [rediʒe] *(1l)* ver-, abfassen

redire [r(ə)dir] *(4m)* *répéter* noch einmal sagen; *rapporter* weitersagen; ***trouver à ~ à tout*** an allem etw auszusetzen haben

redondance [r(ə)dɔ̃dɑ̃s] *f* Redundanz *f*

redonner [r(ə)dɔne] *(1a)* (wieder) zurückgeben; *fig* ***~ dans*** erneut verfallen in *(acc)*

redoubler [r(ə)duble] *(1a)* *v/t* verdoppeln; *v/i* sich verstärken; ***~ d'efforts*** seine Anstrengungen verdoppeln

redout|able [r(ə)dutablə] furchtbar; **~er** *(1a)* ***~ qc*** etw fürchten, sich vor etw *(dat)* fürchten; ***~ que*** (+ *subj*) sich davor fürchten, dass; ***~ de*** (+ *inf*) sich davor fürchten zu

redresser [r(ə)drɛse] *(1b)* *ce qui est courbe*: gerade richten; *ce qui est tombé*: wieder aufrichten; *fig économie*: wieder beleben; ***se ~*** *pays*: wieder hochkommen

réduction [redyksjɔ̃] *f dépenses*, *production*: Reduzierung *f*, Einschränkung *f*; *impôts*: Herabsetzung *f*; *billet*, *prix*: Ermäßigung *f*; ***~ d'emploi*** Stellenabbau *m*

réduire [redɥir] *(4c)* *dépenses*, *production*: reduzieren, einschränken; *impôts*: herabsetzen; *personnel*: abbauen; *format*: verkleinern; *vitesse*: drosseln; ***~ qn à qc*** j-n zu etw zwingen; ***~ qc à qc*** etw auf etw *(acc)* beschränken; ***~ en morceaux*** in Stücke schlagen; ***se ~ à*** sich beschränken (lassen) auf *(acc)*; ***se ~ en*** sich verwandeln in *(acc)*

réduit, **~e** [redɥi, -t] **1.** *adj possibilités*: beschränkt; *prix*: ermäßigt; *échelle*: verkleinert; **2.** *m* kleiner Raum *m*, Verschlag *m*

rééditer [reedite] *(1a)* neu herausgeben

rééducation [reedykasjɔ̃] *f méd* Rehabilitation *f*, Heilgymnastik *f*

réel, **~le** [reɛl] wirklich, real

réélection [reelɛksjɔ̃] *f* Wiederwahl *f*

réévalu|er [reevalɥe] *(1n)* *écon* aufwerten; **~ation** [-asjɔ̃] *f* Aufwertung *f*

réexpédier [reɛkspedje] *(1a)* weiterbefördern; *courrier*: nachsenden

refaire [r(ə)fɛr] *(4n)* *faire de nouveau* noch einmal machen; *transformer* umarbeiten; *remettre en état* ausbessern; ***se ~ une santé*** F sich erholen

réfection [refɛksjɔ̃] *f* Ausbesserung *f*, Renovierung *f*

réfectoire [refɛktwar] *m* Speisesaal *m*

référence [referɑ̃s] *f* **1.** Bezugnahme *f*;

ouvrage *m* ***de ~*** Nachschlagewerk *n*; ***par ~ à*** gemäß; **2. *~s*** *pl recommandation* Referenzen *f/pl*
référendum [referɛ̃dɔm] *m* Volksentscheid *m*, -abstimmung *f*
référer [refere] *(1f)* ***en ~ à qn*** j-m den Fall unterbreiten; ***se ~ à*** sich beziehen, berufen auf *(acc)*
refiler [r(ə)file] *(1a)* F ***~ qc à qn*** j-m etw andrehen
réfléch|i, ~ie [refleʃi] überlegt; *gr* reflexiv; **~ir** *(2a)* **1.** *v/t* reflektieren, zurückwerfen; **2.** *v/i* ***~ à, sur qc*** etw *(acc)* überlegen, über etw *(acc)* nachdenken
réflecteur [reflɛktœr] *m* Reflektor *m*
reflet [r(ə)flɛ] *m lumière*: Reflex *m*; *eau, miroir*: Spiegelbild *n*; *fig* Abglanz *m*
refléter [r(ə)flete] *(1f)* widerspiegeln *(a fig)*
réflexe [reflɛks] *m physiologie*: Reflex *m*; *automobiliste, sportif*: Reflex *m*, Reaktion *f*
réflexion [reflɛksjõ] *f* **1.** *phys* Spiegelung *f*, Reflexion *f*; **2.** *fait de penser* Überlegung *f*, Nachdenken *n*; *remarque* Äußerung *f*
refluer [r(ə)flye] *(1a)* zurückfließen
reflux [r(ə)fly] *m* Ebbe *f*
réforma|teur, ~trice [refɔrmatœr, -tris] **1.** *adj* reformerisch, reformatorisch; **2.** *m, f* Reformer(in) *m(f)*; *m rel* Reformator *m*
réform|e [refɔrm] *f* Reform *f*; *mil* Entlassung *f* (wegen Dienstunfähigkeit); ***~ monétaire*** Währungsumstellung *f*; ***~ de l'orthographe*** Rechtschreibreform *f*; *hist* ***la*** 2 die Reformation; **~é, ~ée** *rel* reformiert; *mil* dienstunfähig; **~er** *(1a)* reformieren; *mil* ausmustern
refoul|é, ~ée [r(ə)fule] *psych*: verdrängt; *personne*: verklemmt; **~ement** [-mɑ̃] *m* Zurückdrängen *n*; *psych* Verdrängung *f*; **~er** *(1a)* zurückdrängen; *psych* verdrängen
réfractaire [refraktɛr] widerspenstig (***à*** gegenüber); *tech* feuerfest
refrain [r(ə)frɛ̃] *m* Refrain *m*
refréner [refrene, rə-] *(1f)* zügeln
réfrigérateur [refriʒeratœr] *m* Kühlschrank *m*
refroidir [r(ə)frwadir] *(1a)* abkühlen *(a fig)*; ***se ~*** *temps*: kälter werden, sich abkühlen; *méd* sich erkälten
refroidissement [r(ə)frwadismɑ̃] *m* Abkühlung *f* *(a fig)*; *auto* Kühlung *f*; *méd* Erkältung *f*
refuge [r(ə)fyʒ] *m abri* Zuflucht(sort) *f(m)*; *piétons*: Verkehrsinsel *f*; *montagne*: (Schutz-)Hütte *f*
réfugi|é, ~ée [refyʒje] *m, f* Flüchtling *m*; **~er** *(1a)* ***se ~*** (sich) flüchten
refus [r(ə)fy] *m* Ablehnung *f*
refuser [r(ə)fyze] *(1a)* ablehnen; ***~ qc à qn*** j-m etw verweigern; ***~ de*** *(+ inf) u* ***se ~ à*** *(+ inf)* sich weigern zu
réfuter [refyte] *(1a)* widerlegen
regagner [r(ə)gaɲe] *(1a)* wiedergewinnen; *endroit*: zurückkehren an *od* in *(acc)*
régal [regal] *m* *(pl -s)* Leckerbissen *m* *(a fig)*; **~er** *(1a)* bewirten (***de*** mit); ***se ~ de qc*** etw *(acc)* mit Genuss essen
regard [r(ə)gar] *m* Blick *m*; ***au ~ de*** im Hinblick auf *(acc)*
regarder [r(ə)garde] *(1a)* ansehen, anschauen, betrachten; *concerner* angehen; ***~ comme*** betrachten als, halten für; ***~ à qc*** auf etw *(acc)* achten; ***~ par la fenêtre*** aus dem Fenster sehen
régence [reʒɑ̃s] *f* Regentschaft *f*
régénérer [reʒenere] *(1f)* regenerieren; *fig* wieder beleben
reggae [rege] *m mus* Reggae *m*
régie [reʒi] *f* **1.** *entreprise*: staatlicher Betrieb *m*; **2.** *TV, cinéma*: Regieassistenz *f*
regimber [r(ə)ʒɛ̃be] *(1a)* sich sträuben
régime [reʒim] *m pol* Regierungsform *f*, -system *n*, *péj* Regime *n*; *jur* Rechtsvorschriften *f/pl*; *méd* Diät *f*; *tech* Drehzahl *f*
régiment [reʒimɑ̃] *m* Regiment *n*
région [reʒjõ] *f* Gegend *f*, Gebiet *n*, Region *f* *(a fig)*; **~al, ~ale** [-jɔnal](*m/pl -aux*) regional; **~alisation** [-jɔnalizasjõ] *f pol* Regionalisierung *f*, Dezentralisation *f*; **~aliser** *(1a)* *pol* dezentralisieren; **~alisme** *m* Regionalismus *m*
régir [reʒir] *(2a)* regeln; *gr* regieren
régisseur [reʒisœr] *m* Verwalter *m*; *TV* Aufnahmeleiter *m*
registre [r(ə)ʒistrə] *m* Register *n* *(a mus)*
régl|able [reglablə] regulierbar, verstellbar; **~age** *m* Regulierung *f*, Einstellung *f*
réglé, ~e [regle] geregelt; *tech* einge-

stellt; *papier*: liniert

règle [rɛglə] *f* **1.** *instrument*: Lineal *n*; **2.** *prescription* Regel *f*, Vorschrift *f*; ***de ~*** üblich; ***en ~*** in Ordnung; ***en ~ générale*** in der Regel; **3.** ***~s*** *pl menstruation* Periode *f*, Regel *f*

règlement [rɛgləmɑ̃] *m affaire*, *question*: Regelung *f*; *règles* Vorschrift *f*; *comm* Begleichung *f*; *jur* Verordnung *f*

réglement|aire [regləmɑ̃tɛr] vorschriftsmäßig; **~ation** *f* gesetzliche Regelung *f*; **~er** (*1a*) gesetzlich regeln; *péj* reglementieren

régler [regle] (*1f*) *affaire*: regeln; *tech* regulieren, einstellen; *comm* bezahlen, begleichen; ***se ~ sur*** sich richten nach

réglisse [reglis] *f bot* Lakritze *f*

règne [rɛɲ] *m* Herrschaft *f*; ***~ animal*** Tierreich *n*

régner [reɲe] (*1f*) herrschen (*a fig*); *roi*: regieren

regorger [r(ə)gɔrʒe] (*1l*) ***~ de*** voll sein von

régression [regrɛsjõ] *f* Rückgang *m*

regret [r(ə)grɛ] *m repentir* Bedauern *n*, Reue *f* (***de*** über); *nostalgie* Sehnsucht *f* (***de*** nach); ***à ~*** ungern

regrett|able [r(ə)grɛtablə] bedauerlich; **~er** (*1b*) *retard*, *incident*: bedauern; *faute*: bereuen; ***~ que*** (+ *subj*) bedauern, dass; bereuen, dass; ***~ d'avoir fait qc*** bedauern, etw getan zu haben; bereuen, etw getan zu haben; *époque passée*, *personne absente*: nachtrauern (*dat*), (schmerzlich) vermissen

regrouper [r(ə)grupe] (*1a*) *reformer* umgruppieren; *réunir* zusammenfassen

régular|iser [regylarize] (*1a*) *tech* regulieren; *document*: in Ordnung bringen; **~ité** *f habitudes*: Regelmäßigkeit *f*; *élections*, *mesures*: Korrektheit *f*

régul|ier, **~ière** [regylje, -jɛr] regelmäßig; *réglementaire* vorschriftsmäßig; *personne*: ordentlich, korrekt

réhabilitation [reabilitasjõ] *f* Rehabilitierung *f*; Sanierung *f*; ***~ des déchets toxiques*** Altlastensanierung *f*

rehausser [rəose] (*1a*) erhöhen; *fig* hervorheben

réimprimer [reɛ̃prime] (*1a*) nachdrucken

rein [rɛ̃] *m anat* Niere *f*; ***~s*** *pl* Kreuz *n*

reine [rɛn] *f* Königin *f*

réintégrer [reɛ̃tegre] (*1f*) wiedereingliedern; *endroit*: wieder zurückkehren in, an (*acc*)

réitérer [reitere] (*1f*) wiederholen

rejaillir [r(ə)ʒajir] (*2a*) (auf-, hoch-) spritzen

rejet [r(ə)ʒɛ] *m* Ablehnung *f*; *méd* Abstoßung *f*; *bot* Schössling *m*

rejeter [rəʒ(ə)te] (*1c*) zurückwerfen; *vomir* erbrechen; *refuser* ablehnen; *personne*: verstoßen; *méd* abstoßen; *bot* treiben; *responsabilité*, *faute*: abwälzen (***sur qn*** auf j-n)

rejoindre [r(ə)ʒwɛ̃drə] (*4b*) *personne*, *groupe*: (wieder) einholen, treffen; *endroit*: wieder gelangen zu; ***se ~*** *personnes*: sich (wieder) treffen; *rues*: (wieder) zusammenlaufen

réjou|ir [reʒwir] (*2a*) erfreuen, erheitern; ***se ~*** sich freuen (***de*** über; ***que*** + *subj* dass); **~issance** [-wisɑ̃s] *f* Freude *f*, Fröhlichkeit *f*; *pl* ***~s publiques*** Volksfest *n*

relâch|e [r(ə)lɑʃ] *f* ***sans ~*** unablässig; **~ement** [-mɑ̃] *m muscles*: Erschlaffung *f*; *corde*, *discipline*: Lockerung *f*; **~er** (*1a*) entspannen, lockern; *prisonnier*: freilassen; ***se ~*** sich lockern; *muscles*: erschlaffen; *discipline*: nachlassen

relais [r(ə)lɛ] *m sport*: Staffel(lauf) *f*(*m*); *él* Relais *n*; ***~ routier*** Raststätte *f*; ***prendre le ~ de qn*** j-n ablösen

relancer [r(ə)lɑ̃se] (*1k*) zurückwerfen; *fig* wiederankurbeln, wieder beleben

relater [r(ə)late] (*1a*) (genau) erzählen

rela|tif, **~tive** [r(ə)latif, -tiv] relativ (*a gr*); ***~, relative à qc*** auf etw (*acc*) bezüglich; **~tion** *f rapport* Beziehung *f*, Verhältnis *n*; *ami* Bekannte(r) *m*, *f*; ***~s*** *pl* Beziehungen *f*/*pl*; ***~s publiques*** Public Relations *pl*

relativement [r(ə)lativmɑ̃] *adv* verhältnismäßig, relativ; ***~ à*** im Verhältnis zu

relax *od* **relaxe** [r(ə)laks] (relax *unv*) F ungezwungen

relaxer [r(ə)lakse] (*1a*) ***se ~*** sich entspannen

relayer [r(ə)lɛje] (*1i*) ***~ qn*** j-n ablösen; *TV*, *radio*: übertragen

reléguer [r(ə)lege] (*1f*) verbannen, abschieben; ***~ qn au second plan*** j-n in den Hintergrund drängen

relent [r(ə)lɑ̃] *m* übler Geruch *m*

relevé, **~e** [rəlve] **1.** *adj manche*: hochgezogen; *virage*: überhöht; *style*: gehoben, gewählt; *cuis* pikant; **2.** *m* Verzeichnis *n*, Aufstellung *f*; *compteur*: Stand *m*; ***~ de compte*** Kontoauszug *m*

relève [r(ə)lɛv] *f* Ablösung *f*; ***prendre la ~*** (j-n) ablösen, die Nachfolge (von j-m) antreten

relever [rəlve] (*1d*) **1.** *enfant*: wieder aufheben; *poteau*: wieder aufrichten; *salaires*, *prix*: erhöhen; *col*: hochstellen; *cheveux*: hochstecken; *manches*: hochstreifen; *siège*: hochklappen; ***se ~*** wieder aufstehen; *fig* sich wieder erholen; **2.** *faute*: feststellen, aufdecken; *adresse*, *date*: notieren; *compteur*: ablesen; **3.** *relayer* ablösen; **4.** ***~ de*** in die Zuständigkeit von … fallen

relief [rəljɛf] *m* Relief *n*; *pneu*: Profil *n*; ***en ~*** plastisch; *fig* ***avoir du ~*** anschaulich sein; ***mettre en ~*** hervorheben

reli|er [rəlje] (*1a*) wieder (zusammen-) binden; *idées*, *villes*: verbinden (***à*** mit); *livre*: binden; **~eur**, **~euse** *m*, *f* Buchbinder(in) *m*(*f*)

religieu|x, **~se** [r(ə)liʒjø, -z] **1.** *adj* religiös; **2.** *m*, *f* Mönch *m*, Nonne *f*

religion [r(ə)liʒjõ] *f* Religion *f*

reli|quaire [r(ə)likɛr] *m* Reliquienschrein *m*; **~que** *f* Reliquie *f*

relire [r(ə)lir] (*4x*) wieder *od* noch einmal lesen

reliure [rəljyr] *f* Binden *n*; *couverture* (Buch-)Einband *m*

reluire [rəlɥir] (*4c*) glänzen, schimmern

remaniement [r(ə)manimɑ̃] *m pol* Umbildung *f* (*der Regierung*)

remanier [r(ə)manje] (*1a*) umarbeiten; *pol* umbilden (*Regierung*)

remarier [r(ə)marje] (*1a*) ***se ~*** sich wieder verheiraten

remarquable [r(ə)markablə] bemerkenswert

remarqu|e [r(ə)mark] *f* Bemerkung *f*; **~é**, **~ée** auffällig; **~er** (*1m*) bemerken (*a mit Worten*); ***faire ~ qc à qn*** j-n auf etw (*acc*) hinweisen; ***se ~*** *chose*: auffallen; ***se faire ~*** *personne*: auffallen

rembarquer [rɑ̃barke] (*1m*) *mar v/t* wieder einschiffen; *v/i u* ***se ~*** sich wieder einschiffen

remblayer [rɑ̃blɛje] (*1i*) aufschütten

rembourrer [rɑ̃bure] (*1a*) polstern

rembours|able [rɑ̃bursablə] (zu)rückzahlbar; **~ement** [-əmɑ̃] *m* Rückzahlung *f*; *postes*: ***contre ~*** per Nachnahme; **~er** (*1a*) zurückzahlen

remède [r(ə)mɛd] *m* Heilmittel *n*; *fig* Mittel *n*

remédier [r(ə)medje] (*1a*) ***~ à qc*** e-r Sache abhelfen, etw (*acc*) abstellen

remémorer [r(ə)memɔre] (*1a*) ***se ~ qc*** sich (*dat*) etw ins Gedächtnis zurückrufen

remerciement [r(ə)mɛrsimɑ̃] *m* Dank *m*

remercier [r(ə)mɛrsje] (*1a*) ***~ qn de*** *od* ***pour qc*** j-m für etw danken; *congédier* entlassen

remettre [r(ə)mɛtrə] (*4p*) *chose*: wieder hinstellen, -setzen; *vêtement*: wieder anziehen; *chapeau*: wieder aufsetzen; *peine*: erlassen; *décision*: verschieben; ***~ à neuf*** instandsetzen; ***~ qc à qn*** j-m etw aushändigen, übergeben; ***~ à l'heure*** stellen; ***se ~*** (***au beau***) *temps*: wieder besser *od* schöner werden; ***se ~ à qc*** sich wieder mit etw beschäftigen; ***se ~ à faire qc*** wieder etw tun; ***se ~ de qc*** sich von etw erholen; ***s'en ~ à qn*** sich auf j-n verlassen

réminiscence [reminisɑ̃s] *f* Reminiszenz *f*, Erinnerung *f*

remise [r(ə)miz] *f* **1.** *hangar* (Geräte-) Schuppen *m*; **2.** *lettre*: Aushändigung *f*, Überbringung *f*, Übergabe *f*; *peine*: Erlass *m*; *comm* Rabatt *m*; *jur* Vertagung *f*; ***~ à neuf*** Wiederherrichtung *f*; ***~ des bagages*** Gepäckausgabe *f*; ***~ en question*** Infragestellung *f*

rémission [remisjõ] *f* ***sans ~*** unerbittlich

remontant [r(ə)mõtɑ̃] *m* Stärkungsmittel *n*

remonte-pente [r(ə)mõtpɑ̃t] *m* (*pl remonte-pentes*) *ski*: Schlepplift *m*

remonter [r(ə)mõte] (*1a*) **1.** *v/i* wieder hinaufgehen, -steigen; *en voiture*: wieder hinauffahren; *baromètre*, *prix*, *fièvre*: wieder (an)steigen; ***~ à*** *passé*: zurückgehen auf (*acc*); **2.** *v/t choses*: wieder hinauftragen; *rue*: wieder hinaufgehen; *en voiture*: wieder hinauffahren; *escalier*: noch einmal hinaufgehen; *fig* ***~ qn*** j-n stärken; *montre*: aufziehen; *tech* wieder zusammensetzen, montieren

remontrer [r(ə)mõtre] (*1a*) wieder zeigen; ***en ~ à qn*** j-m seine Überlegenheit beweisen

remords [r(ə)mɔr] *m le plus souvent au pl* Gewissensbisse *m/pl*

remorqu|e [r(ə)mɔrk] *f* Anhänger *m*; **~er** (*1m*) *voiture*: abschleppen

rémoulade [remulad] *f cuis* Remoulade(nsoße) *f*

remous [r(ə)mu] *m* Strudel *m*; *mar bateau*: Kielwasser *n*; *fig pl* Wirbel *m*, Aufruhr *m*

rempart [rɑ̃par] *m* Wall *m*, Bollwerk *n*

remplaçant, ~e [rɑ̃plasɑ̃, -t] *m, f* (Stell-)Vertreter(in) *m(f)*

remplac|ement [rɑ̃plasmɑ̃] *m* Stellvertretung *f*; **~er** (*1k*) ersetzen; ***~ qn*** *provisoirement*: j-n vertreten

remplir [rɑ̃plir] (*2a*) füllen (**de** mit); *formulaire*: ausfüllen; *conditions*: erfüllen; *fonction*: ausüben

remplissage [rɑ̃plisaʒ] *m* (Auf-)Füllen *n*

remporter [rɑ̃pɔrte] (*1a*) wieder mitnehmen; *prix*: erringen, gewinnen; *victoire*: davontragen

remue-ménage [r(ə)mymenaʒ] *m* (*pl unv*) *agitation* Krach *m*, Radau *m*

remuer [rəmɥe] (*1a*) *v/t mains, lèvres*: bewegen; *sauce, salade*: umrühren; *chaise*: (weg)rücken; *terre*: umgraben; *fig émouvoir* rühren, aufrütteln; *v/i dent*: wackeln; *fig* unruhig werden; ***se ~*** sich bewegen; *fig* F sich einsetzen, sich Mühe geben

rémunéra|teur, ~trice [remyneratœr, -tris] lohnend; **~tion** *f* Vergütung *f*, Lohn *m*

rémunérer [remynere] (*1f*) entlohnen, vergüten

renaissance [r(ə)nɛsɑ̃s] *f* Wiederaufleben *n*; ***la*** **Ꭱ** die Renaissance *f*

renaître [r(ə)nɛtrə] (*4g*) *rel* wiedergeboren werden; *fig* wieder aufleben, wieder aufblühen

renard [r(ə)nar] *m zo* Fuchs *m* (*a fig*)

renchérir [rɑ̃ʃerir] (*2a*) teurer werden; ***~ sur qn, qc*** j-n, etw überbieten *od* übertreffen

rencontre [rɑ̃kõtrə] *f* Begegnung *f*, Zusammentreffen *n*; … ***de ~*** zufällig; ***faire la ~ de qn*** j-s Bekanntschaft machen; ***aller à la ~ de qn*** j-m entgegengehen

rencontrer [rɑ̃kõtre] (*1a*) ***~ qn*** j-n treffen, j-m begegnen; ***~ qc*** auf etw (*acc*) stoßen; ***se ~*** zusammentreffen, sich begegnen

rendement [rɑ̃dmɑ̃] *m gain* Ertrag *m*; *productivité* Leistung *f*

rendez-vous [rɑ̃devu] *m* (*pl unv*) Verabredung *f*; *amoureux*: Rendezvous *n*; *lieu*: Treffpunkt *m*; *professionnel, médical*: Termin *m*; ***prendre ~*** sich anmelden; ***donner ~ à qn*** sich mit j-m verabreden; ***avoir ~ avec qn*** mit j-m verabredet sein

rendormir [rɑ̃dɔrmir] (*2b*) ***se ~*** wieder einschlafen

rendre [rɑ̃drə] (*4a*) **1.** *v/t* zurückgeben; *monnaie*: herausgeben; *mal*: vergelten; *vomir* von sich geben, erbrechen; *mil* übergeben; *présenter* wiedergeben; ***~ un jugement*** ein Urteil fällen; ***~ compte de qc*** von etw berichten; ***~ visite à qn*** j-n besuchen; **2.** *avec adj* machen; **3.** *v/i terre, arbre*: einbringen; **4.** ***se ~*** sich begeben (***chez qn*** zu j-m); **5.** ***se ~*** *mil* sich ergeben; ***se ~ à l'avis de qn*** sich j-s Ansicht anschließen; **6.** ***se ~ compte de qc*** etw (*acc*) einsehen

rêne [rɛn] *f* Zügel *m*

renferm|é, ~ée [rɑ̃fɛrme] **1.** *adj* verschlossen; **2.** *m* ***sentir le ~*** muffig riechen; **~er** (*1a*) enthalten (*a fig*); ***se ~ dans le silence*** sich in Schweigen hüllen

renfoncement [rɑ̃fõsmɑ̃] *m* Vertiefung *f*

renforc|ement [rɑ̃fɔrsəmɑ̃] *m* Verstärkung *f*; **~er** (*1k*) verstärken

renfort [rɑ̃fɔr] *m* Verstärkung *f*; ***à grand ~ de*** mithilfe von viel

rengaine [rɑ̃gɛn] *f* Schlager *m*; *fig* ***la même ~*** die alte Leier

rengorger [rɑ̃gɔrʒe] (*1l*) ***se ~*** sich aufplustern (*a fig*)

renier [rənje] (*1a*) verleugnen

renifler [r(ə)nifle] (*1a*) schnüffeln

renne [rɛn] *m zo* Ren(tier) *n*

renom [r(ə)nõ] *m* (guter) Ruf *m*, Ansehen *n*

renommé, ~e [r(ə)nɔme] berühmt (***pour*** wegen)

renommée [r(ə)nɔme] *f* (guter) Ruf *m*, Renommee *n*

renonc|ement [r(ə)nõsmɑ̃] *m* Verzicht *m* (*à* auf *acc*); **~er** (*1k*) **~ *à qc*** auf etw (*acc*) verzichten; **~ *à faire qc*** darauf verzichten, etw zu tun
renouer [rənwe] (*1a*) *fig* wieder anknüpfen, erneuern; **~ *avec qn*** die Beziehungen zu j-m wieder aufnehmen
renouveler [r(ə)nuvle] (*1c*) erneuern; *document*: verlängern; ***se* ~** sich wiederholen
renouvellement [r(ə)nuvɛlmɑ̃] *m* Erneuerung *f*; *document*: Verlängerung *f*; *événement*: Wiederholung *f*
rénov|ation [renɔvasjõ] *f* Renovierung *f*; *fig* Erneuerung *f*; **~er** (*1a*) renovieren; *fig* erneuern
renseign|ement [rɑ̃sɛɲmɑ̃] *m* Auskunft *f*, Information *f*; ***donner des ~s sur*** Auskunft erteilen über (*acc*); ***prendre des ~s sur*** Erkundigungen einziehen über (*acc*); **~er** (*1a*) **~ *qn sur qc*** j-m über etw (*acc*) Auskunft geben, j-n über etw (*acc*) informieren *od* unterrichten; ***se* ~** sich erkundigen (***auprès de qn sur qn, qc*** bei j-m über j-n, etw *acc*)
rente [rɑ̃t] *f revenu d'un bien* (Kapital-)Rente *f*; *emprunt de l'État* Staatsanleihe *f*
rent|ier, ~ière [rɑ̃tje, -jɛr] *m, f* Rentier *m*, Privatier *m*
rentrée [rɑ̃tre] *f* **1.** Rückkehr *f*; **2.** **~ *des classes*** Schulbeginn *m*; **3.** *comm* Eingang *m*; **~*s*** *pl* Einnahmen *f/pl*
rentrer [rɑ̃tre] (*1a*) **1.** *v/i* zurückkehren; *chez soi*: nach Hause gehen *od* kommen; *dans une salle*: hineingehen; *dans un récipient*: hineinpassen; *argent*: eingehen; **~ *dans*** *appartenir à* gehören zu; **~ *dans qc*** *fig calme, fonction*: etw (*acc*) wiedererlangen; **2.** *v/t* hineinbringen; *voiture*: (hin)einfahren; *ventre*: einziehen
renvers|e [rɑ̃vɛrs] *f* ***tomber à la* ~** auf den Rücken fallen; **~é, ~ée** umgefallen; *image*: umgekehrt; *fig* fassungslos; **~ement** [-əmɑ̃] *m pol régime*: Sturz *m*; **~er** (*1a*) *image*: umkehren; *chaise, verre*: umstoßen; *piéton*: umfahren; *liquide* verschütten; *gouvernement*: stürzen, zu Fall bringen; ***se* ~** umfallen; *voiture, bateau*: umkippen; *arbre*: umstürzen
renvoi [rɑ̃vwa] *m personnel*: Entlassung *f*; *lettre*: Rücksendung *f*; *dans un texte*: Verweis *m* (*à* auf *acc*)
renvoyer [rɑ̃vwaje] (*1p*) *lettre*: zurücksenden; *ballon*: zurückwerfen; *personnel*: entlassen; *rencontre, décision*: verschieben; **~ *à qn, à qc*** an j-n, auf etw (*acc*) verweisen
réorientation [reɔrjɑ̃tasjõ] *f* Neuorientierung *f*
réouverture [reuvɛrtyr] *f* Wiedereröffnung *f*
repaire [r(ə)pɛr] *m* Höhle *f*; *fig* Schlupfwinkel *m*
répandre [repɑ̃drə] (*4a*) vergießen, verschütten; *fig* verbreiten; ***se* ~** sich verbreiten; *fig* ***se* ~ *en*** sich ergehen in (*dat*)
répandu, ~e [repɑ̃dy] verbreitet, üblich
reparaître [r(ə)parɛtrə] (*4z*) wieder erscheinen
répar|ation [reparasjõ] *f* Reparatur *f*, Instandsetzung *f*; *compensation* Wiedergutmachung *f*; *pol* **~*s*** *pl* Reparationen *f/pl*; **~er** (*1a*) reparieren, in Stand setzen; *fig* wieder gutmachen
repartie [reparti] *f* lebhafte Erwiderung *f*; ***avoir la* ~ *facile*** schlagfertig sein
repartir [r(ə)partir] (*2b*) *partir de nouveau* wieder abfahren; *retourner* zurückfahren; **~ *à zéro*** wieder von vorn anfangen
répart|ir [repartir] (*2a*) ver-, aufteilen; *en catégories*: einteilen; **~ition** *f* Ver-, Aufteilung *f*; *en catégories*: Einteilung *f*
repas [r(ə)pɑ] *m* Mahlzeit *f*, Essen *n*; **~ *d'affaires*** Geschäftsessen *n*
repasser [r(ə)pase] (*1a*) **1.** *v/i* wieder vorbeigehen, -kommen; **2.** *v/t courant, montagne*: wieder überqueren; F *travail*: überlassen, -geben; *couteau*: schleifen; *linge*: bügeln
repêcher [r(ə)peʃe] (*1b*) aus dem Wasser ziehen; F *fig* heraushelfen (***qn*** j-m)
repenser [r(ə)pɑ̃se] (*1a*) *réfléchir* (noch einmal) überdenken; **~ *à qc*** *se rappeler* wieder an etw (*acc*) denken
repentir [r(ə)pɑ̃tir] **1.** (*2b*) ***se* ~ *de qc*** etw (*acc*) bereuen; **2.** *m* Reue *f*
répercu|ssion [repɛrkysjõ] *f* Auswirkung *f*; **~ter** [-te] (*1a*) ***se* ~** widerhallen; *fig* sich auswirken (***sur*** auf *acc*)
repère [r(ə)pɛr] *m* Zeichen *n*, Markie-

rung *f*; ***point*** *m* ***de ~*** Anhaltspunkt *m*
repérer [r(ə)pere] (*1f*) ausfindig machen, auffinden; *marquer* markieren
répertoire [repɛrtwar] *m* *inventaire* Sachregister *n*; *théâtre*, *artiste*: Repertoire *n*
répéter [repete] (*1f*) wiederholen; *rôle*, *danse*: proben, einstudieren
répétition [repetisjõ] *f* Wiederholung *f*; *théâtre*: Probe *f*
répit [repi] *m* Atempause *f*, Ruhe *f*; ***sans ~*** unaufhörlich
replacer [r(ə)plase] (*1k*) wieder (an seinen Platz) hinstellen, -setzen
repli [r(ə)pli] *m* Falte *f*; *rivière*: Windung *f*
replier [r(ə)plije] (*1a*) wieder zusammenfalten; *jambes*: anziehen; ***se ~*** sich schlängeln; ***se ~ sur soi-même*** sich abkapseln
répliqu|e [replik] *f* Erwiderung *f*; *protestation* Widerrede *f*; **~er** (*1m*) erwidern
répondeur [repõdœr] *m* ***~ automatique*** automatischer Anrufbeantworter *m*
répondre [repõdrə] (*4a*) antworten (***qc à qn*** j-m etw; ***à qc*** auf etw *acc*); *correspondre* entsprechen (***à qc*** e-r Sache); *mécanisme*: ansprechen; ***~ de*** bürgen, haften für
réponse [repõs] *f* Antwort *f*
reportage [r(ə)pɔrtaʒ] *m* Berichterstattung *f*, Reportage *f*
reporter[1] [r(ə)pɔrte] (*1a*) *ajourner* aufschieben; *transférer* übertragen
reporter[2] [r(ə)pɔrtɛr] *m*, *f* Reporter(in) *m(f)*
repos [r(ə)po] *m* Ruhe *f*
reposer [r(ə)poze] (*1a*) **1.** *remettre* zurückstellen, -setzen, -legen; *question*: wieder stellen; **2.** *détendre*: ausruhen; ***~ sur*** ruhen *od* stehen auf (*dat*); *fig* beruhen auf (*dat*); ***se ~*** ruhen, (sich) ausruhen, sich erholen; *fig* ***se ~ sur*** sich verlassen auf (*acc*)
repouss|ant, **~ante** [r(ə)pusɑ̃, -ɑ̃t] abstoßend; **~er** (*1a*) *v/t* zurückstoßen, -schieben; *ne pas accueillir* abweisen; *refuser* ablehnen; *dégoûter* abstoßen; *différer* hinausschieben; *v/i* wieder wachsen
reprendre [r(ə)prɑ̃drə] (*4q*) *v/t prendre de nouveau* wieder nehmen; *prendre davantage* noch einmal nehmen; *ville*: zurückerobern; *marchandise*, *promesse*: zurücknehmen; *politique*: fortführen; *argument*: wiederholen; *enfant*: tadeln; *travail*: wieder anfangen; *entreprise*: übernehmen; *v/i méd* sich wieder erholen; ***se ~*** *se corriger* sich verbessern; *se maîtriser* sich fassen
représailles [r(ə)prezaj] *f/pl* Vergeltungsmaßnahmen *f/pl*, Repressalien *f/pl*
représent|ant, **~ante** [r(ə)prezɑ̃tɑ̃, -ɑ̃t] *m*, *f* Vertreter(in) *m(f)* (*a comm*); **~atif**, **~ative** [-atif, -ativ] repräsentativ, stellvertretend; *fig caractéristique* typisch, charakteristisch (***de*** für)
représent|ation [r(ə)prezɑ̃tasjõ] *f* Darstellung *f*; *pol*, *jur*, *comm* Vertretung *f*; *théâtre*: Vorstellung *f*, Aufführung *f*; **~er** (*1a*) *v/t* darstellen; *pol*, *jur*, *comm* vertreten; *signifier* bedeuten; *théâtre*: aufführen; *v/i* repräsentieren; ***se ~ qc*** sich (*dat*) etw vorstellen; *pol* ***se ~*** sich zur Wiederwahl stellen
répression [represjõ] *f* Unterdrückung *f*; *jur* Ahndung *f*
réprimand|e [reprimɑ̃d] *f* Tadel *m*; **~er** (*1a*) tadeln
réprimer [reprime] (*1a*) unterdrücken
reprise [r(ə)priz] *f* *ville*: Wiedereinnahme *f*; *marchandise*: Zurücknahme *f*; *travail*, *lutte*: Wiederaufnahme *f*; *couture*: Ausbessern *n*, Stopfen *n*; ***à plusieurs ~s*** wiederholt; ***~ économique*** Wiederbelebung *f* der Wirtschaft
repriser [r(ə)prize] (*1a*) stopfen
réprobation [reprɔbasjõ] *f* Missbilligung *f*
reproch|e [r(ə)prɔʃ] *m* Vorwurf *m*; **~er** (*1a*) vorwerfen (***qc à qn*** j-m etw)
reproduction [r(ə)prɔdyksjõ] *f* Wiedergabe *f*, Nachbildung *f*, Reproduktion *f*; *texte*: Abdruck *m*, Vervielfältigung *f*; *biol* Fortpflanzung *f*
reproduire [r(ə)prɔdɥir] (*4c*) wiedergeben, nachbilden, reproduzieren; *texte*: abdrucken, vervielfältigen; ***se ~*** wieder vorkommen; *biol* sich fortpflanzen
réprouver [repruve] (*1a*) missbilligen, verurteilen; *rel* verdammen
reptile [rɛptil] *m zo* Reptil *n*
républicain, **~e** [repyblikɛ̃, -ɛn] **1.** *adj* republikanisch; **2.** *m*, *f* Republika-

ner(in) *m(f)*
république [repyblik] *f* Republik *f*
répudier [repydje] *(1a) femme*: verstoßen; *obligation*: von sich weisen
répugn|ance [repyɲɑ̃s] *f* Widerwille *m* (***pour*** gegen); **~ant**, **~ante** [-ɑ̃, -ɑ̃t] widerlich, ekelhaft; **~er** *(1a)* ***~ à qc*** sich vor etw *(dat)* ekeln; ***~ à faire qc*** etw widerwillig tun
répulsion [repylsjõ] *f* Widerwille *m* (***pour*** gegen)
réput|ation [repytasjõ] *f* (guter) Ruf *m*; **~é**, **~ée** berühmt (***pour*** wegen, für); ***être ~ …*** gelten als …
requérir [rəkerir] *(2l)* anfordern
requête [rəkɛt] *f* Gesuch *n*
requin [r(ə)kɛ̃] *m zo* Hai(fisch) *m*
requis, **~e** [rəki, -z] erforderlich
réquisi|tion [rekizisjõ] *f* Beschlagnahme *f*; *jur* Antrag *m*; **~tionner** [-sjɔne] *(1a)* beschlagnahmen
RER *m abr* ***réseau express régional*** Regionales Schnellbahnnetz in und um Paris
rescapé, **~e** [rɛskape] überlebend
réseau [rezo] *m (pl -x)* Netz *n*; ***~ de radiotéléphonie*** Mobil(funk)netz *n*; ***~ fixe*** *tél* Festnetz *n*
réservation [rezɛrvasjõ] *f* Reservierung *f*
réserv|e [rezɛrv] *f* Reserve *f (a mil)*; *entrepôt* Lager *n*; *provision* Vorrat *m*; *retenue* Zurückhaltung *f*; *nature*: Reservat *n*; ***~ naturelle*** Naturschutzgebiet *n*; ***en ~*** vorrätig; ***sans ~*** ohne Vorbehalt; ***sous ~ de*** vorbehaltlich *(gén)*; **~é**, **~ée** reserviert *(a fig)*; **~er** *(1a) garder* zurückbehalten; *place*, *billet*: reservieren; ***~ qc à qn*** j-m etw vorbehalten; ***~ une surprise à qn*** j-m e-e Überraschung bereiten
réservoir [rezɛrvwar] *m* Reservoir *n (a fig)*; *récipient* Behälter *m*; *essence*: Tank *m*
résid|ence [rezidɑ̃s] *f administration*: Wohnsitz *m*; *demeure luxueuse*: Luxusvilla *f*; *royale*: Residenz *f*; **~entiel**, **~entielle** [-ɑ̃sjɛl] ***quartier résidentiel*** (vornehmes) Wohnviertel *n*; **~er** *(1a)* wohnhaft sein; ***~ dans qc*** in etw *(dat)* bestehen
résidu [rezidy] *m* Rest *m*; *tech* Rückstand *m*
résign|ation [reziɲasjõ] *f* Resignation *f*; **~er** *(1a) fonction*: niederlegen; ***se ~*** resignieren; ***se ~ à*** sich abfinden mit
résili|able [reziljablə] kündbar; **~ation** [-asjõ] *f* Kündigung *f*; **~er** *(1a) contrat*: kündigen, auflösen
résine [rezin] *f* Harz *n*
résist|ance [rezistɑ̃s] *f* Widerstand *m*; *endurance* Widerstandskraft *f*; *hist* ***la ~*** die französische Widerstandsbewegung; **~ant**, **~ante** [-ɑ̃, -ɑ̃t] widerstandsfähig; *matériel*: haltbar; **~er** *(1a)* Widerstand leisten; *supporter* aushalten (***à qc*** etw *acc*), standhalten (***à qc*** e-r Sache); *tentation*: widerstehen (***à qc*** e-r Sache)
résolu, **~e** [rezɔly] entschlossen (***à*** zu)
résolution [rezɔlysjõ] *f décision* Be-, Entschluss *m*; *pol* Entschließung *f*, Resolution *f*; *fermeté* Entschlossenheit *f*
résonance [rezɔnɑ̃s] *f* Resonanz *f*
résonner [rezɔne] *(1a)* widerhallen
résorber [rezɔrbe] *(1a)* aufsaugen; *fig déficit*, *chômage*: beseitigen
résoudre [rezudrə] *(4bb) problème*: lösen; *substance*: auflösen; ***~ de*** *(+ inf)* beschließen zu *(+ inf)*; ***se ~ à faire qc*** sich entschließen, etw zu tun
respect [rɛspɛ] *m* Respekt *m*, Ehrerbietung *f*, Achtung *f*; ***tenir qn en ~*** j-n in Schach halten; ***par ~ pour*** aus Achtung vor
respect|able [rɛspɛktablə] *personne*: achtbar; *somme*: beachtlich; **~er** *(1a)* achten, respektieren; *priorité*: beachten; ***se ~*** Selbstachtung haben; ***se faire ~*** sich Respekt verschaffen; **~if**, **~ive** [-if, -iv] jeweilig; **~ivement** [-ivmɑ̃] *adv* beziehungsweise
respectueu|x, **~se** [rɛspɛktɥø, -z] respektvoll, ehrerbietig; ***~, respectueuse de l'environnement*** umweltfreundlich, umweltverträglich
respiration [rɛspirasjõ] *f* Atmen *n*, Atmung *f*
respirer [rɛspire] *(1a)* (ein)atmen; *fig* aufatmen; ***~ la joie*** Freude ausstrahlen
resplendir [rɛsplɑ̃dir] *(2a)* funkeln, glänzen
respons|abilité [rɛspõsabilite] *f* Verantwortung *f* (***de*** für); *jur* Haftung *f*; **~able** verantwortlich (***de*** für)
ressac [rəsak] *m* Brandung *f*
ressaisir [r(ə)sezir] *(2a)* wieder ergrei-

fen; ***se ~*** sich wieder fassen

ressembl|ance [r(ə)sɑ̃blɑ̃s] *f* Ähnlichkeit *f*; **~er** (*1a*) ähnlich sein, gleichen (***à*** *dat*); ***ne ~ à rien*** *péj* nichts taugen; ***se ~*** sich (*dat*) ähneln

ressemeler [r(ə)səmle] (*1c*) *chaussures*: neu (be)sohlen

ressentiment [r(ə)sɑ̃timɑ̃] *m* Ressentiment *n*, Groll *m*

ressentir [r(ə)sɑ̃tir] (*2b*) *privations*, *effets de maladie*: spüren; *haine*, *pitié*: empfinden; ***se ~ de qc*** die Nachwirkungen von etw verspüren

resserrer [r(ə)sɛre] (*1b*) *nœud*: fester ziehen; *ceinture*: enger schnallen; *fig amitié*: enger gestalten

resservir [r(ə)sɛrvir] (*2b*) *v/t* noch einmal servieren; *v/i* wieder benutzt werden

ressort [r(ə)sɔr] *m* **1.** *tech* Feder *f*; *fig* Triebfeder *f*; *personne*: Schwung *m*; **2.** *compétence* Zuständigkeitsbereich *m*, Ressort *n*; *jur* Instanz *f*; ***ce n'est pas de mon ~*** dafür bin ich nicht zuständig; ***en dernier ~*** *jur* in letzter Instanz; *fig* schließlich

ressortir [r(ə)sɔrtir] (*2b*) **1.** wieder hinausgehen; **2.** *relief*: hervortreten; ***faire ~*** hervorheben, zur Geltung bringen; ***il ressort de cela que*** es geht daraus hervor, dass; **3.** *jur* ***~ à*** zur Zuständigkeit (*gén*) gehören

ressortissant, ~e [r(ə)sɔrtisɑ̃, -t] Staatsangehörige(r) *m*, *f*

ressource [r(ə)surs] *f* Hilfsmittel *n*; ***~s*** *pl* Reserven *f/pl*, Ressourcen *f/pl*; *argent* Geldmittel *n/pl*; ***~s minières*** Bodenschätze *m/pl*

ressusciter [resysite] (*1a*) **1.** *v/t mort*: auferwecken; *fig* wieder beleben; **2.** *v/i* (wieder) auferstehen

restant, ~e [rɛstɑ̃, -t] **1.** *adj* restlich, übrig (geblieben); **2.** *m* Rest *m*

restaur|ant [rɛstɔrɑ̃] *m* Restaurant *n*; **~ateur**, **~atrice** [-atœr, -atris] *m*, *f* **1.** *restaurant*: Gastwirt(in) *m(f)*; **2.** *art*: Restaurator(in) *m(f)*; **~ation** *f* **1.** *restaurants*: Gaststättengewerbe *n*; **2.** *art*: Restaurierung *f*; *pol* Restauration *f*

restaurer [rɛstɔre] (*1a*) wiederherstellen; *art*: restaurieren

reste [rɛst] *m* Rest *m*; ***du ~*** *od* ***au ~*** übrigens; ***être en ~ avec qn*** j-m etw schuldig bleiben

rester [rɛste] (*1a*) *v/i* **1.** bleiben; *subsister* übrig bleiben; *demeurer* sich aufhalten; ***en ~ à qc*** bei etw stehen bleiben; **2.** *impersonnel* ***il reste du vin*** es ist Wein übrig; ***il ne reste plus de pain*** es ist kein Brot mehr da; (***il***) ***reste que*** immerhin

restituer [rɛstitɥe] (*1n*) *rendre* zurückgeben, wiedererstatten; *reconstituer* wiederherstellen

restitution [rɛstitysjõ] *f* Rückgabe *f*

restoroute [rɛstɔrut] *m* Raststätte *f* (*Autobahn*)

restreindre [rɛstrɛ̃drə] (*4b*) be-, einschränken

restriction [rɛstriksjõ] *f* Be-, Einschränkung *f*; ***sans ~*** vorbehaltlos

résult|at [rezylta] *m* Ergebnis *n*, Resultat *n*; **~er** (*1a*) sich ergeben, folgen (***de*** aus)

résum|é [rezyme] *m* Zusammenfassung *f*; **~er** (*1a*) zusammenfassen, kurz wiedergeben

résurrection [rezyrɛksjõ] *f rel* Auferstehung *f*; *fig malade*: plötzliche Genesung *f*

rétabl|ir [retablir] (*2a*) wiederherstellen; ***se ~*** wieder gesund werden; **~issement** [-ismɑ̃] *m* Wiederherstellung *f*; *malade*: Genesung *f*

retaper [r(ə)tape] (*1a*) *lettre*: noch einmal abtippen; F *maison*: herrichten

retard [r(ə)tar] *m* Verspätung *f*; *dans travail*, *paiement*: Rückstand *m*; ***être en ~*** zu spät kommen, sich verspäten; *train*: Verspätung haben; *montre*: nachgehen; *fig* zurückgeblieben sein; ***avec ~*** verspätet; ***sans ~*** sofort

retard|é, ~ée [r(ə)tarde] verspätet; *enfant*: zurückgeblieben; **~er** (*1a*) *v/t* aufhalten, verzögern; *montre*: zurückstellen; *v/i montre*: nachgehen (***de*** um); *fig* ***~ sur son temps*** hinter seiner Zeit zurück sein

retenir [rətnir] (*2h*) *personne*: zurück-, aufhalten; *argent*: abziehen; *rappeler* (im Gedächtnis) behalten; *proposition*, *projet*: in Betracht ziehen, berücksichtigen; *chambre à l'hôtel*: reservieren; ***se ~*** sich zurückhalten, sich beherrschen

retent|ir [r(ə)tɑ̃tir] (*2a*) ertönen, widerhallen; ***~ sur*** sich auswirken auf (*acc*);

~issant, **~issante** [-isɑ̃, -isɑ̃t] geräuschvoll, dröhnend; *fig* aufsehenerregend; **~issement** [-ismɑ̃] *m* (Aus-, Nach-)Wirkung *f*
retenu, **~e** [rətny] *place*: vorbestellt; *voix*: verhalten
retenue [rətny] *f sur le salaire*: Abzug *m*; *fig modération* Mäßigung *f*
réticence [retisɑ̃s] *f omission* Verschweigen *n*; *hésitation* Zögern *n*
réti|f, **~ve** [retif, -v] störrisch
rétine [retin] *f anat* Netzhaut *f*
retirer [r(ə)tire] (*1a*) zurück-, herausziehen; *argent*: abheben; *vêtement*: ausziehen; *chapeau*: abnehmen; *main*, *candidature*, *promesse*: zurückziehen; *confiance*, *licence*: entziehen; *profit*: herausholen; ***se ~*** sich zurückziehen; *tissu*: einlaufen
retombées [r(ə)tõbe] *f/pl fig* Auswirkungen *f/pl*; *phys* ***~ radioactives*** radioaktiver Niederschlag *m*
retomber [r(ə)tõbe] (*1a*) wieder (hinunter)fallen; *cheveux*, *rideau*: (herunter-)fallen; *fig* ***~ sur qc*** auf etw (*acc*) zurückkommen; ***~ sur qn*** *responsabilité*: auf j-n zurückfallen; ***~ dans qc*** wieder in etw (*acc*) verfallen
rétorquer [retɔrke] (*1m*) erwidern
retors, **~e** [rətɔr, -s] *fig* gerissen
rétorsion [retɔrsjõ] *f pol* Vergeltung *f*
retouch|e [r(ə)tuʃ] *f travail*, *texte*: Überarbeitung *f*; *photographie*: Retusche *f*; **~er** (*1a*) *travail*, *texte*: überarbeiten; *photographie*: retuschieren
retour [r(ə)tur] *m* Rückkehr *f*; *voyage* Rückfahrt *f*, -reise *f*; *poste*: Rücksendung *f*; *marchandise*: Rückgabe *f*; *printemps*: Wiederkehr *f*; *sport*: ***match m ~*** Rückspiel *n*; ***bon ~!*** gute Heimreise!; ***être de ~*** zurück(gekehrt) sein; ***en ~*** dafür; ***par ~ du courrier*** postwendend
retourner [r(ə)turne] (*1a*) **1.** *v/i* zurückkehren, -gehen, -fahren; *de nouveau*: wieder gehen, fahren; **2.** *v/t image*, *matelas*: umdrehen; *tête*: drehen, wenden; *lettre*: zurücksenden; *fig* ***~ qn*** j-n aufwühlen; *fig* ***tourner et ~*** *idée*: hin und her überlegen; **3.** ***se ~*** sich umwenden; *auto* sich überschlagen; ***se ~ contre qn*** sich gegen j-n wenden
retracer [r(ə)trase] (*1k*) nochmals zeichnen; *fig* vor Augen führen
rétracter [retrakte] (*1a*) zurück-, einziehen; *fig* widerrufen
retrait [r(ə)trɛ] *m permis de conduire*: Entzug *m*; *argent*: Abheben *n*; *troupes*: Abzug *m*; ***en ~*** zurückgesetzt
retraite [r(ə)trɛt] *f* Pensionierung *f*, Ruhestand *m*; *pension* Rente *f*; *mil* Rückzug *m*; ***prendre sa ~*** in den Ruhestand gehen; ***~ anticipée*** vorzeitiger Ruhestand *m*
retraité, **~e** [r(ə)trɛte] *m*, *f* Rentner(in) *m*(*f*)
retrancher [r(ə)trɑ̃ʃe] (*1a*) *mot*: wegstreichen; ***se ~*** sich verschanzen (*a fig*)
retransmission [r(ə)trɑ̃smisjõ] *f TV* Übertragung *f*
rétrécir [retresir] (*2a*) *v/t* enger machen; *fig* einengen; *v/i tissu*: einlaufen; ***se ~*** enger werden
rétrib|uer [retribɥe] (*1n*) entlohnen, bezahlen; **~ution** [-ysjõ] *f* Entlohnung *f*, Bezahlung *f*
rétro|actif, **~active** [retrɔaktif, -aktiv] rückwirkend; **~grade** [-grad] rückständig; **~grader** [-grade] (*1a*) zurückweichen, -fallen; *auto* zurückschalten; **~projecteur** [-prɔʒɛktœr] *m* Overheadprojektor *m*; **~spectif**, **~spective** [-spɛktif, -spɛktiv] **1.** *adj* rückblickend; **2.** *f* Rückblick *m*, -schau *f*
retrousser [r(ə)truse] (*1a*) aufkrempeln, hochstreifen
retrouvailles [r(ə)truvaj] F *f/pl* Wiedersehen *n*
retrouver [r(ə)truve] (*1a*) wiederfinden; *rencontrer de nouveau* wieder treffen; ***se ~*** sich wieder treffen; *occasion*: sich wieder ergeben; ***s'y ~*** sich zurechtfinden; ***se ~ seul*** plötzlich allein dastehen
rétroviseur [retrɔvizœr] *m auto* Rückspiegel *m*
réuni|fication [reynifikasjõ] *f* Wiedervereinigung *f*; **~fier** [-fje] (*1a*) wieder vereinigen
réun|ion [reynjõ] *f* Zusammenkunft *f*, Versammlung *f*; *plusieurs entreprises*, *partis*: Zusammenschluss *m*; *pol* Anschluss *m*; **~ir** (*2a*) verbinden; *pays*: vereinigen; *documents*: zusammenstellen; *personnes*: versammeln; ***se ~*** zusammenkommen, -treffen
réussi, **~e** [reysi] gelungen
réuss|ir [reysir] (*2a*) *v/i personne*: Er-

folg haben; *projet*: gelingen, glücken (***à qn*** j-m); ***je réussis à*** (+ *inf*) es gelingt mir zu (+ *inf*); *v/t* zu Stande bringen; *cuis* gut machen; **~ite** [-it] *f* Erfolg *m*

revaloriser [r(ə)valɔrize] (*1a*) aufwerten (*a fig*)

revanche [r(ə)vɑ̃ʃ] *f* Vergeltung *f*, Revanche *f*; ***en ~*** dafür, dagegen; ***prendre sa ~*** die Niederlage wettmachen

rêve [rɛv] *m* Traum *m*

revêche [rəvɛʃ] barsch, unwirsch

réveil [revɛj] *m* Erwachen *n*; *pendule* Wecker *m*

réveiller [reveje] (*1b*) *personne*: (auf-) wecken; *fig* wecken; ***se ~*** aufwachen

réveill|on [revɛjõ] *m* Weihnachts-, Silvesterfestessen *n*; **~onner** [-ɔne] (*1a*) Heiligabend *od* Silvester feiern

révél|ateur, ~atrice [revelatœr, -atris] aufschlussreich (***de*** für); **~ation** *f* Enthüllung *f*, Aufdeckung *f*; *rel* Offenbarung *f*; **~er** (*1f*) enthüllen, aufdecken; *rel* offenbaren; ***~ l'homosexualité de qn*** j-n outen; ***~ son homosexualité*** sich outen; ***se ~ faux*** sich als falsch herausstellen

revenant [rəvnɑ̃] *m* Gespenst *n*

revend|eur, ~euse [r(ə)vɑ̃dœr, -øz] *m, f* Zwischenhändler(in) *m(f)*

revendi|cation [r(ə)vɑ̃dikasjõ] *f* Forderung *f*; **~quer** [-ke] (*1m*) fordern, beanspruchen; *responsabilité*: übernehmen; ***~ un attentat*** sich zu e-m Attentat bekennen

revendre [r(ə)vɑ̃drə] (*4a*) weiterverkaufen

revenir [rəvnir] (*2h*) *à point de départ*: zurückkehren, -kommen; *venir de nouveau*: wieder kommen; *chose*: wiederkehren; *mot*: wieder einfallen; ***~ à*** *od* ***~ sur*** *thème*, *discussion*: zurückkommen auf (*acc*); ***~ sur*** *décision*, *parole*: zurücknehmen, rückgängig machen; ***~ à qn*** *droit*, *part*: j-m zustehen; ***~ de qc*** *évanouissement*, *étonnement*: sich von etw erholen; ***~ de qc*** *illusion*: sich von etw befreien; ***~ cher*** teuer sein, teuer zu stehen kommen; ***cela revient au même*** das kommt auf das Gleiche heraus; *cuis* ***faire ~*** anbraten, in Fett dünsten

revente [r(ə)vɑ̃t] *f* Wiederverkauf *m*

revenu [rəvny] *m* Einkommen *n*

rêver [rɛve] (*1a*) träumen (***de*** von); ***~ à qc*** über etw (*acc*) nachsinnen

réverbère [revɛrbɛr] *m* Straßenlaterne *f*

révérence [reverɑ̃s] *f* Knicks *m*, Verbeugung *f*

rêverie [rɛvri] *f* Träumerei *f*

revers [r(ə)vɛr] *m* Rückseite *f*; *manche*, *pantalon*: Auf-, Umschlag *m*; *fig échec* Rückschlag *m*; ***~ de la médaille*** Kehrseite *f* der Medaille

revêtement [r(ə)vɛtmɑ̃] *m tech* Verkleidung *f*; *route*: Straßendecke *f*

revêtir [r(ə)vetir] (*2g*) *vêtement*: anziehen, anlegen; *forme*, *caractère*: annehmen; ***~ qn de qc*** j-m etw verleihen; *tech* ***~ qc de qc*** etw mit etw verkleiden, versehen; *fig* ***~ une importance particulière*** e-e besondere Bedeutung haben

rêveu|r, ~se [rɛvœr, -øz] **1.** *adj* verträumt; **2.** *m, f* Träumer(in) *m(f)*

revient [rəvjɛ̃] *m comm* ***prix*** *m* ***de ~*** Selbstkostenpreis *m*

revigorer [r(ə)vigɔre] (*1a*) *fig* neu beleben

revirement [r(ə)virmɑ̃] *m* ***~ d'opinion*** Meinungsumschwung *m*

révis|er [revize] (*1a*) *texte*: überprüfen, revidieren; *comptes*: prüfen; *machine*: überholen; **~ion** *f* Überprüfung *f*, Revision *f*; *tech* Überholung *f*; *auto* Inspektion *f*; *jur* Wiederaufnahme *f*

revivre [r(ə)vivrə] (*4e*) *v/t* wieder erleben; *v/i* wieder aufleben

révocation [revɔkasjõ] *f fonctionnaire*: Absetzung *f*; *contrat*: Aufhebung *f*, Widerrufung *f*

revoir [r(ə)vwar] **1.** (*3b*) wiedersehen; *film*: sich (*dat*) noch einmal ansehen; *texte*: überprüfen; **2.** *m* ***au ~!*** auf Wiedersehen!

révolt|e [revɔlt] *f* Aufstand *m*; *indignation* Empörung *f*; **~er** (*1a*) empören; ***se ~*** *être indigné* sich empören (***contre*** über); *se rebeller* sich auflehnen (***contre*** gegen)

révolu, ~e [revɔly] vergangen

révoluti|on [revɔlysjõ] *f* Umsturz *m*, Revolution *f*; *culture*, *industrie*: Umwälzung *f*; **~onnaire** [-ɔnɛr] **1.** *adj* revolutionär; **2.** *m, f* Revolutionär(in) *m(f)*

revolver [revɔlvɛr] *m* Revolver *m*

révoquer [revɔke] (*1m*) *fonctionnaire*: absetzen; *contrat*: widerrufen
revue [r(ə)vy] *f spectacle*: Revue *f*; *hebdomadaire*: Zeitschrift *f*; ***passer en ~*** *fig* durchgehen
rez-de-chaussée [redʃose] *m* (*pl unv*) Erdgeschoss *n*
RF *f abr* ***République française*** Französische Republik
RFA [ɛrɛfa] *f abr* ***République fédérale d'Allemagne*** Bundesrepublik *f* Deutschland
rhabiller [rabije] (*1a*) (***se ~*** sich) wieder anziehen
rhénan, **~e** [renɑ̃, -an] rheinländisch
Rhénanie [renani] ***la ~*** das Rheinland
rhétorique [retɔrik] **1.** *adj* rhetorisch; **2.** *f* Redekunst *f*, Rhetorik *f*
Rhin [rɛ̃] *m* Rhein *m*
Rhodésie [rɔdezi] *hist* ***la ~*** Rhodesien *n*
Rhône [ron] *m* Rhone *f*
rhubarbe [rybarb] *f bot* Rhabarber *m*
rhum [rɔm] *m* Rum *m*
rhumat|isant, **~isante** [rymatizɑ̃, -izɑ̃t] an Rheuma leidend; **~isme** *m* Rheumatismus *m*
rhume [rym] *m* Erkältung *f*; ***~ de cerveau*** Schnupfen *m*; ***~ des foins*** Heuschnupfen *m*
riant, **~e** [rijɑ̃, -t] heiter, lieblich
ricaner [rikane] (*1a*) (höhnisch) grinsen; *bêtement*: kichern
richard, **~e** [riʃar, -d] *m*, *f* F *péj* reicher Kerl *m*, reiche Frau *f*
rich|e [riʃ] reich (***en*** an *dat*); *sol*: fruchtbar; *décoration*, *meubles*: kostbar; *nourriture*: nahrhaft; **~esse** [-ɛs] *f* Reichtum *m*; *sol*: Fruchtbarkeit *f*
ricin [risɛ̃] *m bot* Rizinus *m*
ricocher [rikɔʃe] (*1a*) abprallen
rictus [riktys] *m* Grinsen *n*
rid|e [rid] *f* Falte *f*, Runzel *f*; **~é**, **~ée** faltig, runzlig
rideau [rido] *m* (*pl -x*) Vorhang *m*, Gardine *f*; *pol hist* ***~ de fer*** eiserner Vorhang
rider [ride] (*1a*) *visage*: zerfurchen; ***se ~*** faltig werden
ridicul|e [ridikyl] **1.** *adj* lächerlich; ***il est ~ de*** (+ *inf*) es ist lächerlich, zu (+ *inf*); ***il est ~ que*** (+ *subj*) es ist lächerlich, dass; **2.** *m* Lächerlichkeit *f*; ***tourner qc en ~*** etw ins Lächerliche ziehen; **~iser** (*1a*) lächerlich machen
rien[1] [rjɛ̃] *m* Kleinigkeit *f*, Lappalie *f*
rien[2] [rjɛ̃] **1.** nichts (***ne*** *devant le verbe*); ***~ de ~*** überhaupt nichts; ***il ne sait ~*** er weiß nichts; ***~ du tout*** gar nichts; ***il n'en est ~*** dem ist nicht so; **2.** *après expressions négatives*: (irgend)etwas; ***sans ~ dire*** ohne etwas zu sagen; **3.** ***de ~*** unbedeutend; *comme réponse*: keine Ursache; ***en ~*** in keiner Weise; ***pour ~*** umsonst; ***~ que …*** nur …
rieu|r, **~se** [rijœr, -z] **1.** *adj* lustig; **2.** *m* Lacher *m*
rigide [riʒid] starr, steif; *personne*: streng; *principes*: starr
rigolade [rigɔlad] F *f* Spaß *m*, Scherz *m*
rigole [rigɔl] *f conduit* Rinne *f*
rigoler [rigɔle] (*1a*) F *plaisanter* Spaß machen; *rire* lachen
rigolo, **~te** [rigɔlo, -ɔt] F *amusant* lustig, drollig
rigoureu|x, **~se** [rigurø, -z] streng
rigueur [rigœr] *f* Strenge *f*; *peine*: Härte *f*; *analyse*, *calcul*: Genauigkeit *f*; ***à la ~*** notfalls, zur Not; ***de ~*** unerlässlich
rim|e [rim] *f* Reim *m*; **~er** (*1a*) *v/i* sich reimen; *fig* ***ne ~ à rien*** keinen Sinn haben
rincer [rɛ̃se] (*1k*) *linge*: spülen; *cheveux*: nachspülen; *verre*, *bouteille*: ausspülen
ripost|e [ripɔst] *f* schlagfertige Antwort *f*; ***prompt à la ~*** schlagfertig; **~er** (*1a*) schlagfertig antworten
rire [rir] **1.** (*4r*) lachen (***de*** über *acc*); *plaisanter* spaßen; ***~ aux éclats*** schallend lachen; ***pour ~*** zum Spaß; ***~ de qn*** j-n auslachen, verspotten; *st/s* ***se ~ de*** spielend überwinden; **2.** *m* Lachen *n*, Gelächter *n*
ris [ri] *m cuis* ***~ de veau*** Kalbsbries *n*
risée [rize] *f* Gespött *n*
risible [riziblə] lächerlich
risqu|e [risk] *m* Risiko *n*; ***~ sur le taux de change*** Wechselkursrisiko *n*; ***à mes*** (***tes, ses***, *etc*) ***~s et périls*** auf eigene Gefahr; ***au ~ de*** (+ *inf*) auf die Gefahr hin zu (+ *inf*); ***courir le ~ de*** (+ *inf*) Gefahr laufen zu (+ *inf*); **~é**, **~ée** gewagt, riskant; **~er** (*1m*) wagen, riskieren; ***~ que*** (+ *subj*) Gefahr laufen, dass; ***~ de*** (+ *inf*) Gefahr laufen zu (+ *inf*); ***se ~ dans*** sich einlassen auf (*acc*)

rissoler [risɔle] (*1a*) *cuis* goldbraun braten
rit|e [rit] *m rel* Ritus *m*; *fig* Brauch *m*; **~uel**, **~uelle** [-ɥɛl] **1.** *adj* rituell; **2.** *m* Ritual *n*
rivage [rivaʒ] *m* Küstenstrich *m*, Ufer *n*
rival, **~e** [rival] (*m/pl -aux*) **1.** *adj* rivalisierend; **2.** *m*, *f* Rivale, -in *m*, *f*; **~iser** (*1a*) rivalisieren, wetteifern (***avec qn de qc*** mit j-m in e-r Sache); **~ité** *f* Rivalität *f*
rive [riv] *f* Ufer *n*
river [rive] (*1a*) vernieten
riverain, **~e** [rivrɛ̃, -ɛn] *m*, *f* Anlieger(in) *m(f)*, Anwohner(in) *m(f)*
rivet [rivɛ] *m tech* Niete *f*
rivière [rivjɛr] *f* Fluss *m*
rixe [riks] *f* Schlägerei *f*
riz [ri] *m bot* Reis *m*
RN *f abr* ***route nationale*** frz. Nationalstraße *f*; *in der BRD*: Bundesstraße *f*
robe [rɔb] *f* (Damen-)Kleid *n*; *juge*, *avocat*: Robe *f*
robinet [rɔbinɛ] *m* (Wasser-)Hahn *m*
robot [rɔbo] *m* Roboter *m*
robuste [rɔbyst] *personne*: kräftig, stämmig; *moteur*: robust, widerstandsfähig
roc [rɔk] *m* Fels *m*
rocaill|e [rɔkaj] *f terrain*: steiniger Boden *m*; ***style*** *m* **~** Rokokostil *m*; **~eux**, **~euse** [-ø, -øz] steinig; *style*: holprig
roch|e [rɔʃ] *f* Felsen *m*; *géol* Gestein *n*; **~er** *m* Felsen *m*, Felsblock *m*; **~eux**, **~euse** [-ø, -øz] felsig
rococo [rɔkɔko] *m* Rokoko *n*
rodage [rɔdaʒ] *m auto* Einfahren *n*
rôder [rode] (*1a*) umherstreifen
rogne [rɔɲ] *f* F ***être en ~*** gereizt sein
rogner [rɔɲe] (*1a*) beschneiden; **~ *sur qc*** an etw (*dat*) sparen
rognon [rɔɲõ] *m cuis* Niere *f*
roi [rwa] *m* König *m*
roitelet [rwatlɛ] *m zo* Zaunkönig *m*
rôle [rol] *m* Rolle *f* (*théâtre u fig*); *registre* Liste *f*, Register *n*; ***à tour de ~*** der Reihe nach
roller[1] [rɔlœr] *m* Inline-Skate *m*; ***faire du ~*** inlineskaten
roller[2] [rɔlœr] *m*, **rolleuse** [rɔløz] *f* Inline-Skater(in) *m(f)*
romain, **~e** [rɔmɛ̃, -ɛn] **1.** *adj* römisch; *rel* römisch-katholisch; **2.** **♀**, **♀*e*** *m*, *f* Römer(in) *m(f)*
roman, **~e** [rɔmɑ̃, -an] **1.** *adj* romanisch; **2.** *m* Roman *m*; *art*: Romanik *f*
romanc|e [rɔmɑ̃s] *f mus* Romanze *f*; **~ier**, **~ière** [-je, -jɛr] *m*, *f* Romanschriftsteller(in) *m(f)*
romand, **~e** [rɔmɑ̃, -d] ***la Suisse romande*** die französische Schweiz
romanesque [rɔmanɛsk] romantisch
roman-feuilleton [rɔmɑ̃fœjtõ] (*pl romans-feuilletons*) *m* Fortsetzungsroman *m*
romanichel, **~le** [rɔmaniʃɛl] *neg! m*, *f* Zigeuner(in) *neg! m(f)*
romaniste [rɔmanist] *m* Romanist(in) *m(f)*
romant|ique [rɔmɑ̃tik] **1.** *adj* romantisch; **2.** *m*, *f* Romantiker(in) *m(f)*; **~isme** *m* Romantik *f*
romarin [rɔmarɛ̃] *m bot* Rosmarin *m*
Rome [rɔm] Rom *n*
rompre [rõprə] (*4a*) *v/i* brechen (*a fig*); **~ *avec qn*** mit j-m brechen, F mit j-m Schluss machen; **~ *avec une habitude*** e-e Gewohnheit aufgeben; *v/t ficelle*: zerreißen; *silence*, *contrat*: brechen; *relations*, *négociations*: abbrechen; *fiançailles*: lösen; ***se ~*** *branche*: brechen; *ficelle*: reißen
rompu, **~e** [rõpy] völlig erschöpft; **~ *à*** bewandert in (*dat*)
ronce [rõs] *f bot* Brombeerstrauch *m*; **~*s*** *pl* Dornen *m/pl*
rond, **~e** [rõ, -d] **1.** *adj* rund; *gros* dick; F besoffen; **2.** *adv* ***tourner rond*** *moteur u fig* gut laufen; **3.** *m figure*: Kreis *m*; *objet*: Ring *m*; **4.** *f* Runde *f*, Rundgang *m*; *danse* Rundtanz *m*, Reigen *m*; ***à la ronde*** im Umkreis
rondelet, **~te** [rõdlɛ, -t] rundlich
rond|elle [rõdɛl] *f* Scheibe *f*; *tech* Unterlegscheibe *f*; **~ement** [-mɑ̃] *adv promptement* prompt; *carrément* geradeheraus; **~eur** *f* Rundung *f*; *fig* Offenheit *f*; **~in** *m* Rundholz *n*; ***cabane*** *f* ***en ~s*** Blockhütte *f*
rond-point [rõpwɛ̃] *m* (*pl ronds-points*) runder Platz *m* mit Kreisverkehr
ronfler [rõfle] (*1a*) schnarchen; *moteur*: brummen
rong|er [rõʒe] (*1l*) nagen; *fig* quälen; ***se ~ les ongles*** an den Nägeln kauen; **~eur** *m zo* Nagetier *n*
ronronner [rõrɔne] (*1a*) schnurren
roquet [rɔkɛ] *m* Kläffer *m*

rosace [rozas] *f arch* Rosette *f*
rosaire [rozɛr] *m rel* Rosenkranz *m*
rosbif [rɔzbif] *m cuis* Roastbeef *n*
rose [roz] **1.** *f bot* Rose *f*; **2.** *m couleur*: Rosa *n*; **3.** *adj* rosa; *fig* rosig
rosé, **~e** [roze] **1.** *m* Rosé *m*; **2.** *adj* zartrosa
roseau [rozo] *m* (*pl -x*) *bot* Schilf(rohr) *n*
rosée [roze] *f* Tau *m* (*Nässe*)
roseraie [rozrɛ] *f* Rosengarten *m*
rosier [rozje] *m* Rosenstock *m*
ross|e [rɔs] **1.** *f cheval* Schindmähre *f*; F Leuteschinder *m*; **2.** *adj* gemein, hart; **~er** (*1a*) durchprügeln
rossignol [rɔsiɲɔl] *m zo* Nachtigall *f*
rot [ro] *m* F Rülpser *m*
rotation [rɔtasjõ] *f* Umdrehung *f*, Rotation *f*; *comm* Umschlag *m*
roter [rɔte] (*1a*) F rülpsen
rôti [rɔti, ro-] *m* Braten *m*
rôtie [rɔti, ro-] *f* geröstete Brotschnitte *f*
rotin [rɔtɛ̃] *m* Rattan *n*
rôtir [rɔtir, ro-] (*2a*) braten
rôtiss|erie [rɔtisri, ro-] *f* Grillrestaurant *n*; **~oire** [-war] *f* Grill *m*
rotond|e [rɔtõd] *f arch* Rundbau *m*; **~ité** *f* Rundheit *f*
rotule [rɔtyl] *f anat* Kniescheibe *f*
rouage [rwaʒ] *m* Rädchen *n*; **~s** *pl* Räderwerk *n* (*a fig*)
roublard, **~e** [rublar, -d] gerissen, durchtrieben
roucouler [rukule] (*1a*) *pigeon*: gurren; *amoureux*: turteln
roue [ru] *f* Rad *n*; ***~ libre*** Freilauf *m*; *auto* ***~ de rechange*** Reserve-, Ersatzrad *n*; ***deux ~s*** *m* Zweirad *n*
rou|é, **~ée** [rwe] gerissen, durchtrieben; **~er** (*1a*) ***~ qn de coups*** F j-n windelweich schlagen; **~et** [-ɛ] *m* Spinnrad *n*
rouge [ruʒ] **1.** *adj* rot (*a pol*); **2.** *adv fig* ***voir ~*** rot sehen; **3.** *m couleur*: Rot *n*; *vin*: Rotwein *m*; ***~ à lèvres*** Lippenstift *m*; ***~ à joues*** Rouge *n*
rougeâtre [ruʒɑtrə] rötlich
rouge-gorge [ruʒgɔrʒ] *m* (*pl rouges-gorges*) *zo* Rotkehlchen *n*
rougeole [ruʒɔl] *f méd* Masern *pl*
rouget [ruʒɛ] *m zo* Seebarbe *f*
roug|eur [ruʒœr] *f* Rötung *f*; *fig* Erröten *n*; **~ir** (*2a*) rot werden; *personne*: rot werden, erröten (***de colère*** vor Zorn)
rouill|e [ruj] *f* Rost *m*; **~é**, **~ée** verrostet; *fig* eingerostet; **~er** (*1a*) *v/t* rosten lassen; *v/i* rosten; ***se ~*** rosten; *fig* einrosten
roulant, **~e** [rulɑ̃, -t] rollend, Roll…; ***escalier*** *m* ***roulant*** Rolltreppe *f*; ***tapis*** *m* ***roulant*** Förderband *n*
roul|eau [rulo] *m* (*pl -x*) Rolle *f*; *tech* Walze *f*; **~ement** [-mɑ̃] *m* Rollen *n*; *tech* Wälzlager *n*; *tech* ***~ à billes*** Kugellager *n*; *comm* ***fonds*** *m/pl* ***de ~*** Betriebskapital *n*
rouler [rule] (*1a*) *v/i* rollen; *voiture*: fahren; *bateau*: schlingern; P ***ça roule*** es klappt; ***~ sur qc*** *conversation*: sich um etw drehen; *v/t* rollen; *cigarette*: drehen; F ***~ qn*** j-n reinlegen; ***se ~*** *par terre*: sich wälzen; *en boule*: sich zusammenrollen
roul|ette [rulɛt] *f meubles*: Rolle *f*; *jeu*: Roulett *n*; ***passer la ~*** *dentiste*: bohren; **~is** [-i] *m mar* Schlingern *n*; **~otte** [-ɔt] *f* Wohnwagen *m*
roumain, **~e** [rumɛ̃, -ɛn] **1.** *adj* rumänisch; **2.** **2**, **2e** *m*, *f* Rumäne *m*, Rumänin *f*
Roumanie [rumani] ***la ~*** Rumänien *n*
rouquin, **~e** [rukɛ̃, -in] F rothaarig
rouspéter [ruspete] (*1f*) F schimpfen
rousseur [rusœr] *f* ***taches*** *f/pl* ***de ~*** Sommersprossen *f/pl*
rouss|i [rusi] *m* Brandgeruch *m*; ***sentir le ~*** angesengt riechen; *fig* brenzlig werden; **~ir** (*2a*) *v/t linge*: versengen; *v/i* rot werden; *cuis* ***faire ~*** bräunen
route [rut] *f* (Land-)Straße *f*; *parcours* Weg *m*, Strecke *f*; *voyage* Fahrt *f*; *mar*, *aviat* Kurs *m*; ***en ~*** unterwegs; ***mettre en ~*** in Gang setzen (*a fig*); ***se mettre en ~*** sich auf den Weg machen; ***faire fausse ~*** vom Weg abkommen; *fig* sich irren; ***faire ~ vers*** auf dem Weg sein nach
rout|ier, **~ière** [rutje, -tjɛr] **1.** *adj* Straßen…; ***réseau*** *m* ***routier*** Straßennetz *n*; ***carte*** *f* ***routière*** Straßenkarte *f*; **2.** *m* Fernfahrer *m*
routin|e [rutin] *f* Routine *f*; ***de ~*** üblich; **~ier**, **~ière** [-je, -jɛr] gewohnheitsmäßig
rouvrir [ruvrir] (*2f*) *v/t* wieder öffnen; *v/i* wieder offen sein

rou|x, ~sse [ru, -s] **1.** *adj personne*: rothaarig; *cheveux*: rot; **2.** *m cuis* Einbrenne *f*
royal, ~e [rwajal] (*m/pl -aux*) königlich; *fig cadeau, luxe*: fürstlich; **~iste 1.** *adj* königstreu; **2.** *m, f* Royalist(in) *m(f)*
royau|me [rwajom] *m* Königreich *n*; ***le ♀ Uni*** das Vereinigte Königreich; **~té** [-te] *f* Königtum *n*
RPR *m abr **Rassemblement pour la République*** frz. Partei (Neogaullisten)
R.S.V.P. *abr **répondez, s'il vous plaît*** um Antwort wird gebeten
Ruanda [rwɑ̃da, rwanda] ***le ~*** Ruanda *n*
ruban [rybɑ̃] *m* Band *n*; ***~ adhésif*** Klebeband *n*
rubéole [rybeɔl] *f méd* Röteln *pl*
rubis [rybi] *m* Rubin *m*
rubrique [rybrik] *f* Rubrik *f*, Spalte *f*
ruche [ryʃ] *f* Bienenkorb *m*, -stock *m*
rude [ryd] *personne*: roh, derb, grob; *travail, lutte*: hart; *voix, climat*: rau
rudesse [rydɛs] *f* Rauheit *f*, Rohheit *f*, Derbheit *f*
rudi|mentaire [rydimɑ̃tɛr] *insuffisant* notdürftig; *élémentaire* elementar; **~ments** *m/pl* Anfangsgründe *m/pl*
rudoyer [rydwaje] (*1h*) ***~ qn*** j-n grob anfahren
rue [ry] *f* Straße *f*; ***dans la ~*** auf der Straße; ***en pleine ~*** auf offener Straße; ***~ à sens unique*** Einbahnstraße *f*; ***~ piétonne*** Fußgängerstraße *f*
ruée [rɥe] *f* Ansturm *m*; ***~ vers l'or*** Goldrausch *m*
ruelle [rɥɛl] *f* Gässchen *n*, (enge) Gasse *f*
ruer [rɥe] (*1n*) *cheval*: ausschlagen; *fig* ***~ dans les brancards*** sich sträuben; ***se ~ sur*** herfallen über (*acc*), sich stürzen auf (*acc*)
rug|ir [ryʒir] (*2a*) brüllen; *vent*: heulen; **~issement** [-ismɑ̃] *m* Gebrüll *n*
rugueu|x, ~se [rygø, -z] uneben, rau
Ruhr [rur] ***la ~*** das Ruhrgebiet
ruine [rɥin] *f délabrement* Verfall *m*; *fig décadence* Untergang *m*, Zusammenbruch *m*; *comm* Ruin *m*; *personne*: Wrack *n*; ***~s pl*** Ruine(n) *f(pl)*, Trümmer *m/pl*
ruin|er [rɥine] (*1a*) ruinieren, zu Grunde richten; **~eux, ~euse** [-ø, -øz] ruinös; *coûteux* kostspielig
ruisseau [rɥiso] *m* (*pl -x*) Bach *m*; *caniveau* Gosse *f* (*a fig*); *fig sang, larmes*: Strom *m*
ruisseler [rɥisle] (*1c*) rinnen, rieseln; *sueur*: triefen (***de*** von)
rumeur [rymœr] *f* **1.** (dumpfer) Lärm *m*; *de personnes*: allgemeine Unruhe *f*; **2.** *nouvelle* Gerücht *n*
ruminer [rymine] (*1a*) wiederkäuen; *fig* nachgrübeln (***qc*** über etw *acc*)
rupture [ryptyr] *f* Bruch *m* (*a fig*); *méd* Riss *m*; *fig négociations, relations*: Abbruch *m*
rural, ~e [ryral] (*m/pl -aux*) ländlich
rus|e [ryz] *f truc* List *f*; *adresse* Schlauheit *f*, Schläue *f*; **~é, ~ée** listig, schlau
russe [rys] **1.** *adj* russisch; **2.** ♀ *m, f* Russe *m*, Russin *f*
Russie [rysi] ***la ~*** Russland *n*
rustique [rystik] Bauern…, rustikal
rustre [rystrə] **1.** *adj* grob, ungehobelt; **2.** *m péj* Bauernlümmel *m*, Flegel *m*
rut [ryt] *m zo* Brunst *f*
rutilant, ~e [rytilɑ̃, -t] *rouge* leuchtend rot; *brillant* glänzend
rythm|e [ritmə] *m* Rhythmus *m*; *vitesse* Tempo *n*; **~ique 1.** *adj* rhythmisch; **2.** *f* Rhythmik *f*

S

S. *abr **saint*** hl. (heiliger) *od* St. (Sankt)
sa [sa] → ***son***[1]
SA [ɛsɑ] *f abr **société anonyme*** AG *f* (Aktiengesellschaft)
sable [sablə] *m* Sand *m*
sabl|é [sable] *m cuis* Sandplätzchen *n*; **~er** (*1a*) mit Sand bestreuen; ***~ le champagne*** Champagner trinken
sabl|ier [sablije] *m* Sanduhr *f*; **~ière** [-ijɛr] *f* Sandgrube *f*
sablonneu|x, ~se [sablɔnø, -z] sandig
sabot [sabo] *m* Holzschuh *m*; *zo* Huf

m; **~ *de Denver*** Parkkralle *f*
sabot|age [sabɔtaʒ] *m* Sabotage *f*; **~er** (*1a*) sabotieren; *fig travail*: hinpfuschen
sabre [sabrə] *m* Säbel *m*
sac [sak] *m* **1.** Tasche *f*; *papier, plastique*: Tüte *f*; *pommes de terre*: Sack *m*; **~ *à dos*** Rucksack *m*; **~ *à main*** Handtasche *f*; **~ *à provisions*** Einkaufstasche *f*; **~ *de couchage*** Schlafsack *m*; **2.** ***mise*** *f* ***à*** **~** Plünderung *f*
saccad|e [sakad] *f* Ruck *m*, Stoß *m*; ***par*** **~*s*** ruck-, stoßweise; **~*é*, ~*ée*** *mouvements*: ruckartig; *voix*: abgehackt
saccager [sakaʒe] (*1l*) *piler* plündern; *détruire* verwüsten
saccharine [sakarin] *f* Süßstoff *m*
sacerdoce [sasɛrdɔs] *m* Priesteramt *n*
sachet [saʃɛ] *m* Beutel(chen) *m*(*n*), Tütchen *n*; **~ *de thé*** Teebeutel *m*; ***riz*** *m* ***en*** **~** Reis *m* im Kochbeutel
sacoche [sakɔʃ] *f* (Leder-)Tasche *f*; *vélo*: Packtasche *f*
sacre [sakrə] *m souverain*: Salbung *f*, Krönung *f*
sacré, ~e [sakre] heilig; (*précédant le subst*) F verdammt, verflucht
sacrement [sakrəmɑ̃] *m rel* Sakrament *n*
sacri|fice [sakrifis] *m* Opfer *n* (*a fig*); **~fier** [-fje] (*1a*) opfern (*a fig*); *fig* **~ *à la mode*** der Mode huldigen; ***se*** **~** sich (auf)opfern
sacrilège [sakrilɛʒ] **1.** *adj* gottlos, frevelhaft; **2.** *m* Freveltat *f*, Frevel *m*, Sakrileg *n*
sacrist|ain [sakristɛ̃] *m égl* Küster *m*; **~ie** [-i] *f* Sakristei *f*
sacro-saint, ~e [sakrɔsɛ̃, -t] *iron* hochheilig, sakrosankt
sad|ique [sadik] **1.** *adj* sadistisch; **2.** *m, f* Sadist(in) *m*(*f*); **~isme** *m* Sadismus *m*
safran [safrɑ̃] *m bot* Krokus *m*; *cuis* Safran *m*
sagac|e [sagas] scharfsinnig; **~ité** *f* Scharfsinn *m*
sage [saʒ] **1.** *adj* weise, klug; *enfant*: artig; **2.** *m* Weise(r) *m*; **~-femme** [-fam] *f* (*pl sages-femmes*) Hebamme *f*
sagesse [saʒɛs] *f* Weisheit *f*, Klugheit *f*; *enfant*: Artigkeit *f*
Sagittaire [saʒitɛr] *m astr* Schütze *m*
Sahara [saara] ***le*** **~** die Sahara
saignant, ~e [sɛɲɑ̃, -t] blutend; *cuis* nicht durchgebraten, englisch
saignée [sɛɲe] *f* Aderlass *m*
saigner [sɛɲe] (*1b*) *v/i* bluten; *v/t* **~ *qn*** j-m Blut abzapfen; *fig* j-n schröpfen
saillant, ~e [sajɑ̃, -t] vorspringend; *fig* hervorstechend
saillie [saji] *f arch* Vorsprung *m*; *fig* Geistesblitz *m*
saillir [sajir] **1.** (*2a*) *v/t zo* bespringen, decken; **2.** (*2c*) *v/i arch* hervorragen, vorspringen
sain, ~e [sɛ̃, sɛn] gesund (*a fig*); ***sain et sauf*** unversehrt, wohlbehalten, heil
saindoux [sɛ̃du] *m* Schweineschmalz *n*
saint, ~e [sɛ̃, -t] **1.** *adj* heilig; ***vendredi*** *m* ***saint*** Karfreitag *m*; **2.** *m, f* Heilige(r) *m, f*
saint-bernard [sɛ̃bɛrnar] *m* (*pl unv*) *zo* Bernhardiner *m*
Sainte-Hélène [sɛ̃telɛn] Sankt Helena *n*
sainteté [sɛ̃tte] *f* Heiligkeit *f*
Saint-Gall [sɛ̃gal] Sankt Gallen *n*
Saint-Gothard [sɛ̃gɔtar] ***le*** **~** der Sankt Gotthard
Saint-Marin [sɛ̃marɛ̃] San Marino *n*
Saint-Sylvestre [sɛ̃silvɛstrə] ***la*** **~** Silvester *m od n*
saisie [sezi] *f jur* Pfändung *f*; *marchandises de contrebande*: Beschlagnahme *f*; *EDV* (Daten-)Erfassung *f*
saisir [sezir] (*2a*) ergreifen, fassen; *crainte*: ergreifen; *maladie*: befallen; *jur* pfänden; *marchandises de contrebande*: beschlagnahmen; *sens, intention*: begreifen, verstehen; *occasion*: ergreifen; *EDV* erfassen; *jur* **~ *un tribunal d'une affaire*** ein Gericht mit e-r Sache befassen; ***se*** **~ *de qn, de qc*** sich j-s, e-r Sache bemächtigen
saisissant, ~e [sezisɑ̃, -t] ergreifend; *froid*: durchdringend
saison [sɛzõ] *f* Jahreszeit *f*; *tourisme*: Saison *f*
saisonn|ier, ~ière [sɛzɔnje, -jɛr] **1.** *adj* jahreszeitlich; *comm* saisonbedingt; **2.** *m ouvrier*: Saisonarbeiter *m*
salade [salad] *f* Salat *m*; **~ *de fruits*** Obstsalat *m*
saladier [saladje] *m* (Salat-)Schüssel *f*
salaire [salɛr] *m ouvrier*: (Arbeits-)Lohn *m*; *employé*: Gehalt *n*; **~ *aux pièces*** Akkordlohn *m*

salaison [salɛzõ] *f viande*: Pökelfleisch *n*
salamandre [salamɑ̃drə] *f zo* Salamander *m*
salami [salami] *m* Salami *f*
salari|al, **~ale** [salarjal] (*m/pl -aux*) Lohn…; **~é**, **~ée** *m*, *f* Arbeitnehmer *m*, Lohnempfänger *m*
salaud [salo] *m* P Dreckskerl *m*
sale [sal] **1.** (*derrière le subst*) schmutzig, unsauber, F dreckig; *moralement*: unanständig; **2.** (*précédant le subst*) übel; *péj* gemein
sal|é, **~ée** [sale] **1.** *adj eau*: salzig; *cuis* gesalzen (*a fig*); *fig* gewagt; **2.** *m* Pökelfleisch *n*; **~er** (*1a*) salzen; *pour conserver*: einsalzen
saleté [salte] *f* Schmutz *m*, F Dreck *m*; *fig grossièretés*: Unanständigkeit *f*; **~s** *pl choses sans valeur*: F Schund *m*, Plunder *m*
salière [saljɛr] *f* Salzstreuer *m*
saline [salin] *f* Saline *f*
sal|ir [salir] (*2a*) beschmutzen (*a fig*), verschmutzen, schmutzig machen; **~issant**, **~issante** [-isɑ̃, -isɑ̃t] *travail*: schmutzig; *tissu*: leicht schmutzend
salive [saliv] *f* Speichel *m*
salle [sal] *f* Saal *m*, Raum *m*; ***~ d'attente*** *médecin*: Wartezimmer *n*; *gare*: Wartesaal *m*; ***~ de classe*** Klassenzimmer *n*; ***~ de bain*** Bad *n*; ***~ à manger*** Esszimmer *n*; ***~ de séjour*** Wohnzimmer *n*; ***~ d'eau*** Waschraum *m*
salmonellose [salmɔneloz] *f méd* Salmonelleninfektion *f*
salon [salõ] *m* Salon *m*, Empfangszimmer *n*; *foire*: Ausstellung *f*, Messe *f*; ***~ de l'automobile*** Automobilausstellung *f*; *comm* Salon *m*; ***~ de thé*** Café *n*; ***~ de coiffure*** Frisiersalon *m*
salopard [salɔpar] P *m* → ***salaud***
salop|e [salɔp] *f* P Miststück *n* (*Frau*); F Schlampe *f*; **~erie** *f* P *chose sans valeur* Schund *m*, F Gelump(e) *n*; *saleté* P Schweinerei *f*, Sauerei *f*; *bassesse* Gemeinheit *f*; **~ette** [-ɛt] *f* Latzhose *f*
salpêtre [salpɛtrə] *m chim* Salpeter *m*
salsa [salsa] *f musique*, *danse* Salsa *m*
salsifis [salsifi] *m cuis* Schwarzwurzel *f*
saltimbanque [saltɛ̃bɑ̃k] *m*, *f* Gaukler(in) *m(f)*
salubre [salybrə] gesund, heilsam
saluer [salɥe] (*1n*) (be)grüßen
salut [saly] *m* **1.** Gruß *m*, Begrüßung *f*; **2.** F grüß dich!, Servus!; *au revoir*: tschüss!; **3.** *sauvegarde* Wohl *n*, Wohlfahrt *f*; *rel* Heil *n*, Rettung *f*
salut|aire [salytɛr] heilsam; **~ation** *f* Begrüßung *f*; *lettre*: ***recevez mes ~s distinguées*** mit besten Grüßen
Salvador [salvadɔr] ***le ~*** El Salvador *n*
Salzbourg [salzbur] Salzburg *n*
samedi [samdi] *m* Sonnabend *m*, Samstag *m*
SAMU *abr* ***service d'aide médicale d'urgence*** *etwa*: Notarzt *m*, Rettungsdienst *m*
sanctifier [sɑ̃ktifje] (*1a*) *rel* heiligen
sanction [sɑ̃ksjõ] *f peine* Sanktion *f*; *jur* Bestrafung *f*; *approbation*, *ratification* Billigung *f*
sanctionner [sɑ̃ksjɔne] (*1a*) *punir* bestrafen; *ratifier* sanktionieren, billigen; *jur loi*, *décret*: Gesetzeskraft erteilen
sanctuaire [sɑ̃ktɥɛr] *m* Heiligtum *n*
sandale [sɑ̃dal] *f* Sandale *f*
sandwich [sɑ̃dwitʃ] *m* (*pl* -[*e*]*s*) belegtes Brot *n od* Brötchen *n*
sang [sɑ̃] *m* Blut *n* (*a fig*); F ***se faire du mauvais ~*** sich (*dat*) Sorgen machen; **~-froid** [-frwa] *m* Kaltblütigkeit *f*
sanglant, **~e** [sɑ̃glɑ̃, -t] blutig; *fig* beleidigend
sangle [sɑ̃glə] *f* Gurt *m*
sanglier [sɑ̃glije] *m zo* Wildschwein *n*
sangl|ot [sɑ̃glo] *m* Schluchzen *n*; **~oter** [-ɔte] (*1a*) schluchzen
sangsue [sɑ̃sy] *f zo* Blutegel *m*
sangu|in, **~ine** [sɑ̃gɛ̃, -in] Blut…; *tempérament*: sanguinisch; ***groupe*** *m* ***sanguin*** Blutgruppe *f*; **~inaire** [-inɛr] blutdürstig, -rünstig
sanguine [sɑ̃gin] *f bot* Blutapfelsine *f*, -orange *f*
sanitaire [sanitɛr] sanitär; Gesundheits…; ***installations*** *f/pl* ***~s*** sanitäre Einrichtungen *f/pl*
sans [sɑ̃] ohne; …los; ***~ doute*** wahrscheinlich; ***~ aucun doute*** zweifellos; ***~ quoi*** sonst; ~ (+ *inf*) ohne zu (+ *inf*); ***~ que*** (+ *subj*) ohne dass; ***~ CFC*** FCKW-frei
sans-abri [sɑ̃zabri] *m*, *f* (*pl unv*) Obdachlose(r) *m*, *f*
sans|-façon [sɑ̃fasõ] *m* Ungezwungenheit *f*; **~-gêne** [-ʒɛn] **1.** *m*, *f* (*pl unv*)

freche Person *f*; **2.** *m* Unverfrorenheit *f*, Ungeniertheit *f*; **~-souci** [-susi] (*unv*) sorglos; **~-travail** [-travaj] *m*, *f* (*pl unv*) Arbeitslose(r) *m*, *f*
santé [sɑ̃te] *f* Gesundheit *f*; ***être en bonne ~*** gesund sein; ***à votre ~!*** auf Ihr Wohl!
Saône [son] ***la ~*** die Saône
saoudien, **~ne** [saudjɛ̃, -ɛn] **1.** *adj* saudiarabisch; **2.** **♀**, **♀*ne*** *m*, *f* Saudi *m*, *f*
saoul [su] → ***soûl***
saper [sape] (*1a*) untergraben (*a fig*)
sapeur [sapœr] *m mil* Pionier *m*; **~-pompier** [-põpje] *m* (*pl sapeurs-pompiers*) Feuerwehrmann *m*
sapin [sapɛ̃] *m bot* Tanne *f*
sapinière [sapinjɛr] *f* Tannenwald *m*
sarcas|me [sarkasmə] *m* beißender Spott *m*, Sarkasmus *m*; **~tique** [-tik] sarkastisch, höhnisch
sarcler [sarkle] (*1a*) (aus)jäten
sarcophage [sarkɔfaʒ] *m* Sarkophag *m*
Sardaigne [sardɛɲ] ***la ~*** Sardinien *n*
sarde [sard] **1.** *adj* sardisch; **2.** **♀** *m*, *f* Sardinier(in) *m*(*f*)
sardine [sardin] *f* Sardine *f*
sardonique [sardɔnik] hämisch
SARL [ɛsaɛrɛl] *f abr* ***société à responsabilité limitée*** GmbH *f*
sarment [sarmɑ̃] *m* (Wein-)Rebe *f*
sarrasin [sarazɛ̃] *m bot* Buchweizen *m*
Sarre [sar] *f rivière*: Saar *f*; ***la ~*** Saarland *n*
Sarrebruck [sarbryk] Saarbrücken *n*
sarriette [sarjɛt] *f bot* Bohnen-, Pfefferkraut *n*
sas [sɑs] *m tech* Schleuse *f*
satanique [satanik] teuflisch
satellite [satelit] *m* Satellit *m* (*a fig*); ***ville*** *f* **~** Trabantenstadt *f*
satiété [sasjete] *f* Übersättigung *f*; ***à ~*** bis zum Überdruss
satin [satɛ̃] *m* Satin *m*, Atlas *m*
satir|e [satir] *f* Satire *f*; **~ique** satirisch
satis|faction [satisfaksjõ] *f contentement* Zufriedenheit *f*; *désir*, *besoin*: Befriedigung *f*; *après offense*: Genugtuung *f*; ***donner ~ à qn*** j-n zufriedenstellen; **~faire** [-fɛr] (*4n*) **1.** *v/i* ***~ à qc*** e-r Sache genügen, gerecht werden; *comm* ***~ à la demande*** die Nachfrage befriedigen; **2.** *v/t* befriedigen; *attente*: erfüllen; **~faisant**, **~faisante** [-fəzɑ̃, -fəzɑ̃t] befriedigend; **~fait**, **~faite** [-fɛ, -fɛt] zufrieden (***de*** mit)
satur|ation [satyrasjõ] *f* Sättigung *f*; **~er** (*1a*) sättigen; *fig* übersättigen (***de*** mit)
sauce [sos] *f* Soße *f*; ***~ tomate*** Tomatensoße *f*
saucière [sosjɛr] *f* Soßenschüssel *f*
saucisse [sosis] *f* Würstchen *n*; *à frire*: Bratwurst *f*
saucisson [sosisõ] *m* Wurst *f*; ***~ sec*** Hartwurst *f*
sauf[1] [sof] *prép* außer (*dat*), bis auf (*acc*); ***~ que*** außer dass; ***~ si*** außer wenn; ***~ avis contraire*** bis auf Widerruf
sau|f[2], **~ve** [sof, -v] *adj* unversehrt
sauf-conduit [sofkõdɥi] *m* (*pl sauf-conduits*) Passierschein *m*
sauge [soʒ] *f bot* Salbei *f od m*
saugrenu, **~e** [sogrəny] absurd
saule [sol] *m bot* Weide *f*; ***~ pleureur*** Trauerweide *f*
saumon [somõ] *m zo* Lachs *m*
saumure [somyr] *f* (Salz-)Lake *f*
sauna [sona] *m* Sauna *f*
saupoudrer [sopudre] (*1a*) bestreuen (***de*** mit)
saur [sɔr] ***hareng*** *m* **~** Bückling *m*
saut [so] *m* Sprung *m*; ***~ en hauteur, en longueur*** Hoch-, Weitsprung *m*; ***~ à la perche*** Stabhochspringen *n*; ***~ périlleux*** Salto *m*; *fig* ***faire un ~ chez qn*** auf e-n Sprung bei j-m vorbeikommen; ***au ~ du lit*** beim Aufstehen
saute [sot] *f* plötzlicher Wechsel *m*; ***~ de vent*** Umschlagen *n* des Windes
sauté, **~e** [sote] *cuis* gebraten
sauter [sote] (*1a*) **1.** *v/i* springen; *exploser* in die Luft fliegen, explodieren; *él fusible*: durchbrennen; ***~ sur*** sich stürzen auf (*acc*); ***faire ~*** *cuis* braten; **2.** *v/t obstacle*, *fossé*: überspringen; *mot*, *repas*: auslassen
sauterelle [sotrɛl] *f zo* Heuschrecke *f*
sautiller [sotije] (*1a*) hüpfen, tänzeln
sauvag|e [sovaʒ] **1.** *adj* wild; *insociable* ungesellig; **2.** *m*, *f* Wilde(r) *m*, *f*; *solitaire* Einzelgänger *m*; **~ement** [-mɑ̃] *adv* auf grausame Weise
sauvegard|e [sovgard] *f* Schutz *m*; **~er** (*1a*) schützen; *EDV* speichern, sichern
sauve-qui-peut [sovkipø] *m* (*pl unv*)

wilde Flucht *f*
sauver [sove] (*1a*) retten; **~ *les apparences*** den Schein wahren; ***se* ~** sich retten; *s'enfuir* weglaufen; F *partir* sich davonmachen, sich verziehen
sauve|tage [sovtaʒ] *m* Rettung *f*, Bergung *f*; **~teur** *m* Retter *m*
sauvette [sovɛt] ***à la* ~** *comm* schwarz
sauveur [sovœr] *m* (Er-)Retter *m*; *rel* ***le* ♀** der Erlöser *od* Heiland
savamment [savamɑ̃] *adv en connaissance de cause* mit Sachkenntnis; *habilement* geschickt
savant, ~e [savɑ̃, -t] **1.** *adj* gelehrt; *société, revue*: wissenschaftlich; *combinaison, démonstration*: geschickt; **2.** *m* Gelehrte(r) *m*, Wissenschaftler *m*
saveur [savœr] *f* Geschmack *m*; *fig* Reiz *m*
Savoie [savwa] ***la* ~** Savoyen *n*
savoir [savwar] **1.** (*3g*) wissen; *langue od + inf* können; **~ *nager*** schwimmen können; ***j'ai su que*** ich habe erfahren, dass; ***je ne saurais vous le dire*** ich kann es Ihnen leider nicht sagen; ***il s'agit de* ~ *si*** es handelt sich darum, ob; ***reste à* ~** es ist noch die Frage (***si*** ob); ***à* ~** und zwar; ***faire* ~ *qc à qn*** j-m etw mitteilen; ***à ce que je sais*** *od* (***autant***) ***que je sache*** soviel ich weiß; **2.** *m* Wissen *n*, Gelehrsamkeit *f*
savoir|-faire [savwarfɛr] *m* Können *n*, Know-how *n*; **~-vivre** [-vivrə] *m* Manieren *pl*
savon [savõ] *m* Seife *f*
savonn|er [savɔne] (*1a*) einseifen; **~ette** [-ɛt] *f* Toilettenseife *f*; **~eux, ~euse** [-ø, -øz] seifig
savour|er [savure] (*1a*) genießen, auskosten; **~eux, ~euse** [-ø, -øz] schmackhaft, köstlich (*a fig*)
Saxe [saks] ***la* ~** Sachsen *n*; **~-Anhalt** [-analt] *f* ***la* ~** Sachsen-Anhalt *n*
saxon, ~ne [saksõ, -ɔn] sächsisch
saxophone [saksɔfɔn] *m* Saxofon *n*
scabr|eux, ~euse [skabrø, -øz] heikel; *blague*: anstößig
scandal|e [skɑ̃dal] *m* Skandal *m*; ***au grand* ~ *de*** zur Entrüstung (*gén*); ***faire du* ~** Krach schlagen; **~eux, ~euse** [-ø, -øz] skandalös, schändlich; **~iser** (*1a*) **~ *qn*** Anstoß erregen bei j-m; ***se* ~ *de*** sich entrüsten über (*acc*)
Scandinavie [skɑ̃dinavi] ***la* ~** Skandinavien *n*
scanner[1] [skanɛr] *m tech* Scanner *m*; *méd* Computertomograph *m*
scanner[2] [skane] (*1a*) *EDV* (ein)scannen
scanographie [skanɔgrafi] *f méd* Computertomographie *f*
scaphandr|e [skafɑ̃drə] *m plongeur*: Taucheranzug *m*; *astronaute*: Raumanzug *m*; **~ier** [-ije] *m* Taucher *m*
scarabée [skarabe] *m zo* Skarabäus *m*
scarlatine [skarlatin] *f méd* Scharlach *m*
sceau [so] *m* (*pl -x*) Siegel *n*; *fig* Zeichen *n*
scélérat [selera] *m* Schurke *m*, Bösewicht *m*
scell|é [sele] *m* gerichtliches Siegel *n*; **~er** (*1b*) *lettre*: versiegeln; *fig amitié, pacte*: besiegeln; *tech avec ciment*: einzementieren
scénario [senarjo] *m* Drehbuch *n*; *allg* Handlungsablauf *m*
scène [sɛn] *f* Szene *f*; *théâtre*: Bühne *f*; *lieu de l'action*: Schauplatz *m*; *partie d'un acte* Auftritt *m*; ***faire une* ~ *à qn*** j-m e-e Szene machen; ***mettre en* ~** inszenieren; ***mise*** *f* ***en* ~** Inszenierung *f*; **~ *de ménage*** Ehekrach *m*
sceptique [sɛptik] **1.** *adj* skeptisch; **2.** *m* Skeptiker *m*
sceptre [sɛptrə] *m* Zepter *n*
Schaffhouse [ʃafuz] Schaffhausen *n*
schéma [ʃema] *m* Schema *n*, Plan *m*; **~tique** [-tik] schematisch
schisme [ʃismə] *m rel* Schisma *n*; *fig* Spaltung *f*
schiste [ʃist] *m* Schiefer *m*
schizophrène [skizɔfrɛn] schizophren
sciatique [sjatik] *f méd* Ischias *m od n*
scie [si] *f* Säge *f*; F *fig* Nervensäge *f*
sciemment [sjamɑ̃] *adv* wissentlich
science [sjɑ̃s] *f* Wissenschaft *f*; *connaissance* Wissen *n*, Erkenntnis *f*; **~s *économiques*** Wirtschaftswissenschaften *f/pl*; **~s *naturelles*** Naturwissenschaften *f/pl*; **~-fiction** [-fiksjõ] *f* Science-fiction *f*
scientifique [sjɑ̃tifik] **1.** *adj* wissenschaftlich; **2.** *m*, *f* Wissenschaftler(in) *m*(*f*)
scier [sje] (*1a*) sägen; *branche*: absägen
scierie [siri] *f* Sägewerk *n*
scinder [sɛ̃de] (*1a*) *fig* aufspalten; ***se* ~**

sich spalten
scintiller [sɛ̃tije] *(1a)* funkeln, glitzern
scission [sisjõ] *f* Spaltung *f*
sciure [sjyr] *f* Sägemehl *n*
sclérose [skleroz] *f méd* Sklerose *f*; *fig* Verknöcherung *f*; ~ ***artérielle*** Arterienverkalkung *f*
scol|aire [skɔlɛr] Schul…; ***année*** *f* ~ Schuljahr *n*; **~arité** [-arite] *f* Schulbesuch *m*; ~ ***obligatoire*** Schulpflicht *f*
scooter [skutœr, -tɛr] *m* Motorroller *m*
score [skɔr] *m sport*: Spielstand *m*; *pol* Zahl *f* der erhaltenen Stimmen
scorie [skɔri] *f tech u géol* Schlacke *f*
scorpion [skɔrpjõ] *m zo* Skorpion *m*; ♏ *astrologie*: Skorpion *m*
scotch [skɔtʃ] *m* *(nom déposé)* Tesafilm *m* *(nom déposé)*
scout [skut] *m* Pfadfinder *m*; **~isme** *m* Pfadfinderbewegung *f*
scribe [skrib] *m hist* Schreiber *m*; *péj* Schreiberling *m*
script [skript] *m* Blockschrift *f*; *film*: Drehbuch *n*
scrupul|e [skrypyl] *m* Skrupel *m*; **~s** *pl a* Bedenken *n/pl*; **~eux**, **~euse** [-ø, -øz] *consciencieux* gewissenhaft; *méticuleux* peinlich genau
scruta|teur, **~trice** [skrytatœr, -tris] forschend
scruter [skryte] *(1a)* erforschen, (gründlich) untersuchen
scrutin [skrytɛ̃] *m* Abstimmung *f*, Wahl *f*; ~ ***de ballottage*** Stichwahl *f*; ~ ***majoritaire*** Mehrheitswahl *f*; ~ ***proportionnel*** Verhältniswahl *f*
sculpt|er [skylte] *(1a)* *statue*: in Stein hauen, meißeln; *pierre*: behauen; ~ ***sur bois*** schnitzen; **~eur** *m* Bildhauer *m*; **~ure** [-yr] *f* Bildhauerei *f*, Skulptur *f*; ~ ***sur bois*** Holzschnitzerei *f*
se [s(ə)] sich
séance [seɑ̃s] *f* Sitzung *f*; *cinéma*: Vorstellung *f*; *fig* ~ ***tenante*** sofort
seau [so] *m* *(pl -x)* Eimer *m*
sec, **sèche** [sɛk, sɛʃ] **1.** *adj* trocken; *feuille*: dürr; *personne*: dürr, hager; *vin*: herb; *réponse*, *ton*: schroff; *coup*, *bruit*: kurz (und heftig); F *fig* ***être à sec*** auf dem Trocknen sitzen, blank sein; ***au sec*** im Trock(e)nen; **2.** *adv* ***sec*** heftig; ***frapper sec*** kräftig zuschlagen
sécateur [sekatœr] *m* Gartenschere *f*
sécession [sesesjõ] *f pol* Spaltung *f*, Abfall *m*
sèche|-cheveux [sɛʃʃəvø] *m* *(pl unv)* Föhn *m*, Haartrockner *m*; **~-linge** [-lɛ̃ʒ] *m* Wäschetrockner *m*
sécher [seʃe] *(1f)* *v/t* trocknen; *peau*, *rivière*: austrocknen; *fruits*: dörren; ~ ***un cours*** e-e Stunde schwänzen; *v/i* trocknen; *sol*, *lac*: austrocknen; *fruits*: verdorren
sécheresse [seʃrɛs] *f* Trockenheit *f*, Dürre *f*; *fig* Schroffheit *f*
séchoir [seʃwar] *m* *linge*: Wäschetrockner *m*; *cheveux*: Föhn *m*
second, **~e** [s(ə)gõ, -d] **1.** *adj* zweite(r, -s); **2.** *m* *étage*: zweiter Stock *m*; *adjoint* Stellvertreter *m*; **3.** *f* Sekunde *f*; *train*: zweite Klasse *f*
secondaire [s(ə)gõdɛr] sekundär, nebensächlich; ***enseignement*** *m* ~ höheres Schulwesen *n*
seconder [s(ə)gõde] *(1a)* helfen (***qn*** j-m)
secouer [s(ə)kwe] *(1a)* schütteln; *poussière*: abschütteln
secourir [s(ə)kurir] *(2i)* zu Hilfe kommen (***qn*** j-m)
secour|isme [s(ə)kurismə] *m* Erste Hilfe *f*; **~iste** *m*, *f* Mitglied *n* e-r Hilfsorganisation
secours [s(ə)kur] *m* Hilfe *f*; *matériel*: Unterstützung *f*; ***au ~!*** Hilfe!; ***appeler au*** ~ um Hilfe rufen; ***poste*** *m* ***de*** ~ Rettungsstelle *f*; ***sortie*** *f* ***de*** ~ Notausgang *m*; ***premier*** ~ Erste Hilfe *f*
secousse [s(ə)kus] *f* Stoß *m*; *fig* Schlag *m*
secr|et, **~ète** [səkrɛ, -ɛt] **1.** *adj* geheim; **2.** *m* Geheimnis *n*; ***en secret*** heimlich
secrétaire [s(ə)kretɛr] **1.** *m*, *f* Sekretär(in) *m(f)*; **2.** *m* Schreibschrank *m*
secrétariat [s(ə)kretarja] *m* *bureau*: Sekretariat *n*, Geschäftsstelle *f*; *profession*: Beruf *m* e-r Sekretärin
sécré|ter [sekrete] *(1f)* *méd* absondern; **~tion** *f* Sekret *n*
sectaire [sɛktɛr] **1.** *m rel* Sektierer *m*; *fig* engstirniger Fanatiker *m*; **2.** *adj rel* sektiererisch; *fig* fanatisch
secte [sɛkt] *f rel* Sekte *f*
secteur [sɛktœr] *m math* Sektor *m*; *administration*: Bezirk *m*; *écon* Sektor *m*, Bereich *m*; *él* (Strom-)Netz *n*; *écon* ~

tertiaire Dienstleistungssektor *m*
section [sɛksjõ] *f math* Schnitt *m*; *livre, contrat*: Abschnitt *m*; *organisation*: Abteilung *f*, Sektion *f*
sectionner [sɛksjɔne] (*1a*) durchtrennen; *fig* unterteilen
séculaire [sekylɛr] hundertjährig; *très ancien* jahrhundertealt
séculariser [sekylarize] (*1a*) säkularisieren
sécul|ier, ~ière [sekylje, -jɛr] *rel* weltlich
sécurité [sekyrite] *f* Sicherheit *f*; ***~ routière*** Verkehrssicherheit *f*; ***⁓ sociale*** *französische* Sozialversicherung *f*; ***Conseil*** *m* ***de ⁓*** Weltsicherheitsrat *m*
sédatif [sedatif] *m phm* Beruhigungsmittel *n*, schmerzstillendes Mittel *n*
sédentaire [sedɑ̃tɛr] *profession*: sitzend; *casanier* häuslich; *population*: sesshaft
sédiment [sedimɑ̃] *m* Bodensatz *m*, Niederschlag *m*; *géol* Sediment *n*
sédit|ieux, ~ieuse [sedisjø, -jøz] aufrührerisch; **~ion** *f* Aufruhr *m*, Aufstand *m*
séduc|teur, ~trice [sedyktœr, -tris] **1.** *adj* verführerisch; **2.** *m, f* Verführer(in) *m(f)*; **~tion** *f* Verführung; *fig* Verlockung *f*, Reiz *m*
séduire [sedɥir] (*4c*) verführen; *fig* verlocken, verleiten
séduisant, ~e [sedɥizɑ̃, -t] verführerisch; *idée*: verlockend
segment [sɛgmɑ̃] *m* Abschnitt *m*, Segment *n*; *auto* ***~ de piston*** Kolbenring *m*
ségrégation [segregasjõ] *f* ***~ raciale*** Rassentrennung *f*
seiche [sɛʃ] *f zo* Tintenfisch *m*
seigle [sɛglə] *m agr* Roggen *m*
seigneur [sɛɲœr] *m* Herr *m*; *hist* (Lehns-, Grund-)Herr *m*; *rel* ***le ⁓*** der Herr
sein [sɛ̃] *m* Brust *f*; *fig* Schoß *m*; ***~s*** *pl* Busen *m*; *st/s* ***au ~ de*** innerhalb, mitten in
Seine [sɛn] ***la ~*** die Seine
séisme [seismə] *m* Erdbeben *n*
seize [sɛz] sechzehn
séjour [seʒur] *m* Aufenthalt *m*; (***salle*** *f* ***de***) ***~*** Wohnzimmer *n*; **~ner** [-ne] (*1a*) sich aufhalten, verweilen
sel [sɛl] *m* Salz *n*; *fig* Witz *m*
sélect, ~e [selɛkt] auserlesen, vornehm
sélect|ion [selɛksjõ] *f* Auswahl *f*; **~ionner** [-jɔne] (*1a*) auswählen
self-service [sɛlfsɛrvis] *m* (*pl self-services*) Selbstbedienungsladen *m*; *restaurant*: Selbstbedienungsrestaurant *n*
selle [sɛl] *f* Sattel *m*; *méd* Stuhlgang *m*; *cuis* Rücken *m*; *fig* ***être bien en ~*** fest im Sattel sitzen
seller [sɛle] (*1b*) satteln
sellette [sɛlɛt] *f* ***être sur la ~*** im Blickpunkt stehen
sellier [sɛlje] *m* Sattler *m*
selon [s(ə)lõ] *prép* gemäß, nach; *conj* ***~ que ...*** je nachdem ...; ***~ moi*** meiner Meinung nach; ***c'est ~*** das kommt darauf an
semailles [s(ə)mɑj] *f/pl agr* Saat *f*
semaine [s(ə)mɛn] *f* Woche *f*; ***à la ~*** wöchentlich; ***en ~*** unter der Woche; ***~ sainte*** Karwoche *f*; ***être de ~*** Dienst haben
sémantique [semɑ̃tik] *ling* **1.** *adj* semantisch; **2.** *f* Semantik *f*, Bedeutungslehre *f*
sémaphore [semafɔr] *m* Signalmast *m*
semblable [sɑ̃blablə] **1.** *adj* ähnlich (***à qn, qc*** j-m, e-r Sache); *tel* derartig, solch; **2.** *m* ***mon ~*** meinesgleichen; ***nos ~s*** unsere Mitmenschen *m/pl*
semblant [sɑ̃blɑ̃] *m* (An-)Schein *m*; ***faire ~ de*** (+ *inf*) so tun, als ob; ***il fait ~*** er tut nur so; F ***ne faire ~ de rien*** sich nichts anmerken lassen
sembler [sɑ̃ble] (*1a*) scheinen; ***~*** (+ *inf*) scheinen zu (+ *inf*); ***il*** (***me***) ***semble que*** (+ *ind od subj*) mir scheint, (dass); ***il me semble inutile de*** (+ *inf*) es scheint mir unnötig zu (+ *inf*)
semelle [s(ə)mɛl] *f* (Schuh-)Sohle *f*
semence [s(ə)mɑ̃s] *f* Samen *m*
semer [s(ə)me] (*1d*) säen; *fig* ausstreuen; *terreur*: verbreiten; F ***~ qn*** j-n abhängen
semestr|e [s(ə)mɛstrə] *m* Semester *n*, Halbjahr *n*; **~iel, ~ielle** [-ijɛl] halbjährlich
semi-... [səmiz̧] halb...
semi|-circulaire [səmisirkylɛr] halbkreisförmig, halbrund; **~-conducteur** [-kõdyktœr] *m* (*pl semi-conducteurs*) *él* Halbleiter *m*
séminaire [seminɛr] *m* Seminar *n*
semi-remorque [səmirmɔrk] *m* (*pl se-*

mi-remorques) Sattelschlepper *m*
semis [s(ə)mi] *m agr* Säen *n*, Aussaat *f*
semonce [səmõs] *f* Verweis *m*, Tadel *m*
semoule [s(ə)mul] *f cuis* Grieß *m*
sempiternel, ~le [sɑ̃pitɛrnɛl] fortwährend, dauernd
Sénat [sena] *m pol* Senat *m*
sénat|eur [senatœr] *m* Senator *m*; **~orial, ~oriale** [-ɔrjal] (*m/pl -aux*) Senats…
Sénégal [senegal] ***le ~*** *État* Senegal *n*; *fleuve* der Senegal
sénil|e [senil] senil; **~ité** *f* Senilität *f*
sens [sɑ̃s] *m* Sinn *m*; *direction* Richtung *f*; *signification* Bedeutung *f*; ***~ artistique*** Kunstsinn *m*; ***le bon ~*** *od* ***le ~ commun*** der gesunde Menschenverstand; ***~ giratoire*** Kreisverkehr *m*; (***rue*** *f* ***à***) ***~ unique*** Einbahnstraße *f*; ***~ interdit*** Einfahrt verboten!; ***~ dessus dessous*** [sɑ̃dsydsu] durcheinander; ***dans tous les ~*** kreuz und quer; ***en un ~*** in gewissem Sinn; ***à mon ~*** meines Erachtens
sensation [sɑ̃sasjõ] *f* **1.** Empfindung *f*, Gefühl *n*; **2.** *effet de surprise* Sensation *f*; ***faire ~*** Aufsehen erregen; … ***à ~*** Sensations…
sensationnel, ~le [sɑ̃sasjɔnɛl] sensationell, aufsehenerregend
sensé, ~e [sɑ̃se] vernünftig
sensibil|iser [sɑ̃sibilize] (*1a*) sensibilisieren, empfänglich machen (***à qc*** für etw); **~ité** *f organe*, *corps*: Empfindungsvermögen *n*; *balance*, *thermomètre*: Empfindlichkeit *f*; *affectivité* Empfindsamkeit *f*
sensible [sɑ̃siblə] empfindlich; *émotif* empfindsam; *réceptif* empfänglich (***à qc*** für etw)
sensibl|ement [sɑ̃sibləmɑ̃] *adv* spürbar, deutlich; *plus ou moins* ungefähr; **~erie** [-əri] *f* Rührseligkeit *f*, Gefühlsduselei *f*
sensiti|f, ~ve [sɑ̃sitif, -v] **1.** *adj* Empfindungs…; **2.** *f bot* Mimose *f* (*a fig*)
sensualité [sɑ̃sɥalite] *f* Sinnlichkeit *f*
sensuel, ~le [sɑ̃sɥɛl] sinnlich
sentenc|e [sɑ̃tɑ̃s] *f* Sentenz *f*, Sinnspruch *m*; *jur* Urteil *n*; **~ieux, ~ieuse** [-jø, -jøz] belehrend
senteur [sɑ̃tœr] *litt f* Duft *m*
sentier [sɑ̃tje] *m* Pfad *m*, Fußweg *m*
sentiment [sɑ̃timɑ̃] *m* Gefühl *n*; *st/s* *opinion* Meinung *f*
sentimental, ~e [sɑ̃timɑ̃tal] (*m/pl -aux*) Gefühls…; Liebes…; *péj* sentimental; **~ité** *f* Sentimentalität *f*, Gefühlsbetontheit *f*
sentinelle [sɑ̃tinɛl] *f mil* Posten *m*
sentir [sɑ̃tir] (*2b*) **1.** fühlen, empfinden; *prendre conscience de* wahrnehmen, merken; ***se ~ bien*** sich wohlfühlen; **2.** *odeur*: riechen (***qc*** nach etw); *goût*: schmecken (***qc*** nach etw); *fig* ***~ qc*** auf etw (*acc*) schließen lassen; ***~ bon*** (***mauvais, fort***) gut (schlecht, stark) riechen
sépara|ble [separablə] trennbar; **~teur, ~trice** trennend; **~tion** *f* Teilung *f*; *personnes*: Trennung *f*; *cloison* Trennwand *f*; **~tisme** [-tismə] *m pol* Separatismus *m*; **~tiste** [-tist] *m*, *f pol* Separatist(in) *m(f)*
séparé, ~e [separe] getrennt; *époux*: getrennt lebend; **~ment** *adv* getrennt, einzeln
séparer [separe] (*1a*) (ab)trennen; ***se ~*** sich trennen, auseinandergehen
sept [sɛt] sieben
septante [sɛptɑ̃t] *Belgique*, *Suisse*: siebzig
septembre [sɛptɑ̃brə] *m* September *m*
septennal, ~e [sɛptɛnal] (*m/pl -aux*) siebenjährig
septennat [sɛptɛna] *m* siebenjährige Amtszeit *f* (*des frz Präsidenten*)
septentrional, ~e [sɛptɑ̃trijɔnal] (*m/pl -aux*) nördlich, Nord…
septicémie [sɛptisemi] *f méd* Blutvergiftung *f*
septième [sɛtjɛm] **1.** sieb(en)te(r, -s); **2.** *m fraction*: Sieb(en)tel *n*
septuagénaire [sɛptɥaʒenɛr] **1.** *adj* siebzigjährig; **2.** *m*, *f* Siebzigjährige(r) *m*, *f*
septuple [sɛptyplə] siebenfach
sépulture [sepyltyr] (*m/pl -aux*) *litt f* *inhumation* Bestattung *f*; *tombe* Grabstätte *f*
séquelle [sekɛl] *f meist pl* ***~s*** Folgen *f/pl*
séquence [sekɑ̃s] *f* Sequenz *f*, Folge *f*
séquestr|e [sekɛstrə] *m jur* Beschlagnahme *f*; **~er** (*1a*) *personne*: einsperren, der Freiheit berauben; *jur biens*: unter Zwangsverwaltung stellen
Serbie [sɛrbi] ***la ~*** Serbien *n*

serein, ~e [sərɛ̃, -ɛn] ruhig, gelassen; *temps*: heiter
sérénade [serenad] *f* Serenade *f*
sérénité [serenite] *f* Ruhe *f*, Ausgeglichenheit *f*
sergent [sɛrʒɑ̃] *m mil* Unteroffizier *m*; **~-major** [-maʒɔr] *m* (*pl sergents-majors*) *mil* Ober- *od* Hauptfeldwebel *m*
série [seri] *f* Serie *f*, Reihe *f*; ***hors ~*** außergewöhnlich; ***en ~*** serienmäßig
sérieusement [serjøzmɑ̃] *adv travailler*: ernsthaft; *sans plaisanter* im Ernst; *douter, croire*: ernstlich
sérieu|x, ~se [serjø, -z] **1.** *adj* ernst (-haft); *consciencieux* zuverlässig, gewissenhaft; *réfléchi* besonnen; *précédant le subst*: bedeutend; **2.** *m* Ernst *m*; ***prendre au sérieux*** ernst nehmen; ***garder son ~*** ernst bleiben
serin [s(ə)rɛ̃] *m zo* Girlitz *m*; *bes* Kanarienvogel *m*
seringue [s(ə)rɛ̃g] *f méd* Spritze *f*
serment [sɛrmɑ̃] *m* Schwur *m*, Eid *m*; ***prêter ~*** e-n Eid leisten
sermon [sɛrmõ] *m* Predigt *f* (*a fig*)
séropositi|f, ~ve [serɔpozitif, -v] HIV--positiv
serpe [sɛrp] *f* Gartenmesser *n*
serpent [sɛrpɑ̃] *m zo* Schlange *f*
serpent|er [sɛrpɑ̃te] (*1a*) sich schlängeln, sich winden; **~in** *m* Papierschlange *f*
serpillière [sɛrpijɛr] *f* Scheuerlappen *m*
serre [sɛr] *f* **1.** Gewächs-, Treibhaus *n*; **2. *~s*** *pl* Klauen *f/pl*
serré, ~e [sɛre] eng; *tissu, pluie*: dicht; *personnes*: gedrängt; ***avoir le cœur serré*** bedrückt sein
serre-livres [sɛrlivrə] *m* (*pl unv*) Bücherstütze *f*
serrer [sɛre] (*1b*) (zusammen)drücken, (zusammen)pressen; *nœud*: straff(er) anziehen; *personne*: bedrängen; *vêtement*: ***~ qn*** j-m zu eng sein; ***~ un problème*** ein Problem genau erfassen; ***~ les dents*** die Zähne zusammenbeißen; ***~ la main à qn*** j-m die Hand schütteln; ***~ les rangs*** *fig* zusammenhalten; ***~ à droite*** sich rechts halten; ***~ la terre*** *mar* dicht am Land fahren; ***se ~ contre qn*** sich an j-n anschmiegen; ***se ~*** (***les uns contre les autres***) zusammenrücken
serrur|e [seryr] *f* (Tür-)Schloss *n*; **~erie** *f* Schlosserei *f*; **~ier** [-je] *m* Schlosser *m*
sérum [serɔm] *m méd* Serum *n*
servante [sɛrvɑ̃t] *f* Dienstmädchen *n*
serv|eur, ~euse [sɛrvœr, -øz] *m, f* **1.** Kellner(in) *m(f)*; **2.** *m EDV* Server *m*
servi|abilité [sɛrvjabilite] *f* Hilfsbereitschaft *f*, Gefälligkeit *f*; **~able** hilfsbereit, gefällig
service [sɛrvis] *m* **1.** Dienst; *EDV* ***~ en ligne*** Online-Dienst *m*; ***~ de traduction*** Übersetzungsdienst *m*; (***prestation f de***) ***~*** Dienstleistung *f*; *faveur* Gefälligkeit *f*; ***être de ~*** Dienst haben; ***à votre ~!*** bitte sehr!; ***rendre ~ à qn*** j-m e-n Gefallen tun; **2.** *mil* Wehrdienst *m*; ***~ civil*** Zivildienst *m*; **3.** *égl protestante* Gottesdienst *m*; **4.** *transports* Verkehrsverbindung *f*; **5.** *restaurant* Bedienung *f*; ***~ compris*** einschließlich Bedienung; **6.** *entreprise*: Abteilung *f*; *hôpital*: Station *f*; **7.** *tennis*: Aufschlag *m*; **8.** *vaisselle*: Service *n*; **9.** *machine*: ***mettre en ~*** in Betrieb nehmen; ***hors ~*** außer Betrieb
serviette [sɛrvjɛt] *f* Serviette *f*; *toilette*: Handtuch *n*; *documents*: Aktentasche *f*, Mappe *f*; ***~ hygiénique*** Damenbinde *f*
servil|e [sɛrvil] sklavisch, unterwürfig; **~ité** *f* Unterwürfigkeit *f*
servir [sɛrvir] (*2b*) **1.** *v/t patrie, intérêts*: dienen (*dat*); *personne*: bedienen; **2.** *mets*: servieren, auftragen (***qc à qn*** j-m etw); **3.** *v/i* ***~ à qn*** j-m nützen; ***~ à qc*** zu etw dienen; ***~ de qc*** als etw dienen; ***~ d'interprète*** dolmetschen; **4.** ***se ~*** sich bedienen; ***se ~ de qc*** etw (*acc*) benutzen
servi|teur [sɛrvitœr] *m litt u fig* Diener *m*; **~tude** [-tyd] *f* Knechtschaft *f*; *fig* Zwang *m*
servo|direction [sɛrvɔdirɛksjõ] *f auto* Servolenkung *f*, Lenkhilfe *f*; **~frein** [-frɛ̃] *m auto* Servobremse *f*, Bremskraftverstärker *m*
ses [se] → ***son***[1]
session [sɛsjõ] *f* Sitzungsperiode *f*
set [sɛt] *m tennis*: Satz *m*
seuil [sœj] *m* Schwelle *f*; *porte*: Türschwelle *f*
seul, ~e [sœl] **1.** *adj* allein; *solitaire* einsam; *précédant le subst* einzig; ***d'un***

seul coup mit einem Schlag; **2.** *adv* nur, allein; ***parler tout seul*** Selbstgespräche führen; **3.** ***un seul, une seule*** ein einziger, e-e einzige, ein einziges; **~ement** [-mɑ̃] *adv* nur, bloß; *temps*: erst; *en début de phrase*: aber; ***ne ... pas ~*** nicht einmal; ***non ~ ... mais encore*** (*od* ***mais aussi***) nicht nur ... sondern auch; ***~ hier*** erst gestern

sève [sɛv] *f bot* Saft *m*

sévère [sevɛr] streng; *critique, jugement*: hart; *pertes*: schwer; **~ment** *adv* streng; *malade, blessé*: schwer

sévérité [severite] *f* Strenge *f*

sévices [sevis] *m/pl* Misshandlungen *f/pl*

sévir [sevir] (*2a*) *épidemie*: wüten; ***~ contre qn*** streng gegen j-n vorgehen

sevrer [səvre] (*1d*) *enfant*: entwöhnen

sexagénaire [sɛksaʒenɛr] **1.** *adj* sechzigjährig; **2.** *m, f* Sechzigjährige(r) *m, f*

sexe [sɛks] *m* Geschlecht *n*; *organes* Geschlechtsteile *n/pl*; *sexualité* Sex *m*

sextuple [sɛkstyplə] sechsfach

sexu|alité [sɛksɥalite] *f* Sexualität *f*; **~el, ~elle** sexuell, geschlechtlich, Geschlechts…

sexy [sɛksi] *inv* sexy

seyant, ~e [sɛjɑ̃, -t] passend, gut sitzend

shampooing [ʃɑ̃pwɛ̃] *m lavage* Haarwäsche *f*; *produit*: Shampoo *n*

shopping [ʃɔpiŋ] *m* Shopping *n*; (***aller***) ***faire du ~*** shoppen (gehen)

short [ʃɔrt] *m* Shorts *pl*

si[1] [si] **1.** *conj* (***s'il*** *u* ***s'ils***) wenn, falls; ***~ ...!*** (+ *imparfait*) wenn doch!; ***~ ce n'est que*** außer dass; ***comme ~*** als ob; ***même ~*** selbst wenn; **2.** *conj introduisant question*: ob; **3.** *adv* so; *st/s* ***~ riche qu'il soit*** so reich er auch sein mag; *conj* ***~ bien que*** (+ *ind*) so dass; **4.** *adv après négation*: doch

si[2] [si] *m mus* h *od* H *n*

S.I. *m abr* ***syndicat d'initiative*** Fremdenverkehrsamt

Sibérie [siberi] ***la ~*** Sibirien *n*

Sicile [sisil] ***la ~*** Sizilien *n*

sicilien, ~ne [sisiljɛ̃, -ɛn] **1.** *adj* sizilianisch; **2. ~, ~ne** *m, f* Sizilianer(in) *m(f)*

sida [sida] *m méd* Aids *n*

sidér|al, ~ale [sideral] (*m/pl -aux*) Stern…; **~é, ~ée** F sprachlos, verblüfft

sidérurgie [sideryrʒi] *f* Eisen- und Stahlindustrie *f*

siècle [sjɛklə] *m* Jahrhundert *n*; *fig époque* Zeitalter *n*

siège [sjɛʒ] *m* Sitz *m* (*a fig*); *mil* Belagerung *f*; *égl* ***~ apostolique*** Apostolischer Stuhl *m*; ***état*** *m* ***de ~*** Belagerungszustand *m*

siéger [sjeʒe] (*1g*) *avoir le siège* seinen (ihren) Sitz haben; *tenir séance* tagen

sien, ~ne [sjɛ̃, -ɛn] ***le sien, la sienne*** der, die, das sein(ig)e, ihr(ig)e; seine(r, -s), ihre(r, -s); ***y mettre du sien*** seinen Teil dazu beitragen

sieste [sjɛst] *f* Mittagsschlaf *m*, -schläfchen *n*

siffl|ement [siflәmɑ̃] *m* Pfeifen *n*; **~er** (*1a*) *v/i* pfeifen; *serpent, merle*: zischen; *v/t* auspfeifen; **~et** [-ɛ] *m* Pfeife *f*; ***~s*** *pl* Pfiffe *m/pl*, Pfeifkonzert *n*; ***coup*** *m* ***de ~*** Pfiff *m*

siffloter [siflɔte] (*1a*) vor sich (*acc*) hin pfeifen

sigle [siglə] *m* Abkürzung *f*

signal [siɲal] *m* (*pl -aux*) Signal *n*, Zeichen *n*; ***~ d'alarme*** Alarmsignal *n*; *train*: Notbremse *f*; **~ement** [-mɑ̃] *m* Personenbeschreibung *f*; **~er** (*1a*) *par un signal*: signalisieren; *dénoncer* melden, anzeigen; ***~ qc à qn*** j-n auf etw (*acc*) hinweisen; ***se ~*** sich auszeichnen

signalis|ation [siɲalizasjõ] *f rues*: Beschilderung *f*; ***feux*** *m/pl* ***de ~*** Verkehrsampel *f*; **~er** (*1a*) beschildern

signat|aire [siɲatɛr] *m* Unterzeichner *m*; **~ure** [-yr] *f* Unterschrift *f*

sign|e [siɲ] *m* Zeichen *n*; *caractéristique* Merkmal *n*; *geste* Wink *m*; ***en ~ de reconnaissance*** als Zeichen der Dankbarkeit; ***faire ~ à qn*** j-m winken; ***sous le ~ de*** im Zeichen (*gén*); ***c'est ~ que*** das ist ein Zeichen dafür, dass; **~er** (*1a*) unterschreiben; *contrat*: unterzeichnen; *livre*: signieren; *rel* ***se ~*** sich bekreuzigen; **~et** [-ɛ] *m* Lese-, Buchzeichen *n*

significa|tif, ~tive [siɲifikatif, -tiv] *révélateur* bezeichnend (***de qc*** für etw); **~tion** *f* Bedeutung *f*, Sinn *m*

signifier [siɲifje] (*1a*) bedeuten; *faire savoir* ausdrücklich zu verstehen geben

silenc|e [silɑ̃s] *m* Schweigen *n*; *absence*

de bruit Stille *f*, Ruhe *f*; ***en ~*** schweigend; **~ieux**, **~ieuse** [-jø, -jøz] **1.** *adj* still; *caractère*: schweigsam; **2.** *m arme*: Schalldämpfer *m*
Silésie [silezi] ***la ~*** Schlesien *n*
silex [silɛks] *m géol* Feuerstein *m*
silhouette [silwɛt] *f montagne*: Silhouette *f*; *contours* Umrisse *m/pl*, Konturen *pl*; *figure* Gestalt *f*
sillage [sijaʒ] *m* Kielwasser *n* (*a fig*)
sill|on [sijõ] *m champ*: Furche *f*; *disque*: Rille *f*; **~onner** [-ɔne] (*1a*) durchfurchen, -ziehen
silo [silo] *m* Silo *m od n*, Speicher *m*
simagrée [simagre] *f meist pl* ***~s*** Gehabe *n*, Getue *n*, F Mätzchen *n/pl*; ***faire des ~s*** sich zieren, sich anstellen
simil|aire [similɛr] gleichartig; **~arité** [-arite] *f* Gleichartigkeit *f*
simili [simili] *m* F imitation *f*; ***en ~*** unecht; **~cuir** [-kɥir] *m* Kunstleder *n*; **~tude** [-tyd] *f* Ähnlichkeit *f*
simpl|e [sɛ̃plə] **1.** *adj* einfach, schlicht; *d'esprit*: einfältig; *précédant le subst*: einfach; **2.** *m tennis*: Einzel *n*; **~ement** [-əmɑ̃] *adv* einfach; **~et**, **~ette** [-ɛ, -ɛt] etwas einfältig, simpel
simplicité [sɛ̃plisite] *f* Einfachheit *f*; *spontanéité* Natürlichkeit *f*; *d'esprit*: Einfalt *f*
simplif|ication [sɛ̃plifikasjõ] *f* Vereinfachung *f*; **~ier** [-je] (*1a*) vereinfachen
simpliste [sɛ̃plist] zu einfach, einseitig
simulacre [simylakrə] *m* Scheinhandlung *f*
simula|teur, **~trice** [simylatœr, -tris] **1.** *m*, *f* Simulant(in) *m(f)*; **2.** *m tech* Simulator *m*; **~tion** *f* Verstellung *f*; *tech* Simulation *f*
simuler [simyle] (*1a*) vortäuschen; *tech* simulieren
simultané, **~e** [simyltane] gleichzeitig; ***traduction*** *f* ***simultanée*** Simultanübersetzung *f*; **~ité** [-ite] *f* Gleichzeitigkeit *f*; **~ment** *adv* gleichzeitig
sincère [sɛ̃sɛr] aufrichtig, ehrlich
sincérité [sɛ̃serite] *f* Aufrichtigkeit *f*, Ehrlichkeit *f*
sinécure [sinekyr] *f* Pfründe *f*, F gemütlicher Job *m*
sine qua non [sinekwanɔn] ***condition*** *f* ***~*** unerlässliche Bedingung *f*
sing|e [sɛ̃ʒ] *m zo* Affe *m*; **~er** (*1l*) nachäffen; **~erie** *f* Grimasse *f*; ***~s*** *pl* F Faxen *f/pl*
singular|iser [sɛ̃gylarize] (*1a*) ***se ~*** auffallen; **~ité** *f* Eigenheit *f*, Sonderbarkeit *f*
singul|ier, **~ière** [sɛ̃gylje, -jɛr] **1.** *adj* sonderbar, eigentümlich; **2.** *m gr* Singular *m*
sinistre [sinistrə] **1.** *adj présage*: Unheil verkündend; *endroit*, *bruit*: unheimlich; **2.** *m* Katastrophe *f*; *jur* Schadensfall *m*
sinistré, **~e** [sinistre] *m* **1.** *adj* von e-r Katastrophe betroffen; **2.** *m* Opfer *n* (*e-r Katastrophe*)
sinon [sinõ] *conj* sonst; *sauf* außer; *si ce n'est* wenn nicht
sinu|eux, **~euse** [sinɥø, -øz] *route*: kurvenreich; *ligne*: gewunden (*a fig*); **~osité** [-ozite] *f* Krümmung *f*
Sion [sjõ] *en Suisse* Sitten *n*
sionisme [sjɔnismə] *m pol* Zionismus *m*
siphon [sifõ] *m tube*: (Saug-)Heber *m*
Sire [sir] *m titre*: Majestät
sirène [sirɛn] *f* Sirene *f*
sirop [siro] *m* Sirup *m*
siroter [sirɔte] (*1a*) langsam und mit Genuss schlürfen
sis, **~e** [si, -z] *jur* befindlich, gelegen
sismique [sismik] Erdbeben…
site [sit] *m emplacement* Lage *f*; *paysage* Landschaft *f*; *EDV* ***~ Web*** Website *f*
sitôt [sito] **1.** *adv* sogleich; ***~ dit, ~ fait*** gesagt, getan; **2.** *conj* ***~ que*** sobald (als)
situation [sitɥasjõ] *f* Lage *f*; *profession*: Stellung *f*
situ|é, **~ée** [sitɥe] gelegen; ***être ~*** liegen; **~er** (*1n*) einordnen; ***se ~*** *espace*: sich befinden, liegen; *temps*: liegen, fallen
six [sis] sechs
sixième [sizjɛm] **1.** sechste(r, -s); **2.** *m fraction*: Sechstel *n*; **~ment** *adv* sechstens
ski [ski] *m* Ski *m*; ***faire du ~*** Ski fahren; ***~ nautique*** Wasserski *m*; ***~ de fond*** Langlauf *m*
ski|er [skje] (*1a*) Ski laufen; **~eur**, **~euse** *m*, *f* Skiläufer(in) *m(f)*
slave [slav] **1.** *adj* slawisch; **2.** ♀ *m*, *f* Slawe *m*, Slawin *f*
slip [slip] *m* Unterhose *f*, Slip *m*; ***~ de bain*** Badehose *f*

slogan [slɔgɑ̃] *m* Schlagwort *n*, Parole *f*, Slogan *m*
slovaque [slɔvak] slowakisch
Slovaquie [slɔvaki] ***la ~*** die Slowakei
slovène [slɔvɛn] slowenisch
Slovénie [slɔveni] ***la ~*** Slowenien *n*
SME *m abr* ***système monétaire européen*** EWS *n* (Europäisches Währungssystem)
SMIC [smik] *m abr* ***salaire minimum interprofessionnel de croissance*** garantierter Mindestlohn *m*
SMIG *m abr* ***salaire minimum interprofessionnel garanti*** garantierter Mindestlohn (für alle Berufssparten)
SMS [ɛsɛmɛs] *m abr* ***short message service*** SMS *f*; ***envoyer un (message) ~ à qn*** j-m e-e SMS schicken
SNCF [ɛsɛnseɛf] *f abr* ***Societé nationale des chemins de fer français*** frz Staatsbahn *f*
SNES *m abr* ***Syndicat national de l'enseignement secondaire*** frz. Gewerkschaft *f* der Gymnasiallehrer
snob [snɔb] **1.** *adj* snobistisch; **2.** *m*, *f* Snob *m*; **~isme** *m* Snobismus *m*
sobre [sɔbrə] mäßig; *style*: nüchtern
sobriété [sɔbrijete] *f* Mäßigkeit *f*; *style*: Nüchternheit *f*
sobriquet [sɔbrikɛ] *m* Spitzname *m*
soc [sɔk] *m* Pflugschar *f*
soci|abilité [sɔsjabilite] *f* Geselligkeit *f*; **~able** gesellig
social, ~e [sɔsjal] (*m/pl -aux*) sozial; *société*: gesellschaftlich, Gesellschafts…; *comm* Firmen…; ***raison*** *f* ***sociale*** Firmenname *m*; ***siège*** *m* ***social*** Firmensitz *m*
social-démocrate [sɔsjaldemɔkrat] *m* (*pl sociaux-démocrates*) Sozialdemokrat *m*
social|isation [sɔsjalizasjõ] *f* Sozialisierung *f*; **~iser** (*1a*) sozialisieren
social|isme [sɔsjalismə] *m* Sozialismus *m*; **~iste 1.** *adj* sozialistisch; **2.** *m*, *f* Sozialist(in) *m*(*f*)
société [sɔsjete] *f* Gesellschaft *f*; *association* Verein *m*, Verband *m*; *firme* Firma *f*; ***~ par actions*** *od* ***~ anonyme*** (*abr* ***SA***) Aktiengesellschaft *f* (*abr* AG); ***~ à responsabilité limitée*** (*abr* ***SARL***) Gesellschaft *f* mit beschränkter Haftung (*abr* GmbH); ***~ en commandite*** Kommanditgesellschaft *f* (*abr* KG); ***~ multiculturelle, pluriculturelle*** multikulturelle Gesellschaft *f*; Multikultigesellschaft *f*
socio|logie [sɔsjɔlɔʒi] *f* Soziologie *f*; **~logue** [-lɔg] *m*, *f* Soziologe *m*, Soziologin *f*
socle [sɔklə] *m* Sockel *m*
socquette [sɔkɛt] *f* Söckchen *n*, Socke *f*
soda [sɔda] *m* Sodawasser *n* (mit Fruchtsirup)
sodium [sɔdjɔm] *m chim* Natrium *n*
sœur [sœr] *f* Schwester *f* (*a rel*)
sofa [sɔfa] *m* Sofa *n*
SOFRES *f abr* ***Société française d'enquête par sondage*** größtes frz. Meinungsforschungsinstitut
soi [swa] sich
soi-disant [swadizɑ̃] (*unv*) sogenannt, angeblich
soie [swa] *f* Seide *f*
soif [swaf] *f* Durst *m* (**de** nach, *a fig*); ***avoir ~*** Durst haben, durstig sein
soign|é, ~ée [swaɲe] gepflegt; *travail*: sorgfältig; **~er** (*1a*) pflegen; *médecin*: behandeln; ***se ~*** sich pflegen
soigneu|x, ~se [swaɲø, -z] sorgfältig; ***~, soigneuse de*** besorgt um
soi-même [swamɛm] (sich) selbst
soin [swɛ̃] *m application* Sorgfalt *f*; *attention* Sorge *f*; **~s** *pl* Pflege *f*; *méd* Behandlung *f*; ***avoir, prendre ~ de*** Sorge tragen für, achten auf (*acc*), sich kümmern um; ***être sans ~*** unordentlich sein; ***donner des ~s à qn*** j-n pflegen, ärztlich behandeln; ***~s à domicile*** Hauspflege *f*; ***~s dentaires*** zahnärztliche Behandlung *f*
soir [swar] *m* Abend *m*; ***ce ~*** heute Abend; ***un ~*** e-s Abends; ***le ~*** abends; ***sur le ~*** gegen Abend; **~ée** *f* Abend (-stunden) *m*(*f*/*pl*); *fête* Abendgesellschaft *f*; ***~ dansante*** Tanzabend *m*
soit[1] [swat] meinetwegen!
soit[2] [swa] **1.** *conj* ***~ …, ~ …*** entweder … oder …; ***~ que …*** (+ *subj*), ***~ que …*** (+ *subj*) sei es dass … oder dass …; **2.** *supposé* angenommen; *à savoir* das heißt
soixantaine [swasɑ̃tɛn] *f* etwa sechzig
soixante [swasɑ̃t] sechzig; ***~ et onze*** einundsiebzig; **~-dix** [-dis] siebzig
soja [sɔʒa] *m bot* Soja *n*
sol[1] [sɔl] *m* Boden *m*, Erde *f*

sol² [sɔl] *m mus* g *od* G *n*
solaire [sɔlɛr] Sonnen…, Solar…
soldat [sɔlda] *m* Soldat *m*
solde¹ [sɔld] *f mil* Sold *m*
solde² [sɔld] *m comm* Saldo *m*; **~ (débiteur)** Restbetrag *m*; **~ débiteur (créditeur)** Soll-(Haben-)saldo *n*; **~s** *pl marchandises*: Restposten *m/pl*; *vente au rabais* Ausverkauf *m*
solder [sɔlde] (*1a*) *comm compte*: saldieren; *marchandises*: herabsetzen; **se ~ par** abschließen mit
sole [sɔl] *f zo* Seezunge *f*
soleil [sɔlɛj] *m* Sonne *f*; **il fait du ~** die Sonne scheint; **en plein ~** in der prallen Sonne; **coup** *m* **de ~** Sonnenbrand *m*
solenn|el, ~elle [sɔlanɛl] feierlich; **~ité** *f* Feierlichkeit *f*
Soleure [sɔlœr] Solothurn *n*
solfège [sɔlfɛʒ] *m* (allgemeine) Musiklehre *f*
solid|aire [sɔlidɛr] solidarisch (**de qn** mit j-m); **~ariser** [-arize] (*1a*) **se ~** sich solidarisch erklären, sich solidarisieren (**avec** mit); **~arité** [-arite] *f* Solidarität *f*
solide [sɔlid] **1.** *adj* fest; *tissu*: fest, solide, haltbar; *connaissances*: gründlich; *personne*: kräftig, robust; **2.** *m phys* fester Körper *m*
solidité [sɔlidite] *f* Festigkeit *f*; *matériau*: Haltbarkeit *f*; *argument*: Stichhaltigkeit *f*
soliste [sɔlist] *m, f* Solist(in) *m(f)*
solitaire [sɔlitɛr] **1.** *adj* einsam; *isolé* abgelegen; *zo* **ver** *m* **~** Bandwurm *m*; **2.** *m* Einsiedler *m*, Einzelgänger *m*
solitude [sɔlityd] *f* Einsamkeit *f*
sollicit|ation [sɔlisitasjõ] *f* Ersuchen *n*, dringende Bitte *f*; **~er** (*1a*) **~ qc** um etw bitten; *attention, curiosité*: erregen; **~ qn de faire qc** j-n ersuchen, etw zu tun; **~ un emploi** sich um e-e Stelle bewerben; **~ude** [-yd] *f* Fürsorge *f*
solo [sɔlo] *m mus* Solo *n*
solstice [sɔlstis] *m astr* Sonnenwende *f*
solu|ble [sɔlyblə] löslich; **~tion** *f* Lösung *f*
solv|abilité [sɔlvabilite] *f comm* Zahlungsfähigkeit *f*; **~able** zahlungsfähig; *digne de crédit* kreditwürdig; **~ant** [-ɑ̃] *m chim* Lösungsmittel *n*
Somalie [sɔmali] **la ~** Somalia *n*
sombr|e [sõbrə] *couleur*: dunkel; *ciel, salle*: dunkel, düster, finster; *temps*: trübe; *avenir, regard*: finster; **~er** (*1a*) (ver)sinken; *fig* **~ dans la folie** dem Wahnsinn verfallen
somm|aire [sɔmɛr] **1.** *adj* kurzgefasst; **2.** *m* Inhaltsangabe *f*; **~ation** *f jur* Aufforderung *f*
somme¹ [sɔm] *f* **1.** Summe *f*; *quantité* Menge *f*; **en ~, ~ toute** im Ganzen genommen; **2. bête** *f* **de ~** Lasttier *n*; *fig* Arbeitstier *n*
somme² [sɔm] *m* Schläfchen *n*; **faire un ~** F ein Nickerchen machen
sommeil [sɔmɛj] *m* Schlaf *m*; *sensation*: Schläfrigkeit *f*; **avoir ~** schläfrig sein
sommeiller [sɔmɛje] (*1b*) schlummern
sommelier [sɔməlje] *m* Kellermeister *m*
sommer [sɔme] (*1a*) auffordern (**qn de faire qc** j-n, etw zu tun)
sommet [sɔmɛ] *m montagne*: Gipfel *m*; *arbre*: Wipfel *m*; *tour*: Spitze *f*; *toit*: First *m*; *fig* Höhepunkt *m*; *pol* Gipfelkonferenz *f*
sommier [sɔmje] *m* Bettrost *m*
sommité [sɔmite] *f* hervorragende Persönlichkeit *f*, Kapazität *f*
somnambule [sɔmnɑ̃byl] **1.** *adj* nachtwandelnd; **2.** *m, f* Schlafwandler(in) *m(f)*
somnifère [sɔmnifɛr] *m* Schlafmittel *n*
somnol|ence [sɔmnɔlɑ̃s] *f* Schläfrigkeit *f*; **~er** (*1a*) dösen
somptu|eux, ~euse [sõptɥø, -øz] prächtig, pracht-, prunkvoll; **~osité** [-ozite] *f* Pracht *f*
son¹ *m*, **sa** *f*, **ses** *pl* [sõ, sa, se] sein(e), ihr(e)
son² [sõ] *m* Ton *m*; *voix, instrument*: Klang *m*; *bruit* Laut *m*; **~ et lumière** *Beleuchtung historischer Bauten verbunden mit* e-r *Erklärung ihrer Geschichte u mit musikalischer Untermalung*
son³ [sõ] *m bot* Kleie *f*
sondage [sõdaʒ] *m tech* Bohrung *f*; **~ d'opinion** Meinungsumfrage *f*
sond|e [sõd] *f* Sonde *f*; **~er** (*1a*) *méd* sondieren; *terrain, atmosphère*: untersuchen; *personne*: ausforschen
songe [sõʒ] *litt m* Traum *m*

song|er [sõʒe] (*1l*) **~ à** denken an (*acc*), nachsinnen über (*acc*); **~ à faire qc** daran denken, etw zu tun; **~eur**, **~euse** nachdenklich

sonné, **~e** [sɔne] **1.** ***il est midi sonné*** es hat gerade zwölf Uhr geschlagen; **2.** *fig* F bescheuert, bekloppt

sonner [sɔne] (*1a*) *v/i cloches*: läuten; *réveil*, *sonnette*: klingeln; *instrument*, *voix*: klingen; *horloge*: schlagen; ***dix heures sonnent*** es schlägt 10 Uhr; ***midi a sonné*** es hat 12 Uhr geschlagen; **~ *du cor*** (auf dem) Horn blasen; **~ *creux, faux*** hohl, falsch klingen; *v/t cloches*: läuten; *mil* **~ *l'alarme*** Alarm blasen

sonnerie [sɔnri] *f cloches*: Geläut *n*; *mécanisme*: Läutwerk *n*; *sonnette* Klingel *f*

sonnet [sɔnɛ] *m* Sonett *n*

sonnette [sɔnɛt] *f* Klingel *f*

sonor|e [sɔnɔr] tönend; *voix*: klangvoll; *bruit*: Lärm…; *phys* Schall…; ***onde*** *f* **~** Schallwelle *f*; ***film*** *m* **~** Tonfilm *m*; *ling* stimmhaft; **~isation** [-izasjõ] *f appareils*: Lautsprecheranlage *f*; **~iser** (*1a*) *film*: vertonen; **~ité** *f* Klang *m*(*f*); *salle*: Akustik *f*

sophistication [sɔfistikasjõ] *f* Geziertheit *f*; *technique*: Perfektion *f*

sophistiqué, **~e** [sɔfistike] *comportement*: gekünstelt; *public*: erlesen; *technique*: hoch entwickelt

soporifique [sɔpɔrifik] einschläfernd (*a fig*)

sorbet [sɔrbɛ] *m* Sorbett *m od n*

sorbier [sɔrbje] *m bot* Eberesche *f*

sorcellerie [sɔrsɛlri] *f* Hexerei *f*

sorc|ier, **~ière** [sɔrsje, -jɛr] *m*, *f* Zauberer *m*, Hexe *f*

sordide [sɔrdid] schmutzig; *fig* gemein

sornettes [sɔrnɛt] *f/pl* albernes Gerede *n*

sort [sɔr] *m* Schicksal *n*, Geschick *n*; *condition* Lage *f*, Los *n*; ***tirer au*** **~** aus-, verlosen; *fig* ***jeter un*** **~ *à qn*** j-n behexen; *fig* ***le*** **~ *en est jeté*** die Würfel sind gefallen

sortant, **~e** [sɔrtɑ̃, -t] *loterie*: ***numéros sortants*** Gewinnzahlen *f/pl*

sorte [sɔrt] **1.** *f manière* Art *f*, Weise *f*; *espèce* Sorte *f*; ***toutes*** **~s *de*** allerlei, allerhand; ***une*** **~ *de*** eine Art; ***de la*** **~** auf die(se) Weise *od* so; ***en quelque*** **~** gewissermaßen; **2.** *conj* ***en*** **~** *od* ***de*** (***telle***) **~ *que*** so … dass

sortie [sɔrti] *f* Ausgang *m*; *voitures*: Ausfahrt *f*; *action de sortir* Hinausgehen *n*; *d'un pays*: Ausreise *f*; *promenade* Spaziergang *m*; *excursion* Ausflug *m*; *mil*, *police*: Einsatz *m*; **~ *de secours*** Notausgang *m*; **~s** *pl argent*: Ausgaben *f/pl*

sortilège [sɔrtilɛʒ] *m* Zauber *m*

sortir [sɔrtir] (*2b*) **1.** *v/i* hinausgehen, -treten; herauskommen, -treten; *en voiture*: herausfahren; *vie sociale*: ausgehen; *provenir de* stammen (***de*** von); **2.** *v/t chose*: herausnehmen, -ziehen, -holen; *enfant*, *chien*: spazierenführen; *une personne*: ausführen; *comm* auf den Markt bringen; F *bêtises*: von sich geben; F **~ *qn*** j-n rausschmeißen; **3.** ***s'en*** **~** damit fertig werden

sosie [sɔzi] *m* Doppelgänger *m*

sot, **~te** [so, sɔt] **1.** *adj* töricht, dumm; **2.** *m*, *f* Dummkopf *m*, Tor *m*, Narr *m*, Närrin *f*

sottise [sɔtiz] *f* Dummheit *f*

sou [su] *m fig* Pfennig *m*; ***être sans le*** **~** nicht e-n Pfennig besitzen; ***être près de ses*** **~s** auf den Pfennig achten

Souabe [swab] ***la*** **~** Schwaben *n*

soubresaut [subrəso] *m* Satz *m*, Ruck *m*

souche [suʃ] *f* **1.** *arbre*: (Baum-)Stumpf *m*; **2.** *fig origine* Ursprung *m*; **3.** *carnet*: Abschnitt *m*; ***carnet*** *m* **à ~s** Scheckheft *n* mit Kontrollabschnitten

souci [susi] *m* **1.** Sorge *f*; ***avoir le*** **~ *de*** bedacht sein auf; **2.** *bot* Ringelblume *f*

soucier [susje] (*1a*) ***se*** **~ *de*** sich kümmern um

soucieu|x, **~se** [susjø, -z] besorgt; **~ *de*** bedacht auf (*acc*)

soucoupe [sukup] *f* Untertasse *f*

soudain, **~e** [sudɛ̃, -ɛn] **1.** *adj* plötzlich; **2.** *adv* plötzlich; **~ement** [-ɛnmɑ̃] *adv* plötzlich

Soudan [sudɑ̃] ***le*** **~** der Sudan

soude [sud] *f chim* Soda *f od n*; *phm* Natron *n*

souder [sude] (*1a*) *tech* löten, schweißen; *fig* fest verbinden

soudoyer [sudwaje] (*1h*) dingen

soudure [sudyr] *f tech* Löten *n*, Schweißen *n*; *joint* Lötstelle *f*, Schweißnaht *f*; *écon* ***faire la*** **~** überbrücken

souffle [suflə] *m* Atemzug *m*, Atem *m*; *vent*: Wehen *n*; *très léger* Hauch *m*; *fig* ***second~*** neuer Aufschwung *m*; ***être à bout de ~*** außer Atem sein

soufflé, ~e [sufle] **1.** *adj fig* ***être~*** F baff sein; **2.** *m cuis* Soufflé *n*

souffler [sufle] (*1a*) **1.** *v/i vent*: blasen, wehen; *haleter* hauchen; *respirer* schnaufen, atmen; **2.** *v/t chandelle*: ausblasen; *fig* einflüstern; *théâtre*: soufflieren; ***ne pas ~ mot*** kein Wort sagen; F ***~ qc à qn*** j-m etw wegschnappen

soufflet [suflɛ] *m instrument*: Blasebalg *m*

souffleu|r, ~se [suflœr, -øz] *m, f* Glasbläser(in) *m(f)*

souffr|ance [sufrɑ̃s] *f* Leiden *n*; ***en ~*** unerledigt; **~ant, ~ante** [-ɑ̃, -ɑ̃t] erkrankt; *air*: leidend

souffre-douleur [sufrədulœr] *m* (*pl unv*) Prügelknabe *m*

souffreteu|x, ~se [sufrətø, -z] leidend, kränklich

souffrir [sufrir] (*2f*) leiden (***de*** an *dat*); *admettre* erdulden; *supporter* aushalten; ***ne pas pouvoir ~ qn*** j-n nicht leiden können

soufre [sufrə] *m chim* Schwefel *m*

souhait [swɛ] *m* Wunsch *m*; ***à ~*** nach Wunsch; ***à vos ~s!*** Gesundheit!

souhait|able [swɛtablə] wünschenswert; **~er** (*1b*) wünschen (***qc à qn*** j-m etw); ***~ que*** (+ *subj*) wünschen, dass

souiller [suje] (*1a*) besudeln, beschmutzen

soûl, ~e [su, -l] betrunken; ***manger tout son soûl*** F sich ordentlich satt essen

soulag|ement [sulaʒmɑ̃] *m* Erleichterung *f*; *douleur, maladie*: Linderung *f*; **~er** (*1l*) erleichtern; *douleur, maladie*: lindern; ***~ qn*** *au travail*: j-n entlasten

soûler [sule] (*1a*) F betrunken machen; *fig* benommen machen, berauschen; ***se ~*** sich betrinken, F sich besaufen

soulèvement [sulɛvmɑ̃] *m* Aufstand *m*

soulever [sulve] (*1d*) hochheben; *fig enthousiasme*: hervorrufen; *protestations*: auslösen; *problème*: aufwerfen; *difficultés*: verursachen; ***se ~*** sich aufrichten; *se révolter* sich empören

soulier [sulje] *m* Schuh *m*

souligner [suliɲe] (*1a*) unterstreichen (*a fig*)

soumettre [sumɛtrə] (*4p*) *pays, peuple*: unterwerfen; *à un examen*: unterziehen; *présenter* unterbreiten; ***se ~ à*** sich fügen (*dat*)

soumis, ~e [sumi, -z] *p/p de* ***soumettre*** *u adj peuple*: unterworfen; *obéissant* gefügig

soumission [sumisjõ] *f peuple*: Unterwerfung *f*; *obéissance* Gefügigkeit *f*, Gehorsam *m*; *jur* Angebot *n*

soupape [supap] *f tech* Ventil *n*

soupçon [supsõ] *m* Argwohn *m*, Verdacht *m*; ***un ~ de*** e-e Spur von

soupçonn|er [supsɔne] (*1a*) *personne*: verdächtigen; ***~ que*** vermuten, argwöhnen, dass; **~eux, ~euse** [-ø, -øz] argwöhnisch, misstrauisch

soupe [sup] *f cuis* Suppe *f*

soupente [supɑ̃t] *f* Hängeboden *m*

souper [supe] **1.** (*1a*) *nach einer Abendveranstaltung* essen; **2.** *m* Essen *n nach einer Abendveranstaltung*

soupeser [supəze] (*1d*) mit der Hand abwiegen; *fig* abwägen

soupière [supjɛr] *f* Suppenschüssel *f*

soupir [supir] *m* Seufzer *m*

soupirail [supiraj] *m* (*pl -aux*) Kellerfenster *n*

soupirant [supirɑ̃] *m plais* Verehrer *m*

soupirer [supire] (*1a*) seufzen; *litt* schmachten

soupl|e [suplə] biegsam, geschmeidig; *fig* anpassungsfähig, flexibel; **~esse** [-ɛs] *f* Biegsamkeit *f*, Geschmeidigkeit *f*; *fig* Flexibilität *f*

source [surs] *f* Quelle *f*; *fig* Ursprung *m*; ***prendre sa ~ dans*** entspringen in (*dat*)

sourc|il [sursi] *m anat* Augenbraue *f*; **~iller** [-ije] (*1a*) ***sans ~*** ohne mit der Wimper zu zucken

sourcilleu|x, ~se [sursijø, -z] kleinlich

sourd, ~e [sur, -d] *qui entend mal* schwerhörig; *qui n'entend pas du tout* taub; *voix, douleur, colère*: dumpf; *ling* stimmlos

sourdine [surdin] *f mus* Dämpfer *m*; ***en ~*** leise; *fig* ***mettre une ~ à qc*** etw (*acc*) dämpfen

sourd-muet, sourde-muette [surmɥɛ, surdmɥɛt] taubstumm

souriant, **~e** [surjɑ̃, -t] freundlich, heiter

souricière [surisjɛr] *f* Mausefalle *f*; *fig* Falle *f*

sourire [surir] **1.** (*4r*) lächeln; **2.** *m* Lächeln *n*

souris [suri] *f* Maus *f*

sournois, **~e** [surnwa, -z] **1.** *adj* hinterhältig, heimtückisch; **2.** *m*, *f* Duckmäuser(in) *m(f)*; **~erie** [-zri] *f* Hinterhältigkeit *f*

sous [su] unter (*acc*, *dat*), unterhalb (*gén*); ***~ la main*** bei der Hand; ***~ terre*** unter der Erde; ***~ peine d'amende*** bei Geldstrafe; ***~ peu*** binnen kurzem; ***~ prétexte de*** (+ *inf*) unter dem Vorwand zu (+ *inf*); ***~ forme de*** in Gestalt von; ***~ ce rapport*** in dieser Hinsicht; ***~ mes yeux*** vor meinen Augen; ***mettre ~ enveloppe*** in e-n Umschlag stecken

sous... [suz̦] *in Zssgn* unter..., Unter...

sous-alimenté, **~e** [suzalimɑ̃te] unterernährt

sous-bois [subwa] *m* Unterholz *n*

souscription [suskripsjõ] *f* Subskription *f*; *comm* Zeichnung *f*

souscrire [suskrir] (*4f*) unterschreiben; ***~ à qc*** *publication*: etw (*acc*) subskribieren; *emprunt*: etw (*acc*) zeichnen; *fig* etw (*acc*) gutheißen

sous-développ|é, **~ée** [sudevlɔpe] unterentwickelt; ***pays*** *m* ***sous-développé*** Entwicklungsland *n*; **~ement** [-mɑ̃] *m* Unterentwicklung *f*

sous-emploi [suzɑ̃plwa] *m* Unterbeschäftigung *f*

sous-enten|dre [suzɑ̃tɑ̃drə] (*4a*) mit darunter verstehen, stillschweigend annehmen; **~du**, **~due** [-dy] **1.** *adj* unausgesprochen; **2.** *m* Andeutung *f*

sous-estimer [suzɛstime] (*1a*) unterschätzen

sous-jacent, **~e** [suʒasɑ̃, -t] *problème*: tiefer liegend

sous-loca|taire [sulɔkatɛr] *m*, *f* Untermieter(in) *m(f)*; **~tion** *f* Untermiete *f*

sous|-louer [sulwe] (*1a*) untervermieten; **~-main** [-mɛ̃] *m* (*pl unv*) Schreibunterlage *f*; ***en ~*** unter der Hand, heimlich; **~-marin**, **~-marine** [-marɛ̃, -marin] **1.** *adj* unterseeisch, Unterwasser...; **2.** *m* U-Boot *n*, Unterseeboot *n*

sous-officier [suzɔfisje] *m* Unteroffizier *m*

sous|-préfecture [suprefɛktyr] *f* Unterpräfektur *f*; **~-produit** [-prɔdɥi] *m* Nebenprodukt *n*; **~-secrétaire** [-skretɛr] *m* ***~ d'État*** Unterstaatssekretär *m*

soussigné, **~e** [susiɲe] *m*, *f* Unterzeichnete(r) *m*, *f*

sous|-sol [susɔl] *m géol* Untergrund *m*; *maison*: Untergeschoss *n*; **~-titre** [-titrə] *m* Untertitel *m*

sous|traction [sustraksjõ] *f jur* Unterschlagung *f*; *math* Subtraktion *f*; **~traire** [-trɛr] (*4s*) unterschlagen; *fig au regard de* qn: entziehen; *à un danger*: bewahren (***à*** vor *dat*); *math* subtrahieren, abziehen (***de*** von)

sous-trait|ance [sutrɛtɑ̃s] *f écon attribution*: Vergabe *f* von Aufträgen an Zulieferer; *exécution*: Ausführung *f* von Aufträgen als Zulieferer; **~eur** *m* Zulieferer *m*

sous-vêtement [suvɛtmɑ̃] *m le plus souvent au pl* **~s** Unterwäsche *f*

soutane [sutan] *f égl* S(o)utane *f*

soute [sut] *f mar*, *aviat* Laderaum *m*

souten|able [sutnablə] haltbar, vertretbar; **~ance** *f université*: Rigorosum *n*; **~eur** *m* Zuhälter *m*

soutenir [sutnir] (*2h*) stützen; *voûte*: tragen; *fig gouvernement*, *projet*: unterstützen; *attaque*, *pression*: aushalten; *conversation*, *opinion*: aufrechterhalten; *prétendre* behaupten; *aider* beistehen (***qn*** j-m); ***se ~*** einander (*dat*) beistehen

soutenu, **~e** [sutny] anhaltend, beständig; *style*: gehoben

souterrain, **~e** [sutɛrɛ̃, -ɛn] **1.** *adj* unterirdisch; **2.** *m* unterirdischer Gang *m*, Stollen *m*

soutien [sutjɛ̃] *m* Stütze *f* (*a fig*); *aide* Beistand *m*; **~-gorge** [-gɔrʒ] *m* (*pl soutiens-gorge*) Büstenhalter *m*

soutirer [sutire] (*1a*) *vin*: abziehen; ***~ qc à qn*** etw von j-m erschwindeln

souvenir [suvnir] **1.** (*2h*) ***se ~*** sich (*acc*) erinnern (***de*** an *acc*, ***que*** dass); **2.** *m* Erinnerung *f*; *objet*: Souvenir *n*, Andenken *n*

souvent [suvɑ̃] oft(mals); ***assez ~*** öfter; ***moins ~*** seltener; ***le plus ~*** meistens

souver|ain, **~aine** [suvrɛ̃, -ɛn] **1.** *adj*

höchste(r, -s); *pol* souverän; **2.** *m*, *f* Herrscher(in) *m(f)*, Souverän *m*; **~ainement** [-ɛnmɑ̃] *adv* äußerst; **~aineté** [-ɛnte] *f état*: Souveränität *f*; *souverain*: Herrschaft(sgewalt) *f*
soviétique [sɔvjetik] *hist* **1.** *adj* sowjetisch; *hist* ***l'Union*** *f* **~** die Sowjetunion; **2.** ♀ *m*, *f* Sowjetbürger(in) *m(f)*
soyeu|x, **~se** [swajø, -z] seidig
SPA *f abr* ***Société protectrice des animaux*** Tierschutzverein *m*
spacieu|x, **~se** [spasjø, -z] geräumig
spam [spam] *m EDV* Spam *m*
sparadrap [sparadra] *m* Heftpflaster *n*
spasm|e [spasmə] *m méd* Krampf *m*; **~odique** [-ɔdik] krampfartig, spastisch
spatial, **~e** [spasjal] (*m/pl* -iaux) räumlich; *univers*: Weltraum…; ***recherches*** *f/pl* ***spatiales*** Weltraumforschung *f*
spatule [spatyl] *f* Spachtel *m*; *cuis* Teigschaber *m*
speaker, **~ine** [spikœr, spikrin] *m*, *f radio*, *TV* Ansager(in) *m(f)*
spécial, **~e** [spesjal] (*m/pl -aux*) besondere(r, -s), speziell; Sonder…; **~ement** [-mɑ̃] *adv* speziell; **~iser** (*1a*) ***se*** **~** sich spezialisieren; **~iste** *m*, *f* Spezialist(in) *m(f)*, Fachmann *m*; *médecin*: Facharzt *m*, -ärztin *f*; **~ité** *f cuis* Spezialität *f*; *professionnelle*: Fachgebiet *n*
spécieu|x, **~se** [spesjø, -z] trügerisch, Schein…
spécif|ier [spesifje] (*1a*) spezifizieren, genau angeben; **~ique** spezifisch, arteigen
spécimen [spesimɛn] *m bot*, *zo*, *art*: Exemplar *n*; *livre*: Probeexemplar *n*, Muster *n*
spectacle [spɛktaklə] *m* Anblick *m*; *théâtre*, *cinéma*: Vorstellung *f*
spectaculaire [spɛktakylɛr] aufsehenerregend, spektakulär
specta|teur, **~trice** [spɛktatœr, -tris] *m*, *f* Zuschauer(in) *m(f)*
spectre [spɛktrə] *m* Gespenst *n*; *phys* Spektrum *n*
spécula|teur, **~trice** [spekylatœr, -tris] *m*, *f* Spekulant(in) *m(f)*; **~tif**, **~tive** [-tif, -tiv] spekulativ; **~tion** *f* Spekulation *f*
spéculer [spekyle] (*1a*) spekulieren (***sur*** auf *acc*)
speech [spitʃ] *m* kurze Rede *f*
spéléologie [speleɔlɔʒi] *f* Höhlenforschung *f*
sperme [spɛrm] *m biol* Sperma *n*
sphère [sfɛr] *f math* Kugel *f*; *fig* Bereich *m*, Sphäre *f*
sphérique [sferik] kugelförmig; *math* sphärisch
sphincter [sfɛ̃ktɛr] *m anat* Schließmuskel *m*
sphinx [sfɛ̃ks] *m* Sphinx *f*
spirale [spiral] *f* Spirale *f*
spire [spir] *f* (Spiral-, Schrauben-)Windung *f*
Spire [spir] *géogr* Speyer *n*
spiritualité [spiritɥalite] *f* Geistigkeit *f*
spirituel, **~le** [spiritɥɛl] geistig; *rel* geistlich; *amusant* geistreich
spiritueux [spiritɥø] *m/pl* Spirituosen *f/pl*
spleen [splin] *litt m* Schwermut *f*
splend|eur [splɑ̃dœr] *f* Glanz *m*, Pracht *f*; **~ide** [-id] glänzend, prächtig
spoliation [spɔljasjɔ̃] *f* Raub *m*
spolier [spɔlje] (*1a*) berauben
spongieu|x, **~se** [spɔ̃ʒjø, -z] schwammig
sponsor [spɔ̃sɔr] *m* Sponsor(in) *m(f)*; **~iser** (*1a*) sponsern
spontané, **~e** [spɔ̃tane] spontan; **~ité** [-neite] *f* Spontaneität *f*
sporadique [spɔradik] vereinzelt auftretend, sporadisch
sport [spɔr] **1.** *m* Sport *m*; ***faire du*** **~** Sport treiben; **2.** *adj* sportlich
sporti|f, **~ve** [spɔrtif, -v] **1.** *adj* sportlich; Sport…; **2.** *m*, *f* Sportler(in) *m(f)*
sprint [sprint] *m final*: (End-)Spurt *m*; *cyclisme*, *athlétisme*: Sprint *m*
spumeu|x, **~se** [spymø, -z] schaumig
square [skwar] *m* kleine Grünanlage *f*
squelette [skəlɛt] *m anat* Skelett *n*
St *abr* ***saint*** hl. (heiliger) *od* St. (Sankt)
stabilisa|teur, **~trice** [stabilizatœr, -tris] **1.** *adj* stabilisierend; **2.** *m* Stabilisator *m*; **~tion** *f prix*, *devise*: Stabilisierung *f*
stabil|iser [stabilize] (*1a*) *prix*, *devise*, *tech* stabilisieren; *régime*, *institution*: festigen; **~ité** *f prix*, *devise*: Stabilität *f*; *échaffaudage*: Standfestigkeit *f*; **~** ***des prix*** Preisstabilität *f*
stable [stablə] *prix*, *devise*, *situation*: stabil; *échaffaudage*: standfest
stade [stad] *m* **1.** *sport*: Stadion *n*,

Sportplatz *m*; **2.** *processus*: Stadium *n*, Phase *f*, Abschnitt *m*

stage [staʒ] *m* Praktikum *n*; *avocat, professeur*: Referendarzeit *f*; *de perfectionnement*: Lehrgang *m*

stagiaire [staʒjɛr] *m, f* Praktikant(in) *m(f)*; *avocat, professeur*: Referendar(in) *m(f)*

stagn|ant, **~ante** [stagnɑ̃, -ɑ̃t] *eau*: stehend; *fig* stagnierend; **~ation** *f écon* Stagnation *f*, Stockung *f*

stalle [stal] *f cheval*: (Pferde-)Box *f*; **~s** *pl égl* Chorgestühl *n*

stand [stɑ̃d] *m foire*: Ausstellungs-, Messestand *m*

standard [stɑ̃dar] *m* **1.** Standard *m*; ***modèle*** *m* **~** Standardmodell *n*; **2.** *tél* Telefonzentrale *f*

standard|isation [stɑ̃dardizasjõ] *f* Standardisierung *f*, Vereinheitlichung *f*, Normung *f*; **~iser** (*1a*) standardisieren, vereinheitlichen, normen; **~iste** *m, f tél* Telefonist(in) *m(f)*

standing [stɑ̃diŋ] *m* (*soziale u wirtschaftliche*) Stellung *f*, Status *m*; … ***de grand*** **~** Luxus…

star [star] *f* Filmstar *m*

starter [startɛr] *m auto* Choke *m*

station [stasjõ] *f* Station *f*; *métro*: Haltestelle *f*; *vacances*: Kur-, Ferienort *m*; **~ *de sports d'hiver*** Wintersportort *m*

stationn|aire [stasjɔnɛr] stationär, gleichbleibend; **~ement** [-mɑ̃] *m auto* Parken *n*; *mil* Stationierung *f*; **~er** (*1a*) parken

station-service [stasjõsɛrvis] *f* (*pl stations-service*) Tankstelle *f*

statique [statik] statisch; *fig* unbewegt

statistique [statistik] **1.** *adj* statistisch; **2.** *f* Statistik *f*

statue [staty] *f* Statue *f*, Standbild *n*

statuer [statɥe] (*1n*) *jur* **~ *sur qc*** über etw (*acc*) entscheiden

stature [statyr] *f* Statur *f*, Wuchs *m*; *fig* Format *n*

statut [staty] *m* Status *m*; **~ *social*** sozialer Status *m*; **~s** *pl* Statuten *n/pl*, Satzung *f*

Ste *abr* ***sainte*** hl. (heilige) *od* St. (Sankt)

stencil [stɛnsil] *m* Matrize *f*

sténodactylo [stenɔdaktilo] *f* Stenotypistin *f*

sténograph|e [stenɔgraf] *m, f* Stenograf(in) *m(f)*; **~ie** [-i] *f* Stenografie *f*, Kurzschrift *f*; **~ier** [-je] (*1a*) (mit)stenografieren

steppe [stɛp] *f géogr* Steppe *f*

stéréo [stereo] **1.** *stéréophonique* Stereo…; **2.** *stéréophonie* Stereo *n*; ***en*** **~** in Stereo; **~phonie** [-fɔni] *f* Stereo *n*; **~phonique** [-fɔnik] *adj* Stereo…

stéréotypé, **~e** [stereɔtipe] stereotyp

stéril|e [steril] *méd u fig* steril, unfruchtbar; *lait, instruments*: steril, keimfrei; **~iser** (*1a*) *méd* sterilisieren, unfruchtbar machen; *lait, instruments*: sterilisieren, keimfrei machen; **~ité** *f méd u fig* Sterilität *f*, Unfruchtbarkeit *f*

sternum [stɛrnɔm] *m anat* Brustbein *n*

stéthoscope [stetɔskɔp] *m méd* Hörrohr *n*, Stethoskop *n*

stigmat|e [stigmat] *m rel u fig* Stigma *n*; **~iser** (*1a*) brandmarken

stimul|ant, **~ante** [stimylɑ̃, -ɑ̃t] **1.** *adj* stimulierend, anregend; **2.** *m* Anreiz *m*, Ansporn *m*; *phm* Anregungsmittel *n*; **~ateur** [-atœr] *m méd* **~ *cardiaque*** Herzschrittmacher *m*; **~er** (*1a*) *personne, ambition*: anspornen; *sexuellement*: stimulieren, erregen; *appétit*: anregen; **~us** [-ys] *m* (*pl le plus souvent stimuli*) *psych* Reiz *m*

stipul|ation [stipylasjõ] *f jur* Vereinbarung *f*, Bestimmung *f*, Klausel *f*; **~er** (*1a*) *jur* vereinbaren, festlegen

stock [stɔk] *m comm* Lagerbestand *m*; *fig réserve* Vorrat *m*; **~age** *m* Lagerung *f*; **~er** (*1a*) lagern, aufstapeln

Stockholm [stɔkɔlm] Stockholm *n*

stoïcisme [stɔisismə] *m phil* Stoizismus *m*; *fig* Gleichmut *m*

stoïque [stɔik] standhaft, unerschütterlich

stomacal, **~e** [stɔmakal] (*m/pl -aux*) *anat* Magen…

stop [stɔp] **1.** stopp!, halt!; **2.** *m écriteau*: Stoppschild *n*; *auto* (***feu*** *m*) **~** Bremslicht *n*; F ***faire du*** **~** per Anhalter fahren

stopper [stɔpe] (*1a*) *v/t* anhalten; *machine*: abstellen; *v/i* halten, stoppen

store [stɔr] *m fenêtre*: Rollo *n*; *magasin, terrasse*: Markise *f*

strabisme [strabismə] *m méd* Schielen *n*

strapontin [strapõtɛ̃] *m* Klappsitz *m*

Strasbourg [strasbuːr] Straßburg *n*
stratagème [strataʒɛm] *m mil* Kriegslist *f*; *allg* List *f*
stratég|ie [strateʒi] *f* Strategie *f*; **~ique** strategisch
stratifié, **~e** [stratifje] *géol*, *tech* geschichtet
stratus [stratys] *m* Schichtwolke *f*
stress [strɛs] *m* Stress *m*; **~ant**, **~ante** stressig
strict, **~e** [strikt] streng, strikt, genau; ***au sens strict*** im engeren Sinn; ***le strict nécessaire*** das (Aller-)Nötigste
strident, **~e** [stridɑ̃, -t] schrill, kreischend
strie [stri] *f* Streifen *m*, Rille *f*
strip-tease [striptiz] *m* Striptease *m od n*
strophe [strɔf] *f* Strophe *f*
structuration [stryktyrasjõ] *f* Strukturierung *f*
structure [stryktyr] *f* Struktur *f*, Aufbau *m*
stuc [styk] *m* Stuck *m*
studieu|x, **~se** [stydjø, -z] fleißig, eifrig
studio [stydjo] *m* **1.** *radio*, *TV* Studio *n*; *artiste*, *photographe*: Atelier *n*; **2.** *appartement* Einzimmerwohnung *f*, Appartement *n*
stupé|faction [stypefaksjõ] *f* höchstes Erstaunen *n*, Verblüffung *f*; **~fait**, **~faite** [-fɛ, -fɛt] verblüfft; **~fiant**, **~fiante** [-fjɑ̃, -fjɑ̃t] **1.** *adj* verblüffend; **2.** *m* Rauschgift *n*; **~fier** [-fje] (*1a*) verblüffen
stupeur [stypœr] *f* Betroffenheit *f*, Bestürzung *f*
stupid|e [stypid] dumm; **~ité** *f* Dummheit *f*
style [stil] *m* Stil *m*
styl|isé, **~isée** [stilize] stilisiert; **~iste** *m mode*, *industrie*: Designer(in) *m(f)*; **~istique** [-istik] **1.** *adj* stilistisch; **2.** *f* Stilistik *f*
stylo [stilo] *m* Füller *m*, Füllfederhalter *m*; ***~ à bille*** *od* ***~-bille*** (*pl stylos à bille od stylos-billes*) Kugelschreiber *m*; **~-feutre** [-føtrə] *m* (*pl stylos-feutres*) Filzschreiber *m*
Styrie [stiri] ***la ~*** die Steiermark
su, **~e** [sy] *p/p de* ***savoir***; ***au ~ de tous*** mit aller Wissen
suaire [sɥɛr] *m* Leichentuch *n*
suave [sɥav] lieblich
subalterne [sybaltɛrn] **1.** *adj* subaltern, untergeordnet; **2.** *m*, *f* Untergebene(r) *m*, *f*
subconscient [sybkõsjɑ̃] *m* Unterbewusstsein *n*
subdivision [sybdivizjõ] *f action*: Unterteilung *f*; *partie*: Unterabteilung *f*
subir [sybir] (*2a*) *passivement*: erleiden; *consciemment*: ertragen; ***~ un examen médical*** (***une opération***) sich e-r ärztlichen Untersuchung (e-r Operation) unterziehen
subit, **~e** [sybi, -t] plötzlich, jäh; **~ement** [-tmɑ̃] *adv* plötzlich
subjecti|f, **~ve** [sybʒɛktif, -v] subjektiv
subjonctif [sybʒõktif] *m gr* Konjunktiv *m*
subjuguer [sybʒyge] (*1m*) *fig* unterwerfen
sublime [syblim] erhaben
submerger [sybmɛrʒe] (*1l*) unter Wasser setzen; *fig* überwältigen
subordination [sybɔrdinasjõ] *f* Unterordnung *f* (*a gr*)
subordonn|é, **~ée** [sybɔrdɔne] **1.** *adj* untergeordnet; **2.** *m*, *f* Untergebene(r) *m*, *f*; **3.** *f gr* Nebensatz *m*; **~er** (*1a*) unterordnen, unterstellen
suborner [sybɔrne] (*1a*) *jur* bestechen
subrepticement [sybrɛptismɑ̃] *adv* heimlich
subsid|e [sybzid, sypsid] *m* Zuschuss *m*; *le plus souvent au pl* **~s** Hilfsgelder *n/pl*; **~iaire** [-jɛr] zusätzlich, Hilfs…
subsist|ance [sybzistɑ̃s] *f* (Lebens-)Unterhalt *m*; **~er** (*1a*) fortbestehen; *personne*: existieren
substance [sypstɑ̃s] *f* Substanz *f*, Stoff *m*; *fig* Gehalt *m*; ***en ~*** im Wesentlichen
substantiel, **~le** [sypstɑ̃sjɛl] *nourriture*: kräftig, nahrhaft; *fig* wesentlich, substanziell
substantif [sypstɑ̃tif] *m gr* Substantiv *n*, Hauptwort *n*
substit|uer [sypstitɥe] (*1n*) ersetzen (***qc à qc*** etw durch etw); **~ution** [-ysjõ] *f* Ersetzen *n*
subterfuge [syptɛrfyʒ] *m* List *f*; *échappatoire* Ausflucht *f*
subtil, **~e** [syptil] *différence*: fein, subtil; *personne*: scharfsinnig; *péj* spitzfindig; **~iser** (*1a*) F stibitzen (***qc à qn*** j-m etw); **~ité** *f* Scharfsinn *m*; *péj*

Spitzfindigkeit *f*; **~s** *pl* Feinheiten *f/pl*
suburbain, **~e** [sybyrbɛ̃, -ɛn] vorstädtisch, Vorstadt…, Vorort…
subvenir [sybvənir] (*2h*) **~ à qc** für etw aufkommen, sorgen
subventi|on [sybvɑ̃sjõ] *f* Subvention *f*, Zuschuss *m*; **~onner** [-ɔne] (*1a*) subventionieren
subvers|if, **~ive** [sybvɛrsif, -iv] subversiv, umstürzlerisch; **~ion** *f* Umsturz *m*
suc [syk] *m* Saft *m*
succédané [syksedane] *m* Ersatz(mittel) *m(n)*
succéder [syksede] (*1f*) **~ à qn, qc** auf j-n, etw folgen; *successeur*: **~ à qn** j-m nachfolgen; **se ~** aufeinanderfolgen
succès [syksɛ] *m* Erfolg *m*; **avec ~** erfolgreich; **sans ~** erfolglos
success|eur [syksesœr] *m* Nachfolger *m*; **~if**, **~ive** [-if, -iv] aufeinanderfolgend; **~ion** *f suite* (Aufeinander-)Folge *f*; *héritage* Erbschaft *f*; *jur*, *roi*: Erbfolge *f*; **~ivement** [-ivmɑ̃] *adv* nacheinander
succinct, **~e** [syksɛ̃, -t] knapp, kurzgefasst
succion [sy(k)sjõ] *f* Saugen *n*
succomber [sykõbe] (*1a*) *mourir* sterben; **~ à qc** e-r Sache erliegen
succulent, **~e** [sykylɑ̃, -t] köstlich
succursale [sykyrsal] *f comm* Filiale *f*
sucer [syse] (*1k*) saugen; *pastille*: lutschen
sucette [sysɛt] *f bonbon*: Lutscher *m*; *bébé*: Schnuller *m*
sucr|e [sykrə] *m* Zucker *m*; **~é**, **~ée** süß; *au sucre*: gezuckert; *péj* süßlich; **~er** (*1a*) süßen; *avec sucre*: zuckern; **~eries** [-əri] *f/pl* Süßigkeiten *f/pl*; **~ier** [-ije] *m* Zuckerdose *f*
sud [syd] **1.** *m* Süden *m*; **au ~ de** südlich von; **2.** *adj* südlich; **côte** *f* **~** Südküste *f*
sud-est [sydɛst] *m* Südosten *m*
sud-ouest [sydwɛst] *m* Südwesten *m*
Suède [sɥɛd] **la ~** Schweden *n*
suédois, **~e** [sɥedwa, -z] **1.** *adj* schwedisch; **2.** **♀**, **♀e** *m*, *f* Schwede *m*, Schwedin *f*
suée [sɥe] *f* F Schweißausbruch *m*
suer [sɥe] (*1n*) *v/i* schwitzen; *v/t* ausschwitzen
sueur [sɥœr] *f* Schweiß *m*
Suez [sɥɛz] *géogr* Suez *n*; **le canal de ~** der Suezkanal
suffire [syfir] (*4o*) genügen, ausreichen (**à qn** j-m, **pour qc** für etw); **il suffit de** (+ *inf*) *od* **que** (+ *subj*) es genügt zu (+ *inf*) *od* dass
suffis|amment [syfizamɑ̃] *adv* genügend, genug (**de …**); **~ance** *f* Selbstgefälligkeit *f*; **~ant**, **~ante** [-ɑ̃, -ɑ̃t] genügend, ausreichend; *arrogant* selbstgefällig
suffixe [syfiks] *m ling* Suffix *n*, Nachsilbe *f*
suffo|cant, **~cante** [syfɔkɑ̃, -kɑ̃t] stickig, erdrückend; *fig* verblüffend; **~cation** [-kasjõ] *f* Ersticken *n*; **~quer** [-ke] (*1m*) *v/i* fast ersticken; *v/t* ersticken; *fig* den Atem verschlagen (**qn** j-m)
suffrage [syfraʒ] *m* Stimme *f*; *fig* **~s** *pl* Beifall *m*; **~ universel** allgemeines Wahlrecht *n*
suggérer [sygʒere] (*1f*) **~ qc à qn** *conseiller* j-m etw nahelegen; *insinuer* j-m etw einsuggerieren; **~ qc** *faire naître* etw anregen
suggestion [sygʒɛstjõ] *f* Anregung *f*; *psych* Suggestion *f*
suicid|e [sɥisid] *m* Selbstmord *m*; **~é**, **~ée** *m*, *f* Selbstmörder(in) *m(f)*; **~er** (*1a*) **se ~** Selbstmord begehen, sich (*dat*) das Leben nehmen
suie [sɥi] *f* Ruß *m*
suif [sɥif] *m* Talg *m*
suinter [sɥɛ̃te] (*1a*) durchsickern; *mur*: schwitzen
suisse [sɥis] **1.** *adj* schweizerisch; **2.** **♀** *m*, *f* Schweizer(in) *m(f)*; **3.** **la ♀** die Schweiz; **4.** *m égl* Kirchendiener *m*
suite [sɥit] *f* Folge *f*; *série* Reihe *f*, Folge *f*; *continuation* Fortsetzung *f*; **~s** *pl conséquences* Folgen *pl*; **faire ~ à qc** auf etw (*acc*) folgen; **prendre la ~ de qn** j-s Nachfolge antreten; **donner ~ à** stattgeben; **de ~** hintereinander; **et ainsi de ~** und so fort; **par ~ de** infolge (+ *gén*); **tout de ~** sogleich; **par la ~** später; **à la ~ de** nach
suivant, **~e** [sɥivɑ̃, -t] **1.** *adj* folgende(r, -s); **au suivant!** der Nächste, bitte!; **2.** *prép* **suivant** (je) nach, gemäß; **3.** *conj* **suivant que** je nachdem, ob
suivi, **~e** [sɥivi] *travail*, *effort*: fortgesetzt; *relations*: regelmäßig; *argumentation*: folgerichtig
suivre [sɥivrə] (*4h*) folgen (**qn** j-m); *dis-*

cours, actualité: verfolgen; *traitement*: befolgen; *accompagner* begleiten; *à l'école*: mitkommen; *cours*: besuchen; ***faire ~!*** *lettre*: bitte nachsenden!; ***à ~*** Fortsetzung folgt
sujet, ~te [syʒɛ, -t] **1.** *adj* ***~(te) à qc*** anfällig gegen etw, zu etw neigend; **2.** *m gr, phil* Subjekt *n*; *thème* Thema *n*; *matière* Gegenstand *m*; *raison* Grund *m*; ***à ce sujet*** darüber; ***au sujet de*** hinsichtlich
sulfur|eux, ~euse [sylfyrø, -øz] Schwefel…; **~ique** *chim* ***acide*** *m* ***~*** Schwefelsäure *f*
summum [sɔmɔm] *m* Höhepunkt *m*, Gipfel *m*
super [sypɛr] **1.** *adj* F super, spitze; **2.** *m essence*: Super *n*
super… [sypɛr] *in Zssgn* super…, Super…
superbe [sypɛrb] prächtig, herrlich
supercherie [sypɛrʃəri] *f* Betrug *m*
superfic|ie [sypɛrfisi] *f fig aspect superficiel* Oberfläche *f*; *surface, étendue*: Fläche *f*; **~iel, ~ielle** [-jɛl] oberflächlich
superflu, ~e [sypɛrfly] **1.** *adj* überflüssig; **2.** *m* Überflüssige(s) *n*
supérieur, ~e [syperjœr] **1.** *adj* höher (gelegen), obere(r, -s), Ober…; *fig* überlegen (***à qn, à qc*** j-m, e-r Sache), höher (als); **2.** *m, f* Vorgesetzte(r) *m, f*
supériorité [syperjɔrite] *f* Überlegenheit *f*
superlatif [sypɛrlatif] *m gr u fig* Superlativ *m*
supermarché [sypɛrmarʃe] *m* Supermarkt *m*
superposer [sypɛrpoze] (*1a*) übereinanderlegen; ***se ~*** sich überlagern
super-puissance [sypɛrpɥisɑ̃s] *f* Supermacht *f*
supersonique [sypɛrsɔnik] Überschall…
superstit|ieux, ~ieuse [sypɛrstisjø, -jøz] abergläubisch; **~ion** *f* Aberglaube *m*
superstructure [sypɛrstryktyr] *f* Überbau *m (a fig)*
superviser [sypɛrvize] (*1a*) beaufsichtigen
supplanter [syplɑ̃te] (*1a*) verdrängen
supplé|ant, ~ante [sypleɑ̃, -ɑ̃t] **1.** *adj* stellvertretend; **2.** *m, f* Stellvertreter(in) *m(f)*; **~er** (*1a*) ***~ à qc*** *remplacer* etw ersetzen; *remédier à* e-r Sache abhelfen; **~ment** *m* Zusatz *m*, Ergänzung *f*; *livre*: Nachtrag *m*; *revue*: Beilage *f*; *financier*: Zulage *f*; *chemin de fer*: Zuschlag *m*; *marchandise*: Aufpreis *m*; **~mentaire** [-mɑ̃tɛr] zusätzlich, ergänzend; ***heure*** *f* ***~*** Überstunde *f*
suppliant, ~e [syplijɑ̃, -t] flehend
supplication [syplikasjõ] *f* inständige Bitte *f*, Flehen *n*
supplic|e [syplis] *m* Folter *f*; *fig* Marter *f*, Qual *f*; **~ier** [-je] (*1a*) martern, foltern
supplier [syplije] (*1a*) ***~ qn de*** (+ *inf*) j-n anflehen zu (+ *inf*)
supplique [syplik] *litt f* Bittgesuch *n*
support [sypɔr] *m* Stütze *f*, Ständer *m*; *EDV* ***~ de données*** Datenträger *m*
support|able [sypɔrtablə] erträglich; **~er**[1] (*1a*) *tech, arch* tragen, stützen; *conséquences, frais*: tragen; *chaleur, alcool*: vertragen; *douleur*: aushalten; *personne*: ausstehen
supporter[2] [sypɔrtɛr] *m sport*: Anhänger *m*
suppos|é, ~ée [sypoze] mutmaßlich; **~er** (*1a*) annehmen, vermuten; *impliquer* voraussetzen; ***à ~ que, en supposant que*** (+ *subj*) angenommen, gesetzt den Fall; **~ition** *f* Annahme *f*, Vermutung *f*
suppositoire [sypozitwar] *m phm* Zäpfchen *n*
suppression [syprɛsjõ] *f* Beseitigung *f*, Aufhebung *f*
supprimer [syprime] (*1a*) beseitigen; *institution, impôt*: abschaffen; *emplois*: abbauen; ***~ qn*** j-n umbringen
suppurer [sypyre] (*1a*) eitern
supputer [sypyte] (*1a*) *st/s* berechnen, abschätzen
supranational, ~e [sypranasjɔnal] (*m/pl -aux*) übernational
suprématie [sypremasi] *f pol* Oberhoheit *f*; *fig* Vormachtstellung *f*, Vorherrschaft *f*
suprême [syprɛm] höchste(r, -s), oberste(r, -s)
sur[1] [syr] *prép* auf, über; ***une fenêtre ~ la rue*** ein Fenster zur Straße hin; ***tirer ~ qn*** auf j-n schießen; ***~ une rivière*** an e-m Fluss (gelegen); ***la clé est ~ la porte*** der Schlüssel steckt; ***avoir de l'ar-***

gent ~ soi Geld bei sich haben; ***~ le soir*** gegen Abend; ***~ ce*** und nun; ***être ~ le point de*** (+ *inf*) gerade dabei sein zu (+ *inf*); ***coup ~ coup*** Schlag auf Schlag; ***~ mesure*** nach Maß; ***croire qn ~ parole*** j-m aufs Wort glauben; ***~ mon honneur!*** bei meiner Ehre!; ***impôt ~ …*** Steuer auf…; ***un ~ dix*** einer unter zehn

sur², **~e** [syr] *adj* sauer

sur… [syr] *in Zssgn* über…, Über…

sûr, **~e** [syr] sicher, gewiss; *fiable* zuverlässig; ***~(e) de soi*** selbstsicher; ***être ~(e) de son fait*** seiner Sache sicher sein; ***bien ~!*** natürlich!; ***à coup ~*** ganz gewiss

surabond|ance [syrabõdɑ̃s] *f* Überfülle *f* (***de*** an *dat*); **~er** (*1a*) im Überfluss vorhanden sein

suranné, **~e** [syrane] überlebt, veraltet

surboum [syrbum] *f* F Party *f*

surcharg|e [syrʃarʒ] *f* Überlastung *f*; *poids excédentaire* Übergewicht *n*; **~er** (*1l*) überlasten; *de décorations*: überladen

surchauffer [syrʃofe] (*1a*) *tech* überhitzen; *salle*: überheizen

surclasser [syrklase] (*1a*) deklassieren, weit übertreffen

surcroît [syrkrwa] *m* Zuwachs *m*; ***un ~ de travail*** zusätzliche Arbeit *f*; ***de, par ~*** überdies

surdité [syrdite] *f* Schwerhörigkeit *f*; *complète*: Taubheit *f*

surdoué, **~e** [syrdwe] hoch begabt

sureau [syro] *m* (*pl -x*) *bot* Holunder *m*

surélever [syrelve] (*1d*) *tech* erhöhen

sûrement [syrmɑ̃] *adv* sicher(lich)

surench|ère [syrɑ̃ʃɛr] *f vente aux enchères*: Übergebot *n*; **~érir** [-erir] (*2a*) überbieten, höher bieten; *fig* noch e-n Schritt weitergehen

surestimer [syrɛstime] (*1a*) überschätzen

sûreté [syrte] *f* Sicherheit *f*; *mil* Sicherung *f*; **Ջ** *police*: Sicherheitspolizei *f*

surexciter [syrɛksite] (*1a*) überreizen

surexposer [syrɛkspoze] (*1a*) *photographie*: überbelichten

surf [sœrf] *m* Surfen *n*

surface [syrfas] *f* Oberfläche *f*; *math* Fläche *f*; *comm* ***grande ~*** Verbrauchermarkt *m*; ***remonter à la ~*** wieder auftauchen (*a fig*)

surfait, **~e** [syrfɛ, -t] überschätzt

surfer [sœrfe] (*1a*) surfen; ***~ sur Internet*** im Internet surfen

surgelé, **~e** [syrʒəle] tiefgekühlt, -gefroren

surgir [syrʒir] (*2a*) plötzlich auftauchen

surhumain, **~e** [syrymɛ̃, -ɛn] übermenschlich

sur-le-champ [syrləʃɑ̃] auf der Stelle, sofort

surlendemain [syrlɑ̃dmɛ̃] *m* übernächster Tag *m*

surmen|age [syrmənaʒ] *m* Überarbeitung *f*; **~er** (*1d*) überanstrengen; ***se ~*** sich überarbeiten

surmont|able [syrmõtablə] überwindbar; **~er** (*1a*) überragen; *fig* überwinden, bezwingen

surnager [syrnaʒe] (*1l*) obenauf schwimmen; *fig* bestehen bleiben

surnaturel, **~le** [syrnatyrɛl] übernatürlich

surnom [syrnõ] *m* Beiname *m*; *entre amis*: Spitzname *m*

surnombre [syrnõbrə] *m* ***en ~*** überzählig

surnommer [syrnɔme] (*1a*) ***~ qn*** j-m e-n Beinamen geben

surpasser [syrpase] (*1a*) ***~ qn*** j-n übertreffen

surpeupl|é, **~ée** [syrpœple] *pays*: überbevölkert; *endroit*: übervölkert; **~ement** [-əmɑ̃] *m pays*: Überbevölkerung *f*

surplomb [syrplõ] ***en ~*** vorspringend, überhängend

surplomber [syrplõbe] (*1a*) *v/i* überhängen; *v/t* überragen

surplus [syrply] *m* Überschuss *m*; ***au ~*** im Übrigen

surprenant, **~e** [syrprənɑ̃, -t] überraschend, erstaunlich

surprendre [syrprɑ̃drə] (*4q*) überraschen; *ennemi*: überrumpeln; *voleur*: erwischen; ***se ~ à*** (+ *inf*) sich dabei ertappen, dass

surpris, **~e** [syrpri, -z] *p/p de* ***surprendre*** *u adj* überrascht; ***être ~ que*** (+ *subj*) sich wundern, dass

surprise [syrpriz] *f* Überraschung *f*; **~-partie** [-parti] *f* (*pl surprises-parties*) Party *f*

surréalisme [syrealismə] *m* Surrealis-

mus *m*
sursaut [syrso] *m* Auffahren *n*, Aufschrecken *n*; *colère*: Ausbruch *m*
sursauter [syrsote] (*1a*) auffahren, aufschrecken
surseoir [syrswar] (*3l*) **~ à** *jur* aufschieben
sursis [syrsi] *m jur* Aufschub *m*, Aussetzung *f*; *mil* Zurückstellung *f*; *jur* **avec ~** mit Bewährung
sursitaire [syrsitɛr] *m mil* Zurückgestellte(r) *m*
surtaxe [syrtaks] *f poste*: Strafporto *n*; *administration*: Zuschlagsgebühr *f*
surtout [syrtu] *adv* besonders, vor allem; **~ pas** ja nicht; *conj* F **~ que** zumal
surveill|ance [syrvɛjɑ̃s] *f* Überwachung *f*; *gardiens*: Aufsicht *f*; **~ant, ~ante** [-ɑ̃, -ɑ̃t] *m, f* Aufseher(in) *m(f)*; **~er** (*1b*) überwachen; *gardien*: beaufsichtigen; **se ~** auf sich (*acc*) Acht geben
survenir [syrvənir] (*2h*) *personne*: (unerwartet) erscheinen; *événement*: sich plötzlich ereignen
survêtement [syrvɛtmɑ̃] *m* Trainingsanzug *m*
survie [syrvi] *f* Überleben *n*; *rel* Fortleben *n* nach dem Tode
survivant, ~e [syrvivɑ̃, -t] **1.** *adj* überlebend; **2.** *m, f* Überlebende(r) *m, f*; *de personne*: Hinterbliebene(r) *m, f*
survivre [syrvivrə] (*4e*) **~ à qn, à qc** j-n, etw überleben
survol [syrvɔl] *m* Überfliegen *n*; **~er** (*1a*) überfliegen (*a fig*)
sus [sy(s)] **en ~ de** außer
suscept|ibilité [sysɛptibilite] *f* Empfindlichkeit *f*; **~ible** empfindlich; **être ~ de** (+ *inf*) *personne*: fähig sein zu (+ *inf*)
susciter [sysite] (*1a*) hervorrufen, erregen
suspect, ~e [syspɛ(kt), -kt] verdächtig (**de qc** e-r Sache); **~er** [-kte] (*1a*) verdächtigen
suspendre [syspɑ̃drə] (*4a*) aufhängen; *session, travaux*: unterbrechen; *fonctionnaire*: suspendieren; *paiements*: vorübergehend einstellen
suspendu, ~e [syspɑ̃dy] aufgehängt, hängend; *voiture*: gefedert
suspens [syspɑ̃] **en ~** in der Schwebe; *fig* unentschieden
suspense [syspɛns] *m* Spannung *f*
suspension [syspɑ̃sjõ] *f session, travaux*: Unterbrechung *f*; *fonctionnaire*: Suspendierung *f*; *tech* Aufhängung *f*; *auto* Federung *f*; **points** *m/pl* **de ~** Auslassungspunkte *m/pl*
suspicion [syspisjõ] *st/s f* Argwohn *m*
sustenter [systɑ̃te] (*1a*) *plais* **se ~** sich nähren
susurrer [sysyre] (*1a*) flüstern, säuseln
suture [sytyr] *f méd* Naht *f*
svelte [svɛlt] schlank
S.V.P. *abr* **s'il vous plaît** bitte
sweater [switœr] *m* Pullover *m*; dicke Strickjacke *f*
syllabe [silab] *f* Silbe *f*
sylviculture [silvikyltyr] *f* Forstwirtschaft *f*
symbiose [sɛ̃bjoz] *f biol* Symbiose *f*
symbol|e [sɛ̃bɔl] *m* Symbol *n*, Sinnbild *n*; **~ique** symbolisch, sinnbildlich; **~iser** (*1a*) symbolisieren; **~isme** *m* Symbolismus *m*
symétr|ie [simetri] *f* Symmetrie *f*; **~ique** symmetrisch
sympa [sɛ̃pa] F *abr* → **sympathique**
sympath|ie [sɛ̃pati] *f* Sympathie *f*; *chagrin*: Anteilnahme *f*; **~ique** sympathisch; **~iser** (*1a*) sympathisieren (**avec qn** mit j-m)
symphon|ie [sɛ̃fɔni] *f mus* Symphonie *f*, Sinfonie *f*; **~ique** sinfonisch
symptôme [sɛ̃ptom] *m* Symptom *n*
synagogue [sinagɔg] *f* Synagoge *f*
synchronis|ation [sɛ̃krɔnizasjõ] *f* Synchronisierung *f*; **~er** (*1a*) synchronisieren
syncope [sɛ̃kɔp] *f mus* Synkope *f*; *méd* Ohnmacht *f*
syndic [sɛ̃dik] *m* Verwalter *m*; **~al, ~ale** (*m/pl -aux*) gewerkschaftlich, Gewerkschafts…; **~aliser** [-alize] (*1a*) gewerkschaftlich organisieren; **~aliste** [-alist] **1.** *adj* Gewerkschafts…; **2.** *m, f* Gewerkschaftler(in) *m(f)*
syndicat [sɛ̃dika] *m* Gewerkschaft *f*; **~ d'initiative** Fremdenverkehrsamt *n*
syndiqué, ~e [sɛ̃dike] gewerkschaftlich organisiert
syndrome [sɛ̃drom] *m méd* Syndrom *n*
synode [sinɔd] *m* Synode *f*
synonyme [sinɔnim] **1.** *adj* synonym, gleichbedeutend (**de** mit); **2.** *m* Synonym *n*

syntaxe [sɛ̃taks] *f gr* Syntax *f*, Satzlehre *f*
synthèse [sɛ̃tɛz] *f* Synthese *f*
synthétique [sɛ̃tetik] synthetisch
synthétiseur [sɛ̃tetizœr] *m mus* Synthesizer *m*
Syrie [siri] ***la ~*** Syrien *n*
syrien, ~ne [sirjɛ̃, -ɛn] **1.** *adj* syrisch; **2.** **♀, ♀*ne*** *m, f* Syrer(in) *m(f)*
systémat|ique [sistematik] systematisch; **~iser** (*1a*) systematisieren
système [sistɛm] *m* System *n*; ***~ métrique*** metrisches Maßsystem *n*; *EDV* ***~ d'exploitation*** Betriebssystem *n*; *auto, aviat, mar* ***~ de navigation*** Navigationssystem *n*; ***~ monétaire*** Währungsordnung *f*; F ***le ~ D*** (*débrouillard*) die nötigen Tricks (um sich aus der Affäre zu ziehen)

T

ta [ta] → ***ton***²
tabac [taba] *m* Tabak *m*; ***bureau*** *m od débit m de ~* Tabakladen *m*
tabagisme [tabaʒismə] *m* Nikotinsucht *f*
tabatière [tabatjɛr] *f* Tabaksdose *f*
table [tablə] *f* Tisch *m*; *repas de fête*: Tafel *f*; *liste* Tabelle *f*; ***~ pliante*** Klapptisch *m*; ***~ des matières*** Inhaltsverzeichnis *n*; ***à ~!*** zu Tisch!; ***~ ronde*** Gesprächsrunde *f*; ***se mettre à ~*** sich zu Tisch setzen; F auspacken
tableau [tablo] *m* (*pl -x*) *école*: (Wand-)Tafel *f*; *art*: Gemälde *n*; *description* Schilderung *f*; *liste* Liste *f*; *schéma* Tabelle *f*; ***~ d'affichage*** Anschlagtafel *f*; ***~ de bord*** Armaturenbrett *n*
tablette [tablɛt] *f* Brett *n*, Ablageplatte *f*; ***~ de chocolat*** Tafel *f* Schokolade
tablier [tablije] *m* Schürze *f*
tabou [tabu] **1.** *m* Tabu *n*; **2.** *adj* (*unv od f* ***~e****, pl* ***~[e]s***) tabu
tabouret [taburɛ] *m* Schemel *m*, Hocker *m*
tac [tak] *m* ***répondre du ~ au ~*** schlagfertig sein
tache [taʃ] *f* Fleck *m*; *fig* Fehler *m*, Makel *m*; ***~s*** *pl* ***de rousseur*** Sommersprossen *f/pl*
tâche [tɑʃ] *f* Aufgabe *f*; ***à la ~*** im Akkord
tacher [taʃe] (*1a*) fleckig machen
tâcher [tɑʃe] (*1a*) ***~ de*** (+ *inf*) versuchen, sich bemühen zu (+ *inf*); ***~ que*** (+ *subj*) zusehen, dass
tacheté, ~e [taʃte] gefleckt, gesprenkelt
tachymètre [takimɛtrə] *m tech* Tachometer *m*
tacite [tasit] stillschweigend
taciturne [tasityrn] schweigsam
tact [takt] *m sens*: Tastsinn *m*; *fig* Takt *m*
tact|ile [taktil] Tast…; **~ique** **1.** *adj* taktisch; **2.** *f* Taktik *f*
taffetas [tafta] *m* Taft *m*
taie [tɛ] *f* ***~*** (***d'oreiller***) Kopfkissenbezug *m*
taillant [tajɑ̃] *m* Schneide *f* (*e-s Werkzeugs*)
taille¹ [taj] *f arbre*: Beschneiden *n*, Schnitt *m*; *pierre*: Behauen *n*
taille² [taj] *f hauteur* (Körper-)Größe *f*; *stature* Statur *f*, Wuchs *m*, Figur *f*; *anat* Taille *f*; *fig* Größe *f*, Bedeutung *f*; ***être de ~ à*** (+ *inf*) fähig sein zu (+ *inf*); F ***de ~*** gewaltig
taille-crayon(s) [tajkrɛjõ] *m* (*pl unv*) Bleistiftspitzer *m*
taill|er [taje] (*1a*) *arbre*: beschneiden; *vêtement*: zuschneiden; *crayon*: spitzen; *diamant*: schleifen; *pierre*: behauen; **~eur** *m couturier* Schneider *m*; *vêtement*: Kostüm *n*; ***~ de diamants*** Diamantschleifer *m*
taillis [taji] *m* Unterholz *n*
taire [tɛr] (*4aa*) verschweigen; ***se ~*** schweigen (***sur qc*** über etw); *s'arrêter de parler* verstummen
talc [talk] *m* Körperpuder *m*
talent [talɑ̃] *m* Talent *n*, Begabung *f*
talentueu|x, ~se [talɑ̃tɥø, -z] talentiert, begabt
talon [talõ] *m anat* Ferse *f*; *chaussure*: Absatz *m*; *chèque*: Stammabschnitt *m*

talonner [talɔne] (*1a*) hart verfolgen, bedrängen
talus [taly] *m* Abhang *m*, Böschung *f*
tambour [tɑ̃bur] *m mus*, *tech* Trommel *f*; **~iner** [-ine] (*1a*) trommeln
tamis [tami] *m* Sieb *n*
Tamise [tamiz] ***la ~*** die Themse
tamiser [tamize] (*1a*) sieben; *lumière*: dämpfen
tampon [tɑ̃põ] *m ouate*: Wattebausch *m*; *hygiène féminine*: Tampon *m*; *amortisseur* Puffer *m*; *cachet* Stempel *m*; ***~ encreur*** Stempelkissen *n*; ***~ buvard*** Löscher *m*
tamponn|ement [tɑ̃pɔnmɑ̃] *m* Zusammenstoß *m*; **~er** (*1a*) zustopfen; *plaie*: abtupfen; *timbre*: abstempeln; *auto* prallen auf (*acc*); **~euse** *f **auto** f* **~** Autoskooter *m*
tandem [tɑ̃dɛm] *m* Tandem *n*; *fig* Gespann *n*
tandis que [tɑ̃di(s)kə] während (*zeitlich u gegensätzlich*)
tangent, ~e [tɑ̃ʒɑ̃, -t] **1.** *adj math* berührend; F knapp; **2.** *f math* Tangente *f*; F ***prendre la tangente*** verduften
tangible [tɑ̃ʒiblə] greifbar
tango [tɑ̃go] *m* Tango *m*
tanière [tanjɛr] *f* Höhle *f* (*der wilden Tiere*); *fig* Schlupfwinkel *m*
tank [tɑ̃k] *m* Tank *m*; *mil* Panzer *m*; **~er** [-ɛr] *m mar* Tanker *m*
tann|é, ~ée [tane] gegerbt; *peau*: braun gebrannt; **~er** (*1a*) gerben; *fig* F belästigen, nerven; **~erie** *f* Gerberei *f*; **~eur** *m* Gerber *m*
tant [tɑ̃] **1.** *adv* so viel, so sehr; ***~ il est vrai que*** das bestätigt, dass; ***~ bien que mal*** so einigermaßen; *moyennement* mittelmäßig; ***~ mieux*** um so besser; ***~ pis*** schade, da kann man nichts machen; ***~ pis pour lui*** sein Pech; **2.** *conj* ***~ que*** solange; ***~ qu'à faire!*** wenn schon, denn schon!; ***~ et si bien que*** so weit, dass; ***si ~ est que*** (+ *subj*) sofern; ***en ~ que Français*** als Franzose; ***~ … que*** sowohl … als auch
tante [tɑ̃t] *f* Tante *f*
tantième [tɑ̃tjɛm] *m comm* Gewinnanteil *m*
tantôt [tɑ̃to] **1.** ***à ~*** bis heute Nachmittag; **2.** ***~ … ~ …*** bald …, bald …
Tanzanie [tɑ̃zani] ***la ~*** Tansania *n*
taon [tɑ̃] *m zo* Bremse *f*
tapag|e [tapaʒ] *m* Lärm *m*; *fig* Wirbel *m*; *jur* ***~ nocturne*** nächtliche Ruhestörung *f*; **~eur, ~euse** *voyant* auffallend; *bruyant* lärmend
tape [tap] *f* Klaps *m*
tape-à-l'œil [tapalœj] (*unv*) protzig
tapecul [tapky] *m* Wippe *f*; *auto* F Klapperkasten *m*
tapée [tape] *f* F Menge *f*, Haufen *m*
taper [tape] (*1a*) *v/t* schlagen, klopfen; F ***~ (à la machine)*** tippen; *v/i* schlagen; F ***~ sur les nerfs de qn*** j-m auf die Nerven gehen; ***~ dans l'œil de qn*** j-m in die Augen stechen; *soleil*: ***~ (dur)*** heiß brennen; F ***se ~ qc*** sich (*dat*) etw gönnen
tapette [tapɛt] *f tapis*: Teppichklopfer *m*; *insectes*: Fliegenklatsche *f*
tap|i, ~ie [tapi] zusammengekauert; *caché* versteckt; **~ir** (*2a*) ***se ~*** sich ducken
tapis [tapi] *m* Teppich *m*; *sport*: Matte *f*; ***~ roulant*** *tech* Förderband *n*; *pour personnes*: Fahrsteig *m*; ***~ vert*** Spieltisch *m*; *fig* ***mettre sur le ~*** zur Sprache bringen
tapiss|er [tapise] (*1a*) tapezieren; **~erie** *f* Wandteppich *m*; **~ier, ~ière** [-je, -jɛr] *m* ***~ (décorateur)*** Tapezierer *m*
tapoter [tapɔte] (*1a*) leicht klopfen; *personne*: betätscheln; *mus* F klimpern
taquet [takɛ] *m* Pflock *m*; *cale* Keil *m*
taqu|in, ~ine [takɛ̃, -in] schalkhaft, schelmisch; **~iner** [-ine] (*1a*) hänseln, necken; **~inerie** [-inri] *f* Neckerei *f*, Hänselei *f*
tarabiscoté, ~e [tarabiskɔte] überladen
tarabuster [tarabyste] (*1a*) drängen
tard [tar] *adv* spät; ***au plus ~*** spätestens; ***pas plus ~ que*** erst; ***sur le ~*** in vorgerücktem Alter; ***~ dans la nuit*** spät in der Nacht; ***il se fait ~*** es wird spät
tard|er [tarde] (*1a*) zögern; *arriver tard* spät kommen; ***ne pas ~ à faire qc*** bald etw tun; ***il me tarde de*** (+ *inf*) ich sehne mich danach, zu (+ *inf*); ***il me tarde que*** (+ *subj*) ich sehne mich danach, dass; **~if, ~ive** [-if, -iv] spät (eintretend, reifend)
tare [tar] *f* **1.** *comm* Verpackungsgewicht *n*; **2.** Fehler *m*; *produit*: Mangel *m*; *personne*: Makel *m*

targuer [targe] (*1m*) *st/s* ***se ~ de qc*** sich mit etw brüsten
tarif [tarif] *m* Tarif *m*, Gebühr *f*; ***~ de nuit*** *él* Nachttarif *m*; *tél* Nachtgebühr *f*; **~er** (*1a*) den Tarif festsetzen für
tarin [tarɛ̃] *m zo* Zeisig *m*; *arg* Nase *f*, Zinken *m* F
tarir [tarir] (*2a*) *v/t rivière*: austrocknen; *source*: versiegen lassen; *fig* erschöpfen; *v/i rivière*: austrocknen; *source*: versiegen; *conversation*: stocken; ***se ~*** versiegen
tarte [tart] *f* Torte *f*; *fruit*: Obstkuchen *m*
tartelette [tartəlɛt] *f* Törtchen *n*
tartin|e [tartin] *f* bestrichene Brotschnitte *f*; ***~ de beurre*** Butterbrot *n*; **~er** (*1a*) bestreichen; ***fromage*** *m* ***à ~*** Streichkäse *m*
tartre [tartrə] *m dents*: Zahnstein *m*; *chaudière*: Kesselstein *m*
tas [tɑ] *m* Haufen *m*; *quantité* Menge *f*; ***formé sur le ~*** am Arbeitsplatz gebildet
tasse [tɑs] *f* Tasse *f*; ***une ~ de café*** e-e Tasse Kaffee; ***une ~ à café*** e-e Kaffeetasse
tassement [tɑsmɑ̃] *m* Sichsenken *n*
tasser [tɑse] (*1a*) feststampfen; ***se ~*** sich senken; F *fig problème*: sich geben, wieder in Ordnung kommen
tâter [tɑte] (*1a*) befühlen, betasten; *fig* sondieren; F ***~ de qc*** etw (*acc*) probieren
tatill|on, ~onne [tatijɔ̃, -ɔn] pedantisch
tâtonner [tɑtɔne] (*1a*) herumtappen; *fig* tastende Versuche machen
tâtons [tɑtɔ̃] *adv* ***à ~*** tastend, tappend
tatou|age [tatwaʒ] *m action*: Tätowieren *n*; *signe*: Tätowierung *f*; **~er** (*1a*) tätowieren
taudis [todi] *m* Elendswohnung *f*, F Loch *n*
taule [tol] *f arg prison* Kittchen *n*, Knast *m*
Taunus [tonys] *géogr* ***le ~*** der Taunus
taupe [top] *f zo* Maulwurf *m*
taureau [tɔro] *m* (*pl -x*) *zo* Stier *m*, Bulle *m*; ♉ *astrologie*: Stier *m*
tauromachie [tɔrɔmaʃi] *f* Stierkampf *m*
taux [to] *m* Quote *f*, Satz *m*; *bourse*: Kurs *m*; *pourcentage* Prozentsatz *m*; ***~ d'alcool*** Alkoholspiegel *m*; ***~ de change*** Wechselkurs *m*; ***~ d'escompte*** Diskontsatz *m*; ***~ d'expansion*** Wachstumsrate *f*; ***~*** (***de l'intérêt***) Zinsfuß *m*, -satz *m*; ***~ de mortalité*** Sterblichkeitsziffer *f*; ***~ d'ozone*** Ozonwert *m*
taverne [tavɛrn] *f* Taverne *f*
tax|e [taks] *f* Gebühr *f*; *impôt* Steuer *f*; ***~ sur*** *od* ***à la valeur ajoutée*** (*abr* ***T.V.A.***) Mehrwertsteuer *f*; ***~ de séjour*** Kurtaxe *f*; ***~ professionnelle*** Gewerbesteuer *f*; **~er** (*1a*) besteuern; *prix*: festsetzen; *fig* ***~ qn de qc*** j-n e-r Sache beschuldigen; ***~ qn de*** j-n bezeichnen als
taxi [taksi] *m* Taxi *n*; **~mètre** [-mɛtrə] *m* Taxameter *m*; **~phone** [-fɔn] *m* Münzfernsprecher *m*
Tchad [tʃad] ***le ~*** der Tchad, Tchad *n*
tchécoslova|que [tʃekɔslɔvak] *hist* **1.** *adj* tschechoslowakisch; **2.** ♉ *m*, *f* Tschechoslowake *m*, Tschechoslowakin *f*; **♉quie** *f hist* Tschechoslowakei *f*
tchèque [tʃɛk] **1.** *adj* tschechisch; ***la République ~*** die Tschechische Republik; **2.** ♉ *m*, *f* Tscheche *m*, Tschechin *f*
te [t(ə)] dich; dir
technicien, ~ne [tɛknisjɛ̃, -jɛn] *m*, *f* Techniker(in) *m*(*f*)
technique [tɛknik] **1.** *adj* technisch; Fach…; ***terme*** *m* ***~*** Fachausdruck *m*; **2.** *f* Technik *f*
techno [tɛkno] *f mus* Techno *m*, *n*
techno|crate [tɛknokrat] *m* Technokrat *m*; **~cratie** [-krasi] *f* Technokratie *f*; **~logie** [-lɔʒi] *f* Technologie *f*; ***~ informatique*** Computertechnik *f*; **~logique** [-lɔʒik] technologisch
teck [tɛk] *m bot* Teakbaum *m*; *bois*: Teakholz *n*
teckel [tekɛl] *m zo* Dackel *m*
Téhéran [teerɑ̃] Teheran
teigne [tɛɲ] *f méd* Krätze *f*
teindre [tɛ̃drə] (*4b*) färben
teint, ~e [tɛ̃, -t] **1.** *adj* gefärbt; ***bon*** *od* ***grand teint*** (*unv*) farbecht; **2.** *m* Teint *m*, Gesichtsfarbe *f*; ***fond*** *m* ***de ~*** Make-up *n*; **3.** *f* Farbton *m*
teinter [tɛ̃te] (*1a*) tönen; *bois*: beizen
teintur|e [tɛ̃tyr] *f action*: Färben *n*; *produit*: Färbemittel *n*; *phm* Tinktur *f*; **~erie** [-tyrri] *f* chemische Reinigung *f*
tel, ~le [tɛl] **1.** *adj* solche(r, -s), solch ein (-e), so ein(e), derartig; ***tel(s)*** *od* ***tel-***

le(s) que wie zum Beispiel (*vor* e-r *Aufzählung*); ***tel quel*** unverändert, im alten Zustand; ***prendre la chose telle quelle*** die Sache nehmen, wie sie ist; ***rien de tel que*** es gibt nichts Besseres als; ***à tel point que*** so sehr, dass; ***tel jour*** an dem und dem Tag; **2.** ***Monsieur Un tel*** Herr Sowieso

Tel-Aviv [tɛlaviv] Tel Aviv *n*

télé [tele] *f* F *abr* → ***télévision***

télé... [tele] *in Zssgn* fern..., Fern...; Fernseh...

télé|benne [telebɛn] *f* Kabinenseilbahn *f*; **~charger** [-ʃaʀʒe] *EDV* downloaden; **~commande** [-kɔmɑ̃d] *f* Fernsteuerung *f*; *téléviseur*: Fernbedienung *f*; **~commander** [-kɔmɑ̃de] (*1a*) fernsteuern; **~communication** [-kɔmynikasjõ] *f le plus souvent au pl* ***~s*** Fernmeldetechnik *f*, -wesen *n*; **~conférence** [-kõfeʀɑ̃s] *f* Telekonferenz; **~férique** [-ferik] → ***téléphérique***

télé|gramme [-gram] *m* Telegramm *n*; ***par ~*** telegrafisch; **~graphe** [-graf] *m* Telegraf *m*; **~graphie** [-grafi] *f* Telegrafie *f*; **~graphier** [-grafje] (*1a*) telegrafieren

télé|guidage [telegidaʒ] *m* Fernlenkung *f*; **~guider** [-gide] (*1a*) fernlenken

téléinformatique [teleɛ̃fɔrmatik] *f* Datenfernverarbeitung *f*

téléobjectif [teleɔbʒɛktif] Teleobjektiv *n*

téléphérique [teleferik] *m* (Draht-) Seilbahn *f*

téléphon|e [telefɔn] *m* Telefon *n*; ***~ portable*** Handy *n*; ***abonné*** *m* ***au ~*** Fernsprechteilnehmer *m*; ***coup*** *m* ***de ~*** Anruf *m*; ***par ~*** telefonisch; ***avoir le ~*** Telefon haben; **~er** (*1a*) *v/i* telefonieren; ***~ à qn*** j-n anrufen; *v/t* telefonisch durchsagen; **~ique** telefonisch, Fernsprech..., fernmündlich; ***cabine*** *f* ***~*** Fernsprechzelle *f*; ***appel*** *m* ***~*** Anruf *m*; **~iste** *m*, *f* Telefonist(in) *m*(*f*)

télescopage [teleskɔpaʒ] *m* Zusammenstoß *m*, Auffahren *n*

télescop|e [teleskɔp] *m* Teleskop *n*, Fernrohr *n*; **~er** (*1a*) zusammenstoßen mit, auffahren auf (*acc*); ***se ~*** zusammenstoßen; **~ique** ausziehbar

téléscripteur [teleskriptœr] *m* Fernschreiber *m*

télé|siège [telesjɛʒ] *m* Sessellift *m*; **~ski** *m* Schlepplift *m*

téléspecta|teur, **~trice** [telespɛktatœr, -tris] *m*, *f* Fernsehzuschauer(in) *m*(*f*)

télétexte [teletɛkst] *m TV* Videotext *m*

télévis|é, **~ée** [televize] im Fernsehen übertragen, Fernseh...; **~eur** *m* Fernsehgerät *n*, Fernseher *m*; **~ion** *f* Fernsehen *n*; *téléviseur* Fernsehgerät *n*, Fernseher *m*; ***~ câblée*** Kabelfernsehen *n*

télex [telɛks] *m* Telex *n*

tellement [tɛlmɑ̃] *adv* so, derartig, so sehr, so viel

témér|aire [temerɛr] tollkühn; **~ité** *f* Tollkühnheit *f*

témoign|age [temwaɲaʒ] *m* Zeugnis *n*; *jur* Zeugenaussage *f*; **~er** (*1a*) *v/t* bekunden; *v/i jur* als Zeuge aussagen; ***~ de qc*** *personne*: etw (*acc*) bezeugen; *chose*: von etw zeugen

témoin [temwɛ̃] *m* Zeuge *m*, Zeugin *f*; *fig preuve* Beweis *m*; ***appartement*** *m* ***~*** Musterwohnung *f*

tempe [tɑ̃p] *f anat* Schläfe *f*

tempérament [tɑ̃peramɑ̃] *m* **1.** Temperament *n*, Veranlagung *f*, Wesensart *f*; ***avoir du ~*** Temperament haben; **2.** ***à ~*** auf Abzahlung, in Raten; ***achat*** *m* ***à ~*** Ratenkauf *m*

tempérance [tɑ̃perɑ̃s] *f* Enthaltsamkeit *f*

tempér|ature [tɑ̃peratyr] *f* Temperatur *f*; ***avoir de la ~*** Fieber haben; **~é**, **~ée** gemäßigt; **~er** (*1f*) mildern

tempête [tɑ̃pɛt] *f* Sturm *m* (*a fig*)

temple [tɑ̃plə] *m* Tempel *m*; *protestant*: Kirche *f*

tempor|aire [tɑ̃pɔrɛr] zeitweilig, vorübergehend; **~el**, **~elle** *rel* zeitlich, irdisch; *gr* Temporal...

temporiser [tɑ̃pɔrize] (*1a*) abwarten

temps [tɑ̃] *m* **1.** Zeit *f*; *mus*, *tech* Takt *m*; ***mesure*** *f* ***à trois ~*** Dreivierteltakt *m*; ***moteur*** *m* ***à deux ~*** Zweitaktmotor *m*; ***à ~*** rechtzeitig, beizeiten; ***de ~ à autre, de ~ en ~*** von Zeit zu Zeit; (***ne pas***) ***avoir le ~*** (keine) Zeit haben; ***tout le ~*** ständig; ***dans le ~*** ehemals; ***de mon ~*** zu meiner Zeit; ***en tout ~*** zu jeder Zeit; ***du ~ que*** als; ***il est ~ de*** (+ *inf*) es ist Zeit zu (+ *inf*); ***il est ~ que*** (+ *subj*) es ist Zeit, dass;

il est grand ~ es ist höchste Zeit; ***de tout*** ~ von jeher; ***en même*** ~ gleichzeitig, zugleich; ***au bon vieux*** ~ in der guten, alten Zeit; **2.** *atmosphérique*: Wetter *n*; ***par beau*** ~ bei schönem Wetter; ***quel ~ fait-il?*** wie ist das Wetter?

tenace [tənas] hartnäckig

ténacité [tenasite] *f* Hartnäckigkeit *f*

tenailles [t(ə)naj] *f/pl* Kneifzange *f*

tenanc|ier, ~ière [tənɑ̃sje, -jɛr] *m, f* Inhaber(in) *m(f)*

tendanc|e [tɑ̃dɑ̃s] *f* Tendenz *f*, Neigung *f*; *pol, art*: Richtung *f*; *mode, bourse*: Trend *m*; **~ieux, ~ieuse** [-jø, -jøz] tendenziös

tendon [tɑ̃dõ] *m anat* Sehne *f*

tendre[1] [tɑ̃drə] *(4a)* spannen; *piège*: stellen; *bras*: ausstrecken; ~ ***la main*** die Hand reichen (*a fig*); ~ ***à qc*** *personne*: nach etw streben; *chose*: auf etw (*acc*) abzielen

tendre[2] [tɑ̃drə] *adj couleur, viande*: zart; *affectueux* zärtlich, liebevoll; *fig* ***âge*** *m* ~ Kindheit *f*

tendresse [tɑ̃drɛs] *f* Zärtlichkeit *f*

tendron [tɑ̃drõ] *m bot* Spross *m*

tendu, ~e [tɑ̃dy] (an)gespannt (*a fig*)

ténèbres [tenɛbrə] *f/pl* Finsternis *f*

ténébreu|x, ~se [tenebrø, -z] finster

teneur [tənœr] *f lettre*: Wortlaut *m*; *concentration* Gehalt *m* (***en*** an *dat*); ~ ***en alcool*** Alkoholgehalt *m*

ténia [tenja] *m zo* Bandwurm *m*

tenir [t(ə)nir] *(2h)* **1.** *v/t* halten, festhalten; *posséder* haben, besitzen; *registre, caisse, comptes, restaurant*: führen; *place*: einnehmen, haben; *promesse*: halten; ~ ***pour*** halten für; ~ ***compte de qc*** etw (*acc*) berücksichtigen; *auto* ~ (***bien***) ***la route*** gut auf der Straße liegen; ~ ***qc de qn*** etw von j-m haben; ~ ***parole*** sein Wort halten; ~ ***au chaud*** warm halten; F ~ ***le coup*** durchhalten; **2.** *v/t indirect* ~ ***à qc, qn*** *donner de l'importance à* Wert auf etw, j-n legen; ~ ***à*** *dépendre de* liegen an (*dat*), kommen von; ***cela ne tient qu'à toi*** das hängt nur von dir ab; ~ ***de qn*** j-m ähnlich sein, j-m nachschlagen; **3.** *v/i* halten; ~ ***bon*** standhalten; **4.** ***se*** ~ *spectacle*: stattfinden; *s'accrocher* sich (fest)halten (***à*** an *dat*); ***se ~ mal*** sich schlecht benehmen; ***s'en ~ à qc*** sich an etw (*dat*) halten; *en rester à* qc es bei etw bewenden lassen

tennis [tenis] *m* Tennis *n*; (***chaussures*** *f/pl* ***de***) ~ Tennisschuhe *m/pl*

ténor [tenɔr] *m mus* Tenor *m*

tension [tɑ̃sjõ] *f* Spannung *f* (*a él*); *méd* Blutdruck *m*

tentacule [tɑ̃takyl] *m zo* Fangarm *m*

tentant, ~e [tɑ̃tɑ̃, -t] verlockend, reizvoll

tentation [tɑ̃tasjõ] *f* Versuchung *f*, Verlockung *f*

tentative [tɑ̃tativ] *f* Versuch *m*

tente [tɑ̃t] *f* Zelt *n*; ***dresser, monter, planter*** (***démonter***) ***une*** ~ ein Zelt aufschlagen (abbrechen)

tenter [tɑ̃te] *(1a) inciter au péché* in Versuchung bringen; *séduire* verlocken, reizen; *essayer* wagen; ***être tenté(e) de*** (+ *inf*) in Versuchung kommen *od* versucht sein zu (+ *inf*); ~ ***de*** (+ *inf*) versuchen zu (+ *inf*)

tenture [tɑ̃tyr] *f* Wandbehang *m*, (Stoff-)Tapete *f*

tenu, ~e [t(ə)ny] *p/p de* ***tenir*** *u adj* ~ ***à qc*** zu etw verpflichtet; ***être ~ de faire qc*** gehalten sein, etw zu tun; ***bien*** ~ gepflegt; ***mal*** ~ verwahrlost

ténu, ~e [teny] dünn, fein

tenue [t(ə)ny] *f comptes, ménage*: Führung *f*; *conduite* Betragen *n*, Benehmen *n*; *du corps*: Haltung *f*; *vêtements* Kleidung *f*, *mil* Uniform *f*; ***en grande*** ~ in Paradeuniform; *auto* ~ ***de route*** Straßenlage *f*

térébenthine [terebɑ̃tin] *f* Terpentin *n*

tergiverser [tɛrʒivɛrse] *(1a)* Ausflüchte, Winkelzüge machen

terme [tɛrm] *m* **1.** *fin* Ende *n*; *échéance* Termin *m*, Frist *f*; ***à court, moyen, long*** ~ kurz-, mittel-, langfristig; ***mener à*** ~ abschließen; **2.** *expression* Ausdruck *m*, Wort *n*; ~ ***technique*** Fachausdruck *m*; **3.** ***être en bons ~s avec qn*** mit j-m auf gutem Fuß stehen

termin|aison [tɛrminɛzõ] *f gr* Endung *f*; **~al, ~ale** (*m/pl -aux*) **1.** *adj* End…, Schluss…; **2.** *m EDV* Terminal *m od n*; **3.** *f école*: Abiturklasse *f*; **~er** *(1a)* abschließen, beenden; ***se*** ~ enden (***par*** mit), zu Ende gehen; ***se ~ en pointe*** spitz auslaufen

terminologie [tɛrminɔlɔʒi] *f* Fachsprache *f*, Terminologie *f*

terminus [tɛrminys] *m* Endstation *f*
tern|e [tɛrn] matt, glanzlos; *fig* eintönig; **~ir** (*2a*) matt, glanzlos machen; *fig* trüben
terrain [tɛrɛ̃] *m* Gelände *n*, Terrain *n* (*a fig*); *sol* Boden *m*; *propriété* Grundstück *n*; *géol* Formation *f*; **~ à bâtir** Bauplatz *m*; **~ de jeu** Spielplatz *m*; **~ de camping** Camping-, Zeltplatz *m*; **~ d'aviation** Flugplatz *m*; **véhicule** *m* **tout ~** Geländefahrzeug *n*
terrass|e [tɛras] *f* Terrasse *f*; **~ement** [-mɑ̃] *m* (**travaux** *m/pl* **de**) **~** Erdarbeiten *f/pl*; **~er** (*1a*) *adversaire*: niederstrecken, -schlagen; *maladie*: niederwerfen; **~ier** [-je] *m* Erdarbeiter *m*
terre [tɛr] *f* Erde *f*; *opposé à mer*: Land *n*; *propriété* Grundbesitz *m*; *monde* Welt *f*; **~ cuite** Terrakotta *f*; **~ ferme** Festland *n*; **~ à ~** prosaisch, nüchtern; **à** *od* **par ~** auf dem (den) Boden; **pomme** *f* **de ~** Kartoffel *f*; **sur** (**la**) **~** auf der Erde *od* Welt; **la** ♀ **Sainte** das Heilige Land; **de, en ~** tönern, aus Ton
terreau [tɛro] *m* (*pl -x*) Gartenerde *f*, Humus *m*
Terre de Feu [tɛrdəfø] **la ~** Feuerland *n*
Terre-Neuve [tɛrnœv] **1.** *f* Neufundland *n*; **2. terre-neuve** *m* (*pl unv*) *zo* Neufundländer *m*
terre-plein [tɛrplɛ̃] *m* (*pl terre-pleins*) Erdaufschüttung *f*; **~ central** Mittelstreifen *m*
terrer [tɛre] (*1a*) *agr* häufeln; **se ~** *animal*: sich verkriechen
terrestre [tɛrɛstrə] Land…, Erd…
terreur [tɛrœr] *f* Schrecken *m*; *politique*: Terror *m*
terrible [tɛriblə] schrecklich, furchtbar; F *extraordinaire* gewaltig, außerordentlich; **~ment** *adv* furchtbar
terrien, ~ne [tɛrjɛ̃, -jɛn] **1.** *adj* grundbesitzend; **propriétaire** *m* **~** Grundbesitzer; **2.** *m*, *f* Erdbewohner(in) *m*(*f*)
terrier [tɛrje] *m* Bau *m* (e-s *Tiers*); *zo* Terrier *m*
terrifier [tɛrifje] (*1a*) in Schrecken versetzen
terril [tɛril] *m* Abraumhalde *f*
terrine [tɛrin] *f récipient*: tiefe Tonschüssel *f*; *cuis* Pastete *f*
territoire [tɛritwar] *m* Territorium *n*, (Hoheits-)Gebiet *n*
territorial, ~e [tɛritɔrjal] (*m/pl -aux*) territorial, Gebiets…; **eaux** *f/pl* **territoriales** Hoheitsgewässer *n/pl*
terroir [tɛrwar] *m viticulture*: Boden *m*; *région* Gegend *f*, Region *f*
terror|iser [tɛrɔrize] (*1a*) terrorisieren; **~isme** *m* Terrorismus *m*; **~iste 1.** *adj* terroristisch; **2.** *m*, *f* Terrorist(in) *m*(*f*)
tertiaire [tɛrsjɛr] tertiär; *écon* **secteur** *m* **~** Dienstleistungssektor *m*
tertre [tɛrtrə] *m* Anhöhe *f*
tes [te] → **ton**[2]
tessiture [tesityr] *f mus* Stimmlage *f*
tesson [tɛsõ] *m* Scherbe *f*
test [tɛst] *m* Test *m*; **passer des ~s** getestet werden
testament [tɛstamɑ̃] *m* Testament *n*
tester [tɛste] (*1a*) testen
testicule [tɛstikyl] *m anat* Hoden *m*
tétanos [tetanos] *m méd* Wundstarrkrampf *m*, Tetanus *m*
tête [tɛt] *f* Kopf *m*; *raison*, *cerveau* Verstand *m*; *aspect* Aussehen *n*; *partie extrême* oberer *od* vorderer Teil *m*; **coup** *m* **de ~** unüberlegte Handlung *f*; **~ baissée** blindlings; **la ~ basse** kleinlaut; **la ~ haute** erhobenen Hauptes; **de ~** im Kopf; **avoir la ~ dure** ein Dickkopf sein; *fig* **se casser la ~** sich den Kopf zerbrechen; **n'en faire qu'à sa ~** seinen eigenen Kopf haben; **tenir ~** die Stirn bieten; **par ~** pro Kopf; **faire une sale ~** ein saures Gesicht machen; **faire la ~** schmollen; *fig* **il se paie ta ~** er hält dich zum Narren; **~ nucléaire** Atomsprengkopf *m*; **en ~** an der Spitze, vorne; **à la ~ de** an der Spitze von
tête-à-tête [tɛtatɛt] *m* (*pl unv*) Gespräch *n* unter vier Augen
téter [tete] (*1f*) saugen
tétine [tetin] *f* Sauger *m*, Schnuller *m*
téton [tetõ] F *m* Brust *f*
têtu, ~e [tety] starrköpfig, eigensinnig
texte [tɛkst] *m* Text *m*; **~ complet** *EDV* Volltext *m*
textile [tɛkstil] **1.** *adj* Faser…, Textil…; **2.** *m matière*: Faserstoff *m*; *produit*: Textilerzeugnis *n*; *industrie*: Textilindustrie *f*; **~s** *pl* Textilien *f/pl*
texto® [tɛksto] *m* SMS *f*; **envoyer un ~ à qn** j-m e-e SMS schicken, j-m simsen
textuel, ~le [tɛkstɥɛl] wörtlich
texture [tɛkstyr] *f* Struktur *f*
TF 1 *abr* **Télévision française première chaîne** erstes Programm des frz. Fern-

sehens
TGV [teʒeve] *m abr* ***train à grande vitesse*** Hochgeschwindigkeitszug *m*
Thaïlande [tailɑ̃d] ***la ~*** Thailand *n*
thé [te] *m* Tee *m*; ***~ dansant*** Tanztee *m*
théâtral, **~e** [teɑtral] (*m/pl -aux*) Theater…, Bühnen…; *fig* pathetisch, theatralisch
théâtre [teɑtrə] *m* Theater *n*; *litt* Drama *n*; *fig cadre* Schauplatz *m*; ***pièce*** *f* ***de ~*** Theaterstück *n*; ***coup*** *m* ***de ~*** Knalleffekt *m*; ***~ en plein air*** Freilichtbühne *f*
théière [tejɛr] *f* Teekanne *f*
thème [tɛm] *m* Thema *n*
théolog|ie [teɔlɔʒi] *f* Theologie *f*; **~ien** *m* Theologe *m*, Theologin *f*
théorème [teɔrɛm] *m* Lehrsatz *m*
théoricien, **~ne** [teɔrisjɛ̃, -jɛn] *m, f* Theoretiker(in) *m(f)*
théorie [teɔri] *f* Theorie *f*
théorique [teɔrik] theoretisch
thérap|eutique [terapøtik] **1.** *f* Therapeutik *f*; *thérapie* Therapie *f*; **2.** *adj* therapeutisch; **~ie** *f* Therapie *f*; ***~ de groupe*** Gruppentherapie *f*
thermal, **~e** [tɛrmal] (*m/pl -aux*) Thermal…; ***station*** *f* ***thermale*** Thermalkurort *m*
therm|es [tɛrm] *m/pl hist* Thermen *f/pl*; *établissement*: Kuranstalt *f*; **~ique** *phys* thermisch, Wärme…
thermo|mètre [tɛrmɔmɛtrə] *m* Thermometer *n*; **~plongeur** [-plõʒœr] *m* Tauchsieder *m*
thermos [tɛrmos] *f od m* Thermosflasche *f*
thermostat [tɛrmɔsta] *m* Thermostat *m*
thésauriser [tezɔrize] (*1a*) horten
thèse [tɛz] *f* These *f*; *université*: Dissertation *f*, Doktorarbeit *f*
thon [tõ] *m zo* Thunfisch *m*
thorax [tɔraks] *m anat* Brustkorb *m*
Thoune [tun] Thun *n*; ***le lac de ~*** der Thuner See
Thurgovie [tyrgɔvi] ***la ~*** der Thurgau
Thuringe [tyrɛ̃ʒ] ***la ~*** Thüringen *n*
thym [tɛ̃] *m bot* Thymian *m*
thyroïde [tirɔid] *f méd* Schilddrüse *f*
tiare [tjar] *f* Tiara *f* (*des Papstes*)
Tibet [tibɛ] ***le ~*** Tibet *n*
tibia [tibja] *m anat* Schienbein *n*
tic [tik] *m* Tick *m* (*a fig*)
ticket [tikɛ] *m théâtre, musée*: Eintrittskarte *f*; *bus, train*: Fahrschein *m*, -karte *f*; *cantine*: (Essen[s]-)Marke *f*
tiède [tjɛd] lau (*a fig*); *eau, café*: lauwarm
tiéd|eur [tjedœr] *f* Lauheit *f*; **~ir** (*2a*) lau(warm) werden
tien, **~ne** [tjɛ̃, tjɛn] ***le tien, la tienne*** der, die, das dein(ig)e; deine(r, -s); F ***à la tienne!*** prost!
tierce [tjɛrs] *f mus* Terz *f*
tiercé [tjɛrse] *m pari*: Dreierwette *f*
tier|s, **~ce** [tjɛr, -s] **1.** *adj* dritte(r, -s); ***le tiers monde*** die Dritte Welt; **2.** *m math* Drittel *n*; **3.** *jur* ***un ~*** ein Dritter
tige [tiʒ] *f bot* Stängel *m*, Stiel *m*; *tech* Schaft *m*, Stange *f*; ***~s*** *pl* ***de forage*** Bohrgestänge *n*
tignasse [tiɲas] *f* Haarschopf *m*, Mähne *f*
tigr|e, **~esse** [tigrə, -ɛs] *m, f zo* Tiger(in) *m(f)*; **~é**, **~ée** getigert, gefleckt
tilleul [tijœl] *m bot* Linde *f*; *boisson*: Lindenblütentee *m*
timbale [tɛ̃bal] *f* (Trink-)Becher *m*; *mus* (Kessel-)Pauke *f*; *cuis* Auflauf *m*
timbre [tɛ̃brə] *m* **1.** *sonette* Klingel *f*; **2.** *son* Klangfarbe *f*; **3.** *timbre-poste* Briefmarke *f*; *tampon* Stempel *m*
timbré, **~e** [tɛ̃bre] gestempelt; *lettre*: frankiert
timbre-poste [tɛ̃brəpɔst] *m* (*pl timbres-poste*) Briefmarke *f*
timid|e [timid] schüchtern; **~ité** *f* Schüchternheit *f*
timon [timõ] *m* Deichsel *f*
timoré, **~e** [timɔre] ängstlich
tintamarre [tɛ̃tamar] *m* Krach *m*, Getöse *n*
tinter [tɛ̃te] (*1a*) *verres*: klirren; *cloches*: läuten
tique [tik] *f zo* Zecke *f*
tir [tir] *m* Schuss *m*; *action, sport*: Schießen *n*
tirade [tirad] *f* Tirade *f*, Wortschwall *m*
tirage [tiraʒ] *m* **1.** *loterie*: Ziehung *f*; **2.** *photographie*: Abziehen *n*; **3.** *impression* Druck *m*, Abdruck *m*; *exemplaires* Ausgabe *f*, Auflage *f*; **4.** *comm chèque*: Ausstellung *f*; **5.** F *difficultés* Schwierigkeiten *f/pl*, Reibereien *f/pl*
tirailler [tiraje] (*1a*) hin- und herziehen; F herumknallen
tirant [tirɑ̃] *m mar* ***~ d'eau*** Tiefgang *m*

tire [tir] *f arg auto* Schlitten *m*; ***vol*** *m* ***à la ~*** Taschendiebstahl *m*
tiré, **~e** [tire] **1.** *adj* abgespannt (*Gesichtszüge*); **2.** *m* ***tiré à part*** Sonderdruck *m*
tire-au-flanc [tiroflɑ̃] *m* (*pl unv*) F Drückeberger *m*
tire-bouchon [tirbuʃõ] *m* (*pl tire-bouchons*) Korkenzieher *m*
tire-fesses [tirfɛs] F *m* (*pl unv*) Schlepplift *m*
tirelire [tirlir] *f* Sparbüchse *f*
tirer [tire] (*1a*) **1.** *v/t* ziehen; *sortir* herausziehen; *vers le devant*: hervorziehen; *photographie*: abziehen; *imprimer* drucken; *déduire* herleiten (***de*** von); *gain*: herausholen; *plan*: zeichnen; *chèque*: ausstellen; ***~ les cartes*** die Karten legen; ***~ avantage de qc*** Vorteil aus etw ziehen; **2.** *v/i cheminée*: ziehen; *arme*: schießen, feuern; ***~ à sa fin*** zu Ende gehen; ***~ au sort*** (aus)losen; ***~ sur le bleu*** ins Blaue (hinüber-) spielen; **3.** ***se ~ d'affaire*** sich aus der Affäre ziehen; F ***se ~*** abhauen
tir|et [tirɛ] *m* Gedankenstrich *m*; **~eur** *m* Schütze *m*; *chèque*: Aussteller *m*; ***~ d'élite*** Scharfschütze *m*; **~euse** *f* ***~ de cartes*** Kartenlegerin *f*
tiroir [tirwar] *m* Schublade *f*; **~-caisse** [-kɛs] *m* (*pl tiroirs-caisses*) Registrierkasse *f*
tisane [tizan] *f* Kräutertee *m*
tis|on [tizõ] *m* glimmendes Holzstück *n*; **~onnier** [-ɔnje] *m* Schürhaken *m*
tiss|age [tisaʒ] *m* Weben *n*; **~er** (*1a*) weben; *fig* anzetteln
tisserand [tisrɑ̃] *m* Weber *m*
tissu [tisy] *m* Stoff *m*; *biol*, *fig* Gewebe *n*; **~-éponge** [-epõʒ] *m* (*pl tissus-éponges*) Frottee(stoff *m*) *m od n*
titre [titrə] *m* **1.** Titel *m*; *affiche*, *journal*: Überschrift *f*; *fonctionnaire*: Amtsbezeichnung *f*; **2.** *document*: Urkunde *f*; *comm* Wertpapier *n*; ***à ce ~*** aus diesem Grund; ***à juste ~*** mit vollem Recht; ***à ~ d'essai*** versuchsweise; ***à ~ d'information*** zur Kenntnisnahme; ***à ~ officiel*** von Amts wegen; ***à ~ d'ami*** als Freund; ***au même ~*** mit dem gleichen Recht; ***en ~*** beamtet; ***au ~ de*** gemäß
titrer [titre] (*1a*) *journal*: als Überschrift *od* Schlagzeile bringen
tituber [titybe] (*1a*) taumeln, schwanken
titulaire [titylɛr] **1.** *adj* fest angestellt; *état*: verbeamtet, ins Beamtenverhältnis übernommen; **2.** *m*, *f document*, *charge*: Inhaber(in) *m*(*f*)
titulariser [titylarize] (*1a*) fest anstellen; *état*: verbeamten
toast [tost] *m pain grillé* Toast *m*; *de bienvenue*: Trinkspruch *m*
toboggan [tɔbɔgɑ̃] *m* Rutschbahn *f*; *rue*: (Straßen-)Überführung *f*; *aviat* Notrutsche *f*
tocsin [tɔksɛ̃] *m* Sturm-, Alarmglocke *f*
toge [tɔʒ] *f* Robe *f*
Togo [tɔgo] ***le ~*** Togo *n*
tohu-bohu [tɔybɔy] *m* Tumult *m*, lärmendes Durcheinander *n*
toi [twa] du; dich; dir
toile [twal] *f* Leinen *n*; *écran*: Leinwand *f*; *peinture*: (Öl-)Gemälde *n*; ***~ cirée*** Wachstuch *n*; ***de*** *od* ***en ~*** aus Leinen, Leinen..., leinen; ***~ d'araignée*** Spinnwebe *f*
toilette [twalɛt] *f lavage* Waschen *n*; *mise* Toilette *f*; *vêtements* Kleidung *f*; **~s** *pl* WC *n*; ***faire sa ~*** sich waschen
toi-même [twamɛm] du, dich selbst
tois|e [twaz] *f* Messstab *m*; **~er** (*1a*) ***~ qn*** j-s Körpergröße messen; *fig* j-n mustern
toison [twazõ] *f laine* Wolle *f*; *cheveux*: dichtes Haar *n*
toit [twa] *m* Dach *n*; *fig* Haus *n*; *auto* ***~ ouvrant*** Schiebedach *n*
toiture [twatyr] *f* Bedachung *f*
Tokyo [tɔkjo] Tokio *n*
tôle [tol] *f* Blech *n*; *carrosserie* Karrosserie *f*; ***~ ondulée*** Wellblech *n*
tolér|able [tɔlerablə] erträglich; **~ance** *f* Toleranz *f*; *tech* Spielraum *m*; **~ant**, **~ante** [-ɑ̃, -ɑ̃t] tolerant; **~er** (*1f*) dulden; *douleur*: ertragen; *médicament*: vertragen
tollé [tɔle] *m* Protestgeschrei *n*
tomate [tɔmat] *f bot* Tomate *f*
tomb|e [tõb] *f* Grab(stätte) *n*(*f*); **~eau** [-o] *m* (*pl -x*) Grabmal *n*
tombée [tõbe] *f* ***à la ~ de la nuit*** bei Einbruch der Nacht
tomber [tõbe] (*1a*) fallen; *personne*: stürzen; *avion*, *alpiniste*: abstürzen; *cheveux*: ausfallen, -gehen; *dans un*

certain état: geraten, kommen; ~ ***dans la misère*** ins Elend geraten; ~ ***en ruine*** verfallen; ~ ***malade*** krank werden; ~ ***amoureux*** sich verlieben; ~ ***en panne*** e-e Panne haben; ***la nuit tombe*** die Nacht bricht an; ***faire*** ~ umwerfen; ***laisser*** ~ fallen lassen; *fig* aufgeben; ~ ***sur qn*** sich auf j-n stürzen; *rencontrer* j-n zufällig treffen; ~ ***juste*** es erraten; ***je suis bien tombé*** ich hab's gut getroffen; ***ça tombe bien*** das trifft sich gut; ~ ***d'accord*** sich einig werden, sich verständigen

tombeur [tõbœr] *m* F Frauenheld *m*

tome [tɔm] *m* Band *m*

ton[1] [tõ] *m* Ton *m* (*a fig*); *mus* Tonart *f*; *fig manière de parler* Redeweise *f*; ***il est de bon*** ~ ***de*** (+ *inf*) es gehört sich zu (+ *inf*)

ton[2] *m*, **ta** *f*, **tes** *pl* [tõ, ta, te] dein(e) *m*, *n* (*f*; *pl*)

tonalité [tɔnalite] *f mus* Tonart *f*; *voix*, *radio*: Klang *m*; *tél* Wählton *m*

tondeuse [tõdøz] *f* Rasenmäher *m*

tondre [tõdrə] (*4a*) *mouton*: scheren; *haie*: beschneiden; *herbe*: mähen

tonifier [tɔnifje] (*1a*) stärken

tonique [tɔnik] **1.** *m* Stärkungsmittel *n*, Tonikum *n*; **2.** *f mus* Grundton *m*, Tonika *f*; **3.** *adj* kräftigend; *gr* betont

tonitruant, **~e** [tɔnitryɑ̃, -t] dröhnend

tonnage [tɔnaʒ] *m* Tonnage *f*

tonn|e [tɔn] *f* Tonne *f* (*a Gewichtseinheit*); **~eau** [-o] *m* (*pl -x*) Fass *n*; *mar* Registertonne *f*; **~elet** [-lɛ] *m* Fässchen *n*, Tönnchen *n*

tonnelle [tɔnɛl] *f* Gartenlaube *f*

tonner [tɔne] (*1a*) donnern (*a fig*)

tonnerre [tɔnɛr] *m* Donner *m*

tonte [tõt] *f* (Schaf-)Schur *f*, Scheren *n*; *laine*: Schurwolle *f*

tonton [tõtõ] *enf m* Onkel *m*

tonus [tɔnys] *m muscle*: Tonus *m*; *dynamisme* Energie *f*

top [tɔp] *m* Zeitzeichen *n*, (Signal-)Ton *m*

topaze [tɔpaz] *f* Topas *m*

tope! [tɔp] topp!, es gilt!

topo [tɔpo] F *m* Rede *f*, Ausführung *f*

topographie [tɔpɔgrafi] *f* Ortskunde *f*, Topografie *f*

toqu|e [tɔk] *f* Mütze *f*; **~é**, **~ée** F verdreht, bekloppt; ~ ***de*** verknallt in (*acc*); **~er** (*1m*) F ***se*** ~ ***de*** sich verknallen in (*acc*)

torche [tɔrʃ] *f* Fackel *f*; *électrique*: Taschenlampe *f*

torchon [tɔrʃõ] *m* Geschirrtuch *n*

tordre [tɔrdrə] (*4a*) verdrehen; *visage*: verzerren; *linge*: auswringen; ***se*** ~ sich krümmen, sich winden; ***se*** ~ (***de rire***) sich schieflachen; ***se*** ~ ***le pied*** mit dem Fuß umknicken

tordu, **~e** [tɔrdy] *fil*, *barre*: verbogen; *jambes*: krumm; *visage*: verzerrt

tornade [tɔrnad] *f* Wirbelsturm *m*, Tornado *m*

toron [tɔrõ] *m tech* Litze *f*

torpeur [tɔrpœr] *f* Betäubung *f*

torpill|e [tɔrpij] *f mil* Torpedo *m*; **~er** (*1a*) torpedieren (*a fig*); **~eur** *m mil* Torpedoboot *n*

torré|facteur [tɔrefaktœr] *m* Kaffeeröstmaschine *f*; **~faction** [-faksjõ] *f* Rösten *n*; **~fier** [-fje] (*1a*) rösten

torr|ent [tɔrɑ̃] *m* Wild-, Sturzbach *m*; *fig* Flut *f*, Strom *m*; **~entiel**, **~entielle** [-ɑ̃sjɛl] Wildwasser…; ***pluie*** *f* ***torrentielle*** Wolkenbruch *m*

torride [tɔrid] *climat*: glühend heiß

torse [tɔrs] *m* Oberkörper *m*; *sculpture*: Torso *m*

torsion [tɔrsjõ] *f* Verdrehung *f*; *pied*: Umknicken *n*

tort [tɔr] *m* **1.** Unrecht *n*; ***à*** ~ zu Unrecht; ***à*** ~ ***et à travers*** unbesonnen, ohne Überlegung; ***dans son*** *od* ***en*** ~ im Unrecht; ***avoir*** ~ unrecht haben; ***il a le*** ~ ***de*** (+ *inf*) sein Fehler ist, dass; ***donner*** ~ ***à qn*** j-m Unrecht geben; ***le conducteur est en tort, dans son tort*** der Fahrer ist schuld; **2.** *préjudice* Schaden *m*; ***faire du*** ~ ***à qn*** j-m schaden

torticolis [tɔrtikɔli] *m méd* steifer Hals *m*

tortill|ard [tɔrtijar] *m* Bummelzug *m*; **~er** (*1a*) zusammendrehen, zwirbeln; ***se*** ~ sich winden, sich ringeln

tortionnaire [tɔrsjɔnɛr] *m* Folterknecht *m*

tortue [tɔrty] *f zo* Schildkröte *f*

tortueu|x, **~se** [tɔrtɥø, -z] gewunden (*a fig*); *fig manœuvres*: verborgen

tortur|e [tɔrtyr] *f* Folter *f*; *fig* Qual *f*; **~er** (*1a*) foltern; *fig* quälen, martern

torve [tɔrv] finster

toscan, **~e** [tɔskɑ̃, -an] toskanisch

Toscane [tɔskan] ***la ~*** die Toskana

tôt [to] *adv* früh, zeitig; ***plus ~*** früher; ***le plus ~ possible*** so bald wie möglich; ***au plus ~*** so bald wie möglich; *ne pas avant* frühestens; ***pas de si ~*** nicht so bald; ***~ ou tard*** früher oder später

total, ~e [tɔtal] (*m/pl -aux*) **1.** *adj* völlig, total; *guerre*: total; *hauteur, prix*: Gesamt…; **2.** *m argent*: Gesamtbetrag *m*; *addition*: Summe *f*; ***au total*** insgesamt; ***faire le total*** zusammenrechnen; **~ement** [-mɑ̃] *adv* völlig, total; **~iser** (*1a*) (insgesamt) erreichen; **~ité** *f* Gesamtheit *f*

totalit|aire [tɔtalitɛr] *pol* totalitär; **~arisme** [-arismə] *m pol* Totalitarismus *m*

touchant, ~e [tuʃɑ̃, -t] *adj* rührend

touche [tuʃ] *f piano, machine à écrire*: Taste *f*; *peinture*: Pinselstrich *m*; *pêche*: Anbeißen *n*; F *fig personne*: Aufmachung *f*; ***~ de composition rapide*** Kurzwahltaste *f*; *football*: ***ligne*** *f* ***de ~*** Seitenlinie *f*; F *fig* ***mettre qn sur la ~*** j-n kaltstellen; ***faire une ~*** e-e Eroberung machen

touche-à-tout [tuʃatu] *m* (*pl unv*) *jemand, der tausend Dinge macht* (*und alle nur halb*)

toucher[1] [tuʃe] **1.** *v/t* (*1a*) berühren, anrühren; *but*: treffen; *émouvoir* bewegen, ergreifen; *concerner* betreffen, angehen; *argent*: einnehmen, kassieren; *problème*: anschneiden; *terrain*: stoßen an (*acc*); ***~ qn par téléphone*** j-n telefonisch erreichen; **2.** *v/t indirect* ***~ à qc*** etw (*acc*) anfassen; *réserves*: angreifen; ***~ au but*** kurz vor dem Ziel sein; ***~ à tout*** *fig* sich mit tausend Dingen befassen; **3.** ***se ~*** sich berühren; *terrains*: aneinandergrenzen

toucher[2] [tuʃe] *m* Tastsinn *m*; *mus* Anschlag *m*

touff|e [tuf] *f* Büschel *n*; **~u, ~ue** [-y] dicht

touiller [tuje] (*1a*) F umrühren

toujours [tuʒur] immer, stets; *encore* immer noch; *au moins* wenigstens, immerhin; ***pour ~*** auf immer; ***~ est-il que*** fest steht (jedoch), dass

toupet [tupɛ] *m* **1.** (Haar-)Büschel *n*, Schopf *m*; **2.** F Frechheit *f*; ***avoir le ~ de*** (+ *inf*) die Frechheit besitzen zu (+ *inf*)

toupie [tupi] *f* Kreisel *m*

tour[1] [tur] *f* Turm *m*; ***~ de forage*** Bohrturm *m*

tour[2] [tur] *m rotation* Umdrehung *f*; *circonférence* Umfang *m*; *promenade* (Rund-, Spazier-)Gang *m*; *excursion* Ausflug *m*, Tour *f*; *voyage* Reise *f*; *tournure* Wendung *f*; *adresse*: Kunststück *n*; *ruse* Trick *m*; *tech bois, métaux*: Drehbank *f*; *potier*: Töpferscheibe *f*; ***à mon ~*** meinerseits; ***c'est mon ~*** ich bin dran *od* an der Reihe; ***à ~ de rôle*** der Reihe nach; ***en un ~ de main*** im Handumdrehen; ***~ de main*** Geschicklichkeit *f*; ***faire le ~ de qc*** um etw herumgehen, -fahren; ***fermer à double ~*** den Schlüssel zweimal herumdrehen; ***jouer un ~ à qn*** j-m e-n Streich spielen; ***~ d'horizon*** Überblick *m*; *pol* ***~ de scrutin*** Wahlgang *m*

tourb|e [turb] *f matière*: Torf *m*; **~ière** [-jɛr] *f* Torfmoor *n*

tourbill|on [turbijõ] *m vent*: Wirbel (-wind) *m*; *eau*: Strudel *m*; ***~ de neige*** Schneegestöber *n*; **~onner** [-ɔne] (*1a*) wirbeln; *eau*: strudeln

tourelle [turɛl] *f* Türmchen *n*

tour|isme [turismə] *m* Tourismus *m*, Fremdenverkehr *m*; ***agence*** *f* ***de ~*** Reiseagentur *f*; **~iste** *m, f* Tourist(in) *m*(*f*); *aviat* ***classe*** *f* ***~*** Touristenklasse *f*; **~istique** [-istik] touristisch, Reise…, Touristen…, Fremdenverkehrs…; ***guide*** *m* ***~*** Reiseführer *m*; ***renseignements*** *m/pl* ***~s*** Reiseinformationen *f/pl*

tourment [turmɑ̃] *m litt* Qual *f*, Pein *f*

tourment|e [turmɑ̃t] *f litt* Sturm *m*; *fig* Wirren *pl*; **~er** (*1a*) quälen, plagen; ***~ qn*** j-m Sorgen machen; ***se ~*** sich (*dat*) Sorgen machen

tourn|age [turnaʒ] *m film*: Dreharbeiten *f/pl*; **~ant, ~ante** [-ɑ̃, -ɑ̃t] **1.** *adj* drehbar, Dreh…; ***escalier*** *m* ***tournant*** Wendeltreppe *f*; ***plaque*** *f* ***tournante*** Drehscheibe (*a fig*); **2.** *m* Kurve *f*, Krümmung *f*; *fig* Wendepunkt *m*

tourne-disque [turnədisk] *m* (*pl tourne-disques*) Plattenspieler *m*

tournée [turne] *f* Rundreise *f*; *employé*: Dienst-, Geschäftsreise *f*; *artiste*: Tournee *f*; *facteur*: Runde *f*; F ***payer une ~*** e-e Runde zahlen

tourner [turne] (*1a*) **1.** *v/t* drehen; *sau-*

ce: umrühren; *difficulté*: umgehen; *page*: umblättern; ***bien tourné(e)*** gut formuliert; ***~ un film*** e-n Film drehen; ***~ la tête*** *pour ne pas voir*: wegsehen; *pour chercher*: sich (*nach j-m*) umsehen; ***~ en ridicule*** ins Lächerliche ziehen; **2.** *v/i* sich drehen; *être en rotation* rotieren, kreisen; *terminer* ablaufen, ausgehen; *lait*: sauer werden, gerinnen; ***~ à droite*** rechts abbiegen; ***le temps tourne au beau*** das Wetter wird schön; F *fig* ***~ de l'œil*** in Ohnmacht fallen; ***~ en rond*** sich im Kreis drehen (*a fig*); *fig* ***faire ~*** in Gang halten; *fig* ***~ autour de*** sich drehen um; **3.** ***se ~*** sich umwenden, sich umdrehen; *fig* ***se ~ vers qc*** sich e-r Sache zuwenden

tournesol [turnəsɔl] *m bot* Sonnenblume *f*

tournevis [turnəvis] *m* Schraubenzieher *m*

tourniquet [turnikɛ] *m* Drehkreuz *n*; *porte*: Drehtür *f*; *cartes postales*: Drehständer *m*

tournoi [turnwa] *m* Turnier *n*

tournoyer [turnwaje] (*1h*) *oiseaux*: kreisen; *fumée*: wirbeln

tournure [turnyr] *f expression* (Rede-)Wendung *f*; *événements*: Wendung *f*; ***~ d'esprit*** Geisteshaltung *f*

tourte [turt] *f cuis* Pastete *f*

tourterelle [turtərɛl] *f zo* Turteltaube *f*

tous [tus *od* tu] → ***tout***

Toussaint [tusɛ̃] ***la ~*** Allerheiligen *n*

touss|er [tuse] (*1a*) husten; **~oter** [-ɔte] (*1a*) hüsteln

tout [tu, tut] *m*, **toute** [tut] *f*, **tous** [tu, tus] *m/pl*, **toutes** [tut] *f/pl* **1.** *adj entier* ganze(r, -s); *la totalité* all(e, -es); *chaque* jede(r, -s); ***~e la ville*** die ganze Stadt; ***~es les villes*** alle Städte; ***~ Français*** jeder Franzose; ***~ Paris*** ganz Paris; ***~ le monde*** jedermann, alle; ***tous les deux jours*** jeden zweiten Tag; ***tous les ans*** jedes Jahr; ***somme ~e*** alles in allem; ***de tous côtés*** von allen Seiten, von überall; ***~es sortes de*** allerlei; ***faire ~ son possible*** sein Möglichstes tun; **2.** *pronom*: *sg* **~** alles; *pl* ***tous, ~es*** alle; ***après ~, à ~ prendre*** im Grunde genommen; ***avant ~*** vor allem; F ***comme ~*** überaus; ***voilà ~*** das ist alles; ***nous tous*** wir alle; **3.** *adv* **~** ganz, völlig; ***~ à coup*** plötzlich; ***~ d'un coup*** auf einmal; ***~ à fait*** ganz und gar; ***~ autant*** ebenso viel; ***~ de suite*** sofort; ***~ de même*** trotzdem; ***~ d'abord*** zuerst, anfangs; ***~ à l'heure*** sogleich, soeben; ***à ~ à l'heure!*** bis gleich!; ***~ au plus*** höchstens; ***c'est ~ un*** das ist genau dasselbe; *avec gérondif*: ***~ en riant*** *opposition*: obgleich ich (du, *etc*) lach(t)e; *simultanéité*: wobei ich (du, *etc*) lach(t)e; ***~ ... que ...*** (+ *ind od st/s subj*) so sehr auch; ***~ pauvres qu'ils sont*** (*od* ***soient***) so arm sie auch sind; **4.** *m* **~** Ganze(s) *n*, Gesamtheit *f*; *le principal*: Hauptsache *f*; ***pas du ~*** keineswegs; ***plus du ~*** überhaupt nicht mehr; ***du ~ au ~*** völlig; ***en ~*** ganz

tout-à-l'égout [tutalegu] *m* (Abwasser-)Kanalisation *f*

toutefois [tutfwa] jedoch, indessen

toute-puissance [tutpɥisɑ̃s] *f* Allmacht *f*

toux [tu] *f* Husten *m*

toxicoman|e [tɔksikɔman] *m, f* (Rauschgift-)Süchtige(r) *m, f*; **~ie** *f* Rauschgiftsucht *f*

toxique [tɔksik] **1.** *adj* giftig, Gift...; **2.** *m* Gift *n*, Giftstoff *m*

trac [trak] *m* Lampenfieber *n*

tracas [traka] *m le plus souvent au pl* Ärger *m*, Sorgen *f/pl*

tracass|er [trakase] (*1a*) ***~ qn*** *chose*: j-n beunruhigen; *personne*: j-n schikanieren; ***se ~*** sich (*dat*) Sorgen machen; **~erie** *f le plus souvent au pl* **~s** Schikanen *f/pl*

trace [tras] *f* Spur *f*; *fig* Hinweis *m*

trac|é [trase] *m* Verlauf *m*; *dessin*: Umrisse *m/pl*; **~er** (*1k*) *plan*: aufzeichnen, entwerfen; *ligne*: ziehen

trachée [traʃe] *f anat* Luftröhre *f*

tract [trakt] *m* Flugblatt *n*

tractation [traktasjõ] *f péj le plus souvent au pl* **~s** Machenschaften *f/pl*

tracteur [traktœr] *m* Schlepper *m*, Traktor *m*; ***~ à chenilles*** Raupenschlepper *m*

traction [traksjõ] *f tech* Ziehen *n*, Zug *m*; *auto* Antrieb *m*; *sport, suspendu*: Klimmzug *m*; *sport, par terre*: Liegestütz *m*; *auto* ***~ avant*** (Wagen *m* mit) Vorderradantrieb *m*

tradition [tradisjõ] *f* Tradition *f*, Über-

lieferung *f*
tradition|aliste [tradisjɔnalist] **1.** *adj* traditionsbewusst; **2.** *m*, *f* Traditionalist(in) *m(f)*; **~nel**, **~nelle** [-nɛl] traditionell, herkömmlich
traduc|teur, **~trice** [tradyktœr, -tris] *m*, *f* Übersetzer(in) *m(f)*; ***~ assermenté(e)*** beeidigte(r) Übersetzer(in) *m(f)*; **~tion** *f* Übersetzung *f*
traduire [tradɥir] (*4c*) übersetzen; *fig* ausdrücken; *jur* ***~ qn en justice*** j-n vor Gericht stellen; ***se ~ par*** sich äußern durch
trafic [trafik] *m* **1.** *illicite*: (illegaler) Handel *m*, Schmuggel *m*; ***~ de drogues*** Rauschgifthandel *m*; **2.** *circulation* Verkehr *m*; ***~ aérien*** Flugverkehr *m*
trafiqu|ant [trafikɑ̃] *m* Schieber *m*, Schwarzhändler *m*; ***~ de drogue(s)*** Rauschgifthändler *m*; **~er** (*1m*) Schwarzhandel treiben (***qc*** mit etw), schieben; *contrefaire* (ver)fälschen; F *faire* treiben
tragédie [traʒedi] *f* Tragödie *f* (*a fig*)
tragique [traʒik] **1.** *adj* tragisch; **2.** *m* Tragik *f*
trahir [trair] (*2a*) verraten
trahison [traizɔ̃] *f* Verrat *m*
train [trɛ̃] *m* Zug *m*; ***~ express*** Schnellzug *m*; ***~ auto-couchettes*** Autoreisezug *m*; ***le ~ de Paris*** der Zug von *od* nach Paris; *auto* ***~ avant*** Vorderachse *f*; ***~ de mesures*** Reihe *f* von Maßnahmen; ***~ de vie*** Lebensstil *m*; ***être en ~ de faire qc*** gerade etw tun; ***aller bon ~*** schnell gehen; ***mener grand ~*** auf großem Fuß leben; ***mettre en ~*** in Schwung bringen; ***aller son petit ~*** seinen alten Gang gehen
traînard [trɛnar] *m* Nachzügler *m*
traîn|e [trɛn] *f* Schleppe *f*; **~eau** [-o] *m* (*pl -x*) Schlitten *m*; *pêche*: Schleppnetz *n*
traînée [trɛne] *f* Streifen *m*, Spur *f*
traîner [trɛne] (*1b*) **1.** *v/t* schleppen, ziehen; *chien*, *enfant*: mit sich herumschleppen; ***laisser ~ ses affaires*** seine Sachen herumliegen lassen; **2.** *v/i vêtement*, *livres*: herumliegen; *discussion*, *procès*: sich in die Länge ziehen; *dans les rues*: trödeln, bummeln; **3.** ***se ~*** sich fort-, hinschleppen
train-train [trɛ̃trɛ̃] *m* F Trott *m*; ***le ~ quotidien*** das tägliche Einerlei *n*
traire [trɛr] (*4s*) melken
trait [trɛ] *m* Strich *m*; *caractéristique* Merkmal *n*; *visage*: Gesichtszug *m*; *caractère*: Charakterzug *m*; ***~ d'union*** Bindestrich *m*; ***avoir ~ à*** sich beziehen auf (*acc*); ***boire d'un seul ~*** in einem Zuge trinken; ***~ d'esprit*** geistreiche Bemerkung *f*
traite [trɛt] *f* Melken *n*; *comm* Rate *f*; ***~ des noirs*** Sklavenhandel *m*; ***d'une seule ~*** in einem Zuge, ohne Unterbrechung
traité [trɛte] *m* Vertrag *m*
traitement [trɛtmɑ̃] *m* Behandlung *f* (*a méd*); *salaire* Gehalt *n*, Besoldung *f*; *matériaux*: Verarbeitung *f*; *actes*: Bearbeitung *f*; *EDV* ***~ de texte*** Textverarbeitung *f*; ***~ de l'information*** Datenverarbeitung *f*
traiter [trɛte] (*1b*) *v/t* behandeln (*a méd*); *matériaux*, *données*: verarbeiten; ***~ qn de menteur*** j-n e-n Lügner nennen; *v/i négocier* verhandeln; ***~ de qc*** von etw handeln; *auteur*: etw behandeln
traiteur [trɛtœr] *m* Hersteller *m* und Lieferant *m* von Fertigmenüs; Partyservice *m*
traîtr|e, **~esse** [trɛtrə, -ɛs] **1.** *m*, *f* Verräter(in) *m(f)*; **2.** *adj* verräterisch; *chose*: heimtückisch; **~ise** [-iz] *f* Verrat *m*
trajectoire [traʒɛktwar] *f* Flugbahn *f*
trajet [traʒɛ] *m* Strecke *f*
tram [tram] *m abr* → ***tramway***
trame [tram] *f tissu*: Schuss *m*; *TV* Raster *n*; *fig* Hintergrund *m*
tramway [tramwɛ] *m* Straßenbahn *f*
tranchant, **~e** [trɑ̃ʃɑ̃, -t] **1.** *adj* scharf, schneidend; **2.** *m couteau*: Schneide *f*
tranche [trɑ̃ʃ] *f morceau* Schnitte *f*, Scheibe *f*; *partie* Abschnitt *m*, Teil *m*; *bord* Kante *f*; *impôts*: ***~ (des revenus imposables)*** Progressionsstufe *f*; *loterie*: Ausspielung *f*
tranché, **~e** [trɑ̃ʃe] scharf unterschieden; *fig* bestimmt, fest
tranchée [trɑ̃ʃe] *f* Graben *m*; *mil* Schützengraben *m*
trancher [trɑ̃ʃe] (*1a*) (durch)schneiden; *fig* (sich) entscheiden; ***~ sur*** sich abheben von
tranquille [trɑ̃kil] ruhig; ***laisse-moi ~!*** lass mich in Ruhe!; **~ment** *adv* ruhig

tranquillisant [trɑ̃kilizɑ̃] *m* Beruhigungsmittel *n*
tranquilliser [trɑ̃kilize] *(1a)* beruhigen
tranquillité [trɑ̃kilite] *f* Ruhe *f*
transaction [trɑ̃zaksjõ] *f* **1.** *jur* Vergleich *m*; **2.** *comm* Geschäft *n*, Transaktion *f*
transatlantique [trɑ̃zatlɑ̃tik] **1.** *adj* Übersee…; **2.** *m bateau*: Ozeandampfer *m*; *chaise*: Liegestuhl *m*
transborder [trɑ̃zbɔrde] *(1a)* umladen
trans|cription [trɑ̃skripsjõ] *f* Abschrift *f*; *ling* Umschrift *f*; *mus* Bearbeitung *f*; **~crire** [-krir] *(4f)* abschreiben; *ling* umschreiben; *mus* bearbeiten, transkribieren
transept [trɑ̃sɛpt] *m arch* Querschiff *n*
transes [trɑ̃s] *f/pl* Todesängste *f/pl*
transférer [trɑ̃sfere] *(1f)* **1.** *cadavre*: überführen; *prisonnier*: überstellen; *siège*: verlegen; **2.** *droits*, *effets*, *sentiment*: übertragen; *par virement*: überweisen; *comptabilité*: umbuchen; *capital*: transferieren; *production*: auslagern
transfert [trɑ̃sfɛr] *m* **1.** *cadavre*: Überführung *f*; *prisonnier*: Überstellung *f*; *bureau*: Verlegung *f*; **2.** *droits*, *effets*: Übertragung *f*; *virement* Überweisung *f*; *comptabilité*: Umbuchung *f*; *capital*: Transfer *m*; *production*: Auslagerung; ***~ de données*** Datentransfer *m*
transfigurer [trɑ̃sfigyre] *(1a)* verklären
transforma|teur [trɑ̃sfɔrmatœr] *m él* Transformator *m*; **~tion** *f* Verwandlung *f*; *phys*, *tech* Umwandlung *f*; *él* Transformation *f*; *de matières premières*: (Weiter-)Verarbeitung *f*
transform|er [trɑ̃sfɔrme] *(1a)* ver-, umwandeln (***en*** in *acc*); *matières premières*: verarbeiten; *vêtement*: ändern; *él* transformieren; **~isme** *m biol* Abstammungslehre *f*
transfuge [trɑ̃sfyʒ] *m* Überläufer *m*
transfusion [trɑ̃sfyzjõ] *f* **~ (*sanguine*)** Bluttransfusion *f*
transgénique [trɑ̃sʒenik] transgen
transgresser [trɑ̃sgrɛse] *(1b)* *loi*: übertreten
transi, **~e** [trɑ̃zi] starr, steif (***de*** vor)
transiger [trɑ̃ziʒe] *(1l)* e-n Kompromiss schließen (***avec*** mit)
transistor [trɑ̃zistɔr] *m él* Transistor *m*; *radio*: Transistor-, Kofferradio *n*
transit [trɑ̃zit] *m* Transit(verkehr) *m*
transiti|f, **~ve** [trɑ̃zitif, -v] *gr* transitiv
transition [trɑ̃zisjõ] *f* Übergang *m*
transitoire [trɑ̃zitwar] Übergangs…, vorläufig
translucide [trɑ̃slysid] durchscheinend, lichtdurchlässig
transmettre [trɑ̃smɛtrə] *(4p)* weitergeben, -leiten; *message*: übermitteln; *mouvement*, *maladie*: übertragen; *tradition*: überliefern; *titre*, *talent*: vererben; *héritage*: vermachen; *radio*, *TV* ***~ en direct*** direkt übertragen
transmiss|ible [trɑ̃smisiblə] übertragbar; *biol* vererblich; **~ion** *f* Übertragung *f*; *message*: Übermittlung *f*, Weitergabe *f*; *biol* Vererbung *f*; *tech* Transmission *f*
transmuter [trɑ̃smyte] *(1a)* umwandeln (***en*** in *acc*)
transpar|aître [trɑ̃sparɛtrə] *(4z)* durchscheinen; **~ence** [-ɑ̃s] *f* Durchsichtigkeit *f*, Transparenz *f*; **~ent**, **~ente** [-ɑ̃, -ɑ̃t] durchsichtig, transparent; *fig* leicht zu durchschauen
transpercer [trɑ̃spɛrse] *(1k)* durchbohren; *fig* durchdringen
transpir|ation [trɑ̃spirasjõ] *f action*: Schwitzen *n*; *sueur* Schweiß *m*; **~er** *(1a)* schwitzen
transplant|ation [trɑ̃splɑ̃tasjõ] *f* Verpflanzung *f*; *méd* Transplantation *f*; **~er** *(1a)* verpflanzen
transport [trɑ̃spɔr] *m* Transport *m*, Beförderung *f*; *st/s* ***~s*** *pl accès* Anfall *m*, Ausbruch *m*; *pl* ***~s publics*** öffentliche Verkehrsmittel *n/pl*
transport|able [trɑ̃spɔrtablə] transportfähig; **~é**, **~ée**: **~(*e*) *de joie*** außer sich vor Freude; **~er** *(1a)* transportieren, befördern; *fig* hinreißen; ***se ~*** sich begeben; **~eur** *m* Spediteur *m*
transpos|er [trɑ̃spoze] *(1a)* *idée*: umsetzen; *mus* transponieren; **~ition** *f* Umsetzung *f*; *mus* Transposition *f*
transvaser [trɑ̃svɑze] *(1a)* umfüllen
transversal, **~e** [trɑ̃svɛrsal] *(m/pl -aux)* quer liegend, Quer…, Seiten…
Transylvanie [trɑ̃silvani] ***la ~*** Siebenbürgen *n*
trapèze [trapɛz] *m* Trapez *n*
trapp|e [trap] *f ouverture*: Falltür *f*; **~eur** *m* Trapper *m*

trapu, **~e** [trapy] stämmig
traquenard [traknar] *m* Falle *f*
traquer [trake] (*1m*) hetzen
traumat|iser [tromatize] (*1a*) *psych* schocken; **~isme** *m méd u psych* Trauma *n*; **~ *crânien*** Schädelverletzung *f*
travail [travaj] *m* (*pl travaux*) Arbeit *f*; *œuvre* Werk *n*; **~ *à la tâche*** Akkordarbeit *f*; **~ *à la chaîne*** Fließbandarbeit *f*; **~ *sur ordinateur*** Bildschirmarbeit *f*; ***travaux forcés*** Zwangsarbeit *f*; ***sans* ~** arbeitslos; ***travaux pratiques*** praktische Übungen *f/pl*; ***travaux*** *construction*: Bauarbeiten *f/pl*; ***travaux ménagers*** Hausarbeit *f*
travailler [travaje] (*1a*) **1.** *v/t traiter* bearbeiten; *transformer* verarbeiten; *texte*: ausarbeiten; *muscles*: trainieren; *mus* üben; **~ *qn*** *personne*: j-n bearbeiten; *pensée*, *maladie*: quälen, plagen; **2.** *v/t indirect* **~ *à qc*** an etw (*dat*) arbeiten; **3.** *v/i* arbeiten; *argent*: arbeiten, Zinsen tragen; *bois*: sich werfen
travaill|eur, **~euse** [travajœr, -øz] **1.** *adj* arbeitsam, fleißig; **2.** *m*, *f* Arbeiter(in) *m(f)*; **~iste** *m*, *f* Mitglied *n* der Labour Party
travée [trave] *f* Bankreihe *f*; *arch* Joch *n*
travers [travɛr] **1.** *adv* ***de* ~** schief, verkehrt; ***en* ~** quer; *fig* ***prendre qc de* ~** etw krummnehmen; **2.** *prép* ***à* ~ *qc*** *od* ***au* ~ *de qc*** durch etw (hindurch); ***à* ~ *champs*** querfeldein; **3.** *m* kleiner Fehler *m*, Schwäche *f*
traverse [travɛrs] *f tech* Querbalken *m*; *chemin de fer*: (Schienen-)Schwelle *f*; ***chemin*** *m* ***de* ~** Abkürzung *f*
traversée [travɛrse] *f mer*: Überfahrt *f* (***de*** über *acc*); *pays*: Reise *f* (***de*** durch *acc*); *forêt*, *désert*: Durchquerung *f*
traverser [travɛrse] (*1a*) *rue*, *mer*: überqueren; *forêt*: durchqueren; *percer* durchdringen; *crise*: durchmachen
traversin [travɛrsɛ̃] *m* Nackenrolle *f*
travesti, **~e** [travɛsti] **1.** *adj* verkleidet; **2.** *m déguisement* Kostümierung *f*; *homosexuel*: Transvestit *m*
travestir [travɛstir] (*2a*) verkleiden (***en femme*** als Frau); *fig* entstellen
trébucher [trebyʃe] (*1a*) stolpern, straucheln (***sur*** über *acc*)
trèfle [trɛflə] *m bot* Klee *m*; *cartes*: Kreuz *n*
treillage [trɛjaʒ] *m* Gitterwerk *n*; **~ *métallique*** Drahtzaun *m*
treille [trɛj] *f* Weinlaube *f*
treillis [trɛji] *m* Gitter *n*
treiz|e [trɛz] dreizehn; **~ième** [-jɛm] dreizehnte(r, -s)
trek(king) [trɛk(iŋ)] *m* Trekking *n*
tremblant, **~e** [trɑ̃blɑ̃, -t] zitternd
tremble [trɑ̃blə] *m bot* Espe *f*
tremblement [trɑ̃bləmɑ̃] *m* Zittern *n*; **~ *de terre*** Erdbeben *n*
trembler [trɑ̃ble] (*1a*) zittern, beben (***de*** vor); *terre*: beben; *fig* **~ *que … ne*** (+ *subj*) bangen, dass
trémousser [tremuse] (*1a*) ***se* ~** zappeln
tremp|e [trɑ̃p] *f fig* Art *f*, Schlag *m*; **~é**, **~ée** durchnässt; *sol*: aufgeweicht; *acier*: gehärtet; **~er** (*1a*) *vêtements*: durchnässen; *éponge*, *compresses*: eintauchen, -tunken; *acier*: härten; *fig* **~ *dans un crime*** in ein Verbrechen verwickelt sein
tremplin [trɑ̃plɛ̃] *m* Sprungbrett *n* (*a fig*); *ski*: Sprungschanze *f*
trentaine [trɑ̃tɛn] ***une* ~** etwa dreißig
trent|e [trɑ̃t] dreißig; **~ième** [-jɛm] **1.** dreißigste(r, -s); **2.** *m fraction*: Dreißigstel *n*
Trentin-Haut-Adige [trɑ̃tɛ̃otadiʒ] ***le* ~** das Trentino-Südtirol
trépan [trepɑ̃] *m tech* Bohrmeißel *m*; *méd* Schädelbohrer *m*
trépasser [trepase] (*1a*) *st/s* sterben, verscheiden
trépied [trepje] *m* Dreifuß *m*; *photographie*: Stativ *n*
trépigner [trepiɲe] (*1a*) stampfen, trampeln
très [trɛ] sehr (*vor adj u adv*); ***avoir* ~ *envie de qc*** große Lust auf etw (*acc*) haben
trésor [trezɔr] *m* Schatz *m*; *fig* Reichtum *m*; **♀** Staatskasse *f*, Fiskus *m*; **~erie** *f* Finanzverwaltung *f*, -behörde *f*; **~ier**, **~ière** [-je, -jɛr] *m*, *f* Schatzmeister *m*, Kassenwart *m*, Kassierer(in) *m(f)*
tressaill|ement [tresajmɑ̃] *m* Zusammenzucken *n*, Schauder *m*; **~ir** (*2c*, *futur 2a*) zusammenzucken, zittern, erschauern
tress|e [trɛs] *f cheveux*: Zopf *m*; **~er** (*1b*) flechten
tréteau [treto] *m* (*pl -x*) *tech* Bock *m*

treuil [trœj] *m tech* (Seil-)Winde *f*
trêve [trɛv] *f* Waffenruhe *f*, -stillstand *m*; *fig* Rast *f*; ***~ de …*** Schluss mit …; ***sans ~*** ununterbrochen
Trèves [trɛv] Trier
tri [tri] *m* Sortieren *n*; ***faire un ~*** auswählen, sieben
triage [trijaʒ] *m* ***gare** f* ***de ~*** Rangierbahnhof *m*; ***~ des déchets*** Mülltrennung *f*
triang|le [trijɑ̃glə] *m* Dreieck *n*; *mus* Triangel *m*; **~ulaire** [-ylɛr] dreieckig
tribal, ~e [tribal] (*m/pl -aux*) Stammes…
tribord [tribɔr] *m mar* Steuerbord *n*
tribu [triby] *f* (Volks-)Stamm *m*; *péj, iron* Sippschaft *f*
tribulation [tribylasjõ] *f le plus souvent au pl* ***~s*** Drangsal *f*, Leiden *n/pl*
tribunal [tribynal] *m* (*pl -aux*) Gericht *n*, Gerichtshof *m*; *bâtiment*: Gerichtsgebäude *n*; ***~ d'instance*** *etwa* Amtsgericht *n*; ***~ de grande instance*** *etwa* Landgericht *n*
tribune [tribyn] *f* Tribüne *f*; *fig discussion*: Podiumsdiskussion *f*
tribut [triby] *m* Tribut *m* (*a fig*), Abgabe *f*
tributaire [tribytɛr] tributpflichtig; ***~ de*** angewiesen auf (*acc*); ***cours** m* ***d'eau ~*** Nebenfluss *m*
trich|er [triʃe] (*1a*) betrügen, F mogeln; **~erie** *f* Betrug *m*, F Schummelei *f*; **~eur, ~euse** *m, f* Betrüger(in) *m(f)*
tricolore [trikɔlɔr] dreifarbig; *français*: blauweißrot; ***drapeau** m* ***~*** Trikolore *f*
tricot [triko] *m* Stricken *n*; *vêtement*: Strickjacke *f*; *ustensiles*: Strickzeug *n*; ***de** od **en ~*** Strick…
tricot|age [trikɔtaʒ] *m* Stricken *n*; **~er** (*1a*) stricken
tricycle [trisiklə] *m* Dreirad *n*
trident [tridɑ̃] *m* Dreizack *m*
triennal, ~e [trijɛnal] (*m/pl -aux*) *qui a lieu tous les trois ans* dreijährlich; *qui dure trois ans* dreijährig
trier [trije] (*1a*) *choisir* auslesen; *classer* sortieren
trilingue [trilɛ̃g] dreisprachig
trille [trij] *m mus* Triller *m*
trimer [trime] (*1a*) F schuften, sich abrackern
trimestr|e [trimɛstrə] *m* Vierteljahr *n*, Quartal *n*; **~iel, ~ielle** [-ijɛl] vierteljährlich, dreimonatlich
tringle [trɛ̃glə] *f* Stange *f*
Trinité [trinite] *rel* ***la ~*** die Dreifaltigkeit *f*
trinquer [trɛ̃ke] (*1m*) *toast*: anstoßen (***avec qn*** mit j-m; ***à qc*** auf etw *acc*); F *fig* es ausbaden müssen
triomph|e [trijõf] *m* Triumph *m*; **~er** (*1a*) triumphieren (***de*** über *acc*)
tripartite [tripartit] dreiteilig; *pol* Dreimächte…, Dreiparteien…, Dreier…
tripes [trip] *f/pl* Eingeweide *n/pl*; *cuis* Kutteln *f/pl*, Kaldaunen *f/pl*
tripl|e [triplə] dreifach; **~er** (*1a*) (sich) verdreifachen; **~és, ~ées** *m/pl, f/pl* Drillinge *m/pl*
tripot [tripo] *m péj* Spielhölle *f*
tripoter [tripɔte] (*1a*) F *v/t* herumspielen (***qc*** mit etw), herumfummeln (***qc*** an etw *dat*); *femme*: befummeln; *v/i toucher* herumkramen, -wühlen (***dans*** in *dat*); *trafiquer* unsaubere Geschäfte machen
trique [trik] *f* Knüppel *m*
trist|e [trist] traurig; *temps, paysage*: trist; (*précédant le substantif*) *péj* erbärmlich; **~esse** [-ɛs] *f* Traurigkeit *f*; *situation, paysage*: Trostlosigkeit *f*
triturer [trityre] (*1a*) zerreiben
trivial, ~e [trivjal] (*m/pl -aux*) vulgär, ordinär; *litt banal* gewöhnlich; **~ité** Vulgarität *f*; *expression*: Zote *f*
troc [trɔk] *m* Tausch(handel) *m*
trognon [trɔɲõ] *m fruit*: Kerngehäuse *n*
trois [trwa] **1.** *adj* drei; ***à ~*** zu dritt; ***le ~ mai*** der dritte *od* am dritten Mai; **2.** *m* Drei *f*
troisième [trwazjɛm] dritte(r, -s)
trois-mâts [trwamɑ] *m* (*pl unv*) *mar* Dreimaster *m*
trois-quatre [trwakatrə] *m* (*pl unv*) *mus* Dreivierteltakt *m*
trolleybus [trɔlɛbys] *m* Oberleitungsbus *m*, Obus *m*
trombe [trõb] *f* Windhose *f*; *fig* ***en ~*** wie der Blitz
trombone [trõbɔn] *m* **1.** *mus* Posaune *f*; **2.** *bureau*: Büroklammer *f*
trompe [trõp] *f mus* Horn *n*; *zo* Rüssel *m*
trompe-l'œil [trõplœj] *m* (*pl unv*) *fig* trügerischer Schein *m*
tromper [trõpe] (*1a*) täuschen; *con-*

fiance: betrügen; ***se ~*** sich irren, sich täuschen (***de*** in *dat*)
tromperie [trõpri] *f confiance*: Betrug *m*; Täuschung *f*
trompette [trõpɛt] **1.** *f* Trompete *f*; **2.** *m* Trompeter *m*
trompeu|r, ~se [trõpœr, -øz] trügerisch
tronc [trõ] *m bot* (Baum-)Stamm *m*; *anat* Rumpf *m*; *église*: Opferstock *m*; *fig* ***~ commun*** gemeinsame Grundlage *f*
tronçon [trõsõ] *m* Abschnitt *m*, Teilstück *n*; *arch* (Säulen-)Trommel *f*
tronçonner [trõsɔne] (*1a*) zerschneiden; *avec scie*: zersägen
trôn|e [tron] *m* Thron *m*; **~er** (*1a*) thronen
tronquer [trõke] (*1m*) *fig* verstümmeln
trop [tro, *liaison*: trop *od* trɔp] zu viel, zu (sehr); ***~ de*** (+ *subst*) zu viel, zu viele; ***je ne sais pas ~*** ich weiß nicht recht; ***c'en est ~*** das geht zu weit; ***être de ~*** überflüssig sein; *litt* ***par ~*** allzu
trophée [trɔfe] *m* Trophäe *f*
tropical, ~e [trɔpikal] (*m/pl -aux*) tropisch, Tropen…
tropique [trɔpik] *m géogr* **1.** *région*: *pl* ***~s*** Tropen *pl*; **2.** *cercle*: Wendekreis *m*
trop-plein [troplɛ̃] *m* (*pl trop-pleins*) Überfluss *m*; *tech* Überlauf *m*
troquer [trɔke] (*1m*) (ein)tauschen (***contre*** gegen)
trot [tro] *m* Trab *m*; ***aller au ~*** Trab reiten
trott|er [trɔte] (*1a*) *cheval*: traben; *personne*: herumlaufen; **~euse** *f* Sekundenzeiger *m*; **~iner** [-ine] (*1a*) trippeln; **~inette** [-inɛt] *f* Roller *m*
trottoir [trɔtwar] *m* Bürgersteig *m*, Gehweg *m*; ***faire le ~*** F auf den Strich gehen
trou [tru] *m* (*pl -s*) Loch *n*
trouble [trublə] **1.** *adj* trüb(e); *fig* unklar, dunkel; **2.** *m désarroi* Verwirrung *f*; *émoi* Erregung *f*; *méd* Störung *f*; ***~s*** *pl* Unruhen *f/pl*
trouble-fête [trubləfɛt] *m* (*pl unv*) Spielverderber *m*
troubler [truble] (*1a*) *liquide*: trüben; *ordre*, *silence*: stören; *inquiéter* beunruhigen; ***se ~*** *liquide*: trüb werden; *personne*: in Verwirrung geraten
troué, ~e [true] durchlöchert
trouée [true] *f forêt*: Schneise *f*; *haie*: Lücke *f*; *mil* Durchbruch *m*; ***la ~ de Belfort*** die Burgundische Pforte
trouer [true] (*1a*) durchlöchern
trouille [truj] *f* F ***avoir la ~*** Angst haben
troupe [trup] *f* Schar *f*; *mil* Truppe *f*
troupeau [trupo] *m* (*pl -x*) Herde *f* (*a fig*)
trousse [trus] *f* Etui *n*, Täschchen *n*; ***~ de toilette*** (Reise-)Nessessär *n*, Kulturbeutel *m*; *fig* ***être aux ~s de qn*** j-m auf den Fersen sein
trousseau [truso] *m* (*pl -x*) **1.** ***~ de clés*** Schlüsselbund *m od n*; **2.** *mariée*: Aussteuer *f*
trouvaille [truvaj] *f découverte*: glücklicher Fund *m*; *idée*: Geistesblitz *m*
trouver [truve] (*1a*) finden; *plan*: ausdenken; *rencontrer* antreffen; ***aller ~ qn*** j-n auf-, besuchen; ***~ que*** finden *od* der Ansicht sein, dass; ***~*** (+ *adj*) halten für, finden (+ *adj*); ***se ~*** *être* sich befinden; ***se ~ bien*** sich wohlfühlen; ***il se trouve que*** es erweist sich, dass
truand [tryɑ̃] *m* Gauner *m*, Ganove *m*
truc [tryk] *m* F *chose* Ding(sda) *n*; *astuce* Trick *m*, Kniff *m*
trucage → ***truquage***
truchement [tryʃmɑ̃] *m* ***par le ~ de*** durch (Vermittlung von)
truculent, ~e [trykylɑ̃, -ɑ̃t] urwüchsig
truelle [tryɛl] *f* (Maurer-)Kelle *f*
truff|e [tryf] *f bot* Trüffel *f*; *chien*: Nase *f*; **~é, ~ée** getrüffelt; *fig* gespickt (***de*** mit)
truie [trɥi] *f zo* Sau *f*, Mutterschwein *n*
truisme [trɥismə] *m* Binsenwahrheit *f*
truite [trɥit] *f zo* Forelle *f*
truqu|age [trykaʒ] *m film*: Trickaufnahme *f*; *photographie*: Fotomontage *f*; **~er** (*1m*) fälschen, F frisieren
tsar [dzar, tsar] *m* Zar *m*; **~ine** *f* Zarin *f*
Tsigane [tsigan] *m*, *f* Zigeuner(in) *neg! m(f)*
T.S.V.P. *abr* ***tournez, s'il vous plaît*** b.w. (bitte wenden)
TTC *abr* ***toutes taxes comprises*** einschließlich aller Gebühren
tu [ty] du
tuant, ~e [tɥɑ̃, -t] F ermüdend, anstrengend
tube [tyb] *m* Rohr *n*; *él* Röhre *f*; *médicament*: Röhrchen *n*; *colle*, *dentifrice*: Tube *f*; *anat* ***~ digestif*** Verdauungskanal *m*, -trakt *m*

tubercul|eux, **~se** [tybɛrkylø, -øz] *méd* tuberkulös; *bot* Knollen…; **~ose** [-oz] *f méd* Tuberkulose *f*
tubulaire [tybylɛr] röhrenförmig
tue-mouche [tymuʃ] **1.** *adj* ***papier*** *m* **~(*s*)** Fliegenfänger *m*; **2.** *m bot* Fliegenpilz *m*
tuer [tɥe] (*1n*) töten; *assassiner* umbringen; *animal*: schlachten; *fig* zerstören; ***se*** **~** umkommen
tuerie [tyri] *f* Gemetzel *n*, Blutbad *n*
tue-tête [tytɛt] ***à*** **~** aus vollem Halse
tueur [tɥœr] *m* Mörder *m*; **~ *à gages*** Killer *m*
tuil|e [tɥil] *f* (Dach-)Ziegel *m*; F *fig* Pech *n*; **~erie** *f* Ziegelei *f*
tulipe [tylip] *f bot* Tulpe *f*
tulle [tyl] *m* Tüll *m*
tuméfié, **~e** [tymefje] ver-, geschwollen
tumeur [tymœr] *f méd* Tumor *m*
tumult|e [tymylt] *m* Tumult *m*; *fig activité excessive* Hektik *f*; **~ueux**, **~ueuse** [-ɥø, -ɥøz] lärmend, tobend; *passion*: stürmisch
tumulus [tymylys] *m* Hügel-, Hünengrab *n*
tungstène [tɛ̃kstɛn, tœ̃-] *m chim* Wolfram *n*
tunique [tynik] *f* Tunika *f*
Tunis [tynis] Tunis *n*
Tunisie [tynizi] ***la*** **~** Tunesien *n*
tunisien, **~ne** [tynizjɛ̃, -jɛn] **1.** *adj* tunesisch; **2.** **♀**, **♀*ne*** *m*, *f* Tunesier(in) *m*(*f*)
tunnel [tynɛl] *m* Tunnel *m*
turbin|e [tyrbin] *f tech* Turbine *f*; **~er** (*1a*) *arg* schuften
turbo|-moteur [tyrbɔmɔtœr] *m* Turbomotor *m*; **~-réacteur** [-reaktœr] *m aviat* Turbotriebwerk *n*
turbot [tyrbo] *m zo* Steinbutt *m*
turbul|ence [tyrbylɑ̃s] *f* Wildheit *f*; *phys* Turbulenz *f*; **~ent**, **~ente** [-ɑ̃, -ɑ̃t] wild, ausgelassen
tur|c, **~que** [tyrk] **1.** *adj* türkisch; **2.** **♀**, ***Turque*** *m*, *f* Türke *m*, Türkin *f*
turf [tœrf, tyrf] *m sport*: Pferderennsport *m*; *terrain*: (Pferde-)Rennbahn *f*
Turin [tyrɛ̃] *géogr* Turin *n*
turlupiner [tyrlypine] (*1a*) F keine Ruhe lassen, verfolgen
turpitude [tyrpityd] *litt f* Schändlichkeit *f*
Turquie [tyrki] ***la*** **~** die Türkei
turquoise [tyrkwaz] *f* Türkis *m*
tutelle [tytɛl] *f jur* Vormundschaft *f*; *état*, *société*: Treuhandschaft *f*; *fig* Bevormundung *f*
tu|teur, **~trice** [tytœr, -tris] **1.** *m*, *f jur* Vormund *m*; **2.** *m* (Baum-)Stütze *f*
tutoyer [tytwaje] (*1h*) duzen
tutu [tyty] *m* Ballettröckchen *n*
tuyau [tɥijo] *m* (*pl -x*) **1.** Rohr *n*, Röhre *f*; *flexible*: Schlauch *m*; **~ *d'arrosage*** Gartenschlauch *m*; **2.** F Tipp *m*; **~ter** [-te] (*1a*) F Tipps geben (***qn*** j-m)
tuyère [tɥijɛr] *f tech* Düse *f*
TVA [teveɑ] *f abr* ***taxe sur*** *od* ***à la valeur ajoutée*** MwSt. (Mehrwertsteuer *f*)
tympan [tɛ̃pɑ̃] *m anat* Trommelfell *n*; *arch* Tympanon *n*
type [tip] *m* Typ *m*; *modèle*: Modell *n*; F *gars* Kerl *m*, Typ *m*; ***un chic*** **~** ein prima Kerl; ***contrat*** *m* **~** Mustervertrag *m*
typhoïde [tifɔid] *f méd* (***fièvre*** *f*) **~** Typhus *m*
typhon [tifõ] *m* Taifun *m*
typhus [tifys] *m méd* Flecktyphus *m*
typique [tipik] typisch (***de*** für)
typograph|e [tipɔgraf] *m*, *f* Schriftsetzer(in) *m*(*f*); **~ie** [-i] *f* Druck *m*
tyran [tirɑ̃] *m* Tyrann *m* (*a fig*)
tyrann|ie [tirani] *f* Tyrannei *f* (*a fig*), Gewaltherrschaft *f*; **~ique** tyrannisch; **~iser** (*1a*) tyrannisieren
Tyrol [tirɔl] ***le*** **~** Tirol *n*
tyroli|en, **~enne** [tirɔljɛ̃, -jɛn] **1.** *adj* aus Tirol; **2.** **♀**, **♀*ne*** *m*, *f* Tiroler(in) *m*(*f*); **3.** *mus* **~*ne*** *f* Jodler *m*
tzar → ***tsar***
tzigane → ***Tsigane***

U

UDF *f abr* ***Union pour la démocratie française*** frz. Partei der bürgerlich-liberalen Mitte

UE *f abr* ***Union européenne*** EU *f* (Europäische Union)

UEM *f abr* ***Union économique et monétaire*** EWU *f* (Europäische Wirtschafts- und Währungsunion)

U.E.O. *f abr* ***Union de l'Europe occidentale*** WEU *f* (Westeuropäische Union)

UHT *abr* ***ultra-haute température***: ***lait ~*** H-Milch *f*

Ukraine [ykrɛn] *f* ***l'~*** die Ukraine

ulcère [ylsɛr] *m méd* Geschwür *n*; ***~ de l'estomac*** *od* ***à l'estomac*** Magengeschwür *n*

ulcérer [ylsere] (*1f*) ein Geschwür hervorrufen; *fig* tief kränken

ultérieur, **~e** [ylterjœr] spätere(r, -s), künftige(r, -s); **~ement** [-mɑ̃] *adv* später

ultimatum [yltimatɔm] *m* Ultimatum *n*

ultime [yltim] (aller)letzte(r, -s)

ultra… [yltra] *in Zssgn* sehr, extrem, hoch…, ultra…

ultra-conserva|teur, **~trice** [yltrakõsɛrvatœr, -tris] erzkonservativ

ultrason [yltrasõ] *m phys* Ultraschall *m*

ululer [ylyle] (*1a*) *hibou*: schreien

un, **une** [ɛ̃ *od* œ̃, yn] ein(er), eine, ein (-es); *sans substantif*: ***un*** eins; ***le un*** die Eins; ***un à un*** einer nach dem andern; ***un sur trois*** einer von dreien; *journal*: ***à la une*** auf der ersten Seite; ***c'est tout un*** das ist ein und dasselbe; ***l'un, l'une*** der (die, das) eine; ***les uns, les unes*** die einen; ***l'un(e) l'autre*** *od* ***les uns*** (***unes***) ***les autres*** einander, sich gegenseitig

unanim|e [ynanim] einstimmig; **~ité** *f* Einstimmigkeit *f*; ***à l'~*** einstimmig

uni, **~e** [yni] **1.** *pays*: vereint, vereinigt; ***les Nations*** *f/pl* ***Unies*** die Vereinten Nationen *f/pl*; **2.** *surface*: glatt; *tissu*: einfarbig; *famille*: eng verbunden

unicolore [ynikɔlɔr] einfarbig

uni|fication [ynifikasjõ] *f pays*: Einigung *f*; *tarifs*: Vereinheitlichung *f*; **~fier** [-fje] (*1a*) *pays*, *groupements*: einigen; *tarifs*, *mesures*: vereinheitlichen

uniform|e [ynifɔrm] **1.** *adj régulier* gleichmäßig; *semblable* gleichartig; *monotone* einförmig; **2.** *m* Uniform *f*; **~iser** (*1a*) vereinheitlichen; **~ité** *f* Gleich-, Einförmigkeit *f*

unilatéral, **~e** [ynilateral] (*m/pl -aux*) einseitig

union [ynjõ] *f* Vereinigung *f*; *entente* Einigkeit *f*; *pol confédération* Bündnis *n*, Bund *m*; ***~ douanière, monétaire*** Zoll-, Währungsunion *f*; ***l'*U** ***économique et monétaire*** die Europäische Wirtschafts- und Währungsunion; ***l'*U** ***européenne*** die Europäische Union; *hist* ***l'*U** ***soviétique*** die Sowjetunion; ***l'*U** ***de l'Europe occidentale*** die Westeuropäische Union; ***~*** (***conjugale***) Ehe(bund) *f*(*m*)

unique [ynik] *seul* einzig; *extraordinaire* einzigartig, einmalig; **~ment** *adv* einzig und allein, nur

unir [ynir] (*2a*) *pol* verein(ig)en; *par moyen de communication*: verbinden; *couple*: trauen; ***s'~*** sich vereinigen

unisexe [ynisɛks] *vêtements*: gleich für Mann und Frau

unisson [ynisõ] *m mus* Einklang *m*; ***à l'~*** einstimmig

unitaire [ynitɛr] einheitlich

unité [ynite] *f* Einheit *f* (*a mil*); *comm* Stück *n*; *EDV* ***~ centrale*** Zentraleinheit *f*; ***~ de contrôle*** Steuergerät *n*

univers [ynivɛr] *m* Universum *n*, Weltall *n*; *fig* Welt *f*

universaliser [ynivɛrsalize] (*1a*) allgemein verbreiten

universel, **~le** [ynivɛrsɛl] allgemein, universal; *mondial* weltweit

univers|itaire [ynivɛrsitɛr] **1.** *adj* Universitäts…; **2.** *m*, *f* Hochschullehrer(in) *m*(*f*); **~ité** *f* Universität *f*, Hochschule *f*

Untel [ɛ̃tɛl, œ̃-] ***monsieur ~*** Herr So-

wieso
U.P.U. *f abr* ***Union postale universelle*** Weltpostverein *m*
uranium [yranjɔm] *m chim* Uran *n*
urbain, **~e** [yrbɛ̃, -ɛn] städtisch; Stadt…
urban|iser [yrbanize] (*1a*) e-n städtischen Charakter geben; **~isme** *m* Städteplanung *f*, Städtebau *m*; **~iste** *m* Städteplaner *m*
urgence [yrʒɑ̃s] *f* Dringlichkeit *f*; ***d'~*** dringend; ***état*** *m* ***d'~*** Notstand *m*
urgent, **~e** [yrʒɑ̃, -t] dringend
urin|e [yrin] *f* Urin *m*; **~er** (*1a*) urinieren
urne [yrn] *f* Urne *f*; ***aller aux ~s*** zur Wahl gehen
URSS [yɛrɛsɛs *od* yrs] *hist f abr* ***Union des républiques socialistes soviétiques*** UdSSR *f*, Sowjetunion *f*
urticaire [yrtikɛr] *f méd* Nesselsucht *f*
Uruguay [yrygwe] *m* ***l'~*** Uruguay *n*
us [ys] *m/pl* ***~ et coutumes*** *f/pl* Sitten *f/pl* und Gebräuche *m/pl*
usage [yzaʒ] *m* Benutzung *f*, Gebrauch *m*; *coutume* Brauch *m*, Sitte *f*; *langue*: Sprachgebrauch *m*; ***hors d'~*** außer Gebrauch; ***à l'~*** bei der Anwendung; ***à l'~ de qn*** für j-n; ***faire ~ de*** verwenden, gebrauchen; ***d'~*** üblich
usag|é, **~ée** [yzaʒe] *vêtements*: getragen, gebraucht; **~er** *m* Benutzer *m*
usé, **~e** [yze] abgenutzt; *vêtement*: abgetragen; *personne*: verbraucht
user [yze] (*1a*) **1.** abnutzen; *gaz*, *eau*: verbrauchen; *vêtement*: abtragen; ***~ qn*** j-n aufreiben; ***s'~*** sich abnutzen; *personne*: sich verbrauchen; **2.** ***~ de qc*** etw gebrauchen, anwenden; *litt* ***en ~ avec qn*** mit j-m verfahren
usine [yzin] *f* Fabrik *f*; ***~ d'automobiles*** Autofabrik *f*, -werk *n*; ***~ de retraitement*** Wiederaufbereitungsanlage *f*; ***~ sidérurgique*** Hüttenwerk *n*
usité, **~e** [yzite] *mot*: gebräuchlich
ustensile [ystɑ̃sil] *m* Gerät *n*; ***~s*** *pl* Utensilien *pl*
usuel, **~le** [yzɥɛl] gebräuchlich, üblich
usur|e [yzyr] *f* **1.** *intérêt excessif* Wucher *m*; **2.** *détérioration* Abnutzung *f*; *tech* Verschleiß *m*; **~ier** *m* Wucherer *m*
usurpa|teur [yzyrpatœr] *m pol* Usurpator *m*; **~tion** *f* Usurpation *f*; *jur* Anmaßung *f*
usurper [yzyrpe] (*1a*) *pol* usurpieren; *jur* sich (*dat*) widerrechtlich aneignen
ut [yt] *m mus* c *od* C *n*
utérus [yterys] *m anat* Uterus *m*, Gebärmutter *f*
utile [ytil] nützlich; *tech* Nutz…; ***en temps ~*** zu gegebener Zeit
utilisa|ble [ytilizablə] benutzbar, verwendbar; **~teur**, **~trice** *m*, *f* Benutzer(in) *m*(*f*) (*a EDV*); **~tion** *f* Verwendung *f*, Gebrauch *m*, Benutzung *f*; ***~ des loisirs*** Freizeitgestaltung *f*
utiliser [ytilize] (*1a*) benutzen; *outil*, *moyen*: verwenden; *méthode*: anwenden; *énergie*: nutzen; *restes*: verwerten; *prétexte*: gebrauchen; *personne*: verwenden, einsetzen
utilitaire [ytilitɛr] Nutz…, Gebrauchs…
utilité [ytilite] *f* Nützlichkeit *f*, Nutzen *m*; ***~ publique*** Gemeinnützigkeit *f*
utop|ie [ytɔpi] *f* Utopie *f*; **~ique** utopisch; **~iste** *m*, *f* Utopist(in) *m*(*f*)

V

v. *abr* ***voir*** s. (siehe)
vacance [vakɑ̃s] *f* **1.** ***~s*** *pl* Ferien *pl*; ***prendre des ~s*** Urlaub, Ferien machen; **2.** *poste*: freie Stelle *f*
vacanc|ier, **~ière** [vakɑ̃sje, -jɛr] *m*, *f* Urlauber(in) *m*(*f*)
vacant, **~e** [vakɑ̃, -t] *maison*: leer stehend; *poste*: offen, unbesetzt
vacarme [vakarm] *m* (Heiden-)Lärm *m*, Krach *m*
vaccin [vaksɛ̃] *m méd* Impfstoff *m*
vaccin|ation [vaksinasjõ] *f méd* Impfung *f*; **~er** (*1a*) impfen
vache [vaʃ] **1.** *f* Kuh *f*; *cuir*: Rindsleder *n*; *fig* ***~ à lait*** Melkkuh *f*; F ***la ~!*** Donnerwetter!, Mensch!; **2.** *adj* F gemein; **~ment** *adv* F kolossal, wahnsinnig
vaciller [vasije] (*1a*) schwanken; *flam-*

me, *lumière*: flackern

vade-mecum [vademekɔm] *m* (*pl unv*) *litt* Vademekum *n*

vadrouiller [vadruje] (*1a*) F herumbummeln

va-et-vient [vaevjɛ̃] *m* (*pl unv*) *pièce mobile*: Hin- und Herbewegung *f*; *personnes*: Kommen und Gehen *n*

vagabond, **~e** [vagabõ, -d] **1.** *adj* umherstreifend; *vie*: unstet; **2.** *m*, *f* Vagabund *m*, Landstreicher(in) *m*(*f*)

vagabond|age [vagabõdaʒ] *m* Umherziehen *n*; *jur* Landstreicherei *f*; **~er** (*1a*) umherziehen, herumstrolchen, -streichen; *fig* umherschweifen

vagin [vaʒɛ̃] *m anat* Scheide *f*, Vagina *f*

vagir [vaʒir] (*2a*) wimmern

vague[1] [vag] *f* Welle *f*, Woge *f*

vague[2] [vag] **1.** *adj confus* vage, unbestimmt, undeutlich; *flou* verschwommen; ***terrain*** *m* **~** unbebautes Gelände *n*; **2.** *m* Undeutlichkeit *f*; **~ment** *adv* vage, verschwommen

vaguer [vage] (*1m*) *litt* schweifen

vaillant, **~e** [vajɑ̃, -t] *courageux* tapfer; *travailleur*: tüchtig

vaille [vaj] *subj de* ***valoir***; ***~ que ~*** komme, was da wolle

vain, **~e** [vɛ̃, vɛn] vergeblich; *fat* eitel; ***en vain*** vergeblich, umsonst

vaincre [vɛ̃krə] (*4i*) *v/t* ***~ qn*** j-n besiegen, über j-n siegen; *fig angoisse*, *obstacle*: überwinden; *v/i* siegen

vaincu, **~e** [vɛ̃ky] **1.** *p/p de* ***vaincre*** *u adj* besiegt; **2.** *m*, *f* Besiegte(r) *f*(*m*), Verlierer(in) *m*(*f*)

vainement [vɛnmɑ̃] *adv* umsonst, vergeblich

vainqueur [vɛ̃kœr] *m* Sieger(in) *m*(*f*)

vaisseau [vɛso] *m* (*pl -x*) **1.** *anat* Gefäß *n*; ***~ sanguin*** Blutgefäß *n*; **2.** *litt bateau* Schiff *n*; ***~ spatial*** Raumschiff *n*

vaisselle [vɛsɛl] *f* Geschirr *n*; ***laver*** *od* ***faire la ~*** (das) Geschirr spülen, abwaschen

val [val] *m* (*pl vaux* [vo] *od vals*) *litt* Tal *n*; ***par monts et par vaux*** über Berg und Tal

valable [valablə] gültig; *travail*, *excuse*: annehmbar; *réponse*, *méthode*: brauchbar

Valais [valɛ] ***le ~*** das Wallis

valériane [valerjan] *f bot* Baldrian *m*

valet [valɛ] *m* Diener *m*; *cartes*: Bube *m*

valeur [valœr] *f* Wert *m*; *personne*: Bedeutung *f*; *comm* **~s** *pl* Wertpapiere *n*/*pl*; ***~ ajoutée*** Mehrwert *m*; ***sans ~*** wertlos; ***la ~ de*** etwa; ***mettre en ~*** zur Geltung bringen, hervorheben; ***avoir de la ~*** wertvoll sein

valeureu|x, **~se** [valørø, -z] *st/s* tapfer

validation [validasjõ] *f* Gültigkeitserklärung *f*; *diplôme*: Anerkennung *f*; *ticket*: Entwertung *f*

valid|e [valid] **1.** *sain* gesund, kräftig; **2.** *passeport*, *ticket*: gültig; **~er** (*1a*) für gültig erklären; *diplôme*: anerkennen; *ticket*: entwerten; **~ité** *f* (Rechts-)Gültigkeit *f*

valise [valiz] *f* Koffer *m*; ***faire sa ~*** seinen Koffer packen

vallée [vale] *f* Tal *n*

vallon [valõ] *m* kleines Tal *n*

vallonné, **~e** [valɔne] hügelig

valoir [valwar] (*3h*) **1.** *v/i* wert sein; *coûter* kosten; ***~ pour*** gelten für; ***~ mieux*** besser sein (***que*** als); ***il vaut mieux*** (+ *inf*) (***que de*** + *inf*) es ist besser zu (+ *inf*) (als zu + *inf*); ***il vaut mieux que*** (+ *subj*) es ist besser, dass; F ***ça vaut le coup*** das lohnt sich; ***faire ~*** *droits*: geltend machen; *capital*: arbeiten lassen; *figure*, *visage*: vorteilhaft betonen; **2.** *v/t* ***~ qc à qn*** j-m etw eintragen; **3.** *montant*: ***à ~ sur*** anzurechnen auf (*acc*); **4.** ***se ~*** einander gleich sein

valoris|ation [valɔrizasjõ] *f* Aufwertung *f*; **~er** (*1a*) aufwerten

vals|e [vals] *f* Walzer *m*; **~er** (*1a*) Walzer tanzen; F ***faire ~ l'argent*** mit Geld um sich schmeißen

valve [valv] *f tech* Ventil *n*

vampire [vɑ̃pir] *m* Vampir *m*; *fig* Blutsauger *m*

van [vɑ̃] *m* Transportwagen *m*

vandal|e [vɑ̃dal] *m*,*f* Vandale *m*, Vandalin *f*; **~isme** *m* Vandalismus *m*, Zerstörungswut *f*

vanille [vanij] *f* Vanille *f*

vanit|é [vanite] *f fatuité* Eitelkeit *f*; *inutilité* Vergeblichkeit *f*; **~eux**, **~euse** [-ø, -øz] eitel, eingebildet

vanne [van] *f* Schleusentor *n*; F Stichelei *f*

vanneau [vano] *m* (*pl -x*) *zo* Kiebitz *m*

vannerie [vanri] *f* Korbflechterei *f*; *objets*: Korbwaren *f*/*pl*

vantail [vɑ̃taj] *m* (*pl vantaux*) (Tür-,

Fenster-)Flügel *m*
vantard, **~e** [vɑ̃tar, -d] **1.** *adj* großsprecherisch; **2.** *m, f* Prahlhans *m*, Angeber(in) *m(f)*; **~ise** [-ardiz] *f* Prahlerei *f*, Angeberei *f*
vanter [vɑ̃te] *(1a)* rühmen, (an)preisen; ***se ~*** prahlen, angeben, sich brüsten (***de qc*** mit etw)
vapeur [vapœr] **1.** *f* Dampf *m*; *brouillard* Dunst *m*; **2.** *m* Dampfer *m*
vaporeu|x, **~se** [vapɔrø, -z] duftig, leicht
vaporis|ateur [vapɔrizatœr] *m parfum*: Zerstäuber *m*; *déodorant, laque*: Spray *m od n*; **~er** *(1a)* verdampfen; *parfum*: zerstäuben
vaquer [vake] *(1m)* ***~ à ses occupations*** seiner Beschäftigung nachgehen
varech [varɛk] *m bot* Tang *m*
vareuse [varøz] *f marin*: Matrosenbluse *f*; *uniforme*: (Uniform-)Jacke *f*
vari|abilité [varjabilite] *f* Veränderlichkeit *f*; **~able** veränderlich
variante [varjɑ̃t] *f* Variante *f*
variation [varjasjõ] *f changement* Veränderung *f*; *écart* Schwankung *f*
varice [varis] *f anat* Krampfader *f*
varicelle [varisɛl] *f méd* Windpocken *pl*
varié, **~e** [varje] verschiedenartig
varier [varje] *(1a)* *v/t* ***~ qc*** Abwechslung in etw *(acc)* bringen; *style, thème*: etw variieren; *v/i* sich ändern, wechseln; *prix*: schwanken
variété [varjete] *f* **1.** Vielfalt *f*; *biol* Abart *f*; **2.** ***~s*** *pl spectacle*: Varieté *n*
variole [varjɔl] *f méd* Pocken *pl*
Varsovie [varsɔvi] Warschau
vase[1] [vɑz] *m* Gefäß *n*; *fleurs*: Vase *f*; ***~ de nuit*** Nachttopf *m*
vase[2] [vɑz] *f* Schlamm *m*
vaseu|x, **~se** [vɑzø, -z] schlammig; F *fatigué* unwohl; F *vague* verschwommen
vasistas [vazistas] *m* Guckfenster *n*, Oberlicht *n*
vaste [vast] *plaine*: weit, ausgedehnt; *chambre, armoire*: geräumig; *connaissances, thème*: umfangreich
Vatican [vatikɑ̃] ***le ~*** der Vatikan; ***la cité du ~*** die Vatikanstadt
va-tout [vatu] *m* ***jouer son ~*** alles auf e-e Karte setzen
Vaud [vo] ***canton*** *m* ***de ~*** Kanton *m* Waadt
vaudeville [vodvil] *m* Schwank *m*
vau-l'eau [volo] ***(s'en) aller à ~*** zunichtewerden
vaurien, **~ne** [vorjɛ̃, -ɛn] *m, f* Taugenichts *m*
vautour [votur] *m zo* Geier *m*; *fig* Wucherer *m*
vautrer [votre] *(1a)* ***se ~*** sich hinflätzen
veau [vo] *m (pl -x) zo* Kalb *n*; *viande*: Kalbfleisch *n*; *cuir*: Kalbsleder *n*
vecteur [vɛktœr] *m math* Vektor *m*; *mil* Trägersystem *n*
vedette [vədɛt] *f* **1.** *théâtre, film*: Star *m*; ***en ~*** vorn, im Vordergrund; ***mettre en ~*** herausstellen, -streichen; ***match*** *m* ***~*** Spitzen-, Schlagerspiel *n*; **2.** *mil* Schnellboot *n*
végétal, **~e** [veʒetal] *(m/pl -aux)* **1.** *adj* pflanzlich, Pflanzen…; **2.** *m* Pflanze *f*, Gewächs *n*
végétarien, **~ne** [veʒetarjɛ̃, -ɛn] **1.** *adj* vegetarisch; **2.** *m, f* Vegetarier(in) *m(f)*
végét|ation [veʒetasjõ] *f* Vegetation *f*; **~er** *(1f)* (dahin)vegetieren
véhém|ence [veemɑ̃s] *f* Heftigkeit *f*; **~ent**, **~ente** [-ɑ̃, -ɑ̃t] heftig, leidenschaftlich
véhicule [veikyl] *m* Fahrzeug *n*; *fig* Träger *m*
veille [vɛj] *f* **1.** Vorabend *m*, Tag *m* vorher; ***la ~ de Noël*** der Heilige Abend; ***à la ~ de …*** kurz vor …; **2.** Wachen *n*; *mil* (Nacht-)Wache *f*
veillée [vɛje] *f malade*: Krankenwache *f*; *amis*: abendliches Beisammensein *n*; ***~ funèbre*** Totenwache *f*
veiller [vɛje] *(1b)* **1.** wachen; **2.** ***~ à qc*** für etw sorgen, auf etw *(acc)* achten; ***~ à ce que*** *(+ subj)* dafür sorgen *od* darauf achten, dass; ***~ à*** *(+ inf)* darauf achten zu *(+ inf)*; ***~ sur qn*** auf j-n Acht geben
veill|eur [vɛjœr] *m* Wächter *m*; **~euse** *f* Nachtlicht *n*; *cheminée*: Sparflamme *f*; *auto* Standlicht *n*; ***mettre en ~*** *flamme*: klein stellen; *fig affaire*: ruhen lassen
veinard, **~e** [vɛnar, -d] *m, f* F Glückspilz *m*, -kind *n*
veine [vɛn] *f* **1.** Ader *f (a géol)*; Vene *f*; *fig* Anlage *f*; **2.** F Glück *n*; ***avoir de la ~*** Schwein haben

vêler [vɛle] (*1b*) kalben
véliplanchiste [veliplɑ̃ʃist] *m*, *f* (Wind-)Surfer(in) *m*(*f*)
velléité [vɛleite] *f* Anwandlung *f*
vélo [velo] *m* Fahrrad *n*; ***faire du ~*** Rad fahren
vélo|cité [velɔsite] *f* Schnelligkeit *f*; **~drome** [-drom] *m* Radrennbahn *f*; **~moteur** [-mɔtœr] *m* Moped *n*
velours [v(ə)lur] *m* Samt *m*
velouté, **~e** [vəlute] samtig, samtweich; *soupe*: legiert, sämig
velu, **~e** [vəly] haarig, behaart
venaison [vənɛzõ] *f* Wildbret *n*
vénal, **~e** [venal] (*m*/*pl -aux*) *péj* käuflich, bestechlich
venant [v(ə)nɑ̃] ***à tout ~*** dem ersten Besten
vendable [vɑ̃dablə] verkäuflich
vendang|e [vɑ̃dɑ̃ʒ] *f* Weinlese *f*; **~er** (*1l*) Weinlese halten
vendeu|r, **~se** [vɑ̃dœr, -øz] *m*, *f* Verkäufer(in) *m*(*f*)
vendre [vɑ̃drə] (*4a*) verkaufen; *fig* verraten; ***se ~*** sich verkaufen (lassen)
vendredi [vɑ̃drədi] *m* Freitag *m*; ***~ saint*** Karfreitag *m*
vendu, **~e** [vɑ̃dy] *p*/*p de* ***vendre*** *u adj* verkauft; *péj* gekauft
vénéneu|x, **~se** [venenø, -z] *plantes*: giftig
vénér|able [venerablə] ehrwürdig; **~ation** *f* Ehrfurcht *f*; **~er** (*1f*) verehren
vénérien, **~ne** [venerjɛ̃, -jɛn] *méd* ***maladie*** *f* ***vénérienne*** Geschlechtskrankheit *f*
Venezuela [venezɥela] ***le ~*** Venezuela *n*
vengeance [vɑ̃ʒɑ̃s] *f* Rache *f*
venger [vɑ̃ʒe] (*1l*) rächen (***qn de qc*** j-n für etw); ***se ~ de qn*** sich an j-m rächen; ***se ~ de qc sur qn*** sich für etw an j-m rächen
veng|eur, **~eresse** [vɑ̃ʒœr, -rɛs] **1.** *adj* rächend; **2.** *m*, *f* Rächer(in) *m*(*f*)
venimeu|x, **~se** [vənimø, -z] *serpent*: giftig; *fig* boshaft
venin [v(ə)nɛ̃] *m serpent*: Gift *n*; *fig* Bosheit *f*
venir [v(ə)nir] (*2h*) kommen; *origine*: stammen (***de*** aus); *hauteur*, *étendue*: reichen (***jusqu'à*** bis); ***~ bien*** *plante*: gut gedeihen; ***à ~*** (zu)künftig; ***y ~*** darauf zu sprechen kommen; ***en ~ à qc*** zu etw kommen; ***en ~ à croire que*** zu der Überzeugung kommen, dass; ***en ~ aux mains*** handgemein werden; ***en ~ là*** so weit kommen; ***où veut-il en ~?*** worauf will er hinaus?; ***~ de faire qc*** soeben etw getan haben; ***~ à dire*** zufällig sagen; ***~ dire*** kommen, (um) zu sagen; ***~ voir qn*** j-n besuchen; ***~ chercher***, ***~ prendre*** (ab)holen; ***faire ~*** *médecin*: kommen lassen
Venise [vəniz] Venedig
vénitien, **~ne** [venisjɛ̃, -jɛn] venezianisch
vent [vɑ̃] *m* Wind *m*; *fig* Tendenz *f*; *mus* ***instrument*** *m* ***à ~*** Blasinstrument *n*; *fig* ***être dans le ~*** modern sein; *fig* ***c'est du ~*** das ist leeres Gerede; ***coup*** *m* ***de ~*** Windstoß *m*; ***en plein ~*** *maison*: völlig frei stehend; ***il fait du ~*** es ist windig; *fig* ***avoir ~ de qc*** von etw hören, Wind bekommen
vente [vɑ̃t] *f* Verkauf *m*; *entreprise*: Absatz *m*; Vertrieb *m*; ***~ publique*** (öffentliche) Versteigerung *f*
venteu|x, **~se** [vɑ̃tø, -z] windig
ventilateur [vɑ̃tilatœr] *m* Ventilator *m*, Gebläse *n*
ventiler [vɑ̃tile] (*1a*) belüften; *jur* aufteilen
ventouse [vɑ̃tuz] *f* Saugnapf *m*
ventre [vɑ̃trə] *m* Bauch *m*, Unterleib *m*; ***à plat ~*** auf den *od* dem Bauch
ventriloque [vɑ̃trilɔk] *m* Bauchredner *m*
ventru, **~e** [vɑ̃try] dickbäuchig
venu, **~e** [v(ə)ny] **1.** *adj* ***bien ~(e)*** gelungen; **2.** *m*, *f* ***le premier ~***, ***la première ~e*** der, die erste Beste; ***nouveau ~***, ***nouvelle ~e*** Neuankömmling *m*
venue [v(ə)ny] *f* Ankunft *f*
vêpres [vɛprə] *f*/*pl rel* Vesper *f*
ver [vɛr] *m zo* Wurm *m*; *asticot* Made *f*; ***~ de terre*** Regenwurm *m*; ***~ à soie*** Seidenraupe *f*
véracité [verasite] *f* Wahrheitsgehalt *m*
véranda [verɑ̃da] *f* Veranda *f*
verbal, **~e** [vɛrbal] (*m*/*pl -aux*) *oral*: mündlich, verbal; *du verbe*: Verb…
verbaliser [vɛrbalize] (*1a*) **1.** *jur* ein Protokoll aufnehmen; **2.** *exprimer* sprachlich ausdrücken
verbe [vɛrb] *m ling* Verb *n*, Zeit-, Tätigkeitswort *n*
verbiage [vɛrbjaʒ] *m* Geschwätz *n*

verdâtre [vɛrdɑtrə] grünlich
verdeur [vɛrdœr] *f* Unreife *f*; *vin*: Herbheit *f*; *discours*: Deftigkeit *f*; *âge*: Rüstigkeit *f*
verdict [vɛrdikt] *m jur* (Urteils-)Spruch *m*; *allg* Urteil *n*, Verdikt *n*
verdir [vɛrdir] (*2a*) *v/t* grün färben; *v/i* grün werden
verdoy|ant, ~ante [vɛrdwajɑ̃, -ɑ̃t] sattgrün; **~er** (*1h*) grünen
verdure [vɛrdyr] *f feuillages* grünes Laub *n*; *salade*: Grünzeug *n* F
véreu|x, ~se [verø, -z] wurmstichig, wurmig; *fig* anrüchig
verge [vɛrʒ] *f anat* Penis *m*; *baguette* Rute *f*
verger [vɛrʒe] *m* Obstgarten *m*
verglacé, ~e [vɛrglase] vereist
verglas [vɛrgla] *m* Glatteis *n*
vergogne [vɛrgɔɲ] *f* ***sans ~*** schamlos
véri|dique [veridik] wahrheitsgetreu; **~fiable** [-fjablə] nachprüfbar
vérification [verifikasjõ] *f* Überprüfung *f*
vérifier [verifje] (*1a*) überprüfen, nachsehen; *hypothèse*: verifizieren; ***se ~*** sich bestätigen
vérin [verɛ̃] *m tech* Winde *f*; *auto* Wagenheber *m*
véritable [veritablə] wahr, echt, wirklich; **~ment** *adv* wirklich, tatsächlich
vérité [verite] *f* Wahrheit *f*; *portrait*: Ähnlichkeit *f*; ***à la ~*** allerdings; ***en ~*** in der Tat, wahrlich
vermeil, ~le [vɛrmɛj] (hoch)rot
vermicelle(s) [vɛrmisɛl] *m(pl)* Suppen-, Fadennudeln *f/pl*
vermillon [vɛrmijõ] *m* Zinnober(rot) *m(n)*
vermine [vɛrmin] *f* Ungeziefer *n*; *st/s fig* Gesindel *n*
vermoulu, ~e [vɛrmuly] wurmstichig
vermout(h) [vɛrmut] *m* Wermut(wein) *m*
vernaculaire [vɛrnakylɛr] *ling* ***langue f ~*** Regionalsprache *f*
verni, ~e [vɛrni] **1.** *adj* lackiert; **2.** *m* F Glückspilz *m*
vernir [vɛrnir] (*2a*) firnissen, lackieren; *meubles*: polieren
vernis [vɛrni] *m* Lack *m*; *céramique*: Glasur *f*; *meubles*: Politur *f*; ***~ à ongle*** Nagellack *m*
vernissage [vɛrnisaʒ] *m* **1.** *bois*: Lackieren *n*; *céramique*: Glasieren *n*; **2.** *exposition*: Eröffnung *f*, Vernissage *f*
vérole [verɔl] *f méd* F Syphilis *f*; ***petite ~*** Pocken *pl*
verrat [vɛra] *m zo* Eber *m*
verr|e [vɛr] *m* Glas *n*; ***~s de contact*** Haftschalen *f/pl*; ***~ à eau*** Wasserglas *n*; ***~ à vin*** Weinglas; ***un ~ de vin*** ein Glas Wein; **~erie** *f fabrique*: Glasfabrik *f*; *objets*: Glaswaren *f/pl*; **~ière** [-jɛr] *f vitrage*: Kirchenfenster *n*; *toit*: Glasdach *n*; **~oterie** [-ɔtri] *f* Glasperlen *f/pl*
verrou [vɛru] *m* (*pl -s*) Riegel *m*
verrouiller [vɛruje] (*1a*) verriegeln
verrue [vɛry] *f* Warze *f*
vers[1] [vɛr] *m* Vers *m*
vers[2] [vɛr] *prép* gegen; ***~ l'est*** gegen, nach Osten (hin); ***~ la fin*** gegen Ende; ***~ midi*** gegen, um Mittag
Versailles [vɛrsaj] *Stadt im Departement Yvelines*
versant [vɛrsɑ̃] *m* (Berg-)Abhang *m*
versatil|e [vɛrsatil] wankelmütig, unbeständig; **~ité** *f* Wankelmut *m*
verse [vɛrs] ***il pleut à ~*** es gießt in Strömen
versé, ~e [vɛrse] ***~(e) dans*** bewandert in (*dat*)
Verseau [vɛrso] *m astrologie*: Wassermann *m*
versement [vɛrsəmɑ̃] *m* Zahlung *f*; *à un compte*: Einzahlung *f*
verser [vɛrse] **1.** *v/t* gießen; *sang, larmes*: vergießen; *sucre, riz*: schütten; ***~ (à boire)*** einschenken; *argent à un compte*: einzahlen; *intérêts, pension*: (aus)zahlen; **2.** *v/i basculer* umstürzen; *fig* ***~ dans qc*** in etw (*acc*) verfallen
verset [vɛrsɛ] *m* (Bibel-)Vers *m*
versification [vɛrsifikasjõ] *f* Versbau *m*
version [vɛrsjõ] *f* Version *f*, Fassung *f*; *modèle*: Ausführung *f*; *langues*: Übersetzung *f* aus der Fremdsprache; ***film m en ~ originale*** Film *m* in Originalfassung *f*
verso [vɛrso] *m feuille*: Rückseite *f*; ***au ~*** umseitig, auf der Rückseite
vert, ~e [vɛr, -t] **1.** *adj* grün; *fruit*: unreif; *vin*: herb; *fig personne âgée*: rüstig; *propos*: deftig, derb; ***langue f verte*** Gaunersprache *f*; **2.** ***l'Europe f verte*** der gemeinsame europäische

Agrarmarkt *m*; **3.** *m* Grün *n*; *pol* ***les Verts*** *m/pl* die Grünen *m/pl*
vert-de-gris [vɛrdəgri] *m* Grünspan *m*
vertébral, **~e** [vɛrtebral] (*m/pl -aux*) *anat* Wirbel…; ***colonne*** *f* ***vertébrale*** Wirbelsäule *f*
vertèbre [vɛrtɛbrə] *f anat* (Rücken-) Wirbel *m*
vertébrés [vɛrtebre] *m/pl zo* Wirbeltiere *n/pl*
vertement [vɛrtəmɑ̃] *adv* scharf, heftig
vertical, **~e** [vɛrtikal] (*m/pl -aux*) **1.** *adj* senkrecht, vertikal; **2.** *f* Senkrechte *f*; **~ement** *adv* vertikal
vertige [vɛrtiʒ] *m* Schwindel(gefühl) *m*(*n*); *fig* Taumel *m*; ***j'ai le ~*** mir ist schwindlig
vertigineu|x, **~se** [vɛrtiʒinø, -z] Schwindel erregend
vertu [vɛrty] *f* Tugend *f*; *pouvoir* Kraft *f*; ***en ~ de*** kraft, auf Grund von
vertueu|x, **~se** [vɛrtɥø, -z] tugendhaft
verve [vɛrv] *f* Schwung *m*; ***plein de ~*** schwungvoll, mitreißend
verveine [vɛrvɛn] *f bot* Eisenkraut *n*
vésicule [vezikyl] *f anat* Gallenblase *f*
vespasienne [vɛspazjɛn] *f* Pissoir *n*
vessie [vesi] *f anat* (Harn-)Blase *f*
veste [vɛst] *f* (Herren-)Jacke *f*, Jackett *n*; F ***ramasser une ~*** e-n Reinfall erleben; F ***retourner sa ~*** umschwenken, seine Meinung ändern
vestiaire [vɛstjɛr] *m théâtre*: Garderobe *f*; *stade*: Umkleideraum *m*
vestibule [vɛstibyl] *m* Diele *f*, Flur *m*
vestige [vɛstiʒ] *m le plus souvent au pl* ***~s*** Überreste *m/pl*, Spuren *f/pl*
veston [vɛstõ] *m* (Herren-)Jacke *f*, Jackett *n*
Vésuve [vezyv] ***le ~*** der Vesuv
vêtement [vɛtmɑ̃] *m* Kleidungsstück *n*; ***~s*** *pl* (Be-)Kleidung *f*; (***industrie*** *f* ***du***) ***~*** Bekleidungsindustrie *f*
vétéran [veterɑ̃] *m* Veteran *m*
vétérinaire [veterinɛr] **1.** *adj* tierärztlich; **2.** *m*, *f* Tierarzt, -ärztin *m*, *f*
vétille [vetij] *f* (*souvent au pl* ***~s***) Lappalie *f*, Belanglosigkeit *f*
vêtir [vetir] (*2g*) *litt* bekleiden
veto [veto] *m* Veto *n*, Einspruch *m*; ***droit*** *m* ***de ~*** Vetorecht *n*; ***opposer son ~ à*** sein Veto einlegen gegen
vêtu, **~e** [vety] angezogen, bekleidet
vétuste [vetyst] *bâtiment*: baufällig; *institution*: überholt
veu|f, **~ve** [vœf, -v] **1.** *adj* verwitwet; **2.** *m*, *f* Witwe(r) *f*(*m*)
veule [vøl] schlapp, energielos
vexant, **~e** [vɛksɑ̃, -t] *mot*: kränkend; ***c'est vexant*** das ist ärgerlich
vexation [vɛksasjõ] *f* Kränkung *f*; *litt* Schikane *f*
vexer [vɛkse] (*1a*) kränken, beleidigen
via [vja] über (*acc*), via
viabil|iser [vjabilize] (*1a*) *terrain*: erschließen; **~ité** *f urbanisme*: Erschließung *f*; *entreprise*: Lebensfähigkeit *f*; *rue*: Befahrbarkeit *f*
viable [vjablə] lebensfähig; *projet*: durchführbar; *rue*: befahrbar
viaduc [vjadyk] *m* Viadukt *m od n*
viag|er, **~ère** [vjaʒe, -ɛr] **1.** *adj* auf Lebenszeit, lebenslänglich; **2.** *m* Leibrente *f*
viande [vjɑ̃d] *f* Fleisch *n*; ***~ froide*** kalter Braten *m*
vibr|ant, **~ante** [vibrɑ̃, -ɑ̃t] vibrierend; *fig* mitreißend; **~ation** *f* Schwingung *f*, Vibration *f*; **~er** (*1a*) schwingen, vibrieren; *fig* ***faire ~*** mitreißen, packen
vicaire [vikɛr] *m égl* Vikar *m*
vice [vis] *m défaut* Fehler *m*, Mangel *m*; *péché* Laster *n*
vice|-… [vis] *in Zssgn* Vize…; **~-président** [visprezidɑ̃] *m* Vizepräsident *m*
vice versa [vis(e)vɛrsa] umgekehrt
vici|é, **~ée** [visje] ***air*** *m* ***vicié*** schlechte *od* verbrauchte Luft *f*; **~eux**, **~euse** [-ø, -øz] *fautif* fehlerhaft; *pervers* lüstern; ***cercle*** *m* ***vicieux*** Teufelskreis *m*
vicinal, **~e** [visinal] (*m/pl -aux*) ***chemin*** *m* ***vicinal*** Gemeindeweg *m*
vicissitudes [visisityd] *f/pl* Auf und Ab *n*
victime [viktim] *f* Opfer *n*; ***~ de guerre*** Kriegsopfer *n*
victoire [viktwar] *f* Sieg *m*; ***remporter la ~*** den Sieg erringen
victorieu|x, **~se** [viktɔrjø, -øz] siegreich
victuailles [viktɥaj] *f/pl* Lebensmittel *n/pl*
vidage [vidaʒ] *m* Entleerung *f*
vidang|e [vidɑ̃ʒ] *f auto* Ölwechsel *m*; ***faire une ~*** das Öl wechseln; **~er** (*1l*) (ent)leeren; *auto huile*: wechseln
vide [vid] **1.** *adj* leer; *fig* inhalts-, sinnlos; ***~ de*** ohne; **2.** *m néant* Leere *f*; *phy-*

sique: Vakuum *n*; ***à ~*** leer; *tech* ***marche f à ~*** Leerlauf *m*
vidéo [video] **1.** *f* Video *n*; **2.** *adj* (*unv*) Video...; ***bande*** *f* **~** Videoband *n*; ***caméra*** *f* **~** Videokamera *f*; ***jeu*** *m* **~** Computerspiel *n*; **~cassette** [-kasɛt] *f* Videokassette *f*; **~clip** [-klip] *m* Videoclip *m*; **~disque** [-disk] *m* Bildplatte *f*; **~phone** [-fɔn] *m* Bildtelefon *n*
vide-ordures [vidɔrdyr] *m* (*pl unv*) Müllschlucker *m*
vidéosurveillance [videosyrvɛjɑ̃s] *f* Videoüberwachung *f*
vidéotex [videotɛks] *m* Bildschirmtext *m*
vidéothèque [videotɛk] *f* Videothek *f*
vider [vide] (*1a*) **1.** (aus)leeren; *cuis* ausnehmen; *salle*: räumen; *querelle*: beilegen; F **~ *qn*** j-n rausschmeißen; *fatiguer* erschöpfen, fertig machen; **2. *se ~*** sich leeren
videur [vidœr] *m* F Rausschmeißer *m*
vie [vi] *f* **1.** Leben *n*; ***à ~*** lebenslänglich; ***de ma ~*** zeit meines Lebens; ***sans ~*** leblos; ***être en ~*** am Leben sein; **2.** *vivacité* Lebendigkeit *f*; **3.** *moyens matériels* Leben(sunterhalt) *n*(*m*); ***coût de la ~*** Lebenshaltungskosten *pl*; ***gagner sa ~*** seinen Lebensunterhalt verdienen
vieil [vjɛj] → ***vieux***
vieillard [vjɛjar] *m* Greis *m*, alter Mann *m*; ***les ~s*** die alten Leute
vieille [vjɛj] → ***vieux***
vieill|erie [vjɛjri] *f le plus souvent au pl* **~*s*** alter Kram *m*; **~esse** [-ɛs] *f* (hohes *od* Greisen-)Alter *n*; **~ir** (*2a*) **1.** *v/t soucis*, *maladie*: altern lassen; *vêtements*, *coiffure*: alt machen; **2.** *personne*, *visage*: älter werden, altern; *théorie*, *livre*: veralten; *vin*: altern
vieillissement [vjɛjismɑ̃] *m* Altern *n*
vieillot, **~te** [vjɛjo, -ɔt] altmodisch
vielle [vjɛl] *f mus* (Dreh-)Leier *f*
Vienne [vjɛn] **1.** *en Autriche* Wien *n*; **2.** *Stadt im Departement Isère*; **3. *la ~*** *Fluss u Departement in Frankreich*
vienn|ois, **~oise** [-nwa, -nwaz] **1.** *adj* Wiener, wienerisch; **2. ♀, ♀*e*** *m*, *f* Wiener(in) *m*(*f*); **~oiserie** [-wazʀi] *f* Feingebäck *n*
vierge [vjɛrʒ] **1.** *f* Jungfrau *f*; *rel* ***la ♀*** (die Jungfrau) Maria; **2. ♀** *astrologie*: Jungfrau *f*; **3.** *adj* jungfräulich; *feuille*: leer; *neige*, *terres*: unberührt; ***forêt f ~*** Urwald *m*; ***laine f ~*** Schurwolle *f*
Viêt-nam [vjɛtnam] ***le ~*** Vietnam *n*
vietnamien, **~ne** [vjɛtnamjɛ̃, -jɛn] **1.** *adj* vietnamesisch; **2. ♀, ♀*ne*** *m*, *f* Vietnamese *m*, Vietnamesin *f*
vieux, **vieil** (*m*), **vieille** (*f*) [vjø, vjɛj] **1.** *adj* alt; *amitié*, *habitude*: langjährig; ***vieux jeu*** altmodisch; **2.** *m*, *f der*, *die*, *das* Alte
vi|f, **~ve** [vif, -v] **1.** *adj* lebendig, lebhaft; *critique*, *émotion*: heftig; *douleur*, *intérêt*: stark; ***de vive voix*** mündlich; **2.** *m* ***à vif*** *plaie*: offen; ***touché au vif*** zutiefst getroffen; ***entrer dans le vif du sujet*** zum Kern der Sache kommen; ***prendre sur le vif*** aus dem Leben greifen
vigie [viʒi] *f mar* Ausguck *m*
vigilance [viʒilɑ̃s] *f* Wachsamkeit *f*
vigilant, **~e** [viʒilɑ̃, -t] wachsam
vigile [viʒil] *m* Wachmann *m*
vigne [viɲ] *f arbrisseau*: Weinrebe *f*; *plantation*: Weinberg *m*
vigneron, **~ne** [viɲrõ, -ɔn] *m*, *f* Winzer(in) *m*(*f*)
vignette [viɲɛt] *f dans livre*: Zierbildchen *n*, Randverzierung *f*; *autocollant* Aufkleber *m*; *de Sécurité Sociale*: Gebührenmarke *f*; *auto* Steuerplakette *f*
vignoble [viɲɔblə] *m plantation*: Weinberg *m*; *région*: Weinbaugebiet *n*
vigoureu|x, **~se** [vigurø, -z] kräftig, stark
vigueur [vigœr] *f* Lebenskraft *f*, Stärke *f*; *fig* Heftigkeit *f*, Schärfe *f*; ***plein de ~*** kraftstrotzend; ***en ~*** *jur* in Kraft, gültig; *fig* üblich; ***entrer en ~*** in Kraft treten
V.I.H *m abr* ***virus de l'immunodépression humaine*** HIV *m* (human immunodeficiency virus)
vil, **~e** [vil] *st/s* niedrig, gemein; ***à vil prix*** spottbillig
vilain, **~e** [vilɛ̃, -ɛn] unartig; *grave* schlimm; *laid* hässlich, F scheußlich
vilebrequin [vilbrəkɛ̃] *m tech* Handbohrer *m*; *auto* Kurbelwelle *f*
villa [vila] *f* Villa *f*
village [vilaʒ] *m* Dorf *n*
villageois, **~e** [vilaʒwa, -z] **1.** *adj* ländlich, Dorf...; **2.** *m*, *f* Dorfbewohner(in) *m*(*f*)
ville [vil] *f* Stadt *f*; **~ *d'eau*** Kurort *m*; ***à***

od **dans la ~** in der Stadt; **la ~ de Paris** die Stadt Paris; **aller en ~** in die Stadt gehen; **hôtel** *m* **de ~** Rathaus *n*

villégiature [vileʒjatyr] *f* Sommerfrische *f*

vin [vɛ̃] *m* Wein *m*; **~ de table** Tafelwein *m*; **~ de pays** Landwein *m*; *fig* **cuver son ~** seinen Rausch ausschlafen

vinaigre [vinɛgrə] *m* Essig *m*

vinasse [vinas] F *f* schlechter Wein *m*

vindicati|f, ~ve [vɛ̃dikatif, -v] rachsüchtig

vineu|x, ~se [vinø, -z] *couleur*: weinrot; *odeur*: nach Wein riechend

vingt [vɛ̃] zwanzig

vingtaine [vɛ̃tɛn] **une ~** etwa zwanzig

vingtième [vɛ̃tjɛm] **1.** zwanzigste(r, -s); **2.** *m fraction*: Zwanzigstel *n*

vinicole [vinikɔl] Wein(bau)…

vinification [vinifikasjõ] *f* Weinbereitung *f*

viol [vjɔl] *m* Vergewaltigung *f*

violacé, ~e [vjɔlase] blaurot

violation [vjɔlasjõ] *f traité*: Verstoß *m*; *église, tombe*: Schändung *f*; *jur* **~ de domicile** Hausfriedensbruch *m*

viole [vjɔl] *f mus* Viola *f*

violemment [vjɔlamɑ̃] *adv* brutal; *fig* heftig

viol|ence [vjɔlɑ̃s] *f* Gewalt *f*; *brutalité* Gewalttätigkeit *f*; *fig* Heftigkeit *f*; **~ent, ~ente** [-ɑ̃, -ɑ̃t] gewaltsam; *fig* heftig

violer [vjɔle] (*1a*) *droit, règles*: verletzen; *promesse, serment*: brechen; *sexuellement*: vergewaltigen; *profaner* schänden

violet, ~te [vjɔlɛ, -t] violett

violette [vjɔlɛt] *f bot* Veilchen *n*

violon [vjɔlõ] *m* **1.** Geige *f*, Violine *f*; *musicien*: Geiger(in) *m(f)*; **2.** F *prison* Kittchen *n*

violoncell|e [vjɔlõsɛl] *m* Cello *n*; **~iste** *m, f* Cellist(in) *m(f)*

violoniste [vjɔlɔnist] *m, f* Geiger(in) *m(f)*

vipère [vipɛr] *f zo* Viper *f*

virage [viraʒ] *m route*: Kurve *f*; *véhicule*: Drehen *n*, Wenden *n*; *fig* Wende *f*; *photo*: Tonung *f*; **prendre le ~** die Kurve nehmen

virago [virago] *f* Mannweib *n*

virée [vire] *f* F Spritztour *f*

virement [virmɑ̃] *m comm* Überweisung *f*; **~ bancaire, postal** Bank-, Postüberweisung *f*

virer [vire] (*1a*) **1.** *v/i* sich drehen; *véhicule*: e-e Kurve fahren; **~ de bord** *mar* wenden; *fig* umschwenken; **2.** *v/t argent*: überweisen; *photo*: tonen; F **~ qn** j-n hinauswerfen

virevolte [virvɔlt] *f* Wendung *f*, Drehung *f*

virginal, ~e [virʒinal] (*m/pl -aux*) jungfräulich

virginité [virʒinite] *f* Jungfräulichkeit *f*; *fig* Reinheit *f*

virgule [virgyl] *f* Komma *n*

viril, ~e [viril] männlich; *courageux* mannhaft; **~ité** *f* Männlichkeit *f*; *vigueur sexuelle* Manneskraft *f*

virologie [virɔlɔʒi] *f* Virologie *f*, Virusforschung *f*

virtuel, ~le [virtɥɛl] *phil* virtuell, potenziell; *phys* virtuell

virtuos|e [virtɥoz] *m, f* Virtuose *m*, Virtuosin *f*; **~ité** *f* Virtuosität *f*, Kunstfertigkeit *f*

virulent, ~e [virylɑ̃, -t] heftig, scharf; *méd* virulent

virus [virys] *m* Virus *n od m* (*a fig*)

vis [vis] *f* Schraube *f*; **escalier** *m* **à ~** Wendeltreppe *f*; *fig* F **serrer la ~ à qn** j-n kurzhalten

visa [viza] *m* Visum *n*, Sichtvermerk *m*

visage [vizaʒ] *m* Gesicht *n*

visagiste [vizaʒist] *m, f* Visagist(in) *m(f)*, Kosmetiker(in) *m(f)*

vis-à-vis [vizavi] **1.** *adv* (einander) gegenüber; **2.** *prép* **~ de** gegenüber; *à l'égard de* in Bezug auf (*acc*); **3.** *m* Gegenüber *n*

viscéral, ~e [viseral] (*m/pl -aux*) Eingeweide…; *fig* tief gehend

viscères [visɛr] *m/pl* Eingeweide *n/pl*

visée [vize] *f arme*: Zielen *n*; **~s** *pl intentions* Absichten *f/pl*

viser [vize] (*1a*) **1.** *v/t* zielen (**qc, qn** auf etw, auf j-n); *idéal*: anstreben, anvisieren; *s'adresser à* abzielen auf (*acc*), betreffen; *fig* **~ haut** hoch hinauswollen; **2.** *v/t indirect* **~ à** trachten nach, hinzielen auf (*acc*)

viseur [vizœr] *m arme*: Visier *n*; *photographie*: Sucher *m*

vis|ibilité [vizibilite] *f* Sicht(barkeit) *f*; **~ible** sichtbar; *évident* (offen)sichtlich

visière [vizjɛr] *f* (Helm-)Visier *n*

vision [vizjõ] *f* Sehen *n*; *conception* Vorstellung *f*; *apparition* Vision *f*, Erscheinung *f*
visionnaire [vizjɔnɛr] **1.** *adj* seherisch; **2.** *m*, *f* Fantast(in) *m(f)*
visionneuse [vizjɔnøz] *f photographie*: Bildbetrachter *m*
visit|e [vizit] *f* Besuch *m*; *de ville*: Besichtigung *f*; *médecin*: Visite *f*; **~ guidée** Führung *f*; **~ médicale** ärztliche Untersuchung *f*; **~ de douane** Zollkontrolle *f*; **~er** (*1a*) *ville*: besichtigen, besuchen; *prisonnier*, *malade*: auf-, besuchen; *bagages*, *maison*: durchsuchen; **~eur**, **~euse** *m*, *f* Besucher(in) *m(f)*
vison [vizõ] *m zo* Nerz *m*
visqueu|x, **~se** [viskø, -z] zäh(flüssig); *péj* schmierig
visser [vise] (*1a*) festschrauben
Vistule [vistyl] *géogr* **la ~** die Weichsel
visuel, **~le** [vizɥɛl] visuell; ***champ*** *m* ***visuel*** Gesichtsfeld *n*
vital, **~e** [vital] (*m/pl -aux*) Lebens…; *indispensable* lebenswichtig; **~ité** *f* Vitalität *f*, Lebenskraft *f*
vitamine [vitamin] *f* Vitamin *n*
vite [vit] *adv* schnell
vitesse [vitɛs] *f allure* Geschwindigkeit *f*; *rapidité* Schnelligkeit *f*; *auto* Gang *m*; ***changer de ~*** schalten; ***à toute ~*** möglichst schnell; F ***en ~*** schnellstens
viticole [vitikɔl] Wein(bau)…
viticult|eur [vitikyltœr] *m* Weinbauer *m*; **~ure** [-yr] *f* Weinbau *m*
vitrage [vitraʒ] *m cloison*: Glaswand *f*; *action*: Verglasen *n*
vitrail [vitraj] *m* (*pl -aux*) Kirchenfenster *n*
vitr|e [vitrə] *f* Glasscheibe *f*, Fenster (-scheibe) *n(f)*; **~er** (*1a*) verglasen
vitrier [vitrije] *m* Glaser *m*
vitrine [vitrin] *f étalage* Auslage *f*, Schaufenster *n*; *armoire*: Vitrine *f*
vitupérer [vitypere] (*1f*) *litt* heftig ausschelten; *st/s* ***~ contre*** wettern gegen
vivac|e [vivas] *biol* lebenskräftig; *sentiment*: hartnäckig; **~ité** *f personne*, *regard*: Lebhaftigkeit *f*; *sentiment*: Heftigkeit *f*
vivant, **~e** [vivɑ̃, -t] **1.** *adj* lebend, lebendig; *fig enfant* lebhaft, lebendig; *langue*: lebendig; **2.** *m* Lebende(r) *m*; ***bon vivant*** Genießer *m*; ***de son vivant*** zu seinen Lebzeiten
vivats [viva] *m/pl* Hochrufe *m/pl*
vivement [vivmɑ̃] *adv* lebhaft; *vite* schnell; ***~ …!*** wäre es nur schon …!
viveur [vivœr] *m* Lebemann *m*
vivier [vivje] *m* Fischteich *m*; *restaurant*: Fischbehälter *m*
vivifier [vivifje] (*1a*) stärken, beleben
vivoter [vivɔte] (*1a*) kümmerlich leben
vivre [vivrə] **1.** (*4e*) *v/i* leben; *v/t* erleben; ***vive …!*** es lebe …!; **2.** *m/pl* **~s** Lebensmittel *n/pl*, Verpflegung *f*
V.O. *f abr* ***version originale*** OF *f* (Originalfassung)
vocabulaire [vɔkabylɛr] *m* Wortschatz *m*; *liste*: Wörterverzeichnis *n*
vocal, **~e** [vɔkal] (*m/pl -aux*) Stimm…, Vokal…
vocalique [vɔkalik] *ling* vokalisch
vocation [vɔkasjõ] *f* Berufung *f*; *région*, *institution*: Bestimmung *f*
vociférer [vɔsifere] (*1f*) wütend schreien, toben
vœu [vø] *m* (*pl -x*) *rel* Gelübde *n*; *souhait* Wunsch *m*; *de bonheur*: Glückwunsch *m*; ***faire ~ de*** (+ *inf*) geloben zu (+ *inf*); ***tous mes ~x!*** meine besten Wünsche!
vogue [vɔg] *f* ***être en ~*** modern, in Mode sein
voici [vwasi] hier ist *od* sind, da ist *od* sind; ***me ~!*** hier bin ich; ***le livre que ~*** dieses Buch da
voie [vwa] *f* Weg *m* (*a fig*); *chemin de fer*: Gleis *n*; *autoroute*: Fahrbahn *f*, -spur *f*; *auto largeur*: Spurweite *f*; ***~ express*** Schnellstraße *f*; ***être en ~ de formation*** im Entstehen sein; ***en ~ de développement*** in der Entwicklung; ***par (la) ~ de*** über, durch; ***par ~ aérienne*** auf dem Luftweg
voilà [vwala] da ist *od* sind; ***(et) ~!*** das wär's!; ***en ~ assez!*** jetzt reicht's aber!; ***~ tout*** das ist alles; ***~ pourquoi*** darum, deshalb; ***me ~*** da bin ich
voile [vwal] **1.** *m* Schleier *m*; *fig* Hülle *f*; **2.** *f mar* Segel *n*; *sport*: Segeln *n*, Segelsport *m*; *anat* ***~ du palais*** Gaumensegel *n*; ***vol*** *m* ***à ~*** Segelfliegen *n*; F ***mettre les ~s*** abhauen
voiler[1] [vwale] (*1a*) verschleiern, verhüllen (*a fig*); ***se ~*** *femme*: verschleiert sein, gehen

voiler² [vwale] (*1a*) ***se ~*** *bois, métal*: sich verbiegen; *roue*: e-n Achter bekommen
voilier [vwalje] *m* Segelschiff *n*
voir [vwar] (*3b*) *v/i* sehen; *v/t* sehen; *remarquer* erblicken, bemerken; *vivre* erleben, durchmachen; *comprendre* einsehen, verstehen; *endroit*: ansehen, besuchen; *ami, famille*: besuchen; *examiner* nach-, durchsehen; ***faire ~*** zeigen; ***être bien vu*** gut angeschrieben sein; ***aller*** *od* ***venir ~*** besuchen; ***cela n'a rien à ~*** das hat nichts damit zu tun; ***~ à qc*** auf etw (*acc*) Acht geben; ***se ~*** sich sehen; *se rencontrer* zusammenkommen; ***se ~ décerner un prix*** e-n Preis verliehen bekommen; ***cela se voit*** das sieht man; ***voyons!*** also!; *reproche*: aber, aber!
voire [vwar] *adv* (ja) sogar
voirie [vwari] *f voies* Straßen- und Wegenetz *n*; *administration*: Straßenbauamt *n*
vois|in, ~ine [vwazɛ̃, -zin] **1.** *adj* benachbart; **2.** *m, f* Nachbar(in) *m(f)*; **~inage** [-inaʒ] *m* Nachbarschaft *f*; **~iner** [-ine] (*1a*) ***~ avec*** stehen, liegen bei, neben (*dat*)
voiture [vwatyr] *f* Wagen *m*, Auto *n*; *train*: (Eisenbahn-)Wagen *m*; ***~ de tourisme*** Personenwagen *m*; ***en ~*** mit dem Auto; ***lettre*** *f* ***de ~*** Frachtbrief *m*
voiturer [vwatyre] (*1a*) befördern
voix [vwa] *f* Stimme *f*; *gr* ***~ active*** (***passive***) Aktiv *n* (Passiv *n*); *fig* ***avoir ~ au chapitre*** etw zu sagen haben; ***à haute ~*** (***à ~ basse***) mit lauter (leiser) Stimme
vol¹ [vɔl] *m* Diebstahl *m*
vol² [vɔl] *m* Flug *m*, Fliegen *n*; ***à ~ d'oiseau*** (in der) Luftlinie *f*; ***au ~*** im Fluge; ***saisir au ~*** beim Schopf packen
vol. *abr* ***volume*** Bd. (Band)
volage [vɔlaʒ] flatterhaft, unbeständig
volaille [vɔlaj] *f* Geflügel *n*
volant, ~e [vɔlɑ̃, -t] **1.** *adj* fliegend, Flug…; *mobile* beweglich; **2.** *m auto* Steuer *n*, Lenkrad *n*; *sport*: Federball(spiel) *m(n)*; *vêtement*: Volant *m*, Besatz *m*; *tech* Schwungrad *n*
volatil, ~e [vɔlatil] *chim* flüchtig
vol-au-vent [vɔlovɑ̃] *m* (*pl unv*) *cuis* Blätterteigpastete *f*
volc|an [vɔlkɑ̃] *m géogr* Vulkan *m*; **~anique** [-anik] vulkanisch
volée [vɔle] *f groupe d'oiseaux*: Schwarm *m*; *coups de feu*: Hagel *m*; ***~ (de coups)*** Tracht *f* Prügel; ***à la ~*** im Flug
voler¹ [vɔle] (*1a*) stehlen (***qc à qn*** j-m etw); ***~ qn*** j-n bestehlen
voler² [vɔle] (*1a*) fliegen; *fig* eilen
volet [vɔlɛ] *m fenêtre*: Fensterladen *m*; *tech* Klappe *f*; *fig* Teil *m*; *fig* ***trier sur le ~*** sorgfältig auswählen
voleter [vɔlte] (*1c*) flattern
voleu|r, ~se [vɔlœr, -øz] **1.** *adj* diebisch; **2.** *m, f* Dieb(in) *m(f)*
Volga [vɔlga] ***la ~*** die Wolga
volière [vɔljɛr] *f* Vogelhaus *n*
volontaire [vɔlɔ̃tɛr] **1.** *adj délibéré* freiwillig; *décidé* entschlossen; **2.** *m, f* Freiwillige(r) *m, f*
volonté [vɔlɔ̃te] *f faculté de vouloir* Wille *m*; *souhait* Wunsch *m*; *fermeté* Willenskraft *f*; ***à ~*** nach Belieben; ***faire acte de bonne ~*** seinen guten Willen zeigen
volontiers [vɔlɔ̃tje] *adv* gern
volt [vɔlt] *m phys* Volt *n*; **~age** *m él* Spannung *f*
volte-face [vɔltəfas] *f* (*pl unv*) Kehrtwendung *f* (*a fig*)
voltig|e [vɔltiʒ] *f au trapèze*: Akrobatik *f*; *équitation*: Kunstreiten *n*; *aviation*: Kunstfliegen *n*; **~er** (*1l*) (herum)flattern; **~eur** *m acrobate*: Trapezkünstler *m*
voltmètre [vɔltmɛtrə] *m tech* Voltmeter *n*
volubilité [vɔlybilite] *f* Redegewandtheit *f*
volume [vɔlym] *m* **1.** Volumen *n*; *radio*: Lautstärke *f*; *fig quantité* Umfang *m*; **2.** *livre*: Band *n*
volumineu|x, ~se [vɔlyminø, -z] umfangreich
volupté [vɔlypte] *f des sens*: Wollust *f*; *esthétique*: Hochgenuss *m*
voluptueu|x, ~se [vɔlyptɥø, -z] sinnlich, wollüstig
vom|ir [vɔmir] (*2a*) *v/i* sich erbrechen, brechen, sich übergeben; *v/t* erbrechen; *fig* ausspeien; **~issement** [-ismɑ̃] *m* Erbrechen *n*; **~itif** [-itif] *m phm* Brechmittel *n*
vorace [vɔras] *adj* gefräßig; *fig* gierig

vos [vo] *pl de* ***votre***

Vosges [voʒ] *f/pl* ***les ~*** die Vogesen *pl*

votant, ~e [vɔtɑ̃, -t] *m, f* Wähler(in) *m(f)*, Stimmberechtigte(r) *m, f*

vot|e [vɔt] *m élection* Wahl *f*; *consultation* Abstimmung *f*; *voix* Stimme *f*; **~er** *(1a)* abstimmen; *élections*: wählen; *loi*: verabschieden

votre [vɔtrə] *(pl vos)* euer, eu(e)re; Ihr(e)

vôtre [votrə] ***le, la ~*** der, die, das eur(ig)e; der, die, das Ihr(ig)e; eure(r, -s); Ihre(r, -s)

vouer [vwe] *(1a)* widmen, weihen (***à***); *fig* ***~ à qc*** zu etw bestimmen; *fig* ***se ~ à qc*** sich *(acc)* e-r Sache widmen

vouloir [vulwar] **1.** *(3i)* wollen, mögen (***que*** + *subj* dass); ***je voudrais*** ich möchte; ***je veux bien*** ich habe nichts dagegen; ***veuillez*** (+ *inf*) wollen Sie bitte (+ *inf*); ***~ dire*** bedeuten; ***en ~ à qn*** auf j-n böse sein; ***on ne veut pas de moi*** man will nichts von mir wissen; **2.** *m litt* Wollen *n*, Wille *m*

voulu, ~e [vuly] *p/p de* ***vouloir*** *u adj* gewünscht; *délibéré* beabsichtigt

vous [vu] **1.** ihr; euch; **2.** *forme de politesse*: Sie; Ihnen; **3.** *impersonnel*: einem; einen

voût|e [vut] *f arch* Gewölbe *n*; **~é, ~ée** *personne*: gebeugt; *arch* gewölbt; **~er** *(1a) arch* wölben; ***se ~*** krumm werden

vouvoyer [vuvwaje] *(1h)* siezen

voyage [vwajaʒ] *m* Reise *f*; *avec indication de locomotion*: Fahrt *f*; ***~ organisé*** Gesellschaftsreise *f*; ***~ d'affaires*** Geschäftsreise *f*; ***en ~*** auf Reisen

voyag|er [vwajaʒe] *(1l)* reisen; **~eur, ~euse** *m, f* Reisende(r) *m, f*; *train*: Fahrgast *m*; *avion*: Fluggast *m*; ***voyageur de commerce*** Handelsvertreter *m*

voyant, ~e [vwajɑ̃, -t] **1.** *adj* auffällig; *couleur*: grell; **2.** *m signal*: Kontrolllampe *f*; **3.** *m, f devin* Hellseher(in) *m(f)*

voyelle [vwajɛl] *f gr* Vokal *m*, Selbstlaut *m*

voyou [vwaju] *m (pl -s) jeune*: jugendlicher Rowdy *m*, Strolch *m*; *truand* Ganove *m*

vrac [vrak] *m* ***en ~*** *comm* lose, offen, unverpackt; *fig* durcheinander

vrai, ~e [vrɛ] **1.** *adj (après le subst)* wahr, wahrheitsgemäß; *(devant le subst)* echt, wirklich; *typique* typisch; ***il est ~ que*** zwar, allerdings; **2.** *m das* Wahre; ***à vrai dire, à dire vrai*** offen gestanden

vraiment [vrɛmɑ̃] *adv* wirklich, wahrhaftig

vraisembl|able [vrɛsɑ̃blablə] wahrscheinlich; **~ance** *f* Wahrscheinlichkeit *f*

vrille [vrij] *f bot* Ranke *f*; *tech* Vorbohrer *m*; *aviat* ***descendre en ~*** abtrudeln

vriller [vrije] *(1a) tech* durchbohren; *aviat* trudeln

vrombir [vrõbir] *(2a)* summen

VRP *m abr* ***voyageur de commerce, représentant et placier*** Handelsvertreter *m*, Repräsentant *m*

VTC *m abr* ***vélo tout chemin*** Trekkingbike, -rad *n*

VTT [vetete] *m abr* ***vélo tout-terrain*** Mountainbike *n*

vu[1] [vy] *prép* angesichts, in Anbetracht *(gén)*; ***~ que*** angesichts der Tatsache, dass; ***au ~ et au su de tout le monde*** vor aller Augen

vu[2], **~e** [vy] *p/p de* ***voir*** *u adj* gesehen; ***bien, mal ~*** beliebt, unbeliebt (***de qn*** bei j-m)

vue [vy] *f sens*: Sehen *n*; *faculté*: Sehvermögen *n*; *regard* Blick *m*; *vue offerte* Anblick *m*; *panorama* Aussicht *f*, -blick *m*; *photographie*: Aufnahme *f*; *opinion* Ansicht *f*, Meinung *f*; ***à ~ d'œil*** zusehends; ***à première ~*** auf den ersten Blick; ***à perte de ~*** so weit das Auge reicht; ***avoir la ~ basse*** kurzsichtig sein; ***point*** *m* ***de ~*** Standpunkt *m*; ***garde*** *f* ***à ~*** Polizeigewahrsam *m*; ***en ~*** in Sicht, sichtbar; ***en ~ de*** im Hinblick auf *(acc)*; ***en ~ de*** (+ *inf*) um zu (+ *inf*)

vulcaniser [vylkanize] *(1a) tech* vulkanisieren

vulgaire [vylgɛr] *adj banal* einfach, gewöhnlich; *grossier* vulgär, ordinär

vulgar|iser [vylgarize] *(1a)* allgemein verständlich darstellen; **~ité** *f péj* Gewöhnlichkeit *f*, Vulgarität *f*

vulnér|abilité [vylnerabilite] *f* Verwundbarkeit *f*; **~able** *physiquement*: verwundbar; *moralement*: verletzbar

vulve [vylv] *f anat* Scham *f*, Vulva *f*

W

wagon [vagõ] *m* Eisenbahnwagen *m*, Waggon *m*; **~-citerne** [-sitɛrn] *m* (*pl wagons-citernes*) Tank-, Kesselwagen *m*; **~-lit** [-li] *m* (*pl wagons-lits*) Schlafwagen *m*
wagon-restaurant [vagõrɛstɔrɑ̃] *m* (*pl wagons-restaurants*) Speisewagen *m*
wallon, ~ne [walõ, -ɔn] **1.** *adj* wallonisch; **2. 2, 2*ne*** *m*, *f* Wallone *m*, Wallonin *f*
Wallonie [walɔni] ***la ~*** Wallonien *n*
waters [watɛr] *m/pl* Klo *n*, Abort *m*
W.-C. [vese] *m/pl* WC *n*
Web [wɛb] *m EDV* Web *n*; ***page*** *f* **~** Webseite *f*; ***serveur*** *m* **~** Web-Server *m*; ***site*** *m* **~** Website *f*; (***naviguer***) ***sur le ~*** im Web (surfen)
week-end [wikɛnd] *m* (*pl week-ends*) Wochenende *n*
western [wɛstɛrn] *m* Wildwestfilm *m*, Western *m*
Westphalie [vɛstfali] ***la ~*** Westfalen *n*
Wurtemberg [vyrtɛ̃bɛr] ***le ~*** Württemberg *n*
Wurtzbourg [vyrtsbur] Würzburg *n*

xéno|phile [gzenɔfil, ks-] fremdenfreundlich; **~phobe** [-fɔb] fremdenfeindlich
xérès [gzerɛs, ks-] *m* Sherry *m*
xylophone [gzilɔfɔn, ks-] *m mus* Xylofon *n*

y [i] da, (da)hin, dort(hin); *remplaçant un complément avec* ***à***: daran; darauf; dazu; dabei; darin; ***je ne m'y fie pas*** ich habe kein Vertrauen dazu; ***on y va!*** gehen wir!; ***ça ~ est!*** es ist so weit!; ***j'~ suis*** jetzt habe ich's, ich bin im Bilde; ***je n'~ suis pour rien*** ich kann nichts dafür; ***s'~ connaître*** sich darauf verstehen; **~ *compris*** inbegriffen
yacht [jɔt] *m* Jacht *f*; **~ing** [-iŋ] *m* Jacht-, Segelsport *m*
yaourt [jaurt] *m* Jogurt *n od m*
Yémen [jemɛn] ***le ~*** der Jemen, Jemen *n*
yen [jɛn] *m* Yen *m*
yeux [jø] *pl d'œil*
yougoslave [jugɔslav] **1.** *adj* jugoslawisch; **2. 2** *m*, *f* Jugoslawe *m*, Jugoslawin *f*
Yougoslavie [jugɔslavi] ***la ~*** Jugoslawien *n*

Z

Zaïre [zair] *hist géogr* ***le ~*** Zaire *n*
Zambèze [zɑ̃bɛz] *géogr* ***le ~*** der Sambesi
Zambie [zɑ̃bi] ***la ~*** Sambia *n*
zèbre [zɛbrə] *m zo* Zebra *n*
zélé, ~e [zele] eifrig

zèle [zɛl] *m* Eifer *m*, Fleiß *m*; ***faire du ~*** zu viel Eifer zeigen
zénith [zenit] *m astr* Scheitelpunkt *m*, Zenit *m*; *fig* Zenit *m*, Höhepunkt *m*
zéro [zero] **1.** *m* Null *f* (*a fig*); **2.** *adj* null; ***~ faute*** null Fehler
zeste [zɛst] *m* (Stück *n*) Zitronen-, Orangenschale *f*
zézayer [zezɛje] (*1i*) lispeln
zibeline [ziblin] *f zo* Zobel *m*
zigzag [zigzag] *m* Zickzack *m*
zigzaguer [zigzage] (*1m*) im Zickzack gehen *od* fahren
Zimbabwe [zimbabwe] ***le ~*** Simbabwe *n*
zinc [zɛ̃g] *m* Zink *n*; F *comptoir* Theke *f*
zinguer [zɛ̃ge] (*1m*) verzinken
zip [zip] *m* Reißverschluss *m*
zizanie [zizani] *f* Zwietracht *f*
zodiaque [zɔdjak] *m* Tierkreis *m*
zone [zon] *f* Zone *f*; *péj* arme Außenviertel *n/pl*, Slums *m/pl*; ***~ bleue*** Kurzparkzone *f*; ***~ de libre-échange*** Freihandelszone *f*; ***~ euro*** Euroland *n*; ***~ interdite*** Sperrgebiet *n*; ***~ industrielle*** Industriegebiet *n*; ***~ résidentielle*** Wohnviertel *n*
zoo [zo] *m* Zoo *m*
zoologie [zɔɔlɔʒi] *f* Zoologie *f*
ZUP [zyp] *f abr* ***zone à urbaniser en priorité*** vorrangig zu bebauende Zone *f*; trostlose Außenviertel *n/pl* (großer Städte)
Zurich [zyrik] Zürich *n*; ***le lac de ~*** der Zürichsee
zut! [zyt] F verdammt!, verflixt!

Allemand-Français

A

A, a [aː] *n* (-; -) **1.** *Buchstabe*: A, a *m*; ***von A bis Z*** de A jusqu'à Z, d'un bout à l'autre; **2.** *abr* ***Austria*** (*Autokennzeichen*: *Österreich*) Autriche; **3.** *abr* ***Autobahn*** autoroute; **4.** *mus* la *m*; ***A-Dur*** la majeur; ***a-Moll*** la mineur

AA *n abr* ***Auswärtiges Amt*** ministère allemand des Affaires étrangères

Aachen ['aːxən] *n* Aix-la-Chapelle

Aal [aːl] *zo m* (-[*e*]*s*; *-e*) anguille *f*

aalglatt ['aːl'glat] glissant comme une anguille

Aargau ['aːrgaʊ] ***der ~*** l'Argovie *f*

Aas [aːs] *n* (*-es*; *sans pl*) charogne *f* (*a fig*, *pl Äser*)

ab [ap] **1.** *prép* (*dat*) ***~ morgen*** à partir de demain; ***ein Film ~ 18*** un film interdit aux moins de 18 ans; **2.** *adv* ***~ und zu*** de temps à autre; ***ein Knopf ist ~*** il manque un bouton

abändern ['apˀɛndərn] (*sép*, *-ge-*, *h*) modifier, changer

abarbeiten ['apˀarbaitən] (*sép*, *-ge-*, *h*) ***sich ~*** s'épuiser à force de travail, s'exténuer

Abart ['apˀart] *f* (-; *-en*) variété *f*; '**≈ig** anormal

Abb. *abr* ***Abbildung*** image

'**Abbau** *m* (-[*e*]*s*; *sans pl*) *Bergbau* exploitation *f*; *Verminderung* réduction *f*; *Zerlegung* démontage *m*; '**≈en** (*sép*, *-ge-*, *h*) *Bergbau* exploiter; *Personal*, *Preise* diminuer, réduire; *zerlegen* démonter; *chim* décomposer

'**ab|beißen** (*irr*, *sép*, *-ge-*, *h*, → ***beißen***) arracher avec les dents; '**~beizen** (*sép*, *-ge-*, *h*) décaper; '**~bekommen** (*irr*, *sép*, *h*, → ***bekommen***) avoir sa part de, recevoir

'**abberuf|en** (*irr*, *sép*, *h*, → ***berufen***) rappeler, révoquer; '**≈ung** *f* (-; *-en*) rappel *m*, révocation *f*

'**abbestell|en** (*sép*, *h*) décommander; '**≈ung** *f* (-; *-en*) résiliation *f* d'une commande

'**abbiegen** (*irr*, *sép*, *-ge-*, → ***biegen***) **1.** (*h*) détourner; **2.** (*sn*) tourner

'**Abbild** *n* (-[*e*]*s*; *-er*) image *f*, portrait *m*; '**≈en** (*sép*, *-ge-*, *h*) représenter; '**~ung** *f* (-; *-en*) illustration *f*

'**ab|binden** (*irr*, *sép*, *-ge-*, *h*, → ***binden***) *méd* ligaturer; '**~blasen** (*irr*, *sép*, *-ge-*, *h*, → ***blasen***) F *fig* décommander, annuler; '**~blättern** (*sép*, *-ge-*, *sn*) *Farbe* s'écailler

'**abblend|en** (*sép*, *-ge-*, *h*) *auto* se mettre en code; '**≈licht** *n* phares *m*/*pl* code

'**abbrechen** (*irr*, *sép*, *-ge-*, *h*, → ***brechen***) casser; *Haus* démolir; *Beziehungen* rompre; *Unterhaltung* couper court à; *Zelt* démonter

'**ab|bremsen** (*sép*, *-ge-*, *h*) freiner, ralentir; '**~brennen** (*irr*, *sép*, *-ge-*, *v*/*t h*, *v*/*i sn*, → ***brennen***) brûler; '**~bringen** (*irr*, *sép*, *-ge-*, *h*, → ***bringen***) ***j-n von etw ~*** dissuader *od* détourner qn de qc; '**~bröckeln** (*sép*, *-ge-*, *sn*) s'effriter, s'émietter

'**Abbruch** *m* (-[*e*]*s*; *sans pl*) démolition *f*; *Beziehungen* rupture *f*; '**≈reif** bon pour la démolition

'**abbuchen** (*sép*, *-ge-*, *h*) ***e-e Summe von e-m Konto ~*** débiter un compte d'une somme

ABC-Waffen [aːbeː'tseː-] *mil f*/*pl* armes *f*/*pl* atomiques, biologiques et chimiques

'**abdank|en** (*sép*, *-ge-*, *h*) abdiquer; '**≈ung** *f* (-; *-en*) abdication *f*

'**ab|decken** (*sép*, *-ge-*, *h*) découvrir; *Tisch* desservir; *zudecken* recouvrir; '**~dichten** (*sép*, *-ge-*, *h*) boucher, calfeutrer; '**~drängen** (*sép*, *-ge-*, *h*) repousser, refouler, écarter; '**~drehen** (*sép*, *-ge-*, *h*) *Gas*, *Wasser*, *Licht* fermer; *v*/*i aviat*, *mar* changer de route *od* de cap

'**Abdruck** *m* (-[*e*]*s*; *-e*) reproduction *f*; *Finger≈* (*pl* *⸚e*) empreinte *f*

Abend ['aːbənt] *m* (*-s*; *-e*) soir *m*; *Abendstunden* soirée *f*; ***am ~*** le soir; ***heute ~*** ce soir; ***morgen ~*** demain soir; ***im Laufe des ~s*** dans la soirée; ***zu ~ essen*** dîner; '**~brot** *n* repas *m* du soir; '**~dämmerung** *f* crépuscule *m*; '**~essen** *n* dîner *m*; souper *m*;

'**~kleid** *n* robe *f* du soir; '**~kurs** *m* cours *m* du soir; '**~land** *n* (-[*e*]*s*; *sans pl*) Occident *m*; '**≗ländisch** ['-lɛndiʃ] occidental; '**~mahl** *n* (-[*e*]*s*; *sans pl*) communion *f*; *Kunst* Cène *f*; '**~rot** *n* rougeoiement *m* du soleil couchant

abends ['aːbənts] le soir

Abenteuer ['aːbəntɔʏər] *n* (-*s*; -) aventure *f*; '**≗lich** aventureux

Abenteurer ['-tɔʏrər] *m* (-*s*; -), '**~in** *f* (-; -*nen*) aventurier *m*, -ière *f*

aber ['aːbər] mais; ***nun ~*** or; ***nun ist ~ Schluss!*** ça suffit!

'**Aber|glaube** *m* (-*ns*; *sans pl*) superstition *f*; '**≗gläubisch** ['-glɔʏbiʃ] superstitieux

aberkennen ['apʔ-] (*irr*, *sép*, *h*, → ***erkennen***) ***j-m etw ~*** contester *od* refuser qc à qn; ***j-m ein Recht ~*** déclarer qn déchu d'un droit

aber|malig ['aːbərmaːliç] nouveau; *wiederholt* répété, réitéré; '**~mals** ['-maːls] de nouveau

'**abertausend** ***tausende und ~e*** des milliers

Abessinien [abɛ'siːniən] *n hist* l'Abyssinie *f*

Abf. *abr* ***Abfahrt*** départ

'**abfahren** (*irr*, *sép*, -*ge*-, → ***fahren***) **1.** (*sn*) partir (***nach*** pour *od* à); *Strecke* parcourir; **2.** (*h*) *Schutt* enlever; *Reifen* user

'**Abfahrt** *f* (-; -*en*) départ *m*; *Ski* descente *f*

'**abfahrts|bereit** prêt à partir, en partance; '**≗lauf** *m Ski* descente *f*; '**≗zeit** *f* heure *f* de départ

'**Abfall** *m* (-[*e*]*s*; ⸚*e*) déchets *m/pl*; *Müll* ordures *f/pl*; *Küchenabfälle* épluchures *f/pl*; *Parteiwechsel* défection *f*; '**~aufbereitung** *f* (-; *sans pl*) traitement *m* des déchets; '**~beseitigung** *f* (-; *sans pl*) élimination *f* des déchets; '**~eimer** *m* poubelle *f*

'**abfallen** (*irr*, *sép*, -*ge*-, *sn*, → ***fallen***) *Blätter* tomber; *sich neigen* aller en pente; *von Verbündeten* faire défection; ***vom Glauben ~*** renier sa foi; ***~ gegen*** contraster défavorablement avec

'**abfällig** défavorable; ***~e Bemerkung*** remarque *f* désobligeante

'**Abfall|management** *n* (-*s*; *sans pl*) gestion *f* des déchets; '**~produkt** *n* produit *m* résiduaire; '**~verwertung** *f* (-; *sans pl*) recyclage *m* des déchets

'**abfang|en** (*irr*, *sép*, -*ge*-, *h*, → ***fangen***) attraper; *Brief* intercepter; '**≗jäger** *aviat m* chasseur *m* d'interception

'**abfärben** (*sép*, -*ge*-, *h*) (se) déteindre (***auf*** sur)

'**abfass|en** (*sép*, -*ge*-, *h*) rédiger; '**≗ung** *f* (-; -*en*) rédaction *f*

'**abfertig|en** (*sép*, -*ge*-, *h*) *Ware* expédier; *Gepäck* enregistrer; *zollamtlich* dédouaner; *am Schalter* ***j-n ~*** servir qn; ***j-n kurz ~*** se débarrasser rapidement de qn; '**≗ung** *f* (-; -*en*) expédition *f*; enregistrement *m*; dédouanement *m*

'**abfind|en** (*irr*, *sép*, -*ge*-, *h*, → ***finden***) ***j-n ~*** indemniser, dédommager qn; ***sich ~ mit*** se résigner à, prendre son parti de; '**≗ung(ssumme)** *f* indemnité *f*

'**ab|fliegen** (*irr*, *sép*, -*ge*-, *sn*, → ***fliegen***) *aviat* partir (***nach*** pour *od* à), décoller, s'envoler; '**~fließen** (*irr*, *sép*, -*ge*-, *sn*, → ***fließen***) s'écouler

'**Abflug** *aviat m* (-[*e*]*s*; ⸚*e*) départ *m*, décollage *m*, envol *m*; '**~halle** *f* hall *m* de départ; '**~(s)zeit** *f* heure *f* de départ

'**Abfluss** *m* (-*es*; ⸚*e*) écoulement *m*

'**abfragen** (*sép*, -*ge*-, *h*) questionner, interroger

Abfuhr ['apfuːr] *f* (-; -*en*) *Müll etc* enlèvement *m*; *fig* rebuffade *f*; ***j-m e-e ~ erteilen*** éconduire qn

'**abführen** (*sép*, -*ge*-, *h*) *j-n* emmener; *Gelder* verser; *méd* purger

'**abfüllen** (*sép*, -*ge*-, *h*) *in Flaschen* mettre en bouteilles; *in Tüten* ensacher

'**Abgabe** *f* (-; -*n*) *Aushändigung* remise *f*; *Verkauf* vente *f*; *Steuer* droit *m*, taxe *f*; *Ball≗* passe *f*; '**≗nfrei** non imposable; '**≗npflichtig** imposable

'**Abgang** *m* (-[*e*]*s*; ⸚*e*) départ *m*; *Theater* sortie *f* de scène; '**~szeugnis** *n* certificat *m* de fin d'études

'**Abgas|e** *n/pl* gaz *m/pl* d'échappement; '**≗arm** à gaz d'échappement réduit; '**~katalysator** *m* catalyseur *m* antipollution

'**abgeben** (*irr*, *sép*, -*ge*-, *h*, → ***geben***) remettre, donner, déposer; *verkaufen* vendre; *Ball* passer; faire une passe; *Schuss* tirer; *Erklärung* faire; *Wärme* dégager; ***sich ~ mit*** s'occuper de

'ab|gebrannt F *fig ohne Geld* à sec F, fauché F; **'~gedroschen** rebattu; **'~gegriffen** *Buch* usé; **'~gehackt ~ sprechen** parler par saccades *od* par à-coups; **'~gehangen gut ~es Fleisch** viande reposée; **'~gehärtet** endurci (**gegen** contre)

'abgehen (*irr, sép, -ge-, sn,* → **gehen**) *Zug, Post, sich entfernen* s'en aller; **von der Schule ~** quitter l'école, sortir de l'école; **von seiner Meinung ~** changer d'opinion; **diese Eigenschaft geht ihm ab** cette qualité lui fait défaut; **gut ~** bien se terminer

'ab|gehetzt, '~gekämpft harassé, exténué; **'~gekartet e-e ~e Sache** un coup monté

'abgeklärt mûr, sage; **'2heit** *f* sagesse *f*

'ab|gelaufen périmé; expiré; **'~gelegen** isolé; **'~gemacht!** c'est entendu *od* convenu; **'~gemagert** émacié, décharné; **'~geneigt e-r Sache ~** défavorable *od* hostile à qc; **'~genutzt** usé, râpé

Abgeordnete ['apgəˀɔrdnətə] *m, f* (*-n; -n*) député *m*, femme *f* député; **'~nhaus** *n* chambre *f* des députés

'Abgesandte *m, f* (*-n; -n*) envoyé *m*, -e *f*

'abgeschieden isolé, retiré, solitaire

'abgesehen ~ von à part …, abstraction faite de; **~ davon** à part cela

'ab|gespannt surmené; **'~gestanden** éventé; **'~gestorben** *Glieder* engourdi; **'~gestumpft** insensible, indifférent (**gegen** à); **'~getragen** usé

'abgewöhnen (*sép, h*) **j-m etw ~** désaccoutumer *od* déshabituer qn de qc; **sich das Rauchen ~** s'arrêter de fumer

'Abglanz *m* (*-es; sans pl*) *fig* reflet *m*

'Abgott *m* (*-es, ⸚er*) idole *f*

abgöttisch ['apgœtiʃ] **j-n ~ lieben** idolâtrer qn

'ab|grasen (*sép, -ge-, h*) *fig Gebiet* ratisser; **'~grenzen** (*sép, -ge-, h*) délimiter

'Abgrund *m* (*-[e]s; ⸚e*) abîme *m*, gouffre *m*

'Abguss *m* (*-es; ⸚e*) moulage *m*

'ab|haben F **etw ~ wollen** vouloir en avoir un petit peu; **'~hacken** (*sép, -ge-, h*) couper; **'~haken** (*sép, -ge-, h*) cocher; **'~halten** (*irr, sép, -ge-, h,* → **halten**) *hindern* empêcher; *Sitzung* tenir; *Gottesdienst* célébrer

'abhandeln (*sép, -ge-, h*) *erörtern* traiter; *Ware* marchander

abhandenkommen [ap'handənkɔmən] (*irr, sép, -ge-, sn,* → **kommen**) s'égarer, se perdre

'Abhandlung *f* (*-; -en*) traité *m*, dissertation *f*

'Abhang *m* (*-[e]s; ⸚e*) pente *f*, versant *m*

'abhäng|en *v/t* (*sép, -ge-, h*) décrocher; *v/i* (*irr, sép, -ge-, h,* → **hängen**) *fig* **~ von** dépendre de; **'~ig** dépendant (**von** de); **~ sein von** dépendre de; **'2igkeit** *f* (*-; -en*) dépendance *f*; **gegenseitige ~** interdépendance *f*

'abhärten (*sép, -ge-, h*) (**sich ~** s')endurcir (**gegen** à), (s')aguerrir

'ab|hauen (*sép, -ge-, sn*) F ficher *od* foutre le camp, déguerpir, filer; **'~heben** (*irr, sép, -ge-, h,* → **heben**) *tél* décrocher; *Geld* retirer; *Karten* couper; *aviat* décoller; **sich ~ von** se détacher sur; **'2hebung** *f* (*-; -en*) *Geld* retrait *m*; **'~heften** (*sép, -ge-, h*) ranger dans un classeur; **'~helfen** (*irr, sép, -ge-, h* → **helfen**) **e-r Sache ~** remédier à qc

'Abhilfe *f* (*-; sans pl*) remède *m*

'abholen (*sép, -ge-, h*) aller *od* venir chercher, (aller *od* venir) prendre; **~ lassen** envoyer chercher

'abholzen (*sép, -ge-, h*) déboiser

'Abhör|anlage *f* table *f* d'écoute; **'2en** (*sép, -ge-, h*) écouter; *tél* intercepter

Abitur [abi'tuːr] *n* (*-s; sans pl*) baccalauréat *m*; bac *m* F; **~ient** [-ur'jɛnt] *m* (*-en; -en*), **~'ientin** *f* (*-; -nen*) bachelier *m*; -ière *f*

'abjagen (*sép, -ge-, h*) **j-m etw ~** faire lâcher prise de qc à qn

Abk. *abr* **Abkürzung** abréviation

'ab|kanzeln (*sép, -ge-, h*) **j-n ~** réprimander, sermonner qn; **'~kapseln** (*sép, -ge-, h*) **sich ~** se renfermer sur soi-même; **'~kehren** (*sép, -ge-, h*) **sich ~ von** se détourner de

'Abklatsch *m* (*-[e]s; -e*) copie *f*, imitation *f*

'ab|klingen (*irr, sép, -ge-, sn,* → **klingen**) *Schmerz* s'atténuer, diminuer; **'~knallen** (*sép, -ge-, h*) F **j-n ~** descendre qn; **'~knicken** (*sép, -ge-, h*) casser; **'~kommandieren** (*sép, -ge-, h*) *mil* détacher (**zu** à)

'**abkommen** (*irr, sép, -ge-, sn,* → ***kommen***) ***vom Kurs ~*** *aviat, mar* s'écarter de sa route; ***von e-m Thema ~*** s'écarter d'un sujet, ***vom Wege ~*** perdre son chemin

'**Abkommen** *n* (*-s*; -) accord *m*

abkömm|lich ['apkœmliç] disponible; '**2ling** *m* (*-s*; *-e*) descendant *m*, -e *f*

'**abkratzen** (*sép, -ge-*) **1.** (*h*) gratter; **2.** (*sn*) F *fig sterben* crever, claquer

'**abkühl|en** (*sép, -ge-, h*) (***sich ~*** se) rafraîchir; '**2ung** (-; *sans pl*) rafraîchissement *m*

'**abkürz|en** (*sép, -ge-, h*) *Weg* raccourcir; *Wort* abréger; '**2ung** *f* (-; *-en*) *Wort* abréviation *f*; sigle *m*; *Weg* raccourci *m*

'**abladen** (*irr, sép, -ge-, h* → ***laden***) décharger

'**Ablage** *f* (-; *-n*) *Akten* classement *m*; *Bord* rayon *m*; *Kleider* vestiaire *m*

'**ablager|n** (*sép, -ge-, h*) ***sich ~*** déposer; '**2ung** *f* (-; *-en*) dépôt *m*; *géol* sédiment *m*

'**ablassen** (*irr, sép, -ge-, h,* → ***lassen***) *Flüssigkeit* faire écouler; ***die Luft aus dem Reifen ~*** dégonfler le pneu; ***etw vom Preis ~*** rabattre qc du prix; ***von etw nicht ~ können*** ne pas pouvoir renoncer à qc

'**Ablauf** *m* (-[*e*]*s*; *sans pl*) *Abfluss* écoulement *m*; (*pl* ⸚*e*) *von Ereignissen* déroulement *m*; (*sans pl*) *e-r Frist* expiration *f*; '**2en** (*irr, sép, -ge-,* → ***laufen***) **1.** (*sn*) abfließen s'écouler; *verlaufen* se dérouler; *Frist* expirer; ***gut*** (***schlecht***) **~** se terminer bien (mal); **2.** (*h*) *Schuhe* user

'**ableg|en** (*sép, -ge-, h*) déposer; *Kleider* ôter; *Akten* classer; *Gewohnheit* se défaire de; *Prüfung* passer; *Eid* prêter; *Schiff* appareiller; ***Rechenschaft ~ für*** rendre compte de; '**2er** *agr m* (*-s*; -) marcotte *f*

'**ablehn|en** (*sép, -ge-, h*) refuser; *Vorschlag* rejeter; *Verantwortung* décliner; '**~end** négatif, de refus; '**2ung** *f* (-; *-en*) refus *m*

'**ableit|en** (*sép, -ge-, h*) dériver (*a math*); '**2ung** *f* (-; *-en*) *gr* dérivation *f*; *math* dérivée *f*

'**ablenk|en** (*sép, -ge-, h*) détourner; *zerstreuen* distraire; '**2ung** *f* (-; *-en*) distraction *f*

'**ablesen** (*irr, sép, -ge-, h,* → ***lesen***) lire; *Messwert* relever

'**abliefer|n** (*sép, -ge-, h*) livrer; *abgeben* remettre; '**2ung** *f* (-; *-en*) livraison *f*; remise *f*

'**ablös|en** (*sép, -ge-, h*) *entfernen* détacher, décoller (***von*** de); *j-n bei der Arbeit* relayer, prendre la relève de; *Wache* relever; ***sich ~*** se détacher, se décoller (***von*** de); *Personen* se relayer; '**2ung** *f* (-; *-en*) relève *f*

'**abmach|en** (*sép, -ge-, h*) détacher, défaire, enlever; *vereinbaren* convenir (***etw*** de qc); ***abgemacht!*** entendu!; '**2ung** *f* (-; *-en*) arrangement *m*, convention *f*

'**abmager|n** (*sép, -ge-, sn*) maigrir; '**2ung** *f* (-; *-en*) amaigrissement *m*; '**2ungskur** *f* cure *f* d'amaigrissement

'**Abmarsch** *m* (-[*e*]*s*; ⸚*e*) départ *m*

'**abmeld|en** (*sép, -ge-, h*) faire rayer; ***sich ~ von*** déclarer son départ de; '**2ung** *f* (-; *-en*) déclaration *f* de départ *od* de changement d'adresse

'**abmess|en** (*irr, sép, -ge-, h,* → ***messen***) mesurer; '**2ung** *f* (-; *-en*) mesurage *m*; ***~en*** *pl* dimensions *f/pl*

'**ab|montieren** (*sép, pas de -ge-, h*) démonter; '**~mühen** (*sép, -ge-, h*) ***sich ~*** se donner du mal *od* de la peine; '**~nagen** (*sép, -ge-, h*) *Knochen* ronger

Abnahme ['apnaːmə] *f* (-; *sans pl*) *Rückgang* diminution *f*; *Verlust* perte *f*; *Kauf* achat *m*

'**abnehm|en** (*irr, sép, -ge-, h,* → ***nehmen***) *wegnehmen* enlever; *Hut* ôter; *tél* décrocher; *kaufen* acheter; *amputieren* amputer; *Führerschein* retirer; F *glauben* croire (***j-m etw*** qc à qn); *an Gewicht* maigrir; *Mond* décroître; *Tage, Kräfte* diminuer; ***j-m e-e Arbeit ~*** faire un travail pour qn; '**2er** *écon m* (*-s*; -) acheteur *m*, client *m*, preneur *m*

'**Abneigung** *f* (-; *-en*) aversion *f*, antipathie *f*, répulsion *f* (***gegen*** pour)

abnorm [ap'nɔrm] anormal; **2i'tät** *f* (-; *-en*) anomalie *f*

'**abnutz|en** (*sép, -ge-, h*) user; '**2ung** *f* (-; *sans pl*) usure *f*

Abon|nent [abɔ'nɛnt] *m* (*-en, -en*), **~'nentin** *f* (-; *-nen*) abonné *m*, -e *f*; **2'nieren** (*pas de ge-, h*) ***etw ~*** s'abonner à qc

abordn|en ['apˀ-] (*sép, -ge-, h*) délé-

guer; **'2ung** *f* (-; *-en*) délégation *f*
'ab|passen (*sép*, *-ge-*, *h*) *Gelegenheit* guetter; **'~prallen** (*sép*, *-ge-*, *sn*) rebondir; *Geschoss* ricocher; **'~putzen** (*sép*, *-ge-*, *h*) nettoyer; **'~raten** (*irr*, *sép*, *-ge-*, *h* → ***raten***) ***j-m von etw ~*** déconseiller qc à qn; **'~räumen** (*sép*, *-ge-*, *h*) *Tisch* débarrasser; *nach dem Essen* desservir (la table); *Schutt* deblayer; **'~reagieren** (*sép*, *pas de -ge-*, *h*) ***sich ~*** se défouler (***an*** sur)
'abrechn|en (*sép*, *-ge-*, *h*) faire les comptes; *abziehen* déduire; *fig* ***mit j-m ~*** régler ses comptes avec qn; **'2ung** *f* (-; *-en*) règlement *m* de comptes (*a fig*); **'2ungszeitraum** *m* (-[*e*]*s*; *⸚e*) terme *m* de liquidation
'Abreise *f* (-; *-n*) départ *m*; **'2n** (*sép*, *-ge-*, *sn*) partir (***nach*** pour *od* à)
'abreißen (*irr*, *sép*, *-ge-*, → ***reißen***) **1.** (*h*) arracher; *Haus* démolir; **2.** (*sn*) *abgehen* se déchirer; *aufhören* cesser, s'arrêter
'abrichten (*sép*, *-ge-*, *h*) *Tiere* dresser
'abriegeln (*sép*, *-ge-*, *h*) *Straße* bloquer; barrer
'Abriss *m* (*-es*; *-e*) *Buch* précis *m*; abrégé *m*; *kurzer Überblick* esquisse *f*; *e-s Hauses* démolition *f*
'ab|rücken (*sép*, *-ge-*, *sn*) s'écarter, s'éloigner (***von*** de); *mil* partir; *fig* prendre ses distances (***von etw*** de qc); **'~rufen** (*irr*, *sép*, *-ge-*, *h*, → ***rufen***) *Waren* faire livrer; *Computer* ***Daten ~*** visualiser des données; **'~runden** (*sép*, *-ge-*, *h*) arrondir
abrupt [ap'rupt] brusque(ment)
'abrüst|en (*sép*, *-ge-*, *h*) désarmer; **'2ung** *f* (-; *sans pl*) désarmement *m*
'abrutschen (*sép*, *-ge-*, *sn*) glisser; *in der Kurve* déraper
ABS *abr* ***Antiblockiersystem*** système antiblocage
Abs. *abr* ***Absender*** expéditeur; ***Absatz*** alinéa
'Absage *f* (-; *-n*) refus *m*, réponse *f* négative; annulation *f*; **'2n** (*sép*, *-ge-*, *h*) se décommander; *Einladung* s'excuser; ***j-m ~*** décommander qn; ***etw ~*** annuler qc
'absägen (*sép*, *-ge-*, *h*) scier; *fig j-n* débarquer F, limoger F
'Absatz *m* (-[*e*]*s*; *⸚e*) *Schuh* talon *m*; *Text* alinéa *m*; *comm* vente *f*; **'~förderung** *f* promotion *f* de vente; **'~markt** *m* débouché *m*
'abschaff|en (*sép*, *-ge-*, *h*) abolir, supprimer; **'2ung** (-; *sans pl*) *f* abolition *f*, suppression *f*
'abschalten (*sép*, *-ge-*, *h*) *Strom* couper; *Maschine* arrêter; *Radio*, *TV* éteindre; *fig* se relaxer
'abschätz|en (*sép*, *-ge-*, *h*) estimer, évaluer; **'~ig** méprisant, péjoratif
'Abscheu *m* (*-s*; *sans pl*) horreur *f* (***vor*** de), répulsion *f* (***gegen*** pour), exécration *f*; **2lich** [ap'ʃɔʏliç] horrible, exécrable, abominable, détestable
'ab|schicken (*sép*, *-ge-*, *h*) expédier, envoyer; **'~schieben** (*irr*, *sép*, *-ge-*, *h*, → ***schieben***) *Schuld* rejeter (***auf*** sur); *Ausländer* expulser, refouler
Abschied ['apʃiːt] *m* (-[*e*]*s*; *sans pl*) adieux *m/pl*; ***~ nehmen*** prendre congé (***von*** de), faire ses adieux (à qn)
'abschießen (*irr*, *sép*, *-ge-*, *h*, → ***schießen***) *Flugzeug*, *Wild* abattre; *Gewehr* décharger; *Rakete* lancer
'abschirmen (*sép*, *-ge-*, *h*) protéger (***gegen*** contre)
'abschlachten (*sép*, *-ge-*, *h*) massacrer
'Abschlag *m* (-[*e*]*s*; *⸚e*) *comm* réduction *f*, rabais *m*; **'2en** (*irr*, *sép*, *-ge-*, *h*, → ***schlagen***) abattre; *Bitte* repousser, refuser; *Kopf* couper
abschlägig ['apʃlɛːgiç] négatif
'Abschlagszahlung *f* acompte *m*
'Abschlepp|dienst *m* service *m* de dépannage; **'2en** (*sép*, *-ge-*, *h*) *auto* remorquer; *polizeilich* mettre en fourrière
'abschließen (*irr*, *sép*, *-ge-*, *h*, → ***schließen***) fermer à clé; *beenden* terminer, conclure, achever; ***e-n Handel ~*** conclure un marché; **'~d** final; *adv* en conclusion
'Abschluss *m* (*-es*; *⸚e*) conclusion *f*; clôture *f*; **'~prüfung** *f* examen *m* de fin d'études
'abschmecken (*sép*, *-ge-*, *h*) *cuis* assaisonner
'ab|schmieren (*sép*, *-ge-*, *h*) *auto* graisser; faire un graissage; **'~schminken** (*sép*, *-ge-*, *h*) (***sich*** se) démaquiller
Abschn. *abr* ***Abschnitt*** paragraphe
'abschneiden (*irr*, *sép*, *-ge-*, *h*, → ***schneiden***) couper; ***j-m das Wort ~*** couper la parole à qn; ***gut*** (***schlecht***)

~ s'en tirer bien (mal), bien (mal) réussir

'Abschnitt *m* (-[*e*]*s*; -*e*) *Teilstück* section *f*, tronçon *m*; *Text*≗ passage *m*, paragraphe *m*; *Kontroll*≗ talon *m*, souche *f*; *Zeit*≗ période *f*; *Kreis*≗ segment *m*; *Front*≗ secteur *m*

'abschrauben (*sép*, *-ge-*, *h*) dévisser

'abschreck|en (*sép*, *-ge-*, *h*) décourager; *pol* dissuader; *cuis* passer à l'eau froide; **'~end** repoussant; intimidant; ***~es Beispiel*** exemple *m* à ne pas suivre; **'≗ung** *pol f* (-; -*en*) dissuasion *f*; **'≗ungsstreitmacht** *mil f* force *f* de dissuasion

'abschreib|en (*irr*, *sép*, *-ge-*, *h*, → ***schreiben***) copier (**von** sur); *comm* amortir; **'≗ung** *f* (-; -*en*) *comm* amortissement *m*

'Abschrift *f* (-; -*en*) copie *f*, duplicata *m*

'abschürf|en (*sép*, *-ge-*, *h*) *Haut* érafler; **'≗ung** *f* (-; -*en*) éraflure *f*

'Abschuss *m* (-*es*; -*̈e*) *Rakete* lancement *m*

abschüssig ['apʃysiç] escarpé; ***~ sein*** aller en pente

'Abschussliste *f fig* ***auf der ~ stehen*** être menacé

'ab|schütteln (*sép*, *-ge-*, *h*) secouer (*a fig*); **'~schwächen** (*sép*, *-ge-*, *h*) atténuer, affaiblir

'abschweifen (*sép*, *-ge-*, *sn*) s'écarter, digresser (***von*** de)

'ab|schwellen (*irr*, *sép*, *-ge-*, *sn*, → ***schwellen***) *méd* désenfler; **'~schwören** (*irr*, *sép*, *-ge-*, *h*, → ***schwören***) ***e-r Sache ~*** abjurer qc

abseh|bar ['apze:ba:r] prévisible; ***in ~er Zeit*** dans un proche avenir; **'~en** (*irr*, *sép*, *-ge-*, *h*, → ***sehen***) *Folgen* prévoir; ***das Ende von etw ~*** voir la fin de qc; *fig* ***von etw ~*** *verzichten* renoncer à qc; *nicht beachten* faire abstraction de qc; ***es ab(ge)sehen (haben) auf*** viser à; ***davon abgesehen*** à part cela

abseits ['apzaits] à l'écart, à part; *Sport* hors-jeu

'absend|en (*irr*, *sép*, *-ge-*, *h*, → ***senden***) envoyer, expédier; **'≗er** *m* (-*s*; -) expéditeur *m*; **'≗erin** *f* (-; -*nen*) expéditrice *f*

'absetz|bar déductible; **'~en** (*sép*, *-ge-*, *h*) *Last*, *Fahrgast* déposer; *Glas* poser; *Hut*, *Brille* ôter; *entlassen* destituer, révoquer; *verkaufen* vendre, écouler, placer; *Film* retirer de l'écran; *von der Steuer* déduire (des impôts); ***sich ~*** filer; *géol* se déposer; ***ohne abzusetzen*** sans faire de pause; **'≗ung** *f* (-; -*en*) *Entlassung* destitution *f*, révocation *f*; *vom Spielplan* retrait *m*; *von der Steuer* déduction *f*

'Absicht *f* (-; -*en*) intention *f*; **'≗lich** intentionnel; *adv* à dessein, exprès

'absitzen (*irr*, *sép*, *-ge-*, → ***sitzen***) **1.** (*sn*) descendre de cheval; **2.** (*h*) *Strafe* purger

absolut [apzo'lu:t] absolu

absolvieren [apzɔl'vi:rən] ***sein Studium ~*** faire ses études

ab'sonderlich bizarre

'absondern (*sép*, *-ge-*, *h*) isoler, séparer; *méd* sécréter

ab|sorbieren [apzɔr'bi:rən] (*pas de ge-*, *h*) absorber; **'~speisen** (*sép*, *-ge-*, *h*) *fig* ***j-n mit leeren Worten ~*** payer qn de belles paroles

'abspeichern *EDV* (*sép*, *-ge-*, *h*) sauvegarder

abspenstig ['apʃpɛnstiç] ***j-m die Freundin ~ machen*** prendre l'amie à qn

'absperr|en (*sép*, *-ge-*, *h*) fermer, barrer; **'≗ung** *f* (-; -*en*) barrage *m*

'ab|spielen (*sép*, *-ge-*, *h*) *Platte*, *Band* passer; Sport faire une passe; ***sich ~*** se passer, se dérouler; **'≗sprache** *f* (-; -*n*) accord *m*; ***in ~ mit*** en accord avec; **'~sprechen** (*irr*, *sép*, *-ge-*, *h*, → ***sprechen***) ***etw ~*** convenir de qc; ***sich ~*** s'arranger, se mettre d'accord; ***j-m die Fähigkeit ~ zu …*** dénier à qn la faculté de …; **'~springen** (*irr*, *sép*, *-ge-*, *sn*, → ***springen***) sauter; **'≗sprung** *m* (-[*e*]*s*; -*̈e*) saut *m*

'abstamm|en (*sép*, *sn*) descendre (***von*** de); **'≗ung** *f* (-; *sans pl*) origine *f*, descendance *f*, souche *f*

'Abstand *m* (-[*e*]*s*; -*̈e*) distance *f*, intervalle *m* (*a zeitlich*); *fig* ***mit ~*** de loin

ab|statten ['apʃtatən] (*sép*, *-ge-*, *h*) ***j-m e-n Besuch ~*** rendre visite à qn; **'~stauben** (*sép*, *-ge-*, *h*) épousseter; *fig* chiper

'abstech|en (*irr*, *sép*, *-ge-*, *h*, → ***stechen***) contraster (***gegen, von*** avec); **'≗er** *m* (-*s*; -) crochet *m* (***nach*** jusqu'à)

'abstecken (*sép*, *-ge-*, *h*) jalonner, tracer

'**absteigen** (*irr, sép, -ge-, sn,* → ***steigen***) descendre; ***in e-m Hotel ~*** descendre dans un hôtel

'**abstell|en** (*sép, -ge-, h*) *auto* garer; *Gepäck* déposer; *Maschinen* arrêter; *Gas, Wasser, Strom* couper; *Heizung, Radio* fermer; *Missstände* supprimer; '**２gleis** *n* voie *f* de garage (*a fig*); '**２platz** *m* aire *f* de stationnement; '**２raum** *m* débarras *m*

'**abstempeln** (*sép, -ge-, h*) *Briefmarke* oblitérer; *fig j-n* étiqueter (***zu*** comme)

'**absterben** (*irr, sép, -ge-, sn,* → ***sterben***) dépérir; *Baum* se dessécher; *Bein* s'engourdir; *Motor* caler

Abstieg ['apʃtiːk] *m* (-[*e*]*s*; -*e*) descente *f*; *fig* déclin *m*

'**abstimm|en** (*sép, -ge-, h*) accorder, harmoniser; *wählen* voter (***über etw*** qc); '**２ung** *f* (-; -*en*) vote *m*, scrutin *m*

Abstinenz [apsti'nɛnts] *f* abstinence *f*

'**Abstoß** *m* (-[*e*]*s*; ⸚*e*) *Fußball* coup *m* de pied de but; '**２en** (*irr, sép, -ge-, h,* → ***stoßen***) pousser; *anwidern* dégoûter, repousser; *verkaufen* vendre; '**２end** répugnant, repoussant, dégoûtant

abstrakt [ap'strakt] abstrait

'**ab|streifen** (*sép, -ge-, h*) *Schuhe etc* enlever; *fig Sorgen* se débarrasser de; '**~streiten** (*sép, -ge-, h,* → ***streiten***) contester, nier

'**Abstrich** *m* (-[*e*]*s*; -*e*) *Abzug* réduction *f*; *méd* prélèvement *m*, frottis *m*; ***~e machen*** en rabattre

'**abstuf|en** (*sép, -ge-, h*) graduer, nuancer; '**２ung** *f* (-; -*en*) gradation *f*

'**abstumpfen** (*sép, -ge-, sn*) *Gefühle* s'émousser; *Mensch* s'abrutir

'**Absturz** *m* (-[*e*]*s*; ⸚*e*) chute *f* (*a aviat*); *tech* arrêt *m*

'**ab|stürzen** (*sép, -ge, sn*) faire une chute, tomber à pic; *aviat* s'abattre; *tech* s'arrêter; '**~suchen** (*sép, -ge-, h*) ***etw ~*** fouiller qc

absurd [ap'zurt] absurde

Abszess *méd* [aps'tsɛs] *m* (-*es*; -*e*) abcès *m*

Abt [apt] *m* (-[*e*]*s*; ⸚*e*) abbé *m*

Abt. *abr* ***Abteilung*** département; subdivision

Abtei [ap'tai] *f* (-; -*en*) abbaye *f*

Ab'teil [ap'tail] *n* (-[*e*]*s*; -*e*) *Bahn* compartiment *m*; '**２en** (*sép, -ge-, h*) diviser; *abtrennen* séparer; **~ung** *f* (-; -*en*) division *f*, section *f*; *Firma* service *m*, département *m*; *Kaufhaus* rayon *m*; *mil* détachement *m*; **~ungsleiter** *m Kaufhaus* chef *m* de rayon; *Büro* chef *m* de service

'**abtöten** (*sép, -ge-, h*) *Bakterien* tuer; *Gefühl* étouffer

'**abtragen** (*irr, sép, -ge-, h,* → ***tragen***) *Erde* déblayer; *Kleider* user; *Schuld* payer, rembourser

'**abtreib|en** (*irr, sép, -ge-,* → ***treiben***) **1.** (*h*) *Frau* se faire avorter; **2.** (*sn*) *aviat, mar* dériver; '**２ung** *f* (-;-*en*) avortement *m*; ***e-e ~ vornehmen*** provoquer un avortement

'**abtrennen** (*sép, -ge-, h*) détacher, séparer

'**abtret|en** (*irr, sép, -ge-,* → ***treten***) **1.** (*sn*) *vom Amt* se retirer; **2.** (*h*) *überlassen* céder (***j-m etw*** qc à qn); ***die Füße ~*** décrotter ses chaussures; '**２ung** *f* (-;-*en*) cession *f*

'**abtrocknen** (*sép, -ge-, h*) essuyer

abtrünnig ['aptrynɪç] infidèle

'**ab|tun** (*irr, sép, -ge-, h,* → ***tun***) *Vorschlag etc* passer sur; '**~wägen** (*wog ab, abgewogen, h*) peser, considérer; '**~wählen** ***j-n ~*** destituer qn par un vote; '**~wälzen** (*sép, -ge-, h*) *Schuld* rejeter (***auf*** sur); '**~wandeln** (*sép, -ge-, h*) changer, modifier; '**~wandern** (*sép, -ge-, sn*) émigrer (***nach*** vers), partir (pour)

'**Abwärme** *tech f* (-; *sans pl*) chaleur *f* perdue

'**abwarten** (*sép, -ge-, h*) attendre; '**~d** ***sich ~ verhalten*** rester dans l'expectative

abwärts ['apvɛrts] vers le bas, en bas

Abwasch ['apvaʃ] *m* (-[*e*]*s*; *sans pl*) vaisselle *f*; '**２bar** lavable; '**２en** (*irr, sép, -ge-, h* → ***waschen***) laver; *Geschirr* faire la vaisselle

'**Abwasser** *n* (-*s*; ⸚) eaux *f*/*pl* usées; '**~aufbereitung** *f* (-; *sans pl*) traitement *m* des eaux usées

'**abwechs|eln** (*sép, -ge-, h*) alterner (***mit*** avec); *Personen* ***sich ~*** se relayer; '**~elnd** alternativement, à tour de rôle; '**２lung** *f* (-; -*en*) changement *m*, diversion *f*, variété *f*; ***zur ~*** pour changer; '**~lungsreich** varié; *Leben* mouvementé

'**Abweg** *m* (-[*e*]*s*; *-e*) *fig* ***auf ~e geraten*** s'écarter du bon *od* droit chemin *od* de la bonne voie; '**ꝏig** ***~e Ansicht*** opinion *f* erronée

'**Abwehr** *f* (-; *sans pl*) défense *f*; '**ꝏen** (*sép*, *-ge-*, *h*) *Angriff* repousser; *Stoß* parer; '**~kräfte** *méd f/pl* pouvoir *m* défensif (de l'organisme); '**~stoffe** *méd m/pl* anticorps *m/pl*

'**abweich|en** (*irr*, *sép*, *-ge-*, *sn*, → ***weichen***) *vom Thema*, *Kurs* s'écarter, dévier (***von*** de); *sich unterscheiden* différer (***von*** de); *Meinungen* ***voneinander ~*** diverger; ***von der Wahrheit ~*** s'écarter de la vérité; '**~end** différent, divergent; '**ꝏung** *f* (-; *-en*) écart *m*; divergence *f*; déviation *f*

'**abweis|en** (*irr*, *sép*, *-ge-*, *h*, → ***weisen***) repousser, refuser; *Besucher* renvoyer; '**~end** *Miene* de refus

'**ab|wenden** (*irr*, *sép*, *-ge-*, *h*, → ***wenden***) détourner; ***sich ~ von*** se détourner de; ***Unheil ~*** conjurer le malheur; '**~werfen** (*irr*, *sép*, *-ge-*, *h*, → ***werfen***) *Flugblätter*, *Bomben* lancer, jeter; *Laub etc* perdre, se dépouiller de; *Reiter* désarçonner; *Gewinn* rapporter

'**abwert|en** (*sép*, *-ge-*, *h*) *Währung* dévaluer; *geringschätzen* déprécier; '**ꝏung** *f* (-; *-en*) dévaluation *f*

abwesen|d ['apveːzənt] absent; '**ꝏheit** *f* (-; *sans pl*) absence *f*

'**ab|wickeln** (*sép*, *-ge-*, *h*) dérouler; *durchführen* exécuter; *Geschäft* liquider; '**~wischen** (*sép*, *-ge-*, *h*) essuyer

'**Abwurf** *m* (-[*e*]*s*; *⸚e*) lancement *m*

'**abwürgen** F (*sép*, *-ge-*, *h*) *Motor* caler; *fig Diskussion* étouffer

'**abzahlen** (*sép*, *-ge-*, *h*) payer à tempérament *od* par versements échelonnés

'**abzählen** (*sép*, *-ge-*, *h*) compter

'**Abzeichen** *n* (-*s*; -) insigne *m*

'**abzeichnen** (*sép*, *-ge-*, *h*) dessiner, copier; *Schriftstück* parapher; ***sich ~*** se dessiner, se profiler, s'annoncer

'**abziehen** (*irr*, *sép*, *-ge-*, → ***ziehen***) **1.** (*h*) *entfernen* retirer; *math* soustraire; *Betrag* déduire; *kopieren* tirer; **2.** (*sn*) *Rauch* sortir, s'échapper; *Gewitter* s'éloigner; *Truppen* se retirer; F *Person* s'en aller, partir

abzocken ['aptsɔkən] *v/t* (*sép*, *-ge-*, *h*) F plumer

'**Abzug** *m* (-[*e*]*s*, *⸚e*) *Truppen* retrait *m*; *comm* déduction *f*, décompte *m*; *Foto* épreuve *f*; *Gewehr* détente *f*, gâchette *f*

abzüglich ['aptsyːkliç] déduction faite de, moins

abzweig|en ['aptsvaigən] (*sép*, *-ge-*, *v/i sn*) *Weg* bifurquer; (*v/t h*) *Geld* prélever (***von*** sur); '**ꝏung** *f* (-; *-en*) bifurcation *f*, embranchement *m*

ach [ax] ***~!*** ah!; *klagend* hélas!; ***~ so!*** ah bon!; ***~ was!*** *überrascht* vraiment?; *gleichgültig* bof!; ***mit ꝏ und Krach*** tant bien que mal; à grand-peine

Achse ['aksə] *f* (-; *-en*) *auto* essieu *m*; *math* axe *m*; ***immer auf ~ sein*** F être toujours en vadrouille

Achsel ['aksəl] *f* (-; *-n*) aisselle *f*; ***die ~n zucken*** hausser les épaules

acht [axt] *Zahl* huit; ***in ~ Tagen*** dans une semaine

Acht *f* ***~ geben*** faire attention (***auf*** à); *Aufmerksamkeit* ***außer ~ lassen*** négliger; ***sich in ~ nehmen*** prendre garde, faire attention (***vor*** à)

'**achte** huitième

Achtel ['axtəl] *n* (-*s*; -) huitième *m*

achten ['axtən] (*h*) estimer, respecter; ***~ auf*** faire attention à; ***darauf ~, dass …*** faire attention à ce que (+ *subj*)

ächten ['ɛçtən] (*h*) proscrire

'**achtgeben** → ***Acht***

'**achtlos** *adj* négligent

'**Achtung** *f* (-; *sans pl*) *Hochꝏ* estime *f*, respect *m*; *Vorsicht* attention *f*; ***~ Stufe!*** attention à la marche!

'**acht|zehn** dix-huit; '**~zig** ['axtsiç] quatre-vingts; '**ꝏziger** *m* (-*s*; -), '**ꝏzigerin** *f* (-; *-nen*) octogénaire *m*, *f*

ächzen ['ɛçtsen] (*h*) gémir

Acker ['akər] *m* (-*s*; *⸚*) champ *m*; '**~bau** *m* agriculture *f*; '**~land** *n* (-[*e*]*s*; *sans pl*) terres *f/pl* cultivées; '**ꝏn** ['akərn] (*h*) labourer; *fig.* F travailler d'arrache-pied

a. d. *abr* ***an der*** (*bei Ortsnamen*) sur le *bzw* la

a. D. *abr* ***außer Dienst*** en retraite

ADAC [aːdeːaːˈtseː] *m* (-; *sans pl*) Automobile-Club *m* d'Allemagne

addieren [a'diːrən] (*pas de -ge-*, *h*) additionner

Adel ['aːdəl] *m* (-*s*; *sans pl*) noblesse *f*

ad(e)lig ['aːd(ə)liç] noble; **ꝏe** ['aːd(ə)ligə] *m*, *f* (-*n*; -*n*) noble *m*, *f*

adeln ['aːdəln] (*h*) anoblir; *fig.* ennoblir
Ader ['aːdər] *f* (-;-*n*) veine *f*; *Schlag*℘ artère *f*; *Kabel* fil *m*
Adler *zo* ['aːdlər] *m* (-*s*;-) aigle *m*
Admiral [atmi'raːl] *m mar* (-*s*, ⸚*e*) amiral *m*
ADN *m hist DDR abr* ***Allgemeiner Deutscher Nachrichtendienst*** Agence générale allemande d'information
adoptieren [adɔp'tiːrən] (*pas de -ge-, h*) adopter
Adoptiv|eltern [adɔp'tiːfʔ-] *pl* parents *m/pl* adoptifs; **~kind** *n* enfant *m* adoptif
Adr. *abr* ***Adresse*** adresse
Adressat [adrɛ'saːt] *m* (-*en*; -*en*) destinataire *m*
Adressbuch [a'drɛs-] *n* bottin *m*
Adresse [a'drɛsə] *f* (-;-*n*) adresse *f*
adressieren [adrɛ'siːrən] (*pas de -ge-, h*) *Brief* mettre l'adresse sur; *richten an* adresser (à)
Adria ['aːdriɑ] ***die ~, das ~tische Meer*** l'Adriatique *f*, la mer Adriatique
Affäre [a'fɛːrə] *f* (-;-*n*) affaire *f*
Affe *zo* ['afə] *m* (-*n*; -*n*) singe *m*
Affekt [a'fɛkt] *m* (-[*e*]*s*; -*e*) émotion *f*, passion *f*; **~handlung** *f* acte *m* passionnel; ℘**iert** [-'tiːrt] affecté, maniéré
affig ['afiç] maniéré; ridicule
Afghanistan [af'gɑːnɪstɑːn] *n* l'Afghanistan *m*
Afrika ['afrika] *n* (-*s*; *sans pl*) l'Afrique *f*
Afrikan|er [afri'kaːnər] *m* (-*s*;-) Africain *m*; **~erin** *f* (-; -*nen*) Africaine *f*; ℘**isch** africain
After ['aftər] *m* (-*s*;-) anus *m*
AG [aː'geː] *comm f* (-; -*s*) SA (société *f* anonyme)
Ägäis [ɛ'gɛːis] ***die ~, das Ägäische Meer*** la mer Égée
Agent [a'gɛnt] *m* (-*en*; -*en*) agent *m*; **~ur** [-'tuːr] *f* (-; -*en*) agence *f*
Aggress|ion [agrɛ'sjoːn] *f* (-; -*en*) agression *f*; ℘**iv** [-'siːf] agressif
Agitator [agi'taːtɔr] *pol m* (-*s*; -*en*) agitateur *m*
Agrar|land [a'graːr-] *n* pays *m* agricole; **~markt** *m* marché *m* agricole
Ä'gypt|en [ɛ'gyptən] *n* (-*s*; *sans pl*) l'Égypte *f*; **~er** *m* (-*s*; -), **~erin** *f* (-; -*nen*) Égyptien *m*, -ne *f*; ℘**isch** égyptien
ähneln ['ɛːnəln] (*h*) ***j-m*** (***e-r Sache***) **~** ressembler à qn (à qc)
ahnen ['aːnən] (*h*) se douter de, pressentir
Ahnen ['aːnən] *pl* aïeux *m/pl*, ancêtres *m/pl*
ähnlich ['ɛːnliç] ressemblant; semblable, pareil; ***j-m ~ sehen*** *od* ***sein*** ressembler à qn; *fig* ***das sieht ihm ~*** ça lui ressemble tout à fait; '℘**keit** *f* (-; -*en*) ressemblance *f*
Ahnung ['aːnuŋ] *f* (-; -*en*) *Vorgefühl* pressentiment *m*; *Vorstellung* idée *f*; ***keine ~!*** aucune idée!; '℘**slos** sans se douter de rien; '**~slosigkeit** *f* (-; *sans pl*) ignorance *f*
Ahorn *bot* ['aːhɔrn] *m* (-*s*; -*e*) érable *m*
Ähre *bot* ['ɛːrə] *f* (-; -*n*) épi *m*
Aids *méd* [eids] *n* sida *m*; '℘**krank** malade de sida
Akade'mie [akadə'miː] *f* (-; -*n*) académie *f*; **~mitglied** *n* académicien *m*, -ne *f*
Aka'dem|iker [aka'deːmikər] *m* (-*s*; -), **~ikerin** *f* (-; -*nen*) personne *f* ayant un grade universitaire; ℘**isch** universitaire; *lebensfern* académique
Akazie *bot* [a'kaːtsjə] *f* acacia *m*
akklimatisieren [aklimati'ziːrən] (*pas de -ge-, h*) ***sich ~*** s'acclimater
Ak'kord [a'kɔrt] *m* (-[*e*]*s*; -*e*) *mus* accord *m*; ***im ~ arbeiten*** travailler à la tâche, aux pièces; **~arbeit** *f* travail *m* à la tâche, aux pièces; **~lohn** *m* salaire *m* à la tâche, aux pièces
Akro'bat [akro'baːt] *m* (-*en*; -*en*), **~in** *f* (-; -*nen*) acrobate *m*, *f*
Akt [akt] *m* (-[*e*]*s*; -*e*) acte *m*; *Kunst* nu *m*
Akte ['aktə] *f* (-; -*n*) dossier *m*, pièce *f*, document *m*; *fig* ***zu den ~n legen*** classer; considérer comme réglé
'**Akten|deckel** *m* chemise *f*; '**~koffer** *m* attaché-case *m*; '**~notiz** *f* aide-mémoire *m*; '**~ordner** *m* classeur *m*; '**~schrank** *m* classeur *m*; '**~tasche** *f* serviette *f*; porte-documents *m*; '**~zeichen** *n* référence *f od* numéro *m* du dossier
Aktie *écon* ['aktsjə] *f* (-; -*n*) action *f*; '**~ngesellschaft** *f* société *f* anonyme *od* par actions; '**~nmarkt** *m* marché *m* d'actions; '**~nmehrheit** *f* majorité *f* des actions
Aktion [ak'tsjoːn] *f* (-; -*en*) *pol* action *f*;

Werbe♀, *Spenden*♀ campagne *f*; *mil*, *Rettungs*♀ opération *f*
Aktio'när [aktsjo'nɛːr] *m* (-*s*; -*e*), **~in** *f* (-; -*nen*) actionnaire *m*, *f*
aktiv [ak'tiːf] actif; *Handelsbilanz* excédentaire; *Offizier* d'active; **~ieren** [-i'viːrən] (*pas de ge-*, *h*) activer; ♀**ität** [-ivi'tɛːt] *f* (-; -*en*) activité *f*
aktuell [aktu'ɛl] actuel, d'actualité
A'kust|ik [a'kustik] *f* (-; *sans pl*) acoustique *f*; ♀**isch** acoustique; *Gedächtnis* auditif
akut [a'kuːt] *méd* aigu; *Problem* urgent; *Gefahr* imminent
Akzent [ak'tsɛnt] *m* (-[*e*]*s*; -*e*) accent *m*; ♀**uieren** [-u'iːrən] (*pas de ge-*, *h*) accentuer
akzep|tabel [aktsɛp'taːbəl] acceptable; **~'tieren** (*pas de ge-*, *h*) accepter
Alarm [a'larm] *m* (-[*e*]*s*; -*e*) alerte *f*, alarme *f*; ***blinder ~*** fausse alerte; ***~ schlagen*** donner l'alarme *od* l'alerte; **~anlage** *f* dispositif *m* d'alarme; ♀**'ieren** (*pas de ge-*, *h*) alerter; *beunruhigen* alarmer
Albanien [al'bɑːniən] *n* l'Albanie *f*
albern ['albərn] niais, sot, inepte; **'♀heit** *f* (-; -*en*) niaiserie *f*, sottise *f*, ineptie *f*
'Albtraum *m* cauchemar *m*
Al'geri|en [al'geːrjən] *n* (-*s*; *sans pl*) l'Algérie *f*; **~er** *m* (-*s*; -), **~erin** *f* (-; -*nen*) Algérien *m*, -ne *f*; ♀**sch** [-iʃ] algérien
Algier ['alʒiːr] *n* Alger
Alkohol ['alkohol] *m* (-[*e*]*s*; -*e*) alcool *m*; ♀**frei** [-'hoːl-] sans alcool; *Getränk* non alcoolisé; **~iker** [-'hoːlikər] *m* (-*s*; -), **~ikerin** *f* (-; -*nen*) alcoolique *m*, *f*; ♀**isch** [-'hoːliʃ] alcoolique; **~ismus** [-'lismus] *m* (-; *sans pl*) alcoolisme *m*; **'~test** *m* alcootest *m*
All [al] *n* (-*s*; *sans pl*) univers *m*; *Weltraum* espace *m*
alle ['alə] *alleinstehend* tous [tus], toutes; tout le monde; *mit subst* tous les, toutes les; ***wir ~*** nous tous; ***~ beide*** tous les deux; ***~ zwei Jahre*** tous les deux ans; ***auf ~ Fälle*** en tous cas; ***ein für ~ Mal*** une fois pour toutes; F ***... ist ~*** il n'y a plus de ...; → *a* ***alles***
Allee [a'leː] *f* (-; -*n*) allée *f*; *Straße* avenue *f*
allein [a'lain] seul; ***~ der Gedanke*** la seule pensée; ***von ~*** tout seul; → ***alleinstehend***
Al'leingang *Sport* ***im ~*** en solitaire; *fig* ***e-n ~ machen*** faire cavalier seul
al'leinig exclusif
Al'leinsein *n* solitude *f*
al'leinstehend *Person* seul; *Haus* isolé
allemal ['alə'maːl] *adv auf jeden Fall* F à tous les coups; à coup sûr
'allenfalls à la rigueur, tout au plus
'aller|... *in Zssgn* le plus ... de tous; **'~'beste** le meilleur de tous; **'~dings** à vrai dire, à la vérité; bien sûr
Allerg|ie [alɛr'giː] *f* (-; -*n*) allergie *f* (***gegen*** à); ♀**isch** [a'lɛrgiʃ] allergique (***gegen*** à)
'aller|hand F pas mal de, toutes sortes de; ***das ist ja ~!*** c'est un peu fort!; *bewundernd* il faut le faire!; ♀**'heiligen** *n* la Toussaint; **'~lei** toutes sortes de; **'~letzt** le tout dernier; ***zu ~*** en tout dernier lieu; **'~liebst** ravissant; ***am ~en mögen*** préférer par-dessus tout; **'~nächst** ***in ~er Zeit*** dans un avenir très proche; ♀**'nötigste** ***das ~*** le strict minimum; **'~seits** ***guten Morgen ~!*** bonjour à tous!; **'~wenigst** ***am ~en*** moins que tout autre
alles ['aləs] tout; ***~ Gute!*** meilleurs vœux!, bonne chance!; ***~ in allem*** tout bien considéré; ***vor allem*** avant tout, surtout
'alle|samt tous ensemble; **'~zeit** toujours, en tout temps
allg. *abr* ***allgemein*** général(ement)
allgemein ['algə'main] général; ***im*** ♀***en*** en général; ***~ gültig*** → ***allgemeingültig***; ***~ verständlich*** à la portée de tous; ♀**arzt** *m* généraliste *m*/*f*; ♀**bildung** *f* culture *f* générale; **~gültig** universellement valable; ♀**heit** *f* (-; *sans pl*) public *m*, tout le monde; **~verständlich** → ***allgemein***
Allheilmittel [-'hail-] *n* (-*s*; -) remède *m* universel, panacée *f*
Allianz [ali'ants] *f* (-; -*en*) alliance *f*
Alliierte [ali'iːrtə] *m* (-*n*; -*n*) allié *m*; ***die ~n*** *pl* les alliés *m*/*pl*
all|'jährlich annuel(lement); **'**♀**macht** *f* (-; *sans pl*) toute-puissance *f*; **~'mächtig** tout-puissant; **~'mählich** graduel; *adv* peu à peu; **'**♀**radantrieb** *auto m* traction *f* toutes roues motrices; **'**♀**tag** *m* vie *f* quotidienne; **~'täglich** quotidien; *fig a* ordinaire, banal;

~'wissend omniscient; **'~zu, ~ *sehr, ~ viel*** trop
Alm [alm] *f* (-; *-en*) alpage *m*
Almosen ['almoːzən] *n* (*-s*; -) aumône *f*
Alpen ['alpən] *pl* Alpes *f/pl*
Alpha'bet [alfa'beːt] *n* (*-s*; *-e*) alphabet *m*; **2isch** (par ordre) alphabétique
alpin [al'piːn] alpin
'Alptraum *m* → ***Albtraum***
als [als] *zeitlich* quand, lorsque; *nach Komparativ* que (*vor Zahlen* de); *in der Eigenschaft* ~ comme, en tant que; **~ *ob*** comme si; **~ *ich einmal …*** un jour que je …; ***mehr ~ zwei Jahre*** plus de deux ans; **~ *Freund*** en ami
also ['alzoː] *folgernd* donc, par conséquent; *einleitend* alors
alt [alt] vieux (vieille); *Mensch a* âgé; *ehemalig* ancien; ***wie ~ bist du?*** quel âge as-tu?; ***ich bin 15 Jahre ~*** j'ai quinze ans; **~ *werden*** vieillir
Alt *mus m* (*-s*; *sans pl*) contralto *m*
Altar [al'taːr] *m* (-[*e*]*s*; *⸚e*) autel *m*
'alt|backen rassis; **'~bekannt** connu depuis longtemps; **'2eisen** *n* ferraille *f*
'Alte *m*, *f* (*-n*, *-n*) vieux *m*, vieille *f*; ***die ~n*** les vieux *m/pl*; **'~nheim** *n* maison *f* de retraite
'Alter *n* (*-s*, *sans pl*) âge *m*; *hohes* vieillesse *f*; ***im ~ von*** à l'âge de
älter ['ɛltər] plus âgé; ***mein ~er Bruder*** mon frère aîné; ***ein ~er Herr*** un monsieur d'un certain âge
altern ['altərn] vieillir
alternativ [altɛrna'tiːf] alternatif; **2e** [-'tiːvə] *f* (-; *-n*) alternative *f*
'Alters|diskriminierung *f* (-; *sans pl*) discrimination *f* des personnes âgées; **'~erscheinung** *f* signe *m* de vieillesse; **'~grenze** *f* limite *f* d'âge; **'~heim** *n* maison *f* de retraite; **'~rente** *f* retraite *f*; **'2schwach** *Person* sénile; *Gegenstand* vieux, délabré; **'~versorgung** *f* caisse *f* de prevoyance-vieillesse; **'~vorsorge** *f* ***private ~*** assurance *f* vieillesse complémentaire
Alter|tum ['altərtuːm] *n* (-[*e*]*s*; *sans pl*) Antiquité *f*; (-; *⸚er*) antiquité(s) *f*; **'2tümlich** antique, archaïque
'Alt|glas *n* (*-es*; *sans pl*) verre *m* recyclable; **'~glascontainer** *m* conteneur *m*, container *m* à verre; **'2klug** précoce; **'~lasten** *f/pl* déchets *m/pl* toxiques; **'~lastensanierung** *f* réhabilitation *f* des déchets toxiques; **'~metall** *n* ferraille *f*; **'2modisch** démodé, passé de mode; **'~papier** *n* papier *m* à recycler; **'~stadt** *f* cité *f*, vieille ville *f*; **'~stadtsanierung** *f* assainissement *m*; **'~warenhändler** *m* brocanteur *m*
Aluminium [alu'miːnjum] *n* (*-s*; *sans pl*) aluminium *m*
am [am] → ***an***; **~ *Knie*** au genou; **~ *Anfang*** (***Ende***) au commencement (à la fin); **~ *Abend*** (***Morgen***) le soir (matin); **~ *1. Mai*** le premier mai; **~ *Himmel*** dans le ciel; **~ *Leben*** en vie; **~ *schnellsten*** le plus vite
a. M. *abr* ***am Main*** sur-le-Main
Amateur [ama'tøːr] *m* (*-s*; *-e*) amateur *m*
Amazonas [ama'tsoːnas] ***der ~*** l'Amazone *m*
ambulan|t [ambu'lant] *méd* ***~e Behandlung*** traitement *m* qui ne nécessite pas d'hospitalisation; **2z** [-'lants] *f* (-; *-en*) dispensaire *m*; *auto* ambulance *f*
Ameise *zo* ['aːmaizə] *f* (-; *-n*) fourmi *f*; **'~nhaufen** *m* fourmilière *f*
Amerika [a'meːrika] *n* (*-s*; *sans pl*) l'Amérique *f*; **~ner** [ameri'kaːnər] *m* (*-s*; -), **~nerin** *f* (-; *-nen*) Américain *m*, -e *f*; **2nisch** [-'kaːniʃ] americain
Amnestie [amnɛs'tiː] *f* (-; *-n*) amnistie *f*
Ampel ['ampəl] *f* (-; *-n*) feux *m/pl* (de signalisation)
Ampu|tation [amputa'tsjoːn] *f* (-; *-en*) amputation *f*; **2'tieren** (*pas de ge-*, *h*) amputer
Amsel *zo* ['amzəl] *f* (-; *-n*) merle *m*
Amt [amt] *n* (-[*e*]*s*; *⸚er*) *Dienststelle* office *m*, service *m*, bureau *m*; *Tätigkeit* fonction *f*, charge *f*; ***Auswärtiges ~*** ministère *m* des Affaires étrangères; **2ieren** [am'tiːrən] (*pas de ge-*, *h*) être en fonction(s); **'2lich** officiel
'Amts|arzt *méd m* médecin *m* assermenté; **'~geheimnis** *n* secret *m* professionnel; **'~gericht** *n* tribunal *m* de première instance; **'~missbrauch** *m* abus *m* de pouvoir; **'~zeichen** *tél n* tonalité *f* (avant de composer le numéro); **'~zeit** *f* **1.** *jur* magistrature *f*; **2.** période *f* d'activité
amü|sant [amy'zant] amusant; **~'sieren** (*pas de ge-*, *h*) amuser; ***sich ~*** s'amuser (***über*** de)

an [an] **1.** *prép* (*wo? dat*; *wohin? acc*) à; *géogr* sur; ***von … ~*** à partir de, dès; ***Paris ~ 9.10*** Paris arrivée 9 heures 10; ***~ der Wand*** au mur; ***~ Weihnachten*** à Noël; ***~ e-m Sonntagmorgen*** un dimanche matin; ***~ seiner Stelle*** à sa place; ***sterben ~*** mourir de; ***Mangel ~*** manque de; **2.** *adv* ***das Licht ist ~*** la lumière est allumée; → *a* ***am***

Analphabet ['an(ʔ)alfabɛːt] *m* (*-en*, *-en*) illettré *m*, analphabète *m*

Analys|e [ana'lyːzə] *f* (-; *-n*) analyse *f*; **≗ieren** [-ly'ziːrən] (*pas de ge-*, *h*) analyser

Anarchie [anar'çiː] *f* (-; *-n*) anarchie *f*

Anatom|ie [anato'miː] *f* (-; *-n*) anatomie *f*; **≗isch** [-'toːmiʃ] anatomique

'anbahnen (*sép*, *-ge-*, *h*) ***sich ~*** se préparer, s'esquisser

'Anbau *m* (-[*e*]*s*; *sans pl*) *agr* culture *f*; *arch* annexe *f*; **'≗en** (*sép*, *-ge-*, *h*) *agr* cultiver; *arch* ajouter (***an*** à); **'~möbel** *n/pl* meubles *m/pl* à éléments

'an|behalten (*irr*, *sép*, *h*, → ***behalten***) garder; **~bei** [-'bai] *comm* ci-joint, ci-inclus; **'~beißen** (*irr*, *sép*, *-ge-*, *h*, → ***beißen***) mordre; **'~beten** (*sép*, *-ge-*, *h*) adorer

'Anbetracht *m* ***in ~*** en considération de, vu, étant donné

'anbetteln (*sép*, *-ge-*, *h*) ***j-n um etw ~*** mendier qc auprès de qn

an|biedern ['anbiːdərn] (*sép*, *-ge-*, *h*) ***sich ~*** vouloir se faire bien voir (***bei*** par); **'~bieten** (*irr*, *sép*, *-ge-*, *h*, → ***bieten***) offrir; ***sich ~*** se proposer (***als*** comme); **'≗bieter** *m* (*-s*; -) offrant *m*; **'~binden** (*irr*, *sép*, *-ge-*, *h*, → ***binden***) attacher (***an*** à)

'Anblick *m* (-[*e*]*s*; *-e*) aspect *m*, vue *f*; *Bild* spectacle *m*; ***beim ~ von*** à la vue de; **'≗en** (*sép*, *-ge-*, *h*) regarder

'an|brechen (*irr*, *sép*, *-ge-*, → ***brechen***) **1.** (*h*) *Flasche etc* entamer; *Knochen* fêler; **2.** (*sn*) *beginnen* commencer; *Tag* se lever, *Nacht* tomber; **'~brennen** (*irr*, *sép*, *-ge-*, *sn*, → ***brennen***) *Essen* brûler; *Milch* attacher; **'~bringen** (*irr*, *sép*, *-ge-*, *h*, → ***bringen***) *herbeibringen* apporter; *festmachen* poser; *a Bitte* placer

'Anbruch *m* (-[*e*]*s*; *sans pl*) ***~ des Tages*** lever *m* du jour; ***~ der Nacht*** tombée *f* de la nuit

'anbrüllen (*sép*, *-ge-*, *h*) F ***j-n ~*** engueuler qn, crier *od* pester contre qn

andächtig ['andɛçtiç] recueilli, attentif

'andauern (*sép*, *-ge-*, *h*) durer, continuer, persister; **'~d** continuel, persistant; *adv* continuellement, sans cesse

Anden ['andən] *pl* ***die ~*** les Andes *f/pl*

'Andenken *n* (*-s*; -) mémoire *f*, souvenir *m*

andere ['andərə] autre; ***mit ~n Worten*** en d'autres termes; ***am ~n Morgen*** le lendemain matin; ***etwas ~s*** autre chose; ***nichts ~s als*** rien d'autre que; ***unter ~m*** entre autres; **~rseits** ['andərər'zaits] d'autre part

ändern ['ɛndərn] (*h*) changer, modifier; ***sich ~*** changer

andernfalls autrement, sinon

anders ['andərs] autrement; ***jemand*** (***niemand***) ***~*** quelqu'un (personne) d'autre; ***~ werden*** changer; ***~ sein*** être différent (***als*** de); **'~wo**, **'~wohin** ailleurs, autre part

anderthalb ['andərt'halp] un et demi

'Änderung *f* (-; *-en*) changement *m*, modification *f*

'andeut|en (*sép*, *-ge-*, *h*) indiquer; laisser entendre; ***j-m ~ dass …*** faire comprendre à qn que …; **'≗ung** *f* (-; *-en*) indication *f*; allusion *f*

Andorra [an'dɔra] *n* l'Andorre *f*

'Andrang *m* (-[*e*]*s*; *sans pl*) affluence *f*; foule *f*

'an|drehen (*sép*, *-ge-*, *h*) *Radio*, *Gas* ouvrir; *Radio a* allumer; F *fig* ***j-m etw ~*** refiler qc à qn; **'~drohen** (*sép*, *-ge-*, *h*) ***j-m etw ~*** menacer qn de qc; **'~eignen** ['anʔ-] (*sép*, *-ge-*, *h*) ***sich etw ~*** s'approprier qc; *Kenntnisse* assimiler qc

aneinander [anʔai'nandər] l'un à (*od* près de) l'autre; ***~ denken*** penser mutuellement l'un à l'autre; → ***aneinandergeraten***

anei'nandergeraten (*irr*, *sép*, *sn*, → ***geraten***) se disputer

anekeln ['anʔ-] (*sép*, *-ge-*, *h*) dégoûter, écœurer

anerkannt ['anʔ-] reconnu

'anerkenn|en (*irr*, *sép*, *h*, → ***erkennen***) reconnaître (***als*** pour); *lobend* apprécier; *jur* légitimer; **'≗ung** *f* (-; *sans pl*) reconnaissance *f*

'anfahren (*irr*, *sép*, *-ge-*, → ***fahren***) **1.** *v/i* (*sn*) *auto* demarrer; **2.** *v/t* (*h*) *Baum etc* accrocher, tamponner, entrer en collision avec; *fig* ***j-n ~*** apostropher qn, rabrouer qn

'**Anfall** *m* (-[*e*]*s*; ⸚*e*) *méd* attaque *f*, crise *f*, *a fig* accès *m*; '**♀en** (*irr*, *sép*, *-ge-*, → ***fallen***) **1.** *v/t* (*h*) attaquer, assaillir; **2.** *v/i* (*sn*) être produit

anfällig ['anfɛliç] *méd* de santé délicate; *Gerät* sensible; '**♀keit** *f* (-; *sans pl*) fragilité *f*, faiblesse *f*

'**Anfang** *m* (-[*e*]*s*; ⸚*e*) commencement *m*, début *m*; ***von ~ an*** dès le début; '**♀en** (*irr*, *sép*, *-ge-*, *h*, → ***fangen***) commencer (***zu*** à; ***mit*** par); ***~ zu*** *a* se mettre à

Anfänger ['anfɛŋər] *m* (-*s*; -), '**~in** *f* (-; *-nen*) débutant *m*, -e *f*, commençant *m*, -e *f*

anfangs ['anfaŋs] au début, d'abord; '**♀stadium** *n* stade *m* initial

'**anfassen** (*sép*, *-ge-*, *h*) toucher; ***mit ~*** donner un coup de main

anfecht|bar ['anfɛçtbaːr] contestable; '**~en** (*irr*, *sép*, *-ge-*, *h*, → ***fechten***) contester

an|fertigen ['anfɛrtigən] (*sép*, *-ge-*, *h*) faire, fabriquer, confectionner; '**~feuern** (*sép*, *-ge-*, *h*) *Sport* encourager, stimuler; '**~flehen** (*sép*, *-ge-*, *h*) implorer, supplier; '**~fliegen** (*irr*, *sép*, *-ge-*, *h*, → ***fliegen***) *aviat* desservir, faire escale à

'**Anflug** *m* (-[*e*]*s*; ⸚*e*) *aviat* vol *m* d'approche; *fig Spur* soupçon *m*

'**anforder|n** (*sép*, *-ge-*, *h*) demander, exiger, réclamer; '**♀ung** *f* (-; *-en*) demande *f*; *pl* exigences *f/pl*

'**Anfrage** *f* demande *f*; *pol* interpellation *f*; '**♀n** (*sép*, *-ge-*, *h*) demander (***bei*** à)

an|freunden ['anfrɔyndən] (*sép*, *-ge-*, *h*) ***sich ~*** se lier d'amitié (***mit j-m*** avec qn); ***sich mit etw ~*** s'habituer à qc

'**anführ|en** (*sép*, *-ge-*, *h*) *Gruppe* mener, conduire; *nennen* citer, mettre en avant, alléguer; *betrügen* duper, tromper; '**♀er** *m* (-*s*; -), **♀erin** *f* (-; *-nen*) chef *m*, meneur *m*; '**♀ungszeichen** *n/pl* guillemets *m/pl*

'**Angabe** *f* (-; *-n*) indication *f*; *tech* donnée *f*; F *Aufschneiderei* vantardise *f*, crânerie *f* F; ***nähere ~n*** précisions *f/pl*

'**angeb|en** (*irr*, *sép*, *-ge-*, *h*, → ***geben***) indiquer, donner, declarer; F *aufschneiden* se vanter, crâner F; ***genau (-er) ~*** préciser; '**♀er** *m* (-*s*; -), '**♀erin** *f* (-; *-nen*) vantard *m*, -e *f*, crâneur *m*, -euse *f*; '**~lich** ['-pliç] prétendu; *adv* à ce qu'on dit, soi-disant

'**angeboren** inné; *méd* congénital

'**Angebot** *n* (-[*e*]*s*; *-e*) offre *f*; ***~ und Nachfrage*** l'offre et la demande

angebracht ['angəbraxt] convenable, approprié, opportun

'**angehen** (*irr*, *sép*, *-ge-*, *sn*, → ***gehen***) *Licht* s'allumer; *betreffen* regarder, concerner; ***das geht dich nichts an!*** ça ne te regarde pas!

'**angehör|en** (*sép*, *h*) faire partie de; '**♀ige** ['-igə] *m*, *f Familie* proche parent *m*, -e *f*; *Mitglied* membre *m*; ***seine ~n*** sa famille; ***die nächsten ~n*** les proches parents

Angeklagte ['angəklaːktə] *m*, *f* (-*n*; -*n*) accusé *m*, -e *f*

Angel ['aŋəl] *f* (-; -*n*) *Tür♀* gond *m*; *Fisch♀* ligne *f*; canne *f* à pêche

'**Angelegenheit** *f* (-; *-en*) affaire *f*

'**angelernt** ***~er Arbeiter*** ouvrier spécialisé

'**Angelhaken** *m* hameçon *m*

angeln ['aŋəln] **1.** (*h*) pêcher à la ligne; *fig* F pêcher; **2.** **♀** *n* (-*s*; *sans pl*) pêche *f* à la ligne

'**Angel|punkt** *m fig* pivot *m*; '**~rute** *f* canne *f* à pêche

'**Angel|sachsen** *m/pl* Anglo-Saxons *m/pl*; '**♀sächsisch** anglo-saxon

'**an|gemessen** convenable, approprié; '**~genehm** agréable; ***das ♀e mit dem Nützlichen verbinden*** joindre l'utile à l'agréable; '**~genommen *~, (dass) ...*** à supposer que (+ *subj*); '**~geregt** animé; '**~gesehen** considéré, estimé

'**angesichts** *prép* (*gén*) face à, en présence de, étant donné

Angestellte ['angəʃtɛltə] *m*, *f* (-*n*; -*n*) employé *m*, -e *f*; ***leitender ~r*** cadre *m* (supérieur); '**~nversicherung** *f* assurance *f* des employés

'**an|getrunken** (légèrement) ivre; '**~gewiesen *~ sein auf*** dépendre de; '**~gewöhnen** (*sép*, *h*) ***j-m etw ~*** accoutumer qn à qc; ***sich etw ~*** prendre l'habitude de faire qc

'**Angewohnheit** *f* (-; *-en*) habitude *f*

'**angleichen** (*irr*, *sép*, *-ge-*, *h*, → ***gleichen***) assimiler

'**angreif|bar** attaquable; '**~en** (*irr*, *sép*,

-ge-, *h*, → ***greifen***) attaquer (*a fig*); '**≈er** *m* (*-s*; -) agresseur *m*; *Sport* attaquant *m*

'**angrenzend** avoisinant, limitrophe

'**Angriff** *m* (*-[e]s*; *-e*) attaque *f* (***auf*** contre); agression *f*; ***zum ~ übergehen*** passer à l'attaque; *fig* ***in ~ nehmen*** attaquer; '**≈slustig** agressif

Angst [aŋst] *f* (-; ⸚*e*) peur *f* (***vor*** de); ***aus ~ vor*** de *od* par peur de; ***ich habe ~*** *od* ***mir ist*** ≈ j'ai peur; ***j-m ~ einjagen*** faire peur à qn; '**~hase** *m* F poule *f* mouillée, froussard *m*

'**ängst|igen** ['ɛŋstigən] (*h*) (***sich*** s') inquiéter; '**~lich** craintif, peureux, anxieux, inquiet; '**≈lichkeit** *f* (-; *sans pl*) anxiété *f*; timidité *f*

'**angucken** (*sép*, *-ge-*, *h*) regarder

Anh. *abr* ***Anhang*** appendice

'**anhaben** (*irr*, *sép*, *-ge-*, *h*, → ***haben***) *Kleider* porter, être vêtu de; *fig* ***j-m nichts ~ können*** ne pouvoir rien faire contre qn

'**anhalten** (*irr*, *sép*, *-ge-*, *h*, → ***halten***) *j-n*, *etw* arrêter; *Atem* retenir; *stehen bleiben* s'arrêter; *andauern* durer; '**~d** persistant, continu

'**Anhalter** *m* (*-s*; -), '**~in** *f* (-; *-nen*) (auto-)stoppeur *m*, -euse *f*; ***per ~ fahren*** faire de l'auto-stop, faire du stop

'**Anhaltspunkt** *m* point *m* de repère

anhand [an'hant] **~ *von*** à l'aide de

'**Anhang** *m* (*-[e]s*; ⸚*e*) *Buch* appendice *m*; *Verwandte* famille *f*; progéniture *f*; *Anhänger* partisans *m/pl*

'**anhäng|en** (*irr*, *sép*, *-ge-*, *h*, → ***hängen***) accrocher, atteler; *hinzufügen* rajouter; *fig* ***j-m etw ~*** attribuer qc à qn; '**≈er**[1] *m* (*-s*; -) *Wagen* remorque *f*; *Schmuck* pendentif *m*; '**≈er**[2] *m* (*-s*, -), '**≈erin** *f* (-; *-nen*) partisan *m*, adhérent *m*, -e *f*, adepte *m*, *f*; *begeisterter* fana(tique) *m*, *f*, fan *m*; *Sport a* supporter *m*; '**~lich** dévoué, fidèle

'**anhäufen** (*sép*, *-ge-*, *h*) amasser, accumuler

'**an|heben** (*irr*, *sép*, *-ge-*, *h*, → ***heben***) *Last* soulever; *Preis* augmenter, relever; '**~heften** (*sép*, *-ge-*, *h*) attacher (***an*** à)

an'heimstellen (*sép*, *-ge-*, *h*) ***j-m etw ~*** s'en remettre à qn de qc

'**anheuern** (*sép*, *-ge-*, *h*) ***j-n ~*** engager qn

'**Anhieb** ***auf ~*** du premier coup, d'emblée

'**Anhöhe** *f* (-; *-n*) colline *f*, hauteur *f*

'**anhören** (*sép*, *-ge-*, *h*) écouter; ***sich ~*** *klingen* sonner (***wie*** comme); ***sich etw ~*** écouter qc; ***etw mit ~*** entendre qc

animieren [ani'miːrən] (*pas de ge-*, *h*) encourager, inciter, entraîner

Ank. *abr* ***Ankunft*** arrivée

'**ankämpfen** (*sép*, *-ge-*, *h*) lutter (***gegen*** contre)

'**Ankauf** *m* (*-[e]s*; ⸚*e*) achat *m*

'**Anker** *mar* ['ankər] *m* (*-s*; -) ancre *f*; ***vor ~ gehen*** jeter l'ancre; '**≈n** (*h*) mouiller

'**Anklage** *f* (-; *-n*) accusation *f*, inculpation *f*; '**≈n** (*sép*, *-ge-*, *h*) ***j-n wegen etw ~*** accuser qn de qc

'**Ankläger** *m* (*-s*; -), '**~in** *f* (-; *-nen*) accusateur *m*, -trice *f*

'**anklammern** (*sép*, *-ge-*, *h*) ***sich ~*** se cramponner (***an*** à)

'**Anklang** *m* (*-[e]s*; ⸚*e*) ***~ finden*** être bien accueilli (***bei*** par), avoir du succès (auprès de)

'**ankleben** (*sép*, *-ge-*, *h*) coller; *Plakat* afficher

'**ankleiden** (*sép*, *-ge-*, *h*) habiller, vêtir; ***sich ~*** s'habiller

'**anklicken** *EDV* (*sép*, *-ge-*, *h*) cliquer sur

'**an|klopfen** (*sép*, *-ge-*, *h*) frapper (à la porte); '**~knipsen** (*sép*, *-ge-*, *h*) *Licht* allumer, ouvrir

'**anknüpfen** (*sép*, *-ge-*, *h*) nouer; *Gespräch* engager, entamer; ***Beziehungen ~*** entrer en relations (***zu*** avec); ***an etw ~*** partir de qc

'**ankommen** (*irr*, *sép*, *-ge-*, *sn*, → ***kommen***) arriver; *Anklang finden* avoir du succès (***bei*** auprès de); ***es kommt darauf an zu …*** il importe de …; ***das kommt*** (***ganz***) ***darauf an*** cela dépend; ***es kommt auf euch an*** cela dépend de vous; ***es darauf ~ lassen*** courir le risque

'**ankündig|en** (*sép*, *-ge-*, *h*) annoncer; '**≈ung** *f* (-; *-en*) annonce *f*

Ankunft ['ankunft] *f* (-; *sans pl*) arrivée *f*

'**ankurbeln** (*sép*, *-ge-*, *h*) *Wirtschaft etc* relancer, redresser, encourager

Anl. *abr* ***Anlage*** pièce jointe

'**Anlage** *f* (-; *-n*) *Kapital* placement *m*, investissement *m*; *Bau* construction *f*; *tech* installation *f*; *Veranlagung* talent *m*, disposition *f*; *Anordnung* arrangement *m*; *zu e-m Brief* pièce *f* jointe; ***öffentliche ~n*** jardins *m/pl* publics; ***sanitäre ~n*** installations *f/pl* sanitaires; '**~berater** *m* fiduciaire *m*; '**~kapital** *n* capital *m* immobilisé

Anlass ['anlas] *m* (*-es*; *⸚e*) *Gelegenheit* occasion *f*; *Grund* cause *f*, raison *f*, motif *m*; ***~ geben zu …*** donner lieu à

'**anlass|en** (*irr*, *sép*, *-ge-*, *h*, → ***lassen***) *Motor* faire démarrer; *Licht*, *TV*, *Radio etc* laisser allumé; *Kleidung* garder (sur soi); ***sich gut ~*** s'annoncer *od* se présenter bien, promettre; '**ꝏer** *m* (*-s*; -) *auto* démarreur *m*

anlässlich ['anlɛsliç] *prép* (*gén*) à l'occasion de

'**Anlauf** *m* (-[*e*]*s*; *⸚e*) *Sport* élan *m*; '**ꝏen** (*irr*, *sép*, *-ge-*, → ***laufen***) **1.** *v/t* (*h*) *mar Hafen* faire escale à, toucher; **2.** *v/i* (*sn*) *beginnen* démarrer; *Scheibe* se couvrir de buée; *Spiegel* se ternir

'**anlege|n** (*sép*, *-ge-*, *h*) poser, mettre (***an*** contre); *Verband* appliquer; *Straße* aménager; *Liste* dresser; *Geld* placer, investir; *Schiff* accoster (***an etw*** qc), aborder (à, dans); ***sich mit j-m ~*** chercher la dispute avec qn; '**ꝏplatz** *m*; '**ꝏstelle** *f mar* débarcadère *m*, embarcadère *m*

'**anlehnen** (*sép*, *-ge-*, *h*) *Tür* laisser entrouvert; (***sich***) ***an etw ~*** (s')appuyer contre qc; *fig* ***sich ~ an*** s'inspirer de

Anleihe *écon* ['anlaiə] *f* (-; *-n*) emprunt *m*

'**anleit|en** (*sép*, *-ge-*, *h*) diriger, instruire; '**ꝏung** *f* (-; *-en*) instructions *f/pl*, directives *f/pl*

'**Anlieg|en** *n* (*-s*; -) désir *m*, demande *f*; '**~er** *m* (*-s*; -) riverain *m*

'**anlocken** (*sép*, *-ge-*, *h*) attirer

Anm. *abr* ***Anmerkung*** remarque; note

'**anmachen** (*sép*, *-ge-*, *h*) *befestigen* attacher; *Licht etc* allumer, ouvrir; *Salat* assaisonner; *Mädchen* F brancher

anmaß|en ['anmaːsən] (*sép*, *-ge-*, *h*) ***sich etw ~*** s'arroger qc; '**~end** arrogant, prétentieux; '**ꝏung** *f* (-; *-en*) arrogance *f*

'**Anmeldeformular** *n* formulaire *m* de demande d'inscription

'**anmeld|en** (*sép*, *-ge-*, *h*) *Besuch* annoncer; ***sich ~*** *zur Teilnahme* se faire inscrire, s'inscrire; *beim Arzt* prendre rendez-vous; '**ꝏung** *f* (-; *-en*) inscription *f*; *behördliche* déclaration *f*

'**anmerk|en** (*sép*, *-ge-*, *h*) remarquer; ***man merkt ihm an, dass …*** on remarque *od* voit que …; ***sich nichts ~ lassen*** ne rien laisser paraître; '**ꝏung** *f* (-; *-en*) remarque *f*; *Fußnote* annotation *f*

'**Anmut** *f* (-; *sans pl*) grâce *f*, charme *m*; '**ꝏig** gracieux, charmant

annäher|nd ['annɛːərnt] approximatif; '**ꝏung** *f* (-; *-en*) approche *f*; *fig* rapprochement *m*; '**ꝏungsversuche** *m/pl* avances *f/pl*

Annahme ['annaːmə] *f* (-; *sans pl*) *e-s Vorschlags etc* acceptation *f*; *e-s Kindes* adoption *f*; *Vermutung* supposition *f*, hypothèse *f*; '**~stelle** *f* réception *f*

'**annehm|bar** acceptable; passable; '**~en** (*irr*, *sép*, *-ge-*, *h*, → ***nehmen***) accepter; *vermuten* supposer; ***sich j-s*** (***e-r Sache***) ***~*** se charger de qn (de qc); '**ꝏlichkeiten** *f/pl* commodités *f/pl*, agréments *m/pl*

annektieren [anɛk'tiːrən] (*pas de ge-*, *h*) annexer

Annonc|e [a'nõːsə] *f* (-; *-n*) annonce *f*; **ꝏieren** [-'siːrən] (*pas de ge-*, *h*) passer *od* mettre une annonce (dans le journal)

anonym [ano'nyːm] anonyme

Anorak ['anorak] *m* anorak *m*

anordn|en ['anˀ-] (*sép*, *-ge-*, *h*) arranger, disposer; *befehlen* ordonner; '**ꝏung** *f* (-; *-en*) arrangement *m*, disposition *f*; *Befehl* ordre *m*

'**anpacken** (*sép*, *-ge-*, *h*) *Problem* aborder, s'attaquer à; ***j-n hart ~*** traiter qn durement; ***mit ~*** donner un coup de main

'**anpass|en** (*sép*, *-ge-*, *h*) adapter; ***sich j-m*** (***e-r Sache***) ***~*** s'adapter à qn (à qc); '**ꝏung** *f* (-; *-en*) adaptation *f*; '**~ungsfähig** souple

'**an|pflanzen** (*sép*, *-ge-*, *h*) planter; '**~pöbeln** (*sép*, *-ge-*, *h*) F ***j-n ~*** interpeller grossièrement qn; '**~prangern** (*sép*, *-ge-*, *h*) mettre au pilori, dénoncer; '**~preisen** (*irr*, *sép*, *-ge-*, *h*, → ***preisen***) vanter, faire l'éloge de; '**~probieren** (*sép*, *pas de ge-*, *h*) essayer

Anrainer ['anrainər] *m* (*-s*; -) riverain *m*
'**an|raten** (*irr, sép, -ge-, h,* → ***raten***) ***j-m etw*** ~ conseiller qc à qn; '**~rechnen** (*sép, -ge-, h*) compter; ***j-m etw hoch*** ~ savoir gré de qc à qn
'**Anrecht** *m* (-[*e*]*s*; *-e*) droit *m*; ***ein ~ haben auf*** avoir droit à
'**Anrede** *f* (-; *-n*) formule *f* de politesse; titre *m*; '**2n** (*sép, -ge-, h*) ***j-n*** ~ adresser la parole à qn, aborder qn; appeler qn
'**anreg|en** (*sép, -ge-, h*) exciter; *méd* stimuler; *Appetit* ouvrir, aiguiser; *vorschlagen* suggérer; '**2ung** *f* (-; *en*) excitation *f*; *Vorschlag* suggestion *f*
'**Anreise** *f* (-; *-n*) voyage *f*; *Hinreise* aller *m*; *Ankunft* arrivée *f*
'**Anreiz** *m* (*-es*; *-e*) stimulant *m*, attrait *m*, encouragement *m*
'**anrichten** (*sép, -ge-, h*) *Speisen* préparer, dresser; *Schaden* provoquer, causer
anrüchig ['anryçıç] louche, mal famé
'**Anruf** *tél m* (-[*e*]*s*; *-e*) appel, coup de téléphone, F coup de fil; '**~beantworter** *tél m* répondeur *m* automatique; '**2en** (*irr, sép, -ge-, h,* → ***rufen***) *tél* appeler (***j-n*** qn)
'**anrühren** (*sép, -ge-, h*) toucher (à); *Farbe etc* délayer
Ansage ['anzaːgə] (-; *-n*) annonce *f*; '**2n** (*sép, -ge-, h*) annoncer; '**~r** *m* (*-s*; -), '**~rin** *f* (-; *-nen*) *Radio, TV* speaker *m*, speakerine *f*; *Veranstaltung* présentateur *m*, -trice *n*
'**ansammeln** (*sép, -ge-, h*) (***sich*** ~ s')amasser, (s')accumuler
ansässig ['anzɛsiç] domicilié; *seit langem* établi
'**Ansatz** (*-es*; *⸚e*) *Beginn* début *m*; *Versuch* essai *m*; '**~punkt** *m* point *m* de départ *od* d'attaque
'**anschaff|en** (*sép, -ge-, h*) acquérir, acheter; '**2ung** *f* (-; *-en*) acquisition *f*
'**anschau|en** (*sép, -ge-, h*) regarder; '**~lich** expressif, palpable, concret; '**2ung** *f* (-; *-en*) conception *f*, point *m* de vue, opinion *f*, manière *f* de voir
'**Anschein** *m* (-[*e*]*s*; *sans pl*) apparence *f*; '**2end** *adv* apparemment
'**Anschlag** *m* (-[*e*]*s*; *⸚e*) *Zettel* affiche *f*; *pol* attentat *m*; *Schreibmaschine* frappe *f*; *mus* toucher *m*; '**~brett** *n*, '**~tafel** *f* tableau *m* d'affichage; '**2en** (*irr, sép, -ge-, h,* → ***schlagen***) afficher; *Saite* toucher; *Kopf* cogner; *Hund* aboyer; '**~säule** *f* colonne *f* d'affichage, colonne *f* Morris
'**anschließen** (*irr, sép, -ge-, h,* → ***schließen***) *Kabel, Gerät* brancher (***an*** sur); *Schlauch* raccorder (à); *fig* rattacher (à); ***sich ~*** *folgen* suivre (***an etw*** qc); ***sich j-m ~*** se joindre à qn; *j-s Meinung* se ranger à l'avis de qn; '**~d** suivant; *Zimmer* voisin, contigu; *adv* ensuite, après
'**Anschluss** *m* (*-es*; *⸚e*) *Verkehr* correspondance *f*; *tech* branchement *m*, raccordement *m*; *tél* abonnement *m*; *tél Verbindung* communication *f*; *pol* rattachement *m* (***an*** à); ***im ~ an*** à la suite de; *fig* ***~ finden*** se faire des relations; '**~flug** *m* ligne *f* de correspondance; '**~zug** *m* train *m* de correspondance
'**anschmiegen** (*sép, -ge-, h*) ***sich an j-n*** ~ se blottir contre qn
'**anschnall|en** (*sép, -ge-, h*) ***sich*** ~ attacher sa ceinture (de sécurité); '**2pflicht** *f* port *m* de la ceinture obligatoire
'**an|schnauzen** *f* (*sép, -ge-, h*) F engueuler, enguirlander, rabrouer; '**~schneiden** (*irr, sép, -ge-, h,* → ***schneiden***) entamer (*a fig*); '**~schreien** (*irr, sép, -ge-, h,* → ***schreien***) ***j-n*** ~ crier contre *od* après qn
'**Anschrift** *f* (-; *-en*) adresse *f*
anschuldigen ['anʃuldigən] (*sép, -ge-, h*) ***j-n*** ~ accuser *od* inculper qn (***wegen etw*** de qc)
'**an|schwärzen** (*sép, -ge-, h*) *fig* dénigrer; '**~schwellen** (*irr, sép, -ge-, sn,* → ***schwellen***) *méd* enfler; *Stimme etc* s'enfler
'**anseh|en** (*irr, sép, -ge, h,* → ***sehen***) regarder; ***sich e-n Film ~*** voir un film; ***j-n*** (***etw***) ***~ als*** considérer *od* regarder qn (qc) comme; '**2en** *n* (*-s*; *sans pl*) réputation *f*, prestige *m*, estime *f*; '**~nlich** ['anzeːnliç] de belle apparence; *beträchtlich* considérable
'**ansetzen** (*sép, -ge-, h*) poser (***an*** à); *Termin* fixer; *anfügen* rajouter (***an*** à); *beginnen* commencer, s'apprêter (***zu etw*** à faire qc); ***Fett ~*** engraisser; *aviat* ***zur Landung ~*** amorcer l'atterrissage
'**Ansicht** *f* (-; *-en*) *Bild* vue *f*; *Meinung* opinion *f*, avis *m*; ***meiner ~ nach*** à

mon avis; ***ich bin der ~, dass …*** je suis d'avis que …; *comm* ***zur ~*** pour examen

'Ansichts|karte *f* carte *f* postale; **'~sache** *f* affaire *f* d'opinion *od* de goût

'ansied|eln (*sép*, *-ge-*, *h*) établir; **'Ձler** *m* (*-s*; -) colon *m*

'anspann|en (*sép*, *-ge-*, *h*) *Seil etc* tendre; ***alle seine Kräfte ~, um zu …*** faire tous ses efforts pour …; **'Ձung** *f* (-; *-en*) *fig* tension *f*

'anspiel|en (*sép*, *-ge-*, *h*) ***auf etw ~*** faire allusion à qc; **'Ձung** *f* (-; *-en*) allusion *f*

'Ansporn *m* (-[*e*]*s*; *sans pl*) stimulant *m*; **'Ձen** (*sép*, *-ge-*, *h*) stimuler, aiguillonner

'Ansprache *f* (-; *-n*) allocution *f*

'ansprechen (*irr*, *sép*, *-ge-*, *h*, → ***sprechen***) ***j-n ~*** adresser la parole à qn, aborder qn; *j-m gefallen* plaire à qn; **'~d** agréable, plaisant, séduisant

'anspringen (*irr*, *sép*, *-ge-*, *sn*, → ***springen***) *Motor* démarrer

'Anspruch *m* (-[*e*]*s*; ⸗*e*) *Recht* droit *m* (***auf***); *Forderung* prétention *f*, exigence *f*; ***~ haben auf*** avoir droit à; ***Ansprüche erheben auf*** avoir des prétentions sur; ***in ~ nehmen*** *Versicherung etc* avoir recours à; *j-n* occuper; *Zeit* prendre; **'Ձslos** peu exigeant; **'Ձsvoll** exigeant, prétentieux

Anstalt ['anʃtalt] (-; *-en*) établissement *m*, institution *f*

'Anstand *m* (-[*e*]*s*; *sans pl*) bienséance *f*, savoir-vivre *m*, décence *f*

anständig ['anʃtɛndiç] décent, honnête

'anstandslos sans difficulté; sans hésitation

anstatt [an'ʃtat] *prép* (*gén*) au lieu de

'ansteck|en (*sép*, *-ge-*, *h*) attacher; *Ring* mettre; *Zigarette* allumer; *méd* infecter, contaminer; **'~end** contagieux (*a fig*); **'Ձung** *f* (-; *-en*) contagion *f* (*a fig*), infection *f*, contamination *f*

'anstehen (*irr*, *sép*, *-ge-*, *h*, → ***stehen***) *Schlange stehen* faire la queue; *Problem* être en suspens

'ansteigen (*irr*, *sép*, *-ge-*, *sn*, → ***steigen***) monter

an'stelle *prép* ***~ von*** (*od gén*) à la place de

'anstell|en (*sép*, *-ge-*, *h*) *Arbeitskräfte* employer, engager, embaucher; *Gerät* faire marcher; *Radio*, *TV* allumer, ouvrir; ***sich ~*** faire la queue; ***sich geschickt*** (***dumm***) ***~*** s'y prendre bien (mal); ***stell dich nicht so an!*** ne fais pas tant de manières!; **'Ձung** *f* (-; *-en*) *Stelle* emploi *m*

Anstieg ['anʃtiːk] *m* (-[*e*]*s*; *-e*) montée *f*

'anstift|en (*sép*, *-ge-*, *h*) inciter (***zu*** à); **'Ձung** *f* (-; *-en*) incitation *f*

'anstimmen (*sép*, *-ge-*, *h*) entonner

'Anstoß *m* (*-es*; ⸗*e*) *Impuls* impulsion *f*; *Fußball* coup *m* d'envoi; ***~ erregen*** scandaliser *od* choquer (***bei j-m*** qn); ***~ nehmen an*** être choqué par; **'Ձen** (*irr*, *sép*, *-ge-*, *sn*, → ***stoßen***) heurter *od* cogner (***an etw*** qc); (*h*) *mit den Gläsern* trinquer; ***auf j-n*** *od* ***etw ~*** boire à la santé de qn; F arroser qc

anstößig ['anʃtøːsiç] choquant, indécent

'anstrahlen (*sép*, *-ge-*, *h*) *Gebäude* illuminer; ***j-n ~*** regarder qn d'un air rayonnant

'anstreich|en (*irr*, *sép*, *-ge-*, *h*, → ***streichen***) peindre; *Fehler* marquer; **'Ձer** *m* (*-s*; -) peintre *m* (en bâtiment)

anstreng|en ['anʃtrɛŋən] (*sép*, *-ge-*, *h*) fatiguer; ***sich ~*** s'efforcer (***zu*** de), faire un effort; *jur* ***e-n Prozess ~*** intenter un procès (***gegen*** contre); **'~end** dur, pénible, fatigant; **'Ձung** *f* (-; *-en*) effort *m*, fatigue *f*

'Ansturm *m* (-[*e*]*s*; ⸗*e*) *mil* assaut *m*; *fig* ruée *f* (***auf*** vers)

Antarktis [ant'ˀarktis] ***die ~*** l'Antarctique *m*

'antasten (*sép*, *-ge-*, *h*) toucher, porter atteinte à

'Anteil *m* (-[*e*]*s*; *-e*) part *f*, quote-part *f*; ***prozentualer ~*** pourcentage *m*; ***an etw ~ nehmen*** prendre part à qc; **'~nahme** *f* (-; *sans pl*) *Mitgefühl* sympathie *f*, compassion *f*; *Interesse* intérêt *m*

Antenne [an'tɛnə] *f* (-; *-n*) antenne *f*

Anti|…, Ձ… ['anti-] *in Zssgn* anti…; **'~alkoholiker** [-ˀalko'hoːlikər] *m* (*-s*; -) antialcoolique *m*; **~'babypille** *f* pilule *f* contraceptive; **~bi'otikum** *méd* [-bi'oːtikum] *n* (*-s*; *Antibiotika*) antibiotique *m*; **~fa'schist** [-fa'ʃist] *m* (*-en*; *-en*) antifasciste *m*

antik [an'tiːk] antique; *Möbel etc* ancien; **Ձe** [an'tiːkə] *f* (-; *sans pl*) Antiquité *f*

Antillen [an'tilən] *pl* ***die ~*** les Antilles *f/pl*

Antiquar [anti'kvaːr] *m* (*-s*; *-e*) libraire *m* d'occasion, bouquiniste *m* F; **~iat** [-ar'jaːt] *n* (*-[e]s*; *-e*) librairie *f* d'occasion; '**&isch** [-'kvaːriʃ] d'occasion

Antiqui'tät [antikvi'tɛːt] *f* (*-*; *-en*) antiquité *f*; **~enhändler** *m* antiquaire *m*; **~enladen** *m* commerce *m* d'antiquités

Antrag ['antraːk] *m* (*-[e]s*; *⸚e*) demande *f* (***stellen*** faire); *Formular* formulaire *m*; *Parlament* motion *f*; **~steller** ['-ʃtɛlər] *m* (*-s*; *-*) celui *m* qui fait une demande, requérant *m*

'**an|treffen** (*irr*, *sép*, *-ge-*, *h*, → ***treffen***) rencontrer; '**~treiben** (*irr*, *sép*, *-ge-*, *h*, → ***treiben***) faire avancer; pousser, inciter (***zu*** à); *tech* actionner; '**~treten** (*irr*, *sép*, *-ge*, *v/i* sn, → ***treten***) *mil* se mettre en rang; (*v/t*, *h*) *Erbe* recueillir; ***e-e Stellung ~*** entrer en fonctions; ***e-e Reise ~*** partir en voyage

'**Antrieb** *m* (*-[e]s*; *-e*) *Impuls* impulsion *f*; *tech* commande *f*, entraînement *m*; *aviat*, *mar* propulsion *f*; ***aus eigenem ~*** de sa propre initiative

'**Antritt** *m* (*-[e]s*; *sans pl*) *e-s Amtes* entrée *f* en fonctions; ***~ der Reise*** départ *m*

'**antun** (*irr*, *sép*, *-ge-*, *h*, → ***tun***) ***j-m Gewalt ~*** faire violence à qn; ***sich etw ~*** attenter à ses jours

Antwerpen [ant'vɛrpən] *n* Anvers

'**Antwort** *f* (*-*; *-en*) réponse *f* (***auf*** à), réplique *f*; '**&en** (*h*) répondre (***j-m*** à qn; ***auf etw*** à qc)

'**an|vertrauen** (*sép*, *pas de -ge*, *h*) ***j-m etw ~*** confier qc à qn; ***sich j-m ~*** se confier à qn; '**~wachsen** (*irr*, *sép*, *-ge-*, *sn*, → ***wachsen***) *Wurzel schlagen* prendre racine; *festwachsen* s'attacher (***an*** à); *zunehmen* s'accroître

Anwalt ['anvalt] *m* (*-[e]s*; *⸚e*) avocat *m*

'**Anwärter** *m* (*-s*; *-*), '**~in** *f* (*-*; *-nen*) candidat *m*; -e *f* (***auf*** à), postulant *m*, -e *f*, aspirant *m*, -e *f*

'**anweis|en** (*irr*, *sép*, *-ge-*, *h*, → ***weisen***) *anleiten* instruire; *befehlen* ordonner (***j-n zu*** à qn de); *zuweisen* assigner; *Geld* virer; *per Post* mandater; '**&ung** *f* (*-*; *-en*) *Anleitung* instruction *f*, directives *f/pl*; *Befehl* ordre *m*; *Post&* mandat *m*

'**anwend|en** (*irr*, *sép*, *-ge-*, *h*, → ***wenden***) appliquer (***auf*** à); *verwenden* employer, utiliser; '**&ersoftware** *f* logiciel *m* d'application; '**&ung** *f* (*-*; *-en*) application *f*, emploi *m*, utilisation *f*

anwesen|d ['anveːzənt] présent; '**&heit** *f* (*-*; *sans pl*) présence *f*

'**anzahl|en** (*sép*, *-ge-*, *h*) verser un acompte (***100 Euro*** de 100 euros); '**&ung** *f* (*-*; *-en*) acompte *m*

'**Anzeichen** *n* (*-s*; *-*) signe *m*, indice *m*

Anzeige ['antsaigə] *f* (*-*; *-n*) *Zeitung* annonce *f*; *jur* dénonciation *f*; *EDV-Gerät* affichage *m*; ***gegen j-n ~ erstatten*** déposer (une) plainte *od* porter plainte contre qn; '**&n** (*sép*, *-ge-*, *h*) marquer, indiquer; *bei der Polizei* dénoncer (à la police)

'**anzieh|en** (*irr*, *sép*, *-ge-*, *h*, → ***ziehen***) *Kleidung* mettre; *Person* habiller; *fig fesseln* attirer, intéresser; *Bremse*, *Schraube* serrer; *Preise* monter, augmenter; ***sich ~*** s'habiller; '**~end** attrayant, attirant; '**&ungskraft** *f* attraction *f* (*a phys*)

'**Anzug** *m* (*-[e]s*; *⸚e*) costume *m*, complet *m*; *fig* ***im ~ sein*** s'annoncer, se préparer

anzüglich ['antsyːkliç] piquant, de mauvais goût

'**anzünden** (*sép*, *-ge-*, *h*) *Kerze etc* allumer; *Haus* mettre le feu à

AOK *f abr* ***Allgemeine Ortskrankenkasse*** caisse générale locale de maladie

apathisch [a'paːtiʃ] apathique

Apenninen [apɛ'niːnən] *géogr* ***die ~*** *pl* les Apennins *m/pl*

Apfel ['apfəl] *m* (*-s*; *⸚*) pomme *f*; '**~baum** *bot m* pommier *m*; '**~kuchen** *m* tarte *f* aux pommes; '**~mus** *n* compote *f* de pommes; '**~saft** *m* jus *m* de pommes; **~'sine** [-'ziːnə] *f* (*-*; *-n*) orange *f*; '**~strudel** [-ʃtruːdəl] *m* strudel *m* aux pommes; '**~wein** *m* cidre *m*

Apostel [a'pɔstəl] *m* (*-s*; *-*) apôtre *m*

Apo'theke [apɔ'teːkə] *f* (*-*; *-n*) pharmacie *f*; **~r** *m* (*-s*; *-*), **~rin** *f* (*-*; *-nen*) pharmacien *m*, -ne *f*

Apparat [apa'raːt] *m* (*-[e]s*; *-e*) appareil *m*; *tél*, *TV*, *Radio a* poste *m*; ***bitte bleiben Sie am ~!*** ne quittez pas!

Appell [a'pɛl] *m* (*-s*; *-e*) *Aufruf* appel *m* (***an*** à); *mil* rassemblement *m* pour le rapport; **≈ieren** [-'liːrən] (*pas de ge-, h*) faire appel (***an*** à)

Appe'tit [ape'tiːt] (-[*e*]*s*; *-e*) appétit *m*; ***guten ~*** bon appétit; ***~ haben auf*** avoir envie de; **≈lich** appétissant

Applaus [a'plaus] *m* (*-es*; *sans pl*) applaudissements *m/pl*

Aprikose [apri'koːzə] *bot f* (-; *-n*) abricot *m*

A'pril [a'pril] *m* (*-s*; *-e*) avril *m*; **~scherz** *m* poisson *m* d'avril

Aquarell [akva'rɛl] *n* (*-s*; *-e*) aquarelle *f*

Aquarium [a'kvaːrium] *n* (*-s*; *Aquarien*) aquarium *m*

Äquator [ɛ'kvaːtɔr] *m* (*-s*; *-en*) équateur *m*

Äquatorialguinea [ɛkvɑːtɔri'ɑːlgineɑː] *n* la Guinée équatoriale

Äquivalent [ɛkvɪva'lɛnt] *n* (-[*e*]*s*; *-e*) équivalent *m*

Ära ['ɛːra] *f* (-; *-en*) ère *f*

Arab|er ['arabər] *m* (*-s*; -), '**~erin** *f* (-; *-nen*) Arabe *m*, *f*; **~ien** [a'raːbiən] *n* (*-s*; *sans pl*) Arabie *f*; **≈isch** [a'raːbiʃ] arabe

Arbeit ['arbait] *f* (-; *-en*) travail *m*; F boulot *m*; *zu schaffende* besogne *f*; ***sich an die ~ machen*** se mettre au travail; ***die ~ niederlegen*** cesser le travail; '**≈en** (*h*) travailler

'**Arbeiter** *m* (*-s*; -), '**~in** *f* (-; *-nen*) travailleur *m*, -euse *f*; *Industrie≈(in)* ouvrier *m*, -ière *f*; ***ungelernter ~*** manœuvre *m*; '**~bewegung** *f* mouvement *m* ouvrier; '**~klasse** *f* classe *f* ouvrière; '**~schaft** *f* (-; *sans pl*) ouvriers *m/pl*

'**Arbeit|geber** *m* (*-s*; -) patron *m*, employeur *m*; '**~nehmer** *m* (*-s*; -) salarié *m*

'**Arbeitsagentur** *f* agence *f* pour l'emploi

'**arbeitsam** travailleur, laborieux

'**Arbeits|amt** *n* office *m* du travail; Agence *f* nationale pour l'emploi (A.N.P.E.); '**~bedingungen** *f/pl* conditions *f/pl* de travail; '**~beschaffungsmaßnahme** *f* mesure *f* pour la création d'emplois; '**~bescheinigung** *f* certificat *m* de travail, attestation *f* d'emploi; '**~erlaubnis** *f* permis *m* de travail; '**~essen** *n* déjeuner-débat *m*; dîner *m* d'affaires; '**≈fähig** apte au travail; '**~gemeinschaft** *f* groupe *m* d'études *od* de travail; '**~gericht** *n* conseil *m* de prud'hommes; '**~kampf** *m* conflit *m* social; '**~kleidung** *f* vêtements *m/pl* de travail; '**~kraft** *f Leistung* capacité *f od potentiel m de travail*; *Person* aide *m*, *f*; collaborateur *m*; ***ausländische Arbeitskräfte*** main-d'œuvre *f* étrangère; '**~leistung** *f* rendement *m*; '**~lohn** *m* salaire *m*; '**≈los** sans travail, en *od* au chômage; '**~lose** *m*, *f* (*-n*; *-n*) chômeur *m*, -euse *f*; '**~losengeld** *n* allocation *f* (de) chômage; '**~losenversicherung** *f* assurance *f* chômage; '**~losigkeit** *f* (-; *sans pl*) chômage *m*; '**~markt** *m* marché *m* de l'emploi *od* du travail; '**~minister** *m* ministre *m* du Travail; '**~niederlegung** *f* (-; *-en*) grève *f*, arrêt *m* de travail; '**~platz** *m Stelle* emploi *m*; *Ort* lieu *m* de travail; '**~speicher** *EDV m* mémoire *f* vive; '**~tag** *m* journée *f* de travail; *Werktag* jour *m* ouvrable; '**~teilung** *f* division *f od répartition f du travail*; '**~unfähigkeit** *f* inaptitude *f* au travail; *dauernde* invalidité *f*; '**~unfall** *m* accident *m* du travail; '**~vermittlung** *f* bureau *m* de placement; '**~vertrag** *m* contrat *m* de travail; '**~weise** *f* méthode *f* de travail, façon *f* de travailler; '**~zeit** *f* heures *f/pl* de travail; '**~zeitverkürzung** *f* réduction *f* du temps de travail; '**~zimmer** *n* cabinet *m* de travail *od* d'étude, bureau *m*

Archäologie [arçɛolo'giː] *f* (-; *sans pl*) archéologie *f*

Architekt [arçi'tɛkt] *m* (*-en*; *-en*) architecte *m*; **~ur** [-'tuːr] *f* (-; *-en*) architecture *f*

Archiv [ar'çiːf] *n* (*-s*; *-e*) archives *f/pl*

ARD [aːˀɛr'deː] *f* (-; *sans pl*) Première chaîne *f* de la télévision allemande

Ardennen [ar'dɛnən] *pl* ***die ~*** les Ardennes *f/pl*

Arena [a'reːna] *f* (-; *Arenen*) arène *f*; *Manege* piste *f*

arg [ark] grave, gros; *sehr* très, fort

Argen'tini|en [argɛn'tiːnjən] *n* (*-s*; *sans pl*) l'Argentine *f*; **~er** *m* (*-s*; -), **~erin** *f* (-; *-nen*) Argentin *m*, -e *f*

Ärger ['ɛrgər] *m* (*-s*; *sans pl*) *Unannehmlichkeit* ennui(s) *m* (*pl*), contrariété *f*; *Unmut* dépit *m*, colère *f*; '**≈lich** *unangenehm* ennuyeux, fâcheux, embêtant F; *verärgert* fâché, en colère,

contrarié; ~ ***werden*** se fâcher; '≈**n** (*h*) fâcher, contrarier, embêter F; ***sich*** ~ se mettre en colère (***über*** contre), se fâcher; '~**nis** *n* (*-ses*; *-se*) scandale *m*
'**arglos** candide, ingénu, sans malice
Arg|wohn ['-vo:n] *m* (*-s*; *sans pl*) soupçon(s) *m* (*pl*); '≈**wöhnisch** soupçonneux
a. Rh. *abr* ***am Rhein*** sur-le-Rhin
Arie *mus* ['a:rjə] *f* air *m*
Aristokrat [aristo'kra:t] *m* (*-en*; *-en*), ~**in** [-'kratin] *f* (*-*; *-nen*) aristocrate *m*, *f*; ~**ie** [-kra'ti:] *f* (*-*; *-n*) aristocratie *f*
Arktis ['arktis] ***die*** ~ l'Arctique *m*
arm [arm] pauvre (***an*** en)
Arm [arm] *m* (*-[e]s*; *-e*) bras *m* (*a Fluss*≈); ~ ***in*** ~ bras dessus bras dessous; *fig* ***j-n auf den*** ~ ***nehmen*** monter un bateau à qn
Armaturenbrett [arma'tu:rən-] *auto n* tableau *m* de bord
'**Armband** *n* bracelet *m*; '~**uhr** *f* montre-bracelet *f*
Armee [ar'me:] *f* (*-*; *-n*) armée *f*
Ärmel ['ɛrməl] *m* (*-s*; *-*) manche *f*; '~**kanal** *géogr* ***der*** ~ la Manche
Armenien [ar'me:niən] *n* l'Arménie *f*
ärmlich ['ɛrmliç] pauvre, misérable
'**armselig** misérable, pitoyable, minable
Armut ['armu:t] *f* (*-*; *sans pl*) pauvreté *f*
Aroma [a'ro:ma] *n* (*-s*; *Aromen*) arôme *m*
arrangieren [arɑ̃'ʒi:rən] (*pas de ge-*, *h*) arranger; ***sich*** ~ s'arranger (***mit*** avec)
arrogant [aro'gant] arrogant
Arsch [a:rʃ] *m* (*-[e]s*; *⸚e*) cul *m*; '~**loch** *n* P trou *m* du cul; *Schimpfwort* con *m*
Art [a:rt] *f* (*-*; *-en*) *Weise* manière *f*, façon *f*; *Gattung* espèce *f* (*a biol*), sorte *f*, genre *m*; *Beschaffenheit* nature *f*; ***auf diese*** ~ de cette façon *od* manière; ***e-e*** ~ ... une espèce de ...; ***aller*** ~ de toutes sortes
Art. *abr* ***Artikel*** article
Ar'terie [ar'te:rjə] (*-*; *-n*) artère *f*; ~**nverkalkung** *méd f* (*-*; *-en*) artériosclérose *f*
artig ['a:rtiç] *Kind* sage, gentil
Artischocke *bot* [arti'ʃɔkə] *f* (*-*; *-n*) artichaut *m*
Ar'tist [ar'tist] *m* (*-en*; *-en*), ~**in** *f* (*-*; *-nen*) artiste *m*, *f* de cirque *od* de music-hall, acrobate *m*, *f*
Arz'nei [arts'nai] *f* (*-*; *-en*) médicament *m*, remède *m*; ~**mittel** *n* médicament *m*
Arzt [a:rtst] *m* (*-es*; *⸚e*) médecin *m*, docteur *m*
Ärzt|in ['ɛ:rtstin] *f* (*-*; *-nen*) (femme *f*) médecin *m*, doctoresse *f*; '≈**lich** médical; ~***e Behandlung*** soins *m*/*pl* médicaux
As → ***Ass***
Asbest [as'bɛst] *m* (*-[e]s*; *-e*) amiante *f*
Asche ['aʃə] *f* (*-*; *-n*) cendre *f*
'**Aschenbecher** *m* cendrier *m*
Ascher'mittwoch *m* mercredi *m* des Cendres
Asi'at [a'zja:t] *m* (*-en*; *-en*), ~**in** *f* (*-*; *-nen*) Asiatique *m*, *f*; ≈**isch** asiatique
Asien ['ɑ:ziən] *n* l'Asie *f*
As'ket [as'ke:t] *m* (*-en*; *-en*) ascète *m*; ≈**isch** ascétique
asozial ['azotsja:l] asocial, inadapté à la société
Aspekt [as'pɛkt] *m* (*-es*; *-e*) aspect *m*
Asphal|t [as'falt] *m* (*-s*; *-e*) asphalte *m*; ≈'**tieren** (*pas de ge-*, *h*) asphalter, bitumer
Ass [as] (*-es*; *-e*) as *m* (*a fig*)
Ast [ast] *m* (*-[e]s*; *⸚e*) branche *f*
AstA ['asta] *abr* ***Allgemeiner Studentenausschuss*** Comité général des étudiants
Äs'theti|k [ɛs'te:tik] *f* (*-*; *-en*) esthétique *f*; ≈**sch** esthétique
Asthma *méd* ['astma] *n* (*-s*; *sans pl*) asthme *m*; ≈**tisch** [-'ma:tiʃ] *méd* asthmatique
Astro|loge [astro'lo:gə] *m* (*-n*; *-n*), ~'**login** (*-*; *-nen*) astrologue *m*, *f*; ~**logie** [-lo'gi:] *f* (*-*; *sans pl*) astrologie *f*; ~**naut** [-'naut] *m* (*-en*; *-en*), ~'**nautin** *f* (*-*; *-nen*) astronaute *m*, *f*; ~**nomie** [-no'mi:] *f* (*-*; *sans pl*) astronomie *f*
Asyl [a'zy:l] *n* (*-s*; *sans pl*) asile *m*; ~**ant** [-'lant] *m* (*-en*; *-en*), ~**bewerber** *m* demandeur *m* d'asile
Atelier [atə'lje:] *n* (*-s*; *-s*) studio *m*, atelier *m*
Atem ['a:təm] *m* (*-s*; *sans pl*) haleine *f*, souffle *m*, respiration *f*; ***außer*** ~ ***kommen*** s'essouffler; ~ ***holen*** *od* ***schöpfen*** prendre haleine, respirer; *fig* ***j-n in*** ~ ***halten*** tenir qn en haleine; '≈**beraubend** qui coupe le souffle, épous-

touflant; '**~gerät** *n* respirateur *m*, appareil *m* respiratoire; '**Ƨlos** hors d'haleine; '**~pause** *f* temps *m* d'arrêt, répit *m*; '**~zug** *m* souffle *m*

Atheismus [ate'ismus] *m* (-; *sans pl*) athéisme *m*

Athen [a'teːn] *n* Athènes

Äther ['ɛːtər] *m* éther *m*

Äthiopien [ɛ'tjoːpiən] *n* l'Éthiopie *f*

Ath'let [at'leːt] *m* (-*en*; -*en*) athlète *m*; **Ƨisch** athlétique

At'lant|ik [at'lantik] *m* (-*s*; *sans pl*) Atlantique; **Ƨisch** atlantique; ***der Ƨe Ozean*** l'océan *m* Atlantique

Atlas ['atlas] *m* (-[*ses*]; -*se*, *Atlanten*) atlas *m*

atmen ['aːtmən] (*h*) respirer

Atmosphäre [atmɔ'sfɛːrə] *f* (-; -*n*) atmosphère *f*; *fig a* ambiance *f*

'**Atmung** *f* (-; *sans pl*) respiration *f*

Atom [a'toːm] *n* (-*s*; -*e*) atome *m*; **Ƨar** [-'maːr] atomique

A'tom|bombe *f* bombe *f* atomique; **~energie** *f* énergie *f* nucléaire; **~kern** *m* noyau *m* atomique; **~kraftwerk** *n* centrale *f* nucléaire; **~krieg** *m* guerre *f* atomique; **~müll** *m* déchets *m/pl* radioactifs; **~sperrvertrag** *m* traité *m* de non-prolifération des armes nucléaires; **~sprengkopf** *m* ogive *f od* tête *f* atomique; **~waffen** *f/pl* armes *f/pl* atomiques, engins *m/pl* nucléaires; **~wissenschaftler** *m* atomiste *m*

Attent|at ['atɛntaːt] *n* (-[*e*]*s*; -*e*) attentat *m*; **~äter** ['-tɛːtər] auteur *m* d'un attentat, criminel *m*

Attest [a'tɛst] *n* (-[*e*]*s*; -*e*) certificat *m*, attestation *f*

Attrak|tion [atrak'tsjoːn] *f* (-; -*en*) attraction *f*; **Ƨtiv** [-'tiːf] attrayant, séduisant

Attrappe [a'trapə] *comm f* (-; -*n*) article *m* factice

Attribut [atri'buːt] *n* (-[*e*]*s*; -*e*) *Merkmal* attribut *m*

ätzend ['ɛtsənt] corrosif, caustique; *fig* mordant

au! [au] aïe!

auch [aux] aussi; *sogar* même; ***~ nicht*** non plus; ***ich ~*** moi aussi; ***ich ~ nicht*** moi non plus; ***oder ~*** ou bien; ***wenn ~*** même si; ***nicht nur …, sondern ~*** non seulement …, mais encore *od* aussi; ***wer*** (***wo***) ***~ immer*** qui (où) que ce soit; ***~ das noch!*** il ne manquait plus que cela!

Audienz [audi'ɛnts] *f* (-; -*en*) audience *f*

auf [auf] **1.** *prép* (*wo? dat*; *wohin? acc*) sur; à; en; ***~ Seite 20*** page 20; ***~ der Straße*** dans la rue; sur la route; ***~ der Welt*** dans le monde; ***~ Korsika*** en Corse; ***~ See*** en mer; ***~ dem Land*** à la campagne; ***~ der Schule*** à l'école; ***~ Urlaub*** en vacances; ***~ Deutsch*** en allemand; **2.** *adv* ***~!*** allez!; ***~ geht's!*** allons-y!; ***~ sein*** *Geschäft, Tür* être ouvert; *Person* être debout *od* levé; ***~ und ab*** de haut en bas; *hin und her* de long en large; ***~ und ab gehen*** *Person* aller et venir; *Weg etc* monter et descendre; **3.** *conj* ***~ dass*** afin que …, pour que (*beide + subj*)

'**Aufbau** *m* (-[*e*]*s*; -*ten*) *Bauen* construction *f*; *Struktur* structure *f*; organisation *f*; *e-r Rede, e-s Werks* disposition *f*; '**Ƨen** (*sép*, -*ge*-, *h*) construire, bâtir; *aufstellen* monter

'**auf|bäumen** (*sép*, -*ge*-, *h*) ***sich ~*** se cabrer (*a fig*); '**~bauschen** (*sép*, -*ge*-, *h*) *fig* exagérer; '**~bereiten** (*sép*, *pas de* -*ge*-, *h*) préparer, traiter; '**~bessern** (*sép*, *pas de* -*ge*-, *h*) *Gehalt* augmenter, améliorer

'**aufbewahr|en** (*sép*, *pas de* -*ge*-, *h*) conserver, garder; '**Ƨung** *f* (-; *sans pl*) conservation *f*; *für Gepäck* consigne *f*

'**auf|bieten** (*irr*, *sép*, -*ge*-, *h*, → ***bieten***) *Kräfte* déployer, mettre en œuvre; *Polizei* mobiliser; '**~blasen** (*irr*, *sép*, -*ge*-, *h*, → ***blasen***) gonfler; '**~bleiben** (*irr*, *sép*, -*ge*-, *sn*, → ***bleiben***) rester debout *od* levé; *Tür* rester ouvert; '**~blenden** (*sép*, -*ge*-, *h*) *auto* mettre les feux de route *od* les phares; *Film* ouvrir (une scène) en fondu; '**~blühen** (*sép*, -*ge*-, *sn*) s'épanouir

'**aufbrausen** (*sép*, -*ge*-, *sn*) *fig* s'emporter

'**auf|brechen** (*irr*, *sép*, -*ge*-, → ***brechen***) **1.** *v/t* (*h*) *Tür etc* forcer, fracturer; **2.** *v/i* (*sn*) sich öffnen s'ouvrir; *fortgehen* se mettre en route, partir; '**~bringen** (*irr*, *sép*, -*ge*-, *h* → ***bringen***) *Mode* mettre en vogue, introduire, lancer; *Verständnis etc* faire preuve de; *Geld* trouver, réunir; ***j-n ~*** *erzürnen* mettre qn en colère; *aufwiegeln* monter qn (***gegen*** contre)

'**Aufbruch** *m* (-[*e*]*s*; ⸚*e*) départ *m*

'**auf|bürden** (*sép*, *-ge-*, *h*) ***j-m etw ~*** imposer qc à qn; '**~decken** (*sép*, *-ge-*, *h*) découvrir (*a fig*); '**~drängen** (*sép*, *-ge-*, *h*) ***j-m etw ~*** imposer qc à qn; ***sich j-m ~*** s'imposer à qn; *Idee* ne pas sortir de la tête de qn; '**~drehen** (*sép*, *-ge-*, *h*) *Hahn* ouvrir

'**aufdringlich** importun, casse-pieds F, envahissant

aufeinander [aufʔai'nandər] l'un sur l'autre; *nacheinander* l'un après l'autre; → ***aufeinander...***

aufei'nander|... *in Zssgn*: **~folgen** (*sép*, *-ge-*, *sn*) se succéder; **~folgend** consécutif; **~prallen** (*sép*, *-ge-*, *sn*), **~stoßen** (*irr*, *sép*, *-ge-*, *sn*, → ***stoßen***) se heurter

Aufenthalt ['aufənthalt] *m* (-[*e*]*s*; *-e*) séjour *m*; *während der Fahrt* arrêt *m*; '**~sgenehmigung** *f* permis *m* de séjour; '**~sraum** *m* salle *f* d'attente, salle *f* de réunion

'**auferlegen** (*sép*, *pas de -ge-*, *h*) ***j-m etw ~*** imposer qc à qn

'**aufersteh|en** ['aufʔɛrʃteːən] (*irr*, *sép*, *pas de -ge-*, *sn*, → ***stehen***) *rel* ressusciter; '**2ung** *f* (-; *sans pl*) résurrection *f*

'**auffahr|en** (*irr*, *sép*, *-ge-*, *sn*, → ***fahren***) *aufschrecken* sursauter; *auto* heurter, tamponner, télescoper (***auf etw*** qc); '**2t** *f* (-; *-en*) rampe *f* (d'acces); '**2unfall** *m* télescopage *m*

'**auffallen** (*irr*, *sép*, *-ge-*, *sn*, → ***fallen***) se faire remarquer; ***j-m ~*** frapper *od* surprendre qn, attirer l'attention de qn; ***nicht ~*** *a* passer inaperçu; '**~d**, '**auffällig** frappant, surprenant, étrange; *Kleidung*, *Farbe* voyant

'**auffass|en** (*sép*, *-ge-*, *h*) saisir, comprendre; '**2ung** *f* (-; *-en*) conception *f*, opinion *f*; *Deutung* interprétation *f*

'**aufforder|n** (*sép*, *-ge-*, *h*) inviter (*zu à*); '**2ung** *f* (-; *-en*) invitation *f*

'**auffrischen** (*sép*, *-ge-*, *h*) rafraîchir; *Erinnerung* raviver; *Wind* fraîchir

'**aufführ|en** (*sép*, *-ge-*, *h*) *Theaterstück* représenter, jouer; *Konzert* exécuter; *Gründe*, *Beispiele* énumérer; ***sich ~*** se conduire, se comporter; '**2ung** *f* (-; *-en*) *Theater* représentation *f*

'**Aufgabe** *f* (-; *-n*) *Arbeit* tâche *f*; *Pflicht* devoir *m*; *von Postsendungen* expédition *f*; *von Gepäck* enregistrement *m*; *Verzicht* abandon *m*

'**Aufgang** *m* (-[*e*]*s*; ⸚*e*) montée *f*, escalier *m*; *astr* lever *m*

'**aufgeben** (*irr*, *sép*, *-ge-*, *h*, → ***geben***) *Postsendung* expédier; *Gepäck* faire enregistrer; *Bestellung*, *Annonce* passer; *verzichten* renoncer (à); ***das Rauchen ~*** arrêter de fumer

'**Aufgebot** *n* (-[*e*]*s*; *-e*) *zur Ehe* publication *f* des bans; *Einsatz* mise *f* en action

'**aufgehen** (*irr*, *sép*, *-ge-*, *sn*, → ***gehen***) *Gestirn* se lever; *sich öffnen* s'ouvrir; *Naht* se découdre; *math* tomber juste; ***in Flammen ~*** être la proie des flammes

'**auf|gehoben** ***gut ~ sein*** être entre de bonnes mains; '**~geklärt** éclairé; *sexuell* averti; '**~gelegt** disposé (***zu*** à); ***gut*** (***schlecht***) ***~ sein*** être de bonne (mauvaise) humeur; '**~geregt** excité, énervé, affolé; '**~geschlossen** ouvert (*für* à); compréhensif; '**2geschlossenheit** *f* (-; *sans pl*) ouverture *f* d'esprit; '**~greifen** (*irr*, *sép*, *-ge-*, *h*, → ***greifen***) saisir, (re)prendre

aufgrund [-'grunt] *prép* (*gén*) en raison de

'**Aufguss** *m* (*-es*; ⸚*e*) infusion *f*

'**auf|haben** (*irr*, *sép*, *-ge-*, *h*, → ***haben***) *Geschäft* être ouvert; *Hut* avoir sur la tête; '**~halten** (*irr*, *sép*, *-ge-*, *h*, → ***halten***) *Tür* tenir ouvert; *hemmen* arrêter, retenir, retarder; ***sich ~*** séjourner, rester; ***sich mit etw ~*** s'attarder à *od* sur qc; ***sich ~ über*** s'indigner de

'**aufhängen** (*irr*, *sép*, *-ge*, *h*, → ***hängen***) suspendre, accrocher; *tél* raccrocher; *Verbrecher* pendre

'**aufheb|en** (*irr*, *sép*, *-ge-*, *h*, → ***heben***) *vom Boden* ramasser; *Last* soulever; *aufbewahren* conserver, garder; *abschaffen* supprimer, annuler; *Sitzung*, *Blockade* lever; *Urteil* casser; ***sich gegenseitig ~*** se neutraliser; '**2en** *n* (*-s*; *sans pl*) ***viel ~s machen*** faire beaucoup de bruit (***von*** de); '**2ung** *f* (-; *-en*) suppression *f*, annulation *f*; levée *f*; cassation *f*

'**auf|heitern** (*sép*, *-ge-*, *h*) *j-n* égayer, dérider; ***sich ~*** *Wetter* s'éclaircir; '**~hetzen** (*sép*, *-ge-*, *h*) exciter (***zu*** à); ***j-n gegen j-n ~*** monter (la tête à) qn contre qn; '**~holen** (*sép*, *-ge-*, *h*) *Rückstand* rattraper; *Sport* regagner du terrain;

'**~hören** (*sép*, *-ge-*, *h*) cesser, finir, s'arrêter (***zu*** de); ***mit etw ~*** cesser, finir, arrêter qc

'**aufklär|en** (*sép*, *-ge-*, *h*) *Angelegenheit* tirer au clair, éclaircir, élucider; ***j-n ~*** éclairer qn; *psych* faire l'éducation sexuelle de qn; ***j-n über etw ~*** informer qn de qc; '**2ung** *f* (-; *-en*) éclaircissement *m*; *mil* reconnaissance *f*; (***Zeitalter*** *n* ***der***) **~** siècle *m* philosophique *od* des lumières

'**aufkleb|en** (*sép*, *-ge-*, *h*) coller (***auf*** sur); **2er** *m* (*-s*; -) autocollant *m*

'**auf|knöpfen** (*sép*, *-ge-*, *h*) déboutonner; '**~kommen** (*irr*, *sép*, *-ge-*, *sn*, → ***kommen***) *Wind* se lever; *Zweifel*, *Verdacht* naître; *Mode* se répandre; ***für die Kosten ~*** subvenir aux frais

Aufl. *abr* ***Auflage*** tirage; édition

'**aufladen** (*irr*, *sép*, *-ge-*, *h*, → ***laden***) charger (***auf*** sur); *Batterie* recharger

'**Auflage** *f* (-; *-n*) *Buch* édition *f*; *Zeitung* tirage *m*; *Verpflichtung* obligation *f*

'**auf|lassen** (*irr*, *sép*, *-ge-*, *h*, → ***lassen***) F *Tür* laisser ouvert; *Hut* garder; '**~lauern** (*sép*, *-ge-*, *h*) ***j-m ~*** guetter qn

'**Auflauf** *m* (-[*e*]*s*; ⸗*e*) *Menschen*2 attroupement *m*, rassemblement *m*; *cuis* soufflé *m*

'**auflegen** (*sép*, *-ge-*, *h*) poser, mettre (***auf*** sur); *tél* raccrocher; *Buch* éditer

'**auflehn|en** (*sép*, *-ge-*, *h*) ***sich ~*** se révolter, se rebeller (***gegen*** contre); '**2ung** *f* (-; *-en*) révolte *f*, rébellion *f*

'**auflesen** (*irr*, *sép*, *-ge-*, *h*, → ***lesen***) ramasser

'**auflös|en** (*sép*, *-ge-*, *h*) *in Flüssigkeit* dissoudre (*a fig Verein etc*), diluer; *Rätsel*, *Gleichung* résoudre; *Geschäft* liquider; ***sich ~*** se dissoudre; *Nebel* se dissiper; '**2ung** *f* (-; *-en*) dissolution *f*

'**aufmach|en** (*sép*, *-ge-*, *h*) ouvrir; *Paket*, *Knoten a* défaire; '**2ung** *f* (-; *-en*) *Ware* conditionnement *m*, présentation *f*

'**aufmerksam** attentif; *zuvorkommend* prévenant; ***j-n auf etw ~ machen*** attirer l'attention de qn sur qc; ***~ werden auf*** remarquer; '**2keit** *f* (-; *-en*) attention *f*

'**aufmuntern** (*sép*, *-ge-*, *h*) encourager

Aufnahme ['aufna:mə] *f* (-; *-n*) *Empfang* accueil *m*, réception *f*; *in Organisation* admission *f* (***in*** à); *Film* prise *f* de vues; *Foto* photo *f*; *Ton*2 enregistrement *m*; *Kredit*2 fait *m* de contracter un crédit; '**2fähig** réceptif (***für*** à); '**~gebühr** *f* droits *m*/*pl* d'inscription

'**aufnehmen** (*irr*, *sép*, *-ge-*, *h*, → ***nehmen***) *vom Boden* ramasser; *empfangen* accueillir (*a durch Publikum*), recevoir; *zulassen* admettre (***in*** à, dans); *Foto* prendre (en photo); *auf Band* enregistrer; *Unfall* faire le constat de; *Arbeit* commencer; *Kampf*, *Verhandlungen* engager; *Geld* emprunter; ***mit j-m Kontakt ~*** entrer en contact avec qn; ***es mit j-m ~ können*** pouvoir se mesurer à qn

'**aufpassen** (*sép*, *-ge-*, *h*) faire attention (***auf*** à)

'**Aufprall** *m* (-[*e*]*s*; *-e*) choc *m*

'**aufputschen** (*sép*, *-ge-*, *h*) exciter

'**auf|raffen** (*sép*, *-ge-*, *h*) ***sich ~*** se décider enfin (***zu*** etw à faire qc); se ressaisir; '**~räumen** (*sép*, *-ge-*, *h*) *Zimmer*, *Gegenstände* ranger

'**aufrecht** droit (*a fig*); *stehend* debout; '**~erhalten** (*irr*, *sép*, *pas de -ge-*, *h*, → ***erhalten***) maintenir

'**aufreg|en** (*sép*, *-ge-*, *h*) exciter, énerver; ***sich ~*** s'irriter (***über*** de), s'énerver; s'émouvoir, s'affoler; '**~end** excitant; '**2ung** *f* (-; *-en*) excitation *f*, énervement *m*, émotion *f*, affolement *m*

'**aufreibend** harassant, exténuant

'**aufreiz|en** (*sép*, *-ge-*, *h*) exciter; '**~end** excitant, provocant; *Musik* agaçant

'**aufrichten** (*sép*, *-ge-*, *h*) (re)dresser; *fig* consoler; ***sich ~*** se dresser

'**aufrichtig** sincère, franc; '**2keit** *f* (-; *sans pl*) sincérité *f*, franchise *f*

'**Aufruf** *m* (-[*e*]*s*; *-e*) appel (***an*** à)

Aufruhr ['aufru:r] *m* (-[*e*]*s*; *-e*) révolte *f*, émeute *f*

'**aufrühr|en** (*sép*, *-ge-*, *h*) remuer; '**2er** *m* (*-s*; -), '**2erin** *f* (-; *-nen*) rebelle *m*, *f*; '**~erisch** rebelle, séditieux

'**aufrunden** (*sép*, *-ge-*, *h*) *Summe* arrondir (***auf*** à)

'**Aufrüstung** *mil f* (-; *-en*) (ré)armement *m*

'**auf|rütteln** *fig* (*sép*, *-ge-*, *h*) secouer, réveiller; '**~sagen** (*sép*, *-ge-*, *h*) réciter

aufsässig ['aufzɛsiç] rebelle, récalcitrant

'**Aufsatz** *m* (-[*e*]*s*; ⸗*e*) *Schule* rédaction

f, dissertation *f*; *Artikel* article *m*, étude *f*

'**auf|saugen** (*sép*, *-ge-*, *h*) absorber; '**~schauen** (*sép*, *-ge-*, *h*) lever les yeux (***zu*** vers); '**~schieben** (*irr*, *sép*, *-ge-*, *h*, → ***schieben***) remettre (***auf*** à), différer, ajourner

'**Aufschlag** *m* (-[*e*]*s*; ⸚*e*) *Aufprall* choc *m*; *Kleidung* revers *m*; *Preis* augmentation *f*; supplément *m*; *Tennis* service *m*; '**2en** (*irr*, *sép*, *-ge-*, → ***schlagen***) **1.** *v/t* (*h*) *Buch* ouvrir; *Zelt* monter; *Ware*, *Preis* augmenter, renchérir; **2.** *v/i* (*sn*) *aufprallen* heurter (***auf etw*** qc)

'**aufschließen** (*irr*, *sép*, *-ge-*, *h*, → ***schließen***) ouvrir

'**Aufschluss** *m* (*-es*; ⸚*e*) éclaircissement *m*; ***sich ~ über etw verschaffen*** s'informer de qc; '**2reich** instructif, significatif, révélateur

'**aufschneid|en** (*irr*, *sép*, *-ge-*, *h*, → ***schneiden***) couper; *Fleisch* découper; *méd* inciser; *fig* faire le fanfaron; '**2er** *m* (*-s*; -), '**2erin** *f* (-; *-nen*) fanfaron *m*, -onne *f*

'**Aufschnitt** *cuis m* (-[*e*]*s*; *sans pl*) charcuterie *f*

'**auf|schrauben** (*sép*, *-ge-*, *h*) dévisser; '**~schreiben** (*irr*, *sép*, *-ge-*, *h*, → ***schreiben***) noter; '**~schreien** (*irr*, *sép*, *-ge-*, *h*, → ***schreien***) pousser un cri

'**Aufschrift** *f* (-; *-en*) inscription *f*

'**Aufschub** *m* (-[*e*]*s*; ⸚*e*) délai *m*, remise *f*, ajournement *m*

'**Aufschwung** *m* (-[*e*]*s*; ⸚*e*) *bes écon* essor *m*, redressement *m*

'**aufseh|en** (*irr*, *sép*, *-ge-*, *h*, → ***sehen***) lever les yeux (***zu*** vers); '**2en** *n* (*-s*; *sans pl*) ***~ erregen*** faire sensation, faire grand bruit; ***~ erregend*** → ***aufsehenerregend***; '**~enerregend** sensationnel, spectaculaire, retentissant; '**2er** *m* (*-s*; -), '**2erin** *f* (-; *-nen*) surveillant *m*, -e *f*, gardien *m*, -ne *f*

'**aufsetzen** (*sép*, *-ge-*, *h*) *Brille*, *Hut* mettre; *Wasser* faire chauffer; *Miene* prendre; *Brief* rédiger; *aviat* se poser; ***sich ~*** se dresser sur son séant

'**Aufsicht** *f* (-; *-en*) surveillance *f*; *Person* surveillant *m*, -e *f*

'**auf|spannen** (*sép*, *-ge-*, *h*) tendre; *Schirm* ouvrir; '**~sperren** (*sép*, *-ge-*, *h*) ouvrir (largement); '**~spielen** (*sép*, *-ge-*, *h*) jouer; *fig* ***sich ~*** faire l'important; '**~springen** (*irr*, *sép*, *-ge-*, *sn*, → ***springen***) se lever d'un bond; sauter (***auf*** sur); *Tür* s'ouvrir (brusquement); *Haut* (se) gercer; '**~spüren** (*sép*, *-ge-*, *h*) dépister

'**Aufstand** *m* (-[*e*]*s*; ⸚*e*) soulèvement *m*, révolte *f*

aufständisch ['aufʃtɛndiʃ] rebelle; '**2e** *m*, *f* (*-n*; *-n*) rebelle *m*, insurgé *m*

'**auf|stapeln** (*sép*, *-ge-*, *h*) empiler; '**~stehen** (*irr*, *sép*, *-ge-*, *sn*, → ***stehen***) se lever; *Tür* être ouvert; '**~steigen** (*irr*, *sép*, *-ge-*, *sn*, → ***steigen***) monter (***auf*** sur); *Rauch* s'élever; *aviat* décoller, s'envoler; *im Beruf* avoir de l'avancement

'**aufstell|en** (*sép*, *-ge-*, *h*) *hinstellen* mettre, poser, placer; *aufrichten* dresser; *aufbauen* monter; *Mannschaft* composer, former; *Wache* poster; *Programm*, *Rekord* établir; ***sich ~*** se poster; ***sich als Kandidat ~ lassen*** se porter candidat; '**2ung** *f* (-; *-en*) placement *m*; *e-s Programms etc* établissement *m*; *Mannschafts2* composition *f*; *Liste* relevé *m*

Aufstieg ['aufʃtiːk] *m* (-[*e*]*s*; *-e*) montée *f*, ascension *f*; *im Beruf* avancement *m*

'**auf|stoßen** (*irr*, *sép*, *-ge-*, *h*, → ***stoßen***) *Tür* ouvrir en poussant; *rülpsen* roter F, éructer; '**~suchen** (*sép*, *-ge-*, *h*) ***j-n ~*** aller trouver *od* voir qn

'**Auftakt** *m* (-[*e*]*s*; *-e*) *fig* prélude *m* (***zu*** à)

'**auf|tanken** (*sép*, *-ge-*, *h*) *auto* faire le plein (d'essence); *Flugzeug a* ravitailler; '**~tauchen** (*sép*, *-ge-*, *sn*) remonter à la surface, émerger; *fig* surgir; '**~tauen** (*sép*, *-ge-*) **1.** *v/t* (*h*) (faire) dégeler; *Speisen* décongeler; **2.** *v/i* (*sn*) *fig Person* se dégeler; '**~teilen** (*sép*, *-ge-*, *h*) partager, répartir (***unter*** entre)

Auftrag ['auftraːk] *m* (-[*e*]*s*; ⸚*e*) ordre *m*, mission *f*; *comm* commande *f*; ***im ~ von*** par ordre de *od* sur l'ordre de; '**2en** (*irr*, *sép*, *-ge-*, *h*, → ***tragen***) *Speisen* servir; *Farbe* mettre, passer; ***j-m etw ~*** charger qn de (faire) qc; '**~geber** *m* commettant *m*; '**~sbestätigung** *f* confirmation *f* de commande

'**auftreiben** (*irr*, *sép*, *-ge-*, *h*, → ***treiben***) trouver, F dégot(t)er, dénicher

'**auftreten** (*irr*, *sép*, *-ge-*, *sn*, → ***treten***) **1.**

mit dem Fuß poser le pied, marcher; *Theater* entrer en scène; jouer (***als*** le rôle de); *vorkommen* apparaître, se présenter; ***sicher*** (***energisch***) **~** se montrer sûr de soi (énergique); ***als Käufer* ~** se porter acheteur; **2. 2** *n* (*-s*; *sans pl*) manières *f/pl*, attitude *f*; *Vorkommen* présence *f*, apparition *f*

'**Auftrieb** *m* (-[*e*]*s*; *sans pl*) *phys* poussée *f* verticale; *aviat* portance *f*; *fig* élan *m*, essor *m*

'**Auftritt** *m* (-[*e*]*s*; *-e*) scène *f* (*a fig*); *Schauspieler* entrée *f* en scène

'**aufwachen** (*sép*, *-ge-*, *sn*) se réveiller

Aufwand ['aufvant] *m* (-[*e*]*s*; *sans pl*) dépense *f* (***an*** de); *Luxus* luxe *m*

'**aufwärmen** (*sép*, *-ge-*, *h*) réchauffer

aufwärts ['aufvɛrts] vers le haut, en haut

'**aufwecken** (*sép*, *-ge-*, *h*) réveiller

'**aufwend|en** (*irr*, *sép*, *-ge-*, *h*, → ***wenden***) *Fleiß etc* employer; *Geld* dépenser; '**~ig** coûteux; '**2ungen** *f/pl* dépenses *f/pl*

'**aufwert|en** (*sép*, *-ge-*, *h*) *höher bewerten* valoriser; *Währung* réévaluer; '**2ung** *f* (*-*; *-en*) valorisation *f*; *Währung* réévaluation *f*

'**auf|wickeln** (*sép*, *-ge-*, *h*) enrouler; '**~wiegeln** ['aufviːgəln] (*sép*, *-ge-*, *h*) inciter à la révolte; '**~wiegen** (*irr*, *sép*, *-ge-*, *h*, → ***wiegen***) compenser

'**Aufwind** *m* (-[*e*]*s*; *-e*) courant *m od vent m ascendant*

'**auf|wirbeln** (*sép*, *-ge-*, *h*) soulever (en tourbillons); '**~wischen** (*sép*, *-ge-*, *h*) essuyer

'**aufzähl|en** (*sép*, *-ge-*, *h*) énumérer, dénombrer; '**2ung** *f* (*-*; *-en*) énumération *f*

'**aufzeichn|en** (*sép*, *-ge-*, *h*) *zeichnen* dessiner; *schreiben* noter; *auf Band* enregistrer; '**2ung** *f* (*-*; *-en*) *auf Band* enregistrement *m*; *TV* émission *f* en différé; '**2ungen** *f/pl* notes *f/pl*

'**auf|zeigen** (*sép*, *-ge-*, *h*) mettre en évidence, montrer; '**~ziehen** (*irr*, *sép*, *-ge-*, → ***ziehen***) **1.** *v/t* (*h*) *Fahne* hisser; *Vorhang* ouvrir; *Uhr* remonter; *Kind*, *Tier* élever; *verspotten* railler, taquiner; *Veranstaltung* organiser; **2.** *v/i* (*sn*) *Sturm* s'approcher

'**Aufzucht** *f* (*-*; *-en*) élevage *m*

'**Aufzug** *m* (-[*e*]*s*; *⸚e*) *Lift* ascenseur *m*; *Theater* acte *m*; *Kleidung péj* accoutrement *m*

'**aufzwingen** (*irr*, *sép*, *-ge-*, *h*, → ***zwingen***) ***j-m etw* ~** imposer qc à qn

Auge ['augə] *n* (*-s*; *-n*) œil *m* (*pl* yeux); ***in meinen* ~*n*** à mes yeux; ***mit bloßem* ~** à l'œil nu; ***unter vier* ~*n*** en tête à tête, entre quatre yeux (F entre quat'-z-yeux); ***mit anderen* ~*n ansehen*** voir sous un autre aspect; ***etw ins* ~ *fassen*** envisager qc; ***ins* ~ *fallen*** sauter aux yeux; ***aus den* ~*n verlieren*** perdre de vue; *fig* ***ein* ~ *zudrücken*** fermer les yeux (sur qc); ***kein* ~ *zumachen*** ne pas fermer l'œil

'**Augen|arzt** *m*, '**~ärztin** *f* oculiste *m*, *f*, ophtalmologiste *m*, *f*; '**~blick** *m* (-[*e*]*s*; *-e*) moment *m*, instant *m*; ***in diesem* ~** à ce moment; '**2blicklich** *gegenwärtig* actuel; *sofortig* instantané; *vorübergehend* momentané; *adv* en ce moment; *sofort* à l'instant; '**~braue** *f* sourcil *m*; '**~entzündung** *f* inflammation *f* de l'œil; ophtalmie *f*; '**~licht** *n* vue *f*; '**~lid** *n* paupière *f*; '**~maß** *n* ***ein gutes* ~ *haben*** avoir le compas dans l'œil; '**~merk** ['-mɛrk] *n* (-[*e*]*s*; *sans pl*) ***sein* ~ *richten auf*** fixer son attention sur; '**~schein** *m* apparence *f*; ***in* ~ *nehmen*** examiner; '**~zeuge** *m* témoin *m* oculaire

Augsburg ['auksburk] *n* Augsbourg

August [au'gust] *m* (-[*e*]*s*; *sans pl*) août *m*

Auktion [auk'tsjoːn] *f* (*-*; *-en*) vente *f* aux enchères

aus [aus] **1.** *prép* (*dat*) *räumlich*, *Herkunft* de; *Material* en; *Grund* par; ***von … ~*** de, depuis; ***~ dem Fenster*** par la fenêtre; ***vom Fenster ~*** depuis la fenêtre; ***von hier ~*** d'ici; ***~ München*** de Munich; ***~ Holz*** en bois; ***~ Spaß*** pour rire; ***~ Versehen*** par erreur; ***~ Mitleid*** par pitié; **2.** *adv* ***~ sein*** *Veranstaltung* être fini *od* terminé; *Licht*, *Heizung etc* être éteint; ***auf etw ~ sein*** chercher (à faire) qc

'**ausarbeiten** (*sép*, *-ge-*, *h*) élaborer

'**aus|arten** ['ausʔ-] (*sép*, *-ge-*, *sn*) dégénérer (***in*** en); '**~atmen** (*sép*, *-ge-*, *h*) expirer

'**Ausbau** *m* (-[*e*]*s*; *sans pl*) *Vergrößerung* agrandissement *m*; *Umbau* aménagement *m*; '**2en** (*sép*, *-ge-*, *h*) *vergrö-*

ßern agrandir; *umbauen* aménager; *Motor* démonter; *Beziehungen* développer, approfondir

'ausbessern (*sép*, *-ge-*, *h*) raccommoder, réparer

'Ausbeut|e *f* (-; *sans pl*) rendement *m*; profit *m*; **'2en** (*sép*, *-ge-*, *h*) exploiter; **'~er** *péj m* (*-s*; -) exploiteur *m*; **'~ung** *f* (-; *sans pl*) exploitation *f*

'ausbild|en (*sép*, *-ge-*, *h*) former, instruire; **'2er** *m* (*-s*; -) instructeur *m*; **'2ung** *f* (-; *-en*) formation *f*, instruction *f*

'ausbleiben (*irr*, *sép*, *-ge*, *sn*, → ***bleiben***) ne pas venir; *Ereignis* ne pas se produire; ***es konnte nicht ~, dass …*** il était inévitable que …

'Ausblick *m* (-[*e*]*s*; *-e*) vue *f*

'ausbrechen (*irr*, *sép*, *-ge-*, *sn*, → ***brechen***) *Gefangener* s'évader; *Krieg* éclater; *Feuer*, *Krankheit* se déclarer; ***in Tränen ~*** éclater en sanglots; ***in Lachen ~*** éclater de rire

'ausbreit|en (*sép*, *-ge-*, *h*) étendre, étaler, répandre; ***sich ~*** s'étendre, se répandre, se propager; **'2ung** *f* (-; *sans pl*) extension *f*, propagation *f*

'Ausbruch *m* (-[*e*]*s*; *⸚e*) *Vulkan* éruption *f*; *aus der Haft* évasion *f*; *Krankheit* apparition *f*; *Krieg* début *m*, commencement *m*; *Gefühl* effusion *f*, éclat *m*; ***zum ~ kommen*** éclater, se déclarer

auschecken *aviat* ['austʃɛkən] (*sép*, *-ge-*, *h*) régler les formalités d'arrivée, de débarquement; *aus einem Hotel* régler les formalités de départ

'Ausdauer *f* (-; *sans pl*) endurance *f*, persévérance *f*; **'2nd** endurant, persévérant

'ausdehn|en (*sép*, *-ge-*, *h*) (***sich ~*** s') étendre; *zeitlich* (s')allonger, (se) prolonger; *phys* (se) dilater; **'2ung** *f* (-; *-en*) extension *f*, expansion *f*; *Größe* étendue *f*; *phys* dilatation *f*

'ausdenken (*irr*, *sép*, *-ge-*, *h*, → ***denken***) (***sich***) ***etw ~*** imaginer qc

'Ausdruck *m* (-[*e*]*s*; *⸚e*) expression *f*; *Wort a* terme; *Computer* copie *f* papier; ***zum ~ bringen*** exprimer

'ausdrück|en (*sép*, *-ge-*, *h*) exprimer; *Zigarette* écraser; *Zitrone* presser; ***sich ~*** s'exprimer; **'~lich** exprès; *adv* expressément

'ausdrucks|los sans expression, inexpressif; **'~voll** expressif; **'2weise** *f* façon *f* de s'exprimer; style *m*

auseinander [ausˀaiˈnandər] séparés l'un de l'autre; ***~ bringen*** séparer, désolidariser; → ***auseinander…***

ausei'nander|… *in Zssgn*: **~gehen** (*irr*, *sép*, *-ge-*, *sn*, → ***gehen***) se séparer; *Menschenmenge* se disperser; *Gegenstand* se disjoindre; *Meinungen* diverger; **~halten** (*irr*, *sép*, *-ge-*, *h*, → ***halten***) *fig* distinguer; **~nehmen** (*irr*, *sép*, *-ge-*, *h*, → ***nehmen***) démonter; **~setzen** (*sép*, *-ge-*, *h*) exposer, expliquer; ***sich mit etw ~*** traiter qc; ***sich mit j-m ~*** s'expliquer avec qn

Ausei'nandersetzung *f* (-; *-en*) *Streit* explication *f*, dispute *f*, querelle *f*; ***kriegerische ~*** conflit *m* armé

'ausfahr|en (*irr*, *sép*, *-ge-*, → ***fahren***) **1.** *v/i* (*sn*) sortir *od* se promener en voiture; **2.** *v/t* (*h*) sortir *od* promener (en voiture); **'2t** *f* (-; *-en*) *Autobahn*, *Garage* sortie *f*; *Spazierfahrt* sortie *f od promenade f en voiture*

'Ausfall *m* (-[*e*]*s*; *⸚e*) *Haare* chute *f*; *e-r Veranstaltung* annulation *f*; *Verlust* perte *f*; *tech* panne *f*; *e-r Person* absence *f*; **'2en** (*irr*, *sép*, *-ge-*, *sn*, → ***fallen***) *Haare*, *Zähne* tomber; *Veranstaltung* être annulé, ne pas avoir lieu; *Maschine* tomber en panne; *Person* manquer; ***~ lassen*** supprimer; **'2end**, **'ausfällig** grossier, insultant; **'~straße** *f* route *f od axe m de sortie* (*d'une ville*)

'ausfertig|en (*sép*, *-ge-*, *h*) *Dokument* délivrer, dresser; **'2ung** *f* (-; *-en*) ***in dreifacher ~*** en triple exemplaire

ausfindig ['ausfindiç] ***~ machen*** découvrir, F dénicher

'Ausflucht *f* (-; *⸚e*) subterfuge *m*; *Vorwand* prétexte *m*; ***Ausflüchte machen*** répondre par des pirouettes

'Ausflug *m* (-[*e*]*s*; *⸚e*) excursion *f*, randonnée *f*

'ausfragen (*sép*, *-ge-*, *h*) questionner, interroger (***über*** sur)

Ausfuhr ['ausfu:r] *f* (-; *-en*) exportation *f*

'ausführen (*sép*, *-ge-*, *h*) *Hund*, *Person* sortir; *comm* exporter; *durchführen* exécuter, effectuer, réaliser; *darlegen* expliquer, déclarer

'Ausfuhrgenehmigung *f* licence *f* d'exportation

ausführlich ['ausfy:rliç] détaillé; *adv* en détail

'**Ausführung** *f* (-; *-en*) *Durchführung* exécution *f*, réalisation *f*; *Modell* version *f*; **~en** *pl e-s Redners* déclarations *f/pl*, paroles *f/pl*

'**Ausfuhr|verbot** *n* interdiction *f* de sortie, embargo *m* sur les exportations; '**~zoll** *m* droits *m/pl* d'exportation

'**ausfüllen** (*sép*, *-ge-*, *h*) remplir

Ausg. *abr* ***Ausgabe*** édition

'**Ausgabe** *f* (-; *-n*) *Geld* dépense *f*; *Verteilung* distribution *f*; *Buch* édition *f*; *Zeitung* numéro *m*

'**Ausgang** *m* (-[*e*]*s*; *⸚e*) sortie *f*; issue *f* (*a fig*); *Ende* fin *f*; '**~spunkt** *m* point *m* de départ

'**ausgeben** (*irr*, *sép*, *-ge-*, *h*, → ***geben***) *Geld* dépenser; *verteilen* distribuer; *Fahrkarten* délivrer; ***sich ~ für*** *od* ***als*** se faire passer pour

ausge|bildet ['ausgəbildət] formé; '**~bucht** ['-bu:xt] complet; ***alle Plätze sind ~*** toutes les places sont retenues; **~dehnt** ['-de:nt] vaste, étendu; *zeitlich* prolongé; **~dient** ['-di:nt] usé, hors de service; '**~fallen** singulier, peu commun, extravagant, saugrenu; **~glichen** ['-gliçən] équilibré

'**ausgehen** (*irr*, *sép*, *-ge-*, *sn*, → ***gehen***) sortir; *Licht etc* s'éteindre; *Haare* tomber; *Geld etc* venir à manquer, s'épuiser; *enden* finir, se terminer; *fig* ***von etw ~*** partir de qc; ***davon ~, dass …*** partir du fait que …, supposer que …; ***leer ~*** partir les mains vides

'**ausge|lassen** turbulent, d'une folle gaiete *f*; '**~nommen** *prép* (*acc*) excepté; **~rechnet** ['-rɛçnət] justement, précisément; '**~schlossen** impossible; ***es ist nicht ~, dass …*** il n'est pas exclu que …; '**~sprochen** prononcé, marqué; *adv* vraiment, réellement; **~zeichnet** ['-tsaiçnət] excellent

ausgiebig ['ausgi:biç] abondant; *Essen* copieux

Ausgleich ['ausglaiç] *m* (-[*e*]*s*; *-e*) compensation *f*; *Sport* égalisation *f*; ***zum ~*** en compensation; '**ℒen** (*irr*, *sép*, *-ge-*, *h*, → ***gleichen***) compenser; *Sport* égaliser

'**ausgrab|en** (*irr*, *sép*, *-ge-*, *h*, → ***graben***) déterrer; '**ℒungen** *f/pl* fouilles *f/pl*

'**Ausguss** *m* (*-es*; *⸚e*) évier *m*

'**aus|halten** (*irr*, *sép*, *-ge-*, *h*, → ***halten***) endurer, supporter; *Vergleich*, *Blick* soutenir; ***es ist nicht auszuhalten!*** c'est insupportable!; **~händigen** ['-hɛndigən] (*sép*, *-ge-*, *h*) remettre (***j-m etw*** qc à qn)

'**Aushang** *m* (-[*e*]*s*; *⸚e*) affiche *f*

'**aushängen** (*sép*, *-ge-*, *h*) *Tür* décrocher; *zur Kenntnisnahme* afficher; *ausgehängt sein* être affiché

'**aus|harren** (*sép*, *-ge-*, *h*) persévérer; '**~heben** (*irr*, *sép*, *-ge-*, *h*, → ***heben***) *Graben* creuser; '**~helfen** (*irr*, *sép*, *-ge-*, *h*, → ***helfen***) ***j-m ~*** aider *od* dépanner qn

'**Aushilf|e** *f* (-; *-n*) *Person* aide *m*, *f*, auxiliaire *m*, *f*; '**~spersonal** *n* personnel *m* intérimaire

'**aus|höhlen** (*sép*, *-ge-*, *h*) creuser; '**~holen** (*sép*, *-ge-*, *h*) *zum Schlag* lever le bras; *fig* ***weit ~*** remonter aux sources; '**~horchen** (*sép*, *-ge-*, *h*) ***j-n ~*** sonder qn; '**~kennen** (*irr*, *sép*, *-ge-*, *h*, → ***kennen***) ***sich ~*** s'y connaître (***in*** en); '**~klammern** (*sép*, *-ge-*, *h*) *Thema* laisser de côté

'**auskommen** (*irr*, *sép*, *-ge-*, *sn*, → ***kommen***) **1.** ***mit etw ~*** s'en tirer *od* se débrouiller avec qc; ***mit j-m gut*** (***schlecht***) ***~*** s'entendre bien (mal) avec qn, être en bons (mauvais) termes avec qn; ***ohne j-n*** (***etw***) ***~*** se passer de qn (de qc); **2. ℒ** *n* (*-s*; *sans pl*) ***sein ~ haben*** avoir de quoi vivre

'**aus|kosten** (*sép*, *-ge-*, *h*) savourer; '**~kundschaften** (*sép*, *-ge-*, *h*) épier; *Gegend* reconnaître

Auskunft ['auskunft] *f* (-; *⸚e*) renseignement *m*, information *f*; *Stelle* renseignements *m/pl* (*a tél*); ***~ erteilen*** renseigner (***j-m über etw*** qn sur qc), donner des renseignements (à qn sur qc); '**~sbüro** *n* bureau *m* de renseignement; '**~sschalter** *m* (guichet *m* des) renseignements

'**aus|kuppeln** (*sép*, *-ge-*, *h*) *auto* débrayer; '**~lachen** (*sép*, *-ge-*, *h*) ***j-n ~*** rire *od* se moquer de qn; '**~laden** (*irr*, *sép*, *-ge-*, *h*, → ***laden***) décharger; *Gast* décommander

'**Auslage** *f* (-; *-n*) *Waren* étalage *m*; **~n** *pl* dépenses *f/pl*, frais *m/pl*; '**ℒrn** (*sép*, *-ge-*, *h*) transférer, transporter en lieu sûr

'**Ausland** *n* (-[*e*]*s*; *sans pl*) étranger *m*; ***im*** *od* ***ins ~*** à l'étranger

Ausländ|er ['auslɛndər] *m* (-*s*; -), '**~erin** *f* (-; -*nen*) étranger *m*, -ère *f*; '**2isch** étranger

'**Auslands|aufenthalt** *m* séjour *m* à l'étranger; '**~auftrag** *m comm* commande *f* étrangère; *pol* mission *f* à l'étranger; '**~gespräch** *tél n* communication *f* internationale; '**~korrespondent** *m*, '**~korrespondentin** *f* correspondant *m*, -e *f* (*in e-r Firma* correspondancier *m*, -ière *f*) pour l'étranger; '**~markt** *m* marché *m* extérieur; '**~reise** *f* voyage *m* à l'étranger

'**auslass|en** (*irr*, *sép*, -*ge*-, *h*, → ***lassen***) omettre, sauter; *Wut* ***~ an*** passer sur; ***sich ~ über*** se prononcer sur; '**2ung** *f* (-; -*en*) omission *f*

'**Auslauf** *m* (-[*e*]*s*; ⸚*e*) *Tiere* enclos *m*, parc *m*; '**2en** (*irr*, *sép*, -*ge*-, *sn*, → ***laufen***) *Flüssigkeit* (s'é)couler, fuir; *Schiff* partir, sortir; *enden* finir, se terminer; '**~modell** *n* fin *f* de série

'**ausleg|en** (*sép*, -*ge*-, *h*) *Fußboden* recouvrir (***mit*** de); *Geld* avancer; *Waren* étaler; *deuten* interpréter; '**2ung** *f* (-; -*en*) interprétation *f*, exégèse *f*

'**ausleihen** (*irr*, *sép*, -*ge*-, *h*, → ***leihen***) prêter (***j-m*** à qn); ***sich etw ~*** emprunter qc (***von j-m*** à qn)

'**Auslese** *f* (-; -*n*) sélection *f*; *Wein* vin *m* de grand cru; *fig* élite *f*

'**ausliefer|n** (*sép*, -*ge*-, *h*) livrer (***an*** à); *pol* extrader; '**2ung** *f* (-; -*en*) livraison *f*; *pol* extradition *f*

aus|loggen ['auslɔgən] (*sép*, -*ge*-, *h*) *EDV* (***sich ~***) se déconnecter; '**~löschen** (*sép*, -*ge*-, *h*) *Licht* éteindre; *fig* effacer; '**~losen** (*sép*, -*ge*-, *h*) tirer au sort

'**auslös|en** (*sép*, -*ge*-, *h*) déclencher (*a tech*), provoquer; *Pfand* dégager, retirer; '**2er** *Foto m* (-*s*; -) déclencheur *m*

'**ausmachen** (*sép*, -*ge*-, *h*) *Licht*, *Radio etc* éteindre, fermer; *verabreden* convenir de; *darstellen* constituer; *als Summe* faire; *erkennen* repérer; ***das macht mir nichts aus*** cela ne me dérange pas; ça ne me fait rien

'**Ausmaß** *n* (-*es*; -*e*) dimensions *f*/*pl*, envergure *f*, ampleur *f*

'**ausmerzen** ['ausmɛrtsən] (*sép*, -*ge*-, *h*) supprimer, éliminer

'**Ausnahme** ['ausnaːmə] *f* (-; -*n*) exception *f*; ***mit ~ von*** à l'exception de; '**~zustand** *m* état *m* d'urgence

'**ausnahmsweise** exceptionnellement

'**ausnehmen** (*irr*, *sép*, -*ge*-, *h*, → ***nehmen***) *Schlachttier* vider; *ausschließen* excepter; *fig* F ***j-n ~*** plumer qn; '**~d** exceptionnellement, extraordinairement

'**aus|nutzen** (*sép*, -*ge*-, *h*) ***etw ~*** profiter de qc, tirer profit de qc; ***j-n ~*** exploiter qn; '**~packen** (*sép*, -*ge*-, *h*) dépaqueter, déballer; *Koffer* défaire; *fig* F vider son sac; '**~pfeifen** (*irr*, *sép*, -*ge*-, *h*, → ***pfeifen***) siffler, huer; '**~probieren** (*sép*, *pas de* -*ge*-, *h*) essayer

Auspuff ['auspuf] *m* (-[*e*]*s*; -*e*) *auto* (pot *m*, tuyau *m* d')échappement *m*; '**~topf** *m* pot *m* d'échappement

'**aus|pumpen** (*sép*, -*ge*-, *h*) pomper; ***den Magen ~*** faire un lavage d'estomac; '**~quartieren** (*sép*, *pas de* -*ge*-, *h*) déloger; '**~radieren** (*sép*, *pas de* -*ge*-, *h*) gommer, effacer, gratter; '**~rangieren** (*sép*, *pas de* -*ge*-, *h*) mettre au rancart; *Maschine* mettre hors service; '**~räumen** (*sép*, -*ge*-, *h*) vider, démeubler; '**~rechnen** (*sép*, -*ge*-, *h*) calculer; *fig* ***sich etw ~ können*** pouvoir s'imaginer qc

'**Ausrede** *f* (-; -*n*) excuse *f*

'**ausreden** (*sép*, -*ge*-, *h*) ***j-m etw ~*** dissuader qn de qc; ***j-n ~ lassen*** laisser qn s'exprimer

'**ausreichen** (*sép*, -*ge*-, *h*) suffire

'**Ausreise** *f* (-; -*n*) sortie *f*, départ *m*; '**~erlaubnis** *f* permis *m* de sortie; '**2n** (*sép*, -*ge*-, *sn*) sortir du pays; '**~visum** *n* visa *m* de sortie

'**aus|reißen** (*irr*, *sép*, -*ge*-, → ***reißen***) **1.** *v*/*t* (*h*) arracher; **2.** *v*/*i* (*sn*) F *weglaufen* se sauver; *Jugendlicher* faire une fugue; '**~richten** (*sép*, -*ge*-, *h*) aligner, orienter; *Gruß etc* transmettre; *Veranstaltung* organiser; *erreichen* obtenir; ***j-m etw ~*** *a* faire savoir qc à qn

'**ausrotten** (*sép*, -*ge*-, *h*) exterminer

'**Ausruf** *m* (-[*e*]*s*; -*e*) exclamation *f*, cri *m*; '**2en** (*irr*, *sép*, -*ge*-, *h*, → ***rufen***) s'écrier, s'exclamer, crier; *Stationen* annoncer; *verkünden* proclamer; '**~ung** *pol f* (-; -*en*) proclamation *f*

'**ausruhen** (*sép*, -*ge*-, *h*) (***sich***) ***~*** se reposer

'**ausrüst|en** (*sép*, -*ge*-, *h*) équiper (***mit***

de); '2**ung** *f* (-; *-en*) équipement *m*

'**ausrutschen** (*sép*, *-ge-*, *sn*) glisser

'**Aussage** *f* (-; *-n*) déclaration *f*; *jur* déposition *f*; '2**n** (*sép*, *-ge-*, *h*) dire, exprimer, déclarer; *jur* déposer

'**ausschalten** (*sép*, *-ge-*, *h*) *Licht*, *Radio*, *TV* éteindre, fermer; *Strom* couper; *Maschine* arrêter; *Gegner* éliminer, écarter

Ausschank ['ausʃaŋk] *m* (-[*e*]*s*; *⸚e*) débit *m* de boissons, buvette *f*

'**Ausschau** *f* (-; *sans pl*) ***nach j-m ~ halten*** chercher qn des yeux

'**ausscheid|en** (*irr*, *sép*, *-ge-*, → ***scheiden***) **1.** *v/t* (*h*) *aussondern* éliminer; *biol* excréter; **2.** *v/i* (*sn*) *aus e-m Amt* quitter (***aus etw*** qc), se retirer (de); *Sport* être éliminé; *Möglichkeit* ne pas entrer en ligne de compte; '2**ung** *f* (-; *-en*) élimination *f*

'**aus|scheren** (*sép*, *-ge-*, *sn*) *auto* se déporter, quitter la file; '**~schiffen** (*sép*, *-ge-*, *h*) ***sich ~*** débarquer; '**~schlafen** (*irr*, *sép*, *-ge-*, *h*, → ***schlafen***) (***sich***) **~** dormir son soûl

'**Ausschlag** *m* (-[*e*]*s*; *⸚e*) *méd* éruption *f*; *Zeiger* déviation *f*; *fig* ***den ~ geben*** être déterminant; '2**en** (*irr*, *sép*, *-ge-*, *h*, → ***schlagen***) *Auge* crever; *Zahn* casser; *fig Angebot etc* refuser; *Zeiger* dévier; *Pferd* ruer; *bot* pousser, bourgeonner; '2**gebend** décisif, déterminant

'**ausschließ|en** (*irr*, *sép*, *-ge-*, *h*, → ***schließen***) exclure (***aus, von*** de); '**~lich** exclusif; *adv* exclusivement

'**Ausschluss** *m* (*-es*; *⸚e*) exclusion *f* (***aus*** de); ***unter ~ der Öffentlichkeit*** à huis clos

'**ausschneiden** (*irr*, *sép*, *-ge-*, *h*, → ***schneiden***) découper (***aus*** dans)

'**Ausschnitt** *m* (-[*e*]*s*; *-e*) *Zeitung* coupure *f*; *Film*, *Buch* extrait *m*; *Kleid* décolleté *m*; *Kreis*2 secteur *m*; *Teil* tranche *f*, morceau *m*

'**ausschreiben** (*irr*, *sép*, *-ge-*, *h*, → ***schreiben***) *Wort* écrire en toutes lettres; *Scheck* remplir; *Rechnung* dresser; *Stelle* offrir publiquement, mettre au concours

'**Ausschreitungen** *f/pl* excès *m/pl*; ***es kam zu ~*** il y eut des actes de violence

'**Ausschuss** *m* (*-es*; *⸚e*) comité *m*, commission *f*; *Abfall* rebut *m*; '**~ware** *f* marchandise *f* de rebut, camelote *f*

'**ausschütten** (*sép*, *-ge-*, *h*) verser, vider; *Herz* épancher; *Dividende* répartir

'**ausschweif|end** dissolu, débauché; '2**ung** *f* (-; *-en*) débauche *f*

'**aussehen** (*irr*, *sép*, *-ge-*, *h*, → ***sehen***) **1.** avoir l'air (***wie*** de), paraître; ***gut ~*** *Person* être bien; *gesundheitlich* avoir bonne mine; *Sache* faire bien; **2.** 2 *n* (*-s*; *sans pl*) apparence *f*, air *m*, mine *f*; *von Sachen a* aspect *m*

außen ['ausən] à l'extérieur, dehors; ***von ~*** de l'extérieur, du dehors; ***nach ~*** vers l'extérieur, en dehors; *fig* ***nach ~ hin*** vu de l'extérieur; '2**bordmotor** *mar m* moteur *m* hors-bord; '2**dienst** *m* service *m* extérieur; '2**handel** *m* commerce *m* extérieur; '2**handelsdefizit** *n* déficit *m* du commerce extérieur; '2**handelsüberschuss** *m* excédent *m* du commerce extérieur; '2**minister** *m* ministre *m* des Affaires étrangères; '2**politik** *f* politique *f* extérieure; '2**seite** *f* extérieur *m*; '2**seiter** *m* outsider *m*; non-conformiste *m*; '2**spiegel** *auto m* rétroviseur *m* extérieur; 2**stände** ['-ʃtɛndə] *comm m/pl* créances *f/pl*

außer ['ausər] **1.** *prép* (*dat*): *außerhalb* hors de; *neben* en dehors de, outre; *ausgenommen* sauf, à part, excepté; ***~ sich sein*** être hors de soi; ***~ Betrieb*** hors de service; ***~ Gefahr*** hors de danger; **2.** *conj* ***~ dass*** sinon *od* excepté *od* sauf que; ***~ wenn*** à moins que … ne (+ *subj*), sauf *od* excepté si; '**~dem** en outre, de *od* en plus

äußere ['ɔʏsərə] **1.** extérieur; **2.** 2 *n* (*-n*; *sans pl*) extérieur *m*

'**außer|gewöhnlich** extraordinaire, exceptionnel; '**~halb** *prép* (*gén*) en dehors de, à l'extérieur de, hors de

äußerlich ['ɔʏsər-] extérieur, externe (*a méd*); *fig* superficiel

äußern ['ɔʏsərn] (*h*) dire, exprimer; ***sich ~*** donner son avis (***über*** sur); *sich zeigen* se manifester

'**außerordentlich** extraordinaire; prodigieux

äußerst ['ɔʏsərst] extrême; dernier; *adv* extrêmement; ***im ~en Fall*** à la rigueur

außerstande [ausər'ʃtandə] ***~ sein***

être hors d'état (***zu*** de)

'**Äußerung** *f* (-; *-en*) *Worte* propos *m/pl*; *von Gefühlen* manifestation *f*

'**aussetzen** (*sép*, *-ge-*, *h*) *Tier*, *Kind* abandonner; *Belohnung* offrir; *e-r Gefahr etc* exposer (à); *aufhören* s'arrêter; ***etw auszusetzen haben*** trouver à redire (***an*** à)

'**Aussicht** *f* (-; *-en*) vue *f*; *fig* perspective *f*, chance *f* (***auf*** de)

'**aussichts|los** voué à l'échec, vain, sans espoir; '**⁀punkt** *m* point *m* de vue

'**Aussiedler** *m* (*-s*; -) rapatrié *m*

aussöhn|en ['auszøːnən] (*sép*, *-ge-*, *h*) (***sich ~*** se) réconcilier (***mit*** avec); '**⁀ung** *f* (-; *-en*) réconciliation *f*

'**ausspannen** (*sép*, *-ge-*, *h*) *Pferd* dételer; *fig* F *Freundin* souffler, chiper (***j-m*** à qn); *sich erholen* se détendre, se reposer

'**aussperr|en** (*sép*, *-ge-*, *h*) ***j-n ~*** fermer la porte à qn; *Arbeiter* lock-outer; '**⁀ung** *f* (-; *-en*) lock-out *m*

'**Aussprache** *f* (-; *-n*) prononciation *f*; *Gespräch* mise *f* au point, explication *f*

'**aussprechen** (*irr*, *sép*, *-ge-*, *h*, → ***sprechen***) prononcer; *ausdrücken* exprimer; ***sich ~ für*** (***gegen***) se prononcer *od* se déclarer pour (contre); ***sich mit j-m ~*** s'expliquer avec qn

'**Ausspruch** *m* (-[*e*]*s*; *⸚e*) parole *f*, sentence *f*

'**Ausstand** *m* (-[*e*]*s*; *⸚e*) grève *f*; ***in den ~ treten*** se mettre en grève

ausstatt|en ['ausʃtatən] (*sép*, *-ge-*, *h*) équiper, pourvoir, doter (***mit*** de); *Wohnung* installer, meubler; '**⁀ung** *f* (-; *-en*) équipement *m*; *Wohnung* installation *f*, ameublement *m*; *comm Ware* présentation *f*; *Theater* décors *m/pl*

'**ausstehen** (*irr*, *sép*, *-ge-*, *h*, → ***stehen***) supporter; ***ich kann ihn nicht ~*** je ne peux pas le supporter *od* souffrir

'**aussteig|en** (*irr*, *sép*, *-ge-*, *sn*, → ***steigen***) descendre (***aus*** de); *fig* se retirer (***aus*** de); *sozial* se marginaliser; '**⁀er** *m* (*-s*; -) marginal *m*

'**ausstell|en** (*sép*, *-ge-*, *h*) exposer; *Waren a* étaler; *Pass etc* délivrer; *Scheck* faire (***auf j-n*** sur qn); *Rechnung* établir; '**⁀er** *m* (*-s*; -) exposant *m*; *Scheck* tireur *m*

'**Ausstellung** *f* (-; *-en*) exposition *f*; *Pass etc* délivrance *f*; '**~sgelände** *n* terrain *m* d'exposition; '**~sraum** *m* salle *f* d'exposition; '**~sstand** *m* stand *m*

'**aussterben** (*irr*, *sép*, *-ge-*, *sn*, → ***sterben***) s'éteindre, disparaître

'**aussteuern** (*sép*, *-ge-*, *h*) *Tonband etc* régler

'**Ausstieg** *m* (-[*e*]*s*; *-e*) sortie *f*; ***~ aus der Kernenergie*** abandon *m* de l'énergie atomique

'**Ausstoß** *m* (*-es*; *⸚e*) *tech* éjection *f*; *Produktion* rendement *m*, débit *m*; '**⁀en** (*irr*, *sép*, *-ge-*, *h*, → ***stoßen***) *j-n* expulser (***aus*** de); *Schrei* pousser; *tech* éjecter; *comm* produire, débiter

'**Ausstrahlung** *f* (-; *-en*) *Radio* diffusion *f*; *e-s Menschen* rayonnement *m*

'**aus|strecken** (*sép*, *-ge-*, *h*) *Hand* tendre; *Arme*, *Beine* étendre, allonger; '**~streichen** (*irr*, *sép*, *-ge-*, *h*, → ***streichen***) rayer, biffer, barrer; '**~strömen** (*sép*, *-ge-*, *sn*) s'écouler; *Gas*, *Geruch* se dégager, s'échapper; '**~suchen** (*sép*, *-ge-*, *h*) choisir

'**Austausch** *m* (-[*e*]*s*; *sans pl*) échange *m*; '**⁀bar** interchangeable; '**⁀en** (*sép*, *-ge-*, *h*) échanger

'**austeilen** (*sép*, *-ge-*, *h*) distribuer

Auster ['austər] *f* (-; *-n*) huître *f*; **~npilz** *m* pleurote *m*

'**austragen** (*irr*, *sép*, *-ge-*, *h*, → ***tragen***) *Post* distribuer; *Wettkampf* disputer

Aus'tral|ien [aus'traːljən] *n* (*-s*; *sans pl*) l'Australie *f*; **~ier** *m* (*-s*; -), **~ierin** *f* (-; *-nen*) Australien *m*, -ne *f*; **⁀isch** australien

'**aus|treiben** (*irr*, *sép*, *-ge-*, *h*, → ***treiben***) expulser; *Teufel* exorciser; *fig* ***j-m etw ~*** faire passer qc à qn; '**~treten** (*irr*, *sép*, *-ge-*, *sn*, → ***treten***) *aus Partei etc* quitter (qc), partir (de); *WC* aller aux toilettes; *Radioaktivität etc* s'échapper; '**~trinken** (*irr*, *sép*, *-ge-*, *h*, → ***trinken***) vider, finir de boire

'**Austritt** *m* (-[*e*]*s*; *-e*) départ *m*, démission *f*; *Radioaktivität* fuite *f*

'**austrocknen** (*sép*, *-ge-*) *v/t h*, *v/i sn* dessécher

'**ausüben** (*sép*, *-ge-*, *h*) exercer; *Sport* pratiquer

'**Ausverkauf** *m* (-[*e*]*s*; *⸚e*) soldes *f/pl*; '**⁀t** *Ware* épuisé

'**Auswahl** *f* (-; *sans pl*) choix *m*; sélec-

tion *f* (*a Sport*)
'auswählen (*sép*, *-ge-*, *h*) choisir
'Auswander|er *m* (*-s*; -) émigrant *m*; **'2n** (*sép*, *-ge-*, *sn*) émigrer; **'~ung** *f* (-; *-en*) émigration *f*
auswärtig ['ausvɛrtiç] étranger; extérieur; ***das 2e Amt*** le ministère des Affaires étrangères
auswärts ['ausvɛrts] en dehors, à l'extérieur; ***~ essen*** manger au restaurant
'auswechsel|n (*sép*, *-ge-*, *h*) remplacer (***gegen*** par), changer (contre); **'2spieler** *m*, **'2spielerin** *f Sport* remplaçant *m*, -e *f*
'Auswechs(e)lung *f* (-; *-en*) remplacement *m*
'Ausweg *m* (-[*e*]*s*; *-e*) issue *f*; **'2los** sans issue
'ausweichen (*irr*, *sép*, *-ge-*, *sn*, → ***weichen***) ***j-m*** (***e-r Sache***) **~** éviter qn (qc); *e-r Frage* éluder (qc); **'~d** *Antwort* évasif
Ausweis ['ausvais] *m* (-[*e*]*s*; *-e*) carte *f*; *Personal2* carte *f* d'identité; **'2en** ['-zən] (*irr*, *sép*, *-ge-*, *h*, → ***weisen***) expulser; ***sich ~*** justifier de son identité, montrer ses papiers; **'~papiere** *n/pl* pièces *f/pl* d'identité
'ausweiten (*sép*, *-ge-*, *h*) élargir; *fig* agrandir, développer; ***sich ~*** s'agrandir, se développer
'auswendig par cœur
'aus|werfen (*irr*, *sép*, *-ge-*, *h*, → ***werfen***) jeter (*a Anker*), lancer, rejeter; **'~werten** (*sép*, *-ge-*, *h*) exploiter; *Umfrage* dépouiller, analyser; **'~wirken** (*sép*, *-ge-*, *h*) ***sich ~*** se répercuter (***auf*** sur), avoir des conséquences
'Auswuchs *m* (*-es*; *⸚e*) excroissance *f*; *fig* excès *m*, abus *m*
auswuchten ['ausvuxtən] (*sép*, *-ge-*, *h*) *tech* équilibrer
'auszahlen (*sép*, *-ge-*, *h*) payer, verser; *fig* ***sich ~*** être payant
'auszählen (*sép*, *-ge-*, *h*) compter; ***die Stimmen ~*** dépouiller le scrutin
'Auszahlung *f* (-; *-en*) paiement *m*, versement *m*
'auszeichn|en (*sép*, *-ge-*, *h*) *j-n* distinguer; *mit Orden* décorer (***mit*** de); *Waren* étiqueter; ***sich ~*** se distinguer (***durch*** par); **'2ung** *f* (-; *-en*) distinction *f*; *Orden* décoration *f*
'ausziehen (*irr*, *sép*, *-ge-*, → ***ziehen***) **1.** *v/t* (*h*) *Kleidung* enlever, retirer, ôter; *Tisch* rallonger; *Antenne* sortir; ***sich ~*** se déshabiller; **2.** *v/i* (*sn*) *aus e-r Wohnung* déménager
'Auszubildende *m*, *f* (*-n*; *-n*) apprenti *m*, -e *f*
'Auszug *m* (-[*e*]*s*; *⸚e*) *Buch* extrait *m*; *Konto* relevé *m*; *Wohnung* déménagement *m*
Auto ['auto] *n* (*-s*; *-s*) voiture *f*, auto *f*; ***~ fahren*** faire de la voiture; *am Steuer* conduire; ***mit dem ~ fahren*** aller en voiture; **'~bahn** *f* (-; *-en*) autoroute *f*; **'~bahnauffahrt** *f* embranchement *m* d'accès; **'~bahnausfahrt** *f* sortie *f* d'autoroute; **'~bahndreieck** *n* échangeur *m* d'autoroute; **'~bahngebühr** *f* péage *m*
'Autobus *m* autobus *m*; *Reisebus* autocar *m*
'Auto|fähre *f* bac *m* à voitures; **'~fahrer** *m*, **'~fahrerin** *f* automobiliste *m*, *f*
Auto|gramm [auto'gram] *n* (-[*e*]*s*; *-e*) autographe *m*; **'~karte** *f* carte *f* routière
Auto'mat [auto'maːt] *m* (*-en*; *-en*) distributeur *m* (automatique); **~ik** *f* (-; *-en*) *tech* dispositif *m* automatique; *auto* boîte *f* automatique; **~ion** [-ma'tsjoːn] *f* (-; *sans pl*) automation *f*; **2isch** automatique
'Automechaniker *m* mécanicien *m* automobile
Automo'bil [-mo'biːl] *n* (*-s*; *-e*) automobile *f*; **~club** *m* club *m* automobile; **~industrie** *f* industrie *f* automobile
auto|nom [-'noːm] autonome; **'2nummer** *f* numéro *m* d'immatriculation
Autor ['autɔr] *m* (*-s*; *-en*), **~in** [-'toːrin] *f* (-; *-nen*) auteur *m*
'Auto|radio *n* autoradio *m od f*; **'~reifen** *m* pneu *m* de voiture; **'~reisezug** *m* train *m* auto-couchettes; **'~rennen** *n* course *f* automobile; **'~reparaturwerkstatt** *f* garage *m*
autori|tär [autori'tɛːr] autoritaire; **2tät** [-'tɛːt] *f* (-; *-en*) autorité *f*
'Auto|unfall *m* accident *m* de voiture; **'~vermietung** *f* location *f* de voitures; **'~waschanlage** *f* poste *m* de lavage
Axt [akst] *f* (-; *⸚e*) hache *f*, cognée *f*
Az. *abr* ***Aktenzeichen*** référence
Azoren [a'tsoːrən] *pl* ***die ~*** les Açores *f/pl*

B

b *n mus* si *m* bemol

B 1. *n Buchstabe* B *m*; **2.** *f abr* ***Bundesstraße*** *in Frankreich etwa*: RN (Route nationale)

b. *abr* ***bei*** chez; *bei Ortsangaben* près de

Baby ['be:bi] *n* (*-s*; *-s*) bébé *m*

Bach [bax] *m* (*-[e]s*; *⸚e*) ruisseau *m*

Backbord *n* ['bak-] *n mar* (*-s*; *sans pl*) bâbord *m*

Backe ['bakə] *f* (*-*; *-n*) joue *f*

backen ['bakən] (*bäckt*, *backte*, *gebacken*, *h*) (faire) cuire; *in der Pfanne* (faire) frire

'**Backen|bart** *m* favoris *m/pl*; '**~zahn** *m* molaire *f*

Bäcker ['bɛkər] *m* (*-s*; *-*), '**~in** *f* (*-*; *-nen*) boulanger *m*, -ère *f*; **~ei** [-'rai] *f* (*-*; *-en*) boulangerie *f*

'**Back|form** *f* moule *m* à gâteaux; '**~hendl** *östr n* poulet *m* rôti; '**~ofen** *m* four *m*; '**~stein** *m* brique *f*; '**~waren** *f/pl* produits *m/pl* de boulangerie; ***feine ~*** pâtisseries *f/pl*

Bad [ba:t] *n* (*-[e]s*; *⸚er*) bain *m*; *Badezimmer* salle *f* de bains; *Schwimm*~ piscine *f*; *Kurort* station *f* balnéaire *od* thermale

Bade|anstalt ['ba:dəˀ-] *f* établissement *m* de bains; '**~anzug** *m* maillot *m* de bain; '**~hose** *f* slip *m* de bain; '**~mantel** *m* peignoir *m* de bain; '**~meister** *m* maître-nageur *m*; '**~mütze** *f* bonnet *m* de bain

'**baden** (*h*) baigner; (***sich***) **~** se baigner; *in der Badewanne* prendre un bain

Baden ['bɑ:dən] *n* le (pays de) Bade

Baden-Württemberg ['bɑ:dən'vyrtəmbɛrk] *n* le Bade-Wurtemberg

'**Bade|ort** *m* station *f* balnéaire, ville *f* d'eaux; '**~saison** *f* saison *f* balnéaire; '**~strand** *m* plage *f*; '**~tuch** *n* serviette *f* *od drap m de bain*; '**~urlaub** *m* vacances *f/pl* à la mer; '**~wanne** *f* baignoire *f*; '**~zimmer** *n* salle *f* de bains

bagatellisieren [bagatɛli'zi:rən] (*pas de ge-*, *h*) minimiser

Bagger ['bagər] *m* (*-s*; *-*) pelle *f* mécanique; *Schwimm*~ drague *f*

Bahamas [ba'ha:mas] *géogr* ***die ~*** *pl* les Bahamas *f/pl*

Bahn [ba:n] *f* (*-*; *-en*) *Eisen*~ chemin *m* de fer; *Weg* voie *f*; *Renn*~, *Start*~ piste *f*; *Flug*~ trajectoire *f*; *Tapete* lé *m*, laisse *f*; ***mit der ~ fahren*** aller en train; '**~anschluss** *m* raccordement *m* au chemin de fer; '**~brechend** qui fait époque *od* date, révolutionnaire; '**~damm** *m* remblai *m*

'**bahnen** (*h*) *Weg* frayer; *fig* ***e-r Sache den Weg ~*** ouvrir la voie à qc

'**Bahn|fahrt** *f* voyage *m* en train; '**~hof** *m* gare *f*; ***auf dem ~*** à la gare; '**~linie** *f* ligne *f* de chemin de fer; '**~steig** *m* quai *m*; '**~übergang** *m* passage *m* à niveau

Bakterie [bak'te:rjə] *f* (*-*; *-n*) bactérie *f*, microbe *m*

bald [balt] bientôt; *fast* presque; **~ … ~ …** tantôt … tantôt …; **~ *darauf*** peu après; ***so ~ wie möglich*** aussi tôt que possible, dès que possible

baldig ['baldiç] prompt, prochain; ***auf ein ~es Wiedersehen!*** au plaisir de vous revoir bientôt!

Baldrian ['baldria:n] *bot m* (*-s*; *-e*) valériane *f*

Balearen [bale'a:rən] *pl* ***die ~*** les Baléares *f/pl*

balgen ['balgən] ***sich ~*** se bagarrer

Balkan ['balka:n] ***der ~*** les Balkans *m/pl*

Balken ['balkən] *m* (*-s*; *-*) poutre *f*

Balkon [bal'ko:n] *m* (*-s*; *-e*) balcon *m*

Ball [bal] *m* (*-[e]s*; *⸚e*) balle *f*; *größerer*, *Fuß*~ ballon *m*; *Billard*~ bille *f*; *Tanzfest* bal *m*

Ballast ['balast] *m* (*-[e]s*; *-e*) lest *m*; *fig* poids *m* mort

Ballen ['balən] *m* (*-s*; *-*) *comm* ballot *m*; *am Fuß* éminence *m* du gros orteil

Ballett [ba'lɛt] *n* (*-[e]s*; *-e*) ballet *m*

Ballon [ba'lo:n] *m* (*-s*; *-s*) ballon *m*

'**Ball|saal** *m* salle *f* de bal; '**~spiel** *n* jeu *m* de balle

'**Ballungs|gebiet** *n*, '**~raum** *m*, '**~zentrum** *n* agglomération *f*, conurbation *f*

Balsam ['balza:m] *m* (-*s*; -*e*) baume *m*
Baltikum ['baltikum] ***das ~*** les pays Baltes *m/pl*
Bambus ['bambus] *bot m* (-[*ses*]; -*se*) bambou *m*
banal [ba'na:l] banal
Banane [ba'na:nə] *bot f* banane *f*
Banause [ba'nauzə] *m* (-*n*; -*n*) esprit *m* borné, philistin *m*
Band[1] [bant] *n* (-[*e*]*s*; ¨*er*) ruban *m*, bande *f*; *Gelenk*≗ ligament *m*; *fig* lien *m*; ***auf ~ aufnehmen*** enregistrer (sur bande); ***am laufenden ~*** sans arrêt
Band[2] [-] *m* (-[*e*]*s*; ¨*e*) *Buch* volume *m*; *e-s Werkes* tome *m*
Band[3] [bɛnt] *f mus* (-; -*s*) groupe *m*
Bande ['bandə] *f* (-; -*n*) bande *f*; *Verbrecher* gang *m*
bändigen ['bɛndigən] (*h*) dompter, maîtriser
Bandit [ban'di:t] *m* (-*en*; -*en*) bandit *m*
'**Band|maß** *n* mètre *m* à ruban; '**~scheibe** *f* disque *m* intervertébral; '**~scheibenschaden** *méd m* hernie *f* discale; '**~wurm** *m* ver *m* solitaire
bang(e) ['baŋ(ə)] anxieux; ***mir ist ~*** j'ai peur (***vor*** de); ***j-m ~ machen*** faire peur à qn
Bangladesch [baŋgla'dɛʃ] *n* le Bangladesh
Bank [baŋk] *f* **1.** (-; ¨*e*) banc *m*; *Zug, Auto* banquette *f*; *fig* ***durch die ~*** sans exception; ***etw auf die lange ~ schieben*** faire traîner qc en longueur; **2.** (-; -*en*) *comm* banque *f*; ***sein Geld auf die ~ bringen*** déposer son argent à la banque; '**~angestellte** *m, f* employé *m*, -e *f* de banque; '**~einlage** *f* dépot *m* bancaire
Bankett [baŋ'kɛt] *n* (-[*e*]*s*; -*e*) banquet *m*; *Straße* accotement *m*
Bankier [baŋk'je:] *m* (-*s*; -*s*) banquier *m*
'**Bank|konto** *n* compte *m* en banque; '**~leitzahl** *f* code *m* bancaire; '**~note** *f* billet *m* de banque; **~omat** [-ɔ'ma:t] *m* (-*en*; -*en*) guichet *m* automatique
Bank|rott [baŋk'rɔt] **1.** *m* (-[*e*]*s*; -*e*) faillite *f*, banqueroute *f*; ***~ machen*** faire faillite; **2.** ≗'**rott** *adj* en faillite; '**~safe** *m* coffre-fort *m*; '**~verbindung** *f* coordonnées *f/pl* bancaires
Bann [ban] *m hist* (-[*e*]*s*; *sans pl*) ban *m*, bannissement *m*; *fig* charme *m*, envoûtement *m*; '**≗en** (*h*) *Gefahr* conjurer; *fig* ***wie gebannt*** fasciné
bar [ba:r] *ohne* dépourvu de; *comm* comptant; ***gegen*** *od* ***in ~*** au comptant; ***~ zahlen*** payer (au) comptant *od* en espèces
Bar *f* (-; -*s*) *Theke* bar *m*; *Nacht*≗ cabaret *m*, boîte *f* de nuit
Bär [bɛ:r] *m zo* (-*en*; -*en*) ours *m*
Barbados [bar'ba:dɔs] *n* la Barbade
Barbar [bar'ba:r] *m* (-*en*; -*en*) barbare *m*; **≗isch** barbare; *Mord* atroce
'**Bardame** *f* barmaid *f*
'**barfuß** pieds nus, nu-pieds
'**Bargeld** *n* argent *m* liquide; '**≗los** par virement *od* chèque; '**~umstellung** *f Euro* conversion *f* en espèces
Barkeeper ['-ki:pər] *m* (-*s*; -) barman *m*
barmherzig [barm'hɛrtsiç] charitable, miséricordieux; **≗keit** *f* (-; *sans pl*) charité *f*, pitié *f*, miséricorde *f*
barock [ba'rɔk] **1.** baroque; **2.** ≗ *m od n* (-*s*; *sans pl*) baroque *m*
Barometer [baro'-] *n* (-*s*; -) baromètre *m*
Barren ['barən] *m* (-*s*; -) *Metall* barre *f*; *Gold* lingot *m*; *Turngerät* barres *f/pl* parallèles
barsch [barʃ] brusque
Bart [ba:rt] *m* (-[*e*]*s*; ¨*e*) barbe *f*; *an der Oberlippe* moustache *f*; *Schlüssel* panneton *m*
bärtig ['bɛ:rtiç] barbu
'**Barzahlung** *f* paiement *m* au comptant *od* en espèces
Basel ['ba:zəl] *n* Bâle
basieren [ba'zi:rən] (*pas de ge-, h*) ***~ auf*** se baser sur
Basis ['ba:zis] *f* (-; *Basen*) base *f*
Baskenland ['baskənlant] ***das ~*** le Pays basque
Bass [bas] *m* (-*es*; ¨*e*) basse *f*
Bastard ['bastart] *m* (-[*e*]*s*; -*e*) *Mensch* bâtard *m*; *bot, zo* hybride *m*
bast|eln ['bastəln] (*h*) bricoler; '**≗ler** *m* (-*s*; -) bricoleur *m*
Bataillon [batal'jo:n] *mil n* (-*s*; -*e*) bataillon *m*
Batterie [batə'ri:] *f* (-; -*n*) *mil, auto* batterie *f*; *Taschenlampe etc* pile *f*
Bau [bau] *m* (-[*e*]*s*; *Bauten*) construction *f*; *Bauwerk, Bauwesen* bâtiment *m*; *größerer* édifice *m*; *Tier*≗ terrier

m; ***im ~ sein*** être en construction; **'~arbeiten** *f/pl* travaux *m/pl*; **'~arbeiter** *m* ouvrier *m* du bâtiment; **'~art** *f* style *m* d'architecture; type *m od mode m de construction*

Bauch [baux] *m* (-[*e*]*s*; *⸚e*) ventre *m*, abdomen *m*; **'~fell** *n* péritoine *m*; **'♀ig** ventru; **'~landung** *aviat f* crash *m*; **'~muskeln** *m/pl* muscles *m/pl* abdominaux; **'~schmerzen** *m/pl*, **'~weh** *n* mal *m* au ventre

'Baudenkmal *n* monument *m*

bauen ['bauən] (*h*) bâtir, construire; *nur tech* fabriquer, produire, faire; *fig* ***auf j-n (etw) ~*** compter sur qn (qc); F ***gut gebaut sein*** être bien bâti

Bauer[1] ['bauər] *m* (-*n*; -*n*) paysan *m*, fermier *m*; *Schach* pion *m*

'Bauer[2] *n od m* (-*s*; -) *Vogelkäfig* cage *f*

Bäuer|in ['bɔʏərin] *f* (-; -*nen*) paysanne *f*, fermière *f*; **'♀lich** paysan, rustique

Bauern|fängerei ['-nfɛŋə'rai] *f* (-; *sans pl*) attrape-nigaud *m*; **'~haus** *n*, **'~hof** *m* ferme *f*; **'~möbel** *n/pl* meubles *m/pl* rustiques

'bau|fällig délabré; **'♀firma** *f* entreprise *f* de construction; **'♀flucht** *f* alignement *m*; **'♀genehmigung** *f* permis *m* de construire; **'♀gerüst** *n* échafaudage *m*; **'♀gewerbe** *n* industrie *f* du bâtiment; **'♀herr** *m* propriétaire *m*; maître *m* d'œuvre; **'♀holz** *n* bois *m* de construction; **'♀ingenieur** *m* ingénieur *m* du bâtiment et des travaux publics; **'♀jahr** *n* année *f* de construction; **'♀kasten** *m* jeu *m* de construction; **'♀kunst** *f* architecture *f*; **'♀land** *n* terrain *m* à bâtir; **'~lich** architectural, architectonique

Baum [baum] *m* (-[*e*]*s*; *Bäume*) arbre *m*

'Bau|material *n* matériaux *m/pl* de construction; **'~meister** *m* architecte *m*

baumeln ['bauməln] (*h*) pendiller; ***mit den Beinen ~*** balancer les jambes

'Baum|schule *f* pépinière *f*; **'~stamm** *m* tronc *m* d'arbre; **'~stumpf** *m* souche *f*; **'~wolle** *f* coton *m*

'Bau|plan *m* plan *m* de la construction; **'~platz** *m* terrain *m* à bâtir

'Bauspar|en *n* épargne-logement *m*; **'~er** *m* (-*s*; -) souscripteur *m* à l'épargne-logement; **'~kasse** *f* caisse *f* d'épargne-logement

'Bau|stein *m* pierre *f* à bâtir; **'~stelle** *f* chantier *m*; **'~stil** *m* style *m* architectural; **'~unternehmer** *m* entrepreneur *m* de bâtiment; **'~werk** *n* édifice *m*, bâtiment *m*

Bayer ['baiər] *m* (-*n*; -*n*), **'~in** *f* (-; -*nen*) Bavarois *m*, -e *f*; **'~n** *n* la Bavière

Bd. *abr* ***Band*** volume

BDI *m abr* ***Bundesverband der Deutschen Industrie*** Union fédérale de l'industrie allemande

beabsichtigen [bəˀ'apziçtigən] (*pas de -ge-, h*) avoir l'intention *od* se proposer (***etw zu tun*** de faire qc); ***das war beabsichtigt*** c'était intentionnel *od* voulu

be'acht|en (*pas de -ge-, h*) faire attention à; *Vorschriften* observer; *Vorfahrt* respecter; **~lich** considérable, respectable, appréciable; **♀ung** *f* (-; *sans pl*) prise *f* en considération; observation *f*; respect *m*; ***starke ~ finden*** susciter le plus vif intérêt

Beamt|e [bəˀ'amtə] *m* (-*n*; -*n*), **~in** *f* (-; -*nen*) fonctionnaire *m*, *f*

beanspruch|en [bəˀ'anʃpruxən] (*pas de -ge-, h*) *Recht* revendiquer; *Platz, Zeit* prendre; *j-n* occuper; *Nerven* fatiguer; *tech* soumettre à des efforts; **♀ung** *f* (-; -*en*) *tech* soumission *f* à des efforts, usure *f*; *nervlich* stress *m*

beanstand|en [bəˀ'anʃtandən] (*pas de -ge-, h*) réclamer contre, faire des objections à, trouver à redire à; **♀ung** *f* (-; -*en*) réclamation *f*

beantragen [bəˀ'antraːgən] (*pas de -ge-, h*) demander (officiellement)

be'antworten (*pas de -ge-, h*) *Frage* répondre à

be'arbeit|en (*pas de -ge-, h*) travailler; *tech a* façonner, usiner; *Thema* traiter; *Akten* étudier; *für TV etc* adapter; *mus* arranger; **♀ung** *f* (-; -*en*) travail *m*; *tech a* façonnage *m*; *für Theater, TV* adaptation *f*; arrangement *m*; **♀ungsgebühr** *f* frais *m/pl* d'administration

be'aufsichtigen [bəˀ'aufziçtigən] (*pas de -ge-, h*) surveiller

be'auftrag|en (*pas de -ge-, h*) charger (***mit*** de); **♀te** [-ktə] *m*, *f* (-*n*; -*n*) délégué *m*

be'bauen (*pas de -ge-, h*) *Gelände* bâtir; *agr* cultiver

beben ['beːbən] (*h*) **1.** trembler, frémir;

2. ♀ *n* (*-s*; -) *Erd*♀ tremblement *m* de terre

Becher ['bɛçər] *m* (*-s*; -) gobelet *m*

Becken ['bɛkən] *n* (*-s*; -) bassin *m* (*a des Körpers*); *mus* cymbale *f*

be'danken (*pas de -ge-*, *h*) ***sich bei j-m für etw*** **~** remercier qn de *od* pour qc

Bedarf [bə'darf] *m* (*-*[*e*]*s*; *sans pl*) besoin(s) *m*(*pl*) (**an** de); ***bei*** **~** en cas de besoin; ***nach*** **~** suivant les besoins; **~shaltestelle** *f* arrêt *m* facultatif

bedauer|lich [bə'dauərliç] regrettable; **~n** (*pas de -ge-*, *h*) ***j-n*** **~** plaindre qn; ***etw*** **~** regretter *od* déplorer qc; ♀**n** (*-s*; *sans pl*) regret *m* (***über*** de); **~nswert** déplorable; *Person* à plaindre

be'deck|en (*pas de -ge-*, *h*) couvrir (***mit*** de); **~t** *Himmel* couvert

be'denk|en (*irr*, *pas de -ge-*, *h*, → ***denken***) considérer, penser à; ♀**en** *pl* doutes *m*/*pl*, scurpules *m*/*pl*; **~enlos** sans scrupules; **~lich** douteux, critique, dangereux

be'deut|en (*pas de -ge-*, *h*) signifier, vouloir dire; **~end** important, considérable; **~sam** significatif

Be'deutung *f* (-; *-en*) *Sinn* signification *f*, sens *m*; *Wichtigkeit* importance *f*

be'dienen (*pas de -ge-*, *h*) (***sich*** **~** se) servir; *Maschine* manier, commander

Be'dienung *f* (-; *-en*) service *m*; *Kellnerin* serveuse *f*; **~sanleitung** *f* mode *m* d'emploi

beding|en [bə'diŋən] (*pas de -ge-*, *h*) *voraussetzen* impliquer, conditionner, nécessiter; *verursachen* causer, provoquer; **~t** conditionnel; *beschränkt* limité; *verursacht* causé (***durch*** par)

Be'dingung *f* (-; *-en*) condition *f*; ***unter der*** **~**, ***dass*** ... à (la) condition que (+ *subj*); ♀**slos** sans condition(s), inconditionnel

be'drängen (*pas de -ge-*, *h*) presser *od* harceler (***mit*** de), talonner

be'droh|en (*pas de -ge-*, *h*) menacer (***mit*** de); **~lich** menaçant; ♀**ung** *f* (-; *-en*) menace *f*

be'drück|en (*pas de -ge-*, *h*) oppresser, accabler; **~end** déprimant; **~t** déprimé

Bedürfnis [-'dyrfnis] *n* (*-sses*; *-sse*) besoin *m* (***nach*** de)

bedürftig [-'dyrftiç] nécessiteux, indigent

Beefsteak ['bi:fste:k] *n* (*-s*; *-s*) bifteck *m*

be'eilen (*pas de -ge-*, *h*) ***sich*** **~** se dépêcher, se hâter

be'ein|drucken [bəʔ'aindrukən] (*pas de -ge-*, *h*) impressionner; **~flussen** [bəʔ'ainflusən] (*pas de -ge-*, *h*) influencer; **~trächtigen** [bəʔ'aintrɛçtigən] (*pas de -ge-*, *h*) faire tort à, porter préjudice *od* atteinte à

be'end(ig)en (*pas de -ge-*, *h*) finir, terminer

beengt [bəʔ'ɛŋkt] ***sich*** **~** ***fühlen*** se sentir mal à l'aise; **~** ***wohnen*** habiter à l'étroit

beerdig|en [bəʔ'e:rdigən] (*pas de -ge-*, *h*) enterrer; ♀**ung** *f* (-; *-en*) enterrement *m*

Beere ['be:rə] *bot f* (-; *-n*) baie *f*; *Wein*♀ grain *m*

Beet [be:t] *n* (*-*[*e*]*s*; *-e*) planche *f*, carré *m*; *schmales* plate-bande *f*

befähig|t [bə'fɛ:içt] qualifié; ♀**ung** [bə'fɛ:iguŋ] *f* (-; *-en*) qualification *f*

befahr|bar [bə'fa:rba:r] praticable; **~en** (*irr*, *pas de -ge-*, *h*, → ***fahren***) passer sur, emprunter; *Buslinie* exploiter; *adj* ***stark*** **~** très fréquenté

be'fallen (*befiel*, *befallen*, *h*) *Fieber* saisir; *Krankheit* frapper; *Ungeziefer* attaquer

be'fangen *verlegen* gêné, embarrassé; *voreingenommen* partial; ♀**heit** *f* (-; *sans pl*) embarras *m*; manque *m* d'objectivité

Befehl [bə'fe:l] *m* (*-*[*e*]*s*; *-e*) ordre *m*; *Befehlsgewalt* commandement *m*; ♀**en** (*befahl*, *befohlen*, *h*) ordonner, commander (***j-m etw*** qc à qn); **~shaber** *m* [-ha:bər] (*-s*; -) commandant *m*; **~sverweigerung** *f* refus *m* d'obéissance

be'festig|en (*pas de -ge-*, *h*) fixer, attacher (***an*** à); *Mauer etc* consolider; *mil* fortifier; ♀**ung** *f* (-; *-en*) fixation *f*, attache *f*; *mil* fortification *f*

be'finden (*befand*, *befunden*, *h*) **1.** ***sich*** **~** se trouver; **2.** ♀ *n* (*-s*; *sans pl*) état *m* de santé

be'folgen (*pas de -ge-*, *h*) suivre; *Befehl* exécuter

be'förder|n (*pas de -ge-*, *h*) transporter, expédier; *im Rang* promouvoir (***j-n zum Direktor*** qn directeur); ♀**ung** *f* (-; *-en*) transport *m*; avancement *m*, promotion *f*

be'fragen (*pas de -ge-, h*) interroger, questionner; *um Rat fragen* consulter

be'frei|en (*pas de -ge-, h*) libérer, délivrer (***aus, von*** de); *freistellen* exempter, dispenser (***von*** de); ***sich ~*** se libérer; *sich retten* se dégager (***aus*** de); **2er** *m* (*-s*; -), **2erin** *f* (-; *-nen*) libérateur *m*, -trice *f*; **2ung** *f* (-; *sans pl*) libération *f*, délivrance *f*; exemption *f*, dispense *f* (***von*** de)

befreunden [bə'frɔʏndən] (*pas de -ge-, h*) ***sich mit etw ~*** se familiariser avec qc; ***mit j-m befreundet sein*** être ami avec qn, être lié avec qn

befried|igen [bə'fri:digən] (*pas de -ge-, h*) contenter, satisfaire; ***sich selbst ~*** se masturber; **~igend** satisfaisant; **2igung** *f* (-; *-en*) satisfaction *f*, contentement *m*

befristet [bə'fristət] à durée limitée

be'fruchten (*pas de -ge-, h*) féconder

Befug|nis [bə'fu:knis] *f* (-; *-se*) autorisation *f*, droit *m*, compétence *f*; **2t** autorisé (***zu etw*** à faire qc)

Be'fund *m* (-[*e*]*s*; *-e*) constatation *f*; *méd* diagnostic *m*; ***ohne ~*** résultat *m* négatif

be'fürcht|en (*pas de -ge-, h*) craindre, redouter (***dass …*** que … ne + *subj*); **2ung** *f* (-; *-en*) crainte *f*, appréhension *f*

befürworten [bə'fy:rvɔrtən] (*pas de -ge-, h*) préconiser, appuyer

begab|t [bə'ga:pt] doué (***für*** pour); **2ung** *f* [-buŋ] (-; *-en*) don *m*, talent(s *pl*) *m*

be'geben (*begab, begeben, h*) ***sich ~*** se rendre; ***sich zur Ruhe ~*** aller se coucher; ***sich in Gefahr ~*** s'exposer au danger; **2heit** *f* (-; *-en*) événement *m*

begeg|nen [bə'ge:gnən] (*pas de -ge-, sn*) ***j-m ~*** recontrer qn; **2nung** *f* (-; *-en*) recontre *f*

be'gehen (*beging, begangen, h*) *Verbrechen, Irrtum* commettre; *Fehler* faire; *Fest* fêter, célébrer

begehr|en [bə'ge:rən] (*pas de -ge-, h*) désirer, convoiter; **~lich** avide (***nach*** de)

begeister|n [bə'gaistərn] (*pas de -ge-, h*) enthousiasmer; ***sich ~*** s'enthousiasmer *od* se passionner (***für*** pour); **2ung** *f* (-; *sans pl*) enthousiasme *m*

Begier|de [bə'gi:rdə] *f* (-; *-n*) avidité *f*, désir *m*; **2ig** avide (***auf, nach*** de)

Beginn [bə'gin] *m* (-[*e*]*s*; *sans pl*) commencement *m*, début *m*; ***zu ~*** au début, au commencement; **2en** (*begann, begonnen, h*) commencer (***zu*** à; ***mit*** par), débuter

beglaubigen [bə'glaubigən] (*pas de -ge-, h*) authentifier; *Abschrift* certifier conforme; *Unterschrift* légaliser

be'gleichen (*beglich, beglichen, h*) *Rechnung* régler

be'gleit|en (*pas de -ge-, h*) accompagner (*a mus*); **2er** *m* (*-s*; -), **2erin** *f* (-; *-nen*) compagnon *m*, compagne *f*; *e-r Gruppe* accompagnateur *m*, -trice *f*; **2papiere** *n/pl* feuilles *f/pl* de route; **2schreiben** *n* lettre *f* d'envoi; **2ung** *f* (-; *-en*) accompagnement *m* (*a mus*); ***in ~ von*** en compagnie de

be'glückwünschen (*pas de -ge-, h*) féliciter (***zu*** de *od* pour)

begnadigen [bə'gna:digən] (*pas de -ge-, h*) gracier

begnügen [bə'gny:gən] (*pas de -ge-, h*) ***sich mit etw ~*** se contenter de qc

be'graben (*begrub, begraben, h*) enterrer

Begräbnis [bə'grɛ:pnis] *n* (*-ses*: *-se*) enterrement *m*

be'greif|en (*begriff, begriffen, h*) comprendre, saisir, concevoir; **~lich** compréhensible

be'grenzen limiter, borner (***auf*** à)

Be'griff *m* (-[*e*]*s*; *-e*) notion *f*, concept *m*; ***im ~ sein, etw zu tun*** être sur le point de faire qc

be'gründ|en (*pas de -ge-, h*) *gründen* fonder; *Gründe angeben* justifier, motiver (***mit*** par); **2ung** *f* (-; *-en*) justification *f*

be'grüß|en (*pas de -ge-, h*) saluer, accueillir, souhaiter la bienvenue à; **2ung** *f* (-; *-en*) accueil *m*; salut *m*

begünstigen [bə'gynstigən] (*pas de -ge-, h*) favoriser, avantager, protéger

begutachten [bə'gu:tˀ-] (*pas de -ge-, h*) donner son avis sur, expertiser

behaglich [bə'ha:kliç] douillet, confortable; ***sich ~ fühlen*** se sentir à son aise

be'halten (*behielt, behalten, h*) garder, conserver; *im Gedächtnis* retenir

Behälter [bə'hɛltər] *m* (*-s*; -) récipient *m*; réservoir *m*

be'hand|eln (*pas de -ge-, h*) traiter, *méd a* soigner; ***schlecht ~*** maltraiter; **2lung** *f* (-; *-en*) traitement *m*; *méd a* soins *m/pl*
beharr|en [bə'harən] (*pas de -ge-, h*) persévérer, persister (***auf*** dans); **~lich** persévérant; *adv* avec persistance
behaupt|en [bə'hauptən] (*pas de -ge-, h*) affirmer, soutenir, prétendre; ***sich ~*** se maintenir; **2ung** *f* (-; *-en*) affirmation *f*, assertion *f*
be'heben (*behob, behoben, h*) *Schaden* réparer
be'helf|en (*behalf, beholfen, h*) ***sich ~*** se débrouiller (***mit*** avec); **~smäßig** provisoire
be'herbergen (*pas de -ge-, h*) loger, héberger
be'herrsch|en (*pas de -ge-, h*) régner sur, gouverner; *fig* maîtriser, dominer; ***e-e Sprache ~*** posséder une langue; **2ung** *f* (-; *-en*) domination *f*; ***die ~ verlieren*** ne plus pouvoir se contrôler
beherzigen [bə'hɛrtsigən] (*pas de -ge-, h*) prendre à cœur
be'hilflich ***j-m ~ sein*** aider qn (***bei etw*** à faire qc)
be'hinder|n (*pas de -ge-, h*) gêner; **2te** *m, f* (*-n; -n*) handicapé *m* -e *f*; **~tengerecht** adapté aux handicapés
Behörde [bə'hø:rdə] (-; *-n*) autorité *f*, administration *f*
be'hüten (*pas de -ge-, h*) garder; ***j-n vor etw ~*** préserver qn de qc
behutsam [bə'hu:tza:m] précautionneux, prudent
bei [bai] *prép* (*dat*) *Nähe* près de; *bei e-r Person* auprès de, chez; ***~ mir*** chez moi; ***~ sich haben*** avoir sur soi; ***beim Arzt*** chez le médecin; ***~ Racine*** chez *od* dans Racine; ***~ Tisch*** à table; ***~ Tag*** le *od* de jour; ***~ Nacht*** la *od* de nuit; ***~ der Ankunft*** à l'arrivée; ***~ Regen*** en cas de pluie; ***~ 100 Grad*** à 100 degrés; ***beim Reden*** en parlant; ***j-n bei seinem Namen rufen*** appeler qn par son nom
'bei|behalten (*irr, sép, pas de -ge-, h,* → ***halten***) conserver, maintenir; **'~bringen** (*irr, sép, -ge-, h,* → ***bringen***) *Beweise etc* fournir, administrer; *Niederlage* infliger; ***j-m etw ~*** *lehren* apprendre *od* enseigner qc à qn
Beicht|e ['baiçtə] *f* (-; *-n*) confession *f*; **'2en** (*h*) se confesser; *seine Sünden* confesser
beide ['baidə] les deux; ***alle ~*** tous (les) deux; ***einer von uns ~n*** un de nous deux; ***keiner von ~n*** ni l'un ni l'autre
beiderseitig ['baidərzaitiç] des deux côtés; *gegenseitig* réciproque, mutuel
'Beifahrer *m* (*-s*; -) *Pkw* passager *m*; *Lkw* aide-conducteur *m*
'Beifall *m* (*-[e]s*; *sans pl*) applaudissements *m/pl*; *Zustimmung* approbation *f*; ***~ klatschen*** *od* ***spenden*** applaudir (***j-m*** qn)
'beifällig approbateur
'beifügen (*sép, -ge-, h*) joindre
'Bei|geschmack *m* (*-[e]s*; *sans pl*) goût *m* particulier, arrière-goût *m*; **'~hilfe** *f* *Sozial2* allocation *f*; *jur* complicité *f* (***zum Mord*** de meurtre)
Beil [bail] *n* (*-[e]s*; *-e*) hache *f*, hachette *f*
'Beilage *f* (-; *-n*) *Zeitung* supplément *m*; *Essen* garniture *f*
beiläufig ['bailɔʏfiç] en passant, incidemment
'beilegen (*sép, -ge-, h*) *e-m Brief* joindre (à); *Streit* régler
'Beileid *n* (*-[e]s*; *sans pl*) condoléances *f/pl*
beim → ***bei***
'beimessen (*irr, sép, -ge-, h,* → ***messen***) *Bedeutung etc* attribuer, attacher (***e-r Sache*** à qc)
Bein [bain] *n* (*-[e]s*; *-e*) jambe *f*; *Tier* patte *f*; *Tisch, Stuhl* pied *m*; *Knochen* os *m*
'beinah(e) presque, à peu près; ***ich wäre ~ gefallen*** j'ai failli *od* j'ai manqué tomber
'Beinbruch *m* fracture *f* de la jambe; *Sport* ***Hals- und ~!*** bonne chance!
Beirut [baɪ'ru:t] *n* Beyrouth
beisammen [bai'zamən] ensemble; **2sein** *n* (*-s*; *sans pl*) ***gemütliches ~*** réunion *f* amicale
'Beisein *n* ***im ~ von*** en présence de
bei'seite à part; ***Spaß ~!*** blague à part!; → ***beiseite…***
bei'seite|… *in Zssgn*: **~lassen** (*irr, sép, -ge-, h,* → ***lassen***) laisser de côté; **~legen** (*sép, -ge-, h*) mettre de côté (*a Geld*); **~schieben** (*irr, sép, -ge-, h,* → ***schieben***) écarter
'beisetz|en (*sép, -ge-, h*) enterrer; **'2ung** *f* (-; *-en*) enterrement *m*, funé-

railles *f/pl*

'**Beispiel** *n* (-[*e*]*s*; -*e*) exemple *m*; ***zum ~*** (*abr z.B.*) par exemple (*abr* p. ex.); ***sich ein ~ nehmen an*** prendre exemple sur; '**≈haft** exemplaire; '**≈los** sans précédent

beißen ['baisən] (*biss, gebissen, h*) mordre; *Rauch* piquer; *Farben* ***sich ~*** jurer

'**Bei|stand** *m* (-[*e*]*s*; ⸚*e*) assistance *f*, aide *f*; '**≈stehen** (*irr, sép, -ge-, h,* → ***stehen***) ***j-m ~*** assister *od* aider qn

Beitrag ['baitraːk] (-[*e*]*s*; ⸚*e*) contribution *f*; *Mitglieds≈* cotisation *f*

'**beitreten** (*irr, sép, -ge-, sn,* → ***treten***) ***e-r Partei*** *etc* ***~*** adhérer à *od* entrer dans un parti *etc*

'**Beitritt** *m* adhésion *f* (***zu*** à)

'**Beitrittsland** *n* nouveau pays *m* membre (*a EU*)

'**Beiwagen** *m Motorrad* side-car *m*

Beize ['baitsə] *f* (-; -*n*) *Holzfarbe* teinture *f*; *Farbentferner* décapant *m*; *Küche* marinade *f*

beizeiten [bai'tsaitən] à temps

bejahen [bə'jaːən] (*pas de -ge-, h*) répondre par l'affirmative (à); *gutheißen* approuver

bejahrt [bə'jaːrt] agé

be'kämpfen (*pas de -ge-, h*) combattre; lutter contre

bekannt [bə'kant] connu (***für*** pour); ***mit j-m ~ sein*** connaître qn; ***~ machen*** publier, rendre public; ***j-n mit j-m ~ machen*** présenter qn à qn; ***sich mit etw ~ machen*** se familiariser avec qc; ***es kommt mir ~ vor*** ça me rappelle qc; ***mir ist ~, dass ...*** je sais que ...; ***~ werden*** *Autor etc* se faire connaître

Be'kannte *m, f* (-*n*; -*n*) (quelqu'un de ma) connaissance *f*

be'kanntlich comme on sait

be'kanntmachen (*sép, -ge-, h*) → ***bekannt***

Be'kannt|machung *f* (-; -*en*) publication *f*; avis *m*; **~schaft** *f* (-; -*en*) connaissance *f*

be'kanntwerden (*irr, sép, -ge-, sn*) → ***bekannt***

be'kehren (*pas de -ge-, h*) convertir (***zu*** à)

be'kenn|en (*bekannte, bekannt, h*) confesser, avouer; ***sich zu etw ~*** professer qc; ***sich zu j-m ~*** prendre parti pour qn; ***sich schuldig ~*** se reconnaître coupable; **≈tnis** *n* (-*ses*; -*se*) confession *f* (*a rel*)

be'klagen (*pas de -ge-, h*) déplorer; ***sich ~*** se plaindre (***über*** de); **~swert** à plaindre; déplorable

be'kleid|en (*pas de -ge-, h*) (re)vêtir (***mit*** de); ***ein Amt ~*** occuper une fonction; **≈ung** *f* (-; -*en*) vêtements *m/pl*

Be'klemmung *f* (-; -*en*) oppression *f*, serrement *m* de cœur

be'kommen (*bekam, bekommen, h*) recevoir; *oft* avoir; *erlangen* obtenir; *Krankheit* attraper; *Ärger* avoir; ***sie bekommt ein Kind*** elle va avoir un bébé; ***Hunger ~*** commencer à avoir faim; ***Sie ~ noch 5 Euro*** je vous dois encore cinq euros; ***j-m (gut) ~*** réussir à qn; *Essen* ***das bekommt mir nicht*** je ne supporte pas

bekömmlich [bə'kœmliç] digeste, sain

be'kräftigen (*pas de -ge-, h*) confirmer

bekümmert [bə'kymərt] attristé, affligé

be|kunden [bə'kundən] (*pas de -ge-, h*) manifester; **~'laden** (*belud, beladen, h*) charger (***mit*** de)

Belag [bə'laːk] *m* (-[*e*]*s*; ⸚*e*) enduit *m* (*a méd*), couche *f*, revêtement *m*; *Zahn* tartre *m*; *Brot, Kupplung* garniture *f*

be'lager|n (*pas de -ge-, h*) assiéger; **≈ung** *f* (-; -*en*) siège *m*

Belang [bə'laŋ] *m* (-[*e*]*s*; -*e*) ***von ~*** d'importance; **~e** *pl* intérêts *m/pl*; **≈en** (*pas de -ge-, h*) *jur* (***gerichtlich***) ***~*** poursuivre (en justice); **≈los** sans importance, futile, insignifiant

belast|bar [bə'lastbaːr] solide; *Mensch* endurant; **≈barkeit** *f* (-; *sans pl*) résistance *f*; **~en** (*pas de -ge-, h*) charger (***mit*** de; *a jur*); *Konto* débiter; *Körper* surmener; *seelisch* ***j-n ~*** peser sur qn, accabler qn

belästigen [bə'lɛstigən] (*pas de -ge-, h*) incommoder, importuner

Be'lastung *f* (-; -*en*) charge *f*; *fig* poids *m*; *seelische* stress *m*; *Konto* débit *m*

be'laufen (*belief, belaufen, h*) ***sich ~ auf*** se monter *od* s'élever *od* se chiffrer à

belebt [bə'leːpt] *Straße* animé; *Szene* mouvementé

Beleg [bə'leːk] *m* (-[*e*]*s*; -*e*) pièce *f* justificative, document *m*; **≈en** [-'leːgən] (*pas de -ge-, h*) *Platz* marquer; *reser-*

vieren retenir; *beweisen* prouver, justifier de; *Brot* garnir; ***den ersten Platz ~*** occuper la première place; **~schaft** *f* (-; *-en*) personnel *m*

belegt [bə'le:kt] *Zunge* chargé; *Stimme* voilé; *Hotel* complet; *Zimmer, tél* occupé; ***~es Brot*** sandwich *m*

be'lehren (*pas de -ge-, h*) instruire (***über*** sur); ***j-n e-s Besseren ~*** ouvrir les yeux à qn, détromper qn

beleidig|en [bə'laidigən] (*pas de -ge-, h*) *kränken* vexer, offenser; *beschimpfen* insulter, injurier; **≗ung** *f* (-; *-en*) offense *f*; injure *f* (*a jur*), insulte *f*

be'lesen ~ *sein* avoir des lettres, être instruit

be'leucht|en (*pas de -ge-, h*) éclairer; *festlich* illuminer; **≗ung** *f* (-; *-en*) éclairage *m*; illumination *f*

Belgi|en ['bɛlgjən] *n* (-*s*; *sans pl*) la Belgique; **'~er** *m* (-*s*; -), **'~erin** *f* (-; *-nen*) Belge *m, f*; **≗sch** ['-iʃ] belge

Belgrad ['bɛlgra:t] *n* Belgrade

be'licht|en (*pas de -ge-, h*) *Foto* exposer; **≗ung** *f* (-; *-en*) pose *f*, exposition *f*; **≗ungsmesser** *m* posemètre *m*

Be'lieben *n* (-*s*; *sans pl*) ***nach ~*** à volonté, à votre gré, comme il (vous) plaira

be'liebig quelconque, n'importe (le-) quel; ***jeder ≗e*** n'importe qui

be'liebt aimé (***bei*** par), populaire; ***sich bei j-m ~ machen*** se faire bien voir par qn; **≗heit** *f* (-; *sans pl*) popularité *f*

be'liefern (*pas de -ge-, h*) fournir *od* approvisionner (***mit*** en)

bellen ['bɛlən] (*h*) aboyer

be'lohn|en (*pas de -ge-, h*) récompenser (***für*** de *od* pour); **≗ung** *f* (-; *-en*) récompense *f*

belustigen [bə'lustigən] (*pas de -ge-, h*) (***sich ~*** s')amuser, (se) divertir

be|mächtigen [bə'mɛçtigən] (*pas de -ge-, h*) ***sich j-s*** (***e-r Sache***) ***~*** s'emparer de qn (de qc); **~mängeln** [-'mɛŋəln] (*pas de -ge-, h*) critiquer

be'malen (*pas de -ge-, h*) peindre

bemannt [bə'mant] *Raumfahrzeug* habité

be'merk|bar *sich ~ machen* se faire remarquer; *Sache* se faire sentir; **~en** (*pas de -ge-, h*) remarquer (*a äußern*), apercevoir, s'apercevoir de; **~enswert** remarquable; **≗ung** *f* (-; *-en*) remarque *f*, observation *f*, réflexion *f*

bemitleiden [bə'mitlaidən] (*pas de -ge-, h*) ***j-n ~*** avoir pitié de qn, plaindre qn

be'müh|en (*pas de -ge-, h*) ***sich ~*** s'efforcer (***zu*** de), se donner du mal *od* de la peine; ***sich um j-n ~*** prendre soin de qn; ***sich um etw ~*** faire des efforts pour obtenir qc; ***~ Sie sich nicht!*** ne vous dérangez pas!; **≗ung** *f* (-; *-en*) effort *m*, peine *f*

be'nachbart voisin

benachrichtig|en [bə'na:xriçtigən] (*pas de -ge-, h*) ***j-n von etw ~*** informer *od* avertir qn de qc; **≗ung** *f* (-; *-en*) information *f*, avertissement *m*

benachteilig|en [bə'na:xtailigən] (*pas de -ge-, h*) ***j-n ~*** désavantager *od* défavoriser *od* léser qn, porter préjudice à qn; **≗ung** *f* (-; *-en*) préjudice *m*; ***soziale ~*** discrimination *f* sociale

be'nehmen (*benahm, benommen, h*) **1.** ***sich ~*** se conduire, se comporter; **2. ≗** *n* (-*s*; *sans pl*) conduite *f*, comportement *m*

be'neiden (*pas de -ge-, h*) ***j-n um etw ~*** envier qc à qn; **~swert** enviable

Beneluxstaaten [bene'lʊksʃta:tən] *m/pl* ***die ~*** le Benelux

Bengel ['bɛŋəl] *m* (-*s*; -) gamin *m*, gosse F *m*; *péj* garnement *m*

be'nötigen (*pas de -ge-, h*) ***etw ~*** avoir besoin de qc, nécessiter qc

be'nutz|en, be'nütz|en (*pas de -ge-, h*) utiliser, employer, se servir; *Weg* emprunter; *Verkehrsmittel* prendre; ***die Gelegenheit ~*** profiter de l'occasion; **≗er** *m* (-*s*; -) utilisateur (*a EDV*) *m*; *Verkehrsmittel* usager *m*; *Wörterbuch* lecteur *m*; **~erfreundlich** facile à utiliser; **≗eroberfläche** *f EDV* interface *f* utilisateur; **≗ung** *f* (-; *sans pl*) utilisation *f*, emploi *m*, usage *m*

Benzin [bɛn'tsi:n] *n* (-*s*; *-e*) essence *f*; *Auto* ***kein ~ mehr haben*** tomber en panne sèche; **~gutschein** *m* bon *m* d'essence; **~kanister** *m* bidon *m* d'essence, jerrycan *m*; **~motor** *m* moteur *m* à essence; **~uhr** *f* jauge *f* d'essence; **~verbrauch** *m* consommation *f* d'essence

beobacht|en [bəˀ'o:baxtən] (*pas de -ge-, h*) observer; **≗er** *m* (-*s*; -), **≗erin** *f* (-; *-nen*) observateur *m*, -trice *f*; **≗ung** *f* (-; *-en*) observation *f*; *méd* surveillance *f*

bequem [bə'kveːm] commode, confortable; *Weg* facile; *Person* qui aime ses aises; ***es sich ~ machen*** se mettre à son aise; **ℒlichkeit** *f* (-; *-en*) commodité *f*, confort *m*; *Trägheit* paresse *f*; ***alle ~en*** tout le confort

be'rat|en (*beriet*, *beraten*, *h*) ***j-n ~*** conseiller qn; (***sich über***) ***etw ~*** délibérer sur qc; ***gut*** (***schlecht***) ***~ sein*** être bien (mal) avisé; **ℒer** *m* (-*s*; -) conseiller *m*; **ℒung** *f* (-; *-en*) délibération *f*; *durch j-n* consultation *f*

be'rech|enbar calculable, prévisible; **~nen** (*pas de -ge-*, *h*) calculer; ***j-m etw ~*** compter qc à qn; **~nend** *péj* calculateur; **ℒnung** *f* (-; *-en*) calcul *m* (*a fig*)

berechtig|en [bə'rɛçtigən] (*pas de -ge-*, *h*) autoriser (***zu*** à), donner le droit (***j-n zu*** à qn de); **ℒung** *f* (-; *-en*) autorisation *f*, droit *m*; bien-fondé *m*

Beredsamkeit [bə'reːtzaːmkait] *f* (-; *sans pl*) éloquence *f*

Be'reich *m* (-[*e*]*s*; *-e*) domaine *m*, sphère *f*

be'reichern (*pas de -ge-*, *h*) (***sich ~*** s')enrichir

be'reinigen (*pas de -ge-*, *h*) *Sache* régler

be'reisen (*pas de -ge-*, *h*) *Land* parcourir; *als Vertreter* sillonner

bereit [bə'rait] prêt (***zu*** à); ***sich ~ erklären*** se déclarer prêt; **~en** (*pas de -ge-*, *h*) *Sorge etc* causer; *Überraschung* ménager; *Essen* préparer; **~erklären** (*sép*, *pas de -ge-*, *h*) → ***bereit***; **~halten** (*irr*, *sép*, *-ge-*, *h*, → ***halten***) tenir prêt

bereits [bə'raits] déjà

Be'reitschaft *f* (-; *-en*) disposition *f* (***zu*** à); **~sdienst** *m* permanence *f*; *méd* service *m* de garde

be'reitstellen (*sép*, *-ge-*, *h*) préparer; mettre à la disposition (***für j-n*** de qn)

be'reitwillig empressé; *adv* volontiers

Berg [bɛrk] *m* (-[*e*]*s*; *-e*) montagne *f*; *fig* ***die Haare stehen einem zu ~e*** cela (vous) fait dresser les cheveux sur la tête; **ℒ'ab** en descendant; *fig* ***es geht mit ihm ~*** sa santé décline; **'~arbeiter** *m* mineur *m*; **ℒ'auf** en montant; ***es geht wieder ~*** *comm* les affaires reprennent; *méd* ça va mieux; **'~bau** *m* industrie *f* minière; **'~besteigung** *f* ascension

bergen ['bɛrgən] (*barg*, *geborgen*, *h*) sauver; *aus dem Wasser* repêcher; *Tote* dégager; *Sachen* récupérer

'Berg|führer *m* guide *m* de (haute) montagne; **'~gipfel** *m* sommet *m*

bergig ['bɛrgiç] montagneux

'Berg|kette *f* chaîne *f* de montagnes; **'~mann** *m*(-*s*; *Bergleute*) mineur *m*; **'~predigt** *rel f* Sermon *m* sur la montagne; **'~steigen** *n* (-*s*; *sans pl*) alpinisme *m*; **'~steiger** *m* (-*s*; -), **'~steigerin** *f* (-; *-nen*) alpiniste *m*, *f*; **'~wanderung** *f* excursion *f* en montagne

Bericht [bə'riçt] *m* (-[*e*]*s*; *-e*) rapport *m*, compte rendu *m*; *erzählend* récit *m*; *Presse* reportage *m*; **ℒen** (*pas de -ge-*, *h*) ***j-m etw*** *od* ***über etw ~*** rapporter qc à qn; ***von*** *od* ***über etw ~*** relater qc, faire le récit de qc; **~erstatter** *m* reporter *m*, correspondant *m*

berichtig|en [bə'riçtigən] (*pas de -ge-*, *h*) rectifier, corriger; **ℒung** (-; *-en*) *f* rectification *f*, correction *f*

Berlin [bɛr'liːn] *n* Berlin

Bern [bɛrn] *n* Berne

Bernstein ['bɛrnʃtain] *m* (-[*e*]*s*; *sans pl*) ambre *m* (jaune)

bersten ['bɛrstən] (*barst*, *geborsten*, *sn*) crever, éclater (*fig* ***vor*** de)

berüchtigt [bə'ryçtiçt] *Ort* mal famé; *Verbrecher* notoire

berücksichtigen [bə'rykziçtigən] (*pas de -ge-*, *h*) prendre en considération, tenir compte de

Beruf [bə'ruːf] *m* (-[*e*]*s*; *-e*) profession *f*, métier *m*; ***von ~*** de son métier

be'rufen (*berief*, *berufen*, *h*) ***j-n zu etw ~*** appeler *od* nommer qn au poste de …; ***sich ~ auf*** se réclamer de

be'ruflich professionnel; *adv* par sa profession

Be'rufs|anfänger *m* débutant *m* professionnel; **~ausbildung** *f* formation *f* professionnelle; **~beratung** *f* orientation *f* professionnelle; **ℒbildend *~e Schule*** école *f* professionnelle; **~kleidung** *f* vêtements *m/pl* professionnels; **~krankheit** *f* maladie *f* professionnelle; **~möglichkeiten** *f/pl* débouchés *m/pl*; **~schule** *f* école *f* professionnelle; **~soldat** *m* militaire *m* de carrière; **ℒtätig** qui exerce une activité professionnelle; ***die ℒen*** les travailleurs

m/pl; **~verkehr** *m* heures *f/pl* de pointe *od* d'affluence
Be'rufung *f* (-; *-en*) *Ernennung* nomination *f*; *innere* vocation *f*; *jur* appel *m*; ***~ einlegen*** faire appel; **~sgericht** *n* cour *f* d'appel
be'ruhen (*pas de -ge-, h*) ***~ auf*** reposer sur, être basé sur; ***die Sache auf sich ~ lassen*** laisser l'affaire où elle en est
be'ruhig|en [bə'ruːigən] (*pas de -ge-, h*) (***sich ~*** se) calmer, (s')apaiser, (se) rassurer, (se) tranquilliser; **~end** rassurant; **2ung** *f* (-; *sans pl*) apaisement *m*; **2ungsmittel** *n* calmant *m*, tranquillisant *m*, sédatif *m*
berühmt [bə'ryːmt] célèbre, renommé, fameux; **2heit** *f* célébrité *f* (*a Person*)
be'rühr|en (*pas de -ge-, h*) toucher (*a fig*); *erwähnen* mentionner; **2ung** *f* (-; *-en*) contact *m*
bes. *abr* ***besonders*** particulièrement
besänftigen [bə'zɛnftigən] (*pas de -ge-, h*) apaiser, calmer
Be'satzung *f* (-; *-en*) *aviat*, *mar* équipage *m*; **~smacht** *f* puissance *f* occupante; **~struppen** *f/pl* troupes *f/pl* d'occupation
be'schädig|en (*pas de -ge-, h*) endommager, abîmer; **2ung** *f* (-; *-en*) endommagement *m*, dégradation *f*, détérioration *f*
be'schaffen (*pas de -ge-, h*) procurer, fournir; **2heit** *f* (-; *sans pl*) qualité *f*, nature *f*, état *m*
beschäftig|en [bə'ʃɛftigən] (*pas de -ge-, h*) occuper; *Arbeitskräfte* employer; *Gedanke* ***j-n ~*** préoccuper qn; ***sich ~ mit*** s'occuper de; **~t** [-çt] occupé (***mit etw*** à faire qc); **2te** *m*, *f* (*-n*; *-n*) employé *m*, employée *f*; **2ung** *f* (-; *-en*) occupation *f*; *berufliche* emploi *m*
be'schämend *schändlich* honteux; *demütigend* humiliant
beschatten [bə'ʃatən] (*pas de -ge-, h*) *Personen* surveiller, F filer
be'schaulich contemplatif, paisible
Bescheid [bə'ʃait] *m* (-[*e*]*s*; *-e*) réponse *f*; ***j-m ~ geben*** *od* ***sagen*** informer *od* aviser qn; ***~ wissen*** être au courant (***über*** de); ***abschlägiger ~*** refus *m*
bescheiden [bə'ʃaidən] modeste; **2heit** *f* (-; *sans pl*) modestie *f*
bescheinig|en [bə'ʃainigən] (*pas de -ge-, h*) certifier, attester; ***hiermit wird bescheinigt, dass ...*** par la présente, il est certifié que ...; **2ung** *f* (-; *-en*) certificat *m*, attestation *f*
be'scheißen (*beschiss, beschissen, h*) P ***j-n ~*** F rouler qn; ***beschissen werden*** se faire rouler
be'schenken (*pas de -ge-, h*) ***j-n ~*** faire un cadeau à qn; ***j-n mit etw ~*** faire cadeau *od* présent de qc à qn
Bescherung [bə'ʃeːruŋ] *f* (-; *-en*) distribution *f* des cadeaux *m/pl*; *fig* F ***da haben wir die ~!*** nous voilà dans de beaux draps!
be'schimpfen (*pas de -ge-, h*) insulter, injurier
be'schissen P emmerdant
Be'schlag *m* (-[*e*]*s*; *⸚e*) ferrure *f*; ***in ~ nehmen*** accaparer; **2en** (*beschlug, beschlagen, h*) *Pferd* ferrer; *Glas* (***sich***) **~** se couvrir de buée; ***in etw ~ sein*** être fort en qc, être versé dans qc, être ferré sur qc; **~nahme** [-'ʃlaːknaːmə] *f* (-; *-n*) saisie *f*, confiscation *f*, réquisition *f*; **2nahmen** (*pas de -ge-, h*) saisir, confisquer, réquisitionner
beschleunig|en [bə'ʃlɔynigən] (*pas de -ge-, h*) accélérer; **2ung** *f* (-; *-en*) accélération
be'schließen (*beschloss, beschlossen, h*) décider, résoudre (***zu*** de); *beenden* terminer
Be'schluss *m* (*-es*; *⸚e*) résolution *f*, décision *f*; **2fähig** qui atteint le quorum
be'schmutzen (*pas de -ge-, h*) (***sich ~*** se) salir *od* souiller
be'schneiden (*beschnitt, beschnitten, h*) rogner (*a fig*); *rel* circoncire
beschönig|en [bə'ʃøːnigən] (*pas de -ge-, h*) embellir, enjoliver; **2ung** *f* (-; *-en*) embellissement *m*; euphémisme *m*
beschränken [bə'ʃrɛŋkən] (*pas de -ge-, h*) limiter (***auf*** à), borner, restreindre; ***sich ~ auf*** se borner *od* se limiter à
beschrankt [bə'ʃraŋkt] *Bahnübergang* gardé
be'schränk|t limité; *geistig* borné, étroit; **2ung** *f* (-; *-en*) limitation *f*, restriction *f*
be'schreib|en (*beschrieb, beschrieben, h*) décrire; *Papier* écrire sur; **2ung** *f* (-; *-en*) description *f*
beschuldig|en [bə'ʃuldigən] (*pas de

-*ge-*, *h*) accuser, *jur* inculper (***j-n e-r Sache*** qn de qc)

be'schütz|en (*pas de -ge-*, *h*) protéger (***vor*** de *od* contre); **⁀er** *m* (*-s*; -), **⁀erin** *f* (-; *-nen*) protecteur *m*, -trice *f*

Beschwerde [bə'ʃveːrdə] *f* (-; *-n*) réclamation *f*, plainte *f*; **~n** *pl méd* douleur *f*, troubles *m/pl*

be'schwer|en (*pas de -ge-*, *h*) charger; ***sich ~*** se plaindre (***über*** de; ***bei j-m*** à qn); **~lich** fatigant, pénible

beschwichtigen [bə'ʃviçtigən] (*pas de -ge-*, *h*) apaiser, calmer

be'schwören (*beschwor*, *beschworen*, *h*) affirmer par serment, jurer; *anflehen* conjurer; *Geister* évoquer; *bannen* conjurer

beseitigen [bə'zaitigən] (*pas de -ge-*, *h*) supprimer, faire disparaître, enlever, écarter, éloigner; *umbringen* liquider

Besen ['beːzən] *m* (*-s*; -) balai *m*

besessen [bə'zɛsən] obsédé (***von*** par), maniaque; *vom Teufel* possédé

be'setz|en (*pas de -ge-*, *h*) occuper; *Kleid* garnir (***mit*** de); **~t** occupé (*a tél*); *Bus*, *Zug* complet; **⁀tzeichen** *n* tonalité *f* occupée; **⁀ung** *f* (-; *-en*) *mil* occupation *f*; *Theater*, *Film* distribution *f*

besichtig|en [bə'ziçtigən] (*pas de -ge-*, *h*) visiter, aller voir; **⁀ung** *f* (-; *-en*) visite *f*

be'siedel|n (*pas de -ge-*, *h*) coloniser; *bevölkern* peupler; ***~t dicht*** (***dünn***) ***~ sein*** avoir une population dense (clairsemée)

be'siegen (*pas de -ge-*, *h*) vaincre

be'sinn|en (*besann*, *besonnen*, *h*) ***sich ~*** réfléchir; ***sich auf etw ~*** se rappeler qc; ***sich anders ~*** se raviser; **⁀ung** *f* (-; *sans pl*) connaissance *f*; ***die ~ verlieren*** perdre connaissance; *fig* ***zur ~ kommen*** revenir à la raison; **~ungslos** sans connaissance, évanoui

Be'sitz *m* (*-es*; *sans pl*) possession *f*; *Eigentum* propriété *f*; ***~ ergreifen von***, ***in ~ nehmen*** prendre possession de; **⁀en** (*besaß*, *besessen*, *h*) posséder, avoir; **~er** *m* (*-s*; -), **~erin** *f* (-; *-nen*) possesseur *m*; *Inhaber* détenteur *m*, -trice *f*; *Eigentümer* propriétaire *m*, *f*

Besoldung *f* [bə'zɔlduŋ] *f* (-; *-en*) traitement *m*, appointements *m/pl*

besonder|e [bə'zɔndərə] spécial, particulier, exceptionnel; **⁀heit** *f* (-; *-en*) particularité *f*; **~s** spécialement, particulièrement, en particulier, surtout

besonnen [bə'zɔnən] réfléchi, pondéré, circonspect

besorgen [bə'zɔrgən] (*pas de -ge-*, *h*) *beschaffen* procurer; *sich kümmern* s'occuper de

Besorgnis [bə'zɔrknis] *f* (-; *-se*) crainte *f*, inquiétude *f*; ***~ erregend*** inquiétant

be'sorgniserregend inquiétant

Besorgung [bə'zɔrguŋ] *f* (-; *-en*) ***~en machen*** faire des courses

be'sprech|en (*besprach*, *besprochen*, *h*) ***etw ~*** discuter qc; ***sich mit j-m ~*** conférer avec qn (***über etw*** de qc); ***ein Buch ~*** faire la critique d'un livre; **⁀ung** *f* (-; *-en*) discussion *f*, conférence *f*; *Zeitungskritik* compte rendu *m*, critique *f*

besser ['bɛsər] meilleur; *adv* mieux; ***es geht ihm ~*** il va mieux; ***~ werden*** s'améliorer; ***es ist ~*** il vaut mieux *od* mieux vaut (***zu schweigen als …*** se taire que de …); ***immer ~*** de mieux en mieux; ***um so ~*** tant mieux

'besser|n (*h*) ***sich ~*** s'améliorer; *Wetter a* se remettre au beau; *Person* s'amender; **'⁀ung** *f* (-; *sans pl*) amélioration *f*; *méd* rétablissement *m*

Be'stand *m* (*-[e]s*; *⁼e*) (*Fort*)*Bestehen* existence *f*, durée *f*, continuité *f*; *Tier⁀* population *f*; *Personal* effectif *m*; *Vorrat* stock *m*; ***~ haben*** durer, persister

be'ständig constant; durable, persistant; continuel, perpétuel; stable (*a Wetter*); **⁀keit** *f* (-; *sans pl*) constance *f*; durée *f*; stabilité *f*

Bestand|saufnahme [bə'ʃtantsʔ-] *f* inventaire *m*; **~teil** *m* partie *f* intégrante, composante *f*, élément *m*

bestätig|en [bə'ʃtɛːtigən] (*pas de -ge-*, *h*) confirmer; *Brief* accuser réception de; ***sich ~*** se confirmer, se vérifier; **⁀ung** *f* (-; *-en*) confirmation *f*

bestatt|en [bə'ʃtatən] (*pas de -ge-*, *h*) inhumer; **⁀ungsinstitut** *n* pompes *f/pl* funèbres

beste ['bɛstə] meilleur; ***am ~n*** le mieux; ***sein ~r Freund*** son meilleur ami; ***der erste ⁀*** le premier venu; ***er ist der ⁀*** il est le meilleur; ***das ⁀*** le meilleur; ***sein ⁀s tun*** faire de son mieux; ***es ist das ⁀*** *od* ***am ~n, zu …***

le mieux est de ...; ***j-n zum 𝔖n haben*** se moquer de qn

be'stech|en (*bestach, bestochen, h*) corrompre, acheter; *fig* séduire; **~lich** corruptible; **𝔖ung** *f* (-; *-en*) corruption *f*; **𝔖ungsgelder** *n/pl* pot-de-vin *m*

Besteck [bəˈʃtɛk] *n* (-[*e*]*s*; *-e*) couvert *m*

be'stehen (*bestand, bestanden, h*) **1.** *Prüfung* réussir; *Kampf* soutenir (avec succès); *existieren* exister; ***auf etw ~*** insister sur qc; ***darauf ~ zu ...*** insister pour ...; ***~ aus*** se composer de; ***darin ~ zu ...*** consister à ...; **2.** 𝔖 *n* (*-s*; *sans pl*) existence *f*

be'steig|en (*bestieg, bestiegen, h*) monter sur; *Berg a* faire l'ascension de, escalader; **𝔖ung** *f* (-; *-en*) ascension *f*

be'stell|en (*pas de -ge-, h*) *Waren* commander; *Zimmer* retenir, faire réserver; *Grüße* transmettre; *Feld* cultiver; ***j-n ~*** faire venir qn; **𝔖formular** *n* formulaire *m* de commande; **𝔖ung** *f* (-; *-en*) commande *f*; *comm* ordre *m*

'besten|falls (en mettant les choses) au mieux; **'~s** pour le mieux

be'steuer|n (*pas de -ge-, h*) imposer, taxer; **𝔖ung** *f* (-; *sans pl*) taxation *f*, imposition *f*

be'stimmen (*pas de -ge-, h*) *festlegen* déterminer, fixer; *anordnen* arrêter, décider; ***~ über*** décider *od* disposer de; ***für*** *od* ***zu etw ~*** destiner à qc; ***j-n ~*** désigner qn (***für*** *od* ***zu*** pour)

be'stimmt *feststehend* déterminé; *entschieden* décidé, résolu, ferme; *adv sicher* certainement, sûrement; ***in ~en Fällen*** dans certains cas; **𝔖heit** *f* (-; *sans pl*) *Entschlossenheit* détermination *f*, fermeté; *Gewissheit* certitude *f*

Be'stimmung *f* (-; *-en*) *Vorschrift* disposition *f*, règlement *m*; *Festlegung* détermination *f*, définition *f*; *Zweck*𝔖 destination *f*; *Schicksal* destinée *f*; **~sort** [-sˀɔrt] *m* (lien *m* de) destination *f*

Best.-Nr. *abr* ***Bestellnummer*** numéro de commande

be'strafen (*pas de -ge-, h*) punir

Be'strahlung *f* (-; *-en*) irradiation *f*

be'streiken (*pas de -ge-, h*) immobiliser par une grève

be|'streiten (*bestritt, bestritten, h*) contester; *Kosten* subvenir à; **~'stürmen** (*pas de -ge-, h*) ***j-n mit Fragen ~*** assaillir, presser qn de questions

be'stürzt consterné (***über*** de), interdit

Besuch [bəˈzuːx] *m* (-[*e*]*s*; *-e*) visite *f*; ***bei j-m zu ~ sein*** être en visite chez qn; **𝔖en** (*pas de -ge-, h*) *hingehen* aller voir; *herkommen* venir voir; *förmlich* rendre visite à; *Schule* fréquenter; *Kurs* suivre; *Museum, Stadt* visiter; **~er** *m* (*-s*; -), **~erin** *f* (-; *-nen*) visiteur *m*, -euse *f*; **~szeit** *f* heures *f/pl* de visite

be'sucht couru, fréquenté

betagt [bəˈtaːkt] âgé, d'un grand âge

betätigen [bəˈtɛːtigən] (*pas de -ge-, h*) *Hebel* actionner; ***sich ~*** s'occuper; ***sich bei etw ~*** prendre part à qc; ***sich politisch ~*** avoir une activité politique

betäub|en [bəˈtɔybən] (*pas de -ge-, h*) étourdir; *durch Lärm* abasourdir, assourdir; *méd* anesthésier; **𝔖ungsmittel** *méd n* anesthésique *m*, narcotique *m*

Bete *bot* [ˈbeːtə] *f* (-; *-n*) ***Rote ~*** betterave *f* rouge

beteilig|en [bəˈtailigən] (*pas de -ge-, h*) ***j-n ~*** faire participer qn (***an*** à); ***sich ~ an*** *od* ***bei*** participer *od* prendre part à; **~t** [-içt] concerné, intéressé; ***~ sein an*** *Unfall, Verbrechen* être concerné par; *Unternehmen* être intéressé dans; **𝔖ung** *f* (-; *-en*) participation *f*

beten [ˈbeːtən] (*h*) prier; ***zu Gott ~*** prier Dieu

be'teuern (*pas de -ge-, h*) *Unschuld etc* protester de

Bethlehem [ˈbeːtlehɛm] *n* Bethléem

Beton [beˈtoːn, beˈtɔŋ] *m* (*-s*; *-s, -e*) béton *m*

be'tonen (*pas de -ge-, h*) accentuer (*a fig*)

betonieren [betoˈniːrən] (*pas de -ge-, h*) bétonner

Be'tonung *f* (-; *-en*) accentuation *f*

Betr. *abr* ***Betreff*** objet

Betracht [bəˈtraxt] *m* ***in ~ ziehen*** prendre en considération *f*; (***nicht***) ***in ~ kommen*** (ne pas) entrer en ligne de compte; **𝔖en** (*pas de -ge-, h*) regarder, contempler; ***~ als*** considérer comme

beträchtlich [bəˈtrɛçtliç] considérable

Be'trachtung *f* (-; *-en*) contemplation *f*; *Erwägung* considération *f*

Betrag [bəˈtraːk] *m* (-[*e*]*s*; *¨-e*) montant *m*, somme *f*

be'tragen [-aːgən] (*betrug, betragen, h*)

1. *Summe* s'élever à, se monter à; *Geschwindigkeit* être de l'ordre de; ***sich ~*** se conduire, se comporter; **2.** **≈** *n* (*-s*; *sans pl*) conduite *f*, comportement *m*

be'treffen (*betraf*, *betroffen*, *h*) concerner; ***was ... betrifft*** en ce qui concerne ...; ***was mich betrifft*** quant à moi; *Briefkopf* ***betrifft*** (*abr* ***betr.***) objet

be'treten 1. (*betrat*, *betreten*, *h*) mettre le pied sur *od* dans; *Raum* entrer dans; *Rasen* marcher sur; **2.** *adj* embarrassé, confus

betreuen [bə'trɔʏən] (*pas de -ge-*, *h*) s'occuper de, prendre *od* avoir soin de

Betrieb [bə'tri:p] *m* (*-[e]s*; *-e*) *Unternehmen* entreprise *f*; *agr* exploitation *f*; *e-r Maschine* marche *f*, fonctionnement *m*; *Treiben* animation *f*, activité *f*; ***in ~ sein*** être en marche *od* en service; ***in ~ setzen*** mettre en marche; ***außer ~*** hors service; **≈lich** de l'entreprise; ***~e Mitbestimmung*** cogestion *f*; **≈sam** actif

Be'triebs|anleitung *f* mode *m* d'emploi; **~ausgaben** *f/pl* charges *f/pl* (de l'entreprise); **~ferien** *pl* congés *m/pl* annuels; **~gewinn** *m* bénéfice *m* d'exploitation; **~kapital** *n* fonds *m/pl* de roulement; **~klima** *n* ambiance *f* de l'entreprise; **~kosten** *pl* frais *m/pl* d'exploitation; **~leiter** *m* chef *m* d'entreprise; **~leitung** *f* direction *f*, management *m*; **~rat** *m* comité *m* d'entreprise; **~ratsmitglied** *n* délégué *m* du personnel; **~system** *EDV n* système *m* d'exploitation; **~wirtschaft** *f* gestion *f* des entreprises

be'trinken (*betrank*, *betrunken*, *h*) ***sich ~*** s'enivrer, se soûler

betroffen [bə'trɔfən] bouleversé, consterné; affecté, touché

Betrug [bə'tru:k] *m* (*-[e]s*; *sans pl*) escroquerie *f*, fraude *f*

be'trüg|en (*betrog*, *betrogen*, *h*) tromper, duper (***j-n*** qn), tricher, frauder; **≈er** *m* (*-s*; *-*), **≈erin** *f* (*-*; *-nen*) escroc *m*, fraudeur *m*, -euse *f*; **~erisch** frauduleux; *Person* malhonnête

be'trunken ivre, soûl

Bett [bɛt] *n* (*-[e]s*; *-en*) lit *m*; ***das ~ hüten*** garder le lit; ***zu ~ gehen*** (aller) se coucher

betteln ['bɛtəln] (*h*) mendier (***um etw*** qc)

Bettler ['bɛtlər] *m* (*-s*; *-*), **'~in** *f* (*-*; *-nen*) mendiant *m*; -e *f*

'Bett|wäsche *f*, **'~zeug** *n* draps *m/pl*, literie *f*

beugen ['bɔʏgən] (*h*) plier, fléchir, courber; ***das Recht ~*** faire une entorse au droit; ***sich ~*** se pencher; *fig* se soumettre (à)

Beule ['bɔʏlə] *f* (*-*; *-n*) bosse *f*

beunruhigen [bəˀ'unru:igən] (*pas de -ge-*, *h*) (***sich ~*** s')inquiéter

beurlauben [bəˀ'u:rlaubən] (*pas de -ge-*, *h*) donner un congé à; *Beamten* suspendre de ses fonctions

beurteil|en [bəˀ'urtailən] (*pas de -ge-*, *h*) juger de, apprécier; **≈ung** (*-*; *-en*) *f* jugement *m*, appréciation *f*

Beute ['bɔʏtə] *f* (*-*; *sans pl*) butin *m*; *e-s Tieres* proie *f*

Beutel ['bɔʏtəl] *m* (*-s*; *-*) sac *m*; *Geld≈* bourse *f*; *Känguru* poche *f*

bevölker|n [bə'fœlkərn] (*pas de -ge-*, *h*) (***sich ~*** se) peupler (***mit*** de); **≈ung** *f* (*-*; *-en*) population *f*; **≈ungsexplosion** *f* poussée *f* démographique

bevollmächtig|en [bə'fɔlmɛçtigən] (*pas de -ge-*, *h*) autoriser, donner mandat *od* procuration à; **≈te** [-çtə] *m*, *f* (*-n*; *-n*) mandataire *m*

bevor [bə'fo:r] avant que (+ *subj*); avant de (+ *inf*); **~munden** [bə'fo:rmundən] (*pas de -ge-*, *h*) tenir en tutelle; **~stehen** (*irr*, *sép*, *-ge-*, *h*, → ***stehen***) être proche; ***unmittelbar ~*** être imminent

bevorzug|en [bə'fo:rtsu:gən] (*pas de -ge-*, *h*) préférer, favoriser; **≈ung** *f* (*-*; *sans pl*) préférence *f* (pour)

be'wach|en (*pas de -ge-*, *h*) garder, surveiller; **≈ung** *f* (*-*; *-en*) garde *f*, surveillance *f*

bewaffn|en [bə'vafnən] (*pas de -ge-*, *h*) (***sich ~*** s')armer (***mit*** de); **≈ung** *f* (*-*; *-en*) armement *m*

be'wahren (*pas de -ge-*, *h*) garder; ***j-n ~ vor*** préserver qn de

be'währen (*pas de -ge-*, *h*) ***sich ~*** faire ses preuves

be'währ|t éprouvé; **≈ung** *f* (*-*; *-en*) *jur* ***mit ~*** avec sursis

bewältigen [bə'vɛltigən] (*pas de -ge-*, *h*) *Arbeit* venir à bout de; *Enttäuschung* surmonter; *Strecke* parcourir; *Vergangenheit* assumer

be'wandert *~ sein in* être fort *od* F calé en *od* versé dans

be'wässer|n (*pas de -ge-, h*) irriguer; **&ung** *f* (-; *-en*) irrigation *f*

beweg|en [bə've:gən] **1.** (*bewog, bewogen, h*) ***j-n zu etw ~*** engager *od* déterminer qn à qc; **2.** (*pas de -ge-, h*) remuer, bouger; ***j-n ~*** *rühren* émouvoir, toucher qn; ***sich ~*** bouger, remuer; **&grund** [-k-] *m* mobile *m*, motif *m*; **~lich** [-k-] mobile; *geistig* vif; **&lichkeit** [-k-] *f* (-; *sans pl*) mobilité *f*

be'weg|t [-kt] *Leben* mouvementé, agité (*a Meer*); *gerührt* ému; **&ung** [-guŋ] *f* (-; *-en*) mouvement *m*; *körperliche* exercice *m*; *Rührung* émotion *f*

Beweis [bə'vais] *m* (*-es*; *-e*) preuve *f*; *wissenschaftlicher* démonstration *f*; **&en** [-zən] (*bewies, bewiesen, h*) prouver; *Lehrsatz* démontrer; *Eifer etc* faire preuve de; **~führung** *f* argumentation *f*, démonstration *f*; **~stück** *jur n* pièce *f* à conviction

be'wenden (*inf*) ***es bei etw ~ lassen*** s'en tenir à qc

be'werb|en (*bewarb, beworben, h*) ***sich ~ um*** poser sa candidature à; ***sich um e-e Stelle ~*** *a* solliciter, postuler un emploi; **&er** *m* (*-s*; -), **&erin** *f* (-; *-nen*) candidat *m*, -e *f* (***um*** à); postulant *m*, -e *f*; **&ung** *f* (-; *-en*) candidature; **&ungsgespräch** *n* entretien *m* (de sollicitation); **&ungsschreiben** *n* lettre *f* de candidature

be'wert|en (*pas de -ge-, h*) évaluer; **&ung** *f* (-; *-en*) évaluation *f*

bewilligen [bə'viligən] (*pas de -ge-, h*) accorder, octroyer; *Rechte* concéder

be'wirken (*pas de -ge-, h*) produire, provoquer, amener

be'wirt|en (*pas de -ge-, h*) régaler; **&ung** *f* (-; *sans pl*) hospitalité *f*, accueil *m*, service *m*

be'wohn|en (*pas de -ge-, h*) habiter; **&er** *m* (*-s*; -), **&erin** *f* (-; *-nen*) habitant *m*, -e *f*; *Haus, Wohnung* occupant *m*, -e *f*

bewölk|t [bə'vœlkt] nuageux; **&ung** *f* (-; *sans pl*) nuages *m/pl*

be'wundern (*pas de -ge-, h*) admirer; **~swert** admirable

bewusst [bə'vust] conscient; *absichtlich* voulu, intentionnel; *fraglich* en question; ***sich e-r Sache ~ sein*** être conscient *od* avoir conscience de qc; ***sich e-r Sache ~ werden*** prendre conscience de qc, se rendre compte de qc

be'wusstlos sans connaissance

Be'wusstsein *n* (*-s*; *sans pl*) conscience *f*; *Besinnung* connaissance *f*; ***das ~ verlieren*** (***wiedererlangen***) perdre (reprendre) connaissance

be'wusstwerden (*irr, sép, -ge-, sn*) → ***bewusst***

bez. *abr* ***bezahlt*** payé

be'zahlen (*pas de -ge-, h*) payer

Be'zahlfernsehen *n* (*-s*; -) chaîne *f* payante

be'zahlt ***sich ~ machen*** rapporter, être payant

Be'zahlung *f* (-; *sans pl*) paiement *m*

be'zaubernd charmant, ravissant

be'zeichn|en (*pas de -ge-, h*) *Weg etc* marquer; *benennen* désigner; ***~ als*** qualifier de; **~end** significatif, caractéristique (***für*** de); **&ung** *f* (-; *-en*) désignation *f*, qualification *f*; *genaue* spécification *f*

be'zeugen (*pas de -ge-, h*) témoigner (***etw*** de qc), attester

be'zieh|en (*bezog, bezogen, h*) *Haus, Wohnung* aller occuper, s'installer dans; *Waren* acheter, faire venir; *Zeitung* être abonné à; *Gehalt, Rente* toucher; (***sich***) ***~ auf*** (se) rapporter à, (se) référer à, avoir trait à; *Himmel* ***sich ~*** se couvrir; ***die Betten ~*** mettre des draps; **&ung** *f* (-; *-en*) rapport *m*, relation *f*; ***~en haben*** avoir du piston F; ***in dieser ~*** à cet égard; ***in gewisser ~*** à certains égards; **~ungsweise** respectivement; ou plutôt

Bezirk [bə'tsirk] *m* (-[*e*]*s*; *-e*) district *m*; *Stadt&* quartier *m*

Bezug [bə'tsu:k] *m* (-[*e*]*s*; *⁼e*) *Überzug* enveloppe *f*; *Bett* draps *m/pl*; *Waren* achat *m*; *Zeitung* abonnement *m*; *Beziehung* rapport *m* (***zu*** avec); ***Bezüge*** *pl Gehalt* appointements *m/pl*; ***in ~ auf*** par rapport à, relativement à, concernant; ***~ nehmen auf*** se référer à

Be'zugs|person *psych f* personne *f* de référence; **~punkt** *m* point *m* de référence

be|'zwecken (*pas de -ge-, h*) avoir pour but; **~'zweifeln** (*pas de -ge-, h*) douter de

BGB *n abr* ***Bürgerliches Gesetzbuch***

Code civil allemand

BH *m abr* ***Büstenhalter*** soutien-gorge *m*

Bhf. *abr* ***Bahnhof*** gare

Bibel ['biːbəl] *f* (-; *-n*) Bible *f*

Biber ['biːbər] *zo m* (*-s*; -) castor *m*

Biblio|thek [biblio'teːk] *f* (-; *-en*) bibliothèque *f*; **~the'kar** [-e'kaːr] *m* (*-s*; *-e*), **~the'karin** *f* (-; *-nen*) *m* bibliothécaire *m*, *f*

biblisch ['biːbliʃ] biblique; ***≗e Geschichte*** histoire sainte

bieg|en ['biːgən] (*bog*, *gebogen*) **1.** *v/t* (*h*) plier, courber; **2.** *v/i* (*sn*) ***um die Ecke ~*** tourner le coin de la rue; '**~sam** ['biːkzaːm] pliable, flexible, souple; '**≗ung** *f* (-; *-en*) courbure *f*, coude *m*; *Straße* tournant *m*

Biel [biːl] *n* Bienne

Biene ['biːnə] *f* (-; *-n*) abeille *f*

'**Bienen|korb** *m*, '**~stock** *m* ruche *f*; '**~zucht** *f* apiculture *f*

Bier [biːr] *n* (-[*e*]*s*; *-e*) bière *f*; ***helles*** (***dunkles***) **~** bière blonde (brune); '**~brauer** *m* brasseur *m*; '**~krug** *m* chope *f*

bieten ['biːtən] (*bot*, *geboten*, *h*) offrir; ***sich ~*** se présenter; ***sich etw nicht ~ lassen*** ne pas se laisser marcher sur les pieds

'**bietenlassen** (*irr*, *sép*, *pas de -ge-*, *h*, → ***lassen***) → ***bieten***

Bilanz [bi'lants] *f* (-; *-en*) bilan *m*; *Handels≗* balance *f*

Bild [bilt] *n* (-[*e*]*s*; *-er*) image *f*; *Gemälde* tableau *m*; *Foto* photo *f*; ***sich ein ~ machen von*** se faire une idée de; ***im ~e sein*** être au courant (***über*** de); '**~berichterstatter** *m* reporter-photographe *m*, photo-reporter *m*

bilden ['bildən] (*h*) former; *ausmachen* constituer; ***sich ~*** se former; *geistig a* se cultiver, s'instruire; '**~d** éducatif, instructif; ***~e Kunst*** arts *m/pl* plastiques

'**Bilder|buch** *n* livre *m* d'images; '**~rahmen** *m* cadre *m*; '**~rätsel** *n* rébus *m*

'**Bild|fläche** *f fig* ***auf der ~ erscheinen*** faire son apparition; ***von der ~ verschwinden*** s'éclipser, disparaître de la circulation; '**~hauer** *m* (*-s*; -) sculpteur *m*; '**≗lich** *figurativ* figuratif; *übertragen* figuré, métaphorique; '**~nis** *n* (*-ses*; *-se*) portrait *m*; '**~platte** *f* vidéodisque *m*; '**~röhre** *TV f* tube *m* cathodique; '**~schirm** *m* écran *m* (de télévision); '**~schirmarbeit** *f* travail *m* sur écran; '**~schirmarbeitsplatz** *m* poste *m* de travail sur écran; '**~schirmfenster** *n* fenêtre *f*; '**~schirmschoner** *m* économiseur *m* d'écran; '**~schirmtext** *m* vidéotex *m*, Minitel *m* (*marque!*); '**~störung** *TV f* coupure *f*; '**~telefon** *n* vidéophone *m*

'**Bildung** *f* (-; *-en*) formation *f*; *geistige a* culture *f*; *Schul≗* éducation *f*, instruction *f*; '**~slücke** *f* lacune *f*; '**~sreform** *f* réforme *f* de l'enseignement

Billard ['biljart] *n* (*-s*; *-e*) billard *m*; '**~kugel** *f* bille *f*; '**~stock** *m* queue *f*

billig ['biliç] bon marché; ***~er*** meilleur marché; ***recht und ~*** juste et équitable; '**~en** [-gən] (*h*) approuver; '**≗flug** *m* vol *m* à prix réduit; '**≗lohnland** *n* pays *m* à main-d'œuvre bon marché; '**≗ung** [-guŋ] *f* (-; *sans pl*) approbation *f*

Billion [bi'ljoːn] *f* (-; *-en*) billion *m*

Binde ['bində] *f* (-; *-n*) bande *f*; *Verband* bandage *m*; *Arm≗* écharpe *f*; *Monats≗* serviette *f* hygiénique; '**~gewebe** *n* tissu *m* conjonctif; '**~glied** *n* lien *m*; '**~haut** *f* conjonctive *f*; '**~hautentzündung** *méd f* conjonctivite *f*

'**binden** (*band*, *gebunden*, *h*) attacher (***an*** à); *Krawatte* nouer; *Buch* relier; *verpflichten* engager, lier

'**Bindestrich** *m* trait *m* d'union

'**Bindfaden** *m* ficelle *f*

'**Bindung** *f* (-; *-en*) *innere* lien *m*; *vertragliche* engagement *m*; *chim*, *phys*, *Phonetik* liaison *f*; *Ski* fixation *f*

binnen ['binən] *prép* (*dat od gén*) dans (un délai de); **~ *kurzem*** sous peu

'**Binnen|hafen** *m* port *m* fluvial; '**~handel** *m* commerce *m* intérieur; '**~markt** *m* marché *m* intérieur; '**~schifffahrt** *f* navigation *f* fluviale

Binse ['binzə] *f bot* (-; *-n*) jonc *m*; *fig* ***in die ~n gehen*** F être foutu *od* fichu; '**~nwahrheit** *f* vérité *f* de la Palice

Bio|brot ['biːobroːt] *n* pain *m* bio(logique); **~che'mie** *f* biochimie *f*; **~grafie**, **~graphie** [-gra'fiː] *f* (-; *-n*) biographie *f*; '**~kost** *f* alimentation *f* biologique; '**~laden** *m* magasin *m* de produits écologiques; **~loge** [-'loːgə] *m* (*-n*; *-n*), **~'login** *f* (-; *-nen*) biologiste *m*, *f*; **~lo-**

gie [-lo'giː] *f* (-; *sans pl*) biologie *f*; ≗'**logisch** biologique; **~** ***abbaubar*** biodégradable; ≗'**metrisch** biométrique; '**~müll** *m* déchets *m/pl* organiques; '**~produkt** *n* produit *m* organique; '**~rhythmus** *m* biorythme *m*; **~technolo'gie** *f* biotechnologie *f*; '**~tonne** *f* poubelle *f* pour les déchets organiques; **~top** [bio'toːp] *biol n*, *m* (*-s*; *-e*) biotope *m*

Birke ['birkə] *bot f* (-; *-n*) bouleau *m*

Birma ['birma] *n* la Birmanie

Birne ['birnə] *f* (-; *-n*) *bot* poire *f*; *Glüh*≗ ampoule *f*

bis [bis] **1.** *prép* (*acc*) **~** (***an, in, nach, zu***) jusqu'à (*vor anderer prép als* „à" jusque); ***von … ~*** de … à; **~** ***auf*** *außer* sauf, à … prés; **~** ***auf weiteres*** jusqu'à nouvel ordre; **~** ***Ende Januar*** jusqu'à fin janvier; **~** ***heute*** jusqu'aujourd'hui *od* jusqu'à aujourd'hui; **~** ***vor wenigen Jahren*** jusqu'à il y a quelques années; **~** ***jetzt*** jusqu'à présent; **~** ***wann?*** jusqu'à quand?; **~** ***1715*** jusqu'en 1715; **~** ***hierher*** jusqu'ici; **~** ***dahin*** jusque-là; *zeitlich a* d'ici là; **~** ***nach Hause*** jusque chez lui; **~** ***gleich!*** à tout à l'heure!; **~** ***morgen!*** à demain!; ***zwei ~ drei Tage*** deux ou trois jours; **2.** *conj* jusqu'à ce que (+ *subj*); ***warten ~ …*** attendre que … (+ *subj*)

Bischof ['biʃɔf] *m* (*-s*; *⸚e*) évêque *m*

bisher [bis'heːr] jusqu'à présent

Biskaya [bis'kaːja] *géogr* ***die ~, der Golf von ~*** le golfe de Gascogne

Biss [bis] *m* (*-es*; *-e*) morsure *f*

bisschen ['bisçən] ***ein ~*** un peu (de …); ***ein kleines ~*** un tout petit peu

Bissen ['bisən] *m* (*-s*; -) bouchée *f*

'**bissig** *fig* hargneux, mordant; ***~er Hund!*** chien méchant!

Bistum ['bistuːm] *n* (*-s*; *⸚er*) évêché *m*

'**bitte** s'il vous plaît *od* s'il te plaît; *auf Dank* (il n'y a) pas de quoi, je vous en prie; *auf Entschuldigung* il n'y a pas de mal, ce n'est rien; (***wie***) ***~?*** comment?, pardon?

Bitte ['bitə] *f* (-; *-n*) prière *f*, demande *f* (***um*** de)

'**bitten** (*bat*, *gebeten*, *h*) ***j-n um etw ~*** demander qc à qn; ***j-n ~, etw zu tun*** prier qn de faire qc, demander à qn de faire qc

bitter ['bitər] amer (*a fig*); *Kälte* rigoureux; *Armut* extrême; '≗**keit** *f* (-; *sans pl*) amertume *f* (*a fig*)

'**Bitt|gesuch** *n*, '**~schrift** *f* pétition *f*, requête *f*

Bizeps ['biːtsɛps] *m* (-[*e*]*s*; *-e*) biceps *m*

Blähung ['blɛːuŋ] *méd f* (-; *-en*) vent *m*, ballonnement *m*

Blamage [bla'maːʒə] *f* (-; *-n*) honte *f*; ***es ist e-e ~ für ihn*** il s'est rendu ridicule en faisant cela

blamieren [bla'miːrən] (*pas de -ge-*, *h*) ***j-n ~*** ridiculiser qn; ***sich ~*** se rendre ridicule, se couvrir de honte

blank [blaŋk] luisant; *sauber* propre; *Draht* nu; F *ohne Geld* F fauché

Blankoscheck ['blaŋko-] *m* chèque *m* en blanc

Bläschen ['blɛːsçən] *n méd* (*-s*; -) vésicule *f*; *Luft*≗ petite bulle *f*

Blase ['blaːzə] *f* (-; *-n*) *Luft*≗ bulle *f*; *Haut*≗ cloque *f*, ampoule *f*; *Harn*≗ vessie *f*; '**~balg** *m* soufflet *m*

'**blasen** (*blies*, *geblasen*, *h*) souffler; *Blasinstrument* jouer de; '≗**entzündung** *méd f* cystite *f*

blasiert [bla'ziːrt] blasé, hautain, snob

'**Blas|instrument** *n* instrument *m* à vent; '**~kapelle** *f* fanfare *f*, harmonie *f*; '**~rohr** *n* sarbacane *f*

blass [blas] pâle, blême; **~** ***werden*** pâlir

Blässe ['blɛsə] *f* (-; *sans pl*) pâleur *f*

Blatt [blat] *n* feuille *f* (*bot u Papier*); *Zeitung* journal *m*; *Säge* lame *f*

blättern ['blɛtərn] (*h*) feuilleter (***in etw*** qc)

'**Blätterteig** *m* pâte *f* feuilletée

blau [blau] bleu; *fig Auge* au beurre noir; F *betrunken* ivre, soûl, noir F, rond F; ***~er Fleck*** bleu *m*; '**~äugig** aux yeux bleus; *fig* naïf

'**Blau|helm** *m* casque *m* bleu; '**~licht** *n* gyrophare *m*; '**~säure** *chim f* acide *m* cyanhydrique *od* prussique

Blech [blɛç] *n* (-[*e*]*s*; *-e*) tôle *f*; *Weiß*≗ fer-blanc *m*

'**blech|en** (*h*) *zahlen* F cracher, casquer; '**~ern** en tôle *od* en fer-blanc; *Klang* de casserole; '≗**schaden** *auto m* tôles *f/pl* froissées

Blei [blai] *n* (-[*e*]*s*; *sans pl*) plomb *m*

bleiben ['blaibən] (*blieb*, *geblieben*, *sn*) rester, demeurer; **~** ***bei*** *beharren* persister dans; ***es bleibt dabei*** c'est en-

tendu; ***bitte ~ Sie am Apparat!*** ne quittez pas!; ***~ lassen*** laisser tomber
'bleibend durable
'bleibenlassen (*irr*, *sép*, *pas de -ge-*, *h*, → ***lassen***) laisser tomber
bleich [blaiç] blême, pâle; ***~ werden*** pâlir
'blei|ern de plomb (*a fig*); **'~frei** *Benzin* sans plomb
'Bleistift *m* crayon *m*
Blende ['blɛndə] *f* (-; *-n*) *Foto* diaphragme *m*; **'2n** (*h*) éblouir (*a fig*), aveugler; **'2nd** *fig* fantastique; ***~ aussehen*** respirer la santé
Blick [blik] *m* (-[*e*]*s*; *-e*) regard *m*; *flüchtiger* coup *m* d'œil; *Aussicht* vue *f* (***auf*** sur); ***auf den ersten ~*** du premier coup d'œil; ***Liebe auf den ersten ~*** coup *m* de foudre
'blicken (*h*) regarder (***auf etw*** qc); ***sich ~ lassen*** se montrer
'blickenlassen (*irr*, *sép*, *pas de -ge-*, *h*, → ***lassen***) → ***blicken***
blind [blint] aveugle (*a fig*); ***~ werden*** devenir aveugle, perdre la vue; ***auf einem Auge ~*** borgne; ***~er Alarm*** fausse alerte *f*; ***~er Passagier*** passager *m* clandestin
'Blindbewerbung *f* candidature *f* spontanée
'Blinddarm *m* appendice *m*; **'~entzündung** *f* appendicite *f*
Blinde ['blində] *m*, *f* (*-n*; *-n*) aveugle *m*, *f*; **'~nschrift** *f* écriture *f* braille; ***in ~*** en braille
'Blind|flug *m* vol *m* sans visibilité; **'~heit** *f* cécité *f*; *fig* aveuglement *m*; **'2lings** ['blintliŋs] aveuglément
blink|en ['bliŋkən] (*h*) *auto etc* clignoter; *funkeln* étinceler; **'2er** *m* (*-s*; -), **'2licht** *n* clignotant *m*
Blitz [blits] *m* (*-es*; *-e*) éclair *m*; *~schlag* foudre *f*; *Foto* flash *m*; **'~ableiter** *m* paratonnerre *m*; **'2en** (*h*) ***es blitzt*** il y a *od* il fait un éclair (des éclairs); ***geblitzt werden*** se faire prendre par le radar; **'~licht** *n* flash *m*
Block [blɔk] *m* (-[*e*]*s*; *⸚e*) bloc *m*; *Notiz2* bloc-notes *m*; *Häuser2* pâté *m* de maisons, îlot *m*; **~ade** [-'ka:də] (-; *-n*) blocus *m*; **'~flöte** *mus f* flûte *f* à bec; **'~freiheit** *pol f* non-alignement *m*; **'~haus** *n* cabane *f* en rondins; **2ieren** [-'ki:rən] (*pas de -ge-*, *h*) bloquer

blöd|e ['blø:də] stupide, bête, idiot; **'2sinn** ['blø:tzin] *m* (-[*e*]*s*; *sans pl*) idiotie(s) *f*(*pl*), bêtise(s) *f*(*pl*)
blöken ['blø:kən] (*h*) *Schaf* bêler
blond [blɔnt] blond
bloß [blo:s] **1.** *adj alleinig* seul, simple; *unbedeckt* nu; **2.** *adv* seulement, uniquement, simplement, ne … que
'Blöße ['blø:sə] *f* (-; *-n*) *Nacktheit* nudité *f*; *fig* ***sich e-e ~ geben*** donner prise sur soi, prêter le flanc
'bloßstellen (*sép*, *-ge-*, *h*) compromettre
blühen ['bly:ən] (*h*) être en fleur(s); *a fig* être florissant, prospérer; ***ihm blüht etw*** il va lui arriver qc
Blume ['blu:mə] *f* (-; *-n*) fleur *f*; *Wein* bouquet *m*; *Bier* mousse *f*; *fig* ***durch die ~*** à mots couverts, à demi-mot
'Blumen|händler *m*, **'~händlerin** *f* fleuriste *m*, *f*; **'~kohl** *m* chou-fleur *m*; **'~strauß** *m* bouquet *m* de fleurs; **'~topf** *m* pot *m* de fleurs
Bluse ['blu:zə] *f* (-; *-n*) corsage *m*; *langärmelig* chemisier *m*
Blut [blu:t] *n* (-[*e*]*s*; *sans pl*) sang *m*; ***nur ruhig ~!*** du calme!
'Blut|armut *méd f* anémie *f*; **'~bad** *n* massacre *m*, carnage *m*; **'~bank** *f* banque *f* du sang; **'~druck** *m* tension *f* artérielle
Blüte ['bly:tə] *f* (-; *-n*) fleur *f*; *Blütezeit* floraison *f*; *fig* apogée *m*
Blutegel ['blu:tˀe:gəl] *m* (*-s*; -) sangsue *f*
'bluten (*h*) saigner
Bluter ['blu:tər] *méd m* (*-s*;-) hémophile *m*
Bluterguss ['blu:tˀ-] *méd m* hématome *m*
'Blütezeit *f* floraison *f* (*a fig*); *fig* apogée *m*
'Blut|gefäß *n* vaisseau *m* sanguin; **'~gruppe** *f* groupe *m* sanguin; **'2ig** sanglant, ensanglanté; **'~körperchen** *n* globule *m* du sang; **'~kreislauf** *m* circulation *f* du sang; **'~probe** *f* prise *f* de sang; **'~rache** *f* vendetta *f*; **'2rot** rouge sanguin; **'2rünstig** sanguinaire; **'~spender** *m*, **'~spenderin** *f* donneur *m*, -euse *f* de sang; **'2stillend *~es Mittel*** hémostatique *m*; **'~übertragung** *f* transfusion *f* sanguine; **'~ung** *f* (-; *-en*) saignement *m*; *stärker* hémorra-

gie *f*; '**~vergießen** *n* (-*s*; *sans pl*) effusion *f* de sang; '**~vergiftung** *f* septicémie *f*; '**~wurst** *f* boudin *m*

BLZ *f abr* ***Bankleitzahl*** code *m* (de) banque

Bö [bøː] *f* (-; -*en*) rafale *f*

Bob [bɔp] *m* (-*s*; -*s*) *Sport m* bob(sleigh) *m*

Bock [bɔk] *m* (-[*e*]*s*; ⸚*e*) mâle *m*; *Ziegen*≈ bouc *m*; *Schaf*≈ bélier *m*; *Reh*≈ chevreuil *m* mâle; *Gestell* chevalet *m*, tréteau *m*; *Sport* cheval *m* de bois; *fig* ***e-n ~ schießen*** commettre une gaffe; F ***null ~!*** F ras-le-bol!

'**bock|ig** obstiné, têtu; '**≈springen** *n* (-*s*; *sans pl*) *Spiel* saute-mouton *m*; '**≈wurst** *f* saucisse *f* de Francfort

Boden ['boːdən] *m* (-*s*; ⸚) sol *m*, terre *f*; *Fass*, *Flasche etc* fond *m*; *Fuß*≈ plancher *m*; *Dach*≈ grenier *m*; '**≈los** *fig* inouï, énorme; '**~personal** *aviat n* personnel *m* au sol; '**~reform** *f* réforme *f* agraire; '**~schätze** *m/pl* ressources *f/pl od richesses f/pl naturelles od* du sous-sol; '**~see** *m* lac *m* de Constance; '**~station** *f Raumfahrt* station *f* terrestre

Bogen ['boːgən] (-*s*; ⸚) *Krümmung* courb(ur)e *f*; *Waffe*, *arch*, *math* arc *m*; *Brücken*≈ arche *f*; *Wölbung* cintre *m*; *Geigen*≈ archet *m*; *Papier*≈ feuille *f*; '**~lampe** *f* lampe *f* à arc

Böhmen ['bøːmən] *n* la Bohême

Bohne ['boːnə] *bot f* (-; -*n*) haricot *m*; *Kaffee*≈ grain *m*; ***grüne ~n*** haricots verts; ***weiße ~n*** haricots secs

bohner|n ['boːnərn] (*h*) cirer; '**≈wachs** *n* encaustique *f*

bohr|en ['boːrən] (*h*) percer, creuser; *tech* forer; *Zahnarzt* passer la roulette; '**≈er** *m* (-*s*; -) foret *m*, mèche *f*; *Zahnarzt* fraise *f*; '**≈insel** *f* plate-forme *f* de forage; '**≈loch** *n Öl* puits *m*; '**≈maschine** *f* perceuse *f* (électrique); '**≈turm** *m Öl* derrick *m*; '**≈ung** *f* forage *m*; *Motor* alésage *m*

Boiler ['bɔylər] *m* (-*s*; -) chauffe-eau *m*

Boje ['boːjə] *f* (-; -*n*) bouée *f*, balise *f*

Bolivien [bo'liːviən] *n* la Bolivie

Bolzen ['bɔltsən] *m tech* (-*s*; -) boulon *m*

bombardieren [bɔmbar'diːrən] (*pas de -ge-*, *h*) bombarder; ***mit Fragen ~*** assaillir de questions

Bombe ['bɔmbə] *f* (-; -*n*) bombe *f*

'**Bomben|angriff** *m* bombardement *m*; '**~anschlag** *m* attentat *m* à la bombe (***auf*** contre)

Bon [bɔŋ] *m* (-*s*; -*s*) bon *m*; *Kassenzettel* ticket *m* de caisse; **~us** ['boːnus] *m* (-[*ses*]; -*se*) gratification *f*

Boot [boːt] *n* (-[*e*]*s*; -*e*) bateau *m*, canot *m*; *Kahn* barque *f*; '**~sfahrt** *f* promenade *f* en bateau; '**~sverleih** *m* location *f* de bateaux

booten *EDV* ['butən] (-*ge*-, *h*) amorcer

Bord[1] [bɔrt] *m mar*, *aviat* ***an ~*** à bord; ***an ~ gehen*** aller à bord, s'embarquer; ***von ~ gehen*** débarquer; ***über ~*** par-dessus bord; '**~karte** *f* carte *f* d'embarquement

Bord[2] *n* (-[*e*]*s*; -*e*) *Wandbrett* étagère *f*

Bordell [bɔr'dɛl] *n* (-*s*; -*e*) maison *f* de prostitution, maison *f* close; *péj* bordel *m*

borgen ['bɔrgən] (*h*) ***j-m etw ~*** prêter qc à qn; (***sich***) ***etw bei*** *od* ***von j-m ~*** emprunter qc à qn

borniert [bɔr'niːrt] borné

Börse ['bœrzə] *f* (-; -*n*) Bourse *f*; *Geld*≈ porte-monnaie *m*, bourse *f*

'**Börsen|bericht** *m* bulletin *m* de la Bourse; '**~kurs** *m* cours *m* de la Bourse; '**~makler** *m* agent *m* de change; '**~notierung** *f* cotation *f* en Bourse; '**~papiere** *n/pl* valeurs *f/pl* boursières; '**~spekulant** *m* spéculateur *m* en Bourse

bösartig ['bøːsˀaːrtiç] méchant; *méd* malin (*f* maligne)

Böschung ['bœʃuŋ] *f* (-; -*en*) talus *m*; *Ufer*≈ berge *f*

böse ['bøːzə] **1.** mauvais; *boshaft* méchant; *verärgert* fâché; ***j-m*** *od* ***auf j-n ~ sein*** en vouloir à qn; **2.** ≈ *n* (-*n*; *sans pl*) mal *m*

bos|haft ['boːshaft] méchant; '**≈heit** *f* (-; -*en*) méchanceté *f*, malignité *f*

Bosnien (und Herzegowina) ['bɔsniən (unt hɛrtse'goːvina)] *n* la Bosnie (-Herzégovine)

Bosporus ['bɔsporus] ***der ~*** le Bosphore

'**böswillig** malveillant

Botani|k [bo'taːnik] *f* (-; *sans pl*) botanique *f*; **~ker** *m* (-*s*; -), **~kerin** *f* (-; -*nen*) botaniste *m*, *f*; **≈sch** botanique

Bot|e ['boːtə] *m* (-*n*; -*n*) messager *m*;

'**~schaft** *f* message *m*; *pol* ambassade *f*; '**~schafter** *m* (*-s*; -), '**~schafterin** *f* (-; *-nen*) ambassadeur *m*, -drice *f*
Bottnisch ['bɔtniʃ] *géogr* ***der ~e Meerbusen*** le golfe de Botnie
Boulevard [bulə'vaːr] *m* (*-s*; *-s*) boulevard *m*; **~blatt** *n* journal *m* à sensation
box|en ['bɔksən] (*h*) boxer; '**²en** *n* (*-s*; *sans pl*) boxe *f*; '**²er** *m* (*-s*; -) boxeur *m*; '**²kampf** *m* match *m od combat m de boxe*
Boykott [bɔi'kɔt] *m* (-[*e*]*s*; *-s*, *-e*) boycottage *m*; **²ieren** [-'tiːrən] (*pas de -ge-*, *h*) boycotter
brachliegen ['braːx-] (*irr*, *sép*, *-ge-*, *h*, → ***liegen***) être en friche (*a fig*)
Branche ['brɑ̃ːʃə] *f* (-; *-n*) branche *f*; '**~nverzeichnis** *tél n* annuaire *m* des professions; F pages *f/pl* jaunes
Brand [brant] *m* (-[*e*]*s*; *⸚e*) incendie *m*; *méd* gangrène *f*; ***in ~ stecken*** mettre le feu à, incendier; ***in ~ geraten*** prendre feu; '**~bombe** *f* bombe *f* incendiaire; '**²en** ['-dən] (*sn*) *Meer* se briser (***gegen*** contre); déferler (*a fig*)
Brandenburg ['brandənburk] *n* **1.** *Stadt* Brandebourg; **2.** *Bundesland* le Brandebourg
'**Brand|schaden** *m* dégâts *m/pl* causés par l'incendie; '**~stifter** *m*, '**~stifterin** *f* incendiaire *m*, *f*; '**~stiftung** *f* incendie *m* criminel; '**~ung** ['-duŋ] *f* (-; *sans pl*) déferlement *m*, ressac *m*; '**~wunde** *f* brûlure *f*
Branntwein ['brantvain] *m* eau-de-vie *f*
Brasilien [bra'ziːljən] *n* (*-s*) le Brésil
braten ['braːtən] (*briet*, *gebraten*, *h*) **1.** (faire) rôtir, (faire) cuire; *in schwimmendem Fett* (faire) frire; *auf dem Rost* (faire) griller; **2.** **²** *m* (*-s*; -) rôti *m*; '**²soße** *f* sauce *f* de rôti
'**Brat|huhn** *n* poulet *m* rôti; '**~kartoffeln** *f/pl* pommes *f/pl* de terre sautées; '**~pfanne** *f* poêle *f* (à frire); '**~rost** *m* gril *m*
Bratsche ['braːtʃə] *mus f* (-; *-n*) alto *m*
'**Bratwurst** *f* saucisse *f* grillée
Brauch [braux] *m* (-[*e*]*s*; *⸚e*) usage *m*; '**²bar** utile, utilisable
'**brauchen** (*h*) *nötig haben* avoir besoin de; *gebrauchen* se servir de; *Zeit meist* mettre; ***ich brauche etw*** *a* il me faut qc; ***wie lange wird er ~?*** combien de temps lui faudra-t-il?; ***du brauchst es nur zu sagen*** tu n'as qu'à le dire, il suffit de le dire
Braue ['brauə] *f* (-; *-n*) sourcil *m*
brau|en ['brauən] (*h*) *Bier* brasser; **²erei** [-'rai] *f* (-; *-en*) brasserie *f*
braun [braun] brun, marron; *von der Sonne* bronzé; ***~ gebrannt*** bronzé, tanné; ***~ werden*** *von der Sonne* bronzer
Bräune ['brɔʏnə] *f* (-; *sans pl*) *Haut* bronzage *m*, hâle *m*; '**²n** (*h*) brunir; *Sonne* bronzer
'**Braunkohle** *f* lignite *m*
Braunschweig ['braunʃvaɪk] *n* Brunswick
Brause ['brauzə] *f* (-; *-n*) *Dusche* douche *f*; *Gießkanne* pomme *f* d'arrosoir
'**brausen** (*h*) *Wind*, *Wasser* mugir; (***sich***) *~ duschen* se doucher
Braut [braut] *f* (-; *⸚e*) fiancée *f*; *am Hochzeitstag* mariée *f*
Bräutigam ['brɔʏtigam] fiancé *m*; *am Hochzeitstag* marié *m*
'**Brautpaar** *n* fiancés *m/pl*; *am Hochzeitstag* mariés *m/pl*
brav [braːf] brave, honnête; *Kind* sage, gentil
BRD [beːˀɛr'deː] *f* (-; *sans pl*) RFA *f* (République fédérale d'Allemagne)
brechen ['brɛçən] (*brach*, *gebrochen*) **1.** *v/t* (*h*) *etw* casser; rompre (*a Vertrag*, *Schweigen*); briser (*a Widerstand*); *Rekord* battre; *sich erbrechen* vomir; *fig* ***mit j-m ~*** rompre avec qn; ***sich den Arm ~*** se casser *od* se fracturer le bras; ***sich ~*** *Wellen* se briser; *Strahlen* être réfracté; **2.** *v/i* (*sn*) se casser
'**Brech|reiz** *m* nausée *f*, envie *f* de vomir; '**~stange** *f* pince *f* monseigneur
Brei [brai] *m* (-[*e*]*s*; *-e*) purée *f*, bouillie *f*
Breisgau ['braɪsgaʊ] ***der ~*** le Brisgau
breit [brait] large; ***2 Meter ~*** large de 2 mètres; ***weit und ~*** à perte de vue
Breit|e ['braitə] *f* (-; *-n*) largeur *f*; *géogr* latitude *f*; '**~engrad** *m* degré *m* de latitude, parallèle *m*
Bremen ['breːmən] *n* Brême
Bremsbelag ['brɛms-] *auto m* garniture *f* de frein
Bremse ['brɛmzə] *f* (-; *-n*) **1.** *tech* frein *m*; **2.** *zo* taon *m*
'**bremsen** (*h*) freiner (*a fig*)
'**Brems|kraftverstärker** *m* servo-frein

m; '**~leuchte** *f* feu *m* de stop; '**~pedal** *n* pédale *f* de frein; '**~spur** *f* trace *f* de freinage; '**~weg** *m* distance *f* de freinage

brennbar ['brɛnbaːr] combustible, inflammable

'**brenn|en** (*brannte*, *gebrannt*, *h*) brûler; *Lampe* être allumé; *Branntwein* distiller; *Wunde*, *Ziegel etc* cuire; ***mir ~ die Augen*** j'ai les yeux qui piquent; *fig* ***darauf ~, etw zu tun*** brûler de faire qc; '**ⵒer** *tech m* (*-s*; -) brûleur *m*

Brenn|nessel ['brɛnnɛsəl] *bot f* (-; *-n*) ortie *f*; '**~punkt** *m phys* foyer *m*; *fig* centre *m*; '**~spiritus** *m* combustible *m*

Bretagne [brə'taɲə] ***die ~*** la Bretagne

Brett [brɛt] *n* (-[*e*]*s*; *-er*) planche *f*; *Spielⵒ* damier *m*; *Schachⵒ* échiquier *m*; ***Schwarzes ~*** tableau *m* d'affichage

Brief [briːf] *m* (-[*e*]*s*; *-e*) lettre *f*; '**~beschwerer** *m* presse-papiers *m*; '**~bogen** *m* feuille *f* de papier à lettres; '**~freund** *m*, '**~freundin** *f* correspondant *m*, -e *f*; '**~geheimnis** *n* secret *m* postal; '**~kasten** *m* boîte *f* aux lettres; '**~kastenfirma** *f* entreprise *f* bidon; '**~kopf** *m* en-tête *f* de lettre; '**ⵒlich** par lettre(s); '**~marke** *f* timbre(-poste) *m*; '**~markensammler** *m*, '**~markensammlerin** *f* philatéliste *m*, *f*; '**~papier** *n* papier *m* à lettres; '**~tasche** *f* portefeuille *m*; '**~träger** *m*, '**~trägerin** *f* facteur *m*, factrice *f*; *amtlich* préposé *m*, -e *f*; '**~umschlag** *m* enveloppe *f*; '**~waage** *f* pèse-lettre *m*; '**~wahl** *f* vote *m* par correspondance; '**~wechsel** *m* correspondance *f*

Brillant [bril'jant] *m* (*-en*; *-en*) **1.** *m* brillant *m*, diamant *m*; **2.** ⵒ *adj* brillant, excellent

Brille ['brilə] *f* (-; *-n*) lunettes *f*/*pl*; ***e-e ~*** une paire de lunettes; '**~netui** [-nʔɛtviː] *n* étui *m* à lunettes

bringen ['briŋən] (*brachte*, *gebracht*, *h*) *hin~* porter; *her~* apporter, amener; *begleiten* emmener, accompagner, conduire; *veröffentlichen* publier; *Kino*, *TV* passer; *Gewinn* rapporter; ***Glück ~*** porter bonheur; ***auf die Seite ~*** mettre de côté; ***in Erfahrung ~*** apprendre; ***etw mit sich ~*** entraîner qc; ***j-n um etw ~*** faire perdre qc à qn, frustrer qn de qc; ***ums Leben ~*** tuer; ***j-n dazu ~, etw zu tun*** amener qn à faire qc; ***zum Lachen ~*** faire rire; ***es zu etw ~*** réussir dans la vie; ***j-n auf e-e Idee ~*** donner une idée à qn

Brit|e ['britə] *m* (*-n*; *-n*), '**~in** *f* (-; *-nen*) Britannique *m*, *f*; '**ⵒisch** britannique

Brocken ['brɔkən] *m* (*-s*; -) morceau *m*; *fig* ***ein paar ~*** (***Englisch***) quelques bribes *f*/*pl* (d'anglais); F ***ein harter ~*** un sacré morceau

Brombeere ['brɔmbeːrə] *f bot* mûre *f*

Bronch|ien ['brɔnçjən] *f*/*pl* bronches *f*/*pl*; **~itis** [-'çiːtis] *méd f* (-; *-tiden*) bronchite *f*

Brosch|e ['brɔʃə] *f* (-; *-n*) broche *f*; **~üre** [-'ʃyːrə] *f* (-; *-n*) brochure *f*

Brot [broːt] *n* (-[*e*]*s*; *-e*) pain *m*; ***schwarzes ~*** pain *m* bis; ***sein ~ verdienen*** gagner son pain *od* sa vie

Brötchen ['brøːtçən] *n* (*-s*; -) petit pain *m*; ***belegtes ~*** sandwich *m*

'**Brot|erwerb** *m* gagne-pain *m*; '**ⵒlos** ***~ werden*** perdre son gagne-pain; ***~e Kunst*** métier *m* peu lucratif

Browser ['brauzər] *m* (*-s*; -) *EDV* navigateur *m*

Bruch [brux] *m* (-[*e*]*s*; *¨e*) rupture *f* (*a fig*); *~stelle* cassure *f*; *Knochenⵒ* fracture *f*; *Eingeweideⵒ* hernie *f*; *math* fraction *f*

brüchig ['bryçiç] fragile, cassant

'**Bruch|rechnung** *f* calcul *m* des fractions; '**~strich** *m* barre *f* de fraction; '**~stück** *n* fragment *m*; '**~teil** *m* fraction *f*; '**~zahl** *f* nombre *m* fractionnaire

Brücke ['brykə] *f* (-; *-n*) pont *m*; *Teppich* carpette *f*; *mar* passerelle *f*; '**~nbogen** *m* arche *f*

Bruder ['bruːdər] *m* (*-s*; *¨*) frère *m*; *Kerl* F type *m*; '**~krieg** *m* guerre *f* fratricide

brüder|lich ['bryːdərliç] fraternel; '**ⵒlichkeit** *f* fraternité *f*

Brügge ['brygə] *n* Bruges

Brühe ['bryːə] *f cuis* (-; *-n*) bouillon *m*; F *péj* lavasse *f*, eau *f* de vaisselle

brüllen ['brylən] (*h*) *Rind* mugir; *Löwe* rugir; *Mensch* hurler

brummen ['brumən] (*h*) gronder, grogner; *Motor* vrombir; *Insekt* bourdonner; *undeutlich sagen* grommeler; *mürrisch äußern* ronchonner

Brunch [bran(t)ʃ] *m* (-[*e*]*s ou* -; -[*e*]*s ou* *-e*) brunch *m*

brünett [bry'nɛt] brun, châtain
Brunnen ['brunən] *m* (*-s*; -) puits *m*; *Spring*♀ fontaine *f*
Brunst [brunst] *f zo* (-; *¨-e*) rut *m*, chaleur *f*
brüsk [brysk] brusque, rude
Brüssel ['brysəl] *n* Bruxelles
Brust [brust] *f* (-; *¨-e*) poitrine *f*; *weibliche a* sein *m*; '**~beutel** *m* bourse *f* portée autour du cou
brüsten ['brystən] (*h*) ***sich ~*** se rengorger, se vanter (***mit*** de)
'**Brust|korb** *m* thorax *m*; '**~umfang** *m* tour *m* de poitrine
Brüstung ['brystuŋ] *f* (-; *-en*) parapet *m*; *Geländer* balustrade *f*
Brut [bru:t] *f* (-; *-en*) couvée *f*; *fig* sale graine *f*
brutal [bru'ta:l] brutal; ♀**ität** [-ali'tɛ:t] *f* (-; *-en*) brutalité *f*
'**Brutapparat** *agr m* incubateur *m*
brüt|en ['bry:tən] (*h*) couver; '♀**er** *tech m* (*-s*; -) ***schneller ~*** surrégénérateur *m* à neutrons
'**Brutkasten** *méd m* couveuse *f*
brutto ['brutɔ] brut; '♀**einkommen** *n* revenu *m* brut; '♀**sozialprodukt** *écon n* produit *m* national brut; '♀**verdienst** *m* salaire *m* brut
Bub [bu:p] *m* (*-en*; *-en*) garçon *m*, gamin *m*; '**~e** ['bu:bə] *m* (*-n*; *-n*) *Kartenspiel* valet *m*
Buch [bu:x] *n* (-[*e*]*s*; *¨-er*) livre *m*; '**~binder** *m* relieur *m*; '**~drucker** *m* imprimeur *m*; '**~druckerei** *f* imprimerie *f*
Buche ['bu:xə] *bot f* (-; *-n*) hêtre *m*
buchen ['bu:xən] (*h*) *comm* comptabiliser; *Flug etc* réserver, retenir
Bücher|bord ['by:çər-] *n* étagère *f*; **~ei** [-'rai] *f* (-; *-en*) bibliothèque *f*; '**~regal** *n* étagère *f* (à livres); '**~schrank** *m* bibliothèque *f*
'**Buch|führung** *f*, '**~haltung** *f* comptabilité *f*; '**~halter** *m*, '**~halterin** *f* comptable *m*, *f*; '**~händler** *m*, '**~händlerin** *f* libraire *m*, *f*; '**~handlung** *f* librairie *f*
Büchse ['byksə] *f* (-; *-n*) boîte *f*; *Gewehr* carabine *f*, fusil *m*
'**Büchsenöffner** *m* ouvre-boîtes *m*
Buchstabe ['bu:xʃta:bə] *m* (*-n*; *-n*) lettre *f*; ***großer ~*** majuscule *f*; ***kleiner ~*** minuscule *f*
buch|stabieren [-a'bi:rən] (*pas de -ge-*, *h*) épeler; '**~stäblich** ['-ʃtɛ:pliç] *adv* littéralement
Bucht [buxt] *f* (-; *-en*) baie *f*; *kleine* crique *f*
'**Buchung** *f* (-; *-en*) *comm* écriture *f*; *e-s Flugs etc* réservation *f*; '**~sbestätigung** *f* (*Flug*) confirmation de la réservation; '**~smaschine** *f* machine *f* comptable
Buckel ['bukəl] *m* (*-s*; -) bosse *f*; F *Rücken* dos *m*; '♀**ig** bossu
bücken ['bykən] (*h*) ***sich ~*** se baisser
Buddhis|mus [bu'dismus] *m rel* (-; *sans pl*) bouddhisme *m*; ♀**tisch** bouddhiste, bouddhique
Bude ['bu:də] *f* (-; *-n*) baraque *f*; *Zimmer* F piaule *f*
Budget [by'dʒe:] *n* (*-s*; *-s*) budget *m*
Büfett [by'fe:; bʏ'fɛt] *n* (*-s*; *-s*) buffet *m*
Büffel ['byfəl] *zo m* (*-s*; -) buffle *m*
Bug [bu:k] *m mar* (-[*e*]*s*; *-e*) proue *f*; *aviat* nez *m*
Bügel ['by:gəl] *m* (*-s*; -) *Kleider*♀ cintre *m*; *Brillen*♀ branche *f*; '**~brett** *n* planche *f* à repasser; '**~eisen** *n* fer *m* à repasser; '**~falte** *f* pli *m*; '♀**frei** qui ne nécessite aucun repassage; défroissable
'**bügeln** (*h*) repasser
Bühne ['by:nə] *f* (-; *-n*) *Theater* scène *f*; *fig a* théâtre *m*
'**Bühnen|bild** *n* décors *m/pl*; '**~bildner** *m* scénographe *m*, décorateur *m* de théâtre
Bulgar|e [bul'ga:rə] *m* (*-n*; *-n*), **~in** *f* (-; *-nen*) Bulgare *m*, *f*; **~ien** [-jən] *n* (*-s*; *sans pl*) la Bulgarie
Bull|auge ['bul-] *mar n* hublot *m*; '**~dogge** *zo f* bouledogue *m*
Bulle ['bulə] *m zo* (*-n*; *-n*) taureau *m*; *péj Polizist* flic *m*, poulet *m*
Bummel ['buməl] *m* F (*-s*; -) balade *f*
'**bummel|n** (*h*) *umherschlendern* flâner, se balader; *trödeln* traîner; '♀**streik** *m* grève *f* du zèle; '♀**zug** *m* F tortillard *m*
bums! [bums] boum!, patatras!
bumsen ['bumzən] (*h*) *Geräusch* faire boum; *stoßen* rentrer (***gegen*** dans); *vulgär* baiser
Bund[1] [bunt] *m* (-[*e*]*s*; *¨-e*) alliance *f*, union *f*; *pol a* (con)fédération *f*; *Verband* association *f*; *an Hose, Rock* ceinture *f*; F → ***Bundeswehr***
Bund[2] *n* (-[*e*]*s*; *-e*) botte *f*; ***ein ~ Radieschen*** une botte de radis
Bündel ['byndəl] *n* (*-s*; -) paquet *m*;

Akten liasse *f*; *Strahlen* faisceau *m*; '**℃n** (*h*) faire un paquet de

'**Bundes|bahn** *f* chemins *m/pl* de fer fédéraux; '**~bank** *f* banque *f* fédérale; '**~kanzler(in** *f*) *m* chancelier *m*, –ière *f* fédéral(e); '**~land** *n* land *m*; '**~liga** *f* *Fußball* première division *f*; '**~präsident** *m* président *m* de la République fédérale (*Schweiz* de la Confédération); '**~rat** *m* Conseil *m* fédéral, Bundesrat *m*; '**~republik** *f* **~** ***Deutschland*** République *f* fédérale d'Allemagne; ***in der ~*** en République fédérale; '**~staat** *m* Etat *m* fédéral; '**~tag** *m* Parlement *m* fédéral, Bundestag *m*; '**~wehr** *mil f* armée *f* de la République fédérale

Bündnis ['byntnis] *n* (*-ses*; *-se*) alliance *f*, pacte *m*

Bunker ['buŋkər] *m* (*-s*; -) blockhaus *m*; *Luftschutz* abri *m* antiaérien

bunt [bunt] de couleurs variées, multicolore; *abwechslungsreich* varié; *fig* ***jetzt wird's mir zu ~!*** F j'en ai marre!; '**℃stift** *m*, crayon *m* de couleur

Burg [burk] *f* (-; *-en*) château *m* fort; '**~dorf** *n in der Schweiz* Berthoud

Bürg|e ['byrgə] *m* (*-n*; *-n*) garant *m*, -e *f*; '**℃en** (*h*) **~** ***für*** se porter garant de

Bürger ['byrgər] *m* (*-s*; -), '**~in** *f* (-; *-nen*) bourgeois *m*, -e *f*; *Staats℃(in)* citoyen *m*, -ne *f*; '**~initiative** *f* comité *m* de défense; '**~krieg** *m* guerre *f* civile; '**℃lich** *Klasse*, *Milieu* bourgeois; *staats~* civil, civique; '**~meister** *m*, '**~meisterin** *f* maire *m*; *Belgien*, *Schweiz* bourgmestre *m*; '**~steig** *m* trottoir *m*; '**~tum** *n* bourgeoisie *f*

Bürgschaft ['byrkʃaft] *f* (-; *-en*) *jur* caution *f*, garantie *f*

Burgund [bur'gunt] *n* (*-s*; *sans pl*) la Bourgogne; **~er** *m* (*-s*; -), **~erin** *f* (-; *-nen*) Bourguignon *m*, -ne *f*; **~erwein** *m* vin *m* de Bourgogne; bourgogne *m*

Büro [by'roː] *n* (*-s*; *-s*) bureau *m*; **~angestellte** *m*, *f* employé *m*, -e *f* de bureau; **~arbeit** *f* travail *m* de bureau; **~bedarf** *m* matériel *m* de bureau; **~kaufmann** *m* employé *m* de bureau; **~klammer** *f* trombone *m*; **~krat** [-o'kraːt] *m* bureaucrate *m*; **~kratie** [-okra'tiː] *f* (-; *-n*) bureaucratie *f*

Bursch(e) ['burʃ(e)] *m* (*-n*; *-n*) garçon *m*, gars *m* F, type *m* F

Bürste ['byrstə] *f* (-; *-n*) brosse *f*; '**℃n** (*h*) brosser

Bus [bus] *m* (*-ses*; *-se*) bus *m*; *Reise℃* car *m*

'**Bus|bahnhof** *m* gare *f* routière; '**~fahrer** *m* conducteur *m od chauffeur m de bus*; '**~haltestelle** *f* arrêt *m* d'autobus; '**~linie** *f* ligne *f* d'autobus

Busch [buʃ] *m bot* (*-es*; *⸚e*) buisson *m*; *in Afrika* brousse *f*; *fig* ***auf den ~ klopfen*** tâter le terrain

Busen ['buːzən] *m* (*-s*; -) seins *m/pl*, poitrine *f*, gorge *f*

Buße ['buːsə] *f* (-; *-n*) *rel* pénitence *f*; *jur* amende *f*

büßen ['byːsən] (*h*) expier

'**Bußgeld** *n* amende *f*

Büste ['bystə] *m* (-; *-n*) buste *m*; '**~nhalter** *m* soutien-gorge *m*

'**Busverbindung** *f* ligne *f* d'autobus

Butter ['butər] *f* (-; *sans pl*) beurre *m*

b. w. *abr* ***bitte wenden*** T.S.V.P. (tournez, s'il vous plaît)

Byte [bait] *n* (-[*s*]; -[*s*]) *tech* octet *m*

bzw. *abr* ***beziehungsweise*** ou bien; respectivement

C

C [tseː] *mus n* (-; -) do *m*, ut *m*

ca. *abr* ***circa*** environ

Café [ka'feː] *n* (*-s*; *-s*) salon *m* de thé

campen ['kɛmpən] (*h*) camper

Camper ['kɛmpər] *m* (*-s*; -), '**~in** *f* (-; *-nen*) campeur *m*, -euse *f*

Camping ['kɛmpiŋ] *n* (*-s*; *sans pl*) camping *m*; '**~bus** *m* camping-car *m*; '**~platz** *m* (terrain *m* de) camping *m*

Ca'sino → ***Kasino***

cbm *abr* ***Kubikmeter*** mètre cube

ccm *abr* ***Kubikzentimeter*** centimètre cube

CD [tseː'deː] *f* (-; *-s*) *abr* ***Compact Disc*** CD *m*; compact *m*; **~-Brenner** *m* (*-s*; -) graveur *m* de CD; **~-Laufwerk** *n* lecteur *m* de CD; **~-Player** [-pleːər] *m* (*-s*; -) platine *f* laser; **~-ROM** [-'rɔm] *f* (-; -[*s*]) CD-ROM *m*; **~-ROM-Laufwerk** [-'rɔm-] *n* lecteur *m* de CD-ROM

CDU *f abr* ***Christlich-Demokratische Union*** Union chrétienne-démocrate

Celsius ['tsɛlzius] *n* ***5 Grad ~*** 5 degrés centigrade

Cembalo ['tʃɛmbalo] *mus n* (*-s*; *-s*, *-i*) clavecin *m*

Cent [(t)sɛnt] *m* (-[*s*]; -[*s*], *5* -) *Eurocent* cent(ime) *m*; *Untereinheit des Dollar* cent *m*

Ceylon ['tsaɪlɔn] *n hist* Ceylan

CH *abr* ***Confoederatio Helvetica*** Confédération helvétique

Champagner [ʃam'panjər] *m* (*-s*; -) champagne *m*

Champignon ['ʃampinjõ] *bot m* (*-s*; *-s*) champignon *m* de Paris

Chance ['ʃɑ̃ːs(ə)] *f* (-; *-n*) chance *f*; **'~ngleichheit** *f* égalité *f* des chances

Charakter [ka'raktər] *m* (*-s*; *-e* [-'teːrə]) caractère *m*; **~fehler** *m* défaut *m* de caractère; **2isieren** [-i'ziːrən] (*pas de -ge*; *h*) caractériser; **~istik** [-'ristik] *f* (-; *-en*) caractéristique *f*; **2istisch** [-'ristiʃ] caractéristique (***für*** de); **~zug** *m* trait *m* de caractère

charmant [ʃar'mant] charmant

Charter|flug ['(t)ʃartər-] *m* vol *m* charter *m*; **'~gesellschaft** *f* compagnie *f* charter; **'2n** (*h*) affréter

Chassis [ʃa'siː] *n* (-; -) *tech* châssis *m*

Chat [tʃɛt] *m* (*-s*; *-s*) *EDV* chat *m*

chatten ['tʃɛtən] (*h*) *EDV* chatter

Chauffeur [ʃɔ'føːr] *m* (*-s*; *-e*) conducteur *m*, chauffeur *m*

Chauvinist [ʃovi'nist] *m* (*-en*; *-en*), **~in** *f* (-; *-nen*) chauvin *m*, -e *f*; **2isch** chauvin

Chef [ʃɛf] *m* (*-s*; *-s*), **'~in** *f* (-; *-nen*) chef *m*, *f*, patron *m*, -ne *f*; **'~arzt** *m* médecin-chef *m*; **'~redakteur** *m* rédacteur *m* en chef; **'~sekretärin** *f* secrétaire *f* de direction

Chemie [çe'miː] *f* (-; *sans pl*) chimie *f*; **~faser** *f* fibre *f* synthétique

Chemikalien [-i'kaːljən] *f/pl* produits *m/pl* chimiques

Chemi|ker ['çeːmikər] *m* (*-s*; -), **'~kerin** *f* (-; *-nen*) chimiste *m*, *f*; **'2sch** chimique; ***~e Reinigung*** nettoyage *m* à sec

Chicorée ['ʃikoreː] *m od f* (*-s*; *sans pl*) endive *f*

Chiffr|e ['ʃifrə] *f* (-; *-n*) chiffre *m*; *Annonce* référence *f*; **2ieren** [-'friːrən] (*pas de -ge-*, *h*) chiffrer; *codieren* coder

Chile ['tʃiːlə] *n* (*-s*; *sans pl*) le Chili

Chilen|e [tʃi'leːnə] *m* (*-n*; *-n*), **~in** *f* (-; *-nen*) Chilien *m*, -ne *f*; **2isch** chilien

China ['çiːna] *n* (*-s*; *sans pl*) la Chine

Chines|e [çi'neːzə] *m* (*-n*; *-n*), **~in** *f* (-; *-nen*) Chinois *m*, -e *f*; **2isch** chinois

Chinin [çi'niːn] *méd n* (*-s*; *sans pl*) quinine *f*

Chip *EDV* [tʃip] *m* (*-s*; *-s*) puce *f*; **~karte** *f* carte *f* à puce

Chirurg [çi'rurk] *m* (*-en*; *-en*) chirurgien *m*; **~ie** [-'giː] *f* (-; *-n*) chirurgie *f*

Chlor [kloːr] *chim m* (*-s*; *sans pl*) chlore *m*; **'2en** (*h*) *Wasser* javelliser

Cholera ['koːləra] *méd f* (-; *sans pl*) choléra *m*

Chor [koːr] *m* (-[*e*]*s*; *⸚e*) chœur *m* (*a arch*); *Gesangverein* chorale *f*; ***im ~*** en chœur

Christ [krist] *m* (*-en*; *-en*) chrétien *m*; **'~baum** *m* arbre *m* de Noël; **'~enheit** *f* (-; *sans pl*) chrétienté *f*; **'~entum** *n* (*-s*; *sans pl*) christianisme *m*; **'~in** *f* (-; *-nen*) chrétienne *f*; **'~kind** *n* enfant *m* Jésus; **'2lich** chrétien; **'~us** ['-us] *m* (-, *-i*; *sans pl*) Jésus-Christ, le Christ

Chrom [kroːm] *chim m* (*-s*; *sans pl*) chrome *m*

Chron|ik ['kroːnik] *f* (-; *-en*) chronique *f*; **'2isch** chronique; **2ologisch** [-o'loːgiʃ] chronologique

Chur [kuːr] *n* Coire

circa ['tsirka] environ

cl *abr* ***Zentiliter*** centilitre

Clementine [klemɛn'tiːnə] *f* (-; *-n*) *bot*, *cuis* clémentine *f*

clever ['klɛvər] intelligent, malin, débrouillard F

cm *abr* ***Zentimeter*** centimètre

Co. *abr* ***Kompanie*** Co. (compagnie)

Comics ['kɔmiks] *pl* bande *f* dessinée (*abr* B.D.)

Computer [kɔm'pjuːtər] *m* (*-s*; -) ordinateur *m*; **~ausdruck** *m* saisie *f* papier; **2gesteuert** commandé par ordinateur; **2gestützt** assisté par ordinateur; **~kriminalität** *f* délits *m/pl* informatiques; **~spiel** *n* jeu *m* informatique, ludiciel *m*; **~steuerung** *f* gestion *f* par ordinateur; **~technik** *f* technolo-

gie *f* informatique; **~tisch** *m* desserte *f* informatique; **~tomographie** [-tomogra'fiː] *f* (-) *méd* scanographie *f*; **2unterstützt** assisté par ordinateur
Container [kɔn'teːnər] *m* (-*s*; -) conteneur *m*; **~schiff** *n* porte-conteneurs *m*
Controller [kɔn'troːlər] *m* (-*s*; -) *écon* contrôleur *m* de gestion
Controlling [kɔn'troːlɪŋ] *n* (-*s*) *écon* contrôle *m* de gestion
cool [kuːl] F *lässig* cool; *toll* super
Copyright ['kɔpirait] *n* (-*s*; -*s*) copyright *m*, droits *m*/*pl* d'auteur
Córdoba ['kɔrdoba] *n* Cordoue
Cornwall ['kɔrnvoːl] *n* les Cornouailles *f*/*pl*
Côte d'Azur [kotda'zyːr] ***die ~*** la Côte d'Azur
Couch [kautʃ] *f* (-; -*es*) canapé-lit *m*
Countdown ['kauntdaun] *m* (-*s*; -*s*) compte *m* à rebours
Coupon [ku'põː] *m* (-*s*; -*s*) coupon *m*, souche *f*
Cousin [ku'zɛ̃] *m* (-*s*; -*s*) cousin *m*; **~e** [-iːnə] *f* (-; -*n*) cousine *f*
Cover ['kavər] *n* (-*s*; -*s*) couverture *f*
Creme [kreːm] *f* (-; -*s*) crème *f*
CSU *f abr* ***Christlich-Soziale Union*** Union chrétienne-sociale
Curry ['kœri] *n*, *m* (-*s*; -*s*) curry *m*
Cursor *EDV* ['kœrsər] *m* curseur *m*
CVP *f abr* ***Christlichdemokratische Volkspartei*** P.D.C. *m* (Parti démocrate-chrétien [suisse])
Cyberspace ['saibərspeːs] *m* (-; -*s*) cybermonde *m*

D

D [deː] *mus n* (-; -) ré *m*
da [daː] **1.** *adv örtlich* là; *zeitlich* alors, à ce moment; ***~ sein*** être là *od* présent; ***ist noch Milch da?*** est-ce qu'il y a encore du lait?; ***~ ist, ~ sind*** voilà *od* voici; ***~ bin ich*** me voici; ***~ kommt er*** le voilà qui vient; ***~!*** tiens!; ***der Mann ~*** cet homme-là; ***~ drüben*** là-bas; ***~ drin*** *od* ***~ hinein*** là-dedans; ***von ~ an*** *od* ***ab*** dès lors; **2.** *conj* parce que, comme; ***~*** (***doch***) puisque
dabei [da'bai] *örtliche Nähe* (tout) près; *bei dieser Gelegenheit* à cette occasion; *außerdem* avec cela, en outre, de plus; *gleichzeitig* à la fois; *obwohl doch* pourtant; *mit enthalten* compris; ***~ sein*** être présent, être de la partie; ***ich bin gerade ~ etw zu tun*** je suis en train de faire qc; ***es ist nichts ~*** *leicht* ce n'est pas difficile; *harmlos* ça ne fait rien, ce n'est pas grave
da'beibleiben (*irr*, *sép*, -*ge*-, *sn*, → ***bleiben***) rester là
Dach [dax] *n* (-[*e*]*s*; *⸚er*) toit *m*; **'~boden** *m* grenier *m*; **'~decker** *m* couvreur *m*; **'~gepäckträger** *auto m* galerie *f* de toit; **'~gesellschaft** *f* holding *f*; **'~pappe** *f* carton *m* bitumé; **'~rinne** *f* gouttière *f*; **'~verband** *m* organisation *f* qui chapeaute
Dackel ['dakəl] *zo m* (-*s*; -) teckel *m*
dadurch [da'durç] par là; *auf solche Weise* de cette manière; *deshalb* c'est pourquoi; ***~, dass …*** du fait que …
dafür [da'fyːr] pour cela; *zum Ausgleich* en revanche; *als Ersatz* en échange; ***~ sein*** être pour; ***~ sein, dass …*** être d'avis que … (+ *subj*); ***ich kann nichts ~*** ce n'est pas ma faute, je n'y peux rien; ***~, dass …*** parce que …
dagegen [da'geːgən] contre cela; *im Gegensatz dazu* par contre; *im Vergleich dazu* en comparaison; ***~ sein*** être contre; ***etw ~ haben*** avoir qc contre
daheim [da'haim] chez moi, toi, *etc*; à la maison
daher [da'heːr] *Ort* de là, de ce côté-là; *Ursache* c'est *od* voilà pourquoi, pour cette raison, à cause de cela; *folglich* par conséquent; ***das kommt ~, dass …*** cela vient de ce que …
dahin [da'hin] là, y; *verloren* perdu; *vergangen* passé; ***bis ~*** jusque-là (*a zeitlich*); **~gestellt** ***~ sein lassen*** laisser indécis; ***es bleibt ~, ob …*** laissons la question en suspens de savoir si …
dahinten [da'hintən] là-bas
dahinter [da'hintər] (là) derrière; *fig*

là-dessous; ***es steckt nichts ~*** c'est creux; ***~ kommen*** découvrir

'dalassen (*irr*, *sép*, *-ge-*, *h*, → ***lassen***) laisser (ici *od* là)

Dalmatien [dal'mɑːtsiən] *n* la Dalmatie

damals ['daːmals] alors, à l'époque

Damaskus [da'maskus] *n* Damas

Dame ['daːmə] *f* (-; *-n*) dame *f* (*a Spiel*); *Schach* reine *f*

'Damen|bekleidung *f* habillement *m* pour dames; **'~binde** *f* serviette *f* hygiénique; **'~friseur** *m* coiffeur *m* pour dames; **'~moden** *f/pl* mode *f* féminine; **'~toilette** *f* toilettes *f/pl* pour femmes

damit [da'mit] **1.** *adv* avec (cela); ***was will er ~ sagen?*** que veut-il dire par là?; ***genug ~!*** ça suffit!; ***Schluss ~!*** un point, c'est tout!; **2.** *conj* afin que, pour que (+ *subj*); afin de, pour (+ *inf*)

Damm [dam] *m* (-[*e*]*s*; ⸗*e*) digue *f*; *Stau*⁓ barrage *m*; *fig* barrière *f*

Dämmerung ['dɛmərunŋ] *f* (-; *-en*) *Abend*⁓ crépuscule *m*; *Morgen*⁓ aube *f*, point *m* du jour

Dampf [dampf] *m* (-[*e*]*s*; ⸗*e*) vapeur *f*; *von Speisen* fumée *f*; **'⁓en** (*h*) dégager des vapeurs; *Speisen* fumer

dämpfen ['dɛmpfən] (*h*) *Licht*, *Begeisterung* atténuer; *Stoß* amortir; *Schall* étouffer, assourdir

'Dampf|er *m* (*-s*; -) (bateau *m* à) vapeur *m*; *Ozean*⁓ paquebot *m*; **'~kochtopf** *cuis m* cocotte-minute *f*, autocuiseur *m*

danach [da'naːx] *zeitlich* après, après cela, après quoi, puis, ensuite; *dementsprechend* d'après cela; ***sich ~ richten*** en tenir compte; ***mir ist nicht ~*** je n'en ai pas envie; ***er sieht ~ aus*** il en a tout l'air

daneben [da'neːbən] à côté; *außerdem* outre cela; *gleichzeitig* en même temps

Dän|emark ['dɛːnəmark] *n* (*-s*; *sans pl*) le Danemark; **'⁓isch** danois

dank *prép* (*gén*, *dat*) grâce à

Dank [daŋk] *m* (-[*e*]*s*; *sans pl*) remerciement *m*; ***vielen ~!*** merci beaucoup *od* bien!

'dankbar reconnaissant (***für*** de); *Sache* payant, facile; **'⁓keit** *f* (*-s*; *sans pl*) reconnaissance *f*, gratitude *f*

'danke merci; ***~ schön*** merci beaucoup *od* bien

'dank|en (*h*) ***j-m für etw ~*** remercier qn de qc; **'⁓schreiben** *n* lettre *f* de remerciements

dann [dan] alors, puis

daran [da'ran] à cela, y; F *oft* après; ***~ denken*** y penser; ***~ sterben*** en mourir; ***mir liegt viel ~*** j'y tiens beaucoup; ***es liegt ~, dass …*** cela provient du fait que …; ***ich bin nahe ~ zu …*** je suis sur le point de …

darauf [da'rauf] *räumlich* (là-)dessus, sur cela; *zeitlich* après (cela), ensuite; ***am Tag ~*** le lendemain; ***ich komme nicht ~*** cela ne me revient pas; ***es kommt ~ an*** cela dépend; **~hin** [-'hin] sur ce; *Folge* à la suite de quoi

daraus [da'raus] de là, de cela, en; ***was ist ~ geworden?*** qu'en est-il advenu? ***ich mache mir nichts ~*** je n'y tiens pas; ***mach dir nichts ~!*** ne t'en fais pas!

Dardanellen [darda'nɛlən] *géogr* ***die ~*** *pl* les Dardanelles *f/pl*

darin [da'rin] (là-)dedans, dans *od* en cela, y

Darlehen ['daːrleːən] *n* (*-s*; -) prêt *n*; **'~ssumme** *f* montant *m* prêté

Darm [darm] *m* (-[*e*]*s*; ⸗*e*) intestin *m*; *Tier* boyau *m*

darstell|en ['daːr-] (*sép*, *-ge-*, *h*) représenter, décrire; *Sachverhalt* présenter; *Theater* représenter; *Rolle* interpréter; **'⁓er** *m* (*-s*; -), **'⁓erin** *f* (-; *-nen*) acteur *m*, actrice *f*, interprète *m*, *f*; **'⁓ung** *f* (-; *-en*) représentation *f*, description *f*; *e-r Rolle* interprétation *f*

darüber [da'ryːbər] au-dessus, (là-)dessus; ***~*** *hinweg* par-dessus; *zu diesem Thema* à ce sujet; ***~ hinaus*** au-delà; ***ich freue mich ~*** je m'en réjouis

darum [da'rum] ***~ (herum)*** autour; *kausal* pour cela, voilà *od* c'est pourquoi; ***ich bitte dich ~*** je t'en prie

darunter [da'runtər] au-dessous, (là-)dessous; *inmitten* dans ce nombre, parmi eux *od* elles; ***was verstehst du ~?*** qu'est-ce que tu entends par là?

dasein → ***da***

'Dasein *n* (*-s*; *sans pl*) existence *f*

dass [das] que; *damit* afin *od* pour que (+ *subj*); ***so ~*** de sorte que (+ *subj*); ***nicht ~ ich wüsste*** pas que je sache

'dastehen (*irr, sép, -ge-, h,* → ***stehen***) être là

Datei [da'tai] *f* (-; *-en*) fichier *m*

Daten ['da:tən] *pl* données *f/pl*; **'~autobahn** *f* autoroute *f* de l'information; **'~bank** *f* banque *f* de données; **'~fernübertragung** *f* télétransmission *f*; **'~handschuh** *f* gant *m* de données; **'~material** *n* données *f/pl*; **'~schutz** *m* protection *f* de la vie privée; informatique *f* et liberté *f/pl*; **'~träger** *m* support *m* de données; **'~transfer** *m* transfert *m* de données; **'~typist** *m* (*-en*; *-en*), **'~typistin** *f* (-; *-nen*) opérateur-pupitreur *m*, opératrice-pupitreuse *f*; **'~übertragung** *f* transmission *f* de données; **'~verarbeitung** *f* informatique *f*

datieren [da'ti:rən] (*pas de -ge-, h*) dater; ***~ von*** dater de

Datum ['da:tum] *n* (*-s*; *Daten*) date *f*; ***ohne ~*** non daté; ***welches ~ haben wir heute?*** le combien sommes-nous aujourd'hui? quel jour est-ce aujourd'hui?; **'~sstempel** *m* dateur *m*, composteur *m*

Dauer ['dauər] *f* (-; *sans pl*) durée *f*; ***auf die ~*** à la longue; **'~auftrag** *m Bank* ordre *m* permanent; **'~geschwindigkeit** *f* vitesse *f* de croisière; **'2haft** durable, solide; **'~karte** *f* abonnement *m*

'dauer|n (*h*) durer; **'~nd** permanent, continu; **'2welle** *f* permanente *f*, indéfrisable *f*

Daumen ['daumən] *m* (*-s*; -) pouce *m*

Daunen ['daunən] *f/pl* duvet *m*; **'~decke** *f* édredon *m*

davon [da'fɔn] en, de cela; ***das kommt ~!*** c'est bien fait; ***auf und ~ sein*** F avoir filé *od* décampé; **~kommen** (*irr, sép, -ge-, sn,* → ***kommen***) s'en sortir (***mit*** avec); *mit dem Leben* en réchapper; ***mit dem Schrecken ~*** en être quitte pour la peur; **~laufen** (*irr, sép, -ge-, sn,* → ***laufen***) partir en courant, se sauver

davor [da'fo:r] devant; *zeitlich* avant; ***ich habe Angst ~*** j'en ai peur

dazu [da'tsu:] *Zweck* à cela, pour cela, dans ce but; *ferner* avec cela, en outre, de plus; ***ich bin nicht ~ gekommen*** (***zu …***) je n'ai pas trouvé le temps (de …); ***wie kommst du denn ~?*** quelle drôle d'idée!; **~gehörig** y appartenant, qui en fait partie; **~kommen** (*irr, sép, -ge-, sn,* → ***kommen***) survenir; ***noch ~*** s'y ajouter

dazwischen [da'tsviʃən] entre les deux, au milieu; *zeitlich* entre-temps; **~kommen** (*irr, sép, -ge-, sn,* → ***kommen***) *Ereignis* intervenir, survenir

DB *abr* ***Deutsche Bahn*** Chemins de fer de la République fédérale d'Allemagne

DDR [de:de:'ʔɛr] *f* (-) *hist abr* ***Deutsche Demokratische Republik*** RDA *f* (République démocratique allemande)

Debatt|e [de'batə] *f* (-; *-n*) débat *m*; **2ieren** [-'ti:rən] (*pas de -ge-, h*) débattre (***über etw*** qc)

dechiffrieren [deʃi'fri:rən] (*pas de -ge-, h*) déchiffrer, décoder

Deck [dɛk] *mar n* (-[*e*]*s*; *-s*) pont *m*

Decke ['dɛkə] *f* (-; *-n*) couverture *f*; *Zimmer2* plafond *m*

Deckel ['dɛkəl] *m* (*-s*; -) couvercle *m*

deck|en ['dɛkən] (*h*) *Dach, mil, Kosten* couvrir; *Bedarf* satisfaire à; ***den Tisch ~*** mettre la table; ***sich ~*** coïncider; **'2ung** *f* (-; *sans pl*) couverture *f* (*a comm u mil*); *Sport* marquage *m*; **'2ungszusage** *f* ***vorläufige ~*** avis *m* de couverture provisioire

defekt [de'fɛkt] **1.** défectueux; *beschädigt* endommagé, avarié, en panne; **2.** **2** *m* (-[*e*]*s*; *-e*) défaut *m*, manque *m*

Defibrillator [defibrɪ'la:to:r] *m* (*-s*; *-en*) *méd* défibrillateur *m*

defin|ieren [defi'ni:rən] (*pas de -ge-, h*) définir; **2ition** [-i'tsjo:n] *f* (-; *-en*) définition *f*

Defizit ['de:fitsit] *n comm* (*-s*; *-e*) déficit *m*

Deflation [defla'tsjo:n] *f* (-; *-en*) déflation *f*

dehn|bar ['de:nba:r] extensible; *fig* élastique; **'~en** (*h*) (***sich ~*** s')étendre, (s')allonger, (s')étirer; *phys* (se) dilater; **'2ung** *f* (-; *-en*) extension *f*; *phys* dilatation *f*

Deich [daiç] *m* (-[*e*]*s*; *-e*) digue *f*

dein [dain] ton, ta, *pl* tes; ***das ist ~er, ~e, ~es*** c'est le tien, la tienne; ***der, die, das ~e*** le tien, la tienne; **'~erseits** de ton côté, de ta part; **'~etwegen** à cause de toi, pour toi; **'~ige**: ***der, die, das ~e*** le tien, la tienne

dekaden|t [deka'dɛnt] décadent; **Ꝋz** [-'dɛnts] *f* (-; *sans pl*) décadence *f*
Dekor|ateur [dekora'tøːr] *m* (-*s*; -*e*) décorateur *m*; *Schaufenster*Ꝋ étalagiste *m*; **~ation** [-'tsjoːn] *f* (-; -*en*) décoration *f*; *Theater* décors *m*/*pl*; **Ꝋieren** [-'riːrən] (*pas de -ge-*, *h*) décorer (***mit*** de)
Deleg|ation [delega'tsjoːn] *f* (-; -*en*) délégation *f*; **Ꝋieren** [-'giːrən] (*pas de -ge-*, *h*) déléguer; **~ierte** [-'giːrtə] *m*, *f* (-*n*; -*n*) délégué *m*, -e *f*
Delfin [dɛl'fiːn] *m* (-*s*; -*e*) dauphin *m*
delikat [deli'kaːt] *heikel* délicat; *köstlich* délicieux
Delikatesse [delika'tɛsə] *f* (-; -*n*) *Leckerbissen* mets *m* fin, régal *m*; *süß* friandise *f*
Delikt [de'likt] *n* (-[*e*]*s*; -*e*) délit *m*
Del'phin → ***Delfin***
Demagoge [dema'goːgə] *m* (-*n*; -*n*) démagogue *m*
dementieren [demɛn'tiːrən] (*pas de -ge-*, *h*) démentir
'**dem|entsprechend**, '**~gemäß** conformément à cela, en conséquence; '**~nach** donc; → *a* ***dementsprechend***; '**~nächst** sous *od* d'ici peu
Demokrat [demo'kraːt] *m* (-*en*; -*en*), **~in** *f* (-; -*nen*) démocrate *m*, *f*; **~ie** [-'tiː] *f* (-; -*n*) démocratie *f*; **Ꝋisch** démocratique; *Personen* démocrate
Demonst|rant [demɔn'strant] *m* (-*en*; -*en*) manifestant *m*; **~ration** [-a'tsjoːn] *f* manifestation *f*; *Vorführung* démonstration *f*; **Ꝋrativ** [-a'tiːf] ostensible; **Ꝋ'rieren** (*pas de -ge-*, *h*) *öffentlich* manifester; *vorführen* démontrer
Demoskopie [demosko'piː] *f* (-; -*n*) sondage *m* d'opinion
demütig ['deːmyːtiç] humble; '**Ꝋung** [-guŋ] *f* (-; -*en*) humiliation *f*
Den Haag [deːn'haːk] *n* La Haye
denkbar ['dɛŋkbaːr] imaginable
denken ['dɛŋkən] (*dachte*, *gedacht*, *h*) **1.** penser (***an*** à); *nach*~ réfléchir, raisonner; ***das kann ich mir ~*** je m'en doute; ***~ Sie mal!*** figurez-vous!, imaginez-vous!; **2.** Ꝋ *n* (-*s*; *sans pl*) pensée *f*, réflexion *f*
'**denk|faul** paresseux d'esprit; '**Ꝋfehler** *m* faute *f* de raisonnement; '**Ꝋmal** *n* monument *m*; '**Ꝋmal(s)schutz** *m* protection *f* des monuments; '**~würdig** memorable
denn [dɛn] car; ***wo ist er ~?*** où est-il donc?; ***mehr ~ je*** plus que jamais; ***es sei ~, dass …*** à moins que … ne (+ *subj*)
dennoch ['dɛnɔx] cependant, pourtant
Denun|ziant [denun'tsjant] *m* (-*en*; -*en*), **~zi'antin** *f* (-; -*nen*) dénonciateur *m*, -trice *f*; **Ꝋ'zieren** [-'tsiːrən] (*pas de -ge-*, *h*) dénoncer
Deodorant [deˀodo'rant] *n* (-*s*; -*e*, -*s*) déodorant *m*
Deponie [depo'niː] *f* (-; -*n*) décharge *f* publique; **Ꝋren** (*pas de -ge-*, *h*) déposer
Depot [de'poː] *n* (-*s*; -*s*) dépot *m*
Depress|ion [deprɛ'sjoːn] *f psych* (-; -*en*) dépression *f*; **Ꝋiv** [-'siːf] dépressif
deprimieren [depri'miːrən] (*pas de -ge-*, *h*) déprimer
der, **die**, **das** [deːr, diː, das] **1.** *Artikel* le, la, *pl* les; **2.** *demonstrativ* ce, cette, *pl* ces; *substantivisch* celui-ci, celle-ci, cela *od* ça; *pl* ceux-ci, celles-ci; **3.** *relativ* qui (*Akkusativ* que)
DER *n abr* ***Deutsches Reisebüro*** Agence *f* de voyages allemande
'**derartig** tel, pareil
der'gleichen ***nichts ~*** rien de tel
derjenige ['deːrjeːnigə], '**diejenige**, '**dasjenige** celui, celle (***welcher*** qui)
derselbe [deːr'zɛlbə], **die'selbe**, **das'selbe** le *od* la même; ***dasselbe*** *substantivisch* la même chose
Desert|eur [dezɛr'tøːr] *m* (-*s*; -*e*) déserteur *m*; **Ꝋ'ieren** (*pas de -ge-*, *h*) déserter
deshalb ['dɛshalp] à cause de cela, pour cette raison, c'est *od* voilà pourquoi
Design [di'zain] *n* (-*s*; *sans pl*) design *m*
desinfizieren [dɛsˀinfi'tsiːrən] (*pas de -ge-*, *h*) désinfecter
'**Desinteresse** *n* (-*s*; *sans pl*) manque *m* d'intérêt
destillieren [dɛsti'liːrən] (*pas de -ge-*, *h*) distiller
desto ['dɛsto] d'autant; ***~ besser*** d'autant mieux, tant mieux!
deswegen ['dɛs'veːgən] → ***deshalb***
Detail [de'tai] *n* (-*s*; -*s*) détail *m*
Detektiv [detɛk'tiːf] *m* (-*s*; -*e*) détective *m*
deut|en ['dɔytən] (*h*) *erklären* interpréter; ***auf etw ~*** indiquer qc; '**~lich** dis-

tinct, clair, net

deutsch [dɔytʃ] allemand; *in Zssgn oft* germano-; *hist* **&e Demokratische Republik** République démocratique allemande; **~-französisch** franco-allemand; **~-polnisch** germano-polonais; **auf &** *od* **im &en** en allemand

'**Deutsche** *m*, *f* (*-n*; *-n*) Allemand *m*, -e *f*

'**Deutschland** *n* (*-s*; *sans pl*) l'Allemagne *f*

Deutung ['dɔytuŋ] *f* (-; *-en*) interprétation *f*

Devise [de'viːzə] *f* (-; *-n*) devise *f*; **~n** *écon f/pl* devises *f/pl*; **~nkontrolle** *f* contrôle *m* des changes

Dezember [de'tsɛmbər] *m* (*-s*; -) décembre *m*

dezent [de'tsɛnt] discret

Dezernat [detsɛr'naːt] *n* (*-[e]s*; *-e*) département *m*, ressort *m*, service *m*

dezimal [detsi'maːl] décimal; **&bruch** *m* fraction *f* décimale; **&stelle** *f* décimale *f*; **&system** *n* numération *f* décimale

DFB *m abr* **Deutscher Fußballbund** Fédération allemande de football

DGB *m abr* **Deutscher Gewerkschaftsbund** Fédération des syndicats ouvriers allemands

dgl. *abr* **dergleichen** et cætera

d. h. *abr* **das heißt** c'est-à-dire

Dia ['diːa] *n* (*-s*; *-s*) diapo *f*

Diabetes [dia'beːtəs] *méd m* (-; *sans pl*) diabète *m*

Diagnose [dia'gnoːzə] *f* (-; *-n*) diagnostic *m*

diagonal [diago'naːl] diagonal; **&e** *f* (-; *-n*) diagonale *f*

Diagramm [dia'gram] *n* (*-s*; *-e*) diagramme *m*

Dialekt [dia'lɛkt] *m* (*-[e]s*; *-e*) dialecte *m*

Dialog [dia'loːk] *m* (*-[e]s*; *-e*) dialogue *m*

'**Diaprojektor** *m* projecteur *m* de diapositives

Diät [di'ɛːt] *méd f* (-; *-en*) régime *m*; **~ halten** suivre un régime; **~en** *f/pl* indemnités *f/pl* parlementaires

dich [diç] te (*vor Volkal* t'); toi

dicht [diçt] épais; *Verkehr*, *Menschenmenge* dense; *Stoff* serré; *wasser~*, *luft~* étanche; **~ an** *od* **bei** tout près de; '**&e** *f* (-; *sans pl*) épaisseur *f*; densité *f*

'**dicht|en** (*h*) composer *od* faire des vers; '**&er** *m* (*-s*; -), '**&erin** *f* (-; *-nen*) poète *m*, femme *f* poète, poétesse *f* (*oft péj*); '**~erisch** poétique; '**&ung** *f* (-; *-en*) poésie *f*; *Gedicht a* poème *m*; *Literatur* littérature *f*; *tech* joint *m*

dick [dik] épais; *Mensch* gros; **durch ~ und dünn** quoi qu'il arrive; '**&e** *f* (-; *sans pl*) épaisseur *f*, grosseur *f*

Dieb [diːp] *m* (*-[e]s*; *-e*), '**~in** *f* (-; *-nen*) voleur *m*, -euse *f*; '**~esgut** ['-bəs-] *n* (*-[e]s*; *sans pl*) butin *m*; '**~stahl** *m* (*-[e]s*; *⸚e*) vol *m*; '**~stahlversicherung** *f* assurance-vol *f*

Diele ['diːlə] *f* (-; *-n*) *Flur* vestibule *m*, entrée *f*; *Brett* planche *f*

dienen ['diːnən] (*h*) servir (**j-m** qn); **~ zu** servir à (**j-m** à qn); **~ als** servir de

Dienst [diːnst] *m* (*-es*; *-e*) service *m*; **~ haben** être de service; **j-m e-n ~ erweisen** rendre (un) service à qn; **außer ~** en retraite; **der öffentliche ~** la fonction publique

Dienstag ['diːnstaːk] *m* (*-[e]s*; *-e*) mardi *m*

'**Dienst|alter** *n* ancienneté *f*; '**&bereit** prêt à servir, disponible; '**&frei ~ haben** avoir congé; '**~geheimnis** *n* secret *m* professionnel; '**~grad** *m* grade *m*; '**~leistung** *f* (prestation *f* de) service *m*; '**~leistungsgewerbe** *n* profession *f* du secteur tertiaire; '**~leistungssektor** *m* secteur *m* tertiaire; '**~leistungsunternehmen** *n* entreprise *f* du secteur tertiaire; '**&lich** en service officiel, pour affaires; '**~reise** *f* voyage *m* en service commandé; '**~stelle** *f* service *m*, office *m*, bureau *m*; '**~stunden** *f/pl* heures *f/pl* de service; '**~vorschrift** *f* instruction *f* de service; '**~wagen** *m* voiture *f* de service; '**~weg** *m* voie *f* hiérarchique

Diesel ['diːzəl] *Motor*, *Fahrzeug* diesel *m*; '**~motor** *m* moteur *m* diesel; '**~öl** *n* gasoil *od* gazole *m*

dieser ['diːzər], '**diese**, '**die(se)s** [diːs, diːzəs] **1.** *adjektivisch* ce (*vor Vokal* cet) *m*, cette *f*, ces *pl*; **2.** *substantivisch* celui-ci *m*, celle-ci *f*, *pl* ceux-ci *m*, celles-ci *f*; **die(se)s** *n* ceci, cela, ça F

'**dies|mal** cette fois(-ci); '**~seits** ['-zaits] de ce côté

Diffamierung [difa'mi:ruŋ] *f* (-; *-en*) diffamation *f*
Differen|z [difə'rɛnts] *f* (-; *-en*) différence *f*; *Unstimmigkeit* différend *m*; **~zial** [-'tsja:l] *m* (*-s*; *-e*) *tech* différentiel *m*; *math* différentielle *f*; **2'zieren** [-'tsi:rən] (*pas de -ge-*, *h*) différencier
digital [digi'ta:l] digital, numérique; **2anzeige** *f* affichage *m* numérique *od* digital; **2kamera** *f* appareil *m* photo numérique; **2rechner** *m* calculateur *m* numérique; **2uhr** *f* montre *f* digitale
Diktat [dik'ta:t] *n* (-[*e*]*s*; *-e*) dictée *f*; *pol* diktat *m*; **~or** [-ɔr] *m* (*-s*; *-en*) dictateur *m*; **~ur** [-a'tu:r] *f* (-; *-en*) dictature *f*
dik'tier|en (*pas de -ge-*, *h*) dicter; **2gerät** *n* machine *f* à dicter, dictaphone *m*
Dimension [dimɛn'zjo:n] *f* (-; *-en*) dimension *f*
DIN [di:n] *abr* ***Deutsche Industrie-Norm*** norme industrielle allemande
Ding [diŋ] *n* (-[*e*]*s*; *-e*, F *-er*) chose *f*; machin *m* F, truc *m* F; ***vor allen ~en*** avant tout; ***guter ~e sein*** être de bonne humeur
'**Dingsbums** *n* (-; *sans pl*) F truc *m*, machin-chouette *m*
Dinkel ['dɪŋkəl] *m* (*-s*; -) *bot* épeautre *m*
Diox|id ['di:ˀɔksi:t] *chim n* (*-s*; *-e*) dioxide *m*; **~in** [-ɔ'ksi:n] *chim n* (*-s*; *-e*) dioxine *f*
Diphtherie [difte'ri:] *méd f* (-; *-n*) diphtérie *f*
Dipl.-Ing. *abr* ***Diplomingenieur*** ingénieur diplômé
Diplom [di'plo:m] *n* (-[*e*]*s*; *-e*) diplôme *m*
Diplomat [diplo'ma:t] *m* (*-en*; *en*) diplomate *m*; **~ie** [-a'ti:] *f* (-; *sans pl*) diplomatie *f*; **2isch** [-'ma:tiʃ] diplomatique; *fig Person* diplomate
Di'plomingenieur *m* ingénieur *m* diplômé d'État
dir [di:r] te (*vor Vokal* t'); toi, à toi
direkt [di'rɛkt] direct; (tout) droit; *TV* en direct; ***~ gegenüber*** juste en face; **2flug** *m* vol *m* direct; **2ion** [-'tsjo:n] *f* (-; *-en*) direction *f*; **2or** [di'rɛktɔr] *m* (*-s*; *-en*), **2orin** [-'torin] *f* (-; *-nen*) directeur *m*, directrice *f*; *Gymnasium* proviseur *m*; **2übertragung** *Radio*, *TV f* émission *f* en direct; **2verkauf** *m* vente *f* directe; **2werbung** *f* publicité *f* directe
Diri|gent [diri'gɛnt] *mus m* (*-en*; *-en*), **~'gentin** *f* (-; *-nen*) chef *m* d'orchestre; **2'gieren** (*pas de -ge-*, *h*) diriger *od* conduire un orchestre
Discjockey ['dɪskdʒɔke] *m* (*-s*; *-s*) disc-jockey *m*
Diskette [dis'kɛtə] *f* (-; *-n*) disquette *f*; **~nlaufwerk** *n* lecteur *m* de disquette(s)
Diskjockey → ***Discjockey***
Disko ['disko] *f* (-; *-s*) discothèque *f*
Diskont [dis'kɔnt] *écon m* (*-s*; *-e*) escompte *m*; **~satz** *m* taux *m* d'escompte
Diskothek [disko'te:k] *f* (-; *-en*) discothèque *f*
diskredi'tieren (*pas de -ge-*, *h*) discréditer
Diskrepanz [diskre'pants] *f* (-; *-en*) divergence *f*
diskret [dis'kre:t] discret; **2ion** [-e'tsjo:n] *f* (-; *sans pl*) discrétion *f*
diskriminier|en [diskrimi'ni:rən] (*pas de -ge-*, *h*) discriminer; **2ung** *f* (-; *-en*) discrimination *f*
Diskussion [disku'sjo:n] *f* (-; *-en*) discussion *f*
diskutieren [disku'ti:rən] discuter (***etw*** qc, ***über*** de *od* sur)
Disqualifi|kation [diskvalifika'tsjo:n] *f* (-; *-en*) disqualification *f*; **2zieren** [-'tsi:rən] (*pas de -ge-*, *h*) disqualifier
Distan|z [di'stants] *f* (-; *-en*) distance *f*; **2'zieren** (*pas de -ge-*, *h*) distancer; ***sich ~*** se distancer (***von*** de), prendre ses distances (par rapport à)
Distel ['distəl] *bot f* (-; *-n*) chardon *m*
Distrikt [di'strikt] *m* (-[*e*]*s*; *-e*) district *m*
Disziplin [distsi'pli:n] *f* (-; *-en*) discipline *f*; **2arisch** [-'na:riʃ] disciplinaire; **2iert** [-'ni:rt] discipliné
Divi|dende [divi'dɛndə] *écon f* (-; *-n*) dividende *m*; **2'dieren** (*pas de -ge-*, *h*) diviser; **~sion** [-'zjo:n] (-; *-en*) *math*, *mil* division *f*
d. J. *abr* ***dieses Jahres*** de cette année
DKP *f abr* ***Deutsche Kommunistische Partei*** parti communiste allemand
dl *abr* ***Deziliter*** dl (décilitre)
DLRG *f abr* ***Deutsche Lebensrettungsgesellschaft*** Société allemande de sauvetage

dm *abr* ***Dezimeter*** dm (décimètre)
DM *abr hist* ***Deutsche Mark*** mark allemand
d. M. *abr* ***dieses Monats*** de ce mois
D-Mark ['de:mark] *f hist* mark *m* allemand
doch [dɔx] *jedoch* cependant, pourtant; *bejahend auf verneinte Frage* si!; ***komm ~!*** viens donc!; ***du weißt ~, dass ...*** tu sais bien que ...; ***wenn er ~ käme!*** si seulement il venait!
Docht [dɔxt] *m* (-[*e*]*s*; -*e*) mèche *f*
Dock [dɔk] *mar n* (-*s*; -*s*) dock *m*, bassin *m*
Dogge ['dɔgə] *f zo* (-; -*n*) dogue *m*
Dogma ['dɔgma] *n* (-*s*; *Dogmen*) dogme *m*
Dohle ['do:lə] *zo f* (-; -*n*) choucas *m*
Doktor ['dɔktɔr] *m* (-*s*; -*en*) docteur *m* (*a Arzt*)
Doktrin [dɔk'tri:n] *f* (-; -*en*) doctrine *f*
Dokument [doku'mɛnt] *n* (-[*e*]*s*; -*e*) document *m*; **~arfilm** [-'ta:r-] *m* documentaire *m*
Dolch [dɔlç] *m* (-[*e*]*s*; -*e*) poignard *m*
dolmetsch|en ['dɔlmɛtʃən] (-*ge*-, *h*) traduire; servir d'interprète; '**②er** *m* (-*s*; -), '**②erin** *f* (-; -*nen*) interprète *m*, *f*
Dom [do:m] *m* (-[*e*]*s*; -*e*) cathédrale *f*
Domäne [do'mɛ:nə] *f* (-; -*n*) domaine *m*
dominieren [domi'ni:rən] (*pas de -ge-*, *h*) dominer; **~d** dominant
dominikanisch [domini'ka:niʃ] dominicain; ***die ②e Republik*** la République dominicaine
Donau ['do:nau] ***die ~*** le Danube
Donner ['dɔnər] *m* (-*s*; -) tonnerre *m*; '**②n** (*h*) tonner (***es donnert*** il tonne); *Geschütze* tonner, gronder; *Zug* passer avec un bruit de tonnerre; '**~stag** *m* jeudi *m*; '**~wetter!** sapristi!, nom de nom!; *erstaunt* bigre!, fichtre!, par exemple!
doof [do:f] F bête, idiot, stupide; *langweilig* rasant, assommant
Doppel ['dɔpəl] *n* (-*s*; -) double *m* (*a Tennis*); '**~besteuerung** *f* double taxation *f*; '**~bett** *n* lits *m/pl* jumeaux; '**~fenster** *n* doubles fenêtres *f/pl*; '**~gänger** *m* double *m*, sosie *m*; '**②klicken** (-*ge*-, *h*) *EDV* double-cliquer (***auf*** sur); '**~punkt** *m* deux-points *m*
'**doppelt** double; ***~ so viel*** deux fois plus; ***~ sehen*** voir double; ***in ~er Ausfertigung*** en deux exemplaires; ***das ②e*** le double
'**Doppel|verdiener** *m Person* personne *f* à double salaire; *Paar* couple *m* à double salaire; '**~währungsphase** *f Euro* période *f* bimonétaire; '**~zentner** *m* quintal *m*; '**~zimmer** *n* chambre *f* pour deux personnes, chambre *f* double
Dorf [dɔrf] *n* (-[*e*]*s*; ⸚*er*) village *m*; '**~bewohner** *m*, '**~bewohnerin** *f* villageois *m*, -e *f*
Dorn [dɔrn] *m* (-[*e*]*s*; -*en*) épine *f*; '**②ig** épineux
Dorsch [dɔrʃ] *zo m* (-*es*; -*e*) morue *f*
dort [dɔrt] là, y, par là; ***~ drüben*** là-bas; '**~her** de là, de là-bas; '**~hin** (de ce côté-)là, là-bas; '**~ig** de là-bas, de cet endroit
Dose ['do:zə] *f* (-; -*n*) boîte *f*
Dosenöffner ['do:zənʔ-] ouvre-boîtes *m*
Dosis ['do:zis] *f* (-; *Dosen*) dose *f*
Dotter ['dɔtər] *m od n* (-*s*; -) jaune *m* d'œuf
Double ['du:bəl] *n Film* (-*s*; -*s*) doublure *f*
Dover ['do:vər] *n* Douvres; ***die Straße von ~*** le pas de Calais
Download ['daunlo:t] *m*, *n* (-*s*; -*s*) *EDV* téléchargement *m*
downloaden *EDV* ['daunlo:dən] (*sép*, -*ge*-, *h*) télécharger
Dozent [do'tsɛnt] *m* (-*en*; -*en*), **~in** *f* (-; -*nen*) maître *m* de conférences, chargé *m*, -e *f* de cours
dpa *abr* ***Deutsche Presse-Agentur*** Agence allemande de presse
Dr. *abr* ***Doktor*** docteur
Drache ['draxə] *m* (-*n*; -*n*) *Fabeltier* dragon *m*; '**~n** *m* (-*s*; -) *Spielzeug* cerf-volant *m*; *Fluggerät* deltaplane *m*; '**~nflieger** *m* deltaplaniste *m*
Draht [dra:t] *m* (-[*e*]*s*; ⸚*e*) fil *m* (métallique); *fig* ***auf ~ sein*** être sur le qui-vive, F être branché; '**~seilbahn** *f* téléphérique *od* téléférique *m*; *auf Schienen* funiculaire *m*; '**~zieher** *m fig* ***der ~ sein*** tirer les ficelles
Drama ['dra:ma] *n*; (-*s*; *Dramen*) drame *m*; **~tiker** [dra'ma:tikər] *m* (-*s*; -) auteur *m* dramatique; **②tisch** [-a'ma:tiʃ] dramatique
dran [dran] F ***wer ist ~?*** à qui le tour?;

ich bin ~ c'est mon tour; → *a* ***daran***
Drang [draŋ] *m* (-[*e*]*s*; *sans pl*) impulsion *f*; envie *f*
drängeln ['drɛŋəln] (*h*) pousser; se bousculer
drängen ['drɛŋən] (*h*) presser, pousser; ***j-n ~, etw zu tun*** presser qn de faire qc; ***sich ~*** se presser, se pousser, se bousculer; ***sich durch die Menge ~*** se frayer un chemin à travers la foule; ***die Zeit drängt*** le temps presse
'**drankommen** (*irr, sép, -ge-, sn,* → ***kommen***) F ***ich komme dran*** c'est mon tour
drastisch ['drastiʃ] *Ausdruck* cru, vert; ***~e Maßnahmen*** mesures radicales *od* draconiennes
drauf [drauf] F ***~ und dran sein, etw zu tun*** être sur le point de faire qc; → ***darauf***; '**~gänger** ['-gɛŋər] *m* (-*s*; -) risque-tout *m*, casse-cou *m*, tête *f* brûlée
draußen ['drausən] dehors
drechseln ['drɛksəln] (*h*) tourner
Dreck [drɛk] *m* (-[*e*]*s*; *sans pl*) saleté *f*, crasse F *f*; *Straßen~* boue *f*; *fig Schund* saleté *f*, saloperie F *f*; '**~ig** sale; boueux; *fig Witz* obscène; ***es geht ihm ~*** F il est dans la mouise
Dreh [dreː] F *m* (-[*e*]*s*; -*e*) truc *m*; ***er ist auf den ~ gekommen*** il a trouvé la combine; '**~bank** *tech f* tour *m*; '**~bar** tournant; '**~buch** *n Film* scénario *m*; '**~bühne** *f* scène *f* tournante
'**drehen** (*h*) tourner (*a Film*); ***sich ~*** tourner; ***worum dreht es sich?*** de quoi s'agit-il?
'**Dreh|er** *m* (-*s*; -) *Beruf* tourneur *m*; '**~kreuz** *n* tourniquet *m*; '**~orgel** *f* orgue *m* de Barbarie; '**~scheibe** *f* plaque *f* tournante (*a fig*); '**~strom** *m* courant *m* triphasé; '**~ung** *f* (-; -*en*) tour *m*, rotation *f*; '**~zahl** *f* nombre *m* de tours; *auto* régime *m*; '**~zahlmesser** *m* compte-tours *m*
drei [drai] **1.** trois; **2.** **~** *f* trois *m*; '**~bettzimmer** *n* chambre *f* à trois lits; '**~dimensional** tridimensionnel; '**~eck** *n* triangle *m*; '**~eckig** triangulaire; '**~erlei** ['-ərlai] de trois sortes; '**~fach** triple; '**~farbig** tricolore; '**~hundert** trois cents; '**~mal** trois fois; '**~satz** *math m* règle *f* de trois; '**~spurig** à trois voies
dreißig ['draisiç] trente; ***etwa ~*** une trentaine; '**~ste** trentième
'**drei|tägig** de trois jours; '**~viertelstunde** *f* trois quarts *m/pl* d'heure; '**~zehn** treize; '**~zehnte** treizième
dresch|en ['drɛʃən] (*drosch, gedroschen, h*) battre; *fig* ***Phrasen ~*** F faire du bla-bla; '**~maschine** *f* batteuse *f*
Dresden ['dreːsdən] *n* Dresde
dress|ieren [drɛ'siːrən] (*pas de -ge-, h*) dresser; **~ur** [-'suːr] *f* (-; -*en*) dressage *m*
drillen ['drilən] (*h*) *mil u fig* dresser
Drillinge ['driliŋə] *m/pl* triplé(e)s *m* (*f*) *pl*
drin [drin] F → ***darin***
dring|en ['driŋən] (*drang, gedrungen*) **1.** (*sn*) ***durch etw ~*** pénétrer à travers qc, traverser qc; ***aus etw ~*** sortir *od* s'échapper de qc; ***an die Öffentlichkeit ~*** transpirer dans le public; **2.** (*h*) ***darauf ~, dass ...*** insister pour que (+ *subj*); '**~end** urgent, pressant; *Verdacht* sérieux; *adv* d'urgence; '**~lichkeit** *f* (-; *sans pl*) urgence *f*
drinnen ['drinən] dedans
dritte ['dritə] troisième; ***zu dritt sein*** être trois; '**~l** *n* (-*s*; -) tiers *m*; '**~ns** troisièmement, tertio
DRK *n abr* ***Deutsches Rotes Kreuz*** Croix-Rouge allemande
Dr. med. *abr* ***Doktor der Medizin*** docteur en médecine
Drog|e ['droːgə] *f* (-; -*n*) drogue *f*; '**~enabhängig**, '**~ensüchtig** drogué; '**~enberatungsstelle** *f* centre *m* d'accueil pour toxicomanes; '**~enhandel** *m* trafic *m* de drogue; '**~enhändler** *m* trafiquant *m* de drogue; '**~enkonsum** *m* comsommation *f* de drogues; '**~enproblem** *n* problème *m* de la drogue
Drog|erie [drogə'riː] *f* (-; -*n*) droguerie *f*, herboristerie *f*; **~ist** [dro'gist] *m* (-*en*; -*en*), **~'istin** *f* (-; -*nen*) droguiste *m, f*; marchand *m* de couleurs
drohen ['droːən] (*h*) menacer (***j-m*** qn, ***mit*** de)
dröhnen ['drøːnən] (*h*) retentir; *Motor* vrombir
Drohung ['droːuŋ] *f* (-; -*en*) menace *f*
Dromedar [drɔme'daːr] *zo n* (-*s*; -*e*) dromadaire *m*
Drossel ['drɔsəl] *zo f* (-; -*n*) grive *f*
drosseln (*h*) freiner, limiter
Dr. phil. *abr* ***Doktor der Philosophie*** docteur ès lettres

drüben ['dry:bən] de l'autre côté
drüber ['dry:bər] F → ***darüber***
Druck [druk] *m* (-[*e*]*s*; -*e*) pression *f*; *Buch*♀ impression *f*; '**~buchstabe** *m* lettre *f* d'imprimerie
drucken ['drukən] (*h*) imprimer
drücken ['drykən] (*h*) presser, serrer; *stoßen* pousser; ***auf etw ~*** appuyer sur qc; ***j-m die Hand ~*** donner une poignée de main à qn; *fig* ***die Preise ~*** faire baisser les prix; ***sich ~*** F tirer au flanc, se défiler; '**~d** *Hitze* étouffant; *Schweigen* oppressant
'**Drucker** *m* (-*s*; -) imprimeur *m*; *EDV-Gerät* imprimante *f*
'**Drücker** *m* (-*s*; -) *Tür* poignée *f*
Druckerei [drukə'rai] *f* (-; -*en*) imprimerie *f*
'**Druck|fehler** *m* faute *f* d'impression; '**~knopf** *m* bouton-pression *m*; *Schalter* bouton-poussoir *m*; '**~luft** *f* air *m* comprimé; '**~sache** *f* imprimé *m*
drum [drum] F → ***darum***
drunter ['druntər] ***alles geht ~ und drüber*** tout est sens dessus dessous; → *a* ***darunter***
Drüse ['dry:zə] *f* (-; -*n*) glande *f*
Dschungel ['dʒuŋəl] *m* (-*s*; -) jungle *f*
dt. *abr* ***deutsch*** allemand
Dtz(d). *abr* ***Dutzend*** douzaine
du [du:] tu (+ *Verb*); toi; ***~ bist's!*** c'est toi!
Dübel ['dy:bəl] *tech m* (-*s*; -) cheville *f*
ducken ['dukən] (*h*) ***sich ~*** baisser la tête (*a fig*); *niederkauern* se blottir
Dudelsack ['du:dəl-] *mus m* cornemuse *f*, biniou *m*
Duft [duft] *m* (-[*e*]*s*; ⸚*e*) parfum *m*, bonne odeur *f*; '**♀en** (*h*) sentir bon
dulden ['duldən] (*h*) souffrir, tolérer
dumm [dum] bête, sot, stupide; *fig* ***das ist mir zu ~*** F j'en ai marre; ***der♀e sein*** être le dindon de la farce; '**♀heit** *f* bêtise *f*, sottise *f*, stupidité *f*; '**♀kopf** *m* imbécile *m*
dumpf [dumpf] *Geräusch*, *Schmerz* sourd; *fig unklar* vague
Dumping ['dampiŋ] *m* dumping *m*; gâchage *m* du prix
Düne ['dy:nə] *m* (-; -*n*) dune *f*
Dung [duŋ] *m* (-[*e*]*s*; *sans pl*) *natürlicher* fumier *m*
düng|en ['dyŋən] (*h*) engraisser; *mit Mist* fumer; '**♀er** *m* (-*s*; -) engrais *m*
dunkel ['duŋkəl] sombre; obscur (*a fig*); *Farbe* foncé; ***es wird ~*** il commence à faire nuit
Dünkel ['dyŋkəl] *m* (-*s*; *sans pl*) suffisance *f*, présomption *f*, morgue *f*
'**Dunkel|heit** *f* (-; *sans pl*) obscurité *f*, ténèbres *f/pl*; '**~kammer** *f Foto* chambre *f* noire
Dünkirchen ['dy:nkirçən] *n* Dunkerque
dünn [dyn] mince; *Kleid*, *Kaffee* léger; *Luft* rare; ***~ besiedelt*** peu peuplé
Dunst [dunst] *m* (-[*e*]*s*; ⸚*e*) vapeur *f*, fumée *f*; *in der Luft* brume *f*
dünsten ['dynstən] (*h*) *cuis* cuire à l'étuvée
'**dunstig** *Wetter* brumeux
Duplikat [dupli'ka:t] *n* (-[*e*]*s*; -*e*) duplicata *m*, copie *f*
Dur [du:r] *n* (-; *sans pl*) *mus* majeur; ***A-Dur*** la majeur
durch [durç] par; *quer* ~ à travers; *math* divisé par; ***das ganze Jahr ~*** toute l'année; ***~ und ~*** complètement, d'un bout à l'autre
'**durcharbeiten** ['durçˀ-] (*sép*, -*ge*-, *h*) *Stoff* étudier à fond *od* d'un bout à l'autre; *ohne Pause* travailler sans interruption
durch'aus tout à fait, absolument; ***~ nicht*** pas du tout
'**Durchblick** *m* échappée *f* (***auf*** sur); *fig* ***er hat den ~*** il voit clair; '**♀en** (*sép*, -*ge*-, *h*) *fig* (***nicht mehr***) ~ (ne plus) voir clair; ***~ lassen*** laisser entendre
durch|'bohren (*pas de* -*ge*-, *h*) (trans-)percer; *fig* ***mit Blicken ~*** transpercer du regard; **~'brechen** (*irr*, *pas de* -*ge*-, *h*, → ***brechen***) percer; *Schallmauer* franchir; '**~brennen** (*irr*, *sép*, -*ge*-, *sn*, → ***brennen***) *Sicherung* sauter; *Glühbirne* griller; F *weglaufen* filer, se sauver; '**~bringen** (*irr*, *sép*, -*ge*-, *h*, → ***bringen***) *Gesetz*, *Kandidaten* faire passer; *Kranken* sauver; *Vermögen* gaspiller, dilapider
'**Durchbruch** *m* percée *f* (*a mil u fig*)
'**durchdrehen** (*sép*, -*ge*-, *h*) s'affoler, craquer
durch'dringen (*durchdrang*, *durchdrungen*, *h*) pénétrer; '**~d** pénétrant; *Blick*, *Schrei* perçant
durcheinander [durçˀai'nandər] pêle-mêle, en désordre; *fig* ***~ sein*** être trou-

blé, ne plus s'y retrouver; → ***durcheinanderbringen***

Durchei'nander *n* (*-s*; *sans pl*) confusion *f*, désordre *m*, F pagaille *f*

durchei'nanderbringen (*irr*, *sép*, *-ge-*, *h*, → ***bringen***) mettre en désordre; *verwirren* troubler; *verwechseln* mélanger, confondre

'durchfahren (*irr*, *sép*, *-ge-*, *sn*, → ***fahren***) passer par, traverser; *nicht halten* ne pas s'arrêter; ***bei Rot ~*** griller un feu rouge

'Durchfahrt *f* (*-*; *-en*) passage *m*

'Durchfall *m méd* diarrhée *f*; *fig* échec *m*

'durchfallen (*irr*, *sép*, *-ge-*, *sn*, → ***fallen***) *Examen* échouer; être recalé

durchführbar ['durçfy:rba:r] exécutable, réalisable

'durchführen (*sép*, *-ge-*, *h*) exécuter, mettre à exécution, réaliser

'Durchgang *m* (*-[e]s*; *⸚e*) passage *m*; *Sport* manche *f*; *Wahl* tour *m* de scrutin; **'~sverkehr** *m* trafic *m* de transit

'durchgehen (*irr*, *sép*, *-ge-*, *sn*, → ***gehen***) passer (***durch*** par); *Vorschlag* être adopté; *Pferd*, *Motor*, *Fantasie* s'emballer; *fliehen* s'enfuir; *fig* examiner; *durchlesen* parcourir; ***j-m etw ~ lassen*** laisser passer qc à qn, fermer les yeux sur qc; **'~d** *Zug* direct; ***~ geöffnet*** ouvert en permanence *od* sans interruption

'durch|greifen (*irr*, *sép*, *-ge-*, *h*, → ***greifen***) prendre des mesures énergiques; **'~halten** (*irr*, *sép*, *-ge-*, *h*, → ***halten***) tenir bon; **'~kommen** (*irr*, *sép*, *-ge-*, *sn*, → ***kommen***) passer (***durch*** par); *fig* se tirer d'affaire; réchapper d'une maladie; *im Examen* réussir; être reçu

'durch|lassen (*irr*, *sép*, *-ge-*, *h*, → ***lassen***) laisser passer; **'~lässig** perméable

'durchlauf|en (*irr*, *sép*, *-ge-*, → ***laufen***) **1.** *v/t* (*h*) *Sohlen* percer (à force de marcher); **2.** *v/i* (*sn*) *Kaffee etc* couler par, à travers; **3.** [-'laufən] (*durchlief*, *durchlaufen*, *h*) *Strecke* parcourir; **'2erhitzer** *m* chauffe-eau *m* instantané

'durch|lesen (*irr*, *sép*, *-ge-*, *h*, → ***lesen***) lire (entièrement); *flüchtig* parcourir; **~'leuchten** (*h*) *méd* radiographier; ***durchleuchtet werden*** passer une radio; **'~machen** (*sép*, *-ge-*, *h*) ***viel ~*** passer par de rudes épreuves

'Durchmesser *m* (*-s*; *-*) diamètre *m*

durch|'queren (*h*) traverser; **'~rechnen** (*sép*, *-ge-*, *h*) calculer

'Durchreise *f* passage *m*; ***auf der ~ sein*** être de passage; ***auf der ~ durch*** en passant par; **'~visum** *n* visa *m* de transit

'durchringen (*irr*, *sép*, *-ge-*, *h*, → ***ringen***) ***sich zu etw ~*** se résoudre à qc

'Durchsage *f* (*-*; *-n*) annonce *f*, message *m*; **'2n** (*sép*, *-ge-*, *h*) *Befehl* faire passer

durch'schauen (*h*) ***j-n ~*** pénétrer les intentions de qn

'durchscheinend transparent, translucide

'Durchschlag *m* (*-[e]s*; *⸚e*) *Kopie* double *m*, copie *f*; **'2en 1.** (*irr*, *sép*, *-ge-*, *h*, → ***schlagen***) ***sich ~*** se débrouiller; ***sich mühsam ~*** gagner péniblement sa vie; **2.** (*irr*, *h*) *Geschoss* percer; *zerschlagen* casser en deux; **'2end** efficace, décisif; *Erfolg* retentissant; **'~papier** *n* papier *m* pelure; **'~skraft** *f* force *f* percutante (*a fig*)

'durchschneiden (*irr*, *sép*, *-ge-*, *h*, → ***schneiden***) couper (en deux), trancher; ***j-m die Kehle ~*** couper la gorge à qn

'Durchschnitt *m* moyenne *f*; ***im ~*** en moyenne; **'2lich** moyen; *adv* en moyenne

'Durchschnitts|alter *n* âge *m* moyen; **'~einkommen** *n* revenu *m* moyen; **'~geschwindigkeit** *f* vitesse *f* moyenne; **'~temperatur** *f* température *f* moyenne; **'~wert** *m* valeur *f* moyenne

'Durchschrift *f* copie *f*, double *m*

'durch|sehen (*irr*, *sép*, *-ge-*, *h*, → ***sehen***) regarder à travers; *Text* parcourir; *prüfend* examiner; *noch einmal* ~ réviser; **'~setzen** (*sép*, *-ge-*, *h*) imposer, faire adopter; ***sich ~*** s'imposer; **~setzt** [-'zɛtst] ***~ mit*** entremêlé de

'Durchsicht *f* examen *m*, révision *f*; **'2ig** transparent (*a fig*)

'durch|sickern (*sép*, *-ge-*, *sn*) suinter, s'infiltrer; *fig* transpirer; **'~sprechen** (*irr*, *sép*, *-ge-*, *h*, → ***sprechen***) discuter; **'~stoßen** (*irr*, *sép*, *-ge-*, *sn*, → ***stoßen***) percer (*a mil*); **'~streichen** (*irr*, *sép*, *-ge-*, *h*, → ***streichen***) barrer, biffer, rayer

durch'such|en (*h*) fouiller; **2ung** *f* (*-*;

-en) fouille *f*; *Wohnung* perquisition *f*
durchtrieben [durç'triːbən] rusé, roué, madré, malin, roublard
'**Durch|wahl** *f* (-; *sans pl*) ligne *f* directe; '**2wählen** (*sép*, *-ge-*, *h*) appeler sur ligne directe; '**~wahlnummer** *f* numéro *m* de poste
durchweg ['durçvɛk] sans exception, tous (toutes)
'**durchziehen** (*irr*, *sép*, *-ge-*, → ***ziehen***) *v/t* (*h*), *v/i* (*sn*) passer; *Gebiet* parcourir
'**Durchzug** *m* (-[*e*]*s*; *⸗e*) courant *m* d'air
dürfen ['dyrfən] **1.** (*durfte*, *gedurft*, *h*); **2.** *v/aux* (durfte, dürfen, *h*) avoir le droit *od* la permission (de), être autorisé (à); pouvoir; devoir; ***darf ich Ihnen helfen?*** est-ce que je peux vous aider?; ***das hättest du nicht tun ~*** tu n'aurais pas dû faire cela; ***das dürfte genügen*** cela devrait suffire
dürftig ['dyrftiç] insuffisant, maigre, médiocre
dürr [dyr] sec (*a Mensch*); *Boden* aride; *Ast*, *Blatt a* mort; '**2e** *f* (-; *-n*) sécheresse *f*
Durst [durst] *m* (*-es*; *sans pl*) soif *f* (*fig* ***nach*** de); ***~ haben*** avoir soif
'**durstig** ***~ sein*** avoir soif
Dusche ['duʃə] *f* (-; *-n*) douche *f*; '**2n** (*h*) j-n doucher; (***sich***) ~ se doucher, prendre une douche
Düse ['dyːzə] *f* (-; *-n*) *tech* tuyère *f*; '**~nantrieb** *m* propulsion *f* par réaction; '**~nflugzeug** *n* avion *m* à réaction; '**~ntriebwerk** [-nˀantriːp] *n* (turbo-) réacteur *m*
düster ['dyːstər] sombre (*a fig*)
Dutzend ['dutsənt] *n* (*-s*; *-e*) douzaine *f*
duzen ['duːtsən] (*h*) (***sich*** se) tutoyer
DVD [deːfau'deː] *f* (-; *-s*) *abr* ***digital versatile disc*** DVD *m*; **~-Player** [-pleːər] *m* (*-s*; -) lecteur *m* de DVD; **~-Rekorder** [-rekɔrdər] *m* (*-s*; -) enregistreur *m* (de) DVD
Dynamit [dyna'miːt] *n* (*-s*; *sans pl*) dynamite *f*
Dynastie [dynas'tiː] *f* (-; *-n*) dynastie *f*
'**D-Zug** *m* express *m*

E

E [eː] *mus n* (-; -) mi *m*
Ebbe ['ɛbə] *f* (-; *-n*) marée *f* basse; ***~ und Flut*** marée *f*
eben ['eːbən] **1.** *adj* plat, plan; ***zu ~er Erde*** au rez-de-chaussée; **2.** *adv* justement; ***~ angekommen sein*** venir d'arriver; ***ich wollte ~ sagen*** j'allais dire; '**2e** *f* (-; *-n*) plaine *f*; *pol* ***auf höchster ~*** au plus haut échelon
'**ebenfalls** de même, pareillement
'**ebenso** de même; '**~ sehr**, '**~ viel** autant (de); '**~ wenig** tout aussi peu
Eber ['eːbər] *zo m* (*-s*; -)verrat *m*
ebnen ['eːbnən] (*h*) aplanir (*a fig*)
Ebro ['eːbro] ***der ~*** l'Èbre *m*
EC [eː'tseː] *m* (-[*s*]; -[*s*]) *abr* ***Eurocity*** (***-zug***) Eurocity *m*
Echo ['ɛço] *n* (*-s*; *-s*) écho *m*
echt [ɛçt] véritable, naturel; authentique; '**2heit** *f* (-; *sans pl*) vérité *f*; authenticité *f*
'**Eck|daten** *n/pl* données *f/pl*, valeurs *f/pl* indicatives; '**~e** *f* (-; *-n*) coin *m*; '**2ig** angulaire, anguleux; *fig* gauche;
'**~lohn** *m* salaire *m* de référence
Economyklasse [e'kɔnɔmi-] *f* classe *f* économique
Ecuador [ekua'doːr] *n* l'Équateur *m*
edel ['eːdəl] noble; généreux; *Metall* précieux; '**2metall** *n* métal *m* précieux; '**2stahl** *m* acier *m* inoxydable; '**2stein** *m* pierre *f* précieuse
Edinburg(h) ['eːdınburk] *n* Édimbourg
EDV [eːdeː'fau] *f* informatique *f*
Effekt [ɛ'fɛkt] *m* (-[*e*]*s*; *-e*) effet *m*
Ef'fekten *pl Habe* effets *m/pl*; *Wertpapiere* titres *m/pl*, effets *m/pl* publics, valeurs *f/pl*
effekt|iv [ɛfɛk'tiːf] *tatsächlich* effectif; *wirksam* efficace; **~voll** [-'fɛkt-] qui fait de l'effet; théâtral
effiz|ient [ɛfi'tsjɛnt] efficace; **2ienz** [-'tsjɛnts] *f* (-; *-en*) efficacité *f*
EFTA *abr f* (*European Free Trade Association*) ***Europäische Freihandelszone*** AELE *f* (Association européenne de libre-échange)

EG [eːˈgeː] *f* CEE *f* (Communauté économique européenne)

egal [eˈgaːl] égal; ~ ***ob*** peu importe que… (+ *subj*); ***das ist*** ~ ça revient au même; ***das ist mir*** ~ ça m'est égal

Egois|mus [egoˈismus] *m* (-; *sans pl*) égoïsme *m*; **~t** *m* (*-en*; *-en*), **~tin** *f* (-; *-nen*) égoïste *m*, *f*; **≈tisch** égoïste

ehe [ˈeːə] ~ (***dass***) avant que … (+ *subj*), avant de (+ *inf*); ***nicht*** ~ pas jusqu'à ce que (+ *subj*)

ˈEhe [-] *f* (-; *-n*) mariage *m*; ***wilde*** ~ union *f* libre, concubinage *m*; **ˈ≈ähnlich** ***~e Gemeinschaft*** union *f* libre; **ˈ~bruch** *m* adultère *m*; **ˈ~frau** *f* femme *f*, épouse *f*; **ˈ~leute** *pl* époux *m/pl*; **ˈ≈lich** conjugal; *Kind* légitime; **ˈ~losigkeit** *f* (-; *sans pl*) célibat *m*; **≈malig** [ˈ-maːliç] ancien, d'autrefois; **ˈ~mann** *m* mari *m*; **ˈ~paar** *n* couple *m* (marié)

ˈeher *früher* plus tôt; *lieber* plutôt; ***je*** ~ ***desto lieber*** le plus tôt sera le mieux; ***nicht*** ~ ***als*** pas avant que … (+ *subj*)

ˈEhe|ring *m* alliance *f*; **ˈ~scheidung** *f* divorce *m*; **ˈ~schließung** *f* mariage *m*; **ˈ~vermittlungsinstitut** *n* agence *f* matrimoniale

Ehre [ˈeːrə] *f* (-; *-n*) honneur *m*; ***zu ~n von*** en l'honneur de; **ˈ≈n** (*h*) honorer; respecter

ˈEhren|amt *n* charge *f* honorifique; **ˈ≈amtlich** ***~e Helfer*** *pl* des bénévoles; **ˈ~bürger** *m*, **ˈ~bürgerin** *f* citoyen *m*, -ne *f* d'honneur; **ˈ≈haft** honorable; **ˈ~mann** *m* homme *m* d'honneur; **ˈ~mitglied** *n* membre *m* honoraire; **ˈ~rechte** *n/pl* ***bürgerliche*** ~ droits *m/pl* civiques; **ˈ≈rührig** injurieux; **ˈ≈voll** honorable; **ˈ~wort** *n* parole *f* d'honneur

ˈEhr|furcht *f* (-; *sans pl*) respect *m*; **ˈ≈fürchtig**, **ˈ≈furchtsvoll** respectueux; **ˈ~gefühl** *n* sens *m od sentiment m de l'honneur*; **ˈ~geiz** *m* ambition *f*; **ˈ≈geizig** ambitieux

ˈehrlich honnête; ~ ***gesagt*** pour dire vrai; **ˈ≈keit** *f* honnêteté *f*

ˈehr|los infâme; **ˈ≈losigkeit** *f* (-; *sans pl*) infamie *f*; **ˈ≈ung** *f* (-; *-en*) hommage *m*

ei! [-] eh!, tiens!

Ei [ai] *n* (-[*e*]*s*; *-er*) œuf *m*

EIB *f abr* ***Europäische Investitionsbank*** BEI *f* (Banque européenne d'investissement)

Eiche [ˈaiçə] *bot f* (-; *-n*) chêne *m*

Eichel [ˈaiçəl] *f* (-; *-n*) gland *m*

ˈeichen 1. *adj* de *od* en chêne; **2.** *Verb* (*h*) *Hohlmaße* jauger; *Gewichte, Maße* étalonner

Eichhörnchen [ˈaiçhœrnçən] *zo n* (*-s*; -) écureuil *m*

Eid [ait] *m* (-[*e*]*s*; *-e*) serment *m*; ***an ~es Statt erklären*** certifier sur l'honneur; ***unter*** ~ ***stehen*** être assermenté

Eidechse [ˈaidɛksə] *zo f* (-; *-n*) lézard *m*

eid|esstattlich [ˈaidəs-] *jur* ***~e Erklärung*** déclaration *f* sur l'honneur; **ˈ≈genosse** *m* confédéré *m*, Suisse *m*

ˈEier|becher *m* coquetier *m*; **ˈ~schale** *f* coquille *f* d'œuf; **ˈ~stock** *méd m* ovaire *m*

Eifer [ˈaifər] *m* (*-s*; *sans pl*) *zèle m*; empressement *m*; **ˈ~sucht** *f* jalousie *f*; **ˈ≈süchtig** jaloux (***auf*** de)

eifrig [ˈaifriç] zélé; empressé

ˈEigelb *n* (*-s*; *-s*) jaune *m* d'œuf

eigen [ˈaigən] propre; spécifique; particulier; **ˈ≈art** *f* particularité *f*; **ˈ~artig** particulier, singulier; *seltsam* curieux, étrange; **ˈ≈bedarf** *m* consommation *f* personnelle; **ˈ≈finanzierung** *f* autofinancement *m*; **ˈ~händig** [ˈ-hɛndiç] de mes (*od* ses, *etc*) propres mains; **ˈ≈heim** *n* maison *f* individuelle; **ˈ≈heit** *f* (-; *-en*) particularité *f*; trait *m* caractéristique; **ˈ≈kapital** *n* ressources *f/pl* personnelles; **ˈ≈liebe** *f* égoïsme *m*; infatuation *f*; **ˈ~mächtig** arbitraire; **ˈ≈name** *m* nom *m* propre; **ˈ~nützig** [ˈ-nytsiç] égoïste

ˈEigen|schaft *f* (-; *-en*) qualité *f*; *phys, chim* propriété *f*; **ˈ~sinn** *m* entêtement *m*, opiniâtreté *f*

eigentlich [ˈaigəntliç] proprement dit, véritable; *Sinn* propre; *adv* en réalité; à vrai dire

ˈEigen|tum *n* (*-s*; *sans pl*) propriété *f*; **ˈ~tümer** [ˈ-tyːmər] *m* (*-s*; -), **ˈ~tümerin** *f* (-; *-nen*) propriétaire *m*, *f*; **ˈ≈tümlich** singulier, étrange; **ˈ~tumswohnung** *f* appartement *m* en copropriété; **ˈ≈willig** entêté; volontaire; *Stil* individuel; original

eign|en [ˈaignən] (*h*) ***sich*** ~ se prêter (***zu*** à); convenir (***für*** pour); **ˈ≈er** *m* (*-s*; -) propriétaire *m*

ˈEignung *f* (-; *sans pl*) aptitude *f* (***für*** à); **ˈ~stest** *m* test *m* d'aptitude

'**Eilbrief** *m* lettre *f* (par) exprès
Eile ['ailə] *f* (-; *sans pl*) hâte *f*; '**?n** (*h*) se hâter, se dépêcher; *Sache* être urgent
'**eilig** *Person* pressé; *Sache* pressant; ***es ~ haben*** être pressé
'**Eilzug** *m* train *m* direct
Eimer ['aimər] *m* (-*s*; -) seau *m*
ein [ain] **1.** *Zahlwort, Artikel* un, une; ***~ für alle Mal*** une fois pour toutes; ***sein ? und Alles*** tout ce qu'il a de plus cher; ***~er von uns beiden*** l'un de nous deux; **2.** *adv* ***bei j-m ~ und aus gehen*** fréquenter qn
einander [ai'nandər] l'un l'autre, les uns les autres; l'un à l'autre, les uns aux autres
'**einarbeit|en** ['ain?-] (*sép, -ge-, h*) (***sich***) **~** (se) mettre au courant d'un travail, (s')initier à un travail; '**?ung** *f* (-; *sans pl*) formation *f*, mise *f* au courant
'**einatmen** ['ain?-] (*sép, -ge-, h*) inspirer, inhaler
'**Einbahnstraße** *f* sens *m* unique
'**Einband** *m* (-[*e*]*s*; *¨-e*) reliure *f*
'**Einbau** *m* (-[*e*]*s*; *-ten*) montage *m*; mise *f* en place; '**?en** (*sép, -ge-, h*) *Möbel* encastrer; *Geräte* installer, monter
'**einberuf|en** (*irr, sép, -ge-, h*, → ***berufen***) *mil* appeler sous les drapeaux; *Parlament* convoquer; '**?ung** (-; *-en*) *f* appel *m*; convocation *f*
'**Einbettzimmer** *n* chambre *f* à un lit
'**einbeziehen** (*irr, sép, h*, → ***beziehen***) inclure, comprendre (***in*** dans)
'**einbiegen** (*irr, sép, -ge-, sn*, → ***biegen***) ***in e-e Straße ~*** s'engager dans une rue
'**einbild|en** (*sép, -ge-, h*) ***sich ~*** s'imaginer; '**?ung** *f* (-; *-en*) imagination *f*; *irrige Vorstellung* illusion *f*; *Anmaßung* suffisance *f*
'**Einblick** *m* (-[*e*]*s*; *-e*) vue *f*; *fig* connaissance *f*
'**einbrech|en** (*irr, sép, -ge-, sn*, → ***brechen***) ***in ein Haus ~*** cambrioler une maison; '**?er** *m* (-*s*; -) cambrioleur *m*
'**einbringen** (*irr, sép, -ge-, h*, → ***bringen***) *Antrag* déposer; *Gewinn* rapporter
'**Einbruch** *m* (-[*e*]*s*; *¨-e*) *in ein Haus* effraction *f*, cambriolage *m*; ***bei ~ der Nacht*** à la tombée de la nuit; '**~(s)diebstahl** *m* cambriolage *m*
ein|bürgern ['ainbyrgərn] (*sép, -ge-, h*) naturaliser; *fig* ***sich ~*** *Sitten* s'introduire, passer dans les mœurs; '**?bürgerung** *f* (-; *-en*) naturalisation *f*; '**?buße** *f* (-; *-n*) perte *f*; '**~checken** (*sép, -ge-, h*) *Gepäck* faire enregistrer; '**~cremen** (*sép, -ge-, h*) pommader; '**~dämmen** (*sép, -ge-, h*) endiguer; '**~decken** (*sép, -ge-, h*) ***sich ~*** se pourvoir (***mit*** de), s'approvisionner (en)
eindeutig ['aindɔʏtiç] sans équivoque, clair; *fig* catégorique, net
'**eindring|en** (*irr, sép, -ge-, sn*, → ***dringen***) pénétrer (***in*** dans); *mil* envahir (***in ein Land*** un pays); '**~lich** insistant; *adv* avec insistance
'**Eindruck** *m* (-[*e*]*s*; *¨-e*) impression *f*; '**?svoll** impressionnant
'**eineinhalb** un et demi
einerlei ['ainərlai] **1.** ***das ist ~!*** c'est indifférent!; **2.** **?** *n* (-*s*; *sans pl*) monotonie *f*; ***das tägliche ~*** le traintrain quotidien
einerseits ['ainərzaits] d'une part, d'un côté
einfach ['ainfax] simple; modeste; *Mahl* frugal; *Fahrkarte* simple; '**?heit** *f* (-; *sans pl*) simplicité *f*; frugalité *f*
'**einfahren** (*irr, sép, -ge-*, → ***fahren***) **1.** *v/i* (*sn*) (r)entrer (***in*** dans); *Bergwerk* descendre; **2.** *v/t* (*h*) *Auto* roder
'**Einfahrt** *f* (-; *-en*) entrée *f*; *Torweg* porte *f* cochère
'**Einfall** *m* (-[*e*]*s*; *¨-e*) *mil* invasion *f*; *plötzlicher Gedanke* idée *f*; '**?en** (*irr, sép, -ge-, sn*, → ***fallen***) s'écrouler; *mil* envahir (***in ein Land*** un pays); ***sich ~ lassen, etw zu tun*** s'aviser de faire qc
'**Ein|familienhaus** *n* maison *f* individuelle; '**?farbig** d'une seule couleur; *Stoff* uni
'**ein|finden** (*irr, sép, -ge-, h*, → ***finden***) ***sich ~*** se présenter; '**~fließen** (*irr, sép, -ge-, sn*, → ***fließen***) couler; *fig* ***etw ~ lassen*** glisser qc (***in*** dans); '**~flößen** (*sép, -ge-, h*) *Arznei* faire prendre; *Angst* inspirer; '**?flugschneise** *f* axe *m* d'atterrissage
'**Einfluss** (-*es*; *¨-e*) *m* influence *f*; '**?reich** influent, puissant
einförmig ['ainfœrmiç] uniforme; *fig* monotone
'**ein|frieren** (*irr, sép, -ge-*, → ***frieren***) **1.** *v/i* (*sn*) geler; être pris dans les glaces;

2. *v/t* (*h*) *Lebensmittel* congeler; '**~fügen** (*sép*, *-ge-*, *h*) (***sich***) ~ (s')insérer; '**~fühlen** (*sép*, *-ge-*, *h*) ***sich ~ in j-n*** se mettre au diapason *od* dans la peau de qn; '**~fühlsam** compréhensif, compatissant

Ein|fuhr ['ainfu:r] *f* (-; *-en*) importation *f*; '**~fuhrbeschränkung** *f* restriction *f* d'importation; '**≏führen** (*sép*, *-ge-*, *h*) (***sich ~*** s')introduire; *Waren* importer; *in ein Amt* installer; '**~fuhrgenehmigung** *f* licence *f* d'importation; '**~fuhrland** *n* pays *m* importateur; '**~fuhrstopp** *écon m* arrêt *m* des importations; '**~führung** *f* (-; *-en*) introduction *f*; '**~führungspreis** *m* prix *m* de lancement; '**~fuhrzoll** *m* taxe *f* d'importation, droits *m/pl* d'importation

'**Eingabe** *f* (-; *-n*) petition *f*; *Daten* entrée *f*; '**~gerät** *n EDV* terminal *m*

'**Eingang** *m* (-[*e*]*s*; *⸚e*) entrée *f*; '**~sdatum** *n* date *f* d'entrée; '**~ssteuersatz** *m* assiette *f* fiscale de base

'**ein|geben** (*irr*, *sép*, *-ge-*, *h*, → ***geben***), *Arznei* administrer, faire prendre; *Daten* entrer; *EDV* taper; *fig* suggérer; '**~gebildet** imaginaire; *dünkelhaft* vaniteux, présomptueux

'**Eingeborene** *m*, *f* (*-n*; *-n*) indigène *m*, *f*

'**eingehen** (*irr*, *sép*, *-ge-*, *sn*, → ***gehen***) *Post* arriver; *Pflanze*, *Tier* mourir, crever F; *Stoff* rétrécir; ***auf etw ~*** consentir à qc, accepter qc; ***ein Risiko ~*** courir un risque; '**~d** détaillé, minutieux

'**ein|genommen** prévenu (***für*** en faveur de; ***gegen*** contre); ***von sich ~*** suffisant, infatué; '**~geschlossen** enfermé; '**~geschränkt** restreint; '**~geschrieben** *Brief* recommandé; '**~gestellt ~ *auf*** préparé à; '**~getragen** enregistré; ***~es Warenzeichen*** marque *f* déposée; '**≏geweide** ['aingəvaidə] *pl* intestins *m/pl*; entrailles *f/pl*; '**~gewöhnen** (*sép*, *pas de -ge-*, *h*) (***sich ~*** s')acclimater; '**~gliedern** (*sép*, *-ge-*, *h*) intégrer, incorporer; '**~greifen** (*irr*, *sép*, *-ge-*, *h*, → ***greifen***) intervenir (***in*** dans); '**≏griff** *m* (-[*e*]*s*; *-e*) intervention *f* (*a méd*); ***~ in das Privatleben*** atteinte *f* à la vie privée

'**Einhalt** *m* ***~ gebieten*** arrêter; '**≏en** (*irr*, *sép*, *-ge-*, *h*, → ***halten***) *Versprechen* tenir; *Termin* respecter; *Richtung* garder

'**einhängen** (*sép*, *-ge-*, *h*) *Hörer* raccrocher; ***sich bei j-m ~*** prendre le bras de qn

'**einheimisch** indigène, autochtone; '**≏e** *m*, *f* (*-n*; *-n*) indigène *m*, *f*, autochtone *m*, *f*

'**Einheit** *f* (-; *-en*) unité *f*; '**≏lich** uniforme, homogène; *nach Einheit strebend* unitaire

'**Einheits|partei** *f* parti *m* unifié; '**~preis** *m* prix *m* unique

'**einholen** (*sép*, *-ge-*, *h*) *j-n*, *versäumte Zeit* rattraper; ***j-s Rat ~*** prendre conseil de qn

einig ['ainiç] uni; (***sich***) ***~ sein, werden*** être, se mettre d'accord (***über*** sur); **~e** ['-gə] quelques; quelques-uns (-unes); **~en** ['-igən] unifier; ***sich über etw*** tomber d'accord sur qc; **~ermaßen** ['-gərma:sən] en quelque sorte; *leidlich* passablement; **~es** ['-gəs] quelque chose; différentes choses *f/pl*; '**≏keit** *f* (-; *sans pl*) accord *m*; concorde *f*; **≏ung** ['-guŋ] *f* (-; *-en*) unification *f*; accord *m*

'**einjagen** (*sép*, *-ge-*, *h*) ***j-m Angst*** *od* ***e-n Schreck ~*** faire peur à qn

'**einkalkulieren** (*sép*, *pas de -ge-*, *h*) tenir compte de, mettre en ligne de compte

'**Einkauf** *m* (-[*e*]*s*; *⸚e*) achat *m*, emplette *f*; '**≏en** (*sép*, *-ge-*, *h*) acheter; faire des achats

'**Einkäufer** *m*, '**~in** *f* acheteur *m*, -euse *f*

'**Einkaufs|bummel** *m* lèche-vitrines *m*; '**~preis** *m* prix *m* d'achat; '**~wagen** *m* chariot *m*; '**~zentrum** *n* centre *m* commercial

'**Einklang** *m* (-[*e*]*s*; *sans pl*) accord *m*; ***in ~ mit*** en harmonie avec

'**ein|kleiden** (*sép*, *-ge-*, *h*) ***sich neu ~*** s'habiller de neuf; '**~klemmen** (*sép*, *-ge-*, *h*) coincer

'**Einkommen** *n* (*-s*; -) revenu *m*; '**~steuer** *f* impôt *m* sur le revenu; '**~steuererklärung** *f* déclaration *f* d'impôts

'**einkreisen** (*sép*, *-ge-*, *h*) encercler

Einkünfte ['ainkynftə] *f/pl* revenus *m/pl*

'**einlad|en** (*irr*, *sép*, *-ge-*, *h*, → ***laden***) inviter; *Gepäck* charger; '**≏ung** *f* (-; *-en*) invitation *f*

'**Ein|lage** *f* (-; *-n*) *Brief* annexe *f*; *Kapital≏* mise *f* de fonds; *Sparkasse* dépôt

m; *Schuh* semelle *f* orthopédique; *Theater* intermède *m*; **~lass** ['ainlas] *m* (*-es*; *⸚e*) admission *f*; '**♀lassen** (*irr*, *sép*, *-ge-*, *h*, → ***lassen***) laisser entrer; ***sich auf etw ~*** s'embarquer dans qc; ***sich mit j-m ~*** entrer en relations avec qn
'**Einlauf** *m* (-[*e*]*s*; *⸚e*) arrivée; *méd* lavement *m*; '**♀en** (*irr*, *sép*, *-ge-*, *sn*, → ***laufen***) arriver; *Schiff* entrer au port; *Stoff* (se) rétrécir
'**einleben** (*sép*, *-ge-*, *h*) ***sich ~*** s'acclimater
'**einlegen** (*sép*, *-ge-*, *h*) mettre (***in*** dans); *Früchte*, *Gurken* mettre en conserve; *jur* ***Berufung ~*** faire appel
'**einleit|en** (*sép*, *-ge-*, *h*) introduire; entamer; '**♀ung** *f* (-; *-en*) introduction *f*
'**einleuchten** (*sép*, *-ge-*, *h*) paraître évident; '**~d** évident
'**einliefern** (*sép*, *-ge-*, *h*) ***j-n ins Gefängnis ~*** incarcérer qn; ***j-n ins Krankenhaus ~*** hospitaliser qn
'**einloggen** *EDV* (*sép*, *-ge-*, *h*) se connecter
'**einlösen** (*sép*, *-ge-*, *h*) *Scheck* encaisser; *Pfand* dégager, retirer; *Versprechen* tenir
'**einmal** une fois; ***auf ~*** tout à coup; ***ein für alle Mal*** une fois pour toutes; ***nicht ~*** pas même; ne … même pas; ***noch ~*** encore une fois; ***es war ~*** il était une fois; '**~ig** unique
'**Einmarsch** *m* entrée *f*; *mil* invasion *f*; '**♀ieren** (*sép*, *pas de -ge-*, *sn*) entrer, faire son entrée; *mil* envahir (***in ein Land*** un pays)
'**einmisch|en** (*sép*, *-ge-*, *h*) ***sich ~*** se mêler (***in*** de), intervenir (dans); '**♀ung** *f* (-; *-en*) intervention *f*; *pol* ingérence *f*
'**einmünden** (*sép*, *-ge-*, *sn*) *Straße* déboucher sur
einmütig ['ainmyːtiç] unanime
Einnahme ['ainnaːmə] *f* (-; *-n*) *mil* prise *f*; *Geld* recette *f*; ***~n und Ausgaben*** recettes et dépenses
'**einnehmen** (*irr*, *sép*, *-ge-*, *h*, → ***nehmen***) *mil* prendre; *Geld* toucher; *Steuern* percevoir; *Stellung* occuper; *Medikament* prendre; '**~d** engageant, charmant, séduisant
'**einordn|en** (*sép*, *-ge-*, *h*) ranger; classer; *fig* situer; ***sich ~*** s'intégrer (***in*** dans); *auto* prendre une file; '**♀ung** *f* (-; *-en*) classification *f*; rangement *m*
'**ein|packen** (*sép*, *-ge-*, *h*) empaqueter, emballer; envelopper; '**~parken** (*sép*, *-ge-*, *h*) *auto* se garer; ***rückwärts ~*** faire un créneau; '**~pflanzen** (*sép*, *-ge-*, *h*) planter (dans)
'**ein|prägen** (*sép*, *-ge-*, *h*) empreindre; ***sich etw ~*** se graver qc en mémoire, enregistrer qc; '**~programmieren** (*sép*, *pas de -ge-*, *h*) entrer des paramètres dans un programme, programmer
'**ein|quartieren** (*sép*, *pas de -ge-*, *h*) (***sich ~*** se) loger; *mil* cantonner; '**~rahmen** (*sép*, *-ge-*, *h*) encadrer; '**~räumen** (*sép*, *-ge-*, *h*) *Gegenstände* ranger; *zugestehen* concéder, accorder; '**~reden** (*sép*, *pas de -ge-*, *h*) ***auf j-n ~*** tâcher d'influencer *od* de persuader qn; ***j-m etw ~*** persuader qn de qc
'**einreiben** (*irr*, *sép*, *-ge-*, *h*, → ***reiben***) (***sich ~*** se) frictionner
'**einreichen** (*sép*, *-ge-*, *h*) présenter; ***Klage ~*** déposer une plainte (***gegen*** contre)
'**einreihen** (*sép*, *-ge-*, *h*) ranger; ***sich ~*** se mettre dans une file
'**Einreise** *f* (-; *-n*) entrée *f*; '**~erlaubnis** *f* permis *m* d'entrée; '**♀n** (*sép*, *-ge-*, *h*) entrer; '**~verbot** *n* interdiction *f* d'entrer; '**~visum** *n* visa *m* d'entrée
'**ein|reißen** (*irr*, *sép*, *-ge-*, → ***reißen***) **1.** *v/t* (*h*) *Haus démolir*; *Papier* déchirer; **2.** *v/i* (*sn*) *fig Gewohnheit* se répandre; se propager
'**einricht|en** (*sép*, *-ge-*, *h*) arranger; installer; aménager; ***etw so ~, dass*** faire en sorte que; '**♀ung** *f* (-; *-en*) arrangement *m*; installation *f*; aménagement *m*; *öffentliche* organisme *m*, institution *f*
'**einrosten** (*sép*, *-ge-*, *sn*) s'enrouiller; *fig* s'encroûter
eins [ains] un; ***es ist alles ~*** c'est du pareil au même
einsam ['ainzaːm] solitaire, isolé; '**♀keit** *f* (-; *sans pl*) solitude *f*
'**Einsatz** *m* (*-es*; *⸚e*) *Spiel* enjeu *m*; *mus* rentrée *f*; ***persönlicher ~*** engagement *m* personnel; ***unter ~ des Lebens*** en risquant sa vie; ***im ~*** en service; '**♀bereit** disponible; prêt à intervenir
einscannen *EDV* ['aɪnskɛnən] (*sép*, *-ge-*, *h*) scanner
'**einschalt|en** (*sép*, *-ge-*, *h*) intercaler;

Elektrogerät mettre en circuit; *Licht, Radio, TV* allumer; '**~quote** *f TV* pourcentage *m* d'écoute

'**ein|schärfen** (*sép, -ge-, h*) recommander expressément; '**~schätzen** (*sép, -ge-, h*) estimer; '**~schenken** (*sép, -ge-, h*) verser; '**~schicken** (*sép, -ge-, h*) envoyer; '**~schieben** (*irr, sép, -ge-, h,* → ***schieben***) insérer, intercaler; '**~schiffen** (*sép, -ge-, h*) ***sich ~ nach*** s'embarquer pour; '**~schiffung** *f* embarquement *m*; '**~schlafen** (*irr, sép, -ge-, sn,* → ***schlafen***) s'endormir; *Arm, Bein* s'engourdir; '**~schläfern** (*sép, -ge-, h*) assoupir, endormir; *töten* piquer; '**~schläfernd** endormant; soporifique

'**Einschlag** *m* (-[*e*]*s*; *⸚e*) *Blitz* chute *f*; *Bombe* (point *m* d')impact *m*; '**~en** (*irr, sép, -ge-, h,* → ***schlagen***) *Nägel* enfoncer; *einwickeln* envelopper (***in*** dans); *Weg* prendre; *Lenkung* braquer; ***es hat eingeschlagen*** la foudre est tombée sur …

einschlägig ['ainʃlɛːgiç] ***~e Literatur*** ouvrages *m/pl* se rapportant au sujet *od* spécialisés

'**ein|schleichen** (*irr, sép, -ge-, h,* → ***schleichen***) ***sich ~*** se glisser (***in*** dans); '**~schleppen** (*sép, -ge-, h*) *Krankheit* introduire, importer; '**~schleusen** (*sép, -ge-, h*) faire entrer clandestinement

'**einschließ|en** (*irr, sép, -ge-, h,* → ***schließen***) (***sich ~*** s')enfermer; *umringen* entourer; *Festung* cerner; *fig* renfermer; '**~lich** y compris

'**einschneidend** incisif, radical

'**Einschnitt** *m* (-[*e*]*s*; *-e*) incision *f*; *fig* coupure *f*

'**einschränk|en** (*sép, -ge-, h*) limiter, réduire; ***sich ~*** réduire ses dépenses; '**~ung** *f* (-; *-en*) restriction *f*, réduction *f*

'**Einschreib(e)brief** *m* lettre *f* recommandée

'**einschreib|en** (*irr, sép, -ge-, h,* → ***schreiben***) (***sich ~*** s')inscrire; *Brief ~ lassen* recommander; '**~en** *Aufschrift* recommandé; '**~ung** *f* (-; *-en*) enregistrement *m*

'**einschreiten** (*irr, sép, -ge-, sn,* → ***schreiten***) intervenir

'**einschüchtern** (*sép, -ge-, h*) intimider

'**einsehen** (*irr, sép, -ge-, h,* → ***sehen***) comprendre, voir; examiner; ***das sehe ich nicht ein*** je ne vois pas pourquoi

einseitig ['ainzaitiç] unilatéral; *parteiisch* partial

'**einsend|en** (*irr, sép, -ge-, h,* → ***senden***) envoyer; '**~eschluss** *m* date *f* limite d'envoi

'**einsetzen** (*sép, -ge-, h*) mettre, insérer (***in*** dans); *Mittel* employer; *Leben* risquer; *Ausschuss* constituer; *in ein Amt* installer; *beginnen* commencer; ***sich ~ für*** s'engager pour; intervenir en faveur de; soutenir

'**Einsicht** *f* (-; *-en*) *in Akten* consultation *f* (***in*** de); *Erkenntnis* intelligence *f*, compréhension *f*; ***zu der ~ kommen, dass …*** en arriver à la conclusion que …; '**~ig** intelligent, compréhensif

'**Einsiedler** *m* ermite *m*

'**einsinken** (*irr, sép, -ge-, sn,* → ***sinken***) s'enfoncer

'**einspannen** (*sép, -ge-, h*) *Pferd* atteler; *tech* serrer; tendre; *fig* ***j-n ~*** mettre qn à contribution

'**einspar|en** (*sép, -ge-, h*) économiser; '**~ung** *f* (-; *-en*) économie *f*

'**ein|sperren** (*sép, -ge-, h*) enfermer; emprisonner; '**~springen** (*irr, sép, -ge-, sn,* → ***springen***) ***für j-n ~*** remplacer qn

'**einspritz|en** (*sép, -ge-, h*) injecter; '**~ung** *f* (-; *-en*) injection *f*

'**Einspruch** *m* protestation *f*; réclamation *f*; *pol* veto *m*

einspurig ['ainʃpuːriç] à une seule voie

einst [ainst] autrefois, jadis; *künftig* un jour

'**ein|stecken** (*sép, -ge-, h*) empocher; *Brief* mettre à la boîte; *fig hinnehmen* encaisser; ***er kann viel ~*** il a bon dos; '**~stehen** (*irr, sép, -ge-, sn,* → ***stehen***) répondre (***für*** de); '**~steigen** (*irr, sép, -ge-, sn,* → ***steigen***) monter (en voiture); ***~!*** en voiture!

'**einstell|en** mettre (***in*** dans); *tech* ajuster; *Foto* mettre au point; *Radio* régler; *unterbrechen* suspendre; *Arbeiter* embaucher, recruter; *Rekord* égaler; ***die Arbeit*** (*mil* ***das Feuer***) ***~*** cesser le travail (le feu); '**~ung** *f* (-; *-en*) réglage *m*; *Unterbrechung* arrêt *m*, suspension *f*; *von Arbeitskräften* embauche *f*, recrutement *m*; *innere* attitude *f*; **'2ungsgespräch** *n* entretien *m* d'embauche

'einstimm|en (*sép*, *-ge-*, *h*) *mus* joindre sa voix à celle des autres; **'~ig** unanime; à l'unanimité; *mus* à une voix; **'2igkeit** *f* (-; *sans pl*) unanimité *f*

ein|stöckig ['ainʃtœkiç] à un (seul) étage; **'~studieren** (*sép*, *pas de -ge-*, *h*) apprendre (par cœur); **'~stufen** (*sép*, *-ge-*, *h*) classifier; **'~stufig** *Rakete* à un seul étage; **'~stürmen** (*sép*, *-ge-*, *sn*) fondre (***auf j-n*** sur qn); **'2sturz** *m* (*-es*; *⸚e*) écroulement *m*; **'~stürzen** (*sép*, *-ge-*, *sn*) s'écrouler

einstweil|en ['ainstvailən] en attendant; **'~ig** provisoire; *jur* ***~e Verfügung*** référé *m*

eintägig ['aintɛːgiç] d'une journée

'ein|tauchen (*sép*, *-ge-*, *h*) plonger; **'~tauschen** (*sép*, *-ge-*, *h*) échanger (***gegen, für*** contre)

'einteil|en (*sép*, *-ge-*, *h*) diviser; partager; répartir; *phys* graduer; **'2ung** *f* (-; *-en*) division *f*; graduation *f*

eintönig ['aintøːniç] monotone; **'2keit** *f* (-; *sans pl*) monotonie *f*

'Eintopf *m* (-[*e*]*s*; *⸚e*) plat *m* unique, pot-au-feu *m*

'Ein|tracht *f* (-; *sans pl*) concorde *f*, harmonie *f*

Eintrag ['aintraːk] *m* (-[*e*]*s*; *⸚e*) inscription *f*, enregistrement *f*; **2en** ['-gən] (*irr*, *sép*, *-ge-*, *h*, → ***tragen***) inscrire, enregistrer; *Lob*, *Tadel* valoir (***j-m*** à qn); **'~ung** *f* (-; *-en*) inscription *f*; enregistrement *m*

einträglich ['aintrɛːkliç] profitable, lucratif

'eintreffen (*irr*, *sép*, *-ge-*, *sn*, → ***treffen***) **1.** arriver; **2.** **2** *n* arrivée *f*

'eintreten (*irr*, *sép*, *-ge-*, *sn*, → ***treten***) entrer (***in*** dans); *Tür* enfoncer; *geschehen* survenir; ***für j-n, etw ~*** appuyer qn, qc

'Eintritt *m* (-[*e*]*s*; *-e*) entrée *f*; ***~ frei*** entrée gratuite

'Eintritts|geld *n* (prix *m* d')entrée *f*; **'~karte** *f* billet *m*; **'~preis** *m* (prix *m* d')entrée

'Einver|nehmen *n* (*-s*; *sans pl*) accord *m*, entente *f*, intelligence *f*; **'2standen** d'accord (***mit*** avec); **'~ständnis** *n* (*-ses*; *sans pl*) accord *m*

Einwand ['ainvant] *m* (-[*e*]*s*; *⸚e*) objection *f* (***gegen*** à)

'Einwander|er *m* (*-s*; -), **~in** *f* immigrant *m*, -e *f*; *Eingewanderte*(*r*) immigré *m*, -e *f*; **'2n** (*sép*, *-ge-*, *sn*) immigrer; **'~ung** *f* (-; *-en*) immigration f

'einwandfrei impeccable, irréprochable, parfait

'Einwegflasche *f* bouteille *f* perdue *od* non reprise *od* non consignée

Einweihung ['ainvaiuŋ] *f* (-; *-en*) inauguration *f*; initiation *f*

'einweis|en (*irr*, *sép*, *-ge-*, *h*, → ***weisen***) *in e-e Arbeit* initier (à); *in ein Heim* envoyer (dans); *in ein Amt* installer (dans); ***j-n ins Krankenhaus ~*** hospitaliser qn; **'2ung** *f* (-; *-en*) initiation *f*; installation *f*; ***~ ins Krankenhaus*** hospitalisation *f*

'einwenden (*irr*, *sép*, *-ge-*, *h*, → ***wenden***) objecter

'einwerfen (*irr*, *sép*, *-ge-*, *h*, → ***werfen***) *Brief* mettre à la boîte; poster; *Sport* remettre en jeu; *Fenster* casser; *fig* objecter

einwillig|en ['ainviligən] (*sép*, *-ge-*, *h*) consentir (***in*** à); **'2ung** *f* (-; *-en*) consentement *m*

'einwirken (*sép*, *-ge-*, *h*) agir, *fig* influer (***auf*** sur)

Einwohner ['ainvoːnər] *m* (*-s*; -), **'~in** *f* (-; *-nen*) habitant *m*, **-e** *f*; **'~meldeamt** *n* bureau *m* de déclaration de domicile

'Einwurf *m* *Sport* remise *f* en jeu; *Einwand* objection *f*

'Einzahl *gr* *f* (-; *sans pl*) singulier *m*; **'2en** (*sép*, *-ge-*, *h*) verser, payer; **'~ung** *f* (-; *-en*) versement *m*, paiement *m*; **'~ungsbeleg** *m* bordereau *m* de versement *od* paiement

'einzäunen (*sép*, *-ge-*, *h*) entourer d'une clôture

Einzel ['aintsəl] *n* (*-s*; -) *Tennis* simple *m*; **'~bett** *n* lit *m* à une place; **'~fall** *m* cas *m* isolé; **'~gänger** ['-gɛŋər] *m* *Kind* solitaire *m*; *Politiker*, *Künstler* non-conformiste *m*; **'~handel** *m* commerce *m* de détail; **'~handelsgeschäft** *n* magasin *m* de détail; **'~händler** *m* détaillant *m*; **'~heit** *f* (-; *-en*) détail *m*

'einzeln seul; *besonders* particulier; *abgesondert* isolé; séparé; ***der 2e*** l'individu *m*; ***im 2en*** en détail

'Einzel|teile *tech* *m*/*pl* pièces *f*/*pl* détachées; '**~zimmer** *n* chambre *f* individuelle *od* à un lit

'**einziehen** (*irr sép, -ge-,* → ***ziehen***) **1.** *v/t* (*h*) *Kopf* baisser; *Bauch, Fahrgestell* rentrer; *Wand* construire; *Steuern* percevoir; *Soldaten* appeler sous les armes; *Güter* confisquer; **2.** *v/i* (*sn*) *in e-e Wohnung* emménager; *Ruhe* revenir

einzig ['aintsiç] unique; ***kein* ꝏ*er*** pas un seul; ***das* ꝏ*e*** la seule chose (+ *subj*); ***der* ꝏ*e*** le seul (+ *subj*); '**~artig** unique en son genre, sans pareil, exceptionnel

'**Einzug** *m* (-[*e*]*s*; ⸚*e*) entrée *f*; *in e-e Wohnung* emménagement *m*

Eis [ais] *n* (*-es*; *sans pl*) glace *f*; → ***eislaufen***; '**~bahn** *f* patinoire *f*; '**~bär** *m* ours *m* blanc; '**~berg** *m* iceberg *m*; '**~café** *n* glacerie *f*; '**~creme** *f* crème *f* glacée; '**~diele** *f* glacier *m*; ***in der ~*** chez le glacier

Eisen ['aizən] *n* (-*s*; -) fer *m*

'**Eisenbahn** *f* chemin de fer; '**~abteil** *n* compartiment *m*; '**~er** *m* (-*s*; -) *m* cheminot *m*; '**~fahrplan** *m* indicateur *m* des chemins de fer; '**~wagen** *m* wagon *m*; *für Personen a* voiture *f*; '**~zug** *m* train *m*

'**Eisen|erz** *n* minerai *m* de fer; '**~hütte** *f* usine *f* sidérurgique; '**~waren** *f/pl* quincaillerie *f*

eisern ['aizərn] de fer; *fig* tenace

eisgekühlt ['aisgəky:lt] glacé; *Wein* frappé

'**Eishockey** *n* hockey *m* sur glace

eisig ['aiziç] glacial (*a fig*)

'**eis'kalt** glacial, glacé

'**Eislauf** *m* (-[*e*]*s*; *sans pl*) patinage *m*

'**eislaufen** (*irr, sép, -ge-, sn,* → ***laufen***) faire du patin

'**Eis|meer** *n* océan *m* glacial; ***das Nördliche, Südliche ~*** l'océan Glacial Arctique, Antarctique; '**~würfel** *m* cube *m* de glace, glaçon *m*; '**~zapfen** *m* glaçon *m*; '**~zeit** *f* période *f* glaciaire

eitel ['aitəl] vaniteux, coquet; 'ꝏ**keit** *f* (-; *-en*) vanité *f*

Eiter ['aitər] *m* (-*s*; *sans pl*) pus *m*; 'ꝏ**n** (*h*) suppurer

'**Ei|weiß** *n* (*-es*; *-e*) blanc *m* d'œuf; *biol* protides *m/pl*; *méd im Harn* albumine *f*; '**~zelle** *biol f* ovule *m*

Ekel ['e:kəl] *m* (-*s*; *sans pl*) nausée *f*; dégoût *m*; ***~ erregend*** dégoûtant

'**ekelerregend**, '**ekelhaft**, **ekelig** ['e:kəliç] dégoûtant

ekeln ['e:kəln] (*h*) dégoûter, écœurer

EKG *n abr* ***Elektrokardiogramm*** électrocardiogramme *m*

eklig ['e:kliç] dégoûtant

Ekstase [ɛk'sta:zə] *f* (-; *-en*) extase *f*

Ekzem [ɛk'tse:m] *med n* (-*s*; -*e*) eczéma *m*

elasti|sch [e'lastiʃ] élastique; ꝏ**zität** [-tsi'tɛ:t] *f* (-; *sans pl*) élasticité *f*

Elba ['ɛlba] *n* l'île *f* d'Elbe

Elbe ['ɛlbə] ***die ~*** l'Elbe *f*

Elefant [ele'fant] *zo m* (*-en*; *-en*) éléphant *m*

elegan|t [ele'gant] élégant; ꝏ**z** [-ts] *f* (-; *sans pl*) élégance *f*

Elektri|ker [e'lɛktrikər] *m* (-*s*; -) électricien *m*; ꝏ**sch** électrique

Elektrizität [elɛktritsi'tɛ:t] *f* (-; *sans pl*) électricité *f*; **~swerk** *n* centrale *f* électrique

Elektro|gerät [e'lɛktro-] *m* appareil *m* électrique; **~geschäft** *n* magasin *m* électroménager; **~herd** *m* cuisinière *f* électrique

Elektron ['e:lɛktrɔn] *n* (-*s*; *-en*) électron *m*; **~enrechner** [-'tro:nən-] *m* ordinateur *m*; **~ik** [-'o:nik] *f* (-; *sans pl*) *f* électronique *f*; **~iker** *m* [-'o:nikər] *m* (-*s*; -) électronicien *m*; ꝏ**isch** [-'o:niʃ] électronique; ***~e Datenverarbeitung*** traitement *m* électronique de l'information

E'lektrotechnik *f* (-; *sans pl*) électrotechnique *f*

Element [ele'mɛnt] *n* (-[*e*]*s*; -*e*) élément *m*; ꝏ**ar** [-'ta:r] élémentaire

Elend ['e:lɛnt] **1.** *n* misère *f*, détresse *f*; calamité *f*; **2.** ꝏ misérable, pitoyable; '**~sviertel** *n* bidonville *m*

elf [ɛlf] **1.** onze; **2.** ꝏ *f* (-; *-en*) ***die ~*** le onze (*a Fußball*)

'**Elfenbein** *n* (-[*e*]*s*; *sans pl*) ivoire *m*; '**~küste** *f* Côte-d'Ivoire *f*

Elf'meter *m* (-*s*; -) penalty *m*

'**elfte** (le, la) onzième

'**Ell(en)bogen** *m* (-*s*; -) coude *m*

El Salvador [ɛl zalva'do:r] *n* le Salvador

Elsass ['elzas] ***das ~*** l'Alsace *f*

Elsäss|er ['elzɛsər] *m* (-*s*; -), '**~erin** *f* (-; *-nen*) Alsacien *m*, -ne *f*; 'ꝏ**isch** alsacien

Elster ['ɛlstər] *zo f* (-; *-n*) pie *f*
Eltern ['ɛltərn] *pl* parents *m/pl*; **~zeit** *f etwa* congé *m* parental d'éducation
E-Mail ['i:me:l] *f* (-; *-s*) e-mail *m*; *Nachricht a* message *m* électronique; **~-Adresse** *f* adresse *f* électronique
Emanzip|ation [emantsipa'tsjo:n] *f* (-; *sans pl*) émancipation *f*; **2'ieren** (*pas de -ge-, h*) émanciper
Embargo [ɛm'bargo] *n* (*-s*; *-s*) embargo *m*
Embryo ['ɛmbryo] *m-s*; *-s*, *-nen*) embryon *m*
Emigr|ant [emi'grant] *m* (*-en*; *-en*), **~'antin** *f* (-; *-nen*) émigré *m*, -e *f*; **~ation** [-a'tsjo:n] *f* (-; *-en*) émigration *f*; ***in der ~*** en exil; **2'ieren** (*pas de -ge-, h*) émigrer
Emission [emi'sjo:n] *f* (-; *-en*) émission *f*
Emoticon *EDV* [e'mo:tikɔn] *n* (*-s*; *-s*) émoticon *m*; F frimousse *f*
Empfang [ɛm'pfaŋ] *m* (-[*e*]*s*; *¨-e*) réception *f* (*a Radio*); accueil *m*; *comm* ***den ~ bestätigen*** accuser réception; **2en** (*empfing, empfangen, h*) recevoir; *Personen a* accueillir
Empfäng|er [ɛm'pfɛŋər] *m* (*-s*; -) destinataire *m*; *Radio*, *TV* récepteur *m*; **2lich** sensible (***für*** à), réceptif (à); **~lichkeit** *f* (-; *sans pl*) réceptivité *f* (***für*** à); *für Krankheit* prédisposition *f* (à); **~nis** *biol f* (-; *sans pl*) conception *f*; **~nisverhütung** *f* contraception *f*
Empfangs|bescheinigung *f* reçu *m*, récépissé *m*; **~bestätigung** *f* accusé *m* de réception
empfehl|en [ɛm'pfe:lən] (*empfahl, empfohlen, h*) recommander; ***sich ~*** *zurückziehen* se retirer; **~enswert** recommandable; **2ung** *f* (-; *-en*) recommandation *f*; **2ungsschreiben** *n* lettre *f* de recommandation
empfind|en [ɛm'pfindən] (*empfand, empfunden, h*) sentir, éprouver; *innerlich* ressentir; **~lich** [-'intliç] sensible (***für*** à; *a fig*); *leicht verletzt* susceptible; **2lichkeit** *f* (-; *-en*) sensibilité *f*; susceptibilité *f*; **~sam** [-nt-] sensible; **2ung** *f* (-; *-en*) sensation *f*; *Gefühl* sentiment *m*
empor [ɛm'po:r] en haut
Empore [ɛm'po:rə] *f* (-; *-n*) galerie *f*, tribune *f*
empören [ɛm'pø:rən] (*pas de -ge-, h*) (***sich*** s')indigner (***über*** de), (se) révolter (contre); **~d** révoltant, choquant, scandaleux
Em'por|kömmling [-kœmliŋ] *m* (*-s*; *-e*) arriviste *m*, parvenu *m*; **2ragen** (*sép, -ge-, h*) s'élever (***über*** au-dessus de)
em'pör|t indigné (***über*** de), révolté; **2ung** *f* (-; *-en*) indignation *f*
Ende ['ɛndə] *n* (*-s*; *-n*) fin *f*; *räumlich a* bout *m*; ***äußerstes ~*** extrémité *f*; ***am ~*** à la fin (de); au bout (de); *schließlich* en fin de compte; ***zu ~*** terminé; ***zu ~ gehen*** tirer à sa fin
enden ['ɛndən] (*h*) finir, se terminer (***mit*** par); *aufhören* cesser
'End|ergebnis *n* résultat *m* final; **'2gültig** définitif
Endivie [ɛn'di:vjə] *f* (-; *-n*) chicorée *f*
'End|lagerung *f* (-; *-en*) stockage *m* final; **'2los** sans fin, interminable, infini; **'~produkt** *n* produit *m* fini; **'~punkt** *m* extrémité *f*; **'~reinigung** *f* nettoyage *m* final; **'~spiel** *Sport n* finale *f*; **'~station** *f* terminus *m*
Energie [enɛr'gi:] *f* (-; *-n*) énergie *f*; **~bedarf** *m* besoins *m/pl* énergétiques; **~krise** *f* crise *f* de l'énergie; **~quelle** *f*; ressource *f* d'énergie; **~verbrauch** *m* consommation *f* d'énergie; **~versorgung** *f* approvisionnement *m* en énergie
energisch [e'nɛrgiʃ] énergique
eng [ɛŋ] étroit; *fig* restreint
engagieren [ɑ̃ga'ʒi:rən] (*pas de -ge-, h*) (***sich*** s')engager
Enge ['ɛŋə] *f* (-; *-n*) étroitesse *f*; passage *m* étroit
Engel ['ɛŋəl] *m* (*-s*; -) ange *m*
Eng|land ['ɛŋlant] *n* (*-s*; *sans pl*) l'Angleterre *f*; **'~länder** ['-lɛndər] *m* (*-s*; -), **'~länderin** *f* (-; *-en*) Anglais *m*, -e *f*; **'2lisch** anglais
'Engpass *m* défilé *m*; goulot *m* d'étranglement (*a fig*, *bes écon*)
Enkel ['ɛŋkəl] *m* (*-s*; -), **'~in** *f* (-; *-nen*) petit-fils *m*, petite-fille *f*; ***Enkel*** *pl* petits-enfants *m/pl*
enorm [e'nɔrm] énorme; *Preis* faramineux
Ensemble [ɑ̃'sɑ̃:bəl] *n* (*-s*; *-s*) *Theater* compagnie *f*, troupe *f*
entarten [ɛnt'ʔa:rtən] (*pas de -ge-, sn*) dégénérer

entbehr|en [ɛnt'beːrən] (*pas de -ge-*, *h*) être privé *od* dépourvu de; **~lich** superflu; **⁀ung** *f* (-; *-en*) privation *f*

ent'bind|en (entband, entbunden, *h*) dégager (***von*** de); *Frau* accoucher; **⁀ung** *f* (-; *-en*) dégagement *m*; *méd* accouchement *m*

entblößen [ɛnt'bløːsən] (*pas de -ge-*, *h*) ***sich ~*** se mettre à nu

ent'deck|en (*pas de -ge-*, *h*) découvrir; **⁀er** *m* (*-s*; -) découvreur *m*; **⁀ung** *f* (-; *-en*) découverte *f*

Ente ['ɛntə] *zo f* (-; *-n*) canard *m*; *Zeitungs⁀* fausse nouvelle *f*; bobard *m* F

ent'eign|en (*pas de -ge-*, *h*) exproprier; **⁀ung** *f* (-; *-en*) expropriation *f*

ent'fallen (*entfiel*, *entfallen*, *sn*) *wegfallen* être supprimé; ***j-m ~*** échapper à qn; ***auf j-n ~*** revenir à qn

ent'falt|en (*pas de -ge-*, *h*) déplier; *entwickeln* (***sich*** se) développer; ***sich ~*** s'épanouir; **⁀ung** *f* (-; *sans pl*) déploiement *m*; développement *m*; épanouissement *m*

ent'fern|en [ɛnt'fɛrnən] (*pas de -ge-*, *h*) (***sich ~*** s')éloigner; *Fleck* enlever; **~t** éloigné; ***3 km voneinander ~*** distants de 3 km; **⁀ung** *f* (-; *-en*) *Beseitigung* éloignement *m*, enlèvement *m*; *Abstand* distance *f*; **⁀ungsmesser** *m* télémètre *m*

ent'führ|en (*pas de -ge-*, *h*) enlever; *Kind* kidnapper; *Flugzeug* détourner; **⁀er** *m* (*-s*; -) ravisseur *m*; *Flugzeug* pirate *m* de l'air; **⁀ung** *f* (-; *-en*) enlèvement *m*, rapt *m*, kidnapping *m*; *Flugzeug* détournement *m*

ent'gegen *prép* (*dat*) *u adv* au-devant de, vers; contre; contrairement à; **~gehen** (*irr*, *sép*, *-ge-*, *sn*, → ***gehen***) aller à la rencontre (***j-m*** de qn); **~gesetzt** opposé; **~kommen** (*irr*, *sép*, *-ge-*, *sn*, → ***kommen***) *fig* ***j-m ~*** faire des avances *od* des concessions à qn; **~kommend** prévenant; *auto* qui roule en sens inverse; **~nehmen** (*irr*, *sép*, *-ge-*, *h*, → ***nehmen***) accepter, recevoir; **~stehen** (*irr*, *sép*, *-ge-*, *h*, → ***stehen***) être opposé (à); ***dem steht nichts entgegen*** rien ne s'y oppose

entgegn|en [ɛnt'geːgnən] (*pas de -ge-*, *h*) répliquer, répondre, riposter; **⁀ung** *f* (-; *-en*) réponse *f*, réplique *f*

ent'gehen (*entging*, *entgangen*, *sn*) échapper (*e-r Gefahr* à un danger); ***sich nichts ~ lassen*** ne rien perdre *od* F rater (de qc)

Entgelt [ɛnt'gɛlt] *n* (-[*e*]*s*; *-e*) salaire *m*

entgleis|en [ɛnt'glaizən] (*pas de -ge-*, *sn*) dérailler; **⁀ung** *f* (-; *-en*) déraillement *m*; *fig* faux pas *m*, incartade *f*

ent'gleiten (*entglitt*, *entglitten*, *sn*) échapper (***j-m*** à qn)

ent'halt|en (*enthielt*, *enthalten*, *h*) contenir; ***sich ~*** s'abstenir (de); **~sam** abstinent; **⁀samkeit** *f* (-; *sans pl*) abstinence *f*; *Sex* continence *f*; **⁀ung** *f* (-; *-en*) abstention *f* (*a Stimm⁀*)

ent'härten (*h*) *Wasser* adoucir

enthüllen [ɛnt'hylən] (*pas de -ge-*, *h*) dévoiler (*a Statue*), révéler

Enthusias|mus [ɛntuzi'asmus] *m* (-; *sans pl*) enthousiasme *m*; **⁀tisch** enthousiaste

ent|'kleiden (*pas de -ge-*, *h*) (***sich ~*** se) déshabiller; **~'kommen** (entkam, entkommen, *sn*) s'échapper

entkräft|en [ɛnt'krɛftən] (*pas de -ge-*, *h*) affaiblir; **⁀ung** *f* (-; *sans pl*) affaiblissement *m*

ent'lad|en (*entlud*, *entladen*, *h*) décharger, ***sich ~*** *Batterie* se vider; *Zorn*, *Gewitter* éclater; **⁀ung** *f* (-; *-en*) décharge *f*

ent'lang *prép* (*dat o acc*) *u adv* le long de; ***den Fluss ~*** le long de la rivière; **~gehen** (*irr*, *sép*, *-ge-*, *sn*, → ***gehen***) longer (qc)

ent'lass|en (*entließ*, *entlassen*, *h*) renvoyer, congédier; *Arbeiter* licencier; ***~ werden*** *Kranke* quitter l'hôpital; *Häftling* quitter la prison; **⁀ung** *f* (-; *-en*) renvoi *m*, licenciement *m*

ent'last|en (*pas de -ge-*, *h*) décharger; **⁀ungszeuge** *m* témoin *m* à décharge

ent|ledigen [ɛnt'leːdigən] (*pas de -ge-*, *h*) ***sich*** *j-s*, *e-r Sache* ***~*** se défaire de; **~'legen** éloigné; **~'locken** (*pas de -ge-*, *h*) *Geheimnis* arracher; **~machten** [-'maxtən] (*pas de -ge-*, *h*) priver de son pouvoir

entmilitarisier|en [-militari'ziːrən] (*pas de -ge-*, *h*) démilitariser; **⁀ung** *f* (-; *-en*) démilitarisation *f*

entmündig|en [-'myndigən] (*pas de -ge-*, *h*) mettre sous tutelle; **⁀ung** *f* (-; *-en*) mise *f* sous tutelle

entmutig|en [-'muːtigən] (*pas de -ge-*,

h) décourager; **2ung** *f* (-; *-en*) découragement *m*

ent|'nehmen (*entnahm*, *entnommen*, *h*) prendre (***aus*** dans); conclure (***aus*** de); **~'nervt** [-'nɛrft] énervé; **~'reißen** (*entriss*, *entrissen*, *h*) arracher; **~'richten** (*pas de -ge-*, *h*) payer, régler

ent'rüst|en (*pas de -ge-*, *h*) ***sich ~*** s'indigner (***über*** de); **~et** indigné; **2ung** *f* (-; *-en*) indignation *f*

ent'sagen (*pas de -ge-*, *h*) renoncer (à)

ent'salzen (*pas de -ge-*, *h*) dessaler

ent'schädig|en (*pas de -ge-*, *h*) (***sich ~*** se) dédommager (***für*** de); **2ung** *f* (-; *-en*) dédommagement *m*; *Summe* indemnité *f*

ent'schärfen (*pas de -ge-*, *h*) *Bombe* désamorcer; *Lage* calmer, apaiser

ent'scheid|en (*entschied*, *entschieden*, *h*) décider (***über*** de); ***sich ~*** se décider (***für*** pour); **~end** décisif; **2ung** *f* (-; *-en*) décision *f*

entschieden [ɛnt'ʃiːdən] décidé

ent'schließen (*entschloss*, *entschlossen*, *h*) ***sich ~*** se résoudre, se décider (***zu*** à)

ent'schlossen résolu; **2heit** *f* (-; *sans pl*) résolution *f*, détermination *f*

Ent'schluss *m* (*-es*; *⸚e*) résolution *f*, décision *f*

entschuldig|en [ɛnt'ʃuldigən] (*pas de -ge-*, *h*) excuser; ***sich ~ wegen etw*** s'excuser de qc; ***~ Sie!*** excusez-moi!; **2ung** *f* (-; *-en*) excuse(s *pl*) *f*; ***~!*** pardon!

ent'setzen (*pas de -ge-*, *h*) (***sich ~*** s')effrayer

Ent'setzen *n* (-; *sans pl*) effroi *m*

ent'setzlich effroyable, horrible

ent|'sinnen (*entsann*, *entsonnen*, *h*) ***sich ~*** se souvenir (***an*** de); **~'sorgen** (*pas de -ge-*, *h*) *Kernkraftwerk* enlever *od* traiter les déchets radioactifs (de); **2'sorgung** *f* élimination *f* des déchets

ent'spann|en (*pas de -ge-*, *h*) détendre; ***sich ~*** se détendre; **2ung** *f* (-; *-en*) détente *f*; **2ungspolitik** *f* politique *f* de détente

entspr. *abr* ***entsprechend*** correspondant

ent'sprech|en (*entsprach*, *entsprochen*, *h*) correspondre à; *den Erwartungen* répondre à; **~end** correspondant; **2ung** *f* (-; *-en*) correspondance *f*; équivalent *m*

ent'springen (*entsprang*, *entsprungen*, *sn*) *Fluss* prendre sa source; naître (de)

ent'steh|en (*entstand*, *entstanden*, *sn*) naître (***aus*** de); résulter (de); **2ung** *f* (-; *-en*) naissance *f*, origine *f*

ent'täusch|en (*pas de -ge-*, *h*) décevoir, désillusionner, désabuser; **2ung** *f* (-; *-en*) déception *f*

ent'wässern (*pas de -ge-*, *h*) drainer, assécher

entweder ['ɛntveːdər] ***~ … oder*** ou .. ou

ent|'weichen (*entwich*, *entwichen*, *sn*) s'échapper; **~'werfen** (entwarf, entworfen, *h*) tracer, esquisser, concevoir; *Plan* dresser

ent'wert|en (*pas de -ge-*, *h*) déprécier; *Geld* dévaluer; *Fahrkarte* composter; **2er** *m* (*-s*; -) composteur *m*; **2ung** *f* (-; *-en*) dépréciation *f*; *Geld* dévaluation *f*; *Fahrkarte* compostage *m*

ent'wickeln (*pas de -ge-*, *h*) développer (*a Foto*); ***sich ~*** se développer, évoluer

Ent'wicklung *f* (-; *-en*) développement *m*, évolution *f*; **~shilfe** *f* aide *f* au développement; **~sland** *n* pays *m* en voie de développement; **~spolitik** *f* politique *f* de développement

ent'wischen (*pas de -ge-*, *sn*) se sauver, s'échapper

entwöhn|en [ɛnt'vøːnən] (*pas de -ge-*, *h*) *Baby* sevrer; *Drogensüchtige* désintoxiquer; **2ung** *f* (-; *-en*) sevrage *m*; désintoxication *f*

entwürdigend [-'vyrdigənt] avilissant, dégradant

Ent'wurf *m* projet *m*, esquisse *f*

ent'zieh|en (*entzog*, *entzogen*, *h*) (***sich ~*** se) soustraire; se dérober; **2ung** *f* (-; *-en*) privation *f*; *Droge* désintoxication *f*; **2ungskur** *f* cure *f* de désintoxication

entziffern [-'tsifərn] (*pas de -ge-*, *h*) déchiffrer

Ent'zug *m* (-[*e*]*s*; *sans pl*) privation *f*; *Führerschein* retrait *m*; **~serscheinung** *f* *Droge* état *m* de manque

entzünd|bar [ɛnt'tsyndbaːr] inflammable; **~en** (*pas de -ge-*, *h*) (***sich ~*** s')enflammer (*a méd*); **2ung** (-; *-en*) *méd* *f* inflammation *f*

ent'zwei cassé; **~en** (*pas de -ge-*, *h*) brouiller, désunir

Enzian ['ɛntsjaːn] *bot m* (*-s*; *-e*) gentia-

ne *f*
Enzyklopädie [ɛntsyklopeˈdiː] *f* (-; *-n*) encyclopédie *f*
Enzym [ɛnˈtsyːm] *biol n* (*-s*; *-e*) enzyme *m*
Epidemie [epideˈmiː] *f* (-; *-n*) épidémie *f*
Epilepsie [epilɛpˈsiː] *méd f* (-; *-n*) épilepsie *f*
Epilog [epiˈloːk] *m* (*-s*; *-e*) épilogue *m*
Episode [epiˈzoːdə] *f* (-; *-n*) épisode *m*
Epoche [eˈpɔxə] *f* (-; *-n*) époque *f*
er [eːr] il; *mit Bezug auf ein weibliches frz subst* elle; *betont* lui; **~ *allein*** lui seul; **~ *selbst*** lui-même; **~ *auch*** lui aussi
erachten [ɛrˀˈaxtən] (*pas de -ge-, h*) croire; ***meines* ℒs** à mon avis
erbärmlich [ɛrˈbɛrmliç] déplorable, pitoyable, minable
erbarmungslos [-ˈbarmuŋs-] impitoyable
erˈbau|en (*pas de -ge-, h*) bâtir; *fig* édifier; **ℒer** *m* (*-s*; -) bâtisseur *m*; **ℒung** *f* (-; *sans pl*) construction *f*; *fig* édification *f*
Erb|e [ˈɛrbə] **1.** *m* (*-n*; *-n*) héritier *m*; **2.** *n* (*-s*; *sans pl*) héritage *m*, succession *f*; **ˈℒen** (*h*) hériter (***etw von j-m*** qc de qn); **ˈ~in** *f* (-; *-nen*) héritière *f*
erbeuten [ɛrˈbɔʏtən] (*pas de -ge-, h*) capturer
ˈErb|faktor *m* facteur *m* héréditaire; **ˈ~fehler** *m* vice *m* héréditaire
erbittert [ɛrˈbitərt] exaspéré; *Kampf* acharné
ˈErbkrankheit *méd f* maladie *f* héréditaire
er|ˈblassen (*pas de -ge-, sn*), **~ˈbleichen** (*pas de -ge-, sn*) pâlir
erblich [ˈɛrpliç] héréditaire
erˈblicken (*pas de -ge-, h*) apercevoir
erˈblinden (*pas de -ge-, sn*) devenir aveugle
ˈErbmasse *f jur* masse *f* successorale; *biol* hérédité *f*
erˈbrechen (*erbrach, erbrochen, h*) **1.** (***sich***) **~** vomir; **2. ℒ** *méd n* (*-s*; *sans pl*) vomissement *m*
Erb|recht [ˈɛrp-] *jur n* droit *m* de succession; **ˈ~schaft** *f* (-; *-en*) héritage *m*; **ˈ~schaftssteuer** *f* impôt *m* successoral
Erbse [ˈɛrpsə] *bot f* (-; *-n*) pois *m*; ***grüne* ~*n*** petits pois *m/pl*
Erbstück [ˈɛrp-] *n* objet *m od meuble m de famille*
Erd|arbeiter [ˈeːrt-] *m* terrassier *m*; **ˈ~bahn** *f* orbite *f* terrestre; **ˈ~beben** *n* tremblement *m* de terre, séisme *m*; **ˈ~beere** *f Frucht* fraise *f*; *Pflanze* fraisier *m*; **ˈ~boden** *m* terre *f*, sol *m*
Erde [ˈeːrdə] *f* (-; *sans pl*) terre *f* (*als Planet* Terre); **ˈℒn** (*h*) *Radio* mettre à la terre
ˈErd|gas *n* gaz *m* naturel; **ˈ~geschoss** *n* rez-de-chaussée *m*
erdig [ˈeːrdiç] terreux
ˈErd|karte *f* mappemonde *f*; **ˈ~halbkugel** *f* hémisphère *m*; **ˈ~kugel** *f* globe *m* terrestre; **ˈ~kunde** *f* géographie *f*; **ˈ~nuss** *f* cacah(o)uète *f*; **ˈ~öl** *n* pétrole *m*; **ˈ~ölindustrie** *f* industrie pétrolière; **ˈ~öllagerstätte** *f* gisement *m* de pétrole, gisement *m* pétrolier
erˈdrücken (*pas de -ge-, h*) écraser
ˈErd|rutsch [ˈeːrt-] *m* glissement *m* de terrain; *pol* raz-de-marée *m*; **ˈ~teil** *m* continent *m*
ˈErd|umlaufbahn *f* orbite *f* terrestre; **ˈ~wärme** *f* géothermie *f*
erˈeig|nen (*pas de -ge-, h*) ***sich* ~** se produire, avoir lieu; **ℒnis** *n* (*-ses*; *-se*) événement *m*
Erektion [erɛkˈtsjoːn] *f* (-; *-en*) érection *f*
erˈfahr|en (*erfuhr, erfahren, h*) **1.** *Verb* éprouver; apprendre, savoir; **2.** *adj* expérimenté; **ℒung** *f* (-; *-en*) expérience *f*; **ℒungsaustausch** *m* échange *m* d'expériences
erˈfassen (*pas de -ge-, h*) saisir (*a fig*)
erˈfind|en (*erfand, erfunden, h*) inventer; **ℒer** *m* (*-s*; -), **ℒerin** *f* (-; *-nen*) inventeur *m*, -trice *f*; **~erisch** inventif, ingénieux; **ℒung** *f* (-; *-en*) invention *f*
Erfolg [ɛrˈfɔlk] *m* (*-[e]s*; *-e*) succès *m*; *Ergebnis* résultat *m*; ***viel* ~!** bonne chance!; **~ *versprechend*** prometteur; **ℒen** [-gən] (*pas de -ge-, sn*) s'effectuer, avoir lieu; **ℒlos** sans succès; **ℒreich** couronné de succès; **~serlebnis** *n* sentiment *m* de satisfaction
erforder|lich [ɛrˈfɔrdərliç] nécessaire; **~n** (*pas de -ge-, h*) demander, exiger, réclamer; **ℒnis** *n* (*-ses*; *-se*) exigence *f*
erˈforsch|en (*pas de -ge-, h*) explorer, étudier; **ℒung** *f* (-; *-en*) exploration *f*,

examen *m*, étude *f*

er'freu|en (*pas de -ge-, h*) réjouir; ***sich e-r Sache ~*** jouir de qc; **~lich** réjouissant; satisfaisant

er'frieren (*erfror, erfroren, sn*) mourir (*od* périr) de froid; *Pflanze* geler

er'frisch|en (*pas de -ge-, h*) (***sich ~*** se) rafraîchir; **&ung** *f* (-; *-en*) rafraîchissement *m*

er'füll|en (*pas de -ge-, h*) remplir (***mit*** de); *Bitte* accorder; *Pflicht* accomplir; ***sich ~*** s'accomplir; **&ung** *f* (-; *-en*) accomplissement *m*; réalisation *f*

ergänz|en [ɛr'gɛntsən] (*pas de -ge-, h*) compléter; **&ung** *f* (-; *-en*) complément *m*

er'geb|en (*ergab, ergeben, h*) **1.** *hervorbringen* donner; ***sich ~*** se rendre; *aus etw folgen* s'ensuivre (***aus*** de); **2.** *adj* dévoué; *gefasst* résigné; **&nis** [-'ge:p-] *n* (*-ses*; *-se*) résultat *m*; *Folge* conséquence *f*; *Wirkung* effet *m*

er'gehen (*erging, ergangen, sn*) ***wie ist es dir ergangen?*** qu'est-ce que tu es devenu?; ***über sich ~ lassen*** subir

ergiebig [ɛr'gi:biç] fertile, productif, fructueux

er'gießen (*ergoss, ergossen, h*) ***sich ~ über*** se répandre sur; *Fluss* ***sich ~ in*** se jeter dans

er'greif|en (*ergriff, ergriffen, h*) saisir; *rühren* émouvoir; **&ung** *f* (-; *-en*) arrestation *f*, capture *f*

er'haben élevé; *fig* sublime; ***~ sein über*** être au-dessus de

er'halten (*erhielt, erhalten, h*) **1.** *Verb* (***sich ~*** se) conserver; entretenir; *Brief* recevoir; **2.** *adj* ***gut ~*** en bon état

erhältlich [ɛr'hɛltliç] disponible; en vente

er'heb|en (*erhob, erhoben, h*) (***sich ~*** se) lever; *erhöhen* élever; *Steuern* percevoir; *Einwand* élever; ***sich ~*** *empören* s'insurger; *jur* ***Klage ~*** intenter une action; **~lich** [-p-] considérable; **&ung** [-buŋ] *f* (-; *-en*) élévation *f*; *Aufstand* insurrection *f*

erhitzen [ɛr'hitsən] (*pas de -ge-, h*) chauffer; ***sich ~*** s'échauffer

erhöh|en [ɛr'hø:ən] (*pas de -ge-, h*) *Preise* augmenter, majorer; **&ung** *f* (-; *-en*) *Anhöhe* hauteur *f*; *Preis* augmentation *f*

er'hol|en (*pas de -ge-, h*) ***sich ~*** se reposer, reprendre des forces; **~sam** reposant; **&ung** *f* (-; *sans pl*) rétablissement *m*; repos *m*

erinner|n [ɛrʔ'inərn] ***j-n an etw ~*** rappeler qc à qn; ***sich an etw ~*** se rappeler qc, se souvenir de qc; **&ung** *f* (-; *-en*) souvenir *m*, mémoire *f*; ***zur ~ an*** en souvenir de

Eritrea [eri'tre:a] *n* l'Érythrée *m*

erkält|en [ɛr'kɛltən] (*pas de -ge-, h*) ***sich ~*** s'enrhumer, attraper un rhume, se refroidir; **&ung** *f* (-; *-en*) refroidissement *m*, rhume *m*

er'kennen (*erkannte, erkannt, h*) reconnaître (***an*** à); *wahrnehmen* (a)percevoir, distinguer

er'kennt|lich ***sich ~ zeigen*** se montrer reconnaissant (***für*** de); **&nis** *f* (-; *-se*) connaissance *f*

Er'kennungs|marke *mil f* plaque *f* d'identité; **~zeichen** *n* signe *m od marque f de reconnaissance*

Erker ['ɛrkər] *m* (*-s*; -) encorbellement *m*

er'klär|en (*pas de -ge-, h*) expliquer; *förmlich* déclarer; **~lich** explicable; **&ung** *f* (-; *-en*) explication *f*; déclaration *f*

er'krank|en (*pas de -ge-, sn*) tomber malade; **&ung** *f* (-; *-en*) maladie *f*, affection *f*

erkundig|en [ɛr'kundigən] (*pas de -ge-, h*) ***sich ~*** s'informer (***bei j-m*** auprès de qn; ***über*** de), se renseigner (sur); **&ung** *f* (-; *-en*) information *f*; prise *f* de renseignements

Er'kundung *f* (-; *-en*) exploration *f*; *mil* reconnaissance *f*

er'langen (*pas de -ge-, h*) obtenir

Erlass [ɛr'las] *m* (*-es*; *-e*) *Gebühren* dispense *f*; *Strafe* remise *f*; *Anordnung* arrêté *m*, décret *m*

er'lassen (*erließ, erlassen, h*) *Verordnung* émettre, publier; ***j-m etw ~*** dispenser qn de qc

erlaub|en [ɛr'laubən] (*pas de -ge-, h*) permettre; **&nis** [-'laupnis] *f* (-; *sans pl*) permission *f*

er'läuter|n (*pas de -ge-, h*) expliquer; **&ung** *f* (-; *-en*) explication *f*

Erle ['ɛrlə] *bot f* (-; *-n*) aulne *m*

er'leb|en (*pas de -ge-, h*) voir, éprouver; assister à; **&nis** [-pnis] *n* (*-ses*; *-se*) événement *m*, aventure *f*, expérience *f*

erledig|en [ɛr'leːdigən] (*pas de -ge-, h*) finir, exécuter, régler; *zügig* expédier; F *Gegner* liquider; **~t** [-içt] *fertig, a fig* fini; *erschöpft* F claqué, crevé; **2ung** *f* (-; *-en*) règlement *m*, exécution *f*
er'leichter|n (*pas de -ge-, h*) *Aufgabe* faciliter; *seelisch* soulager; **2ung** *f* soulagement *m*
er'leiden (*erlitt, erlitten, h*) subir
er'liegen (*erlag, erlegen, sn*) succomber à; ***zum 2 kommen*** *Verkehr* être paralysé
Erlös [ɛr'løːs] *m* (*-es*; *-e*) produit *m* (d'une vente)
er'löschen (*erlosch, erloschen, sn*) s'éteindre; *jur* cesser d'exister, expirer
er'lös|en (*pas de -ge-, h*) délivrer (***von*** de); *rel* sauver; **2er** *rel m* (*-s*; -) Rédempteur *m*, Sauveur *m*
ermächtig|en [ɛr'mɛçtigən] (*pas de -ge-, h*) autoriser (***zu*** à); **2ung** *f* (-; *-en*) autorisation *f*
er'mahn|en (*pas de -ge-, h*) exhorter (***zu*** à); **2ung** *f* (-; *-en*) exhortation *f*
er'mäßig|en (*pas de -ge-, h*) réduire; **2ung** *f* (-; *-en*) réduction *f*
Er'messen *n* (*-s*; *sans pl*) jugement *m*; ***nach eigenem ~*** à mon (ton, son, …) gré
ermitt|eln [ɛr'mitəln] (*pas de -ge-, h*) trouver; *jur Täter* retrouver; *bestimmen* établir, déterminer; **2lungen** *jur f/pl* enquête *f*
ermöglichen [ɛr'møːkliçən] (*pas de -ge-, h*) rendre possible, permettre
er'mord|en (*pas de -ge-, h*) assassiner; **2ung** *f* (-; *-en*) assassinat *m*
ermüden [ɛr'myːdən] (*pas de -ge-, v/t h, v/i sn*) se fatiguer; *j-n* fatiguer
ermunter|n [ɛr'muntərn] (*pas de -ge-, h*) encourager (***zu*** à); **2ung** *f* (-; *-en*) encouragement *m*
ermutig|en [ɛr'muːtigən] (*pas de -ge-, h*) encourager; **2ung** *f* (-; *-en*) encouragement *m*
er'nähr|en (*pas de -ge-, h*) (***sich ~*** se) nourrir; **2ung** *f* (-; *sans pl*) alimentation *f*, nutrition *f*; *Nahrung* nourriture *f*
er'nenn|en (*ernannte, ernannt, h*) ***j-n ~*** nommer qn (***zum Direktor*** directeur); **2ung** *f* (-; *-en*) nomination *f*
erneuer|n [ɛr'nɔʏərn] (*pas de -ge-, h*) (***sich ~*** se) renouveler; **2ung** *f* (-; *-en*) renouvellement *m*
erneut [ɛr'nɔʏt] à nouveau
erniedrig|en [ɛr'niːdrigən] (*pas de -ge-, h*) humilier; (***sich ~*** s')abaisser; **2ung** *f* (-; *-en*) abaissement *m*, humiliation *f*
ernst [ɛrnst] sérieux, grave; ***~ bleiben*** garder son sérieux; ***etw ~ nehmen*** prendre qc au sérieux
Ernst [ɛrnst] *m* (*-es*; *sans pl*) gravité *f*, sérieux *m*; ***im ~*** sérieusement; **'2haft**, **'2lich** sérieux
Ernte ['ɛrntə] *f* (-; *-n*) récolte *f*; *Getreide2* moisson *f*; **'2n** (*h*) récolter; *Korn* moissonner
Er'nüchterung *f* (-; *-en*) dégrisement *m*, désenchantement *m*
Erober|er [ɛr'ˀoːbərər] *m* (*-s*; -) conquérant *m*; **2n** (*pas de -ge-, h*) conquérir; **~ung** *f* (-; *-en*) conquête *f*
er'öffn|en (*pas de -ge-, h*) ouvrir; *feierlich* inaugurer; ***j-m etw ~*** faire savoir qc à qn; **2ung** *f* (-; *-en*) ouverture *f*; inauguration *f*
erörter|n [ɛr'ˀœrtərn] (*pas de -ge-, h*) discuter; **2ung** *f* (-; *-en*) discussion *f*
Erot|ik [e'roːtik] *f* (-; *sans pl*) érotisme *m*; **2isch** érotique
er'press|en (*pas de -ge-, h*) ***j-n ~*** faire chanter qn; **2er** (*-s*; -) *m* maître-chanteur *m*; **2ung** *f* (-; *-en*) chantage *m*
er'proben (*pas de -ge-, h*) éprouver; tester
erreg|bar [ɛr'reːkbaːr] excitable; ***leicht ~*** irritable; **~en** [-gən] (*h*) exciter; **2er** [-gər] *méd m* (*-s*; -) agent *m* pathogène; **2ung** [-guŋ] *f* (-; *-en*) excitation *f*; irritation *f*
er'reich|bar accessible; **~en** (*pas de -ge-, h*) atteindre; *Zug, Bus* attraper; ***j-n telefonisch ~*** joindre qn par téléphone
er'richt|en (*pas de -ge-, h*) élever, ériger; **2ung** *f* (-; *sans pl*) érection *f*, mise *f* sur pied
erröten [ɛr'røːtən] (*pas de -ge-, sn*) rougir (***über, vor*** de)
Errungenschaft [ɛr'ruŋənʃaft] *f* (-; *-en*) conquête *f*; *Anschaffung* acquisition *f*
Ersatz [ɛr'zats] *m* (*-es*; *sans pl*) remplacement *m* (***für*** de), compensation *f*, ersatz *m*, succédané *m*; **~befriedigung** *f* compensation *f*; **~dienst** *m* → ***Zivildienst***; **~rad** *n* roue *f* de rechange;

~reifen *m* pneu *m* de rechange; **~teil** *n* pièce *f* de rechange
er'schaff|en (*erschuf, erschaffen, h*) créer; **≈ung** *f* (-; *sans pl*) création *f*
er'schein|en (*erschien, erschienen, sn*) **1.** paraître; apparaître; sembler; *vor Gericht* comparaître; *Buch* ***soeben erschienen*** vient de paraître; **2. ≈en** *n* (-; *sans pl*) apparition *f*; **≈ung** *f* (-; *-en*) *Geister≈* apparition *f*; *Traumbild* vision *f*; *Natur≈* phénomène *m*; *Aussehen* aspect *m*; ***äußere ~*** physique *m*
er'schießen (*erschoss, erschossen, h*) tuer d'un coup de feu; *hinrichten* fusiller
er'schlagen (*erschlug, erschlagen, h*) assommer
er'schließ|en (*erschloss, erschlossen, h*) *Gelände* ouvrir à l'exploitation; *Bauland* viabiliser; **≈ung** *f* (-; *sans pl*) mise *f* en exploitation; **≈ungskosten** *pl* frais *m/pl* de la mise en exploitation
er'schöpf|en (*pas de -ge-, h*) épuiser; **≈ung** *f* (-; *sans pl*) épuisement *m*
er'schrecken *v/t* (*pas de -ge-, h*) *j-n* effrayer, *v/i* (erschrak, erschrocken, *sn*) s'effrayer (***über*** de)
erschütter|n [ɛr'ʃytərn] (*pas de -ge-, h*) ébranler; *seelisch* émouvoir; bouleverser; **≈ung** *f* (-; *-en*) ébranlement *m*; *fig* bouleversement *m*
er'schweren (*pas de -ge-, h*) rendre (plus) difficile
erschwinglich [ɛr'ʃviŋliç] abordable
ersetz|bar [ɛr'zɛtsbaːr] remplaçable; **~en** (*pas de -ge-, h*) remplacer; *Unkosten* rembourser; *Schaden* indemniser (***j-m etw*** qn de qc)
er'sichtlich évident; ***ohne ~en Grund*** sans raison apparente
er'spar|en (*pas de -ge-, h*) économiser, épargner (*a fig*); **≈nis** (-; *-se*) épargne *f*, économie *f* (***an*** de); **~se** *pl* économies *f/pl*
erst [eːrst] *zuerst* d'abord; *nur* seulement, ne … que
erstatt|en [ɛr'ʃtatən] (*pas de -ge-, h*) rembourser; ***Anzeige ~*** porter plainte (***gegen*** contre); **≈ung** *f* (-; *-en*) remboursement *m*
er'staun|en (*pas de -ge-, sn*) (s')étonner; **≈en** *n* (*-s*; *sans pl*) étonnement *m*; **~lich** étonnant; **~t** étonné (***über*** de)
erste ['eːrstə] ***der, die, das ~*** le premier, la première; ***zum ~n Mal*** pour la première fois; **≈ *Hilfe*** premiers soins *m/pl*
er'stellen (*pas de -ge-, h*) *Haus* construire; *Rechnung* établir, faire
erstens ['eːrstəns] premièrement
ersticken [ɛr'ʃtikən] (*v/tr h, v/itr sn*) étouffer
'erstklassig de première qualité
er'streben (*pas de -ge-, h*) aspirer (***etw*** à qc); **~swert** souhaitable, désirable
er'strecken (*pas de -ge-, h*) ***sich ~*** s'étendre (***auf*** à), porter (sur)
er'teilen (*pas de -ge-, h*) *Unterricht, Auskunft, Wort, Erlaubnis* donner; *Patent, Lizenz* délivrer; *Auftrag* passer
Ertrag [ɛr'traːk] *m* (-[*e*]*s*; *⸚e*) rendement *m*; **≈en** [-gən] (*ertrug, ertragen, h*) supporter; **~slage** *f* niveau *m* du rendement, résultat *m*
erträglich [ɛr'trɛːkliç] supportable, tolérable
er'tragreich productif
er'tränken (*pas de -ge-, h*) noyer
er'trinken (*ertrank, ertrunken, sn*) **1.** se noyer; **2. ≈** *n* (*-s*; *sans pl*) noyade *f*
erübrigen [ɛrʔ'yːbrigən] (*pas de -ge-, h*) avoir de reste *od* en trop; ***es erübrigt sich zu …*** il n'est pas nécessaire de …; il est superflu de …
er'wachen (*pas de -ge-, sn*) s'éveiller; *aufwachen* se réveiller
er'wachsen adulte; **≈e** *m, f* (*-n*; *-n*) adulte *m, f*; **≈enbildung** *f* formation *f* des adultes
erwäg|en [ɛr'vɛːgən] (*erwog, erwogen, h*) considérer, examiner; **≈ung** *f* (-; *-en*) considération *f*; ***in ~ ziehen*** envisager
er'wähn|en (*pas de -ge-, h*) mentionner; **≈ung** *f* (-; *-en*) mention *f*
er'wärmen (*pas de -ge-, h*) chauffer; *fig* ***sich ~ für*** s'enthousiasmer pour
er'wart|en (*pas de -ge-, h*) *warten auf* attendre; *rechnen mit* s'attendre à; ***wie zu ~ war*** comme il fallait s'y attendre; **≈ung** *f* (-; *-en*) attente *f*; **~ungsvoll** plein d'espoir
er'wecken (*pas de -ge-, h*) *Verdacht* éveiller; ***den Anschein ~*** donner l'impression
er'weisen (*erwies, erwiesen, h*) *beweisen* prouver; *Achtung* témoigner; *Dienst* rendre; ***sich ~ als*** se révéler

être

erweiter|n [ɛr'vaitərn] (*pas de -ge-, h*) (***sich ~*** s')élargir; **ᘲung** *f* (-; *-en*) élargissement *m*

Erwerb [ɛr'vɛrp] *m* (-[*e*]*s*; *-e*) acquisition *f*; *Brot*ᘲ gagne-pain *m*; **ᘲen** [-bən] (*erwarb, erworben, h*) acquérir, acheter

er'werbs|los chômeur, sans travail; **ᘲlosigkeit** *f* chômage *m*; **~tätig** actif; **ᘲtätige** *m, f* (*-n*; *-n*) personne *f* active; **~unfähig** invalide; **ᘲzweig** *m* branche *f* professionnelle

er'wider|n [ɛr'viːdərn] (*pas de -ge-, h*) répliquer, répondre; *Gruß, Besuch* rendre; **ᘲung** *f* (-; *-en*) réplique *f*; réponse *f*

erwünscht [ɛr'vynʃt] désiré, souhaité

Erz [eːrts] *n* (*-es*; *-e*) minerai *m*

er'zähl|en (*pas de -ge-, h*) raconter; **ᘲer** *m* (*-s*; -) narrateur *m*; **ᘲung** *f* (-; *-en*) récit *m*; *Märchen* conte *m*

'Erzbischof *rel m* archevêque *m*

er'zeug|en (*pas de -ge-, h*) produire; *verursachen* engendrer; **ᘲer** *m* (*-s*; -) *Hersteller* producteur *m*; **ᘲerland** *n* pays *m* producteur; **ᘲerpreis** *m* prix *m* producteur; **ᘲnis** [-knis] *n* (*-ses*; *-se*) produit *m*; **ᘲung** *f* (-; *-en*) production *f*

er'zieh|en (*erzog, erzogen, h*) élever, éduquer; **ᘲung** *f* (-; *sans pl*) éducation *f*

er'zielen (*pas de -ge-, h*) atteindre, obtenir

erzürnt [-'tsyrnt] en colère

er'zwingen (*erzwang, erzwungen, h*) obtenir de force

es [ɛs] **1.** *als Objekt* le, la; en, y; **2.** *als Subjekt* il, ce; ***~ gibt*** il y a; ***~ klopft*** on frappe à la porte

Esche ['ɛʃə] *bot f* (-; *-n*) frêne *m*

Esel ['eːzəl] *m* (*-s*; -), **'~in** *f* (-; *-nen*) âne *m*, ânesse *f*; **'~sbrücke** *f* guide-âne *m*; **'~sohr** ['eːzəlsʔ-] *n im Buch* corne *f*

Eskalation [ɛskala'tsjoːn] *f* (-; *-en*) escalade *f*

Eskimo ['ɛskimo] *m* (*-s*; *-s*) Esquimau *m*

Espe ['ɛspə] *bot f* (-; *-n*) tremble *m*

Essay ['ɛse] *m* (*-s*; *-s*) essai *m*

'essbar mangeable, comestible

essen ['ɛsən] (*aß, gegessen, h*) manger; ***zu Mittag ~*** déjeuner; ***zu Abend ~*** dîner

'Essen *n* (*-s*; -) *Nahrung* nourriture *f*; *Mahlzeit* repas *m*; **'~smarke** *f* ticket *m* de repas; **'~szeit** *f* heure *f* des repas

Essig ['ɛsiç] *m* (*-s*; *-e*) vinaigre *m*

'Ess|löffel *m* cuiller *f* à soupe; **'~tisch** *m* table *f* (de salle à manger); **'~zimmer** *n* salle *f* à manger

Establishment [ɛ'stɛbliʃmɛnt] *n* (*-s*; *sans pl*) ordre *m* établi

Estland ['eːstlant] *n* l'Estonie *f*

etablieren [eta'bliːrən] (*pas de -ge-, h*) ***sich ~*** s'établir, s'installer

Etage [e'taːʒə] *f* (-; *-n*) étage *m*; ***auf der ersten ~*** au premier étage

Etappe [e'tapə] *f* (-; *-n*) étape *f*

Etat [e'taː] *m* (*-s*; *-s*) budget *m*

Ethik ['eːtik] *f* (-; *-en*) éthique *f*, morale *f*

Etikett [eti'kɛt] *n* (-[*e*]*s*; *-e*) étiquette *f*; **~e** (-; *-n*) étiquette *f*

etliche ['ɛtliçə] quelque(s); pas mal de

Etsch [ɛtʃ] ***die ~*** *Fluss* l'Adige *m*

Etui [e'tviː] *n* (*-s*; *-s*) étui *m*; *Schmuck* écrin *m*

etwa ['ɛtva] environ, à peu près; **'~ig** ['-iç] éventuel

etwas ['ɛtvas] quelque chose; *in verneinenden Sätzen* rien; *ein wenig* quelque (peu de)

EU [eː'ʔuː] *f* (-) *abr* ***Europäische Union*** UE *f* (Union européenne); **~-Bestimmung(en)** *f*(*pl*) disposition(s) *f*(*pl*) européenne(s)

euch [ɔʏç] vous

euer ['ɔʏər] votre, *pl* vos

E'U|-Kommissar(in *f*) *m* commissaire *m, f* européen(ne); **~-Land** *m* pays *m* de l'UE

Eule ['ɔʏlə] *zo f* (-; *-n*) hibou *m*

EU|-'Mitgliedsstaat *m* État *m* membre de l'UE; **~-Norm** *f* norme *f* européenne; **~-'Osterweiterung** *f* élargissement *m* de l'UE à l'Est

EUR *abr* ***Euro*** euro

eure ['ɔʏrə] ***der, die, das ~*** le, la vôtre

Euro ['ɔʏroː] *m* (*-s*; - euro *m*; ***Einführung des ~*** lancement *m* de l'euro; **'~cent** *m* (-[*s*]; -[*s*], 5-) cent *m* d'euro, centime *m* d'euro; **~city** [-'sɪti] *m* (*-s*; *-s*) Eurocity *m*; **'~land** *n* zone *f* euro; **'~norm** *f* norme *f* européenne

Europa [ɔʏ'roːpa] *n* (*-s*; *sans pl*) l'Europe *f*; **~abgeordnete** *m, f* eurodépu-

té(e) *m(f)*
Europäer [-'pɛːər] *m* (-*s*; -), **~in** *f* (-; -*nen*) Européen *m*, -ne *f*
euro'päisch européen; **2er *Börsenverband*** Fédération *f* européenne des échanges boursés; **2er *Gerichtshof*** Cour *f* de justice; **2e *Investitionsbank*** (***EIB***) Banque *f* européenne d'investissement (B.E.I.); **2e *Kommission*** Commission *f* européenne; **2es *Parlament*** Parlement *m* européen; **2er *Rechnungshof*** Cour *f* des comptes (européenne); **2e *Union*** (***EU***) Union *f* européenne (UE); **2es *Währungsinstitut*** (***EWI***) Institut *m* monétaire européen (I.M.E.) **2e *Wirtschafts- und Währungsunion*** Union *f* économique et monétaire; **2e *Zentralbank*** (***EZB***) Banque *f* centrale européenne (BCE)
Eu'ropa|meister(in *f*) *m* champion(ne) *m(f)* d'Europe; **~meisterschaft** *f* championnat *m* d'Europe; **~parlament** *n* Parlement *m* européen; **~pokal** *m* coupe *f* d'Europe; **~rat** *m* Conseil *m* de l'Europe; **~wahlen** *f/pl* élections *f/pl* européennes; **2weit** dans toute l'Europe
Europol ['ɔʏropoːl] *f* (-) Europol *f*
'Euroscheck *m* eurochèque *m*; **'~karte** *f* carte *f* eurochèque
'Euro|tunnel *m* (-*s*) eurotunnel *m*; **~visi'on** *f* Eurovision *f*; **~währung** *f* (-; -*en*) euro monnaie *f*; **~zone** *f* (-) zone *f* euro
E'U-Verordnung *f* (-; -*en*) décret *m* de l'UE
ev. *abr* ***evangelisch*** protestant
e. V. *abr* ***eingetragener Verein*** association enregistrée
evangel|isch [evaŋ'geːliʃ] protestant; **2ium** [-jum] *n* (-*s*;*Evangelien*) Évangile *m*
eventuell [evɛntu'ɛl] éventuel; *adv* éventuellement
evtl. *abr* ***eventuell*** éventuel(lement)
EWG [eːveː'geː] *f* (-) *abr* ***Europäische Wirtschaftsgemeinschaft*** CEE *f* (Communauté économique européenne)
EWI *n abr* ***Europäisches Währungsinstitut*** IME *m* (Institut monétaire européen)
ewig ['eːviç] éternel; **'2keit** *f* (-; -*en*) éternité *f*
EWS *n abr* ***Europäisches Währungssystem*** SME *m* (Système monétaire européen)
exakt [ɛ'ksakt] exact, précis; **2heit** *f* (-; *sans pl*) exactitude *f*
Examen [ɛ'ksaːmən] *n* (-*s*; -, -*mina*) examen *m*
Exekutive [ɛksəku'tiːvə] *f* (-; -*en*) (pouvoir *m*) exécutif *m*
Exemplar [ɛksɛm'plaːr] *n* (-*s*; -*e*) exemplaire *m*; **2isch** exemplaire
Exil [ɛ'ksiːl] *n* (-*s*; -*e*) exil *m*
Existenz [ɛksis'tɛnts] existence *f*; **~minimum** *n* minimum *m* vital
exis'tieren (*pas de -ge-*, *h*) exister; vivre
exkl. *abr* ***exklusive*** exclusivement
Expansion [ɛkspan'zjoːn] *f* (-; -*en*) expansion *f*
Experiment [ɛksperi'mɛnt] *n* (-[*e*]*s*; -*e*) expérience *f*; **2'ieren** (*pas de -ge-*, *h*) faire des expériences (***mit*** sur)
Expert|e [ɛks'pɛrtə] *m* (-*n*; -*n*), **~in** *f* (-; -*nen*) expert *m*, —e *f*
Expl. *abr* ***Exemplar*** exemplaire
explo|dieren [ɛksplo'diːrən] (*pas de -ge-*, *h*) exploser, faire explosion; *bersten* éclater; **2sion** [-'zjoːn] *f* (-; -*en*) explosion *f*; **~siv** [-'ziːf] explosif
Export [ɛks'pɔrt] *m* (-[*e*]*s*; -*e*) exportation *f*; **~'eur** [-'tøːr] *m* (-*s*; -*e*) exportateur *m*; **2'ieren** (*pas de -ge-*, *h*) exporter; **~land** *n* pays exportateur; **~überschuss** *m* excédent *m* d'exportation
extra ['ɛkstra] *absichtlich* exprès; *gesondert* à part
extrem [ɛks'treːm] extrême; **2ist** [-'mist] *m* (-*en*; -*en*), **2'istin** *f* (-; -*nen*) extrémiste *m*, *f*; **~'istisch** extrémiste
Exzess [ɛks'tsɛs] *m* (-*es*; -*e*) excès *m*
EZB *f abr* ***Europäische Zentralbank*** BCE *f* (Banque centrale européenne)

F

F [ɛf] *n* (-; -) *mus* fa *m*
f. *abr* ***folgende Seite*** page suivante
Fa. *abr* ***Firma*** maison; firme
'**Fabel** ['faːbəl] *f* (-; *-n*) fable *f*; '**2haft** formidable, épatant F
Fabrik [fa'briːk] *f* (-; *-en*) usine *f*; **~ant** [-'kant] *m* (*-en*; *-en*) fabricant *m*; **~arbeiter** *m* ouvrier *m* d'usine; **~at** [-'kaːt] *n* (-[*e*]*s*; *-e*) produit *m* (manufacturé); **~ation** [-ka'tsjoːn] *f* (-; *-en*) fabrication *f*, production *f*; **~a'tionsfehler** *m* défaut *m* de fabrication; **~ware** *f* produit *m* manufacturé
fabrizieren [fabri'tsiːrən] (*pas de -ge-*, *h*) fabriquer
Fach [fax] *n* (-[*e*]*s*; *⸚er*) compartiment *m*, rayon *m*; *fig* branche *f*
'**Fach|arbeiter** *m* ouvrier *m* qualifié; '**~arzt** *m*, '**~ärztin** *f* spécialiste *m*, *f* (***für*** de); '**~ausbildung** *f* formation *f* spécialisée; '**~ausdruck** *m* terme *m* technique
'**Fach|gebiet** *n* domaine *m*, matière *f*, spécialité *f*; '**~geschäft** *n* magasin *m* spécialisé; '**~händler** *m* spécialiste *m*; '**~kenntnisse** *f/pl* connaissances *f/pl* spéciales; '**2kundig** compétent, expert; '**~literatur** *f* littérature *f* spécialisée; '**~mann** *m* (-[*e*]*s*; *-leute*) spécialiste *m*, expert *m*, homme *m* du métier; '**2männisch** expert; '**~messe** *f* bourse *f* spécialisée; '**~schule** *f* école *f* professionnelle; '**~werk** *arch n* colombage *m*; '**~werkhaus** *n* maison *f* à colombages; '**~zeitschrift** *f* revue *f* spécialisée
fade ['faːdə] fade; insipide
Faden ['faːdən] *m* (*-s*; *⸚*) fil *m* (*a fig*)
Fagott [fa'gɔt] *n* (-[*e*]*s*; *-e*) *mus* basson *m*
fähig ['fɛːiç] capable (***zu*** de); *geschickt* apte (***zu*** à); '**2keit** *f* (-; *-en*) capacité *f*; aptitude *f*
fahnd|en ['faːndən] (*h*) ***nach j-m*** **~** rechercher qn; '**2ung** *f* (-; *-en*) recherches *f/pl*
Fahne ['faːnə] *f* (-; *-n*) drapeau *m*; '**~nflucht** *f* désertion *f*
Fahr|ausweis ['faːr-] *m* billet *m*, ticket *m*; '**~bahn** *f* chaussée *f*; '**~bereitschaft** *f* service *m* de roulage
Fähre ['fɛːrə] *f* (-; *-n*) bac *m*; *Fährschiff* ferry-boat *m*
fahren ['faːrən] (*fuhr*, *gefahren*, *v/i sn*, *v/t h*) aller (***mit dem Auto*** en voiture); rouler; *ab***~*** partir (***nach*** pour, à); ***ein Auto*** **~** conduire une voiture; ***j-n*** **~** conduire qn; **~** ***durch*** traverser; passer par; ***Ski*** **~** faire du ski; ***mit der Hand über das Gesicht*** **~** se passer la main sur le visage; ***was ist bloß in dich gefahren?*** qu'est-ce qui t'a pris?
'**Fahrer** *m* (*-s*; -), '**~in** *f* (-; *-nen*) conducteur *m*, -trice *f*; chauffeur *m*, -euse *f*; '**~flucht** *f* délit *m* de fuite
'**Fahr|gast** *m* passager *m*, voyageur *m*; '**~gemeinschaft** *f* covoiturage *m*; '**~gestell** *n auto* châssis *m*; *aviat* train *m* d'atterrissage; '**~karte** *f* billet *m*; '**~kartenautomat** *m* distributeur *m* de tickets; '**~kartenschalter** *m* guichet *m*; '**2lässig** négligent; *jur* ***~e Tötung*** homicide *m* involontaire; '**~lässigkeit** *f* (-; *-en*) négligence *f*; '**~lehrer** *m* moniteur *m od professeur m d'auto-école*; '**~plan** *m* horaire *m*; *als Broschüre* indicateur *m*; '**2planmäßig** régulier; '**~preis** *m* prix *m* du transport; '**~prüfung** *f* examen *m* du permis de conduire; '**~rad** *n* bicyclette *f*, vélo *m*; '**~radweg** *m* piste *f* cyclable
'**Fährschiff** ['fɛːr-] *n* ferry-boat *m*
'**Fahr|schule** *f* auto-école *f*; '**~stuhl** *m* ascenseur *m*; *für Kranke* fauteuil *m* roulant; '**~stunde** *f* leçon *f* d'auto-école
Fahrt [faːrt] *f* (-; *-en*) voyage *m*, trajet *m*, parcours *m*; *Ausflug* excursion *f*
Fährte ['fɛːrtə] *f* (-; *-n*) piste *f*
'**Fahrtenschreiber** *m* tachygraphe *m*
'**Fahr|werk** *aviat n* train *m* d'atterrissage; '**~zeug** *n* (-[*e*]*s*; *-e*) véhicule *m*; '**~zeughalter** *m jur* détenteur *m* d'un véhicule
fair [fɛːr] sport, loyal, fair-play
Faksimile [fak'ziːmile] *n* (*-s*; *-s*) facsi-

milé *m*
Faktor ['faktɔr] *m* (*-s*; *-en*) élément *m*, facteur *m*
Fall [fal] *m* (-[*e*]*s*; *⸚e*) *Sturz* chute *f*; *Sachverhalt* cas *m*; ***auf jeden*** (***keinen***) **~** en tout (aucun) cas; ***für den ~, dass …*** au cas où …; ***gesetzt den ~, dass …*** à supposer que …
Falle ['falə] *f* (-; *-n*) piège *m*
fallen ['falən] (*fiel*, *gefallen*, *sn*) tomber (*a fig*); *sinken* baisser; *Tor* être marqué
fällen ['fɛlən] (*h*) *Baum* abattre; *jur Urteil* rendre, prononcer
fällig ['fɛliç] *Flugzeug etc* attendu; *Zinsen*, *Zahlung* exigible; '**&keit** *f* (-; *sans pl*) échéance *f*
falls [fals] au cas où
'**Fallschirm** *m* parachute *m*; '**~jäger** *m* parachutiste *m*, para *m* F; '**~springer** *m*, '**~springerin** *f* parachutiste *m*, *f*
falsch [falʃ] faux (*a Person*, *Zähne*); *Adresse* mauvais; **~ *gehen*** *Uhr* mal marcher
fälsch|en ['fɛlʃən] (*h*) fausser, falsifier; '**&er** *m* (*-s*; -), '**&erin** *f* (-; *-nen*) falsificateur *m*, -trice *f*
'**Falsch|fahrer** *m* → ***Geisterfahrer***; '**~geld** *n* faux billet *m* de banque
fälschlich ['fɛlʃliç] faux, erroné
'**Fälschung** *f* (-; *-en*) falsification *f*, faux *m*
'**Faltboot** *n* canot *m* pliant *od* démontable
Falte ['faltə] *f* (-; *-n*) pli *m*; *Runzel* ride *f*; '**&n** (*h*) plier
familiär [famil'jɛːr] *vertraut* familier; *die Familie betreffend* familial
Familie [fa'miːljə] *f* (-; *-n*) famille *f*
Fa'milien|angelegenheit *f* affaire *f* de famille; **~betrieb** *m* entreprise *f* familiale; **~leben** *n* vie *f* familiale *od* de famille; **~name** *m* nom *m* de famille; **~planung** *f* planning *m* familial; **~stand** *m* situation *f* de famille; **~vater** *m* père *m* de famille
Fan [fɛn] *m* F (*-s*; *-s*) fan *m*, *f*, fana *m*, *f*
Fanati|ker [fa'naːtikər] *m* (*-s*; -), **~kerin** (-; *-nen*) fanatique *m*, *f*; **&sch** fanatique
Fang [faŋ] *m* (-[*e*]*s*; *⸚e*) prise *f*, capture *f*; '**&en** (*fing*, *gefangen*, *h*) attraper, prendre; *ergreifen* saisir
Fantasie [fanta'ziː] *f* (-; *-n*) imagination *f*; **&los** dépourvu d'imagination; **&ren** (*pas de -ge-*, *h*) se livrer à son imagination; *méd* délirer; **&voll** plein d'imagination
Fantast [fan'tast] *m* (*-en*; *-en*) rêveur *m*; **&isch** fantastique
Farb|aufnahme ['farpʔ-] *f* photo *f* en couleurs; '**~band** *n* ruban *m* encré; '**~drucker** *m* imprimante *f* couleur
Farb|e ['farbə] *f* (-; *-n*) couleur *f*; *zum Malen* peinture *f*; *Gesicht* teint *m*; '**&echt** ['farpʔ-] grand teint
färben ['fɛrbən] (*h*) colorer, teindre
'**farben|blind** daltonien; '**~froh** haut en couleur(s)
'**Farb|fernsehen** ['farp-] *n* télévision *f* en couleurs; '**~fernseher** *m* téléviseur *m* couleurs; '**~film** *m* film *m* en couleurs; '**~fotografie** *f* photographie *f* en couleurs; '**&ig** ['-biç] coloré; '**~ige** ['-bigə] *m*, *f* (*-n*; *-n*) homme *m*, femme *f*, gens *m*/*pl* de couleur; '**&los** incolore (*a fig*); '**~stift** *m* crayon *m* de couleur; '**~stoff** *m* matière *f* colorante
Färbung ['fɛrbuŋ] *f* (-; *-en*) coloration *f*, teinte *f*
Farm [farm] *f* (-; *-en*) ferme *f*; '**~er** *m* (*-s*; -) fermier *m*
Farn [farn] *bot m* (-[*e*]*s*; *-e*), '**~kraut** *n* fougère *f*
Fasan [fa'zaːn] *zo m* (*-s*; *-e*) faisan *m*
Fasching ['faʃiŋ] *m* (*-s*; *-e*, *-s*) carnaval *m*
Faschis|mus [fa'ʃismus] *m* (-; *sans pl*) fascisme *m*; **~t** *m* (*-en*; *-en*), **~tin** *f* (-; *-nen*) fasciste *m*, *f*; **&tisch** fasciste
'**Faser** ['faːsər] *f* (-; *-n*) fibre *f*; **&n** (*h*) s'effilocher
Fass [fas] *n* (*-es*; *⸚er*) tonneau *m*; *Wein&* fût *m*; ***Bier vom ~*** bière *f* pression
Fassade *f* [fa'saːdə] *f* (-; *-n*) façade *f*
'**fassen** ['fasən] (*h*) prendre, saisir; *Plan* concevoir; *enthalten* contenir; *begreifen* comprendre; ***Mut ~*** reprendre courage; ***e-n Entschluss ~*** prendre une décision; ***sich kurz ~*** être bref
'**Fassung** *f* (-; *-en*) *seelische* contenance *f*; *Text* version *f*; *Glühbirne* douille *f*; ***die ~ verlieren*** prendre contenance
'**Fassungsvermögen** *n räumlich* capacité *f*; *fig* compréhension *f*, entendement *m*
fast [fast] presque, à peu près; **~ *nur*** ne … guère que

fasten ['fastən] *(h)* **1.** jeûner; **2.** '**♀** *n (s; sans pl)* jeûne *m*

'**Fastnacht** *f (-; sans pl)*, **~sdienstag** *m* mardi *m* gras

fatal [fa'ta:l] *unangenehm* fâcheux; *unheilvoll* fatal

faul [faul] *verfault* pourri; *träge* paresseux; ***~e Ausrede*** faux-fuyant *m*, mauvaise excuse *f*

faul|en ['faulən] *(h)* pourrir; '**~enzen** ['-ɛntsən] *(h)* fainéanter; '**♀enzer** *m (-s; -)*, '**♀enzerin** *f (-; -nen)* fainéant *m*, -e *f*; '**♀heit** *f (-; sans pl)* paresse *f*

Fäulnis ['fɔʏlnis] *f (-; sans pl)* pourriture *f*; *Verwesung* putréfaction *f*

'**Faulpelz** *m (-es; -e)* fainéant *m*

Faust [faust] *m (-; ⸚e)* poing *m*; ***auf eigene ~*** de sa propre initiative; '**~handschuh** *m* moufle *f*; '**~hieb** *m* coup *m* de poing; '**~regel** *f* règle *f* générale; '**~schlag** *m* coup *m* de poing

Fax [faks] *n (-; -e)* fax *m*, télécopie *f*; '**♀en** *(h)* faxer

Fazit ['fa:tsit] *n (-s; -s)* résultat *m*, bilan *m*

FCKW [ɛftse:ka:'ve:] *pl abr* ***Fluorchlorkohlenwasserstoffe*** CFC *m/pl* (chlorofluorocarbones); **~-frei** sans CFC

FDP *f abr* ***Freie Demokratische Partei*** Parti liberal allemand

Februar ['fe:brua:r] *m (-[s]; -e)* février *m*

fecht|en ['fɛçtən] *(focht, gefochten, h)* faire de l'escrime; '**♀er** *m (-s; -)*, '**♀erin** *f (-; -nen)* escrimeur *m*, -euse *f*

Feder ['fe:dər] *f (-; -n)* plume *f*, *tech* ressort *m*; '**~ball** *m Spiel* badminton *m*; *Ball* volant *m*; '**~bett** *n* édredon *m*; '**~gewicht** *n Sport* poids *m* plume; '**♀n** *(h)* faire ressort; '**♀nd** élastique; '**~ung** *tech f (-; -en)* suspension *f*; '**~zeichnung** *f* dessin *m* à la plume

fegen ['fe:gən] *(h)* balayer; *Schornstein* ramoner

fehl [fe:l] **~ *am Platz*** déplacé

'**Fehlbetrag** *m* déficit *m*

fehlen ['fe:lən] *(h)* **1.** manquer, être absent, faire défaut; ***es fehlt uns an*** nous manquons de; ***mir fehlen zwei Euro*** il me manque deux euros; *fig* ***was fehlt dir?*** qu'est-ce que tu as?; **2.** '**♀** *n (-s; sans pl)* manque *m*; *Abwesenheit* absence *f*

Fehler ['fe:lər] *m (-s; -) Verstoß* faute *f*; *Charakter♀*, *tech* défaut *m*

'**Fehl|geburt** *f* fausse couche *f*; '**~planung** *f* erreur *f* de planification; '**~schlag** *m fig* échec *m*; '**~zündung** *f Motor* raté *m*

Feier ['faiər] *f (-; -n)* cérémonie *f*, fête *f*; *e-s Festes* célébration *f*; '**~abend** *m* fin *f* de la journée; ***machen wir ~!*** arrêtons-nous de travailler!; '**♀lich** solennel; '**~lichkeit** *f (-; -en)* solennité *f*; '**♀n** *(h)* célébrer, fêter; *nicht arbeiten* chômer; '**~tag** *m* jour *m* férié

feig(e) [faik, 'faigə] lâche

'**Feige** *bot f (-; -n)* figue *f*

Feig|heit ['faikhait] *f (-; sans pl)* lâcheté *f*, poltronnerie *f*; '**~ling** *m (-s; -e)* lâche *m*, poltron *m*

Feile ['failə] *f (-; -n)* lime *f*; '**♀n** *(h)* limer

feilschen ['failʃən] *(h)* marchander (***um etw*** qc)

fein [fain] fin; *vornehm* distingué; *prima* F chic

Feind [faint] *m (-[e]s; -e)*, '**~in** *f (-; -nen)* ennemi *m*, -e *f*; '**♀lich** ennemi, hostile; '**~schaft** *f (-; -en)* inimitié *f*; '**~seligkeiten** *mil f/pl* hostilités *f/pl*

'**fein|fühlig** sensible; '**♀gefühl** *n* délicatesse *f*, tact *m*; '**♀heit** *f (-; -en)* finesse *f*; **~en** *pl Einzelheiten* détails *m/pl*; '**♀mechanik** *f* mécanique *f* de précision; '**♀schmecker** *m (-s; -)* gourmet *m*; '**♀staub** *m* poussière *f* fine

feist [faist] gras

Feld [fɛlt] *n (-[e]s; -er)* champ *m (a fig)*; *Brettspiel* case *f*; *Radsport* peloton *m*; *Spiel♀* terrain *m*, *fig Bereich* domaine *m*; '**~arbeit** *f* travail *m* des champs; '**~bett** *n* lit *m* de camp; '**~stecher** *m (-s;-)* jumelles *f/pl* de campagne; **~webel** ['-ve:bəl] *m (-s; -)* adjudant; '**~weg** *m* chemin *m* de terre; '**~zug** *m* campagne *f*

Felge ['fɛlgə] *f (-; -n)* jante *f*

Fell [fɛl] *n (-[e]s; -e)* peau *f*; *Haarkleid* poil *m*, pelage *m*

Fels|(en) [fɛls, 'fɛlzən] *m (-en; -en/-s; -)* rocher *m*; *Felsmasse* roc *m*; '**♀ig** ['-ziç] rocheux

femin|in [femi'ni:n] féminin; **♀istin** *f* [-'nistin] *f (-; -nen)* féministe *f*; **~istisch** féministe

Fenster ['fɛnstər] *n (-s; -)* fenêtre *f*; *Wagen♀* glace *f*; ***aus dem ~ sehen*** regarder par la fenêtre; '**~laden** *m* volet *m*; '**~platz** *m* coin-fenêtre *m*; '**~scheibe** *f* vitre *f*, carreau *m*

Ferien ['feːrjən] *pl* vacances *f/pl*; '**~arbeit** *f* travail *m* de vacances; '**~dorf** *n* village *m* de vacances; '**~haus** *n* maison *f* de vacances; '**~kurs** *m* cours *m* de vacances; '**~lager** *n* colonie *f* de vacances; '**~ort** *m* villégiature *f*

fern [fɛrn] loin (***von*** de); éloigné; *entlegen* lointain; ***der 2e Osten*** l'Extrême-Orient *m*

'**Fern|amt** *tél n* interurbain *m*, inter *m*; '**~bedienung** *f* commande *f* à distance, télécommande *f*

Fern|e ['fɛrnə] *f* (-; *sans pl*) lointain *m*; ***in der*** *od* ***die ~*** au loin; ***aus der ~*** de loin; '**2er** de plus, en outre, encore; '**~fahrer** *m* routier *m*; '**~gespräch** *tel n* communication *f* interurbaine; '**2gesteuert** télécommandé, téléguidé; '**~glas** *n* jumelles *f/pl*, longue-vue *f*; '**~heizung** *f* chauffage *m* à distance; '**~kurs** *m* cours *m* par correspondance; '**~licht** *n auto* feux *m/pl* de route; '**~meldewesen** *n* télécommunications *f/pl*; '**~reise** *f* voyage *m* dans un pays lointain; '**~rohr** *n* téléscope *m*; '**~schnellzug** *m* train *m* direct; '**~schreiben** *n* (-*s*; -) télex *m*; '**~schreiber** *m* (-*s*; -) téléscripteur *m*; '**~sehen** *n* (-*s*; *sans pl*) télévision *f*; '**2sehen** (*irr, sép -ge-, h*, → ***sehen***) regarder la télévision; '**~seher** *m* (-*s*; -) *Gerät* téléviseur *m*; *Person* téléspectateur *m*; '**~sehsendung** *f* émission *f* de télévision; '**~sehzuschauer** *m*, '**~sehzuschauerin** *f* téléspectateur *m*, -trice *f*; '**~steuerung** *f* commande *f* à distance; '**~straße** *f* grand axe *m* routier; '**~verkehr** *m Bahn* service *m* des grandes lignes; *Straße* trafic *m* à grande distance

Ferse ['fɛrzə] *f* (-; -*n*) talon *m*

fertig ['fɛrtiç] *bereit* prêt; *beendet* fini, achevé; *erschöpft* F à plat; ***etw ~ bringen*** *zu Ende bringen* arriver à faire qc; ***~ machen*** *beenden* finir; F *fig* → ***fertigmachen***; ***sich ~ machen*** se préparer; ***mit etw ~ sein*** avoir fini qc; ***mit etw ~ werden*** *beenden* finir qc venir à bout de; *fig* → ***fertigwerden***

'**fertigbringen** (*irr, sép, -ge-, h*, → ***bringen***) *zu Ende bringen* → ***fertig***; F ***es ~***, ***etw zu tun*** *es schaffen* arriver à faire qc; *sich trauen* oser faire qc

'**Fertig|gericht** *n* plat *m* cuisiné; '**~haus** *n* maison *f* préfabriquée; '**~keit** *f* (-; -*en*) dextérité *f*

'**fertigmachen** (*sép, -ge-, h*) *beenden* finir; ***sich ~*** se préparer; F *fig* ***j-n ~*** *körperlich* F vanner qn; *moralisch* F moucher qn, secouer les puces à qn

'**Fertig|produkt** *n* produit *m* achevé; '**~stellung** *f* (-; -*en*) achèvement *m*, finition *f*; *Bau* réalisation *f*; '**~ungsstraße** ['-guŋs-] *f* train *m* finisseur; '**~waren** *pl* produits *m/pl* finis

'**fertigwerden** (*irr, sép, -ge-, sn*, → ***werden***) ***~ mit*** *fig* venir à bout de

fesch [fɛʃ] chic, pimpant

Fessel ['fɛsəl] *f* (-; -*n*) lien *m*; *Hemmnis* entrave *f*; '**2n** (*h*) enchaîner, ligoter; *fig* captiver

fest [fɛst] ferme; solide (*a Nahrung*); *Zeitpunkt, Preis, Wohnsitz* fixe; *Schlaf* profond

Fest *n* (-[*e*]*s*; -*e*) fête *f*; '**~essen** *n* banquet *m*; '**~geld** *n* avoir *m* bloqué; '**2halten** (*irr, sép, -ge-, h*, → ***halten***) ***an etw ~*** tenir ferme à qc; ***sich ~ an*** s'attraper à; '**2igen** ['-igən] (*h*) raffermir; ***sich ~*** se consolider; '**~igkeit** ['-ç-] *f* (-; *sans pl*) fermeté; '**~land** *n* terre *f* ferme, continent *m*; '**2legen** (*sép, -ge-, h*) fixer; ***sich auf etw ~*** s'engager à qc; '**2lich** solennel; '**2machen** (*sép, -ge-, h*) fixer; *mar* (s')amarrer; *vereinbaren* convenir de; '**~nahme** [-'naːmə] *f* (-; -*n*) arrestation *f*; '**2nehmen** (*irr, sép, -ge-, h*, → ***nehmen***) arrêter; '**~netz** *tél n* réseau *m* fixe; '**~platte** *EDV f* disque *m* dur; '**~preis** *m* prix *m* fixe; '**~saal** *m* salle *f* des fêtes; '**2setzen** (*sép, -ge-, h*) fixer, établir; '**~speicher** *EDV m* mémoire *f* dure; '**~spiele** *n/pl* festival *m*; '**2stehen** (*irr, sép, -ge-, h*, → ***stehen***) être certain; '**2stellen** (*sép, -ge-, h*) constater; '**~stellung** *f* (-; -*en*) constatation *f*; '**~tag** *m* jour *m* de fête; '**2verzinslich** à taux d'intérêt fixe

fett gras; ***~ gedruckt*** imprimé en caractères gras

Fett [fɛt] *n* (-[*e*]*s*; -*e*) graisse *f*; '**2ig** graisseux

Fetzen ['fɛtsən] *n* (-*s*; -) lambeau *m*

feucht [fɔʏçt] humide; '**2igkeit** *f* (-;

sans pl) humidité *f*

Feuer ['fɔʏər] *n* (*-s*; -) feu *m*; *~sbrunst* incendie *m*; *fig* ardeur *f*; ***~ fangen*** prendre feu; *fig* s'enflammer (***für*** pour); *fig* ***~ und Flamme sein*** être tout feu tout flamme (***für*** pour); '**~alarm** *m* alerte *f* au feu; '**~bestattung** *f* incinération *f*, crémation *f*; '**2fest** incombustible; *tech* réfractaire, ignifuge; '**~gefahr** *f* danger *m* d'incendie; '**2gefährlich** inflammable; '**~land** *n* Terre *f* de Feu; '**~löscher** *m* (*-s*; -) extincteur *m*; '**~melder** *m* (*-s*; -) avertisseur *m* d'incendie

'**feuern** (*h*) chauffer; *mil* tirer (***auf*** sur); *fig* ***j-n ~*** renvoyer qn

'**Feuer|schiff** *n* bateau-phare *m*; '**~stoß** *mil m* rafale *f*; '**~versicherung** *f* assurance *f* contre l'incendie; '**~wache** *f* poste *m* d'incendie; '**~waffe** *f* arme *f* à feu; '**~wehr** *f* (-; *-en*) (corps *m* des sapeurs-)pompiers *m/pl*; '**~wehrmann** *m* pompier *m*; '**~werk** *n* (*-s*; *-e*) feu *m* d'artifice; '**~zeug** *n* (*-s*; *-e*) briquet *m*

ff. *abr* ***folgende Seiten*** pages suivantes

Fichte ['fiçtə] *bot f* (-; *-n*) épicéa *m*

ficken ['fikən] (*h*) *vulgär* baiser

Fieber ['fi:bər] *n* (*-s*; *sans pl*) fièvre *f*; ***~ haben*** avoir de la fièvre; '**~anfall** *m* accès *m* de fièvre; '**2haft** fiévreux, fébrile; '**2senkend** *méd* fébrifuge; '**~thermometer** *n* thermomètre *m* médical

Figur [fi'gu:r] *f* (-; *-en*) silhouette *f*, stature *f*; *Schach* pièce *f*; *Roman* personnage *m*; *Eislauf* figure *f*; ***sie hat e-e gute ~*** elle est bien faite, F bien roulée; ***auf seine ~ achten*** faire attention à sa ligne

Filet [fi'le:] *n* (*-s*; *-s*) filet *m*; **~steak** *n* bifteck *m* dans le filet

Filiale [fil'ja:lə] *f* (-; *-n*) succursale *f*

Film [film] *m* (-[*e*]*s*; *-e*) film *m*; *Foto* pellicule *f*; *Filmbranche* cinéma *m*; '**2en** (*h*) filmer, tourner; '**~kamera** *f* caméra *f* de cinéma; '**~kassette** *f* châssis *m*; '**~regisseur** *m* réalisateur *m*; metteur *m* en scène; '**~schauspieler** *m*, '**~schauspielerin** *f* acteur *m*, -trice *f* de cinéma; '**~star** *m* star *f*, vedette *f*; '**~studio** *n* studio *m* de cinéma; '**~verleih** *m* société *f* de distribution; '**~vorstellung** *f* séance *f* de cinéma

Filter ['filtər] *m*, *n* (*-s*; -) filtre *m*; '**~kaffee** *m* café *m* filtre *od nur* filtre *m*; '**2n** (*h*) filtrer; '**~papier** *n* papier *m* filtre; '**~zigarette** *f* cigarette *f* à bout filtre

Filz [filts] *m* (*-es*; *-e*) feutre *m*; *pol* F magouille *f*; '**2en** (*h*) F fouiller; '**~okratie** [-okra'ti:] *f* magouilles *f/pl*

Finanz|amt [fi'nantsʔamt] *n* perception *f*, percepteur *m*; **~ausgleich** *m* (*-s*; *sans pl*) péréquation *f* financière; **~en** *pl* finances *f/pl*; **2iell** [-'tsjɛl] financier; **2'ieren** (*pas de -ge-*, *h*) financer; **~lage** *f* situation *f* financière; **~minister** *m* ministre *m* des Finances; **~ministerium** *n* ministère *m* des Finances; **~wesen** *n* finances *f/pl*

find|en ['findən] (*fand*, *gefunden*, *h*) trouver; *der Ansicht sein* trouver, penser; ***das wird sich ~*** nous verrons bien

Finger ['fiŋər] *m* (*-s*; -) doigt *m*; '**~abdruck** *m* empreinte *f* digitale; '**~fertigkeit** *f* dextérité *f*; '**~hut** *m* dé *m* (à coudre); *bot digitale f*; '**~nagel** *m* ongle *m*; '**~spitze** *f* bout *m* du doigt; '**~spitzengefühl** *n* doigté *m*

fingieren [fiŋ'gi:rən] (*pas de -ge-*, *h*) feindre, simuler

Fink [fiŋk] *zo m* (*-en*; *-en*) pinson *m*

Finn|e ['finə] *m* (*-n*; *-n*), '**~in** *f* (-; *-nen*) Finlandais *m*, -e *f*; '**2isch** finlandais; '**~land** *n* la Finlande

finster ['finstər] sombre, obscur, ténébreux; '**2nis** *f* (-; *-se*) obscurité *f*, ténèbres *f/pl*

Firma ['firma] *f* (-; *Firmen*) maison *f*, entreprise *f*, firme *f*

Firnis ['firnis] *m* (*-ses*; *-se*) vernis *m*

First [first] *m* (-[*e*]*s*; *-e*) faîte *m*

Fisch [fiʃ] *m* (*-es*; *-e*) poisson *m*; *astr* ***~e*** *pl* Poissons *m/pl*; '**2en** (*h*) pêcher

'**Fischer** *m* (*-s*; -), '**~in** *f* (-; -) pêcheur *m*, pêcheuse *f*; '**~boot** *n* bateau *m* de pêche; '**~dorf** *n* village *m* de pêcheurs

Fischerei [fiʃə'rai] *f* (-; *sans pl*) pêche *f*; **~hafen** *m* port *m* de pêche

'**Fisch|fang** *m* pêche *f*; '**~gräte** *f* arête *f*; '**~händler** *m*, '**~händlerin** *f* poissonnier *m*, -ière *f*; '**~kutter** *m* cotre *m* de pêche; '**~markt** *m* marché *m* aux poissons; '**~suppe** *f* soupe *f* de poisson, bouillabaisse *f*; '**~zucht** *f* pisciculture *f*; '**~zug** *m fig* coup *m* de filet

Fistel ['fistəl] *méd f* (-; *-n*) fistule *f*; '**~stimme** *f* voix *f* de fausset

fit [fit] en forme, bien entraîné; '**2ness** [-nɛs] *f* (-) (pleine) forme *f*; '**2ness-**

center [-nɛssɛntər] *n* centre *m* de culturisme; '**ℒnessraum** *m* salle *f* de culturisme
fix [fiks] prompt, rapide; vite; *Idee* fixe; **~ *und fertig*** fin prêt
'**fix|en** F (*h*) se piquer; '**ℒer** *m* (-*s*; -) *Rauschgiftsüchtiger* drogué *m*
fixieren [fi'ksiːrən] (*pas de -ge-, h*) fixer, ***j-n* ~** fixer qn, regarder qn fixement
FKK [ɛfkaː'kaː] nudisme *m*; *Zssgn* nudiste; **~-Strand** *m* plage *f* pour nudistes; **~-Urlaub** *m* vacances *f/pl* de nudisme
flach [flax] plat (*a fig*); '**ℒland** *n* (-[*e*]*s*; *sans pl*) pays *m* plat
Fläche ['flɛçə] *f* (-; -*n*) surface *f*, superficie *f*; '**~nstilllegung** *f* mise *f* en jachère
Fladen ['flaːdən] *m* (-*s*; -) galette *f*; *Kuh*ℒ bouse *f* de vache; '**~brot** *n* galette *f*
Flagge ['flagə] *f* (-; -*n*) pavillon *m*; '**ℒn** (*h*) pavoiser
Flak [flak] *mil f* (-; -, -*s*) D.C.A. *f*
flämisch ['flɛːmiʃ] flamand
Flamme ['flamə] *f* (-; -*n*) flamme *f*
Flandern ['flandərn] *n* (-*s*; *sans pl*) la Flandre
flanieren [fla'niːrən] (*pas, de -ge-, h*) flâner
Flan|ke ['flaŋkə] *f* (-; -*n*) flanc *m*; *Fußball* centre *m*; ℒ'**kieren** (*pas de -ge-, h*) flanquer
Flasche ['flaʃə] *f* (-; -*n*) bouteille *f*; *Säuglings*ℒ biberon *m*; *fig Person* F nouille *f*, cloche *f*; '**~nöffner** [-nˀœfnər] *m* ouvre-bouteilles *m*, décapsuleur *m*; '**~npfand** *n* consigne *f*; '**~nzug** *tech m* palan *m*
Flatrate ['flɛtreːt] *f* (-; -*s*) *EDV* forfait *m* accès Internet illimité
flattern ['flatərn] (*h*) voleter; *Fahne, Haare* flotter
Flaute ['flautə] *f* (-; -*n*) *mar* calme *m* (plat); *écon* marasme *m*
Flechte ['flɛçtə] *f* (-; -*n*) *Haar*ℒ tresse *f*; *méd* dartre *m*; *bot* lichen *m*; '**ℒn** (*flocht, geflochten, h*) tresser
Fleck [flɛk] *m* (-[*e*]*s*; -*e*) tache *f*; *Stelle* endroit *m*; ***blauer* ~** bleu *m*; '**~entferner** [-ˀɛnt-] *m* détachant *m*; '**ℒig** tacheté
Fledermaus ['fleːdər-] *zo f* chauve-souris *f*
Flegel ['fleːgəl] *m* (-*s*; -) *fig* impertinent *m*; malappris *m*, rustre *m*, pignouf F *m*; '**ℒhaft** mal éduqué, impertinent, grossier, malotru; '**~jahre** *n/pl* âge *m* ingrat
flehen ['fleːən] (*h*) implorer (***zu j-m*** qn, um etw qc), supplier (***zu j-m*** qn)
Fleisch [flaiʃ] *n* (-*es*; *sans pl*) chair *f*; *Nahrung* viande *f*; **~ *fressend*** carnassier, carnivore
'**Fleischbrühe** *f* consommé *m*; bouillon *m* gras
'**Fleischer** *m* (-*s*; -) boucher *m*; *für zubereitete Fleischwaren* charcutier *m*
Fleische'rei *f* (-; -*en*) boucherie *f*; charcuterie *f*
'**fleischfressend** carnassier, carnivore
'**fleisch|ig** charnu; '**~lich** charnel
'**Fleischwolf** *m* hachoir *m*
Fleiß [flais] *m* (-*es*; *sans pl*) application *f*; assiduité *f*; '**ℒig** appliqué, assidu
fletschen ['flɛtʃən] (*h*) ***die Zähne* ~** montrer les dents
flexib|el [flɛ'ksiːbəl] flexible; **ℒilität** [-bili'tɛːt] *f* (-; *sans pl*) flexibilité *f*
flick|en ['flikən] (*h*) raccommoder, rapiécer; *Fahrradschlauch* réparer; '**ℒen** *m* (-*s*; -) pièce *f*; '**ℒzeug** *n* (-*s*; *sans pl*) nécessaire *m* pour réparer les pneus
Flieder ['fliːdər] *bot m* (-*s*; -) lilas *m*
Fliege ['fliːgə] *f* (-; -*n*) mouche *f*; *Binder* nœud *m* papillon
fliegen ['fliːgən] (*flog, geflogen, h*) voler; ***mit dem Flugzeug* ~** aller en avion; ***ein Flugzeug* ~** piloter un avion; *fig* ***in die Luft* ~** sauter, exploser
'**Fliegen|fänger** *m* attrape-mouches *m*; '**~gewicht** *Sport n* poids *m* mouche; '**~klatsche** *f* tapette *f* tue-mouches; '**~pilz** *bot m* fausse oronge *f*, amanite *f* tue-mouches
'**Flieger** *m* (-*s*; -), '**~in** *f* (-; -*nen*) aviateur *m*, -trice *f*; '**~alarm** *m* alerte *f* aérienne; '**~angriff** *m* raid *m* aérien
flieh|en ['fliːən] (*floh, geflohen*) *v/i* (*sn*) fuir (***vor j-m, vor etw*** qn, qc), s'enfuir (devant qn, qc); *v/t* (*h*) éviter; '**ℒkraft** *phys f* force *f* centrifuge
Fliese ['fliːzə] *f* (-; -*n*) carreau *m*, dalle *f*; '**~nleger** *m* carreleur *m*
Fließband ['fliːs-] *n* (-[*e*]*s*; *⸚er*) tapis *m* roulant; *Fabrik* chaîne *f* (de montage);

'**~arbeit** *f* travail *m* à la chaîne
fließen ['fli:sən] (*floss, geflossen, sn*) couler; '**~d** courant; **~ *Französisch sprechen*** parler couramment le français
flink [fliŋk] agile
Flinte ['flintə] *f* (-; -*n*) fusil *m*
Flipper ['flipər] *m* (-*s*; -) flipper *m*; '**ℒn** (*h*) jouer au flipper
Flirt [flœrt] *m* (-*s*; -*s*) flirt *m*; '**ℒen** (*h*) flirter
Flitterwochen ['flitər-] *f/pl* lune *f* de miel
flitzen ['flitsən] (*sn*) F filer comme une flèche
Flock|e ['flɔkə] *f* (-; -*n*) flocon *m*; '**ℒig** floconneux
Floh [flo:] *m* (-[*e*]*s*; ⸚*e*) puce *f*, fig ***j-m e-n ~ ins Ohr setzen*** mettre à qn une idée en tête; '**~markt** *m* marché aux puces
Florenz [flo'rɛnts] *n* Florence
florieren [flo'ri:rən] (*pas de -ge-, h*) prospérer
Floskel ['flɔskəl] *f* (-; -*n*) formule *f* toute faite
Flosse ['flɔsə] *f* (-; -*n*) nageoire *f*
Flöte ['flø:tə] *f* (-; -*n*) flûte *f*; '**ℒn** jouer de la flûte
flott [flɔt] *Tempo* rapide; *leicht, kess* léger, dégagé, déluré, *schick* chic
Flotte ['flɔtə] *mar f* (-; -*n*) flotte *f*; '**~nstützpunkt** *mil m* base *f* navale
Fluch [flu:x] *m* (-[*e*]*s*; ⸚*e*) *Kraftwort* juron *m*, *Verwünschung* malédiction *f*; '**ℒen** (*h*) jurer
Flucht [fluxt] *f* (-; -*en*) fuite *f*; '**ℒartig** précipitamment
flüchten ['flyçtən] (*h*) s'enfuir; ***sich ~*** se réfugier (***zu j-m*** chez qn, ***in etw*** dans qc)
'**flüchtig** fugitif; *vergänglich* passager; ***ein ~er Blick*** un coup d'œil; ***ein ~er Eindruck*** un aperçu
'**Flüchtling** *m* (-*s*; -) fugitif *m*; *pol* réfugié *m*; '**~slager** *n* camp *m* de réfugiés
Flug [flu:k] *m* (-[*e*]*s*; ⸚*e*) vol *m*; '**~abwehrrakete** *mil f* missile *m* antiaérien; '**~bahn** *f* trajectoire *f*; '**~blatt** *n* tract *m*; '**~boot** *n* hydravion *m*
Flügel ['fly:gəl] *m* (-*s*; -) aile *f*; *Klavier* piano *m* à queue; *Tür-, Fensterℒ* battant *m*; '**~schraube** *tech f* vis *f* à ailettes; '**~tür** *f* porte *f* à deux battants
'**Fluggast** *m* passager *m*
'**Flug|gesellschaft** *f* compagnie *f* aérienne; '**~hafen** *m* aéroport *m*; '**~kapitän** *m* chef-pilote *m*; '**~körper** *m* engin *m od objet m volant*; '**~linie** *f* ligne *f* aérienne; '**~lotse** *m* aiguilleur *m* du ciel; '**~personal** *n* personnel *m* navigant, navigants *m/pl*; '**~platz** *m* aérodrome *m*; '**~reise** *f* voyage *m* en avion; '**~schein** *m* **1.** brevet *m* de pilote aviateur; **2.** billet *m* d'avion; '**~schreiber** *m* boîte *f* noire; '**~steig** *m* aire *f* de débarquement/d'embarquement; '**~sicherung** *f* contrôle *m* du trafic aérien; '**~ticket** *n* billet *m* d'avion; '**~verkehr** *m* trafic *m* aérien
'**Flugzeug** *n* (-[*e*]*s*; -) avion *m*; '**~absturz** *m* catastrophe *f* aérienne; '**~entführer** *m*, '**~entführerin** *f* pirate *m*, *f* de l'air; '**~entführung** *f* détournement *m* d'avion; '**~träger** *m* porte-avions *m*
Fluorchlorkohlenwasserstoff *m* chlorofluorocarbone *m*
Flur [flu:r] (-[*e*]*s*; -*e*) entrée *f*, vestibule *m*
Fluss [flus] *m* (-*es*, ⸚*e*) rivière *f*; *großer* fleuve *m*; **ℒ'abwärts** en aval; **ℒ'aufwärts** en amont; '**~bett** *n* lit *m* d'un fleuve
flüssig ['flysiç] liquide (*a Geld*); *Verkehr, Stil* fluide; '**ℒkeit** *f* (-; -*en*) *Stoff* liquide *m*; *Zustand* liquidité *f*
'**Fluss|lauf** *m* cours *m* d'une rivière *od* d'un fleuve; '**~schifffahrt** *f* navigation *f* fluviale; '**~ufer** *n* rive *f*, berge *f*
flüstern ['flystərn] (*h*) chuchoter
Flut [flu:t] *f* (-; -*en*) *Gezeiten* marée *f* haute; *Wassermassen* flots *m/pl*; *fig von Worten etc* flot *m*; '**~licht** *n* ***bei ~*** sous la lumière des projecteurs; '**~welle** *f* raz *m* de marée
Födera|lismus [fœdera'lismus] *m* (-; *sans pl*) fédéralisme *m*; **ℒ'listisch** fédéraliste; **~tion** [-'tsjo:n] *f* (-; -*en*) fédération *f*
Föhn¹ [fø:n] *m* (-[*e*]*s*; -*e*) foehn *m*
Föhn² [fø:n] *m* (-[*e*]*s*; -*e*) sèche-cheveux *m*
Folge ['fɔlgə] *f* (-; -*n*) suite *f*, conséquence *f*; *Reihenℒ* série *f*; *Fortsetzung* continuation *f*; *Ergebnis* résultat *m*, effet *m*; ***zur ~ haben*** avoir pour conséquence
'**folgen** (*sn*) suivre (***j-m*** qn); *nachfolgen*

succéder (***j-m*** *od* ***auf j-n*** à qn); *gehorchen* obéir (à); ***aus etw ~*** résulter de qc; ***daraus folgt, dass …*** il s'ensuit que …; ***wie folgt*** comme suit; **'~d** suivant; ***im ≈en*** *weiter unten* ci-dessous; **'~dermaßen** de la manière suivante

'folgerichtig conséquent, logique

folger|n ['fɔlgərn] (*h*) conclure (***aus*** de); **'≈ung** *f* (-; *-en*) conclusion *f*

folglich ['fɔlkliç] par conséquent; *also* donc

Folie ['foːljə] *f* (-; *-n*) feuille *f*; *Schule* transparent *m*

Folklore [fɔlk'loːrə] *f* (-; *sans pl*) folklore *m*; **~abend** *m* soirée *f* folklorique

Folter ['fɔltər] *f* (-; *-n*) torture *f*; **'≈n** (*h*) torturer

Fön → ***Föhn***[2]

Fontäne [fɔn'tɛːnə] *f* (-; *-n*) jet *m* d'eau

'Förder|band *n* tapis *m* roulant; **'~er** *m* (*-s*; -), **'~in** *f* (-; *-nen*) protecteur *m*, -trice *f*; mécène *m*, *f*, bienfaiteur *m*, -trice *f*; **'≈lich** profitable

fordern ['fɔrdərn] (*h*) exiger (***etw von j-m*** qc de qn); *geltend machen* revendiquer

fördern ['fœrdərn] (*h*) faire avancer, encourager, promouvoir; *begünstigen* favoriser, faire réussir; *Bergbau* extraire

'Forderung *f* (-; *-en*) exigence *f*; *Geltendmachung* revendication *f*; *Schuld≈* créance *f*

'Förderung *f* (-; *-en*) encouragement *m*; *Bergbau* extraction *f*

Forelle [fo'rɛlə] *zo f* (-; *-n*) truite *f*

Form [fɔrm] *f* (-; *-en*) forme *f*; *Back≈* moule *m*; ***in ~ von*** sous forme de; ***in ~ sein*** être en forme

formal [fɔr'maːl] formel; **≈ität** [-ali'tɛːt] *f* (-; *-en*) formalité *f*

Format [fɔr'maːt] *n* (*-s*; *-e*) format *m*; *fig* envergure *f*, classe *f*; **≈'ieren** (*h*) formater; **~'ierung** *f* (-; *-en*) formatage *m*

'Formblatt *n* formulaire *m*

Formel ['fɔrməl] *f* (-; *-n*) formule *f*

formell [fɔr'mɛl] formel

'form|en (*h*) former; *Gießerei* mouler; **'≈fehler** *jur m* vice *m* de forme

'form|los sans formalités; *fig* sans façons; **'≈sache** *f* formalité *f*

Formu|lar [fɔrmu'laːr] *n* formulaire *m*, formule *f*; **≈'lieren** (*pas de -ge-*, *h*) formuler; **~'lierung** *f* (-; *-en*) rédaction *f*, formulation *f*, mise *f* au point; *als Resultat* formule *f*

forsch|en ['fɔrʃən] (*h*) faire des recherches; ***nach etw ~*** rechercher qc; **'≈er** *m* (*-s*; -), **'≈erin** *f* (-; *-nen*) chercheur *m*, -euse *f*; **'≈ung** *f* (-; *-en*) recherche *f*; **'≈ungsauftrag** *m* mission *f* de recherche; **'≈ungsgebiet** *n* domaine *m* de recherche; **'≈ungszentrum** *n* centre *m* de recherche

Forst [fɔrst] *m* forêt *f*

Förster ['fœrstər] *m* (*-s*; -) forestier *m*

'Forstwirtschaft *f* sylviculture *f*

fort [fɔrt] parti, absent, pas ici *od* là; ***und so ~*** et ainsi de suite; ***in einem ~*** sans arrêt

'fort|bestehen (*irr*, *sép*, *h*, → ***bestehen***) continuer d'exister; **'~bewegen** (*sép*, *pas de -ge-*, *h*) ***sich ~*** se déplacer; **'≈bewegung** *f* locomotion *f*; **'~bilden** (*sép*, *h*) ***sich ~*** se perfectionner; **'≈bildung** *f* perfectionnement *m*, formation *f* continue *od* permanente; **'≈dauer** *f* persistance *f*, continuation *f*; **'~fahren** (*irr*, *sép*, *-ge-*, *sn*, → ***fahren***) partir; *weitermachen* continuer (***zu*** à, de); **'~gehen** (*irr*, *sép*, *-ge-*, *sn*, → ***gehen***) s'en aller; *weitergehen* continuer son chemin; **'~geschritten** avancé; **'~laufend** ininterrompu, suivi; **'~pflanzen** (*sép*, *-ge-*, *h*) ***sich ~*** *biol* se reproduire; *Licht*, *Schall* se propager; **'≈pflanzung** *biol f* (-; *sans pl*) reproduction *f*

Forts. *abr* ***Fortsetzung*** suite

'fort|schreiten (*irr*, *sép*, *-ge-*, *sn*, → ***schreiten***) faire des progrès; **'≈schritt** *m* progrès *m*; **'~schrittlich** progressiste; **'~setzen** (*sép*, *-ge-*, *h*) (***sich ~*** se) continuer; **'≈setzung** *f* (-; *-en*) continuation *f*; *Text* suite *f*; ***~ folgt*** à suivre

Foto ['foːto] *n* (*-s*; *-s*) photo *f*; **'~apparat** *m* appareil *m* photo; **≈gen** [-'geːn] photogénique; **~graf** [-'graːf] *m* (*-en*; *-en*), **~'grafin** *f* (-; *-innen*) photographe *m*, *f*; **~grafie** [-gra'fiː] *f* (-; *-n*) photographie *f*; **≈grafieren** [-gra'fiːrən] (*pas de -ge-*, *h*) photographier; prendre des photos; **'~handy** *n tél* (téléphone *m*) portable *m* avec appareil photo intégré; **~ko'pie** *f* photocopie *f*; **≈ko'pieren** (*pas de -ge-*, *h*) photocopier

Fr. *abr* ***Frau*** Madame

Fracht [fraxt] *f* (-; *-en*) charge *f*; *mar*

cargaison *f*; *Frachtgebühr* prix *m* de transport; '**~brief** *m* lettre *f* de voiture; *mar* connaissement *m*; '**~er** *m* (-*s*; -) cargo *m*; '**~kosten** *pl* frais *m/pl* de transport; '**~schiff** *n* cargo *m*

Frage ['fraːgə] *f* (-; -*n*) question *f*; *gr* interrogation *f*; ***e-e ~ stellen*** poser une question; ***in ~ stellen*** remettre en question; ***in ~ kommen*** entrer en ligne de compte; ***nicht in ~ kommen*** être hors de question; '**~bogen** *m* questionnaire *m*

'**fragen** (*h*) demander; ***j-n ~*** demander à qn; ***j-n etw*** *od* ***nach etw*** *od* ***um etw ~*** demander qc à qn); *aus~* questionner; *prüfen* interroger; ***nach j-m ~*** demander des nouvelles de qn

'**Fragezeichen** *n* point *m* d'interrogation

fraglich ['fraːk-] *unsicher* incertain, douteux; *betreffend* en question

Fragment [frag'mɛnt] *n* (-[*e*]*s*; -*e*) fragment *m*

Fraktion [frak'tsjoːn] *f* (-; -*en*) *pol* groupe *m* parlementaire; **~sführer** *m* chef *m* d'un groupe parlementaire; **≗slos** indépendant; **~szwang** *m* discipline *f* de vote

Franken ['fraŋkən] *n* la Franconie

Frankfurt ['fraŋkfurt] *n* Francfort

frankier|en [fraŋ'kiːrən] (*pas de -ge-*, *h*) affranchir; **≗maschine** *f* machine *f* à affranchir

Frankreich ['fraŋk-] *n* (-*s*; *sans pl*) la France

Franz [frants] *m* François *m*

Franz|ose [fran'tsoːzə] *m* (-*n*; -*n*), **~ösin** [-'tsøːzin] *f* (-; -*nen*) Français *m*, -e *f*; **≗ösisch** [-'tsøːziʃ] français

Frau [frau] *f* (-; -*en*) femme *f*; *als Anrede* madame (*abr* Mme)

'**Frauen|arzt** *m*, '**~ärztin** *f* gynécologue *m*, *f*; '**~bewegung** *f* mouvement *m* féministe; '**~emanzipation** *f* émancipation *f* de la femme; '**~klinik** *f* clinique *f* gynécologique

'**Fräulein** ['frɔʏlain] *n* (-*s*; -) demoiselle *f*; *als Anrede* mademoiselle (*abr* Mlle)

frdl. *abr* ***freundlich*** aimable

frech [frɛç] insolent, effronté, culotté F; '**≗heit** (-; -*en*) insolence *f*, effronterie *f*, culot *m* F

frei [frai] libre (***von*** de); *Beruf* libéral; *Journalist etc* indépendant; *Stelle* vacant; *Sicht* dégagé; *kostenlos* gratuit; *~mütig* franc, sincère; ***ein ~er Tag*** un jour de congé; ***im ≗en*** en plein air; ***sich ~ machen*** se libérer *od* s'affranchir (***von*** de); *sich entkleiden* se déshabiller

'**Frei|bad** *n* piscine *f* en plein air; '**≗beruflich** ***~ tätig sein*** exercer une profession libérale; '**~burg** *n* Fribourg; '**~exemplar** *n* exemplaire *m* gratuit; '**~gabe** *f* libération *f*; '**≗gebig** généreux; '**~hafen** *m* port *m* franc; '**~handel** *m* libre-échange *m*; '**~handelszone** *f* zone *f* de libre-échange; '**~heit** *f* liberté *f*; '**≗heitlich** libéral; '**~heitsstrafe** *f* peine *f* de prison; '**~karte** *f* billet *m* de faveur *od* gratuit; '**~körperkultur** *f* nudisme *m*; '**≗lassen** (*irr*, *sép*, *-ge-*, *h*, → ***lassen***) libérer, relâcher; *jur* ***gegen Kaution ~*** remettre en liberté sous caution

'**freilich** bien sûr

'**Freilichtbühne** *f* théâtre *m* de plein air

'**freimachen** (*sép*, *-ge-*, *h*) *Brief* affranchir; ***sich ~*** → ***frei***

'**Frei|maurer** *m* franc-maçon *m*; '**~spruch** *jur m* (-[*e*]*s*; ⸚*e*) acquittement *m*; '**≗stehen** (*irr*, *sép*, *-ge-*, *h*, → ***stehen***) *Sport* être seul; ***es steht dir frei zu …*** tu es libre de …; '**≗stellen** (*sép*, *-ge-*, *h*) ***j-m ~ zu …*** laisser à qn le choix de …; ***j-n ~*** exempter *od* dispenser qn (***von*** de); '**~stoß** *m* *Fußball* coup *m* franc

'**Freitag** *m* (-[*e*]*s*; -*e*) vendredi *m*

'**Frei|tod** *m* suicide *m*; '**~treppe** *f* perron *m*; '**≗willig** volontaire; '**~willige** *m*, *f* (-*n*; -*n*) volontaire *m*, *f*; '**~zeit** *f* loisirs *m/pl*; ***seine ~ verbringen*** occuper ses loisirs; '**~zeitangebot** *n* offre *f* des loisirs; '**~zeitgestaltung** *f* organisation *f* *od emploi m des loisirs*; '**~zeitkleidung** *f* tenue *f* de loisirs

fremd [frɛmt] étranger; *seltsam* étrange; ***ich bin ~ hier*** je ne suis pas d'ici; ***sich ~ vorkommen*** se sentir dépaysé; '**≗e** ['-də] **1.** *f* (-; *sans pl*) pays *m* étranger; ***in der ~*** à l'étranger; **2.** *m*, *f* (-*n*; -*n*) étranger *m*, -ère *f*

'**Fremden|führer** *m*, '**~führerin** *f* guide *m*, *f*; '**~legion** *mil f* Légion *f* étrangère; '**~verkehr** *m* tourisme *m*; '**~verkehrsbüro** *n* syndicat *m* d'initiative, office *m* de tourisme; '**~zimmer** *n* chambre *f* à louer

'**Fremd|kapital** *n* capitaux *m/pl* empruntés; '**~körper** *méd m* corps *m* étranger; '**~sprache** *f* langue *f* étrangère; '**~währung** *f* monnaie *f* étrangère; '**~wort** *n* mot *m* étranger

Frequenz [frɛ'kvɛnts] *phys f* (-; *-en*) fréquence *f*

'**fressen** ['frɛsən] (*fraß, gefressen, h*) **1.** *Tiere* manger; *verschlingen* dévorer; P *essen* bouffer F; **2.** ♀ *n* (-*s*; *sans pl*) *Tiere* pâture *f*, nourriture *f*; P *Essen* bouffe F *f*

'**Freude** ['frɔʏdə] *f* (-; *-n*) joie *f*; *Vergnügen* plaisir *m*; **~ *haben an*** prendre plaisir à; ***j-m e-e ~ machen*** faire plaisir à qn

'**freud|ig** joyeux; *Ereignis, Nachricht* heureux; '**~los** sans joie

'**freuen** [frɔʏən] (*h*) ***sich ~*** être content *od* heureux (***über, zu*** de); ***sich ~ auf*** se réjouir d'avance de; ***es freut mich, dass …*** je suis heureux que (+ *subj*); ***das freut mich*** cela me fait plaisir

'**Freund** [frɔʏnt] *m* (-[*e*]*s*; *-e*), '**~in** ['-din] *f* (-; *-nen*) ami *m*, -e *f*; F copain *m*, copine *f*; '**♀lich** aimable, gentil (***zu j-m*** avec qn); *Zimmer, Farbe* gai; *Wetter* beau; ***das ist sehr ~ von Ihnen*** c'est très aimable à vous; '**~lichkeit** *f* amabilité *f*, affabilité *f*; '**~schaft** *f* (-; *-en*) amitié *f*; '**♀schaftlich** amical; '**~schaftsvertrag** *pol m* traité *m* d'amitié

'**Frieden** ['fri:dən] *m* (-*s*; *sans pl*) paix *f*; ***im ~*** en temps de paix; ***lass mich in ~!*** F fiche-moi la paix!

'**Friedens|bewegung** *f* mouvement *m* pacifiste; '**~forschung** *f* polémologie *f*; '**~nobelpreis** *m* prix *m* Nobel de la paix; '**~politik** *f* politique *f* de la paix; '**~verhandlungen** *f/pl* négociations *f/pl* de paix; '**~vertrag** *m* traité *m* de paix

'**Fried|hof** *m* cimetière *m*; '**♀lich** pacifique; *ruhig* paisible; '**♀liebend** pacifique

'**Friedrich** [fri:driç] *m* Frédéric *m*

'**frieren** ['fri:rən] (*fror, gefroren, h*) geler; ***ich friere*** *od* ***mich friert*** j'ai froid; *stärker* F je gèle; ***es friert*** il gèle

fries|isch ['fri:siʃ] frison; **♀land** *n* la Frise

frisch [friʃ] frais; *Wäsche* propre; ***~ gestrichen!*** attention à la peinture!, peinture fraîche!

'**Frische** *f* (-; *sans pl*) fraîcheur *f*; *Jugend*♀ vigueur *f*

Friseur [fri'zø:r] *m* (-*s*; *-e*) coiffeur *m*; **~salon** *m* salon *m* de coiffure

Friseuse [fri'zø:zə] *f* (-; *-n*) coiffeuse *f*

fri'sieren (*pas de -ge-, h*) (***sich ~*** se) coiffer; F *Motor* trafiquer

Frist [frist] *f* (-; *-en*) délai *m*; '**♀gemäß** dans les délais; '**♀los *~e Entlassung*** renvoi *m* sans préavis

Frisur [fri'zu:r] *f* (-; *-en*) coiffure *f*

Frl. *abr* ***Fräulein*** Mademoiselle

froh [fro:] content (***über*** de); *fröhlich* joyeux, gai; ***~e Weihnachten!*** joyeux Noël!; ***ich bin ~, dass …*** je suis content que … (+ *subj*)

fröhlich ['frø:liç] gai, joyeux; '**♀keit** *f* (-; *sans pl*) gaieté *f*

fromm [frɔm] pieux, religieux; *Pferd* doux; ***~er Wunsch*** vœu *m* pieux

Front [frɔnt] *f* (-; *-en*) front *m* (*a mil, Wetter*); *arch* façade *f*; '**~antrieb** *m auto* traction *f* avant

Frosch [frɔʃ] *m* (-[*e*]*s*; *⸚e*) grenouille *f*; '**~mann** *m* homme-grenouille *m*; '**~perspektive** *f* ***aus der ~*** vu d'en bas

Frost [frɔst] *m* (-[*e*]*s*; *⸚e*) gelée *f*; *Kälte* froid *m*

'**frostig** froid; *fig* ***~er Empfang*** accueil *m* glacial

Frottee [frɔ'te:] *m od n* (-[*s*]; *-s*) tissu *m* éponge

frot'tieren (*pas de -ge-, h*) frotter, frictionner

Frucht [fruxt] *f* (-; *⸚e*) fruit *m* (*a fig*); '**♀bar** fecond, fertile; *fig* fructueux; '**~barkeit** *f* fécondité *f*, fertilité *f*; '**~saft** *m* jus *m* de fruits

früh [fry:] de bonne heure, tôt; ***heute ~*** ce matin; ***gestern ~*** hier matin; ***zu ~ kommen*** arriver trop tôt; '**♀e** *f* (-; *sans pl*) ***in aller ~*** de grand matin; '**~er** plus tôt; *ehemals* autrefois; ***~ oder später*** tôt ou tard; '**~ere** ancien; '**~estens** au plus tôt; '**♀geburt** *f Kind* prématuré *m*; '**♀jahr** *n*, '**♀ling** *m* printemps *m*; **~'morgens** de bon (*od* de grand) matin; '**~reif** précoce; '**♀stück** *n* petit déjeuner *m*; '**♀stücksbüfett** *n* buffet *m* de petit déjeuner; '**~stücken** prendre le petit déjeuner

Frust [frust] F *m* (-[*e*]*s*; *sans pl*) frustration *f*; ꝸ'**riert** frustré

frz. *abr* ***französisch*** français

Fuchs [fuks] *m* (-*es*; ⸚*e*), '**Füchsin** ['fyksin] *f* (-; -*nen*) renard *m*, -e *f*

'**Fuchsschwanz** *tech m* scie *f* égoïne

'**Fuge** ['fu:gə] *f* (-; -*n*) joint *m*, jointure *f*; *mus* fugue *f*; ***aus den ~n gehen*** se disloquer

'**fühl|bar** ['fy:lba:r] sensible; *tastbar* palpable; '**~en** (*h*) sentir; *empfinden* ressentir; *Schmerz*, *Freude* éprouver; *Puls* tâter; ***sich wohl ~*** se sentir bien; 'ꝸ**er** *m* (-*s*; -) *zo* antenne *f*; *fig* ***seine ~ ausstrecken*** tâter le terrain

'**führen** ['fy:rən] (*h*) conduire, mener; *Gruppe* guider; *Amt* remplir; *Namen*, *Titel* porter; *Betrieb* diriger; *Haushalt*, *Konto* tenir; *Waren* avoir à vendre; *mil* commander; *Sport* être en tête, mener; ***zu etw ~*** mener à qc; ***mit sich ~*** avoir sur soi; '**~d** dirigeant; prépondérant

'**Führer** *m* (-*s*; -), '**~in** *f* (-; -*nen*) *Fahrzeug* conducteur *m*, -trice *f*; *Reise*ꝸ guide *m* (*a Buch*); *pol* leader *m*; '**~schein** *m* permis *m* de conduire; ***den ~ machen*** F passer son permis

'**Führung** *f* (-; -*en*) conduite *f*; *mil* commandement *m*; *Unternehmen* gestion *f*, direction *f*; *Museum* visite *f* guidée; *Sport* ***in ~ liegen*** être en tête

'**Fuhrunternehmen** *n* entreprise *f* de transport

'**Fülle** ['fylə] *f* (-; *sans pl*) abondance *f*, profusion *f*

'**füllen** (*h*) (***sich ~*** se) remplir (***mit*** de)

'**Füll|federhalter** *m* stylo *m*; 'ꝸ**ig** plantureux, dodu; '**~ung** *f* (-; -*en*) remplissage *m*; *Kissen* rembourrage *m*; *cuis* farce *f*; *Zahn* plombage *m*

Fund [funt] *m* (-[*e*]*s*; -*e*) trouvaille *f*

Fundament [funda'mɛnt] *n* (-[*e*]*s*; -*e*) fondations *f/pl*; *fig* base *f*, fondement *m*

Fund|amt ['-ˀamt] *n*, '**~büro** *n* bureau *m* des objets trouvés; '**~grube** *f fig* mine *f*

fünf [fynf] cinq; 'ꝸ**eck** *n*, '**~eckig** pentagone *m u adj*; '**~fach** [-'fax] quintuple; '**~hundert** cinq cents; 'ꝸ**jahresplan** *m* plan *m* quinquennal; 'ꝸ**kampf** *m Sport* pentathlon *m*; ꝸ'**sternehotel** *n* hôtel *m* à cinq étoiles; '**~te** ['-tə] cinquième; 'ꝸ**tel** ['-təl] *n* (-*s*; -) cinquième *m*; '**~tens** [-'təns] cinquièmement; '**~zehn** quinze; '**~zehnte** quinzième; '**~zig** [-'tsiç] cinquante; ***etwa ~*** une cinquantaine; '**~zigste** [-'tsikstə] cinquantième

Funk [fuŋk] *m* (-*s*; *sans pl*) radio *f*; T.S.F. *f*; '**~amateur** *m* radio-amateur *m*

Funk|e(n) ['fuŋkə(n)] *m* (-*n*; -*n*) étincelle *f*; 'ꝸ**eln** (*h*) étinceler; 'ꝸ**en** (*h*) transmettre par radio; '**~er** *m* (-*s*; -) radio *m*; '**~gerät** *n* poste *m* de radio; '**~signal** *n* signal *m* par radio; '**~spruch** *m* message *m* radio; '**~streife** *f* policiers *m/pl* en voiture radio

Funktion [fuŋk'tsjo:n] *f* (-; -*en*) fonction *f*; **~är** [-tsjo'nɛ:r] *m* (-*s*; -*e*) responsable *m*; ꝸ'**ieren** (*pas de -ge-*, *h*) fonctionner

für [fy:r] **1.** *prp* pour; *als Austausch für* en échange de; *anstatt* au lieu de; *zum Gebrauch für* à l'usage de; *zugunsten von* en faveur de; ***was ~ ein(e)*** quel(le); ***~ immer*** pour toujours; ***Tag ~ Tag*** jour après jour; ***Wort ~ Wort*** mot à mot; ***jeder ~ sich*** chacun pour soi; **2.** ꝸ *n* ***das ~ und Wider*** le pour et le contre

Furche ['furçə] *f* (-; -*n*) sillon *m*; *Runzel* ride *f*

Furcht [furçt] *f* (-; *sans pl*) crainte *f*, peur *f* (***vor*** de); 'ꝸ**bar** terrible, effroyable, affreux

fürchten ['fyrçtən] (*h*) craindre (***j-n etw*** qn, qc; ***dass ...*** que … ne + *subj*); ***sich ~*** avoir peur (***vor*** de)

'**fürchterlich** → ***furchtbar***

'**furcht|los** intrépide; '**~sam** craintif

'**Fürsorge** *f* (-; *sans pl*) sollicitude *f*; ***öffentliche ~*** aide *f* sociale

'**Fürsprache** *f* (-; *sans pl*) intercession *f*, intervention *f*

Fürst [fyrst] *m* (-*en*; -*en*), '**~in** *f* (-; -*nen*) prince *m*, princesse *f*; '**~entum** *n* (-*s*; ⸚*er*) principauté *f*; 'ꝸ**lich** princier, de prince

Furt [furt] *f* (-; -*en*) gué *m*

Furunkel [fu'ruŋkəl] *med m* (-*s*; -) furoncle *m*

Fusion [fu'zjo:n] *f* fusion *f*; ꝸ'**ieren** (*pas de -ge-*, *h*) fusionner

Fuß [fu:s] *m* (-*es*; ⸚*e*) pied *m*, *von Tieren a* patte *f*; ***zu ~*** à pied; ***zu ~ gehen*** mar

cher; aller à pied; ***gut zu ~ sein*** être bon marcheur; ***~ fassen*** prendre pied, s'établir; *jur* ***auf freiem ~*** en liberté
'Fußball *m* (-[*e*]*s*; ⸚*e*) ballon *m* de football; *Sportart* football *m*; ***~ spielen*** jouer au football; **'~feld** *n* terrain *m* de football; **'~spiel** *n* match *m* de football; **'~spieler** *m* footballeur
'Fuß|boden *m* plancher *m*; **'~bremse** *f* frein *m* à pied; **~gänger** ['-gɛŋər] *m* (-*s*; -), **'~gängerin** *f* (-; -*nen*) piéton *m*, -ne *f*; **~gängerampel** *f* feux *m/pl* pour les piétons; **'~gängerüberweg** *m* passage *m* pour piétons; **'~gängerzone** *f* zone *f* piétonne *od* piétonnière; **'~marsch** *m* marche *f* à pied; **'~note** *f* note *f* (explicative); **'~pflege** *f* soins *m/pl* des pieds; **'~sohle** *f* plante *f* du pied; **'~tritt** *m* coup *m* de pied; **'~weg** *m* chemin *m*, sentier *m*
Futter ['futər] *n* **1.** (-*s*; *sans pl*) nourriture *f*; **2.** (-*s*; -) *Kleider*♀ doublure *f*
Futteral [futə'raːl] *n* (-*s*; -*e*) étui *m*; *für Schirm* fourreau *m*
fütter|n ['fytərn] (*h*) donner à manger à; *Kleider* doubler; ***mit Pelz ~*** fourrer; **'♀ung** *f* (-; -*en*) *Vieh* alimentation *f*; *der Raubtiere* repas *m* des fauves
Futur [fu'tuːr] *gr n* (-*s*; *sans pl*) futur *m*

G

g *abr* ***Gramm*** g (gramme)
G [geː] *mus n* (-; -) sol *m*
Gabe ['gaːbə] *f* (-; -*n*) don *m*
Gabel ['gaːbəl] *f* (-; -*n*) fourche *f*; *Ess*♀ fourchette *f*; **'♀n** (*h*) ***sich ~*** *Weg* bifurquer; **'~stapler** *tech m* (-*s*; -) chariot *m* élévateur; **'~ung** *f* (-; -*en*) bifurcation *f*
Gabun [ga'buːn] *n* le Gabon
gaffen ['gafən] (*h*) faire le badaud, regarder bouche bée
Gage ['gaːʒə] *f* (-; -*n*) cachet *m*
gähnen ['geːnən] (*h*) bâiller
Gala ['gaːla] *f* (-; *sans pl*) gala *m*; **'~abend** *m* soirée *f* de gala
galant [ga'lant] galant, courtois
Galerie [galə'riː] *f* (-; -*n*) galerie *f*
Galgen ['galgən] *m* (-*s*; -) potence *f*, gibet *m*; **'~frist** *f* quart *m* d'heure de grâce; **'~humor** *m* plaisanterie *f* macabre
Galizien [ga'liːtsiən] *n* la Galicie
Galle ['galə] *f* (-; -*n*) bile *f*; *von Tieren* fiel *m*; **'~nblase** *f* vésicule *f* biliaire; **'~stein** *m* calcul *m* biliaire
Gallien ['galiən] *n hist* la Gaule
Gallone [ga'loːnə] *f* gallon *m*
Galopp [ga'lɔp] *m* (-*s*; -*s*, -*e*) galop *m*
Gambia ['gambia] *n* la Gambie
Gämse ['gɛmzə] *zo f* (-; -*n*) chamois *m*
gang [-] ***~ und gäbe*** courant, habituel, monnaie courante
Gang [gaŋ] *m* (-[*e*]*s*; ⸚*e*) *Gehen*, *Ablauf* marche *f*; *Art des Gehens* démarche *f*, allure *f*; *Ablauf a* cours *m*; *Besorgung* course *f*; *beim Essen* plat *m*; *Korridor* couloir *m*; *auto* vitesse *f*; ***in ~ bringen*** mettre en marche, faire démarrer; ***in ~ kommen*** se mettre en marche, s'amorcer, démarrer; ***im ~(e) sein*** être en cours; ***in vollem ~(e) sein*** battre son plein
gängig ['gɛŋiç] courant
'Gangschaltung *f auto* changement *m* de vitesses; *Fahrrad* dérailleur *m*
Ganove [ga'noːvə] *m* (-*n*; -*n*) bandit *m*, malfaiteur *m*, voyou *m*, truand *m*
Gans [gans] *zo* (-; ⸚*e*) oie *f*
Gänse|blümchen ['gɛnzəblyːmçən] *n* (-*s*; -) pâquerette *f*; **~füßchen** ['-fyːsçən] *n/pl* guillemets *m/pl*; ***in ~*** entre guillemets; **'~haut** *f fig* chair *f* de poule; **'~marsch** *m* ***im ~*** à la file indienne; **'~rich** ['-riç] *m* (-*s*; -*e*) jars *m*
ganz [gants] **1.** *adj* entier; tout; ***die ~e Stadt*** toute la ville *od* la ville entière; ***sein ~es Geld*** tout son argent; ***in der ~en Welt*** dans le monde entier; **2.** *adv*: *vor adj u adv* tout; ***~*** (***und gar***) entièrement, tout à fait; ***~ und gar nicht*** pas du tout; ***im*** (***Großen und***) ♀***en*** dans l'ensemble, au total; ***~ wie du willst*** comme tu veux
Ganze ['gantsə] *n* (-*n*; *sans pl*) tout *m*; ***aufs ~ gehen*** risquer le tout pour le tout
'Ganztagsbeschäftigung *f* travail *m* à plein temps

gar [ga:r] **1.** *adj Speise* assez cuit, à point; **2.** *adv* **~ *nicht*** pas du tout; **~ *nichts*** rien du tout; ***vielleicht* ~** peut-être même

Garage [ga'ra:ʒə] *f* (-; *-n*) garage *m*

Garantie [garan'ti:] *f* (-; *-n*) garantie *f*; **⁀ren** (*pas de -ge-, h*) garantir (***für etw*** qc); **~schein** *m* bon *m od certificat m de garantie*

Garderobe [gardə'ro:bə] *f* (-; *-n*) *Kleidungsstücke* vêtements *m/pl*; garde-robe *f*; *Kleiderablage* vestiaire *m*; *Flur⁀* portemanteau *m*; **~nmarke** *f* ticket *m* de vestiaire

Gardine [gar'di:nə] *f* (-; *-n*) rideau *m*

gären ['gɛ:rən] (*gärte, gor, gegoren, h*) fermenter

garnieren [gar'ni:rən] (*pas de -ge-, h*) garnir (***mit*** de)

Garnison [garni'zo:n] *mil f* (-; *-en*) garnison *f*

Garnitur [garni'tu:r] *f* (-; *-en*) *Besatz* garniture *f*, parement *m*; *Satz zusammengehörender Dinge* assortiment *m*, ensemble *m*; *Polster⁀* salon *m*

'Gärstoff *m* ferment *m*

Garten ['gartən] *m* (*-s*; *⁼*) jardin *m*; **'~arbeit** *f* jardinage *m*; **'~bau** *m* (-[*e*]*s*; *sans pl*) horticulture *f*; **'~erde** *f* terreau *m*; **'~fest** *n* garden-party *f*; **'~geräte** *n/pl* outils *m/pl od outillage m de jardin*; **'~haus** *n* cabane *f od abri m de jardin*; **'~laube** *f* tonelle *f*; **'~lokal** *n* restaurant *m od café m avec jardin*; **'~schere** *f* sécateur *m*; **'~stadt** *f* cité-jardin *f*; **'~zaun** *m* clôture *f*; **'~zwerg** *m* nain *m* dans un jardin; *fig* F gnome *m*

Gärtner ['gɛrtnər] *m* (*-s*; -), **'~in** *f* (-; *-nen*) jardinier *m*, ière *f*; **~ei** [-'rai] *f* (-; *-en*) exploitation *f* horticole

Gärung ['gɛ:ruŋ] *f* (-; *-en*) fermentation *f*

Gas [ga:s] *n* (*-es*; *-e*) **~ *geben*** accélérer; **'~hahn** *m* robinet *m* du gaz; **'~heizung** *f* chauffage *m* au gaz; **'~herd** *m* cuisinière *f* à gaz; **'~leitung** *f* conduite *f* de gaz; **'~maske** *f* masque *m* à gaz; **'~ofen** *m* radiateur *m* à gaz; **'~pedal** *n* accélérateur *m*

Gasse ['gasə] *f* (-; *-n*) ruelle *f*

Gast [gast] *m* (-[*e*]*s*; *⁼e*) invité *m*, -e *f*; hôte *m*; *Besucher* visiteur *m*; *im Lokal* consommateur *m*; **'~arbeiter** *m* travailleur *m* étranger *od* immigré

Gäste|buch ['gɛstə-] *n* livre *m* d'hôtes; **'~zimmer** *n* chambre *f* d'amis

'gast|freundlich hospitalier; **'⁀freundschaft** *f* (-; *sans pl*) hospitalité *f*; **'⁀geber** *m* (*-s*; -), **'⁀geberin** *f* (-; *-nen*) hôte *m*, -esse *f*; **'⁀haus** *n*, **'⁀hof** *m* restaurant *m*; auberge *f*

'Gast|land *n* pays *m* d'accueil; **'⁀lich** hospitalier, accueillant; **'~lichkeit** *f* (-; *sans pl*) hospitalité *f*

Gastronomie [gastrono'mi:] *f* (-; *sans pl*) gastronomie *f*

'Gast|spiel *n* représentation *f* d'acteurs en tournée; **'~stätte** *f* restaurant *m*; **'~stube** *f* salle *f* (d'hôtel); **'~wirt** *m*, **'~wirtin** *f* hôtelier *m*, ière *f*, restaurateur *m*, -trice *f*; aubergiste *m*, *f*; **'~wirtschaft** *f* auberge *f*; restaurant *m*

'Gasuhr *f* compteur *m* à gaz

Gatt|e ['gatə] *st/s m* (*-n*; *-n*) époux *m*; **'~in** *f* (-; *-nen*) épouse *f*

Gattung ['gatuŋ] *f* (-; *-en*) genre *m* (*a biol*); *Art* espèce *f*

Gaumen ['gaumən] *anat m* (*-s*; -) palais *m*

Gauner ['gaunər] *m* (*-s*; -) escroc *m*, filou *m*; **~'ei** *f* (-; *-en*) escroquerie *f*

Gazelle [ga'tsɛlə] *zo f* (-; *-n*) gazelle *f*

Geächtete [gəˀ'ɛçtətə] *m*, *f* (*-n*; *-n*) proscrit *m*, hors-la-loi *m*

geb. *abr* ***geboren***(***e***) né(e)

Gebäck [gə'bɛk] *n* (-[*e*]*s*; *-e*) pâtisserie *f*; *Plätzchen* petits gateaux *m/pl*, biscuits *m/pl*

Gebälk [gə'bɛlk] *n* (-[*e*]*s*; *-e*) charpente *f*

gebär|en [gə'bɛ:rən] (*gebar, geboren, h*) donner naissance à; **⁀mutter** *anat f* matrice *f*, utérus *m*

Gebäude [gə'bɔydə] *n* (*-s*; -) bâtiment *m*, immeuble *m*

geben ['ge:bən] (*gab, gegeben, h*) donner (***j-m etw*** qc à qn); *Zucker in Tee etc* mettre; *Antwort a* faire; ***sich ~*** *sich verhalten* se montrer; *nachlassen* se calmer; ***etw von sich ~*** dire qc; ***es gibt*** il y a; ***was gibt es?*** qu'y a-t-il?; *zum Essen* qu'est-ce qu'il y a à manger?; *TV* qu'est-ce qu'il y a à la télé?; ***das gibt es nicht!*** c'est impossible!; ça ne va pas!

Gebet [gə'be:t] *n* (-[*e*]*s*; *-e*) prière *f*

Gebiet [gə'bi:t] *n* (-[*e*]*s*; *-e*) territoire *m*;

fig domaine *m*; ***auf diesem ~*** dans *od* en ce domaine

ge'bietsweise local; ~ ***Regen*** averses *f/pl* par endroits

Gebilde [gə'bildə] *n* (*-s*; -) objet *m*, chose *f*, création *f*

ge'bildet cultivé, instruit

Gebirg|e [gə'birgə] *n* (*-s*; -) (chaîne *f* de) montagnes *f/pl*; ***im ~*** à la montagne; **'~szug** *m* chaîne *f* de montagnes

Gebiss [gə'bis] *n* (*-es*; *-e*) dentition *f*, dents *f/pl*; *künstliches* dentier *m*

Gebläse [gə'blɛːzə] *n* (*-s*; -) soufflerie *f*, ventilateur *m*

gebogen [gə'boːgən] tordu, courbé

geboren [gə'boːrən] né; ***ein ~er Deutscher*** un Allemand de naissance; ***ein ~er Redner*** un orateur-né; ***~e Müller*** née Müller

geborgen [gə'bɔrgən] à l'abri; **2heit** *f* (-; *sans pl*) sécurité *f*, protection *f*

Gebot [gə'boːt] *n* (-[*e*]*s*; *-e*) *rel* commandement *m*; *Erfordernis* mot *m* d'ordre; *Auktion* enchère *f*

Gebr. *abr* ***Gebrüder*** frères

Ge'brauch *m* (-[*e*]*s*; *⸚e*) usage *m*; *Verwendung* emploi *m*; *Sitte* coutume *f*; **2en** (*h*) faire usage *od* se servir de; employer, utiliser; ***gut zu ~ sein*** être utile

gebräuchlich [gə'brɔʏçliç] usuel

Ge'brauchs|anleitung *f*, **~anweisung** *f* (-; *-en*) mode *m* d'emploi; **2fertig** prêt à l'emploi; **~gegenstand** *m* objet *m* d'usage courant

ge'braucht utilisé; *Waren* d'occasion; **2wagen** *m* voiture *f* d'occasion

Gebrüll [gə'bryl] *n* (-[*e*]*s*; *sans pl*) cris *m/pl*; *Rind* mugissement *m*, beuglement *m*, meuglement *m*

Gebühr [gə'byːr] *f* (-; *-en*) taxe *f*, droit *m*

ge'bühren|d dû; *angemessen* convenable; **2einheit** *f* unité *f* de taxe; **2erhöhung** *f* majoration *f* de la taxe; **~frei** gratuit, sans taxes; **2ordnung** *f* barème *m* d'honoraires; **~pflichtig** soumis à une taxe; *Parken* payant; ***~e Straße*** route *f* à péage; ***~e Verwarnung*** contravention *f*

gebunden [gə'bundən] *Buch* relié; *fig* lié, engagé

Geburt [gə'buːrt] *f* (-; *-en*) naissance *f*; ***vor Christi ~*** avant Jésus-Christ; **~enkontrolle** *f*, **~enregelung** *f* contrôle *m* des naissances, planning *m* familial; **~enrückgang** *m* dénatalité *f*; **2enschwach** à basse natalité; **2enstark** à forte natalité; **~enziffer** *f* taux *m* de natalité

gebürtig [gə'byrtiç] natif, originaire (***aus*** de); ***~er Franzose*** Français de naissance *od* d'origine; d'origine française

Ge'burts|anzeige *f* faire-part *m* de naissance; **~datum** *n* date *f* de naissance; **~fehler** *m* malformation *f* de naissance; **~ort** *m* lieu *m* de naissance; **~tag** *m* anniversaire *m*; **~tagsfeier** *f* fête *f* d'anniversaire; **~urkunde** *f* acte *m* de naissance

Gebüsch [gə'byʃ] *n* (-[*e*]*s*; *-e*) buissons *m/pl*

Gedächtnis [gə'dɛçtnis] *n* (*-ses*; *-se*) mémoire *f*; ***zum ~ an*** à la mémoire de

Gedanke [gə'daŋkə] *m* (*-ns*; *-n*) pensée *f*, idée *f*; ***in ~n sein*** être préoccupé; ***sich ~n machen über*** se préoccuper de

Ge'danken|austausch *m* échange *m* d'idées *od* de vues; **2los** irréfléchi, étourdi; **2voll** pensif

Gedärm(e) [gə'dɛrm(ə)] *n/pl* (-[*e*]*s*; *-e*) intestins *m/pl*, boyaux *m/pl*

Gedeck [gə'dɛk] *n* (-[*e*]*s*; *-e*) *für e-e Person* couvert *m*; *Mahlzeit* menu *m*

gedeihen [gə'daiən] (*gedieh*, *gediehen*, *sn*) prospérer, croître

ge'denken (*gedachte*, *gedacht*, *h*) se souvenir de; *ehrend* commémorer (qc); ~ ***zu*** *vorhaben* se proposer de

Ge'denk|feier *f* commémoration *f*; **~minute** *f* minute *f* de silence; **~stätte** *f* mémorial *m*; **~tafel** *f* plaque *f* commémorative

Gedicht [gə'diçt] *n* (-[*e*]*s*; *-e*) poéme *m*, poésie *f*

gediegen [gə'diːgən] solide; *fig* F ***du bist aber ~!*** tu es drôle!

Gedräng|e [gə'drɛŋə] *n* (-; *sans pl*) bousculade *f*, foule *f*, cohue *f*; **2t** serré, entassé

Geduld [gə'dult] *f* (-; *sans pl*) patience *f*; **2en** [-dən] (*h*) ***sich ~*** patienter; **2ig** [-diç] patient

geehrt [gəʔ'eːrt] honoré; *in Briefen* ***Sehr ~er Herr N!*** Monsieur, …

geeignet [gəʔ'aignət] approprie; *befähigt* qualifié; apte (***für*** a)

Gefahr [gə'fa:r] *f* (-; *-en*) danger *m*, péril *m*; **~ laufen zu** courir le risque de; **auf die ~ hin, dass ...** quitte à (+ *inf*); **auf eigene ~** à ses risques et périls; **außer ~ sein** être hors de danger

gefähr|den [gə'fɛ:rdən] (*pas de -ge-*, *h*) mettre en danger; **~lich** dangereux, risqué

Gefälle [gə'fɛlə] *n* (*-s*; -) pente *f*; *fig* **das soziale ~** les différences sociales

gefallen [gə'falən] (*gefiel*, *gefallen*, *h*) plaire, convenir (**j-m** à qn); **es gefällt mir** ça me plaît; **sich etw ~ lassen** accepter qc; **das lasse ich mir nicht ~!** je ne suis pas disposé à me laisser faire!

Ge'fallen *m* (*-s*; -) service *m*; **j-n um e-n ~ bitten** demander un service à qn; **~ finden an** trouver plaisir à

gefällig [gə'fɛliç] complaisant, obligeant, serviable; *Sache* plaisant, agréable; **j-m ~ sein** faire plaisir à qn; **&keit** *f* (-; *-en*) complaisance *f*; *Dienst* service *m*

gefangen [gə'faŋən] prisonnier; **~ nehmen** faire prisonnier, capturer; **&e** *m*, *f* (*-n*; *-n*) prisonnier *m*, -ière *f*; **&nahme** *f* (-; *sans pl*) capture *f*; **&schaft** *f* (-; *sans pl*) captivité *f*

Gefängnis [gə'fɛŋnis] *n* (*-ses*; *-se*) prison *f*; **~strafe** *f* peine *f* de prison

Gefäß [gə'fɛ:s] *n* (*-es*; *-e*) vase *m*, récipient *m*; *Blut&* vaisseau m

gefasst [gə'fast] calme, résigné; **~ sein auf** s'attendre à

Gefecht [gə'fɛçt] *mil n* (-[*e*]*s*; *-e*) combat *m*

Gefieder [gə'fi:dər] *n* (*-s*; -) plumage *m*

Geflecht [gə'flɛçt] *n* (-[*e*]*s*; *-e*) treillis *m*; cannage *m*

Ge'flügel *n* (*-s*; sans *pl*) volaille *f*

Gefolge [gə'fɔlgə] *n* (*-s*; -) suite *f*

gefräßig [gə'frɛ:siç] vorace

Gefreite [gə'fraitə] *mil m* (*-n*; *-n*) caporal *m*

ge'frier|en (*gefror*, *gefroren*, *sn*) (congeler; **&fach** *n* compartiment *m* congélateur; **&schrank** *m*, **&truhe** *f* congélateur *m*

Gefühl [ge'fy:l] *n* (-[*e*]*s*; *-e*) sentiment *m*; *Gespür* intuition *f*; *physisch* sensation *f*; *Gemütsbewegung* émotion *f*; **&los** insensible (**gegen** à); **&sbetont** émotif, sensible; **&voll** avec âme; *rührselig* sentimental

gegebenenfalls [ge'ge:bənən-] le cas échéant

gegen ['ge:gən] *prép* (*acc*) *Richtung od zeitlich* vers; *feindlich* contre; *Tausch* en échange de; **freundlich ~** amical envers

'Gegenbeweis *m* preuve *f* (du) contraire

Gegend ['ge:gənt] *f* (-; *-en*) contrée *f*, région *f*; *Nähe* voisinage *m*

gegeneinander [ge:gənˀai'nandər] l'un contre l'autre

'Gegen|fahrbahn *auto f* voie *f* d'en face; **'~gewicht** *n* contrepoids *m*; **ein ~ bilden zu etw** contrebalancer qc; **'~gift** *n* antidote *m*; **'~kandidat** *m* rival *m*, concurrent *m*; **'~leistung** *f* équivalent *m* d'un service rendu; **als ~** en contre-partie; **'~maßnahme** *f* contre-mesure *f*; représaille *f*; **'~probe** *f* contre-épreuve *f*; **'~richtung** *f* direction *f* opposée; **'~satz** *m* contraste *m*; **im ~ zu** contrairement à, par opposition à, en contraste avec; **'&sätzlich** ['-zɛtsliç] opposé (à); **'~seite** *f* côté *m* opposé; **'&seitig** ['-zaitiç] mutuel, réciproque; **'~seitigkeit** *f* (-; *sans pl*) réciprocité *f*; **'~spieler** *m* adversaire *m*, opposant *m*, rival *m*; **'~stand** *m* objet *m*; *behandelter* sujet *m*; **'&ständlich** ['-ʃtɛntliç] concret; *Kunst* figuratif; **'~stück** *n* pendant *m*; **'~teil** *n* contraire *m*; **im ~** au contraire; **'&teilig** contraire, opposé

gegen'über 1. *adv* en face; **einander ~** vis-à-vis; **2.** *prép* (*dat*) *räumlich* en face de, vis-à-vis de; *j-m* **~** envers, à l'égard de; *im Vergleich zu* par rapport à; **3. &** *n* (*-s*; -) vis-à-vis *m*; **~liegend** d'en face; **~stellen** (*sép*, *-ge-*, *h*) opposer; confronter (*a jur*); **&stellung** *f* confrontation *f*

'Gegen|verkehr *m* circulation *f* venant d'en face; **'~wart** *f* ['-vart] *f* (-; *sans pl*) temps *m* présent; *Anwesenheit* présence *f*; *gr* présent *m*; **'&wärtig** ['-vɛrtiç] présent; *jetzig* actuel; *adv* à présent; **'~wehr** *f* (-; *sans pl*) résistance *f*, défense *f*; **'~wert** *m* contrevaleur *f*; **'~wind** *m* vent *m* contraire; **'&zeichnen** (*sép*, *-ge-*, *h*) contresigner

Gegner ['ge:gnər] *m* (*-s*; -), **'~in** *f* (-; *-nen*) adversaire *m*, *f*; rival *m*, -e *f*

gegr. *abr* **gegründet** fondé

Ge'hackte *n* (*-n*; *sans pl*) viande *f* hachée

Gehalt [gə'halt] **1.** *m* (-[*e*]*s*; *-e*) teneur *f* (***an*** en); *fig* fond *m*, idées *f/pl*; *Inhalt* contenu *m*; **2.** *n* (-[*e*]*s*; *⸗er*) salaire *m*; *Beamter* traitement *m*; **~sabrechnung** *f* bulletin *m* de salaire; **~sempfänger** *m* salarié *m*; **~serhöhung** *f* augmentation *f* de salaire; **~sgruppe** *f* catégorie *f* de traitement; **≈voll** substantiel; *nahrhaft* nutritif

gehässig [gə'hɛsiç] haineux; **≈keit** *f* (-; *-en*) hargne *f*, méchanceté *f*, haine *f*

Gehäuse [gə'hɔʏzə] *n* (*-s*; -) boîtier *m*; *tech* carter *m*; *Schnecke* coquille *f*

geheim [gə'haim] secret; **≈dienst** *m* services *m/pl* secrets

Geheimnis *n* (*-ses*; *-se*) secret *m*; *tiefes* mystère *m*; **≈voll** mystérieux

Ge'heim|nummer *f* code *m* secret; **~polizei** *f* police *f* secrète

gehemmt [gə'hɛmt] complexé, bloqué; F coincé

gehen ['ge:ən] (*ging*, *gegangen*, *sn*) aller (à pied); marcher (*a funktionieren*); *fort~* s'en aller, partir, sortir; *Teig* lever; *Ware* se vendre; ***einkaufen*** **(*schwimmen*)** ~ aller faire les courses (à la piscine); ***~ wir!*** allons-nous-en!, partons!; ***wie geht es dir?*** comment vas-tu?; ***es geht mir gut*** **(*schlecht*)** je vais bien (mal); ***es geht nichts über ...*** il n'y a rien de tel que ..., rien ne vaut ...; ***worum geht es?*** de quoi s'agit-il?; ***was geht hier vor sich?*** qu'est-ce qui se passe ici?; *Zimmer* ***nach Westen ~*** donner à l'ouest; ***sich ~ lassen*** se laisser aller

'Gehen *n* (*-s*; *sans pl*) marche *f*; ***das Kommen und ~*** le va-et-vient

'gehenlassen (*irr*, *sép*, *pas de -ge-*, *h*, → ***lassen***) ***sich ~*** se laisser aller

Gehilf|e [gə'hilfə] *m* (*-n*; *-n*), **~in** *f* (-; *-nen*) aide *m*, *f*, assistant *m*, -e *f*

Gehirn [gə'hirn] *n* (-[*e*]*s*; *-e*) cerveau *m*; **~erschütterung** *méd f* commotion *f* cérébrale

Gehör [gə'hø:r] *n* (-[*e*]*s*; *sans pl*) *Sinn* ouïe *f*; ***nach dem ~*** d'oreille; ***sich ~ verschaffen*** se faire entendre

ge'horchen (*pas de -ge-*, *h*) ***j-m ~*** obéir à qn; ***nicht ~*** désobéir

ge'hören (*pas de -ge-*, *h*) ***j-m ~*** appartenir *od* être à qn; ***~ zu*** faire partie de, compter parmi; ***es gehört sich*** c'est convenable; ***es gehört sich nicht*** ça ne se fait pas; ***das gehört nicht hierher*** cela n'a rien à faire ici

gehorsam [gə'ho:rza:m] **1.** obéissant; **2.** **≈** *m* (-; *sans pl*) obéissance *f*

'Geh|steig *m*, **~weg** *m* trottoir *m*

Geier ['gaiər] *zo m* (*-s*; -) vautour *m*

Geige ['gaigə] *f* (-; *-n*) violon ***~ spielen*** jouer du violon; ***etw auf der ~ spielen*** jouer qc au violon; **'≈n** (*h*) jouer du violon; **'~r** *m* (*-s*; -), **'~rin** *f* (-; *-nen*) violoniste *m*, *f*

geil [gail] lascif, lubrique; *fig* F ***das ist ~!*** c'est super!

Geisel ['gaizəl] *f* (-; *-n*) otage *m*; **'~nahme** *f* (-; *-n*) prise *f* d'otage(s); **'~nehmer** *m* (*-s*; -) preneur *m* d'otage(s)

Geißel ['gaisəl] *f* (-; *-n*) fouet *m*; *fig* fléau *m*

Geist [gaist] *m* (-[*e*]*s*; *-er*) esprit *m*; génie *m*; *Gespenst* spectre *m*; ***den ~ aufgeben*** rendre l'âme; ***der Heilige ~*** le Saint-Esprit

'Geister|bahn *f* train *m* fantôme; **'~fahrer** *auto m* automobiliste *m* roulant à contresens sur l'autoroute

'geistes|abwesend absent; **'≈gegenwart** *f* présence *f* d'esprit; **'~gegenwärtig** qui a de l'à-propos; **'~gestört** atteint de troubles mentaux; **'~krank** aliéné; ***ein ≈er*** un malade mental; **'≈wissenschaften** *f/pl* lettres *f/pl* (et sciences *f/pl* humaines); **'≈zustand** *m* état *m* mental

'geist|ig spirituel, intellectuel, mental; ***~e Getränke*** spiritueux *m/pl*; ***~ Behinderter*** handicapé *m* mental; **'~lich** spirituel; *zum Klerus gehörig* clérical; *kirchlich* ecclésiastique; **'≈liche** *m* (*-n*; *-n*) ecclésiastique *m*; *katholischer* curé *m*; *protestantischer* pasteur *m*; **'≈lichkeit** *f* (-; *sans pl*) clergé *m*; **'~los** dénué d'esprit, sans esprit; **'~reich** spirituel

Geiz [gaits] *m* (*-es*; *sans pl*) avarice *f*; **'~hals** *m* avare *m*, grigou F *m*; **'≈ig** avare

Gelächter [gə'lɛçtər] *n* (*-s*; -) rire *m od* rires *m/pl*; ***lautes ~*** éclats *m/pl* de rire

gelähmt [gə'lɛ:mt] paralysé

Gelände [gə'lɛndə] *n* (*-s*; -) terrain *m*; *umzäuntes* enceinte *f*; **~fahrzeug** *n* voiture *f* tout terrain, jeep *m*

Geländer [ge'lɛndər] *n* (-*s*; -) *Treppen*♀ rampe *f*; *Balkon*♀ balustrade *f*; *Brücken*♀ parapet *m*

Ge'ländewagen *m* → ***Geländefahrzeug***

ge'langen (*pas de -ge-, sn*) parvenir (***zu, an*** à); atteindre (***zu etw*** qc)

ge'lassen calme; *adv* de sang-froid; **♀heit** *f* (-; *sans pl*) calme *m*; sang-froid *m*

geläufig [gə'lɔʏfiç] courant; familier (***j-m*** à qn); **~ *sprechen*** parler couramment

gelaunt [gə'launt] disposé; ***gut*** (***schlecht***) **~ *sein*** être de bonne (mauvaise) humeur

gelb [gɛlp] jaune; *Ampel* orange; **'~lich** jaunâtre; **'♀sucht** *méd f* (-; *sans pl*) jaunisse *f*

Geld [gɛlt] *n* (-[*e*]*s*; -*er*) argent *m*; **'~angelegenheit** *f* question *f* d'argent; **'~anlage** *f* placement *m*; **'~ausgabe** *f* dépense *f*; **'~automat** *m* guichet *m* automatique; **'~beutel** *m*, **'~börse** *f* porte-monnaie *m*, bourse *f*; **'~buße** *f* amende *f*; **'~geber** *m* (-*s*; -), **'~geberin** *f* bailleur *m* de fonds; **'~geschäfte** *n/pl* transactions *f/pl* monétaires; **'~gier** *f* cupidité *f*; soif *f* de l'argent; **'~institut** *n* institut *m* bancaire; **'~knappheit** *f*, **'~mangel** *m* manque *m* d'argent; **'~mittel** *n/pl* ressources *f/pl* financières, disponibilités *f/pl*, fonds *m/pl*; **'~schein** *m* billet *m* de banque; **'~strafe** *f* amende *f*; **'~stück** *n* pièce *f*; **'~umtausch** *m*, **'~wechsel** *m* change *m*

Gelee [ʒə'leː] *n* (-*s*; -*s*) gelée *f*

ge'legen *örtlich* situé; *fig* ***das kommt mir sehr*** **~** cela m'arrive fort à propos

Ge'legenheit *f* (-; -*en*) occasion *f*; ***bei dieser*** **~** à cette occasion

Ge'legenheits|arbeit *f* travail *m* occasionnel; **~arbeiter** *m* travailleur *m* occasionnel

ge'legentlich occasionnel; *adv* à l'occasion, occasionnellement

gelehr|ig [gə'leːriç] docile; qui apprend bien; **♀samkeit** *f* (-; *sans pl*) érudition *f*; **~t** savant, érudit; **♀te** *m/f* (-*n*; -*n*) savant *m*, érudit *m*

Geleit [gə'lait] *n* (-[*e*]*s*; -*e*) accompagnement *m*, conduite *f*; *mil* escorte *f*; **♀en** (*pas de -ge-, h*) accompagner, reconduire; *mil* escorter

Gelenk [gə'lɛŋk] *n* (-[*e*]*s*; -*e*) articulation *f*, jointure *f*; *tech* joint *m*; **♀ig** souple

ge'lernt *ausgebildet* qualifié

geliebt [gə'liːpt] aimé, chéri; **♀e** *m, f* (-*n*; -*n*) amant *m*, maîtresse *f*

gelingen [gə'liŋən] **1.** (*gelang, gelungen, sn*) réussir; ***es gelingt mir, etw zu tun*** je réussis *od* j'arrive *od* je parviens à faire qc; **2. ♀** *n* (-*s*; *sans pl*) succès *m*; ***gutes*** **~*!*** bonne chance!

ge'loben (*pas de -ge-, h*) promettre solennellement (***zu*** de)

gelt|en ['gɛltən] (*galt, gegolten, h*) *wert sein* valoir; *gültig sein* être valable; *Sport* compter; *Gesetz* être en vigueur; **~ *lassen*** admettre; **~ *für*** *od* ***als*** être considéré comme; être supposé être; ***j-m*** **~** s'adresser à qn; ***es gilt zu …*** il s'agit de; **'~end** valable; en vigueur; **~ *machen*** *Anspruch* faire valoir; ***seinen Einfluss*** **~ *machen*** faire prévaloir son influence; **'♀ung** *f* (-; *sans pl*) *Bedeutung* importance *f*; *Ansehen* autorité *f*; **~ *haben*** être valable; ***zur*** **~ *bringen*** mettre en valeur; ***zur*** **~ *kommen*** être mis en valeur; **'♀ungsbedürfnis** *n* (-*ses*; *sans pl*) besoin *m* de se faire valoir

ge'lungen [gə'luŋən] réussi

gemächlich [gə'mɛːçliç] ***ganz*** **~** tout doucement

Gemälde [gə'mɛːldə] *n* (-*s*; -) peinture *f*; **~galerie** *f* galerie *f* de peinture

gemäß [gə'mɛːs] *adj* conforme (à); *prép* (*dat*) conformément à, selon; **~igt** [-içt] modére; **~*es Klima*** climat *m* tempéré

gemein [gə'main] *niederträchtig* méchant, infâme, *allgemein* commun; **~*er Soldat*** simple soldat; ***etw*** **~ *haben mit*** avoir qc en commun avec

Gemeinde [gə'maində] *f* (-; -*n*) commune *f*, municipalité *f*; *égl* paroisse *f*; *beim Gottesdienst* fidèles *m/pl*; **~amt** *n* municipalité *f*; **~beamte** *m* fonctionnaire *m* municipal; **~rat** *m* conseil *m* municipal; **~steuer** *f* impôt *m* local; **~verwaltung** *f* administration *f* municipale; **~wahl** *f* élections *f/pl* municipales

ge'mein|gefährlich qui constitue un danger public; **♀gut** *n* (-[*e*]*s*; *sans pl*) bien *m od patrimoine m commun*;

2heit *f* méchanceté *f*, bassesse *f*, infamie *f*, vacherie *f* F; **~nützig** [-nytsiç] d'utilité publique; **2platz** *m* lieu *m* commun; **~sam** commun; *adv* en commun; ***der 2e Markt*** le Marché Commun

Ge'meinschaft *f* (-; *-en*) communauté *f*; **~sarbeit** *f* travail *m* d'équipe

Ge'mein|sinn *m* (*-s*; *sans pl*) sens *m* civique; **2verständlich** à la portée de tous, populaire; **~wohl** *n* bien *m* public, intérêt *m* commun

Gemetzel [gə'mɛtsəl] *n* (*-s*; -) massacre *m*, carnage *m*, boucherie *f*

Gemisch [gə'miʃ] *n* (-[*e*]*s*; *-e*) mélange *m*

'Gemse → ***Gämse***

Gemüse [gə'myːzə] *n* (*-s*; -) légume *m* (*meist pl*); **~garten** *m* potager *m*; **~händler** *m*, **~händlerin** *f* marchand(e) *m*(*f*) des quatre-saisons, marchand(e) *m*(*f*) de légumes

Gemüt [gə'myːt] *n* (-[*e*]*s*; *-er*) âme *f*; cœur *m*; **2lich** *Ort* où l'on se sent à l'aise; intime, confortable; *Person* tranquille, débonnaire; *Stimmung* chaleureux; **~lichkeit** *f* (-; *sans pl*) intimité *f*, confort *m*

Ge'müts|bewegung *f* émotion *f*, agitation *f*; **~verfassung** *f*, **~zustand** *m* état *m* d'âme

Gen [geːn] *n* (*-s*; *-e*) *biol* gène *m*

genau [gə'nau] **1.** *adj* exact, précis; minutieux; *streng* strict; ***2eres*** des précisions *f/pl*, de plus amples détails *m/pl*; **2.** *adv* exactement, précisément; ***~ um 10 Uhr*** à dix heures précises; ***~ der*** celui-là même; ***~ zuhören*** écouter attentivement; ***es ~ nehmen*** regarder de près; ***~ kennen*** connaître à fond; **2igkeit** *f* (-; *sans pl*) exactitude *f*, précision *f*; **~so** → ***ebenso***

genehmig|en [ge'neːmigən] (*pas de -ge-*, *h*) autoriser; *zustimmen* consentir à; *gutheißen* approuver; **2ung** *f* (-; *-en*) autorisation *f*; consentement *m*; approbation *f*; **~ungspflichtig** soumis à une autorisation

General [genə'raːl] *mil m* (*-s*; *-e*, *⸚e*) général *m*; **~direktor** *m* P.D.G. *m* (=président-directeur général); **~konsul** *m* consul *m* général; **~konsulat** *n* consulat *m* général; **~probe** *f* répétition *f* générale; **~sekretär** *m* secrétaire *m* général; **~stab** *mil m* état-major *m* général; **~streik** *m* grève *f* générale; **~vertreter** *m* agent *m* général

Generation [genəra'tsjoːn] *f* (-; *-en*) génération *f*; **~envertrag** *m* contrat *m* entre les générations

Generator [genə'raːtɔr] *tech m* (*-s*; *-en*) générateur *m*

generell [genə'rɛl] général

genes|en [gə'neːzən] (*genas*, *genesen*, *sn*) guérir (***von*** de); **2ung** *f* (-; *sans pl*) guérison *f*

Genet|ik [ge'neːtik] *biol f* (-; *sans pl*) génétique *f*; **2isch** génétique

Genf [gɛnf] *n* Genève; ***der ~er See*** le lac Léman

'Genforschung *f* (-; *sans pl*) recherche *f* génétique

genial [gen'jaːl] génial, de génie; **2ität** [-jali'tɛːt] *f* (-; *sans pl*) génie *m*

Genie [ʒe'niː] *n* (*-s*; *-s*) génie *m*

genieren [ʒə'niːrən] (*pas de -ge-*, *h*) (***sich ~*** se) gêner

genieß|bar [gə'niːsbaːr] consommable; *essbar* mangeable; *trinkbar* buvable; **~en** (*genoss*, *genossen*, *h*) *essen* manger; *trinken* boire; *mit Behagen* savourer, goûter; *fig* jouir de (*a Ansehen etc*); **2er** *m* (*-s*; -) gourmet *m*, bon vivant *m*

'Genmanipu|lation *f* manipulation *f* génétique; **'2liert** *p/p* manipulé génétiquement

genormt [gə'nɔrmt] normalisé, standard

Genoss|e [gə'nɔsə] *m* (*-n*; *-n*), **~in** *f* (-; *-nen*) compagnon *m*, compagne *f*; *pol* camarade *m*, *f*; **~enschaft** *écon f* (-; *-en*) coopérative *f*; **2enschaftlich** coopératif

Gent [gɛnt] *n* Gand

'Gentechnik *f* ingénierie *f* génétique

'gentechnisch génétique(ment); ***~ verändert*** génétiquement modifié

'Gen|technologie *f* technologie *f* génétique; **~test** *m* test *m* génétique

Genua ['geːnua] *n* Gênes

genug [gə'nuːk] assez, suffisamment

Genüg|e [gə'nyːgə] *f* (-; *sans pl*) ***zur ~*** suffisamment; **2en** (*pas de -ge-*, *h*) suffire; *Anforderungen* satisfaire à; ***das genügt*** ça suffit; **2end** suffisant; **2sam** [-k-] sobre, frugal

Genugtuung [-tuːuŋ] *f* (-; *sans pl*) satisfaction *f*

Genuss [gə'nus] *m* (*-es*; *⸚e*) jouissance *f*; *von Nahrung* consommation *f*; ***ein ~*** un plaisir; *Essen* un délice; ***in den ~ von etw kommen*** bénéficier de qc

Geograf, **Geograph** [geo'graːf] *m* (*-en*; *-en*), **'~in** *f* (-; *-nen*) géographe *m*, *f*; **~ie** [-'fiː] *f* (-; *sans pl*) géographie *f*; **⁀isch** [-'graːfiʃ] géographique

Geolog|e [geo'loːgə] *m* (*-n*; *-n*), **'~in** *f* (-; *-nen*) géologue *m*, *f*; **~ie** [-'giː] *f* (-; *sans pl*) géologie *f*; **⁀isch** [-'loːgiʃ] géologique

Geometr|ie [geo'me'triː] *f* (-; *sans pl*) géométrie *f*; **⁀isch** [-'meːtriʃ] géométrique

Georgien [ge'ɔrgiən] *n* la Géorgie

Gepäck [gə'pɛk] *n* (*-[e]s*; *sans pl*) bagages *m/pl*; **~abfertigung** *f* enregistrement *m* des bagages; **~annahme** *f* enregistrement *m* des bagages; **~aufbewahrung** *f* consigne *f*; **~ausgabe** *f* remise *f* des bagages; **~kontrolle** *f* contrôle *m* des bagages; **~schalter** *m* guichet *m* des bagages; **~schein** *m* bulletin *m* de bagages; **~stück** *n* colis *m*; **~träger** *m am Bahnhof* porteur *m*; *am Fahrrad* porte-bagages *m*; **~wagen** *m* fourgon *m* à bagages

Gepard ['geːpart] *zo m* (*-s*; *-e*) guépard *m*

gepflegt [gə'pfleːkt] soigné, raffiné

Geplauder [gə'plaudər] *n* (*-s*; *sans pl*) causerie *f*

Gequassel [gə'kvasəl] *n* (*-s*; *sans pl*), **Gequatsche** [gə'kvatʃə] *n* (*-s*; *sans pl*) bla-bla *m*, bavardages *m/pl*

gerade [gə'raːdə] **1.** *adj* droit; *ohne Umweg* direct; *Zahlen* pair; *Charakter* franc; **2.** *adv* juste(ment); précisément; exactement; ***~ etw getan haben*** venir de faire qc; ***~ ein Jahr*** juste un an; ***nicht ~*** pas exactement; ***das ist es ja ~!*** c'est justement ça!; ***~ deshalb*** c'est précisément pour cela; ***~ rechtzeitig*** juste à temps; ***warum ~ ich?*** pourquoi c'est tombé sur moi?

Ge'rade *f* (*-n*; *-n*) *math* droite *f*; *Rennbahn* ligne *f* droite; *Boxen* **linke** (***rechte***) **~** direct *m* du gauche (droit)

gerade|aus [gəraːdəˀ'aus] tout droit; **~he'raus** franchement, carrément, sans détours; **~wegs** [gə'raːdəveːks] directement; **~zu** [gə'raːdə-] vraiment; purement et simplement

Gerät [gə'rɛːt] *n* (*-[e]s*; *-e*) *Elektro⁀*, *Haushalts⁀* appareil *m*; *Radio⁀*, *Fernseh⁀* poste *m*; *Sport*, *Labor* équipement *m*; *Handwerks⁀*, *Garten⁀* outil *m*; *Küchen⁀* utensile *m*; *Mess⁀* instrument *m*; *Turn⁀e* agrès *m/pl*

ge'raten (*geriet*, *geraten*, *sn*) **in** (***zwischen***) ***etw ~*** arriver (par hasard) à qc, tomber dans (*od* entre) qc; ***an j-n ~*** tomber sur qn; ***in Schwierigkeiten ~*** avoir des difficultés; ***außer sich ~*** être hors de soi

Gerate'wohl *n* ***aufs ~*** au hasard, au petit bonheur

Ge'rätschaften *pl Sport*, *Labor* équipement *m*

geräumig [gə'rɔʏmiç] spacieux

Geräusch [gə'rɔʏʃ] *n* (*-[e]s*; *-e*) bruit *m*

gerb|en ['gɛrbən] (*h*) tanner; **'⁀er** *m* (*-s*;-) tanneur *m*

ge'recht juste, équitable; ***j-m ~ werden*** rendre justice à qn; **⁀igkeit** *f* (-; *sans pl*) justice *f*

Ge'rede *n* (-; *sans pl*) bavardage *m*

gereizt [gə'raitst] irrité

Gericht [gə'riçt] *n* (*-[e]s*; *-e*) **1.** *Speise* mets *m*, plat *m*; **2.** *jur* tribunal *m*, cour *f*; *Gebäude* palais *m* de justice; ***j-n vor ~ stellen*** traduire qn devant le tribunal; ***vor ~ gehen*** recourir à la justice; **⁀lich** judiciaire

Ge'richts|barkeit *f* juridiction *f*; **~gebäude** *n* palais *m* de justice; **~hof** *m* cour *f* (de justice); **~saal** *m* salle *f* d'audience; **~verfahren** *n* procédure *f*; **~verhandlung** *f* débats *m/pl* judiciaires; **~vollzieher** *m* huissier *m* (de justice); **~weg** *m* voie *f* judiciaire

gering [gə'riŋ] petit, peu considérable, minime; **~er** moindre; **~st** moindre; ***nicht im ⁀en*** (ne ..) pas le moins du monde; **~fügig** peu important; insignifiant; **~schätzig** dédaigneux; **⁀schätzung** *f* (-; *sans pl*) dédain *m*

ge'rinnen (gerann, geronnen, *sn*) *Blut* se coaguler; *Milch* cailler

Gerippe [gə'ripə] *n* (*-s*; -) squelette *m*; *Tier* carcasse *f*

gerissen [gə'risən] *fig* rusé, roué

gern(e) ['gɛrn(ə)] volontiers; ***etw ~(e) tun*** aimer faire qc; ***~e haben*** aimer; ***ich möchte ~(e)*** j'aimerais bien; ***~ geschehen!*** il n'y a pas de quoi!; →

gernhaben
'gernhaben (*irr, sép, -ge-, h,* → ***haben***) aimer
Geröll [gə'rœl] *n* (-[*e*]*s*; *-e*) éboulis *m*
Gerste ['gɛrstə] *bot f* (-; *-n*) orge *f*
Geruch [gə'rux] *m* (-[*e*]*s*; *⸗e*) odeur *f*; **⁀los** inodore, sans odeur; **~ssinn** *m* (-[*e*]*s*; *sans pl*) odorat *m*
Gerücht [gə'ryçt] *n* (-[*e*]*s*; *-e*) bruit *m*, rumeur *f*, ***es geht das ~, dass …*** le bruit court que …
gerührt [gə'ryːrt] touché, ému
Gerümpel [gə'rympəl] *n* (*-s*; *sans pl*) vieilleries *f/pl*, bric-à-brac *m*, fatras *m*
Gerüst [gə'ryst] *n* (-[*e*]*s*; *-e*) *Bau⁀* échafaudage *m*; *fig* charpente *f*, structure *f*
Ges. *abr* ***Gesellschaft*** société
gesamt [gə'zamt] tout entier; total; ***das ⁀e*** le tout; **⁀betrag** *m* (montant *m*) total *m*; **⁀heit** *f* (-; *sans pl*) totalité *f*; **⁀schule** *f etwa* C.E.S. *m* (= collège *m* d'enseignement secondaire)
Gesang [gə'zaŋ] *m* (-[*e*]*s*; *⸗e*) chant *m*; **~buch** *n* livre *m* de cantiques; **~slehrer** *m*, **~slehrerin** *f* professeur *m* de chant; **~verein** *m* chorale *f*
gesch. *abr* ***geschieden*** divorcé(e)
Geschäft [gə'ʃɛft] *n* (-[*e*]*s*; *-e*) affaire *f*; *Handel* commerce *m*; *Laden* magasin *m*; **⁀ig** affairé; **⁀lich** commercial, d'affaires; *adv* pour affaires
Ge'schäfts|aufgabe *f* cessation *f* de commerce; **~bericht** *m* rapport *m* de gestion; **~brief** *m* lettre *f* d'affaires; **~essen** *n* repas *m*, dîner *m* d'affaires; **~frau** *f* femme *f* d'affaires; **~führer** *m* gérant *m*; **~führung** *f* gestion *f* des affaires; **~jahr** *n* exercice *m*; **~lage** *f* situation *f* des affaires, conjoncture *f*; **~leitung** *f* direction *f* (de l'entreprise); **~mann** *m* homme *m* d'affaires; **~partner** *m* associé *m*; **~reise** *f* voyage *m* d'affaires; **~reisende** *m* commis *m* voyageur; **~schluss** *m* heure *f* de fermeture du magasin; **~stelle** *f* bureau *m*, agence *f*; **~straße** *f* rue *f* commerçante; **⁀tüchtig** commerçant, efficace; **~zeit** *f* heures *f/pl* d'ouverture des magasins *od* des bureaux; **~zweig** *m* branche *f* commerciale
geschehen [gə'ʃeːən] (*geschah, geschehen, sn*) **1.** avoir lieu, arriver, se passer, se produire; ***das geschieht ihm recht*** c'est bien fait pour lui; **2.** **⁀** *n* (*-s*; *sans pl*) événements *m/pl*
Geschenk [gə'ʃɛŋk] *n* (-[*e*]*s*; *-e*) cadeau *m*, présent *m*
Geschicht|e [gə'ʃiçtə] *f* (-; *-n*) histoire *f*; **⁀lich** historique; **~sschreiber** *m*, **~swissenschaftler** *m* historien *m*
Geschick [gə'ʃik] *n* (-[*e*]*s*; *-e*) *Verhängnis* destin *m*; *Gewandtheit*) adresse *f*, habileté *f*; **~lichkeit** *f* (-; *-en*) adresse *f*, habileté *f*; **⁀t** adroit, habile
geschieden [gə'ʃiːdən] divorcé
Geschirr [gə'ʃir] *n* (-[*e*]*s*; *-e*) *Tisch⁀* vaisselle *f*; ***irdenes ~*** poterie *f*; **~spüler** *m*, **~spülmaschine** *f* lave-vaisselle *m*; **~tuch** *n* torchon *m*
Geschlecht [gə'ʃlɛçt] *n* (-[*e*]*s*; *-er*) *natürliches* sexe *m*; *Familie* famille *f*; *Generation* génération *f*; *gr* genre *m*; **⁀lich** sexuel
Ge'schlechts|krankheit *f* maladie *f* vénérienne; **~teile** *m/pl* organes *m/pl* génitaux; **~verkehr** *m* rapports *m/pl* sexuels
geschlossen [gə'ʃlɔsən] fermé; *in sich ~* compact, serré
Geschmack [gə'ʃmak] *m* (-[*e*]*s*; *⸗e*, F *⸗er*) goût *m*; **⁀lich** de goût; **⁀los** de mauvais goût; **~losigkeit** *f* (-; *sans pl*) manque *m* de goût; **~(s)sache** *f* affaire *f* de goût; **⁀voll** plein de goût, de bon goût
geschmeidig [gə'ʃmaidiç] souple
Geschöpf [gə'ʃœpf] *n* (-[*e*]*s*; *-e*) créature *f*
Geschoss [gə'ʃɔs] *n* (*-es*; *-e*) *mil* projectile *m*; *Stockwerk* étage *m*
Geschrei [gə'ʃrai] *n* (-[*e*]*s*; *sans pl*) cris *m/pl*
Geschütz [gə'ʃyts] *mil n* (*-es*; *-e*) pièce *f* d'artillerie, canon *m*
Geschwätz [gə'ʃvɛts] *n* bavardage *m*; **⁀ig** bavard
geschweige [gə'ʃvaigə] ***~ denn*** et encore moins
geschwind [gə'ʃvint] rapide, prompt; *adv* vite; **⁀igkeit** (-; *-en*) vitesse *f*; ***mit e-r ~ von …*** à une vitesse de …; **⁀igkeitsbegrenzung** [-diç-] *f*, **⁀igkeitsbeschränkung** *f* limitation *f* de vitesse; **⁀igkeitsüberschreitung** [-diç-] *f* excès *m* de vitesse
Geschwister [gə'ʃvistər] *pl* frère(s *pl*) *m* et sœur(s *pl*) *f*
Geschworene [gə'ʃvoːrənə] *m* (*-n*; *-n*)

juré *m*; ***die ~n*** le jury
Geschwür [gə'ʃvy:r] *méd n* (*-s*; *-e*) ulcère *m*
Gesell|e [gə'zɛlə] *m* (*-n*; *-n*) compagnon *m*; **~enbrief** *m* diplôme *m* d'apprenti; **~enprüfung** *f* épreuve *f* de compagnon; **♀ig** sociable; ***~es Beisammensein*** réunion *f* entre amis
Ge'sellschaft *f* (-; *-en*) société *f*; compagnie *f*; ***in ~ von*** en compagnie de; ***j-m ~ leisten*** tenir compagnie à qn; **~er** *m* associé *m*; **♀lich** social; mondain
Ge'sellschafts|ordnung *f* ordre *m* social; **~politik** *f* politique *f* sociale globale; **~schicht** *f* couche *f* sociale; **~system** *n* système *m* social
Gesetz [gə'zɛts] *n* (*-es*; *-e*) loi *f*; **~buch** *n* code *m*; ***Bürgerliches ~*** Code civil; **~esvorlage** *f* projet *m* de loi; **♀gebend** législatif; **~geber** *m* (*-s*; -) législateur *m*; **~gebung** *f* (-; *sans pl*) législation *f*; **♀lich** légal; ***~ geschützt*** breveté; **♀los** sans lois, anarchique; **♀mäßig** *regelmäßig* régulier; *jur* légal, légitime
ge'setzt posé, pondéré; ***~ (den Fall), dass*** à supposer que (+ *subj*)
ge'setzwidrig illégal
ges. gesch. *abr* ***gesetzlich geschützt*** protégé par la loi
Gesicht [gə'ziçt] *n* (-[*e*]*s*; *-er*) figure *f*, *seltener* visage *m*; ***zu ~ bekommen*** voir; ***aus dem ~ verlieren*** perdre de vue; ***ein ~ ziehen*** faire la moue
Ge'sichts|ausdruck *m* physionomie *f*; **~farbe** *f* teint *m*; **~kreis** *m* horizon *m*; **~punkt** *m* point *m* de vue; **~züge** *m/pl* traits *m/pl* du visage
Gesindel [gə'zindəl] *n* (*-s*; *sans pl*) canaille *f*, racaille *f*
gesinnt → ***gutgesinnt***, ***übelgesinnt***
Gesinnung [gə'zinuŋ] *f* (-; *-en*) sentiments *m/pl*; *Meinung*, *bes pol* opinion *f*, conviction *f*; **♀slos** sans caractère
gespannt [gə'ʃpant] *straff* tendu (*a fig*); *Aufmerksamkeit* soutenu; ***~ sein auf etw*** être pressé (*od* impatient) de savoir qc; ***ich bin ~ ob ...*** je suis curieux de savoir si ...
Gespenst [gə'ʃpɛnst] *n* (-[*e*]*s*; *-er*) fantôme *m*, spectre *m*
Gespräch [gə'ʃprɛ:ç] *n* (-[*e*]*s*; *-e*) conversation *f*, entretien *m*; *tél* communication *f*; **♀ig** loquace, causeur F; **~spartner** *m*, **~spartnerin** *f* interlocuteur *m*, -trice *f*
Gespür [gə'ʃpy:r] *n* (*-s*; *sans pl*) flair *m*, ***ein ~ haben für*** avoir le sens de
gest. *abr* ***gestorben*** mort(e); décédé(e)
Gestalt [gə'ʃtalt] *f* (-; *-en*) forme *f*; *Person* figure *f*, personnage *m*; *Wuchs* taille *f*, physique *m*, stature *f*; ***in ~ von*** sous forme de; **♀en** (*pas de -ge-*, *h*) organiser; *formen* former, façonner; **~ung** *f* (-; *sans pl*) organisation *f*; formation *f*; façonnement *m*; *Raum♀* décoration *f*
geständ|ig [gə'ʃtɛndiç] ***~ sein*** avouer; **♀nis** [-t-] *n* (*-ses*; *-se*) aveu *m*
Gestank [gə'ʃtaŋk] *m* (-[*e*]*s*; *sans pl*) puanteur *f*, mauvaise odeur *f*
gestatten [gə'ʃtatən] (*pas de -ge-*, *h*) permettre
Geste ['gɛstə] *f* (-; *-n*) geste *m*
ge'stehen (*gestand*, *gestanden*, *h*) avouer, confesser
Gestell [gə'ʃtɛl] *n* (-[*e*]*s*; *-e*) *Bock* chevalet *m*; *Regal* rayonnages *m/pl*; *Grundkonstruktion* bâti *m*
gest|ern ['gɛstərn] hier; ***~ Abend*** hier soir; **'~rig** ['-riç] d'hier
Gestrüpp [gə'ʃtryp] *n* (-[*e*]*s*; *-e*) broussailles *f/pl*
Gesuch [gə'zu:x] *n* (-[*e*]*s*; *-e*) demande *f*, requête *f*; *Bittschrift* pétition *f*
ge'sucht recherché
gesund [gə'zunt] bien portant; sain; salubre; ***~ sein*** être en bonne santé; ***der ~e Menschenverstand*** le bon sens; **♀heit** *f* (-; *sans pl*) santé *f*; ***~!*** *beim Niesen* à tes (*od* vos) souhaits!; **~heitlich** ***~ geht es ihm gut*** il est en bonne santé
Ge'sundheits|amt *n* service *m* d'hygiène; dispensaire *m*; **♀gefährdend**, **♀schädlich** malsain, insalubre; **~wesen** *n* régime *m* sanitaire; **~zeugnis** *n* attestation *f* de santé; **~zustand** *m* état *m* de santé
ge'sundschrumpfen (*sép*, *-ge-*, *h*) rationaliser
Getränk [gə'trɛŋk] *n* (-[*e*]*s*; *-e*) boisson *f*; **~eautomat** [-əˀautoma:t] *m* distributeur *m* automatique de boissons; **~ekarte** *f* carte *f* des boissons
Getreide [gə'traidə] *n* (*-s*; -) céréales *f/pl*; blé *m*; **~anbau** *m* céréaliculture *f*, culture *f* de céréales; **~ernte** *f* mois-

son *f*; **~speicher** *m* silo *m*
ge'trennt séparé; **~ *zahlen*** payer séparément
Getriebe [gə'tri:bə] *n* (*-s*; -) mécanisme *m*, engrenage *m*; *auto* boîte *f* de vitesses; **~schaden** *m* dommage *m* à la boîte de vitesses
Gewächs [gə'vɛks] *n* (*-es*; *-e*) plante *f*; *Weinsorte* cru *m*; *méd* tumeur *f*
ge'wachsen *j-m, e-r Sache ~ sein* être à la hauteur de qn, qc
Ge'wächshaus *n* serre *f*
gewagt [gə'va:kt] osé, risqué
gewählt [gə'vɛ:lt] *Stil* choisi
Gewähr [gə'vɛ:r] *f* (-; *sans pl*) garantie *f*; ***~ übernehmen für*** répondre de; **&en** (*pas de -ge-, h*) accorder; ***~ lassen*** laisser faire; **&leisten** (*pas de -ge-, h*) garantir
Gewahrsam [gə'va:rza:m] *m* (*-s*; *sans pl*) garde *f*; *Haft* détention *f*; ***in ~ nehmen*** prendre sous sa garde, détenir
Gewalt [gə'valt] *f* (-; *-en*) force *f*; *~tätigkeit* violence *f*; *Macht* pouvoir *m*, puissance *f*; *moralische* autorité *f*; ***mit ~*** à toute force; ***höhere ~*** force majeure; ***~ anwenden*** recourir à la force; ***in seine ~ bringen*** s'emparer de; ***die ~ verlieren über*** perdre le contrôle de; **~herrschaft** *f* despotisme *m*, tyrannie *f*; **~herrscher** *m* despote *m*, tyran *m*; **&ig** énorme, colossal; F formidable, terrible; **&los** non-violent; **~losigkeit** *f* (-; *sans pl*) non-violence *f*; **&sam** violent; ***~ öffnen*** ouvrir de force; **~tat** *f* acte *m* de violence; **&tätig** violent
gewandt [gə'vant] adroit, habile; *körperlich* agile; **&heit** *f* (-; *sans pl*) adresse *f*, habilité *f*; agilité *f*; *im Benehmen* aisance *f*
Gewässer [gə'vɛssər] *n* (*-s*; -) eaux *f/pl*; **~schutz** *m* mesures *f/pl* pour la protection des eaux
Gewebe [gə've:bə] *n* (*-s*; -) tissu *m* (*a fig*)
Gewehr [gə've:r] *n* (*-[e]s*; *-e*) fusil *m*; **~kolben** *m* crosse *f*; **~lauf** *m* canon *m* (de fusil)
Geweih [gə'vai] *zo* *n* (*-[e]s*; *-e*) bois *m/pl*; *Hirsch a* ramure *f*
Gewerbe [gə'vɛrbə] *n* (*-s*; -) industrie *f*; *Beruf* métier *m*; profession *f*; **~freiheit** *f* liberté *f* industrielle; **~genehmigung** *f* licence *f* professionnelle
gewerb|lich [gə'vɛrpliç] industriel; **~smäßig** professionnel
Ge'werkschaft *f* (-; *-en*) syndicat *m*; **~ler** *m* (*-s*; -), **~lerin** *f* (-; *-nen*) *m* syndicaliste *m*, *f*; **&lich** syndical; **~sbewegung** *f* syndicalisme *m*; **~sbund** *m* fédération *f* syndicale; **~smitglied** *n* syndiqué *m*, -e *f*; **~svertreter** *m* représentant *m* syndical
Gewicht [gə'viçt] *n* (*-[e]s*; *-e*) poids *m*; *fig a* importance *f*
Gewinde [gə'vində] *n* (*-s*; -) *Schrauben&* pas *m* de vis, filetage *m*
Gewinn [gə'vin] *m* (*-[e]s*; *-e*) gain *m*; profit *m*; bénéfice *m*; ***~ bringend*** lucratif, rentable; **~anteil** *m* droit *m* de licence; redevance; **~ausschüttung** *f* affectation *f* de bénéfices; **~beteiligung** *f* participation *f* aux bénéfices; **&bringend** lucratif, rentable; **&en** (*gewann, gewonnen, h*) gagner; *Erze* extraire; **&end** *Wesen, Lächeln* avenant, engageant; **~er** *m* (*-s*; -) vainqueur *m*, gagnant *m*; **~spanne** *f* marge *f* de bénéfice; **~sucht** (-; *sans pl*) âpreté *f* au gain; **~zahl** *f* numéro *m* gagnant
Gewirr [gə'vir] *n* (*-[e]s*; *-e*) confusion *f*; *Straßen&* dédale *m*
gewiss [gə'vis] sûr, certain; ***ein gewisser Herr N*** un certain monsieur N; *adv* certainement; ***~!*** mais oui!
Ge'wissen *n* (*-s*; -) conscience *f*; **&haft** consciencieux; **&los** sans scrupules
Ge'wissens|biss *m* remords *m*; **~frage** *f* cas *m* de conscience; **~konflikt** *m* conflit *m* moral
gewissermaßen [gəvisər'ma:sən] pour ainsi dire
Ge'wissheit *f* (-; *-en*) certitude *f*
Gewitter [gə'vitər] *n* (*-s*; -) orage *m*; **~regen** *m* pluie *f* d'orage
ge'wittrig [-riç] orageux
gewöhnen [gə'vø:nən] (*pas de -ge-, h*) (***sich ~*** s')accoutumer, habituer (***an*** à)
Gewohnheit [gə'vo:nhait] *f* (-; *-en*) habitude *f*, coutume *f*; **&smäßig** habituel; routinier; *adv* par habitude; **~srecht** *n* droit *m* coutumier
ge'wöhnlich ordinaire; *zur Gewohnheit geworden* habituel; *herkömmlich* usuel; *péj* commun, vulgaire; ***wie ~*** comme d'habitude
ge'wohnt habituel; ***etw ~ sein*** être habitué à qc

Ge'wöhnung *f* (-; *sans pl*) accoutumance *f* (***an*** à)
Gewölbe [gə'vœlbə] *n* (-*s*; -) voûte *f*
Gewühl [gə'vyːl] *n* (-[*e*]*s*; *sans pl*) cohue *f*
Gewürz [gə'vyrts] *n* (-*es*; -*e*) épice *f*
gez. *abr* ***gezeichnet*** signé
Ge'zeiten *pl* marée *f*
ge'zielt concentré, bien orienté, systématique
gezwungen [gə'tsvuŋən] contraint, forcé
ggf. *abr* ***gegebenenfalls*** le cas échéant
Gicht [giçt] *méd f* (-; *sans pl*) goutte *f*
Giebel ['giːbəl] *m* (-*s*; -) pignon *m*
Gier [giːr] *f* (-; *sans pl*) avidité *f*; '**≈ig** avide (***nach, auf*** de)
gieß|en ['giːsən] (*goss, gegossen, h*) verser; *Blumen* arroser; *tech* couler, fondre; **≈erei** [-'rai] *f* (-; -*en*) fonderie *f*; '**≈kanne** *f* arrosoir *m*
Gift [gift] *n* (-[*e*]*s*; -*e*) poison *m*; *zo* venin *m*; '**≈ig** toxique; *Pilz* vénéneux; *Schlange* venimeux (*a fig*); '**~müll** *m* déchets *m/pl* toxiques; '**~stoff** *m* toxique *m*; *méd* toxine *f*
Gigant [gi'gant] *m* (-*en*; -*en*) géant *m*; **≈isch** gigantesque
Gipfel ['gipfəl] *m* (-*s*; -) sommet *m*; *fig a* apogée *m*, comble *m*; '**~konferenz** *f*, '**~treffen** *n pol* conférence *f* au sommet
Gips [gips] *m* (-*es*; -*e*) plâtre *m*; '**~abdruck** *m*, '**~abguss** *m* plâtre *m*, moulage *m* en plâtre; '**~verband** *m* plâtre *m*
Giraffe [gi'rafə] *zo f* (-; -*n*) girafe *f*
Giro ['ʒiːro] *n* (-*s*; -*s*) virement *m*; '**~konto** *n* compte *m* courant; '**~verkehr** *m* opérations *f/pl* de virement
Gitarre [gi'tarə] *f* (-; -*n*) guitare *f*
Gitter ['gitər] *n* (-*s*; -) grille *f*; grillage *m*; *fig* F ***hinter ~n sitzen*** être sous les verrous; '**~fenster** *n* fenêtre *f* grillagée
Glanz [glants] *m* (-*es*; *sans pl*) éclat *m*; *Pracht* splendeur *f*
glänzen ['glɛntsən] (*h*) briller (*a fig*); '**~d** brillant
'**Glanz|leistung** *f* performance *f* brillante; '**~zeit** *f* époque *f* de gloire
Glas [glaːs] *n* (-*es*; ≈*er*) verre *m*; '**~er** *m* (-*s*; -) vitrier *m*
'**Glas|faser** *f* fibre *f* de verre; *tél* fibre *f* optique; '**~hütte** *f* verrerie *f*; **≈ieren** [-'ziːrən] (*pas de -ge-, h*) *Keramik* vernisser; *cuis* glacer; '**~scheibe** *f* carreau *m*, vitre *f*; **~ur** [-'zuːr] *f* (-; -*en*) vernis *m*; *cuis* glaçage *m*, nappage *m*; '**~wolle** *f* laine *f* de verre
glatt [glat] lisse; poli; *Straße* glissant; *fig Sieg etc* net; ***~ ablehnen*** refuser carrément
Glätte ['glɛtə] *f* (-; *sans pl*) *Fahrbahn* état *m* glissant
'**Glatteis** *n* verglas *m*
'**glätten** (*h*) lisser, polir; *Schweiz bügeln* repasser
Glatze ['glatsə] *f* (-; -*n*) tête *f* chauve, calvitie *f*; ***e-e ~ haben*** être chauve
'**glauben** (*h*) croire (***etw*** qc); ***j-m ~*** croire qn; ***~ an*** croire à; ***an Gott ~*** croire en Dieu
Glaube(n) ['glaubə(n)] *m* (-*ns*; *sans pl*) croyance *f* (***an*** à); *rel* foi *f* (***an*** en)
'**Glaubens|bekenntnis** *n* profession *f* de foi, credo *m*; '**~satz** *m* dogme *m*
glaubhaft ['glaup-] crédible, plausible
gläubig ['glɔʏbiç] croyant; ***die ≈en*** les fidèles *m/pl*
Gläubiger ['-gər] *écon m* (-*s*; -) créancier *m*
glaubwürdig ['glaup-] digne de foi
gleich [glaiç] **1.** *adj* égal; *identisch* le même; *ähnlich* pareil; ***~ bleibend*** constant; ***das ≈e*** la même chose; ***auf die ~e Art*** de la même façon; ***zur ~en Zeit*** en même temps; ***das ist mir ~*** ça m'est égal; je m'en moque; ***ganz ~ wann*** n'importe quand; **2.** *adv ebenso* également; *sofort* à l'instant, tout de suite; ***~ groß*** de même taille, aussi grand; ***~ nach*** juste après; ***es ist ~ 5*** il va être 5 heures; ***~ aussehen*** se ressembler; ***bis ~!*** à tout à l'heure!
'**gleich|altrig** du même âge; '**~bedeutend** synonyme (***mit*** à *od* avec); '**~berechtigt** ayant les mêmes droits, émancipé; '**≈berechtigung** *f* (-; *sans pl*) émancipation *f*; '**~bleibend** constant; '**~en** (*glich, geglichen, h*) ressembler (à); ***sich ~*** se ressembler; '**~ermaßen** également; '**~falls** de même, pareillement; ***danke, ~!*** merci à vous aussi!; '**≈gewicht** *n* (-[*e*]*s*; *sans pl*) équilibre *m*; '**~gültig** indifférent; '**≈gültigkeit** *f* (-; -*en*) indifférence *f*;

'**≈heit** *f* (-; *sans pl*) égalité *f*; '**≈heitsgrundsatz** *m* principe *m* d'égalité; '**~machen** (*sép*, -*ge*-, *h*) égaliser; '**~mäßig** régulier; '**≈mut** *m* calme *m*, impassibilité *f*; '**~mütig** calme, impassible; '**~sam** pour ainsi dire; '**~seitig** *math* équilatéral; '**~setzen** (*sép*, -*ge*-, *h*), '**~stellen** (*sép*, -*ge*-, *h*) mettre sur le même plan; assimiler (à); '**≈strom** *tech m* courant *m* continu; '**≈ung** *math f* (-; -*en*) équation *f*; '**~wertig** équivalent; '**~zeitig** simultané; *adv* en même temps

Gleis [glais] *n* (-*es*; -*e*) voie *f* (ferrée), rails *m/pl*; *Bahnsteig* quai *m*

gleit|en ['glaitən] (*glitt*, *geglitten*, *sn*) glisser; ***~de Arbeitszeit*** horaire *m* à la carte; '**≈flug** *m* ***im ~*** en vol plané; '**≈zeit** *f* horaire *m* libre

Gletscher ['glɛtʃər] *m* (-*s*; -) glacier *m*; '**~spalte** *f* crevasse *f*

Glied [gliːt] *n* (-[*e*]*s*; -*er*) membre *m*; *männliches* pénis *m*; *e-r Kette* chaînon *m*; '**≈ern** ['-dərn] (*h*) diviser; organiser; structurer; '**~erung** ['-dəruŋ] *f* (-; -*en*) division *f*; organisation *f*; structure *f*

glimmen ['glimən] (*h*) brûler sans flamme; luire; *unter der Asche* couver

global [glo'baːl] *umfassend* global; *weltweit* planétaire; **≈i'sierung** *f* (-; -*en*) mondialisation *f*; **≈steuerung** *f* contrôle *m* global

Globus ['gloːbus] *m* (-[*ses*]; *Globen*) mappemonde *f*, globe *m* terrestre

Glocke ['glɔkə] *f* (-; -*n*) cloche *f*

'**Glocken|blume** *bot f* campanule *f*; '**~spiel** *n* carillon *m*; '**~turm** *m* clocher *m*

glorreich ['gloːr-] glorieux

Glück [glyk] *n* (-[*e*]*s*; *sans pl*) *Zustand* bonheur *m*; *durch Zufall* chance *f*; ***auf gut ~*** au petit bonheur; ***viel ~!*** bonne chance!; ***zum ~*** heureusement, par bonheur; ***~ haben*** avoir de la chance; ***~ bringend*** porte-bonheur

'**glück|en** (*sn*) réussir; ***alles glückt ihm*** tout lui réussit; '**~lich** heureux; ***~er Zufall*** heureux hasard; '**~licherweise** heureusement

'**Glücks|fall** *m* coup *m* de chance; '**~kind** *n* ***ein ~ sein*** être né coiffé; '**~pilz** *m* chanceux *m*, veinard *m*; '**~spiel** *n* jeu *m* de hasard; '**~tag** *m* jour *m* de chance

'**glückstrahlend** rayonnant de bonheur, radieux

'**Glückwunsch** *m* félicitations *f/pl*; ***herzlichen ~!*** toutes mes (*od* nos) félicitations!; *zum Geburtstag* joyeux anniversaire!; ***j-m seine Glückwünsche aussprechen*** féliciter qn (***zu etw*** de qc); '**~karte** *f* carte *f* de félicitations; '**~telegramm** *n* télégramme *m* de félicitations

Glüh|birne ['glyː-] *f* ampoule *f*; '**≈en** (*h*) être rouge; *fig* brûler (***vor*** de); '**≈end** ardent, brûlant (*beide a fig*); *Hitze* torride

Glut [gluːt] *f* (-; -*en*) *Feuer* braise *f*; *Sonne*, *fig* ardeur *f*

GmbH *comm f* SARL *f* (société à responsabilité limitée)

Gnade ['gnaːdə] *f* (-; *sans pl*) grâce *f*

'**Gnaden|frist** *f* délai *m* de grâce; '**~gesuch** *jur n* recours *m* en grâce; '**≈los** sans pitié

Gold [gɔlt] *n* (-*es*; *sans pl*) or *m*; '**~barren** *m* lingot *m* d'or; '**≈en** ['gɔldən] d'or; *goldfarbig* doré; '**~fisch** *m* poisson *m* rouge; '**~gräber** ['-grɛːbər] *m* (-*s*; -) chercheur *m* d'or; '**~grube** *f fig* mine *f* d'or; '**≈ig** ['-diç] mignon, gentil, adorable; '**~medaille** *f* médaille *f* d'or; '**~mine** *f* mine *f* d'or; '**~münze** *f* pièce *f* d'or; '**~preis** *m* prix *m* de l'or; '**~schmied** *m* orfèvre *m*

Golf[1] [gɔlf] *géogr m* (-[*e*]*s*, -*e*) golfe *m*

Golf[2] *Sport n* (-*s*; *sans pl*) golf *m*; '**~ball** *m* balle *f* de golf; '**~platz** terrain *m* de golf; '**~schläger** *m* crosse *f* de golf; '**~spieler** *m* joueur *m* de golf; '**~strom** *m* (-[*e*]*s*; *sans pl*) Gulf Stream *m*

Gondel ['gɔndəl] *f* (-; -*n*) *Boot* gondole *f*; *Seilbahn≈* cabine *f*; *Ballon≈* nacelle *f*

Gong(**schlag**) ['gɔŋ-] *m* (-*s*; -*e*) gong *m*

gönn|en ['gœnən] (*h*) ***sich etw ~*** se payer, s'offrir, s'accorder qc; ***j-m etw ~*** être content pour qn; '**≈er** *m* (-*s*; -), '**≈erin** *f* (-; -*nen*) protecteur *m*, -trice *f*; bienfaiteur *m*, -trice *f*; mécène *m*; '**~erhaft** protecteur; condescendant

Gorilla [go'rila] *zo m* (-*s*; -*s*) gorille *m*

Got|ik ['goːtik] *f* (-; *sans pl*) style *m od époque f gothique*; '**≈isch** gothique

Gott [gɔt] *m* (-*es*; ≈*er*) dieu *m*; *christlicher* Dieu; ***~ der Herr*** le Seigneur; ~

sei Dank! Dieu merci!, grâce à Dieu!; ***leider ~es!*** hélas!

'**Gottes|dienst** *m* service *m* religieux; messe *f*; office *m*; '**~lästerung** *f* blasphème *m*

Gotthard ['gɔthart] ***der ~*** le col du Saint-Gothard

'**Gottheit** *f* (-; -*en*) divinité *f*

Gött|in ['gœtin] *f* (-; -*nen*) déesse *f*; '**⁀lich** divin

gott|'lob! Dieu soit loué!; '**~los** impie, athée; '**~verlassen** *Ort* perdu

Grab [gra:p] *n* (-[*e*]*s*; ⸗*er*) tombe *f*, tombeau *m*, *ausgehobenes* fosse *f*

'**graben** (*grub*, *gegraben*, *h*) creuser

Graben ['gra:bən] *m* (-*s*; ⸗) fossé *m*; *mil* tranchée *f*

'**Grab|mal** *n* (-[*e*]*s*; -*e*, ⸗*er*) tombeau *m*, monument *m* funéraire; '**~stein** *m* pierre *f* tombale

Grad [gra:t] (-[*e*]*s*; -*e*) *Maß* degré *m*; *fig* grade *m*; ***15 ~ Kälte*** 15 degrés en dessous de zéro; '**~einteilung** *f* graduation *f*

Graf [gra:f] *m* (-*en*; -*en*) comte *m*

Graffito [gra'fi:to] *n* (-*s*; -*ti*) graffiti *m*/*pl*

Grafi|k ['gra:fik] *f* (-; -*en*) art *m* graphique; *Druck* gravure *f*, estampe *f*; *Diagramm* graphique *m*; '**~ker** *m* (-*s*; -) dessinateur-graveur *m*; '**⁀sch** graphique

'**Grafikkarte** *f* (-; -*n*) carte *f* graphique

Gräfin ['grɛ:fin] *f* (-; -*nen*) comtesse *f*

'**Grafschaft** *f* (-; -*en*) comté *m*

Gramm [gram] *n* (-*s*; -*e*) gramme *m*

Grammati|k [gra'matik] *f* (-; -*en*) grammaire *f*; **⁀sch** grammatical

Granat|e [gra'na:tə] *mil f* (-; -*n*) obus *m*; *Hand⁀* grenade *f*; **~splitter** *m* éclat *m* d'obus; **~werfer** *m* mortier *m*, lance-grenades *m*

grandios [grand'jo:s] grandiose, magnifique

Granit [gra'ni:t] *m* (-*s*; -*e*) granit(e) *m*

'**Graphik** → ***Grafik***

Gras [gra:s] *n* (-*es*; ⸗*er*) herbe *f*

grasen ['gra:zən] *Vieh* brouter l'herbe

grassieren [gra'si:rən] (*pas de -ge-*, *h*) sévir

grässlich ['grɛsliç] affreux, horrible, hideux

Grat [gra:t] *m* (-[*e*]*s*; -*e*) arête *f*, crête *f*

Gräte ['grɛ:tə] *f* (-; -*n*) *Fisch* arête *f*

Gratifikation [gratifika'tsjo:n] *f* (-; -*en*) gratification *f*

gratis ['gra:tis] gratis, gratuitement

Gratu|lant [gratu'lant] *m* (-*en*; -*en*) personne *f* qui félicite qn; **~lation** [-'tsjo:n] *f* (-; -*en*) félicitations *f*/*pl*; **⁀'lieren** ***j-m*** (***zu etw***) **~** féliciter qn (de qc); ***j-m zum Geburtstag ~*** souhaiter bon anniversaire à qn

grau [grau] gris; '**⁀brot** *n* pain *m* de seigle

Graubünden [grau'byndən] *n* les Grisons *m*/*pl*

Gräuel ['grɔyəl] *m* (-*s*; -), '**~tat** *f* atrocité *f*

'**grauen** (*h*) ***mir graut vor*** j'ai horreur de

'**Grauen** *n* (-*s*; *sans pl*) horreur *f*

'**grauen|haft**, '**~voll** horrible, épouvantable, atroce, affreux

'**grausam** cruel; '**⁀keit** *f* (-; -*en*) cruauté *f*

'**Grauzone** *f* domaine *m* flou

gravieren [gra'vi:rən] (*pas de -ge-*, *h*) graver; **~d** sérieux, grave

Graz|ie ['gra:tsjə] *f* (-; *sans pl*) grâce *f*; **⁀iös** [gra'tsjø:s] gracieux

greif|bar ['graif-] palpable, tangible; *verfügbar* disponible; '**~en** (*griff*, *gegriffen*, *h*) saisir (***nach etw*** qc), prendre; ***zu etw ~*** recourir à qc; ***um sich ~*** se propager

Greis [grais] *m* (-*es*; -*e*) vieillard *m*; '**⁀enhaft** ['-zən-] sénile; '**~in** ['-zin] *f* vieille femme *f*

grell [grɛl] *Ton* perçant; *Licht* cru; *Farbe* criard

Gremium ['gre:mjum] *n* (-*s*; *Gremien*) organe *m* (politique)

Grenz|e ['grɛntsə] *f* (-; -*n*) *Landes⁀* frontière *f*; *fig* limite *f*, borne *f*; '**⁀en** (*h*) toucher (***an*** à); '**⁀enlos** sans bornes, illimité; *unendlich* infini; '**~fall** *m* cas *m* limite; '**~kontrolle** *f* contrôle *m* à la frontière; '**~land** *m* pays *m* frontalier; '**~linie** *pol f* ligne *f* de démarcation; '**~polizei** *f* police *f* des frontières; '**~stein** *m* borne *f*; '**~übergang** *m* poste *m* frontière; '**⁀überschreitend** qui dépasse les frontières

'**Greuel** → ***Gräuel***

Griech|e ['gri:çə] *m* (-*n*; -*n*), '**~in** *f* (-; -*nen*) Grec *m*, Grecque *f*; '**~enland** *n* (-*s*; *sans pl*) la Grèce; '**⁀isch** grec

Grieß [gri:s] *cuis m* (*-es*; *-e*) semoule *f*
Griff [grif] *m* (-[*e*]*s*; *-e*) *Tür* poignée *f*; *Messer* manche *m*; *Sport* prise *f*; ***im ~ haben*** dominer, contrôler
Grill [gril] *m* (*-s*; *-s*) gril *m*, barbecue *m*
'**Grill|e** *zo* grillon *m*; *fig* caprice *m*; '**2en** (*h*) griller; '**~fest** *n* barbecue *m*; '**~restaurant** *n* rôtisserie *f*
Grimasse [gri'masə] *f* (-; *-n*) grimace *f*
Grippe ['gripə] *méd f* (-; *-n*) grippe *f*; '**~welle** *f* épidémie *f* de grippe
grob [gro:p] grossier; brutal; '**2heit** *f* (-; *-en*) grossièreté *f* (*a fig*)
Grönland ['grø:nlant] *n* le Groenland
Groschen ['grɔʃən] *hist m* (*-s*; -) pièce *f* de dix pfennigs
groß [gro:s] grand; *voluminös* gros; ***wie ~ ist er?*** quelle taille a-t-il?; ***2 und Klein*** petits et grands; ***im 2en und Ganzen*** dans l'ensemble, en gros; '**2aktionär** *m* actionnaire *m* principal; '**~artig** grandiose, magnifique; F formidable; '**2aufnahme** *f film* gros plan *m*; '**2bildschirm** *m* écran *m* géant
'**Großbritannien** *n* la Grande-Bretagne
Größe ['grø:sə] *f* (-; *-n*) grandeur *f* (*a fig*); *Ausmaße* dimensions *f/pl*, taille *f*; *Dicke* grosseur *f*; *Körper2*, *Kleider2*, taille *f*; *Schuh2* pointure *f*; *Person* célébrité *f*
'**Großeltern** *pl* grands-parents *m/pl*
'**Größen|ordnung** *f* ordre *m* de grandeur; '**~wahn** *m* folie *f* des grandeurs, mégalomanie *f*
'**Groß|grundbesitz** *m* grande propriété *f*; '**~grundbesitzer** *m* grand propriétaire; '**~handel** *m* commerce *m* de *od* en gros; '**~handelspreis** *m* prix *m* de gros; '**~händler** *m* grossiste *m*; '**~herzogtum** *n* grand-duché *m*; '**~industrie** *f* grande industrie *f*; '**~macht** *f* grande puissance *f*; '**~mut** *f* générosité *f*; '**~mutter** *f* grand-mère *f*; '**~raum** *écon m* conurbation *f*; ***der ~ München*** le grand Munich; '**~raumbüro** *n* bureau *m* collectif; '**~raumflugzeug** *n* avion *m* gros porteur; '**~schreibung** *f* emploi *m* des lettres majuscules; '**2spurig** crâneur; ***~ auftreten*** se donner des grands airs; '**~stadt** *f* grande ville *f*; '**2städtisch** de la grande ville
größtenteils ['grø:stəntails] pour la plupart, en majeure partie
'**groß|tun** (*irr*, *sép*, *-ge-*, *h*, → ***tun***) ***mit etw ~*** se vanter de qc; '**2unternehmen** *n* grande entreprise *f*; '**2vater** *m* grand-père *m*; '**2verdiener** *m* qn qui gagne beaucoup; '**2wetterlage** *f* situation *f* météorologique globale; '**~zügig** généreux; permissif; *Haus* spacieux
grotesk [gro'tɛsk] grotesque
Grube ['gru:bə] *f* (-; *-n*) fosse *f*; *Bergwerk* mine *f*
grübeln ['gry:bəln] (*h*) se creuser la tête; broyer du noir
grün [gry:n] vert; ***~e Versicherungskarte*** carte *f* verte; *pol* ***die 2en*** les Verts *m/pl*, F les écolos *m/pl*; ***im 2en*** dans la nature
'**Grünanlage** *f* ilôt *m* de verdure
Grund [grunt] *m* (-[*e*]*s*; *⸚e*) *Boden* fond *m*; *Erdboden* sol *m*; *Vernunft2* raison *f*; *Beweg2* motif *m*, mobile *m*; *Ursache* cause *f*; ***im ~e*** au fond, ***von ~ auf ändern*** modifier de fond en comble; ***aus diesem ~e*** pour cette raison; ***~ und Boden*** propriété *f*; '**~bedingung** *f* condition *f* principale; '**~begriffe** *m/pl* fondements *m/pl*; '**~besitz** *m* propriété *f* foncière; '**~besitzer** *m* propriétaire *m* foncier
gründ|en ['gryndən] (*h*) fonder; '**2er** *m* (*-s*; -), '**2erin** *f* (-; *-nen*) fondateur *m*, -trice *f*
'**Grund|fläche** *f math* base *f*; *e-r Wohnung* surface *f*; '**~gebühr** taxe *f* fixe; '**~gedanke** *m* idée *f* de base; '**~gesetz** *n BRD* Loi *f* Fondamentale; '**~kapital** *n* fonds *m* social; '**~lage** *f* base *f*; '**2legend** fondamental
gründlich ['gryntliç] solide, approfondi; *Person a* consciencieux, minutieux; *adv* à fond; '**2keit** *f* (-; *sans pl*) solidité *f*; conscience *f* professionnelle; soin *m*; minutie *f*
'**grundlos** sans fond; *fig* dénué de fondement, gratuit, sans motif
'**Grund|nahrungsmittel** *n* nourriture *f* de base; '**~riss** *m* plan *m*; '**~satz** *m* principe *m*; '**2sätzlich** de principe; *adv* par principe; ***ich bin ~ dagegen*** je suis foncièrement contre; '**~schule** *f* école *f* primaire; '**~steuer** *f* impôt *m* foncier; '**~stück** *n* (parcelle *f* de) terrain *m*; '**~stücksmakler** *m* agent *m* immobilier

'**Gründung** *f* (-; *-en*) fondation *f*

'**Grund|wasser** *n* nappe *f* phréatique; '**~zahl** math *f* nombre *m* cardinal

'**Grün|e**[1] *n* (-*n*; *sans pl*) vert *m*; verdure *f*; **~e**[2] *pol pl* ***die ~n*** les Verts *m/pl*, F les écolos *m/pl*; '**~fläche** *f* espace *m* vert; '**~gürtel** *m* ceinture *f* verte; '**~span** *m* vert-de-gris *m*; '**~streifen** *m Autobahn* bande *f* médiane

grunzen ['gruntsən] (*h*) grogner

Grupp|e ['grupə] *f* (-; *-n*) groupe *m*; '**~enreise** *f* voyage *m* organisé

Grusel|film ['gru:zəl-] *m* film *m* d'épouvante

Gruß ['gru:s] *m* (-[*e*]*s*; *⸗e*) *Wort, Geste* salut *m*; *Briefschluss* salutations *f/pl*; *an j-n* compliments *m/pl*, F bonjour *m*; ***mit freundlichem ~*** veuillez agréer, Monsieur *etc*, mes salutations distinguées; ***herzliche Grüße!*** amitiés

grüßen ['gry:sən] (*h*) saluer; ***j-n ~ lassen*** donner le bonjour à qn

guck|en ['gukən] (*h*) ***nach etw ~*** regarder qc; '**℘loch** *n* judas *m*

Guinea [gi'ne:a] *n* la Guinée

Gulasch ['gulaʃ] *cuis n* (-[*e*]*s*; *-e*, *-s*) goulasch *m*

Gulden ['guldən] *hist m* (*-s*; -) florin *m*

gültig ['gyltiç] valable; *jur* valide; *Geld* qui a cours; '**℘keit** *f* (-; *sans pl*) validité *f*

Gummi ['gumi] *n*, *m* (*-s*; -[*s*]) *Material* caoutchouc *m*; *Radier℘* gomme *f*; *~band* élastique *m*; '**~baum** *m* caoutchouc *m*; *Kautschukbaum* hévéa *m*

gum'mieren (*pas de -ge-*, *h*) gommer, caoutchouter

'**Gummi|knüppel** *m* matraque *f*; '**~stiefel** *m/pl* bottes *f/pl* en caoutchouc

Gunst [gunst] *f* (-; *sans pl*) faveur *f*; ***zu seinen ~en*** en sa faveur

günstig ['gynstiç] favorable; *Preis* avantageux; ***~e Gelegenheit*** bonne occasion *f*; ***im ~sten Fall*** dans le meilleur des cas

Gurgel ['gurgəl] *f* (-; *-n*) gorge *f*; '**℘n** (*h*) se gargariser; *Wasser* gargouiller

Gurke ['gurkə] *f* (-; *-n*) concombre *m*; *kleine* cornichon *m*

Gurt [gurt] *m* (-[*e*]*s*; *-e*) *Sicherheits℘* ceinture *f* (de sécurite); *Tragriemen* sangle *f*

Gürtel ['gyrtəl] *m* (*-s*; -) ceinture; '**~reifen** *m* pneu *m* radial

'**Gurtpflicht** *f* obligation *f* de mettre la ceinture de sécurité

GUS *f abr* ***Gemeinschaft Unabhängiger Staaten*** CEI *f* (Communauté des États Indépendants)

Guss [gus] *m* (*-es*; *⸗e*) *Regen℘* averse *f*; *Gießerei* fonte *f*; *Zucker℘* glaçage *m*; *fig* ***aus e-m ~*** d'un seul jet; '**~eisen** *n* fonte *f*

gut [gu:t] *adj* bon; *adv* bien; *Wetter* beau; ***~ gehen*** bien aller; ***mir geht es ~*** je vais bien; ***ganz ~*** pas mal; ***schon ~!*** ça suffit!; (***wieder***) ***~ werden*** s'arranger; ***~e Reise!*** bon voyage!; ***sei bitte so ~ und …*** sois gentil de (+ *inf*); ***in etw ~ sein*** être bon en qc; ***es riecht ~*** ça sent bon; ***du hast es ~*** tu as de la chance, F du pot; ***es ist ~ möglich*** ça se peut bien; ***es gefällt mir ~*** ça me plaît beaucoup; ***~ gemacht!*** bien!; ***mach's ~!*** bonne chance!; → ***guttun***

Gut (-[*e*]*s*; *⸗er*) bien *m*; *Land℘* propriété *f*; *Ware* marchandise *f*; '**~achten** *n* (*-s*; -) expertise *f*; '**~achter** *m* (*-s*; -) expert *m*; '**℘artig** *méd* bénin; '**~dünken** ['-dynkən] *n* ***nach ~*** à mon (ton *etc*) gré; comme bon me (te *etc*) semble

'**Gute** *n* (*-n*; *sans pl*) bien *m*; ***~s tun*** faire le bien; ***alles ~!*** bonne chance!

Güte ['gy:tə] *f* (-; *sans pl*) bonté *f*; *comm* bonne qualité *f*

'**Güter|bahnhof** *m* gare *f* des marchandises; '**~gemeinschaft** *jur f* communauté *f* des biens; '**~trennung** *jur f* séparation *f* des biens; '**~verkehr** *m* trafic *m* des marchandises; '**~wagen** *m* wagon *m* de marchandises; '**~zug** *m* train *m* de marchandises

'**gutgehen** (*irr*, *sép*, *-ge-*, *sn*, → ***gehen***) → ***gut***

gut|gesinnt ['gu:tgəzint] bien disposé, intentionné; '**~gläubig** crédule; *jur* de bonne foi

'**Guthaben** *comm n* (*-s*; -) avoir *m*

gütlich ['gy:tliç] *Einigung* à l'amiable; ***sich an etw ~ tun*** se régaler de qc

'**gut|machen** (*sép*, *-ge-*, *h*) réparer; rattraper; '**~mütig** ['-my:tiç] (d'un naturel) bon; '**℘mütigkeit** *f* (-; *sans pl*) gentillesse *f*

'**Guts|besitzer** *m*, '**~besitzerin** *f* propriétaire *m*, *f* foncier (-ière)

'**Gut|schein** *m* bon *m*; '**℘schreiben** (*irr*,

sép, *-ge-*, *h*, → ***schreiben***) ***j-m etw ~*** créditer qn de qc; '**~schrift** *f* créance *f*
'**guttun** (*irr*, *sép*, *-ge-*, *h*, → ***tun***) faire du bien; ***das tut gut*** cela fait du bien
Guyana [gu'jɑːna] *n* la Guyana
Gymnasium [gym'naːzjum] *n* (*-s*; *Gymnasien*) lycée *m*
Gymnastik [gym'nastik] *f* (-; *sans pl*) gymnastique *f*

H

H [haː] *mus* (-; -) si *m*
ha *abr* ***Hektar*** hectare
Haag [haːk] ***Den ~*** la Haye
Haar [haːr] *n* (*-[e]s*; *-e*) cheveu *m*; *als Gesamtheit* cheveux *m/pl*, chevelure *f*; *Körper*&, *Bart*&, *Tier*& poil *m*; ***um ein ~*** il s'en est fallu d'un cheveu (pour que + *subj*); '**~ausfall** *m* chute *f* des cheveux; '**~festiger** *m* (*-s*; -) fixateur *m* pour les cheveux; '**&genau** précisément; '**&ig** poilu, velu; '**~nadelkurve** *f* virage *m* en épingle à cheveux; '**&scharf** très net; F ***~ daneben!*** manqué de justesse!; '**~schnitt** *m* coupe *f* de cheveux; '**~spalterei** [-ʃpaltə'rai] *f* (-; *-en*) ***~ betreiben*** couper les cheveux en quatre; '**~spray** *m od n* laque *f*; '**&sträubend** inouï, monstrueux; '**~trockner** *m* sèche-cheveux *m*; '**~wäsche** *f* shampooing *m*; '**~waschmittel** *n* shampooing *m*; '**~wasser** *n* lotion *f* capillaire; '**~wuchs** *m* chevelure *f*
Hab [haːb] (***all mein***) ***~ und Gut*** toutes mes affaires
Habe ['haːbə] *f* (-; *sans pl*) avoir *m*, bien *m*
'**haben** (*hatte*, *gehabt*, *h*) avoir; ***heute ~ wir Montag*** aujourd'hui nous sommes lundi; ***du hast zu gehorchen*** tu dois obéir; F ***da ~ wir's!*** ça y est!; F ***sich ~*** *sich zieren* faire des simagrées
'**Haben** *comm n* (*-s*; -) avoir *m*, crédit *m*; '**~saldo** *m* solde *m* créditeur; '**~seite** *f* côté *m* du crédit; '**~zinsen** *m/pl* intérêts *m/pl* créditeurs
Habgier ['haːp-] *f* (-; *sans pl*) avidité *f*, cupidité *f*; '**&ig** avide, cupide
Habseligkeiten ['haːp-] *f/pl* affaires *f/pl*
Hack|e ['hakə] *f* (-; *-n*) **1.** pioche *f*, houe *f*; **2.** *Ferse* talon *m*; '**&en** (*h*) *Fleisch* hacher; *Holz* casser; *Vogel* donner des coups de bec; '**~fleisch** *n* viande *f* hachée
Hafen ['haːfən] *m* (*-s*; ⸗) port *m* (*a fig*); '**~anlagen** *f/pl* installations *f/pl* portuaires; '**~arbeiter** *m* docker *m*; '**~behörde** *f* autorités *f/pl* portuaires; '**~gebühren** *f/pl* droits *m/pl* de port; '**~polizei** *f* police *f* de port; '**~stadt** *f* ville *f* portuaire; '**~viertel** *n* quartier *m* du port
Hafer ['haːfər] *m* (*-s*;-) avoine *f*; '**~flocken** *f/pl* flocons *m/pl* d'avoine
Haft [haft] *f* détention *f*, emprisonnement *m*; '**&bar** responsable (***für*** de); '**~befehl** *m* mandat *m* d'arrêt
'**haften** (*h*) adhérer (***an*** à); *bürgen* répondre (***für*** de)
'**Häftling** ['hɛftliŋ] *m* (*-s*; *-e*) détenu *m*
'**Haft|pflicht** *f* responsabilité *f* civile; '**~pflichtversicherung** *f* assurance *f* (de) responsabilité civile; '**~ung** *f* (-; *sans pl*) responsabilité *f* (***für*** de)
'**Hagel** ['haːgəl] *m* (*-s*; *sans pl*) grêle *f* (*a fig*); '**&n** (*h*) grêler; '**~schauer** *m* giboulée *f*
Hahn [haːn] *m* (*-[e]s*; ⸗*e*) **1.** *zo* coq *m*; **2.** *Wasser*& robinet *m*
'**Hähnchen** ['hɛːnçən] *cuis n* (*-s*; -) poulet *m*
Hai [hai] *zo m* (*-[e]s*; *-e*), '**~fisch** *m* requin *m*
Haiti [hɑ'iːti] *n* Haïti
Haken [haːkən] *m* (*-s*; -) crochet *m* (*a Boxen*); *Angel*& hameçon *m*; *Kleider*& portemanteau *m*; '**~kreuz** *n* croix *f* gammée
halb [halp] **1.** *adj* demi; ***e-e ~e Stunde*** une demi-heure; ***ein ~es Jahr*** six mois; **2.** *adv* à demi, (à) moitié; ***~ vier*** trois heures et demie
halb|... *in Zssgn* demi-..., semi-..., à moitié; '**~amtlich** officieux; '**&e** *m*, *f*, *n* (*-n*; *-n*) demi-litre *m* de bière
halber ['halbər] *prép* (*gén*) à cause de,

pour

'**Halb|fabrikat** *n* produit *m* semi-fini; **≈ieren** [-'biːrən] (*pas de -ge-, h*) partager en deux; '**~insel** *f* presqu'île *f*, péninsule *f*; '**~jahr** *n* semestre *m*, six mois *m/pl*; '**≈jährlich** tous les six mois; '**~kreis** *m* demi-cercle *m*; '**~kugel** *f* hémisphère *m*; '**~leiter** *tech m* semi-conducteur *m*; '**≈mast ~ *flaggen*** mettre les drapeaux en berne; '**~mond** *m* croissant *m*; '**~pension** *f* demi-pension *f*; '**~schlaf** *m* demi-sommeil *m*; '**≈tags ~ *arbeiten*** travailler à mi-temps; '**~tagsbeschäftigung** *f* emploi *m* à mi-temps; '**~tagskraft** *f* employé(e) *m*, *f* à mi-temps; '**≈trocken** mi-sec; '**≈wegs** passablement, tant bien que mal; '**≈wüchsig** ['-vyːksiç] adolescent, mineur; '**~zeit** *f Sport* mi-temps *f*

Halde ['haldə] *f* (-; *-n*) *Bergbau* terril *m*

Hälfte ['hɛlftə] *f* (-; *-n*) moitié *f*; ***zur* ~** à moitié

'**Hall|e** ['halə] *f* (-; *-n*) grande salle *f*; hall *m*; *Turn≈* gymnase *m*; '**~enbad** *n* piscine *f* couverte

hallo [ha'loː] *tél* allô!; *Ruf* hé, hep!; *aus der Ferne* ohé!

Halogen|lampe [halo'geːn-] *f* lampe *f* quartz-halogène; **~scheinwerfer** *m* phare *m* à iode

Hals [hals] *m* (*-es*; *⸚e*) cou *m*; *Kehle* gorge *f*; *Pferd* encolure *f*; *Flasche* goulot *m*; ***es im* ~ *haben*** avoir mal à la gorge; **~ *über Kopf*** précipitamment, en toute hâte; ***sich vom* ~ *schaffen*** se débarrasser de; ***es hängt mir zum* ~ (*he*)*raus*** j'en ai par-dessus la tête!; F j'en ai marre!; '**~band** *n* collier *m* (*a des Hundes*); '**~entzündung** *f* inflammation *f* de la gorge, laryngite *f*; '**~kette** *f* collier *m*; '**~-Nasen-Ohren-Arzt** *m* oto-rhino-laryngologiste *m*, F oto-rhino *m*; '**~schmerzen** *m/pl* mal *m* de gorge; **~ *haben*** avoir mal à la gorge; '**~tuch** *n* écharpe *f*; *seidenes* foulard *m*; '**~weh** *n* → **~*schmerzen***

halt! stop!, halte(-la)!

Halt [halt] *m* (-[*e*]*s*; *-e, -s*) *Anhalten* arrêt *m*, halte *f*; *Stütze* appui *m*, stabilité *f*; *innerer* soutien *m*

'**haltbar** *fest* solide; *Lebensmittel* qui se conserve bien; '**≈keit** *f* (-; *sans pl*) solidité *f*; conservation *f*; '**≈keitsdatum** *n* date-limite *f*

'**halten** (*hielt, gehalten, h*) tenir; *zurückhalten* retenir; *Rede* faire, prononcer; *Zeitung* être abonné à; *stehen bleiben* s'arrêter; *Lebensmittel* (***sich***) **~** se conserver; **~ *für*** croire, tenir pour, prendre pour; ***gehalten werden für*** passer pour; ***den Mund* ~** se taire; ***sich* ~ *an*** s'en tenir à; ***zu j-m* ~** soutenir qn; ***viel*** (***wenig***) **~ *von*** estimer beaucoup (peu); ***was* ~ *Sie davon?*** qu'en pensez-vous?

'**Halter** *m* (*-s*; -) *Person* détenteur *m*; *tech* support *m*

'**Halte|stelle** *f* arrêt *m*; '**~verbot** *n* arrêt *m* interdit

'**Haltung** *f* (-; *-en*) *Körper≈* tenue *f*, allure *f*; *fig* attitude *f*

Hamburg ['hamburk] *n* Hambourg

Hammel ['haməl] *m* (*-s*; -) mouton *m*; '**~keule** *f* gigot *m* de mouton

Hammer ['hamər] *m* (*-s*; ⸚) marteau *m*

hämmern ['hɛmərn] (*h*) marteler

Hämorr(ho)iden [hɛːmɔ'riːdən] *pl* hémorroïdes *f/pl*

Hand [hant] *f* (-; *⸚e*) main *f*; ***eine* ~ *voll*** une poignée; ***Hände weg!*** bas les mains!, n'y touchez pas!; ***an* ~ *von*** à l'aide de; ***mit der* ~** à la main; ***das liegt auf der* ~** c'est évident; ***von der* ~ *in den Mund leben*** vivre au jour le jour; ***in die Hände klatschen*** battre des mains; ***er ist seine rechte* ~** il est son bras droit; ***in den Händen haben*** (***bleiben***) avoir (rester) entre les mains

'**Hand|arbeit** *f* travail *m* manuel; *Nadelarbeit* ouvrage *m* à l'aiguille; ***es ist* ~** c'est fait main; '**~ball** *Sport m* hand-ball *m*; '**~bewegung** *f* geste *m*; '**~bremse** *f* frein *m* à main; '**~buch** *n* manuel *m*

Händedruck ['hɛndə-] *m* (-[*e*]*s*; *⸚e*) poignée *f* de main

Handel ['handəl] *m* (*-s*; *sans pl*) commerce *m*; **~ *treiben*** faire du commerce (***mit*** avec)

handeln ['handəln] (*h*) agir; *feilschen* marchander; ***mit etw* ~** faire le commerce de qc; ***von etw* ~** traiter de qc; ***es handelt sich um*** il s'agit de

'**Handels|abkommen** *n* accord *m* commercial; '**~bank** *f* banque *f* de commerce; '**~beziehungen** *f/pl* relations *f/pl* commerciales; '**~bilanz** *f* balance *f* commerciale; '**~bilanzdefizit** *n* déficit *m* de balance commerciale; '**~bilanzüberschuss** *m* excédent *m* de la balance commerciale; '**2einig ~ sein** (*werden*) être (tomber) d'accord; '**~gesellschaft** *f* société *f* commerciale; ***Offene ~*** société *f* en nom collectif; '**~kammer** *f* chambre *f* de commerce; '**~marine** *f* marine *f* marchande; '**~politik** *f* politique *f* commerciale; '**~schranke** *f* barrières *f/pl* commerciales; '**~schule** *f* école *f* de commerce; '**~spanne** *f* marge *f* commerciale; '**2üblich** courant; '**~vertrag** *m* traité *m* de commerce; '**~vertreter** *m* représentant *m* de commerce; '**~vertretung** *f* représentation *f* de commerce

'**hand|fest** solide (*a Beweis*); '**2fläche** *f* paume *f*; '**~gearbeitet** fait (à la) main; '**2gelenk** *n* poignet *m*; '**2gepäck** *n* bagages *m/pl* à main; '**2granate** *mil f* grenade *f* (à main); '**~greiflich ~ *werden*** en venir aux mains; '**~haben** (*handhabte, gehandhabt, h*) manier, manipuler; '**2habung** *f* (-; *-en*) maniement *m*, manipulation *f*; '**2langer** *m* (*-s*; -) manœuvre *m*; *péj* complice *m*

Händler ['hɛndlər] *m* (*-s*; -), '**~in** *f* (-; *-nen*) marchand *m*, -e *f*; commerçant *m*, -e *f*

'**handlich** maniable

'**Handlung** *f* (-; *-en*) action *f*; *Tat* acte *m*; *Laden* boutique *f*, *größer* magasin *m*; '**2sfähig** capable d'agir; '**~sreisende** *m* commis *m* voyageur; '**~sweise** *f* façon *f* de faire, procédés *m/pl*

'**Hand|schellen** *f/pl* menottes *f/pl*; '**~schlag** *m* (-[*e*]*s*; *sans pl*) coup *m*, poignée *f* de main; '**~schrift** *f* écriture *f*; *Schriftwerk* manuscrit *m*; '**2schriftlich** écrit à la main; '**~schuh** *m* gant; '**~tasche** *f* sac *m* à main; '**~tuch** *n* essuie-main *m*, serviette *f* de toilette; '**~umdrehen** *n* ***im ~*** en un tournemain; **~voll** *f* → ***Hand***; '**~werk** *n* (-[*e*]*s*; *-e*) métier *m*; '**~werker** *m* (*-s*; -) artisan *m*; '**~werkszeug** *n* outils *m/pl*

Handy ['hɛndi] *n* (*-s*; *-s*) (téléphone *m*) portable *m*

Hang [haŋ] *m* (-[*e*]*s*; *⸗e*) *Abhang* pente *f*; *fig Neigung* penchant *m* (***zu*** pour)

Hänge|brücke ['hɛŋə-] *f* pont *m* suspendu; '**~matte** *f* hamac *m*

hängen ['hɛŋən] **1.** *v/t* (*h*) *befestigen* suspendre, accrocher (***an*** à); *Verbrecher* pendre; **2.** *v/i* (*hing, gehangen, h*) *befestigt sein* pendre, être accroché, être suspendu (***an*** à); *fig* ***an j-m, etw ~*** tenir *od* s'attacher à qn, à qc; ***~ bleiben*** rester accroché (***an*** à); *fig* rester (gravé en mémoire); *fig* ***j-n ~ lassen*** laisser qn dans le pétrin

'**hängen|bleiben** (*irr, sép, -ge-, sn,* → ***bleiben***), '**~lassen** (*irr, sép, pas de -ge-, h,* → ***lassen***) → ***hängen***

Hannover [ha'no:fər] *n* Hanovre

Hans [hans] *m* Jean *m*

Hansestadt ['hanzə-] *f* ville *f* hanséatique

Hans'wurst *m* (-[*e*]*s*; *-e*) pitre *m*

hantieren [han'ti:rən] (*pas de -ge-, h*) s'affairer; ***mit etw ~*** manipuler qc

Happen ['hapən] *m* (*-s*; -) bouchée *f*; *fig* morceau *m*

Hardware ['ha:rdwɛ:r] *EDV f* (-; *sans pl*) matériel *m*

Harfe ['harfə] *f* (-; *-n*) harpe *f*

Harke ['harkə] *f* (-; *-n*) râteau *m*; '**2n** (*h*) ratisser

harmlos ['harmlo:s] inoffensif

Harmo|nie [harmo'ni:] *f* (-; *-n*) harmonie *f*; **2'nieren** (*pas de -ge-, h*) s'harmoniser (***mit*** avec); *Personen* s'accorder; **~nika** [-'mo:nika] *f* (-; *-s*) harmonica *m*; *Zieh2* accordéon *m*; **2nisch** [-'mo:niʃ] harmonieux; **2ni'sieren** (*pas de -ge-, h*) harmoniser; **~ni'sierung** *f* (-; *-en*) *écon* harmonisation *f*

Harn [harn] *m* (-[*e*]*s*; *-e*) urine *f*; '**~blase** *f* vessie *f*

Harpu|ne [har'pu:nə] *f* (-; *-n*) harpon *m*; **2'nieren** (*pas de -ge-, h*) harponner

hart [hart] dur; *rauh* rude; *streng* rigoureux; *Währung* fort; ***~ gekocht*** *Ei* dur

Härte ['hɛrtə] *f* (-; *-n*) dureté *f*; *fig a* rigueur *f*; *im Sport* rudesse *f*; *unsoziale* injustice *f*; '**~fall** *m* cas *m* social; '**2n** (*h*) durcir

'**Hart|faserplatte** *f* panneau *m* dur; '**2gekocht** *Ei* dur; '**~geld** *n* pièces *f/pl* de monnaie; '**~gummi** *n od m* ébonite *f*; '**2herzig** qui a le cœur dur *od* sec; '**2näckig** ['-nɛkiç] opiniâtre, obstiné, tenace; '**~näckigkeit** *f* (-; *sans pl*) opiniâtreté *f*, obstination *f*, ténacité *f*

Harz [ha:rts] *n* (*-es*; *-e*) résine *f*; '**2ig** résineux

Hase ['haːzə] *zo m* (-*n*; -*n*) lièvre *m*
Haselnuss ['haːzəl-] *bot f* noisette *f*
Hass [has] *m* (*es*; *sans pl*) haine *f* (***gegen, auf*** pour *od* de)
'**hassen** (*h*) haïr; '**~swert** haïssable
hässlich ['hɛsliç] laid; *fig a* vilain; '**2keit** *f* (-; -*en*) laideur *f*
Hast [hast] *f* (-; *sans pl*) hâte *f*; '**2ig** précipité; *adv* en toute hâte
Haube ['haubə] *f* (-; -*n*) bonnet *m*, coiffe *f*; *auto* capot *m*
Hauch [haux] *m* (-[*e*]*s*; *sans pl*) souffle *m*; *fig* ***ein ~ von*** un soupçon de; '**2en** (*h*) souffler
hauen ['hauən] (*haute od hieb*, *gehauen*, *h*) (***sich ~*** se) battre
Haufen ['haufən] *m* (-*s*; -) tas *m*; *Menschen* foule *f*
häufen ['hɔʏfən] (*h*) amasser; ***sich ~*** s'amasser, s'accumuler; *Fälle* se multiplier
'**häufig** fréquent; *adv* fréquemment, souvent; '**2keit** *f* (-; *sans pl*) fréquence *f*
Haupt [haupt] *n* (-[*e*]*s*; *Häupter*) tête *f*; *fig* chef *m*; '**~bahnhof** *m* gare *f* centrale; '**~beschäftigung** *f* occupation *f* principale; '**~bestandteil** *m* constituant *m* principal; '**~darsteller** *m*, '**~darstellerin** *f* acteur *m* principal, actrice *f* principale; '**~eingang** *m* entrée *f* principale; '**~fach** *n Studium* matière *f* principale; '**~figur** *f* personnage *m* principal; '**~gericht** *cuis n* plat *m* principal, plat *m* de résistance; '**~geschäftszeit** *f* heures *f/pl* d'affluence; '**~gewinn** *m* gros lot *m*
Häuptling ['hɔʏpt-] *m* (-*s*; -*e*) chef *m* de tribu
'**Haupt|mahlzeit** *f* repas *m* principal; '**~mann** *m* (-[*e*]*s*; -*leute*) capitaine *m*; '**~person** *f* personnage *m* principal; '**~quartier** *mil n* quartier *m* général; '**~reisezeit** *f* saison *f* de pointe; '**~rolle** *f* rôle *m* principal; '**~sache** *f* principal *m*, essentiel *m*; '**2sächlich** principal, essentiel; *adv* principalement, avant tout; '**~saison** *f* saison *f* de pointe; '**~schulabschluss** *m* diplôme *m* d'études secondaires; '**~schule** *f* école *f* primaire; '**~stadt** *f* capitale *f*; '**~straße** *f* rue principale, grand-rue *f*; '**~verkehrszeit** *f* heures *f/pl* de pointe; '**~versammlung** *f* assemblée *f* générale; '**~wohnsitz** *m* résidence *f* principale
Haus [haus] *n* (-*es*; *~er*) maison *f*; *Parlament* Assemblée *f*; *Schnecke* coquille *f*; ***zu ~e*** à la maison, chez soi; ***nach ~e kommen*** rentrer à la maison *od* chez soi; '**~arbeit** *f* travaux *m/pl* domestiques *od* du ménage; *Schule* devoir *m*; '**~arzt** *m* médecin *m* de famille; '**~besetzer** *m*, '**~besetzerin** *f* squatteur *m*, squatteuse *f*; '**~besetzung** *f* squattérisation *f*; '**~besitzer** *m*, '**~besitzerin** *f* propriétaire *m*, *f* (d?une maison); '**~flur** *m* entrée *f*, vestibule *m*; '**~frau** *f* ménagère *f*; *Berufsangabe* femme *f* au foyer; *Hausherrin* maîtresse *f* de maison; '**~friedensbruch** *jur m* violation *f* de domicile; '**~gast** *m* pensionnaire *m*, *f*; '**~halt** *m* (-[*e*]*s*; -*e*) ménage *m*; *écon*, *pol* budget *m*; '**2halten** (*irr*, *sép*, -*ge*-, *h*, → ***halten***) économiser (***mit etw*** qc); '**~haltsgerät** *n* appareil *m* ménager; '**~haltsdefizit** *n* déficit *m* budgétaire; '**~haltsplan** *m* budget *m*; '**~haltswaren** *f/pl* articles *m/pl* ménagers; '**~herr** *m*, '**~herrin** *f* maître *m*, maîtresse *f* de maison; '**2hoch** de la hauteur d'une maison; *fig* ***haushohe Niederlage*** défaite *f* immense
hausier|en [hau'ziːrən] (*pas de -ge-*, *h*) ***mit etw ~*** colporter qc; **2er** *m* (-*s*; -), **2erin** *f* (-; -*nen*) colporteur *m*, -euse *f*
häuslich ['hɔʏsliç] domestique; *Person* qui aime son intérieur, casanier
'**Haus|mann** *m* homme *m* au foyer; '**~mannskost** *f* cuisine *f* maison; '**~marke** *f* marque *f* de tâcheron; '**~meister** *m* concierge *m*; '**~mittel** *n* remède *m* de bonne femme; '**~ordnung** *f* règlement *m* intérieur (d'une maison); '**~rat** *m* ustensiles *m/pl* de ménage; '**~schuhe** *m/pl* chaussons *m/pl*, pantoufles *f/pl*
Hausse ['hoːs(ə)] *f* (-; -*n*) *écon* hausse *f*
'**Haus|suchung** *jur f* perquisition *f*; '**~tier** *n* animal *m* domestique; '**~tür** *f* porte *f* d'entrée; '**~verwalter** *m* gérant *m* (d'immeubles); '**~wirtschaft** *f* économie *f* domestique; '**~zelt** *n* tente *f* familiale
Haut [haut] *f* (-; *~e*) peau *f*; ***bis auf die ~ durchnässt*** trempé jusqu'aux os; '**~abschürfung** *f* égratignure *f*; '**~arzt** *m* dermatologue *m*; '**~ausschlag** *méd*

m eczèma *m*
haut|eng ['-ʔɛŋ] collant, moulant; '**⁀farbe** *f* couleur *f* de (la) peau; '**⁀krankheit** *méd f* dermatose *f*; '**⁀pflege** *f* soins *m/pl* dermatologiques
Havanna [ha'vana] *n géogr* la Havane
Hbf. *abr* ***Hauptbahnhof*** gare centrale *od* principale
H-Bombe ['haː-] *mil f* bombe *f* H
h. c. *abr* ***honoris causa*** honoris causa
Hebamme ['heːpʔamə] *f* (-; *-n*) sage-femme *f*
Hebebühne ['heːbə-] *auto f* pont *m* élévateur
Hebel ['heːbəl] *m* (*-s*; -) levier *m*
heben ['heːbən] (*hob, gehoben, h*) *Last* soulever; *Arm* lever; *fig Niveau* relever; *Stimmung* faire monter; ***sich ~*** se lever, monter
Hecht [hɛçt] *zo m* (-[*e*]*s*; *-e*) brochet *m*
Heck [hɛk] *n* (-[*e*]*s*; *-s*, *-e*) arrière *m*; *mar a* poupe *f*
Hecke ['hɛkə] *f* (-; *-n*) haie *f*; '**~nschütze** *m* franc-tireur *m*
'**Heck|fenster** *n* lunette *f* arrière; '**~motor** *m* moteur *m* arrière; '**~scheibe** *f* lunette *f* arrière; '**~tür** *f* hayon *m*
Heer [heːr] *n* (-[*e*]*s*; *-e*) armée *f*
Hefe ['heːfə] *f* (-; *-n*) levure *f* de boulanger
Heft [hɛft] *n* (-[*e*]*s*; *-e*) *Schreib⁀* cahier *m*; *Zeitschrift* numéro *m*; *Griff* manche *m*; '**~apparat** *m* agrafeuse *f*; '**⁀en** (*h*) attacher, agrafer (***an*** à); *vornähen* bâtir; *Buch* brocher; '**~er** *m* (*-s*; -) classeur *m*
'**heftig** violent, véhément; '**⁀keit** *f* (-; *sans pl*) violence *f*, véhémence *f*
'**Heft|klammer** *f* agrafe *f*; *Büroklammer* trombone *m*; '**~pflaster** *n* pansement *m* adhésif; sparadrap *m*
hegen [heːgən] (*h*) soigner; *Hoffnung* caresser
Hehl [heːl] *n* ***kein ~ aus etw machen*** ne pas dissimuler qc; '**~er** *m* (*-s*; -), '**~erin** *f* (-; *-nen*) receleur *m*, -euse *f*; **~erei** [-'rai] *jur f* (-; *-en*) recel *m*
Heide ['haidə] *f* (-; *-n*) lande *f*, bruyère *f*; '**~kraut** *bot n* (-[*e*]*s*; *sans pl*) bruyère *f*
Heidelbeere ['haidəl-] *bot f* myrtille *f*
'**Heiden|angst** *f* F ***e-e ~ haben*** avoir une peur bleue; '**~geld** *n* (-[*e*]*s*; *sans pl*) F ***ein ~*** une fortune; '**~lärm** *m* F boucan *m* du diable

heikel ['haikəl] délicat, scabreux; *Person* difficile
heil [hail] *Person* indemne, sain et sauf; *Sache* intact, entier
Heil *n* (*-s*; *sans pl*) salut m; ***sein ~ versuchen*** tenter sa chance
Heiland ['hailant] *rel m* (-[*e*]*s*; *sans pl*) Sauveur *m*
'**Heil|bad** *n* ville *f* d'eaux, station *f* thermale; '**⁀bar** curable; '**⁀en** (*h*) guérir
'**heilig** saint; *geheiligt* sacré; '**⁀abend** *m* veille *f* de Noël; '**⁀e** *m, f* (*-n*; *-n*) saint *m*, -e *f*; '**⁀enschein** ['-igən-] *m* auréole *f*; '**⁀tum** *n* (*-s*; *⁀er*) sanctuaire *m*
'**Heil|kraft** *f* vertu *f* curative; '**~kraut** *n* plante *f* médicinale; **⁀los** ['-loːs] *Durcheinander* terrible; '**~mittel** *n* remède *m*; '**~praktiker** *m* guérisseur *m*; '**~quelle** *f* source *f* minérale *od* médicinale; '**⁀sam** salutaire; '**~sarmee** *f* Armée *f* du Salut; ***Mitglied** n **der ~*** salutiste *m, f*; '**~ung** *f* (-; *-en*) guérison *f*; '**~wirkung** *f* effet *m* curatif
heim [haim] à la maison, chez soi
Heim *n* (-[*e*]*s*; *-e*) foyer *m*, chez-soi *m* (*od* chez-moi *etc*); *Alters⁀* maison *f* de retraite; *Kinder⁀* home *m* d'enfants; '**~arbeit** *f* travail *m* à domicile
Heimat ['haimaːt] *f* (-; *sans pl*) pays *m* natal, pays *m*, patrie *f*; '**~adresse** *f* adresse *f* permanente; '**~hafen** *m* port *n* d'attache; '**~land** *n* → ***Heimat***; '**⁀los** ['-loːs] apatride; '**~ort** *m* lieu *m* de naissance; '**~vertriebene** *m, f* (*-n*; *-n*) expulsé *m*, réfugié *m*
'**heim|fahren** (*irr, sép, -ge-, sn,* → ***fahren***), '**~gehen** (*irr, sép, -ge-, sn,* → ***gehen***) rentrer (chez soi); '**~isch** (qui est) du pays, indigène; ***sich ~ fühlen*** se sentir chez soi; '**⁀kehr** ['-keːr] *f* (-; *sans pl*) retour *m*, rentrée *f*; '**~kehren** (*sép, -ge-, sn*) rentrer, retourner chez soi; '**⁀kehrer** *m* (*-s*; -) rapatrié *m*; '**~lich** secret, clandestin; '**⁀reise** *f* retour *m*; '**~suchen** (*sép, -ge-, h*) *Unglück* affliger, frapper; '**⁀tücke** *f* (-; *sans pl*) perfidie *f*, sournoiserie *f*; '**~tückisch** perfide, sournois; *Krankheit* insidieux; '**⁀weg** *m* chemin *m* du retour; '**⁀weh** *n* (*-s*; *sans pl*) mal *m* du pays, nostalgie *f*; '**⁀werker** ['-vɛrkər] *m* (*-s*; -) bricoleur *m*
Heirat ['hairaːt] *f* (-; *-en*) mariage *m*; '**⁀en** (*h*) se marier (***j-n*** avec qn), épou-

ser (qn)

'**Heirats|antrag** *m* demande *f* en mariage; '**~vermittlung** *f* agence *f* matrimoniale

heiser ['haizər] enroué; ***~ werden*** s'enrouer; '**ꝰkeit** *f* (-; *sans pl*) enrouement *m*

heiß [hais] chaud; *fig Wunsch* ardent; ***~ laufen*** s'échauffer; ***es ist ~*** il fait chaud; ***mir ist ~*** j'ai chaud

heiß|en ['haisən] (*hieß, geheißen, h*) s'appeler, se nommer; ***das heißt*** c'est-à-dire; ***es heißt*** on dit; ***was heißt … auf Französisch?*** comment dit-on … en français?; '**~laufen** → ***heiß***

heiter ['haitər] *lustig* gai; *Wetter* beau; *abgeklärt* serein; *fig* ***aus ~em Himmel*** sans prévenir, comme un coup de tonnerre; F ***das kann ~ werden!*** ça commence bien!; ça promet!; '**ꝰkeit** *f* (-; *sans pl*) gaité *f*, hilarité *f*; *innere* sérénité *f*

heiz|en ['haitsən] (*h*) chauffer; '**ꝰer** *m* (-*s*; -) chauffeur *m*; '**ꝰkessel** *m* chaudière *f*; '**ꝰkissen** *n* coussin *m* électrique; '**ꝰkörper** *m* radiateur *m*; '**ꝰmaterial** *n* combustible *m*; '**ꝰung** *f* (-; -*en*) chauffage *m*

hektisch ['hɛktiʃ] fébrile, fiévreux

Held [hɛlt] *m* (-*en*; -*en*), '**~in** *f* (-; -*nen*) héros *m*, héroïne *f*

helden|haft ['hɛldən-] héroïque; '**ꝰmut** *m* héroïsme *m*; '**ꝰtat** *f* action *f* héroïque, exploit *m*; '**ꝰtum** *n* (-*s*; *sans pl*) héroïsme *m*

helfen ['hɛlfən] (*half, geholfen, h*) ***j-m ~*** aider qn, secourir qn, assister qn; ***er weiß sich zu ~*** il sait se débrouiller; ***es hilft nichts*** il n'y a rien à faire

'**Helfer** *m* (-*s*; -), '**~in** *f* (-; -*nen*) aide *m, f*, assistant *m*, -e *f*; '**~shelfer** *m*, '**~shelferin** *f* complice *m, f*

Helgoland ['hɛlgolant] *n* Helgoland *f*

hell [hɛl] clair; ***am ~en Tage*** en plein jour; ***es wird schon ~*** le jour commence à poindre

'**hell|blau** bleu clair; '**~blond** blond très clair

Helm [hɛlm] *m* (-[*e*]*s*; -*e*) casque *m*

Hemd [hɛmt] *n* (-[*e*]*s*; -*en*) chemise *f*; '**~bluse** *f* chemisier *m*; '**~kragen** *m* col *m* de chemise

Hemisphäre [hemi'sfɛːrə] *f* (-; -*n*) hémisphère *m*

hemm|en ['hɛmən] (*h*) freiner, enrayer, entraver; '**ꝰnis** *n* (-*ses*; -*se*) entrave *f*; '**~ungslos** sans retenue

Hengst [hɛŋst] *zo m* (-[*e*]*s*; -*e*) étalon *m*

Henkel ['hɛŋkəl] *m* (-*s*; -) anse *f*

Henker ['hɛŋkər] *m* (-*s*; -) bourreau *m*

Henne ['hɛnə] *f* (-; -*n*) poule *f*

her [heːr] ***hier ~*** par ici; F ***~ damit!*** donne!; ***von … ~*** du côté de; ***neben … ~*** à côté de; ***das ist lange ~*** il y a longtemps de cela

herab [hɛ'rap] en bas; ***von oben ~*** d'en haut (*a fig*); **~lassen** (*irr, sép, -ge-, h*, → ***lassen***) *Vorhänge* baisser; *fig* ***sich ~ zu*** condescendre à; **~lassend** condescendant; **~setzen** (*sép, -ge-, h*) *Preis* baisser, réduire, diminuer; *fig* déprécier; **~steigen** (*irr, sép, -ge-, sn*, → ***steigen***) descendre

heran|bringen [hɛ'ran-] (*irr, sép, -ge-, h*, → ***bringen***) apporter; **~kommen** (*irr, sép, -ge-, sn*, → ***kommen***) s'approcher (***an*** de); *fig* atteindre, égaler (qc); ***etw an sich ~ lassen*** s'attendre de sang-froid à qc; **~wachsen** (*irr, sép, -ge-, sn*, → ***wachsen***) grandir, croître; **ꝰwachsende** *m, f* (-*n*; -*n*) adolescent *m*, -e *f*

herauf [hɛ'rauf] en haut; **~beschwören** (*irr, sép, pas de -ge-, h*, → ***schwören***) *Gefahr* provoquer; *Erinnerung* évoquer; **~kommen** (*irr, sép, -ge-, sn*, → ***kommen***) monter

heraus [hɛ'raus] (en) dehors; ***zum Fenster ~*** par la fenêtre; ***~ mit der Sprache!*** parle!, dis-le!; **~bekommen** (*irr, sép, pas de -ge-, h*, → ***bekommen***) (parvenir à) faire sortir; *entdecken* découvrir; ***ich bekomme noch 2 Euro heraus*** vous me devez encore deux euross; **~bringen** (*irr, sép, -ge-, h*, → ***bringen***) sortir (*a Buch*); *erraten* deviner; **~finden** (*irr, sép, -ge-, h*, → ***finden***) découvrir, trouver la solution; *aus etw* trouver son chemin; **ꝰforderer** *m* (-*s*; -) *Sport* challenge(u)r *m*; **~fordern** (*sép, -ge-, h*) provoquer, défier; **ꝰforderung** *f* (-; -*en*) provocation *f*, défi *m*; **ꝰgabe** *f* (-; *sans pl*) remise *f*, restitution *f*; **~geben** (*irr, sép, -ge-, h*, → ***geben***) *ausliefern* remettre; *zurückerstatten* restituer; *Geld* rendre la monnaie; *Buch* éditer, publier; **ꝰgeber** *m* (-*s*; -) éditeur *m* responsable; **~kom-**

men (*irr, sép, -ge-, sn,* → ***kommen***) sortir; *Buch* être publié, paraître; **~nehmen** (*irr, sép, -ge-, h,* → ***nehmen***) retirer; *fig* ***sich etw ~*** se permettre qc; **~reden** (*sép, -ge-, h*) ***sich ~*** chercher des excuses; **~stellen** (*sép, -ge-, h*) placer dehors, sortir; *betonen* mettre en évidence; ***sich ~ als*** apparaître comme

herb [hɛrp] *Geschmack* âpre; *Wein* sec; *fig* amer

herbei|führen [hɛr'bai-] (*sép, -ge-, h*) *fig* causer; **~holen** (*sép, -ge-, h*) aller chercher; **~schaffen** (*sép, -ge-, h*) apporter, fournir

Herberge ['hɛrbɛrgə] *f* (-; *-n*) auberge *f*

herbringen ['heːr-] (*irr, sép, -ge-, h,* → ***bringen***) apporter; amener (*a j-n*)

Herbst [hɛrpst] *m* (-[*e*]*s*; *-e*) automne *m*; '**2lich** automnal

Herd [heːrt] *m* (-[*e*]*s*; *-e*) cuisinière *f*; *fig* foyer *m*

Herde ['heːrdə] *f* (-; *-n*) troupeau *m* (*a fig*)

herein [hɛ'rain] (en) dedans, à l'intérieur; ***~!*** entrez!; **~brechen** (*irr, sép, -ge-, sn,* → ***brechen***) *Nacht* tomber; *Unheil* s'abattre (***über*** sur); **~fallen** (*irr, sép, -ge-, sn,* → ***fallen***) *fig* se laisser prendre; F se faire avoir *od* rouler; **~kommen** (*irr, sép, -ge-, sn,* → ***kommen***) entrer; **~lassen** (*irr, sép, -ge-, h,* → ***lassen***) laisser entrer; **~legen** (*sép, -ge-, h*) *fig* ***j-n ~*** tromper *od* F rouler qn

'**her|fallen** (*irr, sép, -ge-, sn,* → ***fallen***) ***~ über*** tomber *od* se ruer sur; '**~geben** (*irr, sép, -ge-, h,* → ***geben***) donner, rendre; ***sich zu etw ~*** se prêter à qc; '**~holen** (*sép, -ge-, h*) aller chercher

Hering ['heːriŋ] *m* (*-s*; *-e*) hareng *m*; *Zelt* piquet *m*

'**her|kommen** (*irr, sép, -ge-, sn,* → ***kommen***) (s')approcher; *abstammen* provenir (***von*** de); ***wo kommst du her?*** d'où viens-tu?; **2kunft** ['-kunft] *f* (-; *sans pl*) provenance *f*, origine *f*; '**2kunftsland** *n* pays *m* d'origine; '**~laufen** (*irr, sép, -ge, sn,* → ***laufen***) ***hinter j-m ~*** courir après qn; '**~machen** (*sép, -ge-, h*) ***sich ~ über*** se jeter sur

hermetisch [hɛr'meːtiʃ] hermétique

heroi|sch [he'roːiʃ] héroïque; **2smus** [-o'ismus] *m* (-; *sans pl*) héroïsme *m*

Herr [hɛr] *m* (*-en*; *-en*) monsieur *m*; *als Anrede* Monsieur (*abr* M.); *Meister, vom Hund* maître *m*; *rel* ***der ~*** le Seigneur

'**Herren|anzug** *m* complet *m*, costume *m*; '**~bekleidung** *f* vêtements *m/pl* pour hommes; '**~friseur** *m* coiffeur *m* pour hommes; '**~mode** *f* mode *f* masculine; '**~rad** *n* bicyclette *f* d'homme; '**~toilette** *f* toilettes *f/pl* pour hommes

herrichten ['heːr-] (*sép, -ge-, h*) préparer; *Haus* aménager

Herr|in ['hɛrin] *f* (-; *-nen*) maîtresse *f*; '**2isch** autoritaire, impérieux

'**herrlich** magnifique, splendide; '**2keit** *f* (-; *-en*) splendeur *f*, magnificence *f*, gloire *f*

'**Herrschaft** *f* (-; *-en*) domination *f*; *Regierungszeit* règne *m*; *höchste Gewalt* souveraineté *f*; ***meine ~en!*** Messieurs Dames!; ***die ~ verlieren über*** perdre le contrôle de

herrsch|en ['hɛrʃən] (*h*) dominer; *Monarch* régner (***über*** sur); '**2er** *m* (*-s*; -), '**2erin** *f* (-; *-nen*) souverain *m*; -e *f*; '**~süchtig** despotique

'**her|rühren** (*sép, -ge-, h*) provenir (***von*** de); '**~stellen** (*sép, -ge-, h*) produire, fabriquer, confectionner, manufacturer; *Verbindung* établir; '**2steller** *m* (*-s*;-) fabricant *m*, producteur *m*; '**2stellung** *f* (-; *sans pl*) fabrication *f*, production *f*

herüber [hɛ'ryːbər] de ce côté-ci

herum [hɛ'rum] ***um ... ~*** autour de; ***rings ~*** tout autour; ***anders ~*** à l'envers de l'autre côté; ***hier ~*** par ici

he'rum|drehen (*sép, -ge-, h*) (***sich ~*** se) retourner; *Kopf* tourner; **~kommen** (*irr, sép, -ge-, sn,* → ***kommen***) ***er ist weit herumgekommen*** il a beaucoup voyagé, il a vu beaucoup de pays; *fig* ***um etw ~*** passer au travers de qc; **~kriegen** (*sép, -ge-, h*) ***j-n ~*** faire changer qn d'avis; **~sprechen** (*irr, sép, -ge-, h,* → ***sprechen***) ***sich ~*** s'ébruiter; **~treiben** (*irr, sép, -ge-, h,* → ***treiben***) ***sich in Kneipen ~*** courir les bistrots

herunter [hɛ'runtər] en bas; **~gekommen** *Mensch* tombé bien bas; *Haus* à l'abandon; **~laden** (*irr, sép, -ge-, h,* → ***laden***) *EDV* télécharger (***von*** de);

~machen (*sép*, *-ge-*, *h*) F ***j-n ~*** dénigrer qn; **~schlucken** (*sép*, *-ge-*, *h*) avaler; **~spielen** (*sép*, *-ge-*, *h*) ***etw ~*** dédramatiser qc

hervor|bringen [hɛr'foːr-] (*irr*, *sép*, *-ge-*, *h*, → ***bringen***) produire, faire naître; **~gehen** (*irr*, *sép*, *-ge-*, *sn*, → ***gehen***) sortir, résulter (***aus*** de); ***als Sieger ~*** sortir vainqueur; **~heben** (*irr*, *sép*, *-ge-*, *h*, → ***heben***) *fig* faire ressortir, rehausser, mettre en relief, souligner; **~ragen** (*sép*, *-ge-*, *h*) saillir; *fig* se distinguer; **~ragend** *fig* excellent; *Person* éminent; **~rufen** (*irr*, *sép*, *-ge-*, *h*, → ***rufen***) *fig* faire naître, provoquer, causer, susciter; **~stechend** *fig* saillant, (pré)dominant; **~tun** (*irr*, *sép*, *-ge-*, *h*, → ***tun***) ***sich ~*** se distinguer, se faire remarquer

Herz [hɛrts] *n* (*-ens*; *-en*) cœur *m* (*a fig*); ***von ganzem ~en*** de tout mon (ton *etc*) cœur; ***sich etw zu ~en nehmen*** prendre qc à cœur; ***etw auf dem ~en haben*** avoir qc sur le cœur

'Herzanfall *m* crise *f* cardiaque

'Herzens|lust *f* ***nach ~*** à cœur joie; **'~wunsch** *m* désir *m* ardent

'Herz|fehler *m* vice *m od lésion f cardiaque*; **'2haft** courageux; *Speise* savoureux

Herz|infarkt ['-ʔinfarkt] *méd m* infarctus *m* du myocarde; **'~klopfen** *n* (*-s*; *sans pl*) battements *m/pl* de cœur; **'2krank** cardiaque; **'2lich** cordial, affectueux; ***~e Grüße*** *Brief* sincères amitiés; ***~ gern*** avec le plus grand plaisir

'Herz|schlag *m* battement *m* de cœur; *Todesursache* crise *f* cardiaque, arrêt *m* du cœur; **~'schrittmacher** *m* stimulateur *m* cardiaque; **'~spezialist** *méd m* cardiologue *m*; **'~verpflanzung** *méd f* greffe *f* du cœur

Hessen ['hɛsən] *n* (-; *sans pl*) la Hesse

Hetz|e ['hɛtsə] *f* (-; *sans pl*) *Eile* précipitacion *f*; *fig* polémique *f*, agitation *f*, propos *m/pl* incendiaires; **'2en** (*h*) *Hund* lâcher (***auf*** sur); *verfolgen* traquer; *eilen* se dépêcher, se presser; *pol* tenir des propos incendiaires (***gegen*** contre); **'~kampagne** *f* campagne *f* de haine

Heu [hɔʏ] *n* (-[*e*]*s*; *sans pl*) foin *m*

Heuchel|ei [hɔʏçə'lai] *f* (-; *-en*) hypocrisie *f*; **'2n** (*h*) feindre; faire l'hypocrite

'Heuchler *m* (*-s*; -), **'~in** *f* (-; *-nen*) hypocrite *m*, *f*; **'2isch** hypocrite

Heuer ['hɔʏər] *mar f* (-; *-n*) paie *f* de marin

heulen ['hɔʏlən] (*h*) hurler; *weinen* pleurnicher F

'Heu|schnupfen *méd m* rhume *m* des foins; **'~schrecke** ['-ʃrɛkə] *zo f* (-; *-n*) sauterelle *f*

heute ['hɔʏtə] aujourd'hui; ***~ Morgen*** (***Abend***) ce matin (soir); ***~ in acht*** (***vierzehn***) ***Tagen*** (d')aujourd'hui en huit (en quinze), d'ici à huit (à quinze) jours; ***~ vor acht Tagen*** il y a huit jours; ***noch ~*** ce jour même

'heut|ig d'aujourd'hui; *jetzig* actuel; **'~zutage** ['hɔʏttsutaːgə] de nos jours

'Hexen|jagd *pol f* chasse *f* aux sorcières; **'~schuss** *méd m* lumbago *m*

Hieb [hiːp] *m* (-[*e*]*s*; *-e*) coup *m*

hier [hiːr] ici; ***d***(***ies***)***er Mann ~*** cet homme-ci; ***~ bin ich*** me voilà; *fig* F ***es steht mir bis ~*** j'en ai jusque-là; **'~auf** *Ort* là-dessus; *Zeit* après cela, après quoi; **~'aus** d'ici; *fig* de ceci, de là; **'~bei** *bei dieser Gelegenheit* à cette occasion; *gleichzeitig* en même temps; **'~durch** par ici; *fig* par ce moyen, par là; **~'her**, **~'hin** par ici, de ce côté-ci; ***bis hierher*** jusqu'ici, jusque-là; ***hierhin und dorthin*** çà et là, de-ci de-là, par-ci, par-là; **'~in** là-dedans; *fig* en cela; **~'mit** avec cela; *Brief* par la présente; **~'nach** après cela; *demzufolge* en conséquence; **~'über** là-dessus, à ce sujet; *Richtung* de ce côté-ci, par ici; **~'unter** là-dessous; *verstehen* par là; **'~von** de cela; en; **'~zu** à cela; à cet effet; à ce sujet; **'~zulande** ici, dans ce pays

hiesig ['hiːziç] d'ici, de ce lieu

Hilfe ['hilfə] *f* (-; *-n*) aide *f*, secours *m*, assistance *f*, appui *m*; (***zu***) ***~!*** au secours!; ***mit der ~ j-s*** avec l'aide de qn; ***mit ~ von etw*** à l'aide de qc; ***j-m Erste ~ leisten*** donner les premiers soins à qn

'hilflos privé de secours; sans défense, désarmé; impuissant

'Hilfs|aktion *f* secours *m/pl*; **'~arbeiter** *m* manœuvre *m*; **'2bedürftig** nécessiteux; **'2bereit** serviable; **'~bereitschaft** *f* esprit *m* d'entraide; serviabilité *f*; **'~kraft** *f* aide *m*, *f*; **'~mittel** *n* res-

source *f*; instrument *m* de travail
Himalaja [hi'mɑːlaja] ***der ~*** l'Himalaya *m*
Himbeere ['himbeːrə] *bot f* (-; *-n*) framboise *f*
Himmel ['himəl] *m* (*-s*; -) ciel *m*; ***unter freiem ~*** en plein air; ***um ~s willen!*** mon Dieu!; *fig* ***aus heiterem ~*** sans prévenir; '**~fahrt** *f* (-; *sans pl*) (***Christi***) **~** Ascension *f*; ***Mariä ~*** Assomption *f*
'**Himmels|körper** *m* corps *m* céleste; '**~richtung** *f* point *m* cardinal
'**himmlisch** céleste; *fig* divin
hin [hin] **1.** *adv* (vers ce lieu-)là; y; ***nach Norden ~*** vers le nord; ***über Jahre ~*** pendant des années; ***auf seine Bitte ~*** sur *od* à sa demande; ***es ist noch lange ~*** il y a encore longtemps d'ici là; ***~ und zurück*** aller et retour; ***~ und her*** dans un sens et dans l'autre; ***~ und her gehen*** aller et venir; ***~ und wieder*** de temps à autre; **2.** *adj* F foutu, fichu; ***unsere Ruhe ist ~*** c'en est fini de notre repos
hinab [hi'nap] en bas; en descendant; ***den Fluss ~*** en aval; **~fahren** (*irr*, *sép*, *-ge-*, *sn* → ***fahren***), **~gehen** (*irr*, *sép*, *-ge-*, *sn*, → ***gehen***) descendre
hinarbeiten ['hinˀ-] (*sép*, *-ge-*, *h*) ***auf etw ~*** viser à qc
hinauf [hi'nauf] vers le haut; en montant; en haut; ***den Fluss ~*** en amont; **~fahren** (*irr*, *sép*, *-ge-*, *sn* → ***fahren***), **~gehen** (*irr*, *sép*, *-ge-*, *sn* → ***gehen***), **~steigen** (*irr*, *sép*, *-ge-*, *sn* → ***steigen***) monter
hinaus [hi'naus] dehors; ***~ mit dir!*** sors d'ici!, dehors!; ***zum Fenster ~*** par la fenêtre; **~gehen** (*irr*, *sép*, *-ge-*, *sn* → ***gehen***) sortir; ***über etw ~*** dépasser qc; *Fenster* ***~ auf*** donner sur; **~laufen** (*irr*, *sép*, *-ge-*, *sn*, → ***laufen***) ***~ auf*** aboutir à, revenir à; **~lehnen** (*sép*, *-ge-*, *h*) ***sich ~*** se pencher au dehors; **~werfen** (*irr*, *sép*, *-ge-*, *h*, → ***werfen***) jeter (dehors); *j-n* mettre *od* F flanquer à la porte; **~wollen** (*irr*, *sép*, *-ge-*, *h*, → ***wollen²***) vouloir sortir; *fig* ***~ auf*** viser à; ***darauf wollte ich hinaus*** voilà où je voulais en venir
'**Hinblick** *m* ***im ~ auf*** en vue de, en considération de, eu égard à
hinder|lich ['hindərliç] gênant; ***j-m ~ sein*** entraver qn; '**~n** (*h*) empêcher (***j-n an etw*** qn de faire qc); gêner; '**2nis** *n* (*-ses*; *-se*) obstacle *m*
hin'durch ***durch etw ~*** à travers qc; *quer* au travers de qc; par; *zeitlich* pendant, durant
hinein [hi'nain] dedans; ***hier ~*** par ici; ***bis tief in die Nacht ~*** jusque tard dans la nuit; **~geraten** (*irr*, *sép*, *pas de -ge-*, *sn*, → ***geraten***) ***in etw ~*** tomber dans qc
'**hin|fahren** (*irr*, *sép*, *-ge-*, → ***fahren***) **1.** *v/i* (*sn*) y aller (en voiture, *etc*); **2.** *v/t* (*h*) *j-n* y conduire; '**2fahrt** *f* aller *m*; '**~fallen** (*irr*, *sép*, *-ge-*, *sn*, → ***fallen***) tomber (par terre); '**~fällig** *gebrechlich* infirme; *ungültig* nul, caduc; ***~ werden*** se périmer, s'annuler; ***das ist ~*** ce n'est plus valable; '**2gabe** *f* (-; *sans pl*) dévouement *m*
hin'gegen par contre, au contraire
'**hin|gehen** (*irr*, *sép*, *-ge-*, *sn*, → ***gehen***) y aller; '**~halten** (*irr*, *sép*, *-ge-*, *h*, → ***halten***) tendre, présenter; ***j-n ~*** faire attendre qn
hinken ['hiŋkən] (*h*) boiter (*a fig*); être boiteux
'**hin|kommen** (*irr*, *sép*, *-ge-*, *sn*, → ***kommen***) venir (à, chez), y aller; ***wo ist meine Brille hingekommen?*** où sont passées mes lunettes?; ***wo kämen wir denn hin, wenn …*** que deviendrions-nous si …; '**~länglich** suffisant; *adv* suffisamment; '**~legen** (*sép*, *-ge-*, *h*) poser, coucher; ***sich ~*** se coucher, se mettre au lit; s'allonger, s'étendre; '**~nehmen** (*irr*, *sép*, *-ge-*, *h*, → ***nehmen***) accepter, tolérer; '**~reichen** (*sép*, *-ge-*, *h*) tendre; *genug sein* suffire; '**2reise** *f* aller *m*; '**~reißend** ravissant; '**~richten** (*sép*, *-ge-*, *h*) *Verbrecher* exécuter; '**2richtung** *f* (-; *-en*) exécution *f*; '**~setzen** *f* (*sép*, *-ge-*, *h*) mettre, poser, placer; ***sich ~*** s'asseoir; '**2sicht** *f* (-; *sans pl*) ***in dieser ~*** à cet égard, sous ce rapport; '**~sichtlich** en ce qui concerne, par rapport à, quant à; '**~stellen** (***sich ~*** se) placer; ***~ als*** faire passer pour
hinten ['hintən] derrière, à l'arrière; *im Hintergrund* au fond; ***von ~*** par derrière; ***nach ~*** en arrière; '**~herum** par derrière (*a fig*)
hinter ['hintər] *prép* (*wo? dat*; *wohin? acc*) derrière; *Folge* après; ***~ sich brin-***

gen en finir avec
'**hintere** *adj* de derrière, arrière
'**hinter|einander** l'un après l'autre; ***dreimal ~*** trois fois de suite; '**~gedanke** *m* arrière-pensée *f*; **~'gehen** (*irr, pas de -ge-, h,* → ***gehen***) abuser, tromper; '**~grund** *m* fond *m*; *Bild* arrière-plan *m*; *fig* ***Hintergründe*** dessous *m/pl*; '**~hältig** ['-hɛltiç] sournois; '**~her** après (coup); '**~hof** *m* arrière-cour *f*; '**~kopf** *m* arrière *m* de la tête, occiput *m*; '**~land** *n* (*-es; sans pl*) arrière-pays *m*, hinterland *m*; **~'lassen** (*irr, pas de -ge-, h,* → ***lassen***) laisser; *letztwillig* léguer; **~'lassenschaft** *f* (*-; -en*) héritage *m*; **~'legen** (*pas de -ge-, h*) déposer; '**~listig** sournois
'**Hintern** *m* (*-s; -*) derrière *m*, postérieur *m*
'**Hinter|rad** *n* roue *f* arrière; '**~seite** *f* derrière *m*; '**~teil** *n* derrière *m*; '**~tür** *f* porte *f* de derrière; *fig* porte *f* de sortie; **~'ziehen** (*irr, pas de -ge-, h,* → ***ziehen***) ***Steuern ~*** frauder le fisc
hinüber [hi'nyːbər] de l'autre côté; *über … hinweg* par-dessus …; ***~ sein*** F *Kleid* être foutu; *Fleisch* être avarié; **~gehen** (*irr, sép, -ge-, sn,* → ***gehen***) traverser (***über etw*** qc)
Hin und Her *n* va-et-vient *m*
'**Hin- und 'Rückfahrt** *f* aller et retour *m*
hinunter [hi'nuntər] en bas; en descendant; **~gehen** (*irr, sép, -ge-, sn,* → ***gehen***) descendre; **~schlucken** (*sép, -ge-, h*) avaler
'**hinweg** [hin'vɛk] ***~ mit euch!*** ôtez-vous de là!; ***über etw ~*** par-dessus qc; **~kommen** (*irr, sép, -ge-, sn,* → ***kommen***) ***~ über*** surmonter (qc); **~sehen** (*irr, sép, -ge-, h,* → ***sehen***) ***~ über*** fermer les yeux sur, passer sur; **~setzen** (*sép, -ge-, h*) ***sich ~ über*** passer outre à
Hinweg ['hinveːk] *m* aller *m*; ***auf dem ~*** en y allant, à l'aller
Hinweis ['hinvais] *m* (*-es; -e*) indication *f*; *Anzeichen* indice *m*; *Verweis* renvoi *m* (***auf*** à); '**~en** ['-vaizən] (*irr, sép, -ge-, h,* → ***weisen***) ***auf etw ~*** indiquer *od* signaler qc; ***j-n auf etw ~*** attirer l'attention de qn sur qc; '**~schild** *n*, '**~tafel** *f* panneau *m* indicateur; plaque *f* indicatrice
'**hinziehen** (*irr, sép, -ge-, h,* → ***ziehen***) ***sich ~*** traîner en longueur
hin'zu de plus, en outre; **~fügen** (*sép, -ge-, h*) ajouter (***zu*** à); **~kommen** (*irr, sép, -ge-, sn,* → ***kommen***) ***zu etw ~*** s'ajouter à qc; ***hinzu kommt noch, dass …*** ajoutez à cela que …
Hirn [hirn] *n* (*-[e]s; -e*) cervelle *f*; *Organ* cerveau *m*; '**~gespinst** *n* chimère *f*; '**~rissig**, '**~verbrannt** complètement fou, absurde
Hirsch [hirʃ] *m* (*-es; -e*) cerf *m*; '**~kuh** *f* biche *f*
Hirse ['hirzə] *bot f* (*-; -n*) millet *m*, mil *m*
hissen ['hisən] (*h*) hisser
Histor|iker [his'toːrikər] *m* (*-s; -*), **~ikerin** *f* (*-; -nen*) historien *m*, -ne *f*; **~isch** historique
Hit [hit] *m* (*-[s]; -s*) hit *m*
Hitz|e ['hitsə] *f* (*-; sans pl*) chaleur *f*; ardeur *f*; '**~ebeständig** résistant à la chaleur; '**~ewelle** *f* vague *f* de chaleur; '**~ig** *fig* fougueux, passionné, ardent; '**~schlag** *m* coup *m* de chaleur
HIV [haːˀiː'fau] *m* (*abr* ***human immunodeficiency virus***) VIH *m*; **~-negativ** séronégatif; **~-positiv** séropositif
hl. *abr* ***heilig(er)*** saint(e)
Hobby ['hɔbi] *n* (*-s; -s*) passe-temps *m* favori, hobby *m*, violon *m* d'Ingres
Hobel ['hoːbəl] *m* (*-s; -*) rabot *m*
'**hobeln** (*h*) raboter
hoch [hoːx] haut; *Preis*, *Gehalt* élevé; *Alter*, *Geschwindigkeit* grand; *Fieber* fort; ***2 Meter ~ sein*** être haut de deux mètres, avoir deux mètres de haut; ***~ hinauswollen*** avoir de hautes visées; ***Hände ~!*** haut les mains!; ***in hohem Maße*** dans une large mesure; ***~ begabt*** surdoué; *fig* ***das ist mir zu ~!*** ça me dépasse!
Hoch [hoːx] *n* (*-s; -s*) *Wetter* anticyclone *m*
'**Hoch|achtung** *f* haute considération *f*; '**~achtungsvoll** *Briefschluss* veuillez agréer, Monsieur *etc*, l'assurance de ma considération distinguée; '**~bau** *m* ***Hoch- und Tiefbau*** bâtiment *m* et travaux *m/pl* publics; '**~begabt** surdoué; '**~betrieb** *m* activité *f* intense; '**~burg** *f e-r Partei* fief *m*; '**~deutsch** haut allemand; '**~deutsch** *n* (*-en; sans pl*) haut allemand *m*; '**~druck** *m* haute pression *f*; '**~druckgebiet** *n* zone *f* de haute pression; '**~ebene** *f* plateau *m*;

'**~frequenz** *tech f* haute fréquence *f*; '**~gebirge** *n* hautes montagnes *f/pl*; '**~haus** *n* building *m*, tour *f*; '**&kommen** (*irr*, *sép*, *-ge-*, *sn*, → ***kommen***) ***wieder ~*** se relever, se remettre, se rétablir; *Land* se redresser; '**~konjunktur** *f* haute conjoncture *f*; boom *m od prospérité f économique*; '**~land** *n* région *f* montagneuse; '**~leistungs...** *in Zssgn Sport etc* de haut rendement, de haut niveau; '**~mut** *m* orgueil *m*; '**&mütig** ['-myːtiç] orgueilleux; '**&näsig** ['-nɛːziç] arrogant; '**&nehmen** (*irr*, *sép*, *-ge-*, *h* → ***nehmen***) ***j-n ~*** faire marcher qn, mener qn en bateau; '**~ofen** *m* haut fourneau *m*; '**&prozentig** très concentré; *Schnaps* à haute teneur en alcool; '**~rechnung** *f* estimation *f*; '**~saison** *f* pleine saison *f*; '**~schule** *f* établissement *m* d'enseignement supérieur; '**~schulabschluss** *m* diplôme *m* d'un établissement d'enseignement supérieur; '**~schulreife** *f* épreuve *f* de maturité (bac *m*); '**~sommer** *m* plein été *m*; '**~spannung** *f* haute tension *f*; '**&spielen** (*sép*, *-ge-*, *h*) *fig* ***etw ~*** exagérer qc; '**~sprung** *m* (-[*e*]*s*; *sans pl*) saut *m* en hauteur

höchst [høːçst] le plus haut; maximum; *fig* extrême, suprême; *adv* extrêmement

Hochstapler ['-ʃtaːplər] *m* (-*s*; -) escroc *m*, imposteur *m*

höchstens ['høːçstəns] tout au plus, au maximum

'**Höchst|geschwindigkeit** *f* vitesse *f* maximum; '**~leistung** *f* rendement *m* maximum; *Sport* record *m*; '**~maß** *n* maximum *m* (***an*** de); '**~preis** *m* prix *m* maximum; '**~stand** *m* niveau *m* maximal; '**&wahrscheinlich** très probablement

'**Hoch|verrat** *m* haute trahison *f*; '**~wasser** *n* crue *f*; *Überschwemmung* inondation *f*; *Meer* marée *f* haute; '**&wertig** de qualité supérieure; *Erz* riche

Hochzeit ['hɔx-] *f* (-; *-en*) *Fest* noces *f/pl*; *Trauung* mariage *m*

hock|en ['hɔkən] (*h*) être accroupi; '**&er** *m* (-*s*; -) escabeau *m*, tabouret *m*

Hockey ['hɔke] *n* (-*s*; *sans pl*) hockey *m*

Hoden ['hoːdən] *anat m* (-*s*; -) testicule *m*

Hof [hoːf] *m* (-[*e*]*s*; *¨-e*) cour *f*; *agr* ferme *f*; *Mond* halo *m*

hoffen ['hɔfən] (*h*) espérer (***auf etw*** qc; ***etw zu tun*** faire qc); ***ich hoffe nicht!*** j'espère que non; '**~tlich** ***~ kommst du*** espérons *od* j'espère que tu viendras

Hoffnung ['hɔfnuŋ] *f* (-; *-en*) espérance *f*, espoir *m*

'**hoffnungslos** désespéré

höflich ['høːfliç] poli; '**&keit** *f* (-; *-en*) politesse *f*

Höhe ['høːə] *f* (-; *-n*) hauteur *f*; altitude *f*; *e-r Summe* montant *m*; *Stand* niveau *m*; *fig* ***ich bin nicht ganz auf der ~*** je ne me sens pas tout à fait bien; ***das ist die ~!*** c'est le comble!

Hoheit ['hoːhait] *f* (-; *-en*) *pol* souveraineté *f*; *Titel* Altesse *f*; '**~sgebiet** *n* territoire *m* national; '**~sgewässer** *n/pl* eaux *f/pl* territoriales

'**Höhen|messer** *m* altimètre *m*; '**~sonne** *méd f* lampe *f* à rayons ultraviolets; '**~unterschied** *m* différence *f* de niveau; '**~zug** *m* chaîne *f* de montagnes

'**Höhepunkt** *m* point *m* culminant, apogée *m*, sommet *m*

hohl [hoːl] creux (*a fig*)

Höhle ['høːlə] *f* (-; *-n*) caverne *f*; grotte *f*

'**Hohl|maß** *n* mesure *f* de capacité; '**~raum** *m* espace *m* vide, cavité *f*

Hohn [hoːn] *m* (-[*e*]*s*; *sans pl*) *Verachtung* dédain *m*, mépris *m*; *Spott* raillerie *f*, dérision *f*

höhnisch ['høːniʃ] méprisant; moqueur, railleur

Holdinggesellschaft ['hoːldiŋ-] (société *f*) holding *m*

holen ['hoːlən] (*h*) aller *od* venir chercher; ***~ lassen*** envoyer chercher; ***sich ~*** *Krankheit* attraper

Holland ['hɔlant] *n* (-*s*; *sans pl*) la Hollande

Holländ|er ['hɔlɛndər] (-*s*; -), '**~erin** *f* (-; *-nen*) Hollandais *m*, -e *f*; '**&isch** hollandais

Hölle ['hœlə] *f* (-; *-n*) enfer *m*; ***in die ~ kommen*** aller en enfer; '**~nlärm** *m* tapage *m* infernal

'**höllisch** infernal; *adv* F diablement

holp|(e)rig ['hɔlp(ə)riç] *Weg* cahoteux; *a fig* raboteux; '**~ern** (*h od sn*) cahoter

Holunder [hɔ'lundər] *bot m* (-*s*; -) su-

reau *m*
Holz [hɔlts] *n* (*-es*; *⸗er*) bois *m*; ***aus~*** en bois; ***~ hacken*** casser du bois
hölzern ['hœltsərn] de *od* en bois; *fig* raide, gauche
'**Holz|fäller** ['-fɛlər] *m* (*-s*; -) bûcheron *m*; '**♀ig** ligneux; *Gemüse* filandreux; '**~kohle** *f* charbon *m* de bois; '**~schnitt** *m* gravure *f* sur bois; '**~schnitzer** *m* sculpteur *m* sur bois; '**~weg** *m fig* ***auf dem ~ sein*** faire fausse route
Homepage ['ho:mpe:tʃ] *f* (-; *-s*) *EDV e-r Firma, Organisation etc* page *f* d'accueil; *e-r Privatperson* page *f* personnelle
Homoehe ['ho:moˀe:ə] F *f association enregistrée administrativement de couples homosexuels* (*assimilée au mariage*)
Homöopath [homøo'pa:t] *m* (*-en*; *-en*) homéopathe *m*; **♀isch** homéopathique
homosexu'ell [homo-] homosexuel; **♀e** *m*, *f* (*-n*; *-n*) homosexuel *m*, -le *f*; *Frau meist* lesbienne *f*
Honduras [hɔn'du:ras] *n* le Honduras
Honig ['ho:nig] *m* (*-s*; *-e*) miel *m*; '**~kuchen** *m* pain *m* d'épice; '**~wabe** *f* rayon *m* de miel
Honor|ar [hono'ra:r] *n* (*-s*; *-e*) honoraires *m/pl*; '**♀ieren** (*pas de -ge-*, *h*) *bezahlen* rétribuer; *belohnen* récompenser (***mit*** par)
Hopfen ['hɔpfən] *bot m* (*-s*; *sans pl*) houblon *m*
'**hörbar** audible, perceptible
'**Hörbuch** *n* livre-cassette *m*
Horde ['hɔrdə] *f* (-; *-n*) horde *f*, bande *f*
hören ['hø:rən] (*h*) entendre; *zu~*, *an~* écouter; ***auf j-n ~*** écouter qn; ***von j-m ~*** avoir des nouvelles de qn; ***er hört schwer*** il entend mal
'**Hör|er** *m* (*-s*; -), '**~erin** *f* (-; *-nen*) auditeur *m*, -trice *f*; *nur m tél* écouteur *m*, récepteur *m*; '**~fehler** *méd m* défaut *m* de l'ouïe; '**~gerät** *n* appareil *m* de correction auditive; '**♀ig** ***j-m ~ sein*** être esclave de qn
Horizont [hori'tsɔnt] *m* (*-[e]s*; *-e*) horizon *m*; ***das geht über meinen ~*** ça me dépasse; **♀al** [-'ta:l] horizontal
Hormon [hɔr'mo:n] *biol n* (*-s*; *-e*) hormone *f*
Horn [hɔrn] *n* (*-[e]s*; *⸗er*) corne *f*; *mus* cor *m*; *mil* clairon *m*
Hörnchen ['hœrnçən] *n* (*-s*; -) *Gebäck* croissant *m*
Horoskop [horɔ'sko:p] *n* (*-s*; *-e*) horoscope *m*
'**Hör|saal** *m* salle *f* de cours, amphithéâtre *m*; '**~spiel** *Radio n* pièce *f* radiophonique
horten ['hɔrtən] (*h*) thésauriser, amasser, accumuler
'**Hörweite** *f* (-; *sans pl*) ***in ~*** à portée de la voix; ***außer ~*** hors de portée de la voix
Hose ['ho:zə] *f* (-; *-n*) *lange* pantalon *m*; *kurze* culotte *f*
'**Hosen|anzug** *m* ensemble *m* pantalon-veste; '**~rock** *m* jupe-culotte *f*; '**~schlitz** *m* braguette *f*; '**~tasche** *f* poche *f* (de pantalon); '**~träger** *m/pl* bretelles *f/pl*
Hospital [hɔspi'ta:l] *n* (*-s*; *⸗er*, *-e*) hôpital *m*
Hotel [ho'tɛl] *n* (*-s*; *-s*) hôtel *m*; **~besitzer** *m*, **~besitzerin** *f* hôtelier *m*, -ière *f*; **~boy** [-bɔʏ] *m* (*-s*; *-s*) groom *m*; **~direktor** *m*, **~direktorin** *f* directeur *m* d'hôtel; **~gewerbe** *n* industrie *f* hôtelière; **~halle** *f* hall *m* de l'hôtel; **~ier** [-i'e:] *m* (*-s*; *-s*) hôtelier *m*; **~verzeichnis** *n* liste *f* des hôtels; **~zimmer** *n* chambre *f* d'hôtel
hüben ['hy:bən] ***~ und drüben*** de ce côté-ci et de l'autre
Hubraum ['hu:praum] *auto m* (*-[e]s*; *sans pl*) cylindrée *f*
hübsch [hypʃ] joli
'**Hubschrauber** *aviat m* (*-s*; -) hélicoptère *m*; '**~landeplatz** *m* héliport *m*, héligare *f*
Huckepackverkehr ['hukəpak-] *m* transport *m* par train de semi-remorques
Huf [hu:f] *m* (*-[e]s*; *-e*) sabot *m*; '**~eisen** *n* fer *m* à cheval
Hüfte ['hyftə] *f* (-; *-n*) hanche *f*
Hügel ['hy:gəl] *m* (*-s*; -) colline *f*; '**♀ig** vallonné
Huhn [hu:n] *n* (*-[e]s*; *⸗er*) poule *f*
Hühnchen ['hy:nçən] *cuis n* (*-s*; -) poulet *m*; *fig* ***mit j-m ein ~ zu rupfen haben*** avoir un compte à régler avec qn
'**Hühner|auge** ['hy:nər-] *méd n* cor *m* (au pied), œil-de-perdrix *m*; '**~brühe** *cuis f* bouillon *m* de poule; **~ei**

['-ʔai] *n* œuf *m* de poule; '**~farm** *f* élevage *m* de poules; '**~hof** *m* basse-cour *f*; '**~stall** *m* poulailler *m*

Hülle ['hylə] *f* (-; *-n*) enveloppe *f*; *Buch*♀ jaquette *f*; *Platten*♀ pochette *f*; ***sterbliche ~*** dépouille *f* mortelle; ***in ~ und Fülle*** à profusion, en abondance

'**hüllen** (*h*) envelopper (***in*** dans); *fig* ***sich in Schweigen ~*** se renfermer dans le silence

Hülse ['hylzə] *f* (-; *-n*) *Schote* gousse *f*, cosse *f*; *Patronen*♀ douille *f*; '**~nfrüchte** *f/pl cuis* légumes *m/pl* secs; *bot* légumineuses *f/pl*

human [hu'maːn] humain; **~itär** [-i'tɛːr] humanitaire; **♀ität** [-i'tɛːt] *f* (-; *sans pl*) humanité *f*

Hummel ['huməl] *zo f* (-; *-n*) bourdon *m*

Hummer ['humər] *zo m* (*-s*; -) homard *m*

Humor [hu'moːr] *m* (*-s*; *sans pl*) humour *m*; ***~ haben*** avoir (le sens) de l'humour; **~ist** [-'rist] *m* (*-en*; *-en*) humoriste *m*; **♀'istisch** [-'ristiʃ], **♀voll** humoristique, plein d'humour

humpeln ['humpəln] (*h*) boiter

Hund [hunt] *m* (-[*e*]*s*; *-e*) chien *m*

'**Hunde|hütte** ['hundə-] *f* niche *f*; '**~leine** *f* laisse *f*; '**♀müde** F éreinté, claqué F, harassé; '**~rasse** *f* race *f* canine

hundert ['hundərt] cent; ***~e von*** des centaines de; ***zu ♀en*** par centaines; '**♀er** *m* (*-s*; -) *math* centaine *f*; *Geldschein* billet *m* de cent marks; '**~fach** centuple; '**♀jahrfeier** *f* centenaire *m*; '**~jährig** ['-jɛːriç] centenaire; '**~prozentig** *fig* à cent pour cent; '**~ste** ['-stə] centième

Hündin ['hyndin] *f* (-; *-nen*) chienne *f*

'**hündisch** *fig* servile

Hunger ['huŋər] *m* (*-s*; *sans pl*) faim *f*; ***~ haben*** avoir faim; ***~ bekommen*** commencer à avoir faim; ***vor ~ sterben*** mourir de faim; '**~lohn** *m* salaire *m* de famine *od* de misère; '**♀n** (*h*) souffrir de la faim, *fasten* jeûner; ***j-n ~ lassen*** ne donner rien à manger à qn; '**~snot** *f* famine *f*; '**~streik** *m* grève *f* de la faim

hungrig ['huŋriç] affamé, qui a faim (***nach, auf*** de); ***ich bin ~*** j'ai faim

Hup|e ['huːpə] *auto f* (-; *-n*) avertisseur *m*, klaxon *m*; '**♀en** (*h*) klaxonner

hüpfen ['hypfən] (*h*) sauter, sautiller

'**Hupverbot** *n* défense *f* de klaxonner

Hürde ['hyrdə] *f* (-; *-n*) *Sport* haie *f*; *fig* obstacle *m*; '**~nlauf** *m* course *f* de haies

Hure ['huːrə] *f* (-; *-n*) prostituée *f*, F grue *f*, P putain *f*

husten ['huːstən] (*h*) **1.** tousser; **2.** '♀ *m* (*-s*; -) toux *f*; '**♀anfall** *m* quinte *f* de toux; '**♀saft** *m* sirop *m* contre la toux

Hut [huːt] **1.** *m* (-[*e*]*s*; *⸗e*) chapeau *m*; **2.** *f* (-; *sans pl*) ***auf der ~ sein*** prendre garde (***vor*** à), se tenir sur ses gardes

hüten ['hyːtən] (*h*) garder; ***das Bett ~*** garder le lit; ***sich ~ vor*** prendre garde à, se garder de

Hütte ['hytə] *f* (-; *-n*) cabane *f*; *mit Strohdach* chaumière *f*; *Berg*♀ refuge *m*; *tech* forges *f/pl*; '**~nwerk** *n* usine *f* métallurgique

Hyäne [hy'ɛːnə] *zo f* (-; *-n*) hyène *f* (*a fig*)

Hyazinthe [hya'tsintə] *bot f* (-; *-n*) jacinthe *f*

Hydrant [hy'drant] *m* (*-en*; *-en*) bouche *f* d'eau *od* d'incendie

hydraulisch [hy'drauliʃ] hydraulique

Hygien|e [hy'gjeːnə] *f* (-; *sans pl*) hygiène *f*; **♀isch** hygiénique

Hymne ['hymnə] *f* (-; *-n*) hymne *m*

Hypno|se [hyp'noːzə] *f* (-; *-n*) hypnose *f*; **♀tisieren** [-oti'ziːrən] (*pas de -ge-*, *h*) hypnotiser

Hypothek [hypo'teːk] *f* (-; *-en*) hypothèque *f*; ***e-e ~ aufnehmen*** prendre une hypothèque; **~enzinsen** *m/pl* intérêts *m/pl* hypothécaires

Hypothe|se [hypo'teːzə] *f* (-; *-n*) hypothèse *f*; **♀tisch** [-'teːt-] hypothétique

Hyster|ie [hyste'riː] *f* (-; *sans pl*) hystérie *f*; **♀isch** [-'teːriʃ] hystérique

I

i. A. *abr* ***im Auftrag*** par ordre; par autorisation

IAO *f abr* ***Internationale Arbeitsorganisation*** Organisation internationale du travail

iberisch [i'beːriʃ] ibérique; ***die ꙸe Halbinsel*** la péninsule Ibérique

IC *m abr* ***Intercity-Zug*** intercity (*train rapide intervilles*)

ICE *m abr* ***Intercity-Express*** *etwa* TGV *m*

ich [iç] je (+ *Verb*), *vor Vokal* j'; moi; ***hier bin ~*** me voilà; ***~ bin es*** c'est moi

Ich *n* (-[*s*]; -[*s*]) *psych* moi *m*; ***mein anderes ~*** mon autre personnalité

Ideal [ide'aːl] **1.** idéal *m*; *Vorbild* modèle *m*; **2.** *adj* idéal; **ꙸisieren** [-ali'ziːrən] (*pas de -ge-, h*) idéaliser; **~ismus** [-a'lismus] *m* (-; *sans pl*) idéalisme *m*; **~ist** [-a'list] *m* (-*en*; -*en*) idéaliste *m*

Idee [i'deː] *f* (-; -*n*) idée *f*

identi|fizieren [idɛntifi'tsiːrən] (*pas de -ge-, h*) (***sich ~*** s')identifier (***mit*** à *od* avec); **~sch** [i'dɛntiʃ] identique (***mit*** à); **ꙸtät** [-ti'tɛːt] *f* (-; *sans pl*) identité *f*

Ideolog|e [ideo'loːgə] *m* (-*n*; -*n*) idéologue *m*; **~ie** [-lo'giː] *f* (-; -*n*) idéologie *f*; **ꙸisch** idéologique

Idiot [idi'oːt] *m* (-*en*; -*en*) idiot *m*; **~ie** [-ɔ'tiː] *f* (-; -*n*) idiotie *f*; **ꙸisch** idiot

Idyll [i'dyl] *n* (-*s*; -*e*) tableau *m* idyllique; **ꙸisch** idyllique

IG *f abr* ***Industriegewerkschaft*** syndicat ouvrier

Igel ['iːgəl] *zo m* (-*s*; -) hérisson *m*

ignorieren [igno'riːrən] (*pas de -ge-, h*) ignorer, ne pas tenir compte de

IHK *f abr* ***Industrie- und Handelskammer*** Chambre de commerce et d'industrie

ihm [iːm] lui, à lui

ihn [iːn] le, *vor Vokal* l'; *nach prép* lui

ihnen ['iːnən] leur; *nach prép* eux *m*, elles *f*; *betont* à eux, à elles; ꙸ vous, à vous

ihr [iːr] **1.** *Personalpronomen: Dativ von* ***sie*** lui; à elle; *pl von* ***du*** vous; **2.** *Possessivpronomen: von e-r Besitzerin* son *m* (*vor Vokal a f*), sa *f* (*vor Konsonant*), *pl* ses; *von mehreren Besitzern* leur; ꙸ votre; **3.** ***~er, ~e, ~es, der, die, das ~e*** *od* ***~ige*** le sien, la sienne; le (la) leur; ***ꙸer, ꙸe, ꙸes*** le (la) vôtre; **'~erseits** ['-ərzaits] de sa (leur) part; ꙸ de votre part; **'~esgleichen** ['-əs-] son (leur) pareil; ꙸ vos pareils; **'~etwegen** ['-ət-] à cause d'elle (d'eux, d'elles); ꙸ à cause de vous

i. J. *abr* ***im Jahre*** en l'an

illeg|al ['ilegaːl] illégal; **~itim** [-i'tiːm] illégitime

Illus|ion [ilu'zjoːn] *f* (-; -*en*) illusion *f*; **ꙸorisch** [-'zoːriʃ] illusoire

Illust|ration [ilustra'tsjoːn] *f* (-; -*en*) illustration *f*; **ꙸ'rieren** (*pas de -ge-, h*) illustrer; **~'rierte** *f* (-*n*; -*n*) revue *f*, magazine *m*

im [im] → ***in***; ***~ Bett*** au lit; ***~ Schrank*** dans l'armoire; ***~ Mai*** en mai; ***~ Jahre 2005*** en 2005; ***~ Stehen*** debout

Image ['imitʃ] *n* (-[*s*]; -*s*) image *f* (de marque)

imaginär [imagi'nɛːr] imaginaire

Imbiss ['imbis] *m* (-*es*; -*e*) casse-croûte *m*, petit repas *m*, collation *f*; **'~bude** *f*, **'~stube** *f* snack *m*

Imi|tation [imita'tsjoːn] *f* (-; -*en*) imitation *f*; **ꙸ'tieren** (*pas de -ge-, h*) imiter, copier

immer ['imər] toujours; ***~ noch*** encore, toujours; ***wer auch ~*** qui que ce soit; ***für ~*** pour toujours, à jamais; ***~ wieder*** sans arrêt; ***~ schneller*** de plus en plus vite; ***~ mehr*** de plus en plus; **'~'hin** en tout cas; **'~'zu** constamment

Immobilien [imo'biːljən] *pl* (biens *m/pl*) immeubles *m/pl*; **~makler** *m* agent *m* immobilier

immun [i'muːn] immunisé (***gegen*** contre); **ꙸi'tät** *f* (-; *sans pl*) immunité *f*

Imperialis|mus [imperia'lismus] *m* (-; *sans pl*) impérialisme *m*; **~t** *m* impérialiste *m*; **ꙸtisch** impérialiste

impf|en ['impfən] (*h*) vacciner (***gegen*** contre); **'ꙸpass** *m*, **'ꙸschein** *m* certifi-

cat *m* de vaccination; '**&stoff** *m* vaccin *m*; '**&ung** *f* (-; *-en*) vaccination *f*
imponieren [impo'ni:rən] (*pas de -ge-, h*) ***j-m ~*** en imposer à qn
Import [im'pɔrt] *m* (-[*e*]*s*; *-e*) importation *f*; **~beschränkung** *f* limitation de l'importation; **~eur** [-'tø:r] *m* (*-s*; *-e*) importateur *m*; **&'ieren** (*pas de -ge-, h*) importer
imposant [impo'zant] imposant
impotent ['impotɛnt] impuissant
imprägnieren [imprɛg'ni:rən] (*pas de -ge-, h*) imperméabiliser
improvisieren [improvi'zi:rən] (*pas de -ge-, h*) improviser
Impuls [im'puls] *m* (*-es*; *-e*) impulsion *f*; **&iv** [-'zi:f] impulsiv
imstande [im'ʃtandə] ***~ sein zu*** être capable *od* en état *od* à même de …
in [in] **1.** *räumlich* dans, à, en; ***~ Frankreich*** en France; ***~ Portugal*** au Portugal; ***~ Paris*** à Paris; ***in den USA*** aux U.S.A.; ***~ der*** *od* ***die Stadt*** en ville; ***~ der Küche*** dans la cuisine; **2.** *zeitlich* dans, en, pendant; ***~ dieser*** (***der nächsten***) ***Woche*** cette semaine (la semaine prochaine); ***~ diesem Alter*** (***Augenblick***) à cet âge (instant); ***~ 3 Tagen*** *von jetzt an* dans trois jours; *Dauer* en trois jours; ***~ der Nacht*** pendant la nuit; **3.** *Art und Weise* en; ***gut sein ~*** être bon en; ***~ Behandlung*** (***Reparatur***) en traitement (réparation); ***~s Deutsche*** en allemand; → *a* ***im***; **4.** ***~ sein*** F être branché
'**inbegriffen** compris
in'dem pendant que; ***~ er das tut*** en faisant ceci
Inder ['indər] *m* (*-s*; -), '**~in** *f* (-; *-nen*) Indien *m*, -ne *f*
Index ['indɛks] *m* (*-es*; *-e*, *-dizes*) index *m*; indice *m*
Indianer [in'dja:nər] *m* (*-s*; -), **~in** *f* (-; *-nen*) Indien *m*, -ne *f*
Indien ['indjən] *n* (*-s*; *sans pl*) l'Inde *f*
'**indirekt** indirect
indisch ['indiʃ] indien; ***der &e Ozean*** l'océan Indien
'**indiskret** indiscret
indiskutabel ['indiskuta:bəl] inadmissible, hors de question
individuell [individu'el] individuel
Individuum [-'vi:duum] *n* (*-s*; *Individuen*) individu *m*
Indochina [indo'çi:na] *hist n* l'Indochine *f*
Indonesien [indo'ne:ziən] *n* l'Indonésie
industrialisieren [industriali'zi:rən] (*pas de -ge-, h*) industrialiser
Industrie [indus'tri:] *f* (-; *-n*) industrie *f*; **~abfälle** *m/pl* déchets *m/pl* industriels; **~gebiet** *n* région *f* industrielle; **~kauffrau** *f*, **~kaufmann** *m* agent *m* commercial en produits industriels
industriell [-i'ɛl] industriel; **&e** *m* (*-n*; *-n*) industriel *m*
Indus'trie|staat *m* pays *m* (nation *f*) industrialisé(e); **~- und Handelskammer** *f* Chambre *f* du Commerce et de l'Industrie
Infarkt [in'farkt] *m* (-[*e*]*s*; *-e*) *méd* infarctus *m*
Infektion [infɛk'tsjo:n] *méd f* (-; *-en*) infection *f*; **~skrankheit** *f* maladie *f* infectieuse
infizieren [infi'tsi:rən] (*pas de -ge-, h*) infecter, contaminer
Inflation [infla'tsjo:n] *f* (-; *-en*) inflation *f*; **~srate** *f* taux *m* d'inflation
in'folge *prép* (*gén*) par suite de; **~'dessen** par conséquent
Inform|atik [infɔr'ma:tik] *f* (-; *sans pl*) informatique *f*; **~'atiker** *m* (*-s*; -) informaticien *m*; **~ation** [-a'tsjo:n] *f* (-; *-en*) information *f*; **~a'tionsbüro** *n* agence *f* de renseignements; **&'ieren** (*pas de -ge-, h*) (***sich ~*** s')informer (***über*** de); ***falsch ~*** mal informer
infra|rot ['infra-] infrarouge; '**&struktur** *f* infrastructure *f*
Infusion [infu'zjo:n] *méd f* (-; *-en*) perfusion *f*
Ing. *abr* ***Ingenieur*** ingénieur
Ingenieur [inʒe'njø:r] *m* (*-s*; *-e*) ingénieur *m*
Inh. *abr* ***Inhaber*** propriétaire
Inhaber ['inha:bər] *m* (*-s*; -), '**~in** *f* (-; *-nen*) possesseur *nur m*, propriétaire *m*, *f*; *e-s Amtes*, *Kontos* titulaire *m*, *f*; *e-s Rekords* détenteur *m*, -trice *f*
Inhalt ['inhalt] *m* (-[*e*]*s*; *-e*) contenu *m*; *Raum&* capacité *f*, volume *m*; *fig* sens *m*, fond *m*
'**Inhalts|angabe** *f* résumé *m*, sommaire *m*; '**~verzeichnis** *n* table *f* des matières
Initiative [initsja'ti:və] *f* (-; *-n*) initiati-

ve *f*

inkl. *abr* ***inklusive*** (y) compris

inklusiv|e [inklu'ziːvə] *adv u prép* (*gén*) (y) compris; **≗preis** *m* prix *m* tout compris

'inkonsequent inconséquent

In'krafttreten *n* (-*s*; *sans pl*) entrée *f* en vigueur

'Inland *n* (-[*e*]*s*; *sans pl*) pays *m*; *Landesinnere* intérieur *m* du pays; **'~flug** *m* vol *m* national; **'~sgeschäft** *n* commerce *m* intérieur; **'~sgespräch** *n tél* communication *f* interurbaine; **'~smarkt** *m* marché national

Inline-Skate ['inlainskeːt] *m* (-*s*; -*s*) roller *m*

inlineskaten ['inlainskeːtən] (*p/p inlinegeskatet*, *h*) faire du roller

Inline-Skater ['inlainskeːtər] *m* (-*s*; -), **'~in** *f* (-; -*nen*) roller *m*, rolleuse *f*

innen ['inən] dedans, à l'intérieur

'Innen|architekt *m*, **'~architektin** *f* architecte-décorateur *m*; **'~minister** *m* ministre *m* de l'Intérieur; **'~ministerium** *n* ministère *m* de l'Intérieur; **'~politik** *f* politique *f* intérieure; **'~stadt** *f* centre *m* ville

inner ['inər] intérieur; *pol*, *méd* interne; ***das Innere*** l'intérieur *m*; **'~betrieblich** interne de l'exploitation; **'~halb** dans (*a zeitlich*); à l'intérieur de; **'~lich** interne (*a méd*), intérieur

Innovation [inova'tsjoːn] *f* (-; -*en*) innovation *f*

Innung ['inuŋ] *f* (-; -*en*) guilde *f*, corporation *f*, corps *m* de métier

inoffiziell ['inʔ-] non officiel

ins [ins] → ***in***

Insasse ['inzasə] *m* (-*n*; -*n*) *Fahrzeug* passager *m*; *Anstalt* pensionnaire *m*

'Inschrift *f* inscription *f*

Insekt [in'zɛkt] *zo n* (-[*e*]*s*; -*en*) insecte *m*; **~enschutzmittel** *n* insecticide *m*; **~enstich** *m* piqûre *f* d'insecte

Insel ['inzəl] *f* (-; -*n*) île *f*; ***kleine ~*** îlot *m*; **'~gruppe** *f* archipel *m*

Inse|rat [inzə'raːt] *n* (-[*e*]*s*; -*e*) annonce *f*; **~rent** [-'rɛnt] *m* (-*en*; -*en*) annonceur *m*; **≗'rieren** (*pas de -ge-*, *h*) mettre une annonce

inso'fern 1. *conj* ***~ als …*** dans la mesure où …; **2.** *adv* sur ce point

insolv|ent ['inzɔlvɛnt] insolvable; **'≗enz** *f* (-; -*en*) insolvabilité *f*

Inspektion [inspɛk'tsjoːn] *f* (-; -*en*) inspection *f*; *auto* révision *f*

Installateur [instala'tøːr] *m* (-*s*; -*e*) installateur *m*, plombier *m*

installieren [insta'liːrən] (*pas de -ge-*, *h*) installer (*a EDV*)

instand [in'ʃtant] ***~ halten*** maintenir en bon état, entretenir; ***~ setzen*** réparer; **≗haltung** *f* (-; *sans pl*) entretien *m*, maintenance *f*

Instanz [in'stants] *f* (-; -*en*) instance *f*; **~enweg** *m* voie *f* hiérarchique

Instinkt [in'stiŋkt] *m* (-[*e*]*s*; -*e*) instinct *m*; **≗iv** [-'tiːf] instinctif

Institut [insti'tuːt] *n* (-*s*; -*e*) institut *m*; **~ion** [-u'tsjoːn] *f* institution *f*

Instrument [instru'mɛnt] *n* (-[*e*]*s*; -*e*) instrument *m*

intellektuell [intɛlɛktu'ɛl] intellectuel; **≗e** *m*, *f* (-*n*; -*n*) intellectuel *m*, -le *f*

intelligent [intɛli'gɛnt] intelligent

Intelligenz [-'gɛnts] *f* (-; -*en*) intelligence *f*; **~quotient** *m* quotient *m* intellectuel (*abr* Q.I.)

intensiv [intɛn'ziːf] intense, intensif; **≗kurs** *m* cours *m* intensif; **≗station** *f* service *m* de réanimation

interaktiv [intɛrak'tif] interactif, -ve

Intercity|-Zug [intər'siti-] *m* train *m* intercité à grande vitesse; **~-Zuschlag** *m* supplément *m* pour train intercité

interessant [interɛ'sant] intéressant

Interess|e [inte'rɛsə] *n* (-*s*; -*n*) intérêt *m* (***an, für*** à, pour); **~ent** [-'sɛnt] *m* (-*en*; -*en*) amateur *m*, acheteur *m* potentiel; **≗'ieren** (*pas de -ge-*, *h*) intéresser qn (***für*** à); ***sich ~ für*** s'intéresser à, être intéressé par

intern [in'tɛrn] interne

international [intərnatsjo'naːl] international

Internet ['intərnɛt] *n* (-*s*; *sans pl*) Internet *m*; ***im ~ surfen*** naviguer sur Internet; **'~adresse** *f* adresse *f* Internet; **'~anschluss** *m* connexion *f* Internet; **'~auktion** *f* vente *f* aux enchères sur Internet; **'~café** *n* cybercafé *m*; **'~provider** *m* fournisseur *m* d'accès; **'~surfer** *m*, **'~surferin** *f* internaute *m*, *f*; **'~zugang** *m* accès *m* à Internet

Internist [intər'nist] *méd m* (-*en*; -*en*) spécialiste *m* des maladies internes

Inter|pretation [intərpreta'tsjoːn] *f* (-; -*en*) interprétation *f*; **≗pre'tieren**

(*pas de -ge-, h*) interpréter; **~vall** [-'val] *n* (*-s; -e*) intervalle *m*; **≈venieren** [-ve'niːrən] (*pas de -ge-, h*) intervenir; **~view** [-'vjuː] *n* (*-s; -s*) interview *f*; **≈viewen** [-'vjuːən] (*pas de -ge-, h*) interviewer

intim [in'tiːm] intime (***mit*** avec); **≈sphäre** *f* vie *f* privée

'intoler|ant intolérant (***gegenüber*** envers); **'≈anz** *f* (*-; sans pl*) intolérance *f*

Intranet ['intranɛt] *n* (*-s, sans pl*) Intranet *m*

Invalid|e [inva'liːdə] *m* (*-n; -n*) invalide *m, f*; **~enrente** *f* pension *f* d'invalidité; **~ität** [-di'tɛːt] *f* (*-; sans pl*) invalidité *f*

Inventar [invɛn'taːr] *n* (*-s; -e*) installation *f*, équipement *m*; *Verzeichnis* inventaire *m*

Inventur [invɛn'tuːr] *comm f* (*-; -en*) inventaire *m*

invest|ieren [invɛs'tiːrən] (*pas de -ge-, h*) investir; **≈ition** [-i'tsjoːn] *f* (*-; -en*) investissement *m*; **≈i'tionshilfe** *f* aide *f* à l'investissement

inwie|'fern, **~'weit** dans quelle mesure

in'zwischen en attendant, entretemps

IOK *n abr* ***Internationales Olympisches Komitee*** C.I.O. *m* (Comité international olympique)

ionisch [i'oːniʃ] *géogr* ionien; *Vers, Säule* ionique; ***das ≈e Meer*** la mer Ionienne

i. R. *abr* ***im Ruhestand*** en retraite

Irak [i'raːk] (*-s; sans pl*) ***der ~*** l'Irak *m*; **≈isch** irakien

Iran [i'raːn] (*-s; sans pl*) ***der ~*** l'Iran *m*; **≈isch** iranien

Ire ['iːrə] *m* (*-n; -n*) Irlandais *m*

irgend ['irgənt] ***wenn ~ möglich*** si faire se peut; F ***~ so ein …*** une espèce de …, un de ces …; **'~ein** un … quelconque; **'~einer** quelqu'un, une personne quelconque; *egal wer* n'importe qui; **'~etwas** quelque chose; *egal was* n'importe quoi; **'~jemand** quelqu'un; *egal wer* n'importe qui; **'~wann** un jour; *egal wann* n'importe quand; **'~wer** → ***~einer***; **'~wie** d'une façon ou d'une autre; *egal wie* n'importe comment; **'~wo** quelque part; *egal wo* n'importe où

Ir|in ['iːrin] *f* (*-; -nen*) Irlandaise *f*; **'≈isch** irlandais, d'Irlande; ***die ≈e See*** la mer d'Irlande

Irland ['irlant] *n* (*-s; sans pl*) l'Irlande *f*

Iron|ie *f* [iro'niː] *f* (*-; -n*) ironie *f*; **≈isch** [-'roːniʃ] ironique

irre ['irə] *geistesgestört* aliéné, fou; *verwirrt* dérangé; F *sagenhaft* formidable, extra, super, génial; **'≈** *m, f* (*-n; -n*) aliéné *m*, -e *f*; fou *m*, folle *f*

'irreführend trompeur; *Werbung* mensonger

irren ['irən] (*h*) ***sich ~*** se tromper (***in etw*** de qc; ***in j-m*** sur qn)

'Irrenanstalt *méd f* asile *m* d'aliénés, asile *m* psychiatrique

irritieren [iri'tiːrən] (*pas de -ge-, h*) *ärgern, reizen* irriter, *verwirren* déconcerter

'Irr|sinn *m* (*-[e]s; sans pl*) démence *f*, folie *f* (*a fig*); **'~tum** *m* (*-s; ¨er*) erreur *f*; **'≈tümlich** ['-tyːmliç] erroné; **'~weg** *m* mauvaise voie *f*

Ischias ['iʃias] *méd n od m* (*-; sans pl*) sciatique *f*

Islam [is'laːm] *rel m* (*-s; sans pl*) islam *m*

Island ['iːslant] *n* (*-s; sans pl*) l'Islande *f*

Isländ|er ['iːslɛndər] *m* (*-s; -*), **'~erin** *f* (*-; -nen*) Islandais *m*, -e *f*; **'≈isch** islandais

Isolier|band [izo'liːr-] *n* ruban *m* isolant, chatterton *m*; **≈en** (*pas de -ge-, h*) (***sich ~*** s')isoler; **~ung** *f* (*-; -en*) isolement *m*; *tech* isolation *f*

Israel ['israeːl] *n* (*-s; sans pl*) Israël *m*

Israeli [isra'eːli] *m* (*-s; -s*) Israélien *m*, -ne *f*; **≈sch** israélien

Istanbul ['ɪstanbuːl] *n* Istanbul

Italien [i'taːljən] *n* (*-s; sans pl*) l'Italie *f*

Italien|er [ita'ljeːnər] *m* (*-s; -*), **~erin** *f* (*-; -nen*) Italien *m*, -ne *f*; **≈isch** italien

i. V. *abr* ***in Vertretung*** par intérim; par délégation

IWF *m abr* ***Internationaler Währungsfonds*** FMI *m* (Fonds monétaire international)

J

ja [jaː] oui; ***da ist er ~!*** tiens, le voilà!; ***ich sagte es Ihnen ~*** c'est ce que je vous disais justement; ***tut es ~ nicht!*** ne faites surtout pas cela!; ***sei ~ vorsichtig!*** sois bien prudent!; ***du kommst doch, ~?*** tu viens, n'est-ce pas?

Jacht [jaxt] *mar f* (-; *-en*) yacht *m*

Jacke ['jakə] *f* (-; *-n*) veste *f*; *Damen- u Kinder*≗ jaquette *f*

Jagd [jaːkt] *f* (-; *-en*) chasse *f* (*auf* à); ***auf die ~ gehen*** aller à la chasse; ***~ machen auf*** faire la chasse à; **'~flugzeug** *mil n* avion *m* de chasse; **'~hund** *m* chien *m* de chasse; **'~revier** *n* chasse *f*; **'~schein** *m* permis *m* de chasse *od* de chasser

jagen ['jaːgən] (*h*) chasser; *Verbrecher* pourchasser; *fig eilen* foncer; ***nach etw ~*** courir après qc

Jäger ['jɛːgər] *m* (*-s*; -), **'~in** *f* (-; *-nen*) chasseur *f*, -euse *f*

Jaguar ['jaːguaːr] *zo m* (*-s*; *-e*) jaguar *m*

Jahr [jaːr] *n* (-[*e*]*s*; *-e*) an *m*, année *f*; ***das ganze ~*** toute l'année; ***jedes ~*** tous les ans, chaque année; ***einmal im ~*** une fois par an; ***im ~ 2006*** en 2006; ***ein 10 ~e altes Auto*** une voiture vieille de 10 ans; ***mit 18 ~en*** à 18 ans; ***heute vor e-m ~*** il y a un an aujourd'hui; ***die 90er ~e*** les années 90; **≗'aus, jahr'ein** bon an, mal an; **'~buch** *n* annuaire *m*

'Jahres|abschluss *m* compte *m* de fin d'année; **'~anfang** *m* début *m od commencement m de l'année*; **'~ausgleich** *m* → ***Lohnsteuerjahresausgleich***; **'~bericht** *m* rapport *m* annuel; **'~bilanz** *f* bilan *m* de fin d'année; **'~einkommen** *n* revenu *m* annuel; **'~ende** *n* fin *f* de l'année; **'~tag** *m* anniversaire *m*; **'~umsatz** *m* chiffre *m* d'affaires annuel; **'~wechsel** *m* nouvel an *m*; **'~zahl** *f* millésime *m*; **'~zeit** *f* saison *f*

'Jahr|gang *m* année *f*; *mil* classe *f*; *Wein* millésime *m*; **~'hundert** *n* (*-s*; *-e*) siècle *m*; **~'hundertwende** *f* tournant *m* de siècle

jährlich ['jɛːrlıç] annuel; *adv* par an

'Jahr|markt *m* foire *f*; **~'tausend** *n* (*s*; *-e*) millénaire *m*; **~'zehnt** *n* (-[*e*]*s*; *-e*) dizaine *f* d'années, décennie *f*

Jakob ['jaːkɔp] *m* (*-s*; *sans pl*) Jacques *m*

Jalousie [ʒalu'ziː] *f* (-; *-n*) store *m*

Jamaika [ja'maıka] *n* la Jamaïque

Jammer ['jamər] *m* (*-s*; *sans pl*) misère *f*; ***es ist ein ~!*** quelle pitié!

jämmerlich ['jɛmərlıç] lamentable, déplorable, misérable

jammern ['jamərn] (*h*) se lamenter, gémir

Januar ['januaːr] *m* (-[*s*]; *-e*) janvier *m*

Japan ['jaːpan] *n* (*-s*; *sans pl*) le Japon; **~er** [ja'paːnər] *m* (*-s*; -), **~erin** *f* (-; *-nen*) Japonais *m*, -e *f*; **≗isch** [-'paːnıʃ] japonais

Jargon [ʒar'gõ] *m* (*-s*; *-s*) jargon *m*, argot *m*

jawohl [ja'voːl] oui; *ganz recht* bien sûr

je [jeː] *pro* par; *jeweils* chacun; *jemals* jamais; ***der beste Film, den ich ~ gesehen habe*** le meilleur film que j'aie jamais vu; ***~ zwei*** deux de chaque *od* chacun deux; ***3 Euro ~ Kilo*** 3 euros le kilo; ***~ nach Größe*** suivant la taille; ***~ nachdem*** (, ***wie***) cela dépend (de); ***~ … desto …*** plus … plus …

'jedenfalls en tout cas

jeder *m*, **jede** *f*, **jedes** *n* ['jeːdə(r, -s)] chaque; *verallgemeinernd* tout; *substantivisch* chacun *m*, chacune *f*; ***jeden zweiten Tag*** tous les deux jours; ***jeden Augenblick*** à tout instant; ***ohne jeden Kommentar*** sans aucun commentaire; ***jeder von uns*** chacun de nous; ***jeder Beliebige*** n'importe qui; ***das weiß jeder*** tout le monde le sait

'jedermann chacun, tout le monde

'jederzeit à tout moment

'jedesmal chaque fois; ***~ wenn*** toutes les fois que

jedoch [je'dɔx] cependant

jemals ['jeːmaːls] jamais

jemand ['jeːmant] quelqu'un; *in negativer Umgebung* personne; ***~ anders***

quelqu'un d'autre; ***ohne ~ zu grüßen*** sans saluer personne
Jemen ['jeːmən] ***der ~*** le Yémen
jener, **jene**, **jenes** *n* ['jeːnə(r, -s)] ce (*vor Vokal* cet) *m*, cette *f*, ces *pl* … là; *substantivisch* celui-là *m* (*pl* ceux-là), celle-là *f* (*pl* celles-là); ***dieses und jenes*** ceci et cela
jenseits ['jeːnzaits] **1.** *prép* (*gén*) au-delà de; **2.** *n* (-; *sans pl*) ***das*** ***ℒ*** l'au-delà *m*, l'autre monde *m*
Jerusalem [je'ruːzalɛm] *n* Jérusalem
jetzt [jɛtst] maintenant, à présent; *in Vergangenheitsschilderungen* alors; ***bis ~*** jusqu'à présent, jusqu'à maintenant; ***von ~ an*** désormais; ***eben ~*** juste en ce moment; ***~ gleich*** tout de suite; ***schon ~*** d'ores et déjà
jetzig ['jɛtsiç] actuel
jeweil|ig ['jeːvailig] respectif; **'~s** chaque fois
Jg. *abr* ***Jahrgang*** année
Jh. *abr* ***Jahrhundert*** siècle
Job [dʒɔp] *m* (-*s*; -*s*) F job *m*, petit boulot *m*; **'ℒben** ['dʒɔbən] (*h*) avoir un job, travailler (occasionnellement); **'~ber** ['-ɔbər] *m* (-*s*; -) **1.** qn qui a un job; **2.** agioteur *m*; **'~sharing** ['-ʃɛriŋ] *n* partage *m* du travail; **'~vermittlung** *f* bureau *m* de placement
Joch [jɔx] *n* (-[*e*]*s*; -*e*) joug *m* (*a fig*)
Joghurt ['joːgurt] *m*, *n* (-[*s*]; *sans pl*) yaourt *m*
Johann ['joːhan] *m* (-*s*; *sans pl*) Jean *m*
Johanna [jo'hana] *f* (-*s*; *sans pl*) Jeanne *f*
Jo'hannisbeere *f Rote* groseille *f*; ***Schwarze ~*** cassis *m*
Joint Venture ['dʒɔint'vɛntʃə] *n* (-[*s*]; -*s*) joint venture *f*
Jordan ['jɔrdan] ***der ~*** le Jourdain
Jordanien [jɔr'daːniən] *n* la Jordanie
Journa|lismus [ʒurna'lismus] *m* (-; *sans pl*) journalisme *m*; **~'list** *m* (-*en*; -*en*), **~'listin** *f* (-; -*nen*) journaliste *m*, *f*
jr. *abr* ***junior*** junior; fils (*commerce*)
Jubel ['juːbəl] *m* (-*s*; *sans pl*) allégresse *f*; **'ℒn** (*h*) pousser des cris d'allégresse *od* de joie
Jubiläum [jubi'lɛːum] *n* (-*s*; *Jubiläen*) anniversaire *m*; ***fünfzigjähriges ~*** cinquantenaire *m*, jubilé *m*; ***hundertjähriges ~*** centenaire *m*
jucken ['jukən] (*h*) démanger
Jude ['juːdə] *m* (-*n*; -*n*), **'Jüdin** ['jyːdin] *f* (-; -*nen*) Juif *m*, Juive *f*
jüdisch ['jyːdiʃ] juif; *rel* judaïque
Jugend ['juːgənt] *f* (-; *sans pl*) jeunesse *f*; **'~arbeitslosigkeit** *f* chômage *m* des jeunes; **'ℒfrei** *Film* autorisé aux mineurs; **'~herberge** *f* auberge *f* de jeunesse; **'~kriminalität** *f* délinquance *f* juvénile; **'ℒlich** jeune; *der Jugend eigen* juvénile; **'~liche** *m*, *f* (-*n*; -*n*) jeune *m*, *f*, adolescent *m*, -e *f*; **'~stil** *m* Art Nouveau *m*, style *m* 1900; **'~strafanstalt** *f* prison *f* pour enfants; **'~zentrum** *n* maison *f* de jeunes
Jugoslaw|e [juːgo'slaːvə] *m* (-*n*; -*n*), **~in** *f* (-; -*nen*) Yougoslave *m*, *f*; **~ien** [-iən] *n* (-*s*; *sans pl*) la Yougoslavie; **ℒisch** yougoslave
Juli ['juːli] *m* (-[*s*]; -*s*) juillet *m*
jun. *abr* ***junior*** junior; fils (*commerce*)
Jumbojet ['jumbodʒɛt] *m* jumbo-jet *m*
jung [juŋ] jeune; ***~e Leute*** *pl* des jeunes gens *m/pl*
Junge ['juŋə] (-*n*; -*n*) **1.** *m* garçon *m*; gamin *m*; **2.** *zo n* petit *m*; ***Junge werfen*** mettre bas, avoir des petits
'jungenhaft puéril, de gamin
jünger ['jyŋɛr] plus jeune; *Bruder, Schwester* cadet; ***er ist drei Jahre ~ als ich*** il est de trois ans mon cadet
'Jung|frau *f* vierge *f*; *astr* Vierge *f*; *rel* ***die Heilige ~*** la (Sainte) Vierge; **'~geselle** *m* célibataire *m*, vieux garçon *m*
jüngst [jyŋst] **1.** *adj* le *od* la plus jeune; *Bruder* (le) cadet; *Ereignis, Nachrichten* dernier; ***in ~er Zeit*** récemment; *rel* ***das ℒe Gericht*** le Jugement dernier; **2.** *adv* récemment
'Jungunternehmer *m* jeune entrepreneur *m*
Juni ['juːni] *m* (-[*s*]; -*s*) juin *m*
junior ['juːnjɔr] *adj* (le) jeune; junior; **'ℒchef** *m* chef *m* junior; **'ℒpartner** *m* partenaire *m*junior
Jura ['juːra] *m/pl* droit *m*; ***~ studieren*** faire son droit; étudier le droit
Jurist [ju'rist] *m* (-*en*; -*en*) juriste *m*; **ℒisch** juridique
Jury [ʒy'riː] *f* (-; -*s*) jury *m*
Juso ['juːzo] *m* (-*s*; -*s*) *abr* ***Jungsozialist(in)*** jeune socialiste *m,f*
Justitiar [justi'tsjaːr] *m* (-*s*; -*e*) juriste *m* dans une entreprise

Justiz [ju'stiːts] *f* (-; *sans pl*) justice *f*; **~irrtum** *m* erreur *f* judiciaire; **~minister** *m* ministre *m* de la Justice

Juwel [ju'veːl] *n*, *m* (-*s*; -*en*) bijou *m*, joyau *m* (*beide a fig*); **~ier** [-e'liːr] *m* (-*s*; -*e*) bijoutier *m*, joaillier *m*

K

Kabarett [kaba'rɛt] *n* (-*s*; -*s*, -*e*) cabaret *m od théâtre m de chansonniers*

Kabel ['kaːbəl] *n* (-*s*; -) câble *m*; **'~anschluss** *m* raccord *m* à la télédistribution; **'~fernsehen** *n* télévision *f* par câble, télédistribution *f*; **'~netz** *n* réseau *m* câblé

Kabeljau ['kaːbəljau] *zo m* (-*s*; -*e*, -*s*) morue *f* fraîche, cabillaud *m*

Kabine [ka'biːnə] *f* (-; -*n*) cabine *f*; *aviat a* carlingue *f*

Kabinett [kabi'nɛt] *n* (-*s*; -*e*) *pol* cabinet *m*

Kabrio(lett) ['kabrio('lɛt)] *auto n* (-*s*; -*s*) cabriolet *m*, voiture *f* décapotable

Kachel ['kaxəl] *f* (-; -*n*) carreau *m* (de faïence); **'~ofen** *m* poêle *m* de faïence

Kadaver [ka'daːvər] *m* (-*s*; -) cadavre *m* (d'animal)

Käfer ['kɛːfər] *zo m* (-*s*; -) coléoptère *m*; *auto* coccinelle *f*

Kaffee ['kafe, ka'feː] *m* (-*s*; -*s*) café *m*; **'~kanne** *f* cafetière *f*; **'~maschine** *f* machine *f* à faire le café; *große* percolateur *m*; **'~mühle** *f* moulin *m* à café; **'~tasse** *f* tasse *f* à café

Käfig ['kɛːfiç] *m* (-*s*; -*e*) cage *f*

kahl [kaːl] *Kopf* chauve; *Wand* nu; *Landschaft* dénudé

Kahn [kaːn] *m* (-[*e*]*s*; ⸚*e*) barque *f*, canot *m*

Kai [kai] *m* (-*s*; -*s*) quai *m*

Kairo ['kairo] *n* le Caire

Kaiser ['kaizər] *m* (-*s*; -), **'~in** *f* (-; -*nen*) empereur *m*, impératrice *f*; **'≈lich** impérial; **'~reich** *n* empire *m*; **'~schnitt** *méd m* césarienne *f*

Kajüte [ka'jyːtə] *mar f* (-; -*n*) cabine *f*

Kakao [ka'kaːo] *m* (-*s*; -*s*) cacao *m*; *fig* ***j-n durch den ~ ziehen*** se payer la tête de qn

Kakt|ee [kak'teː(ə)] *f* (-; -*n*), **~us** ['-us] *m* (-; *Kakteen*) cactus *m*

Kalauer ['kaːlauər] *m* (-*s*; -) calembour *m*

Kalb [kalp] *n* (-[*e*]*s*; ⸚*er*) veau *m*; **'~fleisch** *n* veau *m*

'Kalbs|braten *m* rôti *m* de veau; **'~hachse**, **'~haxe** *f* jarret *m* de veau; **'~schnitzel** *n* escalope *f* de veau

Kalender [ka'lɛndər] *m* (-*s*; -) calendrier *m*; *Taschen≈* agenda *m*; **~jahr** *n* année *f* civile

Kaliber [ka'liːbər] *n* (-*s*; -) calibre *m* (*a fig*)

Kalifornien [kali'fɔrniən] *n* la Californie

Kalk [kalk] *m* (-[*e*]*s*; -*e*) chaux *f*; *méd* calcium *m*; **'~stein** *m* calcaire *m*

Kalku|lation [kalkula'tsjoːn] *f* (-; -*en*) calcul(s) *m* (*pl*); **≈'lieren** (*pas de -ge-*, *h*) calculer

kalt [kalt] froid (*a fig*); ***es ist ~*** il fait froid; ***mir ist ~*** j'ai froid; **'~blütig** ['-blyːtiç] de *od* avec sang-froid

Kälte ['kɛltə] froid *m*; *fig* froideur *f*; ***fünf Grad ~*** cinq degrés en dessous de zéro; **'~einbruch** *m* coup *m* de froid; **'~grad** *m* degré *m* en dessous de zéro; **'~periode** *f* vague *f* de froid; **'~welle** *f* vague *f* de froid

'Kalt|front *f* front *m* froid; **'~miete** *f* loyer *m* sans les charges

Kambodscha [kam'bɔdʒa] *n* le Cambodge

Kamel [ka'meːl] *zo m* (-*s*; -*e*) chameau *m*

Kamera ['kamәra] *f* (-; -*s*) appareil *m* photo; *Filme* caméra *f*

Kamerad [kamə'raːt] *m* (-*en*; -*en*), **~in** [-'raːdin] *f* (-; -*nen*) camarade *m*, *f* (-; *sans pl*); **~schaft** *f* camaraderie *f*

Kamerun ['kaməruːn] *n* le Cameroun

Kamille [ka'milə] *bot f* (-; -*n*) camomille *f*

Kamin [ka'miːn] *m* (-*s*; -*e*) cheminée *f*

Kamm [kam] *m* (-[*e*]*s*; ⸚*e*) peigne *m*; *Gebirgs≈* crête *f*

kämmen ['kɛmən] (*h*) (***sich ~*** se) peigner

Kammer ['kamər] *f* (-; *-n*) chambre *f*; '**~musik** *f* musique *f* de chambre
Kampf [kampf] *m* (-[*e*]*s*; *⸚e*) combat *m*; lutte *f*; *Wett*2 match *m*
kämpf|en ['kɛmpfən] (*h*) combattre (***gegen j-n*** qn *od* contre qn); se battre (***mit j-m*** avec qn); lutter (***gegen*** contre; ***um*** *od* ***für*** pour); '2**er** *m* (-*s*; -) combattant *m*; *fig* champion *m* (***für*** de)
'**Kampf|flugzeug** *mil n* avion *m* de combat; '**~kraft** *f* force *f* combative; '**~richter** *m Sport* arbitre *m*
kampieren [kam'piːrən] (*pas de -ge-*, *h*) camper
Kanada ['kanada] *n* (-*s*; *sans pl*) le Canada
Kanad|ier [ka'naːdjər] *m* (-*s*; -), **~in** *f* (-; *-nen*) Canadien *m*, -ne *f*; 2**isch** canadien
Kanal [ka'naːl] *m* (-*s*; *⸚e*) canal *m*; *Abwasser*2 égout *m*; *géogr* la Manche; **~inseln** *pl* îles *f/pl* Anglo-Normandes
Kanali|sation [kanaliza'tsjoːn] *f* (-; *-en*) égouts *m/pl*, tout-à-l'égout *m*; 2'**sieren** (*pas de -ge-*, *h*) canaliser
Kanarienvogel [ka'naːrjən-] *m* canari *m*, serin *m*
kanarisch [ka'nɑːriʃ] canarien; ***die*** 2***en Inseln*** *f/pl* les (îles *f/pl*) Canaries *f/pl*
Kandi|dat [kandi'daːt] *m* (*-en*; *-en*), **~'datin** *f* (-; *-nen*) candidat *m*, -e *f*; **~da'tur** [-a'tuːr] *f* (-; *-en*) candidature *f*; 2'**dieren** (*pas de -ge-*, *h*) poser sa candidature, se porter candidat
Känguru ['kɛŋguruː] *zo n* (-*s*; -*s*) kangourou *m*
Kaninchen [ka'niːnçən] *n* (-*s*; -) lapin *m*
Kanister [ka'nistər] *m* (-*s*; -) bidon *m*, jerrycan *m*
Kanne ['kanə] *f* (-; *-n*) pot *m*; *Kaffee*2 cafetière *f*; *Tee*2 théière *f*; *Gieß*2 arrosoir *m*
Kannibale [kani'baːlə] *m* (*-n*; *-n*) cannibale *m*
Kanone [ka'noːnə] *f* (-; *-n*) canon *m*; *fig Person* as *m*, crack *m*
Kante ['kantə] *f* (-; *-n*) arête *f*; *Rand* bord *m*; *fig* ***auf die hohe ~ legen*** mettre de côté
Kantine [kan'tiːnə] *f* (-; *-n*) cantine *f*
Kanton [kan'toːn] *m* (-*s*; *-e*) canton *m*
Kanu ['kaːnu] *n* (-*s*; -*s*) canoë *m*
Kanzel ['kantsəl] *f* (-; *-n*) chaire *f*
Kanzlei [kants'lai] *f* (-; *-en*) étude *f*, bureau *m*
Kanzler ['kantslər] *m* (-*s*; -), '**~in** *f* (-; *-nen*) chancelier *m*, -ière *f*
Kap [kap] *géogr n* (-*s*; -*s*) cap *m*, promontoire *m*; ***das ~ der Guten Hoffnung*** le cap de Bonne-Espérance; ***~ Hoorn*** le cap Horn
Kap. *abr* ***Kapitel*** chapitre
Kapazität [kapatsi'tɛːt] *f* (-; *-en*) capacité *f*; *Könner* autorité *f*, sommite *f*; **~sauslastung** *f* utilisation *f* maximale de la capacité
Kapelle [ka'pɛlə] *f* (-; *-n*) *égl* chapelle *f*; *mus* orchestre *m*
kapern ['kaːpərn] (*h*) capturer
kapieren [ka'piːrən] (*pas de -ge-*, *h*) F piger
Kapital [kapi'taːl] *n* (-*s*; *-e*, *-ien*) capital *m*, capitaux *m/pl*, fonds *m/pl*; **~anlage** *f* placement *m* de capitaux; **~aufwand** *m* dépenses *f/pl* en capital; **~ertrag** *m* revenu *m* mobilier; **~ertragssteuer** *f* impôt *m* sur le revenu mobilier; **~flucht** *f* fuite *f* de capitaux; **~hilfe** *f* aide *f* financière
kapita|lisieren [-i'ziːrən] (*pas de -ge-*, *h*) capitaliser; **~'lismus** [-'lismus] *m* (-; *sans pl*) capitalisme *m*; **~'list** *m* (*-en*; *-en*), **~'listin** *f* (-; *-nen*) capitaliste *m*, *f*; 2'**listisch** capitaliste *m*
Kapitalmarkt *m* marché *m* financier
Kapitän [kapi'tɛːn] *m* capitaine *m*
Kapitel [ka'pitəl] *n* (-*s*; -) chapitre *m*
Kapitell [kapi'tɛl] *arch n* (-*s*; *-e*) chapiteau *m*
Kapitu|lation [kapitula'tsjoːn] *f* (-; *-en*) capitulation *f*; 2'**lieren** (*pas de -ge-*, *h*) capituler
Kappe ['kapə] *f* (-; *-n*) bonnet *m*; *mit Schirm* casquette *f*
Kapsel ['kapsəl] *f* (-; *-n*) capsule *f*
Kapstadt ['kapʃtat] *n* Le Cap
kaputt [ka'put] cassé, abîmé, P foutu; *erschöpft* éreinté, F claqué, crevé, vidé
Karat [ka'raːt] *n* (-[*e*]*s*; *-e*) carat *m*
Karate [ka'raːtə] *n* (-[*e*]*s*; *sans pl*) karaté *m*
Karawane [kara'vaːnə] *f* (-; *-n*) caravane *f*
Karfreitag [kaːr'-] *m* vendredi *m* saint
karg [kark] *Mahlzeit* frugal; *Boden* pauvre; *Lohn* maigre

Karibik [ka'riːbik] ***die ~*** la Caraïbe
kariert [ka'riːrt] à carreaux
Karies ['kaːrjɛs] *méd f* (-; *sans pl*) carie *f*
Karik|atur [karika'tuːr] *f* (-; *-en*) caricature *f*; **~aturist** [-tu'rist] *m* (*-en*; *-en*) caricaturiste *m*; **♀'ieren** (*pas de -ge-*, *h*) caricaturer
Karl [karl] *m* (*-s*; *-s*) Charles *m*; ***~ der Große*** Charlemagne *m*
Karneval ['karnəval] *m* (*-s*; *-e*) carnaval *m*
Kärnten ['kɛrntən] *n* la Carinthie
Karo ['kaːro] *n* (*-s*; *-s*) carreau *m*
Karosserie [karɔsə'riː] *f* (-; *-n*) carrosserie *f*
Karotte [ka'rɔtə] *bot f* (-; *-n*) carotte *f*
Karpaten [kar'paːtən] *pl* ***die ~*** les Carpates
Karpfen ['karpfən] *zo m* (*-s*; -) carpe *f*
Karre ['karə] *f* (-; *-n*) charrette *f*; F *Auto* bagnole *f*
Karriere [kar'jɛːrə] *f* (-; *-n*) carrière *f*; ***~ machen*** faire carrière; **~macher** *m* arriviste *m*, carriériste *m*
Karte [kartə] *f* (-; *-n*) carte *f*; *Fahr♀*, *Eintritts♀* billet *m*, ticket *m*; *fig* ***alles auf e-e ~ setzen*** jouer le tout pour le tout
Kartei [kar'tai] *f* (-; *-en*) fichier *m*; **~karte** *f* fiche *f*; **~kasten** *m* boîte *f* à fiches; **~leiche** *f* fiche *f* périmée
Kartell [kar'tɛl] *comm n* (*-s*; *-e*) groupement *m* professionnel; cartel *m*; **~amt** *n* office *m* qui veille sur la loi sur les cartels; **~gesetz** *n* loi *f* sur les cartels
'**Karten|spiel** *n* jeu *m* de cartes; '**~telefon** *n* téléphone *m* à carte; '**~verkauf** *m* vente *f* de tickets; '**~vorverkauf** *m* location *f*
Kartoffel [kar'tɔfəl] *f* (-; *-n*) pomme *f* de terre; **~brei** *m* purée *f* de pommes de terre; **~knödel** *m* boulette *f* de pommes de terre; **~puffer** *m* crêpe *f* de pommes de terre
Karton [kar'tɔŋ, kar'toːn] *m* (*-s*; *-s*) carton *m*
Karussell [karu'sɛl] *n* (*-s*; *-s*, *-e*) manège *m* (de chevaux de bois)
Käse ['kɛːzə] *m* (*-s*; -) fromage *m*; ***Schweizer ~*** gruyère *m*
Kaserne [ka'zɛrnə] *f* (-; *-n*) caserne *f*
Kasino [ka'ziːno] *n* (*-s*; *-s*) *Spiel♀* casino *m*; *Offiziers♀* mess *m*
kaspisch ['kaspiʃ] caspien; ***das ♀e Meer*** la mer Caspienne
Kasse ['kasə] *f* (-; *-n*) caisse *f*
'**Kassen|arzt** *m* médecin *m* conventionné; '**~bestand** *m* encaisse *f*; '**~bon** *m* bon *m* de caisse; '**~patient** *m* patient *m* affilié à une caisse de maladie; '**~zettel** *m* ticket *m* de caisse
Kassette [ka'sɛtə] *f* (-; *-n*) cassette *f*; *Bücher* coffret *m*; **~nrekorder** *m* magnétophone *m od* lecteur *m* à cassettes
kassier|en [ka'siːrən] (*pas de -ge-*, *h*) encaisser; **♀er** *m* (*-s*; -), **♀erin** *f* (-; *-nen*) caissier *m*, -ière *f*
Kastanie [ka'staːnjə] *bot f* (-; *-n*) *Baum* châtaignier *m*; *Ross♀* marronnier *m*; *Frucht* châtaigne *f*; marron *m* (*a cuis*)
Kaste ['kastə] *f* (-; *-n*) caste *f*
Kasten ['kastən] *m* (*-s*; ⸚) boîte *f*, caisse *f*
Kastilien [kas'tiːliən] *n* la Castille
Kat [kat] *m* (*-s*; *-s*) *auto* pot *m* catalytique
Katalog [kata'loːk] *m* (-[*e*]*s*; *-e*) catalogue *m*; **~preis** *m* prix *m* de catalogue
Katalonien [kata'loːniən] *n* la Catalogne
Katalysator [kataly'zaːtɔr] *m* (*-s*; *-en*) *chim* catalyseur *m*; *auto* pot *m* catalytique
katastrophal [katastro'faːl] catastrophique
Katastrophe [-'stroːfə] *f* (-; *-n*) catastrophe *f*; **♀ngebiet** *n* région *f* sinistrée; **♀nschutz** *m* protection *f* contre les catastrophes
Kategor|ie [katego'riː] *f* (-; *-n*) catégorie *f*; **♀isch** [-'goːriʃ] catégorique
Kater ['kaːtər] *m* (*-s*; -) matou *m*, chat *m* mâle; *fig* F mal *m* aux cheveux
kath. *abr* ***katholisch*** catholique
Kathedrale [kate'draːlə] *f* (-; *-n*) cathédrale *f*
Katho|lik [kato'liːk] *m* (*-en*; *-en*), **~'likin** *f* (-; *-nen*) catholique *m*, *f*; **♀lisch** [-'toːliʃ] catholique
Katze ['katsə] *f* (-; *-n*) chat *m*; *weibliche* chatte *f*; '**~nsprung** *m* enjambée *f*
Kauderwelsch ['kaudərvɛlʃ] *n* (-[*s*]; *sans pl*) charabia *m*
kauen ['kauən] (*h*) mâcher
Kauf [kauf] *m* (-[*e*]*s*; ⸚*e*) achat *m*, acquisition *f*; ***etw in ~ nehmen*** s'accommoder de qc; '**♀en** (*h*) acheter; ***sich etw ~***

s'acheter qc
Käufer ['kɔʏfər] *m* (-*s*; -), '**~in** *f* (-; -*nen*) acheteur *m*, -euse *f*; *Kunde* client *m*, -e *f*
'**Kauf|frau** *f* marchande *f*; '**~haus** *n* grand magasin *m*; '**~kraft** *écon f* pouvoir *m* d'achat
käuflich ['kɔʏfliç] à vendre, achetable; *bestechlich* corruptible, vénal
'**Kauf|mann** *m* (-[*e*]*s*; -*leute*) marchand *m*; *Großhändler* commerçant *m*; '**♀männisch** ['-mɛniʃ] commercial; '**~vertrag** *m* contrat *m* de vente
'**Kaugummi** *m od n* (-*s*; -*s*) chewing-gum *m*, gomme *f* à mâcher
Kaukasus ['kaʊkazus] ***der ~*** le Caucase
kaum [kaum] à peine; ne … guère; ***~ zu glauben!*** on a peine à le croire!; ***~ hatte er das gesagt, als …*** à peine eut-il dit cela que …
Kaution [kau'tsjoːn] *f* (-; -*en*) caution *f*, cautionnement *m*
Kautschuk ['kautʃuk] *m* (-*s*; -*e*) caoutchouc *m*
Kaviar ['kaːvjaːr] *m* (-*s*; *e*) caviar *m*
Kegel ['keːgəl] *m* (-*s*; -) *Spiel* quille *f*; *math* cône *m*; '**~bahn** *f* bowling *m*; '**♀n** (*h*) jouer aux quilles
Kehl|e ['keːlə] *f* (-; -*n*) gorge *f*; '**~kopf** *m* larynx *m*
kehr|en ['keːrən] (*h*) *fegen* balayer; *wenden* tourner; ***j-m den Rücken ~*** tourner le dos à qn; '**♀seite** *f* revers *m*; ***die ~ der Medaille*** le revers de la médaille
kehrtmachen ['keːrt-] (*sép*, -*ge*-, *h*) revenir sur ses pas; faire demi-tour
Keil [kail] *m* (-[*e*]*s*; -*e*) coin *m*; *Unterleg♀* cale *f*
'**Keil|riemen** *auto m* courroie *f*; '**~schrift** *f* écriture *f* cunéiforme
Keim [kaim] *m* (-[*e*]*s*; -*e*) germe *m* (*a fig*); *fig* ***etw im ~ ersticken*** étouffer qc dans l'œuf; '**♀en** (*h*) germer (*a fig*); '**♀frei** stérilisé; '**♀tötend** antiseptique; '**~zelle** *f biol* gamète *m*; *fig* foyer *m*, source *f*
kein [kain] (ne…) pas de …; *betont* aucun (ne …); ***~ … mehr*** ne plus de …; (***ich habe***) ***~ Geld*** (je n'ai) pas d'argent; ***das ist ~ Grund*** ce n'est pas une raison; ***in ~em Fall*** en aucun cas; '**~er**, '**~e**, '**~es** pas un, -e, aucun, -e, nul, -le, personne (*mit Verb* ne …); '**~erlei** ['-ərlai] aucun, nul; '**~esfalls**, '**~eswegs** en aucun cas, nullement, en aucune façon (*mit Verb* ne …); pas *od* point du tout; '**~mal** pas une (seule) fois; ***einmal ist ~*** une fois n'est pas coutume
Keks [keːks] *m od n* (-[*es*]; -*e*) biscuit m
Kelch [kɛlç] *m* (-[*e*]*s*; -*e*) *Glas* coupe *f*; *rel*, *bot* calice *m*
Kelle ['kɛlə] *f* (-; -*n*) *Maurer♀* truelle *f*; *Schöpf♀* louche *f*
Keller ['kɛlər] *m* (-*s*; -) cave *f*; '**~assel** *zo f* cloporte *m*; **~ei** [-ə'rai] *f* (-; -*en*) caves *f/pl*; '**~geschoss** *n* soussol *m*; '**~loch** *n* soupirail *m*; '**~meister** *m* sommelier *m*; '**~wohnung** *f* appartement *m* en sous-sol
Kellner ['kɛlnər] *m* (-*s*; -) garçon *m* (de café, de restaurant); serveur *m*; '**~in** *f* (-; -*nen*) serveuse *f*
Kenia ['keːnia] *n* le Kenya
kennen ['kɛnən] (*kannte*, *gekannt*, *h*) connaître; → ***kennenlernen***
'**kennenlernen** (*sép*, -*ge*-, *h*) ***j-n ~*** faire la connaissance de qn
'**Kenner** *m* (-*s*; -), '**~in** *f* (-; -nen) connaisseur *m*, expert *m* (*beide a Frau*)
kenntlich ['kɛnt-] reconnaissable (***an*** à); ***etw ~ machen*** marquer qc
'**Kenntnis** *f* (-; -*se*) connaissance *f*; ***gute ~se in etw haben*** avoir de bonnes connaissances de *od* sur qc; ***~ haben von*** avoir connaissance de; ***~ nehmen von*** prendre connaissance de; ***etw zur ~ nehmen*** prendre note de qc; ***j-n von etw in ~ setzen*** porter qc à la connaissance de qn
'**Kenn|wort** *n* mot *m* de passe; '**~zeichen** *n* marque *f* (distinctive), caractéristique *f*; *auto* numéro *m* minéralogique; '**♀zeichnen** (*h*) caractériser
kentern ['kɛntərn] (*sn*) chavirer, sombrer
Keramik [ke'raːmik] *f* céramique *f* (-; -*en*)
Kerl [kɛrl] *m* (-*s*; -*e*) type *m*, gaillard *m*
Kern [kɛrn] *m* (-[*e*]*s*; -*e*) noyau *m* (*a phys*); *Kernobst* pépin *m*; *Problem* fond *m*; *Reaktor* cœur *m*
'**Kern|energie** *f* énergie *f* nucléaire; '**~forschung** *f* recherche *f* nucléaire; '**♀gesund** plein de santé; '**~fusion** *f* fusion *f* nucléaire; '**~kraft** *f* énergie *f* nu-

cléaire; '**~kraftgegner** *m* adversaire *m* de l'énergie nucléaire, antinucléaire *m*; '**~kraftwerk** *n* centrale *f* nucléaire; '**♀los** *Obst* sans pépins; '**~obst** *n* fruits *m/pl* à pépins; '**~physik** *f* physique *f* nucléaire; '**~physiker** *m* atomiste *m*; '**~punkt** *m* point *m* central; '**~reaktor** *m* réacteur *m* nucléaire; '**~seife** *f* savon *m* de Marseille; '**~spaltung** *phys f* fission *f* nucléaire; '**~technik** *f* technique *f* nucléaire; '**~waffen** *mil f/pl* armes *f/pl* nucléaires; '**♀waffenfrei** dénucléarisé

Kerze ['kɛrtsə] *f* (-; *-n*) bougie *f*; *Kirchen♀* cierge *m*

Kessel [kɛsəl] *m* (*-s*; -) chaudron *m*; *großer* chaudière *f*; *Tee♀* bouilloire *f*; *géogr* cuvette *f*

Kette ['kɛtə] *f* (-; *-n*) chaîne *f*; *Halsband* collier *m*

'**Ketten|fahrzeug** *n* véhicule *m* à chenilles; '**~raucher** *m* fumeur *m* invétéré; '**~reaktion** *f* réaction *f* en chaîne

keuch|en ['kɔʏçən] (*h*) haleter; '**♀husten** *méd m* coqueluche *f*

Keule ['kɔʏlə] *f* (-; *-n*) massue *f*; *Geflügel♀* cuisse *f*; *Hammel♀* gigot *m*

kfm. *abr* ***kaufmännisch*** commercial

Kfz [kaːˀɛf'tsɛt] *n abr* ***Kraftfahrzeug*** automobile; véhicule à moteur

kg *abr* ***Kilogramm*** kilogramme

KG *f abr* ***Kommanditgesellschaft*** société *f* en commandite

Kiefer[1] ['kiːfər] *anat m* (*-s*; -) mâchoire *f*

'**Kiefer**[2] *bot f* (-; *-n*) pin *m*

Kiel [kiːl] *mar m* (-[*e*]*s*; *-e*) quille *f*; '**~wasser** *n* sillage *m*

Kiemen ['kiːmən] *biol f/pl* branchies *f/pl*

Kies [kiːs] *m* (*-es*; *-e*) gravier; F *fig Geld* fric *m*

Kiesel ['kiːzəl] *m* (*-s*; -) caillou *m*

Kilo ['kiːlo] *n* (*-s*; -[*s*]), ~'**gramm** *n* kilo(gramme) *m*; ~'**hertz** *n* kilohertz *m*; ~'**meter** *m* kilomètre *m*; ~'**meterzähler** *m* compteur *m* kilométrique; ~'**watt** *n* kilowatt *m*

Kind [kint] *n* (-[*e*]*s*; *-er*) enfant *m*, *f*

Kinder|arzt ['kindər-] *m*, '**~ärztin** *f* pédiatre *m*, *f*; '**~betreuung** *f* garde *f* d'enfants; '**~fahrkarte** *f* billet/ticket *m* demi-tarif; '**~freibetrag** *m* abattement *m* pour enfants à charge (*od* pour charges familiales); '**♀freundlich** adapté pour les enfants; '**~garten** *m* jardin *m* d'enfants; école *f* maternelle; '**~gärtnerin** *f* jardinière *f* d'enfants; institutrice *f* d'école maternelle; '**~geld** *n* allocations *f/pl* familiales; '**~krankheiten** *f/pl* maladies *f/pl* infantiles; '**~lähmung** *méd f* poliomyélite *f*; '**~mädchen** *n* bonne *f* d'enfants; '**♀reich** ***e-e ~e Familie*** une famille nombreuse; '**~spiel** *n fig* jeu *m* d'enfant, bagatelle *f*; '**~spielplatz** *m* aire *f* de jeux; '**~wagen** *m* voiture *f* d'enfant; landau *m*; poussette *f*; '**~zimmer** *n* chambre *f* d'enfant(s)

Kindes|alter ['kindəs-] *n* enfance *f*, bas âge *m*; '**~beine** *n/pl* ***von ~n an*** dès la plus tendre enfance; '**~entführung** *f* enlèvement *m* d'enfant; '**~misshandlung** *f* mauvais traitement *m* infligé à un enfant

Kind|heit ['kint-] *f* (-; - *sans pl*) enfance *f*; '**♀isch** ['kindiʃ] puéril; ~ ***werden*** retomber en enfance; '**♀lich** enfantin; naïf; *Liebe* filial

Kinn [kin] *n* (-[*e*]*s*; *-e*) menton *m*; '**~haken** *Sport m* crochet *m* à la mâchoire, uppercut *m*

Kino ['kiːno] *n* (*-s*; *-s*) cinéma *m*, ciné *m* F; '**~besucher** *m*, '**~besucherin** *f* spectateur *m*, -trice *f*; '**~vorstellung** *f* séance *f* de cinéma

Kiosk [kjɔsk] *m* (-[*e*]*s*; *-e*) kiosque *m*

Kirche ['kirçə] *f* (-; *-n*) église *f*

Kirchen|fenster *n* vitrail *m* (*pl* vitraux); '**~gemeinde** *f* paroisse *f*; '**~lied** *n* cantique *m*; '**~musik** *f* musique *f* sacrée; '**~schiff** *arch n* nef *f*; '**~steuer** *f* impôt *m* destiné à l'Église; *in Frankreich etwa* denier *m* du culte; '**~tag** *m* congrès *m* ecclésiastique

'**kirch|lich** ecclésiastique; *Trauung*, *Feiertag* religieux; '**♀turm** *m* clocher *m*; '**♀weih** ['-vai] *f* (-; *-en*) kermesse *f*

Kirmes ['kirməs] *f* (-; -sen) kermesse *f*, fête *f* foraine, foire *f*

Kirschbaum ['kirʃ-] cerisier *m*

'**Kirsche** *f* (-; *-n*) cerise *f*

Kissen ['kisən] *n* (*-s*; -) coussin *m*; *Kopf♀* oreiller *m*

Kiste ['kistə] *f* (-; *-n*) caisse *f*

Kitsch [kitʃ] *m* (*-es*; *sans pl*) toc *m*, kitsch *m*; *Film* navet *m*; *Schund* pacotille *f*; '**♀ig** de mauvais goût, kitsch, tocard F

Kitt [kit] *m* (-[*e*]*s*; -*e*) mastic *m*; *fig* ciment *m*; '**2en** (*h*) mastiquer; *fig* cimenter

kitz|eln ['kitsəln] (*h*) chatouiller; '**~(e)lig** chatouilleux; *fig* délicat

Kl. *abr* ***Klasse*** classe

kläffen ['klɛfən] (*h*) japper, glapir

klaffend ['klafənt] béant

Klage ['kla:gə] *f* (-; -*n*) plainte *f*; *jur* action *f* (en justice); '**~geschrei** *n* lamentations *f/pl*

klagen ['kla:gən] (*h*) se plaindre (***über*** de); *jammern* se lamenter; *jur* intenter une action en justice

Kläger ['klɛ:gər] *m* (-*s*; -), '**~in** *f* (-; -*nen*) *jur* demandeur *m*, -deresse *f*, plaignant *m*, -e *f*

kläglich ['klɛkliç] *Stimme* plaintif; *péj* lamentable, déplorable, minable

klamm [klam] *erstarrt* engourdi

'**Klamm** *géogr f* (-; -*en*) gorge *f*

Klammer ['klamər] *f* (-; -*n*) *tech* crampon *m*; *Büro*2 trombone *m*; *Heft*2 attache *f*; *Wäsche*2, *Haar*2 pince *f*; ***~n*** *pl im Text* parenthèses *f/pl*; *eckige* crochets *m/pl*; ***in ~n*** entre parenthèses; **~affe** *m EDV* (*@-Zeichen*) arobase *m*

'**klammern** (*h*) ***sich ~*** se cramponner (***an*** à)

Klang [klaŋ] *m* (-[*e*]*s*; ¨*e*) son *m*

Klappbett ['klap-] lit *m* pliant

Klappe ['klapə] *f* (-; -*n*) *tech* clapet *m*; *Herz*2 valvule *f*; *Blasinstrument* clé *f*; *Filmaufnahme* claquette *f*; *Mund* F gueule *f*

'**klappen** (*h*) F *gelingen* marcher; ***nach oben ~*** relever; ***nach unten ~*** rabattre; F ***das klappt*** ça va bien, ça gaze F

'**klapper|n** (*h*) claquer, cliqueter; ***mit den Zähnen ~*** claquer des dents; '**2schlange** *f* serpent *m* à sonnettes

'**Klapp|(fahr)rad** *n* bicyclette *f* pliante; '**~fenster** *n* fenêtre *f* rabattante; '**~messer** *n* couteau *m* pliant; '**~sitz** *m* strapontin *m*; '**~stuhl** *m* pliant *m*; '**~tisch** *m* table *f* pliante

klar [kla:r] clair; *Flüssigkeit a* limpide; ***~ sehen*** voir clair; ***(na) ~!*** bien sûr!; ***alles ~!*** tout va bien!; ***das ist ~*** c'est évident; ***das ist mir nicht ~*** je ne comprends pas bien; ***sich über etw im 2en sein*** se rendre compte de qc

Kläranlage ['klɛr-] *f* station *f* d'épuration

klären ['klɛ:rən] (*h*) *Angelegenheit* (***sich ~*** s')éclaircir; *Frage* clarifier; *Wasser* traiter, épurer

'**Klarheit** *f* (-; *sans pl*) clarté *f*

Klarinette [klari'nɛtə] *mus f* (-; -*n*) clarinette *f*

'**klar|kommen** (*irr*, *sép*, -*ge*-, *sn*, → ***kommen***) s'en sortir; ***ich komme da nicht klar*** je m'y perds; '**~machen** (*sép*, -*ge*-, *h*) ***j-m etw ~*** expliquer, faire comprendre qc à qn

'**Klärung** *f* (-; -*en*) *Wasser* traitement *m*; épuration *f*; *fig Frage* clarification *f*

Klasse ['klasə] *f* (-; -*n*) classe *f*; *Sport* catégorie *f*; ***2!*** super!, formidable!

'**Klassen|arbeit** *f* composition *f*; '**~kamerad** *m* camarade *m* de classe; '**~kampf** *m* lutte *f* des classes

klassifizieren [klasifi'tsi:rən] (*pas de -ge-*, *h*) classer, classifier

Klassi|k ['klasik] *f* (-; *sans pl*) classicisme *m*; '**~ker** *m* (-*s*; -) classique *m*; '**2sch** classique

Klatsch [klatʃ] *m* (-*es*; -*e*) commérage *m*, cancans *m/pl*; '**~base** *f* commère *f*, concierge *f*

'**klatschen** (*h*) *Beifall* applaudir; F *schwätzen* cancaner, caqueter; ***in die Hände ~*** battre des mains

Klaue ['klauə] *f* (-; -*n*) griffe *f*; *Raubvögel* serre *f*; *fig schlechte Schrift* écriture *f* illisible

'**klauen** (*h*) F piquer, chiper

Klausel ['klauzəl] *jur f* (-; -*n*) clause *f*

Klausur [klau'zu:r] *f* (-; -*en*) *Schule* épreuve *f* écrite; *rel* clôture *f*; *fig* isolement *m*; **~tagung** *f* réunion *f* à huis clos

Klavier [kla'vi:r] *n* (-*s*; -*e*) piano *m*; ***~ spielen*** jouer du piano; **~konzert** *n* concerto *m* pour piano; **~spieler** *m*, **~spielerin** *f* pianiste *m*, *f*

Klebeband ['kle:bə-] *n* ruban *m* adhésif

kleb|en ['kle:bən] (*h*) coller; *fig* F ***j-m eine ~*** coller une gifle à qn; '**~rig** ['-briç] gluant, collant; '**2stoff** ['kle:p-] *m* colle *f*, adhésif *m*

kleckern ['klɛkərn] (*h*) faire des taches

Klecks [klɛks] *m* (-*es*; -*e*) tache *f*; '**2en** (*h*) faire des taches

Klee [kle:] *bot m* (-*s*; *sans pl*) tréfle *m*

Kleid [klait] *n* (-*es*; -*er*) robe *f*; '**2en**

['-dən] (*h*) (***sich ~*** s')habiller

Kleider ['klaidər] *pl* habits *m/pl*, vêtements *m/pl*; '**~ablage** *f* vestiaire *m*; '**~bügel** *m* cintre *m*; '**~bürste** *f* brosse *f* à habits; '**~haken** *m* patère *f*; '**~schrank** *m* garde-robe *f*; '**~ständer** *m* portemanteau *m*

Kleidung ['-duŋ] *f* (-; *sans pl*) habillement *m*, habits *m/pl*, vêtements *m/pl*; '**~sstück** *n* vêtement *m*

Kleie ['klaiə] *bot f* (-; -*n*) son *m*

klein [klain] petit; *Buchstabe* minuscule; ***von ~ auf*** depuis son plus jeune âge; ***der ~e Mann*** l'homme de la rue; ***ein ~ wenig*** un petit peu

'**Klein|anzeige** *f* petite annonce *f*; **~'asien** *n* l'Asie Mineure *f*; '**~geld** *n* (petite) monnaie *f*; '**~händler** *m* détaillant *m*; '**~holz** *n* petit bois *m*

Kleinigkeit ['klainiçkait] *f* (-; -*en*) bagatelle *f*

'**Klein|kind** *n* petit enfant *m*; '**~kram** *m* babioles *f/pl*; '**~krieg** *m* guérilla *f*, petite guerre *f*; '**≈lich** *knickerig* mesquin; *genau* pointilleux, minutieux

Kleinod ['klaino:t] *n* (-[*e*]*s*; -*e*) bijou *m*, joyau *m*

'**Klein|stadt** *f* petite ville *f*; '**≈städtisch** provincial

Kleister ['klaistər] *m* (-*s*; -) colle *f* (d'amidon)

Klemme ['klɛmə] *f* (-; -*n*) pince *f*; *tech* serre-fils *m*; F *fig* embarras *m*

'**klemmen** (*h*) coincer, serrer; *Tür* être coincé; ***sich ~*** se pincer; *fig* ***sich hinter etw ~*** s'atteler à qc

Klempner ['klɛmpnər] *m* (-*s*;-) plombier *m*

Klette ['klɛtə] *f* (-; -*n*) *bot* bardane *f*; F *Person* pot *m* de colle

klettern ['klɛtərn] (*sn*) grimper (***auf*** sur)

'**Klettverschluss** *m* bande *f* agrippante

klicken ['klikən] (*h*) faire clic; *EDV* cliquer (***auf*** sur)

Klient [kli'ɛnt] *m* (-*en*; -*en*), **~in** *f* (-; -*nen*) client *m*, -e *f*

Klima ['kli:ma] *n* (-*s*; -s, -*te*) climat *m*; '**~anlage** *f* climatisation *f*, climatiseur *m*; '**~katastrophe** *f* catastrophe *f* climatologique; '**≈tisch** [-'ma:tiʃ] climatique; '**~veränderung** *f* changement *m* du climat

Klinge ['kliŋə] *f* (-; -*n*) lame *f*

Klingel ['kliŋəl] *f* (-; -*n*) sonnette *f*; sonnerie *f*; '**≈n** (*h*) sonner (***j-m*** qn); ***es klingelt*** on sonne

klingen ['kliŋən] (*klang*, *geklungen*, *h*) sonner; *Glas* tinter; ***das klingt seltsam*** cela paraît étrange

Klini|k ['kli:nik] *f* (-; -*en*) clinique *f*, hôpital *m*; '**≈sch** clinique

'**Klinke** ['kliŋkə] *f* (-; -*n*) *Tür* poignée *f*, bouton *m*

klipp [klip] ***~ und klar*** clair et net

Klippe ['klipə] *f* (-; -*n*) écueil *m* (*a fig*); *Steilküste* falaise *f*

klirren ['klirən] (*h*) *Ketten* cliqueter; *Gläser* tinter

Klischee [kli'ʃe:] *n* (-*s*; -*s*) cliché *m*; **~vorstellung** *f* lieu *m* commun; représentation *f* stéréotype

Klo [klo:] *n* (-*s*; -*s*) toilettes *f/pl*, WC *m/pl*

klobig ['klo:biç] massif, mastoc F

klopfen ['klɔpfən] (*h*) frapper; battre (*a Herz*); ***es klopft*** on frappe; ***j-m auf die Schulter ~*** taper sur l'épaule de qn

Klops [klɔps] *cuis m* (-*es*; -*e*) boulette *f* de viande

Klosett [klo'zɛt] *n* (-*s*; -*s*) WC *m/pl*, cabinets *m/pl*; **~papier** *n* papier *m* hygiénique

Kloß [klo:s] *m* (-*es*; ⸗*e*) boulette *f*

Kloster ['klo:stər] *n* (-*s*; ⸗) couvent *m*, monastère

Klotz [klɔts] *m* (-*es*; ⸗*e*) bloc *m* de bois; *fig Mensch* lourdaud *m*

Klub [klup] *m* (-*s*; -*s*) club *m*

Kluft [kluft] *f* **1.** (-; ⸗*e*) *Spalt* fente *f*; *tief u breit* gouffre *m*; *fig* fossé *m* (***zwischen*** entre); **2.** (-; -*en*) F *Kleidung* frusques *f/pl* P; *Uniform* uniforme *m*

klug [klu:k] intelligent; *vernünftig* sensé; ***daraus werde ich nicht ~*** je n'y comprends rien; '**≈heit** *f* (-; *sans pl*) intelligence *f*; *Vorsicht* prudence *f*

Klumpen ['klumpən] *m* (-*s*; -) masse *f*, *rund* boule *f*; *Gold* pépite *f*; *cuis* grumeau *m*

km *abr* ***Kilometer*** kilomètre

knabbern ['knabərn] (*h*) grignoter (***an etw*** qc)

Knabe ['kna:bə] *m* (-*n*; -*n*) garçon *m*

knacken ['knakən] (*h*) craquer; *Nuss* casser; *Tresor* forcer; *fig* ***j hat an etw zu ~*** qc donne du fil à retordre à qn

Knacks [knaks] *m* (*-es*; *-e*) *Sprung* fêlure *f*
Knall [knal] *m* (-[*e*]*s*; *-e*) détonation *f*; *Überschall*♀ bang *m*; *fig* ***e-n ~ haben*** F être cinglé *od* toqué *od* marteau; '**~effekt** *m* coup *m* de théâtre; '**♀en** (*h*) éclater, détoner; *Tür, Peitsche* claquer; *Korken* sauter; *fig* F ***j-m e-e ~*** donner une gifle *od* une baffe à qn; '**~körper** *m* pétard *m*
knapp [knap] *Kleidung* serré, juste; *Geld, Vorräte* rare; *Mahlzeit* maigre; *Mehrheit* faible; *Stil* concis; ***e-e ~e Stunde*** une petite heure; ***~ gewinnen*** gagner de justesse; '**♀heit** *f* (-; *sans pl*) pénurie *f*, manque *m*; *Stil* concision *f*
knarren ['knarən] (*h*) grincer
knattern ['knatərn] (*h*) crépiter; *Motorrad* pétarader
Knäuel ['knɔʏəl] *n od m* (*-s*; -) pelote *f*; *Personen* grappe *f*
knauser|ig ['knauzəriç] radin; '**~n** (*h*) ***mit etw ~*** lésiner sur qc
knautsch|en ['knautʃən] (*h*) friper, froisser; '**♀zone** *f auto* zone *f* rétractable
Knebel ['kne:bəl] *m* (*-s*; -) bâillon *m*; '**♀n** (*h*) bâillonner (*a fig*)
Knecht [knɛçt] *m* (-[*e*]*s*; *-e*) valet *m*; '**~schaft** *f* (-; *sans pl*) servitude *f*
kneifen ['knaifən] (*kniff, gekniffen, h*) pincer; *fig* F se dégonfler
Kneipe ['knaipə] *f* (-; *-n*) bistro(t) *m*
kneten ['kne:tən] (*h*) pétrir
Knick [knik] *m* (-[*e*]*s*; *-e*) *in Papier* pli *m*; *Biegung* coude *m*; '**♀en** (*h*) *Papier* plier; *Zweig* (se) casser, (se) briser; *fig* ***geknickt sein*** être déprimé
Knie [kni:] *n* (*-s*; - ['kni:ə]) genou *m*; *tech* coude *m*; *fig* ***etw übers ~ brechen*** expédier qc; '**♀n** [kni:n, 'kni:ən] (*h*) être à genoux; ***sich ~*** se mettre à genoux; '**~scheibe** *f* rotule *f*
Kniff [knif] *m* (-[*e*]*s*; *-e*) *Falte* pli *m*; *fig* truc *m*; '**♀lig** difficile, délicat
'**knipsen** [knipsən] (*h*) *Foto* photographier, prendre en photo; prendre des photos; *Fahrkarte* poinçonner
Knirps [knirps] *m* (*-es*; *-e*) *Kind* petit bonhomme *m*; gosse *m*, mioche *m*; *kleiner Mensch* nabot *m*
knirschen ['knirʃən] (*h*) crisser, craquer; ***mit den Zähnen ~*** grincer des dents
knistern ['knistərn] (*h*) *Feuer* crépiter; *Papier* faire un bruit de froissement
Knoblauch ['kno:plaux] *bot m* (-[*e*]*s*; *sans pl*) ail *m*
Knöchel ['knœçəl] *m* (*-s*; -) *Fuß*♀ cheville *f*; *Finger*♀ phalange *f*
Knochen ['knɔxən] *m* (*-s*; -) os *m*; '**~bruch** *m* fracture *f*
Knödel ['knø:dəl] *cuis m* (*-s*; -) boulette *f*
Knolle ['knɔlə] *bot f* (-; *-n*) tubercule *m*; *Zwiebel* bulbe *m*
Knopf [knɔpf] *m* (-[*e*]*s*; *⸚e*) bouton *m*
knöpfen ['knœpfən] (*h*) boutonner
'**Knopfloch** *n* boutonnière *f*
Knorpel ['knɔrpəl] *biol m* (*-s*; -) cartilage *m*
knorrig ['knɔriç] noueux
Knospe ['knɔspə] *f* (-; *-n*) bourgeon *m*, bouton *m*; '**♀n** (*h*) bourgeonner, boutonner
Knoten ['kno:tən] **1.** *m* (*-s*; -) nœud *m* (*a mar*); *Haar*♀ chignon *m*; *Nerven*♀ ganglion *m*; **2.** '♀ (*h*) nouer; '**~punkt** *m Verkehr* nœud *m* routier *od* ferroviaire
knüpfen ['knypfən] (*h*) nouer; *fig* ***e-e Bedingung an etw ~*** mettre une condition à qc
Knüppel ['knypəl] *m* (*-s*; -) bâton, gourdin; *Polizei*♀ matraque *f*; *aviat Steuer*♀ manche *m* à balai
knurren ['knurən] (*h*) gronder, grogner; *Magen* gargouiller
knusp(e)rig ['knusp(ə)riç] croquant, croustillant
k.o. [ka:'o:] *m* (-[*s*]; *-s*) *Sport* K-O; *fig* ***~ sein*** F être complètement crevé
koal|ieren [koa'li:rən] (*pas de -ge-, h*) former une coalition; **♀ition** [-i'tsjo:n] *f* (-; *-en*) coalition *f*
Koblenz ['ko:blɛnts] *n* Coblence
Koch [kɔx] *m* (-[*e*]*s*; *⸚e*), '**Köchin** ['kœçin] *f* (-; *-nen*) cuisinier *m*, -ière *f*
'**Kochbuch** *n* livre *m* de cuisine
kochen ['kɔxən] (*h*) faire la cuisine; (faire) cuire; *Wasser, Milch* (faire) bouillir; *fig* ***vor Wut ~*** bouillir de rage
'**Koch|er** *m* (*-s*; -) réchaud *m*; '**~löffel** *m* cuiller *f* de bois; '**~kunst** *f* art *m* culinaire; '**~nische** *f* coin *m* cuisine; '**~platte** *f* réchaud *m*; '**~salz** *n* sel *m* de cuisine; '**~topf** *m* cocotte *f*, marmite *f*, casserole *f*

Köder ['kø:dər] *m* (*-s*; -) appât *m*
Koffein [kɔfe'i:n] *n* (*-s*; *sans pl*) caféine *f*; **꞉frei** décaféiné
Koffer ['kɔfər] *m* (*-s*; -) valise *f*; *großer Reise꞉* malle *f*; '**~kuli** *m* porte-bagages *m*; '**~radio** *n* transistor *m*; '**~raum** *auto m* coffre *m*
Kohl [ko:l] *bot m* chou *m*
Kohle ['ko:lə] *f* (-; *-n*) charbon *m*; *Stein꞉* houille *f*; F *Geld* fric *m*; '**~hydrate** ['-hydra:tə] *n/pl* hydrates *m/pl* de carbone, glucides *m/pl*
'**Kohlen|bergwerk** *n* mine *f* de charbon; '**~dioxid**, '**~dioxyd** *n* gaz *m* carbonique; '**~monoxid**, '**~monoxyd** *n* oxyde *m* de carbone; '**~säure** *f* acide *m* carbonique; '**꞉säurehaltig** *Getränk* gazeux; '**~wasserstoffe** *m/pl* hydrocarbures *m/pl*
'**Kohlepapier** *n* papier *m* carbone
'**Kohl|kopf** *bot m* chou *m*; **~rabi** [ko:l-'ra:bi] *bot m* (-[*s*]; -[*s*]) chourave *m*
Koje ['ko:jə] *mar f* (-; *-n*) couchette *f*
Kokain [koka'i:n] *n* (*-s*; *sans pl*) cocaïne *f*
Kokosnuss ['ko:kɔs-] *bot f* noix *f* de coco
Kolben ['kɔlbən] *m* (*-s*; -) *Motor* piston *m*; *chim* ballon *m*; *Mais* épi *m*; *Gewehr* crosse *f*
Kolik ['ko:lik] *méd f* (-; *-en*) colique *f*
Kollaps ['kɔlaps] *méd m* (*-es*; *-e*) collapsus *m*
Kolleg [kɔ'le:k] *n* (*-s*; *-s*, *-ien*) cours *m*
Kolleg|e [kɔ'le:gə] *m* (*-n*; *-n*), **~in** *f* (-; *-nen*) *Arbeits꞉(-kollegin)* collègue *m*, *f*; *Fach꞉(-kollegin)* confrère *m*; *Amts꞉(-kollegin)* homologue *m*, *f*
Kollegium [kɔ'le:gjum] *n* (*-s*; *Kollegien*) *Lehrer꞉* collège *m* des professeurs
Kollekt|ion [kɔlɛk'tsjo:n] *f* (-; *-en*) collection *f*; **꞉iv** [-'ti:f] collectif
kolli|dieren [kɔli'di:rən] (*pas de -ge-*, *h*) entrer en collision; *zeitlich* coïncider; **꞉sion** [-'zjo:n] *f* (-; *-en*) collision *f*; *fig* conflit *m*
Köln [kœln] *n* Cologne
Kolonie [kolo'ni:] *f* (-; *-n*) colonie *f*
Kolonne [ko'lɔnə] *f* (-; *-n*) colonne *f*; *Fahrzeug꞉* convoi *m*; *Autoschlange* file *f*; *Arbeits꞉* équipe *f*
Kolumbien [ko'lumbiən] *n* la Colombie
Kombi ['kɔmbi] *auto m* (*-s*; *-s*) voiture *f* commerciale, fourgonnette *f*, break *m*
Kombin|ation [kɔmbina'tsjo:n] *f* (-; *-en*) combinaison *f*; *Kleidung* ensemble *m*; *gedankliche* déduction *f*; *Ski* ***alpine, nordische ~*** combiné *m* alpin, nordique; **꞉'ieren** (*pas de -ge-*, *h*) combiner; *gedanklich* déduire
Komfort [kɔm'fo:r] *m* (*-s*; *sans pl*) confort *m*; **꞉abel** [-fɔr'ta:bəl] confortable
Komi|k ['ko:mik] *f* (-; *sans pl*) comique *m*; '**~ker** *m* (*-s*; -) comique *m*; '**꞉sch** comique; *sonderbar* drôle (de)
Komitee [komi'te:] *n* (*-s*; *-s*) comité *m*
Komma ['kɔma] *n* (*-s*; *-s*, *-ta*) virgule *f*
Komman|dant [kɔman'dant] *m* (*-en*; *-en*) commandant *m*; **~deur** [-'dø:r] *m* (*-s*; *-e*) commandant *m*; **꞉'dieren** (*pas de -ge-*, *h*) commander
Kommando [kɔ'mando] *n* (*-s*; *-s*) *Befehl* commandement *m*; *Sondergruppe* commando *m*; ***auf ~*** sur commandement
kommen ['kɔmən] (*kam*, *gekommen*, *sn*) venir; *an~*, *geschehen* arriver; ***~ lassen*** faire venir, envoyer chercher; ***durch e-n Ort ~*** passer par …; ***nach Hause ~*** rentrer; ***teuer zu stehen ~*** revenir cher; ***hinter etw ~*** découvrir qc; ***um etw ~*** perdre qc; ***wieder zu sich ~*** reprendre connaissance; ***es kommt daher, dass …*** cela vient du fait que …; ***wie kommt es, dass …*** comment se fait-il que …
'**kommend** ***~e Woche*** la semaine prochaine
Kommen|tar [kɔmɛn'ta:r] *m* (*-s*; *-e*) commentaire *m*; **꞉'tieren** (*pas de -ge-*, *h*) commenter
Kommerz [kɔ'mɛrts] *m* (*-es*; *sans pl*) commerce *m*; **꞉ialisieren** [-jali'zi:rən] (*pas de -ge-*, *h*) commercialiser; **~iell** [-'jɛl] commercial
Kommissar [kɔmi'sa:r] *m* (*-s*; *-e*) commissaire *m*
Kommission [kɔmi'sjo:n] *f* (-; *-en*) commission *f*
Kommun|e [kɔ'mu:nə] *f* (-; *-n*) *Gemeinde* commune *f*; *Wohngemeinschaft* communauté *f*; **꞉al** [-'na:l] municipal, communal; **~'alpolitik** *f* politique *f* municipale; **~'alwahl** *f* élections *f/pl* municipales

Kommunikation [kɔmunika'tsjoːn] *f* (-; *-en*) communication *f*
Kommunis|mus [kɔmu'nismus] *m* (-; *sans pl*) communisme *m*; **~t** [-'nist] *m* (*-en*; *-en*), **~tin** *f* (-; *-nen*) communiste *m*, *f*; **≈tisch** comuniste
Komödie [kɔ'møːdjə] *f* (-; *-n*) comédie *f*
Kompanie [kɔmpa'niː] *f* (-; *-n*) compagnie *f*
Kompass ['kɔmpas] *m* (*-es*; *-e*) boussole *f*
kompatibel [kɔmpa'tiːbəl] compatible
Kompen|sation [kɔmpɛnza'tsjoːn] *f* (-; *-en*) *a psych* compensation *f*; **≈'sieren** (*pas de -ge-*, *h*) compenser
Kompetenz [kɔmpe'tɛnts] *f* (-; *-en*) compétence *f*; **'~bereich** *m* domaine *m* de compétence
komplett [kɔm'plɛt] complet
Komplex [kɔm'plɛks] *m* (*-es*; *-e*) complexe *m* (*a psych*); *Gebäude≈*, *Fragen≈* ensemble *m*
Kompliment [kɔmpli'mɛnt] *n* (-[*e*]*s*; *-e*) compliment *m*
Kompliz|e [kɔm'pliːtsə] *m* (*-n*; *-n*), **~in** *f* (-; *-nen*) complice *m*, *f*
komplizier|en [kɔmpli'tsiːrən] (*pas de -ge-*, *h*) compliquer; **~t** compliqué
Komplott [kɔm'plɔt] *n* (-[*e*]*s*; *-e*) complot *m*
kompo|nieren [kɔmpo'niːrən] (*pas de -ge-*, *h*) composer; **≈'nist** *m* (*-en*; *-en*), **≈'nistin** *f* (-; *-nen*) compositeur *m*
komprimieren [kɔmpri'miːrən] (*pas de -ge-*, *h*) comprimer
Kompro|miss [kɔmpro'mis] *m* (*-es*; *-e*) compromis *m*; **≈'misslos** [-loːs] intransigeant; **≈mittieren** [-mi'tiːrən] (*pas de -ge-*, *h*) (***sich ~*** se) compromettre
Konden|sator [kɔndɛn'zaːtɔr] *m* (*-s*; *-en*) condensateur *m*; **~milch** [kɔn-'dɛns-] *f* lait *m* condensé
Kondition [kɔndi'tsjoːn] *f* (-; *-en*) condition *f*
Konditor [kɔn'diːtɔr] *m* (*-s*; *-en* [-di-'toːrən]) pâtissier *m*; **~ei** [-'rai] (-; *-en*) pâtisserie *f*
kondolieren [kɔndo'liːrən] (*pas de -ge-*, *h*) présenter ses condoléances (***j-m*** à qn)
Kondom [kɔn'doːm] *n* (*-s*; *-e*) préservatif *m*
Konfekt [kɔn'fɛkt] *n* (-[*e*]*s*; *-e*) confiserie *f*, chocolats *m*/*pl*
Konfektions|anzug [kɔnfɛk'tsjoːns-] *m* costume *m* prêt-à-porter; **~geschäft** *n* magasin *m* de confection
Konferenz [kɔnfe'rɛnts] *f* (-; *-en*) conférence *f*; **~raum** *m* salle *f* de conférence
Konfession [kɔnfɛ'sjoːn] *rel f* (-; *-en*) confession *f*, religion *f*; **≈ell** [-o'nɛl] confessionnel
konfiszieren [kɔnfis'tsiːrən] (*pas de -ge-*, *h*) confisquer
Konfitüre [kɔnfi'tyːrə] *f* (-; *-n*) confiture *f*
Konflikt [kɔn'flikt] *m* (-[*e*]*s*; *-e*) conflit *m*
konfrontieren [kɔnfrɔn'tiːrən] (*pas de -ge-*, *h*) confronter (***mit*** à)
konfus [kɔn'fuːs] confus; *Person* dérouté
Kongo ['kɔŋgo] ***der ~*** le Congo
Kongress [kɔn'grɛs] *m* (*-es*; *-e*) congrès; **~teilnehmer** *m* congressiste *m*
König ['køːniç] *m* (*-s*; *-e*) roi *m*; **'~in** [-gin] *f* (-; *-nen*) reine *f*; **'≈lich** [-nik-] royal; **'~reich** *n* [-nik-] royaume *m*; **'~shaus** [-niks-] *n* dynastie *f*
Konjunktur [kɔnjuŋk'tuːr] *écon* (-; *-en*) conjoncture *f*
konkret [kɔn'kreːt] concret
Konkurr|ent [kɔnku'rɛnt] *m* (*-en*; *-en*) concurrent *m*; **~enz** [-'ɛnts] *f* (-; *-en*) concurrence *f*; ***j-m ~ machen*** faire concurrence à qn; **≈'enzfähig** compétitif; **~'enzkampf** *m* concurrence *f*, compétition *f*; **≈'enzlos** défiant toute concurrence; **≈'ieren** (*pas de -ge-*, *h*) ***mit j-m ~*** concurrencer qn
Konkurs [kɔn'kurs] *m* (*-es*; *-e*) faillite *f*; ***in ~ gehen, ~ machen*** faire faillite; **~masse** *f* actif *m* de la faillite; **~verwalter** *m* syndic *m* (de la faillite)
könn|en ['kœnən] (*konnte*, *gekonnt*, *h*) pouvoir; *gelernt haben* savoir; ***e-e Sprache ~*** savoir une langue; ***schwimmen ~*** savoir nager; ***du kannst gehen*** tu peux partir; ***ich kann nicht mehr*** je n'en peux plus; ***es kann sein*** c'est possible; **'≈en** *n* (*-s*; *sans pl*) savoir(-faire) *m*; capacités *f*/*pl*; **'≈er** *m* (*-s*; -) spécialiste *m*; *Sport* as *m*
konsequen|t [kɔnze'kvɛnt] logique;

conséquent; **~ *handeln*** agir avec logique; **2z** [-'ɛnts] *f* (-; *-en*) conséquence *f*; esprit *m* de suite

konservativ [kɔnzɛrva'tiːf] conservateur; **2e** [-'tiːvə] *m*, *f* (*-n*; *-n*) conservateur *m*, -trice *f*

Konserv|e [kɔn'zɛrvə] *f* (-; *-n*) conserve *f*; **~endose** *f* boîte *f* de conserve; **~enfabrik** *f* conserverie *f*

konser'vier|en (*pas de -ge*, *h*) conserver; **'2ung** *f* (-; *sans pl*) conservation *f*; **2ungsmittel** *n* conservateur *m*

konstant [kɔn'stant] constant; *adv* constamment

Konstanz ['kɔnstants] *n* Constance

konstruieren [kɔnstru'iːrən] (*pas de -ge-*, *h*) construire

Konstruk|teur [kɔnstruk'tøːr] *m* (*-s*; *-e*) constructeur *m*; **~tion** [-'tsjoːn] *f* (-; *-en*) construction *f*

Konsul ['kɔnzul] *m* (*-s*; *-n*) consul *m*

konsultieren [kɔnzul'tiːrən] (*pas de -ge-*, *h*) consulter

Konsum [kɔn'zuːm] *m* (*-s*; *sans pl*) consommation *f*; **~artikel** *m* article *m* de consommation courante; **~ent** [-'mɛnt] *m* (*-en*; *-en*) consommateur *m*; **~gesellschaft** *f* société *f* de consommation; **2'ieren** (*pas de -ge-*, *h*) consommer; **~verhalten** *n* ***umweltfreundliches ~*** comportement *m* de consommation écologique

Kontakt [kɔn'takt] *m* (-[*e*]*s*; *-e*) contact *m*; ***in ~ stehen*** être en contact (***mit*** avec); **~linsen** *f/pl* lentilles *f/pl od verres m/pl de contact*

Kontinen|t ['kɔntinɛnt] *m* (-[*e*]*s*; *-e*) continent *m*; **2tal** [-'taːl] continental; **~'talklima** *n* climat *m* continental

kontinuierlich [kɔntinu'iːrliç] continu

Konto ['kɔnto] *n* (*-s*; *-ten*) compte *m*; **'~auszug** *m* relevé *m* de compte; **'~stand** *m* solde *m* du compte

Kontrast [kɔn'trast] *m* (-[*e*]*s*; *-e*) contraste *m*

Kontroll|e [kɔn'trɔlə] *f* (-; *-n*) contrôle *m*; **2'ieren** (*pas de -ge-*, *h*) contrôler

Konventionalstrafe *f* [kɔnvɛntsjo-'naːl-] peine *f* conventionnelle

Konvergenz [kɔnvɛr'gɛnts] *f* (-; *-en*) convergence *f*; **~kriterien** *n/pl* critères *m/pl* de convergence

Konversation [kɔnvɛrza'tsjoːn] *f* (-; *-en*) conversation *f*

konvertier|bar [kɔnvɛr'tiːr-] *écon* convertible; **2barkeit** *f* (-; *sans pl*) convertibilité; **~en** (*pas de -ge-*, *h*) convertir; **2ung** *f* conversion *f*

Konzentration [kɔntsɛntra'tsjoːn] *f* (-; *sans pl*) concentration *f*; **~slager** *n* camp *m* de concentration

konzen'trieren (*pas de -ge-*, *h*) (***sich ~*** se) concentrer (***auf*** sur)

Konzept [kɔn'tsɛpt] *n* (-[*e*]*s*; *-e*) *Entwurf* brouillon *m*; *Plan* plan *m*, conception *f*, *fig* ***j-n aus dem ~ bringen*** embrouiller qn

Konzern [kɔn'tsɛrn] *écon m* (*-s*; *-e*) groupe *m*; groupement *m* (industriel *od* d'entreprises)

Konzert [kɔn'tsɛrt] *n* (-[*e*]*s*; *-e*) concert *m*; *Solo2* récital *m*; **2iert** [-'tiːrt] concerté

Konzession [kɔntsɛ'sjoːn] *f* (-; *-en*) concession *f*; *comm a* licence *f*

konzipieren [kɔntsi'piːrən] (*pas de -ge-*, *h*) concevoir

Koope|ration [koʔopera'tsjoːn] *f* (-; *sans pl*) coopération *f*; **2rativ** [-a'tiːf] coopératif; **2'rieren** (*pas de -ge-*, *h*) coopérer

koordinier|en [koʔordi'niːrən] (*pas de -ge-*, *h*) coordonner; **2ung** *f* (-; *-en*) coordination *f*

Kopenhagen [kopən'haːgən] *n* Copenhague

Kopf [kɔpf] *m* (-[*e*]*s*; *⸚e*) tête *f* (*a fig*); ***~ hoch!*** du courage!; ***pro ~*** par personne; ***im ~ rechnen*** calculer de tête; *fig* ***j-m über den ~ wachsen*** dépasser qn; ***sich den ~ zerbrechen*** se casser la tête; ***~ an ~*** coude à coude; **'~bahnhof** *m* tête *f* de ligne; **'~hörer** *m* casque *m*; **'~kissen** *n* oreiller *m*; **'~rechnen** *n* calcul *m* mental; **'~salat** *m* laitue *f*; **'~schmerzen** *m/pl* mal *m* de tête; **'~tuch** *n* foulard *m*; **'~zerbrechen** *n* ***j-m ~ machen*** poser des problèmes à qn

Kopie [ko'piː] *f* (-; *-n*) copie *f*; **2ren** (*pas de -ge-*, *h*) copier; **~rer** *m* (*-s*; -), **~rgerät** *n* duplicateur *m*; photocopieuse *f*

Kopilot ['koː-] *m* copilote *m*

koppeln ['kɔpəln] (*h*) *tech* coupler; *fig* combiner

Korb [kɔrp] *m* (-[*e*]*s*; *⸚e*) panier *m*, corbeille *f*; **'~möbel** *n* meuble *m* en osier *od* en rotin

Kord [kɔrt] *m* (-[*e*]*s*; -*e*) velours *m* côtelé; '**~hose** *f* pantalon *m* en velours
Korea [ko'reːa] (-*s*; *sans pl*) la Corée
Korfu ['kɔrfu] *n* Corfou
Korinth [ko'rint] *n* Corinthe
Kork [kɔrk] *m* (-[*e*]*s*; -*e*) liège *m*; '**~en** *m* (-*s*; -) bouchon *m*; '**~enzieher** *m* tire--bouchon *m*
Korn [kɔrn] *n* **1.** (-[*e*]*s*; ⸚*er*) grain *m*, céréales *f/pl*, blé *m*; **2.** (*sans pl*) *Visier*♀ guidon *m*; '**~blume** *bot f* bleuet *m*
körnig ['kœrniç] granuleux
Körper ['kœrpər] *m* (-*s*; -) corps *m*; '**~bau** *m* constitution *f*, stature *f*; '**~behinderte** *m*, *f* (-*n*; -*n*) handicapé *m* physique; '**~größe** *f* taille *f*; '**~haltung** *f* tenue *f*; '**~kraft** *f* force *f* physique; '**♀lich** physique, corporel; '**~pflege** *f* hygiène *f* corporelle; '**~schaft** *f* (-; -*en*) corps *m*, corporation *f*; '**~schaftssteuer** *f* impôt *m* sur les sociétés; '**~teil** *m* partie *f* du corps; '**~verletzung** *jur f* coups *m/pl* et blessures
korrekt [kɔ'rɛkt] correct
Korrektur [-'tuːr] *f* (-; -*en*) correction; **~fahne** *f* épreuve *f* en placard
Korrespon|dent [kɔrɛspɔn'dɛnt] *m* (-*en*; -*en*), **~'dentin** *f* (-; -*nen*) correspondant *m*; -e *f*; *e-r Firma* correspondancier *m*, -ière *f*; **~'denz** [-'dɛnts] *f* (-; -*en*) correspondance *f*; **♀'dieren** (*pas de -ge-*, *h*) ***mit j-m ~*** correspondre avec qn
Korridor ['kɔridoːr] *m* (-*s*; -*e*) couloir *m*, corridor *m*
korrigieren [kɔri'giːrən] (*pas de -ge-*, *h*) corriger
korrumpieren [kɔrum'piːrən] (*pas de -ge-*, *h*) corrompre
korrupt [kɔ'rupt] corrompu; **♀ion** [-'tsjoːn] *f* (-; *sans pl*) corruption *f*
Korsika ['kɔrzika] *n* la Corse
Kosmeti|k [kɔs'meːtik] *f* (-; *sans pl*) cosmétique *f*, soins *m/pl* de beauté; **~kerin** *f* (-; -*nen*) esthéticienne *f*; **~ksalon** *m* salon *m* de beauté; **♀sch** cosmétique; ***~e Chirurgie*** chirurgie plastique
kosm|isch ['kɔsmiʃ] cosmique; **♀onaut** [-mo'naut] *m* (-*en*; -*en*) cosmonaute *m*
Kost [kɔst] *f* (-; *sans pl*) nourriture *f*; ***gute ~*** bonne chère *f*; '**♀bar** précieux; '**~barkeit** *f* (-; -*en*) *Gegenstand* objet *m* précieux *od* de valeur

'**kosten**[1] [kɔstən] (*h*) coûter; ***was*** *od* ***wie viel kostet ...?*** combien coûte ...?; ***viel ~*** coûter cher
'**kosten**[2] *Speisen* goûter, déguster
'**Kosten** *pl* frais *m/pl*, coût *m*, dépenses *f/pl*; ***auf ~ von*** aux frais de; *fig* aux dépens de; ***~ deckend*** qui couvre les frais; '**~dämpfung** *f* réduction *f* des frais; '**♀deckend** qui couvre les frais; '**~erstattung** *f* restitution *f* des frais; '**~faktor** *m* facteur *m* de coût; '**♀günstig** bon marché; '**♀los** gratuit(ement); '**~voranschlag** *m* devis *m*
köstlich ['kœstliç] délicieux, savoureux; *fig* amusant
'**Kost|probe** *f* échantillon *m*; '**♀spielig** ['-ʃpiːliç] coûteux
Kostüm [kɔs'tyːm] *n* (-*s*; -*e*) costume *m*; *Damen*♀ tailleur *m*
Kot [koːt] *m* (-[*e*]*s*; *sans pl*) excréments *m/pl*
Kotelett [kot(ə)'lɛt] *n* (-*s*; -*s*) côtelette *f*
'**Kotflügel** *auto m* aile *f*, garde-boue *m*
KP *f abr* ***Kommunistische Partei*** PC *m* (Parti communiste)
Krabbe ['krabə] *f* (-; -*n*) *Garnele* crevette *f*; *Krebs* crabe *m*
krabbeln ['krabəln] (*sn*) *Kind* marcher à quatre pattes; *Insekten* courir, grouiller
Krach [krax] *m* (-[*e*]*s*; ⸚*e*) fracas *m*; *Lärm* vacarme *m*, F tapage *m*, boucan *m*; *Zerwürfnis* différend *m*, brouille *f*
krachen ['kraxən] (*h*) craquer; (*sn*) ***gegen etw ~*** heurter qc avec fracas
kraft *prép* (*gén*) en vertu de
Kraft [kraft] *f* (-; ⸚*e*) force *f*; *Rüstigkeit* vigueur *f*; *Person* aide *m*, *f*, collaborateur *m*, -trice *f*; ***in ~ treten*** (***sein***) entrer (être) en vigueur
'**Kraft|fahrer** *m*, '**~fahrerin** *f* automobiliste *m*, *f*; '**~fahrzeug** *n* véhicule *m* automobile; '**~fahrzeugbrief** *m*, '**~fahrzeugschein** *m* carte *f* grise; '**~fahrzeugsteuer** *f* vignette *f* automobile; '**~fahrzeugversicherung** *f* assurance-auto *f*; '**~fahrzeugwerkstatt** *f* garage *m*
kräftig ['krɛftiç] fort, vigoureux; *nahrhaft* substantiel
'**Kraft|probe** *f* épreuve *f* de force; '**~stoff** *m* carburant *m*; '**~wagen** *m* automobile *f*; '**~werk** *n* centrale *f* électrique

Kragen ['kraːgən] *m* (-*s*; ⸚, -) col *m*
Krähe ['krɛːə] *zo f* (-; -*n*) corneille *f*; '**⁀n** (*h*) *Hahn* chanter
Krakau ['krɑːkaʊ] *n* Cracovie
Kralle ['kralə] *f* (-; -*n*) griffe *f*
Kram [kraːm] *m* (-[*e*]*s*; *sans pl*) affaires *f/pl*, F fourbi *m*; *Plunder* fatras *m*; '**⁀en** (*h*) fouiller (***in*** dans)
Krampf [krampf] *méd m* (-[*e*]*s*; ⸚*e*) crampe *f*, spasme *m*; '**~ader** *f* varice *f*; '**⁀haft** convulsif, spasmodique
Kran [kraːn] *tech m* (-[*e*]*s*; ⸚*e*) grue *f*
Kranich ['kraːniç] *zo m* (-*s*; -*e*) grue *f*
krank [kraŋk] malade; ~ ***werden*** tomber malade; '**⁀e** *m*, *f* (-*n*; -*n*) malade *m*, *f*
'**kränken** [krɛŋkən] (*h*) offenser, blesser, vexer
'**Kranken|bett** *n* lit *m* de malade; '**~geld** *n* indemnité *f* journalière; '**~gymnastik** *f* kinésithérapie *f*; '**~haus** *n* hôpital *m*; '**~kasse** *f* caisse *f* (de) maladie; '**~pfleger** *m* infirmier *m*; '**~schein** *m etwa* feuille *f* de maladie; '**~schwester** *f* infirmière; '**~versicherung** *f* assurance *f* maladie; '**~wagen** *m* ambulance *f*; '**~zimmer** *n* chambre *f* de malade *od* d'hôpital
'**krankhaft** maladif
'**Krankheit** *f* (-; -*en*) maladie *f*; '**~serreger** *m* agent *m* pathogène
'**krankmelden** *v/r* ***sich*** ~ se faire porter malade
'**Kränkung** *f* (-; -*en*) offense *f*, vexation *f*
Kranz [krants] *m* (-*es*; ⸚*e*) couronne *f*
krass [kras] extrême, frappant; ***sich ~ ausdrücken*** s'exprimer crûment
Krater ['kraːtər] *m* (-*s*; -) cratère *m*
kratz|en ['kratsən] (*h*) (***sich*** ~ se) gratter; *fig* F ***das kratzt mich nicht*** ça ne me touche pas; '**⁀er** *m* (-*s*; -) égratignure *f*, éraflure *f*; ***die Platte hat e-n*** ~ le disque est rayé
kraus [kraus] *Haar* crépu, frisé
kräuseln ['krɔʏzəln] (*h*) *Haar* friser; *Stoff* crêper, froncer; ***sich*** ~ *Haar* friser; *Wasser* se rider
Kraut [kraut] *n* (-[*e*]*s*; ⸚*er*) herbe *f*; *Blätter* fanes *f/pl*; *Kohl* chou *m*
Krawall [kra'val] *m* (-*s*; -*e*) échauffourée *f*, tumulte *m*, bagarre *f*; *Lärm* tapage *m*
Krawatte [kra'vatə] *f* (-; -*n*) cravate *f*
Krebs [kreːps] *m* (-*es*; -*e*) *zo* écrevisse *f*; *méd* cancer *m*; *astr* Cancer *m*; ~ ***erregend*** cancérigène
'**krebs|artig** *méd* cancéreux; '**~erregend** cancérigène; '**⁀geschwulst** *f* tumeur *f* cancéreuse; '**~krank** malade du cancer, cancéreux; '**⁀vorsorge** *f* dépistage *m* du cancer; '**⁀vorsorgeuntersuchung** *f* examen *m* de dépistage du cancer
Kredit [kre'diːt] *écon m* (-[*e*]*s*; -*e*) crédit *m*; **~institut** *n* institut *m* de crédit; **~karte** *f* carte *f* de crédit; **⁀würdig** solide
Kreide ['kraidə] *f* (-; -*n*) craie *f*
Kreis [krais] *m* (-*es*; -*e*) cercle *m*; *Verwaltungs*⁀ district *m*, canton *m*, arrondissement *m*
'**Kreisel** [kraizəl] *m* (-*s*; -) *Spielzeug* toupie *f*; *phys* gyrostat *m*
kreisen ['kraizən] (*h*) tourner (***um*** autour de); *Blut* circuler
'**kreis|förmig** circulaire; '**⁀lauf** *m* circuit *m*, cycle *m*, circulation *f*; '**⁀laufstörungen** *méd f/pl* troubles *m/pl* circulatoires; '**~rund** rond, en forme de cercle
'**Kreisverkehr** *m* sens *m* giratoire
Kreml [krɛml] ***der*** ~ le Kremlin
Krempel ['krɛmpəl] *m* (-*s*; *sans pl*) F fatras *m*, fourbi *m*, bataclan *m*
krepieren [kre'piːrən] (*pas de -ge-*, *h*) *Granate* éclater, exploser; *Tier*, P *Mensch* crever
Kresse ['krɛsə] *bot f* (-; -*n*) cresson *m*
Kreta ['kreːta] *n* la Crète
Kreuz [krɔʏts] *n* (-*es*; -*e*) croix *f*; *Körperteil* reins *m/pl*; *Kartenspiel* trèfle *m*; *mus* dièse *m*; ***über*** ~ en croix; '**⁀en** (*h*) (***sich*** ~ se) croiser; '**~er** *mar m* (-*s*; -) croiseur *m*; '**~fahrt** *f* croisière *f*; '**~feuer** *n fig* ***ins ~ geraten*** être attaqué de tous côtés; '**~gang** *arch m* cloître *m*; '**⁀igen** (*h*) crucifier; '**~igung** *f* (-; -*en*) crucifixion *f*; '**~otter** *f* vipère *f*; '**~schmerzen** *m/pl* mal *m* de reins; '**~ung** *f* (-; -*en*) croisement *m*; *Straßen*⁀ carrefour *m*; '**~worträtsel** *n* mots *m/pl* croisés; '**~zug** *hist m* croisade *f*
kriech|en ['kriːçən] (*kroch*, *gekrochen*, *sn*) ramper; *péj* faire de la lèche (***vor j-m*** à qn); '**⁀spur** *auto f* file *f* destinée aux véhicules lents
Krieg [kriːk] *m* (-[*e*]*s*; -*e*) guerre *f*; ***mit j-m ~ führen*** faire la guerre à qn; ***in***

den ~ ziehen partir en guerre (***gegen*** contre)
kriegen ['kri:gən] (*h*) F avoir, recevoir; *Krankheit* attraper
Krieger ['-gər] *m* (-*s*; -) guerrier *m*; '**~denkmal** *n* monument *m* aux morts; '**ℒisch** belliqueux, guerrier
Kriegs|beschädigte ['kri:ks-] *m* (-*n*; -*n*) mutilé *m* de guerre; '**~dienst** *m* service *m* militaire; '**~dienstverweigerer** *m* objecteur *m* de conscience; '**~dienstverweigerung** *f* objection *f* de conscience; '**~erklärung** *f* déclaration *f* de guerre; '**~gefangene** *m* prisonnier *m* de guerre; '**~gefangenschaft** *f* captivité *f*; '**~gericht** *n* cour *f* martiale; '**~schauplatz** *m* théâtre *m* des opérations; '**~schiff** *n* vaisseau *m od* bâtiment *m od navire m de guerre*; '**~verbrecher** *m* criminel *m* de guerre; '**~zustand** *m* état *m* de guerre
Krim [krim] *géogr* ***die ~*** la Crimée
Krimi ['krimi] *m* (-[*s*]; -[*s*]) *Roman* (roman *m*) policier *m*, F polar *m*; *Film* film *m* policier
Kriminal|beamte [krimi'na:l-] *m* agent *m* de la police judiciaire; **~ität** [-i'tɛ:t] *f* (-; *sans pl*) criminalité *f*, délinquance *f*; **~polizei** *f* police *f* judiciaire, brigade *f* criminelle; **~roman** *m* roman *m* policier
kriminell [krimi'nɛl] criminel; **ℒe** *m*, *f* (-*n*; -*n*) criminel *m*
Kripo ['kri:po] *f* (-; -*s*) P.J. *f* (= police *f* judiciaire)
Krippe ['kripə] *f* (-; -*n*) crèche *f*; *Futter*ℒ mangeoire *f*
Krise ['kri:zə] *f* (-; -*n*) crise *f*; **ℒln** ['-zəln] (*h*) ***es kriselt*** une crise menace; '**~nstab** *m* cabinet *m* de crise
Kristall [kris'tal] *m u n* (-[*e*]*s*; -*e*) cristal *m*
Kriterium [kri'te:rjum] *n* (-*s*; *Kriterien*) critère *m*
Kriti|k [kri'ti:k] *f* (-; -*en*) critique *f*; '**~ker** *m* (-*s*; -) critique *m*; '**ℒsch** critique; **ℒsieren** [-'zi:rən] (*pas de -ge-*, *h*) critiquer
kritzeln ['kritsəln] (*h*) griffonner, gribouiller
Kroatien [kro'ɑ:tsiən] *n* la Croatie
Krokodil [kroko'di:l] *zo n* (-*s*; -*e*) crocodile *m*
Krone ['kro:nə] *f* (-; -*n*) couronne *f*
Krönung ['krø:nuŋ] *f* (-; -*en*) couronnement *m*
Kropf [krɔpf] *m* (-[*e*]*s*; ⸚*e*) *méd* goître *m*; *zo* jabot *m*
Kröte ['krø:tə] *zo f* (-; -*n*) crapaud *m*
Krücke ['krykə] *f* (-; -*n*) béquille *f*
Krug [kru:k] *m* (-[*e*]*s*; ⸚*e*) cruche *f*, pichet *m*; *Bier*ℒ chope *f*
krumm [krum] courbe; *gebogen* courbé; *verbogen* tordu; *fig* louche
'**krümmen** [krymən] (*h*) courber; *biegen* plier; ***sich ~*** se tordre
Krüppel ['krypəl] *m* (-*s*; -) estropié *m*, infirme *m*
Kruste ['krustə] *f* (-; -*n*) croûte *f*
KSZE *abr f hist* ***Konferenz für Sicherheit und Zusammenarbeit in Europa*** CSCE *f* (Conférence sur la sécurité et la coopération en Europe)
Kto. *abr* ***Konto*** compte
Kuba ['ku:ba] *n* Cuba
Kübel ['ky:bəl] *m* (-*s*; -) baquet *m*; *Eimer* seau *m*
Kubikmeter [ku'bi:k-] *m* mètre *m* cube
Küche ['kyçə] *f* (-; -*n*) cuisine *f*
Kuchen ['ku:xən] *m* (-*s*; -) gâteau *m*; *Obst*ℒ tarte *f*
'**Küchen|geräte** *n/pl* ustensiles *m/pl* de cuisine; '**~herd** *m* fourneau *m* de cuisine, cuisinière *f*; '**~maschine** *f* mixer *m*, robot *m* ménager; '**~schrank** *m* buffet *m* de cuisine
Kuckuck ['kukuk] *zo m* (-*s*; -*e*) coucou *m*
Kugel ['ku:gəl] *f* (-; -*n*) boule *f*; *math* sphère *f*; *Billard*ℒ bille *f*; *Gewehr*ℒ balle *f*; *Kanonen*ℒ boulet *m*; *Sport* poids *m*; '**~kopf** *m* rotule *f*; boule *f* (*Schreibmaschine*); '**~lager** *tech n* roulement *m* à billes; '**~schreiber** *m* stylo *m* (à) bille; '**ℒsicher** pare-balles
Kuh [ku:] *f* (-; ⸚*e*) vache *f*; '**~handel** *m* *péj* marchandage *m*
kühl [ky:l] frais; *fig* froid; '**ℒanlage** *f* installation *f* frigorifique; '**ℒbox** *f* glacière *f*
'**Kühle** *f* (-; *sans pl*) fraîcheur *f*; *fig* froideur *f*
'**kühl|en** (*h*) rafraîchir; *Lebensmittel* réfrigérer, *Motor* refroidir; '**ℒer** *m* (-*s*; -) *auto* radiateur *m*; '**ℒerhaube** *f* capot *m*; '**ℒflüssigkeit** *f* réfrigérant *m*; '**ℒschrank** *m* réfrigérateur *m*, frigo F *m*; '**ℒtasche** *f* sac *m* réfrigérant; '**ℒtru-**

he *f* congélateur *m*; '**♀wasser** *n* eau *f* de refroidissement
kühn [kyːn] hardi
kulant [ku'lant] arrangeant, coulant en affaires
Kuli ['kuːli] *m* (-*s*; -*s*) coolie *m*; F stylo *m*
kulinarisch [kuli'naːriʃ] culinaire
Kulisse [ku'lisə] *f* (-; -*n*) *Bühnenbild* décor *m*; *fig Rahmen* cadre *m*; ***hinter den ~n*** dans les coulisses
Kult [kult] *m* (-[*e*]*s*; -*e*) culte *m*
kultivieren [kulti'viːrən] (*pas de -ge-*, *h*) cultiver
Kultur [kul'tuːr] *f* (-; -*en*) *Bildung*, *agr* culture *f*; *e-s Volkes* civilisation *f*; **~abkommen** *n* accord *m* culturel; **~austausch** *m* échange *m* culturel; **~beutel** *m* trousse *f* de toilette; **♀ell** [-'rɛl] culturel; **~programm** *n* programme *m* culturel; **~schock** *m* choc *m* culturel; **~zentrum** *n* centre *m* culturel
Kultusminister ['kultus-] ministre *m* de l'Éducation
Kümmel ['kyməl] *bot m* (-*s*; -) cumin *m*
Kummer ['kumər] *m* (-*s*; *sans pl*) chagrin *m*, affliction *f*, peine *f*, soucis *m/pl*
kümmer|lich ['kymərliç] misérable; '**~n** (*h*) ***sich ~ um*** s'occuper de; ***was kümmert mich das*** je ne m'en soucie guère
Kumpel ['kumpəl] *m* (-*s*; -) *Bergmann* mineur *m*; F *Freund* copain *m*, copine *f*
kündbar ['kyntbaːr] résiliable; *Geld* remboursable
Kund|e ['kundə] *m* (-*n*; -*n*), '**~in** *f* (-; -*nen*) client *m*, -e *f*; '**~endienst** *m* service *m* après-vente; *auto* service *m* entretien
Kundgebung ['kunt-] *f* (-; -*en*) manifestation *f*
kündig|en ['kyndigən] (*h*) donner congé à, donner son préavis à, congédier; *Vertrag* résilier, dénoncer; '**♀ung** *f* (-; -*en*) congé *m*, préavis *m*; '**♀ungsfrist** *f* (délai *m* de) préavis *m*
Kundschaft ['kunt-] *f* (-; *sans pl*) clientèle *f*
künftig ['kynftiç] à venir, futur; *adv* à l'avenir
Kunst [kunst] *f* (-; ⸚*e*) art *m*; ***das ist keine ~*** ce n'est pas difficile; '**~akademie** *f* École *f* des beaux-arts; '**~ausstellung** *f* exposition *f* d'œuvres d'art; '**~faser** *f* fibre *f* synthétique; '**~geschichte** *f* histoire *f* de l'art; '**~gewerbe** *n* arts *m/pl* décoratifs; '**~griff** *m* artifice *m*
Künstler ['kynstlər] *m* (-*s*; -), '**~in** *f* (-; -*nen*) artiste *m*, *f*; '**♀isch** artistique
'**künstlich** artificiel, factice
'**Kunst|liebhaber** *m*, '**~liebhaberin** *f* amateur *m* d'art; '**~sammlung** *f* collection *f* d'objets d'art; '**~stoff** *m* matière *f* plastique; '**~stück** *n* tour *m* d'adresse; ***das ist kein ~*** ce n'est pas sorcier; '**~werk** *n* œuvre *f* d'art
Kupfer ['kupfər] *n* (-*s*; *sans pl*) cuivre *m*; '**~stich** *m* estampe *f*, gravure *f* (en taille-douce)
Kuppe ['kupə] *f* (-; -*n*) *Berg* sommet *m*; *Finger* bout *m*
Kuppel ['kupəl] *f* (-; -*n*) *innen* coupole *f*; *äußere* dôme *m*
Kuppelei [kupə'lai] *jur f* (-; -*en*) proxénétisme *m*
'**kupp|eln** (*h*) *auto* embrayer; '**♀lung** *f* (-; -*en*) *auto* embrayage *m*; *Zug*, *Anhänger* attelage *m*
Kur [kuːr] *f* (-; -*en*) cure *f*
'**Kur|aufenthalt** *m* séjour *m* thermal; '**~bad** *n* bain *m* thermal
Kurbel ['kurbəl] *f* (-; -*n*) manivelle *f*; '**~welle** *f* vilebrequin *m*
Kürbis ['kyrbis] *bot m* (-*ses*; -*se*) courge *f*, potiron *m*, citrouille *f*
'**Kur|gast** *m* curiste *m*; '**~haus** *n* casino *m*; **♀'ieren** (*pas de -ge-*, *h*) guérir
kurios [kur'joːs] curieux, bizarre, singulier, drôle
'**Kurort** *m* station *f* thermale
Kurs [kurs] *m* (-*es*; -*e*) *Geld*, *Lehrgang* cours *m*; *mar*, *aviat* route *f*, cap *m*; *pol* orientation *f*; ***hoch im ~ stehen*** être à la mode; '**~abfall** *m* baisse *f* des cours; '**~anstieg** *m* hausse *f* des cours; '**~buch** *n* indicateur *m* (des chemins de fer); '**~gewinn** *m* bénéfice *m* sur le cours
kursieren [kur'ziːrən] (*pas de -ge-*, *h*) *Geld* circuler; *Gerücht* courir
'**Kurswagen** *m* Zug voiture *f* directe
'**Kurtaxe** *f* taxe *f* de séjour
Kurve ['kurvə] *f* (-; -*n*) courbe *f*; *auto* virage *m*; '**♀nreich** sinueux
kurz [kurts] court; *Zeit* bref; ***~ und gut*** bref, en un mot; ***vor ~em*** récemment; ***~ vorher*** peu avant; ***zu ~ kommen*** ne

pas avoir son compte; → ***kurzfassen***
'**Kurzarbeit** *f* chômage *m* partiel; '**~er** *m* chômeur *m* partiel
Kürze ['kyrtsə] *f* (-; *sans pl*) brièveté *f*; ***in ~*** sous peu
'**kürzen** (*h*) raccourcir, abréger
'**kurzfassen** (*sép*, *-ge-*, *h*) ***sich ~*** être bref
'**kurzfristig** à bref délai; *comm* à court terme
kürzlich ['kyrtsliç] récemment, dernièrement
'**Kurz|parkzone** *f* zone *f* à durée de stationnement limitée; '**~schluss** *tech m* court-circuit *m*; '**~schlusshandlung** *psych f* coup *m* de tête; '**~schrift** *f* sténographie *f*; '**♀sichtig** myope
'**Kürzung** *f* (-; *-en*) raccourcissement *m*, réduction *f*, diminution *f*; *math* simplification *f*
'**Kurzwahl** *n* (-; *sans pl*) composition *f* rapide; **~taste** *f* (-; *-en*) touche *f* de composition rapide
'**Kurz|waren(geschäft** *n*) *f/pl* mercerie *f*; '**~welle** *Radio f* ondes *f/pl* courtes
Kusine [ku'ziːnə] *f* (-; *-n*) cousine *f*
Kuss [kus] *m* (-es; *⸚e*) baiser *m*
küssen ['kysən] (*h*) (***sich ~*** s')embrasser; *Hand* baiser
Küste ['kystə] *f* (-; *-n*) côte *f*; rivage *m*; littoral *m*; '**~ngewässer** *n/pl* eaux *f/pl* territoriales; '**~nschifffahrt** *f* cabotage *m*, navigation *f* côtière
Kutteln ['kutəln] *pl* tripes *f/pl*
Kutter ['kutər] *mar m* (*-s*; -) cotre *m*; *Fisch♀* chalutier *m*
Kuvert [ku'vɛːr] *n* (*-s*; *-s*) *Brief♀* enveloppe *f*
Kuwait [ku'vaɪt, 'kuːvaɪt] *n* le Koweït
Kybernetik [kybɛr'neːtik] *f* (-; *sans pl*) cybernétique *f*
KZ [kaː'tsɛt] *n* (-[*s*]; -[*s*]) *abr* camp *m* de concentration

L

l *abr* ***Liter*** litre
labil [la'biːl] instable
Labor [la'boːr] *n* (*-s*; *-s*) laboratoire *m*, F labo *m*; **~ant** [-'rant] *m* (*-en*; *-en*), **~'antin** *f* (-; *-nen*) laborantin *m*, -ine *f*
'**lächeln** [lɛçəln] (*h*) **1.** sourire (***über*** de, ***zu*** à); **2.** '**♀** *n* (*-s*; *sans pl*) sourire *m*
lachen ['laxən] (*h*) **1.** rire (***über*** de); ***laut ~*** rire aux éclats; ***gezwungen ~*** rire du bout des lèvres; **2.** '**♀** *n* (*-s*; *sans pl*) rire *m*; ***j-n zum ~ bringen*** faire rire qn
lächerlich ['lɛçərliç] ridicule; ***j-n ~ machen*** ridiculiser qn; ***sich ~ machen*** se rendre ridicule
Lachs [laks] *zo m* (*-es*; *-e*) saumon *m*
Lack [lak] *m* (-[*e*]*s*; *-e*) laque *f*, vernis *m*; *auto* peinture *f*; **♀'ieren** (*pas de -ge-*, *h*) laquer, vernir
Lade|fläche ['laːdə-] *f* surface *f* de chargement; '**~gewicht** *n* poids *m* de chargement; '**~hemmung** *mil f* enrayage *m*
laden ['laːdən] (*lud*, *geladen*, *h*) charger (*a Batterie u mil*); *jur* citer en justice
'**Laden** *m* (*-s*; *⸚*) boutique *f*, *großer* magasin *m*; *Fenster♀* volet *m*; '**~dieb** *m* voleur *m* à l'étalage; '**~diebstahl** *m* vol *m* à l'étalage; '**~preis** *m* prix *m* de vente; '**~schluss** *m* heure *f* de fermeture; '**~schlussgesetz** *n* loi *f* sur la fermeture des magasins
'**Lade|rampe** *f* rampe *f* de chargement; '**~raum** *m Schiff* cale *f*
'**Ladung** *f* (-; *-en*) *Fracht* chargement *m*, cargaison *f*; *Spreng♀*, *elektrische* charge *f*; *jur* citation *f*
Lage ['laːgə] *f* (-; *-n*) situation *f*; position *f*; *Sach♀* état *m* de choses; *Schicht* couche *f*; ***in schöner ~*** *Haus* bien situé; ***in der ~ sein, etw zu tun*** être en mesure *od* à même *od* en état de faire qc
Lager ['laːgər] *n* (*-s*; -, *comm a ⸚*) camp *m* (*a pol*); *comm* entrepôt *m*, dépôt *m*; *Bett* lit *m*; *tech* palier *m*; ***auf ~ haben*** avoir en réserve; '**~bestand** *m* stock *m*; '**~feuer** *n* feu *m* de camp; '**~haltung** *f* stockage *m*; '**~haltungskosten** *pl* frais *m/pl* de stockage; '**~haus** *n* entrepôt *m*
'**lager|n** (*h*) *hinlegen* coucher; *comm*

stocker, emmagasiner; être stocké; *ruhen* être couché; *kampieren* camper; ***kühl ~*** conserver au frais; '**≗raum** *m* entrepôt *m*; '**≗ung** *f* (-; *sans pl*) *comm* stockage *m*

Lago Maggiore ['lɑːgoma'dʒoːrə] ***der ~*** le lac Majeur

Lagune [la'guːnə] *f* (-; *-n*) lagune *f*

lahm [laːm] paralysé; *hinkend* boiteux; *fig* faible, apathique

lähmen ['lɛːmən] (*h*) paralyser

'**Lähmung** *méd f* (-; *-en*) paralysie *f*

Laich [laiç] *m* (-[*e*]*s*; *-e*) frai *m*; '**≗en** (*h*) frayer

Laie ['laiə] *m* (*-n*; *-n*) profane *m*, amateur *m*; *rel* laïque *od* laïc *m*; '**≗nhaft** en amateur

Laken ['laːkən] *n* (*-s*; -) drap *m*

Lamm [lam] *n* (-[*e*]*s*; *⸚er*) agneau *m*

Lampe ['lampə] *f* (-; *-n*) lampe *f*; '**~nschirm** *m* abat-jour *m*

Land [lant] *n* (*-es*; *⸚er*) *Fest≗* terre *f*; *Erdboden* sol *m*; *géogr u pol* pays *m*; *Gegensatz zu Stadt* campagne *f*; ***auf dem ~*** à la campagne; '**~arbeiter** *m* ouvrier *m* agricole; '**~besitz** *m* propriété *f* foncière; '**~bevölkerung** *f* population *f* rurale; '**~bewohner** *m* campagnard *m*; '**~ebahn** ['landə-] *f* piste *f* d'atterrissage; '**~eerlaubnis** ['landə-] *f* autorisation *f* d'atterrir

'**landen** ['landən] *v/i* (*sn*), *v/t* (*h*) *mar* accoster; *mil* débarquer; *aviat* atterrir, se poser

Land|enge ['lant-] *f* isthme *m*; '**~eplatz** [landə-] *aviat m* terrain *m* d'atterrissage

Landes|grenze ['landəs-] *f* frontière *f*; '**~innere** *n* intérieur *m*; '**~sprache** *f* langue *f* nationale; '**~verteidigung** *f* défense *f* nationale

'**Land|flucht** *f* exode *m* rural; '**~gericht** *n* tribunal *m* de grande instance; '**~haus** *n* maison *f* de campagne; *kleines* cottage *m*; '**~karte** *f* carte *f* (géographique); '**~kreis** *m* arrondissement *m*

ländlich ['lɛntliç] champêtre, rural; *einfach* rustique

'**Landschaft** *f* (-; *-en*) paysage *m*, région *f*, contrée *f*; '**≗lich** du paysage; ***~ sehr schön*** très pittoresque

'**Lands|mann** [lants-] *m* (-[*e*]*s*; *-leute*), '**~männin** *f* (-; *-nen*) compatriote *m*, *f*

'**Land|straße** *f* route *f*; '**~streicher** *m* (*-s*; -), '**~streicherin** *f* (-; *-nen*) vagabond *m*, -e *f*; '**~streitkräfte** *mil f/pl* forces *f/pl* terrestres; '**~tag** *m* landtag *m*, Parlement *m* d'un land; '**~tagsabgeordnete** *m*, *f* député *m*, —e *f* au landtag

Landung ['landuŋ] *f mil* (-; *-en*) débarquement *m*; *aviat* atterrissage *m*; '**~sbrücke** *f*, '**~ssteg** *m* débarcadère *m*

'**Land|vermessung** *f* arpentage *m*; '**~weg** *m* ***auf dem ~*** par voie de terre; '**~wirt** *m* agriculteur, cultivateur *m*; '**~wirtschaft** *f* agriculture *f*; '**≗wirtschaftlich** agricole

lang [laŋ] long; ***drei Meter ~ sein*** avoir trois mètres de longueur, être long de trois mètres; ***drei Jahre ~*** pendant trois années; ***den ganzen Tag ~*** pendant toute la journée; ***seit ~em*** depuis longtemps; ***vor ~er Zeit*** il y a longtemps de cela; ***über kurz oder ~*** tôt ou tard

'**lange** longtemps, longuement; ***wie ~?*** combien de temps?; ***es ist schon ~ her*** il y a bien longtemps de cela

'**Länge** ['lɛŋə] *f* (-; *-n*) longueur *f*; *géogr* longitude *f*; ***in die ~ ziehen*** (faire) traîner en longueur

langen ['laŋən] (*h*) *ausreichen* suffire; ***mir langt es!*** F j'en ai marre!

'**Längen|grad** *m* degré *m* de longitude; '**~maß** *n* mesure *f* de longueur

'**Lang|eweile** *f* (-; *sans pl*) ennui *m*; ***~ haben*** s'ennuyer; ***aus ~*** par ennui, pour passer le temps; '**≗fristig** ['-fristiç] à long terme; '**~lauf** *Schi m* course *f* de fond; '**~läufer** *Schi m* skieur *m* de fond; '**≗lebig** ['-leːbiç] **1.** qui vit longtemps; **2.** ***~e*** *Gebrauchsgüter* qui restent longtemps fonctionnels; '**~lebigkeit** *f* (-; *sans pl*) longévité *f*

länglich ['lɛŋliç] oblong, allongé

längs [lɛŋs] *prép* (*gén*, *dat*) le long de; *adv* dans le sens de la longueur

langsam ['laŋzaːm] lent; ***~er werden*** ralentir; '**≗keit** *f* (-; *sans pl*) lenteur *f*

'**Langspielplatte** *f* disque *m* microsillon, 33 tours *m*

längst [lɛŋst] depuis longtemps; '**~ens** au plus tard

'**Langstreckenlauf** *m* course *f* de fond

'**lang|weilen** (*h*) (***sich ~*** s')ennuyer; '**~weilig** ennuyeux; '**≗welle** *Radio f* grandes ondes *f/pl*, ondes *f/pl* longues; '**~wierig** ['-viːriç] long, laborieux, de longue haleine

'**langzeitarbeitslos** au chômage de longue durée; '**2igkeit** *f* chômage *m* de longue durée

Lappen ['lapən] *m* (-*s*; -) chiffon *m*

Lappland ['lap-] *n* (-*s*; *sans pl*) la Laponie

Lärche ['lɛrçə] *bot* (-; -*n*) mélèze *m*

Lärm [lɛrm] *m* (-[*e*]*s*; *sans pl*) bruit *m*, vacarme *m*, tapage *m*; '**~schutz** *m* protection *f* contre le bruit; '**~schutzwall** *m* écran *m* antibruit

lasch [laʃ] mou (molle); *Geschmack* fade

Laser ['leːzər] *m* laser *m*; '**~strahl** *m* rayon *m* laser

lassen ['lasən] (*ließ*, *gelassen*, *h*) *zulassen* laisser; *veranlassen* faire; ***etw machen ~*** faire faire qc; ***j-n grüßen ~*** donner le bonjour à qn; ***er kann das Rauchen nicht ~*** il ne peut pas s'arrêter de fumer; ***lass das!*** arrête-toi!

lässig ['lɛsiç] nonchalant, désinvolte, F relax(e); '**2keit** *f* (-; *sans pl*) nonchalance *f*, désinvolture *f*, P je-m'en-foutisme *m*

Last [last] *f* (-; -*en*) charge *f*, fardeau *m*; ***j-m zur ~ fallen*** être à charge à qn, importuner qn; ***j-m etw zur ~ legen*** imputer qc à qn; *comm* ***zu ~en von …*** au débit de …; '**~auto** *n* camion *m*; '**2en** (*h*) ***~ auf*** peser sur; '**~enaufzug** *m* monte-charges *m*

Laster[1] ['lastər] *n* (-*s*; -) vice *m*

'**Laster**[2] *m* (-*s*; -) *Lkw* camion *m*

'**lasterhaft** vicieux, dépravé

lästern ['lɛstərn] (*h*) ***über j-n ~*** médire de qn, diffamer qn

lästig ['lɛstiç] importun, désagréable; ***j-m ~ werden*** *od* ***fallen*** importuner qn

'**lästigfallen** (*irr*, -*ge*-, *sn*, → ***fallen***) → ***lästig***

'**Last|kraftwagen** *m* poids *m* lourd, camion *m*; '**~schrift** *comm f* poste *m* débiteur, débit *m*; '**~wagen** *m* camion *m*; '**~wagenfahrer** *m* conducteur *m* de camion

Latein [la'tain] *n* (-*s*; *sans pl*) latin *m*; **~amerika** *n* l'Amérique *f* latine

la'teinisch latin; ***~e Buchstaben*** caractères *m/pl* romains

latent [la'tɛnt] latent

Laterne [la'tɛrnə] *f* (-; -*n*) lanterne *f*; *Straßen2* réverbère *m*; **~npfahl** *m* lampadaire *m*

lau [lau] tiède; *Luft*, *Wetter* doux; *fig* indifférent

Laub [laup] *n* (-[*e*]*s*; *sans pl*) feuillage *m*, feuilles *f/pl*

Laube ['laubə] *f* (-; -*n*) tonnelle *f*; '**~nkolonie** *f* jardins *m/pl* ouvriers

Lauch [laux] *bot m* (-[*e*]*s*; -*e*) poireau *m*

Lauer ['lauər] *f* (-; *sans pl*) ***auf der ~ liegen*** se tenir aux aguets; '**2n** (*h*) guetter (***auf j-n, etw*** qn, qc)

Lauf [lauf] *m* (-[*e*]*s*; ⸚*e*) course *f*; *Ver2*, *Fluss2* cours *m*; *Gewehr2* canon *m*; ***im ~e der Zeit*** à la longue; '**~bahn** *f* carrière *f*

laufen ['laufən] (*lief*, *gelaufen*, *sn*) courir; *zu Fuß gehen* marcher; *fließen* couler; *Maschinen* marcher; fonctionner

'**laufend** courant; ***am ~en Band*** sans arrêt; ***auf dem 2en sein*** être au courant *od* à jour *od* à la page F

Läufer ['lɔʏfər] *m* (-*s*; -) *Sport* coureur *m*; *Schach* fou *m*; '**~in** *f* (-; -*nen*) coureuse *f*

'**Lauf|feuer** *n* ***wie ein ~*** comme une traînée de poudre; '**~pass** *m* ***j-m den ~ geben*** envoyer promener qn; '**~schritt** *m* pas *m* de gymnastique; '**~stall** *m für Kinder* parc *m*; '**~steg** *m* passerelle; '**~werk** *n* mécanique *f*; *EDV* lecteur *m* (de disquette); '**~zeit** *f Sport* temps *m* du parcours; *Film* durée *f* de projection

Laun|e ['launə] *f* (-; -*n*) *Stimmung* humeur *f*; *Einfall* caprice *m*; '**2enhaft**, '**2isch** capricieux

Laus [laus] *zo f* (-; ⸚*e*) pou *m*

lauschen ['lauʃən] (*h*) écouter (attentivement)

laut [laut] **1.** haut; fort; bruyant; ***~ sprechen*** parler à haute voix; ***~er bitte!*** parlez plus fort, s'il vous plaît!; **2.** *prép* (*gén*, *dat*) suivant, d'après

Laut [laut] *m* (-[*e*]*s*; -*e*) son *m*

läuten ['lɔʏtən] (*h*) sonner; ***es läutet*** on sonne

lauter ['lauter] pur; *fig* sincère; ***~ Unsinn erzählen*** ne raconter que des bêtises

'**laut|los** silencieux; *gehen* à pas feutrés; '**2malerei** *f* onomatopée *f*; '**2schrift** *f*

écriture *f* phonétique; '**\~sprecher** *m* haut-parleur *m*; '**\~stärke** *f* volume *m*; intensité *f* du son
Lava ['laːva] *géol f* (-; *Laven*) lave *f*
Lavendel [la'vɛndəl] *bot m* (-*s*; -) lavende *f*
lavieren [la'viːrən] (*pas de -ge-*, *h*) louvoyer (*a fig*)
Lawine [la'viːnə] *f* (-; -*n*) avalanche *f*
lax [laks] relâché; ***\~e Moral*** *a* morale facile
Lazarett [latsa'rɛt] *n* (-[*e*]*s*; -*e*) hôpital *m* militaire
leasen ['liːzən] (*h*) acheter en leasing
Leasing ['liːziŋ] *n* (-*s*; -*s*) leasing *m*
'**leben** (*h*) vivre; ***von etw \~*** vivre de qc; '**\~d** vivant; **\~dig** [le'bɛndiç] vivant; *lebhaft* vif; **\~digkeit** *f* (-; *sans pl*) vivacité *f*
Leben ['leːbən] *n* (-*s*; -) vie *f*; ***am \~ sein*** être en vie; ***sich das \~ nehmen*** se suicider; ***das tägliche \~*** la vie de tous les jours; ***mein \~ lang*** toute ma vie
'**Lebens|abend** *m* vieillesse *f*, déclin *m* de la vie; '**\~alter** *n* âge *m*; '**\~art** *f* manière *f* de vivre; *gute* savoir-vivre *m*; '**\~bedingungen** *f/pl* conditions *f/pl* de vie; '**\~dauer** *f* durée *f* de vie, longévité *f*; '**\~erfahrung** *f* expérience *f* de la vie; '**\~erwartung** *f* espérance *f* de vie; '**\~fähig** viable; '**\~gefahr** *f* danger *m* de mort; ***unter \~*** au péril de ma (sa *etc*) vie; '**\~gefährlich** très dangereux, mortel; '**\~gefährte** *m*, '**\~gefährtin** *f* compagnon *m*, compagne *f*; '**\~haltungskosten** *pl* coût *m* de la vie; '**\~länglich** *Strafe* à perpétuité; '**\~lauf** *m* curriculum *m* vitae; '**\~mittel** *n/pl* vivres *m/pl*, denrées *f/pl* alimentaires; '**\~mittelabteilung** *f* rayon *m* alimentation; '**\~mittelgeschäft** *n* épicerie *f*, magasin *m* d'alimentation; '**\~mittelhändler** *m* épicier *m*; '**\~mittelvergiftung** *f* intoxication *f* alimentaire; '**\~notwendigkeit** *f* nécessité *f* vitale; '**\~qualität** *f* qualité *f* de la vie; '**\~retter** *m* sauveteur *m*; '**\~standard** *m* niveau *m* de vie; '**\~stellung** *f* fonction *f*, nomination *f* à la vie; '**\~unterhalt** *m* subsistance *f*; ***seinen \~ verdienen*** gagner sa vie; '**\~versicherung** *f* assurance *f* vie; '**\~weise** *f* manière *f* de vivre; '**\~zeichen** *n* signe *m* de vie; '**\~zeit** *f* durée *f* de la vie; ***auf \~*** à vie
Leber ['leːbər] *f* (-; -*n*) foie *m*
'**Lebe|wesen** *n* être *m* vivant; '**\~wohl** *n* (-[*e*]*s*; -*e*, -*s*) adieu *m*
lebhaft ['leːphaft] vif; *Verkehr* intense; '**\~igkeit** *f* (-; *sans pl*) vivacite *f*
'**Leb|kuchen** *m* pain *m* d'épice; '**\~los** inanime; '**\~zeiten** *pl* ***zu seinen \~*** de son vivant; ***zu \~ seines Vaters*** du vivant de son père
Leck [lɛk] *n* (-[*e*]*s*; -*e*) fuite *f*; *mar* voie *f* d'eau
lecken ['lɛkən] (*h*) **1.** *leck sein* avoir une fuite, fuir; **2.** *mit der Zunge* (***sich \~*** se) lécher
lecker ['lɛkər] délicieux, appétissant; '**\~bissen** *m* friandise *f*
led. *abr* ***ledig*** célibataire
Leder ['leːdər] *n* (-*s*; -) cuir *m*; *weiches* peau *f*; '**\~hose** *f* culotte *f* de cuir *od* de peau
ledig ['leːdiç] célibataire; **\~lich** ['-k-] uniquement, seulement
Lee [leː] côté *m* sous le vent
leer [leːr] vide; ***\~ stehend*** *Wohnung* vide, vacant
Leere ['leːrə] *f* (-; *sans pl*) vide *m*
leeren ['leːrən] (*h*) (***sich \~*** se) vider; *räumen* évacuer; *den Briefkasten \~* faire la levée du courrier
'**Leer|gut** *n* emballage *m*; '**\~lauf** *m tech* marche *f* à vide; *auto* point *m* mort; '**\~taste** *f* barre *f* d'espacement; '**\~ung** *f* (-; -*en*) *Post* levée *f*
legal [le'gaːl] légal; **\~isieren** [-i'ziːrən] (*pas de -ge-*, *h*) légaliser; **\~'isierung** *f* (-; -*en*) légalisation *f*; **\~ität** [-i'tɛːt] *f* (-; *sans pl*) légalité *f*
legen ['leːgən] (*h*) mettre; *bedächtig* poser; *flach* coucher; (***Eier***) ***\~*** pondre (des œufs); ***sich schlafen \~*** se coucher; ***sich \~*** *Person* s'allonger; *Gewitter* s'arrêter; *Schmerzen* se calmer
Legende [le'gɛndə] *f* (-; -*n*) légende *f*
leger [le'ʒɛːr] décontracté, F relax(e)
Legierung [le'giːruŋ] *f* (-; -*en*) alliage *m*
Legislative [leːgisla'tiːvə] *f* (-; -*n*) (pouvoir *m*) législatif *m*
Legislaturperiode [legisla'tuːr-] *f* législature *f*
legitim [legi'tiːm] légitime; **\~ität** [-mi'tɛːt] *f* (-; -*en*) légitimité *f*; **\~ation** [-a'tsjoːn] *f* (-; -*en*) légitimation *f*
Lehm [leːm] *m* (-[*e*]*s*; -*e*) glaise *f*; '**\~ig** glaiseux

Lehn|e ['le:nə] *f* (-; *-n*) *Rücken*≈ dos *m*; dossier *m*; '≈**en** (*h*) appuyer (***an*** contre), adosser (à); ***sich ~ an*** s'appuyer contre, s'adosser à; ***sich aus dem Fenster ~*** se pencher par la fenêtre

Lehrbuch ['le:r-] *n* manuel *m*, méthode *f*, cours *m*

Lehre ['le:rə] *f* (-; *-n*) *Belehrung* leçon *f*; *System* doctrine *f*; *Lehrzeit* apprentissage *m*; *Messinstrument* calibre *m*, jauge *f*

lehren ['le:rən] (*h*) ***j-n etw ~*** enseigner *od* apprendre qc à qn

'**Lehrer** *m* (*-s*; -), '**~in** *f* (-; *-nen*) professeur *m* (*a von Frauen*), maître *m*, -sse *f*; *Grundschul*≈(*in*) instituteur *m*, -trice *f*

'**Lehr|gang** *m* cours *m*; stage *m*; '**~kraft** *f* enseignant *m*; '**~ling** ['-liŋ] *m* (*-s*; *-e*) apprenti *m*, -e *f*; '**~plan** *m* programme *m* scolaire; '≈**reich** instructif; '**~stelle** *f* place *f* d'apprentissage; '**~stuhl** *m* chaire *f*; '**~vertrag** *m* contrat *m* d'apprentissage; '**~zeit** *f* apprentissage *m*

Leib [laip] *m* (-[*e*]*s*; *-er*) corps *m*; *Bauch* ventre *m*; ***bei lebendigem ~*** tout vivant; ***mit ~ und Seele*** corps et âme

Leibes|kräfte ['laibəs-] *f/pl* ***aus ~n schreien*** crier à tue-tête; '**~visitation** *f* fouille *f* à corps

'**Leib|gericht** *n* plat *m* préféré; '≈**haftig** en personne, en chair et en os, incarné; '≈**lich** corporel, physique; '**~rente** *f* rente *f* viagère; '**~wächter** *m* garde *m* du corps; '**~wäsche** *f* linge *m* de corps

Leiche ['laiçə] *f* (-; *-n*) mort *m*, corps *m* mort, cadavre *m*

'**leichen|blass** blanc comme un linge, blême, livide; '≈**feier** *f* obsèques *f/pl*; '≈**rede** *f* oraison *f* funèbre; '≈**schauhaus** *n* morgue *f*; '≈**verbrennung** *f* crémation *f*; '≈**wagen** *m* corbillard *m*; '≈**zug** *m* cortège *m od convoi m funèbre*

Leichnam ['laiçna:m] *m* (-[*e*]*s*; *-e*) corps *m*, cadavre *m*

leicht [laiçt] *Gewicht* léger; *zu tun* facile; ***es fällt mir ~ zu …*** je n'ai pas de peine à …; → ***leichtnehmen***

'**Leicht|athletik** *f* athlétisme *m*; '**~metall** *n* métal *m* léger

'**leichtnehmen** (*irr*, *sép*, *-ge-*, *h*, → ***nehmen***) prendre à la légère; ***nimm's leicht!*** ne t'en fais

'**Leicht|sinn** *m* (-[*e*]*s*; *sans pl*) étourderie *f*, légèreté *f*; '≈**sinnig** étourdi, F tête en l'air, insouciant; '≈**verdaulich** → ***verdaulich***; '≈**verständlich** → ***verständlich***

leid [lait] → ***leidtun***

Leid [lait] *n* (-[*e*]*s*; *sans pl*) chagrin *m*, douleur *f*, malheur *m*; → ***leidtun***

leiden ['laidən] **1.** (*litt*, *gelitten*, *h*) souffrir (***an, unter*** de); ***ich kann ihn nicht ~*** je ne peux pas le souffrir; **2.** '≈ *n* (*-s*; -) souffrance *f*, douleur *f*; *méd* affection *f*; '≈**schaft** *f* (-; *-en*) passion *f*; '**~schaftlich** passionné

leider ['laidər] malheureusement; ***~!*** *a* hélas!

'**leidtun** (*irr*, *sép*, *-ge-*, *h*, → ***tun***) ***es tut mir leid, dass*** *od* ***zu*** je regrette que (+ *subj*) *od* de (+ *inf*); ***das tut mir leid*** j'en suis désolé; ***du tust mir leid*** tu me fais pitié

'**Leih|bibliothek** *f*, '**~bücherei** *f* bibliothèque *f* de prêt; '≈**en** (*lieh*, *geliehen*, *h*) ***j-m etw ~*** prêter qc à qn; ***etw von j-m ~*** emprunter qc à qn; '**~gebühr** *f* frais *m/pl* de location; '**~haus** *n* mont-de-piété *m*; '**~mutter** *f* mère *f* porteuse; '**~wagen** *m* voiture *f* de location; '≈**weise** à titre de prêt

Leim [laim] *m* (-[*e*]*s*; *-e*) colle *f*; '≈**en** (*h*) coller

Leine ['lainə] *f* (-; *-n*) corde *f*; *Hunde*≈ laisse *f*

Lein|en ['lainən] *n* (*-s*; -) toile *f*, lin *m*; ***in ~ gebunden*** relié en toile; '≈**en** de *od* en toile; '**~samen** *bot m* graine *f* de lin; '**~wand** *f* toile *f*; *Film* écran *m*

leise ['laizə] bas; *schwach* faible, léger; ***mit ~r Stimme*** à voix basse

Leiste ['laistə] *f* (-; *-n*) *Holz*≈ liteau *m*; *Zier*≈ baguette *f*; *Körpergegend* aine *f*

leisten ['laisten] (*h*) faire; *vollbringen* accomplir; *Dienst* rendre; *Hilfe* prêter; ***sich etw ~*** se payer, s'offrir, s'accorder qc

Leistung ['laistuŋ] *f* (-; *-en*) *große* performance *f*, exploit *m*; *Arbeits*≈ travail *m* (accompli); *écon* rendement *m*; *tech* puissance *f*; *in Geld* prestation *f*; '**~sbilanz** *f* balance *f* des paiements courants; '≈**sfähig** performant, efficace, efficient, productif; '**~sfähigkeit** *f* efficacité *f*, productivité *f*, rendement *m*; '**~sgesellschaft** *f* méritocratie *f*;

société *f* de prestation; '**~sprinzip** *n* loi *f* de la performance; '**~ssport** *m* sport *m* de compétition
Leitartikel ['lait-] *m* éditorial *m*, article *m* de fond
leiten ['laitən] (*h*) diriger; *verwalten* gérer; *tech* conduire; *fig* guider; '**~d** *Stellung* dirigeant; ***~er Angestellter*** *m* cadre *m* supérieur
Leiter[1] ['laitər] *f* (-; *-n*) échelle *f*
'**Leiter**[2] *m* (*-s*; -), '**~in** *f* (-; *-nen*) directeur *m*, -trice *f*, chef *m*, gérant *m*; *nur m phys* conducteur *m*
'**Leit|gedanke** *m* idée *f* directrice, idée *f* maîtresse; '**~motiv** *mus n* motif *m* dominant; leitmotiv *m* (*a fig*); '**~planke** *f* glissière *f* de sécurité
Leitung ['laituŋ] *f* (-; *-en*) *Führung* direction *f*; *Wasser*2, *Gas*2 conduite *f*; *Strom*2, *tél* ligne *f*
'**Leit|währung** *f* monnaie *f* de compte; '**~zins** *m* **1.** taux *m* d'escompte; **2.** intérêt *m* indicatif
Lektion [lɛk'tsjoːn] *f* (-; *-en*) leçon *f*
Lektüre [lɛk'tyːrə] *f* (-; *-n*) lecture *f*
Lende ['lɛndə] *f* (-; *-n*) *Rind* longe *f*; filet *m*; ***~n*** *pl Körpergegend* lombes *m/pl*, reins *m/pl*
lenk|en ['lɛŋkən] (*h*) diriger, guider; *auto* conduire, piloter; '**2er** *m* (*-s*; -), '**2erin** *f* (-; *-nen*) conducteur *m*, -trice *f*; *nur m Lenkstange* guidon *m*; *Lenkrad* volant *m*; '**2rad** *n* volant *m*; '**2stange** *f Fahrrad* guidon *m*; '**2ung** *f* (-; *-en*) *auto* direction *f*
Leopard [leo'part] *zo m* (*-en*; *-en*) léopard *m*
Lerche ['lɛrçə] *zo f* (-; *-n*) alouette *f*
lernen ['lɛrnən] (*h*) apprendre; ***schwimmen ~*** apprendre à nager
lesbar ['leːsbaːr] lisible
Lesb|ierin ['lɛsbjərin] *neg f* (-; *-nen*) lesbienne *f*; '**2isch** lesbien
lesen ['leːzən] (*las*, *gelesen*, *h*) lire; ***Ähren ~*** glaner
Leser ['leːzər] *m* (*-s*; -), '**~in** *f* (-; *-nen*) lecteur *m*, -trice *f*
'**Lese|ratte** *f* F rat *m* de bibliothèque; '**~rbriefe** *m/pl* courrier *m* des lecteurs; '**2rlich** lisible
Lesung ['leːzuŋ] *f* (-; *-en*) lecture *f*; *pol* ***in erster ~*** en première lecture
Lettland ['lɛtlant] *n* la Lettonie
letzt [lɛtst] dernier; ***zum ~en Mal(e)*** pour la dernière fois; ***in ~er Zeit*** récemment; F ***das ist das 2e!*** c'est impossible!; '**~lich** en fin de compte
Leucht|e ['lɔʏçtə] *f* (-; *-n*) lampe *f*; *fig* ***er ist keine ~*** ce n'est pas une lumière; '**2en** (*h*) luire, briller; éclairer (***j-m*** qn); '**2end** lumineux (*a fig*); '**~er** *m* (*-s*; -) chandelier *m*, bougeoir *m*, *mehrarmiger* flambeau *m*; '**~feuer** *n aviat* balise *f*; *mar* fanal *m*; '**~reklame** *f* réclame *f* lumineuse; '**~röhre** *f* tube *m* néon; '**~turm** *m* phare *m*; '**~zifferblatt** *n* cadran *m* lumineux
leugnen ['lɔʏgnən] (*h*) nier
Leukämie [lɔʏkɛ'miː] *méd f* (-; *-n*) leucémie *f*
Leukoplast [lɔʏko'plast] *n* (*-s*; *sans pl*) sparadrap *m*
Leute ['lɔʏtə] *pl* gens *m/pl* (*vorangehendes adj f/pl*), monde *m*; ***junge ~*** des jeunes gens
Leutnant ['lɔʏtnant] *m* (*-s*; *-s*) sous-lieutenant *m*
Lexikon ['lɛksikɔn] *n* (*-s*; *Lexika*) dictionnaire *m*
lfd. *abr* ***laufend*** courant
Libanon ['liːbanɔn] *m* (*-s*; *sans pl*) ***der ~*** le Liban
Libelle [li'bɛlə] *zo f* (-; *-n*) libellule *f*
liberal [libe'raːl] libéral; **2e** *m*, *f* (*-n*; *-n*) membre *m*, adhérent *m* du parti libéral; **2ismus** [-'ismus] *m* (-; *sans pl*) libéralisme *m*
Libyen ['liːbyən] *n* la Libye
Licht [liçt] *n* (-[*e*]*s*; *-er*) lumière *f*; *Tages*2 jour *m*; ***~ machen*** allumer la lumière; *fig* ***j-n hinters ~ führen*** mystifier qn; ***grünes ~ geben*** donner le feu vert
'**Licht|bild** *n* photo(graphie) *f*; *Dia* diapo(sitive) *f*; '**~bildervortrag** *m* conférence *f* avec projections; '**~blick** *m fig* lueur *f* d'espoir, éclaircie *f*
lichten ['liçtən] (*h*) *Anker* lever; *Wald* éclaircir; ***sich ~*** *Haare etc* s'éclaircir
'**Licht|geschwindigkeit** *phys f* vitesse *f* de la lumière; '**~hupe** *f* ***die ~ betätigen*** faire un appel de phares; '**~jahr** *astr n* année-lumière *f*; '**~maschine** *f auto* dynamo *f*; '**~reklame** *f* réclame *f* lumineuse; '**~schutzfaktor** *m* indice *m* de protection; '**~strahl** *m* rayon *m* de lumière
'**Lichtung** *f* (-; *-en*) *im Wald* clairière *f*

Lid [liːt] *n* (-[*e*]*s*; *-er*) paupière *f*; '**~schatten** *n* ombre *f* à paupières

lieb [liːp] cher; *geliebt* chéri; *nett, artig* gentil; ***~ gewinnen*** prendre en affection; ***~ haben*** aimer; ***der ~e Gott*** le bon Dieu; ***sei bitte so ~ und …*** sois gentil et … (*od* de + *inf*); *Brief* ***~er Paul*** cher Paul

Liebe ['liːbə] *f* (-; *-n*) amour *m* (*pl oft f*; ***zu*** de); ***~ auf den ersten Blick*** coup *m* de foudre

lieben ['liːbən] (*h*) (***sich ~*** s')aimer; *sexuell* faire l'amour (avec qn)

'**liebenswürdig** aimable; '**Ꙩkeit** *f* (-; *-en*) amabilité *f*

lieber ['liːbər] plutôt; ***~ haben*** *od* ***mögen*** aimer mieux (***als*** que), préférer (***als*** à); ***etw ~ tun*** aimer mieux *od* préférer faire qc; ***du solltest ~ …*** tu ferais mieux de (+ *inf*)

Liebes|erklärung ['liːbəs-] *f* déclaration *f* (d'amour); '**~kummer** *m* ***~ haben*** avoir un chagrin d'amour; '**~paar** *n* couple *m* d'amoureux

'**lieb|gewinnen** (*irr, sép, -ge-, h,* → ***gewinnen***) prendre en affection; '**~haben** (*irr, sép, -ge-, h,* → ***haben***) aimer

'**Lieb|haber** ['-haːbər] *m* (*-s*; -) *e-r Frau* amoureux *m*, amant *m*; *e-r Kunst* amateur *m*; **~haberei** [-'rai] *f* (-; *-en*) violon *m* d'Ingres, F dada *m*

lieb'kosen (*pas de -ge-, h*) caresser

'**lieblich** *adj* gracieux, agréable; *Gegend* charmant

'**Lieb|ling** *m* (*-s*; *-e*) favori *m*, -te *f*; préféré *m*, -e *f*; chouchou *m*, -te *f* F; *Anrede* chéri *m*, -e *f*; '**~lingsbeschäftigung** *f* passe-temps *m* favori, violon *m* d'Ingres; '**~schaft** *f* (-; *-en*) liaison *f*

Liechtenstein ['lɪçtənʃtaɪn] *n* le Liechtenstein

Lied [liːt] *n* (-[*e*]*s*; *-er*) chanson *f*; chant *m*; *Kirchen*Ꙩ cantique *m*

Liederabend ['liːdər-] *m* récital *m* de chant

Liefer|ant [liːfə'rant] *m* (*-en*; *-en*) fournisseur *m*; '**Ꙩbar** disponible; '**~frist** *f* délai *m* de livraison

liefer|n ['liːfərn] (*h*) livrer; fournir (*a Beweis*); '**Ꙩung** *f* (-; *-en*) livraison *f*; '**Ꙩwagen** *m* camionnette *f*, fourgonnette *f*

Liege ['liːgə] *f* (-; *-n*) divan *m*

liegen ['liːgən] (*lag, gelegen, h*) *Lebewesen* être couché; *Ort* être situé; *Sache* se trouver; ***~ bleiben*** *Person* rester couché; *Ware* ne pas se vendre; *Arbeit* rester en souffrance; ***~ lassen*** laisser; *vergessen* oublier; *fig* ***j-n links ~ lassen*** ignorer qn, ***es liegt Schnee*** il y a de la neige; ***mir liegt viel daran*** j'y tiens beaucoup

'**liegen|bleiben** (*irr, sép, -ge-, sn,* → ***bleiben***), '**~lassen** (*irr, sép, pas de -ge-, h,* → ***lassen***) → ***liegen***

'**Liege|stuhl** *m* chaise *f* longue, transatlantique *m*; '**~wagen** *m* voiture-couchettes *f*

Liga ['liːga] *f* (-; *Ligen*) ligue *f*; *sport* division *f*

Likör [li'køːr] *m* (*-s*; *-e*) liqueur *f*

lila ['liːla] lilas, mauve

Lilie ['liːljə] *bot f* (-; *-n*) lis *m*, *a* lys *m*

Limonade [limo'naːdə] *f* (-; *-n*) limonade *f*

Linde ['lində] *bot f* (-; *-n*) tilleul *m*

linder|n ['lindərn] (*h*) soulager, apaiser, adoucir; '**Ꙩung** *f* (-; *sans pl*) soulagement *m*, apaisement *m*, adoucissement *m*

Lineal [line'aːl] *n* (*-s*; e) règle *f*

Linie ['liːnjə] *f* (-; *-n*) ligne *f*; ***auf seine ~ achten*** faire attention à sa ligne; '**~nbus** *m* autobus *m* de ligne; '**~nflug** *aviat m* vol *m* régulier; '**~nmaschine** *f* avion *m* de ligne; '**Ꙩntreu** *pol* fidèle à la ligne du parti.

Link [liŋk] *m, n* (*-s*; *-s*) *EDV* lien *m*

'**link|e**, '**~er**, '**~es** ['liŋkə, -r, -s] **1.** *adj* gauche; **2.** *f* ***die*** Ꙩ la (main) gauche; *pol* la gauche; **3.** *m, f* 'Ꙩ (*-n*; *-n*) *pol* partisan *m* de la gauche; '**~isch** maladroit, gauche, F empoté

links [liŋks] à gauche; ***~ von*** à gauche de; ***von ~ nach rechts*** de gauche à droite; *pol* ***~ stehen*** être à gauche; '**~extrem** de l'extrême gauche; '**Ꙩextremismus** *m* extrémisme *m* de gauche; '**~radikal** → ***~extrem***; '**Ꙩverkehr** *m* circulation *f* à gauche; '**Ꙩhänder** ['-hɛndər] *m* (*-s*; -), '**Ꙩhänderin** *f* (-; *-nen*) gaucher *m*, -ère *f*

Linse ['linzə] *f* (-; *-n*) *bot, Optik* lentille *f*

Lippe ['lipə] *f* (-; *-n*) lèvre *f*; '**~nstift** *m* bâton *m* de rouge, rouge *m* à lèvres

lispeln ['lispəln] (*h*) zézayer, zozoter F

Lissabon ['lisabɔn] *n* Lisbonne

List [list] *f* (-; *-en*) ruse *f*, astuce *f*
Liste ['listə] *f* (-; *-n*) liste *f*
listig ['listiç] rusé, astucieux, finaud
Litauen ['litaʊən] *n* la Lituanie
Liter ['liːtər] *n od m* (-*s*; -) litre *m*
litera|risch [lite'raːriʃ] littéraire; **⁀tur** [-a'tuːr] *f* (-; *-en*) littérature *f*
Litfaßsäule ['litfas-] *f* colonne *f* d'affiches, colonne *f* Morris
live [laif] *TV* en direct
Lizenz [li'tsɛnts] *f* (-; *-en*) licence *f*
Lkw ['ɛlkaveː] *m* (-*s*; -[*s*]) camion *m*, poids *m* lourd; **'~-Fahrer** *m* → ***Lastwagenfahrer***; **'~-Maut** *f* péage *m* pour poids lourds
Lob [loːp] *n* (-[*e*]*s*; *sans pl*) louange *f*, éloge *m*; **'⁀en** ['loːbən] (*h*) faire l'éloge de, louer; **'⁀enswert** ['-bəns-] digne de louanges, louable
Loch [lɔx] *n* (-[*e*]*s*; *⸚er*) trou *m*; *fig Elendswohnung* taudis *m*; **'~er** *m* (-*s*; -) perforatrice *f*
locken ['lɔkən] (*h*) **1.** *Haar* (***sich ~*** se) boucler; **2.** *an sich ziehen* attirer; **'⁀wickler** ['-viklər] *m* (-*s*; -) bigoudi *m*
lock|er ['lɔkər] lâche; relâché (*a fig Moral*); *entspannt* relax(e) F; **'~ern** (*h*) (***sich ~*** se) relâcher; *Sport* (s')assouplir; *Schraube*, *Knoten* (se) desserrer; **'~ig** bouclé; **'⁀mittel** *n* appât *m*, leurre *m*
Löffel ['lœfəl] *m* (-*s*; -) cuiller *f od* cuillère *f*; ***ein ~ voll*** une cuillerée (de)
'löffeln (*h*) manger à la cuiller
'Löffelvoll *m* → ***Löffel***
Logbuch ['lɔk-] *mar n* journal *m od livre m de bord*
Logi|k ['loːgik] *f* (-; *sans pl*) logique *f*; **'⁀sch** logique; **'⁀scherweise** logiquement
Lohn [loːn] *m* (-[*e*]*s*; *⸚e*) salaire *m*, paye *od* paie *f*; *Belohnung* récompense *f*; **'~empfänger** ['-ʔɛm-] *m* salarié *m*; **'⁀en** (*h*) être payant *od* rentable; valoir la peine *od* F le coup; ***das lohnt sich*** cela vaut la peine; **'⁀end** payant, rentable, rémunérateur, profitable; **'~erhöhung** *f* augmentation *f* (de salaire); **'~gruppe** *f* catégorie *f* salariale; **'~steuer** *f* impôt *m* sur le revenu; **'~steuerjahresausgleich** *m* réajustement *m* des impôts sur le revenu; **'~steuerkarte** *f* carte *f* d'impôt (*in Deutschland*); **'~stopp** *m* blocage *m* des salaires
Loipe ['lɔʏpə] *f* (-; *-n*) piste *f* de ski de fond, loipe *f*
Lokal [lo'kaːl] **1.** *n* (-*s*; *-e*) *Gaststätte* restaurant *m*, café *m*; **2. ⁀** *adj* local; **~blatt** *n* journal *m* local; **~presse** *f* presse *f* locale; **~verbot** *n* interdiction *f* d'accès dans un café
Lokomotiv|e [lokomo'tiːvə] *f* (-; *-n*) locomotive *f*; **~führer** [-'tiːf-] *m* mécanicien *m*
Lombardei [lɔmbar'daɪ] ***die ~*** la Lombardie
London ['lɔndɔn] *n* Londres
Lorbeer ['lɔrbeːr] *bot m* (-*s*; *-en*) laurier *m*
los [-] *abgetrennt* détaché; ***~!*** allez!; allons(-y)!; ***was ist ~?*** qu'est-ce qu'il y a?; ***etw, j-n ~ sein*** être débarrassé de qc, qn; ***was ist mit dir ~?*** qu'est-ce qui t'arrive?; ***hier ist nicht viel ~*** il ne se passe pas grand-chose ici
Los [loːs] *n* (-*es*; *-e*) *Schicksal* sort *m*, destin *m*, destinée *f*; *Lotterie⁀* billet *m* de loterie; ***das große ~ ziehen*** gagner le gros lot (*a fig*)
Lösch|apparat ['lœʃ-] *m* extincteur *m*; **'⁀en** (*h*) éteindre; *Tonband* effacer; *Durst* étancher, apaiser; ***den Durst ~ a*** se désaltérer; **'~papier** *n* buvard *m*
lose ['loːzə] lâche; *beweglich* mobile; *leichtfertig* frivole
Lösegeld ['løːzə-] *n* rançon *f*
'losen [loːzən] (*h*) tirer au sort (***um etw*** qc)
lösen ['løːzən] (*h*) (***sich ~*** se) détacher (***von*** de); *lockern* (***sich ~*** se) desserrer: *schmelzen* (***sich ~*** se) dissoudre; *Vertrag* annuler; *Aufgabe* résoudre; *Rätsel* deviner; *Fahrkarte* prendre, acheter
'los|fahren (*irr*, *sép*, *-ge-*, *sn*, → ***fahren***) démarrer, partir; **'~gehen** (*irr*, *sép*, *-ge-*, *sn*, → ***gehen***) *aufbrechen* s'en aller, partir; *anfangen* commencer; *Feuerwaffe* partir; ***auf j-n ~*** aller droit *od* foncer sur qn; **'~lassen** (*irr*, *sép*, *-ge-*, *h*, → ***lassen***) lâcher
löslich ['løːsliç] soluble
'los|machen (*sép*, *-ge-*, *h*) défaire, détacher; **'~reißen** (*irr*, *sép*, *-ge-*, *h*, → ***reißen***) arracher; **'~sagen** (*sép*, *-ge-*, *h*) ***sich ~ von*** se détacher de, rompre avec; **'~stürzen** (*sép*, *-ge-*, *sn*) partir

en vitesse; ***auf j-n ~*** se précipiter sur qn
Lösung ['lø:zuŋ] *f* (-; *-en*) solution *f* (*a chim*); '**~smittel** *n* solvant *m*
'**los|werden** (*irr, sép, -ge-, sn,* → ***werden***) se débarrasser de; '**~ziehen** (*irr, sép, -ge-, sn,* → ***ziehen***) *weggehen* s'en aller, partir; *mit Worten* se déchaîner (***über, gegen*** contre)
löten ['lø:tən] (*h*) souder
Lothring|en ['lo:triŋən] *n* (*-s*; *sans pl*) la Lorraine; '**~er** *m* (*-s*; -), '**~erin** *f* (-; *-nen*) Lorrain *m*, -e *f*; '**&isch** lorrain
Lotion [lo'tsjo:n] *f* (-; *-en*) lotion *f*
Lötkolben ['lø:t-] *m* fer *m* à souder
Lotse ['lo:tsə] *m* (*-n*; *-n*) pilote *m*; *Flug&* aiguilleur *m* du ciel
Lotterie [lɔtə'ri:] *f* (-; *-n*) loterie *f*
Lotto ['lɔto] *n* (*-s*; *-s*) loto *m*; ***im ~ spielen*** jouer au loto; '**~schein** *m* billet *m* de loto
Löw|e ['lø:və] *zo m* (*-n*; *-n*) lion *m*; *astr* Lion *m*; '**~in** *f* (-; *-nen*) lionne *f*; '**~enzahn** *bot m* pissenlit *m*
LP *f abr* ***Langspielplatte*** disque *m* à microsillon
lt. *abr* ***laut*** conformément à
Luchs [luks] *zo m* (*-es*; *-e*) lynx *m*
Lücke ['lykə] *f* (-; *-n*) lacune *f*; *fig a* vide *m*; *Zahn&* brèche *f*; '**~nbüßer** *m* bouche-trou *m*; '**&nhaft** plein de lacunes, incomplet; *Gedächtnis* défaillant; '**&nlos** sans lacunes, complet
Ludwig ['lutviç] *m* (*-s*; *-s*) Louis *m*
Luft [luft] *f* (-; *⸚e*) air *m*; ***an der frischen ~*** au grand air, en plein air; ***die ~ anhalten*** retenir sa respiration; ***frische ~ schöpfen*** prendre l'air; ***j-n an die ~ setzen*** flanquer qn à la porte; '**~angriff** *m* raid *m* aérien, attaque *f* aérienne; '**~ballon** *m* ballon *m*; '**&dicht** hermétique; '**~druck** *m* pression *f* atmosphérique
lüften ['lyftən] (*h*) aérer; *fig Geheimnis* dévoiler
'**Luft|fahrt** *f* (-; *sans pl*) aviation *f*, aéronautique *f*; '**~feuchtigkeit** *f* humidité *f* de l'air; '**~fracht** *f* fret *m* aérien; '**~gewehr** *n* carabine *f* à air comprimé; '**&ig** bien aéré; *Kleidung* léger; '**~kissenboot** *n*, '**~kissenfahrzeug** *n* aéroglisseur *m*; '**~kurort** *m* station *f* climatique; '**~linie** *f* ***50 km ~*** 50 km à vol d'oiseau; '**~loch** *n* trou *m* d'air; '**~matratze** *f* matelas *m* pneumatique; '**~post** *f* poste *f* aérienne; ***mit ~*** par avion; '**~pumpe** *f* pompe *f* (à pneus); '**~röhre** *f* trachée(-artère) *f*; '**~spiegelung** *f* mirage *m*
'**Lüftung** *f* (-; *-en*) ventilation *f*, aération *f*
'**Luft|veränderung** *f* changement *m* d'air; '**~verkehr** *m* trafic *m* aérien; '**~verschmutzung** *f* pollution *f* de l'air; '**~waffe** *mil f* aarmée *f* de l'air; '**~zug** *m* courant *m* d'air
Lüge ['ly:gə] *f* (-; *-n*) mensonge *m*
lügen ['ly:gən] (*log, gelogen, h*) mentir; ***das ist gelogen*** c'est un mensonge
Lügner ['ly:gnər] *m* (*-s*; -), '**~in** *f* (-; *-nen*) menteur *m*, -euse *f*
Luke ['lu:kə] *f* (-; *-n*) *Fenster* lucarne *f*; *mar* écoutille *f*
Lump [lump] *m* (*-en*; *-en*) gredin *m*, vaurien *m*
Lump|en ['lumpən] *m* (*-s*; -) chiffon *m*; *pl zerlumpte Kleider* guenilles *f/pl*, haillons *m/pl*
Lunch [lanʃ] *m* (*-[e]s*; *-s*) déjeuner *m*; '**~paket** *n* cassecroûte *m*
Lunge ['luŋə] *f* (-; *-n*) poumon *m*; '**~nentzündung** *f* pneumonie *f*
Lupe ['lu:pə] *f* (-; *-n*) loupe *f*; *fig* ***unter die ~ nehmen*** examiner sur toutes les coutures
Lust [lust] *f* (-; *⸚e*) *Freude* plaisir *m*; *Verlangen* envie *f*; *sinnliche* désir *m*; ***~ auf od zu etw haben*** avoir envie de qc; ***~ haben, etw zu tun*** avoir envie de faire qc; ***zu nichts ~ haben*** n'avoir goût à rien
Lüster ['lystər] *m* (*-s*; -) lustre *m*
lüstern ['lystərn] lascif, lubrique; '**&heit** *f* (-; *sans pl*) lascivité *f*
lustig [lustiç] gai, joyeux, amusant, drôle; ***sich ~ machen über*** se moquer de
'**lust|los** sans entrain; '**&spiel** *n* comédie *f*
'**lutsch|en** [lutʃən] (*h*) sucer; '**&er** *m* (*-s*; -) sucette *f*
Lüttich ['lytiç] *n* (*-s*; *sans pl*) Liège
Luv ['lu:f] *mar n* (*-s*; *sans pl*) côte *m* du vent
Luxemburg ['luksəmburk] *n* (*-s*; *sans pl*) (le) Luxembourg; '**~er** *m* (*-s*; -), '**~erin** *f* (-; *-nen*) luxembourgeois *m*, -eoise *f*; '**&isch** [-giʃ] luxembourgeois
luxuriös [luksu'rjø:s] luxueux

Luxus ['luksus] *m* (-; *sans pl*) luxe *m*; '**~artikel** *m* article *m* de luxe; '**~hotel** *n* hôtel *m* de luxe
Luzern [lu'tsɛrn] *n* Lucerne
Lychee ['litʃi] *f* (-; -*s*) *bot* litchi *m*
Lymphknoten [lymf-] *m* ganglion *m* lymphatique
lynchen ['lynçən] (*h*) lyncher
Lyrik ['ly:rik] *f* (-; *sans pl*) poésie *f* lyrique; *Ausdrucksart* lyrisme *m*
'**lyrisch** lyrique

M

m *abr* ***Meter*** m (mètre)
Maas [ma:s] ***die ~*** la Meuse
Mach|art ['max-] *f* façon *f*; '**2bar** faisable; *Plan* réalisable
machen ['maxən] (*h*) faire; *Prüfung* passer; *mit adj* rendre; ***j-n glücklich ~*** rendre qn heureux; ***was*** *od* ***wie viel macht das?*** ça fait combien?; ***das macht nichts*** cela ne fait rien; *nach Entschuldigung* il n'y a pas de mal; ***mach dir nichts daraus!*** ne t'en fais pas!; ***da kann man nichts ~*** on ne peut rien y faire; tant pis!; ***mach mal*** *od* ***schon!*** vas-y!; ***mach's gut!*** bonne chance!, bon courage
'**Macher** *m* (-*s*; -) homme *m* énergique, leader *m*
Macht [maxt] *f* (-; ⸚*e*) pouvoir *m*; *Staat* puissance *f*; ***an der ~ sein*** être au pouvoir; '**~apparat** *m* appareil *m* du pouvoir; '**~befugnis** *f* pouvoir *m*; autorité *f*; '**~haber** ['-ha:bər] *m* (-*s*; -) détenteur *m* du pouvoir, dirigeant *m*
mächtig ['mɛçtiç] puissant; *fig* énorme, massif
'**Macht|kampf** *m* lutte *f* pour le pouvoir; '**2los** impuissant; '**~probe** *f* épreuve *f* de force; '**~übernahme** *pol f* prise *f* du pouvoir; '**~wechsel** *pol m* changement *m* de gouvernement
Mädchen ['mɛ:tçən] *n* (-*s*; -) jeune fille *f*; *Gegensatz zu Junge* fille *f*; ***kleines ~*** petite fille *f*, fillette *f*; '**~name** *m* nom *m* de jeune fille
made in ['mɛidin] fabriqué à
Madeira [ma'de:ra] *n* Madère
Madonna [ma'dɔna] *f* (-; *Madonnen*) Vierge *f*
Magazin [maga'tsi:n] *n* (-*s*; -*e*) magasin *m*, dépôt *m*; *Zeitschrift* magazine *m*
Magen ['ma:gən] *m* (-*s*; ⸚, -) estomac *m*; '**~beschwerden** *pl* indigestion *f*, embarras *m* gastrique; **~-'Darm-Infektion** *méd f* gastro-entérite *f*; '**~geschwür** *méd n* ulcère *m* d'estomac; '**~krebs** *méd m* cancer *m* de l'estomac; '**~schmerzen** *m/pl* maux *m/pl* d'estomac; F mal *m* au ventre
mager ['ma:gər] maigre
Mag|ie [ma'gi:] *f* (-; *sans pl*) magie *f*; '**2isch** magique
Magistrat [magis'tra:t] *m* (-[*e*]*s*; -*e*) conseil *m* municipal
Magnet [ma'gne:t] *m* (-[*e*]*s*, -*en*; -*e*[*n*]) aimant *m* (*a fig*); **~band** *n* (enregistreur *m* à) ruban *m* magnétique; '**2isch** magnétique; **~nadel** *f* aiguille *f* aimantée; **~platte** *f* disque *m* magnétique
Mahagoni [maha'go:ni] *n* (-*s*; *sans pl*) acajou *m*
mäh|en ['mɛ:ən] (*h*) *Gras* faucher; *Rasen* tondre; *Getreide* moissonner; '**2drescher** *m* moissonneuse-batteuse *f*
mahlen ['ma:lən] (*mahlte*, *gemahlen*, *h*) moudre
Mahlzeit ['ma:l-] *f* (-; -*en*) repas *m*; ***~!*** bon appétit!
Mahn|bescheid ['ma:n-] *m* sommation *f*; '**2en** (*h*) ***j-n an etw ~*** rappeler qc à qn; ***zu etw ~*** exhorter à qc; '**~gebühr** *f* frais *m/pl* de sommation; '**~mal** *n* mémorial *m*; '**~ung** *f* avertissement *m*; exhortation *f*; *comm* sommation *f*
Mähne ['mɛ:nə] *f* (-; -*n*) crinière *f*; *von Menschen* tignasse *f*
Mähren ['mɛ:rən] *n géogr* la Moravie
Mai [mai] *m* (-*s*; -*e*) mai *m*; ***der Erste ~*** le Premier Mai; '**~glöckchen** *bot n* muguet *m*; '**~käfer** *zo m* hanneton *m*
Mail [me:l] *f* (-; -*s*) *EDV* mail *m*
Mailand ['mailant] *n* Milan

Mailbox ['meːlbɔks] *f* (-; -*en*) *EDV* boîte *f* aux lettres; *e-s Handys* boîte *f* vocale
mailen ['meːlən] (*h*) *EDV* (***j-m***) ***etw*** **~** envoyer qc (à qn) par mail
Main [maɪn] ***der*** **~** le Main
Mainz [maints] *n* (-; *sans pl*) Mayence
Mais [mais] *bot m* (-*es*; *sans pl*) maïs *m*; '**~kolben** *m* épi *m* de maïs
Major [ma'joːr] *mil m* (-*s*; -*e*) commandant *m*
Majoran [majo'raːn] *bot m* (-*s*; *sans pl*) marjolaine *f*
makaber [ma'kaːbər] macabre
Makel ['maːkəl] *m* (-*s*; -) tache *f*, défaut *m*
'**makellos** sans défaut, parfait, irréprochable
Makler ['maːklər] *comm m* (-*s*; -) courtier *m*; *Börse* agent *m* de change; *Immobilien* agent *m* immobilier; '**~gebühr** *f* droit *m* de courtage
Makrele [ma'kreːlə] *zo f* (-; -*n*) maquereau *m*
mal F → ***einmal***; *wird meist nicht übersetzt*
Mal[1] [maːl] **1.** *n* (-[*e*]*s*; -*e*) fois *f*; ***zum ersten*** (***letzten***) **~** pour la première (dernière) fois; ***das nächste*** **~** la prochaine fois; ***mit e-m*** **~** tout d'un coup; **2.** **♀** *math* fois; ***zwei*** **~** ***fünf ist zehn*** deux fois cinq font dix
Mal[2] [-] *n* (-[*e*]*s*; -*e*) *Zeichen* marque *f*
Malediven [male'diːvən] *pl* ***die*** **~** les îles *f/pl* Maldives
malen ['maːlən] (*h*) peindre
'**Maler** *m* (-*s*; -), '**~in** *f* (-; -*nen*) peintre *m* (femme *f* peintre); **~ei** [-'rai] *f* (-; -*en*) peinture *f*; '**♀isch** pittoresque
Mali ['mɑːli] *n* le Mali
Mallorca [ma'jɔrka] *n* Majorque
Malta ['malta] *n* Malte
Malz [malts] *n* (-*es*; *sans pl*) malt *m*; '**~kaffee** *m* (café *m* de) malt *m*
Mama ['mama, ma'maː] *f* (-; -*s*) *enf* maman *f*
man [man] on
'**Manag|ement** *n* ['mɛnidʒmɛnt] *n* (-*s*; *sans pl*) management *m*; '**♀en** (*h*) diriger, organiser, gérer; '**~er** *m* (-*s*; -) manager *m*; '**~erkrankheit** *f* surmenage *m* intellectuel
manch [manç] plus d'un, maint; **~e** *pl* certains, *nur adj* quelques; bien des …; '**~erlei** ['-ərlai] divers, toutes sortes de; '**~mal** quelquefois
Mandant [man'dant] *jur m* (-*en*; -*en*) client *m*, mandant *m*
Mandat [man'daːt] *jur*, *pol n* (-[*e*]*s*; -*e*) mandat *m*
Mandel ['mandəl] *f* (-; -*n*) *bot* amande *f*; *Organ* amygdale *f*
Mangel ['maŋəl] *m* (-*s*; ⸚) *Fehler* défaut *m*; *Fehlen* absence *f* (***an*** de); *Knappheit* manque *m* (***an*** de), pénurie *f* (***an*** de); ***aus*** **~** ***an*** faute de; '**~beruf** *m* métier *m* déficitaire; '**~erscheinung** *f* symptôme *m* de carence; '**♀haft** défectueux; *Schulnote* médiocre
'**mangeln** (*h*) ***es mangelt mir an etw*** je manque de qc; qc me manque
'**mangels** *prép* (*gén*) à défaut de, faute de
'**Mangelware** *f* marchandise *f* rare
Manie [ma'niː] *f* (-; -*n*) manie *f*
Manier [ma'niːr] *f* (-; -*en*) manière *f*; ***gute*** **~*en*** bonnes manières, savoir-vivre *m*; ***schlechte*** **~*en*** mauvaises manières
Manifest [mani'fɛst] *n* (-[*e*]*s*; -*e*) manifeste *m*
Maniküre [mani'kyːrə] *f* (-; -*n*) manucure *f*
Manipu|lation [manipula'tsjoːn] *f* (-; -*en*) manipulation *f*; **♀'lieren** (*pas de -ge-*, *h*) manipuler
Manko ['maŋko] *n* (-*s*; -*s*) *comm* déficit *m*; *fig* manque *m*
Mann [man] *m* (-[*e*]*s*; ⸚*er*) homme *m*; *Ehe*♀ mari *m*; ***alter*** **~** vieillard *m*
Männchen ['mɛnçən] *n* (-*s*; -) petit homme *m*, bonhomme *m*; *Tier* mâle *m*
mannig|fach ['maniç-], '**~faltig** varié, divers
männlich ['mɛnliç] mâle; *gr* masculin
'**Mannschaft** *f* (-; -*en*) *Sport*, *fig* équipe *f*; *mar*, *aviat* équipage *m*; '**~sgeist** *Sport m* esprit *m* d'équipe
Manöv|er [ma'nøːvər] *n* (-*s*; -) manœuvre *f*; **♀rieren** [-'vriːrən] (*pas de -ge-*, *h*) manœuvrer
Mansarde [man'zardə] *f* (-; -*n*) mansarde *f*; **~nfenster** *n* lucarne *f*
Mantel ['mantəl] *m* (-*s*; ⸚) manteau *m*; *Überzieher* pardessus *m*; *Fahrrad* enveloppe *f*, bandage *m*; '**~tarif** *m* tarif *m* collectif
manu|ell [manu'ɛl] manuel, à la main;

⁓faktur [-fak'tuːr] *f* (-; *-en*) manufacture *f*; **⁓skript** [-'skript] *n* (-[*e*]*s*; *-e*) manuscrit *m*

Mappe ['mapə] *f* (-; *-n*) *Aktentasche* serviette *f*; *Schul⁓* cartable *m*; *Ablege⁓* classeur *m*, chemise *f*

Maracuja [mara'kuːja] *f* (-; *-s*) *bot* maracuja *m*

Märchen ['mɛːrçən] *n* (*-s*; -) conte *m* (de fée); *fig* **⁓ *erzählen*** raconter des histoires; '**⁓haft** fabuleux, féerique, F fantastique

Marder ['mardər] *zo m* (*-s*; -) martre *f*

Margarine [marga'riːnə] *f* (-; *-n*) margarine *f*

Marienkäfer [ma'riːən-] *zo m* coccinelle *f*

Marine [ma'riːnə] *f* (-; *-n*) marine *f*

Marionette [mario'nɛtə] *f* (-; *-n*) marionnette *f*

Mark[1] [mark] *f* (-; -) *Geld hist* mark *m*

Mark[2] *n* (-[*e*]*s*; *sans pl*) *Knochen⁓* moelle *f*; *Frucht⁓* pulpe *f*

Marke ['markə] *f* (-; *-n*) *comm* marque *f*; *Spiel⁓*, *Kontroll⁓* jeton *m*; *Essens⁓* ticket *m*; *Brief⁓* timbre *m*; '**⁓nartikel** *comm m* article *m* de marque; '**⁓nerzeugnis** *n* produit *m* de marque; '**⁓nimage** *n* image *f* de marque; '**⁓treue** *f* fidélité *f* à une marque; '**⁓zeichen** *n* logo *m*

Marketing ['markətiŋ] *n* (*-s*; *sans pl*) marketing *m*

markier|en [mar'kiːrən] (*pas de -ge-*, *h*) marquer, repérer; *vortäuschen* jouer, simuler; **⁓ung** *f* (-; *-en*) marquage *m*, repérage *m*

Markt [markt] *m* (-[*e*]*s*; *⁓e*) marché *m*; ***auf den ⁓ bringen*** mettre sur le marché, lancer; '**⁓anteil** *m* part *f* de marché; '**⁓forschung** *écon f* étude *f* de marché; '**⁓lage** *f* situation *f* du marché; conjoncture *f*; '**⁓lücke** *f* créneau *m* de vente; '**⁓platz** *m* place *f* du marché; '**⁓wert** *m* valeur *f* marchande; '**⁓wirtschaft** *f* économie *f* de marché; ***freie ⁓*** économie libre

Marmelade [marmə'laːdə] *f* (-; *-n*) confiture *f*, marmelade *f*

Marmor ['marmɔr] *m* (*-s*; *-e*) marbre *m*

Marokkan|er [marɔ'kaːnər] *m* (*-s*; -), **⁓erin** *f* (-; *-nen*) Marocain *m*, -e *f*; **⁓isch** marocain

Marokko [ma'rɔkɔ] *n* (*-s*; *sans pl*) le Maroc

Marsch [marʃ] *m* (*-es*; *⁓e*) marche *f* (*a mus*)

'**Marsch|befehl** *m* ordre *m* de marche; '**⁓flugkörper** *mil m* missile *m* de croisière; **⁓'ieren** (*pas de -ge-*, *h*) marcher

Marter ['martər] *f* (-; *-n*) tourment *m*, torture *f*

Märtyrer ['mɛrtyrər] *m* (*-s*; -), '**⁓in** *f* (-; *-nen*) martyr *m*, -e *f*

Marxis|mus [mar'ksismus] *m* (-; *sans pl*) marxisme *m*; **⁓t** (*-en*; *-en*), **⁓tin** *f* (-; *-nen*) *m* marxiste *m*, *f*; **⁓tisch** marxiste

März [mɛrts] *m* (*-es*; *-e*) mars *m*

Masche ['maʃə] *f* (-; *-n*) maille *f*; F ***die neueste ⁓*** le nouveau dada

Maschin|e [ma'ʃiːnə] *f* (-; *-n*) machine *f* (*auch Lok*, *Motorrad*); *Motor* moteur *m*; *Flugzeug* appareil *m*; ***mit der ⁓ schreiben*** taper à la machine, dactylographier; **⁓ell** [-'nɛl] mécanique, à la machine

Ma'schinen|bau *m* (-[*e*]*s*; *sans pl*) construction *f* de machines, construction *f* mécanique; **⁓bauer** *m* (*-s*; -) ingénieur *m* mécanicien; **⁓fabrik** *f* ateliers *m*/*pl* de construction de machines; **⁓gewehr** *n* mitrailleuse *f*; **⁓pistole** *f* mitraillette *f*; **⁓schaden** *m* avarie *f* de machine; **⁓schreiben** *n* (*-s*; *sans pl*) dactylographie *f*

Maschinist [-'nist] *m* (*-en*; *-en*) mécanicien *m*, conducteur *m*

Masern ['maːzərn] *méd pl* rougeole *f*

Maserung ['maːzəruŋ] *f* (-; *-en*) madrure *f*

Mas|ke ['maskə] *f* (-; *-n*) masque *m*; **⁓'kieren** (*pas de -ge-*, *h*) masquer, ***sich ⁓*** se déguiser (***als*** en)

Maß [maːs] *n* (*-es*; *-e*) mesure *f*; *Mäßigung* modération *f*; ***⁓e und Gewichte*** poids et mesures; ***nach ⁓*** sur mesure; ***in dem ⁓e wie*** dans la mesure où; ***in hohem ⁓e*** dans une large mesure; ***in zunehmendem ⁓e*** de plus en plus

Massage [ma'saːʒə] *f* (-; *-n*) massage *m*

Massaker [ma'sakər] *n* (*-s*; -) massacre *m*

'**Masse** [masə] *f* (-; *-n*) masse *f*; *Menschen⁓* foule *f*; ***die breite ⁓*** le grand public

'**Maßeinheit** *f* unité *f* de mesure

'**Massen|abfertigung** *f* expédition *f*,

enregistrement *m* en masse; '**~absatz** *m* vente *f* en grandes quantités; '**~andrang** *m* grande affluence *f*; '**~entlassung** *f* débauchage *m* collectif; '**2haft** en masse; '**~karambolage** *f* carambolage *m* en série; '**~medien** *n/pl* mass media *m/pl*; '**~mord** *m* massacre *m*; '**~tierhaltung** *f* élevage *m* en batterie; '**~tourismus** *m* tourisme *m* de masse; '**~verkehrsmittel** *n* transports *m/pl* de masse; '**2weise** en masse(s)

'**maß|gebend**, **~geblich** ['-geːpliç] qui fait autorité, déterminant, décisif

massieren [ma'siːrən] (*pas de -ge-, h*) masser

mäßig ['mɛːsiç] modéré; *im Essen* frugal, sobre; *Geldsumme* modique; *dürftig* médiocre; '**~en** ['-gən] (*h*) (***sich*** **~** se) modérer; *mildern* tempérer; *Tempo* ralentir; '**2ung** ['-guŋ] *f* (-; *-en*) modération *f*

massiv [ma'siːf] **1.** massif, solide; *fig* énergique, grossier; **2.** **2** *n* (*-s*; *-e*) *Gebirge* massif *m*

'**Maß|krug** *m* chope *f*; '**2los** démesuré, sans mesure; '**~nahme** ['-naːmə] *f* (-; *-n*) mesure *f*; ***~n ergreifen*** prendre des mesures; '**~stab** *m Karte* échelle *f*; *fig* norme *f*, critère *m*; '**2voll** modéré, mesuré

Mast[1] [mast] *m* (-[*e*]*s*; *-e*[*n*]) mât *m* (*a mar*); *Strom***2** pylône *m*

Mast[2] *f* (-; *-en*) *agr* engraissement *m*

mästen ['mɛstən] (*h*) engraisser

Mastur|bation [masturba'tsjoːn] masturbation *f*; **2'bieren** (*pas de -ge-, h*) masturber

Material [mater'jaːl] *n* (*-s*; *-ien*) *Werkstoff* matériau *m*; *für geistige Arbeit* matériaux *m/pl*; *Stoff* matière *f*; *Ausrüstung* matériel *m*; **~fehler** *m* défaut *m* de matériel; **~ismus** [-a'lismus] *m* (-; *sans pl*) matérialisme *m*; **~'ist** *m* (*-en*; *-en*) matérialiste *m*; **2'istisch** matérialiste

Materie [ma'teːrjə] *f* (-; *-n*) matière *f*

materiell [mater'jɛl] matériel

Mathemati|k [matema'tiːk] *f* (-; *sans pl*) mathématiques *f/pl*, maths *f/pl* F; **~ker** [-'maːtikər] *m* (*-s*; -) mathématicien *m*; **2sch** mathématique

Matratze [ma'tratsə] *f* (-; *-n*) matelas *m*

Matrize [ma'tritsə] *f* stencil *m*

Matrose [ma'troːzə] *m* (*-n*; *-n*) matelot *m*, marin *m*

Matsch [matʃ] *m* (-[*e*]*s*; *sans pl*) boue *f*, gadoue *f*

matt [mat] épuisé, abattu, faible; *Farbe*, *Foto* mat; *Glas* dépoli; *Schach* mat

Matte ['matə] *f* (-; *-n*) natte *f*; *Fuß***2** paillasson *m*; *Sport* tapis *m*

Matterhorn ['matərhɔrn] ***das*** **~** le (mont) Cervin

'**Mattigkeit** *f* (-; *sans pl*) épuisement *m*, abattement *m*

Mauer ['mauər] *f* (-; *-n*) mur *m*; '**2n** (*h*) maçonner; '**~werk** *n* maçonnerie *f*

Maul [maul] *n* (-[*e*]*s*; *¨er*) gueule *f*; *Pferd* bouche *f*; P ***halts ~!*** ferme ta gueule!

'**Maul|esel** *m*, '**~eselin** *f* mulet *m*, mule *f*; '**~korb** *m* muselière *f*; '**~tier** *n* mulet *m*, mule *f*

'**Maulwurf** *m* taupe *f*; '**~shaufen** *m*, '**~shügel** *m* taupinière *f*

Maurer ['maurər] *m* (*-s*; -) maçon *m*; '**~kelle** *f* truelle *f*

Mauritius [mau'riːtsius] (l'île *f*) Maurice

Maus [maus] *f* (-; *¨e*) *zo u EDV* souris *f*; '**~cursor** *m EDV* curseur *m* de la souris; '**~efalle** ['-zə-] *f* souricière *f*; **~klick** *m EDV* clic *m* avec la souris; ***per*** **~** en cliquant sur la souris

Maut ['maut] *östr f* (-; *sans pl*), '**~gebühr** *f* péage *m*; '**~stelle** *f* poste *m* de péage; '**~straße** *f* route *f* à péage

maxi|mal [maksi'maːl] maximum, maximal; *adv* au maximum; **~'mieren** (*pas de -ge-, h*) maximiser; '**2mum** [-mum] *n* (*-s*; *Maxima*) maximum *m*

Mazedonien [matse'doːniən] *n* la Macédoine

Mäzen [mɛ'tseːn] *m* (*-s*; *-e*), **~in** *f* (-; *-nen*) mécène *m*

MdB *m abr* ***Mitglied des Bundestages*** membre *m* du Bundestag

m. E. *abr* ***meines Erachtens*** à mon avis

Mechan|ik [me'çaːnik] *f* (-; *sans pl*) mécanique *f*; **~iker** *m* (*-s*; -), **~ikerin** *f* (-; *-nen*) mécanicien *m*; **2isch** mécanique; *gedankenlos* machinal; **2isieren** [-ni'ziːrən] (*pas de -ge-, h*) mécaniser; **~i'sierung** *f* (-; *-en*) mécanisation *f*; **~ismus** [-'nismus] *m* (-; *Mechanismen*) mécanisme *m*

Mecklenburg-Vorpommern ['meːklənburk'foːrpɔmərn] *n* le Mecklem-

bourg–Poméranie occidentale
Medaille [me'daljə] *f* -; *-n* médaille *f*
Medikament [medika'mɛnt] *n* (-[*e*]*s*; *-e*) médicament m
meditieren [medi'ti:rən] (*pas de -ge-*, *h*) méditer (***über*** sur)
Medium ['me:djum] *n* (*-s*; *Medien*) *zur Information* média *m*; *phys* milieu *m*
Medizin [medi'tsi:n] *f* (-; *-en*) médecine *f*; *Arznei* remède *m*; **⁀isch** médical; ***~-technische Assistentin*** *f* laborantine *f*
Meer [me:r] *n* (-[*e*]*s*; *-e*) mer *f*; **'~blick** *m* vue *f* sur la mer; **'~enge** *f* détroit *m*
Meeres|früchte ['me:rəs-] *cuis f/pl* fruits *m/pl* de mer; **'~spiegel** *m* niveau *m* de la mer
'Meer|rettich *bot m* raifort *m*; **'~schweinchen** *zo n* cobaye *m*; **'~wasser** *n* eau *f* de mer
Mehl [me:l] *n* (-[*e*]*s*; *-e*) farine *f*; **'⁀ig** farineux; **'~speise** *östr f* entremets *m*
mehr [me:r] plus, davantage; ***noch ~*** encore plus; ***immer ~*** de plus en plus; ***~ oder weniger*** plus ou moins; ***nicht ~*** ne … plus; ***~ als*** plus que; *vor Zahl* plus de; **'⁀arbeit** *f* travail *m* supplémentaire; **'⁀aufwand** *m* surcroît *m* de dépenses; **'~deutig** ambigu, équivoque; **'⁀einnahme** *f* excédent *m* de recettes; **'~ere** plusieurs; **'~fach** multiple; *wiederholt* réitéré; *adv* à différentes reprises; **'⁀heit** *f* (-; *-en*) majorité *f*; **'⁀heitswahl** *f*, **'⁀heitswahlrecht** *n* scrutin *m* majoritaire; **'⁀kosten** *pl* frais *m/pl* supplémentaires; **'~mals** plusieurs fois; **'⁀parteiensystem** *n* système *m* pluripartite; **'⁀wert** *m* plus-value *f*; **'⁀wertsteuer** *f* taxe *f* à la valeur ajoutée (*abr* T.V.A.); **'⁀zahl** *gr f* pluriel *m*; ***die ~ der Leute*** la plupart des gens (+ *Verb im pl*); **'⁀zweck…** *in Zssgn* à usages multiples; **'⁀zweckhalle** *f* salle *f* polyvalente
meiden ['maidən] (*mied*, *gemieden*, *h*) éviter
Meile ['mailə] *f* (-; *-n*) mille *m*; *hist* lieue *f*
mein [main] mon, ma, *pl* mes; ***das ist der, die, das ⁀e*** c'est le mien, la mienne
Meineid ['mainˀait] *jur m* parjure *m*, faux serment *m*
meinen ['mainən] (*h*) être d'avis; *glauben* croire; *denken* penser; *sagen wollen* vouloir dire; ***wie ~ Sie das?*** qu'est-ce que vous entendez par là?; ***ich habe es nicht so gemeint*** ce n'est pas là ma pensée
'mein|erseits de mon côté, de ma part; **~etwegen** ['mainət-] à cause de moi; pour moi; quant à moi; ***~!*** soit!, je le veux bien; **'~ige**: ***der, die, das ⁀*** le mien, la mienne
'Meinung *f* (-; *-en*) opinion *f*; avis *m*; ***meiner ~ nach*** à mon avis; ***der ~ sein, dass …*** être d'avis que …; ***seine ~ ändern*** changer d'avis; ***ich bin ganz Ihrer ~*** je suis entièrement de votre avis; ***j-m seine ~ sagen*** dire sa façon de penser à qn
'Meinungs|austausch *m* échange *m* de vues; **'~forschung** *f* sondage *m* d'opinion; **'~freiheit** *f* liberté *f* d'opinion; **'~umfrage** *f* sondage *m* d'opinion; **'~verschiedenheit** *f* divergence *f* de vues, désaccord *m*
Meise ['maizə] *zo f* (-; *-n*) mésange *f*
meist [maist] la plupart de; le plus de; (***die***) ***~(e Zeit)*** la plupart du temps; ***die ~e Arbeit*** le plus grand travail; ***die ~en*** (***Arbeiter***) la plupart (des ouvriers); ***am ~en*** le plus; **'⁀begünstigungsklausel** *f* clause *f* de la nation la plus favorisée; **~bietend** ['-bi:tənt] le plus offrant; **~ens** ['-əns] le plus souvent, la plupart du temps, généralement
Meister ['maistər] *m* (*-s*; -), **'~in** *f* (-; *-nen*) maître *m*, -sse *f*; *Sport* champion *m*, -ne *f*; **'~schaft** *f* (-; *-en*) maîtrise *f*; *Sport* championnat *m*; **'~stück** *n*, **'~werk** *n* chef-d'œuvre *m*
Mekka ['mɛka] *n* La Mecque
Melde|behörde ['mɛldə-] *f* bureau *m* des déclarations; **'⁀n** (*h*) annoncer, rapporter, déclarer, signaler; ***sich ~*** se présenter (***bei*** chez); *brieflich* donner signe de vie; *tél* répondre; ***sich zu Wort ~*** demander la parole; **'~pflicht** *f* déclaration *f* obligatoire
Meldung ['mɛlduŋ] *f* (-; *-en*) annonce *f*, rapport *m*, déclaration *f*; *Nachricht* information *f*; *An⁀* inscription *f*
melken ['mɛlkən] (*melkte/molk*, *gemelkt/gemolken*, *h*) traire
Melod|ie [melo'di:] *f* (-; *-n*) mélodie *f*; **⁀isch** [-'lo:diʃ] mélodieux

Melone [me'lo:nə] *bot f* (-; *-n*) melon *m*
Memel ['me:məl] ***die ~*** *Fluss* le Niémen
Memoiren [memo'a:rən] *pl* mémoires *m/pl*
Menge ['mɛŋə] *f* (-; *-n*) quantité *f*; *große* multitude *f*; *Menschen*2 foule *f*; *math* ensemble *m*; F ***e-e Menge …*** beaucoup de, F pas mal de, un tas de; '**~nlehre** *math f* théorie *f* des ensembles; '**~nrabatt** *m* rabais *m* de quantité
Menorca [me'nɔrka] *n* Minorque
Mensch [mɛnʃ] *m* (*-en*; *-en*) homme; être *m* humain; ***~en*** *pl a* gens *m/pl*; ***kein ~*** personne (+ ne)
'**Menschen|alter** *n* génération *f*; '**~handel** *m* traite *f* des esclaves; '**~hass** *m* misanthropie *f*; '**~kenntnis** *f* ***~ haben*** être bon psychologue; '**~leben** *n* vie *f* humaine; '**2leer** désert; '**~liebe** *f* philanthropie *f*; '**~menge** *f* foule *f*; '**~rechte** *n/pl* droits *m/pl* de l'homme; '**2scheu** farouche; '**2unwürdig** indigne d'un être humain, dégradant; '**~verstand** *m* ***gesunder ~*** bon sens *m*, sens *m* commun; '**~würde** *f* dignité *f* humaine
'**Mensch|heit** *f* (-; *sans pl*) humanité *f*, genre *m* humain; '**2lich** humain; '**~lichkeit** *f* (-; *sans pl*) humanité *f*
Mentalität [mɛntali'tɛ:t] *f* (-; *-en*) mentalité *f*
Menü [me'ny:] *n* (*-s*; *-s*) menu *m*
Meridian [meri'dja:n] *m* (*-s*; *-e*) méridien *m*
Merkblatt ['mɛrk-] notice *f*
merk|en ['mɛrkən] (*h*) remarquer, s'apercevoir de; ***sich etw ~*** retenir qc; '**~lich** sensible; *sichtlich* visible; '**2mal** ['-ma:l] *n* (-[*e*]*s*; *-e*) marque *f*, signe *m*; *Anzeichen* indice *m*; *Eigenart* caractéristique *f*; '**~würdig** étrange, curieux, bizarre; '**~würdigerweise** curieusement
messbar ['mɛsba:r] mesurable
Messe ['mɛsə] *f* (-; *-n*) *rel* messe *f*; *Ausstellung* foire *f*, exposition *f*, salon *f*; '**~gelände** *n* terrain *m* de foire; '**2n** (*maß*, *gemessen*, *h*) mesurer; ***sich mit j-m ~*** se mesurer avec *od* à qn; '**~neuheit** *f* nouveauté *f* de la foire
Messer ['mɛsər] *n* (*-s*; -) couteau *m*; ***auf des ~s Schneide stehen*** ne tenir qu'à un fil; '**~stich** *m* coup *m* de couteau
'**Messestand** *m* stand *m*
Messing ['mɛsiŋ] *n* (*-s*; *sans pl*) laiton *m*, cuivre *m* jaune
'**Messinstrument** *n* instrument *m* de mesure
Messung ['mɛsuŋ] *f* (-; *-en*) mesurage *m*
Metall [me'tal] *n* (*-s*; *-e*) métal *m*; ***~ verarbeitend*** métallurgique; **~arbeiter** *m* ouvrier *m* métallurgiste, métallo *m* F; **~industrie** *f* industrie *f* métallurgique; **2isch** métallique; **~waren** *f/pl* objets *m/pl* en métal
Meteor [mete'o:r] *m* (*-s*; *-e*) météore *m*, météorite *f*; **~ologe** [-oro'lo:gə] *m* (*-n*; *-n*) météorologiste *m*; **~ologie** [-orolo'gi:] *f* (-; *sans pl*) météorologie *f*
Meter ['me:tər] *n od m* (*-s*; -) mètre *m*; '**~maß** *n* mètre *m*
Method|e [me'to:də] *f* (-; *-n*) méthode *f*; **2isch** méthodique
metrisch ['metriʃ] métrique; ***~es Maßsystem*** système *m* métrique
Metro ['me:tro] *f* métro *m*; **~pole** [-'po:lə] *f* (-; *-n*) métropole *f*
Metzger ['mɛtsgər] *m* (*-s*; -) boucher *m*; **~ei** [-'rai] *f* (-; *-en*) boucherie *f*
Meuter|ei [mɔʏtə'rai] *f* (-; *-en*) mutinerie *f*; '**~er** *m* (*-s*; -) mutiné *m*, mutin *m*; '**2n** (*h*) se mutiner (***gegen*** contre)
Mexikan|er [mɛksi'ka:nər] *m* (*-s*; -), **~erin** *f* (-; *-nen*) Mexicain *m*, -e *f*; **2isch** mexicain
Mexiko ['mɛksiko] (*-s*; *sans pl*) *Land* le Mexique; *Stadt* Mexico
MEZ *f* heure *f* de l'Europe centrale
mg *abr* ***Milligramm*** milligramme *m*
MG *n abr* ***Maschinengewehr*** mitrailleuse *f*
mich [miç] me (*vor Vokal* m'); moi
Miene ['mi:nə] *f* (-; *-n*) air *m*, mine *f*
mies [mi:s] mauvais; F moche; '**2macher** ['-maxər] *m* (*-s*; -) défaitiste *m*, pessimiste *m*
'**Mietdauer** *f* durée *f* du bail
Miete ['mi:tə] *f* (-; *-n*) location *f*; *Preis* loyer *m*, (prix *m* de) location *f*
'**mieten** (*h*) louer
'**Miet|er** *m* (*-s*; -), '**~erin** *f* (-; *-nen*) locataire *m*, *f*; '**~kauf** *m* location-vente *f*; '**~preis** *m* loyer *m*; '**~shaus** *n* maison *f* de rapport; '**~vertrag** *m* contrat *m* de location; '**~wagen** *m* voiture *f* de louage; '**~wohnung** *f* appartement *m* loué

Migräne [mi'grɛːnə] *méd f* (-; *-n*) migraine *f*

Mikro|chip ['mikrotʃip] *m* (*-s*; *-s*) puce *f*; '**~computer** *m* micro-ordinateur *m*; '**~elektronik** *f* micro-électronique *f*; '**~faser** *f* microfibre *f*; '**~film** *m* microfilm *m*; **~fon**, **~phon** [-'foːn] *n* (*-s*; *-e*) microphone *m*, F micro *m*; **~skop** [-'skoːp] *n* (*-s*; *-e*) microscope *m*; **2'skopisch** microscopique; '**~welle** *f* micro-onde *f*; '**~wellenherd** *m* four *m* à micro-ondes

Milch [milç] *f* (-; *sans pl*) lait *m*; '**~flasche** *f* bouteille *f* à lait; *Baby2* biberon *m*; '**~kaffee** *m* café *m* au lait; *im Café* café *m* crème; '**~mixgetränk** *n* milk-shake *m*; '**~produkte** *n/pl* produits *m/pl* laitiers; '**~pulver** *n* lait *m* en poudre; '**~straße** *astr f* Voie *f* lactée, galaxie *f*; '**~zahn** *m* dent *f* de lait

mild [milt] doux; *nachsichtig* indulgent; *Strafe* léger

Mild|e ['mildə] *f* (-; *sans pl*) douceur *f*, indulgence *f*; '**2ern** ['mildərn] (*h*) adoucir; '**2ernd** *jur* ***~e Umstände*** circonstances atténuantes; **~erung** *f* (-; *-en*) adoucissement *m*

Milieu [mil'jøː] *n* (*-s*; *-s*) milieu *m* (social)

Militär [mili'tɛːr] *n* (*-s*; *sans pl*) troupes *f/pl*, armée *f*; **~dienst** *m* service *m* militaire; **~diktatur** *f* dictature *f* militaire; **2isch** militaire

Militaris|mus [milita'rismus] *m* (-; *sans pl*) militarisme *m*; **2tisch** militariste

Milliarde [mil'jardə] *f* (-; *-n*) milliard *m*

Millimeter [mili'-] *n od m* (*-s*; -) millimètre *m*

Million [mil'joːn] *f* (-; *-en*) million *m*; **~är** [-o'nɛːr] *m* (*-s*; *-e*), **~'ärin** *f* (-; *-nen*) millionnaire *m*, *f*

Milz [milts] *f* (-; *-en*) rate *f*

Mimik ['miːmik] *f* (-; *sans pl*) mimique *f*

Min. *abr* ***Minute*** minute

'**minder** [mindər] moindre; *weniger wert* inférieur; *adv* moins; '**2einnahme** *f* moins-perçu *m*; '**2heit** *f* (-; *-en*) minorité *f*; '**2heitsregierung** *f* gouvernement *m* minoritaire; '**~jährig** ['-jɛːriç] mineur; **2jährige** ['-jɛːrigə] *m*, *f* (*-n*; *-n*) mineur *m*, -e *f*

'**minder|n** (*h*) diminuer, amoindrir; '**2ung** *f* (-; *-en*) diminution *f*; '**~wertig** d'une valeur *od* qualité inférieure; '**2wertigkeitskomplex** *psych m* complexe *m* d'infériorité

mindest ['mindəst] le *od* la moindre; ***nicht das 2e*** pas la moindre chose; ***nicht im 2en*** pas le moins du monde; '**2alter** *n* âge *m* minimum; '**2betrag** *m* minimum *m*; '**~ens** au moins; '**2gebot** *n* enchère *f* minimum; '**2haltbarkeitsdatum** *n* date *f* limite de conservation; '**2lohn** *m* salaire *m* minimum; '**2maß** *n* minimum *m* (***an*** de)

Mine ['miːnə] *f* (-; *-n*) mine *f*

Mineral [minə'raːl] *m* (*-s*; *-e*, *-ien*) minéral *m*; **2isch** minéral; **~öl** *n* huile *f* minérale; **~wasser** *n* eau *f* minérale

Mini|golf ['mini-] *n* golf *m* miniature; '**~job** [-dʒɔp] *m* F mini-job *m*

minim|al [mini'maːl] minime; '**2um** ['-mum] *n* (*-s*; *Minima*) minimum *m*

Minister [mi'nistər] *m* (*-s*; -) ministre *m*

Ministerium [mini'steːrjum] *n* (*-s*; *Ministerien*) ministère *m*

Mi'nister|präsident *m* président *m* du Conseil (des ministres), Premier ministre *m*; **~rat** *m* Conseil *m* des ministres

minus ['miːnus] **1.** moins; **2.** '**2** *n* (-; -) *Fehlbetrag* déficit *m*; *Nachteil* désavantage *m*; '**2betrag** *m* déficit *m*; '**2pol** *m* pôle *m* négatif; '**2zeichen** *n* signe *m* moins

Minute [mi'nuːtə] *f* (-; *-n*) minute *f*; **~nzeiger** *m* aiguille *f* des minutes, grande aiguille *f*

Mio. *abr* ***Millionen*** millions

mir [miːr] me (*vor Vokal m'*); moi, à moi

'**Misch|batterie** *f* robinets *m/pl* mitigeurs; '**~brot** *n* pain *m* bis; '**2en** (*h*) (***sich ~*** se) mêler, mélanger; '**~gemüse** *n* macédoine *f* de légumes; '**~ling** ['-liŋ] *m* (*-s*; *-e*) métis *m*, -se *f*; '**~pult** *n* pupitre *m* de mixage; '**~ung** *f* (-; *en*) mélange *m*

miserabel [mize'raːbəl] F minable; ***ich fühle mich ~*** je me sens mal en point

miss|achten [mis'-] (*pas de -ge-*, *h*) *Vorfahrt etc* ne pas respecter; *verachten* dédaigner; '**2achtung** *f Nichtbeachtung* nonrespect *m*; *Verachtung* dédain *m*; **~'billigen** (*pas de -ge-*, *h*) désapprouver; '**2billigung** *f* désapprobation *f*; '**2brauch** *m* abus *m*; **~'brauchen** (*pas de -ge-*, *h*) abuser de; '**~bräuchlich** abusif

'**Miss|erfolg** *m* échec *m*; '**~ernte** *f* mauvaise récolte *f*
miss|'fallen (*irr*, *pas de -ge-*, *h*, → ***fallen***) ***j-m ~*** déplaire à qn; '**ᴬfallen** *n* (*-s*; *sans pl*) déplaisir *m*; '**ᴬgeburt** *f* monstre *m*; '**ᴬgeschick** *n* infortune *f*, malchance *f*, adversité *f*; **~'glücken** (*pas de -ge-*, *sn*) ne pas réussir, échouer; '**ᴬgriff** *m* erreur *f*, méprise *f*; '**~günstig** jaloux; **~'handeln** (*pas de -ge-*, *h*) maltraiter; **ᴬ'handlungen** *f/pl* mauvais traitements *m/pl*, sévices *m/pl*
Mission [mis'joːn] *f* (*-*; *-en*) *Auftrag* mission *f*; *rel* missions *f/pl*; **~ar** [-o'naːr] *m* (*-s*; *-e*) missionnaire *m*
'**Miss|kredit** *m* discrédit *m*; ***in ~ bringen*** discréditer; '**ᴬlich** fâcheux; **ᴬlingen** [-'liŋən] (*misslang*, *misslungen*, *sn*) ne pas réussir, échouer, rater; '**~stand** *m* abus *m*; **ᴬ'trauen** (*pas de -ge-*, *h*) se méfier de; '**~trauen** *n* (*-s*; *sans pl*) méfiance *f* (***gegenüber*** à l'égard de); '**~trauensvotum** *n* (*-s*, *Misstrauensvoten*) vote *m* de défiance; '**ᴬtrauisch** méfiant; '**~verhältnis** *n* disproportion *f*; '**~verständnis** *n* malentendu *m*; '**ᴬverstehen** (*missverstand*, *missverstanden*, *h*) mal entendre *od* comprendre; '**~wirtschaft** *f* mauvaise gérance *f*
Mist [mist] *m* (*-[e]s*; *sans pl*) fumier *m*; F *fig Quatsch* bêtises *f/pl*; *Schund* F saloperie *f*
Mistel ['mistəl] *bot f* (*-*; *-n*) gui *m*
mit [mit] **1.** *prép* avec; ***~ Gewalt*** par la force; ***~ Absicht*** intentionnellement; ***~ dem Auto*** en voiture; ***~ 20 Jahren*** à 20 ans; ***~ 100 Stundenkilometern*** à 100 à l'heure; ***~ einem Mal*** tout à coup; ***~ lauter Stimme*** à haute voix; **2.** *adv* ***~ der Grund dafür, dass …*** une des raisons pour laquelle …; ***~ der Beste*** parmi les meilleurs; ***~ dabei sein*** y assister; ***~ anfassen*** prêter la main
'**Mit|arbeit** *f* (*-*; *sans pl*) coopération *f*, collaboration *f*; '**ᴬarbeiten** (*sép*, *-ge-*, *h*) coopérer, collaborer (***an*** à); '**~arbeiter** *m*, '**~arbeiterin** *f* collaborateur *m*, -trice *f*; '**~arbeiterstab** *m* équipe *f* de collaborateurs; '**~bestimmung** *f* (*-*; *sans pl*) cogestion *f*, participation *f*; '**ᴬbringen** (*irr*, *sép*, *-ge-*, *h*; → ***bringen***) amener; *Sache* apporter; '**~bringsel** ['-briŋzəl] *n* (*-s*; *-*) petit cadeau *m*; souvenir *m* de voyage; '**~bürger** *m*, '**~bürgerin** *f* concitoyen *m*; -ne *f*; '**~eigentümer** *m*, '**~eigentümerin** *f* copropriétaire *m*, *f*; '**ᴬeinander** ensemble; '**ᴬerleben** (*sép*, *pas de -ge-*, *h*) assister à; *Krieg etc* vivre; '**~gefühl** *n* compassion *f*; '**ᴬgehen** (*irr*, *sép*, *-ge-*, *sn*, → ***gehen***) ***mit j-m ~*** aller avec qn, accompagner qn
'**Mitglied** *n* membre *m*; '**~sausweis** *m* carte *f* de membre; '**~sbeitrag** *m* cotisation *f*; '**~sland** *n* pays *m* membre; '**~schaft** *f* (*-*; *-en*) affiliation *f*
'**mit|haben** (*irr*, *sép*, *-ge-*, *h*, → ***haben***) ***ich habe kein Geld mit*** je n'ai pas d'argent sur moi; '**ᴬhilfe** *f* (*-*; *sans pl*) assistance *f*, aide *f*; *péj* complicité *f*; '**~hören** (*sép*, *-ge-*, *h*) écouter; *zufällig* surprendre une conversation; '**ᴬläufer** *pol m* sympathisant *m*
'**Mitleid** *n* (*-[e]s*; *sans pl*) pitié *f*; '**~enschaft** *f* ***in ~ gezogen werden*** être affecté également par; avoir à subir les suites fâcheuses de; **ᴬig** ['-laidiç] plein de pitié, compatissant; **ᴬslos** ['-ts-] sans pitié
'**mit|machen** (*sép*, *-ge-*, *h*) prendre part à, suivre; *erleben* vivre, voir; '**ᴬmensch** *m* prochain *m*; '**~nehmen** (*irr*, *sép*, *-ge-*, *h*, → ***nehmen***) emmener; *Sache* emporter; '**~reden** (*sép*, *-ge-*, *h*) prendre part à la conversation; ***mitzureden haben*** avoir son mot à dire, avoir voix au chapitre; '**ᴬreisende** *m* (*-n*; *-n*) compagnon *m* de voyage; '**~schneiden** (*irr*, *sép*, *-ge-*, *h*, → ***schneiden***) *Radio*, *TV* enregistrer; '**ᴬschuld** *f* (*-*; *sans pl*) complicité *f*; '**~schuldig** complice (***an*** de); '**ᴬschüler** *m*, '**~schülerin** *f* camarade *m*, *f* de classe; '**~spielen** (*sép*, *-ge-*, *h*) prendre part au jeu; *fig* F ***ich spiele nicht mehr mit!*** j'en ai marre!; '**ᴬspracherecht** *n* (*-[e]s*; *sans pl*) droit *m* d'intervention
Mittag ['mitaːk] *m* (*-[e]s*; *-e*) midi *m*; ***heute ~*** ce midi; ***morgen ~*** demain (à) midi; (***zu***) ***~ essen*** déjeuner; '**~essen** *n* déjeuner *m*, repas *m* de midi
'**mittags** à midi; '**ᴬschlaf** *m* sieste *f*
Mitte ['mitə] *f* (*-*; *-n*) milieu *m*; centre *m*; ***~ März*** à la mi-mars; ***~ dreißig*** au milieu de la trentaine

'**mitteil|en** (*sép*, *-ge-*, *h*) communiquer, faire savoir; '**2ung** *f* (-; *-en*) communication *f*, message *m*, information *f*
Mittel ['mitəl] *n* (*-s*; -) moyen *m*; *Heil2* remède *m*; *Reinigungs2 etc* produit *m*; *math* moyenne *f*; *pl Geld2* moyens *m/pl*, ressources *f/pl*; '**~alter** *n* Moyen Âge *m*; '**2alterlich** médiéval, moyenâgeux; '**~amerika** *n* l'Amérique *f* centrale; '**~ding** *n* chose *f* intermédiaire (***zwischen*** entre); '**~finger** *m* majeur *m*; '**2fristig** à moyen terme; '**~klasse** *f auto etc catégorie f moyenne*; '**2los** sans ressources; '**2mäßig** moyen, médiocre; '**~mäßigkeit** *f* (-; *sans pl*) médiocrité *f*; '**~meer** *n* (*-s*; *sans pl*) Méditerranée *f*; '**~meerländer** *m/pl* pays *m/pl* méditerranéens; '**~punkt** *m* centre *m*
'**mittels** *prép* (*gén*) moyennant
'**Mittel|smann** *m* intermédiaire *m*, *f*; '**~stand** *m* classe *f* moyenne; '**~streckenrakete** *mil f* missile *m* à moyenne portée; '**~streifen** *m Straße* ligne *f* médiane; *Autobahn* bande *f* médiane; '**~weg** *m **der goldene ~*** le juste milieu; '**~welle** *f Radio* ondes *f/pl* moyennes, petites ondes *f/pl*
mitten ['mitən] ***~ in, ~ auf, ~ unter*** au milieu de; ***~ im Sommer*** (***Winter***) en plein été (hiver); ***~ in Paris*** en plein Paris; '**~drin** F en plein milieu, au beau milieu
Mitternacht ['mitər-] *f* minuit *m*
Mittler ['mitlər] *m* (*-s*; -), '**~in** *f* (-; *-nen*) médiateur *m*, -trice *f*
'**mittler|e** du milieu; *durchschnittlich* moyen; ***der 2e Osten*** le Moyen-Orient; '**~weile** en attendant
Mittwoch ['mitvɔx] *m* (-[*e*]*s*; *-e*) mercredi *m*
'**mit|verantwortlich** coresponsable; '**2verantwortung** *f* coresponsabilité *f*; '**~wirken** (*sép*, *-ge-*, *h*) coopérer (***bei*** à), prendre part (***bei*** à); '**2wirkung** *f* coopération *f*, participation *f*; '**2wisser** ['-visər] *m* (*-s*; -), '**2wisserin** *f* (-; *-nen*) complice *m*, *f*; confident *m*, -e *f*
mix|en ['miksən] (*h*) mélanger; '**2er** *m* (*-s*; -) *Gerät* mixe(u)r *m*; '**2getränk** *n* cocktail *m*
mm *abr* ***Millimeter*** millimètre
Mobbing ['mɔbiŋ] *n* (*-s*; *sans pl*) harcèlement *m*; mobbing *m*
Möbel ['møːbəl] *n* (*-s*; -), '**~stück** *n* meuble *m*; '**~wagen** *m* camion *m* de déménagement
mobil [mo'biːl] *beweglich* mobile; *rüstig* alerte; **2funknetz** *n* réseau *m* de radiotéléphonie
Mobiliar [mobil'jaːr] *n* (*-s*; *sans pl*) mobilier *m*
mobilisieren [mobili'ziːrən] (*pas de -ge-*, *h*) mobiliser
möbl. *abr* ***möbliert*** meublé
möblieren [mø'bliːrən] (*pas de -ge-*, *h*) meubler; ***möbliertes Zimmer*** chambre *f* meublée
Mode ['moːdə] *f* mode *f*; ***die neueste ~*** la derniere mode, le dernier cri; ***mit der ~ gehen*** suivre la mode; ***in ~ kommen*** venir en vogue; '**~artikel** *m* article *m* de mode; '**~geschäft** *n* magasin *m* de mode
Modell [mo'dɛl] *n* (*-s*; e) modèle *m*, *verkleinertes* maquette *f*; ***~ stehen od sitzen*** poser comme modèle; **~bau** *m* construction *f* de modèles réduits; **~eisenbahn** *f* modèle *m* réduit de chemin de fer; **2'ieren** (*pas de -ge-*, *h*) modeler
Modem ['moːdɛm] *n* (*-s*; *-s*) *EDV* modem *m*
'**Modemacher** *m* couturier *m*
'**Modenschau** *f* présentation *f* des collections, défile *m* de mode
Moderator [mode'raːtɔr] *m* (*-s*; *-en*), **~in** *f* [-a'toːrin] *f* (-; *-nen*) *TV* présentateur *m*, -trice *f*
moderieren [mode'riːrən] (*pas de -ge-*, *h*) *TV* présenter
modern [mo'dɛrn] moderne, à la mode; **~isieren** [-i'ziːrən] (*pas de -ge-*, *h*) moderniser, mettre au goût du jour
'**Mode|schmuck** *m* bijoux *m/pl* fantaisie; '**~schöpfer** *m* couturier *m*; '**~zeitschrift** *f* revue f de mode
modisch ['moːdiʃ] à la mode
Modul [mo'duːl] *tech n* (*-s*; *-n*) module *m*; **~bauweise** *f* construction *f* modulaire
Modus ['modus] *m* (-; *Modi*) mode *m*
Mofa ['moːfa] *n* (*-s*; *-s*) cyclomoteur *m*
mögen ['møːgən] (*mochte*, *gemocht*, *h*) aimer; ***es mag sein*** c'est possible, cela se peut; ***ich möchte*** je voudrais (***etw*** qc, ***etw tun*** faire qc, ***dass …*** que + *subj*); ***ich möchte gern*** j'aimerais bien

möglich ['møːkliç] possible; ***alle ~en*** toutes sortes de; ***sein 2stes tun*** faire tout son possible; ***nicht ~!*** pas possible!; ***so bald wie ~*** aussitôt que possible, le plus tôt possible; **'~erweise** peut-être; **'2keit** *f* (-; *-en*) possibilité *f*; ***nach ~*** si possible; **'~st** ***~ schnell*** le plus vite possible

Mohammedan|er [mohame'daːnər]*m* (*-s*; -), **~erin** *f* (-; *-nen*) *neg* musulman *m*, -e *f*; **2isch** *neg* musulman

Mohn [moːn] *bot m* (-[*e*]*s*; *-e*) pavot *m*

Möhre ['møːrə] *bot f* (-; *-n*) carotte *f*

Moldau ['mɔldaʊ] ***die ~*** la Vltava

Mole ['moːlə] *f* (-; *-n*) môle *m*

Molekül [mole'kyːl] *n* (*-s*; *-e*) molécule *f*

Molkerei [mɔlkə'rai] *f* (-; *-en*) laiterie *f*

Moll [mɔl] *mus n* (-; -) mineur; ***a-Moll*** la mineur

mollig ['mɔliç] *warm* agréable, chaud; *dicklich* potelé, grassouillet

Moment [mo'mɛnt] *m* (-[*e*]*s*; *-e*) moment *m*, instant *m*; ***im ~*** actuellement; ***~ bitte!*** un instant, s'il vous plaît; **2an** [-'taːn] momentané; *adv* pour le moment

Monaco [mo'nako, 'moːnako] *n* Monaco

Monarch [mo'narç] *m* (*-en*; *-en*) monarque *m*, souverain *m*, -e *f*; **~'ie** *f* (-; *-en*) monarchie *f*

Monat ['moːnat] *m* (-[*e*]*s*; *-e*) mois *m*; **'2lich** mensuel; *adv* tous les mois; **'~seinkommen** *n* revenu *m* mensuel; **'~skarte** *f* carte *f* mensuelle; **'~srate** *f* mensualité *f*

Mönch [mœnç] *m* (-[*e*]*s*; *-e*) moine *m*

Mond [moːnt] *m* (-[*e*]*s*; *-e*) lune *f*; **'~finsternis** *f* éclipse *f* de lune; **'~landefähre** *f* module *m* lunaire; **'~landung** *f* débarquement *m od atterrissage m sur la lune*; **'~schein** *m* (-[*e*]*s*; *sans pl*) clair *m* de lune; **'2süchtig** somnambule

monetär [mone'tɛːr] monétaire

Mongolei [mɔŋgo'laɪ] ***die ~*** la Mongolie

Monitor ['moːnitɔr] *m* (*-s*; *-en* [-'toːrən]) *TV, Computer* moniteur *m*

Monolog [mono'loːk] *m* (*-s*; *-e*) monologue *m*

Monopol [mono'poːl] *n* (*-s*; *-e*) monopole *m*; **2isieren** [-oli'ziːrən] (*pas de -ge-, h*) monopoliser

monoton [mono'toːn] monotone; **2'ie** (-; *-n*) monotonie *f*

Monster ['mɔnstər] *n* (*-s*; -) monstre *m*

Montag ['moːn-] *m* lundi *m*

Montage [mɔn'taːʒə] *f* (-; *-n*) montage *m*, assemblage *m*; **~band** *n* chaîne *f* de montage

Montan|industrie [mɔn'taːn-] *f* industrie *f* minière et métallurgique; **~union** *f* Communauté *f* Européenne du Charbon et de l'Acier

Montenegro [mɔntə'neːgro] *n* le Monténégro

Monteur [mɔn'tøːr] *m* (*-s*; *-e*) monteur *m*

montieren [mɔn'tiːrən] (*pas de -ge-, h*) monter

Moor *n* marais *m*

Moos [moːs] *bot n* (*-es*; *-e*) mousse *f*

Moped ['moːpɛt] *n* (*-s*; *-s*) mobylette *f*

Moral [mo'raːl] *f* (-; *sans pl*) morale *f*; *a e-r Fabel* moralité *f*; *seelische Verfassung* moral *m*; **2isch** moral

Morast [mo'rast] *m* (-[*e*]*s*; *-e*) bourbe *f*

Mord [mɔrt] *m* (-[*e*]*s*; *-e*) meurtre *m*, assassinat *m*

Mörder ['mœrdər] *m* (*-s*; -), **'~in** *f* (-; *-nen*) meurtrier *m*, -ière *f*, assassin *m*

'Mordkommission *f* police *f* judiciaire

Mords|angst ['mɔrts-] *f* F ***e-e ~ haben*** avoir une peur bleue; **'~glück** F *n* chance *f* inouïe; **'~kerl** *m* F fameux gaillard *m*, as *m*

'Mord|verdacht *m* ***unter ~ stehen*** être soupçonné de meurtre; **'~versuch** *m* tentative *f* de meurtre

morgen ['mɔrgən] demain; ***~ Abend*** demain soir; ***~ früh*** demain matin; ***~ um diese Zeit*** demain même heure

'Morgen *m* (*-s*; -) matin *m*; *~zeit* matinée *f*; ***guten ~!*** bonjour!; ***am nächsten ~*** le lendemain matin; ***heute ~*** ce matin; ***gestern ~*** hier matin; **'~gymnastik** *f* ***seine ~ machen*** faire sa gymnastique matinale; **'~land** *n* Levant *m*; Orient *m*; **'~rock** *m* peignoir *m*; **'~röte** *f* aurore *f*

'morgens le matin; ***um fünf Uhr ~*** à cinq heures du matin; ***von ~ bis abends*** du matin au soir

morgig ['mɔrgiç] de demain

Morphium ['mɔrfium] *n* (*-s*; *sans pl*) morphine *f*

morsch [mɔrʃ] pourri, vermoulu

'**Morse|alphabet** ['mɔrzə-] *n* alphabet *m* morse; '**~zeichen** *n* signal *m od caractère m morse*
Mörtel ['mœrtəl] *m* (-*s*; -) mortier *m*
Mosaik [moza'iːk] *n* (-*s*; -*en*) mosaïque *f*
Moschee [mɔ'ʃeː] *f* (-; -*n*) mosquée *f*
Mosel ['moːzəl] ***die ~*** la Moselle
Moskau ['mɔskau] *n* Moscou; '**~er** *m* (-*s*; -), '**~erin** *f* (-; -*nen*) Moscovite *m*, *f*
Moskito [mɔs'kiːto] *m* moustique *m*; **~netz** *n* moustiquaire *f*
Moslem ['mɔsləm] *m* (-*s*; -*s*) musulman *m*
Motel ['moːtəl] *n* (-*s*; -*s*) motel *m*
Motiv [mo'tiːf] *n* (-*s*; -*e*) motif *m*; *Beweggrund* mobile *m*; **~ation** [-va'tsjoːn] *f* (-; -*en*) motivation *f*; **&ieren** [-'viːrən] (*pas de -ge-*, *h*) motiver
Motor ['moːtɔr] *m* (-*s*; -*en* [-'toːrən]) moteur *m*; '**~boot** *n* bateau *m od canot m à moteur*; '**~haube** *f* capot *m*; '**~öl** *n* huile *f* pour moteur; '**~rad** *n* moto *f*; '**~radfahrer** *m* motocycliste *m*; '**~roller** *m* scooter *m*; '**~schaden** *m* avarie *f* de moteur
Motte ['mɔtə] *zo f* (-; -*n*) mite *f*
Motto ['mɔto] *n* (-*s*; -*s*) devise *f*
Möwe ['møːvə] *zo f* (-; -*n*) mouette *f*
MP3–Player [ɛmpeː'draipleːər] *m* (-*s*; -) *tech* baladeur *m* MP3
Mrd. *abr* ***Milliarde*** milliard
mtl. *abr* ***monatlich*** mensuel(lement)
Mücke ['mykə] *zo f* (-; -*n*) moucheron *m*; *Stech&* moustique *m*; *fig* ***aus e-r ~ e-n Elefanten machen*** faire une montagne de qc; '**~nstich** *m* piqûre *f* de moustique
müd|e ['myːdə] fatigué; '**&igkeit** *f* (-; *sans pl*) fatigue *f*
muffig ['mufiç] ***~ riechen*** sentir le renfermé
Mühe ['myːə] *f* (-; -*n*) peine *f*, effort *m*; ***sich ~ geben*** se donner de la peine *od* du mal (***zu*** pour); ***der ~ wert sein*** valoir la peine; ***mit ~ und Not*** à grand-peine; '**&los** sans peine, sans effort; '**&voll** pénible, laborieux
Mühle ['myːlə] *f* (-; -*n*) moulin *m*
Mühlhausen [myːl'hauzən] *n* Mulhouse
'**müh|sam**, '**~selig** pénible
Müll [myl] *m* (-*s*; *sans pl*) ordures *f/pl* (ménagères); '**~abfuhr** *f* enlèvement *m* des ordures; *Leute* éboueurs *m/pl*
Mullbinde ['mul-] *f* bande *f* de gaze
'**Müll|deponie** *f* décharge *f*; '**~eimer** *m* seau *m* à ordures, poubelle *f*
Müller ['mylər] *m* (-*s*; -), '**~in** *f* (-; -*nen*) meunier *m*, -ière *f*
'**Müll|fahrer** *m* éboueur *m*, F boueux *m*; '**~haufen** *m* tas *m* d'ordures; '**~schlucker** *m* vide-ordures *m*; '**~tonne** *f* poubelle *f*; '**~trennung** *f* triage *m* des déchets; '**~verbrennung** *f* incinération *f* d'ordures
multi|... ['multi] *in Zssgn* multi-; '**&kulti** *m* multiculturel *m*, -le *f*; pluriculturel *m* -le *f*; '**&kultigesellschaft** *f* société *f* multiculturelle; société *f* pluriculturelle; '**~kulturell** multiculturel; **&media...** [-'meːdia-] *in Zssgn* multimédia; **&media-Show** [-'meːdiaʃoː] *f* (-; -*s*) spectacle *m* multimédia; '**~national** multinational
Multipli|kation [-plika'tsjoːn] *math f* (-; -*en*) multiplication *f*; **&zieren** [-'tsiːrən] (*pas de -ge-*, *h*) multiplier
Mumie ['muːmjə] *f* (-; -*n*) momie *f*
München ['mynçən] *n* Munich
Mund ['munt] *m* (-[*e*]*s*; *⸚er*) bouche *f*; ***den ~ halten*** se taire; ***halt den ~!*** tais-toi!, (ferme) ta bouche!, F ferme ton bec!; '**~art** *f* dialecte *m*
münden ['myndən] (*sn*) ***~ in*** *Fluss* se jeter dans; *Straße* déboucher dans
'**Mund|geruch** *m* mauvaise haleine *f*; '**~harmonika** *f* harmonica *m*
mündig ['myndiç] *jur* majeur; *fig* émancipé; '**&keit** *f* (-; *sans pl*) majorité *f*
mündlich ['myntliç] verbal, oral; ***~e Prüfung*** oral *m*
M-und-S-Reifen ['ɛmʔuntʔɛs-] *m* pneu-neige *m*
'**Mundstück** *n Zigarette* bout *m*; *mus* embouchure *f*
'**Mündung** *f* (-; -*en*) embouchure *f*
'**Mund|werk** *n* (-[*e*]*s*; *sans pl*) F *fig* langue *f*; ***ein loses ~ haben*** avoir la langue bien pendue; '**~-zu-Mund-Beatmung** *méd f* bouche-à-bouche *m*
Munition [muni'tsjoːn] *f* (-; -*en*) munitions *f/pl*
munter ['muntər] vif, éveillé; '**&keit** *f* (-; *sans pl*) vivacité *f*
Münz|e ['myntsə] *f* (-; -*n*) (pièce *f* de) monnaie *f*; *Denk&* médaille *f*; '**~fern-**

sprecher *m* taxiphone *m*; '**~sammlung** *f* médaillier *m*, collection *f* de pièces de monnaie; '**~tankstelle** *f* station-service *f* à monnaie

mürbe ['myrbə] tendre; friable

murmel|n ['murməln] (*h*) murmurer; '**2tier** *zo n* marmotte *f*

murren ['murən] (*h*) murmurer, gronder

mürrisch ['myriʃ] de mauvaise humeur, morose, maussade, grincheux

Mus [muːs] *n* (*-es*; *-e*) marmelade *f*; *Apfel2* compote *f*; *Kartoffel2* purée *f*

Muschel ['muʃəl] *f* (-; *-n*) *Mies2* moule *f*; *~schale* coquillage *m*; coquille *f*

Museum [mu'zeːum] *n* (*-s*; *Museen*) musée *m*

Musik [mu'ziːk] *f* (-; *sans pl*) musique *f*; **2alisch** [-'kaːliʃ] musical; **~ *sein*** être musicien *od* doué pour la musique; **~automat** *m*, **~box** *f* juke-box *m*

Musik|er ['muzikər] *m* (*-s*; -), '**~erin** *f* (-; *-nen*) musicien *m*, -ne *f*; **~instrument** [mu'ziːk-] *n* instrument *m* de musique; **~kapelle** [mu'ziːk-] *f* orchestre *m*, fanfare *f*; *mil* musique *f*; **~kassette** [mu'ziːk-] *f* musicassette *f*

musisch ['muziʃ] sensible *od* ouvert aux arts

musizieren [muzi'tsiːrən] (*pas de -ge-*, *h*) faire de la musique

Muskel ['muskəl] *m* (*-s*; *-n*) muscle *m*; '**~kater** F *m* courbatures *f/pl*; '**~kraft** *f* force *f* musculaire; '**~zerrung** *méd f* claquage *m*

muskulös [musku'løːs] musclé

Muss [mus] *n* (-; *sans pl*) nécessité *f* absolue; F must *m*

Muße ['muːsə] *f* (-; *sans pl*) loisir *m*

müssen ['mysən] (*musste*, *müssen*, *h*) devoir; ***du musst den Film sehen*** il faut que tu voies le film; ***ich muss arbeiten*** je dois travailler, il faut que je travaille; ***sie muss krank sein*** elle doit être malade; ***sie müsste zu Hause sein*** elle devrait être chez elle; ***du hättest ihm helfen ~*** tu aurais dû l'aider

müßig ['myːsiç] *untätig* oisif; *nutzlos* oiseux, inutile; '**2gang** *m* (*-[e]s*; *sans pl*) oisiveté *f*

Muster ['mustər] *n* (*-s*; -) modèle *m*; *Warenprobe* échantillon *m*; *Tapeten2* dessin *m*; '**2gültig** exemplaire, modèle, parfait; '**~kollektion** *f* échantillonnage *m*

muster|n ['mustərn] (*h*) examiner, toiser; *mil* ***gemustert werden*** passer au conseil de révision; '**2ung** *mil f* (-; *-en*) conseil *m* de révision

Mut [muːt] *m* (*-[e]s*; *sans pl*) courage *m*; ***j-m ~ machen*** encourager qn; ***den ~ verlieren*** perdre courage

'**mut|ig** courageux; '**~los** découragé

mutmaß|en ['muːtmaːsən] (*h*) présumer; spéculer; '**~lich** présumé

Mutter ['mutər] *f* **1.** (-; ⸚) mère *f*; **2.** *tech* (-; *-n*) *Schrauben2* écrou *m*; '**~boden** *m*, '**~erde** *f* terreau *m*

mütterlich ['mytərliç] maternel

'**Mutter|liebe** *f* amour *m* maternel; '**~mal** *n* envie *f*; '**~schaft** *f* (-; *sans pl*) maternité *f*; '**~schaftsurlaub** *m* congé *m* de maternité; '**~schutz** *jur m* protection *f* légale de la mère; '**~sprache** *f* langue *f* maternelle; '**~tag** *m* fête *f* des mères

'**mutwillig** volontairement, de propos délibéré

Mütze ['mytsə] *f* (-; *-n*) *mit Schirm* casquette *f*; *ohne* bonnet *m*; *Basken2* béret *m*

MwSt. *abr* ***Mehrwertsteuer*** TVA *f* (taxe sur la valeur ajoutée)

Myrrhe ['myrə] *f* (-; *-n*) myrrhe *f*

myster|iös [myste'rjøːs] mystérieux; **2ium** [-'teːrjum] *n* (*-s*; *Mysterien*) mystère *m*

Myst|ik ['mystik] *f* (-; *sans pl*) mystique *f*; '**2isch** mystique

myth|isch ['myːtiʃ] mythique; **2ologie** [mytolo'giː] *f* (-; *-n*) mythologie *f*; '**2os** ['-ɔs] *m* (-; *Mythen*) mythe *m*

N

N *abr* ***Norden*** N (nord)

na! [na] eh bien!; allons!; **~ *und?*** et puis après?; **~ *gut!*** d'accord!; **~ *ja!*** allons!; **~ *so* (*et*)*was!*** ça alors!; **~, *dann nicht!*** alors n'y pensons plus!; **~ *also!*** tu vois; **~, *warte!*** attends un peu!

Nabe ['na:bə] *tech f* (-; -*n*) moyeu *m*

Nabel ['na:bəl] *m* (-*s*; -) nombril *m*

nach [na:x] **1.** *prép* (*dat*) *Richtung* à, vers; *zeitlich, Reihenfolge* après; *gemäß* d'après, selon, suivant; ***er fährt ~ Paris*** (***~ Frankreich***) il va à Paris (en France); **~ *Hause*** à la maison, chez soi; **~ *rechts*** (***Süden***) vers la droite (le sud); **~ *oben*** en haut; **~ *unten*** en bas; **~ *vorn*** en avant; **~ *hinten*** en arrière; (***immer***) ***der Reihe ~*** chacun son tour; **~ *meiner Uhr*** à ma montre; **~ *Gewicht*** au poids; **2.** *adv* ***mir ~!*** suivez-moi!; **~ *und ~*** peu à peu, petit à petit; **~ *wie vor*** toujours

nachahm|en ['na:xˀa:mən] (*sép, -ge-, h*) imiter, copier; *parodieren* parodier; *fälschen* contrefaire; '**&ung** *f* (-; -*en*) imitation *f*; *Fälschung* contrefaçon *f*

Nachbar ['naxba:r] *m* (-*n*; -*n*), '**~in** *f* (-; -*nen*) voisin *m*, -e *f*; '**~schaft** *f* (-; -*en*) voisinage *m*

'**nach|bestellen** (*sép, pas de -ge-, h*) faire une seconde commande; '**&bildung** *f* (-; -*en*) imitation *f*, copie *f*; *genaue* réplique *f*

nachdem [na:x'de:m] après que … (+ *ind*); *bei gleichem Subjekt im Haupt- und Nebensatz* après … (+ *inf passé*); ***je ~*** c'est selon, cela dépend

'**nachdenk|en** (*irr, sép, -ge-, h,* → ***denken***) réfléchir (***über*** à *od* sur); '**&en** *n* (-*s*; *sans pl*) réflexion *f*; '**~lich** pensif

'**Nachdruck** *m* **1.** (-[*e*]*s*; *sans pl*) énergie *f*, fermeté *f*; **2.** (-[*e*]*s*; -*e*) *Buch* reproduction *f*; '**&en** (*sép, -ge-, h*) reproduire

nachdrücklich ['-drykliç] énergique; ***j-m ~ raten*** conseiller vivement à qn

'**nacheinander** [na:xˀai'nandər] l'un après l'autre; successivement; ***2 Jahre ~*** deux années de suite

Nachf. *abr* ***Nachfolger*** successeur

'**Nachfolge** *f* (-; *sans pl*) succession *f*; '**&n** (*sép, -ge-, sn*) suivre (***j-m*** qn); *im Amt* succéder (a qn); '**~r** *m* (-*s*; -), '**~rin** *f* (-; -*nen*) successeur *m*

'**nachforsch|en** (*sép, -ge-, h*) faire des enquêtes; '**&ung** *f* (-; -*en*) enquête *f*, recherches *f/pl*

'**Nachfrage** *f* demande *f* (*a écon*); **&n** (*sép, -ge-, h*) demander des nouvelles (de), demander des précisions (sur)

'**nach|füllen** (*sép, -ge-, h*) remplir à nouveau, recharger; '**~geben** (*irr, sép, -ge-, h,* → ***geben***) céder; '**&gebühr** *f Post* surtaxe *f*; '**~gehen** (*irr, sép, -ge-, sn,* → ***gehen***) suivre (***j-m*** qn); *Uhr* être en retard; ***e-r Sache ~*** faire des recherches sur une affaire; ***seiner Arbeit ~*** vaquer à ses occupations, faire son travail; '**&geschmack** *m* arrière-goût *m* (*a fig*)

nachgiebig ['na:xgi:biç] souple, flexible, conciliant

'**nachhaltig** *Wachstum, Nutzung von Rohstoffen* durable

nach'her plus tard, ensuite, après; ***bis ~!*** à tout à l'heure!

'**nachholen** (*sép, -ge-, h*) rattraper, récupérer

'**Nachkomme** *m* (-*n*; -*n*) descendant *m*; '**&n** (*irr, sép, -ge, sn,* → ***kommen***) venir plus tard; ***e-m Wunsch ~*** répondre à un désir

'**Nachkriegs|…** *in Zssgn* d'après-guerre; '**~zeit** *f* après-guerre *m*

Nachlass ['-las] *m* (-*es*; ⸗*e*) *comm* remise *f*, réduction *f*; *Erbe* succession *f*; '**~verwalter** *m* curateur *m*

'**nachlassen** (*irr, sép, -ge-, h,* → ***lassen***) diminuer; *Sturm* s'apaiser; *Schmerz* se calmer; *Wirkung* faiblir; *leistungsmäßig* être en baisse

'**nachlässig** négligent; '**&keit** *f* (-; *sans pl*) négligence *f*

'**nach|laufen** (*irr, sép, -ge-, sn,* → ***laufen***) ***j-m ~*** courir après qn; '**~liefern** (*sép, -ge-, h*) livrer plus tard; '**~lösen** (*sép, -ge-, h*) prendre un supplément

nachm. *abr* ***nachmittags*** (de) l'après-

-midi

'**nachmachen** (*sép*, *-ge-*, *h*) imiter; *fälschen* falsifier; *Foto* **~ *lassen*** faire refaire

'**Nachmittag** *m* après-midi *m od f*; ***heute*** **~** cet après-midi; '**ՁS** l'après-midi

Nach|nahme ['naːxnaːmə] *f* (-; *-en*) remboursement *m*; ***per*** **~ *schicken*** envoyer contre remboursement; '**~name** *m* nom *m* de famille; '**~porto** *n* surtaxe *f*; '**Չprüfen** (*sép*, *-ge-*, *h*) contrôler, vérifier; '**Չrechnen** (*sép*, *-ge-*, *h*) vérifier; '**~reisen** (*sép*, *-ge-*, *sn*) rejoindre

Nachricht ['naːxriçt] *f* (-; *-en*) nouvelle *f*; *Botschaft* message *m*; *Mitteilung* information *f*; ***e-e gute*** (***schlechte***) **~** une bonne (mauvaise) nouvelle; '**~en** *pl Radio* bulletin *m* d'informations; *TV* journal *m* télévisé; '**~endienst** *m* service *m* d'informations; *mil*, *pol* renseignements *m/pl* généraux (*abr* R.G.); '**~ensprecher** *m*, '**~ensprecherin** *f* présentateur *m*, -trice *f* du journal; '**~entechnik** *f* télécommunications *f/pl*

'**Nach|ruf** *m* (-[*e*]*s*; *-e*) nécrologie *f*; '**Չsagen** (*sép*, *-ge-*, *h*) ***j-m Schlechtes*** **~** dire du mal de qn; ***man sagt ihm nach, dass er …*** on prétend de lui qu'il …; '**~saison** *f* arrière-saison *f*; '**Չschicken** (*sép*, *-ge-*, *h*) *Brief* faire suivre

'**nachschlage|n** (*irr*, *sép*, *-ge-*, *h*, → ***schlagen***) *Wort* chercher, vérifier; ***in e-m Buch*** **~** consulter un livre; '**Չwerk** *n* ouvrage *m* de référence

'**Nach|schub** *mil m* (-[*e*]*s*; *sans pl*) ravitaillement *m*; '**Չsehen** (*irr*, *sép*, *-ge-*, *h*, → ***sehen***) *prüfen* (aller) voir (***ob*** si), vérifier; ***j-m*** **~** suivre qn des yeux; ***j-m etw*** **~** passer qc à qn; '**Չsenden** (*sép*, *-ge-*, *h*) faire suivre; '**~sicht** *f* indulgence *f*; '**~speise** *f* dessert *m*; '**~spiel** *m fig* conséquences *f/pl*, suites *f/pl*

nächst [nɛːçst] *räumlich* le *od* la plus proche; *folgend* prochain, suivant; ***in den ~en Tagen*** dans les prochains jours; ***in ~er Zeit*** prochainement

'**Nächste** *m* (*-n*; *-n*) prochain *m*; ***der*** **~ *bitte!*** au suivant, s'il vous plaît!

Nacht [naxt] *f* (-; *¨e*) nuit *f*; ***in der*** *od* ***bei*** **~** la *od* de nuit; ***Tag und*** **~** jour et nuit; ***die ganze*** **~** toute la nuit; ***heute*** **~** *letzte* la nuit passée *od* dernière; *kommende* cette nuit; '**~dienst** *m* garde *f od service m de nuit*; '**~flug** *m* vol *m* de nuit

'**Nachteil** *m* (-[*e*]*s*; *-e*) inconvénient *m*, désavantage *m*; ***im*** **~ *sein*** être désavantagé; '**Չig** désavantageux

'**Nachthemd** *n* chemise *f* de nuit

Nachtigall ['naxtigal] *zo f* (-; *-en*) rossignol *m*

'**Nachtisch** *m* (-[*e*]*s*; *-e*) dessert *m*

'**Nachtleben** *n* vie *f* nocturne

nächtlich ['nɛçtliç] nocturne

'**Nachtlokal** *n* boîte *f* de nuit, night-club *m*

Nachtrag ['naːxtraːk] *m* (-[*e*]*s*; *¨e*) supplément *m*; '**Չen** ['-gən] (*irr*, *sép*, *-ge-*, *h*, → ***tragen***) ajouter; *fig* ***j-m etw*** **~** garder rancune à qn de qc; '**Չend** ['-gənt] rancunier

nachträglich ['naːxtrɛːkliç] ultérieur

nachts [naxts] la *od* de nuit

'**Nacht|schicht** *f* équipe *f* de nuit; **~ *haben*** être de nuit; '**~tisch** *m* table *f* de chevet; '**~tischlampe** *f* lampe *f* de chevet; '**~wächter** *m* veilleur *m* de nuit

'**Nachuntersuchung** *méd f* contrôle *m* medical

Nachweis ['naːxvais] *m* (*-es*; *-e*) preuve *f*; '**Չbar** démontrable; *chim* décelable; '**Չen** ['-vaizən] (*irr*, *sép*, *-ge-*, *h*, → ***weisen***) *beweisen* prouver, démontrer; *Spuren* déceler; '**Չlich** *adv* comme on peut le prouver

'**Nach|welt** *f* (-; *sans pl*) postérité *f*; '**~wirkung** *f* répercussion *f*; **~*en*** *a* séquelles *f/pl*; '**~wort** *n* (-[*e*]*s*; *-e*) épilogue *m*; '**~wuchs** *m* (*-es*; *sans pl*) *Familie* progéniture *f*; *Beruf* relève *f*, nouvelle génération *f*; '**Չzahlen** (*sép*, *-ge-*, *h*) payer un supplément; '**Չzählen** (*sép*, *-ge-*, *h*) recompter; '**~zahlung** *f* rappel *m*; '**~zügler** ['-tsyːklər] *m* (*-s*; -), '**~züglerin** *f* (-; *-nen*) retardataire *m*, *f*

Nacken ['nakən] *m* (*-s*; -) nuque *f*

nackt [nakt] nu; ***mit ~en Füßen*** (les) pieds nus *od* nu-pieds; ***sich*** **~ *ausziehen*** se déshabiller complètement; **~ *baden*** se baigner nu; '**Չbadestrand** *m* plage *f* pour nudistes; '**Չheit** *f* (-; *sans pl*) nudité *f*

Nadel ['naːdəl] *f* (-; *-n*) aiguille *f*; *Steck*Չ épingle *f*; '**~baum** *m* conifère *m*;

'**~stich** *m fig* coup *m* d'épingle; '**~wald** *m* forêt *f* de conifères
Nagel ['na:gəl] *m* (*-s*; ⸚) clou *m*; *Finger*ᘁ ongle *m*; '**~feile** *f* lime *f* à ongles; '**~lack** *m* vernis *m* à ongles; 'ᘁ**n** (*h*) clouer; 'ᘁ**neu** flambant neuf
'**nage|n** ['na:gən] (*h*) ronger; 'ᘁ**tier** *zo n* rongeur *m*
'**Nahaufnahme** *f* gros plan *m*
nah(e) ['na:(ə)] **1.** *adj* proche; ***der Nahe Osten*** le Proche-Orient; ***ganz ~ sein*** être tout près; **2.** *prép* (*dat*) **~ (an, bei)** près de; **~ *liegend*** évident; ***j-m ~ stehen*** être intime avec qn
Nähe ['nɛ:ə] *f* (-; *sans pl*) proximité *f*; voisinage *m*; ***in der ~ des Bahnhofs*** près de la gare, à proximité de la gare; ***ganz in der ~*** tout près; ***aus der ~*** de près; ***in deiner ~*** près de toi
nähen ['nɛ:ən] (*h*) coudre
näher ['nɛ:ər] plus proche, plus près; → ***näherkommen***
'**Näheres** *n* **~ *bei …*** pour plus de détails voir …
'**Naherholungsgebiet** *n* parc de récréation près de la ville
'**näherkommen** (*irr*, *sép*, *-ge-*, *sn*, → ***kommen***) ***sich ~*** se rapprocher
nähern ['nɛ:ərn] (*h*) ***sich ~*** (s')approcher (de)
'**nahezu** presque
'**Näh|maschine** *f* machine *f* à coudre; '**~nadel** *f* aiguille *f* (à coudre)
nähren ['nɛ:rən] (*h*) (***sich ~*** se) nourrir (***von*** de)
nahrhaft ['na:rhaft] nourrissant, nutritif, substantiel
'**Nahrung** *f* (-; *sans pl*) nourriture *f*; '**~smittel** *n/pl* produits *m/pl od denrées f/pl alimentaires*, *vivres m/pl*, aliments *m/pl*
'**Nährwert** *m* valeur *f* nutritive
Naht [na:t] *f* (-; *⸚e*) couture *f*; *méd* suture *f*
'**Nahverkehr** *m* trafic *m* à courte distance; '**~szug** *m* train *m* de banlieue
'**Nähzeug** *n* trousse *f od nécessaire m de couture*
naiv [na'i:f] naïf; ᘁ**ität** [naivi'tɛ:t] *f* (-; *sans pl*) naïveté *f*
Name ['na:mə] *m* (*-n*; *-n*) nom *m*; ***im ~n von*** au nom de; (***nur***) ***dem ~n nach*** (uniquement) de nom
namentlich ['na:məntliç] *Aufruf* nominal; *adv mit Namen* nommément; *besonders* notamment
'**namhaft** renommé
Namibia [na'mi:bia] *n* la Namibie
nämlich ['nɛ:mliç] *und zwar* à savoir, c'est-à-dire; *denn* car; ***er ist ~ krank*** c'est qu'il est malade
Narbe ['narbə] *f* (-; *-n*) cicatrice *f*
Narkose [nar'ko:zə] *méd f* (-; *-n*) anesthésie *f* (générale)
Narr [nar] *m* (*-en*; *-en*) fou *m*; ***j-n zum ~en halten*** se moquer de qn, duper *od* berner qn; '**~heit** *f* (-; *-en*) folie *f*
Narzisse [nar'tsisə] *bot f* (-; *-n*) narcisse *m*; *gelbe* jonquille *f*
nasch|en ['naʃən] (*h*) manger par gourmandise; ***gern ~*** aimer les sucreries; '**~haft** gourmand
Nase ['na:zə] *f* (-; *-n*) ***der Bus ist mir vor der ~ weggefahren*** le bus m'est passé sous le nez; ***sich die ~ putzen*** se moucher; *fig* ***die ~ voll haben*** en avoir plein le dos, en avoir par-dessus la tête
'**Nasen|bluten** *n* saignement *m* de nez; ***er hat ~*** il saigne du nez; '**~loch** *n* narine *f*, trou *m* de nez
Nashorn ['na:s-] *zo n* rhinocéros *m*
nass [nas] mouillé; ***triefend ~*** dégoulinant
Nässe ['nɛsə] *f* (-; *sans pl*) humidité *f*; 'ᘁ**n** (*h*) suinter
Nation [na'tsjo:n] *f* (-; *-en*) nation *f*
national [natsjo'na:l] national; ᘁ**feiertag** *m* fête *f* nationale; ᘁ**gericht** *n* plat *m* national; ᘁ**getränk** *n* boisson *f* nationale; ᘁ**hymne** *f* hymne *m* national; ᘁ**ismus** [-'ismus] *m* (-; *sans pl*) nationalisme *m*; **~istisch** [-'istiʃ] nationaliste; ᘁ**ität** [-ali'tɛ:t] f (-; *-en*) nationalité *f*; ᘁ**mannschaft** *f* équipe *f* nationale; ᘁ**park** *m* parc *m* national; ᘁ**sozialismus** *m* nationalsocialisme *m*
NATO ['na:to] *f abr* ***Nordatlantikpaktorganisation*** OTAN *f* (Organisation du traité de l'Atlantique Nord)
Natrium ['na:trjum] *chim n* (-; *sans pl*) sodium *m*
Natur [na'tu:r] *f* (-; *sans pl*) nature *f*; ***von ~ aus …*** d'un naturel …; ᘁ**alisieren** [-turali'zi:rən] (*pas de -ge-*, *h*) naturaliser
Natur|gesetz *n* loi *f* de la nature; ᘁ**getreu** naturel, pris sur le vif; **~katastro-**

phe *f* catastrophe *f* naturelle
natürlich [na'ty:rliç] naturel; *adv* naturellement
Na'tur|park *m* parc *m* naturel; **~schutz** *m* protection *f* de la nature; ***unter ~*** classé site protégé; **~schützer** *m*, **~schützerin** *f* écologiste *m*, *f*; **~schutzgebiet** *n* site *m* protégé, reserve *f* naturelle, parc *m* national; **~volk** *n* peuple *m* primitif; **~wissenschaft(en)** *f(pl)* sciences *f/pl* (naturelles); **~wissenschaftler** *m*, **~wissenschaftlerin** *f* scientifique *m*, *f*
Navigation [navigatsi'o:n] *f* (-) *mar*, *aviat*, *EDV* navigation *f*
Navigati'ons|gerät *n allg*, *mar*, *aviat* appareil *m* de navigation; *auto* système *m* de navigation; **~system** *n allg*, *mar*, *aviat*, *auto* système *m* de navigation
Nazi ['na:tsi] *m* (*-s*; *-s*) nazi *m*; **2stisch** [-'tsistiʃ] nazi
NB *abr* ***nota bene*** nota bene
n. Chr. *abr* ***nach Christus*** après Jésus-Christ
Neapel [ne'a:pəl] *n* Naples
Nebel ['ne:bəl] *m* (*-s*; -) brouillard *m*; *Dunst* brume *f*; **'~scheinwerfer** *m* phare *m* antibrouillard; **'~schlussleuchte** *f* feu *m* arrière de brouillard
neben ['ne:bən] *prép* (*wo? dat*; *wohin? acc*) à côté de; ***~ anderem*** entre autres; ***setz dich ~ mich*** assieds-toi prés de moi; **~'an** à côté; **~'bei** *beiläufig* en passant; *außerdem* en outre; **'2beruf** *m* occupation *f* accessoire; **'~beruflich** à côté *od* en dehors de son travail; **'2beschäftigung** *f* occupation *f*, emploi *m* accessoire; **'2buhler** ['-bu:lər] *m* (*-s*; -), **'2buhlerin** *f* (-; *-nen*) rival *m*, -e *f*; **'2einkünfte** *pl*, **'2einnahmen** *pl* revenus *m/pl* accessoires; **'2fluss** *m* affluent *m*; **'2gebäude** *n* annexe *f*; **'2geräusch** *n* bruit *m* parasite; **~'her** à côté; **'2kosten** *pl* faux frais *m/pl*; *Miete* charges *f/pl*; **'2produkt** *n* sous-produit *m*; **'2sache** *f* accessoire *m*, chose *f* de moindre importance; ***das ist ~*** c'est sans importance; **'~sächlich** secondaire, accessoire; **'2straße** *f* rue *f* latérale; *Landstraße* route *f* secondaire; **'2strecke** *f* ligne *f* secondaire; **'2wirkung** *f* effet *m* secondaire; **'2zimmer** *n* pièce *f* voisine *od* attenante
nebeneinander *adv* l'un à côté de l'autre; ***~ bestehen*** coexister
neblig ['ne:bliç] brumeux
necken ['nɛkən] (*h*) (***sich ~*** se) taquiner
Neffe ['nɛfə] *m* (*-n*; *-n*) neveu *m*
negativ ['ne:gati:f] **1.** négatif; **2.** '**2** *n* (*-s*; *-e*) *Foto* négatif *m*
nehmen ['ne:mən] (*nahm*, *genommen*, *h*) prendre; ***mit sich ~*** emmener, *Sache* emporter; ***an die Hand ~*** prendre par la main; ***in die Hand ~*** prendre en main
Neid [nait] *m* (-[*e*]*s*; *sans pl*) envie *f*, jalousie *f*
neidisch ['naidiʃ] jaloux (***auf*** de), envieux (de)
neigen ['naigən] (*h*) pencher, incliner; ***zu etw ~*** pencher à qc, incliner à qc, être enlin à qc
Neigung ['naiguŋ] *f schiefe Ebene* inclinaison *f*; *Vorliebe* penchant *m* (***zu*** *od* pour), inclination *f* (pour)
nein [nain] non
Nelke ['nɛlkə] *bot f* (-; *-n*) œillet *m*; *Gewürz***2** clou *m* de girofle
nennen ['nɛnən] (*nannte*, *genannt*, *h*) appeler, nommer; ***sich ~*** s'appeler; ***man nennt ihn ...*** on l'appelle ...; ***das nenne ich ...!*** c'est ce que j'appelle ...!
'Nenn|er *math m* (*-s*; -) dénominateur *m*; **'~wert** *écon m* valeur *f* nominale
Neo..., neo... ['neo-] *in Zssgn* néo...
Neon ['ne:ɔn] *n* (*-s*; *sans pl*) néon *m*; **'~beleuchtung** *f* éclairage *m* au néon; **'~reklame** *f* enseigne *f* au néon; **'~röhre** *f* tube *m* au néon
Nepal ['ne:pal] *n* le Népal
Nepp [nɛp] *m* (*-s*; *sans pl*) F poudre *f* aux yeux, camelote *f*; **'2en** (*h*) estamper; étriller
Nerv [nɛrf] *m* (*-s*; *-en*) nerf *m*; ***j-m auf die ~en fallen*** agacer *od* énerver qn; ***die ~en behalten*** (***verlieren***) conserver (perdre) son calme
nerven ['nɛrfən] (*h*) ***j-n ~*** énerver qn, F casser les pieds à qn
'Nerven|arzt *m* neurologue *m*; **'2aufreibend** énervant; **'~heilanstalt** *f* maison *f* de santé, hôpital *m* psychiatrique; **'~säge** *f* F casse-pieds *m*; **'~system** *n* système m nerveux; **'~zusam-**

menbruch *m* dépression *f* nerveuse
nerv|ös [nɛr'vøːs] nerveux; *erregt* énervé; **℞osität** [-vozi'tɛːt] *f* (-; *sans pl*) nervosité *f*
Nerz [nɛrts] *zo m* (*-es*; *-e*) vison *m* (*a Mantel*)
Nessel ['nɛsəl] *bot f* (-; *-n*) ortie *f*
Nest [nɛst] *n* (-[*e*]*s*; *-er*) nid *m*; *Ort* F trou *m*, patelin *m*
Netikette *EDV* [neti'kɛtə] *f* (-; *sans pl*) nétiquette *f*
nett [nɛt] *hübsch* joli; *freundlich* gentil; *angenehm* agréable; ***das ist ~ von Ihnen*** c'est gentil à vous; ***so ~ sein und etw tun*** avoir la gentillesse de faire qc
netto ['nɛto] *écon* net; '**℞...** net, nette
Netz [nɛts] *n* (*-es*; *-e*) filet *m*; *fig* réseau *m*; *Strom℞* secteur *m*; '**~haut** *f Auge* rétine *f*; '**~karte** *f* carte *f* valable sur un réseau; '**~werk** *n* réseau *m*; circuit *m*
neu [nɔy] nouveau (*vor subst = ein anderer, nach subst kürzlich entstanden*); neuf (*stets nach subst = fabrikneu, noch nicht benutzt*); *~zeitlich* moderne; ***~este Nachrichten*** *f/pl* dernières nouvelles *f/pl*; ***von ~em*** de nouveau; ***was gibt es ℞es?*** quoi de neuf?, quelles nouvelles?
'**neu|artig** d'un genre nouveau; '**℞bau** *m* immeuble *m* récemment construit; '**℞baugebiet** *n*, '**℞bauviertel** *n* nouveau quartier *m*; '**℞bauwohnung** *f* appartement *m* nouvellement construit; '**℞enburg** *n* Neuchâtel; '**~erdings** [nɔyərdiŋs] *seit kurzem* depuis peu; *erneut* de nouveau; '**℞erung** ['-əruŋ] *f* (-; *-en*) innovation *f*; **℞'fundland** *n* Terre-Neuve *f*; '**℞gestaltung** *f* réorganisation *f*, refonte *f*
Neugier|(de) ['-giːr(də)] *f* (-; *sans pl*) curiosité *f*; '**℞ig** curieux (***auf etw*** de savoir qc); ***ich bin ~, ob ...*** je suis curieux de savoir si ...
Neuguinea [nɔygi'neːa] *n* la Nouvelle-Guinée
'**Neu|heit** *f* (-; *-en*) nouveauté *f*; '**~igkeit** *f* (-; *-en*) nouvelle *f*; '**~jahr** *n* jour *m* de l'an, nouvel an *m*; '**℞lich** l'autre jour; '**~ling** *m* (*-s*; *-e*) novice *m*, *f*, débutant *m*, -e *f*
neun [nɔyn] neuf; '**~te** neuvième; '**℞tel** ['-təl] *n* (*-s*; -) neuvième *m*; '**~zehn** dix-neuf; '**~zehnte** dix-neuvième; '**~zig** ['-tsiç] quatre-vingt-dix; '**~zigste** quatre-vingt-dixième
Neuro|se [nɔy'roːzə] *méd f* (-; *-n*) névrose *f*; **~tiker** [-'roːtikər] *m* (*-s*; -) névrosé *f*
Neuseeland [nɔy'zeːlant] *n* la Nouvelle-Zélande
neutr|al [nɔy'traːl] neutre; **℞alität** [-ali'tɛːt] *f* (-; *sans pl*) neutralité *f*; **℞on** ['-ɔn] *phys n* (*-s*; *-onen*) neutron *m*
'**neu|wertig** à l'état neuf, comme neuf; '**℞zeit** *f* (-; *sans pl*) temps *m/pl* modernes
New Orleans [njuːɔː'liːnz] *n* la Nouvelle-Orléans
New York [njuː'jɔrk] *n* New York
Nicaragua [nika'raːgua] *n* le Nicaragua
nicht [niçt] pas; *beim Verb* ne ... pas; ***ich ~!*** moi pas!; ***ich auch ~*** moi non plus; ***durchaus ~, gar ~, überhaupt ~*** pas du tout; ***noch ~*** pas encore; ***~ mehr*** ne ...plus; ***~ (wahr)?*** n'est-ce pas?; ***bitte ~!*** je vous en prie, ne faites pas ça!
Nicht... *in Zssgn oft* non-...
Nichte ['niçtə] *f* (-; *-n*) nièce *f*
Nichteinmischung *pol f* non-intervention *f*
'**nichtig** vain, futile; *jur* nul; '**℞keit** *f* (-; *-en*) futilité *f*; *jur* nullité *f*
'**Nichtraucher** *m Abteil* non fumeurs
nichts [niçts] rien (*mit* ne *beim Verb*); ***gar ~*** rien du tout; ***~ mehr*** (ne ...) plus rien; ***~ (anderes) als*** rien (d'autre) que; ***weiter ~?*** rien de plus?; → ***nichtssagend***
Nichts *n* (-; *sans pl*) néant *m*
'**Nichtschwimmer** *m* non-nageur *m*
'**nichtsdestoweniger** néanmoins
Nichtsnutz ['niçtsnuts] *m* (*-es*; *-e*) vaurien *m*
'**nichtssagend** vide de sens; *unbedeutend* insignifiant
Nichts|tuer ['niçtstuːər] *m* (*-s*; -), '**~tuerin** *f* (-; *-en*) fainéant *m*, -e *f*
nicken ['nikən] (*h*) faire un signe de tête
nie [niː] ne ... jamais; *ohne Verb* jamais; ***~ mehr*** (ne ...) plus jamais; ***~ und nimmer!*** jamais de la vie!
nieder ['niːdər] **1.** *adj* bas; inférieur; **2.** *adv* ***~ mit ...!*** à bas ...!
'**Nieder|gang** *m* (-[*e*]*s*; *sans pl*) déclin *m*; '**℞geschlagen** abattu, déprimé;

'**~lage** *f* (-; *-n*) *mil* défaite *f*; '**~lande** ***die ~*** *pl* les Pays-Bas *m/pl*; '**~länder** ['-lɛndər] *m* (*-s*; -), '**~länderin** *f* (-; *-nen*) Néerlandais *m*, -e *f*; '**≈ländisch** néerlandais; '**≈lassen** (*irr*, *sép*, *-ge-*, *h*, → ***lassen***) ***sich ~*** *sich setzen* s'asseoir; *Wohnsitz*, *comm* s'établir; '**~lassung** *f* (-; *-en*) *comm* établissement *m*, succursale *f*; '**≈legen** (*sép*, *-ge-*, *h*) poser à terre; ***sein Amt ~*** se démettre de ses fonctions; ***die Arbeit ~*** cesser le travail, faire grève; '**~sachsen** *n* (*-s*; *sans pl*) la Basse-Saxe; '**~schlag** *m* *Wetter* précipitations *f/pl*; *chim* précipité *m*; ***radioaktiver ~*** retombées *f/pl* radioactives; '**≈schlagen** (*irr*, *sép*, *-ge-*, *h*, → ***schlagen***) *Gegner* terrasser, abattre; *Augen* baisser; *Aufstand* écraser, *jur Verfahren* arrêter; '**~ung** *f* (-; *-en*) terrain *m* bas

niedlich ['niːtliç] gentil, mignon, charmant

niedrig ['niːdriç] bas; *Strafe* faible

niemals ['niːmaːls] → ***nie***

niemand ['niːmant] personne ne …; ne … personne; *ohne Verb* personne, aucun; ***~ mehr*** plus personne; ***~ sonst*** personne d'autre, nul autre

Niere ['niːrə] *f* (-; *-n*) rein *m*; *cuis* rognon *m*

niesel|n ['niːzəln] (*h*) ***es nieselt*** il bruine *od* brouillasse; '**≈regen** *m* bruine *f*

niesen ['niːzən] (*h*) éternuer

Niete ['niːtə] *f* (-; *-n*) *tech* rivet *m*; *Lotterie* billet *m* non gagnant; *fig Versager* zéro *m*, nullité *f*

Niger ['niːgər] *n* le Niger

Nigeria [ni'geːria] *n* (le) Nigéria

Nikaragua [nika'rɑːgua] *n* le Nicaragua

Nikotin [niko'tiːn] *n* (*-s*; *sans pl*) nicotine *f*

Nil [niːl] *m* ***der ~*** le Nil; '**~pferd** *zo n* hippopotame *m*

nirgend|s ['nirgənts], '**~wo** nulle part

Nische ['niːʃə] *f* (-; *-n*) niche *f*

nisten ['nistən] (*h*) nicher

Niveau [ni'voː] *n* (*-s*; *-s*) niveau *m*

Nizza ['nitsa] *n* Nice

Nobelpreis [no'bɛl-] *m* prix *m* Nobel (***für*** de)

noch [nɔx] **1.** *adv* encore; ***~ nicht*** pas encore; ***~ immer*** toujours; ***~ heute*** aujourd'hui même; (***sei er***) ***~ so klein*** quelque petit qu'il soit; ***er hat nur ~ 10 Euro*** il ne lui reste plus que 10 euros; ***sonst ~ etwas?*** vous désirez autre chose?; **2.** *conj* ***weder … ~ …*** ni … ni … (*mit* ne *beim Verb*); '**~malig** ['-maːliç] réitéré; '**~mals** ['-maːls] encore une fois

NOK *n abr* ***Nationales Olympisches Komitee*** C.N.O. *m* (Comité national olympique)

Nomade [no'maːdə] *m* (*-n*; *-n*) nomade *m*

Nomi|naleinkommen [nomi'naːl-] *n* produit *m* nominal; **~'nalwert** *m* valeur *f* nominale; **≈'nieren** (*pas de -ge-*, *h*) nommer

Nonne ['nɔnə] *f* (-; *-n*) religieuse *f*

nonstop [nɔn'stɔp-] en non-stop; **≈flug** *m* vol *m* sans escale

Nord ['nɔrt] *m* (*-s*; *sans pl*) nord *m*; '**~'afrika** *n* l'Afrique *f* du Nord; '**~a'merika** *n* l'Amérique *f* du Nord; '**~deutschland** *n* l'Allemagne *f* du Nord

Nord|en ['nɔrdən] *m* (*-s*; *sans pl*) nord *m*; '**~eu'ropa** *n* l'Europe *f* du Nord *od* septentrionale; '**~'irland** *n* l'Irlande *f* du Nord; '**≈isch** nordique; *Ski* ***~e Kombination*** *f* combiné *m* nordique

nördlich ['nœrtliç] septentrional, du nord; ***~ von*** au nord de

Nord|'ost(en) *m* nord-est *m*; '**~pol** *m* pôle *m* Nord; '**~rhein-Westfalen** *n* la Rhénanie-du-Nord-Westphalie; '**~see** *f* mer *f* du Nord; **~'west(en)** *m* nord-ouest *m*

nörgeln ['nœrgəln] (*h*) trouver à redire, ergoter, chicaner

Norm [nɔrm] *f* (-; *-en*) norme *f*, standard *m*

normal [nɔr'maːl] normal; **≈benzin** *n* essence *f* ordinaire; **~erweise** normalement; **~isieren** [-ali'ziːrən] (*pas de -ge-*, *h*) ***sich ~*** se normaliser

Normandie [nɔrmɑ̃'diː] ***die ~*** la Normandie

Norweg|en ['nɔrveːgən] *n* (*-s*; *sans pl*) la Norvège; '**~er** *m* (*-s*; -), '**~erin** *f* (-; *-nen*) Norvégien *m*, -ne *f*; '**≈isch** norvégien

Not [noːt] *f* (-; *¨e*) *Notwendigkeit* nécessité *f*; *Notlage*, *Gefahr* détresse *f*; *Armut* pauvreté *f*; *Elend* misère *f*; ***in ~ sein*** être dans le besoin; ***zur ~*** à la ri-

gueur; ***ohne ~*** sans nécessité
Notar [no'taːr] *m* (*-s*; *-e*) notaire *m*
'**Not|arzt** *m* médecin *m* de service; '**~arztwagen** *m* ambulance *f* de secours; '**~ausgang** *m* sortie *f* de secours; '**~behelf** *m* expédient *m*; '**~bremse** *f Zug* signal *m* d'alarme; '**~dienst** *m* service *m* de secours; '**⁀dürftig** *behelfsmäßig* de fortune, provisoire, temporaire
'**Note** ['noːtə] *f* (-; *-n*) note *f* (*a Schule, mus*); *Bank⁀* billet *m*; ***~n lesen*** faire du solfége
'**Not|fall** *m* urgence *f*; ***im ~*** au besoin; '**⁀gedrungen** forcément, par nécessité
notie|ren [no'tiːrən] (*pas de -ge-, h*) noter, marquer; **⁀rung** *f* (-; *-en*) *comm* cotation *f*, cote *f*
'**nötig** [nøːtiç] nécessaire; ***etw ~ haben*** avoir besoin de qc; ***das ⁀ste*** le strict nécessaire; '**~en** ['-gən] (*h*) ***j-n ~*** forcer qn, contraindre qn (***etw zu tun*** à faire qc)
Notiz [no'tiːts] *f* (-; *-en*) note *f*; ***~ nehmen von*** prêter attention à; ***keine ~ nehmen von*** *a* ignorer; ***sich ~en machen*** prendre des notes; **~block** *m* bloc-notes *m*; **~buch** *n* carnet *m*, agenda *m*
'**Not|lage** *f* détresse *f*, situation *f* difficile, embarras *m*; '**⁀landen** (*-ge-, sn*) *aviat* faire un atterrissage forcé; '**~landung** *f* atterrissage *m* forcé; '**~lösung** *f* expédient *m*, solution *f* de fortune; '**~lüge** *f* pieux mensonge *m*
notorisch [no'toːriʃ] notoire
'**Not|ruf** *tél m* appel *m* d'urgence; '**~rufnummer** *f* numéro *m* de secours; '**~rufsäule** *f* poste *m* d'appel d'urgence; '**~signal** *n* signal *m* de détresse; '**~stand** *pol m* état *m* d'urgence; '**~standsgebiet** *n* région *f* sinistrée; '**~wehr** *jur f* (-; *sans pl*) légitime défense *f*; '**⁀wendig** nécessaire; '**~wendigkeit** *f* (-; *-en*) nécessité *f*
Novelle [no'vɛlə] *f* (-; *-n*) *Literatur* nouvelle *f*, *jur* amendement *m*
November [no'vɛmbər] *m* (*-s*; -) novembre *m*
NPD *f abr* ***Nationaldemokratische Partei Deutschlands*** parti nationaliste allemand d'extrême-droite
Nr. *abr* ***Nummer*** numéro

NS *abr* ***nationalsozialistisch*** nazi; ***Nachschrift*** post-scriptum
Nu [nuː] ***im ~*** en un clin d'œil
nüchtern ['nyçtərn] à jeun; *fig Mensch* positif; *Stil* sobre; *péj* prosaïque; ***auf ~en Magen*** à jeun; '**⁀heit** *f* (-; *sans pl*) sobriété *f*
'**Nudeln** [nuːdəln] *f/pl* pâtes *f/pl*
null [nul] zéro; ***~ und nichtig*** nul et non avenu; ***~ Grad*** zéro degré
Null [nul] *f* (-; *-en*) zéro *m*, *fig Person* nullité *f*, zéro *m*; '**~punkt** *m* zéro *m*; '**~tarif** *m* ***zum ~*** gratuitement; '**~wachstum** *n* croissance *f* zéro
Nummer ['numər] *f* (-; *-n*) numéro *m*
nummerieren [numə'riːrən] (*pas de -ge-, h*) numéroter
'**Nummern|konto** *n* compte *m* anonyme; '**~schild** *auto n* plaque *f* minéralogique, plaque *f* d'immatriculation
nun [nuːn] à présent, maintenant; *dann* alors; ***~!*** eh bien!, F eh ben!; ***von ~ an*** dorénavant; *seitdem* dés lors; ***~ aber*** or; ***~, wo …*** maintenant que …
nur [nuːr] seulement; ne … que; ***~ noch*** ne … plus que; ***wenn ~*** pourvu que (+ *subj*); ***nicht ~ …, sondern auch*** non seulement …, mais aussi *od* mais encore
Nürnberg ['nyrnbɛrk] *n* Nuremberg
Nuss [nus] *f* (-; *⸗e*) noix *f*; '**~baum** *m* noyer *m*; '**~knacker** *m* casse-noisettes *m*
Nutte ['nutə] *f* (-; *-n*) *péj* grue *f*
nutz|bar ['nuts-] utilisable, exploitable; ***~ machen*** utiliser, exploiter; '**~bringend** productif, profitabel
nütze ['nytsə] ***zu nichts ~*** bon à rien
Nutzen ['nutsən] *m* (*-s*; *sans pl*) utilité *f*; *Gewinn* profit *m*; *Vorteil* avantage *m*; ***von ~ sein*** être utile
nützen ['nytsən] (*h*) servir, être utile (***j-m*** à qn); ***etw ~*** *verwerten* utiliser qc; ***nichts ~*** ne servir à rien
'**Nutzer** *m* (*-s*; -), '**~in** *f* (-; *-nen*) usager *m*; *EDV* utilisateur *m*, —trice *f*
'**Nutzlast** *f* charge *f* utile
nützlich ['nytsliç] utile (***für j-n*** à qn); ***sich ~ machen*** se rendre utile; '**⁀keit** *f* (-; *sans pl*) utilité *f*
'**nutz|los** inutile; '**⁀losigkeit** *f* (-; *sans pl*) inutilité *f*; '**⁀nießer** ['-niːsər] *m* (*-s*; -) bénéficiaire *m*; '**⁀ung** *f* (-; *-en*) utilisation *f*, mise *f* à profit

O

o [oː] ***o ja!*** ah oui!; ***o weh!*** aïe!, mon Dieu!
O *abr* ***Osten*** E (est)
o. *abr* ***ohne*** sans; ***oben*** en haut
o. Ä. *abr* ***oder Ähnliches*** et des choses semblables
Oase [o'aːzə] *f* (-; *-n*) oasis *f od m*
ob [ɔp] si; ***als ~*** comme si; ***so tun als ~*** faire semblant de (+ *inf*); ***und ~!*** et comment!, tu penses!
o. B. *abr* ***ohne Befund*** symptômes néant
OB *m abr* ***Oberbürgermeister*** maire *m*; premier bourgmestre
Obdach ['ɔpdax] *n* (-[*e*]*s*; *sans pl*) abri *m*; '**⁀los** sans abri; **~lose** ['-loːzə] *m*, *f* (*-n*; *-n*) sans-abri *m*, *f*; '**~losenasyl** *n* foyer *m* d'hébergement
Obdu|ktion [ɔpduk'tsjoːn] *méd f* (-; *-en*) autopsie *f*; **⁀zieren** ['-tsiːrən] (*pas de -ge-*, *h*) autopsier
oben ['oːbən] en haut; ***nach ~*** en haut, vers le haut; ***von ~ bis unten*** du haut jusqu'en bas; ***links ~*** en haut à gauche; ***siehe ~*** voir plus haut; ***von ~ herab*** d'en haut (*a fig*); F ***~ ohne*** seins nus; **~drein** [-'drain] par-dessus le marché
Ober ['oːbər] *m* (*-s*; -) *Kellner* garçon *m*; '**~arm** *m* haut *m* du bras; '**~befehl** *mil m* commandement *m* en chef; '**~begriff** *m* terme *m* générique; '**~bürgermeister** *m* maire *m* (d'une grande ville), premier bourgmestre *m*
'**ober|e** de dessus, d'en haut, supérieur; '**⁀deck** *m* pont *m* supérieur; '**⁀fläche** *f* surface *f*; '**~flächlich** superficiel; '**~halb** au-dessus de; '**⁀hand** *f fig* ***die ~ gewinnen*** prendre le dessus; '**⁀hemd** *n* chemise *f*
'**ober|irdisch** au-dessus du sol, aérien; '**⁀kiefer** *m* mâchoire *f* supérieure; '**⁀körper** *m* torse *m*; ***den ~ frei machen*** se mettre torse nu; '**⁀leitung** *f* direction *f* générale; *tech* caténaire *f*; '**⁀lippe** *f* lèvre *f* supérieure
'**Ober|schenkel** *m* cuisse *f*
Oberst ['oːbərst] *mil m* (*-en*; *-en*) colonel *m*
'**oberste** le plus haut, suprême
'**Oberteil** *n* haut *m*
obgleich [ɔp'glaiç] quoique, bien que (*beide + subj*)
Obhut ['ɔphuːt] *f* (-; *sans pl*) garde *f*; ***in j-s ~*** sous la garde de qn
obig ['oːbiç] (mentionné) ci-dessus
Objekt [ɔp'jɛkt] *n* (-[*e*]*s*; *-e*) objet *m*
objektiv [ɔpjɛk'tiːf] **1.** objectif; **2.** ⁀ *n* (*-s*; *-e*) objectif *m*; **⁀ität** [-ivi'tɛːt] *f* (-; *sans pl*) objectivité *f*, impartialité *f*
obligatorisch [ɔbliga'toːriʃ] obligatoire
Oboe [o'boːə] *mus f* (-; *-n*) hautbois *m*
Observatorium [ɔpzɛrva'toːrjum] *n* (*-s*; *Observatorien*) *astr* observatoire *m*
Obst [oːpst] *n* (-[*e*]*s*; *sans pl*) fruits *m/pl*; '**~baum** *m* arbre *m* fruitier; '**~garten** *m* verger *m*; '**~kuchen** *m* → ***~torte***; '**~saft** *m* jus *m* de fruits; '**~torte** *f* tarte *f* aux fruits
obszön [ɔps'tsøːn] obscène
ob'wohl quoique, bien que (*beide + subj*)
Ochse ['ɔksə] *m* (*-n*; *-n*) bœuf *m*
od. *abr* ***oder*** ou
öde ['øːdə] **1.** *Gegend* désert, désertique; *fig* ennuyeux; **2.** '⁀ *f* (-; *-n*) désert *m*; *Leere* vide *m*
oder ['oːdər] ou; ***~ so*** ou comme ça; ***er kommt doch, ~?*** il viendra, n'est-ce pas?
OECD *abr f* (*Organization for Economic Cooperation and Development*) ***Organisation für wirtschaftliche Zusammenarbeit und Entwicklung*** OCDE *f* (Organisation de coopération et de développement économiques)
OF *f abr* ***Originalfassung*** V.O. *f* (version originale)
Ofen ['oːfən] *m* (*-s*; ⸚) *Zimmer⁀* poêle *m*; *Back⁀* four *m*
offen ['ɔfən] ouvert; *freimütig* franc; ***~e Stelle*** place *f* vacante; ***~ gesagt*** pour parler franchement; ***~ stehen*** être ou-

vert

'**offenbar** évident, manifeste, apparent; *adv* apparemment; **~en** [-'baːrən] (*pas de -ge-, h*) (***sich ~*** se) manifester, révéler (*a rel*); *Geheimnis* dévoiler; **&ung** [-'baːruŋ] *f* (-; *-en*) révélation *f* (*a rel*)

'**Offenheit** *f* (-; *sans pl*) franchise *f*

'**offensichtlich** évident; *adv* évidemment

offensiv [ɔfɛn'ziːf] offensif

Offensive [ɔfɛn'ziːvə] *f* (-; *-n*) offensive *f*

'**offenstehen** (*irr, -ge-, h,* → ***stehen***) ***j-m ~*** être ouvert à qn

öffentlich ['œfəntliç] public; ***~e Verkehrsmittel*** transports *m/pl* publics *od* en commun; ***~ auftreten*** apparaître en public; '**&keit** *f* (-; *sans pl*) public *m*; ***in aller ~*** publiquement; ***an die ~ bringen*** rendre public; '**&keitsarbeit** *f* relations *f/pl* publiques

Offerte [ɔ'fɛrtə] *f* (-; *-n*) offre *f*

offiziell [ɔfi'tsjɛl] officiel

Offizier [ɔfi'tsiːr] *m* (*-s*; *-e*) officier *m*

offline ['ɔflain] *EDV* hors ligne; déconnecté

öffn|en ['œfnən] (*h*) (***sich ~*** s')ouvrir; '**&er** *m* (*-s*; -) *Flaschen&* ouvre-bouteilles *m*; *Dosen&* ouvre-boîtes *m*; '**&ung** *f* (-; *-en*) ouverture *f*; '**&ungszeiten** *f/pl* heures *f/pl* d'ouverture

oft [ɔft] souvent, fréquemment

oh [oː] oh!, ah!

OHG *f abr* ***offene Handelsgesellschaft*** société *f* en nom collectif

ohne ['oːnə] **1.** *prép* (*acc*) sans; ***~ mich!*** ne comptez pas sur moi!; **2.** *conj* ***~ dass …*** sans que (+ *subj*); ***~ zu …*** sans (+ *inf*)

'**Ohnmacht** *f* (-; *-en*) impuissance *f*; *méd* évanouissement *m*; ***in ~ fallen*** s'évanouir

'**ohnmächtig** impuissant; *méd* évanoui; ***~ werden*** s'évanouir

Ohr [oːr] *m* (*-[e]s*; *-en*) oreille *f*; F ***j-n übers ~ hauen*** rouler qn

'**Ohren|arzt** *m* oto-rhino *m*; '**&betäubend** assourdissant

'**Ohr|feige** *f* gifle *f*, claque *f*, taloche F *f*; '**&feigen** (*h*) gifler; '**~läppchen** *n* lobe *m* de l'oreille; '**~ring** *m* boucle *f* d'oreille

'**Öko|bewegung** [øːko-] *f* mouvement *m* écologique; '**~laden** *m* magasin *m* de produits biologiques; **~loge** [øko'loːgə] *m* (*-n*; *-n*) écologiste *m*; **~logie** [-lo'giː] *f* (-; *sans pl*) écologie *f*; **&'logisch** écologique; **~nomie** [-no'miː] *f* (-; *-n*) économie *f*; **&'nomisch** [-'noːmiʃ] économique; '**~system** *n* écosystème *m*

Oktober [ɔk'toːbər] *m* (*-[s]*; -) octobre *m*

Öl [øːl] *n* (*-[e]s*; *-e*) huile *f*; *Erd&* pétrole *m*; *Heiz&* fuel *m*, mazout *m*

ölen ['øːlən] (*h*) huiler, lubrifier

'**Öl|farbe** *f*, '**~gemälde** *n* peinture *f* à l'huile; '**~heizung** *f* chauffage *m* au mazout; '**&ig** huileux

Olive [o'liːvə] *f* (-; *-n*) olive *f*

O'liven|baum *bot m* olivier *m*; **~öl** *n* huile *f* d'olives

'**Öl|leitung** *f* oléoduc *m*, pipe-line *m*; '**~malerei** *f* peinture *f* à l'huile; '**~pest** *f* marée *f* noire; '**~quelle** *f* puits *m* de pétrole; '**~sardinen** *f/pl* sardines *f/pl* à l'huile; '**~stand** *m* niveau *m* d'huile; '**~teppich** *m* nappe *f* de pétrole; '**~verschmutzung** *f* pollution *f* par le pétrole; '**~vorkommen** *n* gisement *m* pétrolifère; '**~wechsel** *auto m* vidange *f*; '**~zeug** *mar n* ciré *m*

Olympiade [olym'pjaːdə] *f* (-; *-n*) Jeux *m/pl* olympiques

Olympiamannschaft [o'lympja-] *f* équipe *f* olympique

olympisch [o'lympiʃ] *sport* olympique; ***&e Spiele*** *n/pl* Jeux *m/pl* olympiques

Oma ['oːma] F *f* (-; *-s*) grand-mère *f*, F mémé *f*, *enf* mamie *f*

Omnibus ['ɔmnibus] *m* (*-ses*; *-se*) autobus *m*; *Reise&* autocar *m*

onanieren [ona'niːrən] (*pas de -ge-, h*) se masturber

'**Onkel** [ɔŋkəl] *m* (*-s*; -) oncle *m*

online *EDV* ['ɔnlaın] en ligne

'**Online-Dienst** *EDV m* (*-es*; *-e*) service *m* en ligne

OP *m abr* ***Operationssaal*** salle *f* d'opération

Opa ['oːpa] F *m* (*-s*; *-s*) grand-père *m*, F pépé *m*, *enf* papi *m*

Oper ['oːpər] *mus f* (-; *-n*) opéra *m*

Operation [opəra'tsjoːn] *f* (-; *-en*) opération *f*

Operette [opə'rɛtə] *mus f* (-; *-n*) opérette *f*

operieren [opə'riːrən] (*pas de -ge-, h*)

méd opérer (**an** de); ***operiert werden*** subir une intervention chirurgicale; ***sich*** (***am Fuß*** *etc*) ***~ lassen*** se faire opérer (du pied *etc*)

Opfer ['ɔpfər] *n* (-*s*; -) *Verzicht* sacrifice *m*; *bei Unglück* victime *f*; ***ein ~ bringen*** faire un sacrifice; ***zum ~ fallen*** être victime de

'opfern (*h*) (***sich ~*** se) sacrifier

Opium ['oːpijum] *n* (-*s*; *sans pl*) opium *m*

Opportunismus [ɔpɔrtu'nismus] *m* (-; *sans pl*) opportunisme *m*

Opposition [ɔpozi'tjsoːn] *f* (-; -*en*) opposition *f*; **≗ell** [-tsjɔ'nɛl] de l'opposition; **~spartei** *f* parti *m* d'opposition

'Optik [ɔptik] *f* (-; *sans pl*) optique *f*; **'~er** (-*s*; -) opticien *m*

optim|al [ɔpti'maːl] optimum, optimal; **≗ismus** [-'ismus] *m* (-; *sans pl*) optimisme *m*; **≗'ist** *m* (-*en*; -*en*), **≗'istin** *f* (-; -*nen*) optimiste *m*, *f*; **~'istisch** optimiste

optisch ['ɔptiʃ] optique

Orange [o'rɑ̃ːʒə] *f* (-; -*n*) orange *f*

Orchester [ɔr'kɛstər] *n* (-*s*; -) orchestre *m*

Orden ['ɔrdən] *m* (-*s*; -) ordre *m* (*a rel*); *Auszeichnung* décoration *f*, médaille *f*

'ordentlich [ɔrdəntliç] *Person*, *Zimmer etc* propre, ordonné; *richtig*, *sorgfältig* soigné; *gründlich* comme il faut; *anständig* honnête; *Leute* convenable; *Mitglied* à part entière; *Professor* titulaire; *Gericht* ordinaire; *Leistung* bon; ***seine Sache ~ machen*** faire son travail comme il faut; ***sich ~ benehmen*** bien se tenir

'Order [ɔrdər] *f* (-; -*s*, -*n*) ordre *m*; commande *f*; **'≗n** (*h*) commander

ordinär [ɔrdi'nɛːr] vulgaire

ordn|en ['ɔrdnən] (*h*) mettre de l'ordre dans, ordonner, classer, ranger; *regeln* régler; **'≗er** *m* (-*s*; -) *Fest≗ etc* ordonnateur *m*, organisateur *m*; *Akten≗* classeur *m*

'Ordnung *f* (-; *sans pl*) ordre *m*; *Vorschriften* règlement *m*; ***in ~*** en ordre; ***etw ist nicht in ~*** qc ne marche pas

'ordnungs|gemäß réglementaire, régulier; *adv* en bonne et due forme; **'≗strafe** *f* amende *f*

Organ [ɔr'gaːn] *n* (-*s*; -*e*) organe *m*; **~isation** [-aniza'tsjoːn] *f* (-; -*en*) organisation *f*; **~isator** [-ani'zaːtɔr] *m* (-*s*; -*en*) organisateur *m*; **≗isa'torisch** [-iza'toːriʃ] d'organisation; d'organisateur; **≗isch** organique

organisieren [ɔrgani'ziːrən] (*pas de -ge-*, *h*) (***sich ~*** s')organiser

Organ|ismus [ɔrga'nismus] *m* (-; *Organismen*) organisme *m*; **~'ist** *m* (-*en*; -*en*), **~'istin** *f* (-; -*nen*) *mus* organiste *m*, *f*; **~spender** [ɔr'gaːn-] *méd m* donneur *m* d'organes; **~verpflanzung** [ɔr'gaːn-] *méd f* transplantation *f* d'organes

Orgasmus [ɔr'gasmus] *m* (-; *Orgasmen*) orgasme *m*

Orgel ['ɔrgəl] *f* (-; -*n*) orgue *m*

Orient ['oːriɛnt] *m* (-*s*; *sans pl*) Orient *m*; **≗alisch** [-'taːliʃ] oriental

orien'tier|en (*pas de -ge-*, *h*) ***sich ~*** s'orienter; **≗ung** *f* (-; *sans pl*) orientation *f*; ***die ~ verlieren*** être désorienté; ***zur ~*** à titre indicatif; **≗ungssinn** *m* sens *m* de l'orientation

original [origi'naːl] **1.** original; **2.** **≗** *n* (-*s*; -*e*) original *m*; **≗ausgabe** *f* édition *f* originale; **≗verpackung** *f* emballage *m* d'origine

originell [origi'nɛl] original

Orkan [ɔr'kaːn] *m* (-[*e*]*s*; -*e*) ouragan *m*

Orkney-Inseln ['ɔːkniˀinzəln] *f/pl* ***die ~*** les Orcades *f/pl*

Ort [ɔrt] *m* (-[*e*]*s*; -*e*) lieu *m*, endroit *m*; *Ortschaft* localité *f*; ***an ~ und Stelle*** sur place; ***vor ~*** sur les lieux

Orthografie, **Orthographie** [ɔrtogra'fiː] *f* (-; -*n*) orthographe *f*

Orthopäde [ɔrto'pɛːdə] *m* (-*n*; -*n*) orthopédiste *m*

'örtlich ['œrtliç] local

'ortsansässig résident, établi dans la localité

'Ortschaft *f* (-; -*en*) localité *f*

'Orts|gespräch *tél n* communication *f* urbaine *od* locale; **'~kenntnis** *f* connaissance *f* des lieux; **'~netz** *tél n* réseau *m* local; **'~tarif** *m* tarif *m* local; **'~zeit** *f* heure *f* locale

Ost [ɔst] *m* (-*s*; *sans pl*) est *m*; **'~'afrika** *n* l'Afrique *f* orientale; **'~'asien** *n* l'Asie *f* orientale; **'~berlin** *n hist DDR* Berlin-Est; **'~block** *m pol* pays *m/pl* de l'Est; **'~deutschland** *n* l'Allemagne *f* de l'Est

Osten ['ɔstən] *m* (-*s*; *sans pl*) *géogr* est

m; (*Morgenland*) l'Orient *m*; ***der Ferne ~*** l'Extrême-Orient *m*; ***der Mittlere ~*** le Moyen-Orient; ***der Nahe ~*** le Proche-Orient

Ostern ['oːstərn] *n* (-; -) Pâques *f/pl*; ***zu ~*** à Pâques; ***frohe ~!*** joyeuses Pâques!

Österreich ['øːstəraiç] *n* (*-s*; *sans pl*) l'Autriche *f*; **'~er** *m* (*-s*; -), **'~erin** *f* (-; *-nen*) Autrichien *m*, -ne *f*; **'~isch** autrichien

'Osteu'ropa *n* l'Europe *f* de l'Est

östlich ['œstliç] oriental, de l'est, d'est; ***~ von*** à l'est de

'Ostsee *f* mer *f* Baltique

OSZE *f abr* ***Organisation für Sicherheit und Zusammenarbeit in Europa*** OSCE *f* (Organisation sur la sécurité et la coopération en Europe)

ÖTV *f abr hist* ***Öffentliche Dienste, Transport und Verkehr*** syndicat *m* des services et transports publics

outen [autən] (*-ge-*, *h*) révéler l'homosexualité de; ***sich ~*** révéler son homosexualité

oval [o'vaːl] ovale

Oxid, **Oxyd** [ɔ'ksiːt] *chim m* (-[*e*]*s*; *-e*) oxyde *m*; **~ieren** [-'diːrən] (*pas de -ge-*, *h*) s'oxyder

Ozean ['oːtseaːn] *m* (*-s*; *-e*) océan *m*; ***der Indische ~*** l'océan *m* Indien; ***der Stille ~*** l'océan *m* Pacifique; **~ien** [otse'aːniən] *n* l'Océanie *f*

Ozon [o'tsoːn] *n* (*-s*; *sans pl*) ozone *m*; **~alarm** *m* alarme *f* d'ozone; **~loch** *n* trou *m* d'ozone; **~schicht** *f* couche *f* d'ozone; **~wert** *m* taux *m* d'ozone

P

p. A. *abr* ***per Adresse*** aux soins de

Paar [paːr] **1.** *n* (-[*e*]*s*; *-e*) paire *f*; *Personen, Tiere* couple *m*; **2.** ***ein ~*** quelques; ***ein ~ Mal*** plusieurs fois; **'~ung** *zo f* (-; *-en*) accouplement *m*; **'~weise** par couples

Pacht [paxt] *f* (-; *-en*) bail *m*; *agr* fermage *m*; **'~en** (*h*) prendre à bail *od* à ferme; **'~vertrag** *m* contrat *m* de fermage; contrat *m* de bail

Pächter ['pɛçtər] *jur m* (*-s*; -), **'~in** *f* (-; *-nen*) preneur *m* à bail, fermier *m*, -ière *f*

Päckchen ['pɛkçən] *n* (*-s*; -) petit paquet *m*

Pack|en ['pakən] *m* (*-s*; -) (gros) paquet *m*; *Briefe, Papiere* liasse *f*; **'~en** (*h*) *Koffer, Paket* faire; *Waren* emballer; *ergreifen* saisir (***an*** par); *fig mitreißen* captiver; **'~papier** *n* papier *m* d'emballage; **'~ung** *f* (-; *-en*) paquet *m*, boîte *f*

Pädagog|ik [pɛda'goːgik] *f* (-; *sans pl*) pédagogie *f*; **~isch** pédagogique

Paddel ['padəl] *n* (*-s*; -) pagaie *f*; **'~boot** *n Faltboot* canot *m* pliant; *Kanu* canoë *m*; *Kajak* kayak *m*; **'~n** (*h*) pagayer

Page ['paːʒə] *m* (*-n*; *-n*) *im Hotel* groom *m*

Paket [pa'keːt] *n* (-[*e*]*s*; *-e*) paquet *m* colis *m* postal; **~annahme** *f* réception *f* des colis; **~karte** *f* bulletin *m* d'expédition; **~post** *f* service *m* des colis postaux; **~zustellung** *f* distribution *f* des colis

Pakistan ['pɑːkistɑːn] *n* le Pakistan

Pakt [pakt] *m* (-[*e*]*s*; *-e*) pacte *m*

Palast [pa'last] *m* (-[*e*]*s*; *¨e*) palais *m*

Palästina [palɛ'stiːna] *n* (*-s*; *sans pl*) la Palestine

Palme ['palmə] *f* (-; *-n*) *bot* palmier *m*; F *fig* ***j-n auf die ~ bringen*** exaspérer qn F faire monter au cocotier

Pampelmuse [pampəl'muːzə] *bot f* (-; *-n*) pamplemousse *m*

Panama ['panama] *n* le Panama

Pandemie [pande'miː] *f* (-; *-n*) *méd* pandémie *f*

panier|t [pa'niːrt] pané; **~mehl** *n* chapelure *f*

Pan|ik ['paːnik] *f* (-; *-en*) panique *f*; ***in ~ geraten*** s'affoler; **'~isch** ***~e Angst*** peur *f* panique

Panne ['panə] *f* (-; *-n*) *tech* panne *f*; *Missgeschick* incident *m* fâcheux, gaffe *f* F; ***e-e ~ haben*** être *od* tomber en panne; **'~ndienst** *m* service *m* de dépannage; **'~nhilfe** *auto f* dépannage *m*

Panther ['pantər] *zo m* (*-s*; *-*) panthère *f*
Pantoffel [pan'tɔfəl] *m* (*-s*; *-n*) pantoufle *f*
Pantomim|e [panto'miːmə] **1.** *f* (*-*; *-n*) pantomime *f*; **2.** *m* (*-n*; *-n*) mime *m*; **≈isch** pantomimique
Panzer ['pantsər] *mil* blindé *m*, char *m*, *von Tieren* carapace *f*; *hist od fig* cuirasse *f*; **'~glas** *n* verre *m* pare-balles; **'≈n** (*h*) blinder; **'~schrank** *m* coffre-fort *m*
Papa ['papa] *m* (*-s*; *-s*) F papa *m*
Papagei [papa'gai] *zo m* (*-en*; *-e*[*n*]) perroquet *m*
Papaya [pa'paːja] *f* (*-*; *-s*) *bot* papaye *f*
Papier [pa'piːr] *n* (*-s*; *-e*) papier *m*; **~e** *pl* papiers *m/pl*; **~geld** *n* billets *m/pl* de banque; **~korb** *m* corbeille *f* à papier; **~krieg** *m* paperasserie *f* administrative; **~taschentuch** *n* mouchoir *m* en papier; **~waren** *f/pl* articles *m/pl* de papeterie; **~warengeschäft** *n* papeterie *f*
Pappe ['papə] *f* (*-*; *-n*) carton *m*
Pappel ['papəl] *bot f* (*-*; *-n*) peuplier *m*
Paprika ['paprika] *bot m* (*-s*; *-*[*s*]) poivron *m*; *Gewürz* piment *m*; paprika *m*
Papst [paːpst] *m* (*-*[*e*]*s*; *¨-e*) pape *m*
päpstlich ['pɛːpstliç] papal, pontifical
Papua-Neuguinea ['pɑːpua nɔʏgi'neːa] *n* la Papouasie-Nouvelle-Guinée
Parabel [pa'raːbəl] *f* (*-*; *-n*) parabole *f*
Parade [pa'raːdə] *mil f* (*-*; *-n*) revue *f*, défilé *m*; ***die ~ abnehmen*** passer (les troupes) en revue
Paradies [para'diːs] *n* (*-es*; *-e*) paradis *m*; **≈isch** paradisiaque
paradox [para'dɔks] paradoxal
Paragraph [para'graːf] *m* (*-en*; *-en*) article *m*; *Absatz* paragraphe *m*
Paraguay ['paraguaɪ] *n* le Paraguay
parallel [para'leːl] parallèle; **≈e** (*-*; *-n*) *math* parallèle *f* (*wenn fig, dann m*)
Parasit [para'ziːt] *m* (*-en*; *-en*) parasite *m*
Pärchen ['pɛːrçən] *n* (*-s*; *-*) couple *m*
Pardon [par'dõː] *m* (*-s*; *-*) *Verzeihung* pardon *m*; *Begnadigung* grâce *f*
Parfüm [par'fyːm] *n* (*-s*; *-e*, *-s*) parfum *m*; **~erie** [-ymə'riː] *f* (*-*; *-n*) parfumerie *f*; **≈'ieren** (*pas de -ge-*, *h*) (***sich ~*** se) parfumer
Paris [pa'riːs] *n* Paris
Park [park] *m* (*-s*; *-s*) parc *m*; **'~anlagen** *f/pl* parc *m*; **'~en** *n* (*-s*; *sans pl*) stationnement *m*; ***~ verboten!*** stationnement interdit!; **'≈en** (*h*) stationner, se garer; ***sein Auto ~*** garer sa voiture
Parkett [par'kɛt] *n* (*-s*; *-e*) parquet *m*; *Theater* orchestre *m*
'Park|gebühren *f/pl* taxe *f* de stationnement; **'~haus** *n* parking *m* à étages; **≈ieren** [-kiːrən] (*pas de -ge-*, *h*) *Schweiz* → ***parken***; **'~kralle** *f* sabot *m* de Denver; **'~lücke** *f* créneau *m*; **'~platz** *m* parking *m*, parc *m* de stationnement; ***e-n ~ suchen*** chercher une place pour stationner; **'~scheibe** *f* disque *m* de stationnement; **'~uhr** *f* parcmètre *m*; **'~verbot** *n* défense *f* de stationner; **'~wächter** *m* gardien *m*
Parlament [parla'mɛnt] *n* (*-*[*e*]*s*; *-e*) Parlement *m*; **≈arisch** [-'aːriʃ] parlementaire
Parole [pa'roːlə] *f* (*-*; *-n*) *mil* mot *m* de passe; *pol* slogan *m*
Partei [par'tai] *f* (*-*; *-en*) *pol* parti *m*; *jur* partie *f*; ***für j-n ~ ergreifen*** prendre parti pour qn; **≈isch** partial; **≈los** *pol* indépendant, non-inscrit; **~mitglied** *n* membre *m* d'un parti; **~tag** *m* congrès *m*, convention *f* (d'un parti)
Parterre [par'tɛrə] *n* (*-s*; *-s*) *Theater* parterre *m*; *Erdgeschoss* rez-de-chaussée *m*
Partie [par'tiː] *f* (*-*; *-n*) *Heirats≈*; parti *m*; ***mit von der ~ sein*** être de la partie
Partikel [par'tiːkəl] *n* (*-s*; *-*), *f* (*-*; *-n*) (*Teilchen*), *phys* particule *f*; **~filter** *m* *auto* filtre *m* à particules
Partisan [parti'zaːn] *mil m* (*-s*; *-en*; *-en*) partisan *m*
Partitur [parti'tuːr] *mus f* (*-*; *-en*) partition *f*
Partner ['partnər] *m* (*-s*; *-*), **'~in** *f* (*-*; *-nen*) partenaire *m*, *f*; *comm* associé *m*, -e *f*; **'~schaft** *f* (*-*; *-en*) association *f*; *Städte≈* jumelage *m*; **'~stadt** *f* ville *f* jumelée
Party ['paːrti] *f* (*-*; *-ties*) surprise-partie *f*, F boum *f*; **~service** *m* (*-s*; *-s*) traiteur *m*
Pass [pas] *m* (*-es*; *¨-e*) *Gebirgs≈* col *m*; *Reise≈* passeport *m*; *Sport* passe *f*
Passage [pa'zaːʒə] *f* (*-*; *-n*) passage *m*
Passagier [pasa'ʒiːr] *m* (*-s*; *-e*) passa-

ger *m*; **~flugzeug** *n* avion *m* de transport de passagers, avion *m* de ligne
Passant [pa'sant] *m* (*-en*; *-en*), **~in** *f* (-; *-nen*) passant *m*, -e *f*, piéton *m*, -ne *f*
'Passbild *n* photo *f* d'identité
passen ['pasən] (*h*) *das bestimmte Maß haben* être juste, aller (bien); *genehm sein* convenir (***j-m*** à qn); **~ *zu*** aller avec; ***sie ~ gut zueinander*** ils vont bien ensemble; ***passt es Ihnen morgen?*** est-ce que cela vous convient demain?; ***das passt mir gar nicht*** ça ne me va *od* convient pas du tout; ***das passt nicht zu ihm*** ce n'est pas son genre; **'~d** juste; convenable, approprié, opportun
passieren [pa'siːrən] **1.** *v/t* (*h*) *Ort* passer; **2.** *v/i* (*sn*) *sich ereignen* se passer, se produire, arriver
Passion [pa'sjoːn] *f* (-; *-en*) passion *f*; *rel* Passion *f*
passiv ['pasiːf] **1.** passif; **2.** **'☊** *gr n* (*-s*; *-e*) passif *m*; **☊ität** [-ivi'tɛːt] *f* (-; *sans pl*) passivité *f*
'Pass|kontrolle *f* contrôle *m* des passeports; **'~straße** *f* route *f* de col; **'~wort** *n* mot *m* de passe
'Paste [pastə] *f* (-; *-n*) pâte *f*
Pastell [pa'stɛl] *n* (*-[e]s*; *-e*) pastel *m*
Pastete [pa'steːtə] *f* (-; *-n*) pâté *m*
Pastor ['pastoːr] *égl m* (*-s*; *-en*) pasteur *m*
Pat|e ['paːtə] *m* (*-n*; *-n*), **'~in** *f* (-; *-nen*) parrain *m*, marraine *f*; **'~enkind** *n* filleul *m*, -e *f*; **'~enschaft** *f* (-; *-en*) parrainage *m*; ***die ~ für etw übernehmen*** parrainer qc
Patent [pa'tɛnt] *n* (*-[e]s*; *-e*) brevet *m*; **~amt** *n* office *m* des brevets; **☊'ieren** (*pas de -ge-*, *h*) breveter
Pater ['paːtər] *égl m* (*-s*; -, *Patres*) père *m*
pathetisch [pa'teːtiʃ] pompeux, solennel
Patient [pa'tsjɛnt] *m* (*-en*; *-en*), **~in** *f* (-; *-nen*) malade *m*, *f*, client *m*, -e *f*, patient *m*, -e *f*
Patriarch [patri'arç] *m* (*-en*; *-en*) patriarche *m*; **☊alisch** [-'çaːliʃ] patriarcal
Patriot [patri'oːt] *m* (*-en*; *-en*), **~in** *f* (-; *-nen*) patriote *m*, *f*; **☊isch** patriotique; *Person* patriote; **~ismus** [-'tismus] *m* (-; *sans pl*) *m* patriotisme *m*
Patrone [pa'troːnə] *f* (-; *-n*) cartouche *f*
Patrouill|e [pa'truljə] *f* (-; *-n*) patrouille *f*; **☊'ieren** (*pas de -ge-*, *h*) patrouiller
Pauke ['paukə] *mus f* (-; *-n*) timbale *f*
pauschal [pau'ʃaːl] *comm* forfaitaire; *fig* global; *adv* à forfait; *fig* globalement, en bloc; **☊e** *f* (-; *-n*) somme *f* forfaitaire; **☊reise** *f* voyage *m* à forfait; **☊urteil** *n* jugement *m* sommaire
Pause ['pauzə] *f* (-; *-n*) pause *f*; *Schule* récréation *f*; *Theater* entracte *m*; **'☊nlos** ininterrompu, sans cesse
Pavian ['paːviaːn] *zo m* (*-s*; *-e*) babouin *m*
Pazifi|k [pa'tsiːfik] *m* (*-s*; *sans pl*) Pacifique *m*; **~sch *der ~e Ozean*** l'océan *m* Pacifique
Pazifis|mus [patsi'fismus] *m* (-; *sans pl*) pacifisme *m*; **~t** *m* (*-en*; *-en*), **~tin** *f* (-; *-nen*) *m* pacifiste *m*, *f*; **☊tisch** pacifiste
PC [peː'tseː] *m abr **Personal Computer*** micro(-ordinateur) *m*
PDS *f abr **Partei des Demokratischen Sozialismus*** parti allemand de gauche
Pech [pɛç] *n* (*-s*; *-e*) poix *f*; *Unglück* malchance *f*, poisse *f* F, guigne *f* F
Pedal [pe'daːl] *n* (*-s*; *-e*) pédale *f*
Pedant [pe'dant] *m* (*-en*; *-en*) homme *m* tatillon, F coupeur *m* de cheveux en quatre; **☊isch** pointilleux, tatillon, formaliste
Pegel ['peːgəl] *m* (*-s*; -) échelle *f* fluviale; **'~stand** *m* niveau *m* de l'eau
peilen ['pailən] (*h*) relever; *Wassertiefe* sonder
pein|igen ['painigən] (*h*) tourmenter, torturer; **'~lich** fâcheux, embarrassant, gênant; **~ *genau*** méticuleux; ***es war mir ~*** j'avais honte
Peitsche ['paitʃə] *f* (-; *-n*) fouet *m*
Peking ['peːkiŋ] *n* Pékin
Pell|e ['pɛlə] *f* (-; *-n*) *Frucht* pelure *f*; *Wurst* peau *f*; **'☊en** (*h*) éplucher, peler; **'~kartoffeln** *f/pl* pommes de terre *f/pl* en robe de chambre *od* en robe des champs
Pelz [pɛlts] *m* (*-es*; *-e*) fourrure *f*; **'~geschäft** *n* pelleterie *f*; **'~mantel** *m* manteau *m* de fourrure
Pendel ['pɛndəl] *n* (*-s*; -) pendule *m*; *Uhr* balancier *m*; **'☊n** (*h*) osciller; *Bus*, *Person* faire la navette; **'~verkehr** *m* navette *f*

Pendler ['pɛntlər] *m* (*-s*; -) personne *f* qui fait la navette entre son domicile et son lieu de travail
penetrant [pene'trant] *Geruch* pénétrant; *Person* gênant, agaçant
Penis ['pe:nis] *m* (-; *-se*) pénis *m*
Penizillin [penitsi'li:n] *phm n* (*-s*; *-e*) pénicilline *f*
penn|en ['pɛnən] (*h*) F roupiller, pioncer; '**2er** *m* (*-s*; -) F clochard *m*
Pension [pɛn'zjo:n] *f* (-; *-en*) pension *f*; *Ruhegehalt a* retraite *f*; **~är** [-'nɛ:r] *m* (*-s*; *-e*), **~'ärin** *f* (-; *-nen*) retraité *m*, -e *f*; pensionné *m*, -e *f*; **2'ieren** (*pas de -ge-*, *h*) mettre à la retraite; ***sich ~ lassen*** demander sa mise à la retraite; **~'ierung** *f* (-; *-en*) mise *f* à la retraite; **2'iert** en retraite, retraité; **~sgast** *m* hôte *m* d'une pension, pensionnaire *m*, *f*
per [pɛr] *prép* (*acc*) par
perfekt 1. [pɛr'fɛkt] parfait; ***die Sache ist ~*** l'affaire est dans le sac; **2. 2** ['pɛrfɛkt] *gr n* (*-s*; *-e*) passé *m* composé; ***historisches ~*** passé *m* simple
Period|e [per'jo:də] *f* (-; *-n*) période *f*; *der Frau* règles *f/pl*; **2isch** périodique
Peripherie [perife'ri:] *f* (-;*-n*) périphérie *f*; **~geräte** *n/pl EDV* périphériques *m/pl*
Perl|e ['pɛrlə] *f* (-; *-n*) perle *f* (*a fig*); '**~enkette** *f* collier *m* de perles; **~mutt** [-'mut] *n* (*-s*; *sans pl*) nacre *f*
Pers|er ['pɛrzər] *m* (*-s*; -) Persan *m*; *hist* Perse *m*; *Teppich* tapis *m* de Perse; **~ien** ['-zjən] *n* (*-s*; *sans pl*) la Perse; '**2isch** persan; *hist* perse; *géogr* ***der 2e Golf*** le golfe Persique
Person [pɛr'zo:n] *f* (-; *-en*) personne *f*; *Theater* personnage *m*; ***ich für meine ~*** quant à moi; ***ein Tisch für drei ~en*** une table pour trois (personnes)
Personal [pɛrzo'na:l] *n* (*-s*; *sans pl*) personnel *m*; **~abbau** *m* réduction *f* du personnel; **~abteilung** *f* service *m* du personnel; **~ausweis** *m* carte *f* d'identité; **~chef** *m* chef *m* du personnel; **~ien** [-jən] *pl* identité *f*; **~mangel** *m* manque *m* de personnel; **~vertretung** *f* représentation *f* des employés
Per'sonen|(kraft)wagen (*abr* ***PKW***) *m* voiture *f* particulière *od* de tourisme; **~zug** *m* train *m* de voyageurs, omnibus *m*
persönlich [pɛr'zø:nliç] personnel; *leibhaftig* en personne; **2keit** *f* (-; *-en*) personnalité *f*; *bedeutender Mensch* personnage *m*
Perspektive [pɛrspɛk'ti:və] *f* (-; *-n*) perspective *f*
Peru [pe'ru:] *n* le Pérou
Perücke [pɛ'rykə] *f* (-; *-n*) perruque *f*
Pessimis|mus [pɛsi'mismus] *m* (-; *sans pl*) pessimisme *m*; **~t** *m* (*-en*; *-en*), **~tin** *f* (-; *-nen*) pessimiste *m*, *f*; **2tisch** pessimiste
Peter ['pe:tər] *m* (*-s*; *-s*) Pierre *m*
Petersilie [pe:tər'zi:ljə] *bot f* (-; *-n*) persil *m*
Petrochemie ['petro-] *f* pétrochimie *f*
Petroleum [pe'tro:leum] *n* (*-s*; *sans pl*) pétrole *m*
Pf. *hist abr* ***Pfennig*** pfennig
Pfad [pfa:t] *m* (-[*e*]*s*; *-e*) sentier *m*; '**~finder** *m* (*-s*; -), '**~finderin** *f* (-; *-nen*) scout *m*, guide *f*, éclaireur *m*, -euse *f*
Pfahl [pfa:l] *m* (-[*e*]*s*; *¨e*) pieu *m*, poteau *m*
Pfalz [pfalts] (-; *sans pl*) *géogr* ***die ~*** le Palatinat
Pfand [pfant] *n* (-[*e*]*s*; *¨er*) gage *m*; *comm* consigne *f*; '**~brief** *écon m* obligation *f* hypothécaire
pfänden ['pfɛndən] (*h*) saisir
'**Pfand|flasche** *f* bouteille *f* consignée; '**~haus** *n* mont-de-piété *m*
Pfändung ['pfɛnduŋ] *jur f* (-; *-en*) saisie *f*
Pfann|e ['pfanə] *f* (-; *-n*) poêle *f*; '**~kuchen** *m* crêpe *f*; ***Berliner ~*** beignet *m* (à la confiture)
Pfarr|bezirk ['pfar-] *m* paroisse *f*; '**~er** *m* (*-s*; -) *katholischer* curé *m*; *evangelischer* pasteur *m*
Pfau [pfau] *m* (-[*e*]*s*; *-en*; -[*e*]*n*) paon *m*
Pfd. *abr* ***Pfund*** livre
Pfeffer ['pfɛfər] *m* (*-s*; -) poivre *m*; '**~minze** [-mintsə] *bot f* (-; *sans pl*) menthe *f*
Pfeife ['pfaifə] *f* (-; *-n*) sifflet *m*; *Tabaks2* pipe *f*; *Orgel2* tuyau *m*; '**2n** (*pfiff*, *gepfiffen*, *h*) siffler; F ***~ auf*** se moquer de, se ficher de
Pfeil [pfail] *m* (-[*e*]*s*; *-e*) flèche *f*
Pfeiler ['pfailər] *arch m* (*-s*; -) pilier *m*
Pfennig ['pfɛniç] *m* (*-s*; *-e*) *hist* pfennig *m*; ***keinen ~ haben*** n'avoir pas le sou, être sans le sou

Pferd [pfɛrt] *m* (-[*e*]*s*; -*e*) cheval *m*; *Turnen* chaval *m* d'arçons; ***zu ~*** à cheval; ***aufs ~ steigen*** monter à cheval
Pferde|rennen ['pfɛrdə-] *n* course *f* de chevaux; '**~schwanz** *m* queue *f* de chevcal (*a Frisur*); '**~sport** *m* hippisme *m*; '**~stall** *m* écurie *f*; '**~stärke** *tech f* (*abr* ***PS***) cheval-vapeur *m* (*abr* Ch)
Pfifferling ['pfifərliŋ] *bot m* (-*s*; -*e*) chanterelle *f*, girolle *f*
Pfingst|en ['pfiŋstən] *n* (-; -) la Pentecôte; '**~rose** *bot f* pivoine *f*
'**Pfirsich** [pfirziç] *bot m* (-*s*; -*e*) pêche *f*; '**~baum** *m* pêcher *m*
'**Pflanze** [pflantsə] *f* (-; -*n*) plante *f*; '**2n** (*h*) planter
pflanz|lich ['pflantsliç] végétal; '**2ung** *f* (-; -*en*) plantation *f*
Pflaster ['pflastər] *n* (-*s*; -) *méd* pansement *m* (adhésif); *Straßen*2 pavé *m*; '**2n** (*h*) *Straße* paver; '**~stein** *m* pavé *m*
Pflaume ['pflaumə] *bot f* (-; -*n*) prune *f*; '**~nbaum** *bot m* prunier *m*
Pflege ['pfle:gə] *f* (-; *sans pl*) soins *m*/*pl* (*a méd*); *von Gegenständen* entretien *m*; *der Künste etc* culture *f*; ***in ~ nehmen*** se charger de; '**2bedürftig** qui réclame des soins; '**~fall** *m* malade *m* nécessitant des soins constants; '**~heim** *n* hospice *m*; '**2leicht** d'un entretien facile; '**~mutter** *f* nourrice *f*
pfleg|en ['pfle:gən] (*h*) soigner; *Gegenstand, Beziehungen* entretenir; *Begabung, Künste* cultiver; ***etw zu tun ~*** avoir l'habitude de faire qc; '**2er** *m* (-*s*; -), '**2erin** *f* (-; -*nen*) *Kranken*2(*in*) infirmier *m*, -ière *f*
Pflicht [pfliçt] *f* (-; -*en*) devoir *m* (***gegenüber*** envers); ***es ist meine ~ zu ...*** il est de mon devoir de ...; '**2bewusst** conscient de son devoir; '**~erfüllung** *f* accomplissement *m* de son devoir; '**2gemäß**, '**2getreu** conforme, fidèle au devoir; '**~umtausch** *m* obligation *f* de change; '**~versicherung** *f* assurance *f* obligatoire
pflücken ['pflykən] (*h*) cueillir
Pflug [pflu:k] *m* (-[*e*]*s*; *⸚e*) charrue *f*
pflügen ['pfly:gən] (*h*) labourer
Pforte ['pfɔrtə] *f* (-; -*n*) porte *f*
Pförtner ['pfœrtnər] *m* (-*s*; -), '**~in** *f* (-; -*nen*) portier *m*, concierge *m*, *f*
Pfosten ['pfɔstən] *m* (-*s*; -) poteau *m*
Pfote ['pfo:tə] *f* (-; -*n*) patte *f*
'**pfropfen** (*h*) *Baum* greffer; *stopfen* fourer (***in*** dans); ***gepfropft voll*** bondé
Pfropf(en) ['pfrɔpf(ən)] *m* (-[*e*]*s*; -*e*/-*s*; -) bouchon *m*, tampon *m*
pfui ['pfui] pouah!; '**2rufe** *m*/*pl* huées *f*/*pl*
Pfund [pfunt] *n* (-[*e*]*s*; -*e*) livre *f* (*a Währung*)
'**pfuschen** [pfuʃən] (*h*) F bâcler, bousiller
Pfütze ['pfytsə] *f* (-; -*n*) flaque *f* (d'eau)
Phänomen [fɛno'me:n] *n* (-*s*; -*e*) phénomène *m*; **2al** [-e'na:l] phénoménal
Phanta'sie → ***Fantasie***
Phan'tast → ***Fantast***
pharmazeutisch [farma'tsɔʏtiʃ] pharmaceutique
Phase ['fa:zə] *f* (-; -*n*) phase *f*
Philippinen [filı'pi:nən] *pl* ***die ~*** les Philippines
Philosoph [filo'so:f] *m* (-*en*; -*en*) philosophe *m*; **~ie** [-o'fi:] *f* (-; -*n*) philosophie *f*; **2'ieren** (*pas de -ge-, h*) philosopher; **~in** *f* (-; -*nen*) philosophe *f*; **2isch** philosophique
Phlegma ['flegma] *n* (-*s*; *sans pl*) flegme *m*; **2tisch** [-'ma:tiʃ] flegmatique, lymphatique
Phon|etik [fo'ne:tik] *f* (-; *sans pl*) phonétique *f*; **2etisch** phonétique; **~stärke** ['fon-] *f* niveau *m* acoustique
Phosphor ['fɔsfɔr] *chim m* (-*s*; *sans pl*) phosphore *m*
Photo(...) ['fo:to] → ***Foto***(**...**)
Phrase ['fra:zə] *f* (-; -*n*) phrase *f* (*a péj*)
Physik [fy'zi:k] *f* (-; *sans pl*) physique *f*; **2alisch** [-i'ka:liʃ] physique, de (la) physique; '**~er** *m* (-*s*; -), '**~erin** *f* (-; -*nen*) physicien *m*, -ne *f*
physisch ['fy:ziʃ] physique
Pianist [pia'nist] *m* (-*en*; -*en*), **~in** *f* (-; -*nen*) pianiste *m*, *f*
Pickel ['pikəl] *m* (-*s*; -) *méd* bouton *m*; *Werkzeug* pic *m*; *Eis*2 piolet *m*
picken ['pikən] (*h*) becqueter, picoter, picorer
Picknick ['piknik] *n* (-*s*; -*s*) pique-nique *m*; '**2en** (*h*) pique-niquer
Pietät [pie'tɛt] *f* (-; *sans pl*) piété *f*, respect *m*
Pik [pi:k] *n* (-*s*; -*s*) *Karten* pique *m*
pikant [pi'kant] *cuis* épicé, relevé; *fig* croustillant, osé
Pilger ['pilgər] *m* (-*s*; -) pèlerin *m*;

'**~fahrt** *f* pèlerinage *m*; '**2n** (*h*) aller en pèlerinage

Pille ['pilə] *f* (-; -*n*) pilule *f*

Pilot [pi'lo:t] *aviat m* (-*en*; -*en*) pilote *m*

Pilz [pilts] *m* (-*es*; -*e*) champignon *m*

PIN [pin] *f* (-; -*s*) *abr* ***persönliche Identifikationsnummer*** *zum Geldabheben* code *m* confidentiel

pingelig ['piŋəliç] F tatillon, pointilleux

Pinguin ['piŋgui:n] *zo m* (-*s*; -*e*) manchot *m*, pingouin *m*

Pinie ['pi:njə] *bot f* (-; -*n*) pin *m* (parasol)

pinkeln ['piŋkəln] (*h*) F faire pipi, pisser P

Pinsel ['pinzəl] *m* (-*s*; -) pinceau *m*

Pinzette [pin'tsɛtə] *f* (-; -*n*) pince *f* (à épiler)

Pionier [pio'ni:r] *m* (-*s*; -*e*) soldat *m* du génie; *fig* pionnier *m*

Pirat [pi'ra:t] *m* (-*en*; -*en*) pirate *m*

Piste ['pistə] *f* (-; -*n*) piste *f*

Pistole [pis'to:lə] *f* (-; -*n*) pistolet *m*

Pizza ['pitsa] *f* (-; -*s*, *Pizzen*) pizza *f*

Pizzeria [pitse'ri:a] *f* (-; -*s*, *–rien*) pizzeria *f*

Pkt. *abr* ***Punkt*** point

Pkw ['pe:ka:ve:] *m* (-[*s*]; -[*s*]) *abr* ***Personenkraftwagen*** voiture particulière

placieren → ***platzieren***

Plackerei [plakə'rai] *f* (-; -*en*) F corvée *f*

plädieren [plɛ'di:rən] (*pas de -ge-*, *h*) plaider (***für*** pour)

Plädoyer [plɛdoa'je:] *n* (-*s*; -*s*) *jur* plaidoirie *f*; *des Staatsanwalts* réquisitoire *m*; *fig* plaidoyer *m*

Plage ['pla:gə] *f* (-; -*n*) fléau *m*; '**2n** (*h*) tourmenter, tracasser; ***sich ~*** s'esquinter, s'échiner

Plakat [pla'ka:t] *n* (-[*e*]*s*; -*e*) affiche *f*

Plan [pla:n] *m* (-[*e*]*s*; *⸚e*) plan *m*; *Vorhaben* projet *m*

Plane ['pla:nə] *f* (-; -*n*) bâche *f*

plan|en ['pla:nən] (*h*) projeter; *écon* planifier; '**2er** *m* (-*s*; -) plannificateur *m*; projeteur *m*

Planet [pla'ne:t] *m* (-*en*; -*en*) planète *f*

planier|en [pla'ni:rən] (*pas de -ge-*, *h*) aplanir, niveler; **2raupe** *f* bulldozer *m*

'**plan|los** sans méthode, sans but, irréfléchi; '**~mäßig** méthodique, systématique; *Ankunft* comme prévu; *Zug* régulier

Plansch|becken ['planʃ-] *n* bassin *m* pour enfants; '**2en** (*h*) barboter, patauger

Plantage [plan'ta:ʒə] *f* (-; -*n*) plantation *f*

Plan|ung ['pla:nuŋ] *f* (-; -*en*) planification *f*; '**~wirtschaft** *f* dirigisme *m*, économie *f* dirigée *od* planifiée

Plastik[1] ['plastik] *f* (-; -*en*) *Kunstwerk* sculpture *f*; *Bildhauerkunst* plastique *f*

'**Plastik**[2] *n* (-*s*; *sans pl*) plastique *m*; '**~tüte** *f* sac *m* en plastique

plastisch ['plastiʃ] plastique; en relief, à trois dimensions; *bildhaft* imagé

Platane [pla'ta:nə] *bot f* (-; -*n*) platane *m*

Platin ['pla:tin] *n* (-*s*; *sans pl*) platine *m*

platt [plat] (*a fig geistlos*); aplati; *Reifen* crevé, à plat; F ***e-n 2en haben*** avoir crevé; F ***da war er ~*** il en est resté baba

'**Plattdeutsch** *n* bas allemand *m*

Platte ['platə] *f* (-; -*n*) *Metall*, *Glas* plaque *f*; *Stein* dalle *f*; *Schall2* disque *m*; *cuis* plat *m*; ***kalte ~*** assiette *f* anglaise

'**Platten|spieler** *m* tourne-disque *m*; '**~teller** *m* platine *f*

'**Plattform** *f* plate-forme *f*

Platz [plats] *m* (-*es*; *⸚e*) place *f*; *Sport2* terrain *m*; ***~ nehmen*** prendre place; ***nehmen Sie ~!*** veuillez vous asseoir!; ***~ machen für*** céder la place à; '**~anweiserin** *f* (-; -*nen*) ouvreuse *f*

Plätzchen ['plɛtsçən] *n* (-*s*; -) petite place *f*; *Gebäck* petit gâteau *m*; biscuit *m*

platz|en ['platsən] (*sn*) éclater, crever; *fig Vorhaben* rater; ***vor Neid ~*** crever de jalousie; '**2karte** *f* réservation *f*; '**2patrone** *f* cartouche *f* à blanc; '**2regen** *m* pluie *f* battante; '**2verweis** *m* *Sport* expulsion *f*; '**2wunde** *f* plaie *f*

platzier|en [pla'tsi:rən] (*pas de -ge-*, *h*) *Sport* (***sich ~*** se) placer; **2ung** *f* (-; -*en*) placement *m*

plaudern ['plaudərn] (*h*) causer

Pleite ['plaitə] **1.** *f* (-; -*n*) faillite *f*; *fig* échec *m*, fiasco *m*; **2.** '**2** en faillite; F *ohne Geld* fauché

Plom|be ['plɔmbə] *f* (-; -*n*) plomb *m*; *Zahn2* plombage *m*, obturation *f*; **2'bieren** (*pas de -ge-*, *h*) plomber

plötzlich ['plœtsliç] soudain, subit; *adv* tout à coup, soudain(ement), brusquement

plump [plump] grossier, lourdaud
Plural ['plu:ra:l] *gr m* (*-s*; *sans pl*) pluriel *m*; **♀'istisch** pol pluraliste
plus [plus] **1.** plus; **2.** ♀ *n* (-; -) *Mehrbetrag* excédent *m*; *Gewinn* bénéfice *m*; *Vorteil* avantage *m*
Plusquamperfekt ['pluskvampɛrfɛkt] *gr n* (*-s*; *-e*) plus-que-parfait *m*
PLZ *f abr* ***Postleitzahl*** code postal
Po [po:] F *m* (*-s*; *-s*) derrière *m*
Pöbel ['pø:bəl] *m* (*-s*; *sans pl*) populace *f*
pochen ['pɔxən] (*h*) *Herz* battre (violemment); *fig* ***auf etw ~*** se prévaloir de qc
'**Pocken** [pɔkən] *med pl* variole *f*; '**~(schutz)impfung** *f* vaccination *f* antivariolique
Podium ['po:dium] *n* (*-s*; *Podien*) podium *m*, estrade *f*; '**~sgespräch** *n* débat *m* en public
Poesie [poe'zi:] *f* (-; *-n*) poésie *f*
Poet [po'e:t] *m* (*-en*; *-en*) poète *m*; **♀isch** poétique
Pointe [po'ɛ̃tə] *f* (-; *-n*) sel *m*, piquant *m*
Pokal [po'ka:l] *m* (*-s*; *-e*) coupe *f*
Poker ['po:kər] *n* (*-s*; *sans pl*) poker *m*; '**♀n** (*h*) jouer au poker
Pol [po:l] *m* (*-s*; *-e*) pôle *m*; **♀ar** [po'la:r] polaire
Pol|e ['po:lə] *m* (*-n*; *-n*), '**~in** *f* (-; *-nen*) Polonais *m*, -e *f*
Polemi|k [po'le:mik] *f* (-; *-en*) polémique *f*; **♀sch** polémique; **♀sieren** [-emi'zi:rən] (*pas de -ge-*, *h*) polémiquer
Polen ['po:lən] *n* (*-s*; *sans pl*) la Pologne
polieren [po'li:rən] (*pas de -ge-*, *h*) faire briller, astiquer
Politesse [poli'tɛsə] *f* (-; *-n*) contractuelle *f*
Polit|ik [poli'ti:k] *f* (-; *sans pl*) politique *f*; **~iker** [po'li:tikər] *m* (*-s*; -), **~ikerin** *f* (-; *-nen*) homme *m* politique, politicien *m*, -ne *f*; **♀isch** [-'li:tiʃ] politique; **♀isieren** [-iti'zi:rən] (*pas de -ge-*, *h*) parler politique; *Angelegenheit* politiser
Politur [poli'tu:r] *f* (-; *-en*) *Glanz* poli *m*; *Pflegemittel* encaustique *f*
Polizei [poli'tsai] *f* (-; *-en*) police *f*; **~beamte** *m* agent *m* de police; **♀lich** (par mesure) de police; ***~es Kennzeichen*** numéro *m* minéralogique; **~präsident** *m* préfet *m* de police; **~revier** *n* commissariat *m* de police; **~schutz** *m* ***unter ~*** sous la protection de la police; **~staat** *m* État *m* policier; **~streife** *f* patrouille *f* de police; **~stunde** *f* heure *f* de clôture; **~wache** *f* commissariat *m* de police
Polizist [poli'tsist] *m* (*-en*; *-en*) agent *m* de police, policier *m*, F flic *m*; **~in** *f* (-; *-nen*) femme *f* agent de police
polnisch ['pɔlniʃ] polonais
Polster ['pɔlstər] *n* (*-s*; -) rembourrage *m*; '**~er** *m* (*-s*; -) tapissier *m*; '**~möbel** *pl* meubles *m/pl* rembourrés; '**♀n** (*h*) rembourrer, capitonner
Polynesien [poly'ne:ziən] *n* la Polynésie
Pommern ['pɔmərn] *n* la Poméranie
Pommes frites [pɔm'frit] *pl* frites *f/pl*
pompös [pɔm'pø:s] pompeux, fastueux
Pony[1] ['pɔni] *zo n* (*-s*; *-s*) poney *m*
'**Pony**[2] *m* (*-s*; *-s*) *Frisur* frange *f*
Pool [pu:l] *m* (*-s*; *-s*) pool *m*; groupement *m*; '**~billard** *n* billard *m* américain
Pop|musik ['pɔp-] *f* musique *f* pop; '**~sänger** *m*, '**~sängerin** *f* chanteur *m* pop, chanteuse *f* pop
popul|är [popu'lɛ:r] populaire; **♀arität** [-ari'tɛ:t] *f* (-; *sans pl*) popularité *f*
Porno ['pɔrno-] *in Zssgn* … porno
porös [po'rø:s] poreux
Porree ['pɔre] *bot m* (*-s*; *-s*) poireau *m*
Portal [pɔr'ta:l] *n* (*-s*; *-e*) portail *m*
Portemonnaie [pɔrtmɔ'nɛ:] *n* (*-s*; *-s*) porte-monnaie *m*, bourse *f*
Portion [pɔr'tsjo:n] *f* (-; *en*) portion *f*, dose *f*
Porto ['pɔrto] *n* (*-s*; *-s*, *Porti*) port *m*; '**♀frei** franc(o) de port
Porträt [pɔr'trɛ:] *n* (*-s*; *-s*) portrait *m*; **♀ieren** [-ɛ'ti:rən] (*pas de -ge-*, *h*) faire le portrait de
Portu|gal ['pɔrtugal] *n* (*-s*; *sans pl*) le Portugal; **~giese** [-'gi:zə] *m* (*-n*; *-n*), **~'giesin** *f* (-; *-nen*) Portugais *m*, -e *f*; **♀'giesisch** portugais
Portwein ['pɔrt-] *m* porto *m*
Porzellan [pɔrtsɛ'la:n] *n* (*-s*; *-e*) porcelaine *f*
Posaune [po'zaunə] *mus f* (-; *-n*) trombone *m*

Position [pozi'tsjo:n] *f* (-; *-en*) position *f*; *beruflich* situation *f*
positiv ['po:ziti:f] positif
Post® [pɔst] *f* (-; *sans pl*) poste *f*; *Briefe* courrier *m*; ***zur ~ bringen*** poster; **≈alisch** [-'ta:liʃ] postal
Post|amt *n* bureau *m* de poste; **'~anweisung** *f* mandat-poste *m*; **'~beamte** *m*, **'~beamtin** *f* employé *m*, -e *f* des postes; **'~bote** *m*, **'~botin** *f* facteur *m*, factrice *f*; *offiziell* préposé *m*, -e *f*
Posten ['pɔstən] *m* (*-s*; -) *berufliche Stellung* poste *m*, situation *f*, emploi *m*; *Amt* charge *f*; *mil* sentinelle *f*; *Streik≈* piquet *m* de grève; *Waren* lot *m*; *fig* ***auf dem ~ sein*** être en forme; *wachsam* être sur le qui-vive
'Postfach *n* boîte *f* postale
'Post|karte *f* carte *f* postale; **'≈lagernd** poste *f* restante; **'~leitzahl** *f* code *m* postal; **'~scheck** *m* chèque *m* postal; **'~scheckkonto** *n hist* compte *m* chèque postal; **'~sparbuch** *n* livret *m* d'épargne postal; **'~sparkasse** *f* caisse *f* nationale d'épargne; **'~stempel** *m* cachet *m* de la poste; ***Datum des ~s*** date *f* de la poste; **'≈wendend** par retour du courrier; **'~wertzeichen** *n* timbre-poste *m*; **'~wurfsendung** *f* envoi *m* postal collectif
Potenz [po'tɛnts] *f* (-; *-en*) *math* puissance *f*; *männliche* virilité *f*
pp., ppa. *abr* ***per procura*** par procuration
Pracht [praxt] *f* (-; *sans pl*) magnificence *f*, splendeur *f*, somptuosité *f*
prächtig ['prɛctiç] magnifique, splendide, somptueux
Prädikat [prɛdi'ka:t] *n* (-[*e*]*s*; *-e*) *gr* verbe *m*; *Auszeichnung* mention *f*, distinction *f*
Präfekt [prɛ'fɛkt] *m* (*-en*; *-en*) préfet *m*; **~ur** [-ɛk'tu:r] *f* (-; *-en*) préfecture *f*
Prag [prɑ:k] *n* Prague
prägen ['prɛ:gən] (*h*) *Münzen* frapper; *fig* marquer de son empreinte, empreindre; *Wort* créer
prahl|en ['pra:lən] (*h*) se vanter (***mit*** de); **≈erei** [-ə'rai] *f* (-; *-en*) vantardise *f*, fanfaronnade *f*; **'~erisch** vantard, fanfaron
Prakti|kant [prakti'kant] *m* (*-en*; *-en*), **~'kantin** *f* (-; *-nen*) stagiaire *m*, *f*; **'~ken** ['-kən] *f/pl* pratiques *f/pl*; **'~kum** ['-kum] *n* (*-s*;*Praktika*) stage *m*; **'≈sch** pratique; ***~er Arzt*** (médecin *m*) généraliste *m*; **≈zieren** [-'tsi:rən] (*pas de -ge-*, *h*) pratiquer, mettre en pratique; *Arzt* exercer
Praline [pra'li:nə] *f* (-; *-n*) (crotte *f* en) chocolat *m*
prallen ['pralən] (*sn*) ***gegen etw ~*** se heurter contre qc
Prämie ['prɛ:mjə] *f* (-; *-n*) prime *f*
Präparat [prɛpa'ra:t] *n* (-[*e*]*s*; *-e*) préparation *f*
Präposition [prɛpozi'tsjo:n] *gr f* (-; *-en*) préposition *f*
Präsens ['prɛzəns] *gr n* (-; *Präsentia* [prɛ'zɛntsja]) présent *m*
präsentieren [prezɛn'ti:rən] (*pas de -ge-*, *h*) (***sich ~*** se) présenter
Präservativ [prɛzɛrva'ti:f] *n* (*-s*; *-e*) préservatif *m*
Präsident [prɛzi'dɛnt] *m* (*-en*; *-en*), **~in** *f* (-; *-nen*) président *m*, -e *f*; **~schaft** *f* (-; *-en*) présidence *f*
präsid|ieren [prɛzi'di:rən] (*pas de -ge-*, *h*) présider (***in e-r Versammlung*** une assemblée); **≈ium** [-'zidjum] *n* (*-s*; *Präsidien*) *Gremium* comité *m* directeur; *Vorsitz* présidence *f*
Praxis ['praksis] *f* (-; *Praxen*) *praktische Erfahrung* pratique *f*; *Arzt- u Anwalts≈* cabinet *m*; *Kundenkreis* clientèle *f*; **~gebühr** *f méd* frais *m/pl* de consultation
Präzedenzfall [prɛtse'dɛnts-] *m* précédent *m*
präzis [prɛ'tsi:s] précis; **≈ion** [-i'zjo:n] *f* (-; *sans pl*) précision *f*
predig|en ['pre:digən] (*h*) prêcher; **'≈t** ['-diçt] *f* (-; *-en*) sermon *m*
Preis [prais] *m* (*-es*, *-e*) prix *m*; ***um jeden*** (***keinen***) **~** à tout (aucun) prix; **'~ausschreiben** *n* concours *m*
Preiselbeere ['praizəl-] *bot f* airelle *f* rouge
preisen ['praizən] (*pries*, *gepriesen*, *h*) vanter, louer
Preis|erhöhung ['prais?-] *f* majoration *f* des prix; **'~ermäßigung** *f* réduction *f od diminution f des prix*; **'≈geben** (*irr*, *sép*, *-ge-*, *h*, → ***geben***) abandonner, livrer (*a Geheimnis*); **'≈günstig** (à un prix) avantageux; **'~index** *m* indice *m* des prix; **'~lage** *f* ***in dieser ~*** dans ces prix; **'~liste** *f* liste *f* des prix;

'**~nachlass** *m* rabais *m*, remise *f*; '**~richter** *m* juge *m* d'un concours; '**~senkung** *f* baisse *f* des prix; '**~stabilität** *f* stabilité *f* des prix; '**~stopp** *m* blocage *m od gel m des prix*; '**~träger** *m*, '**~trägerin** *f* lauréat *m*, -e *f*; '**2wert** bon marché, avantageux

Prellung ['prɛluŋ] *méd f* (-; *-en*) contusion *f*

Premier|e [prəm'jɛːrə] *f* (-; *-n*) première *f*; **~minister** [prəm'jeː-] *m* Premier ministre *m*

Presse ['prɛsə] *f* **1.** (-; *-n*) *Frucht2* pressoir *m*; **2.** (-; *sans pl*) presse *f*; '**~freiheit** *f* liberté *f* de la presse; '**~konferenz** *f* conférence *f* de presse; '**~meldung** *f* communiqué *m* de presse

pressen ['prɛsən] (*h*) presser

Pressluft ['prɛs-]*tech f* air *m* comprimé; '**~hammer** *m* marteau *m* piqueur

Prestige [prɛs'tiːʒ(ə)] *n* (*-s*; *sans pl*) prestige *m*

Preuß|en ['prɔʏsən] *n* (*-s*; *sans pl*) la Prusse; '**2isch** prussien

Priester ['priːstər] *m* (*-s*; -), '**~in** *f* (-; *-nen*) prêtre *m*, -sse *f*

prima ['priːma] F chic, super

primär [pri'mɛːr] primaire, primordial; *adv* en premier lieu

Primel ['priːməl] *bot f* (-; *-n*) primevère *f*

primitiv [primi'tiːf] primitif

'**Prinz** [prints] *m* (*-en*; *-en*) prince *m*; **~essin** [-'tsɛsin] *f* (-; *-nen*) princesse *f*

Prinzip [prin'tsiːp] *n* (*-s*; *-ien*) principe *m*; **2iell** [-tsi'pjɛl] de principe, *adv*: *aus Prinzip* par principe; *im Prinzip* en principe; ***e-e ~e Frage*** une question de principe

Priorität [priori'tɛːt] *f* (-; *-en*) priorité *f*

Prise ['priːzə] *f* (-; *-n*) ***e-e ~ Salz*** *etc* une pincée de sel, *etc*

privat [pri'vaːt] *nicht öffentlich* privé; *persönlich* particulier, personnel; **2besitz** *m*, **2eigentum** *n* propriété *f* privée; **2leben** *n* vie *f* privée; **2schule** *f* école *f* libre; **2stunde** *f* leçon *f* particulière; **2wirtschaft** *f* économie *f* privée

Privileg [privi'leːk] *n* (-[*e*]*s*; *-ien* [-gjən]) privilège *m*; **2iert** [-'giːrt] privilégié

pro [proː] **1.** *prép* par; ***2 Euro ~ Stück*** 2 euros (la) pièce; **2.** ***das 2 und Kontra*** le pour et le contre

Probe ['proːbə] *f* (-; *-n*) essai *m*, épreuve *f*; *Theater* répétition *f*; *comm* échantillon *m*; *math* preuve *f*; ***auf ~*** à l'essai; ***auf die ~ stellen*** mettre à l'épreuve; '**~fahrt** *f* essai *m*; '**2n** (*h*) *Theater* répéter; '**~zeit** *f* période *f* d'essai

probieren [pro'biːrən] (*pas de -ge-*, *h*) essayer; *Speisen* goûter, déguster

Problem [pro'bleːm] *n* (*-s*; *-e*) problème *m*; **2atisch** [-e'maːtiʃ] problématique

Produkt [pro'dukt] *n* (-[*e*]*s*; *-e*) produit *m*; **~ion** [-'tsjoːn] *f* (-; *-en*) production *f*; **2iv** [-'tiːf] productif; **~ivität** [-tivi'tɛːt] *f* (-; *sans pl*) productivité *f*

Produ|zent [produ'tsɛnt] *m* (*-en*; *-en*) producteur *m*; **2'zieren** (*pas de -ge-*, *h*) produire

Prof. *abr* ***Professor*** professeur

professionell [profɛsio'nɛl] professionnel

Profess|or [pro'fɛsɔr] *m* (*-s*; *-en*), **~orin** [-'soːrin] *f* (-; *-nen*) professeur *m* (d'université *od* de faculté); **~ur** [-'suːr] *f* (-; *-en*) *Lehrstuhl* chaire *f*; *Amt* professorat *m*

Profi ['proːfi] *Sport m* (*-s*; *-s*) professionnel *m*, F pro *m*

Profil [pro'fiːl] *n* (*-s*; *-e*) *Seitenansicht* profil *m*; *fig* personnalité *f*; *Reifen* sculptures *f/pl*

Profit [pro'fiːt] *m* (-[*e*]*s*; *-e*) profit *m*; **2abel** [-i'tɑːbəl] profitable; **2'ieren** (*pas de -ge-*, *h*) profiter (***von*** de); **2orientiert** orienté vers le gain

Prognose [pro'gnoːzə] *f* (-; *-n*) pronostic *m*

Programm [pro'gram] *n* (*-s*; *-e*) programme *m*; *TV* ***Erstes*** *etc* **~** première *etc* chaîne *f*; **2'ieren** (*pas de -ge-*, *h*) *EDV* programmer; **~'ierer** *m* (*-s*; -), **~'iererin** *f* (-; *-nen*) programmeur *m*, -euse *f*; **~'iersprache** *f* langage *m* de programmation

Projekt [pro'jɛkt] *n* (-[*e*]*s*; *-e*) projet *m*; **~ion** [projɛk'tsjoːn] *f* (-; *-en*) projection *f*; **~or** [-'jɛktɔr] *m* (*-s*; *-en*) projecteur *m*

projizieren [proji'tsiːrən] (*pas de -ge-*, *h*) projeter

proklamieren [prokla'miːrən] (*pas de -ge-*, *h*) proclamer

Prokurist [proku'rist] *m* (*-en*; *-en*) fondé *m* de pouvoir

Proletar|iat [proleta'rjaːt] *m* (-[*e*]*s*; *-e*) prolétariat *m*; **ᘔisch** [-e'taːriʃ] prolétarien

Promille [pro'milə] *n* (-[*s*]; -) *math* pour mille; *auto* ***1,6 ~*** 1 gramme 6 d'alcoolémie; **~grenze** *f* taux *m* (légal) d'alcoolémie

prominen|t [promi'nɛnt] de marque, en vedette, célèbre; **ᘔz** [-'nɛnts] *f* (-; *-en*) notables *m/pl*, célébrités *f/pl*, haute société *f*

prompt [prɔmpt] rapide, immédiat, prompt

Propaganda [propa'ganda] *pol f* (-; *sans pl*) propagande *f*

Propeller [pro'pɛlər] *aviat m* (*-s*; -) hélice *f*

prophezei|en [profe'tsaiən] (*pas de -ge-*, *h*) prophétiser; **ᘔung** *f* (-; *-en*) prophétie *f*

Proportion [propɔr'tsjoːn] *f* (-; *-en*) proportion *f*; **ᘔal** [-o'naːl] proportionnel (***zu*** à)

Prospekt [pro'spɛkt] *m* (-[*e*]*s*; *-e*) prospectus *m*; *Faltᘔ* dépliant *m*

prost! [proːst] à votre santé!, à la vôtre!; ***~ Neujahr!*** bonne année!

Prostitu|ierte [prostitu'iːrtə] *f* (*-n*; *-n*) prostituée *f*; **~tion** [-'tsjoːn] *f* (-; *sans pl*) prostitution *f*

Protest [pro'tɛst] *m* (-[*e*]*s*; *-e*) protestation *f*; *pol* contestation *f*

Protestant [protɛs'tant] *m* (*-en*; *-en*), **~in** *f* (-; *-nen*) protestant *m*, -e *f*; **ᘔisch** protestant

protes'tieren (*pas de -ge-*, *h*) protester (***gegen*** contre)

Prothese [pro'teːzə] *méd f* (-; *-n*) prothèse *f*

Protokoll [proto'kɔl] *n* (*-s*; *-e*) procès-verbal *m*, constat *m*; *Diplomatie* protocole *m*; **ᘔ'ieren** (*pas de -ge-*, *h*) dresser un procès-verbal de

Provence [pro'vɑ̃s] ***die ~*** la Provence

Proviant [pro'vjant] *m* (*-s*; *-e*) provisions *f/pl*

Provider [pro'vaidər] *m* (*-s*; -) *EDV* fournisseur *m* (d'accès)

Provinz [pro'vints] *f* (-; *-en*) province *f*; **ᘔiell** [-'tsjɛl] provincial

Provis|ion [provi'zjoːn] *comm f* (-; *-en*) commission *f*; **ᘔorisch** [-'zoːriʃ] provisoire

provozieren [provo'tsiːrən] (*pas de -ge-*, *h*) provoquer

Prozent [pro'tsɛnt] *n* (-[*e*]*s*; *-e*) pour cent; ***fünf ~*** cinq pour cent; **~satz** *m* pourcentage *m*; **ᘔual** [-u'aːl] en pourcentage; ***~er Anteil*** pourcentage *m*

Prozess [pro'tsɛs] *m* (*-es*; *-e*) *jur* procès *m*; *Ablauf, Vorgang* processus *m*

prozessieren [protsɛ'siːrən] (*pas de -ge-*, *h*) être en procès (***gegen, mit*** avec), intenter un procès (à), plaider (contre)

Prozession [protsɛ'sjoːn] *f* (-; *-en*) procession *f*

prüde ['pryːdə] prude

prüf|en ['pryːfən] (*h*) examiner, tester; *nach~* vérifier, contrôler; *Prüfling* interroger; **'ᘔer** *m* (*-s*; -) examinateur *m*; **'ᘔling** *m* (*-s*; *-e*) candidat *m*, -e *f*; **'ᘔung** *f* (-; *-en*) examen *m*; *Heimsuchung* épreuve *f*; ***e-e ~ bestehen*** réussir un examen, être reçu (à un examen); ***e-e ~ machen*** passer un examen

Prügel ['pryːgəl] *m* (*-s*; -) bâton *m*, gourdin *m*; *pl* (***Tracht***) ***~*** correction *f*, raclée *f* F, rossée *f* F; **~'ei** *f* (-; *-en*) bagarre *f*; **'ᘔn** (*h*) (***sich ~*** se) battre

Prunk [pruŋk] *m* (-[*e*]*s*; *sans pl*) faste *m*, pompe *f*; **'ᘔen** (*h*) ***mit etw ~*** faire parade de qc; **'ᘔvoll** fastueux, somptueux

PS [peːˀ'ɛs] *n* (-; -) ch (cheval-vapeur *m*; *pl* chevaux-vapeur)

Psychiat|er [psyçi'aːtər] *m* (*-s*; -) psychiatre *m*; **ᘔrisch** [-'aːtriʃ] psychiatrique

psychisch ['psyçiʃ] psychique

Psycho|ana'lyse [psyço-] *f* psychanalyse *f*; **~ana'lytiker** *m*, **~ana'lytikerin** *f* psychanaliste *m*, *f*; **~loge** [-'loːgə] *m* (*-n*; *-n*), **~login** [-'loːgin] *f* (-; *-nen*) psychologue *m*, *f*; **~logie** [-lo'giː] f (-; *sans pl*) psychologie *f*; **ᘔ'logisch** psychologique; **~se** [psy'çoːzə] *f* (-; *-n*) psychose *f*

Pubertät [pubɛr'tɛːt] *f* (-; *sans pl*) puberté *f*

Publikum ['puːblikum] *n* (*-s*; *sans pl*) public *m*

publizieren [publi'tsiːrən] (*pas de -ge-*, *h*) publier

Pudding ['pudiŋ] *m* (*-s*; *-e*) flan *m*

Pudel ['puːdəl] *zo m* (*-s*; -) caniche *m*

Puder ['puːdər] *m* (*-s*; -) pudre *f*; **'~zu-**

cker *m* sucre *m* glace
Pull|i ['puli] *m* (*-s*; *-s*) F pull *m*; **~over** [pu'lo:vər] *m* (*-s*; -) pull-over *m*
Puls [puls] *m* (*-es*; *-e*) pouls *m*; '**~ader** *f* artère *f*
Pult [pult] *n* (-[*e*]*s*; *-e*) pupitre *m*
Pulver ['pulvər] *n* (*-s*; -) poudre *f*; '**~fass** *n fig* poudrière *f*; '**~kaffee** *m* café *m* en poudre; '**~schnee** *m* neige *f* poudreuse
Pumpe ['pumpə] *f* (-; *-n*) pompe *f*; '**≗n** (*h*) pomper; F (***sich***) ***von j-m etw ~*** emprunter qc à qn; *Geld* taper qn de qc F; ***j-m etw ~*** prêter qc à qn
Punk [paŋk] *m* (*-s*; *-s*) (musique *f*) punk *m*; '**~er** *m* (*-s*; -), '**~erin** *f* (-; *-nen*) punk *m*, *f*
Punkt [puŋkt] *m* (-[*e*]*s*; *-e*) point *m*; ***~ acht Uhr*** à huit heures précises; ***Sieger*** *m* ***nach ~en*** vainqueur *m* aux points; **≗'ieren** (*pas de -ge-*, *h*) pointiller; *mus* pointer; *méd* ponctionner
pünktlich ['pyŋktliç] ponctuel; ***~ sein*** (***ankommen***) être (arriver) à l'heure; '**≗keit** *f* (-; *sans pl*) ponctualité *f*
Pupille [pu'pilə] *f* (-; *-n*) pupille *f*
Puppe ['pupə] *f* (-; *-n*) poupée *f* (*a* F *Mädchen*); *für das Puppenspiel* marionnette *f*; *zo* chrysalide *f*; '**~nspiel** *n* marionnettes *f/pl*; '**~nstube** *f* maison *f* de poupée
pur [pu:r] pur
Purpur ['purpur] *m* (*-s*; *sans pl*) pourpre *f*, *als Farbe m*
Purzel|baum ['purtsəl-] *m* culbute *f*, galipette *f* F; ***e-n ~ schlagen*** *a* faire une roulade; '**≗n** (*sn*) F dégringoler
pusten ['pu:stən] (*h*) souffler
Pute ['pu:tə] *zo f* (-; *-n*) dinde *f* (*a fig*); '**~r** *zo m* (*-s*; -) dindon *m*
Putsch [putʃ] *pol m* (-[*e*]*s*; *-e*) coup *m* d'État, putsch *m*
Putz [puts] *m* (*-es*; *sans pl*) enduit *m*; *Rau≗* crépi *m*; '**≗en** (*h*) nettoyer; *Zähne* laver; *Schuhe* cirer; *Gemüse* éplucher; ***sich die Nase ~*** se moucher; '**~frau** *f* femme *f* de ménage; '**~lappen** *m* chiffon *m*
Pyramide [pyra'mi:də] *f* (-; *-n*) pyramide *f*
Pyrenäen [pyre'nɛ:ən] *pl* Pyrénées *f/pl*; **~halbinsel** *f* péninsule *f* Ibérique

Q

qkm *abr* ***Quadratkilometer*** kilomètre carré
qm *abr* ***Quadratmeter*** mètre carré
Quadrat [kva'dra:t] *n* (-[*e*]*s*; *-e*) carré *m*; ***ins ~ erheben*** élever au carré; **≗isch** carré; *Gleichung* quadratique; **~meter** *m* mètre *m* carré; **~wurzel** *math f* racine *f* carrée
quaken ['kva:kən] (*h*) *Ente* cancaner, faire coin-coin; *Frosch* coasser
Qual [kva:l] *f* (-; *-en*) tourment *m*, supplice *m*, torture *f*
quälen ['kvɛ:lən] (*h*) tourmenter, torturer; ***sich ~*** *abmühen* se donner bien du mal (***mit*** avec)
Qualifi|kation [kvalifika'tsjo:n] *f* (-; *-en*) qualification *f* (*a Sport*); **≗'zieren** [-'tsi:rən] (*pas de -ge-*, *h*) (***sich ~*** se) qualifier; **≗'ziert** [-'tsi:rt] qualifié
Qualit|ät [kvali'tɛ:t] *f* (-; *-en*) qualité *f*; **≗ativ** [-ta'ti:f] qualitatif
Qualitäts|kontrolle *f* contrôle *m* de qualité; **~management** *n* gestion *f* de qualité; **~marke** *f* label *m* de qualité; **~sicherung** *f* qualité *f* garantie; **~steigerung** *f* augmentation *f* de qualité; **~ware** *f* marchandise *f* de choix
Qualm [kvalm] *m* (-[*e*]*s*; *sans pl*) fumée *f*; '**≗en** (*h*) fumer, répandre une épaisse fumée; F *Raucher* fumer (à grosses bouffées)
'**qualvoll** atroce, douloureux, insupportable
Quantit|ät [kvanti'tɛ:t] *f* (-; *-en*) quantité *f*; **≗ativ** [-ta'ti:f] quantitatif
Quarantäne [karan'tɛ:nə] *f* (-; *-n*) quarantaine *f*
Quark [kvark] *m* (*-s*; *sans pl*) fromage *m* blanc
Quartal [kvar'ta:l] *n* (*-s*; *-e*) trimestre *m*
Quartett [kvar'tɛt] *n* (-[*e*]*s*; *-e*) *mus* quatuor *m*; *Kartenspiel* jeu *m* des sept familles
Quartier [kvar'ti:r] *n* (*-s*; *-e*) *Unterkunft*

logement *m*, gîte *m*; *Schweiz*: *Stadtviertel* quartier *m*
Quarz [kvarts] *m* (*-es*; *-e*) quartz *m*; '**~uhr** *f* montre *f* à quartz
Quatsch [kvatʃ] F *m* (*-es*; *sans pl*) bêtises *f/pl*; '**≈en** (*h*) F bavarder, jaser; *von sich geben* débiter
Quecksilber ['kvɛk-] *n* mercure *m*
Quelle ['kvɛlə] *f* (-; *-n*) source *f* (*a fig*); '**≈n** (*quoll*, *gequollen*, *sn*) jaillir (***aus*** de); *schwellen* gonfler
quer [kveːr] en travers, transversalement; ***~ über etw*** en travers de qc; ***~ durch etw*** à travers qc; ***kreuz und ~ durch Deutschland fahren*** parcourir l'Allemagne en tous sens; '**≈flöte** *f* flûte *f* traversière; '**≈schnitt** *m* coupe *f* transversale; '**~schnitt(s)gelähmt** *méd* paraplégique; '**≈straße** *f* rue *f* transversale
quetsch|en ['kvɛtʃən] (*h*) écraser; *méd* contusionner; '**≈ung** *méd f* (-; *-en*) contusion *f*
quietschen ['kviːtʃən] (*h*) *Bremsen*, *Reifen*, *Tür* grincer
quitt [kvit] ***mit j-m ~ sein*** être quitte envers qn
Quitte ['kvitə] *bot f* (-; *-n*) coing *m*
quitt|ieren [kvi'tiːrən] (*pas de -ge-*, *h*) acquitter, donner quittance de; *Dienst* abandonner; '**≈ung** *f* (-; *-en*) reçu *m*, quittance *f*
Quiz [kviz] *n* (-; -) jeu *m* de questions et de réponses, quiz *m*
Quote ['kvoːtə] *f* (-; *-n*) quote-part *f*, quota *m*, contingent *m*, taux *m*
Quotient [kvo'tsjɛnt] *math m* (*-en*; *-en*) quotient *m*

R

Rabatt [ra'bat] *comm m* (-[*e*]*s*; *-e*) remise *f*, rabais *m*
Rabe ['raːbə] *zo m* (*-n*; *-n*) corbeau *m*
rabiat [ra'bjaːt] furieux; brutal
Rache ['raxə] *f* (-; *sans pl*) vengeance *f*
Rachen ['raxən] *m* (*-s*; -) gorge *f*, pharynx *m*; *fig* gueule *f*
rächen ['rɛçən] (*h*) venger; ***sich ~*** se venger (***an j-m*** de qn; ***an j-m für etw*** de qc sur qn)
Rad [raːt] *n* (-[*e*]*s*; *⸚er*) roue *f*; *Fahr≈* vélo *m*, bicyclette *f*; ***mit dem ~ fahren*** aller à bicyclette *od* en vélo; ***~ fahren*** faire du vélo; '**~fahrer** *m*, '**~fahrerin** *f* cycliste *m*, *f*
Radar [ra'daːr] *m*, *n* (*-s*; *sans pl*) radar *m*; **~gerät** *n* radar *m*; **~kontrolle** *f* contrôle-radar *m*; **~schirm** *m* écran *m* radar
Radau [ra'dau] F *m* (*-s*; *sans pl*) chahut *m*, vacarme *m*, tapage *m*
radebrechen ['raːdə-] (*h*) *e-e Sprache* écorcher, baragouiner
Rädelsführer ['rɛːdəls-] *m* meneur *m*
'**radfahren** → ***Rad***
radier|en [ra'diːrən] (*pas de -ge-*, *h*) *aus~* gommer, effacer; *Radierkunst* graver à l'eau-forte; **≈gummi** *m* gomme *f*; **≈ung** *f* (-; *-en*) (gravure *f* à l')eau-forte *f*
Radieschen [ra'diːsçən] *bot n* (*-s*; -) radis *m*
radikal [radi'kaːl] radical; *pol* extrémiste; **≈ismus** [-'lismus] *m* (-; *-men*) extrémisme *m*
Radio ['raːdjo] *n* (*-s*; *-s*) radio *f*; ***im ~*** à la radio; ***~ hören*** écouter la radio; **≈aktiv** [radjoak'tiːf] *phys* radioactif; **~aktivität** [radjoaktivi'tɛːt] *f* (-; *sans pl*) radioactivité *f*; '**~apparat** *m* poste *m* de raio *od* de T.S.F.; '**~rekorder** *m* radiocassette *f*; '**~sendung** *f* émission *f* radiophonique; '**~wecker** *m* radio-réveil *m*
Radius ['raːdjus] *math m* (-; *Radien*) rayon *m*
'**Rad|kappe** *f auto* chapeau *m* de roue, enjoliveur *m*; '**~rennen** *n* course *f* cycliste; '**~sport** *m* cyclisme *m*, sport *m* cycliste; '**~tour** *f*, '**~wanderung** *f* randonnée *f* en vélo; '**~weg** *m* piste *f* cyclable
raffen ['rafən] (*h*) ***an sich ~*** rafler
Raffinerie [rafinə'riː] *f* (-; *-n*) raffinerie *f*
raffiniert [rafi'niːrt] *durchtrieben* rusé, astucieux; *verfeinert* raffiné
ragen ['raːgən] (*h*) s'élever, se dresser

Rahm [raːm] *m* (-[*e*]*s*; *sans pl*) crème *f*
Rahmen ['raːmən] **1.** *m* (-*s*; -) cadre *m*; *fig* ***aus dem ~ fallen*** sortir de l'ordinaire; **2.** '**&** (*h*) *Bild* encadrer; '**~bedingungen** *f/pl* conditions *f/pl* générales; '**~gesetz** *n* loi-cadre *f*
räkeln ['rɛːkəln] (*h*) → ***rekeln***
Rakete [ra'keːtə] *f* (-; -*n*) fusée *f*; *mil a* missile *m*; *~ngeschoss* roquette *f*; ***ferngelenkte ~*** missile télécommandé; ***dreistufige ~*** fusée à trois étages; **~nabschussrampe** *f* rampe *f* de lancement de fusées; **~nantrieb** *m* propulsion *f* par fusées
Rallye ['rali, 'rɛli] *f* (-; -*s*) rallye *m*
rammen ['ramən] (*h*) *Pfahl* enfoncer; *Fahrzeug* entrer en collision avec, tamponner
Rampe ['rampə] *f* (-; -*n*) rampe *f*
Rand [rant] *m* (-[*e*]*s*; *¨er*) bord *m*; *Wald&* lisière *f*; *Buch etc* marge *f*; ***damit zu ~e kommen*** en venir à bout; ***am ~e des Ruins*** au bord de la ruine
randalier|en [randa'liːrən] (*pas de -ge-*, *h*) faire du tapage, chahuter; **&er** *m* (-*s*; -) chahuteur *m*, casseur *m*
'**Rand|bemerkung** *f* note *f* marginale; '**~erscheinung** *f* phénomène *m* marginal; '**~gruppe** *f* groupe *m* marginal; '**~streifen** *m Straße* accotement *m*
Rang [raŋ] *m* (-[*e*]*s*; *¨e*) *Stellung* rang *m*; *Stand* condition *f*; *mil* grade *m*; *Theater* balcon *m*, galeries *f/pl*; *fig* ***von ~*** de premier ordre
rangieren [rɑ̃'ʒiːrən] (*pas de -ge-*, *h*) *Züge* faire des manœuvres; *fig* se placer, se situer
'**Rangordnung** *f* ordre *m* hiérarchique
Ranke ['raŋkə] *f* (-; -*n*) *bot* vrille *f*; *Wein&* sarment *m*
ranzig ['rantsiç] rance
Rap [rɛp] *m* (-[*s*]; -*s*) *mus* rap *m*
Raps [raps] *m* (-*es*; -*e*) *bot* colza *m*
rar [raːr] rare
Rarität [rari'tɛːt] *f* (-; -*en*) rareté *f*, objet *m* de curiosité
rasch [raʃ] rapide; *adv* vite
'**rasen 1.** (*sn*) faire de la vitesse, foncer (à toute allure); **2.** (*h*) ***vor Wut ~*** être fou de colère
Rasen ['raːzən] *m* (-*s*; -) gazon *m*, pelouse *f*
'**rasend** furieux; *Tempo* fou; ***~e Kopfschmerzen*** de violents maux de tête
Rasenmäher ['-mɛːər] *m* (-*s*; -) tondeuse *f* à gazon
Raserei [raːzə'rai] *f* (-; -*en*) *auto* vitesse *f* folle; *Wut* rage *f*, fureur *f*
Rasier|apparat [ra'ziːr-] *m* rasoir *m*; **~creme** *f* mousse *f* à raser; **&en** (*pas de -ge-*, *h*) (***sich ~*** se) raser; **~klinge** *f* lame *f* de rasoir; **~messer** *n* rasoir *m*; **~pinsel** *m* blaireau *m*; **~seife** *f* savon *m* à barbe; **~wasser** *n* lotion *f* après-rasage; after-shave *m*
Rasse ['rasə] *f* (-; -*n*) race *f*
rasseln ['rasəln] (*h*) faire un bruit de ferraille, cliqueter
'**Rassen|diskriminierung** *f* discrimination *f* raciale; '**~trennung** *f* ségrégation *f* raciale
'**rass|ig** racé; '**~isch** racial; **&ismus** [ra'sismus] *m* (-; *sans pl*) racisme *m*; **~istisch** [-'istiʃ] raciste
Rast [rast] *f* (-; -*en*) halte *f*; '**&en** (*h*) faire une halte; '**~haus** *n*, '**~stätte** *f* restaurant *m* d'autoroute, relais *m*; '**~platz** *m Autobahn* aire *f* de repos
Rasur [ra'zuːr] *f* (-; -*en*) rasage *m*
Rat [raːt] *m* **1.** (-[*e*]*s*; *sans pl*)*~schlag* conseil *m*; ***j-n um ~ fragen*** demander conseil à qn; **2.** (-[*e*]*s*; *¨e*) *Person* conseiller *m*; *Kollegium* conseil *m*
Rate ['raːtə] *f* (-; -*n*) *Abzahlung* traite *f*; *Geburten& etc* taux *m*; ***monatliche ~*** mensualité *f*; ***auf ~n kaufen*** acheter à tempérament
'**raten** (*riet*, *geraten*, *h*) conseiller (***etw od zu etw*** qc); *Rätsel* deviner
'**Raten|kauf** *m* achat *m* à tempérament; '**~zahlung** *f* paiement *m* à tempérament
Rat|geber ['-geːbər] *m* (-*s*; -), '**~geberin** *f* (-; -*nen*) conseiller *m*, -ère *f*; '**~haus** *n* hôtel *m* de ville; *in kleineren Orten* mairie *f*
ratifizieren [ratifi'tsiːrən] (*pas de -ge-*, *h*) ratifier
Ration [ra'tsjoːn] *f* (-; -*en*) ration *f*; **&al** [-'naːl] rationnel, raisonnable
rationalisier|en [ratsjɔnali'ziːrən] (*pas de -ge-*, *h*) rationaliser; **&ung** *f* (-; -*en*) rationalisation *f*
rationell [ratsjo'nɛl] rationnel; *sparsam* économique
rationieren [ratsjo'niːrən] (*pas de -ge-*, *h*) rationner
rat|los ['raːt-] perplexe, désemparé;

'**~sam** indiqué, conseillé, à propos, opportun; '**＆schlag** *m* conseil *m*

Rätsel ['rɛːtsəl] *n* (*-s*; -) énigme *f*; '**~aufgabe** devinette *f*; '**＆haft** énigmatique

Ratte ['ratə] *zo f* (-; *-n*) rat *m*

rattern ['ratərn] (*h*) faire du bruit; *tech* brouter

rau [rau] *Oberfläche* rugueux; *Haut* rêche; *Klima* rude; *Stimme* rauque; *Gegend* sauvage; *Sitte* grossier

Raub [raup] *m* (*-[e]s*; *sans pl*) vol *m* (à main armée); *Menschen＆* rapt *m*; *Beute* proie *f*, butin *m*; '**~bau** *m* (*-[e]s*; *sans pl*) exploitation *f* abusive; '**＆en** ['raubən] (*h*) voler, enlever

'**Raub|gier** *f* rapacité *f*; '**~mord** *m* assassinat *m* suivi de vol; '**~mörder** *m* assassin *m*; '**~tier** *n* fauve *m*, bête *f* féroce; '**~überfall** *m* hold-up *m*, attaque *f* à main armée; '**~vogel** *m* rapace *m*, oiseau *m* de proie

Rauch [raux] *m* (*-[e]s*; *sans pl*) fumée *f*; '**＆en** (*h*) fumer; **＆ *verboten!*** interdit de fumer!; ***Pfeife* ~** fumer la pipe; '**~er** *m* (*-s*; -), '**~erin** *f* (-; *-nen*) fumeur *m*, -euse *f*; '**~erabteil** *n* compartiment *m* de fumeurs

räuchern ['rɔʏçərn] (*h*) fumer

'**Rauch|fleisch** *n* viande *f* fumée; '**＆ig** fumeux; *voll Rauch* enfumé; '**~verbot** *n* défense *f* de fumer; '**~waren** *f/pl* tabacs *m/pl*; *Pelze* fourrures *f/pl*

rauf|en ['raufən] (*h*) se battre, se bagarrer; *fig* ***sich die Haare* ~** s'arracher les cheveux; **＆e'rei** *f* bagarre *f*, rixe *f*

rauh [rau] → ***rau***

Raum [raum] *m* (*-[e]s*; *⸚e*) espace *m*; *Platz* place *f*; *Räumlichkeit* local *m*; *Zimmer* pièce *f*; ***im* ~ *Stuttgart*** dans la région de Stuttgart

räumen ['rɔʏmən] (*h*) *Ort* évacuer; *weg~* enlever

'**Raum|fähre** *f* navette *f* spatiale; '**~fahrer** *m*, '**~fahrerin** *f* astronaute *m*, *f*, cosmonaute *m*, *f*; '**~fahrt** *f* astronautique *f*, navigation *f* spatiale; '**~flug** *m* vol *m* spatial; '**~forschung** *f* recherche *f* spatiale; '**~inhalt** *m* volume *m*, capacité *f*

räumlich ['rɔʏmliç] de *od* dans l'espace; *dreidimensional* à trois dimensions; '**＆keiten** *f/pl* locaux *m/pl*

'**Raum|pflegerin** *f* femme *f* de ménage; '**~schiff** *n* vaisseau *m* spatial; '**~station** *f* station *f* orbitale

Räumung ['rɔʏmuŋ] *f* (-; *-en*) évacuation *f*; '**~sverkauf** *m* liquidation *f* totale

Raupe ['raupə] *zo f* (-; *-n*) chenille *f*

'**Raureif** *m* (*-[e]s*; *sans pl*) givre *m*

raus [raus] **~*!*** dehors!, sors *od* sortez (d'ici)!; → *a* ***heraus*** *u* ***hinaus***

Rausch [rauʃ] *m* (*-es*; *⸚e*) ivresse *f*; ***e-n* ~ *haben*** être ivre *od* soûl; '**＆en** (*h*) *Bach* murmurer; *Blätter* frémir; *Radio* grésiller; '**＆end** *Applaus* bruyant

'**Rauschgift** *n* stupéfiant *m*; '**~handel** *m* trafic *m* de drogues *od* de stupéfiants; '**~händler** *m* trafiquant *m* de stupéfiants; '**＆süchtig** drogué

räuspern ['rɔʏspərn] (*h*) ***sich* ~** se racler la gorge, s'éclaircir la voix

'**Razzia** [ratsja] *f* (-; *Razzien*) rafle *f*

rd. *abr* ***rund*** environ; en chiffres ronds

reagieren [rea'giːrən] (*pas de -ge-*, *h*) réagir (***auf*** à)

Reaktion [reak'tsjoːn] *f* (-; *-en*) réaction *f* (***auf*** à); **＆är** [-o'nɛːr] *pol* réactionnaire

Reaktor [re'aktɔr] *tech m* (*-s*; *-en*) réacteur *m*

real [re'aːl] réel, effectif; **＆einkommen** *n* produit *m* réel; **~isieren** [reali'ziːrən] (*pas de -ge-*, *h*) réaliser; **＆ismus** [-'lismus] *m* (-; *sans pl*) réalisme *m*; **~istisch** [-a'listiʃ] réaliste; **＆ität** [-li'tɛːt] *f* (-; *-en*) réalité *f*; **＆schule** collège *m* d'enseignement secondaire (*abr* CES)

Rebe ['reːbə] *f* (-; *-n*) vigne *f*

Rebell [re'bɛl] *m* (*-en*; *-en*), **~in** *f* (-; *-nen*) rebelle *m*, *f*; **＆ieren** [-'liːrən] (*pas de -ge-*, *h*) se rebeller (***gegen*** contre); **~ion** [-'ljoːn] *f* (-; *-en*) rébellion *f*; **＆isch** [re'bɛliʃ] rebelle

Reb|huhn ['rɛp-] *zo n* perdrix *f*; '**~stock** ['reːp-] *m* cep *m* (de vigne)

Rechen ['rɛçən] **1.** *m* (*-s*; -) râteau *m*; **2.** **＆** (*h*) ratisser

'**Rechen|maschine** *f* machine *f* à calculer, calculatrice *f*; '**~schaft** *f* (-; *sans pl*) **~ *ablegen*** *od* ***geben*** rendre compte (***j-m über etw*** de qc à qn); ***j-n zur* ~ *ziehen*** demander des comptes à qn; '**~schaftsbericht** *m* compte rendu *m*, rapport *m* de gestion

rechnen ['rɛçnən] (*h*) **1.** calculer; ***mit***

mir kannst du ~ tu peux compter sur moi; **2.** '**2** *n* (*-s; sans pl*) calcul *m*

'**Rechner** *m* (*-s*; -) *Taschen*2 calculatrice *f*; *Computer* ordinateur *m*; '**2isch** par voie de calcul

'**Rechnung** *f* (-; *-en*) compte *m*; *math* calcul *m*; *comm* facture *f*; *Hotel* note *f*; *Restaurant* addition *f*; '**~sablage** *f* classement *m* des factures; '**~sjahr** *écon n* exercice *m*; '**~sprüfung** *f* vérification *f* des comptes

recht[1] [rɛçt] *Hand, Winkel* droit; *richtig* juste; *passend* convenable; *adv* bien, fort, très; ***zur ~en Zeit*** à temps; ***das ist ~*** c'est bien; ***es geschieht ihm ~*** c'est bien fait pour lui; ***du kommst gerade ~*** tu arrives à point; ***~ und schlecht*** tant bien que mal; ***erst ~*** plus que jamais

recht[2] [rɛçt] *subst* ***~ haben*** avoir raison; ***j-m ~ geben*** donner raison à qn

Recht [rɛçt] *n* (-[*e*]*s*;-*e*) droit *m* (***auf*** à); ***~ sprechen*** rendre la justice, ***mit vollem ~*** à bon droit, à juste titre; ***mit welchem ~!*** de quel droit!; ***im ~ sein*** être dans son droit, ***von ~s wegen*** de par la loi; → ***recht***[2]

'**Recht|e** *f* (*-n*; *-n*) (main *f*) droite *f*; *pol* droite *f*; '**~eck** *n* rectangle *m*; '**2eckig** rectangulaire; '**2fertigen** (*h*) (***sich ~*** se) justifier; '**~fertigung** *f* (-; *-en*) justification *f*; '**2lich** juridique; '**2mäßig** légal, légitime

rechts [rɛçts] à droite

'**Rechts|abbieger** *m* automobiliste *m* cycliste *m* tournant à droite; '**~anspruch** *m* droit *m* (***auf*** à); '**~anwalt** *m*, '**~anwältin** *f* avocat *m*, -e *f*

'**Rechtschreib|programm** *n* (-[*e*]*s*; *-e*) programme *m* de correction orthographique; '**~reform** *f* réforme *f* orthographique

'**Rechtschreibung** *f* orthographe *f*

'**Rechts|extremismus** *m* extrémisme *m* de droite; '**~fall** *m* cas *m* juridique; '**2kräftig** qui a force de loi; '**~lage** *f* situation *f* juridique; '**~pflege** *f* justice *f*

'**Rechtsprechung** *f* (-; *-en*) juridiction *f*

'**rechts|radikal** *pol* d'extrême droite; '**2schutz** *m* protection *f* juridique; '**2schutzversicherung** *f* assistance *f* juridique; '**2staat** *m* État *m* de droit; '**2streit** *m* litige *m*; '**2verkehr** *m* circulation *f* à droite; '**2weg** *m* voie *f* judiciaire; '**~widrig** illégal; '**2wissenschaft** *f* droit *m*

'**recht|wink(e)lig** rectangulaire; '**~zeitig** à temps

Redakteur [redak'tøːr] *m* (*-s*; *-e*), **~in** *f* (-; *-nen*) rédacteur *m*, -trice *f*

Redaktion [redak'tsjoːn] *f* (-; *-en*) rédaction *f*

Rede ['reːdə] *f* (-; *-n*) discours *m*; ***e-e ~ halten*** faire *od* prononcer un discours; ***das ist nicht der ~ wert*** ça ne vaut pas la peine d'en parler

reden ['reːdən] (*h*) parler (***von, über*** de; ***mit*** à, avec); ***ich möchte mit dir ~*** je voudrais te parler

Rede|nsart ['reːdənsʔ-] *f sprichwörtliche* dicton *m*; *leere* façon *f* de parler; '**~wendung** *f* tournure *f*, locution *f*, expression *f*

redlich ['reːtliç] honnête

Redner ['reːdnər] *m* (*-s*; -) orateur *m*

redselig ['reːtzeːliç] loquace

reduzieren [redu'tsiːrən] (*pas de -ge-, h*) réduire (***auf*** à)

Reede|r ['reːdər] *m* (*-s*; -) armateur *m*; **~'rei** *f* (-; *-en*) société *f* d'armateurs, compagnie *f* de transports maritimes

reell [re'ɛl] *comm* honnête, correct; *Firma* de confiance

Refer|at [refe'raːt] *n* (-[*e*]*s*; *-e*) exposé *m*; **~ent** [-'rɛnt] *m* (*-en*; *-en*) *Vortragender* conférencier *m*; *Sachbearbeiter* chef *m* de service; **~enzen** [-'rɛntsən] *f/pl* références *f/pl*; **2'ieren** (*pas de -ge-, h*) ***~ über etw*** faire un exposé de *od* sur qc

reflektieren [reflɛk'tiːrən] (*pas de -ge-, h*) réfléchir (*Licht u* ***über*** sur); F ***~ auf*** avoir des visées sur

Reflex [re'flɛks] *m* (*-es*; *-e*) *Licht*2 reflet *m*; *biol* réflexe *m*

Reform [re'fɔrm] *f* (-; *-en*) réforme *f*; **~ation** [-a'tsjoːn] *rel f* (-; *sans pl*) Réforme *f*; **~ator** [-'maːtɔr] *rel m* (*-s*; *-en*), **~er** *m* (*-s*; -) réformateur *m*; **~haus** *n* magasin *m* de produits diététiques; **2ieren** [-'miːrən] (*pas de -ge-, h*) réformer

Regal [re'gaːl] *n* (*-s*; *-e*) étagère *f*

Regatta [re'gata] *f* (-; *-tten*) régates *f/pl*

rege ['reːgə] actif; *Geist* vif, alerte; *belebt* animé

Regel ['reːgəl] *f* (-; *-n*) règle *f*; *méd* règles *f/pl*; ***in der ~*** en règle générale;

'**2mäßig** régulier; '**~mäßigkeit** *f* (-; *sans pl*) régularité *f*; '**2n** (*h*) (***sich ~*** se) régler; '**2recht** correct, dans les règles; *fig* en règle; '**~ung** *f* (-; *-en*) *Steuerung* régulation *f*; *e-r Angelegenheit* règlement *m*

regen ['re:gən] (*h*) *Glieder* bouger; ***sich ~*** bouger, remuer; *tätig werden* devenir actif; *Gefühle* naître

Regen ['re:gən] *m* (-*s*; -) pluie *f*; '**~bogen** *m* arc-en-ciel *m*; '**~mantel** *m* imperméable *m*

Regensburg ['re:gənsburk] *n* Ratisbonne

'**Regen|schauer** *m* averse *f*; '**~schirm** *m* parapluie *m*; '**~wetter** *n* temps *m* pluvieux; '**~wurm** *m* ver *m* de terre; '**~zeit** *f* saison *f* des pluies

Reggae ['rɛge] *m* (-[*s*]) *mus* reggae *m*

Regie [re'ʒi:] *f* (-; *-n*) *Theater* mise *f* en scène

regier|en [re'gi:rən] (*pas de -ge-, h*) gouverner; *Herrscher* régner; **2ung** *f* (-; *-en*) gouvernement *m*

Re'gierungs|bezirk *m* subdivision *f* administrative d'un land; **~form** *f* forme *f* de gouvernement, régime *m*; **~partei** *f* parti *m* gouvernemental; **~sprecher** *m* porte-parole *m* du gouvernement

Regime [re'ʒi:m] *pol n* (-[*s*]; -) régime *m*

Regiment [regi'mɛnt] *mil n* (-[*e*]*s*; *-er*) régiment *m*

Region [re'gjo:n] *f* (-; *-en*) région *f*; **2al** [-'na:l] régional

Regisseur [reʒi'sør] *m* (-*s*; *-e*) *Theater, Film* metteur *m* en scène; *Film a* réalisateur *m*

Regist|er [re'gistər] *n* (-*s*; -) registre *m* (*a mus*); *in Büchern* index *m*; **2rieren** [-s'tri:rən] (*pas de -ge-, h*) enregistrer; **~rierkasse** [-s'tri:r-] *f* caisse *f* enregistreuse

Regler ['re:glər] *tech m* (-*s*; -) régulateur *m*

regne|n ['re:gnən] (*h*) pleuvoir; ***es regnet*** il pleut; '**~risch** pluvieux

Regress [re'grɛs] *comm m* (-*es*; *-e*) recours *m*; **2pflichtig** civilement responsable

regulär [regu'lɛ:r] régulier; *Preis* normal

regulieren [regu'li:rən] (*pas de -ge-, h*) *tech* régler; *Fluss* régulariser

Regung ['re:guŋ] *f* (-; *-en*) *Bewegung* mouvement *m*; *Gemüts2* émotion *f*; '**2slos** immobile

Reh [re:] *zo n* (-[*e*]*s*; *-e*) chevreuil *m*

Rehabilitation [rehabilita'tsjo:n] *f* (-; *-en*) *jur* réhabilitation *f*; *méd* rééducation *f*

reib|en ['raibən] (*rieb, gerieben, h*) frotter; *cuis* râper; ***sich die Augen ~*** se frotter les yeux; '**2ung** *f* (-; *-en*) frottement *m*, friction *f* (*a fig*); '**~ungslos** *fig* sans difficulté

reich [raiç] riche (***an*** en); ***die 2en*** les riches *m/pl*

Reich [raiç] *n* (-[*e*]*s*; *-e*) empire *m*; *fig* royaume *m*; ***das Dritte ~*** le troisième Reich

reichen ['raiçən] (*h*) *sich erstrecken* aller, s'étendre (***bis*** jusqu'à); *geben* donner, tendre, passer, offrir; *genügen* suffire; ***mir reicht's!*** j'en ai assez!

reich|haltig ['raiçhaltiç] abondant, riche; '**~lich** abondant; *Essen* copieux

'**Reichtum** *m* (-*s*; *¨er*) richesse *f* (***an*** en)

'**Reichweite** *f* portée *f*; ***außer ~*** hors de portée

reif [raif] mûr

Reif *m* (-[*e*]*s*; *sans pl*) gelée *f* blanche; *Rau2* givre *m*

Reife ['raifə] *f* (-; *sans pl*) maturité *f* (*a fig*)

reifen ['raifən] (*sn*) mûrir

'**Reifen** *m* (-*s*; -) cerceau *m*; *auto* pneu *m*; '**~druck** *m* pression *f* de gonflage; '**~panne** *f* crevaison *f*; '**~wechsel** *m* changement *m* de pneu(s)

'**Reifeprüfung** *f* baccalauréat *m*, bac *m* F

'**reiflich** mûr; ***etw ~ überlegen*** réfléchir mûrement à qc

Reihe ['raiə] *f* (-; *-n*) *nebeneinander* rang *m*, rangée *f*; *hintereinander* file *f*; *Aufeinanderfolge* suite *f*, série *f*; ***ich bin an der ~*** c'est mon tour; ***der ~ nach*** l'un après l'autre, chacun son tour

'**Reihen|folge** *f* suite *f*, ordre *m*; '**~haus** *n* maison *f* de lotissement; '**2weise** en série

Reiher ['raiər] *zo m* (-*s*; -) héron *m*

Reim ['raim] (-[*e*]*s*; *-e*) rime *f*; '**2en** (*h*) (*a* ***sich ~***) rimer (***auf*** avec)

rein[1] [rain] pur; *sauber* propre

rein² → ***herein*** *u* ***hinein***

'**Rein|fall** F *m* échec *m*, fiasco *m*; '**~gewinn** *m* bénéfice *m* net; '**~heit** *f* (-; *sans pl*) pureté *f*

reinig|en ['rainigən] (*h*) nettoyer; '**2ung** *f* (-; *-en*) nettoyage *m*; ***chemische ~*** nettoyage *m* à sec; *Geschäft* teinturerie *f*; '**2ungsmittel** *n* détergent *m*

Reis ['rais] *m* (*-es*; *sans pl*) riz *m*

Reise ['raizə] *f* (-; *-n*) voyage *m*; ***auf ~n*** en voyage; ***gute ~!*** bon voyage!; '**~andenken** *n* souvenir *m*; '**~apotheke** *f* nécessaire *m* de pharmacie; '**~büro** *n* agence *f* de voyages; '**~fieber** *n* fièvre *f* de départ; '**~führer** *m* guide *m*; '**~gepäck** *n* bagages *m*/*pl*; '**~gesellschaft** *f* groupe *m*; '**~leiter** *m* guide *m*, accompagnateur *m*

reisen ['raizən] (*sn*) voyager; ***durch Frankreich ~*** traverser la France; ***ins Ausland ~*** aller à l'étranger; '**2de** *m*, *f* (*-n*; *-n*) voyageur *m*, -euse *f*; *Handlungs2* commis *m* voyageur

'**Reise|pass** *m* passeport *m*; '**~route** *f* itinéraire *m*; '**~ruf** *m* *Radio* message *m* personnel; '**~scheck** *m* chèque *m* de voyage; '**~spesen** *pl* frais *m*/*pl* de déplacement; '**~tasche** *f* sac *m* de voyage; '**~versicherung** *f* assurance *f* mauvais temps villégiature; '**~ziel** *n* destination *f*

Reißbrett ['rais-] *n* planche *f* à dessin

reiß|en ['raisən] (*riss*, *gerissen*) **1.** *v*/*i* (*sn*) *Seil etc* se déchirer; **2.** *v*/*t* (*h*) ***in Stücke ~*** déchirer en morceaux; ***j-m etw aus den Händen ~*** arracher qc des mains de qn; ***etw an sich ~*** s'emparer de qc; ***sich um etw ~*** s'arracher qc; '**~end** *Strom* rapide; *Tier* féroce; ***~en Absatz finden*** se vendre comme des petits pains; '**~erisch** tapageur; '**2nagel** *m* punaise *f*; '**2verschluss** *m* fermeture *f* éclair; '**2zwecke** *f* punaise *f*

'**Reiswaffel** *f* galette *f* de riz

reiten ['raitən] **1.** (*ritt*, *geritten*, *v*/*t h*, *v*/*i sn*) monter à cheval; *Sport* faire du cheval; *irgendwohin* aller à cheval; **2.** '**2** *n* (*-s*; *sans pl*) équitation *f*

Reiter ['raitər] *m* (*-s*; -), '**~in** *f* (-; *-nen*) cavalier *m*, -ière *f*

'**Reit|pferd** *n* cheval *m* de selle, monture *f*; '**~sport** *m* hippisme *m*, sport *m* équestre; '**~stiefel** *m* botte *f* d'équitation

Reiz [raits] *m* (*-es*; *-e*) attrait *m*, charme *m*; *biol* stimulus *m*; '**2bar** irritable, excitable; '**2en** (*h*) irriter, exciter, stimuler; *verlocken* attirer, séduire, tenter; '**2end** charmant; '**~klima** *n* climat *m* vivifiant; '**2los** fade, peu attrayant; '**~mittel** *n* stimulant *m*; '**~ung** *f* (-; *-en*) *méd* irritation *f*; *biol* stimulation *f*; '**2voll** attrayant

rekeln ['reːkəln] (*h*) F ***sich ~*** se prélasser

Reklamation [reklama'tsjoːn] *f* (-; *-en*) réclamation *f*

Reklame [re'klaːmə] *f* (-; *-n*) réclame *f*, publicité *f*; ***~ machen für*** faire de la publicité pour

reklamieren [-kla'miːrən] (*pas de -ge-*, *h*) réclamer

rekonstruieren [rekɔnstru'iːrən] (*pas de -ge-*, *h*) *Ereignis* reconstituer

Rekord [re'kɔrt] *m* (*-*[*e*]*s*; *-e*) record *m*; ***e-n ~ aufstellen*** établir un record

Rekrut [re'kruːt] *mil* *m* (*-en*; *-en*) recrue *f*, conscrit *m*; **2'ieren** (*pas de -ge-*, *h*) (***sich ~*** se) recruter (***aus*** dans, parmi)

relativ [rela'tiːf] relatif

Relief [rel'jɛf] *n* (*-s*; *-s*, *-e*) relief *m*

Religion [reli'gjoːn] *f* (-; *-en*) religion *f*

religiös [reli'gjøs] religieux; *fromm* pieux

Reling ['reːliŋ] *mar* *f* (-; *-s*, *-e*) bastingage *m*, rambarde *f*

Reliquie [re'liːkviə] *f* (-; *-n*) relique *f*

Rendite [rɛn'diːtə] *f* (-; *-n*) taux *m* de capitalisation

Renn|bahn ['rɛn-] *f* *Pferde* champ *m* de courses, hippodrome *m*; *Fahrrad* vélodrome *m*; *allg a* piste *f*; '**2en** (*rannte*, *gerannt*, *sn*) courir; '**~en** *n* (*-s*; -) course *f*; '**~fahrer** *m* *auto* pilote *m*; *Motor-*, *Fahrrad* coureur *m*; '**~rad** *n* vélo *m* de course; '**~sport** *m* *allg* course *f*; '**~stall** *m* écurie *f*; '**~strecke** *f* parcours *m*; '**~wagen** *m* voiture *f* de course, bolide *m*

renommiert [renɔ'miːrt] renommé

renovier|en [renɔ'viːrən] (*pas de -ge-*, *h*) remettre à neuf, rénover; **2ung** (-; *-en*) rénovation *f*

rentab|el [rɛn'taːbəl] rentable, profitable; **2ilität** [-abili'tɛːt] *f* (-; *sans pl*) rentabilité *f*

Rente ['rɛntə] *f* (-; *-n*) retraite *f*, pension *f*; *Kapital*☊ rente *f*; '**~nversicherung** *f* assurance - retraite *f*
Rentier ['rɛn-] *zo n* renne *m*
rentieren [rɛn'tiːrən] (*pas de -ge-, h*) ***sich ~*** valoir la peine; *comm* rapporter
Rentner ['rɛntnər] *m* (*-s*; -), '**~in** *f* (-; *-nen*) retraité *m*, -e *f*
Reparatur [repara'tuːr] *f* (-; *-en*) réparation *f*; **~werkstatt** *f* atelier *m* de réparation; *auto* garage *m*
reparieren [-pa'riːrən] (*pas de -ge-, h*) réparer
Report|age [repɔr'taːʒə] *f* (-; *-en*) reportage *m*; **~er** [re'pɔrtər] *m* (*-s*; -) reporter *m*
Repräsent|ant [reprɛzɛn'tant] *m* (*-en*; *-en*), **~antin** *f* (-; *-nen*) représentant *m*; ☊**ativ** [-ta'tiːf] représentatif; *ansehnlich* qui présente bien, prestigieux; ☊**ieren** (*pas de -ge-, h*) représenter
Repressalien [reprɛ'saːljən] *f/pl* représailles *f/pl*
reprivatisier|en [reprivati'ziːrən] (*pas de -ge-, h*) dénationaliser
Reprodu|ktion [reproduk'tsjoːn] *f* (-; *-en*) reproduction *f*; ☊**zieren** [-'tsiːrən] (*pas de -ge-, h*) reproduire
Reptil [rɛp'tiːl] reptile *m*
Republik [repu'bliːk] *f* (-; *-en*) république *f*; **~aner** [-i'kaːnər] *m* (*-s*; -), **~'anerin** *f* (-; *-nen*) *m* républicain *m*, -e *f*; ☊**anisch** [-i'kaːniʃ] républicain
Reserve [re'zɛrvə] *f* (-; *-n*) réserve *f* (*a mil*); **~kanister** *m* bidon *m* de réserve; **~rad** *n* roue *f* de secours
reservier|en [rezɛr'viːrən] (*pas de -ge-, h*) réserver, retenir; ☊**ung** *f* (-; *-en*) réservation *f*
Residenz [rezi'dɛnts] *f* (-; *-en*) résidence *f*
Resig|nation [rezigna'tsjoːn] *f* (-; *sans pl*) résignation *f*; ☊'**nieren** (*pas de -ge-, h*) se résigner
Resolution [rezolu'tsjoːn] *f* (-; *-en*) résolution *f*
Resonanz [rezo'nants] *f* (-; *-en*) résonance *f*; *fig* écho *m*
Resozialisierung [rezotsjali'ziːruŋ] *f* réinsertion *f* dans la société
Respekt [re'spɛkt] *m* (-[*e*]*s*; *sans pl*) respect *m* (***vor*** pour)
respekt|ieren [-'tiːrən] (*pas de -ge-, h*) respecter; **~los** [-'spɛkt-] sans respect, irréverencieux; **~voll** [-'spɛkt-] respectueux
Ressort [rɛ'soːr] *n* (*-s*; *-s*) ressort *m*
Rest [rɛst] *m* (*-es*; *-e*) reste *m*
Restaurant [rɛsto'rɑ̃ː] *n* (*-s*; *-s*) restaurant *m*
restaurieren [rɛstau'riːrən] (*pas de -ge-, h*) restaurer
'**Rest|betrag** *m* restant *m*; '**~bestand** *m* reste *m*, reliquat *m*; '☊**lich** restant, qui reste; '☊**los** totalement, complètement; '**~müll** *m* déchets *m/pl* non recyclables; '**~zahlung** *f* paiement *m* d'un reliquat
Resultat [rezul'taːt] *n* (-[*e*]*s*; *-e*) résultat *m*
rett|en ['rɛtən] (*h*) (***sich ~*** se) sauver (***aus, vor*** de); '☊**er** *m* (*-s*; -) sauveteur *m*; *fig* sauveur *m*
Rettich ['rɛtiç] *bot m* (*-s*; *-e*) radis *m*
'**Rettung** *f* (-; *-en*) sauvetage *m*; *Heil* salut *m*
'**Rettungs|aktion** *f* opération *f* de sauvetage; '**~boot** *n* canot *m* de sauvetage; '**~mannschaft** *f* sauveteurs *m/pl*; '**~ring** *m* bouée *f* de sauvetage; '**~schwimmer** *m* sauveteur *m*; '**~weste** *f* gilet *m* de sauvetage
Reu|e ['rɔyə] *f* (-; *sans pl*) repentir *m*; '☊**en** (*h*) ***etw reut mich*** je regrette qc; '☊**evoll**, '☊**ig**, '☊**mütig** repentant, contrit
revanchieren [revɑ̃'ʃiːrən] (*pas de -ge-, h*) ***sich ~*** prendre sa revanche; *für e-n Dienst* rendre la pareille; *für e-e Einladung* inviter qn à son tour
revidieren [revi'diːrən] (*pas de -ge-, h*) réviser
Revier [re'viːr] *n* (*-s*; *-e*) district *m*; *e-s Tieres* territoire *m*; *Jagd*☊ chasse *f* gardée; *Polizei*☊ commissariat *m*
Revision [revi'zjoːn] *f* (-; *-en*) révision *f*; *jur* ***~ einlegen*** se pourvoir en cassation
Revol|te [re'vɔltə] *f* (-; *-n*) révolte *f*; ☊'**tieren** (*pas de -ge-, h*) se révolter
Revolution [revolu'tsjoːn] *f* (-; *-en*) révolution *f*; ☊**är** [-o'nɛːr] révolutionnaire *m*; **~är** *m* (*-s*; *-e*), **~ärin** *f* (-; *-nen*) révolutionnaire *m*, *f*
Revolver [re'vɔlvər] *m* (*-s*; -) revolver *m*
Rezept [re'tsɛpt] *n* (-[*e*]*s*; *-e*) *cuis* recette *f*; *méd* ordonnance *f*; ☊**frei** délivré

sans ordonnance; **&pflichtig** délivré uniquement sur ordonnance
Rezession [retsɛ'sjo:n] *f* (-; *-en*) récession *f*
R-Gespräch ['ɛr-] *n tél* communication *f* PCV
rh *abr* ***Rhesusfaktor negativ*** facteur rhésus négatif
Rh *abr* ***Rhesusfaktor positiv*** facteur rhésus positif
Rhabarber [ra'barbər] *m* (*-s*; *sans pl*) rhubarbe *f*
Rhein [rain] *m* (-[*e*]*s*; *sans pl*) ***der ~*** le Rhin; **'&isch** rhénan; **'~land** *n* la Rhénanie; **'~land-'Pfalz** *n* la Rhénanie-Palatinat
rhetorisch [re'to:riʃ] rhétorique
Rheuma ['rɔʏma] *med n* (*-s*; *sans pl*) rhumatisme *m*
Rhodos ['ro:dɔs, 'rɔdɔs] *n* Rhodes
Rhone ['ro:nə] ***die ~*** le Rhône
rhythm|isch ['rytmiʃ] rythmique; **'&us** ['-mus] *m* (-;*Rhythmen*) rythme *m*
richten ['riçtən] (*h*) *ordnen* ajuster, arranger; *vor-, zubereiten* préparer; *reparieren* réparer; *jur* (***über***) ***j-n ~*** juger qn; ***~ an*** adresser à; ***~ auf*** diriger *od* braquer sur; ***~ gegen*** diriger contre; ***sich ~ nach*** se régler sur; ***ich richte mich nach dir*** *a* je prends exemple sur toi
'Richter *m* (*-s*; -), **'~in** *f* (-; *-nen*) juge *m*, *f*
'Richtgeschwindigkeit *f* vitesse *f* conseillée
'richtig juste, correct, exact, bon; ***meine Uhr geht ~*** ma montre est à l'heure; ***~ nett*** (***böse***) vraiment gentil (méchant); → ***richtigstellen***
'Richtigkeit *f* (-; *sans pl*) justesse *f*, correction *f*, exactitude *f*
'richtigstellen (*sép*, *-ge-*, *h*) corriger, rectifier
'Richt|linie *f* directive *f*, ligne *f* de conduite; **'~preis** *m* prix *m* conseillé; **'~schnur** *f fig* règle *f* de conduite
'Richtung *f* (-; *-en*) direction *f*, sens *m*; *Tendenz* tendance *f*, orientation *f*
riechen ['ri:çən] (*roch*, *gerochen*, *h*) sentir; ***gut ~*** sentir bon; ***nach etw ~*** sentir qc; ***an etw ~*** respirer l'odeur de qc; *fig* ***ich kann ihn nicht ~*** je ne peux pas le sentir
Riegel ['ri:gəl] *m* (*-s*; -) verrou *m*
Riemen ['ri:mən] *m* (*-s*; -) courroie *f*, lanière *f*; *Ruder* aviron *m*, rame *f*
Ries|e ['ri:zə] *m* (*-n*; *-n*), **'~in** *f* (-; *-nen*) géant *m*, -e *f*
rieseln ['ri:zəln] (*h*) couler, ruisseler; *Schnee* tomber doucement
riesenhaft ['ri:zən-] gigantesque, colossal
riesig ['ri:ziç] énorme, gigantesque
Riff [rif] *n* (-[*e*]*s*; *-e*) récif *m*
Rille ['rilə] *f* (-; *-n*) rainure *f*; *Schallplatte* sillon *m*
Rind [rint] *zo n* (-[*e*]*s*; *-er*) bœuf *m*; ***~er*** *pl* bovins *m*/*pl*
Rinde ['rində] *f* (-; *-n*) *Baum* écorce *f*; *Brot* croûte *f*
'Rinder|braten *m* rôti *m* de bœuf; **'~wahn(sinn)** *m* maladie *f* de la vache folle; encéphalite *f* spongiforme bovine (ESB)
'Rind|fleisch *n* (du) bœuf *m*; **'~vieh** *n* bétail *m*; F *fig* imbécile *m*, corniaud *m* F
Ring [riŋ] *m* (-[*e*]*s*; *-e*) anneau *m*; *Finger&* bague *f*; *Kreis* cercle *m*; *Boxkampf* ring *m*; *Straße* périphérique *m*; *Bahn* ceinture *f*; *Rennstrecke* circuit *m*; *Vereinigung* association *f*; **'~buch** *n* classeur *m*
ringel|n ['riŋəln] (*h*) ***sich ~*** s'enrouler; **'&natter** *zo f* couleuvre *f* à collier
ring|en ['riŋən] (*rang*, *gerungen*, *h*) lutter (***um etw*** pour qc); ***nach Luft ~*** suffoquer; **'&er** *m* (*-s*; -) lutteur *m*; **'&finger** *m* annulaire *m*; **'&kampf** *m* lutte *f*; **'&richter** *m* arbitre *m* de boxe
rings [riŋs] ***~ um …*** tout autour de …; **'~um(her)** tout autour
Rinn|e ['rinə] *f* (-; *-n*) rigole *f*; *Dach&* gouttière *f*; **'&en** (*rann*, *geronnen*, *sn*) couler; *Gefäß* fuir; **'~stein** *m* caniveau *m*
Rippe ['ripə] *f* (-; *-n*) côte *f*
Ris|iko ['ri:ziko] *n* (*-s*; *-s*,*Risiken*) risque *m*; ***ein ~ eingehen*** courir un risque; ***auf eigenes ~*** à ses risques et périls; **~kant** [ris'kant] risqué; **~'kieren** (*pas de -ge-*, *h*) risquer
Riss [ris] *m* (*-es*; *-e*) fente *f*, fissure *f*, crevasse *f*; *in Mauer a* lézarde *f*; *in Haut a* gerçure *f*; *in Stoff* déchirure *f*
rissig ['risiç] fissuré, crevassé; *Mauer a* lézardé; *Haut a* gercé
Ritt [rit] *m* (-[*e*]*s*; *-e*) chevauchée *f*, cour-

se *f* à cheval
'**Ritter** *m* (-*s*; -) chevalier *m*; '**2lich** chevaleresque
Ritus ['ri:tus] *m* (-; *Riten*) rite *m*
Ritze ['ritsə] *f* (-; -*n*) fente *f*
'**ritzen** (*h*) entailler; ~ ***in*** graver dans
Rival|e [ri'va:lə] *m* (-*n*; -*n*), **~in** *f* (-; -*nen*) rival *m*, -e *f*; **2isieren** [-ali'zi:rən] (*pas de -ge-, h*) rivalité *f*
Riviera [rivi'e:ra] ***die ~*** *französische* la Côte d'Azur; *italienische* la Riviera
Robbe ['rɔbə] *f* (-; -*n*) phoque *m*
Robe ['ro:bə] *f* (-; -*n*) robe *f* de soirée; *jur* robe *f* de magistrat
Roboter ['rɔbɔtər] *m* (-*s*; -) robot *m*
robust [ro'bust] robuste
röcheln ['rœçəln] (*h*) râler
Rock[1] [rɔk] *m* (-[*e*]*s*; ⸗*e*) jupe *f*
Rock[2] *mus m* (-[*s*]; *sans pl*) rock *m*
'**Rocker** *m* (-*s*; -) loubar(d) *m* F
Rocky Mountains ['rɔki'mauntəns] ***die ~*** *pl* les (montagnes) Rocheuses *f/pl*
rodeln ['ro:dəln] (*h*) faire de la luge
Rogen ['ro:gən] *m* (-*s*; -) œufs *m/pl* de poisson
Roggen ['rɔgən] *bot m* (-*s*; -) seigle *m*
roh [ro:] *ungekocht* cru; *noch nicht verarbeitet* brut; *ungesittet* grossier, rude; ***mit ~er Gewalt*** de vive force; '**2bau** *m* (-[*e*]*s*; -*ten*) gros œuvre *m*
Rohheit ['ro:hait] *f* (-; -*en*) brutalité *f*, rudesse *f*, grosièrete *f*
'**Roh|kost** *f* crudités *f/pl*; '**~material** *n* matières *f/pl* premières; '**~öl** *n* pétrole *m* brut
Rohr [ro:r] *n* (-[*e*]*s*; -*e*) tuyau *m*, tube *m*; *Leitungs2* conduit *m*; *bot* canne *f*; *Schilf* roseau *m*; '**~bruch** *m* rupture *f* de tuyau
Röhre ['rø:rə] *f* (-; -*n*) tuyau *m*; *Radio* lampe *f*; *TV* tube *m*; *Back2* four *m*
'**Rohr|leitung** *f* conduit *m*, pipe-line *m*; '**~zucker** *m* sucre *m* de canne
'**Roh|seide** *f* soie *f* grège; '**~stoff** *m* matière *f* première; '**2stoffarm** pauvre en matières premières
'**Rollbahn** *aviat f* piste *f*
Rolle ['rɔlə] *f* (-; -*n*) rouleau *m*; *unter Möbeln* roulette *f*; *Faden2* bobine *f*; *fig* rôle *m*; ***das spielt keine ~*** cela ne joue aucun rôle
'**rollen** (*v/tr h*; *v/itr sn*) rouler; *Donner* gronder
'**Roller** *m* (-*s*; -) *Kinder2* trottinette *f*; *Motor2* scooter *m*
Rollladen ['rɔlla:dən] *m* (-*s*; ⸗,-) volet *m* roulant
Rollo [rɔ'lo:] *m* (-*s*; -*s*) store *m*
'**Roll|schuh** *m* patin *m* à roulettes; ***~ laufen*** faire du patin à roulettes; '**~stuhl** *m* fauteuil *m* roulant; '**~treppe** *f* escalier *m* roulant
Rom [ro:m] *n* Rome
Roman [ro'ma:n] *m* (-*s*; -*e*) roman *m*; **~ik** *f* (-; *sans pl*) roman *m*, style *m* roman; **2isch** *Kunst*, *Sprachen* roman; *Völker*, *Länder* latin; **~schriftsteller** *m*, **~schriftstellerin** *f* romancier *m*, -ière *f*
Romanti|k [ro'mantik] *f* (-; *sans pl*) romantisme *m*; **2sch** romantique; *schwärmerisch* romanesque
Röm|er ['rø:mər] *m* (-*s*; -), '**~erin** *f* (-; -*nen*) Romain *m*, -e *f*; '**2isch** romain
röntgen ['rœntgən] (*h*) radiographier; '**2apparat** *m* appareil *m* de radiographie; '**2aufnahme** *f*, '**2bild** *n* radiographie *f*, radio *f* F; '**2strahlen** *m/pl* rayons X *m/pl*
rosa ['ro:za] rose
Rose ['ro:zə] *bot f* (-; -*n*) rose *f*; ***wilde ~*** églantine *f*; *Strauch* eglantier *m*
'**Rosen|kohl** *bot m* chou *m* de Bruxelles; '**~stock** *m* rosier *m*
Rosette [ro'zɛtə] *arch f* (-; -*n*) rosace *f*
'**rosig** rose
Rosine [ro'zi:nə] *f* (-; -*n*) raisin *m* sec
Rost [rɔst] *m* **1.** (-[*e*]*s*; *sans pl*) rouille *f*; **2.** (-[*e*]*s*; -*e*) *Brat2* gril *m*; *Gitter* grille *f*
'**rosten** (*h*) rouiller
rösten ['rø:stən] (*h*) griller; *Kartoffeln* faire sauter; *Kaffee* torréfier
'**rost|frei** inoxydable; '**~ig** rouillé
rot [ro:t] **1.** rouge (*a pol*); *Haar* roux; ***das 2e Meer*** la mer *f* Rouge; ***~ werden*** rougir; ***in den ~en Zahlen stecken*** être en déficit; **2.** **2** *n* (-*s*; -) rouge *m*; ***die Ampel steht auf ~*** le feu est au rouge
Rotation [rota'tsjo:n] *f* (-; -*en*) rotation *f*
Röte ['rø:tə] *f* (-; *sans pl*) rougeur *f*
Röteln ['rø:təln] *méd pl* rubéole *f*
'**röten** (*h*) (***sich ~***) rougir
'**rothaarig** roux
rotieren [ro'ti:rən] (*pas de -ge-, h*) tourner (sur son axe); F *fig* être surmené

od débordé de travail

Rot|käppchen ['-kɛpçən] *n* (-*s*; -) Petit Chaperon *m* rouge; '**~kehlchen** *zo n* (-*s*; -) rouge-gorge *m*; '**~kohl** *bot m* chou *m* rouge

rötlich ['røːtliç] rougeâtre

'**Rot|stift** *m* crayon *m* rouge; '**~wein** *m* vin *m* rouge

Route ['ruːtə] *f* (-; -*n*) itinéraire *m*, route *f*

Routin|e [ru'tiːnə] *f* (-; *sans pl*) routine *f*, expérience *f*; **~ekontrolle** *f* contrôle *m* de routine; **~esache** *f* ***das ist reine ~*** c'est de la pure routine; **2iert** [-i'niːrt] expérimenté; rompu (***auf e-m Gebiet*** à un domaine)

Rübe ['ryːbə] *bot f* (-; -*n*) rave *f*; ***Gelbe ~*** carotte *f*; ***Rote ~*** betterave *f*; ***Weiße ~*** navet *m*

Rubin [ru'biːn] *m* (-*s*; -*e*) rubis *m*

Ruck [ruk] *m* (-[*e*]*s*; -*e*) saccade *f*, secousse *f*; ***sich e-n ~ geben*** se forcer (à faire qc)

Rückantwort ['ryk-] *f Post* ***~ bezahlt*** réponse *f* payée; '**~karte** *f* carte-réponse *f*

'**ruckartig** saccadé; *adv* tout à coup

'**Rück|blick** *m* rétrospective *f* (***auf*** de), retour *m* en arrière; '**2datieren** (*pas de -ge-*, *h*) antidate

rücken ['rykən] *v/i* (*h*), *v/t* (*sn*) déplacer, bouger; ***näher ~*** approcher; ***zur Seite ~*** se pousser

'**Rücken** *m* (-*s*; -) dos *m*; '**~deckung** *f fig* soutien *m*, appui *m*; '**~lehne** *f* dossier *m*; '**~mark** *n* moelle *f* épinière; '**~schmerzen** *m/pl* mal *m* au dos, douleurs *f/pl* dorsales; '**~wind** *m* vent *m* arrière

rück|erstatten ['rykˀ-] (*pas de -ge-*, *h*) restituer; '**2erstattung** *f* restitution *f*; *von Kosten* remboursement *m*; '**2fahrkarte** *f* billet *m* aller et retour; '**2fahrscheinwerfer** *m* feu *m* de recul; '**2fahrt** *f* retour *m*; '**2fall** *m jur u fig* récidive *f*; *méd* rechute *f*; '**~fällig *~ werden*** récidiver (*jur u fig*); '**2flug** *m* (vol *m* de) retour *m*; '**2frage** *f* demande *f* d'instructions supplémentaires; '**2gabe** *f* restitution *f*; '**2gang** *m* diminution *f*, déclin *m*, baisse *f*; '**~gängig *~ machen*** annuler; '**2gewinnung** *tech f* récupération *f*; '**2grat** *n* épine *f* dorsale, colonne *f* vertébrale; *fig* ***~ haben*** avoir le courage de ses opinions; '**2halt** *m fig* soutien *m*; '**~haltlos** sans réserve; '**2kauf** *m* rachat *m*; '**2kehr** *f* retour *m*; '**2koppelung** *f* feed-back *m*, couplage *m* par réaction; '**2lage** *f* réserve *f*; '**~läufig** rétrograde, en baisse; '**2lichter** *n/pl* feux *m/pl* arrière; '**2nahme** *f comm* reprise *f*; *Zurückziehung* retrait *m*; '**2porto** *n* port *m* de retour; '**2reise** *f* (voyage *m* de) retour *m*

'**Rucksack** *m* sac *m* à dos

'**Rück|schlag** *m fig* revers *m*; '**2schrittlich** réactionnaire; '**~seite** *f* revers *m*; *e-r Buchseite* verso *m*; '**~sendung** *f* renvoi *m*, retour *m*

'**Rücksicht** *f* (-; -*en*) considération *f*; ***aus ~ auf*** au égard à, par égard pour; ***~ nehmen auf*** avoir égard à; '**~nahme** ['-naːmə] *f* (-; *sans pl*) égards *m/pl*; *Schonung* ménagement *m*; *Höflichkeit* politesse *f*; '**2slos** sans égards, sans scrupules, brutal; '**~slosigkeit** *f* (-; -*en*) manque *m* d'égards *od* de scrupules, brutalité *f*; '**2svoll** plein d'égards (***gegenüber*** pour)

'**Rück|sitz** *auto m* siège *m* arrière; '**~spiegel** *auto m* rétroviseur *m*; '**~stand** *m* retard *m*; *chim* résidu *m*; ***im ~ sein*** être en retard (***gegenüber*** sur); '**2ständig** arrière (*a Zahlung*) retardataire; '**~stau** *m* trop-plein *m*; '**~tausch** *m* rechange *m*; '**~tritt** *m* démission *f*; *von Wettbewerb etc* retrait *m*; '**~vergütung** *f* ristourne *f*; '**~versicherung** *f* réassurance *f*; '**2wärts** en arrière; '**~wärtsgang** *auto m* marche *f* arrière; '**~weg** *m* retour *m*

'**rück|wirkend** *jur* rétroactif; '**2wirkung** *f* répercussion *f*; '**2zahlung** *f* remboursement *m*; '**2zieher** *m* ***e-n ~ machen*** revenir sur sa décision

'**2zug** *m* retraite *f*

Rudel ['ruːdəl] *n* (-*s*; -) bande *f*

Ruder ['ruːdər] *mar n* (-*s*; -) rame *f*, aviron *m*; *Steuer2* gouvernail *m*; '**~boot** *n* canot *m* à rames; '**~er** *m* (-*s*; -), '**~in** *f* (-; -*nen*) rameur *m*, -euse *f*; '**2n** (*h*) ramer *Sport* faire de l'aviron

Ruf [ruːf] *m* (-[*e*]*s*; -*e*) appel *m* (*a fig*) *Schrei* cri *m*; *Ansehen* réputation *f*; '**2en** (*rief*, *gerufen*, *h*) appeler, crier ***den Arzt ~*** appeler le médecin; ***um Hilfe ~*** crier au secours

'**Rufnummer** *f* numéro *m* de téléphone

Ruhe ['ruːə] *f* (-; *sans pl*) repos *m*, calme *m*, tranquillité *f*; *Stille* silence *m*; ***j-n in ~ lassen*** laisser qn tranquille; ***lass mich in ~!*** F fiche-moi la paix!; ***die ~ bewahren*** conserver son calme; ***sich zur ~ setzen*** se retirer des affaires, prendre sa retraite; ***~ bitte!*** silence, s'il vous plaît!
ruhen ['ruːən] (*h*) *Person* se reposer; *Tätigkeit* être suspendu; ***~ auf*** reposer sur; ***hier ruht*** ici repose, ci-gît
'Ruhe|pause *f* pause *f*; **'~stand** *m* (-[*e*]*s*; *sans pl*) retraite *f*; **'~stätte** *f fig* ***letzte ~*** dernière demeure *f*; **'~störung** *f* (-; *-en*) perturbation *f* (de l'ordre public); **'~tag** *m* jour *m* de repos; ***Montag ~*** fermé le lundi
'ruhig calme, tranquille; *still* silencieux
Ruhm [ruːm] *m* (-[*e*]*s*; *sans pl*) gloire *f*
rühmen ['ryːmən] (*h*) glorifier, vanter; ***sich e-r Sache ~*** se vanter de qc
'ruhm|los sans gloire; **'~reich** glorieux
Ruhr [ruːr] *méd f* (-; *sans pl*) dysenterie *f*
rühr|en ['ryːrən] (*h*) *bewegen*, *um~* remuer; *innerlich* toucher, émouvoir; ***~ an*** toucher à; ***sich ~*** bouger; *mil* ***rührt euch!*** repos!; **'~end** touchant, émouvant; **'~ig** agile, remuant, entreprenant; **'Żung** *f* (-; *sans pl*) émotion *f*
Ruin [ru'iːn] *m* (-*s*; *sans pl*), **~e** *f* (-; -*n*) ruine *f*; **Ż'ieren** (*pas de -ge-*, *h*) (***sich ~*** se) ruiner
rülpsen ['rylpsən] (*h*) roter
Rum [rum] *m* (-*s*; -*s*) rhum *m*
Rumän|e [ru'mɛːnə] *m* (-*n*; -*n*), **~in** *f* (-; -*nen*) Roumain *m*, -e *f*; **~ien** [-jən] *n* (-*s*; *sans pl*) la Roumanie; **Żisch** roumain
Rumpf [rumpf] *m* (-[*e*]*s*; *¨e*) *biol* tronc *m*; *aviat* fuselage *m*; *mar* coque *f*
rümpfen ['rympfən] (*h*) ***die Nase ~*** faire la grimace
rund [runt] rond, arrondi; *ungefähr* environ; ***~ um etw*** tout autour de qc
Runde ['rundə] *f* (-; *-en*) *Umkreis*, *Rundgang* ronde *f*; *Bier* tournée *f*; *Sport* tour *m*; *Boxen* round *m*; *Gesellschaft* compagnie *f*
'Rund|fahrt *f* circuit *m*; **'~flug** *m* circuit *m* aérien
'Rundfunk *m* (-[*e*]*s*; *sans pl*) radio *f*, T.S.F. *f*; ***im ~*** à la radio; ***im ~ übertragen*** radiodiffuser; **'~empfang** *m* réception *f* radiophonique; **'~gerät** *n* poste *m od récepteur m de radio*; **'~sender** *m* station *f od émetteur m de radio*; **'~sendung** *f* émission *f* de radio
'Rund|gang *m* tour *m* (***durch*** de); **'Żlich** arrondi; *Person* rondelet; **'~reise** *f* tournée *f*, tour *m*, circuit *m* (***durch*** de); **'~schreiben** *n* circulaire *f*; **'Żum** à la ronde, tout autour; **'~ung** *f* (-; *-en*) arrondi *m*; *des Körpers* rondeur *f*
Runz|el ['runtsəl] *f* (-; *-en*) ride *f*; **'Ż(e)lig** ridé; **'Żeln** (*h*) ***die Stirn ~*** froncer les sourcils
Rüpel ['ryːpəl] *m* (-*s*; -) mufle *m*, malotru *m*, rustre *m*, grossier personnage *m*; **'Żhaft** grossier, malotru
rupfen ['rupfən] (*h*) *Federvieh* plumer (*a fig*); *Unkraut* arracher
Ruß [ruːs] *m* (-*es*; *sans pl*) suie *f*
Russ|e ['rusə] *m* (-*n*; -*n*), **'~in** *f* (-; -*nen*) Russe *m*, *f*
Rüssel ['rysəl] *m* (-*s*; -) trompe *f*; *SchweinsŻ* groin *m*
rußig ['ruːsiç] noirci de suie
russisch ['rusiʃ] russe
Russland ['rus-] *n* (-*s*; *sans pl*) la Russie
rüsten ['rystən] (*h*) *mil* armer; *st/s* ***sich ~*** se préparer (***zu*** à)
'rüstig vert, vigoureux
rustikal [rusti'kaːl] rustique
'Rüstung *f* (-; *-en*) *mil* armements *m/pl*; *RitterŻ* armure *f*; **'~sindustrie** *f* industrie *f* d'armement; **'~swettlauf** *m* course *f* aux armements
Rute ['ruːtə] *f* (-; *-en*) verge *f*, baguette *f*
Rutsch|bahn ['rutʃ] *f für Kinder* toboggan *m*; *fig* patinoire *f*; **'Żen** (*h*) glisser; *auto a* déraper; **'Żig** glissant; **'Żsicher** antidérapant
rütteln ['rytəln] (*h*) secouer

S

S *abr* ***Süden*** S (sud); *hist* ***Schilling*** schilling
s. *abr* ***siehe*** voir
S. *abr* ***Seite*** page
Saal [zaːl] *m* (-[*e*]*s*; *Säle*) salle *f*
Saar [zaːr] *f* (-; *sans pl*) Sarre *f*; **~'brücken** *n* Sarrebruck; **'~land** *n* (-[*e*]*s*; *sans pl*) Sarre *f*; **'2ländisch** sarrois
Saat [zaːt] *f* (-; *-en*) semence *f*; *Säen* semailles *f/pl*
Säbel ['zɛːbəl] *m* (*-s*; -) sabre *m*
Sabo|tage [zabo'taːʒə] *f* (-; *-n*) sabotage *m*; **~teur** [-'tøːr] *m* (*-s*; *-e*) saboteur *m*; **2'tieren** (*pas de -ge-*, *h*) saboter
Sach|bearbeiter ['zax-] *m* (*-s*; -), **'~bearbeiterin** *f* (-; *-nen*) personne *f* compétente, responsable *m*; **'~beschädigung** *jur f* détérioration *f* volontaire; **'~buch** *n* livre *m* spécialisé *od* documentaire
Sache ['zaxə] *f* (-; *-n*) chose *f*; *Angelegenheit* affaire *f*; *jur* cause *f*; ***meine ~n*** *pl* mes affaires; ***zur ~ kommen*** en venir au fait; ***nicht zur ~ gehören*** ne pas faire partie de l'affaire
'sach|gemäß adéquat, approprié; **'2kenntnis** *f* connaissance *f* des faits, compétence *f*; **'~kundig** compétent, expert; **'2lage** *f* état *m* de fait *od* des choses; **'~lich** objectif; *dinglich* matériel
'Sach|lichkeit *f* (-; *sans pl*) objectivité *f*; **'~schaden** *m* dégâts *m/pl* matériels
Sachse ['zaksə] *m* (*-n*; *-n*), **Sächsin** ['zɛksin] *f* (-; *-nen*) Saxon *m*, -ne *f*
'Sachsen *n* (*-s*; *sans pl*) la Saxe; **'~-'Anhalt** *n* (*-s*; *sans pl*) la Saxe-Anhalt
'sächsisch saxon
Sach|verhalt ['zaxfɛrhalt] *m* (-[*e*]*s*; *-e*) état *m* des choses; faits *m/pl*; **'~verständige** *m*, *f* (*-n*; *-n*) expert *m*; **'~wert** *m* valeur *f* réelle
Sack [zak] *m* (-[*e*]*s*; *⸚e*) sac *m*; **'~gasse** *f* cul-de-sac *m*, impasse *f* (*a fig*)
Sadis|mus [za'dismus] *m* (-; *sans pl*) sadisme *m*; **2tisch** sadique
säen ['zɛːən] (*h*) semer
Safe [seːf] *m* (*-s*; *-s*) coffre-fort *m*
Saft [zaft] *m* (-[*e*]*s*; *⸚e*) jus *m*; *biol* suc *m*; *der Pflanzen* sève *f*; **'2ig** juteux; *Preis*, *Witz* salé
Sage ['zaːgə] *f* (-; *-n*) légende *f*, mythe *m*
Säge ['zɛːgə] *f* (-; *-n*) scie *f*; **'~mehl** *n* sciure *f*
sagen ['zaːgən] (*h*) dire; ***er lässt sich nichts ~*** il ne veut rien entendre; ***unter uns gesagt*** entre nous soit dit
sägen ['zɛːgən] (*h*) scier
'sagenhaft légendaire, mythique; F formidable
'Sägewerk *n* scierie *f*
Sahara [za'haːra] ***die ~*** le Sahara
Sahne ['zaːnə] *f* (-; *sans pl*) crème *f*
Saison [zɛ'zõː] *f* (-; *-s*) saison *f*; **2al** [-o'naːl] saisonnier; **~arbeiter** *m* saisonnier *m*; **2bedingt** saisonnier; **2bereinigt** *Arbeitslosenzahl* avec/après correction des variations saisonnières
Saite ['zaitə] *mus f* (-; *-n*) corde *f*; **'~ninstrument** *n* instrument *m* à cordes
Sakko ['zako] *m*, *n* (*-s*; *-s*) veston *m*
Salat [za'laːt] *m* (-[*e*]*s*; *-e*) salade *f*; *Kopf*2 laitue *f*; *fig* ***da haben wir den ~!*** ça y est!, nous voilà propres! F; **~soße** *f* vinaigrette *f*
Salb|e ['zalbə] *f* (-; *-n*) pommade *f*, crème *f*, onguent *m*; **'2ungsvoll** onctueux
Saldo ['zaldo] *m* (*-s*; *-den*, *-s*, *-di*) solde *m*; **'~übertrag** *m* report *m* du solde à nouveau
Salmiak ['zalmjak] *chim m*, *n* (*-s*; *sans pl*) sel *m* ammoniac; **'~geist** *chim m* ammoniaque *f*
Salmonellen [zalmo'nɛlən] *f/pl méd* salmonella(s) *f*
Salon [za'lõː] *m* (*-s*; *-s*) salon *m*; **2fähig** présentable
salopp [za'lɔp] négligé, relax(e)
Salpeter [zal'peːtər] *chim m* (*-s*; *sans pl*) salpêtre *m*; **~säure** *chim f* acide *m* nitrique
Salsa ['zalza] *m* (-) *mus* salsa *f*
Salto ['zalto] *m* (*-s*; *-s*, *-ti*) saut *m* périlleux
Salve ['zalvə] *mil f* (-; *-n*) salve *f*, dé-

charge *f*
Salz [zalts] *n* (*-es*; *-e*) sel *m*; '**~bergwerk** *n* mine *f* de sel; '**~burg** *n* Salzbourg; '**℗en** (*salzte*, *gesalzen*, *h*) saler; '**℗ig** salé; '**~kartoffeln** *f/pl* pommes de terre *f/pl* à l'eau; '**~säure** *chim f* acide *m* chlorhydrique; '**~stange** *f* stick *m* salé; '**~wasser** *n* eau *f* salée
Sambesi [zam'beːzi] ***der ~*** le Zambèze
Sambia ['zambia] *n* la Zambie
Samen ['zaːmən] *m* (*-s*; *-*) semence *f*, graine *f*; *männlicher* sperme *m*; '**~korn** *bot n* graine *f*
sammeln ['zaməln] (*h*) *Pilze* ramasser; *Beweise* rassembler; *Briefmarken etc* collectionner; *Geld*, *Spenden* collecter; faire une collecte *od* faire la quête (***für*** pour); ***sich ~*** se rassembler, se réunir; *fig* se concentrer, rassembler ses idées
'**Sammel|punkt** *m* lieu *m* de rassemblement; '**~stelle** *f* centre *m* de ramassage
Samml|er ['zamlər] *m* (*-s*; *-*), '**~erin** *f* (*-*; *-nen*) collectionneur *m*, -euse *f*; '**~ung** *f* (*-*; *-en*) collection *f*; rassemblement *m* (*a pol*); *von Geld*, *Spenden* collecte *f*, quête *f*
Samstag ['zams-] *m* samedi *m*
samt [zamt] **1.** ***~ und sonders*** tous sans exception; **2.** *prép* (*dat*) avec
Samt *m* (*-[e]s*; *-e*) velours *m*
sämtliche ['zɛmtliçə] tous les … (sans exception)
Sanatorium [zana'toːrjum] *m* (*-s*; *Sanatorien*) maison *f* de repos
Sand [zant] *m* (*-[e]s*; *-e*) sable *m*; ***~ streuen*** sabler (***auf etw*** qc)
Sandale [zan'daːlə] *f* (*-*; *-n*) sandale *f*
'**Sand|bank** *f* banc *m* de sable; '**~burg** *f* château *m* de sable; '**℗ig** sablonneux; '**~kasten** *m für Kinder* bac *m* à sable; '**~papier** *n* papier *m* de verre; '**~stein** *m* grès *m*; '**~strand** *m* plage *f* de sable; '**~uhr** *f* sablier *m*
sanft [zanft] doux; ***er ruhe ~*** qu'il repose en paix; '**~mütig** doux
Sänger ['zɛŋər] *m* (*-s*; *-*), '**~in** *f* (*-*; *-nen*) chanteur *m*, -euse *f*; *Opernsängerin a* cantatrice *f*
sanier|en [za'niːrən] (*pas de -ge-*, *h*) *écon* redresser; *Haus* assainir; **℗ung** *f* (*-*; *-en*) redressement *m*; assainissement *m*; **℗ungsgebiet** *n* quartier *m* en rénovation
sanitär [zani'tɛːr] sanitaire; **℗anlagen** *f/pl* installations *f/pl* sanitaires
Sanität|er [zani'tɛːtər] *m* (*-s*; *-*) infirmier *m*; **~sauto** *n* ambulance *f*
Sankt [zaŋkt] saint (*abr* St)
Sankt Gallen [zaŋkt 'galən] *n* Saint-Gall
Sankt Helena [zaŋkt 'heːlena] Sainte-Hélène
Sanktio|n [zaŋk'tsjoːn] *f* sanction *f*; **℗'nieren** (*pas de -ge-*, *h*) sanctionner
Sankt-Lorenz-Strom [zaŋkt'loːrɛntsʃtroːm] ***der ~*** le Saint-Laurent
Sard|elle [zar'dɛlə] *f* (*-*; *-n*) anchois *m*; **~ine** [-'diːnə] *f* (*-*; *-n*) sardine *f*
Sardinien [zar'diːniən] *n* la Sardaigne
Sarg [zark] *m* (*-[e]s*; *⸚e*) cercueil *m*
Satan ['zaːtan] *m* (*-s*; *-e*) Satan *m*; *fig* diable *m*
Satellit [zatɛ'liːt] *m* (*-en*; *-en*) satellite *m*; **~enfernsehen** *n* télévision *f* par satellite; **~enstaat** *m* pays *m* satellite
Satire [za'tiːrə] *f* (*-*; *-n*) satire *f* (***auf*** contre)
satt [zat] rassasié; ***sich ~ essen*** se rassasier (***an*** de); manger à sa faim; → ***satthaben***
Sattel ['zatəl] *m* (*-s*; *⸚*) selle *f*; '**~schlepper** *m* semi-remorque *m*
'**satthaben** (*irr*, *sép*, *-ge-*, *h*, → ***haben***) *fig* F ***j-n*** (***etw***) **~** en avoir marre de qn (qc)
sättig|en ['zɛtigən] (*h*) rassasier; *phys*, *chim*, *Markt* saturer; '**℗ung** *f* (*-*; *-en*) rassasiement *m*; *fig* saturation *f*
Sattler ['zatlər] *m* (*-s*; *-*) sellier *m*
Satz [zats] *m* (*-es*; *⸚e*) phrase *f*; *gr* proposition *f*; *Sprung* saut *m*; *Tennis* set *m*; *Briefmarken* série *f*; *Kaffee℗* marc *m*; *von Geschirr*, *Werkzeugen etc* jeu *m*
'**Satzung** *f* (*-*; *-en*) statuts *m/pl*
'**Satzzeichen** *n* signe *m* de ponctuation
Sau [zau] *f* **1.** *zo* (*-*; *⸚e*) truie *f*; P *fig* cochon *m*; **2.** (*-*; *-en*) *Wild℗* laie *f*
sauber ['zaubər] propre (*a fig*); ***~ machen*** nettoyer
'**Sauberkeit** *f* (*-*; *sans pl*) propreté *f*
'**saubermachen** (*sép*, *-ge-*, *h*) nettoyer
säubern ['zɔʏbərn] (*h*) nettoyer; *pol* purger, épurer; ***~ von*** débarrasser de
'**Säuberung** *pol f* (*-*; *-en*) purge *f*, épuration *f*

Saudi-Arabien [zaudiʔa'raːbiən] *n* l'Arabie Saoudite *f*

sauer ['zauər] aigre; *chim* acide; F *verärgert* fâché (***auf j-n*** contre *od* F après qn), ***saurer Regen*** pluies *f/pl* acides; F *fig* **~ *werden*** se fâcher

Sauerei [zauə'rai] F *f* (-; *-en*) cochonnerie *f*

'**Sauer|kirsche** *f* griotte *f*; '**~kohl** *m* (-[*e*]*s*, *sans pl*), '**~kraut** *n* (-[*e*]*s*, *sans pl*) choucroute *f*

'**Sauerstoff** *chim m* (-[*e*]*s*; *sans pl*) oxygène *m*

saufen ['zaufən] (*soff*, *gesoffen*, *h*) *Tier u* P *Mensch* boire

Säufer ['zɔʏfər] *m* (-*s*; -), '**~in** *f* (-; *-nen*) ivrogne *m*, *f* poivrot *m*, -e *f* F

saugen ['zaugən] (*sog*, *gesogen*, *h*, *tech nur*: *saugte*, *gesaugt*) sucer; *Kind u Säugetier* téter; *tech* aspirer

säuge|n ['zɔʏgən] (*h*) allaiter; '**&tier** *n* mammifère *m*

saugfähig ['zaukfɛːiç] absorbant

Säugling ['zɔʏkliŋ] *m* (-*s*; -*e*) nourrisson *m*; '**~spflege** *f* puériculture *f*; '**~ssterblichkeit** *f* mortalité *f* infantile

Säule ['zɔʏlə] *f* (-; -*n*) colonne *f*

Saum [zaum] *m* (-[*e*]*s*; ⸚*e*) *Kleider* ourlet *m*

Sauna ['zauna] *f* (-; -*nen*, -*s*) sauna *m*

Säure ['zɔʏrə] *f* (-; -*n*) *chim* acide *m*; *Geschmack* acidité *f*, aigreur *f*

Saurier ['zaurjər] *zo m/pl* sauriens *m/pl*

sausen ['zauzən] (*h*) *Wind etc* siffler; *Ohren* bourdonner; (*sn*) *flitzen* filer (comme une flèche) F; *auto* foncer

'**Saustall** *m* P *fig* porcherie *f*, bordel *m*

Savoyen [za'vɔʏən] *n* la Savoie

S-Bahn ['ɛs-] *f*, '**~netz** *n etwa* RER *m* (Réseau *m* express régional)

Scanner ['skɛnər] *m* (-*s*; -) *EDV* scanner *m*

schaben ['ʃaːbən] (*h*) gratter, racler

schäbig ['ʃɛːbiç] *Kleidung* râpé, usé; *ärmlich* miteux; *Haltung* mesquin

Schablone [ʃa'bloːnə] *f* (-; -*n*) patron *m*, pochoir *m*, modèle *m*

Schach [ʃax] *n* (-*s*; -*s*) échecs *m/pl*; **~ *spielen*** jouer aux échecs; *fig* ***in* ~ *halten*** tenir en respect; '**~brett** *n* échiquier *m*; '**&matt** échec et mat; '**~spiel** *n* jeu *m* d'échecs

Schacht [ʃaxt] *Bergbau m* (-[*e*]*s*; ⸚*e*) puits *m*

Schachtel ['ʃaxtəl] *f* (-; -*n*) boîte *f*; ***e-e* ~ *Zigaretten*** un paquet de cigarettes

'**Schachzug** *m* coup *m*; *fig* ***ein geschickter* ~** une bonne tactique

schade ['ʃaːdə] ***es ist* ~** c'est dommage; ***zu* ~ *für etw*** trop bon pour qc; ***wie* ~, *dass …!*** quel dommage que (+ *subj*)*!*

Schädel ['ʃɛːdəl] *m* (-*s*; -) crâne *m*; '**~bruch** *méd m* fracture *f* du crâne

schaden ['ʃaːdən] (*h*) nuire (***j-m*** à qn); ***das schadet nichts*** il n'y a pas de mal; ***es könnte ihm nicht* ~** ça ne pourrait pas lui faire de mal

'**Schaden** *m* (-*s*; ⸚) dommage *m*, dégâts *m/pl*; *Nachteil* préjudice *m*; ***zum* ~ *von*** au préjudice de, au détriment de; ***j-m* ~ *zufügen*** causer du tort à qn, porter préjudice à qn; '**~ersatz** *m* indemnité *f*, dommages-intérêts *m/pl*; '**~freiheitsrabatt** *m* bonus *m*; '**~freude** *f* joie *f* maligne; '**~sfall** *m* cas *m* de dommage

schadhaft ['ʃaːthaft] endommagé, détérioré, défectueux

schäd|igen ['ʃɛːdigən] (*h*) nuire (***j-n*** à qn), porter préjudice (à qn), léser (qn; *a méd*); '**~lich** ['ʃɛːtliç] nuisible, nocif

'**Schädling** *m* (-*s*; -*e*) plante *f od insecte m nuisible*; *parasite m*; '**~sbekämpfung** *f* lutte *f* contre les parasites; '**~sbekämpfungsmittel** *n* pesticide *m*

'**Schadstoff** *m* polluant *m*, toxique *m*; '**&arm** peu polluant; '**&frei** non polluant

Schaf [ʃaːf] *zo n* (-[*e*]*s*; -*e*) mouton *m*; *Mutter&* brebis *f*

Schäfer ['ʃɛːfər] *m* (-*s*; -), '**~in** *f* (-; -*nen*) berger *m*; -ère *f*; '**~hund** *m* chien *m* de berger

schaffen ['ʃafən] **1.** (*schuf*, *geschaffen*, *h*) *erschaffen* créer; *hervorbringen* produire; *Ordnung*, *Platz* faire; **2.** (*h*) *arbeiten* travailler; ***aus dem Weg* ~** écarter; ***j-m zu* ~ *machen*** donner du mal à qn; ***sich an etw zu* ~ *machen*** toucher à qc; ***es* ~** y arriver

Schaffhausen [ʃaf'haʊzən] *n* Schaffhouse

Schaffner ['ʃafnər] *m* (-*s*; -), '**~in** *f* (-; -*nen*) *Zug* contrôleur *m*, -euse *f*; *Bus* receveur *m*, -euse *f*

'**Schafzucht** *f* élevage *m* de moutons

Schal [ʃaːl] *m* (*-s*; *-s*, *-e*) cache-nez *m*; *Seiden*2 foulard *m*

Schale ['ʃaːlə] *f* (*-*; *-n*) *zum Trinken* bol *m*; *Hülle* enveloppe *f*; *Früchte*, *Gemüse* peau *f*; *Orange* écorce *f*; *abgeschälte* pelure *f*, épluchure *f* (*meist pl*); *Eier*, *Nuss*, *Muschel* coquille *f*; *fig das Äußere* apparences *f*/*pl*

schälen ['ʃɛːlən] (*h*) *Obst*, *Kartoffeln* éplucher, peler; *Eier*, *Nüsse* écaler; *Haut* ***sich ~*** peler

Schall [ʃal] *m* (*-*[*e*]*s*; *⸚e*) son *m*; **'~dämpfer** *m auto* silencieux *m*; **'2dicht** insonorisé; **'~mauer** *f* mur *m* du son; **'~platte** *f* disque *m*

schalt|en ['ʃaltən] (*h*) *Elektrotechnik* coupler, monter; *auto* changer de vitesse; F *verstehen* piger F; ***in den dritten*** (***Gang***) ***~*** passer en troisième; **'2er** *m* (*-s*; *-*) *Post*, *Bank* guichet *m*; *Strom* interrupteur *m*; *oft* bouton *m*; **'2erbeamte** *m*, *f* guichetier *m*, guichetière *f*; employé(e *f*) *m* du guichet; **'2hebel** *m* levier *m* de commande (*a fig*); *auto* levier *m* de changement de vitesse; **'2jahr** *n* année *f* bissextile; **'2ung** *f* (*-*; *-en*) *elektrische* montage *m*, couplage *m*; *auto* changement *m* de vitesse

Scham [ʃaːm] *f* (*-*; *sans pl*) pudeur *f*, honte *f*; *Genitalien* parties *f*/*pl* génitales

schämen ['ʃɛːmən] (*h*) ***sich ~*** avoir honte

'Scham|gefühl *n* pudeur *f*; **'~haare** *n*/*pl* poils *m*/*pl* du pubis; **'2haft** pudique; **'2los** sans pudeur, impudent, éhonté

Schande ['ʃandə] *f* (*-*; *sans pl*) honte *f*

schändlich ['ʃɛntliç] honteux, infâme

Schandtat *f* action *f* infâme; infamie *f*

Schanze ['ʃantsə] *f* (*-*; *-n*) *Sprung*2 tremplin *m*

Schar [ʃaːr] *f* (*-*; *-en*) groupe *m*, troupe *f*, bande *f*; *Menge* foule *f*; *Vögel* volée *f*; ***in ~en*** en foule; **'2en** (*h*) ***um sich ~*** rallier

scharf [ʃarf] *Klinge* tranchant; *Verstand* pénétrant, perçant; *Foto*, *Umrisse* net; *Kritik* caustique; *Hund* méchant; *Essen* épicé; *Bombe* amorcé; F ***auf etw ~ sein*** vouloir absolument posséder qc

'Scharfblick *m* perspicacité *f*

Schärfe ['ʃɛrfə] *f* (*-*; *-n*) *Messer* tranchant *m*; *Verstandes*2 pénétration *f*; *Deutlichkeit* netteté *f*; *der Kritik* causticité *f*

'schärfen (*h*) *Messer* aiguiser (*a fig*)

'Scharf|schütze *m* tireur *m* d'élite; **'2sinnig** sagace, perspicace

Scharlach ['ʃarlax] *méd m* (*-*; *sans pl*) scarlatine *f*

Scharnier [ʃar'niːr] *n* (*-s*; *-e*) charnière *f*

scharren ['ʃarən] (*h*) gratter

Schaschlik ['ʃaʃlik] *cuis m od n* (*-s*; *-s*) brochette *f*

Schatten ['ʃatən] *m* (*-s*; *-*) ombre *f*; **'~kabinett** *n* cabinet *m* fantôme

Schattierung [ʃa'tiːruŋ] *f* (*-*; *-en*) *Malerei* dégradé *m*, nuance *f* (*a fig*)

'schattig ombragé

Schatz [ʃats] *m* (*-es*; *⸚e*) trésor *m* (*a fig*)

schätzen ['ʃɛtsən] (*h*) évaluer; *a hoch* ~ estimer, apprécier

'Schatzmeister *m* trésorier *m*

'Schätz|preis *m* prix *m* d'estimation; **'~ung** *f* (*-*; *-en*) évaluation *f*, estimation *f*; **'2ungsweise** approximativement, à peu près; **'~wert** *m* prix *m* d'estimation

Schau [ʃau] *f* (*-*; *-en*) spectacle; *Ausstellung* exposition *f*; ***zur ~ stellen*** étaler, faire étalage de

Schauder ['ʃaudər] *m* (*-s*; *-*) frisson *m*; **'2haft** horrible, épouvantable; **'2n** (*h*) frémir, frissonner (***vor*** de)

schauen ['ʃauən] (*h*) regarder

Schauer ['ʃauər] *m* (*-s*; *-*) *Regen*2 averse *f*; *Graupel*2 giboulée *f*; *Schauder* frisson *m*; **'2lich** horrible, horrifiant

Schaufel ['ʃaufəl] *f* (*-*; *-n*) pelle *f*; **'2n** (*h*) pelleter; *Grab* creuser

'Schaufenster *n* vitrine *f*, devanture *f*, étalage *m*; **'~bummel** *m* ***e-n ~ machen*** faire du lèche-vitrines

Schaukel ['ʃaukəl] *f* (*-*; *-n*) balançoire *f*; *Wippe* bascule *f*; **'2n** (*h*) (*selber* se) balancer; **'~stuhl** *m* fauteuil *m* à bascule, rocking-chair *m*

'Schaulustige *pl* curieux *m*/*pl*, F badauds *m*/*pl*

Schaum [ʃaum] *m* (*-*[*e*]*s*; *⸚e*) écume *f*; *Bier*2, *Seifen*2 mousse *f*

schäumen ['ʃɔymən] (*h*) écumer (*a fig* ***vor Wut*** de rage); *Bier*, *Seife* mousser

'Schaum|stoff *m* mousse *f*; **'~wein** *m* (vin *m*) mousseux *m*

'**Schauplatz** *m* scène *f*, théâtre *m*
'**Schauspiel** *n* spectacle *m*; drame *m*; '**~er** *m* (*-s*; -), '**~erin** *f* (-; *-nen*) acteur *m*, actrice *f*
'**Schausteller** *m* (*-s*; -) forain *m*
Scheck [ʃɛk] *comm m* (*-s*; *-s*) chèque *m*; '**~gebühr** *f* taxe *f* sur les chèques; '**~heft** *n* chéquier *m*, carnet *m* de chèques; '**~karte** *f* carte *f* chèque
scheffeln ['ʃɛfəln] (*h*) ***Geld ~*** amasser de l'argent
Scheibe ['ʃaibə] *f* (-; *-n*) disque *m*; *Brot, Fleisch* tranche *f*; *Fenster*≈ carreau *m*, vitre *f*; *Schieß*≈ cible *f*
'**Scheiben|bremse** *f* frein *m* à disque; '**~waschanlage** *f* lave-glace *m*; '**~wischer** *m* essuie-glace *m*
Scheich [ʃaiç] *m* (*-s*; *-s*, *-e*) cheik *m*
Scheide ['ʃaidə] *f* (-; *-n*) *weibliche* vagin *m*
'**scheid|en** (*schied*, *geschieden*) **1.** *v/t* (*h*) ***sich ~ lassen*** divorcer (***von*** d'avec); **2.** *v/i* (*sn*) ***aus dem Amt ~*** se retirer; '**≈ung** *f* (-; *-en*) divorce *m*
Schein [ʃain] *m* **1.** (-[*e*]*s*; *-e*) *Bescheinigung* certificat *m*; *Geld*≈ billet *m* (de banque); **2.** (-[*e*]*s*; *sans pl*) *Licht*≈ lueur *f*, lumière *f*; *Anschein* apparence *f*; ***zum ~ etw tun*** faire semblant de faire qc; '**~asylant** *m* faux réfugié *m*; '**≈bar** apparent; '**≈en** (*schien*, *geschienen*, *h*) briller, luire; *den Anschein haben* paraître, sembler; '**≈heilig** hypocrite; '**~werfer** *m* (*-s*; -) projecteur *m*; *auto* phare *m*
Scheiß|e ['ʃaisə] *f* (-; *sans pl*) P merde *f*; '**≈en** (*schiss*, *geschissen*, *h*) P chier; '**~haus** *n* P chiottes *f/pl*; '**~kerl** *m* P salaud *m*
Scheitel ['ʃaitəl] *m* (*-s*; -) *Haar*≈ raie *f*; *höchster Punkt* sommet *m* (*a math*)
scheitern ['ʃaitərn] (*sn*) échouer
Schellfisch [ʃ'ɛl-] *zo m* églefin *od* aiglefin *m*
schelten ['ʃɛltən] (*schalt*, *gescholten*, *h*) *bes Kinder* gronder
Schema ['ʃeːma] *n* (*-s*; *-s*, *-ta*) schéma *m*; '**≈tisch** [ʃe'maːtiʃ] schématique
Schemel ['ʃeːməl] *m* (*-s*; -) tabouret *m*
Schenkel [ʃɛŋkəl] *m* (*-s*; -) cuisse *f*; *math* côté *m*
schenk|en ['ʃɛŋkən] (*h*) offrir; faire cadeau de; '**≈ung** *f* (-; *-en*) don *m*; *jur* donation *f*
Scherbe ['ʃɛrbə] *f* (-; *-n*) tesson *n*; **~n** *pl meist* débris *m/pl*
Schere ['ʃeːrə] *f* (-; *-n*) ciseaux *m/pl*; ***e-e ~*** une paire de ciseaux
'**scheren** (*schor*, *geschoren*, *h*) tondre; ***sich nicht um etw ~*** se ficher de qc F
Scherereien [ʃeːrə'raiən] F *f/pl* ennuis *m/pl*, embêtements *m/pl* F
Scherz [ʃɛrts] *m* (*-es*; *-e*) plaisanterie *f*; ***zum ~*** pour rire; '**~artikel** *m/pl* (farces *f/pl* et) attrapes *f/pl*; '**≈en** (*h*) plaisanter; '**≈haft *~ gemeint*** dit pour rire
scheu [ʃɔʏ] **1.** timide, craintif; *Tier, Kind* sauvage; ***~ machen*** effaroucher; **2.** ≈ *f* (-; *sans pl*) timidité *f*, crainte *f*; *Ehrfurcht* respect *m*
'**scheuen** (*h*) craindre; *Pferd* s'emballer; ***sich ~, etw zu tun*** avoir peur de faire qc
scheuern ['ʃɔʏərn] (*h*) *Geschirr, Boden* récurer; *reiben* frotter
'**Scheuklappe** *f* œillère *f* (*a fig*)
'**scheumachen** (*sép*, *-ge-*, *h*) effaroucher
Scheune ['ʃɔʏnə] *f* (-; *-n*) grange *f*
Scheusal ['ʃɔʏzaːl] *n* (*-s*; *-e*) monstre *m*
scheußlich ['ʃɔʏsliç] épouvantable, atroce, hideux, horrible; '**≈keit** *f* (-; *-en*) atrocité *f*
Schi(...) [ʃiː] → ***Ski(...)***
Schicht [ʃiçt] *f* (-; *-en*) couche *f* (*a fig*); *Arbeits*≈ équipe *f*, poste *m*; '**~arbeit** *f* travail *m* par équipes, travail *m* posté; '**≈en** (*h*) disposer par couches, empiler
schick [ʃik] **1.** élégant, chic; **2.** ≈ *m* (-[*e*]*s*; *sans pl*) chic *m*, élégance *f*
schicken ['ʃikən] (*h*) envoyer; *versenden* expédier; ***sich ~ in*** s'accommoder de, se résigner à
Schickeria [ʃikə'riːja] *f* (-; *sans pl*) F jet-set *m*; les B.C.B.G. (= bon chic bon genre)
Schicksal ['ʃikzaːl] *n* (*-s*; *-e*) destin *m*, sort *m*
Schiebedach ['ʃiːbə-] *auto n* toit *m* ouvrant
schieben ['ʃiːbən] (*schob*, *geschoben*, *h*) pousser; ***die Schuld ~ auf*** rejeter la faute sur; *comm péj* ***mit etw ~*** faire le trafic de qc; → ***beiseiteschieben***
'**Schieb|er** *m* (*-s*; -) *tech* coulisseau *m*; *Läufer* curseur *m*; *comm péj* trafiquant *m*; '**~etür** *f* porte *f* coulissante; '**~ung** *f* (-; *-en*) *comm* trafic *m* (***mit***

de); *Betrug* manœuvre *f* frauduleuse
Schieds|gericht ['ʃiːts-] *n* tribunal *m* arbitral; '**~richter** *m* arbitre *m*; '**~spruch** *m* jugement *m* arbitral; '**~verfahren** *n* procédure *f* arbitrale
schief [ʃiːf] *schräg* oblique, de travers; *geneigt* incliné, en pente; *Turm* penché; *fig* faux
Schiefer ['ʃiːfər] *m* (-*s*; -) ardoise *f*; *géol* schiste *m*
schielen ['ʃiːlən] (*h*) loucher
Schienbein ['ʃiːn-] *n anat* tibia *m*
Schiene ['ʃiːnə] *f* (-; -*n*) *Bahn* rail *m*; *méd* attelle *f*, éclisse *f*; '**~nverkehr** *m* trafic *m* ferroviaire
schieß|en ['ʃiːsən] (*schoss*, *geschossen*) **1.** (*h*) tirer (***auf j-n*** sur qn); faire feu; **2.** (*sn*) *Flüssigkeit* jaillir; *stürzen* se précipiter; '**2en** *n* (-*s*; -) tir *m*; '**2erei** [ʃiːsə'rai] (-; -*en*) fusillade *f*, coups *m/pl* de feu; '**2pulver** *n* poudre *f* à canon; '**2scheibe** *f* cible *f*; '**2stand** *m* stand *m* de tir
Schiff [ʃif] *n* (-[*e*]*s*; -*e*) bateau *m*; *großes See2* navire *m*, bâtiment *m*; *Passagier2* paquebot *m*; *Kirchen2* nef *f*; ***mit dem ~*** par bateau
'**schiffbar** navigable
'**Schiff|bau** *mar m* (-[*e*]*s*; *sans pl*) construction *f* navale; '**~bruch** *m* naufrage *m*; ***~ erleiden*** faire naufrage; '**2brüchig** naufragé; '**~er** *m* (-*s*; -) *Binnen2* batelier *m*
Schifffahrt ['ʃiffaːrt] *f* (-; *sans pl*) navigation *f*
'**Schiffs|ladung** *f* cargaison *f*; '**~reise** *f* voyage *m* en bateau; '**~werft** *f* chantier *m* naval
Schikan|e [ʃi'kaːnə] *f* (-; -*n*) tracasserie *f*, vexation *f*, brimade *f*; *fig* ***mit allen ~n*** muni de tous les raffinements; **2ieren** [-ka'niːrən] (*pas de -ge-*, *h*) brimer, faire des tracasseries à
Schild[1] [ʃilt] *n* (-[*e*]*s*; -*er*) *mit Aufschrift* pancarte *f*; *Namens2* plaque *f*; *Verkehrs2* panneau *m*; *Firmen2*, *Aushänge2* enseigne *f*
Schild[2] *m* (-[*e*]*s*; -*e*) *zum Schutz* bouclier *m*; '**~drüse** *f* (glande *f*) thyroïde *f*
schilder|n ['ʃildərn] (*h*) décrire, peindre, présenter; '**2ung** *f* (-; -*en*) description *f*
'**Schildkröte** *zo f* tortue *f*

Schilf [ʃilf] *bot n* (-[*e*]*s*; -*e*), '**~rohr** *n* roseau *m*
schillern ['ʃilərn] (*h*) chatoyer, miroiter
Schimmel ['ʃiməl] *m* (-*s*; -) *Pferd* cheval *m* blanc; *bot* (*sans pl*) moisissure *f*, moisi *m*; '**2ig** moisi; '**2n** (*h*) moisir
Schimmer ['ʃimər] *m* (-*s*; *sans pl*) lueur *f*
Schimpanse [ʃim'panzə] *zo m* (-*n*; -*n*) chimpanzé *m*
schimpf|en ['ʃimpfən] (*h*) gronder (***mit j-m*** qn); pester (***auf*** contre); rouspéter F, râler F; '**2wort** *n* injure *f*
schinden ['ʃindən] (*schindete*, *geschunden*, *h*) maltraiter; ***sich ~*** s'éreinter, s'equinter
Schinken ['ʃiŋkən] *m* (-*s*; -) jambon *m*
Schirm [ʃirm] *m* (-[*e*]*s*; -*e*) *Regen2* parapluie *m*; *Sonnen2* parasol *m*; *Bild2* écran *m*; '**~herrschaft** *f* patronage *m*; '**~ständer** *m* porte-parapluies *m*
Schiss [ʃis] P *m* (-es; *sans pl*) ***~ haben*** avoir la trouille P
Schlacht [ʃlaxt] *f* (-; -*en*) bataille *f*
'**schlacht|en** (*h*) tuer, abattre; '**2enbummler** *m Sport* supporter *m*; '**2er** *m* (-*s*; -) boucher *m*; **2erei** [-ə'rai] (-; -*en*) boucherie *f*; '**2feld** *mil n* champ *m* de bataille; '**2haus** *n*, '**2hof** *m* abattoir *m*; '**2schiff** *n* cuirassé *m*
Schlaf [ʃlaːf] *m* (-[*e*]*s*; *sans pl*) sommeil *m*; '**~anzug** *m* pyjama *m*
Schläfe ['ʃlɛːfə] *f* (-; -*n*) tempe *f*
schlafen ['ʃlaːfən] (*schlief*, *geschlafen*, *h*) dormir; ***~ gehen*** *od* ***sich ~ legen*** (aller) se coucher, se mettre au lit; ***mit j-m ~*** coucher avec qn
schlaff [ʃlaf] lâche; *Haut*, *Muskel* flasque; *kraftlos* mou (molle); épuisé
'**Schlaf|gelegenheit** *f* endroit *m* où dormir, lit *m*; '**~krankheit** *méd f* maladie *f* du sommeil; '**~losigkeit** *f* (-; *sans pl*) insomnie *f*; '**~mittel** *phm n* somnifère *m*
schläfrig ['ʃlɛːfriç] qui a sommeil, somnolent
'**Schlaf|saal** *m* dortoir *m*; '**~sack** *m* sac *m* de couchage; '**~stadt** *f* cité-dortoir *f*; '**~tablette** *phm f* comprimé *m* pour dormir; '**~wagen** *Bahn m* wagon-lit *m*; '**~wandler** ['-vandlər] *m* (-*s*; -), '**~wandlerin** *f* (-; -*nen*) somnambule *m*, *f*; '**~zimmer** *n* chambre *f* à coucher
Schlag [ʃlaːk] *m* (-[*e*]*s*; ⸚*e*) coup *m*;

méd (attaque *f* d'')apoplexie *f*; *Art* espèce *f*; '**~ader** *f* artère *f*; '**~anfall** *méd* *m* attaque *f* (d'apoplexie); '**2artig** brusque (-ment), (tout) d'un coup; '**~bohrer** *m* perceuse *f* à percussion

schlagen ['ʃlaːgən] (*schlug*, *geschlagen*, *h*) battre (*a im Sport*, *Herz*); frapper; *Uhr* sonner; ***sich ~*** se battre; ***um sich ~*** se débattre; '**~d** *Beweis etc* convaincant

Schlager ['ʃlaːgər] *m* (*-s*; -) *mus* chanson *f* à succès, air *m* à la mode *od* en vogue; *péj* rengaine *f*; *comm* *Verkaufs2* article *m* choc

Schläge|r ['ʃlɛːgər] *m* (*-s*; -) *Tennis* raquette *f*; **~'rei** *f* (-; *-en*) bagarre *f*

'**schlag|fertig** ***~ sein*** riposter du tac au tac, avoir la repartie prompte; '**2fertigkeit** *f* (-; *sans pl*) esprit *m* de repartie; '**2instrument** *mus* *n* instrument *m* à percussion; '**2loch** *n* *Straße* nid-de--poule *m*; '**2obers** *östr* *n*, '**2rahm** *m*, '**2sahne** *f* crème *f* fouettée, crème *f* Chantilly; '**2wort** *n* slogan *m*; '**2zeile** *f* *Zeitung* manchette *f*; '**2zeug** *mus* *n* batterie *f*; '**2zeuger** *mus* *m* (*-s*; -) batteur *m*

Schlamm [ʃlam] *m* (-[*e*]*s*; *selten -e*, *¨e*) boue *f*, bourbe *f*, vase *f*

Schlamp|e ['ʃlampə] *f* (-; *-n*) F souillon *f*; P *Schimpfwort* salope *f*; **~erei** [-ə'rai] F *f* (-; *-en*) négligence *f*, laisser-aller *m*; '**2ig** négligé, malpropre; *Arbeit* bâclé

Schlange ['ʃlaŋə] *f* (-; *-n*) *zo* serpent *m*; *fig* file *f* d'attente; ***~ stehen*** faire la queue

schlängeln ['ʃlɛŋəln] (*h*) ***sich ~*** *Fluss*, *Straße* serpenter; *Person* se faufiler

schlank [ʃlaŋk] mince, svelte; '**2heit** *f* (-; *sans pl*) minceur *f*, sveltesse *f*; '**2heitskur** *f* cure *f* d'amaigrissement

schlapp [ʃlap] F *müde* épuisé, flapi F; *energielos* mou (molle); → ***schlappmachen***

'**Schlappe** F *f* (-; *-n*) défaite *f*, échec *m*

'**schlappmachen** (*sép*, *-ge-*, *h*) F flancher

schlau [ʃlau] rusé, malin, astucieux

Schlauch [ʃlaux] *m* (-[*e*]*s*; *¨e*) tuyau *m*; *Fahrrad2* chambre *f* à air; '**~boot** *n* canot *m* pneumatique

schlecht [ʃlɛçt] mauvais; *adv* mal; *böse* méchant; ***mir ist ~*** je me sens mal; ***~ aussehen*** avoir mauvaise mine; ***sich ~ fühlen*** se sentir mal; ***es geht ihm sehr ~*** il va très mal; ***~ gelaunt*** ['-gəlaunt] de mauvaise humeur; → ***schlechtmachen***

'**Schlechtigkeit** *f* (-; *-en*) *Bosheit* méchanceté *f*

'**schlechtmachen** (*sép*, *-ge-*, *h*) ***j-n ~*** dire du mal de qn

schlecken ['ʃlɛkən] (*h*) manger des sucreries; *lecken* lécher

schleich|en ['ʃlaiçən] (*schlich*, *geschlichen*, *sn*) se glisser; '**~end** *Krankheit* insidieux, sournois; '**2werbung** *f* publicité *f* déguisée

Schleier ['ʃlaiər] *m* (*-s*; -) voile *m*; '**2haft** *fig* mystérieux, incompréhensible

Schleife ['ʃlaifə] *f* (-; *-n*) boucle *f*; *Band2* nœud *m*

'**schleifen 1.** (*schliff*, *geschliffen*, *h*) *ziehen* traîner; *schärfen* aiguiser; *Edelstein*, *Glas* tailler; *mit der Schleifscheibe* meuler, poncer; **2.** (*h*) *ziehen* traîner; F *drillen* dresser; *Kupplung* ***~ lassen*** faire patiner

'**Schleif|maschine** *f* ponceuse *f*; '**~scheibe** *f*, '**~stein** *m* meule *f*

Schleim [ʃlaim] *m* (-[*e*]*s*; *-e*) *méd* mucosité *f*; *zäher* glaire *f*; *Hafer2* crème *f* (d'avoine); '**~haut** *f* muqueuse *f*; '**2ig** glaireux; visqueux (*a fig*)

schlemm|en ['ʃlɛmən] (*h*) festoyer, faire ripaille F; '**2er** *m* (*-s*; -) bon vivant *m*

schlendern ['ʃlɛndərn] (*sn*) flâner

schlenkern ['ʃlɛnkərn] (*h*) balancer; ***im Gehen mit den Armen ~*** marcher les bras ballants

schlepp|en ['ʃlɛpən] (*h*) traîner; *mar*, *auto* remorquer; ***sich ~*** se traîner; '**~end** *Unterhaltung* languissant; *Tonfall* traînant; '**2er** *m* (*-s*; -) *mar* remorqueur *m*; *auto* tracteur *m*; '**2lift** *m* remonte-pente *m*, tire-fesses *m* F

Schlesien ['ʃleːzjən] *n* (*-s*; *sans pl*) la Silésie

Schleuder ['ʃlɔʏdər] *f* (-; *-n*) lance-pierres *m*, fronde *f*; *Wäsche2* essoreuse *f*; '**2n** (*h*) lancer; *Wäsche* essorer; *auto* déraper; '**~preis** *comm* *m* ***zu ~en*** à bas prix

schleunigst ['ʃlɔʏnikst] le plus rapidement possible

Schleuse ['ʃlɔʏzə] *f* (-; *-n*) écluse *f*

schlicht [ʃliçt] simple; '**~en** (*h*) arranger, régler; *Tarifstreit* arbitrer; '**2er** *m* (*-s*; -) médiateur *m*, arbitre *m*; '**2ung** *f* (-; *-en*) règlement *m*, conciliation *f*, arbitrage *m*

'**schließ|en** ['ʃliːsən] (*schloss, geschlossen, h*) fermer; *Lücke* combler; *Sitzung* clore; *Vertrag* conclure; *enden* se terminer; ***in die Arme ~*** serrer dans ses bras; ***in sich ~*** renfermer; ***Frieden ~*** faire la paix; ***aus etw ~*** conclure de qc; '**2fach** *n Bahn* compartiment *m* de coffre-fort; '**~lich** finalement, enfin, à la fin, en fin de compte, en définitive; '**2ung** *f* (-; *-en*) fermeture *f*

schlimm [ʃlim] mauvais; *adv* mal; *schwerwiegend* grave; ***~e Zeiten*** des temps difficiles; ***das ist nicht so ~*** ce n'est pas si grave; ***das 2e daran*** ce qui est grave; '**~er**, '**~ste** pire; '**~stenfalls** dans le pire des cas

schling|en ['ʃliŋən] (*schlang, geschlungen, h*) *beim Essen* engloutir; ***um etw ~*** enrouler, *Arme* passer autour de qc; ***sich um etw ~*** s'enrouler *od* s'entortiller autour de qc; '**2ern** ['-ərn] (*h*) *mar* rouler

Schlitt|en ['ʃlitən] *m* (*-s*; -) traîneau *m*; *Rodel* luge *f*; ***~ fahren*** faire de la luge; '**2ern** ['-ərn] (*sn*) glisser, patiner

'**Schlittschuh** *m* patin *m* (à glace); ***~ laufen*** faire du patin; '**~bahn** *f* patinoire *f*; '**~laufen** *n* (*-s*; *sans pl*) patinage *m*; '**~läufer** *m*, '**~läuferin** *f* patineur *m*, -euse *f*

Schlitz [ʃlits] *m* (*-es*; *-e*) fente *f*; *Hosen2* braguette *f*

Schloss [ʃlɔs] *n* (-es; *⸚er*) *Bau* château *m*; *Tür2* serrure *f*

'**Schlosser** *m* (*-s*; -) serrurier *m*

'**Schloss|park** *m* parc *m* du château; '**~ruine** *f* ruine *f* du château

Schlot [ʃloːt] *m* (-[*e*]*s*; *-e*, *-e*) cheminée *f*; ***wie ein ~ rauchen*** F fumer comme un sapeur

Schlucht [ʃluxt] *f* (-; *-en*) ravin *m*, gorge(s) *f* (*pl*)

schluchzen ['ʃluxtsən] (*h*) sangloter

Schluck [ʃluk] *m* (-[*e*]*s*; *-e*, *-e*) gorgée *f*; ***ein ~ Wasser*** une gorgée d'eau; '**~auf** *m* (*-s*; *sans pl*) hoquet *m*; '**2en** (*h*) avaler (*a fig*); '**~impfung** *méd f* vaccination *f* par voie buccale

Schlummer ['ʃlumər] *m* (*-s*; *sans pl*) sommeil *m*; '**2n** (*h*) sommeiller

schlüpf|en ['ʃlypfən] (*sn*) se glisser; ***in die Kleidung ~*** enfiler ses vêtements; ***aus dem Ei ~*** éclore; '**2er** *m* (*-s*; -) slip *m*; '**~rig** glissant; *fig* scabreux, grivois

'**Schlupfwinkel** *m* cachette *f*

schlürfen ['ʃlyrfən] (*h*) boire avec bruit

Schluss [ʃlus] *m* (*-es*; *⸚e*) fin *f*; *Folgerung* conclusion *f*; ***am*** *od* ***zum ~*** à la fin; ***bis zum ~*** jusqu'à la fin; ***~ machen mit*** en finir avec; ***mit j-m ~ machen*** rompre avec qn; '**~bilanz** *f* bilan *m* de clôture

Schlüssel ['ʃlysəl] *m* (*-s*; -) clé *f* (*a tech, mus, fig*); '**~bein** *n* clavicule *f*; '**~blume** *bot f* primevère *f*; '**~bund** *m od n* (-[*e*]*s*; *-e*) trousseau *m* de clés; '**~industrie** *f* industrie-clé *f*; '**~loch** *n* trou *m* de la serrure; '**~stellung** *f* poste-clé *m*

'**Schlussfolgerung** *f* conclusion *f*

schlüssig ['ʃlysiç] concluant; ***sich ~ werden*** se résoudre (faire qc)

'**Schluss|kurs** *m* cours *m* de clôture; '**~licht** *n auto etc feu m arrière*; *fig* lanterne *f* rouge; '**~notierung** *f* cote *f* de clôture; '**~phase** *f* phase *f* finale; '**~strich** *m fig* ***e-n ~ unter etw ziehen*** mettre un point final à qc; '**~verkauf** *comm m* soldes *m/pl*

schmächtig ['ʃmɛçtiç] fluet, chétif

schmackhaft ['ʃmakhaft] savoureux, délicieux; ***j-m etw ~ machen*** faire prendre goût de qc à qn

schmal [ʃmaːl] étroit; *Taille* mince

schmälern ['ʃmɛːlərn] (*h*) *j-s Verdienste etc* rabaisser

'**Schmal|film** *m* film *m* format réduit, super-huit *m*; '**~spur** *f*, '**~spurbahn** *f* voie *f* étroite

Schmalz [ʃmalts] *n* (*-es*; *-e*) graisse *f* fondue; *Schweine2* saindoux *m*

Schmarotzer [ʃma'rɔtsər] *m* (*-s*; -) parasite *m* (*biol u fig*)

schmatzen ['ʃmatsən] (*h*) manger bruyamment

schmecken ['ʃmɛkən] (*h*) ***bitter ~*** avoir un goût amer; ***gut ~*** avoir bon goût; ***nach etw ~*** avoir un goût de qc, sentir qc; ***es schmeckt nach nichts*** ça n'a le goût de rien; ***es sich ~ lassen*** se régaler

Schmeichel|ei [ʃmaiçə'lai] *f* (-; *-en*)

flatterie *f*; '**≈haft** flatteur; '**≈n** (*h*) ***j-m* ~** flatter qn (***mit etw*** de qc)

'**Schmeichler** *m* (*-s*; -), '**~in** (-; *-nen*) flatteur *m*, -euse *f*

schmeißen ['ʃmaisən] (*schmiss, geschmissen, h*) F flanquer, balancer

schmelzen ['ʃmɛltsən] (*schmolz, geschmolzen, v/t h, v/i sn*) fondre

Schmerz [ʃmɛrts] *m* (*-es*; *-en*) douleur *f*; '**≈en** (*h*) causer de la douleur; '**~ensgeld** *n jur* pretium doloris *m*; '**≈frei** exempt de douleur; '**≈haft** douloureux; '**≈lich** douloureux; '**≈lindernd** calmant; '**≈los** sans douleur, indolore; '**~mittel** *phm n* analgésique *m*; '**≈stillend** sédatif, analgésique

Schmetterling ['ʃmɛtərliŋ] *zo m* (*-s*; *-e*) papillon *m*

Schmied [ʃmiːt] *m* (-[*e*]*s*; *-e*) forgeron *m*

Schmiede ['ʃmiːdə] *f* (-; *-n*) forge *f*; '**~eisen** *n* fer *m* forgé; '**≈n** (*h*) forger (*a fig*)

schmieg|en ['ʃmiːgən] (*h*) ***sich ~ an*** se serrer *od* se blottir contre; '**~sam** ['ʃmiːkzaːm] souple

Schmier|e ['ʃmiːrə] *f* (-; *-n*) graisse *f*, cambouis *m*; *fig* **~ *stehen*** faire le guet; '**≈en** (*h*) *fetten* graisser, lubrifier; *verstreichen* étaler (***auf*** sur); *Brote* tartiner; *schreiben* gribouiller; F ***j-n ~*** *bestechen* graisser la patte à qn; '**~geld** *n* pot-de-vin *m*; '**≈ig** graisseux, gras, sale; *fig Person* visqueux; '**~mittel** *tech n* lubrifiant *m*

Schminke ['ʃmiŋkə] *f* (-; *-n*) fard *m*; '**≈n** (*h*) (***sich ~*** se) maquiller; *Schauspieler* (se) farder

schmirgeln ['ʃmirgəln] (*h*) passer *od* polir à l'émeri

Schmöker ['ʃmøːkər] *m* (*-s*; -) F bouquin *m*

schmollen ['ʃmɔlən] (*h*) bouder (***mit j-m*** qn)

Schmor|braten ['ʃmoːr-] *m* bœuf *m* mode *od* à l'étuvée; '**≈en** (*h*) cuire à petit feu, braiser

Schmuck [ʃmuk] *m* (-[*e*]*s*; *sans pl*) ornement *m*, décoration *f*; *Juwelen* bijoux *m*/*pl*

schmücken ['ʃmykən] (*h*) orner, parer, décorer (***mit*** de)

'**schmuck|los** sobre, austère; '**≈stück** *n* bijou *m* (*a fig*)

Schmuggel ['ʃmugəl] *m* (*-s*; *sans pl*) contrebande *f*; '**≈n** (*h*) faire de la contrebande; ***etw ~*** passer qc en fraude

'**Schmuggler** *m* (*-s*; -), '**~in** *f* (-; *-nen*) contrebandier *m*; -ière *f*

schmunzeln ['ʃmuntsəln] (*h*) sourire

Schmutz [ʃmuts] *m* (*-es*; *sans pl*) saleté *f*; '**~fleck** *m* tache *f* de saleté; '**≈ig** sale *fig a* sordide; (***sich***) **~ *machen*** (se) salir

Schnabel ['ʃnaːbəl] *m* (*-s*; ⸚) bec *m*

Schnake ['ʃnaːkə] *zo f* (-; *-n*) moustique *m*

schnapp|en ['ʃnapən] (*h*) F *erwischen* attraper; ***nach etw ~*** chercher à happer qc; ***nach Luft ~*** étouffer; ***Luft ~*** prendre l'air; '**≈schuss** *m Foto* instantané *m*

Schnaps [ʃnaps] *m* (*-es*; ⸚*e*) eau-de-vie *f*

schnarchen ['ʃnarçən] (*h*) ronfler

schnattern ['ʃnatərn] (*h*) *Gans* criailler; *Ente* cancaner, nasiller; *fig schwatzen* caqueter

schnauben ['ʃnaubən] (*h*) *Pferd* s'ébrouer

schnaufen ['ʃnaufən] (*h*) souffler (bruyamment), haleter

Schnauze ['ʃnautsə] *f* (-; *-n*) *Hund*, *Katze* museau *m*; *aviat* nez *m*; P *Mund* gueule *f* P; P ***die ~ halten*** fermer sa gueule

Schnecke ['ʃnɛkə] *zo f* (-; *-n*) escargot *m*; *Nackt*≈ limace *f*; '**~nhaus** *n* coquille *f* d'escargot; '**~npost** *f* poste *f* d'escargot; '**~ntempo** *n* ***im ~*** comme un escargot *od* comme une tortue

Schnee [ʃneː] *m* (*-s*; *sans pl*) neige *f*; ***~ räumen*** déblayer la neige; '**~ball** *m* boule *f* de neige; '**~ballschlacht** *f* bataille *f* de boules de neige; '**~decke** *f* couche *f* de neige; '**~fall** *m* chute *f* de neige; '**~flocke** *f* flocon *m* de neige; '**~gestöber** ['-gəʃtøːbər] *n* (*-s*; *sans pl*) tourbillon *m* de neige; '**~glöckchen** *bot n* perce-neige *m*; '**~grenze** *f* limite *f* des neiges; '**~kette** *f auto* chaîne *f*; '**~mann** *m* bonhomme *m* de neige; '**~matsch** *m* neige *f* fondante; '**~pflug** *m* chasse-neige *m*; '**~regen** *m* pluie mêlée de neige; '**~schmelze** ['-ʃmɛltsə] *f* (-; *-n*) fonte *f* des neiges; '**~sturm** *m* tempête *f* de neige; '**~verwehung** ['-fərveːuŋ] *f* (-; *-en*) congèr

f; '**≈weiß** blanc comme neige; **~wittchen** [-'vitçən] *n* (*-s*; *sans pl*) Blanche-Neige *f*
Schneidbrenner ['ʃnaid-] *tech m* (*-s*; *-*) tranchant *m*
Schneide ['ʃnaidə] *f* (*-*;*-n*) tranchant *m*
'**schneiden** (*schnitt*, *geschnitten*, *h*) couper; *auto* ***j-n ~*** faire une queue de poisson à qn; '**~d** tranchant; *Worte* incisif; *Kälte* piquant, perçant
'**Schneider** *m* (*-s*; *-*) tailleur *m*; '**~in** *f* (*-*; *-nen*) couturière *f*; '**≈n** (*h*) coudre
'**Schneidezahn** *anat m* incisive *f*
schneien ['ʃnaiən] (*h*) neiger; ***es schneit*** il neige
schnell [ʃnɛl] rapide; *adv* vite, rapidement
'**Schnell|boot** *mar n* vedette *f*; '**~gaststätte** *f* snack *m*, fast food *m*; '**~gericht** *n* snack *m*; '**~hefter** *m* (*-s*; *-*) chemise *f*; '**~igkeit** *f* (*-*; *sans pl*) rapidité *f*, vitesse *f*; '**~kochtopf** *cuis m* cocotte *f* minute; '**~straße** *f* voie *f* express; '**~zug** *m* train *m* express, rapide *m*
schnippisch ['ʃnipiʃ] pimbêche
Schnitt [ʃnit] *m* (*-[e]s*; *-e*) coupe *f*; *Wunde* coupure *f*; *méd* incision *f*; ***im ~*** en moyenne; '**~blumen** *f/pl* fleurs *f/pl* coupées
'**Schnitt|e** *f* (*-*; *-n*) tranche *f*; *bestrichene* tartine *f*; '**~fläche** *f* coupe *f*; '**≈ig** de bonne coupe; *auto* racé; aérodynamique; '**~lauch** *bot m* ciboulette *f*; '**~muster** *n* patron *m*; '**~punkt** *m* intersection *f*; '**~stelle** *f EDV* interface *f*; '**~wunde** *méd f* coupure *f*
Schnitz|el ['ʃnitsəl] *n* (*-s*; *-*) *Papier≈* petit morceau *m*; *cuis* escalope *f*; ***Wiener ~*** escalope *f* à la viennoise; '**≈en** (*h*) sculpter sur bois; '**~er** *m* (*-s*; *-*) sculpteur *m* sur bois; F *Fehler* gaffe *f*; **~erei** [-ə'rai] *f* (*-*; *-en*) sculpture *f* sur bois
Schnorchel ['ʃnɔrçəl] *mar m* (*-s*; *-*) tuba *m*; schnorchel *m*; '**≈n** (*h*) nager avec un tuba
Schnörkel ['ʃnœrkəl] *m* (*-s*; *-*) fioriture *f*; *arch* volute *f*
schnüff|eln ['ʃnyfəln] (*h*) renifler, flairer (***an etw*** qc); *fig* F fouiner; '**≈ler** *m* (*-s*; *-*) F fouineur *m*
Schnupfen ['ʃnupfən] *m* (*-s*; *-*) rhume *f* (de cerveau); ***e-n ~ bekommen*** s'enrhumer; '**~tabak** *m* tabac *m* à priser
schnuppern ['ʃnupərn] (*h*) renifler, flairer (***an etw*** qc)
Schnur [ʃnuːr] *f* (*-*; *⸚e*) ficelle *f*; *Kabel* fil *m*
'**schnüren** (*h*) lier, ficeler; *Schuhe* lacer
'**schnurgerade** tout droit
Schnurrbart ['ʃnur-] *m* moustache *f*
'**schnurren** (*h*) *Katze* ronronner
Schnür|schuh ['ʃnyːr-] *m* soulier *m* à lacets; '**~senkel** ['-sɛŋkəl] *m* (*-s*; *-*) lacet *m*
schnurstracks ['ʃnuːrʃtraks] tout droit
Schock [ʃɔk] *m* (*-[e]s*; *-s*) choc *m*; ***unter ~ stehen*** être sous l'effet d'un choc; '**≈en** (*h*), **≈'ieren** (*pas de -ge-*, *h*) choquer
Schöffe ['ʃœfə] *jur m* (*-n*; *-n*) juré *m*
Schokolade [ʃoko'laːdə] *f* (*-*; *-n*) chocolat *m*; ***e-e Tafel ~*** une tablette de chocolat
Scholle ['ʃɔlə] *f* (*-*; *-n*) glèbe *f*, motte *f* de terre; *zo Fisch* plie *f*, carrelet *m*
schon [ʃoːn] déjà; ***~ jetzt*** d'ores et déjà; ***~ seit*** dès; ***~ der Gedanke*** la seule pensée; ***~ gut!*** c'est bon!; ***er macht das ~*** il va le faire, il le fera bien
schön [ʃøːn] beau (bel, belle); *adv* bien; ***~en Dank!*** merci bien! *od* merci beaucoup!; F ***ganz ~ teuer*** drôlement cher
schonen ['ʃoːnən] (*h*) (***sich ~*** se) ménager; '**~d** avec ménagement; ***~ umgehen mit*** prendre toutes les précautions avec
'**Schön|heit** *f* (*-*; *-en*) beauté *f* (*a Person*); '**~heitsmittel** *n* produit *m* de beauté; '**~heitspflege** *f* soins *m/pl* de beauté
'**Schonung** *f* (*-*; *sans pl*) ménagement *m*; '**≈slos** sans ménagement, impitoyable
Schön'wetterperiode *f* période *f* de beau temps
'**Schonzeit** *ch f* période *f* où la chasse est fermée
schöpf|en ['ʃœpfən] (*h*) puiser (***aus*** à *od* dans); '**≈er** *m* (*-s*; *-*), '**≈erin** *f* (*-*; *-nen*) créateur *m*, -trice *f*; '**~erisch** créateur; '**≈löffel** *cuis m* louche *f*; '**≈ung** *f* (*-*; *-en*) création *f*
Schornstein ['ʃɔrn-] *m* cheminée *f*; '**~feger** *m* (*-s*; *-*) ramoneur *m*
Schoß [ʃoːs] *m* (*-es*; *⸚e*) *Mutter≈* sein *m* (*a fig*)

Schott|e ['ʃɔtə] *m* (*-n*; *-n*), '**~in** *f* (*-*; *-nen*) Écossais *m*, -e *f*
Schotter ['ʃɔtər] *m* (*-s*; -) pierraille *f*, galets *m/pl*; *Bahn* ballast *m*
'**schott|isch** écossais; '**ᘔland** *n* (*-s*; *sans pl*) l'Écosse *f*
schräg [ʃrɛːk] oblique; *geneigt* incliné, penché; *adv* en biais; **~ *gegenüber*** presque en face
Schramme ['ʃramə] *f* (*-*; *-n*) éraflure *f*
Schrank [ʃraŋk] *m* (*-[e]s*; *⸚e*) armoire *f*; *Wandᘔ* placard *m*
'**Schranke** *f* (*-*; *-n*) barrière *f* (*a fig*); *Gericht* barre *f*
Schraube ['ʃraubə] *f* (*-*; *-n*) vis *f*; *mar* hélice *f*; '**ᘔn** (*h*) visser
'**Schrauben|mutter** *f* (*-*; *-n*) écrou *m*; '**~schlüssel** *m* clé *f*; '**~zieher** *m* (*-s*; -) tournevis *m*
Schraubstock ['ʃraup-] *m* (*-[e]s*; *⸚e*) étau *m*
Schrebergarten ['ʃreːbər-] *m* jardin *m* ouvrier
Schreck *m* [ʃrɛk] *m* (*-[e]s*; *-e*), '**~en** *m* (*-s*; -) terreur *f*, effroi *m*, frayeur *f*; '**~ensherrschaft** *f* régime *m* de la terreur; '**~ensnachricht** *f* nouvelle *f* terrible; '**ᘔhaft** peureux; '**ᘔlich** terrible, effroyable, effrayant
Schrei [ʃrai] *m* (*-[e]s*; -) cri *m*
Schreibarbeit ['ʃraip-] *f* travail *m* d'écriture
schreiben ['ʃraibən] **1.** (*schrieb*, *geschrieben*, *h*) écrire; ***wie schreibt man das?*** comment est-ce que ça s'écrit?; **2.** '**ᘔ** *n* (*-s*; -) lettre *f*
schreib|faul ['ʃraip-] qui n'aime pas écrire; '**ᘔfehler** *m* faute *f* d'orthographe; '**ᘔkraft** *f* dactylo *f*; '**ᘔmaschine** *f* machine *f* à écrire; '**ᘔmaterial** *n* fournitures *f/pl* de bureau; '**ᘔtisch** *m* bureau *m*; '**ᘔtischlampe** *f* lampe *f* de bureau; '**ᘔung** *f* ['-buŋ] *f* (*-*; *-en*) orthographe *f*; '**ᘔunterlage** *f* sous-main *m*; '**ᘔwaren** *f/pl* articles *m/pl* de papeterie; '**ᘔwarengeschäft** *n* papeterie *f*
schrei|en ['ʃraiən] (*schrie*, *geschrie[e]n*, *h*) crier, brailler; '**~end** *Farben* criard; *Unrecht* criant, flagrant
Schreiner ['ʃrainər] *m* (*-s*; -) menuisier *m*, ébéniste *m*
'**schreiten** ['ʃraɪtən] (*schreitet*, *schritt*, *geschritten*, *sn*) marcher; ***im Zimmer auf und ab ~*** arpenter la pièce; *fig* ***zu etw ~*** passer, procéder à qc
Schrift [ʃrift] *f* (*-*; *-en*) écriture *f*; *Werk* écrit *m*; ***die Heilige ~*** l'Écriture sainte; '**ᘔlich** écrit; *adv* par écrit; '**~sprache** *f* langue *f* écrite; '**~steller** *m* (*-s*; -), '**~stellerin** *f* (*-*; *-nen*) auteur *m* (femme *f* auteur), écrivain *m* (femme *f* écrivain); '**ᘔstellerisch** littéraire; '**~stück** *n* écrit *m*; '**~verkehr** *m*, '**~wechsel** *m* correspondance *f*
schrill [ʃril] aigu, strident, perçant
Schritt [ʃrit] *m* (*-[e]s*; *-e*) pas *m*; *fig* démarche *f*; ***im ~*** au pas; '**~macher** *m* (*-s*; -) *méd* pace-maker *m*; *Radsport* entraîneur *m*; '**ᘔweise** pas à pas
schroff [ʃrɔf] brusque; *steil* raide
schröpfen ['ʃrœpfən] (*h*) *fig* saigner, plumer
Schrot [ʃroːt] *m*, *n* (*-[e]s*; *-e*) *Blei* grenaille *f* de plomb; *Mehl* farine *f* complète
Schrott [ʃrɔt] *m* (*-[e]s*; *-e*) ferraille *f*; '**ᘔreif *~er Wagen*** voiture *f* bonne pour la casse
schrubb|en ['ʃrubən] (*h*) frotter (avec un balai-brosse); '**ᘔer** *m* (*-s*; -) balai-brosse *m*
Schrulle ['ʃrulə] *f* (*-*; *-n*) lubie *f*
schrumpfen ['ʃrumpfən] (*sn*) rétrécir, se ratatiner
Schub|fach ['ʃuːp-] tiroir *m*; '**~karre** *f*, '**~karren** *m* brouette *f*; '**~kraft** *phys f* poussée *f*; '**~lade** *f* (*-*; *-n*) tiroir *m*
schüchtern ['ʃyçtərn] timide; '**ᘔheit** *f* (*-*; *sans pl*) timidité *f*
Schuft [ʃuft] *m* (*-[e]s*; *-e*) canaille *f*, fripouille *f*; '**ᘔen** (*h*) F boulonner, travailler d'arrache-pied
Schuh [ʃuː] *m* (*-[e]s*; *-e*) chaussure *f*, soulier *m*; *fig* ***j-m etw in die ~e schieben*** mettre qc sur le dos de qn; '**~bürste** *f* brosse *f* à chaussures; '**~creme** *f* cirage *m*; '**~geschäft** *n* magasin *m* de chaussures; '**~löffel** *m* chausse-pied *m*; '**~macher** *m* (*-s*; -) cordonnier *m*; '**~putzer** *m* (*-s*; -) cireur *m*; '**~sohle** *f* semelle *f*
Schul|abschluss ['ʃuːl-] *m* diplôme *m* de l'enseignement secondaire; '**~abgänger** ['-apgɛŋər] *m* (*-s*; -) élève *m*, *f* ayant terminé sa scolarité; '**~amt** *n* administration *f* scolaire; '**~anfang** *m nach den Ferien* rentrée *f* des classes; '**~arbeit** *f* travail *m* sco-

laire; *Hausaufgabe* devoir *m*; '**~besuch** *m* fréquentation *f* scolaire, scolarisation *f*; *Schulzeit* scolarité *f*; '**~bildung** *f* éducation *f od formation f scolaire*; '**~buch** *n* livre *m* de classe, manuel *m* scolaire; '**~bus** *m* car *m* de ramassage scolaire

Schuld [ʃult] *f* (-; *-en*) *Geld*≗ dette *f*; *Fehler* faute *f*; *jur* culpabilité *f*; ***es ist deine ~*** *od* ***du bist ≗ daran*** c'est (de) ta faute; ***ich habe keine ~*** je n'y suis pour rien; ***j-m die ~ (an etw) geben*** rejeter la faute (de qc) sur qn; ***~en haben*** avoir des dettes

schulden ['ʃuldən] (*h*) ***j-m etw ~*** devoir qc à qn; '**≗berg** *m* dette *f* démesurée; '**~frei** quitte de dettes

'**Schuldienst** *m* enseignement *m*

'**schuldig** *bes jur* coupable; *bes comm* ***j-m etw ~ sein*** devoir qc à qn, être redevable de qc à qn; **≗e** ['-igə] *m*, *f* (*-n*; *-n*) coupable *m*, *f*; '**≗keit** *f* (-; *sans pl*) devoir *m*

'**schuld|los** non coupable, innocent; '**≗ner** ['-nər] *m* (*-s*; -), '**≗nerin** *f* (-; *-nen*) débiteur *m*, -trice *f*; '**≗schein** *m* reconnaissance *f* de dette; titre *m* de créance

Schule ['ʃuːlə] *f* (-; *-n*) école *f*; ***in der ~*** à l'école, en classe; ***in die ~ gehen*** aller à l'école

'**schulen** (*h*) former, entraîner, éduquer

'**Schulenglisch** *n* (*-en*; *sans pl*) anglais *m* scolaire

Schüler ['ʃyːlər] *m* (*-s*; -), '**~in** *f* (-; *-nen*) élève *m*, *f*, écolier *m*, -ière *f*; '**~austausch** *m* échange *m* d'élèves

'**Schul|ferien** *pl* vacances *f/pl* scolaires; '**~französisch** *n* (*-en*; *sans pl*) français *m* scolaire; '**≗frei *~ haben*** avoir congé; '**~funk** *m* radio *f* scolaire; '**~gebäude** *n* bâtiment *m* scolaire; '**~heft** *n* cahier *m*; '**~hof** *m* cour *f* de l'école; *überdacht* préau *m*; '**~jahr** *n* année *f* scolaire; '**~kamerad** *m*, '**~kameradin** *f* camarade *m*, *f* d'école; F copain *m* (copine *f*) de classe; '**~leiter** *m*, '**~leiterin** *f* directeur *m*, -trice *f* d'école; *Gymnasium* proviseur *m*; *Mittelstufe* principal *m*; '**~pflicht** *f* (-; *sans pl*) scolarité *f* obligatoire; '**≗pflichtig** scolarisable, en âge d'aller à l'école; '**~reform** *f* réforme *f* scolaire; '**~schiff** *mar n* navire-école *m*; '**~schluss** *m* (-es; *sans pl*) sortie *f* des classes; '**~stunde** *f* cours *m*, leçon *f*, heure *f* de classe; '**~system** *n* système *m* d'enseignement; '**~tasche** *f* serviette *f*, cartable *m*

Schulter ['ʃultər] *f* (-; *-n*) épaule *f*; '**~blatt** *n* omoplate *f*; '**≗frei** *Kleid* décolleté

Schulung ['ʃuːluŋ] *f* (-; *-en*) formation *f*, entraînement *m*, éducation *f*

'**Schul|wesen** *n* (*-s*; *sans pl*) enseignement *m*; '**~zeit** *f* scolarité *f*; '**~zeugnis** *n* bulletin *m* scolaire

Schund [ʃunt] *m* (-[*e*]*s*; *sans pl*) *péj* pacotille *f*, camelote *f*, cochonnerie *f*

Schuppe ['ʃupə] *f* (-; *-n*) *zo*, *bot* écaille *f*; ***~n*** *pl im Haar* pellicules *f/pl*

'**Schuppen** *m* (*-s*; -) remise *f*, hangar *m*

schüren ['ʃyːrən] (*h*) attiser (*a fig*)

Schürfwunde ['ʃyrf-] *méd f* éraflure *f*

Schurke ['ʃurkə] *m* (*-n*; *-n*) canaille *f*, coquin *m*

Schurwolle ['ʃuːr-] *comm* ***reine ~*** pure laine *f* vierge

Schürze ['ʃyrtsə] *f* (-; *-n*) tablier *m*

Schuss [ʃus] *m* (*-es*; *≃e*) coup *m* de feu; *Fußball* tir *m*, shoot *m*; *Flüssigkeit* coup *m*, doigt *m*; F ***in ~ sein*** être en ordre

Schüssel ['ʃysəl] *f* (-; *-n*) *Salat*≗ saladier *m*; *Suppen*≗ soupière *f*; *große* bassine *f*; *flache* plat *m*

'**Schuss|waffe** *f* arme *f* à feu; '**~wunde** *f* blessure *f* par balle

Schuster ['ʃuːstər] *m* (*-s*; -) cordonnier *m*

Schutt [ʃut] *m* (-[*e*]*s*; *sans pl*) décombres *m/pl*, gravats *m/pl*

schütteln ['ʃytəln] (*h*) (***sich ~*** se) secouer; *Hand* serrer; *Kopf a* hocher

schütten ['ʃytən] (*h*) verser; ***es schüttet*** il pleut à torrents

Schutz [ʃuts] *m* (*-es*; *sans pl*) protection *f* (***vor, gegen*** contre); ***j-n in ~ nehmen*** prendre la défense de qn; '**~blech** *n* garde-boue *m*; '**~brief** *m* sauf-conduit *m*; '**~dach** *n* auvent *m*, abri *m*

Schütze ['ʃytsə] *m* (*-n*; *-n*) tireur *m*; *astr* Sagittaire *m*; *Tor*≗ marqueur *m*

'**schützen** (*h*) (***sich ~*** se) protéger (***gegen, vor*** contre *od* de), (s')abriter (de), (se) préserver (de), garantir (de)

'**Schutz|gebiet** *n pol* protectorat *m*;

Landschafts≈ site *m* protégé; '**~impfung** *méd f* vaccination *f* préventive
'**Schützling** *m* (-*s*; -*e*) protégé *m*, -e *f*
'**schutz|los** sans protection, sans défense; '**≈maßnahme** *f* mesure *f* de protection; '**≈patron** ['-patro:n] *m* (-*s*; -*e*), '**≈patronin** *f* (-; -*nen*) patron *m*, -onne *f*; '**≈umschlag** *m* *Buch* jaquette *f*
Schwabe ['ʃva:bə] *m* (-*n*; -*n*), **Schwäbin** ['ʃvɛ:bin] *f* (-; -*nen*) Souabe *m*, *f*; '**Schwaben** *n* Souabie *f*
schwäbisch ['ʃvɛ:biʃ] souabe
schwach [ʃvax] faible; *leistungsmäßig* médiocre; *Tee* léger; *Gedächtnis* mauvais; ***schwächer werden*** s'affaiblir
Schwäche ['ʃvɛçə] *f* (-; -*n*) faiblesse *f*; ***e-e ~ haben für*** avoir un faible pour; '**≈n** (*h*) affaiblir
'**Schwach|sinn** *m* (-[*e*]*s*; *sans pl*) imbécillité *f*, débilité *f*; '**≈sinnig** imbécile, débile; '**~strom** *m* (-[*e*]*s*; *sans pl*) courant *m* à basse tension
Schwächung ['ʃvɛçuŋ] *f* (-; -*en*) affaiblissement *m*
Schwager ['ʃva:gər] *m* (-*s*; ≃) beau-frère *m*
Schwägerin ['ʃvɛ:gərin] *f* (-; -*nen*) belle-sœur *f*
Schwalbe ['ʃvalbə] *zo f* (-; -*n*) hirondelle *f*
Schwamm [ʃvam] *m* (-[*e*]*s*; ≃*e*) éponge *f*; '**≈ig** spongieux; *Person* bouffi; *fig* vague
Schwan [ʃva:n] *zo m* (-[*e*]*s*; ≃*e*) cygne *m*
schwanger ['ʃvaŋər] enceinte
'**Schwangerschaft** *f* (-; -*en*) grossesse *f*; '**~sabbruch** *méd m* interruption *f* (volontaire) de grossesse (*abr* I.V.G.)
schwank|en ['ʃvaŋkən] (*h u sn*) chanceler; *Person a* tituber; *fig* varier; '**≈ung** *f* (-; -*en*) *fig* variation *f*
Schwanz [ʃvants] *m* (-*es*; ≃*e*) queue *f*
schwänzen ['ʃvɛntsən] (*h*) ***die Schule ~*** faire l'école buissonnière; ***e-e Stunde ~*** sécher un cours
Schwarm [ʃvarm] *m* (-[*e*]*s*; ≃*e*) *Insekten* essaim *m*; *Vögel* volée *f*; *Fische* banc *m*; *Menschen* bande *f*, troupe *f*; *fig Idol* idole *f*; ***du bist ihr ~*** F elle a le béguin pour toi
schwärm|en ['ʃvɛrmən] (*h*) *Bienen* essaimer; ***~ für*** s'enthousiasmer pour, raffoler de, s'engouer pour, être entiché de; '**~erisch** exalté, enthousiaste
Schwarte ['ʃvartə] *f* (-; -*n*) *Speck*≈ couenne *f*
schwarz [ʃvarts] noir ***~ auf weiß*** noir sur blanc; ***~er Markt*** marché *m* noir; ***≈es Meer*** mer *f* Noire; ***~e Zahlen*** solde *m* positif; ***~ tauschen*** changer au noir; **≈arbeit** *f* travail *m* (au) noir; '**≈arbeiter** *m*, '**≈arbeiterin** *f* travailleur *m*, -euse *f* non déclaré(e); '**≈brot** *n* pain *m* bis *od* noir
'**Schwarze** *m*, *f* (-*n*; -*n*) Noir *m*, -e *f*
Schwärze ['ʃvɛrtsə] *f* (-; *sans pl*) noirceur *f*; **≈n** noircir
'**schwarz|fahren** (*irr*, *sép*, -*ge*-, *sn*, → ***fahren***) voyager sans ticket; resquiller F; '**≈fahrer** *m* resquilleur *m* F; '**≈handel** *m* marché *m* noir; '**≈händler** *m* trafiquant *m* du marché noir; '**≈markt** *m* marché *m* noir; '**≈marktpreise** *m/pl* prix *m/pl* du marché noir
schwärzlich ['ʃvɛrtsliç] noirâtre
Schwarz|seher ['-ze:ər] *m* (-*s*; -) pessimiste *m*; *TV* téléspectateur *m* clandestin; '**~wald** *m* (-[*e*]*s*; *sans pl*) Forêt-Noire *f*; **~'weißfilm** *m* film *m* en noir et blanc
schwatzen ['ʃvatsən] (*h*), '**schwätzen** ['ʃvɛtsən] (*h*) bavarder
Schwätzer ['ʃvɛtsər] *m* (-*s*; -), '**~in** *f* (-; -*nen*) bavard *m*, -e *f*
'**schwatzhaft** bavard
Schwebe ['ʃve:bə] *f* (-; *sans pl*) ***in der ~*** *fig* en suspens; '**~bahn** *f Seil*≈ téléférique *m*; '**≈n** (*h*) planer
Schwed|e ['ʃve:də] *m* (-*n*; -*n*), '**~in** *f* (-; -*nen*) Suédois *m*, -e *f*; '**~en** *n* (-; *sans pl*) la Suède; '**≈isch** suédois
Schwefel ['ʃve:fəl] *chim m* (-*s*; *sans pl*) soufre *m*; '**~säure** *f* acide *m* sulfurique
schweigen ['ʃvaigən] **1.** (*schwieg*, *geschwiegen*, *h*) se taire; ***ganz zu ~ von*** sans parler de; **2.** '**≈** *n* (-*s*; *sans pl*) silence *m*; '**~d** silencieux
schweigsam ['ʃvaikza:m] taciturne, silencieux
Schwein [ʃvain] *n* (-[*e*]*s*; -*e*) cochon *m*, porc *m* (*beide a péj*); *fig* F ***~ haben*** avoir de la veine *od* du pot F
'**Schweine|braten** *m* rôti *m* de porc; '**~fleisch** *n* (viande *f* de) porc *m*; **~rei** [-ə'rai] *f* (-; -*en*) cochonnerie *f*; '**~stall** *m* porcherie *f*
'**Schweinsleder** *n* peau *f od cuir m de*

porc
Schweiß [ʃvais] *m* (*-es*; *-e*) sueur *f*, transpiration *f*; '**<del>S</del>en** (*h*) *tech* souder; '**~er** *tech m* (*-s*; -) soudeur *m*
Schweiz [ʃvaits] *f* (-; *sans pl*) ***die ~*** la Suisse
'**Schweizer 1.** *m* (*-s*; -) Suisse *m*; **2.** *adj* suisse; ***~ Käse*** gruyère *m*; '**~in** *f* (-; *-nen*) Suisse *f*; '**&isch** suisse
schwelen ['ʃveːlən] (*h*) couver (*a fig*)
Schwell|e [ʃvɛlə] *f* (-; *-n*) *Tür* seuil *m* (*a fig*); *Bahn* traverse *f*; '**&en** (*v/t h*; *v/i schwoll*, *geschwollen*, *sn*) enfler; '**~enland** pays *m* du seuil; '**~ung** *méd f* (-; *-en*) enflure *f*
Schwemme ['ʃvɛmə] *écon f* (-; *-n*) abondance *f*
schwenken ['ʃvɛŋkən] (*h*) *Arme etc* agiter; *Kamera* tourner; *cuis* faire sauter; *spülen* rincer
schwer [ʃveːr] *im Gewicht* lourd; *schwierig* difficile; *Krankheit* grave; ***es ~ haben*** avoir bien du mal (***mit*** avec); ***50 Kilo ~ sein*** peser 50 kilos; ***~ arbeiten*** travailler dur; ***~ behindert*** gravement handicapé; ***~ krank*** gravement malade; ***~ verdaulich*** indigeste, lourd; ***~ verletzt*** grièvement blessé; ***~ verständlich*** difficile à comprendre; ***~ wiegend*** grave, très sérieux; → ***schwerfallen***, → ***schwertun***
'**schwerbehindert** → ***schwer***
'**Schwere** *f* (-; *sans pl*) *phys* pesanteur *f*; *fig* gravité *f*, poids *m*; '**~losigkeit** *phys f* (-; *sans pl*) apesanteur *f*
'**schwerfallen** (*irr*, *sép*, *-ge-*, *sn*, → ***fallen***) ***j-m ~*** être difficile pour qn; ***es fällt mir schwer zu*** (+ *inf*) j'ai du mal à (+ *inf*)
schwer|fällig ['ʃveːrfɛliç] lourd; **~hörig** ['-høːriç] sourd
'**Schwer|industrie** *f* industrie *f* lourde; '**~kraft** *phys f* (-; *sans pl*) gravité *f*
'**schwer|krank** → ***schwer***; '**~lich** avec peine, difficilement, ne … guère
'**Schwermetall** *n* métal *m* lourd
'**Schwer|mut** *f* (-; *sans pl*) mélancolie *f*; **&mütig** ['-myːtiç] mélancolique
'**Schwerpunkt** *m phys* centre *m* de gravité; *fig* centre *m*
'**schwertun** (*irr*, *sép*, *-ge-*, *h*, → ***tun***) ***sich ~*** avoir des difficultés (***mit*** avec)
'**Schwerverbrecher** *m* grand criminel
'**schwer|verdaulich**, '**~verständlich** → ***schwer***; '**~wiegend** grave, très sérieux
Schwester ['ʃvɛstər] *f* (-; *-n*) sœur *f*; *Kranken&* infirmière; *Ordens& a* religieuse *f*
Schwieger|eltern ['ʃviːgər-] *pl* beaux-parents *m/pl*; '**~mutter** *f* belle-mère *f*; '**~sohn** *m* gendre *m*, beau-fils *m*; '**~tochter** *f* belle-fille *f*; '**~vater** *m* beau-père *m*
schwierig ['ʃviːriç] difficile; '**&keit** *f* (-; *-en*) difficulté *f*
Schwimm|bad ['ʃvim-] *n* piscine *f*; '**~becken** *n* bassin *m*; '**&en** (*schwamm*, *geschwommen*, *sn*) nager; *im Wasser treiben* flotter; '**~en** *n* (*-s*; *sans pl*) natation *f*; '**~er** *m* (*-s*; -), '**~erin** *f* (-; *-nen*) nageur *m*, -euse *f*; '**~sport** *m* natation *f*; '**~weste** *f* gilet *m* de sauvetage
Schwindel ['ʃvindəl] *m* (*-s*; *sans pl*) *méd* vertige *m*; *Betrug* escroquerie *f*; *Täuschung* bidon *m* F; *Lüge* mensonge *m*; F ***der ganze ~*** tout le bataclan F; ***~ erregend*** vertigineux
'**schwindelerregend** vertigineux
schwindeln ['ʃvindəln] (*h*) *lügen* mentir, dire des mensonges; ***mir schwindelt*** j'ai le vertige
schwinden ['ʃvindən] (*schwand*, *geschwunden*, *sn*) diminuer; *Kräfte a* décliner
'**Schwindl|er** *m* (*-s*; -), '**~erin** *f* (-; *-nen*) *Lügner(in)* menteur *m*, -euse *f*; *Betrüger* escroc *m*; '**&ig *mir ist ~*** j'ai le vertige
schwing|en ['ʃviŋən] (*v/t und v/i*) (*schwang*, *geschwungen*, *h*) *hin u her* balancer; *drohend* brandir; *pendeln* se balancer; *phys* osciller; *vibrieren* vibrer; '**&ung** *phys f* (-; *-en*) oscillation *f*, vibration *f*
schwitzen ['ʃvitsən] (*h*) suer, transpirer
schwören ['ʃvøːrən] (*schwor*, *geschworen*, *h*) jurer (***bei*** par)
schwul F [ʃvuːl] homosexuel, F pédé
schwül [ʃvyːl] lourd, étouffant; '**&e** *f* (-; *sans pl*) chaleur *f* étouffante
Schwund [ʃvunt] *m* (-[*e*]*s*; *sans pl*) perte *f*, diminution *f*
Schwung [ʃvuŋ] *m* (-[*e*]*s*; *¨e*) élan *m*; *fig a* entrain *m*, dynamisme *m*, verve *f*; ***in ~ kommen*** se mettre en train; '**&haft** *comm* florissant; '**&voll** plein

d'entrain; *Musik* entraînant
Schwur [ʃvuːr] *m* (-[*e*]*s*; ∸*e*) serment *m*; '**~gericht** *jur n* cour *f* d'assises
Science-fiction ['saiənsfikʃən] *f* (-; -*s*) science-fiction *f*
sechs [zɛks] six; '**≈eck** *n* (-[*e*]*s*; -*e*) hexagone *m*; '**~eckig** hexagonal; '**≈erpack** *m* (-*s*; -*s*) emballage *m* à six unités; '**~fach** ['-fax] sextuple; '**~hundert** six cents; '**~mal** six fois; **≈'tagerennen** *n* six jours *m*/*pl*
sechste ['zɛkstə] sixième; '**≈l** *n* sixième *m*; '**~ns** sixièmement
sechzehn ['zɛç-] seize; '**~te** seizième
sechzig ['zɛçtsiç] soixante; ***etwa ~*** une soixantaine; '**≈er** ['zɛçtsigər] *m* (-*s*; -), '**≈erin** *f* (-; -*nen*) sexagénaire *m*, *f*; '**~ste** soixantième
SED *f hist DDR abr* ***Sozialistische Einheitspartei Deutschlands*** Parti socialiste unifié d'Allemagne
See[1] [zeː] *m* (-*s*; -*en*) lac *m*
See[2] *f* (-; *sans pl*) mer *f*; ***auf ~*** en mer; ***auf hoher ~*** en haute *od* pleine mer, au large; ***an der ~*** au bord de la mer; ***in ~ stechen*** prendre la mer; ***zur ~ gehen*** se faire marin; ***zur ~ fahren*** naviguer
'**See|bad** *n* station *f* balnéaire; '**~blick** *m* vue *f* sur la mer; '**~gang** *m* houle *f*; ***hoher ~*** grosse mer *f*; '**~hafen** *m* port *m* de mer; '**~handel** *m* commerce *m* maritime; '**~hund** *zo m* phoque *m*; '**~igel** *zo m* oursin *m*; '**~karte** *f* carte *f* marine; '**≈krank** ***~ sein*** avoir le mal de mer; '**~krankheit** *méd f* (-; *sans pl*) mal *m* de mer, nausée *f*
Seele ['zeːlə] *f* (-; -*n*) âme *f* (*a fig*)
seelisch ['zeːliʃ] psychique
'**Seelsorge** *f* (-; *sans pl*) charge *f* d'âmes; '**~r** *m* (-*s*; -) père *m* spirituel; pasteur *m*
'**See|luft** *f* (-; *sans pl*) air *m* marin; '**~macht** *f* puissance *f* maritime; '**~mann** *m* (-[*e*]*s*; -*leute*) marin *m*; '**~meile** *f* mille *m* marin; '**~not** *f* (-; *sans pl*) ***in ~*** en détresse; '**~räuber** *m* pirate *m*, corsaire *m*; '**~recht** *n* droit *m* maritime; '**~reise** *f* voyage *m* par mer; '**~rose** *bot f* nénuphar *m*; '**~schlacht** *f* bataille *f* navale; '**~stern** *zo m* étoile *f* de mer; '**~streitkräfte** *f*/*pl* forces *f*/*pl* navales; '**≈tüchtig** *Schiff* en état de naviguer; '**~weg** *m* voie *f* maritime; ***auf dem ~*** par mer; '**~zunge** *z* *f* sole *f*
Segel ['zeːgəl] *n* (-*s*; -) voile *f*; '**~boot** bateau *m* à voiles; '**~flieger** *m*, '**~fliegerin** *f* vélivole *m*, *f*; '**~flug** *m* vol *n* à voile; '**~flugzeug** *n* planeur *m*; '**≈** *v/i* (*sn*) faire voile (***nach*** pour); *Spor* faire de la voile; '**~schiff** *n* voilier *m* bateau *m* à voiles
Segen ['zeːgən] *m* (-*s*; -) bénédiction
Segler ['zeːglər] *m* (-*s*; -) *Sport≈* plaisancier *m*; *Schiff* voilier *m*
segnen ['zeːgnən] (*h*) bénir
sehen ['zeːən] (*sah*, *gesehen*, *h*) voir ***auf etw ~*** regarder qc; ***nach etw*** avoir soin de qc; ***sich ~ lassen*** se montrer; ***siehe Seite 10*** voir page 10
'**sehens|wert** qui vaut la peine d'êtr vu, digne d'être vu; '**≈würdigkeit** (-; -*en*) curiosité *f*
'**Sehkraft** *f* vue *f*
Sehne ['zeːnə] *f* (-; -*n*) tendon *m*
'**sehnen** (*h*) ***sich ~ nach*** s'ennuyer de regretter, aspirer à
'**Sehnerv** *m* nerf *m* optique
'**sehnig** nerveux; *Fleisch a* filandreux
'**Sehn|sucht** *f* (-; ∸*e*) désir *m* arden nostalgie *f* (***nach*** de); '**≈süchtig** nostalgique; *adv* avec impatience
sehr [zeːr] très, bien, fort; *vor Verbe* beaucoup, bien
'**Seh|störungen** *méd f*/*pl* troubles *m*/*p* visuels; '**~test** *m* test *m* visuel
seicht [zaiçt] *Wasser* peu profond; *fi* superficiel, plat, fade
Seide ['zaidə] *f* (-; -*n*) soie *f*
seidig ['zaidiç] soyeux
Seife ['zaifə] *f* (-; -*n*) savon *m*
'**Seifen|blase** *f* bulle *f* de savon; '**~lauge** *f* eau *f* savonneuse
Seil [zail] *n* (-[*e*]*s*; -*e*) corde *f*; '**~bahn** téléférique *m*; *Stand≈* funiculaire *n* '**~schaft** *f* (-; -*en*) cordée *f*; '**~tänze** *m*, '**~tänzerin** *f* funambule *m*, *f*; danseur *m*, -euse *f* de corde
sein[1] [zain] (*war*, *gewesen*, *sn*) être; ***e ist kalt*** il fait froid; ***er ist zwanzig Ja re alt*** il a vingt ans; F ***etw ~ lassen*** n pas faire qc, s'abstenir de faire qc
sein[2] *Possessivpronomen* son, sa, *p* ses; ***~er, ~e, ~es***; ***der, die, das ~e*** *o* ***~ige*** le sien, la sienne
Sein [zain] *n* (-*s*; *sans pl*) *phil* être *n* *Dasein* existence *f*

Seine ['zɛːnə] ***die ~*** la Seine
seiner|seits ['zainərzaits] de sa part, de son côté; '**~zeit** alors, à l'époque
'**seinesgleichen** son pareil; ***j-n wie ~ behandeln*** traiter qn d'égal à égal
'**seinetwegen** à cause de lui, pour lui
'**seinlassen** (*irr, pas de -ge-, h,* → ***lassen***) → ***sein***
seit [zait] **1.** *prép* (*dat*) depuis; ***schon ~*** dès; ***~ drei Jahren*** depuis trois ans; ***~ langem*** depuis longtemps; **2.** *conj* depuis que (+ *ind*); '**~dem 1.** *adv* depuis (ce temps-là), depuis *od* dès lors; **2.** *conj* depuis que (+ *ind*)
Seite ['zaitə] *f* (-; *-n*) côté *m*; *Schrift*♀ page *f*; ***auf j-s ~ treten*** se ranger du côté de qn; ***auf der linken ~*** du côté gauche; *fig* ***auf der anderen ~*** d'un autre côté
'**Seiten|hieb** *m fig* coup *m* de griffe; '**♀s** *prép* (*gén*) de la part de; '**~sprung** *m fig* écart *m* de conduite, escapade *f*; '**~stechen** *méd n* (*-s; sans pl*) point *m* de côté; '**~straße** *f* rue *f* latérale; '**~streifen** *m* accotement *m*
'**seit|lich** latéral; '**~wärts** ['-vɛrts] de côté
Sek. *abr* ***Sekunde*** seconde
Sekre|tär [zekre'tɛːr] *m* (*-s; -e*), **~'tärin** *f* (-; *-nen*) secrétaire *m, f*; **~tariat** [-tari'aːt] *n* (-[*e*]*s; -e*) secrétariat *m*
Sekt [zɛkt] *m* (-[*e*]*s; -e*) (vin *m*) mousseux *m*
'**Sekte** *rel f* (-; *-n*) secte *f*
Sektion [zɛk'tsjoːn] *f* (-; *-en*) *Abteilung* section *f*; *e-r Leiche* dissection *f*
Sektor ['zɛktɔr] *m* (*-s; -en*) secteur *m*
Sekunde [ze'kundə] *f* (-; *-n*) seconde *f*; **~nzeiger** *m* trotteuse *f*
selber ['zɛlbər] → ***selbst***
selbst [zɛlpst] même; *ich* (*du, er etc*) ~ moi-même (toi-même, lui-même *etc*); ***sie hat es ~ gesagt*** elle l'a dit elle-même; ***sie ist die Güte ~*** elle est la bonté même; ***~ seine Freunde*** même ses amis, ses amis même(s); ***es läuft von ~*** ça marche tout seul; ***~ wenn*** même si
'**Selbst|auslöser** *Foto m* déclencheur *m* automatique; '**~bedienung** *f* (-; *sans pl*) libre-service *m*; '**~bedienungsrestaurant** *n* (restaurant) self-service *m*; '**~befriedigung** *f* masturbation *f*; '**~beherrschung** *f* maîtrise *f* de soi; '**~bestimmungsrecht** *n* droit *m* à l'autodétermination; '**♀bewusst** sûr de soi; '**~bewusstsein** *n* confiance *f* en soi; '**~erhaltungstrieb** *m* instinct *m* de conservation; '**~erkenntnis** *f* connaissance *f* de soi-même; '**♀gefällig** infatué de soi-même; '**~gespräch** *n* monologue *m*; '**~kosten** *pl*, '**~kostenpreis** *m* prix *m* coûtant, prix *m* de revient; '**~kritik** *f* autocritique *f*; '**~mord** *m* suicide *m*; '**~mörder** *m*, '**~mörderin** *f* suicidé *m*, -e *f*; '**♀sicher** sûr de soi; '**~sicherheit** *f* aplomb *m*; '**~versorger** (*-s; -*) *m* réservataire *m*; '**~versorgung** *f* autosubsistance *f*; '**♀verständlich** évident, naturel; *adv* bien entendu; ***das ist ~*** cela va de soi, cela va sans dire; '**~vertrauen** *n* confiance *f* en soi; '**~verwaltung** *f* administration *f* autonome; '**~verwirklichung** *f* épanouissement *m* personnel; '**♀zufrieden** satisfait de soi; '**~zweck** *m* fin *f* en soi
selbstständig ['zɛlpʃtɛndiç] indépendant; '**♀keit** *f* (-; *sans pl*) indépendance *f*
selig ['zeːliç] heureux; *égl* bienheureux; *verstorben* défunt
Sellerie ['zɛləriː] *bot m* (*-s; -*[*s*]) *od f* (-; *-rien*) céleri *m*
selten ['zɛltən] rare; *adv* rarement; '**♀heit** *f* (-; *-en*) rareté *f*
Selters(wasser) ['zɛltərs-] *n* eau *f* de Seltz
seltsam ['zɛltzaːm] étrange, curieux, bizarre; **♀keit** *f* étrangeté *f*
Semester [ze'mɛstər] *n* (*-s; -*) semestre *m*; **~ferien** *pl* vacances *f/pl* semestrielles
Seminar [zemi'naːr] *n* (*-s; -e, -ien*) séminaire *m*; *Universität* institut *m*, département *m*
Semmel ['zɛməl] *f* (-; *-n*) petit pain *m*
sen. *abr* ***senior*** senior; père (*commerce*)
Senat [ze'naːt] *m* (-[*e*]*s; -e*) sénat *m*; **~or** [-tɔr] *m* (*-s; -en*) sénateur *m*
'**Sendegebiet** *n* zone *f* d'émission
senden ['zɛndən] (*h*) envoyer (***mit der Post*** par la poste); *über Funk* émettre, diffuser
'**Sender** *m* (*-s; -*) émetteur *m*, station *f*
'**Sende|reihe** *f* feuilleton *m*, série *f*; '**~schluss** *m* fin *f* des émissions

'Sendung *f* (-; *-en*) *comm* envoi *m*; *fig* mission *f*; *Radio*, *TV* émission *f*
Senf [zɛnf] *m* (-[*e*]*s*; *-e*) moutarde *f*
senil [ze'niːl] sénile; **♀ität** [-ili'tɛːt] *f* (-; *sans pl*) sénilité *f*
senior ['zeːniɔr] **1.** *adj* ***Herr L.*** ~ monsieur L. père; **2.** **♀*en*** [zeni'oːrən] *pl alte Leute* le troisième âge; **♀enheim** *n* maison *f* du troisième âge, maison *f* de retraite; **♀enpass** *m* carte *f* de réduction pour personnes âgées
senk|en ['zɛŋkən] (*h*) (a)baisser; ***sich*** ~ s'abaisser; *Boden* s'affaisser; **'~recht** vertical, perpendiculaire (***zu, auf*** à); **'♀ung** *f* (-; *-en*) abaissement *m*; *Preis* réduction *f*; *Boden* affaissement *m*
Sensation [zɛnza'tsjoːn] *f* (-; *-en*) sensation *f*; **♀ell** [-ɔ'nɛl] sensationnel
Sense ['zɛnzə] *f* (-; *-n*) faux *f*
sensib|el [zɛn'ziːbəl] sensible; **♀ilität** [-ibili'tɛːt] *f* (-; *sans pl*) sensibilité *f*
sentimental [zɛntimɛn'taːl] sentimental; **♀ität** [-ali'tɛːt] *f* (-; *-en*) sentimentalité *f*
Separatismus [zepara'tismus] *m* (-; *sans pl*) séparatisme *m*
September [zɛp'tɛmbər] *m* (-[*s*]; -) septembre *m*
Serbien ['zɛrbiən] *n* la Serbie
Serie ['zeːrjə] *f* (-; *n*) série *f*; *TV* feuilleton *m*; **'~nanfertigung** *f* fabrication *f* en série; **'♀nmäßig** en série; **'~nnummer** *f* numéro *m* de série; **'~nproduktion** *f* production *f* en série; **'♀nreif** prêt à être fabriqué en série; **'~nreife** *f* stade *m* industriel
seriös [ze'rjøːs] sérieux
Serpentine [zɛrpɛn'tiːnə] *f* (-; *-n*) lacet *m*
Server ['zøːrvər] *m* (*-s*; -) *EDV* serveur *m*
Service 1. ['zøːrvis] *m*, *n* (-; *-s*) service *m*; **2.** [zɛr'viːs] *n* (*-s*; -) service *m*
servier|en [zɛr'viːrən] (*pas de -ge-*, *h*) servir (à table); **♀erin** *f* (-; *-nen*) serveuse *f*
Serviette [zɛr'vjɛtə] *f* (-; *-n*) serviette *f*
Servolenkung ['zɛrvo-] *auto f* direction *f* assistée
servus! ['zɛrvus] F salut!
Sessel ['zɛsəl] *m* (*-s*; -) fauteuil *m*; **'~lift** *m* télésiège *m*
sesshaft ['zɛshaft] sédentaire
setzen ['zɛtsən] (*h*) mettre; *e-n Platz anweisen* placer; *Baum etc* planter; *wetten* miser (***auf*** sur); *Text* composer; ***sich*** ~ s'asseoir; *Vogel* se percher; *Niederschlag* se déposer; *Erdreich* se tasser; ***über etw*** ~ sauter qc; ***über e-n Fluss*** ~ traverser *od* passer une rivière
'Setzer *m* (*-s*; -), **'~in** *f* (-; *-nen*) typographe *m*, *f*
Seuche ['zɔʏçə] *f* (-; *-n*) épidémie *f*
seufzen ['zɔʏftsən] (*h*) soupirer
Sex [zɛks] *m* (-[*e*]*s*; *sans pl*) sexe *m*
Sexual|ität [zɛksuali'tɛːt] *f* (-; *sans pl*) sexualité *f*; **~leben** [zɛksu'aːl-] *n* vie *f* sexuelle; **~verbrechen** [zɛksu'aːl-] *n* crime *m* sadique
sexuell [zɛksu'ɛl] sexuel
sexy ['zɛksi] sexy
shoppen ['ʃɔpən] (*h*) faire du shopping; ~ ***gehen*** aller faire du shopping
Shopping ['ʃɔpiŋ] *n* (*-s*) shopping *m*
Sibirien [zi'biːriən] *n* la Sibérie
sich [ziç] se (*vor Vokal* s'); *nach prép allg* soi, *personenbezogen* lui, elle, *pl* eux, elles; ***jeder für*** ~ chacun pour soi; ***er denkt nur an*** ~ il ne pense qu'à lui
Sichel ['ziçəl] *f* (-; *-n*) faucille *f*; *Mond♀* croissant *m*
sicher ['ziçər] **1.** *adj* sûr; *gewiss a* certain; *geschützt a* à l'abri (***vor*** de); ***ich bin*** ~***, dass …*** je suis sûr que …; ***seiner Sache*** ~ ***sein*** être sûr de son fait; **2.** *adv* sûrement, certainement, assurément, bien sûr, sans doute
'Sicherheit *f* (-; *-en*) sûreté *f*; *Gewissheit a* certitude *f*; *Gefahrlosigkeit a* sécurité *f*; *Selbst♀* assurance *f*; *comm* garantie *f*, caution *f*; ***mit*** ~ à coup sûr, avec certitude; ***in*** ~ ***bringen*** mettre en sûreté *od* en sécurité *od* à l'abri *od* en lieu sûr
'Sicherheits|gurt *aviat*, *auto m* ceinture *f* de sécurité; **'~kopie** *f* copie *f* de sécurité; **'~leistung** *f* garantie *f*, caution *f*; **'~nadel** *f* épingle *f* de sûreté *od* de nourrice; **'~rat** *pol m* (-[*e*]*s*; *sans pl*) Conseil *m* de Sécurité
sicher|n ['ziçərn] (*h*) assurer; (***sich***) ***vor*** *od* ***gegen etw*** ~ (se) protéger de *od* contre qc; **'♀ung** *f* (-; *-en*) *elektrische* fusible *m*, plomb *m*; *an Waffe etc* sûreté *f*; ~ ***der Arbeitsplätze*** sauvegarde *f* des emplois; **'♀ungsdiskette** *f* disquette *f* de sauvegarde

Sicht ['ziçt] *f* (-; *sans pl*) vue *f*; *Sichtweite* visibilité *f*; ***in ~*** en vue; ***auf lange ~*** à long terme; **'⁀bar** visible; **'~weite** *f* ***in*** (***außer***) ~ en (hors de) vue
sickern ['zikərn] (*sn*) suinter, filtrer
sie [zi:] **1.** *f/sg* elle; *Akkusativ beim Verb* la, l'; **2.** *pl* ils, elles; *Akkusativ beim Verb* les; *betont u nach prép* eux, elles; **3.** ⁀ *Anrede* vous
Sieb [zi:p] *n* (-[*e*]*s*; -*e*) crible *m*; *cuis* passoire *f*
sieben[1] ['zi:bən] (*h*) passer (au crible), filtrer (*a fig*)
'sieben[2] sept
Siebenbürgen [zi:bən'byrgən] *n* la Transylvanie
'siebenhundert sept cents
sieb(en)te ['zi:bəntə, 'zi:ptə] septième
sieb|zehn ['zi:p-] dix-sept; **'~zehnte** dix-septième; **'~zig** ['zi:ptsiç] soixante-dix; **'~zigste** soixante-dixième
sieden ['zi:dən] *v/t* (*h*) *u v/i* ([*sott*, *gesotten*], *h*) bouillir
Siedler ['zi:dlər] *m* (-*s*; -) colon *m*
'Siedlung *f* (-; -*en*) agglomération *f*; cité *f*
Sieg [zi:k] *m* (-[*e*]*s*; -*e*) victoire *f*
Siegel ['zi:gəl] *n* (-*s*; -) sceau *m*, cachet *m*
sieg|en ['zi:gən] (*h*) vaincre (***über j-n*** qn), l'emporter (***über*** sur); *Sport a* gagner; **'⁀er** *m* (-*s*; -), **'⁀erin** *f* (-; -*nen*) vainqueur *m*, gagnant *m*, -e *f*; **'~reich** victorieux
siezen ['zi:tsən] (*h*) vouvoyer
Signal [zi'gna:l] *n* (-*s*; -*e*) signal *m*; **⁀isieren** [-ali'zi:rən] (*pas de -ge-*, *h*) signaler
signieren [zig'ni:rən] signer
Silbe ['zilbə] *f* (-; -*n*) syllabe *f*
Silber ['zilbər] *n* (-*s*; *sans pl*) argent *m*; **'⁀n** d'argent
Silhouette [zilu'etə] *f* (-; -*n*) silhouette *f*
Silo ['zi:lo] *m*, *n* (-*s*; -*s*) silo *m*
Silvester [zil'vɛstər] *n* (-*s*; -) la Saint-Sylvestre
Simbabwe [zim'babve] *n* le Zimbabwe
Sims [zims] *m*, *n* (-*es*; -*e*) *arch* corniche *f*; *Fenster*⁀ rebord *m*
Simul|ant [zimu'lant] *m* (-*en*; -*en*) simulateur *m*; **'⁀ieren** (*pas de -ge-*, *h*) simuler
simultan [zimul'ta:n] simultané; **⁀dolmetscher** *m* interprète *m* simultané
Sinfonie [zinfo'ni:] *mus f* (-; -*n*) symphonie *f*
Singapur ['ziŋgapu:r] *n* Singapour
singen ['ziŋən] (*sang*, *gesungen*, *h*) chanter; ***falsch ~*** chanter faux
Singular ['ziŋgula:r] *gr m* (-*s*; -*e*) singulier *m*
sinken ['ziŋkən] (*sank*, *gesunken*, *sn*) *Schiff* couler; *Preise etc* baisser
Sinn [zin] *m* (-[*e*]*s*; -*e*) sens *m* (***für etw*** de qc); ***im ~ haben*** avoir en tête; ***es hat keinen ~*** c'est absurde, ça ne rime à rien
'Sinnes|täuschung *f* hallucination *f*; **'~wahrnehmung** *f* perception *f* sensorielle; **'~wandel** *m* changement *m* d'avis
'sinn|lich sensuel; **'⁀lichkeit** *f* (-; *sans pl*) sensualité *f*; **'~los** insensé, absurde; **'⁀losigkeit** *f* (-; -*en*) absurdité *f*; **'~voll** sensé, judicieux
Sintflut ['zintflu:t] *f* (-; *sans pl*) déluge *m*
Sirene [zi're:nə] *f* (-; -*n*) sirène *f*
Sitte ['zitə] *f* (-; -*n*) coutume *f*; **~n** *pl* mœurs *f/pl*; **'⁀nwidrig** contraire aux bonnes mœurs
'sittlich moral; **'⁀keit** *f* (-; *sans pl*) moralité *f*; **'⁀keitsverbrechen** *n* attentat *m* aux mœurs *od* à la pudeur
Situation [zitua'tsjo:n] *f* (-; -*en*) situation *f*
Sitz [zits] *m* (-*es*; -*e*) siège *m*
'sitzen (*saß*, *gesessen*, *h*) être assis; *Vogel* être perché; *von Kleidern* aller bien; F *im Gefängnis* faire de la prison; ***~ bleiben*** rester assis; *Schule* redoubler (une classe); *comm* ***~ auf*** ne pas parvenir à vendre; ***~ lassen*** *Frau* laisser tomber; plaquer F; *Wartenden* F poser un lapin à; ***etw nicht auf sich ~ lassen*** ne pas avaler *od* encaisser qc
'sitzen|bleiben (*irr*, *sép*, *-ge-*, *sn*, → ***bleiben***), **'~lassen** (*irr*, *sép*, *pas de -ge-*, *h*, → ***lassen***) → ***sitzen***
'Sitz|gelegenheit *f* place *f*, siège *m*; **'~ordnung** *f* disposition *f* des places; **'~platz** *m* place *f* assise
'Sitzung *f* (-; -*en*) séance *f*, réunion *f*; **'~speriode** *f* session *f*; **'~sprotokoll** *n* procès-verbal *m* de séance; **'~ssaal** *m* salle *f* de séance; *jur* salle *f* d'audience
Sizilien [zi'tsi:ljən] *n* (-*s*; *sans pl*) la Si-

cile

Skala ['ska:la] *f* (-; *-s*, *-len*) échelle *f*

Skandal [skan'da:l] *m* (*-s*; *-e*) scandale *m*; **2ös** [-'lø:s] scandaleux

Skandinavien [skandi'na:vjən] *n* (*-s*; *sans pl*) la Scandinavie

Skateboard ['ske:tbɔrt] *n* (*-s*; *-s*) skate(-board) *m*

skaten ['ske:tən] (*sn*) **1.** *mit Inline-Skates* faire du roller; **2.** *mit Skateboards* faire de la planche à roulettes

Skelett [ske'lɛt] *n* (-[*e*]*s*; *-e*) squelette *m*

Skep|tiker ['skɛptikər] *m* (*-s*; -), '**~tikerin** *f* (-; *-nen*) sceptique *m*, *f*; '**2tisch** sceptique

Ski [ʃi:] *m* (*-s*; -; *er*) ski *m*; ***auf ~ern*** en ski; **~ *fahren*** *od* ***laufen*** faire du ski; skier; '**~fahrer** *m*, '**~fahrerin** *f* skieur *m*, -euse *f*; '**~gebiet** *n* région *f* de sports d'hiver; '**~hose** *f* pantalon *m* de ski; '**~kurs** *m* classe *f* de neige; '**~laufen** *n* (*-s*; *sans pl*) ski *m*; '**~läufer** *m*, '**~läuferin** *f* skieur *m*, -euse *f*; '**~lehrer** *m*, '**~lehrerin** *f* moniteur *m*, monitrice *f* de ski; '**~lift** *m* remonte-pente *m*, téléski *m*; '**~stiefel** *m* chaussure *f* de ski; '**~springen** *n* (*-s*; *sans pl*) saut *m* à skis; '**~urlaub** *m* vacances *f*/*pl* de neige

Skiz|ze ['skitsə] *f* (-; *-n*) esquisse *f*; **2'zieren** (*pas de -ge-*, *h*) esquisser

Sklav|e ['skla:və] *m* (*-n*; *-n*), '**~in** *f* (-; *-nen*) esclave *m*, *f*; '**2isch** servile; en esclave

skont|ieren [skɔn'ti:rən] (*pas de -ge-*, *h*) *comm* escompter; '**2o** *m od n* (*-s*; *-s*, *-ti*) escompte *m*

Skorpion [skɔr'pjo:n] *m* (*-s*; *-e*) scorpion *m*; *astr* Scorpion *m*

Skrupel ['skru:pəl] *m* (*-s*; -) scrupule *m*; '**2los** sans scrupules

Skulptur [skulp'tu:r] *f* (-; *-en*) sculpture *f*

Slalom ['sla:lɔm] *m* (*-s*; *-s*) slalom *m*

Slaw|e ['sla:və] *m* (*-n*; *-n*), '**~in** *f* (-; *-nen*) Slave *m*, *f*; '**2isch** slave

Slogan ['slougən] *m* (*-s*; *-s*) slogan *m*

Slowakei [slova'kaɪ] ***die ~*** la Slovaquie

Slowenien [slo've:niən] *n* la Slovénie

Slum [slam] *m* (*-s*; *-s*) quartier *m* pauvre, bidonville *m*

Smaragd [sma'rakt] *m* (-[*e*]*s*; *-e*) émeraude *f*

Smog [smɔk] *m* (-[*s*]; *-s*) smog *m*

SMS [ɛsˀɛm'ˀɛs] *f* (-; -) *abr* ***Short Message Service*** *tél* texto® *m*; SMS *m*; ***j-m e-e ~ schicken*** envoyer un texto®, SMS à qn

Snob [snɔp] *m* (*-s*; *-s*) snob *m*, *f*; **~ismus** [-'bismus] *m* (-; *-men*) snobisme *m*; **2'istisch** snob

so [zo:] **1.** ainsi, comme cela, de cette manière, de la sorte; ***~ dass*** si bien que (+ *ind*), de (telle) sorte que (+ *subj*); ***~ groß wie*** aussi grand que; ***nicht ~ schnell!*** pas si vite!; ***~ (sehr)*** tellement; ***~ ein Mensch*** un tel homme; ***ach ~!*** ah, c'est ça!; ah bon!; **2.** *adv* (au)tant (***wie*** que); ***dreimal ~ viel*** trois fois autant; ***~ viel er kann*** (au)tant qu'il peut; ***~ weit wie*** *od* ***als möglich*** autant que possible; ***es geht ihm ~ weit gut*** il va assez bien; ***wir sind ~ weit*** nous y sommes, nous sommes prêts; → ***sogenannt***, → ***soviel***

s. o. *abr* ***siehe oben*** voir ci-dessus *od* plus haut

sobald [zo'-] aussitôt que, dès que

Socke ['zɔkə] *f* (-; *-n*) chaussette *f*

Sockel ['zɔkəl] *m* (*-s*; -) socle *m*

sodass si bien que (+ *ind*), de (telle) sorte que (+ *subj*)

Sodbrennen ['zo:t-] *méd n* (*-s*; *sans pl*) brûlures *f*/*pl* d'estomac

soeben [zo'ˀ-] tout à l'heure; ***~ etw getan haben*** venir de faire qc

Sofa ['zo:fa] *n* (*-s*; *-s*) canapé *m*, divan *m*

sofern [zo'-] à condition que … (+ *subj*), pourvu que … (+ *subj*)

sofort [zo'-] tout de suite, immédiatement, aussitôt, sur-le-champ

Software ['sɔftvɛ:r] *EDV f* (-; -s) logiciel *m*

sog. *abr* → ***sogenannt***

sogar [zo'-] même

'**sogenannt** dit; *angeblich* soi-disant (*unv*); ***die ~en Extremsportarten*** les sports dits extrêmes; ***deine ~en Freundinnen*** tes soi-disant amies

sogleich [zo'-] → ***sofort***

Sohle ['zo:lə] *f* (-; *-n*) *Schuh2* semelle *f*; *Fuß2* plante *f* (du pied); *Tal2* fond *m*

Sohn [zo:n] *m* (-[*e*]*s*; *=e*) fils *m*

Soja ['zo:ja] *f* (-; *Sojen*) *bot* soja *m*; **~soße** *f* sauce *f* au soja

solange [zo'-] tant que

Solarenergie [zo'la:r-] *f* énergie *f* solai

re

solch [zɔlç] tel, pareil

Soldat [zɔl'daːt] *m* (*-en*; *-en*) soldat *m*

solidar|isch [zoli'daːriʃ] solidaire; **&i-tät** [-dari'tɛːt] *f* (-; *sans pl*) solidarité *f*

solide [zo'liːdə] solide; *Person* sérieux

Solist [zo'list] *m* (*-en*; *-en*), **~in** *f* (-; *-nen*) *mus* soliste *m*, *f*

Soll [zɔl] *n* (-[*s*]; -[*s*]) *comm* débit *m*; *Plan&* objectif *m*; '**~seite** *f* côté *m* débiteur; '**~zinsen** *m/pl* intérêts *m/pl* débiteurs

'**sollen** (*h*) **1.** *v/i* (*ge-*); **2.** *v/aux* (*pas de ge-*) devoir; ***soll ich ...?*** est-ce que je dois ...?; ***du solltest ...*** tu devrais ..., il te faudrait ...; ***er soll reich sein*** on dit *od* il paraît qu'il est riche; ***er soll ermordet worden sein*** il aurait été assassiné; ***was soll das?*** qu'est-ce que ça veut dire?

Solo ['zoːlo] *mus n* (*-s*; *-s*, *Soli*) solo *m*

Somalia [zo'maːlia] *n* la Somalie

somit [zo'-] donc, ainsi

Sommer ['zɔmər] *m* (*-s*; -) été *m*; '**~anfang** *m* début *m* de l'été; '**~fahrplan** *m* horaire *m* d'été; '**~ferien** *pl* vacances *f/pl* d'été; '**&lich** estival; '**~schlussverkauf** *m* soldes *m/pl* de fin d'été; '**~sprossen** *f/pl* taches *f/pl* de rousseur; '**~urlaub** *m* vacances *f/pl* d'été; '**~zeit** *f Uhr* heure *f* d'été

Sonate [zo'naːtə] *mus f* (-; *-n*) sonate *f*

Sonder|angebot ['zɔndər-] offre *f* spéciale; ***im ~*** en réclame; '**&bar** curieux, étrange; '**~fahrt** *f* trajet *m* extraordinaire; '**~genehmigung** *f* autorisation *f* spéciale; '**&lich** ***nicht ~*** pas spécialement

'**sondern** mais

'**Sonder|preis** *m* prix *m* réduit; '**~recht** *n* privilège *m*; '**~schule** *f* école *f* pour handicapés; '**~zeichen** *n* caractère *m* spécial

sondieren [zɔn'diːrən] (*pas de -ge-*, *h*) sonder; *fig* tâter le terrain

Sonnabend ['zɔnʔ-] *m* (*-s*; *-e*) samedi *m*

Sonne ['zɔnə] *f* (-; *-n*) soleil *m*; ***in der ~*** au soleil; '**&n** (*h*) ***sich ~*** prendre un bain de soleil

'**Sonnen|aufgang** *m* lever *m* du soleil; '**~bad** *n* bain *m* de soleil; '**~blume** *bot f* tournesol *m*, soleil *m*; '**~brand** *m* coup *m* de soleil; '**~brille** *f* lunettes *f/pl* de soleil; '**~creme** *f* crème *f* solaire; '**~deck** *n* pont *m* supérieur; '**~energie** *f* énergie *f* solaire; '**~finsternis** *f* éclipse *f* de soleil; '**~kollektor** *tech m* capteur *m* solaire; '**~licht** *n* lumière *f* solaire; '**~öl** *n* huile *f* solaire; '**~schein** *m* ensoleillement *m*; ***bei ~*** quand il fait du soleil; '**~schirm** *m* parasol *m*; '**~stich** *méd m* insolation *f*; '**~strahl** *m* rayon *m* de soleil; '**~uhr** *f* cadran *m* solaire; '**~untergang** *m* coucher *m* du soleil

'**sonnig** ensoleillé; *fig* gai

'**Sonntag** *m* dimanche *m*; '**&s** le dimanche

sonst [zɔnst] *andernfalls* autrement, sinon; *für gewöhnlich* d'habitude; *außerdem* à part cela; ***~ noch etw*** quelque chose d'autre; ***~ nichts*** rien d'autre; ***~ überall*** partout ailleurs; '**~ig** autre

sooft [zo'ʔ-] toutes les fois *od* tant que ...

Sopran [zo'praːn] *mus m* (*-s*; *-e*) soprano *m*

Sorge ['zɔrgə] *f* (-; *-n*) souci *m*; ***sich ~n machen*** se faire des soucis (***wegen, um*** pour)

'**sorgen** (*h*) ***~ für*** s'occuper de; *zur Folge haben* causer; ***dafür ~, dass ...*** veiller à ce que ... (+ *subj*); ***sich ~ um*** se soucier de, s'inquiéter de; '**~voll** soucieux

Sorg|falt ['zɔrkfalt] *f* (-; *sans pl*) soin *m*; '**&fältig** ['-fɛltiç] soigneux; '**&los** insouciant; '**~losigkeit** *f* (-; *sans pl*) insouciance *f*

Sor|te ['zɔrtə] *f* (-; *-n*) sorte *f*, espèce *f*; **&'tieren** (*pas de -ge-*, *h*) trier, classer

Sortiment [zɔrti'mɛnt] *n* (-[*e*]*s*; *-e*) assortiment *m*

Soße ['zoːsə] *f* (-; *-n*) sauce *f*

Soundkarte *f* ['zaundkartə] carte *f* son

souverän [zuvə'rɛːn] *pol* souverain; *fig* supérieur; **&ität** [-ɛni'tɛːt] *f* (-; *sans pl*) souveraineté *f*

so|viel [zo'-] *conj* (pour) autant que ... (+ *subj*); ***~ ich weiß, ...*** (pour) autant que je sache ..., à ce que je sais ...; → ***so***; **~'weit** *conj* dans la mesure où ... (+ *ind*); (pour) autant que ... (+ *subj*); → ***so***; **~'wie** *und* ainsi que; *sobald* aussitôt que, dès que; tant que; **~wieso** [zovi'zoː] en tout cas

sowjet|isch [zɔ'vjɛtiʃ] *hist* soviétique; '**2s** *hist m/pl* Soviétiques *m/pl*; '**2union** *hist f* Union *f* soviétique

sowohl [zo'-] **~ ... *als auch*** aussi bien que

sozial [zo'tsja:l] social; **2abbau** *m* diminution *f* des prestations sociales; **2abgaben** *f/pl* charges *f/pl* sociales; **2amt** *n* bureau *m* d'aide sociale; **2arbeiter** *m*, **2arbeiterin** *f* assistant *m* social, assistante *f* sociale; **2demokrat**, **2demokratin** *f m* social-démocrate *m, f*; **~demokratisch** social-démocrate; **2hilfe** *f* aide *f* sociale; **2hilfeempfänger(in)** *m(f)* bénéficiaire *m, f* de l'aide sociale; **~isieren** [-ali'zi:rən] (*pas de -ge-, h*) socialiser; **2ismus** [-a'lismus] *m* (-; *sans pl*) socialisme *m*; **2'ist** *m* (*-en*; *-en*), **2'istin** *f* (-; *-nen*) socialiste *m, f*; **~'istisch** socialiste; **2kunde** *f* instruction *f od éducation f civique*; **2lasten** *f/pl* charges *f/pl* sociales; **2leistungen** *f/pl* prestations *f/pl* sociales; **2politik** *f* politique *f* sociale; **2produkt** *écon n* produit *m* national; **2versicherung** *f* Sécurité *f* sociale

Soziolog|e [zotsjo'lo:gə] *m* (*-n*; *-n*), **~in** *f* (-; *-nen*) sociologue *m, f*; **~ie** [-'gi:] *f* (-; *sans pl*) sociologie *f*; **2isch** sociologique

sozusagen [zotsu'za:gən] pour ainsi dire

Spachtel ['ʃpaxtəl] *m* (*-s*; -) *od f* (-; *-n*) spatule *f*

spähen ['ʃpɛ:ən] (*h*) épier

Spalt [ʃpalt] *m* (-[*e*]*s*; *-e*) fente *f*; '**~e** *f* (-; *-n*) fente *f*, fissure *f*; *Gletscher2* crevasse *f*; *Zeitung* colonne *f*; **2en** (*spaltete, gespaltet u gespalten, h*) (***sich* ~** se) fendre; *fig Partei etc* (se) diviser, (se) scinder; '**~ung** *f* (-; *-en*) *fig* division *f*, scission *f*; *phys Kern2* fission *f*

Spam [spɛm] *m* (*-s*; *-s*) *EDV* spam *m*

Span [ʃpa:n] *m* (-[*e*]*s*; *⸚e*) copeau *m*; '**~ferkel** *n* cochon *m* de lait

Spange ['ʃpaŋə] *f* (-; *-n*) agrafe *f*; *Haar2* barrette *f*; *Arm2* bracelet *m*

Span|ien ['ʃpa:njən] *n* (-; *sans pl*) l'Espagne *f*; '**~ier** ['-jər] *m* (*-s*; -), '**~ierin** *f* (-; *-nen*) Espagnol *m*, -e *f*; '**2isch** espagnol

Spann|e ['ʃpanə] *f* (-; *-n*) *Zeit2* laps *m* de temps; '**2en** (*h*) tendre; *Kleidung* serrer (qn); '**2end** *fig* captivant, attachant, palpitant; '**~ung** *f* (-; *-en*) tension *f* (*a pol, elektrisch*); *in Filmen etc* suspense *m*; '**~weite** *f aviat, Vogel* envergure *f*

'**Spanplatte** *f* aggloméré *m*

Spar|buch ['ʃpa:r-] *n* livret *m* de caisse d'épargne; '**~büchse** *f* tirelire *f*; '**2en** (*h*) économiser (***an*** sur); épargner; '**~er** *m* (*-s*; -) épargnant *m*

Spargel ['ʃpargəl] *bot m* (*-s*; -) asperge *f*

'**Spar|kasse** *f* caisse *f* d'épargne; '**~konto** *n* compte *m* d'épargne

spärlich ['ʃpɛ:rliç] maigre; *Haar, Publikum* clairsemé

'**Sparpolitik** *f* politique *f* d'austérité

'**sparsam** économe; *Gerät* **~** (***im Verbrauch***) économique; ***mit etw* ~ *umgehen*** économiser qc; '**2keit** *f* (-; *sans pl*) économie *f*

Sparte ['ʃpartə] *f* (-; *-n*) section *f*, catégorie *f*; *Zeitung* rubrique *f*

'**Sparzins** *m* intérêts *m/pl* d'épargne

Spaß [ʃpa:s] *m* (*-es*; *⸚e*) plaisanterie *f*; *Freude* plaisir *m*; ***aus od zum* ~** pour rire; ***es macht mir viel* ~** cela m'amuse beaucoup; ***keinen* ~ *verstehen*** n'avoir aucun sens de l'humour; '**2en** (*h*) plaisanter; '**2haft**, '**2ig** plaisant, drôle

spät [ʃpɛ:t] tard; **~** *eintretend* tardif; ***wie* ~ *ist es?*** quelle heure est-il?; ***es wird* ~** il se fait tard; ***zu* ~ *kommen*** arriver trop tard, arriver en retard

Spaten ['ʃpa:tən] *m* (*-s*; -) bêche *f*

spät|er ['ʃpɛ:tər] plus tard; *adj* ultérieur; ***früher oder* ~** tôt ou tard; ***bis* ~!** à plus tard!; '**~estens** ['-əstəns] au plus tard

Spatz [ʃpats] *zo m* (*-en*, *-es*; *-en*) moineau *m*

spazieren [ʃpa'tsi:rən] (*pas de -ge-, sn*) se promener; **~ *fahren*** se promener en voiture; **~ *gehen*** se promener (à pied)

Spazier|gang [ʃpa'tsi:r-] *m* promenade *f*; **~gänger** [-gɛŋər] *m* (*-s*; -), **~gängerin** *f* (-; *-nen*) promeneur *m*, -euse *f*

SPD *f abr* ***Sozialdemokratische Partei Deutschlands*** Parti *m* social-démocrate d'Allemagne

Specht [ʃpɛçt] *zo m* (-[*e*]*s*; *-e*) pivert *m*

Speck [ʃpɛk] *m* (-[*e*]*s*; *-e*) lard *m*; '**2ig** gras

Spedit|eur [ʃpedi'tø:r] *m* (*-s*; *-e*) trans-

porteur *m*; *Möbel*♀ déménageur *m*; **~ion** [-'tsjo:n] *f* expédition *f*
Speiche ['ʃpaiçə] *f* (-; -*n*) rayon *m*
Speichel ['ʃpaiçəl] *m* (-*s*; *sans pl*) salive *f*
Speicher ['ʃpaiçər] *m* (-*s*; -) magasin *m*; *Dachboden* grenier *m*; *Wasser*♀ réservoir *m*; *Computer* mémoire *f*; '**~kapazität** *f EDV* capacité *f* de mémoire; capacité *f* de stockage; '♀**n** (*h*) emmagasiner, stocker; *Daten* enregistrer, mettre en mémoire
Speise ['ʃpaizə] *f* (-; -*n*) *Gericht* mets *m*, plat *m*; *Nahrung* nourriture *f*; '**~eis** *n* glaces *f/pl*; '**~karte** *f* menu *m*, carte *f*; '**~lokal** *n* restaurant *m*; '♀**n** (*h*) prendre son repas, être à table; *tech* alimenter; '**~röhre** *f* œsophage *m*; '**~saal** *m* réfectoire *m*; *Hotel* salle *f* à manger; '**~wagen** *m* wagon-restaurant *m*
Spektakel [ʃpɛk'ta:kəl] *m* (-*s*; -) F boucan *m*, chahut *m*, tapage *m*
Spekul|ant [ʃpeku'lant] *m* (-*en*; -*en*), **~antin** *f* (-; -*nen*) spéculateur *m*, -trice *f*; **~ation** [-a'tsjo:n] *f* (-; -*en*) spéculation *f*; *Börse* agiotage *m*; ♀'**ieren** (*pas de -ge-*, *h*) *comm* spéculer (***mit, auf*** sur)
Spende ['ʃpɛndə] *f* (-; -*n*) don *m*; '♀**n** (*h*) donner; '**~r** *m* (-*s*; -), '**~rin** *f* (-; -*nen*) *m*, bienfaiteur *m*, -trice *f*, donateur *m*, -trice *f*; *Organ*♀(*in*) donneur *m*, -euse *f*; *nur m Behälter* doseur *m*, distributeur *m*
spendieren [ʃpɛn'di:rən] (*pas de -ge-*, *h*) F ***j-m etw ~*** offrir qc à qn
Spengler ['ʃpɛŋlər] *m* (-*s*; -) plombier *m*
Sperling ['ʃpɛrliŋ] *zo m* (-*s*; -*e*) moineau *m*
Sperr|e ['ʃpɛrə] *f* (-; -*n*) barrage *m*, barrière *f*; *tech*, *phys* blocage *m*; *Handels*♀ blocus *m*, embargo *m*; *Verbot* interdiction *f*; '♀**en** (*h*) *Straße* barrer; *Hafen*, *Konto* bloquer; *Strom* couper; ***~ in*** enfermer dans; '**~gebiet** *n* zone *f* interdite; '**~holz** *n* contre-plaqué *m*; '**~konto** *n* compte *m* bloqué
Spesen ['ʃpe:zən] *pl* frais *m/pl*
Spezial|ausbildung [ʃpe'tsja:lʔ-] formation *f* spécialisée; '**~gebiet** *n* domaine *m* spécial, spécialité *f*; '**~geschäft** *n* magasin *m* spécialisé; ♀**isieren** [-ali'zi:rən] (*pas de -ge-*, *h*) ***sich ~*** se spécialiser (***auf*** dans); **~ist** [-a'list] *m* (-*en*; -*en*), **~'istin** *f* (-; -*nen*) spécialiste *m*, *f*; **~ität** [-ali'tɛ:t] *f* (-; -*en*) spécialité *f*
speziell [ʃpe'tsjɛl] spécial, particulier
spezifisch [ʃpe'tsi:fiʃ] spécifique
Sphäre ['sfɛ:rə] *f* (-; -*n*) sphère *f* (*a fig*)
Spiegel ['ʃpi:gəl] *m* (-*s*; -) miroir *m*, glace *f*; '**~ei** ['-ʔ-] *n* œuf *m* sur le plat; '♀**n** (*h*) *glänzen* briller; *wider~* refléter; ***sich ~*** se refléter (***in*** dans); '**~ung** *f* (-; -*en*) réflexion *f*, reflet *m*
Spiel [ʃpi:l] *n* (-[*e*]*s*; -*e*) jeu *m*; *Wett*♀ *a* match *m*; ***aufs ~ setzen*** risquer; ***auf dem ~ stehen*** être en jeu; '**~bank** *f* (-; -*en*) maison *f* de jeu; casino *m*; '♀**en** (*h*) jouer (*Musikinstrument* de; *Regelspiel* à); '♀**end** facilement, sans peine; '**~er** *m* (-*s*; -), '**~erin** *f* (-; -*nen*) joueur *m*, -euse *f*
'**Spiel|feld** *n Sport* terrain *m*; '**~film** *m* long métrage *m*; '**~halle** *f* salle *f* de jeux; '**~kasino** *n* → ***Spielbank***; '**~leiter** *m* metteur *m* en scène; '**~leitung** *f* (-; -*en*) mise *f* en scène; '**~platz** *m* terrain *m* de jeu; '**~raum** *m* marge *f*, liberté *f* de mouvement; latitude *f*; '**~regel** *f* règle *f* du jeu; '**~uhr** *f* boîte *f* à musique; '**~verderber** *m* (-*s*; -) rabat-joie *m*, trouble-fête *m*; '**~waren** *f/pl* jouets *m/pl*; '**~zeit** *f* saison *f*; '**~zeug** *n* jouet *m*
Spieß [ʃpi:s] *m* (-*es*; -*e*) pique *f*; *Brat*♀ broche *f*; '**~bürger** *m*, '**~er** *m* (-*s*; -) *péj* petit bourgeois *m*, béotien *m*, philistin *m*; '♀**ig** borné, obtus
Spinat [ʃpi'na:t] *bot m* épinards *m/pl*
Spinn|e ['ʃpinə] *zo f* (-; -*n*) araignée *f*; '♀**en** (*spann*, *gesponnen*, *h*) filer; F *fig* être cinglé (toqué, timbré, loufoque, maboul), avoir un grain; '**~er** *m* (-*s*; -) F *fig* cinglé *m*, loufoque *m*; *Fantast* rêveur *m*; **~erei** [-ə'rai] *f* (-; -*en*) filature *f*; F *fig* folie *f*, loufoquerie *f* F; '**~webe** *f* (-; -*n*) toile *f* d'araignée
Spion [ʃpi'o:n] *m* (-*s*; -*e*), **~in** *f* (-; -*nen*) espion *m*, -ne *f*; **~age** [-o'na:ʒə] *f* (-; *sans pl*) espionnage *m*; ♀'**ieren** (*pas de -ge-*, *h*) espionner
Spirale [ʃpi'ra:lə] *f* (-; -*n*) spirale *f*; *méd* stérilet *m*
Spirituosen [ʃpiritu'o:zən] *pl* spiritueux *m/pl*
spitz [ʃpits] pointu; *Winkel* aigu; *Be-*

merkung piquant

'**Spitze** *f* (-; *-n*) pointe *f* (*a fig Stichelei*); *Berg*♀ sommet *m*; *Gewebe* dentelle *f*; F ♀*!* super!; ***an der ~ stehen*** être en tête

Spitzel ['ʃpitsəl] *m* (*-s*; -) mouchard *m*

'**spitzen** (*h*) *Bleistift* tailler; *Ohren* dresser; '**♀geschwindigkeit** *f* vitesse *f* de pointe; '**♀leistung** *f* rendement *m* maximum; *Sport* record *m*; '**♀produkt** *n* produit *m* haut de gamme; '**♀technik** *f* technologie *f* de pointe

'**spitz|findig** subtil; '**♀findigkeit** *f* (-; *-en*) subtilité *f*; '**♀name** *m* sobriquet *m*, surnom *m*

Splitter ['ʃplitər] *m* (*-s*; -) éclat *m*; *in der Haut* écharde *f*; '**♀n** (*h*) voler en éclats; '**♀nackt** nu comme un ver

spons|ern ['ʃpɔnsərn] (*h*) sponsoriser; '**♀or** ['-ɔr] *m* (*-s*; *-en*) sponsor *m*

spontan [ʃpɔn'taːn] spontané

Sport [ʃpɔrt] *m* (-[*e*]*s*; *sans pl*) sport *m*; ***~ treiben*** faire du sport; ***e-n ~ ausüben*** pratiquer un sport; '**~geschäft** *n* magasin *m* d'articles de sport; '**~halle** *f* salle *f* des sports; '**~kleidung** *f* vêtements *m/pl* de sport; '**~lehrer** *m*, '**~lehrerin** *f* professeur *m* d'éducation physique; '**~ler** ['-lər] *m* (*-s*; -), '**~lerin** *f* (-; *-nen*) sportif *m*, -ive *f*; '**♀lich** sportif; *Kleidung* sport; '**~nachrichten** *pl* nouvelles *f/pl* sportives; '**~platz** *m* terrain *m* de sport, stade *m*; '**~verein** *m* club *m* sportif, association *f* sportive; '**~wagen** *m* voiture *f* (de) sport

Spott [ʃpɔt] *m* (-[*e*]*s*; *sans pl*) moquerie *f*, raillerie *f*; '**♀en** (*h*) se moquer (***über*** de)

Spött|er ['ʃpœtər] *m* (*-s*; -), '**~erin** *f* (-; *-nen*) moqueur *m*, -euse *f*; '**♀isch** railleur, moqueur

'**Spottpreis** *m* prix *m* dérisoire

Sprach|e ['ʃpraːxə] *f* (-; *-n*) langue *f*; *Ausdrucksweise* langage *m*; *Gabe* parole *f*; '**~enschule** *f* école *f* de langues; '**~erkennung** *f EDV* reconnaissance *f* vocale; '**~gebrauch** *m* usage *m*; '**~kurs** *m* cours *m* de langue; '**~lehrer** *m*, '**~lehrerin** *f* professeur *m* de langues; '**♀lich** concernant la langue; linguistique; '**♀los** *fig* interdit, stupéfait, sidéré F; '**~reise** *f* séjour *m* linguistique; '**~unterricht** *m* enseignement *m* d'une langue *od* des langues; '**~wissenschaft** *f* linguistique *f*

sprech|en ['ʃprɛçən] (*sprach*, *gesprochen*, *h*) parler (***über*** *od* ***von*** de; ***j-n*** *od* ***mit j-m*** à *od* avec qn); '**♀er** *m* (*-s*; -), '**♀erin** *f* (-; *-nen*) *Wortführer* porte-parole *m*; *Radio*, *TV* speaker *m*, speakerine *f*; présentateur *m*, -trice *f*; '**♀stunde** *f* heure(s) *f* (*pl*) de consultation; '**♀stundenhilfe** *f* assistante *f* médicale; '**♀zimmer** *n* parloir *m*; *e-s Arztes* cabinet *m* (de consultation)

spreizen ['ʃpraitsən] (*h*) écarter

spreng|en ['ʃprɛŋən] (*h*) *Brücke etc* faire sauter; *Rasen etc* arroser; '**♀kopf** *mil m* ogive *f*; '**♀körper** *m* engin *m* explosif; '**♀stoff** *m* explosif *m*

Sprich|wort ['ʃpriç-] *n* (-[*e*]*s*; *⸗er*) proverbe *m*; '**♀wörtlich** proverbial

Spring|brunnen ['ʃpriŋ-] *m* fontaine *f*, jet *m* d'eau; '**♀en** (*sprang*, *gesprungen*, *sn*) sauter, bondir; '**~er** *m* (*-s*; -), '**~erin** *f* (-; *-nen*) *m* sauteur *m*, -euse *f*; *Schwimmsport* plongeur *m*, -euse *f*; *nur m Schach* cavalier *m*

Sprinter ['ʃprintər] *Sport m* (*-s*; -) sprinter *m*

Spritz|e ['ʃpritsə] *f* (-; *-n*) *méd* piqûre *f*; *Instrument* seringue *f*; *Garten*♀ *a* pulvérisateur *m*; *Feuer*♀ pompe *f* à incendie; '**♀en** (*h*) éclabousser; *Blut* jaillir, gicler; *besprengen* arroser, asperger; *spritzlackieren* peindre au pistolet; *méd* injecter; F ***j-n ~*** faire une piqûre à qn; '**~er** *m* (*-s*; -) éclaboussure *f*; '**~pistole** *f* pistolet *m* pour peinture; *Spielzeug* pistolet *m* à eau; '**~tour** F *f* petit tour *m*, virée *f*

spröde ['ʃprøːdə] cassant; *Haut* sec, gercé; *fig Person* revêche, prude

Spross [ʃprɔs] *m* (*-es*; *-e*) *bot* pousse *f*, jet *m*; *Nachkomme* descendant *m*

Sprosse ['ʃprɔsə] *f* (-; *-n*) échelon *m*, barreau *m*

Sprössling ['ʃprœsliŋ] *m* (*-s*; *-e*) F *Kind* rejeton *m*

Spruch [ʃprux] *m* (-[*e*]*s*; *⸗e*) *Sprichwort* dicton *m*; *Gerichts*♀ verdict *m*

Sprudel ['ʃpruːdəl] *m* (*-s*; -) eau *f* minérale gazeuse; '**♀n** (*h*) bouillonner; *fig* déborder (***vor*** de)

Sprüh|dose ['ʃpryː-] *f* atomiseur *m*, bombe *f*; '**♀en** (*h*) vaporiser, pulvériser; *fig* ***vor Witz ~*** être pétillant d'esprit; '**~regen** *m* pluie *f* fine; bruine *f*

Sprung [ʃprʊŋ] *m* (-[*e*]*s*; ⸚*e*) saut *m*, bond *m*; *in Glas etc* fêlure *f*, fissure *f*; '**~brett** *n* plongeoir *m*; tremplin (*a fig*); '**~schanze** *f* tremplin *m*

Spucke ['ʃpʊkə] F *f* (-; *sans pl*) salive *f*; '**②n** (*h*) cracher; F *brechen* vomir

Spule ['ʃpuːlə] *f* (-; *-n*) bobine *f*

Spül|e ['ʃpyːlə] *f* (-; *-n*) évier *m*; '**②en** (*h*) *Geschirr* laver; *Gläser, Mund* rincer; *WC* tirer la chasse; '**~maschine** *f* lave-vaisselle *m*

Spur [ʃpuːr] *f* (-; *-en*) trace *f*, piste *f*; *fig a* vestige *m*; *Fahr②* voie *f*, file *f*

spür|bar ['ʃpyːrbaːr] sensible; '**~en** (*h*) sentir, éprouver, ressentir

'**spurlos** sans laisser de trace

Spurt [ʃpʊrt] *Sport m* (-[*e*]*s*; *-s*, *-e*) sprint *m*

Staat [ʃtaːt] *m* (-[*e*]*s*; *-en*) État *m*

'**Staaten|bund** *m* (-[*e*]*s*; ⸚*e*) confédération *f* (d'États); '**②los** apatride, sans nationalité

'**staatlich** de l'État, national, public, étatique

'**Staats|angehörige** *m*, *f* (*-n*; *-n*) ressortissant *m*, -e *f*; '**~angehörigkeit** *f* (-; *-en*) nationalité *f*; '**~anwalt** *m* procureur *m* (de la République); '**~besuch** *m* visite *f* officielle; '**~bürger** *m*, '**~bürgerin** *f* citoyen *m*, -ne *f*; '**~chef** *m* chef *m* de l'État; '**~dienst** *m* fonction *f* publique; '**②feindlich** subversif; '**~gelder** *n/pl* fonds *m/pl* publics; '**~haushalt** *m* budget *m* de l'État; '**~kasse** *f* Trésor *m* (public); '**~mann** *m* homme *m* d'État; '**~oberhaupt** *n* chef *m* de l'État; '**~räson** ['-rɛːzõ] *f* (-; *sans pl*) raison *f* d'État; '**~sekretär** *m* secrétaire *m* d'État; '**~streich** *m* coup *m* d'État; '**~vertrag** *m* traité *m* (politique)

Stab [ʃtaːp] *m* (-[*e*]*s*; ⸚*e*) bâton *m*; *Gitter②* barreau *m*; *Dirigenten②* baguette *f*; *~hochsprung* perche *f*; *von Menschen* équipe *f*; *mil* état-major *m*

'**Stabhochsprung** *m* (-[*e*]*s*; *sans pl*) saut *m* à la perche

stabil [ʃta'biːl] stable; *robust* solide, F costaud; **~isieren** [-bili'ziːrən] (*pas de -ge-, h*) stabiliser; **②ität** [-ili'tɛːt] *f* (-; *sans pl*) stabilité *f*

Stachel ['ʃtaxəl] *m* (*-s*; *-n*) épine *f*, pointe *f*; *bot*, *Igel* piquant *m*; *Insekt* dard *m*; '**~beere** *f* groseille *f* à maquereau; '**~draht** *m* (fil *m* de fer) barbelé *m*

'**stachlig** épineux, piquant

Stadion ['ʃtaːdjɔn] *n* (*-s*; *Stadien*) stade *m*

Stadium ['ʃtaːdjum] *n* (*-s*; *Stadien*) phase *f*, stade *m*

Stadt [ʃtat] *f* (-; ⸚*e*) ville *f*; ***die ~ Berlin*** la ville de Berlin; '**~autobahn** *f* autoroute *f* urbaine; '**~bild** *n* (-[*e*]*s*; *sans pl*) paysage *m* urbain; '**~bummel** *m* balade *f* en ville

Städt|ebau ['ʃtɛtə-] *m* (-[*e*]*s*; *sans pl*) urbanisme *m*; '**~epartnerschaft** *f* jumelage *m*; '**~er** *m* (*-s*; -), '**~erin** *f* (-; *-nen*) *m* citadin *m*, -e *f*; '**②isch** de (la) ville, urbain, citadin, municipal

'**Stadt|mitte** *f* centre *m* de la ville; '**~plan** *m* plan *m* de la ville; '**~rand** *m* banlieue *f*; '**~rat** *m* (-[*e*]*s*; ⸚*e*) conseil *m* municipal; *Person* conseiller *m* municipal; '**~rundfahrt** *f* excursion *f od tour m à travers la ville*; '**~teil** *m*, '**~viertel** *n* quartier *m*; '**~zentrum** *n* centre *m* de la ville

Stag|nation [ʃtagna'tsjoːn] *f* (-; *-en*) stagnation *f*; **②'nieren** (*pas de -ge-, h*) croupir; stagner

Stahl [ʃtaːl] *m* (-[*e*]*s*; ⸚*e*, *-e*) acier *m*; '**~rohr** *n* tube *m* d'acier; '**~werk** *n* aciérie *f*

Stall [ʃtal] *m* (-[*e*]*s*; ⸚) *Vieh②* étable *f*; *Pferde②* écurie *f*; *Schweine②* porcherie *f*; *Schaf②* bergerie *f*; *Kaninchen②* clapier *m*; *Hühner②* poulailler *m*

Stamm [ʃtam] *m* (-[*e*]*s*; ⸚*e*) *Baum②* tronc *m*; *Volks②* tribu *f*; *Geschlecht* souche *f*, race *f*; *gr* radical *m*; '**~aktie** *f* action *f* ordinaire; '**~baum** *m* arbre *m* généalogique

'**stammen** (*h*) **~ *von*** *od* ***aus*** (pro)venir de, être originaire de

'**Stamm|gast** *m* habitué *m*; '**~kunde** *m* client *m* habituel *od* attitré

stampfen ['ʃtampfən] (*h*) *mit dem Fuß* piétiner; *fest~* fouler; *tech* pilonner, damer

Stand ['ʃtant] *m* (-[*e*]*s*; ⸚*e*) *Zustand* état *m*; *Lage* situation *f*; *Stellung* position *f*; *sozialer* classe *f*, condition *f*; *Beruf* profession *f*; *Wasser② etc* niveau *m*; *Spiel②* score *m*; *Messe②* stand *m*; *Verkaufs②* échoppe *f*, étalage *m*; ***auf den neuesten ~ bringen*** actualiser;

e-n schweren ~ haben être dans une situation délicate

Standard ['ʃtandart] *m* (*-s*; *-s*) *Norm* standard *m*; *erreichte Höhe* niveau *m*

'**Standes|amt** *n* (bureau *m* de l')état *m* civil; '**⁀amtlich *~e Trauung*** mariage *m* civil; '**~beamte** *m* officier *m* d'état civil; '**⁀gemäß** selon son rang

'**stand|haft** ferme; '**⁀haftigkeit** *f* (-; *sans pl*) fermeté *f*; '**~halten** (*irr*, *sép*, *-ge-*, *h*, → ***halten***) résister (à)

ständig ['ʃtɛndiç] permanent, constant, continuel

'**Stand|licht** *n auto* feux *m/pl* de position, veilleuse *f*; '**~ort** *m* emplacement *m*, place *f*; *mar*, *aviat* position *f*; '**~punkt** *m* point *m* de vue; '**~recht** *mil n* loi *f* martiale; '**~spur** *f* bande *f* d'arrêt d'urgence

Stange ['ʃtaŋə] *f* (-; *-n*) barre *f*, tige *f*, perche *f*; ***e-e ~ Zigaretten*** une cartouche de cigarettes

Stängel *bot* ['ʃtɛŋəl] *m* (*-s*; -) tige *f*

stanzen ['ʃtantsən] (*h*) *tech* poinçonner, estamper

Stapel ['ʃta:pəl] *m* (*-s*; -) pile *f*; *mar* ***vom ~ laufen*** être lancé; '**~lauf** *mar m* mise *f* à l'eau, lancement *m*; '**⁀n** (*h*) empiler

Star [ʃta:r] *m* (-[*e*]*s*; *-e*) **1.** *zo* étourneau *m*; **2.** *méd* ***grauer ~*** cataracte *f*; ***grüner ~*** glaucome *m*; **3.** (*-s*; *-s*) *Film*, *TV etc* vedette *f*; *Film⁀ a* star *f*

stark [ʃtark] fort; *kräftig* vigoureux; *mächtig* puissant; *intensiv* intense; *Raucher*, *Esser* gros

Stärke ['ʃtɛrkə] *f* (-; *-n*) force *f*, vigueur *f*, puissance *f*, intensité *f*; *cuis* fécule *f*; *für Wäsche* amidon *m*; '**⁀n** (*h*) fortifier; renforcer; *Wäsche* empeser, amidonner; ***sich ~*** se restaurer

'**Starkstrom** *m* courant *m* à haute tension

'**Stärkung** *f* (-; *-en*) renforcement *m*; *Imbiss* collation *f*; *Trost* réconfort *m*

starr [ʃtar] *Blick* fixe; *steif* raide (*a fig*), rigide; ***~ vor Kälte*** engourdi par le froid; '**~en** (*h*) ***~ auf*** regarder fixement; ***vor Schmutz ~*** être couvert de crasse; '**~köpfig** ['-kœpfiç] entêté, têtu, obstiné; '**⁀sinn** *m* (-[*e*]*s*; *sans pl*) entêtement *m*, obstination *f*

Start [ʃtart] *m* (-[*e*]*s*; *-s*) départ *m*; *aviat a* envol *m*, décollage *m*; *auto* démarrage *m*; '**⁀en** (*v/t h*; *v/i sn*) partir; *aviat* décoller; *auto* démarrer (*a fig*); '**~-und-Lande-Bahn** *aviat f* piste *f* de décollage et d'atterrissage

Statik ['ʃta:tik] *f* (-; *sans pl*) statique *f*

Station [ʃta'tsjo:n] *f* (-; *-en*) station *f*; *Krankenhaus* service *m*; **⁀är** [-ɔ'nɛ:r] stationnaire; **⁀'ieren** [-ɔ'ni:rən] (*pas de -ge-*, *h*) stationner; *Raketen* déployer

Statist [ʃta'tist] *m* (*-en*; *-en*), **~in** *f* (-; *-nen*) figurant *m*, -e *f*

Statist|ik [ʃta'tistik] *f* (-; *-en*) statistique *f*; **~iker** *m* (*-s*; -) statisticien *m*; **⁀isch** statistique

Stativ [ʃta'ti:f] *n* (*-s*; *-e*) pied *m*, trépied *m*

statt [ʃtat] au lieu de

Stätte ['ʃtɛtə] *f* (-; *-n*) lieu *m*, site *m*

'**stattfinden** (*irr*, *sép*, *-ge-*, *h*, → ***finden***) avoir lieu

'**stattlich** imposant, considérable

Statue ['ʃta:tuə] *f* (-; *-n*) statue *f*

Status ['ʃta:tus] *m* (-; -) état *m*, statut *m*; '**~symbol** *n* marque *f* de standing

Statut [ʃta'tu:t] *n* (-[*e*]*s*; *-en*) statut *m*

Stau [ʃtau] *m* (-[*e*]*s*; *-e*, *-s*) *auto* bouchon *m*, embouteillage *m*

Staub [ʃtaup] *m* (-[*e*]*s*; *-e*, *⸚e*) poussière *f*; ***~ saugen*** passer l'aspirateur; '**⁀en** ['-bən] (*h*) faire de la poussière; '**⁀ig** poussiéreux; '**~sauger** *m* (*-s*; -) aspirateur *m*

Staudamm ['ʃtau-] *m* barrage *m*

stauen ['ʃtauən] (*h*) *Wasser* retenir; ***sich ~*** s'accumuler, s'amasser

staunen ['ʃtaunən] (*h*) s'étonner (***über*** de)

'**Stausee** *m* lac *m* de retenue

Std. *abr* ***Stunde*** heure

Steak [ʃte:k] *n* (*-s*; *-s*) bifteck *m*

stech|en ['ʃtɛçən] (*stach*, *gestochen*, *h*) piquer; *Sonne* brûler, taper; '**~end** *Blick* perçant; *Schmerz* lancinant; '**⁀mücke** *f* moustique *m*; '**⁀uhr** *f* appareil *m* de pointage

Steck|brief ['ʃtɛk-] *jur m* signalement *m*; '**~dose** *f* prise *f* (de courant)

stecken ['ʃtɛkən] **1.** *v/t* (*h*) mettre (***in*** dans), fourrer F; **2.** *v/i* (*stak od steckte*, *gesteckt*, *h*) *sich befinden* être, se trouver; ***tief in Schulden ~*** être criblé de dettes; ***~ bleiben*** rester bloqué; *einsinken* s'enfoncer; *im Schlamm* s'embourber; '**≈pferd** *n* dada *m*; *fig a* passe-temps *m* favori, violon *m* d'Ingres

'**Steck|er** *m* (-*s*; -) fiche *f* (électrique); '**~nadel** *f* épingle *f*

Steg [ʃteːk] *m* (-[*e*]*s*; -*e*) passerelle *f*

stehen ['ʃteːən] (*stand*, *gestanden*, *h*) *nicht liegen* être *od* se tenir debout; *sich befinden* être, se trouver; *geschrieben* ~ *a* être écrit; ~ ***bleiben*** s'arrêter; ***wo sind wir ~ geblieben?*** où en sommes-nous restés?; ~ ***lassen*** laisser; *Schirm etc* oublier; ***j-n ~ lassen*** plaquer qn; ***j-m*** (***gut***) ~ aller (bien) à qn; ***wo steht das?*** où est-ce que cela se trouve?; ***wie steht's mit ihm?*** comment va-t-il?; ***wie stehst du zu …?*** quel est ton point de vue sur …?; F ***das steht mir bis hierher!*** j'en ai ras le bol! F

'**stehenbleiben** (*irr*, *-ge-*, *sn*, → ***bleiben***) → ***stehen***

'**stehend** debout; *Gewässer* stagnant; *Heer* permanent

'**stehenlassen** (*irr*, *pas de -ge-*, *h*, → ***lassen***) → ***stehen***

'**Steh|lampe** *f* lampe *f* à pied; *große* lampadaire *m*; '**~leiter** *f* échelle *f* double

stehlen ['ʃteːlən] (*stahl*, *gestohlen*, *h*) voler

'**Stehplatz** *m* place *f* debout

Steiermark ['ʃtaɪərmark] ***die*** ~ la Styrie

steif [ʃtaif] raide (*a fig*); '**≈heit** *f* (-; *sans pl*) raideur *f*

steigen ['ʃtaigən] (*stieg*, *gestiegen*, *sn*) monter; ***in den*** (***aus dem***) ***Wagen*** ~ monter en (descendre de) voiture

steiger|n ['ʃtaigərn] (*h*) augmenter, accroître; *verstärken* renforcer; *verbessern* améliorer; '**≈ung** *f* (-; -*en*) augmentation *f*, accroissement *m*; *gr* comparaison *f*; '**≈ungsrate** *f* taux *m* de croissance

'**Steigung** *f* (-; -*en*) montée *f*

steil [ʃtail] raide, escarpé; '**≈hang** *m* pente *f* escarpée; '**≈küste** *f* falaise *f*; '**≈wandzelt** *n* tente *f* canadienne

Stein [ʃtain] *m* (-[*e*]*s*; -*e*) pierre *f*; '**~bock** *m zo* bouquetin *m*; *astr* Capricorne *m*; '**~bruch** ['-brux] *m* (-[*e*]*s*; ⸗*e*) carrière *f*; '**~gut** *n* (-[*e*]*s*; -*e*) faïence *f*; '**≈ig** pierreux; '**~kohle** *f* houille *f*; '**~metz** ['-mɛts] *m* (-*en*; -*en*) tailleur *m* de pierre(s); '**~zeit** *f* (-; *sans pl*) âge *m* de la pierre

Stelle ['ʃtɛlə] *f* (-; -*n*) place *f*; *Ort* lieu *m*; *bestimmte* endroit *m*; *Arbeits≈* place *f*, emploi *m*; *Dienst≈* service *m*; *Text≈* passage *m*; ***auf der ~*** *sofort* sur-le-champ; ***an erster ~ stehen*** être au premier plan; ***ich an deiner ~*** moi à ta place

stellen ['ʃtɛlən] (*h*) mettre, poser, placer; *nicht legen* mettre debout; *Uhr* régler; *Falle* tendre; *Frage* poser; ***sich*** ~ *irgendwohin* se mettre, se poster; *der Polizei* se constituer prisonnier

'**Stellen|abbau** *m* réduction *f* d'emploi; '**~angebot** *n* offre *f* d'emploi; '**~gesuch** *n* demande *f* d'emploi; '**~vermittlung** *f* bureau *m* de placement; '**≈weise** par endroits

'**Stellplatz** *m* place *f* (pour la voiture)

'**Stellung** *f* (-; -*en*) position *f*; *berufliche* situation *f*; ~ ***nehmen*** prendre position (***zu*** sur); '**~nahme** ['-naːmə] *f* (-; -*n*) prise *f* de position; '**~(s)suche** *f* recherche *f* d'un emploi; **~(s)suchende** ['-szuːxəndə] *m*, *f* (-*n*; -*n*) demandeur *m* d'emploi

'**Stellvertreter** *m*, '**~in** *f* remplaçant *m*, -e *f*

Stempel ['ʃtɛmpəl] *m* (-*s*; -) tampon *m*, timbre *m*; *bot* pistil *m*; '**≈n** (*h*) tamponner, timbrer; *Post* oblitérer; *an der Stempeluhr* pointer; F ~ ***gehen*** être au chômage

Stengel → ***Stängel***

Steno ['ʃteno] F *f* (-; *sans pl*) sténographie *f*; **~'gramm** *n* (-*s*; -*e*) sténogramme *m*; **~graf** [-'graːf] *m* (-*en*; -*en*), **~'grafin** *f* (-; -*nen*) sténographe *m*, *f*; **~grafie** [-gra'fiː] *f* (-; -*n*) sténographie *f*; **≈gra'fieren** (*pas de -ge-*, *h*) sténographier, prendre en sténo; **~typistin** [-ty'pistin] *f* (-; -*nen*) sténodactylo *f*

Steppe ['ʃtɛpə] *f* (-; -*n*) steppe *f*

sterb|en ['ʃtɛrbən] (*starb*, *gestorben*, *sn*) mourir (***an*** de); **~lich** ['ʃtɛrp-] mortel

Stereo ['ʃteːreo] *n* (-*s*; *sans pl*) stéréo *f*; ***in ~*** en stéréo; '**~anlage** *f* chaîne *f* stéréo *od* hi-fi; **≈typ** [-'tyːp] stéréo-typé

steril [ʃte'riːl] stérile, infertile; **~isieren** [-rili'ziːrən] (*pas de -ge-*, *h*) stériliser

Stern [ʃtɛrn] *m* (-[*e*]*s*; -*e*) étoile *f*; '**~bild** *n* constellation *f*; '**~chen** *n* (-*s*; -) astérisque *m*; **~schnuppe** ['-ʃnupə] *f* (-; *-n*) étoile *f* filante; '**~system** *n* galaxie *f*; '**~warte** ['-vartə] *f* (-; *-n*) observatoire *m*

stetig ['ʃteːtiç] continu, continuel, constant, permanent

stets [ʃteːts] toujours

Steuer[1] ['ʃtɔʏər] *n* (*-s*; -) *auto* volant *m*; *mar* barre *f*; gouvernail *m* (*a fig*)

'**Steuer**[2] *f* (-; *-n*) impôt *m* (***auf*** sur), taxe *f*; '**~aufkommen** ['-aufkɔmən] *n* (*-s*; -) rendement *m* fiscal; '**~beamte** *m* fonctionnaire *m* des contributions; '**~befreiung** *f* (-; *-en*) exonération *f* fiscale; '**~berater** *m* (*-s*; -) conseiller *m* fiscal; '**~bord** *mar n* (-[*e*]*s*; *-e*) tribord *m*; '**~erklärung** *f* déclaration *f* d'impôts; '**~ermäßigung** *f* allégement *m* fiscal; '**£frei** exempt d'impôts; '**~freibetrag** *m* montant *m* exempt d'impôts; '**~hinterziehung** *f* fraude *f* fiscale; '**~mann** *m* (-[*e*]*s*; *-männer*, *-leute*) *Ruderboot* barreur *m*

'**steuern** (*h*) *Schiff* gouverner; *Fahrzeug* conduire, diriger; *Flugzeug*, *Auto* piloter; *tech* commander; *fig* contrôler, diriger, régler

steuer|pflichtig ['-pfliçtiç] imposable; '**£rückvergütung** *f* remboursement *m* fiscal; '**£senkung** *f* reduction *f* d'impôts; '**£ung** *f* (-; *-en*) pilotage *m*; *tech* commande *f*, direction *f*; '**£vergünstigung** *f* privilège *m* fiscal; '**£vorauszahlung** *f* acompte *m* d'impôts; '**£zahler** *m* (*-s*; -) contribuable *m*

Steward ['stjuərt] *aviat m* (*-s*; *-s*) steward *m*; '**~ess** *f* (-; *-en*) hôtesse *f* de l'air

StGB *n abr* ***Strafgesetzbuch*** code pénal

Stich [ʃtiç] *m* (-[*e*]*s*; *-e*) *Insekten£* piqûre *f*; *Messer£* coup *m*; *Näh£* point *m*; *Kupfer£* gravure *f*; *Kartenspiel* pli *m*, levée *f*; ***im ~ lassen*** abandonner; **£eln** ['-əln] (*h*) *fig* lancer des coups d'épingles *od* des pointes (***gegen*** à); **£haltig** ['-haltiç] valable, concluant; ***nicht ~*** peu sérieux; '**~probe** *f* contrôle *m* fait au hasard; *Statistik* échantillon *m*; '**~tag** *m* jour *m* fixé *od* de référence; ***~ zur Einführung des Euro*** jour *m* fixe *od* de référence de l'introduction de l'euro; '**~wahl** *f* (scrutin *m* de) ballottage *m*; '**~wort** *n* **1.** (-[*e*]*s*; *⸚er*) *Lexikon* entrée *f*, article *m*; **2.** (-[*e*]*s*; *-e*) *Theater* réplique *f*

stick|en ['ʃtikən] (*h*) broder; '**~ig** *Luft* étouffant; '**£stoff** *chim m* (-[*e*]*s*; *sans pl*) azote *m*

Stiefel ['ʃtiːfəl] *m* (*-s*; -) botte *f*

'**Stief|mutter** *f* (-; *⸚*) belle-mère *f*; '**~mütterchen** ['-mytərçən] *bot n* (*-s*; -) pensée *f*; '**~sohn** *m* beau-fils *m*; '**~tochter** *f* belle-fille *f*; '**~vater** *m* beau-père *m*

Stiel [ʃtiːl] *m* (-[*e*]*s*; *-e*) *Werkzeug* manche *m*; *Pfanne*, *Kirschen* queue *f*; *Stengel* tige *f*

Stier [ʃtiːr] *m* (-[*e*]*s*; *-e*) *zo* taureau *m*; *astr* Taureau *m*; '**£en** (*h*) regarder fixement (***auf etw*** qc); '**~kampf** *m* course *f* de taureaux, corrida *f*; '**~kämpfer** *m* toréador *m*

Stift [ʃtift] *m* (-[*e*]*s*; *-e*) *Blei£* crayon *m*; *Lippen£* bâton *m* (de rouge); *tech* goupille *f*, goujon *m*; '**£en** (*h*) *gründen* fonder; *spenden* donner; '**~er** *m* (*-s*; -), '**~erin** *f* (-; *-nen*) fondateur *m*, -trice *f*; *Spender* donateur *m*, -trice *f*; '**~ung** *f* (-; *-en*) fondation *f*

Stil [ʃtiːl] *m* (-[*e*]*s*; *-e*) style *m*; *fig* ***in großem ~*** de grand style; **£isiert** [-ʃtiliˈziːrt] stylisé; **£istisch** [ʃtiˈlistiʃ] stylistique

still [ʃtil] tranquille, calme; *geräuschlos* silencieux; ***~!*** silence!; ***der £e Ozean*** l'océan *m* Pacifique; ***£er Teilhaber*** *comm* bailleur *m* de fonds; commanditaire *m*

'**Stille** *f* (-; *sans pl*) tranquillité *f*, calme *m*, silence *m*; ***in aller ~*** *Beisetzung* dans l'intimité; *heimlich* secrètement

stillen ['ʃtilən] (*h*) *Blut* arrêter; *Schmerz*, *Hunger*, *Durst* apaiser; *Neugier*, *a Hunger*, *Durst* assouvir; *Kind* nourrir au sein, allaiter

'**stillhalten** (*irr*, *sép*, *-ge-*, *h*, → ***halten***) se tenir tranquille

Stillleben ['ʃtilleːbən] *n* (*-s*; -) *Malerei* nature *f* morte

stilllegen ['ʃtilleːgən] (*sép*, *-ge-*, *h*) *Betrieb* fermer

'**Still|schweigen** *n* (*-s*; *sans pl*) silence *m*; '**£schweigend** tacite; '**~stand** *m* (-[*e*]*s*; *sans pl*) arrêt *m*; *fig* stagnation *f*; '**£stehen** s'arrêter, ne pas bouger, rester en place

'**Stil|möbel** *pl* meubles *m/pl* de style;

'**≗voll** qui a du style

stimmberechtigt ['ʃtimbereçtiçt] qui a droit de vote

'**Stimme** *f* (-; *-n*) voix *f*; *Wahl≗ a* suffrage *m*, vote *m*

'**stimmen** (*h*) être exact *od* juste; *Instrument* accorder; ***es stimmt*** c'est juste; ***es stimmt mich traurig*** cela me rend triste; ***~ für*** (***gegen***) voter pour (contre)

Stimm|enthaltung ['ʃtimˀɛnt-] *f* abstention *f*; '**~recht** *n* droit *m* de vote

'**Stimmung** *f* (-; *-en*) état *m* d'âme, humeur *f*; *Atmosphäre* atmosphère *f*, ambiance *f*; ***alle waren in ~*** tous étaient de bonne humeur; '**≗svoll** plein d'ambiance; *Bild* qui a de l'atmosphère

'**Stimmzettel** *m* bulletin *m* de vote

stinken ['ʃtiŋkən] (*stank*, *gestunken*, *h*) puer (***nach etw*** qc); *fig* F ***es stinkt mir*** j'en ai marre F

Stipendi|at [ʃtipɛndi'a:t] *m* (*-en*; *-en*), **~'atin** *f* (-; *-nen*) boursier *m*, boursière *f*; **~um** [-'pɛndjum] *n* (*-s*; *Stipendien*) bourse *f*

Stirn [ʃtirn] *f* (-; *-en*) front *m*

stochern ['ʃtɔxərn] (*h*) ***in den Zähnen ~*** se curer les dents; ***im Essen ~*** chipoter

Stock [ʃtɔk] *m* **1.** (*-[e]s*; *⸚e*) bâton *m*; *Spazier≗* canne *f*; *Bienen≗* ruche *f*; *bot* pied *m*; **2.** (*-[e]s*; *- u Stockwerke*) *~werk* étage *m*; ***im ersten ~*** au premier étage; '**≗dunkel** ***es ist ~*** il fait noir comme dans un four

'**stocken** (*h*) s'arrêter; *langsamer werden* se ralentir; *Redner* hésiter; '**~d** *Stimme* hésitant; *Verkehr* ralenti

Stockholm ['ʃtɔkhɔlm] *n* Stockholm

'**Stockwerk** *n* étage *m*

Stoff [ʃtɔf] *m* (*-[e]s*; *-e*) tissu *m*, étoffe *f*; *Materie* matière *f*; '**≗lich** matériel; '**~wechsel** *biol m* métabolisme *m*

stöhnen ['ʃtø:nən] (*h*) gémir

stolpern ['ʃtɔlpərn] (*sn*) trébucher; *fig* ***über ein Wort ~*** buter sur un mot

stolz [ʃtɔlts] **1.** fier (***auf*** de); **2.** ≗ *m* (*-es*; *sans pl*) fierté *f*

stopfen ['ʃtɔpfən] (*h*) *hinein~* fourrer (***in*** dans); *Pfeife* bourrer; *Loch* boucher; *Strümpfe* repriser; *Speise* (*sättigen*) bourrer

Stoppel ['ʃtɔpəl] *f* (-; *-n*) chaume *m*; *Bart≗* poil *m* raide; '**≗ig** mal rasé

stopp|en ['ʃtɔpən] (*h*) stopper; *Zeit* chronométrer; '**≗schild** *n* stop *m*; '**≗uhr** *f* chrono(mètre) *m*

Stöpsel ['ʃtœpsəl] *m* (*-s*; -) bouchon *m*

Storch [ʃtɔrç] *zo m* (*-[e]s*; *⸚e*) cigogne *f*

stör|en ['ʃtø:rən] (*h*) déranger, gêner, perturber; *Radiosendung* brouiller; ***lassen Sie sich nicht ~*** ne vous dérangez pas; '**~end** gênant; **≗enfried** ['-fri:t] *m* (*-[e]s*; *-e*) gêneur *m*, perturbateur *m*

storn|ieren [ʃtɔr'ni:rən] (*pas de -ge-*, *h*) ristourner; **≗'ierungsgebühr** *f* frais *m/pl* de ristourne; '**≗o** ['ʃtɔrno] *m u n* (*-s*; *-ni*) *comm* ristourne *f*; '**≗obuchung** *f* écriture *f* de contre-passement

'**Störung** *f* (-; *-en*) dérangement *m*; perturbation *f* (*a Tiefdruckgebiet*)

Stoß [ʃto:s] *m* (*-es*; *⸚e*) coup *m*, poussée *f*, secousse *f*; *Haufen* pile *f*, tas *m*; *von Papieren* liasse *f*; '**~dämpfer** *auto m* amortisseur *m*

'**stoßen** (*stieß*, *gestoßen*) **1.** *v/t* (*h*) pousser; ***sich ~ an*** se heurter *od* se cogner contre; *fig* être choqué par, se formaliser *od* se scandaliser de; **2.** *v/i* (*sn*) ***auf j-n ~*** tomber sur qn; ***auf Schwierigkeiten ~*** se heurter à des difficultés

'**Stoß|stange** *auto f* pare-chocs *m*; '**~zeit** *f* heure *f* de pointe

stottern ['ʃtɔtərn] (*h*) bégayer

Str. *abr* ***Straße*** rue; avenue; route

Straf|anstalt ['ʃtra:fˀ-] *f* maison *f* de correction; '**≗bar** ***~e Handlung*** acte *m* punissable *od* répréhensible; ***sich ~ machen*** être passible d'une peine

'**Strafe** *f* (-; *-n*) punition *f*; *jur* peine *f*; *Geld≗* amende *f*; ***zur ~ für*** en punition de; '**≗n** (*h*) punir

straff [ʃtraf] tendu, raide; *Stil* serré; *Disziplin* sévère

straffällig ['ʃtra:ffɛliç] ***~ werden*** commettre un délit

straffen ['ʃtrafən] (*h*) (***sich ~*** se) raidir

straffrei ['ʃtra:f-] ***~ ausgehen*** rester impuni; '**≗heit** *f* (-; *sans pl*) impunité *f*

'**Straf|gefangene** *m* (*-n*; *-n*) prisonnier *m* de droit commun; '**~gesetzbuch** *n* Code *m* pénal

sträf|lich ['ʃtrɛ:fliç] répréhensible; ***~er Leichtsinn*** légèreté *f* impardonnable; '**≗ling** *m* (*-s*; *-e*) prisonnier *m*, détenu

m

'Straf|prozess *m* procès *m* pénal *od* criminel; **'~raum** *Sport m* surface *f* de réparation; **'~recht** *n* droit *m* pénal; **'~tat** *f* délit *m*, acte *m* criminel; **'~täter** *m* délinquant *m*; **'~zettel** *m* contravention *f*; F P.-V. *m* (= procès-verbal)

Strahl [ʃtra:l] *m* (-[*e*]*s*; *-en*) rayon *m*; *Wasser*², *Gas*² jet *m*; **'²en** (*h*) rayonner (*a fig*); briller; **'~enschutz** *m* protection *f* contre les radiations; **'²ensicher** à l'épreuve des radiations; **'~ung** *f* (-; *-en*) rayonnement *m*, (ir)radiation *f*

Strähne ['ʃtrɛ:nə] *f* (-; *-n*) mèche *f*

stramm [ʃtram] tendu; *Haltung* rigide

strampeln ['ʃtrampəln] (*h*) *Baby* gigoter; *Radler* pédaler

Strand ['ʃtrant] *m* (-[*e*]*s*; *⸚e*) plage *f*; ***am ~*** sur la plage; **'~bad** *n* plage *f*; **'²en** (*sn*) *mar* échouer (*a fig*); **'~gut** *n* épave *f*; **'~korb** *m* fauteuil-cabine *m* en osier; **'~nähe** *f* ***in ~*** près de la plage

Strang [ʃtraŋ] *m* (-[*e*]*s*; *⸚e*) corde *f*; *fig* ligne *f*; *Bündel* faisceau *m*

Strapaz|e [ʃtra'pa:tsə] *f* (-; *-n*) fatigue *f*; **²ieren** [-a'tsi:rən] (*pas de -ge-, h*) (***sich ~*** se) fatiguer; **²'ierfähig** résistant, solide, robuste; **²iös** [-a'tsjø:s] fatigant, épuisant, harassant

Straßburg ['ʃtrɑ:sburk] *n* Strasbourg

Straße ['ʃtra:sə] *f* (-; *-n*) rue *f*; *Fahr*², *Land*² route *f*; *Meerenge* détroit *m*; ***die ~ von Dover*** le pas de Calais; ***auf der ~*** dans la rue; sur la route

'Straßen|arbeiten *f/pl* travaux *m/pl* de voirie; **'~bahn** *f* tramway *m*; **'~bahnhaltestelle** *f* arrêt *m* du tram; **'~café** *n* café *m* en plein air; **'~karte** *f* carte *f* routière; **'~kehrer** *m* (-*s*; -) balayeur *m*; **'~kreuzung** *f* carrefour *m*; **'~lage** *auto f* tenue *f* de route; **'~laterne** *f* réverbère *m*; **'~rand** *m* bas-côté *m*, accotement *m*; **'~reinigung** *f* nettoyage *m* des rues; *Amt* voirie *f*; **'~schild** *n* plaque *f* de rue; **'~verhältnisse** *n/pl* état *m* des routes; **'~verkehr** *m* circulation *f* routière; **'~verkehrsordnung** *f* (-; *sans pl*) code *m* de la route; **'~zustand** *m* état *m* des routes

Strateg|ie [ʃtrate'gi:] *f* (-; *-n*) stratégie *f*; **²isch** [-'te:g-] stratégique

sträuben ['ʃtrɔʏbən] (*h*) ***sich ~*** se hérisser; *fig* être récalcitrant (***gegen*** contre)

Strauch ['ʃtraux] *m* (-[*e*]*s*; *⸚er*) arbrisseau *m*

Strauß [ʃtraus] **1.** *zo* (*-es*; *-e*) autruche *f*; **2.** (*-es*; *⸚e*) *Blumen*² bouquet *m*

streb|en ['ʃtre:bən] (*h*) ***nach etw ~*** chercher à atteindre qc; tendre *od* aspirer à qc; **'²en** *n* (-*s*; *sans pl*) tendance *f*, aspiration *f* (***nach*** à); **'~sam** ['ʃtre:pza:m] zélé, assidu; ambitieux

Strecke ['ʃtrɛkə] *f* (-; *-n*) distance *f*, parcours *m*, trajet *m*; *Bahn* ligne *f*

'strecken (*h*) étendre, allonger, étirer; ***sich ~*** s'étirer

Streich [ʃtraiç] *m* (-[*e*]*s*; *-e*) (mauvais) tour *m*; ***dummer ~*** sottise *f*, bêtise *f*; ***j-m e-n*** (***üblen***) ***~ spielen*** jouer un (mauvais) tour à qn; ***auf einen ~*** d'un seul coup

streicheln ['ʃtraiçəln] (*h*) caresser

streichen ['ʃtraiçən] (*strich, gestrichen*) **1.** *v/t* (*h*) *an~* peindre; *auftragen* étaler, étendre; *auf e-e Brotschnitte* tartiner; *durch~* barrer, rayer, radier, biffer; *Auftrag, Plan* annuler; *Subventionen, Stellen* supprimer; ***mit der Hand über etw ~*** passer la main sur qc; **2.** *v/i* (*sn*) ***durch die Straßen ~*** rôder dans les rues

'Streich|holz *n* allumette *f*; **'~instrument** *mus n* instrument *m* à cordes; **'~ung** *f* (-; *-en*) *im Text* rature *f*; *fig* annulation *f*, suppression *f*

Streife ['ʃtraifə] *f* (-; *-n*) patrouille *f*

'streifen 1. *v/t* (*h*) effleurer (*a fig Thema*); **2.** *v/i* (*sn*) *umher~* rôder

'Streif|en *m* (-*s*; -) bande *f*; **'~enwagen** *m* voiture *f* de police; **'~zug** *m* excursion *f*; *fig* aperçu *m*

Streik [ʃtraik] *m* (-[*e*]*s*; *-s*) grève *f*; ***wilder ~*** grève sauvage; **'~brecher** *m* (-*s*; -) briseur *m* de grève; **'²en** (*h*) faire grève, être en grève; **'~ende** ['-əndə] *m, f* (*-n*; *-n*) gréviste *m, f*; **'~posten** *m* piquet *m* de grève; **'~recht** *n* droit *m* de grève

Streit [ʃtrait] *m* (-[*e*]*s*; *-e*) querelle *f*; *Wort*² dispute *f*; **'²en** (*stritt, gestritten, h*) (***sich***) ***~*** se quereller *od* se disputer (***mit*** avec); ***für etw ~*** lutter pour qc; **'~frage** *f* affaire *f* litigieuse; **'~gespräch** *n* débat *m*, discussion *f*; **'~igkeiten** *f/pl* querelles *f/pl*, conflits *m/pl*; **'~kräfte** *mil f/pl* forces *f/pl* (armées)

streng [ʃtrɛŋ] sévère, rigoureux, strict; *Sitte* austère; **~ verboten** formellement interdit; '**♀e** *f* (-; *sans pl*) sévérité *f*, rigueur *f*

Stress [ʃtrɛs] *m* (-*es*; -*e*) stress *m*; ***im ~*** stressé

stress|en ['ʃtrɛsən] (*h*) surmener; stresser; '**~ig** stressant

streuen ['ʃtrɔʏən] (*h*) répandre; ***Zucker** etc **auf etw ~*** saupoudrer qc de sucre, *etc*

'**Streuung** *phys f* (-; -*en*) dispersion *f*, diffusion *f*

Strich [ʃtriç] *m* (-[*e*]*s*; -*e*) trait *m*; *Linie* ligne *f*; ***gegen den ~*** à rebours; F ***auf den ~ gehen*** faire le trottoir; '**~code** *m* code *m* (à) barres; '**~junge** *m* prostitué *m*; '**~punkt** *m* point-virgule *m*; '**♀weise** par endroits

Strick [ʃtrik] *m* (-[*e*]*s*; -*e*) corde *f*; '**♀en** (*h*) tricoter; '**~jacke** *f* gilet *m*, tricot *m*; '**~waren** *f/pl* articles *m/pl* tricotés; '**~zeug** *n* tricot *m*

strittig ['ʃtritiç] contesté, contestable, controversé; ***~er Punkt*** point *m* litigieux

Stroh [ʃtroː] *n* (-[*e*]*s*; *sans pl*) paille *f*; '**~dach** *n* toit *m* de chaume; '**~halm** *m* brin *m* de paille; *Trinkhalm* paille *f*

Strolch [ʃtrɔlç] *m* (-[*e*]*s*; -*e*) voyou *m*

Strom [ʃtroːm] *m* (-[*e*]*s*; ⸚*e*) fleuve *m*; *Elektrizität* courant *m* (électrique); *fig* ***ein ~ von*** un flot *od* un torrent de; ***es gießt in Strömen*** il pleut à torrents; ♀'**ab(wärts)** en aval; '**~anschluss** *m* prise *f* de courant; ♀'**auf(wärts)** en amont; '**~ausfall** *m* panne *f* d'electricité

strömen ['ʃtrøːmən] (*sn*) couler; *Menschen* affluer

'**Strom|kreis** *m* circuit *m* (électrique); '**~stärke** *f* ampérage *m*, intensité *f* du courant

'**Strömung** *f* (-; -*en*) courant *m* (*a fig*)

'**Stromverbrauch** *m* consommation *f* de courant

Strophe ['ʃtroːfə] *f* (-; -*n*) *Gedicht* strophe *f*; *Lied* couplet *m*

Struktur [ʃtruk'tuːr] *f* (-; -*en*) structure *f*

Strumpf [ʃtrumpf] *m* (-[*e*]*s*; ⸚*e*) bas *m*; '**~hose** *f* collant *m*

Stube ['ʃtuːbə] *f* (-; -*n*) chambre *f*

Stück [ʃtyk] *n* (-[*e*]*s*; -*e*) *als Bruchteil* morceau *m* (*a mus*); *als selbstständiges Ganzes* pièce *f* (*a Theater*♀); *Exemplar* exemplaire *m*; ***5 Euro pro ~*** 5 euros (la) pièce; ***ein ~ Kuchen*** un morceau de gâteau; ***in ~e reißen*** mettre en morceaux *od* pièces; **~chen** ['-çən] *n* (-*s*; -) petit morceau *m*, bout *m*; '**♀weise** pièce par pièce, à la pièce; '**~werk** *n* (-[*e*]*s*; *sans pl*) *fig* ouvrage *m* décousu

Student [ʃtu'dɛnt] *m* (-*en*; -*en*), **~in** *f* (-; -*nen*) étudiant *m*, -e *f*; **~enausweis** *m* carte *f* d'étudiant; **~enheim** *n* foyer *m* d'étudiants

Studie ['ʃtuːdjə] *f* (-; -*n*) étude *f*; '**~nabschluss** *m* fin *f* d'études; diplôme *m* de …; '**~naufenthalt** *m* vacances *f/pl* studieuses; '**~nplatz** *m* place *f* dans une université

studieren [ʃtu'diːrən] (*pas de -ge-, h*) étudier (***etw*** qc); faire des études

Studio ['ʃtuːdjo] *n* (-*s*; -*s*) studio *m*

Studium ['ʃtuːdjum] *n* (-*s*; *Studien*) études *f/pl*; ***das ~ der Medizin*** les études de médecine

Stufe ['ʃtuːfə] *f* (-; -*n*) *Treppen*♀ marche *f*; *fig* degré *m*, échelon *m*; *Entwicklungs*♀ stade *m*; *Raketen*♀ étage *m*

Stuhl [ʃtuːl] *m* (-[*e*]*s*; ⸚*e*) chaise *f*; '**~gang** *méd m* (-[*e*]*s*; *sans pl*) selles *f/pl*

stülpen ['ʃtylpən] (*h*) *umdrehen* retourner; *über*~ recouvrir (***etw über etw*** qc de qc); *Hut* enfoncer (***auf*** sur)

stumm [ʃtum] muet

Stummel ['ʃtuməl] *m* (-*s*; -) bout *m*; *Zigaretten*♀ mégot *m* F

'**Stummfilm** *m* film *m* muet

stumpf *Messer* émoussé (*a fig*); *Nase* plat; *Winkel* obtus; *glanzlos* terne; *teilnahmslos* hébété, apathique; '**♀sinn** *m* (-[*e*]*s*; *sans pl*) abrutissement *m*, stupidité *f*; '**~sinnig** hébété, abruti, stupide

Stumpf [ʃtumpf] *m* (-[*e*]*s*; ⸚*e*) *Arm*♀, *Bein*♀ moignon *m*, *Baum*♀ souche *f*

Stunde ['ʃtundə] *f* (-; -*n*) heure *f*; *Lehr*♀ leçon *f*, cours *m*

'**Stunden|kilometer** *m/pl* kilomètres-heure *m/pl*; '**♀lang** pendant des heures; '**~lohn** *m* salaire *m* horaire; '**~plan** *m* emploi *m* du temps; '**~zeiger** *m* aiguille *f* des heures

stündlich ['ʃtynt-] par heure; toutes

les heures
'**Stundung** *f* (-; *-en*) *comm* délai *m od sursis m de paiement*; *moratoire m*
Stuntman ['stantmɛn] *m* (*-s*; *-men*) cascadeur *m*
stur [ʃtuːr] F *Person* obstiné, têtu; *Arbeit* abrutissant
Sturm ['ʃturm] *m* (-[*e*]*s*; ⸗*e*) tempête *f*; *Sport* attaque *f*; *mil* assaut *m* (***auf*** de)
stürm|en ['ʃtyrmən] (*h*) *sich stürzen* s'élancer; *Sport* attaquer; *mil* prendre d'assaut (*a fig*); ***es stürmt*** il fait de la tempête; '**2er** *m* (*-s*; -) *Sport* avant *m*; '**~isch** *Wetter* de tempête; *fig* impétueux, fougueux; *Beifall* frénétique; *Debatte* orageux
Sturz [ʃturts] *m* (*-es*; ⸗*e*) chute *f* (*a fig u pol*)
stürzen ['ʃtyrtsən] (*v/t h*, *v/i sn*) tomber, chuter F; *rennen* se précipiter (***zur Tür*** à la porte); ***sich ~*** se jeter *od* se précipiter (***auf j-n*** sur qn; ***aus dem Fenster*** par la fenêtre); *fig* ***die Regierung ~*** renverser le gouvernement; ***j-n ins Verderben ~*** ruiner, perdre qn
'**Sturzhelm** *m* casque *m* (de protection)
Stute ['ʃtuːtə] *zo f* (-; *-n*) jument *f*
Stütze ['ʃtytsə] *f* (-; *-n*) appui *m*, soutien *m* (*a fig Person*), support *m*; *fig a* aide *f*
'**stützen** (*h*) appuyer, soutenir; ***sich ~ auf*** s'appuyer sur (*a fig*)
'**stutzig** ***j-n ~ machen*** surprendre qn; éveiller les soupçons de qn; ***~ werden*** s'étonner; commencer à se méfier
'**Stützpunkt** *mil m* base *f* militaire
StVO *f abr* ***Straßenverkehrsordnung*** code *m* de la route
Styropor [ʃtyro'poːr] *n* (*-s*; *sans pl*) polystyrène *m* (expansé)
s. u. *abr* ***siehe unten*** voir ci-dessous *od* plus bas
Subjekt [zup'jɛkt] *n* (-[*e*]*s*; *-e*) *gr* sujet *m*; *péj* individu *m*; **2iv** ['-tiːf] subjectif; **~ivität** [-ivi'tɛːt] *f* (-; *sans pl*) subjectivité *f*
Substantiv ['zupstantiːf] *gr n* (*-s*; *-e*) *n* nom *m*, substantif *m*
Substanz [zup'stants] *f* (-; *-en*) substance *f*
subtrahieren [zuptra'hiːrən] (*pas de -ge-*, *h*) *math* soustraire
Subunternehmer ['zupʔ-] *m* sous-traitant *m*
Subvention [zupvɛn'tsjoːn] *f* (-; *-en*) subvention *f*; **2ieren** [-ɔ'niːrən] (*pas de -ge-*, *h*) *écon* subventionner
Such|e ['zuːxə] *f* (-; *sans pl*) recherche *f* (***nach*** de); '**2en** (*h*) chercher; *intensiv* rechercher; ***er hat hier nichts zu ~*** il n'a rien à faire ici; '**~er** *Foto m* (*-s*; -) viseur *m*; '**~maschine** *f Internet* moteur *m* de recherche
Sucht [zuxt] *f* (-; ⸗*e*) manie *f*, passion *f* (***nach*** de); *Drogen2* toxicomanie *f*
'**süchtig** ***~ sein*** être toxicomane
Süd [zyːt] *m* (-[*e*]*s*; *selten -e*) sud *m*, midi *m*; '**~'afrika** *n* l'Afrique *f* du Sud; ***die Republik ~*** la République sud-africaine; '**~a'merika** *n* l'Amérique *f* du Sud
Sudan [zu'dɑːn] ***der ~*** *n* le Soudan
Süddeutschland ['zyːtdɔʏtʃlant] *n* l'Allemagne *f* du Sud
Süden ['zyːdən] *m* (*-s*; *sans pl*) sud *m*, midi *m*
Sudeten [zu'deːtən] *géogr* ***die ~*** *pl* les Sudètes *m/pl*
'**Süd|eu'ropa** *n* l'Europe *f* méridionale; '**~'frankreich** *n* le Midi de la France
Süd|früchte ['zyːtfryçtə] *f/pl* fruits *m/pl* des pays chauds; '**2lich** méridional, du sud; ***~ von*** au sud de; **~'ost(en)** *m* (*-s*; *sans pl*) sud-est *m*; '**~pol** *m* (*-s*; *sans pl*) pôle *m* Sud; '**~see** *f* Pacifique *m* sud; *poét* mers *f/pl* du Sud; '**~tirol** *n* le Tyrol du Sud, le Haut-Adige; **~'west(en)** *m* (*-s*; *sans pl*) sud-ouest *m*
Suezkanal ['zuːɛtskanɑːl] ***der ~*** le canal de Suez
suggerieren [zuge'riːrən] (*pas de -ge-*, *h*) suggérer
Sülze ['zyltsə] *cuis f* (-; *-n*) gelée *f*; viande *f* en gelée
Summe ['zumə] *f* (-; *-n*) somme *f*, total *m*
'**summen** (*h*) *Insekten* bourdonner; *Melodie* fredonner
summieren [zu'miːrən] (*pas de -ge-*, *h*) ***sich ~*** s'additionner
Sumpf [zumpf] *m* (-[*e*]*s*; ⸗*e*) marais *m*, marécage *m*
Sünd|e ['zyndə] *f* (-; *-n*) péché *m*; '**~enbock** *m fig* bouc *m* émissaire; '**2igen** (*h*) pécher
super ['zuːpɛr] F super
'**Super** *n* (*-s*; *sans pl*) *Benzin* super *m*;

'**~lativ** ['-latiːf] *gr m* (*-s*; *-e*) superlatif *m*; '**~markt** *m* supermarché *m*

Suppe ['zupə] *f* (*-*; *-n*) potage *m*, soupe *f*

'**Suppen|kelle** *f* louche *f*; '**~löffel** *m* cuiller *f* à soupe; '**~schüssel** *f* soupière *f*; '**~teller** *m* assiette *f* à soupe

Surf|brett ['sœrf-] *n* planche *f* à voile; '**⁀en** (*h*) faire de la planche à voile; ***im Internet ~*** surfer, naviger sur Internet; '**~er** *m* (*-s*; *-*), '**~erin** *f* (*-*; *-nen*) planchiste *m*, *f*

süß [zyːs] sucré; *fig* doux; *niedlich* mignon; '**~en** (*h*) sucrer; '**⁀igkeiten** *f/pl* sucreries *f/pl*, friandises *f/pl*; '**⁀speise** *f* entremets *m*; '**⁀stoff** *m* (*-[e]s*; *sans pl*) saccharine *f*; '**⁀wasser** *n* (*-s*; *-*) eau *f* douce

Swimmingpool ['sviminpuːl] *m* (*-s*; *-s*) piscine *f*

Symbol [zym'boːl] *n* (*-s*; *-e*) symbole *m*; **~ik** *f* (*-*; *sans pl*) symbolisme *m*; **⁀isch** symbolique; **⁀isieren** [-oli'ziːrən] (*pas de -ge-*, *h*) symboliser

Symmetr|ie [zyme'triː] *f* (*-*; *-n*) symétrie *f*; **⁀isch** [-'meːtriʃ] symétrique

Sympath|ie [zympa'tiː] *f* (*-*; *-n*) sympathie *f* (***für*** pour); **~isant** [-pati'zant] *m* (*-en*; *-en*), **~i'santin** *f* (*-*; *-nen*) sympathisant *m*, -e *f*; **⁀isch** [-'paːtiʃ] sympathique; **⁀isieren** [-i'ziːrən] (*pas de -ge-*, *h*) sympathiser (***mit*** avec)

Symphonie [zymfo'niː] *mus f* (*-*; *-n*) symphonie *f*

Symptom [zymp'toːm] *n* (*-s*; *-e*) symptôme *m*

synchronisier|en [zynkroni'ziːrən] (*pas de -ge-*, *h*) synchroniser; *Film* doubler; **⁀ung** *f* (*-*; *-en*) synchronisation *f*; *Film* doublage *m*

Synonym [zyno'nyːm] *ling n* (*-s*; *-e*) synonyme *m*

Synthe|se [zyn'teːzə] *f* (*-*; *-n*) synthèse *f*; **⁀tisch** [-'teːtiʃ] synthétique

Syrien ['zyrjən] *n* (*-s*; *sans pl*) la Syrie

System [zys'teːm] *n* (*-s*; *-e*) système *m*; **⁀atisch** [-e'maːtiʃ] systématique

Szene ['stseːnə] *f* (*-*; *-n*) *Theater u fig* scène *f*; *Milieu* milieux *m/pl*

T

t *abr* ***Tonne*** tonne

Tabak ['tabak, ta'bak] *m* (*-s*; *-e*) tabac *m*; '**~geschäft** *n*, '**~laden** *m* débit *m* de tabac; '**~waren** *f/pl* tabacs *m/pl*

tabell|arisch [tabɛ'laːriʃ] sous forme de tableau; **⁀e** [ta'bɛlə] *f* (*-*; *-n*) barème *m*, table *f*, tableau *m*; *Sport* classement *m*

Tablett [ta'blɛt] *n* (*-[e]s*; *-e*, *-s*) plateau *m*; **~e** *f* (*-*; *-n*) comprimé *m*

Tabu [ta'buː] **1.** *n* (*-s*; *-s*) tabou *m*; **2.** *adj* tabou

Tacho(meter) [taxo('-)] *auto m* (*-s*; *-*) compteur *m*

Tadel ['taːdəl] *m* (*-s*; *-*) blâme *m*, réprimande *f*; '**⁀los** irréprochable; '**⁀n** (*h*) blâmer (***wegen*** de *od* pour), reprendre, réprimander

Tafel ['taːfəl] *f* (*-*; *-n*) *Schule* tableau *m* (noir); *Gedenk⁀* plaque *f*; *in Büchern* planche *f*; *Schokolade* tablette *f*; *Tisch* table *f*; '**~wein** *m* vin *m* de table

täfel|n ['tɛːfəln] (*h*) lambrisser; '**⁀ung** *f* (*-*; *-en*) lambris(sage) *m*, boiserie *f*

Tag [taːk] *m* (*-[e]s*; *-e*) jour *m*; *Dauer* journée *f*; ***es ist ~*** il fait jour; ***am ~e*** le *od* de jour; ***am helllichten ~*** en plein jour; ***den ganzen ~*** toute la journée; ***e-s ~es*** un jour; ***welchen ~ haben wir heute?*** nous sommes quel jour aujourd'hui?; ***heute in 14 ~en*** aujourd'hui en quinze; ***guten ~*** (***sagen***) (dire) bonjour; (***ich wünsche e-n***) ***schönen ~!*** bonne journée!; F ***sie hat ihre ~e*** elle a ses règles; ***unter ~e*** *Bergbau* au fond

Tage|bau ['taːgebau] *m* (*-[e]s*; *-e*) *Bergbau m* exploitation *f* à ciel ouvert; '**~buch** *n* journal *m*

'**tagen** (*h*) *Versammlung* siéger

'**Tages|anbruch** *m* pointe *f* du jour; '**~fahrt** *f* excursion *f* d'une journée; '**~gericht** *n* plat *m* du jour; '**~karte** *f* carte *f* pour la journée; *Restaurant* menu *m* du jour; '**~kurs** *m* cours *m* du jour; '**~licht** *n* (*-[e]s*; *sans pl*) lumière *f* du jour; '**~ordnung** *f* ordre *m* du jour; '**~zeit** *f* heure *f* du jour; ***zu jeder***

~ à toute heure; '**~zeitung** *f* quotidien *m*
tägl. *abr* ***täglich*** quotidien(nement)
'**täglich** ['tɛːkliç] (de) tous les jours, quotidien
'**Tagschicht** *f* équipe *f* de jour
tagsüber ['taːksˀ-] pendant la journée
Tagung ['taːguŋ] *f* (-; *-en*) congrès *m*, assises *f/pl*
Taifun [tai'fuːn] *m* (-*s*; -*e*) typhon *m*
Taill|e ['taljə] *f* (-; -*n*) taille *f*; **≗iert** [ta'jiːrt] cintré
Takt [takt] *m* (-[*e*]*s*; -*e*) *mus* mesure *f*; *Motor* temps *m*; *fig* (*sans pl*) tact *m*; '**~gefühl** *n* (-[*e*]*s*; *sans pl*) tact *m*
Takti|k ['taktik] *f* (-; -*en*) *mil u fig* tactique *f*; '**~ker** *m* (-*s*; -) tacticien *m*; '**≗sch** tactique
'**takt|los** sans tact, indiscret; '**~voll** plein de tact, discret
Tal [taːl] *n* (-[*e*]*s*; *⸚er*) vallée *f*; ***kleines*** **~** vallon *m*
Talent [ta'lɛnt] *n* (-[*e*]*s*; -*e*) talent *m* (***für*** pour); **≗iert** [-'tiːrt] talentueux, doué
'**Talsperre** *f* barrage *m*
Tang [taŋ] *bot n* (-[*e*]*s*; -*e*) varech *m*
Tangente [taŋ'gɛntə] *math f* (-; -*n*) tangente *f*
Tanger ['taŋər] *n* Tanger
tangieren [taŋ'giːrən] (*pas de -ge-*, *h*) toucher, concerner
Tank [taŋk] *m* (-*s*; -*s*) réservoir *m*, citerne *f*; *mar Öltank* tank *m*; '**≗en** (*h*) prendre de l'essence; '**~er** *mar m* (-*s*; -) pétrolier *m*; '**~stelle** *f* poste *m* d'essence, station-service *f*; '**~wagen** *m* camion-citerne *m*; '**~wart** ['-vart] *m* (-[*e*]*s*; -*e*) pompiste *m*
Tanne ['tanə] *bot f* (-; -*n*) sapin *m*
'**Tannenbaum** *m* sapin *m*; *bes arbre m de Noël*
Tansania [tan'zɑːnia, tanza'niːa] *n* la Tanzanie
Tante ['tantə] *f* (-; -*n*) tante *f*
Tanz [tants] *f/pl* (-*es*; *⸚e*) danse *f*; '**≗en** (*h*) danser
Tänzer ['tɛntsər] *m* (-*s*; -), '**~in** *f* (-; -*nen*) danseur *m*, -euse *f*
'**Tanz|lokal** *n* dancing *m*; '**~musik** *f* musique *f* de danse
Tape|te [ta'peːtə] *f* (-; -*n*) papier *m* peint; **≗'zieren** [-e'tsiːrən] (*pas de -ge-*, *h*) poser du papier peint, tapisser (*a fig* ***mit*** de)
tapfer ['tapfər] courageux, brave; '**≗keit** (-; *sans pl*) courage *m*, bravoure *f*
Tarif [ta'riːf] *m* (-*s*; -*e*) tarif *m*; '**~autonomie** *f* autonomie *f* tarifaire; **~erhöhung** *f* majoration *f* du tarif; **~konflikt** *m* conflit *m* tarifaire; **~lohn** *m* salaire *m* tarifaire; **~partner** *m* partie *f* à la convention collective; **~verhandlungen** *f/pl* negociations *f/pl* salariales; **~vertrag** *m* convention *f* collective
tarnen ['tarnən] (*h*) camoufler
Tasche ['taʃə] *f* (-; -*n*) *in Kleidung* poche *f*; *Einkaufs≗*, *Hand≗* sac *m*
'**Taschen|buch** *n* livre *m* de poche; '**~dieb** *m* voleur *m* à la tire, pickpocket *m*; '**~geld** *n* argent *m* de poche; '**~lampe** *f* lampe *f* de poche; '**~messer** *n* canif *m*; '**~rechner** *m* calculatrice *f* de poche; '**~tuch** *n* (-[*e*]*s*; *⸚er*) mouchoir *m*
Tasmanien [tas'mɑːniən] *n* la Tasmanie
Tasse ['tasə] *f* (-; -*n*) tasse *f*
Tastatur [tasta'tuːr] *f* (-; -*en*) clavier *m*
Tast|e ['tastə] *f* (-; -*n*) touche *f*; '**≗en** tâtonner; ***nach etw*** **~** chercher qc à tâtons; '**~entelefon** *n* téléphone *m* à touches
Tat [taːt] *f* (-; -*en*) action *f*, acte *m*; *Verbrechen* crime *m*
Täter ['tɛːtər] *m* (-*s*; -), '**~in** *f* (-; -*nen*) auteur *m* (du crime), coupable *m*, *f*
tätig ['tɛːtiç] actif; **~ *sein bei*** être employé chez; '**≗keit** *f* (-; -*en*) activité *f*
tätlich ['tɛːtliç] violent; **~ *werden*** se livrer à des voies de fait; '**≗keiten** *f/pl* violences *f/pl*; *jur* voies *f/pl* de fait
Tatort ['taːtˀ-] *m* (-[*e*]*s*; -*e*) lieu *m od scène f du crime*
tätowier|en [tɛto'viːrən] (*pas de -ge-*, *h*) tatouer; **≗ung** *f* (-; -*en*) tatouage *m*
'**Tat|sache** *f* fait *m*; ***vor vollendete ~n gestellt werden*** être mis devant le fait accompli; '**≗sächlich** réel, vrai, effectif; *adv* vraiment, réellement, effectivement, en fait
Tau[1] [tau] *m* (-[*e*]*s*; *sans pl*) rosée *f*
Tau[2] *n* (-[*e*]*s*; -*e*) cordage *m*, câble *m*
taub [taup] sourd (*a fig* ***gegen*** à)
Taube ['taubə] *zo f* (-; -*n*) pigeon *m*
'**Taub|heit** *f* (-; *sans pl*) surdité *f*; '**≗stumm** sourd-muet
tauch|en ['tauxən] (*v/t h*; *v/i sn*) plon-

ger; '**≈er** *m* (-*s*; -), '**≈erin** *f* (-; -*nen*) plongeur *m*, -euse *f*; *mit Taucheranzug* scaphandrier *m*

tauen ['tauən] (*h*) *Eis, Schnee* fondre; ***es taut*** il dégèle

Tauf|e ['taufə] *f* (-; -*n*) baptême *m*; '**≈en** (*h*) baptiser

taug|en ['taugən] (*h*) être bon *od* apte (***zu, für*** à); ***nichts ~*** ne rien valoir; '**≈enichts** *m* (-[*es*]; -*e*) vaurien *m*; '**~lich** ['tauk-] bon, apte (***zu, für*** à); '**≈lichkeit** *f* (-; *sans pl*) aptitude *f*

Taumel ['tauməl] *m* (-*s*; *sans pl*) vertige *m*; *fig* ivresse *f*; '**≈n** (*h*) chanceler, tituber

Tausch [tauʃ] *m* (-[*e*]*s*; -*e*) échange *m*; '**≈en** (*h*) échanger (***gegen*** contre); *Geld* changer

täuschen ['tɔʏʃən] (*h*) (***sich ~*** se) tromper; '**~d** ***e-e ~e Ähnlichkeit*** une ressemblance frappante

'**Tausch|geschäft** *n* opération *f* d'échange; troc *m*; '**~handel** *m* (économie *f* de) troc *m*

'**Täuschung** *f* (-; -*en*) tromperie *f*; *beim Examen* fraude *f*; *Sinnes≈* illusion *f*

tausend ['tauzənt] **1.** mille; **2.** '**≈** *n* (-*s*; -*e*) millier *m*; '**~jährig** millénaire; '**~ste** millième; '**≈stel** *n* (-*s*; -) millième *m*

'**Tauwetter** *n* (-*s*; *sans pl*) dégel *m*

Taxi ['taksi] *n* (-[*s*]; -[*s*]) taxi *m*

taxieren [ta'ksiːrən] (*pas de -ge-, h*) évaluer, estimer

'**Taxi|fahrer** *m* chauffeur *m* de taxi; '**~stand** *m* station *f* de taxis

Team [tiːm] *n* (-*s*; -*s*) équipe *f*

Techn|ik ['tɛçnik] *f* (-; -*en*) technique *f*; '**~iker** *m* (-*s*; -), '**~ikerin** *f* (-; -*nen*) technicien *m*, -ne *f*; '**≈isch** technique

Techno ['tɛkno] *m* (-[*s*]) *mus* techno *f*

Technolo|gie [tɛçnolo'giː] *f* (-; -*n*) technologie *f*; **~'giepark** *m* centre *m* technologique; **≈gisch** [-'loːgiʃ] technologique

Tee [teː] *m* (-*s*; -*s*) thé *m*; *Kräuter≈* tisane *f*, infusion *f*; '**~beutel** *m* sachet *m* de thé; '**~kanne** *f* théière *f*; '**~löffel** *m* petite cuiller *f*

Teer [teːr] *m* (-[*e*]*s*; -*e*) goudron *m*; '**≈en** (*h*) goudronner

Teich [taiç] *m* (-[*e*]*s*; -*e*) étang *m*

Teig [taik] *m* (-[*e*]*s*; -*e*) pâte *f*; '**~waren** *f/pl* pâtes *f/pl* (alimentaires)

Teil [tail] *m*, *n* (-[*e*]*s*; -*e*) partie *f*; *An≈* part *f*; ***zum ~*** en partie; '**≈bar** divisible; '**~chen** *n* (-*s*; -) particule *f*; '**≈en** (*h*) (***sich ~*** se) diviser (***in*** en; *a math*); *auf~* partager (***mit j-m*** avec qn); ***j-s Ansichten ~*** partager les idées de qn

'**teil|haben** (*irr, sép, -ge-, h,* → ***haben***) avoir part (***an*** à); '**≈haber** ['-haːbər] *m* (-*s*; -), '**≈haberin** *f* (-; -*nen*) *écon* associé *m*, -e *f*; '**≈kaskoversicherung** *f* assurance *f* au tiers; '**≈nahme** ['-naːmə] *f* (-; *sans pl*) participation *f* (***an*** à); *An≈* sympathie *f*; '**~nahmslos** ['-naːmsloːs] indifférent, apathique; '**~nehmen** (*irr, sép, -ge-, h,* → ***nehmen***) participer (***an*** à); '**≈nehmer** ['-neːmər] *m* (-*s*; -), '**≈nehmerin** *f* (-; -*nen*) participant *m*, -e *f*

teil|s [tails] en partie; '**≈strecke** *f* section *f*; '**≈ung** (-; -*en*) division *f*; partage *m*; '**~weise** en partie, partiellement; '**≈zahlung** *f* paiement *m* à tempérament; '**≈zeitarbeit** *f* (-; *sans pl*) travail *m* à temps partiel

Tel. *abr* ***Telefon*** téléphone

Telefon [tele'foːn] *n* (-*s*; -*e*) téléphone *m*; ***am ~*** au téléphone; ***~ haben*** avoir le téléphone; **~anruf** *m* appel *m* téléphonique, coup *m* de téléphone; **~anschluss** *m* raccord *m*, abonnement *m* au téléphone; **~at** [-o'naːt] *n* (-[*e*]*s*; -*e*) conversation *f* téléphonique, coup *m* de fil F; **~buch** *n* annuaire *m* du téléphone, bottin *m*; **~gebühr** *f* taxe *f* téléphonique; **~gespräch** *n* communication *f* téléphonique; **≈'ieren** [-o'niːrən] (*pas de -ge-, h*) téléphoner (***mit j-m*** à qn); **≈isch** par téléphone; **~karte** *f* télécarte *f*; **~konferenz** *f* téléconférence *f*; **~leitung** *f* ligne *f* téléphonique; **~marke** *f* jeton *m* de téléphone; **~netz** *n* réseau *m* téléphonique; **~nummer** *f* numéro *m* de téléphone; **~zelle** *f* cabine *f* téléphonique; **~zentrale** *f* central *m* téléphonique, standard *m*

telegraf|ieren [telegra'fiːrən] (*pas de -ge-, h*) télégraphier; **~isch** [-'graːfiʃ] par télégramme

Telegramm [-'gram] *n* (-*s*; -*e*) télégramme *m*

'**Telekommunikation** *f* (-; *sans pl*) télécommunication *f*

Teleobjektiv ['teleʔ-] *n* téléobjectif *m*

Teller ['tɛlər] *m* (-*s*; -) assiette *f*

Tempel ['tɛmpəl] *m* (*-s*; -) temple *m*
Temperament [tɛmpəra'mɛnt] *n* (*-[e]s*; *-e*) *Lebhaftigkeit* entrain *m*, vivacité *f*; *Gemütsart* tempérament *m*; ***~ haben*** être plein d'entrain; **2voll** dynamique, plein d'entrain
Temperatur [tɛmpəra'tu:r] *f* (*-*; *-en*) température *f*
Tempo ['tɛmpo] *n* (*-s*; *-s*, *-pi*) vitesse *f*, allure *f*, rythme *m*; *mus* tempo *m*; **'~limit** *n* (*-s*; *-s*) limitation *f* de vitesse; **'~taschentuch** *n* mouchoir *m* en papier, kleenex *m*
Tendenz [tɛn'dɛnts] *f* (*-*; *-en*) tendance *f*; **2iös** [-'tsjø:s] tendancieux
tendieren [tɛn'di:rən] (*pas de -ge-*, *h*) tendre (***zu*** à)
Teneriffa [tene'rifa] *n* Tenerife *od* Ténériffe
Tennis ['tɛnis] *n* (*-*; *sans pl*) tennis *m*; **'~platz** *m* court *m* (de tennis); **'~schläger** *m* raquette *f* (de tennis); **'~spieler** *m*, **'~spielerin** *f* joueur *m*, -euse *f* de tennis
Tenor [te'no:r] *mus m* (*-s*; *⸚e*) ténor *m*
Teppich ['tɛpiç] *m* (*-s*; *-e*) tapis *m*; **'~boden** *m* moquette *f*
Termin [tɛr'mi:n] *m* (*-s*; *-e*) date *f*; *beim Arzt etc* rendez-vous *m*; ***e-n ~ vereinbaren*** prendre rendez-vous; **~kalender** *m* agenda *m*
Terrasse [tɛ'rasə] *f* (*-*; *-n*) terrasse *f*
Territorium [tɛri'to:rjum] *n* (*-s*; *Territorien*) territoire *m*
Terror ['tɛrɔr] *m* (*-s*; *sans pl*) terreur *f*; **2isieren** [-ori'zi:rən] (*pas de -ge-*, *h*) terroriser; **~ismus** [ɔ'rismus] *m* (*-*; *sans pl*) terrorisme *m*; **~'ist** *m* (*-en*; *-en*), **~'istin** *f* (*-*; *-nen*) terroriste *m*, *f*; **2'istisch** terroriste
Tessin [tɛ'si:n] ***das ~*** *Kanton* le Tessin
Test [tɛst] *m* (*-[e]s*; *-s*, *-e*) test *m*
Testament [tɛsta'mɛnt] *n* (*-[e]s*; *-e*) testament *m*; **2arisch** [-'ta:riʃ] testamentaire; ***~ vermachen*** léguer par testament
testen ['tɛstən] (*h*) tester
teuer ['tɔʏər] cher; ***~ bezahlen*** payer cher; ***wie ~ ist es?*** cela coûte combien?; **'2ung** *f* (*-*; *-en*) hausse *f* des prix; **'2ungsrate** *f* taux *m* d'inflation
Teufel ['tɔʏfəl] *m* (*-s*; -) diable *m*
Texas ['tɛksas] *n* le Texas
Text [tɛkst] *m* (*-[e]s*; *-e*) texte *m*; *Lieder2* paroles *f/pl*
Textil|ien [tɛks'ti:ljən] *pl* textiles *m/pl*; **~industrie** *f* industrie *f* textile
'Text|stelle *f* passage *m*; **'~verarbeitung** *f* traitement *m* de texte; **'~verarbeitungssystem** *n* système *m* de traitement de texte
Thailand ['taɪlant] *n* la Thaïlande
Theater [te'a:tər] *n* (*-s*; -) théâtre *m*; F ***so ein ~!*** quelle comédie!; F ***das ist doch nur ~*** c'est du cinéma; **~aufführung** *f* → ***Theatervorstellung***; **~karte** *f* billet *m* de théâtre; **~kasse** *f* bureau *m* de location; **~stück** *n* pièce *f* de théâtre; **~vorstellung** *f* représentation *f* théâtrale
theatralisch [tea'tra:liʃ] théâtral
Theben ['te:bən] *n géogr in Griechenland*, *hist in Ägypten* Thèbes
Theke ['te:kə] *f* (*-*; *-n*) bar *m*, comptoir *m*
Thema ['te:ma] *n* (*-s*; *Themen*) sujet *m*, thème *m*; ***das ~ wechseln*** changer de sujet
Themse ['tɛmzə] ***die ~*** la Tamise
Theolog|e [teo'lo:gə] *m* (*-n*; *-n*), **~in** *f* (*-*; *-nen*) théologien *m*, -ne *f*; **~ie** [-o'gi:] *f* (*-*; *-n*) théologie *f*; **2isch** théologique
theoretisch [teo're:tiʃ] théorique
Theorie [teo'ri:] *f* (*-*; *-n*) théorie *f*
Thera|peut [tera'pɔʏt] *m* (*-en*; *-en*), **~'peutin** *f* (*-*; *-nen*) thérapeute *m*, *f*; **2'peutisch** thérapeutique; **~'pie** *f* thérapeutique *f*, thérapie *f*
Thermalbad [tɛr'mal-] *n* station *f* thermale
Thermometer [tɛrmo'-] *n* (*-s*; -) thermomètre *m*
Thermosflasche ['tɛrmɔs-] *f* bouteille *f* thermos
Thermostat [tɛrmo'sta:t] *tech m* (*-s*, *-en*; *-e[n]*) thermostat *m*
These ['te:zə] *f* (*-*; *-n*) thèse *f*
Thrombose [trɔm'bo:zə] *méd f* (*-*; *-n*) thrombose *f*
Thunfisch ['tu:n-] *zo m* thon *m*
Thüringen ['ty:riŋən] *n* la Thuringe
Tiber ['ti:bər] ***der ~*** le Tibre
Tick [tik] *m* (*-[e]s*; *-s*) *méd u fig* tic *m*; *fig a* manie *f*, marotte *f*
tief [ti:f] profond; bas; *Stimme* grave; ***3 Meter ~*** profond de 3 mètres; ***bis ~ in die Nacht*** jusque tard dans la nuit; ***~***

schlafen dormir profondément

Tief [tiːf] *n* (-*s*; -*s*) zone *f* de basse pression

'Tief|bau *m* (-[*e*]*s*; *sans pl*) travaux *m/pl* publics; **'~druckgebiet** *n* → ***Tief***

'Tief|e *f* (-; -*n*) profondeur *f*; *mus* gravité *f*; **'~ebene** *f* plaine *f*; **'~flug** *aviat m* rase-mottes *m*; **'~gang** *mar m* (-[*e*]*s*; *sans pl*) tirant *m* d'eau; **'~garage** *f* garage *m* souterrain; **'Ωgekühlt** surgelé; **'~kühltruhe** *f* congélateur *m*; **'~punkt** *m fig* point *m* le plus bas; **'~stand** *m* (-[*e*]*s*; *sans pl*) *Wasser* étiage *m*; *fig* le plus bas niveau

Tier [tiːr] *n* (-[*e*]*s*; -*e*) animal *m*, bête *f*; *fig* ***ein großes*** *od* ***hohes ~*** F une grosse légume; **'~art** *f* espèce *f* animale; **'~arzt** *m*, **'~ärztin** *f* vétérinaire *m*, *f*; **'~handlung** *f* animalerie *f*; **'Ωisch** animal; *von Menschen* bestial; **'~kreis** *astr m* (-*es*; *sans pl*) zodiaque *m*; **'~liebe** (-; *sans pl*) affection *f* pour l'animal, amour *m* des animaux; **~quälerei** [-kvɛːlə'rai] *f* (-; -*en*) cruauté *f* envers les animaux; **'~schutzverein** *m* Société *f* protectrice des animaux; **'~versuch** *m* expérimentation *f* animale

Tiger ['tiːgər] *zo m* (-*s*; -), **'~in** *f* (-; -*nen*) tigre *m*, -sse *f*

tilgen ['tilgən] (*h*) *Spuren* effacer; *Schulden*, *Anleihe* amortir, rembourser

'Tilgungsfonds *m* fonds *m* d'amortissement

Tinte ['tintə] *f* (-; -*n*) encre *f*; **'~nfisch** *zo m* seiche *f*

Tipp [tip] *m* (-*s*; -*s*) F *Hinweis* tuyau *m*, rancard *m* F

tipp|en ['tipən] (*h*) *auf der Schreibmaschine* taper; *berühren* toucher (***an etw*** qc); *raten* deviner; ***im Lotto ~*** jouer au loto; **'Ωfehler** *m* faute *f* de frappe

Tirol [ti'roːl] *n* (-*s*; *sans pl*) le Tyrol

Tisch [tiʃ] *m* (-*es*; -*e*) table *f*; ***bei ~ sitzen*** être à table; ***den ~ decken*** mettre le couvert *od* la table; **'~decke** *f* nappe *f*

Tischler ['tiʃlər] *m* (-*s*; -) menuisier *m*; **~ei** [-'rai] *f* (-; -*en*) menuiserie *f*

'Tisch|tennis *n* ping-pong *m*; **'~tuch** *n* (-[*e*]*s*; *⸚er*) nappe *f*

Titel ['tiːtəl] *m* (-*s*; -) titre *m*; **'~blatt** *n Buch* frontispice *m*; **'~seite** *f Zeitschrift* couverture *f*

Toast [toːst] *m* (-*es*; -*e*, -*s*) toast *m*; *Röstbrot a* pain *m* grillé; ***e-n ~ auf j-n ausbringen*** porter un toast à qn; **'~brot** *n* pain *m* de mie; **'Ωen** (*h*) faire griller; **'~er** *m* (-; -) grille-pain *m*

toben ['toːbən] (*h*) *Kampf*, *Elemente* faire rage; *Kinder*, *Publikum* être déchaîné

Tochter ['tɔxtər] *f* (-; ⸚) fille *f*; **'~gesellschaft** *comm f* filiale *f*

Tod [toːt] *m* (-[*e*]*s*; -*e*) mort *f*; *jur* décès *m*; ***j-n zum ~e verurteilen*** condamner qn à mort; **Ωernst** ['toːtˀ-] très sérieux; *iron* sérieux comme un pape

Todes|anzeige ['toːdəsˀ-] faire-part *m* de décès; **'~fall** *m* décès *m*; **'~opfer** *n* mort *m*; **'~stoß** *m* coup *m* de grâce (*bes fig*); **'~strafe** *f* peine *f* capitale *od* de mort; **'~ursache** *f* cause *f* de la mort; **'~urteil** *jur n* arrêt *m* de mort, sentence *f* capitale

'Todfeind *m* ennemi *m* mortel

tödlich ['tøːtliç] mortel

'tod|müde mort de fatigue; **'~sicher** F absolument sûr

Toilette [toa'lɛtə] *f* (-*n*; -) toilettes *f/pl*, cabinets *m/pl*, W.-C. *m/pl*; **'~npapier** *n* papier *m* hygiénique

toler|ant [tole'rant] tolérant; **Ω'anz** [-e'rants] *f* (-; *sans pl*, *tech* -*en*) tolérance *f*; **~'ieren** (*pas de -ge-*, *h*) tolérer

toll [tɔl] *verrückt* fou (folle); F *großartig* formidable, super; F ***ein ~er Bursche*** un rude gaillard; **'~kühn** téméraire; **'Ωwut** *méd f* rage *f*; **~wütig** ['-vyːtiç] enragé

Tomate [to'maːtə] *bot f* (-; -*n*) tomate *f*

Ton [toːn] **1.** (-[*e*]*s*; -*e*) *Erde* argile *f*; **2.** (-[*e*]*s*; *⸚e*) *mus u fig* ton *m*; *Schall* son *m*; ***in e-m humoristischen ~*** sur un ton plaisant, ***der gute ~*** le bon ton; **'~abnehmer** *tech m* tête *f* de lecture, pick-up *m*; **'~art** *mus f* mode *m*; **'~band** *n* (-[*e*]*s*; *⸚er*) bande *f* magnétique; **'~bandgerät** *n* magnétophone *m*

tönen ['tøːnən] (*h*) sonner; *prahlerisch reden* claironner; *Haare* teindre

'Ton|fall *m* (-[*e*]*s*; *sans pl*) intonation *f*; **'~film** *m* film *m* sonore; **'~ingenieur** *m* ingénieur *m* du son; **'~leiter** *mus f* (-; -*n*) gamme *f*

Tonne ['tɔnə] *f* (-; -*n*) tonneau *m*; *Maß* tonne *f*

'**Tönung** *f* (-; *-en*) teinte *f*
Topf [tɔpf] *m* (-[*e*]*s*; *⸚e*) pot *m*; *Koch*⁁ marmite *f*; *Stiel*⁁ casserole *f*
Töpfer ['tœpfər] *m* (*-s*; -) potier *m*; **⁓ei** [-'rai] *f* (-; *-en*) poterie *f*; '**⁓scheibe** *f* tour *m* de potier; '**⁓ware** *f* poterie *f*
Tor [toːr] *n* (-[*e*]*s*; *-e*) porte *f*; portail *m*; porche *m*; *Sport* but *m*; ***ein ⁓ schießen*** marquer un but; ***im ⁓ stehen*** être dans les buts
Torf [tɔrf] *m* (-[*e*]*s*; *sans pl*) tourbe *f*; '**⁓moor** *n* tourbière *f*; '**⁓mull** ['-mul] *m* (*-s*; *sans pl*) poussier *m* de tourbe
Tor|heit ['toːrhait] *f* (-; *-en*) sottise *f*; '**⁓hüter** *m* gardien *m* (de but)
töricht ['tøːriçt] insensé, sot
'**Torjäger** *m Fußball* buteur *m*
torkeln ['tɔrkəln] (*h*, *sn*) chanceler, tituber
torpedieren [tɔrpe'diːrən] (*pas de -ge-*, *h*) torpiller
Torpedo [tɔr'peːdo] *m* (*-s*; *-s*) torpille *f*; **⁓boot** *n* torpilleur *m*
Torte ['tɔrtə] *f* (-; *-n*) gâteau *m* (à la crème); *Obst*⁁ tarte *f*
Torwart ['toːrvart] *Sport m* (-[*e*]*s*; *-e*) gardien *m* (de but)
tosen ['toːzən] (*h*, *sn*) *Wasser*, *Sturm* être déchaîné, mugir
tot [toːt] mort; ***das ⁁e Meer*** la mer *f* Morte; ***⁓ geboren*** mort-né; ***sich ⁓ stellen*** faire le mort; ***⁓ umfallen*** tomber mort
total [to'taːl] total, complet; *adv* complètement; '**⁁ausverkauf** *m* liquidation *f* totale; **⁓itär** [-ali'tɛːr] *pol* totalitaire; **⁁itarismus** [-alita'rismus] *pol m* (-; *sans pl*) totalitarisme *m*; '**⁁schaden** *m* perte *f* totale
Tote ['toːtə] *m*, *f* (*-n*; *-n*) mort *m*, morte *f*; ***die Toten*** les morts
töten ['tøːtən] (*h*) tuer
'**Toten|bett** *n* lit *m* de mort; '**⁁blass** livide; '**⁓gräber** ['-grɛːbər] *m* (*-s*; -) fossoyeur *m* (*a fig*); '**⁓kopf** *m* tête *f* de mort; '**⁓schädel** *m* crâne *m*; '**⁓schein** *m* (-[*e*]*s*; *-e*) certificat *m* de décès; '**⁓stille** *f* silence *m* de mort
'**totlachen** (*sép*, *-ge-*, *h*) F ***sich ⁓*** mourir de rire
Toto ['toːto] *m od n* (*s*; *-s*) loto *m* sportif
'**tot|schießen** (*irr*, *sép*, *-ge-*, *h*, → ***schießen***) abattre d'un coup de feu; '**⁁schlag** *jur m* (-[*e*]*s*; *⸚e*) homicide *m*, meurtre *m*; '**⁓schlagen** (*irr*, *sép*, *-ge-*, *h*, → ***schlagen***) assommer, tuer (*a Zeit*); '**⁓schweigen** (*irr*, *sép*, *-ge-*, *h*, → ***schweigen***) passer sous silence
Touchscreen ['tatʃskriːn] *m* (*-s*; *-s*) *EDV* écran *m* tactile
Toupet [tu'peː] *n* (*-s*; *-s*) postiche *m*
Tour [tuːr] *f* (-; *-en*) randonnée *f*, excursion *f*, tour *m*; ***auf ⁓en kommen*** *fig* battre son plein; ***krumme ⁓en machen*** faire de sales coups
Touris|mus [tu'rismus] *m* (-; *sans pl*) tourisme *m*; **⁓t** *m* (*-en*; *-en*), **⁓tin** *f* (-; *-nen*) touriste *m*, *f*; **⁓tenklasse** *f* classe *f* touriste; **⁁tisch** touristique
Tournee [tur'neː] *f* (-; *-n*) tournée
toxisch ['tɔksiʃ] toxique
Trab [traːp] *m* (-[*e*]*s*; *sans pl*) trot *m*
Trabantenstadt [tra'bantən-] *f* ville *f* satellite
trab|en ['traːbən] trotter; **⁁rennen** ['traːp-] *n* course *f* au trot
Tracht [traxt] *f* (-; *-en*) costume *m*; ***⁓ Prügel*** volée *f* (de coups de bâton); '**⁓enanzug** *m* costume *m* régional; '**⁓engruppe** *f* groupe *m* de folklore régional
Tradition [tradi'tsjoːn] *f* (-; *-en*) tradition *f*; **⁁ell** [-o'nɛl] traditionnel
Trag|bahre ['traːk-] *f* brancard *m*; '**⁁bar** *Gerät* portatif; *Kleidung* portable; *erträglich* supportable; *zulässig* admissible
träge ['trɛːgə] paresseux; *phys* inerte
tragen ['traːgən] (*trug*, *getragen*, *h*) porter
Träger ['trɛːgər] *m* (*-s*; -) porteur *m*; *am Kleid* bretelle *f*; *arch* poutre *f*; *fig* e-r Idee représentant *m*; '**⁓rakete** *f* fusée *f* porteuse
Tragetasche ['traːgə-] *f* sac *m*; poche *f*
Trag|fähigkeit ['traːk-] *f* (-; *sans pl*) capacité *f* de charge; '**⁓fläche** *aviat f* aile *f*
Trägheit ['trɛːkhait] *f* (-; *sans pl*) paresse *f*; *phys* inertie *f*
tragisch ['traːgiʃ] tragique
Tragödie [tra'gøːdjə] *f* (-; *-n*) tragédie *f*
Tragweite ['traːk-] *f* (-; *sans pl*) portée *f* (*a fig*)
Train|er ['trɛːnər] entraîneur *m*; **⁁'ieren** (*pas de -ge-*, *h*) s'entraîner; *j-n* entraîner; **⁓ing** ['-iŋ] *n* (*-s*; *-s*) entraînement *m*; '**⁓ingsanzug** *m* survêtement *m*

Traktor ['traktɔr] *m* (*-s*; *-en*) tracteur *m*

tramp|en ['trɛmpən] (*h*) faire de l'auto-stop; '**≈er** *m* (*-s*; *-*), '**≈erin** *f* (*-*; *-nen*) auto-stoppeur *m*, -euse *f*

Träne ['trɛːnə] *f* (*-*; *-n*) larme *f*; ***in ~n ausbrechen*** fondre en larmes; '**≈n** (*h*) ***mir ~ die Augen*** mes yeux pleurent; '**~ngas** *n* (*-es*; *sans pl*) gaz *m* lacrymogène

Trans|akti'on [trans?-] *f* transaction *f*; **~fer** [-'feːr] *m* (*-s*; *-s*) transfert *m*; **~formator** [-fɔr'maːtɔr] *tech m* (*-s*; *-en*) transformateur *m*; **~fusion** [-fu'zjoːn] *méd f* (*-*; *-en*) transfusion *f*; **≈'gen** transgénique

Transistor [tran'zistɔr] *tech m* (*-s*; *-en*) transistor *m*

Transit [tran'zit] *m* (*-s*; *-e*) transit *m*

transparent [transpa'rɛnt] **1.** transparent; **2.** **≈** *n* (*-s*; *-e*) *Spruchband* banderole *f*

Transplan|tation [transplanta'tsjoːn] *méd f* (*-*; *-en*) greffe *f*, transplantation *f*; **≈'tieren** (*pas de -ge-*, *h*) transplanter, greffer

Transport [trans'pɔrt] *m* (*-[e]s*; *-e*) transport *m*; **≈fähig** transportable; **≈'ieren** (*pas de -ge-*, *h*) transporter; **~kosten** *pl* frais *m/pl* de transport; **~unternehmen** *n* entreprise *f* de transport; **~unternehmer** *m* entrepreneur *m* de transports; **~wesen** *n* (*-s*; *sans pl*) transports *m/pl*

Traube ['traubə] *f* (*-*; *-n*) *Wein≈* raisin *m*; *bot* grappe *f*; ***~n essen*** manger du raisin; '**~nsaft** *m* jus *m* de raisin

trauen ['trauən] (*h*) **1.** *v/i* ***j-m*** (***e-r Sache***) **~** avoir confiance en qn (en qc); ***ich traute meinen Ohren nicht*** je n'en croyais pas mes oreilles; **2.** ***sich ~ zu*** oser (+ *inf*); **3.** *v/t Ehepaar* unir, marier; ***sich ~ lassen*** se marier

Trauer ['trauər] *f* (*-*; *sans pl*) *Traurigkeit* tristesse *f*; *um Tote* deuil *m*; '**~fall** *m* deuil *m*, décès m; '**~gottesdienst** *m* service *m* funèbre; '**≈n** (*h*) ***um j-n ~*** porter le deuil de qn, pleurer (la mort de) qn; '**~zug** *m* cortège *m* funèbre

Traum [traum] *m* (*-[e]s*; *⸚e*) rêve *m* (*a fig*)

träumen ['trɔʏmən] (*h*) rêver (***von*** de; *a fig*)

Träumer ['trɔʏmər] *m* (*-s*; *-*), '**~in** *f* (*-*; *-nen*) rêveur *m*, -euse *f*; **~ei** [-'rai] *f* (*-*; *-en*) rêverie *f*; '**≈isch** rêveur

traurig ['trauriç] triste (***über*** de); '**≈keit** *f* (*-*; *sans pl*) tristesse *f*

'**Trau|ring** *m* alliance *f*; '**~ung** *f* (*-*; *-en*) mariage *m*; '**~zeuge** *m* témoin *m*

Travellerscheck ['trɛvələr-] *m* chèque *m* de voyage

Treff [trɛf] *m* (*-s*; *-s*) F rencontre *f*; rendez-vous *m* (*a Ort*)

treffen ['trɛfən] **1.** (*traf*, *getroffen*) *v/t* (*h*) *Ziel etc* toucher; *begegnen* (***sich ~*** se) rencontrer; *Maßnahme*, *Entscheidung* prendre; *Vorbereitungen* faire; *fig* ***das trifft sich gut*** cela tombe bien; *v/i* (*sn*) ***auf j-n ~*** tomber sur qn; **2.** **≈** (*-s*; *-*) rencontre *f*; '**~d** juste; *Wort a* propre

'**Treff|er** *m* (*-s*; *-*) coup *m* réussi; *Lotterie* billet *m* gagnant; *Fußball* but *m*; '**~punkt** *m* (lieu *m* de) rendez-vous *m*

treiben ['traibən] (*trieb*, *getrieben*) *v/i* (*sn*) *im Wasser* flotter; (*h*) pousser (*a wachsen*); *Studien*, *Sport*, *Handel* faire; *tech an~* entraîner, actionner; ***j-n zu etw ~*** pousser qn à (faire) qc; ***Knospen ~*** bourgeonner; ***was treibst du denn so?*** qu'est-ce que tu deviens?; ***sich ~ lassen*** se laisser emporter par le courant

'**Treiben** *n* (*-s*; *sans pl*) activité *f*; *in den Straßen* animation *f*

Treib|haus ['traip-] *n* serre *f*; '**~hauseffekt** *m* effet *m* de serre; '**~stoff** *m* carburant *m*

Trekking ['trɛkiŋ] *n* (*-s*; *-s*) *tourismus* trekking *m*; **~bike** ['-baik], '**~rad** *n* VTC *m* (vélo *m* tout chemin)

Trend [trɛnt] *m* (*-s*; *-s*) tendance *f*

trenn|en ['trɛnən] (*h*) (***sich ~*** se) séparer (***von*** de); '**≈ung** *f* (*-*; *-en*) séparation *f*; '**≈wand** *f* cloison *f*

Treppe ['trɛpə] *f* (*-*; *-n*) escalier *m*; ***auf der ~*** dans l'escalier; '**~nabsatz** *m* palier *m*; '**~ngeländer** *n* rampe *f*; '**~nhaus** *n* cage *f* d'escalier

Tresor [tre'zoːr] *m* (*-s*; *-e*) coffre-fort *m*; *Bank* chambre *f* forte; **~raum** *m* salle *f* des coffres-forts

Tretboot ['treːt-] *n* pédalo *m*

treten ['treːtən] (*trat*, *getreten*) **1.** (*sn*) ***ins Zimmer ~*** entrer dans la pièce; marcher (***auf*** sur); **2.** (*h*) *beim Radfahren* pédaler; ***j-n ~*** donner un coup de pied à qn; ***auf die Bremse ~*** appuyer sur le frein; *fig* ***mit Füßen ~*** fouler aux pieds

treu [trɔʏ] fidèle, loyal

'Treu|e *f* (-; *sans pl*) fidélité *f*, loyauté *f*; **'~hand…** tutelle *f*; fidéicommis *m*; **'~händer** *jur m* fiduciaire *m*; **'2herzig** ['-hɛrtsiç] candide; **'2los** infidèle, déloyal

Tribüne [tri'byːnə] *f* (-; *-n*) tribune *f*

Trichter ['triçtər] *m* (*-s*; -) entonnoir *m*

Trick [trik] *m* (*-s*; *-s*, *-e*) truc *m*, ficelle *f*, combine *f* F; **'~aufnahmen** *f/pl* effets *m/pl* spéciaux

Trieb [triːp] *m* (-[*e*]*s*; *-e*) *bot* pousse *f*; *Natur2* instinct *m*; *Neigung* penchant *m*; **'~kraft** *f fig* moteur *m*; **'~wagen** *m elektrischer* automotrice *f*; *Diesel2* autorail *m*; **'~werk** *n* moteur *m*; *aviat* réacteur *m*

Trient [tri'ɛnt] *n* Trente

Trier ['triːər] *n* Trèves

triftig ['triftiç] *Grund* valable

Trikot [tri'koːt] *n* (*-s*; *-s*) *Sport* maillot *m*; *Tanz* justaucorps *m*

Trinidad ['trinidat] *n* la Trinité

trink|bar ['triŋk-] buvable; *Wasser* potable; **'~en** (*trank*, *getrunken*, *h*) boire; **'2er** *m* (*-s*; -), **'2erin** *f* (-; *-nen*) buveur *m*, -euse *f*; **'2geld** *n* pourboire *m*; **'2wasser** *n* (*-s*; *sans pl*) eau *f* potable

Trio ['triːo] *n* (*-s*; *-s*) trio *m* (*a fig*)

Tritt [trit] *m* (-[*e*]*s*; *-e*) pas *m*; *Fuß2* coup *m* de pied; **'~brett** *n* marchepied *m*; **'~leiter** *f* escabeau *m*

Triumph [tri'umf] *m* (-[*e*]*s*; *-e*) triomphe *m*; **2al** [-'faːl] triomphal; **~bogen** *m* arc *m* de triomphe; **2'ieren** (*pas de -ge-*, *h*) triompher (***über*** de)

trocken ['trɔkən] sec (*a fig Stil*, *Wein*); **'2dock** *mar n* cale *f* sèche; **'2haube** *f* casque *m* sèche-cheveux; **'2heit** *f* (-; *-en*) sécheresse *f* (*a fig*); **'~legen** (*sép*, *-ge-*, *h*) *Sumpf* assécher; *Baby* changer

trocknen ['trɔknən] *v/i* (*sn*); *v/t* (*h*) sécher

Tröd|el ['trøːdəl] *m* (*-s*; *sans pl*) bric-à--brac *m*; **'~elmarkt** *m* marché *m* aux puces; **'~ler** *m* (*-s*; -), **'~lerin** *f* (-; *-nen*) brocanteur *m*, -euse *f*; *langsamer Mensch* F lambin *m*, -e *f*

Trog [troːk] *m* (-[*e*]*s*; *⸗e*) auge *f*

Trommel ['trɔməl] *f* (-; *-n*) tambour *m*; **'~fell** *n im Ohr* tympan *m*; **'2n** (*h*) jouer du tambour; tambouriner (*a fig*)

'Trommler *m* (*-s*; -) tambour *m*

Trompete [trɔm'peːtə] *f* (-; *-n*) trompette *f*; **2n** (*pas de -ge-*, *h*) jouer *od* sonner de la trompette; *Elefant* barrir; **~r** *m* (*-s*; -) trompettiste *m*

Tropen ['troːpən] *pl* tropiques *m/pl*; ***in den ~*** sous les tropiques

tropfen ['trɔpfən] **1.** (*h od sn*) tomber goutte à goutte, (dé)goutter, dégouliner; **2. 2** *m* (*-s*; -) goutte *f*; *fig* ***es ist ein ~ auf den heißen Stein*** c'est une goutte d'eau dans la mer

Trophäe [tro'fɛːə] *f* (-; *-n*) trophée *m*

tropisch ['troːpiʃ] tropical

Trost [troːst] *m* (*-es*; *sans pl*) consolation *f*

tröst|en ['trøːstən] (*h*) (***sich ~*** se) consoler; **'~lich** rassurant

'trost|los désolant; **'2preis** *m* prix *m* de consolation

Trott [trɔt] *m* (-[*e*]*s*; *-e*) ***der alltägliche ~*** le traintrain quotidien; ***der alte ~*** la routine

Trottel ['trɔtəl] *m* (*-s*; -) *péj* crétin *m*, idiot *m*; **'2ig** stupide; F gaga

trotz *prép* (*gén*) malgré; **'~dem** ['-deːm] quand même, néanmoins, malgré tout; **'~en** (*h*) ***j-m*** (***e-r Sache***) **~** affronter *od* braver qn (qc); **'~ig** entêté

Trotz [trɔts] *m* (*-es*; *sans pl*) entêtement *m*; ***aus ~*** par dépit; ***meinen Ratschlägen zum ~*** en dépit de mes conseils

trüb(e) [tryːp, 'tryːbə] *Flüssigkeit* trouble; *glanzlos* terne; *Wetter* sombre; *fig* triste

Trubel ['truːbəl] *m* (-; *sans pl*) animation *f*, tumulte *m*

trüb|en ['tryːbən] (*h*) (***sich ~*** se) troubler (*a fig*); **'2sal** ['tryːpzaːl] *f* (-; *-e*) affliction *f*; **'~selig** ['-p-] triste, morne; **'2sinn** *m* ['-p-] (-[*e*]*s*; *sans pl*) mélancolie *f*; **'~sinnig** ['-p-] mélancolique, triste

Trüffel ['tryfəl] *bot f* (-; *-n*) *od* F *m* (*-s*; -) truffe *f*

trüg|en ['tryːgən] (*trog*, *getrogen*, *h*) tromper; ***der Schein trügt*** les apparences sont trompeuses; **'~erisch** ['-əriʃ] trompeur

Trugschluss ['truːk-] *m* fausse conclusion *f*

Trümmer ['trymər] *pl* décombres *m/pl*, débris *m/pl*

Trumpf [trumpf] *m* (-[*e*]*s*; ⸚*e*) atout *m* (*a fig*)
Trunkenheit ['truŋkən-] *f* (-; *sans pl*) ivresse *f*; **~ am Steuer** *jur* conduite *f* en état d'ivresse *od* d'ébriété
Trupp [trup] *m* (-*s*; -*s*) troupe *f*, bande *f*; *Arbeits*2 équipe *f*
'**Truppe** *f* (-; -*n*) troupe *f* (*a mil u Theater*); *Theater a* compagnie *f*; **~n** *pl mil* troupes *f*/*pl*; '**~ngattung** *mil f* arme *f*; '**~nübungsplatz** *m* camp *m* militaire
Trust [trast] *m* (-[*e*]*s*; -*e*, -*s*) trust *m*
Trut|hahn ['tru:t-] dindon *m*; '**~henne** *f* dinde *f*
Tschad [tʃat] *n* le Tchad
Tschech|e ['tʃɛçə] *m* (-*n*; -*n*), '**~in** *f* (-; -*nen*) Tchèque *m*, *f*; '**~ien** *n* la République tchèque; '**2isch** tchèque; **die 2e Republik** la République tchèque
Tschechoslowakei [tʃɛçoslova'kai] *f* (-; *sans pl*) *hist* **die ~** la Tchécoslovaquie
tschüs [tʃys] F salut!
TU *f abr* **Technische Universität** université *f* technique
Tube ['tu:bə] *f* (-; -*n*) tube *m*
Tuberkulose [tubərku'lo:zə] *méd f* (-; -*n*) tuberculose *f*
Tuch [tu:x] *n* (-[*e*]*s*; -*e u* ⸚*er*) drap *m*; *Kopf*2, *Hals*2 foulard *m*; *Umschlag*2 châle *m*; *Staub*2 chiffon *m*
tüchtig ['tyçtiç] bon; *fähig* capable; *fleißig* travailleur; F *adv* beaucoup; '**2keit** *f* (-; *sans pl*) capacité *f*, aptitude *f*, valeur *f*
Tück|e ['tykə] *f* (-; -*n*) perfidie *f*; '**2isch** perfide; *Sache a* traître
Tugend ['tu:gənt] *f* (-; -*en*) vertu *f*; '**2haft** vertueux
Tulpe ['tulpə] *bot f* (-; -*n*) tulipe *f*
Tumor ['tu:mɔr] *méd m* (-*s*; -*moren*) tumeur *f*
Tumult [tu'mult] *m* (-[*e*]*s*; -*e*) tumulte *m*
tun [tu:n] (*tat*, *getan*, *h*) faire; F *legen etc* mettre; F **das tut's auch** ça va aussi; **es tut sich etw** il se passe qc; (**sich**) **wichtig ~** faire l'important; **ich weiß nicht, was ich ~ soll** je ne sais que faire; **so ~, als ob** faire comme si, faire semblant de (+ *inf*); **das tut gut** cela fait du bien; **Sie ~ gut daran zu …** vous faites bien de (+ *inf*); **ich habe viel zu ~** j'ai beaucoup à faire *od* de travail; **damit habe ich nichts zu ~** je n'ai rien à faire avec cela; **mit j-m zu ~ bekommen** avoir affaire à qn
Tünche ['tynçə] *f* (-; -*n*) badigeon *m*, *fig* vernis *m*; '**2n** (*h*) blanchir à la chaux, badigeonner
Tunes|ien [tu'ne:zjən] *n* (-*s*; *sans pl*) la Tunisie; **2isch** tunisien
Tunis ['tu:nis] *n* Tunis
Tunnel ['tunəl] *m* (-*s*; - *u* -*s*) tunnel *m*
tupfen ['tupfən] (*h*) toucher légèrement; *mit Watte* tamponner
Tür [ty:r] *f* (-; -*en*) porte *f*; **vor die ~ setzen** mettre à la porte; **Tag der offenen ~** journée *f* portes ouvertes; '**~angel** *f* gond *m*
Turbine [tur'bi:nə] *tech f* (-; -*n*) turbine *f*
turbulent [turbu'lɛnt] tumultueux; *Versammlung a* houleux
'**Tür|flügel** *m* battant *m*; '**~griff** *m* poignée *f* de porte
Türk|e ['tyrkə] *m* (-*n*; -*n*), '**~in** *f* (-; -*nen*) Turc *m*, Turque *f*; **~'ei** *f* (-; *sans pl*) **die ~** la Turquie; **~is** [-'ki:s] *m* (-*es*; -*e*) *Schmuckstein* turquoise *f*; '**2isch** turc (*f* turque)
'**Türklinke** *f* poignée *f* de porte
Turm [turm] *m* (-[*e*]*s*; ⸚*e*) tour *f*
'**Turm|spitze** *f* flèche *f* (d'un clocher); '**~uhr** *f* horloge *f*
turn|en ['turnən] (*h*) faire de la gymnastique; '**2** *n* (-*s*; *sans pl*) gymnastique *f*; '**2er** *m* (-*s*; -), '**2erin** *f* (-; -*nen*) gymnaste *m*, *f*; '**2geräte** *n*/*pl* agrès *m*/*pl*; '**2halle** *f* gymnase *m*
'**Turn|lehrer** *m*, '**~lehrerin** *f* professeur *m* d'éducation physique *od* de gymnastique; '**~schuh** *m* chaussure *f* de gymnastique
turnusmäßig ['turnus-] à tour de rôle
'**Turnverein** *m* club *m* de gymnastique
'**Tür|öffner** *m* dispositif *m* ouvre-porte; '**~pfosten** *m* montant *m* de porte; '**~schwelle** *f* seuil *m* (de la porte); '**~vorleger** ['-vo:rle:gər] *m* (-*s*; -) paillasson *m*
Tusche ['tuʃə] *f* (-; -*n*) encre *f* de Chine
tuscheln ['tuʃəln] (*h*) chuchoter
Tussi ['tusi] *f* F nana *f*
Tütchen ['ty:tçən] *n* (-*s*; -) sachet *m*, pochette *f*; *Eis*2 cornet *m*
Tüte ['ty:tə] *f* (-; -*n*) sac *m*; *spitze* cornet *m*
TÜV [tyf] *m* (-*s*; -*s*) *etwa* contrôle *m* technique

Typ [tyːp] *m* (*-s*; *-en*) type *m* (*a* F *Kerl*)
Type ['tyːpə] *f* (*-*; *-n*) *Druck*⁀ type *m*; *Mensch* F drôle *m* d'oiseau
Typhus ['tyfus] *méd m* (-; *sans pl*) (fièvre *f*) typhoïde
'typisch typique, caractéristique, représentatif (*alle* ***für*** de)
Tyrann [ty'ran] *m* (*-en*; *-en*) tyran *m*; **⁀isch** tyrannique; **⁀isieren** [-i'ziːrən] (*pas de -ge-*, *h*) tyranniser

U

u. *abr* ***und*** et
u. a. *abr* ***unter anderem*** entre autres
u. Ä. *abr* ***und Ähnliches*** et (d')autres (choses) semblables
u. A. w. g. *abr* ***um Antwort wird gebeten*** R.S.V.P (répondez s'il vous plaît)
U-Bahn ['uː-] *f* métro *m*; **'~-Fahrschein** *m* ticket *m* de métro; **'~hof** *m* station *f* de métro; **'~netz** *n* réseau *m* de métro
übel ['yːbəl] mauvais; *adv* mal; ***mir ist ~*** je me sens mal, j'ai mal au cœur; ***ich nehme es ihm nicht ~*** je ne lui en veux pas
'Übel *n* (*-s*; -) mal *m*
übelgesinnt ['yːbəlgəzint] mal disposé, intentionné
'Übelkeit *f* (-; *-en*) envie *f* de vomir; nausée *f*
'übelnehmen (*irr*, *-ge-*, *h*, → ***nehmen***) → ***übel***
üben ['yːbən] (*h*) s'exercer; *Musikstück* étudier; ***etw ~*** *od* ***sich in etw ~*** s'exercer à (faire) qc
über ['yːbər] sur, au-dessus de; *mehr als* plus de (+ *Zahl*); ***~ etw hinweg*** par-dessus qc; ***~ München nach Rom fahren*** passer par Munich pour se rendre à Rome; ***lachen ~*** rire de; ***sich ärgern ~*** se mettre en colère à propos de; ***~ Nacht*** pendant la nuit; ***~ und ~*** entièrement
überall [-ˀ'al] partout
'Über|angebot *n* surabondance *f*; **⁀'anstrengen** (*pas de -ge-*, *h*) (***sich ~*** se) surmener
überarbeiten [-ˀ'ar-] (*pas de -ge-*, *h*) *Buch etc* remanier; ***sich ~*** se surmener
überaus ['yːbərˀ-] extrêmement, infiniment
über|bieten [-'bi-] (*irr*, *pas de -ge-*, *h*, → ***bieten***) ***j-n ~*** enchérir sur qn; **'⁀bleibsel** ['-blaipsəl] *n* (*-s*; -) reste *m*
'Überblick *m* vue *f* d'ensemble; *Darstellung* tour *m* d'horizon, résumé *m*, exposé *m*; **⁀en** [-'bl-] (*pas de -ge-*, *h*) embrasser du regard; *fig* avoir une vue d'ensemble de *od* sur
über|bringen [-'-] (*irr*, *pas de -ge-*, *h*, → ***bringen***) remettre; **~'dacht** [-'daxt] couvert; *von überdenken* réfléchi
'Über|dosis *f Droge* overdose *f*; **'~druss** *m* dégoût *m*; **'⁀drüssig** dégoûté (***e-r Sache*** de qc); **'⁀durchschnittlich** au-dessus de la moyenne
übereinander [yːbərˀai'nandər] l'un sur l'autre
überein|kommen [-ˀ'ain-] (*irr*, *sép*, *-ge-*, *sn*, → ***kommen***) convenir (***zu*** de; ***dass*** que), tomber d'accord (pour); **⁀kommen** *n* (*-s*; -), **⁀kunft** *f* (-; *⸚e*) convention *f*; accord *m* (***über*** sur); **~stimmen** (*sép*, *-ge-*, *h*) être d'accord (***mit j-m*** avec qn); *Dinge* correspondre (***mit*** à *od* avec), concorder (avec); **⁀stimmung** *f* (-; *-en*) accord *m*; ***in ~ mit*** en accord avec
über|fahren [-'-] (*irr*, *pas de -ge*, *h*, → ***fahren***) *Lebewesen* écraser; *Verkehrszeichen* griller; **'⁀fahrt** *f mar* traversée *f*; **'⁀fall** *m* attaque *f* (par surprise), agression *f*; **~'fallen** (*irr*, *pas de -ge-*, *h*, → ***fallen***) attaquer (par surprise), agresser; **'~fällig** ['-fɛliç] en retard; **'⁀fluss** *m* (-es; *sans pl*) abondance *f* (***an*** de); **'⁀flussgesellschaft** *f* société *f* d'abondance; **'~flüssig** superflu; **~'fordern** (*pas de -ge-*, *h*) ***j-n ~*** demander *od* exiger trop de qn
überführ|en [-'-] (*pas de -ge-*, *h*) *Leiche* transférer; *Täter* convaincre (***e-r Sache*** de qc); **⁀ung** *f* (-; *-en*) transfert *m*; *Brücke* passage *m* supérieur
überfüllt [yːbər'fylt] surchargé; *Verkehrsmittel* bondé
'Übergabe *f* remise *f*; *mil* reddition *f*
'Übergang *m* passage *m*; *fig* transition

f; '**~slösung** *f* solution *f* provisoire *od* de transition; '**~sphase** *f* période *f* de transition

über|geben [-'-] (*irr, pas de -ge-, h,* → ***geben***) remettre, passer, ***sich ~*** *erbrechen* vomir; **~'gehen** (*irr, pas de -ge-, h,* → ***gehen***) sauter, omettre, oublier; ['-ge:ən] (*irr, sép, -ge-, sn,* → ***gehen***) ***~ zu*** passer à; ***~ in*** se transformer en; '**≗gepäck** *n* excédent *m* de bagages; '**≗gewicht** *n* excédent *m* de poids; *fig* prépondérance *f*; '**~greifen** (*irr, sép, -ge-, h,* → ***greifen***) ***~ auf*** envahir (qc), empiéter sur; '**≗griff** *m* empiètement *m* (***auf*** su); *Gewaltakt* acte *m* de violence; '**≗größe** *f* grande taille *f*

überhand *adv* ***~ nehmen*** augmenter trop, devenir envahissant

überhaupt [-'haupt] en général; *schließlich* après tout; ***~ nicht*** pas du tout

überheblich [-'he:pliç] arrogant

über|höht [-'hø:t] excessif; **~'holen** (*pas de -ge-, h*) dépasser, doubler; *tech* réviser; **≗'holspur** *f* piste *f* de dépassement; **≗'holverbot** *n* défense *f* de doubler; **~'holt** [-'ho:lt] dépassé, périmé, suranné; **~'hören** (*pas de -ge-, h*) (faire semblant de) ne pas entendre

überlassen [-'-] (*irr, pas de -ge-, h,* → ***lassen***) laisser, céder (***j-m etw*** qc à qn); ***j-n sich selbst ~*** livrer qn à lui-même; ***j-n seinem Schicksal ~*** abandonner qn à son sort; ***das überlasse ich Ihnen*** je m'en remets à vous

überleben [-'-] (*pas de -ge-, h*) ***j-n*** (***etw***) ***~*** survivre à qn (à qc); **≗de** *m, f* (*-n; -n*) survivant *m*, -e *f*

überleg|en [-'le:gən] **1.** *adj* supérieur (***j-m, e-r Sache*** à qn, à qc); **2.** *Verb* (*pas de -ge-, h*) réfléchir (***etw*** à *od* sur qc); ***ich habe es mir anders überlegt*** j'ai changé d'avis; **≗enheit** *f* (-; *sans pl*) supériorité *f*; **~t** réfléchi; **≗ung** *f* (-; *-en*) réflexion *f*

überliefer|n [-'-] (*pas de -ge-, h*) transmettre; **≗ung** *f* (-; *-en*) tradition *f*

'**Über|macht** *f* (-; *sans pl*) supériorité *f* (numérique); '**≗mächtig** trop puissant; '**~maß** *n* (*-es; sans pl*) excès *m*; '**≗mäßig** excessif

übermitt|eln [-'-] (*pas de -ge-, h*) transmettre; **≗lung** *f* (-; *-en*) transmission *f*

'**übermorgen** après-demain

übermüdet [-'my:dət] trop fatigué, mort de fatigue

'**Über|mut** *m* pétulance *f*, exubérance *f*, démesure *f*; '**≗mütig** [-'my:tiç] exubérant, pétulant

'**übernächst** ***der ~e Tag*** le surlendemain; ***~es Jahr*** dans deux ans

übernacht|en [-'naxtən] (*pas de -ge-, h*) passer la nuit; **≗ung** *f* (-; *-en*) nuit *f*, nuitée *f*; ***~ und Frühstück*** chambre *f* et petit déjeuner *m*

Über|nahme ['y:bərna:mə] *f* (-; *-n*) prise *f* en charge; *e-r Idee* adoption *f*; '**~nahmeangebot** *n* offre *f* publique d'achat (OPA); '**≗national** supranational; **≗'nehmen** (*irr, pas de -ge-, h,* → ***nehmen***) *Aufgabe* se charger de; *Kosten* prendre en charge; *Amt, Verantwortung* assumer; *Idee, Methode etc* adopter; '**~produktion** *f* surproduction *f*

über'prüf|en (*pas de -ge-, h*) contrôler, vérifier, examiner, réviser; **≗ung** *f* [-'-] (-; *-en*) contrôle *f*, vérification *f*, examen *m*, révision *f*

über'queren (*pas de -ge-, h*) traverser

über'ragen (*pas de -ge-, h*) dépasser; **~d** supérieur, éminent

über'rasch|en [y:bər'raʃən] (*pas de -ge-, h*) surprendre; **~end** [-ənt] surprenant; **≗ung** (-; *-en*) surprise *f*

über'reden (*pas de -ge-, h*) ***j-n zu etw ~***; ***j-n ~, etw zu tun*** persuader qn de faire qc

'**überregional** suprarégional; *Presse* national

über'reichen (*pas de -ge-, h*) présenter, remettre

'**Überreste** *m/pl* restes *m/pl*, débris *m/pl*, vestiges *m/pl*

'**Überschallflug** *aviat m* vol *m* supersonique; '**~zeug** *n* avion *m* supersonique

über|'schätzen (*pas de -ge-, h*) surestimer; **~'schlagen** (*irr, pas de -ge-, h,* → ***schlagen***) *berechnen* estimer, évaluer; *beim Lesen* sauter; ***sich ~*** culbuter; *auto, aviat* capoter; *auto a* faire un tonneau; ***sich mehrmals ~*** faire plusieurs tonneaux; **~'schneiden** (*irr, pas de -ge-, h,* → ***schneiden***) ***sich ~*** coïncider, interférer; **~'schreiten** (*irr, pas de -ge-, h,* → ***schreiten***) *Straße* traverser; *Grenze* franchir; *Anzahl* dépasser, excéder; *Befugnisse* outrepasser

'Über|schrift *f* titre *m*; **'~schuss** *m* excédent *m*, surplus *m*; **'~schussproduktion** *f* production *f* excédentaire; **'2schüssig** ['-ʃysiç] excédentaire

überschwemm|en [yːbər'ʃvɛmən] (*pas de -ge-, h*) inonder; **2ung** *f* (-; -*en*) inondation *f*

'Übersee ***nach ~ gehen*** partir outre-mer; ***aus*** *od* ***in ~*** d'outre-mer

über|'sehen (*irr, pas de -ge-, h,* → ***sehen***) *überblicken* embrasser du regard; *fig* avoir une vue d'ensemble de *od* sur, voir l'ampleur de; *Fehler* ne pas voir, omettre; *absichtlich* fermer l'œil (***etw*** sur qc); ***das habe ich ~*** cela m'a échappé; **~'senden** (*irr, pas de -ge-, h,* → ***senden***) envoyer, faire parvenir

übersetzen 1. [yːbər'zɛtsən] (*pas de -ge-, h*) traduire (***aus dem Deutschen ins Französische*** de l'allemand en français); **2.** ['yːbərzɛtsən] (*sép, -ge-, sn*) passer sur l'autre rive; (*sép, -ge-, h*) conduire sur l'autre rive

Über'setzer *m* (-*s*; -), **~in** *f* (-; -*nen*) traducteur *m*, -trice *f*

Übersetzung [-'-] (-; -*en*) traduction *f*; *tech* multiplication *f*; **~sbüro** *n* bureau *m* de traduction; **~sdienst** *m* service *m* de traduction; **~sprogramm** *n* programme *m* de traduction; **~ssoftware** *f* logiciel *m* de traduction

'Übersicht *f* (-; -*en*) vue *f* d'ensemble, aperçu *m*, précis *m*, résumé *m*; **'2lich** clair, bien disposé; *Gelände* dégagé

über|spitzt [yːbər'ʃpitst] exagéré, outré; **~'stehen** (*irr, pas de -ge-, h,* → ***stehen***) surmonter; *überleben* survivre; **~'steigen** (*irr, pas de -ge-, h,* → ***steigen***) franchir; *fig* dépasser; ***das übersteigt meine Kräfte*** c'est au-dessus des mes forces; **~'stimmen** (*pas de -ge-, h*) mettre en minorité

'Überstunden *f/pl* heures *f/pl* supplémentaires; **'~zuschlag** *m* complément *m* de salaire pour heures supplémentaires

überstürzt [-'ʃtyrtst] précipité

über|teuert [yːbər'tɔʏərt] trop cher; **~'tönen** (*pas de -ge-, h*) *Lärm* couvrir

Übertrag ['yːbərtraːk] *comm m* (-[*e*]*s*; ⸚*e*) report *m*

über'trag|bar transmissible (*a méd*); **~en** [-gən] (*irr, pas de -ge-, h,* → ***tragen***) transmettre (***auf*** à); *Radio, TV a* diffuser; *Aufgabe* confier (***j-m*** à qn); *übersetzen* traduire; ***~e Bedeutung*** sens *m* figuré; **2ung** *f* (-; -*en*) transmission *f*; *Radio, TV a* diffusion *f*

über'treffen (*irr, pas de -ge-, h,* → ***treffen***) dépasser, surpasser (***an*** en), l'emporter sur

über'treib|en (*irr, pas de -ge-, h,* → ***treiben***) exagérer; **2ung** *f* (-; -*en*) exagération *f*

übertret|en 1. ['yːbər-] (*irr, sép, -ge-, sn,* → ***treten***) *zur anderen Partei* passer (***zu*** à); *rel* se convertir (***zu*** à); **2.** [yːbər'-] (*irr, pas de -ge-, h,* → ***treten***) *Sport* mordre sur la ligne; *Gesetz, Regel* enfreindre, transgresser; **2ung** *f* [-'-] (-; -*en*) infraction *f* (à), transgression *f* (de)

übertrieben [-'triːbən] exagéré

übervölker|t [-'fœlkərt] surpeuplé; **2ung** *f* (-; *sans pl*) surpeuplement *m*, surpopulation *f*

übervorteilen [-'fɔrtailən] (*pas de -ge-, h*) exploiter, rouler F

über'wach|en (*pas de -ge-, h*) surveiller; **2ung** *f* (-; *sans pl*) surveillance *f*

überwältigen [-'vɛltigən] (*pas de -ge-, h*) vaincre, maîtriser; **~d** grandiose; ***~e Mehrheit*** majorité *f* écrasante

über'weis|en (*irr, pas de -ge-, h,* → ***weisen***) *Geld* virer; *méd* envoyer (***zu, an*** à); **2ung** *f* (-; -*en*) virement *m*; **2ungsformular** *n* bulletin *m* de virement

über'wiegen (*irr, pas de -ge-, h,* → ***wiegen***) prédominer

über'winden (*irr, pas de -ge-, h,* → ***winden***) vaincre, surmonter; ***sich ~ zu*** se forcer à

'Überzahl *f* (-; *sans pl*) majorité *f*, supériorité *f* numerique; ***in der ~ sein*** être majoritaire

über'zeug|en (*pas de -ge-, h*) convaincre, persuader (***j-n von etw*** qn de qc); ***sich von etw ~*** se persuader de qc; **~t** convaincu, persuadé; **2ung** *f* (-; -*en*) conviction *f*

überziehen 1. [-'tsiːən] (*irr, pas de -ge-, h,* → ***ziehen***) recouvrir *od* revêtir (***mit*** de); *Bett* changer les draps (de); *Konto* mettre à découvert; **2.** ['-tsiːən] (*irr, sép, -ge-, h,* → ***ziehen***) *Kleid* mettre, enfiler

'Überzug *m* couverture *f*, revêtement

m

üblich ['yːpliç] usuel, habituel, d'usage; ***es ist* ~** c'est la coutume *od* l'usage, ***wie* ~** comme d'habitude

'**U-Boot** ['uː-] *n* sous-marin *m*

übrig ['yːbriç] de reste; restant; **~ *bleiben*** rester; ***es bleibt mir nichts anderes* ~ *als …*** je n'ai rien d'autre à faire que …; **~ *lassen*** laisser; ***zu wünschen* ~ *lassen*** laisser à désirer; ***die* ꝏ*en*** les autres; ***während der* ~*en Zeit*** le reste du temps

übrigens ['yːbrigəns] d'ailleurs, du reste

'**übrig|bleiben** (*irr, -ge-, sn,* → ***bleiben***), '**~lassen** (*irr, -ge-, h,* → ***lassen***) → ***übrig***

Übung ['yːbuŋ] *f* (-; *-en*) exercice *m*; *mus* étude *f*

ü. d. M. *abr* ***über dem Meeresspiegel*** au-dessus du niveau de la mer

UdSSR [uːdeːʔɛsʔɛs'ʔɛr] *hist f* (-; *sans pl*) ***die* ~** l'URSS *f*

u. E. *abr* ***unseres Erachtens*** selon nous

Ufer ['uːfər] *n* (*-s*; -) bord *m*, rive *f*; *Meer a* rivage *m*; '**~straße** *f* route *f* riveraine

Ufo ['uːfo] *n abr* ***unbekanntes Flugobjekt*** ovni *m* (objet volant non identifié)

Uganda [u'ganda] *n* l'Ouganda *m*

Uhr [uːr] *f* (-; *-en*) *Armband*ꝏ, *Taschen*ꝏ montre *f*; *öffentliche, Turm*ꝏ horloge *f*; *Pendel*ꝏ, *Wand*ꝏ, *Tisch*ꝏ pendule *f*; ***um 1* ~** à une heure; ***um 12* ~** à midi; ***wie viel* ~ *ist es?*** quelle heure est-il?; ***um wie viel* ~*?*** à quelle heure?; ***rund um die* ~** vingt-quatre heures sur vingt-quatre; '**~macher** *m* (*-s*; -), '**~macherin** *f* (-; *-nen*) horloger *m*, -ère *f*; '**~werk** *n* mécanisme *m*, mouvement *m*; '**~zeiger** *m* aiguille *f*; '**~zeigersinn** *m* (-[*e*]*s*; *sans pl*) ***im* ~** dans le sens des aiguilles d'une montre; ***entgegen dem* ~** en sens inverse des aiguilles d'une montre; '**~zeit** *f* heure *f*

Uhu ['uːhuː] *zo m* (*-s*; *-s*) grand-duc *m*

Ukraine [u'krainə, ukra'iːnə] ***die* ~** l'Ukraine *f*

UKW [uːka'veː] *pl Radio* FM (fréquence *f* modulée), modulation *f* de fréquence

Ulme ['ulmə] *bot f* (-; *-n*) orme *m*

Ultimatum [ulti'maːtum] *n* (*-s*; *Ultimaten*) ultimatum *m*

Ultraschall ['ultra-] *m* (-[*e*]*s*; *sans pl*) ultra-son *m*

um [um] **1.** *prép* (*acc*) *örtlich* **~ (*… herum*)** autour de; *zeitlich* aux environs de, autour de F; *Uhrzeit* à; *ungefähr* environ, autour de F; *Bezug, Grund* pour; **~ *3 Uhr*** à 3 heures; **~ *Ostern*** aux environs de Pâques; **~ *2 Euro billiger*** de 2 euros meilleur marché; **2.** *prép* (*gén*) **~ *… willen*** pour l'amour de, en considération de; **~ *zu*** (+ *inf*) pour (+ *inf*), afin de (+ *inf*); **3.** → ***umso***

umarmen [umʔ'-] (*pas de -ge-, h*) serrer dans ses bras, étreindre, enlacer; **~ *und küssen*** embrasser

'**Umbau** *m* (-[*e*]*s*; *-ten*) transformation *f*, aménagement *m*; 'ꝏ**en** (*sép, -ge-, h*) transformer, aménager (***zu*** en)

'**um|bilden** (*sép, -ge-, h*) transformer; *Regierung* remanier; '**~bringen** (*irr, sép, -ge-, h,* → ***bringen***) tuer; '**~buchen** (*sép, -ge-, h*) transférer, virer; 'ꝏ**buchung** *f* (-; *-en*) transfert *m*, virement *m*; '**~datieren** (*sép, pas de -ge-, h*) antidater *od* postdater; '**~denken** (*irr, sép, -ge-, h,* → ***denken***) changer sa façon de voir les choses; '**~disponieren** (*sép, pas de -ge-, h*) modifier ses projets

'**umdreh|en** (*sép, -ge-, h*) (re)tourner; ***sich* ~** se retourner; ꝏ**ung** [um'-] *f* (-; *-en*) *Motor* tour *m*; *um e-e Achse* rotation *f*, révolution *f*

'**umfallen** (*irr, sép, -ge-, sn,* → ***fallen***) tomber, se renverser; ***tot* ~** tomber mort

'**Umfang** *m* (-[*e*]*s*; *sans pl*) *math* circonférence *f*; *Größe* étendue *f*, ampleur *f*, envergure *f*; *Menge* volume *m*; ***in großem* ~** dans une large mesure; 'ꝏ**reich** étendu, vaste, ample, volumineux

um'fassen (*pas de -ge-, h*) *fig* embrasser, comporter, comprendre; **~d** vaste, étendu; *Geständnis* complet

'**Um|feld** *n* (-[*e*]*s*; *sans pl*) contexte *m*; '**~frage** *f* enquête *f*, sondage *m* d'opinion; '**~gang** *m* (-[*e*]*s*; *sans pl*) relations *f/pl*; ***mit j-m* ~ *haben*** fréquenter qn; ꝏ**gänglich** ['-gɛŋliç] sociable

'**Umgangssprach|e** *f* langage *m* familier; 'ꝏ**lich** familier

um'geb|en (*irr, pas de -ge-, h,* → ***geben***) (***sich*** **~** s')entourer (***mit*** de); *adj* entouré (***von*** de); **≈ung** *f* (-; *-en*) *e-r Person* entourage *m*; *e-s Ortes* environs *m/pl*

umgeh|en 1. [um'-] (*irr, pas de -ge-, h,* → ***gehen***) *vermeiden* contourner, éviter; **2.** ['um-] (*irr, sép, -ge-, sn,* → ***gehen***) ***mit j-m*** **~** fréquenter qn; ***mit j-m*** **~** ***können*** savoir s'y prendre avec qn; ***mit etw*** **~** manier qc; ***mit etw sparsam*** **~** économiser qc; '**~end** immédiat (ement); **≈ungsstraße** [um'ge:uŋs-] *f* route *f* de contournement, rocade *f*

umgekehrt ['umgəke:rt] renversé, à l'envers, inverse(ment)

umherziehen [um'he:r-] (*irr, sép, -ge-, sn,* → ***ziehen***) courir le pays

umhin [um'hi:n] ***nicht*** **~** ***können, etw zu tun*** ne (pas) pouvoir s'empêcher de faire qc

Umkehr ['umke:r] *f* (-; *sans pl*) retour *m*; *fig a* conversion *f*; '**≈en 1.** *v/i* (*sép, -ge-, sn*) retourner en arrière, faire demi-tour, s'en retourner, revenir sur ses pas; **2.** *v/t* (*sép, -ge-, h*) *Taschen* retourner; *math Bruch* renverser; *Wortfolge* inverser; '**~ung** *f* (-; *-en*) renversement *m*, inversion *f*

'**um|kippen** (*sép, -ge-, sn*) perdre l'équilibre, se renverser; ***der See ist umgekippt*** l'équilibre biologique du lac est rompu; **~'klammern** [um'-] (*pas de -ge-, h*) étreindre

'**Umkleideraum** *m* vestiaire *m*

'**umkommen** (*irr, sép, -ge-, sn,* → ***kommen***) être tué, mourir, périr (***bei*** dans); F **~** ***vor*** crever de F

'**Umkreis** *m* (*-es; sans pl*) ***im*** **~** ***von*** dans un rayon de

'**Umland** *n* (-[*e*]*s; sans pl*) environs *m/pl*

'**Umlauf** *m* circulation *f*; *Rundschreiben* circulaire *f*; ***in*** **~** ***bringen*** mettre en circulation; '**~bahn** *f* orbite *f*; '**≈en** (*irr, sép, -ge-, sn,* → ***laufen***) circuler; *Gerücht* courir

'**umlegen** (*sép, -ge-, h*) *Schal etc* mettre; *verlegen* déplacer; *Kosten* répartir (***auf*** entre); F *töten* descendre F

'**umleit|en** (*sép, -ge-, h*) *Verkehr* dévier; *Fluss* détourner; '**≈ung** *f* (-; *-en*) déviation *f*

'**umliegend** environnant

'**um|quartieren** (*pas de -ge-, h*) loger ailleurs; *evakuieren* évacuer; '**~räumen** (*sép, -ge-, h*) changer les meubles de place

'**umrechn|en** (*sép, -ge-, h*) convertir (***in*** en); '**≈ung** *f* (-; *-en*) conversion *f*; '**≈ungskurs** *m* cours *m* du change

um|'ringen (*pas de -ge-, h*) entourer; '**≈riss** *m* contour *m*; '**~rühren** (*sép, -ge-, h*) remuer; '**≈satz** *écon m* chiffre *m* d'affaires; '**≈satzrückgang** *m* diminution *f* du chiffre d'affaires; '**≈satzsteigerung** *f* accroissement *m* du chiffre d'affaires; '**≈satzsteuer** *f* impôt *m* sur le chiffre d'affaires

'**umschauen** (*sép, -ge-, h*) ***sich*** **~** → ***umsehen***

'**Umschlag** *m Brief≈* enveloppe *f*; *Buch≈* jaquette *f*; *méd* compresse *f*; *comm* transbordement *m*; *Änderung* changement *m*, revirement *m*; '**≈en** (*irr, sép, -ge-,* → ***schlagen***) **1.** *v/i* (*sn*) *Wetter* changer subitement; **2.** *v/t* (*h*) *Waren* transborder; *Buchseite* tourner; '**~platz** *m fig* plaque *f* tournante

um'schließen (*irr, pas de -ge-, h,* → ***schließen***) entourer

um'schreib|en [um'-] (*irr, pas de -ge-, h,* → ***schreiben***) *Begriff* exprimer par une périphrase; **≈ung** *f* (-; *-en*) périphrase *f*

'**Um|schrift** *f* ***phonetische*** **~** transcription *f* phonétique; '**≈schulden** (*sép, -ge-, h*) convertir des dettes; '**~schuldung** *f* (-; *-en*) conversion *f* de dettes; '**≈schulen** (*sép, -ge-, h*) se reconvertir; '**~schulung** *f* reconversion; '**~schulungsmaßnahme** *f* mesure *f* de reconversion; '**~schwung** *m* changement *m* brusque, revirement *m*; '**≈sehen** (*irr, sép, -ge-, h,* → ***sehen***) ***sich*** **~** tourner la tête; *nach allen Seiten* regarder autour de soi; ***sich in der Stadt*** **~** faire un tour en ville; ***sich nach etw*** **~** chercher qc; '**≈seitig** ['-zaitiç] au verso, à la page suivante

'**Umsicht** *f* (-; *sans pl*) circonspection *f*; '**≈ig** circonspect

'**umso** *conj* **~** ***besser!*** tant mieux!; **~** ***größer*** *etc* d'autant plus grand, *etc*; **~** ***mehr als*** d'autant plus que

umsonst [-'-] *vergeblich* en vain, inutilement; *kostenlos* gratuitement

'**Um|stand** *m* circonstance *f*; ***unter allen Umständen*** en tous cas; *jur* ***mil-***

dernde Umstände circonstances atténuantes; ***keine Umstände machen*** ne pas faire de façons; ***sie ist in anderen Umständen*** elle est enceinte; **'&ständlich** ['-ʃtɛntliç] compliqué

'umsteigen (*irr, sép, -ge-, sn,* → ***steigen***) changer (de train)

'umstell|en (*sép, -ge-, h*) changer (de place); *Betrieb etc* réorganiser, regrouper; ***auf EDV ~*** informatiser; ***sich ~*** s'adapter (***auf*** à); **'&ung** *f* (-; *-en*) changement *m*; réorganisation *f*, regroupement *m*; adaptation *f*

'um|stimmen (*sép, -ge-, h*) ***j-n ~*** faire changer qn d'avis; **~stritten** [-'ʃtritən] contesté, controversé; **'~strukturieren** ['-ʃtruktu'riːrən] (*sép, pas de -ge-, h*) restructurer

'Um|sturz *pol m* (*-es*; *⸗e*) subversion *f*, renversement *m*, révolution *f*; **'&stürzen** (*sép, -ge-, v/i, sn*) se renverser; *Fahrzeug a* verser; (*v/t, h*) ***etw ~*** renverser qc

'Umtausch *m* (*-es*; [*-e*]) échange *m*; *von Geld* change *m*; **'&en** (*sép, -ge-, h*) échanger (***gegen*** contre); *Geld* changer

'umwälz|end ['umvɛltsənt] révolutionnaire; **'&ung** *f* (-; *-en*) bouleversement *m*, révolution *f*

'umwand|eln (*sép, -ge-, h*) transformer (***in*** en); **'&lung** *f* (-; *-en*) transformation *f*

'Umweg *m* détour *m*

'Umwelt *f* (-; *sans pl*) environnement *m*; **'&bedingt** déterminé par l'environnement; **'~belastung** *f* incidence *f* sur l'environnement; **'~bewusstsein** *n* sensibilisation *f* aux problèmes de l'environnement; **'~einfluss** *m* influences *f/pl* ambiantes; **'&feindlich** polluant; **'&freundlich** non-polluant; **'~schäden** *m/pl* pollution *f*; ravages *m/pl* à la nature; **'&schädlich** polluant; **'~schutz** *m* protection *f* de l'environnement; **'~schützer** *m* écologiste *m*; **'~sünder** F *m* pollueur *m*; **'~verschmutzer** *m* pollueur *m*; **'~verschmutzung** *f* pollution *f*; **'&verträglich** respectueux de l'environnement; non-polluant

'um|wenden (*irr, sép, -ge-, h,* → ***wenden***) (***sich ~*** se) retourner; **'~werfen** (*irr, sép, -ge-, h,* → ***werfen***) renverser; *Mantel* jeter sur ses épaules; **'~ziehen** (*irr, sép, -ge-, sn,* → ***ziehen***) déménager; (*h*) ***sich ~*** se changer

'Umzug *m Wohnungswechsel* déménagement *m*; *in den Straßen* cortège *m*

unabhängig ['unˀaphɛŋiç] indépendant (***von*** de); **~ *davon, ob*** indépendamment du fait que; **'&keit** *f* (-; *sans pl*) indépendance *f*

'unab|lässig continuel, incessant; *adv* sans cesse; **'~sichtlich** involontaire

unachtsam ['unˀ-] inattentif

unan|fechtbar ['unˀanfɛçtbaːr] incontestable; **'~gebracht** déplacé, inopportun; **'~gefochten** incontesté; **'~gemessen** inadéquat; **'~genehm** désagréable; **'~nehmbar** inacceptable; **'&nehmlichkeit** *f* (-; *-en*) désagrément *m*; **'~ständig** indécent

unappetitlich ['unˀ-] peu appétissant

unauf|dringlich ['unˀauf-] discret; **'~fällig** discret; *Person* effacé; **'~hörlich** incessant; *adv* sans cesse; **'~merksam** inattentif; **'~richtig** menteur, faux

unausstehlich ['unˀ-] insupportable

'unbarmherzig impitoyable

unbe|absichtigt ['unbəˀapziçtiçt] involontaire, non intentionnel; **'~denklich** sans inconvénient, sans danger; **'~deutend** insignifiant; **'~dingt** absolu; *adv* absolument; **'~fangen** non prévenu, impartial; naïf, ingénu; **'~friedigend** peu satisfaisant, insuffisant; **~friedigt** ['-içt] insatisfait, mécontent; **'~fugt** non autorisé; **'~gabt** sans talents, peu doué; **'~greiflich** incompréhensible; **'~grenzt** illimité; **'~gründet** mal fondé, non fondé; **&hagen** ['unbəhaːgən] *n* (*-s*; *sans pl*) malaise *m*; **'~haglich *sich ~ fühlen*** se sentir mal à l'aise; **'~kannt** inconnu; **'~kümmert** insouciant; **'~lehrbar** incorrigible; **'~liebt** impopulaire; **'~mannt** *Raumfahrzeug* non habité; **'~merkt** inaperçu; **'~nutzt** inutilisé; **'~quem** inconfortable; **'~rechenbar** incalculable; *Person* imprévisible; **'~rechtigt** non autorisé; *Forderung etc* injustifié; **'~rührt**, **~schädigt** ['-içt] intact; **'~schränkt** illimité; **'~schreiblich** indescriptible; **'~ständig** inconstant; *Wetter* instable; **'~stechlich** incorruptible; **'~stimmt** indéfini; *unsicher* incertain; '**~streitbar** incontestable, indiscutable; '**~stritten** incontesté; '**~teiligt** étranger (***an*** à); *gleichgültig* indifférent

'**unbe|wacht** *Parkplatz* non gardé; '**~weglich** immobile; *jur* ***~e Güter*** biens *m/pl* immeubles; '**~wohnt** inhabité; *Haus a* inoccupé; '**~wusst** inconscient, involontaire; '**~zahlbar** impayable (*a* F *köstlich*)

'**unbrauchbar** inutilisable; *Mensch* inapte (***für*** à)

und [unt] et; ***~ so weiter*** et ainsi de suite, et cetera

'**Undank** *m* ingratitude *f*; '**2bar** ingrat (***gegen*** envers)

'**un|definierbar** indéfinissable; '**~denkbar** inimaginable, impensable; '**~deutlich** indistinct, vague; *Sprache* inarticulé; '**~dicht** qui fuit; ***~ sein*** fuir

'**undurch|führbar** irréalisable; '**~lässig** imperméable; '**~sichtig** opaque; *fig* mystérieux, louche

uneben ['unˀ-] inégal; *Gelände a* accidenté; '**2heit** *f* (-; *-en*) inégalité *f*; *im Gelände* accident *m*

un|echt ['unˀ-] faux; **~ehelich** ['unˀ-] illégitime; *Kind a* naturel; **~ehrlich** ['unˀ-] malhonnête; **~eigennützig** ['unˀ-] désintéressé; **~einig** ['unˀ-] désuni, en désaccord (***mit j-m über etw*** avec qn sur qc); **~empfindlich** ['unˀ-] insensible (***für*** à); **~endlich** ['unˀ-] infini (*a math*, *Foto*); ***~*** *groß*, *weit* immense

unent|behrlich ['unˀ-] indispensable; **~geltlich** ['-ɛntgɛltliç] gratuit; *Tätigkeit* bénévole; '**~schieden** indécis; *Sport* ***~ spielen*** faire match nul; '**~schlossen** irrésolu, indécis

uner|bittlich ['unˀɛrbitliç] inexorable; '**~fahren** inexpérimenté; '**~freulich** désagréable; '**~giebig** improductif; '**~heblich** insignifiant; **~hört** ['-hø:rt] inouï; '**~klärlich** inexplicable; **~lässlich** ['-lɛsliç] indispensable; '**~laubt** défendu; *adv* sans la permission de qn; **~ledigt** ['-le:diçt] non fait, inachevé; **~messlich** ['-mɛsliç] immense; **~müdlich** ['-my:tliç] infatigable, inlassable; '**~reichbar** inaccessible; **~sättlich** ['-zɛtliç] insatiable; '**~schöpflich** inépuisable, intarissable; '**~schwinglich** inabordable; '**~setzlich** irremplaçable; '**~träglich** insupportable; '**~wartet** inattendu; '**~wünscht** indésirable

'**unfähig** incapable (***zu*** de); '**2keit** *f* (-; *-en*) incapacité *f*

'**unfair** déloyal

'**Unfall** *m* accident *m*; '**~flucht** *f* délit *m* de fuite; '**~station** *f* poste *m* de secours; '**~stelle** *f* lieu *m* de l'accident; '**~verhütung** *f* prévention *f* des accidents; '**~versicherung** *f* assurance *f* accidents

unfassbar ['unfasba:r] inconcevable

unfehlbar ['unfe:l-] infaillible

'**unfrankiert** non affranchi

'**unfreiwillig** involontaire; *adv* malgré soi

'**unfreundlich** peu aimable, désagréable; *Wetter* maussade

'**unfruchtbar** stérile

Ungar ['uŋga:r] *m* (*-n*; *-n*), '**~in** *f* (-; *-nen*) Hongrois *m*, -e *f*; '**2isch** hongrois; '**~n** *n* (*-s*; *sans pl*) la Hongrie

'**ungastlich** inhospitalier

unge|achtet ['ungəˀaxtət] *prép* (*gén*) malgré, en dépit de; '**~ahnt** ['ungəˀa:nt] inespéré, insoupçonné; '**~beten** non invité; ***~er Gast*** intrus *m*; '**~bildet** inculte, sans éducation; '**~bräuchlich** peu usité, inusité; '**~braucht** tout neuf; **~bührlich** ['ungəby:rliç] inconvenant; '**~deckt** *Scheck* sans provision

'**Ungeduld** *f* impatience *f*; '**2ig** impatient

'**unge|eignet** impropre (***für*** à); *Person* inapte (***für*** à); **~fähr** ['ungəfɛ:r] à peu près, environ; *adj* approximatif; '**~fährlich** inoffensif, sans danger

ungeheuer ['ungəhɔʏər] **1.** énorme; *adv* énormément; **2.** '**2** *n* (*-s*; -) monstre *m*; **~lich** [ungə'hɔʏərliç] monstrueux

'**ungehindert** libre, sans être empêché

'**ungehorsam 1.** désobéissant; **2. 2** *m* (*-s*; *sans pl*) désobéissance *f*

'**unge|kündigt** ***in ~er Stellung***, sans avoir reçu congé; '**~kürzt** intégral; '**~legen** inopportun; ***j-m ~ kommen*** déranger qn; '**~lernt** non qualifié; '**~mein** extrêmement; '**~mütlich** peu confortable, peu sympathique

'**ungenau** inexact; '**2igkeit** *f* (-; *-en*) inexactitude *f*

ungeniert ['unʒeni:rt] sans gêne

unge|nießbar ['ungəniːsbaːr] immangeable; *Getränk* imbuvable (*a* F *fig Person*); '**~nügend** insuffisant; '**~pflegt** négligé, peu soigné; '**~rade** *Zahl* impair

'**ungerecht** injuste; '**~fertigt** non justifié, injustifié; '**⁓igkeit** *f* (-; *-en*) injustice *f*

'**Ungeschick** *n* (-[*e*]*s*; *sans pl*), '**~lichkeit** *f* (-; *-en*) maladresse *f*; '**⁓t** maladroit

'**unge|setzlich** illégal; '**~spritzt** *Obst* non traité; '**~stört** tranquille; '**~straft** impuni; *adv* impunément; '**~sund** malsain, insalubre; ***er sieht ~ aus*** il a l'air malade

Ungetüm ['ungətyːm] *n* (-[*e*]*s*; *-e*) monstre *m*

'**ungewiss** incertain; '**⁓heit** *f* (-; *-en*) incertitude *f*

'**unge|wöhnlich** extraordinaire; '**~wohnt** inaccoutumé, inhabituel; '**⁓ziefer** *n* vermine *f*; '**~zwungen** désinvolte, décontracté, relax(e) F

'**ungläubig** incrédule; *rel* incroyant, infidèle

unglaub|lich [un'glaupliç] incroyable; '**~würdig** peu digne de foi; *zweifelhaft* douteux

'**ungleich** inégal; '**⁓heit** *f* (-; *-en*) inégalité *f*; '**~mäßig** inégal, irrégulier

'**Unglück** *n* (-[*e*]*s*; *-e*) malheur *m*; *Unfall* accident *m*; '**⁓lich** malheureux; '**⁓licherweise** malheureusement

'**ungültig** non valable, nul; *Ausweis* périmé; ***für ~ erklären*** annuler, invalider; ***~ werden*** se périmer; '**⁓keit** *f* (-; *sans pl*) nullité *f*

'**ungünstig** défavorable

'**unhaltbar** *Zustände* intenable; *Behauptung* insoutenable

'**Unheil** *n* malheur *m*, désastre *m*; '**⁓bar** incurable

'**unheimlich** inquiétant, sinistre; ***~ gut*** F vachement bon *od* bien

'**unhöflich** impoli; '**⁓keit** *f* impolitesse *f*

'**un|hörbar** inaudible; '**~hygienisch** peu hygiénique

Uniform [uni'fɔrm] *f* (-; *-en*) uniforme *m*

uninteress|ant ['unˀ-] sans intérêt, dépourvu d'intérêt; '**~iert** qui ne s'intéresse pas (***an*** à)

Union [uni'oːn] *f* (-; *-en*) union *f*

univers|al [univɛr'zaːl] universel; **⁓ität** [-zi'tɛːt] *f* (-; *-en*) université *f*; **⁓um** [uni'vɛrzum] *n* (*-s*, *Universen*) univers *m*

'**unkennt|lich** méconnaissable; '**⁓nis** *f* (-; *sans pl*) ignorance *f*

'**unklar** confus, vague, peu clair, indistinct; '**⁓heit** *f* manque *m* de clarté, confusion *f*

'**un|klug** imprudent; '**⁓kosten** *pl* frais *m*/*pl*; '**⁓kraut** *n* mauvaise herbe *f*; ***~ jäten*** sarcler; '**~kündbar** ['-kyntbaːr] *Stelle* permanent; *Vertrag* non résiliable; '**~lauter** *adj jur* ***~er Wettbewerb*** *concurrence* déloyale; '**~leserlich** illisible; '**~logisch** illogique

'**unlös|bar** *Problem* insoluble; '**~lich** *chim* insoluble

'**unmäßig** immodéré, démesuré; *im Essen u Trinken* intempérant

'**Unmenge** *f* quantité *f* énorme (***von*** de)

'**unmenschlich** inhumain; '**⁓keit** *f* inhumanité *f*

'**un|missverständlich** sans équivoque; '**~mittelbar** immédiat, direct; '**~modern** passé de mode, démodé

'**unmöglich** impossible; '**⁓keit** *f* impossibilité *f*

'**unmoralisch** immoral

'**unmündig** *jur* mineur; '**⁓keit** *f* (-; *sans pl*) minorité *f*

'**unnach|ahmlich** inimitable; '**~giebig** intransigeant, inflexible; '**~sichtig** sévère, sans indulgence, impitoyable

'**un|natürlich** peu naturel; *geziert* affecté; '**~nötig** inutile

UNO ['uːnoː] *f* (-; *sans pl*) ONU *f*

unord|entlich ['unˀ-] désordonné, négligé, en désordre; '**⁓nung** *f* (-; *sans pl*) désordre *m*

'**unpartei|isch** impartial; '**⁓lichkeit** *f* (-; *sans pl*) impartialité *f*

'**un|passend** impropre, peu convenable, déplacé; '**~persönlich** impersonnel; '**~politisch** apolitique; '**~populär** impopulaire; '**~praktisch** peu pratique; *Person* maladroit; '**~produktiv** improductif; '**~pünktlich** inexact

'**unrecht** mauvais

'**Unrecht** *n* (-[*e*]*s*; *sans pl*) injustice *f*, tort *m*; ***zu ~*** à tort

'**unrechtmäßig** illégitime, illégal

'**unregelmäßig** irrégulier; '**⁓keit** *f* (-; *-en*) irrégularité *f*

'un|reif pas mûr (*a fig*); *Obst a* vert; **'~rentabel** non rentable
'unrichtig incorrect, inexact, faux
'Unruh|e *f* (-; *-n*) inquiétude *f*; **~n** *pl pol* troubles *m/pl*; **'2ig** inquiet; *Leben*, *Meer* agité
uns [uns] nous, à nous
'unsach|gemäß non *od* mal approprié; **'~lich** subjectif, non fondé
'un|sauber malpropre; ***~e Methoden*** méthodes malhonnêtes; **'~schädlich** inoffensif; **'~scheinbar** insignifiant; *Mensch* effacé; **~schlüssig** ['unʃlysiç] irrésolu, indécis
'Unschuld *f* (-; *sans pl*) innocence *f*; **'2ig** innocent
'unselbstständig qui manque d'indépendance *od* d'iniative *od* de personnalité; *beruflich* salarié
unser ['unzər] notre, *pl* nos; ***~er, ~e, ~es, der, die, das ~e*** *od* ***uns(e)rige*** le (la) nôtre; **'~einer**, **'~eins** nous autres, des gens comme nous
'unsicher incertain; *Person* qui manque d'assurance; **'2heit** *f* (-; *-en*) incertitude *f*; *e-r Person* manque *m* d'assurance; *e-r Gegend* insécurité *f*
'unsichtbar invisible
'Unsinn *m* (-[*e*]*s*; *sans pl*) bêtises *f/pl*, absurdité(s) *f*(*pl*); **'2ig** insensé, absurde
'Unsitt|e *f* mauvaise habitude *f*; *Missstand* abus *m*; **'2lich** immoral
'un|sozial antisocial; **'~sportlich** peu sportif; *unfair* antisportif
'unsterblich immortel
Un|stimmigkeit ['unʃtimiçkait] *f* (-; *-en*) désaccord *m*, divergence *f*, différend *m*; **'2sympathisch** antipathique
'untätig inactif; **'2keit** *f* (-; *sans pl*) inactivité *f*
'untauglich inapte (***für*** à)
'unteilbar indivisible
unten ['untən] en bas, en dessous; ***nach ~*** en bas, vers le bas; ***siehe ~*** voir ci-dessous; ***auf Seite 5 ~*** en bas de la page 5
unter ['untər] *prép* (*wo? dat*; *wohin? acc*) sous; *unterhalb* au-dessous de; *zwischen* parmi; ***~ anderem*** entre autres; ***einige ~ uns*** certains d'entre nous *od* parmi nous; ***das bleibt ~ uns*** que cela reste entre nous; ***~ dieser Bedingung*** à cette condition; ***j-n ~ sich haben*** avoir qn sous ses ordres
'Unter|bewusstsein *n* subconscient *m*; **2bieten** [-'biːtən] (*irr*, *pas de -ge-*, *h*, → ***bieten***) vendre moins cher (***j-n*** que qn); *Rekord* battre; **2'binden** (*irr*, *pas de -ge-*, *h*, → ***binden***) empêcher, mettre un terme à
unter'brech|en (*irr*, *pas de -ge-*, *h*, → ***brechen***) interrompre; **2ung** *f* (-; *-en*) interruption *f*
'unterbring|en (*irr*, *sép*, *-ge-*, *h*, → ***bringen***) *Gast* loger; *verstauen*, *Person in Stellung* caser; **'2ung** *f* (-; *-en*) logement *m*; placement *m*
unter'drück|en (*pas de -ge-*, *h*) *Gefühle*, *Aufstand* réprimer, étouffer; *Volk* opprimer; **2ung** *f* (-; *-en*) répression *f*; oppression *f*
'untere (*-n*; *-n*) inférieur (*a fig*), bas, d'en bas
untereinander [untərʔai'nandər] l'un sous l'autre; *unter sich* (*uns etc*) entre eux (nous, *etc*); *gegenseitig* mutuellement, réciproquement
unterentwick|elt ['-ʔ-] sous-développé; **'2lung** *f* (-; *-en*) sous-développement *m*
unterernährt ['untərʔ-] sous-alimenté
Unter|'führung *f* (-; *-en*) (passage *m*) souterrain *m*; **'~gang** *m* (-[*e*]*s*; *¨e*) ruine *f*, perte *f*; *mar* naufrage *m*; *Sonne* coucher *m*; **~'gebene** *m*, *f* (*-n*; *-n*) subordonné *m*, -e *f*; **'2gehen** (*irr*, *sép*, *-ge-*, *sn*, → ***gehen***) périr; *mar* couler, faire naufrage; *Sonne* se coucher; **'2geordnet** ['untərgəʔɔrdnət] subordonné; *zweitrangig* secondaire
'Untergrundbahn *f* métro *m*
'unterhalb *prép* (*gén*) au-dessous de
'Unterhalt *m* (-[*e*]*s*; *sans pl*) entretien *m*; **2en** [-'haltən] (*irr*, *pas de -ge-*, *h*, → ***halten***) *Familie*, *Gebäude etc* entretenir; *belustigen* divertir, distraire, amuser; ***sich ~*** s'entretenir (***mit j-m über etw*** avec qn de qc); *sich belustigen* se divertir, s'amuser; **2end** [-'-], **2sam** [-'-] divertissant, distrayant, amusant; **~ung** [-'halt-] *f* (-; *-en*) entretien *m*; *Gespräch a* conversation *f*; *Vergnügen* divertissement *m*, amusement *m*
Unter|händler ['untərhɛndlər] *m* négociateur *m*; **'~hemd** *n* maillot *m od gilet*

m de corps; '**~hose** *f* caleçon *m*; *kurze* slip *m*; '**2irdisch** souterrain; '**2kommen** (*irr, sép, -ge-, sn,* → ***kommen***) trouver une place, se caser F; '**~kunft** ['-kunft] *f* (-; ¨*e*) abri *m*, gîte *m*, logement *m*; ***~ und Verpflegung*** le gîte et le couvert; '**~lage** *f Schreib2* sous-main *m*; *tech* support *m*; *Schriftstück* pièce *f*, document *m*

unter'lassen (*irr, pas de -ge-, h,* → ***lassen***) ***etw ~*** s'abstenir de qc; ***es ~, etw zu tun*** omettre de faire qc

unterlegen [-'leːgən] inférieur (***j-m, e-r Sache*** à qn, à qc); **2heit** *f* (-; *sans pl*) infériorité *f*

'**Unter|leib** *m* bas-ventre *m*, abdomen *m*; **2'liegen** (-*irr, pas de -ge-, sn,* → ***liegen***) *besiegt werden* être vaincu (***j-m*** par qn), succomber (à); *der Kontrolle, Mode etc* être soumis à; '**~mieter** *m*, '**~mieterin** *f* sous-locataire *m, f*

unter'nehm|en (*irr, pas de -ge-, h,* → ***nehmen***) entreprendre; **2en** *n* (-*s*; -) entreprise *f* (*a écon*); ***ein gewagtes ~*** une entreprise osée; **2ensberater** *m* conseiller *m* en gestion; **2er** *m* (-*s*; -), **2erin** *f* (-; -*nen*) entrepreneur *m*, -euse *f*; **~ungslustig** entreprenant

Unterredung [untər'reːduŋ] *f* (-; -*en*) entretien *m*

Unterricht ['untərriçt] *m* (-[*e*]*s*; *selten* -*e*) enseignement *m*, cours *m/pl*; **2en** [-'-] (*pas de -ge-, h*) ***etw ~*** enseigner qc; ***j-n in etw ~*** enseigner qc à qn; ***j-n über etw ~*** renseigner qn sur qc, informer qn de qc

unter|'sagen (*pas de -ge-, h*) interdire (***j-m etw*** qc à qn); '**2satz** *m* dessous *m* de plat, rond *m*; **~'schätzen** (*pas de -ge-, h*) sous-estimer

unter'scheid|en (*irr, pas de -ge-, h,* → ***scheiden***) distinguer (***von*** de; ***zwischen*** entre); ***sich ~*** se distinguer, différer (***von*** de; ***durch*** par); **2ung** *f* (-; -*en*) distinction *f*

Unterschied ['untərʃiːt] *m* (-[*e*]*s*; -*e*) différence *f*; ***im ~ zu*** à la différence de; '**2lich** différent

unter'schlag|en (*irr, pas de -ge-, h,* → ***schlagen***) *Geld* détourner; *Dokumente etc* soustraire; *fig* cacher, taire; **2ung** *jur f* (-; -*en*) soustraction *f*; ***~ von Geldern*** détournement *m* de fonds

unter|'schreiben (*irr, pas de -ge-, h,* → ***schreiben***) signer; '**2schrift** *f* signature *f*; '**2seeboot** *n* sous-marin *m*

unterste ['untərstə] le plus bas

unter|'stehen (*irr, pas de -ge-, h,* → ***stehen***) ***j-m ~*** être subordonné à qn, être sous les ordres de qn; ***sich ~, etw zu tun*** oser faire qc; '**~stellen** **1.** (*sép, -ge-, h*) (***sich ~*** se) mettre à l'abri; **2.** [-'ʃtɛlən] (*pas de -ge-, h*) ***j-n j-m ~*** subordonner qn à qn; ***etw ~*** *annehmen* supposer qc; ***j-m etw ~*** attribuer *od* imputer (faussement) qc à qn; ***j-m bestimmte Absichten ~*** faire un procès d'intention à qn; **~'streichen** (*irr, pas de -ge-, h,* → ***streichen***) souligner (*a fig*)

unter'stütz|en (*pas de -ge-, h*) aider, assister, secourir, soutenir, appuyer; **2ung** *f* (-; -*en*) aide *f*, assistance *f*, secours *m*, soutien *m*, appui *m*

unter'suchen (*pas de -ge-, h*) examiner; *ermitteln* enquêter sur; *chim* analyser

Unter'suchung *f* (-; -*en*) examen *m* (*a méd*); enquête *f* (*a jur*); *jur* instruction *f*; *chim* analyse *f*; **~shaft** *f* détention *f* préventive

'**Unter|tasse** *f* soucoupe *f*; '**2tauchen** (*sép, -ge-, sn*) plonger; *fig* disparaître

'**Unterteil** *n* bas *m*, partie *f* inférieure; **2en** [-'tailən] (*pas de -ge-, h*) subdiviser; **~ung** [-'-] *f* (-; -*en*) subdivision *f*

'**Unter|titel** *m* sous-titre *m*; **~'treibung** *f* (-; -*en*) minimisation *f*; '**2vermieten** (*pas de -ge-, h*) sous-louer; **2'wandern** (*pas de -ge-, h*) *pol* noyauter; '**~wäsche** *f* (-; *sans pl*) sous-vêtements *m/pl*, linge *m* (de corps)

unterwegs [untər'veːks] en route, en chemin, chemin faisant

'**Unterwelt** *f Totenreich* enfers *m/pl*; *der Verbrecher* pègre *f*, milieu *m*

unter'werfen (*irr, pas de -ge-, h,* → ***werfen***) (***sich ~*** se) soumettre

unterwürfig ['untərvyrfiç] *péj* servile

unter'zeichn|en (*pas de -ge-, h*) signer; **2ung** *f* (-; -*en*) signature *f*

unter'ziehen (*pas de -ge-, h*) ***sich e-r Sache ~*** se soumettre à qc, subir qc

'**untragbar** intolérable

'**untreu** infidèle; '**2e** *f* infidélité *f*

'**untröstlich** inconsolable

unüber|legt ['unˀyːbərleːkt] irréfléchi; '**~sehbar** immense; '**~trefflich** insurpassable, incomparable; **~windlich** ['-vintliç] insurmontable, invincible, infranchissable

unum|gänglich ['unʔumgɛŋliç] inévitable; **~schränkt** ['-ʃrɛŋkt] *pol* absolu

'ununterbrochen ['unʔuntərbrɔxən] ininterrompu; *adv* sans interruption, sans cesse

'unver|änderlich invariable (*a gr*); **'~antwortlich** irresponsable; **'~besserlich** incorrigible; **'~bindlich** qui n'engage à rien, sans obligation; **'~bleit** ['unfɛrblait] sans plomb; **'~einbar** incompatible (***mit*** avec); **'~fälscht** authentique, non falsifié; **'~fänglich** ['-fɛŋliç] anodin; **'~gänglich** impérissable, immortel; **'~gesslich** inoubliable; **'~gleichlich** incomparable; **'~heiratet** célibataire; **~hofft** ['-hɔft] *adj* inespéré; *adv* à l'improviste; **'~käuflich** invendable; **'~kennbar** indubitable, évident; **'~letzt** sans blessure(s), indemne, sain et sauf; **~meidlich** ['-maitliç] inévitable; **'~mittelt** soudain, brusque(ment)

'Unvermögen *n* (*-s*; *sans pl*) incapacité *f*, impuissance *f*

'unver|mutet inattendu; **'≗nunft** *f* déraison *f*; **'~nünftig** déraisonnable; **~richtet** ['unfɛrriçtət] ***~er Dinge zurückkehren*** revenir bredouille

'unverschämt insolent, impertinent, effronté; **'≗heit** *f* (*-*; *-en*) insolence *f*, impertinence *f*, effronterie *f*

unver|sehens ['unfɛrze:əns] à l'improviste; **~sehrt** ['-ze:rt] intact; *Person* indemne, sain et sauf; **'~söhnlich** irréconciliable; **'~standen** ***sich ~ fühlen*** se sentir incompris; **'~ständlich** incompréhensible, inintelligible; ***es ist mir ~*** j'ai du mal à comprendre cela; **'~sucht** ***nichts ~ lassen*** ne rien négliger (pour …); **~wundbar** ['-vuntba:r] invulnérable; **~wüstlich** ['-vy:stliç] *Stoff* inusable; ***~e Gesundheit*** santé *f* à toute épreuve *od* de fer; **'~zeihlich** impardonnable; **~züglich** ['-tzy:kliç] immédiat; *adv* sans délai

'unvollendet inachevé

'unvollkommen imparfait; **'≗heit** *f* (*-*; *-en*) imperfection *f*

'unvollständig incomplet

'unvoreingenommen sans préjugés

'unvorher|gesehen imprévu; **'~sehbar** imprévisible

'unvorsichtig imprudent; **'≗keit** *f* imprudence *f*

'unvorstellbar inimaginable

'unwahr faux; *lügenhaft* mensonger, **'≗heit** *f* mensonge *m*; **'~scheinlich** invraisemblable, improbable; F incroyable(ment)

unweigerlich ['unvaigərliç] inévitable(ment), immanquable(ment)

'unwesentlich non essentiel, peu important

'Unwetter *n* tempête *f*

'unwichtig sans importance

unwider|legbar ['unvi:dərle:kba:r] irréfutable; **'~ruflich** irrévocable, sans appel; **~stehlich** [-vi:dərʃte:liç] irrésistible

'Unwill|e *m* (*-ns*; *sans pl*) indignation *f*; **'≗ig** indigné (***über*** de); *widerwillig* à contrecœur; **'≗kürlich** involontaire

'unwirk|lich irréel; **'~sam** inefficace; *jur* nul

'unwirtschaftlich peu économique, non rentable

'unwissen|d ignorant; **'≗heit** *f* (*-*; *sans pl*) ignorance *f*

'unwürdig indigne (***j-s, e-r Sache*** de qn, de qc)

unzählig ['untsɛ:liç] innombrable

'unzeitgemäß inactuel, démodé

'unzer|brechlich incassable; **'~trennlich** inséparable

'unzufrieden mécontent, insatisfait; **'≗heit** *f* mécontentement *m*, insatisfaction *f*

'unzu|gänglich inaccessible, inabordable (*beide a Person*); **'~lässig** inadmissible; **'~mutbar** inacceptable; **'~rechnungsfähig** *jur* irresponsable; **'~sammenhängend** incohérent; **'~verlässig** sur qui (*od* sur quoi) on ne peut compter; *Quelle* incertain, peu sûr

'unzweifelhaft indubitable

üppig ['ypig] *Vegetation* luxuriant; *Mahlzeit*, *Busen* plantureux

uralt ['u:rʔalt] vieux comme le monde

Uran [u'ra:n] *chim n* (*-s*; *sans pl*) uranium *m*

'Ur|bevölkerung *f*, **'~einwohner** *m/pl* population *f* primitive, autochtones *m/pl*, aborigènes *m/pl*; **'~enkel** *m*, **'~enkelin** *f* arrière-petit-fils *m*, arrière-petite-fille *f*; **'~großmutter** *f* arrière-grand-mère *f*; '**~großvater** *m* arrière-grand-père *m*; '**~heber** ['-heːbər] *m* (-*s*; -), '**~heberin** *f* (-; -*nen*) auteur *m*; '**~heberrechte** *n/pl* droits *m/pl* d'auteur

Urin [u'riːn] *m*, (-*s*; -*e*) urine *f*; **≈'ieren** (*pas de -ge-*, *h*) uriner

'**Urkunde** ['uːrkundə] *f* (-; -*n*) acte *m*, document *m*; '**~nfälschung** *jur f* faux *m* en écriture

Urlaub ['uːrlaup] *m* (-[*e*]*s*; -*e*) vacances *f/pl*, congé(s) *m* (*pl*); *mil* permission *f*; ***in ~ sein*** être en vacances; ***e-n Tag ~ nehmen*** prendre un jour de congé; '**~er** *m* (-*s*; -), '**~erin** *f* (-, -*nen*) *m* vacancier *m*, -ière *f*; *mil* permissionnaire *m*; '**~sanschrift** *f* adresse *f* de vacances; '**~sgeld** *n* prime *f* de vacances; '**~sort** *m* villégiature *f*; '**~svertretung** *f* intérim *m*, intérimaire *m* pendant la période des vacances

'**Ur|sache** *f* cause *f*; *Grund* raison *f*; ***keine ~!*** il n'y a pas de quoi!; '**≈sächlich** causal; '**~sprung** *m* origine *f*; '**≈sprünglich** d'origine, originaire, originel; *adv* à l'origine

Urteil ['urtail] *n* (-*s*; -*e*) jugement *m*; *jur* a sentence *f*, arrêt *m*, verdict *m*; ***ein ~ fällen*** rendre un jugement; ***ein ~ abgeben über*** porter un jugement sur; ***sich ein ~ bilden*** se faire une opinion; '**≈en** (*h*) juger (***über*** de)

'**Ur|wald** *m* forêt *f* vierge; '**~zustand** *m* état *m* primitif

USA [uːˀɛs'ˀaː] *f abr* ***Vereinigte Staaten von Amerika*** États-Unis *m/pl* d'Amérique

User ['juːzər] *m* (-*s*; -), '**~in** *f* (-; -*nen*) *EDV* utilisateur *m*, –trice *f*

usw. *abr* ***und so weiter*** etc.

Utop|ie [uto'piː] *f* (-; -*n*) utopie *f*; **≈isch** [u'toːpiʃ] utopique

u. U. *abr* ***unter Umständen*** éventuellement; selon les circonstances

V

V *abr* ***Volt*** volt

v. *abr* ***von*** de

vage ['vaːgə] vague

Vakuum ['vaːkuˀum] *n* (-*s*; *Vakua*, *Vakuen*) vide *m*; '**≈verpackt** emballé sous vide

Valuta [va'luːta] *comm f* (-; -*ten*) monnaie *f* étrangère

Vanille [va'nil(j)ə] *f* (-; *sans pl*) vanille *f*

vari|abel [vari'aːbəl] variable; **≈ante** [vari'antə] *f* (-; -*n*) variante *f*

variieren [vari'iːrən] (*pas de -ge-*, *h*) varier

Vase ['vaːzə] *f* (-; -*n*) vase *m*

Vater ['faːtər] *m* (-*s*; ≃) père *m*; '**~land** *n* (-[*e*]*s*; ≃*er*) patrie *f*

väterlich ['fɛːtərliç] paternel

'**Vater|schaft** *f* (-; *sans pl*) paternité *f*; **~'unser** *rel n* (-*s*; -) Notre Père *m*, Pater *m*

Vatikan [vati'kaːn] (-*s*; *sans pl*) ***der ~*** le Vatican; **~stadt** ***die ~*** la cité du Vatican

v. Chr. *abr* ***vor Christus*** avant Jésus-Christ

Veget|arier [vege'taːrjər] *m* (-*s*; -), **~arierin** *f* (-; -*nen*) végétarien, -ne *f*; **≈'arisch** végétarien; **~ation** [-ta'tsjoːn] *f* (-; -*en*) végétation *f*; **≈'ieren** (*pas de -ge-*, *h*) végéter, vivoter

Veilchen ['failçən] *bot n* (-*s*;-) violette *f*

Vene ['veːnə] *f* (-; -*n*) veine *f*

Venedig [ve'neːdiç] *n* Venise

Venezuela [venetsu'eːla] *n* le Venezuela

Ventil [vɛn'tiːl] *n* (-*s*; -*e*) *tech* soupape *f*; *am Luftschlauch* valve *f*; **~ator** [-i'laːtɔr] *m* (-*s*; -*en*) ventilateur *m*

verabred|en [fɛrˀ'ap-] (*pas de -ge-*, *h*) ***etw ~*** convenir de qc; ***sich ~*** se donner rendez-vous; ***sich mit j-m ~*** donner rendez-vous à qn; **≈ung** (-; -*en*) rendez-vous *m*

verabscheuen [fɛrˀ'ap-] (*pas de -ge-*, *h*) détester

verabschieden [fɛrˀ'apʃiːdən] (*pas de -ge-*, *h*) congédier; *Gesetz* voter, adopter; ***sich ~*** prendre congé (***von*** de)

ver|'achten (*pas de -ge-*, *h*) mépriser, dédaigner; **~ächtlich** [-ˀ'ɛçtliç] méprisant, dédaigneux; *verachtenswert* méprisable; **≈'achtung** *f* (-; *sans pl*) mépris *m*, dédain *m*; **~allgemeinern**

[fɛrˀalgəˈmainərn] (*pas de -ge-, h*) généraliser; **~altet** [-ˀˈaltət] vieilli, suranné, désuet

veränder|lich [fɛrˀˈɛndərliç] variable; **~n** (*pas de -ge-, h*) changer, modifier; ***sich* ~** changer; **2ung** *f* (-; *-en*) changement *m*, modification *f*

veranlag|en [fɛrˀˈanlaːgən] (*pas de -ge-, h*) ***j-n steuerlich* ~** établir l'assiette de l'impôt de qn; **~t *musisch* ~** doué pour les arts; ***praktisch* ~ *sein*** avoir un sens pratique; **2ung** *f* (-; *-en*) prédisposition *f*

veranlassen [-ˀˈan-] (*pas de -ge-, h*) ***etw* ~** occasionner qc; faire faire qc, ordonner qc; ***j-n zu etw* ~** amener *od* déterminer qn à (faire) qc

veranschlagen [fɛrˀˈan-] (*pas de -ge-, h*) estimer, évaluer (***auf*** à)

verˈanstalt|en (*pas de -ge-, h*) organiser; **2er** *m* (*-s*; -) organisateur *m*; **2ung** *f* (-; *-en*) manifestation *f*

verˈantwort|en (*pas de -ge-, h*) ***etw* ~** répondre de qc; **~lich** responsable (***für*** de); **2ung** *f* (-; *-en*) responsabilité *f*; ***die* ~ *für etw übernehmen*** assumer *od* prendre la responsabilité de qc; ***j-n zur* ~ *ziehen*** demander des comptes à qn; **2ungsbewusstsein** *n*, **2ungsgefühl** *n* sentiment *m* de responsabilité; **~ungslos** irresponsable

verˈarbeiten (*pas de -ge-, h*) travailler, usiner, transformer (***zu*** en); *geistig* digérer, assimiler; **~d *~e Industrie*** industrie *f* de transformation

verˈärgern (*pas de -ge-, h*) irriter, fâcher

Verb [vɛrp] *gr n* (*-s*; *-en*) verbe *m*

Verband [fɛrˈbant] *m* (-[*e*]*s*; *¨e*) association *f*; *méd* pansement *m*; *mil* formation *f*; **~(s)kasten** *m* trousse *f* de premiers soins

verˈbergen (*irr, pas de -ge-, h,* → ***bergen***) cacher, dissimuler (***etw vor j-m*** qc à qn); ***sich vor j-m* ~** se cacher de qn

verˈbesser|n (*pas de -ge-, h*) (***sich* ~** s')améliorer; *berichtigen* corriger; **2ung** *f* (-; *-en*) amélioration *f*; correction *f*

ver|ˈbieten (*irr, pas de -ge-, h,* → ***bieten***) défendre, interdire; **~ˈbilligt** [-ˈbiliçt] à prix réduit, au rabais

verˈbinden (*irr, pas de -ge-, h,* → ***binden***) lier (***mit*** avec *od* à), joindre (à), (ré)unir (à); *Wunde* panser; *Augen* bander; *tech* raccorder (à); *elektrisch* connecter (à); *chim* combiner; *tél* **~ *mit*** donner la communication avec

verbindlich [-ˈbintliç] *bindend* obligatoire; *gefällig* obligeant; **2keit** *f* (-; *-en*) *e-s Gesetzes* caractère *m* obligatoire; *e-r Person* obligeance *f*; *comm* obligation *f*

Verˈbindung *f* (-; *-en*) liaison *f*, communication *f* (*a tél, Verkehrs2*); contact *m*, relation *f*; *tech* raccord *m*; *chim* combinaison *f*, composé *m*; ***mit j-m in* ~ *stehen*** (***treten***) être (entrer) en contact *od* relation(s) avec qn

verbitter|t [fɛrˈbitərt] aigri; **2ung** *f* (-; *-en*) amertume *f*

Verbleib [fɛrˈblaip] *m* (-[*e*]*s*; *sans pl*) ***über seinen* ~ *weiß man nichts*** on ne sait pas ou il se trouve; **2en** [-bən] (*irr, pas de -ge-, sn,* → ***bleiben***) rester, demeurer

verbleit [fɛrˈblait] contenant du plomb

verblüff|en [fɛrˈblyfən] (*pas de -ge-, h*) ébahir, stupéfier; **~t** stupéfait, ébahi; **2ung** *f* (-; *-en*) stupéfaction *f*, ébahissement *m*

ver|bohrt [fɛrˈboːrt] obstiné; **~ˈborgen** [fɛrˈbɔrgən] caché; ***im 2en*** en secret, en cachette

Verbot [fɛrˈboːt] *n* (-[*e*]*s*; *-e*) interdiction *f*, défense *f*; **2en *Rauchen* ~** interdit de fumer

Verbrauch [fɛrˈbraux] *m* (-[*e*]*s*; *selten ¨e*) consommation *f* (***an*** de); **2en** (*pas de -ge-, h*) consommer; *Kräfte* dépenser; **~er** *m* (*-s*; -) consommateur *m*; **~erschutz** *m* défense *f* des consommateurs; **~erzentrale** *f* association *f* des comsommateurs; **~sgüter** *n/pl* biens *m/pl* de consommation; **~ssteuer** *f* taxe *f* de la consommation; **2t** usé

Verbrech|en [fɛrˈbrɛçən] *n* (*-s*; -) crime *m*; ***ein* ~ *begehen*** commettre un crime; **~er** *m* (*-s*; -), **~erin** *f* (-; *-nen*) criminel *m*, -le *f*; **2erisch** criminel

verˈbreit|en (*pas de -ge-, h*) (***sich* ~** se) répandre; *Lehre, Nachricht a* (se) propager; **~ern** (*pas de -ge-, h*) élargir

verˈbrenn|en (*irr, pas de -ge-,* → ***brennen***) (*v/t, h*; *v/i, sn*) brûler; *Tote* incinérer; **2ung** *f* (-; *-en*) combustion *f*; *Tote* crémation *f*, incinération *f*; *méd* brûlure *f*; **≈ungsmotor** *m* moteur *m* à combustion interne

ver'bringen (*irr*, *pas de -ge-*, *h*, → ***bringen***) *Zeit* passer

verbrüdern [fɛr'bryːdərn] (*pas de -ge-*, *h*) ***sich ~*** fraterniser

ver'buchen (*pas de -ge-*, *h*) enregistrer, comptabiliser

Verbund [fɛr'bunt] *m* (-[*e*]*s*; *sans pl*) *tech* assemblage *m*; raccordement *m*; *écon* association *f*

verbünde|n [fɛr'byndən] (*pas de -ge-*, *h*) ***sich ~*** s'allier (***mit*** à); **≈te** *m*, *f* (*-n*; *-n*) allié *m*, -e *f*

ver|'bürgen (*pas de -ge-*, *h*) ***sich ~ für*** se porter garant de, répondre de; **~'büßen** (*pas de -ge-*, *h*) ***e-e Strafe ~*** purger une peine; **~'chromt** [-'kroːmt] chromé

Verdacht [fɛr'daxt] *m* (-[*e*]*s*; *sans pl*) soupçon *m*; ***gegen j-n ~ schöpfen*** commencer à soupçonner qn; ***im ~ stehen*** être soupçonné (***zu*** de + *inf*)

verdächtig [-'dɛçtiç] suspect; ***sich ~ machen*** se rendre suspect; **~en** [-gən] (*pas de -ge-*, *h*) soupçonner (***j-n e-r Sache*** qn de qc); **≈ung** *f* (-; *-en*) soupçon *m*

verdamm|en [fɛr'damən] (*pas de -ge-*, *h*) condamner; *rel* damner; **~t** maudit, sacré F; F ***~ noch mal!*** zut alors!; F ***~ gut*** drôlement bon

ver'danken (*pas de -ge-*, *h*) ***j-m etw ~*** devoir qc à qn

verdau|en [fɛr'dauən] (*pas de -ge-*, *h*) digérer (*a fig*); **~lich** ***leicht ~*** digeste, facile à digérer; ***schwer ~*** indigeste, lourd; **≈ung** *f* (-; *sans pl*) digestion *f*; **≈ungsstörungen** *f*/*pl* troubles *m*/*pl* digestifs

Verdeck [fɛr'dɛk] *n* (-[*e*]*s*; *-e*) *auto* capote *f*; *mar* pont *m*; **≈en** (*pas de -ge-*, *h*) couvrir (*a fig*); *verbergen* cacher

verderb|en [fɛr'dɛrbən] (*verdarb*, *verdorben*) **1.** *v*/*i* (*sn*) *Lebensmittel* s'abîmer; *etw* abîmer; **2.** *v*/*t* (*h*) *Spaß*, *Preise etc* gâcher; *sittlich* corrompre; ***sich die Augen ~*** s'abîmer la vue; ***sich den Magen ~*** se détraquer l'estomac; ***es mit j-m ~*** perdre les bonnes grâces de qn; **≈en** *n* (*-s*; *sans pl*) perte *f*, ruine *f*; **~lich** [-pliç] *Lebensmittel* périssable; *schädlich* pernicieux

ver'deutlichen (*pas de -ge-*, *h*) rendre clair, élucider

ver'dien|en (*pas de -ge-*, *h*) *Geld* gagner; *Lob*, *Tadel* mériter; **≈er** *m* (*-s*; -) gagneur *m*; **≈st** (*-es*; *-e*) **1.** *m* gain *m*; **2.** *n* mérite *m*; **~t** (bien) mérité; *Person* de mérite; ***sich ~ machen um*** bien mériter de

ver|doppeln [fɛr'dɔpəln] (*pas de -ge-*, *h*) (***sich***) **~** doubler; **~dorben** [-'dɔrbən] abîmé; *fig* gâché; *Lebensmittel a* avarié; *sittlich* corrompu, dépravé; **~dorren** [-'dɔrən] (*pas de -ge-*, *sn*) se dessécher

ver'dräng|en (*pas de -ge-*, *h*) *ersetzen* supplanter; *psych* refouler; **≈ung** *psych f* (-; *-en*) refoulement *m*

ver|'drehen (*pas de -ge-*, *h*) tordre; *Augen* rouler; *fig Tatsachen*, *Wahrheit* dénaturer, altérer; *fig* ***j-m den Kopf ~*** tourner la tête à qn; **~'dreifachen** (*pas de -ge-*, *h*) (***sich***) **~** tripler

ver|drießlich [fɛr'driːsliç], **~drossen** [-'drɔsən] maussade, renfrogné

Verdruss [fɛr'drus] *m* (*-es*; *-e*) dépit *m*, contrariété *f*, ennuis *m*/*pl*

ver'dunkeln (*pas de -ge-*, *h*) (***sich ~*** s')obscurcir

ver|'dünnen (*pas de -ge-*, *h*) diluer (***mit Wasser*** avec de l'eau); **~'dunsten** (*pas de -ge-*, *sn*) s'évaporer

ver'ehr|en (*pas de -ge-*, *h*) *rel* vénérer; *fig* adorer; **≈er** *m* (*-s*; -), **≈erin** *f* (-; *-nen*) admirateur *m*, -trice *f*; *m e-s Mädchens* soupirant *m*; **≈ung** *f* (-; *-en*) vénération *f*; *fig* admiration *f*, adoration *f*

vereidigen [fɛrʔ'aidigən] (*pas de -ge-*, *h*) faire prêter serment à, assermenter

Verein [fɛrʔ'ain] *m* (-[*e*]*s*; *-e*) association *f*, club *m*

ver'einbar compatible (***mit*** avec); **~en** (*pas de -ge-*, *h*) convenir de; ***sich ~ lassen mit*** se concilier avec; **≈ung** *f* (-; *-en*) accord *m*, convention *f*

vereinen [fɛrʔ'ainən] (*pas de -ge-*, *h*) (***sich ~*** s')unir

ver'einfach|en (*pas de -ge-*, *h*) simplifier; **≈ung** *f* (-; *-en*) simplification *f*

ver'einheitlich|en (*pas de -ge-*, *h*) uniformiser, standardiser; **≈ung** *f* (-; *-en*) uniformisation *f*

ver'einig|en (*pas de -ge-*, *h*) (***sich ~*** se)

réunir, (s')unir; **~t** (ré)uni; ***die* ≗*en Staaten* (*von Amerika*)** les États-Unis *m/pl* (d'Amérique); **≗ung** *f* (-; *-en*) (ré)union *f*; *Verein* association *f*

ver'ein|t uni; ***die* ≗*en Nationen*** les Nations *f/pl* Unies; **~zelt** [fɛrˀ'aintsəlt] isolé

verenge(r)n [fɛrˀ'ɛŋə(r)n] (*pas de -ge-*, *h*) (***sich* ~** se) rétrécir

ver'erb|en (*pas de -ge-*, *h*) laisser (en mourant); *testamentarisch* léguer; *biol* transmettre; ***sich* ~ *auf*** se transmettre à; **≗ung** *biol f* (-; *-en*) hérédité *f*

Verf. *abr* ***Verfasser*** auteur

ver'fahren 1. (*irr*, *pas de -ge-*, → ***fahren***) (*v/i*, *sn*) procéder; **~ *mit*** traiter; (*v/t*, *h*) ***sich* ~** se tromper de route, s'égarer; **2.** **≗** *n* (*-s*; -) procédé *m*; *jur* procédure *f*

Ver'fall *m* (-[*e*]*s*; *sans pl*) décadence *f*, déclin *m*; *Gebäude* ruine *f*; *comm* échéance *f*; **≗en** (*irr*, *pas de -ge-*, *sn*, → ***fallen***) *Gebäude* tomber en ruine, se délabrer; *comm* échoir, venir à échéance; ***auf etw* ~** avoir l'idée de qc; ***in etw* ~** (re)tomber dans qc; ***j-m* ~ *sein*** être l'esclave de qn; **~sdatum** *n* date *f* limite de consommation

ver'fälschen (*pas de -ge-*, *h*) falsifier

ver'fass|en (*pas de -ge-*, *h*) rédiger; **≗er** *m* (*-s*; -), **≗erin** *f* (-; *-nen*) auteur *m*, femme *f* auteur

Ver'fassung *f* (-; *-en*) *Staats*≗ constitution *f*; *Zustand* état *m*; ***körperliche* ~** condition *f* physique; **≗sgemäß** selon la constitution; **≗smäßig** constitutionnel; **≗swidrig** anticonstitutionnel

ver'faulen (*pas de -ge-*, *sn*) pourrir

ver'fecht|en (*irr*, *pas de -ge-*, *h*, → ***fechten***) défendre; **≗er** *m* (*-s*; -) défenseur *m*, champion *m*, avocat *m*

verfeinden [fɛr'faindən] (*pas de -ge-*, *h*) ***sich* ~** se brouiller

verfeinern [fɛr'fainərn] (*pas de -ge-*, *h*) raffiner, améliorer

ver'film|en (*pas de -ge-*, *h*) porter à l'écran, tirer un film de; **≗ung** *f* (-; *-en*) adaptation *f* cinématographique

Ver|flechtung [fɛr'flɛçtuŋ] *f* (-; *-en*) interdépendance *f*; **≗'fluchen** (*pas de -ge-*, *h*) maudire; **≗flüchtigen** [-'flyçtigən] (*pas de -ge-*, *h*) ***sich* ~** se volatiliser (*a fig*)

verflüssig|en [fɛr'flysigən] (*pas de -ge-*, *h*) liquéfier; **≗ung** *f* (-; *-en*) liquéfaction *f*

ver'folg|en (*pas de -ge-*, *h*) poursuivre (*a jur*); *grausam od ungerecht* persécuter; ***gerichtlich* ~** poursuivre en justice; **≗er** *m* (*-s*; -) poursuivant *m*; *pol*, *rel* persécuteur *m*; **≗ung** *f* (-; *-en*) poursuite *f*; *pol*, *rel* persécution *f*; ***gerichtliche* ~** poursuites *f/pl* judiciaires; **≗ungswahn** *psych m* délire *m od* manie *f* de la persécution

verfrüht [fɛr'fry:t] prématuré

verfüg|bar [fɛr'fy:kba:r] disponible; **~en** [-gən] (*pas de -ge-*, *h*) *anordnen* ordonner; **~ *über*** disposer de; **≗ung** *f* (-; *-en*) disposition *f*; *Anordnung* ordonnance *f*; ***j-m zur* ~ *stellen* (*stehen*)** mettre (être) à la disposition de qn

ver'führ|en (*pas de -ge-*, *h*) séduire; **≗er** *m* (*-s*; -), **≗erin** *f* (-; *-nen*) séducteur *m*, -trice *f*; **~erisch** séduisant, tentant, attrayant; **≗ung** *f* (-; *-en*) séduction *f*

vergangen [fɛr'gaŋən] passé; ***im* ~*en Jahr*** l'année dernière *od* passée; **≗heit** *f* (-; *-en*) passé *m* (*a gr*)

vergänglich [fɛr'gɛŋliç] passager, éphémère, fugitif

Vergaser [fɛr'ga:zər] *m* (*-s*; -) *auto* carburateur *m*

ver'geb|en (*irr*, *pas de -ge-*, *h*, → ***geben***) *Stelle*, *Aufträge etc* donner, attribuer; *verzeihen* pardonner; **~ens** [-s] en vain; **~lich** [-'ge:pliç] inutile, vain; *adv* en vain; **≗ung** *f* (-; *-en*) pardon *m*

vergegenwärtigen [fɛrge:gən'vɛrtigən] (*pas de -ge-*, *h*) ***sich etw* ~** se représenter qc, se remémorer qc

vergehen [fɛr'gə:ən] **1.** (*irr*, *pas de -ge-*, → ***gehen***) (*v/i*, *sn*) *Zeit*, *Schmerz* passer; ***vor Angst* ~** mourir de peur; ***mir ist die Lust dazu vergangen*** j'en ai perdu l'envie; (*v/t*, *h*) ***sich an j-m* ~** porter la main sur qn; *an e-r Frau* violer qn; **2.** **≗** *jur n* (*-s*; -) délit *m*

ver'gelt|en (*irr*, *pas de -ge-*, *h*, → ***gelten***) rendre; ***Gleiches mit Gleichem* ~** rendre la pareille à qn; **≗ung** *f* (-; *-en*) vengeance *f*, revanche *f*

vergessen [fɛr'gɛsən] (*vergaß*, *vergessen*, *h*) oublier; **≗heit** *f* (-; *sans pl*) oubli *m*; ***in* ~ *geraten*** tomber dans l'oubli

vergesslich [fɛr'gɛsliç] étourdi, distrait

vergeud|en [fɛr'gɔydən] (*pas de -ge-*,

h) gaspiller; **≈ung** *f* (-; *-en*) gaspillage *m*

vergewaltig|en [fɛrgə'valtigən] (*pas de -ge-, h*) violer; **≈ung** *f* (-; *-en*) viol *m*

vergewissern [fɛrgə'visərn] (*pas de -ge-, h*) ***sich ~*** s'assurer (***e-r Sache*** de qc; ***ob*** si)

ver'gift|en (*pas de -ge-, h*) (***sich ~*** s')empoisonner, (s')intoxiquer; **≈ung** *f* (-; *-en*) empoisonnement *m*, intoxication *f*

Vergleich [fɛr'glaiç] *m* (-[*e*]*s*; *-e*) comparaison *f* (***mit*** à, avec); *jur nach Streit* compromis *m*; *statt Konkurs* règlement *m* judiciaire; ***im ~ zu*** par rapport à; **≈bar** comparable (***mit*** à, avec); **≈en** (*irr, pas de -ge-, h,* → ***gleichen***) comparer (***mit*** à, avec); **~sverfahren** *n écon* procédure *f* de conciliation

vergnüg|en [fɛr'gny:gən] **1.** (*pas de -ge-, h*) ***sich ~*** s'amuser (***mit*** à + *inf*), se divertir; **2. ≈en** *n* (*-s*; -) plaisir *m*; ***mit ~*** avec plaisir; ***viel ~!*** amusez-vous bien!; → *a* ***≈ung***; **~t** joyeux, gai; **≈ung** *f* (-; *-en*) amusement *m*, divertissement *m*; **≈ungspark** *m* parc *m* d'attractions; **≈ungsviertel** *n* quartier *m* des attractions

ver|'graben (*irr, pas de -ge-, h,* → ***graben***) enterrer, enfouir; **~'griffen** [-'grifən] *Buch* épuisé

vergrößer|n [fɛr'grø:sərn] (*pas de -ge-, h*) agrandir (*a Foto*), grossir (*a Lupe etc*), augmenter; **≈ung** *f* (-; *-en*) agrandissement *m* (*a Foto*), grossissement *m*, augmentation *f*; **≈ungsglas** *n* loupe *f*

Vergünstigung [fɛr'gynstiguŋ] *f* (-; *-en*) avantage *m*

vergüt|en [fɛr'gy:tən] (*pas de -ge-, h*) ***j-m etw ~*** indemniser qn de qc; ***j-m seine Auslagen ~*** rembourser qn de ses frais; **≈ung** *f* (-; *-en*) indemnité *f*

verh. *abr* ***verheiratet*** marié(e)

ver'haft|en (*pas de -ge-, h*) arrêter; **≈ung** *f* (-; *-en*) arrestation *f*

ver'halten 1. (*irr, pas de -ge-, h,* → ***halten***) ***sich ~*** se conduire, se comporter; ***sich ruhig ~*** garder son calme; ***es verhält sich so*** il en est ainsi; **2. ≈** *n* (*-s*; *sans pl*) comportement *m*, conduite *f*

Verhältnis [fɛr'hɛltnis] *n* (*-ses*; *-se*) relation *f*; *Größen≈* proportion *f*; *persönliches* rapports *m/pl* (***zu*** avec); *Liebes≈* liaison *f*; **~se** *pl* conditions *f/pl*, situation *f*, circonstances *f/pl*; ***im ~ zu*** par rapport à; ***über seine ~se leben*** vivre au-dessus de ses moyens; **≈mäßig** relatif; *adv* relativement; **~wahl** *f* scrutin *m* proportionnel; **~wahlrecht** *n* représentation *f* proportionnelle

ver'hand|eln (*pas de -ge-, h*) négocier (***über etw*** qc); **≈lung** *f* (-; *-en*) négociation *f*; *jur* audience *f*, débats *m/pl*

ver'häng|en (*pas de -ge-, h*) couvrir (d'un rideau); *Strafe* infliger (***gegen*** à); *Blockade* décréter; **~nisvoll** fatal, néfaste, funeste

ver|harmlosen [fɛr'harmlo:zən] (*pas de -ge-, h*) minimiser; **~hasst** [-'hast] détesté, haï, odieux

verheerend [fɛr'he:rənt] désastreux, catastrophique

verheimlich|en [fɛr'haimliçən] (*pas de -ge-, h*) dissimuler; **≈ung** *f* (-; *-en*) dissimulation *f*

ver'heirat|en (*pas de -ge-, h*) ***sich ~*** se marier (***mit*** avec); ***j-n mit j-m ~*** marier qn à *od* avec qn; **~et** marié

ver'heiß|en (*irr, pas de -ge-, h,* → ***heißen***) promettre; **≈ung** *st/s f* (-; *-en*) promesse *f*; **~ungsvoll** prometteur

ver'helfen (*irr, pas de -ge-, h,* → ***helfen***) ***j-m zu etw ~*** aider qn à obtenir qc

ver'herrlich|en (*pas de -ge-, h*) glorifier; **≈ung** *f* (-; *-en*) glorification *f*

ver'hinder|n (*pas de -ge-, h*) empêcher; **~t *~ sein*** être empêché, être retenu; ***ein ~er Künstler*** un artiste manqué; **≈ung** *f* (-; *-en*) empêchement *m*

verhöhnen [fɛr'hø:nən] (*pas de -ge-, h*) bafouer, tourner en dérision

Verhör [fɛr'hø:r] *jur n* (-[*e*]*s*; *-e*) interrogatoire *m*; **≈en** (*pas de -ge-, h*) interroger; ***sich ~*** mal entendre

ver|hüllen [fɛr'hylən] (*pas de -ge-, h*) voiler; **~'hungern** (*pas de -ge-, sn*) mourir de faim

ver'hüt|en (*pas de -ge-, h*) empêcher, prévenir; **≈ung** *f* (-; *-en*) prévention *f*; **≈ungsmittel** *méd n* contraceptif *m*

ver'irr|en (*pas de -ge-, h*) ***sich ~*** s'égarer, se perdre; **≈ung** *f* (-; *-en*) aberration *f*

Verjährung [fɛr'jɛ:ruŋ] *jur f* (-; *-en*) prescription *f*; **~sfrist** *f* délai *m* de prescription

verjüngen [fɛr'jyŋən] (*pas de -ge-, h*) rajeunir; ***sich ~*** rajeunir; *Säule* s'amincir

ver'kabeln (*pas de -ge-, h*) *TV* câbler

ver'kalk|en (*pas de -ge-, sn*) *méd u fig* se scléroser; *Rohr* s'entartrer; **~t** *fig* sclérosé, gaga F

verkannt [fɛr'kant] méconnu

Ver'kauf *m* vente *f*; **2en** (*pas de -ge-, h*) (***sich ~*** se) vendre; ***zu ~*** à vendre

Ver'käuf|er *m* (*-s*; -), **~erin** *f* (-; *-nen*) vendeur *m*, -euse *f*; **2lich** à vendre; ***leicht ~*** facile à écouler

Ver'kaufs|leiter *m* chef *m* de vente; **~preis** *m* prix *m* de vente

Verkehr [fɛr'ke:r] *m* (*-s*; *-e*) circulation *f*, trafic *m*; *Geschlechts*2 rapports *m/pl*; ***aus dem ~ ziehen*** retirer de la circulation; **2en** (*pas de -ge-, h*) *Bus etc* circuler; ***mit j-m ~*** être en relations avec qn; *sexuell* avoir des rapports avec qn; ***bei j-m ~*** fréquenter qn; ***ins Gegenteil ~*** transformer en son contraire

Ver'kehrs|ader *f* axe *m* routier, artère *f*; **~ampel** *f* feux *m/pl* (de signalisation); **~amt** *n* office *m* de tourisme; **~aufkommen** *n* importance *f* de la circulation; **2beruhigt** à circulation réduite; **~büro** *n* → ***~amt***; **~delikt** *n* infraction *f* au code de la route; **~flugzeug** *n* avion *m* de ligne; **~funk** *m* radioguidage *m*; **~hindernis** *n* obstacle *m* à la circulation; **~meldung** *f* information *f* sur le trafic; **~minister** *m* ministre *m* des Transports; **~mittel** *n* moyen *m* de transport; ***öffentliche ~*** *pl* transports *m/pl* publics *od* en commun; **~opfer** *n* victime *f* de la circulation; **~polizei** *f* police *f* routière; **~regeln** *f/pl* code *m* de la route; **~schild** *n* panneau *m* de signalisation; **~sicherheit** *f* sécurité *f* routière; **~stau** *m* bouchon *m*, embouteillage *m*; **~teilnehmer** *m* usager *m* de la circulation *od* de la route; **~verbindungen** *f/pl* voies *f/pl* de communication; **~verein** *m* syndicat *m* d'initiative; **2widrig** contraire au code de la route; **~zeichen** *n* panneau *m* de signalisation

verkehrt [fɛr'ke:rt] à l'envers; *falsch* mauvais, faux; *adv* de travers

ver'kennen (*irr, pas de -ge-, h,* → ***kennen***) méconnaître, se méprendre sur

ver'klagen (*pas de -ge-, h*) ***j-n ~*** intenter une action contre qn

verklapp|en [fɛr'klapən] (*pas de -ge-, h*) évacuer en mer; **2ung** *f* (-; *-en*) évacuation *f* en mer

ver'kleid|en (*pas de -ge-, h*) (***sich ~*** se) déguiser (***als*** en); *tech* revêtir; **2ung** *f* (-; *-en*) déguisement *m*; *tech* revêtement *m*

verkleiner|n [fɛr'klainərn] (*pas de -ge-, h*) rapetisser, réduire; **2ung** *f* (-; *-en*) rapetissement *m*, réduction *f* (*a Foto*)

ver|klemmt [fɛr'klɛmt] *psych* complexé; **~'knüpfen** (*pas de -ge-, h*) attacher; *fig* lier, joindre, associer (*alle* ***mit*** à)

ver'kommen 1. (*irr, pas de -ge-, sn,* → ***kommen***) *Haus etc* être laissé à l'abandon; *Mensch* tomber bien bas; **2.** *adj moralisch* dépravé

ver'körper|n (*pas de -ge-, h*) personnifier; **2ung** *f* (-; *-en*) personnification *f*

ver|krüppelt [fɛr'krypəlt] estropié; *Pflanze* rabougri; **~'kümmern** (*pas de -ge-, sn*) *Lebewesen* dépérir; *Muskel, fig Begabung* s'atrophier; *Pflanze a* s'étioler (*a fig*), se rabougrir

verkünd|(ig)en [fɛr'kynd(ig)ən] (*pas de -ge-, h*) annoncer, proclamer; *Gesetz* promulguer; *Evangelium* prêcher; ***das Urteil verkünden*** prononcer la sentence; **2ung** *f* (-; *-en*) proclamation *f*

ver'kürz|en (*pas de -ge-, h*) raccourcir; *Arbeitszeit* réduire; **2ung** *f* (-; *-en*) raccourcissement *m*, réduction *f*

ver'laden (*irr, pas de -ge-, h,* → ***laden***) charger; *mar* embarquer

Verlag [fɛr'la:k] *m* (*-[e]s*; *-e*) maison *f* d'édition

verlangen [fɛr'laŋən] **1.** (*pas de -ge-, h*) demander (***etw von j-m*** qc à qn), exiger (qc de qn), réclamer (qc de qn); ***nach j-m ~*** réclamer qn; **2.** 2 *n* (*-s*; -) désir *m* (***nach*** de); ***auf ~ von*** sur *od* à la demande de

verlänger|n [fɛr'lɛŋərn] (*pas de -ge-, h*) prolonger; **2ung** *f* (-; *-en*) *zeitlich* prolongation *f*; *räumlich* prolongement *m*; **2ungsschnur** *f* rallonge *f*

ver'langsamen (*pas de -ge-, h*) (***sich ~*** se) ralentir

ver'lassen 1. (*irr, pas de -ge-, h,* → ***lassen***) quitter; *im Stich lassen* abandonner; ***sich ~ auf*** compter sur, se fier à; **2.** *adj* abandonné

Ver'lauf *m* (-[*e*]*s*; *sans pl*) déroulement *m*, cours *m*; *e-r Straße*, *Grenze* tracé *m*; **2en** (*irr*, *pas de -ge-*, → ***laufen***) **1.** *v/i* (*sn*) *Ereignis*, *Entwicklung* se dérouler, se passer; *Straße* aller; **2.** (*h*) ***sich ~*** *sich verirren* se perdre, s'égarer; *Menschenmenge* s'écouler

ver'leben (*pas de -ge-*, *h*) *Zeit* passer

ver'legen 1. (*pas de -ge-*, *h*) *räumlich* déplacer; *Wohnsitz* transférer; *Brille* égarer; *zeitlich* remettre, ajourner (***auf*** à); *Leitung* poser; *Bücher* éditer; **2.** *adj* embarrassé, gêné; **2heit** *f* (-; *-en*) embarras *m*, gêne *f*; ***j-n in ~ bringen*** embarrasser qn

Verleg|er [fɛr'le:gər] *m* (*-s*; -) éditeur *m*; **~ung** *f* (-; *-en*) déplacement *m*, transfert *m*; *zeitlich* ajournement *m*; *tech* pose *f*

Verleih [fɛr'lai] *m* (-[*e*]*s*; *-e*) location *f*; *Film***2** distribution *f*; **2en** (*irr*, *pas de -ge-*, *h*, → ***leihen***) prêter, louer; *Preis* décerner; *Rechte*, *Titel* conférer; **~ung** *f* (-; *-en*) *Preis* décernement *m*

ver'leiten (*pas de -ge-*, *h*) ***j-n zu etw ~*** inciter qn à qc

verletz|bar [fɛr'lɛtsba:r] vulnérable; **~en** (*pas de -ge-*, *h*) (***sich ~*** se) blesser; *fig a* offenser; **~end** blessant; **2te** *m*, *f* (*-n*; *-n*) blessé *m*, -e *f*; **2ung** *f* (-; *-en*) blessure *f*

ver'leugnen (*pas de -ge-*, *h*) renier

verleumd|en [fɛr'lɔymdən] (*pas de -ge-*, *h*) calomnier, diffamer; **2er** *m* (*-s*; -), **2erin** *f* (-; *-nen*) calomniateur *m*, -trice *f*, diffamateur *m*, -trice *f*; **2ung** *f* (-; *-en*) calomnie *f*, diffamation *f*

ver'lieben (*pas de -ge-*, *h*) ***sich ~*** tomber amoureux (***in j-n*** de qn)

ver'liebt [fɛr'li:pt] amoureux

verlieren [fɛr'li:rən] (*verlor*, *verloren*, *h*) perdre; ***verloren gehen*** se perdre, s'égarer

Verlierer *m* (*-s*; -), **2erin** *f* (-; *-nen*) perdant *m*, -e *f*

ver'lob|en (*pas de -ge-*, *h*) ***sich ~*** se fiancer (***mit*** avec); **2te** [-ptə] *m*, *f* (*-n*; *-n*) fiancé *m*, -e *f*; **2ung** *f* (-; *-en*) fiançailles *f/pl*

ver'lock|en (*pas de -ge-*, *h*) séduire, tenter; **~end** tentant, séduisant; **2ung** *f* (-; *-en*) séduction *f*, tentation *f*

verlogen [fɛr'lo:gən] *Person* menteur; *Sache* mensonger

verloren [fɛr'lo:rən], **~gehen** (*irr*, *sép*, *-ge-*, *sn*, → ***gehen***) → ***verlieren***

Verlust [fɛr'lust] *m* (*-s*; *-e*) perte *f*

vermarkt|en [fɛr'marktən] (*pas de -ge-*, *h*) commercialiser; **2ung** *f* (-; *-en*) commercialisation *f*

vermehr|en [fɛr'me:rən] (*pas de -ge-*, *h*) augmenter, accroître, multiplier (*a biol*); ***sich ~*** augmenter; *biol* se multiplier; **2ung** *f* (-; *selten -en*) augmentation *f*, accroissement *m*; *biol* multiplication *f*

vermeid|bar [fɛr'maitba:r] évitable; **~en** [-dən] (*irr*, *pas de -ge-*, *h*, → ***meiden***) éviter

Vermerk [fɛr'mɛrk] *m* (-[*e*]*s*; *-e*) note *f*, mention *f*; **2en** (*pas de -ge-*, *h*) noter

ver'mess|en 1. (*irr*, *pas de -ge-*, *h*, → ***messen***) mesurer; *Gelände* arpenter; **2.** *adj* téméraire; *überheblich* présomptueux; **2ung** *f* (-; *-en*) mesurage *m*; arpentage *m*

ver'miet|en (*pas de -ge-*, *h*) louer; ***Zimmer zu ~*** chambre à louer; **2er** *m* (*-s*; -), **2erin** *f* (-; *-nen*) loueur *m*, -euse *f*; *Zimmer***2***(in)* logeur *m*; -euse *f*; *Wohnungs***2***(in)* propriétaire *m*, *f*; **2ung** *f* (-; *-en*) location *f*

verminder|n [fɛr'mindərn] (*pas de -ge-*, *h*) (***sich ~***) diminuer, (s')amoindrir; **2ung** *f* (-; *-en*) diminution *f*; réduction *f*

ver'misch|en (*pas de -ge-*, *h*) (***sich ~*** se) mêler (***mit*** avec *od* à), (se) mélanger (avec *od* à)

vermissen [fɛr'misən] (*pas de -ge-*, *h*) ne pas retrouver; *schmerzlich* regretter; ***ich vermisse j-n*** (***etw***) *a* qn (qc) me manque

vermitt|eln [fɛr'mitəln] (*pas de -ge-*, *h*) *Stelle etc* procurer; *Wissen* communiquer; *bei Konflikt* servir de médiateur (***zwischen*** entre; ***bei*** *od* ***in*** dans), intervenir, s'interposer; **2ler** *m* (*-s*; -), **2lerin** *f* (-; *-nen*) intermédiaire *m*, *f*; *bei Konflikt* médiateur *m*, -trice *f*; **2lung** *f* (-; *-en*) *Schlichtung* médiation *f*; *Eingreifen* intervention *f*; *Stelle*, *Büro* agence *f*; *tél* standard *m*, central *m*; ***durch j-s ~*** par l'intermédiaire de qn

Vermögen [fɛr'mø:gən] *n* (*-s*; -) *Besitz*

fortune *f*; *Fähigkeit* faculté *f*; **≈d** fortuné, riche; **~sberatung** *f* conseil *m* en investissement; **~ssteuer** *f* impôt *m* sur la fortune; **~swerte** *m/pl* valeurs *f/pl* en capital

vermut|en [fɛr'muːtən] (*pas de -ge-, h*) supposer, présumer; **~lich** présumé; probable(ment); **≈ung** *f* (-; *-en*) supposition *f*, présomption *f*

ver|nachlässigen [fɛr'naːxlɛsigən] (*pas de -ge-, h*) (***sich ~*** se) négliger; **~narben** [-'narbən] (*pas de -ge-, sn*) se cicatriser (*a fig*)

ver'nehm|en (*irr, pas de -ge-, h*, → ***nehmen***) *hören* entendre; *erfahren* apprendre; *jur* interroger; **≈ung** *jur f* (-; *-en*) interrogatoire *m*; *von Zeugen* audition *f*

verneinen [fɛr'nainən] (*pas de -ge-, h*) dire (que) non, répondre négativement; *gr* mettre à la forme négative

vernicht|en [fɛr'niçtən] (*pas de -ge-, h*) anéantir, détruire, exterminer; **≈ung** *f* (-; *-en*) anéantissement *m*, destruction *f*, extermination *f*

Vernunft [fɛr'nunft] *f* (-; *sans pl*) raison *f*; ***~ annehmen*** entendre raison; ***j-n zur ~ bringen*** ramener qn à la raison

vernünftig [fɛr'nynftiç] raisonnable

ver'öffentlich|en (*pas de -ge-, h*) publier; **≈ung** *f* (-; *-en*) publication *f*

verordn|en [fɛr'ɔrdnən] (*pas de -ge-, h*) décréter; *méd* prescrire; **≈ung** *f* (-; *-en*) *jur* décret *m*; *méd* prescription *f*

verpacht|en [fɛr'paxtən] (*pas de -ge-, h*) affermer, donner à bail; **≈ung** *f* (-; *-en*) affermage *m*

ver'pack|en (*pas de -ge-, h*) emballer; **≈ung** *f* (-; *-en*) emballage *m*; *comm a* conditionnement *m*

ver|'passen (*pas de -ge-, h*) *Gelegenheit* laisser échapper; *Zug* manquer, rater; **~'pesten** (*pas de -ge-, h*) empester, empoisonner

ver'pflanz|en (*pas de -ge-, h*) transplanter (*a fig u méd*); *méd meist* greffer; **≈ung** *f* (-; *-en*) transplantation (*a fig u méd*); *méd meist* greffe *f*

ver'pfleg|en (*pas de -ge-, h*) nourrir; ***sich ~*** s'approvisionner, se ravitailler; **≈ung** *f* (-; *-en*) nourriture *f*

verpflicht|en [fɛr'pfliçtən] (*pas de -ge-, h*) ***j-n ~*** obliger *od* engager qn (***zu*** à); ***sich ~*** s'engager (***zu*** à); **~et *~ sein, etw zu tun*** être obligé de faire qc; **≈ung** *f* (-; *-en*) obligation *f*, engagement *m* (***gegenüber j-m*** envers qn)

verpönt [fɛr'pøːnt] mal vu, unanimement réprouvé

ver'prügeln (*pas de -ge-, h*) rosser; F passer à tabac

Verputz [fɛr'puts] *m* (*-es*; *sans pl*) crépi *m*; **≈en** (*pas de -ge-, h*) crépir; F *essen* dévorer, engloutir

Verrat [fɛr'raːt] *m* (-[*e*]*s*; *sans pl*) trahison *f*; **≈en** (*irr, pas de -ge-, h*, → ***raten***) (***sich ~*** se) trahir

Verräter [fɛr'rɛːtər] *m* (*-s*; -), **~in** *f* (-; *-nen*) traître *m*, traîtresse *f*; **≈isch** traître

ver'rechn|en (*pas de -ge-, h*) compenser, faire le compte de; ***sich ~*** se tromper dans ses calculs; ***sich um e-n Euro ~*** se tromper *od* faire une erreur d'un euro; **≈ung** *comm f* (-; *-en*) compensation *f*, clearing *m*; **≈ungsscheck** *m* chèque *m* barré

ver'reis|en (*pas de -ge-, sn*) partir en voyage (***nach*** pour); **~t** (parti) en voyage

verrenk|en [fɛr'rɛŋkən] (*pas de -ge-, h*) *verdrehen* tordre; *ausrenken* ***sich etw ~*** se luxer qc; **≈ung** *méd f* (-; *-en*) luxation *f*

ver|'richten (*pas de -ge-, h*) faire, exécuter; **~'riegeln** (*pas de -ge-, h*) verrouiller

verringer|n [fɛr'riŋərn] (*pas de -ge-, h*) (***sich ~*** s')amoindrir, diminuer; **≈ung** *f* (-; *-en*) amoindrissement *m*, diminution *f*, réduction *f*

ver'rosten (*pas de -ge-, sn*) rouiller

verrückt [fɛr'rykt] fou (***auf, nach*** de); ***~ werden*** devenir fou; **≈e** *m*, *f* (*-n*; *-n*) fou *m*, folle *f*; **≈heit** *f* (-; *-en*) folie *f*

Verruf [fɛr'ruːf] *m* (-[*e*]*s*; *sans pl*) ***in ~ bringen*** jeter le discrédit sur, discréditer; ***in ~ geraten*** tomber dans le discrédit, se discréditer; **≈en** *adj* mal famé

Vers [fɛrs] *m* (*-es*; *-e*) vers *m*; *Bibel* verset *m*

ver'sag|en (*pas de -ge-, h*) *Hilfe etc* refuser; *tech* tomber en panne; *Bremsen* lâcher; *Schusswaffe* rater; *Person* échouer, ne pas être à la hauteur; **≈en** *n* (*-s*; *sans pl*) défaillance *f* (*a tech*); ***menschliches ~*** défaillance hu

maine; **≈er** *m* (*-s*; -) *Person, Schuss* raté *m*
ver'salzen (*versalzte, versalzt u versalzen*) trop saler
ver'samm|eln (*pas de -ge-, h*) (***sich*** ~ se) réunir, (se) rassembler; **≈lung** *f* (-; *-en*) réunion *f*, assemblée *f*
Versand [fɛr'zant] *m* (-[*e*]*s*; *sans pl*) expédition *f*; **~abteilung** *f* service *m* d'expédition; **~handel** *comm m* vente *f* par correspondance; **~haus** *n* maison *f* d'expédition
versäum|en [fɛr'zɔymən] (*pas de -ge-, h*) manquer; ~, ***etw zu tun*** négliger de faire qc; **≈nis** *n* (*-ses*; *-se*) négligence *f*; *Schule* absence *f*
ver|'schaffen (*pas de -ge-, h*) ***j-m etw*** ~ procurer qc à qn; ***sich etw*** ~ se procurer qc; **~'schärfen** (*pas de -ge-, h*) aggraver; *Kontrolle* renforcer; ***sich*** ~ *Lage* s'aggraver; **~'schätzen** (*pas de -ge-, h*) ***sich*** ~ commettre une erreur d'appréciation; **~'schenken** (*pas de -ge-, h*) donner (en cadeau); **~scheuchen** [fɛr'ʃɔyçən] (*pas de -ge-, h*) chasser (*a fig*); **~'schicken** (*pas de -ge-, h*) expédier
ver'schieb|en (*irr, pas de -ge-, h,* → ***schieben***) déplacer; *zeitlich* remettre, reporter, ajourner; ***sich*** ~ se déplacer; *Termin* être reporté à une date ultérieure; **≈ung** *f* (-; *-en*) déplacement *m*; *zeitliche* ajournement *m*
verschieden [fɛr'ʃiːdən] différent (***von*** de), divers; **~artig** hétérogène; **~e** *pl* plusieurs; **≈es** *n* différentes choses *f/pl*; *Zeitung* faits *m/pl* divers; **~tlich** à plusieurs *od* différentes reprises
ver|'schiffen (*pas de -ge-, h*) transporter par bateau; *verladen* embarquer; **~'schlafen 1.** (*irr, pas de -ge-, h,* → ***schlafen***) se lever trop tard; *Tag* passer à dormir; F *fig* oublier; **2.** *adj* endormi (*a fig*)
Ver'schlag *m* réduit *m*, cagibi *m*
verschlechter|n [fɛr'ʃlɛçtərn] (*pas de -ge-, h*) empirer; ***sich*** ~ empirer, se détériorer; *Lage* se dégrader, s'aggraver; *Wetter* se gâter; **≈ung** *f* (-; *-en*) détérioration *f*, dégradation *f*
Verschleiß [fɛr'ʃlais] *m* (*-es*; *-e*) usure *f*; **≈en** (*verschliss, verschlissen*) (***sich***) ~ s'user
ver|'schleppen (*pas de -ge-, h*) *Menschen* déporter, déplacer; *zeitlich* faire traîner en longueur; *Krankheit* traîner; **~'schleudern** (*pas de -ge-, h*) *comm* vendre à perte, brader, bazarder F; *fig* dissiper; **~'schließen** (*irr, pas de -ge-, h,* → ***schließen***) fermer à clé; *fig* ***sich e-r Sache*** ~ se fermer à qc
verschlimmer|n [fɛr'ʃlimərn] (*pas de -ge-, h*) (***sich***) ~ empirer, (se) détériorer; *Krankheit* (s')aggraver; **≈ung** *f* (-; *-en*) aggravation *f*, détérioration *f*
verschlossen [fɛr'ʃlɔsən] *Person* renfermé, taciturne
ver'schlucken (*pas de -ge-, h*) avaler; ***sich*** ~ avaler de travers
Ver'schluss *m* (*-es*; *⸚e*) fermeture *f*; *Foto* obturateur *m*; ***unter ~ halten*** garder sous clé
ver|schlüsseln [fɛr'ʃlysəln] (*pas de -ge-, h*) chiffrer, coder; **~schmähen** [-'ʃmɛːən] (*pas de -ge-, h*) dédaigner
ver'schmelz|en (*irr, pas de -ge-,* → ***schmelzen***) *v/t* (*h*), *v/i* (*sn*) fondre (***mit*** avec *od* dans); *écon Firmen* fusionner; **≈ung** *f* (-; *-en*) fusion *f*
ver|schmutzen [fɛr'ʃmutsən] (*pas de -ge-, h*) salir; *Umwelt* polluer; **~schneit** [fɛr'ʃnait] enneigé; **~schnupft** [-'ʃnupft] ~ ***sein*** être enrhumé; *fig* être vexé; **~'schonen** (*pas de -ge-, h*) épargner (*a* ***j-n mit etw*** qc à qn)
verschöner|n [fɛr'ʃøːnərn] (*pas de -ge-, h*) embellir; **≈ung** *f* (-; *-en*) embellissement *m*
ver'schreib|en (*irr, pas de -ge-, h,* → ***schreiben***) *Medikament* prescrire; ***sich*** ~ faire une faute (en écrivant); *fig* ***sich e-r Sache*** ~ se consacrer *od* se donner entièrement à qc; **≈ung** *méd f* (-; *-en*) prescription *f*; **~ungspflichtig** *phm* soumis à une ordonnance
ver|schroben [fɛr'ʃroːbən] bizarre, extravagant, farfelu F; **~schrotten** [-'ʃrɔtən] (*pas de -ge-, h*) mettre à la ferraille
ver'schuld|en (*pas de -ge-, h*) ***etw*** ~ se rendre coupable de qc; ***sich*** ~ s'endetter; **~et** endetté; **≈ung** *f* (-; *sans pl*) endettement *m*
ver'schweigen (*irr, pas de -ge-, h,* → ***schweigen***) passer sous silence

verschwend|en [fɛr'ʃvɛndən] (*pas de -ge-, h*) gaspiller; *Geld, Vermögen a* dissiper, dilapider; **~erisch** gaspilleur, dépensier, prodigue; **2ung** *f* (-; *sans pl*) gaspillage *m*, dissipation *f*
verschwiegen [fɛr'ʃviːgən] discret; **2heit** *f* (-; *sans pl*) discrétion *f*
ver'schwinden (*irr, pas de -ge-, sn,* → ***schwinden***) **1.** disparaître; **2.** 2 *n* (-*s*; *sans pl*) disparition *f*
verschwommen [fɛr'ʃvɔmən] vague, flou, diffus
ver'schwör|en (*irr, pas de -ge-, h,* → ***schwören***) ***sich ~*** conspirer (***gegen*** contre); **2er** *m* (-*s*; -), **2erin** *f* (-; -*nen*) conspirateur *m*, -trice *f*, conjuré *m*, -e *f*; **2ung** *f* (-; -*en*) conspiration *f*, conjuration *f*, complot *m*
verschwunden [fɛr'ʃvundən] disparu
ver'sehen 1. (*irr, pas de -ge-, h,* → ***sehen***) *Dienst* faire; *Haushalt* s'occuper de; ***mit etw ~*** munir de qc; ***j-n mit etw ~*** *a* pourvoir qn de qc; ***sich ~*** se tromper; **2.** 2 *n* (-*s*; -) erreur *f*, méprise *f*; ***aus ~*** par inadvertance, par mégarde; **~tlich** par inadvertance, par mégarde
ver|'senden (*irr, pas de -ge-, h,* → ***senden***) expédier; **~'senken** (*pas de -ge-, h*) *Schiff* couler; *fig* ***sich ~*** s'absorber, se plonger (***in*** dans)
ver'setz|en (*pas de -ge-, h*) déplacer; *Beamte a* muter; *Schüler* faire passer dans la classe supérieure; *Schlag, Tritt* donner, flanquer F; *Pflanze* transplanter; *als Pfand* mettre en gage; *erwidern* répliquer; *fig* ***j-n ~*** *vergeblich warten lassen* F poser un lapin à qn; ***sich in j-s Lage ~*** se mettre à la place de qn; **2ung** *f* (-; -*en*) *Schule* passage *m* dans la classe supérieure; *dienstliche* déplacement *m*, mutation *f*
verseuchen [fɛr'zɔʏçən] (*pas de -ge-, h*) contaminer
Ver'sicher|er *m* (-*s*; -) assureur *m*; **2n** (*pas de -ge-, h*) (***sich ~*** s')assurer (***gegen*** contre); ***j-m ~, dass ...*** assurer à qn que ...; **~te** *m, f* (-*n*, -*n*) assuré *m*, -e *f*
Ver'sicherung *f* (-; -*en*) assurance *f*; **~sagent** *m* courtier *m* d'assurances; **~sgesellschaft** *f* compagnie *f* d'assurances; **~skarte** *f* ***grüne ~*** carte *f* verte; **~snehmer** *m* (-*s*; -) assuré *m*; **~spolice** *f* police *f* (d'assurance)
ver|'sickern (*pas de -ge-, sn*) s'infiltrer (***in*** dans); **~'sinken** (*irr, pas de -ge-, sn,* → ***sinken***) s'enfoncer (***in*** dans)
Version [vɛr'zjoːn] *f* (-; -*en*) version *f*
versöhn|en [fɛr'zøːnən] (*pas de -ge-, h*) (***sich ~*** se) réconcilier (***mit*** avec); **~lich** conciliant; **2ung** *f* (-; -*en*) réconciliation *f*
ver'sorg|en (*pas de -ge-, h*) approvisionner (***mit*** en), fournir (en), pourvoir (de); *bes tech* alimenter (en); *Familie* entretenir; *Heizung etc* s'occuper de; **2ung** *f* (-; -*en*) approvisionnement *m* (***mit*** en); *bes tech* alimentation *f* (en); *Unterhalt* entretien *m*; **2ungslücke** *f* difficultés *f/pl* d'approvisionnement
ver'spät|en (*pas de -ge-, h*) ***sich ~*** être en retard; **~et** en retard, retardé; **2ung** *f* (-; -*en*) retard *m*; ***~ haben*** être en retard
ver|'sperren (*pas de -ge-, h*) barrer; *Sicht* boucher; **~'spotten** (*pas de -ge-, h*) ***j-n*** (***etw***) ***~*** se moquer de qn (qc), railler qn (qc)
ver'sprech|en (*irr, pas de -ge-, h,* → ***sprechen***) promettre; ***sich zu viel ~*** attendre trop (***von*** de); ***sich ~*** se tromper en parlant; ***er hat sich versprochen*** la langue lui a fourché; **2en** *n* (-*s*; -) promesse *f*; **2ungen** *f/pl* ***leere ~*** promesses *f/pl* en l'air
ver'staatlich|en (*pas de -ge-, h*) nationaliser, étatiser; **2ung** *f* (-; -*en*) nationalisation *f*
Verstädterung [fɛr'ʃtɛtəruŋ] *f* (-; *sans pl*) urbanisation *f*
Verstand [fɛr'ʃtant] *m* (-[*e*]*s*; *sans pl*) intelligence *f*, raison *f*; **2esmäßig** logique, rationnel
verständ|ig [fɛr'ʃtɛndiç] raisonnable; **~igen** [-gən] (*pas de -ge-, h*) ***j-n von etw ~*** informer qn de qc, communiquer qc à qn, faire savoir qc à qn; ***sich mit j-m ~*** *einigen* se mettre d'accord avec qn (***über*** sur); **2igung** *f* (-; *sans pl*) *Kontakt* communication *f*; *Informierung* information *f*; *Einvernehmen* entente *f*; **~lich** compréhensible, intelligible; ***schwer*** (***leicht***) ***~*** difficile (facile) à comprendre; ***j-m etw ~ machen*** faire comprendre qc à qn; ***sich ~ machen*** se faire comprendre
Verständnis [fɛr'ʃtɛntnis] *n* (-*ses*; *sans pl*) compréhension *f*, intelligence *f*

entendement *m*; **2los** qui ne comprend pas; **2voll** compréhensif
ver'stärk|en (*pas de -ge-, h*) renforcer, intensifier; *tech* amplifier; ***sich* ~** augmenter; **2er** *m* (*-s*; -) *tech* amplificateur *m*; **2ung** *f* (-; *-en*) renforcement *m*, intensification *f*; *tech* amplification *f*; *mil* renfort *m*
verstauch|en [fɛr'ʃtauxən] (*pas de -ge-, h*) ***sich den Fuß* ~** se fouler le pied; **2ung** *méd f* (-; *-en*) entorse *f*, foulure *f*
ver'stauen (*pas de -ge-, h*) mettre, placer, caser
Versteck [fɛr'ʃtɛk] *n* (-[*e*]*s*; *-e*) cachette *f*; **2en** (*pas de -ge-, h*) cacher (***etw vor j-m*** qc à qn); ***sich* ~** se cacher (***vor j-m*** de qn)
ver'stehen (*irr, pas de -ge-, h,* → ***stehen***) comprendre; *gelernt haben* entendre, savoir; ***sich* ~** s'entendre (***mit j-m*** avec qn; ***auf etw*** à qc); ***zu ~ geben*** donner à entendre; ***was ~ Sie unter …?*** qu'est-ce que vous entendez par …?; ***es versteht sich von selbst*** cela va de soi
ver'steiger|n (*pas de -ge-, h*) vendre aux enchères; **2ung** *f* (-; *-en*) vente *f* aux enchères
ver'stell|bar *tech* réglable; *drehbar* orientable; **~en** (*pas de -ge-, h*) *einstellen* régler, ajuster; *falsch einstellen* dérégler; *Weg* barrer; *Stimme* déguiser; ***sich* ~** jouer la comédie; **2ung** *f* (-; *-en*) *Heuchelei* dissimulation *f*
ver'steuern (*pas de -ge-, h*) payer l'impôt sur
verstimm|t [fɛr'ʃtimt] *mus* désaccordé; *Magen* dérangé; *fig verärgert* fâché, contrarié; **2ung** *f* (-; *-en*) mauvaise humeur *f*
ver'stopf|en (*pas de -ge-, h*) boucher; *méd* constiper; **2ung** *f* (-; *-en*) *méd* constipation *f*
verstorben [fɛr'ʃtɔrbən] mort; *jur* décédé; **2e** *m, f* (*-n*; *-n*) défunt *m*, -e *f*
verstört [fɛr'ʃtøːrt] troublé, bouleversé, effaré
Ver'stoß *m* faute *f*; *jur* infraction *f* (***gegen*** à); **2en** (*irr, pas de -ge-, h,* → ***stoßen***) expulser; ***gegen etw* ~** pécher contre qc; *jur* contrevenir à qc
ver|'streichen (*irr, pas de -ge,* → ***streichen***) **1.** *v/i* (*sn*) *Zeit* passer, s'écouler; *Frist* expirer; **2.** *v/t* (*h*) *Creme etc* étaler; **~'streuen** (*pas de -ge-, h*) répandre, éparpiller
verstümmel|n [fɛr'ʃtyməln] (*pas de -ge-, h*) mutiler; *fig a* estropier; **2ung** *f* (-; *-en*) mutilation *f* (*a fig*)
Versuch [fɛr'zuːx] *m* (-[*e*]*s*; *-e*) essai *m*, épreuve *f* (*beide a tech*); tentative *f* (*a jur*); *Experiment* expérience *f*; **2en** (*pas de -ge-, h*) essayer (***zu*** de + *inf*); *Schwieriges* tenter; *Essen* goûter; ***sich an** od **in etw* ~** s'essayer à (faire) qc; ***ich werde es* ~** je vais essayer; **~skaninchen** *n fig* cobaye *m*; **~sstadium** *n* état *m* expérimental; **2sweise** à titre d'essai; **~ung** *f* (-; *-en*) tentation *f*; ***j-n in ~ führen*** tenter qn
ver'tag|en (*pas de -ge-, h*) ajourner; **2ung** *f* (-; *-en*) ajournement *m*
ver'tauschen (*pas de -ge-, h*) échanger (par erreur) (***mit gegen*** contre)
verteidig|en [fɛr'taidigən] (*pas de -ge-, h*) (***sich* ~** se) défendre; **2er** *m* (*-s*; -) défenseur *m* (*a jur*); *Sport* arrière *m*; **2ung** *f* (-; *selten -en*) défense *f* (*a Sport*); **2ungsminister** *m* ministre *m* de la Défense
ver'teil|en (*pas de -ge-, h*) distribuer, répartir; ***sich* ~** se répartir; **2ung** *f* (-; *selten -en*) distribution *f*, répartition *f*
Ver'teuerung *f* (-; *selten -en*) renchérissement *m*
ver'tief|en (*pas de -ge-, h*) approfondir (*a fig*); ***sich ~ in*** se plonger dans; **2ung** *f* (-; *-en*) creux *m*, renfoncement *m*; *fig* approfondissement *m*
vertikal [vɛrti'kaːl] vertical
ver'tilg|en (*pas de -ge-, h*) exterminer, détruire; *plais essen* bouffer F
Vertrag [fɛr'traːk] *m* (-[*e*]*s*; *‥e*) contrat *m*; *zwischen Staaten* traité *m*; **2en** [-gən] (*irr, pas de -ge-, h* → ***tragen***) supporter; ***sich* (*gut, schlecht*) ~** (bien, mal) s'accorder, s'entendre (***mit j-m*** avec qn); **2lich** [-kliç] contractuel; *adv* par contrat
verträglich [fɛr'trɛːkliç] accommodant, conciliant; *Essen* ***gut* ~** digeste
Ver'trags|händler *m* concessionnaire; **~werkstatt** *f* garage *m* de concessionnaire
ver'trauen (*pas de -ge-, h*) avoir confiance (***auf*** en; ***j-m*** en qn); ***j-m* ~** *a* faire confiance à qn

Ver'trauen *n* (*-s*; *sans pl*) confiance *f* (***zu, auf, in*** en *od* dans); ***im ~ gesagt*** dit confidentiellement

Ver'trauens|frage *pol f* question *f* de confiance; **~sache** *f* affaire *f* de confiance; **~stellung** *f* place *f* de confiance; **2würdig** digne de confiance

ver'traulich confidentiel; **2keit** *f* (-; *-en*) caractère *m* confidentiel; *péj* **~en** *pl* familiarités *f/pl*

ver'traut familier, intime; ***mit etw ~ sein*** connaître qc à fond; ***sich mit etw ~ machen*** *od* ***mit etw ~ werden*** se familiariser avec qc; **2e** *m*, *f* (*-n*; *-n*) confident *m*, -e *f*; **2heit** *f* (-; *selten -en*) familiarité *f* (***mit*** avec), intimité *f*

ver'treib|en (*irr*, *pas de -ge-*, *h*, → ***treiben***) chasser; *aus Land* expulser; *comm* débiter, vendre, écouler; ***sich die Zeit mit etw ~*** passer son temps à faire qc; **2ung** *f* (-; *-en*) expulsion *f* (***aus*** de)

ver'tret|en (*irr*, *pas de -ge-*, *h*, → ***treten***) *j-n* remplacer; *Firma*, *Land* représenter; *Interessen* défendre; *Meinung* soutenir; **2er** *m* (*-s*; -), **2erin** *f* (-; *-nen*) remplaçant *m*, -e *f*; *pol u comm* représentant *m*, -e *f*; *e-r Ansicht* défenseur *m*; **2ung** *f* (-; *-en*) *pol u comm* représentation *f*; *Stell2* remplacement *m*; *Person* remplaçant *m*, -e *f*

Vertrieb [fɛr'triːp] *m* (-[*e*]*s*; *-e*) *comm* débit *m*, vente *f*, écoulement *m*

Ver'triebene [fɛr'triːbənə] *m*, *f* (*-n*; *-n*) réfugié *m*, -e *f*

Ver'triebs|abteilung *f* département *m* de vente, de distribution; **~leiter** *m* chef *m* de vente

ver|'tuschen (*pas de -ge-*, *h*) cacher, dissimuler; *Skandal* étouffer; **~'üben** (*pas de -ge-*, *h*) commettre; *Attentat* perpétrer

ver'unglück|en (*pas de -ge-*, *sn*) avoir un accident; **2te** *m*, *f* (*-n*; *-n*) accidenté *m*, -e *f*

verun|reinigen [fɛrˀ'unrainigən] (*pas de -ge-*, *h*) salir; *Luft*, *Wasser* polluer; **~sichern** (*pas de -ge-*, *h*) déconcerter; **~treuen** [-'ˀuntrɔyən] *Geld* détourner

ver'ursachen (*pas de -ge-*, *h*) causer

ver'urteil|en (*pas de -ge-*, *h*) condamner (***zu*** à) (*a fig*); **2ung** *f* (-; *-en*) condamnation *f* (*a fig*)

ver'viel|fachen (*pas de -ge-*, *h*) multiplier; **~fältigen** [fɛr'fiːlfɛltigən] (*pas de -ge-*, *h*) *Text* polycopier

vervoll|kommnen [fɛr'fɔlkɔmnən] (*pas de -ge-*, *h*) (***sich ~*** se) perfectionner (***in*** en); **~ständigen** [-ʃtɛndigən] compléter

verw. *abr* ***verwitwet*** veuf, veuve

verwalt|en [fɛr'valtən] (*pas de -ge-*, *h*) administrer, gérer; **2er** *m* (*-s*; -), **2erin** *f* (-; *-nen*) administrateur *m*, -trice *f*; *von Gebäuden etc* gérant *m*, -e *f*; **2ung** *f* (-; *-en*) administration *f*

ver'wandeln (*pas de -ge-*, *h*) (***sich ~*** se) changer (***in*** en), (se) transformer (en)

verwandt [fɛr'vant] parent (***mit*** de *od* avec); *fig* apparenté; **2e** *m*, *f* (*-n*; *-n*) parent *m*, -e *f*; **2schaft** *f* (-; *-en*) parenté *f*; *fig a* affinité *f*

ver'warn|en (*pas de -ge-*, *h*) avertir; **2ung** *f* (-; *-en*) avertissement *m*

ver'wechs|eln (*pas de -ge-*, *h*) confondre (***mit*** avec); **2lung** *f* (-; *-en*) confusion *f*

verwegen [fɛr'veːgən] téméraire

ver'weiger|n (*pas de -ge-*, *h*) refuser; **2ung** *f* (-; *-en*) refus *m*

Verweis [fɛr'vais] *m* (-[*e*]*s*; *-e*) *Rüge* réprimande *f*, remontrance *f*; *in Text* renvoi *m* (***auf*** à); **2en** [-zən] (*irr*, *pas de -ge-*, *h*, → ***weisen***) **~ *auf*** *od* ***an*** renvoyer à

ver'welken (*pas de -ge-*, *sn*) se faner

verwend|bar [fɛr'vɛnt-] utilisable; **~en** [-ndən] (*irr*, → ***wenden***, *pas de -ge-*, *h*) employer, utiliser; **2ung** *f* (-; *-en*) emploi *m*, utilisation *f*

ver'werf|en (*irr*, *pas de -ge-*, *h*, → ***werfen***) rejeter; **~lich** répréhensible, réprouvable

verwerten [fɛr'veːrtən] (*pas de -ge-*, *h*) utiliser; *wieder~* récupérer

verwes|en [fɛr'veːzən] (*pas de -ge-*, *sn*) se putréfier, se décomposer; **2ung** *f* (-; *-en*) décomposition *f*, putréfaction *f*

ver'wick|eln (*pas de -ge-*, *h*) ***j-n in etw ~*** impliquer, F embarquer qn dans qc; ***sich ~ in*** s'empêtrer *od* s'enchevêtrer dans; **~elt** compliqué; ***in etw ~ sein*** être impliqué dans qc; **2(e)lung** *f* (-; *-en*) complication *f*; ***~ in etw*** implication *f* dans qc

ver'wirklich|en (*pas de -ge-*, *h*) (***sich ~*** se) réaliser; **2ung** *f* (-; *-en*) réalisation *f*

ver'wirr|en (-; *-en*) *Fäden* embrouiller;

j-n déconcerter, dérouter, troubler; **~t** confus, déconcerté, troublé; **2ung** *f* (-; *-en*) confusion *f*
ver|'wischen (*pas de -ge-, h*) effacer, estomper (*a fig*); **~wittern** [fɛr'vitərn] (*pas de -ge-, sn*) s'effriter, se dégrader; **~witwet** [fɛr'vitvət] veuf (veuve); **~wöhnen** [-'vøːnən] (*pas de -ge-, h*) gâter; **~worren** [fɛr'vɔrən] confus, embrouillé
verwund|bar [fɛr'vuntbaːr] vulnérable (*a fig*); **~en** [-dən] (*pas de -ge-, h*) blesser
ver'wunder|lich étonnant, surprenant; (-; *-en*); **2ung** *f* (-; *-en*) étonnement *m*, surprise *f*
Verwund|ete [fɛr'vundətə] *m, f* (*-n*; *-n*) blessé *m*, -e *f*; **~ung** *f* (-; *-en*) blessure *f*
ver'wünschen (*pas de -ge-, h*) maudire
verwurzelt [fɛr'vurtsəlt] *fig* enraciné (***in*** dans)
verwüst|en [fɛr'vyːstən] (*pas de -ge-, h*) dévaster, ravager; **2ung** *f* (-; *-en*) dévastation *f*, ravage *m*
ver|'zählen (*pas de -ge-, h*) ***sich ~*** se tromper (en comptant); **~'zaubern** (*pas de -ge-, h*) *fig* enchanter; **~'zehren** (*pas de -ge-, h*) manger, consommer
ver'zeichn|en (*pas de -ge-, h*) enregistrer (*a fig Erfolge etc*); **2is** *n* (*-ses*; *-se*) liste *f*, registre *m*, relevé *m*; *in Büchern* index *m*
verzeih|en [fɛr'tsaiən] (*verzieh, verziehen, h*) pardonner (***j-m etw*** qc à qn); **~lich** pardonnable; **2ung** *f* (-; *sans pl*) pardon *m*; ***um ~ bitten*** demander pardon (***j-n*** à qn); ***~!*** (je vous demande) pardon
ver'zerr|en (*pas de -ge-, h*) *Bild, Ton* déformer; *fig a* défigurer; *Gesicht* crisper; **2ung** *f* (-; *-en*) déformation *f* (*a fig*); *tél etc* distorsion *f*
Verzicht [fɛr'tsiçt] *m* (-[*e*]*s*; *-e*) renonciation *f* (***auf*** à); **2en** (*pas de -ge-, h*) renoncer (***auf*** à)
ver'ziehen (*irr, pas de -ge-, h,* → ***ziehen***) *Kind* gâter, mal élever; ***das Gesicht ~*** grimacer; ***sich ~*** *Holz* gauchir, se déformer; F *verschwinden* disparaître
ver'zier|en (*pas de -ge-, h*) orner (***mit*** de); décorer (de); enjoliver; **2ung** *f* (-; *-en*) ornement *m*, décoration *f*, enjolivure *f*
verzins|en [fɛr'tsinzən] (*pas de -ge-, h*) payer les intérêts de; ***sich ~*** produire *od* rapporter des intérêts; **2ung** *f* (-; *-en*) rapport *m*, intérêts *m/pl*
ver'zöger|n (*pas de -ge-, h*) retarder; ***sich ~*** avoir du retard; **2ung** *f* (-; *-en*) retard *m*
ver'zollen (*pas de -ge-, h*) dédouaner; ***haben Sie etw zu ~?*** avez-vous qc à déclarer?
ver'zweif|eln (*pas de -ge-, h, sn*) désespérer (***an*** de); **~elt** désespéré; **2lung** *f* (-; *-en*) désespoir *m*; ***j-n zur ~ bringen*** désespérer qn, faire le désespoir de qn
verzwickt [fɛr'tsvikt] compliqué
Vesuv [ve'zuːf] ***der ~*** le Vésuve
Veterinär [veteri'nɛːr] *m* (*-s*; *-e*) vétérinaire *m*
Veto ['veːto] *n* (*-s*; *-s*) veto *m*; ***sein ~ gegen etw einlegen*** opposer son veto à qc
Vetter ['fɛtər] *m* (*-s*; *-n*) cousin *m*; **'~nwirtschaft** *f* (-; *sans pl*) népotisme *m*
vgl. *abr* ***vergleiche*** voir
VHS *f abr* ***Volkshochschule*** université *f* populaire
Video ['viːdeo] *n* (*-s*; *-s*) vidéo *f*; ***auf ~ aufnehmen*** enregistrer en vidéo; **'~band** *n* bande *f* vidéo; **'~film** *m* film *m* vidéo; **'~kamera** *f* caméra *f* vidéo; **'~kassette** *f* vidéocassette *f*; **'~rekorder** *m* magnétoscope *m*; **~text** *m* (-[*e*]*s*) télétexte *m*; **~thek** [-'teːk] *f* (-; *-en*) vidéothèque *f*; **'~überwachung** *f* vidéosurveillance *f*
Vieh [fiː] *n* (-[*e*]*s*; *sans pl*) bétail *m*, bestiaux *m/pl*; **'~futter** *n* fourrage *m*; **'2isch** brutal, bestial; **'~zucht** *f* élevage *m*; **'~züchter** *m* éleveur *m* de bétail
viel [fiːl] beaucoup (de); ***~ größer*** (de) beaucoup plus grand, ***~ zu wenig*** beaucoup trop peu; ***~ essen*** manger beaucoup; ***~ Geld*** beaucoup d'argent; ***~e Kinder*** beaucoup d'enfants; ***~e sagen ...*** il y en a beaucoup qui disent ...; ***sehr ~*** beaucoup (de), énormément (de); ***sehr ~e ...*** bien des ...; ***ziemlich ~(e)*** pas mal (de); ***~ beschäftigt*** affairé, fort occupé; ***~ sagend*** qui en dit long; ***~ versprechend*** prometteur
vieldeutig ['-dɔYtiç] ambigu

vielerlei ['fi:lərlai] toutes sortes de
viel|fach ['-fax] multiple; ***auf ~en Wunsch*** à la demande générale; '**♀falt** ['-falt] *f* (-; *sans pl*) variété *f*, multiplicité *f*; '**~farbig** multicolore
vielleicht [fi'laiçt] peut-être
viel|mals ['-mals] bien des fois; ***danke ~*** merci beaucoup *od* bien; **~mehr** [-'me:r] plutôt; '**~sagend** qui en dit long; **~seitig** ['-zaitiç] *fig* varié, étendu, vaste; *Mensch* aux dons multiples; '**~versprechend** prometteur; '**♀völkerstaat** *m* pays *m* multiracial
vier [fi:r] **1.** quatre; ***unter ~ Augen*** en tête à tête, entre quatre yeux; ***auf allen ~en*** à quatre pattes; **2.** ♀ *f* (-; *-en*) quatre *m*; *Schulnote* passable; '**♀eck** *n* (*-s*; *-e*) quadrilatère *m*; '**~eckig** quadrangulaire; *quadratisch* carré; '**~fach** ['-fax] quadruple; '**~jährig** ['-jɛ:riç] âgé de quatre ans; '**~mal** quatre fois; '**~spurig** ['-ʃpuriç] *Straße* à quatre voies; **~stöckig** ['-ʃtœkiç] à quatre étages; '**♀taktmotor** *m* moteur *m* à quatre temps
vierte ['fi:rtə] quatrième
Viertel ['firtəl] *n* (*-s*; -) quart *m*; *e-r Stadt, des Mondes* quartier *m*; **~'jahr** *n* trois mois *m/pl*, trimestre *m*; '**♀jährlich** trimestriel; *adv* par trimestre; '**~pfund** *n* quart *m* (de livre); **~'stunde** *f* quart *m* d'heure
vier|tens ['fi:rtəns] quatrièmement; **♀'vierteltakt** *mus m* mesure *f* à quatre temps
Vierwaldstätter See [fi:r'valtʃtɛtər-'ze:] *m* lac *m* des Quatre-Cantons
vierzehn ['firtse:n] quatorze; ***~ Tage*** quinze jours; '**~te** quatorzième
vierzig ['firtsiç] quarante; '**~jährig** quadragénaire; '**~ste** quarantième
Vietnam [viɛt'nam] *n* le Viêt-nam
Villa ['vila] *f* (-; *-llen*) villa *f*
violett [vio'lɛt] violet
Violine [vio'li:nə] *mus f* (-; *-n*) violon *m*
virtuos [virtu'o:s] de virtuose; *adv* avec virtuosité; **♀e** [-zə] *m* (*-n*; *-n*), **♀in** [-zin] *f* (-; *-nen*) virtuose *m*, *f*; **♀ität** [-ozi'tɛ:t] *f* (-; *sans pl*) virtuosité *f*
Virus ['vi:rus] *méd m od n* (-; *Viren*) virus *m*
Vision [vi'zjo:n] *f* (-; *-en*) vision *f*
Visum ['vi:zum] *n* (*-s*; *Visa, Visen*) visa *m*
vital [vi'ta:l] *Person* plein de vitalité; *lebenswichtig* vital; **♀ität** [-tali'tɛ:t] *f* (-; *sans pl*) vitalité *f*
Vitamin [vita'mi:n] *n* (*-s*; *-e*) vitamine *f*
Vitrine [vi'tri:nə] *f* (-; *-n*) vitrine *f*
Vogel ['fo:gəl] *m* (*-s*; ≃) oiseau *m fig* ***e-n ~ haben*** F être timbré, cinglé; '**♀frei** hors la loi; '**~futter** *n* graines *f/pl* pour les oiseaux; '**~grippe** *f méd* grippe *f* aviaire; '**~käfig** *m* cage *f* à oiseaux; *großer* volière *f*
vögeln ['fø:gəln] (*h*) *vulgär* baiser
'**Vogel|nest** *n* nid *m* d'oiseau; '**~perspektive** *f*, '**~schau** *f* (-; *sans pl*) ***aus der ~*** à vol d'oiseau; '**~scheuche** *f* (-; *-n*) épouvantail *m*; '**~schutzgebiet** *n* réserve *f* d'oiseaux
Vogesen [vo'ge:zən] *pl* Vosges *f/pl*
Vokab|el [vo'ka:bəl] *f* (-; *-n*) mot *n*, vocable *m*; **~ular** [-kabu'la:r] *n* (*-s*; *-e*) vocabulaire *m*
Vokal [vo'ka:l] *m* (*-s*; *-e*) voyelle *f*
Volk [fɔlk] *n* (-[*e*]*s*; ≃*er*) peuple *m*, nation *f*
'**Völker|kunde** *f* (-; *sans pl*) ethnologie *f*; '**~mord** *m* génocide *m*; '**~recht** *n* (-[*e*]*s*; *sans pl*) droit *m* international *od* des gens; '**♀rechtlich** de droit international; '**~wanderung** *f* (-; *-en*) *hist* grandes invasions *f/pl* (des barbares); *fig* exode *m*
'**Volks|abstimmung** *pol f* référendum *m*; '**~charakter** *m* caractère *m* national; '**~fest** *n* kermesse *f*; '**~hochschule** *f* université *f* populaire; '**~lied** *n* chanson *f* folklorique; '**~schule** *f* école *f* primaire; '**~schullehrer** *m*, '**~schullehrerin** *f* instituteur *m*, -trice *f*; '**~stamm** *m* tribu *f*; '**~tum** *n* (*-s*; *sans pl*) nationalité *f*; '**♀tümlich** ['-ty:mliç] populaire; '**~vertreter** *m*, '**~vertreterin** *f* représentant *m*, -e *f* du peuple; '**~wirt** *m* économiste *m*; '**~wirtschaft** *f e-s Landes* économie *f* nationale; *Wissenschaft* économie *f* politique; '**~wirtschaftler** ['-tlər] *m* (*-s*; -) économiste *m*; '**~zählung** *f* recensement *m*
voll [fɔl] plein; *gefüllt* rempli; *ganz* entier; *betrunken* F rond faire le plein; ***~er Bewunderung*** plein d'admiration; ~ (***und ganz***) entièrement, pleinement; ***nicht für ~ nehmen*** ne pas prendre au sérieux; → ***vollfüllen, vollmachen volltanken***

'**voll|auf** largement, entièrement, complèment; '**~automatisch** entièrement automatique
'**Voll|bart** *m* grande barbe *f*; '**~beschäftigung** *f* plein emploi *m*
voll|bringen [-'briŋən] (*irr, pas de -ge-, h,* → ***bringen***) réaliser, accomplir; **~'enden** (*pas de -ge-, h*) achever, terminer
voll'endet achevé, parfait; ***~e Tatsache*** fait *m* accompli
vollends ['fɔlɛnts] entièrement, complètement
Vollendung [fɔl'ɛnduŋ] *f* (-; *-en*) achèvement *m*; *Vollkommenheit* perfection *f*
'**vollfüllen** (*sép, -ge-, h*) remplir, faire le plein
'**Vollgas** *auto n* (*-es; sans pl*) ***mit ~ fahren*** rouler à pleins gaz; ***~ geben*** appuyer sur le champignon F
völlig ['fœliç] complet, entier, total; *adv* complètement, entièrement, totalement
volljährig ['fɔljɛːriç] majeur; '**2keit** *f* (-; *sans pl*) majorité *f*
Vollkaskoversicherung ['fɔlkasko-] *f auto* assurance *f* tous risques
'**vollkommen** parfait; → ***völlig***; **2heit** [fɔl'kɔmən-] *f* (-; *-en*) perfection *f*
'**Vollkornbrot** *n* pain *m* complet
'**vollmachen** (*sép, -ge-, h*) remplir
'**Voll|macht** *f* (-; *-en*) procuration *f*, pleins pouvoirs *m/pl*; '**~milch** *f* lait *m* entier; '**~mond** *m* pleine lune *f*; '**~pension** *f* pension *f* complète; '**2ständig** complet, intégral; → ***völlig***
vollstreck|en [-'ʃtrɛkən] (*pas de -ge-, h*) *jur* exécuter; **2ung** *f* (-; *-en*) exécution *f*
'**volltanken** (*sép, -ge-, h*) faire le plein
'**Voll|text** *m EDV* texte *m* complet; '**~textsuche** *f EDV* recherche *f* par texte complet; '**~versammlung** *f* assemblée *f* plénière; *UNO* assemblée *f* générale; **2wertig** ['-vɛːrtiç] qui a toute sa valeur, complet; **2zählig** ['-tsɛːliç] au complet; **~zug** [-'tsuk] *m* (-[*e*]*s*; *sans pl*) exécution *f*
Volontär [volɔn'tɛːr] *m* (*-s; -e*) stagiaire *m*
Volt [vɔlt] *n* (- *u* -[*e*]*s*; -) volt *m*; '**~zahl** *f* voltage *m*
Volumen [vo'luːmən] *n* (*-s; - u -mina*) volume *m*
von [fɔn] *prép* (*dat*) de; *beim Passiv* par; ***~ … bis*** de … à; ***ein Freund ~ mir*** un ami à moi; ***ein Kind ~ 10 Jahren*** un enfant de 10 ans; ***es ist nett ~ dir*** c'est gentil de ta part; ***reden ~*** parler de; ***~ mir aus!*** je veux bien!
vonei'nander l'un de l'autre
vonstattengehen [fɔn'ʃtatəngeːən] (*irr, sép, -ge-, sn,* → ***gehen***) avoir lieu; ***gut ~*** bien avancer
vor [foːr] **1.** *prép* (*wo? dat; wohin? acc*) *räumlich* devant; *zeitlich u Reihenfolge* avant; *zeitlich rückblickend* il y a; *Grund* de; ***~ der Tür*** devant la porte; ***~ Weihnachten*** avant Noël; ***ich habe Ihnen ~ 14 Tagen geschrieben*** je vous ai écrit il y a quinze jours; ***fünf ~ zwei*** (***Uhr***) deux heures moins cinq; ***sich fürchten ~*** avoir peur de; ***~ Freude*** de joie; ***~ allem*** avant tout; ***~ sich gehen*** se passer, avoir lieu; **2.** *adv* ***nach wie ~*** après comme avant
Vorabend ['foːrˀ-] *m* veille *f*
voran [fo'ran] en avant; **~gehen** (*irr, sép, -ge-, sn,* → ***gehen***) précéder (***j-m, e-r Sache*** qn, qc); *Arbeit* avancer; **~kommen** (*irr, sép, -ge-, sn,* → ***kommen***) avancer
Voran|meldung ['foːrˀan-] *m* préavis *m*; '**~schlag** *m Kosten*2 devis *m*; '**~zeige** *f* préavis *m*; *Film* bande *f* d'annonce
Vorarbeit ['foːrˀ-] *f* travail *m* préparatoire; '**~er** *m* contremaître *m*
voraus [fo'raus] en avant, devant; ***im 2*** d'avance; à l'avance; ***seiner Zeit ~ sein*** être en avance sur son temps; **~datieren** (*sép, pas de -ge-, h*) postdater; **~gehen** (*irr, sép, -ge-, sn,* → ***gehen***) aller devant; *zeitlich* précéder (***e-r Sache*** qc); **~gesetzt** [-gezɛtst] ***~, dass*** à condition que; **~sagen** (*sép, -ge-, h*) prédire; **~sehen** (*irr, sép, -ge-, h,* → ***sehen***) prévoir; **~setzen** (*sép, -ge-, h*) supposer; **2setzung** *f* (-; *-en*) *Vorbedingung* condition *f*; *Annahme* supposition *f*; **2sicht** *f* prévoyance *f*; ***aller ~ nach*** selon toute probabilité; **~sichtlich** probable (-ment); **2zahlung** *f* paiement *m* anticipé; avance *f*
'**Vorbedingung** *f* condition *f* préalable
Vorbehalt ['foːrbəhalt] *m* (-[*e*]*s*; *-e*) ré-

serve *f*; ***unter ~*** sous toutes réserves; '**≗en** (*irr*, *sép*, *pas de -ge-*, *h*, → ***halten***) réserver; ***sich etw ~*** se réserver qc
vorbei [fɔr'bai] *zeitlich* passé, fini; *räumlich mit* passer; **~fahren** (*irr*, *sép*, *-ge-*, *sn*, → ***fahren***), **~gehen** (*irr*, *sép*, *-ge-*, *sn*, → ***gehen***) passer (***an*** *od* ***vor*** devant, ***hinter*** derrière); **~kommen** (*irr*, *sép*, *-ge-*, *sn*, → ***kommen***) passer; *besuchen* faire un saut (***bei*** chez); **~lassen** (*irr*, *sép*, *-ge-*, *h*, → ***lassen***) laisser passer
'**Vorbemerkung** *f* remarque *f* préliminaire; *Buch* avertissement *m*
'**vorbereit|en** (*sép*, *pas de -ge-*, *h*) (***sich ~*** se) préparer (***auf*** à); '**≗ung** *f* (-; *-en*) préparation *f*; ***~en*** *pl* préparatifs *m/pl*
'**vorbestell|en** (*sép*, *pas de -ge-*, *h*) réserver, retenir; '**≗ung** *f* réservation *f*
'**vorbestraft** ***~ sein*** avoir un casier judiciaire chargé
'**vorbeug|en** (*sép*, *-ge-*, *h*) prévenir (***e-r Sache*** qc); ***sich ~*** se pencher en avant; '**~end** préventif; *méd* prophylactique; '**≗ungsmaßnahme** *f* mesure *f* préventive
'**Vorbild** *n* modèle *m*; '**≗lich** exemplaire
'**vorbringen** (*irr*, *sép*, *-ge-*, *h*, → ***bringen***) présenter; *Gründe* produire, alléguer; *Vorschlag* avancer
'**vordatieren** (*sép*, *pas de -ge-*, *h*) postdater, antidater
Vorder|achse *f* ['fɔrdər-] essieu *m* avant; '**~ansicht** *f* vue *f* de face; '**~'asien** *n* le Proche-Orient
'**vordere** de devant, avant
'**Vorder|grund** *m* premier plan *m* (*a fig*); ***im ~*** au premier plan; '**~rad** *n* roue *f* avant; '**~radantrieb** ['fɔrdərraːtˀ-] *auto m* traction *f* avant; '**~seite** *arch f* façade *f*, devant *m*
'**vordring|en** (*irr*, *sép*, *-ge-*, *sn*, → ***dringen***) avancer; '**~lich** urgent; ***etw ~ behandeln*** donner la priorité à qc
'**Vordruck** *m* (-[*e*]*s*; *-e*) formulaire *m*, formule *f*
voreilig ['foːrˀ-] prématuré
voreingenommen ['foːrˀ-] prévenu; '**≗heit** *f* (-; *sans pl*) parti *m* pris
vor|enthalten ['foːrˀ-] ***j-m etw ~*** priver qn de qc; '**~erst** ['foːrˀ-] pour le moment
Vorfahren ['foːrfaːrən] *pl* ancêtres *m/pl*
'**Vorfahrt** *f* (-; *sans pl*) priorité *f*; ***~ haben*** avoir priorité (***vor*** sur); '**~sstraße** *f* route *f* de priorité
'**vorführ|en** (*sép*, *-ge-*, *h*) présenter; *Film*, *Dias* projeter; *dem Richter* amener; '**≗raum** *m* salle *f* de projection; '**≗ung** *f* (-; *-en*) présentation *f*, démonstration *f*; *Film* projection *f*
'**Vor|gang** *m* processus *m* (*a tech*, *biol etc*); *Ereignis* événement *m*; *Akten* dossier *m*; ***den ~ schildern*** décrire ce qui s'est passé; **~gänger** ['-gɛŋər] *m* (-*s*; -), '**~gängerin** *f* (-; *-nen*) devancier *m*, -ière *f*; *im Amt* prédécesseur *m*; '**~garten** *m* jardin *m* devant la maison; '**≗geben** (*irr*, *sép*, *-ge-*, *h*, → ***geben***) prétendre (***zu sein*** être), prétexter; **≗gefasst** ['-gəfast] ***~e Meinung*** opinion *f* préconçue; **≗gefertigt** ['-gəfɛrtiçt] préfabriqué; '**~gefühl** *n* pressentiment *m*
'**vorgehen 1.** (*irr*, *sép*, *-ge-*, *sn*, → ***gehen***) avancer (*a Uhr*); *Vorrang haben* avoir la priorité; *verfahren* procéder; *geschehen* se passer; **2.** ≗ *n* (-*s*; *sans pl*) manière *f* d'agir, action *f*
'**Vorgeschicht|e** *f* (-; *sans pl*) préhistoire *f*; *e-r Angelegenheit* antécédents *m/pl*; '**≗lich** préhistorique
'**Vor|geschmack** *m* (-[*e*]*s*; *sans pl*) avant-goût *m* (***auf*** de); '**~gesetzte** ['-gəzɛtstə] *m*, *f* (-*n*; -*n*) supérieur *m*, -e *f*
'**vorgestern** avant-hier
'**vorgreifen** (*irr*, *sép*, *-ge-*, *h*, → ***greifen***) ***e-r Sache ~*** anticiper sur qc; ***j-m ~*** devancer les intentions de qn
'**vorhaben 1.** (*irr*, *sép*, *-ge-*, *h*, → ***haben***) projeter, avoir l'intention de (+ *inf*); ***haben Sie heute Abend etw vor?*** est-ce que vous avez qc de prévu ce soir?; **2.** ≗ *n* (-*s*; -) projet *m*
vorhanden [for'handən] existant; *verfügbar* disponible; **≗sein** *n* (-*s*; *sans pl*) existence *f*, présence *f*
Vorhang ['foːrhaŋ] *m* (-[*e*]*s*; *⸚e*) rideau *m*
'**Vorhängeschloss** *n* cadenas *m*
vorher ['foːrheːr] auparavant, avant; *im Voraus* d'avance; **~gehen** [foːr'heːr-] (*irr*, *sép*, *-ge-*, *sn*, → ***gehen***) précéder (***e-r Sache*** qc); '**~ig** précédent
'**Vorherrschaft** *f pol* suprématie *f*, hégémonie *f*; *allg* prédominance *f*
Vorhersage [for'heːr-] *f* (-; -*n*) prédic-

tion *f*; *Wetter* prévisions *f/pl*; **≈n** (*sép*, *-ge-*, *h*) prédire

vorherseh|bar [for'heːrzeːbaːr] prévisible; **~en** (*irr*, *sép*, *-ge-*, *h*, → ***sehen***) prévoir

'vor|hin tout à l'heure, à l'instant; **'~hinein** ***im ~*** d'avance

'vor|ig dernier, précédent, antérieur; **'≈jahr** *n* année *f* précédente; **'≈kasse** *f* ***gegen ~*** à payer à l'avance; **≈kehrungen** ['-keːruŋən] *f/pl* ***~ treffen*** prendre des mesures *od* des dispositions; **'≈kenntnisse** *f/pl* notions *f/pl* préalables

'vorkomm|en (*irr*, *sép*, *-ge-*, *sn*, → ***kommen***) *geschehen* arriver; *sich finden* se trouver; *im Text* figurer; *j-m erscheinen* paraître, sembler; **'≈en** *n* (*-s*; -) *von Öl etc* gisement *m*; **'≈nis** *n* (*-ses*; *-se*) événement *m*

'Vorkriegs|... d'avant-guerre; **'~zeit** *f* avant-guerre *m od f*

'vorlad|en (*irr*, *sép*, *-ge-*, *h*, → ***laden***) *jur* convoquer, citer; **'≈ung** *jur f* (-; *-en*) convocation *f*, citation *f* (en justice)

'Vor|lage *f* modèle *m*; *Gesetzes≈* projet *m* de loi; *Fußball* passe *f*; **'≈lassen** (*irr*, *sép*, *-ge-*, *h*, → ***lassen***) laisser passer (devant); *empfangen* recevoir, laisser entrer; **'~läufer** *m* précurseur *m*; **'≈läufig** provisoire

'vorlegen (*sép*, *-ge-*, *h*) présenter; *Frage*, *Plan etc* soumettre

'vorles|en (*irr*, *sép*, *-ge-*, *h*, → ***lesen***) ***j-m etw ~*** lire qc à qn; **'≈ung** *f* (-; *-en*) conférence *f*, cours *m* (***halten*** faire)

'vorletzte avant-dernier

'Vor|liebe *f* (-; *-n*) prédilection *f*, préférence *f* (***für*** pour); **'≈liegend** présent; ***im ~en Falle*** en l'occurrence

vorm. *abr* ***vormals*** autrefois; ***vormittags*** le (du) matin

'vor|machen (*sép*, *-ge-*, *h*) ***j-m etw ~*** montrer qc à qn; *fig* en faire accroire à qn; ***wir wollen uns nichts ~!*** parlons franchement!; **'≈machtstellung** *f* suprématie *f*, prépondérance *f*, hégémonie *f*; **'~merken** (*sép*, *-ge-*, *h*) prendre note de

'Vormittag *m* matin *m*, matinée *f*; ***heute ~*** ce matin; **'≈s** le matin

'Vormund *jur m* (-[*e*]*s*; *-e*, *≈er*) tuteur *m*, -trice *f*; **'~schaft** *f* (-; *-en*) tutelle *f*

'Vorname *m* prénom *m*

vorn(e) ['fɔrn(ə)] devant, en avant, en tête; ***nach ~*** en avant; ***von ~*** de face; *neu anfangend* de nouveau; ***noch einmal von ~ anfangen*** recommencer à zéro

vornehm ['foːrneːm] distingué; **'~en** (*irr*, *sép*, *-ge-*, *h*, → ***nehmen***) effectuer, faire; ***sich etw ~*** se proposer de faire qc; ***sich j-n ~*** faire la leçon à qn

'vornherein ***von ~*** dès le début, a priori, par principe

Vorort ['foːrʔ-] *m* (-[*e*]*s*; *-e*) commune *f* de banlieue; **~e** *pl* banlieue *f*; **'~zug** *m* train *m* de banlieue

'Vor|rang *m* (-[*e*]*s*; *sans pl*) priorité *f*, préséance *f*; ***~ haben*** avoir la priorité (***vor*** sur); ***vor etw den ~ haben*** *a* primer qc; **'~rat** *m* (-[*e*]*s*; *≈e*) provision *f* (***an*** de), stock *m*, réserve *f*; **'≈rätig** ['-rɛːtiç] en stock; **'~recht** *n* privilège *m*; **'~richtung** *f* dispositif *m*; **'~ruhestand** *m* préretraite *f*

Vors. *abr* ***Vorsitzender*** président

'Vor|saison *f* avant-saison *f*; **'~satz** *m* (*-es*; *≈e*) résolution *f*; *Absicht* intention *f*; *jur* préméditation *f*; **'≈sätzlich** ['-zɛtsliç] intentionnel; *adv* à dessein; *jur* avec préméditation; **'~schein** *m* ***zum ~ bringen*** faire apparaître; ***zum ~ kommen*** apparaître

'Vorschlag *m* proposition *f*; **≈en** ['-gən] (*irr*, *sép*, *-ge-*, *h*, → ***schlagen***) proposer

'vorschreiben (*irr*, *sép*, *-ge-*, *h*, → ***schreiben***) prescrire; ***ich lasse mir nichts ~*** je n'ai d'ordres à recevoir de personne

'Vorschrift *f* prescription *f*, règlement *m*; *tech* instruction *f*; ***Dienst*** *m* ***nach ~*** grève *f* du zèle; **'≈smäßig** réglementaire; **'≈swidrig** contraire au règlement

Vorschul|alter ['-ʃuːlʔ-] *n* (*-s*; *sans pl*) âge *m* préscolaire; **'~e** *f* école maternelle

'Vorschuss *m* avance *f*

'vorsehen (*irr*, *sép*, *-ge-*, *h*, → ***sehen***) prévoir; ***sich ~*** prendre garde (***vor*** à); ***wie vorgesehen*** comme prévu

'Vorsicht *f* (-; *sans pl*) prudence *f*, précaution *f*; ***~!*** attention!, prenez garde!; **'≈ig** prudent, précautionneux, circonspect; **'≈shalber** par précaution; **'~smaßnahme** *f*, **'~smaßregel** *f* précaution *f*

'**Vor|silbe** *gr f* préfixe *m*; '**≈sintflutlich** ['-zintflu:tliç] *fig* antédiluvien

'**Vorsitz** *m* (*-es*; *sans pl*) présidence *f*; ***den ~ führen*** présider (***bei etw*** qc); '**~ende** *m*, *f* (*-n*; *-n*) président *m*, -e *f*

'**Vorsorg|e** *f* (-; *sans pl*) prévoyance *f*; ***~ treffen*** prendre toutes les précautions nécessaires; **≈lich** ['-kliç] prévoyant; *adv* par précaution

'**Vorspeise** *f* hors-d'œuvre *m*, entrée *f*

'**vorspringen** (*irr*, *sép*, *-ge-*, *sn*, → ***springen***) *arch* faire saillie, saillir, avancer; '**~d** *arch* en saillie; *Kinn* saillant

'**Vor|sprung** *m arch* saillie *f*; *fig* avance *f* (***vor j-m*** sur qn); '**~stadt** *f* faubourg *m*; '**~stand** *m* (-[*e*]*s*; *⸚e*) conseil *m* d'administration, direction *f*; *Person* président *m*, directeur *m*; '**~standsvorsitzende** *m* président *m*

'**vorsteh|en** (*irr*, *sép*, *-ge-*, *h*, → ***stehen***) avancer, saillir; ***e-r Sache ~*** diriger qc; '**~end** saillant; *Zähne etc* proéminent

'**vorstell|bar** imaginable, concevable; '**~en** (*sép*, *-ge-*, *h*) présenter (***j-n j-m*** qn à qn; ***sich*** se); *Uhr* avancer; *bedeuten* signifier, représenter; ***sich etw ~*** (s')imaginer qc, se figurer qc, se représenter qc; '**≈ung** *f Bekanntmachen* présentation *f*; *Theater* représentation *f*, spectacle *m*; *Kino* séance *f*; *gedankliche* idée *f*, notion *f*; ***sich e-e ~ von etw machen*** se faire une idée de qc; '**≈ungsgespräch** *n* entretien *m*; '**≈ungskraft** *f* (-; *sans pl*), '**≈ungsvermögen** *n* (*-s*; *sans pl*) imagination *f*

'**Vor|strafe** *f* condamnation *f* antérieure; '**≈täuschen** (*sép*, *-ge-*, *h*) simuler, feindre

Vorteil ['fɔrtail] *m* avantage *m*; '**≈haft** avantageux

Vortrag ['fo:rtra:k] *m* (-[*e*]*s*; *⸚e*) conférence *f*; ***e-n ~ halten*** faire une conférence; **≈en** ['-gən] (*irr*, *sép*, *-ge-*, *h*, → ***tragen***) *Sachverhalt* exposer; *Wunsch* présenter; *Gedicht* réciter; *mus* exécuter

vortrefflich [fo:r'trɛfliç] excellent

vorüber [fo'ry:bər] passé; **~gehen** (*irr*, *sép*, *-ge-*, *sn*, → ***gehen***) passer; **~gehend** passager, temporaire; **~ziehen** (*irr*, *sép*, *-ge-*, *sn*, → ***ziehen***) passer

Vorurteil ['fo:rʔ-] *n* préjugé *m*; '**≈slos** sans préjugé

'**Vorver|kauf** *m* location *f*; '**≈legen** (*sép*, *pas de -ge-*, *h*) *Termin* avancer

'**Vor|wahl** *f*, '**~wählnummer** *f tél* indicatif *m*

'**Vorwand** *m* (-[*e*]*s*; *⸚e*) prétexte *m*

vorwärts ['fo:rvɛrts] en avant; ***~!*** en avant!, allez!; **~kommen** (*irr*, *sép*, *-ge-*, *sn*, → ***kommen***) avancer, faire des progrès

vorweg [for'vɛk] d'avance, auparavant; **≈nahme** *f* (-; *sans pl*) anticipation *f*; **~nehmen** (*irr*, *sép*, *-ge-*, *h*, → ***nehmen***) ***etw ~*** anticiper sur qc

'**vor|werfen** (*irr*, *sép*, *-ge-*, *h*, → ***werfen***) ***j-m etw ~*** reprocher qc à qn; '**~wiegend** ['-vi:gənt] principalement; '**≈wort** *n* (-[*e*]*s*; *-e*) préface *f*, avant-propos *m*

'**Vorwurf** *m* reproche *m*; '**≈svoll** plein de reproches; *Ton* réprobateur

'**Vor|zeichen** *n* pré(*irr*, *sép*, *-ge-*, *sn*, → ***kommen***) (*irr*, *sép*, *-ge-*, *sn*, → ***kommen***) sage *m*; *Anzeichen* indice *m*, signe *m* précurseur; ***ein gutes*** (***böses***) ***~ sein*** être de bon (mauvais) augure; '**≈zeigen** (*sép*, *-ge-*, *h*) montrer; *Ausweis a* produire; '**≈zeitig** prématuré, anticipé; '**≈ziehen** (*irr*, *sép*, *-ge-*, *h*, → ***ziehen***) *Vorhang* tirer, fermer; *Termin* avancer; *fig* préférer

'**Vorzug** *m* préférence *f*; *Vorteil* avantage *m*; *e-r Person* mérite *m*; ***j-m*** (***e-r Sache***) ***den ~ geben*** donner la préférence à qn (à qc); ***Vorzüge bieten*** présenter des avantages

vorzüglich [for'tsy:kliç] excellent, supérieur; exquis

'**vorzugsweise** de préférence

vulgär [vul'gɛ:r] vulgaire, trivial

Vulkan [vul'ka:n] *m* (*-s*; *-e*) volcan *m*; **~ausbruch** *m* éruption *f* volcanique; **≈isch** volcanique

VW [fau've:] *m* (*-s*; *-s*) Volkswagen *f*

W

W *abr* ***Westen*** O (ouest)
Waage ['va:gə] *f* (-; *-n*) balance *f*; *astr* Balance *f*; ***sich die ~ halten*** se contrebalancer; '**≗recht** horizontal
wach [vax] réveillé, éveillé (*a fig*); ***~ bleiben*** veiller; ***~ werden*** se réveiller
'**Wach|e** *f* (-; *-n*) garde *f* (*Person m*); *mil* ***~ halten*** monter la garde; '**≗en** (*h*) veiller (***über*** sur)
Wacholder [va'xɔldər] *bot m* (*-s*; -) genévrier *m*
'**wachrufen** (*irr*, *sép*, *-ge-*, *h*, → ***rufen***) *Erinnerung* évoquer; *Gefühle* susciter
Wachs [vaks] *n* (*-es*; *-e*) cire *f*; *Ski≗* fart *m*
wachsam ['vaxza:m] vigilant; '**≗keit** *f* (-; *sans pl*) vigilance *f*
wachsen ['vaksən] **1.** (*wuchs*, *gewachsen*, *sn*) pousser, croître; *Personen* grandir; *zunehmen* augmenter; **2.** (*h*) *Boden* cirer; *Skier* farter
'**Wachstuch** *n* toile *f* cirée
'**Wachstum** *n* (*-s*; *sans pl*) croissance *f* (*a écon*); '**~srate** *f* taux *m* d'accroissement
Wachtel ['vaxtəl] *zo f* (-; *-n*) caille *f*
Wächter ['vɛçtər] *m* garde *m*, gardien *m*
'**Wach(t)turm** *m* mirador *m*
wackel|ig ['vakəliç] branlant; *Möbel* boiteux; '**≗kontakt** *m* mauvais contact *m*; '**~n** (*h*) branler
Wade ['va:də] *f* (-; *-n*) mollet *m*
Waffe ['vafə] *f* (-; *-n*) arme *f*
Waffel ['vafəl] *f* (-; *-n*) gaufre *f*
'**Waffen|gattung** *f* arme *f*; '**~gewalt** *f* (-; *sans pl*) ***mit ~*** par la force des armes; '**~schein** *m* permis *m* de port d'armes; '**~stillstand** *m* armistice *m*, trêve *f*
wagen ['va:gən] (*h*) oser (***etw zu tun*** faire qc), risquer (***etw*** qc)
Wagen ['va:gən] *m* (*-s*; -, ≟) voiture *f* (*bes Pkw*); *Bahn* wagon *m*; **~heber** ['-he:bər] *m* (*-s*; -) cric *m*; **~standanzeiger** *m* (*-s*; -) *e-s Zugs* tableau *m* de composition de trains
Wag(g)on [va'gõ:] *m* (*-s*; *-s*) wagon *m*
Wagnis ['va:knis] *n* (*-ses*; *-se*) entreprise *f* risquée, risque *m*
Wahl [va:l] *f* (-; *-en*) *Auswahl* choix *m*; *pol* élection *f*, vote *m*, scrutin *m*; ***die ~ haben*** avoir le choix
wahl|berechtigt ['-bərɛçtiçt] qui a le droit de vote; '**≗beteiligung** *f* participation *f* électorale (***hohe*** forte; ***niedrige*** faible)
wähl|en ['vɛ:lən] (*h*) *aus~* choisir; *tél* composer *od* faire un numéro; *pol* élire (***j-n*** qn), voter; '**≗er** *m* (*-s*; -), '**≗erin** *f* (-; *-nen*) électeur *m*, -trice *f*
'**Wahlergebnis** *n* résultat *m* des élections
'**wähler|isch** difficile (***in*** sur); '**≗schaft** *f* (-; *-en*) électeurs *m/pl*
'**Wahl|kabine** *f* isoloir *m*; '**~kampf** *m* campagne *f* électorale; '**~kreis** *m* circonscription *f* électorale; '**~lokal** *n* bureau *m* de vote; '**≗los** au hasard, sans discernement; '**~programm** *n* plate-forme *f* électorale; '**~recht** *n* (-[*e*]*s*; *sans pl*) droit *m* de vote; '**~sieg** *m* victoire *f* électorale; '**~versammlung** *f* réunion *f* électorale; '**~zettel** *m* bulletin *m* de vote
Wahn|sinn ['va:n-] *m* (-[*e*]*s*; *sans pl*) folie *f*; '**≗sinnig** fou (folle) (*a fig Tempo etc*); *fig Schmerzen*, *Angst* effroyable; F ***~ viel zu tun haben*** avoir un travail fou; '**~vorstellung** *f* hallucination *f*
wahr [va:r] vrai, véritable
'**wahren** (*h*) *Interessen* préserver; *Rechte* défendre; ***den Schein ~*** sauver les apparences
während ['vɛ:rənt] **1.** *prép* (*gén*) pendant; **2.** *conj* pendant que; *wohingegen* tandis que, alors que
'**wahrhaft** vrai; **~ig** [-'haftiç] *adv* vraiment
'**Wahrheit** *f* (-; *-en*) vérité *f*; '**≗sgemäß**, '**≗sgetreu** fidèle à la vérité
wahrnehm|bar ['va:rne:mba:r] perceptible; '**~en** (*irr*, *sép*, *-ge-*, *h*, → ***nehmen***) (a)percevoir, s'apercevoir de, remarquer, observer; *Gelegenheit* profiter de; *Interessen* veiller à; '**≗ung** *f* (-; *-en*) perception *f*

'**wahrsage|n** (*sép*, *-ge-*, *h*) prédire; ***j-m*** ~ dire la bonne aventure à qn; '**&rin** *f* (-; *-nen*) diseuse *f* de bonne aventure

wahrscheinlich [va:r'ʃainliç] probable, vraisemblabe; *adv* probablement, vraisemblablement; **&keit** *f* (-; *-en*) probabilité *f*, vraisemblance *f*; **&keitsrechnung** *f* calcul *m* des probabilités

Währung ['vɛ:ruŋ] *f* (-; *-en*) monnaie *f*; '**~sbuchhaltung** *f* ***doppelte*** ~ comptabilité *f* monétaire double; '**~sfonds** *m* fonds *m* monétaire; '**~skurs** *m* cours *m* de change; '**~sordnung** *f* système *m* monétaire; '**~spolitik** *f* politique *f* monétaire; '**~sreform** *f* réforme *f* monétaire; '**~ssystem** *n* système *m* monétaire; '**~sumstellung** *f* conversion *f* monétaire; '**~sunion** *f* union *f* monétaire

'**Wahrzeichen** *n* emblème *m*, symbole *m*

Waise ['vaizə] *f* (-; *-n*) orphelin *m*, -e *f*

Wal [va:l] *zo m* (-[*e*]*s*; *-e*) baleine *f*

Wald [valt] *m* (-[*e*]*s*; *¨er*) forêt *f*; *kleiner* bois *m*; '**~brand** *m* incendie *m* de forêt; '**~lauf** *m* course *f* en forêt, cross-country *m*; '**~sterben** *n* (*-s*; *sans pl*) dépérissement *m od mort f des forêts*

Wales [ve:ls] *n* le pays de Galles

'**Wal|fang** *m* (-[*e*]*s*; *sans pl*) pêche *f* à la baleine; '**~fänger** *m* (*-s*; -) baleinier *m*

Walkman ['wɔ:kmɛn] *m* (*-s*; *-s*) walkman *m*

Wall [val] *m* (-[*e*]*s*; *¨e*) rempart *m* (*a fig*); *Lärmschutz* mur *m*

'**Wallfahr|er** *m*, '**~erin** *f* pèlerin *m*; '**~t** *f* pèlerinage *m*

Wallis [valis] *n* le Valais

Walnuss ['va:l-] *f* noix *f*

Walze ['valtsə] *f* (-; *-n*) rouleau *m*, cylindre *m*; *Straßen&* rouleau *m* compresseur; '**&n** (*h*) passer au rouleau, cylindrer; *Metall* laminer

wälzen ['vɛltsən] (*h*) (***sich*** ~ se) rouler

Walzer ['valtsər] *mus m* (*-s*; -) valse *f*

'**Walzwerk** *n* laminoir *m*

Wand [vant] *f* (-; *¨e*) mur *m*, paroi *f* (*a Fels&*)

Wandel ['vandəl] *m* (*-s*; *sans pl*) changement *m*, transformation *f*, modification *f*; '**&n** **1.** *v/t* (*h*) *ändern* changer; ***sich*** ~ changer, se transformer, se modifier; **2.** *v/i* (*sn*) *gehen* déambuler, se promener

Wander|er ['vandərər] *m* (*-s*; -), '**~in** *f* (-; *-nen*) randonneur *m*, -euse *f*, promeneur *m*, -euse *f*; '**&n** (*sn*) faire une randonnée (à pied); *umherziehen* cheminer, errer, se déplacer; '**~karte** *f* carte *f* routière; '**~ung** *f* (-; *-en*) randonnée *f* (pédestre); *von Bevölkerung, Tieren* migration *f*; '**~weg** *m* sentier *m* pédestre *od* de randonnée

'**Wand|gemälde** *n* peinture *f* murale; '**~lung** ['vandluŋ] *f* (-; *-en*) changement *m*, transformation *f*; *égl Messe* consécration *f*; '**~schrank** *m* placard *m*

Wange ['vaŋə] *f* (-; *-n*) joue *f*

wanken ['vaŋkən] (*h u sn*) chanceler (*a fig*), vaciller

wann [van] quand; ***seit ~?*** depuis quand?

Wanne ['vanə] *f* (-; *-n*) cuve *f*; *Bade&* baignoire *f*

Wanze ['vantsə] *f* (-; *-n*) *zo* punaise *f*; *fig* micro *m* espion

Wappen ['vapən] *n* (*-s*; -) armoiries *f/pl*, armes *f/pl*; *~schild* blason *m*

Ware ['va:rə] *f* (-; *-n*) marchandise *f*

'**Waren|haus** *n* grand magasin *m*; '**~lager** *n* entrepôt *m*, stocks *m/pl*; '**~probe** *f* échantillon *m*; '**~test** *m* test *m* de marchandises; '**~zeichen** *n* marque *f* déposée

warm [varm] chaud; ***es ist*** ~ il fait chaud; ***schön*** ~ bien chaud; *Essen* ~ ***stellen*** tenir au chaud; ~ ***machen*** faire chauffer; ***sich*** ~ ***laufen*** s'échauffer

Wärme ['vɛrmə] *f* (-; *sans pl*) chaleur *f*; '**~isolierung** *f* isolation *f* thermique; '**&n** (*h*) chauffer; ***sich*** ~ se (ré) chauffer; '**~pumpe** *f* pompe *f* à chaleur

'**Wärmflasche** *f* bouillotte *f*

'**warm|herzig** chaleureux; '**~machen**, '**~stellen** (*sép*, *-ge-*, *h*) → ***warm***

Warm'wasser|bereiter *m* (*-s*; -) chauffe-eau *m*; **~heizung** *f* chauffage *m* à eau chaude; **~versorgung** *f* alimentation *f* en eau chaude

'**Warn|blinkanlage** *f* feux *m/pl* de détresse; '**~dreieck** *n* triangle *m* de signalisation

warn|en ['varnən] (*h*) avertir (***vor*** de), mettre en garde (contre); '**&schild** *n* signal *m* de danger; '**&signal** *n* signal *m* avertisseur; '**&streik** *m* grève *f* d'avertissement; '**&ung** *f* (-; *-en*) avertissement *m*, mise *f* en garde; '**⌂weste** *f auto* gilet *m* de sécurité

Warschau ['varʃau] *n* Varsovie

warten ['vartən] (*h*) attendre (***auf j-n*** qn; ***bis*** que + *subj*); *tech Maschine* entretenir

Wärter ['vɛrtər] *m* (-*s*; -), '**~in** *f* (-; -*nen*) gardien *m*, -ne *f*; *bei Kranken* garde-malade *m*, *f*

'**Warte|saal** *m* salle *f* d'attente; **~schlange** *f* file *f* d'attente; **~zimmer** *n* salle *f* d'attente

'**Wartung** *tech f* (-; -*en*) entretien *m*

warum [va'rum] pourquoi

was [vas] **1.** *fragend* que; *meist* qu'est-ce que (*Subjekt* qu'est-ce qui); *alleinstehend u nach prép* quoi; ***~?*** *überrascht* quoi?; *wie bitte?* F quoi?; ***~ gibt's?*** qu'est-ce qu'il y a?; ***~ soll's?*** qu'est-ce que ça fait?; ***~ machen Sie?*** qu'est-ce que vous faites?; ***~ kostet …?*** combien coûte?; ***~ für ein(e) …?*** quel(le) …?; ***~ für eine Farbe (Größe)?*** quelle couleur (taille)?; ***~ für ein Unsinn!*** quelle bêtise!; **2.** *relativ* ce que (*Subjekt* ce qui); ***~ auch immer*** quoi que (+ *subj*); ***alles, ~ ich habe*** tout ce que j'ai; ***ich weiß nicht, ~ ich tun (sagen) soll*** je ne sais pas ce que je dois faire (dire); ***~ mich ärgerte …*** ce qui m'énervait …; **3.** F *etwas* quelque chose

'**Wasch|anlage** *f* laverie *f*; '**⌂bar** lavable; '**~becken** *n* lavabo *m*

Wäsche ['vɛʃə] *f* (-; *selten* -*n*) *Wäschestücke* linge *m*; *Waschen* lavage *m* (*a tech*), blanchissage *m*; ***große ~*** lessive *f*; '**~klammer** *f* épingle *f od pince f à linge*

waschen ['vaʃən] (*wusch*, *gewaschen*, *h*) laver; *Wäsche* faire la lessive; ***sich ~*** se laver

Wäscherei [vɛʃə'rai] *f* (-; -*en*) blanchisserie *f*

'**Wäschetrockner** *m* séchoir *m*

'**Wasch|küche** *f* buanderie *f*; '**~lappen** *m* gant *m* de toilette; '**~maschine** *f* machine *f* à laver; '**~mittel** *n*, '**~pulver** *n* lessive *f*; '**~raum** *m* lavabo *m*, cabinet *m* de toilette; '**~salon** *m* blanchisserie *f*

Wasser ['vasər] *n* (-*s*; - *u* ⸗) eau *f*; '**~ball** *m* water-polo *m*; '**~becken** *n* bassin *m*; '**⌂dicht** imperméable; *tech* étanche; '**~fall** *m* chute *f* d'eau, cascade *f*; '**~farbe** *f* peinture *f* à l'eau; '**~hahn** *m* robinet *m*

'**Wasser|kessel** *m* bouilloire *f*; '**~kraft** *f* énergie *f* hydraulique; '**~kraftwerk** *n* centrale *f* hydro-électrique; '**~kühlung** *auto f* refroidissement *m* par eau; '**~lauf** *m* cours *m* d'eau; '**~leitung** *f* conduite *f* d'eau; '**~mangel** *m* manque *m od pénurie f d'eau*

wässern ['vɛsərn] (*h*) *be~* arroser; *Hering* dessaler; *Foto* laver

'**Wasser|rohr** *n* conduite *f* d'eau; '**~schaden** *m* dégâts *m/pl* des eaux; '**⌂scheu** qui craint l'eau; '**~ski** *m* ski *m* nautique; ***~ fahren*** faire du ski nautique; '**~spiegel** *m* niveau *m* d'eau; '**~sport** *m* sport *m* nautique; '**~spülung** *f* chasse *f* d'eau; '**~stand** *m* niveau *m* d'eau; '**~stoff** *chim m* (-[*e*]*s*; *sans pl*) hydrogène *m*; '**~stoffbombe** *f* bombe *f* H; '**~straße** *f* voie *f* navigable; '**~verdrängung** *mar f* déplacement *m*; '**~verschmutzung** *f* pollution *f* de l'eau; '**~versorgung** *f* alimentation *f* en eau; '**~waage** *tech f* niveau *m* à bulle (d'air); '**~weg** *m* ***auf dem ~*** par voie d'eau; '**~welle** *f Frisur* mise *f* en plis

waten ['va:tən] (*sn*) patauger

watscheln ['va:tʃəln] (*sn*, *h*) se dandiner

Watt [vat] *n* **1.** (-[*e*]*s*; -*en*) *am Meer* sable *m* mouillé, laisse *f*, estuaire *m* à marée basse; **2.** (-*s*; -) *Maßeinheit* watt *m*

Watt|e ['vatə] *f* (-; -*n*) ouate *f*; **⌂'ieren** (*pas de -ge-*, *h*) ouater

WC [ve:'tse:] *n* (-[*s*]; -[*s*]) W.-C. *m/pl*

Web [vɛp] *n* (-[*s*]) *EDV* Web *m*

web|en ['ve:bən] (*h*) tisser; '**⌂er** *m* (-*s*; -), '**⌂erin** *f* (-; -*nen*) tisserand *m*, -e *f*; **⌂erei** [-ə'rai] (-; -*en*) (atelier *m* de) tissage *m*

Website ['vɛpsait] *f* (-; -*s*) *EDV* site *m* Web

Webstuhl ['ve:pʃtu:l] *m* métier *m* à tisser

Wechsel ['vɛksəl] *m* (-*s*; -) changement *m*, variation *f*; *regelmäßiger* alternance *f*; *von Geld* change *m*; *comm* lettre *f* de change; ***gezogener ~*** traite *f*; '**~geld** *n* monnaie *f*; '**⌂haft** changeant; '**~jahre** *n/pl der Frau* ménopause *f*, retour *m* d'âge; '**~kurs** *m* cours *m* du change; '**~kursmechanismus** *m* mécanisme *m* de cours du change; '**~kursrisiko** *n* risque *m* sur le cours du change; '**~kursschwankungen** *f/pl* fluctuations *f/pl* de cours du change

wechseln ['vɛksəln] *(h) sich verändern* changer; *ab~* alterner (***mit*** avec); ***etw ~*** changer de qc; *Blicke, Briefe* échanger; ***100 Euro ~*** *umtauschen* changer 100 euros; *in Kleingeld* faire la monnaie de 100 euros; '**~d** changeant, variable; ***mit ~em Erfolg*** avec des fortunes diverses

wechsel|seitig ['-zaitiç] mutuel, réciproque; '**≈strom** *m* courant *m* alternatif; '**≈stube** *f* bureau *m* de change

'**weck|en** ['vɛkən] *(h)* réveiller; *Interesse, Neugier etc* éveiller; '**≈dienst** *m* service *m* de réveil automatique; '**≈er** *m* (*-s; -*) réveil *m*, réveille-matin *m*

weder ['veːdər] ***~ … noch …*** ni … ni … (*bei Verb* ne …)

weg [vɛk] *fort* parti; *verschwunden* disparu; *fig* ***über etw ~ sein*** avoir surmonté qc; ***weit ~*** éloigné; ***~ da!*** ôtez-vous de là; ***Hände ~!*** n'y touchez pas!; ***~ damit!*** enlevez-moi ça!

Weg [veːk] *m* (*-[e]s; -e*) chemin *m*; *fig* voie *f*; ***auf dem ~ nach …*** sur le chemin de …, en route pour …; ***auf halbem ~*** à mi-chemin; ***auf friedlichem ~e*** par des moyens pacifiques; *fig* ***j-m aus dem ~ gehen*** éviter qn; ***aus dem ~ räumen*** se débarrasser de, écarter; ***sich auf den ~ machen*** se mettre en route

'**wegbringen** (*irr, sép, -ge-, h,* → ***bringen***) emporter, *a j-n* emmener

wegen ['veːgən] *prép* (*gén*) à cause de …, pour; *bezüglich* au sujet de; F ***von ~!*** penses-tu! *od* pensez-vous! F

weg|fahren ['vɛk-] (*irr, sép, -ge-,* → ***fahren***) **1.** *v/i* (*sn*) partir (en voiture, *etc*); **2.** *v/t* (*h*) *etw* enlever (en voiture); '**~fallen** (*irr, sép, -ge-, sn,* → ***fallen***) être supprimé; '**~gehen** (*irr, sép, -ge-, sn,* → ***gehen***) s'en aller, partir (*a Schmerz, Fleck, Ware*); '**~kommen** (*irr, sép, -ge-, sn,* → ***kommen***) partir, s'en aller; *abhandenkommen* s'égarer; ***gut dabei ~*** s'en tirer bien; F ***mach, dass du wegkommst!*** va-t-en!, F tire-toi de là!; '**~lassen** (*irr, sép, -ge-, h,* → ***lassen***) laisser de côté, supprimer, omettre; '**~laufen** (*irr, sép, -ge-, sn,* → ***laufen***) se sauver; '**~legen** (*sép, -ge-, h*) mettre de côté; '**~müssen** (*irr, sép, -ge-, h,* → ***müssen***) F devoir partir; ***ich muss jetzt weg*** il faut que je parte; '**~nehmen** (*irr, sép, -ge-, h,* → ***nehmen***) ôter, enlever (*a stehlen*); '**~räumen** (*sép, -ge-, h*) ranger, enlever; *Hindernis* écarter; '**~schaffen** (*sép, -ge-, h*) enlever; '**~schicken** (*sép, -ge-, h*) renvoyer; '**~sehen** (*irr, sép, -ge-, h,* → ***sehen***) détourner les yeux

Wegweiser ['veːkvaizər] *m* (*-s; -*) poteau *m* indicateur

Wegwerf|… ['vɛkvɛrf] *in Zssgn* jetable; '**≈en** (*irr, sép, -ge-, h,* → ***werfen***) jeter

'**wegziehen** (*irr, sép, -ge-,* → ***ziehen***) **1.** *v/t* (*h*) retirer; **2.** *v/i* (*sn*) *umziehen* déménager

weh [veː] → ***wehtun***

wehen ['veːən] *Wind* souffler; *Fahnen, Haare* flotter

Wehen ['veːən] *f/pl Geburt* douleurs *f/pl*

'**Weh|klage** *f* lamentation *f*; '**≈leidig** ['-laidiç] pleurnicheur, geignard F; '**≈mütig** ['-myːtiç] nostalgique

Wehr[1] [veːr] *n* (*-[e]s; -e*) *in Flüssen* barrage *m*

Wehr[2] [-] *f* (*-; -en*) ***sich zur ~ setzen*** se défendre; '**~dienst** *mil m* service *m* militaire; '**~dienstverweigerer** *m* objecteur *m* de conscience; '**~dienstverweigerung** *f* objection *f* de conscience; '**≈en** (*h*) ***sich ~*** se défendre (***gegen*** contre); '**≈los** sans défense; '**~pflicht** *f* (*-; sans pl*) ***allgemeine ~*** service *m* militaire obligatoire; '**≈pflichtig** *mil* mobilisable, astreint au service militaire; '**~pflichtige** *m* (*-n; -n*) conscrit *m*

wehtun ['veːtuːn] (*irr, sép, -ge-, h,* → ***tun***) ***j-m ~*** faire mal à qn

Weib [vaip] *n* (*-[e]s; -er*) femme *f*; '**~chen** *zo n* (*-s; -*) femelle *f*; '**≈lich** féminin

weich [vaiç] mou (molle), doux, tendre; *Ei* à la coque; ***~ gekocht*** *Ei* à la coque; ***~ werden*** ramollir; *fig* se laisser attendrir

Weiche ['vaiçə] *Bahn f* (*-; -n*) aiguillage *m*

weichen ['vaiçən] (*wich, gewichen, sn*) céder (***dem Feind*** devant l'ennemi)

'weichgekocht → ***weich***

Weich|heit *f* (-; *sans pl*) mollesse *f*, douceur *f*; **'~käse** *m* fromage *m* à pâte molle; **'2lich** mou, douillet, efféminé

Weichsel ['vaiksəl] *géogr f* Vistule *f*

'Weichtiere *zo n/pl* mollusques *m/pl*

Weide ['vaidə] *f* (-; *-n*) *bot* saule *m*; *Korb2* osier *m*; *Vieh2* pâturage *m*; **'2n** (*h*) paître, brouter; *fig* ***sich ~ an*** se repaître de; **'~nkorb** *m* panier *m* d'osier

weiger|n ['vaigərn] (*h*) ***sich ~*** refuser (***etw zu tun*** de faire qc); **'2ung** *f* (-; *-en*) refus *m*

Weihnachten ['vainaxtən] *n* (*-s*; *sans pl*) Noël *m*; (***an*** *od* ***zu***) **~** à Noël

'Weihnachts|abend *m* veille *f* de Noël; **'~baum** *m* arbre *m* de Noël; **'~feiertag** *m* ***erster ~*** jour *m* de Noël; ***zweiter ~*** lendemain *m* de Noël; **'~ferien** *pl* vacances *f/pl* de Noël; **'~geld** *n* prime *f* de Noël; **'~geschenk** *n* cadeau *m* de Noël; **'~lied** *n* chanson *f od chant m de Noël*; **'~mann** *m* père *m* Noël; **'~markt** *m* foire *f od marché m de Noël*

weil [vail] parce que; *da ja* puisque

Weil|chen ['vailçən] *n* (*-s*; -) ***ein ~*** un petit moment; **~e** *f* (-; *sans pl*) ***e-e ~*** quelque temps, un certain (laps de) temps; ***e-e ganze ~*** un bon bout de temps

Wein [vain] *m* (-[*e*]*s*; *-e*) vin *m*; *bot* vigne *f*; **'~bau** *m* (-[*e*]*s*; *sans pl*) viticulture *f*; **'~berg** *m* vigne *f*, vignoble *m*; **'~brand** *m* (*-s*; *⸚e*) eau-de-vie *f* de vin, cognac *m*

weinen ['vainən] (*h*) pleurer (***vor*** de; ***wegen*** à cause de)

'Wein|ernte *f* vendange *f*; **'~flasche** *f* bouteille *f* à vin; **'~gegend** *f* région *f* viticole; **'~gut** *n* domaine *m* viticole; **'~händler** *m* négociant *m* en vins; **'~karte** *f* carte *f* des vins; **'~keller** *m* cave *f* à vin; cellier *m*; **'~kellerei** *f* cave *f*; **'~kenner** *m* connaisseur *m* en vins; **'~lese** *f* vendange *f*; **'~lokal** *n* cave *f* à vin; **'~probe** *f* dégustation *f* de vins; **'~rebe** *bot f* vigne *f*; **'~stock** *m* cep *m* (de vigne); **'~traube(n)** *f* (*pl*) raisin *m*

weise ['vaizə] sage

'Weise [-] *f* (-; *-n*) manière *f*, façon *f*; *mus* air *m*; ***auf diese ~*** de cette façon; ***auf meine ~*** à ma manière

'weisen ['vaɪzən] (*wies, gewiesen, h*) *Weg etc* montrer, indiquer

Weisheit ['vaishait] *f* (-; *-en*) sagesse *f*; ***mit seiner ~ am Ende sein*** y perdre son latin; **'~szahn** *m* dent *f* de sagesse

'weismachen (*sép, -ge-, h*) ***j-m etw ~*** faire croire qc à qn, en faire accroire à qn; ***du kannst mir nichts ~!*** ne me raconte pas d'histores!

weiß [vais] blanc; **'2brot** *n* pain *m* blanc; **'2e** *m, f* (*-n*; *-n*) Blanc *m*, Blanche *f*; **'~en** (*h*) blanchir; **'2kohl** *m*, **'2kraut** *n* (-[*e*]*s*; *sans pl*) chou *m* blanc; **'~lich** blanchâtre; **'2wein** *m* vin *m* blanc

Weisung ['vaizuŋ] *f* (-; *-en*) instruction *f*, directive *f*, consigne *f*

weit [vait] *ausgedehnt* large; *Kleidung a* ample; *Reise, Weg* long; **~** (***weg*** *od* ***entfernt***) loin; **~ *größer*** bien plus grand; ***von ~em*** de loin; ***bei ~em nicht*** loin s'en faut; *fig* ***zu ~ gehen*** aller trop loin, exagérer; ***es ~ bringen*** faire son chemin; ***wir haben es ~ gebracht*** nous avons bien réussi; **~ *reichend*** étendu, de grande envergure; **~ *verbreitet*** très répandu; **'~aus** de loin, de beaucoup; **'2blick** *m* (-[*e*]*s*; *sans pl*) clairvoyance *f*, prévoyance *f*

Weite ['vaitə] *f* (-; *-n*) largeur *f*, étendue *f*; *von Kleidung* ampleur *f*; *Sport* distance *f*

'weiter *~!* continue! *od* continuez!; **~ *oben*** plus haut; *im Text* ci-dessus; **~ *weg*** *od* ***entfernt*** plus loin; ***und so ~*** et ainsi de suite, et cetera; **~ *nichts*** rien d'autre; **'~bilden** (*sép, -ge-, h*) ***sich ~*** se recycler; **'2bildung** *f* (-; *-en*) formation *f* complémentaire

weitere ['vaitərə] *n* (*-n*; *sans pl*) *sonstige* autre; *spätere* ultérieur; ***alles 2*** le reste; ***bis auf ~s*** jusqu'à nouvel ordre; ***ohne ~s*** aisément; sans façon

'Weiter|fahrt *f* (-; *sans pl*) continuation *f* de la course/du chemin; **'2geben** (*irr, sép, -ge-, h,* → ***geben***) transmettre, faire passer; **'2gehen** (*irr, sép, -ge-, sn,* → ***gehen***) poursuivre son chemin, continuer; **'2hin** en outre; **~ *etw tun*** continuer à *od* de faire qc; **'2kommen** (*irr, sép, -ge-, sn,* → ***kommen***) avancer; **'2leben** (*sép, -ge-, h*) continuer à vivre; **'2machen** (*sép, -ge-, h*) continuer;

'**~reise** *f* (-; *sans pl*) continuation *f* du voyage

'**weit|gehend** considérable(ment), large(ment); '**~sichtig** *méd* presbyte; *fig* prévoyant; '**⁀sprung** *m* saut *m* en longueur; '**⁀winkelobjektiv** *Foto n* objectif *m* grand angle

Weizen ['vaitsən] *m* (-*s*; -) blé *m*, froment *m*

welche, **~r**, **~s** ['vɛlçə(r, -s)] **1.** *fragend* quel(le); *alleinstehend* lequel, laquelle; ***~r von beiden?*** lequel des deux?; **2.** *relativ* qui (*Akkusativ* que); **3.** F *einige*(*s*) en; ***ich geb' dir ~(s)*** je t'en donne

welk [vɛlk] fané; '**~en** (*sn*) se faner

Wellblech ['vɛlblɛç] *n* tôle *f* ondulée

Welle ['vɛlə] *f* (-; -*n*) vague *f* (*a fig*); *phys* onde *f*; *fig* ***grüne ~*** feux *m*/*pl* coordonnés

'**Wellen|brecher** *m* (-*s*; -) brise-lames *m*; '**~länge** *f* longueur *f* d'ondes; '**~linie** *f* ligne *f* ondulée; **~sittich** ['-zitiç] *zo m* (-*s*; -*e*) perruche *f*

Wellness ['vɛlnɛs] *f* (-) bien-être *m*

Welt [vɛlt] *f* (-; -*en*) monde *m*; ***auf der ganzen ~*** dans le monde entier; ***die Alte*** (***Neue***) ***~*** l'ancien (le nouveau) monde; ***die Dritte ~*** le tiers monde; ***alle ~*** *jeder* tout le monde; ***zur ~ kommen*** venir au monde; ***zur ~ bringen*** donner le jour à, donner naissance à; '**~all** *n* univers *m*; '**~anschauung** *f* vision *f* du monde, idéologie *f*; '**~ausstellung** *f* exposition *f* universelle; '**~bank** *f* (-; *sans pl*) Banque *f* mondiale; '**⁀berühmt** célèbre dans le monde entier; '**⁀fremd** naïf, peu réaliste; '**~geschichte** *f* (-; *sans pl*) histoire *f* universelle; '**~handel** *m* commerce *m* mondial; '**~herrschaft** *f* (-; *sans pl*) hégémonie *f* mondiale; '**~krieg** *m* guerre *f* mondiale; ***der Erste*** (***Zweite***) ***~*** la Première (Seconde) Guerre mondiale; '**~macht** *f* puissance *f* mondiale; '**~markt** *m* (-[*e*]*s*; *sans pl*) marché *m* mondial; '**~meister** *m*, '**~meisterin** *f* champion *m*, -ne *f* du monde; '**~raum** *m* (-[*e*]*s*; *sans pl*) espace *m*; '**~raumforschung** *f* recherche *f* spatiale; '**~reich** *n* empire *m*; '**~reise** *f* tour *m* du monde; '**~rekord** *m* record *m* du monde; '**~sprache** *f* langue *f* universelle; '**~stadt** *f* métropole *f*; '**⁀weit** mondial, planétaire, universel; '**~wirtschaft** *f* (-; *sans pl*) économie *f* mondiale; '**~wunder** *n* merveille *f* du monde

wem [veːm] à qui; ***von ~?*** de qui?

wen [veːn] qui, qui est-ce que; ***für ~?*** pour qui?

Wende ['vɛndə] *f* (-; -*n*) tournant *m*; '**~kreis** *m géogr* tropique *m*; *auto* rayon *m* de braquage

Wendeltreppe ['vɛndəl-] *f* escalier *m* tournant *od* en colimaçon

wenden ['vɛndən] (*h*) *auto* faire demi-tour; *mar* virer de bord; (*a irr wandte, gewandt*) (re)tourner; (*nur irr*) ***sich ~ an*** s'adresser à

'**wend|ig** *Auto* maniable, manœuvrable; *Person* débrouillard, habile, souple; '**⁀ung** *f* (-; -*en*) tour *m*; *Umschwung* tournure *f*, revirement *m*; *Rede⁀* locution *f*, tournure *f*

wenig ['veːniç] peu (de); ***~er*** moins (de); ***am ~sten*** le moins; ***ein ~*** un peu (de); ***einer der ~en, die …*** un des rares qui (+ *subj*); '**~stens** ['-stəns] au moins, du moins

wenn [vɛn] *falls* si; *zeitlich* quand, lorsque; ***~ auch*** bien que, quoique (*beide* + *subj*); ***selbst ~*** même si; ***außer ~*** à moins que … ne (+ *subj*); ***~ ich nur … wäre!*** si seulement j'étais …!; ***~ schon!*** qu'importe!

wer [veːr] **1.** qui, qui est-ce qui; ***~ von beiden?*** lequel des deux?; **2.** *derjenige, welcher* celui qui; ***~ auch immer*** quiconque; ***~ es auch sei*** qui que ce soit; **3.** F *jemand* quelqu'un

Werbe|agentur ['vɛrbə-] *f* agence *f* de publicité; '**~fernsehen** *n* publicité *f* télévisée; '**~film** *m* film *m* publicitaire; '**~funk** *m* publicité *f* radiodiffusée; '**~geschenk** *n* cadeau *m* publicitaire

'**werben** (*warb*, *geworben*, *h*) faire de la publicité (***für*** pour); ***~ um*** *Frau* faire la cour à; *Gunst* solliciter; ***Kunden ~*** prospecter la clientèle

'**Werbe|sendung** *f* émission *f* publicitaire; '**~slogan** *m* slogan *m* publicitaire; '**~spot** *m* (-*s*; -*s*) spot *m* publicitaire

'**Werbung** *f* (-; -*en*) publicité *f*, F pub *f*; '**~skosten** *pl* frais *m*/*pl* de publicité

werden ['veːrdən] (*wurde*, *geworden*, *sn*) devenir; *durch eigenes Zutun* se faire; ***Arzt, Lehrer ~*** devenir *od* se faire médecin, professeur; ***mir wird***

schlecht! j'en suis malade!; F ***es wird schon wieder*** ~ ça va aller mieux; *Futur* ***er wird kommen*** il viendra, il va venir; *Konditional* ***er würde kommen*** il viendrait; *Passiv* ***verkauft*** ~ être vendu

werfen ['vɛrfən] (*warf, geworfen, h*) (***sich*** ~ se) jeter; lancer

Werft [vɛrft] *mar f* (-; *-en*) chantier *m* naval

Werk [vɛrk] *n* (-[*e*]*s*; *-e*) ouvrage *m*; *e-s Dichters, Künstlers* œuvre *f*; *Arbeit* travail *m*; *Uhr*≈ mouvement *m*; *Mechanismus* mécanisme *m*; *Fabrik* usine *f*, ateliers *m/pl*, établissement *m*; '**~bank** *f* établi *m*; **~statt** ['-ʃtat] *f* (-; *¨en*) atelier *m*; '**~tag** *m* jour *m* ouvrable; '**≈tags** en semaine; '**~zeug** *n* (-*s*; *-e*) outil *m*

wert [veːrt] ~ ***sein*** valoir (***etw*** qc); ***der Mühe*** ~ ***sein*** valoir la peine

Wert [-] *m* (-[*e*]*s*; *-e*) valeur *f*; ~ ***legen auf*** tenir à; ***großen*** ~ ***legen auf*** tenir beaucoup à, attacher une grande valeur *od* un grand prix à; F ***das hat keinen*** ~ ça ne sert à rien; '**≈en** (*h*) évaluer, estimer; *beurteilen* juger; '**~gegenstand** *m* objet *m* de valeur; '**≈los** sans valeur; '**~papier** *n* valeur *f*, effet *m*, titre *m*; '**~papiermärkte** *m/pl* marchés *m/pl* de titres; '**~sachen** *f/pl* objets *m/pl* de valeur; '**~ung** *f* (-; *-en*) évaluation *f*; *Sport* classement *m*; '**~urteil** *n* jugement *m* de valeur; '**≈voll** précieux

Wesen ['veːzən] *n* (-*s*; -) *Lebe*≈ être *m*; *Eigenart* nature *f*, caractère *m*; *e-r Person a* naturel *m*; *philos* essence *f*; '**≈tlich** essentiel; ***im*** **≈*en*** en substance; ~ ***größer*** beaucoup *od* bien plus grand

weshalb [vɛs'halp] pourquoi

Wespe ['vɛspə] *zo f* (-; *-n*) guêpe *f*

'**West**|'**afrika** *n* l'Afrique *f* occidentale; '**~berlin** *n hist* Berlin-Ouest; '**~deutschland** *n* l'Allemagne *f* de l'Ouest

Weste ['vɛstə] *f* (-; *-n*) gilet *m*

Westen ['vɛstən] *m* (-*s*; *sans pl*) ouest *m*; *pol* ***der*** ~ l'Ouest *m*, l'Occident *m*; ***der Wilde*** ~ le Far-West

'**West**|**eu'ropa** *n* l'Europe *f* occidentale; **~'falen** *n* la Westphalie; '**~'indien** *n hist* les Indes *f/pl* occidentales

'**westlich** occidental, de l'ouest, d'ouest; ~ ***von*** à l'ouest de

'**Westwind** *m* vent *m* d'ouest

weswegen [vɛs'veːgən] pourquoi

Wettbewerb ['vɛtbəvɛrp] *m* (-[*e*]*s*; *-e*) concours *m*, compétition *f*, *bes écon* concurrence *f*; '**~sfähigkeit** *f* compétitivité *f*; '**~snachteil** *m* inconvénient *m* compétitif; '**~svorteil** *m* avantage *m* compétitif

'**Wett**|**e** ['vɛtə] *f* (-; *-n*) pari *m*; ***um die*** ~ à qui mieux mieux; ***e-e*** ~ ***abschließen*** *od* ***eingehen*** faire un pari; '**≈eifern** (*h*) rivaliser (***mit*** avec; ***um*** de); '**≈en** (*h*) parier; ***um 60 Euro*** ~ parier soixante euros

Wetter ['vɛtər] *n* (-*s*; -) temps *m*; ***es ist schönes*** ~ il fait beau (temps); ***bei diesem*** ~ par ce temps; '**~bericht** *m* bulletin *m* météorologique, F météo *f*; '**≈fest** résistant aux intempéries; '**≈fühlig** sensible aux changements du temps; '**~karte** *f* carte *f* météorologique; '**~lage** *f* conditions *f/pl* atmosphériques; '**~vorhersage** *f* prévisions *f/pl* météorologiques; '**~warte** *f* station *f* météorologique

'**Wett**|**kampf** *m* compétition *f*, épreuve *f*, match *m*; '**~lauf** *m* course *f* (*a fig*); '**~rennen** *n* course *f*; '**~rüsten** *n* (-*s*; *sans pl*) course *f* aux armements; '**~streit** *m* concours *m*, compétition *f*, émulation *f*

wetzen ['vɛtsən] (*h*) aiguiser

WEZ *f abr* ***Westeuropäische Zeit*** heure *f* de l'Europe occidentale

wichtig ['viçtiç] important; ~ ***nehmen*** prendre au sérieux; → ***wichtigmachen***, ***wichtigtun***

'**Wichtigkeit** *f* (-; *-en*) importance *f*

'**wichtig**|**machen** (*sép*, *-ge-*, *h*) ***sich*** ~ faire l'important; '**~tun** (*irr*, *sép*, *-ge-*, *h*, → ***tun***) (***sich***) ~ faire l'important

wickeln ['vikəln] (*h*) enrouler (***um*** autour de; ***in*** dans), envelopper (***in*** dans); *Kind* langer, emmailloter

Widder ['vidər] *m* (-*s*; -) *zo* bélier *m*; *astr* Bélier *m*

wider ['viːdər] *prép* (*acc*) contre; ~ (***meinen***) ***Willen*** malgré moi; ~ ***Erwarten*** contre toute attente; **~legen** [-'leːgən] (*pas de -ge-*, *h*) réfuter

'**widerlich** répugnant, repoussant, dégoûtant, écœurant, rebutant

'**wider**|**rechtlich** illégal; '**≈rede** *f* contradiction *f*; ***keine ~!*** pas de discussion!; **~'rufen** (*irr, pas de -ge-, h,* → ***rufen***) *Anordnung* révoquer; *Behauptung, Geständnis* rétracter; **~'setzen** (*pas de -ge-, h*) ***sich ~*** s'opposer (***j-m, e-r Sache*** à qn, à qc); **'~spenstig** ['-ʃpɛnstiç] récalcitrant, rétif, rebelle; **~'sprechen** (*irr, pas de -ge-, h,* → ***sprechen***) contredire (***j-m, e-r Sache*** qn, qc); **'²spruch** *m* contradiction *f*; ***im ~ stehen*** être en contradiction (***zu*** avec); **'~sprüchlich** ['-ʃpryçliç] contradictoire; **'²stand** *m* résistance *f* (*a pol u elektrischer*); ***~ leisten*** résister; **'~standsfähig** résistant; **~'stehen** (*irr, pas de -ge-, h,* → ***stehen***) résister (à); **'~wärtig** ['-vɛrtiç] répugnant; **'²wille** *m* répugnance *f* (***gegen*** pour), aversion *f* (pour), dégoût *m* (pour); **'~willig** à contrecœur

widm|en ['vitmən] (*h*) (***sich ~*** se) consacrer (à), (se) vouer (à); *Buch* dédier; **'²ung** *f* (-; *-en*) dédicace *f*

widrig ['viːdriç] contraire, adverse

wie [viː] *fragend* comment; *in Ausrufen* que, comme, combien; *vergleichend* comme; ***~ ein Hund*** comme un chien; ***~ üblich*** comme d'habitude; ***so groß ~*** aussi grand que; ***~ alt sind Sie?*** quel âge avez-vous?; ***~ spät ist es?*** quelle heure est-il?; ***~ lange?*** combien de temps?; ***~ froh bin ich!*** que (comme, combien) je suis heureux!; ***~ viel*** combien (de); ***um ~ viel Uhr?*** à quelle heure?

wieder ['viːdər] de nouveau, encore; *oft* re… *in Zssgn*; ***da bin ich ~*** me revoilà; ***~ einmal*** une fois de plus; ***~ anfangen*** recommencer; ***~ aufbereiten*** retraiter; ***~ erkennen*** reconnaître (***an*** à); ***~ finden*** retrouver; ***~ sehen*** revoir; **'²aufbau** *m* (-[*e*]*s*; *sans pl*) reconstruction *f*; **²'aufbereitungsanlage** *f Kerntechnik* usine *f* de retraitement; **'~bekommen** (*irr, sép, pas de -ge-, h,* → ***bekommen***) recouvrer, rentrer en possession de; **'²belebung** *f* (-; *-en*) *méd* réanimation *f*; *écon* reprise *f*, relance *f*; **'~bringen** (*irr, sép, -ge-, h,* → ***bringen***) rapporter; *zurückgeben* rendre; **'²gabe** *f* (-; *-n*) reproduction *f*; **'~geben** (*irr, sép, -ge-, h,* → ***geben***) *zurückgeben* rendre, restituer; *nachbilden* reproduire; *beschreiben* décrire; **²'gutmachung** *f* (-; *-en*) réparation *f*; **~'herstellen** (*sép, -ge-, h*) rétablir, restaurer; **~holen** [-'hoːlən] (*pas de -ge-, h*) (***sich ~*** se) répéter; *Lernstoff* réviser; **~'holt** répété; **²'holung** *f* (-; *-en*) répétition *f*; *von Lernstoff* révision *f*; *TV etc* rediffusion *f*; **'²hören** *n* (*-s*; *sans pl*) *tél* ***auf ~!*** au revoir!; **'~kommen** (*irr, sép, -ge-, sn,* → ***kommen***) revenir; **'~sehen** (*irr, sép, -ge-, h,* → ***sehen***) revoir; **'²sehen** *n* ***auf ~!*** au revoir!; **'~um** de nouveau; *andererseits* d'autre part, d'un autre côté; **'²vereinigung** *f pol* réunification *f*; **'²verwendung** *f* réutilisation *f*; **'²verwertung** *f* recyclage *m*; **'²wahl** *f* réélection *f*

wiegen ['viːgən] (*wog, gewogen, h*) peser

Wien [viːn] *n* Vienne

Wiese ['viːzə] *f* (-; *-n*) pré *m*, prairie *f*

wieso [viː'zoː] pourquoi

wie viel [viː'fiːl] → ***wie***

wie'vielte combientième F; ***den ²n haben wir heute?*** le combien sommes-nous aujourd'hui?

wild [vilt] **1.** sauvage (*a bot u zo*); *Blick etc* farouche; *wütend* furieux; *Kind* turbulent; ***~es Tier*** bête *f* féroce; *fig* ***~er Streik*** grève *f* sauvage; F ***~ sein auf*** raffoler de; **2.** ² *n ch u cuis* gibier *m*; **'²bach** *m* torrent *m*; **'²ente** *zo f* canard *m* sauvage; **²e** ['vildə] *m, f* (*-n*; *-n*) sauvage *m, f*; F ***wie ein Wilder*** comme un fou; **²erer** ['vildərər] *m* (*-s*; -) braconnier *m*; **'²hüter** *m* garde-chasse *m*; **'²leder** *n* daim *m*; **'²nis** *f* (-; *-se*) désert *m*; **'²schwein** *n* sanglier *m*; **²'westfilm** *m* western *m*

Wilhelm ['vilhɛlm] *m* (*-s*; *sans pl*) Guillaume *m*

Wille ['vilə] *m* (*-ns*; *sans pl*) volonté *f*; ***gegen meinen ~n*** malgré moi; ***seinen ~n durchsetzen*** imposer sa volonté; **'²n** *prép* (*gén*) ***um … ~*** pour (l'amour de)

'Willens|freiheit *f* (-; *sans pl*) libre arbitre *m*; **'~kraft** *f* (-; *sans pl*) volonté *f*, énergie *f*

will|ig ['viliç] de bonne volonté; *folgsam* docile; **~'kommen** bienvenu; ***herzlich ~!*** soyez le (la) bienvenu(e)!; ***j-n ~ heißen*** souhaiter la bienvenue à qn; **'~kürlich** ['-kyːrliç] arbitraire

wimmeln ['viməln] (*h*) fourmiller, grouiller (**von** de); ***es wimmelt von etw*** *a* qc pullule
Wimper ['vimpər] *f* (-; -*n*) cil *m*; '**~ntusche** *f* mascara *m*
Wind [vint] *m* (-[*e*]*s*; -*e*) vent *m*
Winde ['vində] *f* (-; -*n*) *tech* treuil *m*; *mar* cabestan *m*; *bot* liseron *m*, volubilis *m*
Windel ['vindəl] *f* (-; -*n*) couche *f*, lange *f*
winden ['vindən] (*wand*, *gewunden*, *h*) *Kranz* tresser; ***sich ~*** *Weg etc* serpenter; ***sich um etw ~*** s'enrouler autour de qc; ***sich vor Schmerz ~*** se tordre de douleur
wind|ig ['vindiç] *Ort* éventé; *fig* louche; ***es ist ~*** il fait du vent; '**2mühle** *f* moulin *m* à vent; '**2pocken** *méd f/pl* varicelle *f*; '**2rad** *n* éolienne *f*; '**2schutzscheibe** *auto f* pare-brise *m*; '**2stärke** *f* force *f od intensité f du vent*; '**2stoß** *m* rafale *f*; '**2surfen** *Sport n* planche *f* à voile
Windung ['vinduŋ] *f* (-; -*en*) *Krümmung* sinuosité *f*; *Drehung* tour *m*; ***~en*** *e-s Wegs a* lacets *m/pl*
Winkel ['viŋkəl] *m* (-*s*; -) *math* angle *m*; *Gerät* équerre *f*; *Ecke* coin *m*
winken ['viŋkən] (*h*) faire signe (***j-m*** à qn)
Winter ['vintər] *m* (-*s*; -) hiver *m*; '**~anfang** *m* début *m* de l'hiver; '**~einbruch** *m* offensive *f* de l'hiver; '**2lich** hivernal; '**~reifen** *auto m* pneu *m* neige; '**~schlaf** *zo m* hibernation *f*; '**~schlussverkauf** *m* soldes *m/pl* d'hiver; '**~spiele** *n/pl* jeux *m/pl* Olympiques d'hiver; '**~sport** *m* sport(s) *m(pl)* d'hiver
Winzer ['vintsər] *m* (-*s*; -), '**~in** *f* (-; -*nen*) vigneron *m*, -ne *f*, viticulteur *m*
winzig ['vintsiç] minuscule
wir [viːr] nous; ***~ drei*** nous trois; ***~ sind's*** c'est nous
Wirbel ['virbəl] *m* (-*s*; -) tourbillon *m*; *fig a* remous *m/pl*; *anat* vertèbre *f*; *Haar* épi *m*; '**~säule** *f* colonne *f* vertébrale; '**~sturm** *m* cyclone *m*; '**~tiere** *n/pl* vertébrés *m/pl*
wirk|en ['virkən] (*h*) agir (***auf*** sur), faire son effet, opérer; *Wunder* faire; ***~ wie*** faire l'effet de; ***jung*** (***hübsch*** *etc*) **~** faire jeune (joli, *etc*); '**~lich** réel, effectif; *echt* vrai, véritable; '**2lichkeit** *f* (-; -*en*) réalité *f*; ***in ~*** en réalité; '**~sam** efficace
Wirkung ['virkuŋ] *f* (-; -*en*) effet *m*; '**~sgrad** *tech m* (degré *m* d')efficacité *f*, rendement *m*; '**2slos** sans effet, inopérant; '**2svoll** efficace
wirr [vir] confus, embrouillé; *Haar* en désordre; '**2en** *pol pl* troubles *m/pl*
Wirsing ['virziŋ] *bot m* (-*s*; *sans pl*), '**~kohl** *m* (-[*e*]*s*; *sans pl*) chou *m* frisé *od* de Milan
Wirt [virt] *m* (-[*e*]*s*; -*e*), '**~in** *f* (-; -*nen*) *Gast2(in)* patron *m*, -ne *f*, aubergiste *m*; *Hotel2(in)* hôtelier *m*, -ière *f*; *Haus2(in)* propriétaire *m*, *f*
'**Wirtschaft** *f* (-; -*en*) économie *f*; *Gast2* restaurant *m*, auberge *f*; *Bahnhofs2* buffet *m*; ***freie ~*** économie *f* libérale; ***gelenkte ~*** économie *f* dirigée, dirigisme *m*; '**2en** (*h*) ***gut, schlecht ~*** bien, mal gérer ses affaires; ***gut ~*** *a* être économe; '**2lich** économique; '**~lichkeit** *f* (-; *sans pl*) économie *f*; rentabilité *f*
'**Wirtschafts|...** *écon in Zssgn* économique; '**~abkommen** *n* accord *m* économique; '**~beziehungen** *f/pl* relations *f/pl* économiques; '**~gemeinschaft** *f* ***Europäische ~*** Communauté *f* économique européenne; '**~krise** *f* crise *f* économique; '**~politik** *f* politique *f* économique; '**~system** *n* système *m* économique; '**~wissenschaft (-en)** *f* (*pl*) sciences *f/pl* économiques
'**Wirtshaus** *n* auberge *f*
wischen ['viʃən] (*h*) essuyer
wissen ['visən] **1.** (*wusste*, *gewusst*, *h*) savoir; ***nicht ~*** ne pas savoir, ignorer; ***sehr wohl ~*** ne pas ignorer; ***ich möchte ~*** j'aimerais savoir; ***soviel ich weiß*** autant que je sache; ***weißt du noch?*** tu te rappelles? *od* tu t'en souviens?; ***woher weißt du das?*** d'où tiens-tu cela?; ***man kann nie ~*** on ne peut jamais savoir; ***ich will davon*** (***von ihm***) ***nichts ~*** je ne veux pas entendre parler de cela (de lui); **2.** '**2** *n* (-*s*; *sans pl*) savoir *m*, connaissances *f/pl*
'**Wissenschaft** *f* (-; -*en*) science *f*; '**~ler** *m* (-*s*; -), '**~lerin** *f* (-; -*nen*) scientifique *m*, *f*; '**2lich** scientifique
'**wissenswert** qui vaut la peine d'être connu, intéressant
'**Witterung** *f* (-; -*en*) temps *m* qu'il fait;

Spürsinn flair *m*; '**~sverhältnisse** *n/pl* conditions *f/pl* atmosphériques

Witwe ['vitvə] *f* (-; *-n*) veuve *f*; '**~r** *m* (*-s*; -) veuf *m*

Witz [vits] *m* (*-es*; *-e*) plaisanterie *f*, histoire *f* (drôle), blague *f* F; bon mot *m*, mot *m* d'esprit; *Wortspiel* calembour *m*; ***~e reißen*** raconter de bonnes blagues; '**⁀ig** *geistreich* spirituel; *lustig* drôle, amusant

wo [voː] où; **~anders** [-'andərs] ailleurs; **~bei** [-'bai] à l'occasion de quoi; ***~ mir einfällt*** ce qui me rappelle

Woche ['vɔxə] *f* (-; *-n*) semaine *f*; ***in der letzten ~*** la semaine passée *od* dernière; ***in der nächsten ~*** la semaine prochaine

'**Wochen|arbeitszeit** *f* heures *f/pl* de travail hebdomadaire; '**~ende** *n* fin *f* de semaine, week-end *m*; '**~karte** *f* carte *f* hebdomadaire; '**⁀lang** (pendant) des semaines entières; '**~tag** *m* jour *m* de semaine; *Werktag* jour *m* ouvrable

wöchentlich ['vœçəntliç] hebdomadaire; ***einmal ~*** une fois par semaine

wo|durch [voː'durç] par quoi; **~'für** pour quoi

wo|her [voː'heːr] d'où; **~'hin** où; **~hingegen** [voːhin'geːgən] tandis que, alors que

wohl [voːl] bien; *wahrscheinlich* sans doute; ***mir ist nicht ~*** je ne me sens pas bien; ***~ oder übel*** bon gré mal gré; → ***wohlfühlen***

Wohl [voːl] *n* (-[*e*]*s*; *sans pl*) bien *m*, salut *m*; ***zum ~!*** à votre santé!, à la vôtre! F

'**Wohl|befinden** *n* bien-être *m*; '**⁀behalten** sain et sauf; '**~fahrtsstaat** *m* État-providence *m*; '**⁀fühlen** (*sép*, *-ge-*, *h*) ***sich ~*** se sentir bien; '**⁀gemerkt** ['-gəmɛrkt] bien entendu; '**⁀habend** ['-haːbənt] aisé; '**~stand** *m* (-[*e*]*s*; *sans pl*) aisance *f*, prospérité *f*; '**~standsgesellschaft** *f* société *f* d'abondance; '**~tat** *f* bienfait *m*; '**~täter** *m*, '**~täterin** *f* bienfaiteur *m*, -trice *f*; '**⁀tuend** ['-tuːənt] bienfaisant; '**⁀verdient** bien mérité; '**~wollen** *n* (*-s*; *sans pl*) bienveillance *f*; '**⁀wollend** bienveillant

wohn|en ['voːnən] (*h*) habiter, demeurer, loger; ***in Paris ~*** habiter (à) Paris; ***im Hotel ~*** loger à l'hôtel; '**⁀gebiet** *n* quartier *m* résidentiel; '**⁀gemeinschaft** *f* communauté *f* d'habitat, domicile *m* en commun; '**~haft** domicilié (***in*** à); '**⁀mobil** *n* camping-car *m*; '**⁀ort** *m* domicile *m*; '**⁀sitz** *m* domicile *m*, résidence *f*

'**Wohnung** *f* (-; *-en*) logement *m*, habitation *f*, appartement *m*; '**~sbau** *m* (-[*e*]*s*; *sans pl*) construction *f* de logements; '**~snot** *f* crise *f* du logement

'**Wohn|wagen** *m* roulotte *f*; *Camping* caravane *f*; '**~zimmer** *n* salle *f* de séjour, salon *m*, living *m*

wölben ['vœlbən] (*h*) (***sich ~*** se) voûter, (se) bomber

Wolf [vɔlf] *zo m* (-[*e*]*s*; *⸚e*) loup *m*

Wolga ['vɔlga] ***die ~*** la Volga

Wolke ['vɔlkə] *f* (-; *-n*) nuage *m*

'**Wolken|bruch** *m* pluie *f* torrentielle; '**~kratzer** *m* (*-s*; -) gratte-ciel *m*; '**⁀los** sans nuages

wolkig ['vɔlkiç] nuageux

Wolle ['vɔlə] *f* (-; *-n*) laine *f*; '**⁀n**[1] *adj* de *od* en laine

wollen[2] ['vɔlən] (*v/aux pas de -ge-*, *h*) vouloir; *im Begriff sein* aller; ***lieber ~*** aimer mieux; ***sie will, dass ich komme*** elle veut que je vienne; ***ich wollte gerade anfangen*** j'allais commencer; ***er will mich gesehen haben*** il prétend m'avoir vu; ***ich wollte, ich wäre …*** si seulement j'étais …

Wollust ['vɔlust] *f* (-; *⸚e*) volupté *f*

wo|'mit avec quoi; **~'möglich** peut-être

wor|an [voː'ran] ***~ denkst du?*** à quoi penses-tu?; ***~ liegt es, dass …?*** d'où vient que …?; *fig* ***~ man ist*** où l'on en est; **~'auf** sur quoi; *zeitlich* après quoi; ***~ wartest du?*** qu'est-ce que tu attends?; **~'aus** de quoi, d'où; ***~ ist es?*** en quoi est-ce?; **~in** [-'rin] en quoi, dans quoi, où

Wort [vɔrt] *n* **1.** (-[*e*]*s*; *⸚er*) mot *m*; **2.** (-[*e*]*s*; *-e*) *gesprochenes* parole *f*; *Ausdruck* terme *m*; ***~e*** *pl a* propos *m/pl*; ***mit anderen ~en*** en d'autres termes; ***sein ~ geben*** donner sa parole; ***~ halten*** tenir parole; ***sein ~ brechen*** manquer à sa parole; ***j-n beim ~ nehmen*** prendre qn au mot; ***j-m ins ~ fallen*** couper la parole à qn; ***sich zu ~ melden*** demander la parole

Wörterbuch ['vœrtər-] *n* dictionnaire

m

'Wort|führer *m* porte-parole *m*; **'~laut** *m* (-[*e*]*s*; *sans pl*) texte *m*, teneur *f*, termes *m/pl*

wörtlich ['vœrtliç] littéral, textuel

'Wort|schatz *m* (-*es*; *sans pl*) vocabulaire *m*; **'~spiel** *n* jeu *m* de mots; *mit Homonymen* calembour *m*; **'~wechsel** *m* altercation *f*

wor|über [vo:'ry:bər] sur quoi; ***~ lachst du?*** de quoi ris-tu?; **~um** [-'rum] ***~ geht es?*** de quoi s'agit-il?

wo|'von de quoi; ***~ sprichst du?*** de quoi parles-tu?; **~'vor** ***~ fürchtest du dich?*** de quoi as-tu peur?; **~'zu** à quoi; ***~ (eigentlich)?*** à quoi bon?

Wrack [vrak] *n* (-[*e*]*s*; -*s*) épave *f* (*a fig Mensch*); *auto a* carcasse *f*

Wucher ['vu:xər] *m* (-*s*; *sans pl*) usure *f*; **'~er** *m* (-*s*; -) usurier *m*; **'≈n** (*h*) *biol* proliférer, foisonner; **'~preis** *m* prix *m* usuraire; **'~ung** *méd f* (-; -*en*) excroissance *f*, végétation *f*; **'~zinsen** *m/pl* intérêts *m/pl* usuraires

Wuchs [vu:ks] *m* (-*es*; *sans pl*) *Wachsen* croissance *f*; *Gestalt* taille *f*

Wucht [vuxt] *f* (-; *sans pl*) force *f*, élan *m*; ***mit voller ~*** de plein fouet; **'≈ig** imposant, massif; *Schlag* violent

wühlen ['vy:lən] (*h*) fouiller

wund [vunt] écorché; ***sich ~ liegen*** *od* ***reiben*** s'écorcher; *fig* ***~er Punkt*** point *m* faible *od* névralgique

Wunde ['vundə] *f* (-; -*n*) blessure *f*

Wunder ['vundər] *n* (-*s*; -) miracle *m* (*a rel*), prodige *m*; *~werk* merveille *f*; ***(es ist) kein ~, dass du müde bist*** il n'y a rien d'étonnant à ce que tu sois fatigué; **'≈bar** merveilleux, admirable; *übernatürlich* miraculeux; **'~kind** *n* enfant *m* prodige; **'≈lich** bizarre, étrange, singulier; **'≈n** (*h*) étonner; ***sich ~*** s'étonner (***über*** de); **'≈schön** ravissant, merveilleusement beau; **'≈voll** merveilleux

'wund|liegen (*irr*, *sép*, -*ge*-, *h*, → ***liegen***), **'~reiben** (*irr*, *sép*, -*ge*-, *h*, → ***reiben***) → ***wund***

'Wundstarrkrampf *méd m* tétanos *m*

Wunsch [vunʃ] *m* (-*es*; ⸚*e*) *Begehren* désir *m* (***nach*** de); *Glück≈* souhait *m*, vœu *m*; ***auf j-s ~*** à la demande de qn; ***nach ~*** à souhait; *nach Wahl* au choix; ***beste Wünsche!*** meilleurs vœux!

wünschen ['vynʃən] (*h*) désirer; *j-m etw* souhaiter; ***sich etw ~*** désirer qc; ***was ~ Sie?*** que désirez-vous?; ***j-m gute Reise ~*** souhaiter bon voyage à qn; **'~swert** désirable, souhaitable

Würde ['vyrdə] *f* (-; -*n*) dignité *f*; **'≈los** indigne

würdig ['vyrdiç] digne (***e-r Sache*** de qc); **'~en** ['vyrdigən] (*h*) apprécier; ***j-n keines Blickes ~*** ne pas daigner regarder qn, ignorer qn; **≈ung** ['-guŋ] *f* (-; -*en*) appréciation *f*

Wurf [vurf] *m* (-[*e*]*s*; ⸚*e*) jet *m*; *Sport* lancer *m*; *junge Tiere* portée *f*

Würfel ['vyrfəl] *m* (-*s*; -) cube *m* (*a math*); *Spiel≈* dé *m*; **'≈n** (*h*) jeter le(s) dé(s); jouer aux dés; ***e-e Sechs ~*** faire un six; **'~spiel** *n* jeu *m* de dés; **'~zucker** *m* sucre *m* en morceaux

würgen ['vyrgən] (*h*) *j-n* étrangler; *mühsam schlucken* s'étouffer; *Brechreiz haben* avoir des nausées

Wurm [vurm] *m* (-[*e*]*s*; ⸚*er*) ver *m*; **'≈stichig** ['-ʃtiçiç] *Holz* vermoulu; *Früchte* véreux

Wurst [vurst] *f* (-; ⸚*e*) saucisson *m*

Würstchen ['vyrstçən] *n* (-*s*; -) saucisse *f*

Württemberg *n* le Wurtemberg

Würze ['vyrtsə] *f* (-; -*n*) assaisonnement *m*, épice *f*; *fig* sel *m*, saveur *f*

Wurzel ['vurtsəl] *f* (-; -*n*) racine *f* (*a fig*); *math* ***e-e ~ ziehen*** extraire une racine

würz|en ['vyrtsən] (*h*) assaisonner, épicer (*beide a fig* ***mit*** de); **'~ig** aromatique

wüst [vy:st] *Gegend* désert; *unordentlich* en désordre; *ausschweifend* déréglé

Wüste ['vy:stə] *f* (-; -*n*) désert *m*

Wut [vu:t] *f* (-; *sans pl*) fureur *f*, rage *f*; ***e-e ~ haben*** être furieux (***auf*** contre)

wüten ['vy:tən] (*h*) se déchaîner; *Sturm a* faire rage; **'~d** furieux (***auf*** contre)

Wwe. *abr* ***Witwe*** veuve

X

X-Beine ['iks-] *n/pl* jambes *f/pl* cagneuses
x-beinig ['-bainiç] cagneux
'**x-beliebig** ***ein ~er …*** n'importe quel …; ***jeder x-Beliebige*** n'importe qui
x-fach multiple
'**x-mal** F ***ich habe es ~ gesagt*** je l'ai dit cent fois
x-te ['ikstə] ***zum ~n Male*** pour la énième fois
Xylophon [ksylo'fo:n] *mus n* (*-s*; *-e*) xylophone *m*

Y

Yacht [jaxt] *mar f* (-; *-en*) yacht *m*
Yen [jɛn] *écon m* (*-s*; -) yen *m*
Yeti ['je:ti] *m* (*-s*; *-s*) yéti *m*
Ypsilon ['ypsilɔn] *n* (-[*e*]*s*; *-s*) i *m* grec

Z

Zacke ['tsakə] *f* (-; *-n*), '**~n** *m* (*-s*; -) *Spitze* pointe *f*; *Gabel*, *Säge etc* dent *f*
zaghaft ['tsa:khaft] craintif, timide
zäh [tsɛ:] tenace; *Fleisch* coriace; *Person a* robuste; '**~flüssig** visqueux; ***~er Verkehr*** ralentissements *m/pl*; '**2igkeit** *f* (-; *sans pl*) ténacité *f*
Zahl [tsa:l] *f* (-; *-en*) nombre *m*; *Ziffer* chiffre *m*; '**2bar** payable
zahlen ['tsa:lən] (*h*) payer; ***~, bitte!*** l'addition, s'il vous plaît!
zählen ['tsɛ:lən] (*h*) compter (***zu*** parmi; *fig* ***auf*** sur)
'**Zähler** *m* (*-s*; -) *Apparat* compteur *m*; *math* numérateur *m*
'**Zahl|grenze** *f* limite *f* de tarif; '**~karte** *f* mandat *m* de versement à un compte courant postal; '**2los** innombrable; '**2reich** nombreux; '**~ung** *f* (-; *-en*) paiement *od* payement *m*; '**~ungsverkehr** *m* ***elektronischer ~*** opérations *f/pl* financières électroniques
'**Zahlungs|anweisung** *f* mandat *m* de paiement; '**~aufforderung** *f* sommation *f* de paiement; '**~aufschub** *m* sursis *m* de paiement; moratoire *m*; '**~bedingungen** *f/pl* conditions *f/pl* de paiement; '**~befehl** *jur m* sommation *f*; '**~bilanz** *f* balance *f* des comptes *od* des paiements; '**~frist** *f* délai *m* de paiement; '**~mittel** *n* moyen *m* de paiement; ***gesetzliches ~*** monnaie *f* légale; '**2unfähig** insolvable; '**~unfähigkeit** *f* insolvabilité *f*
zahm [tsa:m] *Tier* apprivoisé; *fig* docile
zähmen ['tsɛ:mən] (*h*) *Tier* apprivoiser; *fig* dompter
Zahn [tsa:n] *m* (-[*e*]*s*; *⸗e*) dent *f*; '**~arzt** *m*, '**~ärztin** *f* dentiste *m*, *f*; '**~bürste** *f* brosse *f* à dents; '**~creme** *f* dentifrice *m*; '**~ersatz** *m* prothèse *f* dentaire; '**~fleisch** *n* gencive(s *pl*) *f*; '**~pasta** ['-pasta] *f* (-; -pasten) dentifrice *m*; '**~plombe** *f* plombage *m*; '**~rad** *tech n* roue *f* dentée; '**~radbahn** *f* chemin *m* de fer à crémaillère; '**~schmerzen** *m/pl* ***~ haben*** avoir mal aux dents; **~stocher** ['-ʃtɔxər] *m* (*-s*; -) cure-dent *m*; '**~weh** *n* → ***Zahnschmerzen***
Zaire [tsa'i:r] *n hist* le Zaïre
Zange ['tsaŋə] *f* (-; *-n*) pince *f*, tenailles *f/pl*
Zank [tsaŋk] *m* (-[*e*]*s*; *sans pl*) querelle *f*
Zäpfchen ['tsɛpfçən] *n* (*-s*; -) *Hals* luette *f*; *phm* suppositoire *m*

'zapfen [-] (*h*) *Wein etc* tirer
Zapfen ['tsapfən] *m* (*-s*; -) *Verschluss* bouchon *m*; *bot* cône *m*; *tech* pivot *m*
'Zapfsäule *f für Benzin* pompe *f* à essence
zappeln ['tsapəln] (*h*) frétiller (*a Fische*), gigoter F
zappen ['tsapən] (*h*) *TV* zapper
zart [tsa:rt] tendre (*a Fleisch*); délicat (*a Gesundheit*); '**ɛgefühl** *n* (-[*e*]*s*; *sans pl*) délicatesse *f*
zärtlich ['tsɛ:rtliç] tendre; '**ɛkeit** *f* **1.** (-; *sans pl*) tendresse *f*; **2. ~en** *pl* caresses *f/pl*
Zauber ['tsaubər] *m* (*-s*; -) charme *m*, magie *f* (*beide a fig*); sortilège *m*; **~ei** [-'rai] *f* (-; *-en*) magie *f*, sorcellerie *f*; '**ɛhaft** *fig* ravissant, enchanteur; '**~künstler** *m* prestidigitateur *m*; '**~kunststück** *n* tour *m* de prestidigitateur; '**ɛn** (*h*) pratiquer la magie
zaudern ['tsaudərn] (*h*) hésiter, tarder
Zaum [tsaum] *m* (-[*e*]*s*; *¨e*) bride *f*; *fig* ***im ~ halten*** contrôler, mettre un frein à
Zaun [tsaun] *m* (-[*e*]*s*; *¨e*) clôture *f*; *Drahtɛ* grillage *m*; '**~pfahl** *m fig* ***ein Wink mit dem ~*** un appel du pied
z. B. *abr* ***zum Beispiel*** p. ex. (par exemple)
ZDF [tsɛtde:'ʔɛf] *n* (-[*s*]; *sans pl*) Deuxième chaîne *f* de la télévision allemande
Zebra ['tse:bra] *zo n* (*-s*; *-s*) zèbre *m*; '**~streifen** *m* passage *m* pour piétons
Zeche ['tsɛçə] *f* (-; *-n*) *Rechnung* addition *f*; *Bergbau* mine *f*; *fig* ***die ~ bezahlen*** payer les pots cassés
Zecke ['tsɛkə] *zo f* (-; *-n*) tique *f*
Zeder ['tse:dər] *bot f* (-; *-n*) cèdre *m*
Zeh [tse:] *m* (*-s*; *-en*), '**~e** *f* (-; *-n*) doigt *m* de pied, orteil *m*; ***großer ~, große ~e*** gros orteil *m*; '**~enspitze** *f* ***auf ~n gehen*** marcher sur la pointe des pieds
zehn [tse:n] dix; ***etwa ~*** une dizaine; '**ɛer** *math m* (*-s*; -) dizaine *f*; **~fach** ['-fax] dix fois autant; **~jährig** ['-jɛ:riç] âgé de dix ans; '**~mal** dix fois; **~te** ['-tə] dixième; **ɛtel** ['-təl] *n* (*-s*; -) dixième *m*; **~tens** ['-təns] dixièmement
Zeichen ['tsaiçən] *n* (*-s*; -) signe *m*; *Kennɛ* marque *f*, indice *m*; ***j-m ein ~ geben*** faire signe à qn; ***als ~ der Dankbarkeit*** en signe de reconnaissance; '**~brett** *n* planche *f* à dessin; '**~sprache** *f* langage *m* par signes *od* par gestes; '**~trickfilm** *m* dessin *m* animé
zeichn|en ['tsaiçnən] (*h*) dessiner; *kenn~* marquer; *unter~* signer; *Anleihe* souscrire à; '**ɛer** *m* (*-s*; -), '**ɛerin** *f* (-; *-nen*) dessinateur *m*, -trice *f*; *comm* souscripteur *m*; '**ɛung** *f* (-; *-en*) dessin *m*; '**~ungsberechtigt** autorisé à signer
Zeigefinger ['tsaigə-] *m* index *m*
zeigen ['tsaigən] (*h*) (***sich ~*** se) montrer; faire voir; ***auf etw ~*** montrer *od* indiquer qc; ***es zeigt sich, dass*** il s'avère que
Zeiger ['tsaigər] *m* (*-s*; -) aiguille *f*
Zeile ['tsailə] *f* (-; *-n*) ligne *f* (*a TV*); ***ein paar ~n*** *kurze Mitteilung* un (petit) mot
Zeit [tsait] *f* (-; *-en*) temps *m*; *~alter* époque *f*, âge *m*; *Uhrɛ* heure *f*; ***die gute alte ~*** le bon vieux temps; ***die ganze ~*** tout le temps; ***mit der ~*** avec le temps; ***von ~ zu ~*** de temps en temps, de temps à autre; ***vor einiger ~*** il y a un certain temps de cela; ***zur ~*** en ce moment; à l'heure actuelle; ***zur ~ Napoleons*** à l'époque de Napoléon; ***in letzter ~*** ces derniers temps; ***die ~ ist um*** le délai est écoulé; ***sich ~ lassen*** prendre (tout) son temps; ***es wird ~, dass …, es ist höchste ~*** il est grand temps (de + *inf*); ***mit der ~ gehen*** être de son époque; ***e-e ~ lang*** pour un certain temps; → ***zeitraubend***
'Zeit|abschnitt *m* période *f*; '**~alter** *n* époque *f*, âge *m*, siècle *m*; '**~arbeit** *f* travail *m* intérimaire; '**~druck** *m* (-[*e*]*s*; *sans pl*) ***unter ~ stehen*** être pressé par le temps; '**~geist** *m* (-[*e*]*s*; *sans pl*) esprit *m* du temps *od* du siècle; '**ɛgemäß** moderne, actuel; '**~genosse** *m*, '**~genossin** *f* contemporain *m*, -e *f*; '**~geschichte** *f* (-; *sans pl*) histoire *f* contemporaine; '**~karte** *f* abonnement *m*; '**~lang** → ***Zeit***; ɛ'**lebens** sa vie durant; '**ɛlich** *rel irdisch* temporel; ***~ begrenzt*** limité dans le temps, temporaire; ***~e Reihenfolge*** ordre *m* chronologique; '**ɛlos** *Kleidung*, *Stil* classique, non conditionné par la mode; '**~lupe** *f* (-; *sans pl*) ralenti *m* (***in*** au); '**~mangel** *m* ***aus ~*** faute de temps;

'**~not** *f* (-; *sans pl*) manque *m* de temps; '**~plan** *m* emploi *m* du temps; '**~punkt** *m* moment *m*; '**≈raubend** qui prend beaucoup de temps; '**~raum** *m* période *f*, laps *m* de temps; '**~rechnung** *f* chronologie *f*; ***christliche ~*** ère *f* chrétienne; '**~schrift** *f* revue *f*; '**~spanne** *f* laps *m* de temps

Zeitung ['tsaituŋ] *f* (-; *-en*) journal *m*

'**Zeitungs|abonnement** *n* abonnement *m* à un journal; '**~anzeige** *f* annonce *f*; '**~artikel** *m* article *m* de journal; '**~ausschnitt** *m* coupure *f* de journal; '**~kiosk** *m* kiosque *m* à journaux; '**~notiz** *f* nouvelle *f* de presse; '**~papier** *n* papier *m* journal

'**Zeit|unterschied** *m* décalage *m* horaire; '**~verlust** *m* perte *f* de temps; '**~verschwendung** *f* gaspillage *m* de temps; '**~vertreib** ['-fɛrtraip] *m* (-[*e*]*s*; *-e*) passe-temps *m*; **≈weilig** ['-vailiç] temporaire; *einstweilig* provisoire; '**≈weise** de temps en temps

Zelle ['tsɛlə] *f* (-; *-n*) cellule *f*; *tél* cabine *f*

'**Zellstoff** *m* cellulose *f*

Zelt [tsɛlt] *n* (-[*e*]*s*; *-e*) tente *f*; ***ein ~ aufschlagen*** dresser (planter, monter) une tente; ***im ~*** sous la tente; '**≈en** (*h*) camper, faire du camping; '**~platz** *m* terrain *m* de camping

Zement [tse'mɛnt] *m* (-[*e*]*s*; *-e*) ciment *m*; **≈'ieren** (*pas de -ge-, h*) cimenter

zens|ieren [tsɛn'tsiːrən] (*pas de -ge-, h*) *Schule* noter; *staatlich* soumettre à la censure; **≈ur** [-'zuːr] *f* (-; *-en*) *Zeugnisnote* note *f*; *staatliche Kontrolle* censure *f*

Zentimeter ['tsɛnti-] *n od m* centimètre *m*

Zentner ['tsɛntnər] *m* (*-s*; -) cinquante kilos *m/pl*

zentral [tsɛn'traːl] central

Zentral|afrika [tsɛn'traːlʔafrika] *n* l'Afrique *f* centrale; **~bankpräsident** *m EU* Président *m* de la Banque Centrale; **~e** *f* (-; *-n*) bureau *m* central, direction *f* centrale; *tél* standard *m*; **~heizung** *f* chauffage *m* central; **≈isieren** [-i'ziːrən] (*pas de -ge-, h*) centraliser; **~ismus** [-'lismus] *m* (-; *sans pl*) centralisme *m*

Zentrum ['tsɛntrum] *n* (*-s*; *Zentren*) centre *m*

zerbrech|en [tsɛr'brɛçən] (*irr, pas de -ge-,* → ***brechen***) **1.** *v/i* (*sn*) se casser; **2.** *v/t* (*h*) *etw* casser; **~lich** fragile

Zeremon|ie [tseremo'niː, -'moːnjə] *f* (-; *-n*) cérémonie *f*; **~iell** [-o'njɛl] *n* (*-s*; *-e*) cérémonial *m*; **≈iell** cérémonieux

Zer'fall *m* (-[*e*]*s*; *sans pl*) désagrégation *f*, désintégration *f* (*a Kernphysik*); **≈en** (*irr, pas de -ge-, sn,* → ***fallen***) se désagréger, se désintégrer (*a Atomkern*); ***~ in*** *sich gliedern in* se diviser en

zer|'fetzen (*pas de -ge-, h*), **~'fleischen** (*pas de -ge-, h*) déchiqueter; **~'kleinern** (*pas de -ge-, h*) broyer, concasser, hacher

zerknirscht [tsɛr'knirʃt] contrit

zer|'knittern (*pas de -ge-, h*), **~'knüllen** (*pas de -ge-, h*) froisser; **~'kratzen** (*pas de -ge-, h*) égratigner, rayer; **~'legen** (*pas de -ge-, h*) décomposer; *tech* démonter; *Fleisch* découper; **~lumpt** [-'lumpt] déguenillé; **~mürben** [-'myrbən] (*pas de -ge-, h*) décourager, démoraliser; **~'platzen** (*pas de -ge-, sn*) crever, éclater; **~'quetschen** (*pas de -ge-, h*) écraser

Zerrbild ['tsɛr-] *n* caricature *f*

zer'reißen (*irr, pas de -ge-,* → ***reißen***) **1.** *v/i* (*sn*) se déchirer; **2.** *v/t* (*h*) *etw* déchirer

zerren ['tsɛrən] (*h*) tirer (avec violence) (***an*** sur)

Zerrissenheit [tsɛr'risən-] *f* (-; *sans pl*) *fig* déchirements *m/pl*

Zerrung ['tsɛruŋ] *méd f* (-; *-en*) claquage *m*

zerrütt|en [tsɛr'rytən] (*pas de -ge-, h*) désorganiser; *Gesundheit* ruiner, ébranler; *Nerven* détraquer; **~et** *Ehe* désuni; ***~e Familienverhältnisse*** famille *f* à problèmes; **≈ung** *f* (-; *-en*) désorganisation *f*, ruine *f*; désunion *f*

zer|'sägen (*pas de -ge-, h*) scier; **~'schlagen** (*irr, pas de -ge-, h,* → ***schlagen***) casser; *Spionagenetz* démanteler; *Hoffnungen etc* ***sich ~*** s'anéantir, s'effondrer; *fig* ***wie ~ sein*** être moulu *od* rompu de fatigue; **~'schneiden** (*irr, pas de -ge-, h,* → ***schneiden***) couper en morceaux

zer'setz|en (*pas de -ge-, h*) (***sich ~*** se) décomposer, (se) désagréger; *fig* miner, détruire; **≈ung** *f* (-; *-en*) décompo-

sition *f*; *fig* destruction *f*
zer'springen (*irr*, *pas de -ge-*, *sn*, → **springen**) se briser, se casser, voler en éclats
zer'stör|en (*pas de -ge-*, *h*) détruire; **2er** *m* (*-s*; -) destructeur *m*; *Kriegsschiff* destroyer *m*, contre-torpilleur *m*; **~erisch** destructeur, destructif; **2ung** *f* (-; *-en*) destruction *f*
zer'streu|en (*pas de -ge-*, *h*) (***sich ~*** se) disperser; *fig ablenken* (se) distraire; *Bedenken etc* dissiper; **~t** *fig* distrait; **2ung** *f* (-; *-en*) *fig* distraction *f*
zerstückeln [tsɛr'ʃtykəln] (*pas de -ge-*, *h*) morceler, dépecer, démembrer, déchiqueter
Zertifikat [tsɛrtifi'kaːt] *n* (-[*e*]*s*; *-e*) certificat *m*
zer'trümmern (*pas de -ge-*, *h*) détruire, casser, fracasser; *Atomkern* désintégrer
Zerwürfnis [tsɛr'vyrfnis] *n* (*-ses*; *-se*) désaccord *m*, brouille *f*
Zettel ['tsɛtəl] *m* (*-s*; -) bout *m* de papier; *Notiz2* fiche *f*
Zeug [tsɔʏk] *n* (-[*e*]*s*; *-e*) *Sachen* choses *f/pl*, trucs *m/pl* F; *Ausrüstung* équipement *m*, attirail *m* F; ***dummes ~*** des bêtises *f/pl*; *fig* ***das ~ zu etw haben*** avoir l'étoffe de qc; ***sich ins ~ legen*** s'atteler au travail
Zeug|e ['tsɔʏgə] *m* (*-n*; *-n*), **'~in** *f* (-; *-nen*) témoin *m*
zeugen ['tsɔʏgən] (*h*) *Kind* engendrer, procréer *st/s*; *jur* témoigner, déposer; *fig* ***von etw ~*** témoigner de qc; **'2aussage** *f* déposition *f*; **'2vernehmung** *f* audition *f* des témoins
Zeugnis ['tsɔʏknis] *n* (*-ses*; *-se*) *Bescheinigung* attestation *f*, certificat *m*; *Schule* bulletin *m* (trimestriel), livret *m* scolaire; *Prüfungs2* diplôme *m*
Zeugung ['tsɔʏguŋ] *biol f* (-; *-en*) engendrement *m*, procréation *f*
z. H., **z. Hd.** *abr* ***zu Händen von*** à l'attention de
Ziege ['tsiːgə] *zo f* (-; *-n*) chèvre *f*
Ziegel ['tsiːgəl] *m* (*-s*; -) brique *f*; *Dach2* tuile *f*
'Ziegen|bock *zo m* bouc *m*; **'~käse** *m* fromage *m* de chèvre
ziehen ['tsiːən] (*zog*, *gezogen*) **1.** *v/t* (*h*) tirer; *heraus~* retirer (**aus** de); *Zahn* extraire, arracher; *Linie* tracer; *Pflanzen* cultiver; **2!** Tirez!; *fig* ***sich in die Länge ~*** traîner en longueur; ***auf sich ~*** attirer; ***nach sich ~*** entraîner; ***es zieht*** il y a un courant d'air; **2.** *v/i* (*sn*) *sich bewegen* (s'en) aller, partir, passer; ***nach Berlin ~*** aller habiter (à) Berlin
'Zieh|harmonika *f* accordéon *m*; **'~ung** *f* (-; *-en*) *Lotterie* tirage *m*
Ziel ['tsiːl] *n* (-[*e*]*s*; *-e*) but *m*, objectif *m*; *Reise2* destination *f*; *Sport* arrivée *f*; *~scheibe* cible *f*; **'2en** (*h*) viser (***auf j-n*** qn, ***auf etw*** qc); **'~fernrohr** *n* lunette *f* de tir; **'~gruppe** *f* public *m*, marché *m*; **'~hafen** *m* port *m* cible; **'2los** sans but; **'~scheibe** *f* cible *f* (*a fig*); **'~setzung** *f* (-; *-en*) but *m* visé; **'2strebig** ['-ʃtreːbiç] ambitieux, qui poursuit son but résolument, déterminé
ziemlich ['tsiːmliç] *adv* assez; *adj* F assez grand
Zier|de ['tsiːrdə] *f* (-; *-n*) ***zur ~*** comme décor; **'2en** (*h*) orner, décorer; ***sich ~*** faire des façons *od* des chichis *od* des simagrées; **'2lich** gracile, fin
Ziffer ['tsifər] *f* (-; *-n*) chiffre *m*; **'~blatt** *n* cadran *m*
Zigarette [tsiga'rɛtə] *f* (-; *-n*) cigarette *f*; **~nautomat** *m* distributeur *m* automatique de cigarettes
Zigarillo [tsiga'rilo] *n* (*-s*; *-s*) cigarillo *m*
Zigarre [tsi'garə] *f* (-; *-n*) cigare *m*
Zimmer ['tsimər] *n* (*-s*; -) pièce *f*; *mit Bett* chambre *f*; *großes a* salle *f*; ***~ frei*** chambre à louer; **'~kellner** *m* garçon *m* d'étage; **'~mädchen** *n* femme *f* de chambre; **'~mann** *m* (-[*e*]*s*; *-leute*) charpentier *m*; **'~nachweis** *m* liste *f* des logements; **'~nummer** *f* numéro *m* de chambre; **'~service** *m* service *m* d'étage; **'~vermieter** *m*, **'~vermieterin** *f* logeur *m*, -euse *f*; **'~vermittlung** *f* (service *m* de) réservation *f* de chambres
Zimt [tsimt] *m* (-[*e*]*s*; *-e*) cannelle *f*
Zink [tsiŋk] *n* (-[*e*]*s*; *sans pl*) zinc *m*
Zinn [tsin] *n* (-[*e*]*s*; *sans pl*) étain *m*
Zinne ['tsinə] *f* (-; *-n*) créneau *m*
Zins [tsins] *écon m* (*-es*; *-en*) intérêt *m*; ***5 Prozent ~en bringen*** rapporter des intérêts de 5 pour cent; **'~eszinsen** *m/pl* intérêts *m/pl* composés; **'2los** sans intérêts; **'~satz** *m* taux *m* d'intérêt
Zipfel ['tsipfəl] *m* (*-s*; -) bout *m*, coin *m*

zirka ['tsirka] environ
Zirkel ['tsirkəl] *m* (*-s*; *-*) *math* compas *m*; *Kreis*, *Gruppe* cercle *m*
zirkulieren [tsirku'li:rən] (*pas de -ge-*, *h*) circuler
Zirkus ['tsirkus] *m* (*-*; *-se*) cirque *m*
zischen ['tsiʃən] (*h*) siffler
Zitat [tsi'ta:t] *n* (*-[e]s*; *-e*) citation *f*
zitieren [tsi'ti:rən] (*pas de -ge-*, *h*) citer (***aus e-m Buch*** un passage d'un livre); ***zu j-m zitiert werden*** être convoqué chez qn
Zitrone [tsi'tro:nə] *f* (*-*; *-n*) citron *m*; **~npresse** *f* presse-citron *m*
zittern ['tsitərn] (*h*) trembler (***vor Wut*** *etc* de colère, *etc*; ***vor j-m*** devant qn); grelotter (***vor Kälte*** de froid)
zivil [tsi'vi:l] **1.** civil; *Preise* raisonnable; **2.** **≈** *n* (*-s*; *sans pl*) ***~ tragen*** être en civil; ***Polizist in ~*** policier *m* en civil; **≈bevölkerung** *f* population *f* civile; **≈dienst** *m* service *m* civil (pour les objecteurs de conscience); **≈dienstleistende** *m* (*-n*; *-n*) objecteur *m* de conscience qui effectue son service civil; **≈isation** [-iliza'tsjo:n] *f* (*-*; *-en*) civilisation *f*; **~isieren** [-ili'zi:rən] (*pas de -ge-*, *h*) civiliser; **≈recht** *n* (*-[e]s*; *sans pl*) droit *m* civil; **≈schutz** *m* protection *f* civile
zögern ['tsø:gərn] (*h*) **1.** hésiter (***zu*** à + *inf*), tarder (à); **2.** '**≈** *n* (*-s*; *sans pl*) hésitation *f*
Zoll [tsɔl] *m* (*-[e]s*; *⸗e*) *Behörde* douane *f*; *Abgabe* (droit *m* de) douane *f*; *altes Maß* pouce *m*; '**~abfertigung** *f* accomplissement *m* des formalités douanières; '**~amt** *n* (bureau *m* de) douane *f*; '**~beamte** *m* douanier *m*; '**~erklärung** *f* déclaration *f* en douane; '**≈frei** exempt de droits de douane, en franchise, hors taxes; '**~kontrolle** *f* contrôle *m* douanier; '**≈pflichtig** soumis à la douane, passible d'un droit de douane; '**~schranken** *f/pl* barrières *f/pl* douanières; '**~stock** *m* mètre *m* pliant; '**~union** *f* union *f* douanière
Zone ['tso:nə] *f* (*-*; *-n*) zone *f*
Zoo [tso:] *m* (*-s*; *-s*) zoo *m*
Zoolog|e [tsoˀo'lo:gə] *m* (*-n*; *-n*), **~in** *f* (*-*; *-nen*) zoologue *m*, *f*, zoologiste *m*, *f*; **~ie** [-o'gi:] *f* (*-*; *sans pl*) zoologie *f*; **≈isch** [-'lo:giʃ] zoologique
Zopf [tsɔpf] *m* (*-[e]s*; *⸗e*) natte *f*, tresse *f*
Zorn [tsɔrn] *m* (*-[e]s*; *sans pl*) colère *f*; '**≈ig** en colère
z. T. *abr* ***zum Teil*** en partie
Ztr. *abr* ***Zentner*** 50 kilos
zu [tsu:] **1.** *prép* (*dat*) à; ***auf etw*** *od* ***j-n ~*** vers qc *od* qn; ***~ Hause*** à la maison, chez moi (toi, *etc*); ***~ viel*** trop (de); ***~ wenig*** trop peu (de); ***zum Friseur gehen*** aller chez le coiffeur; ***zum Fenster hinauswerfen*** jeter par la fenêtre; ***Wasser zum Trinken*** de l'eau à boire; ***~ Weihnachten*** à Noël; ***~ Fuß*** à pied; ***~ meiner Überraschung*** à ma surprise; ***wir sind ~ dritt*** nous sommes (à) trois; ***~ Hunderten*** par centaines; ***2 ~ 1 gewinnen*** gagner par deux à un; ***2 ~ 2*** deux partout; **2.** *mit inf* de, à *od ohne prép*; ***er versprach ~ kommen*** il promit de venir; **3.** *adv* trop; ***~ teuer*** trop cher; **4.** *geschlossen* fermé; ***Tür ~!*** fermez la porte!; ***~ sein*** être fermé
Zubehör ['tsu:bəhø:r] *n* (*-[e]s*; *-e*) accessoires *m/pl*
'**zubereit|en** (*sép*, *pas de -ge-*, *h*) préparer; '**≈ung** *f* (*-*; *-en*) préparation *f*
Zubringer ['tsu:briŋər] *m* (*-s*; *-*) *zur Autobahn* bretelle *f* (de raccordement); '**~dienst** *m für Flughafen etc* desserte *f*; '**~straße** *f* route *f* d'accès
Zucht [tsuxt] *f* (*-*; *sans pl*) *von Tieren* élevage *m*; *von Pflanzen* culture *f*; *Disziplin* discipline *f*
zücht|en ['tsyçtən] (*h*) *Tiere* élever; *Pflanzen* cultiver; '**≈er** *m* (*-s*; *-*), '**≈erin** *f* (*-*; *-nen*) éleveur *m*, -euse *f*
'**Zuchthaus** *n* maison *f* centrale, pénitencier *m*; *Strafe* réclusion *f*
'**Zuchtperle** *f* perle *f* de culture
Züchtung ['tsyçtuŋ] *f* (*-*; *-en*) *zo* élevage *m*; *bot* culture *f*
zucken ['tsukən] (*h*) tressaillir, palpiter; ***die Achseln ~*** hausser les épaules
Zucker ['tsukər] *m* (*-s*; *sans pl*) sucre *m*; '**~dose** *f* sucrier *m*; '**~fabrik** *f* sucrerie *f*; '**≈krank** *méd* diabétique; '**~kranke** *m*, *f* diabétique *m*, *f*; '**~krankheit** *f* diabète *m*; '**≈n** (*h*) sucrer; '**~rohr** *bot n* canne *f* à sucre; '**~rübe** *bot f* betterave *f* sucrière; '**~watte** *f* barbe *f* à papa; '**~zange** *f* pince *f* à sucre
'**zudecken** (*sép*, *-ge-*, *h*) couvrir (***mit*** de)
'**zudrehen** (*sép*, *-ge-*, *h*) fermer; ***j-m den Rücken ~*** tourner le dos à qn
'**zudringlich** importun; '**≈keit** *f* (*-*; *-en*)

importunité *f*
'zudrücken (*sép*, *-ge-*, *h*) fermer; *fig* **ein Auge ~** fermer les yeux
zueinander [tsuˀai'nandər] l'un envers l'autre; **sie passen gut ~** ils vont bien ensemble
'zuerkennen (*irr*, *sép*, *pas de -ge-*, *h*, → **erkennen**) *Preis* décerner
zuerst [tsuˀ'eːrst] d'abord; *als erste(r)* le premier, la première; **~ etw tun** *a* commencer par faire qc
'Zufahrt *f* accès *m*; **'~sstraße** *f* voie *f* d'accès
'Zufall *m* hasard *m*; **'2en** (*irr*, *sép*, *-ge-*, *sn*, → **fallen**) *Tür etc* se fermer brusquement; *Anteil etc* **j-m ~** échoir à qn
'zufällig accidentel, fortuit; *adv* par hasard
'Zuflucht *f* (-; *sans pl*) refuge *m*
zufolge [tsu'fɔlgə] *prép* (*gén*, *dat*) d'après, suivant (qc)
zufrieden [tsu'-] content (**mit** de), satisfait (de); → **zufriedengeben**, → **zufriedenstellen**
zu'friedengeben (*irr*, *sép*, *-ge-*, *h*, → **geben**) **sich ~** se contenter (**mit** de)
Zu'friedenheit *f* (-; *sans pl*) contentement *m*, satisfaction *f*
zu'friedenstellen (*sép*, *-ge-*, *h*) contenter, satisfaire
'zu|fügen (*sép*, *-ge-*, *h*) *Schaden etc* causer; **'2fuhr** ['-fuːr] *f* (-; *-en*) approvisionnement *m* (**von** en)
Zug [tsuːk] *m* (-[*e*]*s*; ⸚*e*) *Eisenbahn* train *m*; *U-Bahn* rame *f*; *von Menschen* cortège *m*; *Schule* section *f*; *Gesichts-*, *Charakter2* trait *m*; *Schach* coup *m*; *Rauchen* bouffée *f*; *Luft2* courant *m* d'air; *tech* traction *f*; **mit dem ~ fahren** aller en train; **in einem ~e** d'une seule traite, d'un coup; **in groben Zügen** à grands traits
Zu|gang *m* accès *m* (*a fig*); **~ haben** avoir accès (**zu** à); **'2gänglich** ['-gɛŋliç] accessible (**für** à; *a fig*); *Person* abordable, d'un abord facile
Zuganschluss *m* correspondance *f*
zugeben (*irr*, *sép*, *-ge-*, *h*, → **geben**) ajouter; *gestehen* avouer
zugehen (*irr*, *sép*, *-ge-*, *sn*, → **gehen**) *Schloss etc* fermer (**schwer** mal); **~ auf** se diriger vers; **es geht lustig zu** on s'amuse bien
Zugehörigkeit *f* (-; *sans pl*) appartenance *f* (**zu** à)
Zügel ['tsyːgəl] *m* (-*s*; -) bride *f*; **~** *pl* rênes *f/pl* (*a fig*); **'2n** (*h*) tenir en bride (*a fig*)
Zugereiste ['tsuːgəraistə] *m*, *f* (*-n*; *-n*) nouveau venu *m*, nouvelle venue *f*
'Zuge|ständnis *n* concession *f*; **'2stehen** (*irr*, *sép*, *-ge-*, *h*, → **stehen**) concéder
'Zugführer *m* chef *m* de train
zügig ['tsyːgiç] rapide(ment), sans interruption
zugkräftig ['-k-] qui attire le public
zugleich [tsu'-] en même temps (**mit** que), à la fois
'Zug|maschine *f* tracteur *m*; **'~personal** *n* personnel *m* du train
'zugreifen (*irr*, *sép*, *-ge-*, *h*, → **greifen**) profiter de *od* saisir l'occasion; **greifen Sie zu!** *bei Tisch* servez-vous!; *Werbung* c'est le moment d'acheter!
zugrunde [tsu'grundə] **~ gehen** périr; **~ legen** prendre pour base; **e-r Sache ~ liegen** être à la base de qc; **~ richten** ruiner
'Zug|schaffner *m* contrôleur *m*; **'~telefon** *n* téléphone *m* dans le train
zugunsten [tsu'gunstən] *prép* (*gén*) en faveur de
'Zug|verbindung *f* correspondance *f*; **'~vogel** *m* oiseau *m* migrateur *od* de passage
Zu|hälter ['tsuːhɛltər] *m* (-*s*; -) souteneur *m*, maquereau *m* F; **~hause** [tsu'hauzə] *n* (-*s*; *sans pl*) chez-soi *m* (chez-moi *m etc*)
'zuhör|en (*sép*, *-ge-*, *h*) écouter (**j-m** qn); **'2er** *m*, **'2erin** *f* auditeur *m*, -trice *f*; **~** *pl a* auditoire *m*
'zukommen (*irr*, *sép*, *-ge-*, *sn*, → **kommen**) **auf j-n ~** s'avancer vers qn; *Ereignisse* attendre qn; **j-m etw ~ lassen** faire parvenir qc à qn
Zu|kunft ['tsuːkunft] *f* (-; *sans pl*) avenir *m*; *gr* futur *m*; **in ~** à l'avenir; **'~kunftsindustrie** *f* industrie *f* d'avenir; **'2künftig** futur
'Zu|lage *f* prime *f*, indemnité *f*; **'2lassen** (*irr*, *sép*, *-ge-*, *h*, → **lassen**) *Tür* laisser fermé; *erlauben* permettre; *auto* immatriculer; **j-n zu etw ~** admettre qn à qc; **'2lässig** admissible, permis; **'~lassung** *f* (-; *-en*) admission *f* (**zu** à); *auto* immatriculation *f*

zu|letzt [tsu'lɛtst] en dernier lieu, finalement; *zum letzten Mal* pour la dernière fois; *als letze(r)* le dernier, la dernière; **~'liebe** ***j-m ~*** pour faire plaisir à qn

Zulieferindustrie ['tsu:li:fər-] *f* industrie *f* de sous-traitance

'zumachen (*sép*, *-ge-*, *h*) fermer

zu|mal [tsu'-] *adv* surtout, particulièrement; *conj* d'autant plus que; **~'meist** le plus souvent; **~'mindest** pour le moins, du moins

zumut|bar ['tsu:mu:t-] acceptable; **'~en** (*sép*, *-ge-*, *h*) ***j-m etw ~*** exiger qc de qn; ***j-m zu viel ~*** demander trop à qn; **'2ung** *f* (-; *-en*) exigence *f*; *Unverschämtheit* impudence *f*; ***so e-e ~!*** quel culot!

zu|nächst [tsu'-] d'abord, en premier lieu; **2nahme** ['-na:mə] *f* (-; *-n*) augmentation *f*; **'2name** *m* nom *m* de famille

zünden ['tsyndən] (*h*) s'allumer; *etw* allumer

Zünd|er ['tsyndər] *m* (*-s*; -) fusée *f*; **'~flamme** ['tsynt-] *f* veilleuse *f*; **'~holz** ['tsynt-] *n* allumette *f*; **~kerze** ['tsynt-] *auto f* bougie *f* (d'allumage); **~schloss** ['tsynt-] *n* contact *m*; **~schlüssel** *auto* ['tsynt-] *m* clé *f* de contact; **~schnur** ['tsynt-] *f* mèche *f*; **~ung** ['tsyndʊŋ] *auto f* (-; *-en*) allumage *m*

'zunehmen ['tsu:-] (*irr*, *sép*, *-ge-*, *h*, → ***nehmen***) augmenter; *Person* grossir ([***um***] ***ein Kilo*** d'un kilo)

'Zuneigung *f* (-; *-en*) affection *f*

Zunge ['tsʊŋə] *f* (-; *-n*) langue *f*; ***es liegt mir auf der ~*** je l'ai sur le bout de la langue

zunichtemachen [tsu'niçtəmaxən] (*sép*, *-ge-*, *h*) *Hoffnungen etc* réduire à néant, anéantir

zunutze [tsu'nutsə] ***sich etw ~ machen*** tirer profit de qc

'zurechnungsfähig *jur* responsable de ses actes; *geistig* capable de discerner; ***nicht mehr ~ sein*** ne plus jouir de toutes ses facultés mentales

zurecht|finden [tsu'-] (*irr*, *sép*, *-ge-*, *h*, → ***finden***) ***sich ~*** s'y retrouver, s'orienter; **~kommen** (*irr*, *sép*, *-ge-*, *sn*, → ***kommen***) ***mit etw ~*** se débrouiller avec qc, venir à bout de qc; **~legen** (*sép*, *-ge-*, *h*) préparer

'zureden (*sép*, *-ge-*, *h*) ***j-m ~*** encourager qn (***zu*** à + *inf*)

Zürich ['tsy:riç] *n* Zurich

'zurichten (*sép*, *-ge-*, *h*) apprêter; ***j-n übel ~*** F abîmer *od* arranger qn

zurück [tsu'ryk] en arrière; *~gekehrt* de retour; *im Rückstand* en retard; **~bekommen** (*irr*, *sép*, *pas de -ge-*, *h*, → ***bekommen***) ravoir, récupérer; ***ich bekomme noch Geld zurück*** vous me devez encore de l'argent; **~bleiben** (*irr*, *sép*, *-ge-*, *sn*, → ***bleiben***) rester en arrière; *Arbeit*, *Schule* être en retard; **~blicken** (*sép*, *-ge-*, *h*) regarder en arrière (*a fig*); **~bringen** (*irr*, *sép*, *-ge-*, *h*, → ***bringen***) rapporter; *j-n* ramener; **~drängen** (*sép*, *-ge-*, *h*) repousser; **~erstatten** (*sép*, *pas de -ge-*, *h*) restituer; **~fahren** (*irr*, *sép*, *-ge-* → ***fahren***) (*v/i* sn, *v/t h*) retourner; *rückwärts* reculer; **~fordern** (*sép*, *-ge-*, *h*) redemander, réclamer; **~führen** (*sép*, *-ge-*, *h*) ramener; ***etw auf etw ~*** attribuer *od* imputer qc à qc; **~geben** (*irr*, *sép*, *-ge-*, *h*, → ***geben***) rendre; **~geblieben** [-gəbli:bən] *geistig* arriéré, retardé; **~gehen** (*irr*, *sép*, *-ge-*, *sn*, → ***gehen***) retourner; *fig Temperatur*, *Geschäfte etc* baisser; **~ auf** remonter à; **~gezogen** [-gətso:gən] retiré, solitaire; **~greifen** (*irr*, *sép*, *-ge-*, *h*, → ***greifen***) ***~ auf*** avoir recours à, recourir à; **~halten** (*irr*, *sép*, *-ge-*, *h*, → ***halten***) (***sich ~*** se) retenir; **~haltend** réservé; **2haltung** *f* (-; *-en*) réserve *f*; **~kehren** (*sép*, *-ge-*, *sn*) retourner; **~kommen** (*irr*, *sép*, *-ge-*, *sn*, → ***kommen***) revenir; *fig* ***auf etw ~*** revenir à *od* sur qc; **~lassen** (*irr*, *sép*, *-ge-*, *h*, → ***lassen***) laisser; **~legen** (*sép*, *-ge-*, *h*) *an s-n Platz* remettre; *Geld* mettre de côté; *Weg* parcourir, couvrir; **~nehmen** (*irr*, *sép*, *-ge-*, *h*, → ***nehmen***) reprendre; *Behauptung* rétracter; *Verbot etc* retirer; **~rufen** (*irr*, *sép*, *-ge-*, *h*, → ***rufen***) rappeler (*a tél*); ***sich etw ins Gedächtnis ~*** se remémorer qc; **~schicken** (*sép*, *-ge-*, *h*) renvoyer; **~schrecken** (*schrak* *od* *schreckte zurück*, *zurückgeschreckt*, *sn*) reculer (***vor*** devant); ***vor nichts ~*** ne reculer devant rien; **~stellen** (*sép*, *-ge-*, *h*) *an s-n Platz* remettre; *Uhr* retarder (***um*** de); *Vorhaben* renvoyer à plus tard; ***zurückgestellt werden***

z. B. vom Wehrdienst obtenir un sursis; **~stoßen** (*irr, sép, -ge-, h,* → ***stoßen***) repousser; **~treten** (*irr, sép, -ge-, sn,* → ***treten***) reculer; *vom Amt* démissionner; **~weisen** (*irr, sép, -ge-, h,* → ***weisen***) refuser, rejeter, repousser (*a Person*); **~werfen** (*irr, sép, -ge-, h,* → ***werfen***) rejeter; *Strahlen* réfléchir; **~zahlen** (*sép, -ge-, h*) rembourser; **~ziehen** (*irr, sép, -ge-, h,* → ***ziehen***) (***sich ~*** se) retirer

'zurufen (*irr, sép, -ge-, h,* → ***rufen***) ***j-m etw ~*** crier qc à qn

zus. *abr* ***zusammen*** ensemble; *in Rechnungen* en tout

'Zusage *f* acceptation *f*; *Versprechen* promesse *f*; **'2n** (*sép, -ge-, h*) *bei Einladung* accepter; ***j-m etw ~*** promettre qc à qn; ***j-m ~*** *gefallen* plaire *od* convenir à qn

zusammen [tsu'zamən] ensemble; *im Ganzen* au total; **2arbeit** *f* (-; *sans pl*) collaboration *f*, coopération *f*; **~arbeiten** (*sép, -ge-, h*) collaborer; **~brechen** (*irr, sép, -ge-, sn,* → ***brechen***) s'écrouler, s'effondrer (*a fig*); ***der Verkehr bricht zusammen*** la circulation est bloquée; **2bruch** *m* (-[*e*]*s*; ⸚*e*) *fig* effondrement *m*, écroulement *m*, débâcle *f*; **~fallen** (*irr, sép, -ge-, sn,* → ***fallen***) s'écrouler; *zeitlich* coïncider (***mit*** avec); **~fassen** (*sép, -ge-, h*) résumer; **2fassung** *f* (-; *-en*) résumé *m*, sommaire *m*; **2fluss** *m* confluent *m*; **~gesetzt** [-gəzɛtst] composé; **~halten** (*irr, sép, -ge-, h,* → ***halten***) *fig* être solidaires; **2hang** *m* (-[*e*]*s*; ⸚*e*) rapport *m*, liaison *f*, connexion *f* (***mit*** avec); *Text2* contexte *m*; ***im ~ stehen mit*** être en rapport avec; **~hängen** (*irr, sép, -ge-, h,* → ***hängen***) être en rapport (***mit*** avec), être lié (à); **~hängend** cohérent; **~hanglos** incohérent; **~kommen** (*irr, sép, -ge-, sn,* → ***kommen***) se réunir; **2kunft** [-kunft] *f* (-; ⸚*e* réunion *f*, rencontre *f*; **~legen** (*sép, -ge-, h*) *vereinigen* regrouper; *falten* plier; **~nehmen** (*irr, sép, -ge-, h,* → ***nehmen***) *Kräfte, Mut* rassembler; ***sich ~*** se contenir, se ressaisir; **~passen** (*sép, -ge-, h*) s'accorder, aller bien ensemble, s'harmoniser; **~reißen** (*irr, sép, -ge-, h,* → ***reißen***) ***sich ~*** se ressaisir; **~schlagen** (*irr, sép, -ge-, h,* → ***schlagen***) démolir (*a* F *j-n*); **~schließen** (*irr, sép, -ge-, h,* → ***schließen***) ***sich ~*** s'associer; *écon* fusionner; **2schluss** *m* association *f*; *écon* fusion *f*; **~setzen** (*sép, -ge-, h*) composer; *tech* assembler; ***sich ~ aus*** se composer de; **2setzung** *f* (-; *-en*) composition *f*, composé *m*; *tech* assemblage *m*; **~stellen** (*sép, -ge-, h*) composer; *Material* rassembler, réunir; **2stoß** *m* collision *f* (*a fig*), tamponnement *m*, télescopage *m*; *fig a* heurt *m*; **~stoßen** (*irr, sép, -ge-, sn,* → ***stoßen***) entrer en collision (***mit*** avec), se tamponner, se télescoper, se heurter (*a fig*); **~treffen** (*irr, sép, -ge-, sn,* → ***treffen***) *zeitlich* coïncider; *sich begegnen* se rencontrer; ***mit j-m ~*** rencontrer qn; **2treffen** *n* rencontre *f*; *zeitlich* coïncidence *f*; **~ziehen** (*irr, sép, -ge-, h,* → ***ziehen***) contracter; *Truppen* concentrer; ***sich ~*** se contracter

'Zusatz *m* supplément *m*; addition *f*; *~mittel* additif *m*

zusätzlich ['tsuːzɛtsliç] supplémentaire

'zuschau|en (*sép, -ge-, h*) regarder (***bei etw*** qc); ***j-m ~*** regarder faire qn; **'2er** *m* (*-s*; -), **'2erin** *f* (-; *-nen*) spectateur *m*, -trice *f*

'Zuschlag *m* supplément *m* (*a Bahn*); *Versteigerung* adjudication *f*; *Gebühren2* surtaxe *f*; **2en** ['-gən] (*irr, sép, -ge-,* → ***schlagen***, *v/i* sn, *v/t h*) *Tür* claquer; *Buch* fermer; *Person* frapper; **'2pflichtig** *Zug* à supplément

'zu|schließen (*irr, sép, -ge-, h,* → ***schließen***) fermer à clé; **~'schulden** [tsu'-] ***sich etw ~ kommen lassen*** se rendre coupable de qc; **'2schuss** *m Beihilfe* allocation *f*; *staatlicher* subvention *f*

'zusehen (*irr, sép, -ge-, h,* → ***sehen***) → ***zuschauen***; ***~, dass …*** veiller à ce que (+ *subj*); **'~ds** ['-ts] à vue d'œil

'zu|senden (*irr, sép, -ge-, h,* → ***senden***) envoyer; **'~setzen** (*sép, -ge-, h*) *hinzufügen* ajouter; *Geld* perdre (de l'argent); ***j-m ~*** importuner qn; *mit Fragen etc* harceler qn; *Krankheit* éprouver qn

'zusicher|n (*sép, -ge-, h*) ***j-m etw ~*** assurer qc à qn; **'2ung** *f* (-; *-en*) assurance *f*

'zuspitzen (*sép, -ge-, h*) ***die Lage spitzt***

sich zu la situation devient critique
'**Zustand** *m* état *m*; *Lage* situation *f*
zustande [tsu'ʃtandə] ~ ***bringen*** parvenir à, réaliser; ~ ***kommen*** se faire, se réaliser, avoir lieu
'**zuständig** compétent; '**2keit** *f* (-; -*en*) compétence *f*
'**zustell|en** (*sép*, -*ge*-, *h*) *Post* distribuer; *überbringen* remettre; *jur* notifier; '**2ung** *f* (-; -*en*) distribution *f*, remise *f*
'**zustimm|en** (*sép*, -*ge*-, *h*) consentir (à); '**2ung** *f* (-; -*en*) consentement *m*, accord *m*
'**zustoßen** (*irr*, *sép*, -*ge*-, *sn*, → ***stoßen***) ***j-m*** ~ arriver à qn
zutage [tsu'taːgə] ~ ***bringen*** *od* ***fördern*** mettre au jour; ~ ***kommen*** *od* ***treten*** se révéler
Zutaten ['tsuːtaːtən] *cuis f/pl* ingrédients *m/pl*
'**zuteilen** (*sép*, -*ge*-, *h*) attribuer, assigner (***j-m etw*** qc à qn)
'**zutragen** (*irr*, *sép*, -*ge*-, *h*, → ***tragen***) ***j-m etw*** ~ rapporter qc à qn; ***sich*** ~ arriver, se produire
'**zutrauen** (*sép*, -*ge*-, *h*) ***j-m etw*** ~ croire qn capable de qc; ***sich zu viel*** ~ présumer de ses forces; '**2** *n* (-*s*; *sans pl*) confiance *f* (***zu*** en *od* dans)
'**zutreffen** (*irr*, *sép*, -*ge*-, *h*, → ***treffen***) être juste *od* exact; ~ ***auf*** s'appliquer à
'**Zutritt** *m* (-[*e*]*s*; *sans pl*) accès *m*, entrée *f*
zuungunsten [tsu'uːngunstən] *prép* (*gén*) au préjudice de
zuverlässig ['tsuːfɛrlɛsiç] sur qui *od* sur lequel on peut compter, sûr; *Person a* sérieux; *tech* fiable; '**2keit** *f* (-; *sans pl*) *e-r Person* sérieux *m*; *tech* fiabilité *f*
Zuversicht ['tsuːfɛrziçt] *f* (-; *sans pl*) confiance *f*, optimisme *m*; '**2lich** plein de confiance, optimiste
zuviel [tsu'-] → ***zu***
zuvor [tsu'-] *früher* auparavant; *zuerst* d'abord; **~kommen** (*irr*, *sép*, -*ge*-, *sn*, → ***kommen***) ***j-m*** ~ devancer qn; ***e-r Sache*** ~ prévenir qc; **~kommend** prévenant
Zuwachs ['tsuːvaks] *m* (-*es*; ⸚*e*) accroissement *m*
zuwege [tsu'veːgə] ***etw*** ~ ***bringen*** réussir (à faire) qc
zuweilen [tsu'vailən] parfois
'**zuweisen** (*irr*, *sép*, -*ge*-, *h*, → ***weisen***) ***j-m etw*** ~ assigner qc à qn
'**zuwend|en** (*sép*, -*ge*-, *h*, *irr* → ***wenden***) *Blick etc* ***j-m*** ~ tourner vers qn; ***sich j-m*** (***e-r Sache***) ~ se tourner vers qn (qc); *fig a* s'occuper de qn (qc), se consacrer à qn (qc); '**2ung** *f* (-; -*en*) *finanzielle* aide *f* financière, don *m*; *menschliche* affection *f*
zuwenig [tsu'-] → ***zu***
zuwider [tsu'-] *prép* (*dat*) ***j-m*** ~ ***sein*** dégoûter qn, répugner (à) qn; **~handeln** (*sép*, -*ge*-, *h*) contrevenir à, enfreindre; **2handlung** *f* infraction *f*, contravention *f*
'**zuziehen** (*irr*, *sép*, -*ge*-, → ***ziehen***) **1.** *v/t* (*h*) *Vorhang* fermer, tirer; *Knoten* serrer; ***j-n*** ~ faire appel à qn; ***sich e-e Krankheit*** ~ contracter une maladie; **2.** *v/i* (*sn*) *an e-n Ort* s'établir
zuzüglich ['tsuːtsyːk-] (en) plus
zw. *abr* ***zwischen*** entre
Zwang [tsvaŋ] *m* (-[*e*]*s*; ⸚*e*) contrainte *f*
zwängen ['tsvɛŋən] (*h*) ***in etw*** ~ faire rentrer de force dans qc
'**zwanglos** décontracté, sans façon, sans cérémonie
'**Zwangs|arbeit** *f* travaux *m/pl* forcés; '**~herrschaft** *f* tyrannie *f*, despotisme *m*; '**2läufig** ['-lɔʏfiç] forcé(ment), inévitable(ment); *adv a* par la force des choses, obligatoirement; '**~versteigerung** *f* enchères *f/pl* forcées; '**~vollstreckung** *jur f* exécution *f* forcée; '**~vorstellung** *psych f* obsession *f*; '**2weise** de *od* par force, par contrainte
zwanzig ['tsvantsiç] vingt; ***etwa*** ~ une vingtaine; '**~ste** ['-stə] vingtième
zwar [tsvaːr] il est vrai, à la vérité; ***und*** ~ c'est-à-dire
Zweck [tsvɛk] *m* (-[*e*]*s*; -*e*) but *m*, fin *f*; ***für e-n wissenschaftlichen*** ~ dans un but scientifique; ***zu diesem*** ~ à cet effet, à cette fin; ***seinen*** ~ ***erfüllen*** remplir sa fonction; ***es hat keinen*** ~ cela ne sert à rien; '**2los** inutile; '**2mäßig** fonctionnel, pratique, adéquat, approprié
zwecks [tsvɛks] *prép* (*gén*) en vue de
zwei [tsvai] **1.** deux; **2.** **2** *f* (-; -*en*) deux *m*; *Note* bien; '**2bettzimmer** *n* chambre *f* à deux lits; '**2brücken** *n géog* Deux-Ponts; **~deutig** ['-dɔʏtiç] ambi

gu, équivoque (*a fig*); '**2deutigkeit** *f* (-; *-en*) ambiguïté *f*, équivoque *f*; **~erlei** ['-ərlai] de deux sortes; ***das ist ~*** ce sont deux choses différentes, F ça fait deux; **~fach** ['-fax] double

Zweifel ['tsvaifəl] *m* (*-s*; -) doute *m*; ***ohne ~*** sans aucun doute; '**2haft** douteux; '**2los** sans aucun doute; '**2n** (*h*) douter (***an*** de); '**~sfall** *m* ***im ~*** en cas de doute

Zweig [tsvaik] *m* (-[*e*]*s*; *-e*) branche *f* (*a fig*), rameau *m*

'**Zweig|niederlassung** *f*, '**~stelle** *f* succursale *f*

zwei|hundert deux cents; '**2kampf** *m* duel *m*; '**~mal** deux fois; '**~seitig** bilatéral; '**~sprachig** bilingue; '**~spurig** *Straße* à deux voies; '**~stöckig** ['-ʃtœkiç] à deux étages; '**~stündig** ['-ʃtyndiç] de deux heures; '**2taktmotor** *m* moteur *m* à deux temps

zweite ['tsvaitə] second, deuxième; ***aus ~r Hand*** de seconde main; ***wir sind zu zweit*** nous sommes à deux

zweitens ['tsvaitəns] deuxièmement

zweit|rangig secondaire; '**2wagen** *m* deuxième voiture *f*

Zweizimmerwohnung *f* deux-pièces *m*

Zwerchfell ['tsvɛrç-] *n* diaphragme *m*

Zwerg [tsvɛrk] *m* (-[*e*]*s*; *-e*) nain *m*

Zwetsch(g)e ['tsvɛtʃ(g)ə] *bot f* (-; *-n*) quetsche *f*

zwicken ['tsvikən] (*h*) pincer

Zwieback ['tsviːbak] *m* (-[*e*]*s*; *⸚e*, *-e*) biscotte *f*

Zwiebel ['tsviːbəl] *bot f* (-; *-n*) oignon *m*; *Blumen2* bulbe *m*

Zwie|licht ['tsviː-] *n* (-[*e*]*s*; *sans pl*) demi-jour *m*; ***ins ~ geraten*** s'attirer les soupçons (de); '**2lichtig** louche; '**~spalt** *m* (-[*e*]*s*; *selten -e*, *⸚e*) conflit *m*; '**2spältig** ['-ʃpɛltiç] contradictoire

Zwilling ['tsviliŋ] *m* (*-s*; *-e*) jumeau *m*, *Mädchen* jumelle *f*; ***~e*** *pl* jumeaux *m/pl od* jumelles *f/pl*; *astr* Gémeaux *m/pl*

zwing|en ['tsviŋən] (*zwang*, *gezwungen*, *h*) forcer (***zu etw*** à qc; ***etw zu tun*** à faire qc), obliger (à), contraindre (à); ***sich ~*** se forcer (***etw zu tun*** à faire qc); ***gezwungen sein zu …*** être forcé *od* obligé de (+ *inf*); '**~end** *Grund*, *Notwendigkeit* impérieux; '**2er** *m* (*-s*; -) *Hunde2* chenil *m*

zwinkern ['tsviŋkərn] (*h*) ***mit den Augen ~*** cligner des yeux

Zwirn ['tsvirn] *m* (-[*e*]*s*; *-e*) fil *m*

zwischen ['tsviʃən] *prép* (*wo? dat*; *wohin? acc*) entre

'**Zwischen|aufenthalt** *m* arrêt *m* intermédiaire; '**~deck** *mar n* entrepont *m*; 2'**durch** *inzwischen* entre-temps; *von Zeit zu Zeit* de temps en temps; '**~fall** *m* incident *m*; '**~händler** *m* intermédiaire *m*; '**2landen** (*sép*, *-ge-*, *sn*) *aviat* faire escale; '**~landung** *aviat f* escale *f*; '**~raum** *m* intervalle *m*; '**~ruf** *m* interruption *f*; '**~spiel** *n* intermède *m*, interlude *m*; '**~stecker** *m* adapteur *m*; '**~wand** *f* cloison *f*; '**~zeit** *f* ***in der ~*** entre-temps, pendant ce temps

zwitschern ['tsvitʃərn] (*h*) gazouiller

zwölf [tsvœlf] douze; (***um***) ***~ Uhr*** (à) midi, *nachts* (à) minuit; '**~te** ['-tə] douzième

Zyankali [tsyan'kaːli] *chim n* (*-s*; *sans pl*) cyanure *m* de potassium

Zyklus ['tsyklus] *m* (-; *Zyklen*) cycle *m*

Zylind|er [tsy'lindər] *m* (*-s*; -) *tech*, *math* cylindre *m*; *Hut* haut-de-forme *m*; **2risch** [-driʃ] cylindrique

Zyn|iker ['tsyːnikər] *m* (*-s*; -) cynique *m*; '**2isch** cynique; **~ismus** [tsy'nismus] *m* (-; *-men*) cynisme *m*

Zypern ['tsyːpərn] *n* Chypre

Zypresse [tsy'prɛsə] *bot f* (-; *-n*) cyprès *m*

zz(t). *abr* ***zurzeit*** en ce moment; actuellement

Achevé d'imprimer en Italie par «La Tipografica Varese Srl»
Dépôt légal : Mai 2018 - Collection n° 58 - Édition 02
72/7332/8

Prononciation de l'allemand

Voyelles et diphtongues

aː	kam	/kaːm/
a	Kamm	/kam/
ɛː	Käse	/ˈkɛːzə/
ɛ	Kämme	/ˈkɛmə/
eː	See	/zeː/
e	Debatte	/deˈbatə/
ə	Rose	/ˈroːzə/
iː	Dieb	/diːp/
i	in	/in/
oː	Sohn	/zoːn/
o	monoton	/monoˈton/
ɔ	form	/fɔrm/
ø	Öse	/ˈøːzə/
œ	öffnen	/ˈœfnən/
uː	Uhr	/uːr/
u	bunt	/bunt/
yː	Tür	/tyːr/
y	Müll	/myl/
ai	Mai	/mai/
au	Maus	/maus/
ɔy	euch	/ɔyç/

suite au verso

Prononciation de l'allemand

Consonnes

b	Buch	/buːx
ç	ich	/iç
d	der	/deːr
f	Vogel	/foːgəl
g	geben	/'geːbən
ʒ	Genie	/ʒən'niː
h	heben	/'heːbən
j	jeder	/'jeːdər
k	Kind	/kint
l	Lachs	/laks
m	Mais	/mais
n	Nacht	/naxt
ŋ	Rang	/raŋ
p	Paar	/paːr
s	aus	/aus
t	Tag	/taːk
v	Waage	/'vaːgə
z	so	/zo
ʃ	Schein	/ʃain
x	auch	/aux